Das deutsche Städtelexikon

Das deutsche Städtelexikon

1850 Städte und Gemeinden
in der Bundesrepublik Deutschland

Mit zahlreichen ein- und mehrfarbigen
Abbildungen

Zusammengestellt und herausgegeben
von Fritz Siefert (alte Bundesländer)
und
Manfred Weisbrod (neue Bundesländer)

XENOS

ISBN 3-8212-1258-6

Lizenzausgabe 1993 für die XENOS Verlagsgesellschaft mbH
mit Genehmigung des Füllhorn Sachbuchverlages
Herausgeber: XENOS Verlagsgesellschaft mbH,
Am Hehsel 40, 22339 Hamburg
Herstellung: Siegfried Fischer, Stuttgart
Einbandgestaltung: Künne + Künne Werbeagentur, Hamburg
Printed in Hungary

Dieses neue, völlig überarbeitete Städtelexikon informiert über rund 1850 Städte und größere Gemeinden der Bundesrepublik Deutschland. Von Aachen bis Zwickau kann sich der Benutzer über die verwaltungsmäßige, wirtschaftliche und historisch-kulturelle Bedeutung und Entwicklung der Kommunen rasch orientieren. Die knappen Darstellungen berücksichtigen zudem statistische und postalische Daten von der Einwohnerzahl bis zum Kfz-Kennzeichen.
Ohne die Mitarbeit der angesprochenen Städte und Gemeinden wäre die Beschaffung des weitgefächerten Informationsmaterials nicht möglich gewesen. Verlag und Herausgeber sind daher den zuständigen kommunalen Stellen – Bürgermeistern, Verkehrsämtern und Presseabteilungen – für ihre Hilfe zu großem Dank verpflichtet. Gleicher Dank gilt auch einer Reihe von Lesern für Verbesserungs- und Ergänzungsvorschläge, die – soweit redaktionell und technisch realisierbar – in der Neuauflage berücksichtigt wurden.

Abkürzungen

beg.	= begonnen	ma.	= mittelalterlich
dt.	= deutsch	MA	= Mittelalter
ehem.	= ehemalig, ehemals	Mkt	= Markt
EW	= Einwohner	röm.	= römisch
geb.	= geboren	rom.	= romanisch
gest.	= gestorben	sog.	= sogenannte
Gm	= Gemeinde, Gemeinden	St	= Stadt
got.	= gotisch	voll.	= vollendet
Jh.	= Jahrhundert, Jahrhunderts		

Zeichenerklärung

□ Gesamtmarkungsfläche einer Stadt oder Gemeinde
○ Kreiszugehörigkeit
⚐ Bundesland
✉ Postleitzahl (Bei Städten und Gemeinden mit mehreren Postleitzahlen* ist die Leitzahl des Stadtbezirkes angegeben in dem sich das Rathaus bzw. die Stadtverwaltung befindet [Haus- bzw. Postanschrift])
☎ Telefonvorwahlnummer
🚗 Kraftfahrzeug-Kennzeichen
△ Höhe über dem Meeresspiegel
👫 Einwohnerzahl

Mit der Zusammenstellung der rund 1850 Städte und größeren Gemeinden der Bundesrepublik Deutschland wird kein Anspruch auf Vollständigkeit erhoben. Wenn im Lexikon auch kleinere Orte berücksichtigt wurden, so geschah dies aufgrund ihrer kulturellen oder wirtschaftlichen Bedeutung (Heilbäder, Fremdenverkehr). Die Städte und Gemeinden sind alphabetisch geordnet, wobei für die Reihenfolge jeweils die volle postalische Ortsbezeichnung maßgeblich war. Heilbäder und Kurorte sind demnach unter "Bad" (z.B. Bad Dürrheim) zu finden; Orte mit dem Zusatz St. oder Sankt wurden alle unter "Sankt" eingeordnet. Autobahnanschlüsse (Auf- und Ausfahrten) sind unter der Bezeichnung "Ausfahrt" vermerkt. Behörden, öffentliche Körperschaften, Industriebranchen und Bildungseinrichtungen werden genannt, wenn sie dem Benutzer des Lexikons von praktischem Nutzen sind (beim Wechsel des Wohnorts, zur Orientierung über Industriestandorte, im Hinblick auf das Schulangebot usw.), jedoch wurde auf die Angabe von solchen Behörden verzichtet, die ohne weiteres vorausgesetzt werden können (z.B. Stadt- und Gemeindeverwaltungen, Bahnhöfe, Postämter usw.); auch Grund- und Hauptschulen sind im allgemeinen nur genannt, wenn keine weiterführenden Bildungseinrichtungen bestehen. Mit der Nennung von Unternehmen oder Produkten, die für eine Stadt oder Gemeinde charakteristisch sind (z.B. Lübecker Marzipan, Salamander Kornwestheim, Mercedes-Benz Sindelfingen), ist keine Wertung beabsichtigt.

Aachen

□ 160,84 qkm; ○ Kreisfreie Stadt; ⚐ Nordrhein-Westfalen; ✉ 52062*; ☎ 0241; 🚗 AC; △ 125–410 m; 👥 250000.

A. liegt am Kreuzungspunkt wichtiger Bahnlinien und Straßen nahe der niederländischen und belgischen Grenze in einer Talmulde der Wurm, umgeben von den bewaldeten Nordhängen der Eifel und der Ardennen. Das Autobahnkreuz A. ist Drehscheibe und Verknüpfungspunkt der Autobahnen A4 Aachen-Köln-Olpe, A 44 Belgien-Aachen-Mönchengladbach-Düsseldorf (Ausfahrten AB-Kreuz A., Würselen, A.-Laurensberg; A.-Brand, A.-Lichtenbusch); in A. treffen zusammen die B 57, B 258 und B 264. Die St ist Bahnknoten und an das intereuropäische Eisenbahnnetz angeschlossen (IC- und Eurocity-Züge); Nahtstelle im internationalen Güterverkehr ist A.-West, Flugplatz in A.-Merzbrück (Segel- und Motorflugzeuge; Fliegerschule).

A. ist Heilbad, Bundeswehrstandort und Sitz der Kreisverwaltung A., hat Land- und Amtsgericht, Sozialgericht, Verwaltungsgericht, Arbeits- und Sozialgericht, Finanzämter, Arbeitsamt; Bistum/Generalvikariat; Industrie- und Handelskammer und weitere Behörden und Institutionen; Rheuma-, Kur- und Reha-Kliniken, Kliniken der Technischen Hochschule. Die St verfügt über bedeutende Bildungs- und kulturelle Einrichtungen; Rheinisch-Westfälische Technische Hochschule, Fachhochschule, Kath. Fachhochschule Abt. A., Hochschule für Musik Abt. A., Volkshochschule, Kinderkrankenpflegeschule, Krankenpflegeschulen, Lehranstalt für Logopäden, Lehranstalt für Krankengymnastik, priv. Pflegevorschule, Hebammenlehranstalt, Lehranstalt für med.-technische Assistenten, Massageschule, Gymnasien, Realschulen, Gesamtschule, Waldorfschule, Berufsbildende Schulen, Berufs- und Berufsfachschulen, Fach- und Fachoberschulen, Sonder- und Spezialschulen (Landes-Gehörlosenschule, Schulen für körper- und lernbehinderte Kinder u.a.); Städt. Bühnen (Schauspiel, Oper, Operette), Kammerspiele, Grenzlandtheater, Suermondt-Ludwig-Museum (Skulpturen 13. bis 18. Jh., niederländische Meister 15.–17. Jh., Kunsthandwerk, Moderne Malerei), Couven-Museum (Möbel und Hausrat 1740 bis 1840), Neue Galerie (Sammlung Ludwig), Bibliotheken, Stadtarchiv, Internationales Zeitungsmuseum (ca. 100000 Zeitungsartikel), Puppenbühne, Museum Burg Frankenberg; Internationales Spielcasino; Kongreßzentrum.

Aachen, Dom

Die St A. ist Ober- und Dienstleistungszentrum der Region. 70% der Beschäftigten sind im Dienstleistungsbereich tätig; größter Arbeitgeber ist die Rhein.-Westfälische Technische Hochschule; eine große Versicherungsgruppe ist u.a. mit ihrer Konzernzentrale in A. ansässig. Die Struktur des produzierenden Gewerbes ist zukunftsorientiert; A. ist Sitz namhafter, weltweit tätiger Industrieunternehmen der Branchen Elektrotechnik, Maschinen- und Fahrzeugbau, Gummi-, Nahrungs- und Genußmittelindustrie und Unternehmen für Software, Textil- und Nadelproduktion.

Geschichte: Im Gebiet der Innenstadt, das bereits in vorgeschichtlicher Zeit besiedelt war (Steinzeitfunde und Hünengräber), bauten die Römer im 1. Jh. n.Chr. an den heißen Quellen ein zentrales Militär-Kurbad (das nach dem keltischen Heilgott Granus genannte „Aquae Grani"). A., 756/66 erstmals urkundlich erwähnt, wurde von Karl d. Großen (742–814) zur Königspfalz (769) ausgebaut (Pfalzkapelle, Königshalle). 936 fand die erste Königskrönung (Otto I.) in A. statt, das bis 1531 Krönungsort der dt. Könige blieb. 1166 nahm Kaiser Barbarossa die St in seinen Schutz (Verleihung der Marktrechte); 1172 erfolgte der Bau der inneren, zwischen 1257 und 1357 der Bau der äußeren Stadtbefestigung. 1267 war das Bürgerhaus am Fischmarkt (erstes Rathaus, heute Stadtarchiv) vollendet und von 1330–46 wurde auf den Grundmauern der alten Königshalle das Rathaus in den Maßen des karolingischen Bauwerkes errichtet. Anfang des 17. Jh. besaß A. bereits über 14000 Bewohner. Die St war seit dem späten MA. durch ihre Tuchfabrikation und metallverarbeitenden Gewerbebetriebe zu Ansehen und Wohlstand gekommen. 1656 vernichtete ein Großbrand die Innenstadt. 1748 fand in A. der Friedenskongreß zur Beendigung des Österreichischen Erbfolgekrieges statt. Von 1792 bis 1814 stand die St unter französischer Herrschaft. 1815 kam A. an Preußen. 1841 wurde die erste Bahnlinie (Köln-A.) eröffnet; 1865 legte König Wilhelm I. von Preußen den Grundstein zur Polytechnischen Schule (heute Technische Hochschule). Der 1. Weltkrieg traf die A. Wirtschaft schwer (1918–29 belgische Besatzung), der 2. Weltkrieg zerstörte 43% aller Wohnhäuser. 1950 stiftete die St den „Internationalen Karlspreis", der an Persönlichkeiten und Institutionen verliehen wird, die sich um die Einigung Europas verdient gemacht haben. 1966 war der Wiederaufbau im wesentlichen abgeschlossen.

Die schwefelhaltigen Quellen A. sind bis zu 74° C heiß. Die A. Quellen haben einen stärkeren Schwefelanteil, die Quellen im Stadtteil Burtscheid sind salzreicher. Heilanzeigen: Alle Erkrankungen des rheumatischen Formenkreises, Degenerative Erkrankungen des Bewegungsapparates, Folgezustände von Unfällen sowie Nachbehandlung von Lähmungen und Operationen am Bewegungsapparat, Gelenkveränderungen durch Gicht, Dermatosen, Frauenleiden.

Baudenkmäler und Sehenswürdigkeiten: Dom (A. Münster) und Domschatzkammer (Dom: Grabeskirche Karls d. Großen; Oktogon als Pfalzkapelle um 800 errichtet; gotische Chorhalle 1414; ein Kranz von Kapellen in späteren Jahrhunderten angefügt. Domschatzkammer: bedeutendster Kirchenschatz nördlich der Alpen); Rathaus (im 14. Jh. in gotischem Stil auf Fundamenten der karolingischen Königspfalz errichtet; Granusturm an der Ostseite, wahrscheinlich ehemaliger Wohnturm Karls d. Großen; gotischer Krönungssaal; im Sockelgeschoß „Ratskeller"); Burg Frankenberg (vermutlich um 1270 erbaut, jetzt Heimatmuseum; enthält u.a. Ausgrabungsfunde aus vorgeschichtlicher, keltischer und römischer Zeit); Abteikirche St. Johann in A.-Burtscheid (Gründung um 1000, erster Sakralbau mit berühmter Kuppelkonstruktion des A. Baumeisters und Architekten Johann Josef Couven [1754]; bedeutendste Barockkirche zwischen Maas und Rhein); Abteitor (1644 zum Schutze der Abtei Burtscheid errichtet; viel beachtetes Beispiel der Maas-Renaissance); St. Adalbert (eine der ältesten Pfeiler-Basiliken der Rheinlande; gegründet durch Otto III. um 1000 auf einem Hügel des ehemaligen Wildparks der Pfalz Karls d. Gr., erneuert im 19. Jh.); Elisenbrunnen (Wahrzeichen des Bades A., 1824–27 nach Plänen des preußischen Geh. Oberbaurats Schinkel erbaut); Katschhof (Freiplatz zwischen Königspalast Karls d. Gr. [heute Rathaus] und Pfalzkapelle [Dom]; Katsch oder Kax = Pranger); Langer Turm (Überrest des zweiten Mauerrings (13./14. Jh.); Marschiertor (eines der beiden noch erhaltenen, um 1320 erbauten Haupttore der äußeren Stadtbefestigung mit bemerkenswert schönem Steildach); Ponttor (Torburg der äußeren Stadtbefestigung, Anfang 14. Jh.); Salvatorberg, eine dem Lousberg benachbarte Erhebung im Stadtgebiet mit Klosterkirche (814/18 Stiftung einer Totenkapelle durch Ludwig den Frommen); Ehrenmal (Teil der Stadtbefestigung aus dem 14. Jh.); Farwickpark und Stadtgarten.
Alljährlich Internationales Reit-, Spring- und Fahrturnier (Turnierplatz im Soerstal).

Aalen (Württ.)

□ 146,42 qkm; ○ Ostalbkreis ⚐ Baden-Württemberg; ✉ 73430*; ☎ 07361; 🚗 AA; △ 375–733 m; 👥 64500.

Die St A. besteht in der heutigen Form seit 1975. A., am Steilabfall der Schwäbischen Nordostalb am Kocher gelegen, ist Bahnknotenpunkt und IC-Station an den Strecken Stuttgart-Nördlingen-Nürnberg und Ulm-Heidenheim-Crailsheim. In A. kreuzen sich die B 19 und B 29. Die St hat Anschluß an die Autobahn A7 Ulm-Würzburg (Ausfahrten A./Westhausen und A./Oberkochen); Verkehrslandeplatz in A.-Elchingen. Die Große Kreisstadt ist Behörden- und Bildungszentrum mit Landratsamt, Arbeitsgericht, Amtsgericht, Finanzamt, Arbeitsamt, Eichamt, Zollamt, Gesundheitsamt, Veterinäramt, Vermessungsamt, Forstamt, Bundesbahnbetriebsamt; Fachhochschule für Technik, Verwaltungsschule der Bundesanstalt für Arbeit, Elektroausbildungszentrum, IHK-Bildungszentrum, Berufsschulzentrum des Landkreises (Berufs- und Berufsfachschulen), Gymnasien, Technisches Gymnasium, Realschulen, Sonderschulen. A hat metall- und papierverarbeitende, optische, keramische und Textilindustrie. A. besitzt eine Mineral-Thermalquelle (Limes-Thermen) mit fluoridhaltigem Calcium-Natrium-Sulfat-Mineralwasser; Heil-

Aalen, Limes-Therme

anzeigen bei Erkrankungen des rheumatischen Formenkreises, Behandlung nach Operationen und Unfällen am Bewegungsapparat, Lähmungen und Ateminsuffizienz.

Auf der Markung von A. befand sich im 2. und 3. Jh. das größte römische Reiterkastell nördl. der Alpen. Zwischen 1240 und 1246 wurde A. vermutlich von den Staufern als St gegründet und 1360 durch Kaiser Karl IV. zur Freien Reichsstadt erhoben. Nach der Schlacht von Nördlingen (1634) wurde A. durch Brand zerstört; 1803 kam die Stadt an Württemberg. Die Anfänge des größten Stadtbezirks Wasseralfingen reichen zurück in das Jahr 1200, als der Ort erstmals urkundlich genannt wird. Bis 1545 war W. Sitz der Ritter von Ahelfingen; nach ihrem Aussterben fiel es bis 1803 den Fürstpröbsten von Ellwangen zu.

Der ma. Stadtkern mit Fachwerkhäusern aus dem 17. Jh. blieb in A. erhalten. Sehenswürdigkeiten: St. Johanneskirche aus dem 2./3. Jh., auf röm. Fundamenten erbaut, mit spätromanischen Fresken aus dem 12./13. Jh.; Limesmuseum mit freigelegter Toranlage des ehem. röm. Reiterkastells, Zinnfiguren-Diorama und provinzialrömischer Bibliothek; röm. Parkmuseum mit 16 Kunststeinnachbildungen röm. Steindenkmäler; das Heimat- und Schubartmuseum im Alten Rathaus enthält Erinnerungen an den Dichter und Komponisten Christian Friedrich Daniel Schubart (1739–1791), der in A. seine Jugend verbrachte.

Bemerkenswert ferner: Historische Innenstadt (Fußgängerzone); Altes Rathaus mit Spion; Rathaus mit Napoleonfenster; Urweltmuseum; Besucherbergwerk „Tiefer Stollen“, größtes Schaubergwerk Süddeutschlands (bis 1939 Abbau von Eisenerz) mit Asthmatherapiehalle; Stadtpark, geologischer und Bergbaupfad; Vogelschutzpfad und Waldlehrpfad; Naturschutzgebiet Dellenhäule (24 ha Wacholderheide); Koniferengarten auf der Schillerhöhe. – Alljährlich Reichsstädter Tage (September).

Abenberg (Mittelfranken)

□ 48,39 qkm; ○ Roth; ⚐ Bayern; ✉ 91183; ☎ 09178; 🚗 RH; △ 430 m; 👪 4700.

A., 25 km südlich von Nürnberg im Hügelland des Rangaues gelegen, ist über die Autobahn A 6 Heilbronn-Nürnberg (Ausfahrten Schwabach-West bzw. Neuendettelsau) und A 9 München-Nürnberg (Ausfahrt Allersberg) zu erreichen. Die St hat Mädchenrealschule (mit Internat), Spitzenklöppelschule; Schleuderbetonrohrwerk, Klöppelheimgewerbe (Herstellung von Garn- und Metallspitzen); von wirtschaftlicher Bedeutung ferner der Fremdenverkehr.

Die Burg A., erstmals 1071 urkundlich genannt, war Sitz der Rangaugrafen von A. Burg und Siedlung (seit 1299 St) kamen 1230 an die Nürnberger Burggrafen. Von 1296 bis 1802 gehörte A. zum Fürstbistum Eichstätt. – Das ma. Stadtbild mit Toren, Türmen und Mauerresten aus dem 13. Jh. blieb erhalten. Sehenswert die restaurierte Burg (Hotel), die Pfarrkirche St. Jakob (15./18. Jh.) mit romanischem Nordportal (1230), got. Chor und reicher Ausstattung sowie das Rathaus (1743). Bei A. liegt das Kloster Marienburg (1488 gegründet) mit Stillakirche (16./17. Jh.), Tumba (12. Jh.) der Stifterin Stilla von A. (1100–1150) und katakombenartiger Gruft mit Nonnengräbern aus der Zeit von 1488–1806. Die in A. seit dem 16. Jh. beheimatete Spitzenklöppelei geht auf die Schwestern des Klosters zurück.

Abensberg

□ 60,30 qkm; ○ Kelheim; ⚐ Bayern; ✉ 93326; ☎ 09443; 🚗 KEH; △ 373 m; 👪 9500.

A., 30 km südwestlich von Regensburg am Flüßchen Abens gelegen, ist über die B 16 zu erreichen. Anschluß an die Autobahn A 93 AB-Dreieck Holledau–Regensburg (Ausfahrt A.). Bahnstation an der Strecke Regensburg–Ulm. A. hat Landwirtschaftsamt, Vermessungsamt; Realschule, landwirtschaftliche und hauswirtschaftliche Fachschule und Berufsschule, Sing- und Musikschule, Heimsonderschule, Berufsbildungswerk der kath. Jugendfürsorge, Volkshochschule; Eisen- und Stahlgießerei, Küchen- und Metallbau, Kabel-Automobiltechnik, Maschinen- und Stahlbau, Sägewerk;

Hopfen-, Vieh- und Getreidehandel; Spargelanbau.

A. bestand seit 750 n.Chr. als bajuwarische Siedlung, in der das Geschlecht der Babonen im 12. Jh. eine Stammburg (im 30jährigen Krieg zerstört) errichtete, die 1250 urkundlich genannt wird. Unter dem Grafen Ulrich III. wurde A. Mitte des 14. Jh. befestigt und mit dem Marktrecht bedacht. Erhebung zur St zu Beginn des 15. Jh. Schon im 16. Jh. war A. mit 10 Brauereien eine bekannte Bierbrauerstadt. Nach 1485 fielen Burg und Grafschaft den Wittelsbachern zu.

Sehenswürdigkeiten sind das spätgotische Rathaus und das Ende des 14. Jh. erbaute Karmeliter-Kloster (Museum) mit Klosterkirche (1389). In A. wurde Johann Thurmair, genannt Aventinus (1477–1534), der berühmte bayerische Geschichtsschreiber, geboren. – Alljährlich im September Gillamoosmarkt (größtes Hallertauer Volksfest; seit 1313).

Achern (Baden)

☐ 65,25 qkm; ○ Ortenaukreis; ⚐ Baden-Württemberg; ✉ 77855; ☎ 07841; 🚗 OG; △ 143–314 m; 👫 20600.

A., Große Kreisstadt, 50 km südlich von Karlsruhe in der Rheinebene am Ausgang des Achertales, ist über die B 3 und Autobahn A 5 Karlsruhe-Basel (Ausfahrt A.) zu erreichen. Die St hat Amtsgericht; Sonderschule für Lernbehinderte, Realschule, Gymnasium, kaufm. Berufsschule, Gewerbeschule, Handelslehranstalt. A. ist Bundeswehrstandort (Heeresstandortverwaltung). Industriebetriebe: Glashütte, Maschinen- und Papierfabrik.

Erstmals erwähnt wird A. 1050; 1808 wurde es zur St erhoben. 1945 wurde A. zu 75% zerstört. Im Rahmen der Gebietsreform wurden A. acht Nachbargemeinden eingegliedert.

Achim (bei Bremen)

☐ 67,99 qkm; ○ Verden; ⚐ Niedersachsen; ✉ 28832; ☎ 04202; 🚗 VER; △ 22 m; 👫 28000.

A., am Unterlauf der Weser gelegen, grenzt an den südöstlichen Stadtrand von Bremen (15 km bis Stadtmitte Bremen): Zufahrt über die Autobahn A 27 Bremen–Walsrode–Hannover (Ausfahrten A.-Ost und A.-Nord) bzw. A 1 Hamburg–Bremen–Osnabrück (Ausfahrt Uphusen/Bremen-Mahndorf). Bahnstation der Bundesbahnhauptstrecke Bremen–Hannover.

Achim, Achimer Windmühle

A. hat Amtsgericht; Realschule, Gymnasium, Volkshochschule; Aluminiumwerk, Brotfabrik (Simonsbrot). A. ist Bundeswehrstandort.

Erste urkundliche Nennung der Siedlung »Acheim« 1091. A. war seit frühgermanischer Zeit Gerichtsort (Gogericht) für die Gebiete zwischen Weser und Wümme, Hellweger- und Königsmoor. Der Ort gehörte zum Herrschaftsbereich der Bremer Diözese. 1719 wurde A. dem Kurfürstentum Hannover unterstellt. Seit Mitte des 19. Jh. entwickelte sich A. vom Bauerndorf zur Industriegemeinde (1847 Eisenbahnanschluß, 1850 Beginn der Zigarrenfabrikation). 1949 Stadterhebung. – Sehenswert: St. Laurentius-Kirche (11. Jh.), Windmühle (18. Jh.).

Aerzen

☐ 105,06 qkm; ○ Hameln-Pyrmont; ⚐ Niedersachsen; ✉ 31855; ☎ 05154; 🚗 HM; △ 200 m; 👫 11000.

A. schloß sich 1973 mit dreizehn Nachbarorten zur Großgemeinde zusammen. Der Flecken liegt 10 km südwestlich von Hameln an der B 1 im Weserbergland. Die Gm hat Realschule; Maschinenfabrik (Drehkolbenmaschinen), Sitzmöbelindustrie, Brotfabrik.

A. wird erstmals 1283 urkundlich als Sitz eines eversteinischen Vogtes erwähnt. Später war es welfischer Besitz; 1517 wurde es an die Herren von Münchhausen verpfändet. 1653 fiel der Ort an das Haus Braunschweig-Lüneburg zurück. – Sehenswert Schloß Schwöbber (Bau der Weserrenaissance, 1574 beg.).

Ahaus

□ 150,77 qkm; ○ Borken; ⚐ Nordrhein-Westfalen; ✉ 48683; ☎ 02561; 🚗 BOR; △ 50 m; 👫 30000.

A. liegt 25 km südöstlich von Enschede (Niederlande) an der Aa im Schnittpunkt der B 70 und B 474 sowie an der A 31 Ruhrgebiet–Emden (Ausfahrt A.). Die St, Sitz eines Amtsgerichts und der Kreisverwaltungs-Nebenstelle Borken, hat Hauptschulen, Gymnasien, Realschule, Sonderschule für Lernbehinderte, Höhere Handelsschule, Berufsschulen, Berufsfachschulen, Berufsbildungsstätte Westmünsterland, Technische Akademie, Volkshochschule, Musikschule; holzverarbeitende und Textilindustrie, Metallwarenfabriken, Papier- und Kunststoffabrik.

Aus dem 17. Jh. stammt das Barock-Wasserschloß mit dem 25 Morgen großen Schloßpark. Sehenswürdigkeiten sind die Tausendjährige Eiche im Wald der Bröcke und die alte Gerichtsstätte »Ton steenern Krüz«. A. ist bekannt durch die Schloß-Konzerte im Fürstensaal.

Die St war Sitz der Herren von A. (ab 9. Jh.). A., 1030 erstmals urkundlich erwähnt, ging 1406 in den Besitz der Fürstbischöfe von Münster über, die hier ihre Sommer- und Jagdresidenz hatten. Das Schloß wurde nach der Zerstörung im 2. Weltkrieg wiederaufgebaut.

Ahlen (Westf.)

□ 123,14 qkm; ○ Warendorf; ⚐ Nordrhein-Westfalen; ✉ 59227*; ☎ 02382; 🚗 WAF; △ 61–115 m; 👫 53000.

A., im südlichen Münsterland an der Werse gelegen, ist über die B 58, B 61 und Autobahn A 2 Köln–Hannover (Ausfahrten Hamm-Uentrop und Neubeckum/Beckum) zu erreichen; Bahnstation an der Hauptstrecke Köln–Berlin. A. hat Arbeitsgericht, Arbeitsamt; Gymnasien, Gesamtschule und private Fachschulen. Die St ist Bundeswehrstandort. Wirtschaftliche Schwerpunkte sind die Metallverarbeitung, der Bergbau (Schachtanlage Westfalen) und Dienstleistungsunternehmen. A. besaß dank seiner günstigen Verkehrslage an einem alten Werseübergang bereits um 1100 ein reges Marktleben. 1224 wurde dem Markt das Stadtrecht verliehen. Im 15., 17. und 18. Jh. vernichteten große Brände Teile des Stadtgebietes. Die Entwicklung von der Ackerbürgerstadt zur Industriestadt setzte nach dem Bau der Köln–Mindener Eisenbahnstrecke (1847) ein (Beginn der Emailleindustrie, Plüschweberei). 1907 begann man mit dem Abteufen der Kohlenschächte für die Zeche Westfalen, die in eine Tiefe von 1100 m vordringen. Moderne Schachtanlagen und die Erschließung neuer Kohlefelder ermöglichen eine langfristige Sicherung der Anlage. – Sehenswert der historische Marktplatz mit St.-Bartholomäus-Kirche, Altem Rathaus und Haus Pieper; Heimatmuseum; Museum Schulze-Allendorf; Goldschmiedehaus Fischer; Wasserschlösser (Haus Vorhelm und Haus Küchen); Findling ‚Dicker Stein'. – Alljährlich Stadtfest (Sommer), Pöttkes- und Töttkenmarkt (September), Frühjahrs- (Mai) und Herbstkirmes (Oktober).

Ahrensburg

□ 35,30 qkm; ○ Stormarn; ⚐ Schleswig-Holstein; ✉ 22926; ☎ 04102; 🚗 OD; △ 45 m; 👫 27000.

A., 22 km nordöstlich von Hamburg an der Autobahn Hamburg–Lübeck (Ausfahrt A.) und der B 75 gelegen, ist Sitz eines Amtsgerichts und verschiedener Kreisbehörden. A. ist D-Zug-Station der Bundesbahnstrecke Hamburg–Lübeck und an das S- und Hochbahnnetz der Hansestadt Hamburg angeschlossen.

Die St hat Sonderschule für Lernbehinderte, Realschule, Gymnasium, Berufsschule und Volkshochschule; verschiedene Bundesforschungsanstalten; elektrotechnische und metallverarbeitende Betriebe, chemische Industrie und Druckereien.

Der Name A. geht auf eine ma. Burg »Arnesvelde« zurück. Ein gleichnamiges Gut wurde 1567 von Daniel Rantzau erworben, dessen Bruder Peter 1596 ein repräsentatives Renaissance-Herrenhaus (Schloß A., heute Museum) errichten ließ.

Aus derselben Zeit stammt die als Grabkirche erbaute „Woldenhorner Kirche" (Schloßkirche) mit den zu beiden Seiten erbauten „Gottesbuden" (Armenhäusern). 1759 wurden Gut und Herrenhaus von dem dänischen Schatzmeister und Lehnsgrafen Schimmelmann erworben und die Innenräume im barokken Stil umgestaltet. Das Bauerndorf A. entwickelte sich zum Marktflecken und Villenvorort Hamburgs. Nach dem 2. Weltkrieg fanden in A. zahlreiche Vertriebene Unterkunft. 1949 erhielt es Stadtrechte.

A. ist Geburtsort des Dichters Waldemar Bonsels (1880–1952).

Aichach

□ 92,94 qkm; ○ Aichach-Friedberg; ⚐ Bayern; ✉ 86551; ☎ 08251; 🚗 AIC; △ 442 m; 👥 16500.

A., 25 km nordöstlich von Augsburg an der Paar und B 300 gelegen, hat Anschluß an die A 8 Stuttgart-München (Ausfahrt Dasing) und ist Sitz eines Amtsgerichts und der Kreisverwaltung Aichach-Friedberg; Bahnstation an der Strecke Augsburg-Ingolstadt. Realschule, Sonderschule für Lernbehinderte, Gymnasium, Kreisberufsschule mit Berufsfachschule.

A., die alte Herzogstadt, urkundlich 1070 erstmals erwähnt, erhielt 1347 das Stadtrecht durch Kaiser Ludwig d. Bayern. 1632 wurde die St durch ein Großfeuer, 1704 das herzogliche Schloß im Spanischen Erbfolgekrieg zerstört.

Wenige Kilometer von A. entfernt stand in Oberwittelsbach die Stammburg der Wittelsbacher, die in Bayern von 1180–1918 ununterbrochen regierten.

In der Pfarrkirche bedeutender Rokoko-Altar; Rathaus aus dem 17. Jh.; Stadtplatz mit alten Giebelhäusern; Mauerring mit Oberem und Unterem Tor.

A. ist Geburtsort des Heimatdichters Dr. Ludwig Steub (1812 bis 1888).

Aken (Elbe)

□ 54,7 qkm; ○ Köthen; ⚐ Sachsen-Anhalt; ✉ 06385; ☎ 034909; 🚗 KÖT; △ 55 m; 👥 10140.

A. ist zu erreichen auf der A 9/E 51, Ausfahrt Dessau-Süd (20 km), Ausfahrt Coswig (ca. 28 km), sowie auf der B 187a; Regionalbahn A.-Köthen. Der nächste Flughafen ist Leipzig/Halle (ca. 55 km).

Bildungseinrichtungen: Grundschulen, Sekundarschule, Gymnasium; Deutsche Angestellten Akademie e.V.; Stadtbibliothek.

Wirtschaftliches: Bauunternehmen; Schiffswerft; Metallverarbeitung; Fahrzeugglas GmbH; Magnesitwerk Aken GmbH; Einspritzgerätewerk Aken GmbH; breiter handwerklicher Mittelstand.

Geschichtliches: A. an der Elbe gilt als eine Gründung Albrechts des Bären, der Flamen ins Land gerufen und ihnen in der Flußniederung Siedlungsplätze zugewiesen hatte. Urkundlich wird A. erstmals 1162 erwähnt. Unter dem Einfluß der sächsischen Herzöge entwickelte sich das Gemeinwesen vorteilhaft, begünstigt durch Elbschiffahrt und Handel. Um 1300 entstand die Stadtmauer mit 14 Türmen. Noch heute sind überwiegende Teile davon erhalten; mit dem Mauerwerk blieben auch der Dessauer Turm, der Köthener Turm und der Bürgerturm erhalten. Im Schutze dieser Stadtbefestigung errichtete man um 1400 die Burg A. Sie wurde später erweitert und als Schule genutzt; heute befindet sich darin das Gymnasium. Das Stadtbild wird, von Ferne betrachtet, vor allem durch die Doppeltürme der beiden Kirchen bestimmt. Die Pfarrkirche St. Marien, eine dreischiffige spätgot. Basilika, entstand nach 1485 unter Nutzung spätromanischer Grundmauern, die vermutlich 1188 gelegt wurden. Auch die Pfarrkirche St. Nikolai, eine dreischiffige, im Kern spätromanische Basilika (Anf. 13. Jh.), wurde nach dem großen Brand von 1485 im spätgot. Stil wiederaufgebaut. Bei Bau und Erneuerung dienten die Kirchen einander wechselseitig als Vorbilder. Opfer des verheerenden Stadtbrandes wurden auch das alte Rathaus samt seinem Archiv. Bereits 1490 entschieden sich Magistrat und Bürgerschaft, ein neues Rathaus aufzubauen. Wegen seiner soliden Ausführung, seiner einfachen Schönheit und Zweckmäßigkeit gilt es noch heute als eines der besten Profangebäude seiner Art, obwohl es im Verlaufe der Jahrhunderte mehrfach um- und ausgebaut wurde. Zu jener Zeit war A. eine der größten Städte in Mitteldeutschland. Im Jahre 1560 entstand neben dem Rathaus ein Schulhaus, es war die erste Knabenschule von A.; sie wurde 1853 um einen neuen Schulkomplex erweitert, der noch heute benützt wird. – Begründet in seiner Lage an der Elbe, gewann die Schiffahrt für A. große Bedeutung. 1886 entstand der Hornhafen, der als Winterliegeplatz für zahlreiche Kähne genutzt wurde. Die Hafen- und Lagerhaus-AG schloß mit dem Magistrat der St 1889 einen „Heimvertrag" über die Verpachtung eines Geländes, das dem Bau einer neuen Hafenanlage diente. Die Bürger der St besaßen zeitweilig bis zu 210 Binnenschiffe.

Sehenswürdigkeiten und Kulturelles: Ma. Wehranlage mit Dessauer-, Köthener-, sowie Burgtorturm; Heimatmuseum mit den Abteilungen Schiffahrt, Stadtgeschichte, Ur- und Frühgeschichte und der Tierwelt des Auenwaldes; zahlreiche kleine Schifferhäuser, Rathaus und Marktplatz, die bereits erwähnten Kirchen und die beiden alten Schulen. Schauerlebnisse bietet eine Wanderung entlang der Elbe vom Hafengelände bis zur Gierfähre. – Naherholungsgebiet am Akazienteich.

Wiederkehrende Ereignisse: Karnevalsveranstaltungen des Männerchores Aken (MCA).

Albstadt

□ 134,41 qkm; ○ Zollernalbkreis; ⚐ Baden-Württemberg; ✉ 72458*; ☎ 07431 (A.-Ebingen), 07432 (A.-Tailfingen); 🚗 BL; △ 730 bis 974 m; 👥 47000.

Die St A ist 1974 im Rahmen der Gebietsreform durch Zusammenschluß der beiden Städte Ebingen und Tailfingen sowie sechs weiterer Gemeinden unter neuem Namen entstanden. Der auf der Schwäbischen Alb gelegene Stadtteil E. ist über die B 463 zu erreichen; Bahnstation an der Strecke Tübingen-Sigmaringen. E., Sitz eines Amtsgerichts, hat Forstamt, Zollamt; Realschule, Gymnasium, Wirtschaftsgymnasium, Wirtschaftsschule, kaufmännische und gewerbliche Berufsschule, Volkshochschule, Jugendmusikschule, Kinderpflegerinnenschule, hauswirtschaftliche Berufsschule, Postschule, Sonderschulen für körperlich und geistig behinderte Kinder; Kreiskrankenhaus; Textil-, Waagen- und Nadelindustrie.

Der Stadtteil E. liegt auf altem Siedlungsgebiet (Grabhügel der Bronze- und Hallstattzeit). Urkundlich wird E. erstmals 793 erwähnt, das Stadtrecht erhielt es im 13. Jh. durch die Grafen von Hohenberg. Seinen ersten wirtschaftlichen Aufschwung erlebte E. um die Mitte des 19. Jh. mit der Gründung der Trikotwaren- und metallverarbeitenden Industrie (Nadeln, Spiralbohrer, Feinmeßwerkzeuge).

Sehenswürdigkeiten sind der historische Marktbrunnen (16. Jh.), der ma. Bürgerturm, das Grabmal des Ritters Affenschmalz (15. Jh.) in der Martinskirche und einige Fachwerkhäuser.

T. an der Schmiecha auf der Schwäbischen Alb (Zufahrt über die B 27; Flugplatz in T.-Degerfeld) ist ein Zentrum der Wirkerei- und Strickwarenindustrie; T. hat ferner Elektroindustrie (Herstellung von elektrischen Schaltgeräten); Realschule, Gymnasium, Sonderschule für Lernbehinderte, hauswirtschaftliche Berufsschule, Fachschule für Wirkerei und Strikkerei, Landessportschule; chirurgisch-orthopädische Klinik der LVA Württemberg.

T. wird erstmals 793 in einer Lehnsurkunde des Klosters St. Gallen erwähnt. Verleihung der Stadtrechte 1930. – Der romanische Kirchturm der Peterskirche wurde um 1000 erbaut.

Aldenhoven b. Jülich

□ 44,26 :m; ○ Düren; ⚐ Nordrhein-Westfalen; ✉ 52457; ☎ 02464; 🚗 DN; △ 122 m; 👥 12600.

A., das sich 1972 mit acht Nachbarorten zur Großgemeinde zusammenschloß, liegt 20 km nordöstlich von Aachen im Schnittpunkt der B 1 und B 56 sowie an der Autobahn A 44 Düsseldorf–Aachen (Ausfahrt A.). A. hat Realschule, Sonderschule, Volkshochschule; Großschachtanlage, Autolampenwerk.

Der Ort, ursprünglich Römersiedlung (zahlreiche Bodenfunde), wird 1026 erstmals erwähnt. Zweihundert Jahre später war A. im Besitz der Erzbischöfe von Köln. Im 17. Jh. kam es an die Grafen von Jülich. Seit 1654 ist A. Wallfahrtsort (1952 Errichtung einer neuen Wallfahrtskirche). Sehenswert die Kommende, die Auffindungskapelle und, als Rest der alten Befestigung, der Alte Turm (14. Jh.).

Alfeld (Leine)

□ 72,85 qkm; ○ Hildesheim; ⚐ Niedersachsen; ✉ 31061; ☎ 05181; 🚗 HI; △ 93 m; 👥 23000.

A., südlich der Sieben Berge an der Leine gelegen, ist über die B 3 zu erreichen. D-Zug-Station der Bundesbahnstrecke Frankfurt a.M.-Hannover. A. hat Amtsgericht, Zollamt, Kreisbehörden; Realschule, Sonderschule für Lernbehinderte, Gymnasium, Berufs- und Berufsfachschulen; Papier- und Papierverarbeitungsindustrie, Maschinen- und Apparatebau, Korkwarenherstellung, Eisenwerk (Straßenbaumaschinen), Stanzmesserfabrik, Exot. Großtierhandel.

Der Marktflecken erhielt Mitte des 13. Jh. die Stadtrechte. Der industrielle und wirtschaftliche Aufschwung setzte im 18. Jh. mit der Gründung einer Papierfabrik ein, der im 19. Jh. zahlreiche Spezialunternehmen folgten. Die doppeltürmige St. Nikolai-Kirche wurde im 16. Jh. vollendet; bedeutendster Schatz der Kirche ist das um 1250 geschaffene Triumphkreuz. Sehenswert ferner das Rathaus (1586 im Stil der Weser-Renaissance) und die Lateinschule (Fachwerkbau mit reicher Fassadenschnitzerei, um 1610, jetzt Heimatmuseum). Als neuzeitlicher Industriebau bemerkenswert das von W. Gropius erbaute Fagus-Werk (1911–18).

Alfter

□ 34,75 qkm; ○ Rhein-Sieg-Kreis; ⚐ Nordrhein-Westfalen; ✉ 53347; ☎ 02222 (Bornheim); 0228 (Bonn); 🚗 SU; △ 55–173 m; 👥 16500.

A. liegt 8 km westlich von Bonn am Rande des Naturparks Kottenforst. Die Gm hat Anschluß an die Autobahn A555 Bonn-Köln (Ausfahrten Bonn-Tannenbusch und AB-Kreuz Bonn-Nord); Grund- und Hauptschulen; Fliesenindustrie; Gemüse- und Obstanbau.

Alpen

□ 60 qkm; ○ Wesel; ⚐ Nordrhein-Westfalen; ✉ 46519; ☎ 02802; 🚗 WES; △ 24 m; 👥 11000.

A. liegt 15 km südwestlich von Wesel an der B 27 und B 58; Anschluß an die Autobahn A 57 Köln–Krefeld–Goch (Ausfahrt A.); Bahnstation an der Strecke Duisburg–Kleve. Die Gm hat Grundschulen, Hauptschule; Pflugfabrik, Produktion von Hebebühnen und Druckluftsteuerungen; Land- und Forstwirtschaft.

A. wird urkundlich erstmals 1074 erwähnt. Bis um 1330 war der Ort mit der um 1200 nachweisbaren Burg im Besitz der Herren von Alpen. 1354 erhielt A. die Stadtrechte. 1716 wurde die St durch ein Großfeuer völlig zerstört. – Sehenswert die Mauerreste des Schlosses A., die Ev. Kirche (1602 erbaut) mit Grabmal der Kurfürstin Amalie von der Pfalz; Turmwindmühlen; Trakehner- und Arabergestüte.

Alpirsbach

□ 64,56 qkm; ○ Freudenstadt; ⚐ Baden-Württemberg; ✉ 72275; ☎ 07444; 🚗 FDS; △ 400–804 m; 👥 6700."

A., Luftkurort im östl. Teil des nördlichen Schwarzwaldes am Oberlauf der Kinzig und an der B 294, hat Forstamt; Realschule und Progymnasium; Textil-, Arzneimittel- und kunststoffverarbeitende Industrie; Klosterbrauerei.

A. entstand im 12. Jh. als Bauern- und Handwerkersiedlung in der Nähe des ehem. Benediktinerklosters. Der Ort war Sitz des Klosteroberamts bis ins 19. Jh. Für die Bewohner brachte das 18. Jh. mit dem Kobalt-Bergbau eine wirtschaftliche Blütezeit (Farbmühle von 1710 am Eingang des Ehlenbogertals erhalten). Ein beachtlicher Wirtschaftsfaktor war auch die Holzflößerei auf der Kinzig. A. erhielt 1869 Stadtrechte.

Neben der 1095 errichteten rom. Klosterkirche (mit got. Kreuzgang und Chor) sehenswert das 1520 erbaute Rathaus sowie das „Alte Schlößle" (Fachwerkbau) und der Lindenbrunnen. – Alljährlich während der Sommermonate „Alpirsbacher Kreuzgangkonzerte".

Alsdorf (Rheinl.)

□ 31,57 qkm; ○ Aachen; ⚐ Nordrhein-Westfalen; ✉ 52477; ☎ 02404; 🚗 AC; △ 170 m; 👥 47000.

A., 14 km nördlich von Aachen an der B 57, B 221 und Autobahn A 44 Düsseldorf–Aachen–Belgien (Ausfahrt A.-Höngen) gelegen, ist Bahnstation an der Strecke Herzogenrath–Stolberg; hat Gesamtschule, Sonderschulen, Realschule, Gymnasium, berufsbildende Schulen und Volkshochschule. Bedeutende Wirtschaftszweige der St sind die Pharmazeutische Industrie, die Tonträgerproduktion, Kunststoffverarbeitung, Textilindustrie, Druck- und Druckveredelung, der Werkzeugmaschinenbau und die Gießereitechnik.

A., erstmals 1202 urkundlich erwähnt, wurde 1950 zur St erhoben. Die Lage im Großraum von Aachen und die kommunale Neugliederung (1972) ließen die Bevölkerungszahl der Industriestadt auf über das Zweieinhalbfache des Vorkriegsstandes (1939: 18700) anwachsen; die Ära des Steinkohlenbergbaus, die in A. 140 Jahre andauerte, ging 1991 mit der Zechenschließung zu Ende. – Sehenswert die restaurierte Wasserburg aus dem 15. Jh.

Alljährlich A. Europafest (September).

Alsfeld

□ 129,69 qkm; ○ Vogelsbergkreis; ⚐ Hessen; ✉ 36304; ☎ 06631; 🚗 VB; △ 264 m; 👥 17000.

A. liegt am Rande der nordöstlichen Ausläufer des Vogelsberges an der Schwalm im Schnittpunkt der B 49, B 62 und B 254. Anschluß an die Autobahn A 5 Frankfurt a.M.–Bad-Hersfeld (Ausfahrten A.-West und A.-Ost). A. hat Amtsgericht; Realschulen, Gymnasium, Kreisberufsschule, Staatl. Technikerschule, Landwirtschaftsschule, Volkshochschule.

Gegründet unter den Karolingern und 1222 erstmals urkundlich erwähnt, entwickelte sich

A. im 14. Jh. zu einer wohlhabenden Handelsstadt (um 1400 zeitweise Residenz des Landgrafen von Hessen). Im 16. Jh. entstanden die schönen Bauten am Marktplatz. Der Dreißigjährige Krieg verursachte den wirtschaftlichen Niedergang der St und machte A. zu einer bescheidenen Ackerbürgerstadt. Heute ist A. Mittelpunkt (Einkaufsstadt) eines weiten Umlandes und bedeutender Fremdenverkehrsort.

An historischen Bauten blieben erhalten: Walpurgiskirche (Mitte 13. bis Ende 14. Jh.), Rathaus (1512–16), Weinhaus (1538), Dreifaltigkeitskirche (Ende 14. bis Anfang 15. Jh.), Hochzeitshaus (1560–65, jetzt Heimatmuseum), Minnigerode-Haus (1687). Malerische Gassen und ma. Befestigungsanlagen (Leonardsturm 1386).

Altdorf (bei Nürnberg)

□ 48,59 qkm; ○ Nürnberg; ⚐ Bayern; ✉ 90518; ☎ 09187; 🚗 N; △ 442 m; 👥 13000.

A., 25 km östlich von Nürnberg am Rande der Fränkischen Alb an der Autobahn A3 Nürnberg-Regensburg (Ausfahrt A./Burgthann) und Autobahn A6 Heilbronn-Amberg (Ausfahrt A./Leinburg) gelegen, hat Gymnasium, Fachakademie für Sozialpädagogik, Lehrwerkstätte für Körperbehinderte, Sonderschule für Lernbehinderte und Körperbehinderte (Spastikerzentrum des Wichernhauses). A. ist Sitz einer Orthopädischen Spezialklinik (Wichernhaus A. der Rummelsberger Anstalten).

Industrie: Elektrotechnische Apparatefabrik, Fabrik für Federungstechnik und Dämpfungselemente, Herstellung von Bürobedarf.

A. wird 1231 erstmals urkundlich erwähnt. Ende des 14. Jh. erwarb Pfalzgraf Rupprecht den Markt und erhob ihn zur St. 1504 wurde A. von den Nürnbergern erobert; 1533 durch Markgraf Alkibiades niedergebrannt. Unter Nürnbergischer Hoheit Wiederaufbau der St; 1575 Verlegung des Melanchthongymnasiums Nürnberg nach A. (1578 zur Akademie erhoben). Von 1628–1809 war A. Universitätsstadt (an der „Altdorfina" studierten Wallenstein, Pappenheim, Leibniz und Textor, der Großvater Goethes). Sehenswert das Gebäude der ehem. Universität (jetzt Klinik, Lehrwerkstätten für Körperbehinderte), die ev. Laurentiuskirche, Rathaus (1556), Fachwerkhäuser, Stadttore mit Resten der alten Stadtbefestigung, romanische Pfarrkirche mit Schäferkapelle im Ortsteil Rasch. – Wallensteinfestspiele in dreijährigem Rhythmus.

Altena (Westf.)

□ 44,30 qkm; ○ Märkischer Kreis; ⚐ Nordrhein-Westfalen; ✉ 58762; ☎ 02352; 🚗 MK; △ 150–505 m; 👥 24000.

A. liegt an der Lenne und B 236. D-Zug-Station an der Strecke Hagen-Frankfurt a. M. Die St hat Sonderschule für Lernbehinderte, zwei Gymnasien, eine kaufmännische Schule; Drahtindustrie.

Die Geschichte der St ist eng mit der Burg A. auf der Felsenhöhe zwischen Lenne und Nette verknüpft. 1367 gestand Graf Engelbert III. A. eine Selbstverwaltung und ein eigenes Bürgergericht zu. Anfang des 17. Jh. kam die St durch Erbschaft an die Mark Brandenburg. Nach den Befreiungskriegen 1813 gehörte A. zu Preußen. Mit der industriellen Entwicklung im 19. Jh. nahm die eisenverarbeitende Industrie dank der zur Verfügung stehenden Wasserkraft einen großen Aufschwung. Noch heute ist das Drahtgewerbe der wichtigste Industriezweig von A. Historische Erzeugnisse der bodenständigen Industrie im Deutschen Schmiedemuseum und Deutschen Drahtmuseum. Die Burg A. beherbergt das Museum der Grafschaft Mark. – Überregional bekannt das Jazz-Festival auf Burg A.

Altenburg

□ 19,8 qkm; ○ Altenburg; ⚐ Thüringen; ✉ 04600; ☎ 0402; 🚗 ABG; △ 227 m; 👥 48930.

In der St westl. der Pleiße kreuzen sich die B 7, B 93 und B 180; Bahnstation der Hauptstrecke Leipzig-Zwickau. Der nächste Flughafen ist Halle/Leipzig. – Neben städt. Ämtern und Kreisbehörden gibt es in A. als Außenstellen der Bezirksstadt Gera: Staatsanwaltschaft, Arbeitsgericht, Handelsgericht, Verwaltungs- und Sozialgericht. Thüringische Körperschaften des öffentl. Rechtes: Industrie- und Handelskammer, Kassenärztliche Vereinigung, Landesärztekammer. Ferner sind nennenswert: Landratsamt, Forstamt, Staatl. Amt f. Landwirtschaft, Veterinäramt und Zollamt. – Industrie und Wirtschaft: Armaturenwerk u. Metallgießerei, Herstellung von Industrienähmaschinen, Karosserie- und Fahrzeugbau, Maschinenbau und Landtechnik, Spielkartenfabrik, Hoch- und Tiefbau, Brauerei, Likörfabrik, Fruchtverarbeitung, Fleischwarenfabrik, Wollspinnerei, Puppenfabrikation, Hüteherstellung. –

Altenburg, Schloß

Im Jahre 976 wird A. zum erstenmal urkundl. erwähnt. Vorhanden war bereits eine Burg, die auf slaw. Ursprung zurückgeht. Im 12. Jh. wurde sie Mittelpunkt eines Reichsterritoriums, dem „terra Plisnensis" (Pleißenland) zwischen Saale und Mulde, das Kaiser Friedrich I. als Bastion gegen das Streben des dt. Adels nach Selbständigkeit schuf. Die St wurde als Handelsniederlassung unterhalb der Burg (am Brühl) von dt. Kaufleuten gegründet. Erste Aufzeichnungen des Stadtrechtes stammen aus dem Jahr 1256. Bis 1307 blieb A. das politische und wirtschaftliche Zentrum des Pleißenlandes. Mächtige Bauten wie die Bartholomäikirche, die „Roten Spitzen", der Nikolaiturm und die Stadtmauer vermitteln noch immer einen Eindruck von der einstigen Größe und Schönheit der Reichsstadt.

1307 ging das Pleißenland und A. nach verlorener Schlacht bei Lucka in wettinischen Besitz über. Die Burg- und Pfalzanlage wurde zum Residenzschloß umgebaut. Das von Bürgern errichtete Rathaus gehört zu den prächtigsten Renaissancebauten in Deutschland. Mit dem 16. Jh. entwickelte sich die St zu einem geistig-kult. Zentrum. Eine Lateinschule, eine Buchdruckerei, eine Mädchenschule und die A. Studenten an den Universitäten Wittenberg und Jena tragen maßgebend dazu bei.

Der 30jährige Krieg wirkt sich nur vorübergehend stagnierend auf die Wirtschaft aus. Zwischen 1603 und 1672 ist A. Residenzstadt der Herzöge von Sachsen-Altenburg. Mit dem Anschluß an das Herzogtum Sachsen-Gotha (ab 1672 bis 1824) fungiert die St zwar nur als Nebenresidenz, bekommt aber in dieser Zeit ihr barockes Aussehen, das bis heute weitgehend erhalten blieb.

Kulturelles: Das Landestheater A. genießt einen hohen nationalen Ruf. Das jährl. stattfindende Dirigentenseminar und 10 Sinfoniekonzerte pro Saison sind einmalig im dt. Spielraum. – Wahrzeichen der St ist auch der „Skatbrunnen", er symbolisiert A. als Geburtsort des Skatspiels (1818) und der Spielkartenfabrikation (ab 1832). Im Schloß befindet sich neben anderen Ausstellungen und Sammlungen ein Spielkartenmuseum, das Originale und Nachdrucke aus 6 Jh. zeigt. – Im Lindau-Museum findet man 180 kostbare italienische Tafelbilder (Masaccio, Botticelli, da Siena u.a.) aus dem 13.–16. Jh., griech. und etruskische Tongefäße des 4.–7. Jh. v.Chr. sowie Malerei, Plastik und Graphik von 1500 bis zur Gegenwart. – Das Naturkundliche Museum „Mauritianum", erbaut für die „Naturforschende Gesellschaft des Osterlandes zu A." (Brehm, Schlegel, Haeckel) zeigt Dauerausstellungen zur Abstammungslehre vom Menschen, gibt einen Überblick über das System der Tiere und befaßt sich mit der Vogelwelt sowie der heimatlichen Geologie. – Als weitere Bildungsstätten müssen erwähnt werden: die Kreisvolkshochschule mit reichem Wissensangebot, die Musikschule für mehr als 600 Schüler, die eine musikalische Ausbildung in 6 verschiedenen Unterrichtsbereichen erhalten; die St- und Kreisbibliothek mit umfangreichen Beständen (3 Häuser), das Stadtarchiv (Urkunden ab 1256); der Botanische Garten und ein Inselzoo als Heimattiergarten.

Altenholz

□ 19,51 qkm; ○ Rendsburg-Eckernförde; ⚐ Schleswig-Holstein; ✉ 24161; ☎ 0431; 🚗 RD; △ 18–26 m; 👪 9600.

A. ist eine moderne Wohngemeinde nördlich der Landeshauptstadt Kiel; Zufahrt über die B 503.

Die Gm ist Standort der Datenzentrale und der Verwaltungshochschule Schleswig-Holstein. A. hat Realschule, Gymnasium, Sonderschule, Volkshochschule sowie kleinere Industrie- und Gewerbebetriebe.

Altenkirchen (Westerwald)

□ 10,99 qkm; ○ Altenkirchen; ⚐ Rheinland-Pfalz; ✉ 57610; ☎ 02681; 🚗 AK; △ 250 m; 👪 4900.

A., an der Wied am Westabhang des Westerwaldes gelegen, ist über die B 8, B 256 und B 414 zu erreichen. Die Stadt ist Sitz eines

Amtsgerichts und der Kreisverwaltung; A. hat Realschule, Gymnasium, Berufsschule, Landwirtschaftsschule, Ev. Landjugendakademie, Ev. Landvolkshochschule; kunststoffverarbeitende- und Metallindustrie.

Erste Erwähnung der Stadt 1131 in einer Urkunde Papst Innocenz' II. (1130–1143). 1329 Verleihung des Münzrechts. In A. erlangte aufgrund des regen Durchgangsverkehrs das Transportgewerbe besondere Bedeutung. 1728 und 1893 fiel die St Großbränden zum Opfer. Im 2. Weltkrieg wurde nahezu die gesamte Innenstadt zerstört. Nach dem Kriege entwickelte sich A. zur verkehrspolitisch und wirtschaftlich bedeutenden Mittelpunktgemeinde.

Altensteig (Württemberg)

□ 53,21 qkm; ○ Calw; ⚐ Baden-Württemberg; ✉ 72213; ☎ 07453; 🚗 CW; △ 440–630 m; 👫 9400.

Der Luftkurort A. liegt im oberen Nagoldtal im nördlichen Schwarzwald an der B 28. Die St hat Forstamt; Realschule, priv. Gymnasium mit Internat, Sonderschule für Lernbehinderte; Besteck- und Schalldämpferfabriken, feinmechanische Industrie, Gerbereien; Fremdenverkehr.

A., erstmals 1085 urkundlich genannt, kam von der hohenbergischen Herrschaft A. 1398 an Baden. Unter den Markgrafen von Baden erhielt der Ort 1287 das Stadtrecht; 1604 wurde A. württembergisch. – Bemerkenswert das gut erhaltene Schloß aus dem 13. Jh., das Rathaus (15. Jh.) und Reste der ma. Stadtbefestigung.

Altötting

□ 21,59 qkm; ○ Altötting; ⚐ Bayern; ✉ 84503; ☎ 08671; 🚗 AÖ; △ 403 m; 👫 11000.

A., an der Kreuzung der B 12 und B 299 gelegen, ist Sitz eines Amtsgerichts, der Kreisverwaltung und zahlreicher Schulen (Realschulen, Realgymnasium für Mädchen, Gymnasium, Fachober- und Berufsoberschule, Berufsschule, Berufsaufbauschulen, Haushaltsschule, Schwestern- und Pflegerschule im Kreiskrankenhaus). Wichtigste Industriezweige sind der Maschinenbau (Spezialmaschinen für die Holz- und Brauereibranchen) und die Devotionalienindustrie.

Erste urkundliche Erwähnung 742; 832 Errichtung einer königlichen Pfalz. 893 wurde Ludwig das Kind, der letzte Karolinger, in A. geboren. 907 zerstörten die Hunnen die St; 1898 Stadterhebung.

A. ist der bedeutendste Marienwallfahrtsort im deutschsprachigen Raum. In der Hl. Kapelle befinden sich das Gnadenbild U.L. Frau (Schwarze Madonna) und die Herzreliquiare der bayerischen Herzöge u. Könige; die spätgot. Stiftskirche (1499–1511) besitzt bedeutende Schatzkammer (Goldenes Rössl um 1400) und Grab des Karolingers Karlmann (879); am Kreuzgang Tilly-Kapelle mit Grab des Generalfeldmarschalls (17. Jh.); sehenswert ferner die Jesuitenkirche (Ende 17. Jh.).

Alzenau (Unterfranken)

□ 59,29 qkm; ○ Aschaffenburg; ⚐ Bayern; ✉ 63755; ☎ 06023; 🚗 AB; △ 130 m; 👫 16000.

A., 25 km östlich von Frankfurt a.M. am Westrand des Spessart an der Kahl und Autobahn A45 (Ausfahrt A.) gelegen, hat Amtsgericht; Realschule, Gymnasium, Sonderschule für Lernbehinderte, Berufsschule; Kolben-, Maschinen-, Zellstoff-, Papier-, Lederwaren- und Zigarrenindustrie, Glasbeton-Fertighaus-Werke; Weinbau in einigen Ortsteilen.

A. (bis ins 15. Jh. „Wilmundheim" genannt) wird erstmals in der 2. Hälfte des 10. Jh. urkundlich erwähnt. 1401 erhielt der Ort das Stadtrecht (1951 erneuert). A. war Sitz eines Freigerichts. Im 15. Jh. wurde der Ort zerstört, die neu gegründete Siedlung nach der Burg A. benannt (Ende des 14. Jh. erbaut). A., vor 1802 zu Kurmainz gehörend, kam nach der Säkularisation an Hessen-Darmstadt und 1816 an Bayern. Sehenswert Burg und Wallfahrtskirche Kälberau.

Alzey

□ 35,22 qkm; ○ Alzey-Worms; ⚐ Rheinland-Pfalz; ✉ 55232; ☎ 06731; 🚗 AZ; △ 175 m; 👫 15800.

A., 35 km südlich von Mainz an der Selz im rheinhessischen Weinbaugebiet gelegen, ist über die B 40, die B 271 und die Autobahn A 61 Koblenz–Ludwigshafen (Ausfahrt A) und Autobahn A 63 und Mainz–Kaiserslautern (Ausfahrt Erbes-Büdesheim) zu erreichen. A. hat Amtsgericht, Kreisverwaltung, Landesanstalt für Rebenzüchtung; Landesnervenklinik;

Aufbaugymnasium, Gymnasien, Berufsschule mit Berufsaufbauschule, Landwirtschaftsschule, Volkshochschule, Sonderschulen für lern- und geistig behinderte Kinder. – In A. befindet sich die Hauptverwaltung der Massa-Märkte; ferner Möbel-, Textil- und Landmaschinenindustrie; Mälzereien, Weinbau und Weinhandel. – Landes-Nervenklinik.

Ursprünglich Keltendorf, dann römische Niederlassung (erste Erwähnung 223 n. Chr.). 1277 erhielt A. die Stadtrechte. Wechselreiche Geschichte der befestigten, im 17. und 18. Jh. mehrfach niedergebrannten Stadt. Sehenswert die Reste der Stadtmauer und des römischen Kastells »vicus altiaia«, der ma. Stadtkern und das um 1100 errichtete, 1904 nach alten Plänen restaurierte Pfalzgrafenschloß. Die Nikolaikirche (Hallenkirche) stammt aus dem 15. Jh.

Amberg (Oberpf.)

□ 50,07 qkm; ○ Kreisfreie Stadt; ⚐ Bayern; ✉ 92224; ☎ 09621; 🚗 AM; △ 373 m; 👥 43000.

A. liegt an der Vils am Osthang des Oberpfälzer Jura im Schnittpunkt der B 85 und B 299 sowie an der Autobahn A 6 Nürnberg-Amberg (3 Ausfahrten). A. ist der Sitz der Verwaltung des Landkreises A.-Sulzbach, des Staatsarchivs (Oberpfalz) und eines Bergamtes (Nordbayern). Die St verfügt über Berufsschulen, Fachschulen, höhere Schulen und Sonderschulen für Lernbehinderte sowie geistig Behinderte. A. ist Bundeswehrstandort.

Eisenerz und Braunkohle (Luitpoldhütte und Maxhütte) bestimmen seit dem Mittelalter die wirtschaftliche Entwicklung der St; daneben Maschinenbau, Gerätewerk (Siemens-Schukkert), Glas- und Emailleindustrie.

1034 wird A. erstmals urkundlich, 1242 als Stadt erwähnt. Seit 1388 ist A. Zentrum des oberpfälzischen Berg- und Eisenhüttenwesens. Zwischen 1329 und 1806 war die St Sitz der kurfürstl. Regierung der Oberpfalz.

Kunstgeschichtlich bedeutsam die spätgot. Pfarrkirche St. Martin (Vorbild der sächsischen Bergmannsgotik) und der geschlossene Stadtmauerring; bemerkenswert ferner die Stadtpfarrkirche St. Georg (11. Jh.) mit barocker Ausstattung, das spätgot. Rathaus, das Pfalzgrafenschloß (Museum) und das kurfürstl. Schloß (15. Jh., jetzt Landratsamt). – Überregional bekannt das in der ersten Juliwoche stattfindende Bergfest. Dr. Georg Forster (um 1515–1568) und Caspar Othmayr

Amberg, St. Martin

(1515–1553), zwei bedeutende Komponisten der deutschen Renaissance, sind in A. geboren.

Amöneburg

□ 43,95 qkm; ○ Marburg-Biedenkopf; ⚐ Hessen; ✉ 35287; ☎ 06422; 🚗 MR; △ 365 m; 👥 5000.

A., 15 km östlich von Marburg im Amöneburger Becken, einer breiten Tallandschaft gelegen, ist über die B 62 und Autobahn A 5 Frankfurt a. M.–Kassel (Ausfahrt Homberg/Ohm) zu erreichen. Die St, anerkannter Erholungsort, hat Gymnasium und regionales Bildungszentrum.

Bonifatius gründete in A. 721 ein Kloster. Anfang des 12. Jh. wurde die Bergsiedlung von den Mainzer Bischöfen zur St und Festung ausgebaut. Sehenswerte Ruinen des kurfürstlichen Schlosses und der ma. Stadtbefestigung.

Amorbach

□ 50,92 qkm; ○ Miltenberg; ⚐ Bayern; ✉ 63916; ☎ 09373; 🚗 MIL; △ 168–505 m; 👥 4500.

Der Luftkurort A. liegt im östlichen Teil des Naturparks „Bayer. Odenwald" am Schnittpunkt der B 47 und B 469. Bahnstation an der Strecke Aschaffenburg–Osterburken. Die St hat Gymnasium, Realschule für Mädchen (mit Internat); Faserplattenwerk; Fremdenverkehr.

734 wurde das Benediktinerkloster A. gegründet. Der im Schutz des Klosters entstandenen Siedlung verlieh der Klostervogt Konrad von Dürn 1253 das Stadtrecht. 1803 kam A. an das Fürstentum Leiningen (Residenz), 1806 an Baden und 1816 an Bayern. St und Kloster erlebten im 17. und 18. Jh. eine rege Bautätigkeit. Die ehem. Abteikirche mit berühmter Barockorgel wurde zwischen 1742 und 1747 von M. v. Welsch umgebaut; bemerkenswert ferner die Klosterbibliothek und der klassizistische „Grüne Saal" im ehem. Konventbau, die Pfarrkirche St. Gangolf (18. Jh.), der Marktplatz mit Rathaus (15. Jh.) und Fachwerkhäusern, das Templerhaus (1291), die ehem. mainzische Amtskellerei (15. Jh., jetzt Heimatmuseum) und die westl. von A. gelegene Kapelle Amorsbrunn, das Ziel der alljährlich Mitte Mai stattfindenden Pferdeprozession (St. Gangolfs-Ritt).

Andernach, Runder Turm

Andernach

□ 53,24 qkm; ○ Mayen-Koblenz; ⚐ Rheinland-Pfalz; ✉ 56626; ☎ 02632; 🚗 MYK; △ 60 m; 👫 27000.

A., im Rheintal nordwestlich von Koblenz (17 km) an der B 9 und B 256 gelegen, hat Anschluß an die A 61 Koblenz–Mönchengladbach (Ausfahrten Plaidt und Kruft) und ist D-Zug-Station der (linksrheinischen) Bundesbahnstrecke Mainz–Köln. Die St besitzt einen neuen Rheinhafen (1970) und hat Anlegestelle für Personenschiffe (Köln–Düsseldorfer). A. ist Bundeswehrstandort, hat Landesversicherungsanstalt, Zollbehörden; Realschule, Gymnasien, Berufsfachschulen; Stahl-, Kunststoff-, Malz-, Bims-, Lava- und Nahrungsmittelindustrie; Fremdenverkehr.

In A. befindet sich die Landesnervenklinik von Rheinland-Pfalz. Heilbad im Stadtteil Bad Tönisstein.

Um 12 n.Chr. errichteten die Römer Kastell und Poststation »Antunnacum«. Caesar hatte schon 55 und 53 v.Chr. an der Stelle den Rhein überquert. Im 7./8. Jh. war A. fränkische Königspfalz. 1167 schenkte Kaiser Barbarossa die St seinem Reichskanzler Rainald von Dassel. Das 14. und 15. Jh. waren wirtschaftliche Blütezeiten. 1689 wurde A. von den Franzosen völlig zerstört. – Die bemerkenswertesten Baudenkmäler sind: Mariendom (Baubeginn 1198), Rheintor (um 1200–1220), Kurfürstliches Schloß (12.–15. Jh.), Runder Turm (1448–52) mit Resten der Stadtmauer.

Angermünde

□ 43,97 qkm; ○ Angermünde; ⚐ Brandenburg; ✉ 16278; ☎ 0372; 🚗 ANG; △ 48 m; 👫 11400.

Die St liegt in der südöstlichen Uckermark an der B 2 und B 198; Anschluß an die E 11 (Berliner Ring) ca. 15 km; Bahnstation an der Strecke Stralsund–Berlin–Frankfurt/O.; weitere Bahnverbindungen: A.-Schwedt und A.-Stettin. – Stadt- und Kreisverwaltung mit üblicher Ämterstruktur; Grundschulen, Gesamtschulen, Gymnasium. – Wirtschaftsstruktur: Bauwesen, Verkehrsbetriebe, Lebensmittelindustrie sowie mittelständische Unternehmen (Handwerk, Gewerbe und Dienstleistung). –

Sehenswürdigkeiten/Fremdenverkehr: historische Altstadt, Marienkirche (13.–15. Jh., got. Backsteinbau), Klosterkirche (13.–15. Jh.); Reste der Stadtbefestigung mit Pulverturm (um 1300); Rathaus (Spätbarock); Heimatmuseum, Ehm-Welk-Literaturmuseum, Stadtbücherei;

Heimattiergarten, Naturlehrpfad „Sternfelder Tanger". – Mündsee mit Bootsverleih, Wolletzsee mit Badestrand, Campingplatz mit Bootsverleih; Wanderwege in die westlich gelegene Region: Biosphärenreservat Schorfheide/Chorin, Landschafts- und Naturschutzgebiet. – Seenreiche Grundmoränenlandschaft der uckermärkischen Platte, geprägt im W und N der St von großen zusammenhängenden Laub- und Mischwäldern, im S und O von offenen hügeligen Feldflächen und Niederungen.

Geschichtliches: Als Jahr der Stadtrechtsverleihung wird 1233 angenommen. Die St wurde ab 1313 bis ins 19. Jh. hinein Neu-A. genannt. Sie gehörte seit 1340 dem Verband der Hanse an. Einwohnerzahl um 1600 ca. 1460. Starke Verwüstungen während des 30jährig. Krieges, die Einwohnerzahl sank auf etwa 100. Erst Ende des 17. Jh. kam mit Zuwanderung hugenottischer Familien und Errichtung einer Garnison erneut Zuwachs und wirtsch. Bewegung in die St; sie wurde 1817 Kreisstadt. Ab Mitte des 19. Jh. wurden Verwaltungen, Kirchen und Versorgungseinrichtungen erbaut; neue Betriebe ließen sich nieder. – Starke Anziehungskraft übt die historische Altstadt aus. Sie gehört zu den wenigen, die im Land Brandenburg weitgehend erhalten geblieben sind.

A. hat nach aufgezwungener 40jähriger Fehlentwicklung nach dem 2. Weltkrieg unter der neuen Selbstverwaltung ein umfangreiches Maßnahmenkonzept für die eigene Weiterentwicklung geschaffen: Erhalt der vorhandenen städtebaulichen Grundfigur sowie der Konfiguration von Stadtkörper und offener Landschaft. Sanierung der Altstadt und Weiterentwicklung zu einem regionalen Versorgungskern. Neubau von 500 bis 1000 Wohnungen; Erschließung neuer Gewerbegebiete, Erneuerung und Ausbau der techn. Infrastruktur. Wiederherstellung der reizvollen Landschaftsgestalt durch Neustrukturierung der Landwirtschaft. – A. feiert jährlich im Juni die Uckermärkischen Tage.

Anklam

□ 41 qkm; ○ Anklam; ⚐ Mecklenburg-Vorpommern; ✉ 17389; ☎ 0994; 🚗 ANK; △ 10–13 m; 👪 19000.

A. ist erreichbar auf der B 109, B 110, B 197 und B 199; es liegt an der Reichsbahn-Hauptstrecke Berlin–Stralsund.

Offizielles und Kulturelles: Kreisverwaltung, Polizeiinspektion und Kreisgericht; Gymnasium; Kreiskrankenhaus; Heimatmuseum am Steintor, Otto-Lilienthal-Museum; Vorpommersche Landesbühne; Seesportklub, Schwimmhalle; Flugsportklub.

Wirtschaft: Bauwesen und Möbelproduktion; Lebensmittelindustrie, Zuckerfabrik, Fleischverarbeitung. Flugverkehrs-Landeplatz; Binnenhafen an der Peene. In der St sind aus dem landwirtschaftl. Bereich Rind- und Schweinezucht sowie Agrargesellschaften vertreten.

Die alte Hanse- und heutige Kreis-St wurde 1264 erstmals erwähnt, später zur Festung mit St-Mauer und -Toren ausgebaut; im 30jährigen Krieg erlitt A. starke Zerstörungen, das 1648–1720 unter schwedische Herrschaft kam; danach gehörte es zu Preußen. Der Peene-Fluß bildete eine natürliche Grenze.

Die Lage A. an der Wasserstraße führte zum Ausbau eines Binnenhafens, der vorrangig für den Umschlag von Schüttgut genutzt wurde. Gegen Ende des 19. Jh. entstand die Eisengießerei Münter; sie wurde im 2. Weltkrieg von den Arado-Werken übernommen und ausgebaut.

Frühzeitige Zuckergewinnung durch „Pommersche Zuckerfabrik" (1873); Herstellung von Mobiliar in größerer Zahl durch die Möbelfabrik „Oldenburg". Am Ende des Zweiten Weltkrieges waren durch mehrere Bombardements 70% der Innenstadt zerstört. Neben ihrem Wiederaufbau entstanden die neuen Stadtviertel „Südstadt" sowie die Siedlung „Am Stadtwald". – In A. wurde am 23. 5. 1848 Ingenieur Otto Lilienthal geb., einer der bedeutendsten dt. Flugpioniere (tödlich abgestürzt am 10. 8. 1896 in Berlin).

An die alte Hansestadt erinnern: Marienkirche (1296 erstmals erwähnt); Nikolaikirche (14. Jh.) heute Ruine; Steintor (um 1400); Wachturm „Hoher Stein" (1412); Pulverturm (15. Jh.) und got. Giebelhaus (16. Jh.).

Annaberg-Buchholz

□ 12,68 qkm; ○ Annaberg; ⚐ Freistaat Sachsen; ✉ 09456; 🚗 ANA; △ 610 m; 👪 25400.

Die Kreisstadt A.-B., am Westfuß des Pöhlberges und beiderseits des Sehmatales gelegen, bildet das wirtschaftliche und kulturelle Zentrum der obererzgebirgischen Region. Hier kreuzt die B 95 mit der B 101. Fernverbindungen in die ČR (B 95/E 40) nach Karlsbad (Karlovy Vary), Falkenau (Sokolov) und Eger (Cheb); zum nächsten Flughafen auf der B 101 über Freiberg nach Dresden. Drei Bahnhöfe für den regionalen Eisenbahnverkehr; nächste

Hauptstrecke ist Dresden–Zwickau. In der St Sitz des Landratsamtes und des zentralen Arbeitsamtes für das obere Erzgebirge; mehrere allgemeinbildende Oberschulen und ein Gymnasium; Sonderschule für Lernbehinderte. Im Thermalbad Wiesenbad – nördlich vor der St im Zschopautal gelegen – Heilbehandlung der Bechterewschen Krankheit sowie der Nachwirkungen von Kinderlähmung. Industrie: Grundstoffveredelung, Aluminiumguß, Maschinenbau, Elektro-Feingerätefertigung, Holzverarbeitung, Spielzeugherstellung; Textilien – traditionelle Posamenten und kunstvolle Klöppelarbeiten, Täschner- und Seilerwaren, Produktion von Verpackungsmitteln und Lampenschirmen.

Geschichte: A. wurde 1496 als freie Bergstadt gegründet und planmäßig angelegt. Es wuchs nach Funden von Silbererzvorkommen in sehr kurzer Zeit zu einer der größten dt. Städte heran und übertraf 1509 mit 8000 EW Leipzig und Dresden. Die A. Münze prägte gewichtige silberne „Engelsgroschen" und „Schreckensberger", bezeichnet nach der Herkunft des Silbers aus dem gleichnamigen Berg bei Sankt A. Der Silberbergbau wurde durch Verbesserung der Technik nach 1534 extrem forciert; einheimische Geldgeber, vor allem aber Handelshäuser aus Leipzig und Nürnberg, Augsburg und Köln erwarben daran beträchtliche Vermögen. In der zweiten Hälfte des 16. Jh. ging die Ausbeute stark zurück, um 1600 lag der Silberabbau endgültig still. Dafür breitete sich die Spitzenklöppelei und Bortenwirkerei als Handelsware aus, gefördert von der Verlegerin Barbara Uthmann, die auch die Frauen unterwies. Während sich das Klöppeln ebenso wie die Figurenschnitzerei zur Volkskunst entwickelte, wurde die Fabrikation von Posamenten zu einem der wichtigsten Zweige des Broterwerbes im oberen Erzgebirge.

Die einstige Nachbarstadt B. entstand 1497 als Bergbausiedlung; ab 1501 Privilegien als freie Bergstadt, seit 1547 gehörte sie zum Kurfürstentum Sachsen. Sie nahm eine ähnliche Entwicklung wie A., erreichte jedoch nicht dessen Bedeutung. Noch gegen Ende des 2. Weltkrieges richteten Fliegerbomben große Zerstörungen an. Dabei sank die spätgotische St. Katharinenkirche in Trümmer. – Die beiden ehem. Bergstädte sind seit 1945 vereint.

Ihr kulturelles Gepräge erhält die St durch das „Eduard-von-Winterstein-Theater", auch durch ein reichhaltiges Veranstaltungs-Angebot der Kulturhäuser „Festhalle" und „Erzhammer". Größtes Volksfest im oberen Erzgebirge ist die „Annaberger Kät" mit zahlreichen traditionellen Vergnügungen. – Der bedeutendste spätgotische Sakralbau Obersachsens ist die Stadtkirche St. Annen, errichtet von 1499 bis 1520, ein monumentales dreischiffiges Gotteshaus in Hallenbauweise. Prachtvolle Ausstattung durch namhafte Künstler des beg. 16. Jh.: F. Maidenburg schuf 100 Emporenreliefs, die Kanzel und die Tür zur Sakristei. Auf Chr. Walther gehen die Plastiken des Münzer- und Bäkkeraltars zurück. Zu den größten Kunstwerken der Kirche gehören die „schöne Tür" (1512), der Taufstein und die „Schutzmantel-Madonna" – Schöpfungen Hans Wittens, des bedeutsamsten Schnitzers und Bildhauers der sächs. Spätgotik. Die meisten Altargemälde schreibt man Meistern der Cranachschule zu. Ein reales Bild vom Bergbau- und Verhüttungsbetrieb jener Zeit vermittelt das Werk des Zwickauer Malers H. Hesse auf der Rückseite des Altars der Bergknappenschaft (1521).

Das „Erzgebirgsmuseum" (gegr. 1887) pflegt Sammlungen zur Geschichte des oberen Erzgebirges und seiner vielfältigen Volkskunst. In A. wirkte der Bergbeamte und Rechenmeister Adam Ries (gelegentl. auch Riese genannt), geb. um 1492, gest. 30. 3. 1559; Verfasser mehrerer Rechenbücher in dt. Sprache, in denen er mit großem methodischem Geschick an Beispielen den Gang der Rechnung erklärte. Seine Bücher waren sehr beliebt und blieben lange in Gebrauch – daher noch heute die Redewendung „nach Adam Ries" als Bekräftigung der Richtigkeit einer Rechnung (Wohnhaus in der Johannisgasse, Gedenktafel und Büste). – Wanderziele und Sehenswürdigkeiten: Naherholungszentrum am Pöhlberg (832 m) mit Aussichtsturm, „Waldschenke", größerem Tiergehege und Kinderspielplätzen; Möglichkeiten zum Wintersport und zu Ausflügen ins nachbarliche Böhmen (ČR).

Nahe bei A.-B. im Sehmatal Schauvorführungen des „Frohnauer Hammers" (Mühlengebäude 1436, seit 1620 Hammerwerk); die Anlage verkörpert ein europaweit bekanntes techn. Denkmal. Es vermittelt mit seinen alten Werkstätten nachhaltige Eindrücke von der Eisenverarbeitung des 15./16. Jh. Aus dem Hammerherrenhaus, einem schönen Fachwerkbau, wurde ein volkskundliches Museum und eine Gaststätte.

Annweiler am Trifels

□ 39,88 qkm; ○ Südliche Weinstraße; ⚐ Rheinland-Pfalz; ✉ 76855; ☎ 06346; 🚗 SÜW; △ 180–230 m; 👥 7200.

A., am Schnittpunkt der B 10 und B 48 im Queichtal gelegen, das den Pfälzerwald vom

Wasgau trennt, ist Luftkurort am Fuß des Trifels (577 m). A., Sitz einer Verbandsgemeinde, hat Realschule, ev. Gymnasium, Kreisberufsschule, Berufs- und Handelsschule, Volkshochschule, Sonderschule für Lernbehinderte; Kreiskrankenhaus; Email- und Meßwerkzeugwerk, Glühlampenfabrik, Pappe- und Kartonagenindustrie.

A. wird erstmals 1006 urkundlich genannt. Im 11. Jh. war das Dorf im Besitz des Bischofs von Straßburg; 1116/18 gelangte es auf dem Tauschweg an Herzog Friedrich II. von Schwaben, der den Ort befestigen ließ. 1138 wurde A. Königsgut; 1219 Verleihung des Speyrer Stadtrechts. 1330 verpfändete Kaiser Ludwig der Bayer die St an die Kurpfalz. Bis 1793 verblieb A. beim Herzogtum Zweibrücken; 1816 kam es an Bayern. Gegen Ende des 2. Weltkrieges schwere Zerstörungen im historischen Stadtkern und an den Industrieanlagen.

Sehenswert Burg Trifels (Mitte 11. Jh., im 17. Jh. verfallen, seit 1937 teilweise restauriert). – Nach A. nannte sich der Reichstruchseß Markwart von Annweiler (1140 bis 1202).

Ansbach (Mittelfr.)

□ 99,39 qkm; ○ Kreisfreie Stadt; ⚐ Bayern; ✉ 91522; ☎ 0981; 🚗 AN; △ 409 m; 👥 38300.

A. liegt im Tal der Fränkischen Rezat am Schnittpunkt der B 13 und B 14. Anschluß an die Autobahn A 6 Heilbronn–Nürnberg (Ausfahrt A.); D-Zug-Station der Bahnlinien München–Würzburg–Köln; München–Würzburg–Hannover–Hamburg; Prag–Nürnberg–Stuttgart–Straßburg.

A. ist Sitz der Regierung von Mittelfranken und der Behörden des Landkreises A. Die St hat Bezirksfinanzdirektion, Staatsoberkasse, Land- und Amtsgericht, Verwaltungsgericht, Oberforstdirektion, Schloß- und Gartenverwaltung, Wasserwirtschaftsamt, Zollamt und Zollkommissariat; Deutscher Wetterdienst u. a. Behörden; Gymnasien, Handels- und Wirtschaftsschule, Berufs- und Berufsaufbauschule, Fachoberschule, landwirtschaftliche Kreisberufsschule und Berufsfachschule, Maschinenbauschule mit Technikerschule, Meisterschule für Bauhandwerker; Sonderschule für Lernbehinderte; Lungensanatorium; A. ist Sitz eines Verteidigungsbezirks- und Verteidigungskreiskommandos der Bundeswehr.

Das wirtschaftliche Leben A. wird von einer weitgefächerten Industrie bestimmt: Elektroindustrie (Zweigwerk der Bosch GmbH), Herstellung von Wasserzählern (Hydrometer GmbH), Maschinen- und Werkzeugfabriken, Fleischwerke, Kunststoffwerk, Fabrikation von Kunststoffpräzisionsteilen u. a.

Ansbach, Dreiturmfassade von St. Gumbertus

Ihren Namen erhielt A. nach einem fränkischen Ursiedler »Onold« (um 700). Die erste Keimzelle der St war ein vom Hl. Gumpert um 748 gegründetes Benediktinerkloster, das im 11. Jh. in ein Chorherrenstift umgewandelt wurde. 1221 wird »Onoldsbach« erstmals als St erwähnt. 1331 kamen St und Stift in den Besitz der Hohenzollern, die A. 1456 zur markgräflichen Residenz erhoben und bis 1806 das Schicksal der St bestimmten. Im Schönbrunner Frieden wurde A. dem Königreich Bayern zuerkannt.

Als Residenzstadt erlebte A. eine Reihe von kulturellen Blütezeiten. Unter der Regierung des mächtigen Kurfürsten und Markgrafen Albrecht Achilles (1440–86) wurde die gotische Johanniskirche (1441; Fürstengruft 1660) errichtet. Wahrzeichen der St ist die St. Gumbertuskirche mit romanischer Krypta (um 1040) unter der barocken Saalkirche, Dreiturmfassade (16. Jh.) und Schwanenritterkapelle (1501–23). Repräsentative Bauten entstanden zur Zeit der kunstsinnigen Markgräfin Christiane Charlotte (1723–29) und ihres Sohnes Markgraf Carl Wilhelm Friedrich (1729–57): das Ansbacher Schloß (1705–36, mit älteren Bauteilen des 15. u. 16. Jh.) und die Orangerie (1726–28) mit Hofgarten. Weitere Sehenswürdigkeiten sind die Markgräfliche Kanzlei (1594 begonnen), das Landhaus (jetzt Stadthaus, 1532), der Schnizleinshof (16.–18. Jh., jetzt Kreis- und Stadtmuseum), die ehemalige Pilgerkapelle Heilig Kreuz (1561 begonnen) mit

Friedhof (Ruhestätte des in A. geborenen Dichters Johann Peter Uz, 1720–96, und des 1832 ermordeten Findlings Kaspar Hauser). Bedeutende Sammlungen von Ansbacher Fayence und Porzellan in der gotischen Halle des Residenzschlosses; im Stadtmuseum Kaspar-Hauser-Sammlung und Fayence- und Porzellankabinett.

Feste und Veranstaltungen: Internationale Bachwoche A. (alle zwei Jahre); A. Rokokospiele (alle zwei Jahre).

Apolda

☐ 11,75 qkm; ○ Apolda; ⚐ Thüringen; ✉ 99510; ☎ 03644; 🚗 APD; △ 170 m; 👥 28000.

A., am Ostrand des Thüringer Beckens, liegt an der B 87; weitere verkehrsgünstige Anschlußmöglichkeiten: B 7 in 8 km, A 4/E 40 in 12 km Entfernung. Bahnhof an der Hauptstrecke Leipzig–Frankfurt/Main; nächster Flugplatz in Erfurt (40 km). – Die Kreisstadt verfügt über die üblichen zentralen Einrichtungen wie Landratsamt, Handwerkskammer, Amtsgericht und eine Zweigstelle des Arbeitsamtes Erfurt. Bildungsstätten: Grundschulen, Regelschulen, Gymnasium, Ingenieurschule für Baustofftechnologie. Die örtliche Industrie knüpft an die Tradition der früheren Obertrikotagenfertigung, der Herstellung von Lederwaren, feinmechanisch-optischen Erzeugnissen, Laborchemikalien und Glocken an. Ein Industrie- und Gewerbegebiet zur Ansiedlung von Handwerkern, Klein- und mittelständischen Unternehmen entsteht an der B 87.

Geschichtliches: A. wurde erstmals 1119 urkundlich als Ortschaft erwähnt und 1150 als St bezeichnet, schriftliche Verbriefung dafür jedoch erst 1289. Bis gegen Ende des 16. Jh. eine Ackerbürgerstadt, wurde 1593 mit Beginn der Strumpfstrickerei (in Handarbeit) neben der Landwirtschaft die zweite wichtige Erwerbsquelle eingeführt. Einhundert Jahre später begann man mit der Strumpfwirkerei. – Seit 1722 entwickelten sich spezielle Gießereien für Turmglocken, die der St zu weitverbreitetem Ansehen verhalfen. Neben zahllosen anderen wurde 1923 die „große deutsche Glocke" für den Kölner Dom gegossen. Im Jahre 1988 stellte die letzte Gießerei ihre Arbeit ein. – Von 1904 bis 1928 wurden in A. die erfolgreichen Rennwagen „Piccolo" und „Apollo" gebaut. Ferner kann A. für sich beanspruchen, daß hier die ersten Hunde der Rasse „Dobermann" gezüchtet wurden. – Die St gehörte 1672–1918 zum Herzogtum Sachsen-Weimar.

Sehenswürdigkeiten: Im Glockenmuseum wird die 3000jährige Geschichte der Glockengießkunst dargestellt. Die Sammlung zeigt Stücke aus vielen Ländern und für den unterschiedlichsten rituellen Gebrauch. Das reizvollste Schaustück stammt aus China, eine Bronzeglocke im Ebenholzträger (1. Hälfte des 15. Jh.). Hauptthema der Ausstellung ist der Glockenguß in A. – Im gleichen Hause befindet sich das Regionalmuseum zur Entwicklung der Strick- und Wirkwarenherstellung. Ältestes Exponat ist ein Handwebstuhl aus der Zeit um 1800. –

Bauten: zweigeschossiges Renaissancerathaus (1558/59) mit Rundbogenportal und spätgotisch profilierten Fenstern sowie Treppenturm mit Barockhelm; Martinskirche (12. Jh.), Bonifatiuskirche (19. Jh.). Bautechnisch interessant sind der historische Eisenbahnviadukt (1845/46) und das Bahnhofsgebäude (1889). – Der traditionelle Zwiebelmarkt im Oktober ist ein beliebtes Volksfest.

Arnsberg

☐ 193,39 qkm; ○ Hochsauerlandkreis; ⚐ Nordrhein-Westfalen; ✉ 59753*; ☎ 02931; 🚗 HSK; △ 180–240 m; 👥 77800.

A. liegt am Südrand des Arnsberger Waldes (Naturpark Homert) an der B 7 und B 229; Anschluß an die A 44 Dortmund–Kassel über die A 455 AB-Kreuz Werl–Arnsberg); D-Zug-Station der Strecke Hagen–Kassel. A., Sitz des Regierungsbezirkes A., hat Landgericht, Amtsgericht, Verwaltungsgericht und Arbeitsgericht, Industrie- und Handelskammer, Staatl. Veterinäruntersuchungsamt, Staatshochbauamt u.a. Behörden; Sauerland-Theater, Kulturzentrum, Galerien, Freilichtbühne; Kulturzentrum der Deutschen aus Litauen; städt. Real- und Aufbaurealschule, Gymnasien, Sonderschule für Lernbehinderte, Jugendmusikschule, Landesforstschule NRW, Berufs- und Berufsfachschulen, Volkshochschule, Abendschulzentrum, Studienzentrum der FU Hagen; Papierfabrik (Feldmühle AG), Metallwaren-, Textil-, Holz- und Leuchtenindustrie.

A. wird erstmals 793, die Burg der Grafen von Werl auf dem Römerberg (Alte Burg) erstmals 1070 erwähnt. 1114 Bau einer neuen Burg auf dem heutigen Schloßberg. 1170 Stiftung des Klosters Wedinghausen. 1238 Verleihung der Stadtrechte. 1368 Übergabe von Stadt und Grafschaft an das Erzstift Köln. A.

war im 15. Jh. Mitglied der Hanse. 1600 vernichtete ein Großbrand die St. 1803 kam A. an Hessen-Darmstadt, 1816 an Preußen; Ende des 19. Jh. Entwicklung zur Behörden- und Schulstadt. 1975 wurden A. die ehemalige St *Neheim-Hüsten* und die Gm *Oeventrop* (kath. Missionshaus, Studienanstalt mit Südseemuseum und Altersheim) sowie zwölf weitere Gemeinden eingegliedert.

Von der ersten Grafenburg sind Reste erhalten. Ruinen des 1762 zerstörten Kurfürstlichen Schlosses auf dem Schloßberg. Weitere Sehenswürdigkeiten: Altstadt mit Stadtmauer, Wehrtürmen und Oberfreistuhl (Stätte des ma. Femegerichts); Stadtkapelle mit Glockenturm; Alter Markt mit Altem Rathaus; Kurfürstenbrunnen; Fachwerkhäuser aus dem 18. Jh.; Lansberger Hof mit Sauerlandmuseum. Die „Neustadt" mit Neumarkt, Bürgerhäusern und Ev. Kirche im klassizistischen Schinkel-Stil; Probsteikirche mit Kapitelsaal, Kreuzgang und ma. Wandmalereien; die Schlösser Herdringen und Höllinghofen; Kloster Oelinghausen sowie das historische Strohdorf mit Burgmannshäusern (A.-Neheim). – Alljährlich Osterfeuer mit Feuerwerk (Arnberg) und Schützenfest in allen Stadtteilen.

Arnstadt

○ Arnstadt; ⚐ Thüringen; ✉ 99310; ☎ 0618; 🚗 ARN; △ 280 m; 👥 30000.

Durch A. führt die B 4, sie hat Anschluß an der A 4/E 40 bei der Abfahrt Erfurt-W. Eisenbahnverbindungen: Berlin–Erfurt–Stuttgart, Erfurt–Saalfeld, Erfurt–Schleusingen. Nächster Flugplatz ist Erfurt, ca. 17 km entfernt. – Der industrielle und wirtschaftliche Bestand: Nachrichtenelektronik; Saline Stadtilm; Chema-Verfahrenstechnik; Verpackungs-GmbH; DR Eisen-Werk A. – Verarbeitung und Veredelung: A. Backwaren; Thüringer Fleischwarenzentrum; Bleikristall, Porzellanmanufaktur Plaue, Glasbläserei Gräfenroda. –

Bildungseinrichtungen: Grundschulen, Regelschulen, Gymnasien, Kreisvolkshochschule; Staatl. Berufsbildende Schule, Sonderschule für Körperbehinderte, Sonderschule für Lernbehinderte.

Historisches: Die St, urkundlich erstmals 704 erwähnt, ist der älteste verbriefte Thüringer Ort. 1266 erhielt A. das Stadtrecht. Bedeutendstes sakrales Bauwerk des Bundeslandes Th. aus rom.-got. Übergangszeit ist die zwischen 1180 und 1330 erbaute Liebfrauenkirche. Im dt. Bauernkrieg zwangen der Rat der Stadt und die Bauern dem Grafen v. Schwarzburg ihre Forderungen auf. Nach Niederlage der Bauern bei Frankenhausen 1525 ließ der Graf 14 Anführer auf dem A. Markt hinrichten. Die St verlor alle Privilegien und mußte 3000 Gulden Strafe entrichten. 1581 vernichtete ein Großbrand fast die gesamte St.

Über mehrere Generationen hinweg lebten Angehörige der Musikerfamilie Bach in A. Der junge Joh. Seb. Bach war 1703–1707 Organist an der damal. Bonifatiuskirche (heute Bachkirche). Wiederholt zog es Künstler, Schriftsteller und Wissenschaftler in die als Eingangstor zum Thür. Wald geltende St: Meil, Morelli, Seyffardt, Olearius und Schlegel. Der Märchenerzähler Bechstein verbrachte hier von 1818 bis 1824 seine Ausbildungszeit. Die populäre dt. Autorin Eugenie John (Pseudonym „Marlitt") ist in A. geb. und gest. (1825–1887). Willibald Alexis (1798–1871), bekannt durch Geschichtsromane und Novellen, wählte die St für seinen letzten Lebensabschnitt als Wohnort aus.

Sehenswürdigkeiten: Renaissance-Rathaus (1583–1585) mit kunstvoller Uhr und Giebelgestaltung; Ensemble der Bürgerhäuser am Markt und auf dem Ried (16./17. Jh.); Haus „Zum Palmbaum", heute Stadtmuseum und Bachgedenkstätte; Hopfenbrunnen (1573) vor der Bachkirche. Das Neue Palais, ehem. Witwensitz einer Fürstin, birgt heute bedeutende Kunstsammlg., darunter Meißner und ostasiatische Porzellane (1. Hälfte 18. Jh.) und Brüsseler Bildteppiche aus dem 16. Jh. Im gleichen Schloßmuseum bildet die Puppenstadt „Mon Plaisir" einen besonderen Anziehungspunkt. Auf Betreiben der Fürstin Auguste Dorothea von Kunsthandwerkern geschaffen, vermittelt die Ausstellung einen anschaulichen Einblick in das Leben einer kleinen Residenzstadt der Barockzeit. In 26 Häusern mit 84 Stuben und 480 Puppen werden Szenen aus dem Volksleben und bei Hofe detailgetreu dargestellt. Die Innenstadt wurde vom Verkehrsstrom befreit. Der Schloßgarten – mit Wallgraben und ma. Stadtmauerresten – ist ein beliebter Erholungspark. –

In näherer Umgebung bietet A. zahlreiche Ausflugsziele und Sehenswürdigkeiten. Besonders attraktiv eine Fahrt ins nordwestl. gelegene Thür. Burgenland „Drei Gleichen", nur wenige km entfernt und auf Wanderwegen gut zu erreichen. In landschaftl. reizvoller Berglage findet man die „Veste Wachsenburg" mit Hotel, Rittersaal und Burgkeller, die Burgruinen „Gleichen" und „Mühlburg". –

Wiederkehrende Veranstaltungen: A. Bachtage; Orgelsommer; Tag des Puppenspiels;

Tierparkfest; A. Wollmarkt; Sport: im Febr. „Hochsprung m. Musik"; im April „City-Lauf"; im Juni „Thür. Burgenfahrt" – Radsporttour für Anfänger und Asse.

Arnstein

□ 111,99 qkm; ○ Main-Spessart; ⚐ Bayern; ✉ 97450; ☎ 09363; 🚗 MSP; △ 220 m; 👫 7700.

A. liegt 25 km nördlich von Würzburg im Werntal an der B 26; Anschluß an die Autobahn A 7 Würzburg-Fulda (Ausfahrten Gramschatzer Wald bzw. Schweinfurt/Werneck). Die St. hat Grund- und Hauptschule, Realschule, Forstamt; elektrofeinmechanische Werke, metall- und holzverarbeitende Betriebe.

Erste urkundliche Erwähnung 1292. Sehenswert: Wallfahrtskirche Maria Sondheim mit Huttengrabmal und Burg Huttenschloß.

Arolsen

□ 126,32 qkm; ○ Waldeck-Frankenberg; ⚐ Hessen; ✉ 34454; ☎ 05691; 🚗 KB; △ 286 m; 👫 15 000.

A., Heilbad 47 km westlich von Kassel im Waldecker Bergland, ist über die B 252 und B 450 zu erreichen. Anschluß an die A 44 Kassel-Ruhrgebiet (Ausfahrten Breuna oder Diemelstadt). A. hat Amtsgericht, Hessisches Straßenbauamt, Staatsbauamt; Realschule, Sonderschule für Lernbehinderte, Gymnasium, Kreisberufsschule, Rehabilitationszentrum Bathildisheim. Elektro-, Kabel-, Kunststoff-, Möbel- und Werkzeugindustrie.

»Aroldessen«, um 1131 als Herrenhof erwähnt, war Sitz eines Klosters (seit 1493 Antoniter-Kloster), das 1529 zum Schloß umgebaut wurde. 1719 Gründung der St als planmäßige Anlage. A. war bis 1929 Hauptstadt des früheren Freistaates Waldeck. Sehenswert das Fürstliche Residenzschloß und die „Große Allee" (Eichenallee von 1,3 km Länge). Barockes Stadtbild.

A. ist Geburtsort von Christian Daniel Rauch (1777–1857, Bildhauer; Gedenkstätte) und Wilhelm von Kaulbach (1805–1874; Maler; Museum).

Arzberg (Oberfranken)

□ 35,49 qkm; ○ Wunsiedel i. Fichtelgebirge; ⚐ Bayern; ✉ 95659; ☎ 09233; 🚗 WUN; △ 479 m; 👫 7200.

A., im östlichen Fichtelgebirge an der Röslau 8 km von der tschechoslowakischen Grenze entfernt gelegen, ist über die B 303 zu erreichen; Bahnstation an der Strecke Nürnberg-Eger (CS).

A. hat Grund- und Hauptschule, Berufsschule (Fachklasse für Flaschner und Installateure); Porzellanindustrie, Nagelfabrik, Textilindustrie; Kraftwerk.

In A. („Erzberg") wurde schon von den Kelten Eisenerz abgebaut. 1323/24 erhielten die Burggrafen von Nürnberg, Besitzer des Ortes seit Ende des 13. Jh., das Bergregal für den Erzabbau. 1361 bestand ein Hammerwerk. 1408 verlieh Burggraf Johann III. von Nürnberg A. die Stadtrechte. Seit dem 15. Jh. wurde A. als Büchsenmacherstadt bekannt; Woll- und Leinenweberei waren weitere stark aufblühende Gewerbezweige.

Im Dreißigjährigen Krieg wurde die St vollständig niedergebrannt. 1655 ging das Stadtrecht verloren (1870 durch König Ludwig II. erneuert).

Sehenswert der Kirchberg (Wahrzeichen der St) mit Resten der alten Befestigung und Pfarrkirche St. Maria Magdalena (1790–92).

Aschaffenburg

□ 62,56 qkm; ○ Kreisfreie Stadt, ⚐ Bayern; ✉ 63739*; ☎ 06021; 🚗 AB; △ 129 m; 👫 61 000.

A. liegt an einer Mainschleife 40 km südöstlich von Frankfurt a. Main, an der Autobahn A 3 Frankfurt-Nürnberg (Ausfahrten A.-West und A.-Ost), an der B 26 und B 8. D-Zug- und IC-Station an der Strecke Frankfurt a. M.-Würzburg und Darmstadt-A.-Miltenberg. Der Hafen Aschaffenburg liegt am kanalisierten Main und damit am Europakanal Rhein-Main-Donau.

A., Sitz der Behörden des Landkreises A., hat Landgericht, Amtsgericht; Theater, Bibliotheken; Gymnasien, Fachoberschule, Berufsoberschule, Realschulen, Handelsschule, Berufsschulen mit Berufsaufbauschule, Berufsfachschulen, Fachschule für Bekleidungstechniker, Fachschule für Maschinenbautechniker, Meisterschule für Steinmetze und Steinbildhauer, Landwirtschaftsschule, Volkshochschule; eine Klinik von überregionaler Bedeutung ist die Städt. Kinderklinik am Hasenkopf. Den wirtschaftlichen Schwerpunkt bilden die Bekleidungs-, Metall- und Papierindustrie.

Die St kann auf eine über 1000jährige Geschichte zurückblicken. Die Anfänge der mittelalterlichen Burg liegen im 12. Jh.; die Zerstö-

Aschaffenburg, Schloß mit Mainpartie

rung durch Markgraf Albrecht Alcibiades von Brandenburg-Kulmbach überdauerte nur der Bergfried. A. gehörte seit Ende des 10. Jh. zum Erzstift Mainz. Seine Blütezeit als zweite Residenz der Kurfürsten begann im 17. Jh. mit dem Neubau (1605) des prachtvollen Schlosses (Johannesburg) durch Kurfürst Joh. Schweikkard von Kronberg (Ende des 18. Jh. Umbau und Neuausstattung im späten Louis XVI.-Stil); das im 2. Weltkrieg schwer beschädigte Schloß wurde restauriert und mit dem erhalten gebliebenen Mobiliar ausgestattet. Im Schloß untergebracht ist die neben München bedeutendste Staatsgalerie der Bayerischen Staatsgemäldesammlungen. Sehenswert ferner die Hof- und Staatsbibliothek mit 76000 Bänden, Handschriften und bibliophilen Kostbarkeiten (42zeilige Gutenbergbibel); das Schloßmuseum der St mit stadtgeschichtlichen und kunsthandwerklichen Sammlungen; die kunsthistorisch bedeutende, vor 1000 begonnene Stiftskirche St. Peter u. Alexander mit Grünewalds ‚Beweinung' von 1525. ‚Romanischem Kruzifix', Gemälden der Cranachschule und Erzgußwerken der Vischerwerkstatt. Der Stiftskirche angeschlossen ist das Stiftsmuseum mit vor- und frühgeschichtlicher Abteilung und Werken kirchlicher Kunst vom Mittelalter bis zum Spätbarock; Flora und Fauna des Mainvierecks im Naturwissenschaftlichen Museum. – Unter bayerischer Herrschaft (seit 1814) ließ Ludwig I. in den Jahren 1840–48 das an den Schloßgarten grenzende Pompejanum errichten, die freie Nachbildung eines in Pompeji ausgegrabenen Wohnhauses. Aus dem 18. Jh. stammen die beiden großen Grünanlagen von A.: der erste klassische Landschaftsgarten Deutschlands Schönbusch jenseits des Maines und der Park Schöntal im Herzen der St. Ein weiteres Kleinod der St ist das von d'Herigoyen 1810/11 erbaute klassizistische Theater.

Auf dem Altstadtfriedhof von A. sind die Dichter Wilhelm Heinse (1746–1803) und Clemens Brentano (1778–1842) zur letzten Ruhe gebettet.

Ascheberg (Westf.)

□ 106,28 qkm; ○ Coesfeld; ⚐ Nordrhein-Westfalen; ✉ 59387; ☎ 02593; 🚗 COE; △ 63 m; 👥 13200.

A., im Zentrum der münsterländischen Tieflandsbucht südlich der Davert (Naturpark) an der Autobahn A 1 Ruhrgebiet–Bremen/Hamburg (Ausfahrt A.), der B 54 und B 58 gelegen, hat Gemeinschaftshauptschule, Realschule und Sonderschule für Lernbehinderte; Brotfabrik; Landwirtschaft.

A. entwickelte sich aus einer altsächsischen Siedlung »Askarberge« mit dem Haupthof Wittekinds. Im 12. Jh. Bau einer Wehrkirche. In der Umgebung der Kirchburg siedelten sich Kötter an, die neben ihrer Landwirtschaft ein Handwerk ausübten (Spinnen und Weben). Das „Ascheberger Leinen" war bis ins 19. Jh. ein

Begriff. Die Gm hat bis heute ihren ländlichen Charakter bewahrt. – Sehenswert die spätgotische Hallenkirche (1524) und die 1531 erbaute Kirche in Davensberg mit bemerkenswertem Klappaltar.

Aschersleben

□ 52,9 qkm; ○ Aschersleben; ⚐ Sachsen-Anhalt; ✉ 06449; ☎ 00457; 🚗 ASL; △ 108–150 m; 👥 32700.

Kreisstadt im Bezirk Halle, nördlich des Unterharzes, Industrie- und Agrarzentrum; Verkehrsknotenpunkt: B 6, B 180, B 185. Bahnstrecken: Dresden–Halle, Halberstadt–Stapelburg; A.–Magdeburg; A.–Calbe–Berlin; A.–Dessau-Berlin; A.–Erfurt–Kassel. Sportflugplatz nordöstlich der St. – Offizial- und Bildungseinrichtungen: Bundeswehr-Kreiswehrersatzamt; Verwaltung des Landkreises; Kreisgericht; Außenstelle des Arbeitsamtes Sangerhausen; Verkehrs- und Betriebsamt der Dt. Reichsbahn; Sekundarschulen, Grundschulen, Gymnasien, Volkshochschule, Mal- und Musikschule, Landespolizeischule. – Leistungsstarkes Stadtbad mit Möglichkeiten für Massagen, Moorbäder und orthopädisches Schwimmen sowie der Behandlung rheumatischer Leiden und des Bewegungsapparates. – Industrie: Werkzeugmaschinenfabrik, Kofferaufbauten für Lkw, Rohrleitungsbau, Herstellung von Verpackungsmitteln, Fertigung von Zifferndruckwerken, Fabrikation von Briefmarkenalben, Stahlkonstruktionen, Baumaschinen, Bekleidungswerk, Förder- und Antriebstechnik; Handelsgesellschaft für Gewürze.

Geschichte: Älteste St Sachsen-Anhalts; ursprünglich offene Siedlung im Schutze einer Wehranlage nahe einer Thingstätte („Tie") unweit des heutigen Rathauses. Die Gründung geht auf das 3. bis 5. Jh. n.Chr. zurück. Erste Namensnennung um 753 als „Ascegereslebe" in einem Schenkungsverzeichnis des Klosters Fulda. Um die Jahrtausendwende bis ins 14. Jh. gehörte A. den Grafen von Askanien und diente ihnen als Burgsitz; 1266 Verleihung des Stadtrechtes, 1322 ging die St in die Hände des Bistumes Halberstadt über. Im gleichen Jahr erhielt A. das Recht zum Bau von Türmen und Mauern, davon erhalten sind noch 1,8 Kilometer mit 15 Türmen. Unter Halberstädter Herrschaft erkauften die Stadtväter den Blutbann (Reichslehn, Treuedienst für Landleihe, eigene Gerichtsbarkeit). 1377 Nachweis des „Consules Magistratusque Ascanienses; Kauf des Schultheißenamtes 1428, offizielle Reichsstadt (oppidum imperale ab 1440). Im Jahre 1443 erwarb A. von den Ascaniern die Burg, die Vogtei und damit erweiterte Rechte zur Gerichtsbarkeit – die St war damit frei von allen Verpflichtungen. Ihre Mitgliedschaft in der Hanse und die Zugehörigkeit zu verschiedenen Städtebünden verhalf ihr zu wirtschaftlicher Blüte. Mit Ende des 30jährigen Krieges (1648) verlor A. seine Bedeutung. – Zwischen 16. und 18. Jh. Entwicklung zur Ackerbürgerstadt, dabei Herausbildung spezialisierter Landwirtschaft mit Zuchtbetrieben für mannigfaches Saatgut; Anbau von Zuckerrüben und Gewürzkräutern, Handelsplatz für Getreide und Sämereien. In Anspielung darauf kamen die A. Bürger zu ihrem Spitznamen „Möhrenköppe". Majoran aus A. ist bis heute begehrtes Handelsgut. Die 1828 entdeckten Braunkohlevorkommen waren der Anfang zu einer sich stetig verstärkenden Industrialisierung: Kalibergbau, Maschinenfertigung, Papierherstellung; die Landwirtschaft wurde davon jedoch nicht verdrängt. Heute gilt A. als aufstrebende Industriestadt.

Sehenswürdigkeiten, Kulturelles: Volkshaus, Tierpark, Filmpalast, Bäder, Galerie des Kunst- und Kulturvereins, Galerie des Kulturamtes, Museum (regionale Ur- und Frühgeschichte, Stadtentwicklung von den Anfängen bis 1945; Bergbau im Unterharz und seinem Vorland, paläontologische Studiensammlung; Kunstwerke der Region). In der Stadt eine Vielzahl von Bauwerken aus Gotik, Renaissance und Barock: Stadtmauer mit teilweise begehbaren Türmen und Schalen; Stephanikirche, Margaretenkirche, Marktkirche, Alte Burg (Wall- und Fliehanlage), Rathaus, Krukmannsches Haus, Birnstielhaus, „Tie", Rundteil (Turm), Rote Mühle, Planetarium und Hexenturm; in der St viele romantische Winkel und Plätze, in der Umgebung eine abwechslungsreiche Naturlandschaft. Das Stadtfest, die Ostharz-Gewerbeschau, sind regelmäßig wiederkehrende Veranstaltungen.

Asperg

□ 5,79 qkm; ○ Ludwigsburg; ⚐ Baden-Württemberg; ✉ 71679; ☎ 07141; 🚗 LB; △ 266 m; 👥 11700.

A., 16 km nördlich von Stuttgart an der Autobahn A 81 Stuttgart–Heilbronn (Ausfahrt Ludwigsburg-N.) gelegen, hat Grund- und Hauptschulen, Gymnasium; Möbel-, Maschinenbau-, Werkzeug-, Autozubehör-, Kunststoffindustrie, Metallhütte, Betrieb für Gärtnereibedarf; Pharmazeutischer Großhandel. – Feuerwehrmuseum.

Der die St beherrschende Hohenasperg (356 m) war in vorgeschichtlicher Zeit Kultstätte und Fliehburg, in keltischer Zeit Sitz eines Fürstengeschlechtes. Die spätere ma. Festung und Zwingburg Württembergs (Ausbau im 16. Jh.) war bis 1883 Staatsgefängnis, in dem u.a. Josef Süß Oppenheimer (Jud Süß), der schwäbische Dichter Chr.F.D. Schubart (Gedenkzimmer) und der Nationalökonom Friedrich List gefangengehalten wurden. Heute befindet sich das Zentralkrankenhaus für den Strafvollzug auf dem Berg.

Am Südrand der St erhebt sich das „Kleinaspergle", ein Fürstengrabhügel aus dem 4. Jh. v.Chr. (Funde). Bemerkenswert außerdem Michaelskirche (16. Jh.) und Fachwerkhäuser des 17. und 18. Jh.

Aßlar

□ 43,59 qkm; ○ LDK; ⚐ Hessen; ✉ 35614; ☎ 06441; 🚗 L; △ 231 m; 👪 11400.

A., 18 km westlich von Gießen an der Dill am Fuße des Westerwaldes gelegen, ist über die B 277 sowie über die Autobahn A45 Frankfurt a.M.-Siegen (Ausfahrt Wetzlarer Kreuz über Zubringer A480) zu erreichen. Die Gm, Bahnstation an der Strecke Gießen-Köln, hat Gesamtschule, Volkshochschule; Draht- und Kunststoffindustrie (Thyssen-Konzern), Hochvakuumtechnik (Balzers-Liechtenstein-Konzern), Steinindustrie, optische und mechanische Werke, Holzwollefabrikation.

A., erstmals 783 in einer Schenkungsurkunde genannt, war seit Mitte des 12. Jh. im Besitz der Grafen bzw. Fürsten (seit 1742) von Solms; 1806 kam es an Nassau-Weilburg und 1815 an Preußen. Die bodenständige eisenverarbeitende Industrie (Waffenproduktion) wurde bereits im 16. Jh. begründet (1587 Errichtung des ersten Hochofens).

Attendorn (Westf.)

□ 97,79 qkm; ○ Olpe; ⚐ Nordrhein-Westfalen; ✉ 57439; ☎ 02722; 🚗 OE; △ 250–627 m; 👪 21700.

A., an der Bigge mit Biggesee gelegen, ist über die Autobahn A45 Hagen-Frankfurt a.M. (Ausfahrten Meinerzhagen und Olpe) zu erreichen; Bahnstation an der Strecke Siegen-Ruhrgebiet. Die St hat kath. Realschule, städt. Gymnasium und privates Mädchengymnasium. Sonderschule für Lernbehinderte; Verkehrslandeplatz; eisenverarbeitende Industrie (Hoesch AG) und Fremdenverkehr.

A., um 700 n.Chr. entstanden, wurde 1222 als Markt- und Grenzort von Erzbischof Engelbert von Köln mit starken Wehranlagen versehen und zur St erhoben (Münzprägungen aus dem 14. Jh.) A. war als Vorposten von Soest Hansestadt. 1656 und 1783 vernichteten Brände den Großteil der Stadt. Sehenswürdigkeiten: Atta-Kalksteinhöhle, Sauerländer Dom, Altes Rathaus mit Heimatmuseum, Burg Schnellenberg (östl. von A.), Biggetal-Listertalsperre.

Aue

□ 20,1 qkm; ○ Aue; ⚐ Sachsen; ✉ 08280; ☎ 0761; 🚗 AU; △ 340–600 m; 👪 25000.

Kreisstadt im Westerzgebirge an der Zwickauer Mulde, Industrie- und Verkehrszentrum: Schnittpunkt der B 93, B 101, B 169 und B 283; Abfahrt A 72 in Stollberg (19 km); Bahnstation der Strecken Zwickau–Karlsbad und Chemnitz–Blauenthal. Nächste Flughäfen Hof (75 km), Leipzig und Dresden (je 120 km). Zentrale Organe: Landratsamt, Arbeitsamt, Polizeidirektion, Kreisgericht, Finanzamt, Kreishandwerkerschaft, Klinikum (Kinderklinik, HNO, Augen-, Frauen- und Geburtenklinik).

Bildungseinrichtungen: Grund- und Mittelschulen, Gymnasium, Berufsgymnasium, Kaufmännische, Gewerbliche und Hauswirtschaftliche Berufsschule, Medizinische Fachschule, Musikschule, Sonderschule. – Kulturstätten: Tiergarten, Bibliothek, Kulturhaus, Besichtigungsbergwerk mit Wismut-Museum, „Traditionsstätte Erzbergbau" (Museum). Ein Haus des Bergbaues mit Sammlungen der Mineralogie und der Geologie. Informative Ausstellung über die Tradition des Bergbaues in A., der 1661 mit der Entdeckung reicher Zinnvorkommen einen ersten Höhepunkt erlebte. – Maschinen- und Werkzeugbau, Fabrikation von Bestecken, Textil-Industrie, Lebensmittelherstellung; Fleischverarbeitung, Molkereibetrieb, Backwarenherstellung. In der St zahlreiche Einzelhandelsgeschäfte und produzierende Handwerksbetriebe.

Geschichte im Zahlen- und Faktenüberblick: 1173 Gründung des Klösterleins Zelle; noch im 12. Jh. Besiedlung der Talaue am Zusammenfluß von Mulde und Schwarzwasser. Im 15. Jh. reiche Silberfunde im Westerzgebirge. 1538 erste urkundliche Erwähnung des

„Auer Hammers". 1556–1559 Bau des Floßgrabens für den Transport von Grubenholz und Aufschlagwasser. 1627 und 1632 darf A. zwei Jahrmärkte ausrichten und erhält das Stadtrecht. 1635 geht das Blaufarbenwerk in Betrieb; das Gerichtssiegel zeigt 2 Brücken auf dem Wappenschild. 1661 beginnt der Zinnabbau auf dem Heidelsberg. 1698 und 1709 beginnt im „Weißen Andreas" der Kaolinabbau. Johann Friedrich Böttger fertigt daraus das erste weiße Porzellan in Europa. 1759 Gefecht zwischen Preußen und Österreichern im 7jährigen Krieg. Im 18. Jh. liefert das Blaufarbenwerk seine blaue Porzellanmalfarbe an die Manufaktur in Meißen. – Mehrere Hammerwerke fertigen Bleche und Eisenstäbe zur Weiterverarbeitung durch die zahlreichen Blechner und Nagelschmiede. Anno 1823 erfindet Dr. Ernst Geitner das Argentan, eine als Silberersatz dienende Metall-Legierung. 1858 und 1875 führen durch A. zwei Eisenbahnlinien; damit beginnt im Muldental eine stürmische industrielle Entwicklung. Textil- und Metallwarenfabriken, Gießereien und Maschinenbaubetriebe lassen A. zum wichtigsten Industriestandort des westl. Erzgebirges werden. Um 1900 entstehen Rathaus und Kirchen neu, eine Reihe Ämter und anderer Offizialgebäude werden errichtet, Bürgerhäuser und Geschäftsgebäude – oft im Stil der Gründerjahre oder im Jugendstil – in großer Zahl gebaut. 1903 wird die St an das Elektronetz angeschlossen, 1937 die erste Spannbetonbrücke erbaut. 1946 beginnt im Erzgebirge der Uranerzbergbau durch die sowjetisch-deutsche AG Wismut, deren Ära mit der Wende in Dtschl. zu Ende ging.

Kulturelles: Erzgeb. Weihnachtsmarkt, zahlreiche Sportveranstaltungen (Bundes- u. Landesliga-Fußball der Damen und Herren), Handball, Schwimmen, Ringen, Bogenschießen, Tennis, reiche Wintersportmögl. in unmittelbarer Umgebung. – Im Nachbarort Oberschlema das landesweit bekannte Radiumbad. Unter Einbeziehung der EW aus der Umgebung von A. mehrere Orchester und Musikensemble unterschiedlichen Charakters; reges Vereinsleben, darunter der künstlerische Schnitzverein „An der Linde".

Auerbach (Oberpf.)

□ 54,79 qkm; ○ Amberg; ⚐ Bayern; ✉ 91275; ☎ 09643; 🚗 AM; △ 435 m; 👪 9000.

A., 65 km nordöstlich von Nürnberg in der Fränkischen Alb an der B 85 und A 9 Nürnberg–Berlin (Ausfahrt Pegnitz/Grafenwöhr) gelegen, hat Grund- und Hauptschule, Knaben- und Mädchenrealschule; Fabrikation von Mikroschaltern (Cherry).

A., von ausgedehnten wildreichen Wäldern umgeben, wird erstmals um das Jahr 1000 erwähnt. Das Stadtrecht wurde A. 1314 verliehen. Die wirtschaftlichen Blütezeiten der St lagen vor dem Dreißigjährigen Krieg, als A. Durchgangsstation an der Handelsstraße Nürnberg–Prag war. Sehenswürdigkeiten: Rathaus (15. Jh.), historische Bürgerhäuser. – A. ist Geburtsort von Dr. Heinrich Stromer, Erbauer von „Auerbachs-Keller" in Leipzig.

Auerbach (Vogtl.)

□ 14,7 qkm; ○ Auerbach; ⚐ Freistaat Sachsen; ✉ 08209; ☎ 0763; 🚗 AE; △ 500 m; 👪 21400.

In Hanglage über dem Flüßchen Göltzsch breitet sich die durch die Vögte von Plauen planmäßig konzipierte ma. Gründungsstadt, gitterförmig im Grundriß, zu Füßen der vor 1200 erbauten Burg aus. Verkehrstechnische Anbindung: B 94, B 169 und B 173, Auffahrten zur A 72 in Reichenbach oder Treuen (ca. 10 km entf.); Unterer Bahnhof an der Strecke Zwikkau–Klingenthal, Oberer Bahnhof an der Strecke Herlasgrün–Falkenstein. Die St verfügt über einen Segelflugplatz „Bendelstein" und neben typischen städt. Verwaltungseinrichtungen und Kreisbehörden ein Amtsgericht, Landrats- und Arbeitsamt, Binnenzoll- und Fremdenverkehrsamt. – Bildung und Kulturelles: Grund- und Realschulen, Gymnasium, Musikschule und freie Bildungsträger; Stadtbibliothek, Kinderbibliothek, Schützenhaus. Wirtschaftlich etabliert sind Nahrungsmittel- und andere verarb. Industrie, Textilherstellung und Werkzeugmaschinenbau sowie Elektrotechnik.

Geschichtliches: Der 1282 urkundlich erstmalig erwähnte Ort entstand Anfang des 12. Jh. als Burgfried im Zuge der Besiedlung durch die Franken. Ein von Westen nach Osten ansteigender Marktplatz mit Altem Rathaus, Bürgerhäusern und Stadtkirche bildet den historischen Kern der Innenstadt. Um 1503 entwickelte sich der Bergbau – A. hat ein Bergamt – ab 1543 wird Gold gewaschen; im 17. Jh. entstehen Pechhütten, und 1775 setzt die Textilherstellung ein. – Die Bevölkerung hatte immer wieder an den Folgen verheerender Brände, Kriegsereignissen und der Pest zu tragen. Nach dem großen Stadtbrand von 1757 wurde leider zum Zwecke des Wiederaufbaues die Stadtmauer mit 3 Toren abgetragen. Ab

1800 ist A. mit seinem wöchentl. Kornmarkt der wichtigste Getreidehandelsplatz des Vogtlandes. Im 19. Jh. erleben die EW nach Eröffnung der Eisenbahnstrecke Zwickau–Falkenstein einen rapiden wirtschaftlichen Aufschwung und eine Stadtausweitung nach Süden zu, wobei der Neumarkt entstand.

Sehenswertes und Erlebnisbereiche: Historischer Stadtkern mit Altmarkt und Brunnen (1842/43). A. Burg, St-Kirche „St. Laurentius" (1362 erste urkund. Erwähnung), Kirche „St. Nicolai" (1792) und die kath. St-Kirche „Zum Heiligen Kreuz" (1913); diverse Wohnhäuser (Klassizismus u. Jugendstil), Altes Rathaus (1880) und die A. Heimatstuben mit Ausstellungen zur St-Geschichte. – Traditionelle Veranstaltungen sind jährlich das Badefest in Brunn, die A. Kirmes und der Weihnachtsmarkt im vogtländ. Gepräge. – Sport: Reiten, Segelfliegen, Schwimmen im Waldbad, reiche Wintersportmöglichkeiten in der Umgebung. Touristik auf ausgeschilderten Radwander- und Fußgängerwegen: 2,5 km nach Rodewisch mit Sternwarte und Planetarium, Schloßinsel und Goldelteich nebst Museum; 3,5 km entfernt liegt Falkenstein mit Talsperre und Tierpark, Klubkino und Kirche sowie einem Heimatmuseum über Kultur und Lebensweise im östl. Vogtland. Weitere Touren: Naturschutzgebiete „Grünheider Hochmoor" (10 km entf.) und „Waldschutzgebiet am Steinberg" (18 km entf.); an die Grenze zur ČR 45 km, nach Hof 50 km, bis Klingenthal 18 km und zur Talsperre Pöhl 15 km Entfernung.

Augsburg

□ 146,85 qkm; ○ Kreisfreie Stadt; ⚐ Bayern; ✉ 86150*; ☎ 0821; 🚗 A; △ 489 m; 👪 250200.

A., auf der schwäbisch-bayerischen Hochebene am Zusammenfluß von Lech und Wertach gelegen, ist über die Autobahn A 8 Stuttgart–München (Ausfahrten A.-West und A.-Ost), die B 2, B 10, B 17 und B 300 zu erreichen. A. ist Bahnknotenpunkt der Bundesbahnstrecken München–Stuttgart, Nürnberg–Lindau–Schweiz und A.–Ammersee–Garmisch–Innsbruck. Verkehrslandeplatz in A.-Mühlhausen. A., Sitz des bayerischen Reg.-Bezirks Schwaben sowie des Landkreises Augsburg, hat Hauptzollamt, Bayerische Landesgewerbeanstalt, Amts- und Landgericht, Arbeits-, Sozial- und Verwaltungsgericht, Senate des Oberlandesgerichtes München, Landesversicherungsanstalt Schwaben, Industrie- und Handelskammer, katholischen Bischofssitz; Universität, Gymnasien, Realschulen, Abendrealschule, Berufs- und Berufsaufbauschulen, Berufsoberschule, Fachhochschule, Fachakademien, Fachoberschule, Bayernkolleg, Schulen für Gesundheitswesen, Berufsfachschulen und Fachschulen, Technikerschule, Sonderschulen für Sehbehinderte, Gehörlose und Schwerhörige.

An kulturellen Einrichtungen verfügt die St über ein Stadttheater (Oper, Operette, Schauspiel), eine Freilichtbühne am Roten Tor (Oper, Operette, Schauspiel, Spielzeit Juni/Juli), Marionettentheater (Puppenkiste), Kongreßhalle, Schauspielhaus, Komödie, Staats- und Stadtbibliothek, Stadtbücherei, Stadtarchiv, Mozartgedenkstätte für Leopold M., Bert-Brecht-Gedenkstätte, Barockgalerie (Gemälde dt. Meister des 16.–18. Jh.), Staatsgalerie im ehem. Dominikanerinnenkloster (Gemälde altdeutscher Meister), Maximilianmuseum (Architekturmodelle, Plastik, Buchmalerei, Kunstgewerbe des 10.–18. Jh.), Römisches Museum in der ehem. Dominikanerkirche (vorgeschichtl., römerzeitliche und frühgeschichtliche Funde aus A. und Bayerisch-Schwaben), Tiergarten und Botanischen Garten. Die St besitzt ferner ein Großstadion (Rosenau-Stadion), eine Sporthalle, zwei Kunsteisstadien und das Kanu-Slalom-Stadion am Hochablaß (Wettkampfstätte während der Olympischen Spiele 1972).

A. ist Wirtschaftszentrum mit bedeutenden Industriezweigen. In A. Betrieben und Fabriken werden hergestellt: Maschinen (u.a. Druckmaschinen, Dieselmotore, chemische Reinigungsmaschinen; A. ist Sitz der Maschinenfabrik MAN und National-Registrierkassen GmbH NCR), Fahrzeuge (Kommunalfahrzeuge), Lederwaren (Schuhe) elektrotechnische Artikel (Siemens, Osram), Flugzeuge (Messerschmitt-Werke), Datenverarbeitungs- und Datenerfassungsanlagen, Textilwaren; als wichtigste Handelszweige sind der Lebensmittel-, Textil- und Schuhhandel zu nennen, ferner das Transportwesen.

A. war seit der Gründung unter dem römischen Kaiser Augustus im Jahre 15 v. Chr. vierhundert Jahre lang römische Provinz- und Handelsstadt. Seit dem 8. Jh. n. Chr. ist A. Bischofsstadt. Um 1000 erhielt A. das Markt- und Münzrecht sowie die Hohe Gerichtsbarkeit. Die erste Stadtrechtsverleihung erfolgte 1156 durch Kaiser Barbarossa. 1316 erklärte Ludwig der Bayer A. zur Freien Reichsstadt (bis 1805). Wirtschaftliche und kulturelle Blütezeiten waren das 15. und 16. Jh., als A. mit über 30000 Einwohnern eine Handelsstadt von ho-

Augsburg, Reichsstädtisches Rathaus

hem Ansehen war (3 km lange historische Innenstadt). Damals machten Kaufmannsgeschlechter der Fugger (die 5mal soviel Kapital wie die berühmten Florentiner Medici besaßen) und Welser Kaiserpolitik. Neben Antwerpen und Lissabon galt A. als der bedeutendste Geldmarkt in Europa. 1518 fand in A. das Streitgespräch Luthers mit dem päpstlichen Gesandten Cajetan statt; 1530 wurde die „Confessio Augustana" (Augsburgisches Bekenntnis) und 1555 der Augsburger Religionsfriede verkündet. Der Dreißigjährige Krieg brachte für die St schwere Zerstörungen und Rückschläge. Im 18. Jh. neuer Aufschwung von Handel und Wirtschaft. 1806 kam die St an Bayern. Seit Mitte des 19. Jh. entwickelte sich A. zur Industriestadt (Metall- und Textilindustrie). In A. lief der erste Dieselmotor, unternahm Piccard seinen Flug in die Stratosphäre, erreichte ein Messerschmittflugzeug zum ersten Mal die Schallgrenze. Im 2. Weltkrieg (1944/45) wurde die St schwer zerstört (Wiederaufbau 1963 abgeschlossen). Durch Eingliederung mehrerer Randgemeinden (Bergheim, Göggingen, Haunstetten, Inningen) im Jahre 1972 überschritt die Einwohnerzahl inzwischen die Viertelmillionengrenze.

Sehenswürdigkeiten: Dom (ält. Teile 9. Jh., Gotisierung im 14. Jh.; rom. Krypta 10. Jh., Bronzetor 11. Jh., rom. Glasfenster 11. Jh., Altarbilder von Hans Holbein d. Ä.); spätgotisches St. Ulrichsmünster (1500–1600) mit Grabstätte der Schwabenheiligen Ulrich und Afra, Barockaltären von Joh. Degler (1604), Orgel (1604), Simpertusbogen (Bischofsgrab), Grabkapellen der Heiligen, Kreuzaltar von Hans Reichle (1605) und Rokoko-Eingangsgitter (1712); Renaissancebauten von Elias Holl (Rathaus [1620, größter Rathausbau Mitteleuropas] und Perlachturm [1614]); Zeughaus (1607) mit Michaelsgruppe; Stadtmetzg (1609); Fuggerscher Stadtpalast (1512); Fuggerei (1519, älteste Sozialsiedlung der Welt); Schaezlerpalais (1770) mit Rokokofestsaal; St. Annakirche (1321) mit Lutherhöfle (Lutherbesuch 1518) und Lutherbild von Lucas Cranach, Fuggerscher Grabkapelle (1518) und Goldschmiedekapelle (1430, gotische Wandfresken). Renaissancebrunnen: Augustusbrunnen (1589), Herkulesbrunnen (1596) und Merkurbrunnen (1596).

A. ist Geburtsort der Malerfamilie der Holbein (Hans Holbein d. Ä., um 1465–1524 und Hans Holbein d. J., 1497–1543), von Leopold Mozart (1719–87, Vater von Wolfgang Amadeus M.) und Bertolt Brecht (1898–1956).

Augustusburg

☐ 0,5 qkm; ○ Flöha; ⚐ Freistaat Sachsen; ✉ 09573; ☎ 037291; 🚗 FLÖ; △ 516 m; 👥 2185.

A. ist zu erreichen auf der A 4/E 40, Ausfahrten Glösa (ca. 15 km) oder Frankenberg (ca. 12 km), sowie auf der B 173 und der B 180; die Drahtseilbahn von A. nach Erdmannsdorf führt zum gleichnamigen Bahnhof der Deutschen Reichsbahn an der Strecke Flöha–Erdmannsdorf/A.–Zschopau–Annaberg–Buchholz–Bärenstein. Die nächsten Flughäfen sind Leipzig/Halle und Dresden (beide ca. 85 km).

Bildungseinrichtungen: Grundschule, Mittelschule.

Geschichtliches: Im 12. Jh. krönte eine Raubritterburg den Bergkegel des Ortes Erdmannsdorf, der durch erhebliche Höhenunterschiede gekennzeichnet ist. Den Aufschwung erfuhr Erdmannsdorf unter dem Kurfürsten August I. von Sachsen, der sich zur Errichtung eines Jagd- und Lustschlosses auf dem Bergareal entschieden hatte. Die Arbeiten begannen am 30. März 1568 unter der Leitung von Hieronymus Lotter. Das imposante Bauwerk erhielt den Namen „Augustusburg", ebenso die Ansiedlung um das Schloß, die bald einen kleinstädtischen Charakter annahm. Das alles überragende Gebäudeensemble des Schlosses gehört zu den schönsten Denkmalen der dt. Renaissance-Baukunst.

Sehenswürdigkeiten: Auf dem Schloß A. gibt es ein Zweiradmuseum, das mit seinen Exponaten aus mehr als 100 Jahren Motorradgeschichte zu den führenden europäischen Ausstellungen seiner Art gehört. Auch das Museum für Jagdtier- und Vogelkunde des Erzgebirges sowie der Aussichtsturm mit seinen Sammlungen werden jährlich von zahlreichen Gästen besucht. Ein besonders interessantes techn. Denkmal ist das Brunnenhaus und sein Göpelwerk, mit dessen Hilfe aus dem 130 m tiefen Schloßbrunnen Trinkwasser gefördert wurde; nicht minder interessant ist ein Besuch der A.er Kutschensammlung. Die Schloßkirche beeindruckt mit ihrem wertvollen Altarbild von Lucas Cranach dem Jüngeren. – Die St-Ansicht wird entscheidend durch den weithin erkennbaren Turm der St-Kirche St. Petri geprägt, die von 1893–96 erbaut wurde. Sie ergänzt mit ihrem neubarocken Stil auf unverwechselbare Weise den Gesamteindruck des historischen St-Kerns, der aus Gebäuden des 16. bis 19. Jh. besteht.

Wiederkehrende Ereignisse: Konzerte in der Schloßkirche oder im „Hasensaal" auf Schloß A. für Liebhaber klassischer Musik.

Aulendorf (Württ.)

□ 52,33 qkm; ○ Ravensburg; ⚐ Baden-Württemberg; ✉ 88326; ☎ 07525; 🚗 RV; △ 540–667 m; 👪 7200.

A., im oberschwäbischen Voralpengebiet gelegen, ist Bahnknotenpunkt der Strecken Freiburg–München und Ulm–Friedrichshafen. A. hat Tierärztliches Untersuchungsamt, Lehr- und Versuchsanstalt; Realschule, Gymnasium, Berufsschule, private Musikschule; Holzindustrie, Hüttenwerk, Tierarzneimittel-Herstellung, Maschinenbau; Land- und Viehwirtschaft.

A., urkundlich erwähnt erstmals im 10. Jh., war seit 1381 bis Anfang des 19. Jh. im Besitz der Grafen von Königsegg. 1682 erhielt A. das Marktrecht. 1950 wurde die Gm zur St erhoben. Sehenswert das Schloß (15.–18. Jh.) mit klassizistischer Fassade, gotische Kirche mit spätgot. Flügelschrein und Schloßpark im englischen Stil. – Alljährlich schwäbisch-alemannische Fasnet und Stadtfest (September).

Aurich (Ostfriesland)

□ 197,25 qkm; ○ Aurich; ⚐ Niedersachsen; ✉ 26603*; ☎ 04941; 🚗 AUR; △ 7 m; 👪 36100.

A. liegt im Herzen Ostfrieslands am Ems-Jade-Kanal. Zufahrt über die B 72 und B 210. Die St ist Sitz zahlreicher Behörden (Bezirksregierung Weser-Ems, Außenstelle A., Landgericht, Amtsgericht, Sozialgericht, Kreisverwaltung, Staatshochbauamt, Wasser- und Schiffahrtsdirektion, Niedersächs. Staatsarchiv, Handwerkskammer für Ostfriesland u. a.). Seit 1. 7. 72 bildet A. mit zwanzig umliegenden Gemeinden eine Einheitsgemeinde mit Mittelpunktfunktion. A. hat Grund- und Hauptschulen, Orientierungsstufen, Realschule, Sonderschule, Gymnasium, Integrierte Gesamtschule, berufsbildende Schulen, Kreisvolkshochschule, Deutsch-Niederländische Heimvolkshochschule, Musikschule, Heim für sprachgestörte Kinder; Kreiskrankenhaus. A. ist Bundeswehrstandort.

Bedeutend ist A. als Mittelpunkt des ostfriesischen Viehhandels und Sitz zahlreicher Zentralstellen des Dienstleistungsgewerbes; Industrie ist vertreten durch Betriebe der elektrotechnischen-, Bau-, Bekleidungs-, Nahrungsmittel-, Genußmittel- und Druckindustrie.

A. wird erstmals Ende des 13. Jh. urkundlich erwähnt. Im 14. Jh. besaßen die Häuptlinge aus dem Geschlecht der tom Brok in A. eine Burg. Ein Jahrhundert später herrschte das Geschlecht der Cirksena über Ostfriesland; A. wurde 1561 seine Residenz. 1539 waren dem Ort die Stadtrechte verliehen worden. Nach dem Aussterben des Hauses Cirksena fiel A. mit Ostfriesland 1744 an Preußen. Im 18. und 19. Jh. wechselten sich Holland, Frankreich, Preußen in der Herrschaft über Ostfriesland und den Regierungsbezirk A. ab.

Sehenswert: Lambertikirche (1835) mit got. Schnitzaltar; Schloß; Fürstlicher Marstall (18. Jh.), Gebäude der ostfr. Landschaft mit Fürstensaal, Prunkzimmer und Kollegiumszimmer; Reformierte Kirche (1814, klassizistischer Rundbau); Stiftsmühle mit Mühlenmuseum; 3 km südwestlich der St liegt der Upstalsboom, eine alte Thingstätte der Friesen.

A. ist Geburtsort von Rudolf von Ihering, Professor der Rechte (1818–1892), und Rudolf Eucken, Philosoph und Nobelpreisträger (1846–1926).

Babenhausen (Hessen)

□ 66,86 qkm; ○ Darmstadt-Dieburg; ⚐ Hessen; ✉ 64832; ☎ 06073; 🚗 DA; △ 123 m; 👪 15000.

B. liegt 18 km südöstlich von Frankfurt a.M. an der Gersprenz. Zufahrt über die B 26; Anschluß an die A 3 Frankfurt a.M.–Nürnberg (Ausfahrt Seligenstadt). B. ist Bahnknotenpunkt und Bahnstation der Strecke Frankfurt a.M.–Heilbronn. Die St hat Gymnasium; Maschinenbau (Schleifmaschinen [Elb-Schliff]), Holz-, Eisen-, Textilindustrie, Tachometer-Werke (VDO); Gemüseanbau (Spargel).

B. seit 1458 Residenz der Grafen Hanau-Lichtenberg, erhielt 1295 das Stadtrecht. Nach 1736 gehörte es zu Hessen-Kassel, nach 1810 zu Hessen-Darmstadt. Sehenswert das Schloß (13. Jh., Umbau 16. Jh.) und die spätgotische Pfarrkirche mit schönem Flügelaltar (1518).

Backnang

□ 39,38 qkm; ○ Rems-Murr-Kreis; ⚐ Baden-Württemberg; ✉ 71522; ☎ 07191; 🚗 WN; △ 270 m; 👥 30100.

B., Große Kreisstadt mit zwölf Stadtteilen, 30 km nordöstlich von Stuttgart an der Murr gelegen, ist über die B 14 zu erreichen; D-Zug-Station an der Bundesbahnstrecke Stuttgart-Nürnberg. B hat Amtsgericht, Finanzamt, Forstamt, Landwirtschaftsamt, Zollamt u.a.; Gymnasien, Realschulen, Sonderschule für Lernbehinderte, Berufsschule, Landwirtschaftsschule, Meisterschule für Mechaniker, Jugendmusikschule Volkshochschule; Kreiskrankenhaus; Leder-, Elektro-, Baumaschinen- und Textilindustrie.

„Bacnanch“, erstmal 1116 urkundlich erwähnt, wurde um 1237 als Ort gegründet und gehörte bis Ende des 13. Jh. den Markgrafen von Baden;1304 kam es an Württemberg. 1693 wurde die St niedergebrannt. Seit 1800 entwickelte sie sich zur ‚Süddeutschen Gerberstadt‘.

Das romantische Stadtbild wird gekrönt vom Burgberg. Bemerkenswert die Stiftskirche St. Pancratius (bis 1245 Grablege der Markgrafen von Baden) mit romanischen Osttürmen; Fachwerkrathaus (1699); Turm und Chor der zerstörten Kirche St. Michael (heute Stadtturm) mit schöner Bauplastik des 13. Jh.; Schloß (17. Jh.; heute Amtsgericht), Totenkirchle (1452); Museum Helferhaus (Geschichte des Gerberhandwerks); Ungarndeutsches Heimatmuseum; Rundfunkmuseum Manfred von Ardenne. – Überregional bekannt das B. Straßenfest am letzten Juniwochenende.

Bad Aibling

□ 41,07 qkm; ○ Rosenheim; ⚐ Bayern; ✉ 83043; ☎ 08061; 🚗 RO; △ 500 m; 👥 14000.

Die St Bad A. liegt im Mangfalltal im oberbayerischen Alpenvorland 50 km südöstlich von München an der Autobahn A 8 München–Salzburg (Ausfahrt Bad A.)

Bad A. hat Amtsgericht; Gymnasium, Realschule, Sonderschule, Wirtschaftsschule und Verbandsberufsschule. Bad A. ist Heilbad (Heilanzeigen: Rheuma, Frauenleiden, Arthrosen, Ischias, periphere Durchblutungsstörungen, Bandscheibenschäden, Nervenentzündungen; nichtoperative Behandlung von Prostata- und Blasenleiden) und verfügt über zahlreiche Sanatorien und Kliniken (Sanatorium Wendelstein der BfA; Kurklinik Alpenland, Rheumaklinik der LVA Unterfranken).

A. ist aus einer Kelten- und Römersiedlung hervorgegangen. 804 wird es als Gerichtssitz »Epilingen« erstmals urkundlich erwähnt. 1321 Verleihung der höheren Marktrechte. 1845 Gründung eines Moorbades. Als Heilbad machte sich Bad A. seit Ende des 19. Jh. einen Namen. – Sehenswert die Pfarrkirche Maria Himmelfahrt (ursprünglich eine fränkische Hofkapelle, 1755 als Rokokokirche umgebaut), die 1765 errichtete Sebastianskirche und das aus dem 16. Jh. stammende Marktschreiberhaus; Heimatmuseum mit „Wilhelm-Leibl-Stube“.

Bad Bentheim

□ 100,16 qkm; ○ Grafschaft Bentheim; ⚐ Niedersachsen; ✉ 48455; ☎ 05922; 🚗 NOH; △ 50 m; 👥 13700.

B., 9 km von der niederländischen Grenze an der B 65 und B 403 gelegen, hat Anschluß an die A 30 Osnabrück–Niederlande (Ausfahrt Nordhorn-Bad B.); Finanzamt, Zollamt; Orientierungsstufe, Realschule, Gymnasien, Musikschule; Erdöl- und Erdgasindustrie, Textil- und Holzindustrie; Landwirtschaft; Fremdenverkehr. Bahnstation an der Strecke Berlin–Amsterdam. B. ist Thermalsole- und Schwefelbad mit Heilanzeigen bei rheumatischen und orthopädischen Erkrankungen sowie Psoriasis (Schuppenflechte). Der Stadtteil Gildehaus ist anerkannter Erholungsort.

B., erstmals 1050 im Werdener Heberegister urkundlich nachweisbar, wurde in der Nähe der gleichnamigen Burg gegründet und war Sitz der Grafen von Bentheim. Das jetzige Schloß ist ein Bau des 15./16. Jh. Im Schloßhof steht ein romanisches Steinkruzifix, der sog. „Herrgott von B.“. 1865 wurde B. zur St erhoben. – Alljährlich Aufführungen der ältesten Freilichtbühne Nordwestdeutschlands (Spielzeit Mai–August/September).

Bad Bergzabern

□ 10,71 qkm; ○ Südliche Weinstraße; ⚐ Rheinland-Pfalz; ✉ 76887; ☎ 06343; 🚗 LD; △ 200–300 m; 👥 7200.

Die St Bad B. liegt am Osthang der Haardt an der „Deutschen Weinstraße" (B 34/48) 35 km westlich von Karlsruhe. Bad B., Sitz einer Verbandsgemeinde von 22000 EW, hat Amtsgericht (Nebenstelle) und Zollgrenzkommissariat; Gesamtschule, berufsbildende Schulen, Volkshochschule, sozialpädagogische Fachschule und Sonderschule. Die St ist Bundeswehrstandort.

Bad B. wird erstmals 1180 urkundlich erwähnt. 1286 Verleihung der Stadtrechte durch Rudolf v. Habsburg. Aus dem 16. Jh. stammt das Schloß und das historische Gasthaus „Zum Engel". Dank seiner günstigen Lage und mildem Klima war Bad B. schon 1875 als Luftkurort bekannt. Ende des 19. Jh. wurde eine Kaltwasser-Heilanstalt nach Kneippschem System errichtet. Seit 1964 Anerkennung als Kneippheilbad (Thermalbewegungsbad). Heilanzeigen: Herz- und Kreislauferkrankungen, Nervenleiden, rheumat. Leiden, Erkrankungen der Atmungsorgane, Stoffwechselstörungen, Erkrankungen der Verdauungsorgane, Frauenkrankheiten, Erschöpfungszustände.

Bad Berka

○ Weimar; ⚐ Thüringen; ✉ 99438; ☎ 06218; 🚗 WE; △ 270 m; 👥 5740.

Durch Bad B. verlaufen die B 85 und B 87, Anschluß an die A 4 in ca. 8 km; Bahnstation der Nebenstrecke Weimar–Kranichfeld. Nächster Flugplatz ist Erfurt (30 km).

Bildungseinrichtungen: Grundschule, Regelschule, Realschule, Gymnasium; Schule für Lernbehinderte. –

Wirtschaft: Vereinigte Dämmstoffwerke, Baugewerbe; Agarwirtschaft, Käsewerk. –

Bedeutendes Heilbad für Stoffwechselerkrankungen und Leiden der Verdauungsorgane; Zentralklinik, Klinisches Sanatorium.

Geschichtliches: Erste urkundliche Erwähnung im Jahre 1119, Verleihung des Stadtrechtes 1414, 1592 zugestandene Statuten blieben praktisch wirkungslos. Häufig wechselnde Besitzer, die St kam aus dem Lehens- und sogar Unterlehens-Status über Jahrhunderte nicht hinaus. Vorrangige Herrscher waren die Amtsleute der Herzöge von Weimar. Mehrere verheerende Feuersbrünste und wiederholte schwere Hochwasserkatastrophen verhinderten eine natürliche Entwicklung der Kommune.

Der wirtschaftliche Aufschwung der Ortsgeschichte setzt mit der Gründung des Schwefelbades 1813 ein. Noch ergiebiger erwiesen sich die Wasser der Stahlquelle, womit bei Trink- und Badekuren beachtliche Heilerfolge erzielt werden. An der Entfaltung des kleinen Bades hat Johann Wolfgang v. Goethe durch seine Einflußnahme bei Hofe große Verdienste erworben.

Da in den Nachkriegsjahren die Lungentuberkulose als Volksseuche auftrat, wurde 1951–1957 die Zentralklinik für Lungenkrankheiten eingerichtet, damals einer der größten Krankenhaus-Neubauten. Er trug entscheidend bei, daß die Tbc besiegt werden konnte. Anfang der 70er Jahre wurde die Klinik schrittweise in ein Herzchirurgisches Zentrum umgewandelt.

Bad B. liegt im Zentrum des Landschaftsschutzgebietes „Mittleres Ilmtal". Muschelkalk, Buntsandstein und die Wälder bringen dort eine erstaunliche Mannigfaltigkeit der Pflanzenwelt hervor, die man sich auf ausgedehnten Wanderungen ebenso erschließen kann wie zahlreiche Natur- und Bodendenkmale.

Bad Berleburg

□ 275,20 qkm; ○ Siegen-Wittgenstein; ⚐ Nordrhein-Westfalen; ✉ 57319; ☎ 02751; 🚗 SI; △ 450 m; 👥 20200.

Bad Berleburg, am Südrand des Rothaargebirges in waldreicher Umgebung gelegen, ist über die B 480 zu erreichen. Die St hat Amtsgericht, Realschule, Gymnasium, Berufsschule, Handelsschule, Volkshochschule, Kreiskrankenhaus, Außenstellen der Kreisverwaltung und Kliniken für psychosomatische Medizin sowie zur Behandlung von Herz-Kreislauf-Erkrankungen. Bedeutende Wirtschaftszweige sind neben dem Fremdenverkehr die Holz-, Kunststoff- und Kleinmetallindustrie sowie der Stahlheizkesselbau.

Die malerische Altstadt wird von dem Schloß (1732–39) der Fürsten zu Sayn-Wittgenstein-B. gekrönt. B. wurde 1258 erstmals urkundlich als Stadt erwähnt. Nach 1506 war die St Residenz der nördlichen Grafschaft Wittgenstein. Unter der Regierung des in religiösen Fragen sehr toleranten Grafen Casimir (1712–41) fanden Glaubensflüchtlinge aus vielen Teilen Europas in B. eine neue Heimat. 1806 kam die St an das Großherzogtum Hessen; 1816 an Preußen. Seit 1957 ist B. Kneipp-Kurort, seit 1971 Bad. Heilanzeigen bei Herz- und Kreislaufstörungen, Erkrankungen der Luftwege, Magen-, Leber- und Gallenerkrankungen, Rheuma, Wirbelsäulenerkrankungen, Stoffwechselstörungen, Nervenleiden, Erschöpfungszustände, Rekonvaleszenz, Blutarmut, Unfallfolgen.

Sehenswert: Historische Altstadt, Schloß (1732–39) mit Museum; Wittgensteiner Heimathaus – Museum der Stadt Bad Berleburg.

Bad Berneck im Fichtelgebirge

□ 33,52 qkm; ○ Bayreuth; ⚐ Bayern; ✉ 95460; ☎ 09273; 🚗 BT; △ 400–600 m; 👫 4900.

Bad B., Luftkurort 15 km nordöstlich von Bayreuth am Südwestrand des Fichtelgebirges an der Ölschnitz und am Weißen Main gelegen, ist über die B 2, B 303 und die Autobahn A 9 Nürnberg–Berlin (Ausfahrt Bad B.) zu erreichen. Die St hat Grund- und Hauptschule; Textil-, Elektro- und Holzindustrie; Glaswarenherstellung; Kunststoff-Werke; Fremdenverkehr.

Urkundlich wird B. erstmals im 11. Jh. erwähnt. Die Burg auf dem Schloßberg ist seit Ende des 15. Jh. Ruine. Verleihung der Stadtrechte 1357. 1692 vernichtete ein Großfeuer die gesamte St. 1769 kam B. an Ansbach-Bayreuth, 1791 an Preußen. Seit 1810 ist B. bayerisch.

1857 wurde in B. eine Molken-Kuranstalt errichtet und Salz- und Fichtennadelbäder verabreicht; aus dem Jahr 1875 stammt das Kurhaus, und Kneippkuren werden seit 1930 angewendet (1950 Anerkennung als Kneippheilbad). Heilanzeigen bei Störungen des vegetativen Nervensystems, Kreislaufstörungen, Wechseljahrbeschwerden, Stoffwechselstörungen, rheumatische Beschwerden und Abnutzungsschäden, chronische Entzündungszustände und Infektanfälligkeit, Rekonvaleszenz und Rehabilitation nach Krankheiten und Operationen.

Bad Bevensen

□ 47,96 qkm; ○ Uelzen; ⚐ Niedersachsen; ✉ 29549; ☎ 05821; 🚗 UE; △ 25–70 m; 👫 9700.

B. liegt an der Ilmenau und am Elbe-Seiten-Kanal in der Lüneburger Heide. Zufahrt über die B 4. B. ist Bahnstation an der Strecke Hamburg–Hannover, hat Forstamt, Samtgemeindeverwaltung; Landwirtschaft (Ortsteile); Kunststoffwerk; Gesamtschule, Orientierungsstufe, Sonderschule, Fachschulen (Bereich Gesundheitswesen), Musikschule, Volkshochschule, Europäische Heimvolkshochschule; Ausbildungsstätte der Eisen- und Stahlberufsgenossenschaft. B. ist Tagungsort der niederdeutschen Schriftsteller und Wissenschaftler. Seit 1975 ist Bad B. Heilbad (Thermal-Jod-Solequelle) mit modernem Kurzentrum (Kurmittelhaus, Hallenbewegungsbad, Thermal-Jod-Sole-Freibad), Kurpark und Fachkliniken (Herz-Kreislauf-Klinik, Diabetes-Klinik, DIANA-Klinik, Psychosomatische Privatklinik, Sanatorien, Kur- und Erholungskliniken u. a.).

B. wird 1162 erstmals urkundlich erwähnt und ist 1293 als Markt bezeugt. Sehenswert: Museum Schliekau; Zisterzienser-Kloster in Medingen (Barockanlage), Hügel- und Buckelgräber. Die Burg B. wurde im Verlauf der Kämpfe zwischen Sachsen und Wenden im 9./10. Jh. errichtet. Der gleichnamige Flecken war bis um 1200 geistlicher und wirtschaftlicher Mittelpunkt im Raum Uelzen. Nach dem für B. nachteiligen Lüneburger Erbfolgekrieg (1370–89) verlor der Ort seine Bedeutung. 1729, 1790 und 1811 wurde B. von Großbränden heimgesucht; 1929 erhielt es das Stadtrecht und nach Entdeckung und Erschließung der eisen- und jodhaltigen Thermalsole die Anerkennung als Kneippkurort.

Bad Bibra

□ 22 qkm; ○ Nebra; ⚐ Sachsen-Anhalt; ✉ 06647; ☎ 034461; 🚗 NEB; △ 170 m; 👫 2500.

B. B. ist zu erreichen auf der A 4/E 40, Ausfahrt Apolda (32 km), und auf der A 9/49/E 51, Ausfahrt Naumburg/Osterfeld (43 km), ferner auf der B 87, B 176 und B 250, die in der St aufeinandertreffen; der nächste Fernbahnhof ist Naumburg (24 km) an der Hauptstrecke Leipzig–Weimar–Erfurt; auf dem Bahnhof Laucha (6 km) findet man Verbindungen für den Regionalverkehr. Die nächstliegenden Flughäfen sind Erfurt (60 km) und Leipzig/Halle (ca. 75 km).

Bildungseinrichtungen: Grundschule, Sekundarschule.

Wirtschaftliches: mittelständische Gewerbe; Landwirtschaftliche Erzeugergemeinschaft für Hack- und Halmfrüchte sowie Tierproduktion; Käseherstellung. Der Badebetrieb wurde eingestellt.

Geschichtliches: B. B. liegt in der tiefen und

weiten, vom Biberbach und seinen Zuflüssen ausgewaschenen Talsohle am Rande des Finne-Plateaus. Das Gebiet ist seit urgeschichtlichen Zeiten besiedelt; nachweisbar wurde ein Dorf namens „Bibraho" bereits im 9. Jh. urkundlich genannt. Bedeutung gewann der Ort, als er im 17. und 18. Jh. für die Herzöge von Sachsen-Weißenfels zu einem Modebad wurde. Die eisen- und karbonathaltigen Quellen faßte man bereits zu Ende des 17. Jh. in Stein; zwischen 1700 und 1750 hielt sich der herzogliche Hof oft wochenlang in B. auf. Nach der Blüteperiode als Staatsbad gründete man 1874 als Zeichen gereiften bürgerlichen Selbstbewußtseins eine Aktiengesellschaft. Aus ihren Händen ging das Neue Badehaus im Jahre 1900 in den Besitz der St über; seit 1925 darf sie sich „Bad Bibra" nennen.

Sehenswürdigkeiten: spätgot. Dorfkirche (beg. 1492), wertvolle, reiche Innenausstattung, spätgot. Wandgemälde, Holzschnitzereien (um 1500) aus der Riemenschneider-Werkstatt; bemerkenswerte Grabdenkmäler (um 1500); zweigeschossiges Renaissance-Schloß (1580); Burgruine (zerstört im Mai 1525), innere Ringmauer mit acht Wehrtürmen blieben erhalten, ebenso Teile des Zwingers; Kuranlagen, Badeplatz mit Gesundbrunnen, über dem sich ein von acht Säulen getragener Pavillon erhebt (1897); in der Nähe von B.B. befinden sich von Italienern erbaute Brücken: die „12-Apostel-Brücke" mit vier Bögen und die eindrucksvolle „Schnecktalbrücke", die an einen Viadukt erinnern und zur ehem. Eisenbahn-Nebenstrecke Kölleda–Lossa–B. B. gehören, welche 1914–64 betrieben wurde. –

Naherholungsregionen: das 13 km lange Bibertal im wasser- und gefällereichen Einzugsgebiet des Biberbaches sowie der Unstrut-Trias-Naturpark mit 20 Orchideenarten und vielen geschützten Pflanzen.

Bad Blankenburg

□ 13,3 qkm; ○ Rudolstadt; ⚐ Thüringen; ✉ 07422; ☎ 07927; 🚗 RU; △ 220 m; 👥 8000.

Straßenverbindungen nach Bad B.: B 4/E 40 (Abfahrt Erfurt oder Göschwitz), B 9/E 51 (Abfahrt Triptis); Bahnverbindungen nach Rudolstadt, Saalfeld, Erfurt und Katzhütte; Bergbahn: Obstfelderschmiede-Lichtenhain; nächste Flugplätze: Erfurt und Hof.

Die St hat als Luftkurort nur wenige Industriebetriebe: Gummiverarbeitung, Elektrotechnik, Druckerei und Brauerei. Bildungseinrichtungen: Realschule, Gymnasium, Handelsschule, Landessportschule.

Bad Blankenburg, Fröbelhaus

Geschichtliches: Im Jahre 1267 wurde B. erstmals urkundlich erwähnt. Stadtrecht besitzt es seit 1334; im MA waren Kupfer- und Silberbergbau von Bedeutung. Ab 1840 änderte sich die Situation des ehem. Ackerbürgerstädtchens entscheidend: Mit Errichtung einer Kaltwasserheilanstalt begann der Kurbetrieb, in dessen Gefolge sich rasch der Fremdenverkehr entwickelte. Wegen seiner besonders günstigen klimatischen Lage darf B. seit 1911 die Bezeichnung „Bad" führen. Die St hat sich zu einem beliebten Ferienort entwickelt; gleichsam bietet sie vorteilhafte Möglichkeiten zu Tagungen und Kongressen.

Nördl. der St liegt das markanteste Wahrzeichen von Bad B. und seiner Landschaft: die Burg Greifenstein, heute eine Ruine, einst langjähriger Sitz der Grafen von Schwarzburg-Blankenbg.; ihr bedeutendster Vertreter, Günter XXI., wurde 1349 dt. König.

Kulturelles: Friedrich Fröbel (1782–1852) gab besonders der Vorschulerziehung richtungsweisende Impulse. Er erforschte die erziehende und bildende Wirkung des Spielens, verband Wartung und Pflege des Kleinkindes mit bewußter Erziehung und schuf dem kindlichen Betätigungstrieb der verschiedenen Altersstufen angepaßte Spielzeuge und Beschäftigungsmittel. Fr. wollte Kindern ermöglichen, sich zu freien, selbständig denkenden Menschen zu entwickeln. Deshalb maß er der produktiven Arbeit große Bedeutung zu; er betonte den muttersprachlichen und naturwissenschaftl. Unterricht. International bekannt wurde die Idee seines Kindergartens, die er 1840 in Bad B. verwirklichte, indem er eine „Spiel- und Beschäftigungsanstalt" einrichtete.

Sehenswürdigkeiten und Ausflugsziele: Fröbelmuseum, Aussichtsturm der Burgruine Greifenstein (mit Gaststätte); Landestheater Thüringen in Rudolstadt (10 km); Schloß Großkochberg (18 km); Saalfelder Feengrotten (Tropfsteinhöhlen, 18 km); Fröbelturm Oberweißbach (21 km).

Wiederkehrende Veranstaltungen: Konferenz der evangelischen Allianz; Karneval; Kurkonzerte; Sport- und Spielfest.

Bad Brambach

☐ 14 qkm; ○ Oelsnitz (Vogtl.); ⚐ Freistaat Sachsen; ✉ 08648; ☎ 037421; 🚗 OVL; △ 560 m; 👫 2100.

B. B. ist zu erreichen auf der A 72/E 441, Ausfahrt Plauen-Süd (40 km), sowie auf der B 92/E 49 und der B 283; Bahnstation der Fernlinie Berlin–Leipzig–Zwickau–Plauen–B. B.–Karlsbad–Prag. Der nächste Flughafen ist Hof/Konradsreuth (ca. 40 km).

Bildungseinrichtungen: Grundschule, Mittelschule und Ortsbibliothek.

Kurort: Heilbad (Staatsbad) mit Radon-Mineralquellen. Heilanzeigen bei Erkrankungen der Wirbelsäule und Gelenke, Rheuma in entzündlicher und chronischer Form, Weichteilrheumatismus, Gicht, Herz-, Kreislauf- und Gefäßerkrankungen, organisch und funktionell bedingte Durchblutungsstörungen.

Wirtschaftliches: Mineralwasser-Betriebe; Wäschefabrik; Landwirtschaftliche Erzeugergemeinschaft „Agrartourist", kleinere Landwirtschaftsbetriebe; diverse Einzelhandelsfirmen und Dienstleistungsunternehmen; Privatpensionen für den individuellen Tourismus.

Geschichtliches: Die erste Erwähnung findet sich 1154 auf einer Schenkungsurkunde des Herzogs von Schwaben an das Kloster Waldsassen, spätere Grundherren waren die Familien Zettwitz und Schirnding. Mehrere Jahrhunderte blieben Landwirtschaft und Textilherstellung in Heimarbeit, Strumpfwirkerei und der handwerkliche Bau von Musikinstrumenten die dominierenden Lebensgrundlagen, bis 1861 die „Schiller-Quelle" entdeckt wurde. Sie bot die Basis für den Mineralwasserversand, der bis heute in B. B. betrieben wird. Mit dem Auffinden radonhaltigen Wassers, der „Wettin-Quelle" (1910), war praktisch die Zukunft des Ortes vorausbestimmt: 1912 wurde der Badebetrieb aufgenommen. Trotz starker Konkurrenz seitens benachbarter Bäder entwickelte sich B. zu einem bedeutenden Kurort, dem man 1922 die amtliche Bezeichnung „Bad" erteilte. Im Jahre 1962 erkannte man die Bedeutung der gesundheitsfördernden Anlagen mit dem Prädikat „Staatsbad" an. Seit 1991 Beginn der Modernisierung der Kureinrichtungen.

Sehenswürdigkeiten: B. B. liegt in der reizvollen Mittelgebirgslandschaft des oberen Vogtlandes, in der eine ursprünglich erhaltene Natur dominiert. Der gepflegte, weitläufige Kurpark geht allmählich in die angrenzenden Wälder und Wiesen über. Für die aktive Erholung stehen 80 km Wanderwege zur Verfügung, von den Höhen aus sind Fernblicke über das Vogtland, über Böhmen und Oberfranken möglich. Ferner bemerkenswert: Ortskirche mit einer Orgel von 1846; kleines Heimatmuseum; viele alte Fachwerkbauten, vor allem jedoch die stilvollen Kurhäuser und die Festhalle des Staatsbades.

Freizeit und Sport: Kegeln, Tennis, Freibad; Reiten und Kutschfahrten; Wintersportmöglichkeiten.

Wiederkehrende Veranstaltungen: In der Festhalle und anderen Kureinrichtungen finden regelmäßig Konzerte und Kulturveranstaltungen statt, an denen vorwiegend einheimische Volksmusikgruppen beteiligt sind.

Bad Bramstedt

☐ 23,77 qkm; ○ Segeberg; ⚐ Schleswig-Holstein; ✉ 24576; ☎ 04192; 🚗 SE; △ 14 m; 👫 9600.

Bad B. liegt 45 km nördlich von Hamburg im Schnittpunkt der B 4 und B 206. Anschluß an die Autobahn A 7 Hamburg–Flensburg (Ausfahrt Bad B.); Bahnstation an der Strecke Hamburg–Neumünster; Flugplatz in Hartenholm (12 km). Die St hat Amtsgericht; Realschule, Gymnasium und Sonderschule für Lernbehinderte; Versandschlachthof der Nordfleisch AG.

B. ist seit vorgeschichtlicher Zeit (Hünengräber und Urnenfriedhöfe) besiedelt. Erste urkundliche Erwähnung der Kirche von B. 1316.

Der Marktort (steinerner Roland aus dem 17. Jh. auf dem Marktplatz) besaß seit dem Hochmittelalter ein Volksgericht. 1681 wurde eine heilkräftige Quelle entdeckt. 1872 Fassung einer neuen Salzquelle. B. ist seit 1910 St und Bad; 1931 Ausbau zum Rheumaheilbad. Heilanzeigen: Rheumatische Erkrankungen der Wirbelsäule und der Gelenke, Nachbehandlung nach Unfällen und Operationen am Bewegungsapparat. – Sehenswert: Schloß, Roland, Maria-Magdalenen-Kirche.

Bad Breisig

□ 19,95 qkm; ○ Ahrweiler; ⚐ Rheinland-Pfalz; ✉ 53489; ☎ 02633; 🚗 AW; △ 61 m; 👥 7700.

Bad B., Heilbad und Kurort am Rhein, 30 km südöstlich von Bonn, ist über die B 9 zu erreichen. Bahnstation an der Strecke Köln–Mainz. Bad B. hat Verbandsgemeindeverwaltung; Grund- und Hauptschule, Volkshochschule; Glas-, Kohlensäure- und Schaumstoffverarbeitungsindustrie; Landwirtschaft (Getreide- und Hackfruchtanbau).

B., das von 898 bis 1794 zum Stift Essen gehörte, wurde 1374 von Kaiser Karl IV. mit dem Marktrecht ausgestattet. 1969 schlossen sich Bad Niederbreisig, Oberbreisig und Rheineck zusammen; die Gm wurde 1970 zur St erhoben.

Die Thermalquellen (Thermalhallen- und Freibäder, Thermalhallen-Wellenbad) helfen bei Herz- und Kreislauferkrankungen, Rheuma und Ischias.

Sehenswert Burg Rheineck (im 19. Jh. restauriert), die romanische Kirche St. Viktor, die Barockkirche St. Marien und das Puppenmuseum im Alten Rathaus. – Alljährlich Zwiebelsmarkt (September).

Bad Brückenau

□ 19,96 qkm; ○ Bad Kissingen; ⚐ Bayern; ✉ 97769; ☎ 09741; 🚗 KG; △ 300–311 m; 👥 6100.

Bad B. liegt geschützt an den Südwestabhängen der Rhön im Sinntal an der B 27, B 286 und Autobahn A 7 Hamburg–Würzburg (Ausfahrten Bad B.-Volkers und Bad B.-Wildflekken). Bad B. hat Realschule, Gymnasium, Berufsschule, Volksbildungswerk; Kreiskrankenhaus; Heimatmuseum.

B. wird 1294 erstmals urkundlich genannt. 1310 Verleihung der Stadtrechte durch König Heinrich VII. 1747 Gründung des Staatsbades durch den Fuldischen Fürstabt v. Buseck. Förderung des Bades durch Ludwig I. von Bayern (klassizistischer Kursaal von Joh. Gottfried Gutensohn nach Plänen des Königs). 1876 fast vollständige Vernichtung der St durch Großfeuer. 1906 Gründung des Städt. Heilbades. Seit 1968 Neubauten im Staatsbad. Heilanzeigen: Staatsbad: Nieren, Blase, Prostata, Steinleiden, Herz- und Kreislaufstörungen, Bluthochdruck, Rheuma, Gicht, Frauenleiden, Vegetative Störungen, Rehabilitation. Städt. Kurbereich: Chronische Erkrankungen des Magen- und Darmkanals, der Galle und Leber, Stoffwechselerkrankungen, rheumatische Kreislaufstörungen, Frauenleiden.

Bad Buchau

□ 23,77 qkm; ○ Biberach a. d. Riß; ⚐ Baden-Württemberg; ✉ 88422; ☎ 07582; 🚗 BC; △ 597 m; 👥 4000.

Bad B. liegt 42 km nördlich von Ravensburg am Federsee in Oberschwaben. Die St ist Moorheilbad mit Thermalquelle (Thermalbadzentrum Adelindis-Therme mit über 800 qm Wasserfläche). Heilanzeigen bei entzündlichen und degenerativen Erkrankungen der Glieder- und Wirbelsäulengelenke, Weichteilrheumatismus, Neuralgien, peripheren, arteriellen und venösen Durchblutungsstörungen, Frauenleiden und Fettsucht. Bad B. hat Gemeindeverwaltungsverband; Grund- und Hauptschule, Progymnasium, Volkshochschule.

B. erhielt 1320 das Stadtrecht und war Freie Reichsstadt bis 1802. 1806 kam es mit dem um 770 auf einer Insel im Federsee gegründeten Damenstift an Württemberg. Die Stiftskirche (mit Krypta aus dem 10. Jh. und Stiftsmuseum) wurde 1774–76 im frühklassizistischen Stil umgebaut. Sehenswert ferner das Neue Federsee-Museum mit prähistorischen Funden, die Kirche St. Peter und Paul in Bad B.-Kappel (Fresken) sowie die südöstlich von B. gelegene Rokoko-Wallfahrtskirche Steinhausen; 1,5 km langer Federseesteg durch Schilfgürtel zum Federsee (Naturschutzgebiet). – Alljährlich Oldtimer-Ralley, alle zwei Jahre Adelindis-Heimat- und Kinderfest.

Bad Camberg

□ 54,66 qkm; ○ Limburg-Weilburg; ⚐ Hessen; ✉ 65520; ☎ 06434; 🚗 LM; △ 218–526 m; 👥 12100.

C., im Taunus an der Autobahn A 3 Köln-Frankfurt a. M. (Ausfahrt Bad C.) und B 8 gelegen, ist Kneippbad. Die St hat Realschule, Gesamtschule, Sonderschule für Hörbehinderte; Kneipp-Sanatorium der BfA Berlin: Leitern- und Spezialmaschinenfabrik.

Erste urkundliche Erwähnung der St im Jahre 1000. Verleihung der Stadtrechte durch Kaiser Rudolf I. von Habsburg 1281. Bau der Stadtbefestigungen 1360–1381 (im Dreißigjährigen Krieg weitgehend zerstört). 1778 Bau der Pfarrkirche mit Fresken des Mailänders G.

Appiani. 1813 war Bad C. Hauptquartier des Generalfeldmarschalls Blücher. – Wirtschaftlicher Aufschwung seit dem Ma. durch rege Handwerks- und Handelstätigkeit. Heute ist Bad C. wirtschaftlicher Mittelpunkt des Umlandes. 1927 staatl. Anerkennung als Kneippkurort. – Bemerkenswert der Obertorturm mit Resten der Stadtbefestigung (14. Jh.) und katholische Pfarrkirche (eine der wenigen Empire-Kirchen Deutschlands, 18. Jh.) – Bad C. ist Geburtsort des Vorsitzenden der Zentrumsfraktion und Gegenspielers Bismarcks im Deutschen Reichstag, Dr. Ernst Maria Lieber (1838–1902).

Bad Doberan, Münster

Bad Doberan

○ Bad Doberan; ⚐ Mecklenburg-Vorpommern; ✉ 18209; ☎ 08193; 🚗 DBR; △ 13 m; 👥 13000.

Bad D. liegt an der E 22 und der B 105, 6 km von der Ostsee und 16 km westl. von Rostock entfernt. Neben üblichen kreisstädtischen Verwaltungen und Behörden verfügt D. über eine Fachhochschule für angewandte Kunst (Stadtteil Heiligendamm), Hauptschule, Gymnasium, Berufs- und Kreisvolkshochschule. In Heiligendamm Sanatorien zur Linderung und Heilung von Herz-, Kreislauf- und Hautkrankheiten; der im Naturschutzgebiet „Conventer Niederung" gewonnene und im „Moorbad" aufbereitete Schlamm dient der Behandlung von Erkrankungen des Stützapparates. – In der St gibt es eine Vielzahl von Baubetrieben und einige Transportunternehmen.

Geschichtliches: Der slawische Ort D. wurde mit Gründung des ersten mecklenburgischen Zisterzienser-Klosters 1171 (im heutigen Althof) erstmals erwähnt. Zerstörung des Klosters im Wendenaufstand 1178, Wiedereröffnung 1186 an der heutigen Stelle am Doberbach. Der Ortsname D. soll sich vom Ruf des aufsteigenden Schwanes „Dobr! Dobr!" herleiten (Dobr! = Gut!: Guter Ort). Das Kloster wurde 1552 säkularisiert. Eine 1400 m lange Mauer, im 13. Jh. errichtet, umschließt noch heute das im 18. Jh. nach englischem Vorbild zum Park umgestaltete ehem. Klostergelände.

Das D. Münster, eine ehem. Klosterkirche, gehört zu den bedeutendsten Baudenkmalen im Norden Deutschlands. Mit seinem Bau wurde 1294 beg., nachdem die 1232 geweihte Kirche 1291 ausgebrannt war. Unter Nutzung von Teilen des Fundamentes und des verbliebenen rom. Mauerwerkes entstand ein Kleinod norddt. Backstein-Baukunst im hochgot. Stil; es wurde 1368 geweiht. Der Innenraum mit seinen mächtigen Bündelpfeilern und kunstvollen Gewölben birgt eine große Zahl einmaliger ma. Kunstschätze.

Nach 1552 wurde es still um Kloster und Ort. Erst als der Großherzog von Mecklenburg-Schwerin, Friedrich Franz I., D. zu seiner Sommerresidenz bestimmte, kam es erneut zu reger Bautätigkeit, die ein Aufblühen der Wirtschaft zur Folge hatte. Mit dem Souverän und seinem Hofstaat kamen fürstliche Gäste aus aller Welt in den kleinen Ort am Rande des Klostergeländes. Ihre Tage begannen mit dem Bad in der See am „Heiligen Damm" und der Konsultation des Badearztes. Am 9. Sept. 1793 war Friedrich Franz I. auf Anraten seines Leibarztes ebenfalls ins Meer gestiegen. Er gab damit den Auftakt zur Errichtung des ersten dt. Seebades an der Ostseeküste.

Der Baukondukteur J.C. von Seydewitz schuf im Auftrag des Herzogs 1793 das erste „Logierhaus", das heute als Kurhaus fungiert. Die dekorativen Bauten des Architekten C.T. Severin gaben der St im 18. und 19. Jh. ihr heutiges klassizistisches Gepräge; sie bilden in Heiligendamm ein ausdrucksstarkes Ensemble von bewunderswerter Geschlossenheit. D. erhielt 1879 das Stadtrecht, 1921 wurde dem Ortsnamen die Bezeichnung „Bad" hinzugefügt.

Sehenswürdigkeiten: Von der Kunstfertigkeit vergangener Generationen zeugen die französischen Tapeten im ovalen Saal des ehem. Großherzoglichen Palais (1806–1810) mit der Darstellung der Liebesgeschichte von „Amor und Psyche" nach der Erzählung des röm. Schriftstellers Lucius Apuleius von Madaura. – Direkt an der Klostermauer, im neogot. „Möckelhaus", befindet sich das Stadtmuseum mit umfangreicher Ausstellung zur Geschichte des ersten dt. Seebades D.-H. und des Badewesens an der Ostseeküste. Das Museum erinnert auch an die erste Pferderennbahn auf dem Kontinent, auf dem 1824 erstm. ein Rennen eingeläutet wurde. – An der Straße des Friedens 23 steht das Ehm-Welk-Haus, in dem der Erzähler, Journalist und Dramatiker von 1950 bis zu seinem Tode 1966 lebte und arbeitete. Neben seinem Arbeitszimmer mit der 5000 Bände umfassenden Bibliothek zeigt eine Ausstellung die Werke, die in Welks D. Schaffensperiode entstanden, außerdem sind Erstausgaben zu sehen. In seinem Œuvre nimmt der Hauptkomplex „Die Heiden von Kummerow“, „Die Gerechten von Kummerow“ und „Die Lebensuhr des Gottlieb Grambauer“ mit seiner norddeutschen Erzählkunst einen unvergänglichen Platz in der dt. Nationalliteratur ein.

Mit dem erstm. 1886 von Bad D. nach dem 6 km entfernten Heiligendamm schnaufenden „Molli“, der Schmalspurbahn von 900 mm Spurweite, fährt man noch heute bequem zum Strandbad oder weiter bis Kühlungsborn-West. Die 15,4 km lange Strecke kann man sogar ganz stilvoll in dem Salonwagen der Kleinbahn zurücklegen, der anläßlich ihrer 100-Jahr-Feier restauriert wurde. – Neben den vielen kulturhist. Sehenswürdigkeiten der St bietet die umliegende hügelige und bewaldete Landschaft – zu Fuß, mit dem Fahrrad, hoch zu Pferde oder bequem in der Kutsche erlebt – erholsame Begegnungen mit der Natur.

Bad Driburg

□ 115,06 qkm; ○ Höxter; ⚐ Nordrhein-Westfalen; ✉ 33014; ☎ 05253; 🚗 HX; △ 220–340 m; 👥 16600.

Bad D. liegt 20 km östlich von Paderborn an der B 64 im Eggegebirge. Die St hat Bekenntnis- und Gemeinschaftsschulen, Gymnasien (z.T. mit Internaten), Studienkolleg, Realschule, Fachschule für Sozialpädagogik, Sonderschule für Lernbehinderte; bedeutende Glas- und Spanplattenindustrie.

1290 erhielt D. die Stadtrechte. 1532 Gründung der ersten Glashütte, nach 1600 erste Erweiterung der heilkräftigen Mineralquellen. Heilanzeigen: Herz, Kreislauf, Rheuma, Frauenleiden, Leber- und Gallenerkrankungen.

In unmittelbarer Nähe Burg Iburg (Ruine, altsächsische Befestigungsanlage); bemerkenswert ferner die Burg im Ortsteil Dringenberg und der Eggedom im Ortsteil Neuenheerse. – Überregional bekannt das Driburger Bürger-Schützenfest.

Bad Düben

□ 22,5 qkm; ○ Eilenburg; ⚐ Freistaat Sachsen; ✉ 04849; ☎ 034243; 🚗 EB; △ 96 m; 👥 8800.

B. D. ist zu erreichen auf der A 9/E 51, Ausfahrt Bitterfeld (ca. 28 km), sowie auf der B 2, B 107, auf der B 183 und B 183a; Bahnstation der Nebenstrecke Eilenburg–B. D.–Pretzsch–Luther–St Wittenberg. Der nächste Flughafen ist Leipzig/Halle (ca. 42 km).

Bildungseinrichtungen: Grundschulen, Realschule, Gymnasium.

Wirtschaftliches: Bau von Profilwalzmaschinen; landwirtschaftliches Unternehmen „Heideland Agrar“. – Bad D. ist ein Moorbad mit Heilanzeigen bei Erkrankungen des Bewegungsapparates.

Geschichtliches: B.D. liegt inmitten einer rund 2000 qkm sich dehnenden Landschaft, die nach dem Namen des Kur-Städtchens benannt ist: die „Dübener Heide“. Der Name D. wird erstmalig in der zweiten Hälfte des 10. Jh. als Burgwards-Mittelpunkt erwähnt. Auf der Burg fand 1533 ein Prozeß zwischen dem Junker G.v. Zaschwitz und dem Pferdehändler Michael Kohlhase statt. Das Schicksal Kohlhases hat Heinrich v. Kleist in seiner Novelle „Michael Kohlhaas“ dichterisch frei gestaltet. Die Aussichtsplattform des Turmes gewährt Blicke über die „Muldenaue“. Unterhalb von B.D. befand sich bei dem Ort Schwemsal bis 1960 auf der Mulde die letzte auf dt. Flüssen zu findende Schiffsmühle; sie wurde als rekonstruiertes technisches Denkmal im Burggarten von B.D. aufgestellt. In der D.er Heide war in vergangenen Jh. die Köhlerei (Holzkohle) stark verbreitet. 1948 wurde B.D. zum Bade- und Kurort ernannt.

Sehenswürdigkeiten: Wahrzeichen der St ist die 1000jährige Burg; in ihren verbliebenen, nutzbaren Räumen befindet sich das Landschaftsmuseum der D.er Heide. Es gibt anschaulich Auskunft über die Geologie der Heide, über frühe Besiedlung und spätere Bebauung, das Leben der Heidebewohner, über Handwerk und besondere geschichtliche Ereignisse der Region. Weitere Anziehungspunkte: Burggelände mit Turm, Amtshaus und Wächterhaus; Altenhof-Gutshaus mit Wendeltreppe (Ende 17. Jh.); Kirche St. Nikolai mit Pfarrhaus (Anf. 18. Jh.); Pestportal (1577); Gasthof „Goldener Löwe“ (1617); Hotel „Natio-

Bad Dürkheim, Kurhaus mit Kurpark

nal" (18. Jh.); „Obermühle"; Kurpark (1847); Marktplatzensemble mit Rathaus (1718–23), Brunnen (Br.stock Renaissance), Bürgerhaus (Keller 15. Jh.), Bürgerhäusern (18. und 19. Jh.); Alte Post.

Bad Dürkheim

☐ 102,70 qkm; ○ Bad Dürkheim; ⚐ Rheinland-Pfalz; ✉ 67098; ☎ 06322; 🚗 DÜW; △ 109–300 m; 👥 16500.

Bad D., 25 km westlich von Mannheim am Ostrand des Pfälzerwaldes gelegen, ist über die Autobahn A 6 Mannheim–Saarbrücken (Ausfahrt Grünstadt), die B 37 und B 271 zu erreichen. Endstation der Rhein-Haardtbahn. Die St, Sitz der Kreisverwaltung, hat Amtsgericht, Arbeitsamt (Nebenstelle); Gymnasium, Realschule, Berufsschule, Sonderschulen für Lern- und geistig Behinderte; Krankenhaus (Innere Mission); Weinbau und Sektherstellung, Fabrikation von Leichtmetall-Felgen; Spielbank (Kurhaus); Pfalzmuseum für Naturkunde.

»Turinchheim«, erstmals 778 urkundlich erwähnt, erhielt 1360 das Stadtrecht. 1471 Eroberung der St und Schleifung der Befestigungswerke durch den Kurfürsten Friedrich I. von der Pfalz. 1689 totale Zerstörung der St im Eroberungskrieg Ludwigs XIV. von Frankreich. 1779 wurden die seit etwa 1725 in D. residierenden Leininger Grafen in den Fürstenstand erhoben. 1847 Eröffnung des Solbades. 1905 Anerkennung als Bad. Heilanzeigen: Rheuma, Bronchitis, Atemwege, Magen, Kreislauf, Darmträgheit. – Sehenswürdigkeiten: Klosterruine Limburg (Gründung des Salierkaisers Konrad II.); D. Riesenfaß (größtes Weinfaß der Welt mit 1,7 Mill. l Fassungsvermögen); Schloß-Kirche (mit Leiningscher Grabkapelle); Kloster-Kirche Seebach; Ruine Hardenburg (Stammburg der „Leininger"); Kriemhildenstuhl; Heidenmauer (vorgeschichtl. keltischer Ringwall). Im September „Dürkheimer Wurstmarkt", größtes Weinfest der Welt.

Bad Dürrenberg

☐ 16,5 qkm; ○ Merseburg; ⚐ Sachsen-Anhalt; ✉ 06231; ☎ 044294; 🚗 MER; △ 105 m; 👥 14000.

Bad D. liegt an der A 9 und der Eisenbahnstrecke Leipzig–Erfurt; nächster Flughafen Leipzig ist ca. 30 km entfernt. Die St verfügt über je 1 Gymnasium, Realschule, Hauptschule, Musikschule und Sonderschule. – Bad D. war bis in die 60er Jahre Kurort, in dem viele tausend Patienten Heilung ihrer erkrankten Atmungsorgane und oberen Luftwege fanden. Hier steht das größte zusammenhängende Gradierwerk Europas; die salzluftspendende Anlage wird heute lediglich prophylaktisch genutzt, nachdem sich die Region, namentlich das Geiseltal, zu einem riesigen Braunkohle-Abbaugebiet entwickelt hatte, in dem sich der Chemieanlagenbau, die metallverarbeitende Industrie, Plastverarbeitung und Bauwirtschaft konzentrierten. Die nahen Leuna-Werke taten ein übriges. In der St selbst bestimmen vorrangig Handwerker und Gewerbetreibende das Wirtschaftsleben.

Geschichtliches: Im Jahre 1010 erste Erwähnung der Kirche Keuschenberg, 1320 von Kirchdorf. Der kursächsische Berg- und Saline-Ingenieur, Bergrat Gottfried Borlach (1687–1768), unternahm 1741 Bohrversuche bei Keuschberg; 1744–1763 erbohrte er den heutigen Schacht. Seither fließt ständig Sole mit 10,63% Salzgehalt. Durch Freiherr v. Hardenberg wurde eine Sole-Nebenquelle erschlossen. Wegen des Zuspruches mußten 1812/13 die Gradierwerke erweitert werden; 1845 errichtete man das erste Badehaus. – 1920: Bau der ersten Saalebrücke; 1930: Gründung der Großgemeinde D.; 1935 amtliche Verleihung des Titels „Bad" D.; 1946 erhielt die Gm das Stadtrecht. Die Stadtväter von D. streben mit aller Kraft an, den Fremdenverkehr zu forcieren, um Bad D. wieder zu einer Kurstadt werden zu lassen.

Kulturelles: Aus den Kohleschichten des Geiseltales nahe bei D., deren organische Ausgangssubstanz allmählich in 200 000 bis 400 000 Jahren aufgehäuft wurde, sind Zehntausende von Resten der Pflanzen- und Tierwelt geborgen worden. Sorgfältig präpariert, wurden diese Zeugnisse einer 40 Millionen alten Flora und Fauna in der Geiseltalsammlung des Museums für mitteldeutsche Erdgeschichte in Halle gesammelt und zugänglich gemacht. – Das Borlach-Museum stellt die Erschließung und Gewinnung der D. Sole, deren Verarbeitung zu Speise- und Gewerbesalz sowie die Entwicklung der St als Badeort dar. Ferner zu sehen Handwerkszeug und Festkleidung der Sieder, zahlreiche Dokumente und das Modell eines Siedehauses. Das Museum befindet sich im Borlachturm, der 1763/64 unter Leitung des Salinendirektors J. G. Borlach erbaut wurde. – Jährlich Ende Juni findet seit mehr als 200 Jahren das „Brunnenfest" statt. Dabei wird im sog. „Borlach-Spiel" in historischen Kostümen und mit überliefertem Originaltext der Augenblick des Durchbruches der Hauptsolequelle nachgespielt, die in 223 m Tiefe liegt. Dieses Volksfest dauert zwei Tage.

Bad Dürrheim (Schwarzwald)

☐ 62,10 qkm; ○ Schwarzwald-Baar-Kreis; ⚐ Baden-Württemberg; ✉ 78073; ☎ 07726; 🚗 VS; △ 700–800 m; 👥 10500.

Bad D., auf der Hochebene der Baar unweit der Neckarquelle gelegen, ist das höchstgelegene Solbad Europas (Heilanzeigen bei Asthma, Bronchitis, Rheuma, Krankheiten im Kindesalter, Kreislaufstörungen, Augenleiden). Zufahrt über die B 27 und B 33. D. hat Realschule; Uhren- und feinmechanische Industrie. – Bemerkenswert die zwischen 1823 und 1826 errichteten Gebäude der Saline und das Fastnachtmuseum.

Bad Elster

☐ 12 qkm; ○ Oelsnitz; ⚐ Freistaat Sachsen; ✉ 08645; ☎ 07587; 🚗 OVL; △ 470 m; 👥 3800.

Die St ist zu erreichen über die B 92/E 49; sie liegt an der Bahnlinie Berlin–Leipzig–Karlsbad. Der nächste Flugplatz befindet sich in Hof.

Bad E. ist ein weltbekanntes sächsisches Staatsbad, das ausschließlich dem Kur- und Fremdenverkehr dient; es verfügt über keine Industrie und keinerlei Agrarwirtschaft.

Der Name „Elster" wurde erstmalig 1324 in einer Urkunde erwähnt. Zu jener Zeit befand sich hier am „elisträ" (dem „Erlenfluß") das Gut des Ritters Cunrat von Neyperg. Die Bevölkerung ernährte sich mühsam von der Landwirtschaft. Da in dieser Höhenlage die Böden nur karge Erträge lieferten, die für den Unterhalt nicht ausreichten, waren die Bewohner gezwungen, einer zusätzlichen gewerblichen Tätigkeit nachzugehen. Zunächst hatte sich als Heimindustrie die Woll- und Baumwollweberei eingebürgert, nach 1871 kam die Samtweberei hinzu.

Die heilenden Quellen wurden bereits im 16. Jh. entdeckt, aber erst 1669 durch den Plauener Badearzt Georg Leißner analysiert. Mit zunehmender Erschließung der Heilquellen veränderte sich das Gesicht des Ortes. Der Kurbetrieb wurde zu einer neuen Erwerbsquelle für seine Einwohner.

Der große Reichtum des staatlich anerkannten Kurortes liegt in seinen natürlichen Heilmitteln, dem Moor, den Trink- und Badequellen. Für die Trinkkur stehen die Moritzquelle und die Marienquelle zur Verfügung, eisenhaltige Säuerlinge von unterschiedlicher chemischer Zusammensetzung. Vorrangig werden Patienten mit Erkrankungen des Herz-Kreislauf-Systems, des Bewegungsapparates, der Nieren und der ableitenden Harnwege sowie Frauenleiden und Stoffwechselkrankheiten behandelt. Bedingt durch die günstige Tal-, Hang- und Höhenlage des Ortes und den ihn umgebenden Wald fördert das mild reizende Bioklima die Genesung der Heilungssuchenden.

Bad Ems

☐ 15,37 qkm; ○ Rhein-Lahn-Kreis; ⚐ Rheinland-Pfalz; ✉ 56130; ☎ 02603; 🚗 EMS; △ 78 m; 👥 10000.

Bad E. ist Heilbad an der unteren Lahn, 17 km südöstlich von Koblenz. Zufahrt über die B 260 (Bäderstraße) und B 261. D-Zug-Station der Strecke Gießen-Koblenz. Die St hat Kreisverwaltung, Statistisches Landesamt Rheinland-Pfalz, Bundeswehrschule; Sonderschule für Lernbehinderte, Gymnasium und Kreisberufsschule. In Bad E. befindet sich eine staatl. Kur- und Spezialklinik für Erkrankungen der Atemwege, ein Diagnose-Center (Sanatorium) und ein Medizinisches Forschungs- und Untersuchungsinstitut des Staatsbades Bad E. Neben dem Kur- und Fremdenverkehrsgewerbe sind von wirtschaftlicher Bedeutung chemisch-pharmazeutische Fabriken, Karosseriebau- und Inhalations-Apparatebaubetriebe, Diamantschleifinstrumente-, Kristallschleif- und Glasinstrumentefabrikation; außerdem Mineralwasserversand und Herstellung von Quellenprodukten (Emser Pastillen, E. Salz).

E., zur Zeit der Römer (Limeskastell „Aviomonte") befestigter Ort, wird erstmals im Jahre 880 urkundlich erwähnt. Verleihung der Stadtrechte 1324 durch Ludwig den Bayern. Die Heilquellen werden seit dem 17. Jh. genutzt. 1822 Vereinigung von Dorf und Bad zu einer Gm und Erhebung zur St. 1866 kam E. an Preußen. Bezeichnung Bad Ems seit 1912. Die Blütezeit des Bades fällt in das letzte Drittel des 19. Jh. bis zum 1. Weltkrieg, als zahlreiche Persönlichkeiten des Hochadels und der politischen Öffentlichkeit Bad E. zum Kur- und Modebad machten. Heilanzeigen: Katarrhe, Asthma, Herz- und Kreislauferkrankungen, Allergien, Gelenk- und Wirbelsäulenerkrankungen.

Sehenswert Kaiser Wilhelm I. Denkmal, Russische Kirche, Benedettistein (mit Bezug auf die Emser Depesche von 1870, die die Kriegserklärung Frankreichs zur Folge hatte). – Alljährlich Ruderregatta um den von Kaiser Wilhelm I. 1884 gestifteten Wanderpreis (Kaiser-Vierer).

Baden-Baden

□ 140,21 qkm; ○ Stadtkreis; ⚐ Baden-Württemberg; ✉ 76530*; ☎ 07221; 🚗 BAD; △ 153–1000 m; 👥 50000.

B.-B., weltbekanntes Heilbad und Kongreßstadt im nördlichen Schwarzwald, liegt in einem Talkessel der Oos am Ausgangspunkt der Schwarzwaldhochstraße (B 500). Der Ortsteil B.-Oos ist Haltestelle an der Bundesbahnhauptstrecke Frankfurt a.M.–Basel (IC, TEE- und D-Züge); Pendelverkehr von B.-Oos nach B.-B. Die St wird von der B 3 und Autobahn A 5 Karlsruhe–Basel (Ausfahrt B.-B.) tangiert. Flugplatz in B.-Oos; Rhein-Anlegestelle bei Hügelsheim.

B.-B. hat Bäder und Kurverwaltung, internationale Spielbank, zahlreiche staatl. und städt. Behörden; Realschulen, Gymnasien, Gewerbeschule, Handelslehranstalt, Klosterschulen, Töchterheim, Sekretärinnen- und Sprachenfachschule; Waisenanstalt. Hauptwirtschaftszweig ist der Kurbetrieb (Radioaktive Kochsalzthermen von 69°C). Heilanzeigen bei Leistungsschwäche und Erschöpfungszuständen, Schäden am Bewegungsapparat, Herz- und Kreislaufschäden, Stoffwechselstörungen, Frauenleiden, chronischen Affektionen der Atemwege. Neben dem Kurbetrieb sind ferner von Bedeutung einige Unternehmen der kosmetischen Industrie und der Weinanbau (Ortenau).

Die Thermalquellen wurden bereits von den

Baden-Baden, Kurhaus

Römern benutzt. Kaiser Caracalla ließ B.-B. um 214 zum kaiserlichen Bad ausbauen (Civitas Aureliae Aquensis). Nachweislich seit dem frühen 14. Jh. vergaben die Markgrafen von Baden das Nutzungsrecht an den Bädern. 1507 erließ Markgraf Christoph I. eine Stadtordnung und führte eine Kurtaxe ein. 1533 Aufteilung der Markgrafschaften in die beiden Linien Baden-Baden und Baden-Durlach. 1689 wurde die St von französischen Truppen in Schutt und Asche gelegt; Niedergang des Badebetriebes. Um die Mitte des 18. Jh. Beginn des konzessionierten Glückspiels. 1766 Bau eines Promenadenhauses, Wiederaufleben des Kur- und Badelebens. Nach dem Rastatter Kongreß (1797) entwickelte sich B.-B. zum Modebad des europäischen Adels. Weinbrenner baute das klassizistische Kurhaus (1822–24); französische Spielpächter übernahmen 1827 das Casino und richteten im Kurhaus Mitte des 19. Jh. Spielsäle im Zeitgeschmack ein (Salle Pompadour). 1860 fand in B.-B. der europäische Fürstenkongreß statt. – Nach dem 2. Weltkrieg wurden die Kureinrichtungen großzügig ausgebaut (Neues Augustabad mit Thermal-Hallenbewegungsbad). 1972 erfolgte die Eingemeindung der Gemeinden Ebersteinburg, Varnhalt, Neuweier und Steinbach, 1975 Haueneberstein und Sandweiher.

Sehenswürdigkeiten, kulturelle Einrichtungen und Veranstaltungen von überlokaler Bedeutung: Römische Baderuinen (beim Friedrichsbad, 2. Jh.); Burgruine Hohenbaden (12. Jh.); Stiftskirche (Spätgotik); Neues Schloß (15. Jh.) mit Zähringer Museum; Museum für mechanische Musikinstrumente; Kloster Lichtental (1245 gegründet); Lichtentaler Allee; Theater (1860), Kunsthalle (1908), Russische Kirche (1880), Kongreßhaus (1968), Südwestfunk. – Alljährlich im Mai und August

Internationales Pferderennen (Iffezheim); im Mai Internationale Gebrauchtflugzeugmesse; im Juni Europäische Tennismeisterschaften der Senioren; im Juli Internationaler Rosen-Neuheitenwettbewerb; im Oktober Große Golf-Woche; im November Internationale Schautanzmeisterschaften und im Dezember Proklamation und Ehrung der Sportler des Jahres. – B.-B. ist Geburtsort des Schriftstellers und Dichters Reinhold Schneider (1903–1958).

Badenweiler

☐ 13,02 qkm; ○ Breisgau-Hochschwarzwald; ⚐ Baden-Württemberg; ✉ 79410; ☎ 07632; 🚗 FR; △ 340–460 m; 🚶 3500.

B. ist Kur- und Heilbad am 1167 m hohen Blauen (Schwarzwald) in der Nähe der Autobahn A 5 Basel–Karlsruhe (Ausfahrt Müllheim/Neuenburg), 30 km südlich von Freiburg i. Br. Die Gm hat Grund- und Hauptschule.

Die ersten römischen Thermen wurden um 75 n. Chr. erbaut. 1028 erste urkundliche Erwähnung des Ortes »Baden«, seit 1372 heutiger Name. Im 19. Jh. großzügiger Ausbau der Bade- und Kuranlagen (terrassenförmig gegliedertes Kurhaus seit 1972).

B. ist anerkanntes Heilbad mit einer Akratotherme. Heilanzeigen bei Erkrankungen der Wirbelsäule, Gelenke, Muskeln, Bindegewebe und Nerven, Herz- und Kreislauferkrankungen, Erschöpfungszustände körperlicher und neurovegetativer Art.

Bad Essen

☐ 103,21 qkm; ○ Osnabrück; ⚐ Niedersachsen; ✉ 49152; ☎ 05472; 🚗 OS; △ 70 m; 🚶 12200.

Bad E. liegt 23 km östlich von Osnabrück am Nordhang des Wiehengebirges an der B 65 und am Mittellandkanal. Die Gm hat Wasser- und Schiffahrtsamt (Außenstelle); Mittelpunktschulen, Realschule mit gymnasialem Aufbauzweig; Landmaschinen-, Milch- und Nahrungsmittel-, Draht- und Kunststoff- sowie Möbelindustrie, Klinkerwerk. Bad E. und der Ortsteil Bad Hüsede sind Heilbäder (Heilanzeigen bei Herz-, Kreislauf-, Gallen-, Magen- und Stoffwechselerkrankungen, Rheuma, chronischer Bronchitis, Erschöpfungszuständen, Erkrankungen im Kindesalter).

„Essene" wird erstmals 1068 urkundlich erwähnt und um 1100 zum Kirchort erhoben. Die Solequellen werden seit Mitte des 19. Jh. zu Heilzwecken genutzt (1863 Errichtung der Kuranlagen, 1902 Erhebung zum Bad). – Sehenswert die aus dem 14. Jh. stammende ev. Kirche, die Alte Mühle und Burg Wittlage; im Huntetal beim Ortsteil Barkhausen Dinosaurierspuren aus der Kreidezeit (135 Millionen Jahre v. u. Zeitrechnung).

Bad Frankenhausen

☐ 7 qkm; ○ Artern; ⚐ Thüringen; ✉ 06567; ☎ 034671; 🚗 ART; △ 130–170 m; 🚶 9700.

B. F. ist zu erreichen auf der A 4/E 40, Ausfahrt Erfurt-West (ca. 55 km), oder Ausfahrt Weimar (ca. 50 km), sowie auf der B 80, B 85 und B 86; Bahnhof an der Nebenstrecke Sondershausen–B. F.–Bretleben. Der nächste Flughafen ist Erfurt (ca. 60 km).

Bildungseinrichtungen: Grundschulen, Regelschule, Gymnasium; Förderschule; Berufsschule.

Wirtschaftliches: „Frankenhäuser Stahl- und Anlagenbau"; Kyffhäuser Modemaschen; Katoga Knopf GmbH.

Geschichtliches: Bereits vor 900 n. Chr. gab es eine ländliche Siedlung neben einer Salzquelle, 1282 betrieben die Grafen von Beichlingen die Erteilung der „civitas" (St-, Mkt- und Handelsrechte); danach ging man an die planmäßige Anlage der „Unter-St" zwischen dem Dorf F. und der Saline: Straßennetz in Gitterform, im nordöstlichen Teil rechteckiger Mkt. Gegen Ende des 13. Jh. wurde das Gebiet um die Saline als „Ober-St" in den Mauerring einbezogen. Die St ging 1340 aus dem Beichlinger Besitz in das Eigentum des Hauses Schwarzburg-Rudolstadt über. Im Dt. Bauernkrieg (1522–26) erhoben sich Bauern und Bürger. Auf dem Weißen Berg nördlich der St. F. kam es am 15. Mai 1525 zu der schicksalsschweren Schlacht der aufständischen Formationen, geführt von Thomas Müntzer, gegen das Fürstenheer. Ein Drittel der F.er Bürger fand an der Seite der Bauernkrieger den Tod – ihr Aufstand scheiterte. Nur ganz allmählich gelang es der St, durch traditionelles Salzsieden wieder zum regulären Leben und kleinem Wohlstand zu kommen. Als diese Art Salzgewinnung in der Region an Bedeutung verlor, setzte F. ab 1818 seine Solequellen zu Heilzwecken ein. Im Jahre 1927 erhielt es das offizielle Prädikat „Bad" (Heilanzeigen bei Erkrankungen der Atemwege).

Sehenswürdigkeiten: Die Bauernkriegsgedenkstätten „Panorama" auf dem Weißen Berg bei B.F. stellt die o.g. Schlacht auf einem 123 m langen und 14 m hohen Monumentalgemälde dar, das Prof. Werner Tübke schuf. Das Kreisheimatmuseum B.F. ist im ehem. Barockschloß (nach 1689) untergebracht, es zeigt als Regionalexpositionen umfangreiche naturwissenschaftliche und historische Sammlungen, Erkundungen und Forschungsergebnisse über die Herausbildung, Entwicklung und Verhältnisse des Kyffhäusergebietes. – Das Kyffhäusermuseum in der Nähe des 1890–96 errichteten gleichnamigen Denkmals stellt die Geschichte der im 11. Jh. geschaffenen Reichsburg Kyffhausen im Zusammenhang mit der Kaiserpfalz Tilleda dar. Weitere Sehenswürdigkeiten: Unterkirche (13. Jh.); Altst. Kirche (2. Hälfte d. 13. Jh.); Oberkirche mit schiefem Turm (13. Jh.); Rathaus mit spätgot. Kern (1448); zahlreiche wertvolle Fachwerkbauten (z.B. Angerapotheke 1490, Schwanendrogerie 1533); Hausmannsturm, kleines, im Kern rom. Kastell (12./13. Jh., im 16. Jh. erneuert) mit Rundturm an der St-Mauer; Botanischer Garten, Kurpark, St-Park, Naturpark Kyffhäuser.

Wiederkehrende Ereignisse: Kyffhäuser-Berglauf; Thüringer Landesmeisterschafts-Berglauf; Fr.er Bauern-Mkt, Volksfest, Weihnachts-Mkt.

Bad Freienwalde

○ Bad Freienwalde; ⚐ Brandenburg; ✉ 16259; ☎ 0379; 🚗 FRW; △ 14 m; 👥 11 840.

Die Stadt Bad F. liegt unweit von Berlin, am Westrand des Oderbruches. Sie ist über die Autobahn „Berliner Ring“, Abfahrt Hohenschönhausen, auf der B 158 zu erreichen, die sich in der St mit der B 167 kreuzt. Der Bahnhof liegt an den Strecken Frankfurt/Oder–Berlin und Berlin/Stadtbahn–Wriezen; die nächsten Flughäfen liegen in Berlin. – Bad F. verfügt über ein Gymnasium, je eine Berufsschule und Musikschule und die Bibelschule „Malche“. Medizinisches Zentrum bildet das Rheumasanatorium mit dem Moorbad. Kulturstätten: Kurtheater, Kino, Freilichtbühne, Bibliothek, Konzerthalle, Oderlandmuseum, Haus der Naturpflege, Haus der Freizeit und Jugendzentrum. – Außer einem Drähnrohrwerk und der Möbelfabrik keine nennenswerte Industrie, auch keine größeren landwirtschaftlichen Betriebe.

Geschichtliches: Die Entwicklung der St begründet sich in ihrer regionalen Lage. Sie ist umgeben von einer Landschaft – dem Oberbarnimer Land – das sich von den Höhen des Barnim bis zum Oderstrom erstreckt. Vielgestaltige, abwechslungsreiche Landschaft, gesunde Luft, ausgedehnte stille Wälder und das weite Oderbruch bieten Ruhesuchenden erholsame Wanderungen, Kutschfahrten und Radtouren. Bereits der große Schriftsteller Theodor Fontane (1819–1898) pries in umfangreichen Darstellungen die landschaftlichen Eigenheiten und Naturschönheiten in Wald und Flur.

An einem vielbenutzten Oderübergang bildete sich eine deutsche Kaufmannssiedlung; erste urkundliche Erwähnung des Ortsnamens „Vrienwolde“ im Jahr 1316. In der Frühphase der Entwicklung entstanden die Fischer- und Bauerndörfer Kietz und Torno, die erst 1928 in F. eingemeindet wurden. 1364 bezeichnete man F. als unbefestigte St mit Marktrecht, die dem Landesherrn der Mark Brandenburg unmittelbar unterstand. Der Markgraf übertrug um 1374 F. dem Adelsgeschlecht von Uchtenhagen als Lehen. Damit waren die Bewohner schlimmen Belastungen ausgesetzt. Sie hatten erhöhte Abgaben zu leisten, mußten kostenlose Hand- und Spanndienste erbringen und unterlagen der willkürlichen Gerichtsbarkeit durch die Adelsherrschaft.

Dem Ort blieb keine Chance zur Entfaltung, bis der letzte v. Uchtenhagen 1618 verstarb. Zu jenem Zeitpunkt war F. eine kleine Ackerbürger-St, unselbständig und in der bürgerlichen wie gewerblichen Entwicklung schwer behindert. Die Entdeckung und Erschließung von Quellen führten zu einer entscheidenden Wende. Der kurfürstliche und königliche Hof von Brandenburg und Preußen war an einer Bade-St sehr interessiert und förderten deshalb intensiv die Nutzung der heilenden Wasser. 1864 begann Kurfürst Friedrich Wilhelm mit der Organisierung des Badebetriebes. König Friedrich v. Preußen fand ebenfalls Freude an dem Fr. Gesundbrunnen, deshalb ließ er sich 1706 von Andreas Schlüter auf dem Brunnengelände ein Lustschloß errichten. 1788 besuchte König Friedrich Wilhelm II. von Preußen im zweiten Jahr seiner Regierung das Bad. Er stellte sofort umfangreiche Finanzmittel für den Ausbau zur Verfügung, wodurch die St zu einer wirtschaftlichen und kulturellen Blütezeit gelangte. 1797 wählte Königin Friederike Luise Fr. zu ihrem Witwensitz und ließ sich von David Gilly ein Schloß errichten. Nach dem Tode der Königin und durch Preußens Niederlage 1806 wurde das Bad vernachlässigt und heruntergewirtschaftet. 1821 errichtete man auf dem Brunnengelände ein Theater; Fr. entwickelte sich zum Modebad. Die St war 1832 in der Lage, den Gesundbrunnen für 150000 Taler zu kaufen. Die Moorbäder wurden im Jahr 1840 eingeführt und im Laufe der folgenden Jahre zur wichtigsten Behandlungsmethode.

In der weiteren Umgebung Berlins avancierte Fr. ab 1900 zum bedeutendsten Badeort und wegen seiner einmaligen Umgebung zum Wintersportgebiet, Luftkurort und zur Sommerfrische. Das Fr. Schloß ging 1909 in den Besitz des Industriellen Walther Rathenau über, der es stilgetreu restaurieren ließ. Nach seiner Ermordung schenkten die Erben Park und Schloß dem Kreis Oberbarnim. Die wertvolle Inneneinrichtung wurde nach dem Zusammenbruch 1945 geraubt; nur das Gebäude blieb unversehrt, bis es von der sowjetischen Besatzungsmacht in Beschlag genommen wurde. – Die staatliche Anerkennung mit der offiziellen Bezeichnung „Bad Fr." erhielt der Kurort 1924. Nach langwierigen Instandsetzungen, die durch die Zweckentfremdung seitens der Roten Armee nötig waren, wurde der Gesundbrunnen 1952 als „Bad der Werktätigen" neu eröffnet. Heute ist die Gebäudesubstanz stark abgenutzt und die Inneneinrichtungen sind verschlissen. Die St unternimmt gegenwärtig große Anstrengungen, um ihr Bad zum alten Glanz und dem ehem. guten Ruf zu verhelfen. –

Neben einer Vielzahl gut markierter Wanderwege mit einer Gesamtlänge von 200 km bieten St und Region alles, was einen Urlaub lohnenswert machen: Freibad, Sauna und Solarium, Tennisplatz und Reitplatz, Möglichkeiten zum Wassersport jeglicher Art, Angeln und Boots- sowie Fahrradverleih; auch eine Rodelbahn ist vorhanden. Kulturelle Erlebnisse findet man bei Kurkonzerten, Ausstellungen und Theatergastspielen sowie anläßlich der Stadtfeste im Mai, August und Oktober.

Bad Friedrichshall

□ 24,70 qkm; ○ Heilbronn; ⚐ Baden-Württemberg; ✉ 74177; ☎ 07136; 🚗 HN; △ 156 m; 👪 12000.

Bad F., Solbad 12 km nördlich von Heilbronn an der Einmündung des Kocher und der Jagst in den Neckar, ist über die B 27 zu erreichen; Anschluß an die A 81 Heilbronn–Würzburg (Ausfahrt Neuenstadt) und A 6 Stuttgart–Mannheim (Ausfahrt Neckarsulm). Die St hat Realschule; Kreiskrankenhaus; Salzbergwerk, Konserven- und Tiefkühlkostindustrie, Glokkengießerei, Feuerwehrgerätefabrik, Eisenwerk, Stahlmöbel- und Zahnradfabrik, Leichtmetallgießerei; Heilanzeigen des Solbades bei Erkrankungen im Kindesalter.

Bad F. ist 1934/35 durch den Zusammenschluß der drei Orte Kochendorf, Jagstfeld und Hagenbach entstanden. 1951 Erhebung zur St. Erste urkundliche Erwähnung von Jagstfeld 768 (ab 976 den Bischöfen von Worms durch Schenkung übereignet, 1362 an das Erzbistum Mainz verpfändet, nach 1484 bis 1806 unter der Herrschaft des Dt. Ritterordens); von Hagenbach 1296 (bis 1506 im Besitz der Herren von Wittstadt, danach bis 1806 zum Dt. Ritterorden gehörend) und von Kochendorf im 9. Jh. (reichsritterschaftliches Gebiet bis 1749). 1806 wurden alle drei Orte württembergisch.

Sehenswürdigkeiten sind das alte Rathaus, das Wasserschloß Lehen in Kochendorf (13. Jh., Umbau 1553), das Greckenschloß und die Barockkirche im Stadtteil Duttenberg.

Bad Gandersheim

□ 90,41 qkm; ○ Northeim; ⚐ Niedersachsen; ✉ 37581; ☎ 05382; 🚗 NOM; △ 125 bis 270 m; 👪 11000.

Bad G. liegt 45 km nördlich von Göttingen am nordwestlichen Rand des Harzes an der B 64 und B 445; Anschluß an die Autobahn A 7 Kassel-Hannover (Ausfahrten Seesen [Harz] bzw. Echte). Bad G. hat Amtsgericht, Kreisverwaltung; Realschule, Sonderschule für Lernbehinderte, Gymnasium, Landwirtschaftsschule, Zollschule; Stahl-, aluminium- und kunststoffverarbeitende Industrie, Glashütte.

852 gründeten der sächsische Graf Ludolf und seine Gemahlin Oda das Damenstift G., das bald zum Mittelpunkt geistlicher und weltlicher Macht wurde. Unter der Äbtissin Gerberga II. (959–1001), der Nichte Kaiser Ottos des Großen, erlebte G. eine Blütezeit. Dem Stift gehörte im 10. Jh. die Dichterin Roswitha (Hrotsvit) von G. an, die ihre Legenden, Dramen und Historien zwischen 960 und 970 verfaßte. Seit der 2. Hälfte des 12. Jh. besaßen die Welfen die Vogteirechte. 990 hatte das Stift ein Marktprivileg erhalten, das die Entwicklung der Siedlung G. zur St begünstigte. 1568 wurde G. evangelisches Damenstift (1810 aufgelöst).

Wahrzeichen der St ist die Stiftskirche (Baubeginn 856), eine frühromanische Basilika mit mächtigem Westwerk (Kaiserempore). Bemerkenswert außerdem die ehem. Abtei im Stil der Weserrenaissance (1599), das Rathaus (nach 1580), die Pfarrkirche St. Georg (12.–16. Jh.) und das Schloß der braunschweigischen Herzöge (Amtsgericht).

Vor dem Westwerk der Stiftskirche finden alljährlich die Gandersheimer Domfestspiele statt.

Bad G. ist staatl. anerkanntes Heilbad (Thermal-Sole-Bewegungsbad). Heilanzeigen: Rheuma, Kreislauf, Frauen- und Kinderkrankheiten, Erkrankungen der Atmungsorgane, Wirbelsäulenschäden, nervöse Organstörungen, Erschöpfungszustände.

Bad Gottleuba

□ 32 qkm; ○ Pirna; ⚐ Freistaat Sachsen; ✉ 01816; ☎ 035023; 🚗 PIR; △ 350 m; 👫 2200.

B.G. ist zu erreichen über die A 4/E 40, Ausfahrt Dresden-Altstadt (über Pirna ca. 35 km), und über die B 172; der nächste Bahnhof ist Pirna (ca. 15 km) an der Fernstrecke Berlin–Dresden–P.–Bad Schandau–Prag, nächster Flughafen Dresden (ca. 45 km).

Bildungseinrichtung: Mittelschule.

Wirtschaftliches: Agrar-Produktivgenossenschaft. – Bad G. ist ein Stahl- und Moorbad zur Heilung von Erkrankungen des Bewegungsapparates.

Geschichtliches: Die St liegt in waldreicher Umgebung zwischen Elbsandstein- und Osterzgebirge im engen Tal des Gottleuba-Flusses. Ihre Entwicklung begann im 14. Jh. Versuche, am Ort Bergbau zu betreiben, kamen über einen unwesentlichen Umfang nicht hinaus und wurden wieder eingestellt. Mitte des 18. Jh. entdeckte man eine Stahlquelle und eisenhaltige Moorlagen. Sie boten die Voraussetzungen für den Bau eines Kurbades (1861), das in den Jahren 1880 und 1887 erheblich erweitert wurde und bis heute existiert. 1908–13 entstand das den Ort prägende Kliniksanatorium als Heilstätte der damaligen Landesversicherungsanstalt des Königreiches Sachsen. Es war das erste Arbeiter-Sanatorium in Dtld., errichtet in Pavillonbauweise (Jugendstil) auf einer Waldparkanlage von 28 ha. Das Stahl- und Moorbad ist ein Rehabilitationszentrum mit Kuranlagen und Blindenerholungsheim. Der historisch gewachsene Ortskern konzentrierte sich im wesentlichen auf dem Mkt-Platz und entwickelte sich in der Niederung des Gottleuba-Flusses fort. – Eine 1974 errichtete Talsperre, Volumen 13 Mio. Kubikmeter, wenige km südlich von B.G., dient dem Hochwasserschutz und der Trinkwasserversorgung. Dadurch konnten Wiederholungen der seit 1897 alle 30 Jahre eintretenden Überschwemmungen endgültig unterbunden werden.

Sehenswürdigkeiten und Kulturelles: spätgot. St.-Petri-Kirche (um 1525); Heimatmuseum; Haus des Gastes; Postmeilensäule; Jugendstil-Klinik; Talsperre.

Bad Harzburg

□ 65,38 qkm; ○ Goslar; ⚐ Niedersachsen; ✉ 38667; ☎ 05322; 🚗 GS; △ 300–600 m; 👫 25100.

Bad H., am steil abfallenden Nordrand des Oberharzes und am Schnittpunkt der B 4 und B 6 gelegen, ist Heilbad und heilklimatischer Kurort. Die St hat Realschule, Gymnasium, Akademie für Führungskräfte der Wirtschaft. Haupterwerbsquellen sind der Kurbetrieb und Fremdenverkehr (Spielkasino).

Heinrich IV. erbaute 1064 auf dem Großen Burgberg die erste Harzburg mit Chorherrenstift zum Schutz seiner Reichsvogtei Goslar. Die Burg wurde zehn Jahre später von den Sachsen zerstört und 1180 unter Kaiser Barbarossa wiederaufgebaut (im 17. Jh. z.T. abgetragen). Nördlich der Harzburg entwickelte sich eine 1338 erstmals urkundlich erwähnte Siedlung (Neustadt), die im 16. Jh. nach der Inbetriebnahme einer Saline zu einiger Bedeutung gelangte. 1820 erste Anfänge eines Badebetriebes. 1851 wurde die Saline in ein Solbad umgewandelt, nach 1865 Aufstieg zum bevorzugten Kurbad unter dem Namen Harzburg seit 1892 (1894 Bad H. und Verleihung der Stadtrechte). Heilanzeigen bei Herz- und Kreislauferkrankungen, rheumatischen Leiden, degenerativen Gelenkerkrankungen und Wirbelsäulenschäden, Erkrankungen der Verdauungsorgane und Stoffwechselstörungen, Frauenleiden, Erkrankungen der Atemwege, allergischen Erkrankungen, Entwicklungsstörungen im Kindesalter, Altersbeschwerden und Zivilisationsschäden.

Bad Herrenalb

□ 33,03 qkm; ○ Calw; ⚐ Baden-Württemberg; ✉ 76332; ☎ 07083; 🚗 CW; △ 400–700 m; 👫 6500.

Bad H., 27 km südlich von Karlsruhe am Schnittpunkt von sieben Tälern im oberen Albtal des nördlichen Schwarzwaldes gelegen, ist heilklimatischer Kurort (Heilanzeigen bei Herz-, Kreislauf- und Stoffwechselkrankheiten sowie Rekonvaleszenz). Die St, Sitz der Ev. Akademie der Landeskirche Baden, hat

Grund- und Hauptschulen; Psychosomatische Klinik; lebhaften Fremdenverkehr.

H. entstand als Siedlung in unmittelbarer Nähe des 1149 von den Grafen von Eberstein gegründeten Zisterzienserklosters, das bis Mitte des 14. Jh. zu den größten und bedeutendsten Klosteranlagen im süddeutschen Raum zählte. Das Kloster kam 1535 an Württemberg; im Dreißigjährigen Krieg und 1796 wurde es zerstört. Die ehem. Klosterkirche (jetzt ev. Pfarrkirche) mit dem Grabmal (Ende 15. Jh.) des Markgrafen Bernhard v. Baden und die Ruine der romanischen Vorhalle blieben erhalten. Die Anfänge des Kurbetriebes gehen bis in das erste Drittel des 19. Jh. zurück.

Bad Hersfeld

□ 73,81 qkm; ○ Hersfeld-Rotenburg; ⚐ Hessen; ✉ 36251; ☎ 06621; 🚗 HEF; △ 202–300 m; 👥 30800.

Bad H., umgeben von den bewaldeten Ausläufern des Knüllgebirges, des Vogelsberges und der Vorderen Rhön, liegt im mittleren Fuldatal an der Einmündung der Haune, Geis und Solz in die Fulda. Zufahrt über die Autobahnen Frankfurt a.M.–Kassel (Ausfahrt Bad H./Aua), Autobahn-Dreieck Kirchheim–Eisenach (Ausfahrt Bad H.) und Hattenbacher Dreieck–Würzburg (Ausfahrt Niederjossa), die B 27, B 62 und B 324. Bad H. ist D-Zug-Station an den Strecken Hamburg–München, Berlin–Frankfurt–Basel und Kassel–Würzburg–Nürnberg–Passau. Die St hat Kreisverwaltung, Amtsgericht, Arbeitsgericht, Amt für Verteidigungslasten, Bergamt, Wetterdienst u.a. Behörden; Realschule, Gymnasien, Volkshochschule, Berufs- und Berufsfachschule, Technikerschule, Fachoberschule, Wirtschaftsgymnasium, Lehr- und Versuchsanstalt für Grünlandwirtschaft und Futterbau, Lehranstalt für Gesundheitsberufe (u.a. Diätschule); Fernstudienzentrum. Die Industrie ist vertreten durch Zweigwerke der Siemens AG (Bau von öffentlichen Vermittlungssystemen) und der Farbwerke Hoechst (Produktion von Trevira-Fäden); außerdem Apparatebau, Bekleidungsindustrie; Heilwasserversand.

769 gründete Lullus (gest. 786), Nachf. von Bonifatius auf dem Bischofsstuhl zu Mainz, das Kloster »Härulfisfeld«. Von Karl d.Gr. 775 als Reichskloster anerkannt und als Missionsbasis für Thüringen bestimmt, entwickelte sich die Abtei zu einem geistigen Mittelpunkt des frühmittelalterl. Reiches. Die erste Großbasilika, 850 von Rhabanus Maurus geweiht, wurde 1038 durch Brand weitgehend zerstört und 1144 in Gegenwart Kaiser Konrads III. und aller Großen des Reiches erneut geweiht. H., als Markt 1142 und als St 1170 erstmals genannt, erlangte unter Gegenkönig Wilhelm von Holland vorübergehend die Reichsunmittelbarkeit (13. Jh.). Nach langen, blutigen Auseinandersetzungen zwischen Stift und Stadt (Vitalisnacht von 1378) kam die Abtei 1606 unter die Schutzherrschaft der hessischen Landgrafen. 1648 wurde das geistliche Fürstentum H. der Landgrafschaft Hessen eingegliedert. 1761 fiel die Stiftskirche den Wirren des Siebenjährigen Krieges zum Opfer.

Die Erbohrung (1904) eines bereits vor dem Dreißigjährigen Krieg bekannten Heilbrunnens leitete die Entwicklung H. zum Heilbad ein (Hessisches Staatsbad seit 1963). Heilanzeigen bei Leber-, Galle-, Magen- und Darmleiden, Diabetes, Stoffwechselstörungen.

Sehenswürdigkeiten: Stiftsruine (850 bzw. 1144), Rathaus (1371, Ende 16. Jh. erweitert), Stadtkirche (1300–1584), Eichhof, Stadtmauer, Fachwerkbauten, Heimatmuseum mit frühroman. Wand- u. Deckengemälde in der noch erhaltenen Mönchskapelle (11. Jh.). – Festspiele (Oper, Konzerte) alljährlich in der Ruine der Stiftskirche (Juli/August); Lullusfest im Oktober.

Bad Hönningen

□ 20,09 qkm; ○ Neuwied; ⚐ Rheinland-Pfalz; ✉ 53557; ☎ 02635; 🚗 NR; △ 60 bis 150 m; 👥 5600.

Bad H., 30 km südöstlich von Bonn auf dem rechten Rheinufer an der B 42 gelegen, ist Bahnstation an der Strecke Wiesbaden-Köln. Die Gm hat Grund- und Hauptschule, Sonderschule für Lernbehinderte; kohlensäureverarbeitende Werke und chemische Industrie sowie Obstbau.

H., das erstmals 1069 urkundlich genannt wird, war bis Mitte des 19. Jh. ein Bauern- und Winzerort. Nach der Erbohrung der ersten Kohlensäurequelle (1859) Beginn der industriellen Nutzung des Naturprodukts (Mineralwasser). Seit 1950 Entwicklung zum aufstrebenden Kurort und Heilbad (Heilanzeigen bei Herz- und Kreislauferkrankungen, Rheuma). 1969 Verleihung der Stadtrechte.

Bad Homburg v.d.H.

□ 51,16 qkm; ○ Hochtaunuskreis; ⚐ Hessen; ✉ 61343*; ☎ 06172; 🚗 HG; △ 200 m; 👥 50400.

Bad Homburg, Siamesischer Tempel

Das Heilbad Bad H. (Heilanzeigen bei Herz- und Gefäßleiden, Stoffwechselkrankheiten, Magen-, Darm- und Galleerkrankungen) liegt 15 km nördlich von Frankfurt a.M.,vor der Höhe' des Taunus an der Autobahn A5/A7 Frankfurt-Kassel (Ausfahrt Bad H. Kreuz über Zubringer A661) und an der B 455 und B 456. S- und U-Bahnverbindungen nach Frankfurt a.M. Bad H., Sitz der Bundesschuldenverwaltung und des Bundesausgleichsamtes, hat Amtsgericht, Kreisverwaltung; Gesamtschule, Gymnasien, Berufsfachschulen, Sonderschule für Lernbehinderte; BfA-Klinik. In Bad H. haben ihren Hauptsitz die Basler Versicherung und die Konzernleitung der Quandt-Gruppe; außerdem metallverarbeitende, elektroakustische und Lebensmittel-Industrie.

H., das Anfang des 14. Jh. die Stadtrechte erhielt, kam 1502 an Hessen. Seit 1622 Hauptstadt der Landgrafschaft Hessen-H. Landgraf Friedrich II. (Reg. 1680–1708), Kleists ‚Prinz von Homburg', siedelte französische Glaubensflüchtlinge in der von ihm gegründeten ‚Neustadt' an. 1866 fiel H. an Hessen-Darmstadt und im gleichen Jahr an Preußen.

Die Mineralquellen, die wahrscheinlich bereits von den Römern zu Heilzwecken genutzt worden sind, dienten bis ins 18. Jh. der Salzgewinnung. Nach ihrer Wiederentdeckung Anfang des 19. Jh. entwickelte sich ab 1834 ein bald florierendes Badeleben. H. wurde zum Treffpunkt der europäischen Fürstenhäuser. 1841 Eröffnung der ersten Spielbank (bis 1872; 1949 wiedereröffnet). Die wirtschaftlichen Rückschläge nach dem 1. und 2. Weltkrieg sind durch den großzügigen Ausbau der Kureinrichtungen und durch die Förderung von Industrie und Handel überwunden worden.

Sehenswürdigkeiten: Landgrafenschloß (ältester Teil ‚Weißer Turm' aus dem 13. Jh., das Schloß selbst Neubau Ende des 17. Jh.); St. Marienkirche mit spätgot. Kunstschätzen; Kurpark (von Peter Joseph Lenné angelegt) mit Siamesischem Tempel und Russischer Kapelle, Städt. Museum im gotischen Haus (mit Hutsammlung); Schloßkirche mit Bürgy-Orgel; Erlöserkirche mit Bach- und Sauerorgel. 6 km nordwestlich von Bad H. liegt das wiedererrichtete Römerkastell Saalburg (mit Museum).

Bad Honnef

□ 48,30 qkm; ○ Rhein-Sieg-Kreis; ⚐ Nordrhein-Westfalen; ✉ 53604; ☎ 02224; 🚗 SU; △ 54–450 m; 👥 21700.

Bad H., Heilbad und Kurort am rechten Rheinufer zu Füßen des Siebengebirges 14 km südöstlich von Bonn, liegt an der B 42 und hat Anschluß an die Autobahn A3 Frankfurt a.M.-Köln (Ausfahrt Bad H.); Bahnstation an der Strecke Köln-Frankfurt a.M. Yachthafen für Sport- und Kleinboote.

Die St, Sitz des Deutsch-Französischen Jugendwerkes und der Deutschen Stiftung für Entwicklungsländer, hat Mädchenrealschule, Gymnasien, Kath.-Soziales Institut, Handelsschulen, Kreisberufsschule und Körperbehinderten-Schulheim; Maschinen- und Apparatebau, chemisch-pharmazeutische Fabrik (Penaten), Transformatorenwerk, Konservenfabriken, Weinbau; Fremdenverkehr.

H., um 800 erstmals urkundlich genannt, war bereits im 19. Jh. als Ferienort bekannt. Die Grafenwerther Quelle und die Edelhoff-Thermalquelle werden für Trink- und Badekuren genutzt. Heilanzeigen bei Herz- und Kreislauferkrankungen, Darm-, Leber-, Gallenleiden, Stoffwechselerkrankungen. Neben Kurkliniken bestehen eine Psychosomatische Klinik und eine Spezialklinik für Beinleiden und kosmetische Chirurgie.

Sehenswürdigkeiten: Pfarrkirche St. Johann Baptist (12./13. Jh.) mit schöner Innenausstattung, Fachwerkhäuser, Rheininseln Grafenwerth (mit Parkanlagen und Schiffsanlegestelle der Köln-Düsseldorfer) und Nonnenwerth; Dr.-Konrad-Adenauer-Haus im Ortsteil Rhöndorf.

Bad Iburg

□ 36,43 qkm; ○ Osnabrück; ⚐ Niedersachsen; ✉ 49186; ☎ 05403; 🚗 OS; △ 120–331 m; 👥 10000.

Das Kneipp-Heilbad Bad I. (Heilanzeigen bei Herz- und Gefäßerkrankungen, Kreislaufstörungen, Nervenleiden, Magen-Darm- und Stoffwechselerkrankungen, Rheuma, Erschöpfungszuständen) liegt 15 km südlich von Osnabrück an einem Südhang des Teutoburger Waldes. Bad I. ist über die B 51 und die Autobahnen A 1 Münster–Osnabrück (Ausfahrt Lengerich) und A 30 Osnabrück–Bad Oeynhausen (Ausfahrt Osnabrück-Nahne) sowie über die A 33 Osnabrück–Paderborn (Ausfahrten Borgloh/Kloster Oesede bzw. Hilter) zu erreichen. Die St hat Amtsgericht; Gymnasium, Realschule, Landespolizeischule, Krankengymnastikschule, Volkshochschule; Kurklinik, Sanatorien, Kurheime; Drahtseil- und fleischverarbeitende Industrie; Hydrokultur- und Gartenbaubetriebe.

In den Fränkischen Reichsannalen ist I. erstmals um 753 erwähnt. Seit 1359 besaß es als Flecken städtische Privilegien (1959 Erhebung zur St.). Das auf einem Bergkegel liegende Schloß geht in seinem Wiederauf- und Ausbau von einer Burg zu einer festen Residenz des Bistums Osnabrück wesentlich auf den Fürstbischof Benno II. (1068 bis 1088) zurück. Dieser gründete 1080 gleichzeitig auch ein Benediktinerkloster und ließ es auf der nach Osten flach abfallenden Seite des Berges errichten. Nach der Rückkehr des aufgrund des 30jährigen Krieges vertriebenen Bischofs Franz Wilhelm Graf von Wartenberg entstand 1656/58 der prächtige Rittersaal mit der perspektivischen Deckenmalerei des Italieners Andrea Aloisi. 1668 wurde auf Schloß Iburg Sophie Charlotte, die erste preußische Königin (seit 1701) und Großmutter Friedrich des Großen, geboren (gest. 1705). Heute wird die imposante Doppelanlage mit der ehemaligen Benediktinerabtei, Klosterkirche St. Clemens und der evangelischen Schloßkirche, die 1664 in diese Anlage integriert wurde, von der Landespolizeischule als Ausbildungsstätte genutzt.

Sehenswert ist ferner die Fleckenskirche, ein dreischiffiger Hallenbau aus dem 13. Jahrhundert, das Alte Forsthaus Freudenthal (1594, ehemliges fürstbischöfliches Jagdschlößchen), der ehemalige Gografenhof (18. Jahrhundert, heute Rathaus), die Schloßanlage und Museen (Roller und Kleinwagen; Uhren; Keramik und Münzen).

Bad Karlshafen

□ 14,85 qkm; ○ Kassel; ⚐ Hessen; ✉ 34385; ☎ 05672; 🚗 KS; △ 105 m; 👪 4500.

Das Soleheilbad Bad K. liegt im Weserbergland an der Einmündung der Diemel in die Weser im Schnittpunkt der Bundesstraßen 80 und 83. Bad K. ist Bahnstation an der Strecke Göttingen–Oberhausen; Verkehrslandeplatz Deiselberg 6 km. Die St hat Kurzentrum; Grundschule, Gesamtschule; keramische Schleifscheibenfabrik, Textilindustrie; Fremdenverkehr; Heilanzeigen der Solequelle bei Katarrhen, Asthma, Rheuma, Bronchitis, Kreislaufstörungen und Erkrankungen im Kindesalter.

Bad K. wurde vom Landgrafen Carl von Hessen zwischen 1699 und 1710 als symmetrische Anlage unter dem Namen ‚Siegburg' errichtet und 1710 mit dem Stadtrecht ausgestattet; 1717 wurde die St in Carlshafen umbenannt. Die entdeckte Solequelle wird seit 1838 zu Badezwecken genutzt. 1977 erhielt Karlshafen den Titel ‚Bad'. – Der Stadtteil Bad K.-Helmarshausen, 944 als „Helmerateshusa" erstmals urkundlich bezeugt und 1230 zur St erhoben, ist staatlich anerkannter Luftkurort. In der Ende des 10. Jh. gegründeten Reichsabtei Helmarshausen wurde im 12. Jh. von dem Mönch Herimann und seinen Gehilfen das ‚Evangeliar Heinrichs des Löwen' geschaffen.

Die gesamte barocke Stadtanlage von Bad K. mit Rathaus, Thurn- und Taxischer Posthalterei, Invalidenhaus, Hotel zum Schwan und Freihaus steht unter Denkmalschutz. Sehenswert ferner die zum Schutz der Klostersiedlung Helmarshausen von Bischof Engelbert von Köln zwischen 1215–1220 über dem Stadtteil errichtete Krukenburg (Ruine), die romanische Kirchenburgruine und alten Klostergebäude des ehemaligen Klosters Helmarhausen sowie das Hugenotten-Museum in Bad K.

Alljährlich Motorboot- und Hovercraft-Rennen (April) und Marktschreier-Wettbewerb (August).

Bad Kissingen

□ 60 qkm; ○ Bad Kissingen; ⚐ Bayern; ✉ 97688; ☎ 0971; 🚗 KG; △ 201 m; 👪 20300.

Bad K., Große Kreisstadt und Heilbad im südlichen Röhnvorland an der Fränkischen Saale, ist über die B 286, B 287 und Autobahn A 7 Würzburg–Bad Brückenau–Fulda (Ausfahrt Bad. K.) zu erreichen; Endstation der Bundesbahnstrecken Würzburg–Schweinfurt–Bad K. und Gemünden–Bad K. Die St hat Amtsgericht, Arbeitsamt (Nebenstelle), Finanzamt, Gesundheitsamt, Landratsamt und andere Behörden; Realschule, Gymnasium, Sonderschulen, Berufsschule, Volkshochschule. Bad K. ist

Bayerisches Staatsbad mit Kurhausbad und Luitpoldbad, Kurtheater, Saline; Spielbank. Heilanzeigen bei Magen-, Darm-, Leber-, Galle- und Bauchspeicheldrüse- sowie Stoffwechsel-, Herz-, Kreislauf- und Gefäßerkrankungen, Erkrankungen der Lunge, Bronchien und des rheumatischen Formenkreises, Erkrankungen des Nervensystems, Frauenkrankheiten und bei Nachbehandlung von urologischen Eingriffen.

„Chizziche" wird erstmals 801 urkundlich erwähnt, zwei Salinen sind bereits 823 bezeugt. Unter den Grafen von Henneberg wurde die Siedlung um 1235 zur St (Stadterhebung um 1330) ausgebaut und befestigt. Ende des 14. Jh. fiel K. an das Würzburger Hochstift. Die kohlensäure- und eisenhaltigen Salzquellen werden seit dem 16. Jh. zu Trink- und Badekuren genutzt. 1737 ließ der Würzburger Fürstbischof Friedrich Karl von Schönborn zwei neue Quellen fassen und den Kurgarten nach Plänen von Balthasar Neumann anlegen. 1814 kam K. an Bayern. Friedrich Gärtner schuf 1834 das Kurviertel. Im letzten Drittel des 19. Jh. entwickelte sich K. zum Weltbad und bevorzugten Aufenthaltsort des europäischen Hochadels. Zwischen 1907 und 1912 wurden die Kuranlagen von Max Littmann erneuert. – Sehenswürdigkeiten: Altes Rathaus (1577); Bismarck-Wohnung; Gradierwerk; Obere und Untere Saline (1767–1772); Regentenbau (1911–13) mit Arkadenbau, Brunnen- und Wandelhalle; Ruine Bodenlauben (um 1180), Sitz des Minnesängers Otto von den Botenlauben seit 1220, im Stadtteil Reiterswiesen.

Alljährlich kulturelle Festwochen, Rosen- und Rakoczyfest.

Bad Klosterlausnitz

□ 16,3 qkm; ○ Stadtroda; ⚐ Thüringen; ✉ 07639; ☎ 036601; 🚗 SRO; △ 320 m; 👫 3000.

B.K. ist zu erreichen auf der A 4/E 40, Ausfahrt Kreuz Hermsdorf (4 km), und auf der A 9/E 49/E 51, Ausfahrt B.K.; Bahnstation der Linie Weimar–Jena–Hermsdorf/B.K.–Gera. Der nächste Flughafen ist Erfurt (ca. 72 km), Verkehrslandeplatz in Gera-Leumnitz (20 km), Segelflugplatz Schöngleina (10 km).

Bildungseinrichtungen: Grundschule, Regelschule.

Wirtschaftliches: Holzverarbeitende Industrie. – Bad K. ist ein Moorbad mit Heilanzeigen bei Erkrankungen des Bewegungsapparates und rheumatischer Leiden.

Geschichtliches: Die Ortschaft „Kloster Lausnitz" führt ihren Ursprung auf die Gründung eines Augustiner Nonnenklosters (1132) zurück und fand 1137 ihre erste urkundliche Erwähnung. Das Augustiner-Chorfrauenstift erhielt eine dreischiffige rom. Pfeilerbasilika, beg. nach 1150, geweiht zwischen 1181 und 1185, seit dem 16. Jh. verfallen; nach Plänen F.v. Quasts 1855–66 auf den freigelegten Fundamenten über kreuzförmigem Grundriß wiederaufgebaut, im Westen Zweiturmfront, Höhe der Türme 37 m, Länge des Gotteshauses 48 m; seit 1966 unter Denkmalsschutz. – Die ersten Feriengäste fanden sich 1880 in K. ein. Der Gastwirt Hermann Sachse gründete 1929 in seinem Gasthaus ein Moorbad, nachdem er ein Gutachten über Zusammensetzung und Qualität des Moores der nahegelegenen Sümpfe eingeholt hatte. Von seiten der Thüringer Landesregierung erkannte man der Gm 1932 das Prädikat „Bad" zu. 1946 wurde die Kureinrichtung zum Volksbad erklärt, in dem Erkrankungen des Bewegungsapparates behandelt werden. Seit 1991 können Patienten Vorsorge- und Rehabilitationskuren auch in ambulanter Behandlung absolvieren.

Sehenswürdigkeiten: Klosterkirche mit spätrom. Kruzifix (um 1235–40); Kurpark mit Musikpavillon.

Wiederkehrende Ereignisse: Jährliches Setzen eines Maibaumes zu Pfingsten; Kurkonzerte im Sommerhalbjahr.

Bad König

□ 46,73 qkm; ○ Odenwaldkreis; ⚐ Hessen; ✉ 64732; ☎ 06063; 🚗 ERB; △ 180–360 m; 👫 8100.

Bad K. (seit 1948) liegt 40 km südöstlich von Darmstadt im nördlichen Odenwald an der B 45; Bahnstation an der Strecke Frankfurt a.M.-Stuttgart-Ulm. Die Gm hat Grund- und Mittelpunktschule; kunstgewerbliche u. kunststoffverarbeitende Industrie. Bad K. ist Heilbad (eisen- und manganhaltige Mineralbrunnen, Thermalquelle, Kurzentrum) mit Heilanzeigen bei Stoffwechselerkrankungen, Blutarmut, Störungen des vegetativen Nervensystems, Erschöpfungszuständen, Rekonvaleszenz, Rheuma, Gelenkveränderungen, Nachbehandlung von Unfall- und Kriegsverletzungen.

Römische Bodenfunde deuten auf eine frühe Besiedlung des Gemeindegebietes. Erstmals ist „Quinticha" 820 als fuldischer Besitz nachzuweisen. Über Lorsch kam die Siedlung 1232 an Mainz und 1477 an den Schenken

Konrad von Erbach. Das Schloß der Ortsherren wurde 1599 auf den Grundmauern der ma. Burganlage errichtet, 1747 abgerissen und neu erbaut; ein im 18. Jh. errichteter Anbau wurde um 1900 weitgehend umgestaltet (Neues Schloß). Bemerkenswert ferner die ev. Kirche (1750; Orgel von 1700) mit altem Wehrturm (1479) sowie die Friedhofskapelle (10. Jh.) mit gotischer Eingangspforte (1514).

Bad Königshofen i. Grabfeld

□ 69,51 qkm; ○ Rhön-Grabfeld; ⚐ Bayern; ✉ 97631; ☎ 09761; 🚗 NES; △ 277 m; 👫 5900.

Bad K., an der Fränkischen Saale im nördlichen Unterfranken 35 km nordöstlich von Schweinfurt gelegen, ist über die B 279 zu erreichen. Die St hat Forstamt; Gymnasium, Realschule, Berufsfachschule für Musik, Sonderschule für Lernbehinderte; Volkshochschulheim; Kreiskrankenhaus; Rheumaklinik. Bad K. ist Heilbad mit Natrium-Chlorid-Sulfat-Quellen für Trink- und Badekuren (Heilanzeigen bei Magen-, Darm-, Leber-, Galle-, Stoffwechsel-, Rheuma-, Herz- und Kreislauferkrankungen).

K. wird erstmals 822 in einer Urkunde Ludwigs des Frommen als „Königshof" erwähnt. Der Ort gehörte später zur Herrschaft der Grafen von Henneberg, die den Ausbau zur St veranlaßten. K. wurden 1323 die Marktrechte bestätigt. 1354 kam es an das Hochstift Würzburg (bis 1803); ab Mitte des 16. Jh. wurde die St zur fürstbischöflichen Festung ausgebaut (Schleifung der Festungsanlagen nach 1826). Die Heilquelle wurde Ende des 19. Jh. entdeckt. – Sehenswert die Stadtpfarrkirche (15. Jh.); Rathaus (16. Jh.); Heimatmuseum; Prähistorisches Museum. – Alljährlich Bürgerfest.

Bad Kösen

□ 20,5 qkm; ○ Naumburg; ⚐ Sachsen-Anhalt; ✉ 06628; ☎ 034463; 🚗 NMB; △ 115 m; 👫 5200.

B.K. ist zu erreichen auf der A 4/E 40, Ausfahrt Apolda (ca. 35 km), oder Ausfhart Jena-Lobeda (ca. 45 km); auf der A 9/E 49/E 51, Ausfahrt Naumburg (ca. 20 km), oder Ausfahrt Eisenberg (ca. 25 km) sowie auf der B 87; Bahnhof an der Hauptstrecke Frankfurt/Main-Erfurt-B.K.-Leipzig-Cottbus-Frankfurt/Oder; Personenzugverkehr: Strecke B.K.-Naumburg und Strecke B.K.-Großheringen. Der nächste Flughafen ist Leipzig/Halle (ca. 50 km).

Bildungseinrichtungen: Grundschule, Real- und Hauptschule, Gymnasium.

Wirtschaftliches: Spielwarenproduktion; Nahrungs- und Genußmittelindustrie, Weinkellerei; Dienstleistungsunternehmen. – Kurort zur Behandlung von Erkrankungen der Atemwege.

Geschichtliches: Der Ort liegt am Mittellauf der Saale zwischen Camburg und Naumburg. Bereits im 11. Jh. gab es einen Wirtschaftshof der Naumburger Bischöfe, der 1138 als „grangia cusne" (Sprachgemisch für „unter Verwaltung gestellte Getreidespeicher") in den Besitz der Zisterzienser von Pforta überging. Den Mönchen des Klosters Pforta verdankt B.K. die Anlage eines Wehres, der Mühle und der „Kleinen Saale" – und damit eine Entsumpfung des Saaletales. Stärker nahm die Zahl der EW jedoch erst Anfang des 17. Jh. zu, als die Gm Kösen sich zu einer bedeutenden Floßstation entwickelte, die von Flößern und Fischern besiedelt wurde. – Den Ruf als Kurort verdankt B.K. seinen Solequellen; sie wurden seit 1730 unter Leitung des kursächsischen Bergingenieurs Johann Gottfried Borlach (1687–1768) nutzbar gemacht und dienten vorerst nur der Salzgewinnung. Von dem alten Salzwerk blieb die Soleförderanlage erhalten, die aus Radhaus, Kunstgestänge, Soleschacht und Gradierwerk besteht. In seiner Art repräsentiert dieser Komplex ein seltenes technisches Denkmal. Zu Beginn des 19. Jh. erkannten Ärzte die Möglichkeiten der Sole zur Behandlung von Erkrankungen der Atemwege. Daher entwickelte sich etwa ab 1818 das Salinendorf K. zu einem Modebad des Adels und des Bürgertums. Im Kurpark wurde 1888 das erste Inhalatorium eröffnet; an seiner Stelle erbaute man 1911 das Kurmittelhaus und 1927 das Medizinische Badehaus. Heute gehört B.K. zu den modernsten Kurorten in Sachsen-Anhalt. – Ein Hochwasser zerstörte 1890 in K. die alte Saalebrücke. Danach entstanden die Lutherkirche, das Rathaus und die jetzige Brücke über den Saale-Fluß. Im Jahre 1912 gründete Käthe Kruse in B.K. ihre Puppenwerkstatt; ihre „Kruse-Puppen" sollten Weltruf erlangen. Aus dieser Werkstatt hat sich die gegenwärtige Spielzeug GmbH entwickelt.

Sehenswürdigkeiten und Kulturelles: Auf Felsen über der Saale die Rudelsburg und Burg Saaleck; „Romanisches Haus" und Kunsthalle; das ehem. Zisterzienser-Kloster Pforta; Tierpark.

Wiederkehrende Ereignisse: „Brunnenfest" (Heimatfest).

Bad Köstritz

☐ 3,8 qkm; ○ Gera-Land; ⚐ Thüringen; ✉ 07586; ☎ 036605; 🚗 G; △ 185 m; 👥 3500.

Bad K. ist zu erreichen auf der A 4/E 40, Ausfahrt Gera, ebenso auf der A 9/E 41/E 51, Ausfahrten Eisenberg oder Bad Klosterlausnitz, Entfernungen jeweils ca. 10 km; die sich in Hermsdorf kreuzenden A 4 und A 9 sind durch die B 7 verbunden; Bahnstation an der Eisenbahnlinie Leipzig–Gera–Saalfeld–Nürnberg. Der nächste Flugplatz ist Gera-Leumnitz.

Bildungseinrichtungen: Grund- und Regelschule.

Wirtschaftliches: K.er Schwarzbierbrauerei; Chemiewerk Bad K.; Stahlhandels GmbH; Landwirtschaft.

Geschichtliches: Bad K. liegt am Mittellauf der Weißen Elster, die hier zwischen Gera und Zeitz ein weites Talbecken ausgewaschen hat, eingebettet zwischen den sanften Höhenrükken des Thüringer Holzlandes und den steilen Hängen im Osten. K. wurde als Siedlung erstmals 1364 erwähnt; seine Geschichte ist jedoch wesentlich älter, wie Funde von Steinwerkzeugen und jungsteinzeitliche Grabhügel beweisen. Das Braurecht für das bekannte K.er Bier ist seit 1506 belegt. Seit mehr als 200 Jahren gibt es in K. Betriebe, die sich auf Zucht und Vermehrung von Dahlien, Rosen und Obstgehölzen spezialisiert haben und sie in alle Welt versenden. – Am 8. Oktober 1585 wurde im Gasthof „Zum Goldenen Kranich" Heinrich Schütz geboren. Er gilt als bedeutendster dt. Komponist vor Johann Sebastian Bach. – K. darf seit 1926 den Zusatz „Bad" führen und besitzt seit 1927 das St-Recht.

Sehenswürdigkeiten und Kulturelles: Kirche St. Leonhard; Stadt- und Landschaftspark mit Kleinarchitekturen; altes und neues Heinrich-Schütz-Denkmal; Julius-Sturm-Denkmal; Heinrich-Schütz-Gedenk- und Forschungsstätte im ehem. Geburtshaus. Bad K. ist günstiger Ausgangspunkt zum Kennenlernen der näheren und weiteren Umgebung wie Gera, Bürgel, Jena, Weimar, Zeitz, Altenburg, Naumburg, der Leuchtenburg bei Kahla, der Dornburger Schlösser u. a. m.

Wiederkehrende Veranstaltungen: „Maibaumsetzen"; Mittsommer-Sportfest; Dahlienfest (1. Septemberwoche).

Bad Kohlgrub

☐ 32,67 qkm; ○ Garmisch-Partenkirchen; ⚐ Bayern; ✉ 82433; ☎ 08845; 🚗 GAP; △ 900–1550; 👥 2000.

Bad K. liegt am Nordrand der Ammergauer Alpen zu Füßen des 1550 m hohen Hörnle. Bahnstation der Nebenstrecke München–Murnau–Oberammergau. Die Gm hat Grund- und Hauptschule; Fremdenverkehr. Bad K. ist Wintersportplatz und Heilbad (Moorbäder seit 1871).

Heilanzeigen bei rheumatischen Erkrankungen, Nerven- und Frauenleiden, Gelenk- und Wirbelsäulenschäden.

Bad Kreuznach

☐ 46,11 qkm; ○ Bad Kreuznach; ⚐ Rheinland-Pfalz; ✉ 55545*; ☎ 0671; 🚗 KH; △ 104 m; 👥 41000.

Bad K., große kreisangehörige Stadt an der Nahe, liegt an der B 41 und B 48, 15 km südlich vom Rheinknie bei Bingen; Anschluß an die Autobahn A61 Speyer-Koblenz (Ausfahrten Gau-Bickelheim und Bingen); Bahnstation an den Strecken Köln-Bingerbrück bzw. Frankfurt a. M.-Mainz-Bad K.-Kaiserslautern bzw. Saarbrücken. Bad K. hat Land- und Amtsgericht, Kreisverwaltung; Realschule, drei Gymnasien, Berufsschulen, Berufsfachschulen, Fachschulen, Sozialpflegerische Schulen, Volkshochschule, Ingenieurschulen für Landbau und Weinbau, Haus für Berufserziehung des Hotel- und Gaststättengewerbes Rheinland-Pfalz; Fahrzeugbau, Reifenindustrie, Maschinen- und Apparatebau, Weinbau und Weinhandel, optische und chemische Industrie sowie bedeutende Dienstleistungsunternehmen bestimmen das wirtschaftliche Leben der St.

Bad K. ist altes Siedlungsgebiet (Funde aus keltischer und römischer Zeit). Ende des 4. Jh. errichteten die Römer ein Kastell. Aus dem späteren merowingischen Königshof entwikkelte sich eine Siedlung, der Rudolf von Habsburg 1290 das Stadtrecht verlieh. Um 1300 Bau einer steinernen Brücke über die Nahe, auf der Ende des 15. Jh. Brückenhäuser errichtet wurden. Große Zerstörungen zur Zeit der Pfalzkriege Ludwigs XIV. (1689). Seit 1708 gehörte K. zur Kurpfalz; 1815 kam es zu Preußen.

Die Quellen von Bad K. dienten seit dem frühen MA zur Salzgewinnung. 1732–1743 Bau der Salinen Theodorshalle und Karlshalle.

Bad Kreuznach, Brückenhäuser

1817 erste Trink- und Badekuren. 1843 Errichtung eines Kurhauses. Von der Jahrhundertmitte an ist die St Mittelpunkt eines regen Kur- und Badelebens. Bad K. ist das älteste Radon-Solbad der Welt (Radon-Inhalations-Stollen gegen Rheuma). Heilanzeigen: Rheumatische Erkrankungen, Frauenleiden, Kinderkrankheiten, Erschöpfungszustände, nichtansteckende Hautleiden, Katarrhe der Luftwege, Störungen der inneren Sekretion, periphere Durchblutungsstörungen (Kliniken für Rheumakranke und Kinderkurklinik).

Sehenswürdigkeiten: Dr.-Faust-Haus, Pauluskirche (1332 geweiht), Pfarrkirche St. Nikolaus (1266 urkundlich bezeugt) mit reicher Innenausstattung. Malerisches Altstadtviertel. Schloßparkmuseum und Römerhalle (röm. Mosaikboden); Brückentorhäuser. Bad K. ist Geburtsort des Malers und Dichters Friedrich Müller (1749–1825), des bedeutenden Vertreters der Sturm- und Drangzeit, und des Schöpfers des ‚Allgemeinen Preußischen Landrechtes', des preußischen Großkanzlers Johann Heinrich Kasimir Graf von Carmer (1721–1801).

Bad Krozingen

☐ 35,66 qkm; ○ Breisgau-Hochschwarzwald; ⚐ Baden-Württemberg; ✉ 79189; ☎ 07633; 🚗 FR; △ 233 m; 👥 12100.

Bad K. liegt in der oberrheinischen Tiefebene 15 km südwestlich von Freiburg i.B. an der B 3 und Autobahn A5 Basel-Frankfurt a.M. (Ausfahrt Bad K.). Die Gm hat Realschule; Fremdenverkehr.

„Scrozzinga", erstmals 807 urkundlich erwähnt, gehörte von 1412 bis 1803 zu Vorderösterreich, danach fiel der Marktflecken an Baden. Bei Bohrungen auf der Suche nach Kali und Erdöl wurde 1911 eine heiße Heilquelle (40°) fündig. 1913 Bau eines Badhauses; 1933 Erhebung zum Bad (Kursanatorien). Heilanzeigen: Herz, Kreislauf, Rheuma, Arthritis, Arthrosis und Bandscheibenschäden.

Von kunstgeschichtlicher Bedeutung die „Glöcklehofkapelle" aus der Frühzeit der alemannischen Christianisierung mit einem Wandfresko im Chor aus dem 9. Jh. (ältestes Christusbild nördlich der Alpen).

Bad Laasphe

☐ 135,74 qkm; ○ Siegen-Wittgenstein; ⚐ Nordrhein-Westfalen; ✉ 57334; ☎ 02752; 🚗 SI; △ 333–680 m; 👥 14800.

L., Kneipp-Heilbad, liegt am Südrand des Naturparks Rothaargebirge an der oberen Lahn. Zufahrt über die B 62 und B 253; Anschluß an die A 45 (Sauerlandlinie; Ausfahrt Dillenburg). Bahnstation an der Strecke Kreuztal–Marburg. L. hat Gymnasien, Realschule, Massageschule; Holz- und Kunststoffverarbeitung, EBM-Waren-Industrie, Maschinen-, Modell- und Stahlbau.

Im Urkundenbuch des Klosters Fulda ist der Ort L. für die Jahre 780 und 807 belegt; 1238 wurde L., das unterhalb der seit 1174 nachweisbaren Burg Wittgenstein liegt, Residenz der Grafschaft Wittgenstein; kurze Zeit später, zwischen 1240 und 1250, muß die Erhebung zur St erfolgt sein. 1816 kam die St zur preußischen Provinz Westfalen. Seit 1984 führt L. den Zusatz „Bad". – Sehenswert Schloß Wittgenstein (17./18. Jh.) und die historische Altstadt; Pilzmuseum, Radiomuseum, Heimatmuseen. – Alljährlich Altstadtfest.

Bad Laer

☐ 46,86 qkm; ○ Osnabrück; ⚐ Niedersachsen; ✉ 49196; ☎ 05424; 🚗 OS; △ 100 m; 👥 6200.

L. liegt 20 km südlich von Osnabrück am Südrand des Teutoburger Waldes. Zufahrt über die

B 51. Die Gm hat Grund- und Mittelpunktschulen, Heilpädagogische Tagesstätte, Volkshochschulen; Augenklinik; Landmaschinenfabrik; Arzneimittelwerk. L. ist Heilbad (Solquellen); Heilanzeigen bei Rheuma, Skrofulose, Blutarmut, Gelenkentzündungen, Hautkrankheiten, Gicht, Frauenkrankheiten, Herz- und Kreislaufstörungen, Nervenleiden).

„Lodre“ wird erstmals 851 in einer Schenkungsurkunde Ludwigs des Deutschen erwähnt. – Bemerkenswert der romanische Treppenturm (um 1010 bis 1050) der Kirche von L.

Bad Lauchstädt

○ Merseburg; ⚐ Sachsen-Anhalt; ✉ 06246; ☎ 044205; 🚗 MER; △ 101 m; 👫 4200.

Autobahnanschluß nach Leipzig und Halle; in der Nähe führen die B 181 und B 91 entlang; Bahnverbindungen nach Halle und Merseburg; nächster Flughafen Halle/Leipzig.

Um 1700 entdeckte der Hallenser Medizinprofessor Friedrich Hoffman in L. die heilsame Wirkung der eisenhaltigen Quelle. Sie begründete den Aufstieg des Ackerbürgerstädtchens mit kaum 500 EW zu einem berühmten Modebad der Goethezeit. Um 1725 zählte man jährlich bereits 150 Badegäste; der hohe sächsische Adel gewöhnte sich rasch an den Ort. Herzog Heinrich, der letzte Merseburger Souverän, sorgte durch neue Ausstattungen und Einrichtungen dafür, daß die Besucher einen angenehmen Aufenthalt genossen.

Um die Mitte des 18. Jh. suchten Christian Fürchtegott Gellert und der Literaturwissenschaftler Johann Christoph Gottsched in Bad L. mehrfach Erholung.

Die Akzeptanz durch den Adel zog zunehmend Kaufleute und andere wohlhabende Bürger an. Kurfürst Friedrich August III. von Sachsen veranlaßte eine Erweiterung der Kuranlagen. Höhepunkte und Glanzzeiten erlebte Bad L., als der Weimarer Hofstaat hier die Sommer bei Kur und Vergnügungen verbrachte.

Von besonderer Bedeutung ist das L. Sommertheater. Es ist das einzige original erhalten gebliebene Haus, in dem Goethe während seiner 26jährigen Tätigkeit als „Oberdirektor“ der 1791 neugegründeten Weimarer Hofschauspielergesellschaft gewirkt hat. Er hat das nach seinen Plänen erbaute Theater so eingerichtet, daß das Weimarer Winterrepertoire problemlos auch auf der Bühne in L. gespielt werden konnte. Zahllose Stücke der Weltliteratur wurden hier uraufgeführt. In den Gästelisten standen bald Namen wie Gleim, Wieland, bekannter Professoren der halleschen Universität; es kamen Komponisten wie Reichhard, Philosophen wie Hegel und Schelling, und Joseph v. Eichendorff sah in dem Theater sogar eine Nationalangelegenheit.

1834 wirkte Richard Wagner als junger Kapellmeister in Bad L. Gegen Ende des Jh. war das Gebäude von Verfall und Abriß bedroht. Dem halleschen Intendanten Max Richards ist die grundlegende Sanierung zu verdanken.

Heute wartet das Goethe-Theater mit einem umfangreichen Spielplan auf. Das Schloßpark-Ensemble, das Museum mit Ausstellungen zur Bade- und Theatergeschichte, Erinnerungen und Schillers Wirken nebst vielen kleinen weiteren Sehenswürdigkeiten machen Bad L. besuchenswert.

Bad Lausick

□ 15 qkm; ○ Geithain; ⚐ Freistaat Sachsen; ✉ 04651; ☎ 034345; 🚗 GHA; △ 173 m; 👫 5750.

B. L. ist zu erreichen auf der A 14, Ausfahrt Grimma (ca. 30 km), und auf der B 176; Bahnhof an der Strecke Chemnitz–Burgstädt–Geithain–B. L.–Leipzig. Der nächste Flughafen ist Leipzig (ca. 45 km).

Bildungseinrichtungen: Werner-Seelenbinder-Schule, Neubauschule.

Geschichtliches: Im Jahre 1819 wurden in Lausick, das im SO der Leipziger Tieflandsbucht liegt, Mineralquellen mit hohem Eisensulfatgehalt entdeckt; zwei Jahre später nahm man den Kurbetrieb auf. Seit 1913 führt die Ortschaft L. offiziell die Bezeichnung „Bad“, seit 1953 ist es als Herzkreis-Kreislauf-Sanatorium eingerichtet. Zur Behandlung der Patienten dienen Eisensulfat- und Moorbäder. Zwischen B. L. und Colditz gibt es 15 km Wanderwege, die durch den größten Forst des Bezirkes Leipzig führen und sich zur Bewegungstherapie eignen. Vertreten sind namentlich Birkenbestände, aus denen jährlich 10000 Liter Birkensaft zur Weiterverarbeitung gewonnen werden.

Sehenswürdigkeiten: Anlagen mit Kurhaus, Kurmittelhaus und Kurpark; die rom. St-Kirche St. Kilian, 1105 durch Wiprecht von Groitzsch gegründet, wurde 1737 erweitert und 1957 restauriert. Sie zählt zu den ältesten sächsischen Sakralbauten und besitzt eine Silbermann-Orgel (1722), reiches rom. Westportal, spätgot. Flügelaltar (um 1500) und rom. Taufstein.

Wiederkehrende Ereignisse: alljährliches, traditionelles „Brunnenfest“ (ein St-Fest).

Bad Lauterberg im Harz

□ 41,41 qkm; ○ Osterode a. Harz; ⚐ Niedersachsen; ✉ 37431; ☎ 05524; 🚗 OHA; △ 300–575 m; 👥 13000.

Das Kneipp-Heilbad und der Schroth-Kurort Bad L. im Harz liegt im Westharz am Ausgang des Odertales mit Zufahrt über die B 27. Bad L. hat Grundschulen, Berufs- und Mittelpunktsonderschule, kooperative Gesamtschule, Norddeutsche Gesundheitsschule und Massage- und medizinische Bademeisterschule; Kurklinik für Revitalisierung, Spezialklinik für Diabetes und Stoffwechselkrankheiten, orthopädisches Krankenhaus mit physikalischer Therapie sowie Kneipp- und Schroth-Kurheime. Gewonnen wird in Bad L. Schwerspat. Das Vorkommen zählt zu den größten Schwerspatlagerstätten in Europa; ferner Herstellung von Akkumulatoren, Blechwaren, Pinseln sowie holzverarbeitende Industrie.

Der Name der Stadt taucht 1183 erstmals als »Lutterberg« in einer Urkunde auf (als Zuname des Grafen Sigebode II). Um 1500 wurde mit dem Erzbergbau begonnen und als Unterstützung hierzu 1521 und 1527 die sogenannten „Bergfreiheiten" erlassen. Diese waren Werbebriefe, in denen Bergleuten zahlreiche Vorrechte und Privilegien eingeräumt wurden.

Als ältestes Wasserheilbad in der Bundesrepublik Deutschland wurde Bad L. 1839 als Wasserheilanstalt und klimatischer Kurort gegründet. Die Stadtrechte wurden 1929 verliehen.

Bad Liebenstein

□ 10,9 qkm; ○ Landkreis Bad Salzungen; ⚐ Thüringen; ✉ 36448; ☎ 036961; 🚗 SLZ; △ 350 m; 👥 4000.

Bad L., das älteste und größte Heilbad Thüringens, liegt am Südhang des Thüringer Waldes. Es wird erreicht über die A 4/E 40, Ausfahrt Eisenach-Ost (ca. 20 km), und auf der B 19, die in 5 km Entfernung vorbeiführt. Der nächste Bf. ist Bad Salzungen an der Reichsbahnstrecke Meiningen–Eisenach (10 km entfernt), der nächste Flughafen Erfurt (ca. 85 km).

Bad L. hat Stadtverwaltung, Grundschule und staatl. Gymnasium.

Kulturstätten: Kurtheater, Stadthalle.

Industrie und Landwirtschaft sind nicht vorhanden.

Bad L. ist Heilbad und behandelt Herz- und Gefäßkrankheiten, degenerative Erkrankungen des Bewegungsapparates und psychogen-vegetative Überforderungszustände mit moderner diagnostischer Technik und umfassenden physio-therapeutischen Möglichkeiten.

Geschichte: Die kohlensäurehaltige Mineralquelle, eine der Säulen des Kur- und Heilbetriebes in Bad L., soll der Überlieferung nach 1590 von einer Kuh entdeckt worden sein. Sie fiel dem Hirten auf, weil sie besser und kräftiger entwickelt war als die anderen Tiere seiner Herde. Als er dem Tier, das sich zum Trinken von der Herde absonderte, nachging, entdeckte er eine reich sprudelnde Quelle, aus der das Tier seinen Wasserbedarf deckte. Herzog Kasimir von Coburg, damaliger Besitzer des Amtes Liebenstein, ließ das Quellwasser untersuchen. Eine 1610 in seinem Namen verfaßte Brunnenschrift empfahl den Brunnenort, der schon 1618 in den Sommermonaten Aufenthaltsort von Fürsten und Adligen wurde. 1610 ist ein Brunnenbauer mit dem Ausbau des Brunnens beauftragt worden. Der Name Liebenstein galt zunächst nur der Burg, deren Ruine sich auf dem Burgberg befindet. Dort wohnten 300 Jahre die Herren von Stein, die 1360 vom Landgrafen von Thüringen mit der Burg belehnt wurden. Die klimatisch günstige Lage und die landschaftliche Schönheit veranlaßten den Meininger Herzog Georg I., in Bad L. 1798 das Schloß Altenstein als seine Sommerresidenz errichten zu lassen. Der im englischen Stil errichtete Park gehört zu den schönsten Denkmälern deutscher Gartenkunst.

Bad L. liegt an einer Verwerfung, bei der Buntsandstein und Zechstein aufeinander treffen. Diese geologische Besonderheit führte zur Ausbildung vieler Höhlen in der Umgebung. Die in Schweina gelegene Altensteiner Höhle ist 1799 beim Bau einer Straße zum Schloß Altenstein entdeckt worden. Bereits zur Goethe-Zeit galt Bad L. als Nobelbad. Heute bietet die St zwischen Rennsteig und Werratal nicht nur alle Voraussetzungen für Heilbehandlungen, sondern auch für einen abwechslungsreichen Urlaub.

Baudenkmäler und Sehenswürdigkeiten: Burgruine Liebenstein; historisches Kurzentrum aus dem 18. und 19. Jh.; Schloß Altenstein – Sommerresidenz der Herzöge von Sachsen-Meiningen; Luther-Denkmal im Bergdorf Steinbach, wo Luther 1521 auf dem Weg von Wittenberg zum Reichstag nach Worms vom sächsischen Kurfürsten Friedrich dem Weisen zum Schein festgenommen wurde und fortan als Junker Jörg auf der Wartburg lebte.

Periodische Veranstaltungen: Handwerker-Messe (jährl.) und Heimatfest.

Bad Liebenwerda

□ 7,1 qkm; ○ Bad Liebenwerda; ⚐ Brandenburg; ✉ 04924; ☎ 035341; 🚗 LIE; △ 86 m; 👫 6100.

Bad L. ist über die B 101 und B 183 zu erreichen. Bf. an der Bahnstrecke Görlitz–Horka–Falkenberg. Die nächsten Flughäfen sind Berlin und Dresden-Klotzsche.

Bad. L. hat Stadt- u. Kreisverwaltung, Kreisgericht, Krankenhaus, Arbeitsamt, Katasteramt. Polizeistation.

Bildungseinrichtungen: Stadtschule, Gymnasium, Musikschule, Stadtbibliothek, Kinderbibliothek.

Bad L. ist seit 1905 Eisenmoorbad. Eine neue Rheumaklinik ist im Bau.

Wirtschaft: REISS-Zeichentechnik, Bad. L. Mineralbrunnen AG. Vorherrschend sind Bauindustrie u. Dienstleistungsgewerbe. Das Umland wird land- und forstwirtschaftlich genutzt.

Geschichte: Bad L. liegt im Südwesten des Landes Brandenburg an der Grenze zum Freistaat Sachsen am Flußlauf der Schwarzen Elster. Nach der Völkerwanderung siedelten sich Slawen an. Nach der Rückeroberung durch die Germanen entstand an der Schw. Elster eine Burganlage (1050). 1231 wird L. unter dem Vogt Otto von Ileburg erstmals urkundlich erwähnt. Das Stadtrecht ist 1304 verliehen worden. Im 14. Jh. wird die St als Wallfahrtsort bezeichnet; außer Stadtkirche und Burgkapelle hat es in der Nähe der Stadttore noch weitere Kapellen gegeben. Der Zulauf wirkte sich auf das Marktwesen und die Entwicklung der St positiv aus. In späterer Zeit sind die Burganlagen zu einem Schloß umgewandelt worden. Martin Luther hielt sich 1519 zum Streitgespräch mit dem päpstl. Notar in L. auf. Ausgangs des MA präsentiert sich L. als ausgebildetes Stadtwesen mit großen Märkten und vielen Handwerksinnungen. In der Kipper- u. Wipperzeit (1621–23) gab es im Ort eine Münzprägungsstätte. Die Stadtbrände 1437, 1487 und 1530 sowie die Verwüstungen im 30jähr. Krieg durch die Schweden (1634/1637) erforderten mühevollen Neubeginn. Ein Blitzschlag löste 1798 einen erneuten Stadtbrand aus, dem das Rathaus und 45 weitere Gebäude zum Opfer fielen.

L. gehörte bis zum Wiener Kongreß 1815 zu Kursachsen. 1816 wurde es preußische Kreisstadt, hatte ca. 1700 Einwohner und 230 Häuser. 1874 erhielt L. Eisenbahnanschluß (Strecke Falkenberg–Kohlfurt) 1887 eröffnete R. Reiß seinen Betrieb für Zeichentechnik. Eine Industrialisierung ist in L. nur spärlich erfolgt. Es blieb eine Ackerbürgerstadt, der 1925 der Titel „Bad“ verliehen worden ist.

Baudenkmäler und Sehenswürdigkeiten: Kirche St. Nikolai aus dem Jahre 1653, der 63 m hohe Turm wurde nach einem Turmbrand 1898 neu errichtet; Taufstein mit den Insignien „Anno 1671 – 5. Juni“; Herz-Jesu-Kirche (kath.), 1882 erbaut und 1968 renoviert. Altstadtkern (unter Denkmalschutz) mit Rathaus, Schloß, Bürgerhäusern und dem Brunnen mit dem Hirtenmädchen Barbara. Der Brunnen stammt von Dorothea v. Philipsborn, stellt ein Mädchen dar, das im 30jähr. Krieg die Pestkranken pflegte und die Pest besiegte. Das Schloßgebäude war einst Wohnhaus des kurfürstlichen Gefolges und ist jetzt Heimatmuseum. Der ehemalige Schloßturm (Bauperioden 12./13. Jh. und 1563–79) ist heute Aussichtsturm.

Ausflugziele in der Umgebung: Waldbad Zeischa, ehem. Jagdhaus Friedrich August II. in Dobra; Naturpark Niederlausitzer Heidelandschaft.

Bad Liebenzell

□ 33,80 qkm; ○ Calw; ⚐ Baden-Württemberg; ✉ 75378; ☎ 07052; 🚗 CW; △ 330 bis 750 m; 👫 6900.

Bad L., im Nagoldtal (nördlicher Schwarzwald) an der B 463 gelegen, ist Luftkurort und Heilbad. L., Sitz der Liebenzeller Mission (China-Museum) und des Internationalen Forums Burg Liebenzell, hat Forstamt; Realschule, Sonderschule für Lernbehinderte; mittlere und kleinere Industriebetriebe (Filz- und Pappdekkelherstellung, Armbanduhren, Fotoapparate, Filterpapier).

Erstmals erwähnt wird der Ort „Chele“ um 1090 als Klosterniederlassung. Errichtung einer Burg um 1200 (heute Int. Forum). Seit 1388 ist L. als St unter der Herrschaft der Markgrafen von Baden bezeugt, 1603 kam es an Württemberg. Die Thermen wurden bereits im 15. Jh. benutzt; im 17. Jh. war L. Modebad des württembergischen Hofes. 1867 wurden die alkalisch-salinischen Kochsalzthermen erbohrt (Heilanzeigen bei rheumatischen Erkrankungen, Gefäßerkrankungen, Bandscheibenstörungen, Aufbrauchserscheinungen, Erschöpfungszuständen, Störungen des vegetativen

Formenkreises, Frauenleiden und Kreislaufstörungen).

Bad Lippspringe

□ 50,94 qkm; ○ Paderborn; ⚐ Nordrhein-Westfalen; ✉ 33175; ☎ 05252; 🚗 PB; △ 140–334; 👥 13000.

Bad L., Heilbad und heilklimatischer Kurort, liegt am Südhang des Teutoburger Waldes, 8 km nordöstlich von Paderborn an der B 1. Anschluß an die A 33 (Ausfahrt Paderborn-Elsen und P.-Sennelager). Quellort der Lippe. Flugplatz in Paderborn-Ahden. Die St, Sitz des Bundesforstamtes Senne und einer Wetterstation des Deutschen Wetterdienstes, hat Realschule; Möbelindustrie.

L., urkundlich 776 als »Lippiogyspringia« erstmals genannt, war nach der Unterwerfung der Sachsen ein befestigter Ort der Franken. Vermutlich organisierte Karl d. G. von L. aus die eroberten Gebiete. Reichstag im Sommer 781 an den Lippequellen. Im 13. Jh. Errichtung einer Burg (Reste erhalten). Verleihung der Stadtrechte 1445. Wechselhaftes Schicksal der dem Bistum Paderborn gehörenden St während des Dreißigjährigen, Spanischen und Pfälzischen Erbfolgekrieges. 1801 kam L. an Preußen.

Entdeckung der Heilkraft der Quellen im Jahre 1832 (Arminiusquelle). Errichtung von Badehäusern. 1841 Bau eines Kurhauses. Seit Mitte des 19. Jh. Entwicklung zum internationalen Heilbad. Kur- und Spezialkliniken (Hals, Nasen, Ohren – Asthma – Allergie – Stoffwechselkrankheiten). Heilanzeigen: Asthma, Allergien, Erkrankungen der Atemwege, Magen-, Leber-, Darm- und Gallenerkrankungen. Internationale medizinische Fachkongresse; lebhafter Fremdenverkehr.

Bad Marienberg (Westerwald)

□ 10 qkm; ○ Westerwaldkreis; ⚐ Rheinland-Pfalz; ✉ 56470; ☎ 02661; 🚗 WW; △ 550 m; 👥 5500.

Bad M., an der B 414 im Hohen Westerwald gelegen, ist Kneipp-Heilbad und Schroth-Kurort. Die St hat Verbandsgemeindeverwaltung, Gesundheitsamt; Grund- und Hauptschule, Realschule, Volkshochschule; Damenoberbekleidungs- und Büromöbelfabrikation, Apparatebau; ein bedeutender wirtschaftlicher Faktor ist der Fremdenverkehr und Kurbetrieb.

Erste urkundliche Erwähnung 1048; Stadterhebung 1939. Als Kneipp-Heilbad wurde Bad M. 1967 anerkannt. Heilanzeigen: Erkrankungen des Herzens und der Blutgefäße, Durchblutungs- und Kreislaufstörungen, rheumatische Erkrankungen, Erkrankungen des gesamten Bewegungsapparates, körperlich-nervöse Erschöpfungszustände. – Sehenswert die Ev. Kirche mit spätromanischem Taufstein, Rathaus (1788), Basaltpark mit See, Wild- und Freizeitpark. – Alljährlich „Marmer Kirmes" (Juni) und Sommernachtsfest mit Feuerwerk (Ende Juli/Anfang August).

Bad Mergentheim

□ 129,96 qkm; ○ Main-Tauber-Kreis; ⚐ Baden-Württemberg; ✉ 97980; ☎ 07931; 🚗 TBB; △ 210 m; 👥 19600.

Bad M. liegt 45 km südwestlich von Würzburg im Taubertal am Schnittpunkt der B 19 und B 290; Bahnstation an der Strecke Aschaffenburg-Crailsheim. Die St hat Amtsgericht, Finanzamt, Forstamt, Zollamt; Realschule, private Mädchenrealschule (mit Internat), Abendrealschule, Gymnasium, gewerbliche Kreisberufsschule mit Technischem Gymnasium und gewerblich-technischer Berufsschule, kaufm. Kreisberufsschule mit Wirtschaftsgymnasium und Wirtschaftsschule, Kreislandwirtschaftsschule, hauswirtschaftliche und landwirtschaftliche Berufs- und Berufsfachschule, hauswirtschaftliche pflegerisch-sozialpädagogische Berufsfachschule, Krankenpflegeschule und Schule für Krankenpflegehilfe (am Caritaskrankenhaus); Stoffwechselklinik der LVA Württemberg (Leberklinik); mehrere mittlere Industrie- und Gewerbebetriebe (Parkettfabrik, Fabrik für Maschinen und elektrische Apparate, Herstellung von Sport- und Dekorationsartikeln, Kunstblumen, Glasbearbeitungsfabrik). Bad M. ist Garnisonsstadt der Bundeswehr. – Heilanzeigen bei Erkrankungen an Galle, Leber, Magen, Darm, chron. Verstopfung, Diabetes und Übergewicht.

M., erstmals 1058 als fränkischer Grafensitz erwähnt, kam 1219 mit zwei Burgen und Gütern an den Deutschen Orden. Kaiser Ludwig der Bayer verlieh dem Ort 1340 das Stadtrecht. Nach dem Verlust der Marienburg und der preußischen Ordenslande wurde M. 1525 Sitz und Residenz der Hoch- und Deutschmeister. In den wechselvollen Jahren ihrer Regierung, die bis 1809 dauerte, prägten die mächtigen Reichsfürsten das äußere Stadtbild. Danach kam die St an Württemberg. Zum Heilbad ent-

Bad Mergentheim, Rathaus mit Marktbrunnen

wickelte sich M. nach der Entdeckung der Mineralquellen im Jahre 1826 (1829 Bau des ersten Brunnen- und Badehauses). Heute ist Bad M. eines der größten Heilbäder in der Bundesrepublik. – Von den bemerkenswerten historischen Bauten sind besonders hervorzuheben: Ordensschloß (16./17. Jh.) mit schönem Torbau (1628) und Schloßkirche (1730–36); St. Johannes-Kirche (1250 bis 74) mit reicher Ausstattung (Kirchenschatz); Marienkirche (14. Jh.) mit Bronzegrabmal des Hochmeisters Walther von Cronberg von Hans Vischer (Mitte 16. Jh.); Kapuzinerkirche Maria Hilf (1628); Deutschordensmuseum; Rathaus (1564) mit zwei Staffelgiebeln; in der Kirche des Stadtteils Stuppach befindet sich das berühmte Altargemälde der „Stuppacher Madonna" (16. Jh.) von Matthias Grünewald. – Alljährlich Treffen ländlicher Reiter, Marktplatzfest ‚Rund ums Rathaus', Volksfest, Markelsheimer Weinfest und internationale Musikwochen.

Bad Münder a. Deister

□ 107,69 qkm; ○ Hameln-Pyrmont; ⚐ Niedersachsen; ✉ 31848; ☎ 05042; 🚗 HM; △ 110–439 m; 👥 18600.

Bad M., 30 km südwestlich von Hannover in einer Senke zwischen den Mittelgebirgen Süntel und Deister gelegen, ist über die B 442 zu erreichen. Die St hat Amtsgericht; Realschule, Sonderschule für Lernbehinderte, Volkshochschule, Verwaltungsschule des Landes Niedersachsen, Schulungsheime der IG Holz und Kunststoff, der IG Chemie, Papier, Keramik und der Bundesberufsgenossenschaften; Möbelfabriken, Glashütte zur Herstellung von Verpakkungsglas.

Bad M. ist Heilbad (Sole, Eisen, Schwefel, Bitterwasser) gegen Gallen-, Leber- und Darmleiden, rheumatische Erkrankungen, Kreislaufstörungen, Frauenleiden (Nachbehandlungskrankenhaus für Geschwulstkranke).

Erstmals erwähnt wird „Munimeri" um 835; seit 1033 erhielt der Ort das Recht zur Salzgewinnung; im 13. Jh. wurde M. das Stadtrecht verliehen.

Bad Münster am Stein-Ebernburg

□ 9,53 qkm; ○ Bad Kreuznach; ⚐ Rheinland-Pfalz; ✉ 55583; ☎ 06708; 🚗 KH; △ 100 m; 👥 3600.

Das Heilbad Bad M. liegt 5 km südlich von Bad Kreuznach an der B 48 beiderseits der Nahe, die hier, flankiert von mächtigen Porphyrfelsen (Rotenfels, Rheingrafenstein und Gans), einen großen Bogen bildet. Bahnstation an der Strecke Mainz bzw. Bingerbrück-Kaiserslautern. Die Gm, Sitz einer Verbandsgemeindeverwaltung, hat Grund- und Hauptschule, Bäuerliche Bildungsstätte; Sol-Radiumquellen (Heilanzeigen bei Rheuma, degenerativen Erkrankungen der Wirbelsäule, Gelenkveränderungen durch Gicht, Herz- und Gefäßerkrankungen, Frauenleiden, Erkrankungen der Atmungsorgane, Erkrankungen im Kindesalter), Thermal-Hallenbewegungsbad und Thermal-Freischwimmbad. Neben dem Fremdenverkehr ist von wirtschaftlicher Bedeutung der Weinbau (Weinkellereien).

„Monasterium ad lapidem", erstmals 1028 urkundlich erwähnt, entwickelte sich im Schutz der Burg (Rheingrafenstein) der Rheingrafen von Stein, deren Geschlecht die Herrschaft bis 1793 ausübte. Danach kam M. unter französische Oberhoheit; 1813 fiel es an Preußen. – Der Stadtteil Ebernburg ist erstmals 1237 bezeugt; die über dem Ort liegende Ebernburg, um 1000 von den Grafen Veldenz erbaut, kam 1448 in den Besitz der Ritter von Sickingen (auf der Ebernburg wurde 1481 Franz von Sickingen geboren). – Die heilkräftigen Solequellen von Bad M. werden bereits 1431 erwähnt. Bis ins 19. Jh. dienten sie vor allem der Salzgewinnung. Der Badebetrieb wurde zu Anfang des 20. Jh. mit dem Bau eines Bäderhauses und einer Trinkhalle aufgenommen. Alljährlich finden in Bad M. Amateur-Tanzturniere des Deutschen Tanzsport-Verbandes statt.

Bad Münstereifel

☐ 150,88 qkm; ○ Euskirchen; ⚐ Nordrhein-Westfalen; ✉ 53902; ☎ 02253; 🚗 EU; △ 300–588 m; 👥 15300.

Bad M. liegt 40 km südwestlich von Bonn mit seinem ma. Stadtkern im Tal der Erft; die Stadtrandgebiete erstrecken sich bis in den Eifelwald und das Ahrgebirge. Zufahrt über die B 51 und A 1 Köln–Saarbrücken (Ausfahrt Bad M./Mechernich). Bahnstation der Strecke Euskirchen–Bad M. Die St hat Sonderschule für Lernbehinderte, Städt. und Erzbischöfliches Gymnasium, Rechtspflegerschule des Landes NRW; Fremdenverkehr. Bad M. ist Kneipp-Heilbad mit Heilanzeigen bei Herz- und Kreislauferkrankungen, Nervenleiden, vegetativen Störungen, Stoffwechselerkrankungen, Rekonvaleszenz und Rehabilitation.

Gegründet wurde Bad M. um 830 als Benediktinerkloster. 898 erhielt der Ort Markt-, Münz- und Zollrechte. M. gehörte seit 1265 zur Grafschaft Jülich; 1298 erstmalige Erwähnung als St. Seit Mitte des 14. Jh. war M. stark befestigt (Burg und Stadtmauer). Bis in die Neuzeit galt die St als Mittelpunkt der Tuch- und Mühlenfabrikation. Vom Wohlstand dieser Zeiten zeugen noch heute vorhandene Bauten.

Bemerkenswert aus römischer Zeit die Reste der Wasserleitung, (»Heidentempel«) und einige Kalköfen; aus dem Mittelalter: romanisches Haus (Mitte 12. Jh.), romanische Pfarrkirche (11./12. Jh.), Rathaus (15. Jh.); die Stadtmauer mit vier Toren und 18 Türmen (13./14. Jh.) ist vollständig erhalten; Fachwerkbauten aus dem 16. u. 17. Jh. In den Ortsteilen Eschweiler und Effelsberg stehen zwei Radioteleskope mit 25-m- bzw. 100-m-Parabolspiegeln.

Bad Muskau

○ Weißwasser; ⚐ Freistaat Sachsen; ✉ 02953; ☎ 058391; 🚗 WSW; △ 110 m; 👥 4300.

In Bad M. treffen die B 15 und B 156 aufeinander. Die nächste Bahnstation ist Weißwasser an der Strecke Cottbus–Görlitz.

Die St verfügt über kleine und mittlere Gewerbebetriebe und Service-Einrichtungen, je-

Bad Muskau, Altes Schloß

doch nicht über Industrie. Mittelpunkt ist das Sanatorium „Moorbad" mit je einer Kureinrichtung für Kinder und Erwachsene. Heilanzeigen bei rheumatischen Erkrankungen (Bewegungsapparat, Wirbelsäule, Hüft- und Kniegelenke), Nachbehandlung gelenkchirurgischer Eingriffe, bei Kindern auch Haltungsschwäche, Infektanfälligkeit, Verhaltensstörungen und Übergewichtigkeit.

Geschichtliches: Erste urkundliche Erwähnung M. 1253; Meißner Matrikel erwähnt die Kirche zu M. (1346), heute Ruine im Bergpark, eine der ältesten in der nordöstl. Oberlausitz. Ein Lehensbrief benennt 1361 das heutige Alte Schloß als Sumpfburg; 1452 verleiht Wenzeslaus v. Biberstein M. die Stadtrechte. Töpferei entwickelt sich als eigenständiges Handwerk. Ein erster Schulmeister wird 1456 erwähnt; Schuhmacher bilden 1499 erste Handwerkszunft. 1520/30 Neues Schloß erbaut. Gründung der Stadtschule 1645; ein Stadtbrand vernichtet 1766 Wohnhäuser und öffentl. Gebäude; 1772 wütet in M. der Hunger.

1815 Beginn der Anlage des Landschaftsparkes durch Ludwig Heinrich Hermann von Pückler Muskau. Eröffnung des Kurbetriebes 1823 im Hermannsbad. 1872 Eisenbahnlinie M.-Weißwasser eröffnet, damit Anschluß an die seit 1867 bestehende Hauptstrecke Berlin–Görlitz. 1896 Waldeisenbahn M. in Betrieb genommen.

1930 wurde der Kurbetrieb eingestellt. Nach Wiederaufbau der im 2. Weltkrieg zu 70% zerstörten St kam es 1948 zum Beschluß der St-Verordneten, den Park als kulturelles Denkmal wiederherzurichten. 1950 Wiedereröffnung des Kurbetriebes im Moorbad. Bau einer Freilichtbühne 1954/56 im Badepark. 1955 wird der Park unter Denkmalschutz gestellt. 1961 erhält die St die Bezeichnung Bad M.

Zahlreiche Wandermöglichkeiten; Sehenswürdigkeiten: Tropenhaus im Parkgelände,

Stadt- und Parkmuseum im Alten Schloß, Berg'sche Kirchruine. – Letztes Augustwochenende Parkfest im Badepark.

Bad Nauheim

☐ 32,54 qkm; ○ Wetteraukreis; ⚐ Hessen; ✉ 61232; ☎ 06032; 🚗 FB; △ 145–165 m; 👪 27000.

Bad N., 30 km nördlich von Frankfurt a. Main am Osthang des Taunus an der Usa gelegen, ist über die Autobahn A5/A7 Frankfurt-Kassel (Ausfahrt Bad N.) und die B 3 zu erreichen. D-Zug-Station an der Bundesbahnstrecke Frankfurt-Hannover. Die St hat Realschule, Gymnasium, kaufm. Berufsschule, Gymnasium f. Mädchen mit Internat, Volkshochschule; Seminar der Landesärztekammer; Salzmuseum.

N. war seit alters her ein bekanntes Salzsiederdorf. Das in fränkischer Zeit gegründete N. (Reste einer frühm. Kirche auf dem Johannisberg) kam über mehrere Herrschaften 1736 an Hessen-Kassel. Zu Beginn des 19. Jh. wurde das Salzwaser zu Heilzwecken bei Kreislaufstörungen und Rheuma angewendet. 1835 Errichtung der ersten Solbadeanstalt; 1846 Erbohrung des großen Sprudels. Seit Mitte des vorigen Jh. Aufstieg der St (seit 1869) zum Weltbad (Kurhaus und Kurtheater). Heilanzeigen: Herz- und Kreislauferkrankungen, Rheuma, Erkrankungen der Atemwege. Spezialkliniken: Klinik und Institut für physikalische Medizin und Balneologie der Universität Gießen, Kerckhoff-Institut der Max-Planck-Gesellschaft, Kerckhoff-Klinik für Kreislauf- und Herzforschung, Asthma-Klinik. Bad N. ist Sitz der Hessischen Staatsbäderverwaltung.

Bad Nenndorf

☐ 23,23 qkm; ○ Schaumburg; ⚐ Niedersachsen; ✉ 31542; ☎ 05723; 🚗 SHG; △ 70–100 m; 👪 8900.

Bad N. liegt 25 km westlich von Hannover am Nordrand des Deister und am Schnittpunkt der B 65 und 442. Anschluß an die Autobahn A 2 Ruhrgebiet–Hannover (Ausfahrt Bad N.). Haltepunkt im Nahschnellverkehr nach Hannover. Bad N. hat neusprachliches und mathematisch-naturwissenschaftliches Gymnasium, Katastrophenschutzschule Niedersachsen.

Bad N. ist Heilbad (Schwefel-, Sole-, Heilschlamm- und Thermal-Schwefel-Solebäder). Heilanzeigen: Rheuma, Wirbelsäulenschäden, Gicht, Neuralgien, Frauenleiden, Katarrhe der Atemwege.

Eine Siedlung »Nyanthorpe« wird erstmals um 1000 als dem Kloster Corvey zugehöriger Besitz erwähnt. Die Schwefelquelle war bereits Mitte des 16. Jh. bekannt. Der hessische Landgraf Friedrich II. traf 1776 die ersten Vorkehrungen für größere Badeeinrichtungen (1787 Gründung eines Gesundbrunnens). – Bemerkenswert das 1806 im klassizistischen Stil erbaute Schlößchen (Sommerresidenz des Landgrafen). – Mitte August alljährlich „Fest der tausend Lichter".

Bad Neuenahr-Ahrweiler

☐ 63,19 qkm; ○ Bad Neuenahr-Ahrweiler; ⚐ Rheinland-Pfalz; ✉ 53474; ☎ 02641; 🚗 AW; △ 92–400 m; 👪 25000.

Bad Neuenahr und Ahrweiler wurden durch die Verwaltungsreform im Lande Rheinland-Pfalz aufgelöst und mit den umliegenden Gemeinden zur Stadt Bad Neuenahr-Ahrweiler zusammengelegt; im Jahr 1974 wurde die bisherige Gemeinde Ramersbach angegliedert.

Die St liegt 30 km südlich von Bonn im Ahrtal an der A 61 Krefeld–Ludwigshafen (Ausfahrt Bad N.-A.), der B 266 und der B 267. Bad Neuenahr-Ahrweiler ist Sitz der Kreisverwaltung Bad N.-A., des Amtsgerichtes und sonstiger behördlicher Dienststellen sowie Bundeswehrstandort (Materialamt des Heeres und Amt für Nachrichtenwesen der Bundeswehr). Die St hat Realschulen, Gymnasien, Sonderschulen für geistig- und lernbehinderte Kinder, Volkshochschule, Landes-Lehr- und Versuchsanstalt für Weinbau, Gartenbau und Landwirtschaft mit der Staatlichen Weinbaudomäne Marienthal, Berufsbildende Schulen mit Berufsaufbau- und Berufsfachschulen, Katastrophenschutzschule des Bundes, Krankenpflege- und Krankenpflegehilfeschule; Kursanatorien und -kliniken. Spezialklinik für Nerven- und Gemütskranke sowie für Innere Krankheiten; Internationale Spielbank. N. hat chemisch-pharm. Industrie und Apollinaris-Brunnen AG (Mineralwasserversand), A. Sekt- und Weinkellereien (Ahrburgunder).

Neuenahr war ursprünglich der Name einer südlich der Stadt gelegenen Burg (1372 zerstört, Ruine erhalten) und der von ihr beherrschten Grafschaft mit den Dörfern Wadenheim (992 erstmals genannt), Hemmessen (1106) und Beul (1374). Nach Entdeckung der Heilquellen und Aufnahme des Badebetriebes (1858) Zusammenschluß der Orte. Seit 1875

Bad Neuenahr-Ahrweiler

Ortsname Neuenahr, seit 1927 Bad Neuenahr. 1951 Erhebung zur Stadt. Heilanzeigen bei Diabetes, Magen, Darm, Galle, Leber, Nieren, Herz- und Kreislaufstörungen.

Ahrweiler, nachweislich erstmals 893 erwähnt, kam 1246 durch Schenkung an das Erzstift Köln. 1248 Verleihung der Stadtrechte. Die mittelalterliche Stadtmauer mit Wallgraben, Türmen und Toren größtenteils erhalten. 1633, 1642 und 1646 Brandschatzungen und Plünderungen. 1689 wird die St durch Großfeuer vollständig zerstört. 1944/1945 fällt der südliche Teil der St mit dem Wahrzeichen, dem Ahrtor, dem Bombenkrieg zum Opfer.

Überregional bekannte Veranstaltungen in Bad Neuenahr: Deutsche Senioren-Meisterschaften im Tennis (Juli), Internationales Damenfußballturnier (Mai); Ahrweiler: Historisches Schützenfest (Juni), Weinwochen (September), Europa-Jugendfußballturnier (Mai/Juni), Internationales Radrennen (März/April); darüber hinaus traditionelle Wein- und Winzerfeste in drei weiteren Stadtteilen.

Bad Neustadt a.d. Saale

□ 36,89 qkm; ○ Rhön-Grabfeld; ⚐ Bayern; ✉ 97616; ☎ 09771; 🚗 NES; △ 235 m; 👫 13800.

Bad N., 30 km nördlich von Schweinfurt an der Saale gelegen, ist über die B 19 und B 279 zu erreichen. Die St, Sitz eines Amtsgerichts und der Kreisverwaltung, hat Realschule, Sonderschule für Lernbehinderte, Gymnasium, Kreisberufsschule, Fachoberschule, Handels- und Wirtschaftsschule; Wellpappe-, Stahlgeschirr- und Elektroindustrie.

N. ist seit 1232 urkundlich nachzuweisen; nach 1250 Bau der Stadtbefestigung, im Bauernkrieg 1525 Zerstörung der Stadt. 1610 Großbrand; 1634/35 Hunger- und Pestepidemie; 1793–1836 Errichtung der Pfarrkirche Mariä Himmelfahrt. 1853 Fassung der Quellen und Bau des ersten Badehauses. 1962 Eröffnung des Kursanatoriums der LVA Niedersachsen. Heilanzeigen: Erkrankungen der Verdauungsorgane, Rheuma, Diabetes, Stoffwechsel- und Herzkrankheiten, Nervenleiden, Frauenkrankheiten.

Bad Oeynhausen

□ 64,79 qkm; ○ Minden-Lübbecke; ⚐ Nordrhein-Westfalen; ✉ 32549*; ☎ 05731; 🚗 MI; △ 45–266 m; 👫 48000.

Bad O., 35 km nordöstlich von Bielefeld im unteren Werretal nahe der Mündung der Werre in die Weser gelegen, ist Kurort und Heilbad (Staatsbad). Zufahrt über die Autobahn A 2 Ruhrgebiet–Hannover (Ausfahrt Bad O.), die Autobahn A 30 Niederlande–Osnabrück–Bad O. (Ausfahrt Bad O.) und die B 61. D-Zug-Station der Bundesbahnstrecke Hannover–Hamm und E-Zug-Station der Strecke Braunschweig–Hildesheim–Osnabrück; Verkehrslandeplatz in Porta Westfalica. Bad O. hat Amtsgericht, Zollamt; Gymnasium für Jungen und Mädchen, Realschulen, Sonderschulen für Lernbehinderte und Körperbehinderte, Berufs- und Berufsfachschulen, Volkshochschule, Jugendmusikschule; Maschinenfabriken, holz-, kunststoff- und metallverarbeitende Industrie; Dienstleistungsgewerbe.

1830–45 erbohrte der Berghauptmann Carl Freiherr von Oeynhausen, nach dem die St benannt ist, den ersten Heilbrunnen. Zuvor war bereits einhundert Jahre lang Kochsalz im Siedeverfahren aus Solequellen gewonnen worden. Dem Badebezirk O. auf dem Gebiet der ehem. Gm Rehme wurden 1860 die Stadtrechte verliehen. 1926 Erbohrung des »Jordansprudels« mit einer maximalen Schüttungshöhe von 52 m (mit einer Bohrtiefe von 725 m größte kohlensäurehaltige Thermalsolequelle der Welt). Heilanzeigen: Herz- und Kreislauferkrankungen, Nervenleiden, Rheuma, Gelenkentzündungen, Gicht, Frauenleiden. Neben den Kureinrichtungen und Bädern verfügt O. über das Herzzentrum Nordrhein-Westfalen, eine Klinik für Diabeteskranke, eine Orthopädische Klinik und sechzehn weitere Kliniken. – Großzügig angelegter Kurpark mit Kurhaus und Kurtheater; Spielkasino. Sehenswert: Deutsches Märchen- und Wesersagenmuseum; Norddeutsches Auto- und Motorrad-Museum; Heimatmuseumshofanlage.

Bad Oldesloe

□ 52,55 qkm; ○ Stormarn; ⚐ Schleswig-Holstein; ✉ 23843; ☎ 04531; 🚗 OD; △ 10 m; 👥 20000.

Bad O. liegt 42 km nordöstlich von Hamburg am Zusammenfluß von Trave und Beste, an der B 434, B 208 und B 75 sowie an der Autobahn A1 Hamburg-Lübeck (Ausfahrt Bad O.). Die St hat Amtsgericht, Kreisverwaltung, Arbeitsgericht; Realschule, Sonderschule für Lernbehinderte, Gymnasium, Sozialwiss. Fachgymnasium, Landwirtschaftsschule, Volkshochschule; Kreiskrankenhaus. Bad O. ist Sitz der Selbsttätigen Feuerlöschanlagen GmbH (Minimax) und der Hako-Werke (Motorkleingeräte).

Das 1183 erstmals urkundlich erwähnte O. gehört zu den ältesten Städten Schleswig-Holsteins. Seit 1238 bzw. 1371 hatte O. Marktrecht, eigene Gerichtsbarkeit und Münzrecht; die Salzquellen wurden bereits im MA genutzt. Während der Hanse war O. wichtiger Güterumschlagplatz. 1798 vernichtete ein Brand den größten Teil der St. 1813 Einrichtung eines Sol- und Moorbades. Einstellung des Kur- und Badebetriebes nach dem 1. Weltkrieg.

Sehenswert die ‚Menno-Kate', Zufluchts- und Wirkungsstätte des Predigers und Gründers der Glaubensgemeinschaft der Mennoniten Menno Simons (gest. 1561). Bemerkenswert: Schloß Nütschau b. O., ein aus drei Einzelhäusern zusammengebautes Herrenhaus (1577), seit 1951 Benediktinerkloster.

Bad Orb

□ 47,78 qkm; ○ Main-Kinzig-Kreis; ⚐ Hessen; ✉ 63619; ☎ 06052; 🚗 HU; △ 170 bis 540 m; 👥 8200.

Bad O. liegt am nördlichen Rand des Spessart an der B 276 und an der Autobahn A66 Frankfurt a.M.-Bad Soden-Salmünster (Ausfahrt Bad Orb/Wächtersbach); D-Zug-Station ist Wächtersbach an der Strecke Frankfurt a.M.-Fulda mit Nebenbahnverbindung nach Bad O.; Flugplatz in Gelnhausen (15 km). Bad O. hat Grund- und Hauptschulen und Realschule.

Urkundlich wird O. erstmals als Königsgut im Jahr 1059 erwähnt. Seit Ende des 11. Jh. bis 1803 war die St (1292 Stadtrechte) im Besitz der Erzbischöfe von Mainz. 1634 Zerstörung der St durch die Schweden. Die schon im frühen Mittelalter genutzten Salzquellen bildeten über die Jahrhunderte den wichtigsten Erwerbszweig der St. 1837 Errichtung einer Badeanstalt; 1909 Erhebung zum Bad. Heilanzeigen: Herz- und Gefäßkrankheiten, rheumatische Erkrankungen, Erschöpfungszustände.

Bad Peterstal-Griesbach

□ 41,24 qkm; ○ Ortenaukreis; ⚐ Baden-Württemberg; ✉ 77740; ☎ 07806; 🚗 OG; △ 400–1000 m; 👥 3200.

Die Gm ist 1973 durch Zusammenschluß der beiden Heilbäder Bad P. und Bad G. entstanden. Bad P.-G. liegt im Renchtal am Fuße des Kniebis im nördlichen Schwarzwald. Zufahrt über die B 28; Endstation der Renchtalbahn Offenburg–Bad Griesbach. Die Gm hat Forstamt; Grund- und Hauptschule; Kurklinik, Fachkrankenhaus, Kurhäuser und -heime, Mütterkurheim; Mineralwasserindustrie, Fahrzeug- und Ladenbau, holzverarbeitende Industrie; Fremdenverkehr und Kurbetrieb (Heilanzeigen [Mineral- und Moorbäder] bei Herz-, Kreislauf-, Stoffwechsel- und Frauenkrankheiten, Rheuma, Erschöpfungszuständen).

Der Ortsteil Peterstal geht auf eine erstmals 1293 erwähnte Kapelle St. Peter zurück, aus der nach mehrmaligem Umbau und Erweiterung die heutige Pfarrkirche (1808/09) hervorgegangen ist. Die heilkräftigen Mineralquellen waren bereits im 14. Jh. bekannt. P. kam von der Herrschaft Oberkirch 1303 an das Hochstift Straßburg und 1803 an Baden. Das Bad wurde im 16. und 17. Jh. von vielen Ausländern (vor allem Franzosen und Schweizern) besucht; im letzten Drittel des 19. Jh. war der europäische Hochadel (u.a. Zar Alexander, Kaiser Wilhelm I.) vertreten. Griesbach kann ebenfalls auf eine jahrhundertealte Badetradition zurückblicken (1578 Errichtung der ersten Badehäuser). Sehenswert die kath. Pfarrkirche in Bad P., der Mineraltrinkbrunnen „Sophienquelle" und die Historische Bürgermiliz. – Alljährlich findet Ende Juni in Bad P. das Patronatsfest „Peter und Paul" mit Prozession und Heimatfest statt; in den Sommermonaten Internationales Sommerskispringen (Juni–September).

Bad Pyrmont

□ 61,63 qkm; ○ Hameln-Pyrmont; ⚐ Niedersachsen; ✉ 31812; ☎ 05281; 🚗 HM; △ 110–170 m; 👥 21500.

Bad P. liegt 42 km östlich von Bielefeld im Emmertal, umgeben von waldreichen Höhenzü-

Bad Pyrmont

gen des Weserberglandes. Bahnstation der Bundesbahnstrecke Hannover–Hameln–Altenbeken. Bad P. hat Realschule, Gymnasium, Orientierungsstufe, Sonderschule für Lernbehinderte, Berufsförderungswerk des Landes Niedersachsen, Kreisvolkshochschule; Kurtheater; Klinik für biologische Therapie; Mineralwasserversand, Leuchten-, Fleischwaren- und Textilindustrie; Landwirtschaft (in fünf 1973 eingemeindeten Nachbarorten). Bad P. ist aus dem Zusammenschluß der Gm Oesdorf (1922), P. und Holzhausen (1938) entstanden. Der Ortsteil Oesdorf wird zuerst 1051 erwähnt; der Name Pyermont taucht erstmals 1185 in einer Urkunde auf. Schon im 15. Jh. wurde der »Hyllige Born« zu Heilzwecken genutzt. Die erste Anlage zum Badeort erfolgte 1668 durch den Fürsten Georg Friedrich von Waldeck-P. 1720 wurde P. St, 1914 Bad. Vom 17.–19. Jh war P. bevorzugtes Bad vieler Fürsten, Dichter, Gelehrten (Zar Peter d. Große, Friedrich der Große, Goethe, Königin Luise, Kaiser Wilhelm I. u. a.). Heilanzeigen: Erkrankungen von Herz und Kreislauf, Frauenleiden, Rheuma.

Sehenswürdigkeiten sind Festung und Schloß Pyrmont mit Museum und historischen Prunkräumen, der Kurpark mit Palmengarten, der Bergkurpark und die Dunsthöhle. – Alljährlich im Sommer im Schloßhof Theateraufführungen.

Bad Rappenau

□ 73,58 qkm; ○ Heilbronn; ⚐ Baden-Württemberg; ✉ 74906; ☎ 07264; 🚗 HN; △ 235–285 m; 👥 15700.

Das Heilbad Bad R. (Heilanzeigen: Krankheiten des rheumatischen Formenkreises, Krankheiten der Atmungsorgane, Rehabilitation bei Stimm-, Sprech- und Sprachstörungen, Sprachheilkuren, Hautkrankheiten) liegt im nördlichen Kraichgau, 13 km nordwestlich von Heilbronn; Anschluß an die Autobahn Heilbronn–Heidelberg/Mannheim (Ausfahrt Bad R.). Die St hat Realschule; orthopädische Fachklinik (Vulpius-Klinik), sechs Kurkliniken.

R. wird erstmals 1343 urkundlich erwähnt. Funde aus der Römerzeit und Hügelgräber deuten auf eine frühe Besiedlung des Stadtareals.

Bad Reichenhall

□ 39,39 qkm; ○ Berchtesgadener Land; ⚐ Bayern; ✉ 83435; ☎ 08651; 🚗 BGL; △ 471 m; 👥 18000.

Bad R., in einem windgeschützten, von Bergen (Predigtstuhl, Lattengebirge, Hoch-Staufen) umschlossenen Talkessel der Saalach gelegen, ist über die Autobahn A 8 München–Salzburg (Ausfahrt Bad R.) und über die B 20 und B 21 zu erreichen. D-Zug-Station an der Bundesbahnstrecke München–Berchtesgaden. Bad R. hat Kreisverwaltung, Hauptzollamt, Forstamt, Gesundheitsamt, Grenzpolizeiinspektion; Spielbank; Realschule für Mädchen, Gymnasium, Hotelberufsfachschule. Bad R. ist Bundeswehrstandort. Das wirtschaftliche Leben basiert auf dem Kurbetrieb, Fremdenverkehr und der Saline in der Altstadt. Bad R. besitzt neben Kurkliniken und -sanatorien eine Asthma- und Bronchitis-Spezialklinik.

Erstmals wird R. 844 urkundlich erwähnt. Herzog Heinrich III. verlieh dem Ort 1158 die Stadtrechte. 1204 kam R. nach einem Streit zwischen Salzburg und Bayern (1130–96) unter bayerische Herrschaft. 1834 wurde die St durch einen Großbrand fast völlig zerstört. Die Solequellen wurden seit frühgeschichtlicher Zeit zur Salzgewinnung genutzt. Um die Mitte des 19. Jh. erste Anfänge eines Kur- und Badebetriebes. 1900 wurde R. Staatsbad. Heilanzeigen bei Erkrankungen der Atmungsorgane, Kreislaufstörungen, Rheuma, Erkrankungen im Kindesalter, Frauenleiden, Rekonvaleszenz.

Sehenswert das romanische Münster St. Zeno (11./12. Jh., Innenausstattung nach Brand Anfang des 16. Jh. erneuert) mit Kreuzgang; St. Nikolauskirche (erbaut 1181); Alte Saline; Heimatmuseum (mit Funden aus keltischer und römischer Zeit).

Bad Rothenfelde

□ 18,18 qkm; ○ Osnabrück; ⚐ Niedersachsen; ✉ 49214; ☎ 05424; 🚗 OS; △ 112 m; 👥 6200.

Bad R., 25 km südöstlich von Osnabrück am Teutoburger Wald gelegen, ist Heilbad mit Heilanzeigen bei Herz- und Kreislauferkrankungen, Erkrankungen der Atemwege, Rheuma, chronisch entzündlichen Augenerkrankungen, Frauenleiden, Entwicklungsstörungen im Kindesalter. R. hat eine Spezialklinik für Augenleiden und Hautkrankheiten; Grund- und Hauptschule; Fremdenverkehr (keine Industrie); Heimatmuseum und Automuseum.

Gegründet wurde der Ort nach Erbohrung der ersten Solequellen 1724. Zu Heilzwecken wird die Sole seit 1811 genutzt. Das Bad war bis 1872 in preußischem Staatsbesitz, dann bis 1969 Eigentum einer Aktiengesellschaft. Heute sind die Kur- und Badeanlagen im Besitz der Gemeinde.

Sehenswert die Gradierwerke von zusammen 600 m Länge und 13000 qkm Schwarzdorn-Rieselfläche.

Bad Saarow-Pieskow

□ 40 qkm; ○ Fürstenwalde; ⚐ Brandenburg; ✉ 15526; ☎ 033631; 🚗 FW; △ 40 m; 👥 4000.

B. S.-P. ist zu erreichen auf der A 12/E 30, Ausfahrt Fürstenwalde (ca. 6 km), und auf der B 246; Bahnhof an der Kleinbahnstrecke Fürstenwalde–Beeskow. Der nächste Flughafen ist Berlin-Tempelhof (ca. 75 km).

Bildungseinrichtungen: Grund- und Hauptschule; Landesrettungsschule.

Geschichtliches: Die Gm B. S.-P. erstreckt sich halbkreisförmig auf einer Länge von etwa 10 km um das Nordende des Scharmützelsees mit einer Wasserfläche von 1500 ha. Der Ort Saarow wird zu Anfang des 16. Jh. erstmals erwähnt. Um 1550 erwarb die Gutsfamilie Löschebrand die Ortschaft und den Scharmützelsee für 2000 Taler. Im Jahre 1905 kaufte die „Landbank AG Berlin" die Güter Saarow und Pieskow auf und gründete 1906 eine Villensiedlung. 1912 wurde ein Raseneisen-Moor-Vorkommen entdeckt, und 1914 konstituierte sich die „Moorbad-Saarow-AG"; die Gm erhielt den Status eines Heilbades (Heilanzeigen bei rheumatischen Erkrankungen und Erkrankungen der Atemwege; Kneippkuren und Bewegungstherapien). Eine Erweiterung wurde durch die 1927 in 175 m Tiefe gefundene Chlor-Kalzium-Solequelle möglich. – B. S.-P. ist ein beliebter Ausflugsort für Urlauber und Tagesgäste. Bereits in den zwanziger Jahren suchten Berliner Ausflügler hier Ruhe und Erholung. Die Erfahrungen eines Badeortes von langer Tradition, verbunden mit der Umsetzung moderner Kur- und Heilmethoden, der gesamte Kurbetrieb und Fremdenverkehr bestimmten die Aufwärtsentwicklung des Bades. Das medizinische Angebot reicht von Bädern über Massagen, Saunen und Kneipp-Anwendungen bis hin zur hochspezialisierten Diagnostik und Langzeitbehandlungen. Sehenswürdigkeiten: Bahnhofsgebäude im „Heimatstil" (1911), Dorfkirche; das Maxim-Gorki-Haus und eine Gedenktafel erinnern an den russ. Dichter, der hier 1922/23 Linderung eines Lungenleidens erfuhr.

Wiederkehrende Ereignisse und Kulturelles: Serenadenkonzerte, Theaterveranstaltungen; Saisoneröffnung, Seefest und Tanzabende; Ausstellungen und Schriftsteller-Lesungen.

Freizeit und Sport: Segelregatten, privates Segeln, Rudern und Surfen auf dem größten Binnensee der Mark Brandenburg; Gelegenheiten zum Baden und Angeln. Ein Netz natürlicher Kanäle verbindet den Scharmützelsee mit den kleineren Seen im Süden und ermöglicht einzigartige Wasserwanderungen. Die sinnvolle Ergänzung durch Schleusen und künstliche Kanäle erlaubt es, B. S.-P. von Berlin aus mit dem Boot zu erreichen. Weitere Angebote: Volleyball, Tischtennis, Kegeln; Kremserfahrten; gut beschildertes Netz von Fuß- und Radwanderwegen in dem weitreichenden Landschaftsschutzgebiet; im Winter Eissportmöglichkeiten.

Bad Sachsa

□ 33,13 qkm; ○ Osterode a. Harz; ⚐ Niedersachsen; ✉ 37441; ☎ 05523; 🚗 OHA; △ 270–660 m; 👥 9000.

Bad S. liegt am Rande des Südharzes 62 km östlich von Göttingen an der B 243 und ist Bahnstation an der Strecke Northeim–Walkenried. Die St hat Grund-, Haupt- und Realschule, privates Gymnasium; Kinderkrankenhaus und Kurmittelhaus. Der industriefreie, heilklimatische Kurort ist ganz auf den Kur- und Fremdenverkehr (Wintersportplatz) ausgerichtet.

Erste urkundliche Erwähnung der Siedlung 1238. Seit 1525 ist S. im Besitz der Stadtrechte. 1718 wurde die Innenstadt durch ein Großfeuer völlig zerstört. Nach 1860 Beginn des Fremdenverkehrs mit der Beherbergung der ersten Kurgäste und der Errichtung kleiner Badezellen; 1906 Erhebung zum Bad. Heilanzeigen: Erschöpfungszustände, Kreislaufstörungen, Erkrankungen des Herzens und der Atmungsorgane, Bluthochdruck, Arteriosklerose, Rheumatische Erkrankungen, Rekonvaleszenz, Kinderkrankheiten, Blutarmut, Bewegungsschäden; Behandlung von Spastikern.

Sehenswürdigkeiten: St. Nikolai (Bauernbarock), St. Josefs-Kirche, Rathaus-Sitzungssaal (Jugendstil); Sachsensteine; Ruine Sachsenburg.

Bad Säckingen

□ 25,32 qkm; ○ Waldshut; ⚐ Baden-Württemberg; ✉ 79713; ☎ 07761; 🚗 WT; △ 292 m; 👫 15900.

S., 30 km östlich von Basel am Hochrhein gelegen, ist über die B 34 zu erreichen. Bahnstation an der Strecke Basel–Waldshut–Schaffhausen–Konstanz. S. hat Amtsgericht; Gymnasium, Wirtschaftsgymnasium, private Krankengymnastikschule, Massageschule, Sport- und Gymastiklehrerschule, gewerbliche Berufsschulen, Sonderschule für Lernbehinderte; Textil- und metallverarbeitende Industrie, Maschinenbau. Die St ist Heilbad (heiße Natrium-Chlorid-Quellen) mit Heilanzeigen bei Rheuma- und Gelenkbeschwerden, Gefäß- und Wirbelsäulenerkrankungen.

S. ist in der Nähe der 878 erstmals urkundlich erwähnten Frauenabtei »Seckinga« entstanden, die auf einer von dem irischen Mönch Fridolin im 6. Jh. als Aufenthaltsort gewählten ehemaligen Rheininsel gegründet worden war. Um 1250 erhielt die Siedlung das Stadtrecht. Seit 1173 gehörte S. zu Österreich. 1806 kam es an Baden.

Sehenswürdigkeiten: Fridolinsmünster (13./14. Jh.) mit wertvollem Kirchenschatz und barocker Ausstattung (17./18. Jh.); gedeckte Holzbrücke über den Rhein (1571); Reste der ma. Stadtbefestigung (Gallus- und Diebsturm); Schloßpark mit Trompeterschlößchen (Victor v. Scheffel-Gedenkstätte); Heimatmuseum mit ur- und frühgeschichtlichen Sammlungen; Trompeten-Museum; Schwarzwälder Uhren-Sammlung. – Alljährlich Anfang März Fridolinsfest.

Bad Salzdetfurth

□ 67,09 qkm; ○ Hildesheim; ⚐ Niedersachsen; ✉ 31162; ☎ 05063; 🚗 HI; △ 96–350 m; 👫 13800.

Bad Säckingen
Holzbrücke, Münster und Diebsturm

Bad S., 15 km südlich von Hildesheim im Lammetal an der B 243 gelegen, hat Grundstufen- und Oberstufenschule, Realschule, Kreissonderschule und Gehörlosenschule; Kali- und Salzwerke (Salzdetfurth AG), Antennenwerk, Fabrik für Drucktastenschaltungen.

Erste urkundliche Erwähnung 1214. Das 14. Jh. bedeutete die erste wirtschaftliche Blütezeit für den Ort durch die Gewinnung von Speisesalz aus den zahlreichen Solequellen. Überschwemmungen der Lamme und zahlreiche Feuersbrünste zerstörten im Laufe der letzten Jahrhunderte das mittelalterliche Ortsbild. Die Gründung der Kaliwerke (1896) und die Ansiedlung von Großbetrieben nach dem 2. Weltkrieg sicherten S., das 1949 zur St erhoben wurde, einen weiteren wirtschaftlichen Aufschwung. Seit 1857 ist S. Heilbad (Moor- und Solbad). Heilanzeigen: Rheuma, Ischias, Gicht, Wirbelsäulenleiden, nervöse Erschöpfungen, Kreislaufschäden und Rekonvaleszenz, Katarrhe der Atemwege, Erkrankungen des Kindesalters, Haut- und Frauenleiden.

Bad Salzuflen

□ 100 qkm; ○ Lippe; ⚐ Nordrhein-Westfalen; ✉ 32105*; ☎ 05222; 🚗 DT; △ 80 m; 👫 50900.

Bad S. liegt 20 km nordöstlich von Bielefeld an der Autobahn A 2 Hannover–Dortmund (Ausfahrt Bad S.) und an der B 239 zwischen Teutoburger Wald und Weserbergland. Die St hat Realschule, Gymnasien, Musikschule, Volkshochschule, Sonderschule für Lernbehinderte; Nahrungsmittel-, Möbel- und Kunststoffindustrie; Hoffmanns-Stärke-Fabriken; Landwirtschaft.

1048 erste Erwähnung des Salzwerkes in einer Schenkungsurkunde. 1447 totale Zerstörung Uflens in der Soester Fehde. 1488 Verleihung des Stadtrechtes. 1818 Gründung des Solebades. 1906 Einrichtung eines Thermalbades. 1969 Bildung der Großgemeinde Salzuflen unter Einbeziehung der St Schötmar und zahlreicher Randgemeinden.

Das Staatsbad S. zählt zu den modernsten deutschen Heilbädern. Heilanzeigen: Herz- und Kreislauferkrankungen, Rheumatismus, Frauenleiden, Erkrankungen der Atmungswege, Nervenleiden. – Sehenswert: Rathaus (16. Jh.) und zahlreiche Fachwerkhäuser (16. und 17. Jh.) im Stil der Weser-Renaissance; im Stadtteil Schötmar Schloß Stietencron mit Schloßpark.

Bad Salzungen

□ 39,05 qkm; ○ Bad Salzungen; ⚐ Thüringen; ✉ 36433; ☎ 0673; 🚗 SLZ; △ 242 m; 👪 21 100.

Durch die St führt die B 62 und die Reichsbahn-Hauptstrecke Erfurt–Suhl–Würzburg. – Regelschulen, Gymnasium, Berufsschulen; ein Schulzentrum befindet sich im Aufbau. – Bad S. verfügt über mehrere Baubetriebe, Metall- und Stahlindustrie, Walzwerk, Gießerei und Pumpenwerk; Pressenbau. – Gärtnerei, Tierhaltung, Pflanzenbau.

S. ist ein bewährtes Sole-Heilbad (Solegehalt 27%), in dem Erkrankungen der Atemwege, funktionelle Herz-Kreislauf-Erkrankungen und Beeinträchtigungen des Bewegungsapparates behandelt werden; zugleich dient es der Rehabilitation.

Geschichtliches: Im Jahre 775 wird die „villa Salsunga" in einer Urkunde Karls des Großen erstmals erwähnt. Bereits davor besaß S. überregionale Bedeutung durch die Salzherstellung und den Salzhandel. Verleihung des Stadtrechtes um 1300. S. stand über 200 Jahre unter der Doppelherrschaft von Sachsen und Henneberg; danach gehörte es bis 1680 zu Sachsen und Gotha, anschließend bis 1918 zu Sachsen-Meiningen. Bis 1952 und erneut ab 1990 unter thüringischer Landesverwaltung. Rund 400 Jahre lang bestimmte im wesentlichen die Salzpfänner-Innung die Stadtpolitik, bis die Genossenschaft 1872 aufgelöst wurde.

Medizinische Versuche mit Solbädern erbrachten 1801 erste positive Ergebnisse; 1842 verliefen Bohrungen nach gesättigter (27%iger) Sole erfolgreich. Das erste Kurhaus wurde 1851 eröffnet; seit 1923 führt die St die amtliche Bezeichnung Bad.

Ein großer Stadtbrand zerstörte 1786 die gesamte ma. Innenstadt einschl. Rathaus, Burg und Kirche. Ende des 19. Jh. begann die Ansiedlung des Maschinenbaues. Bad S. ist seit 1951 Kreisstadt.

Kulturstätten: Kreisbibliothek, Kurtheater (mit Kurorchester), Jugendklubs. – Sehenswürdigkeiten: Burgsee mit Kurhaus, Gradieranlagen des Solbades; Ruine der Husenkirche (11. Jh. Umbau 16. Jh.), Reste der ma. Stadtmauer, Haunscher Hof im St-Zentrum (17. Jh.), Fachwerkhäuser im Henneberg-Stil; waldreiche Umgebung, Werra-Aue (teilweise) unter Landschafts- und Naturschutz.

Regionale Traditionen: Bad S. Volksfest (Juni) und Weinfest (August).

Bad Sassendorf

□ 63,37 qkm; ○ Soest; ⚐ Nordrhein-Westfalen; ✉ 59505; ☎ 02921; 🚗 SO; △ 100 m; 👪 9700.

Bad S., 5 km östlich von Soest in der Soester Börde gelegen, ist über die B 1 zu erreichen; Anschluß an die Autobahn A 44 Ruhrgebiet-Kassel (Ausfahrt Soest-Ost); Bahnstation der Strecke Hamm-Soest-Paderborn. Bad S. hat Grund- und Hauptschule, Volkshochschule; landwirtschaftl. Lehr- und Versuchsgut.

Das Sälzerdorf am Hellweg („Sassendorpe") wird erstmals zwischen 1169 und 1179 urkundlich erwähnt. Zu Heilzwecken wurde die Sole seit Mitte des 19. Jh. genutzt. 1906 erfolgte die Anerkennung als Heilbad. In den Ortsteilen Bettinghausen und Ostinghausen wurden 1969 große Moorvorkommen entdeckt (seit 1971 Moor-Heiltherapie). Heilanzeigen: Erkrankungen der Atemwege, Rheuma, Aufbraucherscheinungen, Frauenleiden, Erkrankungen im Kindesalter.

Bad Schandau

□ ca. 1 qkm; ○ Pirna; ⚐ Freistaat Sachsen; ✉ 01814; ☎ 05692; 🚗 PIR; △ 125 m; 👪 3360.

Zu erreichen über die B 172; Reichsbahn-Hauptstrecke Berlin–Dresden–Prag; Nebenbahn: Bad S.–Sebnitz–Neustadt in Sachsen. – Gymnasium; Heimatmuseum, Kulturstätte „Am Stadtpark".

Geschichtliches: Anfang des 14. Jh. gründeten dt. Ansiedler auf einem Schwemmlandkegel in der Elbe einen Handelsplatz. Der Flurname „Sandaue" wandelte sich unter slaw. Spracheinfluß in „Schandau". Der Ort wird 1430 erstmals urkundlich erwähnt und ab 1445 als Städtchen bezeichnet. S. war immer ein wichtiger Ort auf dem Handelsweg zwischen den großen Feudalstaaten Meißen und Böhmen. Er entwickelte sich vom 16. bis zum 18. Jh. zu einem bedeutenden Umschlagplatz des Elbhandels. Im großen Umfange wurden Holz, Getreide, Obst und Glaswaren – sog. „Böhmische Waren" – nach Hamburg gebracht und dafür Südfrüchte, Öl, Petroleum, Heringe, vor allem aber Salz, als „Hamburger Waren" an Böhmen geliefert.

Mit Entwicklung des industriellen Marktes und moderner Verkehrsmittel gingen Handel und Handwerk im 19. Jh. zurück, während der Fremdenverkehr an Bedeutung gewann. S. wurde zu einem beliebten Reiseziel des wohlhabenden Bürgertums.

1837 fuhr als erster Personendampfer die „Königin Maria" auf der Oberelbe, 1869 der erste Kettendampfer, 1851 die erste Eisenbahn im Elbtal. In den 80er Jahren des gleichen Jh. entstanden repräsentative Hotelneubauten, in denen sich das internationale Badepublikum zur „Nachkur" erholte. Große Verdienste erwarb sich der Hotelier Rudolf Sendig, der seit 1871 in S. wirkte. Ihm verdankt die St Bauten wie den sog. „elektrischen Personenaufzug", die gegenüberliegenden Hotels im Park, die Katholische Kirche, die Villenkolonie in Ostrau und andere repräsentative Gebäude. Der St wurde 1920 die Bezeichnung „Bad" zuerkannt; 1936 folgte die offizielle Bestätigung als Kneippkurort.

Sehenswürdigkeiten: Der bekannte, freistehende „elektrische Personenaufzug" – 1904 erbaut, 1991 rekonstruiert – ist 50 m hoch und bietet von seiner Galerie aus faszinierende Sichten auf Elbe und St; er ist zugleich die kürzeste Verbindung zum St-Teil Ostrau. – Die Kirnitzschtalbahn fährt seit 1898 auf 8 km Länge von Bad S. zum „Lichtenhainer Wasserfall", dem beliebten Ausgangspunkt für Wanderungen in die hintere Sächsische Schweiz. – Empfehlenswert sind der ehem. Brau- und Gasthof „Cambrinus" mit achteckigem Treppenturm und die St. Johanneskirche (1705–1709) mit einer aus einem Block gehauenen Kanzel aus Sandstein und einem Altar (1572), der ein hervorragendes Renaissance-Kunstwerk darstellt.

In den Stadtteilen Ostrau und Postelwitz sind gut erhaltene Umgebindehäuser, u. a. die „Siebenbrüder-Häuser" zu sehen. Auch die ma. St-Anlage blieb erhalten. – Ein besonderer Anziehungspunkt ist der Pflanzengarten im Kirnitzschtal mit botanischen Kostbarkeiten zu jeder Jahreszeit.

Bad Schmiedeberg (Dübener Heide)

□ 42,9 qkm; ○ Lutherstadt Wittenberg; ⚐ Sachsen-Anhalt; ✉ 06905; ☎ 04 51 59; 🚗 WB; △ 95 m; 👥 4550.

Verkehrswege: B 2 Abfahrt Kemberg, B 182 Abfahrt Pretzsch; Nebenbahn Lutherstadt Wittenberg-Eilenburg als Zubringer zur Hauptstrecke Leipzig–Berlin.

Bad S. ist Sitz der Verwaltungsgemeinschaft Elbe-Heiderand im Landkreis Wittenberg. – Bad S. hat Produktions- und Abfüllbetrieb für Aerosole, Fabrikation von Transportmechanik, tonverarbeitende Industrie (Steinzeug), mittelständische und Handwerksbetriebe; aus der ehem. genossenschaftlichen Landwirtschaft gingen die Fleisch- und Milch-GmbH und die Technik-GmbH hervor. – Kuranlagen, Eisenmoorbad zur Behandlung von Störungen im Bewegungsapparat, Frauenleiden, Stoffwechselkrankheiten und Gefäßerkrankungen. – Konzertsaal im Kurhaus.

Geschichtliches: Flämische Einwanderer gründeten Mitte des 12. Jh. den Ort Smedeberg. Erstmals erwähnt 1206, das Stadtrecht läßt sich seit 1350 nachweisen. S. gehörte zu den bedeutendsten St in Kursachsen; 1429 wurde S. durch die Hussiten und 1637 von schwedisch. Truppen schwer zerstört. Im 16. u. 17. Jh. waren Töpferei, Tuchmacherei und Brauerei, die Haupterwerbszweige. Nach dem Wiener Kongreß fiel die St 1815 an Preußen. 1878 Aufbau des Eisenmoorbades, 1895 Eisenbahnanschluß und Zuordnung des Titels „Bad"; seither stetig Ausbau und Modernisierung. – 1945 Aufnahme von rund 2000 Umsiedlern aus dem Osten. – 1978 Beginn neuerlicher umfangreicher Modernisierungsarbeiten in den Badeanlagen.

Sehenswürdigkeiten: Evangelische Stadtkirche (1454), errichtet auf den Resten einer rom. Wehrkirche aus dem 12. Jh. Das Au-Tor (1490), nördl. St-Tor und letztes Bauwerk der ehem. St-Befestigung, wird als Galerie und Heimatstube genutzt; schönes Renaissance-Rathaus (1570), umfangreich 1992 restauriert. Im Gebäudeensemble Bürgerhäuser aus der Renaissance, zum Teil mit restaurierten Portalen, auch das 1905–1908 erbaute Kurhaus (1990–1992 im Originalstil restauriert). – Ehrenmal des Bundes Dt. Radfahrer aus dem 1. Weltkrieg zum Gedenken an die gefallenen Kameraden. – Jährlich wiederkehrend: Frühlingsfest am 2. Wochenende im Mai; Stadtfest letztes Wochenende im September.

Bad Schönborn

□ 24,09 qkm; ○ Karlsruhe; ⚐ Baden-Württemberg; ✉ 76669; ☎ 07253; 🚗 KA; △ 130 m; 👫 8800.

Bad Sch. ist 1972 durch Zusammenschluß der beiden Bädergemeinden Bad Mingolsheim und Bad Langenbrücken unter neuem Namen entstanden. Die Großgemeinde liegt 25 km südlich von Heidelberg am Rande des Kraichgauer Hügellandes an der B 3, B 292 und Autobahn A5 Heidelberg-Karlsruhe-Basel (Ausfahrt Kirrlach/Kronau); Bahnstation (Mingolsheim-Kronau) an der Strecke Heidelberg-Karlsruhe bzw. Stuttgart. Bad Sch. hat Grund- und Hauptschulen, Realschule, Sonderschule für Lernbehinderte; Rheuma-Krankenhaus, Sanatorien; Gardinenweberei, Nudelfabrik, Maschinenbau; das Heilbad besitzt Schwefelquellen und Natrium-Chlorid-Thermen (Heilanzeigen bei Gelenkrheumatismus, Gelenkveränderungen, Gicht, chronischen Erkrankungen der Wirbelkörper an der Knorpel-Knochen-Grenze, Bandscheiben-Schäden, Scheuermann'schen-, Bechterew'schen-, Reiter'schen und Felty-Erkrankungen. Nachbehandlungen von Knochenbrüchen und -verrenkungen, krampfaderbedingten Ekzemen, einfachen Entzündungen der Hauttalgdrüsen).

Der Ortsteil Mingolsheim wird erstmals 773, der Ortsteil Langenbrücken erstmals 1241 urkundlich erwähnt. L. wurde im Dreißigjährigen Krieg (1621) völlig zerstört, M. 1622 nach der Schlacht am Ohrenberg zwischen Tilly und Graf Ernst von Mansfeld gebrandschatzt. – Sehenswert die vom Speyrer Fürstbischof Damian Hugo Schönborn (1676 bis 1743) erbaute barocke Sommerresidenz Schloß Kislau.

Bad Schussenried

□ 55,01 qkm; ○ Biberach a.d. Riß; ⚐ Baden-Württemberg; ✉ 88427; ☎ 07583; 🚗 BC; △ 580–620 m; 👫 7200.

Bad Sch. liegt auf halber Strecke zwischen Ulm und Friedrichshafen, 15 km südwestlich von Biberach; Bahnstation an der Strecke Ulm–Friedrichshafen. Die St hat Progymnasium, Realschule; Hüttenwerke, Textilfabriken, Brauerei; Psychiatrisches Krankenhaus, Rheuma- und Kurparkklinik, Klinik a. Wald, Kreiskrankenhaus.

Funde aus der Älteren Steinzeit (Rentierjäger), mesolithische Siedlungsplätze und Pfahlbauten in der näheren Umgebung lassen auf eine frühe Besiedlung schließen. Der Ort Sch. wird erstmals um 700 n.Chr. erwähnt. 1183 Übernahme der Güter und Burg Sch. durch Prämonstratensermönche, die ein Kloster gründen. 1229 Neubau des Klosters mit Kirche. 1525 Plünderung von Kloster und Flecken durch aufständische Bauern; 1647 Brandschatzung durch schwedische Truppen. 1752–1770 Neubau des Klosters durch Jakob Emele nach Plänen von Dominikus Zimmermann. 1806 fällt Sch. an Württemberg. 1947 Erhebung zur St. 1958 Gründung eines Moor- und Heilbades. 1966 Verleihung der Bezeichnung „Bad". Heilanzeigen: Rheuma, Wirbelsäulenerkrankungen, Frauenleiden.

Bemerkenswert der spätbarocke Bibliothekssaal im ehem. Kloster, die Klosterkirche mit prachtvollem Chorgestühl, die barocke Wallfahrtskirche in Steinhausen und die Pfarrkirche St. Oswald in Otterswang. – Konradin Kreutzer (1780–1849), der bedeutende Chorliederkomponist, besuchte von 1796 bis 1799 die Klosterschule in Sch.

Bad Schwalbach

□ 40,29 qkm; ○ Rheingau-Taunus-Kreis; ⚐ Hessen; ✉ 65307; ☎ 06124; 🚗 RÜD; △ 320 m; 👫 10100.

Das Staatsbad Bad Sch., 17 km nordwestlich von Wiesbaden in einem bewaldeten Seitental der Aar im westlichen Taunus an der B 54, B 260 und B 275 gelegen, hat Kreisverwaltung, Amtsgericht; Integrierte Gesamtschule, Sonderschule für Lernbehinderte.

1352 wird »Langinswalbach« erstmals urkundlich erwähnt. Die heilkräftigen Mineralquellen wurden seit 1569 zu Kurzwecken genutzt. Bad Sch., seit 1818 amtlich St ohne besondere Stadtrechtsverleihung, entwickelte sich nach dem 2. Weltkrieg zum Sozialbad. Neben den Sanatorien der BfA und mehrerer Landesversicherungsanstalten bestehen eine Orthopädische Klinik und ein Rehabilitations-Zentrum (nach Schlaganfällen und Unfällen). Heilanzeigen: Herz- und Kreislauferkrankungen, Rheuma, Frauenleiden.

In Bad Sch. verstarb am 19. 6. 1650 der Kupferstecher Matthäus Merian d.Ä.

Bad Schwartau

□ 18,40 qkm; ○ Ostholstein; ⚐ Schleswig-Holstein; ✉ 23611; ☎ 0451; 🚗 OH; △ 20 m; 👥 19900.

Bad Sch., am gleichnamigen Fluß, an der B 207 und Autobahn A 1 Hamburg-Lübeck (Ausfahrt Bad Schwartau) gelegen, besitzt Realschule, Gymnasium, Sonderschule für Lernbehinderte und eine Außenstelle der Kreisberufsschule; Agnes-Karll-Krankenhaus; Konfitüre- und Zuckerwarenindustrie (Schwartauer Werke).

Urkundlich erstmals 1215 genannt. Erbohrung von Jodsolquellen 1899–1901. Verleihung des Stadtrechts 1912. Wirtschaftlicher Aufschwung nach dem 1. Weltkrieg. Erhebung zum Bad 1913.

Heilanzeigen: Herz- und Gefäßkrankheiten, Erkrankungen der Atemwege, Rheuma, Frauenleiden.

Bad Segeberg

□ 19,11 qkm; ○ Segeberg; ⚐ Schleswig-Holstein; ✉ 23795; ☎ 04551; 🚗 SE; △ 45 m; 👥 15000.

Bad S. liegt 28 km nordwestlich von Lübeck an der Trave und im Schnittpunkt der sich kreuzenden B 205, B 206, B 404 und B 432; Anschluß an die Autobahnen A 1 Hamburg–Lübeck (Ausfahrt Bad Oldesloe) und A 7 (Hamburg–Flensburg (Ausfahrt Bad Bramstedt). Die St hat Kreisverwaltung, Amtsgericht; Realschule, Gymnasien, Sonderschule für Lernbehinderte, Handels- und Höhere Handelsschule, Berufsfachschulen, Fachoberschule, Imker- und Waldarbeitsschule für Schleswig-Holstein, Landwirtschaftsschule; Reha-Zentrum für Herzerkrankungen, Hautambulatorium; Möbelhandel. S. ist Bundeswehrstandort.

1134 von Kaiser Lothar als Burg gegründet. 1244 Verleihung der Stadtrechte. Zerstörung der St 1534 durch die Lübecker. Im Dreißigjährigen Krieg Vernichtung von Burg und Stadtschloß durch die Schweden. 1870 Entdeckung einer salzhaltigen Sole. Gründung eines Sol- und Moorbades 1884. Nach dem 2. Weltkrieg Einstellung des Kurbetriebs; heute Luftkurort (in Vorbereitung als Heilbad mit Heilanzeigen bei Hautkrankheiten, Erkrankungen des Stütz- und Bewegungsapparates, Regulationsstörungen von Organfunktionen, Rekonvaleszenz. – Von kunsthistorischer Bedeutung die romanische Marienkirche (12. Jh.) mit Renaissance-Altar; bemerkenswert der 90 m hohe Kalkberg und die Kalkberg-Höhlen. – Im Freilichttheater von Bad S. finden die Karl-May-Festspiele (Juli/August) statt. Alljährlich Landespferdeschau und Austragung der Deutschen Meisterschaft der Fahrer (seit 1959).

Bad Soden/Taunus

□ 12,47 qkm; ○ Main-Taunus-Kreis; ⚐ Hessen; ✉ 65812; ☎ 06196; 🚗 MTK; △ 135–340 m; 👥 18500.

Bad S. liegt 15 km westlich von Frankfurt a. M. am Südrand des Taunus an der B 8 und A 66 Frankfurt a. M.–Wiesbaden (Ausfahrt Frankfurt-Höchst/Bad S.); S-Bahn-Station nach Frankfurt. Die St hat Grund- und Hauptschule, Gesamtschule, Gymn. Oberstufe; Kreiskrankenhaus; chemisch-pharmazeutische Industrie, Schuhfabrik.

S., 1191 erstmals urkundlich genannt, stand als Freies Reichsdorf im 15. Jh. unter Schutzherrschaft der Freien Reichsstadt Frankfurt, die seit 1435 das Privileg hatte, in S. die Salzquellen zu nützen. 1702 erster Badebetrieb. 1947 Erhebung zur Stadt. Bad S. ist Thermalsole-Heilbad für Erkrankungen der Atemwege, Rheuma, Herz- und Kreislauf- sowie Unfallfolgeschäden. – Alljährlich Stadtfest (August).

Bad Soden-Salmünster

□ 58,61 qkm; ○ Main-Kinzig-Kreis; ⚐ Hessen; ✉ 63628; ☎ 06056; 🚗 HU; △ 163 m; 👥 11300.

Bad S. und Salmünster schlossen sich 1974 im Rahmen der Gebietsreform zusammen. Die St liegt 40 km südwestlich von Fulda im Naturpark Spessart an der B 40 und A 66 Hanau–Fulda (Ausfahrt Bad Soden-S.); Bahnstation an der Strecke Frankfurt a.M.–Fulda. Bad S.-S. hat Grund- und Hauptschulen; Elektro-, metallverarbeitende, Holz- und Kunststoffindustrie. Die St ist Heilbad mit bedeutendem Kur- und Badebetrieb (Kurmittelhaus, Kurkliniken, Sanatorien, Sole-, Thermal-Bewegungs- und Hallenbad u. a.; Heilanzeigen bei Wirbelsäulen-Erkrankungen, Bandscheiben-Erkrankungen, Herz- und Kreislauferkrankungen, arteriellen und venösen Durchblutungsstörungen, Hochdruckleiden, Herzrhythmusstörungen, entzündlich-rheumatischen und degenerativen Erkrankungen der Bewegungsorgane, allg. Erschöpfungszuständen).

Soden, erstmals 1190 urkundlich genannt, und Salmünster, seit 909 im Besitz der Bischöfe von Fulda, entwickelten sich im Schutz der Burg Stolzenberg. Die Burgsiedlung Soden, in der die Sälzer der Siedereien Zuflucht fanden, erhielt 1296 das Stadtrecht. Soden gehörte seit 900 dem Stift Fulda. 1370 kam es als Pfandlehen an die Herren von Hutten und 1540 an das Erzbistum Mainz; Fulda löste die Pfandschaft 1734 wieder ein. Die Blütezeit der St lag zwischen dem 14. und 16. Jh.; der Dreißigjährige Krieg setzte dem Salzhandel ein Ende. 1937 wurde die erste der verschütteten Salzquellen wieder freigelegt; der Ausbau zum Bad begann im letzten Drittel des 19. Jh. – Bemerkenswert die Ruine der Burg Stolzenberg und die Kirche des Franziskanerklosters (1737–43) im Stadtteil Salmünster.

Bad Sooden-Allendorf

□ 73,51 qkm; ○ Werra-Meissner-Kreis; ⚐ Hessen; ✉ 37242; ☎ 05652; 🚗 ESW; △ 160–200 m; 👥 8600.

Bad S.-A. an der Werra ist über die B 27 zu erreichen; D-Zug-Station an der Strecke Göttingen-Bebra. Die St hat Realschule, Gymnasium; Sportinternat; Möbelindustrie.

A. wurde Anfang des 13. Jh. gegründet, die Salzquellen werden schon im 8. Jh. erwähnt. 1929 Zusammenschluß von A, und S. Seit 1881 Entwicklung zum Heilbad. Heilanzeigen: Katarrhe der Atemwege, Asthma, Rheuma, Erschöpfungszustände und Erkrankungen im Kindesalter.

Bad Steben

□ 25,83 qkm; ○ Hof; ⚐ Bayern; ✉ 95138; ☎ 09288; 🚗 HO; △ 600 m; 👥 3700.

Bad St. liegt im Naturpark Frankenwald 32 km westlich von Hof; Anschluß an die Autobahn A 9 München–Berlin (Ausfahrt Berg/Bad Steben); Endstation der Nebenstrecke Hof–Bad St.; Regionalflugplatz Hof-Pirk (30 km). Der Markt hat Forstamt, Staatl. Kurverwaltung; Grund- und Hauptschule; Polstermöbelfabrik (Ortsteil Carlsgrün) und Blusenfabrik (Ortsteil Bobengrün); Landwirtschaft. Bad St. ist Staatsbad (Stahl-, Moor- und Radonheilbad) mit vier Heilquellen; Heilanzeigen bei Herz- und Gefäßerkrankungen, Rheuma, Wirbelsäuleschäden, Frauenleiden.

Erstmals erwähnt wird der heutige Markt mit seinen Ortsteilen Bobengrün, Carlsgrün, Obersteben und Thierbach im Jahre 1374 in einer Urkunde der Nürnberger Burggrafen. Als Grundherren sind bis 1428 die Grafen von Orlamünde bezeugt, deren Stammsitz die Burg im benachbarten Lichtenberg war. Vom 15. Jahrhundert an bestimmten die Ritter von Waldenfels die Geschicke Bad Stebens; sie machten es u. a. zu einem blühenden Bergbauzentrum. Zum Heilbad und Kurort mauserte sich Bad St. 1832, als das Königreich Bayern die Heilquellen übernahm. Die besondere Wirkung dieser Quellen, unter denen sich auch eine der ganz wenigen radioaktiven Radon-Quellen Europas befindet, stellten medizinische Sachverständige bereits unmittelbar nach dem Ende des 30jährigen Krieges fest. Die günstigen Befunde führten damals zur Einrichtung von Trinkkuren. Vom Jahre 1827 an kam dann noch die Anwendung von Moor als natürlichem Heilmittel hinzu.

An Sehenswürdigkeiten hat Bad Steben die alte Wehrkirche ‚St. Walburga' aus dem 15. Jahrhundert mit zahlreichen Fresken und sonstigen Kostbarkeiten (hölzernes Kruzifix aus dem Jahr 1668, Barockaltar, sechsarmiger holzgeschnitzter Lüster im Empirestil), die Lutherkirche, das Humboldthaus (Wohnstätte von Alexander von Humboldt von 1792 bis 1795) sowie den 35 ha großen Kurpark mit Kurhaus, Wandelhalle und Klenzebau aufzuweisen.

Bad Suderode

□ 15 qkm; ○ Quedlinburg; ⚐ Sachsen-Anhalt; ✉ 06507; ☎ Gernrode 045595; 🚗 QLB; △ 240 m; 👥 2000.

Verkehrswege: A 2, A 6, A 7, B 6, B 185; Reichsbahnverbindung Quedlinburg–Aschersleben. Sportflugplatz in Ballenstedt (9 km).

Der Kurort Bad S. ist Europas erste heilklimatische Behandlungsstätte für natürliche Therapie im Calcium-Sole-Bad. Behandelt werden Herz-Kreislauf-Störungen, berufsbedingte Beeinträchtigungen der Atemwege, Gelenk- und Knochenerkrankungen. Die Patientenlisten verzeichnen Kurgäste aus vielen europäischen und einigen überseeischen Ländern. Die Calcium-Sole wird für Wannenbäder, zerstäubt zur Inhalation und bei Trinkkuren gleichermaßen angewendet. Weitere Kurmittel: Bewegungs- und Elektrotherapie, Kneippanwendungen, Atemgymnastik, Massagen, Ultraschall und Sauna. – Neben der altberühmten Calcium-Sole-Quelle aus dem Jahre 1480 verfügt Bad S. über eine leistungsstarke Mineralquelle, deren erstklassiges Wasser – in Flaschen abgefüllt – weitverbreiteten Zuspruch findet.

Sehenswürdigkeiten: Heimatstube, Preußenturm, Schloß Quedlinburg; Selketalbahn, Stiftstheater Gernrode, Burgtheater Thale. – Am Nordosthang des Harzes in einem Talkessel eingebettet, von bewaldeten Höhenzügen umgeben und nach Norden abgeschirmt – diese Lage schützt Bad S. vor rauhen Luftströmungen. Daher bieten sich Wanderungen, Kremserfahrten und Rundreisen auf den zahlreichen Wanderwegen und Ausflugstouren an. Beliebte Ziele sind das romantisch-wilde Bodetal, der Hexentanzplatz und die Roßtrappe, die Rübeländer Tropfsteinhöhlen, Theater und St Quedlinburg, die Stiftskirche Gernrode und Burg Falkenstein. Südlich von Bad S. befinden sich ausgedehnte Waldgebiete mit Freibädern, Campingplätzen und vielen Aussichtspunkten.

Bad Sülze

○ Kreisfr. St; ⚐ Mecklenburg-Vorpommern; ✉ 18334; ☎ 038229; 🚗 RDG; △ 5 m; 👥 2800.

Bad S. ist zu erreichen auf der A 19/E 65, Ausfahrt Rostock-Süd; auf der B 110 bis Sanitz, weiter in Richtung Grimmen; Eisenbahnverbindung: Strecke Rostock–Stralsund bis Ribnitz-Dammgarten (West), weiter mit direkter Buslinienverbindung (ca. 20 km). Charterflüge ab Flugplatz Barth (ca. 30 km).

Bildungseinrichtungen: Grundschule, Realschule; St-Bibliothek.

Wirtschaftliches: Bau- und Beton GmbH; Kieswerk GmbH; Schlachterei, Wurst- und Fleischwarenverarbeitung; LBB Landbau GmbH; Vertrieb von Melk- und Milchkühlanlagen; Bad Sülzer Landwirtschafts-GmbH.

Geschichtliches: Das älteste Sole- und Moorbad Nord-Dtlds. wurde 1262 erstmals urkundlich erwähnt. Es verdankt die Entstehung und seinen Namen den vor der St in den Recknitzwiesen gelegenen Solequellen. Über Jh. wurden sie mit Hilfe großer Siedepfannen und Gradierwerke für die Salzgewinnung ausgebeutet. Zur Gründung einer Badeeinrichtung kam es 1822. Die Sole nutzte man sofort für medizinische Behandlungen, ab 1901 wurde auch das Moor angewendet. Auf diese Weise konnten die unterschiedlichsten Krankheiten nachhaltig geheilt werden. Die S.er Sole mit 5,7% Salzgehalt gehört zu den heilkräftigsten Solequellen in Dtdl. Durch den Bau mehrerer neuer Brunnen erreichte die max. Fördermenge 36 Kubikmeter Sole pro Stunde. – Die Moorerde in Bad S. zeigt eine besonders lokkere Zusammensetzung, frei von Sand, Steinen und gröberen Holzteilen. Sie wird in unmittelbarer Nähe des Sanatoriums abgebaut und mittels einer historischen Lorenbahn befördert. Innerhalb des Schutzgebietes für natürliche Heilmittel liegen Torfvorräte, die einen Kurbetrieb bis weit über das Jahr 2000 hinaus garantieren – selbst wenn der Bedarf erheblich steigen sollte.

Bad S. ist eine von Handwerk und Gewerbe geprägte St. Zu erwähnen sind auch die gepflegten gastronomischen Einrichtungen mit ihren bodenständigen Angeboten.

Freizeitgestaltung: Eine eiszeitlich geprägte Landschaft bietet dem naturverbundenen Besucher vielfältige Möglichkeiten zur aktiven Entspannung. Die Region um Bad S. zeichnet sich durch eine Flora von erstaunlicher Mannigfaltigkeit aus. Das Hochmoor ist Biotop für viele selten gewordene Vogelarten; das Grenztalmoor stellt eine „Schule im Grünen“ dar; ebenfalls sehenswert: das Landschaftsschutzgebiet, der 13 ha große Kurpark und der Borgsee.

Wiederkehrende Veranstaltungen: Im Kurpark mit seinem alten Baumbestand, Ziergehölzen, ausgedehnten Rhododendronhainen und Blumenrabatten werden alljährlich im Mai das Frühlingsfest und Anfang September das Dahlienfest begangen.

Bad Sulza

□ 23,7 qkm; ○ Apolda; ⚐ Thüringen; ✉ 99518; ☎ 036461; 🚗 APD; △ 150 m; 👥 3700.

Verkehrswege: E 40, Abfahrt Apolda; E 51, Abfahrt Naumburg oder Hermsdorf; B 87. Bahnstation an der Hauptstrecke Berlin–Frankfurt/M. Nächster Flughafen ist Erfurt (50 km).

Bad S. liegt in einem Talkessel an der Ilm, im Landschaftsschutzgebiet der „Unteren Ilmaue“, zwischen den Städten Weimar, Naumburg und Jena. S. wurde von 881 bis 889 urkundlich erstmals erwähnt. Um 1064 erhielt der Ort Marktrecht und entwickelte sich allmählich zur St; Kurort seit 1847. Der alte Salzsiedeort, bestehend aus St und Dorf S., wurde 1907 zu Bad S. vereinigt. Die Quellen des Heil- und Solebades bieten vielfältige Anwendungsmöglichkeiten; obenan stehen Behandlungen bei Erkrankungen der Atemwege und der Haut. – Die letzte Pfannensiederei des mehr als 1000 Jahre bestehenden Gewerkes wurde 1966 geschlossen.

Sehenswürdigkeiten: Salinemuseum zur Geschichte der Saline und der Salzgewinnung; Salinen-Anlage, alte Salzsiederei mit Planpfanne; zweigeschossiges Solereservoire (einmalig in Europa); Solebohrtürme, Wasserräder, Handgöpel und Gradierwerk; historischer Kurpark (um 1900); Rathaus (1727), St-Kirche St. Mauritius (1716). – Periodisch wiederkehrend: Salz- und Quellenfest am 1. Wochenende im Juli.

Bad Teinach-Zavelstein

□ 25,18 qkm; ○ Calw; ⚐ Baden-Württemberg; ✉ 75385; ☎ 07053; 🚗 CW; △ 391 bis 500 m; 👪 2500.

Bad T.-Z., Heilbad 12 km südwestlich von Calw im tiefeingeschnittenen Teinachtal des nördlichen Schwarzwaldes, ist über die B 463 zu erreichen. Die St hat Grundschule, Sonderschule für geistig behinderte Kinder; Mineralwasserfabrik und -versand (Überkingen-Teinach-Ditzenbach AG); Fremdenverkehr. Heilanzeigen bei Herz-, Kreislauf-, Nieren- und Blasenleiden.

T., erstmals 1345 urkundlich erwähnt, ist seit dem 17. Jh. als Bad der württembergischen Herzöge bekannt. Unter der Regierung Herzog Eberhard Ludwigs (seit 1731) nahm das Bad einen großen Aufschwung. – Zavelstein entwikkelte sich im Schutz der gleichnamigen Vogtsburg, die um 1200 von den Grafen von Calw erbaut wurde. 1367, unter württembergischer Herrschaft, erhielt die Siedlung das Stadtrecht. Die zum Schloß ausgebaute Burg zerstörte Melac 1692 (Bergfried erhalten). – Sehenswert die Dreifaltigkeitskirche in Bad T. und die Kirche St. Candidus (11./12. Jh.) mit Wandmalereien aus dem 14./15. Jh. im Stadtteil Kentheim. – Alljährlich Ende März bis Mitte April Krokusblüte in Z.

Bad Tölz

□ 30,75 qkm; ○ Bad Tölz-Wolfratshausen; ⚐ Bayern; ✉ 83646; ☎ 08041; 🚗 TÖL; △ 659–1250 m; 👪 14 500.

Bad T., Jodbad und heilklimatischer Kurort 50 km südlich von München im Alpenvorland im oberen Isartal, ist über die B 13 und B 472 zu erreichen; Bahnstation an der Strecke München–Lenggries. Die St hat Kreisbehörden, Arbeitsamt, Finanzamt, Forstamt u. a.; Realschule, Gymnasium, Sonderschule, Fachoberschule, Berufsschule mit Berufsaufbauschule (landwirtschaftl. Abteilung), Landerziehungsheim; Holzindustrie; Fremdenverkehr (Kurbetrieb).

»Tolenz« wird erstmals 1160 urkundlich genannt. Unter Henricus de Tölz wird zwischen 1180–1230 eine zerfallene frühere Burg wiederaufgebaut. Flößerei, Holz-, Wein- und Venedigerhandel bildeten für die Bewohner im MA die Grundlagen ihres Wohlstandes. Die Marktrechte wurden T. bereits 1281 verliehen. Das Braugewerbe begann im 16. Jh. zu florieren. 1705 war T. Mittelpunkt des Aufstandes der Oberlandbauern gegen die Österreicher. 1846 wurden die Heilquellen (Krankenheilerquellen) entdeckt. 1906 erhielt T. das Stadtrecht. 1954 wurde der Kurbetrieb (Staatl. Versorgungskrankenhaus) wieder aufgenommen. Heilanzeigen: Herz- und Kreislauferkrankungen, Gelenkerkrankungen, Frauenkrankheiten, Asthma Bronchiale, Nerven- und Augenkrankheiten, Wirbelsäulenschäden. – Sehenswert die T. Marktstraße (Baubestand aus dem 15. bis 18. Jh.), das Alte Rathaus und die Franziskanerkirche (1733–35). – Seit 1856 findet jeweils am 6. November die T. Leonhardi-Wallfahrt zur Leonhardskapelle auf dem Kalvarienberg statt.

Bad Urach (Württ.)

□ 55,47 qkm; ○ Reutlingen; ⚐ Baden-Württemberg; ✉ 72574; ☎ 07125; 🚗 RT; △ 464–720 m; 👪 11 500.

Bad U., Luftkurort, Thermalbad, wirtschaftlicher und kultureller Mittelpunkt am Fuß der Schwäbischen Alb im Ermstal 50 km südöstlich von Stuttgart, ist über die B 28 und B 465 zu erreichen. Die St hat Forstamt, Kreiskrankenhaus; Gymnasium, Realschule, ev.-theol. Seminar, Berufsschulen; Textil- und Holzwarenindustrie, Pumpenfabrik, Maschinen- und Apparatebau, Fabrik für Feuerwehr- und Löschgeräte, Kunststoff- und Nahrungsmittelindustrie (Fleisch- und Wurstwaren), Brauereien; das 1970 erbohrte, 60° heiße Thermalwasser ist zur Behandlung von Herz- und Kreislaufbeschwerden, Bewegungsleiden, Rheuma und zur Nachbehandlung von Unfallfolgen und Lähmungen geeignet; seit 1983 ist Bad U. anerkanntes Heilbad.

Um 1050 errichteten die Gaugrafen von U. auf dem ‚Hohen-Urach' als Stammsitz eine Burg. Die in ihrem Schutz entstandene Siedlung erhielt vor 1188 das Marktrecht. Burg und Markt kamen um 1260/65 an Württemberg.

Bad Urach, Marktplatz mit Rathaus

1316 erste urkundliche Erwähnung als St. Nach der württembergischen Landesteilung von 1442 wurde U. Residenz der südlichen Landeshälfte. Große bauliche und wirtschaftliche Entwicklung unter der Herrschaft des Grafen Eberhard im Bart (1445–1496). 1482 Wiedervereinigung des Landes; U. verlor seine politische Bedeutung als Regierungssitz, blieb aber weiterhin in der Gunst der Landesherrn. 1477 Einrichtung der ersten schwäbischen Papiermühle, 1480 der ersten Druckerei in U. Von 1601 bis 1650 war die St Mittelpunkt der Kaufmannszunft in Württemberg. Von größeren Zerstörungen blieb U. im Dreißigjährigen Krieg trotz Besetzung durch Schweden und Kaiserliche verschont. Nach 1828 Erweiterung der St über den ma. Mauerring hinaus. 1838 Beginn der Industrialisierung mit der Gründung einer mechanischen Flachsspinnerei.

Sehenswürdigkeiten der malerischen Altstadt sind die Fachwerkhäuser aus dem 15. und 16. Jh., die spätgotische Amanduskirche (1475–99), das ehem. Residenzschloß (1443 beg., Geburtsstätte des Grafen Eberhard im Bart und des Herzogs Christoph) mit Zweigmuseum des Württ. Landesmuseums, das Rathaus (1562) am Marktplatz mit Marktbrunnen (1495–1500) und die Reste der ma. Stadtbefestigung (Runder Turm, Ulrichsturm); die Burg Hohenurach ist seit 1765 Ruine. 3 km südwestlich von U. liegt der Uracher Wasserfall. – Alljährlich U. Residenzschloßkonzerte (Mai bis September); in den Jahren mit ungeraden Zahlen U. Schäferlauf (Ende Juli), größtes Volksfest der Schwäbischen Alb seit 1724.

Bad Vilbel

□ 25,65 qkm; ○ Wetteraukreis; ⚐ Hessen; ✉ 61118; ☎ 06101; 🚗 FB; △ 109–195 m; 👥 24300.

Bad V., 10 km nordöstlich von Frankfurt a. M. an der Nidda und B 3 gelegen, hat Realschulen, Gymnasien, Sonderschule für Lernbehinderte. Hauptwirtschaftszweig ist die Mineralwasser-Getränkeindustrie (22 Mineralbrunnen). Bad V. ist Heilbad mit Heilanzeigen bei Herz- und Kreislauferkrankungen, Rheuma.

Als Siedlung ist V. erstmals 774 urkundlich bezeugt. Mitte des 16. Jh. Erwähnung eines Sauerbrunnens, der seit 1559 zu Trinkkuren benutzt wurde. 1664 Verleihung der Stadtrechte. V. war seit 1255 zwischen Falkenstein und Hanau aufgeteilt (1860 wiedervereinigt); 1820 erhielt es das Marktrecht. Erbohrung der Heilquelle im Jahre 1900.

Sehenswert das Rathaus (17. Jh.) und die ma. Wasserburg mit dem Brunnen- und Heimatmuseum.

Bad Waldsee

□ 116,27 qkm; ○ Ravensburg; ⚐ Baden-Württemberg; ✉ 88339; ☎ 07524; 🚗 RV; △ 493–583 m; 👥 15800.

Bad W., Moorheilbad, Kneippkurort und Luftkurort in Oberschwaben an der B 30, und Endstation der Stichbahn Aulendorf-Bad W.; hat Amtsgericht, Finanzamt, Forstamt, Vermessungsamt; Realschule, Gymnasium, Sonderschule für Lernbehinderte, Schwäbische Bauernschule, Fachschule für Landwirtschaft; mittlere Industrie- und Gewerbebetriebe (Wohnwagenbau, Bautechnik, Spezialversandhaus für Babyausstattung), bedeutenden Fremdenverkehr.

Erhalten ist der alte Stadtkern zwischen dem Schloß- und Stadtsee mit dem gotischen Rathaus (1426), dem Kornhaus (15. Jh.), dem Spital zum hl. Geist (15.–20. Jh.), Resten der Stadtbefestigung, spätma. Fachwerk- und barocken Bürgerhäusern. W., das 1298 das Stadtrecht erhielt, war von 1331 bis 1806 in österreichischem Besitz; danach kam es an Württemberg. Die St besitzt zwei bedeutende Baudenkmäler der Barockzeit: das Schloß der Fürsten von Waldburg-Wolfegg-W. (1550;

1748 Umbau) und die Pfarrkirche St. Peter (1479; Umbau 1765/68) mit prächtigem Hochaltar (Dominikus Zimmermann zugeschrieben) und spätgotischem Grabmal des Truchsessen Georg I. von Waldburg (gest. 1467).

Die Heilkräfte des W. Moores wurden schon im 17. Jh. genutzt. 1950 wurde das erste Moorbad eröffnet. 1956 Verleihung des Titels „Bad"; 1963 Eröffnung eines Kurzentrums (Moor- und Kneipptherapie). Heilanzeigen bei Rheuma, Ischias, Bandscheibenschäden, Frauenkrankheiten.

Überregional bekannt die W. „Fasnet" mit schwäbisch-alemannischer Maskentradition sowie das Altstadt- und Seenachtsfest.

Bad Wiessee

□ 32,79 qkm; ○ Miesbach; ⚐ Bayern; ✉ 83707; ☎ 08022; 🚗 MB; △ 735 m; 🚶 5000.

Bad W., im Alpenvorland am Tegernsee gelegen, ist über die B 318 zu erreichen; Anschluß an die A 8 München–Salzburg (Ausfahrten Holzkirchen und Irschenberg); Endstation der T.-Bahn AG. Die Gm hat Volksschule und Hotelfachschule; Spielcasino. Bad. W. ist Heilbad mit starker Jod-Schwefelquelle. Heilanzeigen bei Herz- und Kreislaufstörungen, Rheuma, Krankheiten der Atemwege und Augen.

Sehenswert: Kurpark mit Seepromenade.

Bad Wildungen

□ 120,07 qkm; ○ Waldeck-Frankenberg; ⚐ Hessen; ✉ 34537; ☎ 05621; 🚗 KB; △ 272 m; 🚶 15800.

Bad W. liegt am Schnittpunkt der B 253 und der B 485 42 km südwestlich von Kassel. Die St, Sitz eines Amtsgerichts, hat Realschule, Gymnasium, Berufs- und Berufsfachschule Waldeck-Süd, Volkshochschule, Holzfachschule e.V. Bad Wildungen; kunststoffverarbeitende Industrie, Fahrradfabriken, Herstellung und Verarbeitung von Folien.

Ein Dorf W. ist bereits um 800 n.Chr. nachweisbar. Stadtgründung 1242 durch den letzten thüringischen Landgrafen. Verwüstung der St im Dreißigjährigen Krieg (Schanzen aus der Zeit noch vorhanden). Blütezeit von Handel und Gewerbe im 16. und 17. Jh. (Fachwerkhäuser). Seit dem ausgehenden 19. Jh. Entwicklung zum Heilbad von Weltgeltung. Heilwasserversand in das In- und Ausland (2,5 Millionen Flaschen jährlich). Heilanzeigen: Nieren- und Blasenleiden, Stein- und Grießbildung, Stoffwechselerkrankungen, Herz- und Kreislaufschäden.

Ein bedeutendes Kunstwerk ist das Altargemälde des westfälischen Meisters Konrad von Soest (1404) in der Evangelischen Stadtkirche. Heimatmuseum mit überregional bekannter Eiszeitabteilung; Asien-Institut mit Asien-Museum und Asien-Bücherei (8000 Bände).

Bad Wimpfen

□ 19,38 qkm; ○ Heilbronn; ⚐ Baden-Württemberg; ✉ 74206; ☎ 07063; 🚗 HN; △ 190–210 m; 🚶 6000.

Bad W. liegt 15 km nordwestlich von Heilbronn in der Nähe der Mündung der Jagst in den Neckar. Zufahrt über die B 27; Anschluß an die Autobahn A 6 Heilbronn–Mannheim (Ausfahrten Heilbronn/Obereisesheim und Bad Rappenau); Bahnstation an der Strecke Stuttgart–Heilbronn–Heidelberg. W. hat Grund- und Hauptschulen, Gymnasium; Chemische und Bekleidungsindustrie. Die St ist Heilbad (Heilanzeigen bei Erkrankungen der Atemwege [Asthma, Bronchitis], Erkrankungen des rheumatischen Formenkreises und des Herz-Kreislaufs) mit lebhaftem Fremdenverkehr.

Der ältere Stadtteil, W. im Tal, war ursprünglich eine keltische Fliehburg, in der Römerzeit zunächst Kastell und nach Vorverlegung des Limes römische St; der jüngere, W. am Berg, erlangte unter den Hohenstaufen im 12. und 13. Jh. als Kaiserpfalz große Bedeutung. Im 14. Jh. wurde W. Freie Reichsstadt (bis 1802). – Der ma. Stadtkern ist zum großen Teil erhalten. Sehenswert: Reste der Stadtmauer (14./15. Jh.); Fachwerkbürgerhäuser (16. bis 18. Jh.); ehemalige Kaiserpfalz (12. Jh.) mit Resten des Palas, Pfalzkapelle (um 1200) mit Museum; Tor, Steinhaus (jetzt Heimatmuseum), Rotem und Blauem Turm; Stadtkirche (um 1300–1519) mit schöner Ausstattung (u.a. Kreuzigungsgruppe [1515] von Hans Backoffen); Dominikanerkloster mit Kirche (Anfang 14. Jh., barockisiert im 18. Jh.); Wormser Hof (13. Jh.); Puppen-, Sammler- und Glückschwein-Museum. Die Ritterstiftskirche St. Peter (965/1274) in W. im Tal gehört zu den schönsten gotischen Kirchen Deutschlands.

Bad W. besitzt eine alte Markttradition (Zunftmarkt [ehem. Hafenmarkt seit 1371]; Talmarkt [seit 965]; Altdeutscher Weihnachtsmarkt [ehem. Katharinenmarkt seit 1487]).

Bad Windsheim

□ 78,35 qkm; ○ Neustadt a.d. Aisch-Bad Windsheim; ⚐ Bayern; ✉ 91438; ☎ 09841; 🚗 NEA; △ 314 m; 👥 11200.

Das Heilbad Bad W. liegt im Aischtal 55 km westlich von Nürnberg an der B 470. Verkehrslandeplatz in Bad W.-Wiebelsheim. Bad W. hat Landpolizei-Großraumstation; Gymnasium, Wirtschaftsschule, Kreisberufsschule; Kreiskrankenhaus; Landmaschinen- und Textilindustrie, Mineralwasserversand (Kilianiquelle).

W. ist seit 743 geschichtlich nachweisbar. 1295 Erhebung zur Reichsstadt (bis 1803); 1730 Zerstörung des Stadtkerns durch ein Großfeuer. 1810 Anschluß an das Königreich Bayern. 1905 Erbohrung der Heilquellen; 1949 Aufnahme des Badebetriebes. 1961 Erhebung zum Bad. Heilanzeigen: Rheuma, Magen-, Darm-, Leber- und Gallenleiden, Frauenleiden.

Bad W. besitzt eine Reihe bedeutender historischer Bauten: St. Kilianskirche (12./13. Jh.); Spitalkirche (14. Jh.) mit Bildwerken und Grabmälern; Rathaus (18. Jh.); Fachwerkhäuser und Profanbauten (Ochsenhof 1534, Stadtschreiberhaus 1570). Im Chor des ehem. Augustinerklosters (13. Jh.) ist die 6000 Bände umfassende Bibliothek mit wertvollen Handschriften und Inkunabeln untergebracht. Den Brand von 1730 überstand der bis 1950 verschollene Zwölfbotenaltar von Tilman Riemenschneider (Original im Kurpfälzischen Museum Heidelberg). Sehenswert das Fränkische Freilandmuseum. – W. ist Geburtsort des Naturforschers Georg Wilhelm Steller (1709–1746).

Bad Wörishofen

□ 57,78 qkm; ○ Unterallgäu; ⚐ Bayern; ✉ 86825; ☎ 08247; 🚗 MN; △ 630 m; 👥 13600.

Bad W., 50 km südwestlich von Augsburg gelegen, ist über die B 16 und B 18 zu erreichen. D-Zug-Station für W. ist Buchloe (15 km) an der Strecke München–Lindau–Zürich. Die St (seit 1949), Sitz des Kneipp-Bundes, der Ärztl. Gesellschaft für Physiotherapie und des Sebastian-Kneipp-Forschungsinstitutes, hat Berufsschule, Wirtschaftsschule, Hotelfachschule, Sebastian-Kneipp-Schule (Bademeister- und Massageschule), Schule der Kneippschen Kinderheilstätte. W. besitzt eine Kurklinik für innere Krankheiten (LVA Schwaben), ein Kneippianum, Sebastianeum, eine Kinderheilstätte und zahlreiche Sanatorien, Kurhotels, Kurpensionen, Kur- und Gästeheime (7000 Betten), Sportanlagen. – Historische Kneippstätten (Kneipp-Museum). – Schmuckwaren- und Süßwarenindustrie (Marzipan Schwermer).

W. wird erstmals 1067 urkundlich erwähnt. 1855 kam Sebastian Kneipp (1821–1897) als Beichtvater des Dominikanerinnenklosters (Kirche erbaut vom Barockmeister Dominikus Zimmermann, 1685–1766) nach W., entwikkelte hier die nach ihm benannte Therapie und schuf zwischen 1889 und 1897 die Grundlage für das weltbekannte Heilbad. Heilanzeigen: Vorbeugung, Behandlung und Nachbehandlung von Herz- und Gefäßerkrankungen, nervöse und seelische Störungen, Verhütung und Überwindung von organischen und funktionellen Störungen der Verdauungsorgane, unterstützende Behandlung von Stoffwechselleiden. Regenerations- und Vorsorgekuren bei Erkältungsanfälligkeit, vorzeitigen Verbrauchtheits- und Alterungserscheinungen.

Bad Wurzach

□ 182,26 qkm; ○ Ravensburg; ⚐ Baden-Württemberg; ✉ 88410; ☎ 07564; 🚗 RV; △ 700 m; 👥 12200.

Bad W., 22 km nordöstlich von Ravensburg im Wurzacher Ried in Oberschwaben gelegen, ist über die B 465 zu erreichen. Die St ist Moorheilbad (Heilanzeigen bei Rheuma und Frauenleiden). Bad W. hat Rheuma-Klinik, Sanatorium Maria Rosengarten, Mütterkurheim; Hauswirtschaftsschule, Handelsschule für Mädchen (mit Internat), Sonderschule für Lernbehinderte; Glas- und Plastikindustrie, Sägewerke, Ziegelei, Werk zur Herstellung von Bauelementen, Großwebereien.

„Wrzvn", erstmals 1273 urkundlich erwähnt, war seit Anfang des 14. Jh. im Besitz der Herren von Waldburg. Kaiser Ludwig der Bayer verlieh W. 1333 das Stadtrecht und bestätigte bereits bestehende Rechte. Die St kam über mehrere Seitenlinien des Hauses Waldburg 1675 an das Haus Waldburg-Zeil-Wurzach, das in W. bis 1903 residierte. 1810 war die Landeshoheit an Württemberg gefallen. – Sehenswert: Schloß (älteste Teile 17. Jh., Neubau 1723–28) mit berühmtem Treppenhaus, Spital (Ende 15. Jh.), Franziskanerkloster (1763), Stadtpfarrkirche (1776) und Wallfahrtskirche

Bad Zwischenahn
Zwischenahner Meer

auf dem Gottesberg (1713) mit einer Heiligblutreliquie.

Bad Zwischenahn

☐ 129,73 qkm; ○ Ammerland; ⚐ Niedersachsen; ✉ 26160; ☎ 04403; 🚗 WST; △ 10,5 m; 👫 23300.

Z., 17 km nordwestlich von Oldenburg am Zwischenahner Meer (526 ha) gelegen, ist über die B 15 und Autobahn A28/A31 Oldenburg-Emden (Ausfahrt Zwischenahner Meer bzw. Neuenkruge) zu erreichen. Z. ist anerkanntes Heilbad. Heilanzeigen bei Rheuma (Rheuma-Sanatorium), Kreislauferkrankungen, Frauenleiden, Erschöpfungszuständen. Die Gm hat Mittelpunktschulen, Gymnasium, Sonderschule für Lernbehinderte, Lehrerfortbildungsheim, Kreisberufsschule, landwirtschaftliche Berufsschule (mit hauswirtschaftl. Abteilung), kath. Bildungsstätte, Volkshochschule; Wurst- und Fleischwarenindustrie, Aalräuchereien, Maschinenbau, Bekleidungsfabriken.

Die großen Moorvorkommen bei Z. werden seit 1957 zu Heilzwecken genutzt; 1964 Anerkennung als Heilbad. – Die St. Johanneskirche (mit Flügelaltar aus dem 17. Jh.) stammt aus dem 12./13. Jh.; 1469 wurde der alleinstehende Glockenturm errichtet. – Veranstaltungen: Internationales Grasbahnrennen, Segelregatten, Volksmarsch.

Baesweiler

☐ 27,82 qkm; ○ Aachen; ⚐ Nordrhein-Westfalen; ✉ 52499; ☎ 02401; 🚗 AC; △ 150 m; 👫 23700.

B., 16 km nordöstlich von Aachen in der Jülicher Börde gelegen, ist über die B 56 und 57 zu erreichen; Anschluß an die Autobahn A44 Aachen-Mönchengladbach (Ausfahrten Aldenhoven und Alsdorf-Höngen). Die St hat Realschule, Gymnasium, kaufmännische und hauswirtschaftliche Berufsschule, Handels- und Höhere Handelsschule, Volkshochschule, Sonderschule für Lernbehinderte, Rehabilitationszentrum für geistig und körperlich behinderte Kinder. Industrie: Steinkohlenbergbau, Ringofenwerke, Möbel- und Textilindustrie.

B. entstand 1972 aus den ehemaligen selbständigen Gemeinden Baesweiler, Oidtweiler, Puffendorf und Setterich als neue Großgemeinde, der 1975 das Stadtrecht verliehen wurde.

Baiersbronn

☐ 189,70 qkm; ○ Freudenstadt; ⚐ Baden-Württemberg; ✉ 72270; ☎ 07442; 🚗 FDS; △ 550–1150 m; 👫 14400.

B. ist die höchstgelegene und, was die Gemeindefläche betrifft, größte Landgemeinde Baden-Württembergs. Die Gm liegt im Murgtal im nördlichen Schwarzwald an der B 462; Bahnstation an der Strecke Rastatt-Freudenstadt. B. hat Realschule und Progymnasium, Jugendmusikschule; Holzindustrie und Skifabriken. Schwarzwaldsanatorium B./Obertal (Frischzellentherapie); Fremdenverkehr (Wintersportplatz).

B. wird erstmals 1292 urkundlich erwähnt, 1320 kam der Ort an Württemberg. 1595 Fehde mit dem Kloster Reichenbach; 1758 Errichtung einer Glashütte im Ortsteil Buhlbach. 1791 zerstörte ein Großfeuer den Flecken bis auf zwei Häuser. 1800 vernichtete ein Waldbrand 8000 Morgen des Gemeindewaldes, was für die Gm einen schweren wirtschaftlichen Rückschlag bedeutete. Seit Ende des 19. Jh. entwickelte sich die Gm zu einem Zentrum des Wintersports.

B. ist dank seiner staubfreien, ozonhaltigen Luft ein bevorzugter Luftkurort. Heilanzeigen bei Erkrankungen der Atmungsorgane, nervösen Kreislaufstörungen, Blutarmut, Erschöpfungszuständen und Rekonvaleszenten.

Balingen

□ 90,34 qkm; ○ Zollernalbkreis; ⚐ Baden-Württemberg; ✉ 72336; ☎ 07433; 🚗 BL; △ 517 m; 👥 31 000.

B., am Westrand der Schwäbischen Alb gelegen, ist über die B 27 und B 463 zu erreichen. B. hat Kreisverwaltung, Amtsgericht; Realschule, Haushaltungsschule, Frauenarbeitsschule, gewerbliche Berufs- und gewerblich-technische Berufsfachschule, Berufsfachschule, Techn. Gymnasium, Techniker-Tagesschule für Maschinenbau, kaufm. Berufsschule, Wirtschaftsschule, Abend-Realschule, Sonderschule für Lernbehinderte; Kreiskrankenhaus. Industrie: Waagenfabrik (Bizerba-Werke), Herstellung von Kompressoren, Elektromotoren, Büromaschinen, Textil- und Möbelfabriken.

„Balgingen" wird erstmals 863 urkundlich erwähnt. Begründer und Herren des Ortes waren die Grafen von Zollern und die Herren von Schalksburg. 1255 erhielt B. die Stadtrechte. 1403 wurde die zollerische Herrschaft Schalksburg mit B. an Württemberg verkauft, das die St als Grenzfestung ausbaute. Nach dem Großbrand von 1809 wurde B. in seiner heutigen Anlage errichtet. Der Zerstörung entgingen das Zollernschloß (1936 in ursprünglicher Form neu erbaut, jetzt Heimatmuseum), die spätgotische Stadtkirche und das Altstadtviertel am Mühlkanal („Klein-Venedig"). – B.-Erzingen ist Geburtsort des Renaissance-Dichters und Humanisten Nikodemus Frischlin (1547–1590).

Balve

□ 74,75 qkm; ○ Märkischer Kreis; ⚐ Nordrhein-Westfalen; ✉ 58802; ☎ 02375; 🚗 MK; △ 242–511 m; 👥 11 600.

B., im Hönnetal (Sauerland) am Westrande des Naturparkes Homert gelegen, ist über die B 229 und B 515 zu erreichen. Die St hat Grundschulen, Ganztagshauptschule, Realschule, Sonderschule für Lernbehinderte, Volkshochschule; kleinere und mittlere Industrie- und Gewerbebetriebe (Kalksteinbrüche, chemische Industrie).

B., erstmals 864 bezeugt, erhielt 1430 das Stadtrecht. – Sehenswert die romanische St. Blasiuskirche, Reste der ma. Stadtbefestigung aus dem 15. Jh., die Luisenhütte (älteste Hochofenanlage Deutschlands) und die einen km nördlich der St gelegene Balver Höhle.

Alljährlich finden in der Balver Höhle ein Sinfoniekonzert und ein dreitägiges Jazz-Festival statt (Juni).

Bamberg

□ 54,73 qkm; ○ Kreisfreie Stadt; ⚐ Bayern; ✉ 96047*; ☎ 0951; 🚗 BA; △ 240–386 m; 👥 69 100.

B., größte Stadt des Regierungsbezirks Oberfranken, liegt in einem weiten Talkessel an der Regnitz, die wenige Kilometer nordwestlich der St in den Main mündet. B. ist Sitz eines Erzbistums, zahlreicher Behörden, Bildungs- und kultureller Einrichtungen. Die St hat Oberlandesgericht, Landgericht, Amtsgericht, Arbeitsgericht, Kreisbehörden; Gesamthochschule, Gymnasien, Fachakademien, Fachoberschule, Realschulen, Wirtschaftsschule, Berufsaufbauschule, Fachschulen, Berufsfachschulen, Berufsschulen, Sonderschulen und weitere Bildungseinrichtungen.

Bamberg, Altes Rathaus

B. ist Verkehrsknotenpunkt an der B 4, B 22, B 173 und Autobahn A 73 Nürnberg-Bamberg (Ausfahrt B.); D-Zug-Station der Bundesbahnstrecken Nürnberg-Hof-Berlin und Bamberg-Würzburg. Die St verfügt über einen Binnenhafen und Verkehrslandeplatz. Leistungsfähiges

Handwerk, ausgedehnter Handel und namhafte Industriebetriebe kennzeichnen das Wirtschaftsleben: Textil-, Schuh-, Lederwaren-, Maschinen-, Nahrungsmittel-, Klavier-, chemische, optische und Elektro-Industrie (Bosch Zündkerzenwerk), Meßwandler-Bau, Brauereien, Mälzereien, Gemüseanbau, Blumenzucht.

Bodenfunde aus der Jüngeren Steinzeit lassen auf eine frühe Besiedlung der Bamberger Stadtlandschaft schließen. Der Altenburg als ältester Siedlungsstätte trat im 1. Jahrtausend n. Chr. die ‚Neue Burg' (Domberg) gegenüber, um und unter der sich die eigentliche St ausbreitete. Urkundlich wird B. („castrum Babenberg") erstmals 902 erwähnt. 973 fiel die Burg durch Schenkung Kaiser Ottos II. dem Bayernherzog Heinrich dem Zänker zu, dessen Sohn, Kaiser Heinrich II., 1007 das Bistum B. gründete. Die Domschule war in salischer Zeit ein Bildungszentrum des höchsten Reichsklerus.

Bansin

○ Wolgast; ⚐ Mecklenburg-Vorpommern; ✉ 17429; ☎ 038378; 🚗 WLG; △ 5 m; 👫 2900.

B. wird erreicht über die A 11/E 28 (Ausfahrt Prenzlau) – ca. 110 km, auf der B 110 (Landverbindung der Insel Usedom durch Brücke) und auf der B 111 (Fährverbindung in Wolgast), die durch B. führt. Bahnhof an der Reichsbahnstrecke Wolgast-Fähre–Heringsdorf (Inselbahn); Anschluß in Wolgast über Züssow an die Strecke Berlin–Stralsund. Nächster Flugplatz ist Heringsdorf (ca. 10 km).

B. hat Gemeindeverwaltung, Kurverwaltung, Forstamt.

Bildungseinrichtungen: Realschule.

Kulturstätten: Bibliothek, Musikpavillon, Rolf-Werner-Gedenkstätte, Tropenhaus.

Geschichte: Das Seebad B. liegt an der NO-Küste der Ostseeinsel Usedom. Es wurde 1897 von Bürgern des Dorfes B. gegründet. Erstes Gebäude in B. war das „Haus Meeresstrand". Das ca. 1,5 km entfernte Dorf B. ist 1256 erstmals urkundlich erwähnt worden. Es liegt am Ufer des Schollensees.

Freizeit u. Erholung: Das Seebad B. ist anerkannter Erholungsort. Es hat einen weißen, steinfreien Sandstrand und ist von Mischwäldern und Binnenseen umgeben. Reinheit und Feuchtigkeitsgehalt der Luft wirken zu jeder Jahreszeit heilend auf die Atemwege.

Periodische Veranstaltungen: Bansiner Sommerfest, Pommerntag, Kinderfeste.

Bargteheide

□ 15,83 qkm; ○ Stormarn; ⚐ Schleswig-Holstein; ✉ 22941; ☎ 04532; 🚗 OD; △ 47 m; 👫 10900.

B. liegt 25 km nordöstlich von Hamburg an der B 75 und Autobahn A1 Hamburg-Lübeck (Ausfahrt B.). Die St hat Amtsverwaltung B.-Land; Realschule, Sonderschule für Lernbehinderte, Volkshochschule; Diamantenwerkzeugfabrik (Industriediamanten GmbH), Bienenhonigverarbeitung (Langnese VEH), Rumimport.

B., seit dem 13. Jh. Kirchdorf, wurde 1970 das Stadtrecht verliehen.

Barmstedt

□ 17,14 qkm; ○ Pinneberg; ⚐ Schleswig-Holstein; ✉ 25355; ☎ 04123; 🚗 PI; △ 12 m; 👫 8500.

B liegt 35 km nordwestlich von Hamburg zwischen der B 4 und B 5 und den Autobahnen A 7 (Ausfahrt Quickborn) und A 23 (Ausfahrten Elmshorn-Süd und Horst/Elmshorn). Die St ist Naherholungsort; hat Realschule, Sonderschule für Lernbehinderte, Volkshochschule; Schuhfabriken, Blechwaren- und Fleischwarenindustrie; Baumschulen.

Der Ort B. ist urkundlich seit 1140 nachweisbar. 1895 Erhebung zur Stadt. Wirtschaftlicher Aufschwung nach dem 2. Weltkrieg (Verdoppelung der Einwohnerzahl durch Aufnahme von Vertriebenen aus den dt. Ostgebieten).

Überregional bekannt das Museum der Grafschaft Rantzau, das B.-Kinderfest und der B.-Stoppelmarkt.

B. ist Geburtsort des Dichters Matthäus Friedrich Chemnitz (1815 geb.), des Verfassers des „Schleswig-Holstein-Liedes".

Barntrup

□ 59,46 qkm; ○ Lippe; ⚐ Nordrhein-Westfalen; ✉ 32683; ☎ 05263; 🚗 DT; △ 200 m; 👫 8500.

B. liegt 48 km östlich von Bielefeld an der B 1 und B 66; Bahnstation an der Strecke Bielefeld-Hannover. Die St hat Gymnasium, Volkshochschule und Jugendmusikschule; Kneippsanatorium, Sanatorium für Altenkuren. – B., das noch vor wenigen Jahren überwiegend landwirtschaftlich orientiert war, besitzt heute bedeutende Wirtschaftszweige: Textil-, Metallwaren-, Möbelindustrie; Fabrikation von elektrotechnischen Artikeln (Leuchten). B. wird bereits 1317 als St erwähnt. Sehenswert das stattliche Schloß.

Barsbüttel

□ 25 qkm; ○ Stormarn; ⚐ Schleswig-Holstein; ✉ 22885; ☎ 040; 🚗 OD; △ 4 m; 👫 11 000.

Die Großgemeinde B. grenzt im Westen unmittelbar an den Stadtrand von Hamburg. B. ist über die Autobahn A 1 Bremen–Hamburg–Heiligenhafen (Ausfahrt AB-Kreuz Hamburg-Ost) bzw. A 24 Hamburg–Berlin zu erreichen. Die Gm hat Grundschulen, Hauptschule, Volkshochschule. Als Wohnvorort von Hamburg ist B. in den letzten Jahrzehnten (1939 1800 EW) überdurchschnittlich gewachsen.

„Bernekesbutle“ wird erstmals im Jahre 1228 urkundlich erwähnt. Die Landgemeinde bildete sich 1974 im Zuge der Gemeindereform aus den ehemaligen Gemeinden Stellau, Stemwarde, Willinghusen und B.

Barsinghausen

□ 102,56 qkm; ○ Hannover; ⚐ Niedersachsen; ✉ 30890; ☎ 05105; 🚗 H; △ 100 m; 👫 32 800.

B., 27 km südwestlich von Hannover am Nordhang des Deisters gelegen, ist über die Autobahn A2 Ruhrgebiet-Hannover (Ausfahrt Bad Nenndorf) zu erreichen. Haltestation des Nahschnellverkehrs Hannover-Wunstorf-Hannover. Die St (seit 1969) hat Forstamt Deister; Realschule, Sonderschule für Lernbehinderte, Schulzentrum mit einem Ganztagsgymnasium Niedersachsen, kaufmännischer Berufsschule und Handelsschule; Verbandsheim und Stadion des Niedersächsischen Fußballbundes; Metallwaren- und Backwarenfabrik (Bahlsen-Kekse).

B. wird erstmals 991 urkundlich erwähnt. Gründung des Klosters B. im 12. Jh. Von Bedeutung war bis zum 18. Jh. die Land- und Forstwirtschaft, im 19. Jh. der Steinkohlenbergbau (1957 Stillegung des Bergwerkes). B. entwickelte sich inzwischen zum regionalen Wirtschafts- und Erholungszentrum im Großraum Hannover.

Bemerkenswert das ehem. Augustinerkloster (frühgotische Klosterkirche aus dem 13. Jh.).

Barth

□ 9,5 qkm; ○ Ribnitz-Damgarten; ⚐ Mecklenburg-Vorpommern; ✉ 18356; 🚗 038231; 🚗 RDG; △ 2,5 m; 👫 11 000.

B. am Barther Bodden hinter der Halbinsel Darß erreicht man über die A 19/E 55, Ausfahrt Rostock-Ost (38 km) und auf der B 105, die in 7 km Entfernung an B. vorbeiführt. Endbahnhof der Regionalbahn Velgast–B. Der nächste Verkehrslandeplatz für Charter- und Sportmaschinen ist 4 km vom Stadtzentrum entfernt. B. hat Stadtverwaltung, Einwohnermelde- und Sozialamt, Polizeiposten.

Bildungseinrichtungen: Grund-, Haupt- und Realschule, Gymnasium, Volkshochschule.

Kulturstätten: Kulturhaus „HdW“, Stadtbibliothek, Freilichtbühne.

Wirtschaftliches: Die wirtschaftliche Struktur wird durch mittelständische Unternehmen, Handwerksbetriebe und Dienstleistungsunternehmen bestimmt.

Geschichte: Die Kleinstadt B. liegt am Südufer der Boddenkette, die Fischland und Darß von der Ostsee trennt. Die erste urkundliche Erwähnung in einer Aufzeichnung der Kämpfe gegen die Slawen stammt von 1159. 1255 übereignet Fürst Jaromar II. von Rügen der St B. und allen Bürgern das Stadtgebiet mit Feldmarken nach lübischem Recht zum ewigen Besitz. Die Einwohner ernähren sich von Ackerbau, Fischerei und Binnenhandel. 1316 verlegt Fürst Witzlaw III. von Rügen seine Residenz nach B. Nach seinem Tod und dem Anschluß an Pommern residieren bis 1605 die pommerschen Herzöge über die St. 1582 entstand in B. eine Buchdruckerei, von der 45 Schriften nachgewiesen sind (1588 Bibel in niederdt. Sprache). Feuersbrünste (1562) und Pest (1597) behinderten die Entwicklung der St. Im 30jähr. Krieg verwüsteten schwedische und kaiserliche Truppen wechselseitig die St, die nach dem Westfälischen Frieden 1648 mit Vorpommern an Schweden kam. 1696 hatte B. erst wieder 189 Einwohner. Mit der Entwicklung der Segelschiffahrt erlangte B. im 18. und 19. Jh. eine Blütezeit und hatte 15 größere Reedereien. 1877 besaß B. 171 Seeschiffe, 16 Küstenschiffe und einen Dampfer und stand damit hinter Stralsund an zweiter Stelle aller Reedereistädte Preußens. Die Verbreitung des Dampfschiffes führte zum Niedergang der Barther Seeschiffahrt, dafür siedelten sich mittlere und größere Industriebetriebe (Landmaschinenbau, Schiffbau, Fischverarbeitung) an.

B. ist heute durch seine Nähe zu den Hafenstädten Rostock und Stralsund, durch ideale Segel- und Surfreviere auf der Boddenkette und durch unmittelbare Nähe zu den Urlaubsgebieten Darß, Rügen und Hiddensee Anlaufpunkt für Wassersportler und Urlauber.

Baudenkmäler und Sehenswürdigkeiten: Kirche St. Marien, gotischer Backsteinbau, erstmals 1325 erwähnt und in drei Bauphasen bis 1400 vollend., der Turm (87 m) diente von altersher Fischern und Seefahrern als Landmarke; Dammtor, einzig erhaltenes der einst vier Stadttore, erbaut Mitte des 14. Jh., 35 m hoch; Fangelturm, mit Zinnen gekrönter zylindrischer Wehrbau von 12 m Höhe und 7,70 m Durchmesser. Der Turm war, wie die vier Stadttore, einst Teil der alten Ringmauer, die nicht mehr existiert, deren Verlauf man aber an der Ringform der Straßen verfolgen kann. Das als Kloster bezeichnete Gebäude entstand 1733 im Auftrag der Rittergutsbesitzer aus der Umgebung als Adeliges Fräuleinstift unter dem Patronat der schwedischen Königin Ulrike Eleonore auf dem Gelände des ehemaligen fürstlichen Schlosses; Rathaus in norddt. Backsteingotik von 1926.

Periodische Veranstaltungen und Feste: Barther Kinderfest im Juni, Rathauskonzerte, Schützenfest am 1. Juli-Wochenende, Kirchenkonzerte in St. Marien (Juni bis September), Flugschau auf dem Flughafen Barth (September), Weihnachtsmarkt (Dezember).

Bassum

□ 168,54 qkm; ○ Diepholz; ⚐ Niedersachsen; ✉ 27211; ☎ 04241; 🚗 DH; △ 42 m; 👫 14000.

Die St Bassum liegt 25 km südlich von Bremen am Schnittpunkt der B 51 und B 61. B. hat Amtsgericht; Realschule, Landwirtschaftsschule, Hauswirtschaftsschule; Kreiskrankenhaus.

847 gründete der Hl. Ansgar, Erzbischof von Bremen, das Kloster „Birxinon“ (heute Adeliges Damenstift), aus dem sich im Laufe der Zeit der Ortsname B. ergab. Die historische Entwicklung der St stand im Zeichen der Grafen von Hoya. 1896 Zusammenlegung von drei Bürgereien (Flecken) zum Ort B. 1929 Verleihung der Stadtrechte. Die Landwirtschaft, der Hauptwirtschaftszweig von B., wurde in den letzten Jahren durch die Ansiedlung kleinerer und mittlerer Gewerbe- und Industriebetriebe ergänzt.

Battenberg (Eder)

□ 64,73 qkm; ○ Waldeck-Frankenberg; ⚐ Hessen; ✉ 35088; ☎ 06452; 🚗 KB; △ 320–650 m; 👫 5350.

B. liegt 30 km nördlich von Marburg an der Eder im Schnittpunkt der B 236 und B 253/252. Die St hat Gesamtschule, Volkshochschule; Metallverarbeitende,- Holz- und Kunststoffverarbeitende Industrie; Fremdenverkehr; der Stadtteil Dodenau ist anerkannter Luftkurort.

Der Name B. weist darauf hin, daß hier in der fränkischen Zeit Schlachten stattgefunden haben (z. B. 778 Schlacht zwischen Franken und Sachsen); erste Erwähnung der Burg 1194, des Ortes 1232, ab 1234 als St bezeichnet. Die Burgen Battenberg und Kellerburg wurden 1234/38 von Mainz erworben, gegen Ende des Jahrhunderts besaßen die Mainzer Erzbischöfe die ganze Grafschaft. 1464 kam B. an Hessen und 1866 wurde es preußisch. 1851 wurde der Name des Grafengeschlechts durch Erlaß Ludwigs II. von Hessen wieder aktiviert (seit 1917 „Mountbatten“).

Sehenswert Turm der Burgruine Kellerburg, das Alte Rathaus, die Ev. Kirche (13. Jh.) und Neuburg (ehem. Jagdschloß.) – Alle sieben Jahre Rückersfest im Stadtteil Laisa (Ostern).

Baunatal

□ 38,28 qkm; ○ Kassel; ⚐ Hessen; ✉ 34225; ☎ 0561; 🚗 KS; △ 200–440 m; 👫 24500.

B. liegt 5 km südlich von Kassel am Ostrand des Habichtswaldes an der B 3, A 49 Kassel–Schwalmstadt (Ausfahrten Baunatal N., M. und S.) sowie an der A 44 Kassel–Dortmund (Ausfahrt Kassel-Wilhelmshöhe). Die St hat Gesamtschulen, Volkshochschule, Jugendmusikschule; Zweigwerk der Volkswagen AG, mittelständische Industriebetriebe. – B. entstand 1964 durch Zusammenschluß von Großenritte, Altenritte, Altenbauna und Kirchbauna.

Das Gebiet um B. ist altes Siedlungsland (vor- und frühgeschichtliche Funde). 1015 ist ein königliches Hofgut Bauna nachweisbar. Die Ortsteile Altenritte und Großenritte werden bereits 775 urkundlich erwähnt. Seit 1123 Unterscheidung von zwei Baunadörfern (Alten- und Kirchbauna). Die Bauern von B. hatten den hessischen Fürsten während des 17. und 18. Jh. Hand- und Spanndienste zu leisten (beim Bau der repräsentativen Gebäude in Kassel und des Schlosses Kassel-Wilhelmshöhe). Heute ist B. eine stark wachsende Industriegemeinde mit zentral-örtlichen Funktionen. 1966 wurde B. zur St erhoben. – Sehenswert das Freilichtmuseum (Schmiedekunst).

Bautzen

□ 3,4 qkm; ○ Bautzen; ⚐ Freistaat Sachsen; ✉ 02625; ☎ 054; 🚗 BZ; △ 175–219 m; 👥 47150.

Die St ist günstig zu erreichen über die A 4, B 6, B 96 und B 156; Reichbahnverbindungen: Dresden–Eisenach–Frankfurt/M; Gorlitz–Breslau–Krakau; Chemnitz–Plauen–München und Chemnitz–Berlin. Der Flugplatz Litten befindet sich 1,5 km von B. entfernt.

Neben dem Sitz aller St- und Landkreis-Ämter sowie -Behörden ist B. Stand der „Domowina" – des Bundes Lausitzer Sorben. – B. hat Ingenieurschule für Maschinenbau, Kreisvolkshochschule, Musikschule; Sorbische Fachschule für Sozialpädagogik und ist wirtschaftliches und kulturelles Zentrum der Oberlausitz und Mittelpunkt des sorbischen Kulturlebens.

Industrie und Wirtschaft: Fernmeldewerk, Waggonbau, Förderanlagenbau, polygraph. Schneidemaschinen-Herstellung, Gießerei, mehrere Baubetriebe und Transportunternehmen; Orgelbau; Ostsächs. Fleischwaren GmbH.

Das eindrucksvolle Bild der St wird geprägt von Schloß Ortenburg auf dem Schloßberg (1483/86), dem spätgot. Petridom (1497) und den zahlreichen Türmen der Alten und Neuen Wasserkunst, von Basteien, den Stadtbefestigungen und schönen Barockhäusern.

Der amtl. Name lautete bis 1868 „Budissin". Das an der alten Via regia gelegene, 1002 urkundlich erstmals erwähnte B. wurde vor 1158 zur St erhoben. Bei der Gründung des Oberlausitzer Sechsstädtebundes (1346) nahm es bereits eine führende Rolle ein. Um 1400 bestand die Bevölkerung zu einem Drittel aus Sorben; 1400 und 1405 Handwerkeraufstände gegen das Patriziat.

Wechselnde Zugehörigkeit der Oberlausitz zur Mark Meißen, zu Polen, Böhmen, Brandenburg und Ungarn (1470/90); 1623 kam B. zu Sachsen. Im Dreißigjährigen Krieg wurde es (1634) völlig zerstört. 1813 siegte Napoleon bei B. über russisch-preuß. Truppen. Seit Gründung der sorbischen wissenschaftlichen Gesellschaft „Maćica Serbska" war die St bis 1937 bedeutendstes Zentrum der sorbischen nationalen Bewegung; Sitz der Domowina seit 1912, auch Standort anderer sorb. Institutionen.

Bildung und Kultur: Domowina Verlag für sorb. u. dt. Literatur; Sorbisches Museum, Stadtmuseum, Alte Wasserkunst, Deutsch-Sorbisches Volkstheater, Puppentheater, Sorbisches National-Ensemble; Stadtbibliothek, Stadtarchiv, Galerie Budissin, Künstlerhaus Nadelwitz; Spreebad, Talsperrensee Bautzen, Sternwarte.

Bayreuth

□ 66,89 qkm; ○ Kreisfreie Stadt; ⚐ Bayern; ✉ 95444*; ☎ 0921; 🚗 BT; △ 345 m; 👥 71300.

B. liegt in einer Senke zwischen Fichtelgebirge und Fränkischer Schweiz an der Autobahn A 9 München–Berlin (Ausfahrt B.) und an der B 2, B 22 und B 85; D-Zug-Station an der Strecke Nürnberg–Prag. Linienflugverkehr B.–Frankfurt a.M. B., Sitz der Regierung von Oberfranken, hat Verwaltungsgericht, Sozial- und Arbeitsgericht, Land- und Amtsgericht, Handwerkskammer, Industrie- und Handelskammer, ev.-luth. Kreisdekanat; Fachakademie für Kirchenmusik, Universität, Mittel- und höhere Schulen, Gehörlosenschule; Bezirksnervenkrankenhaus, Klinikum, Rehabilitations-Klinik, Versorgungskrankenhaus mit Spezialabteilung für Querschnittgelähmte und ein Kursanatorium der LVA von Ober- und Mittelfranken. Industrie: Spinnereien, Webereien, Brauereien, Druckereien, Porzellan- und Zigarettenfabriken, Herstellung von optischen Geräten.

B. wurde im 12. Jh. gegründet. Erste urkundliche Erwähnung 1194. Verleihung der Stadtrechte 1231. Seit 1603 Residenzstadt der Markgrafen von Ansbach-Bayreuth. 1605 und 1621 Zerstörung der St durch Brände. Kultureller Höhepunkt war das 18. Jh. (unter Markgraf Friedrich [1753–63] und seiner Gemahlin Wilhelmine). 1791 kam B. an Preußen, 1810 an Bayern.

Baudenkmäler: Stadtkirche (15. Jh.), Neues Schloß (18. Jh.) mit Hofgarten, Markgräfl. Opernhaus (1744–48), Lustschloß Eremitage (18. Jh.) mit Park. Im Norden der Stadt das Richard-Wagner-Festspielhaus, erbaut in den Jahren 1872–76. Sehenswert das R. Wagner-Museum (Haus Wahnfried) und das Museum historischer Schreibmaschinen.

Feste und Veranstaltungen: Richard-Wagner-Festspiele, Internationale Jugendfestspiele, Fränkische Festwoche.

B. ist Geburtsort des Philosophen Max Stir-

Bayreuth, Neues Schloß der Eremitage

ner (1806–1856). Jean Paul, Franz Liszt und Richard Wagner haben in B. einen Großteil ihres Lebens verbracht.

Bebra

☐ 93,63 qkm; ○ Hersfeld-Rotenburg; ⚐ Hessen; ✉ 36179; ☎ 06622; 🚗 HEF; △ 195 m; 👫 15200.

Die St B. liegt 50 km südöstlich von Kassel an der Fulda am Schnittpunkt der B 27 und B 83. B. ist wichtiger Eisenbahnknotenpunkt der Strecken Hannover-Frankfurt a. M. und Kassel-Eisenach-Berlin. Die St hat Mittelpunktschule, Kreisberufsschule, Handelsschule, Landwirtschaftsschule, Werkstatt für geistig behinderte Kinder; Kunststoff-, Maschinenbau-, Textilindustrie, Leuchtröhrenherstellung und Filterbau.

B. war ursprünglich eine zum Kloster Hersfeld gehörende Siedlung. Über Jahrhunderte blieb B. ein Bauerndorf, bis es sich nach der Eröffnung der Bahnstrecke Kassel-Bebra-Eisenach (1849) zur verkehrswirtschaftlich bedeutenden „Eisenbahnerstadt" entwickelte.

Sehenswürdigkeiten: Kirche und Kloster St. Marien; Rathaus.

Beckingen

☐ 51,63 qkm; ○ Merzig-Wadern; ⚐ Saarland; ✉ 66701; ☎ 06835; 🚗 MZG; △ 295 m; 👫 15400.

B. liegt 40 km nordwestlich von Saarbrücken an der Saar. Zufahrt über die B 51; Anschluß an die Autobahn A620/A8 Saarbrücken-Luxemburg (Ausfahrt Rehlingen); Bahnstation an der Strecke Saarbrücken-Trier. Die Gm hat Grund- und Hauptschulen; Schraubenwerke. – B. ist erstmals 1048 urkundlich bezeugt.

Beckum

☐ 111,63 qkm; ○ Warendorf; ⚐ Nordrhein-Westfalen; ✉ 59269; ☎ 02521 (Beckum), 02525 (Neubeckum); 🚗 WAF; △ 120 m; 👫 35900.

B., im südöstlichen Münsterland (Quellgebiet der Werse) gelegen, ist über die B 58, B 61 und B 475 zu erreichen; Anschluß an die Autobahn A2 Ruhrgebiet-Hannover (Ausfahrt B.); Bahnstation an der Strecke Köln-Hannover. B. hat Amtsgericht; Realschule, Gymnasium, Aufbaugymnasium, Sonderschule für Lernbehinderte. Berufs- und Berufsfachschule für Hauswirtschaft und Kinderpflegerinnen, private Handelsschule, Volkshochschule; Kalk- und Zementindustrie, Maschinen- und Apparatebau, Möbelfabriken, Kornbrennereien.

B. ist aus dem Oberhof eines sächsischen Edelings hervorgegangen (um 900 Gründung einer Kirche auf dem Hof). 1224 wurde der Ort befestigt (1279 Mauerbefestigungen urkundlich nachzuweisen, 1316 erstes Stadttor) und mit dem Stadtrecht ausgestattet. Feuersbrünste im 17. Jh. und 1734 vernichteten einen

Großteil des ma. Stadtbildes. 1802 wurde B. unter preußischer Herrschaft Kreisstadt.

Sehenswürdigkeiten: Rathaus (1441 erbaut; 1879 erweitert); St. Stephanus-Kirche mit Prudentiaschrein (Reliquienschrein aus dem 13. Jh.); im Ortsteil Vellern Taufstein aus dem 13. Jh. in der Vellerner Kirche; Wehrturm am Westteich mit Heimatmuseum; Höxberg (165 m) mit Aussichts- und Fernmeldeturm, alter Mühle, Wildgehege und Fasanerie.

Bedburg (Erft)

□ 80,38 qkm; ○ Erftkreis; ⚐ Nordrhein-Westfalen; ✉ 50181; ☎ 02272; 🚗 BM; △ 63 m; 👥 21 000.

B., 35 km westlich von Köln an der Erft am Rande der nördlichen Ausläufer der Voreifel (Ville) gelegen, hat Anschluß an die Autobahn A 61 Koblenz–Mönchengladbach (Ausfahrt B.); Realschule, Sonderschule für Lernbehinderte, Gymnasium, Volkshochschule, Volksbildungswerk. Die St ist Sitz zahlreicher Industrie- und Gewerbebetriebe (Zuckerfabrik); außerdem Braunkohlentagebergbau (Rheinische Braunkohlenwerke AG) mit den größten Abraumbaggern der Welt.

»Bedbure«, erstmals 893 urkundlich erwähnt, nach 1350 befestigt, wurde während dynastischer Kämpfe im 15. bis 17. Jh. mehrmals zerstört. – Sehenswert Schloß B. (älteste Bauteile Anfang des 14. Jh., im 16./17. Jh. umgebaut), ein Wasserschloß (Backsteinbau) mit zwei Rundtürmen, Freitreppe und prächtigem Arkadenhof; Alt-Kaster (vollständig erhaltenes mittelalterliches Gesamtensemble mit Stadtmauer, Stadttoren und Bürgerhäusern; Turmwindmühle [19. Jh.] im Stadtteil Grottenherten).

Bedburg-Hau

□ 63,96 qkm; ○ Kleve; ⚐ Nordrhein-Westfalen; ✉ 47551; ☎ 02821; 🚗 KLE; △ 18–25 m; 👥 12400.

B.-Hau, 1969 durch Zusammenschluß von sechs Gemeinden entstanden, liegt 7 km südlich von Kleve am Rande des Reichswaldes an der B 9; Anschluß an die Autobahn A 57 Köln-Goch (Ausfahrt Goch/Kleve). Die Gm hat Grundschulen und Hauptschule, Krankenpflegeschule. In B.-Hau befindet sich das größte psychiatrische Krankenhaus Europas (über 3400 Betten). – Sehenswert Schloß Moyland (ältester Teil 13. Jh.), eine der schönsten Wasserburgen am Niederrhein.

Beelitz

□ 49 qkm; ○ Potsdam-Land; ⚐ Brandenburg; ✉ 14547; ☎ 033204; 🚗 P; △ 45 m; 👥 5925.

B. ist zu erreichen auf der A 9/E 51, Ausfahrten B.-Heilstätten (6 km), oder B.-Brück/Reesdorf (5 km), auf der A 10/E 55, Ausfahrt Michendorf/Potsdam-Süd (8 km), auf der A 2 und A 246; Eisenbahnanschlüsse: Potsdam–B.-Stadt–Jüterbog; Potsdam–B.-Heilstätten–Wiesenburg–Dessau. Der nächste Flughafen ist Berlin-Tegel (ca. 50 km).

Bildungseinrichtungen: Grundschule, Hauptschule, Gymnasium; Förderschule für Lernbehinderte; Bibliothek.

Wirtschaftliches: Produktion elektrotechnischer Kabel; Bauunternehmen; Handwerksbetriebe vieler Branchen; landwirtschaftliche Betriebe, z.T. im Nebenerwerb; regionales, traditionelles Zentrum des Spargelanbaues, Lebensmittelproduktion.

Geschichtliches: Diverse Bodenfunde bekunden frühe germanische Siedlungen zwischen 8000 und 2500 v.Chr.; eine slawische Besiedlung ist für das 7. bis 12. Jh. nachzuweisen. Am 28. 12. 1216 wird B. zum ersten Male urkundlich erwähnt, der erste schriftliche Beleg über städtische Rechte stammt aus dem Jahre 1223. Der brandenburgische Bischof R. Rutger gab 1247 einen Ablaßbrief unter dem Titel „Das heilige Blut von Beelitz" heraus. Die Wunderblutlegende erhob B. zu einem bedeutenden Wallfahrtsort. Zwischen dem 15. und 18. Jh. wurde die St von verheerenden Bränden heimgesucht, 1731 zur preußischen Garnisons-St ernannt. Ab 1770 trug man den größten Teil der ma. St-Befestigung ab. In das Jahr 1898 fiel der Baubeginn für eine Lungen- und Tuberkuloseheilstätte; heute ist B. Landesklinik für Lungenkrankheiten und Sitz eines Johanniter-Hilfsdienstes. Anfang des 20. Jh. kam es zu einer 2. historischen St-Erweiterung, es wurden Schule, Amtsgericht und Finanzamt gebaut. Überregionale Bedeutung erlangte B., als man 1930 eine Übersee-Funkempfangsstelle für den kommerziellen Kurzwellen-Weitverkehr in Betrieb genommen hatte. – Nach Wiedererlangung der kommunalen Eigenständigkeit wurde B. Amtssitz der Außenstelle des Landratsamtes Potsdam.

Sehenswürdigkeiten: Denkmalsgeschützter Altstadtkern; dreischiffige Hallenkirche St. Marien, ursprüngl. frühgot. (13. Jh.), mehrmals abgebrannt, umgebaut und erweitert, mit sagenumwobener Wunderblutkapelle; „Alte Post", schlichter Barockbau (um 1789), ehem. Postrelaishaus, jetzt St- und Zentralbibliothek; Wasserturm (noch in Betrieb); Elektrizitäts- und Wasserwerk; Ortsteil B.-Heilstätten; Ortsteil B.-Schönefeld (typ. märkisches Dorf); Nieplitzaue, eine märkische Heidelandschaft mit Kiefernwäldern.

Wiederkehrende Ereignisse: Spargelmarkt im Juni, Bürgerfest am 3. Oktober, Weihnachtsmarkt im Dezember.

Beerfelden (Odenwald)

□ 71,18 qkm; ○ Odenwaldkreis; ⚐ Hessen; ✉ 64743; ☎ 06068; 🚗 ERB; △ 330–540 m; 👫 6800.

B., Erholungsort 45 km nordöstlich von Heidelberg im südlichen Odenwald, ist über die B 45 zu erreichen. Die St hat Forstamt; Gesamtschule; mittelständische Industrie- und Gewerbebetriebe (Holzverarbeitung, Bürstenherstellung, Maschinenbau, Kunststoffverarbeitende Industrie).

»Burifelden«, erstmals 773 urkundlich genannt, kam von Kloster Lorsch an die Schenken von Erbach, unter denen es 1328 zur St erhoben wurde. B. war Markt- und Gerichtsort der „Oberzent" (erhalten ist der im Jahr 1597 errichtete Zentgalgen [besterhaltener dreischläfriger Galgen Deutschlands]) und besaß im 17. Jh. eine blühende Tuchmacherindustrie. 1810 vernichtete ein Großbrand den Stadtkern fast vollständig; der Wiederaufbau erfolgte als planmäßige Anlage im klassizistischen Stil. 1806 fiel B. an Hessen-Darmstadt. – Bemerkenswert das got. Fenster mit Kreuzigungsgruppe in der ev. Stadtkirche, der Zwölfröhrenbrunnen (Mümlingquelle), die 1000jährige »Dicke Eiche« (Stadtteil Airlenbach), Reste der St. Leonhardskapelle (Falken-Gesäß), Burgruine Freienstein (Gammelsbach), der „Himbächel-Viadukt" und der Marbachstausee (Hetzbach). – Alljährlich „B. Pferdemarkt" mit Reit- und Springturnier (Juli).

Beilngries

□ 100,13 qkm; ○ Eichstätt; ⚐ Bayern; ✉ 92339; ☎ 08461; 🚗 EI; △ 362 m; 👫 6500.

B., Erholungsort im Fränkischen Jura am Zusammenfluß von Sulz und Altmühl, ist über die B 299 und die Autobahn A 9 München–Berlin (Ausfahrten Altmühltal-Kinding bzw. Denkendorf) zu erreichen. Die St hat Grund- und Hauptschule, Realschule, Sonderschule für Lernbehinderte, Volkshochschule; Jura-Guß-Werke.

B. liegt auf seit prähistorischer Zeit (Funde) besiedeltem Gebiet. Der Ort »Bilingriez« ist erstmals 1007 urkundlich bezeugt. B. kam um 1016 aus bambergischem Besitz an das Hochstift Eichstätt. Die Fürstbischöfe erhoben den Mkt 1485 zur St. Nach der Säkularisation (1803) kam B. an Bayern. – Von der ma. Stadtbefestigung sind neun Mauertürme und Reste der Stadtmauer erhalten. Die Stadtpfarrkirche geht auf das 12. Jh. zurück (Umbauten 1441, 1693/94 und 1911–13); die Frauenkirche wurde im Rokokostil 1753/54 errichtet. Bemerkenswert ferner das westlich von B. gelegene Schloß Hirschberg (1760–64) mit ausgedehnter ma. Burganlage aus dem 12./13. Jh. – Alljährlich Volksfest (Anfang September).

Beilstein

□ 25,25 qkm; ○ Heilbronn; ⚐ Baden-Württemberg; ✉ 71717; ☎ 07062; 🚗 HN; △ 259–539 m; 👫 5500.

B., im Naturpark Schwäbischer Wald 30 km nordöstlich von Stuttgart gelegen, ist über die Autobahn A 81 Stuttgart–Würzburg (Ausfahrt Ilsfeld) zu erreichen. B. hat Schulzentrum mit Gymnasium; mittlere und kleinere Industrie- (Gewächshausbau) und Gewerbebetriebe; von wirtschaftlicher Bedeutung ist vor allem der Weinanbau.

Die Siedlung B. entwickelte sich im Schutz einer Burg, die auf einer den Löwensteiner Bergen vorgelagerten Erhebung um 1070–1080 errichtet wurde. Von den Herren von Beilstein (um 1150 und 1231 urkundl. bezeugt) kamen Burg und Siedlung 1290 an die Markgrafen von Baden; 1304 wird B. als St im Besitz des Grafen Eberhard II. von Württemberg erwähnt. – Im Rahmen der Verwaltungsreform wurden B. 1971 die ehemalige selbständige Gm Schmidhausen mit den Weilern Billensbach, Gagernberg, Jettenbach, Kaisersbach, Klingen und Maad eingegliedert. – Eine Sehenswürdigkeit ist die Burg Hohenbeilstein mit Burgfalknerei. – Alljährlich Weinbergfest mit Unterländer ‚Buttenolympiade' (Ende Juli) und Stadtfest (Juni).

Belm

□ 46,65 qkm; ○ Osnabrück; ⚐ Niedersachsen; ✉ 49191; ☎ 05406; 🚗 OS; △ 71–150 m; 👫 14500.

B., am nordöstlichen Stadtrand von Osnabrück gelegen, ist über die B 51 und B 65 zu erreichen; die Gm hat Anschluß an die A 1 Dortmund–Bremen (Ausfahrt Osnabrück-N.), A 33 (Ausfahrt Osnabrück-Lüstringen) und A 30 Bad Oeynhausen–Niederlande (Ausfahrt Bissendorf); Grund-, Haupt- und Realschule, Schule für Lernbehinderte.

Das Gebiet der Gm Belm umfaßt den größten Teil des alten Kirchspiels B., dessen Entstehung sich ins 9. Jh. zurückverfolgen läßt. Damals wurde neben dem Adelshof eine Kirche errichtet, um die sich das Dorf B. entwickelte. Im Rahmen der Gebietsreform entstand 1972 die heutige Gm mit den Ortsteilen Haltern, Ikker und Vehrte.

Sehenswert die spätromanische St. Dionysius-Kirche (1230) mit gleichaltem Taufbrunnen aus Sandstein; im Pfarrgarten am Tie eine etwa 500–600 Jahre alte Eibe, unter der der Sage nach Geva, Gemahlin Widukinds, begraben sein soll. – Alljährlich B. Kirmes (Oktober).

Bendorf (Rhein)

□ 24,07 qkm; ○ Mayen-Koblenz; ⚐ Rheinland-Pfalz; ✉ 56170; ☎ 02622; 🚗 MYK; △ 80–330 m; 👪 15400.

B. liegt 10 km nördlich von Koblenz auf rechtsrheinischem Ufer an der Mündung des Saynbachs. Zufahrt über die Autobahn A 48 Dernbacher Dreieck-Trier (Ausfahrt B.), die B 42 und B 413. B. hat Gymnasium, Volkshochschule, Sonderschule für Lernbehinderte; Gießerei (Rheinstahl AG), Apparate- und Maschinenbau, Baustoff- und keramische Industrie (feuerfeste Steine), Farben- und Lackfabrik, Scheckheftefabrik, Tanklager (Hamburger Lloyd); Binnenhafen (Festumschlag- und Ölumschlaghafen).

Die bei B. über den Rhein führende Autobahnbrücke ist die größte Spannbetonbalkenbrücke der Welt im freien Vorbau. Der Stadtteil Stromberg ist anerkannter Fremdenverkehrsort; die Stadtteile Sayn und Stromberg verfügen über Erholungsgebiete.

B. war schon in prähistorischer Zeit besiedelt. Die Römer legten hier das erste Kastell am Mittelrhein an. 948 wird B. Besitz der Grafen von Sayn und erstmals urkundlich erwähnt. 1201 Gründung der Abtei im Stadtteil Sayn. 1560 Verleihung des Marktrechtes. 1632 Zerstörung von Burg Sayn und Plünderung der Abtei durch die Schweden. Bis Ende des 18. Jh. war B. ein bedeutender Weinort. Dank der vorhandenen Bodenschätze (Ton, Bims, Eisen-

Bensheim. Am Bürgerwehr-Brunnen

erz) frühe Industrieansiedlung (1629 bereits Erzgewinnung und -verhüttung). 1767/70 gründete Kurfürst Clemens W. von Trier die Saynerhütte mit 2 Hochöfen (im 19. Jh. von Friedrich Krupp übernommen, ‚Sayner Kunstguß‘).

Sehenswert die 750 Jahre alte Pfarrkirche St. Medard (ev.) und das kath. spätromanische Reichardsmünster, deren Schiffe aneinanderstoßen; Prämonstratenser-Abteikirche (Anfang 13. Jh.) mit Kreuzgang am Eingang zum Brexbachtal; Burgruinen von Sayn, Stein und Reiffenberg.

Bensheim

□ 57,85 qkm; ○ Bergstraße; ⚐ Hessen; ✉ 64625; ☎ 06251; 🚗 HP; △ 100–110 m; 👪 34000.

B., am Westhang des Odenwaldes gelegen, hat Anschluß an die Autobahn A 5 Heidelberg–Darmstadt (Ausfahrt B.); Zufahrt außerdem über die B 3 und B 47. B. ist D-Zug-Station der Bundesbahnstrecke Frankfurt a. M.–Heidelberg. Die St hat Amtsgericht; Mittelschulen, Gymnasien, Kreisberufsschulen, Wirtschaftsgymnasium, Sonderschule für Lernbehinderte; Rheumaklinik. Die Industrie ist durch Bekleidungs-, Metallwaren- und Papierfabriken vertreten; daneben spielen Obst- und Weinbau eine Rolle.

B. wird erstmals 771 urkundlich genannt. 956 verlieh Kaiser Otto I. »Basinsheim« das Marktrecht. Das Stadtrecht erlangte B. 1320 unter kurmainzischer Herrschaft; 1803 kam es an Hessen-Darmstadt. – Bemerkenswerter alter Stadtkern mit Marktplatz, »Dalberger Hof« (Turm aus dem 13. Jh.) und weiteren ehem. Adelshöfen (Fachwerkbauten). Im Ortsteil B.-

Auerbach (Luftkurort) Schloß (Burg) A. aus dem 13.–15. Jh. und Staatspark Fürstenlager mit Herrenhaus (Ende 18. Jh.), Brunnenanlage und altem Baumbestand (Exoten); im Ortsteil B.-Schönberg Schloß Schönberg (12. Jh., mit späteren Um- und Ausbauten, heute Gesundheitsvorsorgeheim).

Berching

☐ 131 qkm; ○ Neumarkt i.d. Opf.; ⚐ Bayern; ✉ 92334; ☎ 08462; 🚗 NM; △ 390–560 m; 👫 7700.

Die St B. ist anerkannter Erholungsort im Tal der Sulz, einem Nebenfluß der Altmühl, im Naturpark Altmühltal. B. ist über die B 299 zu erreichen. Anschluß an die Autobahn A 9 München–Nürnberg (Ausfahrt Altmühltal bzw. Hilpoltstein). Im Rahmen der Gebietsreform wurden B. 34 Ortsteile zugeordnet.

Für B. ist das aus dem MA überlieferte geschlossene Stadtbild charakteristisch. Die St ist erstmals 883 urkundlich bezeugt. Erhalten blieb die Stadtbefestigung mit Wehrgängen und dreizehn Türmen (2. Hälfte des 15. Jh.). Sehenswert die St. Lorenzkirche mit Tafelbildern der Altdorfer-Schule (um 1510), einem got. Schnitzaltar und got. Holzrelief (Kreuzweg); in der barocken Pfarrkirche Rocaille-Stukkaturen; Fachwerkhäuser; Heimatmuseum.

Am Mittwoch nach Lichtmeß (Februar) traditioneller Roßmarkt mit Bauernjahrtag.

Berchtesgaden

☐ 34,95 qkm; ○ Berchtesgadener Land; ⚐ Bayern; ✉ 83471; ☎ 08652; 🚗 BGL; △ 550–1500 m; 👫 7700.

B. mit den Ortsteilen Au, Gern und Salzberg liegt 25 km südlich von Salzburg an der B 20 und B 305. D-Zug-Station der Bundesbahnstrecke München–B. Der Mkt hat Realgymnasium, Jugenddorf Christophorusschule mit neusprachl. Gymnasium, Fachschule für Holzschnitzerei; Kreiskrankenhaus; Salzbergwerk. Die mit B. zusammengewachsene Randgemeinde Bischofswiesen ist Bundeswehrstandort.

Um 1111 gründeten Augustiner ein Kloster am Priesterstein in B. 1122 Weihe der Stiftskirche. 1156 Verleihung des Salzregals an die selbständig gewordene Propstei. 1194 Verleihung der niederen Gerichtsbarkeit. 1212 Eröffnung der Stiftssaline in Schellenberg. 1306 erste gewaltsame Auseinandersetzungen zwischen B. und Salzburg, die mit wechselndem Kriegsglück bis zum Ende des Salzkrieges zwischen Bayern und Salzburg (1611) andauerten. 1803 Abdankung des letzten Fürstpropstes. 1805 kam B. an Österreich, 1810 an Bayern. 1818 wurde das zum Schloß umgebaute Kloster Sommerresidenz der bayerischen Krone. Seit Mitte des 19. Jh. entwickelte sich B. zur von Adel und Künstlern bevorzugten Sommerfrische. Als Solbad, Luftkurort (Schlafklinik in Bischofswiesen) und Wintersportplatz hat B. heute bedeutenden Fremdenverkehr.

Sehenswert das Königliche Schloß (Museum), das Salzbergwerk und Heimatmuseum. Alljährlich Trachtenjahrtag und Weihnachtsschießen.

Bergen (Kr. Celle)

☐ 163,71 qkm; ○ Celle; ⚐ Niedersachsen; ✉ 29303; ☎ 05051; 🚗 CE; △ 70 m; 👫 12300 (außerdem 6000 NATO-Angehörige).

B., im südwestlichen Teil der Lüneburger Heide an der B 3 gelegen, hat Forstamt (Siebensteinhäuser); Grund- und Hauptschulen, Realschule; Betonwerke, Sägewerke, Bau- und Baunebengewerbe; NATO-Schießplatz.

Ende des 12. Jh. war B. Mittelpunkt eines geistlichen Amtsbezirks und seit 1300 Sitz einer Amtsvogtei. 1354 und 1585 legten Brände den Ort in Schutt und Asche. Bis Ende des 19. Jh. waren Landwirtschaft und kleinere Gewerbebetriebe die Haupterwerbsquellen. Seit 1935 entwickelte sich B. nach der Errichtung eines großen Truppenübungsplatzes in der Lüneburger Heide zur Mittelpunktgemeinde (1957 Verleihung der Stadtrechte). Im Rahmen der Gebietsreform (1971 u. 1973) ist ein Zusammenschluß mit 12 Gemeinden vorgenommen worden. Südlich von B. liegt die Gedenkstätte B.-Belsen.

Sehenswert das Heimatmuseum mit volkskundlichen Einrichtungen und Sammlung vorgeschichtlicher Funde. Siebensteinhäuser, eine alte Hügelgräberstätte, auf dem Gelände des Schießplatzes.

Bergen auf Rügen

☐ 9 qkm; ○ Rügen; ⚐ Mecklenburg-Vorpommern; ✉ 18528; ☎ 0827; 🚗 RÜG; △ 91 m; 👫 19500.

Die Inselkreisstadt B. ist mit dem Festland durch die B 96 (E 22/E 251) und die Eisenbahnstrecke 950 verbunden. Der Regionalflugplatz Güttin liegt in 5 km Entfernung. – B. verfügt über Grund-, Haupt- und Realschulen sowie über 2 Gymnasien. Wirtschaftlich bedeutend sind die „Original Rügener Wurstwaren“ und die Käseherstellung in B. – Sehenswert die Marienkirche und das Stadtmuseum in Klosterhof.

Geschichtliches: B., Hauptstadt und Mittelpunkt der Insel Rügen, wurde auf einer Anhöhe erbaut. Fürst Jaromir I. gründete 1193 hier die Marienkirche und das mit ihr verbundene Zisterzienser-Nonnenkloster. Der eigentliche Ort wurde wahrscheinlich 1208 unter dem Namen „Gora“ (slawisch „Berg“) angelegt und soll aus einzelnen Hütten bestanden haben. Die Bezeichnung Bergen wurde erstm. 1314 verwendet. 1613 erkaufte sich das Dorf bei dem Herzog von Pommern-Wolgast für 8000 Mark die städtischen Rechte.

Die Marienkirche konnte einige Rudimente ihrer ursprünglichen Gestalt bewahren; nach einem Brand 1445 wurden große Teile umgebaut, wobei das Gotteshaus die Form eines Kreuzes erhielt. Im Altarraum davor sind sehr beachtenswerte Wandgemälde aus der Übergangszeit zwischen Romanik und Gotik (13. Jh.) erhalten geblieben. – Auf dem Rugard soll bis 1316 die befestigte Burg der rügenschen Fürsten gestanden haben. Gewiß ist jedoch nur, daß sich hier ein Burgwall der Wenden erhoben hat. Auf diesem Berg errichteten die EW 1869–1877 dem bedeutendsten Sohn der Insel, Ernst-Moritz Arndt, ein Denkmal in Form eines monumentalen Aussichtsturmes. Sein oberster Rundgang gewährt weitreichende Blicke übers Land.

Ausflugsziele: Landschaftsschutzgebiet Granitz mit Jagdschloß und Aussichtsturm, berühmt durch seinen Buchenbestand. – Spaziergang durch das Naturschutzgebiet „Zickersches Höft“ im Biosphärenreservat Südost-Rügen mit einem Rundblick auf die gesamte Halbinsel Mönchgut. – Aufenthalt im Nationalpark Jasmund mit den tiefen Wäldern der Stubnitz, dem Hochuferweg von Saßnitz nach Stubbenkammer, dem Königsstuhl und dem Herthasee. – Kap Arkona mit dem Wanderwegenetz, dem Burgwall der Jaromarsburg, den beiden Leuchttürmen (der kleinere, ältere nach Plänen von Schinkel errichtet); das Fischerdörfchen Vitt mit einer achteckigen Kapelle. – Einmalig in Europa die Feuersteinfelder bei Mukran mit beeindruckender Vegetation. Naturfreunde finden eine reiche Fülle an Wacholderbüschen, Heidekraut, Streifenfarnen, Wildrosen u. v.a. – Hünengräber – gewaltige Zeugen einer alten Kulturgeschichte – sind heute noch an 27 Orten der Insel zu finden. Die interessantesten liegen bei Lanchen-Granitz, Seelvitz, Sagard und Rambin. – Empfohlen wird der Vollständigkeit wegen auch das Landschaftsschutzgebiet Hiddensee mit dem Naturschutzgebiet Enddorn, dem Dornbusch mit dem Leuchtturm, dem Gerhart-Hauptmann-Museum, dem Heimatmuseum und der Heide zwischen Kloster und Neuendorf.

Bergheim (Erft)

□ 96,62 qkm; ○ Erftkreis; ⚐ Nordrhein-Westfalen; ✉ 50126*; ☎ 02271; 🚗 BM; △ 80 m; 👫 54600.

B. liegt 20 km westlich von Köln an der Erft und am Nordwesthang der Ville am Schnittpunkt der B 55 und B 477; Anschluß an die A 61 Koblenz-Mönchengladbach (Ausfahrt Bergheim/Elsdorf). Die St hat Amtsgericht, Kreisverwaltung; Gymnasium; Braunkohlenbergbau (Garsdorf), chem. u. metallurgische Industrie.

B. wurde 1317 zur St erhoben. Die ma. Befestigungsanlagen mit dem historischen Stadttor sind großenteils erhalten. Die Pfarrkirche ist ein romanisch-spätgotischer Bau. Nordwestlich von B. das Wasserschloß Paffendorf mit Arboretum im Schloßhof.

Bergisch Gladbach

□ 83,12 qkm; ○ Rheinisch Bergischer Kreis; ⚐ Nordrhein-Westfalen; ✉ 51465*; ☎ 02202; 🚗 GL; △ 60–266 m; 👫 100600.

B.Gl., 15 km östlich der Kölner City am Westrande des Bergischen Landes und am Ende der Rheinterrassen gelegen, ist 1975 aus den bisherigen Städten B.Gl., Bensberg sowie dem Ortsteil Schildgen aus der Gm Odenthal neugebildet worden. Die St ist über die B 55, B 506, B 51 und die Autobahnen A3 Köln-Düsseldorf (Ausfahrt Köln-Dellbrück), A3 Frankfurt a.M.-Köln (Ausfahrt Köln-Rath und A 4 Köln-Olpe (Ausfahrten B.Gl.-Refrath, B.Gl.-Bensberg und B.Gl.-Moritzfeld) zu erreichen; Nahschnellverkehr (S-Bahn, Stadtbahn, Busse) nach Köln.

B.Gl. ist Verwaltungs-, Geschäfts- und Kulturzentrum des Rhein. Berg-Kreises. Die St, Sitz der Kreisverwaltung und des Rheinischen Turnerbundes, hat Gymnasien, Gesamt-, Real-, Sonder-, Berufs-, Berufsfach- und Fachoberschulen, Volkshoch- und Musikschule, Europäische Akademie ‚Haus Lerbach‘, Thomas-Morus-Akademie, Rhein. Landesturnschule; Kunstgalerie, Fossiliensammlung aus der Paffrather Kalkmulde, Stiftung Lindgens, Büchereien.

B. Gl. besitzt eine seit 1582 ansäßige Papierindustrie von Weltruf; die St ist ferner Standort bedeutender Industriezweige (Maschinen- und Apparatebau, Pharmazeutik, Lederverarbeitung und Glaswattenherstellung, Elektrotechnik, Wollspinnerei, Verlagswesen u. a.) und Sitz eines Kernenergie-Forschungszentrums (Interatom).

Der ‚Gladbacher Hof' wird bereits um 1000 n. Chr. erwähnt. Als typisch bergische Streusiedlung wuchs B. Gl. aus rund 150 Einzelgehöften, Weilern und Ortschaften in vier Pfarreien allmählich zu einem Gemeinwesen von wirtschaftlicher und kommunaler Bedeutung. Nach dem Wiener Kongreß (1815) kam B. Gl. zu Preußen; 1865 erhielt es die Rheinische Städteordnung.

Sehenswertes: Bergfried und Burg der Grafen von Berg (12. und 16. Jh.) in Bensberg; Teile der restaurierten Alten Burg wurden in die Architektur des neuen Rathauses Bensberg einbezogen (1967); Barockschloß Bensberg, unter Kurfürst Johann Wilhelm II. von 1679 bis 1716 erbaut (heute Königlich Belgische Schule mit Internat); Romanische Kirche Sankt Clemens (1150) in Paffrath und Alte Kirche in Refrath (11. Jh.); Herz-Jesu-Kirche in Schildgen; Wasserburg Blegge (1463) in Paffrath; Burg Zweiffelstrunden (1663) und die Johanniter-Kommende (1350) in Herrenstrunden.

Bergkamen

□ 44,77 qkm; ○ Unna; ⚐ Nordrhein-Westfalen; ✉ 59192; ☎ 02307; 🚗 UN; △ 70 m; 👫 51 000.

B. liegt 32 km nordöstlich von Dortmund an der B 61 und B 233. Anschluß an die Autobahn A 2 Oberhausen–Hannover (Ausfahrt Kamen/Bergkamen) und Autobahn A 1 Bremen–Münster–Köln (Ausfahrt Hamm/Bergkamen). Die St hat Realschulen, Gymnasium, Gsamtschule, Musikschule, Volkshochschule, TÜV-Akademie, Sonderschulen für lern- und geistig behinderte Kinder; Studio-Theater, Städt. Kunstgalerie, Stadtmuseum; B. ist Sitz chemischer Industrie (Scheringwerke); außerdem Steinkohlenbergbau; neue Industriebetriebe wurden im Industriezentrum Rünthe angesiedelt.

B. wurden nach dem Zusammenschluß mit 5 Nachbargemeinden 1966 die Stadtrechte verliehen.

Bergneustadt

□ 37,82 qkm; ○ Oberbergischer Kreis; ⚐ Nordrhein-Westfalen; ✉ 51702; ☎ 02261; 🚗 GM; △ 212–491 m; 👫 18000.

B. liegt 60 km östlich von Köln an der B 55 im Bergischen Land. Anschluß an die Autobahn A 45 Dortmund-Siegen-Gießen (Ausfahrt Drolshagen/Wegeringhausen) und Autobahn A 4 Köln-Olpe (Ausfahrt Reichshof/B.). Die St hat Realschule, Gymnasium, Heimvolkshochschule (Friedrich-Ebert-Stiftung), Bezirksseminar für das Lehramt an Grund- und Hauptschulen; vielseitige Industrie (Herstellung von Metallwaren, Kunststoffen, Textilien, Papier, Motoren und Maschinen). – Sehenswert: Kirche in Wiedenest (11. Jh., romanische Bauglieder, gotisches Querschiff, wertvolle Fresken aus dem 15. Jh.), Wildpark Silberggehege, Aggertalsperre (erbaut 1928–29; 19,2 Millionen cbm).

Erste urkundliche Erwähnung 1096. Verleihung der Stadtrechte 1301. Blütezeit im 14. bis 16. Jh. (Erzförderung und Metallverarbeitung), Niedergang im 17. und 18. Jh. (Dreißigjähriger Krieg, Pest 1634 und 1636, verheerende Großbrände 1717 und 1742, Zusammenbruch des Eisengewerbes um 1800). Im 19. Jh. Aufbau der heimischen Textilindustrie (nach 1930 von der Metallindustrie überflügelt).

Berlin

□ rund 900 qkm; ○ Stadt Berlin; ⚐ Land Berlin; ✉ 10178*; ☎ 030; 🚗 B; △ 34–120 m; 👫 4,3 Mill.

B ist aufgrund des Bundestagsbeschlusses vom 20.6.1991 Hauptstadt und Regierungssitz der Bundesrepublik Deutschland.

Geographische Lage: B. liegt an der Spree und an der Havel. Die Spree durchfließt das „Berliner Haupttal", ein eiszeitliches Urstromtal, das von zwei flachwelligen Hochflächen eingefaßt wird, im Norden vom Barnim, im Süden vom Teltow. Trockene Talinseln erleichterten hier den Übergang in nordsüdlicher Richtung.

Verkehrslage: Berlin ist an das nationale Bundesstraßen-, Autobahn- (A 10, A 11, A 100, A 102, A 103, A 104, A 105, A 111, A 114, A 115) und an das intereuropäische Eisenbahnnetz angeschlossen (wichtigste Fernbahnhöfe: Zoo und Hauptbahnhof). Direkte Flugverbindungen bestehen u. a. mit Bremen, Düsseldorf, Frankfurt/Main, Hamburg, Hannover, Köln/Bonn, London, München, New York, Nürnberg, Paris, Saarbrücken und Stuttgart. (Flughäfen: Tegel, Tempelhof und Schönefeld); Omnibusverkehr vom Omnibusbahnhof am Funkturm nach vielen Städten Deutschlands. Die BVG (Berliner Verkehrs-Betriebe) betreiben in Berlin 10 U-Bahn-Linien (Streckennetz 133 km), 46 Straßenbahnlinien (586 km), 200 Bus-Linien (2458 km) und 10 S-Bahn-Linien (243 km). Der größte Hafen Berlins ist der Westhafen.

Als Hauptstadt und künftiger Regierungssitz Deutschlands ist B. Sitz zahlreicher Dienststellen des Bundes: Bundesverwaltungsgericht, Bundesversicherungsamt, Bundesversicherungsanstalt für Angestellte, Bundesgesundheitsamt, Umweltbundesamt, Biologische Bundesanstalt für Land- und Forstwirtschaft, Bundesanstalt für Materialprüfung, Bundesdruckerei, u. a.

Landesbehörden: Das Land Berlin wird von einem Senat verwaltet. An seiner Spitze steht der Regierende Bürgermeister; er und die Berliner Senatskanzlei haben ihren Sitz im Berliner Rathaus („Rotes Rathaus") in Berlin-Mitte. Die Verwaltungen der übrigen Senatoren sind an verschiedenen Stellen der Stadt untergebracht.

In B. befinden sich 40 Außenstellen von Botschaften, 30 Generalkonsulate und 25 Honorarkonsulate.

Gerichtsbehörden: Kammergericht, Landgericht, 9 Amtsgerichte, Oberverwaltungsgericht, Verwaltungsgericht, Landessozialgericht, Sozialgericht, Landesarbeitsgericht, Arbeitsgericht, Finanzgericht.

Öffentliche und private allgemeinbildende Schulen: 488 Grundschulen, 154 Haupt-, Real- und Gesamtschulen, 128 Gymnasien einschließlich gymnasialen Oberstufen an Gesamtschulen; ferner Berufs- und Berufsfachschulen gewerblicher, kaufmännischer und hauswirtschaftlicher Ausrichtung sowie Fachoberschulen.

Universitäten und Hochschulen: Freie Universität (FU), Humboldt-Universität, Technische Universität (TU), Staatliche Hochschule der Künste, Pädagogische Hochschule, Kirchliche Hochschule, Akademie der Künste, Akademie für Arbeitsmedizin, Deutsche Film- und Fernsehakademie, Fachhochschule für Wirtschaft.

Forschungsinstitute: Hahn-Meitner-Institut für Kernforschung, Deutsche Forschungshochschule Berlin, Max-Planck-Institute, Versuchsanstalt für Wasserbau und Schiffbau, Heinrich-Hertz-Institut Berlin GmbH u. a.

Fachschulen: Technische Fachhochschule Berlin, Fachhochschule für Technik und Wirtschaft, Fachhochschule für Sozialarbeit und Sozialpädagogik, Berliner Bibliothekarakademie, Fachschule für Optik und Phototechnik, Fachhochschule der Deutschen Bundespost, Staatliche Gartenbauschule, Lette-Verein, Ev. Fachhochschule für Sozialarbeit.

Kliniken der Freien Universität: Klinikum Steglitz, Klinikum Westend, Psychiatrische und Neurologische Klinik (siehe Klinikum); Humboldt-Uni-Klinik Charité.

Wichtige Industrien: Elektroindustrie, Textilindustrie, Waggon- und Maschinenbau, Eisen- und Stahlindustrie, chemische Industrie, Druck und Papier, Nahrungs- und Genußmittel, Großfirmen: Siemens, AEG, Osram, Telefunken, Borsig, IBM (Hauptverwaltung), Schering, Mercedes, Sony u. a.; mit zehntausenden von Industrie- und gewerblichen Betrieben verfügt B. über eine große Wirtschaftskraft.

Ruine der Kaiser-Wilhelm-Gedächtniskirche und Neubau der Kirche

Sehenswürdigkeiten: Schloß Bellevue (Barock), Brandenburger Tor (erbaut von C.G. Langhans, 1788–91 nach dem Modell der Propyläen; die Quadriga mit der Viktoria von Schadow), Altes Palais (ehem. Sitz Kaiser Wilhelms I.) mit Denkmal Friedrichs des Großen, Alte Bibliothek, St. Hedwigs-Kathedrale, Palast der Republik (ehem. Tagungsort der ‚Volkskammer'), Berliner ‚Rotes Rathaus', historisches Viertel um die Nicolaikirche, Fernsehturm, Alexanderplatz, Berliner Dom, Corbusier-Haus, Europa-Center (Einkaufs- und Vergnügungszentrum), Funkturm (erbaut 1924– 26), Gedenkstätte Plötzensee (für die Opfer der Hitlerdiktatur), Gropiusstadt und Hansaviertel (moderne Wohnviertel), Jagdschloß Grunewald (Renaissance, 1542 von Caspar Theyss erbaut), Kaiser-Wilhelm-Gedächtniskirche (erbaut 1961–63 von E. Eiermann, daneben die Turmruine der alten Kirche, erbaut 1891–95 von Franz Schwechten), Kurfürstendamm und Tauentzienstraße (Einkaufszentren), Märkisches Viertel (modernes Wohnviertel), Olympiastadion (angelegt nach Plänen von Werner March), Schloß Pfaueninsel mit Naturschutzgebiet (1794–97), Philharmonie (erbaut 1960–63 von Hans Scharoun), Reichstagsgebäude (erbaut 1884–94 von Paul Wallot), Schloß Charlottenburg (1695–99 von A. Nering begonnen, dann von Eosander von Goethe, von Knobelsdorff und Langhans erweitert; im Ehrenhof das Reiterdenkmal des Großen Kurfürsten von Andreas Schlüter), die Siegessäule, Staatsbibliothek (Architekt Hans Scharoun; wissenschaftliche Zentralbibliothek für die Bundesrepublik Deutschland), Forum Steglitz (Einkaufszentrum), Wilhelm-Foerster-Sternwarte mit Zeiß-Planetarium auf dem Insulaner (Trümmerberg mit schöner Aussicht), Schloß Tegel (Humboldtschlößchen, 1821–23 von Schinkel umgebaut), Verlagshaus Axel Springer (19stöckiges Hochhaus, erbaut 1964–66), Zoologischer Garten mit Aquarium.

Erholungsgebiete: Grunewald, Havelseen (Großer und Kleiner Wannsee, Pohlesee, Stölpchensee), Oberhavel (Tegeler See, Tegeler Forst), Spandauer Forst, Tiergarten, Botanischer Garten, Müggelsee (746 ha), Schloßpark Charlottenburg, Volkspark Friedrichshain, Treptower Park mit Liebesinsel und Volkssternwarte, Volkspark Hasenheide, Volkspark Jungfernheide, Volkspark Rehberge.

Museen: Museumsinsel mit Nationalgalerie, Pergamonmuseum, Bodemuseum und Neuem Museum, Deutsches Historisches Museum, Neue Nationalgalerie, Museen im und gegenüber dem Schloß Charlottenburg (Museum für Vor- und Frühgeschichte, Kunstgewerbemuseum, Ägyptisches Museum, Antikenmuseum), Gipsformerei der Staatlichen Museen, Kunstbibliothek der Staatlichen Museen, Humboldtmuseum im Schloß Tegel, Botanisches Museum im Botanischen Garten, Georg-Kolbe-Museum, Berliner Post- und Fernmeldemuseum, Verkehrsmuseum, Berlin-Museum, Brücke-Museum, Musikinstrumentenmuseum; Museen in Dahlem: Gemäldegalerie, Skulpturengalerie, Kupferstichkabinett, Museum für Völkerkunde, Museum für Indische Kunst, Museum für Islamische Kunst, Museum für Ostasiatische Kunst, Deutsches Rundfunkmuseum, Kriminalmuseum, Museum für Technik und Verkehr u. a.

Oper und Theater: Deutsche Oper Berlin, Deutsche Staatsoper Berlin, Deutsches Theater/Kammerspiele, Friedrichstadtpalast, Komische Oper, Maxim-Gorki-Theater, Metropol-Theater, Schillerth., Schillerth.-Werkstatt, Schloßparkth., Freie Volksbühne, Renaissanceth., Th. am Kurfürstendamm, Komödie, Tribüne, Hebbel-Th., Th. des Westens, Schaubühne, Hansa-Theater, Vagantenbühne, Kleines Theater, Grips-Theater (für Kinder) sowie zahlreiche Freie Theatergruppen. Freilichtbühnen: Rehberge, Naturtheater Volkspark Hasenheide, Waldbühne.

Kabarett: Die Stachelschweine, Die Distel, Klimperkasten, Quartier, Varieté Chamäleon u. a.

Jährlich wiederkehrende Veranstaltungen: Menschen-Tiere-Sensationen (Deutschlandhalle), Bockbierfeste, Bälle (Juristenball, Presse- und Funkball usw.), Internationales Hallen-Reit- und Springturnier (CHI, Deutschlandhalle), Internationale Grüne Woche, Internationale Tourismus-Börse (ITB), Interchic (Modemesse), FBK – Freie Berliner Kunstausstellung, Theatertreffen Berlin, Internationale Filmfestspiele Berlin, Deutsch-Französisches Volksfest, Deutsch-Amerikanisches Volksfest, Übersee-Import-Messe (Partner des Fortschritts), Berliner Festwochen, Berliner Jazz-Tage, alle 2 Jahre „Kulinaria" (Deutsche Gastwirts- und Nahrungsmittelausstellung) und Internationale Funkausstellung. Das größte Ausstellungsgelände ist das Messegelände am Funkturm: überdachte Ausstellungsfläche 88 000 qm, Freigelände 40 000 qm; Internationales Congreß-Centrum – ICC – (8000 qm mit 80 Veranstaltungsräumen).

Geschichte Berlins.

I. Von den Anfängen zur Kurfürstlichen Residenz.

Im Zuge der deutschen Ostsiedlung entstanden Anfang des 13. Jh. im unteren Spreetal zwei deutsche Gemeinden: Berlin auf dem rechten Spreeufer und Kölln auf der Spreeinsel. Kölln wird 1237, Berlin 1244 zum ersten Mal urkundlich erwähnt. Im 14. Jh. Vereinigung beider Städte und Anschluß an die Hanse. 1442 hob der Hohenzollernkurfürst Friedrich II. die Vereinigung der beiden Städte auf, erzwang den Austritt aus der Hanse und baute in Kölln eine Burg, die Keimzelle des späteren Schlosses. So wurde die Stadt Residenz der brandenburgischen Kurfürsten, später der preußischen Könige (1486–1918). Unter Friedrich Wilhelm, dem Großen Kurfürsten (1640 bis 88) entstanden zwei neue Städte, der Friedrichswerder und die Dorotheenstadt, dazu die Straße „Unter den Linden" vom Schloß zum

Tiergarten. Der Friedrich-Wilhelm-Kanal zwischen Spree und Oder schaffte die durchgehende Verbindung Breslau–Hamburg und hob Berlins Handel. 1685 wanderten auf Einladung des Großen Kurfürsten viele französische Hugenottenfamilien nach Berlin ein; zeitweise war jeder fünfte Berliner ein Hugenotte. Sie brachten neue Handwerkszweige mit. Die Einwohnerzahl stieg auf 20000.

II. Berlin als Königsstadt

Der Nachfolger des Großen Kurfürsten krönte sich 1701 zum König (Friedrich I., 1701–13). Unter ihm entstand als fünfte Stadt die Friedrichstadt, die 1709 mit Berlin, Kölln, dem Friedrichswerder und der Dorotheenstadt zu der einen Königsstadt Berlin vereinigt wurde. Das Stadtschloß erhielt durch Andreas Schlüter seine endgültige Gestalt. Weit vor den Toren der Stadt wurde für die Königin Sophie Charlotte das Schloß Charlottenburg gebaut. Sie gründete mit dem Philosophen Leibniz die Preußische Akademie der Wissenschaften. Unter Friedrich Wilhelm I. (1713–40) und Friedrich II. (dem Großen, 1740–86) schritt der Ausbau der Stadt fort. Friedrich Wilhelm I. förderte die Wollmanufaktur (Armeetuch, auch für die Ausfuhr, z.B. nach Rußland) und die private Bautätigkeit, Friedrich d.Gr. ließ das Opernhaus, die Sankt-Hedwigs-Kathedrale und das Palais des Prinzen Heinrich (heute Humboldt-Universität) bauen. Er war bemüht, neue Produktionsstätten zu schaffen (1763 Kgl. Porzellanmanufaktur). Die Einwohnerzahl betrug 1786 147000. Das Jahr 1809 brachte die erste Wahl der Stadtverordnetenversammlung aufgrund der Steinschen Städteordnung, das Jahr 1810 die Gründung der Friedrich-Wilhelms-Universität durch Wilhelm von Humboldt. Neuer wirtschaftlicher Aufschwung nach 1815. 1837 gründete August Borsig seine Maschinenfabrik. 1838 wurde die Eisenbahn Berlin–Potsdam eröffnet, 1847 die Firma Siemens & Halske gegründet.

III. Berlin als Reichshauptstadt

1871 wurde Berlin Residenz des Deutschen Kaisers und Reichshauptstadt und gleichzeitig führendes Wirtschafts- und Produktionszentrum des Kontinents. Auf die starke Konjunktur der sogenannten Gründerjahre folgte eine schwere Wirtschaftskrise. In dieser Zeit entstanden im Norden und Osten der Stadt die Elendsquartiere der Mietskasernen mit lichtlosen Hinterhöfen. 1871–82 wurde die Stadt- und Ringbahn erbaut. Die Einwohnerzahl überschritt in den achtziger Jahren die erste, 1910 die zweite Million. 1902 Eröffnung der ersten Hoch- und Untergrundbahnstrecke Warschauer Brücke–Zoo.

IV. Berlin als Hauptstadt der Republik

Auf den Zusammenbruch im November 1918 folgten Spartakusaufstand, Kapp-Putsch, Streiks, Demonstrationen, Inflation, ansteigende Kriminalität. 1920: Eingemeindungsgesetz; Berlin verschmolz mit 7 Nachbarstädten (Charlottenburg, Spandau, Schöneberg, Wilmersdorf, Neukölln, Lichtenberg, Köpenick), zahlreichen Landgemeinden und Gutsbezirken zu einer einzigen Stadtgemeinde Berlin („Groß-Berlin"). Die Reichshauptstadt wurde in 20 Bezirke eingeteilt; mit 4 Millionen Einwohnern war sie nun die zweitgrößte Stadt Europas und mit 878 qkm flächenmäßig eine der größten Städte der Welt. 1924–1929: die ‚Goldenen Zwanziger', wirtschaftliche und kulturelle Blütezeit nach der Stabilisierung der Währung. 1929–33: politische Radikalisierung als Folge der allgemeinen Weltwirtschaftskrise.

V. Berlin im Dritten Reich

30. 1. 1933: Machtübernahme durch Adolf Hitler. 1936: Olympische Spiele in Berlin. 1937: 700-Jahr-Feier Berlins. 1. 9. 1939: Beginn des Zweiten Weltkriegs. 1. 3. 1943: erster schwerer Luftangriff auf Berlin (seit Herbst 1943 immer häufiger und verheerender). Am 20. 7. 1944 scheiterte der Aufstand gegen Hitler („Unternehmen Walküre"); anschließend Bluturteile des Volksgerichtshofes unter Freisler. 23. 4. 1945 bis 2. 5. 1945: Eroberung Berlins durch die Sowjetarmee unter Marschall Schukow. Selbstmord Hitlers im Bunker seiner Reichskanzlei. Die Bevölkerung Berlins ging während des Krieges durch Evakuierung, Flucht und Kriegsverluste von 4,3 auf 2,8 Millionen zurück. Berlin war eine Trümmerwüste mit 80 Mill. cbm Schutt.

VI. Berlin nach 1945

Am 17. Mai 1945 nahm ein von den Sowjetrussen eingesetzter Magistrat seine Arbeit auf (Bereich: ganz Berlin). Aufgrund der Abmachungen zwischen den Siegermächten wurde Berlin zur Viersektorenstadt. Amerikanische, britische und französische Truppen besetzten im Juli und August 1945 die ihnen zugewiesenen Sektoren. Die höchste Gewalt im besetzten Deutschland übt der Alliierte Kontrollrat (Sitz: Berlin) aus, der aus den Oberbefehlshabern der vier Besatzungsarmeen besteht und einstimmig entscheiden muß. Dem Kontrollrat untersteht für Groß-Berlin die Alliierte Kommandantur, bestehend aus den vier Stadtkommandanten (Vorsitz abwechselnd); erste Sitzung 11. 7. 1945. Am 20. 10. 1946 fanden die ersten freien Wahlen in Groß-Berlin statt; Niederlage der kommunistischen SED (19,8%). Am 20. 3. 1948 verließ der russische Vertreter im Kontrollrat die Sitzung und blockierte damit die weitere Arbeit dieses Organs; das gleiche geschah am 16. 6. 1948 in der Alliierten Kommandantur. Nachdem die Viermächteverhandlungen über eine gemeinsame Währungsreform für ganz Deutschland am Widerstand der Sowjetunion gescheitert waren, kam es zu getrennten Währungsreformen in den Westsektoren (Westmark) und im Ostsektor (Ostmark), und die sowjetische Besatzungsmacht unterband jeden Personen- und Güterverkehr von und nach West-Berlin (24./25. 6. 1948). Beginn der Berliner Blockade bis 12. 5. 1949. Am 26. 6. 1948 wird auf Befehl des amerikanischen Militärgouverneurs Lucius D. Clay die Versorgung West-Berlins durch Flugzeuge aufgenommen („Luftbrücke"). Gesamtleistung: über 2 Millionen t Lebensmittel, Kohle, Rohstoffe, Maschinenteile. Während der Blockade wurde durch kommunistische Gewaltanwendung die bis dahin einheitliche Stadtverwaltung von Groß-Berlin unmöglich gemacht; Stadtverordnete und Magistrat mußten sich aus dem Neuen Stadthaus nach West-Berlin absetzen (6. 9. und 1. 12. 1948). Am 4. Dezember 1948 führte der geistige Terror, dem Professoren und Studenten an der Humboldt-Universität ausgesetzt waren, zur Gründung der Freien Universität in West-Berlin. An den Wahlen in West-Berlin am 5. 12. 1948 nahm die SED nicht teil. Am 12. 5. 1949 wurde die Blokkade aufgehoben. Mitte September 1949 begann die Bundesrepublik ihr parlamentarisches Leben, und am 7. 10. wurde in Ost-Berlin die Deutsche Demokratische Republik ausgerufen. 17. 6. 1953: Aufstand in Ost-Berlin und der DDR von der Roten Armee niedergeschlagen. 3. 10. 1954 Garantieerklärung der Westmächte für West-Berlin; die Mitglieder der NATO schließen sich an. Eine Außenministerkonferenz der vier Mächte in Genf über das Berlin-Problem scheiterte 1959. In den Morgenstunden des 13. August 1961 begannen die kommunistischen Machthaber Ost-Berlin und die DDR gegenüber West-Berlin mit Stacheldraht abzuriegeln; durch diese Absperrungen, die bald durch Betonmauern und Todesstreifen verstärkt werden, ist den Menschen der DDR eine Flucht nach West-Berlin praktisch unmöglich gemacht worden. 60000 von ihnen können ihre Arbeitsplätze in West-Berlin nicht mehr aufsuchen. Am 23. August 1961 wird es den Einwohnern West-Berlins unmöglich gemacht, den Ostsektor zu betreten. Bei Versuchen, die Grenzsperren in Berlin zu überwinden, werden seit 1962 zahlreiche Personen getötet. Am 26. Juni 1963 besucht Präsident John F. Kennedy West-Berlin. Weihnachten 1963 und Neujahr 1964 dürfen West-Berliner aufgrund einer „Passierscheinregelung" zwischen Senat und DDR zum ersten Mal seit 28 Monaten ihre nächsten Angehörigen in Ost-Berlin besuchen; ähnliche Regelungen erfolgen für Weihnachten 1964 und 1965 und für Ostern und Pfingsten 1965 und 1966. Seit 1964 ist „im Rentenalter stehenden Bürgern der DDR" jährlich eine Besuchsreise bis zu 4 Wochen zu Verwandten in Westdeutschland und West-Berlin gestattet. Im Zuge der internationalen Entspannungspolitik kam es 1972 zu einem Vier-Mächte-Abkommen über Berlin und zu neuen Erleichterungen und Verbesserungen. Nachdem die Sozialdemokraten von 1948 bis 1981 die Regierenden Bürgermeister stellten, verlieren im gleichen Jahr SPD und FDP bei vorgezogenen Wahlen ihre Mehrheit im Senat; die CDU wird stärkste Partei und Richard von Weizsäcker neuer Regierender Bürgermeister, der sein Amt 1984 an Eberhard Diepgen abgibt, als er zum Bundespräsidenten gewählt wird. 1987 kommt es im Mai in Berlin-Kreuzberg zu großen Krawallen und Plünderungen, an denen sich nicht nur Anhänger der sogenannten ‚Autonomen' sondern auch Gruppen der übrigen Bevölkerung aus Protest gegen hohe Mieten und soziale Defizite beteiligen. Die Wahlen im Jahr 1989 bringen der SPD und Alternativen Liste wieder die Mehrheit; mit dem Regierenden Bürgermeister Walter Momper bilden sie zusammen den neuen Senat. Nach den dramatischen Ereignissen im Herbst 89 (Flucht zehntausender DDR-Bürger in die Botschaften der Bundesrepublik in Budapest, Prag, Warschau und Ost-Berlin; Öffnung der ungarischen Grenze für die Flüchtlinge; Reisefreiheit für alle DDR-Bürger ab 9. 11.; Öffnung und Teilabbau der Berliner Mauer; Wegfall der Visumspflicht und des Zwangsumtausches für Bürger aus der Bundesrepublik und West-Berlin ab 23. 12.) sind nach vier Jahrzehnten totalitärer DDR-Herrschaft die Voraussetzungen für den wirtschaftlichen, verkehrsmäßigen und politischen Zusammenschluß von West- und Ost-Berlin gegeben.

Am 18. 3. 1990 führen die ersten freien Wahlen in der DDR zu einer Regierungskoalition aus CDU, DSU, Demokratischem Aufbruch, Liberalen und SPD unter Ministerpräsident Lothar de Maizière (CDU); am 12. 6. 1990 findet nach knapp 42 Jahren eine gemeinsame Sitzung des Ost-Berliner Magistrats und des Senats von Berlin im Roten Rathaus (Berlin-Mitte) statt. 1. 7.: Berlin und das Umland werden einheitliches Währungsgebiet; am 6. 7 beginnen in Ost-Berlin Verhandlungen über einen Staatsvertrag zur Herstellung der Einheit Deutschlands; der Vertrag wird am 31. 8. im

Palais Unter den Linden in Ost-Berlin unterzeichnet. Am 12. 9. Ratifizierung des 2+4 Vertrages über die Aufhebung der allierten Siegerrechte aus dem 2. Weltkrieg in Moskau durch die Außenminister Frankreichs, Großbritanniens, der Sowjetunion, der USA, der Bundesrepublik Deutschland und der Deutschen Demokratischen Republik. 20. 9.: Mit Zweidrittel-Mehrheit verabschieden die Volkskammer der DDR und der Bundestag der Bundesrepublik Deutschland den Vertrag zur Herstellung der Einheit Deutschlands. 3. 10.: Die DDR tritt der Bundesrepublik Deutschland bei, zwischen Reichstag und Alexanderplatz feiern Hunderttausende Berliner und Bürger aus West- und Ostdeutschland das „Fest der Einheit Deutschlands", und einen Tag später tritt das erste gesamtdeutsche Parlament nach dem 2. Weltkrieg zu seiner Konstituierenden Sitzung im Reichstagsgebäude in Berlin zusammen.

Am 20. 6. 1991 beschließt der Bundestag in Bonn: Berlin ist Hauptstadt und künftiger Regierungssitz Deutschlands.

Berlin ist Geburtsort vieler berühmter Persönlichkeiten, u. a. von Achim von Arnim (1781–1831, Dichter der Romantik), Adolf von Baeyer (1835–1917, Chemiker, 1905 Nobelpreis), Georg Büchmann (1822–1884, Schöpfer der ‚Geflügelten Worte'), Leo Frobenius (1873–1938, Forschungsreisender, Begründer der Kulturkreislehre), Eduard von Hartmann (1842 bis 1906, Philosoph), Paul Heyse (1830–1914, Dichter, Nobelpreis 1910), Alexander von Humboldt (1769–1859, Geograph und Forschungsreisender), Gustav Langenscheidt (1832–1895, Sprachlehrer und Verleger), Max Liebermann (1847–1935, Maler), Paul Lincke (1866–1946, Operettenkomponist), Albert Lortzing (1803–1851, Opernkomponist), Giacomo Meyerbeer (1791–1864, Opernkomponist), Karl Ploetz (1819–1881, Sprachlehrer und Verfasser des ‚Auszugs aus der Geschichte'), Hans Poelzig (1869–1936, Architekt), Emil Rathenau (1838–1915, Begründer der AEG), Walter Rathenau (1867–1922, Staatsmann, Außenminister), Gottfried Schadow (1764–1850, Bildhauer), Gustav Stresemann (1878–1929, Staatsmann, Außenminister, 1926 Friedensnobelpreis), Ludwig Tieck (1773–1853, Dichter der Romantik), Alfred Wegener (1880–1930, Physiker und Forschungsreisender), Karl Friedrich Zelter (1758–1832, Maurermeister und Komponist, Freund Goethes), Kurt Tucholsky (1890–1935, Schriftsteller).

Bernau

□ 46 qkm; ○ Bernau; ⚐ Brandenburg; ✉ 16321; ☎ 03338; 🚗 BER; △ 80 m; 👥 20000.

Die St ist verkehrstechnisch gut erschlossen: Autobahnanschlüsse A 10 und A 11; B 2, Busbahnhof für den Personennahverkehr, Fernbahnhof an der Strecke Leipzig–Berlin–Stralsund; S-Bahnanschluß nach Berlin. – B. verfügt über ein Krankenhaus, Apotheken und das Rehabilitationszentrum Bernau-Waldfrieden; an Behörden findet man vor: Stadtverwaltung, Fremdenverkehrsamt, Landratsamt, Amtsgericht, Polizeikreisamt, Einwohnermeldeamt. Die Bildungseinrichtungen umfassen Grundschulen, je eine Gesamtschule, Realschule, Gymnasium, Förderschule für Lernbehinderte und die Fachhochschule für Öffentliche Verwaltung. – Industrie: Elektromaschinen- und Anlagenbau; Baubetriebe, Lederwarenherstellung, Backwarenerzeugung, Chemiebetrieb, Fahrzeugausrüstungsbau und Energieversorgung.

Historisches: Der Sage zufolge soll der askanische Markgraf „Albrecht der Bär" die St um 1140 gegründet haben. Bei verheerenden Stadtbränden sind jedoch alle Urkunden darüber verbrannt, so daß man sich auf 1232 als Gründungsjahr geeinigt hat. Am Nordrand des Panke-Tales gelegen, entwickelte sich B. schnell zu einer angesehenen St mit regem Marktverkehr und weitreichenden Fernhandelsbeziehungen. Ihr Wohlstand basierte vor allem auf der Bierbrauerei und Tuchmacherei. Zu den historischen Zeugnissen zählen die 1496 m lange, fast vollständig erhaltene ma. Stadtmauer, die ev. Marienkirche aus dem 16. Jh., das Rathaus, das Gasthaus „Schwarzer Adler" und als Wahrzeichen der St das „Steintor". Es ist das letzte von ehem. 3 Stadttoren. Weithin bekannt wurde B. durch Abwehr der Hussiten, die 1432 die Mauern zu durchbrechen versuchten. Der älteste märkische Bericht über diese Niederlage stammt aus dem Jahre 1598. Er stellt dar, daß die Frauen ihre Feinde mit heißem Brei empfangen hätten. Auch das starke Schwarzbier soll bei der Abwehr eine wichtige Rolle gespielt haben. Krieg und Pest im 17. Jh. machten dieser Blütezeit ein Ende; es dauerte bis in die 2. Hälfte des 19. Jh., bis B. sich davon erholt hatte und von neuem weiterentwickelte.

Kulturelles: Das Heimatmuseum im Steintor und Henkerhaus wurde 1882 gegründet. Im „Hungerturm" des Tores befindet sich eine Sammlung historischer Waffen. Im Henkerhaus werden die Besucher über das Gerichtswesen des MA informiert; zu sehen sind ma. Folterwerkzeuge und das Richtschwert aus dem 16. Jh. Eine Darstellung zur Entwicklung des Handwerks ergänzt die Ausstellung. – Das älteste, heute noch stehende Wohnhaus wurde 1582 in Fachwerkbauweise als „Kantorhaus" errichtet. In den Jahren 1982/83 restauriert, dient es heute als Musikschule und Stätte für musikalische Begegnungen. Zwei Galerien, Stadtbibliothek, Kleintierzoo und eine Sternwarte vervollständigen das kulturelle Angebot. Der Hussitenmarkt im Mai, das Hussitenfest im September, Oktoberfest und Weihnachtsmarkt sind jährl. wiederkehrende Veranstaltungen.

Bernburg

□ 46,6 qkm; ○ Bernburg; ⚐ Sachsen-Anhalt; ✉ 06406; ☎ 0447; 🚗 BBG; △ 56,7–95,2 m; 👪 41 000.

Verkehrsverbindungen: Schnittpunkt B 71/E 49 mit B 185; Deutsche Reichsbahn, Hauptstrecke Berlin-Aschersleben; Wasserweg: Saale-Schiffahrt; nächster Flughafen Leipzig/Halle (64 km).

Ämter und Behörden: Landratsamt, Kreis- und Stadtverwaltung, Arbeitsamt, Binnenzollamt, Landesgrundbuchamt; Polizeikreisamt, Landesaufnahmestelle Sachsen-Anhalt; Wasser- und Schiffahrtsamt, Amt für Landwirtschaft und Flurerneuerung, Gesundheitswesen und Soziales: Kreiskrankenhaus, Landeskrankenhaus für Psychiatrie und Neurologie, Stadtpoliklinik, Sozialstationen, Senioren- und Pflegeheime, Kindergärten und Kinderkrippen, Kindertagesstätten, Kinderheime, Landesjugendheim, Kreisverband B. des DRK-Rettungswesens u. v. a. m.

Bildung und Kultur: Grundschulen, Gymnasien, Sonderschule für Lernbehinderte, gewerblich-techn. Berufsschule, kaufmänn.-landwirtsch./sozialpflegerische-sozialpädag. Berufsschule; Hochschule für Betriebswirtschaftslehre, Agrarmanagement, Ernährungswissenschaften und Landespflege; Kreisvolkshochschule, Kunsthochschule, Musikschule; Stadttheater B. „Karl-Maria v. Weber", „Spöötergewölbe" (Kabarett und Kleinkunst), Museum Schloß B., Kreiskulturhaus, Sozio-Kulturelles Zentrum, Stadtbibliothek.

Wirtschaftliches: Die Struktur ist geprägt durch Vorkommen von Steinsalz, Kalkstein und Letten; die landwirtschaftliche Nutzfläche von 32 000 ha charakterisiert sich mit überdurchschnittlich guter Bodenqualität. Daraus folgert die Art der führenden Betriebe: Zementwerk KG, Mitteldt. Salzwerk GmbH, Serumwerk B., Baubetriebe mit unterschiedlichen Fachrichtungen sowie der Landmaschinen- und Gerätebau. Das Branchen-Strukturprogramm wird bestimmt durch Baumaterialien, Maschinen- und Fahrzeugbau, Chemische Industrie, Bauwirtschaft und Leichtindustrie.

Die St liegt an der Saale, geograph. eingebettet im östl. Harzvorland zwischen einer stark herausgebildeten Harzscholle und der Leipziger Tiefebene. Waldau, der älteste St-Teil, wird 806 erstmals erwähnt. B. ist reich an Sehenswürdigkeiten, kultur- und kunstgeschichtlichen Zeugnissen. Hauptattraktion ist das (heutige) Renaissanceschloß, hoch über der Saale gelegen, das einen weiten Blick ins Harzvorland gewährt. Baustil und Besitzverhältnisse erwiesen sich im Verlaufe der Geschichte als wechselhaft. Der Burgbezirk wurde erstmalig 961 erwähnt – errichtet auf einem steilen Buntsandsteinfelsen als Volks- und Rundburg. Sie war im 11. Jh. eine Grafenburg in der Dynastie der Askanier, im 15. Jh. eine Fürstenburg und repräsentierte im 16. Jh. ein Residenzschloß der Askanier zur Herrschaft über Anhalt. Im Schloß B. befindet sich heute ein Museum mit den Abteilungen Vor- und Frühgeschichte der B. Landschaft, eine historische Sammlung zu Burg, Schloß, St und Gebiet B. mit Exponaten aus dem MA, der Renaissance und des Barock bis hinein in die Neuzeit, ferner ein Münzkabinett, eine Mineraliensammlung und die ständige Ausstellung „Von Mühlen und Müllern". Weitere Sehenswürdigkeiten: das Bärentiefgehege (Zwingeranlage) am Eingang des Schlosses, der Eulenspiegelturm (Bergfried) als Teil der Schloßanlage und die Galerie mit wechselnden Ausstellungen der Bildenden Kunst. Rund um B. gibt es 32 km ausgeschilderte Wanderwege, auf denen man mehrere Naherholungszentren und -gebiete der St und des Landkreises erreicht. Zur Auswahl sei angedeutet: „Krumbholz" mit Tiergarten, Parkeisenbahn, Bootsverleih, dem „Keßlerturm" (Aussichtspunkt) und gastronom. Objekten; Spätrenaissanceschloß und Parkanlage im nahegelegenen Ort Neugattersleben an der Bode; Renaissanceschloß auf den Grundmauern einer ma. Rundburg (37 m hoher Bergfried, barocker Fürstensaal um 1720) in der Ortschaft Plötzkau; ein Gletschergarten als Naturdenkmal, entstanden in der letzten Eiszeit: Endmoräne aus abgeschliffenen Sandsteinfelsen östl. von B. – Weitere Sehenswürdigkeiten und Gelegenheiten zur Entspannung bieten Fahrten mit einem Motorschiff auf der Saale, mehrere Freibäder, Parks und Gartenanlagen der Umgebung.

Bernkastel-Kues

☐ 23,65 qkm; ○ Bernkastel-Wittlich; ⚐ Rheinland-Pfalz; ✉ 54470; ☎ 06531; 🚗 WIL; △ 110 m; 👥 7550.

B. liegt an der mittleren schiffbaren Mosel, 50 km nordöstlich von Trier. Zufahrt über die B 50 und B 53; Anschluß an die A 48 Trier–Koblenz (Ausfahrt Wittlich). B. hat Fluß- (seit 1964) und Yachthafen; Amtsgericht, Verbandsgemeindeverwaltung; Weinbauschule, Biologische Bundesanstalt für Landwirtschaft, Weinbau und Forsten; Realschule, Gymnasium, Sonderschule für geistig und körperlich behinderte Kinder, Berufsschule, Handelsschule. Bedeutendste Wirtschaftszweige sind der Weinbau (Lagen: B.-Doktor; Wehlener Sonnenuhr u.a.), Weinhandel und Fremdenverkehr (Kurbetrieb, Kliniken).

Das »Princastellum« der Römer, die heutige Burg Landshut, ist im 7. Jh. beim sogenannten „Geographen von Ravenna" erstmals erwähnt. Die Burg (1277 begonnen, seit 1692 Ruine) war seit dem Ende des 13. Jh. Sommerresidenz der Trierer Erzbischöfe und Kurfürsten. Rudolf von Habsburg verlieh der Siedlung 1291 die Stadtrechte. 1872/74 wurde erstmals eine befestigte Brücke über die Mosel errichtet. Seit 1905 bildet Bernkastel mit dem gegenüberliegenden Kues, dem Geburtsort des Kardinals und Philosophen Nikolaus Cusanus (1401–64), eine Stadtgemeinde.

Sehenswürdigkeiten: St. Nikolaus-Hospital (Cusanus-Stift, [15. Jh.]) mit spätgotischer Kapelle und Kreuzgang; Kirche St. Michael (Turm ursprünglich Wehrturm, um 1300); Rathaus (1608) mit Michaelsbrunnen (1606); Fachwerkhäuser (16. und 17. Jh.) am Marktplatz; Geburtshaus von N. Cusanus (im 16. Jh. umgebaut, 1979/80 restauriert); Burgruine Landshut; Graacher Tor (Heimatmuseum); Bärenbrunnen und Doktorbrunnen in B.; Eulenbrunnen im Stadtteil Wehlen; Goldwäscherbrunnen im Stadtteil Andel. – Alljährlich „Weinfest der Mittelmosel" (September) und „Moselfränkische Mundarttage"; alle zwei Jahre „Moselfestwochen" (Konzerte). – B. ist Geburtsort des Komponisten und Kirchenmusikers Hermann Schroeder (1904–1984).

Bersenbrück

☐ 42,55 qkm; ○ Osnabrück; ⚐ Niedersachsen; ✉ 49593; ☎ 05439; 🚗 OS; △ 35 m; 👥 5800.

B. liegt 35 km nördlich von Osnabrück im Schnittpunkt der B 68 und B 214. Anschluß an die Autobahn A 1 Osnabrück–Bremen (Ausfahrt Neuenkirchen/Vörden bzw. Holdorf). Bahnstation an der Strecke Osnabrück–Oldenburg. Die St hat Amtsgericht, Samtgemeindeverwaltung; Orientierungsstufe, Gymnasium, Realschule, Berufsbildende Schulen; mittlere und kleinere Industrie- und Gewerbebetriebe.

B. wird erstmals 1221 urkundlich genannt. 1231 wurde das Zisterzienser-Nonnenkloster gegründet (1787 aufgehoben), dessen Kirche und Dormitorium aus dem 13. Jh. erhalten sind; bemerkenswert ferner die Klosterpforte mit Brücke sowie das Heimatmuseum. 1956 erhielt B. das Stadtrecht.

Besigheim

☐ 16,84 qkm; ○ Ludwigsburg; ⚐ Baden-Württemberg; ✉ 74354; ☎ 07143; 🚗 LB; △ 165–267 m; 👥 9600.

Die St B. liegt 23 km nördlich von Stuttgart an der Mündung der Enz in den Neckar. Zufahrt über die B 27; Anschluß an die Autobahn A 81 Stuttgart–Heilbronn (Ausfahrt Mundelsheim). Bahnstation an der Strecke Würzburg–Stuttgart. B. hat Amtsgericht, Wasserwirtschaftsamt, Straßenbauamt; Realschule, Gymnasium, Sonderschule für Lernbehinderte; Werkzeug- und Kunststoffverarbeitende Industrie.

Die älteste Urkunde über B. stammt aus dem Jahr 1153. Um 1200 war der Ort befestigt; um 1220 wurde B. zur St erhoben. 1595 kam es an Württemberg. In den Nachkriegsjahren entwickelte sich B. zur aufstrebenden Industriegemeinde.

Sehenswert besonders der schöne 13 m hohe Hochaltar (um 1500) in der gotischen Stadtkirche, das erhaltene malerische Stadtbild mit Rathaus (Mitte 15. Jh.), der Marktbrunnen (16. Jh.) und der aus dem 16. Jh. stammende »Alte Keller« (heute Stadthalle). – Alle zwei Jahre Winzerfest.

Bestwig

☐ 70 qkm; ○ Hochsauerlandkreis; ⚐ Nordrhein-Westfalen; ✉ 59909; ☎ 02904; 🚗 HSK; △ 300–750 m; 👥 11 500.

B., im Hochsauerland 10 km östlich von Meschede gelegen, ist über die B 7 und A 46 (Ausfahrt B.) zu erreichen; Bahnstation an der Strecke Ruhrgebiet–Hagen–Kassel. Die Gm hat Berufsfachschule, Realschule, Sonderschule für Lernbehinderte; Bundesbahndienststellen (mit über 600 Bediensteten); Eisen- und Metallindustrie, Holz-, Schiefer- und Steinindustrie, Land- und Forstwirtschaft. Von Bedeutung ist ferner der Fremdenverkehr.

B. gehört zu den ältesten Siedlungen im Sauerland. Die erste urkundliche Erwähnung von 1072 bezieht sich auf den Ortsteil Velmede im Zusammenhang mit der Grundsteinlegung des Klosters Grafschaft.

Sehenswert das Bergbaumuseum und Besucherbergwerk Ramsbeck.

Betzdorf (Sieg)

☐ 9,57 qkm; ○ Altenkirchen; ⚐ Rheinland-Pfalz; ✉ 57518; ☎ 02741; 🚗 AK; △ 152 m; 👪 10200.

B., Luftkurort 15 km südwestlich von Siegen an der Mündung der Heller in die Sieg, ist über die B 62 zu erreichen; Anschluß an die Autobahn A 45 Dortmund-Hanau (Ausfahrten Wilnsdorf bzw. Siegen); Bahnknotenpunkt und D-Zug-Station an der Bundesbahnstrecke Düsseldorf-Köln-Siegen-Frankfurt a.M. Sport u Verkehrslandeplatz Katzwinkel. B. hat Verbandsgemeinde-Verwaltung, Zollamt; Realschule, Gymnasium, Berufsschule. Die Industrie produziert u.a. Gartenbaugeräte (Wolf), Behälter, Holzfaserplatten.

1048 wird erstmals das Gebiet um B. in einer Urkunde des Erzbischofs von Trier erwähnt. Um 1230 Errichtung einer Wohnburg mit Kapelle (1632 zerstört) in Hohenbetzdorf. Bis Mitte des 19. Jh. war Betzdorf ein kleines Walddorf (1839: 33 Häuser). Entwicklung zur Industriegemeinde nach Anschluß an das Eisenbahnnetz (1858). B., das 1945 durch Luftangriffe schwere Schäden erlitt, erhielt 1953 die Stadtrechte. – In der Nähe von B. befindet sich der sog. „Druidenstein" (altgermanische Thing- und Opferstätte).

Beverungen

☐ 97,80 qkm; ○ Höxter; ⚐ Nordrhein-Westfalen; ✉ 37688; ☎ 05273; 🚗 HX; △ 100 m; 👪 15000.

B. liegt im Weserbergland an der Mündung der Bever in die Weser und an der Kreuzung der B 83 und B 241. Die Großgemeinde B. wurde 1970 zur St erhoben nach Zusammenschluß mit 11 Nachbargemeinden. B. hat Gymnasium, Realschule und Sonderschule für Lernbehinderte; vielseitige Industrie: Stoffdruckerei und Möbelfabrikation (u.a. Garten-, Kinder-, Terrassen-, Stahlrohrmöbel, Kinderwagen), Fertigbau; Kernkraftwerk (Ortsteil Würgassen).

B., erstmals zwischen 843 und 866 urkundlich erwähnt, erhielt am 24. Mai 1417 das Stadtrecht. 1632 wurde es von Hessen und Schweden fast völlig zerstört. Nach 1945 entwickelte sich B. von einer überwiegend agrarwirtschaftlich orientierten Kleinstadt zum Industrieort. – Sehenswert Burg B. (1332 erbaut), ma. Stadtbild mit Fachwerkhäusern, Schloß und Schloßpark im Ortsteil Wehrden.

Bexbach

☐ 31,09 qkm; ○ Saar-Pfalz-Kreis; ⚐ Saarland; ✉ 66450; ☎ 06826; 🚗 HOM; △ 249 m; 👪 19200.

Die St B. liegt 25 km nordöstlich von Saarbrükken an der Autobahn A6 Saarbrücken-Mannheim (Ausfahrt Homburg/Saar). B. hat Realschule, Sonderschule für Lernbehinderte; kleinere und mittlere Industrie- und Gewerbebetriebe (Textilindustrie).

Erstmals wird B. um 1180 erwähnt. Bereits im 14. Jh. wurde in der Nähe des Ortes nach Eisenerz und seit etwa 1600 nach Kohlen gegraben. – Im Blumengarten steht der 40 m hohe Hindenburgturm mit dem einzigen Grubenmuseum des Saarlandes.

Biberach an der Riß

☐ 72,15 qkm; ○ Biberach a.d. Riß; ⚐ Baden-Württemberg; ✉ 88400; ☎ 07351; 🚗 BC; △ 532–613 m; 👪 28500.

B., seit 1962 Große Kreisstadt in Oberschwaben beiderseits der Riß und im Schnittpunkt der B 30, B 312 und B 465 gelegen, ist D-Zug-Station der Bundesbahnstrecke Stuttgart–Ulm–Friedrichshafen–Lindau. Die St hat Amtsgericht, Kreisverwaltung; Realschule, Gymnasien, Sonderschule für Lernbehinderte, gewerbliche Berufs-, Berufsfach- und Meisterschule mit Berufsaufbauschule und Technischem Gymnasium, haus- und landwirtschaftliche Berufs- und Berufsfachschule, Kinderpflegerinnenfachschule, frauenberufliches Gymnasium, kaufm. Berufs- und Wirtschaftsschule mit Wirtschaftsgymnasium, Fachhochschule für Architektur und Bauwesen, Betriebswirtschaft Bau; staatl. anerkannte Baustoffprüfstelle. Industrie: chemisch-pharmazeutische Fabrik, Turmdrehkranbau, Fabrik dentaler Instrumente; Metallgußwerk, Armaturen- und Maschinenfabriken, Herstellung von Präzisionsgeräten, Posamentenfabrik.

B., als alemannische Siedlung im 5. Jh. gegründet, erhielt 1312 Ulmer Stadtrecht. Mit der Verleihung der Blutgerichtsbarkeit im Jahr 1398 besaß die St die Privilegien einer „Freien und Reichsstadt". Leineweber, Färber, Gerber und Glockengießer waren seit dem 12. Jh. die bedeutendsten Handwerkszweige der St (B. Leinwand und Barchent wurden im 14. und 15. Jh. auf vielen europäischen Messen gehandelt). 1373 erfolgte der Ausbau der Stadtbefestigung. Nach dem Dreißigjährigen Krieg, der einen wirtschaftlichen Rückschlag brachte, wurde B. zu einer „Stadt der schönen Künste". Maler, Goldschmiede und Edelsteinschneider, Komponisten und der Dichter Christoph Martin Wieland (1733–1813) bestimmten im 17. bzw. 18. Jh. ihr geistiges Bild. 1802 verlor B. seine Reichsunmittelbarkeit und kam an Baden, wurde 1806 jedoch von Württemberg gegen Villingen ausgetauscht. – Sehenswürdigkeiten: Marktplatz mit Altem und Neuem Rathaus (1432 bzw. 1503), Haus „Zum Kleeblatt" (15. Jh.), Salzstadel (1513), Kornhaus „Schranne" (1593), Schlachthaus (1432; im Obergeschoß wurde bis 1858 Theater – Shakespeare- und Schilleraufführungen – gespielt); Altes Spital (1377) mit Spitalkirchen; Stadtpfarrkirche St. Martin (13. Jh.); Städt. Sammlungen (Braith-Mali-Museum); Wieland-Museum.

Biblis

□ 40,43 qkm; ○ Bergstraße; ⚐ Hessen; ✉ 68647; ☎ 06245; 🚗 HP; △ 90 m; 👥 8500.

Die Gm B. liegt 20 km nördlich von Mannheim im südhessischen Ried an der B 44; Bahnstation an der Strecke Köln/bzw. Frankfurt a. Main–Mannheim bzw. Ludwigshafen. B. hat Grund- und Hauptschule; Kernkraftwerk am Rhein.

Alljährlich Gurkenfest im Juni.

Biebertal

□ 43,9 qkm; ○ Gießen; ⚐ Hessen; ✉ 35444; ☎ 06409; 🚗 GI; △ 200–500 m; 👥 10000.

B. mit den Ortsteilen Rodheim-Bieber, Königsberg, Frankenbach, Krumbach, Fellingshausen und Vetzberg liegt 6 km nordwestlich von Gießen rund um den 498 m hohen Dünsberg. Die Gm hat Anschluß an die Autobahn A 480 Gießener Ring (Ausfahrt Wettenberg); Grund- und Gesamtschule; privates Heimatmuseum; mittlere und kleinere Gewerbebetriebe; Landwirtschaft. Sehenswert Burgruine Vetzberg und Reste keltischer Befestigungen auf dem Dünsberg.

Biedenkopf

□ 90,33 qkm; ○ Marburg-Biedenkopf; ⚐ Hessen; ✉ 35216; ☎ 06461; 🚗 MR; △ 300–700 m; 👥 14700.

B., am Oberlauf der Lahn und am Südrand des Rothaargebirges gelegen, ist Luftkurort und wirtschaftlicher Mittelpunkt des Hessischen Hinterlandes. Zufahrt über die B 62 und B 253. B. hat Außenstelle der Kreisverwaltung, Amtsgericht; Realschule, Gymnasium, Kreisberufs- und Berufsfachschulen, Volkshochschule; kunststoff- und metallverarbeitende Industrie; Fremdenverkehr; im Stadtteil Wallau befindet sich das größte Modellbauzentrum Europas.

B. wird erstmals 1232 urkundlich erwähnt. Unter den Landgrafen von Hessen 1254 Erhebung zur St. Ende des 18. Jh. erlebte B., mit 5700 Einwohnern damals fast doppelt so groß wie Dortmund (3000 EW), eine Blütezeit von Handel und Gewerbe. – Sehenswert das Landgrafenschloß (14. Jh.) mit Heimatmuseum sowie Schloß Breidenstein (Stadtteil Breidenstein).

Alle sieben Jahre Grenzgangsfest (August).

Bielefeld

□ 259,13 qkm; ○ Kreisfreie Stadt; ⚐ Nordrhein-Westfalen; ✉ 33602*; ☎ 0521; 🚗 BI; △ 73–320 m; 👥 310000.

B., in einer Bergsenke am Nordwesthang des Teutoburger Waldes gelegen, ist Verkehrsmittelpunkt Ostwestfalens (Kreuzung der B 61, B 66 und B 68; Anschluß an die Autobahn A 2 Köln–Hannover (Ausfahrt B.); D-Zug-Station (Intercity-Verbindungen; Flugplatz Windelsbleiche). Die St ist Sitz bedeutender Behörden (Landgericht, Amtsgericht, Arbeitsgericht, Bundesbahn-Generalvertretung, Bundesbahn-Betriebsamt, Hauptzollamt, Industrie- und Handelskammer, Landessynode und Landeskirchenamt der Ev. Kirche Westfalens, u. a.), zahlreicher Bildungsinstitutionen und kultureller Einrichtungen (Universität, Bezirksseminare

Bielefeld, Sparrenburg

für das Lehramt an Höheren Schulen, Real-, Grund- und Hauptschulen, Westfalen-Kolleg zur Erlangung der Hochschulreife, Fachhochschule für Technik, Wirtschaft, Sozialarbeit und Sozialpädagogik, Gestaltung, berufsbildende Fachschulen, Westf. Schulen für Gehörlose, Körperbehinderte, Schwerhörige und Sehbehinderte, Gymnasien, Realschulen, Gesamtschulen; Landesgeschichtliche Bibliothek, Stadtarchiv, Kunsthalle und vier Museen, zwei Theater, Stadthalle).

Im Stadtbezirk Gadderbaum befinden sich die von Pastor Friedrich von Bodelschwingh 1867 gegründeten Bethelschen Anstalten (6000 Krankenbetten) mit Kirchlicher Hochschule, Höheren Schulen, Sonderschule für Epileptiker, Fach- und Berufsfachschulen für Kindergärtnerinnen, Kinderpflegerinnen und Wirtschafterinnen, Heimvolkshochschule, Kranken- und Kinderkrankenpflegeschulen, Fachschule für Sozial- und Heilpädagogik.

B. ist in der Bundesrepublik der fünftgrößte Standort für Maschinenbau und verfügt über eine bedeutende Nahrungs- und Genußmittelindustrie, Textil- und Bekleidungswerke und zahlreiche Verlage. 1974 wurde B. Sennestadt mit bedeutender Industrie (Schwerarmaturenwerk und Gießerei, Druck- und Papierindustrie, Werkzeug- und Maschinenbau, Herstellung von Lederwaren und Kunststofferzeugnissen) eingegliedert.

B. wurde von Kaufleuten im Schutze der Sparrenburg an der alten Handels- und Heerstraße von Köln zur Elbe gegründet. Der erstmals 1015 urkundlich erwähnte Ort, dem Graf Hermann von Ravensberg 1214 die Stadtrechte verlieh, erlebte bereits im MA eine erste wirtschaftliche Blütezeit als Kaufmanns- und Handelsstadt. Anfang des 14. Jh. verschafften sich die B. Stände Privilegien zur Leinenherstellung, die im 17. Jh. vom Großen Kurfürsten durch eine amtliche Legge- und Bleichordnung endgültig besiegelt wurden, nachdem die St über Jülich–Cleve an Brandenburg-Preußen gekommen war. Ein weiterer wirtschaftlicher Aufschwung brach für B. mit dem Anbruch des Industriezeitalters herein (Gründung der ersten Aktiengesellschaft Ende des 18. Jh.; maschinelle Serienherstellung von Leinen, Seide und Kunstgarnen in Großbetrieben seit Mitte des 19. Jh.).

Sehenswürdigkeiten: Sparrenburg; Neustädter Marienkirche (1293); Altstädter Nicolaikirche; St. Jodokuskirche; Bauernhaus-Museum; Bürgerhäuser am Alten Markt.

Alljährlich Leinewebermarkt (Mai); Sparrenburgfest (Juli) und Weinmarkt (September).

Bietigheim-Bissingen (Württ.)

□ 31,30 qkm; ○ Ludwigsburg; ⚐ Baden-Württemberg; ✉ 74321; ☎ 07142; 🚗 LB; △ 250 m; 👫 37 000.

Die St Bietigheim und die Gm Bissingen wurden 1975 im Rahmen der Gebietsreform vereinigt. B.-B., 25 km nördlich von Stuttgart an der Enz gelegen, ist über die B 27 und die A 81 Stuttgart–Heilbronn (Ausfahrt Ludwigsburg-N) zu erreichen. D-Zug-Station der Bundesbahnhauptstrecken Stuttgart–Würzburg bzw. Stuttgart–Heidelberg und Stuttgart–Karlsruhe. B.-B. hat Realschulen, Gymnasien, Sonderschulen für bildungsschwache und lernbehinderte Kinder, Berufs- und Berufsfachschulen, Wirtschaftsgymnasium, Techn. Gymnasium; Unfall- und Schwerpunktkrankenhaus; keramische Industrie, Herstellung von Linoleum (DLW AG) und Autozubehör (SWF Auto-Electric), Dichtungs- und Kunststoffwerke, Glasveredelung, Tubenfabrik, Druckmaschinenherstellung, Apparate-, Fahrgeräte-, Hebezeug- und Kranbau, Herrenwäschefabrik, Zahnradfabrik, Herstellung von Liegebetten, Rucksäcken, Wohn- und Etagenbetten, Fahrzeugbau, Getränke-, Maschinen- und Werkzeugfabrik, Walzenmühle, Fabrik für Gelenkantriebe.

Bietigheim wird 789 erstmals urkundlich erwähnt. 1364 Verleihung der Stadtrechte durch Kaiser Karl IV. Das ma. Stadtbild ist gut erhalten: Rathaus (1507), spätgotische Stadtkirche (1411), Peterskirche (Chor 1390, Wandmalereien), Ulrichsbrunnen mit Standbild des Herzogs Ulrich (1549), Untertorturm (1510), Fachwerkhäuser aus dem 15. bis 17. Jh. Den Enzviadukt (33 m hoch, 300 m lang) erbaute 1853 Karl von Etzel; im Stadtteil Bissingen Kilianskirche (1520) mit Freskenmalereien aus dem 17. Jh. – Alljährlich im Spätsommer (1. Montag September) findet der traditionelle Bietigheimer Pferdemarkt statt. In Bietigheim geboren wurde der Arzt Erwin v. Bälz (1849–1913), Prof. an der Universität Tokio und Leibarzt des japanischen Kaiserhauses, dem die Japaner in seiner Heimatstadt ein Denkmal errichteten.

Billerbeck (Westf.)

□ 90,79 qkm; ○ Coesfeld; ⚐ Nordrhein-Westfalen; ✉ 48727; ☎ 02543; 🚗 COE; △ 138 m; 👥 10000.

Die St B. liegt 25 km westlich von Münster i.W. in den Baumbergen an der B 67. Bahnstation der Strecke Münster–Bocholt. B. hat Grund-, Haupt- und Realschule; katholisches Bildungswerk; Milchpulver- und Gefriertrocknungswerk, Bonbon-, Maschinen-, Fleischwaren- und Textilfabriken, EWG-Schlachthof, Steinmetzbetriebe; Fremdenverkehr.

B. ist über 1100 Jahre alt. Hier starb am 26. März 809 der hl. Ludger, der erste Bischof von Münster. Erste urkundliche Erwähnung des Ortes 834. Stadtrecht um 1300. Die Burg B. wurde 1458 in der Münsterschen Stiftsfehde zerstört, ein Teil des Ortes 1548 von Wiedertäufern niedergebrannt. Kontributionen im Dreißigjährigen Krieg und eine Brandkatastrophe (1667) brachten Handel und Wohlstand zum Erliegen. Im 17. und 18. Jh. Förderung der St als Wallfahrtsort durch die Fürstbischöfe von Münster.

Sehenswürdigkeiten: St. Johanniskirche (1234 erbaut, mit Turm von 1074; reiche Innenausstattung 15.–18. Jh.), Kolvenburg (ehem. Adelssitz aus der Frührenaissance), „Richthof" (ehem. Amtssitz des bischöf. Richters, Ende 13. Jh.), Archidiakonat (Domherrensitz), Ludgerus-Dom (erbaut über der Sterbestätte des hl. Ludger, 1898 vollendet, mit zwei Türmen von über 100 m Höhe); Freilichtbühne.

Bingen, Mäuseturm

Bingen (Rhein)

□ 37,74 qkm; ○ Mainz-Bingen; ⚐ Rheinland-Pfalz; ✉ 55411; ☎ 06721; 🚗 MZ; △ 80 m; 👥 24300.

B., 32 km westlich von Mainz an der Mündung der Nahe in den Rhein gelgen, ist D-Zug-Station der Bundesbahnhauptstrecken Dortmund–Frankfurt, Dortmund–Berchtesgaden, Dortmund–München, Brüssel–Wien, Amsterdam–Wien und Frankfurt a.M.–Hamburg. Mit dem Auto ist B. über die B 9, B 48, B 50 und Autobahnen A 61 Ludwigshafen–Koblenz (Ausfahrt Autobahnkreuz B. und B.) bzw. A 60 Mainz–Bingen (Ausfahrt B.-Gailsheim u. B.) zu erreichen. Die St hat Rheinhafen; Amtsgericht, Zollamt, Wasser- und Schiffahrtsamt, Finanzamt u.a.; Fachhochschule (Elektrotechnik, Maschinenbau, Verfahrenstechnik, Landbau u. Umweltschutz), Realschule, Gymnasium, Oberschule für Mädchen, Berufs-, Berufsaufbau- und Berufsfachschulen, Fachoberschule für Sozialpflege und Sozialpädagogik, Fachoberschule für Ingenieurwesen, Telekolleg, private und staatl. Handelsschulen, Sonderschule für Lernbehinderte, Pflegevorschulen, Volkshochschule und Musikschule; Krankenhaus.

Weinanbau, Weinhandel und Weinbrennereien (Scharlachberg/Seagram, Racke) sind wichtige Wirtschaftszweige; außerdem Automatenfabrikation und Automatenvertrieb, elektrotechnische Betriebe, glasverarbeitende (Schott)-, chemische (Boehringer)- und kunststoffverarbeitende Industrie; Fremdenverkehr.

B. war bereits zu Beginn des 1. Jh. n.Chr. wichtiger militärischer Stützpunkt der Römer (Bingium). Auf dem Hügel, der die Burg Klopp trägt, befand sich ein Kastell des Drusus. 983 wurde B. von Kaiser Otto II. dem Erzbischof Willigis von Mainz übereignet; die St blieb geistliches Besitztum bis 1792. 1147 errichtete die Mystikerin Hildegard von B. auf dem Rupertsberg ein Kloster (1632 von den Schweden zerstört). Während des Pestjahres 1666 starb ein Drittel der Bevölkerung an der Seuche (Errichtung der Rochuskapelle). 1815 kam B. an das Großherzogtum Hessen. – Im 2. Weltkrieg wurde die St zu 65 Prozent zerstört. 1969 Eingemeindung der Gm Bingerbrück. Bingen besteht heute aus dem Stadtkern und sieben Stadtteilen (B.-Bingerbrück, B.-Büdesheim, B.-Dietersheim, B.-Gaulsheim, B.-Kempten, B.-Dromersheim und B.-Sponsheim).

Sehenswürdigkeiten: Basilika St. Martin (15. Jh) mit romanischer Krypta und bedeutender Ausstattung; Heimatmuseum auf Burg Klopp mit römischen Bodenfunden (darunter Instrumentarium eines römischen Arztes); frühromanische »Drususbrücke«. – Alljährlich St. Rochusfest (August) und Winzerfest (Ende August/Anfang September). – Büdesheim (seit 1929 Ortsteil von B.) ist Geburtsort des Dichters Stefan George (1868 bis 1933).

Birkenau

☐ 24,55 qkm; ○ Bergstraße; ⚐ Hessen; ✉ 69488; ☎ 06201; 🚗 HP; △ 150–200 m; 👫 10300.

Die Gm B. liegt 18 km nordöstlich von Mannheim im Odenwald an der B 38; Anschluß an die Autobahn A5 Frankfurt a.M.-Heidelberg (Ausfahrt Weinheim); Bahnstation an der Nebenstrecke Weinheim-Fürth i. Odenwald. Zu B. zählen die Ortsteile Buchklingen, Hornbach, Löhrbach, Reisen, Nieder-Liebersbach und Kallstadt. B. hat Grund- und Hauptschule, Realschule; Werkzeugindustrie; Fremdenverkehr.

Sehenswürdigkeiten: Altes Fachwerkrathaus (1552), Barockschloß der Freiherren Wambolt von Umstadt (1772). Aus der kleinen klösterlichen Ansiedlung „cella birkenowa" (795) entwickelte sich ein Dorf (‚villa', 877), das zunächst dem Kloster Lorsch, dann den Erzbischöfen von Mainz gehörte. Seit 1721 waren die Freiherren Wambolt von Umstadt Ortsherren. 1806 kam B. zu Hessen. Heute ist B. überwiegend Arbeiterwohngemeinde und seit 1967 anerkannter Erholungsort (Dorf der Sonnenuhren).

Birkenfeld (Nahe)

☐ 13,57 qkm; ○ Birkenfeld; ⚐ Rheinland-Pfalz; ✉ 55765; ☎ 06782; 🚗 BIR; △ 375 bis 395 m; 👫 5800.

B. liegt im Saar-Nahe-Bergland zwischen dem Schwarzwälder Hochlandrücken und dem oberen Nahetal. Zufahrt über die B 41 und B 269; Anschluß an die Autobahn A1/A62 Trier-Landstuhl (Ausfahrt B.). B. ist Bundeswehrstandort und hat Amtsgericht, Kreisverwaltung, Verbandsgemeindeverwaltung, Amt für Verteidigungslasten; Gymnasium, Berufsförderungswerk für Umschüler, Schule des Bundesverbandes für den Selbstschutz; Lederwarenfabriken, Emaillierwerk, Plastikfabrik, Ziegelei.

Aus der ersten Urkunde von 981 geht hervor, daß Kirche und Ort bereits um 700 bestanden. Im 13. Jh. gehörte B. den Grafen von Sponheim. 1332 verlieh Kaiser Ludwig der Bayer dem Ort die Stadtrechte. 1554 vernichtete ein Großbrand fast die gesamte St. Von 1584–1734 war B. Sitz der Seitenlinie Pfalz-Zweibrücken-B. 1776 kam es an Baden; 1817 wurde es Teil des Fürstentums B. Bis um die Jahrhundertwende bildete die Landwirtschaft die wirtschaftliche Grundlage für die Bewohner. B. ist anerkannter Erholungsort.

Birkenfeld (Württ.)

☐ 19,04 qkm; ○ Enzkreis; ⚐ Baden-Württemberg; ✉ 75217; ☎ 07231; 🚗 PF; △ 260–420 m; 👫 9200.

B. liegt 5 km südwestlich von Pforzheim im Enztal am Nordrand des Schwarzwaldes. Zufahrt über die B 294; Bahnstation an der Strecke Pforzheim-Wildbad. B. hat Grund- und Hauptschule, Sonderschule für Lernbehinderte; Schmuck- und Uhrenindustrie, Metall- und Lederfabriken.

B. gelangte um 1225 mit Pforzheim an die Markgrafen von Baden. 1322 wurde der halbe Ort an den Grafen Eberhard von Württemberg verpfändet; seit 1332 gehört das Dorf ganz zu Württemberg. Wirtschaftliche Not zwang viele Bewohner in den ersten Jahrzehnten des 19. Jh. zur Auswanderung. Aufgrund seiner Lage im Einzugsgebiet von Pforzheim und durch die Ansiedlung von Industriebetrieben entwickelte sich B. nach dem 2. Weltkrieg zur rasch wachsenden Wohn- und aufstrebenden Industriegemeinde. – Sehenswert das alte Rathaus von 1584.

Bischofsheim (bei Rüsselsheim)

☐ 9,14 qkm; ○ Groß-Gerau; ⚐ Hessen; ✉ 65474; ☎ 06144; 🚗 GG; △ 87 m; 👫 12200.

B., 10 km östlich von Mainz an der Bundesbahnstrecke Mainz–Frankfurt a.M bzw. Wiesbaden–Darmstadt sowie an der B 43 und den Autobahnen A 60 (Ausfahrt B.) und A 671 gelegen, hat bedeutenden Verschiebebahnhof; Grundschule mit Förderstufe, Volkshochschule.

Der erstmals im 11. Jh. urkundlich genannte Ort gehörte bis 1225 den Herren von Hagen-Münzenberg. Danach war B. im Besitz mehrerer Herrschaften. 1579 erwarb Landgraf Georg I. von Hessen mit dem mainzisch-hallsteinischen Anteil das ganze Dorf.

Bischofswerda

□ 1,9 qkm; ○ Bischofswerda; ⚐ Freistaat Sachsen; ✉ 01877; ☎ 0523; 🚗 BIW; △ 290 m; 👪 12 400.

Die St ist über die A 4, B 6 und B 98 zu erreichen; sie liegt an den Bahnstrecken Dresden–Görlitz sowie Dresden–Zittau. Der nächste Flughafen ist Dresden. – Offizielle Behörden: Landratsamt, Stadtverwaltung, Amtsgericht, Polizeirevier, Finanzamt und eine Nebenstelle des Arbeitsamtes. Neben Grundschulen gibt es in B. Mittelschulen und ein Gymnasium. Von industrieller Bedeutung sind die Verarbeitungsbetriebe für Granitgestein, Textilien und Holz, des weiteren die Betonherstellung, Oberlausitzer Keramik und Druckereien. – Kulturelles: Stadt- und Kreisbibliothek, Kinderbücherei, Lichtspieltheater, Kulturhaus; Carl-Lohse-Galerie (Expressionist. Malerei); im nahe gelegenen Schloß Rammenau (barocke Architektur, z.T. klassizistische Zimmerausstattungen) informiert eine Gedenkstätte über Leben und Werk des in R. geborenen Vertreters der klassischen deutschen bürgerlichen Philosophie, Johann Gottlieb Fichte (1762–1814).

B. liegt mitten im Lausitzer Hügelland und bildet das westliche „Tor zur Oberlausitz“; die sorb. Bezeichnung lautet „Biskopice“. Die St ist von Hügeln, Bergen und Wäldern umgeben. Gut markierte Wanderwege erleichtern Orientierung und Aufenthalt. Um 600 durch die Sorben besiedelt, wurde der Ort durch die Bischöfe von Meißen, namentlich durch Benno Graf von Waldenburg, in den Jahren von 970 bis 1076 zu einer Stadt ausgebaut; auch eine Kirche wurde errichtet. Erste urkundliche Erwähnung 1227, ständige offizielle Bezeichnung als St seit 1361. Damit verbunden war das Recht, montags und freitags Wochenmarkt abzuhalten. Als erstes Gewerbe wurde das Bäckerhandwerk 1379 anerkannt. In B. wurde 1558 die Reformation eingeführt; 1559 wurde die St an das kurfürstl. Haus Sachsen übergeben. – Durch Fahrlässigkeit franz. Besatzungstruppen brach am 12. Mai 1813 ein Brand aus; innerhalb der Ringmauer blieben nur 3 Häuser stehen. Nach diesen Verheerungen wurde die St neu gestaltet, der Altmarkt vergrößert; die Stadttore wurden abgerissen, der Neumarkt entstand. Auch in den Jh. davor brannte B. mehrfach ab. Heimsuchungen durch die Pest und die Kroaten forderten ihre Opfer, nicht minder schwere Spuren hinterließ der Einfall der Schweden. – Am 30. 10. 1818 wurde eine neue Kirche (die heutige Christuskirche) eingeweiht; das neue Rathaus stellte man am 19. 12. des gleichen Jahres fertig. In den Jahren 1923/24 wurde die kath. Kirche St. Benno erbaut. – B. ist seit 1952 Kreisstadt. –

Zu den Sehenswürdigkeiten zählen der ma. Stadtkern und die Stadtmauerreste, das klassizist. Rathaus, der Paradiesbrunnen und die Postmeilensäule. Beliebte Ausflugsziele: Schwimmbad im Freien, der Tierpark und die Gaststätte auf dem Butterberg. – Regelmäßig wiederkehrend: Langstreckenlauf am Ostersonnabend, Musiktage Ende Mai, Langstreckenlauf am 3. Samstag im September und mittwochs Markttage von März bis Oktober.

Bischofswiesen

□ 31,85 qkm; ○ Berchtesgadener Land; ⚐ Bayern; ✉ 83483; ☎ 08652; 🚗 BGL; △ 600–900 m; 👪 7500.

B. ist Heilklimatischer Kurort im Berchtesgadener Land, 20 km südlich von Salzburg. Zufahrt über die B 20; Bahnstation der Strecke München–Berchtesgaden. Die Gm hat Grund- und Hauptschule, Vorseminar für soziale Frauenberufe, Hauswirtschaftliche Berufs- und Berufsaufbauschule (Internat); Rehabilitationsklinik, Kurklinik, Kindersanatorium, Biologisches Kurheim; Kuckucksuhrenfabrik, Präzisionswerkzeugbau. B., aus sechs verstreuten Ortsteilen bestehend, ist Bundeswehrstandort.

Im Jahre 1155 erfolgte zwischen dem Erzbistum Salzburg und dem Stift zu Berchtesgaden der Tausch einer Wiese, die dem Erzbistum Salzburg gehörte und an das Gebiet des Stiftes anstieß, gegen ein Bauerngut in Niederösterreich, welches im Besitz des Stiftes war.

Die Tauschurkunde besagt, daß das Gut nun dem Erzbistum Salzburg, die Wiese aber dem Stiftslande Berchtesgaden einverleibt wird. Diese Wiese, obgleich nun nicht mehr dem Bischof von Salzburg gehörend, erhielt vom Stift, wohl zur genaueren Kennzeichnung und zur Erinnerung an den vormaligen Besitzer, den Namen „Bischofswies".

Bissendorf (Kr. Osnabrück)

□ 96,36 qkm; ○ Osnabrück; ⚐ Niedersachsen; ✉ 49143; ☎ 05402; 🚗 OS; △ 100 m; 👫 12400.

Die Großgemeinde B. ist 1972 durch Zusammenschluß von zehn kleinen Orten entstanden. B. liegt 15 km südöstlich von Osnabrück im Wiehengebirge an der Autobahn A 30 Bad Oeynhausen–Osnabrück–Bentheim (Ausfahrt B.). Die Gm hat Mittelpunktschule, Sprachheilheim.

Im Ortsteil Schledehausen (Luftkurort) roman.-gotische Kirche (Mitte 13. Jh.) und neuromanische kath. Kirche mit Weihnachtsaltar aus der Schule des Meisters Francke (15. Jh.). Sehenswert ferner Wasserschloß Schelenburg (12./13. Jh.); Hünengräber in den Ortsteilen Jeggen, Grambergen und Wulften.

Bitburg

□ 47,49 qkm; ○ Bitburg-Prüm; ⚐ Rheinland-Pfalz; ✉ 54634; ☎ 06561; 🚗 BIT; △ 350 m; 👫 10700.

B. liegt 27 km nordwestlich von Trier in der Eifel zwischen den Tälern der Kyll und der Nims am Schnittpunkt der B 50, B 51 und B 257; B. hat Anschluß an die Autobahn A 60 Belgien–Wittlich (Ausfahrt B.); D-Zug-Station der Bundesbahnstrecke Trier–Köln. B., Sitz der Kreisverwaltung, hat Amtsgericht, Finanzamt, Arbeitsamt u.a. Behörden; Realschulen, Gymnasium, Berufs- und Berufsfachschulen, Handelsschulen, Landwirtschaftsschule, Volkshochschule. Industrie: Brauerei (Bitburger Pils), Kunstharz-, Kunststoff-, Metall- und Textilverarbeitung.

B. geht auf das Kastell Beda zurück, das die Römer zum Schutz der Straße Köln–Trier erbauten. In einer fränkischen Urkunde von 715 wird der Ort erstmals (»castrum Bedense«) bezeugt. 1262 erhielt B. Stadtrecht. 1506 wurde B. mit Luxemburg spanisch; 1689 brannten französische Truppen die St vollständig nieder. Unter österreichischer Herrschaft (1714–95) wirtschaftliche Blütezeit. Von 1794–1815 gehörte B. zu Frankreich; danach kam es an Preußen. Ende 1944 (Ardennenoffensive) wurde die St fast vollständig zerstört. – B. hat einen amerikanischen Militärflugplatz (NATO). – Sehenswert: Liebfrauenkriche (14.–16. Jh., Türme 19. Jh.), Baureste des röm. Kastells, röm. Villa Otrang; Schloß. – Alljährlich Beda-Markt (März) und „Europäisches Grenzlandtreffen" (Juli).

Bitterfeld

□ 27,82 qkm; ○ Bitterfeld; ⚐ Sachsen-Anhalt; ✉ 06749; ☎ 0441; 🚗 BTF; △ 81 m; 👫 17380.

Verkehrstechnische Erschließung: Auf der E 51 bis zur Autobahnabfahrt B., weiter auf der B 183 bis in die Kreisstadt. Anschlußmöglichkeiten an die B 100 und B 184. Bahnhof an den Hauptstrecken Halle–Leipzig–Berlin und Dessau–Leipzig. – B. verfügt über alle Ämter und Behörden, die für Stadt- und Kreisverwaltung unerläßlich sind. Die Wirtschaft wird vorwiegend von der Chemie AG B./Wolfen, der MIBRAG (Braunkohle) und diversen Handwerksbetrieben bestimmt. Neben Grund- und Realschulen hat die St ein Gymnasium und eine Kreis-Volkshochschule.

Kulturelles: Das Kreismuseum bietet die „Naturkunde des Kreises B." dar. Es werden die Veränderungen der Umwelt durch Industrie und Braunkohlegewinnung dargestellt. In der Abteilung „Großsäugetiere der Eiszeit" zählt das Vorderteil eines Wollhaarnashorns zu den kostbarsten Exponaten. Die Ausstellung „Kinematografie und Fotografie" zeigt Geräte und Apparaturen von den Anfängen bis zur Gegenwart, darunter den vom Filmpionier Max Skladanowsky entwickelten Doppelprojektor „Bioskop". Das Museum stellt in einem „Schaumagazin" aus seinen Lagerbeständen in loser Folge interessante Stücke zu den unterschiedlichsten Themen aus. – Weitere kulturelle Bildungsmöglichkeiten bieten die „Kleine Galerie" und der Kulturpalast.

Das kaltzeitlich geformte Sandgebiet „Dübener Heide" ist die Erholungslandschaft für die Industrieregion. Am Heiderand liegt B.; zwischen dieser St und Kemberg entstanden aus Restlöchern der Braunkohletagebaue mehrere große Wasserflächen und Freizeitanlagen: Bergwitzsee, Möhlauer See, Gniester See. Im Heideland der Umgebung herrscht die Kiefer vor, ein natürlicher Mischwald wächst nach, mit ihm reiche Beeren- und Pilzbestände. Die Dübener Heide ist verkehrstechnisch gut erschlossen, Gast- und Raststätten lassen sich bequem erreichen.

Blankenburg (Harz)

□ 31 qkm; ○ Wernigerode; ⚐ Sachsen-Anhalt; ✉ 38889; ☎ 09278; 🚗 WR; △ 250 m; 👥 18500.

B. ist über die gut ausgebaute B 6, die B 27 und über die B 81 zu erreichen; es liegt an der Reichsbahnstrecke Halberstadt–Magdeburg; zahlreiche Buslinien zu umliegenden St und Gm. Die zentrale Lage erlaubt günstige Ausflüge nach Thale (15 Min.) mit Hexentanzplatz und Roßtrappe, in die bunte St Wernigerode im Harz (20 Min.) und nach Quedlinburg (20 Min.), das bekannt ist für seine Fachwerkbauten. – Der Wert B.s als Kur- und Erholungsort wird vor allem durch seine natürlichen Heilmittel Moor und das milde Schonklima bestimmt. Eine mehr als 150jährige Kurtradition wird vom renommierten Sanatorium „Teufelsbad" weitergeführt. Zu den touristischen Attraktionen gehört das 1233 errichtete und 1584 im Renaissancestil umgebaute Rathaus, in dessen Mauern das braunschweigische Wappen und das St-Wappen B.s eingelassen sind; eingemauerte Kanonenkugeln erinnern an den Beschuß der St während des 30jährigen Krieges. Das weithin sichtbare, sich über der St erhebende Große Schloß wurde Ende des 17. Jh. für die prächtige Hofhaltung des Herzogs Ludwig Rudolf umgebaut, anderen Angaben zufolge im 18. Jh. im Barockstil errichtet, wobei Reste der mittelalterlichen Burg und eines abgerissenen Renaissanceschlosses einbezogen wurden. Der Regent ließ während seiner Herrschaft den fürstlichen Lustgarten anlegen und 1725 das Kleine Schloß erbauen. In ihm dokumentieren 14 Ausstellungsräume die Geschichte der St B. und des Herzoghauses. Im Park mit vier Terrassen steht der Nachguß des Braunschweiger Löwen, dessen Original 1166 entstand. Inmitten der denkmalgeschützten Altstadt findet man das Herbergsmuseum; es widerspiegelt originalgetreu die einzige historische Gesellenherberge Deutschlands. Sie dokumentiert Geschichte und Lebensumstände der wandernden Handwerksgesellen des 18. und 19. Jh. Ein dazugehörendes Restaurantzimmer wird als hist. Gaststube bewirtschaftet. – Wenige hundert Meter vom St-Zentrum entfernt erstreckt sich in südöstl. Richtung die „Teufelsmauer", ein geologisches Naturdenkmal. Der „Großvaterfelsen" zu Beginn dieses Gebirgsgebildes erlaubt gute Aussichten auf die St und Umgebung. Erwähnt werden müssen die Anlagen des Klosters Michaelstein. Die Gebäude dieses ehem. Zisterzienserklosters sind im rom. und frühgot. Stil des 12. und 13. Jh. ausgeführt. Im Innern findet man ein Musikinstrumenten-Museum und das Institut für Aufführungspraxis der Musik des 17./18. Jh. – Die waldreiche Umgebung, Vielfalt und Schönheit der Natur, die zahlreichen kultur- und kunstgeschichtlichen Sehenswürdigkeiten in und um B., schließlich die wertvollen Landschaftsbestände repräsentieren den Reiz und Reichtum B.s.

Blankenheim (Ahr)

□ 148,54 qkm; ○ Euskirchen; ⚐ Nordrhein-Westfalen; ✉ 53945; ☎ 02449; 🚗 EU; △ 350–550 m; 👥 8500.

B., anerkannter Erholungsort am Schnittpunkt der B 51 und B 258 sowie an der A 1 Köln–Saarbrücken (Ausfahrt B.) in der Eifel gelegen, hat Grund-, Haupt- und Realschule; Bahnstation (B.-Wald) an der Strecke Köln–Trier.

Erste urkundliche Erwähnung 721, als Betrada zu Prüm eine Schenkung an »blancio« machte. Die Burg B. (Jugendherberge) wird erstmals 1115 genannt. Entwicklung einer städtischen Siedlung seit 1300. Die Pfarrkirche (1495–1505) wurde als Saalkirche mit spätgot. Sterngewölbe errichtet. 1583 erhielt B. das Münzrecht. Die Gm besteht heute aus 17 Ortsteilen. Als Erholungsort hat B. lebhaften Fremdenverkehr. – Sehenswert das Regionalmuseum für Naturkunde und Kulturgeschichte der Nordeifel. Die Ahrquelle entspringt mitten in B.; in allen Ortsteilen malerische Fachwerkhäuser (17.–19. Jh.). – Alljährlich traditioneller Geisterzug (Karnevalsamstag); Seenachtsfest (August).

Blaubeuren

□ 79,14 qkm; ○ Alb-Donau-Kreis; ⚐ Baden-Württemberg; ✉ 89143; ☎ 07344; 🚗 UL; △ 519 m; 👥 11 000.

B. liegt 20 km westlich von Ulm am Südrand der Schwäbischen Alb in einem Talkessel der Blau, die hier in einem Quelltopf (Blautopf) entspringt. Zufahrt über die B 28 und B 492. Anschluß an die Autobahn A 8 Stuttgart–München (Ausfahrt Merklingen). Bahnstation an der Strecke Ulm–Freiburg. B. hat Forstamt; Realschule, Gymnasium, Ev. theol. Seminar, urgeschichtliches und Heimat-Museum; chemisch-pharmazeutische Fabrik, elektrotechnische Industrie.

B. entwickelte sich in Anlehnung an ein um

das Jahr 1080 neben der Blauquelle von den Grafen von Tübingen gestiftetes Benediktinerkloster. Die Grafen statteten den Ort mit dem Marktrecht aus und erhoben ihn 1267 zur St. 1447 erwarben die Grafen von Württemberg das Amt B. Das Kloster (zwischen 1466 und 1502 neu errichtet) wurde nach Einführung der Reformation (1535) aufgehoben und als evangelische Schule (jetzt Seminar) weitergeführt.

Sehenswürdigkeiten sind der Hochaltar (1493/94) von Jörg Syrlin und Gregor Erhart im ehem. Benediktinerkloster und der »Blautopf« mit historischer Hammerschmiede.

Blaustein

□ 55,55 qkm; ○ Alb-Donau-Kreis; ⚐ Baden-Württemberg; ✉ 89134; ☎ 07304 sowie 0731 (Ulm) im Neubaugebiet Ost; 🚗 UL; △ 490–650 m; 👥 13500.

B., 1968 unter diesem Namen durch Zusammenschluß der Gm Ehrenstein und Klingenstein und 1974/75 durch Anschluß vier weiterer ehem. selbständigen Gemeinden entstanden, liegt 6 km westlich von Ulm mit dem Ortskern im Blautal und mit den nördl. und südlichen Ortsteilen auf der Alb und dem Hochsträß; zwei Bahnstationen an der Strecke Ulm–Sigmaringen. Zufahrt über die B 28. B. hat Grund- und Hauptschulen, Realschule, Sonderschule für Lernbehinderte; Kalkstein- und holzverarbeitende Industrie, Herstellung von Glasfasertextilien, techn. Schwergeweben.

Steinzeitfunde (ca. 3600 v.Chr.) auf der Markung Ehrenstein zeugen von einer frühen Besiedlung. Die aus dem ma. Burgenbau hervorgegangenen Ortsteile im Blautal (Ehrenstein, Klingenstein, Herrlingen, Arnegg), einst Sitz von Ministerialen der Staufer bzw. der Grafen von Dillingen, gehörten in späteren Jahrhunderten den Herren von Stein zu Klingenstein und zu Arnegg, danach den Herren von Stadion, von Bernhausen und dem Deutschen Orden, während die Höhenorte im Besitz der Grafen bzw. Herzöge von Württemberg (Wippingen, Markbronn) und der Reichsstadt Ulm (Bermaringen) waren; 1810 wurden alle Ortsteile württembergisch. – Sehenswürdigkeiten: die Schlösser Oberherrlingen (erbaut 1588) und Klingenstein (1750/1760), die spätgot. Ausstattungen (Ulmer Schule) der Kirchen Wippingen und Lautern, die Barockbauten in Arnegg (Amtshaus 1786; Marienkirche 1736/37) und Oberherrlingen (Mariahilfkapelle 1710) sowie die Jugendstilvilla „Lindenhof" in Herrlingen (erbaut 1905 von R. Riemerschmid); in Herrlingen Rommel-Archiv.

Bleckede

□ 124,76 qkm; ○ Lüneburg; ⚐ Niedersachsen; ✉ 21354; ☎ 05852; 🚗 LG; △ 10–40 m; 👥 7700.

B., 24 km östlich von Lüneburg an der Elbe gelegen, hat Hafen; Realschule, Sonderschule für Lernbehinderte; Fremdenverkehr (Ortsteil Alt Garge mit Naturpark Elbufer-Drawehn).

B. wurde 1209 durch Wilhelm von Lüneburg, Sohn Heinrichs des Löwen, gegründet. Die alte Wasserburg der Welfen (Ruine des Burgturms erhalten) wurde um 1600 zum Schloß umgebaut. In der 1766–67 errichteten St. Jacobi-Kirche bemerkenswerter Kanzelaltar (um 1600). – Alljährlich im Juli Schützenfest. – In B. geboren wurde Friedrich Wilhelm Kücken (1810 geb., Komponist der Volksweise ‚Ach wie ist's möglich dann').

Blieskastel

□ 113,69 qkm; ○ Saar-Pfalz-Kreis; ⚐ Saarland; ✉ 66440; ☎ 06842; 🚗 HOM; △ 210–401 m; 👥 24300.

B. liegt 27 km östlich von Saarbrücken am Mittellauf der Blies und an der B 10 und B 423; Anschluß an die Autobahn A 6 Saarbrücken–Mannheim (Ausfahrten Homburg und St. Ingbert-Ost); Flugplatz Saarbrücken-Ensheim 12 km; D-Zug-Station (B.-Lautzkirchen) an der Strecke München–Saarbrücken. B. hat Realschule, Gymnasium, Sonderschule, Saartechnikum (Fachschule für Wirtschaft, Betriebstechnik und Datenverarbeitung), Wirtschaftsakademie, Volkshochschule; Schuh- und Malzfabrik, Sektkellerei, Herstellung von elektronischen Geräten, Herden, Öfen und Haushaltsmaschinen. B. ist Kneippkurort (seit 1978).

Auf frühbronzezeitliche Besiedlung (2000 v.Chr.) läßt der 7 m hohe Gollenstein, der größte Menhir Deutschlands, schließen. Ein Graf von „Castele" wird 1098 erstmals urkundlich faßbar; der letzte des Geschlechtes stirbt 1237. 1284 erwirbt Bischof Burkard von Metz die Grafschaft. Nach mehrmaligem Besitzwechsel gelangt B. 1659 in den Besitz der Herren von der Leyen, und der Ort wird ab 1773 bis zur Französischen Revolution Residenz. 1784 erhielt B. das Stadtrecht. Nach der französischen Besatzung fiel die Saar-Pfalz und mit ihr B. 1813 an Bayern. Von 1920 bis 1935 und von 1947 bis 1957/59 war das Saargebiet wirtschaftlich und politisch eng mit Frankreich verbunden.

Das erste Schloß wurde 1689 zerstört, 1750 neu erbaut und 1793 auf Abbruch verkauft; das ehemalige Orangerie-Gebäude zwischen 1675 und 1711 im Renaissancestil errichtet. Barocke Schloßkirche (1775–1778) mit Zopf- und Empiremotiven; Rathaus (1775); Herkulesbrunnen (1691); Romanische Stephanuskirche (älteste Kirche des Saarlandes) im Stadtteil B.-Böckweiler. – B. ist Wallfahrts- (Gnadenbild ‚Unsere lb. Frau mit den Pfeilen' in der Hl.-Kreuzkapelle [1683]) und Fremdenverkehrsort. In B. geboren wurde Joseph Kardinal Wendel (1901 bis 1960), Erzbischof von München und Freising.

Blomberg (Lippe)

□ 99,11 qkm; ○ Lippe; ⚐ Nordrhein-Westfalen; ✉ 32825; ☎ 05235; 🚗 DT; △ 200 m; 👪 14400.

Im Lippischen Bergland an der B 1 liegt der Luft- und Fremdenverkehrsort B. Die St hat Amtsgericht; Realschule, Gymnasium, Kreisberufsschule, Landwirtschaftsschule; Sperrholz-, Sitzmöbel-, Textil- und Elektroindustrie.

B., 1283 erstmals als St erwähnt, war seit dem 13. Jh. zeitweilige Residenz lippischer Fürsten. In der Soester Fehde wurde B. völlig zerstört (1447). Zwischen 1462 und 1477 errichteten Augustiner über einem wundertätigen Brunnen ein Kloster (Kirche erhalten). Niedergang der St im Dreißigjährigen Krieg. Wirtschaftlicher Aufschwung Ende des 19. Jh. (1880 erste fabrikmäßige Herstellung von Stühlen, 1893 Gründung der ersten Sperrholzfabrik in Deutschland).

Bemerkenswert die ma. Burg, das Niedere Tor (Ende 15. Jh.), das Rathaus (1587) und die gotische Klosterkirche mit den Grabstätten lippischer Fürsten; malerische Fachwerkhäuser.

Blumberg (Baden)

□ 98,69 qkm; ○ Schwarzwald-Baar-Kreis; ⚐ Baden-Württemberg; ✉ 78176; ☎ 07702; 🚗 VS; △ 550–916 m; 👪 10100.

B., in der Baar am Rande des Südschwarzwaldes unweit der Schweizer Grenze an der B 27 und B 314 gelegen, hat Realschule, Sonderschule für Lernbehinderte, Volksbildungswerk; mittlere Gewerbe- und Industriebetriebe.

B. war Sitz der Herren von B. und Bastion gegen die Eidgenossen. 1536 kam es an das Haus Fürstenberg und 1806 an Baden. Die Doggeerzlager, nach dem Dreißigjährigen Krieg entdeckt und genutzt, wurden nach 1933 erneut ausgebeutet (1942 Abbau wieder eingestellt).

Bobingen

□ 48,37 qkm; ○ Augsburg; ⚐ Bayern; ✉ 86399; ☎ 08234; 🚗 A; △ 526 m; 👪 14000.

B. liegt 12 km südlich von Augsburg auf der Ebene des Lechfeldes an der Wertach. Die St hat Grund- und Hauptschule, Realschule; Kunstfaserfabrik (Zweigwerk der Hoechst AG).

B., erstmals 993 urkundlich genannt, wurde 1969 zur St erhoben. Sehenswürdigkeiten sind die Liebfrauen-Wallfahrtskirche (1748–51) und die Wolfgangskapelle (mit spätgotischem Flügelaltar). – Im August alljährlich Laurentiusmarkt und Volksfest.

Bocholt

□ 119,43 qkm; ○ Borken; ⚐ Nordrhein-Westfalen; ✉ 46395*; ☎ 02871; 🚗 BOR; △ 25 m; 👪 67000.

B. liegt unweit der niederländischen Grenze an der B 67, B 473 und Autobahn A 3 Emmerich–Oberhausen (Ausfahrten B./Rees und B./Wesel). B. hat Amtsgericht, Öffentliches Warenprüfungsamt für das Textilgewerbe; Sonderschulen für Lernbehinderte, Realschulen, Gymnasien, Berufsbildende Schulen, Berufsfach- und Fachschulen; Stadttheater, Textilmuseum; Getriebebau (Flender), Telefon- und Apparatebau (Siemens), Textil- und Bekleidungsindustrie (Cordstoffe).

Erste urkundliche Erwähnung 779. Verleihung der Stadtrechte 1222. 1503 starb in B. der berühmte Goldschmied und Kupferstecher Israhel von Meckenem. 1550 wurde die St Schutzgenossin der Hanse. Zwischen 1583 und 1599 verwüsteten und plünderten spanische Truppen die St; wirtschaftlicher Niedergang im 17. Jh. 1815 kam die St an Preußen. 1945 wurde B. zu 84 Prozent zerstört (Wiederaufbau 1955 abgeschlossen). – Bemerkenswert die spätgotische St. Georgskirche (1415–1486) mit dem »Bocholter Kreuz«

Bocholt, Rathaus mit Europabrunnen

(1305), das Rathaus (1618–21, niederländische Backsteinrenaissance), Haus Efing (1650) und Haus Woord (1800).

Bochum

□ 145,3 qkm; ○ Kreisfreie Stadt; ⚐ Nordrhein-Westfalen; ✉ 44777; ☎ 0234; 🚗 BO; △ 43–196 m; 👥 385 000.

B. liegt im Zentrum des Rheinisch-Westfälischen Industriegebietes an der Ruhr und am Schnittpunkt der A 40 (zahlreiche Ausfahrten), B 51 und Autobahn A 43 Wuppertal-B.–Recklinghausen–Münster (Ausfahrten B.-Kreuz, B.-Gerthe und B.-Nord). B. ist Bahnknotenpunkt (TEE-, IC- und D-Zug-Station an der Hauptstrecke Köln–Hannover). Nächster Flugplatz in Düsseldorf bzw. Dortmund-Wickede.

Die St ist Sitz wichtiger Verwaltungsstellen und Behörden: Westfälische Berggewerkschaftskasse, Bergbauberufsgenossenschaft, Industriegewerkschaft Bergbau, Bundesknappschaft; Land- und Amtsgericht, Arbeitsgericht, Industrie- und Handelskammer, Hauptzollamt, Bergamt u.a.

Bildungseinrichtungen und kulturelle Institutionen: Ruhr-Universität, Fachhochschule (Maschinenbau, Elektrotechnik, Wirtschaft), Fachhochschule Bergbau, Verwaltungs- und Wirtschaftsakademie, Höhere Wirtschaftsfachschule, Volkshochschule, ev. Fachhochschule, Berufs-, Berufsfach- und Fachschulen, städt. Bildungsanstalt, kaufm. Schulen der IHK mit Handelsschule und Höherer Handelsschule, Gymnasien, Realschulen; Bergbaumuseum, Museum B., Theater, Schauspielschule, Bochumer Symphoniker, Aquadrom, Sternwarte mit Planetarium und Institut für Weltraumforschung, Eisenbahnmuseum B.-Dahlhausen, Zeche B.

Spezialkliniken sind die berufsgenossenschaftlichen Krankenanstalten „Bergmannsheil B."

Industrie: Der früher wichtigste Industriezweig Steinkohlenbergbau spielt heute nur noch eine geringe Rolle; dagegen hat sich die Eisen- und Metallindustrie behauptet (Krupp Hüttenwerke AG). 1960 wurde im Zuge der Umstrukturierung der Wirtschaft das Zweigwerk der Adam Opel AG gegründet. B. ist Sitz der Hauptverwaltung der ARAL AG. Bedeutende Wirtschaftszweige sind außerdem die kohlenchemische (Benzol, Teer, Ammoniak), Nahrungs- und Genußmittel-Industrie (Brauereien). Der B. 1975 eingegliederte Stadtteil Wattenscheid ist Standort mittlerer und kleinerer Industrie- und Gewerbebetriebe (Bekleidungs-, Elektro-, Eisen- und metallverarbeitende Industrie; Mineralbrunnen-Hausvertrieb [Aquella]).

B. (»Cofbuokheim«) wird erstmals 1041 in einer Urkunde des Erzbischofs Hermann II. von Köln als Herrenhof erwähnt. 1321 erhob Graf Engelbert II. von der Mark die Siedlung zur St; 1324 wurde B. das Marktrecht verliehen. Um 1540 Gründung einer Lateinschule. 1609 kam B. mit der Grafschaft Mark an Brandenburg.

Mit dem Abbau der bedeutenden Steinkohlenlager begann im 19. Jh. B. Entwicklung zur heutigen Industriegroßstadt. 1840 wurde mit der Abteufung der ersten westfälischen Tiefbauzeche begonnen und 1842 eine kleine Stahlschmelze an der Essener Straße gegründet (der spätere Bochumer Verein, heute Krupp AG).

Nach dem Anschluß an das Eisenbahnnetz (1860) setzte ein stürmischer industrieller Aufschwung ein.

Die im 2. Weltkrieg zu 90% zerstörte Innenstadt wurde nach modernen städtebaulichen Gesichtspunkten wiederaufgebaut. – Sehenswürdigkeiten: Botanischer und Geologischer Garten, Propsteikirche, Dorfkirche Stiepel

Bochum, Planetarium

(1008), Wasserburg Haus Kemnade, Stadthistorische Sammlung, Instrumentensammlung Grumbt, Burg Blankenstein. – Im Stadtteil Wattenscheid sehenswert die Ende des 13. Jh. errichtete Propsteikirche St. Gertrud mit einem aus Ruhrsandstein gehauenen Taufstein aus dem 10. Jh. (Reliefdarstellungen; Geburt, Taufe, Kreuzigung und Auferstehung Christi).

Feste und Veranstaltungen: B. Maiabendfest, Presseball, B. Leinpfadfest, Fidena, Shakespeare-Tage.

Bockenem über Hildesheim

□ 109,33 qkm; ○ Hildesheim; ⚐ Niedersachsen; ✉ 31167; ☎ 05067; 🚗 HI; △ 216 m; 👥 11 000.

B. liegt 24 km südöstlich von Hildesheim im Vorharz an der B 243 und an der Autobahn A 7 Kassel–Hannover (Ausfahrt B.): Die St hat Grundschulen, Hauptschule mit Orientierungsstufe, Realschule, Volkshochschule; größere Industrie- und Gewerbebetriebe (Gummi- und Apparatewerke, Betonbau, Ziegel- und Deckenwerk, UTA-Truckstop).

B., erstmals 1131 bezeugt, erhielt 1300 das Stadtrecht. Als spätgotische Bauten sind die St. Pankratius-Kirche und die Superintendentur (sog. Tillyhaus) erhalten.

Sehenswert die historische Altstadt; Dillsgraben (größter Erdfall Norddeutschlands); 1000jährige Linde in Upstedt; Turmuhren- und Heimatmuseum; Automuseum (Kleinwagen). – Alljährlich B. Musiktage.

Bodenwerder

□ 28,80 qkm; ○ Holzminden; ⚐ Niedersachsen; ✉ 37619; ☎ 05533; 🚗 HOL; △ 74–460 m; 👥 6100.

B. ist Luftkurort und Jod-Solbad beiderseits der Weser im Weserbergland 20 km südlich von Hameln. Die St ist über die B 83 und B 240 zu erreichen. B. hat Samtgemeindeverwaltung; Realschule; Rigips-Werke, Arminiuswerft, Streichgarnspinnerei, Düngemittelfabrik, Holzverarbeitungsbetrieb; eine bedeutende Rolle spielt dank der starken, 1866 erbohrten Jodquelle (Heilanzeigen bei Bluthochdruck, Gefäß- und Kreislauferkrankungen, Erkrankungen der Luftwege, Wirbelsäule und des Kindesalters, Drüsenkrankheiten und Entwicklungsstörungen) der Fremdenverkehr.

Der Name der St (seit 1287) geht auf Bodo von der Homburg zurück. Von den Herren von der Homburg kam B. 1409 an die welfischen Fürsten des Hauses Lüneburg und Braunschweig. Zwischen 1635 und 1814 gehörte es zu Calenberg und von 1815–1866 zum Königreich Hannover. Im 14. Jh. besaß B. eine Münze; im 18. Jh. war die St durch ihren Leinenhandel bekannt. – Sehenswert die gotische Pfarrkirche (1407–10), zahlreiche alte Fachwerkhäuser und die Klosterkirche (11. Jh.) in Kemnade. – B. ist Geburtsort des Freiherrn Hieronymus von Münchhausen (1720–1797),

Böblingen, Kongreßhalle

Verfassers der ,Wunderbaren Reisen und Abenteuer' (Erinnerungszimmer im Geburtshaus, jetzt Rathaus).

Böblingen

☐ 39,04 qkm; ○ Böblingen; ⚐ Baden-Württemberg; ✉ 71032*; ☎ 07031; 🚗 BB; △ 465 m; 👫 42000.

B., 20 km südwestlich von Stuttgart am Rande des »Schönbuchs« gelegen, ist über die B 14 und B 464 zu erreichen. Anschluß an die Autobahn A 8 Karlsruhe–München (Ausfahrt Stuttgart-Vaihingen 6 km) und A 81 Stuttgart–Bodensee (Ausfahrten B.-Ost, B.-Mitte und B.-Hulb). D- und EC-Station an der Strecke Stuttgart–Konstanz. Flughafen in Echterdingen (18 km). B., Industrie- und Kongreßstadt, Einkaufszentrum und Bundeswehrstandort, hat Kreisverwaltung, Amtsgericht; Realschulen, Gymnasien, Wirtschaftsgymnasium, Kaufm. Berufsschulzentrum, Akademie für Datenverarbeitung, DGB Technikum, hauswirtschaftliche Berufsschule, Sonderschule für Lernbehinderte; Kreiskrankenhaus. Industrie: Datenverarbeitungsanlagen und elektronische Geräte (IBM Deutschland, Hewlett & Packard), Maschinen-, Möbel- und Spielwarenindustrie; B. verfügt über ein Thermalbad (Fluoridhaltiges Natrium-Chlorid-Thermalwasser von 30 bis 36 C).

»Bebelingen«, wohl nach einem alemannischen Sippenältesten »Bobilo« genannt, wird erstmals um 1100 in einer Urkunde des Klosters Hirsau erwähnt. Herren der Burg auf dem Schloßberg und der in ihrem Schutz liegenden Siedlung waren zur Hohenstaufenzeit die Pfalzgrafen von Tübingen, die Burg und St 1344 an Württemberg verkaufen mußten; um 1250 hatten sie das Dorf zur St erhoben. Die Grafen und späteren Herzöge von Württemberg machten das Schloß zu einem Witwensitz und kurze Zeit zur Landesresidenz. 1525 besiegte der Schwäbische Bund bei B. ein Heer der Bauern. B., das bis Mitte des 19. Jh. eine Ackerbürgerstadt blieb, erlebte nach dem Bau der Gäubahn (1879) einen starken industriellen Aufschwung. 1943 wurde die Altstadt völlig zerstört. Nach dem Kriege sprunghaftes Anwachsen der Bevölkerung (1946 10000 EW) durch Ausbau und Neuansiedlung bedeutender Industriebetriebe. – Von den ma. Bauwerken sind erhalten bzw. wiederaufgebaut: Stadtkirche und Fachwerkhäuser auf dem Schloßberg, Alter Brunnen am Markt (1526), Reste der alten Stadtbefestigung. – Internationale Tagungen und Sportwettkämpfe finden in den modernen Zweckbauten der Kongreßhalle und der Sporthalle statt. – Sehenswert das Bauernkriegsmuseum (Zehntscheuer); das Deutsche Fleischermuseum, Städt. Galerie.

Böhl-Iggelheim

☐ 32,83 qkm; ○ Ludwigshafen a. Rh.; ⚐ Rheinland-Pfalz; ✉ 67459; ☎ 06324; 🚗 LU; △ 102–110 m; 👫 10100.

B.-I., 22 km südwestlich von Ludwigshafen/ Mannheim gelegen, ist Arbeiterwohn- und Industriegemeinde, hat Grund- und Hauptschule; Lack- und Beschlagfabrik (Briefkästen, Telefonzellen), kunststoff- und metallverarbeitende Betriebe; Landwirtschaft. Anschluß an die A 61 Speyer–Koblenz (Ausfahrt Schifferstadt) und A 65 Karlsruhe–Ludwigshafen a. Rh. (Ausfahrt AB-Kreuz Neustadt a. d. Weinstraße); Bahnstation an der Strecke Ludwigshafen–Saarbrücken.

Die Gm ist 1970 durch Zusammenschluß der beiden Ortsteile B. (erstmals 780 urkundlich erwähnt) und I. (991) entstanden.

Sehenswert das Alte Rathaus (mit Heimatmuseum) aus dem Jahr 1569.

Bönen

□ 38 qkm; ○ Unna; ⚐ Nordrhein-Westfalen; ✉ 59199; ☎ 02383; 🚗 UN; △ 98 m; 👥 18000.

B., 30 km nordöstlich von Dortmund am Südrand der Münsterschen Bucht gelegen, ist über die Autobahn A 2 Köln-Hannover (Ausfahrt Kamener Kreuz oder Hamm) zu erreichen. B. hat Realschule und Sonderschule für Lernbehinderte; Steinkohlenbergbau, Kokerei, Stahl-, Maschinen-, Textilindustrie.

B. wird 834 erstmals erwähnt. Im 10. Jh. Errichtung der ersten Kirche, deren Turm den Rittern von „Boinen" als Wehrturm diente. Das Bauerndorf B. wandelte sich zur Industriegemeinde, als 1899 die Zeche Königsborn mit der Steinkohleförderung begann.

Die heutige Großgemeinde Bönen wurde 1968 aus den ehemaligen Gemeinden Altenbögge-Bönen, Nordbögge, Westerbönen, Osterbönen, Flierich und Bramey-Lenningsen gebildet.

Bönnigheim

□ 20,13 qkm; ○ Ludwigsburg; ⚐ Baden-Württemberg; ✉ 74357; ☎ 07143; 🚗 LB; △ 220 m; 👥 6200.

B., 15 km südwestlich von Heilbronn am Rande des Stromberges gelegen, hat Progymnasium, Textilakademie (Forschungsinstitut für Bekleidungsphysiologie), Jugenddorf (Berufsförderungsschule); Bekleidungsfabriken, Nähseidefabrik, Stahlbauindustrie, Landwirtschaft (Weinbau).

793 wird B. erstmals im Lorscher Codex genannt. 1232 fiel der Ort (1284 Stadtrecht) mit dem Kloster an das Erzbistum Mainz. Durch Kauf und Heiraten entstand 1379 das Ganerbentum, d. h. Stadteigentümer waren wechselweise geistliche und weltliche Herrschaften (1517 vier Stadtviertel mit vier Keltern). Die Ganerbenburg wurde im Bauernkrieg (1525) bis auf den Turm und einige Reste zerstört. 1756 ließ Graf von Stadion als Lehensherr von Kurmainz ein Schloß erbauen, auf dem Sophie La Roche ‚Das Fräulein von Sternheim' (1771), den ersten Frauenroman der Weltliteratur, verfaßte. 1785 wurde B. württembergisch.

Bemerkenswert die Stadtkirche St. Cyriakus aus dem 14. Jh. mit reicher Ausstattung (Hochaltar um 1500, Grabdenkmäler des 16. Jh.). Teile der ehemaligen Stadtmauer beim Oberturm, bei der Ganerbenburg und am Schloß. In der Nähe von B. die Altweibermühle Tripstrill.

Bogen (Niederbayern)

□ 49,73 qkm; ○ Straubing-Bogen; ⚐ Bayern; ✉ 94327; ☎ 09422; 🚗 SR; △ 322 m; 👥 8200.

B. liegt am Rande des Bayerischen Waldes an der Einmündung des Bogenbaches in die Donau. Anschluß an die Autobahn A 3 Regensburg–Passau (Ausfahrt B.). Die St, Sitz eines Amtsgerichts, hat Realschule, Gymnasium; Kunststoffwerk, Fayencemanufaktur. B. ist Bundeswehrstandort mit Standortverwaltung.

Erstmals wird Bogen („villa pogana") 741 urkundlich genannt. 1242 kam der bis dahin im Besitz der Grafen von B. befindliche Ort an die Herzöge von Wittelsbach, die das weißblaue Rautenwappen (Kernstück des bayerischen Staatswappens) ihrer Vorgänger übernahmen. 1341 wurde B. Bannmarkt mit eigenen Rechtsfreiheiten. Die Erhebung zur St erfolgte 1952. Über der St und der Donau erhebt sich auf dem Bogenberg (432 m) die spätgotische Wallfahrtskirche (Pfingstwallfahrt der Holzkirchner mit 13 m langer Kerze) mit reicher Ausstattung; neben der Kirche das Heimatmuseum. – In Oberalteich schöne Barockkirche (1622–29) des ehemaligen Benediktinerklosters.

Bohmte

□ 111 qkm; ○ Osnabrück; ⚐ Niedersachsen; ✉ 49163; ☎ 05471; 🚗 OS; △ 35 m; 👥 10200.

B. liegt 23 km nordöstlich von Osnabrück am Nordrand des Wiehengebirges. Die Gm ist über die B 51, 65 und 218 zu erreichen. Bahnstation an der Strecke Ruhrgebiet–Bremen.

B. hat Realschule, Sonderschule für körperlich und geistig behinderte Kinder; holzverarbeitende Betriebe (Stilmöbel), Bekleidungswerk, Maschinenfabrik, Dentalgerätefabrik, eisenverarbeitende Industrie (Baustahlmatten, Flachheizkörper), kunststoffverarbeitende Betriebe.

B. ist erstmals 1074 urkundlich bezeugt. Der Ortsteil Hunteburg entwickelte sich im Schutz der nach 1324 von Bischof Gottfried Graf von Arnsberg errichteten Hunteburg. Sehenswert die Alte Steinbrücke aus dem Jahre 1424.

Bonn

□ 141,18 qkm; ○ Regierungssitz der Bundesrepublik Deutschland; ⚐ Nordrhein-Westfalen; ✉ 53103*; ☎ 0228; 🚗 BN; △ 46–195 m; 👥 296000.

B., 1969 durch Zusammenschluß von umliegenden Städten (Bad Godesberg, Beuel), Randgemeinden und Ortschaften (Duisdorf, Ippendorf, Oberkassel u.a.) um über das Doppelte an Einwohnerzahl gewachsen, erstreckt sich am linken und rechten Rheinufer zwischen dem Ville-Vorgebirge und den Ausläufern des Siebengebirges in nordsüdlicher Richtung. Durch B. führen bzw. von der St nehmen ihren Anfang die B 9, B 42, B 56 und B 257; Anschluß an die Autobahnstrecken A 3 (Köln–Frankfurt), A 59 (Flughafenautobahn), A 61 (Köln–Koblenz), A 555 (Köln–Bonn) und A 565 (Beuel–Meckenheim). B. ist an das internationale Eisenbahnnetz angeschlossen (Halt von über 220 Eurocity-, Intercity-, Schnell-, Eil- und Nahverkehrszügen). Flughafen Köln/Bonn (22 km). Handelswerft, Hafen und Anlegestellen des Personenschiffsverkehrs. B. ist Sitz des Bundestages und des Bundesrates (Bundeshaus), des Bundespräsidenten (Villa Hammerschmidt), des Bundeskanzlers (neues Bundeskanzleramt) und der Bundesregierung. Von den rund 133 akkreditierten Botschaftern haben über 118 ihren Sitz in B. Die übrigen residieren in Köln und im Rhein-Sieg-Kreis. Bedeutende öffentliche und private Verbände unterhalten in B. ihre Zentralen bzw. Niederlassungen (z.B. der Deutsche Industrie- und Handelstag, der Deutsche Landkreistag und der Zentralverband des Deutschen Handwerks). B. hat Landesvermessungsamt, Fernstraßenneubauamt, Landesstraßenbauamt, zwei Staatshochbauämter, Staatliches Gewerbeaufsichtsamt, Wasserwirtschaftsamt, Arbeitsamt, Polizeipräsidium, Rhein. Museumsamt, Landeskonservator; Finanzbehörden mit Steuerfahndungsstelle und Großbetriebsprüfstelle, Finanzbauamt; Landgericht, Amtsgericht, Arbeitsgericht, Haftanstalt; Industrie- und Handelskammer, Landwirtschaftskammer Rheinland mit Höherer Forstbehörde Rheinland, Tiergesundheitsamt, Pflanzenschutzamt und Agrarmeteorologischer Forschungsstelle; Kreishandwerkerschaft. – B. besitzt neben 51 Grund- und 19 Hauptschulen Sonderschulen für Geistigbehinderte, Körperbehinderte, Lernbehinderte, eine Sonderschule für Sprachbehinderte, Kranke, Sonderschulen für Erziehungshilfe, darunter eine Montessori-Grundschule. Es gibt 9 Realschulen, eine Abendrealschule, 21 Gymnasien (12 städtische und 9 private), ein Abendgymnasium, eine Gesamtschule, eine Freie Waldorfschule sowie 7 berufsbildende Schulen. Daneben werden in B. Lehranstalten für Krankenpflegeberufe, für medizinisch-, pharmazeutisch- und landwirtschaftlich-technische Assistenten sowie eine private Kaufm. Schule und private Sprachschulen betrieben. B. ist Sitz der Diplomatenschule auf dem Venusberg. Die Rheinische Friedrich-Wilhelms-Universität (über 40000 Studierende) ist mit ihrem Hauptsitz im ehemaligen Stadtschloß untergebracht. In B. befindet sich außerdem die Mittelrheinische Verwaltungs- und Wirtschaftsakademie. Die

Bonn, Rathaus

Universitätskliniken liegen auf dem Venusberg. Industrie und Handwerk: Kunstkohle- und Sintermetall-Erzeugnisse (Ringsdorff-Werke), Kunststoff- (Kautex und Andernach) und Leichtmetallindustrie (VAW), Fahnen-, Orden/ Medaillen (Hoffstätter); Likör (Verpoorten)- und Süßwarenfabrikation (Haribo), Glas (Weck)- und chemische Fabriken (Degussa, IDAC und Deutsche Atochem), Maschinen (Krupp-Kautex und Bedia)- und Fahrzeugbau (Miesen, Boge), Elektrotechnische Industrie und Schaltgerätebau (Klöckner-Moeller und ELEKLUFT, Magnetfabrik), Schleifmittel (Guilleaume) und Sanitärprodukte (Ideal Standard); Orgelbau (Klais) u.a.m. (Insgesamt rd. 1050 Industriebetriebe und ca. 60 Handwerkbranchen mit über 2000 Betrieben).

B., ursprünglich keltischer Siedlungsplatz – um 11 v.Chr. legte hier Drusus eines der Kastelle zum Schutz der Rheinlinie an –, wird 69 n.Chr. erstmals als römisches Legionslager »castra Bonnensia« erwähnt. Um das heutige Münster, dessen Anfänge als Märtyrerkirche St. Cassius und Florentius bis um 400 zurückreichen, entstand im 8. Jh. die »villa basilica«, der Siedlungskern für die ma., seit 1244 durch Erzbischof Konrad von Hochstaden befestigte St. B. gehörte wie die 10 durch Erzbischof Dietrich I. von Köln errichtete Godesburg und die 983 bzw. 1151 gegründeten Stiftskirchen Vilich und Schwarz-Rheindorf zum Territorium der Kurfürsten von Köln und wurde in einem längeren Prozeß bis 1597 Landeshauptstadt des Kurstaates. Die Kurfürsten Joseph Clemens und Clemens August bauten die St zur prachtvollen Barockresidenz aus. Der letzte Träger des Kurhutes, Max Franz von Habsburg, der Förderer des 1770 in Bonn geborenen Ludwig van Beethoven, eröffnete 1786 die erste Bonner Universität und erhob Godesberg zum Badeort. 1794 wurde Bonn französisch, 1815 preußisch. Der 1818 gegründeten Rheinischen Friedrich-Wilhelms-Universität und seiner schönen landschaftlichen Lage verdankte B. im 19. Jh. den Aufstieg zur bevorzugten Universitäts- und Rentnerstadt. An dieser günstigen Entwicklung hatten Godesberg als Badeort und Ruhesitz sowie Beuel als Industrieort Anteil. 1948 wurde B. Sitz des Parlamentarischen Rates, 1949 vorläufige Bundeshauptstadt. Nach der Vereinigung der beiden Teile Deutschlands wurde aufgrund des Bundestagsbeschlußes vom 20. 6. 1991 anstelle von Bonn Berlin als Hauptstadt und künftiger Regierungssitz bestimmt.

Historische Bauten, Kunstwerke und Sehenswürdigkeiten: Linksrheinische Stadtteile: Romanische Münsterbasilika (11./13. Jh.), Remigiuskirche (13./14. Jh.), Namen-Jesu-Kirche (Barock), Alte Sankt-Martins-Kirche Muffendorf (frühromanisch), Kurfürstliches Schloß (um 1700, heute Universitätsgebäude), Poppelsdorfer Schloß (um 1720). Kreuzberg mit Barockkirche (»Heilige Stiege« von Balthasar Neumann, Nachbildung der »Scala Sancta« in Rom), Rathaus (1737/38 von Leveilly), Rathaus Bad Godesberg (hervorgegangen aus den kurfürstlichen Gästehäusern nach 1791), Godesburg (1210), Michaelskapelle (1210 zusammen mit der Godesburg auf dem Godesberg errichtet), Redoute (erbaut 1790 bis 1792 durch den jüngsten Sohn Maria Theresias, Kurfürst Max Franz, als Kurhaus), Kommende Muffendorf (700 Jahre Sitz der Komture des Deutschen Ritterordens, seit 1754 schloßähnliche Anlage, jetzt Residenz des Belgischen Botschafters), Bundeshaus und Abgeordnetenhochhaus „Langer Eugen“, Villa Hammerschmidt (Sitz des Bundespräsidenten), Palais Schaumburg (Gästehaus des Bundeskanzlers). Rechtsrheinische Stadtteile: Stiftskirche Vilich (977/1280), Doppelkirche von Schwarzrheindorf (spätromanisch, 1151), Vilicher Wasserburg Lede (14. Jh.), Kommende Ramersdorf (Deutschherrenorden, um 1220), Adelheidiskapelle Pützchen.

Bonn, Godesburg

Theater und Museen: Oper, Stadttheater mit den Bühnen, Städt. Kammerspiele Bad Godesberg, Werkstattbühne und Halle Beuel, Contra-Kreis u.a.; Städt. Kunstmuseum, Rheinisches

Landesmuseum, Zool. Museum Alexander Koenig; Beethovens Geburtshaus mit Beethoven-Archiv und Kammermusiksaal, Schumanns Sterbehaus. – Universitätsbibliothek, Stadtarchiv und Stadtbibliothek. – Feste und Veranstaltungen: Beethovenfest (alle drei Jahre); Freiluftprogramm „Bonner Sommer"; Berliner Kulturtage; Pützchens Markt.

B. ist Geburtsort des Komponisten Ludwig van Beethoven (1770–1827), des Gartenbauarchitekten Peter Joseph Lenné (1789–1866) und des Freiheitshelden und Professors für Kunst- und Kulturgeschichte Gottfried Kinkel (1815–1882).

Bonndorf i. Schwarzwald

□ 75,98 qkm; ○ Waldshut; ⚐ Baden-Württemberg; ✉ 79848; ☎ 07703; 🚗 WT; △ 850 m; 👥 5400.

B., Luftkurort im südlichen Schwarzwald an der B 315, 26 km südwestlich von Donaueschingen, hat Grund- und Hauptschule, Realschule; Fleischwaren- (Schwarzwälder Schinken), Holz- und Textilindustrie; lebhaften Fremdenverkehr.

B. (‚Bohnendorf'), erstmals 1223 urkundlich erwähnt, gehörte seit dem 9. Jh. zur Landgrafschaft Stühlingen und kam über verschiedene Herrschaften 1609 durch Kauf an das Kloster St. Blasien. 1803 wurde die Grafschaft mit B. an den Malteserorden abgetreten; 1807 fiel sie an Baden. Im Raume Stühlingen-B. brach 1525 der Bauernaufstand aus. Das Stadtrecht erhielt B. 1891 (1950 erneuert). – Nordöstlich der St liegt die wildromantische Wutachschlucht. – Die B. ‚Fasnet' der ‚Pflumeschlukker' ist überregional bekannt.

Bopfingen

□ 77 qkm; ○ Ostalbkreis; ⚐ Baden-Württemberg; ✉ 73441; ☎ 07362; 🚗 AA; △ 468–668 m; 👥 11 400.

B., an der Eger am Nordostrand der Schwäbischen Alb gelegen, ist Mittelpunkt des württembergischen Rieses. Zufahrt über die B 29. Die St hat Realschule, Gymnasium, Sonderschule für Lernbehinderte; Leder-, Textil- und chemische Industrie.

B. wird erstmals in den Fuldaer Klosterakten des 8./9. Jh. erwähnt; 1150 kam es in staufischen Besitz; 1274 wurde es Freie Reichsstadt. B. war Mitglied des Schwäbischen Städtebundes. 1803 fiel die St an Kurbayern und 1810 an Württemberg. – Sehenswert die Burgruine Flochberg (12. Jh.), die frühgotische Stadtkirche mit dem Schnitzaltar (1472) von F. Herlin, das Rathaus (1586) und Schloß Baldern (mit bedeutender Kunst- und Waffensammlung). Auf dem 668 m hohen Ipf Reste einer vorgermanischen Ringburganlage.

Boppard

□ 75 qkm; ○ Rhein-Hunsrück-Kreis; ⚐ Rheinland-Pfalz; ✉ 56154; ☎ 06742; 🚗 SIM; △ 60–530 m; 👥 16500.

B., 20 km südlich von Koblenz auf dem linken Rheinufer gelegen, ist über die B 9, B 327 und A 61 Speyer–Mönchengladbach (Ausfahrt B.) zu erreichen. D-Zug-Station an der Strecke Frankfurt a. M.–Mainz–Köln. B. hat Forstamt; priv. Schule und Internat der Ursulinen Marienberg (Realschule, Haushaltungs- und Kinderpflegerinnenschule), Berufsbildende Schule, Fachoberschule, kath. Haushaltungsschule mit Internat, St. Carolus, Sozialpädagogische Fachschule für Lernbehinderte, Fachschulen für Ländliche Hauswirtschaft und Sozialpädagogik, Gymnasium, Kneipp-Gesundheitsschule (staatl. anerkannte Massageschule), Bundes-Akademie für Öffentl. Verwaltung, Institut für Lehrerfort- und Weiterbildung, Fortbildungszentrum (Manuelle Medizin), Goethe-Institut; Industrie: Pharmazeutische und Kosmetische Industrie, Herstellung von Straßenwalzen; ferner Forstwirtschaft und bedeutender Weinanbau; Fremdenverkehr.

B. geht auf eine keltische Siedlung (»Baudobriga«) zurück, die unter dem römischen Kaiser Valentinian I. (364–78) zu einem Kastell (bedeutende Teile erhalten) ausgebaut wurde. Die Kastellsiedlung war unter fränkischer Herrschaft Verwaltungsmittelpunkt eines königlichen Fiskus. Die Königspfalz (10. Jh.) lag im Westen außerhalb der Kastellmauer. Spätestens Anfang des 13. Jh. war B. Freie Reichsstadt. Einen wirtschaftlichen Aufschwung erlebte B. mit der um die Mitte des 19. Jh. einsetzenden Rheinromantik und nach der Errichtung einer Kaltwasserheilanstalt (1839). Im Zuge der Gebietsreform schloß sich B. mit Bad Salzig und acht Nachbargemeinden zusammen. – B. ist seit 1976 anerkanntes Kneipp-Heilbad (Klinik für physikalisch-diätetische Therapie) mit Heilanzeigen bei Herz- und Gefäßerkrankungen, organischen und funktionellen Nervenerkrankungen, Erkrankungen der Verdauungsorgane, der Atemwege, des Bewegungsapparates, Stoffwechselstörungen, Rehabilitation; der Stadtteil Bad Salzig anerkanntes Mineral-Heilbad (Fachklinik der LVA) mit Heilanzeigen bei Verdauungs- und Stoffwechselkrankheiten. – Sehenswürdigkeiten: Römerkastell; romanische Pfeilerbasilika St. Severus (12./13. Jh.); gotische zweischiffige Karmeliterkirche (13./14. Jh.); Reste der ma. Stadtbefestigung; ehem. Klöster und Adelshäuser; Kurtrierische Burg; große Rheinschleife mit Vier-Seen-Blick; Stadtmuseum. – Alljährlich Rheinuferfest (Juli), Zwiebelmarkt (September), Weinfest (September/Oktober).

Borchen

□ 77 qkm; ○ Paderborn; ⚐ Nordrhein-Westfalen; ✉ 33178; ☎ 05251; 🚗 PB; △ 160 m; 👫 11100.

B. liegt 7 km südlich von Paderborn an der B 480. Anschluß an die Autobahn A 44 Ruhrgebiet–Kassel (Ausfahrt Haaren). B. hat Rudolf-Steiner-Gesamtschule (Grund-, Haupt- und höhere Schulen), Fachoberschule für Hauswirtschaft und Sozialpädagogik, Fachschule und höhere Fachschule für Hauswirtschaft und Wirtschafterin, Frauenbildungsanstalt Mallinckrodthof; Landwirtschaft; Fremdenverkehr im Ortsteil Etteln.

B. entstand 1969 durch den Zusammenschluß der Gm Alfen, Kirchborchen und Nordborchen; 1975 wurden die ehem. Gm Dörenhagen und Etteln eingegliedert. Erste urkundliche Erwähnung der Siedlung »Burgnon« (Borchen) um 1000. Bemerkenswert die um 1200 erbaute St. Michaelskirche und Schloß Hamborn im Ortsteil Kirchborchen; in näherer Umgebung außerdem Hünengräber, Steinkistengräber und Wallburgen.

Bordesholm

□ 10,16 qkm; ○ Rendsburg-Eckernförde; ⚐ Schleswig-Holstein; ✉ 24582; ☎ 04322; 🚗 RD; △ 26 m; 👫 6800.

B., 19 km südlich von Kiel an der B 4 gelegen, hat Anschluß an die Autobahn A 7 Hamburg-Flensburg (Ausfahrt AB-Dreieck B.). Die Gm hat Amtsgericht; Realschule, Sonderschule für Lernbehinderte, Gemeindeverwaltungs- und Sparkassenschule von Schleswig-Holstein, Volkshochschule; Brot- und Mühlenwerke, Holzindustrie.

B. liegt auf altem Siedlungsgebiet. 1327–32 wurde das älteste Kloster Holsteins von Neumünster nach der kleinen Insel Holm im B. See verlegt. Die beim Kloster entstandene Siedlung wurde zuerst „Barsholm“, dann „Bardesholm“ genannt. Die im 14./15. Jh. errichtete Klosterkirche ist einer der schönsten gotischen Bauten Schleswig-Holsteins. Das Kloster wurde 1566 aufgelöst und in eine Gelehrtenschule umgewandelt, aus der 1665 die Universität Kiel hervorging. 1666 wurde der berühmte B. Altar (16. Jh.) von Hans Brüggemann in die Domkirche von Schleswig gebracht. – Eine Sehenswürdigkeit ist nahe der Klosterkirche die 400 Jahre alte Linde, unter der früher das ‚Thing‘ (Gericht) stattfand.

Borgentreich

□ 138,54 qkm; ○ Höxter; ⚐ Nordrhein-Westfalen; ✉ 34434; ☎ 05643; 🚗 HX; △ 210 m; 👫 10000.

B. liegt 40 km nordwestlich von Kassel am Rande der fruchtbaren Warburger Börde. Zufahrt über die B 241 und Autobahn A 44 Kassel–Ruhrgebiet (Ausfahrten Warburg bzw. Diemelstadt). Die St hat Grund- und Hauptschule, Realschule, Volkshochschule; kleinere Industrie- und Gewerbebetriebe. Ein bedeutender Wirtschaftszweig ist bis heute die Landwirtschaft. B. ist Bundeswehrstandort.

B. ist aus einem Ende des 8. Jh. entstandenen karolingischen Königsgut hervorgegangen. Der Ort kam über das Bistum Würzburg im 13. Jh. an die Bischöfe von Paderborn, die B. um 1280 zur St ausbauten. Nach der Säkularisation (1803) fiel die St an Preußen. 1945 wurde B. zur Hälfte zerstört. – An historischen Baudenkmälern sind bemerkenswert das Steinerne Haus (14. Jh.), der Balkenturm (14. Jh.) und der Turm (um 1300) der kath. Pfarrkirche (mit schöner Barockorgel [um 1735] aus dem ehem. Augustiner-Chorherrenstift Dalheim) sowie das im spätklassizistischen Stil errichtete ehem. Rathaus mit Orgelmuseum.

Borgholzhausen

□ 55,60 qkm; ○ Gütersloh; ⚐ Nordrhein-Westfalen; ✉ 33829; ☎ 05425; 🚗 GT; △ 120–320 m; 👫 7500.

B., 20 km nordwestlich von Bielefeld am Nordrand des Teutoburger Waldes gelegen, ist über die B 68 zu erreichen. Bahnstation an der Strecke Bielefeld-Osnabrück.

Die St B. wurde 1969 aus zwölf ehemaligen Gemeinden gebildet. B. hat Grundschulen, Hauptschule; Metallindustrie, Lebkuchen-, Fleischwaren- und Brunnenbetriebe. Das Solbad Ravensberg (Stadtteil Ostbarthausen) ist anerkanntes Heilbad. B. ist Garnisonsstadt (niederländische Truppen).

Graf Hermann II. von Calvelage (1085–1115) gilt als Erbauer der Burg ‚Ravensberg', in deren Schutz sich ‚Borgholthusen' (1317 erstmals erwähnt) entwickelt. Im 17. und 18. Jh. sind die Leinenspinnerei und -weberei wichtige Erwerbszweige; im 19. Jh. werden Lebkuchenfabriken gegründet. Aus dem im 17. Jh. entstandenen Salzwerk ‚Barthausen' geht nach 1907 das Heilbad Ravensberg hervor. Sehenswert die ev. Kirche aus dem 13. Jh. (im 16. Jh. spätgotisch erneuert), das Wasserschloß Holtfeld (Renaissanceschloß aus dem 16. und 17. Jh.) und das Wasserschloß Brinke (Renaissancebau).

Borken (Hessen)

☐ 82,27 qkm; ○ Schwalm-Eder-Kreis; ⚐ Hessen; ✉ 34582; ☎ 05682; 🚗 HR; △ 168 bis 433 m; 👪 14900.

B., 40 km südwestlich von Kassel zwischen Kellerwald und Knüll-Gebirge an der Schwalm, der B 3 und A 49 Kassel–Schwalmstadt (Ausfahrt B.) gelegen, ist Bahnstation der Strecke Kassel–Frankfurt a. M. B. hat Gesamtschule, Schule für Lernbehinderte, Berufsfortbildungswerk; Kraftwerk (Preußen Elektra; Stromerzeugung, Kohleabbau); Hochtechnologie (AEG); mittelständische Industrie- und Gewerbebetriebe (Molkerei, Holz- und Kunststoffverarbeitung, Dachsteinwerk, Herstellung von Isolierbaustoffen); Landwirtschaft.

Erste urkundliche Erwähnung von »burcun« 775; Stadtrechte seit 1317. Nach dem 1. Weltkrieg entwickelte sich B. zum industriellen Mittelpunkt des Landkreises (Abbau der Braunkohlelager; 1922 Bau eines Wärmegroßkraftwerkes der Preußischen Elektrizitäts-AG).

Sehenswert das Kaiserkreuz (600 Jahre alt), der historische Stadtkern, die Wasserburg Nassenerfurth, Schloß Dillich; Fresken und spätgot. Wandmalereien in der Kirche Kleinenglis. – Alljährl. B. Heimatfest (September).

Borken (Westf.)

☐ 153,14 qkm; ○ Borken; ⚐ Nordrhein-Westfalen; ✉ 46325; ☎ 02861; 🚗 BOR; △ 40 m; 👪 35000.

B., unweit der niederländischen Grenze am Schnittpunkt der B 67 und B 70 gelegen, ist Bundeswehrstandort. Die St hat Amtsgericht, Standortverwaltung, Kreisbehörden; Realschulen, Sonderschulen für Lernbehinderte, Gymnasien, Abendgymnasium, Studienzentrum der Fernuniversität Hagen, Berufsbildende Schulen, Landwirtschaftsschule, Musikschule, Montessorischule; mittelständische Industrie- und Dienstleistungsbetriebe (Chemische Industrie, Maschinen- und Fahrzeugbau, Holzverarbeitung, Textil- und Bekleidungsgewerbe, Pharmaindustrie).

B. wurde 1226 St mit Marktprivileg, Befestigungsrecht (Reste von 5 alten Wehrtürmen erhalten) und eigener Gerichtsbarkeit. Mitte des 13. Jh. belehnte Dortmund B. mit der Hansegrafschaft. Ende des 2. Weltkrieges wurde die St zu 75% zerstört. – Sehenswürdigkeiten: St. Remigiuskirche (älteste Teile 9. Jh.) mit wertvoller Ausstattung (Gabelkreuz, 14. Jh.), Johanniskirche (um 1200), ehem. Hl. Geist-Kirche (Backsteingotik, 1404 vollendet; jetzt Stadtmuseum, Türme der ehem. Stadtbefestigung; Klosterkirche im Stadtteil Gemen; Kloster Mariengarden im Stadtteil Borkenwirthe/Burlo, u. a. – In der näheren Umgebung zahlreiche Wasserschlösser (Anholt, Gemen, Raesfeld, Velen) und Burgen (Ramsdorf, Haus Pröbsting u. a.).

Alljährl. Pfingst-Reitturnier.

Borkum

☐ 30,62 qkm; ○ Leer; ⚐ Niedersachsen; ✉ 26757; ☎ 04922; 🚗 LER; △ 1,5 m; 👪 5700.

Die St B. liegt an der Westküste der gleichnamigen ostfriesischen Insel. B. hat Flugplatz (Flugverbindung nach Emden), Alten und Neuen Hafen; Realschule, Sonderschule für Lernbehinderte, Kreis-, Berufs- und Fachschule, Volkshochschule; Fremdenverkehr. B. ist Seebad, Heilbad und Seeheilbad (Kurmittelhaus, Kliniken, Sanatorien, Kinderheime). Heilanzeigen: Katarrhe der Atemwege und der Nebenhöhlen, Blutarmut, chronische entzündliche Erkrankungen, Störungen der Hormondrüsen und des Stoffwechsels, Rekonvaleszenz.

Die Insel »Byrchanis« (oder »Burkana«) wird erstmals im 13. Jh. als Sammelplatz und Zufluchtsort friesischer Kreuzfahrerflotten erwähnt. Um 1400 befand sich die Insel im Besitz der ostfriesischen Häuptlinge tom Brok. 1454 kam B. mit der Grafschaft Ostfriesland an das

Haus Cirksena. Eine Blütezeit der Insel war die Zeit des Walfischfangs im 18. Jh.; ein zweiter wirtschaftlicher Aufschwung setzte 1850 nach Gründung des Bades ein. Das Stadtrecht wurde B. 1954 verliehen. – Sehenswert der Zaun aus Walfischkinnladen am ev. Pfarrhaus (aus der Zeit der Grönlandfahrten 1715–81).

Borna

□ 4,75 qkm; ○ Borna; ⚐ Freistaat Sachsen; ✉ 04552; ☎ 0404; 🚗 BNA; △ 140 m; 👥 23500.

Die Kreisstadt B. liegt 30 km südlich der Messestadt Leipzig im Straßenknotenpunkt B 93, B 95 und B 176; eine Eisenbahnstrecke führt von Leipzig über B. nach Chemnitz. Der nächste Flughafen ist Halle/Leipzig. – Zu den Verwaltungsorganen der St zählen Landratsamt, Kreisgericht, Finanzamt und Arbeitsamt; der Aus- und Weiterbildung dienen ein Gymnasium, mehrere Berufsschulen und eine Schule für Lernbehinderte.

Wirtschaft und Industrie werden vom Braunkohlebergbau und Kraftwerken beherrscht. Die mittelständische Wirtschaft ist in mehreren Verarbeitungszweigen vertreten, als Besonderheit ragt der Cembalo-Bau heraus. Den Sitz mehrerer bedeutender Banken und Versicherungen, ebenso Dienstleistungsunternehmen und Handwerksbetriebe konnte man auf den Gewerbegebieten an der B 93 und B 95 konzentrieren. Seit vielen Jahrzehnten ist B. durch seine Feldgärtnereien bekannt, die den Zwiebelanbau betreiben.

Geschichtliches: Um 1220 wurde B. gegründet und besaß schon einen Mkt, vier Stadttore, die Stadtmauer und weitere Schutzeinrichtungen blieben erhalten; 1251 wird der Ort erstm. als Stadt erwähnt – und im Verlaufe der Zeit mehrmals bei kriegerischen Auseinandersetzungen belagert, ausgeplündert und niedergebrannt. Bei der sog. „Leipziger Teilung" zwischen den Wettinern Ernst und Albrecht kommt B. 1485 zum Weimarer Teil, dem Kurfürstentum, und 1547 zum Albertinischen Sachsen. Dr. Martin Luther hielt sich 1522/23 mehrmals in B. auf. Als schlimmes Pestjahr mit über 100 Toten verzeichnet die Chronik die Zeit 1577/78. Von 1631 bis 1637 wurde die St von mehreren Pestepidemien heimgesucht, die mehr als 900 Todesopfer forderten; parallel dazu (1631–39) ständig wechselnde Besatzung durch kaiserliche und schwedische Kriegsmacht. Im Jahre 1668 erneut ein schwerer Stadtbrand. 1756–63 wird B. im Siebenjähr. Krieg fast völlig ausgezehrt. Um 1800 setzen die Arbeiten zu den Anfängen der Braunkohle- und Torfgräberei ein. Napoleon bezieht 1813 im Mai Quartier in B., im Oktober des gleichen Jahres erscheinen Kaiser Franz von Österreich, Zar Alexander und der König von Preußen mit ihren Truppen. Es kommt zur Völkerschlacht bei Leipzig. Um 1900 beginnt ein bedeutender wirtschaftlicher Aufschwung durch die Braunkohlenindustrie. Am 15. April 1945 wurde die St den amerikan. Truppen kampflos übergeben.

Kulturelles: Die rom. Kunigundenkirche (1170) ist das älteste Bauwerk der St; in der Stadtkirche St. Marien steht ein wertvoller spätgot. Schnitz- und Flügelaltar des Meisters Hans Witten (1511/12). Im „Reichstor B.", dem einzigen erhaltenen Stadttor, befindet sich seit 1974 das städt. Museum. Zu sehen sind eine originalgetreu eingerichtete Wachstube aus dem Jahre 1723 und die Arbeitsstube des Türmers der Marienkirche. Gezeigt werden Exponate des frühen Feuerlöschwesens sowie Zeugnisse ma. Gerichtsbarkeit.

Die Galerie „Torladen" am Museum stellt in wechselnden Expositionen zeitgenössische Kunst vor. Mit ihrer kommunalen Bibliothek bietet die St den Lesern eine kostenlose Nutzung der umfangreichen Bestände wissenschaftlicher, belletristischer und Sachliteratur an. – An der Musikschule B.-Land werden über 500 Schüler ausgebildet, die in 17 Fächern Unterricht erhalten. Das Sinfonische Unterhaltungsorchester B./Sachsen besteht seit 1963, sein breites Angebot umfaßt sinfonische Musik, Unterhaltungskonzerte und altersdifferenzierte Darbietungen für Kinder und Jugendliche. – Das Stadtkulturhaus dient Veranstaltungen und Zusammenkünften jeglicher Art.

Bornheim (Rheinl.)

□ 82,73 qkm; ○ Rhein-Sieg-Kreis; ⚐ Nordrhein-Westfalen; ✉ 53332; ☎ 02222; 🚗 SU; △ 46–164 m; 👥 34300.

B., zwischen Bonn und Köln an Vorgebirge und Rhein gelegen, entstand 1969 durch Zusammenschluß der früheren Gm Bornheim, Hersel (außer Ortsteil Urfeld) und Sechtem. Die Großgemeinde ist über die B 9 und über die Autobahn A555 Bonn-Köln (Ausfahrt AB-Kreuz Bonn-Nord) zu erreichen. B. hat Realschule, Sonderschule für Lernbehinderte, priv. Mädchengymnasium, priv. Mädchenrealschule, priv. Mädchen-Handelsschule, Waldorfschule, Bildungswerk, Jugendakademie

(Walberberg), phil.-theol. Hochschule, Heimvolkshochschule und Bildungsstätte der Dominikaner. Die Gm ist landwirtschaftl. Vorranggebiet (Obst- und Gemüseanbau); im Ortsteil Roisdorf finden die größten westdeutschen Obst- und Gemüseversteigerungen statt; daneben rauchlose Industrie (Tonwaren).

B. liegt auf altem Siedlungsgebiet (zwei Fliehburgen in der näheren Umgebung; reiche Beigaben aus Hügelgräbern, zahlreiche Funde von Steinwerkzeugen). Aus der Römerzeit (50 v.Chr. bis 450 n.Chr.) stammen der Römerkanal (Wasserleitung), mehrere Kult- und Weihestätten und Fundamente von röm. Landhäusern. Der Ort B. ist erstmals 945 urkundlich bezeugt. Von den Wohnsitzen der früheren Grundherren blieben das Haus Rankenberg (Ortsteil Brenig), die Kitzburg (Ortsteil Walberberg), die Weiße und Graue Burg in Sechtem sowie die Burg Bornheim und die Wolfsburg (Ortsteil Roisdorf) erhalten.

Bottrop

□ 100,58 qkm; ○ Kreisfreie Stadt; ⚐ Nordrhein-Westfalen; ✉ 46215*; ☎ 02041 (Stadtteil Kirchhellen 02045); 🚗 BOT; △ 28–78 m; 👫 118200.

B., im Norden des Ruhrgebietes am Rhein-Herne-Kanal gelegen, ist über die Autobahnen A 2 Oberhausen–Hannover (Ausfahrt AB-Kreuz B.), die A 31 Bottrop–Emden (Ausfahrt B.), A 42 Emscherschnellweg (Ausfahrt AB-Kreuz Essen) sowie über die B 223 und B 224 zu erreichen. Als Landesbehörden haben in B. das Amtsgericht, Arbeitsamt und das Finanzamt ihren Sitz. An Bildungsinstitutionen stehen Gymnasien, Real-, Berufs-, Berufsfach-, Gesamt-, Fachober- und Volkshochschulen sowie ein Studienzentrum der Fernuniversität Hagen, ein Bezirksseminar für das Lehramt an Grund- und Hauptschulen und je eine private Sprachen- und Friseurschule zur Verfügung. B., Sitz von Verwaltungen des Steinkohlenbergbaus, hat Betriebe der chemischen Industrie, Stahlbau-, Elektro-, Textil- und Maschinenindustrie.

B. wird erstmals um 1150 als Kapelle in Form einer Eigenkirche eines Grundherren erwähnt. Um 1420–30 Ausbau der Kapelle zu einer langschiffigen Kirche mit Turm. Die für diesen Erweiterungsbau im Jahre 1425 gegossene Glocke blieb erhalten und steht heute am Rathaus. 1240 bzw. 1309 werden die Kommende Welheim des Deutschen Ritterordens und die Knippenburg erstmals erwähnt. Etwa seit dem Beginn der Industrialisierung um 1856 ist in den Urkunden die heutige Schreibweise Bottrop zu finden. 1919 wurde B. das Stadtrecht verliehen. 1976 wurde B. im Rahmen der kommunalen Neuordnung die Gm Kirchhellen zugeordnet.

Sehenswert das Museumszentrum „Quadrat“ mit dem Museum für Ur- und Ortsgeschichte (einzigartige Eiszeitsammlung mit Mammut- und Höhlenbärenskeletten), Wechselausstellungen in der Modernen Galerie sowie die ständige Josef-Albers-Ausstellung; Innenstadt mit Alter Apotheke; Schloß Beck und Traumlandpark im Stadtteil Kirchhellen-Feldhausen.

Boitzenburg

□ 47,3 qkm; ○ Hagenow; ⚐ Mecklenburg-Vorpommern; ✉ 17268; ☎ 08557; 🚗 HGN; △ 10 m; 👫 11000.

Im westl. Teil des Landkreises Hagenow bildet B. ein Industriezentrum. Es ist über die B 5 zu erreichen, die weiterführt zur Autobahnauffahrt Wittenburg (35 km), ein weiterer Anschluß bietet sich über die B 195 mit der Auffahrt Zarrentin (20 km) an; Reichsbahnverbindungen nach Hamburg, Berlin und Schwerin. – Verarbeitende Industrie: Fliesenwerk, Elbewerft und metallverarbeitende Betriebe. –

B. liegt an der Einmündung der Boitze in die Untere Elbe. Die St gilt als eine der ältesten Ortschaften im Kreisgebiet; früheste schriftliche Erwähnungen stammen aus den Jahren 1158 und 1241. Den Zeitpunkt der Stadtgründung nimmt man mit 1255 an; aus diesem Jahr berichtet eine Urkunde von der „Borgere to Boicenbourgh“. Das Rathaus (1711), ein Fachwerkbau im Barockstil, gehört zu den schönsten Profanbauten des ostdeutschen Nordens.

Das Heimatmuseum in B. zeigt in einer ständigen Ausstellung zur St-Geschichte die Entwicklung der beiden größten Industriebetriebe: die 1793 gegr. Schiffswerft und die seit 1902 arbeitende Wandfliesenfabrik. Des weiteren sind zu sehen: bäuerliche Arbeitsgeräte, Hausrat und Erzeugnisse des örtlichen Handwerks, vorrangig Töpferwaren. Alle Exponate stammen aus dem 18. und 19. Jh.

Bovenden über Göttingen

□ 63,45 qkm; ○ Göttingen; ⚐ Niedersachsen; ✉ 37120; ☎ 0551; 🚗 GÖ; △ 140 m; 👫 14000.

Die Großgemeinde B. liegt 7 km nördlich von Göttingen im Leinetal an der B 3. B. hat Anschluß an die Autobahn A 7 Kassel–Hannover (Ausfahrt Göttingen-N. bzw. Nörten-Hardenberg); Forstamt; Grundschulen, Orientierungsstufe, Haupt- und Realschule; Dialyse-Klinik; kleinere und mittlere Industrie- und Gewerbebetriebe (Herstellung von Basaltwolle, elektrischen Durchlauferhitzern und Drehteilen, Elektrobau, Leichtmetall- und Kfz-Anhänger-Bau, Natursteinwerk, Restaurationswerkstatt für antike Möbel, Rolladen-Bau, Herstellung von Sonnenschutzanlagen, Stahlbeton- und Fertigteilwerk u. a.).

B., erstmals 949 bezeugt, erhielt das Marktrecht um 1600. – Bemerkenswert das Amtshaus B., das Domänewohnhaus im Ortsteil Harste und die Ruine Plesse (Ortsteil Eddigehausen; Plessearchiv im Rathaus).

Boxberg (Baden)

□ 101,76 qkm; ○ Main-Tauber-Kreis; ⚐ Baden-Württemberg; ✉ 97944; ☎ 079 30; 🚗 TBB; △ 250 m; 👥 6400.

B. liegt 11 km westlich von Bad Mergentheim im badischen Bauland an der Umpfer. Zufahrt über die B 292; Anschluß an die Autobahn A 81 Heilbronn-Würzburg (Ausfahrt Boxberg); Bahnstation an der Strecke Mannheim-Würzburg. Die St hat Forstamt; Grund-, Haupt- und Realschule; Möbel- und metallverarbeitende Industrie.

B., das ursprünglich Wanshofen hieß, entwickelte sich am Fuße der Burg B., die im 10. Jh. gegen die Ungarneinfälle errichtet wurde. Der vor 1344 zur St erhobene Ort kam über verschiedene Herrschaften 1523 durch Kauf an die Kurpfalz und unterstand danach weiterhin wechselnden Landesherren; 1802 fielen Schloß und St an Leiningen; 1806 wurde B. badisch. – Bemerkenswert das Rathaus (1610), die Stadtkirche (1709 bis 1712 nach Plänen von B. Neumann) und das Glockenhaus (13. Jh.) der ev. Kirche in Wölchingen.

Brackenheim

□ 45,76 qkm; ○ Heilbronn; ⚐ Baden-Württemberg; ✉ 74336; ☎ 071 35; 🚗 HN; △ 192 m; 👥 11 000.

B. liegt 15 km südwestlich von Heilbronn im Zabertal zwischen dem Stromberg und dem Heuchelberg. Die St, Sitz eines Amtsgerichts, hat Grund- und Hauptschule, Gymnasium, Sonderschule für Lernbehinderte; Kreiskrankenhaus. B. ist die größte Weinbaugemeinde in Württemberg; daneben sind mehrere aufstrebende Industriebetriebe (Heizungs- und Lüftungstechnik, Stahl- und Fensterbau, Holz-, Papier- und Druckgewerbe, Bekleidungsindustrie) von wirtschaftlicher Bedeutung.

B., im 12. Jh. erstmals bezeugt, erhielt 1280 das Stadtrecht. 1362 kam es an Württemberg. Das 1556 erbaute Schloß war im 17. Jh. Witwensitz der württembergischen Herzoginnen. 1691 fiel ein Großteil der St einem Brand zum Opfer. – Neben dem Schloß bemerkenswert die St. Jakobskirche (14./15. Jh.), die spätromanische Johanneskirche im Friedhof, das Rokoko-Rathaus (1790), das Heimatmuseum, Schloß Stocksberg im Stadtteil B.-Stockheim, Burg Neipperg im gleichnamigen Stadtteil, die 1000jährige ehem. Gerichtslinde im Stadtteil Meimsheim sowie die Jupitergigantensäule aus der Römerzeit im Stadtteil Hausen. – B. ist Geburtsort des Schriftstellers, Politikers und ersten Bundespräsidenten der Bundesrepublik Deutschland Theodor Heuss (1884–1963) (Th.-Heuss-Gedächtnisausstellung).

Alljährlich B. Straßenfest, Neipperger Kelterfest und Haberschlachter Kelterfest.

Bräunlingen

□ 62,11 qkm; ○ Schwarzwald-Baar-Kreis; ⚐ Baden-Württemberg; ✉ 78199; ☎ 077 07; 🚗 VS; △ 700–900 m; 👥 5400.

B., 5 km südwestlich von Donaueschingen auf der Baar an der Breg gelegen, hat Grund- und Hauptschulen; kleinere und mittlere Industrie- und Gewerbebetriebe.

B., 1305 erstmals als St bezeugt, wurde im gleichen Jahr Enklave von Vorderösterreich. Seit 1415 war es Freie Reichsstadt; 1806 kam es an Baden. – Bemerkenswert die Friedhofskapelle aus dem 9. Jh.

Brake (Unterweser)

□ 38,16 qkm; ○ Wesermarsch; ⚐ Niedersachsen; ✉ 26919; ☎ 044 01; 🚗 BRA; △ 1 m; 👥 16 100.

B., 35 km nordöstlich von Oldenburg an der seeschifftiefen Unterweser gelegen, ist über die B 211 und B 212 zu erreichen. Bahnstation an der Strecke Brake–Bremen. Die St hat Kreisbehörden, Wasser- und Bodenverbände,

Zollamt, Niedersächs. Hafenamt, Oldenburgisch-Ostfriesischer Wasserverband, Wasser- und Schiffahrtsamt, Staatl. Amt für Wasser und Abfall; Hafen, Fettraffinerie, Kunststoffindustrie, Schwefelverfestigungs- und Kabelwerk; Landwirtschaft. Bildungseinrichtungen: Gymnasium, Realschule, Haupt- und Grundschulen, Berufs- und Berufsfachschulen, Volkshochschule, Musikschule. B. ist Bundeswehrstandort.

Erste urkundliche Erwähnung 1139. B. entwickelte sich ab 1623 als Zollstätte der Grafen von Oldenburg. Der zur Entwässerung angelegte B.-Siel (1531) diente später als Hafen. 1830 wurde B. Freihafen und 1856 St. 1892/93 Anlegung des Weserpiers.

Sehenswert das Schiffahrtsmuseum, das Fischerhaus (1731), die Weserinsel Harriersand und die St. Bartholomäuskirche in Golzwarden (1263). B. ist Geburtsort des Dichters und Schriftstellers Georg von der Vring (1889–1968).

Feste und Veranstaltungen: Kajenfest, Fischmarkt, Schützenfeste.

Brakel (Westf.)

□ 173,65 qkm; ○ Höxter; ⚐ Nordrhein-Westfalen; ✉ 33034; ☎ 05272; 🚗 HX; △ 156 m; 👫 15000.

B., staatl. anerkannter Luftkurort, liegt am Schnittpunkt der B 64 und B 252 im Weserbergland. Bahnstation der Strecke Braunschweig–Aachen. B., Sitz der Landwirtschaftskammer Westfalen-Lippe, hat Realschule, Gymnasien, Landwirtschaftsschule, Höhere Landbauschule, Krankenpflegeschule für den Kreis Höxter, Berufs- und Höhere Berufsfachschule für Technik, Sozialpädagogik, gewerbliche und landwirtschaftliche Berufe, Handelsschule, Frauenfachschule, Sonderschule für Lernbehinderte, Justizausbildungsstätte für Nordrhein-Westfalen; Metall- und Textilindustrie, holz- und plastikverarbeitende Betriebe.

B., 836 erstmals urkundlich erwähnt, wurde vor 1259 St. Herren über St und Burg waren bis Ende des 13. Jh. die Ritter von B., denen außer der Stadtburg noch die in der Nähe liegende 1239 genannte Hinnenburg und Palburg gehörten. Im MA war B. Hansestadt. Während der Reformationszeit und im Dreißigjährigen Krieg wirtschaftlicher Niedergang. Die Gründung eines Kapuzinerklosters (1665) brachte der St eine kulturelle Blütezeit im 18. Jh. 1803 kam B. an Preußen.

Die am Fuß der Hinnenburg entspringende Mineralquelle wird zu Trinkkuren bei Blutarmut, Erkrankungen der Harnwege, Steinleiden und Blasenkatarrhen genutzt (Kuranlagen).

Sehenswürdigkeiten: Rathaus (12.–16. Jh.), romanische Pfarrkirche St. Michael (um 1160) mit got. Hochchor (1345), Kapuziner-Klosterkirche (zwischen 1715–18 von Joh. Konrad Schlaun errichtet), Fachwerkhäuser und Reste der alten Stadtbefestigung.

Bramsche (Hase)

□ 183,29 qkm; ○ Osnabrück; ⚐ Niedersachsen; ✉ 49565; ☎ 05461; 🚗 OS; △ 40 m; 👫 26500.

B. liegt 15 km nördlich von Osnabrück am linken Ufer der Hase (Nebenfluß der Ems) und am Mittellandkanal. B. hat Anschluß an die A 1 Bremen–Osnabrück–Köln (Ausfahrt B.); Zufahrt außerdem über die B 68 und B 218, Bahnstation an den Strecken Osnabrück–Oldenburg und Bramsche–Delmenhorst. B hat Amtsgericht, Arbeitsamt (Außenstelle); Realschule, Sonderschule für Lernbehinderte, Gymnasium; Tapeten-, Textil- (Inlett), Nahrungsmittel-, Metall-, Kunststoff- und Glasindustrie.

B., urkundlich 1097 erstmals erwähnt, wurde an einem Kreuzungspunkt uralter Kriegs- und Handelswege gegründet. Als Marktort mit Gerichtsbarkeit erlangte B. bereits im 13. Jh. Bedeutung. Nach dem Dreißigjährigen Krieg wirtschaftlicher Aufschwung (Tuch- und Leinenherstellung). Bis 1802 gehörte B. zum Bistum Osnabrück, 1866 kam es an Preußen. 1929 Verleihung der Stadtrechte. – Sehenswert die St. Martin-Kirche (Anfang 13. Jh., Turmkern 9. Jh.), Alte Post (1688), Kloster Malgarten, Schloß Alt-Barenaue.

Feste und Veranstaltungen: Stadtfest, Kirmes.

Brandenburg/Havel

□ 167 qkm; ○ Kreisfreie St.; ⚐ Brandenburg; ✉ 14770; ☎ 0038; 🚗 BRB; △ 31–79 m; 👫 94800.

Die A 2 tangiert Br. südlich, Abfahrt zum Zentrum in 9 km Entfernung; Schnittpunkt der B 1 mit der B 102; Reichsbahn-Hauptstrecke Berlin–Magdeburg, Nebenlinie Rathenow-Belzig. Hauptschiffahrtsweg Untere-Havel-Wasserstraße, Kanalverbindung zwischen Rhein, Weser, Elbe und Oder; nächste Flughäfen in Berlin (90 km), Sport- und Segelflugplatz am Ort.

Neben St-Verwaltung und Kreisgericht gibt es in Br. ein Wasser- und Schiffahrtsamt. Bildungsstätten: Fachhochschule, Medizinische Fachschule, Oberstufenzentren, Gymnasien, Volkshochschule, Wredowsche Zeichen-Kunstschule, Musikschule. – Kulturstätten: Br. Theater, Museum für Ur-, Früh- und Stadtgeschichte im Frey-Haus, Dom mit Dommuseum, Stadtbibliothek, Kinder-Kunstgalerie „Sonnensegel“, Kleinkunstbühne „Das Labor“ und Klubhäuser.

Die St ist traditioneller Stahlstandort; Großerzeuger sind die Br. Elektrostahlwerke GmbH sowie die Qualitäts- und Edelstahl AG; von Bedeutung sind außerdem die Heidelberger Druckmaschinen AG und die Zahnradfabrik Friedrichshafen.

Die historische „Chur- und Hauptstadt“ ist die älteste St der Mark Brandenburg. Sie ging hervor aus den drei St-Kernen Dominsel mit der Brandenburg (948), Altstadt (1170) und Neustadt, 1196 erstmals urkundlich erwähnt. Bis zum Ende des 15. Jh. galten Alt- und Neustadt als Hauptorte der Mark Br. Sie verfügten über einen hohen Grad an Unabhängigkeit (Zollfreiheit, Münzpräge- und Handelsrecht und den Br. Schöppenstuhl). Das Br. St-Recht wurde auf viele märkische Städte übertragen, auch auf Berlin und Spandau. 1715 vereinigten sich Altstadt und Neustadt; Mitte des 19. Jh. mit den Tuchfabriken erste industrielle Ansiedlungen, gegen Ende starke Entwicklung der Metallindustrie (Brennaborwerke) sowie der Textilwerke und der Lebensmittelverarbeitung. Während des 2. Weltkrieges Rüstungsproduktion; seit Anfang der 60er Jahre Ausbau zum Standort der Stahl- und Großindustrie.

Sehenswürdigkeiten: Altstädtisches Rathaus mit Rolandsfigur, Teile der ma. Stadtmauer und Stadttürme, die in ihrer baulichen Struktur erhaltenen drei histor. St-Kerne, ferner das Ordennanzhaus (ältester Bau in der Altstadt) und das Quitzowhaus. An sakralen Bauwerken findet man die Ruine der Paulikirche und des Pauliklosters, die St. Gotthardtkirche und die Katharinenkirche sowie den Dom St. Peter und Paul.

Die Grundsteinlegung für den Br. Dom geht auf das Jahr 1165 zurück; im 14./15. Jh. wurden beträchtliche Umbauten vorgenommen, seit 1962 wird restauriert. Das „Dommuseum des Domstiftes Brandenburg“ ist in den einstigen Klausurräumen des Chorherrenstiftes der Prämonstratenser untergebracht. In der Schatzkammer wird u.a. die kostbare Handschrift „Das Brandenburger Evangelistar“ gezeigt. Von den über 600 im Domarchiv aufbewahrten ma. Urkunden und Siegeln ist das älteste Papier über die Gründung des Bistums Brandenburg durch Otto I. vom Jahre 948 im Original ausgestellt. Neben einer Textilsammlung, bestehend aus Samtgeweben, Seidendamasten und Brokaten, Meßgewändern und reichen Stickereien, werden ma. Kunstwerke gezeigt, so Goldschmiedearbeiten, Tafelmalerei und Möbel. – Das Br. Havelfest, die Musiktage im Oktober, Messen im Frühjahr und Herbst, nationale und internationale Ruder- und Kanu-Wettbewerbe auf der Regattastrecke am Beetzsee gehören zu den periodisch wiederkehrenden Veranstaltungen. – Die St an der Havel übt mit ihrer seenreichen Umgebung, den malerischen Wäldern, den zahllosen Freibadestellen an den Seeufern eine starke touristische Anziehungskraft aus. Die Region ist mit Campingplätzen reichlich versehen, von Ausflugsgaststätten und der Fahrgastschiffahrt gut erschlossen.

Braunfels

□ 47,10 qkm; ○ Lahn-Dill-Kreis; ⚐ Hessen; ✉ 35619; ☎ 06442; 🚗 LDK; △ 200–300 m; 👥 10000.

B., Luftkurort über dem Lahntal am Nordrand des Hintertaunus 10 km südwestlich von Wetzlar, ist über die B 49 und Autobahn A 45 Frankfurt a.M./Hanau–Dortmund (Ausfahrt Wetzlar-Ost) zu erreichen. Bahnstation an der Strecke Gießen–Koblenz. Die St hat Amtsgericht (Zweigstelle), Forstamt; Grundschulen, Gesamtschule; Ausbildungsstätte des Roten Kreuzes für Krankentransport und Rettungsdienst; Neurologische-, Orthopädische- und Hessenklinik.

Das „Castellum Bruninfels“ wird erstmals 1246 urkundlich genannt. Die Burg war Sitz der Linie von Solms-Braunfels. Als das Geschlecht im 17. Jh. ausstarb, fiel die Grafschaft im Erbgang an den Grafen Wilhelm-Moritz von Solms-Greifenstein, der die St B. zu seiner Residenz machte. – Die im 15., 17. und 19. Jh. um- und ausgebaute Burganlage bietet heute das prägnante Bild eines romantischen Schlosses (Familienmuseum der Fürsten von Solms-Braunfels). Sehenswert außerdem die malerische Altstadt (15.–18. Jh.) mit Fachwerkhäusern, die Fachwerkkirche in St. Georgen (12. Jh.), alte got. Dorfkirchen in Tiefenbach, Bonbaden und Neukirchen; in B. Heimatmuseum „Obermühle“, Waldmuseum, Kurpark (exotischer Baumbestand), Tiergarten.

Im Sommer St. Georgsmarkt.

Braunlage

□ 21,69 qkm; ○ Goslar; ⚐ Niedersachsen; ✉ 38700; ☎ 05520; 🚗 GS; △ 560–1000 m; 👥 5600.

Die St B. liegt im Schnittpunkt der B 4 und B 27 im Oberharz an der Bode am Fuße des Wurmberges (976 m). B. hat Wetterwarte, Zollkommissariat; Grund- und Hauptschule, Orientierungsstufe, Realschule, Gymnasium, Lehrerfortbildungsanstalt, Niedersächsische Landespolizeischule; Holzindustrie. B. ist heilklimatischer Kurort und Wintersportplatz.

B. wird erstmals 1227 in einer Goslarer Urkunde genannt. Die Gründung des Ortes fällt jedoch erst in das 16. Jh. 1883 wurde B. durch Oberförster Ulrichs zur Wiege des dt. Skisports. Das Stadtrecht erhielt B. 1934.

Sehenswürdigkeiten sind die prähistorische Kultstätte auf dem Wurmberg und das „Kartoffeldenkmal“. Alljährlich Internationale Wintersportveranstaltungen (Sprungschanzen und Rodelbahn am Wurmberg). – Sehenswert: Heimat- und Bergwerkmuseum.

Braunschweig

□ 192,03 qkm; ○ Kreisfreie Stadt; ⚐ Niedersachsen; ✉ 38100*; ☎ 0531; 🚗 BS; △ 69 m; 👥 256 000.

B. ist Verwaltungs-, Wirtschafts-, Forschungs- und Technologiezentrum im südöstlichen Niedersachsen zwischen Salzgitter und Wolfsburg. Die St liegt zwischen Harz und Heide an der Oker im Schnittpunkt der B 1, B 4, B 248 und B 214. Anschluß an die Autobahn A 2 Ruhrgebiet–Berlin (3 Abfahrten) und Zubringer (A 39) zur Autobahn A 7 Basel–Frankfurt a. M.–Hamburg. B. ist an das internationale Eisenbahnnetz angeschlossen (Fernverbindungen Paris–Moskau und Bonn–Berlin–Warschau), IC- und D-Zug-Station und besitzt einen regionalen Verkehrsflughafen. Hafen am Mittelland-Kanal (Eröffnung des Elbe-Seiten-Kanals 1975).

B. ist Bundeswehrstandort und Sitz hoher öffentlicher Einrichtungen: Luftfahrt-Bundesamt, Oberlandesgericht, Landgericht, Verwaltungsgericht, Amtsgericht, Bezirksregierung B., Landesversicherungsanstalt, Industrie- und Handelskammer, Handwerkskammer, Oberpostdirektion, Norddeutsche Landesbank u. a.

Bildungs-, Forschungs- und kulturelle Einrichtungen: Technische Universität (1745), Hochschule für Bildende Künste, Fachbereich Sozialwesen der Fachhochschule B.-Wolfenbüttel, Verwaltungs- und Wirtschaftsakademie, Deutsche Müllerschule, Städt. Musikschule, Gymnasien, Realschulen, Fach- und Berufsschulen, Sonderschulen (darunter Nds. Gehörlosen-Sonderschule); Physikalisch-Technische Bundesanstalt, Biologische Bundesanstalt für Land- und Forstwirtschaft, Deutsche Forschungsanstalt für Luft- und Raumfahrt, Gesellschaft für Biotechnologische Forschung, Bundesforschungsanstalt für Landwirtschaft, Institut für Angewandte Mikroelektronik, Fraunhofer-Institut für Holzforschung; Staatstheater (Oper und Schauspiel), Herzog-Anton-Ulrich-Museum (bedeutende Gemäldesammlung mit Werken von Rembrandt, Rubens, Vermeer u. a.), Städt. Museum, Landesmuseum, Naturhistorisches Museum

Die St hat eine ausgewogene Wirtschaftsstruktur mit (1987) rund 135 000 Beschäftigten. Die bedeutendsten Industrien sind: Maschinen (BMA)-, Mühlen (Miag)-, Elektronik (Siemens, Commodore, Toshiba, LSI)-, Fahrzeugindustrie (VW); außerdem Herstellung von optischen Geräten, Fotoapparaten (Rollei), Blech- und Verpackungswaren (Schmalbach-Lubeca), Pianos (Schimmel und Grotrian-Steinweg); Fleisch-, Wurst- und Gemüsekonserven u. a. B. ist Sitz der Verlage Vieweg und Westermann.

B. wird erstmals 1031 (als Siedlung auf dem Gelände des heutigen Altstadtmarktes und Kohlmarktes) urkundlich erwähnt. Der Name »Brunesguik« deutet auf einen Hafenplatz, der von dem Geschlecht der Brunonen an der Stelle gegründet worden war, wo die Fernhandelsstraße vom Rhein zur Elbe die Oker überquerte. Das Stadtrecht wurde B. vermutlich im 12. Jh. verliehen. Unter Heinrich dem Löwen (1139 bis 1195), Herzog von Sachsen und Bayern, war B. Residenz bis 1279 (Ausbau der Wehranlagen und der Burg, Errichtung des romanischen Doms St. Blasii). Vom 13. bis 15. Jh. erlebte die St einen wirtschaftlichen Aufschwung; B., Vorort der Hanse, machte sich einen Namen durch seine Tuchproduktion und Metallarbeiten. 1671 unterwarf sich die St nach langen Kämpfen den Wolfenbütteler Welfen, die seit 1753 in B. residierten. Mitte des 18. Jh. war B. der künstlerische und geistige Mittelpunkt Norddeutschlands (Gründung der Technischen Schule „Collegium Carolinum“ unter dem Schirmherrn Herzog Karl I.).

Von den zahlreichen bedeutenden Baudenkmälern B. sind erhalten geblieben oder nach den Zerstörungen von 1944 wiederaufgebaut worden: Burg Dankwarderode (12. Jh.) mit Palas, Doppelkapelle und Löwendenkmal;

Dom St. Blasii (1173–95) mit Grabmal Heinrichs des Löwen und seiner Gemahlin Mathilde (1250), Siebenarmigem Leuchter, Imervard Kruzifix (12. Jh.); Andreaskirche (13.–15. Jh.); Katharinenkirche (13.–15. Jh.) am Hagenmarkt mit Heinrichsbrunnen; Michaeliskirche (1157); Petrikirche (Ursprung 12. Jh.); Magni-Kirche (1031); St. Ägidien-Kirche (13.–15. Jh.) mit Landesmuseum; Altstadtmarkt mit St. Martini-Kirche (12.–13. Jh.), Altstadtrathaus (13. Jh.), Marienbrunnen (1408) und Gewandhaus (16. Jh.). Von den Fachwerkhäusern des 15.–18. Jh. und den Bürgerhäusern der Renaissance- und Barockzeit haben nur wenige auf den Traditionsinseln um die Kirchen den Krieg überdauert. Ein klassizistischer Bau ist das Haus „Salve Hospes" (1805), in dem ständige Kunstausstellungen stattfinden. Bemerkenswert außerdem das alte restaurierte Bahnhofsgebäude (1845), das Lustschloß Richmond (1768) im Süden der St, der Eulenspiegelbrunnen auf dem Bäckerklint, die Löwenwallanlagen mit dem Obelisk zur Erinnerung an die in den Befreiungskriegen gegen Napoleon gefallenen Braunschweiger Herzöge und das östlich der St gelegene Zisterzienserkloster Riddagshausen (13. Jh.).

Von den Neubauten nach dem Kriege sind zu erwähnen der Hauptbahnhof (1960), die architektonisch und technisch geglückte Stadthalle (1965), der Baukomplex der Norddeutschen Landesbank auf dem Gelände des Alten Hauptbahnhofes (1974), das Postgebäude am Hauptbahnhof (1990), das Managementcenter des VW-Werkes in Riddagshausen (1983), die Gerichtsgebäude am Eiermarkt (Staatsanwaltschaft und Amtsgericht um 1990), das Geschäftshaus City-Point (1988), die Geschäfts- und Wohnhäuser an der Kurt-Schumacher-Straße (60er Jahre) und die Institute der Technischen Universität.

B. ist Geburtsort von Carl Friedrich Gauß (Mathematiker und Astronom, 1777–1855) und Ludwig Spohr (Komponist, 1784–1859) und Sterbeort von Friedrich Gerstäcker (Schriftsteller, 1816–1872) und Wilhelm Raabe (Erzähler, 1831–1910).

Breckerfeld

□ 58,65 qkm; ○ Ennepe-Ruhr; ⚐ Nordrhein-Westfalen; ✉ 58339*; ☎ 02338; 🚗 EN; △ 160–450 m; 👫 7800.

Die St B. liegt 12 km südlich von Hagen im märkischen Sauerland an der Ennepe. B. hat Anschluß an die Autobahn A 45 Hagen-Siegen (Ausfahrt Hagen-Süd bzw. Lüdenscheid-Nord); Realschule, Volkshochschule; Metallwaren- und Kleineisenindustrie.

1396 Verleihung der Stadtrechte durch den Grafen Dietrich von der Mark. Zur Zeit der Hanse bedeutende Stahlproduktion (Dolche) und Handel bis in den Ostseeraum und nach England. Sehenswert der Flügelschnitzaltar aus der Riemenschneiderschule in der ev. Jakobuskirche und die Pietà in der kath. Jacobuskirche. – Vier Talsperren im näheren Umkreis.

Bredstedt

□ 9,92 qkm; ○ Nordfriesland; ⚐ Schleswig-Holstein; ✉ 25821; ☎ 04671; 🚗 NF; △ 1–15 m; 👫 4600.

B., 20 km nördlich von Husum am Rande der Geest und an der Grünen Küstenstraße (B 5) gelegen, ist Bahnstation an der Strecke Hamburg–Westerland. B. ist Ausgangspunkt zu den Halligen. Die St hat Realschule, Sonderschule für Lernbehinderte, Landwirtschaftsschule.

1231 wird B. erstmals in „Waldemars Erdbuch" urkundlich erwähnt. 1530 erhielt es das Markt- und 1900 das Stadtrecht.

Sehenswert das B. Naturzentrum (Überblick über Natur und Landschaft Nordfrieslands) und das Nordfriesische Institut (Sprache, Tradition, friesische Kultur).

Breisach am Rhein

□ 54,57 qkm; ○ Breisgau-Hochschwarzwald; ⚐ Baden-Württemberg; ✉ 79206; ☎ 07667; 🚗 FR; △ 191–227 m; 👫 10000.

B., 25 km westlich von Freiburg am rechten Rheinufer gelegen, ist über die B 31 und A 5 (Ausfahrten Freiburg-Mitte und Freiburg-Süd) zu erreichen. Bahnstation an der Strecke Freiburg-B. B. hat Amtsgericht, Notariat, Forstamt, Zollamt und Zollkommissariat; Gymnasium, Gewerbeschule (angeschlossen Meisterschulen für Landmaschinenmechaniker, Kfz-Mechaniker, Kraftfahrzeugelektriker), Realschule, Volkshochschule. B. ist Sitz des Badischen Winzerkellers (eine der größten Kellereien Europas mit 160 Mill. Liter Wein); bedeutende Industriebetriebe: Tapeten-, Textil-, Radio- und Fernsehantennenfabriken, Wein- und Sektkellereien. Krankenhaus, Altersheim.

Markanter Punkt der St ist der Breisachberg (Münsterberg), ein Basaltfelsen, der ursprünglich auf dem linken Rheinufer und vom 11.–14 Jh. zwischen zwei Rheinarmen lag. Die Römer errichteten auf dem Berg (»mons brisiacus«), der seit der Urnenfelderzeit (1250–850 v.Chr.) besiedelt war, ein Kastell. 369 n.Chr. ist B. erstmals urkundlich bezeugt. Unter Rudolf von Habsburg wurde B. 1275 Reichsstadt. Staufer und Habsburger, Österreicher und Franzosen bauten B. zur Festung aus. Bernhard von Weimar, der die St 1638 eroberte, wollte B. zur Hauptstadt eines Herzogtums Burgund machen. Vauban errichtete das Rheintor (um 1670) mit Prunkfassade. Um den Zankapfel zwischen Frankreich und Österreich zu beseitigen, ließ Kaiserin Maria Theresia die Festung 1742 schleifen. 1793 wurde B. durch französische Revolutionstruppen völlig zerstört. 1805 kam die St an Baden.

Wahrzeichen von B. ist das St. Stephansmünster (12.–15. Jh.; nach der Zerstörung im 2. Weltkrieg wiederaufgebaut) mit dem „Jüngsten Gericht" (Wandfresken 1488-91) Martin Schongauers im Westbau der Kirche, spätgot. Lettner (1490), Renaissancekanzel (1597) und schönem Schnitzaltar des Meisters H.L. (1523–26); sehenswert ferner das Rheintor mit barocker Prunkfassade (1670). – Festspiele auf der Naturbühne des Schloßberges im Juli/August; Weinfest Kaiserstuhl-Tuniberg im September. Jachthafen, Museum für Ur- u. Frühgeschichte, Rheinbrücke. – Internationale Ruder-Regattastrecke.

Bremen

□ 326 qkm; ○ Hauptstadt des Bundeslandes Bremen; ⚐ Bremen; ✉ 28195*; ☎ 0421; 🚗 HB; △ 10 m; 👥 536000.

B. ist Sitz der Regierung des kleinsten Landes der Bundesrepublik Deutschland: der Freien Hansestadt Bremen. B. liegt beiderseits der Unterweser an der Autobahn A 1 Köln–Osnabrück–B.–Hamburg und A 27/A 7 Bremen–Walsrode–Hannover sowie an der B 6 und B 75. B. ist an das internationale Eisenbahnnetz angeschlossen (IC- und TEE-Verbindungen). Flughafen 3 km vom Stadtzentrum. B. ist nach Hamburg der wichtigste Seehafen der Bundesrepublik Deutschland.

Die St ist Sitz des Senats der Freien Hansestadt Bremen (Landesregierung), von Bundes- und Landesbehörden und der höchsten Gerichte des Landes. B. ist Universitätsstadt und Bundeswehrstandort. Schulen: Realschulen, Gymnasien, Sonderschulen (für Gehör- und Sprachgeschädigte, Sehbehinderte, Lern- und Geistigbehinderte, Körperbehinderte), Berufs- und Berufsfachschulen, Hochschule mit den Fachbereichen Architektur, Bauingenieurwesen, Elektrotechnik, Maschinenbau, Nautik, Schiffbau, Sozialwesen und Wirtschaft; Außenhandels- und Verkehrsfachschule.

Bremen, Der Roland

Das Wirtschaftsleben der St wird von Seeschiffahrt und Welthandel, aber heute auch von der starken Industrie bestimmt. Der zweitgrößte deutsche Hafen verfügt über Hafengruppen in Bremen und Bremerhaven. Die bremischen Häfen gehören zu den schnellsten (Löschen und Verladen) mit etwa 50 Liniendiensten und rund 450 monatlichen Abfahrten nach allen wichtigen Häfen der Welt. Bremerhaven verfügt über die größte Container-Anlage Europas. Haupthandelsgüter sind Kaffee, Baumwolle (Baumwollbörse), Wolle, Tabak (Tabakbörse), Holz, Papier, Getreide, Südfrüchte und Wein. Bremen ist Sitz des Instituts für Seeverkehrswirtschaft und Heimathafen des Schulschiffes „Deutschland" mit Seemannsschule.

In der Industrie ist jeder vierte Arbeitnehmer tätig: Schiffbau (See- und Binnenschiffe), Flugzeugindustrie (Passagier-, Transport- und Militärflugzeuge), Raumfahrtindustrie (Satelliten und Sonden, Trägersysteme, Kerntechnik, allgemeine Systemtechnik), Elektroindustrie, Elektronik, Radio- und Fernsehgeräte, Hüttenindustrie (Stahl- und Walzwerk), Maschinen-, Motoren-, Geräte-, und Kranbau, Behälter- und Fahrzeugbau, Silberwaren, Wollkämmerei und -wäscherei, Tauwerkfabrik (Sisalteppiche), Nahrungsmittelindustrie, Reis- und Getreidemühlen, Futtermittelherstellung, Tabakwarenindustrie, Kaffeegroßröstereien und Großbrauereien. – B. ist heute außerdem der wichtigste Wissenschafts-, Forschungs- und Technologie-Standort im nordwestdeutschen Raum.

B. wird 782 erstmals urkundlich genannt. Karl d. Große gründete 787 das Bistum B. 845 Sitz eines Erzbistums (Erzbischof Ansgar). 888 verlieh König Arnulf dem Erzstift das erste Marktrecht, 965 Kaiser Otto I. an Erzbischof Adaldag das Marktprivileg. Unter Erzbischof Adalbert (1043–72) erste wirtschaftliche Blüte der St. 1186 bestätigte Kaiser Friedrich Barbarossa die ersten Grundrechte. Mauerring der St um 1300 vollendet. 1358 trat B. der Hanse bei. Von da an wirtschaftlicher Aufschwung dank des aufblühenden Seehandels. 1619 Bau des ersten künstlichen Hafenbeckens. Als Freie Reichsstadt wurde B. 1646 anerkannt. 1783 Beginn des Direkthandels mit den Vereinigten Staaten von Nordamerika. Nach dem Wiener Kongreß (1815) wurde B. souveräner Mitgliedsstaat des Deutschen Bundes. 1827 Gründung Bremerhavens. 1857 Gründung des Norddeutschen Lloyds. 1866 ist B. Mitglied des Norddeutschen Bundes, ab 1871 Bundesstaat des Deutschen Reiches. 1888 Anschluß Bremens an das deutsche Zollgebiet; Eröffnung des ersten Freihafens. Nach dem 1. Weltkrieg Verlust der bremischen Handelsflotte und des Auslandsvermögens. 1920 Anlage des Flughafens. 1928 Inbetriebnahme der Columbuskaje in Bremerhaven mit dem „Bahnhof am Meer". Im 2. Weltkrieg werden Bremen zu 62%, die Häfen zu 90% zerstört.

Von den noch erhaltenen Baudenkmälern sind zu nennen: der Dom St. Petri (1043) mit romanischem Bronzetaufbecken um 1220/30, das gotische Rathaus (1405–09) mit Renaissancefassade (1609–12), die Roland-Säule (1404). Wiederaufgebaut wurde auch die Böttcherstraße und das Schnoor-Viertel. Von den Bauten nach dem 2. Weltkrieg sind bemerkenswert die Stadthalle (1964) und das Haus der Bürgerschaft (1966). – B. besitzt eine bedeutende Kunsthalle (Gemälde des 15.–20. Jh., Skulpturen 17.–20. Jh., Kupferstichkabinett u.a.), das Übersee-Museum (Völkerkunde und Kulturgeschichte der außereuropäischen Kontinente), die Sammlungen der Böttcherstraße, Focke-Museum (Bremisches Landesmuseum für Kunst- und Kulturgeschichte), Staatsbibliothek, Staatsarchiv und Rundfunk- und Fernsehanstalt (Radio B.).

Überregional bekannte Feste und Veranstaltungen sind das 6-Tage-Rennen, das Reit- und Springturnier, der Flohmarkt (im Mai und September) der Bremer Freimarkt (Oktober) auf der Bürgerweide sowie die „Breminale".

Bremerhaven

☐ 77,51 qkm; ○ Kreisfreie Stadt; ⚐ Bremen; ✉ 27524*; ☎ 0471; 🚗 HB; △ 3 m; 👪 130000.

B. liegt 50 km nördlich von Bremen an der Ostseite der Wesermündung (Unterweser) am seeschifftiefen Wasser. Zufahrt über die B 6, B 71 und Autobahn A 27 Cuxhaven–Bremen (mehrere Ausfahrten); IC-Zug-Station; Flugplatz Luneort für Regional-Liniendienst zu den Inseln und Sportflugzeuge.

B. besitzt bedeutende Passagier- (Columbuskaje an der Außenweser) und Handelshäfen (Überseehäfen, Nordhafen/Stromkaje) sowie den größten Container-Terminal Europas und größten Fischereihafen des Kontinents. Die Wirtschaftsstruktur der St ist überwiegend auf die Häfen und die Schiffahrt ausgerichtet. Reedereien, Werften, Hafenumschlag (vor allem Containerverkehr und Massengüterumschlag), Hochseefischerei und Fischverarbeitung sind die wichtigsten Wirtschaftszweige; ferner Motorenwerk, Fischgroßhandelsfirmen, Möbelindustrie, Maschinenbau, Netzmachereien, Ziegel- und Bauindustrie. B. ist Sitz bedeutender Institutionen und Behörden (Hansestadt Bremisches Amt, See- und Strandamt, Wasser- und Schiffahrtsamt, Alfred-Wegener-Institut für Polar- und Meeresforschung, Industrie- und Handelskammer, Hauptzollamt, Präsidialgericht) und Bundeswehrstandort. An Bildungs- und kulturellen Einrichtungen verfügt B. über allgemein- und berufsbildende Schulen (Realschulen, Gymnasien, integrierte Gesamtschule, Abendhaupt- und -realschule, Abendgymnasium; Berufsschulen, Berufsaufbauschulen), Fachoberschulen, Berufsfachschulen, Fachschulen; Hochschule Bremerhaven mit den Bereichen Nautik, Transportwesen, Schiffsbetriebstechnik, Betriebs- und Versorgungstechnik; Institut für Meeresforschung; Stadtbibliothek und Stadtarchiv; Stadttheater; Stadthalle. Sehenswürdigkeiten: Deutsches Schiffahrtsmuseum mit Freilichtmuseum, Nordsee-Museum, Morgenstern-Museum, Kunsthalle, Radarturm, Zoo am Meer mit Nordsee-Aquarium, Freilichtmuseum Speckenbüttel. England/Island-, Helgoland- und Weserfährdienst.

Bremerhaven
Stadtmitte mit Columbus-Center

B., das 1827 auf der Grundlage eines zwischen Hannover und Bremen geschlossenen Staatsvertrages gegründet wurde, entstand auf dem Boden einer ma. Siedlung und der 1672 von den Schweden begonnenen und später aufgegebenen Festung Karlsburg. Initiator der Stadtgründung war Bürgermeister Johann Smidt, der zusammen mit dem niederländischen Wasserbauingenieur J.J. van Ronzelen die Anlagen von Hafen und St B. plante und ausführte. 1847 begann von B. aus der erste regelmäßige Schiffsverkehr zwischen den Vereinigten Staaten und dem europäischen Kontinent. 1845/47 errichtete das Königreich Hannover gegenüber dem bremischen B. Hafen und Ort Geestemünde und 1863 einen Handelshafen. 1851 wurde B., 1866 die inzwischen preußischen Orte Geestemünde und Lehe zu Städten erhoben; 1920 vereinigten sich die beiden letztgenannten zur St Wesermünde. 1938 wurden das Überseehafengebiet in die St Bremen und B. in die St Wesermünde eingegliedert. 1947 Umbenennung der St Wesermünde in B. und Bildung des Landes Bremen mit den St Bremen und B. Während des 2. Weltkrieges wurde die St durch Luftangriffe schwer zerstört (Wiederaufbau 1955 abgeschlossen). – B. ist Geburtsort des Chemikers und Nobelpreisträgers Adolf Friedrich Johann Butenandt (geb. 1903).

Bremervörde

□ 115,15 qkm; ○ Rotenburg (Wümme); ⚐ Niedersachsen; ✉ 27432; ☎ 04761; 🚗 ROW; △ 0,5–33 m; 👪 17800.

Die St B. liegt 45 km östlich von Bremerhaven an der Oste (Nebenfluß der Elbe, bis B. schiffbar). Zufahrt über die B 71 und B 74, Bahnstation der Strecke Bremerhaven–Stade. B. hat Kreisverwaltung (Nebenstelle), Amtsgericht; Realschule, Gymnasium, Sonderschule für Lernbehinderte, Berufs- und Berufsfachschulen, Landwirtschaftsschule; Kunststoff- und Textilindustrie. B. ist Bundeswehrstandort.

An einer Furt durch die Oste entstand um 1000 eine Wasserburg, die 1219 an die Bremer Erzbischöfe kam. Die bei der Burg entstandene Siedlung war im 14. Jh. Marktflecken und wurde seit 1635 B. genannt. 1648 kam B. an Schweden, 1715 an Hannover. 1852 wurde B. Stadt.

Bretten (Baden)

□ 71,13 qkm; ○ Karlsruhe; ⚐ Baden-Württemberg; ✉ 75015; ☎ 07252; 🚗 KA; △ 180 m; 👪 24500.

B. liegt 25 km östlich von Karlsruhe im Kraichgauer Hügelland im Schnittpunkt der Bundesstraßen 35, 293 und 294; Anschluß an die Autobahn A 8 (Ausfahrten Pforzheim-Ost und Pforzheim-West); Bahnstation an der Strecke Mannheim–Stuttgart. Die St hat Amtsgericht, Zollamt; Realschule, Gymnasium, Berufsfachschulen; Herd- (Weißwaren) und Kunststoffindustrie, Kühlapparatebau, Glastechnik u. a.

B., erstmals 767 urkundlich bezeugt, erhielt 1120 das Markt- und um 1280 das Stadtrecht. Als Kreuzungspunkt wichtiger Handelswege erlebte die St im Spätmittelalter eine wirtschaftliche Blütezeit. 1689 wurde B. von den Franzosen vollständig eingeäschert. Die St gehörte seit dem 14. Jh. zur Kurpfalz; 1803 wurde sie badisch.

B. ist Geburtsort des Humanisten und Reformators Philipp Melanchthon („Praeceptor Germaniae“, geb. 1497, gest. 1560 in Wittenberg), Verfasser des „Augsburger Glaubensbekenntnisses“.

Sehenswert: Melanchthon-Haus (Museum mit Bibliothek aus der Reformationszeit); Marktplatz mit Pfalzgrafenbrunnen und Fachwerkhäusern; Reste der alten Stadtbefestigung mit Pfeifer/Simmelturm; Heimatmuseum im Alten Rathaus; Waldtierpark. Alljährlich „Peter-und-Paul-Fest“ (Juli); „Treffpunkt Europa“ (Folklore und Fest ausländ. Mitbürger Mitte September); Weinmarkt (Ende September).

Breuberg

□ 30,76 qkm; ○ Odenwaldkreis; ⚐ Hessen; ✉ 64774; ☎ 06165 und 06163 (Ortsnetz Höchst); 🚗 ERB; △ 170 m; 👫 7500.

B., durch Zusammenschluß der ehem. St Neustadt mit vier Nachbargemeinden entstanden, liegt 40 km östlich von Darmstadt im Odenwald an der B 426. Die St hat Grundschulen, Realschule; Sanatorium der LVA Hessen; Reifenwerk (Pirelli AG), Konservenfabrik.

Ältester Stadtteil ist Rai-Breitenbach, das bereits Anfang des 8. Jh. bezeugt ist. Neustadt erhielt 1378 das Stadtrecht durch Kaiser Karl IV. Ortsherren waren die auf der Höhenburg Breuberg ansässigen Vögte der Abtei Fulda bis 1323. Über die Grafen von Wertheim und Erbach sowie die Grafen von Königstein kam das Gebiet samt Burg 1806 an Hessen. – Neben Burg Breuberg (12. bis 14. Jh., jetzt Jugendherberge; Museum) bemerkenswert das Rodensteiner Herrenhaus (1569) im Stadtteil Neustadt und die Gruftkirche der Wertheimer Grafen (1787–89) im Stadtteil Sandbach.

Alle zwei Jahre „Historischer Markt“ in B.-Neustadt.

Brilon

□ 228,97 qkm; ○ Hochsauerlandkreis; ⚐ Nordrhein-Westfalen; ✉ 59929; ☎ 02961; 🚗 HSK; 🚗 450–800 m; 👫 24500.

Die St B. liegt auf einem gleichnamigen Höhenzug an der B 7, B 251, B 480 und B 560. Anschluß an die Autobahn A 44 Ruhrgebiet–Kassel (Ausfahrt Würnnenberg/Haaren) sowie über den Eisenbahnknotenpunkt Brilon-Wald an die Ruhrtalstrecke Hagen–Kassel und E-Zugstrecke Bremen–Frankfurt. B., Sitz eines Amtsgerichts, hat Realschule für Mädchen, Schule für Lernbehinderte, Gymnasium, Handelsschule, Berufs- und Berufsfachschule. Volkshochschule. – Die St B. ist staatl. anerkannter Luftkurort. Industrie: Degussa-Werk; chemische, Elektro- sowie holz- und eisenverarbeitende Industrie.

In einer Schenkungsurkunde Ottos II. wird B. 973 erstmals erwähnt. 1220 erwarb der Kölner Erzbischof Engelbert die Siedlung und baute sie zur Stadt aus. Die wirtschaftliche Bedeutung der St im MA (1255 Fernhandel mit England) wird durch den Beitritt zur Hanse (um 1300) dokumentiert. Brände vernichteten im 18. Jh. große Teile der St. Die industrielle Entwicklung setzte nach dem 1. Weltkrieg mit der Gründung der Dominit-Werke (Varta AG) ein.

Aus dem 13. Jh. stammen das Rathaus und die Propsteikirche. Von überlokaler Bedeutung ist der alle zwei Jahre stattfindende „Schnadezug“ (Grenzbegang), der seit 1388 nachweisbar ist.

Bruchköbel

□ 29,68 qkm; ○ Main-Kinzig-Kreis; ⚐ Hessen; ✉ 63486; ☎ 06181; 🚗 HU; △ 103 m; 👫 17900.

B., 18 km nordöstlich von Frankfurt a. Main an der B 45 gelegen, hat Gesamtschule, Realschule und Volkshochschule. B., erstmals 838 urkundlich genannt, ist als Arbeiterwohngemeinde im Ballungsraum Frankfurt-Offenbach-Hanau überdurchschnittlich gewachsen (1965 6700 EW).

Bruchsal

□ 92,75 qkm; ○ Karlsruhe; ⚐ Baden-Württemberg; ✉ 76646; ☎ 07251; 🚗 KA; △ 114–258 m; 👫 37000.

B., 20 km nordöstlich von Karlsruhe am Übergang des Kraichgauer Hügellandes in die Rheinebene gelegen, ist Verkehrsknotenpunkt. In B. kreuzen sich die B 3 und B 35 sowie die Bahnlinien Frankfurt a.M.–Basel und Saarbrücken–Mannheim–Stuttgart; Anschluß an die Autobahn A 5 Heidelberg–Karlsruhe (Ausfahrt B.). B. ist Bundeswehrstandort, hat Amtsgericht, Bad. Landesbühne (Bürgerzentrum), Stadtbibliothek; Realschule, Gymnasien, Abendrealschule, Gewerbeschule, Handelslehranstalt, Landwirtschaftsschule, Musikschule, Landesfeuerwehrschule, Volkshochschule; Elektroindustrie (Zweigwerk der Sie-

Bruchsal, Nordflügel des Schlosses

mens AG), Pumpen-, Motoren- und Wellpappenfabrik, Elektromotorenwerke, Holzindustrie; Spargelanbau (bedeutendster Spargelmarkt Europas).

B. wird erstmals 976 als fränkischer Königshof erwähnt, den Kaiser Heinrich III. 1056 dem Bischof von Speyer schenkte. Bis 1803 gehörte die St zu diesem Fürstbistum. B. wurde vor 1248 St. 1722 ließ Fürstbischof Damian Hugo von Schönborn (1719–43) das Barockschloß mit dem herrlichen Treppenhaus von Balthasar Neumann (nach der Zerstörung im 2. Weltkrieg wiederaufgebaut) errichten. 1803 kam B. an Baden. – Sehenswert außer dem Schloß und seinen Anlagen: Barockkirche St. Peter (1738–43 nach Plänen von B. Neumann), Grabeskirche der letzten Fürstbischöfe von Speyer; Stadtkirche „Unsere lb. Frau" (1447); Schloßgarten, Amalienbrunnen, Stadtgarten mit Belvedere, Michaelsberg (Ortsteil Untergrombach), Burg und Schloß Obergrombach. – Im wiedererstandenen Kammermusiksaal des Schlosses finden monatlich (ausgenommen Juli/August) Schloßkonzerte statt; jährlich im Schloß und Bürgerzentrum „B. Barocktage" (September); B. Schloßfest (August, alle zwei Jahre).

-uckmühl

☐ 50,23 qkm; ○ Rosenheim; ⚐ Bayern; ✉ 83052; ☎ 08062; 🚗 RO; △ 512 m; 👫 13000.

Der Mkt B. liegt 40 km südöstlich von München an der Mangfall. Anschluß an die Autobahn A 8 München–Salzburg (Ausfahrt Irschenberg). B. hat Grund- und Hauptschulen, Volkshochschule; Papierfabrik, Chemische Industrie, Arzneimittelherstellung, Marmorwerk.

1197 wird B. erstmals urkundlich genannt. Bis Mitte des 19. Jh. bestand die Siedlung nur aus einigen Häusern. Nach dem Bau der Eisenbahnstrecke Holzkirchen–Rosenheim (1857/58) entwickelte sich der Mkt zur Arbeiterwohngemeinde. – Sehenswert Wallfahrtskirche Weihenlinden. – Alljährlich Josefi- und Michaelimarkt.

Brüggen (Niederrhein)

☐ 62 qkm; ○ Viersen; ⚐ Nordrhein-Westfalen; ✉ 41379; ☎ 02163 und 02157; 🚗 VIE; △ 36–51 m; 👫 13000.

B. liegt 25 km nordwestlich von Mönchengladbach an der B 221 und an den Autobahnen A 61 Venlo–Koblenz (Ausfahrten B.-Bracht und Viersen-Boisheim) und A 52 Düsseldorf–Roermond (Ausfahrt Niederkrüchten-Brempt) unweit der niederländischen Grenze. B. hat Grund- und Hauptschulen, Volkshochschulen, Landesjagdschule; Maschinenbau, Tonwarenproduktion; Landwirtschaft.

Die Burg, erstmals 1289 erwähnt, bildet das Zentrum der Gemeinde. Sehenswert das 1474 errichtete Kreuzherrenkloster, die 1756 nach einem Brand neu errichtete St. Nikolauskirche mit einer Bachorgel (1740), im Ortsteil Born, direkt am Borner See (Vogelschutzgebiet) die älteste erhaltene Kirche (1136) und im Ortsteil Bracht die got. Hallenkirche von 1484. Wasserschloß Dilborn (1363); Jagd- und Naturkundemuseum (Burg B.). B. ist Mittelpunkt des 435 qkm großen Naturparks Maas-Schwalm-Nette mit ausgedehntem Wanderwegenetz. Burg- und Jagdfestival (Pfingsten), Altstadtfest (August).

Brühl (Baden)

☐ 10,19 qkm; ○ Rhein-Neckar-Kreis; ⚐ Baden-Württemberg; ✉ 68782; ☎ 06202; 🚗 HD; △ 105 m; 👫 14000.

B. liegt im Städtedreieck Mannheim-Heidelberg-Speyer unweit des Rheins an der Autobahn A 6 Mannheim–Heilbronn (Ausfahrt Mannheim-Schwetzingen). Die Gm hat Grund- und Hauptschule, Realschule; Tabak- und Spargelanbau, Sperrholzindustrie; Fremdenverkehr.

B. wird erstmals 1157 in einer Urkunde des Bischofs Gunther von Speyer genannt. Als Arbeiterwohngemeinde im Wirtschaftsraum von Mannheim ist B. nach dem Kriege stark gewachsen. – Sehenswert das Kulturzentrum „Villa Meixner“, das Jugendstilmuseum (Porzellan und Keramik vom Jugendstil bis Art-Deco) und das Naturschutzgebiet auf der Kollerinsel.

Brühl (Rheinl.)

□ 36,13 qkm; ○ Erftkreis; ⚐ Nordrhein-Westfalen; ✉ 50321; ☎ 02232; 🚗 BM; △ 62 m; 👫 40600.

B., 12 km südwestlich von Köln am Rande des Höhenzuges der Ville gelegen, ist über die B 51 und Autobahnen A 61 Köln–Koblenz (Ausfahrten Weilerswist und Erftstadt), A 1 Köln–Wittlich (Ausfahrten Ville und Hürth-Knapsack) und A 553 Köln–AB–Kreuz Bliesheim (Ausfahrten Brühl-S., Brühl–Bornheim und Brühl-O.) zu erreichen. Bahnstation der Strecke Köln–Bonn und der Strecke Köln-Trier. B. hat Amtsgericht, Arbeitsamt, Personenstandsarchiv NW, Forstamt; Realschulen, Gymnasien, Berufs-, Berufsfach- und Fachoberschulen, Fachhochschule des Bundes für Finanzen und Allg. Öffentl. Verwaltung, Volkshochschule, Sonderschulen für Lernbehinderte; Institut für Psychohygiene. Die St ist Bundeswehrstandort. Industrie: Metallverarbeitung, Eisenguß, Nahrungs- und Genußmittelherstellung, Emaillierwerk, chemische und papierverarbeitende Industrie; B. ist Sitz der Deutschen Renault-Werke.

1285 erhielt B., 1180 erstmals urkundlich genannt, die Stadtrechte und Gerichtsbarkeit unter Erzbischof Siegfried von Westerburg. Von 1469–1796 war es Residenz der Kölner Kurfürsten. Die 1284 erbaute Wasserburg wurde 1689 zerstört; an ihrer Stelle ließ Kurfürst Clemens-August aus dem Hause Wittelbach (1700–1761; Kurfürst von 1723–61) nach Plänen von Joh. Conrad Schlaun und von François Cuvilliés das Schloß Augustusburg mit dem berühmten Treppenhaus von J.B. Neumann (1740–48) im Rokokostil errichten (seit 1949 Repräsentationssitz des Bundespräsidenten). Im Schloßpark liegt das Jagdschloß Falkenlust (1729–46 nach Plänen von F. Cuvilliés erbaut; die gesamte Anlage wurde 1985 in die UNESCO-Liste des Kultur- und Naturerbes der Menschheit aufgenommen. Weitere Sehenswürdigkeiten: Gotische St. Marien-Kirche (1493) mit Rokokoausstattung (Hochaltar von J.B. Neumann); Wasserburg Schallenburg (16.–18 Jh.) im Ortsteil Schwadorf; St. Pantaleon (1746–48) in B.-Pingsdorf; Bahnhof B.-Kierberg an der Strecke Köln–Trier (1875 erbaut; romantisches Paradestück der wilhelminischen Epoche). – Südwestlich von B. befindet sich auf 200000 qm Europas größter Freizeitpark („Phantasialand“). – Aus B. stammt der Surrealist Max Ernst (1891–1976).

Brühl, Treppenhaus Schloß Augustusburg

Brunsbüttel

□ 65,24 qkm; ○ Dithmarschen; ⚐ Schleswig-Holstein; ✉ 25541; ☎ 04852; 🚗 HEI; △ 1 m; 👫 13100.

B. ist 1970 aus der St Brunsbüttelkoog, der ehemaligen Gm Brunsbüttel und sechs Nachbargemeinden entstanden. Die St liegt an der Mündung des Nord-Ostsee-Kanals (Kiel Canal) in die Elbe. Zufahrt über die B 5 (Hochbrücke Brunsbüttel über Nord-Ostsee-Kanal); Anschluß an die Autobahn A 23 Hamburg–Heide (Ausfahrt Itzehoe bzw. Schafstedt); Flugplatz in St. Michaelisdonn (10 km). B. verfügt über einen Elbetiefwasserhafen und Binnenhäfen im Nord-Ostsee-Kanal. B. hat Arbeitsamt (Nebenstelle), Wasser- und Schiffahrtsverwaltung, Heuerstelle, Zollkommissariat, Lotsenstation; Realschule, Gymnasium, Volkshochschule, Sonderschule für Lernbehinderte; Kreiskrankenhaus. – Dank der verkehrspolitisch günstigen Lage hat sich B. zu einer bedeutenden Hafen- und Industriestadt entwickelt. In B. befinden sich mehrere Werke der chemischen und petrochemischen Industrie (Bayer AG, Hydro Agrar GmbH, Condea Chemie GmbH, Elf-Bitumen-Werke GmbH & Co). Der landeseigene Ölhafen am Nord-Ostsee-Kanal und der Elbetiefwasserhafen sind durch Pipelines an das Erdölraffineriewerk der DEA in Hemmingstedt/Heide angeschlossen. Unmittelbar hinter dem Deich liegt ein 770 MW-Kernkraftwerk; weitere nennenswerte Industriebetriebe: Fabrik für Dosenverschlüsse und Werk für Spezialmaschinen des Backgewerbes; außerdem Agrarwirtschaft.

Der ehemalige Ort Brunsbüttel wird erstmals 1286 urkundlich erwähnt. Sehenswert die Jakobuskirche (1678) mit barockem Schnitzaltar (1650) und das Matthias-Boie-Haus (1779). Der Ortsteil Brunsbüttelkoog ist aus dem 1762 eingedeichten B.-Eddelaker-Koog entstanden. Bis zum Bau des Nord-Ostsee-Kanals (1887–1895) war Brunsbüttelkoog eine kleine Agrargemeinde (1895 709 Einwohner). Zwischen 1907 und 1914 wurden die Schleusenanlagen erweitert. 1949 wurde Brunsbüttelkoog (große Schleusenanlagen; Fähre über den Kanal) zur St. erhoben.

Alle zwei Jahre im Wechsel eine Verbrauchermesse und Altstadtfest; alljährlich Jahrmarkt und Volksfest.

Buchen (Odenwald)

□ 138,99 qkm; ○ Neckar-Odenwaldkreis; ⚐ Baden-Württemberg; ✉ 74722; ☎ 06281; 🚗 MOS; △ 340–470 m; 👥 15200.

B. im östlichen Odenwald an der B 27 ist anerkannter Erholungsort. Flugplatz für kleinere Flugzeuge in Walldürn (10 km). B. hat Amtsgericht, Forstamt; Realschule mit Abendrealschule, Gymnasium, Zentralgewerbeschule, Landwirtschaftsschule, landwirtschaftl. Berufsschule, Sonderschule für körperlich und geistig behinderte Kinder; Schwerpunktkrankenhaus; Holz-, Kunststoff-, Metallindustrie, Maschinenbau, Herstellung von feinmechanischen und optischen Geräten sowie Fotozubehör.

B., erstmals 773 urkundlich erwähnt, erhielt im 13. Jh. das Stadtrecht. Von 1309 bis 1803 gehörte es zu Kurmainz, von 1803–1806 zum Fürstentum Leiningen. 1806 wurde B. Amtsstadt im Großherzogtum Baden. Nach dem Kriege erlebte die St einen starken Bevölkerungszuwachs. Seit 1948 Ausbau zum Industriestandort. 1974 Zusammenschluß mit Nahbereichsgemeinden. Sehenswürdigkeiten: ma. Stadtkern mit Fachwerkbauten und Resten der Stadtmauer (ca. 1280 und 1490); Beginenklösterle (1489); Altes Rathaus (1723); ehem. Amtskellerei und Sommerresidenz der Erzbischöfe von Mainz (1493; jetzt Heimatmuseum); Stadtkirche (1503–07); Stadtturm (ca. 1280); Mariensäule (1754); Wartturm (1490); Schlösser der Rüdt von Collenberg in den Stadtteilen Bödigheim, Eberstadt und Hainstadt; Tropfsteinhöhle in Eberstadt. – Fastnachtsbrauchtum mit über 500 Jahre alter Tradition („Hudelbetz" und historische Figur „Blecker").

Buchholz i. d. Nordheide

□ 74,62 qkm; ○ Harburg; ⚐ Niedersachsen; ✉ 21244; ☎ 04181 bzw. 04187; 🚗 WL; △ 58–102 m; 👥 29900.

B., 36 km südlich von Hamburg am Nordrand der Lüneburger Heide gelegen, ist über die B 75 zu erreichen. Anschluß an die Autobahn A1 Bremen-Hamburg (Ausfahrt Dibbersen) und Autobahn A7 Hamburg-Hannover (Ausfahrt Ramelsloh). B. hat Realschule, Sonderschule für Lernbehinderte, Gymnasium, Kreisberufsschule, Bundesbahnschule; Kreiskrankenhaus. Industrie: Holz- und Teerindustrie, Herstellung von Tauchsportartikeln.

B. wird erstmals in einem Abgabenregister des Verdener Bischofs um 1260/70 erwähnt. Bis zum Bau der Eisenbahnlinie Hamburg-Bremen (1874) blieb B. ein bescheidenes Heidedorf; danach Entwicklung zum Bahnknotenpunkt und Industrieort. 1958 Erhebung zur St. In der näheren Umgebung zahlreiche Hügelgräber.

Buchloe

□ 36,16 qkm; ○ Ostallgäu; ⚐ Bayern; ✉ 86807; ☎ 08241; 🚗 OAL; △ 620 m; 👥 8700.

Die St B. liegt 45 km südlich von Augsburg an der Gennach am Gabelpunkt der B 12 (A 96, Ausfahrt B.) und B 18. B. ist Bahnknoten (D-Zug-Station der Strecken München-Lindau, Augsburg-Lindau, Augsburg-Füssen und Augsburg-Oberstdorf.

B. hat Verbandsschule, Realschule, Volkshochschule; Butter- und Käseerzeugung, Großschlächterei.

Geschichtliches: erste urkundliche Erwähnung zw. 1100 und 1150. Erhebung zur Stadt um 1280 (1382 rückgängig gemacht, 1954 neu ausgesprochen). Bedeutende wirtschaftliche Entwicklung seit 1950.

Bückeburg

□ 68,9 qkm; ○ Schaumburg; ⚐ Niedersachsen; ✉ 31675; ☎ 05722; 🚗 SHG; △ 45–80 m; 👫 19800.

B., 50 km südwestlich von Hannover am Nordhang des Weserberglandes gelegen, ist über die B 65 und B 83 zu erreichen. Anschluß an die Autobahn A 2 Ruhrgebiet–Hannover (Ausfahrt Bad Eilsen). B. ist Bahnstation an der Strecke Hannover–Ruhrgebiet. Die St ist Sitz des Niedersächsischen Staatsgerichtshofs, hat Landgericht, Amtsgericht, Niedersächs. Staatsarchiv, Staatshochbauamt, Zollamt, Landeskirchenamt; Realschule, Gymnasium, Privatschulen, Landfrauenschule und Volkshochschule; mittelständische Industrie- (Fahrzeugbau, Folienherstellung, Bekleidungswerke, Elektrotechnik, Elektronik, Rohrwerke u.a.) sowie land- und forstwirtschaftliche Betriebe. B. ist Bundeswehrstandort mit Standortverwaltung.

Die St geht auf eine Ende des 13. Jh. errichtete Burg der Grafen von Schaumburg und Holstein zurück, die 1304 erstmals urkundlich erwähnt wird. Kulturelle Blütezeiten erlebte die St unter Fürst Ernst zu Holstein-Schaumburg (1601–22) und während der Regierung des Fürsten Georg Ende des 19. Jh. Seit 1866 ist B. Garnisonsstadt. Sehenswürdigkeiten: Residenzschloß (um 1550 im Stil der sog. „Weserrenaissance" erbaut) mit Goldenem Saal und Schloßkapelle (Ausstattung 17. Jh.); Stadtkirche (1611–15; J.G. Herder war an der Kirche von 1771–76 Prediger); Rathaus und Renthaus (16./17. Jh.); Mausoleum (1911–18); Heimatmuseum (mit Trachtensammlung); Hubschraubermuseum. Ein Mittelpunkt künstlerischen Lebens war die St auch um die Jahrhundertwende (Hermann Löns schrieb in B. einige seiner bedeutendsten Werke).

Alljährlich Bürgerschießen (Schützenfest), Frühjahrs- und Herbstmarkt, Sommerfest.

Büdelsdorf

□ 5,16 qkm; ○ Rendsburg-Eckernförde; ⚐ Schleswig-Holstein; ✉ 24782; ☎ 04331; 🚗 RD; △ 10 m; 👫 10200.

B., 40 km westlich von Kiel an der Eider, B 203 und A 7 Hamburg-Flensburg (Ausfahrt Rendsburg/B.) gelegen, grenzt an die nördlichen Stadtbezirke von Rendsburg. Die Gm besitzt einen Hafen an der Eider, hat Grund- und Hauptschule, Realschule; Eisengießerei, Emaillierwerk und Maschinenfabrik (Ahlmann-Carlshütte), Großtanklager. – Sehenswert das Kunstgußmuseum.

Büdingen (Hessen)

□ 122,84 qkm; ○ Wetteraukreis; ⚐ Hessen; ✉ 63654; ☎ 06042; 🚗 FB; △ 150–377 m; 👫 18000.

B., 50 km nordöstlich von Frankfurt a.M. im Seemenbachtal am Südrand des Vogelsbergs gelegen, ist über die B 457, die Autobahn A 45 Dortmund–Hanau (Ausfahrt Altenstadt) und A 66 Frankfurt a.M.–Bad Soden–Salmünster (Ausfahrt Gründau-Lieblos) zu erreichen. B. hat Amtsgericht; Mittelpunktschule, Gymnasium, Berufsschule; Höhere Wirtschaftsfachschule und Volkshochschule. Die St ist Luftkurort mit bedeutendem Fremdenverkehr. Industrie: Akkumulatoren- und Metallwarenfabriken.

Um 800 Errichtung der karolingischen Basilika St. Remigius in B.-Großendorf (mit spätgotischen Wandmalereien). Seit Mitte des 12. Jh. ist ein Herrengeschlecht von B. nachweisbar, das hundert Jahre später Burg und Siedlung an die Ysenburger abtritt. 1330 verlieh Kaiser Ludwig B. das Marktrecht. Seit Mitte des 14. Jh. Anlage einer Neustadt (Befestigung zwischen 1390 und 1461). 1456–1480 Bau der Liebfrauenkirche. 1576, 1632 und 1635 Pestjahre. 1723–24 Ansiedlung von vertriebenen Hugenotten in der Vorstadt. 1816 kam die St an Hessen-Darmstadt.

B. ma. Stadtbild (um 1500) mit Wehrmauern,

Büdingen, Schloß

Türmen und Stadttoren blieb erhalten. Sehenswertes: ehem. Wasserschloß (12.–17. Jh.), heute Sitz der Fürsten von Ysenburg und B., mit prachtvoller spätgot. Schloßkapelle (Chorgestühl); Stadtkirche (15. Jh.), Rathaus (1458), Steinernes Haus (1490), Fachwerkhäuser. Die Remigius-Kapelle (Saalbau), um 700 errichtet, ist eines der ältesten Gotteshäuser Deutschlands mit Um- und Anbauten des 12. und 14. Jh. – Feste und Veranstaltungen: Folklore- und Altstadtfest; Gallus-Markt.

Bühl (Baden)

□ 73,21 qkm; ○ Rastatt; ⚐ Baden-Württemberg; ✉ 77815; ☎ 07223; 🚗 RA; △ 136–1000 m; 👪 23500.

B., 13 km südwestlich von Baden-Baden am Rande des Schwarzwaldes, ist über die B 3 zu erreichen. Anschluß an die Autobahn Karlsruhe–Basel (Ausfahrt B.); Bahnstation an der Strecke Karlsruhe–Freiburg. B. hat Realschule, Gymnasien, Wirtschaftsschule, Gewerbeschule und Fachschulen; Elektroindustrie (Zweigwerk der Bosch GmbH), Lamellen- und Kupplungsbau (Schaeffler), chemische Fabrik (Uhu-Werke), Obst- und Weinbau (Bühler Zwetschgen); Herstellung von Holzwaren, Glaswaren, Spankörben; Granitsteinwerke.

B., 1283 erstmals urkundlich erwähnt, erhielt 1403 das Marktrecht. 1404 gehörte B. zu gleichen Teilen dem Markgrafen von Baden und den Herren von Windeck, deren Geschlecht 1588 ausstarb. 1622 und 1689 wurde B. fast völlig niedergebrannt. 1835 Erhebung des badischen Marktfleckens zur St. 1870 erste planmäßige Anpflanzung der B. Frühzwetschgen. – Sehenswert: Burgruine Alt-Windeck (12. Jh.); Rathaus mit spätgot. Turm (1524) der ehem. Kirche St. Peter und Paul.

Traditionelles Fest ist das B. »Zwetschgenfest«.

Bünde

□ 60 qkm; ○ Herford; ⚐ Nordrhein-Westfalen; ✉ 32257; ☎ 05223; 🚗 HF; △ 66 m; 👪 40000.

B., 20 km nordöstlich von Bielefeld in der Minden-Ravensberger Mulde südlich des Wiehengebirges gelegen, ist über die Autobahn A 30 Bad Oeynhausen–Osnabrück–Bentheim (2 Ausfahrten) zu erreichen. D-Zug-Station an der Strecke Hannover–Osnabrück. B. hat Zollamt; Gymnasien, gewerbliche und gewerblich-technische Berufsfachschulen, kaufm. Unterrichtsanstalten; Zigarren-, Möbel- und Maschinenindustrie.

»Buginithi« wird erstmals 853 urkundlich genannt. Die Grenzen des jetzigen Stadtbereichs (1969 Zusammenschluß mit Umlandgemeinden) decken sich mit dem von 1000 bis 1745 existierenden Kirchspiel und dem bis 1902 bestehenden Amt B. B. wurde Anfang des 18. Jh. St; seinen wirtschaftlichen Aufschwung verdankt es der Zigarrenindustrie, die seit 1843 an die Stelle der handwerklich betriebenen Leinenherstellung getreten ist.

Sehenswert das Deutsche Tabak- und Zigarrenmuseum. – Alljährlich Heiratsmarkt am Himmelfahrtstag.

Büren (Westf.)

□ 170,91 qkm; ○ Paderborn; ⚐ Nordrhein-Westfalen; ✉ 33142; ☎ 02951; 🚗 PB; △ 255 m; 👪 18000.

Die St B. liegt 25 km südwestlich von Paderborn am Zusammenfluß von Alme und Afte an den Ausläufern des Sauerlandes. Anschluß an die Autobahn A 44 Ruhrgebiet–Kassel (Ausfahrt Büren). Regionalflugplatz Paderborn/Lippstadt. B. hat Gymnasien, Realschule, Berufs- und Berufsfachschulen, Bautechnisches Lehrinstitut (Meisterschule), Sonderschulen für Gehörlose und Lernbehinderte. Industrie: Holzverarbeitung (Herstellung von Sitzmöbeln), Maschinenbau; Getreidehandel.

1195 verliehen die Edelherren Bertold und Detmar von B. der Ansiedlung neben ihrer Burg die Stadtrechte. Im 14. Jh. fiel die St zu zwei Dritteln an die Bischöfe von Paderborn. Nachfolger und Erben wurden mit dem Tode des letzten Edelherren (1661) die Jesuiten, nach Aufhebung des Ordens der Bischof von Paderborn. 1802 kam B. an Preußen. Sehenswert: St.-Nikolaus-Pfarrkirche (dreischiffige romanische Basilika aus dem 13. Jh.), Jesuitenkirche (Barockbau mit schönen Deckengemälden), Reste der Befestigung, Wewelsburg.

Bürstadt

□ 34,47 qkm; ○ Bergstraße; ⚐ Hessen; ✉ 68642; ☎ 06206; 🚗 HP; △ 90 m; 👪 15000.

B. liegt 15 km nördlich von Mannheim im Hessischen Ried am Schnittpunkt der B 44 und B 47. Anschluß an die Autobahn A 6/67 Mannheim–Frankfurt a.M. (Ausfahrt Lorsch) und A 61 Speyer–Koblenz (Ausfahrt Worms). Knotenpunkt der Bundesbahnstrecken Mannheim–Frankfurt a.M. und Worms–Bensheim. B. hat Gesamtschule mit gymnasialem Zweig, Volkshochschule; Umspannwerk des Rhein. Westf. Elektrizitätswerks, mittelständische Industrie- und Gewerbebetriebe.

Erste Erwähnung des Ortes 767 im Lorscher Codex. B. kam 1232 mit Lorsch an das Erzbistum Mainz und 1803 an Hessen. 1967 wurde die Gm anläßlich der 1200-Jahr-Feier zur St erhoben. – Sehenswert das Alte Rathaus (1610) und die kath. Barockkirche (1732). In unmittelbarer Nähe von B. liegen die Wälder des ehemaligen Reichsforstes »Forehari«.

Büsum

□ 8,32 qkm; ○ Dithmarschen; ⚐ Schleswig-Holstein; ✉ 25761; ☎ 04834; 🚗 HEI; △ 0 m; 👥 6000.

B. liegt an der schleswig-holsteinischen Westküste; Zufahrt über die B 203. B. hat Technologie- und Forschungszentrum der Universität Kiel, Wasser- und Schiffahrtsamt, Zollamt, Flugplatz; Realschule, Gymnasium, Landesberufsschule des Kachelofen-, Luftheizungsbauer- und Keramikerhandwerks; Fischereihafen (Krabben- und Hochseefischerei); Fremdenverkehr und Kurbetrieb.

B. wird erstmals 1140 als Insel erwähnt, die später großenteils Sturmfluten zum Opfer fiel. 1570 flüchtete die Bevölkerung in den Ortsteil Norddorp, der Kirchdorf wurde und den Namen der Insel übernahm. Um 1600 wurde der Inselrest mit dem Dithmarscher Festland durch einen Damm verbunden, und in der Folge wurde B. durch Eindeichungen landfest. 1837 errichtete man die ersten Badeanlagen. Seit 1949 ist B. anerkanntes Nordseeheilbad (Schlickbäder, Meerwassertrinkkuren, Wattenlaufen, Meerwasser-Hallen-Wellenschwimmbad, Kurmittelhaus). Heilanzeigen: Erkrankungen der Atmungsorgane, Hautkrankheiten, Kreislaufstörungen, Frauenleiden, chronische rheumatische Erkrankungen, Ischias, Bindegewebsschäden, konstitutionelle Schwächlichkeit. – Sehenswert die St. Clemenskirche (erbaut 1442) mit reicher Ausstattung des 18. Jh.

Bützow

□ 29,9 qkm; ○ Bützow; ⚐ Mecklenburg-Vorpommern; ✉ 18246; ☎ 0851 (Güstrow); 🚗 BÜZ; △ 4 m; 👥 10000.

Die St ist über die B 104 zu erreichen. B liegt an der Reichsbahn-Hauptstrecke Rostock–Leipzig. – Behörden und Bildungseinrichtungen: St- und Kreisverwaltung, Polizei-Inspektion, Grundbuch- und Katasteramt; Grundschulen, Realschulen, Gymnasium; Kindergärten und kombinierte Betreuungseinrichtungen für Vorschulkinder.

Als kulturelles Zentrum gilt der Restbestand des im 13. Jh. erbauten Schlosses; in den Räumen befinden sich eine Musikschule, die städt. Bibliothek und das Kreisheimatmuseum.

Wirtschaft und Industrie: Molkerei, Dauermilchwerk, Sägewerk, Möbelfabrik, ferner das Oberbauwerk der Deutschen Reichsbahn, die „Technischen Gase" und mehrere bauhandwerkliche Betriebe.

Die Besiedlung begann vor ca. 10000 Jahren durch matriarchalische Sippen. Im 13. Jh. wurde B. die Hauptstadt des Bistums Schwerin; 1229 erste urkundliche Erwähnung, Bischof Brunward weiht eine Kirche ein. Etwas später entstanden die Stadtmauer und drei Tore. Ende des MA war B. eine kleine Land-St; sie wurde 1518, 1679 und 1716 durch schwere Brände heimgesucht. Nachdem B. 1716 von verheerendem Feuer fast gänzlich vernichtet worden war, setzten sich Wohnhäuser in zweistöckiger Bauweise mit Ziegeldach durch. Im Siebenjährigen Krieg avancierte B. zur Universitätsstadt mit theologischer, philosophischer, juristischer und medizinischer Fakultät; Anzahl der Studenten 83! Das Rektorat vereinigte sich 1789 wieder mit der Uni in Rostock. Die Stadtväter von B. trugen ungewollt zur Bereicherung der dt. Literaturgeschichte bei: Sie verfügten 1794, daß Gänse nur noch in Höfen und Ställen gehalten werden durften, frei herumlaufende Tiere wurden gepfändet. Von den 1800 EW strebten etwa 800 zum Pfandstall und befreiten die Gänse gewaltsam unter dem Protestruf: „Es lebe die Gänsefreiheit!" Diese Begebenheit und eine anschließende Gerichtsverhandlung in Halle veranlaßten Wilhelm Raabe 1866, in der ironischen Novelle „Die Gänse von Bützow" den Kontrast zwischen dt. Spießermisere und bürgerlichem Fortschritt darzustellen. – 1835 begann der Bau einer Strafanstalt, in der 1942 eine faschistische Hinrichtungsstätte eingerichtet wurde. Bis zum Mai 1945 verloren dort 308 Frauen und Männer ihr Leben. –

Sehenswürdigkeiten: die Stiftskirche – dreischiffiger Hallenbau – mit 74 m hohem Turm; das Rathaus (1846–1848), dessen Ziertürme mit „Bischofsmützen" bekrönt sind. Die Vierburg, einst „Vorburg", ist ein Gehöft, das im 18. u. 19. Jh. Zollstätte war. – Die Warnow, Mecklenburgs Hauptfluß, durchbricht nördl. von Sternberg die Endmoräne. Der Durchbruch im Warnowtal ist geologisches Naturschutzgebiet. – Die „Hohe Burg" (144 m über NN) mit Aussichtsturm und Gaststätte bietet sich als Ausgangspunkt für Wanderungen durch den Hochwald und zum „Schwarzen See" an.

Burbach (Siegerl.)

☐ 79,66 qkm; ○ Siegen-Wittgenstein; ⚐ Nordrhein-Westfalen; ✉ 57299; ☎ 02736; 🚗 SI; △ 310–619 m; 👥 13500.

B., Luftkurort im Westerwald an der B 54 und B 277, hat Anschluß an die Autobahn A 45 Hagen-Gießen (Ausfahrt Haiger/Burbach). Die Gm verfügt über einen eigenen Flugplatz (Siegerlandflughafen); B. ist Bundeswehrstandort, hat Amtsgericht; Realschule, Sonderschule für Lernbehinderte; Spezialklinik für Knochen-Chirurgie. Vielseitige Industrie: Herstellung von Stühlen und Tischen, Maschinen- und Schneidwerkzeugbau, Elektro- und chemische Industrie, Keramik und Plastikverarbeitung, Kunststoffindustrie, Sprengstoffproduktion.

B. war Sitz der Herren von Seelbach, deren Burg 1367 zerstört wurde. Seit Ende des 14. Jh. gehörte der Ort zu Nassau-Dillenburg, das zusammen mit den Grafen von Sayn-Hachenburg bis 1799 eine Doppelherrschaft über den ‚Freien Grund' Seelbach und B. ausübte. 1816 kam B. an Preußen. Auf dem Burgberg Reste eines alten, auf die jüngere Eisenzeit zurückgehenden Ringwalles.

Burg

☐ 85 qkm; ○ Burg; ⚐ Sachsen-Anhalt; ✉ 39288; ☎ 0931; 🚗 BRG; △ 54 m; 👥 26200.

Nahe der Kreis-St B. kreuzt die E 30 die B 1; durch B. führt die Reichsbahnstrecke Berlin-Köln; Eisenbahn-Nahverkehr nach Magdeburg, Stendal und Brandenburg. – Für die Kreisgebiets- und St-Verwaltung sind alle erforderlichen Ämter vorhanden. Bildungseinrichtungen: Grundschulen, Gymnasium, Berufsschule, Berufshilfsschule, Hilfsschule für Lernschwache; Volkshochschule und Musikschule. –

Die St im Bez. Magdeburg am Ostrand der Elbeniederung gelegen, ist ein Industriestandort für die Fertigung von Feinwalzblech, Maschinen, Holzerzeugnissen und Schuhen, die Tuchherstellung geht bis ins 12. Jh. zurück; ebenfalls ansässig Bekleidungs- und Handschuhbetriebe. – Knäckebrot aus B. ist ein weltbekannter Begriff. – Baustofftransporte werden vorwiegend auf dem Elbe-Havel-Kanal ausgeführt. Die insgesamt verkehrsgünstige Struktur ist für Gartenbaubetriebe, Großmärkte und Einkaufszentren gleichermaßen vorteilhaft.

Historisches und Kulturelles: B. wurde 948 erstmals erwähnt, das Stadtrecht erhielt es in der 1. Hälfte des 12. Jh.; 1656 kam es an das Herzogtum Sachsen-Weißenfels, 1687 zu Brandenburg-Preußen. Ab 1815 gehörte es zur preuß. Provinz Sachsen. –

Die Oberkirche „Unserer Lieben Frauen", eine dreischiffige spätgot. Hallenkirche, wurde 1415–1455 unter Nutzung spätrom. Teile erbaut. Die Unterkirche „St. Nikolai" ist eine spätrom. Granit-Pfeilerbasilika mit Querschiff, sie stammt aus der 2. Hälfte des 12. Jh. Beide Gotteshäuser verfügen über kostbare Innenausstattungen. Weitere Sakralbauten: Pfarrkirche „St. Petri", ein einschiffiger rom. Granitbau, und die „Maria-Magdalenen-Kapelle" got. Ursprungs (um 1350). – Von der ehemal. Befestigungsanlage der St blieben Mauerreste und drei Türme erhalten. Im Kreis-Heimatmuseum werden Ur- und Frühgeschichte des Gebietes dargestellt; als Besonderheiten werden Walternienburger, Molkenberger und örtliche Keramiken gezeigt. – B. ist Geburtsort des preuß. Generals und Militärtheoretikers Karl Philipp Gottfried v. Clausewitz (1780–1831), hier befindet sich auch seine Grabstätte.

Wiederkehrende Veranstaltungen: Schützen- und Parkfest im Juni, Sommerfest im Juli; Seniorenwoche Anfang September, Sängertreffen im Oktober; im Dezember Weihnachtskonzert.

Burg auf Fehmarn

☐ 14,48 qkm; ○ Ostholstein; ⚐ Schleswig-Holstein; ✉ 23769; ☎ 04371; 🚗 OH; △ 5 m; 👥 5800.

B., an der B 207 auf der Ostseeinsel Fehmarn gelegen, ist Eilzugstation der Vogelfluglinie Hamburg-Lübeck-Puttgarden. Seit Fertigstellung der Fehmarnsundbrücke (1963) sprunghafte Entwicklung des Fremdenverkehrs. B. ist Seebad (Burgtiefe), hat Hafen (Burgstaaken), Amtsgericht; Realschule, Gymnasium, landwirtschaftliche Fachschule; Fischerei, Getreideverarbeitung, Landwirtschaft.

B., seit 1329 St, war im späten MA ein bedeutender Seehafen. Heute ist die St wirtschaftlicher und kultureller Mittelpunkt der Insel Fehmarn. – Sehenswert Ruine Glambeck, frühgotische Nikolaikirche, Heimatmuseum.

Burgau

□ 25,89 qkm; ○ Günzburg; ⚐ Bayern; ✉ 89331; ☎ 08222; 🚗 GZ; △ 453 m; 👫 8200.

B., an der Mindel und B 10 im bayerischen Schwaben gelegen, hat Anschluß an die Autobahn A8 Stuttgart-München (Ausfahrt B.); Bahnstation an der Strecke Stuttgart-München. Flugplatz in Günzburg (10 km). B. hat Realschule; Lederhandschuhfabriken, Textilindustrie.

„Burgove“ wird erstmals 1147 urkundlich erwähnt. Seit 1237 im Besitz der Grafen von Berg, war B. Residenz der Markgrafschaft bis ins 15. Jh. Die um 1100 erbaute Burg brannte 1704 ab (Schloßneubau 1788). 1806 kam B. an Bayern.

Sehenswürdigkeiten sind neben dem Markgrafenschloß die Stadtkirche (1788), Rathaus (1709), Lorettokapelle (1692), Stadttor (1614) und Marienbrunnen (1726).

Burgdorf (Kr. Hannover)

□ 112,23 qkm; ○ Hannover; ⚐ Niedersachsen; ✉ 31303; ☎ 05136; 🚗 H; △ 56 m; 👫 29650.

Die St B. liegt 25 km nordöstlich von Hannover an der B 188. Anschluß an die Autobahn A 2 Hannover-Berlin (Ausfahrt Lehrte) und Autobahn A 7 (Ausfahrt AB-Kreuz Hann.-Kirchhorst). B. hat Amtsgericht; Realschule, Gymnasium, Sonderschule für Lernbehinderte, Volkshochschule, Höhere Handelslehranstalt, landwirtschaftilche Berufsschule; mittelständische Industriebetriebe (Elektronik, Keksfabrikation, Gummi- und Kunststoffverarbeitung).

B. geht auf eine im 11. Jh. gegründete Siedlung zurück, die im 15. Jh. befestigt und zur St erhoben wurde. 1809 vernichtete ein verheerender Brand die gesamte St.

Sehenswert: Schloß (Fachwerkbau, zwischen 1642–50 errichtet), St. Pankratius-Kirche (1811–13) mit Barockorgel, Rathaus (1818, Fachwerkbau mit geschnitztem Erker), Stadtmuseum mit der schönsten Zinnfigurensammlung Norddeutschlands.

Burghausen (Salzach)

□ 18,57 qkm; ○ Altötting; ⚐ Bayern; ✉ 84489; ☎ 08677; 🚗 AÖ; △ 350–420 m; 👫 17400.

Zwischen Salzburg und Passau, kurz vor der Einmündung der Salzach in den Inn, liegt B. an der B 20. Die St hat Amtsgericht, Grenzzollamt; Realschule für Mädchen, humanistisches und naturwissenschaftl. Gymnasium; chemische (Wacker-Chemie GmbH) und petrochemische Industrie (dmp Mineralöl Petrochemie GmbH).

B., das 1025 erstmals urkundlich erwähnt wird und 1235 das Stadtrecht erhielt, war von 1255 bis 1503 Residenz der Herzöge von Niederbayern; danach Regierungsstadt bis 1802. Die St wird beherrscht von der gewaltigen Burganlage (mit Fürstenbau, Kemenate, Schloßkapelle, Schatzkammer, Brustwehr, Torriegel und Bergfried), an der bis Ende des 15. Jh. gebaut wurde; schön gelegene Altstadt am Salzachufer mit Renaissance- und Barockhäusern, Pfarrkirche St. Jakob (1360 und 19. Jh.), Spitalkirche (1320 und 17. Jh.), Rathaus (14. Jh.). Sehenswert ferner die Barockkirche in Raitenhaslach (5 km außerhalb von B.) und die Rokokokirche Marienberg. Seit 1779 ist B. Grenzstadt gegen Österreich. Auf der Hochfläche liegt die Neustadt mit anschließendem Industriegebiet.

Burgkirchen a. d. Alz

□ 42 qkm; ○ Altötting; ⚐ Bayern; ✉ 84508; ☎ 08679; 🚗 AÖ; △ 408–522 m; 👫 9700.

B., 38 km nordöstlich des Chiemsees am Innzufluß Alz gelegen, ist Bahnstation der Strecke Mühldorf–Burghausen. Die Gm hat chemische Industrie (Hoechst AG, Werk Gendorf); Land- und Viehwirtschaft.

„Pohkirch“ (Poh=Buche) wird erstmals 790 urkundlich erwähnt. B., das 1806 selbständig wurde, wandelte sich nach dem Krieg vom ländlich geprägten Dorf (1939 427 EW) zur Industriegemeinde. Zwischen 1955 und 1978 wurden B. die Orte Gendorf, Gufflham (z. Teil), Dorfen, Hirten, Grasset, Raitenhaslach (z. Teil) mit Pirach eingegliedert. – Sehenswert die Johanneskirche (1477) und Kirche auf dem Margarethenberg (1406).

Burgkunstadt

□ 48 qkm; ○ Lichtenfels; ⚐ Bayern; ✉ 96224; ☎ 09572; 🚗 LIF, △ 280–410 m; 👫 6700.

B., am Main im bayerischen Oberfranken gelegen, ist über die B 289 zu erreichen. Bahnstation an der Strecke Würzburg–Bamberg–Hof. Die St hat Realschule und Gymnasium; Schuhfabriken, Großversandhaus.

B., erstmals 1059 urkundlich genannt, wurde 1460 während der Fehde zwischen dem Hochstift Bamberg und dem Markgrafen Albrecht und 1553 im Markgräfler-Krieg vollständig zerstört. Der bemerkenswerte Fachwerkbau des Rathauses stammt aus dem Jahre 1689/90. Malerische Fachwerkhäuser am Marktplatz in der Oberstadt.

Alljährlich Weinfest (Oktober), alle drei Jahre Altstadtfest (Juli).

Burglengenfeld

□ 82,86 qkm; ○ Schwandorf i. Bay.; ⚐ Bayern; ✉ 93133; ☎ 09471; 🚗 SAD; △ 350 m; 👫 10000.

Die St B. liegt 25 km nördlich von Regensburg im oberpfälzischen Juragebiet an der Naab und an der B 15 und A 93 Regensburg–Weiden (Ausfahrten Ponholz und Teublitz). B. ist Bundeswehrstandort, hat Amtsgericht, Forstamt; Realschule, Gymnasium; Kreiskrankenhaus; Portland-Zementwerk.

B., das 817 gegründet wurde, kam 1116 in den Besitz der Wittelsbacher, die 1123 mit der Errichtung einer ausgedehnten Burganlage begannen. Zwischen 1255–70 wurde B. zum Markt, 1542 zur St erhoben. Von 1505 bis 1808 gehörte die St zum Fürstentum Pfalz-Neuburg.

Sehenswert die Burg mit Bergfried, Türmen, Kapelle, Rittersaal u. a. (2,38 ha Burggelände) und das Oberpfälzer Volkskundemuseum.

Burgstädt

□ 19,5 qkm; ○ Chemnitz; ⚐ Freistaat Sachsen; ✉ 09217; ☎ 0724; 🚗 C; △ 314 m; 👫 12750.

Die St ist zu erreichen über die B 95, B 107 und die E 40, Ausfahrt Chemnitz Nord; B. liegt an der Reichsbahnstrecke Chemnitz–Leipzig.

Die Wirtschaft von B. wird durch kleine Textilbetriebe, Elektroindustrie, den Hoch- und Tiefbau sowie durch eine Druckerei bestimmt. – Vermutlich wurde B. zwischen 1270 und 1301 planmäßig angelegt. Einer Sage zufolge ist der Marktort aus 7 Bauerngütern der Burkersdorfer Flur gebildet worden. 1346 wurde „Borkersdorf" erstmals als Pfarrort erwähnt; eine Urkunde über die Stadtgründung wurde jedoch bisher nicht aufgefunden. Ursprünglich war Ackerbau der Haupterwerb, das Weben ein Nebenerwerb der Bewohner. Mit der Zeit entstanden Handwerkerinnungen, so die der Bäker, Leineweber, Strumpfwirker u. a. Erste Industriebetriebe produzierten in den heute ältesten Barockbauten an der Herrenstraße. Wirkwaren aus B. wurden zum ersten Mal 1742 erfolgreich auf der Leipziger Messe angeboten. Es entstand eine Manufaktur für halbseidene Tücher. B. wurde zum Ausgangspunkt der sächsischen Kattundruckerei, schließlich wurde die Entwicklungsgeschichte der St von der Textilindustrie bestimmt. – Kulturelles: historischer Stadtkern (unter Denkmalschutz), städtebauliches Ensemble mit Fachwerkhäusern, engen Gassen, Mkt und Brühl; das Rathaus, 1761–63 von J. Fr. Wagner erbaut, ist eine Kopie des Erlangener Rathauses. Kirche (1522) im spätgotischen Stil, ihr 62 m hoher Turm wurde erst 1882 angebaut; meisterhaft restaurierter Barockaltar. – Der Taurasteinturm bildet das Wahrzeichen der St, er wurde 1913 als Wasser- und Aussichtsturm errichtet. Er steht auf dem höchsten Punkt des Wettinhaines, einer Parkanlage mit Teichen, Strandcafé, Freilichtbühne und Abenteuerspielplatz. Einmalig in Sachsen ist das B. Museum „Historische Arztpraxis", das Exponate und Einrichtungen aus der stadtgeschichtl. Entwicklung zeigt. – Altstadtfest und Taurasteinfest sind wiederkehrende Veranstaltungen für die nähere Region.

Burgwedel

□ 151,70 qkm; ○ Hannover; ⚐ Niedersachsen; ✉ 30938; ☎ 05139; 🚗 H; △ 52 m; 👫 18500.

B. ist 1974 durch Zusammenschluß von sieben Gemeinden entstanden. Die Großgemeinde liegt 16 km nordöstlich von Hannover am Südrand des Großmoors an der Autobahn A 7 Hannover–Hamburg (Ausfahrt B.). B. hat Amtsgericht; Hauptschule, Orientierungsstufe, Sonderschule, Realschule, Gymnasium, Fachschule für Kindergärtnerinnen; kleinere Industrie- und Gewerbebetriebe.

„Borchwede" wird erstmals 1324 urkundlich erwähnt.

Burladingen

□ 123,32 qkm; ○ Zollernalbkreis; ⚐ Baden-Württemberg; ✉ 72393; ☎ 07475; 🚗 BL; △ 721 m; 👫 11800.

B., im Hochtal der Fehla auf der Zollernalb an der Wasserscheide Rhein-Donau gelegen, ist über die B 32 und die Schwäbische Albstraße zu erreichen. Die Gm hat Forstamt; Realschule, Progymnasium, Sonderschule für Lernbehinderte; Wirk- und Strickwarenindustrie.

Westlich der Kerngemeinde lag ein römisches Kastell. Erstmals wird B. 772 urkundlich erwähnt. Um 1300 kam es an die Zollergrafen. Zwischen 1972 und 1974 schloß sich B. mit neun Nachbarorten zur Großgemeinde zusammen.

Burscheid (Rheinland)

□ 27,39 qkm; ○ Rheinisch-Bergischer Kreis; ⚐ Nordrhein-Westfalen; ✉ 51399; ☎ 02174; 🚗 GL; △ 88–251; 👫 17000.

B., 25 km nordöstlich von Köln im Bergischen Land an der B 51 und B 232 gelegen, hat Anschluß an die A 1 Köln–Wuppertal–Dortmund (Ausfahrt B.); Grundschulen, Hauptschule, Sonderschule für Lernbehinderte, Realschule; mittlere Industriebetriebe (Metallverarbeitung, Kolbenringfabrikation, Webereien, Textilveredelung, Feinlederproduktion und -verarbeitung, Nahrungs- und Feinkostbetriebe u.a.); Buttergroßhandel; Obstbau.

»Burscelt«, erstmals 1180 als Besitz des St. Gereon-Stiftes Köln erwähnt, unterstand lange Zeit den Herzögen von Berg; 1815 kam es an Preußen und erhielt 1856 das Stadtrecht. Sehenswert die Ringwallanlage „Eifgenburg“ (11./12. Jh.).

Buseck

□ 38,67 qkm; ○ Gießen; ⚐ Hessen; ✉ 35418; ☎ 06408; 🚗 GI; △ 190 m; 👫 11100.

Die Gm B. mit den Ortsteilen Alten-Buseck, Beuern, Großen-Buseck, Oppenrod und Trohe grenzt im Westen unmittelbar an die Universitätsstadt Gießen. Anschluß an die Autobahnen A 5 Kassel–Frankfurt a.M. (Ausfahrt Reiskirchener Dreieck bzw. Reiskirchen) und Autobahnring A 480/A 485 (Ausfahrt Gießen–Wieseck); Bahnstation an der Strecke Gießen–Fulda. B. hat Grundschulen, Integrierte Gesamtschule, Sonderschule, Volkshochschulen (Außenstellen), Musikschulen; Basaltwerke, Betonwerk; landwirtschaftliche Betriebe.

„Bucheswiccum“ ist urkundlich bereits 786 anläßlich einer Schenkung an die Reichsabtei Hersfeld nachweisbar. Die einst überwiegend landwirtschaftlich orientierten Ortschaften entwickelten sich seit den fünfziger Jahren zu typischen Wohnvororten am Rande von Gießen. – Sehenswert das Busecker Schloß und Thal'sche Rathaus in Großen-Buseck, die Brandsburg in Alten-Buseck sowie malerische Fachwerkhäuser in allen Ortsteilen.

Butzbach

□ 106,61 qkm; ○ Wetteraukreis; ⚐ Hessen; ✉ 35510; ☎ 06033; 🚗 FB; △ 204 m; 👫 21000.

B., 50 km nördlich von Frankfurt a.M. am Osthang des Taunus gelegen, ist über die B 3 zu erreichen. Anschluß an die Autobahn A 5/A 7 Frankfurt a.M.–Kassel (Ausfahrt B.); Bahnstation der Strecke Frankfurt a.M.–Gießen. B. hat Amtsgericht, Strafanstalt; Realschule, Gymnasium, Kreisberufsschule. Die St gilt als Industriezentrum Oberhessens (Apparate-, Landmaschinen- und Weichenbau, holzverarbeitende Betriebe, Druckereien, Herstellung von Wasseraufbereitungsanlagen, luft- und wärmetechnischen Anlagen); von den 13 Stadtteilen Butzbachs erschließen sich Bodenrod, Maibach und Wiesental wegen ihrer landschaftlich bevorzugten Lage im Hochtaunus zunehmend dem Fremdenverkehr.

B. war römische Garnison am Limes (Wachtturm, Reste von Kastellen). Die Siedlung »Bothisphaden« wird erstmals 773 urkundlich erwähnt. Unter den Herren von Falkenstein erlangte B. 1321 die Stadtrechte. Spätere Besitzer der St waren die Eppsteiner und eine Solmssche Linie, deren Namen das im 15. Jh. erbaute Schloß trägt. Unter dem Landgrafen Philipp von Hessen-Butzbach (1609–43) erlebte B. als Residenz eine kulturelle und wirtschaftliche Blüte. 1741 kam B. an Hessen-Darmstadt. – Sehenswürdigkeiten: Alter Marktplatz mit Rathaus (1560), Marktbrunnen und schönen Fachwerkbauten; Stadtmauer mit Wehrgang und Hexenturm; Landgrafenschloß; gotische St. Markuskirche mit Landgrafen-Gruft; St.-Wendelins-Kapelle mit kunstvollem Schrein; St.-Michaelis-Kapelle mit Heimat- und Trachtenmuseum; Römischer Grenzwall (Limes). Der Gasthof „Zum Goldenen Löwen“ soll Handlungsort von Goethes „Hermann und Dorothea“ gewesen sein.

Buxtehude

□ 76,45 qkm; ○ Stade; ⚐ Niedersachsen; ✉ 21614; ☎ 04161; 🚗 STD; △ 4–10 m; 👫 21500.

B., 33 km südwestlich von Hamburg am Südrand des Alten Landes an der schiffbaren Este gelegen, ist über die B 73 zu erreichen. Bahnstation der Strecke Hamburg–Cuxhaven. B. hat Flußhafen; Amtsgericht, Zollamt; Realschule, Gymnasium, Sonderschule für Lernbehinderte, Berufs- und Berufsfachschulen, Malerschule, Fachhochschule für Architektur- und Bauingenieurwesen, Volkshochschule; mittlere und größere Industrie- und Gewerbebetriebe (Bau, Chemie, Getränke- und Spirituosenherstellung, Körperpflegemittel, Maschinenbau, Mikroelektronik, Münzprüfgeräte, Obstverwertung, Saatzucht u. a.).

Die erste Nachricht von einer Siedlung »Buochstadon« stammt aus dem Jahre 959. 1197 stifteten die Edelherren von B. ein Benediktinerinnen-Kloster (Ortsteil Altkloster). Erzbischof Giselbert von Bremen gründete nördlich davon 1285 eine Festung, die als Kernzelle der St B. anzusehen ist. 1369 schloß sich B. der Hanse an. Im 17. Jh. Niedergang des Handels und der Wohlfahrt der St. 1715–19 war B. dänisch, danach kam es zum Kurfürstentum Hannover. 1866 fiel B. an Preußen.

Von den historischen Baudenkmälern sind erhalten die Petri-Kirche (1269 erbaut, im 19. Jh. restauriert), der Marschtorzwinger (13. Jh.), der Stavenort (ma. Wohnquartier), das historische Rathaus (Mitte 16. Jh.), das Abthaus (1618–28), das historische Stadthaus (Mitte 16. Jh.) und die alten Häuserzeilen des Westfleths. – B. ist Schauplatz des Märchens vom Hasen und Swinegel.

Calbe (Saale)

□ 60,2 qkm; ○ Schönebeck/Elbe; ⚐ Sachsen-Anhalt; ✉ 39240; ☎ 09387; 🚗 SBK; △ 60 m; 👥 14 000.

Anschluß an die A 14 (6 km), an die B 71 (8 km), Personen- und Güterbahnhöfe an den Hauptstrecken der Deutschen Reichsbahn Magdeburg–Leipzig und Berlin–Erfurt; Saale-Schiffahrt, Einmündung in die Elbe (ca. 15 km entfernt).

Die St besitzt eine vielseitige Wirtschafts- und Industriestruktur: Baustoffherstellung (Porenbeton), Kraftwerk, Industrie- und Entsorgungszentrum, Industriepark; ferner von Bedeutung Firmen für Förderanlagen, Stahlbau, Oberflächenveredelung (Großverzinkungsanlage), Reinigungs- und Fotochemie, Textil- und Lederverarbeitung, Unternehmen für Hoch-, Tief- und Straßenbau, Speditionen, eine Druckerei sowie diverse Handwerks- und Gewerbebetriebe, Genossenschaften der Pflanzen- und Tierproduktion, Konservenfabriken und ein Getränkehersteller.

Erste urkundliche Erwähnung des Ortes 936, Marktrecht ab 1160. Von 968 bis 1680 gehörte C. zum Erzbistum Magdeburg und war ab 1314 Sommerresidenz der Magdeb. Erzbischöfe. Um 1350 erhielt C. einen Roland als Sinnbild für städt. Recht, Marktrecht und städt. Freiheit. Neben dem Fernhandel, der C. berührte, hatten Schiffahrt und Fischerei Bedeutung, letztere wurde bis in die 20er Jahre des Jh. betrieben. – Die meisten EW lebten von der Landwirtschaft, sie waren „Ackerbürger". Schon ab 1500 weitete sich der Gemüseanbau aus; bekannt wurde der seit 1591 betriebene Anbau von Zwiebeln. Nachdem 1680 C. zu Brandenburg-Preußen kam, entwickelte sich das Tuchmacherhandwerk in der St. Bis zum 1. Weltkrieg gründete man bzw. entstanden Braunkohlegruben, Ziegeleien, Fabriken für die Herstellung von Gelatine, Zucker, Tuchen, Konserven diverser Art (Gurken). Nach der Inflation und Weltwirtschaftskrise ging die industrielle Produktion deutlich zurück, der Feldgemüseanbau nahm jedoch großen Aufschwung. Erst nach 1948 stieg die Industrialisierung wieder an.

Sehenswürdigkeiten und Kulturelles: Rathaus (1876) im Neo-Renaissancestil, davor der 4,5 m hohe Roland aus Sandstein. Die Stadtkirche St. Stephani, dreischiffige spätgot. Hallenkirche (Mitte 15. Jh.) bestimmt mit ihren beiden 57 m hohen Türmen die Silhouette der Altstadt. Der Mkt blieb in seiner ma. Struktur weitgehend erhalten: vorwiegend Wohn- und Geschäftshäuser, Verwaltungsbauten und eine Gaststätte – Entstehungszeit 16. bis 18. Jh. Die Geschäftshäuser in der „Einkaufsstraße" (Fußgängerzone), eine der ältesten Str. der St, stammen größtenteils aus der Gründerzeit. – In der „Heimatstube" werden Stadtgeschichte, die Entwicklung der Landwirtschaft und des Handwerkes dargestellt; angeschlossen ist die „Kleine Galerie". Beides ist in einem Fachwerkhaus mit der Gaststätte „Brauner Hirsch" untergebracht. Der Wartenberg ist mit 121 m die zweitgrößte Erhebung im Landkreis; ein 1904 erbauter, 30 m hoher Bismarckturm (Aussichtspunkt) überragt parkähnliche Anlagen mit Tiergehege und Gaststätte. Die St verfügt über mehrere Sportanlagen und zwei Schwimmbäder. – Jährlich wiederkehrende Veranstaltungen: Kulturtage Ende Mai und Traditionsregatta im Kanu-Rennsport im September/Oktober.

Calw

□ 59,88 qkm; ○ Calw; ⚐ Baden-Württemberg; ✉ 75365; ☎ 07051; 🚗 CW; △ 330–520 m; 👥 21 000.

C. liegt 40 km westlich von Stuttgart am Mittellauf der Nagold im nördlichen Schwarzwald. Zufahrt über die B 295, B 296 und B 463. Die St hat Kreisverwaltung, Amtsgericht, Zollamt, Eichamt, Forstamt u. a.; Realschule, Gymnasium, Wirtschaftsgymnasium (Aufbauzug), Sonderschule für Lernbehinderte, kaufmännische und gewerbliche Berufsschule, hauswirtschaftl. Berufs- und Berufsfachschule, Landwirtschaftsschule, Privatschule mit Wirtschaftsgymnasium, Wirtschaftsschule, Handelsschule, Staatl. Akademie, Internationale Schule des Rosenkreuzes. Calw ist Bundeswehrstandort. Hauptwirtschaftszweige sind Decken- und Tuchfabriken sowie ein Kühlschrankwerk (Bauknecht). Als anerkannter Erholungsort hat C. bemerkenswerten Fremdenverkehr.

C. ist eine Gründung der Calwer Grafen, die um 1000 eine Burg (um 1600 abgebrochen) errichtet hatten, in deren Schutz sich eine größere Siedlung entwickelte. Stadtrecht besaß C. bereits um die Mitte des 13. Jh.; die sicher wesentlich ältere Ummauerung wird erstmals 1461 urkundlich erwähnt. Nach dem Erlöschen des C. Grafengeschlechts fiel die St Anfang des 14. Jh. an Württemberg. Als Gerber- und Tuchmacherstadt erwarb sich C. im 15., 16. und 17. Jh. einen großen Ruf (C. Zeughandels-Compagnie). Auch das Salzrecht und der ausgedehnte Holzhandel waren bedeutende wirtschaftliche Faktoren. – Infolge schwerer Zerstörungen durch Kriegsereignisse im Jahre 1634 und 1692 blieb als ältestes Bauwerk nur die gotische Brückenkapelle (um 1400) erhalten. Das Rathaus (Unterbau 1673, darüberliegender Fachwerkbau 1726) liegt am städtebaulich vorbildlichen Marktplatz mit zwei Brunnen (1523) und schönen Fachwerkhäusern (Ende 17. Jh.). Im Stadtteil Hirsau (Luftkurort) Reste zweier Klosteranlagen aus dem 10. und 11./16. Jh. (Langhaus Aureliuskirche; Eulenturm und spätgot. Kreuzgang St. Peter und Paul) und des herzogl. Jagdschlosses (1586). – C. ist Geburtsort des Dichters und Nobelpreisträgers Hermann Hesse (1877–1962; Geburtshaus, Gedenkstätte im Heimatmuseum).

Castrop-Rauxel

□ 51,63 qkm; ○ Recklinghausen; ⚐ Nordrhein-Westfalen; ✉ 44575*; ☎ 02305; 🚗 RE; △ 150 m; 👫 78000.

C.-R., im östlichen Ruhrgebiet am Rhein-Herne-Kanal gelegen, ist über die B 235, die Autobahnen A 2 Oberhausen–Hannover (Ausfahrt C.-R.-Henrichenburg) und Sauerlandlinie A 45 Ruhrgebiet–Gießen–Frankfurt (Ausfahrt AB-Kreuz C.-R.-Ost) und über den Emscherschnellweg (A 42) zu erreichen. C.-R. liegt an zwei Bundesbahnstrecken mit drei Bahnhöfen, hat Industriehäfen und Yachthafen; Amtsgericht; Realschule, Gymnasien, Gesamtschule, Berufs- und Berufsfachschule, Fachoberschule, Sonderschulen; Westfälisches Landestheater; modernes Stadtzentrum mit Rathaus, Stadthalle und Europahalle; chemische Grundstoffindustrie (Stickstoff, Teerdestillation); Kraftwerk; Holz- und Lebensmittelverarbeitung sowie zahlreiche weitere Gewerbe- und Industriebetriebe. Rund 60 % des Stadtgebietes sind Grünflächen (Wälder, Parkanlagen usw.).

Der Ort C. wird erstmals 834 (Villa Castorpe) urkundlich erwähnt. 1484 stellt Johann II. von Cleve den Bürgern von Castrop einen noch erhaltenen Freiheitsbrief aus. Seinen wirtschaftlichen Aufschwung verdankt C. dem Steinkohlenbergbau (1866 Abteufung der ersten Zeche); 1902 wurde C. zur Stadt erhoben, 1926 schloß es sich mit neun umliegenden Gemeinden und dem Amt Rauxel zur Stadt C.-R. zusammen. – Sehenswürdigkeiten sind das got. Sakramentshaus (15. Jh.) in der St.-Lambertus-Kirche (13. Jh.); Wasserschloß Bladenhorst (Renaissance-Schloß, (1580)) mit Vorburg; Renaissance-Kamin (1597) im Haus Goldschmieding; St. Lambertuskirche Henrichenburg (11./12. Jh.); bemerkenswert ferner die modernen Bauten des C. Forums (1976) und der Gesamtschule am Europaplatz (1982).

Celle

□ 174,91 qkm; ○ Celle; ⚐ Niedersachsen; ✉ 29221*; ☎ 05141; 🚗 CE; △ 40 m; 👫 71500.

C. ist Verkehrsknotenpunkt an der Aller am Südrand der Lüneburger Heide. In C. kreuzen sich die B 3, B 214 und B 191. D-Zug-Station an der Strecke Hamburg–Hannover. C. ist Sitz wichtiger Behörden und Institutionen: Oberlandesgericht, Landessozialgericht, Amtsgericht, Arbeitsgericht, Industrie- und Handelskammer, Institut für Kleintierzucht der Bundesforschungsanstalt für Landwirtschaft Braunschweig-Völkenrode, Niedersächsisches Institut für Bienenforschung, Niedersächsisches Landesgestüt, Kreisbehörden u. a. – Bildungseinrichtungen: Realschulen, Gymnasien, Sonderschulen für Lernbehinderte und Sprachgestörte, kaufm. und gewerb-

Celle, Rathaus

liche Berufsschule, Schule für Frauenberufe, Studienseminar, Deutsche Bohrmeisterschule, Schwesternvorschule, Kinder- und Krankenpflegerinnenschule, Hebammenlehranstalt, Prediger-Seminar, Landesfeuerwehrschule, Volkshochschule; Stadtbücherei, Boman-Museum (niedersächsische Volks- und Heimatkunde), Bienengeschichtl. Museum. C. ist Bundeswehrstandort.

Industrie: Farbenfabriken, elektrotechnische Industrie (Elektronik-Werke-Deutschland), Nahrungsmittelindustrie, Metallwaren, Maschinen, Herstellung von Filtern, Textilien, Stahlbau (Erdölindustrie), Wachsbleicherei, Orchideenzucht.

C. wird erstmals 990 als Burgsitz (Altencelle) der Brunonen urkundlich erwähnt. Der zur Burg gehörenden Siedlung wurden 1248 die Stadtrechte verliehen. Herzog Otto der Strenge gründete 1292 3 km von Altencelle entfernt C., das 1301 das Braunschweiger Stadtrecht erhielt. Von 1378–1705 war die St Residenz des Fürstentums Lüneburg. Nach der Vereinigung mit dem Fürstentum Calenberg kam C. zum Kurfürstentum und späteren Königreich Hannover. 1866 fiel C. an Preußen.

Sehenswert die historische Altstadt mit Fachwerkbauten, das herzogliche Schloß (1292 begonnen, im 16. und 17. Jh. umgebaut) mit Renaissancekapelle und barockem Theater (1674, ältestes Theater Deutschlands), die Stadtkirche (1675–98 barock umgebaut) mit Fürstengräbern und das Rathaus mit klassizistischer Fassade (1785). – Im September/Oktober C. Hengstparaden im Landesgestüt.

Cham (Oberpfalz)

□ 80,68 qkm; ○ Cham; ⚐ Bayern; ✉ 93413; ☎ 09971; 🚗 CHA; △ 381 m; 👥 16700.

Ch., am Regen in einer Senke im oberen Bayerischen Wald gelegen, ist über die B 20 und B 85 zu erreichen. Anschluß an die Autobahn A 3 Regensburg–Passau (Ausfahrt Straubing). Die St ist Bahnstation an der Strecke Frankfurt–Nürnberg–Prag. Ch. hat Amtsgericht, Landwirtschaftsamt, Arbeitsamt, Finanzamt u. a. Kreisbehörden; Gymnasien, Realschulen, Fachoberschule, Berufsschule mit Berufsaufbauschule, Berufsbildungszentrum, Fachakademie für Holzgestaltung, Volkshochschule, Sonderschule für Lernbehinderte. Industrie: Elektroindustrie (Siemens AG), Holz- und Metallverarbeitung, Bekleidungs-, Textil- und kunststoffverarbeitende Industrie, Steppdekken- und Bettfedernfabrik. Die St ist Bundeswehrstandort (Standortverwaltung).

Ch. entstand im 10. Jh. im Schutz einer Reichsburg an der alten Handelsstraße nach Böhmen (Hauptort des »Chamberichs«); 976 erste urkundliche Erwähnung als St. 1135 wurde der Ort Markt; im 13. Jh. wurde das neue Cham auf seinen heutigen Standort verlegt. Die wirtschaftliche Blütezeit beendeten die Hussitenkriege (1419–36). 1742 eroberten und zerstörten Panduren die St.

Sehenswürdigkeiten: Rathaus (15. Jh., 1765 restauriert), Jakobskirche (15./17. Jh.), Spitalkirche (13. Jh., im 16. Jh. umgebaut), Reste der Befestigungsanlagen (Straubinger Turm, Biertor), Städt. Museum; in Chammünster Marienmünster mit Grabmälern und Karner im Friedhof. – Ch. ist Geburtsort des Marschalls von Frankreich Nikolaus Graf Luckner (1722 bis 94), Urgroßvater des Grafen Felix von Luckner. – Chamlandschau im September.

Chemnitz

□ 129,7 qkm; ○ Kreisfreie St; ⚐ Freistaat Sachsen; ✉ 09111*; ☎ 0071; 🚗 C; △ 309 m; 👥 295000.

Ch. ist verkehrstechnisch umfangreich erschlossen: A 4, A 72; B 95, B 169, B 173,

B 174, B 180; Verkehrsknotenpunkt der Deutschen Reichsbahn, Hauptstrecken nach Berlin, Leipzig, München, Köln; Dresden-Plauen und Dresden-Eisenach; nächste Flughäfen: Dresden (80 km), Leipzig/Halle (80 km), Flugplatz Jahnsdorf (15 km) für einmotorige Sportmaschinen. Angaben zur Verkehrsstruktur: 5 Straßenbahnlinien, Gesamtlänge 41 km; 24 Stadtbuslinien, Gesamtlänge 222 km; zentraler Busbahnhof, ca. 400 Busse pro Tag, beförderte Personen etwa 20000 tägl.; im St-Gebiet 14 Bahnhöfe und Haltepunkte für den Reiseverkehr, vom Hauptbahnhof 225 Züge am Tag für den Regionalverkehr, 63 Züge pro Tag im Fernverkehr, beförderte Personen tägl. 37000. –

Bildung und Ausbildung: 74 10klassige allgem.-bildende Schulen, 5 erweiterte allgem.-bildende Schulen, 10 Sonderschulen; Volkshochschule, mehrere Fachschulen mit divers. Außenstellen, Technische Universität mit 6700 Studenten.

Wirtschaftsunternehmen und Industriebetriebe gliedern sich wie folgt: Baugewerbe 83, verarbeitendes Gewerbe 232, Verkehr und Nachrichtenübermittlung 381, Dienstleistungen 1317; Handel 1881 Betriebe; Kreditinstitute und Versicherungen 723 Unternehmen; 24 land- und forstwirtschaftliche Betriebe, 13 Unternehmen im Bereich Wasserwirtschaft, Bergbau und Energie.

Geschichtliches: Dokumente und andere Zeugnisse aus der Vor- und Frühgeschichte von Ch. sind nur sehr lückenhaft erhalten geblieben, das Gründungsjahr der St läßt sich danach nicht exakt bestimmen. Um 1136 gründete Kaiser Lothar auf dem nordwestl. der späteren St vorgelagerten Hügel das Kloster St. Marien. Den darin wirkenden Benediktinern verlieh 1143 Lothars Nachfolger Konrad das Recht, bei „locus Kameniz dictus" – bei dem Ort Kameniz also – einen reichsoffenen Mkt zu errichten. Die St entstand nach 1170; aus den Jahren nach 1200 sind erste bauliche Zeugnisse bekannt: der Rote Turm, die Nikolaikirche (1945 zerstört) und die Johanniskirche an der Zschopauer Str. Ende des 13. Jh. war eine Ratsverfassung ausgearbeitet. Von entscheidender Bedeutung für die St wurde das 1357 ausgestellte Bleichprivileg. Denn mit der Anlage einer Landesbleiche begann der Aufstieg von Ch. zu einem wichtigen Zentrum gewerblicher Tätigkeit im Erzgebirgsvorland. Herstellung und Verarbeitung textiler Gewebe bildeten von dieser Zeit an einen Hauptzweig im Wirtschaftsleben der St; daneben gaben nach 1470 Saigerhütten und Kupferhämmer für etwa ein Jahrhundert Ch. das Gepräge. In jener Epoche errichtete man von 1496 bis 1498 das Alte Rathaus.

Ein Vierteljh. lebte der Universalgelehrte und Begründer der modernen Montanwissenschaft, Georgius Agricola, in Ch., er war der bedeutendste Bürger und prominenteste Bürgermeister der St. Zu Beginn des 18. Jh. entstanden die ersten Manufakturen, Ch. Tuche waren in ganz Europa begehrt. Mit der industriellen Revolution um 1800 setzte in Ch. das Industriezeitalter ein. Die beiden 1799 und 1800 in Betrieb genommenen Baumwollspinnereien brachten für Sachsen etwas völlig Neues: mechanisch betriebene Maschinen ersetzten menschliche Arbeitskraft. Ab 1811 begann der Maschinenbau. Damit wurde Ch. zur „ersten Fabrik- und zweiten Handelsstadt" Sachsens; man sprach nach der Jh.-Wende vom „Sächsischen Manchester". Die St galt bis 1900 als der Hauptsitz des dt. Maschinenbaues. Bis 1910 hatte sich Ch. zu einer pulsierenden Großstadt von 300000 EW entwickelt. Die Eingemeindung der Vororte hatte bereits 1880 begonnen.

Das Stadtbild prägten Fabrikschornsteine und Kirchtürme. Systematisch wurden um den Schloßteich, entlang des Chemnitz-Flusses und am Theaterplatz Grünzonen angelegt. 1907–1911 entstand das Neue Rathaus. Das Theater (seit 1838), die städtische Kapelle (seit 1833), der Verein „Kunsthütte" (seit 1860) und die Königliche Gewerbeschule (1836) – Vorläufer der heutigen Universität – beeinflußten wesentlich das geistig-kulturelle Leben der St. Gleiches muß man von dem 1884 in Ch. geborenen Maler und Graphiker Karl Schmidt-Rottluff sagen. Um ihn hatte sich eine Künstlergruppe gebildet, die mit ihrer „modernen Kunst" zu intensiverem Sehen aufforderte.

In der Bombennacht des 5. März 1945 fielen zwei Drittel der St in Schutt und Asche. Trotz dieser Zerstörungen, rücksichtsloser Demontagen und endloser Reparationsleistungen konnte die Industrie bereits nach wenigen Aufbaujahren wieder mit Spitzenleistungen auf den Weltmarkt zurückkehren. Neu entstanden das Zentrum und verschiedene Wohngebiete, wobei leider historisch Gewachsenes oft ausgetilgt und andere Wohnviertel dem Verfall preisgegeben wurden. In den letzten Jahrzehnten war das städt. Leben weitgehend durch das verflossene zentralistische System eingeengt, die erzwungene Umbenennung der St 1953 ist das erste Beispiel dafür. Im Frühjahr 1990 forderten mehr als 75% aller Bürger, „Karl-Marx-Stadt" in „Chemnitz" zurückzubenennen.

Kulturelle Einrichtungen: Museum für Naturkunde, Städt. Kunstsammlungen, Neue Sächsische Galerie; Industriemuseum, Schloßbergmuseum, Ausstellung „Ch. – Von der Marktsiedlung zur Industriemetropole“; Oper, Schauspielhaus. Puppentheater; Bibliothek, Stadtbibliothek, Hauptbibliothek, Musikbibliothek, Territorialkundliches Kabinett. Kultur- und Kongreßzentrum (Stadthalle), Kabarett „Lachkartenstanzer“; Tourist-Information, Tierpark Ch.

Sportstätten: Massen- und Freizeit-Sportanlagen, Tennisanlagen, Sommerbäder, Stadtbad mit 50-m-Schwimmhalle und 25-m-Schwimmhalle, weitere 25-m-Hallen; Turnhallen; Großanlagen; Sportforum Ch., Fußballstadion (Dr.-Kurt-Fischer), Eissportkomplex, Gewichtheberzentrum.

In der näheren Umgebung gelegen: Bade-Stausee mit FKK-Bad im Naherholungszentrum Oberrabenstein, Wildgatter-Freigehege, Burg Rabenstein und Schaubergwerk „Felsendome Rabenstein“.

Clausthal-Zellerfeld

□ 33,95 qkm; ○ Goslar; ⚐ Niedersachsen; ✉ 38678; ☎ 05323; 🚗 GS; △ 500–600 m; 👫 15900.

Cl.-Z., auf einer Hochfläche des Oberharzes am Schnittpunkt der B 241 und B 242 gelegen, ist Luftkurort und Wintersportplatz. Die St hat Oberbergamt; Techn. Universität, Berg- und Hüttenschule, Gymnasium, Realschule, Sonderschule für Lernbehinderte, Berufsaufbau- und Berufsschule, Handelsschule, Haushaltungsschule, Volkshochschule. Bedeutendster Wirtschaftsfaktor ist der Fremdenverkehr. Cl.-Z. ist heilklimatischer Kurort. Heilanzeigen: Herz- und Kreislauferkrankungen, Erkrankungen der Atmungsorgane, vegetative Dystonie, Zivilisationsschäden, Erschöpfungszustände, Rekonvaleszenz. – Cl.-Z. ist Bundeswehrstandort. 1972 wurde eine Samtgemeinde mit der Bergstadt Altenau gebildet.

Geschichtliches: erste urkundliche Erwähnung 1205 (‚Celle im Oberharz‘), Stadtrecht erhielt Zellerfeld 1535; Clausthal 1554. Vereinigung zur Bergstadt Cl.-Z. 1924. Seit 1200 wurden Silbererze, seit dem 19. Jh. Blei- und Kupfererze abgebaut. Wirtschaftliche Rückschläge nach der Pest von 1348, während des Dreißigjährigen Krieges und nach dem großen Brand von 1672. Im Laufe des 19. Jhs. ging der Bergbau durch Verarmung der Erzführung allmählich zurück; heute dienen die Bergwerksanlagen nur noch der Kraft- und Wasserversorgung (Ende des praktischen Bergbaus 1930; nur eine Bleihütte arbeitete noch bis 1967).

Cl.-Z. ist Geburtsort des Bakteriologen und Nobelpreisträgers Robert Koch (1843 bis 1910).

Sehenswert: Bergapotheke (1674), Cl. Marktkirche Hl. Geist (1638–42; größte Holzkirche Europas); Oberharzer Bergwerks- und Heimatmuseum (Mineraliensammlung).

Cloppenburg

□ 70,55 qkm; ○ Cloppenburg; ⚐ Niedersachsen; ✉ 49661; ☎ 04471; 🚗 CLP; △ 38 m; 👫 23500.

C., im Erholungsgebiet Thülsfelder Talsperre gelegen, ist bedeutender Verwaltungssitz und Verkehrsknotenpunkt im Schnittpunkt der Bundesstraßen 72, 213 und 68; Anschluß an die A 1 Hansalinie (Ausfahrt C.) und A 29 Jadelinie (Ausfahrt Ahlhorn); Bahnstation an der Strecke Oldenburg–Osnabrück. C. hat Amtsgericht, Kreisverwaltung, Arbeitsamt, Finanzamt, Forstamt, Bundesversicherungsamt u. a. Behörden; Realschulen, Gymnasien, Fachgymnasien (Wirtschaft, Hauswirtschaft, Technik), Sonderschulen für Lernbehinderte, Berufsbildende Schulen, Altenpflegeschule, Krankenpflegeschule, Musikschule; Fahrradherstellung und Fahrzeugbau, metall- und glasverarbeitende Betriebe, Elektrotechnische Industrie (Meß- und Regeltechnik), Bekleidungsfabriken, Futtermittel- und Fleischwarenindustrie, Kartoffelverarbeitung u. a.

In C. findet alljährlich von April bis Oktober der größte Junghennen- und Geflügelmarkt der Bundesrepublik statt; bedeutend ferner die Auktionen der Herdbuchgesellschaft Südoldenburg und der Oldenburger Zuchtschweineverwertung.

C. wurde 1297 vom Grafen von Tecklenburg an der Kreuzung alter Handelsstraßen als Burganlage gegründet. 1435 erhielt C. Münstersches Stadtrecht; von der Burg, die 1716 einem Brand zum Opfer fiel, ist nur noch das Fundament des Burgturms im Stadtpark erhalten. – Sehenswürdigkeiten: Spätbarocke St.-Andreas-Kirche (1729); Gnadenkapelle und Wallfahrtskirche in Bethen (nördlichster Marienwallfahrtsort Europas); Museumsdorf C. (ältestes Freilichtmuseum Deutschlands mit historischen Gebäuden aus dem 16.–19. Jh.) – Feste und Veranstaltungen: Junimarkt; Internationales Motorrad-Grasbahn-Rennen (Juli); Mariä-Geburtsmarkt (September); City-Fest

(September); Schützenfest (Mai), Internationale Musikshow (alle zwei Jahre).

Coburg

□ 47,16 qkm; ○ Kreisfreie Stadt; ⚐ Bayern; ✉ 96450; ☎ 09561; [Auto] CO; △ 297–464 m; [Einw.] 43000.

C., an der Itz und am Südrand der Ausläufer (Lange Berge) des Thüringer Waldes gelegen, ist über die B 4 sowie B 303 zu erreichen. Die St hat Kreisverwaltung, Land- und Amtsgericht, Arbeitsgericht, Landesbibliothek, Bayer. Staatsarchiv, Coburger Landesstiftung, Landesversicherungsanstalt; Realschule, Sonderschule für Lernbehinderte, Gymnasien, Medauschule, Fachoberschule, Auslands-Korrespondentenschule, Staatl. Polytechnikum, Volkshochschule. Die St ist Sitz eines Diakonisch-sozialen Zentrums der Inneren Mission und „Hilfe für das behinderte Kind". C. hat elektrotechnische, keramische, holzverarbeitende, Spielwaren-, Glas (Christbaumschmuck)-, papier- und pappeverarbeitende, Textil- und Bekleidungs-, Korb- und Polstermöbel- sowie Druck- und Vervielfältigungsindustrie; Werkzeugmaschinen-, Maschinen- und Fahrzeugbau; Brauereien; Fremdenverkehr.

Beherrscht wird die St von der 420 m hoch gelegenen ma. Veste C. (älteste Teile 12. Jh.) mit reichen Kunstsammlungen (gotische Bildwerke, Gemälde- und Gläsersammlung, 300000 graphische Blätter, Rüstungen, Waffen-Rittersaal, Wohn- und Arbeitszimmer Martin Luthers, Lutherkapelle). C. wird erstmals 1056 in einer Urkunde der Königin Richeza von Polen genannt. 1240/50 Gründung des Franziskanerklosters; seit 1248 war C. im Besitz der Grafen von Henneberg. 1331 wurden C. durch Kaiser Ludwig d. Bayern die Stadtrechte bestätigt. 1353 fiel die St an die Markgrafen von Meißen (Wettiner), die C. 1547 zur Residenz erhoben. 1530 wohnte Luther während des Augsburger Reichstages auf der Veste C. Im 16. Jh. erhielt das zum Stadtschloß umgebaute Franziskanerkloster den Namen ‚Ehrenburg'. 1605 Gründung des berühmten Gymnasiums Casimirianum. 1632 belagerte Wallenstein vergeblich die Veste. Ausgang des 18. Jh. Gründung der Kunstsammlungen. 1826 letzte Länderteilung: C. im Besitz des Doppelherzogtums Sachsen-C.-Gotha. 1860 erstes deutsches Turn- und Jugendfest, erste Generalversammlung des Deutschen Nationalvereins in C. 1862 Gründung des Deutschen Sängerbundes.

Coburg, Veste Coburg

1920 entschied sich C. durch Volksabstimmung für den Anschluß an Bayern. 1945 wird es bis zur Wiedervereinigung (1990) Grenzstadt zur DDR.

Bauwerke und Sehenswürdigkeiten: Veste Coburg (12.–17. Jh.); Hauptkirche St. Moritz (1320–1586, Umbau um 1740); St. Nikolaus-Kapelle mit Wandfresken; Residenzschloß ‚Ehrenburg' (16.–19. Jh.) mit vollausgestatteten Prunkräumen aus dem 17. bis 19. Jh.; Schloßkirche (18. Jh.) und Gemäldegalerie; Gymnasium Casimirianum (1605); Schloßplatz mit Landestheater (1840); Naturwissenschaftliches Museum (mit berühmter Vogelsammlung und vorgeschichtlichen Altertümern); Hofgarten (19. Jh.); Bürgerhäuser aus dem 15. bis 17. Jh. – In C. wohnte von 1820–26 der Dichter Friedrich Rückert (Gedenkstätte in Coburg-Neuses). Schloß Rosenau, 5 km von C. entfernt, ist Geburtsort des Prinzgemahls Albert von England (Prinzgemahl der Queen Viktoria). – Seit 1868 findet in C. jährlich an Pfingsten der Kongreß der Akademischen Landsmannschaften und Turnerschaften statt (C. Convent).

Cochem

□ 21,25 qkm; ○ Cochem-Zell; ⚐ Rheinland-Pfalz; ✉ 56812; ☎ 02671; [Auto] COC; △ 85 m; [Einw.] 5300.

C., im Moseltal zwischen Hunsrück und Eifel an der B 49 gelegen, ist D-Zug-Station der Bundesbahnstrecke Koblenz-Trier. C. hat Amtsgericht, Kreisverwaltung; Realschule, Gymnasium, Berufs- und Handelsschule; Tagungs- und Schulungsstätte der Deutschen Bundesbank und Landeszentralbank; Erziehungsanstalt für geistig behinderte Jugendliche. C. ist Bundeswehrstandort. – Weinbau und Weinhandel; Fremdenverkehr.

Als Herrengut wird C. erstmals 866 genannt. Zwischen 1151 und 1294 war C. Reichsgut und königliche Zollstätte. Danach fiel C. an Kurtrier (bis 1794). 1332 Verleihung der Stadtrechte. 1423 und 1425 Pestjahre (Sühnekapelle St. Peter). 1689 Zerstörung der St und Burg durch französische Truppen. 1815 kam C. an Preußen. – Über der St liegt die Reichsburg C. (11. Jh.), die zwischen 1869 bis 1877 nach Plänen aus dem Jahre 1576 wiedererrichtet wurde. Der Wiederaufbau fiel mit der Einweihung des Kaiser-Wilhelm-Tunnels zusammen (4,2 km Länge). – Überregional bekannte Veranstaltungen sind die Mosel-Wein-Woche und das Heimat- und Winzerfest von C.

Coesfeld

□ 140,99 qkm; ○ Coesfeld; ⚐ Nordrhein-Westfalen; ✉ 48653; ☎ 02541; 🚗 COE; △ 81 m; 👫 31 600.

C. liegt 40 km westlich von Münster im Tal der Berkel am Fuße der Baumberge. Zufahrt über die B 67 und B 474; Anschluß an die A 31 Ruhrgebiet–Gronau (Ausfahrt Gescher/C.) und A 43 Wuppertal–Münster (Ausfahrt Dülmen); Bahnstation an der Strecke Münster–Oberhausen–Dortmund–Gronau. C. ist Bundeswehrstandort, hat Amtsgericht, Bundes-, Landes- und Kreisbehörden; Realschulen, Gymnasien, Sonderschule für Lernbehinderte, Berufs-, Berufsfach- und Fachoberschulen, Landwirtschaftsschule, Höhere Landbauschule, Volkshochschule, Fernuniversität Hagen; Textil-, Textilmaschinen- und Möbelindustrie, Apparatebau, Kesselbau, Gardinenherstellung, Metallverarbeitung, Maschinenbau, Nahrungs- und Genußmittelindustrie; Land- und Viehwirtschaft.

C. geht auf eine kirchliche Gründung des hl. Ludgerus zurück. 1197 erhielt der Ort das Stadtrecht. C. war ab 1320 Mitglied der Hanse und von 1654–78 Residenz des Fürstbischofs Christoph Bernard von Galen. Die im 2. Weltkrieg stark zerstörte Stadt besitzt eine Reihe von bemerkenswerten Baudenkmälern: Reste der ma. Befestigungsanlagen mit Walkenbrükkentor und Pulverturm; gotische Hallenkirche St. Lamberti mit Gabelkreuz (Anfang 14. Jh.); St. Jakobikirche (1954 wiederaufgebaut) mit romanischem Stufenportal; altes Marktkreuz. Die Altstadt ist von einem Lindenwall umgeben. – C.-Flamschen (Freilichtbühne) ist Geburtsort der stigmatisierten Nonne Anna Katharina Emmerick (1774–1824, Geburtshaus unter Denkmalschutz).

Alljährlich Ursula-Wochenende mit Krammarkt (Oktober); Computer-Ausstellung (November).

Coswig

□ 25,85 qkm; ○ Meißen; ⚐ Freistaat Sachsen; ✉ 01640; ☎ 053938; 🚗 MEI; △ 118 m; 👫 25200.

C. ist über die A 4/E 40, Abfahrt Dresden-Neustadt, zu erreichen; Deutsche Reichbahn: Hauptlinien Dresden–Berlin und Dresden–Leipzig; nächster Flughafen in Dresden-Klotzsche.

Die St verfügt über Grundschulen, Mittelschulen, Gymnasium, Gärtnerische Berufsschule (Abiturausbildung), die Kaufmännische Privatschule und die Neue Musikschule Coswig e.V. Charakteristische Industriebetriebe: Elektrotechnik, Chemie, Baustoffe; Fabrik für Brems- und Kupplungsbeläge, Betonschwellenwerk. Der metallverarbeitende Bereich liefert Ventilatoren, Walzen und Wellen sowie Container. Die Region um C. ist ein Obst- und Weinanbaugebiet, in der gärtnerischen Produktion überwiegen Blumen- und Zierpflanzenanbau.

C. liegt rechtsseitig der Elbe am Ausgang des Dresdner Elbtalkessels in der fruchtbaren Lößnitzniederung zwischen der Landeshauptstadt Dresden und der Kreisstadt Meißen. Erste urkundliche Erwähnung 1013 mit dem Ortsteil Brockwitz; 1349 wurden im Lehnbuch Friedrichs III., des Gestrengen, Coswig und Kötitz erstmalig als Dörfer aufgeführt. Sie sind ab 1421 als bischöfliches Lehen in Besitz des Adelsgeschlechtes der Karasse. Hans und Georg von Karas verkaufen C. und alle weiteren Besitzungen an den Kurfürsten August. – Der bedeutende Komponist Eugen d'Albert und die weltberühmte Pianistin Teresa Carreno wohnten von 1891 bis 1895 in Coswig/Kötitz. – Die Großgemeinde C. erhielt am 21. 9. 1939 das Stadtrecht.

Sehenswürdigkeiten: Spätgot. Pfarrkirche (1497), verändert 1735; bemalte Kassettendecke und Gemäldezyklus an der unteren Empore (beides 1611), spätgot. Flügelaltar (Ende 15. Jh.); Westturm mit Volutengiebeln. – Weinbergsgut „Talkenberger Hof" (erbaut 1607). Das Heimatmuseum informiert von der Jungsteinzeit über das MA bis zur jüngsten Vergangenheit. Gezeigt werden urgeschichtl. Funde, u.a. ein 3500 Jahre alter Opferbecher, Werkzeuge und Urnen mit Knochenresten von Menschen. Die Entwicklung C. vom Bauern- und Winzerdorf zur Industrie- und Gartenstadt wird anhand zahlreicher Funde, Dokumente und Bilder dargestellt.

Jährlich im September werden die Gärtner- und Floristentage begangen, alle 2 Jahre wird das Schul- und Heimatfest im Ortsteil Sörnewitz gefeiert.

Coswig/Anhalt

□ 21,7 qkm; ○ Roßlau; ⚐ Sachsen-Anhalt; ✉ 06869; ☎ 04793; 🚗 RSL; △ 70 m; 👫 10000.

Unmittelbarer Anschluß an die A 9/E 51, Kreuzung der B 107, B 187 und B 187a in der St; gelegen an der Hauptstrecke der Deutschen Reichsbahn Wittenberg-Dessau.

Die St verfügt über Grundschulen, Gymnasium, Realschule und Bildungszentrum für Erwachsene. – Wirtschaftliches: Baustoffgewinnung und baustoffverarbeitende Industrie; Metalleichtbau, Töpfereihandwerk; Düngemittelherstellung für die Pflanzenproduktion.

Im Jahre 1187 wurde C. erstmals unter dem Namen „Cossewiz" erwähnt und gehörte den Askaniern, die hier eine Burg errichten ließen und den Ort als städtische Anlage aufbauten. Kirchlich war C. dem Bistum Brandenburg zugeordnet. 1215 wird C. bereits als oppidum (Landstadt) bezeichnet. Das Augustiner-Jungfrauen-Kloster (1272) wurde 1275 zum Kollegiatsstift erhoben; nachdem die fünf Töchter des anhalt. Fürsten Siegfried I. eingezogen waren, erhielt das Kloster umfangreiche Güter und Schenkungen und wurde mit Vorzugsrechten bedacht. Es fiel dem 30jährigen Krieg zum Opfer, später wurde ein verbliebenes Gebäude als Lager, danach als Schule genutzt. Heute befindet sich das Museum darin. Das Schloß, eine unregelmäßige Vierflügelanlage der Spätrenaissance (1667–1677), diente den anhaltinischen Fürsten zeitweise als Residenz und war bis 1827 beliebter Witwensitz. – C. lag von jeher an Post- und Heeresstraßen, was sich sehr förderlich auf die Entwicklung der St auswirkte. Im 16. Jh. wurden an Handwerksmeister zahlreiche Innungsprivilegien verliehen; eine erste Wasserleitung und eine Kahnfähre über die Elbe werden erwähnt. Um 1800 hat C. ca. 300 feste Häuser. Durch den Eisenbahnanschluß (1841) beginnen ab 1845 erste kleine Industrieunternehmen ansässig zu werden, denen dann je eine chemische, Zündholz- und Papierfabrik folgten. Besonders zahlreich entstanden keramische Werke, die das Bild der St bis heute prägen.

Sehenswürdigkeiten: Kirche St. Nicolai (1170), reiche Ausstattung aus dem 17./18. Jh., Gemälde von Cranach d.Ä. und Cranach d.J.; Augustiner Nonnenkloster (1272) mit Tonnengewölbekeller (13. Jh.) und Dachstuhl aus dem 17. Jh. (heute Kulturzentrum und Museum; gezeigt wird „Die Geschichte der Keramikherstellung von der Steinzeit bis heute" anhand von frühgeschichtl. Funden, Modellen und Originalwerkzeugen). Die Ausstellung „Coswig und die Elbe" präsentiert Schiffsmodelle und dokumentiert die Bedeutung der Binnenschiffahrt. Weiter sehenswert das Schloß (Neubau 1555–1558), Erweiterungen wie oben angegeben. Das Schloß diente von 1871 bis 1957 als Strafanstalt, Gefängnis und Zuchthaus und ist seit 1961 Archiv. – Das Rathaus, ein zweigeschossiger, im Kern spätgot. Bau (um 1500), in Renaissanceformen um 1569 erneuert. – Architektonisch interessant sind das „Bürgerhaus" (1600), das „Kavalierhaus" (1675) und das Fachwerkhaus „Unterfischerei" (um 1710). Die Elbfähre C., seit 1864 als Gierfähre (am Drahtseil) betrieben, bedient den Elbübergang nach Wörlitz–Dessau. – Periodisch wiederkehrend: Rathauskonzerte, Schloßfestspiele im Sommer, Adventskonzerte.

Cottbus

□ 50,0 qkm; ○ Cottbus; ⚐ Brandenburg; ✉ 03046*; ☎ 0355; 🚗 CS; △ 77 m; 👫 123000.

Cs., die grüne St an der Spree, erreicht man über die A 15/E 36, Ausfahrten Cs.-West und Cs.-Süd (jeweils 6 km bis St-Mitte), und über die B 97, 115 und 169, die einander in Cs. kreuzen. Cs. ist bedeutender Eisenbahnknotenpunkt der Reichsbahnstrecken Leipzig–Falkenberg–Cs., Berlin–Cs.–Görlitz, Cs.–Bautzen, Cs.–Dresden und Cs.–Frankfurt/Oder. Der nächste Flughafen ist Dresden-Klotzsche (ca. 100 km); Cs. hat Landeplatz für Lufttaxi. Cs. hat Stadtverwaltung und ist durch den Sitz verschiedener Bundes- und Landesbehörden zum wichtigen Dienstleistungs- und Verwaltungszentrum Südbrandenburgs geworden.

Bildungseinrichtungen: Grund-, Mittel- und Realschulen, Gymnasien, Förderschulen für Lernbehinderte und geistig Behinderte, Technische Universität (1991 gegr., 5 Fakultäten, 12 Studiengänge).

Kulturstätten: Staatstheater, Stadtmuseum, Museum für Natur und Umwelt, Museum für Vor- und Frühgeschichte, Sorbisches Museum, Niederlausitzer Apothekenmuseum, Technisches Denkmal Spreewehrmühle.

Wirtschaft und Industrie: Nach dem Niedergang der Textilindustrie ist das Reichsbahn-Ausbesserungswerk größter Arbeitgeber; ferner Bauindustrie (DYWIDAG), mittelständische Unternehmen und Handwerksbetriebe; im Umkreis zahlreiche Gärtnereien und Baumschulen.

Geschichte: Cs. ist die zweitgrößte St des Bundeslandes Brandenburg. 1156 wird erstmals eine Marktsiedlung urkundlich erwähnt, die sich durch die günstige Lage am Kreuzungspunkt wichtiger Fernhandelsstraßen zu einem bedeutenden Handels- und Produktionsstandort entwickelte. 1226 wurde Cs. das Stadtrecht erteilt. Ursprünglich war das Gebiet um Cs. im 6./7. Jh. vom slawischen Volksstamm der Sorben (Lusici) besiedelt worden, der der Gegend den Namen Lausitz gab. Im 13. Jh., als eine planmäßige Stadtanlage entstand, kamen deutsche Siedler, Handwerker und Kaufleute. Die Zunft der Leineweber entstand 1405. 1429 erwehrte sich die St eines Hussitenansturms, 1468 fiel sie fast völlig einem Großbrand zum Opfer. 1516 beherbergte Cs. die Universität von Frankfurt/Oder, da in dieser St die Pest wütete. Im 30jährigen Krieg plünderten die Soldaten Wallensteins die St. Davon und von weiteren Bränden erholte sich Cs. erst im 18. Jh. 1701 siedelten sich hugenottische Emigranten in Cs. an und belebten Handwerk und Gewerbe durch Seidenraupenzucht, Strumpfwirkerei und Tabakanbau. Das wirtschaftliche Aufblühen der St spiegelt sich auch in der 1726 begonnenen Anlage einer Neustadt wider; prächtige Altstadthäuser repräsentieren den Wohlstand der St, der durch den Siebenjährigen Krieg und Napoleons Truppen für Jahrzehnte zerstört worden ist. 1820 entstand das erste Gymnasium, 1845 baute man das erste städtische Krankenhaus, 1846 begann Fürst von Pückler-Muskau vor den Toren der St mit der Anlage des Branitzer Parkes. Die Industrialisierung im 19. Jh. bewirkte weitere Veränderungen. Großbetriebe der Textilindustrie entstanden, 1866 erhielt Cs. Eisenbahnanschluß und damit Verbindung mit Berlin und Görlitz. Die Erschließung der Lausitzer Braunkohlenfelder rund um CS. war der Grundstein für weitere Industrieansiedlungen. Ein bedeutender Abschnitt in der Entwicklung war die Amtszeit des Bürgermeisters Paul Werner (1892–1914). Er veranlaßte den Bau einer zentralen Wasserversorgungs- und Abwasseranlage, den Bau des Elektrizitätswerkes und der Straßenbahn, die Errichtung des Stadtparkes und mehrerer Schulen und den Bau des Theaters. 1912/1914 wurde unter Prof. Dr. Carl Thiem, dem Nestor der Unfallchirurgie, ein großzügiges Krankenhaus errichtet, Vorläufer des jetzigen Carl-Thiem-Klinikums. Am 15. 2. 1945 ist Cs. durch Fliegerbomben schwer beschädigt worden, ab 21. 4. 1945 durch Landkämpfe um die St. Mit der Zentralisierung der Macht in der früheren DDR sind die Länder abgeschafft und Bezirke festgelegt worden. Cs. avancierte zur Bezirkshauptstadt und zum Zentrum der Energie- und Kohleversorgung. In dem Maße, wie Neubaugebiete aus dem Boden gestampft wurden, verfiel die alte Bausubstanz. 1976 erreichte Cs. die Zahl von 100000 Einwohnern und den Status einer Großstadt. Die St durchlebt derzeit einen durch den Rückgang von Kohle- und Energieerzeugung und der traditionellen Textilindustrie geprägten Strukturwandel. Das St-Wappen zeigt die St-Befestigung mit zwei Tortürmen und einem roten Krebs im Wappenschild. Das Wappentier wird auf die Herrschaft eines aus Franken stammenden Adelsgeschlechts zurückgeführt.

Baudenkmäler und Sehenswürdigkeiten: Klosterkirche, eines der ältesten Bauwerke der St (um 1300), erhaltener Rest eines Franziskanerklosters, Kruzifix aus dem Jahre 1310; Kirche St. Nikolai (um 1400), größte Kirche der Niederlausitz, spätgotische Hallenkirche mit ungewöhnlich überhöhtem Mittelschiff und vielfältigen Stern- und Netzrippengewölben, Altar von 1664, geschaffen von Andreas Schulze; Schloßkirche in der Spremberger Straße, zweimal abgebrannt, erst von den Hugenotten wieder aufgebaut und 1714 geweiht, da ursprünglich ohne Turm und kaum als Kirche erkennbar, erhielt sie 1870 noch einen Turm; Staatstheater, entworfen vom Architekten Bernhard Sehring, 1908 erbaut, gilt als bedeutendster Bau des späten Jugendstils in Europa; ma. Stadtbefestigung mit Resten der Stadtmauer und Wiekhäusern; Spremberger Turm (13. Jh.), bildete mit Bastei und Torhaus Teil der Stadtbefestigung, 1811 nach Plänen von Schinkel z.T. abgetragen, anstelle des Spitzdaches traten die heutigen Zinnenkronen, dadurch Bauhöhe um 10 m auf 31 m verringert; Branitzer Park (90 ha), nach englischem Vorbild von Fürst von Pückler-Muskau 1846–1890 angelegt; Schloß Branitz, von Fürst von Pückler-Muskau 1846–1852 erbaut, beherbergt die Werke des Malers Carl Blechen; Tierpark Cs. (25 ha Fläche) als Ausläufer des Branitzer Parkes, 1954 eröffnet (1200 Tiere); Parkeisenbahn (1954 eröffnet, Dampflokbetrieb mit Lokomotiven der Muskauer Waldeisenbahn), verbindet Branitzer Park und Tierpark.

Cs. ist 1995 Ausrichter der Bundesgartenschau; seit es schriftliche Aufzeichnungen gibt, sind 77 verschiedene Schreibweisen des Namens Cottbus überliefert.

Crailsheim

□ 109,08 qkm; ○ Schwäbisch Hall; ⚐ Baden-Württemberg; ✉ 74564; ☎ 07951; 🚗 SHA; △ 412 m; 👥 27 000.

Die Große Kreisstadt C. liegt in einer Talweitung der Jagst am Rande der Ausläufer der Ellwanger Berge und der Frankenhöhe. C. ist bedeutender Verkehrsknotenpunkt im Schnittpunkt der Autobahnen A 6 Nürnberg–Heilbronn (Ausfahrt C.) und A 7 Ulm–Würzburg (Ausfahrt Feuchtwangen/C.), der B 14 und B 290 sowie der Bundesbahnstrecken Stuttgart–Nürnberg und Friedrichshafen–Würzburg–Frankfurt a. M. C. hat Bundeswehrgarnison, Arbeitsgericht, Amtsgericht; Sonderschule für Lernbehinderte, Werkstätte für Behinderte, Realschule, Gymnasium und Technisches Gymnasium, Wirtschaftsschule, Wirtschaftsgymnasium, Berufs-, Berufsaufbau- und Berufsfachschulen, Landwirtschaftsschule, Fachschule für Sozialpädagogik, Krankenpflegeschule, Technikerschule für Maschinenbau und Volkshochschule. An Industrie sind vertreten: Chemische Industrie, Maschinenbau, Herstellung von Kfz-Teilen, Textil- und kunststoffverarbeitende Betriebe, Kessel- und Behälterbau, holzbe- und holzverarbeitende Unternehmen, Druck- und Vervielfältigungsindustrie u. a. mittelständische Gewerbe- und Industriebetriebe.

C. entwickelte sich im MA aus einem fränkischen Bauernort zu einem Marktort mit Gewerbetreibenden. Erste urkundliche Erwähnung 1178; 1338 Verleihung der Stadtrechte. Bis 1399 häufiger Besitzwechsel, danach gehörte C. bis 1806 den Burggrafen von Nürnberg (seit 1415 Markgrafen von Brandenburg-Ansbach). 1810 kam die St an Württemberg. 1945 wurde C. zu über 80% zerstört. Baudenkmäler und

Crailsheim, Marktplatz mit Rathaus

Sehenswürdigkeiten: Johanneskirche (1398) mit Hochaltar (1486), Sakramentshäuschen (1499), erneuerter Barockorgel (1709) und Grabmälern aus dem 16. und 17. Jh.; spätgotische Liebfrauenkapelle (1393 geweiht); Spitalkapelle (Anfang 15. Jh. mit Fränkisch-Hohenloheschem Heimatmuseum (wertvolle Fayencensammlung); Rathausturm (1717); Gottesackerkirche (16. Jh.) auf dem Alten Friedhof mit Grabmälern aus dem 16. und 18. Jh. Im großen Ratssaal des Rathauses bedeutende Gemäldesammlung der Markgrafen von Brandenburg-Ansbach. – Überregional bekannt das vier Tage dauernde „Fränkische Volksfest" (September) sowie das Kregelberg-Motto-Cross-Rennen des ADAC (Oktober).

Creglingen

□ 117 qkm; ○ Main-Tauber-Kreis; ⚐ Baden-Württemberg; ✉ 97993; ☎ 07933; 🚗 TBB; △ 270–470 m; 👥 4800.

C., 50 km südlich von Würzburg an der Tauber und Romantischen Straße gelegen, bildet seit 1972 eine Einheitsgemeinde, bestehend aus der St C. und 12 umliegenden Gemeinden. C. hat Anschluß an die Autobahn A 7 Ulm–Würzburg (Ausfahrt Rothenburg o. d. T.); Realschule; Fremdenverkehr (Erholungsort).

C., urkundlich erstmals 1045 genannt, erhielt 1349 die Stadtrechte. In der einen Kilometer südlich der St liegenden Herrgottskirche (1384–89), die aus Anlaß eines Hostienwunders errichtet wurde, befindet sich der berühmte „Marienaltar" (1502–05) von Tilman Riemenschneider; gegenüber (ehem. Mühle) liegt das „Fingerhut-Museum" (ca. 1800 z. T. wertvolle Schmuckfingerhüte). Sehenswert ferner das ehemalige Wasserschloß im Stadtteil C.-Waldmannshofen; die Burgruine Brauneck über dem Steinachtal; das Feuerwehr- und

Flachsbrech-Museum sowie der „Fuchshof" (Priv. Bauernhofmuseum). – Alljährlich findet in C. ein Pferdemarkt (Februar) statt; an Ostern und Pfingstmontag Krämermarkt.

Cremlingen

□ 59,26 qkm; ○ Wolfenbüttel; ⚐ Niedersachsen; ✉ 38162; ☎ 05306; 🚗 WF; △ 100–115 m; 👫 11 000.

C. schloß sich 1974 mit neun Nachbargemeinden zur Großgemeinde zusammen. Die Gm grenzt an den östlichen Stadtrand von Braunschweig. Zufahrt über die B 1 und Autobahn A 2 Hannover–Berlin (Ausfahrt Braunschweig-O); Bahnstation (Ortsteile Weddel und Schandelah) an der Strecke Braunschweig–Helmstedt. C. hat Grundschulen, Sonderschule für Lernbehinderte. Erholungsorte sind die am Elm gelegenen Ortsteile C.-Abbenrode, C.-Destedt und C.-Hemkenrode; sehenswert die Bockwindmühle (Abbenrode) und der Schloßpark in Destedt.

Crimmitschau/Sachsen

□ 28,6 qkm; ○ Werdau; ⚐ Freistaat Sachsen; ✉ 08451; ☎ 07498; 🚗 WDA; △ 237–296 m; 👫 22 400.

Fernverbindungen: A 4/E 40, Ausfahrt Meerane (5 km), B 93 (5 km ins Zentrum); Deutsche Reichsbahn: Berlin–Leipzig–Plauen und Berlin–Leipzig–Zwickau–Hof bzw. München. Direktverbindungen nach Stuttgart, Nürnberg, München und Oberstdorf; nächste Flughäfen: Dresden (100 km) und Leipzig/Halle (75 km).

Verwaltung: alle Dienststellen im Rathaus am Mkt, weitere Ämter in den Stadthäusern I und II. – Bildung und Ausbildung: Grundschule, Förderschule für Lernbehinderte; Mittelschulen, Gymnasium, Musikschule; private Wirtschafts- und Bildungsakademie. – Wirtschaftliches: schnelle Entwicklung des privaten Handwerkes und der Dienstleistungsbetriebe; in der Fußgängerzone der Innenstadt ständig wachsende Zahl an Einzelhandelsgeschäften; rückläufige Entwicklung der Textilindustrie. Verarbeitung und Veredelung: Leder- und Textilerzeugnisse, Kammgarngewebe; Textilmaschinen-Teilebau; Möbelproduktion; Apparatebau, Kommunikations-Anlagenbau; Herstellung von Großküchengeräten; Systemverpackungen, Verpackungsmittel; Matratzen, Stepp- und Daunendecken, Maschinenbürsten; Herstellung von Thermoplast-Spritzgießteilen; Paletten und Schaltkästenbau; Kiesgrube, Ziegelwerke, Transportbeton; Obstanbau, Fleischverarbeitung; Kunsthandwerk.

C. liegt in Westsachsen zu beiden Seiten der Pleiße; erste urkundl. Erwähnung 1212 als Siedlung von Handwerkern und Kaufleuten. Daraus entwickelte sich ein Gewerbe- und Handelszentrum für den Nahmarkt, das 1414 vom wettinischen Markgrafen Wilhelm II. das St-Recht erhielt. Bis zum 30jährig. Krieg war das Bierbrauen in C. weit verbreitet. Im Handwerk herrschte die Tuchproduktion vor (1436 erste Tuchmacherinnung). David Friedrich Oehler errichtete 1748 die erste Tuchmanufaktur und -färberei am Mkt; sie exportierte ihre Erzeugnisse 30 Jahre später bereits bis Südamerika. – Mit Aufstellung der ersten Dampfmaschine (1824) und dem Anschluß an das Eisenbahnnetz (1844) entfaltete sich C. zu einer typischen Industriestadt – Schwerpunkt blieb die Textilindustrie. Historisch bedeutsam: In C. begann 1903 der Textilarbeiterstreik um die Einführung des 10-Stunden-Tages. – Im April 1945 besetzten amerikan. Truppen die St; später gehörte sie zur sowj. Besatzungszone. In der Folgezeit wurden neue Siedlungen in den Randgebieten, später auch zahlreiche neue Wohnungen im St-Innern gebaut. Im Sahnpark wurden das Kunsteisstadion und ein Wildgehege angelegt. – Von 1962 bis 1978 legte die Staatsmacht alle örtlichen Tuchhersteller zum volkseigenen Großbetrieb „Volltuchwerke" zusammen. Seit der Wende im November 1989 vollzogen sich auch in C. entscheidende gesellschaftliche und politische Wandlungen.

Bauliches und Sehenswertes: das Marktensemble mit Rathaus, Marktplatz und -brunnen, Vereinshof und St.-Laurentius-Kirche; St.-Johanniskirche, Jugendstil (1910), Lutherkirche (1937); Jugendstil-Villen in der West-St; im Heimatmuseum ständige Ausstellung zur St-Geschichte und wechselnde Sonderausstellungen; Zisterzienser-Nonnenkloster (gegründet 1292) im Ortsteil Frankenhausen; des weiteren: Sternwarte, Kunstgalerie, Jugendklubhaus, St- und Kinderbücherei. – Wiederkehrende Veranstaltungen: Weberfestspiele (ab 1993 alle 5 Jahre); großes Marktfest am letzten Wochenende im August; westsächsischer Töpfermarkt (erstes Mai-Wochenende).

Cuxhaven

□ 177,85 qkm; ○ Kreisfreie Stadt; ⚐ Niedersachsen; ✉ 27472*; ☎ 04721/04722/

Cuxhaven

04723/04724 (Cuxhaven, C.-Altenbruch, C.-Altenwalde, C.-Lüdingworth); 🚗 CUX; △ 1–22,5 m; 🚶 56000.

C. liegt als nördlichste St Niedersachsens an der Spitze einer Landzunge, die zwischen den Flußmündungen der Elbe und Weser in die Nordsee ragt. Zufahrt über die B 73. C. ist Endpunkt der Autobahn A 27 Walsrode–Bremen–Bremerhaven–C. Die St, Bundeswehrstandort, ist Sitz des Landkreises C. und hat Amtsgericht, Wasser- und Schiffahrtsamt; Niedersächs. Hafenamt, Finanzamt, Bundesanstalt für Küsten- und Binnenfischerei, Veterinäramt für Fische und Fischwaren u.a. Behörden; Realschulen, Gymnasien, Sonderschule für Lernbehinderte, Handels- und Höhere Handelsschule, Berufs-, Berufsfach- und Fachoberschulen, Seefahrtschule, Krankenpflegeschulen, Volkshochschule, Bundeswehrfachschule, Technisches und Wirtschaftsgymnasium; Seehospital (Nordheim-Stiftung); Städt. Krankenhaus; Stadttheater, Niederdeutsche Bühne „Döser Speeldeel".

Der Hafen besitzt mit dem »Steubenhöft« einen modernen Lande- und Ausreiseplatz für den Übersee-Passagierschiffsverkehr sowie einen modernen Güterumschlaghafen. C. ist nach Bremerhaven zweitgrößter deutscher Seefischmarkt und größter deutscher Fischverarbeitungsplatz (jährl. Anlandung von rd. 170 Mill. kg Fisch). Die weitgefächerte Industrie ist durch Fischereiwirtschaft (Reederei „Deutsche Fisch-Fang-Union"), Zuliefererbetriebe der Küsten- und Hochseefischerei, metallverarbeitende Industrie, Nahrungsmittelfabriken, Schiffswerft, Pharmazeutische Industrie vertreten; eine bedeutende Rolle spielen außerdem die Geflügel-, Pferde- und Rinderzucht.

Ein weiterer wichtiger Wirtschaftsfaktor von C., seit 1964 anerkanntes Seeheilbad (C.-Döse und C.-Duhnen) und größtes deutsches Nordseeheilbad, ist der Fremdenverkehr. Heilanzeigen: Förderung der Entwicklung und Kräftigung von Kindern und Jugendlichen, nervöse Erschöpfung, Erkrankungen der Luftwege, Katarrhe, Asthma, Bronchitiden, Allergien, Hautleiden, Rheuma, Ischias, Frauenkrankheiten, leichte Störungen des Kreislaufs, des Stoffwechsels und der Funktion innerer Drüsen.

C. ist um die Mitte des 16. Jh. aus dem Bedürfnis der hamburgischen Schiffahrt nach einer Not- und Winterzuflucht als Deichreihensiedlung entstanden. 1577 wird »Dikshave« bzw. »Kuckshagen« (Koogshafen) erstmals urkundlich genannt. 1793 empfahl der Göttinger Philosoph Georg Christoph Lichtenberg, C. als Seebad einzurichten, doch konnte dieser Plan erst 1816 verwirklicht werden. 1872 kam das ältere Ritzebüttel zu C., das 1902 Anlegestelle für den Schnelldampferverkehr der HAPAG wurde. 1907 erhielt C. die Stadtrechte. Nach dem Ausbau des Fischereihafens (1892) erfolgte 1912–14 der Ausbau des Steubenhöfts und Amerikahafens.

Sehenswürdigkeiten: Kugelbake (Wahr- und Wappenzeichen der St); Hafenbollwerk „Alte Liebe"; Schloß Ritzebüttel; romanische Feldsteinkirchen aus dem 13. Jh. (Bauerndome) in den Ortsteilen C.-Altenbruch und C.-Lüdingworth (mit berühmter Arp-Schnitger-Orgel); Vor- und Frühgeschichte-Museum; Stadtmuseum.

Alljährlich Duhner Wattrennen (einziges Pferderennen auf dem Meeresboden) im Juli; Fleckenmarkt im Frühjahr und Herbst.

Dachau

☐ 34,92 qkm; ○ Dachau; ⚐ Bayern; ✉ 85221; ☎ 08131; 🚗 DAH; △ 508 m; 👪 34000.

D., Große Kreisstadt 16 km nordwestlich von München an der Amper und am Rande des Dachauer Mooses gelegen, ist über die B 304 und B 471 sowie die Autobahn A 8 Stuttgart–München (Ausfahrt D.) und A 92 (Ausfahrt Oberschleißheim) zu erreichen. Bahnstation an der Strecke Ingolstadt–München; S-Bahnstation. D. hat Kreisverwaltung, Amtsgericht; Realschule, Gymnasien, Sonderschule für erziehungsschwierige Kinder, Verbandsberufsschule mit Berufsaufbauschule, landwirtschaftl. Kreisberufsschule, Landwirtschaftsschule, private Handelsschule, Postschule der OPD München. Industrie: Papierfabriken, Rundfunk- und Fernsehgeräteindustrie (Grundig-Werke), elektrotechnische Fabrik (Daimon), Feinpappenwerk, Fleisch- und Konservenfabrik (Herta KG).

D., 805 erstmals als „Dahauua" (Siedlung in der lehmigen Au) urkundlich erwähnt, war um 1100 Sitz der Grafen von Scheyern-D. 1183/84 fiel die Grafschaft an die Wittelsbacher. Zwischen 1240 und 1269 Verleihung des Marktrechts. Im 16. Jh. Renaissanceschloßbau anstelle der alten Herzogsburg. Zwischen 1806 und 1809 Abbruch von drei Schloßflügeln, erhalten blieb der prächtige Westflügel. Nach 1830 entstand in D. eine Malerkolonie, die um 1900 ihre größte künstlerische Bedeutung erlangte. 1933 wurde D. zur St erhoben. – Sehenswert neben dem Schloßflügel (1558–73) mit Festsaal (prunkvolle Renaissance-Holzdecke) auf dem Schloßberg die Altstadt mit Rathaus (1610; 1935 umgebaut, 1976 erweitert), Pfarrkirche St. Jakob (1625, 1926/27 erweitert), alte Bürgerhäuser, Friedhofskapelle Hl. Kreuz mit Kreuzigungsgruppe (1567), Heimatmuseum. – Im Nordosten der St liegt die Gedenkstätte des ehemaligen Konzentrationslagers D.- Alljährlich im August D. Volksfest als Auftakt zum Münchner Oktoberfest.

Dahn

☐ 40,65 qkm; ○ Pirmasens; ⚐ Rheinland-Pfalz; ✉ 66994; ☎ 06391; 🚗 PS; △ 202 m; 👪 5100.

D. liegt 20 km südöstlich von Pirmasens an der Lauter und B 427 im Pfälzer Wald nahe der deutsch-französischen Grenze. Bahnstation an der Strecke Landau–Saarbrücken. Die St hat Verbandsgemeindeverwaltung, Forstamt; Gymnasium mit Realschule und Schülerinternat, Sonderschule für Lernbehinderte; Sanatorium; Ehrenfriedhof mit St. Michaelskapelle (Gefallene des 2. Weltkriegs); Holz- und Schuhindustrie. D. ist Luftkurort.

»Tan« (mhd. Wald), im 12. Jh. erstmals als Sitz eines gleichnamigen Rittergeschlechtes erwähnt, fiel mit dem Aussterben der Herren von D. 1603 an das Bistum Speyer. Mitte des 18. Jh. kam das Gebiet unter französische Oberhoheit und 1815 an Bayern. 1963 wurde D. zur St erhoben. – Sehenswert Burgruinen Altdahn, Grafendahn, Tannstein, Neudahn und die Felsgebilde Jungfernsprung, Hochstein, Braut und Bräutigam. – Alljährlich D. Sommerspiele (Mai–September).

Damme (Dümmer)

☐ 104,36 qkm; ○ Vechta; ⚐ Niedersachsen; ✉ 49401; ☎ 05491; 🚗 VEC; △ 63 m; 👪 13100.

D., 35 km nordöstlich von Osnabrück zwischen dem Großen Moor und den Dammer Bergen gelegen, ist über die Autobahn A 1 Osnabrück–Bremen (Ausfahrt Neuenkirchen/Vörden und Holdorf) zu erreichen; Verkehrslandeplatz in D.-Rottinghausen. Die Großgemeinde hat Gymnasium, Realschule, Hauptschule mit Orientierungsstufe, Grundschulen, Schule für Lernbehinderte, Bildungswerk; mittlere Industriebetriebe (Autozubehör, Fahrzeugbau, Textilverarbeitung, Maschinenbau, Holzverarbeitung, Betonwerke, Kraftfutterwerk); Landwirtschaft und Viehzucht.

Erste urkundliche Erwähnung um 1180; der

Turm der jetzigen Pfarrkirche (1904/06) stammt im unteren Bereich aus der Zeit um 1435. 1251 verkaufte Jutta von Vechta ihre Grafschaft an das Bistum Münster. 1803 ging das Hoheitsrecht auf Oldenburg über. – D. wirtschaftlicher Aufschwung setzte nach dem 2. Weltkrieg mit dem Anwachsen der Einwohnerzahl durch Ansiedlung von Flüchtlingen und Vertriebenen ein. – Sehenswert Pfarrkirche St. Viktor; Fachwerkhäuser; prähistorische Steingräber; Naturschutzgebiet „Dümmer". Alljährlich D. Karneval.

Dannenberg (Elbe)

□ 76,27 qkm; ○ Lüchow-Dannenberg; ⚐ Niedersachsen; ✉ 29451; ☎ 05861; 🚗 DAN; △ 15 m; 👫 7600.

D., 50 km südöstlich von Lüneburg an der Grenze zwischen Marsch und Geest am Unterlauf der Jeetzel gelegen, ist über die B 191, B 216 und B 248 zu erreichen. Die St hat Amtsgericht, Samtgemeindeverwaltung; Realschule, Gymnasium, Musikschule, Tagesstätte für Behinderte; Bundeswehrgarnison; Fremdenverkehr (Naturpark Elbufer-Drawehn).

D., erstmals 1158 als Sitz eines Grafengeschlechtes erwähnt, erhielt 1292 das Stadtrecht. Von der Burg blieb der Waldemarturm erhalten; die St. Johannis-Kirche stammt aus der Mitte des 13. Jh. Bemerkenswert ferner Fachwerkhäuser aus dem 18. und 19. Jh. – Auf dem St. Annen-Friedhof ist Eleonore Prochaska begraben, die mit den Lützowern Jägern 1813 gegen die Franzosen kämpfte und im Gefecht an der Göhrde tödlich verwundet wurde.

Darmstadt

□ 122,36 qkm; ○ Kreisfreie Stadt; ⚐ Hessen; ✉ 64283*; ☎ 06151; 🚗 DA; △ 141,36 m; 👫 136000.

D., am Fuß des Odenwaldes und Übergang von der Oberrheinischen Tiefebene zur Bergstraße gelegen, ist über die B 3, B 26, B 449 und die Autobahnen A67 Mannheim-Rüsselsheim (Ausfahrten Darmstädter Kreuz und D./Griesheim) und A 5 Frankfurt a.M.-Basel (Ausfahrten Darmstädt. Kreuz, D. und Weiterstadt); IC- und D-Zug-Station der Bundesbahnhauptstrecken Frankfurt-Hamburg-Kiel und Frankfurt-Basel-Zürich; Rhein-Main-Flughafen (26 km); Flugplatz Egelsbach (15 km). D. ist Verwaltungs-, Handels- und Industriezentrum im südlichen Rhein-Main-Gebiet. Wichtige Behörden sind: Regierungspräsident (hess. Regierungsbezirk D.), Landgericht, Amtsgericht, Zivilsenat des Oberlandesgerichts Frankfurt a.M., Landessozialgericht, Sozialgericht, Arbeitsgericht, Verwaltungsgericht, Posttechnisches Zentralamt und Fernmeldetechnisches Zentralamt der Bundesrepublik, Rechnungshof des Landes Hessen, Arbeitsamt, Finanzamt, Hauptzollamt, Kirchenleitung der evangelischen Kirche in Hessen und Nassau u.a.; als Bundeswehrstandort ist D. Sitz des Standortältesten. An Bildungseinrichtungen verfügt die St über Realschulen, Gesamtschulen, Gymnasien, Abendrealschule, Abendgymnasium, Berufsschulen, Berufsfachschulen, Fach- und Fachoberschulen, Fachhochschulen, Technische Hochschule, Volkshochschule, Sonderschulen, Akademie für Tonkunst. Wissenschaftliche und kulturelle Institutionen: Europäisches Operationszentrum ESOC der Europäischen Weltraumorganisation ESA; Gesellschaft für Schwerionenforschung GSI; Organisation für die Nutzung von Wettersatelliten; Staatl. Materialprüfungsanstalt, Biologische Bundesanstalt für Land- und Forstwirtschaft u.a.; Deutsche Akademie für Sprache und Dichtung, PEN-Zentrum der Bundesrepublik, Deutsch-Amerikanische Gesellschaft, Deutsches Polen-Institut, Chopin-Gesellschaft der Bundesrepublik, Neue Darmstädter Sezession, Staatstheater, Internationales Musikinstitut für zeitgenössische Musik, Hessische Landes- und Hochschulbibliothek, Hessisches Landesmuseum (Gemäldegalerie, Kunstgewerbe, Graphische Sammlung u.a.) mit Museum 20. Jh., Schloßmuseum (D. Madonna von Hans Holbein d.J.), Jagdmuseum (Schloß Kranichstein), Großherzogliche Porzellansammlung, Kunsthalle, Eisenbahnmuseum Kranichstein, Stadtbibliothek u.a. – Den Städt. Kliniken mit ihren Fachabteilungen ist eine Angiologische Klinik (Spezialklinik für Gefäßkrankheiten), eine Haemodialysestation (künstliche Niere) sowie ein Strahleninstitut und eine Augenklinik angeschlossen.

Industrie und Handel: D. hat annähernd 300 Industriebetriebe, darunter chemische und pharmazeutische Industrie (E. Merck), Maschinenbau (C. Schenk, Goebel), Verlage und Druckereien, Produktion von Plexiglas (Röhm), Software-Unternehmen, Hochtechnologie; Großhandelsbetriebe, Banken, Versicherungen u.a. Dienstleistungsbetriebe.

Darmstadt, Mathildenhöhe

Geschichte: Darmstadts Name geht möglicherweise auf die Bezeichnung „Dar-mundestat" (Siedlung am befestigten Durchgang) zurück. Das Dorf hat sich nur langsam aus einer alemannisch-fränkischen Siedlung entwickelt, die an alten Römerstraßen lag. 1013 machte Heinrich II. das ganze Gebiet dem Bistum Würzburg zum Geschenk. Im 14. Jh. erhielten es die am Mittelrhein ansässigen Grafen von Katzenelnbogen, die D. zu einem Verwaltungsmittelpunkt machten. 1330 verlieh Ludwig der Bayer den Katzenelnbogenern für treue Dienste die Stadtrechte für D. Als Erbteil fiel D. 1479 an die Landgrafen von Hessen. Da Philipp der Großmütige Hessen unter seinen Söhnen aufteilte, wurde D. nach seinem Tode 1567 Residenz für Georg I. Die Bedeutung D. stieg in dem gleichen Maße, wie die Residenz an Ansehen gewann. Anstelle einer bescheidenen Wasserburg entstand ein großzügiger Schloßbau (1678–1739), in dem nach französischem Vorbild großer Hof gehalten wurde; so war der Hof der ‚Großen Landgräfin' Karoline zwischen 1765 und 1774 Anziehungspunkt für Merck, Goethe, Herder, Klopstock und Wieland (‚Kreis der Empfindsamen'). Unter Ludwig I., Großherzog von Hessen (1790–1830), blühte der Städtebau und das Kulturleben. 1820 schon erhielt die St eine kommunale Selbstverwaltung, was die Bürger ihrem Fürsten mit der Errichtung eines Monumentes im Stadtzentrum dankten. Das Denkmal wird im Volksmund ‚Der lange Ludwig' genannt. Der frühe Bau einer Eisenbahn und die damit verbundene rasche Entwicklung industrieller Unternehmen verhalfen D. im 19. Jh. zum Wohlstand. Bürgernähe bewiesen auch Ludwig IV. (mit einer Tochter Königin Victoria's von England vermählt) und Großherzog Ernst Ludwig (1892–1918), einer der liberalsten Fürsten seiner Zeit, der die Künstlerkolonie der Mathildenhöhe unter Beteiligung berühmter Architekten und Künstler gründete. 1918 wurde Hessen Volksstaat und D. seine Landeshauptstadt. Durch Eingemeindung von Vororten war D. 1937 Großstadt geworden (110000 Einwohner). Bei Kriegsende lebten noch 45000 EW in den Trümmern, nachdem die St 1944 bei einem Bombenangriff fast völlig zerstört wurde. Die St wurde neu aufgebaut, hat aber durch den Wiederaufbau von ihrer alten Atmosphäre nichts eingebüßt. Von der einstigen Stadtbefestigung sind noch Reste der Stadtmauer und der Hinkelsturm erhalten. Das 1716 von Remy de la Fosse erbaute Barockschloß wurde wiederaufgebaut, ebenso die früheren Renaissancebauten der gesamten Schloßanlage. – Die Stadtkirche mit der Fürstengruft wurde um 1300 erbaut und mehrfach verändert. – 1598 entstanden das Renaissance-Rathaus, ebenfalls in dieser Zeit und in diesem Stil mehrere Bürgerhäuser und das Jagdschloß Kranichstein. Markante Barockbauten sind das Orangerie-Kollegiengebäude (um 1790). Im 19. Jh. gab Baumeister Georg Moller der St ihr großzügiges klassizistisches Gepräge (Ludwigs-Monument, St. Ludwigs-Kirche, Loge), das Staatstheater hat neben der St. Ludwigs-Kirche einen modernen Bau erhalten.

Epochemachend waren die Bemühungen der Künstlerkolonie auf der Mathildenhöhe. Großherzog Ernst Ludwig berief um die Jahrhundertwende namhafte Künstler nach D., die mit ihren Häusern, ihren Ausstellungen und ihrem Schaffen nachhaltige Wirkung hatten auf die Bildendenden Künste, das Kunsthandwerk, die Architektur (Jugendstilbauten) und die industrielle Formgebung (Mathildenhöhe mit Hochzeitsturm, Platanenhain, Museum der Künstlerkolonie).

Feste und Veranstaltungen: D. Heinerfest (größtes südhessisches Volksfest im Juli); Hochzeitsturmfest; Jazz-Picknick; Knoblauch- und Champagnerfest; Sommerfestspiele im Schloß; Weinfest; Halloween-Fest auf der Burg Frankenstein; Frühjahrs- und Herbstmesse u.a.

D. ist Geburtsort folgender bedeutender Persönlichkeiten: Justus von Liebig (1803–73, Begründer der modernen Chemie), Ernst Elias Niebergall (1815–43, Dichter der Mundartkomödie ‚Der Datterich'), Friedrich Gundolf (1880–1931, Dichter und Gelehrter), Kasimir Edschmid (1890–1966, Dichter).

Dassel

□ 112,92 qkm; ○ Northeim; ⚐ Niedersachsen; ✉ 37586; ☎ 05564; 🚗 NOM; △ 161–528 m; 👥 11600.

D. ist mit fünf weiteren Ortsteilen anerkannter Erholungsort im nördlichen Teil des Naturparks Solling (Weserbergland). Die Stadt hat Realschule, Gymnasium, Orientierungsstufe, Volkshochschule; Eisengießerei, Maschinenfabrik, Textilbetriebe, holzverarbeitende und Papierindustrie; Landwirtschaft und Fremdenverkehr.

D. wird erstmals im 9. Jh. in den Corveyer Überlieferungen erwähnt. Um 1100 sind die Grafen von D. (wahrscheinlich als Vögte des Bistums Hildesheim) nachzuweisen. Nach wechselnden Besitzverhältnissen gelangte D. 1643 wieder an das geistliche Fürstentum Hildesheim, bei dem es als Exklave in welfischem Gebiet bis zur Säkularisation (1802) verblieb.

Sehenswert: St. Laurentiuskirche (15./16. Jh.), Heimatmuseum, Schloß Erichsburg (Wasserburg), Burgruine Hunnesrück (Sitz der Grafen von D.), Burgruine Lauenberg, Eichennaturschutzgebiete und Köhlereien zwischen Hilwartshausen und Lauenberg.

Datteln

□ 66,08 qkm; ○ Recklinghausen; ⚐ Nordrhein-Westfalen; ✉ 45711; ☎ 02363; 🚗 RE; △ 78 m; 👥 36600.

Die St liegt am Nordrand des Ruhrgebiets am Schnittpunkt von vier Kanälen (Dortmund-Ems-, Rhein-Herne-, Wesel-Datteln- und Datteln-Hamm-Kanal). Zufahrt über die B 235; Anschluß an die Autobahn A2 Oberhausen-Hannover (Ausfahrt Castrop-Rauxel-Henrichenburg). D. hat Kanalhafen, Sonderschule für Lernbehinderte, Gymnasium, Berufsschule, Fachoberschulen für Sozialpädagogik, Technik und Wirtschaft, Handelsschule, Kinderpflegerinnenschule, Hauswirtschaftsschule. Die St ist Bundeswehrstandort. Bedeutendster Industriezweig sind die Betriebe der Zinkproduktion und Zinkverarbeitung; außerdem chemische, Draht- und Kettenindustrie.

D. wird erstmals 1147 urkundlich erwähnt. 1885 Bau des ersten Kanals; 1906 erste Kohlenförderung. Im Zuge der industriellen Entwicklung starker Bevölkerungszuwachs (1906 5600 EW). Das Stadtrecht erhielt D. 1936.

Daun

□ 48,97 qkm; ○ Daun; ⚐ Rheinland-Pfalz; ✉ 54550; ☎ 06592; 🚗 DAU; △ 470 m; 👥 8500.

D. liegt im Liesertal im Zentrum der Vulkaneifel am Schnittpunkt der B 421 und B 257. Anschluß an die Autobahn A 1/48 Trier–Koblenz (Ausfahrt Mehren/Daun). Die St hat Kreis- und Verbandsgemeindeverwaltung, Amtsgericht; Realschule, Gymnasien, berufsbildende Schulen, Verwaltungsschule der Bundesanstalt für Arbeit, Sonderschule für Behinderte; Brotfabrik, Mineralwasser- und metallverarbeitende Industrie. Die St ist Bundeswehrstandort. Als heilklimatischer Kurort, Kneippkurort und Mineralheilbad verfügt D. über einen Mineralbrunnen, Kurklinik, Dialysestation für Personen mit chronischen Nierenleiden und Psychosomatische Klinik (Heilanzeigen bei Herz- und Kreislauferkrankungen, Katarrhe der oberen Luftwege).

D., im Schutz der gleichnamigen Burg entstanden, wird erstmals 747 urkundlich erwähnt. 1337 erhielt es Stadtrecht (Wiederverleihung 1951). Von den Herren von D. kam die St 1356 an die Kurfürsten von Trier; im 2. Weltkrieg wurde D. zu über 50% zerstört. – Sehenswert die Maare (Gemündener, Weinfelder und Schalkenmehrener Maar) sowie der Hirsch- und Saupark D. für Autowanderer (10 km lange Strecke). – Alljährlich Anfang August D. Laurentiuskirmes.

Dautphetal

□ 72 qkm; ○ Marburg-Biedenkopf; ⚐ Hessen; ✉ 35232; ☎ 06466; 🚗 MR; △ 280 m; 👥 12000.

D., an den Ausläufern des Rothaargebirges 14 km westlich von Marburg a.d. Lahn gelegen, ist 1974 im Zuge der Gebietsreform durch Zusammenschluß der Gemeinden Allendorf, Buchenau, Damshausen, Dautphe, Elmshausen, Friedensdorf, Herzhausen, Holzhausen, Hommertshausen, Mornshausen, Silberg und Wolfgruben entstanden. Die Gm ist über die B 62 und B 453 zu erreichen; Bahnstation an der Strecke Marburg–Siegen. D. hat Grund-, Haupt- und Realschulen, Sonderschule, Schule für praktisch Bildbare; in den nördlichen Ortsteilen sind Industrie- und Gewerbebetriebe angesiedelt (Kunststoff- und metallverarbeitende Industrie, Holzverarbeitung, Werkzeugherstellung, Textilverarbeitung, Automobilzulieferer- und Autoelektrikindustrie);

die südlichen Ortsteile sind landwirtschaftlich orientiert; Holzhausen/Hünstein ist Luftkurort.

Dautphe, der älteste Ort in den Hinterländer Bergen, ist bereits 791 als Mittelpunkt und Siedlung der Dautpher Mark urkundlich bezeugt. – Sehenswerte Fachwerkhäuser in typischer Kratzputzgestaltung in den verschiedenen Ortsteilen; Heimatmuseum in Buchenau und Friedensdorf. – Alle sieben Jahre traditioneller Grenzgang in Buchenau.

Deggendorf

□ 77,22 qkm; ○ Deggendorf; ⚐ Bayern; ✉ 94469; ☎ 0991; 🚗 DEG; △ 304–1114 m; 👥 30000.

D., an der Donau auf jungem Aufschüttungsboden am Rande des Bayerischen Waldes gelegen, ist über die B 11 und Autobahnen A 3 Regensburg–Passau und A 92 München–Deggendorf (Ausfahrt jeweils D.) zu erreichen; IC-Station in Plattling (10 km). D. hat Amtsgericht, Arbeitsgericht (Zweigstelle), Arbeitsamt, Amt für Landwirtschaft und Bodenkultur, Gesundheitsamt, Forstamt u.a. Bundes-, Landes-, Kreis- und Kommunalbehörden; Psychiatrische und Neurologische Kliniken (Mainkofen); Mädchenrealschule der Engl. Fräulein, Gymnasien, Wirtschaftsschule, Berufsfachschule für Krankengymnastik, Fachakademie für Sozialpädagogik, Berufsbildungszentrum, Krankenpflegeschule, Landwirtschaftsschule, Fachoberschule, Berufsschule mit Berufsaufbauschule; Werft- und Eisenbahnindustrie, Textil-, Gummi-, Metallbau- und Holzindustrie, Wachswarenfabrik, Kraftwerke. D. ist Wirtschafts- und Einkaufszentrum eines landwirtschaftlich geprägten Umlandes.

Der älteste Teil der St, das heutige „Ufer", geht zurück auf das 8. Jh. Die D. Altstadt entstand aus einer um 1002 von den Babenbergern angelegten Siedlung. 1246 fiel D. nach mehreren Besitzwechseln an Herzog Otto II. von Bayern, der die Neustadt anlegen ließ. Das Stadtrecht erhielt D. 1316. Sehenswürdigkeiten: Pfarrkirche Maria Himmelfahrt mit Hochaltar (1749), Kirche Peter und Paul (Grabkirche, erbaut ca. 1337–60) mit schönem Barockkirchturm, Rathaus (1535), Rathausturm (um 1380) mit historischer Türmerwohnung, Stadtmauer mit altem Wehrgang; Stadtmuseum.

Delbrück

□ 156,97 qkm; ○ Paderborn; ⚐ Nordrhein-Westfalen; ✉ 33129; ☎ 05250; 🚗 PB; △ 114 m; 👥 22700.

D., 15 km nordwestlich von Paderborn an der B 64 gelegen, hat Amtsgericht; Realschule und Sonderschule für Lernbehinderte; Möbel-, Polstermöbel-, Textil- und Blechwarenindustrie.

D., 1219 erstmals urkundlich genannt, erhielt 1858 das Stadtrecht. Bemerkenswert die um 1180 erbaute kath. Pfarrkirche (romanisches Mittelschiff erhalten), Valepagenhof (1577), Pfarrhaus (Fachwerkbau um 1717) sowie der kreisförmige Kirchplatz mit schönen alten Fachwerkhäusern.

Delitzsch

□ 24 qkm; ○ Delitzsch; ⚐ Freistaat Sachsen; ✉ 04509; ☎ 0422; 🚗 DZ; △ 116 m; 👥 28000.

In D. kreuzen sich die B 183a und die B 184, die künftig als Umgehungsstraßen ringförmig um die St geführt werden, damit auch die neuen Gewerbegebiete erreichbar sind. Von der A 9 ist D. über 3 Ausfahrten, von der A 14 über 2 Ausfahrten zu erreichen. Das Schkeuditzer Autobahnkreuz befindet sich in südwestl. Richtung nahe dem Flughafen Leipzig/Halle, Entfernung etwa 15 km. Deutsche Reichsbahn: Oberer Bahnhof an der Strecke Halle-Cottbus, Unterer Bahnhof an der Strecke Berlin–Leipzig.

Bildungs- und Kulturstätten: Oberschulen, Gymnasium, Sonderschule; St-Museum im Schloß. – Industrie und Wirtschaft: Reichsbahn-Ausbesserungswerk; Braunkohle-Tagebau D.-Südwest; Zuckerfabrik, Schokoladenfabrik; mittelständische Unternehmen.

D. liegt in der Leipziger Tieflandsbucht zwischen Saale und Mulde, es präsentiert sich als nördl. sächs. Kreis-St in einer wirtschaftl. dynamischen Region. Die Ersterwähnung von D. mit „Wikardus de Dielce" geht auf das Jahr 1166 zurück. Der ma. St-Kern blieb vollständig erhalten. Der Hallesche Turm und der Breite Turm (beide 14. Jh.) dienten früher als Wehr-, Wach- und Feuertürme; sie werden heute als Museen genutzt. Am Mkt steht die doppeltürmige got. St.-Peter-und-Paul-Kirche, ein Hallenbau aus dem 15. Jh., ihm gegenüber das hohe, klassizistische Rathaus.

Die Alt-St, umschlossen von einem Wassergraben, wurde im 13. Jh. ummauert und ausgebaut, eine Neu-St zwischen Roßplatz und Marienplatz im 15. Jh. angelegt. Der Mauerring war bereits vor 1400 geschlossen, von ihm erhalten sind noch 1,4 km. Das D. Schloß entstand im wesentl. im 16. Jh.; es wurde 1644 durch schwedische Truppen zerstört und 1690 durch Herzog Christian I. von Sachsen-Merseburg für seine Gemahlin als Witwensitz wiederaufgebaut. An der Rückseite befindet sich ein Treppenturm, an der Südostecke ein quadrat. Turm; Hauptportal 1692. Im „Schloßturm" zeigt das Museum Ur- und Frühgeschichte des Kreises, Geschichte der St von den Anfängen bis 1830, Geologie des Kreisgebietes, Tiere der Region; St-Ansichten und eine Lokomotivmodell-Ausstellung. Im „Breiten Turm" ist eine Schuhmacherwerkstatt um 1900 zu sehen, ferner wird über Baudenkmale der St und des Kreises D. informiert. Dieser Turm ist das älteste Gebäude der St.

Nach dem Sturz Napoleons kam ein Großteil des Königreiches Sachsen zu Preußen, ab 1815 auch D., es wurde durch Zusammenlegen seiner Ämter mit Eilenburg zur Kreis-St. – Mit Errichtung einer Walzenmühle 1885, der Inbetriebnahme einer Dampfmolkerei 1886, dem Bau einer Zuckerfabrik 1889 und der Gründung eines Schokoladenwerkes 1890 (Gebr. Böhme) setzte die Industrialisierung ein. Es entstand eine chemische Fabrik – weit bekannt unter „Delicia" –, die ihre Produktion dem landwirtsch. Umfeld anpaßte. Zum größten Betrieb entwickelte sich das Reichsbahn-Ausbesserungswerk. – Bekannte Persönlichkeiten: Naturforscher Christian Gottfried Ehrenberg, geb. am 19. 4. 1795, Afrikaforscher, Botaniker und Mikrogeologe, hatte entscheidenden Anteil an der Förderung der Mikroskopie. Auf Veranlassung des russ. Zaren, Nikolaus I., begleitete er Alexander v. Humboldt in das Ural-Altai-Gebirge, in die Osungarei und an den Kaspischen See. – Hermann Schulze-Delitzsch (geb. 29. 8. 1808), gilt als Schöpfer des dt. Genossenschaftswesens. In der 2. Hälfte des vorigen Jh., während gravierender wirtsch. und sozialer Veränderungen, bot seine Form der Handwerker-Assoziation eine Möglichkeit, daß der dt. Mittelstand überleben konnte. Er gründete 1849 die erste Genossenschaft, 1850 den ersten Vorschußverein mit Vereinsbank. Die Bürger der St setzten ihm auf dem Marienplatz mit einer Statue ein Denkmal.

Delligsen

☐ 35,99 qkm; ○ Holzminden; ⚐ Niedersachsen; ✉ 31073; ☎ 05187; 🚗 HOL; △ 150 m; 👥 9200.

D. liegt am Nordostrand des Hils (Weserbergland) an der Wispe 28 km südwestlich von Hildesheim. Zufahrt über die B 3. Der Flecken hat Realschule; metallverarbeitende und Glasindustrie (Deutsche Spezialglas AG), Papier- und Pappenfabriken. Der Ortsteil Grünenplan ist Luftkurort.

D. wird erstmals 1124 urkundlich erwähnt. – Sehenswert das Glasmuseum in Grünenplan und das Turmuhren-Museum in Delligsen.

Delmenhorst

☐ 62,33 qkm; ○ Kreisfreie Stadt; ⚐ Niedersachsen; ✉ 27749*; ☎ 04221; 🚗 DEL; △ 7,5 m; 👥 75000.

D., 14 km westlich von Bremen an der B 75, B 213 und B 322 gelegen, ist D-Zug-Station an der Strecke Bremen–Oldenburg. Anschluß an die Autobahn A 1 Bremen–Münster (Ausfahrt D.-Ost) und A 28 Delmenhorst–Oldenburg (Ausfahrten D. und D.-West); Flughafen in Bremen (14 km). D. ist Bundeswehrstandort, hat Amtsgericht, Zollamt, Finanzamt, Arbeitsamt, Katasteramt, Gesundheitsamt; Realschulen, Gymnasien, Sonderschulen für Lernbehinderte, Handelslehranstalt mit zweijähriger Handels- und Höherer Handelsschule, kaufm., gewerbliche und hauswirtschaftliche Berufsschule, Haushaltungsschule, Kinderpflegerinnenschule, Technikerschule für Maschinenbau, Berufsfachschule, Berufsaufbauschule, Krankenpflege- und Kinderkrankenpflegeschule, Landwirtschaftsschule, Volkshochschule, Technologiezentrum für Unternehmensgründungen. Industrie: Herstellung von Bodenbelägen (Deutsche Linoleum-Werke), Damenoberbekleidung, Spezialmaschinenbau, chemische, Kunststoff-, Nahrungs- und Genußmittelindustrie; Jutespinnerei und Weberei; Gewerbe- und Technologiepark.

Die mächtige Wasserburg D. (1711 abgerissen) der Grafen von Oldenburg wird erstmals 1254 urkundlich erwähnt. Der nördlich davon

Delmenhorst, Rathaus

gegründeten Siedlung wurden 1371 die Stadtrechte verliehen. 1482 bis 1549 gehörte D. zum Hochstift Münster, danach waren bis 1647 D. Grafen die Herren von Burg und St. Von 1667–1773 unterstand D. zusammen mit der Grafschaft Oldenburg der dänischen Krone. Die nach 1870 einsetzende bedeutende wirtschaftliche Entwicklung wurde maßgebend von der nahegelegenen Hansestadt Bremen beeinflußt. – Wahrzeichen der St ist das Rathaus (1912/13), ein bemerkenswerter Bau des Jugendstils, mit einem 42 m hohen Wasserturm.

Demmin

□ 70,02 qkm; ○ Demmin; ⚐ Mecklenburg-Vorpommern; ✉ 17109; ☎ 03998; 🚗 DM; △ 17 m; 👫 15800.

Die pommersche Kleinstadt D. an der Peene erreicht man über die A 19/E 55, Ausfahrten Rostock-Süd oder Röbel (jeweils ca. 70 km); in D. kreuzen sich die B 110 und die B 194. Bf. an der Reichsbahnstrecke Berlin–Stralsund. Schiffbare Bundeswasserstraße (Peene) zur Ostsee. Der nächste Verkehrslandeplatz ist Trollenhagen (ca. 50 km).

D. hat Stadt- und Kreisverwaltung mit den entsprechenden Ämtern. Bildungseinrichtungen: Grund- und Realschulen, Gymnasium, Berufsschule, Volkshochschule, Musikschule, Fachschule für Landwirtschaft, Bildungszentrum Umweltschutz.

Kulturstätten: Kreisheimatmuseum, Kleine Galerie.

Wirtschaftliches: Mittelständische Unternehmen, Handwerksbetriebe.

Geschichte: D. ist eine der ältesten slawischen Siedlungen in Pommern. Im 5./6. Jh. war es Siedlungsgebiet des Wendenstammes der Wilzen, die eine Burg, die „Alte Schanze", südöstlich der heutigen St errichteten. 789 drang Karl der Große mit einem Heer bis zur Peene vor und unterwarf den Wilzenkönig Dragovit. In einer Schrift Adams von Bremen aus dem Jahre 1067 findet sich die älteste Nachricht von der Existenz Demmins. Die erste urkundliche Erwähnung des Ortes erfolgte 1140 in einem Schriftstück durch Papst Innocenz II. Ein Kreuzfahrerheer belagerte 1148 erfolglos den Ort, den erst Heinrich der Löwe 1164 erobern konnte. Zwischen 1236 und 1249 wurde D. das Stadtrecht verliehen. Die Bürger schützten ihr Hab und Gut durch den Bau einer Stadtmauer mit Toren und Türmen. 1283 wurde D. Mitglied der Hanse. Am Ende des 30jährigen Krieges (1648) kam es unter schwedische, ab 1715 dänische und 1720 preußische Herrschaft. Von 1860 bis 1920 war D. Garnisonsstadt für die Weißen Ulanen des II. Pommerschen Ulanenregiments Nr. 2. Im Jahre 1945 wurden 80% der Innenstadt ein Raub der Flammen. Ab 1952 begann man mit der Beseitigung der Trümmer und dem Bau neuer Häuser. Leider wurden viele historisch wertvolle Gebäude abgerissen, sogar Teile der Stadtmauer blieben nicht verschont.

Baudenkmäler: Kirche St. Bartholomaei (14. Jh.), Haus Demmin (Anfang 12. Jh.), Speicherensemble am Hafen, Wasserturm aus rotem Backstein (1892), Rosenkranzkönigin-Kirche.

Periodische Veranstaltungen: Stadtfest im Juni, Pommersche Kulturtage.

Denkendorf (Württ.)

□ 13,05 qkm; ○ Esslingen; ⚐ Baden-Württemberg; ✉ 73770; ☎ 0711; 🚗 ES; △ 310 m; 👫 9800.

D., 20 km südöstlich von Stuttgart am Filderrand an der Körsch gelegen, hat Anschluß an die Autobahn A 8 Stuttgart-München (Ausfahrt Esslingen); Flughafen in Stuttgart-Echterdingen (9 km). D. hat Realschule, Volkshochschule; Bau-, Textil-, Leder- und Maschinenindustrie.

Das um 1129 gegründete, im 13. und 14. Jh. errichtete Kloster zum Hl. Grab ist seit 1971 Fortbildungsstätte der ev. Landeskirche.

Denzlingen

□ 16,94 qkm; ○ Emmendingen; ⚐ Baden-Württemberg; ✉ 79211; ☎ 07666; 🚗 EM; △ 235 m; 👫 11500.

D., 9 km nördlich von Freiburg i.B. am Westrand des Südschwarzwaldes an der Elz gelegen, ist über die B 3 und B 294 zu erreichen. Anschluß an die Autobahn A 5 Karlsruhe–Basel (Ausfahrt Freiburg-N.); Bahnstation an der Strecke Karlsruhe–Basel sowie an der Elztalstrecke. D. hat Realschule, Gymnasium, Sonderschule für Lernbehinderte; mittlere Industrie- und Gewerbebetriebe; Landwirtschaft.

Die erstmals 984 urkundlich genannte Gm wurde im Dreißigjährigen Krieg fast gänzlich zerstört. Mit dem Anschluß an die Eisenbahnlinie erfolgten die ersten Industrieansiedlungen. Sein überdurchschnittliches Bevölkerungswachstum verdankt D. als Wohnvorortgemeinde von Freiburg. – Sehenswert: Storchenturm, ehem. St. Michaels-Kirche aus dem 13. Jh., St. Severinus-Kapelle, „Stapfle-Haus" (erbaut 1597), St. Georgs-Kirche (14. Jh.)

Dessau

□ 126,2 qkm; ○ Kreisfreie St; ⚐ Sachsen-Anhalt; ✉ 06844*; ☎ 047; 🚗 DE; △ ca. 60 cm; 👪 96800.

Verkehrsanbindung: A 9/E 51, Anschlußstellen D.-Ost und D.-Süd; Kreuzung der B 184 mit der B 185 in der St; Eisenbahnverbindungen nach Berlin, München, Aachen und Stuttgart; nächster Flughafen ist Leipzig/Halle (ca. 50 km Entfernung); Flugplatz D. im Ausbau; Elbe-Flußhafen in Roßlau.

Neben sämtlichen Ämtern und Einrichtungen der St-Verwaltung gibt es in D. folgende Behörden bzw. Stellen: Arbeitsamt, Finanzamt, Schulverwaltungsamt; staatl. Gewerbeaufsichtsamt, staatl. Amt für Umweltschutz D./Wittenberg, Staatshochbauamt; Forschungsinstitut für Veterinär-ökomikro-Biologie u. Immunologie D., Landeshygieneinstitut D., Landesamt für Arbeitsschutz; Gerichte: Verwaltungsgericht, Sozialgericht, Arbeitsgericht, Landesgericht und Staatsanwaltschaft.

Bildung und Ausbildung: Grundschulen, Sekundarschulen, Gymnasien, Berufsbildende Schulen, Fachhochschule Anhalt, Volkshochschule, Musikschule; je eine Schule für Lernbehinderte, Geistigbehinderte und Körperbehinderte; Sonderpäd. Beratungsstelle, Sonderpäd. Betreuungsstelle; Schullandheim Mildensee. – Astronomische Station.

Kulturelles: Anhaltinisches Landestheater; Bauhaus Dessau, Parkanlagen des D.-Wörlitzer Kulturkreises: Schloß Luisium, Wörlitzer Schloß, Georgium, Schloß Mosigkau und Oranienbaum; Anhaltinische Landesbibliothek, Musikschule, Lehrpark für Tier- und Pflanzenkunde, Museum f. Naturkunde, Museum f. Stadtgeschichte, Stadtarchiv.

Industrie und Wirtschaft: In D. existieren etwa 200 Betriebe des produzierenden Gewerbes, davon 35 größere Unternehmen. Darüber hinaus wurden drei Gewerbegebiete erschlossen. – Landwirtschaft: Agrargenossenschaften Mildensee und Mosigkau; Landwirtschaftliche GmbH Mildensee.

Geschichtliches: Die St liegt inmitten einer reizvollen Auenlandschaft an Mulde und Elbe. Der Name D. wurde 1213 erstmals urkundlich erwähnt. Zum St-Gebiet gehören jedoch weit ältere, inzwischen eingemeindete Vororte. – Im späten 15. Jh. wählte das Geschlecht der Askanier D. zur festen Residenz, nachdem es zuvor schon zeitweilig dem Hof als Aufenthaltsort gedient hatte. Die Renaissance brachte eine Blütezeit im wirtschaftlichen, kulturellen und künstlerischen Leben. Ein bis heute erhaltenes Zeugnis dafür ist der 1530–33 errichtete Johannbau des St-Schlosses, das zu den Hauptwerken mitteldeutscher Renaissance-Architekturkunst zählt.

Eine große Sammlung ma. Handschriften und Drucke, die z.T. aus der Auflösung von Klosterbibliotheken stammen, trug dazu bei, daß sich D. zu einem geistigen Zentrum der Region entwickelte. Die strategisch wichtige Lage am Elbübergang ließ die St jedoch im 30jährigen Krieg zum Heerlager werden. Von dem damit verbundenen Niedergang erholte sie sich erst zu Beginn des 18. Jh. Unter der Regierung des humanistischen Fürsten Leopold III. Friedrich Franz (1758–1817) öffnete sich schließlich der feudale Staat neuen geistigen Strömungen. Die Auenlandschaft zwischen D. und Wörlitz wurde parkartig umgestaltet, Baumeister v. Erdmannsdorf schuf im Stil des Frühklassizismus mehrere Bauten in und um D.

Mit der Industrialisierung in der 2. Hälfte des 19. Jh. siedelten sich große Industriezweige an, darunter Betriebe der Gaserzeugung, Motorenfertigung und des Flugzeugbaus. Neue Vororte entstanden, und mit der Eingemeindung von fünf Dörfern im Jahre 1923 wurde D. ein an der Schwelle zur Großstadt stehendes Gemeinwesen. 1925 kam das BAUHAUS (Direktor Walter Gropius) mit seiner internat. Bedeutung für Architektur und Design nach D., es wurde jedoch sieben Jahre später von den Nationalsozialisten geschlossen. – Am Ende des 2. Weltkrieges war die St zu mehr als 85% zerstört.

Sehenswürdigkeiten: Palais Dietrich, Rathaus, Marienkirche, Mausoleum, Kirche in Mildensee, Johannbau, Palais v. Bose; Wörlitzer Eisenbahn mit Bahnhof, Jagdschloß Haideburg, Schloß Groß-Kühnau, Napoleons-Turm, Drehberg, Fürst-Franz-Radwanderweg, Wallwachhäuser, Landjägerhaus Mildensee, Elbzollhaus, Pfeiferhaus, Denkmal „Alter Dessauer", Leipziger Torhaus; Israelischer Friedhof, Historischer Friedhof, Meisterhäuser; Windkanal der Junkers-Werke.

Veranstaltungen: Dessauer Mai, Landesmusiktage, Frühlingssingen, Tierparkfest, „Luisium" (Parkfest), Konzertsommer in Mosigkau. – Anhalt-Messe (Verkaufsausstellung mit regionaler Leistungsschau). – D. Sportwoche;

internat. Motorbootrennen; Stadtsportspiele für Behinderte; bundesoffenes Volleyballturnier um den Pokal der St D.; Turniertanzveranstaltung; bundesoffenes Radsportkriterium der Amateure um den Preis der St D.; St-Jugendspiele der Kinder und Jugendlichen.

Detmold

□ 129,42 qkm; ○ Lippe; ⚐ Nordrhein-Westfalen; ✉ 32756*; ☎ 05231; 🚗 DT; △ 134–402 m; 👪 68000.

D., 25 km südöstlich von Bielefeld im Teutoburger Wald gelegen, ist über die B 238 und B 239 zu erreichen. Bahnstation an der Strecke Herford–Altenbeken. D., Sitz der Regierung des Regierungsbezirks D. und Bundeswehrstandort, hat Landgericht, Amtsgericht, Arbeits- und Sozialgericht, Justizvollzugsanstalt, Bundesforschungsanstalt für Getreideverarbeitung, Landeszentralbank, Zollamt, Kreisbehörden, Kreiskrankenhaus u. a. An Bildungs- und kulturellen Einrichtungen bestehen: Realschulen, Gymnasien, Berufsbildende Schulen, Studienseminar für das Lehramt Sekundarstufe II, Fachschule für Sozialpädagogik, Fachschule für Holzbetriebstechnik und Kunststoffverarbeitung mit Baudenkmalpflege-Schule, private Handelsschulen, Ev. Mütterschule, Fachhochschule Lippe (Fachbereiche Innenarchitektur und Architektur/Hochbau), Hochschule für Musik, Musikschule, Volkshochschule, Sonderschulen für geistig behinderte und spastisch gelähmte Kinder; Landestheater (Oper, Operette, Schauspiel, Ballett), Landesmuseum mit Heimathäusern, Westfälisches Freilichtmuseum (größte Anlage der Bundesrepublik), Landesbibliothek, Staatsarchiv. Neben Getränkeindustrie (Sinalco AG) ist der Fremdenverkehr und Kurbetrieb in den Stadtteilen (Kneipp- und Erholungsorten) Hiddesen, Berlebeck, Heiligenkirchen, Diestelbruch, Pivitsheide und Heidenoldendorf von großer wirtschaftlicher Bedeutung.

D. geht auf eine Gerichtsstätte »Theotmalli« (gleichzeitig Bezeichnung für einen Gau) zurück, an der 783 zwischen Franken und Sachsen eine Schlacht stattfand. Der in der Nähe entstandenen Siedlung wurde 1263 vom lippischen Grafen Bernhard III. das Stadtrecht verliehen. Seit 1528 war die St Residenz der Grafen und späteren Fürsten zur Lippe. 1918 wurde D. Landeshauptstadt des Freistaates Lippe. 1970 Zusammenschluß mit 25 umliegenden Gemeinden. Sehenswürdigkeiten: Residenzschloß (1511–1557) mit wertvoller Ausstattung (Wandteppiche); Palais (1708–1717) mit Palaisgarten; Marktkirche (16. Jh.) mit Gruft der Grafen und Fürsten zur Lippe; Altstadt mit Fachwerk- und Giebelhäusern des 16.–18. Jh. – Südlich von D. liegen das Hermannsdenkmal auf der 386 m hohen Grotenburg und die größte Adlerwarte Europas im Ortsteil Berlebeck. – In D. geboren wurden die Dichter Christian Dietrich Grabbe (1801 bis 1836), Ferdinand Freiligrath (1810–1876) und Georg Weerth (1822–1856). In D. wirkten Johannes Brahms und Albert Lortzing.

Detmold, Schloß mit Schloßplatz

Dettelbach

□ 48,70 qkm; ○ Kitzingen; ⚐ Bayern; ✉ 97337; ☎ 09324; 🚗 KT; △ 202 m; 👪 6600.

D. liegt 18 km östlich von Würzburg an der B 22. Die St hat Anschluß an die Autobahnen A 3 Würzburg–Nürnberg (Ausfahrt AB–Dreieck Biebelried) und A 7 Würzburg–Kassel (Ausfahrt AB–Dreieck Biebelried); Weinanbau und Fremdenverkehr. Bahnstation an der Strecke Würzburg–Nürnberg.

Sehenswürdigkeiten: Romantische Altstadt mit spätgot. Rathaus; Stadtbefestigung mit 52 Türmen und 5 Stadttoren; Wallfahrtskirche mit Kloster.

Dieburg

□ 23,6 qkm; ○ Darmstadt; ⚐ Hessen; ✉ 64807; ☎ 06071; 🚗 DA; △ 143 m; 👫 13500.

D. liegt 15 km östlich von Darmstadt an der Gersprenz und am Schnittpunkt der B 26 und B 45. Anschluß an die A 5 Frankfurt–Karlsruhe (Ausfahrt Darmstädter Kreuz). Bahnstation an der Strecke Darmstadt–Aschaffenburg. D. hat Amtsgericht, Landratsamt, Kreisbehörden; Grundschulen, Haupt- und Realschule, gymnasiale Oberstufe, Kreisberufsschule, Fachoberschule der Deutschen Bundespost (Technik und Verwaltung); Eisen-, Leder-, Bekleidungs- und Tonwarenindustrie.

D. war zur Römerzeit eine bedeutende Großsiedlung (»Vicus Vetus Ulpius«) und Verkehrsknotenpunkt im starkenburgischen Raum. Das ma. D. erhielt 1277 von Kaiser Rudolf von Habsburg erweiterte Stadtrechte. Als Kurmainzer Amtsstadt und Münzstätte, als Sitz verschiedener Adelsgeschlechter und eines Halbstiftes erlebte die St im MA eine Blütezeit. 1803 kam D. an Hessen. – Sehenswürdigkeiten: Wallfahrtskapelle (älteste Teile 11. Jh., um 1400 erneuert) mit bemerkenswerter Ausstattung (got. Pieta, barocker Hochaltar); Schloß Fechenbach (1861) mit Kreismuseum (wertvollstes Stück der römischen Sammlung ein Mithras-Altarstein); Marktplatz mit altem Fachwerkhaus (1508–14); Reste der alten Stadtbefestigung (Schloßturm, Mühlturm); Schloßgarten. – Schloßgartenfest im Juli.

Diemelstadt

□ 82,62 qkm; ○ Waldeck-Frankenberg; ⚐ Hessen; ✉ 34474; ☎ 05694; 🚗 KB; △ 200–350 m; 👫 5550.

D. ist 1971 durch Zusammenschluß der ehem. St Rhoden mit acht Nachbargemeinden unter neuem Namen entstanden. Die St liegt 45 km nordwestlich von Kassel an der B 252 und an der Autobahn A 44 Kassel-Dortmund (Ausfahrt D.); Bahnstation (Stadtteil Wrexen) an der Strecke Kassel-Ruhrgebiet. D. hat Forstamt; Grund-, Haupt- und Realschule, Lehrbetrieb für Waldarbeit und Forsttechnik; Papierindustrie; der Stadtteil Wrexen ist Luftkurort.

„Radi“ (Alt-Rhoden), erstmals 978 bezeugt, wurde im 14. Jh. aufgegeben; seine Bewohner siedelten sich ab 1250 im Schutz der Burg Rhoden an, die 1654 zum Schloß (bemerkenswerte Fassade) umgebaut wurde. – Sehenswert die Ruinen einer röm. Kirche im Stadtteil Alt-Rhoden, die Wehrkirche mit Krypta (12. Jh.) im Ortsteil Wethen sowie das frühgeschichtliche Ganggrab bei Rimbeck (2000 v. Chr.).

Diepholz

□ 104,48 qkm; ○ Diepholz; ⚐ Niedersachsen; ✉ 49356; ☎ 05441; 🚗 DH; △ 37 m; 👫 14700.

Die St D. liegt 52 km nordöstlich von Osnabrück im Niederungsgebiet der oberen Hunte am Schnittpunkt der B 51, B 214 und B 69. D., D-Zug-Station an der Strecke Bremen–Osnabrück–Köln, hat Amtsgericht, Zollamt, Kreisbehörden; Kreiskrankenhaus; Realschule, Sonderschule für Lernbehinderte, Gymnasium, Handelsschule, Kreisberufsschule, Höhere Handelsschule, Landwirtschaftsschule, Schwesternschule. D. ist Bundeswehrstandort. Industrie: Maschinen- und Diesellokfabrikation, Schallplattenfabrik (Pallas), Leder- und Kunststoffverarbeitung, Textilindustrie, Betonsteinherstellung, Fertighausbau, geophysikalische und seismographische Messungen (Schlumberger-Verfahren).

Um die in der ersten Hälfte des 12. Jh. erbaute Wasserburg entwickelte sich ein Flekken, der erstmals 1356 urkundlich genannt wird. 1380 erhielt D. Osnabrücker Stadtrecht. Bis 1585 war die Wasserburg Residenz des D. Grafengeschlechtes; danach fiel D. an Braunschweig-Lüneburg. Nach der Zerstörung der Burg (1637) errichtete Herzog Christian Ludwig zwischen 1660 und 63 ein Schloß unter Einbeziehung des erhalten gebliebenen alten Rundturmes. – Bis Ende des 19. Jh. blieb D. eine kleine Ackerbürgerstadt (Fachwerkbauten des 17. und 18. Jh.).

Dießen a. Ammersee

□ 68,12 qkm; ○ Landsberg a. Lech; ⚐ Bayern; ✉ 86911; ☎ 08807; 🚗 LL; △ 530–600 m; 👫 8400.

Der Mkt liegt am Südufer des Ammersees im bayerischen Alpenvorland. D. hat Forstverwaltung, Landpolizei-Großraumstation; private Mädchenrealschule; Kunstgewerbe, Fremdenverkehr.

Der Mkt wurde 1326 von Kaiser Ludwig dem Bayern gegründet. Seit Mitte des 19. Jh. entwickelte sich D. zum Fremdenverkehrsort (seit 1937 anerkannter Luftkurort). Sehenswert

Pfarrkirche Marienmünster, von Joh. Michael Fischer zwischen 1733 und 1739 erbaut, mit Hochaltar nach Entwürfen von Cuvilliés, Stuckarbeiten aus der Wessobrunner Werkstatt und Altarbildern von Tiepolo, Pittoni, Marées u. a.

Dietfurt a. d. Altmühl

□ 78,71 qkm; ○ Neumarkt i. d. Opf.; ⚐ Bayern; ✉ 92345; ☎ 08464; 🚗 NM; △ 364 m; 👫 5300.

D. ist Erholungsort im Naturpark Altmühltal 50 km westlich von Regensburg. Die St hat Grund- und Hauptschule, Kaminkehrerfachschule; kleinere und mittlere Industrie- und Gewerbebetriebe (Modellbaufabrik, Maschinen- und Stahlbau).

D., erstmals 1106 urkundlich genannt, entstand an einer Übergangsstelle der Altmühl. Der Ort, seit 1309 Mkt, erhielt 1416 das Stadtrecht. D. gehörte zur Grafschaft Hirschberg und fiel nach dem Aussterben des Geschlechtes (1305) an die Wittelsbacher. – Bemerkenswert die Reste der ma. Befestigungsanlagen (Goggerturm), das Rathaus (1471), das Franziskaner-Kloster mit Klosterkirche (17. Jh.) und die Stadtpfarrkirche (1740).

Dietzenbach

□ 21,67 qkm; ○ Offenbach/Main; ⚐ Hessen; ✉ 63128; ☎ 06074; 🚗 OF; △ 150 m; 👫 30000.

D., 20 km südöstlich von Frankfurt a. M. gelegen, ist über die B 459 sowie über die Autobahnen A 3 Würzburg–Frankfurt a. M. (Ausfahrten Offenbacher Kreuz und Seligenstadt) und A 661 Frankfurt–Darmstadt (Ausfahrt Neu-Isenburg) zu erreichen. Die St hat Grundschulen, Haupt- und Realschule, Gesamtschule mit gymnasialer Oberstufe, Sonderschule für Lernbehinderte; metallbe- und verarbeitendes Gewerbe, Elektronik- und Computerindustrie, Werbemittelverlage, wissenschaftliche Forschungslabors; der wirtschaftliche Schwerpunkt liegt im Handel und in der Dienstleistungsbranche.

D. liegt auf altem Siedlungsgebiet (Gräberfunde von der Steinzeit [600000 bis 8000 v. Chr.] über die Römerzeit [um 120–130 n. Chr.] bis zum Mittelalter [um 1000 bis 1500 n. Chr.]). „Dicenbach" ist erstmals 1220 urkundlich nachweisbar. Nach dem Aussterben des Hauses Hagen-Münzenberg gelangte der Ort 1255 an die Grafschaft Hanau, und nach dem Tod des letzten Hanauer Grafen (1736) wurde das Dorf nach Erbstreitigkeiten 1782 dem Landgrafen von Hessen-Darmstadt zugesprochen. Nach 1950 (4711 EW) ist D., das 1970 zur St erhoben wurde, als Wohngemeinde im Ballungsraum von Frankfurt a. Main, Offenbach und Darmstadt überdurchschnittlich gewachsen.

Sehenswert die historische Altstadt mit Fachwerkhäusern aus dem 18. und 19. Jh. und der ev. Barockkirche (1754); das Feuerwehrmuseum und Heimatmuseum.

Alljährlich ‚Trinkbornfest' (Altstadtfest) Ende August und Kirchweih (Oktober/November).

Diez

□ 12,39 qkm; ○ Rhein-Lahn-Kreis; ⚐ Rheinland-Pfalz; ✉ 65582; ☎ 06432; 🚗 EMS; △ 117 m; 👫 9000.

Die St D. liegt 5 km südwestlich von Limburg beiderseits der Lahn zwischen Westerwald und Taunus. Zufahrt über die B 54 und B 417; Anschluß an die Autobahn A 3 Frankfurt a. M.–Köln (Ausfahrten D. und Limburg-Süd). D., Bahnstation an der Strecke Koblenz–Gießen, ist Sitz einer Verbandsgemeinde (25 Orte mit ca. 23000 EW), hat Amtsgericht, Wasser- und Schiffahrtsamt, Forstamt, Justizvollzugsanstalt; Realschule, Gymnasium, Berufs- und Berufsaufbauschulen, Sonderschule für Lernbehinderte, Telekolleg Rheinland-Pfalz. D. ist Bundeswehrstandort. Industrie: Kalk- und Marmorgewinnung, Kleinmöbel, Glühlampen, Haushaltgeräte, pharmazeutische, Bekleidungs- und Wäsche-Fabriken, Herstellung von Fetten, Schmier- und Treibstoffen, Elektrogeräten, Fertigbausteinen.

D. (»Theodissa«) wird erstmals 790 in einer Urkunde Karls d. Großen erwähnt. Nach den im 14. Jh. aussterbenden Grafen von D., die 1073 eine Burg (heute Schloß) errichtet hatten, kam D. an Nassau-Dillenburg. 1329 wurde D. zur St erhoben und in der folgenden Zeit befestigt. Seit 1607 war es Sitz der Fürsten von Nassau-Diez. Fürstin Amalie gründete die D. Neustadt und vollendete den Barockbau des Schlosses Oranienstein (1684–97). Wilhelm VI. von Nassau-D., von Napoleon I. abgesetzt, wurde 1815 König der Niederlande. – Neben den genannten Schlössern, in denen das Oranien-Museum und Heimat-Museum untergebracht sind, sehenswert die Stiftskirche (13. Jh.) mit Grabdenkmälern, Fachwerkhäuser und Reste der Stadtbefestigung. D. ist Kurort (natürliche Ganzheitsbehandlung, Gesundheitsberatung, Felke-, Kneipp- und Fastenkuren).

Dillenburg

□ 83,84 qkm; ○ Lahn-Dill-Kreis; ⚐ Hessen; ✉ 35683; ☎ 02771; 🚗 LDK; △ 220–470 m; 👥 23700.

D. liegt in dem zwischen Westerwald und Gladenbacher Bergland tief eingeschnittenen Dilltal an der Autobahn A 45 Dortmund–Gießen (Ausfahrt D.) sowie an der B 253 und B 277. D-Zug-Station an den Strecken Hagen–Gießen–Frankfurt a. M. und Köln–Gießen–Frankfurt a. M. D. hat Amtsgericht, Amt für Landeskultur, Wasserwirtschaftsamt, Landeszentralbank, Kreisbehörden; Kreiskrankenhaus; Realschule, Gymnasium, Gewerbliche Kreisberufsschule, Berufsfachschule und Fachoberschule, Technikerschule, Kaufm. Berufs- und Berufsfachschule, Wirtschaftsgymnasium, Volkshochschule. Industrie: Werk für Edelstahlerzeugung, metall- und holzverarbeitende Betriebe, Textil- und chemische Werke, Klinker- und Keramikfabrik.

Um 1130 wurde die erste Burganlage erbaut, mit der die Grafen von Laurenburg-Nassau ihre Landesgrenze, die von Siegen bis zur Mainmündung verlief, absichern wollten. In der lange andauernden Fehde mit den Herren von Dernbach ist die Dillenburg um 1325 in Schutt und Asche gelegt worden. Während die Burg rasch wieder aufgebaut wurde, entwickelte sich die Siedlung im „Thal", die 1344 Stadtrechte erhielt, nur langsam. Die Nassau-Dillenburger Grafen bauten mit der Zeit das Schloß soweit aus, daß dieses schließlich als eines der stärksten Bollwerke im damaligen westlichen Deutschland galt. Das wohl wichtigste Ereignis war die Geburt des ersten Sohnes von Graf Wilhelm dem Reichen. 1533 erblickte auf dem Dillenburger Schloß Wilhelm von Nassau, der spätere Prinz von Oranien, das Licht der Welt. Aufgrund seiner Erfolge als Diplomat und Heerführer wurde er Führer des niederländischen Adels. Mit seinen Brüdern leitete er die Befreiung der Niederlande von spanischer Unterdrückung ein. Während des Siebenjährigen Krieges wurde das Schloß von französischen Truppen belagert und in Brand geschossen; anschließend wurde die Anlage geschleift. Im 20. Jahrhundert wurden große Teile der einstigen Kasematten wieder freigelegt. Heute zählen die unterirdischen Befestigungsanlagen zu den Sehenswürdigkeiten der Oranienstadt. – Das Wahrzeichen Dillenburgs, der Wilhelmsturm, wurde in den Jahren 1872 bis 1875 auf dem Schloßberg erbaut und als Oranien-Nassauisches Museum eingerichtet. Im Schloßpark befindet sich das „Wirtschaftsgeschichtliche Museum", das die industrielle Entwicklung des heimischen Raumes dokumentiert. – Alljährlich D. Kirmes und Jazz-Weekend. Das Hessische Landgestüt, das auf Moritz von Oranien zurückgeht, veranstaltet in zweijährigem Turnus eine Hengstparade.

Dillingen (Donau)

□ 75,59 qkm; ○ Dillingen a. d. Donau; ⚐ Bayern; ✉ 89407; ☎ 09071; 🚗 DLG; △ 434 m; 👥 15800.

D. liegt 48 km nordwestlich von Augsburg im bayerischen Schwaben an der Donau. Zufahrt über die B 16. D. hat Amtsgericht, Forstamt, Landratsamt, Vermessungsamt, Finanzamt u. a. Behörden; Realschule für Mädchen, Gymnasien, Sonderschulen für lernbehinderte, geistig behinderte, sprachbehinderte, sprachgeschädigte und gehörlose Kinder, Fachakademie für Sozialpädagogik, Krankenpflegeschule, Akademie für Lehrerfortbildung, Volkshochschule, Kulturring (Theateraufführungen). D. ist Bundeswehrstandort. Industrie: Elektrogeräte (Zweigwerk der Bosch GmbH), Fertighäuser, Präzisionswerkzeuge und -maschinen, Miederwaren (Triumph International), Glasveredelungsindustrie, Karlsbader Oblaten, Brauereien.

Um 950 Bau der ersten Burg, um 990 erste Nennung des Ortsnamens „Dilinga". 1226 ist D. als Markt bezeugt; um 1220–40 wurde der äußere Burgbereich zur St ausgebaut (1264 urkundlich St). Vom 15. Jh. bis 1802 war D. Residenz der Bischöfe von Augsburg, danach kam es an Bayern. Die St war Sitz einer Universität von 1550–1804. – Sehenswürdigkeiten: Alte Universität (1688–89) mit ‚Goldenem Saal' (1761–64); Jesuitenkirche (1610–17); Pfarrkirche (1619-28), Jesuiten-Kolleg (1736–38); Franziskanerinnenkirche (1736–38) – D. ist Geburtsort von Wilhelm Bauer (1822–1876), Erfinder des Unterseebootes.

Dillingen (Saar)

□ 22,07 qkm; ○ Saarlouis; ⚐ Saarland; ✉ 66763; ☎ 06831; 🚗 SLS; △ 190 m; 👥 21300.

D., an der Mündung der Prims in die Saar gelegen, ist Straßenknotenpunkt der Süd-Nordverbindung Saarbrücken-Trier (B 51) bzw. der Autobahn A620/A8 Saarbrücken-Luxemburg, der Westverbindung nach Diedenhofen-Metz und Ostverbindung über Lebach-Tholey (B 269) zur Nahe bzw. zum Rhein. D., D-Zug-Station an der Bundesbahnstrecke Köln-Trier-Saarbrücken, hat Container-Umschlaganlage; Realschule, Sonderschulen für lern- und geistig behinderte Kinder, Förderkurs für ital. Schulkinder, Staatl. Realgymnasium, Gesamtschule, Handelsschulen, Höhere Handelsschule, Berufsschulen, Fachoberschulen für Wirtschafts- und Ingenieurwesen, Musikschule, Volkshochschule und Abendgymnasium. Die St ist Schwerpunkt der eisenverarbeitenden Industrie und Kneippbad.

Der Ort D. ist eine fränkische Gründung um 500 n.Chr. Auf der Gemarkung (Ortsteil Pachten) hatten bereits die Römer eine Straßensiedlung („Contio-Magus"; bedeutende Bodenfunde) errichtet, die seit der Zeit Diokletians (300 n.Chr.) durch ein Kastell gesichert war. Um etwa 1100 trat an die Stelle des Römerkastells die Siersburg, zu der D. und Pachten gehörten. Das Marktrecht wurde D. 1613 verliehen. 1685 erteilte Ludwig XIV. dem Marquis de Blainville, Herrn von D., die Konzession, ein Eisenwerk zu errichten. Der große Aufschwung der Industrie und die Eröffnung der Eisenbahnlinie Saarbrücken-Trier (1858/60) begünstigten die weitere Entwicklung D. zu einer Siedlung städtischen Gepräges (Erhebung zur St 1949).

Dingolfing

☐ 44,05 qkm; ○ Dingolfing-Landau; ⚐ Bayern; ✉ 84130; ☎ 08731; 🚗 DGF; △ 358 m; 👪 14400.

D., 30 km nordöstlich von Landshut am Rande des Isartales gelegen, ist über die B 11 und A 92 München–Deggendorf (Ausfahrt D.) zu erreichen. Bahnstation an der Strecke Landshut–Plattling. D. hat Kreisbehörden; Realschule, Gymnasium, Sonderschule für Lernbehinderte, Berufsschule; Kraftfahrzeugindustrie (PKW-Fabrikation der Bayerischen Motorenwerke AG), Möbel- und Konservenindustrie.

Unter den Wittelsbachern wurde D. als Burg und wehrhafte Siedlung seit 1251 errichtet. 1274 erhielt D. das Stadtrecht, 1311 die niedere Gerichtsbarkeit. 1436 eroberte Herzog Heinrich der Reiche die St; im Landshuter Erbfolgekrieg ergab sie sich 1504 einer kurpfälzischen Streitmacht. 1743 wurde D. von einem österreichisch-ungarischen Heer belagert und durch Artilleriebeschuß fast völlig zerstört. – Von den ma. Bauwerken sind erhalten die Stadtpfarrkirche (1467 begonnen) mit bemerkenswerter spätgotischer Ausstattung und 84 m hohem Turm, die Herzogsburg in der oberen St (15. Jh., jetzt Heimatmuseum), die Hochbrücke (vermutlich 1592 erbaut), Reste der alten Stadtbefestigung (Wollertor, Storchen- und Stinkerturm).

Dinkelsbühl

☐ 75,12 qkm; ○ Ansbach; ⚐ Bayern; ✉ 91550; ☎ 09851; 🚗 AN; △ 442 m; 👪 10800.

D., historische Altstadt in reizvoller Umgebung, an der Wörnitz im bayerischen Mittelfranken gelegen, ist über die B 25, A 7 Ulm–Würzburg (Ausfahrt D.) und A 6 Heilbronn–Nürnberg (Ausfahrt Dorfgütingen) zu erreichen. Die St hat Amtsgericht, Finanzamt, Forstamt u.a. Behörden; Kreiskrankenhaus; Gymnasium, Wirtschaftsschule, Sonderschule, Berufsschule, Landwirtschaftsschule, Berufsfachschule für Musik; mittelständische Industrie- und Gewerbebetriebe; ein wichtiger Wirtschaftsfaktor ist der Fremdenverkehr.

Die Stauferstadt »Tinkelspuhel« wird erstmals 1188 urkundlich erwähnt. 1273 wurde D. Freie Reichsstadt (bis 1803). Wirtschaftliche Blütezeiten (Textilgewerbe und Schmiedehandwerk) waren das 14., 15. und 16. Jh. 1387 wurden die Zünfte in das Stadtregiment aufgenommen. Das mittelalt. Stadtbild einschließlich der Stadtmauern und Befestigungsanlagen (14./15. Jh.) ist vollständig erhalten. Das Münster St. Georg (1448–99) von Nikolaus Eseler und Sohn gilt als schönste Hallenkirche Süddeutschlands; ferner sehenswert das Historische Museum im Spital, das Museum 3. Dimension und das Figurenkabinett.

Veranstaltungen von überregionaler Bedeutung: Kinderzech'-Festwoche mit historischem Festspiel (Mitte Juli), Konzerte der „Dinkelsbühler Knabenkapelle", Freilichtaufführungen im Garten am Wehrgang (Juni bis August).

Dinklage

☐ 72,64 qkm; ○ Vechta; ⚐ Niedersachsen; ✉ 49413; ☎ 04443; 🚗 VEC; △ 30 m; 👪 9500.

D. liegt 50 km nördlich von Osnabrück im Oldenburger Münsterland an der Autobahn A 1

Osnabrück–Bremen (Ausfahrt Lohne/D.). D. hat Realschule, Kardinal-von-Galen-Haus (Internat mit Schule für Körperbehinderte); Möbelwerkstätten (Idee-Möbel), Werkzeug- und Maschinenbau, Eisengießerei, Rohrleitungsbau; Landhandelsbetriebe.

Bis 1252 bewohnten die Grafen von Calvelage-Ravensberg die Wasserburg D., die darauf in den Besitz der Fürstbischöfe von Münster überging. Im 17. Jh. wurde D. Familienbesitz der Grafen von Galen, und von 1677–1827 war es „Reichsfreie Herrlichkeit" mit eigener Gerichtsbarkeit. 1803 kam D. an Oldenburg. Heute ist die Burg Benediktinerinnenkloster. – D. ist Geburtsort des Kardinals Clemens August Graf von Galen (1878–1946).

Dinslaken

□ 47,68 qkm; ○ Wesel; ⚐ Nordrhein-Westfalen; ✉ 46525*; ☎ 02134; 🚗 WES; △ 29 m; 👥 65000.

D., 18 km nördlich von Duisburg rechts des Rheins zwischen Lippe und Ruhr gelegen, ist über die B 8 und Autobahn A 3 Oberhausen–Emmerich (2 Ausfahrten D.) zu erreichen. Flugplatz „Schwarze Heide" (5 km). D. hat Amtsgericht, Bergamt; Realschulen, Gymnasien, Gesamtschule, Fachschulen und Fachoberschule, Kreisberufs- und Berufsfachschulen, Sonderschulen für Lernbehinderte; Stahl-Draht- und Röhrenwalzwerk, Metallverarbeitung, Herstellung von Gußwalzen, Röhrenwerk, Herstellung von Stahlfertigteilen und Stahlblechen.

Die im Schutz der Burg D. entstandene gleichnamige Siedlung erhielt 1273 von Graf Dietrich von Cleve die Stadtrechte. 1443 wurde der Burgbezirk mit der Neustadt um die Neustraße zusammengeschlossen. Die Entwicklung der ländlichen Gemeinde zur Industriestadt setzte Ende des 19. Jh. mit dem Aufschwung des Bergbaus und der Eisenindustrie ein. – Sehenswürdigkeiten: Burgtheater (Freilichtbühne); kath. Pfarrkirche St. Vincentius (um 1450) mit flämischem Hochaltar (um 1500) und Missionskreuz (um 1400); Haus Hiesfeld mit Wassermühle aus dem 18. Jh. – Alljährlich DIN-Tage im August; Trabrennen.

Dinslaken, Rittertor

Dippoldiswalde

□ 24 qkm; ○ Dippoldiswalde; ⚐ Freistaat Sachsen; ✉ 01744; ☎ 03504; 🚗 DW; △ 350 m; 👥 6800.

D. ist zu erreichen auf der A 4/E 40, Ausfahrt Wilsdruff (24 km), sowie auf der B 170 und der B 171; Bahnhof an der dampfbetriebenen Schmalspurbahn zwischen Freital-Hainsberg und Kurort Kipsdorf. Der nächste Flughafen ist Dresden-Klotzsche (20 km).

Bildungseinrichtungen: Grundschule, Mittelschulen, Gymnasium; Gewerbeschule; Musikschule; Volkshochschule; Ingenieurschule für Lebensmittelindustrie (erste dt. Fachschule, gegr. 1885).

Wirtschaftliches: Hydraulik Dippoldiswalde; Großwäscherei; Betonwerk und Bauhof; landeseigener Forstwirtschaftsbetrieb.

Geschichtliches: Die älteste Urkunde, in der D. genannt wird, stammt vom 11. Juni 1218; andere, früher datierte Schriftstücke sind in den Hussitenkämpfen und im 30jährigen Krieg verlorengegangen. Für das 13. Jh. ist urkundlich belegt, daß in und um D. Silber abgebaut wurde; erst 1864 wurde der letzte Bergwerksstollen stillgelegt. In der Zeit zwischen 1547 und 1708 bestanden insgesamt 118 Zechen, die jedoch nicht alle gleichzeitig in Betrieb waren. – Lückenhaften Aufzeichnungen alter Chroniken zufolge blühte im 15. und 16. Jh. das Handwerk: Es entstanden die Innungen der Schuhmacher, der Huf- und Waffenschmiede, gleiche Standes-Vereinigungen bildeten sich für Tuchmacher, Lohgerber und Tischler. Vom Bäckerhandwerk berichten die Chronisten, daß seine Meister seit 1546 die St Freiberg belieferten. Obwohl Bergbau und Handwerk einen exponierten Stellenwert hatten, blieb D. in erster Linie ein Ackerbau-Städtchen, dessen Bauern Vieh und Fleisch bereits im 15. Jh. auf dem Dresdner Wochenmarkt anboten. – Kriege, Feuersbrünste und Pestepidemien brachten der Bevölkerung immer wieder Rückschläge und Hungersnöte. Die EW von D. hatten schwedische und österreichische, französische und russische, preußische und bayrische Truppen als Belagerung. Häufig mußten sächsische Truppen ins Quartier genommen und verpflegt werden. Auch 1813 beherbergte man verbündete Österreicher und Russen, die nach der siegreichen Völkerschlacht bei Leipzig noch bis 1814 in D. verblieben. – Die Industrie faßte in D. relativ spät Fuß. Das änderte sich erst mit Inbetriebnahme der Schmalspurbahn (Spurweite 750 mm), die seit 1883 die Strecke Hainsberg–Kipsdorf befährt. – Von 1874 bis 1934 war D. Sitz der gleichnamigen Amtshauptmannschaft.

Sehenswürdigkeiten und Kulturelles: Renaissanceschloß, erbaut zwischen 1530 und 1550 unter Nutzung älterer Teile, heute Amtsgericht und Liegenschaftsdienst, angrenzend Reste der alten Stadtmauer, die erst 1814 abgerissen wurde; spätgot. Rathaus (Ende 15. Jh.); Marktplatz (unter Denkmalsschutz) mit Brunnen (1913); mehrere Bürgerhäuser im Renaissance- oder Barockstil, z. T. mit Säulen- oder Sitznischenportalen versehen; dreischiffige spätgot. Hallenkirche St. Marien und Laurentius (2. Hälfte 15. Jh.); Nikolaikirche, dreischiffige Basilika des Übergangsstils (vermutl. Mitte 13. Jh., im 19. und 20. Jh. erneuert); Stadt- und Kreismuseum (Barockbau). Darin befand sich von der Mitte des 18. Jh. bis 1925 eine Lohgerberei, heute in Europa das einzige originale Denkmal dieses Berufes; insgesamt ist in 20 Ausstellungsräumen Wissenswertes über das Lohgerberhandwerk, zur Geschichte der St und des Osterzgebirges zu erfahren; Kulturzentrum „Parksäle", Mehrzweckhaus für Veranstaltungen sowie für das Vereins- und Klubleben. – Von einem 1866 in der Dippoldiswalder Heide erbauten Aussichtsturm führen Wanderwege zum Steinernen Tisch, dem Steinernen Messer, der Wolfssäule und der Barbarakapelle sowie zum Heidemühlenteich (Bademöglichkeiten), schließlich zum Einsiedlerstein, wo der Sage nach früher der Einsiedler Dippold gehaust haben soll. Die St D. liegt an der Weißeritz in landschaftlich reizvoller Umgebung. Im Weißeritztal am Rande der Heide befindet sich die 1913 eingeweihte Talsperre Malter (Entf. 4 km) mit einem Stauinhalt von 8,78 Mio. Kubikmetern, die Dresden mit Industriewasser versorgt. Die weitläufige Talsperre ist ein beliebtes Erholungsgebiet, mit Campingplätzen, Freibädern, einer Sauna, Gaststätten und Bootsverleihplätzen. –

Wiederkehrende Ereignisse: jährliches Familien-Volleyball-Turnier; mehrmals jährlich „Stunde der Musik" und „Meisterinterpreten" sowie Schulkonzerte; Schützenfest (Juni); Parkfest (Juli/August).

Dissen am Teutoburger Wald

□ 31,89 qkm; ○ Osnabrück; ⚐ Niedersachsen; ✉ 49201; ☎ 05421; 🚗 OS; △ 124 m; 👥 8100.

D., 23 km südöstlich von Osnabrück am Südhang des Teutoburger Waldes an der B 68 und A 33 Osnabrück–Borgholzhausen–Oldendorf (Ausfahrt D.) gelegen, hat Grund- und Hauptschule, Orientierungsstufe, Realschule, Sonderschule, Kreismusikschule, Krankenpflegeschule, Volkshochschule; Nahrungsmittel-, Möbel-, Druck- und Papierindustrie, Feuerwehr- und Kraftfahrzeugwerke.

D., eine der ältesten Siedlungen des Osnabrücker Landes (erste urkundliche Erwähnung 822), besaß eine zur Zeit Karls d. Großen errichtete Kirche, die an jenem Ort stand, wo zuvor ein Heiligtum des germanischen Kriegsgottes Zio verehrt wurde; nach ihrer Zerstörung (1236) wurde die St. Mauritius-Kirche erbaut, heute das älteste Bauwerk der Gm. – Sehenswert das Dampf- und Nutzfahrzeugmuseum.

Ditzingen

□ 30,41 qkm; ○ Ludwigsburg; ⚐ Baden-Württemberg; ✉ 71254; ☎ 07156; 🚗 LB; △ 303 m; 👥 21 800.

D., 13 km westlich von Stuttgart an der Glems im Strohgäu gelegen (Anschluß an die Autobahn A81 Stuttgart-Heilbronn, Ausfahrt Stuttgart-Feuerbach) hat Realschule, Sonderschule für Lernbehinderte und Gymnasium; S-Bahn-Halt im Verkehrsverbund Stuttgart. Von wirtschaftlicher Bedeutung sind der Maschinenbau sowie die chemische und Baubeschlägeindustrie; außerdem Orgelbau.

769 erste urkundliche Erwähnung des Grenzortes zwischen Alemannen und Franken. Seit dem 12. Jahrhundert führte die Grenze der Diözesen Konstanz und Speyer mitten durch die Ortschaft, so daß die spätgotische Marienkirche (mit schönem Chorgestühl und Netzgewölbe im Chor) zu Konstanz, die Margaretenkirche (Anfang 16. Jh.) zu Speyer gehörte. Erhebung zur St 1966. D. Einwohnerzahl ist in den letzten Jahren überdurchschnittlich gewachsen (1950: 5000 EW). Landschaftlich reizvolle Ortsteile: Heimerdingen, Schöckin-

gen und Hirschlanden. – Sehenswert: das Fachwerk-Rathaus, die Speyrer und die Konstanzer Kirche aus dem 15./16. Jh.

Doberlug-Kirchhain

□ 15 qkm; ○ Finsterwalde; ⚐ Brandenburg; ✉ 03253; ☎ 035322; 🚗 FI; △ 100 m; 👫 8730.

D.-K. ist zu erreichen auf der A 13/E 55, Ausfahrt Großräschen (ca. 28 km), und auf der B 96; bedeutende Eisenbahn-Kreuzung der Strecke Berlin–D.–K.–Elsterwerda-Dresden mit der Linie Leipzig–Falkenberg–D.-K.–Cottbus. Sportflugplatz in Finsterwalde (10 km); der nächste Flughafen ist Leipzig (ca. 100 km).

Bildungseinrichtungen: Gymnasium; Akademie für Beruf, Jugend und Kultur; Berufsbildende Schule der Bau- und Holztechnik; St-Bibliothek.

Wirtschaftliches: Baustoffgewinnung; Bauunternehmen; Metallverarbeitung; Großhandelsfirmen für den Früchtevertrieb, für Baustoffe und Chemikalien; Forstwirtschaft.

Geschichtliches: Gründung des Zisterzienserklosters Doberlug um 1165, Trockenlegung der Sümpfe, Gewinnung von Wiesen und Feldern. 1235 erhielt Kirchhain die Mkt-Rechte, 1456 wurde dem Ort eine Urkunde ausgestellt, die zum Führen der Bezeichnung „Stadt" berechtigte. Nach St-Bränden und Schäden, die der 30jährige Krieg verursacht hatte, kam es 1642–76 zu einer Periode intensiver Bautätigkeit; es entstand u. a. das „Jagdschloß Doberlug". Der wohl berühmteste D.er Bürger ist der 1834 geb. Physiker Hermann Wilhelm Vogel, der die Farbsensibilisierung fotografischer Schichten entdeckte und dadurch die Einsatzmöglichkeiten der Aufnahmematerialien entscheidend verbesserte. Die Forschungsergebnisse werden noch heute bei modernen Herstellungsverfahren von Fotofilmen verwendet. Vogel ist Autor mehrerer Fachbücher. – 1664 erhielt auch die St Doberlug ihre Gründungsurkunde. In Kirchhain baute man 1680 ein Rathaus, spätere Erweiterungsbauten entstanden in der Zeitspanne von 1850–78. Während der 2. Hälfte des 19. Jh. weiteten sich die K.er Gerbereien zur Lederindustrie aus, Gerbereigebäude bestimmten das Bild der St. Die Eisenbahnlinien entstanden 1871/72, wovon zuerst 1871 die Strecke Cottbus-Leipzig-Halle eingeweiht und damit der Anschluß an das dt. Eisenbahnnetz hergestellt wurde. Das Rathaus erhielt mit dem Umbau von 1905 sein heutiges Aussehen. Im Jahre 1950 wurden die Städte Kirchhain und Doberlug zu einer St mit dem Doppelnamen D.-K. zusammengelegt.

Sehenswürdigkeiten: Weißgerbermuseum, einzigartig in Europa; zu besichtigen sind eine einmalige techn. Schauanlage des Weißgerberhandwerks um 1900, eine Ausstellung von Leder und Fellen aus fünf Kontinenten, umfangreiche D.er und K.er Zinnwaren und eine Schusterstube aus dem 19. Jh.; das Schloß D.; die Apotheke in D. (um 1689); D.er St-Torsäulen; die Klosterkirche D. (1184–1228); St-Pfarrkirche K. (12. Jh.); Kursächsische Distanzsäule (1736); die Trebbuser Bockwindmühle (1851) – ein Mühlenmuseum mit betriebsbereiter Anlage; die Mkt-Bereiche in D. und K.; der „Rautenstock"; das Naherholungsgebiet „Bad Erna"; Hallenbad, Freibad.

Wiederkehrende Ereignisse: Schützenfest und Frühlingsfest.

Döbeln

□ 44,5 qkm; ○ Kreisstadt; ⚐ Freistaat Sachsen; ✉ 04720; ☎ Amt Döbeln; 🚗 DL; △ 180 m; 👫 27 000.

D. kann auf der A 4 (Ausfahrten Döbeln-Nord und Döbeln-Ost) und über die B 169 und B 175 erreicht werden. Eisenbahnknotenpunkt der Schnellzugstrecke Chemnitz–Riesa–Berlin und der Eilzugstrecke Dresden–Leipzig (Hauptbahnhof). Ostbahnhof an der Strecke nach Roßwein. Die nächsten Flughäfen sind Leipzig/Halle (70 km) und Dresden-Klotzsche (60 km).

D. hat Stadtverwaltung, Polizeiposten, 9 Schulen, u. a. Gymnasium, Mittelschule, Pestalozzi-Schule für Behinderte, Musikschule. Stadttheater mit eigenem Ensemble, Stadt- und Kreisbibliothek. Kreiskrankenhaus.

D. ist traditioneller Standort der Metallbranche, der fleischverarbeitenden Industrie und der Kosmetikindustrie.

D. und Umgebung waren bereits zu Beginn der Bronzezeit (1800–1500 v. Chr.) dicht besiedelt, wie Grabfunde bewiesen haben. Die Erwähnung als „Castell" und „Burgwarde" in der Schenkungsurkunde Kaiser Ottos II. an das Kloster Memleben vom 21. Juli 981 gilt als Datum der Stadtgründung. Seit 1205 besaß D. ein eigenes Maß und war preisbestimmender Markt für das Hinterland (Erzgebirge). Von Durchreisenden wird D. die „Stadt der Dreien" genannt. Sie hatte drei Stadttore (sind auch im Stadtwappen enthalten), drei Türme, drei Brükken, drei Märkte, drei Mühlen und drei Kirchen. Durch Hussiten wurden 1429 Burg und Stadt zerstört. Die Burg blieb Ruine. Durch den großen Stadtbrand am 21. Juni 1730 wurden rd. 270 Häuser zerstört. 1823 erschien die erste Nummer des „Döbelner Wochenblattes", 1844 wird der erste Turnplatz auf dem „Sauanger" eingeweiht. 1847 erreicht die Eisenbahn von Riesa kommend Döbeln-Großbauchlitz (erster Bf.). Von 1892 bis 1928 Straßenbahnbetrieb mit Pferden (Bahn ist nie elektrifiziert worden). 1936 Fertigstellung des Hallenbades mit medizin. Abteilungen, 1939 Inbetriebnahme des Freibades. D. ist in seiner Geschichte mehrfach von schweren Hochwassern der Freiberger Mulde heimgesucht worden. 1982 Fertigstellung des Rückhaltebekkens Amselgrund und Beseitigung der Hochwassergefahr.

Sehenswert sind das Alte Amthaus mit Stadtmuseum, das 1912 erbaute Neue Rathaus mit 69 m hohem Turm, die Nicolai-Kirche (1333 als Basilika erbaut, ab 1479 zur spätgotischen Hallenkirche umgebaut, 1976 restauriert); Bürgergarten (1904 angelegt) mit Freilichtbühne und Blumenuhr.

Periodische Veranstaltungen sind das Stadtfest im Juni, das Badfest im Juli, das Blumenfest im September und der Weihnachtsmarkt im Dezember.

Dörentrup

□ 49,70 qkm; ○ Lippe; ⚐ Nordrhein-Westfalen; ✉ 32694; ☎ 05265; 🚗 DT; △ 120–250 m; 👫 7800.

D., 36 km östlich von Bielefeld im Lipper Bergland an der B 66 gelegen, ist 1969 durch den Zusammenschluß von fünf Gemeinden entstanden. Die Gm hat Grundschule; Möbelindustrie, Sand- und Tonwerke. – Fremdenverkehr.

Donaueschingen

□ 104,66 qkm; ○ Schwarzwald-Baar-Kreis; ⚐ Baden-Württemberg; ✉ 78166; ☎ 0771; 🚗 VS; △ 700–800 m; 👫 18500.

D., Luftkurort am Ostrand des südlichen Schwarzwaldes gelegen, ist über die B 27, B 31, B 33 sowie über die A 81 Stuttgart–Bodensee (Ausfahrt A 864 AB-Dreieck Bad Dürrheim) zu erreichen; Bahnstation an der Strecke Konstanz–Offenburg und Freiburg–Donaueschingen (Höllentalbahn) zu erreichen; Flugplatz D.-Villingen. D. hat Amtsgericht, Finanzamt, Arbeitsamt (Nebenstelle), Forstamt u. a. Behörden; Realschule, Gymnasium, Wirtschaftsgymnasium, Sonderschule, kaufm. Schulen, Gewerbeschule, Hauswirtschaftliche Berufsschule, Landwirtschaftsschule, Altenpflegeschule, Volkshochschule, Jugendmusikschule; Bildungszentrum für Informationstechnik; Stadtbibliothek; Kreiskrankenhaus, Fachkliniken; Feinmechanische-, Elektro-, Elektronik- und Textilindustrie, Apparatebau, Schuhfabrikation, Brauerei.

Erstmalige urkundliche Erwähnung 889 in einer Urkunde, mit der König Arnulf Besitzungen der »vila Esginga« an das Bodenseekloster Reichenau übergab. Der Reichenauer Kelnhof bildete die Keimzelle örtlicher Herrschaft. Aus ihm erwuchs im MA allmählich die genossenschaftliche Dorfgemeinde mit Vogtei und Dorfgericht. 1488 kauften die Grafen von Fürstenberg das Dorf D. 1524 fand die erste bewaffnete Auseinandersetzung des deutschen Bauernkrieges im Pfaffental bei D. statt. Von 1723 bis 1806 war D. Residenzstadt des Fürstentums Fürstenberg. Seit 1810 besitzt D. das Stadtrecht.

Sehenswürdigkeiten: Fürstlich Fürstenbergisches Schloß (erbaut 1722, Umbau 1893–1898, Schauräume mit reicher Innenausstattung, Möbel und Kunstgewerbe aus Renaissance und Barock); Donauquelle im Schloßhof; Schloßpark; Stadtkirche St. Johann (Böhmischer Barock 1724–1749, einzige Kirche dieses Stils in Süddeutschland); Fürstenberg-Sammlungen (Gemäldegalerie, naturwissenschaftliche Sammlungen); Hofbibliothek (bedeutendste Privatbibliothek Deutschlands mit Handschriften, Inkunabeln, Musikalienabt.). – Alljährlich CHI-Reitturnier (September), Internationale Musiktage für zeitgenössische Tonkunst (Oktober).

Donauwörth

□ 76,87 qkm, ○ Donau-Ries; ⚐ Bayern; ✉ 86609; ☎ 0906; 🚗 DON; △ 403–500 m; 👫 17800.

D. liegt 40 km nördlich von Augsburg an der Mündung der Wörnitz in die Donau. Zufahrt über die B 2, B 16 und B 25. D-Zug-Station an der Bundesbahnstrecke München–Augsburg–Nürnberg und Ulm–Regensburg. Sonderlandeplatz in Genderkingen (5 km). D. hat Amtsgericht (Zweigstelle), Arbeitsamt, Landratsamt u. a. Behörden; Realschulen, Gymnasium, Berufsschule, Fachoberschule, Wirtschaftsschule; Kreiskrankenhaus (mit Schwesternschule). – Industrie: Maschinen-

und Flugzeugbau (Messerschmitt-Bölkow-Blohm GmbH), Puppenfabrik (Käthe Kruse), Lebensmittel- und Textilindustrie, Großdruckereien.

D. entstand als Siedlung im Schutz einer zur Sicherung des Flußüberganges am Fuß des Schellenbergs errichteten Burg. Kaiser Otto III. verlieh den Ortsherren von Werd das Markt-, Zoll- und Münzrecht. Im 11. Jh. Gründung des Benediktinerklosters Heilig-Kreuz aus Anlaß einer Reliquie (Partikel vom Kreuz Christi), die Mangold I. von Werd von einer Reise nach Konstantinopel mitgebracht hatte. 1193 erhielt D. das Stadtrecht. Ende des 12. Jh. fiel D. an die Staufer, 1301 wurde »Schwäbisch Wörth«, wie D. damals genannt wurde, Freie Reichsstadt. 1328 brachte Ludwig der Bayer die St in den Besitz seiner bayerischen Hausmacht, doch wurde sie unter Karl IV. erneut reichsunmittelbar. Das 16. und 17. Jh. brachte D. eine Reihe von Rückschlägen (Reichsacht 1607; Verlust der reichsstädtischen Privilegien, Belagerungen und Besetzungen während des Dreißigjährigen Krieges); im Spanischen Erbfolgekrieg (1704) war D. Kriegsschauplatz und 1809 setzte Napoleon bei D. über die Donau.

Von den bedeutenden Baudenkmälern haben den 2. Weltkrieg (D. wurde im April 1945 zu 70% zerstört) überdauert: Stadtpfarrkirche (got. Backsteinbau von 1444–67); Heilig-Kreuz-Kirche (1717–20) mit Grabmälern der Mangolde von Werd; Rathaus (ab 1236, 1975–87 renoviert); Deutschordenshaus (1696 Gründung der Hoch- und Deutschmeister); Hintermeier-Haus (altes Gerberhaus aus der 2. Hälfte des 15. Jh.; jetzt Heimatmuseum); Fuggerhaus (1539, renoviert 1971/72); Riedertor, Färbertor, Ochsentor und Teile der alten Stadtmauer; Haus der Stadtgeschichte (Begegnungsstätte); Käthe-Kruse-Puppenmuseum. – Der Stadtteil D.-Auchsesheim ist Geburtsort des Komponisten Werner Egk (1901–1983, Grab auf dem Städt. Friedhof). – Alljährlich Schwäb. Kindertag (Juli).

Donzdorf

□ 39,82 qkm; ○ Göppingen; ⚐ Baden-Württemberg; ✉ 73072; ☎ 07162; 🚗 GP; △ 406–749 m; 👪 11100.

D., am Steilabfall der Schwäbischen Nordostalb im Tal der Lauter gelegen, ist über die B 466 zu erreichen. Die St hat Gymnasium, Werkrealschule, Jugendmusikschule, Volkshochschule; Polstermöbelindustrie, Fabrikation von Benzintanks und Schalldämpfer für Kraftfahrzeuge, Verpackungsmaschinen, Möbel und Einbauschränken, Berufskleidung, Werkzeugmaschinen und Automaten, Stahlbaukonstruktionen, Gardinen und Vorhängen, Lederwaren, Büromöbel, Polsterbetten, Maschenstoffen; Landwirtschaft in den Stadtteilen D.-Reichenbach und D.-Winzingen.

D., erstmals 1275 in der Zehntsteuerliste der Diözese Konstanz urkundlich erwähnt, war Besitz verschiedener Herren (Grafen von Helfenstein, Wernau, Specht-Bubenheim, von Rechberg) bis 1806; über Bayern kam es 1810 zu Württemberg. – Sehenswert die St.-Martinskirche (1777 umgebaut) mit schönen Deckengemälden und Grabmälern der Grafen von Rechberg; Pfarrkirche zum Hl. Petrus (1275 urkundlich erwähnt) in Reichenbach; St.-Laurentiuskapelle Hürbelsbach; Ruine Scharfenberg; Schloß und Schloßkapelle Ramsberg; Messelstein; Segelflugplatz Messelberg u.a. – Alljährlich großer Fasnetsumzug und Straßenfasnet, Stadtfest (September), Jahrmarkt (Juli und September).

Dorfen

□ 99,55 qkm; ○ Erding; ⚐ Bayern; ✉ 84405; ☎ 08081; 🚗 ED; △ 440 m; 👪 10500.

D., an der Isen 35 km südlich von Landshut gelegen, ist über die B 15 zu erreichen. D-Zug-Station an der Strecke München-Simbach. Die St (seit 1954) hat Forstamt; Gymnasium, Sonderschule für geistig behinderte Kinder; Ziegelei, Maschinenbau (Förderbänder). – Bemerkenswert die Wallfahrtskirche Maria Dorfen. – Alljährlich ‚Hemadlenzenzug' (letzter Donnerstag im Fasching).

Dormagen

□ 85,62 qkm; ○ Neuss; ⚐ Nordrhein-Westfalen; ✉ 41539*; ☎ 02106; 🚗 NE; △ 44 m; 👪 56500.

D., am linken Rheinufer zwischen Köln und Düsseldorf gelegen, ist über die B 9 und die Autobahn A 57 Köln–Krefeld (Ausfahrt D.) zu erreichen. S-Bahn-Stationen in D.-Nord und D.-Nievenheim. D. hat Realschulen, Gymnasien, Gesamtschule, Berufs- und Berufsfachschule, Sonderschule für Lernbehinderte, Städt. Musikschule, Volkshochschule; Chemische Industrie (Pflanzenschutz, Kunststoffe, Fasern), Maschinenbau, Brauerei; Industriehafen, Industriebahn.

D. entstand aus dem im ersten Jahrhundert n. Chr. gegründeten römischen Kastell »Durnomagus«. Noch um die Jahrhundertwende eine bäuerliche Straßensiedlung mit etwas mehr als 3000 EW, wuchs D. seit der Ansiedlung der Chemiefirma Bayer im Jahre 1916 stetig an. Der expansiven Entwicklung wurde 1969 durch die Erhebung D. zur Stadt Rechnung getragen. Bei der kommunalen Neugliederung 1975 wurden D. die ehemalige St Zons und das Amt Nievenheim angegliedert.

Der heutige Stadtteil Zons war eine römische Vorpostenstellung des Kastells Dormagen. Als fränkisches Königsgut gelangte der Ort im 5. Jh. in den Besitz der Kölner Erzbischöfe. 1275 wurde Z. zum Schutz gegen die Grafen von Berg als Burg ausgebaut (1288 zerstört). 1372 ließ Friedrich von Saarwerden, Erzbischof von Köln, die Anlage neu errichten und mit einer starken, quadratisch angelegten Befestigung umgeben. 1373 wurde Z. zur Stadt erhoben. Der kurkölnische Rheinzoll war bereits ein Jahr zuvor von Neuss nach Z. verlegt worden. Als Zollstadt erlebte Z. eine wirtschaftliche Blüte bis zur Aufhebung des Rheinzolls im Jahre 1767. Das Stadtbild des 14. Jh. mit Mauern, Türmen, Schloß „Friedestrom“ (jetzt Kreismuseum und Freilichtbühne), blieb fast unverändert erhalten. Ferner sehenswert: romanische Doppelchor-Basilika (Baubeginn 1138) des Klosters Knechtsteden, Wildgatter Tannenbusch, Geo-Park.

Dornhan

□ 42,57 qkm; ○ Rottweil; ⚐ Baden-Württemberg; ✉ 72175; ☎ 07455 (07423 D.-Weiden); 🚗 RW; △ 450–685 m; 👥 5300.

D., 15 km südwestlich von Freudenstadt auf einem Hochplateau zwischen oberem Neckar- und oberem Kinzigtal gelegen, ist über die Autobahn A 81 Stuttgart–Bodensee (Ausfahrt Sulz a. N. bzw. Oberndorf) zu erreichen. D. hat Grund-, Haupt- und Realschule; leder-, holz- und metallverarbeitende Betriebe.

Erste urkundliche Erwähnung 777, Stadterhebung 1256 durch Herzog Ludwig von Teck.

Sehenswert die spätgotische Pfarrkirche sowie in D.-Leinstetten das Schloß und die Burgruine Lichtenfels.

Dornstetten

□ 24,23 qkm; ○ Freudenstadt; ⚐ Baden-Württemberg; ✉ 72280; ☎ 07443; 🚗 FDS; △ 600–730 m; 👥 6100.

D., staatlich anerkannter Luftkurort am Ostrand des nördlichen Schwarzwaldes 8 km östlich von Freudenstadt, liegt an der B 28, der A 81 Stuttgart–Singen (Ausfahrt Horb a. N.) und der Bahnstrecke Stuttgart–Freudenstadt. Die St hat Realschule, Progymnasium, Werkstatt für Behinderte; holzverarbeitende und Verpakkungsindustrie, Fabrikation von Spritzgußteilen; Landwirtschaft.

D. wird erstmals 767 im Schenkungsbuch des Klosters Lorsch erwähnt. Zwischen 1267 und 1276 erhielt es die Stadtrechte durch die Grafen Urach-Fürstenberg. 1415 und 1676 zerstörten Großbrände die St. Die sehenswerten Fachwerkhäuser am Marktplatz, die Zehntscheuer und der Fruchtkasten stammen aus dem späten 17. und 18. Jh. – Die Stadtteile Aach und Hallwangen werden 1150 bzw. 1075 erstmals urkundlich erwähnt. Traditionelle Krämermärkte an Ostern, im August und November.

Dorsten

□ 171 qkm; ○ Recklinghausen; ⚐ Nordrhein-Westfalen; ✉ 46269*; ☎ 02362; 🚗 RE; △ 27–122 m; 👥 78000.

Dorsten liegt beiderseits der unteren Lippe am Nordrand des Ruhrgebietes. Im Stadtgebiet kreuzen sich die B 223, B 224 und B 225. Anschluß an die Autobahn A 52 Gelsenkirchen–Marl (Ausfahrt D.-Straße) und A 31 AB-Kreuz Bottrop-Gronau (Ausfahrten D.-Hardt und Schermbeck); Regionalflugplätze in Marl-Loemühle und Dinslaken Schwarze Heide; Kanalhäfen am Wesel-Datteln-Kanal; Dorsten hat Amtsgericht, Außenstelle des Wasser- u. Schiffahrtsamtes Duisburg; Gymnasien, Gesamtschule, Realschulen, Berufs-, Berufsfach- und Fachoberschulen, Höhere Handelsschule, Sonderschulen, Volkshochschule, Musikschule, Tageseinrichtungen für behinderte Kinder, Studieninstitut für kommunale Verwaltung, Schwesternschule; Steinkohlenzechen (Ruhrkohle AG) in den Ortsteilen Hervest-Dorsten und Wulfen; Brauerei (Wulfen), Draht-, Maschinen-, Chemikalien-, Textil- und Baustoffindustrie sind die bedeutendsten Industriezweige.

Die Stadt entwickelte sich aus einem karolingischen Hof (erste urkundliche Erwähnung 890), der seit 1032 zu dem St. Viktorstift in Xanten gehörte. 1251 wurden D. vom Kölner Erzbischof als Landesherrn die Stadtrechte verliehen. Den ersten wirtschaftlichen Aufschwung erlebte die Stadt im 14. und 15. Jh.

als Mitglied der Hanse (Schiffsbau und Getreidehandel). Vom 17. bis Anfang des 19. Jh. führten Kontributionen und Kriegsdrangsale zur völligen Verschuldung und Verarmung der Stadt. 1815 kam Dorsten an Preußen.

Nach dem Eisenbahnanschluß (1874 bzw. 1879/80 und der Steinkohleförderung (1911 und 1913) folgte der industrielle Aufschwung. Im Rahmen der Gebietsreform wurden Dorsten sieben Nachbargemeinden eingegliedert, darunter das Modellprojekt „Wulfen". – Sehenswürdigkeiten: Stadtkirche St. Agatha (Hallenbau 14. Jh., im 2. Weltkrieg zerstört, 1955/56 wiederaufgebaut) mit alten Gedenksteinen und Taufbrunnen; Wasserschloß Lembeck (älteste Teile 15. Jh.); Alte Stadtwaage (1567); romanischer Turm (11. Jh.) der St. Paul-Kirche; Sandstein-Madonna aus dem 15./16. Jh. (Heimatmuseum); Tüshaus-Mühle.

Dortmund

□ 280,19 qkm; ○ Kreisfreie Stadt; ⚐ Nordrhein-Westfalen; ✉ 44122*; ☎ 0231; 🚗 DO; △ 60–254 m; 👥 587 000.

D., Westfalens Metropole im östlichen Ruhrgebiet, liegt im Schnittpunkt wichtiger Verkehrsverbindungen (Autobahn A 1 Hansalinie [Deutsche Bierstraße] Leverkusener Kreuz-Dortmund-Bremen; Sauerlandlinie A 45 Dortmund-Gießen; Hessenlinie A 44 Dortmund-Kassel; A 2 Oberhausen-Dortmund-Hannover; B 1 [Ruhrschnellweg], B 54).

D. ist Bundesbahnknotenpunkt (Intercityverkehr, Interregioverbindungen; Zugbildungsbahnhof, S-Bahn) und mit dem größten Kanalhafen Europas (10 Hafenbecken) an den Dortmund-Ems-Kanal und Rhein-Herne-Kanal angeschlossen; Flugplatz in D-Wickede mit Linienverbindungen nach Berlin, London, München, Nürnberg und Stuttgart.

D. hat zahlreiche Behörden (Bundesanstalt für Arbeitsschutz, Landgericht, Amtsgerichte, Landesoberbergamt u. a.), bedeutende Forschungs- und Bildungseinrichtungen (Universität, Sozialakademie, Sozialforschungsstelle, Max-Planck-Institute für Arbeitsphysiologie und für Ernährungsphysiologie. Bundesanstalt für Unfallforschung u. Arbeitsschutz. Institut für Kinderernährung, Staatl. Materialprüfungsamt, Institute für Spektrochemie und angewandte Spektroskopie, Kohlenstoffbiologische Forschungsanstalt, Fachhochschule mit 10 Fachbereichen, Höhere Wirtschaftsfachschule, Verwaltungs- und Wirtschaftsakademie, Westfälisch-Märkisches Studieninstitut für Kommunale Verwaltung, Sozialpädagogisches Seminar, Werkkunstschule, Lehranstalt für med.-techn.-Assistenten, Hotelfachschule, 18 Gymnasien, Abendgymnasium, 13 Realschulen, 29 Hauptschulen und 7 Gesamtschulen, Gehörlosen- und Körperbehindertenschule sowie weitere Sonderschulen) und bedeutende Fachkliniken.

Kulturelle Einrichtungen: Opern- und Schauspielhaus, Museum am Ostwall (Malerei und Plastik des 20. Jh.), Museum für Kunst und Kulturgeschichte, Naturkundemuseum, Stadt- und Landesbibliothek, Institut für Zeitungsforschung, Universitätsbibliothek u. a. – D. besitzt mit dem ‚Westfalenstadion', der Pferderennbahn D.-Wambel, der Helmut-Körnig-Halle, den Westfallenhallen, den 16 Hallen- und Freibädern u. a. Anlagen eine Reihe hervorragender Sportstätten, die Mittelpunkte des westdeutschen Sportlebens darstellen.

D. ist Handels- und Wirtschaftsmetropole mit einer breitgefächerten Industrie; Hütten- und Walzwerke (Hoesch AG.), Stahlkonstruktionen, Maschinen- und Brückenbau, Textilien, Kunststoffe, Büromöbel, Süßwaren (Schokolade), Großbrauereien und Brennereien; 1300 Großhandelsunternehmen, 1340 Handelsvermittlungen, 28 Kaufhäuser in der City, annähernd 4600 Einzelhandelsgeschäfte, zahlreiche Versicherungen und Banken weisen D. als bedeutendes Dienstleistungszentrum aus.

D. wird erstmals 898 als Siedlung „Throtmani" urkundlich erwähnt. Dank seiner verkehrsgünstigen Lage am Hellweg entwickelte sich D. zum bedeutenden Markt und Handelsort. Im MA war die St Freie Reichs- (seit 1220) und Hansestadt mit regen Handelsbeziehungen zu vielen Ländern. D. war Schauplatz wichtiger Zusammenkünfte deutscher Kaiser, mehrerer Reichstage und Sitz eines Femegerichts. Der Dreißigjährige Krieg hatte für die St verheerende Folgen; die zu einer unbedeutenden Ackerbürgergemeinde abgesunkene St fand jedoch nach 1840 Anschluß an die industrielle Entwicklung. Als Bierstadt hatte D. bereits seit dem 13. Jh. einen guten Ruf, nachdem ihr König Adolf von Nassau 1293 das Braurecht verlieh.

Im Zentrum der St bilden die Reinoldikirche (13. Jh.) und die ihr gegenüberliegende Marienkirche aus dem 12. Jh. mit dem berühmten Altargemälde des Meistes Conrad von Soest architektonische Schwerpunkte. Auf der westlichen Seite der Hansastraße liegt die Propsteikirche (14. Jh. mit dem flandrischen Schnitzaltar des Adrian von Averbecke (1519).

D., das 1945 zu 93 Prozent zerstört war, wurde nach dem Kriege großzügig wiederaufgebaut. Fast die Hälfte des Stadtgebietes sind Forsten und Grünanlagen.

Sehenswürdigkeiten: Westfalenhallen und Westfalenpark mit Deutschem Rosarium (3000 Rosensorten aus aller Welt) und rotierendem Restaurant im 220 m hohen Fernsehturm; Tierpark; Hohensyburg-Denkmal über dem Hengsteysee zur Erinnerung an die Reichsgründung 1871; Burgruine Hohensyburg; Torhäuschen (Restteil eines Wasserschlosses des Freiherrn von Romberg aus dem Jahre 1682) im Rombergpark; Wasserschloß Bodelschwingh (mit Bauresten aus dem 16. Jh.); Ehrenmal in der Bittermark zum Gedenken an die Nazi-Morde Ostern 1945.

Feste und Veranstaltungen: Sportpressefest, Rosenmontagszug, Internationale Dortmunder Schachtage, Hobby-Tronik, Creativa, Kinder-Ferien-Party, Dortmunder Herbst, 6-Tage-Rennen, Deutsche Waffenbörse, Arena der Sensationen, Dortmunder Weihnachtsmarkt, Holiday on ice u. a.; alle zwei Jahre Interschul, D. Bürgerfest, Auslandskulturtage, Big-Band-Festival, Hafentag.

Dossenheim

☐ 14,14 qkm; ○ Rhein-Neckar-Kreis; ⚐ Baden-Württemberg; ✉ 69221; ☎ 06221; 🚗 HD; △ 153 m; 👥 9200.

D. liegt 5 km nördlich von Heidelberg an der Bergstraße. Zufahrt über die B 3 und die Autobahn A5 Heidelberg-Darmstadt (Ausfahrt Heidelberg/D.). D. hat Biologische Bundesanstalt (Institut für Obstkrankheiten); Grund- und Hauptschule; Steinbruchindustrie (Quarzporphyr), Füllfederhalterfabrik (Faber-Castell), Konservenindustrie; Obst- und Weinbau.

D. wird erstmals 766 im Lorscher Codex genannt. Bekannt geworden ist die Gm 1955/56 durch bedeutende archäologische Funde (‚D. Schädel' aus dem 5. Jh. n. Chr., Gräberfeld aus der Merowingerzeit, 6./7. Jh.) – Alljährlich findet in D. ein Internationaler Bergstraß-Volkslauf und -marsch statt.

Dreieich

☐ 53,29 qkm; ○ Offenbach a. M.; ⚐ Hessen; ✉ 63303; ☎ 06103; 🚗 OF; △ 113–203 m; 👥 39500.

D., 15 km südlich von Frankfurt a. M. in der Nähe des Rhein-Main-Flughafens an der B 3, B 46 und an den Autobahnen A 5 Frankfurt a. M.–Karlsruhe (Ausfahrten Langen/Mörfelden oder Zeppelinheim) und A 661 Frankfurt–Darmstadt (Ausfahrt D.) gelegen, ist 1977 aus den Städten Dreieichenhain und Sprendlingen, sowie den Gemeinden Buchschlag, Götzenhain und Offenthal hervorgegangen.

Die St hat Gesamtschulen, Gymnasium, Berufs- und Berufsfachschulen, Sonderschule für Lernbehinderte; Spielwaren-, Metall-, Elektro-, Bekleidungs- Kosmetik- (Ellen Betrix) und Softwareindustrie, Medizintechnik.

Die Wasserburg Hain (Ruine) im Stadtteil Dreieichenhain wurde im 11./12. Jh. errichtet. 1256 erste urkundliche Erwähnung der im Schutz der Burg angelegten St Dreieichenhain. Die Stadtteile Sprendlingen und Offenthal sind erstmals 834 urkundlich bezeugt. Buchschlag wurde wurde 1904 als Villenkolonie gegründet, und Götzenhain, vermutlich im 12. oder 13. Jh. entstanden, ist erstmals 1318 urkundlich nachweisbar. – Sehenswert neben der Burgruine die Altstadt und das D.-Museum.

Drensteinfurt

☐ 106,21 qkm; ○ Warendorf; ⚐ Nordrhein-Westfalen; ✉ 48317; ☎ 02508; 🚗 WAF; △ 62 m; 👥 11700.

Die St D., 20 km südlich von Münster im Zentrum der Münsterländischen Buch gelegen, ist über die B 58 und B 63 zu erreichen; Anschluß an die Autobahn A 1 Ruhrgebiet-Bremen (Ausfahrt Ascheberg). D. hat Grund- und Hauptschule; Stanz- und Emaillierwerk, holzverarb. Industrie (Furniere).

D. ist aus einem Herrenhof der Widukind-Sippe hervorgegangen (851 erstmals urkundlich erwähnt), der dem Bistum Osnabrück übereignet wurde. Als Ackerbürgergemeinde erlangte D. Ende des 19. Jh. durch den Strontianitbergbau einige Bedeutung. Während des 2. Weltkrieges wurde die St fast völlig zerstört. 1969 Zusammenschluß von D.-Stadt, D.-Kirchspiel und Walstedde.

Dresden

☐ 225 qkm; ○ Kreisfreie St; ⚐ Freistaat Sachsen; ✉ 01067*; ☎ 0351; 🚗 DD; △ 113 m; 👥 485000.

Dr. ist erreichbar über die A 4 und A 13 sowie über die B 6, B 97, B 170; Radialen sind die B 172 und B 173. Die St liegt am Hauptnetz der Deutschen Reichsbahn, es gibt Tagesverbin-

Dresden, Schloß Moritzburg

dungen zu allen größeren dt. und osteuropäischen Städten. Flughafen Dr.-Klotzsche, 9 km vom Stadtzentrum entfernt, wird von 20 Luftfahrtgesellschaften angeflogen (Flugverbindungen zu 16 dt. und 3 europäischen Städten, im Charterverkehr 3 internationale Ziele). Elbe-Hafen Dr.-Friedrichstadt: Die „Weiße Flotte" für den Personenverkehr fährt flußaufwärts über Bad Schandau bis Schmilka in der Sächsischen Schweiz, flußabwärts über Meißen nach Riesa. Im Güterverkehr wird eine Umschlagskapazität von insges. 1,4 Mill. t/Jahr erreicht. Durch die Partnerschaft mit der Hafenstadt Hamburg hat Dr. wieder ein Tor zur Welt.

Bildungseinrichtungen: Grundschulen, Mittelschulen, Gymnasien, Spezialschulen, Förderschulen, Gewerbliche Berufsschulen, Berufliche Gymnasien. Für die Weiterbildung gibt es Fachschulen, die Technische Universität (10 000 Studenten); ferner die Hochschulen für Verkehrswesen, für Bildende Kunst, für Musik, die Medizinische Akademie und die Forschungs-Institute der Fraunhofer-Gesellschaft.

Soziale Einrichtungen: Kindergärten, Kinderkrippen und Kinder-Tageseinrichtungen (Krippe und Kindergarten), Schüler-Freizeitzentrum, Jugendklubs und Jugendherbergen. Es gibt in der St eine Kinderstraßenbahn (einmalig in Europa) und die Jugendkunstschule Schloß Albrechtsberg; Sozial-pädagogische Heime für Kinder und Jugendliche, einen Allgemeinen Sozial- und Beratungsdienst und Einrichtungen für Behinderte.

Dr. als Wirtschaftsstandort: Vorrangig sind Mikroelektronik und Medizintechnik, ferner von Bedeutung der Bau von Spezialwerkzeugmaschinen, von Elektro- und Verpackungsmaschinen sowie von Meß-, Prüf- und Regelgeräten; bekannt sind auch die Pharmazeutika aus der Elbmetropole und der einst weltbekannte Dresdener Kamerabau.

Eine Vielzahl von Industriezweigen pflegt die Zusammenarbeit bzw. sucht wissenschaftlich-spezifische Hilfe bei den Experten der Technischen Universität und den oben genannten Instituten. Diese Forschungsstätten und das Technologiezentrum charakterisieren die St Dr. als einen im Aufbau befindlichen innovativen wissenschaftlich-technischen Standort.

Geschichtliches: Seit dem 7. und 8. Jh. breiteten sich die Sachsen als mächtiger germanischer Volksstamm zwischen unterem Rhein und unterer Elbe aus. Die Priorität des sächsischen Herzogtumes lag jedoch noch im 10. und 11. Jh. an Harz und Unterelbe. Nach Zerschlagung des alten Stammesherzogtums 1176 erhielt eines der kleinen Territorien an der mittleren Elbe den Namen Sachsen. Wittenberg wurde zur Hauptstadt des jüngeren sächsischen Herzogtums. Die Herrscher waren Kurwürdenträger aus dem Hause der Askanier; sie zählten damit zu den 7 Kurfürsten des alten Reiches, die den dt. Kaiser wählen durften. 1423 übertrug dieser das Herzogtum Sachsen zusammen mit der Kurwürde an Friedrich IV., den Markgrafen von Meißen, aus dem Hause Wettin. Die Mark Meißen zählte vom 12./13. Jh. an bis zu Beginn des Spätmittelalters zur Kolonialprovinz des Reiches. Aus den östl. Wald- und Sumpfgebieten wurde die westslawische Bevölkerung verdrängt. Das war die Geburtsstunde der heutigen Elbmetropole.

Die Markgrafen von Meißen besaßen im späten 12. Jh. links der Elbe eine Burg (nahe dem heutigen Theaterplatz), die den Flußübergang schützen sollte. Darin residierten die Burggrafen von Dohna; 1206 wird Dr. als Siedlung mit Stadtcharakter urkundlich erwähnt, 1287 in den Annalen auf eine steinerne Brücke über die Elbe hingewiesen; es war jene Stelle, an der sich heute die Augustusbrücke befindet. Nachdem Sachsen 1485 zwischen den Brüdern Ernst und Albrecht in der sog. „Leipziger Teilung" gespalten wurde, stieg Dr. zur Residenz der Albertiner auf. Die Kurwürde verblieb bei den Ernestinern in Sachsen-Anhalt und Thüringen, bis sie Herzog Moritz von Sachsen durch kluges Taktieren an sich brachte, wodurch Dr. als nunmehrige kurfürstliche Residenz einen großen Aufschwung nahm.

Damit begann auch eine bedeutende Erweiterung der Schloßanlage (1548–56) im Renaissancestil. Der Grundstein für alle Dresdener Galerien und Museen wurde 1560 mit der Gründung der kurfürstlichen Kammer gelegt. Weltbekannt wurde das Grüne Gewölbe;

Hauptbestand dieser kostbaren Schatzsammlung ist das Inventar der „Kunstkammer“ von 1560, die typischen Goldschmiedearbeiten und Bronzefiguren der Renaissance, aber auch Kuriositäten und Raritäten dieser Zeit. Neben den Räumen der Kunstkammer gab es ein grün getünchtes Gewölbe, das unter den Wohngemächern des Fürsten lag; hier wurden Geld, Schmuck und Urkunden der Familie aufbewahrt.

Die Entwicklung zur Barockstadt stand unter dem maßgeblichen Einfluß von Friedrich August I., genannt August der Starke. Er übernahm 1694 die Regierungsgeschäfte. Nach Übertritt zum Katholizismus erwarb er 1697 die polnische Krone und nannte sich August II. Während seiner Regierungszeit bis 1733 entstanden bedeutende barocke Baudenkmäler, Residenzen, Lustschlösser und Kirchen. Obenan ist der weltberühmte Zwinger zu nennen. Der Name, ein Begriff aus dem Festungsbau, bezeichnet den Bereich zwischen äußerem und innerem Wall. Tore und Pavillons manifestierten in einzigartiger Weise sowohl Glanz und Würde als auch Machtanspruch August' des Starken. Im wesentlichen hatten die berühmten Baumeister Pöppelmann und Permoser 1719 dieses außerordentliche Kunstwerk aus dem weichen Sandstein des Elbtales beendet.

Nach 1728 wurden die Pavillons und Galerien des Zwingers mehr und mehr zu Museen, die kostbare Instrumente, Bücher, naturwissenschaftliche Sammlungen und Porzellane aufnahmen. Noch vor dem Bau des Zwingers schuf Pöppelmann das Taschenbergpalais, das August der Starke 1707 seiner berühmten Mätresse, der Gräfin Cosel, schenkte. Seit 1945 ist das Bauwerk eine Ruine. – Als bedeutendster Sakralbau jener Zeit gilt die „Frauenkirche“. 1772 erhielt Rathszimmermeister George Bähr den Auftrag, ein neues monumentales Gotteshaus zu schaffen. Er baute die bedeutendste protestantische Kirche der Barockzeit. Über dem prachtvollen Altar befand sich eine Orgel des berühmten Gottfried Silbermann. Aufsehen erregte die das Stadtbild beherrschende 95 m hohe Kuppel. Sie war die erste steinerne in Europa seit der Antike. Im Jahre 1738 wurde die Frauenkirche geweiht, die 4000 Plätze faßte. Bei dem Bombenangriff vom 13. Februar 1945 geriet sie in Brand und stürzte zwei Tage später in sich zusammen. Jahrelang ein Mahnmal, soll sie nunmehr wieder aufgebaut werden.

Der Sohn Augusts des Starken legte 1739 den Grundstein zum Bau der „Katholischen Hofkirche“, den der römische Baumeister Geatano Chiaveri ausführte. Sie ist eine dreischiffige Basilika mit vier Eckkapellen. Neben der Rokokokanzel Permosers (1722) und dem Hochaltargemälde „Die Himmelfahrt Christi“ (1751) von Mengs birgt das Haus die größte und letzte Orgel Gottfried Silbermanns. Durch vatikanisches Dekret wurde die Kirche 1980 zur Kathedrale „Santissimae Trinitatis“ des Bistumes Dresden-Meißen erhoben.

Nach dem Ende des Nordischen Krieges hatte 1706 August der Starke 535 Gemälde, von denen Giorgiones „Schlummernde Venus“ das berühmteste war, ins Schloß bringen lassen. Seit 1722 befand sich die Dr. Gemäldegalerie beim Stallhof, im späteren Johanneum. Sie widerspiegelt noch heute den Geschmack ihrer beiden Gründer, der Könige August II. und August III. Insbesondere der letztere sandte Agenten durch das gesamte Europa, um berühmte Bilder, sogar ganze Sammlungen, ankaufen zu lassen. So erwarb er Liotards „Schokoladenmädchen“, Vermeer von Delfts „Kupplerin“, später auch Rubens' „Wildschweinjagd“ und Tizians „Zinsgroschen“. Eine der letzten und zugleich bedeutendsten Erwerbungen war der an lange Verhandlungen geknüpfte Ankauf von Raffaels „Sixtinischer Madonna“, die den Weltruhm der Galerie begründete.

Zur ältesten Tradition des Dresdener Musiklebens zählen Einflüsse der dt. und italienischen Oper. Heinrich Schütz führte 1621 die Oper „Daphne“ auf. Carl Maria von Weber, Richard Wagner und Richard Strauss sind in diesem Zusammenhang als Komponisten ebenso zu erwähnen wie die Dirigenten Fritz Schuch und Rudolf Kempe. Sie leiteten die Hofkapelle, die seit 1918 Staatskapelle ist. – 1871–78 konnte Semper sein zweites, größeres Opernhaus anstelle des 1869 abgebrannten am Theaterplatz bauen, der das Herzstück der alten Haupt- und Residenzstadt darstellt. In der Nacht vom 13. zum 14. Februar 1945 sank Dr. in Schutt und Asche. Auch das Opernhaus wurde total ausgebombt und konnte erst 1985 nach langjähriger Rekonstruktion wiedereröffnet werden. – Winckelmann, Vater der modernen Archäologie, schrieb im August 1749: „Wer Dresden nicht siehet, hat nichts Schönes gesehen.“ Andere prominente Zeitgenossen urteilten später ähnlich. Der Dichter und Philosoph Herder sah 1802 in Dr. ein „deutsches Florenz“, aus dem der Volksmund „Elbflorenz“ machte. Heute ist die Kunst- und Kulturstadt Dr. die Landeshauptstadt des Freistaates Sachsen; hier haben Landesregierung und Regierungspräsidium ihren Sitz. –

Wiederkehrende Veranstaltungen: Fest

sächsischer Puppen- und Marionettenspieler (Februar); Rock-Festival (Februar); Film-Festival Dresden (März); Internationales Blues-Festival (April); Dixieland-Festival (Mai); Internationales Tanz-Festival (Mai); Dresdner Musikfestspiele (Mai); „Handfest“, großes Treffen der Puppenspieler (Pfingsten); „Bunte Republik Neustadt“, großes Straßenfest mit Kinderfest und Markttreiben (Juni); großes „Elbhangfest“ zwischen Pillnitz und Loschwitz (letztes Juni-Wochenende); Dresdner Kunstfest, multimediale Inszenierungen (Juli); „Gorbautz“, Kinder- und Familienfest im Wohngebiet Borbitz (Juli); Country-Festival (August); „Sachsentag“, sächsisches Regionaltreffen mit Traditions- und Folklore-Festival in Dresden-Klotzsche (1. Wochenende im September); Volkstanzfest, Treffen von Amateurtanzgruppen aus Gesamt-Dtld. im St-Zentrum am Elbufer (September); Drehorgeltreffen, internationale Begegnung der Drehorgelspieler am Altmarkt (September); „Kabarettwerkstatt“, Festival rund ums Kabarett (Anfang Oktober); Pantomime-Festival, Amateurtheatertreffen (Mitte Oktober); Tage der zeitgenössischen Musik (Oktober); Festival der Zauberkunst (Oktober); Jazz „today“, Jazz-Festival (Oktober); „Deutsches Nachwuchs-Pop-Festival“ (November).

Drochtersen

□ 126,75 qkm; ○ Stade; ⚐ Niedersachsen; ✉ 21706; ☎ 04143; 🚗 STD; △ 3 m; 👪 10500.

D., an der Unterelbe in der Kehdinger Marsch gelegen, ist über die B 495 zu erreichen. D. hat Hafen für Küstenmotorschiffe; Grund- und Hauptschule mit Realschulzug, Berufs- und Berufsfachschule; Ziegeleien, Betonwerk. Fremdenverkehr zur Elbinsel Krautsand (sehenswerte Kirche).

D., erstmals 1227 urkundlich erwähnt, war um 1450 Hauptort des Landesteiles Süd-Kehdingen.

Drolshagen

□ 67,14 qkm; ○ Olpe; ⚐ Nordrhein-Westfalen; ✉ 57489; ☎ 02761; 🚗 OE; △ 345–512 m; 👪 10500.

D., im Ebbegebirge unweit der Bigge- und Listertalsperren an der Autobahn A45 (Sauerlandlinie) Dortmund-Hanau (Ausfahrt D./Wegeringhausen) gelegen, besteht aus der Stadt D. (3500 EW) und 62 Ortschaften und Weilern (D.-Land mit 6500 EW). D. hat Grund- und Hauptschule, Volkshochschule; Kleineisen- und Elektrozubehörindustrie, Papierverarbeitung.

D., das 1232 erstmals urkundlich erwähnt wird, erhielt 1477 durch Erzbischof Ruprecht von Köln die Stadtrechte. Die St war Mitglied der Hanse. Aus der Mitte des 12. Jh. stammt die romanische Basilika St. Clemens (von 1235 bis 1803 Klosterkirche einer Zisterzienserinnenabtei).

Duderstadt

□ 95,61 qkm; ○ Göttingen; ⚐ Niedersachsen; ✉ 37115; ☎ 05527; 🚗 GÖ; △ 177 m; 👪 22300.

D. liegt 30 km östlich von Göttingen im Untereichsfeld. Zufahrt über die B 446 und B 247. D. hat Amtsgericht; Realschule, Gymnasium, Berufs- und Berufsfachschulen, Handelsschule, Sonderschule für Lernbehinderte und Heim für geistig behinderte Kinder.

Industrie: Ziegeleien, Herstellung von Reißverschlüssen und Schreibmaschinentypen, Orthopädische- und Kunststoffindustrie, Seidenweberei, Schuh- und Textilindustrie; Produktion von Fahrradteilen; Fremdenverkehr.

D. geht auf einen fränkischen Reichshof zurück, der 929 als Königspfalz Heinrichs I. urkundlich erwähnt wird. 974 war die Siedlung im Besitz des Stiftes Quedlinburg, 1236 gehörte sie den Thüringer Landgrafen. Seit 1247 besitzt D. die Stadtrechte. 1342 kam D. zum Erzbistum Mainz (bis 1802); im 19. Jh. wechselte es weitere sechsmal den Landesherrn. – In der Altstadt sind mehr als 400 Fachwerkhäuser aus dem 15.–18. Jh. erhalten. Mittelpunkt der St ist das älteste Rathaus Deutschlands (älteste Teile Mitte des 13. Jh., Laube 1532/33). Weitere Sehenswürdigkeiten: Stadtbefestigung mit Westertor (1424); Propsteikirche St. Cyriakus (spätgotische Hallenkirche, 13. bis 15. Jh.) mit schöner Ausstattung (Flügelaltar um 1500, romanisches Reliquienkreuz, Gildeleuchter, 17./18. Jh.); St. Servatius-Kirche (15./16. Jh.); Ringwall (16. Jh.).

Dülmen

□ 184,50 qkm; ○ Coesfeld; ⚐ Nordrhein-Westfalen; ✉ 48249; ☎ 02594; 🚗 COE; △ 70 m; 👪 38900.

Dülmen, Wildpferde im Merfelder Bruch

D. liegt im Schnittpunkt der B 51 und B 474 und der Bundesbahnstrecken Köln-Essen-Bremen und Dortmund-Gronau (Enschede) 30 km südwestlich von Münster; Anschluß an die Autobahn A43 Recklinghausen-Münster (Ausfahrt D.). D. hat Amtsgericht und Bundeswehrgarnison; Segel- und Motorflugsportgelände Borkenberge; private Jungenrealschule, private Mädchenrealschule mit Abendrealschule, städt. neusprachl. Gymnasium und Gymnasium für Real- und Hauptschulabsolventen (Jungen und Mädchen), berufsbildende Schulen I (kaufmännische und hauswirtschaftlich-allgemeingewerblich), berufsbildende Schulen II (gewerblich-technisch und landwirtschaftlich), Schornsteinfegerfachschule; Textil- und Holzverarbeitung, Maschinen- und Apparatebau, Luftfilterfabrik.

D. entstand auf dem Gebiet einer altsächsischen Bauernschaft („Dulmenni") mit einem Herrenhof als Mittelpunkt. Um 800 Errichtung der ersten Kirche (St. Viktor). Das als Rundanlage gebaute Dorf D. erhielt 1311 die Stadtrechte. Mitte des 19. J. wurde die St dem Verkehr erschlossen (Eisenbahnknotenpunkt). Nach totaler Kriegszerstörung im März 1945 rascher Wiederaufbau.

Bemerkenswerte historische Baudenkmäler sind das Lüdinghauser Tor, der Lorenken- und Nonnenturm. Von 1802 bis 1824 lebte in D. die stigmatisierte Nonne Anna Katharina Emmerick, deren Visionen der romantische Dichter Clemens Brentano der Nachwelt überlieferte. – Westlich von Dülmen liegt das Moor- und Heidegebiet des Merfelder Bruches mit dem Wildgestüt des Herzogs von Croy. Alljährlich werden am letzten Sonnabend im Mai die einjährigen Hengste eingefangen.

Düren

□ 85,16 qkm; ○ Düren; ⚐ Nordrhein-Westfalen; ✉ 52349*; ☎ 2421; 🚗 DN; △ 105–221 m; 👥 85500.

D., an der mittleren Rur am Westrand einer sich zwischen Zülpich und Jülich erstreckenden fruchtbaren Ebene gelegen, ist bedeutender Verkehrsknotenpunkt. In D. kreuzen sich die B 56, B 264 und B 399. Anschluß an die Autobahn A 4 Köln–Aachen (Ausfahrt D.); IC-Zug-Station an der Strecke Köln–Aachen. D. hat Kreisverwaltung; Realschulen, Gymnasien, gewerbliche und hauswirtschaftliche Berufsschule, Höhere Handelsschule, kaufmännische Schulen, Landwirtschaftsschule, Blindenschule, Krankenpflegeschulen, Sonderschulen für Lernbehinderte; Papier-, Tuch-, Teppich-, Glas-, Papiermaschinen-, Leichtmetall-, Metalltuch-, Filztuch- und chem. Industrie.

»Villa Duria« wird erstmals 748 in den Metzer Annalen erwähnt. Anfang des 13. Jh. wurde D. Reichsstadt; 1246 gelangte die St an die Grafen von Jülich. 1543 eroberte und zerstörte Kaiser Karl V. die St. Das 18. Jh. brachte D. eine wirtschaftliche Blütezeit (fabrikmäßige Herstellung von Tuchen und Papier). 1944 wurde die Altstadt völlig zerstört. Nach dem Wiederaufbau entwickelte sich D. zum modernen Wirtschaftszentrum zwischen den großen Nachbarstädten Köln und Aachen. – Sehenswert das Leopold-Hoesch-Museum (Gemälde des 19. und 20. Jh.; vor- und frühgeschichtliche Sammlungen), Papiermuseum, Schloß Burgau und Reste der alten Stadtbefestigung.

Düren, Rathaus

Düsseldorf, Königsallee

– Die Anna-Kirmes mit mehr als einer Million Besuchern ist einer der größten Jahrmärkte Deutschlands.

Düsseldorf

□ 217,1 qkm; ○ Landeshauptstadt von NRW; ⚐ Nordrhein-Westfalen; ✉ 40213*; ☎ 0211; 🚗 D; △ 28–165 m; 👥 570000.

D. ist Hauptstadt des Landes Nordrhein-Westfalen und des Regierungsbezirks D. Die St liegt beiderseits des Rheins in der Niederrheinischen Ebene am Ausgang der Kölner Bucht und ihrem Übergang in die Tiefebene. Im Osten greift das Stadtgebiet in die Ausläufer des Bergischen Landes über.

Östlich der Stadt verläuft die rechtsrheinische Autobahn A 3 Frankfurt–Köln–Niederlande bzw. Ruhrgebiet (A 2); von drei Anschlußstellen gelangt man in das Stadtgebiet: Im Süden vom „Hildener Kreuz“ über die A 46 („Südlicher Zubringer“), in der Mitte von der Anschlußstelle Düsseldorf-Mettmann über die B 7, im Norden vom Autobahnkreuz Breitscheid über die A 52 („Nördlicher Zubringer“).

Westlich, parallel mit der A 3, verläuft die linksrheinische Autobahn A 57 (Köln–Neuss–Krefeld); Anschlußstellen für Düsseldorf sind im Süden das Autobahnkreuz Neuss, im Norden das „Kaarster Kreuz“.

Ebenfalls westlich, aber mit Streckenverlauf in West-Ost-Richtung, vrbinden die Autobahnen A 52 und A 61 die Niederlande (Venlo) mit Düsseldorf.

Die A 52 stellt vom Norden der Stadt über das Ruhrtal hinweg (Mintarder Brücke) auch die direkte Verbindung mit Essen her. – Mit Wuppertal unmittelbar verbunden ist D. durch die A 46, die als Südtangente mit Rheinquerung über die Fleher Brücke D. mit Neuss-Norf und den westlichen Autobahnanschlüssen verbindet. – Von der A 46 noch innerhalb des Stadtgebiets zweigt in südliche Richtung die A 59 ab: vom Autobahnkreuz Düsseldorf-Süd bis Leverkusen. Sie hat Anschluß an die Autobahnen A 4 Köln–Aachen und A 3 Köln–Frankfurt am Main. Im Bau ist die letzte „Querstange“ zum Tangentenviereck: die „Nordtangente“ (A 44) mit Rheinquerung bei Lohhausen.

Eine Eisenbahnbrücke und fünf Straßenbrücken führen über den Rhein. D. ist an das internationale Eisenbahnnetz angeschlossen (Intercity-, TEE-, D-Züge); S-Bahn-Verbindungen bestehen in nordsüdlicher Richtung von Langenfeld bis Essen und von Solingen-Ohligs über D.-Lohhausen (Flughafen) und Duisburg bis ins Ruhrgebiet nach Dortmund, in ostwestlicher Richtung nach Wuppertal und über Neuss nach Mönchengladbach. Der Flughafen in D.-Lohhausen ist ein wichtiger Knotenpunkt im Luftverkehr und zweitgrößter Flughafen in der Bundesrepublik Deutschland beim Fluggastaufkommen. Durch den Rheinhafen ist der D. Wirtschaftsraum an das Netz der europäischen Wasserstraßen angeschlossen.

Als Landeshauptstadt ist D. Sitz bedeutender Behörden und Körperschaften des öffentlichen Rechts: Landesregierung und Landtag von Nordrhein-Westfalen, Regierungspräsident, Oberlandesgericht, Landgericht, Amtsgericht, Sozialgericht, Landesarbeitsgericht, Arbeitsgericht, Verwaltungs- und Finanzgericht, Oberfinanz- und Oberpostdirektion, Landeszentralbank, Landesversicherungsanstalt Rheinprovinz, Industrie- und Handelskammer, Rhein.-Westf. Börse, Deutscher Gewerkschaftsbund (DGB) Bundesvorstand u. a. D. ist Bundeswehrstandort. Bildungs- und Kultureinrichtungen: Universität (philosophische, mathematisch-naturwissenschaftliche und medizinische Fakultäten) mit Kliniken, Kunstakademie, Hochschule für Musik Rhld. (Robert-Schumann-Institut D.), Fachhochschule D. (mit 13 Studienrichtungen), Fachhochschule für öffentliche Verwaltung, Gymnasien, Abendgymnasien, Real- und Abendrealschulen, Kolleg zur Erlangung der Hochschulreife, Berufsgrund- und Berufsschulen, Berufsfachschulen, Fachschulen mit Technikerschulen und Modeschule, Fachoberschulen, Fremdsprachen- und Dolmetscherschulen, kaufmännische Privatschulen, Schulen für Heil- und Heilhilfsberufe, Städt. Musikschule, Studieninstitut für kommunale Verwaltung D., Rhein. Sparkassenschule, Sonderschulen für Lernbehinderte, Schwerhörige, Seh-, Sprach-, Körper- und Geistigbehinderte.

Als Kunststadt verfügt D. über zwanzig Theater (u. a. Deutsche Oper am Rhein, Schauspielhaus, Kammerspiele, Komödie, Kabarett, Kom[m]ödchen), ein reges Konzertleben in der Tonhalle, siebzehn Museen, u. a. die Kunstsammlung Nordrhein-Westfalen mit Meisterwerken der Klassischen Moderne, die Kunsthalle, Löbbecke Museum, Aquazoo, das spätbarocke Schloß Benrath, einige hundert Galerien (regelmäßig Kunstausstellungen von internationalem Rang).

In Düsseldorf, dem Wirtschaftszentrum im Rhein-Ruhr-Gebiet, ist der Beschäftigtenanteil der Dienstleistungsbereiche mit 62 v. H. sehr hoch. Der ständige Anstieg des Anteils dieser Bereiche an der Gesamtbeschäftigtenzahl resultiert aus der Entwicklung der St zum „Schreibtisch" des Ruhrgebietes und zum Welthandelszentrum.

Die Stadt verfügt über eine leistungsfähige Industrie, deren Firmen auf den Weltmärkten einen guten Ruf haben. Die ausgewogene bzw. differenzierte Struktur im verarbeitenden Gewerbe ist augenfällig. Die wichtigsten Gruppen – nach der Beschäftigtenzahl – sind die chemische Industrie, der Maschinen- und Fahrzeugbau; es folgen die Bereiche Eisen- und Stahlerzeugung, Stahl- und Leichtmetallbau sowie Elektrotechnik.

D. ist traditioneller Messeplatz (mod. Messeanlage am Rhein, 15 Ausstellungshallen mit 165 000 qm Hallenfläche, besonderes Kongreßzentrum) für internationale Fachmessen. Über 35 Branchen – vorwiegend der Investitionsgüterindustrie – haben in D. ihren festen Messestandort (DRUPA, INTERPACK K-Kunststoff und Kautschuk, INTERKAMA). Neben diesen Investitionsgütermessen werden auch Veranstaltungen bedeutender Konsumgütergruppen durchgeführt: sechsmal jährlich die IGEDO – internationale Modemesse – zweimal jährlich die GDS – europäische Schuhmusterschau, und einmal im Jahr die BOOT, die ein internationales Wassersport-Weltangebot präsentiert.

D. ist bevorzugte Kongreßstadt mit vielen Tagungsstätten und Service-Einrichtungen.

D., erstmals um 1135 urkundlich erwähnt, war seit 1189 im Besitz der Grafen von Berg und wurde von diesen 1288 zur St erhoben. Von der ersten Blütezeit um 1400 zeugt noch heute die damals ausgebaute St.-Lambertus-Kirche. Um 1520 wurde D. Hauptstadt eines niederrheinischen Großstaates mit den Herzogtümern Jülich, Kleve, Berg und den Grafschaften Mark und Ravensberg. 1614 fielen Jülich und Berg an die Fürsten von Pfalz-Neuburg, die vom D. Hof aus Fäden zu vielen Fürstenhöfen Europas knüpften. Kurfürst Johann

Düsseldorf, Schauspielhaus und Thyssen-Haus

Wilhelm von der Pfalz (1679–1716), im Volksmund „Jan Wellem" genannt, förderte Kunst, Wissenschaft und Gewerbe und begründete mit seiner Gemäldegalerie, deren bedeutendste Werke (flämische und italienische Meister) heute in der Alten Pinakothek München zu bewundern sind, den Ruf D. als Kunststadt. Im Zeitalter Napoleons (1806) wurde D. Hauptstadt des Großherzogtums Berg. Die Festungswerke wurden niedergelegt. An ihrer Stelle entstanden u. a. die berühmte Königsallee und große Parkanlagen. 1815 wurde die verlassene Residenz (20000 EW) Sitz einer preußischen Kunstakademie; Musikfeste und das Mustertheater Immermanns verschafften der St einen hervorragenden Ruf im deutschen Kunstleben. Nach Eröffnung der ersten westdeutschen Eisenbahnlinie (1838 D.-Erkrath) siedelte sich Eisen- und Stahlindustrie an. 1882 wurde D. mit über 100000 EW Großstadt. Eingemeindungen vergrößerten 1909, 1929 und 1975 das Stadtgebiet. Nach einem wirtschaftlichen Rückgang im 1. Weltkrieg und schweren Schäden im 2. Weltkrieg entwickelte sich D. nach 1946 als Landeshauptstadt von Nordrhein-Westfalen zum neuen Wirtschaftszentrum. Die Auflockerung und Sanierung der Innenstadt, neue großzügige Verkehrsadern, Hochstraßen, Fußgänger-Passagen unter Verkehrsknotenpunkten in der City und viele bemerkenswerte Zeugnisse moderner Architektur geben der St ein eigenes, unverwechselbares Gesicht. Parallel zur Königsallee, die ihren Charakter als renommierte Geschäftsstraße und Promenade bewahrte, entstand die Berliner Allee als vollkommen neuer Straßenzug. Der Jan-Wellem-Platz entwickelte sich zum Brennpunkt des innerstädtischen Verkehrs. Die Altstadt ist Mittelpunkt einer vielfältigen Gastronomie („Längste Theke Europas“).

Kunstwerke und Sehenswürdigkeiten: (im Altstadt-Bereich): Kreuzherrenkirche ehem. Klosterkirche der Kreuzherren, zweischiffige gotische Hallenkirche, erbaut im 15. Jh., (restauriert 1963–68); St. Lambertus (13. Jh. 1394 erweitert, mit Grabmal Wilhelms des Reichen, spätgotischem Sakramentshäuschen, neuzeitlichen Fenstern, Hauptportal von E. Mataré (1960) und Schatzkammer); Kapelle des Theresienhospitals (ehem. Karmelitessen-Klosterkirche, kreuzförmiger barocker Bau, errichtet 1712–16); Schloßturm (Baukern 13. Jh., Rest des 1872 niedergebrannten Schlosses); Radschlägerbrunnen (1954 von A. Zschorsch); Kirche St. Andreas (1622–29, ehem. Hofkirche) und Mausoleum der Pfälzischen Kurfürsten (mit Sarkophag Johann Wilhelms II. [Jan Wellem], Medaillon-Porträt von Grupello, vor dem Hauptportal Martinssäule von R. Graner); Geburtshaus Heinrich Heines in der Bolkerstr. 53; Heine-Monument von B. Gerresheim am Schwanenmarkt; Neanderkirche (1683–84), benannt nach dem evangelischen Kirchenliederdichter; Schneider-Wibbel-Gasse, Schneider-Wibbel-Uhr, originelle Gaststätten; Jan-Wellem-Denkmal (Kurfürst Johann Wilhelm II., 1658–1716), eines der bedeutendsten Reiterstandbilder des Barock, 1703–11 von Gabriel de Grupello; Rathaus (1570–72, 1958–60 erneuert); „Gießerjunge“ von W. Hoselmann; Kirche der ehem. luth. Gemeinde (errichtet 1683–87) in der Berger Straße; Kirche St. Maximilian (1734–37, Rokokoausstattung, Kreuzgang, Stukkaturen im Antoniussaal von 1766); Mannesmann-Hochhaus (24 Etagen, 1958); Im Hofgartenbereich: Parkanlagen (seit 1767) von Maximilian Weyhe; Schloß Jägerhof (1752–63 von J.J. Couven, jetzt Goethe-Museum); „Malkasten“ (18. Jh., wiederaufgebaut); Thyssen-Haus (1957–59); Hofgärtner-Haus (1802, jetzt Theater-Museum); Ehrenhof am Rhein (1924–26 mit Bronzestandbildern von G. Kolbe, E. Gottschalk u.a.); Messe- und Ausstellungsgelände in D.-Stockum; (im übrigen Stadtgebiet): Ruine der Kaiserpfalz (1184 durch Kaiser Friedrich Barbarossa vollendet) in Kaiserswerth; St. Margareta (ehem. Damenstiftskirche, 13. Jh.) in Gerresheim; Alt-St.-Martin (Anfang 11. Jh., ältestes Bauwerk der St) in Bilk; Schloß Benrath, erbaut 1755–73 von Nicolas de Pigage (bedeutendstes Spätbarockschloß am Niederrhein). – In D. geboren wurden der Dichter Heinrich Heine (1797 bis 1856), der Historienmaler Peter von Cornelius (1783–1867), der Erzähler Heinrich Spoerl (1887–1955) und der Schauspieler Gustaf Gründgens (1899–1963).

Duisburg

□ 232,81 qkm; ○ Kreisfreie Stadt; ⚐ Nordrhein-Westfalen; ✉ 47013*; ☎ 0203; 🚗 DU; △ 33,5 m; 👥 533 000.

D. liegt am Niederrhein und beiderseits der Mündungen von Ruhr und Emscher in einer breiten, flachen Niederung. Durch das Stadtgebiet führen die B 8, die A 59 (D.-Düsseldorf) und A 3 (Emmerich-D.-Leverkusen) in Nord-Süd- sowie die A 2 (D.-Venlo), A 430 (D.-Essen) und A 42 (D.-Gelsenkirchen) in Ost-West-Richtung. Die B 288 und A 524 berühren die südlichen Vororte. Bedeutend ist D. als Bahnknotenpunkt und Güterumschlagplatz. Die Duisburg-Ruhrorter Hafenanlagen bilden das größte Binnenhafensystem der Welt. (28 Hafenbecken mit 21,396 qkm Wasserfläche; Güterumschlag [Erze, Mineralöl, Kohle, Eisen, Stahl, Schrott, Steine, Erde, Baustoffe] 1989 rund 55 Mill. t; seit 1989 besitzt D. einen Zollfreihafen. D. ist Sitz bedeutender staatlicher Behörden: Landgericht, 3 Amtsgerichte, Sozialgericht, Arbeitsgericht, Landeszentralbank, Wasser- und Schiffahrtsdirektion-West, Staatl. Amt für Wasser- und Abfallwirtschaft Düsseldorf, Wasserschutzpolizei NRW u.a. An Schulen, Hochschulen und Bildungseinrichtungen verfügt D. über 10 Realschulen (einschl. Abendrealschule), 19 Gymnasien, 7 Gesamtschulen, 9 Berufsschulen, 5 Fachschulen, 7 Fachoberschulen, 3 Kollegschulen, Sonderschulen für Lern- und geistig Behinderte, Körper- und Sehbehinderte, Sprachbehinderte und Erziehungshilfe, Volkshochschule, Universität, Staatl. Hochschule für Musik (Ruhr); Schweißtechnische Lehr- und Versuchsanstalt, Versuchsanstalt für Binnenschiffbau, Fraunhoferinstitut für mikroelektronische Schaltungen und Systeme, Fachhochschule für Verwaltung, Verwaltungs- und Wirtschaftsakademie, Niederrhein. Musikschule, 19 Schulen des Gesundheitswesens. D. hat ein überörtliches Berufsgenossenschaftliches Krankenhaus sowie mehrere Kliniken.

Kulturelle Einrichtungen: Theater der Stadt mit Deutscher Oper am Rhein, Mercatorhalle, Kommunales Filmkunsttheater, Rhein-Ruhr-Halle, Rheinhausenhalle, Wilhelm-Lehmbruck-

Duisburg, Blick auf den Hafen. Die Rheinbrücke mit der E 3 ist die kürzeste Verbindung vom Ruhrgebiet zu den Niederlanden

Museum (Plastik des 20. Jh.), Niederrheinisches Museum, Museum der Deutschen Binnenschiffahrt, Zoo mit Delphinarium und Äquatorium (größte Menschenaffenanlage Europas), Botanische Gärten. – Sport: D. ist Sitz bedeutender Sportverbände (Westdeutscher Fußballverband, Landessportbund, Deutscher Kanu-Verband, Westdeutscher Tischtennisverband u. a.). Im Sportpark an der Wedau verfügt die St über eine Regattabahn (2100 m) und ein Stadion mit Tribüne (10000 Sitzplätze).

Als Wirtschafts- und Industriezentrum nimmt D. dank seiner günstigen Verkehrslage (Straßen, Schiene, Häfen) eine Sonderstellung ein. D. hat eisen- und stahlverarbeitende sowie Erdölindustrie, chemische Fabriken, Schiffbau- und Nahrungsmittelindustrie, Binnenschiffahrts- und Speditionsunternehmen. Als Ruhrgebietsstadt befindet sich Duisburg im Frühstadium eines zukunftsweisenden Strukturwandels. Nach Gründung des Fraunhofer-Instituts für mikroelektronische Schaltungen und Systeme hat die Ansiedlung von jungen technologieorientierten Unternehmen und Instituten begonnen. Duisburg entwickelt sich im Umfeld der Universität zu einem wichtigen Zentrum für Mikroelektronik.

Im Rahmen der Gebietsreform wurden D. 1975 mehrere Nachbarstädte zugeordnet: Rheinhausen als Sitz bedeutender Unternehmen der eisenerzeugenden und stahlverarbeitenden Industrie (Krupp Hüttenwerke AG., Industrie- und Stahlbau Friedrich Krupp GmbH.). Der Industriebinnenhafen von Duisburg-Ruhrort ist Umschlagplatz vor allem von Massengütern (Kohle, Eisenerz, Mineralöl, Getreide, Halbfertigwaren u. a.). Walsum hat Steinkohlenbergbau, Papierindustrie, Schiffswerft, Erzbrech- und Sinteranlage; in den zwei Industriehäfen (Nord- und Südhafen) werden hauptsächlich Kohle, Erz und Stahl umgeschlagen. Homberg a. Niederrhein ist Sitz der Sachtleben AG.; die chemische Industrie ist einer der Hauptwirtschaftszweige.

Ein Gründungsdatum von D. ist nicht bekannt; archäologisch ist eine Besiedlung seit der Spätantike nachgewiesen; spätestens um die Mitte des 9. Jh. ist es als Königshof nachweisbar, im 10. Jh. wird es Pfalz. Im Laufe des 12. Jh. entwickelte sich D. zur Stadt. 1290 wurde es von König Rudolf von Habsburg an die Grafen von Kleve verpfändet. Vom 14. Jh. an gehörte D. zur Hanse. Von 1655–1818 bestand eine Universität. Seit 1831 ist D. Sitz einer Industrie- und Handelskammer. Seit Mitte des 19. Jh. und besonders nach den Zusammenschlüssen mit Ruhrort und Meiderich (1905) sowie mit Hamborn (1929) entwickelte sich D. zum Zentrum der eisenerzeugenden und -verarbeitenden Industrie.

Von den bedeutenden Baudenkmälern wurde die Salvatorkirche (mit dem Epitaph des berühmten Kartographen Mercator, gest. 1594) aus dem 15. Jh. nach ihrer Zerstörung im 2. Weltkrieg wieder errichtet. Bemerkenswert außerdem das restaurierte Dreigiebelhaus (einziges erhaltenes mittelalterliches Wohnhaus an der Nonnengasse) das Stadttheater mit klassizistischer Fassade (1912), das Rathaus am Burgplatz im Stil des Historismus (1902), die Marienkirche (Anfang 19. Jh.), die Abteikirche in D.-Hamborn und die moderne Mercatorhalle (Stadthalle) im Stadtzentrum.

Feste und Veranstaltungen: Duisburger Sommerwochen, Duisburger Woche, D. Akzente, Internationale Kinder- und Jugendbuchausstellung, Niederrhein in Flammen, Internationale Ruder- und Kanuregatten in D.-Wedau.

D. ist Geburtsort des expressionistischen Malers und Bildhauers Wilhelm Lehmbruck (1881–1919).

Durmersheim

□ 26,16 qkm; ○ Rastatt; ⚐ Baden-Württemberg; ✉ 76448; ☎ 07245; 🚗 RA; △ 118 m; 👥 10400.

D., 15 km südlich von Karlsruhe auf dem Hochgestade der Rheinebene am Fuße des Schwarzwaldes gelegen, ist über die B 36 zu erreichen; Anschluß an die Autobahn A5 Karlsruhe-Basel (Ausfahrten Ettlingen und Rastatt). D. hat Realschule, Gymnasium, Sonderschule für Lernbehinderte; Möbelindustrie, Werk für Betonfertigteile.

Die Gm, erstmals 991 urkundlich erwähnt, geht auf eine römische Siedlung zurück (römische Münzfunde). Im Ortsteil Bickesheim Wallfahrtskirche und Redemptoristenkloster (Klosterschule).

Eberbach (Baden)

□ 81,17 qkm; ○ Rhein-Neckar-Kreis; ⚐ Baden-Württemberg; ✉ 69412; ☎ 06271; 🚗 HD; △ 124–295 m; 👥 15000.

Die St E. ist Kurort (mit Heilquellen und Kurbetrieb) im Neckartal 27 km nordöstlich von Heidelberg. Zufahrt über die B 37 und B 45. Bahnstation an der Strecke Frankfurt a.M.–Stuttgart und Mannheim–Würzburg. E. hat Realschule, Gymnasium, Gewerbeschule, Handelsschule, Sonderschule für Lernbehinderte; Gelatinefabriken, elektrotechnische- und Möbelindustrie, Drahtwerke, Maschinen- und Apparatebau, Roßhaarspinnereien, Bootswerft, Nahrungsmittelindustrie (Fruchtsäfte) u.a.

Die Bischöfe von Worms errichteten im 11. Jh. eine Burg, unter deren Schutz der Ort E. entstand. Zu Beginn des 13. Jh. kam die Siedlung an die Staufer, die E. in den Rang einer Freien Reichsstadt (1230) erhoben. Im 14. Jh. verpfändete Kaiser Ludwig der Bayer E. an den Pfalzgrafen von Heidelberg. Bis 1802 gehörte die St zur Kurpfalz, danach fiel sie an das Fürstentum Leiningen; 1806 kam sie an Baden. – Die bereits im 16. Jh. bekannte Natrium-Calcium-Chlorid-Quelle wurde 1955 neu gefaßt. Heilanzeigen: Chron. Muskel- und Gelenkrheuma, Erkrankungen des Nasen- und Rachenraumes und der Atmungsorgane, Erschöpfungszustände, Rekonvaleszenz, vegetative Dystonie, Zahnfleischerkrankungen; Kneippkuren, Kurhaus, Kur- und Deutsches Akupunkturzentrum.

Sehenswert: Reste der alten Stadtbefestigung mit vier Stadttürmen, Fachwerkhäuser, Burgruine Eberbach, Museum, Heilkräutergarten. – Alljährlich Frühlingsfest (Mai), Kuckucksmarkt (August), Apfeltag (Oktober).

Ebermannstadt

□ 50,01 qkm; ○ Forchheim; ⚐ Bayern; ✉ 91320; ☎ 09194; 🚗 FO; △ 292–545 m; 👥 5900.

E., Staatl. anerkannter Erholungs- und Luftkurort in der Fränkischen Schweiz im Städtedreieck von Nürnberg, Bamberg und Bayreuth, ist über die B 470 zu erreichen. Die St hat Grund-, Haupt- und Realschulen, Gymnasium, Sonderschule, Volkshochschule; Elektronik- und metallverarbeitende Betriebe; Landwirtschaft.

E., urkundlich erstmals 981 erwähnt, erhielt 1323 die Stadtrechte. 1390 fällt E. an das Hochstift Bamberg und nach dessen Auflösung (1803) an Bayern. – Sehenswerte Marienkapelle (13./14. Jh.); Wasserschöpfrad an der Wisent (1606); Fachwerkhäuser in der Altstadt; Jugendburg Feuerstein mit Rundkirche (Krypta, Unter- und Oberkirche, prächtige

Glasmosaiken), erbaut 1954/61; Heimatmuseum.

Ebern (Unterfr.)

☐ 72,90 qkm; ○ Haßberge; ⚐ Bayern; ✉ 96106; ☎ 09531; 🚗 HAS; △ 270 m; 👫 6900.

E. liegt 26 km nordwestlich von Bamberg an der Baunach im Haßgau. Zufahrt über die B 279. Die St, Bundeswehrstandort, hat Forstamt; Realschule, Gymnasium, Kreisberufsschule (Außenstelle); Kreiskrankenhaus; Kugellagerfabrik (Zweigwerk Kugelfischer).

E., erstmals 1230 als St bezeugt, gehörte zum Besitz des Hochstifts Würzburg (bis zur Säkularisation 1803). Die nach dem Großbrand von 1430 errichteten starken Befestigungsanlagen blieben z. T. erhalten (u. a. fünf Türme und Reste der Stadtmauer). Bemerkenswert ferner die Pfarrkirche (1457 bis 91), das Fachwerkrathaus (1604–09), der Pfarrhof (1664) und einige Baudenkmäler aus dem 18. Jh. (fürstbischöfliches Zehnthaus, Rentamtsgebäude). In E. lebte von 1809–1829 der Dichter Friedrich Rückert (1788–1866). – Nördlich von E. Schloß Eyrichshof.

Ebersbach an der Fils

☐ 26,27 qkm; ○ Göppingen; ⚐ Baden-Württemberg; ✉ 73061; ☎ 07163; 🚗 GP; △ 278 m; 👫 14600.

E. liegt 33 km östlich von Stuttgart an der Fils zwischen den Höhen des Schurwaldes und der Albvorebene. Zufahrt über die B 10; Bahnstation an der Strecke Stuttgart-Ulm. E. hat Realschule; Metall-, Textil-, Textilmaschinen- und Nahrungsmittelindustrie.

E. wird erstmals 1170 als Besitz der Herren von E. genannt. Nach dem Aussterben des Ortsadels im 13. Jh. fiel das Dorf an Württemberg. Die spätgotische Veitskirche wurde um 1500 errichtet (Turm von 1625). 1975 wurde E. zur St erhoben. – Aus E. stammte der Räuber Friedrich Schwan, genannt ‚Sonnenwirtle' (hingerichtet 1760), dessen Schicksal Friedrich Schiller in der Erzählung ‚Der Verbrecher aus verlorener Ehre' und Hermann Kurz in dem Roman ‚Der Sonnenwirt' darstellten.

Ebersbach/Sachs.

☐ 15 qkm; ○ Landkreis Löbau; ⚐ Freistaat Sachsen; ✉ 02730; ☎ 03586; 🚗 LÖB; △ 263 m; 👫 12900.

E. erreicht man über die A 4/E 40, Ausfahrt Bautzen-West (ca. 23 km) auf der B 96, die durch die St führt. Von E. führt die Landstraße 148 zum Grenzübergang (nur LKW) Neugersdorf. Bf. an der Reichsbahnstrecke Zittau–Löbau. Grenzbahnhof zur tschechischen Republik (Georgswalde/Rumburg). Der nächste Flughafen befindet sich in Dresden-Klotzsche (ca. 75 km). E. hat Stadtverwaltung und Kreiskrankenhaus.

Bildungseinrichtungen: Grundschulen, Mittelschulen, Gymnasium. Stadtbibliothek.

Wirtschaft: Textilindustrie, Bauindustrie, Landwirtschaft.

E. liegt in der Oberlausitz und ist Zentrum der Oberlausitzer Mundartpflege. Es liegt unmittelbar an der Grenze zu Böhmen und entstand um 1200 als Waldhufendorf. Wie die vieler Orte der Oberlausitz, sind auch Schicksal und Geschichte von E. eng mit der Böhmens verbunden. In den Hussitenkriegen und im 30jähr. Krieg ist der Ort wiederholt in Mitleidenschaft gezogen worden. Dennoch siedelten sich Landwirtschaft und Hausweberei an. Im 18. Jh. entwickelte sich E. durch Fabrikgründungen zu einem Zentrum sächsischer Textilindustrie. Am 5. 9. 1925 erhielt das Industriedorf Stadtrecht.

Baudenkmäler und Sehenswürdigkeiten: Barockkirche Ebersbach: Langhaus von 1682, umgebaut 1726–1733, drei Emporen mit kunstvoller Malerei, Baldachin-Altar von 1787. Der 10 m hohe Orgelprospekt zählt zu den schönsten Silbermann-Orgeln in Sachsen. Humboldt-Baude mit Heimatmuseum (1912 erbaut) auf dem Schlechteberg. An die Zeit der Hausweberei erinnern viele der über 200 Jahre alten Umgebindehäuser. Der Spreeborn, eine der drei Spreequellen wurde 1896 gefaßt.

Wiederkehrende Ereignisse: Ebersbacher Karneval.

Ebersberg (Oberbay.)

☐ 14,85 qkm; ○ Ebersberg; ⚐ Bayern; ✉ 85560; ☎ 08092; 🚗 EBE; △ 578 m; 👫 9100.

E., 30 km östlich von München am Rande des Ebersberger Forstes gelegen, ist über die B 304 zu erreichen. S-Bahnanschluß nach München und Bahnstation der Strecke Grafing–Wasserburg. E. hat Kreisverwaltung, Amtsgericht, Forstamt, Vermessungsamt; Realschule; Kreiskrankenhaus; Optische (Rodenstock) und Kunststoffindustrie. E. ist anerkannter Erholungsort.

E. geht auf eine Klostergründung im Jahr 934 (Chorherrnstift) zurück. Unter Abt Williram (gest. 1085) blühte in E. die Buchkunst. Die im 13. Jh. errichtete Klosterkirche wurde im 17./18. Jh. umgebaut (Grab des Stifters Graf von Sempt). – Sehenswürdigkeiten: Marienplatz mit Mariensäule, Rathaus, Stadtpfarrkirche St. Sebastian (ehem. Klosterkirche); Landschaftsschutzgebiet Seenplatte (Ebrachtal). Alljährlich Volksfest (August).

Eberswalde

□ 41,3 qkm; ○ Eberswalde-Finow; ⚐ Brandenburg; ✉ 16225*; ☎ 0371; 🚗 EW; △ 30 m; 👥 53600.

In der St kreuzen sich die B 2 und B 167, westlich davon, im nahegelegenen Finowfurt, trifft die B 167 mit der A 11/E 28 zusammen. Der Hauptbahnhof E.-F. liegt an der Bahnstrecke Berlin–Stralsund.

Neben den üblichen Ämtern und Behörden der St- und Kreisverwaltung verfügt E.-F. über ein Forstamt, ein Wasser- und Schiffahrtsamt sowie über ein Eichamt und ein Zollamt. Besondere Bildungseinrichtungen sind die Fachschulen für Forstwirtschaft und Medizin. – Industrie und Wirtschaft: Finowtal Chemische Werke GmbH; Walzwerk Finow GmbH; Kranbau Eberswalde GmbH; Schiffsarmaturen- und Leuchtenbau GmbH; Finow Rohrleitungs- und Apparatebau GmbH; ProPlan GmbH und Co.KG; Thimm Wellpappenwerk; Thorka GmbH; Reichsbahn-Ausbesserungswerk.

Geschichtliches: Ursprünglich 1254 vom askanischen Markgrafen Johann I. gegründet, wurde E. 1276 erstmals urkundlich erwähnt. Eine Grenzbriefurkunde trägt die Jahreszahl 1300. Die Handelsstraße Frankfurt/Oder–Stettin wurde ab 1317 über E. geführt; ab 1322 war die St befestigt. 1499 kam es zu einem großen Stadtbrand; von der Errichtung zweier Kupferhämmer berichtet die Chronik 1532. 1505–20 baute man den ersten Finow-Kanal, er wurde jedoch im 30jährigen Krieg zerstört. Der zweite – er verband die Oder mit der Havel – wurde 1746 eröffnet. In den Jahren 1748–55 siedelten sich Messer- und Scherenschmiede aus Ruhla an; es entstand eine Stahl- und Eisenfabrik. Bedeutend für die Region war die Verlegung der Forstakademie von Berlin nach E. Den jetzigen Oder-Havel-Kanal weihte man 1914 ein. Noch im April 1945 wurde die E. Innenstadt durch Kriegseinwirkungen schwer beschädigt. 1970 schlossen sich die Städte Eberswalde und Finow zur Doppelstadt zusammen; sie formierten sich zu dem oben charakterisierten Industriestandort.

Baudenkmäler und Sehenswürdigkeiten: Adler-Apotheke, ein Fachwerkwohnhaus von 1663; die 1369 erbaute Georgskapelle (sie wird heute als Konzerthalle genutzt); Pfarrkirche St. Maria Magdalena, eine dreischiffige frühgot. Backstein-Basilika, 1284–1300 erbaut, wiederholt erneuert, 1874–76 umgebaut, Kreuzrippengewölbe, Portale mit figürlichem Schmuck, bronzener Taufkessel aus dem 15. Jh., Altaraufsatz 1606, Kanzel 1726; die Alte Forstakademie, in der 2. Hälfte des 18. Jh. erbaut; St- und Kreismuseum E.-F. mit der ständigen Ausstellung zur Entwicklung des Industriegebietes vom 17.–19. Jh.; es wird vor allem die Metallverarbeitung dokumentiert. Darüber hinaus findet man Auskünfte über den frühen Hopfen-, Wein- und Tabakanbau, über die Glashütten, die Forstakademie, die Geschichte der Eisenbahn und zu den märkischen Volksgesangsfesten. Sehenswert sind ferner die Messingwerk-Siedlung, die aus der Mitte des 18. Jh. stammt, der Forstbotanische Garten, ab 1830 von Leopold Pfeil angelegt, schließlich einen auf 20 ha untergebrachten Tierpark, der landschaftlich reizvoll gelegen ist und etwa 120 Tierarten beherbergt. Wenige km von E.-F. entfernt liegen das Kloster Chorin (ehemal. Zisterzienserkloster, frühgot. Backsteinbasilika, Teile der Klostergebäude erhalten) und das Schiffshebewerk Niederfinow.

Eckental

□ 29,71 qkm; ○ Erlangen-Höchstadt; ⚐ Bayern; ✉ 90542; ☎ 09126; 🚗 ER; △ 435 m; 👥 11700.

Der Markt E., 18 km nordöstlich von Nürnberg an der B 2 zwischen dem Reichswald und der Fränkischen Schweiz gelegen, wurde 1972 aus 13 früheren Gm gebildet. E. hat Anschluß an die Autobahnen A3 Frankfurt-Regensburg (Ausfahrt Nürnberg-Nord) und A 9 München-Hof (Ausfahrt Schnaittach). Bahnstation an der Nebenstrecke Nürnberg/Nordost-Gräfenberg.

Eckernförde

□ 17,97 qkm; ○ Rendsburg-Eckernförde; ⚐ Schleswig-Holstein; ✉ 24340; ☎ 04351; 🚗 RD; △ 2 m; 👥 22000.

E. liegt 30 km nordwestlich von Kiel an der Eckernförder Bucht (Ostsee) und am Kreuzungspunkt der B 76 und B 203; Anschluß an die Autobahn A 7 Hamburg–Flensburg (Ausfahrten Rendsburg-Büdelsdorf bzw. Schleswig/Jagel); Bahnstation an der Nebenstrecke Kiel–Flensburg. Die St hat Fischerei- und Ausflugshafen, Amtsgericht, Arbeitsamt, Finanzamt, Zollamt; Realschule, Gymnasium, Sonderschulen, Berufsschule, Fachhochschule Kiel für Technik und Sozialwesen und Fachbereich Bauwesen, Landesfischereischule; Kreiskrankenhaus; Fischindustrie (Räuchereien), Jagdwaffenfabrik, Apparatebau und Wärmetechnik, Zementwarenfabrikation, Herstellung von Delikatessen, Spirituosen und Getränken u.a. E. ist Garnisonsstadt der Bundeswehr.

E. wird 1197 erstmals urkundlich erwähnt als Sitz eines gleichnamigen Rittergeschlechts. Das heutige Stadtbild geht auf das 15. Jh. zurück. Um die St gab es seit dem 13. Jh. lange Auseinandersetzungen zwischen den herzoglichen Häusern Schleswigs und Holsteins und den Dänen, bis durch die Personalunion von 1460 die Herzogtümer und Dänemark vereinigt wurden. 1543 erneuerte Christian III. von Dänemark die Stadtrechte. Eine wirtschaftliche Blütezeit brachte das 18. Jh. (Seehandel, Textil- und Fayence-Manufaktur). 1849 wurden bei E. zwei dänische Kriegsschiffe von schleswig-holsteinischen Strandbatterien in Brand geschossen. 1864 kam E. an Preußen. Seit Ende des 19. Jh. Entwicklung zum Seebad (1923 Anerkennung als Ostseebad; seit 1972 Meerwasserwellenbad). – Sehenswert die Nicolaikirche mit Altar (1640) von A. Gudewerdt, das Alte Rathaus und die alte Dorfkirche (12. Jh.) mit Taufstein im Stadtteil Borby.

E. ist Geburtsort des Staatsrechtslehrers Lorenz von Stein (1815–1890).

Alljährlich E. Festtage und E. Sprottentage.

Edenkoben

□ 17,90 qkm; ○ Landau; ⚐ Rheinland-Pfalz; ✉ 67480; ☎ 06323; 🚗 LD; △ 148 m; 👫 6000.

E. liegt östlich der Haardt an der B 38 und A 65 Ludwigshafen a.Rh.–Karlsruhe (Ausfahrt E.). Bahnstation an der Strecke Neustadt a.d.W.–Landau–Karlsruhe. Flugplatz in Lachen-Speyerdorf (8 km). Die St hat Grund- und Hauptschule, Realschule, Sonderschule für Lernbehinderte, Kreisberufsschule, Handelsschule, Volkshochschule, Fachhochschule für Finanzen und Finanzschule Rheinland-Pfalz, Sportschule Ludwigshöhe des Südwestdeutschen Fußballverbandes. Fabrikation von Schalldämpfern, Katalysatoren, Baumaschinen. E. ist eine der größten Weinbaugemeinden Deutschlands (über 500 ha Rebenanbaufläche). In dem günstigen, fast südländischen Klima gedeihen Feigen, Mandeln und Edelkastanien im Freien. Die St ist Luftkurort (1962).

Erste urkundliche Erwähnung 769. Um 1100 gelangte E. in den Besitz des Bistums Speyer. 1648 wurde es kurpfälzisch. 1818 erhielt E. die Stadtrechte. Von 1846–52 Erbauung von Schloß „Ludwigshöhe" (Sesselbahn vom Schloß zur Rietburg) durch König Ludwig I. von Bayern. – Sehenswürdigkeiten: Kloster Heilsbruck (1262 erbaut; jetzt Weingut); protestantische Kirche mit Barock-Kanzel und Orgel im Zopfstil; Weinlehrpfad und Waldlehrpfad. Gedenktafel am Stadthaus zur Erinnerung an den in E. geborenen Johann Adam Hartmann, bekannt als J.F. Coopers „Lederstrumpf"; Schloß Ludwigshöhe mit Slevogt-Galerie; Weinbau- und Heimatmuseum. – Alljährlich in der 4. Septemberwoche Weinfest der „Südlichen Weinstraße".

Edemissen

□ 103,53 qkm; ○ Peine; ⚐ Niedersachsen; ✉ 31234*; ☎ 05176; 🚗 PE; △ 48 m; 👫 10800.

E., 25 km östlich von Hannover an der B 214, B 444 und Autobahn A 2 Hannover–Berlin (Ausfahrt Peine) gelegen, hat Grundschulen, Orientierungsstufe, Hauptschule, Realschule, Sonderschulen, Volkshochschule; Mineralölindustrie (Preussag, Elwerath); Pflanzenzuchtbetrieb; Flugplatz in E.-Eddesse.

E. ist 1974 im Zuge der Gebietsreform aus vierzehn bis dahin selbständigen Gemeinden mit Verwaltungssitz in E. entstanden. – Sehenswert der Zehnt- (Gografenhof) und Dirksche Speicher, die Ölpumpe Oedesse, der Malerhof Voigtholz und das Rittergut Abbensen.

Edewecht

□ 113,45 qkm; ○ Ammerland; ⚐ Niedersachsen; ✉ 26188; ☎ 04405; 🚗 WST; △ 8 m; 👫 14400.

E. liegt 14 km westlich von Oldenburg am Nordrand des Vehnemoors. Zufahrt über die B 401. Industriehafen am 3 km südlich von E. verlaufenden Küstenkanal. Die Gm hat Mittelpunktschulen, Realschule, Gymnasium, Volkshochschule, Sonderschule für Lernbehinderte; Ziegelei, Fleischwarenfabrik, Entenmastbetrieb, Torfwerke.

„Adewacht" wird erstmals 1150 urkundlich erwähnt. Die St. Nikolaus-Kirche mit Wand- und Gewölbemalereien stammt aus dem 13. Jh.

Edingen-Neckarhausen

□ 12,04 qkm; ○ Rhein-Neckar-Kreis; ⚐ Baden-Württemberg; ✉ 68535; ☎ 06203 (Ladenburg) bzw. 0621 (Mannheim); 🚗 HD; △ 100–106 m; 👥 13700.

E.-N., am Unterlauf des Neckars zwischen Mannheim und Heidelberg gelegen, ist über die B 37 zu erreichen. Anschluß an die Autobahn A 656 Mannheim–Heidelberg (Ausfahrt Mannheim–Seckenheim) und A 5 Karlsruhe–Frankfurt a.M. (Ausfahrt Heidelberg/Dossenheim). E.-N. hat Anlegestelle am Neckar; Grund- und Hauptschule, Volksbildungswerk; Brot- und Keksfabrik, Gummiindustrie (Metzeler), Polsterwarenfabriken, Mälzerei, Fleischwarenfabrik, Markt- und Kühlhallen u.a.

Edingen-Neckarhausen ist in der Gemeindereform seit 3. 5. 1975 durch Vereinigung der selbständigen Gemeinden Edingen und Neckarhausen gebildet worden. Edingen wurde erstmals 765 im Lorscher Codex erwähnt; Neckarhausen erstmals im Jahre 773. Die Geschichte beider Gemeinden war eng mit der Kurpfalz verbunden, der sie bis 1803 unterstanden. Danach kamen die Fischer- und Bauerndörfer an Baden. Nach 1900 entwickelten sich die Gemeinden infolge der Industrieansiedlung im Mannheimer Raum zu Wohngemeinden, seit 1945 wurde in den Gemeinden auch Industrie angesiedelt.

Egelsbach

□ 14,6 qkm; ○ Offenbach; ⚐ Hessen; ✉ 63329; ☎ 06103; 🚗 OF; △ 120 m; 👥 9250.

Die Gm E. liegt 17 km südlich von Frankfurt a.M. an der B 3. Anschluß an die Autobahn A 5 Frankfurt a.M.–Basel (Ausfahrt Langen) und die Autobahn A 661 Darmstadt–Offenbach a.M. (Ausfahrt Egelsbach). E. hat den größten Flugplatz der allgemeinen Luftfahrt in der BRD; Grund- und Hauptschule, Realschule mit Förderstufe; Handels- und Dienstleistungsbetriebe.

E. wird erstmals 1275 urkundlich erwähnt. Nach der Eröffnung der Main-Neckar-Bahn (1874) entwickelte sich E. von einer rein bäuerlichen Siedlung zur Arbeiterwohn- und Industriegemeinde. – Bemerkenswert die 1640 errichtete Kirche mit gotischem Chor (1350). Bodenfunde aus der Älteren und Jüngeren Steinzeit.

Eggenfelden

□ 44,18 qkm; ○ Rottal-Inn; ⚐ Bayern; ✉ 84307; ☎ 08721; 🚗 PAN; △ 414 m; 👥 12000.

Die St E. liegt im Schnittpunkt der B 20 und B 388 an der Rott in Niederbayern; Anschluß an die A 92 München–Deggendorf (Ausfahrten Dingolfing und Landau a.d. Isar); Bahnstation an der Strecke München–Passau. Flugplatz in Zainach (4 km). E. hat Amtsgericht; Realschule, Gymnasium, Sonderschule für geistig behinderte Kinder, Wirtschaftsschule, Kreisberufsschule, Flugschule, Heilpädagogisches Zentrum; Schuh- und Lederwarenindustrie, Schokoladenfabrik, Spielwaren- und Kfz-Ausstattungsindustrie.

E., erstmals 1140 urkundlich genannt, erhielt 1328 Marktrecht. 1492 wurde das heute noch erhaltene Heilig-Geist-Spital mit angebauter Spitalkirche errichtet. Bemerkenswert die spätgotische Pfarrkirche, das Rathaus (17. Jh.), das alte Grabmaiertor, die Barockkirche St. Sebastian und die St. Anna-Kapelle mit Wandmalereien der Spätgotik und des Manierismus. Verleihung des Stadtrechts im Jahre 1902. – In der Umgebung Hügelgräber und Schanzen aus der Keltenzeit. Überregional bekannt die »Gerner Dult« (August).

Eggenstein-Leopoldshafen

□ 26,10 qkm; ○ Karlsruhe; ⚐ Baden-Württemberg; ✉ 76344; ☎ 0721 (Eggenstein), 07247 (Leopoldshafen); 🚗 KA; △ 104 m; 👥 12800.

E.-L., 8 km nördlich von Karlsruhe am Rande des Hardtwaldes gelegen, ist über die B 36 und die Autobahn Karlsruhe–Heidelberg (Ausfahrt Bruchsal) zu erreichen. Die Gm hat Grund- und Hauptschulen; kleinere und mittlere Industriebetriebe; E.-L. ist Sitz des Kernforschungszentrums Karlsruhe und des Europäischen Instituts für Transurane.

Ehingen (Donau)

□ 178,36 qkm; ○ Alb-Donau-Kreis; ⚐ Baden-Württemberg; ✉ 89584; ☎ 07391; 🚗 UL; △ 550 m; 👪 22200.

Die St E. liegt 25 km südwestlich von Ulm am Südrand der Schwäbischen Alb und am Schnittpunkt der B 311 und B 465. E. hat Amtsgericht; Realschule, Gymnasien, kaufm., gewerbl., haus- und landwirtschaftl. Berufs- und Berufsfachschulen, Sonderschule für Lernbehinderte; Unfallkrankenhaus; Zellstoff-, Baumwoll- und Metallindustrie.

E. wurde im zweiten Drittel des 13. Jh. durch die Herren von E., Grafen von Berg, zur St erhoben und befestigt. 1346 kam der Ort an Österreich. E. war Vorort der Schwäbisch-österreichischen Stände, die hier regelmäßig im Ständehaus (jetzt Amtsgericht) tagten. 1806 wurde die St württembergisch. – Sehenswert die spätbarocke Konviktskirche (1712–19), das Ständehaus (1749) und das Ritterhaus (1692).

Eichenau (bei München)

□ 6,96 qkm; ○ Fürstenfeldbruck; ⚐ Bayern; ✉ 82223; ☎ 08141; 🚗 FFB; △ 522 m; 👪 10100.

Die Gm E. liegt 18 km westlich von München zwischen Moränenhügeln der Rißeiszeit am Starzelbach. Zufahrt über die B 2 und Autobahn A 8 Stuttgart–München (Ausfahrt Dachau/Olching). E. hat Grund- und Hauptschulen; Außenstelle des Geodätischen Instituts der TH München. – Als Wohnvorort und Gartenheimsiedlung im Großraum von München ist E. nach 1950 überdurchschnittlich gewachsen. Die seit 1957 selbständige Gemeinde war zuvor Ortsteil von Alling. 1907, zur Zeit der Namensgebung durch Prinzregent Luitpold, hatte E. lediglich 48 Einwohner. – Sehenswertes Pfefferminzmuseum.

Eichstätt (Bayern)

□ 47,75 qkm; ○ Eichstätt; ⚐ Bayern; ✉ 85072; ☎ 08421; 🚗 EI; △ 388–545 m; 👪 12000.

E. liegt in dem tief in die Fränkische Alb eingeschnittenen Tal der Altmühl an der B 13. D-Zug-Station an den Strecken Nürnberg–München und Würzburg–München; Nebenbahn E.-Bahnhof–E. Stadt. E. hat Kreisverwaltung, Amtsgericht, Arbeitsamt, Forstämter, Vermessungsamt u.a. Behörden; Bischöfliches Ordinariat mit Diözesanbauamt; Kath. Universität, Fachakademie für Sozialpädagogik, Realschulen, Gymnasien, Berufsschule. Hauswirtschaftsschule, landwirtschaftliche Kreisberufsschule; Steinindustrie, mittelständische Gewerbebetriebe; Fremdenverkehr.

„Eihstet" wird erstmals 740 urkundlich erwähnt. 908 erhielt der Ort das Marktrecht und 1042 den Rang einer St („civitas"). Seit 741 ist E. Bischofssitz. Die erste Bischofskirche (Dom) des hl. Willibald aus dem 8. Jh. wurde im 11. Jh. zur dreischiffigen Pfeilerbasilika mit dem heute noch erhaltenen Querhaus mit Türmen erweitert. Das Langhaus, eine Hallenkirche, stammt aus dem 14. und 15. Jh.; spätgotisch sind auch der Kreuzgang, das Mortuarium und die Kapitelsakristei. Die Westfassade wurde 1714–18 errichtet. Der Dom birgt eine Fülle von bedeutenden Kunstwerken (Siboto-Madonna von 1297, Ton-Madonna um 1420, spätgot. Schreinfiguren des Hochaltars und weitere Kunstschätze von der Spätromanik bis zum Klassizismus). Die großartigen Bauten der ehemaligen fürstbischöflichen Residenz mit Kavaliershöfen, Residenzplatz und Mariensäule entstanden im 18. Jh. auf dem Ruinenfeld, das der Dreißigjährige Krieg hinterlassen hatte. Sehenswürdigkeiten sind außerdem die altehrwürdige Benediktinerinnen-Abtei St. Walburgis mit Klosterkirche (1629–31) und Grab der hl. Walburgis, die Schutzengelkirche (1617–20), die Kapuzinerkirche mit einer Nachbildung des Hl. Grabes aus dem 12. Jh., Kloster Rebdorf mit einem der schönsten Arkadenhöfe Bayerns, das 1735 errichtete Sommerschloß der Fürstbischöfe mit Hofgarten und der südöstlich der St liegende massige Bau der Willibaldsburg (beg. im 14. Jh., jetziger Bau Anfang 17. Jh.) mit Juramuseum. – E. ist Geburtsort des Humanisten Willibald Pirkheimer (1470–1530).

Eilenburg

□ 12 qkm; ○ Eilenburg; ⚐ Freistaat Sachsen; ✉ 04838; ☎ 03423; 🚗 EB; △ 101 m; 👪 20400.

E. ist zu erreichen auf der A 14, Ausfahrt Leipzig-Nordost/Taucha (ca. 15 km), sowie auf der B 87 und der B 107, die einander in der St kreuzen; Bahnhof an der Hauptstrecke Leipzig–E.–Torgau–Falkenberg–Doberlug-Kirchhain–Cottbus; Nebenbahn E.–Delitzsch ob. Bf.–Halle; Nebenbahn E.–Bad Düben–Bad Schmiedeberg–Lutherstadt Wittenberg. Der nächste Flughafen ist Leipzig/Halle (ca. 35 km).

Bildungseinrichtungen: Grundschulen, Mittelschulen, Gymnasien; Förderschule für Lernbehinderte; Volkshochschule; Gewerbliche Berufsschule; St- und Kreisbibliothek.

Wirtschaftliches: Eilenburger Chemiewerk; EBAWE Maschinenbau GmbH (Ausrüstungen für die Betonfertigteile-Industrie); Bauunternehmen unterschiedlicher Leistungsangebote; Getränkewerk und -fachgroßhandel; Kies- und Natursteinbetriebe GmbH; Landbau eG; Getreidewirtschaftsbetrieb; Schlacht- und Fleisch-Verarbeitungsbetriebe; zahlreiche mittlere und kleinere Unternehmen in einem breitgefächerten Branchenprogramm.

Geschichtliches: Im Zuge der dt. Ostexpansion wurden im 10. Jh. slawische Gebiete zwischen Saale, Elbe und Mulde erobert. Um vor Rückeroberung sicher zu sein, wurden sog. Burgwarde errichtet. Einer davon wird in einer Chronik am 29. Juli 961 als Burganlage „civitas Ilburg" erstmals schriftlich erwähnt. Sie kam 999 an das Grafengeschlecht derer von Eilenburg; Graf Heinrich von E. erhielt im Jahre 1089 die Herrschaft über die Mark Meißen. Das war die Geburtsstunde des wettinischen Territorialstaates, der bis ins 20. Jh. hinein existierte. 1123 erlosch die E.er gräfliche Linie der Wettiner. Im Schutz der Burganlage entstand durch flämische Einwanderer an der wirtschaftlich wichtigen Fernhandelsstraße Leipzig–Frankfurt/O. am 30. April 1161 als Gemeinwesen die „neue Siedlung Ilburg". In dieser kleinen Ackerbürgerstadt waren neben der Landwirtschaft die unterschiedlichsten Gewerbe und ein für den regionalen Bereich bedeutsamer Handel charakteristisch. Die Herrn von Ilburg beherrschten seit 1172 als markgräfliche Vögte Burg und St; 1362 ist erstmals ein Rat der St E. bezeugt. In den Jahren 1394 bis 1404 erwarb die Meißnische Grafschaft unter Markgraf Wilhelm I. Schloß und St und verlieh E. landesherrliche Privilegien: die Bannmeile, das Münzrecht, das kleine Geleit sowie die Ausübung der hohen und niederen Gerichtsbarkeit. Es entstanden auf den Grundmauern vorheriger Gebäude, die St-Bränden zum Opfer gefallen waren, die Nikolaikirche und das Rathaus. – Von 1518–22 wirkte Martin Luther mehrfach in E.; er führte im Herbst 1522 als ersten evangelischen Prediger Andreas Kauxdorf in das Amt ein, es war die symbolische Einleitung der Reformation. Der geistige Führer des Deutschen Bauernkrieges, Thomas Müntzer, ließ 1523/24 in E. Teile seiner bedeutenden Schriften durch den Leipziger Buchdrucker Nikolaus Widemar herausbringen. Von 1631–46 war die St den Wirren des 30jährigen Krieges ausgesetzt. Erneuten großen Belastungen sah sich die Bevölkerung während der Zeit der Befreiungskriege von der napoleonischen Fremdherrschaft ausgesetzt. Nach der napoleonischen Niederlage mußte Sachsen als treuer Verbündeter Bonapartes große Teile seines Territoriums 1815 an Preußen abtreten, darunter auch E. Durch sich verschärfende soziale Probleme kam es am 24. April 1847 in der St zu Hungerunruhen. Am 12. Juli 1850 wurde in E. die erste „Lebensmittel-Assoziation" – die erste Konsumgenossenschaft Preußens – ins Leben gerufen. Zu Beginn des 19. Jh. wurde für E. das Textilgewerbe wirtschaftlich bedeutsam, und während der Gründerjahre ließen sich zwischen 1873 und 1896 in der St Chemie-, Metall- und Möbel-Industriebetriebe nieder; E. wandelte sich vom Landstädtchen zur Industrie-St. Am Ende des 2. Weltkrieges (18.–24. April 1945) legte Granatenbeschuß E. in Schutt und Asche. Die E.er bauten danach unter Schwierigkeiten und Entbehrungen auf den Trümmern des Krieges ihre Stadt erneut auf.

Sehenswürdigkeiten und Kulturelles: regionalgeschichtliches St- und Heimat-Museum zur historischen Entwicklung des Territoriums von der Urgeschichte bis zur Gegenwart, Frühdrucke Müntzers und Luthers; Schloßberganlage mit Sorbenturm und Resten der ma. Umfassungsmauer; Bergkelleranlagen, z.T. unerforscht; ausgedehnte Parkanlagen mit vielen Ruhezonen, Wassergeläufen des Mühlgrabens, integriertem Tierpark und Spielplatz; Schulsternwarte am Mansberg (gegr. 1931), eines der bedeutendsten und meistbesuchten Volks-Oberservatorien; das Bürgerhaus, ein Proben- und Veranstaltungsbau für EW und Vereine; Bürgergarten mit Trimmpfaden und Wanderwegen; Rathaus (Frührenaissance); Nicolaikirche (beg. 1444); Bergkirche St.-Marien, spätgotischer Backsteinbau (1516–22); Hallenbad mit Sauna und Solarium; zahlreiche Sportstätten; Naherholungszentrum „Kiesgrube", ein aus dem Abbau von Kieslagerstätten hervorgegangener See mit Bade-, Segel-, Surf-, Camping- und anderen Sportmöglichkeiten.

Wiederkehrende Ereignisse: E.er Zwei-Tage-Marathon (Ende August); Rosenmontagsumzug der Vereine.

Einbeck

□ 165,79 qkm; ○ Northeim; ⚐ Niedersachsen; ✉ 37574; ☎ 05561; 🚗 NOM; △ 113,6 m; 👥 29000.

E., zwischen Harz und Solling im Ilmebecken an der B 3 gelegen, ist Bahnstation an der Strecke Hannover–Kassel, hat Amtsgericht; Realschule, Gymnasium, Berufs- und Berufsfachschule, Sonderschule für Lernbehinderte; Brauerei, Saatzucht, Teppich- und Fahrradfabrik, Textil- und Tapetenindustrie.

E., im ausgehenden 11. Jh. in der Nähe einer Wallfahrts- und Stiftskirche (St. Alexandri) gegründet, erhielt zu Beginn des 13. Jh. die Stadtrechte. Als Bier- und Hansestadt (seit dem 14. Jh. E. Starkbier) erlangte E. große wirtschaftliche Bedeutung, die der St weitgehende politische Selbständigkeit sicherte. Nach dem großen Stadtbrand von 1540 entstand der bis heute erhaltene spätgotische Stadtkern. – Sehenswürdigkeiten: Ehem. Stiftskirche St. Alexandri und Marktkirche St. Jakobi (beide Spätgotik), Rathaus (1550), Ratswaage (1565), Brodhaus der Bäckergilde (1552), 400 Fachwerkhäuser, Teile der ma. Stadtbefestigung, Bartholomäuskapelle mit Grabstätte des Morphiumentdeckers F. W. Sertürner; Städt. Museum mit stadtgeschichtlichen Sammlungen; Fahrrad-Museum mit Exponaten von 1817 bis zur Gegenwart; Blaudruckerei.

Eisenach

□ 40,8 qkm; ○ Eisenach; ⚐ Thüringen; ✉ 99817; ☎ 03691; 🚗 ESA; △ 250 m; 👫 45 000.

E. ist zu erreichen auf der A 4/E 40, Ausfahrten Eisenach West oder Eisenach Ost (beide unmittelbar an der Peripherie), auf der B 7, B 19 und B 84; Bf. an der Fernverbindung Frankfurt (M)–Bebra–E.–Erfurt–Leipzig; Nahverkehrsverbindungen von E. nach Bad Salzungen–Vacha und Meiningen. Der nächste Flughafen ist Erfurt (ca. 50 km).

Bildungseinrichtungen: Grundschulen, Regelschulen, Gymnasien; Förderschule für Lernbehinderte; Schule für Krankenschwestern; Medizinische Berufsschule; Kaufmännisch-wirtschaftliche Berufsschule; Gewerblich-technische Berufsschule.

Wirtschaftliches: Adam Opel AG; BMW Fahrzeugtechnik GmbH; Robert Bosch GmbH; E. ist regionales Einkaufszentrum.

Geschichtliches: E. wird zwischen 1180 und 1187 erstmals urkundlich erwähnt. Der Name deutet auf die Lage der Ortschaft an einem schnell strömenden Wasserlauf hin (Isenacha – „is“ = eilen, schnell fließen). Die Entstehung der St geht auf drei frühe, sich im Schutze der

Eisenach, Rathaus

Wartburg entwickelnde Mkt-Siedlungen zurück. Die Lage der St an der ma. Handelsstraße „via regia lusatiae“ förderte die Entwicklung von Handel und Gewerbe, die durch eine St-Mauer geschützt wurden. An sie erinnert heute noch das Nikolaitor, eines der ältesten Stadttore Thüringens überhaupt. 1196 wird urkundlich ein Ratskollegium erwähnt; 1264 geht die Oberhoheit an das Haus Wettin über. Ein Kaufhaus der Tuchhändler wird 1466 beurkundet. Bei der Landesteilung (1485) kommt E. an die ernestinische Linie der Wettiner. Martin Luther lebte 1498–1501 als Lateinschüler in E., später, nach seiner „freiwilligen Gefangennahme“, übersetzte er auf der Wartburg als vermeintlicher „Junker Jörg“ die Bibel. Von 1572 bis 1741 war die St (von kurzen Unterbrechungen abgesehen) Residenz des Herzogtums Sachsen-Eisenach, bis 1757 eine Residenz-St mit fürstlicher Hofhaltung. E. entwickelte sich schnell zu einem glanzvollen politischen, wirtschaftlichen und kulturellen Mittelpunkt. 1617 und 1636 erlebte das Gemeinwesen schwere Stadtbrände. Im 19. Jh. wuchs es endgültig über seine alte Begrenzung hinaus. 1869 hielt die Sozialdemokratische Arbeiterpartei, die sogenannten „Eisenacher“ ihre Gründungsversammlung in E. ab. Von der 2. Hälfte des 18. Jh. an und im 19. Jh. wurde E. mehr und mehr zu einem kulturellen Mittelpunkt: Die Musikerfamilie Bach mit ihrem größten Talent – Johann Sebastian –, ebenso Georg Philipp Telemann, verkörperten eine Tradition im E.er Musikschaffen, die ihren Ursprung bereits auf den ma. Minnesang zurückführen kann. Charlotte von Schard, als Charlotte von Stein und langjährige Freundin Goethes in die Geschichte eingegangen, wurde 1742 hier geboren. Auch der große Weimarer Dichterfürst weilte nahezu zwanzigmal in E., und Fritz Reuter, einer der bedeutendsten niederdt. Mundart-Dichter, ließ sich 1863 am Fuße der Wartburg nieder; auf dem Eisenacher Friedhof findet man seine Grabstätte. Während der Napoleonischen Kriege hielt sich der französische Imperator zwischen 1806 und 1813 mehrfach in der Stadt auf. War ihre Wirtschaft über Jahrhunderte vornehmlich von Tuchmacherei und Färberei bestimmt – so kam es nach der Mitte des 19. Jh. durch die einsetzende Industrialisierung zu einem unerwarteten Aufschwung auf anderen Gebieten, nachdem E. 1847 in das Netz der Thüringischen Eisenbahn eingebunden worden war. Größter Arbeitgeber in der St wurde das 1896 gegründete Automobilwerk, in dessen Gefolge verschiedene Zuliefererwerke entstanden. –

Sehenswürdigkeiten und Kulturelles: historische Innen-St mit barockem Stadtschloß (1742–51) und spätgot. Rathaus (1508), unter Verwendung von Renaissanceformen 1564 umgebaut; Mkt- und St-Pfarrkirche „St. Georgen", gegründet um 1180 unter Landgraf Ludwig III., im Kern spätgot. Hallenkirche (1515), mehrfach umgebaut, davor der Mkt-Brunnen; Nikolaikirche (ehem. Benediktiner-Nonnen-Klosterkirche) dreischiffige romanische Flachdecken-Basilika (vermutlich Ende 12. Jh.), 1886/87 erneuert, im Süden der Kirche das Nikolaitor, ein Rest der St-Befestigung, im Kern spätroman. (um 1200); Kath. St.-Elisabeth-Kirche (1888); Burschenschaftsdenkmal (1902) oberhalb des Pflugenberges; Wingolfdenkmal; Residenzhaus, spätgot. Westflügel (um 1507) mit schlankem Treppenturm, Nordflügel mit Renaissanceportal (1559); Kartausgarten, Parkanlage mit Teehaus, Wandelhalle und Gärtnerhaus aus der Zeit um 1810; Drachenschlucht, ein beliebter Ausflugsort, ebenso wie „Phantasie", die „Sophienaue" und die „Sängerwiese"; Thüringer Museum (im St-Schloß), Gemäldesammlung (vorw. dt. Meister), Gläser Thüringer Glashütten vom MA bis zur Gegenwart, wertvolle Sammlung Thüringer Porzellane; Bürgerhäuser, zumeist Fachwerkbauten aus dem 18. Jh.; Hofapotheke (um 1560); das Kreuzmacherhaus (1539); Landestheater; Bachhaus, Gedenkstätte zu Leben und Werk der Familie Bach und des 1685 in E. geb. Johann Sebastian Bach (das Museum wurde 1944 bei einem Bombenangriff schwer beschädigt und nach dem Krieg in seiner historischen Gestalt wiederaufgebaut); Lutherhaus, ehem. Cottasches Haus, in dem der Lateinschüler Luther durch Frau Ursula Cotta gastliche Aufnahme fand, im Kern spätgot. Gebäude (Ende 15. Jh.), im 16./17. Jh. verändert, 1944 durch Bomben zerstört, nach 1945 wiederaufgebaut, jetzt Gedenkstätte mit „Lutherstube", Bibeldrucken und geistlichen Büchern des 16. Jh., „Deutsches Evangelisches Pfarrhausarchiv"; Fritz-Reuter-Haus im Stil einer italienischen Renaissance-Villa, Sammlung über Leben und Werk des Dichters Fritz Reuter (gest. 1874 in E.), ferner Richard-Wagner-Sammlung (die 1895 angekaufte „Oesterleinsche Sammlung") über Leben und Werk des Komponisten; Automobil-Museum; die Wartburg, gegründet 1067, weiträumige Anlage aus verschiedenen Bauzeiten, um zwei Höfe gruppiert, 1838–1890 wiederhergestellt, seit 1950 umfassende Restaurationsarbeiten, unerhört reiche und vielfältige Ausstattung, mehrere bedeutende Sammlungen zur Geschichte, Entwicklung und Legendenbildung der Burg.

Wiederkehrende Ereignisse: Thüringenschau (alle zwei Jahre, Jahreszahlen mit ungeraden Endziffern); „Sommergewinnsfest", ein großes Frühlingsfest am Samstag vor „Lätare", dem 3. Sonntag vor Ostern (lätare – lat. für „freue dich").

Eisenberg (Pfalz)

□ 18,70 qkm; ○ Donnersbergkreis; ⚐ Rheinland-Pfalz; ✉ 67304; ☎ 06351; 🚗 KIB; △ 248 m; 👥 8100.

E., 25 km nordöstlich von Kaiserslautern im Eistal an der B 47 gelegen, hat Anschluß an die Autobahn A 6 Kaiserslautern-Mannheim (Ausfahrt Wattenheim) und A 63 Kaiserslautern-Mainz (Ausfahrt Göllheim). Die St hat Realschule, Berufsschule, Fachoberschule für Maschinenbau; SOS Kinderdorf Pfalz; Schamotte- und Tonindustrie, Schweißelektrodenfabrik, Eisengießerei, Dachziegelwerk.

E., seit römischer Zeit besiedelt, wird erstmals 763 urkundlich erwähnt. Die Eisenverhüttung (nach 1870 zugunsten der Eisenverarbeitung aufgegeben) spielte bereits in römischer Zeit (Herstellung von Waffen) eine Rolle. 1963 wurde E. zur St erhoben. – Sehenswert Burgruine Stauf.

Eisenberg/Thüringen

□ 20,9 qkm; ○ Eisenberg/Thür.; ⚐ Thüringen; ✉ 07607; ☎ 0798; 🚗 EIS; △ 275 m; 👥 13000.

Durch die St führt die B 7, sie trifft westl. von E. auf die A 9/E 51 (Ausfahrt E.). Bahnhof an der Reichsbahn-Hauptstrecke Leipzig–Gera, Nebenbahn von E. nach Crossen; die nächsten Flughäfen sind Leipzig/Halle und Erfurt, beide 80 km entfernt.

Wirtschaftliches: Eine Ziegelei gilt als Grundstoff-Hauptbetrieb; zu den Veredelungsunternehmen zählen die Pianoforte-Produktion, eine Etui-Fabrikation sowie die Original Thüringer Fleisch- und Wurstwarenherstellung. Im landwirtschaftlichen Bereich dominieren Getreide- und Gemüseanbau, die Produktion von Futtermitteln und die Schweinemast. E. ist von umfangreichen Waldgebieten umgeben.

Geschichtliches: erste urkundliche Erwähnung 1196 als „Iserberc"; Markgraf Albrecht, Landgraf von Thüringen und Herzog von Sachsen, verlieh 1274 an E. das Stadt- und Braurecht. 1485 ging die St als Teil Kursachsens an die Ernestiner. Zur Einführung der Reformation hielt Martin Luther in „St. Peter" mehrere Predigten. 1680–1707 war E. Residenzstadt des kleinen Herzogtums Sachsen-E. In dieser Zeit kam es zum wirtschaftlichen Aufschwung. 1813 war das Gebiet um E. Aufmarschgebiet der Alliierten Heere vor der Völkerschlacht bei Leipzig, und – damit zusammenhängend – wurde E. Lazarettstadt. Auch der russische Zar und der preußische Kronprinz hielten sich nach der großen Schlacht in E. auf. Das Jahr 1848 brachte, wie andernorts ebenfalls, Unruhen und Aufbruchstimmung in das Herzogtum. – 1877 begann in der St die Piano- und Flügelfabrikation; die Erzeugnisse wurden weltweit versandt. – Herzog Ernst II. von Sachsen-Altenburg dankte 1918 ab; 1921 kam sein Herzogtum zum Land Thüringen. 1952 wurde E. zur Kreis-St erklärt.

Baudenkmäler und Sehenswürdigkeiten: Schloß Christianenburg (heute Verwaltungsgebäude), errichtet 1677, ist eine dreigeschossige barocke Anlage über annähernd quadratischem Grundriß. Die 1679–1689 geschaffene Schloßkirche gilt als das bedeutendste barocke Sakralbauwerk dieser Art in Thüringen. Zum historischen St-Kern zählt das Rathaus; es besteht aus zwei dreigeschossigen Renaissancebauten (1580). In der Frontmitte auf der Nordseite erhebt sich ein achtekkiger Turm mit freitragender Treppe, reichverziertem Eckerker und einem Sitznischenportal. – Beliebte Wandergebiete sind das „Thüringer Holzland" und das „Eisenberger Mühltal".

Eisenhüttenstadt, Theater

Eisenhüttenstadt

□ 53,6 qkm; ○ Kreisfreie St; ⚐ Brandenburg; ✉ 15890; ☎ 0375; 🚗 EH; △ 45 m; 👥 51000.

In Ei. treffen die B 112 und B 246 zusammen; über die B 112 erreicht man vor Frankfurt/Oder die Auffahrt zur E 40; Ei. liegt an den Reichsbahnstrecken Berlin–Frankfurt/O. und Guben–Cottbus. Ein Verkehrslandeplatz (Flugplatz) liegt im nahen Pohlitz und ist auf der Verbindungsstraße B 112 zu erreichen. In Ei. mündet der Oder-Spree-Kanal in die Oder; Binnenhafen.

Bildung und Ausbildung: In der St gibt es allgemeinbildende Oberschulen, Gymnasium, Berufsschulen, Oberstufenzentrum, ferner eine Medizinische Fachschule, Musikschule und Volkshochschule. – Kulturelle Einrichtungen: Städtisches Theater, Kulturhäuser, St-Museum, Feuerwehrmuseum sowie eine große Zahl von Musikgruppen, Chören, Volkskunst-Ensembles, Interessenzirkeln und anderen kulturellen Vereinigungen; erwähnenswert ferner die Stadtbibliothek mit mehreren Außenstellen, Kinderbibliotheken und Musikbibliothek. –

Wirtschaftsstruktur: eisenerzeugende Industrie, Betonwerk, Schiffswerft; Fleischverarbeitung und Großbäckerei.

Historisches: Ei. wurde am 13. 11. 1961 aus Stalinstadt, Fürstenberg/O. und Fürstenberg/West gebildet; entsprechend umfangreich ist die Vorgeschichte der heutigen St: Sie liegt, eingebettet in der Talsandterrasse des Berliner Urstromtales, inmitten einer reizvollen Hügellandschaft. Ei. ist umgeben von weitaus älteren Ortschaften, so Fürstenberg an der Oder im Osten, das um 1252 gegründet wurde (1293 erstmals als „civitatis vurstenbergensis" erwähnt), im Westen liegt Schönfließ, 1316 im Zusammenhang mit der Besitznahme durch das Kloster Neuzelle genannt. Wo sich heute Fürstenberg ausdehnt, bewohnten verschiedene Völkerschaften die Oderaue; dauerhafte Besiedlungs- und Befestigungsvorhaben deuteten sich jedoch erst nach 1370 an, als Karl IV. den Ort erworben hatte. Kloster Neuzelle, dem 1593 schon 33 Dörfer gehörten, kaufte 1406 die St zurück.

Kriege und Plünderungen, auch verheerende Brände suchten Fürstenberg mehrfach heim. Immer wieder bauten die Bewohner ihre zerstörten Häuser auf, so auch nach dem Großbrand von 1571, bei dem das Rathaus mit wertvollen Urkunden vernichtet wurde. Erneut aufbauen mußte man nach dem Brand von 1604, den nur ein Haus am Kietz überstand und die Nicolaikirche, die dabei ihren Dachstuhl einbüßte. Am Ende des 30jährigen Krieges waren von 250 bewohnten Bürgerhäusern lediglich 30 übriggeblieben.

Zu jener Zeit formten Ackerbürger und Handwerker das soziale und wirtschaftliche Profil der St. Seit dem 14. Jh. war die Fischerei gebräuchlich, sie wurde zum ältesten Handwerk der St; nur wenig später entwickelte sich die Schiffahrt. Die erste Schuhmacherzunft wurde 1434 gegründet; 1683 erhielten 54 Bürger eine Brauberechtigung. 1816 waren von den etwa 1400 EW 224 als Handwerksmeister in verschiedenen Berufen tätig.

Die Niederlausitz wurde 1815 an Preußen angegliedert. Das führte in der Folgezeit zu markanten wirtschaftlichen Veränderungen; die industrielle Entwicklung wurde durch den Bau der Eisenbahnlinie Berlin–Breslau (1846–47) wesentlich begünstigt. Bei einem Brunnenbau fand man in der Nähe von Schönfließ 1847 Braunkohle, die ab 1858 gefördert wurde. 1864 nahm als bedeutendster Industriebetrieb die Glashütte – direkt am Bahnhof – ihre Produktion auf.

Zu Ende des 19. Jh. geriet die Oder in den Blickpunkt des wirtschaftlichen Interesses. Die Inbetriebnahme des Oder-Spree-Kanales (1891) ermöglichte das Schleusen größerer Schleppkähne. Es war eine Wasserstraße entstanden, die das schlesische Industriegebiet und seine mächtigen Steinkohlevorkommen mit Berlin, Stettin, Hamburg und dem Ruhrgebiet verband. Nach dem Anschluß eines Stichkanales ließen sich zahlreiche mittelständische Industriebetriebe nieder. Große Industriebetriebe siedelten sich jedoch erst nach dem 2. Weltkrieg an.

Völlig neue Akzente setzte der Bau des Eisenhüttenkombinates (EKO) im Sommer 1950. Im Februar 1951 begann der Aufbau der EKO-Wohnstadt. In das Jahr 1955 fiel die 700-Jahr-Feier Fürstenbergs. Manche kommunalgeschichtlichen Ereignisse jener Zeit müssen noch näher untersucht und gewertet werden. Das junge, nunmehr seit 1961 Ei. genannte Gemeinwesen wuchs mit dem etappenweisen Aufbau des Werkes und seinen wirtschaftlichen Leistungen: 1951 entstanden das Hüttenwerk, 1968 das Kaltwalzwerk, 1984 das Konverter Stahlwerk. Die Schaffung eines metallurgischen Kreislaufes war das angestrebte Ziel. Die Großbetriebe prägten das wirtschaftliche Profil der St an der Oder. Sie bleibt auch künftig Ausgangsbasis und Knotenpunkt im Ost-West-Handel.

Eisleben

□ 40 qkm; ○ Eisleben; ⚐ Sachsen-Anhalt; ✉ 06295; ☎ 03475; 🚗 EIL; △ 147 m; 👥 27 000.

In Eis. kreuzen sich die B 80 und B 180; die St liegt an der Eisenbahnstrecke Halle–Kassel. Der nächste Flughafen ist Leipzig/Halle.

Bildungseinrichtungen: Neben allgemeinbildenden Schulen verfügt die St über Gymnasien, Berufsschulen sowie über die Fachschule für Technik und Wirtschaft, die aus der 1798 gegründeten Bergbauschule hervorgegangen ist. Zu den kulturellen Bildungsstätten zählen die Landesbühne Sachsen-Anhalt, die Museen und die Lutherhäuser.

Wirtschaftliches: Herstellung von Büromöbeln; Herrenmode; Fertigung von Fenstern und Türen; mehrere Betriebe für den Hoch- und Tiefbau. – Ein Landesgut ist spezialisiert auf den Obst- und Gemüse-Großanbau; Fruchtsaftproduktion.

Geschichtliches: Eis. liegt in der Mansfelder Mulde des östl. Harzvorlandes. Zu einer Besiedlung kam es bereits im Bereich der heutigen St vor mehr als 200 000 Jahren; die älteste Form des Ortsnamens lautet „Gisleva". Im Jahre 1045 bestätigte Kaiser Heinrich III. das Markt-, Münz- und Zollrecht. Der älteste Marktplatz befand sich oberhalb des heutigen auf dem Andreaskirchplatz. Im MA waren Ackerwirtschaft, Tuchmacherei, Weinbau und der Handel mit Kupfer die Haupterwerbszweige der EW. Das Aufblühen des Bergbaues und der Verhüttung im 15. und 16. Jh. brachten der St einen bis dahin nicht gekannten materiellen, geistigen und kulturellen Aufschwung. Auch Martin Luthers Vater lockte das „Berggeschrei“ aus dem Thüringischen weg ins Mansfeldische. Hier garantierte ein von Kaiser Karl IV. zugestandenes Privileg den Grafen, die bald zu den reichsten Feudalgeschlechtern Deutschlands zählten, ab 1346 das „Bergregal“ – was eigenes Hoheitsrecht über den Bergbau bedeutete.

Eis. war die bedeutendste St der Grafschaft Mansfeld. Der Kupferbergbau mit allen erforderlichen Nachfolgeeinrichtungen wie Aufbereitung, Verarbeitung und Vertrieb boten noch nach dem 2. Weltkrieg den meisten Menschen in der Region sichere Arbeitsplätze. Inzwischen wurde der Abbau von Kupfererz eingestellt.

Baudenkmäler und Sehenswürdigkeiten: Lutherdenkmal auf dem Marktplatz; mittelalterlicher Friedhof (Camposanto) mit Kronenkirche; rom. Klosterruine „St. Maria“ mit Klosterteich im Ortsteil Helfta; Denkmal für Friedrich König, dem Erfinder der Buchdruck-Schnellpresse; „Knappen-Brunnen“ und „Kamerad Martin“ – Bergbau-Denkmäler; die Taufkirche von Dr. Martin Luther und zwei weitere ma. Kirchen; das geschlossene Marktensemble mit dem got. Rathaus; „St. Annen“ mit Klosteranlage der Augustiner; das Kreisheimatmuseum mit umfangreichen Sammlungen zur Ur- und Frühgeschichte sowie zur St-Geschichte; das Geburtshaus Martin Luthers (Museum); Luthers Sterbehaus (Museum); das Museum für Architektur und Baukunst der Eis.; das Naturkundemuseum mit Dokumentationen über die Geologie der Mansfelder Mulde, die Entstehung, Gewinnung und Verarbeitung des Kupferschiefers, über das Entstehen und Verschwinden der Mansfelder Seen. Ferner gibt es Darstellungen über die Tektonik der Kalk- und Braunkohlelager, zur Salzgewinnung seit der Bronzezeit, dem Leben der Tiere und Pflanzen am „Süßen See“ und der Vogelwelt des Mansfelder Landes.

Überregionale Veranstaltungen: im Juni das Stadtfest der Eis.; Mitte September der „Eisleber Wiesenmarkt“, das größte Volksfest Mitteldeutschlands.

Eislingen/Fils

□ 16,42 qkm; ○ Göppingen; ⚐ Baden-Württemberg; ✉ 73054; ☎ 07161; 🚗 GP; △ 336 m; 👥 17500.

E. liegt 45 km südöstlich von Stuttgart am Rande der Schwäbischen Alb an der Fils, einem Nebenfluß des Neckars. Zufahrt über die B 10. Anschluß an die Autobahn A 8 Stuttgart–München (Ausfahrt Aichelberg). Die St hat Realschule, Gymnasium, Sonderschule für Lernbehinderte, Ausbildungsstätte der Bundespost für das Fernmeldewesen; Textil-, Holz-, Maschinen- und Papierindustrie.

Erste urkundliche Erwähnung (»Isininga«) in einer Schenkungsurkunde des Klosters Wiesensteig 861. Nach Zusammenschluß von Groß- und Kleineislingen 1933 Erhebung zur St. Starker industrieller Aufschwung nach dem Krieg und in den sechziger Jahren.

Eitorf

□ 70,06 qkm; ○ Rhein-Sieg-Kreis; ⚐ Nordrhein-Westfalen; ✉ 53783; ☎ 02243; 🚗 SU; △ 83 m; 👥 15700.

E. ist Luftkurort am Mittellauf der Sieg 30 km östlich von Bonn. Bahnstation an der Strecke Köln-Gießen-Frankfurt a. M. E. hat Gymnasium, Kreisberufsschule mit Handelsschule. Industrie: Stoßdämpferfabrik, Herstellung von Hand- und Maschinenstrickgarnen, pharmazeutischen und pyrotechnischen Artikeln, Farben und Lacken, modischer Damenoberbekleidung.

Erstmals wird E. in einer Urkunde aus dem Jahr 1144 erwähnt. Die industrielle Entwicklung setzte Mitte des 19. Jh. nach dem Bau der Siegtalstraße (1847–58) und der Eisenbahn Deutz-Gießen (1859) ein.

Ellwangen (Jagst)

□ 127,44 qkm; ○ Ostalbkreis; ⚐ Baden-Württemberg; ✉ 73479; ☎ 07961; 🚗 AA; △ 440–510 m; 👥 21600.

E., Erholungsort mit regem Fremdenverkehr an der Jagst am Südostrand der Ellwanger Berge, ist über die B 290 zu erreichen. D-Zug-Station an der Bundesbahnstrecke Stuttgart-Aalen-Crailsheim-Nürnberg-Hof. Die St hat Landgericht, Amtsgericht, Wasserwirtschaftsamt; Realschule, kath. Mädchenrealschule, Gymnasium, gewerbliche und kaufm. Berufsschule, Kinderdorf; Batteriefabrik (Varta GmbH), Textilindustrie und Maschinenbau. E. ist Garnisonstadt der Bundeswehr.

Der in der Nähe des 764 gegründeten Benediktinerklosters entstandenen Siedlung E. wurden im ersten Drittel des 13. Jh. die Stadtrechte verliehen. 1266 wird erstmals das

Schloß erwähnt, 1460 das Kloster in ein Chorherrenstift (1803 aufgehoben) umgewandelt. E. war Residenz der gleichnamigen Fürstpropstei (1802 an Württemberg). – Sehenswürdigkeiten: Romanische Stiftskirche St. Veit (1182–1233, im Innern barock umgestaltet); Wallfahrtskirche Schönenberg (1682–86); spätgot. St. Wolfgangskirche (1473–76); Schloß Ellwangen (16.–18. Jh.) mit Museum.

Alljährlich im Januar Kalter Markt (Pferdemarkt), Fastnachtsdienstag großer Umzug und Heimattage im Juli.

Elmshorn

□ 19,46 qkm; ○ Pinneberg; ⚐ Schleswig-Holstein; ✉ 25335*; ☎ 04121; 🚗 PI; △ 3,5–25 m; 👪 45000.

E., 30 km nordwestlich von Hamburg an der Krückau gelegen, ist Wirtschafts- und Kulturzentrum Südwestholsteins. Zufahrt über die Autobahn A 23 Hamburg–Itzehoe (Ausfahrt E.) sowie B 5 und B 431. D-Zug-Station an den Strecken Hamburg–Westerland und Hamburg–Kiel; Vorortsverkehr E.-Hamburg. E. hat Flußhafen; Arbeitsgericht, Amtsgericht, Finanzamt, Arbeitsamt, Zollkommissariat; Realschule, Gymnasien, Gesamtschule, Sonderschule für Lernbehinderte, Waldorfschule, Kreisberufsschule mit Handelsschule, Landwirtschaftsschule, Volkshochschule, Wirtschaftsakademie und Ausbildungszentren der IHK und Handwerkskammer. Wirtschaft: Metallverarbeitende- und Maschinenbauindustrie, Nahrungsmittelindustrie, landwirtschaftliche Erzeugnisse (Fleischwaren, Futtermittel, Mühlenprodukte), Holz- und Kunststoffindustrie, Küstenschiffswerft, Teppichgroßversandhaus (Kibek), Baumschulen und Großgärtnereien.

E. wird erstmals 1141 urkundlich erwähnt. Für die wirtschaftliche Entwicklung der Kolonistensiedlung war die Lage am Übergang der großen Heerstraße von Jütland nach Westfalen über die schiffbare Seesterau (später Krückau) entscheidend (1386 erstmals eine Brücke erwähnt). Nach Rückschlägen im 17. Jh. (1657 Zerstörung durch schwedische Truppen; Großbrand 1750) wurde E. 1736 zum zunftberechtigten Flecken erhoben. 1816 Gründung einer Walfangreederei (Einstellung der Grönlandfahrten 1872). 1870 Verleihung der Stadtrechte. – Sehenswert das Heimatmuseum mit Sammlung aus der E. Geschichte, die im 14. Jh. erbaute St. Nikolai-Kirche; zahlreiche Gebäude aus der Gründer- und Jugendstilzeit.

Elsdorf (Rheinland)

□ 65,93 qkm; ○ Erftkreis; ⚐ Nordrhein-Westfalen; ✉ 50189; ☎ 02274; 🚗 BM; △ 86 m; 👪 18700.

E., an der B 55 zwischen Köln und Jülich gelegen, besitzt Anschluß an die Autobahn A 4 Köln-Aachen (Ausfahrt Kerpen-Buir) und A 61 Koblenz-Mönchengladbach (Ausfahrt Bergheim/Elsdorf). Die Gm hat Gemeinschaftsgrund- und Gemeinschaftshauptschulen, Sonderschule für Lernbehinderte, Volksbildungswerk für die Erwachsenenbildung; Zuckerfabrik, Ziegelei, Konservenfabrik, Fleischfabrik.

Als Dorfsiedlung wird E. erstmals 1166 urkundlich erwähnt.

Elsfleth

□ 115,05 qkm; ○ Wesermarsch; ⚐ Niedersachsen; ✉ 26931; ☎ 04404; 🚗 BRA; △ 1,10 m; 👪 8500.

E., an der Einmündung der kanalisierten Hunte in die Weser 40 km nordwestlich von Bremen gelegen, ist über die B 212 zu erreichen; E. hat Anschluß an die Autobahn A 28 Delmenhorst–Emden (Ausfahrt Ganderkesee) und A 29 Oldenburg–Wilhemshaven (Ausfahrt Oldenburg–Ohmstede); Bahnstation an der Strecke Blexen–Hude–Bremen/Oldenburg. E. ist Bundeswehrstandort, hat See- und Flußschiffahrtshafen (für Schiffe bis 3500 t), Zollamt; Grundschulen, Hauptschule, Orientierungsstufe, Realschule, Berufsbildende Schule, Fachhochschule (Fachbereich Seefahrt), Fachoberschule (Technik-Seefahrt); Schulschiff Großherzogin Elisabeth; Werft, Verpackungsindustrie, Futtermittelwerk, Schilderfabrik u. a.; Reedereibetriebe.

E., erstmals 1220 urkundlich genannt, war seit 1350 Besitz der Oldenburger Grafen. 1504 wurde die St. Nicolai-Kirche errichtet, die durch einen Anbau 1690 ihre jetzige Hakenform erhielt. Bedeutenden Aufschwung erlangte E. durch die Einrichtung des Weserzolls, der von Graf Anton Günther von Oldenburg 1624 nach E. verlegt wurde. Zur Stadt wurde E. 1856 erhoben. – Sehenswert St. Nicolai-Kirche, ehem. Jagdschloß des Grafen A. G. von Oldenburg (1657); Huntesperrwerk.

Elsterwerda

□ 30,5 qkm; ○ Bad Liebenwerda; ⚐ Brandenburg; ✉ 04910; ☎ 0584; 🚗 LIB; △ 93 m; 👪 10500.

Die St liegt inmitten des Naturparkes „Lausitzer Heidelandschaft“, beiderseits der Schwarzen Elster, 60 km nordwestl. von Dresden, 120 km südöstl. von Berlin entfernt; El. wird von den B 101 und B 169 durchquert; Anschluß an die E 55 über die B 169, Auffahrt Ruhland (25 km). In El. kreuzen sich die Eisenbahnstrecken Berlin–Chemnitz, Berlin–Dresden und Görlitz–Köln; nächster Flughafen ist Dresden (60 km).

Bildungseinrichtungen: In El. gibt es Grundschulen, Gesamtschule, Realschule und Gymnasium. – Die St verfügt über ein Naherholungsgebiet mit Sportstätte und Freibad, Tennisplätzen und Park.

Wirtschaftliches: umfassende Kiesgewinnung – Bau- und Gießereisand; Fertigung von Betonteilen; IMPULSA-Melkanlagen; Automatik-Grauguß-Gießerei und Handling-Geräte; Bekleidung und Polstermöbel; im Agrarbereich Getreide- und Futtermittelanbau, Milchviehwirtschaft; Herstellung von Milcherzeugnissen.

El. verkörpert das industrielle Zentrum und den Verkehrsknotenpunkt des Kreises Bad Liebenwerda. Die früheste Urkunde über das Bestehen der Ortschaft El. datiert vom März 1211. Erste Besitzer waren die Herren von Köckeritz. Noch im Jahre 1700 blieb die Gm mit ihren 825 EW hinter Mühlberg und Liebenwerda zurück, sie war bis zum Ende des 19. Jh. eine Ackerbürger-St. Die Entfaltung El. zur Industrie-St setzte 1874–75 mit dem Bau der Eisenbahnanschlüsse und der Verkehrsentwicklung ein.

Sehenswürdigkeiten: Barockschloß, eine zweigeschossige Dreiflügelanlage, erbaut 1720–37 (heutiges Gymnasium); Postmeilensäule von 1736; Pfarrkirche St. Katharinen, einschiffiger Barockbau mit spätgot. Chor; Fachwerkhaus aus dem 19. Jh., genutzt als Galerie „Hans Nadler“.

Eltville am Rhein

☐ 46,77 qkm; ○ Rheingau-Taunus-Kreis; ⚐ Hessen; ✉ 65343*; ☎ 6123; 🚗 RÜD; △ 95 m; 🚶 15 800.

E. liegt 10 km südwestlich von Wiesbaden am südlichen Rand des Taunus unmittelbar am Rhein. Zufahrt über die B 42. Anschluß an die Autobahn A 66 Wiesbaden–Bad Soden–Salmünster (Ausfahrt Wiesbaden–Frauenstein). Bahnstation an der Strecke Wiesbaden–Niederlahnstein–Koblenz. E. ist Sitz der Verwaltung der Hessischen Staatsweingüter, hat Weinbau-Amt; Realschule, Weinbaufachschule; Kreiskrankenhaus; Weinbau, Sektkellereien (u. a. Matheus Müller), Großdruckereien, elektrotechnische Industrie.

E. geht auf eine römische Siedlung (»Alta Villa«) zurück. Als fränkischer Gutshof wird E. erstmals um 1000 urkundlich erwähnt. 1330 ließ Erzbischof Balduin von Trier eine Trutzburg errichten; 1332 wurde der in ihrem Schutz liegende Ort E. durch Kaiser Ludwig den Bayern zur St erhoben. Die Burg war nach 1348 für 150 Jahre Sommerresidenz der Mainzer Kurfürsten; 1631 wurde sie von den Schweden besetzt und 1636 bei ihrem Abzug zerstört (Ostflügel 1661–83 wiederaufgebaut). Sehenswürdigkeiten: Gotische Pfarrkirche (1353–1434) mit Grabdenkmälern, spätgot. Taufstein (1517) und holzgeschnitzter Madonna; Adelshöfe (16.–18. Jh.). Auf der Burg Gutenberg-Gedenkstätte. 1465 war Gutenberg vom Erzbischof und Kurfürsten Adolf von Nassau zum Hofedelmann ernannt worden; unter Gutenbergs Anleitung druckten die Brüder Bechtermünz in E. zusammen mit Wiegand Spieß (1467) den berühmt gewordenen „Vocubularius ex quo“. – Anfang Juli alljährlich Sektfest im biedermeierlichen Rahmen.

Elzach

☐ 75,26 qkm; ○ Emmendingen; ⚐ Baden-Württemberg; ✉ 79215; ☎ 07682; 🚗 EM; △ 362–1150 m; 🚶 6500.

E. liegt im oberen Elztal im südlichen Schwarzwald an der B 294; Endstation der Nebenstrecke Emmendingen–E. Die St hat Forstamt; Grund- und Hauptschulen, Realschule; mittelständische Industrie- und Gewerbebetriebe (Sägewerke, Herstellung von Schwarzwaldwolle, Uhrengehäusen und Möbeln, Edelsteinindustrie, Metallverarbeitung, Produktion von Isolierglasfenstern) und Landwirtschaft. E. ist mit den Stadtteilen Prechtal, Yach und Katzenmoos staatl. anerkannter Luftkurort (Kurklinik, Sanatorien).

Der Ort „Eltavelt“ wird erstmals in einer Urkunde Papst Alexanders III. vom Jahr 1178 erwähnt. Die Siedlung erhielt 1290 das Stadtrecht. Stadtbrände (1490 und 1583) sowie Plünderungen und Brandschatzungen im Dreissigjährigen Krieg (1631) zerstörten wiederholt die St, die bis 1806 zu Vorderösterreich gehörte und danach an Baden kam.

Sehenswert: Pfarrkirche St. Nikolaus (Turm 1828), Neunlindenkapelle, Landwasser- und Neumaiermühle, Naturdenkmäler ‚Siebenfelsen‘ und ‚Kostgrundtanne‘ (45 m hoch, 250 Jahre alt).

Alljährlich Historische Alemannische Fastnacht und alle drei Jahre Stadtfest.

Elze

□ 47,57 qkm; ○ Hildesheim; ⚐ Niedersachsen; ✉ 31008; ☎ 05068; 🚗 HI; △ 78–167 m; 👥 9700.

E. liegt 28 km südlich von Hannover im Leinetal am Schnittpunkt der B 1 und B 3. Die St ist Bahnknotenpunkt (Inter-Regio-Station) der Bundesbahnstrecken Hannover–Frankfurt a. M. und Braunschweig–Hildesheim–Löhne. E. hat Amtsgericht; Realschule, Gymnasium, Sonderschule für Lernbehinderte. Industrie: Waggon- und Containerbau, Herstellung von Motorenprüfständen und Bremsen (Westinghouse), holzverarbeitende, Nahrungs- und Genußmittelindustrie, Leichtmetallbau, Eisengießerei u. a.

Der heutige Ortskern der alten sächsischen Wiksiedlung ist nach dem Großbrand von 1824 errichtet worden.

Emden

□ 112,38 qkm; ○ Kreisfreie Stadt; ⚐ Niedersachsen; ✉ 26721*; ☎ 04921; 🚗 EMD; △ 4 m; 👥 49800.

E. liegt im Ems-Marschland an der Einmündung der Ems in die Nordsee. Zufahrt über die B 70 und Autobahn A 31 Emden–Leer (Ausfahrten E.-Ost, E.Wolthusen und E.-Nord). D-Zug-Station an der Bundesbahnstrecke Norddeich–Münster–Köln und Norddeich–Bremen–Hannover. Flugplatz und Nordseehafen. Über Wasserstraßen (Ems-Jade-Kanal, Dortmund-Ems-Kanal) ist E. mit Wilhelmshaven und dem Ruhrgebiet verbunden. Die St ist Bundeswehrstandort, hat Amtsgericht, Wasser- und Schifffahrtsamt, Niedersächs. Hafenamt, Industrie- und Handelskammer, Hauptzollamt; Realschulen und Gymnasien, Berufsschulen, Berufsfach-, Fach- und Fachoberschulen, Berufsaufbauschulen, Krankenpflegeschule, Fachhochschule Ostfriesland; Neues Theater, Nordseehalle.

Der durch Schleusen abgeschlossene Binnenhafen ist Umschlagplatz von Massengütern (Erze, Kohle, Flüssiggas, Getreide, Holz, Düngemittel u. a.); vom Außenhafen Umschlag von Kraftfahrzeugen und Passagierschiffsverkehr nach Borkum. Bedeutendster Industriebetrieb ist das 1964 angesiedelte Zweigwerk der

Emden, Rathaus

V. A. G.; daneben sind als Wirtschaftsfaktoren erwähnenswert die Großschiffswerften (Nordseewerke), ein Verpackungswerk, die Anlandestation für das Nordseegas und fischverarbeitende Industrie.

An der Mündung des Eheflusses in die Ems (Nordseite des früheren Emsbogens) wurde vermutlich um 800 von friesischen Händlern eine Niederlassung errichtet, die als Handelsort (»Amuthon«) im 11. Jh. eine Münzstätte besaß. Als Zollstätte wird E. erstmals 1224 urkundlich erwähnt. 1253 gelangte der Ort aus Ravensbergischem Besitz an die Bischöfe von Münster, die einheimischen Häuptlingen (Geschlecht der Abdena) die wichtigsten öffentlichen Ämter übertrugen. 1432 wurde die St, die inzwischen eine gewisse Selbständigkeit erlangt hatte, von den mit Hamburg verbündeten Häuptlingen Cirksena erobert, die E. zur Landeshauptstadt Ostfrieslands erhoben.

1494 verlieh Kaiser Maximilian I. der St das Stapelrecht und ein Jahr später das Stadtwappen. Im 16. Jh. war E. im Zusammenhang mit dem Befreiungskampf der Niederlande Zufluchtsort glaubensvertriebener Flüchtlinge. Die St erlebte in dieser Zeit eine Epoche wirtschaftlichen, politischen und kulturellen Aufstiegs (1536 Aufnahme der Ostseefahrt mit größeren Schiffen, Hafenausbau, Errichtung von Schiffswerften). 1595 rebellierte die Stadtbürgerschaft gegen den lutherischen Landesherrn Edzard II. und errichtete unter Führung des Stadtsyndikus Althusius und mit niederländischer Hilfe eine demokratisch-puritanische Patrizierherrschaft. 1681 wurde E. für zwei Jahrzehnte Überseehafen und Sitz der Kurbrandenburgisch-afrikanischen Kompanie und begründete dadurch politisch die Anwartschaft Preußens auf Ostfriesland (1744). Unter preußischer Herrschaft Wiederaufbau der Schiffahrt und Neubelebung des Überseehandels. Rückschläge ergaben sich aus der Verlagerung der Ems und die dadurch bedingte geringere Fahrwasserstufe sowie mit dem Zusammenbruch des preußischen Staates 1806. 1815 kam E. an Hannover bis zur Einverleibung des Königreiches in den preußischen Staat (1866). Nach 1871 Ausbau des Hafens und der Verkehrsverbindungen zu den an Rhein und Ruhr entstandenen Industriegebieten.

Der Altstadtkern wurde im 2. Weltkrieg schwer zerstört. Das Rathaus im Renaissancestil wurde 1962 unter Wahrung des alten Charakters wiederaufgebaut; es beherbergt heute das Ostfriesische Landesmuseum, die bedeutende Städtische Rüstkammer (Harnische des 16. und 17. Jh.), ein Münzkabinett, das Stadtarchiv und die Stadtbücherei.

Emmendingen

☐ 33,79 qkm; ○ Emmendingen; ⚐ Baden-Württemberg; ✉ 79312; ☎ 07641; 🚗 EM; △ 200,5 m; 👥 23000.

E., 15 km nördlich von Freiburg i.B. an der Elz zwischen Kaiserstuhl und Schwarzwald gelegen, ist über die B 3 und Autobahn Karlsruhe–Basel (Ausfahrt Teningen) zu erreichen. Bahnstation an der Strecke Karlsruhe–Basel. E. hat Amtsgericht, Landratsamt, Finanzamt, Gesundheitsamt, Kreisverwaltung, Zollamt, Forst- und Vermessungsamt; Realschule, Gymnasium, gewerbliche Schulen mit Technischem Gymnasium, Kaufmännische Schulen mit Wirtschaftsgymnasium, Hauswirtschaftl. Schulen, Sonderschule für Lernbehinderte, Körperbehinderte und Bildungsschwache; Psychiatrisches Landeskrankenhaus. Industrie: Apparate-, Maschinen- und Werkzeugbau, Bürsten, Druck, Elektronik und Feinmechanik, Glühlampen, Kunststoffverarbeitung, Metallwaren, Seilerei, Spinnerei, Textil- und Zigarrenherstellung.

E. wird erstmals 1091 urkundlich erwähnt. 1415 kam E. durch Verkauf an den Markgrafen von Baden, auf dessen Veranlassung König Sigmund dem Ort 1418 das Marktrecht verlieh. 1590 wurde E. zur St erhoben. – Sehenswürdigkeiten sind das alte Markgrafenschloß (1590 war E. Residenz Jakobs III. von Baden-Hachberg), die alte Landvogtei (Stadtbibliothek im Schlosserhaus), das Rathaus (1729), das Neue Schloß (1789) und die in der Nähe liegenden Ruinen der Hochburg (12. Jh.), Burg Landeck (13. Jh.) und des Klosters Tennenbach (12. Jh.). – Auf dem Alten Friedhof von E. ruht die Schwester Goethes, Cornelia Schlosser (1750–77).

Emmerich

☐ 80 qkm; ○ Kleve; ⚐ Nordrhein-Westfalen; ✉ 46446; ☎ 02822 (Ortsteil Elten 02828); 🚗 KLE; △ 15–82 m; 👥 29000.

E., rechts am Niederrhein an der niederländischen Grenze gelegen, ist über die B 8 und B 220 zu erreichen. Anschluß an die Autobahn A 3 Ruhrgebiet–Niederlande (Ausfahrten Emmerich und Elten). TEE-, FD- und D-Zug-Station an der Strecke Amsterdam–Ruhrgebiet–Süddeutschland. E. ist Bundeswehrstandort, hat Amtsgericht, Hauptzollamt, Autobahnzollamt, Bundesgrenzschutzstelle, Wasser- und Schiffahrtsamt u.a. Behörden; Industrie- und Sicherheitshafen (Container-Umschlaghafen), Anlegestellen für Fahrgastschiffe; Realschule, Gymnasien, Berufs- und Berufsfachschule, Sonderschule für Lernbehinderte. Der Ortsteil Elten führt seit 1943 die Bezeichnung „Luftkurort“. Als zukunftsträchtiger Industriestandort zwischen dem Ruhrgebiet und west-holländischem Industrieraum verfügt E. über eine weitgefächerte Wirtschaft; Nahrungs- und Genußmittelindustrie (Unilever- und Akzo-Konzern), Maschinen- und Fahrzeugbau, Baugewerbe, Chemie und Kunststoffverarbeitung, Ziegeleien und keramische Erzeugnisse.

Um 700 gründete der Friesenapostel St. Willibrord die erste Kirche und eine Lateinschule, die als Keimzellen des späteren Marktortes E. gelten dürfen. 1233 verlieh Graf Otto von Geldern der Siedlung die Stadtrechte; Ende des 14. Jh. wurde die St Mitglied der Hanse. 1402 ging E. an die Grafen von Kleve über, unter deren Herrschaft eine wirtschaftliche und kulturelle Blütezeit anbrach. 1609 fiel das Herzogtum Kleve mit E. an Brandenburg. – Die St, die im 2. Weltkrieg (1944) schwere Zerstörungen erlitt, besitzt eine Reihe von bemerkenswerten (wiederaufgebauten) historischen Bauten: Martini-Kirche (11. Jh.), Aldegundiskirche (15. Jh.), Christus-Kirche (17./18. Jh.), Stiftskirche Hochelten (10. Jh.). Sehenswert der moderne Sakralbau der Heilig-Geist-Kirche (1966) mit bemerkenswerter Innenausstattung, die Rheinpromenade mit Rheinpark, die Galerie „Haus am Park“, das Rheinmuseum, die Rheinbrücke (längste Hängebrücke Deutschlands) und das Schlößchen Borghees (1680). – Aus E. stammt der Komponist Eduard Künnecke (1885–1953).

Emmerthal

□ 114,94 qkm; ○ Hameln-Pyrmont; ⚐ Niedersachsen; ✉ 31860; ☎ 05155; 🚗 HM; △ 80 m; 👫 11000.

E., im Rahmen der Gebietsreform durch Zusammenschluß von 17 Gemeinden entstanden, liegt im Städtedreieck Hameln–Bodenwerder–Bad Pyrmont im Naturpark Weserbergland an der B 83. Bahnstation an der Strecke Altenbeken–Hameln–Hannover.

Die Gm hat Grundschulen, Hauptschule mit Orientierungsstufe, Realschule; Chemische Industrie, Kernkraftwerk Grohnde, Keks- und Brotfabrik; Landwirtschaft.

Die Ortsteile von E. liegen auf geschichtsträchtigem Boden. Zu den ältesten, etwa um 1000 entstandenen Siedlungen gehören Börry und seine umliegenden Dörfer; auch Welsede wird 1234 als »Welzethe« (Ansiedlung im Quellenland) erwähnt. – Sehenswürdigkeiten: Schloß Hämelschenburg (prächtiges Baudenkmal der Weserrenaissance); Museum für Landtechnik und Landarbeit in Börry; Petrikirche in Kirchohsen (um 800 n. Chr.) und andere Kirchen aus der Zeit um ca. 800–900 n. Chr.

Emsdetten

□ 71,50 qkm; ○ Steinfurt; ⚐ Nordrhein-Westfalen; ✉ 48282; ☎ 02572; 🚗 ST; △ 47 m; 👫 32000.

E., 30 km südwestlich von Osnabrück an der Ems gelegen, ist über die B 481 zu erreichen. Anschluß an die Autobahn A 1 Bremen–Münster (Ausfahrten Ladbergen und Greven). Bahnstation der Strecke Hamm–Münster–Rheine–Emden). E. hat Realschulen, Gymnasium, Sonderschule, Handelsschule, Jugendmusikschule, Jugendbildungswerk, Volkshochschule. Bedeutende Wirtschaftszweige sind die Textil- und kunststoffverarbeitende Industrie und der Maschinenbau; zentrales Teile- und Warenlager eines Automobilwerkes und einer Großmarktkette.

»Thetten« wird erstmals 1178 urkundlich genannt. Der alte Ortskern entwickelte sich um eine im 9./10. Jh. errichtete Kirche. Freiheit und Gericht des Dorfes werden um 1300 erwähnt. Bis 1400 gehörte E. zur Grafschaft Tecklenburg, danach bis 1803 zum Fürstbistum Münster. 1813 kam der Ort an Preußen. E. Monopol waren seit dem 17. Jh. die „Wannen" aus Korbweiden zum Trennen der Spreu vom Korn (Gildeordnung von 1645). 1938 wurden E. die Stadtrechte verliehen. – Sehenswert das Wannenmacher-Museum, Heimatmuseum; Dorfkirche mit Sammlung barocker Herdplatten im Ortsteil E.-Hembergen; Hochmoor „E.-Venn". – Alljährlich Mai- und Herbstkirmes, Stadtschützenfest (Juli) und Stadtfest (September).

Endingen (Kaiserstuhl)

□ 26,72 qkm; ○ Emmendingen; ⚐ Baden-Württemberg; ✉ 79346; ☎ 07642; 🚗 EM; △ 184 m; 👫 7500.

E., 25 km nordwestlich von Freiburg i. Breisgau am Nordrand des Kaiserstuhls gelegen, hat Anschluß an die Autobahn A 5 Karlsruhe–Basel (Ausfahrt Riegel); Grund-, Haupt- und Realschule, Volkshochschule, Sonderschule für Lernbehinderte; Altenpflegeheim; Maschinenbau (Geschirrspülautomaten), Sitzmöbel-, Elektro- und Schuhindustrie, Druckereien; Weinbau (Kaiserstühler).

»Endinga« wird ertmals 862 urkundlich genannt. Unter den Grafen von Üsenberg erhielt der Ort um 1295 das Stadtrecht (1949 erneuert). Nach dem Aussterben des Geschlechtes kam die St 1379 an Vorderösterreich. Zwischen 1415 und 1428 war E. Freie Reichsstadt; 1806 wurde es badisch. – Das ma. Stadtbild ist weitgehend erhalten. Sehenswert die St. Peterskirche (Bausubstanz 12. Jh., Neubau 1773), die St. Martinskirche (13. Jh., 1846 weitgehend erneuert), das Alte Rathaus (1527, Mitte 18. Jh. umgebaut), das Kornhaus (1617) mit spätgot. Staffelgiebel, Fachwerk-Bürgerhäuser aus dem 17. und 18. Jh., Reste der Stadtbefestigung (Stadttor, 1319 erstmals genannt); die Kapelle auf dem Katharinenberg wird bereits 1402 als Wallfahrtsziel erwähnt.

Engelskirchen

□ 63,42 qkm; ○ Oberbergischer Kreis; ⚐ Nordrhein-Westfalen; ✉ 51766; ☎ 02263; 🚗 GM; △ 124 m; 👫 20000.

E., 40 km östlich von Köln an der Agger und an der B 55 gelegen, hat Anschluß an die Autobahn A 4 Köln–Olpe (Ausfahrt E.). Die Großgemeinde mit den Hauptorten E. und Ründeroth besitzt Grund- und Hauptschulen, Realschule,

Gymnasium; Spezialklinik für Gefäßerkrankungen (LVA Rheinprovinz). Bedeutende Wirtschaftszweige sind die Eisen- und Metallerzeugung; Leder-, Textil-, Bekleidungs- und Papierverarbeitungsindustrie, Eisen- und Metallverarbeitung (Herstellung von Werkzeug, Spiralbohrer, Zahnbohrer, Schleif- und Fräswerkzeug), Chemische- und Kunststoffindustrie.

»Engelskerken« wird erstmals 1353 urkundlich genannt. Die romanische Pfarrkirche stammt aus dem 12. Jh. Ältester Ortsteil der Gm ist Ründeroth (1174 bezeugt). Für beide Orte waren bereits im MA Handel und Erzbergbau die wichtigsten Entwicklungsimpulse. Die Ründerother Hütte (heute das Unternehmen Dörrenberg) wurde 1470 gegründet.

Während E. 1945 durch Luftangriffe fast vollständig zerstört wurde, findet man in R., wie in den Außenorten, noch alte Fachwerkhäuser im Bergischen Stil.

Sehenswert Schloß Ehreshoven, Oelchenshammer, Industriemuseum, Aggertalhöhle, Kurgarten und alter Ortskern von Ründerroth.

Engen im Hegau

☐ 70,45 qkm; ○ Konstanz; ⚐ Baden-Württemberg; ✉ 78234; ☎ 07733; 🚗 KN; △ 530–850 m; 👫 8700.

E., 13 km nordwestlich von Singen a. Hohentwiel im Hegau am Fuße des Hohenhewen an der B 31 und B 33 gelegen, ist Bahnstation an der Strecke Offenburg–Konstanz (Schwarzwaldbahn). Die St hat Anschluß an die Autobahn A 81 Stuttgart–Bodensee (Ausfahrt E.); Forstamt; Grund- und Hauptschule, Realschule, Sonderschule für lernbehinderte Kinder; Textilindustrie (Zweigwerk der Schiesser AG).

E., erstmals 1050 urkundlich erwähnt, entwickelte sich im Schutz der von den Herren von Engen (seit 1170 Herren von »Hewen«) auf dem Hohenhewen erbauten Burg; der Burgsiedlung wurden nach 1240 die Stadtrechte verliehen. Stadt und Herrschaft Hewen wurden 1398 an Österreich verpfändet. Über die Landgrafen von Lupfen-Stühlingen (seit 1404) und die Marschälle von Pappenheim (seit 1582) kam die St 1639 an die Grafen und späteren Fürsten von Fürstenberg; 1806 wurde E. badisch. – Sehenswert das historische Stadtbild mit Bürgerhäusern, spätromanischer Pfarrkirche (mit barocker Ausstattung und Grabmälern der Grafen von Lupfen und Marschälle von Pappenheim), spätgot. Rathaus (16. Jh.) mit Bürgersaal, Städt. Museum u. Galerie, Krenkinger Schloß (16. Jh.) und Burgruine Hohenhewen.

Enger (Westfalen)

☐ 41,21 qkm; ○ Herford; ⚐ Nordrhein-Westfalen; ✉ 32130; ☎ 05224; 🚗 HF; △ 96 m; 👫 17200.

E. liegt 15 km nordöstlich von Bielefeld im Zentrum des Ravensberger Hügellandes. Anschluß an die Autobahn A 30 Bad Oeynhausen–Osnabrück (Ausfahrt Bünde–Hiddenhausen) und A 2 Köln–Hannover (Ausfahrt Herford/Bad Salzuflen). Die St hat Gymnasium, Sonderschule für Lernbehinderte; Möbel-, Textil- und Kunststoffindustrie.

Urkundlich wird »Angeri« (Ort am Anger) erstmals 948 in einer Stiftungsurkunde Ottos des Großen erwähnt. In diesem Jahr gründete Königin Mathilde, Gemahlin Heinrichs I. und Nachfahrin des Sachsenherzogs Wittekind, das Dionysiusstift (1414 nach Herford verlegt). Die Stiftskirche mit Grabmal des Sachsenherzogs (11. Jh.) und Schnitzaltar aus dem Jahr 1525 stammt aus dem 12. Jh. Südlich der Kirche stand eine Burg der Ortsherren zu Lippe (1305 zerstört); 1408 kam E. an Ravensberg.

Im historischen Stadtkern, der als sogenannter »Rundling« die Kirche umschließt, liegen mehrere Fachwerkhäuser aus dem 18. Jh. – Sehenswert das Widukind-Museum, die Liesberg-Mühle (1756) und die Sattelmeier-Höfe.

Eningen unter Achalm

☐ 23,16 qkm; ○ Reutlingen; ⚐ Baden-Württemberg; ✉ 72800; ☎ 07171; 🚗 RT; △ 460–750 m; 👫 9600.

E., anerkannter Erholungsort an der B 313 45 km südlich von Stuttgart am Fuße der Achalm und des Schwäbischen Albtraufs, hat Grund- und Hauptschule, Volkshochschule (Außenstelle); Elektro- und Textilindustrie, Maschinen- und Apparatebau; Fremdenverkehr.

E. wird erstmals 1089/90 als dörfliche Ansiedlung in klösterlichen Geschichtsquellen (im sogenannten „Bempflinger Vertrag") urkundlich erwähnt. Nach dem Dreißigjährigen Krieg begannen die verarmten Bewohner des Ortes den für E. charakteristischen „Landhandel" mit „Reutlinger Artikel" (Strick-, Seiden- und Spitzenwaren, aber auch Volksbücher und

Kalender). Die Industrialisierung brachte das Ende des Hausierwesens und E. wurde Arbeiterwohngemeinde. Nach dem 2. Weltkrieg siedelten sich mittlere und kleinere Industriebetriebe an.

Sehenswert die Ruine der Burg Achalm und das barocke „Doktorhaus" im sanierten Ortskern sowie das Heimatmuseum.

Ennepetal

□ 57,39 qkm; ○ Ennepe-Ruhr-Kreis; ⚐ Nordrhein-Westfalen; ✉ 58256; ☎ 02333; 🚗 EN; △ 180–350 m; 👫 33600.

E. liegt südlich des Ruhrgebiets am Rande des Bergischen Landes und Sauerlandes an der B 7 und Autobahn A1 Leverkusen-Münster (Ausfahrt Gevelsberg/Ennepetal); Bahnstation an der Strecke Wuppertal-Hagen. Die St hat Realschule, Sonderschule für Lernbehinderte, Gymnasium, Berufsschule und Volkshochschule; Kindergarten für spastisch gelähmte und körperbehinderte Kinder; Sanatorium der LVA; Stoßdämpfer- (Bilstein) und Türschließerfabrik.

E. ist 1949 aus den ehemaligen Gemeinden Milspe und Voerde entstanden. Voerde wird bereits 1130, Milspe seit 1307 urkundlich erwähnt. – Sehenswert die Kluterthöhle (5,2 km erforschte Gänge), die als Asthma-Naturheilstätte gilt (Heilanzeigen bei Bronchialasthma, chronischer Bronchitis, Heuschnupfen und allergischen Hautkrankheiten).

Ennigerloh

□ 124,88 qkm; ○ Warendorf; ⚐ Nordrhein-Westfalen; ✉ 59320; ☎ 02524; 🚗 WAF; △ 136 m; 👫 20700.

Der Ortskern der neuen Großgemeinde E. liegt 38 km südöstlich von Münster an der B 475. Die Gm hat Anschluß an die Autobahn A 2 Köln–Hannover (Ausfahrt Beckum/E.); Realschule, Sonderschule für Lernbehinderte; Polstermöbel-, und Metallwaren-, Kunststoff- und Möbelindustrie; Landwirtschaft.

E. erstmals 860 anläßlich der Gründung des Klosters Herzebrock urkundlich erwähnt, entwickelte sich nach 1900 vom Bauernhof (Ansiedlung der Kalk- und Zementindustrie) zur Arbeiterwohn- und Industriegemeinde.

Sehenswert die Windmühle und der Altstadtkern „Drubbel" in E., die alte Pfarrhaustenne in E.-Enniger, Schloß Vornholz in E.-Ostenfelde und die restaurierte Windmühle und Haus Dieck in E.-Westkirchen. – Alljährlich Enniger Maifest und E. Mettwurstmarkt.

Eppelborn

□ 47,03 qkm; ○ Neunkirchen; ⚐ Saarland; ✉ 66571; ☎ 06827; 🚗 NK; △ 232 m; 👫 18000.

E., 25 km nördlich von Saarbrücken gelegen, ist über die B 10 und A 1 Saarbrücken–Trier (Ausfahrt Eppelborn) zu erreichen. E. hat Realschule, Sonderschule für geistig Behinderte, Forstarbeitsschule; Heimatmuseum.

E. liegt auf altem Siedlungsgebiet (keltisch-römische Funde). Das Bauerndorf entwickelte sich Ende des 19. Jh. mit zunehmender Industrialisierung zur Arbeiterwohnsiedlung. Inzwischen ist E. aufstrebende Wohngemeinde mit Dienstleistungs- und Einkaufszentrum für das Umland.

Eppelheim (Baden)

□ 5,7 qkm; ○ Rhein-Neckar-Kreis; ⚐ Baden-Württemberg; ✉ 69214; ☎ 06221; 🚗 HD; △ 110 m; 👫 13200.

Die Gm E. liegt 4 km westlich von Heidelberg an der Autobahn A 5 Frankfurt a.M.–Basel (Ausfahrt Autobahnkreuz Heidelberg). E. hat Grundschulen, Hauptschule, Realschule, Gymnasium, Sonderschule für Lernbehinderte, private Fleischer-Schule; Fabrik für Regenbekleidung, Betriebe zur Herstellung von Fruchtextrakt- und Aromastoffen.

»Ebbelenheim«, erstmals im Lorscher Kodex 771 genannt, gehörte zur Kirchheimer Zent und zum Amt Heidelberg. 1462 und 1689 wurde der Ort vollständig niedergebrannt. 1802 kam das Dorf an Baden. – E. ist nach dem 2. Weltkrieg durch die Aufnahme von Flüchtlingen und Vertriebenen sowie im Zeichen einer starken Industrialisierung überdurchschnittlich gewachsen (1939 4000 EW).

Eppingen

□ 88,59 qkm; ○ Heilbronn; ⚐ Baden-Württemberg; ✉ 75031; ☎ 07262; 🚗 HN; △ 180–320 m; 👫 14600.

E., 26 km westlich von Heilbronn im südöstlichen Kraichgau an Elsenz und Hilsbach gelegen, ist über die B 293 und die Autobahn A 6 Heilbronn–Mannheim (Ausfahrt Sinsheim-Steinsfurt) zu erreichen. Bahnstation der

Eppingen, Gesamtansicht mit Bildungszentrum und Alte Universität

Strecke Karlsruhe–Heilbronn und E.–Heidelberg. E. hat Landwirtschaftsamt, Forstamt; Realschule, Gymnasium, Sozialpädagogische Berufsschule, Landwirtschaftsschule, landwirtschaftl. Berufsschule, Institut für kaufm. Fortbildung, Volkshochschule, Lebenszentrum – Bibelschule Adelshofen, Sonderschule für Lernbehinderte; Volksbücherei, Heimatmuseum; Industrie: Maschinenfabriken, Brauerei, Strickwaren, Apparate- und Elektrobau, Metall- und Holzverarbeitung, Zigarrenherstellung, Fertigteil- und Straßenbau, Auto-Shredder-Anlage.

E. wird 985 als reichsunmittelbarer kaiserlicher Ort urkundlich erwähnt. Nach 1188 ist E. als »burgum« (befestigter Ort), seit 1220 als staufische Reichsstadt nachweisbar. Von 1462 bis 1803 war E. kurpfälzisch und damit Heidelberg besonders verbunden; danach kam die St an Baden.

Aus der Blütezeit der Reichsstadt E. (13. bis 16. Jh.) sind eine Reihe von bedeutenden Bauwerken erhalten: ehemalige Ratsschänke (1388, ältestes Holzhaus des nördl. Landesteils); Alte Universität (15. Jh., Pestdomizil der Heidelberger Universität 1564/65, jetzt Stadt- und Fachwerkmuseum), Baumannsches Haus (1582/83, reich beschnitztes Fachwerkhaus); Alte Post (1515/1588); Schwebegiebelhaus (1450); Altstädter Kirche (mit einzigartigen gotischen Fresken um 1320) u. a. 3 km südöstlich von E. befindet sich der Ottilienberg mit keltischer Ringwallanlage und spätgot. ehem. Wallfahrtskapelle (1473).

Eppstein i. Taunus

□ 24,20 qkm; ○ Main-Taunus-Kreis; ⚐ Hessen; ✉ 65817; ☎ 06198; 🚗 MTK; △ 180–450 m; 👥 12100.

E. liegt 20 km westlich von Frankfurt a. M. an der B 455. Anschluß an die Autobahn A 66 Frankfurt a. M.–Wiesbaden (Ausfahrt Hattersheim) und A 3 Frankfurt a. M.–Köln (Ausfahrt Wiesbaden-Niedernhausen). Die St hat Grund-, Haupt- und Realschule; Stanniol- und Druckfarbenfabrik.

E., erstmals 1299 bezeugt, entstand im Schutz der gleichnamigen, 1122 erwähnten Burg. Gottfried IV. von Eppstein erwirkte für E. 1318 die Stadtrechte. 1492 verkauften die Herren von E. die Hälfte der Burg und Stadt an Hessen. Nach dem Aussterben der Herren von E. (1535) fiel ihre Hälfte an die Grafen von Stolberg und 1581 an Kurmainz. 1803 kam die St. zu Nassau, 1866 an Preußen. Sehenswert die Schloßruine mit Museum und Archiv, Reste der alten Stadtbefestigung und die ev. Talkirche (15. Jh.) mit Grabmälern der Eppsteiner. – Alljährlich im Juni/Juli Burgfestspiele. – In E. geboren wurde Theodor Fliedner (1800 bis 1864), Gründer der Diakonissenanstalt Kaiserswerth.

Erbach (Donau)

□ 63,29 qkm; ○ Alb-Donau-Kreis; ⚐ Baden-Württemberg; ✉ 89155; ☎ 07305; 🚗 UL; △ 500 m; 👥 10800.

E., 15 km südwestlich von Ulm gelegen, ist über die B 311 zu erreichen. Bahnstation an der Strecke Ulm–Friedrichshafen. Die Gm hat Grund- und Hauptschule, Realschule; Sportgerätefabrik; Verkehrslandeplatz (3 km nordöstl.).

Urkundlich wird E. erstmals 1275 als Pfarrei im Konstanzer Zehntbuch erwähnt. 1489 gelangte E. unter die Herrschaft des Schwäbischen Bundes. Vor Mitte des 16. Jh. wurde das Schloß errichtet, das seit dieser Zeit im Besitz der Freiherren von Ulm-Erbach ist.

Bemerkenswert die Pfarrkirche St. Martin (18. Jh.) mit spätgotischer Madonna (J. Syrlin d. J. zugeschrieben).

Erbach i. Odenwald

□ 61,54 qkm; ○ Odenwaldkreis; ⚐ Hessen; ✉ 64711; ☎ 06062; 🚗 ERB; △ 223–560 m; 👥 12000.

E., staatlich anerkannter Luftkurort im Odenwald im Tal der Mümling an der B 45, ist Bahnstation an der Strecke Frankfurt–Hanau–Stuttgart–Ulm. E. hat Kreisverwaltung, Arbeitsamt, Zollamt u.a. Behörden; Kreiskrankenhaus; Realschule, Sonderschule für Lernbehinderte, Musikschule, Volkshochschule, Kranken- und Altenpflegeschulen; elektronische-, Spritzguß-, Fertigbau-, Kunststoff- und metallverarbeitende Industrie, Apparatebau; ferner einheimisches Kunstgewerbe (Töpferei, Elfenbeinschnitzerei, Diamantschleiferei, Kunstküferei, Bernsteinverarbeitung, Holzbrennerei); Landwirtschaft in zehn umliegenden Stadtteilen. Bedeutender Wirtschaftsfaktor ist der Fremdenverkehr.

Keimzelle der St (erstmals 1321 urkundlich erwähnt) war ein Wasserschloß (1220–23; 1095 erstmals erwähnt), von dem der Bergfried erhalten ist. Von den ehemals reichsfreien Grafen von Erbach/Erbach brachte Franz I. (1754–1823) die Elfenbeinschnitzerei in die St. 1806 fiel E. an das Großherzogtum Hessen.

Bemerkenswert das gräfl. Schloß (1736) auf den Grundmauern der alten Wasserburg mit Jagd- und Waffensammlungen, Ritterrüstungen und Elfenbeinmuseum; das Rathaus (1545); die Stadtkirche (1750); Reste der alten Stadtbefestigung (Templerhaus, 14. Jh.). – Als großes Volksfest wird Ende Juli alljährlich der »Eulbacher Markt« (E. Wiesenmarkt) veranstaltet.

Erbendorf

□ 57,26 qkm; ○ Tirschenreuth; ⚐ Bayern; ✉ 92681; ☎ 09682; 🚗 TIR; △ 510–946 m; 👥 5000.

Der Erholungsort E. liegt am Südrand des Steinwaldes an der Fichtelnaab 25 km nordwestlich von Weiden i. d. Opf. Zufahrt über die B 22 und B 299. Die St hat Grund- und Hauptschule; Kreiskrankenhaus; Porzellan-, Lederwaren (Koffer)- und Meßgeräteindustrie, Bau- und Stahlbaubetriebe; Fremdenverkehr.

E. wurde vermutlich vom Grafengeschlecht der Aribonen gegründet. Der Ort ist erstmals 1109 urkundlich bezeugt. E., das bereits im MA mit Stadtrechten ausgestattet war (Silberbergbau), wurde 1842 zur St. erhoben. Politisch teilte es mit der Herrschaft Parkstein-Weiden jahrhundertelang das gleiche Schicksal; mit dem Herzogtum Sulzbach fiel es im 18. Jh. an Bayern.

Sehenswert: Kath. Stadtpfarrkirche, Mariensäule a. Marktplatz; Naturpark Steinwald. – Traditionelle „E. Kirchweih" Ende September.

Erding

□ 54,64 qkm; ○ Erding; ⚐ Bayern; ✉ 85435; ☎ 08122; 🚗 ED; △ 464 m; 👥 25500.

Die St E. liegt 36 km nordöstlich von München am Rande des Erdinger Mooses. Zufahrt über die B 388; Anschluß an die A 92 München–Deggendorf (Ausfahrt Freising-O.). E., Mittelpunkt eines landwirtschaftlich genutzten Umlandes, hat Kreisverwaltung, Amtsgericht, Landwirtschaftsamt u. a. Kreis- und Kommunalbehörden; Realschulen, Gymnasium, Sonderschulen für Lernbehinderte, Berufsbildende Schulen (Landwirtschaft, Hauswirtschaft); Sägewerke, Mühlen, Brauereien, Glokkengießerei. E. ist Bundeswehrstandort (Militärflugplatz);10 km nordöstlich von E. befindet sich der Münchener Großflughafen Franz Josef Strauß.

»Ardeoingas« (Altenerding) wird erstmals 788 urkundlich erwähnt. Unter den Wittelsbachern ist E. 1228 als St bezeugt. Aus dem 14./15. Jh. stammt die Kirche St. Johannes mit einem spätgotischen Triumphbogenkreuz von H. Leinberger; sehenswert ferner Spitalkirche Heilig-Geist (1444); Wallfahrtskirche Heilig-Blut (1675); Schöner Turm (um 1500), Rathaus (17. Jh.), Bürgerhäuser, Herder-Häusl in Bergham (17. Jh.); Schloß mit Schloßkapelle Aufhausen (18./19. Jh.); Städt. Heimatmuseum und Freilichtmuseum. – Traditionelles Herbstfest im August.

Erftstadt

□ 120 qkm; ○ Erftkreis; ⚐ Nordrhein-Westfalen; ✉ 50374; ☎ 02235; 🚗 BM; △ 100 m; 👥 46000.

E., 20 km südwestlich von Köln an der Erft in Nachbarschaft zum Erholungspark Ville gelegen, ist über die B 265 zu erreichen. Anschluß an die Autobahn A 61 Köln–Ludwigshafen (Ausfahrt E.) und A 1 Köln–Saarbrücken. E. ist 1969 durch den Zusammenschluß der St Lechenich mit 12 umliegenden Gemeinden entstanden. Größere und mittlere Gewerbebetriebe vorwiegend im nordöstlichen, überwiegend landwirtschaftliche Betriebe im südwestlichen Teil der St kennzeichnen die wirtschaftliche Struktur von E. E. hat Amtsgericht; Realschulen, Gymnasien, Musikschule, Volkshochschule, Sonderschule für Lernbehinderte; Unfallkrankenhaus (Ortsteil Frauenthal); Lebensmittelindustrie.

1279 erhielt E.-Lechenich, das im Dreißigjährigen Krieg (1642) teilweise zerstört wurde, die Stadtrechte. Die industrielle Entwicklung setzte mit dem Abbau der Braunkohlelager (E.-Liblar, -Bliesheim und -Kierdorf) um 1900 ein. Die Brikettfabrikation wurde 1960 aufgegeben, das ausgekohlte Gelände rekultiviert und zu einem Erholungsgebiet um die Liblarer Seenplatte (Sandbadestrand am Liblarer See) umgestaltet.

Sehenswürdigkeiten: Schloß Gymnich (Gästehaus der Bundesregierung), Schloß Gracht (E.-Liblar, Geburtsstätte des amerikanischen Staatsmanns und Generals Carl Schurz, 1829–1906), Landesburg (E.-Lechenich), Burg Konradsheim.

Erfurt

□ 106 qkm; ○ Kreisfreie St; ⚐ Thüringen; ✉ 99084*; ☎ 0361; 🚗 EF; △ 250 m; 👪 216000.

Die St ist zu erreichen über die A 4/E 40, Abfahrt Er.-West; im St-Gebiet kreuzen sich die B 4 und B 7; Hauptbahnhof an den Eisenbahn-Fernstrecken Paris–Frankfurt/M.–Warschau und Frankfurt/M.–Berlin; Er. ist der wichtigste Verkehrsknotenpunkt Thüringens. Einen Flughafen gibt es in Er.-Bindersleben (Entf. 5 km).

Bildungseinrichtungen: diverse Grundschulen; Gesamtschulen, Realschulen, Oberstufenzentrum, Gymnasien; Volkshochschule; gewerbliche Berufsschule, Ingenieur- und Fachschulen; Pädagogische Hochschule; Medizinische Akademie; Bibliotheken.

Wirtschaftliches: Werkzeugmaschinenbau (Umformtechnik, Pressen); Mälzereimaschinen, Speicherbau; Feinwerktechnik; Elektrotechnik (Starkstromanlagen); Mikroelektronik; Bekleidungsindustrie, Schuhherstellung; Holzverarbeitung; polygraphische Industrie; Nahrungs- und Genußmittelverarbeitung; Saatguthandel, Blumen-, Samen- und Gemüsezucht; Gartenbauausstellungen auf dem Gelände der IGA; Messe- und Kongreßzentrum; Industriepark; Handwerks- und Dienstleistungsunternehmen aller Branchen.

Entwicklungsgeschichte: Die Landeshauptstadt Thüringens blickte 1992 auf ihr 1250jähriges Bestehen zurück. Der heilige Bonifatius hatte als Gründungsvater den Papst 742 schriftlich gebeten, er möge ihm „Erphesfurt" als neuerrichtetes Bistum bestätigen. In jener Zeit waren bereits einige sakrale Bauten vorhanden, zu denen das 706 auf dem Petersberg gegründete Kloster gehörte. Eine noch ältere, in der flachen Talmulde der mehrarmigen Gera an einer Furt gelegene Siedlung hieß Erph (Erph), woraus sich der Name der St Er. ableitet.

Der Siedlungsplatz lag wirtschaftlich außerordentlich günstig an der alten Königsstraße Via Regia, die West- mit Osteuropa verband. Von der Ostsee kommend führte eine andere Straße durch das Geratal und weiter zu den Alpen. Aus dieser Konstellation ergab sich die klassische Voraussetzung für die Entfaltung einer Handelsstadt. Im Hochmittelalter hatte sich Er. schließlich zu einem Markt- und Handelsplatz herausgebildet, dessen ökonomische Basis der Handel mit selbsterzeugten Waren bildete.

Die EW bauten dazu auf den fruchtbaren Böden des weiten Umlandes den „Färberwaid" an, eine Pflanze zur Gewinnung blauer Textilfarbe, die im 14. und 15. Jh. ein vorzügliches Exportgut war. Er. wurde zu einer der reichsten und mächtigsten Städte – bis aus Ostindien als neuer Farbstoff das Indigo eingeführt wurde und den heimischen Färberwaid verdrängte. Gleichzeitig verlagerten sich durch die Entdekkung Amerikas die europäischen Handelswege. Für Er. war dies ein wirtschaftlicher Schlag, den es, am Ausgang des Mittelalters stehend, nicht überstehen konnte. Sein ökonomischer Abstieg begann Mitte des 16. Jh., in der beginnenden Neuzeit. Der Wohlstand der St war zwar unterbrochen, jedoch noch nicht abgerissen, denn nach wie vor gab es die ertragreichen Böden in der Region.

Um 1750 begann Ratsmeister Christian Reichard, in den Quellwasserbeeten des Dreibrunnenfeldes an der Gera Kresse zu züchten. Dazwischen baute man Gemüse zur Samengewinnung an – und hatte damit den Erwerbszweig Gartenbau begründet. Er. besaß wieder seine Exportspezialität. Zum Gemüseanbau kam später noch die Blumenzucht. Schließlich nannte man die thüringische St den „Garten Deutschlands"; bereits 1838 wurde die erste

Gartenbau-Ausstellung veranstaltet. Sie ist seit 1961 als IGA eine ständige Er. Einrichtung.

Bauwerke und Bildung: Thüringens Metropole ist eine St der Gotik und der Renaissance, ihre Blüte begann bereits im Mittelalter. 1186 wurde die St-Mauer zu einem Ring geschlossen, er war 8 km lang und begrenzte eine Fläche von 150 ha, das ist die größte Altstadt des östlichen Deutschlands. Im späten MA lebten in Er. 25 000 EW, für damalige Verhältnisse war es eine Großstadt, nach Köln die zweitgrößte im dt. Reich. Außerdem verfügte Er. schon im 15. Jh. über rund 80 Dörfer mit einem Umland von 900 qkm.

Seit 755 stand die St unter der relativ lockeren Oberherrschaft des Erzbischofs von Mainz, in Wirklichkeit wurde sie von der eigenen Bürgerschaft, – den Handelsherrn und Patriziern – beherrscht. Auf ihre Initiative hin entstanden zwischen 1200 und 1600 alle wichtigen Bauwerke der Altstadt, auch der Dom, der ein Gemeinschaftswerk der Bürgerschaft war. Ebenso wurde der Bau von 14 Klöstern und 37 Kirchen nur durch Stiftungen von wohlhabenden Bürgern möglich.

Im Jahre 1392 richtete sich Er. eine eigene Universität ein. Sie war nach Prag die zweitgrößte Hochschule Mitteleuropas. Hier konnten Studenten die Fakultäten Theologie, Medizin, Jura und der sog. Sieben Freien Künste belegen. Die freiheitliche und aufgeschlossene Atmosphäre lockte auch den jungen Martin Luther an. Er kam jedoch nicht mit der Absicht, Geistlicher zu werden, sondern studierte die „artes liberales“, die sogenannten Freien Künste. Noch einen anderen berühmten Namen verzeichnen die Matrikel der Universität: Johannes Gensfleisch zum Gutenberg, den Erfinder des Buchdruckes mit beweglichen Lettern. Es kann daher nicht verwundern, daß Erfurt auch ein Zentrum der dt. Druckkunst wurde. Die Universität bestand bis 1816. Mit ihrer Neugründung (1992) als „Europäische Universität“ knüpfte man in der thüringischen Landeshauptstadt an alte Traditionen an. Im Jahre 1664 hatte der Erzbischof und Kurfürst von Mainz die St Er. mit Hilfe französischer Truppen an sich gebracht, nachdem die Wirtschaft der Region unter den Folgen des 30jährigen Krieges litt. Es begann eine Zeit, da kurmainzische Statthalter in der thüringischen Metropole die Geschäfte für ihren fernen Landesherrn wahrnahmen. Der letzte von ihnen – er amtierte 1772–1802 – war zugleich der bedeutendste: Karl Theodor von Dalberg. Seinem milden Regiment verdankt Er. eine Epoche kultureller Blüte, die von Toleranz und freiheitlichem Sinn erfüllt war. Dalberg pflegte Umgang mit Geistesgrößen wie Herder, Wieland, Goethe und Schiller, auch mit Wilhelm von Humboldt, und lud allwöchentlich zu „Assembleen“ (Versammlungen) in die Statthalterei ein. Diese Treffen standen jedem zum freimütigen Gedankenaustausch offen. Mit der ihm eigenen aufklärerischen Haltung war Dalberg seiner Zeit um viele Jahrzehnte geistig, politisch und menschlich voraus. So verwundert es nicht, daß er es später selbst zum Erzbischof von Mainz und zum Primas des Rheinbundes gebracht hat.

Wirtschaftliches: Etwa ab 1850 veränderte die industrielle Revolution die wirtschaftliche Lage des seit 1814 preußisch gewordenen Er. erheblich. An der Peripherie wuchsen Handwerksbetriebe zu großen Unternehmen heran, vor allem die Schuhindustrie entfaltete sich vielversprechend. Bereits 1880 gab es Schuhfabriken, die mehr als 1000 Arbeitskräfte beschäftigten. Trotz industrieller Expansion, einzelner Bombenabwürfe im 2. Weltkrieg und späterer Zersiedelung blieb die Altstadt unangetastet. Sie steht zwar als kulturelles Denkmal auf der Liste der UNESCO, hat aber besonders stark unter der Wohnungspolitik des vergangenen Regimes gelitten. Seit 1970 ließ man die Innenstädte verfallen und propagierte neuzeitliche Wohnstrukturen; historische Bauwerke wurden abgerissen, an ihrer Stelle wucherten Einheitswohnblöcke in großer Zahl.

Kulturelles: Städtische Bühnen (Oper und Schauspielhaus), „Arche“ am Domplatz (Kabarett), Theater „Waidspeicher“ (Puppentheater), Kultur- und Freizeitzentrum (Schauspiel, Kabarett). – Museum für St-Geschichte; „Brükkenhaus-Museum“ (Krämerbrücke (Altst-Viertel)); Augustinerkloster mit Luther-Gedenkstätte; „Angermuseum“ (Kunst des MA); Museum für Thüringer Volkskunde; Naturkundemuseum (Tiere, Pflanzen und Gesteine des Thür. Beckens). – Wiederkehrende Veranstaltungen: Internationale Gartenbauausstellung auf dem Gelände der IGA im Sommer; Frühlingsfest auf dem Domplatz (Kirmes) im April; Krämerbrückenfest (Straßenfest) im Juni; Waidfest auf dem IGA-Gelände im Juni; Triennale auf dem IGA-Gelände (Ausstellungen zum Kunsthandwerk) im Juli.

Erkelenz

□ 117 qkm; ○ Heinsberg; ⚐ Nordrhein-Westfalen; ✉ 41812; ☎ 02431; 🚗 HS; △ 99 m; 👫 39 100.

Die St E. liegt 15 km südwestlich von Mönchengladbach im Norden der Jülicher Börde an der B 57; Anschluß an die A 46 Düsseldorf–Belgien (Ausfahrten E.-Terheeg und E.-Granterath), A 44 Krefeld–Belgien (Ausfahrt Jüchen-Ötzenrath) und A 61 Mönchengladbach–Speyer (Ausfahrt Jackerath); D-Zug-Station an der Strecke Düsseldorf–Aachen. E. hat Amtsgericht, Arbeitsamt, Finanzbauamt, Gesundheitsamt; Realschule, Gymnasien, Sonderschule für Lernbehinderte, Berufsschule, Landwirtschaftsschule, Volkshochschule, Musikschule. Die wichtigsten Wirtschaftszweige sind Maschinenbaubetriebe (Bohrgeräte, Fördertechnik, Eisenbahnradsatzbearbeitungsmaschinen), Textil- und Kunststoffindustrie, Metallgießerei, Möbel-, Elektronik- und Bauindustrie, Seilereien, Ziegeleien, papierverarbeitende Betriebe, Druckereien, Schokoladenfabrik u. a.; Baumschulen.

E. wird erstmals 966 urkundlich erwähnt. Im 12. Jh. richtete das Aachener Stift als Grundherr von E. einen Markt ein. 1326 erhielt es von den Grafen von Geldern Stadtrechte. E. war Geldrische Grenzfestung im 15./16. Jh. 1815 wurde es preußische Kreisstadt. Die ma. Altstadt ist 1945 durch einen Luftangriff völlig zerstört worden. Wiederhergestellt wurden, neben Resten der Alten Burg (1370), der Westturm (1458) der Lamberti-Kirche und das Alte Rathaus (1541–46). – Alljährlich Lambertusmarkt (nach Fronleichnam), Burgkirmes (September).

Erkner

□ 13,7 qkm; ○ Fürstenwalde/Spree; ⚐ Brandenburg; ✉ 15537; ☎ 0357; 🚗 FW; △ 36 m; 👥 12300.

Die St liegt an der Spree südöstlich von Berlin im Kreuzungsbereich zweier Durchgangs- und Fernstraßen; nord-südl. verlaufend Rüdersdorf-Königs Wusterhausen, ost-westlich führend Berlin-Fürstenwalde; darauf sind die A 10/E 55 in 3 km und die B 1/5 in ca. 8 km Entfernung zu erreichen; Anschluß an die Reichsbahn-Fernlinie Berlin–Frankfurt/Oder und an die Berliner S-Bahn. Die St wird in der Ausflugssaison von mehreren Linien der „Weißen Flotte" angelaufen, welche die Berliner Flüsse und Seen befahren. Der nächste Flughafen befindet sich in Berlin-Schönefeld.

Bildungseinrichtungen: Es sind alle Schultypen vorhanden; zusätzlich zu den beiden älteren Schulgebäuden, die als Volksschule, Polytechnisches Zentrum und Berufsschule genutzt werden, gibt es vier neue Polytechnische Oberschulen, deren Struktur gegenwärtig reformiert wird. –

Wirtschaftliches: Teerveredelung, Teerprodukte und Wärmeversorgung; Kunstharz- und Preßmassefabrik, Herstellung von Phenolplasten in zahlreichen Formen und Konsistenzen für die verschiedensten Anwendungsbereiche; Tiefbau-Unternehmen; Baufirmen mit unterschiedlichen Leistungs- und Ausführungsprogrammen; Bauschlosserei; Elektroanlagenbau; Heizungsinstallationen; Neubau und Reparatur von Holzbooten aller Art; Steinmetzbetrieb; Tischlerei und Innenausbau; Kanal- und Rohrreinigungsunternehmen.

Kulturelles: Heimatkundliches Archiv (im ältesten Haus am Ort); Heimatmuseum; Gemeindebibliothek. Ein Landhaus aus der Gründerzeit, in dem der Schriftsteller Gerhart Hauptmann mit seiner Familie von 1885 bis 1889 lebte und wirkte, wurde ihm zu Ehren als Gedenkstätte eingerichtet.

Geschichtliches: Fundstellen belegen Siedlungen auf dem heutigen Erkneraner Gebiet schon für die Steinzeit, feste Wohnsitze sind aus der Bronzezeit nachzuweisen. Bei Ausgrabungen im 20. Jahrhundert fand man eine Siedlung und ein dazugehörendes Gräberfeld. Die erste schriftliche Überlieferung von 1579 beurkundet einem Fischer die Taufe seiner Tochter; er habe „im Arckenow" gewohnt. So soll die erste Siedlung geheißen haben, die an der „Archenow", dem heutigen Flakenfließ, gelegen haben muß. Aus Archenow ist später der heutige Ortsname Erk. geworden.

Im 18. Jh. gab es drei wichtige Ereignisse: 1712 wurde die Königl. Postlinie Berlin–Frankfurt/O. eröffnet, das brachte Erk. eine Posthalterei und die Einrichtung eines Kruges ein. Es wurde eine wirtschaftlich wichtige große Maulbeer-Plantage angelegt. Im Zuge der friederizianischen Binnenkolonisierung erhielten 1748 drei Pfälzer Bauernfamilien „auf dem Buchhorst" eine neue Heimat. Das Gemeinwesen wuchs, es entstanden mehrere Ortsteile. Seit 1822 hebt sich besonders die Berufsgruppe der Schiffer hervor; sie erwarben ihren Lebensunterhalt durch den Gütertransport mit eigenen Lastkähnen. Von ihrer Existenz hingen andere ansässige Gewerbe ab: der Schiffbau, die Segelmacherei, die Seilerei und weitere branchentypische Berufe. In Gerhart Hauptmanns erster Novelle „Fasching" (Segelmacher Kielblock) und in seiner Diebeskomödie „Der Biberpelz" (Schiffer Wulkow), in dem Namen der Schiffbauerstraße sowie in den Erkeraner Bootswerften und Bootshäusern leben die letzten Spuren dieser längst verschwundenen Gewerke fort.

Die industrielle Revolution brachte in der 2. Hälfte des 19. Jahrhunderts auch nach Erk. die ersten Niederlassungen. Die weit auseinandergezogenen, zwischen Wiesen und Wäldern gelegenen „Etablissements" und „Kolonien", die bis dahin unter der Bezeichnung „I. Rüdersdorfer Heidedistrikt" ein kaum bekanntes Dasein geführt hatten, wuchsen in wenigen Jahrzehnten zu einer sich ständig vergrößernden Gm heran. Sie führte seit 1889 den offiziellen Namen „Erkner" und zählte um 1900 bereits 3120 EW. Diese Entwicklung wurde durch den Anschluß des Ortes an die Berlin-Frankfurter Eisenbahn ausgelöst, die spätere Niederschlesisch-Märkische Eisenbahn. An jener verkehrsgünstigen Stelle gründete der Unternehmer Julius Rütgers 1861/62 seine „Teerproducten-Fabrik", in der erstmals in Europa die industrielle Destillation von Steinkohlenteer ausgeführt wurde. Auf dem gleichen Gelände begann man 1909/10 die industriemäßige Produktion härtbarer Phenolharze; sie wurden nach ihrem Erfinder, dem belgischen Chemiker Leo Hendrik Baekeland, „Bakelite" genannt. Beide Betriebe existieren in Erk. noch heute.

Der 2. Weltkrieg brachte am 8. März 1944 dem alten Erk. das Ende. In einem halbstündigen Luftangriff wurden 900 Tonnen Spreng- und Brandbomben abgeworfen, und die Stadt vollkommen zerstört. Nach Kriegsende blieb Erk. 30 Jahre lang eine „Barackenstadt". Das Bild des Ortszentrums wurde von notdürftigen Behelfsbauten, Ruinen und Baracken charakterisiert. Erst 1976/77 ging man an den Neuaufbau.

Persönlichkeiten: Neben dem bereits erwähnten Dichter G. Hauptmann müssen genannt werden: Carl Bechstein (1826–1900), weltbekannter Hersteller von Konzertflügeln; seine Villa wurde später von der Gm Erk. als Rathaus erworben. Der Firmeninhaber B. hat dem Ort durch Spenden und Stiftungen für Gemeinde, Schule und Kirche manche Wohltat erwiesen. Sie dankten es ihm 1897 mit der Verleihung der Ehrenbürgerwürde. 1919 hatte der Archäologe und Mitbegründer der wissenschaftlichen Ur- und Frühgeschichte, Prof. Dr. Albert Kiekebusch (1870–1935), sein Domizil in seinem Hause „Heimdall" aufgeschlagen. Der Forscher hat sich vor allem durch Ausgrabungen bronzezeitlicher Siedlungen in Buch bei Berlin und in Erk. Verdienste erworben. Darüber hinaus hat er sich durch die Erschließung der ur- und frühgeschichtlichen Kenntnisse für den Schulunterricht und durch ihre museale Präsentation einen Namen gemacht.

Erkrath

□ 26,86 qkm; ○ Mettmann; ⚐ Nordrhein-Westfalen; ✉ 40699; ☎ 0211; 02104 (Hochdahl); 🚗 ME; △ 45–162 m; 👥 47100.

E., an der Düssel am Ausgang des Neandertales 9 km östlich von Düsseldorf gelegen, ist über die A 3 Oberhausen–Frankfurt a.M. (Ausfahrt AB-Kreuz Hilden) und A 46 Düsseldorf–Wuppertal (Ausfahrt Düsseldorf/E.) zu erreichen; S-Bahn-Haltestellen (Alt-E., Hochdahl, Millrath) an der Strecke Mönchengladbach–Hagen; Flughafen Düsseldorf-Lohhausen 17 km. Die St hat Realschulen, Gymnasien, Sonderschule für Lernbehinderte, Musikschule, Volkshochschule; Stahl-, Maschinen und Fahrzeugbau, Fabrikation von Büromaschinen, Einrichtungen, elektrotechnische, feinmechanische und Datenverarbeitungsbetriebe.

»Erkenrode«, erstmals 815 urkundlich bezeugt, gehörte im 12. Jh. den Rittern von Erkenrode, Lehensleuten der Grafen von Berg. 1815 kam E. mit dem Großherzogtum Berg zum Königreich Preußen. Im Rahmen der kommunalen Neugliederung schlossen sich 1975 E. und die Gm Hochdahl zur St E. zusammen; zur St. war E. 1966 erhoben worden.

Der alte Stadtkern wird beherrscht vom mächtigen Turm der kath. Pfarrkirche (älteste Bauteile 12. Jh.); bemerkenswert ferner die Wasserburgen Haus Brück (um 1640) und Haus Unterbach (12. Jh.), das Bürgerhaus mit Stellarium, die Sternwarte, die Antonius-Kapelle und das Naturschutzgebiet Neandertal; weltweite Bedeutung besitzt das Neandertalmuseum (Menschenform, Lebensraum und Umwelt des Neandertalers, der zwischen 200000 und 40000 unserer Zeitrechnung lebte). – Alljährlich Weihnachtsmarkt der Kunsthandwerker aus NRW und anderen Bundesländern.

Erlangen

□ 76,97 qkm; ○ Kreisfreie Stadt; ⚐ Bayern; ✉ 91052*; ☎ 09131; 🚗 ER; △ 279 m; 👥 100700.

E. liegt 18 km nordwestlich von Nürnberg an der Regnitz in Mittelfranken. Zufahrt über die B 4 und Autobahnen A 3 Frankfurt a.M.–Regensburg (Ausfahrten E.-West, Frauenaurach, AB-Kreuz Fürth/E. und Tennenlohe) und A 73 Bamberg–AB-Dreieck Nürnberg/Feucht (Ausfahrten AB-Kreuz Fürth/Erlangen, E.-Bruck,

Erlangen, Rathaus

Erlangen und E.-Nord); E. ist D-Zug-Station an der Hauptstrecke München–Berlin. Flughafen in Nürnberg (15 km); Hafen am Rhein-Main-Donau-Kanal (Europakanal).

Die St ist Sitz zahlreicher Behörden, öffentlicher Einrichtungen und Forschungsinstitute (Amtsgericht, Arbeitsamt, Finanzamt, Forstamt, Zollamt, Industrie- und Handelsgremium, Kreisverwaltung u. a. Behörden, Landesanstalt für Bienenzucht, Landesuntersuchungsamt für das Gesundheitswesen Nordbayern, Institut für Fremdsprachen und Auslandskunde), der Friedrich-Alexander-Universität mit Universitätskliniken, sowie bedeutender Bildungs- und kultureller Einrichtungen (Realschulen, Gymnasien, Freie Waldorfschule, Sonderschulen für Lernbehinderte, Wirtschaftsschule, Berufs- und Berufsaufbauschule, Berufsfachschule, Fachoberschule, Fachschule für Technik und Wirtschaft, Hebammen-, Kinderkrankenpflege-, Krankengymnastik- und Krankenpflegeschulen, Schule für Massage und medizinische Bademeister, Lehranstalt für medizinisch-technische Assistentinnen, Wochenpflegeschule, Schule für Krankenpflegehilfe, Lehranstalt für Logopäden, Volkhochschule; Markgrafentheater (ältestes Barocktheater Süddeutschlands), Französisches Kulturinstitut, E. Musikinstitut, Seismologisches Observatorium, Stadtmuseum und Stadtarchiv, Universitätsbibliothek und Zentrale Bibliothek mit zusammen 4 Mill. Bänden und graphischer Sammlung des 15. bis 18. Jh.).

Beherrschender Wirtschaftszweig ist die Elektroindustrie (Siemens AG mit Unternehmensbereichen Energietechnik, Medizinische Technik, Installationstechnik und starkstromtechnischem Forschungszentrum; 30 000 Mitarbeiter einschließlich der Tochtergesellschaft Kraftwerk Union AG); ferner Meßwerkbau, Regelungstechnik, Strahlenmeßgeräte, Hydraulik, Maschinenbau und Textilindustrie.

Erste urkundliche Erwähnung der „villa Erlangon" 1002. Die St besteht aus zwei verschiedenen Gründungen: der um 1362 entstandenen Altstadt ‚Erlang' und der seit 1686 als regelmäßiges Rechteck angelegten barokken Neustadt (‚Christian Erlang'), die zur Heimstatt glaubensflüchtiger Hugenotten wurde. 1402 war E. an die Burggrafen von Nürnberg gekommen, die in der Folge als Markgrafen von Brandenburg-Bayreuth die Herrschaft ausübten. 1743 Gründung der Universität. 1791 kam E. an Preußen und 1806 unter französische Verwaltung; seit 1810 ist die St bayerisch. Nach 1945 erhebliche Stadterweiterung durch Ansiedlung der Zentralverwaltung der Siemens-Schuckertwerke (1947).

Sehenswürdigkeiten: Schloß (1700–04), erbaut nach Plänen von Antonio della Porta, mit Schloßgarten und Orangerie (1705/06 von Gottfried von Gedeler); Markgrafentheater (1718); ehem. Rathaus (1731–36, jetzt Stadtmuseum); Stutterheimsches (1728 bis 30, jetzt Stadtbücherei) und Egloffsteinsches Palais (1718–23); Martinsbühler Kirche (älteste Kirche der St mit spätma. Schreinfigur); Heilig-Grab-Kapelle am Burgberg (14. Jh.); Altstädter Dreifaltigkeitskirche (1709–21); Hugenotten-Kirche (1686–93) mit vorgeblendetem Turm (1732–36); Neustädter Kirche (1723–37); Kirche Kriegenbrunn (vor 1400) mit spätgotischen Fresken; Kirche St. Peter und Paul im Stadtteil Bruck (beg. 13. Jh., barocker Umbau im Innern, spätgot. Altar von 1508); Kirche St. Matthäus des ehem. Dominikanerinnenklosters in Frauenaurach (1267–71); Kirche St. Xystus in Büchenbach (spätgot. Wehrkirche, barock umgebaut und erweitert); alte Wasserschöpfräder (14. Jh. und später) an der Regnitz. – E. ist Geburtsort des Physikers Georg Simon Ohm (1789–1854) und des Schriftstellers Ernst Penzoldt (1892–1955). – Alljährlich zu Pfingsten ‚E. Bergkirchweih' (Volksfest seit 1755).

Erlenbach a. Main

□ 15,71 qkm; ○ Miltenberg; ⚐ Bayern; ✉ 63906; ☎ 09372 (Klingenberg); 🚗 MIL; △ 121 m; 👫 8700.

E. liegt 25 km südlich von Aschaffenburg im Maintal zwischen Odenwald und Spessart. Die St hat Hafen; Gymnasium, Volkshochschule, Musikschule, Fachschule für Krankenpflege; Schiffswerft, Chemiefaserwerk (Werk Obernburg der AKZO AG); Weinbau. E. ist anerkannter Erholungsort.

Der in karolingischer Zeit entstandene Marktflecken war bis zur Errichtung des Glanzstoffwerks (1924) ein unbedeutendes Ackerbürgerdorf. Inzwischen ist E. eine aufstrebende Industriegemeinde, der 1970 die Stadtrechte verliehen wurden. – Alljährlich Weinfest (Juli) und Hofschoppenfest (September).

Erlensee

☐ 18,59 qkm; ○ Mainz-Kinzig-Kreis; ⚐ Hessen; ✉ 63526; ☎ 061 83; 🚗 HU; △ 110 m; 👥 10 600.

E., 25 km östlich von Frankfurt a. M. an der Kinzig gelegen, ist 1970 durch Zusammenschluß der früher selbständigen Gemeinden Langendiebach und Rückingen entstanden. Zufahrt über die Autobahn A 45 Hanau–Gießen (Ausfahrt E.) und A 66 Frankfurt a. M.–Bad Soden–Salmünster (Ausfahrt E.). Die Gm hat Grund- und Hauptschulen sowie Gesamtschule; NATO-Flugplatz.

Erwitte

☐ 89,28 qkm; ○ Soest; ⚐ Nordrhein-Westfalen; ✉ 59597; ☎ 029 43; 🚗 SO; △ 110 m; 👥 13 800.

Die St E. liegt am Nordrand des östlichen Haarstranges im Schnittpunkt der B 1 und B 55. Anschluß an die Autobahn A 44 Dortmund–Kassel (Ausfahrt E.-Anröchte). E. hat Hauptschule, Gymnasium; Portland-Zementwerke, Metallindustrie; der Stadtteil Bad Westernkotten ist anerkanntes Heilbad (Moor- und Sole-Thermalbad) mit Heilanzeigen bei Rheuma, Herz-, Kreislauf- und Frauenleiden sowie Krankheiten der Atemwege.

Der durch E. führende alte »Hellweg« (heute B 1) war schon in römischer Zeit eine Hauptverkehrsader. Karl d. Gr. errichtete um 784 einen Königshof (bis heute erhalten, seit 1938 in städt. Besitz und in historisch getreuer Form wiederhergestellt), der wiederholt Aufenthaltsort deutscher Kaiser und Könige war. Als Ort wird E. erstmals um 836 in den Corveyer Traditionen erwähnt. Kaiser Konrad II. schenkte 1027 den Königshof dem Bistum Paderborn, das bis zur Säkularisation Eigentümer blieb. Im MA war E. Sitz eines kurfürstlichen Gogerichts und eines Freistuhl- und Femgerichts. Unter preußischer Herrschaft (seit 1815) wurde E. Amtsstadt (1826).

Bemerkenswert die kath. Pfarrkirche mit romanischem Wehrturm und „Gnadenkreuz" (um 1200). Erhalten ist das Stammschloß der Grafen von Landsberg und das Schloß der Herren von Droste und von Hörde (heute Hospital).

Eschborn (Taunus)

☐ 12,14 qkm; ○ Main-Taunus-Kreis; ⚐ Hessen; ✉ 65760; ☎ 061 96 (Eschborn) 061 73 (Stadtteil Niederhöchstadt); 🚗 MTK; △ 138 m; 👥 18 000.

E., am nordwestlichen Stadtrand von Frankfurt a. M. gelegen, hat Anschluß an die A 66 Frankfurt–Wiesbaden (Ausfahrt E.) und A 5 Karlsruhe–Kassel; Grund- und Gesamtschule.

E., erstmals 770 in einer Urkunde des Klosters Lorsch erwähnt, war schon im frühen MA Urpfarrei und kirchlicher Mittelpunkt von 43 Gemeinden des Niddagaues. Nach 875 Bau der Pfarrkirche (romanische Basilika mit mächtigem Turm). Um 1050 Errichtung der Turmburg (1622 zerstört), Stammsitz des Geschlechts der Kronberger. E. war bis 1704 Reichslehen, danach im Besitz von Kurmainz bis 1803. Nach der Säkularisation fiel der Ort an Nassau, später (1866) an Preußen. Nach dem 2. Weltkrieg starkes Anwachsen der Einwohnerzahl infolge der Nähe zur Großstadt Frankfurt und aufgrund der intensiven Industrie- und Gewerbeansiedlung (Ventilatorenbau, Metall-, Glas-, Kunststoff- und Papierindustrie, Dienstleistungsunternehmen). 1970 Erhebung zur St anläßlich der 1200-Jahrfeier.

Eschershausen

☐ 23,87 qkm; ○ Holzminden; ⚐ Niedersachsen; ✉ 37632; ☎ 055 34; 🚗 HOL; △ 160 m; 👥 4300.

E., Erholungsort 38 km südöstlich von Hameln im Tal der Lenne zwischen Vogler und Hils im Schnittpunkt der B 64 und B 240, hat Samtgemeindeverwaltung; Realschule; Asphaltwerke (DASAG); Schlauchbootfabrik, Elektroindustrie (AEG-Telefunken-Zweigbetrieb), Fahrzeugbau.

»Astiershusen«, erstmals 891 urkundlich bezeugt, wurde 1580 Flecken; 1833 erhielt es das Stadtrecht. Seit 1245 war E. im Besitz der Herren von Homburg; 1409 km es an die Herzöge von Braunschweig-Wolfenbüttel und 1432 an Braunschweig-Calenberg; 1473 fiel es an Braunschweig zurück. Der wirtschaftliche Aufschwung setzte um 1870 mit der Entdeckung der Asphaltvorkommen im nahen Hils ein. – E. ist Geburtsort des Dichters Wilhelm Raabe (1831–1920, Geburtshaus mit Gedächtnisstätte).

Eschwege

☐ 63,54 qkm; ○ Werra-Meissner-Kreis; ⚐ Hessen; ✉ 37269; ☎ 05651; 🚗 ESW; △ 168 m; 👥 22000.

E., 50 km südöstlich von Kassel an der Werra und den Bundesstraßen B 7, 27 und 249 gelegen, ist Sitz eines Amtsgerichts, Finanzamtes, Arbeitsamtes (Nebenstelle), der Kreisverwaltung und des Kreiskrankenhauses; Bahnstation an den Strecken Hannover–Kassel–Frankfurt a. M. sowie Kassel–Eschwege. E. hat Gymnasien, Realschule, Oberstufengymnasium, Berufliche Schulen, Gesamtschule mit Förderstufe, Sonderschulen, Schwesternschule, Landwirtschaftsschule; Landmaschinenfabrik, Maschinenbau, pharmazeutische Industrie, Elektrogerätefabrik, Druckereien; Saatgutbetrieb, Landwirtschaft.

„Eskiniwach“ (Siedlung bei den Eschen am Wasser) war ursprünglich ein Anfang des 8. Jh. gegründeter fränkischer Königshof. Das Gut wird erstmals 974 in einer Schenkungsurkunde Kaiser Ottos II. erwähnt. 994 gründete Sophie, die Tochter der Kaiserin Theophano, auf dem Gelände des Hofes eine Benediktinerinnenabtei, die 1075 an das Bistum Speyer kam und 1213 von Friedrich II. von Hohenstaufen für das Reich zurückerworben wurde. Seit 1264 war die St mit Unterbrechungen im Besitz der hessischen Landgrafen. 1386 Errichtung einer Burg, die im 16. Jh. umgebaut wurde. 1637 brandschatzten Kroaten die St, deren Einwohnerzahl bis Ende des Dreißigjährigen Krieges auf die Hälfte zurückging. Das 19. Jh. brachte die Umwandlung der häuslichen Gewerbebetriebe in Industrien (Tuchmacher, Lohgerber und Tabakverarbeitung). Im Zuge dieser Entwicklung verloren viele Bürger ihre Selbständigkeit und Existenz (Auswanderungen nach Amerika).

Baudenkmäler und Sehenswürdigkeiten: Landgrafenschloß (jetzt Landratsamt) mit Dietemann-Kunstuhr; Hochzeitshaus (1578); Nikolaiturm (1455); Marktkirche (15. Jh.); Altes Rathaus; Fachwerkbürgerhäuser; Dünzebacher Torturm (Rest der Stadtbefestigung); Glockenturm der ehemaligen Abtei; Neustädter Kirche (14./15. Jh., mit steinerner Kanzel aus dem Jahr 1509); Ruine der ehem. Augustinerkloster-Kirche; Heimatmuseum. – Alljährlich Johannisfest im Juli und Herbstmarkt.

Eschwege, Schwimmzentrum

Eschweiler (Rheinland)

☐ 76,08 qkm; ○ Aachen; ⚐ Nordrhein-Westfalen; ✉ 52249; ☎ 02403; 🚗 AC; △ 140 m; 👥 53500.

E. liegt 15 km nordöstlich von Aachen am Nordabfall des Hohen Venns im Übergang zur Jülicher Börde im weitläufigen Tal der Inde (Indebecken). Die St hat Anschluß an die Autobahn A 4 Köln–Aachen–Niederlande–Belgien (Ausfahrten E. und E./Weisweiler). Zufahrt außerdem über die B 264; Bahnstation an der Strecke Köln–Aachen–Lüttich–Paris. E. ist Bundeswehrstandort, Sitz eines Amtsgerichts und verschiedener Behörden des Kreises Aachen. Bildungseinrichtungen: Realschulen, Gymnasium, privates Gymnasium, Gesamtschule, Berufs- und Berufsfachschulen; Fortbildungsakademie für Krankenpflegeberufe, Krankenpflegeschule, Studienzentrum der Fernuniversität Hagen, Volkshochschule, Jugendmusikschule.

Seiner Lage am Ostrand des Aachener Bergbaureviers verdankt E. eine breitgefächerte Industrie. Die im Tagebau gewonnene Braunkohle (Rhein. Braunkohlenwerke) dient hauptsächlich als Ausgangsstoff der Elektrizitätserzeugung (RWE-Großkraftwerk E.-Weisweiler); der Steinkohlebergbau kam dagegen 1944 zum Erliegen. Folgende Industriezweige prägen außerdem das Bild des E. Wirtschaftsraumes: Hütten-/Elektrostahlwerk, Elektrogußstahlwerk, Eisen- und Stahlerzeugung, Kabelwerk, Stahl- und Behälterbau, Herstellung chemisch-pharmazeutischer Gummiartikel, Kesselfabrik, Eisengießerei, Textilverarbeitung, Mineralölwerk, Fabrikation von Nähmaschinen, Lack- und Farbenfabrik, Kunststoffherstellung, Kalkwerk, Lehren- und Meßzeugfabrikation.

Das fränkisch-karolingische Königsgut »Fundus regius Ascvilare« (Ersterwähnung von

Eschweiler, Hallenbad

Einhard 828) wurde im 11. Jh. dem Kölner Domstift unterstellt. Von 1244 bis 1420 war E. Sitz verschiedener Edelherrengeschlechter; 1423 fallen die Besitzungen an das Herzogtum Jülich-Berg, 1521 an das Geschlecht Jülich-Kleve-Berg. 1685 kam E. an die Kurpfalz, 1815 an Preußen. 1858 Verleihung der Stadtrechte.

Seit dem 14. Jh. wurde in E. Kohle abgebaut, anfangs im Tagebau, seit dem 16. Jh. im Stollenbau. Die ersten Industriebetriebe entstanden zu Beginn des 19. Jh. 1838 gründete Christine Englerth den bis heute bestehenden E. Bergwerks-Verein (Bergbau- und Hüttenbetriebe).

Bedeutende Bauwerke und Sehenswürdigkeiten: Reste der E. Burg (heute Krankenhaus) mit Umfassungsmauern und Rundtürmen (13. Jh.); Pfarrkirche St. Peter und Paul (14.–15 Jh.; Um- und Neubauten im 17. bis 19. Jh.) mit Pieta aus Leder (14. Jh.); Röthgener Burg (16. Jh.); Ruinen der Nothberger Burg (13. Jh.; Haus Kambach (ehem. Wasserburg in E.-Kinzweiler, 18. Jh.); Ehem. Rittergut Drimbornshof (1719) und Rittersitz Broicher Hof (1726) in E.-Dürwiß; Haus Palant (13. Jh.) und Reste der Wasserburg (11./12. Jh.) in E.-Weisweiler.

E. ist Geburtsort des Industriellen August Thyssen (1842–1926).

Esens

☐ 21,59 qkm; ○ Wittmund; ⚐ Niedersachsen; ✉ 26427; ☎ 04971; 🚗 WTM; △ 2 m; 👪 6200.

Die St E. liegt in Ostfriesland 4 km von der Nordseeküste entfernt. D-Zug-Endstation (im Sommerhalbjahr) an der Nebenstrecke Wilhelmshaven–E. E., Sitz eines Amtsgerichts, hat Gymnasium mit Internat, Realschule, Sonderschule für Lernbehinderte, landwirtschaftl. Berufsschule; Möbelfabriken (Innenausbau und Einbauküchen).

E. war befestigter Hauptort des Häuptlingsgeschlechtes der Attena im ostfriesischen Harlinger Land. Seit Anfang des 16. Jh. St, war E. vom 16. bis 18. Jh. zweite Residenz des ostfriesischen Grafen- und Fürstenhauses der Cirksena. Heute ist die St Mittelpunkt eines vorwiegend agrarwirtschaftlich orientierten Gebietes von etwa 20 000 Einwohnern und mit dem 4 km entfernten Fischerdorf Bensersiel ein aufstrebender Küstenbadeort (bedeutender Fremdenverkehr). – Sehenswert: St. Magnus-Kirche mit Taufkessel von 1474, barockem Altar und bedeutenden Sandstein-Epitaphien; Sarkophag des Ritters Siebet-Attena (gest. 1473); Rathaus mit stilvollem Sitzungssaal aus dem 18. Jh. – Aus E. stammen David Fabricius, Theologe und Astronom (1564–1617) und der in Amerika als Musikerzieher wirkende Orchesterdirigent Theodor Thomas (1835–1905).

Espelkamp

☐ 83,58 qkm; ○ Minden-Lübbecke; ⚐ Nordrhein-Westfalen; ✉ 32339; ☎ 0 57 72; 🚗 MI; △ 50–55 m; 👪 26 000.

E., nördlich des Wiehengebirges und Mittellandkanals an der B 239 gelegen, ist Bahnstation der Strecke Herford–Bassum–Bremen. Die St hat Realschule, Sonderschule für Lernbehinderte, Förderschulen für Spätaussiedler,

Gymnasium, Berufsfachschulen, Nebenstelle der Kreisberufsschule Lübbecke, Fachschule für Sozialpädagogik, Musikschule Lübbecker Land, Volkshochschule; Neues Theater, Stadtbücherei; Elektronische, kunststoffverarbeitende-, holzverarbeitende-, Textil- und EBM-Waren-Industrie, Maschinenbau.

Die parkartig angelegte St (Verleihung der Stadtrechte 1959) ist nach dem 2. Weltkrieg mit Unterstützung kirchlicher und staatlicher Stellen aus einer 1938/39 im Süden der Landgemeinde E. (seit 1910) errichteten Heeresmunitionsanstalt entstanden, die zu einer industrie-gewerblichen Siedlung für Vertriebene und Flüchtlinge ausgebaut wurde. Durch die Gebietsneuordnung hat E. die Versorgungsfunktion eines Mittelzentrums für einen Versorgungsbereich zwischen 50000 und 100000 Einwohnern übernommen. – Sehenswürdigkeiten: Schloß Benkhausen (heute Anstalt für Behinderte), Ev. Kirche Isenstedt, Alte Klus, Jüd. Friedhof; südlich der St das Freimoor (seltene Pflanzen, Brutplätze). – Alljährlich City-Fest im September.

Essen

□ 210,28 qkm; ○ Kreisfreie Stadt; ⚐ Nordrhein-Westfalen; ✉ 45121*; ☎ 0201; 🚗 E; △ 28–202 m; 👥 620000.

E. liegt im Zentrum des Ruhrgebiets zwischen Rhein-Herne-Kanal und Ruhr. In Essen kreuzen sich die A 42, A 52, A 430, B 224, B 227 und B 231. Die St ist an das Internationale Eisenbahnnetz angeschlossen. E. besitzt einen Stadthafen und 4 Industriehäfen am Rhein-Herne-Kanal. Die St ist Sitz von Bundes- und Landesbehörden (Bundesbahndirektion, Landgericht, Landessozialgericht, Arbeitsgericht, Industrie- und Handelskammer, Hauptzollamt) sowie von Industriekonzernen und Wirtschaftsverbänden (Ruhrkohle AG, Ruhrgas AG, Rheinisch-Westfälisches Elektrizitätswerk AG, Kommunalverband Ruhr, Emschergenossenschaft und Lippeverband, Ruhrverband und Ruhrtalsperrenverein, Unternehmensverband Ruhrbergbau Krupp und Karstadt AG). An Bildungseinrichtungen verfügt die St über Grund- und Hauptschulen, Sonderschulen, Realschulen, Höhere Schulen, Gesamtschulen, Berufs-, Fachschulen und Fachoberschulen, außerdem über eine Volkshochschule, die Folkwang Hochschule für Musik, Theater und Tanz und die Universität/Gesamthochschule. Weitere Bildungs- und Forschungsinstitionen sind das Bischöfliche Priesterseminar, das Predigerseminar der Ev. Kirche im Rheinland, die Verwaltungs- und Wirtschaftsakademie, das Bergbau-Forschungsinstitut des Deutschen Steinkohlenbergbaus, das Haus der Technik (Zweigstelle der TH Aachen) u.a. E. hat bedeutende kulturelle Einrichtungen: Opernhaus „Aalto Theater“, (Oper, Operette, Ballett), „Grillo-Theater“ (Schauspiel), Philharm. Orchester, Folkwangkammerorchester, Stadtbibliothek, Stadtarchiv, Münsterschatz (mit wertvollen Werken aus ottonischer Zeit: Goldene Madonna 10. Jh., Siebenarmiger Leuchter, um 1000; goldgetriebene, reichverzierte Vortragekreuze, Zeremonialschwert mit gold. Scheide), Museum Folkwang (Malerei und Plastik des 19. und 20. Jh., kunsthandwerkliche Arbeiten, Graphiksammlung), Ruhrlandmuseum, Deutsches Plakatmuseum (19. Jh. bis Gegenwart), Natur- und kulturgeschichtliches Museum, Sammlung Industrieform (formschöne Industrieerzeugnisse), Historische Sammlung Krupp (Villa Hügel); ständige Ausstellung »Widerstand und Verfolgung im 3. Reich« (Alte Synagoge). Neben dem Klinikum der Universität/Gesamthochschule verfügt die Stadt über 15 Krankenhäuser, darunter Spezialkliniken (Kamillushaus – Fachklinik für Alkoholkranke; Ruhrlandklinik, eine Einrichtung der LVA als Fachkrankenhaus für Lungenkranke).

Bis zur Mitte des 20. Jh. bestimmten vor allem Stahl und Kohle den Charakter und die wirtschaftliche Entwicklung der St. Seither hat sich ein grundlegender Wandel vollzogen. Die Stahlerzeugung und Kohleförderung wurden aufgegeben. Zwar ist E. auch heute noch eine bedeutende Industriestadt, wenn auch durch die Ansiedlung zahlreicher Betriebe der Leicht- und Mittelindustrie (Bau-, Elektro-, Textil-, Kleineisen-, Glas- und chemische Industrien) von völlig anderer Struktur als im 19. Jh. und in den ersten Jahrzehnten des 20. Jh., doch liegt die entscheidende Veränderung in der starken Zunahme der Wertschöpfung in den Bereichen von Handel, Verwaltung und Dienstleistungen (Banken, Versicherungen) und damit in der Stärkung der Zentralfunktion E. Insbesondere hat der Handel große Bedeutung für ein weites Umland. Hinzu kommt, dank der zahlreichen Grünflächen, Wälder und dem 8 km langen und 650 m breiten Baldeney-Stausee der Ruhr, ein ungewöhnlich hoher Freizeitwert der St. Bequem erreichbare Erholungsgebiete und Sportstätten sind der Grugapark, Stadtwald, Heißiwald, Schellenberger Wald, Hügelpark, Vogelpark sowie die nähere Umgebung von Heisingen, Kupferdreh und Werden. Zahlreiche Fachmessen und Ausstellungen (Internationale Urlaubsmesse CAM-

PING + TOURISTIK, Internationale Fachmesse SCHWEISSEN UND SCHNEIDEN, DEUBAU, Caravan Salon, Equitana, Security, Mode u.-Heim) machten E. zu einem der attraktivsten Messeplätze. Als Lichterstadt ist E. außerdem alljährlich von Mitte Oktober bis Ende Dezember Anziehungspunkt während der Essener Lichtwochen.

Geschichte: 852 gründete Bischof Altfrid von Hildesheim am Hellweg ein freiweltliches adeliges Damenstift St. Maria, Cosmas und Damian, das dank der Förderung durch das ottonische Kaiserhaus Ende des 10. und im 11. Jh. eine Hochblüte erlebte. Aus dieser Zeit stammen wesentliche Teile des Münsters und des Münsterschatzes. Die um das Stift entstandene Siedlung erhielt 1041 das Marktrecht. 1244 wird E. urkundlich als St erwähnt. Im 13. und 14. Jh. wurden Ort und Stift befestigt und ummauert. Zwischen den Äbtissinnen und der Bürgerschaft, die für E. den Status einer Freien Reichsstadt anstrebte, kam es seit 1377 zu Auseinandersetzungen, die erst 1670 beendet wurden. Schirmvögte der St waren im Auftrag des Stiftes die Grafen von Berg und Altena im 12. Jh., danach die Grafen von der Mark, seit 1495 die Herzöge von Jülich-Cleve-Berg und ab 1609 die Kurfürsten von Brandenburg. Im 16. und 17. Jh. erlebte E. eine wirtschaftliche Blüte (Beteiligung an der Hanse, bedeutendes Handwerk, insbesondere der Büchsenmacherei), und nach der Aufhebung des Stiftes im Jahre 1803 setzte die industrielle Entwicklung ein (1811 Gründung der Firma Krupp durch Friedrich Krupp, um 1840 Beginn der Kohlenförderung im Tiefzechenbau). 1815 fiel E. endgültig an Preußen. Wenige Jahrzehnte später war E., seit 1896 Großstadt mit über 100000 Einwohnern, eine der bedeutendsten Industriestädte der Welt. 1929 wurde der Landkreis E. mit den Städten Steele und Werden (eine Gründung des hl. Ludgerus aus dem Jahre 796) eingemeindet. Die Einwohnerzahl stieg ständig. 1939 hatte Essen über 650000 Einwohner. Nach schweren Luftangriffen im 2. Weltkrieg (54% der Wohnräume, 80% der City zerstört) ist E., das 1958 Bistum wurde, heute eine moderne Handels-, Verwaltungs- und Industriemetropole. 1975 wurde E. Kettwig eingegliedert.

Von den schweren Zerstörungen im Kriege waren die meisten der bedeutenden Baudenkmäler der St betroffen. Sie sind inzwischen wiederaufgebaut bzw. restauriert. Abteikirche Werden: 796 Gründung durch Liudger (St. Ludgerus), den ersten Bischof von Münster. 801 Baubeginn der Salvatorkirche, 875 vollendet (Grab Liudgers, † 809, in der Krypta). Im 10. Jh. Peterskirche westlich angebaut, 943 geweiht. 1256 Zerstörung der Salvatorkirche (außer der Krypta) durch Feuer. Wiederherstellung und bauliche Vereinigung mit der Peterskirche bis 1275 vollendet, Weihe durch Albertus Magnus. Seither unveränderte spätromanische Gewölbebasilika. Heute Propsteikirche. Vom einstmals reichen Kirchenschatz u.a. erhalten: Kostbare Elfenbeinpyxis (6./7. Jh.), Liudgers edelgeformter Reisekelch (788), großes Bronzekruzifixus (1060), sogenanntes Helmstedter Kreuz, ein Hauptwerk ottonischer Bildnerei. – Isenburg: Ruine einer 1241 errichteten, schon 1288 wieder zerstörten Burg auf einer nördlichen Anhöhe über der Ruhr. – Kluse: Dem St. Aegidius geweihte Kapelle einer um 1300 errichteten Einsiedelei. Heutige Baugestalt vom Ende des 18. Jh. – Lucius-Kirche: 995–1063 durch Werdener Äbte erbaut. Im 15. Jh. umgestaltet. 1965 in der ursprünglichen Gestalt als Basilika mit Stützenwechsel und flacher Holzdecke wiederhergestellt. Älteste Pfarrkirche nördlich der Alpen. – Marktkirche: Erste Kirche der Bürgerschaft, 1058 erstmals urkundlich erwähnt. 1563 hier Durchbruch der Reformation in Essen. Seither evangelisch. Nach Zerstörung im 2. Weltkrieg nur die östliche Hälfte wiederaufgebaut. Bemerkenswerte bronzene Eingangstür (H. Schardt, 1963): die Apokalyptischen Reiter über einem zusammenbrechenden Menschen. Vor der Kirche Bronzestandbild von Alfred Krupp (H. Schaper, 1898). – Münster: 852 von Altfrid, Bischof von Hildesheim, gegründet. 870 vollendet. Fundamente vom ursprünglichen Bau erhalten. 1040–1055 an gleicher Stelle Errichtung einer ottonischen Basilika. Hiervon Westwerk mit Oktogon, Atrium und Krypta erhalten. Haupthaus nach Zerstörung durch Feuer 1275–1307 als gotische Hallenkirche mit quadratischem Ostchor erneuert. Seit 1958 Hohe Domkirche des Bischofs von Essen. Inneres: Im Atrium Holzkruzifix (1400); im Westwerk siebenarmiger Leuchter (um 1000), Fenster von H. Campendonck (1953); Chorfenster von I. Gies (1962); links vom Chor in einer Kapelle die Goldene Madonna (vor 1000), älteste abendländische Marienfigur; in der Krypta gotisches Hochgrab (um 1300) Bischof Altfrids († 874), Fenster von A. Manessier (1960) u.a. Westlich anschließend die gotische Hallenkirche St. Johann-Baptist von 1471. – Schloß Borbeck: Ursprünglich Oberhof der Ritter von Borbeck. Seit 1227 im Besitz der Äbtissinnen von Essen, später deren Residenz. Heutiges spätbarockes Wasserschloß von 1744 (Gaststätte, städtische Dienststellen). – Stiftskirche Stoppenberg: Ehemalige Prämonstratenserkirche aus dem 12. Jh. Bemerkenswertes Taufbecken (12. Jh.). Heute Karmeliterinnenkirche. – Abteiliche Residenz Werden: 1745–85 errichtete barocke Residenz der 1803 säkularisierten Benediktinerabtei. Klassizistischer Torbau von 1794. Seit 1946 Sitz der Folkwangschulen. – Stiftswaisenhaus Steele: 1765–69 von der vorletzten Fürstäbtissin von Essen, Francisca Christina, Pfalzgräfin bei Rhein († 1776), errichteter Barockbau. Unverändert erhalten. Dient seinem ursprünglichen Zweck. Das 1979 fertiggestellte Rathaus ist mit rund 106 m das höchste in der Bundesrepublik.

Essen ist Geburtsort von Friedrich Krupp (1787–1826), Begründer der weltbekannten Gußstahlfabrik, Alfred Krupp (1812–1887), dem Sohn Friedrich Krupps, der die Firma zu Größe und Weltgeltung führte, Karl Humann (1839–1896), Leiter der Ausgrabungen in Pergamon, dessen Altar er entdeckte (heute im Vorderasiatischen Museum Berlin-Ost), Karl Baedeker (1801–59), Gründer des berühmten Reisehandbuchverlages, und Alexander Schnütgen (1843 bis 1918), Domkapitular und Sammler kirchlicher Kunst in Köln).

Esslingen am Neckar

□ 46,43 qkm; ○ Esslingen; ⚐ Baden-Württemberg; ✉ 73728*; ☎ 0711; 🚗 ES; △ 232–498 m; 👥 92 000.

E. liegt 16 km südöstlich von Stuttgart zwischen den Filder- und Schurwaldhöhen am Neckar. Zufahrt über die B 10; Anschluß an die Autobahn A 8 Stuttgart–München (Ausfahrt E.). E. hat Schiffsanlegestelle am Neckar, Landratsamt, Amtsgericht, Arbeitsgericht, Zollamt, Forstamt, Hauptverwaltung der Neckarwerke AG, Schauspielhaus (Württ. Landesbühne); Technische Akademie, Fachhochschule für Technik, Fachhochschule für Sozialwesen, Gymnasien, Realschulen, Ev. Kirchenmusikschule, gewerbliche Berufs- und Fachschulen, kaufmännische und frauenberufliche Schulen, landwirtschaftliche Berufsschulen, Sonderschulen für Sprachbehinderte, Lernbehinderte, Körperbehinderte und Bildungsschwache. E. ist Bundeswehrstandort.

Die St ist wirtschaftlicher Mittelpunkt im Großraum von Stuttgart und Sitz international führender Firmen, vor allem auf dem Gebiet der Werkzeug-, Werkzeugmaschinen-, Elektro- (Hirschmann), Antriebs- (Bauer), Metallwaren-, Fahrzeug- (Mercedes-Benz), Fahrzeugzubehör- (Eberspächer), Textil-, Kunststoff-, Lebens- und Genußmittelindustrie (Hengstenberg, Kessler-Sekt).

Esslingen, Altes Rathaus

E. wird erstmals 777 als »Cella« des Abtes Fulrad vom Kloster Saint-Denis bei Paris urkundlich erwähnt. Saint-Denis erhielt für Esslingen um 800 von Kaiser Karl dem Großen Marktrecht, das von König Ludwig dem Deutschen bestätigt wurde. 1181 als staufischer Verwaltungsmittelpunkt bezeugt, wurde E. um 1228 Stadt und zählte gegen Ende des 13. Jh. zu den Reichsstädten. Im Spätmittelalter, der Zeit eigener territorial-politischer Ansprüche und Kämpfe gegen die landesfürstlichen Interessen, war E. die größte und bedeutendste St Innerschwabens. In der Zeit des Humanismus, des Barock und der Aufklärung (16.–18. Jh.) beachtliche kulturelle Leistungen. Nach dem Übergang an Württemberg (1802/03) schnelle Entwicklung zur Industriestadt.

Das ma. Stadtbild ist noch weitgehend erhalten. Die ev. Stadtkirche St. Dionys 8.–9. Jh., 13.–15 Jh. und Zubauten bis zum 18. Jh. zählt zu den bedeutendsten Basiliken im mittleren Neckarraum, und die 1268 geweihte Dominikanerkirche St. Paul ist die älteste erhaltene Bettelordenskirche Deutschlands. Bemerkenswert außerdem die als Hallenkirche erbaute hochgotische Frauenkirche (1321–1507), der Chor der Franziskanerkirche (Ende 13.–Anfang 14. Jh.), der Salemer Hof (13.–16. Jh.), das Alte Rathaus (um 1430 mit Nordfassade von 1586 bis 89), das Neue Rathaus (1748), das Amtsgericht (1705–15) und der Ritterbau (1722–25); ferner zahlreiche Bürgerhäuser in Fachwerk-, Renaissance-, Barock- und Biedermeierausführung.

Ettenheim

□ 48,90 qkm; ○ Ortenaukreis; ⚐ Baden-Württemberg; ✉ 77955; ☎ 07822; 🚗 OG; △ 190–250 m; 👥 9000.

E., 30 km nördlich von Freiburg i. B. am Austritt des Münstertales in die Oberrheinische Tiefebene gelegen, ist über die B 3 und die Autobahn A 5 Karlsruhe–Basel (Ausfahrt E.) zu erreichen. Bahnstation an der Strecke Karlsruhe–Freiburg–Basel. E. hat Amtsgericht; Gymnasium, Realschule, Heimschule St. Landolin (Aufbaugymnasium); Holzindustrie, Chem. Industrie, Kartonagenfabrik, BASF-Audio/Video; Obst- und Weinanbau.

E., erstmals im 9. Jh. urkundlich genannt, war seit 1100 im Besitz des Bistums Straßburg, wurde Anfang des 14. Jh. zur St erhoben und kam nach der Säkularisation (1803) an Baden. Die im Dreißigjährigen Krieg schwer zerstörte St (1637) wurde im 18. Jh. neu aufgebaut; aus dieser Zeit stammen die Stadtpfarrkirche (1777) mit dem Grab des Kardinals Rohan (1803) und das barocke Rathaus (1757). Von der ma. Stadtbefestigung sind einige Stadttore erhalten. Im Stadtteil Ettenheimmünster lag die von Bischof Etto 763 gegründete Benediktinerabtei (1803 aufgehoben und zerstört); in der Wallfahrtskirche St. Landolin (18. Jh.) befinden sich einige Ausstattungsstücke der ehem. Abteikirche (Beichtstühle, Chorgitter, Orgel [1769–73] von J. A. Silbermann). Im Ichtrazheim'schen Haus (Prinzenschlößle) wohnte der auf Befehl von Napoleon I. 1804 hingerichtete Herzog von Enghien.

Ettlingen

□ 56,16 qkm; ○ Karlsruhe; ⚐ Baden-Württemberg; ✉ 76275; ☎ 07243; 🚗 KA; △ 130–410 m; 👥 37000.

E., Große Kreisstadt (seit 1966), liegt 6 km südlich von Karlsruhe am Rande des nördlichen Schwarzwaldes (Ausgang des Albtales). Zufahrt über die B 3; Anschluß an die Autobahn A 5 Karlsruhe–Basel (2 Ausfahrten). Flugplatz in Forchheim (7 km). Die St hat Amtsgericht; Realschule, Gymnasien, Volkshochschule, hauswirtschaftliche Kreis-, Berufs- und Berufsfachschule, Kreisgewerbeschule, Kreishandelsschule, Sonderschulen für Lernbehinderte und Bildungsschwache; Spinnereien und Webereien, Papier- und Maschinenfabriken, Nahrungsmittelindustrie (ETO-Suppen), pharmazeutische Industrie.

E. geht auf eine während der Völkerwanderung zerstörte römische Niederlassung zurück, an deren Stelle nach 600 eine fränkische Siedlung bestand, die um 712 in den Besitz des elsässischen Klosters Weißenburg überging. In dessen Besitzregistern wird sie 787/88 erstmals genannt (»Ediningom«). 965 erwirkte der Abt von Kaiser Otto d. Gr. für E. das Marktrecht. 1192 wurde der Marktort zur St erhoben; 1219 kam die St auf dem Tauschwege an die badischen Markgrafen. Die ma. St wurde 1689 im Pfälzischen Erbfolgekrieg völlig niedergebrannt. Wiederaufbau z. T. in altem Fachwerkstil, z. T. als sogenannte „Modellhäuser“ in Stein. E. besaß die älteste Papiermühle Badens (seit 1450). Mit der Gründung einer Spinnerei im Jahre 1808 wurde der Grundstein für die heute noch existierende Industrie gelegt. Weitere Industrieniederlassungen in der Gründerzeit und vor allem nach dem 2. Weltkrieg.

Sehenswürdigkeiten: Schloß – im Barockstil 1725–1733 von M. L. Rohrer wiederaufgebaut – mit erhaltenem staufischem Bergfried und Renaissanceteil (in der ehem. Schloßkapelle bedeutendes Deckengemälde von C. D. Asam von 1733); Martinskirche (romanischer Turm mit got. Aufsatz und barockem Helm, got. Stiftschor an der Ostseite, sonst barock, Deckengemälde von E. Wachter (1988); Rathaus, 1737 von Joh. P. Rohrer im Barockstil erbaut (Westflügel 1892 im gleichen Stil angefügt). Alte Brunnen: St. Georgsbrunnen (1494); Narrenbrunnen (1549); Metzenbrunnen (Mitte 16. Jh.); Delphinbrunnen (1612); alte Fachwerkhäuser und Modellhäuser; Albgaumuseum; Ostasien-Museum; Karl Hofer-Museum.

Alljährlich Schloßfestspiele (Juli/August); alle zwei Jahre Internationaler Pianistenwettbewerb (August).

Euskirchen

□ 139,52 qkm; ○ Euskirchen; ⚐ Nordrhein-Westfalen; ✉ 53879*; ☎ 02251 (02255 für die Ortsteile Flamersheim, Palmersheim, Kirchheim, Schweinheim und Niederkastenholz); 🚗 EU; △ 165–412 m; 👥 47800.

Die St liegt 25 km südwestlich von Bonn an der Erft am Nordrand der Eifel. Zufahrt über die B 51 und B 56; Anschluß an die Autobahn A 1

Köln–Saarbrücken (Ausfahrt E.) und A 61 Mönchengladbach–Speyer (Ausfahrt Swisttal-Miel); D-Zug-Station an den Strecken Köln–Trier und Bonn–Düren. E. hat Amtsgericht, Zollamt, Kreisverwaltung, Finanzamt, Amt für militärisches Geowesen; Realschulen, Gymnasien, Sonderschulen für Lernbehinderte, Kreisberufs- und Berufsfachschulen, Landwirtschaftsschule, Rhein. Sonderschule für Gehörlose, Berufsbildungszentrum, Fernuniversität. An Industrieprodukten werden erzeugt: Maschinen, Elektrogeräte, Glas, Zucker, Steinzeug, Papier, Leder und Verbandsstoffe.

»Augstchirche« wird erstmals 870 im Vertrag von Meersen genannt. Von 1302, dem Jahr der Stadterhebung, bis 1609 stand E. unter der Herrschaft der Edelherren Monschau-Falkenberg (Schönforst) bzw. ab 1355 der Herzöge von Jülich. Danach kam die St an die pfälzischen Wittelsbacher. Nach der Franzosenherrschaft (1794–1815) fiel E. an Preußen. – Die romanische Martinskirche (begonnen um 1300) mit dem 72 m hohen Turm und die Reste der Stadtbefestigung (14. Jh.) haben den 2. Weltkrieg überdauert. Weitere Sehenswürdigkeiten sind das Wasserschloß Veynau, die Hardtburg und Reste einer römischen Wasserleitung (Römerkanal); E. gehört zu den Städten NRW mit den meisten erhaltenen Burgen und Herrenhäusern; sehenswert auch die Steinbachtalsperre bei E.-Kirchheim. – E. ist Geburtsort des Chemikers (Nobelpreisträgers) Emil Fischer (1852 bis 1919).

Eutin

□ 41,39 qkm; ○ Ostholstein; ⚐ Schleswig-Holstein; ✉ 23701; ☎ 04521; 🚗 OH; △ 27–55 m; 🚶 16700.

E., Luftkurort in der Holsteinischen Schweiz, liegt am großen Eutiner See und an der B 76. E. ist D-Zug-Station der Bundesbahnstrecke Flensburg–Lüneburg und Güterverkehrknotenpunkt. Die St hat Kreis-, Landes- und Bundesbehörden; Grund- und Hauptschulen, Sonderschule für Lernbehinderte, Realschule, Aufbaugymnasium, Gymnasium, Handels- und Hohere Handelsschule, Haushaltungsschule, Berufs- und Berufsfachschule, Fachoberschule, Berufsaufbauschule, Landespolizeischule; Kreiskrankenhaus Ostholstein und Elisabeth-Krankenhaus; Elektro-, Papierwaren- und Metallindustrie, Ziegelei, landwirtschaftliche Betriebe. E. ist Bundeswehrstandort.

Graf Adolf II. von Schaumburg gründete E. 1143 als deutsche Kolonialsiedlung. Verleihung der Stadtrechte 1257. Zu Beginn des 14. Jh. verlegte der Bischof des Bistums Lübeck seinen Sitz nach E. 1803 wurde das ev. Bistum säkularisiert. Die St gehörte danach zum Fürstbistum Lübeck, seit 1823 zum Freistaat Oldenburg.

Ende des 18. Jh. erlebte die Residenzstadt E. ihre kulturelle Blütezeit („Weimar des Nordens"). Persönlichkeiten wie die Dichter Joh.-Heinrich Voß, Klopstock und der Maler Tischbein bestimmten das geistige Leben. Von kunstgeschichtlicher Bedeutung sind das fürstbischöfliche Barockschloß (Museum) und die spätromanische St. Michaeliskirche. Bemerkenswert außerdem der Schloßpark, Voß-Haus und Denkmal, Fachwerkhäuser, Windmühlen, Heimatmuseum, Kreisbibliothek (40 000 Bände) und das Jagdschloß Sielbeck. E. ist Geburtsort des Komponisten Carl Maria von Weber (1786–1826; Geburtshaus und Denkmal). – Alljährlich finden auf der Freilichtbühne im Schloßpark die E. Sommerspiele (Opernaufführungen) statt.

Extertal

□ 92,43 qkm; ○ Lippe; ⚐ Nordrhein-Westfalen; ✉ 32699; ☎ 05262 (E.-Bösingfeld), 05754 (E.-Bremke); 🚗 DT; △ 100–390 m; 🚶 12600.

E. ist 1969 durch den Zusammenschluß der Gemeinden Almena, Asmissen, Bösingfeld, Bremke, Göstrup, Kükenbruch, Laßbruch, Meierberg, Nalhof, Rott, Schönhagen und Silixen entstanden. Die Großgemeinde liegt 20 km westlich von Hameln im Tal der Exter im nordlippischen Bergland. E. hat Grund- und Hauptschulen, Realschule, Sonderschule für geistig behinderte Kinder; kleinere und mittlere Industriebetriebe; Fremdenverkehr.

Der Ortsteil Bösingfeld wird erstmals 1346 urkundlich erwähnt. Bemerkenswert die Kirche (1492 erbaut) und Fachwerkhäuser am Kirchplatz (17. Jh.). Im Ortsteil Asmissen Burg Sternberg mit 57 m tiefem Brunnen.

Falkensee

□ 43,3 qkm; ○ Kreisfreie St; ⚐ Brandenburg; ✉ 14612; ☎ 03265; 🚗 NAU; △ 32 m; 🚶 22500.

Die St liegt unmittelbar westl. vor Berlin; nächste Anschlußstelle an den Berliner Ring ist die Auffahrt Falk. in 3 km, Auffahrt zur B 5 in

5 km Entfernung. Der Flughafen Berlin-Tegel ist 15 km entfernt; der Bahnhof Falk. liegt an der Eisenbahn-Hauptstrecke Berlin–Hamburg.

Bildungseinrichtungen: acht Schulen, darunter ein Gymnasium, Berufsschule und Sonderschule. – Zu den Kultureinrichtungen zählen die Stadthalle, das Heimatmuseum und das kreative Jugend- und Freizeitzentrum „Haus am Anger". – Wirtschaft: Es gibt diverse mittelständische Unternehmen und die Herlitz AG für Bürobedarf.

Geschichtliches: Am 17. Februar 1923 gab das Preußische Staatsministerium die Order zur Genehmigung, die Dörfer Seegefeld und Falkenhagen zu einer Land-Gm unter dem gemeinsamen Namen „Falkensee" zu vereinigen. Der Gutsbezirk Seegefeld kam mit seinen Kolonien und Siedlungen am 1. April 1927 zu Falk., am 1. Oktober 1928 wurde der Gutsbezirk Damsbrück ebenfalls an den Verbund angeschlossen. Damit waren die Grenzen der heutigen St abgesteckt.

1944–45 erlebte Falk. einen ständigen Zustrom an Umsiedlern und ausgebombten Berlinern. Der Ort erhielt am 7. 10. 1961 das Stadtrecht. An der Grenze der St befand sich die berüchtigte „Mauer", dahinter liegt Berlin-Spandau. Seit ihrer Beseitigung konnte der durchgängige Straßenverkehr nach Berlin wiederhergestellt werden.

Sehenswürdigkeiten: Dorfkern Falkenhagen, ein denkmalsgeschützter Anger. – Das Heimatmuseum gibt mit seinen Expositionen Auskünfte über die Ur- und Frühgeschichte des östl. Havellandes sowie über die Entwicklung der beiden märkischen Angerdörfer Falkenhagen und Seegefeld von 1265 bis zur Bildung der Gartenstadt Falk. Zu besichtigen sind Funde aus der Steinzeit bis zum Mittelalter, ferner alte Bauernmöbel. Im landeskulturellen Kabinett können u.a. Vogelpräparate und ein Großdiorama mit Sumpf-, Wat- und Greifvögeln betrachtet werden. – Regelmäßig wiederkehrend: Lauf der Sympathie, ein Volkslauf von Falk. nach Spandau.

Für Freunde wissenschaftlich-astronomischer Beobachtungen lohnt es, die private, hervorragend ausgestattete Sternwarte in Falk., Ringstraße 99, zu besuchen. Der Inhaber besitzt einen der seltenen Astro-Optik-Betriebe. Er schleift Spiegel von 12 cm bis zu 70 cm Durchmesser; des weiteren entstehen in seiner Werkstatt: Optiken für Newton- und Cassegrain-Teleskope, optische Teile für Schmidt-Kameras, Optiken für Infrarot-Teleskope und viele andere optische Bauelemente, die von Instituten und Privatastronomen zu Sonnen- und Sternen-Beobachtungen, deren Fotografie und Bahnvermessungen benötigt werden.

Falkenstein/Vogtland

□ 1,7 qkm; ○ Auerbach; ⚐ Freistaat Sachsen; ✉ 08223; ☎ 07636; 🚗 AE; △ 550 m; 👫 10500.

Von der A 72/E 441, Ausfahrt Reichenbach, bis Fa. sind es 20 km, die B 169 führt durch den Ort; die Entf. von Fa. bis zur A 9 beträgt 40 km; Bahnstation für die Bahnstrecken Zwickau-Klingental und Fa.-Herlasgrün; 2 km von der St-Mitte entfernt befindet sich ein Flugplatz mit Landemöglichkeiten für Privatflugzeuge.

Fa. verfügt über Grund- und Mittelschule, Gymnasium, gewerbliche Handelschule und mehrere Berufsschulen. – Zu den Kulturstätten zählen das Heimatmuseum, der Tierpark, ein Naherholungsgebiet, das Stadtbad und ein Klub-Kino.

Wirtschaftliches: Es dominiert die Textilindustrie, daneben gibt es mehrere Handwerksbetriebe und mittelständische Gewerbe.

Geschichtliches: Fa. liegt im sächsischen Vogtland auf einem breiten Höhenrücken, der sich zwischen Göltzsch und Trieb hinzieht. Historischen Quellen zufolge begann die Besiedlung der Region um 1250; sie wurde nach einem „Herrn von Falkenstein" benannt, der sich dieses Herrschaftsgebietes bemächtigte. Urkundlich wurde 1230 zum ersten Male ein „Johann von Valkenstein" erwähnt. Um 1395 befand sich die Vogtei Fa. im Besitz des Markgrafen Wilhelm von Meißen; er verpfändete sie am 20. Januar 1400 für 900 Gulden an Hans von Troetzeler (Trützschler). Etwa 1445 ging die Herrschaft endgültig in den Besitz der Familie Trützschler über. Ihr wurden auch besondere Rechte, z.B. das bergmännische Abbauen von Metallen, außer Silber- und Goldvorkommen, verliehen, auch die seltene Befugnis, Wild über die eigenen Forstgrenzen hinaus bis auf landesherrliches Gebiet verfolgen und jagen zu dürfen.

Fa. wurde als einzige St im Vogtland „Freie Bergstadt" mit eigenem Bergamt, das bis 1853 bestand. Noch heute trägt das St-Wappen die Sinnbilder des Bergbaues, den Hammer gekreuzt mit dem Bergeisen, im Schild. 1448 erhielt der Ort das Stadtrecht. Bis ins 19. Jh. hinein bewahrte Fa. seine strukturelle Mischform aus dörflichem und städt. Charakter. Bei dem „Großen Stadtbrand" von 1859 fiel der gesamte St-Kern mit seinen Hauptgebäuden – Schule, Kirche, Schloß und Brauhaus – den

Flammen zum Opfer. Der Wiederaufbau geschah nach dem damaligen neuesten Stand der Städteplanung.

Sehenswürdigkeiten: „Altes Spital" der St Fa. (das älteste Haus am Ort); Pfarrkirche zum hl. Kreuz, neugot. (1869), erb. vom Semper-Schüler Ch.F. Arnold aus Dresden; Schloßfelsen im St-Zentrum; Schloß mit Heimatmuseum. Die Sammlungen bieten einen Überblick über 550 Jahre Fa. St-Geschichte, über Kultur und Lebensweise im östl. Vogtland. Schwerpunkte bilden der Bergbau auf Zinn und Eisen vom 15. bis 18. Jh., die Waldgewerbe wie Köhlerei und Pechsiederei sowie die Weberei und Stickerei in vogtl. Art. Zu sehen gibt es ferner eine Kollektion von Moosmännern, die traditionellen Weihnachtsfiguren im östl. Vogtl. Zu sehen auch eine Bauernstube aus der Zeit um 1800. Besondere Schaustücke bilden ein 12 qm großer Heimatberg mit beweglichen Figuren und die fast 2,50 m große mechanische „Falkensteiner Kunstuhr", die 1895 bis 1923 entstand. – Das Tiergartenfest, die Kirmes (1. Oktober-Wochenende) und der Weihnachtsmarkt bilden regelmäßig wiederkehrende Veranstaltungen.

Fallingbostel

□ 62,59 qkm; ○ Soltau-Fallingbostel; ⚐ Niedersachsen; ✉ 29683; ☎ 05162 und 05163; 🚗 SFA; △ 56 m; 👪 14000.

F. liegt im Tal der Böhme im Südwestteil der Lüneburger Heide. Die St ist über die B 209, B 440 und Autobahnen A 7 Hannover–Hamburg (Ausfahrt F.) und A 27 Bremen–AB-Dreieck Walsrode (Ausfahrten Walsrode-Süd bzw. AB-Dreieck Walsrode) zu erreichen; Bahnstation an der Strecke Hamburg–Soltau–Hannover. F. hat Kreisbehörden; Grundschulen, Hauptschule, Realschule, Orientierungsstufe, Sonderschule für Lernbehinderte; Lebensmittelindustrie, mittelständisches Gewerbe. F. ist staatl. anerkanntes Kneipp-Heilbad (Schroth-Kuren, F.X. Mayr-Kuren) und Luftkurort; Heilanzeigen bei Kreislauf- und vegetativen Störungen, Herz- und Gefäßerkrankungen, Diabetes, Stoffwechselleiden, Migräne, Ischias, Erschöpfungszuständen, Rekonvaleszenz. – „Vastullingeburstalle" wird erstmals in einer Urkunde des Mindener Bistums aus dem 11. Jh. erwähnt. Um 1300 wurde in F. eine bis ins 19. Jh. bestehende Vogtei eingerichtet, die erst 1885 aufgelöst wurde, als man nach preußischem Vorbild Landkreise bildete. – Im Zuge der Gebietsreform schlossen sich 1974 die St

Fellbach, Turm der Lutherkirche

F. (seit 1949) und die ehemals selbständigen Ortschaften Dorfmark, Jettebruch, Mengebostel, Riepe und Vierde zusammen. – Sehenswert der westlich von F. liegende Tietlinger Wacholderhain mit dem Grab des Heidedichters Hermann Löns und die ‚Sieben Steinhäuser' (17 km südöstlich der St), eine Gruppe von Großsteingräbern aus der Jungsteinzeit.

Alljährlich Heideblütenfest (August) in F.-Dorfmark.

Fellbach (Württ.)

□ 27,66 qkm; ○ Rems-Murr-Kreis; ⚐ Baden-Württemberg; ✉ 70734*; ☎ 0711; 🚗 WN; △ 287 m; 👪 39200.

F., Wein- und Kongreßstadt vor den Toren Stuttgarts, ist über die B 14 und B 29 zu erreichen. F. ist Bahnstation an den Strecken Stuttgart–Nürnberg und Stuttgart–Aalen–Wasseralfingen. Die St hat Realschule, Gymnasien, Sonderschulen für Bildungsschwache, Sonderschule für Lernbehinderte, kaufm. Berufsschule, Wirtschaftsschule, Schulkindergärten; charakteristisch für F. ist die gesunde Mischung von Landwirtschaft (Wein- und Gartenbau), Handel, Gewerbe und Industrie (metallverarbeitende, Elektro-, Möbel- und Werkzeugmaschinenindustrie).

Erste urkundliche Nennung von »velbach« als Sitz eines gleichnamigen Geschlechts in einer Schenkungsurkunde des Herzogs von Calw von 1121. F. wurde 1811 Marktflecken, 1933 St und 1956 Große Kreisstadt.

Bemerkenswert die got. Lutherkirche, eine

Fellbach, Schwabenlandhalle

Wehrkirche mit Wassergraben aus dem 14./15. Jh., die romanische Kirche im Stadtteil Schmiden, das Heimatmuseum, die Genossenschaftskelter und das ständige Europäische Fertighaus- und Schwimmbadausstellungszentrum Fellbach/Stuttgart. – Von überlokaler Bedeutung ist das Wein- und Heimatfest „Fellbacher Herbst“ am zweiten Oktoberwochenende.

Felsberg (Hessen)

□ 83,28 qkm; ○ Schwalm-Eder-Kreis; ⚐ Hessen; ✉ 34587; ☎ 05662; 🚗 HR; △ 150–220 m; 👥 11500.

F. liegt 25 km südlich von Kassel im Tal der Eder am Fuße der Felsburg. Die St ist über die B 254 und die Autobahn A 5/7 Frankfurt a. M.–Kassel (Ausfahrt Melsungen) zu erreichen. F. hat Gesamtschule, Heimvolkshochschulwerk Friedrichsdorf; Baustoffindustrie (Hoch- und Tiefbau, Fertighaus- und Elementebau, Fertigbeton, Sand- und Kiesgruben).

Über dem ma. Stadtkern mit zahlreichen Fachwerkhäusern erhebt sich auf einem Basaltkegel die Felsburg mit 30 m hohem Turm. Die Burg (im 18. Jh. zerstört) war im 11. Jh. Sitz der Grafen von F. und vom 13. Jh. an Stützpunkt der Landgrafen von Hessen. Die Burgsiedlung, erstmals 1209 urkundlich erwähnt, erlangte 1286 die Stadtrechte. Der Stadtteil Gensungen (747 bezeugt) war lange Zeit Sitz eines Zentgerichts. – Bemerkenswert die St. Jakobskapelle auf dem Friedhof (1230) und die um 1320 erbaute Stadtkirche; in Gensungen Klosterruine Karthause und Reste der Burg Heiligenberg.

Feucht

□ 9,18 qkm; ○ Nürnberger Land; ⚐ Bayern; ✉ 90537; ☎ 09128; 🚗 LAU; △ 360 m; 👥 12500.

Der Markt F. liegt 15 km südöstlich von Nürnberg an der B 8 und Autobahn A 9 München–Nürnberg–Berlin (Ausfahrt AB-Dreieck Nürnberg/F.) und A 6 Heilbronn–Amberg (Ausfahrt Nürnberg-Langwasser); Bahnstation an den Strecken Nürnberg–Regensburg und Nürnberg–Altdorf. F. hat Grund- und Hauptschulen, Realschule; Landmaschinen- und Kartonagenfabriken, Kalksandsteinwerk, Galvanoanlagen. Um 1190 wird F. anläßlich der Weihe einer Kirche durch Bischof Otto von Eichstätt erstmals urkundlich erwähnt. Das Dorf, das an der wichtigen Handels- und Heerstraße nach Wien lag, wurde als Markt Mitte des 15. Jh. befestigt. 1806 kam es zusammen mit der Reichsstadt Nürnberg und Markgrafschaft Ansbach an Bayern. – Sehenswert drei schloßartige Gebäude Nürnberger Patrizier aus dem 16. Jh. (in einem, dem Pfinzingschloß, befindet sich das Hermann-Oberth-Museum mit umfangreicher Sammlung zur Entwicklung der Raumfahrt seit 1929); Rathaus (1652) und Fachwerkhäuser.

Feuchtwangen

□ 137,39 qkm; ○ Ansbach; ⚐ Bayern; ✉ 91555; ☎ 09852; 🚗 AN; △ 450 m; 👥 10400.

Die St F. liegt an der Sulzach im bayerischen Mittelfranken am Schnittpunkt der B 14 und B 25 („Romantische Straße“). F. hat Anschluß an die Autobahn A 6 Heilbronn–Nürnberg (Ausfahrten F.-Nord und AB-Kreuz F.); Realschule, Gymnasium; Textil-, kunststoffverarbeitende und holzbearbeitende Industrie, Fabrik für Papierwaren. Die St ist Bundeswehrstandort.

F. geht auf ein Benediktinerkloster zurück, das erstmals 817 (»fiuhtinwang« = feuchte Auen) urkundlich genannt wird. Um 1240 wird F. als Freie Reichsstadt erwähnt; es verliert aber die Reichsfreiheit 1376 unter Kaiser Karl IV. durch Verpfändung an den hohenzollernschen Burggrafen von Nürnberg (Friedrich V.). Von da ab bleibt die St ansbach-brandenburgische Amtsstadt bis zur Einverleibung in das Königreich Bayern 1806. Aus F. stammen die Hochmeister des Deutschen Ritterordens Konrad (gest. 1296) und Siegfried von Feuchtwangen (gest. 1312). Konrad verlegte den Sitz des Ordens nach dem Verlust von Akkon (1291) nach Venedig, Siegfried verlegte ihn erneut 1309 nach Westpreußen auf die Marienburg.

Sehenswürdigkeiten: Gotische Stiftskirche mit romanischem Kreuzgang des ehemaligen Klosters (13. Jh.) und Marienaltar (1483) von

M. Wohlgemut (Lehrer Dürers); romanisch-gotische Johanniskirche mit got. Steinkanzel und Freskomalereien im Chor; schöner Marktplatz mit Fachwerkhäusern und Röhrenbrunnen (1727); Fränkisches Museum (bürgerliche und bäuerliche Wohnkultur des westmittelfränkischen Raumes). – Alljährlich im Sommer Festspiele im romanischen Kreuzgang.

Filderstadt

□ 38,55 qkm; ○ Esslingen; ⚐ Baden-Württemberg; ✉ 70794; ☎ 0711; 🚗 ES; △ 357 bis 472 m; 👥 36400.

F. ist 1975 durch Zusammenschluß der Gm Bernhausen, Bonlanden, Harthausen, Plattenhardt und Sielmingen entstanden. Die Große Kreisstadt liegt auf der Filderebene südlich von Stuttgart an der B 27, B 312 und Autobahn A 8 Stuttgart–München (Ausfahrt Stuttgart-Flughafen/Esslingen). F. hat Gymnasium, Realschulen, Sonderschule für Lernbehinderte, Jugendmusik- und Ballettschule; Konservenindustrie (Filder-Sauerkraut), kleinere und mittlere Industrie- und landwirtschaftliche Betriebe.

Die Ortsteile Bernhausen (erstmals 1050 urkundlich erwähnt), Bonlanden (1269), Harthausen, Plattenhardt (1269) und Sielmingen (1275) sind nach dem 2. Weltkrieg als Wohngemeinden im Großraum Stuttgart überdurchschnittlich gewachsen.

Finnentrop

□ 103,97 qkm; ○ Olpe; ⚐ Nordrhein-Westfalen; ✉ 57413; ☎ 02721; 🚗 OE; △ 220–650 m; 👥 16800.

F., im Sauerland an der Bigge und Lenne gelegen, ist über die B 236 zu erreichen. Die Gm ist D-Zug-Station an der Bundesbahnstrecke Hagen–Siegen–Frankfurt a. Main. F. hat Realschule und Sonderschule für Lernbehinderte. Industrie: August Thyssen AG, Fleischwarenfabrik.

Die Gm F. wurde anläßlich der Neugliederung des Kreises Olpe aus den früheren Gm Schönholthausen, Schliprüthen und Teilen der Gm Helden und Attendorn-Land gebildet. – Sehenswert Wasserschloß Lenhausen. – Nördlich von F. das moderne Pumpspeicherwerk Glingetal bei Rönkhausen.

Finsterwalde

□ 68 qkm; ○ Landkreis Finsterwalde; ⚐ Brandenburg; ✉ 03238; ☎ 03531; 🚗 FI; △ 102 m; 👥 24000.

Nach Fi. gelangt man auf der A 13/E 55 (Ausfahrt Großäschen – ca. 18 km) und der B 96, die durch die St führt. Bahnhof an der Reichsbahnstrecke Leipzig–Cottbus, Verbindungsbahnen zu den Strecken Berlin–Dresden in Doberlug-Kirchhain und Cottbus–Dresden in Senftenberg. Flugplatz für Privat- und Sportmaschinen in Fi., Segelflugplatz.

Fi. hat Stadtverwaltung, Kreisgericht, Polizeistation, Finanzamt, Arbeitsamt und Zollamt.

Bildungseinrichtungen: Oberstufenzentrum, Gymnasien, Förderschulen für Lernbehinderte und geistig Behinderte, Volkshochschule.

Kulturstätten: Heimatmuseum, Rathaussaal für Konzert, Kabarett.

Wirtschaft und Industrie: Drahtherstellung, Schraubenfabrikation, Maschinen- und Aggregatebau, Herstellung von Schweißanlagen und Elektroden, Holz- und Möbelindustrie, Glasindustrie, Gießereien, Baugewerbe.

Fi. liegt in einem landwirtschaftlich orientierten Umland.

Geschichte: Fi. ist erstmals 1282 urkundlich erwähnt als Raubritterburg, deren Bewohner die umliegende Gegend unsicher machten. Dank seiner günstigen Verkehrslage war Fi. schon 1324 Mittelpunkt eines regen Treibens mit „Pfaffen, Rittern, Kaufleuten und Bauern". In seiner ursprünglichen Struktur ist Fi. eine typische ostelbische Kolonistenstadt mit rechtwinklig aufeinander treffenden Straßen und einem großen Marktplatz. Der Stadtkern ist seit Jahrhunderten weitgehend unverändert. Durch Besitzerwechsel entstand aus der Raubritterburg eine großzügige Schloßanlage, zunächst im Renaissancestil mit späteren barocken Umbauten. Die gewerbliche Tuchherstellung war lange der wichtigste Wirtschaftszweig der St, die auch durch die „Sänger von Finsterwalde" weithin bekannt geworden ist. Das Lied entstand 1899 als Teil eines Theaterstückes und wurde zum Gassenhauer.

Baudenkmäler und Sehenswürdigkeiten: Historischer Marktplatz mit Rathaus aus dem 18. Jh. Bemerkenswerte Stadthäuser aus dem 16. Jh. (Schloßstr. 3 mit tonnengewölbtem Keller, Schloßstr. 6 mit originalem Eingang); Trinitatiskirche (Gotik nach 1550); Schloß Fi.

(16. Jh.), barocker Umbau einer ma. Ritterburg; 54 m hoher Wasserturm, erbaut 1913 vom Architekten Max Taut; Märchenhaus, erbaut 1928; Heimatmuseum mit originalem Kolonialwarenladen von 1900.

Periodische Veranstaltungen: Sänger-Karneval; Sängerfest im August.

Flensburg

□ 56,35 qkm; ○ Kreisfreie Stadt; ⚐ Schleswig-Holstein; ✉ 24937*; ☎ 0461; 🚗 FL; △ 20 m; 👥 86000.

F. liegt 5 km südlich der dänischen Grenze in Hufeisenform am Ende der 35 km tief ins Land reichenden Flensburger Förde. Zu erreichen ist F. über die Bundesstraßen 76, 199 und 200 und über die Autobahn A 7 Hamburg–Flensburg (Ausfahrten F. und F./Harrislee); D-Zug-Station an der Strecke Hamburg–Aalborg (Dänemark). Verkehrslandeplatz F.-Schäferhaus (5 km). F. hat Seehafen (Ostsee), ist Sitz zahlreicher Behörden (Kraftfahrt-Bundesamt, Bundesvermögensamt, Grenzschutzamt, Landgericht, Amtsgericht, Arbeitsgericht, Hauptzollamt, Landeszentralbank, Landesbauamt, Straßenbauamt u.a.) sowie Bildungs- und kultureller Einrichtungen (Pädagogische Hochschule, Fachhochschule für Technik (Schiffsingenieure), Fachschule für Technik, Werkkunstschule, Studienseminar, Landwirtschaftsschule, Offiziersschule der Marine, Gymnasien, Realschulen, berufsbildende Schulen mit Fachgymnasium (wirtschaftlicher und technischer Zweig), dänische Privatschulen, Sonderschulen, Volkshochschule, Musikschule, Wirtschaftsakademie Schleswig-Holstein, Sprachkrankenschule mit Sprachheilambulatorium; Stadttheater, Niederdeutsche Bühne, Städt. Museum, Naturwissenschaftliches Heimatmuseum, Stadtbücherei, Dänische Zentralbibliothek, Rundfunkstudio des NDR). F. ist Garnisonsstadt (Heereseinheiten; Marinestützpunkt in F.-Mürwik).

Das Wirtschaftsleben wird bestimmt durch F. Bedeutung als Industriestadt, Schiffahrts- und Handelsplatz. Bekanntester Wirtschaftszweig ist die Spirituosenindustrie (Rum, Aquavit); zu den großen Industriebetrieben zählt außerdem die Neue F. Schiffsbau-Gesellschaft; ferner sind zu nennen der Maschinen- und Apparatebau, papiererzeugende sowie -verarbeitende Industrie (Feldmühle, Nordwell), holzbe- und -verarbeitende Unternehmen, Versandgeschäft (Beate Uhse) u.a. Viele dänische Unternehmen haben in F. eine Niederlassung (Danfoss, Storno, Sabroe u.a.).

F. wurde als Handelsstadt aus einer älteren Siedlung (aus dem 12. Jh. ist die Feldsteinkirche St. Johannis erhalten) um 1200 von König Knud VI. von Dänemark gegründet. Erste urkundliche Erwähnung 1240. Die Gründung gehörte zum Herzogtum Schleswig, das 1246 an König Waldemars Sohn Abel fiel. 1284 bestätigte Herzog Waldemar IV. von Schleswig das Stadtrecht. Um 1400 begannen zwischen der dänischen Krone und den Grafen von Holstein lange Auseinandersetzungen um den Besitz der Stadt. 1460 wählten die schleswig-holsteinischen Stände König Christian I. von Dänemark zum Grafen von Holstein und Herzog von Schleswig. Das 16. Jh. bedeutete die erste Blütezeit für F., das im Ostseeraum einen Teil des Erbes der unbedeutender gewordenen Hansestadt Lübeck antrat. Der Dreißigjährige und der Nordische Krieg brachten schwere Rückschläge. Ende des 18. Jh. erfolgte mit dem Überseehandel ein neuer wirtschaftlicher Aufschwung (Westindienhandel, Spirituosenhandel), der sich nach der Kontinentalsperre wieder abschwächte. Nach dem Sieg Dänemarks im schleswig-holsteinisch-dänischen Krieg (1848/51) tagten die Stände Schleswig-Holsteins bis 1863 in F. 1867 kam die St an Preußen.

An bedeutenden Bauten der Altstadt sind erhalten: Hallenkirche St. Marien (dreischiffige gotische Hallenkirche des 13./15. Jh.) mit Hochaltar von H. Ringeringk (1598); Nikolaikirche (um 1300 begonnen) mit wertvoller Innenausstattung (»Heinrich-Schütz-Orgel« von 1604); Hospital zum Heiligen Geist (älteste Bauteile Mitte des 13. Jh.); Nordertor (1596); ehem. Waisenhaus (Flensborg Hus, 1724–25); Alt-Flensburger Haus (16./17. Jh., Fassade von 1780); Nordermarkt mit Neptunsbrunnen (1758); Schrangen (1595). – F. ist Geburtsort des Luftschiffkapitäns Hugo Eckener (1868–1954).

Flöha

□ 20 qkm; ○ Landkreis Flöha; ⚐ Freistaat Sachsen; ✉ 09557; ☎ Amt Flöha; 🚗 FLÖ; △ 300 m; 👥 13000.

Fl. ist über die A 4 (Ausfahrt Frankenberg) und über die B 173 und B 180 zu erreichen. Bahnhof an den Reichsbahnstrecken Dresden–Chemnitz, Chemnitz–Neuhausen/Marienberg und Chemnitz–Annaberg-Buchholz–Bärenstein. Nächster Flughafen ist Dresden-Klotzsche (60 km).

Fl. hat Stadtverwaltung, Arbeitsamt, Staatl.

Vermessungsamt, Landratsamt, Polizeirevier. Bildungseinrichtungen: Erw. Oberschule, versch. Grund- und Mittelschulen, Musikschule, Volkshochschule, Kommunale Berufsschule, Förderschule für Lernbehinderte.

Kulturstätten: Geologische Sammlungen der Stadt Flöha.

Wirtschaft: Textilindustrie (Baumwollverarbeitung, Plauener Spitze), Möbelindustrie, Papierindustrie (Veredelung). Handwerksbetriebe. Agrargenossenschaft Flöha e.G. Landwirtschaftliche Betriebe im Haupt- und Nebenerwerb.

Geschichtliches: Fl. entstand durch Zusammenschluß der drei Gemeinden Gückelsberg (1920), Plaue-Bernsdorf (1962) und Flöha. Die Stadt gehört zum näheren Einzugsbereich des Chemnitzer Industriegebietes und liegt am Zusammenfluß der Flüsse Flöha und Zschopau. Die Nutzung der Wasserkraft führte zu einer raschen Entwicklung der Baumwollindustrie im frühen 19. Jh. Weiterer wirtschaftlicher Aufschwung mit der durchgehenden Eisenbahnverbindung Dresden–Chemnitz und dem Bau der Strecken ins Erzgebirge. Die verkehrsgünstige Lage bewirkte eine explosionsartige Entwicklung der Industrie und verhinderte eine harmonische Entwicklung der Stadt.

Baudenkmäler und Sehenswürdigkeiten: Georgenkirche (evang.), Römisch-kath. Kirche, Industrieanlage „Alte Baumwolle“, Jugendstilvilla der Familie von Einsidel. In ca. 10 km Entfernung liegt das Renaissance-Schloß Augustusburg, das Kurfürst Friedrich I. 1567–1572 von Hironymus Lotter erbauen ließ. Das Schloß, heute Zweitakt-Motorrad-Museum, liegt in 500 m Höhe auf einer Porphyrkuppe zwischen Flöha und Zschopau. Schloßkirche mit Altarbild von Lucas Cranach d. J.

Periodische Veranstaltungen: Kulturtage im Mai, Stadt- und Gewerbefest im Oktober.

Flörsheim am Main

□ 22,96 qkm; ○ Main-Taunus-Kreis; ⚐ Hessen; ✉ 65439; ☎ 06145; 🚗 MTK; △ 90 m; 👥 16500.

F., am Main 20 km südwestlich von Frankfurt gelegen, ist über die A 3 Frankfurt–Köln (Ausfahrt Raunheim) und A 66 Frankfurt–Wiesbaden (Ausfahrt Weilbach) sowie über die B 40 zu erreichen. F. ist S-Bahnstation der Strecke Frankfurt–Wiesbaden, hat Stadthafen; Schulzentrum (Haupt-, Realschule, Gymnasium einschließlich Oberstufe); im Stadtteil Wicker Weinbau.

F., erstmals 828 urkundlich erwähnt, wurde 1474 das Gerichtssiegel verliehen. Der Ortsteil Bad Weilbach (Schwefel-Natriumquelle) war bis 1911 Kurbad. Zur St erhoben wurde F. 1953. Bemerkenswert die St. Galluskirche (17./18. Jh. mit Barockorgel und Altargemälden des in F. geborenen Malers und Zeitgenossen Goethes Christian Georg Schütz d.Ä. (1718 bis 91).

Forchheim (Oberfr.)

□ 40 qkm; ○ Forchheim; ⚐ Bayern; ✉ 91301; ☎ 09191; 🚗 FO; △ 265 m; 👥 28600.

Die Große Kreisstadt F. liegt 31 km nördlich von Nürnberg an der Mündung der Wiesent in die Regnitz (Rhein-Main-Donau-Kanal), zwischen den Ausläufern des Steigerwaldes im Westen und der Fränkischen Schweiz im Osten. Zufahrt über die B 4 und B 470; Anschluß an die Autobahn A 3 Würzburg–Nürnberg (Ausfahrt Höchstadt-O) und A 73 Nürnberg–Bamberg (Ausfahrten F.-Süd und F.-N.). Forchheim hat Lände am Rhein-Main-Donau-Kanal; Amtsgericht; Realschule, Gymnasium, Berufsschule, landwirtschaftl. Kreisberufsschule, Sonderschule für Lernbehinderte; Buntweberei, Folien-, Schokoladen-, Papier- und Künstlerfarbenfabriken, elektrotechnische und optische Industrie, Schleifmittel-, Ackergeräte-, Verpackungsmaschinen-, Papierwaren- und Rollofabriken.

Auf F. Markung stand etwa seit 740 ein fränkischer Königshof, der 805 erstmals urkundlich erwähnt wird (Kapitulare von Diedenhofen). Im 9. und 10. Jh. war F. mehrmals Ort der Königswahl. 1007 schenkte Kaiser Heinrich II. das Königsgut und die Siedlung dem neugegründeten Bistum Bamberg. Um 1200 Erhebung zur St. 1802/3 kam F. mit dem Hochstift Bamberg an Bayern. – Sehenswürdigkeiten: Marktplatz mit historischem Rathaus (1535); Pfarrkirche St. Martin (Mitte 14. Jh.) mit spätgotischen Altartafeln aus der Schule M. Wolgemuts; Pfalzgebäude (um 1635); Reste der alten Stadtbefestigung, darunter das Nürnberger Tor (1698); Pfalzmuseum (Vorgeschichte, Brauchtum, Gemälde).

Forst/Lausitz

□ 36 qkm; ○ Kreisfreie St; ⚐ Brandenburg; ✉ 03149; ☎ 0572; 🚗 FOR; △ 78 m; 👥 26000.

Die St an der polnischen Grenze ist zu erreichen über die A 15/E 36, Ausfahrt Fo., und über die B 112, B 115 und B 122; Fo. liegt an der Eisenbahn-Hauptstrecke Berlin–Breslau.

Fo. verfügt über mehrere Grundschulen, Gesamtschule, Realschule, Gymnasium, Oberstufenzentrum, Volkshochschule, Stadtbibliothek; für die sportliche Betätigung gibt es ein Schwimmstadion (Freibad), eine Schwimmhalle und eine Radrennbahn. Die wirtschaftliche Struktur der St wird von der Textilindustrie, metall- und papierverarbeitenden Betrieben und dem Baugewerbe bestimmt. Daneben existieren Handelsunternehmen, eine Agrargenossenschaft und der Schlachthof.

Geschichtliches: Der Ort wurde im frühen Mittelalter an einer wichtigen europäischen „Salzstraße" angelegt. Die schriftlichen Überlieferungen sind spärlich. Nach dem Wiener Kongreß (Akte vom 9. 6. 1815) kam Fo. an Preußen. In dieser Zeit entwickelte sich die Fo. Tuchmacherindustrie, deren Qualitätserzeugnisse europaweit zu einem Begriff wurden.

Sehenswürdigkeiten: Besonders in den Monaten Juni bis September ist der „Ostdeutsche Rosengarten" für Besucher ein Anziehungspunkt. Auf 15 ha Fläche sind etwa 40 000 Rosen unterschiedlichster Art zu sehen; es werden auch Neuzüchtungen gezeigt. Nahegelegene Erholungsgebiete sind die Gärten des Fürsten Pückler in Branitz und Bad Muskau, die Parkanlagen in Kromlau und der Spreewald. Als Fo. Wahrzeichen gilt der Wasserturm. Die Heimatstuben vermitteln einen Einblick in die Ur- und Frühgeschichte des St-Gebietes, in die Tierwelt der Umgebung und in die Geologie.

Frankenberg/Sachsen

□ 114,9 qkm; ○ Hainichen; ⚐ Freistaat Sachsen; ✉ 09669; ☎ Amt Frankenberg; 🚗 HC; △ 325 m; 👫 15 000.

F. kann über die A 4 (Ausfahrt Frankenberg) und über die B 169 und B 180 erreicht werden. Bahnhof an der Reichsbahnstrecke Chemnitz–Roßwein.

F. besitzt Stadtverwaltung mit den dazugehörenden Dienststellen. Bildungseinrichtungen: Gymnasium, Grundschule, Mittelschule, eine Berufs- und eine Fachschule. An Kulturstätten verdienen das Museum und das Volkshaus (Kulturhaus) Erwähnung. Die Wirtschaft wird von mittelständischen Gewerken geprägt. Die Landwirtschaft ist rückläufig.

Geschichtliches: F. ist eine Kleinstadt am Südrand des Mittelsächsischen Berglandes am Fluß Zschopau. 1988 beging F. sein

Frankenberg, Sachsen. Markt

800jähr. Bestehen als Stadt. Der Stadtname weist auf ursprüngliche fränkische Besiedelung hin, die für Mittelsachsen keine Seltenheit war. Der Markt gehört zum historischen Stadtkern. Hier befindet sich auch die 1842 gegründete und seither im Familienbesitz befindliche Buchdruckerei von C. G. Roßberg mit der ältesten erhaltenen Buchdruckerpresse in Mitteldeutschland.

1909 eröffnete das erste Heimatmuseum. Nach 1945 wurde das ehemalige Herrenhaus des Rittergutes Frankenberg (ein Renaissancebau) als Museum eingerichtet.

Baudenkmäler: Das heutige Rathaus wurde im alten Stil wiedererbaut bzw. restauriert. Sächsische Postmeilensäule gegenüber der Post. Prunkvolle ev.-luth. Kirche St. Aegidien (1741 geweiht) mit Luther-Denkmal. Röm.-kath. Kirche St. Antonius. Bemerkenswerter Zierbrunnen auf dem Markt, erbaut 1921. Alljährlich wird in F. das Schilfteichfest gefeiert.

Frankenberg a. d. Eder

□ 124,87 qkm; ○ Waldeck-Frankenberg; ⚐ Hessen; ✉ 35066; ☎ 06451; 🚗 KB; △ 250–400 m; 👫 16 200.

F. liegt im Ederbergland an der Eder am Schnittpunkt der B 252 und B 253. Flugplatz in Allendorf-Eder (9 km). F. ist Bundeswehrstandort mit Standortverwaltung; hat Kreisverwaltung, Amtsgericht, Landwirtschaftsamt; Realschule, Gymnasium, Sonderschule für Lernbehinderte, Berufsschule mit Fachoberschule und Handelsschule, Fachschule für

Frankenberg a.d. Eder

Umweltschutztechnik, Landwirtschaftsschule; Sitzmöbelfabrik, Weberei und Webereibedarf, Stuhlindustrie, Maschinen-, Kunststoff- und Beschlagfabriken.

F. wurde als Stützpunkt der Landgrafen von Hessen planmäßig angelegt und befestigt. Um 1244 Verleihung der Stadtrechte. Auf einer steilen, das Flußtal und die alte Handels- und Heerstraße beherrschenden Bergkuppe lag die landesherrliche Burg (1376 zerstört). 1476 fiel die ma. St einem Großbrand zum Opfer. Wirtschaftlich und verkehrsmäßig erlebte die St erst wieder nach 1900 durch den Anschluß an das Eisenbahnnetz und die Ansiedlung von Industrie einen neuen Aufschwung.

Sehenswert die Altstadt mit Fachwerkbauten aus dem 16. bis 18. Jh., zehntürmigem Rathaus-Fachwerkbau (1509), Liebfrauenkirche (1286–1380) mit Marienkapelle (Ende 14. Jh.), Kloster St. Georgenberg (1249, heute Landratsamt und Kreisheimatmuseum). – Alljährlich an Pfingsten Pfingstmarkt mit Maiumzug.

Frankenthal (Pfalz)

□ 43,95 qkm; ○ Kreisfreie Stadt; ⚐ Rheinland-Pfalz; ✉ 67227; ☎ 06233; 🚗 FT; △ 96 m; 👥 47500.

F. liegt 7 km nordwestlich von Mannheim/Ludwigshafen in der Rheinebene an der B 9. Anschluß an die Autobahn A 6 Mannheim–Saarbrücken (Ausfahrt F./Worms) und an die linksrheinische Autobahn A 61 Krefeld–Speyer (Ausfahrt AB-Kreuz F.); Bahnstation an der Strecke Mainz–Ludwigshafen/Rh. F. hat Landgericht, Amtsgericht; Realschule, Gymnasien, Berufs-, Berufsaufbau- und Berufsfachschulen, Handelsschule, Fachoberschule für Ingenieurwesen, Landwirtschaftsschule, Musikschule und Volkshochschule, Sonderschulen für hörgeschädigte (mit Heim), lernbehinderte und geistig behinderte Kinder.

F. ist Sitz bedeutender Werke der Leder-, Kork-, Metall- und kunststoffverarbeitenden Industrie. Bis 1960 bestand eine Glockengießerei.

F. wird erstmals 772 im Lorscher Codex erwähnt. 1119 gründete der Wormser Kämmerer Erkenbert ein Augustiner-Chorherrenstift Groß-F., das bis 1562 bestand. 1562 Ansiedlung niederländischer Glaubensflüchtlinge. Die Verleihung der Stadtrechte im Jahr 1577 durch Pfalzgraf Johann Casimir fällt in eine wirtschaftliche und künstlerische Blütezeit (Frankenthaler Malerschule, Gobelinindustrie, Silber- und Goldschmiedekunst). Im Pfälzer Erbfolgekrieg (1689) Verwüstung und Zerstörung der St. Einen zweiten wirtschaftlichen Aufschwung erlebte die St unter dem Kurfürsten Carl-Theodor (1742–99), der sie zu einer Musterstadt im Sinne der damaligen merkantilistischen Wirtschaftspolitik machte (Gründung der F. Porzellanmanufaktur und Seidenindustrie; Errichtung einer Glockengießerei; Bau eines Kanals zum Rhein; Bau der Dreifaltigkeitskirche, des Speyerer und Wormser Tores). Im 2. Weltkrieg wurde F. Innenstadt zu 83 Prozent zerstört (Wiederaufbau abgeschlossen). Von kunsthistorischer Bedeutung ist neben den genannten Bauten des 18. Jh. das romani-

Frankenthal, Dreifaltigkeitskirche

sche Portal des ehem. Chorherrenstiftes aus dem 12. Jh. Sehenswert: Stadttore aus dem 18. Jh., rom. Portal aus dem 12. Jh., Porzellansammlung im Rathaus und Erkenbert-Museum.

Frankfurt am Main

□ 248,56 qkm; ○ Kreisfreie Stadt; ⚐ Hessen; ✉ 60275*; ☎ 069; 🚗 F; △ 88–212 m; 👥 623 000.

F. ist Verkehrsknotenpunkt, Handels- und Industriezentrum im Rhein-Main-Ballungsraum. Die St ist über zahlreiche Bundesstraßen (B 3, B 8, B 40, B 43, B 44, B 46, B 459) und Autobahnen (A 3 Würzburg–Köln; A 5 Basel–Bad Hersfeld; A 66 Wiesbaden–Bad Soden–Salmünster; A 648 (Stadtzentrum); A 661 Darmstadt–Bad Homburg) zu erreichen, wobei das Frankfurter Kreuz und die Autobahnschnittpunkte im Westen der St wichtige Verkehrsdrehscheiben darstellen. F. besitzt mit dem Hbf. (Kopfstation) einen der am stärksten frequentierten Knotenpunkte des europäischen Eisenbahnnetzes (Abfertigung von 1400 Zügen werktäglich). Im Bau befinden sich ein S- und U-Bahnnetz (nach Vollendung Gesamtstreckenlänge U-Bahn 123 km; S-Bahn 400 km, davon im Stadtgebiet 69 km). Mit dem Weltflughafen Frankfurt verfügt F. über den drittgrößten Flughafen (über 25 Mill. Passagiere im Jahr, Landeplatz für Jumbos, Terminal) und den größten Luftfrachthafen Europas. Mit fünf Hafenbecken, einem Ölhafen und zwei Flußhäfen gehört F. zu den großen deutschen Binnenhäfen (Güterumschlag rund 6 Mill. t jährlich).

Als Wirtschafts- und Handelsmetropole nimmt die St eine Spitzenposition ein. Schwerpunkte im Wirtschaftsleben von F. bilden die Großbanken und Niederlassungen der Weltbanken, die F. Wertpapier-, Devisen-, Gold-, Produktenbörsen, Versicherungen, zahlreiche Unternehmen des Groß- und Einzelhandels sowie andere Dienstleistungsbetriebe, die über 60% der über 500 000 Arbeitnehmer beschäftigen. Frankfurts internationale Fachmessen (Internationale Frankfurter Messe, Internationale Pelzmesse, Interstoff, Frankfurter Buchmesse, Internationale Kochkunst-Ausstellung, Internationale Automobilausstellung, ACHEMA u. a.) auf dem weiträumigen Messegelände an der Friedrich-Ebert-Anlage gehören zu den bedeutendsten der Welt.

Die Industrie konzentriert sich im Westen der St (Ffm.-Höchst), um den Haupt- und Güterbahnhof sowie um den Osthafen. Von den hauptbeteiligten Industriegruppen liegt gemessen am Umsatz die chemische Industrie (Farbwerke Hoechst, Degussa) an der Spitze, gefolgt von der Elektrotechnik und dem Hoch- und Tiefbau; von Bedeutung ferner der Maschinenbau und Fahrzeugbau, die Nahrungs- und Genußmittel-, feinmechanische, optische, Textil- und lederverarbeitende Industrie. F. ist ein Mittelpunkt des Pelzhandels, Sitz namhafter Verlage, zahlreicher Wirtschafts- und Zentralverbände, in- und ausländischer Fluggesellschaften, Fremdenverkehrsorganisationen, Generalkonsulate, Konsulate und Handelsmissionen.

Auch in administrativer Hinsicht übt F. eine bedeutende Funktion aus. Die St hat zahlreiche Bundes- und Landesbehörden (Bundesamt Gewerbliche Wirtschaft, Bundesrechnungshof, Hauptverwaltung der Deutschen Bundesbahn, Hauptzollamt, Bundeanstalt für Flugsicherung, Oberpostdirektion, Landesarbeitsgericht, Landesarbeitsamt, Arbeitsgericht, Verwaltungsgericht, zwei Amtsgerichte) und bedeutende Institutionen des öffentlichen Rechts (Hessischer Rundfunk, Einzelgewerkschaften im DGB, Industrie- und Handelskammer, Handwerks- und Landwirtschaftskammer u. a.).

An wichtigen Bildungs- und bedeutenden kulturellen Einrichtungen sind zu nennen: Joh.-Wolfgang-Goethe-Universität mit Universitätskliniken, Fachoberschule F. (mit 12 Fachbereichen), Hochschule für Musik und darstellende Kunst, Städel – Staatl. Hochschule für Bildende Künste, Fachhochschule F., Phil.-theol. Hochschule St. Georgen, Akademie für Welthandel, Deutsches Institut für Internationale pädagogische Forschung, Akademie des Handwerks, Seminar für Politik, Akademie der Arbeit, Hessenkolleg, Fachoberschulen, Berufs-, Berufsfach- und Berufsaufbauschulen, Technikerschulen, berufliche Gymnasien, Gymnasien, Abendgymnasium, Realschulen, Abendrealschule, Gesamtschulen mit Hauptschule, Realschule und Gymnasium, Haupt- und Realschule als Tagesheimschule, Haupt- und Realschule, Ganztagsschulen, Sonderschulen und Heimsonderschulen, Jugendmusikschule, Volkshochschule; Städtische Bühnen (Oper, Schauspiel, Kammerspiel), Alte Oper, Theater am Turm, Fritz-Rémond-Theater im Zoo, Komödie, Volkstheater, Schmiere, Katakombe, Maininger, Junge Bühne, Museen (Deutsches Filmmuseum, Deutsches Architekturmuseum, Dommuseum, Jüdisches Museum, Museum für Moderne Kunst, Städelsches Kunstinstitut mit Gemälden aus allen Kunstepochen; Städt. Skulpturensammlung im Liebieghaus; Museum für Kunsthandwerk, Historisches Museum, Museum für Vor- und Frühgeschichte, Museum für Völkerkunde, Goethehaus und Goethemuseum, Naturmuseum Senckenberg, Deutsches Postmuseum), Bibliotheken (Stadt- und Universitätsbibliothek, Deutsche Bibliothek, Freies Deutsches Hochstift u.a.). F. ist ferner Sitz mehrerer wissenschaftlicher Einrichtungen wie den Max-Planck-Instituten für europäische Rechtsgeschichte, Biophysik und Hirnforschung, dem Gmelin-Institut für anorganische Chemie, Paul-Ehrlich-Institut, Institut für Dokumentation, Batelle-Institut u.a. und Sitz zentraler Sportverbände (ADAC, Deutsche Olympische Gesellschaft, Deutscher Fußballbund, Deutscher Sportbund, Deutsche Sporthilfe u.a.).

Geschichte: Das rechte Mainufer von F. ist seit ca. 5000 Jahren Siedlungsgebiet. Auf dem Domhügel lag Ende des 1. Jh. n.Chr. eine römische Siedlung und Militärstation; später befand sich an gleicher Stelle ein fränkischer Königshof. Erstmals wird »Franconofurd« 794 anläßlich einer Reichsversammlung urkundlich erwähnt. F. war Wahlort der dt. Könige seit dem 9. Jh. Nachdem die Pfalz im 12. Jh. an das Mainufer verlegt wurde (Saalhof mit Kapelle) entwickelte sich eine städtische Siedlung, die bereits unter Friedrich II. als Messe- und Handelsplatz eine bedeutende Rolle spielte. 1311 erhielt F. eine Selbstverwaltung (Bürgermeister an der Spitze des Rates). Im 14. Jh. wurde die St, die inzwischen zu einem Zentrum des europäischen Handels geworden war, bis zum heutigen Anlagenring erweitert. In der »Goldenen Bulle« bestätigte Kaiser Karl IV. 1356 F. als ständige Wahlstadt des Reiches (seit 1562 mit der ersten Kaiserkrönung auch Krönungsstadt). 1372 erwarb die St das Schultheißen-Amt (und den Stadtwald) und erlangte dadurch den Charakter einer Freien Reichsstadt. Im 15. Jh. Ausbau der Stadtbefestigung, im 17. Jh. Bau eines neuen Festungsgürtels (1667 fertiggestellt). Die Abwanderung verschiedener Handelsmessen (im 18. Jh. Buchmarkt) nach Leipzig brachten kaum wirtschaftliche Rückschläge, da F. im 18. und 19. Jh. zum bedeutenden Banken- und Börsenzentrum Mitteleuropas aufstieg und nach dem Anschluß an das deutsche Eisenbahnnetz (1839) auch seine Stellung als Verkehrsknotenpunkt festigen und ausbauen konnte. 1759 wurde F. zum erstenmal von den Franzosen besetzt; es folgten nach Ausbruch der Französischen Revolution und während der napoleonischen Ära weitere Besetzungen in den Jahren 1792, 1786, 1800 und 1806. 1792 letzte Kaiserkrönung in F. (Franz II. von Österreich). 1810 ging die St in einem neugebildeten Großherzogtum F. auf; fünf Jahre später erhielt sie ihre Unabhängigkeit dank der Hilfe des Freiherrn vom Stein zurück. Von 1816 bis 1866 war F. Sitz des Deutschen Bundestages. 1848/49 tagte die Frankfurter Nationalversammlung in der Paulskirche. 1866 wurde die St von Preußen annektiert. Im letzten Drittel des 19. Jh. wesentliche Stadterweiterung durch Eingemeindung von Randgebieten. 1880 Einweihung des Frankfurter Opernhauses. 1914 Gründung der Frankfurter Universität. 1936 Eröffnung des Rhein-Main-Flughafens. Im 2. Weltkrieg wurde die Innenstadt mit dem ma. Altstadtkern durch Luftangriffe fast völlig zerstört. 1948 Beginn des Wiederaufbaus aufgrund einer großzügigen Stadt- und Verkehrsplanung. Dem Bedarf an Büroflächen und dem starken Bevölkerungszuwachs wurde durch die Errichtung moderner Verwaltungshochhäuser (darunter dem 1989/90 errichteten 258,5 m hohen Frankfurter Messeturm Europas höchstem Bürogebäude) und neuer Wohn- und Stadtrandsiedlungen (Nordweststadt) Rechnung getragen.

Von den bemerkenswerten historischen Bauten der St haben den Krieg überdauert oder sind wiederaufgebaut worden: Reste der alten Stadtbefestigung (Eschenheimer Turm, 1426–28; Kuhhirtenturm, 1490; Friedberger Warte, 1637; Sachsenhäuser Warte, 16. Jh.; Bockenheimer Warte, 1434/35; Galluswarte, 1414); Rententurm (Zollstätte am Main, 1455/56); Römer (1405 vom Rat angekauft und später durch benachbarte Patrizierhäuser zum Rathauskomplex erweitert, einst Stätte (Kaisersaal) der Bankette nach Krönungsfeierlichkeiten); Saalhofkapelle (12. Jh. ältestes Baudenkmal der Innenstadt); Steinernes Haus am Römerberg (Patrizierhaus von 1464; nach Zerstörung 1960 nach altem Vorbild wiederaufgebaut); Haus Wertheim (1383 erstmals erwähnt; einziges erhaltenes ma. Fachwerkhaus am Römerberg); Dom (Wahl- und Krönungskirche deutscher Könige und Kaiser über den Resten der alten Pfalzkapelle; nach dem Kriege wiederaufgebaut) mit 95 m hohem Turm (1415 begonnen), Wahlkapelle (um 1400) und bedeutender Ausstattung (Maria-Schlaf-Altar, 15. Jh.; Kreuzigungsgruppe von Hans Backoffen, 1509 gestiftet; Grabmal König Günthers von Schwarzburg, 1349; Kreuzabnahme von Anton van Dyck, 1627 u.a.); Dominikanerkloster (begonnen 1238, nach dem Kriege wiederaufgebaut); Leonhardskirche (15. Jh., fünfschiffige Hallenkirche, zweitälteste Kirche der St); Liebfrauenkirche (14./15. Jh.) mit einem prächtigen gotischen Portal von 1420; Nikolaikirche (13. Jh.) mit Grabstein des Schultheißen Siegfried zum Paradeis (1386 gest.); Justinuskirche in Höchst (um 834 geweiht, älteste Kirche von F.); Karmeliter-Kloster (um 1250 begonnen, Umbauten im 14./15. Jh.) mit schönem Kreuzgang (1462–90) und Fresken von Jörg Ratgeb (16. Jh.); Katharinenkirche (1678) an der Hauptwache; Hauptwache (1730, nach Zerstörung im alten Stil wiederaufgebaut und im Zuge der Umgestaltung des Platzes »An der Hauptwache« abgetragen und 1968 wiedererrichtet); Paulskirche (1789–1833, 1848 Tagungsstätte des ersten deutschen Gesamtparlaments); Palais Thurn und Taxis (1732–41, ehem. bedeutendster Barockbau in F.; erhalten nur die Portalanlagen vor dem Fernmeldehochhaus); Bolongaro-Palast in Ffm.-Höchst (1772–75 erbaut mit 117 m langer Straßenfront); Deutschordenskirche (gotische Kirche mit wertvoller Ausstattung [u. a. got. Holzplastik »Enthauptung Johannes d. Täufers«] und Barockfassade; Deutschordenshaus (1709 bis 1715); Goethehaus (im Krieg zerstört und nach alten Plänen stilgetreu wiederaufgebaut); Holzhausenschlößchen (1722–28); Nebbien'sches Gartenhäuschen (um 1810, jetzt Ausstellungsraum); Willemer Häuschen (Goethe-Gedenkstätte in Sachsenhausen); Opernhaus (1873–80, 1981 wiederaufgebaut). – Weitere Sehenswürdigkeiten: Zoo mit Exotarium; Palmengarten; Botanischer Garten; Erholungsgebiet »Monte Scherbelino«. – Alljährlich am Dienstag nach Pfingsten »Wäldchestag« (großes lokales Vergnügungsfest im Stadtwald).

F. ist Geburtsort zahlreicher bedeutender Persönlichkeiten: Adam Elsheimer (1578 bis 1610, Maler), Meyer Amschel Rothschild (1743–1812, Begründer des weltbekannten Bankhauses), Johann Wolfgang von Goethe (1749–1832), Bethmann (Bankiersfamilie), Ludwig Börne (1786–1837, Schriftsteller), Friedrich Wöhler (1800–1882, Chemiker), Heinrich Hoffmann (1809–1894, Verfasser des »Struwwelpeter«), Friedrich Stoltze (1816–1891, Mundartdichter), Otto Hahn (1879–1968, Chemiker).

Frankfurt (Oder)

□ 148 qkm; ○ Kreisfreie St; ⚐ Brandenburg; ✉ 15230*; ☎ 0335; 🚗 FF; △ 60 m; 🚶 86000.

Ffo. ist über die A 12/E 30 zu erreichen, Ausfahrt mit Anschluß an die B 87 und B 112 in 4 km Entf. vom Zentrum; nördl. der St verläuft außerdem die B 5; durch Ffo. führt die Eisenbahn-Fernlinie Paris–Moskau; Endbahnhof der Hauptstrecke Frankfurt a. Main/Ffo; nächste Flughäfen zwei Autostunden entf. in Berlin-Tegel und Berlin-Schönefeld.

Ämter und Behörden: Stadtverwaltung, Bezirksgericht, Finanzamt; Handwerkskammer, Industrie- und Handelskammer, Kammer der Technik; Außenstelle des Ministeriums für Wirtschaft, Mittelstand und Technologie des Landes Brandenburg; Bundesvermögensamt.

Bildungseinrichtungen: Grundschulen, Gesamtschulen, darunter drei mit gymnasialer Oberstufe, und eine mit sportbetonter gymnasialer Oberst., Realschulen, Gymnasien, davon eines mit mathem.-naturwissensch.-techn. Schwerpunkten; Oberstufenzentren; Volkshochschule, Wirtschaftsfachschule, die Europa-Universität „Viadrina" und die Freie Waldorfschule. Außerdem verfügt die St über eine Sprachheilschule und Förderschulen für Menschen mit Behinderungen.

Kulturstätten: Konzerthalle, Kleist-Theater, Puppentheater, Kabarett, Bibliotheken, Freilichtbühne; Kleist-Gedenk- und Forschungsstätte; Galerien; das Museum „Viadrina". – Natur und Wassersport: Weithin bekannt ist das Naherholungsgebiet „Helene-See" mit 158 000 qm Strandfläche, Bungalows und Campingplätzen; der See wird von Sporttauchern wegen seiner idealen Bedingungen zum Üben und Austragen von Wettkämpfen geschätzt.

Geschichtliches: Das Gemeinwesen brachte es bereits im MA zu beträchtlichem Wohlstand. 1226 war es vor allem eine dt. Kaufmannssiedlung am Oderpaß, die 1253 das St-Recht erhielt. Die Mitgliedschaft in der Hanse (1368–1518) verhalf Ffo. zu erweiterter wirtschaftlicher Macht. Kurfürst Joachim I. von Brandenburg, der zur Verwaltung seines Territoriums gebildete Beamte benötigte, gründete zu ihrer Ausbildung 1506 die Brandenburgische Landesuniversität „Alma mater Viadrina". Zu ihren Studenten gehörten im Verlauf der Jahrhunderte mehrere berühmt gewordene Persönlichkeiten, darunter Thomas Müntzer, Ulrich von Hutten, später Heinrich von Kleist sowie die Gebrüder Alexander und Wilhelm von Humboldt.

Der Bedeutungsverlust Ffo. im Preußen des 19. Jh. läßt sich daraus ersehen, daß nach Gründung der Berliner Universität die „Viadrina" mit der Breslauer „Leopoldina" zusammengelegt wurde (seit Juli 1991 ist die Viadrina in Ffo. als Europa-Universität zu neuem Leben erwacht). Die brandenburgische St an der Oder wurde 1815 Sitz der Verwaltungen für den neugebildeten Regierungsbezirk; bereits

1855 waren die Warenmessen von großer wirtschaftl. Bedeutung. Ab 1876 wurde Ffo. zur Garnison umgebaut. Die Folgen: Noch 1945 wurde die St zur Festung erklärt, am Ende des 2. Weltkrieges war der gesamte St-Kern vernichtet. 1950 begann der Wiederaufbau; 1952 erklärte man Ffo. mit Aufhebung der alten dt. Länderstrukturen und der Einführung neuer Verwaltungseinheiten zur Bezirk-St. Ein Halbleiterwerk wurde 1958 gegründet; es war bis 1990 wichtigster Arbeitgeber am Ort und bot mehr als 8000 Beschäftigten Lohn und Brot. In den 60er und 70er Jahren wurden größere Wohnkomplexe errichtet. Seit der dt. Wiedervereinigung 1990 sind grundlegende Prozesse zur Veränderung der städtischen Verwaltungs- und Wirtschaftsstruktur im Gange.

Sehenswürdigkeiten und Kulturelles: Marienkirche, urspr. fünfschiffige got. Backstein-Hallenkirche, Baubeginn Mitte des 13. Jh., nach Einsturz des Südturmes um 1830 unter Leitung K. F. Schinkels stark verändert; 1945 brannte die Kirche bis auf die Außenmauern nieder, die Wiederaufbauarbeiten sind weit fortgeschritten. – Das Rathaus (erb. 13.–15. Jh.) zählt zu den bedeutendsten Werken norddt. Backsteingotik. Das Gebäude brannte 1945 aus und wurde nach dem Kriege wiederaufgebaut; sehenswert das Restaurant „Ratskeller“ mit frühgot. Kreuzrippengewölbe. – Die Friedenskirche repräsentiert das älteste Denkmal der St; dreischiffige Hallenkirche, um 1300 erbaut, Ostgiebel und Umgangs-Chor aus dem 15. Jh., 1881 neugot. Umbau. – Die Gertraudkirche (1878) birgt künstlerisch und historisch wertvolle Ausstattungswerke von verschiedenen Kirchen der Stadt, die durch Kriegseinwirkung beschädigt wurden. – Das Junkerhaus mit Museum „Viadrina“, eines der wenigen erhaltenen hist. Gebäude der St, war ein Wohnhaus der ehem. Universitätsprofessoren; urspr. eine Anlage aus dem 15. Jh., nach dem 30jährigen Krieg wiederaufgebaut, prächtige Stuckdecken italienischer Meister. – Kleist-Museum, ehem. spätbarocke Garnisonsschule, 1777–1778 durch Leopold von Braunschweig gestiftet. Das eigentliche Geburtshaus Heinrich von Kleists (1777–1811) bei der Marienkirche wurde 1945 zerstört. Ausgestellt werden Dokumente über Leben und Werk des Dichters. Die Museums-Bibliothek umfaßt 6000 Bände und dient wie das Archiv der Kleist-Forschung. – Ferner empfehlenswert: der von Lenné geschaffene Park (1833–45) auf dem Areal der ehem. Wall- und Grabenanlagen. Das ehemalige Regierungsgebäude (1899–1904) wird zukünftiger Sitz der Europa-Universität „Viadrina“.

Periodisch wiederkehrende Veranstaltungen: jährlich fünf bis acht Fach-, Verbraucher- und Informationsmessen; Regionalwettbewerb „Jugend musiziert“; Ffo. Festtage der Musik; Workshop „Anderes Theater“; Stadtfest „Bunter Hahn“ (Chansons); Kleist-Festtage im Okt./Nov.; „Internationale Oder-Rundfahrt“, eine Radsportveranstaltung im Mai.

Frechen

□ 44,59 qkm; ○ Erftkreis; ⚐ Nordrhein-Westfalen; ✉ 50226; ☎ 02234; 🚗 BM; △ 59–158 m; 👥 43600.

F., 10 km westlich von Köln an der B 264 und am Autobahnkreuz Köln-W (Schnittpunkt der Autobahnen A 1 Saarbrücken–Hamburg und A 4 Köln–Aachen; Ausfahrt F.) gelegen, hat Realschule, Gymnasium, Volkshochschule, Berufsschule, Berufsfachschulen, Fachoberschule, Sonderschule für körperlich und geistig behinderte Kinder, Bergbauschule, Musikschule; Bahnstation an der Strecke Köln–Aachen. Industrie: Förderung und Verarbeitung von Braunkohle, Ton und Quarzsand, Maschinenbau, Kunststoffverarbeitung; Saatzuchtbetrieb, Baumschulen.

F., erstmals 877 urkundlich erwähnt, gehörte seit 1230 zum Herzogtum Jülich. Um 1500 entwickelte sich das Töpferhandwerk; um 1700 Beginn des Braunkohlenabbaues. 1815 wurde F. preußisch. 1927 Zusammenschluß mit Bachem und Buschbell zu einer Gesamtgemeinde. 1951 Verleihung der Stadtrechte. Seit der kommunalen Neugliederung im Jahr 1975 besteht F. aus den Stadtteilen Bachem, Benzelrath, Buschbell, Frechen, Grefrath, Habbelrath, Hücheln und Königsdorf. – Sehenswert Burg Bachem, die Aegidiuskapelle (13. Jh.), das Keramikmuseum mit historischer Keramik und die Galerie „Keramion“ (zeitgenössische Keramik).

Alljährlich Stadtfest (Juli) und Martinsmarkt (Anfang November).

Freiberg a. N.

□ 13,14 qkm; ○ Ludwigsburg; ⚐ Baden-Württemberg; ✉ 71691; ☎ 07141; 🚗 LB; △ 190–280 m; 👥 13800.

F. am Neckar entstand 1972 durch Zusammenschluß der früheren Gemeinden Beihingen a. N., Geisingen a. N. und Heutingsheim. F. liegt 25 km nördlich von Stuttgart an der Autobahn A 81 Stuttgart–Heilbronn (Ausfahrten Ludwigsburg-Nord und Pleidelsheim); S-Bahnstation der Strecke Stuttgart–Marbach a. N. Die St hat Realschule, Gymnasium, Jugendmusikschule; Landwirtschaft und mittlere Industriebetriebe (Metallverarbeitung, Maschinenbau).

Erste urkundliche Erwähnung von Beihingen 836, Geisingen 836 und Heutingsheim 972. Sehenswürdigkeiten sind das Alte Schloß und die Amanduskirche in F.-Beihingen.

Freiberg

☐ 65,4 qkm; ○ Freiberg; ⚐ Freistaat Sachsen; ✉ 09599; ☎ 03731; 🚗 FG; △ 360–440 m; 👫 50000.

F. ist über die A 4/E 40 (Ausfahrt Siebenlehn, ca. 15 km) sowie über die B 101 und B 173, die einander in F. kreuzen, zu erreichen. Bf. an der Reichsbahnstrecke Dresden–Chemnitz–Hof, Nebenbahnen ab F. nach Nossen, Brand-Erbisdorf–Langenau und Holzhau. Die nächsten Flughäfen sind Dresden-Klotzsche (50 km) und Leipzig/Halle (110 km).

F. hat Stadtverwaltung, Landratsamt, Industrie- und Handelskammer, Kreishandwerkerschaft, Finanzamt, Arbeitsamt, Polizeistation, Kreiskrankenhaus, Frauenklinik, Kinderklinik, Orthopäd. Kinderkrankenhaus.

Bildungseinrichtungen: Grundschulen, Mittel- und Realschulen, Gymnasien, Förderschulen für Behinderte, Berufsschulen, Musikschule, Agraringenieurschule, Land- und Hauswirtschaftsschule. Bergakademie.

Kulturstätten: Stadt- und Bergbaumuseum, Naturkundemuseum, Mineralogische Sammlungen, Historisches Kabinett der Bergakademie, Sächsisches Lehr- und Besucherbergwerk „Himmelfahrt-Fundgrube“, Schacht „Alte Elisabeth“; Stadttheater und Studiobühne BiB.

Wirtschaft und Industrie: SAXONIA AG (Metallhütten und Verarbeitungswerke), Metallverarbeitung und Präzisionsmechanik, Maschinen- und Stahlbau GmbH, Papiermaschinenwerke Freiberg AG, Armaturenfabrik, Elektronikindustrie, Leder- und Schuhindustrie, Sächsisches Porzellanwerk GmbH Freiberg.

Geschichte: F. liegt zwischen Osterzgebirge und mittelsächsischer Hügellandschaft auf halbem Wege zwischen Dresden und Chemnitz. Seine Entstehung und Entwicklung verdankt es der in dieser Gegend einmaligen Anreicherung von Edel- und Buntmetallen in der Erdkruste, wodurch es zu den berühmtesten Ganglagerstätten der Erde gezählt wird. Der erste Silberfund im Bleiglanz datiert von 1168. Markgraf Otto von Meißen ließ sich von Kaiser Friedrich I. (Barbarossa) das Bergregal verleihen, d. h. die Ausbeutung der Bodenschätze. Die Kunde von den reichen Silberfunden und der gewährten Bergfreiheit (jedermann konnte schürfen) lockte Bergleute vor allem aus dem Harz an, so daß schon 1170 die von Bergleuten, Kaufleuten und Handwerkern erbaute „Sächsstadt“ entstand. 1171 ließ Markgraf Otto zum Schutz des Bergbaus eine Burg anlegen, auf deren Gelände heute das Schloß Freudenstein steht. Um 1186 wurde das sich rasch entwickelnde Gemeinwesen zur Stadt erhoben; der Name Freiberg taucht erstmals 1218 in Urkunden auf. Um 1210 begann die planmäßige Anlage der Oberstadt und die Befestigung durch Stadtmauern. Darauf weist das romanische Stadtsiegel von 1227 hin, das älteste überlieferte Stadtsiegel der Mark Meißen. F. war zu dieser Zeit mit 5000 Einwohnern die größte Stadt der Markgrafschaft. Von 1244 stammt die erste urkundliche Erwähnung der Münze der Markgrafen, an die alles erschmolzene Silber abgeliefert werden mußte. Der Markgraf bestimmte den Preis des Silbers, was seinen Reichtum und seine Stellung unter den dt. Territorialfürsten festigte und ihm den Beinamen Otto der Reiche einbrachte.

Bereits im 14. Jh. geriet der Bergbau in eine Krise, weil die Lagerstätten an der Oberfläche abgebaut waren und mit den damaligen technischen Möglichkeiten größere Tiefen noch nicht erschlossen werden konnten. Das Bergvolk begann zu verelenden, schloß sich um 1400 zur ersten Knappschaft zusammen, um soziale Sicherheit zu erreichen. 1484 legte ein Brand die gesamte Innenstadt in Schutt und Asche. Die danach entstandenen Bürgerhäuser und öffentlichen Gebäude bilden noch heute das Bauensemble des historischen Stadtkerns. Nach der Landesteilung unter den Söhnen des Kurfürsten Friedrichs II. Ernst und Albrecht im Jahre 1485 kam Freiberg zur albertinischen Linie und wurde 1505 Residenz von Herzog Heinrich dem Frommen, einem Förderer der Reformation. Die auf die ökonomische Stärkung des Kurfürstentums gerichtete Politik des Kurfürsten August entwickelte auch in F. reiche handwerkliche Tätigkeit, deren Symbole sich noch heute an den Bürgerhäusern finden. Kurfürst August ließ Schloß Freudenstein im Stil der Renaissance umbauen. Im 30jährigen Krieg hatte Sachsen das Bündnis gewechselt und war zu den Schweden übergetreten. Das kaiserliche Heer nahm 1632 die Stadt ein. Nach dem Friedensschluß des Kurfürsten mit dem Kaiser, der zum Bruch mit den Schweden führte, rückten 1639 und 1642 die Schweden vor die Stadt, ohne sie einnehmen zu können. Dennoch fügten dieser Krieg wie auch die Kriege des 18. Jh. (Nordischer, Schlesischer und Siebenjähriger Krieg) der Stadt und dem Bergbau erhebliche Schäden zu. 1711 richtete der Orgelbauer Gottfried Silbermann in F. seine Werkstatt ein. 1765 erfolgte die Gründung der Bergakademie, der ersten bergbauwissenschaftlichen Bildungsstätte der Welt. Der im 19. Jh. beginnenden Industrialisierung und dem Bedarf an Verkehrsflächen fielen viele historische Bauten zum Opfer: der Turm am Kreuztor und die bis zu 13 m hohe Stadtmauer mit ihren 36 Türmen und 5 Toren wurden abgerissen. Im 19. Jh. stieg durch Anwendung der Bergbauwissenschaften die Erzförderung wieder an. So begann 1844 der Bau des Rothschönberger Stollens, der in 33jähr. Arbeit vorangetrieben wurde, um das Wasser des F. Reviers unter der Mulde hindurch in die Triebisch und Elbe zu leiten. 1862 erreichte die Eisenbahn von Dresden über Tharandt F., 1869 war die durchgehende Verbindung Dresden–F.–Chemnitz fertig und damit die Verbindung nach Süd- und Westdeutschland hergestellt. Anfang des 20. Jh. mußten fast alle Gruben die Produktion wegen mangelnder Rentabilität einstellen. Die Hütten überlebten durch die Aufbereitung importierter Erze. 1936 sind viele Bergwerke wieder in Betrieb genommen worden, um den Bedarf der Rüstungsindustrie an Metallen zu decken. 1946 nahm die Bergakademie den Lehrbetrieb wieder auf. F. entwickelte sich zu einer Hochschulstadt mit mehreren bergbauwissenschaftlichen Instituten. 1969 zwang die ökonomische Entwicklung auf dem Weltmarkt erneut zur Einstellung des Erzbergbaus. Zur 800-Jahr-Feier 1986 erfolgte der erste Aufzug der Berg- und Hüttenknappschaft im 20. Jh. Seit 1984 wird die Altstadt restauriert. Der hist. Stadtkern präsentiert sich jetzt mit restaurierten Gebäuden und Fassaden.

Baudenkmäler und Sehenswürdigkeiten: Schloß Freudenstein, 1171–75 von Otto dem Reichen als Burg „Freiheitsstein" zum Schutz des Bergbaus und des Gemeinwesens errichtet, von Kurfürst August abgerissen und als Renaissanceschloß wieder aufgebaut; beginnender Verfall durch Verlagerung der Residenz nach Dresden; 1784–1805 zum Militärmagazin umgebaut, bis in die 70er Jahre des 20. Jh. als Getreidespeicher genutzt; Restaurierung begonnen.

Rathaus am Obermarkt, nach dem Stadtbrand von 1484 anstelle des alten Rathauses im spätgot. Stil erbaut. Rathausturm von 1618, seit 1986 mit Glockenspiel aus Meißner Porzellan; Rathauserker mit kursächsischem und dänischem Wappen. Auf dem Markt Brunnendenkmal Ottos des Reichen. Kirche St. Petri von 1734; dreischiffige Hallenkirche mit drei Türmen unterschiedlicher Höhe und Gestalt. Der F.er Dom entstand an der Stelle der vor Stadtgründung bestehenden Kirche St. Marien, die durch den Stadtbrand 1386 beschädigt wurde; als größte Kirche der Stadt 1480 durch den Papst zum Kollegialstift erhoben. Bemerkenswert am Dom: „Goldene Pforte" mit farbigen und vergoldeten Figuren, nach 1484 an der Südseite angeordnet, seit 1902/03 durch Umkleidung und Überdachung geschützt; Tulpenkanzel von Meister Hans Witten 1508/10; Triumphkreuzgruppe von 1225, monumentales Werk ma. Holzbildhauerkunst; zwei Silbermann-Orgeln; kurfürstliche Begräbniskapelle. – Buttermarkt und Nicolaiviertel (ältestes Gebiet der St) mit Theater, Nicolaikirche. Abraham-Gottlob-Werner-Bau der Bergakademie in der Brennhausgasse mit mineralogischen Sammlungen. Domherrenhof (Thümerei) mit Stadt- und Bergbaumuseum. Sächs. Lehr- und Besucherbergwerk „Himmelfahrt-Fundgrube" mit den Schächten „Reiche Zeche" und „Alte Elisabeth". –

Periodische Veranstaltungen: Stadtfest im Sommer mit Bergparade der Berg- und Hüttenknappschaft.

Freiburg im Breisgau

□ 153,05 qkm; ○ Stadtkreis; ⚐ Baden-Württemberg; ✉ 79098*; ☎ 0761; 🚗 FR; △ 196–1284 m; 👥 175000.

F. liegt am Ausgang des Dreisamtales aus dem Schwarzwald in die oberrheinische Tiefebene. Zufahrt über die B 3 und B 31; Anschluß an die Autobahn A 5 Karlsruhe–Basel (3 Ausfahrten). D-, F- und IC-Station an der Bundesbahnhauptstrecke Hamburg–Basel. F. ist Behörden- und Verwaltungsmittelpunkt Südbadens (Regierungspräsidium Freiburg, Landespolizeidirektion, Landgericht, Amtsgericht, Finanz-, Arbeits-, Sozial- und Verwaltungsgericht, Oberfinanzdirektion, Hauptzollamt, Kreisverwaltung Breisgau-Hochschwarzwald, Wetteramt, Bergamt, Staatl. Weinbauinstitut, Forstdirektion u. a.), katholischer Erzbischofssitz und Bundeswehrstandort.

Bildungs- und kulturelle Einrichtungen: Albert-Ludwigs-Universität, Staatl. Hochschule für Musik, Pädagogische Hochschule, Ev. und Kath. Fachhochschulen für Sozialwesen, Gym-

Freiburg i. Br., Historisches Kaufhaus

nasien, Realschulen, Gesamtschule, Freie Waldorfschule, Berufs- und Berufsfachschulen, Fach- und Höhere Fachschulen, Volkshochschule, Sonderschulen für Lernbehinderte (darunter Schwerhörigen-Gesamtschule in F.-Stegen); Städt. Bühnen (Oper, Operette, Schauspiel), Wallgrabentheater, Universitätsbibliothek, Wissenschaftliche Bibliotheken, Stadt- und Musikbibliothek, Volksliederarchiv, Museum für Naturkunde, Museum für Völkerkunde, Augustinermuseum (Kunst und Kultur vom 9.–20. Jh.), Museum für Ur- und Frühgeschichte. F. hat Universitätskliniken (über 2000 Betten) und sonstige Krankenhäuser.

Das Wirtschaftsleben wird von einer aufstrebenden Industrie bestimmt: Azetat-Kunstfaser-Verarbeitung, pharmazeutische und kosmetische Erzeugnisse, feinmech.-medizinische Präzisionsinstrumente, Medizintechnik, optische und elektrotechnische Geräte; ferner Großdruckereien und Verlage (Herder). F. ist Sitz von 5 Fraunhofer-Forschungsinstituten; Max-Planck-Institut für Immunbiologie und Max-Planck-Institut für Internat. und Ausländisches Strafrecht. Die St ist eine der größten Weinbaugroßstädte der Bundesrepublik (Schloßberg, St. Georgen, Tuniberg). Ein bedeutender Wirtschaftsfaktor ist außerdem der Fremdenverkehr.

F. wurde um 1120 von den Herzögen von Zähringen zu Füßen ihrer Burg auf dem Schloßberg als Markt gegründet. 1218 kam die St an die Grafen von Urach (Grafen von F.). 1368 befreite sich F. von der Herrschaft der Grafen und trat freiwillig unter die Regierung der Erzherzöge von Österreich (mit kurzen Unterbrechungen bis 1805 vorderösterreichische St). Seinen Wohlstand verdankte F. der verkehrsgünstigen Lage am Handelsweg von Schwaben nach Burgund, dem Silbererzbergbau und der Edelsteinschleiferei, die seit 1386 bezeugt sind. 1457 stiftete Herzog Albrecht die Universität (seit 1460 Vorlesungen). 1498 berief Kaiser Maximilian I. den Reichstag nach F. ein (Bau des Kornhauses als Festhaus). 1507 wurde der St das Münzrecht zur Prägung von Golddukaten verliehen. 1633 (bis 1645) stand F. unter schwedischer, weimarischer und bayerischer Besatzung. Zwischen 1678 und 1697 baute der französische Festungsbaumeister Vauban F. zu einer starken Festung aus. 1770 Aufenthalt der Erzherzogin von Österreich, späterer Königin Marie Antoinette, in F. auf ihrer Brautreise nach Frankreich. 1806 kam die St an den Kurfürsten von Baden. 1827 wurde das Erzbistum F. errichtet. 1845 Anschluß an das Eisenbahnnetz (1887 Eisenbahnverbindung von F. nach Neustadt durch das Höllental). 1944 wurde die Innenstadt durch einen schweren Luftangriff fast völlig zerstört. Seit 1948 Wiederaufbau der Altstadt unter Wahrung des ursprünglichen Charakters und Restaurierung geretteter ma. Kernteile. Entwicklung zu einer modernen, durch rege Bautätigkeit und Zusammenschlüsse mit Randgemeinden gekennzeichneten Großstadt.

Sehenswürdigkeiten: Wahrzeichen der St ist das F. Münster (um 1200 begonnen, 1513 vollendet) mit 116 m hohem, durchbrochenem Turm in hochgotischen Formen und bemerkenswerter Innenausstattung (Hochaltar, 1512–16 von Hans Baldung Grien gemalt; ma. Bauplastik und Glasgemälde u. a.); Stadtpfarrkirche St. Martin (Mitte 13. Jh. bis Mitte 14. Jh.); Martinstor (Unterbau um 1210; Oberbau 1900); Schwabentor (um 1250); Kaufhaus (1522–32); Kornhaus (nach dem Kriege in historischer Form des 15. Jh. wiederaufgebaut); Altes Rathaus (1556–61) mit Treppenturm im Innern; Neues Rathaus (16. Jh.) mit Aula (im Rokokostil 1756) der einstigen Universität; Gerichtslaube, ältestes Rathaus der St (1975–79 in historischer Form des 14. Jh. wiederaufgebaut); Haus zum Walfisch (1516); Alte Universität (äußerlich in den alten Formen des 17. Jh. wiederaufgebaut); Universitätskirche (1683–1701); Botanischer Garten; Colombipark mit Colombi-Schlößchen (1859).

10 km südlich von F. liegt der 1284 m hohe Schauinsland (Seilschwebebahn) noch auf Stadtgebiet.

Freigericht

□ 33,42 qkm; ○ Main-Kinzig-Kreis; ⚐ Hessen; ✉ 63579; ☎ 06055; 🚗 HU; △ 150 m; 👥 12700.

F. ist 1970 durch Zusammenschluß von fünf Gm (Somborn, Altenmittlau, Bernbach, Horbach und Neuses) entstanden. Die Gm, die 20 km östlich von Hanau liegt, hat Anschluß an die A 45 Seligenstädter-Kreuz–Gießen (Ausfahrt Hanauer Kreuz) und A 66 Frankfurt a. M.–Bad Soden–Salmünster (Ausfahrt Langenselbold); Grundschule und Gesamtschule. Der Ortsteil Horbach ist Erholungsort.

Freilassing

□ 14,79 qkm; ○ Berchtesgadener Land; ⚐ Bayern; ✉ 83395; ☎ 08654; 🚗 BGL; △ 423 m; 👥 13700.

F. ist Grenzstadt im Alpenvorland 5 km nordwestlich von Salzburg. Die St liegt an der Saalach unmittelbar vor ihrer Einmündung in die Salzach, an der B 20 und B 304. Autobahn-Anschluß Salzburg-Mitte (3 km). F. ist als Grenzbahnhof wichtiger Knotenpunkt der Strecken München–Salzburg–Wien und Landshut–Mühldorf–Berchtesgaden. F. hat Landpolizei-Inspektion, Zollämter und Zolldienststellen; Realschulen, Kreisberufsschule und Volkshochschule; Maschinen-, Bahnbaumaschinen-, Spielwaren- und Sportartikelindustrie, Weberei.

Als Siedlung eines Freigelassenen (»Frilaz«) wird F. um 1130 erstmals erwähnt. Auf eine Römersiedlung zurück geht der Ortsteil Salzburghofen, zu dem der Weiler F. gehörte. Salzburghofen, ursprünglich ein königliches Hofgut, gelangte durch Schenkung 908 an das Kloster St. Peter in Salzburg. 1810 kam der Ort an Bayern. Der wirtschaftliche Aufschwung setzte mit der Eröffnung der Eisenbahnlinie München–Salzburg nach 1860 ein; bayerischer Grenzbahnhof wurde das bis dahin unbedeutende F. 1923 wurde Salzburghofen wegen des wirtschaftlichen Übergewichts des Weilers in F. umbenannt. 1954 wurde F. zur Stadt erhoben. – Sehenswert: St. Marienkirche, St. Peterskirche, Altes Pfarrhaus, Gasthof »Mirtlwirt«.

Freising

□ 88,58 qkm; ○ Freising; ⚐ Bayern; ✉ 85354*; ☎ 08161; 🚗 FS; △ 446 m; 👥 36000.

F. liegt 33 km nordöstlich von München an der Isar, an der B 11 und B 301 sowie an der Autobahn A 92 München–Deggendorf (Ausfahrt F.). Die St ist D-Zug-Station der Bahnstrecke München–Landshut und Endpunkt der S-Bahn-Strecke München–F. Entfernung zum Großflughafen München (Erdinger Moos) 5 km. F. hat Amtsgericht, Arbeitsamt, Finanzamt, Landbauamt, Vermessungsamt, Wasserwirtschaftsamt; 3 Gymnasien, Fachoberschule, Realschule, Wirtschaftsschule, 2 Berufsschulen, Sonderschule für Lernbehinderte, Fachschulen (Deula, Dorfhelferinnen, Krankenpflege, Musik); Verwaltungsstelle Weihenstephan der TU München mit Fakultäten für Landwirtschaft und Gartenbau und für Brauwesen und Lebensmitteltechnologie sowie angeschlossenen Anstalten und Betrieben, Fachhochschule Weihenstephan; Kreiskrankenhaus; Maschinenbau- (Brauereieinrichtungen, Schlepper) und elektronische Industrie, Staatsbrauerei Weihenstephan (älteste Brauerei der Welt, seit 1040).

F., eine der ältesten Städte Oberbayerns, war im frühen 8. Jh. Herzogsresidenz der Agilolfinger. Um 720 lebte der hl. Korbinian in F. 739 gründete der hl. Bonifatius das Bistum. Der Domberg mit Marienkirche wurde für ein Jahrtausend geistlicher und weltlicher Mittelpunkt Altbayerns. Bischof Arbeo (764–783) schuf die Domschule und Bibliothek. 909 wurde die St von den Ungarn zerstört. 996 verlieh Kaiser Otto III. F. das Marktrecht. Unter Bischof Otto I. (1138 bis 1158), einem der größten Geschichtsschreiber des Mittelalters, erlebte der „mons doctus“ eine Glanzzeit. 1159 verheerender Stadtbrand; mit kaiserlicher Hilfe wurde der Dom wieder aufgebaut. 1646 und 1796 schwere Plünderungen der St. Neue geistige Blüte unter Fürstbischof Johann Franz Eckher (1695–1727). Die Säkularisation von 1803 beendete mit Aufhebung des Hochstifts die weltliche Herrschaft des Bischofs; die Diözese Freising wurde zum Erzbistum München

Freising, Untere Hauptstraße

und Freising erhoben, der Bischofsstuhl 1821 nach München verlegt. Seit 1972 ist F. Sitz eines Regionalbischofs. Der Säkularisation fielen auch die Abteien Neustift und Weihenstephan zum Opfer. Mit wichtigen Bildungsstätten auf dem Domberg und in Weihenstephan und einer Garnison wurde der St im 19. Jh. neues Leben zugeführt. Weihenstephan hat sich zum weltbekannten Lehr- und Forschungszentrum entwickelt. Ende des 19. Jh. Ansiedlung der ersten Industriebetriebe. 1862 wurde F. kreisfreie Stadt, 1972 Große Kreisstadt.

F. hat bedeutende Baudenkmäler und Kunstschätze. Auf dem Domberg rom. Dom St. Maria und St. Korbinian (1159 neuerbaut, 1723/24 Barockausstattung durch die Brüder Asam, Krypta mit weltberühmter Bestiensäule und Korbiniansgrab); got. Johanniskirche (1319/21) und Benediktuskirche (um 1350); Kreuzgang; Dombibliothek; ehem. Fürstbischöfliche Residenz (erster Frührenaissancebau in Altbayern von 1519), jetzt Bildungszentrum; Diözesanmuseum. In der Altstadt Stadtpfarrkirche St. Georg (spätgot. um 1440, mit 83 m hohem, schönem Barockturm von 1690); Asamsaal (1707/09) und Heimatmuseum im ehem. fürstbischöfl. Lyzeum am Marienplatz. In Neustift ehem. Prämonstratenserkloster, jetzt Stadtpfarrkirche St. Peter und Paul (1142 gegr., Kirche 1705/15 von Viscardi neugebaut, mit Rokokoausstattung von Ignaz Günther und Johann Bapt. Zimmermann). Von der ehem. Benediktinerabtei Weihenstephan (1021 gegr.) sind zwei Flügel des Klosters erhalten.

Freital

□ 40 qkm; ○ Kreis Freital; ⚐ Freistaat Sachsen; ✉ 01705; ☎ 0351; 🚗 FTL; △ 184 m; 👫 40000.

Freital kann über die A 4 (Ausfahrten Wilsdruff oder Dresden-Altstadt – je 12 km) und über die B 173 erreicht werden. Eine Bundesstraße führt nicht durch die St. Bf. an der Reichsbahnstrecke Dresden–Freiberg–Chemnitz. Schmalspurbahn über Dippoldiswalde nach Kipsdorf. Flughafen Dresden-Klotzsche (ca. 15 km).

F. hat Stadtverwaltung mit entsprechenden Dienststellen und Landratsamt des Landkreises Freital.

Bildungseinrichtungen: 16 allgemeinbild. Schulen, davon 2 Gymnasien, Berufsschule, Förderschule, Musikschule, Volkshochschule, Kreislandwirtschaftsschule.

Kulturstätten: Museum „Haus der Heimat" im Schloß Burgk. Stadtkulturhaus.

Wirtschaft: Vorherrschend sind mittelständische Gewerbe, Veredelungsindustrie; Porzellanmanufaktur; Gartenbaubetriebe, aufgrund der geomorphologischen Struktur unbedeutende Landwirtschaft.

Geschichte: Fr. ist eine der jüngsten Städte Sachsens. Sie entstand am 1. 10. 1921 durch Zusammenschluß der Talgemeinden Deuben, Döhlen und Potschappel. Weitere Gemeinden folgten: Zauckerode (1922), Birkigt (1923), Burgk (1924), Hainsberg (1964), Saalhausen (1973), Kleinnaundorf, Weißig und Wurgwitz (1974). Ursprünglich war das heutige Stadtgebiet teils deutsches, teils slawisches Siedlungsgebiet. Es war Grenzgebiet des slaw. Gaues Nisani und des vom Osterzgebirge herabreichenden Urwaldes Miriquidi (Schwarzwald). Die Orte, aus denen Fr. entstand, wurden zwischen 1168, 1206 und 1326 urkundlich erwähnt. Anfangs dominierten Ackerbau, Flößerei und Müllerei. Sehr früh setzte die Förderung von Steinkohle ein, die zu Schwefelsäure und Alaun verarbeitet wurde. Nach kurfürstlichem Dekret von 1773 mußte die Kohle zum Ausschmelzen von Erz in Freiberg und im Mansfeldischen verwendet werden, um dem Raubbau der Wälder ein Ende zu setzen. Im Gefolge des Steinkohlenbergbaus entstanden eine Ziegelbrennerei (1799) und eine Glashütte (1801). 1840 wurde der erste Hochofen Sachsens gezündet, 1854 wurden in Döhlen die ersten Dampfmaschinen gebaut. 1882 fuhr die erste elektrische Grubenbahn der Welt in Zauckerode. Zur Abfuhr der Kohle entstand 1854 die Albert-Bahn zwischen Dresden und Tharandt.

Sehenswürdigkeiten: Der Windberg (352 m) ist die höchste Erhebung der Gegend. Darauf befindet sich ein 17 m hoher Obelisk. Das Segen-Gottes-Denkmal erinnert an den Tod von 276 Bergleuten. Das Rotkopf-Görg-Denkmal, Symbolfigur des einstigen Freitaler Bergbaus, steht im Park des Schlosses Burgk.

Das Freitaler Stadtfest wird alljährlich im September gefeiert.

Freudenberg (Westf.)

□ 54,45 qkm; ○ Siegen; ⚐ Nordrhein-Westfalen; ✉ 57258; ☎ 02734; 🚗 SI; △ 243–505 m; 👫 17000.

F., 1969 im Rahmen der Gebietsreform aus bisher 17 selbständigen Gemeinden entstanden, ist staatl. anerkannter Luftkurort im Siegerland 12 km westlich von Siegen und über die Autobahn A 45 Sauerlandlinie (Ausfahrt F.) und A 4 Köln–Olpe (Ausfahrt Reichshof-Ekkenhagen) zu erreichen. Die St hat Grund- und Hauptschulen, Realschule, Jugendmusikschule, Volkshochschule, Gustav-Heinemann-Akademie (Heimvolkshochschule); Stadtmuseum; eisen- und blechverarbeitende Industrie, Spezialmaschinen-, Apparate- und Behälterbau, Stahlflaschenfabrik.

1389 sind Burg und Burgmannssiedlung F. erstmals urkundlich nachweisbar. 1456 bestätigt Graf Johann IV. von Nassau, Vianden und Diez in einem Freiheitsbrief dem Flecken die Stadtrechte. 1540 fallen Burg und Stadtkern einer Feuersbrunst zum Opfer. Beim Wiederaufbau erhielt F. den bis heute erhaltenen Grundriß. Nach einem weiteren Brand 1666 wurde die St unter der Herrschaft des Fürsten Johann Moritz von Nassau-Oranien einheitlich aufgebaut. Damit entstand der historische Stadtkern ‚Alter Flecken' in seiner beispielhaften städtebaulichen Geschlossenheit (heute unter Denkmalschutz). – Neben der historischen Altstadt sehenswert die ev. Kirche (Anfang 17. Jh.) und die ev. Kirche in F.-Oberholzklau (erbaut im 13. Jh., im Kern romanische Hallenkirche).

Alljährlich Sommerspiele der südwestfälischen Freilichtbühne (Mai bis September) und Altstadtfest (Ende August).

Freudenstadt

□ 87,59 qkm; ○ Freudenstadt; ⚐ Baden-Württemberg; ✉ 72250; ☎ 07441; 🚗 FDS; △ 740–1000 m; 👫 21700.

F., Große Kreisstadt im nördlichen Schwarzwald im Schnittpunkt der B 28, B 294, B 462 und B 500 gelegen, ist heilklimatischer Kurort (Kurmittelhaus) und Wintersportplatz mit bedeutendem Fremdenverkehr, hat Kreisverwaltung und Amtsgericht; Realschule, Gymnasium, Wirtschaftsschule und Wirtschaftsgymnasium, kaufm. Berufsschule, gewerbliche Berufs- und Berufsfachschule mit Berufsaufbauschule und technischem Gymnasium.

F. wurde 1599 als Bergmannssiedlung vom Baumeister Herzog Friedrichs von Württemberg, Heinrich Schickhardt, als regelmäßige Anlage in vier Zeilen (die innerste mit Arkaden um einen großen Marktplatz) errichtet. Nach dem Tode des Fürsten (1610) kam der weitere Ausbau der St zum Erliegen. Seit Ende des 17. Jh. bescheidener wirtschaftlicher Aufschwung durch Grenzverkehr (Kniebispaß), Tuchmacher, Messer- und Nagelschmiedegewerbe sowie durch Ochsen- und Schafhandel. Nach dem Anschluß an die Eisenbahnlinie (Mitte 19. Jh.) Aufstieg der St zum Kurort (1902 Bau des ersten Kurtheaters). 1945 wurde der Stadtkern durch Artilleriebeschuß vollständig zerstört (Wiederaufbau in historischer Form einschließlich der 1608 errichteten Ev. Stadtkirche 1954 abgeschlossen). Im Zuge der Gebietsreform wurden F. die Nachbargemeinden (Erholungsorte) Kniebis, Dietersweiler-Lauterbad, Zwieselberg, Musbach, Igelsberg, Grüntal-Frutenhof und Wittlensweiler eingegliedert.

Friedberg (Bayern)

□ 81,21 qkm; ○ Aichach-Friedberg; ⚐ Bayern; ✉ 86316; ☎ 0821; 🚗 AIC, △ 514 m; 👫 24500.

F., 8 km östlich von Augsburg im bayrischen Schwaben gelegen, ist über die B 2 und B 300 zu erreichen. Anschluß an die Autobahn A 8 Stuttgart–München (Ausfahrten Augsburg-O und Dasing). F. hat Landwirtschaftsamt; Realschule, Gymnasium, Sonderschule für Lernbehinderte, landwirtschaftl. Kreisberufsschule und Landwirtschaftsschule; mittlere Industrie- und Gewerbebetriebe.

Erste urkundliche Erwähnung 1264 anläßlich der Verleihung der Stadtrechte. F. war bayrische Grenzfestung gegen die Reichsstadt Augsburg. Wirtschaftliche Blütezeiten brachten das 16. und 17. Jh. für die St. Nach dem 2. Weltkrieg starker industrieller Aufschwung.

Sehenswürdigkeiten sind das im 13. Jh. von Ludwig dem Strengen erbaute und im 16. Jh. umgebaute Schloß, das Renaissance-Rathaus

(17. Jh.) von Elias Holl, der Marienbrunnen mit Mariensäule am Stadtplatz, das Heimatmuseum mit wertvollen Uhrmacher- und Fayenceerzeugnissen und die Wallfahrtskirche »Unseres Herrn Ruhe« (1731–53; renoviert).

Friedberg (Hessen)

□ 50,17 qkm; ○ Wetteraukreis; ⚐ Hessen; ✉ 61169; ☎ 06031; 🚗 FB; △ 159 m; 👫 23900.

F. ist Verwaltungszentrum und wirtschaftlicher Mittelpunkt der Wetterau. Die St liegt 29 km nördlich von Frankfurt a.M. an der B 3, B 275 und B 455; Anschluß an die Autobahn A 5/A 7 Frankfurt a.M.–Kassel bzw. Dortmund (Ausfahrten F. und Bad Nauheim); Bahnstation an der Strecke Frankfurt a.M.–Gießen. F. hat Amtsgericht, Kreisverwaltung; Fachhochschule, Gymnasien, Berufsschulen, Handelsschule, Landwirtschaftsschule, Predigerseminar, Sonderschulen für Gehörlose und Blinde; Wetterau-Museum; vielseitige Industrie (Herstellung von Elektrogeräten, Farben, Heizungsanlagen, Zuckerfabrik, Bekleidungsindustrie) und Großhandel für das agrarwirtschaftlich strukturierte Umland.

Auf dem Gelände der heutigen Burg Friedberg lag ein römisches Kastell, dem sich im Süden die Vorstadt anschloß. Gründung der Burg F. um 1170 durch den Staufenkaiser Friedrich I. Barbarossa. 1216 erstmalige Erwähnung der Burg, 1219 der St. Im Jahre 1257 wurde F. Freie Reichsstadt. Im 13. und 14. Jahrhundert erlebte F. als bedeutender Ausspann-, Rast- und Handelsplatz eine wirtschaftliche Blütezeit (Tuchhandel). Seit 1245 nachweisbar getrennte und selbständige Entwicklung von Burg und St. Ende des 15. Jh. gewann die Burg die Oberhand. Die St kam 1802 und die Burg 1806 an Hessen-Darmstadt.

Sehenswürdigkeiten: Ehem. Reichsburg mit Adolfsturm (1347) und mittelalterlichen Wehranlagen; Burggrafenhaus (1604–10 unter Johann von Cronberg erbaut, seit 1683 Amtshaus der Burggrafen, 1817 Großherzoglich Hessisches Schloß, jetzt Behördensitz) und Schloßpark; Burgmannenhäuser; Teile eines römischen Kastellbades (an der Westseite der Burg); got. Liebfrauenkirche (1260 bis 1410); Judenbad (1260); Fachwerkhäusr am weiträumigen Straßenmarkt; Wetterau-Museum (Stadtgeschichte Friedbergs, Vor- und Frühgeschichte).

Friedeburg

□ 164 qkm; ○ Wittmund; ⚐ Niedersachsen; ✉ 26446; ☎ 04465; 🚗 WTM; △ 1–8,5 m; 👫 9600.

F., im Rahmen der Gebietsreform durch Zusammenschluß von zwölf Gemeinden gebildet, liegt in Ostfriesland an der Kreuzung der B 436 und B 437. Anschluß an die Autobahn A 29 Oldenburg–Wilhelmshaven über die Ausfahrten Varel-Bockhorn bzw. Sande. Die Großgemeinde hat Grund-, Haupt- und Realschule; Kunststoff-, Bau- und Textilindustrie. F. ist anerkannter Erholungsort.

Eine 1359 erbaute Burg und Festung gab F. den Namen. Reste der Burg sind erhalten. F. ist umgeben von Landschafts- und Naturschutzgebieten. – Sehenswert das Heimatmuseum, die Hügelgräber bei Rispel, die Klöster Hopels und Reepsholt und die Windmühle in Horsten.

Friedrichsdorf (Taunus)

□ 30,16 qkm; ○ Hochtaunuskreis; ⚐ Hessen; ✉ 61381; ☎ 06175; 🚗 HG; △ 160–460 m; 👫 22400.

F., 19 km nördlich von Frankfurt am Osthang des Taunus gelegen, ist über die B 455 und Autobahn A 5/A 7 Frankfurt a.M.–Kassel (Ausfahrten Bad Homburger Kreuz bzw. Friedberg/Hess.) zu erreichen. Die St hat Realschule, Hess. Landvolkhochschule; Nährmittel (Zwieback und Kindernahrungsmittel)-Industrie (Milupa AG).

1687 gründeten vertriebene französische Hugenotten die Siedlung F., die sie nach ihrem neuen Landesherrn, dem Landgrafen Friedrich II. von Hessen-Homburg benannten. Der Ort wurde 1821 zur St erhoben. – Bemerkenswert die Pfarrkirche (vor 1837 erbaut) und das Grab von Philipp Reis, der in F. 1860/61 das Telefon erfand.

Friedrichshafen

□ 69,86 qkm; ○ Bodenseekreis; ⚐ Baden-Württemberg; ✉ 88014*; ☎ 07541; 🚗 FN; △ 404 m; 👫 53000.

F. liegt am Nordufer des Bodensees im Schnittpunkt der B 30 und B 31 sowie an den Bundesbahnstrecken Lindau–F.–Überlingen und Stuttgart–Ulm–F. (D-Zug-Station). Flugplatz in F.-Löwental. F. hat Schiffs- und Fährehafen

Friedrichshafen, Hafenbahnhof

(Verbindung nach Romanshorn), Yacht- und Gondelhäfen; Kreisverwaltung, Hauptzollamt, Pflanzenschutzamt, Wasserschutzpolizei u. a. Behörden; Realschulen, Gymnasien, Berufs- und Berufsfachschulen, Berufsoberschulen, Fachschulen, Sonderschulen für Lernbehinderte und Bildungsschwache, Krankenpflegeschule, Musikschule, Volkshochschule. F. ist bedeutende Industrie- (Getriebefabrikation, Motoren- und Flugzeugbau, Leichtmetallverarbeitung, Karosserie- und Behälterbau, Raumfahrtindustrie, Hoch-, Tief- und Stahlbetonbau, Schiffsausbesserungswerft der Bundesbahn), Messe- (Sitz der Internationalen Bodensee-Messe GmbH) und Fremdenverkehrsstadt. Die St verfügt über zwei Naturstrandbäder und eine über 2 km lange Uferpromenade am Bodensee. F. ist Bundeswehrstandort.

F. entstand 1811 durch die Vereinigung der St Buchhorn und des Klosterortes Hofen auf Veranlassung König Friedrichs von Württemberg, nach dessen Namen die Hafenstadt benannt wurde. »Buachihorn«, das bereits 838 urkundlich erwähnt wird, war Sitz der Grafen von Buchhorn. 1215 wurde der Ort von Kaiser Friedrich II. zur St und 1275 von Rudolf von Habsburg zur Freien Reichsstadt (bis 1802) erhoben. 1347 trat die St dem Schwäbischen Städtebund bei. Buchhorn kam 1802 an Bayern und 1810 an Württemberg, unter dessen Herrschaft die umbenannte St zu einem wichtigen Handelsplatz am Bodensee ausgebaut wurde. Vor und nach dem 1. Weltkrieg war F. Ausgangspunkt der Zeppelin-Luftschiffahrt und ein Forschungszentrum der Flugzeugindustrie (Ferdinand Graf v. Zeppelin, Hugo Ekkener, Karl Maybach, Claude Dornier). Im 2. Weltkrieg wurde die St zu zwei Dritteln zerstört (Wiederaufbau 1956 abgeschlossen).

Sehenswürdigkeiten: Schloß Friedrichshafen (1654–61), ehemals Sommerresidenz des Württembergischen Königshauses; Schloßkirche (1695–1701); Städt. Bodensee-Museum (Kunstsammlung mit Kunstwerken aus dem Bodenseegebiet und Oberschwaben vom MA bis zur Gegenwart, Wechselausstellungen alter und moderner Kunst, Zeppelin-Abteilung, vorgeschichtliche Sammlung).

Alljährlich im Juni/Juli „Seehasenfest" (Kinder- und Heimatfest), im Mai „IBO" Intern. Bodenseemesse (Gebrauchsgüter aller Art), im Herbst „interboot" (Internat. Bootsausstellung mit Vorführhafen), „RATIO" Fachausstellung für den Fortschritt in Büro und Verwaltung, und „intertext" Fachtagung für wirtschaftliche Textverarbeitung.

Friedrichsthal (Saar)

□ 9,09 qkm; ○ Saarbrücken; ⚐ Saarland; ✉ 66299; ☎ 06897; 🚗 SB; △ 400 m; 👪 12200.

F., 12 km nordöstlich von Saarbrücken an der B 10 und B 41 mit Anschluß an die Autobahn A 8 Kaiserslautern–Merzig (Ausfahrt AB-Dreieck F.) gelegen, hat Grund- und Hauptschulen, Sonderschule für Lernbehinderte, Volkshochschule; Pharma-Großhandel, Metallindustrie, Kleider-, Schuhfabriken.

Der Stadtteil Bildstock wird um 1700 erstmals urkundlich erwähnt. 1723 gründete Graf Friedrich Ludwig v. Ottweiler und Saarbrücken die erste Glashütte im »Friedrichsthal«. Nacheinander entstanden weitere sieben Glashütten, so daß der Ort Glasproduktionsstätte Deutschlands war. Der spätere Niedergang der Glasindustrie wurde durch den Bergbau kompensiert (Abteufung von 10 Kohlenschächten im heutigen Stadtbezirk). F. wurde 1866 selbständige Gm und 1969 zur St erhoben. – Sehenswert die bizarren Sandsteinformationen am Hoferkopf sowie die unter Denkmalschutz stehende Bergbausiedlung Maybach.

Friesenheim

□ 46 qkm; ○ Ortenaukreis; ⚐ Baden-Württemberg; ✉ 77948; ☎ 07821; 🚗 OG; △ 154–639 m; 👪 10500.

Die Gm F. liegt in der Rheinebene und am Fuße des Schwarzwaldes nördlich von Lahr/Schw. F. ist über die B 3 und Autobahn A 5 Karlsruhe–Basel (Ausfahrten Offenburg und Lahr/Sch.) zu erreichen; Bahnstation an der Strecke Karlsruhe–Basel. Die Gm hat Bildungszentrum mit Grund-, Haupt- und Realschule; Weinbau und

Landwirtschaft. F. besteht aus den Ortsteilen F., Heiligenzell, Oberschopfheim, Oberweier und Schuttern.

F. ist aus einem Königsgut hervorgegangen, das Kaiser Heinrich II. 1016 dem Kloster Schuttern schenkte. Über das Bistum Bamberg, die Reichslandvogtei und die Herren von Geroldseck kam der Ort schließlich 1502 zum Teil und 1629 ganz an die Markgrafschaft Baden.

Sehenswert: ev. Pfarrkirche (1768, Turm aus dem Jahr 1496); Rathaus (1548) mit Stockbrunnen; Römersiedlung (Freilichtmuseum); Klosterkirche Schuttern; Gutleutkirche (12. Jh.) in Oberschopfheim; Schlößle (1477) Heiligenzell; Heimatmuseum Oberweier.

Friesoythe

□ 246,94 qkm; ○ Cloppenburg; ⚐ Niedersachsen; ✉ 26169; ☎ 04491; 🚗 CLP; △ 10 m; 👥 16600.

Die St F. liegt an der Soeste im Norden des Oldenburger Münsterlandes, 30 km südwestlich von Oldenburg. Zufahrt über die B 72. F. hat Amtsgericht; Gymnasium, Realschule, Sonderschule für Lernbehinderte, kaufmännische, handwerkliche und landwirtschaftliche Berufsschulen; pharmazeutische Fabrik, Impfstoffwerk, Bandweberei.

F. ist im Schutz einer um 1200 errichteten Burg der Tecklenburger Grafen entstanden. Als Markt besaß der Ort im Schnittpunkt verkehrsreicher Handelswege bereits im MA überörtliche Bedeutung. In späterer Zeit prägte die bis in den niederländischen Raum hoch geschätzte Schmiedegilde das wirtschaftliche Leben der St. Im 14. Jh. erhielt F. das Stadtrecht. – Die 1945 zu 90% zerstörte St wurde nach modernen Gesichtspunkten wieder aufgebaut. – Südlich von F. liegt das Naturschutzgebiet Thülsfelder Talsperre.

Fritzlar

□ 88,79 qkm; ○ Schwalm-Eder-Kreis; ⚐ Hessen; ✉ 34560; ☎ 05622; 🚗 HR; △ 240 m; 👥 14200.

F. liegt 28 km südwestlich von Kassel oberhalb der Eder auf einer Terrasse, die sich in einer Hochebene fortsetzt. Zufahrt über die B 3 und B 450; Anschluß an die Autobahn A 49 (Ausfahrt F.-Nord und F.-Süd). Bahnstation an der Strecke Wabern–Bad Wildungen–Korbach (Nebenstrecke). F. hat Amtsgericht, Mittelpunkt-, Volks- und Realschule, Gymnasium, Ursulinenschule (Gesamtschule mit gymnasialer Oberstufe und Fachschule für Sozialpädagogik), Kreisberufsschule, Landwirtschaftsschule, Haushaltungsschule; Konserven- und Bekleidungsindustrie, Großfischzuchtanlage. Die St ist Bundeswehrstandort.

Bei F. (Geismar) fällte Bonifatius 723 den heidnisch-germanischen Kultbaum der Donareiche und gründete das Kloster St. Peter mit einer Klosterschule. Die nördlich des Klosters entstandene städtische Siedlung entwickelte sich im Früh- und Hochmittelalter zu einem machtpolitischen Mittelpunkt (Königserhebung Heinrichs I. 919, 21 Kaiserbesuche, 8 große Kirchenversammlungen). 1066 kam F. in den Besitz des Erzbistums Mainz. 1802 fiel die St an Hessen.

Der vom MA geprägte Altstadtkern ist zum größten Teil erhalten. Sehenswürdigkeiten: Dom St. Peter, flachgedeckte Basilika über kreuzförmigem Grundriß, um 1100 errichtet (Umwandlung zum Gewölbebau Anfang 13. Jh.), mit Krypta um 1000, spätgotischem Kreuzgang (14. Jh.) und bedeutendem Domschatz; Rathaus (romanischer Unterbau, Fachwerkoberbau Mitte 15. Jh., 1960–64 in historischer Form restauriert); Hochzeitshaus (16. Jh., jetzt Museum); Minoriten-Kloster (1244 beg.); Ursulinenkloster (1147 als Hospital gegründet); gotische Fachwerkbauten und Steinhäuser; Stadtmauer mit Wehrtürmen (Grauer Turm von 1273, Bleichenturm u.a.); steinerne Ederbrücke (um 1200); Marktplatz mit Brunnen (1555–82).

Fröndenberg

□ 56,21 qkm; ○ Unna; ⚐ Nordrhein-Westfalen; ✉ 58730; ☎ 02373 (Menden); 🚗 UN; △ 124–244 m; 👥 20500.

Durch den Zusammenschluß von 13 Nachbargemeinden (1968/69) wurde das an der Ruhr, der B 233 und B 515 gelegene, an die Autobahn A 44 Ruhrgebiet–Kassel angeschlossene F. zur bedeutenden Mittelpunktgemeinde im südlichen Teil des Kreises Unna. D-Zug-Station der Strecke Köln–Kassel. F. hat Gesamtschule und Volkshochschule; Papier-, metallverarbeitende und Maschinenindustrie, Speditionsbetrieb (Interspe); Fremdenverkehr.

F. wird erstmals 1197 in einer Urkunde des Papstes Cölestin III. erwähnt. Zwischen 1225 und 1238 gründeten Zisterzienserinnen ein Kloster, das 1550 in ein freies Stift umgewandelt und 1811 aufgelöst wurde. Seit dem 13. Jh. Gründung von Ortschaften um den Klosterbezirk. 1841 schlossen sich vier Kirchspiele zum Amt F. zusammen. Seinen ersten wirtschaftlichen Aufschwung erlebte F. mit der Ansiedlung von eisenverarbeitender Industrie seit Mitte des 19. Jh. und mit dem Bau der Eisenbahnlinie Schwerte–Arnsberg (1878). 1952 Erhebung der Gm zur St. – Bemerkenswert die Stiftskirche (13. Jh.) mit dem Grabmal Eberhards II. von der Mark (gest. 1308).

Fürstenau b. Bramsche

□ 78,58 qkm; ○ Osnabrück; ⚐ Niedersachsen; ✉ 49584; ☎ 05901; 🚗 OS; △ 55 m; 👥 8200.

F., 35 km nordwestlich von Osnabrück zwischen Aa und Hase am Schnittpunkt der B 214 und B 402 gelegen, hat Anschluß an die Autobahn A 1 Münster–Osnabrück–Bremen (Ausfahrt Holdorf). Die St hat Integrierte Gesamtschule; Maschinen- und Heizkesselbau.

Fürstbischof Gottfried von Arnsberg gründete F., das erstmals als »vorstenowe« 1344 erwähnt wird, um 1340 und war lange Zeit Residenz der Osnabrücker Landesfürsten. Die St gehörte zum Städtebund der Hanse. – Sehenswert das ehem. fürstbischöfliche Schloß mit Bastionen und unterirdischen Gängen; die Schloßkirche St. Katharina und die St. Georgskirche (Mitte 14. Jh.).

Fürstenfeldbruck

□ 32,57 qkm; ○ Fürstenfeldbruck; ⚐ Bayern; ✉ 82256; ☎ 08141; 🚗 FFB; △ 528 m; 👥 30400.

Die Stadt F. liegt 25 km westlich von München an der Amper im Schnittpunkt der B 2 und B 471. F. besitzt Anschluß an die Autobahn A 8 Stuttgart–München (Ausfahrt Dachau/F.) und ist D-Zug-Station an der Strecke München–Buchloe–Lindau. Die St hat Kreisverwaltung, Amtsgericht, Kreiskrankenhaus, Erdmagnetisches Observatorium; Sonderschule für Lernbehinderte, Realschule, Gymnasien, Kreisberufs-, Landwirtschafts-, Polizei- und Musikschule; Textilindustrie und Fahrzeugbau. F. ist Bundeswehrstandort (Militärflughafen).

»Brukk« wird 828 erstmals urkundlich erwähnt. Bedeutung erlangte der Ort erst nach der Gründung des Klosters Fürstenfeld im Jahre 1263 durch Herzog Ludwig den Strengen als Sühnekloster für die Ermordung seiner Gemahlin. 1342 kam F. in den Besitz des Klosters. Der Dreißigjährige Krieg fügte dem Kloster und Ort schweren Schaden zu (Neubau von Kloster und Kirche zwischen 1680 und 1740). Nach der Aufhebung des Klosters (1803) wurde der Ort selbständiger Markt und Sitz von Behörden und Ämtern. 1873 erfolgte der Anschluß an das Eisenbahnnetz. 1892 Errichtung des ersten gemeindlichen bayerischen Elektrizitätswerkes in F. durch Oskar v. Miller. 1935 wurde F. zur Stadt erhoben. – Die Klosterkirche (erbaut 1701–41 von G.A. Viscardi) mit der mächtigen Fassade ist eine der schönsten Barockschöpfungen Deutschlands.

Fürstenwalde/Spree

□ 63,6 qkm; ○ Fürstenwalde; ⚐ Brandenburg; ✉ 15517; ☎ 03361; ☎ FW; △ 44 m; 👥 35700.

Fü. ist auf der A 12/E 30 zu erreichen (Ausfahrt Fürstenwalde), wird jedoch von Bundesstraßen nicht tangiert. Bf. an der Hauptstrecke der Deutschen Reichsbahn Berlin–Frankfurt/Oder. Nebenbahnen in die südl. Naherholungsgebiete Petersdorf, Bad Saarow und Beeskow. Die Flußschiffahrt nutzt den Oder-Spree-Kanal und die Bundeswasserstraße Müggelspree. Flugplatz für Privat- und Sportflugzeuge.

Neben den üblichen Verwaltungsdienststellen und Ämtern verfügt Fü. über eine Autobahnmeisterei und das Wasserstraßen- und Schiffahrtsamt.

Bildungseinrichtungen: Grundschulen, Gesamtschulen, Gymnasien, kath. Gymnasium, Arbeitslehrzentrum. Soziale Stätten: Senioren- und Pflegeheime, städt. und betriebl, sowie kirchl. Kindereinrichtungen.

Wirtschaftliche Struktur: mehrere Industrie- und Gewerbegebiete; Baugewerke und Bauunternehmen; Märkisches Verlags- und Druckhaus; Oder-Spree-Energieversorgung.

Geschichtliches: Fü. liegt auf halbem Wege zwischen Berlin und Frankfurt/O. Die St wurde 1272 erstmals urkundlich erwähnt und durch die brandenburgischen Markgrafen 1285 als Stadt bestätigt. Fü. war schon damals, begünstigt durch die Lage an der Spree, wichtiger Handelsort. Mit dem Anschluß an die Eisenbahn 1842 siedelten sich weitere Firmen in der St. an, u. a. die Firma Pintsch, die lange Zeit alle Eisenbahnen mit den von ihr entwickelten Beleuchtungssystemen ausrüstete. Aus dem örtlichen Handwerk hatte sich ein bedeutender Zweig der Keramikindustrie entwickelt. Um 1900 gab es mehr als 10 Kachelfabriken, u. a.

für Baukeramik. Ausdruck wirtschaftlichen Aufschwungs waren die aufwendigen Restaurierungen des Rathauses (1906) und des Domes (1910).

Im Mai 1945 errichtete die sowj. Besatzungsmacht in der Arbeitersiedlung Ketschendorf ein Internierungslager. Mehr als 10500 Menschen zwischen 12 und 70 Jahren wurden dort ohne Urteil festgehalten, viele kamen um. Eine Informationstafel am ehemaligen Lagereingang und ein Gedenkstein im Bereich der Massengräber erinnern daran.

1960 ersetzte eine neue Spreebrücke das bisherige hölzerne Provisorium. Eine falsche Städtebaupolitik hat in den 60er und 70er Jahren viel historische Bausubstanz zerstört und durch Typenhäuser in Plattenbauweise ersetzt. Der Wiederaufbau des Rathauses konnte 1982 abgeschlossen werden. Das Kommunalgebäude beherbergt heute ein Ausstellungszentrum, das Standesamt, den Ratskeller und den Festsaal der St.

Sehenswürdigkeiten: St.-Marien-Dom, Altes Rathaus, kurfürst. Jagdschloß Friedrich I. (erbaut 1700), 1750 zum Getreidespeicher umgebaut. Weberhäuser der ehem. Damastweber-Kolonie (1774–1778 als Häuserzeile errichtet). Der Bullenturm diente im 14./15. Jh. als Wehrturm und hat seinen Namen von der benachbarten Meierei erhalten. Die Treidelbrücke ist techn. Denkmal der Flußschifferei.

Fü. liegt inmitten von Wäldern und Seen. Das Gebiet wird von der Saarower Hügellandschaft und durch die Dubrower und Rauener Berge (bis 148 m hoch) begrenzt. Es entstand als Endmoränenlandschaft während der Eiszeit vor 20 Mio. Jahren. Die beiden „Markgrafensteine" in den Rauener Bergen sind die mächtigsten Findlinge auf dem europ. Festland. Von einem der Steine wurde 1872 ein großes Stück abgesprengt und nach Berlin transportiert. Die aus dem Stein gefertigte Granitschale steht heute im Lustgarten vor dem Alten Museum.

Zu den Naherholungsgebieten zählen der Stadtpark mit Heimattiergarten und altem Baumbestand, die Spreeaue mit Uferschutzzone. Erholungsgebiete am Scharmützelsee mit Bad Saarow, am Trebuser, Petersdorfer, Kolpiner und Storkower See. Fü. feiert alljährlich im Juni das Parkfest.

Fürth (Bayern)

□ 63,35 qkm; ○ Kreisfreie Stadt; ⚐ Bayern; ✉ 90762*; ☎ 0911; 🚗 FÜ; △ 297 m; 👪 100000.

F. liegt im bayerischen Mittelfranken am Zusammenschluß von Rednitz und Pegnitz und grenzt mit seinen östlichen Stadtteilen unmittelbar an Nürnberg. Zufahrt über die B 8; Anschluß an die A 3 Frankfurt a.M.–Regensburg (Ausfahrt F./Erlangen) und an die A 9 München–Berlin (Ausfahrten Autobahndreieck Nürnberg–Feucht bzw. Autobahnkreuz Nürnberg). D-Zug-Station an den Bundesbahnstrecken Nürnberg–Frankfurt a.M. und Nürnberg–Berlin. Flugplatz in Nürnberg (15 km); Kanalhafen am Europakanal. F. hat Amtsgericht, Außenstelle für Wirtschaft der Regierung von Mittelfranken. Kreisverwaltung, Landwirtschaftsamt, Außenstelle des Wasser- und Schiffahrtsamtes Nürnberg, Zollamt und Zollkommissariat; Realschulen, Gymnasien, Berufs- und Berufsaufbauschulen, landwirtschaftl. Berufsschule, Handelsschule, Berufsfachschule für Hauswirtschaft und Kinderpflege, Landwirtschaftsschule, Fachoberschule, Volkshochschule, Sonderschule für geistig Behinderte, Sonderschulen für Lernbehinderte, Krankenpflegeschule, Zoll-Lehranstalt; Stadttheater, Stadtbibliothek und Stadtarchiv. Das Wirtschaftsleben wird von einer breitgefächerten Industrie (Radio-, Fernseh- und Tonbandgeräte [Grundig-Werke], Spiegelglas, Bronzefarben, Aluminiumpulver, Metallpapiere, feinmechanische und optische Geräte, Spielwaren, Möbel, Metallwaren, Bekleidung, Brauereien) und bedeutenden Handelsunternehmen (Großversandhaus Quelle, Großhandel mit Hopfen, Tuchen und Lederwaren) bestimmt.

F. ist wahrscheinlich aus dem karolingischen Königshof »Furthum« (Furt) hervorgegangen. Erste urkundliche Erwähnung 1007, als der Ort in den Besitz der Dompropstei Bamberg gelangte. Vom 12. bis 19. Jh. gehörte F. gleichzeitig den fürstbischöflich-bambergischen und markgräflich-ansbachischen Landesherren sowie der Reichsstadt Nürnberg. Die Fehden dieser gemeinsamen Herrschaft behinderten die Entwicklung des Ortes. 1792 wurde F. preußisch, 1806 kam es an Bayern. 1808 erhielt F. das Stadtrecht. Zwischen Nürnberg und F. fuhr 1835 die erste deutsche Eisenbahn. Nach dem 2. Weltkrieg erlebte die St einen enormen industriellen Aufschwung. – Sehenswert die Altstadt im fränkischen Barock des 17. und 18. Jh. mit gotischer Michaelis-Kirche, Rathaus (1840 bis 50, Nachbildung des Palazzo Vecchio von Florenz) und Stadtpark mit Freilichtbühne.

F. ist Geburtsort des Schriftstellers Jakob Wassermann (1873–1934), des Pfarrers Wilhelm Löhe (1808–1872, Gründer der Neuendettelsauer Diakonssenanstalt) und des Gewerkschaftsführers Hans Böckler (1875–1951). – Alljährlich Michaelis-Kirchweih (Anfang Oktober).

Fürth i. Odenwald

□ 38,41 qkm; ○ Bergstraße; ⚐ Hessen; ✉ 64658; ☎ 06253; 🚗 HP; △ 200–500 m; 👪 9950.

F., im Odenwald an der B 38 und B 460 gelegen, erlangte durch den Anschluß von 11 Nachbarortschaften (1970/71) Bedeutung als Mittelpunktgemeinde. Endstation der Bahnstrecke Weinheim (Bergstraße)–F. Die Gm hat Amtsgericht, Finanzamt, Gesamtschule. F. ist als wirtschaftlicher Mittelpunkt des vorderen Odenwaldes Standort mittlerer und kleinerer Industriebetriebe und anerkannter Erholungsort.

795 wird das Dorf F. erstmals erwähnt. Bis 1232 gehörte F. zum Kloster Lorsch, danach war es im Besitz des Erzbistums Mainz. 1347 Verpfändung des Ortes an den Pfalzgrafen Ruprecht. 1356 erhielt F. die Stadtrechte. Zwischen 1621 und 1803 gehörte die St zu Kurmainz, seit der Säkularisation zu Hessen.

Sehenswert Walburgis-Kapelle im Ortsteil Eschütz; Bergtierpark im Ortsteil Erlenbach. – Im Juni Johannismarkt.

Füssen

□ 43,66 qkm; ○ Ostallgäu; ⚐ Bayern; ✉ 87629; ☎ 08362; 🚗 OAL; △ 800 m; 👪 12800.

F. liegt im bayerischen Schwaben beim Austritt des Lechs aus Tirol in das Alpenvorland. Zufahrt über die B 16, B 17 und B 310; Anschluß an die Autobahn A 7 Ulm–Füssen (Ausfahrt Nesselwang). F. ist Bundeswehrstandort, hat Amtsgericht, Zollamt, Forstamt, Landwirtschaftsamt; Kunsteisstadion; Realschule, Gymnasium, Landwirtschaftsschule, Berufsschule, Sing- und Musikschule; eisen- und stahlverarbeitende Industrie, Textilindustrie, mittlere und kleinere Gewerbebetriebe; von wirtschaftlicher Bedeutung ferner der Fremdenverkehr.

F. geht auf eine römische Militärstation an der Heerstraße Via Claudia (Italien–Augsburg) zurück, die den römisch-germanischen Namen »Foetibus« (Bei den Füßen der Berge) getragen haben soll. Im 8. Jh. gründete der St. Gallener Mönch Magnus eine Klosterzelle, aus der später das Benediktiner-Stift St. Mang hervorging. Das Kloster wurde 1803 aufgelöst. Die beim Stift entstandene Siedlung war im 11. Jh. im Besitz der Welfen und gelangte 1191 an die Hohenstaufen. Deren Erbe wurde 1268 Herzog Ludwig der Strenge von Bayern, der 1291 auf dem Geissberg eine Festung errichten ließ. 1313 erhielt das Hochstift Augsburg die Oberhoheit über F. und behielt sie bis 1803. Dann kam F., das bereits im 13. Jh. St nach Augsburger Recht geworden war, an das benachbarte Kurbayern.

Das Hohe Schloß über der St wurde zwischen 1496 und 1505 von Bischof Friedrich von Zollern ausgebaut. Das St. Mang-Kloster ist ein Bau (1700–1717) im ital. Barockstil (Stiftskirche mit romanischer Krypta aus dem 10. Jh., Kloster mit Fürstensaal, Bibliothek und Papstzimmer). Sehenswert das Stadtmuseum und in der näheren Umgebung der Lechfall (Felsendurchbruch mit Klamm) sowie die Schlösser Hohenschwangau (renoviert 1830) mit Neuschwanstein (erbaut 1869–86). F. ist Luftkurort und Wintersportplatz. Der 1921 eingemeindete Ortsteil Faulenbach ist Kneippkurort mit Kneippsanatorium und Naturbädern; Füssen-Hopfen am See anerkannter Kneipp- und Luftkurort (Heilanzeigen: Rheuma, Frauenleiden, organische Nervenerkrankungen, Kreislaufstörungen, nervöse Erschöpfungszustände, unfallbedingte chronisch-entzündliche und degenerative Erkrankungen der Gelenke und der Wirbelsäule).

Fulda

□ 104,03 qkm; ○ Fulda; ⚐ Hessen; ✉ 36037*; ☎ 0661; 🚗 FD; △ 262 m; 👪 57200.

F., zwischen Rhön und Vogelsberg im Fuldaer Becken rechts der Fulda gelegen, ist bedeutender Verkehrsknotenpunkt, Verwaltungs-, Wirtschafts- und Einkaufszentrum im osthessischen Raum. Zufahrt über die B 27, B 40, B 254, B 279; Anschluß an die Autobahn A 7 Kassel–Fulda–Würzburg (Ausfahrten F.-Süd und F.-Nord); IC-, D- und FD-Zug-Station an den Bundesbahnhauptstrecken Frankfurt a.M.–Berlin und München–Hamburg; Container-Umschlagplatz. – Die St ist Sitz von Bundes- und Landesbehörden (Hauptzollamt, Wasserwirtschaftsamt, Amts- und Landgericht, Arbeits- und Sozialgericht, Kreisverwaltung, Industrie- und Handelskammer u.a.), eines bischöflichen Generalvikariats und der Präsidialkanzlei des Deutschen Evangelischen Kir-

Fulda, Dom

chentages. F. ist außerdem Tagungsort der Deutschen Bischofskonferenz. F. hat Realschulen, Gymnasien mit Oberstufenzug, Sonderschulen für Lernbehinderte und Sprachheilklasse, Berufs- und Berufsfachschulen, Handelsschulen, Fachschulen für Gesundheitswesen, Fachoberschule für Ingenieurwesen, Fachhochschule für Pädagogie und Sozialpädagogie, Philos.-Theologische Hochschule und Priesterseminar, Fachoberschule für Wirtschaft und Technikerschule; Schwerpunktkrankenhaus für den osthessischen Raum und Lehrkrankenhaus der Universität Marburg. Die weit gefächerte Industrie produziert Autoreifen (Gummiwerke Fulda AG), Textilien (Damen- und Herrenmäntel, Campingzelte), Teppich und Teppichböden (Dura Tufting GmbH), Kindernahrung, Metallwaren, Wachswaren u. a.

744 gründete Abt Sturmius im Auftrag des hl. Bonifatius das Benediktinerkloster F. Unter den Äbten Baugulf und Ratgar (791 bis 819) entstand an der Stelle des heutigen Domes die damals größte Basilika nördlich der Alpen (219 m lang). Die um das Kloster entstehende Siedlung erhielt 1019 das Markt- und 1157 das Stadtrecht. 1224 wurden die Fuldaer Äbte unter Kaiser Friedrich II. von Hohenstaufen in den Fürstenstand erhoben (bis 1803 Reichsfürsten). Im Dreißigjährigen Krieg erlitten Kloster und St schwere Schäden. Das 18. Jh. brachte durch großzügige Bautätigkeit eine wirtschaftliche und kulturelle Blütezeit. Zwischen 1734 und 1803 besaß F. eine Universität. 1802 wurde das Kloster säkularisiert; 1815 kam die St an Hessen-Kassel.

Sehenswürdigkeiten: Dom (1704–12) mit Grab des hl. Bonifatius in der alten Krypta; Michaelskapelle mit Rotunde (818–822, zweitältestes Gotteshaus auf deutschem Boden); Stadtschloß (1704–34) mit Spiegelsälen, Kaisersaal, Fürstensaal und Schloßmuseum (Kunstausstellungen deutscher und ausländischer Künstler); Schloßpark mit barocker Floravase (1728); Orangerie (1722 bis 30); Paulustor; Hauptwache; spätgotische Severikirche; Altes Rathaus (1. Hälfte des 16. Jh.); Kloster Frauenberg (1785); Propsteikirche St. Andreas in F.-Neuenberg mit Krypta und Fresken aus spätottonischer Zeit (1025); Propsteikirche St. Lioba auf dem Petersberg bei F. mit den ältesten deutschen Wandmalereien (838) in der Krypta; Dommuseum; Landesbibliothek mit umfangreicher ma. Handschriftensammlung; Deutsches Feuerwehrmuseum; Heimattiergarten.

Fuldatal

□ 33,65 qkm; ○ Kassel; ⚐ Hessen; ✉ 34233; ☎ 05607; 🚗 KS; △ 185 m; 👥 12 100.

F. an der Fulda, am Fuße des Reinhardswaldes gelegen, ist nördliche Stadtrandgemeinde von Kassel und über die B 3 zu erreichen; Anschluß an die Autobahn Kassel–Hannover (Ausfahrt Hann. Münden/Lutterberg).

Die Gm hat Gesamtschule, Lehrerfortbildungsinstitut; Pelzveredelungswerk. F. ist Standort der Bundeswehr.

F. entstand 1970 durch den Zusammenschluß der früher selbständigen Gemeinden Ihringshausen, Knickhagen, Simmershausen und Wilhelmshausen.

Sehenswertes Mechanisches Musik-Museum.

Furth i. Wald

□ 67,07 qkm; ○ Cham; ⚐ Bayern; ✉ 93437; ☎ 09973; 🚗 CHA; △ 410–900 m; 👥 9500.

F., anerkannter Erholungsort, liegt in der Further Senke zwischen dem Oberpfälzer und Bayerischen Wald, 5 km von der tschechischen Grenze entfernt. Zufahrt über die B 20; Eisenbahn- und Straßengrenzübergang zur tschechischen Republik. F. ist D-Zug-Station an der Strecke Nürnberg–(München)–Prag. Die St hat Amtsgericht, Grenzpolizeiinspektion, Zollamt, Zollgrenzkommissariat; Realschule, gewerbliche Berufsschule, Volkshochschule, Musikschule.

Industrie: Glas-, Holz-, Leder-, Bekleidungs-

und Maschinenindustrie, Aluminiumschmelze, Elektrotechnik.

F., erstmals 1086 urkundlich erwähnt, war bereits im MA Grenzübergang und Zollstätte an der Handelsstraße von Regensburg nach Prag und Pilsen. Die Grafen von Bogen errichteten auf dem Gneiskegel im Süden der heutigen St eine Burg. 1332 erhielt F. die Stadtrechte. Burg und St wurden in den Hussitenkriegen teilweise zerstört; seit dem Ende des 15. Jh. war die Burg (Schloß) Amtssitz des Hauptmanns vor dem Böhmerwald. – Alljährlich im August Drachenstichfestspiele (ältestes Volksschauspiel Deutschlands).

Furtwangen

☐ 82,57 qkm; ○ Schwarzwald-Baar-Kreis; ⚐ Baden-Württemberg; ✉ 78120; ☎ 07723; 🚗 VS; △ 850–1150 m; 👪 9700.

F. ist Erholungsort im oberen Bregtal im Hochschwarzwald, 45 km nordöstlich von Freiburg i. B. Zufahrt über die B 500. Die St hat Heimschule für geistig behinderte Kinder, Gymnasium, Handelslehranstalten, Gewerbeschule, Berufsfachschule mit Aufbauschule, Fachhochschule für Feinwerktechnik, Elektronik und Informatik; Uhren- und Holzindustrie, Maschinen- und Apparatebau.

F., erstmals in einer päpstlichen Bulle im Jahre 1179 genannt, stand unter der Herrschaft der Landgrafschaft Breisgau und der österreichischen Vögte von Triberg; 1806 kam es an Baden. 1749 erhielt der Ort das Markt-, 1873 das Stadtrecht. Vieh- und Holzwirtschaft waren bis zum 19. Jh. die Haupterwerbsquellen der Bevölkerung, daneben entwickelte sich seit Mitte des 18. Jh. auf haushandwerklicher Basis die Uhrenherstellung, die weltweiten Ruf erlangte.

Als Wintersportplatz und Erholungsort (Heilanzeigen: chronisch-entzündliche Erkrankungen der Atemwege, lymphatisch-exsudative Diathese bei Kindern, Bluterkrankungen, vegetativ bedingte Kreislaufstörungen, Aufbrauchkrankheiten und Rehabilitation) hat F. regen Fremdenverkehr. – Sehenswert die Historische Uhrensammlung.

Gaggenau

☐ 65,05 qkm; ○ Rastatt; ⚐ Baden-Württemberg; ✉ 76571; ☎ 07225; 🚗 RA; △ 134–750 m; 👪 28000.

G., am Ausgang des Murgtals im nördlichen Schwarzwald gelegen, ist über die B 462 zu erreichen. Anschluß an die Autobahn A 5 Karlsruhe–Basel (Ausfahrt Rastatt). Bahnstation an der Strecke Karlsruhe–Freudenstadt. Die St hat Realschule, Gymnasium, Sonderschule für Lernbehinderte, Gewerbeschule; Lastwagenbau UNIMOG (Zweigwerk der Mercedes-Benz AG), Maschinen-, Metallwarenindustrie.

G., erstmals 1243 urkundlich genannt, wurde 1922 zur St erhoben. Die 1944 schwer zerstörte St entwickelte sich nach dem 2. Weltkrieg zu einem bedeutenden Wirtschafts- und Einkaufszentrum des Murgtales (seit 1971 Große Kreisstadt).

Gaildorf

☐ 62,56 qkm; ○ Schwäbisch Hall; ⚐ Baden-Württemberg; ✉ 74405; ☎ 07971; 🚗 SHA; △ 308–514 m; 👪 11000.

Die St G. liegt im Kochertal im Zentrum des Limpurger Landes. Zufahrt über die B 19 und B 298; Bahnstation an der Strecke Stuttgart–Nürnberg. G. hat Realschule, Gymnasium; Industrie: Herstellung von Motorenteilen und elektrischen Schaltgeräten, Holzindustrie, Holzverarbeitung und Holzbau, Fabrikation von Automobilteilen, Kunststoffverarbeitung; Akkerbau und Viehzucht in den Stadtteilen Eutendorf, Ottendorf und Unterrot.

G., das 1255 erstmals urkundlich erwähnt wird, erhielt 1404 die Stadtrechte. Die St war Sitz und Residenz einer Seitenlinie der Reichserbschenken von Limpurg. 1868 wurde die Altstadt zum Großteil ein Opfer der Flammen.

Erhalten ist die gotische Stadtkirche mit Grabmälern der Schenken von Limpurg (16.–17. Jh.) und das Alte Schloß (1482 beg.). Sehenswert ferner das Alte Rathaus, Fachwerkhäuser und Reste der Stadtmauer; Neues Schloß (1846/80, heute Rathaus); G. Heimatmuseum und Theresientaler Heimatmuseum im Alten Schloß, Kutschenmuseum; TABOR Ton-Archiv zum Byzantinisch-Ostkirchlichen Ritus in G.-Ottendorf. – Alljährlich traditioneller Pferdemarkt (Februar).

Gammertingen

☐ 52,8 qkm; ○ Sigmaringen; ⚐ Baden-Württemberg; ✉ 72501; ☎ 07574; 🚗 SIG; △ 660–840 m; 👪 6300.

G. liegt im Laucherttal auf der Schwäbischen Alb an den Bundesstraßen B 32 und B 313;

Bahnstation an der Strecke Sigmaringen–Hechingen (Hohenzollerische Landesbahn). Die St hat Forstamt; Realschule, Gymnasium, Sonderschule; Bibliothek; Therapieklinik für Nervenkranke; Mariaberger Heime für Behinderte (ehem. Benediktiner-Kloster in G.-Bronnen); Textil-, Bekleidungs-, Metall- und feinmechanische Industrie, Betrieb für Kabeltechnik, Holzindustrie, Druckerei und Gerberei.

Die Gemarkung von G. ist altes Siedlungsgebiet (Hügelgräber aus der Bronzezeit, Bad aus der Römerzeit sowie alemannisches Fürstengrab um 600 n.Chr.). Um 1291 war G. bereits »oppidum« (befestigter Platz); die eigentliche Stadtgründung erfolgte durch die Grafen von Veringen. 1827 kam die Herrschaft G. durch Kauf an Hohenzollern.

Sehenswert das gut erhaltene alte Stadtbild mit Schloß der Herren von Speth (heute Rathaus) und das alte Oberamtsgebäude (heute Sonderschule), die Ruine „Altes Schloß" im Fehlatal, die Klosteranlage Mariaberg und das Naturdenkmal Teufelstor im Laucherttal. – Alle zwei Jahre Stadtfest.

Ganderkesee

□ 138,22 qkm; ○ Oldenburg; ⚐ Niedersachsen; ✉ 27777; ☎ 04222; 🚗 OL; △ 2–40 m; 👫 27800.

G., 20 km westlich von Bremen am Schnittpunkt der B 212 und B 213 sowie an der Autobahn A 28 Bremen–Oldenburg (Ausfahrt G.) gelegen, hat Regionalflugplatz; Realschule mit Gymnasialklassen, Sonderschule für Lernbehinderte, Volkshochschule, Bildungsstätte für geistig Behinderte, Berufsförderungswerk des Landes Niedersachsen; Orthopädische Fachklinik und Fachklinik für Kinder und Jugendpsychiatrie.

Sehenswert die im 11. Jh. begonnene Gaukirche (im 14. Jh. zur Hallenkirche ausgebaut).

Gangelt

□ 48,75 qkm; ○ Heinsberg; ⚐ Nordrhein-Westfalen; ✉ 52538; ☎ 02454; 🚗 HS; △ 54–86 m; 👫 9800.

G., 10 km nordwestlich von Geilenkirchen unmittelbar an der belgischen Grenze gelegen, ist über die B 56 zu erreichen. Die Gm hat Grundschulen, Gemeinschaftshauptschule, Realschule, Sonderschule für Lernbehinderte; Tonwerke, Baumwollspinnerei; G. und die dazugehörenden zehn Ortsteile sind überwiegend landwirtschaftlich orientiert.

Kern der heutigen Gm G. ist das ma. Städtchen G., dessen äußeres Bild sich im Laufe der Jahrhunderte nur wenig verändert hat. G. wird erstmals 828 als Königsgut Karls d. Großen urkundlich erwähnt. Die erhaltenen beiden Stadttore sowie der restaurierte Turm der früheren Burg und die Reste der Stadtmauer gehören zu den Befestigungsanlagen des 15. Jh. Seit Anfang des 12. Jh. zu Heinsberg gehörig, fiel der Ort 1484 mit Heinsberg an das Herzogtum Jülich. – Sehenswert die historische Altstadt mit kath. Kirche (15. Jh. Turm 13. Jh.); Windmühle in G.-Breberen (Museum); Hochwildfreigehege.

Garbsen

□ 79,28 qkm; ○ Hannover; ⚐ Niedersachsen; ✉ 30827*; ☎ 05131; 🚗 H; △ 52 m; 👫 58100.

G., unmittelbar am nordwestlichen Stadtrand von Hannover gelegen, wird vom Mittellandkanal durchzogen; Anschluß an die Autobahn A 2 Berlin–Hannover–Ruhrgebiet (Ausfahrt Hann.-Herrenhausen); Flughafen in Hannover-Langenhagen (10 km). Die St hat Realschule, Gymnasium, Gesamtschule, Volkshochschule (Außenstelle), Sonderschule für Lernbehinderte; Hartsteinwerk.

Prähistorische Bodenfunde in der Nähe von G. deuten auf eine Besiedelung der Markung seit frühgermanischer Zeit (750 v.Chr.). 1223 erste urkundliche Erwähnung des Ortes. 1196 Gründung des Klosters Marienwerder, zu dessen Kirchspiel G. bis ins 19. Jh. gehörte. – Nach dem 2. Weltkrieg Entwicklung zur stark wachsenden Wohngemeinde im Ballungsraum von Hannover (1971 7000 Auspendler). 1966 Zusammenschluß der Gm G. und Havelse zur Großgemeinde; 1968 Verleihung der Stadtrechte. Im Zuge der Gebietsreform (1970–74) Eingliederung von neun weiteren Nachbargemeinden und Verdoppelung der Einwohnerzahl.

Garching b. München

□ 28 qkm; ○ München; ⚐ Bayern; ✉ 85748; ☎ 089; 🚗 M; △ 479 m; 👫 13000.

G. liegt 14 km nördlich von München an der B 11 und B 471. Anschluß an die Autobahn A 9 München–Nürnberg (Ausfahrt Schleißheim).

Die Gm hat Grund- und Hauptschulen, Gymnasium, Musikschule, Volkshochschule; Maschinen- und Bauindustrie, Atomreaktor (1957) der Technischen Universität München mit wissenschaftlichen Instituten (Plasmaphysik, Radiochemie, extra-terrestrische Physik, Tieftemperaturforschung).

»Gaurichinga« wird erstmals 915 in einer Tegernseer Urkunde genannt. Bis vor dem Kriege (1939: 1500 EW) bewahrte der Ort seinen Charakter als reine Agrargemeinde. Nach 1945 entwickelte sich G. im Ballungsraum von München zur aufstrebenden Wohn- und Industriegemeinde (Gründung des Ortsteils Hochbrück, Errichtung der Max-Planck-Siedlung).

Gardelegen

□ 67,9 qkm; ○ Gardelegen; ⚐ Sachsen-Anhalt; ✉ 39638; ☎ 03907; 🚗 GA; △ 30–100 m; 👥 13100.

Ga. ist über die B 71 und B 188 zu erreichen, die sich im Zentrum der St kreuzen; Abfahrt von der A 2/E 30 über die Ausfahrten Magdeburg oder Königslutter (beide ca. 50 km entf.). Der Personenbahnhof Ga. liegt an der Eisenbahnstrecke Hannover–Berlin, die als europäische Schnellbahnverbindung ausgebaut wird.

Bildungseinrichtungen: Grundschulen, Realschulen, Gymnasium, Berufsbildende Schulen, Schule für Lernbehinderte, Geistigbehinderten-Schule, die Kreisvolkshochschule und das VHS-Bildungswerk.

Wirtschaftliches: Das gewerbliche Leben wird vor allem von Klein- und Mittelstandsbetrieben bestimmt. Die Tradition des Bierbrauens und die Getränkeproduktion sind der St auch nach der Wende erhalten geblieben.

Geschichtliches: Ga. liegt in der Altmark, auf einer Hochfläche im Flußtal der Milde. Der Ort wurde erstmalig 1196 als Burg und fester Platz genannt. Er entstand am Kreuzungspunkt wichtiger Handelswege, die von Magdeburg nach Salzwedel und von Stendal nach Braunschweig führten und weiterverliefen zu den Häfen der Nord- und Ostsee. Fernhandel und Hopfenanbau, Bierbrauerei und ihr Export brachten der St wirtschaftlichen Aufschwung und wachsende politische Eigenständigkeit.

1316 erwarb Ga. vom Markgrafen Waldemar die Gerichtsbarkeit durch den Kauf des Schulzenamtes; 1353 wurde es Mitglied des Altmärkischen Städtebundes und fünf Jahre später sogar Hansestadt. 1427 erhielt Ga. das Münzrecht.

Trotz wiederholter Stadtbrände, u.a. 1503 und 1526, entstanden im 16. und 17. Jh. bemerkenswerte öffentliche Bauten und repräsentative Bürgerhäuser. Schließlich bewirkten Pestepidemien sowie die Lasten und Zerstörungen, die der 30jährige Krieg mit sich brachte, den Niedergang des Gemeinwesens.

Am Anfang des 18. Jh. wurde Ga. preußische Garnisonsstadt. Gleichzeitig führte man die Tuchmacherei für die Versorgung der Armee ein. Eingeengt durch absolutistisches Reglement und wirtschaftlich gehemmt durch straffe Besteuerung, verkümmerte es zur bedeutungslosen Ackerbürgerstadt. Als Folge der Niederlage Preußens von 1806 gegen Napoleon wurde Ga. dem Königreich Westfalen einverleibt. Nach 1815 wurde es Kreisstadt der preußischen Provinz Sachsen.

Mit Gründung einer Knopffabrik entwickelte sich seit 1841 in der St eine Knopfindustrie. Zu neuem wirtschaftlichem Aufschwung kam es nach 1871, als die Eisenbahnlinie Berlin–Lehrte eröffnet worden war. Noch einmal blühte das Geschäft mit dem Hopfenversand auf. Um die Jahrhundertwende wuchs Ga. über seinen Mauerring hinaus. Neue Wohnsiedlungen entstanden, z.B. die Bahnhofsvorstadt im Süden.

Neubauten der Post und des Kreiskrankenhauses, dazu einige Siedlungen für das Personal des Wehrmachtsflugplatzes, der in Richtung Kloster Neuendorf angelegt wurde, kennzeichneten die 30er Jahre. Nach 1945 entstanden zwei weitere Neubaugebiete, noch ein großes wurde im „Schlüsselkorb“ 1985 fertiggestellt. Durch Eingemeindung der Dörfer Ipse, Ziepel, Zienau und Weteritz gliedert sich Ga. in vier Stadtteile, gelegen in landschaftlich schöner Gegend, umgeben vom Drömling, der Colbitz-Letzlinger und der Börder Heide.

Kulturelles: Das gesellschaftliche Zentrum des Landkreises Ga. kann in seiner Altstadt einen reichen Bestand an Denkmalen aus dem 13. bis 19. Jh. aufweisen, vor allem Fachwerk- und Patrizierhäuser um den Marktplatz, ausgestattet mit prächtigen Portalen und Haustüren. Historisch bedeutungsvoll ist auch der Rathausplatz, der in dreieckiger Form angelegt wurde. Neben der Nicolaikirche am Holzmarkt, der Marienkirche und dem Salzwedler Tor müssen das Stadtmuseum, der Weteritzer Lenné-Park (4 km) und die Mahn- und Gedenkstätte „Isenschnibber Feldscheune“ erwähnt werden. –

Herausragende Persönlichkeiten: Bartholomaeus Rieseberg (1492–1566), Schüler Luthers, Reformator der St, hielt am 11. 11. 1549 in der Marienkirche die erste evangelische Predigt. Christoph August Tiedge

(1752–1841), Schöpfer der URANIA, Umgang mit Goethe, Beethoven, Herder, Fichte und Gleim. Jacob Wilhelm Bornemann (1767–1851), niederdeutscher Dichter, sein bekanntestes Lied: „Im Wald und auf der Heide ...". Ludolf Parisius (1827–1900), Jurist, Volkskundler und Schriftsteller, Mitgl. des preuß. Abgeordnetenhauses; Otto Reutter (1870–1931), berühmter Humorist und Couplet-Sänger; Dr. Friedrich Franz (1898–1970), Pfarrer bei St. Nicolai, Historiker, 1945 Retter der St Ga. –

Wiederkehrende Ereignisse: Anziehungspunkt für viele Besucher und Gäste ist das wöchentlich stattfindende Markttreiben auf dem Holzmarkt. Ein Volksfest wird jährlich im Juni/Juli veranstaltet.

Garmisch-Partenkirchen mit Wetterstein

Garmisch-Partenkirchen

□ 205,57 qkm; ○ Garmisch-Partenkirchen; ⚐ Bayern; ✉ 82467; ☎ 08821; 🚗 GAP; △ 708 m; 👥 27 000.

G.-P. liegt in Oberbayern am Zusammenfluß von Loisach und Partnach, umgeben vom Wettersteingebirge mit Zugspitze (2963 m) im Süden, vom Wank (1780 m) und Estergebirge im Osten und vom Kramer (1982 m) im Nordwesten. Zufahrt über die B 2, B 23 und B 24; Anschluß an die Autobahn A 95 München–Murnau–Garmisch-Partenkirchen. D-Zug-Station an der Strecke München–Innsbruck–Brenner. G.-P. hat Amtsgericht, Kreisverwaltung, Forstämter, Bundesvermögensverwaltung, Stabsabteilung der Bundeswehr, Landes- und Grenzpolizei u.a. Behörden; Gymnasium mit Realschule für Mädchen, Realschule für Knaben, Gymnasium, Berufsschule, private Handelsschule, Fachschule für Schreiner und Holzbildhauer, Meisterschule für Schreiner, Volkshochschule; Kreiskrankenhaus. Kinderklinik der Rummelsberger Anstalten (Innere Mission).

Der Mkt ist dank seiner herrlichen landschaftlichen Lage der bedeutendste Luftkur- (Klimaheilkuren) und Fremdenverkehrsort (Spielbank) der Bayerischen Alpen.

„Germareskaue" wird erstmals 802 n.Chr. urkundlich genannt; der Ortsteil P. ist im 3. Jh. als römische Siedlung „Partanum" bezeugt. Beide Orte wurden Ende des 13. Jh. an das Hochstift Freising verkauft. Zum Mkt erhoben wurde P. 1361, G. 1455. Der „Rotthandel" (Verbindungen nach Italien und dem Orient) brachte im 16. Jh. einen starken wirtschaftlichen Aufschwung; im 17. und 18. Jh. hatte die Holzschnitzerkunst ihre Blütezeit. 1802 wurde die Freisingische Grafschaft Werdenfels mit den beiden Märkten dem Kurfürstentum Bayern einverleibt. Um 1850 erste Anfänge des Fremdenverkehrs. 1935 schlossen sich die beiden Orte zu einem Gemeinwesen zusammen. 1936 war G.-P. Austragungsort der IV. Olympischen Winterspiele. – Sehenswürdigkeiten: Pfarrkirche St. Martin (1730–34) im Ortsteil Garmisch; Pfarrkirche im Ortsteil Martinswinkel (13./15. Jh. mit gotischen Fresken); Burgruine Werdenfels (Anfang 13. Jh.); Werdenfelser Heimatmuseum.

Alljährlich Richard-Strauss-Festspiele.

Gau-Algesheim

□ 13,98 qkm; ○ Mainz-Bingen; ⚐ Rheinland-Pfalz; ✉ 55435; ☎ 06725; 🚗 MZ; △ 96 m; 👥 5800.

Gau-A., 22 km westlich von Mainz am Welzbach in der Rheinebene gelegen, ist über die B 9, B 41 und Autobahn A 60 Mainz–Bingen (Ausfahrt Ingelheim-West bzw. Bingen-Gaulsheim) zu erreichen. Bahnstation an der Strecke Mainz–Kaiserslautern und Mainz–Koblenz. Gau-A. hat Verbandsgemeindeverwaltung; Haupt- und Grundschule, Volksbildungswerk; Weingüter und Weinhandel, Sektkellerei, Obstanbau; Chemische Industrie, Betriebe für Hotelbedarf und Rolladenbau.

Erste urkundliche Erwähnung 766 als Königsgut; Stadtrechte 1355. 1666 raffte die Pest den größten Teil der Einwohner dahin; 1690 brandschatzten die Franzosen die St. Das ehemalige Wasserschloß Ardeck, Sitz der kurmainzischen Amtsverwaltung, ist z.T. erhalten. Bemerkenswert der Marktplatz mit altem Rathaus und neugotischer Pfarrkirche. Reste der

Stadtbefestigung (Graulturm). – Alljährlich im Oktober »Fest des jungen Weines« und „Kirchweih“ im August.

Gauting

□ 50,12 qkm; ○ Starnberg; ⚐ Bayern; ✉ 82131; ☎ 089 (München); 🚗 STA; △ 583 m; 👫 17600.

G. mit Ortsteil Stockdorf liegt an der Würm, 20 km südlich von München. Anschluß an die Autobahn A 95 München–Garmisch-Partenkirchen (Ausfahrt München–Fürstenried) und A 96 München–Bodensee (Ausfahrt Unterpfaffenhofen). Die Gm hat Realschule, Gymnasium; Zentralkrankenhaus der LVA Oberbayern; Metallwarenindustrie.

G., erstmals 753 urkundlich erwähnt, gilt der Sage nach als Geburtsort Karls d. Gr. (Reismühle bei G.). Bodenfunde aus römischer Zeit (Militärstation). Gotische Pfarrkirche (Mitte 15. Jh.) mit Rokokoausstattung.

Gedern

□ 75,23 qkm; ○ Wetteraukreis; ⚐ Hessen; ✉ 63688; ☎ 06045; 🚗 FB; △ 342 m; 👫 6700.

G., Luftkurort im Naturschutzpark Vogelsberg an der B 275, hat Gesamtschule; Fremdenverkehr. – G., das 1356 das Stadtrecht erhielt, kam von der Herrschaft Büdingen über Ysenburg, Breuberg und Trimberg 1376 an die Herren von Eppenstein und nach dem Erlöschen des Hauses 1535 an Stolberg-Königstein. Bei der Teilung des Besitzes (1677) fiel G. an die Linie Stolberg-Wernigerode, deren Sproß, Graf Ludwig Christian, die Grafschaft Stolberg-Gedern neu begründete. Von 1692 bis 1804 war die St Residenz dieses Grafengeschlechtes, das mit dem Fürsten Karl Heinrich ausstarb. – Sehenswert das Schloß (18. Jh.) mit Park.

Geesthacht

□ 33,16 qkm; ○ Herzogtum Lauenburg; ⚐ Schleswig-Holstein; ✉ 21502; ☎ 04152; 🚗 RZ; △ 7–90 m; 👫 25000.

Die St G. ist Luftkur- und Ausflugsort am rechten Steilhang der durch ein stromabwärts liegendes Stauwerk (1955–59) aufgestauten Elbe. Zufahrt über die B 5, B 404 und A 25 Hamburg–Geesthacht (Ausfahrt G.); Schnellbusverkehr nach Hamburg. Schiffsverkehr über einen Seitenkanal mit Schleuse.

G. hat Amtsgericht, Gesundheitsamt, Arbeitsamt; Realschule, Gymnasium, Berufsfachschule, Gesamtschule; Metall- und Maschinenbau, papierverarbeitende und Teppich-Industrie. Das östlich der St gelegene Pumpspeicherwerk (1955 bis 58) mit großem Staubecken (3,3 Mill Kubikmeter Fassungsvermögen) der Hamburger Elektrizitätswerke dient der Erzeugung von Strom für Spitzenzeiten. GKSS-Forschungszentrum (1956) in Grünhof-Tesperhude.

Das Gebiet von G. war bereits in vor- und frühgeschichtlicher Zeit besiedelt (Funde aus der Jungsteinzeit, Bronze- und Eisenzeit, Steinzeitliches Totenhaus in Tesperhude). 1216 erste urkundliche Erwähnung der Siedlung »Hachede«. Zwischen 1230 und 1258 wurden Kirche und Ort durch Verlagerung der Elbe zerstört; die Bewohner wurden im späteren Marschacht und Geesthacht angesiedelt. 1418 ist der Name »Geesthachede« erstmals schriftlich bezeugt. Seit 1420 war G. gemeinsamer Besitz von Hamburg und Lübeck (nach 1868 Hamburg allein). 1867 begründete Alfred Nobel die Dynamitfabrik in G.-Krümmel; im gleichen Jahr kaufte Hamburg Lübecks beiderstädtischen Anteil ab. 1924 erhielt G. Stadtrecht. Nach 1950 bedeutender wirtschaftlicher Aufschwung. – Sehenswert St. Salvatoris-Kirche (1685) mit Bronzeglokken von 1261 und 1959 und Krüger'sches Haus (1756). – Auto- und Moto-Cross-Rennen auf nationaler Ebene; alle zwei Jahre Geesthacht-Messe; Frühjahrs- und Herbstmarkt.

Gehrden (Hannover)

□ 43,10 qkm; ○ Hannover; ⚐ Niedesachsen; ✉ 30989; ☎ 05108; 🚗 H; △ 80–120 m; 👫 12700.

G., 12 km südwestlich von Hannover am Fuß des Gehrdener Berges gelegen, hat Grund- und Hauptschulen mit Förderstufen, Realschule und Gymnasium; Teppich- und Maschinenfabrik.

G., das 1298 das Marktrecht von den Grafen von Schaumburg erhielt, ist nach dem 2. Weltkrieg aufgrund seiner Lage im Großraum von Hannover als Vorortwohngemeinde überdurchschnittlich gewachsen (1939: 4500 EW).

Sehenswert Steinzeitgrab und die vorgeschichtlichen Wallanlagen auf dem Gehrdener Berg. – In G. lebte und starb Pastor Justus-

Wilhelm Lyra (1822–82), der Komponist des Volksliedes „Der Mai ist gekommen" (Alljährlich Maisingen am Vorabend des 1. Mai).

Geilenkirchen

□ 83,15 qkm; ○ Heinsberg; ⚐ Nordrhein-Westfalen; ✉ 52511; ☎ 02451; 🚗 HS; △ 54–121 m; 👥 22500.

G. liegt 25 km nördlich von Aachen im Wurmtal am Kreuzungspunkt der B 56 und B 221. G., Bahnstation der Strecke Aachen–Mönchengladbach–Düsseldorf, hat Amtsgericht, Finanzamt, Arbeitsamt; Realschule, Sonderschule für Lernbehinderte, priv. Gymnasium, Berufsbildende Schulen, Eichendorffkolleg für spätausgesiedelte Abiturienten, Krankenpflegeschule, Volkshochschule, Jugendmusikschule; Krankenhaus. G. ist Bundeswehrstandort. Industrie und Handel: Baukeramik- und Steinzeugröhrenwerke, Stahlbau, Druckgewerbe, Technischer Groß- und Einzelhandel (Softwareentwickler); Viehwirtschaft und Ackerbau in den ländlichen Stadtteilen.

Bereits im 7. Jh. befand sich auf dem Gebiet der heutigen Altstadt eine fränkische Siedlung. Im 12./13. Jh. sind die Herren von Geilenkirchen urkundlich nachweisbar, und 1170 wird G. erstmals urkundlich erwähnt. 1388 wird die Siedlung während der Kämpfe Jülichs gegen Brabant und Burgund zerstört. 1480 beginnt man den Ort zu befestigen, der 1543 und 1678/79 während kriegerischer Ereignisse in Brand geschossen wird. Unter französischer Oberhoheit gehörte G. zwischen 1794 bis 1815 zum Roer-Departement; danach kam es an Preußen. – Im 2. Weltkrieg (1944) erlitt G. schwere Zerstörungen. Zeugen der Vergangenheit sind: Schloß Trips (Stammschloß der Grafen Berghe von Trips), Schloß Breill, Schloßruine Leerodt, kath. Pfarrkirche St. Mariä-Himmelfahrt im klassizistischen Stil, Pfarrkirche St. Johann (Kirchenburg mit freistehendem Glockenturm), Patrizierhäuser und alte Wassermühlen (14. Jh.). Sehenswert ferner die Pfarrkirche G.-Süggerath mit flandrischem Schnitzaltar und das Heimatmuseum. – G.-Hünshoven ist Geburtsort des preußischen Politikers Ludolf Camphausen (1803–1890). – Überregional bekannte Volksfeste sind der G. Pfingstmarkt und das G. Oktoberfest.

Geiselhöring

□ 99,92 qkm; ○ Straubing-Bogen; ⚐ Bayern; ✉ 94333; ☎ 09423; 🚗 SR; △ 356 m; 👥 5800.

G. liegt im Labertal des niederbayerischen Hügellandes, 15 km südwestlich von Straubing. Bahnstation an der Strecke Neufahrn/Ndb.–Straubing. Die St G., Mittelpunkt eines intensiv landwirtschaftlich genutzten Gebietes (Kornkammer Bayerns), hat Grund- und Hauptschule; Brauerei, Malzfabrik, Plastikfabrik, Sägewerke, Fleischverarbeitungsbetriebe.

Der Herrensitz des „Giselhar" wird erstmals als Siedlung um 1100 in einer Schenkungsurkunde erwähnt. Der Ort erhielt 1287 Marktrechte und eine Marktverfassung. 1952 wurde der Marktflecken zur St erhoben.

Sehenswert das Rathaus (1525 erbaut), die barocken Giebelhäuser, die Stadtpfarrkirche (mit Deckengemälde von Matthias Günther) und das historische Bürgerhaus am Stadtplatz.

Geisenfeld

□ 54 qkm; ○ Pfaffenhofen a.d. Ilm; ⚐ Bayern; ✉ 85290; ☎ 08452; 🚗 PAF; △ 365 m; 👥 7700.

G., 20 km südöstlich von Ingolstadt an der B 300 gelegen, hat Anschluß an die Autobahn A 9 München–Nürnberg (Ausfahrt Langenbruck) und Autobahn A 9/A 93 München–Regensburg (Ausfahrten Mainburg und Aiglsbach). Die St. hat Realschule, Sonderschule für Lernbehinderte; landwirtschaftliche Betriebe (Hopfenanbau).

G. ist bereits im 7. Jh. bezeugt, als ein gewisser „Giso" im Auftrag der Ebersberger Grafen Herrschaftsrechte über den Ort ausübte. 1309 wurde G. mit Marktrechten ausgestattet. Die Stadterhebung erfolgte 1952. G. ist eines der ältesten Hopfenanbaugebiete Bayerns.

Sehenswert das 1626 im Renaissancestil erbaute Rathaus und die mächtige Pfarrkirche.

Geisenheim (Rheingau)

□ 40,34 qkm; ○ Rheingau-Taunus-Kreis; ⚐ Hessen; ✉ 65366; ☎ 06722; 🚗 RÜD; △ 98–396 m; 👥 11900.

G., 30 km westlich von Wiesbaden am rechten Rheinufer gelegen, ist über die B 42 zu erreichen. Bahnstation an der Strecke Wiesbaden–Köln. Die St hat Bundesanstalt für Qualitätsforschung pflanzlicher Erzeugnisse, Hessische Forschungsanstalt für Wein-, Obst- und Gartenbau; Mittelschule, Gymnasium, Gymnasium für Mädchen mit Internat, Sonderschule für

Lernbehinderte; Kreisberufsschule mit Fachschulen, Fachhochschule, Bundesluftschutzschule; Kaolinwerke, Fabrik für Industrieausrüstungen; Wein- und Obstbau. Die Ortsteile G.-Marienthal, G.-Johannisberg und G.-Stephanshausen sind Erholungsorte.

Die Gemarkung von G. war seit der Älteren Steinzeit besiedelt. Erstmals wird der Ort 772 urkundlich genannt. G. gehörte zur Reichsgrafschaft Rheingau, kam im 13. Jh. an das Erzstift Mainz und nach der Säkularisation 1806 an das Herzogtum Nassau. 1864 wurde G. zur St erhoben. – Sehenswert die kath. Pfarrkirche („Rheingauer Dom", Ende 15. Jh.) mit neugotischer Zweiturmfassade (1835–38), mehrere Adelshöfe aus dem 16.–18. Jh., Schloß Schönborn und Schloß Johannisberg (ehemals Kloster).

Geisingen (Baden)

☐ 73,76 qkm; ○ Tuttlingen; ⚐ Baden-Württemberg; ✉ 78187; ☎ 07704; 🚗 TUT; △ 669 m; 👪 5700.

G., 28 km südöstlich von Villingen-Schwenningen am Schnittpunkt der B 31, B 33 und B 311 gelegen, hat Anschluß an die Autobahn A 81 Stuttgart–Bodensee (Ausfahrt G.). Bahnstation an den Strecken Offenburg–Konstanz bzw. Freiburg–Ulm.G. ist Sitz der Verwaltungsgemeinschaft Immendingen-G., hat Grund- und Hauptschule, Altenpflegeschule; Zementwerk, Baustoffherstellung, Maschinenbau, Metallverarbeitung, Feingerätebau, Holzverarbeitung; Landwirtschaft.

G., erstmals 764 bezeugt, kam von den Herren von G. 1321 an das Haus Fürstenberg und 1806 an Baden. Die Gründung der St Geisingen erfolgte wohl um das Jahr 1280. – Im Zuge der Gemeindereform wurden die ehem. Gemeinden Kirchen-Hausen, Gutmadingen, Aulfingen und Leipferdingen 1972/74 in die St eingegliedert. Bei G. liegt der Wartenberg mit dem Schloß der Fürsten von Fürstenberg aus dem 18. Jh. – Sehenswert: Alte Gerbe, Zehntscheuer; Naturschutzgebiet Unterhölzer. – Alle zwei Jahre Straßenfest.

Geislingen an der Steige

☐ 75,84 qkm; ○ Göppingen; ⚐ Baden-Württemberg; ✉ 73312; ☎ 07331; 🚗 GP; △ 410–748 m; 👪 26300.

Geislingen a. d. Steige

G., Große Kreisstadt am Fuße der Schwäbischen Alb an der B 10, ist D-Zug-Station der Bundesbahn-Hauptstrecke Stuttgart–München. G. hat Realschule, Sonderschule für Lernbehinderte, Schule für das behinderte Kind, Gymnasium, Wirtschaftsgymnasium, Außenstellen der Fachhochschulen Nürtingen und Ulm, Volkshochschule. Die St ist Sitz bedeutender metallverarbeitender Werke (Württembergische Metallwarenfabrik, Süddeutsches Präzisionswerk); Textilindustrie.

Die Burg Helfenstein (heute Ruine) wurde um 1100 auf einem beherrschenden Bergvorsprung über dem als Handelsstraße benutzten Albaufstieg, die St um 1250 gegründet. Von 1396 bis 1802 gehörte G. zur Reichsstadt Ulm. 1514 wurde ein Aufstand der Bürgerschaft blutig unterdrückt. Bis Mitte des 19. Jh. blieb G. ein bescheidenes Landstädtchen, das sich durch ein bedeutendes Kunsthandwerk auszeichnete. Seit 1810 gehört G. zu Württemberg. Der Bau der Eisenbahnlinie Stuttgart–Ulm mit der als technische Meisterleistung bekannten „Geislinger Steige" (1847–50) und die gleichzeitig einsetzende Industrialisierung brachten einen stürmischen wirtschaftlichen Aufschwung.

Historische Bauten und Sehenswürdigkeiten: Altes Rathaus (1422); Ev. Stadtkirche (1424–28), spätgotische Pfeilerbasilika mit berühmten Chorgestühl von Jörg Syrlin d. J. (1512) und got. Flügelaltar von Daniel Mauch (1520); Ödenturm (um 1400); Alter Zoll (15. Jh.) und Alter Bau (16. Jh., Heimatmuseum). – In G. lebte der Dichter und Musiker Christian Friedrich Daniel Schubart von 1763 bis 1769 als Präzeptor und Organist (Schubartwohnhaus und Schubartschulgebäude).

Geldern

□ 96,85 qkm; ○ Kleve; ⚐ Nordrhein-Westfalen; ✉ 47608; ☎ 02831; 🚗 KLE; △ 27 m; 👫 28600.

G., im niederrheinischen Tiefland an der Niers unweit der niederländischen Grenze gelegen, ist über die B 9 und B 58 zu erreichen; Anschluß an die Autobahn A 57 Köln–Niederlande (Ausfahrt Alpen/G.). Die St hat Amtsgericht, Kreisbehörden, Hauptzollamt; Realschulen, Gymnasien, Volkshochschule, Sonderschule für Lernbehinderte, Berufsfach-, Fach- und Fachoberschulen; vielfältige Industrie (Steine und Erden, NE Metallgießerei, Stahlverformung, Stahl- und Leichtmetallbau, Maschinenbau, elektrotechnische Industrie, NE Metallblechwaren, Holz-, Papier- und Pappeverarbeitung, Druckerei und Vervielfältigung, Kunststoffverarbeitung, Lederverarbeitung, Textil- und Bekleidungsindustrie, Nahrungs- und Genußmittelindustrie); Spargelanbau (im Ortsteil Walbeck).

Das erstmals 812 urkundlich erwähnte G. erhielt 1229 Stadtrecht. Die St war Hauptstadt der Grafen von G. bis 1339, danach Besitz der Herzöge G. aus dem Hause Jülich (bis 1423). Ab 1555 stand G. mit Unterbrechungen bis 1703 unter spanischer Herrschaft; danach fiel es an Preußen. – Von den im 2. Weltkrieg zerstörten oder schwer beschädigten historischen Bauten sind das ehemalige Karmeliterkloster mit Kirche (Anfang 15. Jh.), die Hl. Geistkirche (1736–40) und der Mühlenturm (Mitte 13. Jh.), Schloß Walbeck und Schloß Haag (15. Jh.) restauriert worden.

Alljährlich Internationaler Wettbewerb der Straßenmaler (letztes Ferienwochenende) und größte Pfingstkirmes am Niederrhein.

Gelnhausen

□ 45,21 qkm; ○ Main-Kinzig-Kreis; ⚐ Hessen; ✉ 63571; ☎ 06051; 🚗 HU; △ 141 m; 👫 18600.

G., 40 km östlich von Frankfurt a. M. zwischen Büdinger Wald und Spessart an der Kinzig, B 40, B 43 und an der Autobahn A 66 Frankfurt a. M.–Bad Soden–Salmünster (Ausfahrten G.-West und G.-Ost) gelegen, ist Bahnstation an der Strecke Frankfurt–Hannover. G. hat Kreisbehörden, Amtsgericht; Verkehrslandeplatz; Realschule, Gymnasium, Berufsschulen und Handelsschule; Kreiskrankenhaus, Unfallkrankenhaus; gummiverarbeitende Industrie und Fremdenverkehr.

G. war bereits im frühen MA Verwaltungssitz für fränkisches Königsgut. Die Stadt, Residenz Kaiser Friedrich Barbarossas im 12. Jh., wurde 1170 zur Freien Reichsstadt erhoben.

G. besitzt eine Reihe hervorragender Baudenkmäler: Ruinen der Kaiserpfalz (Barbarossaburg) mit erhaltener Torhalle und Teilen des Palas (bemerkenswerte romanische Bauornamentik); Romanisches Haus (1180, ältestes Amtshaus Deutschlands); Marienkirche (12./13. Jh.) mit Lettner des sogenannten „Naumburger Meisters“, alter Kanzel (1603), Hochaltar und spätgot. Kruzifix; Peterskirche (frühes 13. Jh.) mit Petrusdarstellung aus dem 12. Jh. über dem nördl. Seiteneingang; gotisches Fachwerkhaus (1356, ältestes Fachwerkhaus Hessens); Rathaus (14. Jh.); Fachwerkhaus „Symeren“ und Johanniterhaus (14. Jh.); Godobertus-Kapelle (9. Jh.); ma. Tortürme, Wehrtürme und Wehrgang. – G. ist Geburtsstadt von Joh. Christophel von Grimmelshausen (1622–76), Verfasser des „Simplicius Simplicissimus“ (Geburtshaus Schmidtgasse), und Philipp Reis (1834–74), Erfinder des Telefons (Geburtshaus und Denkmal). Sehenswert außerdem das Heimatmuseum.

Gelsenkirchen

□ 104,83 qkm; ○ Kreisfreie Stadt; ⚐ Nordrhein-Westfalen; ✉ 45879*; ☎ 0209; 🚗 GE; △ 28–94,6 m; 👫 285000.

G liegt in zentraler Lage im nördlichen Ruhrgebiet am Rhein-Herne-Kanal und an der Emscher; Zufahrten über die B 1, B 224, B 226, B 227, über die Autobahnen A 42 Moers–Castrop-Rauxel (mehrere Ausfahrten) und A 2 Köln–Hannover (Ausfahrten G.-Buer und G.-Ost). D-Zug-Station an der Bundesbahnhauptstrecke Köln–Hannover. G. hat 5 Häfen am Rhein-Herne-Kanal; Verwaltungs-, Sozial- und Arbeitsgericht, 2 Amtsgerichte, Hygiene-Institut des Ruhrgebiets, Bergamt; Realschulen, Abendrealschule, Gymnasien, Abendgymnasium, Gesamtschulen, Berufs- und Berufsfachschulen, Fach- und Fachoberschulen, Fachhochschule für Maschinenbau und Elektrotechnik, Fachhochschule für Öffentliche Verwaltung, Staatl. Studienseminare, Sonderschulen für Lernbehinderte, Sehbehinderte, Schwerhörige und geistig Behinderte; Kinder- und Orthopädische Spezialkliniken; Musiktheater im Revier (Oper, Operette, Schauspiel, Ballett), Städt. Kunstsammlung und Museum mit frühgeschichtlicher Sammlung, Stadtbücherei, Volkshochschule; Ruhr-Zoo, Trab-

Gelsenkirchen, Theater

und Galopprennbahnen, Parkstadion G. (70 000 Plätze).

Bedeutende Industriezweige sind trotz Zechenschließungen und Rezessionserscheinungen in der Montanindustrie weiterhin der Steinkohlenbergbau (1980 15 000 Beschäftigte) und die auf ihm basierende Eisen- und Stahlindustrie (15 000 Beschäftigte). Daneben sind neue Wachstumsindustrien (Mineralölverarbeitung und chemische Industrie, Glas- und Bekleidungsindustrie, Werke zur Herstellung von Autozubehörteilen, Großbehältern, Wellpappe) und Betriebe der Investitionsgüterindustrie (Stahl-, Leichtmetall- und Maschinenbau) entstanden, die eine günstigere Wirtschaftsstruktur bewirkten (Industriebeschäftigte insgesamt 47 000).

Das Dorf »Geilistirnkirkin« wird erstmals 1150 urkundlich erwähnt. Die Entwicklung von einer kleinen Landgemeinde zur Industriestadt (Stadterhebung 1875) begann nach dem Anschluß an die Eisenbahnstrecke Köln–Minden (1847) und dem Kohlenbergbau seit Mitte des 19. Jh. 1928 schlossen sich die Städte G. und Buer sowie das Amt Horst zur Gesamtstadt Gelsenkirchen zusammen.

Sehenswürdigkeiten: Schloß Berge im Norden der St (1530 begonnen); Schloß Horst (1558–78); Freizeitpark Nienhausen.

Gemünden a. Main

□ 74,98 qkm; ○ Main-Spessart; ⚐ Bayern; ✉ 97737; ☎ 09351; 🚗 MSP; △ 161 m; 👪 10 900.

G., 40 km nordwestlich von Würzburg im östlichen Spessart an der Einmündung von Fränkischer Saale und Sinn in den Main gelegen, ist bedeutender Bahnknotenpunkt (D-Zug-Station) der Strecken Frankfurt a. M.–Würzburg und Würzburg–Hannover. Zufahrt über die B 26 und B 27; Anschluß an die Autobahnen A 7 Würzburg–Kassel (Ausfahrt Hammelburg) und A 7/5 Würzburg–Frankfurt a. M. (Ausfahrt Weibersbrunn). Die St hat Hafen; Amtsgericht, Forstamt; Gymnasium, Realschule, Mädchenbildungswerk (Gymnasium, Realschule, Fachakademie für Sozialpädagogik) mit Internat der Schwestern zum Heiligen Kreuz, Sonderschule für Lernbehinderte; mittlere Industriebetriebe (Maschinenbau, Holz- und Bekleidungsindustrie).

G., erstmals 837 urkundlich bezeugt, war in wechselndem Besitz der Grafen von Rieneck und des Hochstifts Würzburg, dem es seit 1469 endgültig angehörte. Im 13. Jh. erhielt es das Stadtrecht; 1814 kam es an Bayern. Von den schweren Zerstörungen in den letzten Kriegstagen 1945 blieben einige Fachwerkhäuser, der Mühltorturm und die (restaurierte) got. Stadtkirche Peter u. Paul verschont. Bemerkenswert ferner die wiederaufgebaute Dreifaltigkeitskirche und die Ruine der Scherenburg (1243 erstmals genannt). – Nordöstlich von G. liegt Kloster Schönau (1699).

Gengenbach

□ 61,91 qkm; ○ Ortenaukreis; ⚐ Baden-Württemberg; ✉ 77723; ☎ 07803; 🚗 OG; △ 172 m; 👪 10 700.

G. liegt 10 km südöstlich von Offenburg im Kinzigtal im mittleren Schwarzwald. Zufahrt über die B 33; Bahnstation an der Bundesbahnstrecke Offenburg–Konstanz (Schwarzwaldbahn). G. hat Amtsgericht, Forstamt; Realschule, Gymnasium, Volkshochschule, Fremdsprachenschule, Fachschule für künstlerisches Gestalten. Die St ist Sitz eines Mutterhauses der Franziskanerinnen mit Kindergärtnerinnenseminar, Vorschule für Sozialberufe und Haushaltungsschule. G. hat Polstermöbelfabriken (Hukla-Werke); Winzergenossenschaft Vorderes Kinzigtal.

Um 725 gründete der hl. Pirmin ein Benediktinerkloster (1806 aufgehoben), in dessen Nähe G. als Siedlung von Hörigen und Freien entstand. Der Ort wurde 1230 zur St erhoben und unter dem Straßburger Bischof Heinrich von Stahleck in der 2. Hälfte des 13. Jh. befestigt. Kaiser Karl IV. gab der St die Reichsfreiheit (1360). Im 30jährigen Krieg wurde G. mehrmals verwüstet und im Pfälzer Erbfolgekrieg 1689 bis auf die Grundmauern zerstört. 1806 kam G. an Baden. – Malerisches Stadtbild mit ma. Toren und Türmen, Bürger- und

Handelshäusern aus dem 18. Jh. (u.a. Kauf- und Kornhaus von 1696, Löwenbergpalais, Stammhaus des Dichters J.V. von Scheffel, Ratskanzlei), historischem Marktplatz mit Rathaus (1784) und Marktbrunnen (1582). Bemerkenswert ferner die ehem. Klosterkirche (Stadtkirche), zwischen 1629 und 1702 auf den romanischen Grundmauern wiedererrichtet, mit schönem Barockturm.

Genthin

□ 17,5 qkm; ○ Genthin; ⚐ Sachsen-Anhalt; ✉ 39307; ☎ 09 24; 🚗 GNT; △ 35 m; 👪 17 000.

G. ist zu erreichen auf der A 2/E 30, Ausfahrt Ziesar zur B 107 in etwa 28 km Entf. In der St kreuzen sich die B 1 und B 107; Bahnstation der Hauptstrecke Hannover–Berlin; Transportschiffahrt auf dem Elbe-Havel-Kanal.

Behörden und Bildungseinrichtungen: Die Kreisstadt ist mit allen erforderlichen Ämtern und Behörden ausgestattet und verfügt über den nötigen Bestand an Grund-, Sekundar- und Realschulen sowie über ein Gymnasium. Möglichkeiten für die Freizeitgestaltung bietet das Kreiskulturhaus.

Wirtschaftliches: In der St dominiert das Henkel-Waschmittelwerk als Hauptarbeitgeber. Weiterhin zählen zu den herausragenden Unternehmen eine Verzinkerei, die Stahlbauindustrie und der Fahrzeugbau.

Geschichtliches: Das erstmals 1171 urkundlich erwähnte G. ist slawischen Ursprungs. Es gehörte zum Herrschaftsbereich des Geschlechtes derer von Plote, die ihren Sitz auf der 700 m hohen nordwestl. der St gelegenen Burg gleichen Namens hatten – dem späteren Amt Altenplatow. Mit der Übereignung der Burg an das Erzbistum Magdeburg stand das Plote-Geschlecht in dt. Dienst. Verglichen mit seinen Nachbarstädten war G. im Mittelalter recht unbedeutend. Erst 1495 wurde es als Oppidum (Stadt) bezeichnet, Marktrecht erhielt es sogar erst 1539. Eine Stadtmauer gab es nicht, sondern lediglich vier Tore, an denen die Handelssteuer (Akzise) zu entrichten war.

Der 30jährige Krieg hinterließ auch in G. Spuren und Folgen, die seiner Entwicklung schadeten. Noch im letzten Kriegsjahr (1648) vernichtete ein Großbrand die St vollständig. 1682–83 wurde sie von der Pest heimgesucht, die das Leben von 147 Bürgern forderte.

Die St kam 1680 unter preußische Verwaltung und gehörte damit zur Provinz Sachsen. Bis 1808 unterstand G. als sog. Mediatstadt dem Amt Altenplatow, ab 1467 war es erzbischöfliches und ab 1713 königliches Amt.

Wegen der zentralen Lage wurde G. 1716–1816 für die ostelbischen Stände zum Tagungsort der Verwaltungsdistrikte Jerichow I und II.

Unter Leitung Friedrichs II. entstand von 1743–46 der Plauer Kanal. Mitte des 19. Jahrhunderts begann mit der Gründung einer Zichorien-Verarbeitungsfabrik (Kaffeezusatz), einer Ölmühle und einer Schrotgießerei die Industrialisierung der St. Auch der Bau von „Kunststraßen“ (Landstr.) und die Einbindung in die Eisenbahnstrecke Berlin–Magdeburg–Hannover verbesserten die Infrastruktur und förderten die ökonom. Entwicklung.

Mit der Eingliederung der selbständigen Gm Berggenthin (1888) und Altenplatow erreichte G. erstmals die Größe von 10 000 EW. Nachdem 1902 die Zuckerraffinerie AG und 1923 das Waschmittelwerk der Henkel GmbH ihre Produktion aufgenommen hatten, bestimmten diese beiden Großbetriebe das wirtschaftliche Profil der St.

Sehenswürdigkeiten und Kulturelles: Slaw. Burgwall (9./10. Jh.), später dt. „Burg Plote“ (1144 urkundl. erwähnt); barocke evangel. St-Kirche am Marktplatz (1707–22), Westturm (1770–72); Postmeilensäule in Obeliskform am Polizeirevier (1819–20); Ensemble von Ackerbürger-Häusern in der Lindenstr. (18./19. Jh.); älteste erhalten gebliebene Fachwerkbauten (Wohnhäuser); Wasserturm an der Kanalbrücke (1934–35); im G.-Park Turm der ehem. Zichorienmühle; Figurengrabstein des Herrmann v. Plote in der Pfarrkirche (12. Jh.); Stadtpark, nach Plänen von Lenné (1. Hälfte des 19. Jh.); Rathaus und Post im neugot. Stil (1898–99); kathol. Kirche (Neo-Romanik 1902); Bahnhof im originalen Bauzustand (1843–47).

Das Kreisheimatmuseum in der Mützelstraße besteht seit 1886; es zeigt in einer ständigen Ausstellung die Geschichte des Elbe-Havel-Gebietes, die Entstehung der Landschaft und gibt Einblicke in die Ur- und Frühgeschichte der Region; das Haus besitzt darüber eine umfangreiche Sammlung. Ebenso verfügt es über zahlreiche hist. Exponate zur bäuerlichen und städt. Volkskultur des 19. Jh.; sehenswert sind ferner ein bisher undatierter Runenstein, eine Urne mit Pferdedarstellungen aus dem 2. Jh. und eine Hauschka-Radschloßbüchse (1. Hälfte des 18. Jh.). – Am Museum befindet sich ein Schaugelände mit Skulpturen und weiteren Ausstellungsgegenständen.

Georgsmarienhütte

□ 55,43 qkm; ○ Osnabrück; ⚐ Niedersachsen; ✉ 49124; ☎ 05401; 🚗 OS; △ 86–331 m; 👪 30900.

G., Erholungsort am Nordrand des Teutoburger Waldes 5 km südlich von Osnabrück, ist über die B 51 und B 68 zu erreichen. Anschluß an die Autobahn A 30 Bad Oeynhausen–Osnabrück (Ausfahrten Osnabrück-Nahne und Osnabrück/Stutthausen). G. hat Realschule, Gymnasium, Sonderschule für Lernbehinderte, Volkshochschule, Musikschule, Landvolkhochschule; Hütten- und Eisenwerke (Klöckner AG), Möbelindustrie, Beton-Fertigteilwerk, Gewürzwerk.

Die St geht auf eine 1856 gegründete und nach König Georg V. von Hannover und seiner Gemahlin Marie benannte Eisenhütte zurück. 1970 schloß sich Alt-G. mit fünf weiteren Gm zur Großgemeinde zusammen, der im gleichen Jahr die Stadtrechte verliehen wurden. – Sehenswürdigkeiten: Alte Klosterkirche mit Kunstschätzen im Stadtteil Oesede; Krypta in der Heilig-Geist-Kirche; Heimatmuseum.

Gera

□ 24 qkm; ○ Gera; ⚐ Thüringen; ✉ 07545*; ☎ 0365; 🚗 G; △ 205 m; 👪 129100.

G. ist zu erreichen auf der A 4/E 40, Ausfahrt Gera (5 km) und auf der A 9/E 49/E 51, Ausfahrten Hermsdorf (15 km) oder Bad Klosterlausnitz (ca. 20 km), sowie auf der B 2, der B 7 und der B 92; Bf. an den Fernlinien Chemnitz–G.–Erfurt–Bebra–Kassel, Leipzig–G.–Saalfeld. Verkehrsflugplatz Gera-Leumnitz für ein- und zweimotorige Maschinen sowie für Segelflugzeuge.

Bildungseinrichtungen: Grundschulen, Regelschulen, Gymnasien; Förderschulen; berufliche Schulen; Christliches Jugenddorf (Förderlehrgänge und berufsbildende Lehrgänge für lernbehinderte Jugendliche); Volkshochschulen; Wissenschaftliche Allgemeinbibliothek (Hauptbibliothek mit mehreren Zweigstellen; Territorialkundearchiv und Umweltbibliothek); Urania Gera e. V., Gesellschaft zur Verbreitung wissenschaftlicher Erkenntnisse.

Wirtschaftliches: ca. 1500 Industrie- und Handwerksbetriebe, typisch für die Industrie ist ihre Branchenvielfalt, profilbestimmend sind Textilindustrie, allgemeiner Maschinenbau, Werkzeug- und Werkzeugmaschinenbau, Elektronik; G. ist Mittelpunkt der Wirtschaft und Dienstleistungszentrum von Ostthüringen.

Gera, Theater

Geschichtliches: G., die zweitgrößte St in Ostthüringen, gelegen in einer reizvollen Hügellandschaft, erstreckt sich am Mittellauf der Weißen Elster. In einer Grenzbeschreibung kommt der Name 995 erstmals als „Landstrich Gera“ vor, den Kaiser Otto III. 999 seiner Schwester Adelheid, der Äbtissin des Quedlinburger Stiftes, schenkte. Mit der Verwaltung des Gebietes wurden die Vögte von Weida beauftragt. Das St-Recht erhielt G. 1237; im Sächsischen Bruderkrieg wurde es 1450 stark zerstört. Mit der Bestätigung der neuen Statuten (1487) liegen die ältesten schriftlichen Überlieferungen des St-Rechtes von G. vor. Ende des 16. Jh. begründeten aus den Niederlanden emigrierte Zeugmacher und Kaufleute die Zeugwirkerei und Schönfärberei in G. Sie wurden für die einheimischen Tuchmacher zu einer ernsthaften Konkurrenz. Dessen ungeachtet entwickelten sich ihre Gewerke zur bedeutendsten Zunft der St. – Ein neues Rathaus konnte 1576 fertiggestellt und eingeweiht werden. Handel und Gewerbe der St wurden immer wieder durch Kriege und Brände arg in Mitleidenschaft gezogen. So kam es 1780 zum „Großen Brand von Gera“, bei dem 90 Prozent aller Häuser in Schutt und Asche fielen. –

Die erste G.er Zeitung erschien 1795 unter dem Titel „Aufrichtig-Deutsche Volkszeitung“. – Eine neue St-Ordnung wurde 1831 erlassen. Aus dem Textilgewerbe entwickelte sich in der ersten Hälfte des 19. Jh. die Textilindustrie, die bis heute an der Prägung des industriellen Profiles der St beteiligt geblieben ist. Die erste Dampfmaschine wurde 1833 in der Kammwollspinnerei Morand & Co. aufgestellt; 1841 gründete der Mechaniker Moritz Jahr die erste Maschinenbauanstalt. Nach Gründung der Gasbeleuchtungs-AG erstrahlten 1852 zum ersten Male Straßenlaternen in der St. Während der Herausbildung des industriellen Zeitalters wurde G. 1856 an das sächsische Telegraphennetz angeschlossen, erhielt 1858 durch Eröffnung der Eisenbahnlinie Weißenfels–Zeitz–G. Zugang zum Schienennetz und schuf sich 1885 mit Inbetriebnahme der Fernsprechtechnik Voraussetzungen für eine schnelle Kommunikation auf verschiedenen Gebieten. Ende des 19. Jh. gingen aus mehreren kleineren Betrieben einige große Werkzeug- und Werkzeugmaschinen-Fabriken hervor. G. kann sich rühmen, 1892 als zweite dt. St eine elektrische Straßenbahnlinie eingerichtet zu haben. Die Novemberrevolution (1918) bedeutete den Rücktritt des fürstlichen Ministeriums und die Abdankung Heinrichs des XXVII. von Reuß. In den 20er Jahren bildete sich die für G. bis heute typisch gebliebene Branchenvielfalt der Industrie heraus. 1937 erhielt die St einen Anschluß an die Reichsautobahn. – Der Grundstein zum Wiederaufbau der im 2. Weltkrieg zerstörten Innen-St wurde 1958 gelegt, 1972 folgte der 1. Spatenstich für das Neubaugebiet G.-Lusan, 1984 wurde die Rekonstruktion des St-Kernes abgeschlossen.

Sehenswürdigkeiten und Kulturelles: Rathaus (1573–76) im Renaissancestil; Mkt-Platz-Ensemble, mit St-Apotheke in einem Renaissancebau (1592–1606), der Erker zeigt das in Kupfer geschnittene preußische Wappen, darüber die Initialen von Heinrich dem Jüngeren Reuß, im Mittelpunkt des Platzes der Simsonbrunnen (1685/86) von Caspar Junghans; Salvatorkirche (1717–20), Barockbau auf dem Nikolaiberg; „Schreibersches Haus“ (1687/88), auf der Brandstätte eines ma. Burggutes errichtetes Barockgebäude, heute Museum für Naturkunde, im Hause ein kostbarer Barocksaal; „Ferbersches Haus“, größte erhaltene Wohnanlage aus dem 18. Jh., heute Museum für angewandte Kunst; barockes St-Museum (1724–32), früher Zucht- und Waisenhaus; Theatergebäude (1901/02), das ehem. Reußsche Staatstheater; Orangerie, halbkreisförmige Barockanlage (1729–32), heute Heimstätte für die Bildende Kunst. – St-Museum, ständige Ausstellung „G. von den Anfängen bis 1789“; eine besondere Attraktion sind die „Geraer Höhler“ ein unter der Alt-St liegendes Gangsystem, zehn der „Höhler“ (früher Bierkeller) sind durch Besichtigungsgänge miteinander verbunden; Museum für angewandte Kunst mit ständig wechselnden Ausstellungen; Museum für Naturkunde, ständige Ausstellung „Ostthüringen als Landschaftsraum“; Botanischer Garten; Kunstgalerie, ständige Ausstellung „Malerei und Plastik vom 15. bis 20. Jh.“; Otto-Dix-Haus, Museums-, Ausstellungs- und Vortragsräume im Geburtshaus des Malers; Heinrich-Schütz-Haus, Forschungs- und Gedenkstätte im Geburtshaus des Komponisten, Konzerte und Veranstaltungen; Theater mit großem Haus (Theatersaal und Konzertsaal), Bühne am Park und Puppenbühne; Kabarett „Fettnäppchen“; Kultur- und Kongreßzentrum (moderne, 1981 erbaute Veranstaltungshalle). – Sportstätten: Bowling im Kultur- und Kongreßzentrum; Kegelbahnen im Bergarbeiter-Kulturhaus, im Hotel „Fuchsberg“ und im UFO (Urlaub-Freizeit-Ostthüringen); Reiten am Reiterhof und in der Reitsportanlage; Schwimmen in verschiedenen Hallen- und Freibädern; Tennisplatz.

Wiederkehrende Ereignisse: G.er Modetage; Sport-Fitneß- und Gesundheitsmesse; Elektrofachmesse; Gastronoma; G.er Verbrauchermesse; Folkloreabende; auf St-Teile regional begrenzte, heimatkundliche Veranstaltungen.

Geretsried

□ 24,63 qkm; ○ Bad Tölz-Wolfratshausen; ⚐ Bayern; ✉ 82538; ☎ 08171; 🚗 TÖL; △ 592 m; 👪 21 400.

Die St G. liegt 40 km südlich von München im Alpenvorland an der Isar. Zufahrt über die B 11. Anschluß an die Autobahn A 95 München–Murnau–Garmisch-Partenkirchen (Ausfahrt Wolfratshausen). G. hat Realschule und Gymnasium, Sonderschule, Musikschule; Verwaltungsschule der Bundesanstalt für Arbeit; holzverarbeitende und Kunststoff-, Textil-, chemische und Metallindustrie, Blasinstrumenten- und Meßgerätebau.

G., erstmals 1083 urkundlich nachweisbar, war ursprünglich ein kleiner Ortsteil der Gm Gelting; seine Bedeutung erlangte es 1950 als Siedlung von Heimatvertriebenen (überwiegend Sudetendeutschen) aus zwei demontierten Munitionsfabriken. Der aufstrebende Ort wurde 1970 zur St erhoben. – Sehenswert das Heimatmuseum und die Nikolauskapelle.

Gerlingen (Württ.)

□ 17 qkm; ○ Ludwigsburg; ⚐ Baden-Württemberg; ✉ 70839; ☎ 07156; 🚗 LB; △ 336–483 m; 👪 18 500.

G liegt 13 km westlich von Stuttgart unweit der Autobahn A 6 Stuttgart–Heilbronn (Ausfahrt über Autobahndreieck Stuttgart–Leonberg oder Stuttgart-Feuerbach). Die St hat Realschule und Gymnasium, Volkshochschule;

Fachklinik für Lungen- und Bronchialerkrankungen; Maschinenindustrie; Apparatebau (Kopiergeräte), Kältetechnik, optische Industrie. G. ist Sitz der Hauptverwaltung und Grundlagenforschung der Robert Bosch GmbH.

Bodenfunde (3000–5000 v. Chr.) und ein Grabhügel aus der Keltenzeit (600 bis 400 v. Chr.) deuten auf eine frühe Besiedelung des G. Raumes. »Gerringen« wird erstmals 797 urkundlich erwähnt. Bis ins 19. Jh. blieb der Ort, der 1308 an Württemberg kam, ein bescheidenes Pfarrdorf abseits der großen Verkehrswege. Nach dem 2. Weltkrieg entwickelte sich G. im Großraum von Stuttgart zu einer aufstrebenden Industrie- und Wohngemeinde mit ständig wachsender Einwohnerzahl. 1958 wurde G. zur St erhoben. – Sehenswert das Stadtmuseum und das nahe gelegene Rokokoschloß Solitude (1763–67). Auf dem Friedhof der St befinden sich die Gräber von Friedrich Schillers Vater und Schwester.

Germering

□ 21,59 qkm; ○ Fürstenfeldbruck; ⚐ Bayern; ✉ 82110; ☎ 089; 🚗 FFB; △ 534,60 m; 👫 35000.

G., Stadtrandgemeinde im Westen der Landeshauptstadt München, ist über die B 2 zu erreichen. G. hat zwei S-Bahnstationen im Münchner Verkehrsverbund (Strecke München–Herrsching (Ammersee); Gymnasium, Volkshochschule; metallverarbeitende Industrie, Maschinenbau, chemische Industrie und Solitärbaumschule.

G. wird in Freisinger Urkunden um 770 und 859 erwähnt. Mit Balduin von G. (um 1140) erlosch der alte Ortsadel. Über die Ritter von Pfaffenhofen kam der Besitz an die Hofmark Fürstenfeldbruck und Andechs. Seit 1804 ist G. selbständige Gm. Die aus dem 15./16. Jh. stammende spätgotische Dorfkirche St. Martin steht unter Denkmalschutz.

Germersheim

□ 21,30 qkm; ○ Germersheim; ⚐ Rheinland-Pfalz; ✉ 76726; ☎ 07274; 🚗 GER; △ 104 m; 👫 13600.

G., linksrheinisch 35 km nördlich von Karlsruhe an der B 9 und B 35 gelegen (Eisenbahn- und Straßenbrücke über den Rhein), ist Bundeswehrstandort. G. hat Kreisverwaltung, Amtsgericht, Standortverwaltung der Bundeswehr; Realschule, Sonderschule für Lernbehinderte, Gymnasien, Berufsschule, Handelsschule, Auslands- und Dolmetscherinstitut der Universität Mainz; landwirtschaftliche Betriebe, Glasfabrik, Nahrungsmittelwerk, Möbel- und Textilindustrie.

Die St, ehemaliger Waffenplatz der Römer, wird erstmals 1090 in der Chronik von Sinsheim erwähnt. König Rudolf I. von Habsburg erhob G. 1276 zur Freien Reichsstadt. Völlige Zerstörung der St 1674 durch General Turenne. Zwischen 1834–55 wurde G. zur Festung ausgebaut (1919–24 Schleifung der Befestigungsanlagen). Schwere Schäden im 2. Weltkrieg. Nach 1960 bedeutende industrielle Entwicklung (Ausbau des Rheinhafens).

Gernsbach

□ 82,09 qkm; ○ Rastatt; ⚐ Baden-Württemberg; ✉ 76593; ☎ 07224; 🚗 RA; △ 160–984 m; 👫 14000.

G., Luftkurort an der Murg im nördlichen Schwarzwald, ist über die B 462 zu erreichen. Anschluß an die Autobahn A 5 Karlsruhe–Basel über Zubringer (Ausfahrt Rastatt). Bahnstation an der Strecke Karlsruhe–Freudenstadt. Die St hat Gymnasium, Realschule, Handelslehranstalt, Gewerbeschule, Papiermacherschule mit Internat (einzige im Bundesgebiet); Papierindustrie; Fremdenverkehr.

G., erstmals 1219 erwähnt, erhielt 1248 das Stadtrecht durch die Grafen von Eberstein. Die St war seit Ende des 15. Jh. Sitz der »Murgschifferschaft«, die großen Waldbesitz erwarb und durch ihre Finanzkraft das wirtschaftliche und kulturelle Leben der St im 15. und 16. Jh. zu einer Blütezeit führte. Nach 1660 kam G. unter die Verwaltung des Bistums Speyer; 1803 wurde die St badisch. Luftkurort ist G. seit 1884. – Bemerkenswert das Alte Rathaus und Schloß Neueberstein (Ende 18. Jh.).

Gernsheim (Rhein)

□ 40,12 qkm; ○ Groß-Gerau; ⚐ Hessen; ✉ 64579; ☎ 06258; 🚗 GG; △ 90 m; 👫 8600.

G. liegt 20 km südwestlich von Darmstadt im Hessischen Ried. Zufahrt über die B 44 und B 426. Anschluß an die Autobahn A 67 Mannheim–Mönchhof Dreieck (Ausfahrt G.); Bahnstation an der Strecke Frankfurt–Mannheim. Die St hat Rheinhafen (2 Hafenbecken); Arbeitsamt, Finanzamt, Forstamt, Wasser- und Schiffahrtsamt; Realschule mit Förderstufe, Gymnasium, Sonderschule für Lernbehinderte, Volkshochschule; chemische Industrie (Merck).

Der Ort wird 852 erstmals urkundlich erwähnt. Seit 1071 war G. Besitz des Klosters Lorsch. Kaiser Karl IV. verlieh ihm 1356 die Stadtrechte. G. gehörte seit 1328 dem Bistum Mainz und kam nach der Säkularisation (1803) an Hessen.

G. ist Geburtsort des Miterfinders der Buchdruckerkunst Peter Schöffer (Denkmal). In der Nähe liegt der Wallfahrtsort „Maria Einsiedel". – Alljährlich Anfang August „Rheinisches Fischerfest".

Gerolstein

□ 64,32 qkm; ○ Daun; ⚐ Rheinland-Pfalz; ✉ 54568; ☎ 06591; 🚗 DAU; △ 360–620 m; 👪 7100.

G., anerkannter Luftkurort in der Vulkan-Eifel, ist über die B 410, die A 48 Koblenz–Trier (Ausfahrt Daun–Mehren) und A 60 (Ausfahrt Prüm) zu erreichen. D-Zug-Station an der Bundesbahnstrecke Köln–Euskirchen–Trier. G. hat Verbandsgemeinde-Verwaltung, Arbeitsamt, Forstamt; Gymnasium, Berufsbildende Schulen, Fachschulen, Sonderschulen. G. ist Bundeswehrstandort mit Standortverwaltung. Bedeutendster Wirtschaftszweig sind die Eifeler Mineralwasser- und Kohlensäurewerke (Gerolsteiner Brunnen); daneben metall- und holzverarbeitende Industrie.

Das Gebiet von G. ist seit der Altsteinzeit besiedelt. Aus römischer Zeit sind Reste eines Gutshofes (mit Museum „Villa Sarabodis") erhalten. Der Stadtteil Sarresdorf wird 762 erstmals urkundlich erwähnt. 1115 wurde die Burg Gerhardstein erbaut. G. erhielt 1336 Stadtrechte (Verlust 1856, Wiederverleihung 1953). Wirtschaftlicher Aufschwung nach der Erschließung der Eifel durch die Eisenbahnstrecke Köln–Trier (1870/71). Im 2. Weltkrieg wurde G. schwer zerstört.

Neben der Mineralwasserindustrie ist der Fremdenverkehr von großer wirtschaftlicher Bedeutung (niederländisches Feriendorf Felsenhof). Sehenswert Heimatmuseum, Römisches Museum, Naturkundemuseum, gallo-römische Kultstätte, Keltischer Ringwall »Dietzenley«, Kasselburg (12. Jh.), Ruine Löwenburg, Höhle Buchenloch.

Sprudelfest im August.

Gerolzhofen

□ 18,40 qkm; ○ Schweinfurt; ⚐ Bayern; ✉ 97447; ☎ 09382; 🚗 SW; △ 235 m; 👪 7000.

Die St G. liegt am Westrand des Naturparks Steigerwald 40 km nordöstlich von Würzburg. Zufahrt über die B 286 bzw. 286a; Anschluß an die Autobahnen A 3 Frankfurt a. M.–Würzburg–Nürnberg (Ausfahrt Schweinfurt-S/Wiesentheid) und A 7 Würzburg–Fulda (Ausfahrt Würzburg–Estenfeld). G. hat Amtsgericht, Kreiskrankenhaus; Gymnasium, Realschule, Sonderschule für Lernbehinderte, landwirtschaftliche und gewerbliche Berufsschule, Volkshochschule; Schleifenscheiben-Werk (Kugelfischer).

»Geroltshova« wird erstmals um 750 urkundlich erwähnt. Vor 1340 Verleihung der Stadtrechte. Herren der St waren die Herzöge von Franken und die Fürstbischöfe von Würzburg. Seit 1803 bzw. 1814 gehört G. zu Bayern. Die St ist Mittelpunkt eines vorwiegend agrarwirtschaftlich orientierten Umlandes. Nach 1945 Ansiedlung mittlerer und kleinerer Industriebetriebe.

Sehenswert der historische Marktplatz mit spätgotischem Giebelrathaus (15./16. Jh.), spätgotische Pfarrkirche („Steigerwalddom") von 1436 mit bemerkenswerter Barockausstattung und Johanniskapelle. Guterhaltener doppelter Stadtmauerring mit 13 Türmen; Museum Altes Rathaus (mit Schulmuseum). Alljährlich Schützen- und Volksfest (Juni) und Weinfest (Juli).

Gersfeld/Rhön

□ 89,37 qkm; ○ Fulda; ⚐ Hessen; ✉ 36129; ☎ 06654; 🚗 FD; △ 500–950 m; 👪 5300.

Die St G. liegt 27 km südöstlich von Fulda im oberen Fuldatal in der Rhön. Zufahrt über die B 279; Anschluß an die Autobahn A 7 Kassel–Fulda–Würzburg (Ausfahrt Fulda-S.). G. hat Grund- und Hauptschule, Realschule und Sonderschule für Lernbehinderte.

G., das wahrscheinlich im 10. Jh. gegründet wurde, lag im Grenzgebiet zwischen dem Kloster Fulda und dem Bistum Würzburg. Als fuldaischer Lehnsbesitz gehörte der Ort, der 1359 Stadtrechte erhielt, bis Anfang des 15. Jh. den Herren von Schneeberg, danach als Würzburger Lehen den Herren von Ebersburg. Von 1806–1867 war die St bayerisch. – Sehenswert das untere und obere Schloß (1605 und 1740 erbaut) mit Museum.

G. ist Wintersportzentrum, anerkannter Kneippkurort und Luftkurort. Heilanzeigen: alle Indikationen für Kneipp- und Moorbadekuren.

Gerstetten

□ 92,42 qkm; ○ Heidenheim; ⚐ Baden-Württemberg; ✉ 89547; ☎ 07323; 🚗 HDH; △ 650 m; 👥 10500.

G. liegt auf der Hochfläche der Schwäbischen Alb, 30 km nördlich von Ulm. Die Gm hat Realschule und Sondeschule für Lernbehinderte; Büro- und Elektrogeräte- sowie holzverarbeitende Industrie. G. ist Bundeswehrstandort mit Standortverwaltung.

Der erstmals 1152 urkundlich erwähnte Ort wandelte sich nach dem 1. Weltkrieg von einer Ackerbürger- zur Industriegemeinde.

Gersthofen

□ 33,75 qkm; ○ Augsburg; ⚐ Bayern; ✉ 86368; ☎ 0821 (Augsburg); 🚗 A; △ 498 m; 👥 17100.

G. liegt 7 km nördlich von Augsburg am (kanalisierten) Lech, an der B 2 und an der Autobahn A 8 Stuttgart–München (Ausfahrt Augsburg-West). G. hat Sonderschule für Behinderte, Gymnasium; Kraftwerk der Lech-Elektrizitätswerke AG, Maschinenbau und chemische Industrie (Höchst AG).

Gescher

□ 80,50 qkm; ○ Borken; ⚐ Nordrhein-Westfalen; ✉ 48717; ☎ 02542; 🚗 BOR; △ 60 m; 👥 14700.

G., im Nordwestteil des Münsterlandes an der B 67 gelegen, hat Realschule und Sonderschule für geistig behinderte Jugendliche; Glockengießerei, Textilindustrie.

G. ist aus einem Oberhof (»Gaschare«) des Stiftes Borghorst entstanden. Die dörfliche Siedlung erhielt bereits im MA. durch Privileg des fürstbischöflichen Amtes Ahaus eine stadtähnliche Selbstverwaltung. Für die wirtschaftliche Entwicklung waren das Aufblühen des Textilgewerbes im 19. Jh. und der Anschluß an das Eisenbahnnetz (1907) kennzeichnend. G. verzeichnete nach dem 2. Weltkrieg einen starken Bevölkerungszuwachs durch Heimatvertriebene (1939: 7800 EW). 1969 schloß sich G. mit fünf kleineren Nachbargemeinden zur neuen Stadtgemeinde G. zusammen. – Sehenswert das Heimat- und Glockenmuseum.

Geseke

□ 97,44 qkm; ○ Soest; ⚐ Nordrhein-Westfalen; ✉ 59590; ☎ 02942; 🚗 SO; △ 103 m; 👥 18000.

G., 20 km südwestlich von Paderborn an der B 1 gelegen, hat Anschluß an die Autobahn A 44 Ruhrgebiet–Kassel (Ausfahrt G.). Die St hat Gymnasium, Realschule, Jugendmusikschule, Volkshochschule; Bekleidungs-, Möbel-, Zementindustrie, Eisengießerei, Elektro- und Maschinenfabriken.

G. wird 833 erstmals urkundlich erwähnt. Verleihung der Stadtrechte vor 1217. Nach dem 2. Weltkrieg Entwicklung zur aufstrebenden Industriestadt. – Sehenswert: Stiftskirche St. Cyriakus (10.–13. Jh.) und Pfarrkirche St. Peter aus dem 12.–16. Jh.; Barockschloß in G.-Ehringerfeld; ehem. Franziskaner-Kirche St. Johannes-Baptist (17. Jh.) und Pfarrkirche St. Vitus in G.-Mönninghausen (13. Jh.).

Alljährlich „Gösselkirmes“ (Mai), „Schnadgang“ (September), Hexenstadtfest (September/Oktober).

Gevelsberg

□ 26,27 qkm; ○ Ennepe-Ruhr; ⚐ Nordrhein-Westfalen; ✉ 58285; ☎ 02332; 🚗 EN; △ 140–350 m; 👥 32500.

Die St G. liegt 9 km südwestlich von Hagen an der Ennepe im Sauerland. Zufahrt über die B 7 und B 234. Anschluß an die Autobahn A 1 Leverkusen–Hagen (Ausfahrt G.). G. hat Realschule, Gymnasium; Volkshochschule; Kleineisenindustrie, Maschinenbau, Gießereien, Herde- und Ofenfabriken, Herstellung von Autoteilen und Elektroartikeln.

1096 wird die Bauernschaft Mylinghausen im späteren Stadtgebiet erstmals genannt. Im 11. Jh. erste Hinweise auf Eisengewinnung und Eisenschmieden. 1180 kam G. an das Erzbistum Köln. 1225 wurde Erzbischof Engelbert von Köln im Hohlweg zu G. ermordet (1235 Errichtung eines Sühneklosters durch Zisterzienser). 1699 fiel Mylinghausen-G. mit der Grafschaft Mark an Preußen. 1886 Erhebung zur St.

Giengen an der Brenz

□ 44,04 qkm; ○ Heidenheim/Brenz; ⚐ Baden-Württemberg; ✉ 89537; ☎ 07322; 🚗 HDH; △ 438 m; 👥 18600.

G. liegt 35 km nordöstlich von Ulm an der Autobahn A 7 Ulm–Würzburg (Ausfahrt G./Herbrechtingen) in einem Talkessel der Brenz auf der Schwäbischen Alb. Die St hat Realschule, Gymnasium, Musikschule; Elektro- (Zweigwerk der Bosch GmbH) und Spielwarenindustrie (Steiff-Plüschtiere).

Erste urkundliche Erwähnung 1173. Verleihung der Stadtrechte vermutlich um 1300. Vom 13. Jh. bis 1803 (Anschluß an Württemberg) war G. Freie Reichsstadt. Beginn der wirtschaftlichen Entwicklung in den 80er Jahren des 19. Jh. durch Ansiedlung von Filzfabriken. Nach dem 2. Weltkrieg sprunghafter Anstieg der Einwohnerzahl (1939: 3900 EW) durch Flüchtlinge und Vertriebene sowie als Auswirkung des wirtschaftlichen Aufschwungs. – Bemerkenswert die Reste der alten Stadtbefestigung, Fachwerkhäuser und die Stadtkirche „Unsere liebe Frau“ mit Grabdenkmälern aus dem 15. bis 18. Jh.

Gießen

□ 72,48 qkm; ○ Gießen; ⚐ Hessen; ✉ 35390*; ☎ 0641; 🚗 GI; △ 159 m; 👥 71000.

G., im Gießener Becken zwischen Lahn und Wieseck gelegen, ist Verkehrsknotenpunkt im mittelhessischen Raum. Bei G. kreuzen sich die B 3, B 49 und B 457. Die St hat Anschluß an die Autobahn A 5/A 7 Frankfurt a.M.–G.–Kassel (Ausfahrten Fernwald und Reiskirchen); A 45 Hanau–Hagen–Dortmund (Ausfahrten G.-Südkreuz über Zubringer A 485 und Wetzlar-Ost); und Nordtangente A 480 (Ausfahrt Nordkreuz G.). D-Zug-Station an der Bundesbahnstrecke Frankfurt a.M.–Kassel. Sonder-Verkehrslandeplatz in Lützellinden (6 km). G. ist Sitz zahlreicher Behörden (Regierungspräsident, Hauptzollamt, Landgericht, Amtsgericht, Arbeits- und Sozialgericht, Verwaltungsgericht, Bundesvermögensamt, Hessisches Forstamt, Industrie- und Handelskammer, Zweigstelle des Deutschen Wetterdienstes, Staatl. Chem. und Veterinäruntersuchungsamt, Kreisverwaltung u.a.), Bundeswehrstandort (Standortverwaltung, Bundeswehrkrankenhaus) und Universitätsstadt (Justus-Liebig-Universität mit Universitätskliniken; Fachhochschule G.-Friedberg). G. hat an Bildungs- und

Gießen, Berliner Platz

kulturellen Einrichtungen Realschulen, Gymnasien, Berufs- und Berufsfachschulen, Fachschulen und Fachoberschulen, Sonderschulen für Lernbehinderte, Sprach- und Sehbehinderte und praktisch Bildbare, Volkshochschule; Stadttheater (Schauspiel, Oper, Operette, Musical), Oberhessisches Museum (heimat- und völkerkundliche Sammlungen), Liebig-Museum (rund 1200 Originalschreiben Liebigs), Universitätsbibliothek (u.a. bedeutende Papyrussammlung).

G. ist wirtschaftlicher Mittelpunkt und Einkaufszentrum Mittelhessens. Die weitgefächerte Industrie umfaßt Büromöbelfabriken, Maschinenbau, Klimatechnik, Tonwerke (Spalt- und Verblendklinker), pharmazeutische, Gießerei- und Druckindustrie.

G. ist in der Nähe der um 1150 entstandenen Wasserburg der Grafen von Gleiberg im Mündungsgebiet der Wieseck am Schnittpunkt mehrerer alter Handelsstraßen entstanden. Erste urkundliche Erwähnung der Burg 1197, der Stadt 1248. Von den Tübinger Pfalzgrafen gingen Burg und St 1265 in hessischen Besitz über. 1527 Einführung der Reformation. Unter Landgraf Philipp zwischen 1530–33 Ausbau zur Landesfestung (1805–10 Festungswerke geschleift). 1607 Gründung der Universität. Im 19. Jh. Ausbreitung der St über den historischen Kern hinaus. Die Altstadt wurde 1944 durch Luftangriffe weitgehend zerstört.

Sehenswürdigkeiten: Burgmannenhäuser der ehem. Burg am Kirchenplatz; Altes Schloß (Mitte 14. Jh., heute Museum); Neues Schloß des Landgrafen Philipp (Fachwerkbau, 1533–39); Zeughaus (1586 bis 90); Botanischer Garten (gegr. 1609; ältester Universitätsgarten Deutschlands); Alter Friedhof mit Fachwerkkapelle aus dem 17. Jh. – G. ist Geburtsort von Wilhelm Liebknecht (1826–1900, Mitbegründer der SPD) und Christian Carl Henschel (1759–1835, Begründer der Weltfirmen). – Jedes zweite Jahr Gießener Herbstausstellung (September).

Gifhorn

□ 104,78 qkm; ○ Gifhorn; ⚐ Niedersachsen; ✉ 38518; ☎ 05371; 🚗 GF; △ 55 m; 👥 37000.

G. liegt 25 km nördlich von Braunschweig an der Mündung der Ise in die Aller am Südrand der Lüneburger Heide. In G. kreuzen sich die B 4 und B 188. Anschluß an die Autobahn A 2 Hannover–Berlin (Ausfahrt Braunschweig-N.). D-Zug-Station an der Strecke Hannover–Berlin. G. hat Amtsgericht, Kreisbehörden; Realschulen, Gymnasien, Volkshochschule, Berufs- und Berufsfachschule, landwirtschaftl. Berufsschule, Sonderschule für lehr- und lernbehinderte Kinder; Herstellung von Bremssystemen für die Automobilindustrie (Teves GmbH), Holz- und kunststoffverarbeitende Industrie, elektronische Industrie.

G., das erstmal 1196/97 urkundlich erwähnt wird, entwickelte sich im 14. Jh. am Schnittpunkt zweier schon im MA bedeutender Handelsstraßen zu einem Marktflecken. Bis zum 2. Weltkrieg war G., das seit Mitte des 19. Jh. als selbständige St gilt, eine bescheidene Akkerbürgergemeinde. Nach 1950 wirtschaftlicher Aufschwung durch Ansiedlung von Industriebetrieben und Stationierung einer Bundesgrenzschutzeinheit. – Aus dem 16. Jh. stammt das Schloß, zwischen 1539 und 1549 Regierungssitz des Herzogs Franz von Braunschweig-Lüneburg. – In der Altstadt bemerkenswerte Fachwerkhäuser und Nikolaikirche (1744); im Schloß ist das Heimatmuseum untergebracht; sehenswert ferner das Internationale Wind- und Wassermühlenmuseum.

Gilching

□ 31,67 qkm; ○ Starnberg; ⚐ Bayern; ✉ 82205; ☎ 08105; 🚗 STA; 👥 13000.

G., 22 km westlich von München an der Autobahn A 96 München–Bodensee (Ausfahrt Oberpfaffenhofen) gelegen, hat S-Bahn-Station; Grund- und Hauptschule, Gymnasium, Sonderschule für Lernbehinderte, Volkshochschule.

G., das erstmals 804 in einer Schenkungsurkunde Karls d.Gr. (»Kilvahinga«) erwähnt wird und bis zur Säkularisation im Jahre 1808 im Besitz verschiedener Klöster war, ist nach dem 2. Weltkrieg als Wohngemeinde vor den Toren Münchens überdurchschnittlich gewachsen (1939: 2100 EW). Bemerkenswert die aus dem 12. Jh. stammende Arnoldusglocke in der spätgotischen St. Vitus-Kirche (Anfang 16. Jh.).

Ginsheim-Gustavsburg

□ 13,96 qkm; ○ Groß-Gerau; ⚐ Hessen; ✉ 65462; ☎ 06144 (Ortsteil Ginsheim), 06143 (Ortsteil Gustavsburg); 🚗 GG; △ 88 m; 👥 15000.

Die Gm liegt 8 km östlich von Mainz zwischen Rhein und Main. Zufahrt über die B 42 und B 43. Anschluß an die A 60 Rüsselsheim–Wiesbaden (Ausfahrt G.). Flußhafen am Rhein in Gustavsburg (2 Hafenbecken). Die Gm hat Grundschulen, Gesamtschule mit Förderstufen und Realschule; Maschinen (MAN-Werk Gustavsburg)-, Kabel- und Lackdrahtfabriken (Brown Boveri).

Ginsheims Entstehungsgeschichte liegt in der Frankenzeit. Das Dorf gelangte 1248 in den Besitz der Grafen von Katzenelnbogen. 1600 kam der Ort an den Landgrafen von Hessen. Bei Ginsheim entstanden auf dem Rhein über ein Dutzend Schiffsmühlen (die letzte im 2. Weltkrieg zerstört). Gustavsburg ist eine Gründung des Schwedenkönigs Gustav Adolf, der 1632 an der Mainmündung eine Festung als Vorwerk von Mainz errichten ließ (1673 durch den Kurfürsten von Mainz geschleift). 1859 Gründung der „Neuen Gustavsburg" durch eine Nürnberger Baufirma (Vorläuferin der Firma MAN), die anläßlich des Baus der Eisenbahnbrücke über den Rhein eine Brükkenbauwerkstatt errichtete, bei der eine Arbeitersiedlung entstand.

Gladbeck (Westf.)

□ 35,90 qkm; ○ Recklinghausen; ⚐ Nordrhein-Westfalen; ✉ 45964*; ☎ 02043; 🚗 RE; △ 60 m; 👥 80500.

G. liegt 10 km nördlich von Essen im Winkel der Autobahnen A 2 Oberhausen–Hannover (Ausfahrt Essen/G.) und A 31 Bottrop–Emden (Ausfahrt AB-Kreuz Bottrop) sowie an den Bundesstraßen 223 und 224; Bahnstation an der Strecke Duisburg–Essen–Münster (G.-

Gladbeck, Wasserschloß Wittringen

West) und Coesfeld–Gelsenkirchen–Wanne-Eickel; Flugplatz in Kirchhellen (10 km). G. hat Amtsgericht; Realschulen, Gesamtschule, Gymnasien, kaufm. und gewerbliche Berufsschulen, Freie Waldorfschule; elektrotechnische (Zweigwerk der Siemens AG), chemische, Metall- und Bekleidungsindustrie, Werk für Umwelttechnologie.

Urzelle der heutigen St war eine Kirche (St. Lamberti), die erstmals 1019 urkundlich genannt wird. Das Kirchspiel „Gladebecke" („heller klarer Bach") gehörte von 1341 bis 1815 zu Kurköln. Erst der Bergbau, der den Raum G. im letzten Drittel des 19. Jh. erreichte (1873 Abteufung des ersten Schachtes), brachte der bis dahin unbedeutenden Landgemeinde eine sprunghafte Aufwärtsentwicklung und einen rapiden Bevölkerungszuwachs (1871: 700 EW; 1910: 40000 EW). 1919 erhielt G. das Stadtrecht. Nach dem 2. Weltkrieg Einstellung des Bergbaus (1970 Stillegung der letzten Zeche) und wirtschaftliche Umstrukturierung durch Ansiedlung neuer Industriezweige. – Sehenswert das renovierte Wasserschloß Wittringen (16. Jh.) mit Stadtmuseum. – Alljährlich Historisches Stadtfest (September).

Gladenbach

□ 72,28 qkm; ○ Marburg-Biedenkopf; ⚐ Hessen; ✉ 35075; ☎ 06462; 🚗 MR; △ 236–360 m; 👥 11000.

G. ist Kneippkurort in waldreicher Umgebung am Ostrande des Westerwaldes 20 km westlich von Marburg a.d. Lahn. Die St ist über die B 255 und B 453 zu erreichen. G. hat Realschule, Gymnasium, Sonderschule für Lernbehinderte; mittlere Industriebetriebe (Transportgeräte- und Apparatebau, Herstellung von Armaturen, Luftdruckzylindern und Druckluftventilen, elektrotechnischen Spezialerzeugnissen, Maschinenteilen, Herrenkleiderfabrik, Druckerei).

G., erstmals 1237 urkundlich genannt, erhielt 1937 das Stadtrecht. – Sehenswert die ev. Pfarrkirche (12.–16. Jh.), das Heimatmuseum und die Burgruine Blankenstein.

Glauchau

□ 30 qkm; ○ Glauchau; ⚐ Freistaat Sachsen; ✉ 08371; ☎ 0731; 🚗 GC; △ 320 m; 👥 26000.

Die St hat unmittelbaren Anschluß an die A 4/E 40 und ist damit in die große Ostwestachse eingebunden, die von der polnischen Grenze bis ins Ruhrgebiet zum einen und in das Rhein-Main-Gebiet zum anderen reicht. Die Entfernung zum Hermsdorfer Kreuz und somit zur A 9/E 49 beträgt ca. 50 km; die A 72/E 441 liegt etwa 20 km entfernt; Gl. grenzt unmittelbar an die B 175, die sich 7 km nördlich mit der B 180 kreuzt; ferner besteht mit der Auffahrt Mosel (7 km) Anschluß zur B 93 und durch die Auffahrt Lichtenstein (15 km) auch an die B 173. – Bedeutung hat Gl. ebenfalls als Eisenbahn-Knotenpunkt: Über seinen Bahnhof führen die Eisenbahn-Hauptstrecken Dresden–Gera–Erfurt und Hof–Plauen–Dresden. Eine Nebenstrecke verläuft entlang der Zwickauer Mulde über Waldenburg und Penig bis Großbothen (Muldentalbahn). Durch direkte Verbindung nach Gößnitz ist von Gl. aus auch die Eisenbahnlinie Leipzig–Hof zu erreichen.

Bildungseinrichtungen: Grundlagenschulen, Gymnasium, Kommunale Berufsschulen und die Ingenieurschule für Wärmetechnik.

Kulturstätten: Stadttheater; Jugendzentrum „Cascade"; Museum und Kunstsammlung im Schloß Hinterglauchau; St- und Kreisbibliothek, Musikschule und Galerie im Schloß Forderglauchau.

Wirtschaftliches: Einst blühende Textilstadt, hat Gl. durch die verfehlte Wirtschaftspolitik der letzten vier Jahrzehnte von seinem Glanz und seiner ökonom. Sicherheit verloren. Mit dem Aufbau des Fahrzeugwerkes Mosel der Volkswagen Sachsen GmbH (1200 PKW/Tag) entsteht inzwischen in der Region ein strukturbestimmendes Unternehmen.

Geschichtliches: Die St wurde 1240 erstmals unter dem Namen „Gluchowe" erwähnt. Jedoch bereits 1170 baute man auf dem Gelände des heutigen Schlosses Hinterglauchau, hoch über Bergsporn und Tal der Zwickauer Mulde, eine Ritterburg. Unter ihrem Schutz entstanden erste Ansiedlungen, sie bildeten die Anfänge der sich rasch entwickelnden St, in der es schon früh ein geregeltes Wirtschaftsleben gab. Neben Bäckern, Fleischern, Gerbern und Schneidern bestand im 15. Jh. die Tuchmacherinnung, der 1528 die Vereinigung der Leineweber folgte. Beide bildeten die Hauptgewerbe des mittelalterlichen Gl. und brachten es zur Blüte. Seine Stoffe waren bereits damals in aller Welt ein Begriff und verschafften der St einen guten Namen.

Der bekannteste in seinen Mauern geb. Sohn ist Georgius Agricola (Georg Bauer 1494–1555), Arzt und Bergbaufachmann. Er erbrachte, verglichen am Wissensstand seiner Zeit, großartige Leistungen auf den Gebieten des Bergbaues und der Hüttenproduktion, ebenso erwarb er sich überraschende Verdienste bei der Förderung des Silberabbaus in den Schönburgischen Landen. Er ließ den „Joachimstaler" prägen, dessen Endsilben den Währungen vieler Länder den Namen verliehen (z.B. dalar (schwed.) oder dollar (amerik.)). Die Joachimstaler Form des Guldengroschens repräsentierte eine so „harte Währung", daß die Steuereinnahmen zu einer soliden Quelle für den stetig wachsenden Reichtum von Gl. gediehen.

Im historischen St-Kern sind namentlich die rings um den Marktplatz angeordneten Bürgerhäuser und das repräsentative Rathaus sehenswert, von dessen markantem Turm ein Glockenspiel aus Meißner Porzellan erklingt. Der erste bebaute Bereich wurde begrenzt durch das Schloß (1470–85) der Schönburgs, den Hirschgraben und den Grabenzug am Zwinger, den inneren Stadtgraben, den Hang zum Röhrensteig und den Mühlgraben. Im 18. Jh. entwickelte sich das Baumwollweben; es entstanden zahlreiche Manufakturen und Fabriken wie Webereien, Färbereien, Appreturanstalten und die Webstuhlproduktion. Mit Schaffung der Eisenbahnlinie erfuhr Gl. erneut eine wirtschaftliche Konjunktur. In der Unterstadt und im Bereich zwischen Zentrum und Bahnhof entstanden zahlreiche neue Fabriken. Im 1. Drittel des 20. Jh. wurden zur Deckung des hohen Brauchwasserbedarfes der Industrie ein Stausee und – um der alljährlichen Hochwassergefahr durch die Zwickauer Mulde wirkungsvoll zu begegnen – eine Flutrinne mit umfangreichen Flußbauen angelegt.

Sehenswürdigkeiten und Kulturelles: Schloß Hinterglauchau beherbergt eine weit über die Grenzen des Kreises hinaus bekannte Musikschule und das Museum. Es birgt beachtenswerte Kunstsammlungen und zahlreiche Kabinettausstellungen, die u.a. dem Leben und Werk Agricolas, der Entwicklung der Stadtgeschichte und der Textilindustrie gewidmet sind. „Rätselhafte Höhlungen" bilden ein unterirdisches Gangsystem unter der Stadt, das seit vielen Jahrzehnten Forscher verschiedener Fachdisziplinen beschäftigt. Noch existiert kein vollständiges Kartenwerk über all die Gänge, Stollen und Löcher, die zusammen unter Tage viele Kilometer ausmachen. In den Sommermonaten kann die Ganganlage unter dem Hof des Schlosses Hinterglauchau besichtigt werden.

Die umfangreiche städtische Bibliothek „Georgius Agricola" ist mit ihrem Bestand von mehr als 50000 Bänden in den historischen Räumen des Schlosses Forderglauchau untergebracht. In der unweit des Schlosses gelegenen barocken Stadtkirche (1728) findet man einen got. Flügelaltar aus dem Jahre 1510 und eine von Gottfried Silbermann 1730 gebaute Orgel. Der 46 m hohe Bismarckturm, als Aussichts- und Wasserturm aus Pirnaer Sandsteinquadern erbaut, wurde 1910 eingeweiht.

Wiederkehrende Veranstaltungen: Ein historisch gewachsenes mehrtägiges Volks- und Weberfest feiert man jährlich im Juni. Großer Beliebtheit erfreut sich auch das 1990 erstmalig veranstaltete und künftig um den 3. Oktober jedes Jahres im Schloßhof stattfindende „Schloßspektakel."

Glinde (Kr. Stormarn)

□ 11,21 qkm; ○ Stormarn; ⚐ Schleswig-Holstein; ✉ 21509; ☎ 040; ☎ OD; 🚶 14900.

Die Gm G. liegt 10 km östlich von Hamburg unweit der Autobahn A 1 Hamburg–Lübeck (Ausfahrten Hbg.-Öjendorf und Autobahnkreuz Hbg.-Ost) und A 24 Hamburg–Berlin (Ausfahrt Reinbek). G. hat Heereszeugamt der Bundeswehr; Realschule, Gymnasium (im Aufbau); Fabrik für Bremsbeläge und mehrere mittlere Industriebetriebe.

G., das 1937 ein Dorf von 565 Einwohnern war, entwickelte sich 1939 mit der Errichtung des Heereszeugamtes und eines Rüstungsbetriebes zur Industriegemeinde mit 2000 EW. Heute ist G. Mittelpunkt eines industriellen Entwicklungsgebietes und Wohngemeinde im Ballungsraum Hamburg.

Glücksburg (Ostsee)

□ 39,58 qkm; ○ Schleswig-Flensburg; ⚐ Schleswig-Holstein; ✉ 24960; ☎ 04631; 🚗 SL; △ 0–40 m; 👥 6400.

G. liegt 10 km nordöstlich von Flensburg an der Flensburger Förde; Zufahrt über die Autobahn A 7 Hamburg–Flensburg (Ausfahrt Flensburg und Flensburg/Harrislee); Flugplatz in Flensburg-Schäferhaus. G. hat Yachthafen, Fähranleger nach Dänemark; Grund- und Hauptschule, Hanseatische Yachtschule. Die St ist Bundeswehrstandort.

G. ist als Siedlung „Schauby" (Walddorf) in der Nähe des 1210 gegründeten Rudeklosters entstanden. 1582 ließ Herzog Johann d.J. (Sohn des Königs Christian III. von Dänemark) das Kloster abbrechen und das Schloß G. mit Nebengebäuden von N. Karies in einem künstlich gestauten See errichten (1587 vollendet), und der Ort nannte sich später nach dem Schloß. 1622 wird G. als Amt erwähnt. Aus den Ämtern G. und Sundewitt sowie der Insel Aer entstand das selbständige Herzogtum Glücksburg (bis 1779). Aus G. wurde 1842 ein Flekken, der 1900 die Stadtrechte erhielt.

G. hat nach dem 2. Weltkrieg als Ostseeheilbad (Meerwasser-Wellenhallenbad) und Fremdenverkehrsort (Feriengebiet auf der Halbinsel Holnis) großen Aufschwung genommen. – Sehenswert das G. Wasserschloß (Museum; Schloßpark mit Orangerie; Schloßkonzerte).

Glückstadt

□ 22,78 qkm (davon 12,25 qkm Wasserfläche); ○ Steinburg; ⚐ Schleswig-Holstein; ✉ 25348; ☎ 04124; 🚗 IZ; △ 2 m; 👥 11400.

G., an der Einmündung des Rhin in die Niederelbe gelegen, ist über die B 431 und B 495 sowie über die Autobahn A 23 Hamburg–Husum (Ausfahrt Elmshorn/G.) zu erreichen. D-Zug-Station an der Bundesbahnstrecke Hamburg–Westerland. Fährverbindung von G. nach Wischhafen (einzige Elbquerung nördlich von Hamburg). G. hat Seehafen, Arbeitsamt (Nebenstelle), Wasser- und Schiffahrtsamt, Zollamt u.a. Behörden; Theater (Niederdeutsche Bühne); Realschule, Gymnasium, Sonderschule für Lernbehinderte, Handelsschule, Volkshochschule; Eisenbahnausbesserungswerk, Papierfabrik und Baumwollbleicherei, Fischfeinkostverarbeitung, Schiffs- und Yachtbau, Farbenfabrik, Spezialdruckerei für orientalische Sprachen (J.J. Augustin), Holzhandel und holzverarbeitende Industrie; Landwirtschaft und Gemüseanbau. Die St ist Bundeswehrstandort.

G. ist eine Gründung des Dänenkönigs Christian IV., der die St 1617 als Festung und Konkurrenzhafen von Hamburg errichten ließ. Die St wurde nach dem Ideal einer italienischen Renaissance-Stadt planmäßig angelegt (Grundriß einmalig im gesamten deutschen Sprachraum). Von 1649–1867 war G. Sitz der Regierungskanzlei von Schleswig-Holstein. Das 17. Jh. bedeutete für die St eine wirtschaftliche Blütezeit (Aufnahme vertriebener portugiesischer Juden und reformierter Holländer). Später mußte sich G. mit der Rolle einer kleinen Garnisonstadt begnügen. 1813/14 eroberten alliierte Truppen die Festung; die Festungsanlagen wurden geschleift. Mit dem Anschluß an das Eisenbahnnetz (1845) begann ein neuer wirtschaftlicher Aufschwung.

Das gut erhaltene Stadtbild über dem charakteristischen sternförmigen Festungsgrundriß blieb bis heute erhalten. Sehenswürdigkeiten: Stadtkirche (1621); Rathaus (1642; neuerbaut im alten Stil 1873); Brockdorff-Palais (17. Jh.); Wasmersches Palais (um 1720); Admirals-Palais; Altes Zucht- und Tollhaus; Königshof; Palais „Am Hafen »Quasi non Possidentes«"; Reste der alten Wasserfestung; Detlefsenmuseum mit umfangreicher Walfangsammlung. – Alljährlich Glückstädter Matjeswochen (Juni bis September).

Goch

□ 115,32 qkm; ○ Kleve; ⚐ Nordrhein-Westfalen; ✉ 47574; ☎ 02823; 🚗 KLE; △ 18 m; 👥 29800.

G. liegt am Kreuzungspunkt der B 9, B 67 und B 504 im Tal der unteren Niers am Südrand des Reichswaldes an der niederländischen Grenze (5 km). Anschluß an die A 57 Köln–Niederlande (Ausfahrten G./Weeze und G./Kleve). Bahnstation der Strecke Köln–Nymwegen. G. hat Realschule, Schule für Lernbehinderte, Neusprachliches Gymnasium (mit mathematisch-naturwissenschaftlichem Zweig), Altsprachliches Gymnasium mit musealem Zweig (Bischöfl. Gymnasium als Internat), Fernuniversität Hagen (Studienzentrum G.), Berufs- und Berufsfachschulen, Höhere Handelsschule, Volkshochschule; Textil- und Lederwarenindustrie; Fahrzeugbau. Die St ist Bundeswehrstandort.

G. ist aus einer ehemaligen Siedlung der germanischen Gugerner (Gräberfeld in den

Goch, Haus zu den fünf Ringen

Kalbecker Waldungen) erwachsen. Im 13. Jh. Verleihung der Stadtrechte durch Otto II. von Geldern. Vollendung der Stadtbefestigung mit Mauern, Türmen und vier Toren im 14. Jh. Bis zum 16. Jh. bestimmte die Wollweberei die wirtschaftliche Basis der St. Gocher Werber hatten feste Stände auf den Frankfurter und Leipziger Messen. Ein neuer wirtschaftlicher Aufschwung ergab sich um 1900 mit der Ansiedlung der Gocher Margarinewerke. Im 2. Weltkrieg wurde die St zu 80% zerstört.

Sehenswürdigkeiten: Steintor (Torburg der Stadtbefestigung, 14. Jh.); Patrizierhaus „Haus zu den fünf Ringen" (16. Jh.); gotische Pfarrkirche St. Maria-Magdalena (14./15. Jh.); Tertiarinnenkloster (heute Stadtbibliothek); Kunstsammlung Langenberg (sakrale Holzskulpturen der Gotik).

Göppingen

□ 59,19 qkm; ○ Göppingen; ⚐ Baden-Württemberg; ✉ 73033*; ☎ 07161; 🚗 GP; △ 318 m; 👥 52300.

G., 40 km östlich von Stuttgart im Filstal gelegen, ist über die B 10 und B 297 zu erreichen. D-Zug-Station an der Strecke Stuttgart–Ulm. G. hat Kreisverwaltung des Landkreises G., Amtsgericht; Realschulen, Gymnasien, Berufsschulen, Fachschulen, Jugendmusikschule, Sonderschule für Lernbehinderte; breitgefächerte Industrie (metall- und holzverarbeitende Betriebe, Herstellung von Spielwaren [Märklin-Eisenbahn], Leder- und Textilfabriken, chemisch-pharmazeutische und Mineralwasserindustrie).

Göppingen, Schloß

G. erhielt Mitte des 12. Jh. das Stadtrecht und wurde 1319 württembergisch. Die ma. St brannte 1782 ab. An bemerkenswerten Bauten sind erhalten: Stadtkirche (Renaissancebau Anfang 17. Jh.); Oberhofenkirche (1436 begonnen, Ende des 19. Jh. verändert) mit schöner Ausstattung (Chorgestühl um 1470); Schloß (Ende 16. Jh.); Liebensteinsches Schloß (Mitte 16. Jh., jetzt Städt. Museum). Im nordöstl. Stadtteil G.-Hohenstaufen liegt die Ruine Hohenstaufen (1525 zerstört; Stammburg der Staufer).

Görlitz

□ 28,5 qkm; ○ Kreisfreie St; ⚐ Freistaat Sachsen; ✉ 02806*; ☎ 03581; 🚗 GR; △ 185–420 m; 👥 71000.

In Gö. treffen B 6/E 40, B 99 und B 115 zusammen; die E 40 führt über den Grenzübergang Gö. nach Polen. Im Bf. Gö. enden die Eisenbahnfernstrecken nach Hamburg, Dessau und Zittau. Die Fernstrecke von München über Dresden nach Gö. führt nach Polen weiter. Flughafen Rothenburg (ca. 30 km nördlich). Auf dem kleineren Flugplatz Gö. können einmotorige Maschinen und Hubschrauber starten und landen.

Bildungseinrichtungen: Grundschulen, Mittelschulen, Gymnasien, Berufliche Gymnasien, Berufsschulen, Förderschulen. Weiterhin: Musikschule, Kirchenmusikschule, Volkshochschule, Fachhochschule Zittau/Gö., Fachschule für Binnenhandel und Medizinische Fachschule.

Wirtschaftsstruktur: In Gö. existieren eine größere Zahl von Firmen des Maschinenbaus, des Waggonbaus, der Elektronik und der Leichtindustrie. Durch günstige Verkehrslage ist Gö. ein chancenreicher Standort für Handwerk und Handel.

Geschichte: Im Jahre 1071 wurde ein Dorf „Villa Gorelic" erstmals urkundlich erwähnt, als Heinrich IV. es dem Bischof von Meißen übereignete. 1076 kam es mit der Region Oberlausitz als Lehen an Böhmen. Um 1220 entwikkelte sich Gö. zur Stadt. Um 1268 hatte sich die St auf einem Areal rund um den jetzigen Obermarkt entwickelt. Die damit erreichte Begrenzung blieb für 600 Jahre erhalten. Unterhalb und westlich einer slawischen Fluchtburg (entstanden um 1130) siedelten sich Handwerker und Kaufleute an. 1268 vertrat ein Vogt die Interessen des Landesherren. Am Neiße-Übergang kreuzte die wichtige Ost-West-Fernhandelsstraße „Via Regia" den Kaufmannsweg, der von Böhmen an die Ostsee führte. Die Stadtrechte wurden dem Gemeinwesen 1303 bestätigt. Gö. entwickelte sich zum Zentrum des Tuchhandels. Die von Tuchmachern, Gerbern und Leinewebern gefertigten Erzeugnisse nahmen ihren Weg bis Südosteuropa.

Mit Privilegien wie dem Münzrecht und dem Stapelrecht für Waid (Pflanze zur Farbstoffgewinnung für die Tuchmacher) im Jahre 1339 erhielten die Kaufleute zusätzliche Einnahmequellen. Wenig später kamen Braurechte und Salzhandel hinzu. Gö. als reichste Stadt nahm im 1346 mit Zittau, Kamenz, Löbau, Bautzen und Lauban gegründeten Sechs-Städte-Bund den führenden Platz ein. Das 15. und 16. Jh. waren die Glanzzeit der Stadt. Die mächtigen Kaufleute beherrschten nicht nur das Rathaus, sondern prägten mit ihren prachtvollen Häusern auch das Gesicht der Stadt.

Verlust von Privilegien und innere Unruhen brachten Handel und Gewerbe vorübergehend einen Rückschlag. Den Hauptschaden fügte der 30jährige Krieg der St zu. Gö. kam 1635 zusammen mit der Oberlausitz an das Kurfürstentum Sachsen. 1779 wurde die „Oberlausitzische Gesellschaft der Wissenschaften zu Görlitz" gegründet. Ab 1815 gehörte Gö. zu Preußen.

Im Zuge der industriellen Revolution wuchs die Stadt zum wirtschaftlichen Schwerpunkt. Die von Christoph Lüders 1830 gegründete Waggonbauanstalt entwickelte sich zum heute größten Betrieb der St.

Als nach 1945 die Neiße Grenzfluß wurde, kam der auf dem rechten Ufer liegende Stadtteil an Polen und heißt heute Zgorzelec. 1991 ist Gö. in die Arbeitsgemeinschaft historischer Städte aufgenommen worden und gilt seitdem als Modell für Altstadtsanierung. 1600 Gebäude stehen unter Denkmalschutz und werden saniert. Ca. 200 kostbare Einzeldenkmale aus Spätgotik, Renaissance, Barock und Gründerzeit prägen das Antlitz der Stadt ebenso wie Wehranlagen, Türme und andere Bauten des ehemals reichen Tuchmacher- und Handelszentrums des dt. Ostens.

Kulturelles: Das Musiktheater der St Gö. mit dem grenzüberschreitenden Projekt EUROPERA im Raum der EUREGIO (Sachsen, Böhmen und Schlesien) bietet Aufführungen internationaler Musik- und Theaterliteratur. Weitere Kulturstätten: Philharmonisches Orchester, Stadthalle Görlitz, Städt. Kunstsammlungen, Staatl. Naturkundemuseum.

Freizeiteinrichtungen: Tierpark, Sternwarte, Parkeisenbahn, Sportvereine, Fußballstadien. Reizvolle Parkanlagen. Beliebtes Wanderziel ist der Hausberg Gö., die Landeskrone. Gö. ist Ausgangspunkt für Touren in das polnische oder tschechische Riesengebirge und das Zittauer Gebirge.

Periodische Veranstaltungen: Niederschlesische Kulturtage mit Veranstaltungen im St-Theater, in der St-Halle und auf Freiflächen (Ende Sept.).

Göttingen

□ 116,89 qkm; ○ Göttingen; ⚐ Niedersachsen; ✉ 37083*; ☎ 0551; 🚗 GÖ; △ 138–426 m; 👪 134000.

G., an der oberen Leine im Göttinger Bergland gelegen, ist über die B 3 und B 27 zu erreichen. Anschluß an die Autobahn A 7/5 Hamburg–Frankfurt a.M. (Ausfahrt G. und G.-Nord). Haltepunkt von Intercity-, Interregio- und D-Zügen an der Bundesbahnhauptstrecke Frankfurt a.M.–Hannover. G. ist Universitätsstadt, Sitz zahlreicher Behörden (Arbeitsgericht, Amts- und Landgericht, Hauptzollamt, Klosterforstamt, Wasserwirtschaftsamt, Kreisbehörden u.a.), Bundeswehrstandort, Kultur-, Kunst- und Kongreßstadt (Staats- und Universitätsbibliothek, Stadtbibliothek, Deutsches Theater, Junges Theater, Symphonieorchester, Galerien, Museum für Völkerkunde, Zoologisches Museum, Musikinstrumentensammlung der Universität, Städt. Museum, Stadtarchiv). An Bildungseinrichtungen bestehen neben der Georg-August-Universität eine DRK-Schwestern-Hochschule, Konservatorium der Musik, Ver-

Göttingen, Rathaus

waltungs- und Wirtschaftsakademie, Volkshochschule, Fach- und Fachoberschulen, Berufsschulen, Gymnasien, Gesamtschulen, Sonderschulen f. Körperbehinderte, Waldorf-Schule, Realschulen. Der Universität angeschlossen sind die Universitätskliniken; an wissenschaftlichen Einrichtungen sind zu nennen die Akademie der Wissenschaften, Institute der Max-Planck-Gesellschaft, das Institut für den wissenschaftlichen Film, die Deutsche Forschungs- und Versuchsanstalt für Luft- und Raumfahrt, das Deutsche Primatenzentrum u.a.

G. ist Wirtschaftsmittelpunkt des südniedersächsischen Raumes. Die St hat feinmechanisch-optische, Aluminium- und holzverarbeitende, Textil-, Kunststoff- und Elektroindustrie, Fabriken zur Herstellung von Pharmazeutika und magnetischen Werkstoffen und Orgelbauwerk. Die Gothaer Lebensversicherung, ältestes dt. Lebensversicherungsunternehmen, befindet sich seit 1945 in G.

G. entwickelte sich als Markt- und Kaufmannssiedlung am Kreuzungspunkt zweier alter Handelsstraßen (Hellweg und Königsstraße) in der Nähe des 953 erstmals genannten Dorfes »Gutingi« und der Pfalz Grona (915 erstmals erwähnt, 1294 zerstört). Der Ort erhielt Anfang des 13. Jh. das Stadtrecht. Seine erste Blütezeit erlebte G. zwischen 1351 und 1572, als es der Hanse angehörte und eine politische Machtstellung erlangt hatte (1387 Sieg über ein Heer des Herzogs Otto von G.). Nach wirtschaftlichen Rückschlägen im 17. Jh. gründete Kurfürst Georg August von Hannover 1737 die Universität, die im Zeichen der „Aufklärung" die Freiheit von Forschung und Lehre uneingeschränkt garantierte (erstmals Zulassung von weiblichen und jüdischen Studenten). Aus den der Universität angeschlossenen Handwerkerbetrieben entwickelte sich im 19. Jh. eine bedeutende Spezialindustrie. Nach dem 2. Weltkrieg wurde G. Großstadt (Zuwanderung von Heimatvertriebenen und Flüchtlingen; Zusammenschlüsse mit mehreren Umlandgemeinden).

Sehenswürdigkeiten: Rathaus (1369–1443) mit Rathausplatz und Gänselieselbrunnen; St. Albani-Kirche (1423) mit Altar von Hans von Geismar (1499); St. Johanniskirche (um 1320) mit romanischem Unterbau der Westtürme; Jakobikirche (14./15. Jh.) mit Gemälde-Schnitzaltar (1402); St. Marien-Kirche (Ende 13. Jh.) mit Deutschritterkommende; Fachwerk-Bürgerhäuser (Junkernschänke, 1503; Haus des Jürgen Hovet, 1549; Haus des Abel Bornemann, 1535); Universitätsaula, Bibliothek und Auditorium aus der Gründerzeit (18. Jh.). – G. ist Geburtsort des Chemikers Robert Wilhelm Bunsen (1811–1899). – Alljährlich im Juni Göttinger Händel-Festspiele und Altstadtfest (August).

Goldbach (Unterfranken)

□ 10,98 qkm; ○ Aschaffenburg; ⚐ Bayern; ✉ 63773; ☎ 06021; 🚗 AB; △ 140 m; 👥 9200.

Die Gm G. liegt 3 km nordöstlich von Aschaffenburg an der Schaff am Westrand des Spessarts. Zufahrt über die B 26; Anschluß an die Autobahn A 3 Frankfurt a. M.–Nürnberg (Ausfahrt Aschaffenburg-O). G. hat Grund- und Hauptschule; Kleider-, Feinmeßwerkzeug- und Holzindustrie.

G. wird erstmals 1218 urkundlich erwähnt. Nach dem 2. Weltkrieg bedeutender wirtschaftlicher Aufschwung durch Industrieansiedlung.

Goslar

□ 92,56 qkm; ○ Goslar; ⚐ Niedersachsen; ✉ 38615*; ☎ 05321; 🚗 GS; △ 175–763 m; 👥 45700.

Goslar, Marktplatz und Rathaus

Goslar, an der Gose am Nordrand des Harzes gelegen, ist über die B 6, B 82, B 241 und B 498 zu erreichen; Bahnstation an den Strecken Hannover–Bad Harzburg und Braunschweig–Kreiensen. Goslar hat Amtsgericht, Kreisbehörden; Realschulen, Gymnasien, Sonderschule für Lernbehinderte, gewerbliche und hauswirtschaftliche Berufs- und Berufsfachschulen, Haushaltungsschulen, Fachschule für Kinderpflegerinnen, Berufsaufbauschulen (Tagesform und Abendform), kaufmännische Berufs- und Berufsfachschulen mit zweijähriger Handels- und einjähriger Höherer Handelsschule, Volkshochschule, Heimvolkshochschule, kaufmännische Privatschule, Berufsförderungswerk, Kreismusikschule, Prager Schule, Akademie der Diözese Hildesheim (St. Jakobus-Haus), Evangelische Bildungsstätte Haus Hessenkopf. Goslar ist Bundeswehrstandort. Die hauptsächlich außerhalb des Stadtkerns angesiedelte Industrie stellt einen bedeutenden Faktor innerhalb der niedersächsischen Wirtschaft dar: chemische und metallverarbeitende Industrie, Glasfabriken, Steine und Erden sowie Baustoffindustrie, Spezialwerk für Fenster und Türen, Papier- und Pappenindustrie, optische-, Bekleidungs- und Bürobedarfsartikelindustrie, Brunnenbetriebe, Dienstleistungsunternehmen, reprographische Betriebe, Metall- und Kunststoffverarbeitung, Landwirtschaft (in geringem Umfang); Tagungszentrum und Fremdenverkehr (hauptsächlich im Stadtteil Hahnenklee-Bockswiese – heilklimatischer Kurort und Wintersportplatz).

Goslar wurde 922 von Heinrich I. (919–36) als Markt gegründet. Spätestens 968 Aufnahme des Erzbergbaus (Silber, Kupfer, Blei) im Rammelsberg (Erzbergwerk Rammelsberg 1988 geschlossen). Heinrich II. ließ zwischen 1005 und 1015 die ersten Pfalzgebäude errichten (heutiger Bau um 1050, vor allem unter Heinrich III.); die Goslarer Pfalz wurde bevorzugter Aufenthalts- und Versammlungsort deutscher Herrscher und Reichstage (letzter Besuch eines deutschen Königs 1253). 1131 wird Goslar erstmals als Stadt bezeichnet, seit 1267/68 läßt es sich in der Hanse nachweisen. 1290/1340 erhielt Goslar die Stellung einer Freien Reichsstadt. – Der Bergbau erreichte zwischen 1460 und 1520 eine Blütezeit, die ihren Ausdruck in einer regen Bautätigkeit fand. 1525 bis 1527 löste Herzog Heinrich d. J. von Braunschweig-Wolfenbüttel allen Pfandbesitz am Rammelsberg ein; fortan dauernde Auseinandersetzungen zwischen Braunschweig und Goslar und wirtschaftlicher Niedergang. Im Dreißigjährigen Krieg blieb Goslar kaiserlich, dadurch schwere Nachteile für die Stadt; 1802 kam Goslar an Preußen, 1816 wurde die Stadt erneut preußisch; 1941 braunschweigisch. Seit 1977 Große Selbständige Stadt. Sehenswürdigkeiten: Das malerische Stadtbild ist trotz der schweren Brände von 1728 und 1780 weitgehend erhalten. Das eindrucksvollste Baudenkmal ist die Kaiserpfalz (romanischer Saalbau des 11. Jahrhunderts) mit der doppelgeschossigen Ulrichskapelle (Grabdenkmal und Herz Kaiser Heinrichs III.). Sehenswert ferner: Domvorhalle (um 1150, nördliche Eingangshalle des 1820–22 abgebrochenen ‚Domes' St. Simon und Judas mit Kaiserstuhl, Ende 11. Jahrhunderts); Rathaus (2. Hälfte des 15. Jahrhunderts) mit Huldigungssaal (gut erhaltener Gemäldezyklus); Klosterkirche Neuwerk (um 1200, Wandmalereien im Chor); Marktkirche mit Glasmalereien um 1260; Jakobikirche, gotische Hallenkirche mit Westwerk aus dem 11. Jahrhundert; Frankenberger Kirche mit romanischen Wandmalereien; Stephanikirche (nach 1728 als Hallenkirche wiederaufgebaut); Klosterkirche Grauhof nördlich von Goslar (ab 1711 in italienischem Barock erbaut); Ruine der ehemaligen Klosterkirche Riechenberg nordwestlich von Goslar (Krypta aus dem 12. Jahrhundert erhalten); Klauskapelle (Tor- und Bergmannskapelle aus dem 12. Jahrhundert); Stift Großes Heiliges Kreuz (1254 als Hospital gegründet); St. Annenhaus (1484); Gildehäuser (Kaiserworth (1494) mit Dukatenmännchen, Bäckergildehaus (1501–57), Schuhmachergildehaus (1780), Haus der Tuchmacher und Walker (1551); Bürgerhäuser: Brusttuch (1521–26), Haus Marktstraße 1 (1526), Mönchehaus (1528), Stammhaus der Familie Siemens (1693); Reste der alten Stadtbefestigung (Breites Tor, Zwinger, Vititorturm, Rosentor); Goslarer Museum (Stadtgeschichte), Museum für moderne Kunst (Mönchehaus), Zinnfigurenmuseum, Musikinstrumente- und Puppenmuseum, Museum im Zwinger, Roederstollen im Erzbergwerk Rammelsberg, im Aufbau ein Bergbaumuseum, zahlreiche Galerien. Alljährlich Altstadtfest und Schützenfest (Juli).

Gotha

□ 56,5 qkm; ○ Gotha; ⚐ Thüringen; ✉ 99867; ☎ 03621; 🚗 GTH; △ 306 m; 👫 54 000.

G. ist zu erreichen auf der A 4/E 40, auf der B 7 und der B 247; es liegt an der Eisenbahn-Hauptstrecke Frankfurt/M.–Berlin. Von G. führen Nebenbahnen nach Arnstadt, Friedrichroda und Leinefelde. Nächster Flughafen ist Erfurt. Auf dem Flugplatz in G. können Privatmaschinen bis zu 2 t landen u. starten.

Die Kreis-St G. ist Bundeswehrstandort. Bildungseinrichtungen: Fachschule für Technik, Fachschule für Sozialpädagogik, Bildungszentrum der Thüringer Steuerverwaltung, Ingenieurschule für Bauwesen, Ingenieurschule für Transportbetriebstechnik, Gymnasien und Volkshochschule.

Wirtschaftliches: Die metallverarbeitende Industrie wird geprägt von dem Fahrzeugwerk, dem Getriebewerk, der Fabrik für Blechbearbeitungsmaschinen und einem Herstellerbetrieb für Stahlmöbel. Mit der Nahrungs- und Genußmittelverarbeitung befassen sich die „Thüringer Originalprodukte GmbH", die „Meistermarken-Werke GmbH" und die „Thüringer Weinkellerei GmbH Gotha".

Geschichtliches: Vor den Nordausläufern des Thüringer Waldes liegt die einstige Residenz der Herzöge von Sachsen-G. (ab 1640) und von Coburg-G. (1826–1918). Sie gehört zu den ältesten Siedlungen Thüringens. Als „Villa Gothana" erstmals 775 in einer Urkunde Karls des Großen genannt, spielte sie allerdings erst im 13. Jh. unter den Thüringer Landgrafen eine Rolle. Während dieser Zeit entwickelte sich G. zur St. G. erlangte im 15./16. Jh. als „Waidstadt" der Blaufärber sowie durch den Tuch- und Getreidehandel einen wirtschaftlichen Aufschwung.

Als mächtiges Zeugnis der St-Geschichte erhebt sich weithin sichtbar über dem Hauptmarkt das Schloß Friedensstein. Es entstand 1643–54 auf den Resten der Feste Grimmenstein, die während der „Grumbachschen Händel" im 16. Jh. erobert und 1567 geschleift worden war. In den Jahren 1711–13 ließ Friedrich II. das Schloß Friedrichsthal nach französischem Vorbild erbauen. Der erste „Gothaische Hofkalender" wurde 1764 herausgegeben. Justus Perthes gründete in G. 1785 die „Geographische Anstalt", aus der sich eine renommierte karthographische Anstalt entwickelte.

Gotha, Schloß Friedenstein

Zu einer Neuaufteilung der sog. ernestinischen Länder und der Entstehung des Herzogtums Sachsen-Coburg und G. kam es 1826. – Der G. Vereinigungsparteitag, aus dem die Sozialistische Arbeiterpartei Deutschlands mit dem G. Programm hervorging, fand 1875 statt. Mit der Absetzung des Herzogs beendete G. 1918 seinen Status als Residenz-St.

Sehenswürdigkeiten und Kulturelles: Das Schloß Friedensstein ist eine Dreiflügelanlage mit Ausstattungen im Barock-, Rokoko- und klassizistischen Stil; im Erdgeschoß befindet sich ein schöner Arkadengang. Das Ekhof-Theater, älteste erhaltene Barock-Spielstätte Europas, besitzt eine originalgetreue Bühnendekoration von 1683. Die Augustinerkirche, ehem. got. Klosterkirche aus dem 13. Jh., wurde im 14. und 17. Jh. verändert; bemerkenswert sind eine Barockkanzel, die Fürstenloge und das spätgot. Abendmahlrelief aus dem 15. Jh.; im Hof ein Kreuzgang aus dem 14. Jh. Die St.-Margarethen-Kirche wurde bereits 1064 urkundlich erwähnt. Im Innern findet man eine Fürstenempore und die herzogliche Begräbnisstätte. Die „Wasserkunst" wurde 1895 erbaut und wird vom Leina-Kanal gespeist. Die Pumpstation, im Lucas-Cranach-Haus (heute Haus der Dienste) installiert, kann besichtigt werden.

Das Schloßmuseum beherbergt Malereien und Plastiken aus dem 15. und 16. Jh., darunter Arbeiten von Cranach, Bryn und Rubens; ferner gibt es die ägyptische Sammlung, antike und ostasiatische Kunst, das Münzkabinett und das Kupferstichkabinett. Die ebenfalls im Schloß untergebrachte Forschungs- und Landesbibliothek umfaßt über eine halbe Million Bände. Darunter befinden sich etwa 5500 europäische und 3300 orientalische Handschriften. Das Staatsarchiv ist integriert. Im Museum für Regional- und Volkskunde kann man sich mit der Geschichte der St und des Gebietes befassen. Zu den Ausstellungsstücken gehören Trachten und Waffen. Das Karthographische Museum im Westturm des Schlosses veranschaulicht die berühmte karthographische Tradition der Stadt. Die Sammlung ist in Europa einzigartig.

Das Museum für Natur wurde bereits 1647 begründet. Seine Ausstellungen gliedern sich in die Abteilungen Erdgeschichte, Mineralien, Vögel der Erde, Säugetiere und Thüringer Wald.

Gräfelfing

□ 9,58 qkm; ○ München; ⚐ Bayern; ✉ 82166; ☎ 089; 🚗 M; △ 583 m; 👥 12800.

G., an der südwestlichen Stadtgrenze von München an der Würm und Autobahn A 96 München–Bodensee (Ausfahrt G.) gelegen, hat Gymnasium, Brauerei- und Bäckereifachschulen; Spezialgärtnerei, Puppenfilmatelier; kleinere und mittlere Gewerbebetriebe; S-Bahnstation.

»Grefoluinga« wird erstmals 763 als Besitz des Klosters Scharnitz urkundlich erwähnt. Bis Ende des 19. Jh. (Beginn der Bahnverbindung mit München) war G. ein kleines Bauerndorf; danach Entwicklung zum bevorzugten Wohnvorort Münchens. 1887 Zusammenschluß mit Lochham (1256 erstmals genannt). – Bemerkenswert die Pfarrkirche St. Stephan in G. und St. Johannes in Lochham (Anfang 16. Jh. mit baulichen Veränderungen im 17. Jh.).

Gräfenhainichen

□ 15 qkm; ○ Gräfenhainichen; ⚐ Sachsen-Anhalt, ✉ 06773; ☎ 034953; 🚗 GHC; △ 94 m; 👥 10000.

Die Kreis-St ist zu erreichen auf der B 100 und der B 107. Gr. liegt an der Reichsbahnstrecke Halle–Berlin.

Bildungseinrichtungen: Grundschulen, Sekundarschulen, Gymnasien; Förderschule, Schule für Geistigbehinderte; Stadtbibliothek.

Wirtschaftliches: Die in neuen Hallen installierte Druckerei „Gottfried Wilhelm Leibniz“ kann neben der Erstellung von Druckerzeugnissen in allen europäischen Sprachen auch chinesische, japanische, arabische, koptische, hebräische, amharische und hieroglyphische Texte setzen. Der Betrieb ist in der Lage, Manuskripte in fast allen Sprachen der Welt zu bearbeiten. – Es gibt in der Stadt 129 Handelseinrichtungen aus allen geschäftlichen Zweigen und Bereichen.

Geschichtliches: Gr. wurde erstmals urkundlich 1285 als Lehen des Grafen Albrecht II. von Anhalt genannt. 1371 kam die St in den Besitz des Markgrafen von Meißen, später in die Hand des Kurfürsten und Königs von Sachsen. Mit seinem Beschluß von 1815 sprach der Wiener Kongreß den Nordteil des sächsischen Königreiches als „Provinz Sachsen“ dem Königreich Preußen zu, folglich wurden auch St und Amt Gr. preußisch.

1454 erhielt Gr., dessen alte Privilegienbriefe vom Feuer vernichtet worden waren, erneut die St-Rechte. Ursprünglich war die St mit Wall, Graben und Mauer umgeben; Reste der Stadtmauer blieben erhalten, ebenso die beiden Tortürme, von denen der Rundturm in der Unter-St Ende des 14. Jh. errichtet worden, der Oberstadtturm 1448 entstanden war. Schloß, Rathaus, Kirche und alle anderen öffentlichen Gebäude wurden im 30jähr. Krieg (1637) ein Opfer der Flammen, nur die Türme blieben unversehrt. Das Schloß, im 12. Jh. auf den Ruinen einer slawischen Burganlage errichtet, wurde nicht wieder aufgebaut.

Ursprünglich gab es in der St zwei parallel verlaufende Hauptstraßen, die durch Quergassen verbunden waren. Den Mittelpunkt bildete ein Marktplatz.

Die evangelische St-Kirche St. Marien, am Kirchplatz gelegen und ihrer Anlage nach romanischer Bauart, präsentiert sich heute im Stil der Spätgotik mit einem 64 m hohen Backsteinturm aus dem Jahre 1867. Eine Distanzsäule von 1728, die den Benutzern von Postkutschen die Reisezeiten anzeigte, weist mit sächsischem und polnischem Wappen sowie mit den Initialen AR (Augustus Rex) darauf hin, daß sie Eigentum des Kurfürsten Augusts II., Königs von Polen, war.

Durch den Bau der Provinzialchausee Berlin–Wittenberg–Bitterfeld–Halle um 1820 und die Inbetriebnahme der Eisenbahnstrecke Wittenberg–Bitterfeld (1859) erhielt die St eine verkehrsgünstige Lage. 1874 wurde das erste Druckhaus gegründet, ein Jahr später gaben bereits zwei Druckereien mehrere Gr. Zeitungen heraus, die bis 1945 erschienen. Die größte Druckanstalt wurde 1956 der Deutschen Akademie der Wissenschaften zu Berlin direkt unterstellt, heute arbeitet sie unter dem Namen „Gottfried Wilhelm Leibniz“.

Seit 1890 wurde in Gr., zuerst im Tiefbau, dann im Tagebau, Braunkohle gefördert. Die riesigen Gruben, welche die St umgeben, versorgen in erster Linie die Großkraftwerke Zschornewitz und Vockerode. Leider wurde die waldreiche Region dadurch zerstört. Kippen und Restlöcher prägen das Bild der Landschaft.

Bedeutende Persönlichkeiten: Paul Gerhardt (1607–1676) wurde in Gr. geb.; er ist der bedeutendste evangelische Liederdichter. Aus seiner Feder stammen 120 Kirchenlieder und eine Reihe dt. und lat. Gedichte. Die St ehrte ihn mit einer Gedächtniskapelle, einem Versammlungshaus der evangelischen Kirchengemeinde, mit einem Denkmal und einer Straße, die seinen Namen trägt.

Johann Gottfried Galle (1812–1910) arbeitete sich trotz bescheidener Verhältnisse des Elternhauses zu einem weltbekannten Gelehrten und einem der bedeutendsten dt. Astronomen empor. Er ist der Entdecker des Planeten Neptun (1846). Besonderes Verdienst kommt G. für die Zusammenstellung des Kometenverzeichnisses zu, das an allen Sternwarten der Welt als Hilfsmittel geschätzt wird. Er erkannte die „Kleinen Planeten" und zog sie zur Bestimmung der Sonnenparallaxe heran. Der Rat der St ehrte das in unmittelbarer Nähe von Gr. geborene Universalgenie, indem man eine Straße nach ihm benannte und 1977 das Galle-Denkmal enthüllte.

Hugo Winckler (1863–1913), geb. in Gr., war ein bedeutender dt. Archäologe und orientalischer Sprachwissenschaftler. 1903–04 leitete er die Ausgrabungen bei Saida (Sidon) und 1906–12 die zu Boghasköi in der Türkei. Er hatte die Entdeckung des gewaltigen Königsarchivs in der Hethiter-Hauptstadt Boghasköi vorausgesagt und fand dies auch tatsächlich. Es bestand aus über 20000 Fragmenten großer Tontafeln, z.T. in babylonischer Keilschrift geschrieben, viele in semitischer, die meisten in der hethitischen Sprache abgefaßt; sie bildeten seinerzeit den aufsehenerregenden Fund der Epoche.

Sehenswürdigkeiten in der Umgebung: Gr. versteht sich als „Tor zur Dübener Heide". Dieses größte zusammenhängende Waldareal im südl. Flachland Mitteleuropas ist Landschaftsschutzgebiet, der Lebensbereich vieler seltener Tierarten, z.B. Biber, Schwarzstorch, Kranich, Seeadler, Sumpfschildkröte und Edelkrebs. Auf der B 107 durchquert man das Städtchen Oranienbaum (niederländ.-barocke Schloß-, Park- und Stadtanlagen), bevor man den Wörlitzer Park erreicht. Am Bergwitzsee bei der Gm Bergwitz bieten sich Gelegenheiten zum Schwimmen, Rudern und Segeln, zum Surfen, Tauchen und Wandern, ebenso gibt es einen FKK-Strand und einen Naturlehrpfad.

Grafenau (Niederbayern)

□ 63,82 qkm; ○ Freyung-Grafenau; ⚐ Bayern; ✉ 94481; ☎ 08552; 🚗 FRG; △ 610 m; 👫 8100.

Der Luftkurort G. liegt 41 km nördlich von Passau im Bayerischen Wald. Die St, Sitz des Nationalparkamtes Bayerischer Wald, hat Realschule, Gymnasium, Berufsfachschule, Sonderschule für Lernbehinderte; holzverarbeitende Industrie (Hartfaserplatten); bedeutender Wirtschaftszweig ist der Fremdenverkehr.

Das im 10. oder 11. Jh. angelegte G. kam über die Herrschaft Bärnstein und die Grafen von Andechs 1207 an das Hochstift Passau. Der Ort erhielt 1376 das Stadtrecht. 1438 erwarb Herzog Heinrich der Reiche von Bayern-Landshut die St; nach dem Landshuter Erbfolgekrieg gehörte G. kurze Zeit (1506–09) zur Pfalz und danach zu Bayern. – Bemerkenswert die Spitalkirche (17. Jh.). – Alljährlich Anfang Juli Volksfest.

Grafenwöhr

□ 215,84 qkm; ○ Neustadt a.d. Waldnaab; ⚐ Bayern; ✉ 92655; ☎ 09641; 🚗 NEW; △ 410 m; 👫 5800.

G., 25 km westlich von Weiden (Oberpfalz) an der B 299 gelegen, hat Anschluß an die A 93 Regensburg–Weiden–Hof (Ausfahrt Weiden-W.); G. hat Standortverwaltung; Grund- und Hauptschule, Berufsschule für Lernbehinderte. Südwestlich der St liegt der größte Truppenübungsplatz Europas mit Militärflugplatz.

G. wird erstmals 1361 anläßlich der Stadterhebung durch Kaiser Karl IV. urkundlich erwähnt. 1422 kam die St an die Oberpfalz und 1623 an Bayern. – Wirtschaftliche Aufwärtsentwicklung seit der Errichtung des Truppenübungsplatzes im Jahre 1910. – 1945 wurde die St durch Luftangriffe schwer zerstört. – Sehenswertes Rathaus im Stil der Spätgotik; Kastenhaus (1532); Pfarrkirche Maria Himmelfahrt (14. Jh./Langhaus 1840). – Alljährlich Annamarkt (Juli) und Deutsch-Amerikanisches Volksfest (Ende Juli/Anfang August).

Grafing b. München

□ 29,56 qkm; ○ Ebersberg; ⚐ Bayern; ✉ 85567; ☎ 08092; 🚗 EBE; △ 522 m; 👫 11200.

G., 30 km südöstlich von München in einem Talkessel des Alpenvorlandes gelegen, ist über die B 304 zu erreichen. Bahnstation an der Strecke München–Rosenheim im S-Bahn Bereich München. Die St hat Gymnasium, Sonderschule für Lernbehinderte; Brauereien, Fremdenverkehr.

Bemerkenswert das Rathaus (1769), das ehemalige Schloß (ältester Teil 10. Jh.) und die Dreifaltigkeitskirche (1672) am Marktplatz. In der Nähe Schloß Elkofen (11. Jh., älteste bewohnte Burg Oberbayerns). – Alljährlich Grafinger Leonhardifahrt (Ende Oktober).

Grebenstein

□ 49,85 qkm; ○ Kassel; ⚐ Hessen; ✉ 34393; ☎ 05674; 🚗 KS; △ 180–220 m; 👪 5900.

G. liegt 17 km nördlich von Kassel an der B 83; Bahnstation an der Strecke Kassel–Ruhrgebiet; Verkehrslandeplatz in Kassel-Calden (5 km). Die Wohngemeinde (Auspendler nach Kassel) hat Gesamtschule; kleinere Industrie- und Gewerbe- sowie landwirtschaftliche Betriebe.

Ausgangspunkt der Entwicklung von G. war die um 1265 erbaute Burg (jetzt Ruine) »Grevenstein« des Grafen Ludolph von Dassel. Über die Grafen von Everstein kamen Siedlung und Burg Ende des 13. Jh. an die Landgrafen von Hessen. Zur St erhoben wurde G. vor 1322. In der von der guterhaltenen (mit fünf Wehrtürmen gesicherten) Stadtmauer umschlossenen Altstadt sind die got. Stadtkirche (Anfang 14. Jh.), das spätgot. Fachwerkrathaus sowie zahlreiche Fachwerkhäuser (darunter das Diemelhaus, jetzt Heimatmuseum) bemerkenswert.

Greding

□ 103,73 qkm; ○ Roth; ⚐ Bayern; ✉ 91171; ☎ 08463; 🚗 RH; △ 397 m; 👪 6700.

G., Erholungsort im Naturpark Altmühltal 45 km südöstlich von Nürnberg, hat Anschluß an die A 9 München–Nürnberg (Ausfahrt G.); Grund- und Hauptschule; Kleiderfabrik, Möbelfabrik, Wehrtechnische Dienststelle; Landwirtschaft; Ausflugs- und Fremdenverkehr.

Der von Karl Martell Mitte des 8. Jhts. gegründete Königshof wird erstmals 1091 urkundlich erwähnt. 1240 entwickelte sich unterhalb der St. Martinskirche eine städt. Siedlung. Seit dem 11. Jh. war G. Besitz der Fürstbischöfe von Eichstätt. Nach der Säkularisation (1802) fiel es an das Königreich Bayern (1806). – Die zwischen 1383 und 1415 erbaute Stadtbefestigung mit drei Stadttoren und zahlreichen Türmen ist größtenteils erhalten. Aus dem 11./12. Jh. stammt die in ihrer Bausubstanz romanische St. Martinskirche (reiche Ausstattung). Bemerkenswert ferner das ehem. fürstbischöfliche Schloß (1696 vollendet), das barocke Rathaus (1699) und die Friedhofskapelle St. Michael (12. Jh.) mit dem romanischen „Seelenkerker“ (Beinhaus).

Sehenswert: Museum „Natur und Mensch“. Veranstaltungen: Volksfest (Juli), Altstadtfest (August).

Grefrath b. Krefeld

□ 30,95 qkm; ○ Viersen; ⚐ Nordrhein-Westfalen; ✉ 47929; ☎ 02158; 🚗 VIE; △ 35 m; 👪 14000.

G., 20 km westlich von Krefeld an der B 509, A 2 Duisburg–Niederlande (Ausfahrt Wachtendonk–Wankum) und A 61 Koblenz–Niederlande (Ausfahrt Viersen–Boisheim) gelegen, hat Grund- und Hauptschule, Gymnasium, Volkshochschule sowie eine Kfz-Schleuderschule. Die wirtschaftliche Basis der Gm bilden Textilindustrie (Girmes GmbH) und Autozulieferungsbetriebe (Drafter, Deutsche Fibrit).

»Greverode« (Rodung des Grafen) wurde urkundlich erstmals 1177 erwähnt. Die heutige Gm entstand im Zuge der Gebietsreform aus den ehem. selbständigen Orten Grefrath und Oedt. – Sehenswert Burgruine Uda und das Niederrheinische Freilichtmuseum Dorenburg.

Greifswald

□ 50,2 qkm; ○ Kreisfreie St; ⚐ Mecklenburg-Vorpommern; ✉ 17489*; ☎ 03843; 🚗 HGW; △ 7 m; 👪 70750.

Die Hansestadt ist zu erreichen auf der B 96a / E 251, der B 96 und B 109; die St liegt an der Reichsbahnstrecke Stralsund–Berlin, eine Nebenstrecke führt von G. nach Lubmin. Der nächste Flugplatz für Kleinflugzeuge und Lufttaxis befindet sich ca. 6 km östlich in Kemnitz.

Bildungseinrichtungen: Vorhanden sind alle Pflicht- und darauf aufbauenden Schulen, darüber hinaus gibt es die Ernst-Moritz-Arndt-Universität (seit 1456), eine Medizinische Fachschule und eine Musikschule.

Wirtschaftliches: Stahlbau, Maschinenbau;

Siemens-Übertragungstechnik GmbH; Bauwirtschaft, Unternehmen der Bauhaupt- und Baunebengewerbe; Möbelwerke; Lebensmittelindustrie, Fischereiwirtschaft; Dienstleistungsunternehmen.

Geschichtliches: Die Historie der St beginnt in Eldena, einem Flecken an der Mündung des Ryck in den Greifswalder Bodden. Hier entstand 1199 ein Zisterzienser-Kloster; es hat durch seine weitreichenden geistlichen, politischen und wirtschaftlichen Einflüsse bei der St-Gründung eine entscheidende Rolle gespielt. Bereits 1207 erhielt das Kloster umfänglichen Grund und Boden, zwei Jahre später wurde den Mönchen gestattet, auf ihren Besitzungen dt., dänische und slaw. Kolonisten anzusiedeln. Seit 1241 durften auf klösterlichem Gebiet auch Märkte abgehalten werden, womit seine Bedeutung für eine künftige St-Gründung unterstrichen wurde. Die bis heute als imposante Ruine erhaltene Klosteranlage zieht jeden geschichtlich interessierten Besucher in ihren Bann.

Eine erste urkundliche Erwähnung der Kommune datiert aus dem Jahre 1248 als „oppidum Gripheswald". 1250 erhielt G. das Lübische Recht, vor allem Salzgewinnung und Fernhandel führten bald zum Wohlstand. Zu einer Vereinigung von Alt- und Neu-St unter einem Rat kam es 1264, verbunden damit war das Recht auf Befestigung und Selbstverteidigung. Für die Jahre nach 1278 lassen sich enge Beziehungen zu den Nachbarstädten belegen, woraus schließlich die Mitgliedschaft in der Hanse erwuchs. Deren Tagungen fanden von 1310 bis 1363 achtmal in der Hansestadt statt; in dem Zeitraum erlebte die St eine Blütezeit.

Um 1400 entstanden viele Giebelhäuser, die zum Teil noch existieren. Höhepunkt damaliger Entwicklung war die Gründung der Universität durch Heinrich Rubenow im Jahre 1456. Sie führt heute den Namen Ernst Moritz Arndts und ist die zweitälteste Hochschule in Nordeuropa. Ihr Hauptgebäude, im Stile strengen norddt. Barocks errichtet, ist das Zentrum der Wissenschaften für die St und darüber hinaus für das gesamte Pommern. In das Bild der territorialen Gliederung mit dem typischen Kolonisationsschema eines Netzes sich rechtwinklig kreuzender Straßen fügen sich die Bauten aus späterer Zeit, namentlich ab 1800, stilvoll ein.

Zu Beginn des 30jährigen Krieges (1618) zählte die St etwa 6000 EW. Nach Belagerung durch die Schweden wurde G. 1631 eingenommen und gehörte nach dem Friedensschluß von Osnabrück (1648) bis ins Jahr 1815 zu Schweden. Durch Verkauf fiel 1815 Schwedisch-Vorpommern an Preußen, damit wurde auch G. preußisch.

Die Errichtung einer Eisenbahnhauptwerkstatt war der Industrialisierung ebenso nützlich wie der Anschluß an die Eisenbahnlinie Stralsund–Berlin. Die Bahnanbindung kam gleichermaßen der Erweiterung der Universität zugute. Sie bestimmte zunehmend den Charakter der St, die 1913 bereits 25000 EW beherbergte. St-Theater und St-Halle entstanden 1913–15.

Der Bau eines Militärflugplatzes in Ladebow (1936–38) ging mit der Eingemeindung der Ortschaften Wieck und Eldena einher. Vor den vernichtenden Luftangriffen und anderen Einwirkungen des 2. Weltkrieges blieb die St bewahrt. Nach dem 2. Weltkrieg stieg die Bevölkerung auf mehr als 50000 Personen an. Die Ernst-Moritz-Arndt-Universität konnte bereits im Februar 1946 ihren Vorlesungsbetrieb wieder aufnehmen. 1956 beging sie ihre 500-Jahr-Feier.

Bauliches: Ende der siebziger Jahre entstanden das Werk für Nachrichtenelektronik, auch das Kernkraftwerk Lubminer Heide, das 1973 seinen Probebetrieb aufnahm (1990 eingestellt). Die Sanierung der Alt-St wurde 1978 durch einen umfangreichen Flächenabbruch eingeleitet.

Große Namen und Kulturelles: Der Besucher wird an vielen Häusern durch Gedenktafeln auf bedeutende Persönlichkeiten hingewiesen, die mit ihrem Wirken zum Ruf der St beigetragen haben. Künstler der Frühromantik wurden von der Hansestadt besonders angezogen, der Universitätszeichenlehrer und Baumeister Quistorp zählt zu den ersten. Zu ihnen gehörte auch Caspar David Friedrich, ein Sohn dieser St. und einer der bedeutendsten dt. Maler des frühen 19. Jh. Von seiner Hand stammen viele Bilder, die er unter dem Eindruck der Schönheit der norddt. Landschaft schuf. In seinen umfangreichen zeichnerischen und malerischen Werken wurden Natur und got. Architektur zum Symbol des romantischen Welt- und Kunstverständnisses. Das Museum der Stadt würdigt sein Schaffen mit einer ständigen Sonderausstellung.

Literarische Spuren findet man in reichem Maße, von Gotthard Theobul Kosegarten bis zum Lyriker und Patrioten Ernst Moritz Arndt oder von dem in seiner Zeit vielgelesenen Friedrich Spielhagen bis zum Dichter Hermann Löns. Die Biographien von Hans Fallada und Wolfgang Koeppen sind mit der St verbunden.

Wiederkehrende Ereignisse: Das jährliche Fischerfest „Gaffelring" (Juli) ist eine Regatta mit alten Seglern. Jährlich findet im Mai/Juni eine Bachwoche statt, ausgerichtet von Domchor und der Kirchenmusikschule. Orgelmusik ist in den Kirchen der Innen-St mittwochs von Juni bis Oktober zu hören. In der Wiecker Kirche gibt es im Juli und August Sommermusik. Das Weihnachtsoratorium wird Anfang Dezember in St. Nikolai dargeboten.

Sehenswürdigkeiten: Museum der Stadt, seit 1929 im sog. Guardianshaus des ehem. Franziskanerklosters; Sozio-Kulturelles Zentrum „St. Spiritus", eine städt. Einrichtung mit Angeboten für alle, die sich künstlerisch betätigen wollen; die Greifen-Galerie bietet in monatlich wechselnden Ausstellungen Werke der Bildenden und Angewandten Kunst zum Verkauf; St-Bibliothek G., untergebracht in einem Wohnspeicherhaus im Stil der flandrischen Spätrenaissance und zwei Bürgerhäusern des 18. Jh. (Bestand 140000 Bände).

Greifswalder Museumshafen: Der alte St-Hafen zwischen Steinbecker Brücke und den Speichern am Fangelturm wird von einer privaten Vereinigung von Traditionsschiffern und an maritimer Geschichte Interessierter erhalten und gepflegt. Zweck: ehemalige Berufsfahrzeuge der vorpommerschen Küste zu restaurieren und in Fahrt zu halten; St-Archiv mit wertvollen Urkunden, Amts- und Geschäftsbüchern. Botanischer Garten der Ernst-Moritz-Arndt-Universität mit zwei Gartenbereichen; sechs Schaugewächshäuser mit wertvollen tropischen und subtropischen Pflanzen. Zum Bot. Ga. gehört auch das 7 ha große Arboretum, das eine Sammlung von 1300 verschiedenen Gehölzen aus allen Teilen der Erde besitzt. – Sportstätten: Volksstadion für Leichtathletik und Ballsportarten; Sportanlage Falladastraße für Leichtathletik; Sporthallen; das See- und Tauchsportzentrum mit Segelschulschiff und Motorschulschiff.

Greiz

□ 50,1 qkm; ○ Kreisfreie St; ⚐ Thüringen; ✉ 07973; ☎ 03661; 🚗 GRZ; △ 320 m; 👫 33000.

Die St ist zu erreichen über die B 92, B 94 und B 173; nächste Station der Deutschen Reichsbahn ist Reichenbach; die Elstertalbahn, eine Nebenstrecke, führt in die ČR.–Gr. hat einen Segelflugplatz.

Bildungseinrichtungen: Neben Realschulen und dem Gymnasium verfügt die St über eine Medizinische Fachschule und eine Musikschule. –

Kulturelles: „Sinfonisches Orchester Greiz/Thüringen"; Theater der St Gr.; Sommerpalais mit der Staatl. Bücher- und Kupferstichsammlung sowie dem „Satiricum"; Heimatmuseum.

Wirtschaftliches: Die Struktur wird bestimmt von der chemischen Industrie, der Textilveredelung, von der Papierverarbeitung und der Metallindustrie. Das Umland ist vorwiegend agrarwirtschaftlich orientiert.

Geschichtliches: Die erste urkundliche Erwähnung datiert aus dem Jahre 1209. Das „Obere Schloß", 1225 als „Castrum" bezeichnet, war bis 1802 Stammsitz der Obergreizer Herrschaft. Auf dem „Unteren Schloß", das 1564 errichtet wurde, residierte die Herrschaft von Untergreiz. Die beiden Linien vereinigten sich 1768 und erhielten 1778 die Fürstenwürde.

Grenzach-Wyhlen

□ 17,32 qkm; ○ Lörrach; ⚐ Baden-Württemberg; ✉ 79639; ☎ 07624; 🚗 LÖ; △ 264–512 m; 👫 12400.

G.-W. liegt in der äußersten Südwestecke des Bundesgebietes am Rheinknie bei Basel (Schweiz). Die Gm ist über die B 34 zu erreichen; Anschluß an die Autobahn A 5 Karlsruhe–Basel (Ausfahrt Weil a. Rhein); Bahnstation an der Strecke Basel–Konstanz. G.-W. hat Bildungszentrum (Realschule u. Gymnasium), Sonderschule für lernbehinderte Kinder; Zollamt; chemische und pharmazeutische Industrie, Betriebe der Eisenverarbeitung und Fördertechnik.

Beide Ortsteile werden erstmals im 13. Jh. erwähnt. G. geht auf den römischen Hof „Carantiacum" zurück, der Name W. ist auf römische Landhäuser „ze vilon" (bei den Villen) zurückzuführen. G. gehörte zum größeren Teil zur Markgrafschaft Baden, W. zu Vorderösterreich bis 1806. – Vom ehemaligen Prämonstratenserkloster Himmelspforte (1303–1807) sind die alte Abtei und die Wallfahrtskirche erhalten.

Greven (Westfalen)

□ 140,03 qkm; ○ Steinfurt; ⚐ Nordrhein-Westfalen; ✉ 48268; ☎ 02571; 🚗 ST; △ 50 m; 👫 29900.

G. liegt 15 km nördlich von Münster (Westfalen) beiderseits der Ems. Zufahrt über die B 219, B 481 und Autobahn A 1 Köln–Osnabrück–Bremen (Ausfahrt G.). Flughafen Münster/Osnabrück (6 km). G. hat Realschule, Gymnasium, Sonderschule für Lernbehinderte; Freilichtbühne in G.-Reckenfeld; Textil-, holz- und lederverarbeitende Betriebe, Transport- und Speditionsgewerbe.

Das Wahrzeichen der St, die Martinuskirche, eine Urkirche des Bistums Münster, wurde im 9. Jh. gegründet (als spätgotischer Bau erhalten). Grevens Lage an der wichtigen Handelsstraße von Münster zur Nordsee, die hier die Ems überquerte, förderte die wirtschaftliche Entwicklung des Ortes (bedeutender Markt vom 16.–19. Jh.; Schiffahrt und Flößerei auf der Ems zur Nordsee). Im 14. Jh. war G. über Münster der Hanse angeschlossen. Mitte des 19. Jh. erste Anfänge der Industrialisierung; Entwicklung vom Ackerbürger- und Handelsdorf zum bedeutenden Textilindustrieort Westdeutschlands. 1950 Verleihung der Stadtrechte. – Sehenswürdigkeiten: Sachsenhof in G.-Pentrup; Dorfkirche in G.-Gimbte; Wehrspeicher auf dem Schulzenhof Höping-Pellengahr; Wall- und Grabenreste der Zollburg Schöneflieth. – Alljährlich Montgolfiade (Heißluftballonveranstaltung) an Pfingsten, traditionelle Stadtfeste (Mai und September).

Grevenbroich

☐ 102,53 qkm; ○ Neuss; ⚐ Nordrhein-Westfalen; ✉ 41515*; ☎ 02181; 🚗 NE; △ 45–187 m; 👫 60000.

G., 25 km südwestlich von Düsseldorf an der Erft gelegen, ist über die B 1 und B 59 zu erreichen. Anschluß an die Autobahn A 46 Düsseldorf–Aachen (Ausfahrt G.), A 540 Köln–Mönchengladbach (Ausfahrt G.-Gustorf) und A 61 Koblenz–Venlo (Niederlande; Ausfahrten Bedburg bzw. Jackerath); Bahnstation an der Strecke Krefeld–Köln bzw. Köln–Aachen.

Die St hat Amtsgericht, Arbeitsamt, Finanzamt u.a. Behörden; Realschulen, Gymnasien, Landwirtschaftsschule, Berufsfachschule für Technik, Wirtschaft (Handelsschule), Ernährung und Hauswirtschaft, Sozialpflege (Pflegevorschule), Kinderpflege; Höhere Handelsschule (Betriebswirtschaft, Volkswirtschaft, Bürowirtschaft), Fachschule für Sozialpädagogik; Kreiskrankenhaus; Museum im Stadtpark. G. ist größter Kraftwerkstandort für braunkohlengefeuerte Kessel (Kraftwerke in G.-Frimmersdorf und G.-Neurath) sowie Zentrum der aluminium- und metallverarbeitenden Industrie; ferner Kartoffelverarbeitung und Zuckerfabrik.

G. entstand als Siedlung in der Nähe der Burg G. Das Dorf, erstmals im 11. Jh. erwähnt, kam Anfang des 14. Jh. in den Besitz der Grafen von Jülich. 1309 wird G. als St (»oppidum nostrum bruke«) bezeichnet. – Bemerkenswert der Palasbau des Alten Schlosses (15. Jh., Sitz der Stadtverwaltung), der Rundturm des Klosters Wilhelmitenorden (13. Jh.), Haus Hartmann am Alten Schloß, Schloß Hülchrath (11. Jh.), Kloster Langwaden (seit 1964 Zisterzienserkloster und Begegnungsstätte). – Alljährlich im September »Grevenbroicher Schützenfest«.

Grevesmühlen

☐ 66,7 qkm; ○ Kreis Grevesmühlen; ⚐ Mecklenburg-Vorpommern; ✉ 23936; ☎ 03881; 🚗 GVM; △ 33 m; 👫 11700.

G. ist zu erreichen auf der A 1 / E 47 (Ausfahrt Lübeck–St. Gertrud – ca. 50 km), auf der A 241 (Ausfahrt Schwerin-Süd – ca. 40 km) und auf der B 105 /E 22, die durch G. führt. Bahnhof an der Strecke Lübeck–Rostock, Nebenbahn nach Klütz. Nächster Flughafen ist Lübeck-Blankensee (ca. 60 km).

G. hat Stadtverwaltung, Kreisverwaltung, Landratsamt, Polizeistation, Amtsgericht, Kinderkrankenhaus.

Bildungseinrichtungen: Grund- u. Hauptschule, Gymnasium, Volkshochschule, Stadtbücherei, Stadtmuseum.

Wirtschaft: Malzfabrik, mittelständische Gewerbebetriebe, Handwerksbetriebe.

Geschichte: G. zählt zu den ältesten Siedlungen Mecklenburgs, die sich bereits vor 1226 zur Stadt entwickelte. Ihre Blütezeit erlebte die St im 13./14. Jh. Am 15 Juni 1659 äscherte ein Großfeuer die gesamte Stadt ein, so daß fast keine historische Bausubstanz erhalten geblieben ist. Das St-Wappen zeigt den von einem Mühlrad umgebenen Stierkopf der Obotriten-Fürsten.

Baudenkmäler und Sehenswürdigkeiten: Nikolai-Kirche, erbaut in der 2. Hälfte des 13. Jh., 1659 durch Brand vernichtet, auf den Mauerresten wiederaufgebaut. Das sog. „Älteste Haus“ steht am Markt und ist 1985 rekonstruiert worden. Der 1911 erbaute Wasserturm diente bis 1967 zur Wasserversorgung der St. Weithin sichtbar ist die 1878 erbaute Malzfabrik.

Der Iserberg (99 m) bietet herrliche Aussicht über den Ploggensee, Vielbeckersee und Santowersee bis zur Ostseeküste.

Freizeit/Sport: Badeanstalt, Kegelbahn, Tennisplätze.

Griesheim (Hessen)

□ 21,41 qkm; ○ Darmstadt; ⚐ Hessen; ✉ 64347; ☎ 06155; 🚗 DA; △ 92 m; 👥 20200.

G. liegt 7 km westlich von Darmstadt in der Rheinebene. Zufahrt über die B 26; Anschluß an die Autobahn A 5 Basel–Frankfurt a. M. und A 67 Mannheim–Darmstadt–Mönchhof Dreieck (Ausfahrt Darmstadt/Griesheim). G. hat Realschule, Volkshochschule; Vermarktungsanlage der Obst- und Gemüsezentrale Rhein-Main, Fahrzeugbau, Tapetenfabrik, Konservenindustrie, Agrarwirtschaft (Gemüseanbau).

G., erstmals 1165 urkundlich genannt, ist im 2. Weltkrieg durch Luftangriffe zu 60% zerstört worden. Nach 1945 durch Aufnahme von Heimatvertriebenen und Flüchtlingen und seit 1950 durch Ansiedlung von Gewerbe- und Industrieunternehmen sowie ausgedehnten Wohnungsbau (Pendler nach Darmstadt) um den alten Ortskern starkes Anwachsen der Einwohnerzahl. 1965 wurde G. zur St erhoben.

Grimma

□ 29,4 qkm; ○ Grimma; ⚐ Freistaat Sachsen; ✉ 04668; ☎ 03437; 🚗 GRM; △ 130 m; 👥 17520.

G. ist zu erreichen auf der B 107; sie kreuzt nördl. der St die Auffahrt zu A 14 / E 40; der Bahnhof G. liegt an der Bahnstrecke Leipzig–Döbeln–Dresden; eine Nebenstrecke führt von Beucha nach Großbothen. Der nächste Flughafen ist Leipzig/Halle, etwa 20 km entfernt.

Bildungseinrichtungen: Grundschulen, erweiterte Oberschule, Gymnasium, Techn. Gymnasium, Kommunale Berufsschule, Volkshochschule, Schule für Geistigbehinderte und Sonderschule für Lernbehinderte. Weitere Bildungsträger: Privatschule „Lingus"; „Schulungszentrum Grimma-Wurzen", Dr. Kleine GmbH; Verein der Förderer der beruflichen Bildung an der „Berufsschule Metall Grimma e. V.".

Wirtschaftliches: Hauptbetrieb ist der Maschinen- und Anlagenbau G., Bedeutung haben ferner eine Etuifabrik, die Splittgewinnung und im Agrarbereich eine Großmühle, die zu den berühmtesten Manufakturbauten Sachsens gehört.

Geschichtliches: Die Kreis-St G. liegt in einem Talkessel links der Mulde und war ursprünglich slawischer Lebensraum. Der Verlauf der Mulde prägte die Landschaft mit ihren typischen weiten Flußauen, sanften Hügeln und engen Tälern. Die um 1170 entstandene Marktsiedlung G. erhielt vor 1220 St-Rechte. Doch bereits am Ende des 14. Jh. führte der Aufstieg der Messe-St Leipzig zum schrittweisen Verfall des G.er Handels, so daß G.in die Bedeutungslosigkeit einer Ackerbürger-St absank. 1550 gründete Kurfürst Moritz von Sachsen in G. eine Fürstenschule. Bauwerke: Das Schloß G. wurde 1200 erstmals urkundlich genannt, 1389–1402 ausgebaut und 1509–18 umgestaltet. Das Rathaus (1442) ist im Kern spätgot., erlitt 1538 Brandschäden und wurde bis 1585 wiederhergestellt. Am Markt gibt es noch Bürgerhäuser aus dem 16. Jh. Eine „Große Muldenbrücke" (1716–19) wurde nach Plänen von M. D. Pöppelmann erbaut. –

Die Pfarrkirche „Unserer lieben Frauen" ist ein frühgot. Bau mit spätrom. Westwerk, begonn. um 1230/40, Ostteile vollend. um 1300. Ebenfalls frühgot. präsentiert sich die Augustinerkirche, begonnen um 1290, erneuert Anfang des 15. Jh. In der Friedhofskirche zum hl. Kreuz (begonnen 1566, umgeb. 1910) ist besonders ein spätgot. Altar mit drei Flügeln bemerkenswert, der vermutlich eine Wittenberger Arbeit darstellt. Museales: Die „Wassermühle Höfgen", 1721 erstmals erwähnt, ist seit 1976 ein Museum. Das Wasserrad wurde 1980 nach erforderlicher Restaurierung wieder in Betrieb genommen. Es entstand eine funktionstüchtige Schauanlage mit musealer Darstellung der Mühlentechnik des 18. und 19. Jh. Gezeigt werden u. a. Sackdruckmodeln, Mühlenspielzeug, Wanderbücher und Innungsgeräte. Das „Göschenhaus" im Ortsteil G.-Hohnstädt war von 1796 an Landsitz des Leipziger Klassiker-Verlegers Joachim Göschen (1752–1828). Zu den Exponaten gehören Zeugnisse bürgerlicher Wohnkultur um 1800 und 35 Göschen-Drucke. Dem sozialkritischen Schriftsteller Johann Gottfried Seume (1763–1810), der von 1797 bis 1810 Korrektor und Lektor bei Göschen war, ist ein besonderer Gedenkraum gewidmet. An das Haus grenzt ein Englischer Park, in dem Göschen 1800 den klassizistischen „Freundschaftstempel" erbauen ließ. In seinem Innern befinden sich Bilder von Freunden und Besuchern, so von Friedrich Schiller, Theodor Körner, Schnorr v. Carolsfeld und anderen.

Wiederkehrende Veranstaltungen: Nimbschener Klostertage an der Klosterruine Nimbschen. In den sakralen Gemäuern lebte Katharina von Bora, bevor sie Martin Luthers Ehefrau wurde.

Gröbenzell

□ 6,33 qkm; ○ Fürstenfeldbruck; ⚐ Bayern; ✉ 82194; ☎ 08142; 🚗 FFB; △ 508 m; 👥 17800.

G. liegt 15 km westlich von München im Dachauer Moos. Anschluß an die Autobahn A 8 München–Stuttgart (Ausfahrt Dachau/Fürstenfeldbruck); Bahnstation an der Strecke München–Stuttgart. Die Gm hat Grund- und Hauptschule, Gymnasium.

G., das erstmals 1570 urkundlich erwähnt wird, ist seit 1960 als bevorzugter Wohnvorort von München überdurchschnittlich gewachsen (1968: 8100 EW).

Gröditz

□ 7,79 qkm; ○ Landkreis Riesa; ⚐ Freistaat Sachsen; ✉ 01609; ☎ 035263; 🚗 RIE; △ 94,5 m; 👥 9650.

Gr. wird erreicht über die A 13 / E 55 (Ausfahrten Ruhland – 36 km oder Thiendorf – 35 km) oder die A 14 / E 49 (Ausfahrt Döbeln-Nord – 45 km). Durch Gr. führt die B 169. Bf. an der Reichsbahnstrecke Chemnitz–Riesa–Berlin. Nächster Flugplatz ist Dresden-Klotzsche (ca. 60 km).

Gr. hat Stadtverwaltung, Polizeistation.

Bildungseinrichtungen: Grundschule, Mittelschulen, Förderschule f. Lernbehinderte; Stadtbibliothek.

Wirtschaft: Gröditzer Stahlwerke GmbH; Mittelständische Handwerks- und Gewerbebetriebe; Gartenbaubetrieb e. G.

Gr. entstand aus einer sorbischen Siedlung (sorb. „grod“ = Burg) und wurde 1306 erstmals urkundlich erwähnt. Jahrhundertelang war es ein Straßendorf mit ca. 100 bis 150 Einwohnern. 1779/80 ließ Graf Carl Detlev v. Einsiedel in Gr. einen Eisenhammer errichten, aus dem das heutige Stahlwerk entstand. 1883 errichtete die Fa. Kubler und Niethammer eine Zellstofffabrik. Nach 1949 sind beide Firmen zu Volkseigenen Großbetrieben ausgebaut worden. Gr. wurde Industriegemeinde, der 1967 das Stadtrecht verliehen wurde.

Baudenkmäler: Evang.-luth. Kirche, 1891 in neoromanischer Backsteinbauweise entstanden.

Naherholung: Sport- und Schwimmhalle, Freibad an der B 169, Spazierwege am 1740–44 erbauten Floßkanal Elsterwerda–Gröden.

Periodische Veranstaltungen: Stadtfest im September.

Grömitz

□ 50,8 qkm; ○ Ostholstein; ⚐ Schleswig-Holstein; ✉ 23743; ☎ 04562; 🚗 OH; △ 10 m; 👥 6800.

G., Ostseeheilbad an der Lübecker Bucht, ist über die B 501 und Autobahn Lübeck–Dänemark zu erreichen. G. hat Jachthafen; Bundeswehrerholungsheim; Grund- und Hauptschule mit Realschulzweig. Bedeutendster Wirtschaftszweig ist der Fremdenverkehr (Kurmittelhaus, Meerwasser-Hallen-Brandungsbad, Heilbäder und Trinkkuren; Heilanzeigen für Erwachsene: Erholungskuren, Erkrankungen der Luftwege, allergische Krankheiten, vegetative Dystonien, Vorbeugungs- und Abhärtungskuren; für Kinder: Erholungskuren, Erkrankungen der Luftwege, allergische Krankheiten, Diathesen, extrapulmonale Tuberkulose).

G. wird erstmals 1259 als Kirchspiel erwähnt. Der Ort gehörte seit Anfang des 14. Jh. dem Kloster Cismar. Im 15. Jh. besaß G. Stadtrecht. Seit 1813 ist die Gm Ostseebad. – Sehenswert das nordöstlich von G. gelegene Kloster Cismar und die Nikolaikirche G. (14. Jh.).

Gronau (Leine)

□ 20,72 qkm; ○ Hildesheim; ⚐ Niedersachsen; ✉ 31028; ☎ 05182; 🚗 HI; △ 77–110 m; 👥 5200.

Die St G. liegt 40 km südlich von Hannover im Leinetal. Zufahrt über die B 3. G. hat Mittelpunktschule, Realschule, Berufs- und Berufsfachschule; Brausen- und Apparatebau, Arznei- und Papierwarenfabriken, Rübenzuckerfabrik, Lederwaren-, Sportbekleidungs-, Sportartikel- und Textilindustrie.

G., 1298 erstmals urkundlich genannt, wurde als neue Siedlung der 1279 zerstörten Dörfer Empeda, Lehde und Bekum zwischen zwei Leinearmen von Bischof Siegfried II. von Hildesheim gegründet. Bis heute ist der ma. Kern der malerischen Altstadt (zahlreiche Fachwerkbauten) erhalten. G. war bis 1929, als es zur städtischen Verfassung überging, Titularstadt. Industrieller Aufschwung seit der Jahrhundertwende (1898 Gründung des Arzneimittelwerkes Joh. A. Wülfing-Bauer & Cie).

Gronau (Westfalen)

□ 78,60 qkm; ○ Borken; ⚐ Nordrhein-Westfalen; ✉ 48599; ☎ 02562; 🚗 BOR; △ 38 m; 👥 40000.

G., im Dreiländereck Nordrhein-Westfalen–Niedersachsen–Niederlande im äußersten Nordwesten des Münsterlandes gelegen, ist durch die A 31 (Ausfahrt G.), B 54 und B 474 an den regionalen Verkehr angeschlossen. G. hat Amtsgericht, Bundesgrenzschutz, Zollämter; Grund- und Sonderschulen, Hauptschulen, Realschulen, Gymnasium, Schulversuch Kollegstufe, gewerbliche, kaufmännische und hauswirtschaftliche Kreisberufs- und Berufsfachschule des Kreises Borken mit Handelsschule; Textil- und textilverarbeitende Industrie, Lack- und Farbenindustrie sowie Betriebe der Kunststoff- und Elektronikindustrie.

G. (der Ortsname geht auf eine alte Flurbezeichnung „Grüne Au" zurück) ist aus einem Grenzposten, der den Hellweg Münster–Deventer sicherte, hervorgegangen. Erste urkundliche Erwähnung 1365 als steinfurtisches Burglehen. 1638 fiel G. an die Linie Bentheim-Tecklenburg-Rheda. Ein wirtschaftlicher Aufschwung setzte Ende des 18. Jh. mit der Gründung von baumwollverarbeitenden Gewerbebetrieben ein, die die Grundlage der späteren bedeutenden Textilindustrie schufen. 1815 kam G. an Preußen. 1898 wurde es zur St erhoben.

Sehenswürdigkeiten: Parkanlagen mit Tiergarten, Erholungs- und Freizeitgebiet „Dreiländersee", Heide- und Moorgebiete, Natur- und Landschaftsschutzgebiete.

Großalmerode

□ 37,62 qkm; ○ Werra-Meissner-Kreis; ⚐ Hessen; ✉ 37247; ☎ 05604; 🚗 ESW; △ 360–460 m; 👥 7500.

G. liegt in einer Talweitung am Fuße des Kaufunger Waldes 22 km östlich von Kassel. Zufahrt über die B 451. G. hat Grundschule, Gesamtschule, Schule für Lernbehinderte; Schamotte- und Tonwerke, Braunkohlenabbau, Stahl- und Maschinenbau, Textilbetriebe; Landwirtschaft.

G. war im 15. und 16. Jh. Sitz des über ganz Deutschland verbreiteten Gläsnerbundes (Glashütten im Kaufunger Wald); 1775 wurde G. zur St erhoben. Im 18. Jh. entwickelte sich das Töpferhandwerk dank der bedeutenden Ton- und Kohlevorkommen.

Aussichtsturm auf dem 641 m hohen Bielstein im Naturpark Meißner-Kaufunger-Wald. – Alljährlich Lichterfest, alle fünf Jahre Heimatfest.

Großbottwar

□ 25,84 qkm; ○ Ludwigsburg; ⚐ Baden-Württemberg; ✉ 71723; ☎ 07148; 🚗 LB; △ 220 m; 👥 7300.

G., 25 km nördlich von Stuttgart an der Bottwar gelegen, ist über die Autobahn A 6 Stuttgart–Heilbronn (Ausfahrt Mundelsheim/G.) zu erreichen. Die St hat Forstamt; Grund-, Haupt- Real- und Sonderschule für Lernbehinderte; Weinanbau und Weinhandel; Weinlehrpfad am Wunnenstein.

G., erstmals 873 urkundlich genannt, wurde als St von den Herren von Lichtenberg um 1250 neben der älteren Dorfsiedlung im Mündungswinkel der kleinen und großen Bottwar gegründet. 1357 verkaufte das Geschlecht die St an die Grafen von Württemberg. – Bemerkenswert der Marktplatz mit Fachwerk-Rathaus (1556), mehrere Bürgerhäuser aus dem 16. Jh. sowie Reste der Stadtbefestigung aus dem 14. Jh.

Großefehn über Aurich

□ 127,24 qkm; ○ Aurich; ⚐ Niedersachsen; ✉ 26629; ☎ 04943, 04945 und 04946; 🚗 AUR; △ 8 m; 👥 11200.

G., 1972 durch Zusammenschluß von 14 Gemeinden entstanden, liegt 40 km östlich von Emden an der B 72 und B 436. Die Gm hat Grundschule (mit Orientierungsstufe und Realschulzug); mittelständ. Gewerbe, Land- und Viehwirtschaft.

Ältester Ortsteil ist Timmel (im 10. Jh. urkundlich bezeugt).

Sehenswürdigkeiten: Restaurierte Fehnlandschaft mit Klappbrücken und Schleusen, Windmühlen, Erholungsgebiet „Timmeler Meer".

Großenhain

□ 24,6 qkm; ○ Großenhain; ⚐ Freistaat Sachsen; ✉ 01558; ☎ 0529; 🚗 GRH; △ 124 m; 👥 18000.

Gh. ist zu erreichen auf der A 13 / E 55, Ausfahrt Thiendorf; in der St kreuzen die B 98 und B 101 einander; der Bahnhof liegt an den Strecken der Deutschen Reichsbahn Dresden–Berlin und Cottbus–Dresden. Die nächsten Flughäfen: Dresden (40 km), Leipzig/Halle (100 km).

Bildungseinrichtungen: zehnklassige Oberschulen, erweiterte Oberschule, Berufsschule, Sonderschule, Volkshochschule, die Sächsische Fachschule für Sozialpädagogik, Bildungs- und Technologiezentrum der Handwerkskammer Dresden; Kreislandwirtschaftsschule.

Wirtschaftliches: Herstellung von Textilmaschinen; Elektromotoren und Lichtmaschinen; PKW-Anhänger; Schmiede- und Gießerei-Erzeugnisse; Schuhe und Bekleidung; Karton und Papier. Die „Sächsische Textilveredelung" liefert gefärbte und bedruckte textile Flächen. Im Versorgungs- und Dienstleistungsbereich wird die Struktur von Handwerks- und Gewerbebetrieben bestimmt. Die St ist mit einem Kreisgebiet von ausschließlich landwirtschaftlichem Charakter umgeben, für das Gh. das industrielle und gewerbliche Zentrum bildet.

Geschichtliches: Der Markgraf von Meißen gründete um 1200 nahe der altslawischen Siedlung „Ozzec" die St Hain, ausgeführt als regelmäßig angelegtes Areal. An jener Stelle überschritt die von Leipzig nach Schlesien führende „Hohe Straße", eine sehr bedeutende Fernhandels- und Heerstraße, den Fluß Röder.

1255 nannte sich die Ortschaft „Marcgrevinhain", später nur noch „Hain", und seit 1856 ist der Name Gh. verbürgt. Seit 1292 entwickelte sich das Tuchmachergewerbe. Es zog Händler und Handwerker an, die sich in der St ansiedelten und ihr durch Fleiß und steuerliche Abgaben allmählich zu Aufschwung und Wohlstand verhalfen. Um 1500 hatte Gh. seine Blüte als Tuchmacher-St und Fernhandelsplatz erreicht.

Die 1839 geschaffene Eisenbahnverbindung zwischen Leipzig und Dresden, das Anlegen der Strecke 1870 von Gh. nach Cottbus, schließlich 1875 die Eröffnung der Linie Dresden–Berlin waren entscheidende Voraussetzungen, daß sich Gh. zu einem Zentrum der Textilindustrie im sächsischen Raum herausbilden konnte.

Sehenswürdigkeiten: Gh. verkörpert eine typische dt. Mittel-St. Historisch wertvoll und architektonisch interessant sind: der alte St-Kern innerhalb des ehem. Befestigungsringes, die Bauwerke Pulverturm und Reste der St-Mauern aus dem 15. Jh.; die Klosterruine (Turm) 11.–15. Jh.; die barocke Marienkirche, umgebaut 1748; die Löwen-Apotheke aus dem Jahre 1602. Als gut erreichbare Ausflugsziele empfehlen sich die St Meißen, Schloß Moritzburg, die Kunst-St Dresden, auch der Barockpalast mit Schloß Zabeltitz und drei nahe bei Gh. gelegene Natur- und Landschaftsschutzgebiete.

Kulturelles: In der St gibt es ein Kulturhaus und ein Filmtheater. Das Heimatmuseum, 1907 offiziell eröffnet und zuvor bereits 1901 mit einer Altertumsausstellung hervorgetreten, hat sein Domizil in einer ehem. Lateinschule, die in schriftlichen Überlieferungen erstmalig 1342 erwähnt wird. Die Bibliothek der St trägt den Namen „Karl Preusker", der in Gh. die erste Volksbücherei Deutschlands gründete. Für das Lesebedürfnis der Kinder hat die St eine eigene Bibliothek geschaffen.

Freizeiteinrichtungen: Gondelteich und Freibad; St-Park mit Sportstadien und Tennisanlage; Turnhallen, Kegelbahnen, Schießsportanlage und das Rollschuh-Stadion.

Großenkneten

□ 176,15 qkm; ○ Oldenburg; ⚐ Niedersachsen; ✉ 26197; ☎ 04435; 🚗 OL; △ 10–40 m; 👪 10800.

Die Großgemeinde G., 25 km südlich von Oldenburg im Erholungsgebiet „Wildeshauser Geest" zwischen Hunte und Lethe gelegen, ist über die B 213, A 29 Ahlhorner Heide–Wilhelmshaven (Ausfahrt G.) und A 1 Hansalinie Ruhrgebiet–Hamburg (Ausfahrt Wildeshausen-West) zu erreichen. G. ist Bundeswehrstandort, hat Grund- und Hauptschule, Gymnasium (Ortsteil Ahlhorn), ländliche Erwachsenenbildung; Erdgasaufbereitungsanlage.

Sehenswürdigkeiten sind die im Ahlhorner Gebiet liegenden zahlreichen Hünengräber und Steindenkmäler (Visbeker Braut und Bräutigam, Opfertisch, Kellersteine usw.) sowie die Ahlhorner Fischteiche.

Groß-Gerau

□ 54,45 qkm; ○ Groß-Gerau; ⚐ Hessen; ✉ 64521; ☎ 06152; 🚗 GG; △ 95 m; 👪 21300.

Groß-G. liegt 15 km nordwestlich von Darmstadt im südlichen Rhein-Main-Gebiet am Kreuzungspunkt der B 42 und B 44. Anschluß an die Autobahn A 67 Darmstadt–Autobahndreieck Rüsselsheim (Ausfahrt Groß-G.). Die St ist Bahnknotenpunkt an den Bundesbahnstrecken Mainz–Darmstadt und Frankfurt a. M.–Mannheim. Groß-G. hat Kreisverwaltung, Amtsgericht; Realschule, Gymnasium, Gesamtschule, Berufsschule, Sonderschule für Lernbehinderte; Kreiskrankenhaus; Preß- und Stanzwerk, Zucker- und Konservenfabrik,

Spezialkarosseriebau, pharmazeutische Industrie (Wick-Präparate).

910 wird der Königshof Gerau erstmals urkundlich genannt; G. war Lehen der Herren von Dornberg, deren Schloß später den Grafen von Katzenelnbogen als Residenz diente. 1398 wurde G. zur St erhoben; 1479 kam es an Hessen. Im Dreißigjährigen Krieg wurde die St nahezu zerstört. Seit 1832 ist Groß-G. Kreisstadt. Nach 1850 Beginn der Industrialisierung (Verwertung landwirtschaftlicher Produkte). Groß-G. ist heute aufstrebende Industriestadt mit Mittelpunktfunktion gegenüber dem Umland. – Sehenswürdigkeiten: Historisches Rathaus (1578); Stadtmuseum; Gotische Madonna am Portal der Stadtkirche; Reste von Schloß Dornberg (Jugendburg); Marktbrunnen (1595).

Großkrotzenburg

□ 7,44 qkm; ○ Main-Kinzig-Kreis; ⚐ Hessen; ✉ 63538; ☎ 06186; 🚗 HU; △ 105 m; 👫 6400.

G. am Main liegt 20 km östlich von Frankfurt a.M. an der B 8 und A 45 (Ausfahrt Alzenau/G.). Die Gm hat Hauptschule, Gymnasium; Großkraftwerk Staudinger der PREAG.

G. ist alter Siedlungsort. Zur Römerzeit befand sich auf dem Gebiet des heutigen Ortskerns ein Kastell mit zinnenbegrenzter Umfassungsmauer (um 120 n.Chr.). Seit 850 gehörte der Ort den Konradinischen Gaugrafen von Hessen; zwischen 977 und 986 gelangte G. durch Schenkung an das Mainzer St. Peters-Kollegialstift, bei dem die Gm bis zur Säkularisation (1803) verblieb. Erste urkundliche Erwähnung von „Cruzenburch" 1175. – Sehenswert die Ruinen des Römerkastells und das Heimatmuseum.

Großräschen

□ 55 qkm; ○ Senftenberg; ⚐ Brandenburg; ✉ 01983; ☎ 035753; 🚗 SFB; △ 117 m; 👫 12500.

Gr. ist zu erreichen auf der A 13 / E 55, Abfahrt Freienhufen auf die B 96; Zufahrt vom NO auf der B 169; Bahnstation der Strecke Berlin–Dresden.

Neben der St-Verwaltung mit allen Ämtern gibt es die Medizinische Einrichtungsgesellschaft mbH; Bildungseinrichtungen; Grundschulen, Gesamtschule, Gymnasium.

Wirtschaft: Braunkohlentagebau; Metall- und metallverarbeitende Industrie, Bauwesen und Baustoffe; Elektro- und Glasindustrie.

Historisches: Die erste urkundliche Erwähnung Gr. und Kleinräschens stammt aus dem Jahr 1371. Eine bedeutende Verkehrsstraße durchquerte die westl. Lausitz und berührte beide Ortschaften. Sie führte von Leipzig über Eilenburg–Torgau–Doberlug–Finsterwalde und Saalgast nach Spremberg. Gr. und Kleinräschen waren dem Amt Senftenberg lehn- und zinspflichtig. Für Zusammenkünfte wurde 1540 der „Krug" erbaut (heute der „Kurmärker"), dessen ursprüngliche Bauansicht mit der von 1934 identisch ist. Am 27. Oktober 1725 und am 9. Oktober 1781 wurde Gr. durch Feuersbrünste nahezu völlig zerstört. Die EW-Zahlen betrugen noch 1885 in Gr. lediglich 366, in Kleinräschen 453. Im Jahre 1871 entstand aus der Firma Kuhnheim & Co. ein Bergwerk, das als „Ilse AG" bei der Bergbehörde angemeldet wurde. Am 1. Mai 1874 eröffnete die damals bekannte „Eisenbahngesellschaft Strousberg" die Strecke Lübbenau–Kamenz. Im Zuge der wirtschaftlichen Entfaltung gründete sich am 21. April 1895 die ländliche Spar- und Darlehenskasse Raiffeisen für den Amtsbezirk Gr. Am 1. April 1925 wurden Gr. und Kleinräschen zu einer Gm zusammengefügt. Sie erhielt 1965 das St-Recht.

Kulturelles: Das nächste Theater befindet sich in Senftenberg, zu Ausflügen können der Spreewald und der Senftenberger See empfohlen werden. – Wiederkehrende Veranstaltungen sind das Heimatfest, das Herbstfest und der Karneval.

Großostheim

□ 44,29 qkm; ○ Aschaffenburg; ⚐ Bayern; ✉ 63762; ☎ 06026; 🚗 AB; △ 127–137 m; 👫 13600.

G., Mittelpunkt des Bachgaues, liegt 10 km südwestlich von Aschaffenburg am Nordrand des Odenwaldes im bayerischen Unterfranken. Anschluß an die Autobahn A 3 Frankfurt a.M.–Würzburg (Ausfahrt Stockstadt); Sportflugplatz beim Ortsteil G.-Ringheim (3 km). G. hat Grund- und Hauptschule; Maschinenfabrik, Brauereien, Bekleidungsindustrie, Kunststein- und Dachziegelfabrikation, Polsterwattefabrik.

Der erstmals 827 urkundlich erwähnte Ort war im MA. Sitz eines Obervogtes mit Appellationsgericht. In der spätgotischen Pfarrkirche St. Peter und Paul befindet sich ein Altar von Tilman Riemenschneider (16. Jh.); die Kreuzkapelle enthält eine Kreuzigungsgruppe aus der Schule von H. Backoffen.

Großrosseln

□ 25,19 qkm; ○ Saarbrücken; ⚐ Saarland; ✉ 66352; ☎ 06898; 🚗 SB; △ 200 m; 👫 10200.

G liegt 15 km südwestlich von Saarbrücken im südlichen Warndt an der französischen Grenze. Die Gm hat Grund- und Hauptschule; Steinkohlenbergbau (Bergwerk Warndt der Saarbergwerke AG im Ortsteil Karlsbrunn).

Großrosseln wird erstmals 1290 urkundlich erwähnt.

Groß-Umstadt

□ 86,80 qkm; ○ Darmstadt; ⚐ Hessen; ✉ 64823; ☎ 06078; 🚗 DA; △ 165 m; 👫 19500.

G.-U. liegt 25 km östlich von Darmstadt an den nördlichen Ausläufern des Odenwaldes. Zufahrt über die B 45. Bahnstation an der Strecke Hanau–Eberbach. Die St hat Realschule, Gymnasium, Versuchsgut für Obst- und Weinbau; Kreiskrankenhaus; Kunststoffindustrie (Resopal), Kristallkronleuchterfabrik, Weinbau.

G.-U. wird erstmals 743 urkundlich erwähnt. 766 schenkte König Pippin das Königsgut Umstadt der Reichsabtei Fulda. Der Ort, um 1250 zur St erhoben, gehörte seit dieser Zeit zur Kurpfalz und Hessen-Darmstadt. Im 16. und 17. Jh. komplizierten sich die Besitzverhältnisse; zeitweilig teilten sich vier Landesherren die Rechte. 1802 kam die St an Hessen-Darmstadt.

Bemerkenswert die zahlreichen Fachwerkhäuser, Schloßbauten und Adelshöfe (15. bis 18. Jh.) der Altstadt, die spätgotische Stadtkirche (1490 umgebaut), das Rathaus (1604) im Renaissance-Stil und der Marktbrunnen (1714). – Alljährlich im September Winzerfest.

Groß-Zimmern

□ 20,77 qkm; ○ Darmstadt; ⚐ Hessen; ✉ 64846; ☎ 06071; 🚗 DA; △ 151–185 m; 👫 9900.

Die Gm liegt 15 km östlich von Darmstadt an der Gersprenz. Zufahrt über die B 26. Groß-Z., überwiegend Wohngemeinde, hat Bekleidungsindustrie und Betonwerk.

Erste urkundliche Erwähnung 1276 (»Cymmern superior«). Ursprünglich zum Kloster Fulda gehörend, kam der Ort 1504 je zur Hälfte an die Pfalz und Hessen. 1802 fiel Groß-Z. ganz an Hessen. – Sehenswert die evangelische Pfarrkirche (1778–81) mit spätgotischem Chor.

Grünberg (Hessen)

□ 89,24 qkm; ○ Gießen; ⚐ Hessen; ✉ 35305; ☎ 06401; 🚗 GI; △ 274 m; 👫 11800.

G., Erholungsort am Fuß des Vogelsbergs 25 km östlich von Gießen an der B 49 und an der Autobahn A 5/A 7 Frankfurt a. M.–Kassel (Ausfahrten Reiskirchen bzw. Homberg [Ohm]) hat Realschule, Gymnasium, Sportschule des Hessischen Fußballverbandes, Bildungsstätte des Deutschen Gartenbauverbandes, Kreissonderschule für Lernbehinderte; elektrotechnische (Telefonbau- und Normalzeit) und feinmechanische Industrie, Werk für Bauelemente und Fertigbau, Textilindustrie.

G. entstand im Schutz der 1186 errichteten Burg und erhielt 1222 das Stadtrecht. Von den Landgrafen aus dem Gisonengeschlecht kam G. 1248 an Hessen. Seinen Wohlstand und seine Blüte im 14. Jh. verdankte G. der Lage an der wichtigen Handelsstraße vom Main nach Mitteldeutschland. Das vor 1242 gegründete, an der Ostkolonisation beteiligte Antoniterkloster, ein Franziskaner- und ein Augustinerinnenkloster wurden in der Reformation aufgelöst. – An Baudenkmälern blieben der historische Marktplatz mit Fachwerkhäusern, das Fachwerkrathaus (1586/87), Reste der alten Stadtbefestigung (Diebsturm, 13. Jh.) und das Hospital (Fachwerkhaus) neben dem Friedhof erhalten. – Alljährlich im Oktober Gallusmarkt (seit 1481).

Gründau

□ 67,63 qkm; ○ Main-Kinzig-Kreis; ⚐ Hessen; ✉ 63584; ☎ 06051 und 06058; 🚗 HU; △ 100–350 m; 👫 11200.

G., 35 km nordöstlich von Frankfurt a. M. an der B 457 und Autobahn A 66 Frankfurt a. M.–Bad Soden-Salmünster (Ausfahrten G.-Rothenbergen und Lieblos) gelegen, ist im Zuge der Verwaltungsreform aus sieben Ortsteilen gebildet worden; Bahnstationen (Lieblos und Mittel-Gründau) an der Strecke Gelnhausen–Gießen. G. hat Grund- und Hauptschulen; Basaltwerk, Möbelindustrie und kleinere Gewerbebetriebe; Landwirtschaft.

Das ehemalige ‚Gericht Gründau' gab der

Gm ihren Namen; die meisten Ortsteile werden erstmals im 12. Jh. urkundlich erwähnt. – Sehenswert die Kinzig-Mühle in G.-Lieblos, die Kirche ‚Auf dem Berg' und die Laurentius-Kirche in G.-Hain.

Grünstadt

□ 18,13 qkm; ○ Bad Dürkheim; ⚐ Rheinland-Pfalz; ✉ 67269; ☎ 06359; 🚗 DÜW; △ 140–327 m; 👫 13000.

Die verbandsfreie St G liegt 30 km nordwestlich von Mannheim/Ludwigshafen am Fuße eines nördlichen Ausläufers des Haardtgebirges und am Kreuzungspunkt der Autobahn A 6 Mannheim–Saarbrücken (Ausfahrt G.) mit der B 271 (Deutsche Weinstraße). Die St und Fremdenverkehrsgemeinde ist wirtschaftlicher, schulischer und kultureller Mittelpunkt des Unterhaardter Weinbaugebietes. G., Sitz einer Verbandsgemeindeverwaltung für 16 Umlandgemeinden, hat Amtsgericht, Arbeitsamt (Nebenstelle); Gymnasium, Berufs- und Berufsfachschule, Sonderschulen für lern- und für geistig behinderte Kinder, Abendrealschule, Akademie für Bürowirtschaft; Schamottewerk, Bau-, Ton-, Druck- und kunststoffverarbeitende Industrie, Wellpappenfabrik; Amerikanisches Versorgungs-Depot.

G. ist aus einem fränkischen Hofgut entstanden und wird erstmals 875 als »Grindestat« urkundlich erwähnt; um 900 waren ein Herrenhof und 14 Bauernhöfe auf G. Markung im Besitz des Klosters Weißenburg. Später kam der Ort an die Grafen von Leiningen, die Kaiser Karl V. bewogen, G. 1556 die Marktrechte zu verleihen. Nach 1690 wurde G. Residenz der Leininger Grafen. Im 18. Jh. erhielt der Mkt den Charakter einer St. – Sehenswert die ehemal. Residenz, der Unterhof und Oberhof (jetzt Schule), um 1705 bzw. 1716 erbaut. – G. ist Geburtsort des Kunstmalers Johann Conrad Seekatz (1719–1768; verkehrte im Hause von Goethes Vater in Frankfurt a.M., dessen Familie er gemalt hat).

Alljährlich „G. Weinwettstreit" (Oktober).

Grünwald (Kr. München)

□ 7,64 qkm; ○ München; ⚐ Bayern; ✉ 82031; ☎ 089; 🚗 M; △ 524–601 m; 👫 10600.

G., 14 km südlich von München auf dem Hochufer der Isar im Grünwalder Forst gelegen, ist über die B 11 und Autobahnen A 95 München–Garmisch-Partenkirchen (Ausfahrt München-Fürstenried) und A 99 (Ausfahrt Oberhaching) zu erreichen. Die Gm hat Grund- und Hauptschule, Volkshochschule, Sportschule; Institut für Film und Bild in Wissenschaft und Unterricht; Filmateliers in Geiselgasteig (Bavaria Film GmbH). G. ist anerkannter Erholungsort mit lebhaftem Fremdenverkehr. Der Ort, der ursprünglich „Derbolfingen" hieß, geht auf eine keltische und römische Siedlung (Bodenfunde) zurück. Erste urkundliche Erwähnung um 900. Bis zum 1. Weltkrieg war G. eine Landgemeinde. Heute ist G. ein von der Prominenz aus Industrie, Wissenschaft, Film und öffentlichem Leben bevorzugter Villenvorort. Sehenswert Schloß Grünwald, 1293 von Herzog Ludwig II. dem Strengen erbaut (einziger gotischer Profanbau im Münchner Raum).

Guben

□ 35 qkm; ○ Guben; ⚐ Brandenburg; ✉ 03172; ☎ 03561; 🚗 GUB; △ 41–48 m; 👫 32690.

G. ist zu erreichen auf der A 15 / E 36, Ausfahrten Cottbus-West oder Cottbus-Süd, (jeweils 40 km), sowie auf der B 97, der B 112 und der B 320; Bahnstation an der Strecke Frankfurt/Oder–Guben–Cottbus–Leipzig–Erfurt–Frankfurt/Main, ferner der Linie Potsdam–Berlin–Fürstenwalde (Spree)–Frankfurt/Oder–G.; Grenzübergangs-Bhf. nach Polen. Die nächsten Flughäfen befinden sich in und um Berlin (ca. 150 km); Regionalflugplatz ist Drewitz (20 km).

Bildungseinrichtungen: Grundschulen, Gesamtschulen, Realschule, Gymnasien, Oberstufenzentrum; Förderschule für Lernbehinderte; Volkshochschule. – Weitere Bildungsträger: Gemeinnütziger Berufsbildungsverein; Olivetti 2000 GmbH; Aus- und Weiterbildungszentrum; Datentechnik/Computer, Partner GmbH unter Beteiligung der APG-Datentechnik; Gesellschaft für berufliche Bildung GmbH; Prager Schulen Göttingen (in G.); Management Berufliche Aus- und Weiterbildungs-GmbH der SKL Maschinenfabrik G.; Ausbildungsstätte Krankenhaus und Poliklinik.

Wirtschaftliches: Herstellung von Chemiefasern, von Streichgarngeweben sowie von Filz-, Stoff- und Kunstfaser-Hüten, Pumpen für Dieselmotoren, Spezialschrauben für den Maschinenbau; Eisenguß.

Geschichtliches: G. ist eine der ältesten Städte der Niederlausitz und war bis über die Mitte des 19. Jh. hinaus auch die größte. Am

1. Juli 1235 verlieh der Markgraf von Meißen und der Ostmark, Heinrich der Erlauchte (1221–88) aus dem Geschlecht der Wettiner, durch eine Urkunde der St Guben das „Magdeburger Recht" und damit die Magdeburger St-Verfassung. Trotz verheerender Kriege und Brände, Hochwasser und Pest konnte die St dank dem Fleiß und der Aufgeschlossenheit ihrer EW immer wieder neu zu Kräften kommen und zu einem gesunden Gemeinwesen zurückfinden. G. wurde 1815 preußisch. Das von altersher blühende Tuchmacherhandwerk entwickelte sich zur Tuchindustrie (Cockerill, Feller); sie und die erste Eisenbahn Berlin–Guben–Breslau (1845) belebten den Handel. Der G.er Hutmacher Carl Gottlob Wilke erfand 1854 den wasserdichten Wollhut und begründete die Hutindustrie. Zwei Drittel aller in Dt. produzierten Hüte und alle orientalischen Feze kamen aus G. Zwar führten bessere Verkehrsbedingungen zum Rückgang der Schiffahrt und Niedergang des Weinbaues, jedoch wußten zumindest die ehem. Winzer sich zu helfen, indem sie Obst und Frühgemüse anbauten und Berlin belieferten. – 1945 wurde die alte dt. St G. geteilt: in „Gubin" als einen unbedeutenden kleinen Grenzort Polens und „Guben" als eine Fabrikstadt im Lande Brandenburg. Dazwischen liegt die Neiße als Grenzfluß. Trotz steigender Zahl der Industriebetriebe hat G. sich den Charakter einer alten dt. Kleinstadt erhalten. Der Schriftsteller Theodor Fontane, prädestinierter Kenner der Mark Brandenburg, hat G. als „Perle der Lausitz" bezeichnet – und das ist sie bis heute geblieben.

Sehenswürdigkeiten und Kulturelles: Museum „Sprucker Mühle"; Ausstellungszentrum „Kleine Galerie"; Kulturzentrum Obersprucke; St- und Kreisbibliothek; Jugendklub „Anne Frank"; Jugendklub „Intervall".

Erholung und Touristik: Von G. kann man Ausflüge in die reizvolle und sehenswerte Landschaft des Granoer Mühlenfließes, der Kaltenborner Berge, zum Naturbad Deulowitzer See und in die reich bewaldete Umgebung unternehmen.

Gudensberg

□ 46,49 qkm; ○ Schwalm-Eder-Kreis; ⚐ Hessen; ✉ 34281; ☎ 05603; 🚗 HR; △ 240 m; 👫 7600.

G., 22 km südwestlich von Kassel an der B 3 gelegen, hat Anschluß an die A 49 Kassel-Schwalmstadt (Ausfahrt G.). Die St besitzt Gesamtschule, Sonderschule für Lernbehinderte.

G., erstmals 1121 bezeugt und 1254 mit den Stadtrechten ausgestattet, wurde während der Kämpfe zwischen den Landgrafen von Hessen und Mainz 1387 durch Erzbischof Adolf von Mainz vollständig zerstört. Das spätma. Stadtbild ist weitgehend erhalten. – Sehenswerte Stadtkirche und Burgruine.

Güglingen

□ 16,22 qkm; ○ Heilbronn; ⚐ Baden-Württemberg; ✉ 74363; ☎ 07135; 🚗 HN; △ 211 m; 👫 4600.

G. liegt im Zabergäu zwischen dem Heuchelberg und dem Stromberg 20 km südwestlich von Heilbronn. Die St hat Forstamt; Grund-, Haupt- und Realschule, Sonderschule für Lernbehinderte; mittlere und kleinere Industrie- und Gewerbebetriebe (Gerüstbau, Herstellung von Meßgeräten, hydraulischen Antrieben u.a.); Landwirtschaft und Weinbau (Stadtteil Eibensbach).

G., erstmals 1188 bezeugt, kam im 13. Jh. in den Besitz der Herren von Neuffen. Zur St wurde es vor 1295 erhoben; seit 1327 gehörte es zu Württemberg. Die großen Brände von 1849 und 1850 vernichteten bis auf die St. Leonards-Kapelle (1579), das Fachwerkhaus des ehem. Amtshauses am Markt und das Helferhaus alle historischen Bauten. – Bemerkenswert das Dampflok-Museum sowie die Burgruine Blankenhorn. – Am Pfingstmontag Maienfest.

Günzburg

□ 55,40 qkm; ○ Günzburg; ⚐ Bayern; ✉ 89312; ☎ 08221; 🚗 GZ; △ 465 m; 👫 18300.

G. liegt 25 km nordöstlich von Ulm am Rande des Donauried-Beckens an der Einmündung der Günz in die Donau. Zufahrt über die B 10 und B 16. Anschluß an die Autobahn A 8 Stuttgart–München (Ausfahrt G.). D-Zug-Station an der Bundesbahnhauptstrecke München-Stuttgart. G. hat Amtsgericht, Finanzamt, Landratsamt; Bezirkskrankenhaus, Kreiskrankenhaus; Realschulen, Gymnasien, gewerbliche, kaufm., landwirtschaftliche und hauswirtschaftliche Berufsschule mit Berufsaufbauschule und Berufsfachschule für Hauswirtschaft und Kinderpflege, Berufsfachschulen für Krankenpflege, Beschäftigungs- und Arbeitstherapeuten, Altenpflege; Maschinenfabrik (Mengele), Nahrungsmittel- und Fleischwarenindustrie, Kunststoffindustrie, Großdruckereien, Brauereien. Die St ist Bundeswehrstandort.

Der Raum von G. war bereits in keltischer Zeit besiedelt. Die Römer errichteten in den Jahren 77/78 n. Chr. das Reiterkastell »Gontia«, neben dem sich eine Niederlassung mit Marktcharakter entwickelte (»Gunceburch«). Die spätere Marktsiedlung ging 1301 in den Besitz der Habsburger über. 1303 verlieh König Albrecht I. G. das Stadtrecht. Im 14. Jh. wurde die heutige Oberstadt planmäßig angelegt. Von 1609–1618 war die St Residenz des Markgrafen Karl (Schloßbau 1577/80 vom Vater des Markgrafen, Erzherzog Ferdinand). 1806 kam G. an Bayern. – Sehenswert die Liebfrauenkirche (von D. Zimmermann in den Jahren 1736–41 erbaut), eine der schönsten Rokokokirchen im bayerischen Schwaben, der historische Marktplatz, das Markgrafenschloß mit Hofkirche und das Heimatmuseum. – Alljährlich G. Volksfest (August) und Guntia-Fest (Juni).

Güstrow

□ 71 qkm; ○ Güstrow; ⚐ Mecklenburg-Vorpommern; ✉ 18273; ☎ 038 43; 🚗 GÜ; △ 10 m; 👥 41 000.

G. ist zu erreichen auf der A 13 / E 55, Ausfahrt Laage auf die B 103 oder Ausf. G. auf die B 104; beide Bundesstr. kreuzen einander in G. Die St liegt an den Eisenbahnstrecken Rostock–Berlin und Schwerin–Neubrandenburg. Regionaler Flugverkehr ist unter Mitbenutzung des Flughafens Kronskamp/Laage möglich; 15 km nördlich liegt ein Sportflugplatz mit Landegelegenheiten für Kleinmaschinen bis 7,5 t.

Bildungseinrichtungen: Neben obligatorischen Grundlagenschulen und Gymnasien gibt es eine Fachhochschule für öffentl. Verwaltung, eine Gehörlosenschule, Landwirtschaftsschule und die Kreisvolkshochschule.

Wirtschaftliches: Die industrielle Struktur der St wird im wesentlichen bestimmt von einer Zuckerfabrik, den Türenwerken, dem Polster- und Küchenmöbelbau, der Bettfedernfabrik sowie der Futtermittelherstellung und der Lebensmittelindustrie.

Geschichtliches: G. präsentiert sich den Besuchern mit seinem erhalten gebliebenem historischen St-Kern als ein Gemeinwesen von augenfälligem Reiz. Die Hauptstraßen führen zum großen Markt, dem zentralen Punkt der St, mit Rathaus und Pfarrkirche in der Mitte. Er ist

Güstrow, Schloß

umgeben von Patrizierhäusern, deren Fassaden von unterschiedlichen Stilen geprägt wurden, von der Renaissance bis zum Klassizismus. Ursprünglich war G. eine slaw. Siedlung, die 1228 das St-Recht erhielt. Bereits vor dieser Bestätigung hatte Fürst Heinrich Borwin II. den Dom gestiftet (1226), er ist G.s ältestes Bauwerk. Die vorteilhafte Lage an den Handelsstraßen von Rostock nach Berlin und von Lübeck nach Stettin begünstigte die Entwicklung der St zu einem bedeutenden Marktort. Insbesondere der Handel mit Wolle, Tuchen, Getreide und dem berühmten „Kniesenack-Bier" führten im MA zum Wohlstand des Bürgertums. Von 1556 bis 1695 war G. Residenz der mecklenburgischen Herzöge. In der Mitte des 16. Jh. entstand das Schloß; es ist eines der bedeutendsten Renaissance-Bauwerke Norddeutschlands. Während des 30jährigen Krieges wurde Mecklenburg von 1627 bis 1652 durch Truppen Wallensteins besetzt. Der Heerführer residierte ein Jahr als mecklenburgischer Herzog im Schloß. Zar Peter der Große und August der Starke, Kurfürst von Sachsen und König von Polen, trafen einander 1712 in G. zu Waffenstillstandsverhandlungen mit dem schwedischen General Steebock. Den Beinamen „Klein Paris" erhielt die St um die Jahrhundertwende, als G. gesellschaftlicher Mittelpunkt des Landes Mecklenburg war.

Kulturelles: Der Dom wurde als kreuzförmige, dreischiffige Pfeilerbasilika von 1226 bis Ende 1400 erbaut; gegen Ende des 14. Jh. erweiterte man das nördliche Seitenschiff zur zweischiffigen Pfeilerhalle. Seine Mauern sind mit ihren romanischen und gotischen Stilelementen ein Spiegelbild der langen Bauzeit. Kunstgeschichtlich bedeutend sind der Flügelaltar (um 1500, H. Bornemann), die Apostelfiguren (um 1530, C. Berg), die Wandgräber (16. Jh., Ph. Brandin und Werkstatt) und das Ehrenmal „Der Schwebende" (1927, E. Barlach).

Die Pfarrkirche wird urkundlich erstmals 1308 erwähnt und fiel 1503 einem Brand zum Opfer, konnte jedoch 1508 als wiedererrichtete fünfschiffige Kirche geweiht werden. Beachtenswerte Kunstwerke: „Pieta" (1400), „Triumphkreuzgruppe" (Rostocker Werkstatt), aufgestellt 1516, die „Strahlenmadonna" von 1520 (Herkunft unbekannt), „Wandel- und Flügelaltar" (Brüsseler Meister), aufgestellt 1522. Weiterhin sehenswert: die Kanzel, der „Ratsherrenstuhl", die eindrucksvollen Netz- und Sternengewölbe und die farbigen Glasfenster.

Zu den großen Künstler-Persönlichkeiten der 20er und 30er Jahre unseres Jh. gehört der von 1910 bis zu seinem Tode 1938 in G. ansässige Ernst Barlach. Der realistischen Kunst des Bildhauers, Grafikers und Schriftstellers wurden internationale Achtung und Ehrung entgegengebracht. Die Ernst-Barlach-Gedenkstätte „Atelierhaus" am Heidberg und „Gertrudenkapelle" im St-Zentrum geben mit ihren ständigen Ausstellungen Einblicke in sein Schaffen. Der Maler Georg Friedrich Kersting (1785–1848) wurde in G. geb.; sein Elternhaus, ein Fachwerkbau aus dem 16. Jh., dient heute als Museum; es widerspiegelt Arbeits- und Lebensweise des städtischen Kleinbürgertums, aus dem der romantische Maler stammt. Besondere Verdienste hat sich G.F. Kersting als Malervorsteher an der Königl. Sächs. Porzellanmanufaktur in Meißen erworben. Entscheidend war seine Erfindung, Vergoldungen dauerhaft und besser als andere Porzellanhersteller zu liefern. Er verwendete reines Dukatengold und produzierte die Erzeugnisse zur Hälfte des früheren Preises. Das Renaissance-Schloß ist das Kulturzentrum der St und des Kreises. Neben dem Schloßmuseum, der Gaststätte und einem Café beherbergt es weitere kulturelle Einrichtungen, wovon die St- und Kreisbibliothek ihrer Räume und Bestände wegen zu den schönsten allgemeinbildenden Büchereien des Landes gehört.

„Tierpark Güstrow im Herzen Mecklenburgs" lautet die Umschrift auf einem Stempel, die sein symbolisiertes Markenzeichen, ein Seeadlerpaar, umschließt. Der Park besteht seit mehr als drei Jahrzehnten. Auf einem Areal von 8,5 ha in landschaftlich schöner Gegend sind 250 Tiere aus 48 Arten zu beobachten. So sind insbesondere Seeadler, Weißstörche, Uhus, Kraniche und andere typische einheimische Tiere vertreten.

Für Naturfreunde bietet die Umgebung von G., das Mecklenburger Hügelland mit seinen zahlreichen Seen und Wäldern ideale Möglichkeiten zu ausgedehnten Wanderungen. Das Warnow- und Mildenitz-Durchbruchstal ist ein 3 km langer Abschnitt der Flußverläufe mit beiderseitigen Talhängen um Groß Görnow. Das Gebiet um den Upahler und Lenzener See ist durch große Waldflächen und eine artenreiche Tier- und Pflanzenwelt charakterisiert.

Wiederkehrende Veranstaltungen: Unter der Bezeichnung „Mecklenburger Musiksommer" finden vom Juni bis August in den Kirchen der St, in der Gertrudenkapelle und im Festsaal des Schlosses Konzerte statt, in denen auch der G. Volks-Chor und die Musikschule mitwirken. Ein besonderer Höhepunkt sind die Orgeltage. Das Inselfest (Ende Juli/Anfang August) und diverse regelmäßige Märkte gehören ebenfalls zum kulturellen Angebot.

Gütersloh

□ 111,96 qkm; ○ Gütersloh; ⚐ Nordrhein-Westfalen; ✉ 33330*; ☎ 05241; 🚗 GT; △ 78 m; 👥 85000.

G., im östlichen Teil der münsterländischen Bucht am Rande des Teutoburger Waldes gelegen, ist über die B 61, B 513 und Autobahn A 2 Köln–Berlin (Ausfahrt G.) zu erreichen. IC-Station an der Bundesbahnstrecke Köln–Berlin. G. ist Kreisstadt, Bundeswehrstandort und Standort der Britischen Streitkräfte (RAF) mit NATO-Flughafen; hat Amtsgericht, Zollamt; Realschulen, Gymnasien, Gesamtschule, Sonderschulen, Gewerbl.-hauswirtschaftliche Berufsschule, Berufsgrundschule Technik-Hauswirtschaft, Vorklasse der Berufsgrundschule, Berufsfachschulen für Technik, Ernährung und Hauswirtschaft, Berufsfachschule für Schüler mit Fachoberschulreife, Fachoberschule für Technik, Fachschule für Hauswirtschaftsmeisterinnen, Kaufm. Berufsschule, Handelsschule, Höhere Handelsschule, Berufsgrundschuljahr für Wirtschaft und Verwaltung u.a.; Landeskrankenhaus. Wichtige Wirtschaftszweige sind die holzverarbeitende, fleischverarbeitende, metallverarbeitende (Miele) und Textilindustrie; ferner Drahtseil- und Kettenwerke, Nahrungsmittel-, Bekleidungs- und Druckindustrie (Mohndruck Graphische Betriebe), Verlage (Bertelsmann Lesering) und Schallplattenproduktion der Bertelsmann AG.

Das Kirchspiel G. wird erstmals 1184 urkundlich erwähnt. G. gehörte zum Fürstbistum Osnabrück, seit 1565 zur Grafschaft Rheda. 1815 kam der Ort an Preußen, 1825 Erhebung zur St durch König Friedrich Wilhelm III. G. ent-

Gütersloh

wickelte sich nach dem 2. Weltkrieg zu einem bedeutenden Wirtschafts- und Verwaltungszentrum im ostwestfälischen Raum.

Sehenswert der malerische Kirchplatz mit Spiekerhäusern (17. Jh.), Gründerzeitfassaden, das Alte Amtsgericht im Stil der Weserrenaissance, das Stadtmuseum und der Botanische Garten. – Alljährlich G. Schinkenmarkt (Oktober).

Gummersbach

□ 95,30 qkm; ○ Oberbergischer Kreis; ⚐ Nordrhein-Westfalen; ✉ 51643*; ☎ 02261; 🚗 GM; △ 200–526 m; 👥 49300.

G., im Oberbergischen Land an der B 54, B 55 und B 256 gelegen, hat Anschluß an die Autobahn A 45 Dortmund–Frankfurt a. M. (Ausfahrten Meinerzhagen bzw. Drolshagen) und A 4 Köln–Olpe (Ausfahrt G./Wiehl und G.-Derschlag); Bahnstation an der Strecke Köln–Gummersbach. G. hat Kreisverwaltung, Amtsgericht; Theater; Realschule, Gymnasien, Fachhochschule Köln Abt. Gummersbach, Fernuniversität Hagen Abt. Gummersbach, Handels- und Höhere Handelsschule, gewerbliche und kaufmännische Berufsschulen, Berufsaufbauschule, Fach- und Fachoberschulen, Volkshochschule, Privatschulen, Th.-Heuss-Akademie, Sonderschulen für Lernbehinderte; mittelständische Industrie- und Gewerbebetriebe (Fernmeldetechnik, Wärme- und Schallschutz, Herstellung von Blechschrauben, Kunststoffverarbeitende Industrie, Kartonagenfabrik, Herstellung von elektronischen Werkzeugsicherungen und Steuerungsgeräten, Tapetenfabrik, Maschinenbau, Energie- und Umwelttechnik u. a.); Krankenhaus.

Gummersbach, Stadtansicht

»Gummersbracht«, das 1109 urkundlich als Kirchspiel bezeugt ist, entwickelte sich im 19. Jh. zu einem wirtschaftlichen und industriellen Zentrum im Bergischen Land (Textilindustrie). 1857 wurde G. zur St erhoben. – Bemerkenswert die Ev. Kirche (11. Jh.), eine romanische Hallenkirche, und das Vogteihaus (1700) in der Stadtmitte, ferner die „Bunte Kerke", eine dreischiffige, gewölbte Basilika mit spätgotischen Wand- und Deckenmalereien aus dem 15. Jh. in G.-Lieberhausen. – Nordöstlich von G. beim Ortsteil Lantenbach liegen Genkel- und Aggertalsperre. – G. gilt als Hochburg des Hallenhandballs.

Gundelfingen a. d. Donau

□ 53,96 qkm; ○ Dillingen a. d. Donau; ⚐ Bayern; ✉ 89423; ☎ 09073; 🚗 DLG; △ 434 m; 👥 6500.

G. Im bayerischen Schwaben wird von drei Flußarmen der Brenz, die kurz darauf in die Donau mündet, durchflossen. Die St ist über die B 16 zu erreichen. Bahnstation an der Strecke Ingolstadt–Ulm. G. hat Grund- und Hauptschule; Werkstätten für Stahl- und Metallkonstruktionen, Keramik-, Fleischwaren- und Konservenindustrie, Pharmolwerk, Brauereien.

Das Rathaus (1677) und Teile der Stadtmauer mit Torturm sind Zeugnisse einer bedeutenden historischen Vergangenheit. G. wird erstmals in der zweiten Hälfte des 8. Jh. urkundlich erwähnt. Der Ort, der ursprünglich dem Kloster Fulda gehörte, gelangte um 1200 in den Besitz der Hohenstaufen, die das Dorf in der ersten Hälfte des 13. Jh. befestigten und zur Stadt erhoben. Nach 1268 kam G. an die Wittelsbacher. Eine wichtige Rolle spielte G. als starke Befestigung unter Herzog Ludwig dem Reichen während der erfolgreichen Verteidigung der St (1462) im Reichskrieg.

Sehenswürdigkeiten: Stadtpfarrkirche (Ende

14. Jh., mit romanischen Bauteilen, Innenausstattung Rokoko); Spitalkirche (1717–21); Gottesackerkirche (1512); Schloß Schlachtegg (16. Jh.).

Gundelsheim (Württ.)

□ 40 qkm; ○ Heilbronn; ⚐ Baden-Württemberg; ✉ 74831; ☎ 06269; 🚗 HN; △ 155–320 m; 👥 6700.

G., 22 km nördlich von Heilbronn am Neckar gelegen, ist über die B 27 und Autobahn A 6 Heilbronn–Mannheim (Ausfahrt Heilbronn/Neckarsulm) zu erreichen. Bahnstation an der Strecke Stuttgart–Heilbronn–Heidelberg. Die St hat Forstamt; Realschule; Obst- und Weinanbau, Konservenfabrik; Autolackfabrikation.

»Gundolfesheim«, erstmals in der 2. Hälfte des 8. Jh. urkundlich erwähnt, liegt auf altem Siedlungsgebiet (Funde aus der Jüngeren Stein-, Kelten- und Römerzeit). Nach Erbauung der Burg Horneck (im 12. Jh.) entwickelte sich G. zur St (1378 Verleihung der Stadtrechte). Burg und Ort gingen um 1250 in den Besitz des Deutschen Ordens über, der Horneck zum Schloß und Residenz der Deutschmeister ausbaute (1438–1525). Das im Bauernkrieg (1525) zerstörte Schloß wurde danach Sitz einer Komturei des Ritterordens; 1805 kamen St und Schloß an Württemberg. – Neben dem Schloß mit Siebenbürgischem Museum und Heimatmuseum G. sehenswert die Stadtkirche (15. Jh. mit späteren Umbauten, 1923 erweitert), die Georgskapelle (Ende 13. bis 15. Jh.), das ehem. Spital (1550), Reste der Stadtbefestigung und mehrere Fachwerkhäuser aus dem 17. u. 18. Jh. – Alljährlich Altstadtfest (August).

Gunzenhausen (Mittelfranken)

□ 81,74 qkm; ○ Weißenburg-Gunzenhausen; ⚐ Bayern; ✉ 91710; ☎ 09831; 🚗 WUG; △ 422 m; 👥 16000.

G. liegt am nördlichen Rand der Fränkischen Alb an der oberen Altmühl und ist über die Bundesstraßen 13 und 466 zu erreichen. Bahnstation an den Strecken Frankfurt a. M.–Würzburg–München und Nürnberg–Donauwörth. G. hat Finanzamt, Forstamt, Arbeitsamt (Nebenstelle) u. a. Behörden; Diakonissen-Mutterhaus Hensolthöhe; Gymnasium, Mädchenrealschule und Haushaltsschule, Berufsschule mit Berufsaufbauschule, Wirtschaftsschule, Fachakademie für Sozialpädagogik, Schule für Lernbehinderte, Volkshochschule. In G. sind bedeutende Industriebetriebe angesiedelt (Nachrichtentechnik SEL, Plastikkunststofferzeugung, Herstellung von Kugellagern, Angelgeräten, Bekleidung, Thermometern, elektrischen Meßgeräten, Kesselbau, Glasverarbeitung, Eisenwerk u. a.); Landwirtschaft. Die St ist Kneippbad (Heilanzeigen bei Herz- und Kreislaufstörungen, körperlichen und nervösvegetativen Erschöpfungszuständen, Rheuma und Arthroseerkrankungen).

G. liegt in einem seit der Jüngeren Steinzeit besiedelten Gebiet an einem alten Altmühlübergang. Zur Römerzeit befand sich auf G. Markung ein Kastell als nördlichster Punkt des Raetischen Limes (Reste der Befestigungsanlagen erhalten). 823 wird G. erstmals als Klosterlandgut urkundlich erwähnt. 1278 kommt G. in den Besitz der Grafen von Oettingen, 1348 an das Geschlecht der von Seckendorff und 1368 an den Burggrafen von Nürnberg. Bis 1791 verblieb die St unter der Herrschaft der Markgrafen von Ansbach. Danach kam G. an Preußen und 1806 an Bayern. Im Zuge der Gebietsreform wurden G. in den 60er Jahren 14 umliegende Landgemeinden eingegliedert.

Bemerkenswert die Stadtkirche St. Maria (erbaut 1448–96 anstelle des röm. Kastells), das ehem. Rathaus (1701) mit Heimatmuseum, der Blasturm mit Zunftstube (erbaut 1603), der Färberturm (14. Jh.), das ehem. markgräfl. Jagdschloß (1749) und die Spitalskirche zum Heiligen Geist (errichtet 1352 vom Kreuzritter Burkhardt von Seckendorff). – G. ist Geburtsort des Theologen und Reformators Andreas Osiander (1498–1552). – Alljährlich Bürgerfest (Juli) und Kirchweih-Volksfest (September).

Haan (Rheinland)

□ 24,22 qkm; ○ Mettmann; ⚐ Nordrhein-Westfalen; ✉ 42781; ☎ 02129; 🚗 ME; △ 155 m; 👥 28500.

H., am Westrand des Bergischen Landes gelegen, grenzt unmittelbar an Solingen. Die St ist über die B 228 und über die Autobahn A 46 (Ausfahrten H.-West und H.-Ost) sowie die A 3 Köln–Emmerich (Ausfahrt AB-Kreuz Hilden) und B 228 zu erreichen; Bahnstationen an den Strecken Köln–Wuppertal und Düsseldorf–Wuppertal. H. hat Realschule, Gymnasium, Sonderschule für Lernbehinderte, Krankenpflege- und Haushaltsschule, Landessteuerschule; Maschinen- und metallverarbeitende Industrie, chemische und Textilfabriken, Holzindustrie.

H. war seit dem 7. Jh. Besitz der Kölner Erzbischöfe, die ab dem 12. Jh. die Herrschaft mit den Grafen von Berg teilten. Eine wirtschaftliche und kulturelle Blütezeit für den Ort bedeutete das letzte Drittel des 18. Jh. unter der Regierung des Kurfürsten Carl Theodor. In dieser Zeit entstanden die schönen Barock- und Rokoko-Bürgerhäuser (»Becherhus« und ev. Pfarrhaus erhalten). 1815 kam H. an Preußen. 1921 erhielt es das Stadtrecht.

Haar

☐ 12,91 qkm; ○ München; ⚐ Bayern; ✉ 85540; ☎ 089; 🚗 M; △ 512 m; 👫 16600.

H. grenzt unmittelbar an das östliche Stadtgebiet von München. Die Gm liegt im Schnittpunkt der B 304 und B 471; Bahnstation an der Strecke München–Rosenheim. Flugplatz München-Riem 8 km. H. hat Anschluß an den Münchener Autobahnring A 99 (Ausfahrt H.). Grund- und Hauptschulen, Gymnasium, Volkshochschule; Bezirks-Nervenkrankenhäuser (größte Europas). Industrie: Werkzeugmaschinenbau, Herstellung von Kesselanlagen.

Der Ortsteil Gronsdorf wird erstmals 837 urkundlich erwähnt. Bis 1924 war Salmdorf (erstmals 1030 genannt) Hauptort des heutigen Gemeindegebiets. – Nach dem 2. Weltkrieg entwickelte sich H. zur bevorzugten Wohn- und Industriegemeinde mit starken Wachstumstendenzen (1939: 6200 EW). – Bemerkenswert die Pietà in der Salmdorfer Kirche.

Hachenburg

☐ 21,44 qkm; ○ Westerwaldkreis; ⚐ Rheinland-Pfalz; ✉ 57627; ☎ 02662; 🚗 WW; △ 380 m; 👫 4600.

H., Luftkurort und Kneippbad im Westerwald an der Wasserscheide zwischen Sieg und Rhein über dem Tal der Großen Nister, ist über die B 413 und B 414 zu erreichen. Die St hat Verbandsgemeindeverwaltung, Forstamt; Realschule, Landeswaldarbeitsschule, Krankenpflegerschule (am Kreiskrankenhaus); kleinere und mittlere Industrie- und Gewerbebetriebe (Brauerei, Herstellung exklusiver Werbegeschenke, Möbel- und lederverarbeitende Industrie, Lampenfabrikation, Druckerei).

H. entwickelte sich im Schutz der gleichnamigen Burg, die Graf Heinrich III. von Sayn um 1200 erbauen ließ. Die 1222 erstmals erwähnte Siedlung »Hackenberg« wurde 1314 zur St erhoben. Die Burg wurde im 16. bis 18. Jh. zur Residenz der Grafen von Sayn umgebaut; der malerische Marktplatz mit Fachwerkhäusern, ev. Pfarrkirche (Bausubstanz 13. Jh., Turm 1481, Kirchenschiff 1775/76), kath. Pfarrkirche (ehem. Franziskanerklosterkirche, 1729–39) und „Steinernem Haus" (Renaissancebau) entstand nach einem Brand im 16. Jh. In H.-Altstadt bemerkenswert die ev. Pfarrkirche St. Bartholomäus (12. Jh., flachgedeckte rom. Pfeilerbasilika).

Nördlich von H. liegt die Zisterzienser-Abteikirche Marienstatt (13. Jh.) mit reicher Ausstattung.

Hadamar

☐ 40,97 qkm; ○ Limburg-Weilburg; ⚐ Hessen; ✉ 65589; ☎ 06433; 🚗 LM; △ 131 m; 👫 10500.

H., im nördlichen Limburger Becken an der B 54 gelegen, ist Bahnstation an der Bundesbahnstrecke Frankfurt a.M.–Limburg–Au (Sieg). H. hat Amtsgericht, Forstamt; Mittelschule, Gymnasium, Glasfachschule; Psychiatrisches Krankenhaus des Landeswohlfahrtverbandes; Glas- und Textilveredelungsindustrie.

H. wird erstmals 832 urkundlich erwähnt. Im 14. Jh. kam es in den Besitz der Grafen von Nassau, die hier von 1303–94 residierten. 1324 Verleihung der Stadtrechte. Eine wirtschaftliche Blütezeit brachte das 17. Jh. Die heutige um zwei große Marktplätze schachbrettförmig angelegte Altstadt stammt im wesentlichen aus der 1. Hälfte des 17. Jh. Sehenswürdigkeiten sind das ehem. Schloß (17. Jh.), die Liebfrauenkirche (14./15. Jh.) auf dem Friedhof und die ehem. Jesuitenkirche (1753–55).

Hagen

☐ 160,3 qkm; ○ Kreisfreie Stadt; ⚐ Nordrhein-Westfalen; ✉ 58042*; ☎ 02331; 🚗 HA; △ 86–436 m; 👫 210000.

H. liegt am Nordrand des Sauerlandes am Zusammenfluß von Ennepe und Volme, begrenzt von Ruhr und Lenne im Norden und Osten. Die St ist Straßenknotenpunkt (Kreuzung der B 7, B 54 und B 226) im Winkel der Autobahnen A 1 Köln–Osnabrück (Hansalinie), A 45 Dortmund–Hanau (Sauerlandlinie) und A 46 Hagen–Iserlohn mit sechs Autobahnabfahrten im Stadtgebiet und Bahnknotenpunkt (D-Zug-Halt an den Bundesbahnhauptstrecken Hannover–Köln, Hannover–Frankfurt a. M., Kassel–Köln, Norddeich–Köln, Münster–Köln und Berlin–Köln; Anschluß an das S-Bahnnetz Ruhrgebiet [Intercity-Verkehr]; Container Terminal). Landeplatz Hof Wahl.

H. hat Landgericht, Amtsgericht, Arbeitsgericht, Sozialgericht, Wasserwirtschaftsamt u. a. Behörden; Fachklinik für Lungenkrankheiten (H.-Ambrock); Fernuniversität, Fachhochschule (Architektur, Bauingenieurwesen, Elektrotechnik, Maschinenbau), Verwaltungsakademie, Wirtschaftsakademie, Gymnasien, Realschulen, Berufs- und Berufsfachschulen; Staatl. Büchereistelle, Stadttheater u. a. Die St ist Sitz namhafter kultureller Vereinigungen wie der Henry-van-de-Velde-Gesellschaft, des Westdeutschen Künstlerbundes, der Kulturpolitischen Gesellschaft, des Autorenkreises »Ruhr-Mark«, des Karl-Ernst-Osthaus-Bundes und des Niederdeutschen Arbeitskreises. H. ist Standort bedeutender Unternehmen der eisen-, stahl- und metallverarbeitenden Industrie (Klöckner, Stahlwerke Südwestfalen, Hoesch Rothe Erde-Schmiedag, Hoesch), des Apparate- und Akkumulatorenbaus (VARTA), der Nahrungs- und Genußmittel- (Brandt), Textil-, papiererzeugenden, papierverarbeitenden (Feldmühle AG) und chemischen Industrie sowie des internationalen Verkehrsgewerbes. Im Stadtteil Hohenlimburg werden in 24 Kaltwalzwerken (u. a. Hoesch AG, Krupp AG) 60 % des kaltgewalzten Bandstahls der BRD erzeugt.

H. (nach »hagan« = ahd. Dornbusch) kam 1392 an die Grafen von der Mark. 1746 wurde dem damals 1200 Einwohner zählenden Flekken die Stadtrechte verliehen. Zur Großstadt entwickelte sich H. erst um die Jahrhundertwende (1933 150000 EW). Im 2. Weltkrieg erlitt H. durch Luftangriffe schwere Schäden. Von den berühmten Bauten der Jugendstilepoche sind erhalten bzw. restauriert worden der Hohenhof von Henry van de Velde, das Krematorium und die Villa Cuno von Peter Behrens, die Straße am Stirnband mit Jugenstilbauten (nach einem geschlossenen Bebauungsplan) von J. L. M. Lauwericks; bemerkenswert ferner Haus Harkorten, ein prächtiges Bürgerhaus im bergisch-märkischen Rokokostil. Wiege des Folkwang-Museums (Essen) ist das Karl-Ernst-Osthaus-Museum (berühmte Sammlung moderner Kunst seit 1900, u. a. große Christian-Rohlfs- und Archipenko-Sammlungen). – Sehenswert ferner das Kaltwalz-Museum, das Museum für Stadt- und Heimatgeschichte, das Freilichtmuseum für Handwerk und Technik, Schloß Hohenlimburg mit Heimatmuseum (Freilichtaufführungen im Schloßhof) und Kloster und Stiftskirche aus dem 13. Jh. im Stadtteil Elsey.

H. ist Geburtsort des westfälischen Wirtschaftspioniers Friedrich Harkort (1793–1880) und des Kunstmäzens Karl Ernst Osthaus (1874–1921).

Hagen am Teutoburger Wald

□ 34,49 qkm; ○ Osnabrück; ⚐ Niedersachsen; ✉ 49170; ☎ 05401; 🚗 OS; △ 100 m; 👥 12000.

H., anerkannter Luftkurort im Teutoburger Wald, 10 km südlich von Osnabrück, hat Volksschule mit Förderstufe, Realschule, Volkshochschule; Fremdenverkehr.

Hagenow

□ 6,7 qkm; ○ Hagenow; ⚐ Mecklenburg-Vorpommern; ✉ 19230; ☎ 03883; 🚗 HGN; △ 22–35 m; 👥 14000.

H. ist zu erreichen auf der A 24 / E 26, nördl. Ausfahrt auf die B 321 bei Bandenitz/H. (9 km), und auf der B 5, südl. Ausfahrt auf die B 321 in Pritzier (ca. 10 km); Bahnhof Hagenow-Land für die Strecken Hamburg–Berlin und Berlin–Schwerin; St-Bahnhof für den Nahverkehr durch den Landkreis bis Zarrentin.

Bildungseinrichtungen: Realschulen, Gymnasium, Kommunale Berufsschule, Sonderschule.

Wirtschaftliches: Betonwerk, verschiedene Baubetriebe, Mecklenburger Handelstransporte, mehrere Maschinenbau-Unternehmen z. T. mit Stahlbau, einige Mechanische Werkstätten, ein Elektrobetrieb, ein Sägewerk, die Mecklenburger Milchwerke und die Landbäckerei H.; zahlreiche Blumen- und Gartenbaubetriebe.

Geschichtliches: In einer undatierten Urkunde, aufgesetzt zwischen 1190 und 1194, wird H. zum ersten Mal als Kirchdorf genannt. 1358 kam es, ein Bestand des Landes Wittenburg, zum Großherzogtum Mecklenburg. Ein Vertrag aus dem Jahre 1326 spricht vom „dorp to Haghenowe", jedoch wird etwas später, in einer Urkunde vom 16. Juni 1370, der Ort bereits als St bezeichnet.

Bis ins 11. Jh. besiedelten Slawen das Gebiet. Wenn man annimmt, die Dorf- oder St-

Kirche habe immer am heutigen Platz gestanden, darf als Kern einer der ältesten dt. Ansiedlungen im Bereich des Mühlteiches, der Langen Straße und der Pfaffenstr. vermutet werden. H. bestand aus zwei „Enden“: Am „Kietzende“ im N befand sich eine dörfl. Ansiedlung; das „Mühlenende“ im S (heute liegt es in der Mitte) wurde von einer Wassermühle beherrscht. Im Frühjahr gab es immer wieder Hochwasser und Überschwemmungen. Die „Wasserstraße“ verdankt wohl daher ihren Namen. Die Mühle stellte nach jahrhundertelanger Arbeit ihren Betrieb am 17. Nov. 1930 ein. – Um 1845 zählte H. 3000 EW, in der Hauptsache wurde Ackerbau betrieben, daneben bestimmten zwei Tabakverarbeitungsfabriken, mehrere Branntweinbrennereien und die Essigherstellung die Wirtschaftsstruktur.

Kulturelles: Ausstellungen im Museum der St H. informieren über die Ur- und Frühgeschichte, die St-Geschichte und Landschaftsgeographie; über das Handwerk und Gewerbe wird ein Querschnitt vermittelt: Bäckerei und Milchwirtschaft, Flachsaufbereitung, Töpferei und Ziegelei, Holzverarbeitung; weitere Themen befassen sich mit der Schusterei und Kücheneinrichtungen um 1900 und 1940. Die „Kleine Galerie“ und wechselnde Sonderausstellungen ergänzen die Ausstellung. Das Museum befindet sich in einem aus dem Jahre 1748 stammenden Ackerbürger-Fachwerkhaus mit Speicherboden und noch funktionstüchtigem Aufzug. – Freunde der Rad- und Wandertouristik finden in der fast unberührten Landschaft um H. eine reiche Flora und Fauna vor; das Gebiet gleicht einer naturkundlichen Oase. Dem Bedürfnis der EW nach gemeinschaftlicher Freizeitgestaltung wird von zahlreichen Kultur-, Sport-, Angel- und Gartenvereinen Rechnung getragen.

Jährlich wiederkehrende Veranstaltungen: im Februar die „H.er Fastelabende“, das Frühlingsfest im April, Ende Juni Altstadtfest und Schützenfest, Herbstmarkt im Oktober, im Dezember Töpfermarkt und Weihnachtsmarkt.

Haiger

□ 106,65 qkm; ○ Lahn-Dill-Kreis; ⚐ Hessen; ✉ 35708; ☎ 02773; 🚗 LDK; △ 298 m; 👫 18100.

H., 23 km südöstlich von Siegen (Westf.) im Dilltal gelegen, ist Verkehrsknotenpunkt (Zufahrt über die B 277; Anschluß an die Autobahn A 45 Gießen–Dortmund [Ausfahrt H.-Ost und Haiger/Burbach]; Bahnstation an den Strecken Frankfurt a.M.–Hagen und Köln–Gießen). Die St hat Grund- und Gesamtschule, Sonderschule für Lernbehinderte; Möbelindustrie, Behälterbau, Werk zur Herstellung von Hochleistungsschleifmitteln, Regummierfabrik, Kabelwerk, Leim- und Schultafelfabriken, Spedition.

»Haigrahe«, erstmals 778 in einer Schenkungsurkunde an das Kloster Lorsch genannt, kam über die seit Mitte des 12. Jh. in Erscheinung tretenden Ritter von H. an die Grafen von Nassau und wurde im 14. Jh. zur St erhoben. H. lag am Kreuzungspunkt wichtiger ma. Fernstraßen und erlangte durch seinen Eisenbergbau früh wirtschaftliche Bedeutung (erste Eisenschmelzhütte im 15. Jh.). 1723, 1827 und 1829 wurde der ma. Stadtkern durch Brände weitgehend zerstört; jenseits des Aubachs entstand als planmäßige Anlage die Neustadt. Die Zerstörungen (zuletzt im 2. Weltkrieg) überdauerte die in ihrer Bausubstanz aus der Mitte des 11. Jh. stammende ev. Pfarrkirche mit den bemerkenswerten spätgotischen Wand- und Deckengemälden um 1485. – H. ist Geburtsort des Geschichtsschreibers Johann Textor von Haiger (1582 geb.), Verfasser der „Nassauischen Chronik“ (1617).

Haigerloch

□ 76,46 qkm; ○ Zollernalbkreis; ⚐ Baden-Württemberg; ✉ 72401; ☎ 07474; 🚗 BL; △ 420–492 m; 👫 9700.

H. liegt zwischen Schwarzwald und Schwäbischer Alb an der Eyach 15 km südöstlich von Horb. Anschluß an die Autobahn A 81 Stuttgart–Bodensee (Ausfahrt Empfingen). Die St hat Realschule, Progymnasium; Mineralbrunnenindustrie, Brauerei. Der Stadtteil Bad Imnau ist Heilbad. Heilanzeigen bei Herz- und Kreislauferkrankungen, Nierenleiden, Stoffwechsel- und Verdauungsstörungen.

H. wird erstmals 1095 urkundlich erwähnt. Auf dem linken und rechten Eyachufer entwikkelte sich eine Doppelstadt, die Mitte des 15. Jh. vereinigt wurde. 1437 erhielt H. Stadtrechte.

Sehenswürdigkeiten: Schloßkirche (1584 bis 1607, Umbau im barocken Stil 1748); St. Anna Wallfahrtskirche (1753–55); Unterstadtkirche (12. Jh.); Schloß H. (um 1580 erbaut, nach Umbau Kongreß- und Kommunikationszentrum); Römerturm (11. Jh.); Atomkeller (ehem. Bierkeller unter der Schloßkirche. Ende des 2. Weltkrieges Atomforschungsstätte des Kaiser-Wilhelm-Institutes für Physik, heute als

Museum eingerichtet). – Alljährlich H. Schloßkonzerte (Mai/Juni). – H. ist bekannt durch seine Fliederblüte.

Hainburg (Hessen)

□ 15,94 qkm; ○ Offenbach/Main; ⚐ Hessen; ✉ 63512; ☎ 06182 (Seligenstadt); 🚗 OF; △ 105 m; 👥 14600.

H., 15 km südöstlich von Offenbach am Main gelegen, ist über die Autobahn A 3 Frankfurt–Würzburg (Ausfahrt Hanau) zu erreichen. H. hat Grund- und Hauptschule, Realschule, Volksbildungswerk; Lederwarenproduktion, Gold- und Edelsteinverarbeitung, Kunststoffindustrie.

H., eine auf einem Römerkastell errichtete Siedlung, wird erstmals 803 als Besitz des Klosters Seligenstadt erwähnt. Während des Dreißigjährigen Krieges wurde der Ort vollständig zerstört. Die Gm erreichte nach dem letzten Kriege durch Industrieansiedlung wirtschaftliche Bedeutung. H. schloß sich 1977 mit Kleinkrotzenburg zur neuen Gm Hainburg zusammen.

„Hainburger Markt" (Mai).

Halberstadt

□ 7,8 qkm; ○ Halberstadt; ⚐ Sachsen-Anhalt; ✉ 38820; ☎ 03941; 🚗 HBS; △ 120 m; 👥 46000.

H. ist zu erreichen über die A 2 / E 30, Ausfahrt Magdeburg-Olvenstedt auf die B 71 bis Ottersleben, weiter auf der B 81; in und um H. Anschlüsse an die B 79 und B 245. Eisenbahnverbindungen bestehen nach Magdeburg, Halle, Leipzig und Dresden. Buslinien führen nach Wernigerode, Magdeburg, Thale, Quedlinburg, Blankenburg, Wolfenbüttel/Braunschweig und Goslar.

Bildungseinrichtungen: Neben allen Pflichtschulen gibt es das Käthe-Kollwitz-Gymnasium, das „Martineum" (Gymnasium) und eine Verwaltungsfachhochschule.

Wirtschaftliches: Die Struktur wird geprägt von Industriebetrieben des Maschinenbaues, des Landmaschinenbaues, der Herstellung von Schienenfahrzeugen (InterRegio-Waggons), der Lebensmittelverarbeitung und der Holzbearbeitung. –

Geschichtliches: Die historischen Wurzeln gehen auf Karl den Großen zurück. Er bestimmte um 800 H. zum Bischofssitz. Damit war

Halberstadt, Dom

die Zukunft von „Altfurtested" – so lautete die niederdt. Bezeichnung für diese Siedlung – auf Jh. vorgeprägt. Günstig an den Fernhandelsstraßen Hamburg–Leipzig (Nord-Süd-Achse) und Köln–Magdeburg (West-Ost-Achse) gelegen, konnte sich der Marktflecken am Nordrande des Harzes vorteilhaft entfalten.

Im Jahre 1338 wurde H. Mitglied der Hanse, die ihr weiteren Aufschwung brachte. Der 30jährige Krieg beendete das wirtschaftl. Gedeihen durch große Zerstörungen, die sich im 2. Weltkrieg noch schlimmer wiederholten: Ein Bombenangriff legte im April 1945 H. über 80% in Schutt und Asche.

Neben Meißen, Neubrandenburg, Weimar und Stralsund gehört H. zu den fünf Modell-Städten der neuen Bundesländer, so daß ihm besondere Fördermittel zur Verfügung stehen. Hoffnungsvolle Wiederaufbauarbeiten auf einem Areal, das weiträumig die Alt-St einschließt, konzentrieren sich auf die Sanierung wertvoller Fachwerkhäuser. Daneben wird die Infrastruktur auf ein Niveau gebracht, das verantwortungsbewußter städteplanerischer Auffassung entspricht. Weitere Bemühungen der Architekten sind auf die Erhaltung des Domes und der Liebfrauenkirche gerichtet, die Denkmale von europäischem Rang darstellen.

Sakrale Sehenswürdigkeiten: Den Dom St. Stephanus (1239–1491) bezeichnen Kunstgeschichtler als „das reinste Beispiel dt. Gotik"; spätrom. Triumphkreuzgruppe (1220), farbige Glasfenster aus dem 14.–16. Jh.; berühmt ist der Domschatz mit hervorragenden Zeugnissen ma. sakraler Kleinkunst, 95 geistl. Gewändern des 11.–16. Jh. und rom. Bildteppichen (um 1180). Weitere Sakralbauten: rom. viertürmige Liebfrauenkirche aus dem 12. Jh. Die St-Kirche St. Martini (13.–14. Jh.) ist mit ihren ungleichen hohen Turmhelmen das Wahrzeichen von H. Auf der Westseite der Türme steht der Roland (1433), die zweitälteste Figur seiner Art in Deutschland; ferner bemerkenswert: Petershof (16. Jh.), bischöfliche Residenz 1552–53, Renaissanceportal 1552; Dompropstei, Renaissancebau (1592–1611); rom. Moritzkirche (13. Jh.), umgebaut im 19. Jh., restaur. 1978; got. Klosterkirche St. Andreas (14. Jh.); got. Hallenkirche St. Katharinen (14. Jh.). – Zu den erhalten gebliebenen weltlichen Zeugnissen dt. Städtebaukunst gehören die St-Mauer aus dem 13.–14. Jh. und der Wassertorturm (1444).

Sammlungen: Städtisches Museum am Domplatz (Spiegelsche Kurie), mit kulturhistorischen Exponaten über das Nordharzvorland, St-Modell von 1780, Apotheke um 1800 und Kunst aus fünf Jh. Museum „Heineanum" am Domplatz mit Vögeln der Harzlandschaften und anderen aus aller Welt – vom Strauß bis zum Kolibri; Gleim-Haus am Domplatz 31, Museum zur Literatur der dt. Spätaufklärung, Wirkungsstätte des Dichters und Schriftstellers J. W. L. Gleim (1719–1803); seine Bibliothek umfaßt 10000 Bücher und ebensoviele Briefe namhafter Dichter und Denker jener Zeit. Einmalig in seiner Art ist der „Freundschaftstempel" mit 130 Porträts. Schausammlung „Bürgerliche Wohnkultur um 1900" (Voigtei 48); darin die Ausstellungsteile: H. vor 200 Jahren, historischer Salon, Stilzimmer, Haushaltsgegenstände, Porzellan und Glas. Im Kreuzgang der Liebfrauenkirche befindet sich eine Ausstellung zur Fachwerk-Architektur.

Das Theater H. ist Musiktheater mit ganzjähriger Spielzeit, es gastiert in den Sommermonaten auf den Waldbühnen in Thale und Altenbrak. Die Kammerbühne spielt ebenfalls ganzjährig. Die St-Bibliothek befindet sich am Domplatz.

Beliebte Ausflugsziele bietet der Park Spiegelsberge, eine hist. Anlage am Südrand der St, mit dem Restaurant „Jagdschloß", dem ältesten Riesenweinfaß von 1370 (Fassungsvermögen 50 hl) und der Waldgaststätte „Waldschänke". In dem landschaftlich herrlich gelegenen Park befindet sich ferner ein Tiergarten mit vielfältigem Säugetier- und Vogelbestand (etwa 50 Arten). In den Spiegelsbergen sind Reitunterricht und Reitsport möglich, ferner Kutschfahrten für Hochzeiten und Waldexpreßtouren. – Der „H. See" mit 80000 qm Wasserfläche ist die größte Schwimm- und Badeattraktion im Vorharzgebiet.

Wiederkehrende Ereignisse: Theaterball, Domfesttage, Harzer Musikfestspiele, Tiergartenfest, Straßenfest, Museumstage, Altstadtfest, „Orchesterwerkstatt" zu den Musikfesttagen in Sachsen-Anhalt, an mehreren Stätten monatliche Konzerte vom Kammermusikverein H.

Haldensleben

□ 98,5 qkm; ○ Haldensleben; ⚐ Sachsen-Anhalt; ✉ 39340; ☎ 03904; 🚗 HDL; △ 56,7 m; 👥 21000.

Ha. ist zu erreichen auf der A 2 / E 30, Ausfahrt Eilsleben (15 km) auf die B 245; in der St Anschluß an die B 71.

Eisenbahnverbindungen: Hauptstrecke Magdeburg–Hannover; Nahverkehrszüge: Ha.–Wolfsburg, Ha.–Weferlingen, Ha.–Eisleben; Binnenhafen am Mittellandkanal; nächster Flughafen: Hannover-Langenhagen (110 km); in Magdeburg (19 km) gibt es einen Flugplatz für Privatflugzeuge.

Bildungseinrichtungen: Neben den Grundschulen verfügt Ha. über eine Realschule, Gymnasien, Berufsbildende Schule, Agraringenieur-Hochschule, Musikschule und die städt. Bibliothek.

Wirtschaftliches: Bausteingewinnung, Zuschlagstoffe, Maschinenbau, Steinguterzeugnisse, Zierkeramik, Sitzmöbelfertigung, Wärme- und Sanitärtechnik, Rockmoden; Kartoffelveredelungswerk, Zuckerindustrie.

Geschichtliches: Ha., urkundlich erstmals 966 erwähnt, wird „Die St zwischen den Wäldern" genannt. Um 1150 erhielt es St-Rechte durch Heinrich den Löwen. Nach einer Zerstörung (1181) wurde H. wiederaufgebaut. Der hist. St-Kern von 1223, noch heute gut zu erkennen, ist von einer fast vollständig erhaltenen St-Mauer umgeben.

Sehenswürdigkeiten: Der Mkt, ein Platz von nahezu quadratischer Form und beachtlicher Größe, wurde im 13. Jh. angelegt. An ihm steht das Rathaus, ursprünglich eine Barock-Architektur (1703), von 1815–1823 im klassizist. Stil umgebaut. Davor befindet sich der „Reitende Roland", ein Ritter mit Harnisch und Barett, 1419 erstmals urkundlich erwähnt. „Breiter Stein" heißt eine runde Sandsteinplatte vor dem Rathaus (vermutl. seit 1400); sie wurde früher als Gerichtsstein genutzt. Die Pfarrkirche St. Marien ist eine dreischiffige, im Kern spätgot. Hallenkirche, beg. um 1375, voll. im 15. Jh.; 1665–75 nach einem Brand wiederhergestellt. Sie war bis Ende 1808 mit Doppeltürmen versehen; neuer Westturm (1812–21); im Mittelschiff hölzerne Gewölbe aus dem späten 19. Jh.; Altaraufsatz und Kanzel von 1666. Verschiedene Bürgerhäuser in Fachwerkbauweise stammen aus dem 16. und 17. Jh., darunter zweigeschossige Gebäude. Das Stendaler Tor ist das größte von ehem. vier St-Toren, erbaut aus Bruchsteinen, über der Durchfahrt ein Wappenrelief. Der Torturm in der Bülstringer Str., ebenfalls aus Bruchsteinmauerwerk, ist dreigeschossig ausgeführt und wurde zwischen 1250 und 1260 erstmals erwähnt. Der Pfändergraben mit St-Mauer und Wallanlagen sind Teile der alten Befestigung; Baubeginn 1223.

Das Kreismuseum zeigt in einer ständigen Ausstellung „Ur- und Frühgeschichte" altsteinzeitliche Funde, in der Exposition zur St- und Kreisgeschichte ein Biedermeierzimmer und eine kleinbürgerliche Wohnung. Die Dauerpräsentation „Waldökologie" informiert über Jagd- und Forstwirtschaft sowie über den Naturschutz im Regierungsbezirk Magdeburg. Leben und Werk der Brüder Grimm werden in einer Memorialausstellung gewürdigt. Das Museum besitzt neben der umfangreichen Privatbibliothek Jakob und Wilhelm Grimms noch Handschriften, Fotos, Möbel und Kleidung der beiden Sprach- und Literaturwissenschaftler des 19. Jh. Sie gehören zum Nachlaß, den die in Ha. ansässig gewesene Enkelin Wilhelm Grimms dem Museum übereignete.

Ausflugsmöglichkeiten: Ha. liegt an der Ohre und dem Mittellandkanal. Nördl. der St erstreckt sich die Letzlinger Heide mit ausgedehnten Kiefernwäldern, im W beginnt das Landschaftsschutzgebiet „Flechtinger Höhenzug", das für seine großen Laubmischwälder bekannt ist. Auf der sog. „Historischen Quadratmeile" südwestl. von Ha. findet man noch heute 84 Gräber aus der Jungsteinzeit (10 000–3000 v. Chr.); es ist das größte europäische Areal geschlossener Großsteingräber. Am St-Rand im SO liegt ein Klosterpark mit vielen dendrologischen (baumkundl.) Kostbarkeiten. Ursprünglich gehörte er dem Zisterzienserinnen-Kloster, das von 1228 bis 1810 bestand.

Wiederkehrende Veranstaltungen: Rathauskonzerte und der Silvesterkarpfen-Lauf.

Halle (Saale)

☐ 135 qkm; ○ Kreisfreie St.; ⚐ Sachsen-Anhalt; ✉ 06108*; ☎ 046; 🚗 HAL; △ 87 m; 👥 308 000.

Die St ist ein bedeutender Verkehrsknotenpunkt. Hl. ist erreichbar auf der A 14, Ausfahrt Hl./Peißen, oder auf der A 9 / E 51, Ausfahrt Halle (ca. 10 km); in der St treffen die B 6 / E 49, die B 91 und die B 100 zusammen. N-S-Stadtautobahn nach Hl.-Trotha; Hochstr. im St-Zentrum, eine weitere in Richtung O-W von Hl. nach Hl.-Neustadt. Hl. ist neben Leipzig Zentralknotenpunkt im Eisenbahnverkehr, es bestehen Verbindungen nach Hamburg, Bonn, Frankfurt/M., Stuttgart und München; weiterhin führen durch Hl. die Hauptstrecken Rostock–Magdeburg–Leipzig, Berlin–Erfurt, Berlin–Jena–Saalfeld und Leipzig–Nordhausen; Schnellbahn vom Hauptbahnhof nach Hl.-Trotha. Saale-Hafen in Hl.-Trotha. Gemeinsamer Flughafen mit Leipzig in Schkeuditz (ca. 18 km); nordöstl. von Hl. liegt der Sportflugplatz Oppin.

Bildungseinrichtungen: Grundschulen, Sekundarschulen, Gymnasien, kooperative Gesamtschulen, Integrative Gesamtschule, Landesgymnasien; in anderer Trägerschaft: Waldorfschule, das Elisabeth-Gymnasium; Schulen für Kinder mit Behinderungen: für Lernbehinderte, für Geistig- und Mehrfachbehinderte, für Sprachgeschädigte, für Psychiatrie; ferner Sondereinrichtung für Ausgleichsklassen; Landessonderschulen für Behinderte.

Erwachsenenbildung: Martin-Luther-Universität Hl.-Wittenberg; Deutsche Akademie der Naturforscher (Leopoldina) von 1652; künstlerische Fachhochschule auf der Burg Giebichenstein; Konservatorium; Abendgymnasium, Berufsbildende Schulen, Volkshochschule.

Büchereien: Universitäts- und Landesbibliothek; Bibliothek der Deutschen Morgenländischen Gesellschaft; St-Bibliothek mit Lesesaal, Musikbibliothek sowie allgemeinbildende Bibliotheken.

Wirtschaftliches: Die Industrie von Hl. steht in enger Beziehung zur Wirtschaft des Umlandes, wobei Großchemie, intensive Landwirtschaft und Bergbau dominieren. Breitgefächerter Maschinenbau: Chemieanlagen, Pumpen, Schiffskühlanlagen, Werkzeugmaschinen, Dampfkessel, Aggregate für die Nahrungsmittelverarbeitung; Reisezugwagen (Waggonbau Hl.-Ammendorf), Metall-Leichtbau; chemische und elektrotechnische Industrie, Herstellung von Zement, Ziegeln u. anderen Baustoffen; Zucker, Süßwaren, Salz, Fleischwaren und Bier.

Geschichtliches: Bedingt durch Braunkohlegruben im O und die in breiter Aue (Parkanlagen) verzweigt verlaufende Saale im W erstreckt sich Hl. in N-S-Richtung. 806 wurde am östlichen Saale-Ufer (heutiges St-Gebiet) ein karolingisches Kastell errichtet, 968 kam Hl. zum Erzbistum Magdeburg. Die Anfänge des St-Rechtes sind seit Ende des 12. Jh. nachweisbar. Reiche Solevorkommen bestimmten im MA die wirtschaftliche Entfaltung zur Blüte der St; die Salzsiederei blieb bis ins 18. Jh. Haupterwerbszweig. Hl. gehörte 1280–1479 der Hanse an. 1469 verlor die St ihre Messeprivilegien zugunsten Leipzigs. 1503–1680 war Hl. Residenz der Erzbischöfe und späteren Administratoren des Erzbistums Magdeburg; 1680 kam die St an Brandenburg-Preußen. Der 1694 eingeweihten Universität Hl. wurden 1817 die Lehrkräfte und Institute der Universität Wittenberg angegliedert, die man geschlossen hatte. Seit Gründung der Franckeschen Stiftungen (1695) entwickelte sich Hl. zu einem Zentrum des Pietismus. – Im Verlaufe der industriellen Revolution wurde die St bald Mittelpunkt des sich rasch formierenden wirtschaftlichen Ballungsgebietes.

Theater und Konzerte: Opernhaus Hl.; Neues Theater; Großes Thalia; Kleines Thalia; Puppentheater; Konzerthalle am Boulevard; Steintor-Variété Hl.; Kabarett „Die Kiebitzensteiner".

Museen und Galerien: Staatliche Galerie Moritzburg Hl., 1484 als Residenz des Erzbischofs von Magdeburg gegründet, 1884 als städt. Museum für Kunst und Kunstgewerbe eingerichtet; größtes Kunst-Musem Sachsen-Anhalts mit umfangreichen Sammlungen.

Stadtmuseum Hl. im Schützenhaus Glaucha, Dauerausstellungen zur St-Geschichte von 961 bis zur Gegenwart, zum Äußeren der St sowie zum Leben und Wirken der EW in häuslichen und öffentl. Bereichen; Sonderausstellungen zu historischen Einzelthemen.

Stadtmuseum Hl. im Christian-Wolff-Haus, ein 1558 erb. Bürgerhaus mit Sammlungen und Ausstellungen zur St-Geschichte.

St-Museum Hl., Oberburg Giebichenstein; die Ruine der in ihren wesentlichen Teilen im 13. Jh. erbauten Burganlage zeigt Ausgrabungen der Grundmauern von Haupt- und Nebengebäuden.

Händelhaus Hl. (Gr. Nikolaistr.), Geburtshaus Georg Friedrich Händels (1685–1759) mit umfassendem Überblick über sein Leben und Schaffen; reiche Musikaliensammlung und Musiksaal. Seit 1952 finden alljährlich die Händel-Festspiele statt, die einen bedeutenden Anteil an der weltweiten Händel-Renaissance haben. Musikinstrumentensammlung des Händelhauses (am Markt), Entwicklungsgeschichte der Tasteninstrumente, insbesondere der Klavierchorde und Tafelklaviere aus dem 18. Jh. sowie des Hammerflügels von etwa 1780–1870.

Technisches Halloren- und Salinemuseum, Ausstellung zur Kulurgeschichte der Halloren wie auch zur Historie und Technik der Salzgewinnung; Schausieden mit Ausstellung des berühmten Silberschatzes der Halloren (die „Halloren" waren in den ehem. Salzsiedereien Arbeiter, die sich in der „Hallischen Pfännerschaft", genossenschaftlich organisiert hatten).

Landesmuseum für Vorgeschichte, eine der größten ur- und frühgeschichtlichen Sammlungen in Mitteleuropa; thematisch umfangreich: Hl. vor 961; histor. wertvolle Funde aus den ur- und frühgesch. Perioden des mittl. Elbe-Saale-Gebietes.

Geiseltalmuseum, Schausammlungen tertiärer Fossilfunde von Pflanzen und Tieren aus den Braunkohletagebauen des Geiseltales; zugleich Paläo-Zoologische Forschungsstelle der Martin-Luther-Universität.

Galerie Marktschlößchen, ständig wechselnde Ausstellungen Bildender und Angewandter Kunst, vornehmlich aus Sachsen-Anhalt.

Sehenswürdigkeiten: Botanischer Garten, 1698 als Arzneigarten der Universität gegründet, heute Schaugarten mit Sukkulenten und Palmenhaus.

Dom, um 1290 als Klosterkirche der Dominikaner erbaut; 1520–41 unter Kardinal Albrecht Hauptkirche des Erzbistums Magdeburg, aus dieser Zeit stammen der Renaissance-Giebelkranz und die 17 Apostelfiguren an Pfeilern.

Franckesche Stiftungen, ein Waisenhausring, 1697 von August Hermann Francke (Pastor in Glaucha und Professor in Hl.) gegründete Unterrichts- und Erziehungsanstalt; in den Anfängen vor allem Waisenhaus und Armenschule.

Leipziger Turm (um 1440), letzter Wehrturm der ehem. St-Befestigung.

Marktkirche St. Marien; um 1140 wurde östl. der bereits bestehenden Gertraudenkirche mit dem Bau der Mkt-Kirche St. Marien begonnen. Kardinal Albrecht ließ um 1535–40 beide Gotteshäuser abbrechen und zwischen ihren erhaltenen Wehrturmanlagen die jetzige dreischiffige Mkt-Kirche errichten (mit Werken von Lucas Cranach und einer bemerkenswerten Innenausstattung).

Moritzkirche am Moritzkirchhof, ab 1388 durch Peter v. Mortal und Conrad v. Einbeck errichtete got. Hallenkirche mit reichem Figurenschmuck; wertvollstes ma. Bauwerk der St.

Halle (Westfalen)

□ 69,23 qkm; ○ Gütersloh; ⚐ Nordrhein-Westfalen; ✉ 33790; ☎ 05201; 🚗 GT; △ 128 m; 👥 18400.

H., 16 km nordwestlich von Bielefeld am Südhang des Teutoburger Waldes gelegen, ist über die B 68 zu erreichen. H. hat Amtsgericht, Kreisbehörden (Außenstellen); Realschule, Gymnasium, Berufsschule, Fachoberschulen, Volkshochschule; Zuckerwarenfabriken (Storck GmbH).

Dem erstmals 1244 urkundlich genannten Ort wurden 1719 die Stadtrechte verliehen.

Sehenswert Wasserschloß Tatenhausen (16.–18. Jh.) mit Orangerie (1737) 5 km südwestlich von H. – Alljährlich Veranstaltung der »H. Bachtage«.

Hallstadt

□ 15,33 qkm; ○ Bamberg; ⚐ Bayern; ✉ 96103; ☎ 0951; 🚗 BA; △ 239 m; 👥 7800.

Die St (seit 1954) H., 5 km nordwestlich von Bamberg im Maintal gelegen, ist über die B 4 und die B 26 sowie über die A 70 Schweinfurt–Bayreuth (Ausfahrt H.) zu erreichen. H. hat Grund- und Hauptschule; Arzneimittelfabrik und Reifen-Werk (Michelin) sowie weitere mittelständische Industrie- und Gewerbebetriebe am Hafen Bamberg/H.

Prähistorische Funde deuten auf eine Besiedelung seit der Jüngeren Steinzeit. H. wird urkundlich erstmals um 745 erwähnt. 805 ist H. fränkischer Königshof und königliche Zollstätte. 1007 gelangte der Ort an das Bistum Bamberg. 1503 erhielt H. Marktrecht. Im Bauernkrieg wurde der Ort von Truppen des Schwäbischen Bundes vollständig zerstört. 1802 kam H. an Bayern.

Halstenbek

□ 12,6 qkm; ○ Pinneberg; ⚐ Schleswig-Holstein; ✉ 25469; ☎ 04101; 🚗 PI; △ 13 m; 👥 15100.

H. grenzt unmittelbar an das nordwestliche Stadtgebiet Hamburgs. Zufahrt über die Autobahn A 23 Hamburg–Heide (Ausfahrt H.-Rellingen und H.-Krupunder-Rellingen); S-Bahn-Haltestellen H. und Krupunder nach Hamburg. H. hat Realschule, Gymnasium, Volkshochschule und Sonderschule für Lernbehinderte. Die Gm besitzt das größte Forstpflanzenzuchtgebiet der Welt; ferner Wurstwarenherstellung.

Erste urkundliche Erwähnung des Ortes um 1309.

Sehenswert das Naherholungsgebiet „Krupunder See“ und die Düpenauniederung. – Alljährlich H. Schützenfest (September).

Haltern

□ 158,35 qkm; ○ Recklinghausen; ⚐ Nordrhein-Westfalen; ✉ 45721; ☎ 02364; 🚗 RE; △ 43 m; 👥 33200.

H. liegt 16 km nördlich von Recklinghausen am Zusammenfluß von Lippe und Stever und am Kreuzungspunkt der Bundesstraßen B 51 und B 58. H. hat Anschluß an die A 43 Recklinghausen–Münster (Westf.) (Ausfahrt H.); Gymnasium, Realschule, Berufs- und Berufsfachschulen, Fachoberschule, Sonderschule für Lernbehinderte, Gewerkschaftsschule der IG Bergbau und Energie; Textil-, Holz- und Glasindustrie.

H., erstmals 948 urkundlich erwähnt, entstand aus einem Amtshof des Bischofs von Münster und wurde 1289 zur St erhoben. H. war Mitglied der Hanse als Beistadt im 15. und 16. Jh.

Halver

□ 77,38 qkm; ○ Märkischer Kreis; ⚐ Nordrhein-Westfalen; ✉ 58553; ☎ 02353; 🚗 MK; △ 423 m; 👥 15400.

H. liegt in waldreicher Umgebung im Sauerland 25 km südlich von Hagen an der B 229, B 54 und Autobahn A 45 Dortmund–Gießen (Ausfahrt Lüdenscheid). Die St hat Sonderschule für Lernbehinderte, Realschule, Aufbaugymnasium, kaufmännische Berufsschule, Handels- und Höhere Handelsschule, Fachoberschule für Wirtschaft und Volkshochschule. H. ist bekannt durch seine Gesenkschmiedeindustrie; außerdem Metallveredelungs- und Kleineisenfabriken.

Um 950 wird der Oberhof Halvara erstmals urkundlich erwähnt. Von 1243–1753 besaß der Ort eigenes Gericht (Wibbelgericht) und den Freistuhl. Im Dreißigjährigen Krieg wurde H. total zerstört (1635 Pestjahr). 1666 kam H. zusammen mit der Grafschaft Mark an Preußen. Seit 1780 Ansiedlung der ersten eisenverarbeitenden Industrien (bis 1870 wurden Frühjahrs- und Herbstmessen für Eisenfabrikanten abgehalten). 1969 Verleihung der Stadtrechte. – H. ist Geburtsort von Prof. Dr. Eugen Schmalenbach (1873–1955), Nestor der deutschen Betriebswirtschaftslehre.

Hamburg

□ 754,68 qkm (einschließlich der Inseln Neuwerk und Scharhörn in der Elbmündung);

⊏ Freie und Hansestadt Hamburg; ✉ 20038*; ☎ 040; 🚗 HH; △ 0,6–116 m; 👪 1607000.

H., Stadt mit dem Status eines Bundeslandes der Bundesrepublik Deutschland, ist der wichtigste Seehafen, die bedeutendste Handels- und Industriestadt und der Bevölkerungszahl nach die zweitgrößte Stadt der Bundesrepublik Deutschland. Die Freie und Hansestadt H. ist dank ihrer günstigen geographischen Lage am Zusammenfluß von Alster und Elbe, an der Scheide zwischen Geest und Marsch, am Kreuzungspunkt von Schiffs- und Landverbindungen eine der großen Verkehrsdrehscheiben und internationaler Umschlagplatz zwischen den überseeischen Ländern und Westeuropa, den skandinavischen Staaten und dem europäischen Binnenlande bis weit in den Osten und Südosten. In H. kreuzen sich bzw. treffen zusammen die B 4, B 5, B 73, B 75, B 207, B 431, B 432, B 433, B 434, B 435 und B 447 sowie die Autobahnen H.–Kiel, H.–Flensburg und H.–Lübeck, H.–Hannover, H.–Berlin und H.–Bremen; die Autobahn Westliche Umgehung H. mit dem über 4 km langen Elbtunnel (Verbindung über Kiel und Flensburg mit Skandinavien) und die 4 km lange Köhlbrandbrücke wurden 1974/75 vollendet. H. ist an das interkontinentale Eisenbahnnetz angeschlossen (täglich Abfertigung von ca. 350 D-, FD-, TEE- und Intercityzügen). Im Schiffsverkehr bieten 300 Liniendienste monatlich durchschnittlich 550 regelmäßige Verschiffungsmöglichkeiten nach mehr als 650 Häfen. Von Hamburgs Flughafen Fuhlsbüttel sind fast alle europäischen Hauptstädte und zahlreiche überseeische Plätze im Direktflug zu erreichen (100000 Starts und Landungen; ca. 6 Millionen Fluggäste). Im Hamburger Verkehrsbund (HVV) sind die meisten öffentlichen Verkehrsmittel (Deutsche Bundesbahn, S- und U-Bahn, Vorortbahn, Straßenbahn, Schnell- und Stadtbusse, Alster- und Hafenschiffahrt) in Hamburg und seinem Umland zusammengefaßt und über ein einheitliches Tarifsystem benutzbar.

Landesparlament zugleich und Gemeindevertretung der St ist die „Bürgerschaft", Landesregierung der von ihr gewählte „Senat". Die St verfügt über ihre eigene Gerichtsbarkeit (Hamburgisches Verfassungsgericht, Hanseatisches Oberlandesgericht, Oberverwaltungsgericht, Landesarbeits- und Landessozialgericht, Verwaltungsgericht, Arbeitsgericht, Sozialgericht, Finanzgericht, Amtsgerichte) und ist Sitz zahlreicher anderer öffentlicher Einrichtungen (Bundesamt für Schiffsvermessung, Bundesoberseeamt, Bundesamt für Seeverkehr, Deutsches Hydrographisches Institut, Flugsicherungsstelle H.-Fuhlsbüttel der Bundesanstalt für Flugsicherung, Bundesanstalt für Wasserbau (Außenstelle Küste), Bundesforschungsanstalt für Fischerei und weitere Außenstellen verschiedener Bundesämter; Oberfinanzdirektion, Wasser- und Schiffahrtsdirektion, Bundesbahndirektion, Oberpostdirektion, Landeszentralbank u.a.).

Das Hamburger Bildungswesen ist durch folgende Einrichtungen vertreten: Universität (1919 gegr.) mit Universitätskrankenhaus Eppendorf, Technische Universität H.-Harburg, Hochschule für Wirtschaft und Politik, Hochschule für Musik und Darstellende Kunst, Hochschule für Bildende Künste, Fachhochschule (14 Fachbereiche), eine private Fachhochschule, 86 Gymnasien, 3 Abendgymnasien mit Abendrealschule, 29 Gesamtschulen, 368 Volks- und Realschulen, 61 Sonderschulen, Hansa-Kolleg, 19 Fachoberschulen, 46 Berufsschulen, 6 Berufsaufbauschulen, 59 Berufsfachschulen bzw. Berufsfachschulzüge, 22 Schulen mit Berufsgrundbildungsjahr und Werkklassen, Gymnasien, 1 Abendwirtschaftsgymnasium, Fach- und Technikerschulen, 38 Schulen des Gesundheitswesens. Bedeutende wissenschaftliche Institute, Gesellschaften und Forschungsanlagen sind das Deutsche Elektronensynchroton DESY (einer der stärksten Elektronenbeschleuniger der Welt), das Deutsche Übersee-Institut, die Hamburger Schiffbau-Versuchsanstalt GmbH, die Gesellschaft für Kernenergieverwertung in Schiffbau und Schiffahrt u.a. An kulturellen Einrichtungen hat H. 26 öffentliche und private Theater, darunter die Hamburgische Staatsoper, das Deutsche Schauspielhaus, das Thalia-Theater, die Hamburger Kammerspiele, das Altonaer und St. Pauli-Theater, das Ohnsorg-Theater u.a.; 101 Filmtheater, zahlreiche staatliche und private Museen (Hamburger Kunsthalle, Museum für Kunst und Gewerbe, Museum für Hamburgische Geschichte, Museum für Völkerkunde, Altonaer Museum u.a.), Staats- und Universitätsbibliothek, Bibliothek des Staatsarchivs, Centralbibliothek für Blinde und Norddeutsche Blindenhörbücherei; ferner Planetarium, Volkspark „Planten un Blomen", Botanischer Garten, Tierpark Hagenbeck. H. ist Sitz des Norddeutschen Rundfunks und eines Landesstudios des Zweiten Deutschen Fernsehens. Die St verfügt über mehrere große Sportstätten (Sporthalle Hamburg, Volksparkstadion mit 61000 Plätzen, Trabrennbahnen in Farmsen und Bahrenfeld, Sportschule Sachsenwald, Alster-Schwimmhalle u.a.).

Als Bundeswehrstandort hat H. Führungsakademie, Stabsakademie, Heeresoffiziersschule, Logistikschule, Luftwaffenschule, Hochschule für die Bundeswehr.

Das wirtschaftliche Leben der St wird durch Schiffahrt, Handel und Industrie bestimmt. In H. sind rund 730000 Arbeitnehmer beschäftigt (darunter [Stand März 1989] 317000 Frauen und über 51000 ausländische Arbeitnehmer), knapp ein Drittel davon im produzierenden Gewerbe, die restlichen zwei Drittel in Handel und Verkehr sowie in sonstigen Wirtschaftsbereichen. Bedeutendste Wirtschaftszweige sind neben der traditionellen Seeschiffahrt und der Schiffsbauindustrie die Mineralölindustrie (Sitz der Deutschen Shell AG), die elektrotechnische und chemische Industrie, der Maschinenbau, die Metall-, Druckerei- und Vervielfältigungsindustrie und die Nahrungs- und Genußmittelindustrie. Für den Handel ist vor allem der Seehafen bestimmend. Der Hafen umfaßt etwa den siebten Teil des Gebiets der St. Mit 70 Hafenbecken für See- und Flußschiffe ist er der mit Abstand größte Hafen Deutschlands. In den Seehafenbecken können Schiffe bis zu einer Tragfähigkeit von 85000 t löschen und laden. Kern des Hafengebietes ist der Freihafen, der 1888 beim Zollanschluß Hamburgs an das Deutsche Reich geschaffen wurde. Die überwiegend staatlichen Umschlags- und Lagereinrichtungen werden von der Hamburger Hafen- und Lagerhaus AG bewirtschaftet; daneben unterhält eine Anzahl privater Unternehmen auch eigene Hafenanlagen wie Kühl- und Lagerhäuser, Getreidesilos und Umschlagseinrichtungen; für den Containertransport stehen die modernen Umschlaganlagen des Container Terminal Burchardkai im Hafenteil Waltershof zur Verfügung.

1990 waren in H. über 700 Seeschiffe (Handelsschiffe, Fahrgastschiffe, Seefischereifahrzeuge) mit 2,4 Mio BRT beheimatet. Von den etwa 150 deutschen Seereedereien sind annähernd 100 in H. ansässig (bekannteste davon die Hapag-Lloyd Aktiengesellschaft).

In H. unterhalten rund 3000 Außenhandelsfirmen Beziehungen zur ganzen Welt (Einfuhr von Rohstoffen und Agrarprodukten; Ausfuhr von Maschinen, elektrotechnischen Erzeugnissen, Schiffen, Chemikalien, Kraft- und Luftfahrzeugen, Kraftstoffen und Schmierölen, Kupfer, Eisen- und Stahlwaren, pharmazeutischen, feinmechanischen und optischen Erzeugnissen), haben 7000 Großhandelsfirmen ihren Sitz, darunter die EDEKA und die GEG, die gleichzeitig die Interessen des Einzelhandels vertreten. Als Einkaufszentrum erfüllt die Hansestadt überregionale Funktionen für ein weites Umland. Die Hamburger Börse ist Treffpunkt von Händlern, Maklern, Agenten, Reedereien, Binnenschiffahrts- und Luftfrachtunternehmen. Die Handelskammer vertritt rund 34000 handelsgerichtlich eingetragene Firmen und über 45000 Kleingewerbetreibende. Neben der Handelskammer und Handwerkskammer gibt es in H. etwa 500 Wirtschaftsverbände und -vereinigungen. H. ist ferner mit über 200 Kreditinstituten und zahlreichen Versicherungsgesellschaften ein Zentrum des Geld- und Versicherungsgeschäfts. Die Blumen-, Obst- und Gemüsegroßmärkte gehören zu den bedeutendsten europäischen Marktzentren für gärtnerische und landwirtschaftliche Erzeugnisse. Der Seefischmarkt H. schließlich ist Heimathafen für eine modernisierte Fischereiflotte, Umschlag- und Verarbeitungsplatz für Seefische sowie Standort einer vielseitigen Fischindustrie.

Nach New York ist H. mit 78 ausländischen Vertretungen der größte Konsularplatz der Welt. Für Messen, Tagungen, Ausstellungen und Kongresse bestehen in der City die Deichtorhallen und das in der Nähe des ausgebauten Messegeländes gelegene Kongreßzentrum (Congreß Centrum Hamburg) zur Verfügung. Mit annähernd 3,5 Millionen Übernachtungen ist H. der zweitgrößte Fremdenverkehrsplatz und mit sieben Nachrichtenagenturen (darunter die Deutsche Presse-Agentur dpa), zahlreichen Zeitungs- (BILD-Zeitung, Hamburger Morgenpost, Hamburger Abendblatt, Die Welt, Bild am Sonntag, Welt am Sonntag, Die Zeit, Sonntagsblatt), Zeitschriften- und Nachrichtenmagazin- (Stern, Der Spiegel u.a.) sowie namhaften Buchverlagen (Hoffmann & Campe, Christian Wegner u.a.) das bedeutendste Publikationszentrum der Bundesrepublik.

Geschichte: Die ersten Spuren einer ständigen Besiedelung sind für das 4. Jh. v.Chr. nachweisbar. Dieser Ursiedlung folgte im 8. nachchristlichen Jh. eine karolingische Fluchtburganlage, die nach dem nahegelegenen altsächsischen Dorf Hamm »Hammaburg« genannt wurde. Das später stark befestigte Grenzkastell war seit 831 Sitz eines Erzbistums und unter Leitung des hl. Ansgar ein Zentrum der christlichen Mission in Nordeuropa. Bis zum 12. Jh. entwickelte sich H. trotz mehrmaliger Zerstörung durch Normannen und Wenden zu einem städtischen Gemeinwesen unter einem erzbischöflichen Vogt. Außerhalb der alten Stadtmauern wurde in der Alstermarsch die Neue Burg mit einer Schiffer- und Kaufmannssiedlung errichtet, der Kaiser Friedrich Barbarossa 1189 Zollfreiheit für Handel und Schiffahrt auf der Niederelbe verlieh. Altstadt und Neustadt schlossen sich 1216 zusammen.

1270 bezeichnete sich H. bereits als Freie St. Mit dem Beitritt zur Hanse in der Mitte des 14. Jh. erreichte H. seinen ersten Höhepunkt als zentraler Umschlagplatz im Verkehr und Handel mit den westlichen Nachbarn und den innereuropäischen Ländern. Ende des 14. Jh. hatte die St nahezu die Ausdehnung erreicht, die sie bis 1937 behalten sollte. Im 15. Jh. kam sie unter dänische Oberhoheit. 1510 erklärte der Augsburger Reichstag H. zur Reichsstadt, und 1618 bestätigte das Reichskammergericht die Reichsunmittelbarkeit der St. Sowohl die Reformation wie auch der Dreißigjährige Krieg führten in H., das Anfang des 17. Jh. zur stärksten Festung Europas ausgebaut worden war, kaum zu Erschütterungen. Innere Auseinandersetzungen wurden durch die Verfassung von 1712 beigelegt, die Rat und Bürgerschaft zu gleichberechtigten Partnern erklärte. Im 18. Jh. begann die St mit eigenem Handel und eigener Schiffahrt über die europäischen Häfen hinaus die Verbindung nach Übersee aufzunehmen, und in gleichem Maße, wie die Kraft des Reiches erlahmte, wuchsen Selbständigkeit und Selbstbewußtsein Hamburgs. Mit dem Ende des alten Deutschen Reiches im Jahre 1806 gewann H. seine volle Souveränität und nannte sich „Freie Reichsstadt". Einen schweren wirtschaftlichen Rückschlag brachten die Besetzung durch die Franzosen und die von Napoleon angeordnete Kontinentalsperre. 1815 erlangte H. seine Selbständigkeit zurück und wurde gleichberechtigtes Mitglied des Deutschen Bundes. In den folgenden Jahrzehnten erfolgte ein großzügiger Ausbau der St; die alten Befestigungen wurden abgetragen und weiträumige Anlagen geschaffen. Die rasche Aufwärtsentwicklung (Anschluß an das Eisenbahnnetz seit 1842, Einrichtung von Dampfschiffahrtslinien [1847 Hapag], Aufblühen der Industrie) wurde auch durch den großen Brand von 1842 nicht aufgehalten, dem ein Drittel der St zum Opfer fiel. Mit dem Eintritt in den Norddeutschen Bund 1867 gab H. seine selbständige Politik zwar auf, gewann aber dafür Rückhalt und Schutz für seinen Handel, der durch den seit 1888 bestehenden Freihafen einen großen Aufschwung nahm. Mit seinem seewärtigen Umschlag lag der Hafen 1912 nach London und New York an dritter Stelle der Welt. – Der 1. Weltkrieg bedeutete für die Hansestadt einen schweren Rückschlag, da die Handelsblockade H. vom Weltverkehr abschnitt; die Auslieferung fast der gesamten Handelsflotte laut Versailler Vertrag schien Hamburgs Schicksal endgültig zu besiegeln. Dennoch wurde schnell mit dem Wiederaufbau begonnen. Eine Neuordnung des Hamburger Raumes brachte der St 1937 einen beträchtlichen Gebietszuwachs (Eingliederung von 27 Landgemeinden sowie der Städte Altona, Wandsbek und Harburg-Wilhelmsburg). Noch schwerere Schäden und Verluste erlitt H. im 2. Weltkrieg. 55% der Wohnungen wurden zerstört. 1950 beschloß die Bürgerschaft den 1. Aufbauplan, der Grundlage für den Wiederaufbau der Hansestadt wurde. 1952 trat die noch heute gültige Fassung in Kraft.

Sehenswürdigkeiten: Neben den bereits genannten kulturellen Einrichtungen besitzt H. eine Reihe von bemerkenswerten Kirchen, so die barocke St. Michaeliskirche („Hamburger Michel", 1750–62 von Sonnin erbaut und 1906–12 nach einem Brand restauriert), mit dem 132 m hohen Turm das Wahrzeichen der St; die St.-Petri-Kirche in der früher von zahlreichen Fleeten (Kanälen) durchzogenen Altstadt sowie die St.-Jakobi-Kirche (13. Jh.) mit Arp-Schnitger-Orgel. Sehenswert außerdem das Rathaus (1886–97) in der Altstadt mit 112 m hohem Turm, der 1911 eröffnete 450 m lange doppelte Elbtunnel von den St.-Pauli-Landungsbrücken nach Steinwerder, der Klinkerbau des Chile-Hochhauses (1920–23), das Bismarck-Denkmal (1906) im Süden der Wallanlagen, die Promenaden des Jungfernstiegs mit Alsterpavillon, der 150 m hohe Fernsehturm mit rotierendem Restaurant, die fast vier Kilometer lange, über einen Elbarm führende Köhlbrand-Brücke (1974), sowie der neue über 4 km lange Elbtunnel, der schön gelegene Vorort Blankenese an der Elbe u. a. Weltbekannt ist das Vergnügungsviertel von St. Pauli mit der Reeperbahn, das sich zwischen der Innenstadt und Altona hinzieht. In unmittelbarer Nachbarschaft von St. Pauli findet jeden frühen Sonntagmorgen der Altonaer Fischmarkt statt, auf dem neben Fischen jeder jede Ware anpreisen und verkaufen kann. Auf dem Heiligengeistfeld finden alljährlich drei große Vergnügungsmärkte statt: der traditionelle Hamburger Dom (November/Dezember), der Frühlingsdom (März) und das Hummelfest (August).

H. ist Geburtsort von Felix Mendelssohn-Bartholdy (Komponist, 1809–1847), Johannes Brahms (Komponist, 1833–1897), Gorch Fock (eigentl. Johann Kinau, Schriftsteller, 1880–1916) und Hans Henny Jahnn (Schriftsteller und Orgelbauer, 1894–1959).

Hameln

□ 102,3 qkm; ○ Hameln-Pyrmont; ⚐ Niedersachsen; ✉ 31785*; ☎ 05151; 🚗 HM; △ 68 m; 👥 59000.

H., im Weserbergland zu beiden Seiten der Weser gelegen, ist Verkehrsknotenpunkt der B 1, B 83 und B 217; Bahnknoten [D-Zug-Station] der Linien Hannover–H.–Kassel und Braunschweig–Hildesheim–H.–Löhne). Die St hat Flußhafen an der Weser; Amtsgericht, Arbeitsgericht, Kreisverwaltung, Zollamt u. a. Behörden; Jugendstrafanstalt, Industrie- und Handelskammer; Realschulen, Gymnasien, Handelslehranstalt, Gewerbliche Lehranstalt, Lehranstalt für Hauswirtschaft, Agrarwirtschaft und Sozialpädagogik, Volkshochschule; Museum, Stadtbücherei. H. ist wirtschaftliches Zentrum des Mittelweserraumes mit einer breitgefächerten Industrie (metallverarbeitende und Elektroindustrie [AEG-Telefunken], Textil- [Besmer Teppichfabrik, Vorwerk-Teppichwerke] und Bekleidungsindustrie, Nahrungs- und Genußmittelindustrie [Wesermühlen], Gummiwerk, Arzneimittel- und chemische Industrie, Herstellung von Kleinmöbeln, Haushaltsgeräten, Fettpapieren, Kunststoffolien, Kartonagen u. a.); umfangreiches Dienstleistungsgewerbe (Sitz des Beamtenheimstättenwerkes). Als Luftkurort und »Rattenfängerstadt« hat H. ferner lebhaften Fremdenverkehr (Personenschiffahrt).

Um 800 gründete die Reichsabtei Fulda unweit des Dorfes »Hamala« ein Benediktinerkloster. Im 11. Jh. wurde das Kloster in ein Kollegialstift (St. Bonifatius) umgewandelt und H. zum Marktort ausgebaut. Gegen 1200 erste urkundliche Erwähnung der aus Stift, Dorf und Markt zusammengewachsenen, voll entwickelten St. 1259 gelangte H. an den Bischof von Minden und Ende des 13. Jh. an die Herzöge von Braunschweig. 1284 soll der sagenhafte „Auszug der Hämelschen Kinder" stattgefunden haben. Von 1426 bis 1572 war H. Mitglied der Hanse. Im 17. Jh. wurde die St zur welfischen Festung ausgebaut. 1808 Schleifung der Festung auf Befehl Napoleons und 1850 Freigabe des umfangreichen Festungsgeländes zur eigentlichen Stadtplanung. Nach dem Anschluß an Preußen (1866) erste Anfänge einer industriellen Entwicklung und Anschluß an das Eisenbahnnetz (seit 1872).

Sehenswürdigkeiten: Münsterkirche St. Bonifatius (älteste Teile um 800, Krypta aus dem 11. Jh.); Marktkirche St. Nicolai (13. Jh.); Rattenfängerhaus (1603); Hochzeitshaus (1610); Stiftsherrenhaus (1558); Rattenkrug (1568); Löwenapotheke (1300); Heimatmuseum (1589); Reste der Stadtbefestigung (Stadttürme). – 11 km südlich von H. Schloß Hämelschenburg (1588–1602), ein Hauptwerk der sogenannten »Weserrenaissance«. – Alljährlich sonntags Rattenfängerspiele zwischen Marktkirche und Hochzeitshaus (Mai bis September).

Hamm (Westfalen)

□ 226 qkm; ○ Kreisfreie Stadt; ⚐ Nordrhein-Westfalen; ✉ 59063*; ☎ 02381; 🚗 HAM; △ 63 m; 👥 171 000.

H. ist wichtiger Bahn- und Straßenknotenpunkt am Nordostrand des Ruhrgebiets. Die St liegt beiderseits der Lippe im Schnittpunkt der B 61 und B 63. Anschlüsse an die Autobahnen A 1 Bremen–Köln (Hansalinie), A 2 Oberhausen–Hannover und A 44 Ruhrgebiet–Kassel. H. hat als Bahnknoten (6 Hauptstrecken der Bundesbahn) einen der größten Rangierbahnhöfe der BRD. H.-Schmehausen ist Endpunkt des Datteln-Hamm-Kanals. Die St verfügt über einen Verkehrslandeplatz.

H. ist Bundeswehrstandort und Sitz bedeutender Behörden: Oberlandesgericht (größtes der BRD), Amtsgericht, Landesarbeits- und Arbeitsgericht, Landeszentralbank, Bergamt, Justizvollzugsamt und -anstalt, Standortverwaltung der Bundeswehr u. a. H. hat Sonderschule für Lernbehinderte, Realschulen, Gymnasien, Berufs- und Berufsfachschulen, Fachoberschulen, Technikerschule, Lehranstalt für pharmazeutisch-technische Assistenten, Krankenpflegeschulen, Städt. Musikschule, Volkshochschule. Spezialkliniken sind die Klinik für Manuelle Therapie, das Westfälische Institut für Jugendpsychiatrie und Heilpädagogik sowie das Knappschaftskrankenhaus.

H. hat eine vielseitige Industrie: Röhren- und Drahtwerke (Klöckner u. Thyssen), Bergbau, Maschinenbau, Chemische Industrie, Verpackungs- und Textilindustrie, Nahrungsmittelgewerbe, Druckerei- und Vervielfältigungsbetriebe, Kohlekraftwerk, Brauerei. Von großer Bedeutung ist der Zentrale Nutzviehmarkt.

H. wurde als planmäßig angelegte Siedlung im Winkel zwischen Lippe und Ahse 1226 von Graf Adolf von der Mark gegründet. Verleihung der Stadtrechte im 13. Jh. Zwischen 1469 und 1651 war die St Mitglied der Hanse. 1624 wurde H. brandenburgisch (Garnisonstadt). Ende des 17. Jh. auf das Niveau eines bescheidenen Ackerbürgerstädtchens zurückgeworfen, erlebte die St erst wieder Mitte des 19. Jh. mit der Schiffbarmachung der Lippe und dem Bau der Köln-Mindener Eisenbahn einen neuen wirtschaftlichen Aufschwung. Um 1900 Beginn der Kohleförderung vor den Toren der Stadt. Im 2. Weltkrieg wurde H. schwer zerstört. Im Rahmen der kommunalen Neuord-

Hamm, Oberlandesgericht

nung schloß sich H. 1975 mit den Nachbarstädten und -gemeinden Bockum-Hövel, Heessen, Pelkum, Rhynern und Uentrop zur Großstadt zusammen.

An historischen Baudenkmälern sind bemerkenswert die frühgotische Pauluskirche (13./14. Jh.), die Pankratius-Kirche (11./14. Jh.), die ehemalige Klosterkirche St. Agnes (Anfang des 16. Jh.), die Josefskirche (Tabernakel mit Türen aus Kohle, Monstranz 18. Jh.), die Stephanuskirche, der Brokhof (altes Bauernhaus mit bäuerlichem Hausgerät), die Lippemühle (16. Jh., ältestes Haus im Stadtteil Heessen), eine Kapelle (1792) im Stadtteil Herringen mit der ältesten Glocke aus Westfalen und der ev. Kirche am Marktplatz (1140). Sehenswert außerdem der 20 Hektar große Maximilianspark in H. mit dem größten Glaselefanten der Welt; Schloß Oberwerries (17. Jh.), Schloß Heessen (16. Jh.), die Waldbühne Heessen (bedeutendste Freilichtbühne Westdeutschlands) und die Altägyptische Sammlung des Städt. Gustav-Lübcke-Museums.

Hammelburg

□ 128,92 qkm; ○ Bad Kissingen; ⚐ Bayern; ✉ 97762; ☎ 09732; 🚗 KG; △ 186 m; 👪 11500.

H. liegt im südlichen Rhönvorland an der Fränkischen Saale. Zufahrt über die B 27 und B 287; Anschluß an die Autobahn A 7 Würzburg–Fulda (Ausfahrt H.); Bahnstation an der Strecke Gemünden–Bad Kissingen; Verkehrslandeplatz bei H.-Pfaffenhausen. H. ist Bundeswehrstandort (Truppenübungsplatz südlich der St). H. hat Amtsgericht; Realschule, Sonderschule für Lernbehinderte, Gymnasium und Oberrealschule, Polizeischule, Behindertenwerkstatt; Kugellager- (Zweigwerk Kugelfischer A.G.) und Kleiderfabrik, Weinbau und Weinhandel; Fremdenverkehr.

716 gelangte der Herzog-Hof »Hamulo Castellum« durch Schenkung in den Besitz der Abtei Fulda. Zwischen 1221 und 1260 wurde die Siedlung mit Mauern, Gräben und Wehrtoren gesichert. 1303 erhielt sie Stadtrecht. Brände in den Jahren 1854 und 1866 vernichteten einen Großteil der ma. Altstadt. An bedeutenden historischen Baudenkmälern sind erhalten: Rathaus (1524–1529) mit Marktbrunnen (1541); Rotes Schloß (Kellereischloß der Fürstäbte von Fulda, 1726–31); gotische Stadtpfarrkirche (1389–1461) mit wertvoller Innenausstattung (Strahlenkranzmadonna [1720], Pietà von 1490, Deckenfresken um 1460); Bader-, Hüter- und Mönchsturm (13./14. Jh.). – Südlich von H. Schloß Saaleck (um 1150 erbaut mit Wohngebäude von 1792) und Franziskanerkloster Altstadt (1649/1700) mit Klosterbibliothek.

Hamminkeln

□ 164,44 qkm; ○ Wesel; ⚐ Nordrhein-Westfalen; ✉ 46499; ☎ 02852 (02856 Ortsteil Brünen; 02857 Ortsteil Mehrhoog; 02873 Ortsteil Wertherbruch); 🚗 WES; △ 20–50 m; 👪 24500.

H., 10 km nördlich von Wesel an der Issel, an der B 8, B 70, B 473 und an der Autobahn A 3 Oberhausen–Niederlande (Ausfahrt Bocholt/Wesel) gelegen, schloß sich 1975 mit sieben umliegenden Gemeinden und Ortsteilen zur neuen Großgemeinde zusammen. H. ist Bahnstation an der Strecke Wesel–Bocholt und Wesel–Emmerich; hat Grund- und Hauptschulen, Jugendakademie Klausenhof (Ortsteil Dingden); Verbundsteinwerke, Türenfabrik, Webereien, Antriebswerke u.a. kleinere Industrie- und Gewerbebetriebe.

Die Kirche von H. wird erstmals 1154 urkundlich erwähnt. – Sehenswert die ev. Kirche (13.–15. Jh.) und die Klosterkirche Marienthal (schlichter Saalbau von 1345; Pflegestätte moderner sakraler Kunst) mit einer Ausstattung von H. Campendonk, E. Scharff, J. Thorn-Prikker u.a. im Ortsteil Brünen, der Kirchturm (13. Jh.) im Ortsteil Dingden, die kath. Kirche im Ortsteil Ringenberg (1936 von Prof. D. Böhm erbaut), Schloß Ringenberg (1200 erbaut und nach der Zerstörung von 1650 wiedererrichtet), alte Windmühlen und Wassermühle „Küningsmühle". – Alljährlich Ende September Große Kirmes mit Feuerwerk.

Hanau

□ 77 qkm; ○ Main-Kinzig-Kreis; ⚐ Hessen; ✉ 63450*; ☎ 06181; 🚗 HU; △ 100–160 m; 👫 84200.

H., 18 km östlich von Frankfurt a.M. an der Einmündung der Kinzig in den Main gelegen, ist über die B 8, B 40, B 43 und B 45 sowie über die A 3, A 43, A 45 und A 66 (mehrere Ausfahrten) zu erreichen. H. ist Bahnknotenpunkt und D-Zug-Station. Die St hat bedeutenden Industrie- und Handelshafen am Main; zahlreiche Behörden, Körperschaften und Anstalten des öffentlichen Rechts (Landgericht, Amtsgericht, Arbeitsgericht, Kreisverwaltung für den Main-Kinzig-Kreis, Arbeitsamt, Wasser- und Schifffahrtsamt, Industrie- und Handelskammer u.a.) sowie Bildungseinrichtungen (Realschulen, Gymnasien, Sonderschulen für Lernbehinderte, Berufs-, Berufsfach- und Fachschulen [darunter Fachschule für Gold- und Silberschmiede], Fachoberschulen, Technikerschule, Volkshochschule). H., Einkaufszentrum für ein weites Umland, besitzt eine breitgefächerte Industrie der Branchen: Reifen und Gummi, Metall, Elektrotechnik, Edelmetalle, Nukleartechnik, Chemie, Maschinenbau, Feinmechanik, Holzverarbeitung, Druck, Kunststoffverarbeitung, Bekleidung, Nahrungs- und Genußmittel, Bauindustrie, Fahrzeugbau, Gießerei, Lederverarbeitung, Verpackung, Versandhandel, Pharma-Großhandel.

Südlich der 1143 errichteten, von der Kinzig umflossenen, romanischen Burg der Herren von Buchen-Hanau entstand im Verlaufe des 13. Jh. eine Kaufmanns- und Handwerkersiedlung, der 1303 das Stadt- und Marktrecht verliehen wurde. Der rasch aufblühende, im 14. Jh. befestigte Marktort war seit dem 15. Jh. Residenz der Grafschaft Hanau-Münzenberg (bis 1642). Graf Philipp II. gründete 1597 als planmäßige Anlage die Neustadt H. für glaubensvertriebene Flamen und Wallonen, welche die Grundlage für den künftigen wirtschaftlichen Aufstieg (Edelmetall- und Schmuckgewerbe) der St legten. Das 18. Jh. brachte für H. eine kulturelle Blütezeit (Bau des Schlosses Philippsruhe und der Kur- und Badeanlagen von Wilhelmsbad) und den Anschluß an Hessen-Kassel (seit 1736). 1830 und 1848 war die St Mittelpunkt der revolutionären Maingegend (Mainfranzosen). 1866 wurde H. preußische Provinz- und Garnisonstadt. Im Zuge der Gebietsneuordnung wurden H. 1974 die Städte Großauheim, Steinheim sowie die Gemeinden Klein-Auheim und Mittelbuchen (1972) eingegliedert.

Hanau, Goldschmiedehaus

Alt- und Neustadt sind nach der schweren Zerstörung im 2. Weltkrieg unter Berücksichtigung des historischen Stadtplanes wiederaufgebaut worden. Von den bemerkenswerten Bauten haben den Krieg überstanden bzw. sind annähernd historisch getreu wiederaufgebaut worden: Deutsches Goldschmiedehaus (ehem. Altstädter Rathaus, 1537 beg.); Marienkirche (15./16. Jh.) mit Glasfenstern und Grabsteinen aus dem 15. Jh.; Wallonisch-Niederländische Kirche (1600–1608, westl. Teil Ruine); Schloß Philippsruhe (1701–1712) nach franz. Vorbild mit Historischem Museum, Kur- und Badeanlagen Wilhelmsbad (1777–1780) mit Comoedienhaus (1781; 1968/69 restauriert); sehenswert ferner der Schloßgarten und einige Brunnen (Justitiabrunnen, 1610; Schwanenbrunnen, 18. Jh.) sowie das Puppen-Museum in Wilhelmsbad. – In H. geboren wurden die Brüder Jacob (1785–1863) und Wilhelm Grimm (1786–1859; Denkmal am Marktplatz) und der Komponist Paul Hindemith (1895–1963). – Alljährlich Brüder-Grimm-Märchenfestspiele (Sommer), „Wilhelmsbader Wochen" des Hessischen Rundfunks im Comoedienhaus Wilhelmsbad (Frühsommer) und Bürgerfest (September).

Hannover

□ 203,96 qkm; ○ Landeshauptstadt von Niedersachsen; ⚐ Niedersachsen; ✉ 30159*; ☎ 0511; 🚗 H; △ 55 m; 👥 500000.

H., Hauptstadt des Bundeslandes Niedersachsen und des Regierungsbezirks H., liegt an der Leine und am Mittellandkanal, an der Grenze zwischen den nordöstlichen Ausläufern des Weserberglandes und der niederdeutschen Tiefebene.

H. ist wichtigster Verkehrsknotenpunkt Nordwestdeutschlands; Zufahrt über die sich kreuzenden B 3, B 6, B 65, B 217, B 441; Anschluß an die Autobahn A 2 Köln–Berlin (mehrere Ausfahrten) und Autobahn A 7 Hamburg–Würzburg (mehrere Ausfahrten); Bahnknotenpunkt mit interkontinentalen Verbindungen (IR- und Intercityzüge), Stadtbahn-Nahschnellverkehr im Großraum H.; Anschluß an das internationale Flugliniennetz durch Flughafen H.-Langenhagen.

Die St ist bedeutendes Behörden- und Verwaltungszentrum (Niedersächsischer Landtag, Nidersächsische Landesregierung, Bezirksregierung Hannover, Niedersächsischer Städte- und Gemeindebund, Niedersächsischer Landkreistag, Landesarbeitsamt Niedersachsen-Bremen, Landgericht, Verwaltungsgericht, Landesarbeitsgericht, Amtsgericht, Bundesbahn-, Oberpost-, Oberfinanz-, Wasser- und Schiffahrtsdirektion, Bundesanstalt für Geowissenschaften und Rohstoffe (Stift. Volkswagenwerk), Landeskripostelle, Niedersächsische Landesbereitschaftspolizei, Industrie- und Handelskammer, Handwerks- und Landwirtschaftskammer, Niedersächsisches Landesverwaltungsamt, Zweckverband Großraum Hannover, Kreisverwaltung des Landkreises H., Kirchenkanzlei der Evang. Kirche in Deutschland, Landeskirchenamt der Evang.-lutherischen Landeskirche u.a.); Bildungs- und kultureller Mittelpunkt des niedersächsischen Raumes (Universität Hannover, Tierärztliche Hochschule, Medizinische Hochschule, Staatl. Hochschule für Musik und Theater, Volkshochschule, berufsbildende Schulen, darunter Fachhochschulen für Elektrotechnik u. Maschinenbau, für Sozialarbeit u. für Kommunikation u. Produktgestaltung, Gymnasien einschließlich Abendgymnasium und Hannover-Kolleg, Realschulen, Landesblindenschule, Taubblindenzentrum, Sonderschulen für lernbehinderte, geistig behinderte, gemeinschaftsschwierige, schwerhörige und sehbehinderte Kinder; Opernhaus [Nds. Staatstheater], Ballhof [Staatsschauspiel], Theater am Aegi [Gastspiele], Landesbühne, Gartentheater, Neues Theater, Stadt- und Landesbibliothek, Universitätsbibliothek, Technische Informationsbibliothek, Bibliotheken der Bundesanstalt für Geowissenschaften und Rohstoffe, Landesmuseum, Kunstmuseum H. mit Sammlung Sprengel, Kestner-Museum, Historisches Museum, Herrenhausen-Museum, Wilhelm-Busch-Museum, Zoo, Deutsches Museum für Karikatur und kritische Grafik, Herrenhauser Gärten, Tiergarten; Congress-Centrum Stadtpark, NDR-Funkhaus H. am Maschsee, Niedersachsen-Stadion mit 60000 Plätzen, Eilenriedestadion mit 21000 Plätzen, Sporthalle, Bundesleistungszentrum Nord) sowie Garnisonstadt der Bundeswehr.

H. ist ferner eine der bedeutendsten Handels- (Börse, Banken, Versicherungen, Großhandelsfirmen) und Industriestädte Deutschlands. Die vielseitige Industrie mit über 50% aller Beschäftigten umfaßt Großfirmen und Betriebe des Eisen-, Stahl- und Fahrzeugbaus (Zweigwerk der V.A.G., Hanomag GmbH, Deutsche Edelstahl), Metallhalbwerkzeuge, optische und feinmechanische Industrie, Radio- Fernsehgerätefabrikation (AEG-Telefunken), Schallplatten- (Siemens, Polygram Record Service GmbH) und Gummiindustrie (Continental), Herstellung von Bürobedarf (Pelikan, Geha) und Batterien (Varta), Textilerzeugung und Bekleidungsgewerbe, Papierverarbeitung und Druckereien, chemische, Nahrungs- und Genußmittelindustrie (Bahlsen, Lindener Gilde-Bräu, Appel-Feinkost), Zementindustrie u.a. Die St ist außerdem Verwaltungssitz großer Industriekonzerne wie Preussag AG, Kali-Chemie AG u.a. sowie Standort der weltbekannten Hannover-Messe (mit einer Ausstellungsfläche von 97 ha) sowie weiterer bedeutender internationaler Fachmessen (Kunst- und Antiquitäten-Messe, Internationale Luftfahrtausstellung, Internationale Werkzeugmaschinen-Ausstellung, Deutsche Landwirtschaftliche Ausstellung, Cebit, Constructa-Intern. Baufachausstellung – alle vier Jahre –, Ligna – Intern. Fachmesse für Maschinen u. Ausrüstungen der Holzwirtschaft, Infa – Hauswirtschaftliche Landesausstellung).

»Honovere« wird erstmals um 1150 erwähnt. Die Marktsiedlung an einem alten Leineübergang erhielt 1241 die Stadtrechte von Herzog Otto dem Kind von Braunschweig-Lüneburg bestätigt. 1260 wurde H. Mitglied eines vorhansischen Städtebundes. Mitte des 14. Jh. war der Mauerring der St vollendet; 1367 trat H. der Hanse bei. Die erste kulturelle Blütezeit erlebte die St im 17. Jh., als H. von Herzog Georg von Calenberg, der das ehemalige Minoritenkloster zwischen 1637 und 1642 zum Leineschloß umbauen ließ, zur Residenz erhoben wurde (1636). Seit Mitte dieses Jahrhunderts entstanden die großartigen Barockgärten in Herrenhausen (Großer Garten und Berggarten, jetzt Botanischer Garten) sowie die Calenberger Neustadt als planmäßige Anlage. Von 1676–1716 wirkte der Philosoph Gottfried Wilhelm von Leibniz als Hofbibliothekar in Hannover. 1692 wurde H. Kurfürstentum. Nach der Schleifung der Befestigungsanlagen um 1780 erfolgten weitere wesentliche Stadterweiterungen. Eine rege Bautätigkeit entfaltete sich auch im 19. Jh., als H. Residenz des Königreiches H. (seit 1815) war. 1866 verlor das Königreich seine Selbständigkeit und wurde preußische Provinz, was sich jedoch kaum auf die weitere Entwicklung der ehemaligen Residenzstadt auswirkte, die bereits 1873 100000 EW zählte.

Die im 2. Weltkrieg durch Luftangriffe zu über 60% zerstörte St wurde nach 1945 großzügig wiederaufgebaut. Als Beispiele mod. Architektur sind zu nennen: Heizkraftwerk, Conti-Verwaltungsgebäude, Allianzhaus, Hochschule für Musik u. Theater, Ihmezentrum, Raschplatzbebauung und der 103 m hohe Fernmeldeturm. H., das mit seinen charakteristischen Gärten und Parks eine Großstadt im Grünen blieb, erwarb sich durch sein Verkehrsnetz von schnellen Zubringern, Hoch- und Ringstraßen sowie aufwendigen Kreuzungen den Ruf der verkehrsfreundlichsten St der Bundesrepublik.

H. besitzt trotz der Kriegszerstörungen noch eine Reihe von bemerkenswerten, z.T. älteren Bauwerken: Chor der Nikolaikapelle (1330, Ruine); Kreuzkirche (1333) mit Turm von 1655; Aegidienkirche (1347, Ruine); Beginenturm (1357); Marktkirche (1349–1359); Altes Rathaus (1425–1455); Fachwerkhäuser an der Burgstraße (16.–18. Jh.); Nachbildung des Leibnizhauses am Holzmarkt; Ballhof (1649–1664). Weitere Sehenswürdigkeiten sind das Galeriegebäude Herrenhausen (1694–1700), die Clemenskirche (1711–1718, im italienischen Barockstil), das zwischen 1817 und 1842 von Laves im klassizistischen Stil umgebaute Leineschloß (Sitz des Niedersächs. Landtages), das Laveshaus (1822), die Börse (1846–1849), das Opernhaus (1845–1852) und das Rathaus (1901–1913) am Maschsee. Der nur wenige Minuten vom Stadtzentrum entfernte Maschsee wurde in den Jahren 1934–1936 als Naherholungszentrum angelegt. – Feste und Veranstaltungen: Schützenfest, Altstadtfest, Flohmarkt an der Leine. – H. ist Geburtsort der Königin Luise von Preußen (1776–1810), der Brüder August Wilhelm und Friedrich Schlegel (1767–1845 und 1772–1829) und des Dramatikers, Schauspielers und Theaterintendanten August Wilhelm Iffland (1759–1814).

Harburg (Schwaben)

□ 73,13 qkm; ○ Donau-Ries; ⚐ Bayern; ✉ 86655; ☎ 09003; 🚗 DON; △ 413 m; 👪 5900.

H. liegt 15 km nordwestlich von Donauwörth an der Wörnitz am Eingang zum Ries an der B 25. Die St, Bahnstation an der Strecke Donauwörth–Nördlingen, hat Grund- und Hauptschule, Volkshochschule; Zementwerk.

»Horeburc«, die über der Stadt liegende Burg aus dem 12.–18. Jh., war um 1150 im Besitz der Staufer und gelangte über die Geschlechter der Harburger und Grafen von Oettingen 1731 an das Haus Oettingen-Wallerstein. In der Burg sind bedeutende Kunstsammlungen und das fürstliche Archiv untergebracht. Sehenswert die Schloßkirche, Begräbnisstätte der Linie Oettingen-Oettingen.

Hardegsen (Solling)

□ 83,79 qkm; ○ Northeim; ⚐ Niedersachsen; ✉ 37181; ☎ 05505; 🚗 NOM; △ 200–400 m; 👪 7750.

H., 15 km nordwestlich von Göttingen, ist anerkannter Erholungs- und Luftkurort am Südrand des Sollings. Zufahrt über die B 241; Anschluß an die Autobahn A 5/A 7 Frankfurt a. M.–Kassel–Hannover (Ausfahrt Nörten-Hardenberg); Bahnstation an der Strecke Paderborn–Altenbeken–Northeim–Walkenried. H. hat Grundschule, Sonderschule für geistigbehinderte Kinder, Kreisvolkshochschule; Zementfabrik, holz- und metallverarbeitende Betriebe.

H. wird erstmals 1020 urkundlich erwähnt. Das 1324 erbaute Muthaus (andere Bezeichnung für »Palas«), Wahrzeichen der Stadt, ist das größte und älteste erhaltene weltliche Bauwerk in Niedersachsen. Zur St erhoben wurde H. 1383. Sehenswert ferner die St. Mauritiuskirche (1423 vollendet), der Burgmannshof, der ma. Flügelaltar in Hevensen, das Wildgehege u.a.

Haren (Ems)

□ 208,9 qkm; ○ Emsland; ⚐ Niedersachsen; ✉ 49733; ☎ 05932; 🚗 EL; △ 7–40 m; 👥 18600.

H., an der unteren Ems und am Haren-Rütenbrock-Kanal 10 km von der niederländischen Grenze entfernt gelegen, ist über die B 70, B 402 und A 31 Emden–Ruhrgebiet (Ausfahrt H.) zu erreichen. Bahnstation der Strecke Münster–Emden–Norddeich. Die St verfügt über einen Binnenhafen mit über 7 ha Wasserfläche; Zollamt; Grundschulen, Hauptschulen, Orientierungsstufen, Realschule, Sonderschule, Gymnasium. H. hat Erdgasbohr- und Förderindustrie, Wasserbau, Torfverarbeitungsbetriebe, Produktion von Kunstharzpreßholz, thermoplastischen und glasfaserverstärkten Kunststoffen, Getriebe- und Maschinenbau, Leichtmetall- und Stahlbau, Reedereien, Werften, Kalksand- und Betonfabrikation; Land- und Viehwirtschaft. H. ist anerkannter Erholungsort (Fremdenverkehr).

In H., das 854 erstmals urkundlich nachweisbar ist, wurde seit dem MA Schiffahrt betrieben. Im 16. Jh. erfolgte die Trennung von Haren und Altharen; die beiden Gemeinden wurden erst 1956 wiedervereinigt. Der Großgemeinde wurden 1965 die Stadtrechte verliehen.

Sehenswürdigkeiten und historische Bauten: Martinuskirche (Neubau 1853/1908 auf den Grundmauern der alten Kirche des 13. Jh.); Schloß Dankern (1680) mit Kapelle und Rittersaal; Landsitz Düneburg (1753); St. Clemenskirche Wesuwe (1509) mit Taufstein und Weihwasserbecken (um 1200); Herrensitz Haus Landegge (1695) mit Burgkapelle (1686); Freilichtschiffahrtsmuseum mit Instrumentalmuseum; Mersmühle mit Mühlenmuseum und Heuerhaus. – Alljährlich „Altweiberfastnacht“ (Pfannkuchenrennen der Alten Weiber) in H.-Rütenbrock.

Harrislee

□ 18,83 qkm; ○ Schleswig-Flensburg; ⚐ Schleswig-Holstein; ✉ 24955; ☎ 0461; 🚗 SL; △ 50 m; 👥 10300.

Die Gm H. wurde 1938 mit der Eingliederung der Ortsteile Wassersleben und Kupfermühle gebildet. H. grenzt an den nordwestlichen Stadtrand von Flensburg und liegt unmittelbar an der deutsch-dänischen Staatsgrenze (Grenzübergangsstellen Harrislee/Pattburg und Kupfermühle/Krusau). Zu erreichen ist die Gm über die B 200 und Autobahn A 7 Hamburg–Flensburg (Ausfahrt Flensburg/H.). H. hat Grund- und Hauptschule, Landesfeuerwehrschule; metallverarbeitende und Kunststoffindustrie, Fischkonservenfabrik; Landwirtschaft.

Die Ortsteile H., Niehuus und Klueshof werden 1352, 1371 und 1399 erstmals urkundlich erwähnt. Das Gemeindegebiet ist jahrtausendealter Siedlungsboden (vorgeschichtliche Grabhügel der Bronze- und Steinzeit). Die ursprünglich reinen Bauernsiedlungen entwikkelten sich erst nach dem Krieg zum Teil zu Wohnvororten von Flensburg (Harrisleefeld, Kupfermühle); neben der bodenständigen Landwirtschaft sind heute Handel, Gewerbe, Verwaltungsinstitutionen (Zoll) und Fremdenverkehrsbetriebe von wirtschaftlicher Bedeutung.

Harsewinkel

□ 100,12 qkm; ○ Gütersloh; ⚐ Nordrhein-Westfalen; ✉ 33428; ☎ 05247; 🚗 GT; △ 67 m; 👥 19300.

H., an der Ems im östl. Münsterland 28 km südwestlich von Bielefeld gelegen, hat Realschule, Sonderschule für Lernbehinderte; Mähdrescherfabrik (Gebr. Claas), Fabrik für elektronische Anlagen (Simprop) und Fleischwarenindustrie.

H. (»Harswinkila«), erstmals 1090 urkundlich erwähnt, wurde nach der Säkularisation (1804) zur Titularstadt erhoben. 1937 Zusammenschluß von Landgemeinden und Kirchspiel H. zur Stadt H. Wirtschaftlicher Aufschwung und starker Bevölkerungszuwachs nach dem 2. Weltkrieg (1939 3500 EW). 1973 Eingliederung der Nachbargemeinden Greffen und Marienfeld.

Sehenswert das barocke Abteigebäude des Klosters Marienfeld (gegr. 1185). – Alljährlich Schützen- und Heimatfest, Kleesamenmarkt mit Kirmes, Altwagen- und Moto-Cross-Rennen, Ikarus-Luftzirkus.

Hartha

□ 82,1 qkm; ○ Landkreis Döbeln; ⚐ Freistaat Sachsen; ✉ 04746; ☎ Amt Hartha; 🚗 DL; △ 259 m; 👥 8500.

H. hat Anschluß an die A 14 (Ausfahrten Leisnig oder Döbeln-Nord) und wird von den B 175 und B 176 durchquert. Bf. an der Nebenbahn Waldheim–Rochlitz–Altenburg.

H. hat Stadtverwaltung. Martin-Luther-Gymnasium, Pestalozzi-Grund- u. Mittelschule, Förderschule „A.S. Makarenko" für Lernbehinderte, Polytechnikum. Volkssternwarte Bürgel.

Die Stadt ist Standort der Textil- und Hausschuhindustrie, der metallverarbeitenden Industrie (Elektromotoren, Schwingungsdämpfer), der Spindelproduktion und der Schaumstoffkonfektionierung; ferner Agrar- und Viehwirtschaft.

Die Entstehung der Stadt ist ungewiß. In einer Urkunde von 1225 wird ein Cunradus von Hartte erwähnt. Bis 1525 wird die Stadt „Zur Hartte" oder „Harthe" genannt. Der Ortsteil Flemmingen wurde von eingewanderten Flamen besiedelt. Das Waldstück Fröhne beim OT Aschershain war eine slawische Kultstätte. 1506 bestätigte Herzog Georg von Sachsen die Innung der Leineweber in Hartha, deren Produkte bereits im 17. Jh. nach Spanien exportiert worden sind. In unmittelbarer Nähe von H. am Gersdorfer Kreuz fand am 5. Mai 1813 eine wichtige Schlacht während der Befreiungskriege gegen die napoleonische Fremdherrschaft statt. Ab 1857 industrieller Aufschwung H.s durch verschiedene Industriezweige, gefördert durch die 1893 eröffnete Eisenbahnstrecke Waldheim–Rochlitz. Haupterwerbszweige für H. und Umgebung werden die Spindelfabrik (1902), die Hausschuhwerke (1910) und die Spinnerei (1921). Ältester Stadtteil ist der heute dezentral gelegene Markt aus dem 16. Jh. –

Das Stadtbild wird beherrscht von der 1870 geweihten Stadtkirche. Die Sternwarte (erbaut 1956–1967) genießt bei Astronomen internationalen Ruf und arbeitet mit 30 Ländern zusammen.

Regelmäßige Veranstaltungen sind die Harthaer Sommertage im Juni und die Ausstellung „Hartha kreativ" im Mai.

Haselünne

□ 159,19 qkm; ○ Emsland; ⚐ Niedersachsen; ✉ 49740; ☎ 05961; 🚗 EL; △ 20 m; 👪 11 500.

H., an der Hase im Emsland am Kreuzungspunkt der B 213 (E 233) und B 402 gelegen, hat Orientierungsstufe, Realschule, Gymnasium, Sonderschule für Lernbehinderte; Branntweinbrennereien, Kleider-, Automaten- und Teppichfabrik, Spannbetonwerk, Sägewerk.

H. gehört zu den ältesten Siedlungen im mittleren Emsgebiet. Schon um das Jahr 1000 wird H. urkundlich als „oppidum" (befestigte stadtähnliche Siedlung) erwähnt. Bestätigung der Stadtrechte 1272. Im MA war H. Mitglied der Hanse.

Sehenswürdigkeiten: Taufstein (um 900) in der dreischiffigen gotischen Hallenkirche (kath. Pfarrkirche); Westerholtscher Burgmannshof (15. Jh.); Heimathäuser (18. Jh.); Brennereimuseum. – In der Nähe der St 38 ha Naturschutzgebiet „Wacholderhain".

Alljährlich „Historischer Korn- und Hansemarkt" (September) und „Haselünner See in Flammen" (August).

Haslach i. Kinzigtal

□ 18,70 qkm; ○ Ortenaukreis; ⚐ Baden-Württemberg; ✉ 77716; ☎ 07832; 🚗 OG; △ 220–900 m; 👪 6000.

H., Erholungsort im mittleren Schwarzwald an der Kinzig, ist über die B 33 und die B 294 zu erreichen. H. hat Landwirtschaftsamt; Realschule, Sonderschule für Behinderte, Kreislandwirtschaftsschule; Matratzen- und Polstermöbelfabriken, metall- und holzverarbeitende Industrie.

H. wird erstmals um 1099 urkundlich erwähnt. 1218 kam es in den Besitz der Grafen zu Fürstenberg und war zeitweise fürstenbergische Residenz. 1358 erhielt H. Stadtrecht. 1806 fiel die St an Baden. Sehenswert: Rathaus aus dem 15./16. Jh.; ehem. Kapuzinerkloster (1630–33).

H. ist Geburts- und Sterbeort des Volksschriftstellers Heinrich Hansjakob (1837–1916).

Haßfurt

□ 52,71 qkm; ○ Haßberge; ⚐ Bayern; ✉ 97437; ☎ 09521; 🚗 HAS; △ 224 m; 👪 11 300.

H., am Main in Unterfranken 22 km östlich von Schweinfurt gelegen, ist über die B 26 und A 70 Schweinfurt–Bayreuth (Ausfahrt H./Theres) zu erreichen. Bahnstation an der Strecke Würzburg–Bamberg; Sportflugplatz. H. hat Kreisverwaltung, Amtsgericht; Realschule, Gymnasium, gewerbliche und landwirtschaftliche Berufsschule, Sonderschule für Lernbehinderte; Kreiskrankenhaus; vielseitige Industrie (Möbelfabriken, eisenverarbeitende Industrie, Wollspinnerei, Schuhfabrik), Brauerei.

Die alte fränkische Furtsiedlung am Main,

erstmals 1230 genannt, erhielt um 1235 das Stadtrecht. H. wurde als planmäßige, befestigte Anlage der Fürstbischöfe von Würzburg errichtet. Das ma. Stadtbild ist fast unversehrt erhalten. Sehenswert die aus dem 14./15. Jh. stammende spätgotische Ritterkapelle mit dem prächtigen Wappenfries, die doppeltürmige gotische Stadtpfarrkirche mit Werken von Tilman Riemenschneider, das gotische Rathaus und Reste der alten Stadtbefestigung (Tore, Stadtmauer).

2 km südlich von H. liegt das ehem. Zisterzienserinnenkloster Mariaburghausen mit got. Klosterkirche (14. Jh.) und barocker Ausstattung.

Haßloch (Pfalz)

□ 40,03 qkm; ○ Bad Dürkheim; ⚐ Rheinland-Pfalz; ✉ 67454; ☎ 06324; 🚗 DÜW; △ 115 m; 👥 18500.

H., die größte Gm der Pfalz, liegt 20 km südwestlich von Mannheim an der A 65 Ludwigshafen–Karlsruhe (Ausfahrt H. und AB-Dreieck Neustadt a.d.Weinstraße). Die Gm hat Realschule, Sonderschule für Lernbehinderte, Musikschule und Volkshochschule, Isolatoren- und Blechverpackungsindustrie, Sektkellerei.

Bodenfunde aus der Steinzeit deuten auf frühe Besiedlung des Ortes, der erstmals 902 urkundlich erwähnt wird. – Alljährlich Pferderennen am Himmelfahrtstag. Sehenswert: Holiday-Freizeitpark.

Hattersheim

□ 15,81 qkm; ○ Main-Taunus-Kreis; ⚐ Hessen; ✉ 65795; ☎ 06190; 🚗 MTK; △ 90–110 m; 👥 22900.

Die St H., am Main und südwestlichen Stadtrand von Frankfurt a. M. gelegen, ist über die Autobahn A 66 Wiesbaden–Frankfurt (Ausfahrt Hattersheim) zu erreichen. Bahnstation an der Strecke Frankfurt a. M.–Wiesbaden. Die St hat Hafenanlage am Main (Ortsteil Okriftel); Grund-, Haupt- und Gesamtschule sowie neben landwirtschaftlichen und Gartenbetrieben (Rosenkulturen, Versuchsgut der Farbwerke Hoechst AG) eine breitgefächerte Industrie (Schokoladenfabrik Sarotti, Herstellung von Präzisionsventilen, Wellpappe- und Kartonagefabriken, Agrarprodukte); Mainstaustufe in H.-Eddersheim. H. ist Sitz der Arbeitsgemeinschaft Möbeltransport, Bundesverband e. V.

H., erstmals 1132 urkundlich erwähnt (»Heideresheim«), kam im 14. Jh. von den Herren von Falkenstein an das Erzbistum Mainz und 1478 an das Haus Eppstein-Königstein. Nach dem Aussterben des Geschlechtes (1559) gehörte der Ort wiederum zur Kurmainz bis 1797. Über das Herzogtum Nassau (seit 1802) gelangte H. 1866 an Preußen. – H., das bis um 1900 ein Ackerbürgerdorf war, wandelte sich in den folgenden Jahrzehnten zur Arbeiterwohn- und Industriegemeinde. Nach dem 2. Weltkrieg große wirtschaftliche Aufwärtsentwicklung und starker Bevölkerungsanstieg (1946 : 3500 EW). 1970 Verleihung der Stadtrechte; 1972 wurden Hattersheim die Gemeinden Okriftel und Eddersheim eingegliedert.

Hattingen (Ruhr)

□ 71,40 qkm; ○ Ennepe-Ruhr-Kreis; ⚐ Nordrhein-Westfalen; ✉ 45504*; ☎ 02324; 🚗 EN; △ 60–308 m; 👥 60000.

H., am Südrand des Ruhrreviers an der Ruhr gelegen, ist über die B 51 und die Autobahn A 43 Wuppertal–Münster (Ausfahrt Herbede bzw. Sprockhövel) zu erreichen; Bahnstation an der Strecke Essen–Witten; S-Bahn-Halt. H. hat Amtsgericht; Realschulen, Gymnasien, Musikschule, Volkshochschule, Sonderschule für geistig behinderte Kinder; Stahlindustrie, Maschinenfabriken.

H., erstmals 1019 urkundlich erwähnt, entwickelte sich unter den Grafen von der Mark um 1300 zu einem städtischen Gemeinwesen. Seit Anfang des 15. Jh. ist der Abbau von Steinkohlen bezeugt. H., 1435 zum Marktort erhoben, erlebte zwischen 1550 und 1620 seine erste wirtschaftliche Blütezeit als Tuchmacherstadt und Handelsplatz für Getreide, Eisen- und Stahlwaren. Mit der Gründung der Henrichshütte im Jahre 1854 wurde H. ein Zentrum der Schwerindustrie. Im 2. Weltkrieg erlitt die St schwere Schäden. 1970 schlossen sich H., die St Blankenstein und die Gemeinden des Amtes Hattingen zur neuen St H. zusammen.

Sehenswürdigkeiten sind der historische Hattinger Kirchplatz mit dem Altstadtkern, der St.-Georgs-Kirche mit schiefem Turm und dem alten Rathaus (1576), die Burg Blankenstein (13. Jh.), die Wasserburg Haus Kemnade (Anfang 11. Jh.) und die Burgruine Isenburg (1226 zerstört).

Hausach (Schwarzwaldbahn)

□ 36,07 qkm; ○ Ortenaukreis; ⚐ Baden-Württemberg; ✉ 77756; ☎ 07831; 🚗 OG; △ 240–950 m; 👥 5000.

H., Luftkurort an der Kinzig im mittleren Schwarzwald, ist über die B 33 und B 294 zu erreichen. D-Zug-Station an der Strecke Offenburg–Villingen–Konstanz (Schwarzwaldbahn). Die Stadt hat Forstamt und Zollkommissariat; Gymnasium, berufliches Gymnasium, Wirtschaftsschule, Handelslehranstalten, Musikschule; bedeutende Industrie (Herstellung von Stahlblech [Umformtechnik], hydraulischen Hebebühnen, Trachtenpuppen, Karnevalsartikeln; Strohhut- und Mützenfabrik, Metallwarenfabrik, Gesenkschmiede, Furnier- und Sägewerk).

»Husen« am Fuße der gleichnamigen Burg (seit 1643 Ruine) wird erstmals Ende des 11. Jh. urkundlich genannt. Die Siedlung ging im 11. Jh. vom Rittergeschlecht von H. in den Besitz der Zähringer Grafen über; 1237 kam H. als Erbe an die Grafen von Freiburg. 1305 erhielt es das Stadtrecht. Seit dem 14. Jh. gehörte die St den Fürsten von Fürstenberg; 1806 fiel sie an Baden. H. war bis ins 19. Jh. eine Bergmannstadt (Abbau und Verhüttung von Silber-, Blei- und Eisenerzen sowie von Schwerspat). – Bei H. liegt der Vogtsbauernhof (Schwarzwälder Freilichtmuseum).

Hauzenberg

□ 82,97 qkm; ○ Passau; ⚐ Bayern; ✉ 94051; ☎ 08586; 🚗 PA; △ 500–950 m; 👪 11 500.

H., 20 km nordöstlich von Passau im südlichen Bayerischen Wald gelegen, ist anerkannter Erholungsort. Die St ist Endstation der Bahnstrecke Passau–H. H. hat Realschule, Sonderschule für Lernbehinderte; Musikschule, Volkshochschule; Granitbetriebe, holzverarbeitende Industrie, Graphitbergwerk, Knopf- und Wäschefabrik; Sägewerk und Metallindustrie. Von wirtschaftlicher Bedeutung ist ferner der Fremdenverkehr.

H. wird erstmals 1130 urkundlich genannt. 1359 verleiht Bischof Gottfried von Passau dem Ort das Marktrecht. Mitte des 19. Jh. wurde H. durch mehrere Großbrände fast völlig zerstört.

Alljährlich H. Kulturwochen (Mai) und Volksfest (August).

Havixbeck

□ 52,99 qkm; ○ Coesfeld; ⚐ Nordrhein-Westfalen; ✉ 48329; ☎ 02507; 🚗 COE; △ 182 m; 👪 10 000.

H., Ausflugsort am Fuße der Baumberge 18 km westlich von Münster, ist Bahnstation an der Strecke Münster–Coesfeld; Anschluß an die Autobahn A 1 Ruhrgebiet–Bremen (Ausfahrten AB-Kreuz Münster-Süd und Münster-N) und A 43 Wuppertal–Münster (Ausfahrten Nottuln/Appelhülsen und Senden/Bösensell). H. hat Grund- und Hauptschule, Gesamtschule; mittlere und kleinere Industrie- und Gewerbebetriebe.

H. (‚Habichtsbach') geht auf ein Wehrdorf des 9. Jh. zurück, das erstmals 1137 urkundlich erwähnt wird.

Sehenswürdigkeiten: Gotische Pfarrkirche (14. Jh.), eine dreischiffige Hallenkirche mit romanischem Wehr- und Westturm (12. Jh., gotischen Fresken (1345) und Sakramentsturm (1450); Wasserschloß Haus Havixbeck, Renaissanceanlage aus dem 16./17. Jh. mit Umbauten von 1711; Wasserschloß Haus Stapel (1819–27) mit Kapelle (17. Jh.) im Park; Wasserburg Hülshoff (Geburtsstätte der 1797 geborenen westfälischen Dichterin Annette von Droste-Hülshoff) mit Herrenhaus (1545 vollendet), Vorburggebäude (1. Hälfte 17. Jh.) mit Fachwerkgiebeln und Ecktürmen, neugot. Kapellenanbau (1870) und Museum im Schloß. – Alljährlich ‚Askedag-Markt" (Aschermittwoch) bei H.-Overwaul, Septemberfest und Tilbecker Herbstkirmes (September).

Hechingen

□ 66,43 qkm; ○ Zollernalbkreis; ⚐ Baden-Württemberg; ✉ 72379; ☎ 07471; 🚗 BL; △ 490–530 m; 👪 16 000.

H. liegt am Rande der steilaufragenden Hänge der Schwäbischen Alb zu Füßen von Berg und Burg Hohenzollern. Zufahrt über die B 27 und B 32. H. hat Landgericht, Amtsgericht; Realschule, Gymnasium, Kreisberufsschule, Handelsschule, Sonderschule für Lernbehinderte; Kreiskrankenhaus. Die St ist Bundeswehrstandort. Das wirtschaftliche Leben wird von einer breitgefächerten Industrie bestimmt (Textil-, Kunststoff- und Beleuchtungsbetriebe, holzverarbeitende, Metall- und Bekleidungsindustrie, Herstellung von Strumpfstrickautomaten, Ölbrennern und Schuhfabrikationsmaschinen, Elektro- und Baumwollindustrie).

H., das bereits 1255 als St erwähnt wird, war seit dem 13. Jh. Hauptort der Grafschaft Zollern und ab 1423 (nach der Zerstörung der Burg Hohenzollern) bis 1849 Sitz und Residenz der Grafen bzw. Fürsten von Hohenzollern-H. 1850 kam H. an Preußen. – Sehenswürdigkeiten sind die 856 m hoch gelegene Burg Hohenzollern (1850–57 in neugotischem Stil errichtet) mit Museum, Schatzkammer und Michaeliskapelle (Ruhestätte des letzten deutschen Kronprinzen Wilhelm – gest. 1951 – und bis August 1991 der sterblichen Reste der Preußenkönige Friedrich Wilhelm I. und Friedrich II., deren Sarkophage 1952 hierher übergeführt und nach der Vereinigung Deutschlands wieder nach Potsdam zurückgebracht wurden); die klassizistische Stiftskirche St. Jakob (1779–83); die Kirche St. Lutzen im Renaissance-Stil; das Residenzschloß Lindich (1738) und die schönen biedermeierlichen Platz- und Parkanlagen. Röm. Freilichtmuseum in H.-Stein.

Heddesheim

14,25 qkm; ○ Rhein-Neckar-Kreis; ⚐ Baden-Württemberg; ✉ 68542; ☎ 06203; 🚗 HD; △ 99 m; 👥 10800.

H., 12 km östlich von Mannheim in der Oberrheinischen Tiefebene gelegen, hat Grund- und Hauptschule; Tabak- und Zuckerrübenanbau. Zufahrt über die Autobahn A 6/67 Mannheim–Darmstadt (Ausfahrt Viernheimer Kreuz) und A 5 Karlsruhe–Frankfurt a. M. (Ausfahrt Hirschberg); Bahnstation an der Strecke Heidelberg–Frankfurt a. M.

H., erstmals in zwei Lorscher Urkunden zwischen 911 und 948 erwähnt, kam durch Schenkung an das Kloster Lorsch. Die Landgemeinde ist nach dem 2. Weltkrieg als Wohnort im Einzugsbereich von Mannheim überdurchschnittlich gewachsen. – Sehenswert das Alte Rathaus (1718) und die ortstypischen Tabakscheunen.

Heide

□ 31,90 qkm; ○ Dithmarschen; ⚐ Schleswig-Holstein; ✉ 25746; ☎ 0481; 🚗 HEI; △ 11–36 m; 👥 20000.

H. liegt zwischen Norder- und Süderdithmarschen auf einer in die Marsch vorspringenden einstigen Heidefläche, der die St ihren Namen verdankt. In H. treffen zusammen bzw. kreuzen sich die B 5, B 203 und B 204; Anschluß an die A 23 Hamburg–Heide (Ausfahrten H.-Süd und H.-West). Die St ist IC-Zug-Station an der Bundesbahnstrecke Hamburg–Westerland. Flugplatz Heide/Büsum. H., bedeutender Behördensitz mit Kreisverwaltung, Arbeitsamt, Finanzamt, Landwirtschaftsbehörde, Amt für Land- und Wasserwirtschaft u. a. Verwaltungsstellen; Garnisonstadt der Bundeswehr und wirtschaftlicher Mittelpunkt eines weiträumigen Umlandes (Getreide-, Vieh-, Holzhandel, Maschinen- und Apparatebau), hat Kreiskrankenhaus (Schwerpunktkrankenhaus); Realschulen, Gymnasien, Sonderschule für Lernbehinderte, Kreislandwirtschaftsschule, Berufsschulen, Berufsfachschulen für Wirtschaft, Wirtschaftsassistenten und Sozialwirtschaft, Fachgymnasium (wirtschaftl. und sozialwirtschaftl. Zweig), Fachschule für Sozialpädagogik, Lehranstalt für med.-technische Assistentinnen, Meisterschule für das Kfz-Handwerk, Schwesternschule, Volkshochschule, Heim für sprach- und gehörgeschädigte Kinder.

H., an der Kreuzung alter Handelswege gegründet, wird erstmals 1434 als »Uppe de Heyde« urkundlich genannt. Bis 1559, als die Dithmarscher in der „letzten Fehde“ ihre Freiheit verloren, war H. Hauptort von Dithmarschen. Der 4,7 Hektar große Marktplatz diente als Versammlungsort der Bauernrepublik (bis 1559). 1870 erhielt H. Stadtrechte. – Sehenswürdigkeiten: Pfarrkirche St. Jürgen (15. bis 16. Jh.) mit bemerkenswerter Ausstattung; Heimatmuseum und Museum für Dithmarscher Vorgeschichte; Klaus-Groth-Geburtshaus; Stammhaus der Familie des Komponisten Johannes Brahms; Steinzeitgrab am Wasserturm; Dreiturmhaus (1733).

Heidelberg

□ 109 qkm; ○ Kreisfreie Stadt; ⚐ Baden-Württemberg; ✉ 69117*; ☎ 06221; 🚗 HD; △ 113 m; 👥 129000.

H. liegt beiderseits des Neckars am Rande des südlichen Odenwaldes und zu Füßen des 568 m hohen Königstuhls. Die für ihre schöne Lage und ihr mildes Klima bekannte St ist über die B 3 und B 37 sowie über die Autobahn A 5 Frankfurt a. M.–Karlsruhe (Ausfahrten Dossenheim, Autobahnkreuz H. und H./Schwetzingen) zu erreichen. H. ist Bahnknotenpunkt und Haltestation von D-, FD-, EC-, IC- und IR-Zügen; Behördenzentrum für den Rhein-Neckar-Raum (Kreisverwaltung Rhein-Neckar-Kreis, Amts- und Landgericht, Arbeitsgericht); Sitz des Hauptquartiers der amerikanischen Heeres-Streitkräfte in Europa und der 7. US-Armee sowie der drei NATO-Stäbe CENTAG (Heeresgruppe Mitte), der 4. ATAF (Alliierte taktische Luftflotte) und AMF (NATO-Feuerwehr).

Mittelpunkt des geistigen und kulturellen Lebens ist die Ruprecht-Karl-Universität (1386

Heidelberg, Schloß und alte Brücke

gegründet, nach Prag und Wien die älteste Universität Mitteleuropas); an weiteren Bildungseinrichtungen, wissenschaftlichen und kulturellen Institutionen sind zu nennen: Pädagogische Hochschule, Hochschule für Musik, Gymnasien, Realschulen, Handelslehranstalten mit Wirtschaftsschule und Wirtschaftsgymnasium, Gewerbeschulen, Hotelfachschule, Gartenbauschule, Stiftung Rehabilitation, Staatl. Gehörlosenschule, Sonderschulen; Max-Planck-Institute für med. Forschung, Kernphysik, Astronomie, ausländisches öffentl. Recht und Völkerrecht; Europäisches Zentrallabor für Molekularbiologie(EMBL), Deutsches Krebsforschungszentrum; Städt. Bühnen, Sendestelle des Südd. Rundfunks, Kurpfälzisches Museum (mit Riemenschneider-Altar), Völkerkundemuseum, Deutsches Apothekenmuseum, Textilmuseum, Zoologisches Museum, Reichspräsident-Friedrich-Ebert-Gedenkstätte, Universitätsbibliothek (über eine Million Bände, Frühdrucke und Handschriften, darunter die kostbare Manessische Liederhandschrift aus dem 14. Jh.), Stadtarchiv, Landessternwarte (Königstuhl), Botanischer Garten und Tiergarten. H. hat neben den Universitätskliniken mit Orthopädischer Klinik zwei Spezialkliniken (Thorax-Chirurgische Klinik H.-Rohrbach und Fachklinik für Herzkrankheiten der LVA, Königstuhl).

Bedeutender Wirtschaftsfaktor der St ist der Fremdenverkehr. Industriebetriebe befinden sich hauptsächlich in den in der Rheinebene liegenden neueren Stadtteilen (Hauptverwaltung der Portland Zementwerke AG, Heidelberger Druckmaschinen AG., Herstellung von elektrotechnischen Artikeln, chirurgischen Instrumenten, Schreibgeräten, optischen Artikeln, Fahrzeugen, Landmaschinen, Lederwaren, Textilien u.a.); H. hat einen Technologiepark und ist außerdem Sitz mehrerer namhafter Verlage, eines IBM-Wissenschaftszentrums und der Berufsgenossenschaft der Chemischen Industrie.

Das Stadtgebiet ist alter Siedlungsraum (Besiedlung seit vorgeschichtlicher Zeit; im 2. Jh. n.Chr. römisches Militärlager im heutigen Stadtteil H.-Neuenheim). H. wurde wohl Ende des 12. Jh. neben einer älteren Siedlung bei der Peterskirche von Pfalzgraf Konrad von Hohenstaufen (gest. 1195) gegründet. Erste urkundliche Erwähnung 1196. 1225 wird eine Burg oberhalb der St (bei der Molkenkur) genannt (1537 zerstört); von einer zweiten unteren Burg sind die im 15. bis 17. Jh. errichteten Bauten der heutigen Schloßruine erhalten. Nach der Gründung der Universität durch Ruprecht I. (1386) entwickelte sich H. als Residenz (bis 1720) der Kurfürsten (Kurpfalz) im 15. und 16. Jh. zu einem geistigen und religiösen Mittelpunkt des Humanismus und der Reformation. Der Dreißigjährige Krieg (1622 und 1633 Eroberung der St durch kaiserliche Truppen und Schweden) sowie der Pfälzische Erbfolgekrieg (1689 und 1693 Brandschatzung und Zerstörung durch die Franzosen) brachten schwere Rückschläge. 1803 kam die St an Baden.

Im 2. Weltkrieg erlitt H. keine Schäden, so daß die zahlreichen bedeutenden profanen und sakralen Bauten der Vergangenheit erhalten blieben. Vom Schloß der ehem. kurfürstlichen Residenz ist der großartige Ottheinrichsbau (1556–59) Ruine, der 1693 ebenfalls zerstörte Friedrichsbau (1601–07) wurde um 1900 restauriert; von den Schloßanlagen ferner bemerkenswert der Gläserne Saalbau (Mitte 16. Jh.), der got. Ruprechtsbau (um 1400–35), die gotische Brunnenhalle mit vier römischen Granitsäulen aus der karolingischen Pfalz Ingelheim, der Frauenzimmerbau und der Englische Bau (1612–15). In der Altstadt liegt das Gebäude der Alten Universität mit historischem Karzer, der Marktplatz mit Rathaus, Herkulesbrunnen und Heiliggeistkirche (15. Jh., mit Grabplatte Ruprechts III. von der Pfalz, von 1400–1410 dt. König), die got. Peterskirche (1485; im 19. Jh. umgebaut), der

Kornmarkt mit schöner barocker Immaculata, das Renaissancehaus (Hotel) »Zum Ritter« (1592), der Marstall (1510), die Providenzkirche (1659–61), die Jesuitenkirche (1712–51), das St. Anna-Hospital (1714) und die Alte Brücke (1786–88) mit dem Brückentor und das Karlstor (1773–81). Sehenswürdigkeiten sind weiterhin der Schloßgarten mit exotischen Bäumen, die zahlreichen historischen Studentenlokale, das legendäre Heidelberger Faß (220000 l Fassungsvermögen) im Faßkeller des Schlosses u.a.m. In H.-Handschuhsheim sind Reste einer Tiefburg erhalten; auf dem Heiligenberg Ruine des Michaelklosters und Reste einer dreifachen keltischen Ringwallanlage; die älteste Kirche des Stadtgebietes St. Vitus (früheres Patrozinium: St. Nazarius) aus dem 8.–11. Jh. steht im Stadtteil Handschuhsheim.

H. ist Geburtsort der Pfalzgräfin Elisabeth Charlotte („Liselotte", 1652–1722), der Maler Carl Philipp Fohr (1795–1818), Carl Rottmann (1798–1850), Ernst Fries (1801–1833) und Wilhelm Trübner (1851–1917) sowie des Reichspräsidenten Friedrich Ebert (1871–1925). – Feste und Veranstaltungen: dreimal jährlich Schloßbeleuchtungen mit Feuerwerk, Schloßfestspiele, Heidelberger Jazz-Tage, Heidelberger Herbst (Volksfest in der Altstadt), Sommertagszug, Martinszug.

Heidenau/Sachsen

□ 10 qkm; ○ Pirna; ⚐ Freistaat Sachsen; ✉ 01809; ☎ 03529; 🚗 PIR; △ 110–215 m; 👥 20000.

H. schließt südöstl. an Dresden an und ist zu erreichen auf der A 4 / E 40 und der A 14, Ausfahrt für beide in Dresden-Altstadt auf die B 6; Zufahrt ferner auf der B 87, B 170 und B 173, die im Zentrum Dresdens auf die B 172 nach H. treffen.

Die St liegt an den Eisenbahnstrecken Dresden–Prag und Dresden–Geising–Altenberg/Erzgeb. Auf der Elbe bestehen Schiffsverbindungen im Personenverkehr der „Weißen Flotte" zwischen Dresden und Bad Schandau (Staatsgrenze zur ČR).

Bildungseinrichtungen: Grund- und Mittelschulen, Gymnasium, Musikschule, Förderschule (Lernbehinderte).

Kulturstätten: Kultur- und Freizeitzentrum „Sachseneck".

Wirtschaftliches: Chemie-Industrie, Baustoffe und Bauwesen, Anlagenbau; Herstellung von Autoreifen, Elektromotoren, Möbeln, Schokoladenmaschinen und Malz; zahlreiche Handwerksbetriebe; Verarbeitung von Lebensmitteln, vielfältige Verkaufseinrichtungen des Einzelhandels; eine Agrargenossenschaft e.G. (600 ha).

Geschichtliches: Das Elbtal zwischen Pirna und H. war von jeher ein begehrtes Siedlungsgebiet. Der fruchtbare Boden bot vorzügliche Möglichkeiten zum Pflanzenanbau. Außerdem stabilisierten die reichen Fischvorkommen der Elbe und der nahegelegenen Zuflüsse die Ernährungsgrundlagen und den gesamten Lebensunterhalt erheblich. Seit dem 6. Jh. n. Chr. hat es in jener Elbniederung nachweislich sorbische Siedlungen gegeben. Als Besitzungen des Grafen von Dohna wurden die Gm Mügeln und H. 1347 erstmalig urkundlich erwähnt. Im 30jährigen Krieg (1618–48) und während des 2. schlesischen Krieges (1744–45) brachten durchziehende und kampierende Truppen viel Not und Elend über die EW. Als erste maschinelle Arbeitshilfen bauten sie sich im 15. und 16. Jh. Mühlen. Die Anfänge der Industrialisierung setzten 1890 ein. Im Jahre 1920 schlossen sich die bis dahin eigenständigen Dörfer Mügeln, H. und Gommern zur Großgemeinde H. zusammen. Ihr wurde am 1. 4. 1923 das St-Recht verliehen.

Sehenswürdigkeiten: Barockgarten (12 ha) im Ortsteil Großsedlitz, geschaffen 1719–23 im Auftrag Augusts des Starken und des Grafen Wackerbarth; in den Anlagen zahlreiche Balustraden, Putten, Skulpturen, Wasserspiele und Blumenrabatten. Während der Sommermonate werden vor der „Unteren Orangerie" seit Jahrzehnten niveauvolle künstlerische Programme unterschiedlicher Genres aufgeführt.

Freizeit: Großes Frei-Schwimmbad mit Grünanlagen. Fußball- u. Leichathletik-Sportstadion mit 250-m-Zement-Radrennbahn.

Wiederkehrende Veranstaltungen: Konzerte im Festsaal des Pestalozzi-Gymnasiums; Laufveranstaltungen für jedermann; Radsport: Dauerrennen hinter Schrittmachermaschinen, Radwandern u.ä.; Badefeste im Freibad „Albert Schwarz".

Heidenheim an der Brenz

□ 107,11 qkm; ○ Heidenheim a.d. Brenz; ⚐ Baden-Württemberg; ✉ 89522*; ☎ 07321; 🚗 HDH; △ 478–645 m; 👥 48500.

H. an der Brenz auf der schwäbischen Ostalb im Schnittpunkt der B 19 und B 466 hat Anschluß an die A 7 Würzburg–Ulm (Ausfahrt H.),

Heidenheim a. d. Brenz, Schloß Hellenstein

Landratsamt, Amtsgericht, Kreisbehörden; Kreiskrankenhaus; 6 Gymnasien, darunter Werkgymnasium als Landes- und Berufsmodell, Wirtschaftsgymnasium, Berufsakademie, Realschule, gewerbl., kaufmännische und hauswirtschaftliche Berufs- und Berufsfachschule, 2 Fachschulen (Technikerschule und Fachschule für Betriebswirtschaft), Abendrealschule, Sonderschulen für Lernbehinderte und Bildungsschwache, Waldorfschule, Württ. Verwaltungs- und Wirtschaftsakademie (Zweigstelle), Kreislandwirtschaftsschule, Familienbildungsstätte Mütterschule, Volkshochschule, Städt. Musikschule. H. besitzt Industriebetriebe der Branchen Maschinenbau, Textil-, Verbandsstoff-, Zement- und Verpackungsherstellung, Elektrotechnik.

H. ist altes Siedlungsgebiet. Die „Heidenschmiede", ein Felsüberhang unterhalb des Schloßbergs, wurde bereits vom Neandertalmenschen (120000 v.Chr.) bewohnt. Zur Römerzeit befand sich das Limeskastell »Aquileja« auf Heidenheimer Boden. Erste urkundliche Nennung der Siedlung 1108. Stadterhebung durch Kaiser Karl IV. 1356. H. galt im MA als Mittelpunkt des handwerklichen und gewerblichen Lebens (Eisenschmiede, Papiermühle, Jahrmärkte). 1505 gelangte die St in den Besitz des Herzogtums Württemberg. Seit 1830 entwickelte sich H. zu einem Zentrum handwerklich-industrieller Qualitätserzeugnisse.

Überragt wird die St von Schloß Hellenstein (12. Jh., Neubau 16. Jh. zum Teil erhalten, Museum in der Schloßkirche). Aus dem 14. Jh. stammt die Michaelskirche. Sehenswert ferner das Kutschen-Museum, Kunstmuseum und Museum im Römerbad. – Ostalbwoche mit Schäferlauf Ende Mai/Anfang Juni (im zweijährigen Turnus).

Heilbronn a. Neckar

□ 99,86 qkm; ○ Stadtkreis; ⚐ Baden-Württemberg; ✉ 74072*; ☎ 07131; 🚗 HN; △ 157 m; 👥 113000.

H. ist Verkehrsknotenpunkt, Verwaltungs-, Industrie- und Handelszentrum des fruchtbaren Gebietes am mittleren Neckar zu Füßen des 308 m hohen Wartberges. Die St ist Kreuzungspunkt der B 27, B 39 und B 293 und D-Zug-Station an den Bundesbahnstrecken Stuttgart–H.–Würzburg, München–Stuttgart–H.–Frankfurt a. M. und Karlsruhe–H.–Nürnberg. H. liegt am Schnittpunkt der Autobahnen A 6 Mannheim–H.–Nürnberg und A 81 Stuttgart–H.–Würzburg (Ausfahrten über H./Obereisesheim, H./Neckarsulm, Autobahnkreuz Weinsberg und H./Untergruppenbach). H. hat einen bedeutenden Binnenhafen (Güterumschlag 5,7 Mill. t) mit Verbindung zu den Rheinhäfen durch den Neckarkanal. Die St ist Sitz zahlreicher Landes- und Bundesbehörden (Amtsgericht, Arbeitsgericht, Landgericht, Sozialgericht, Kreisverwaltung des Landkreises H., Hauptzollamt, Wasser- und Schiffahrtsamt), Körperschaften des öffentlichen Rechts (Industrie- und Handelskammer, Handwerkskammer), Bildungs- und kultureller Einrichtungen (Hochschule für Technik und Wirtschaft, Gymnasien, Realschulen, Technisches Gymnasium, Wirtschaftsgymnasium, Bundesfachschule für Gipser und Stukkateure, Berufs- und Berufsfachschulen, Meisterschulen, Sonderschulen, Staatl. Gehörlosenschule, Volkshochschule, Musikschule; Städt. Museen, Theater, Stadtarchiv).

Für die Heilbronner Wirtschaft ist die starke Mischung von Klein-, Mittel- und Großbetrieben in breiter Branchenstreuung charakteristisch. Dominierende Industriezweige sind der Kraftfahrzeugbau (Fiat-Werke), die Elektroindustrie (AEG-Telefunken, Beyer, Amphenol-Tuchel-Electronics) und die Nahrungs- und Genußmittelindustrie (Maizena-Knorr); ferner Werkzeugbau, Papier- und Druckindustrie, Glockengießerei. H. ist Einkaufszentrum für das gesamte Unterland. Als Wirtschaftsfaktor von Bedeutung ist außerdem der Weinbau; mit 550 ha Rebland zählt die St zu den größten Weinbaugemeinden Deutschlands.

H. entstand aus einem merowingisch-karolingischen Königshof auf dem Gebiet des heutigen Deutschhofs unweit des „heiligen Brunnens" (Stammesheiligtum der Alemannen). Die erstmals 741 bezeugte Siedlung »helibrunna« wird 1146 als Marktort, Münzstätte und Hafen genannt. Um 1225 war H. befestigt; 1281 er-

Heilbronn, Kiliansturm

hielt es das Stadtrecht durch König Rudolf I. von Habsburg. Im 14. Jh. wurde H. Freie Reichsstadt (1371 erste reichsstädtische Verfassung). 1803 kam die St an Württemberg. 1944 wurde der Stadtkern durch einen Luftangriff fast völlig zerstört.

Einige der bedeutenden historischen Bauten der zerstörten Altstadt sind wiederaufgebaut oder restauriert worden: Kilianskirche (13.–16. Jh.) mit 62 m hohem, bizarrem Hauptturm im Frührenaissancestil (1513 bis 1529) von Hans Schweiner und berühmtem Hochaltar von Hans Seyfer (1498); Käthchenhaus (14. Jh.) am Marktplatz (der Sage nach Wohnhaus der Bürgerstochter Lisette Kornacher, die Kleist zu seinem Schauspiel inspirierte); Rathaus (13. bis 16. Jh.) mit Renaissancefassade und Kunstuhr (1580) von Isaak Habrecht; Deutschhof mit Deutschordensmünster St. Peter und Paul; Reste der ma. Befestigungsanlagen aus dem 14. Jh. (Götzenturm, Bollwerksturm).

In H. geboren wurden Andreas Mauser (geb. 1794, Stammvater der weltbekannten Waffenfabrikanten-Familie), Julius Robert Mayer (1814–1878, Arzt und Naturforscher, Entdekker des Gesetzes von der Erhaltung der Energie), Wilhelm Maybach (1846–1929, Motorenkonstrukteur), Heinrich Füger (1751 bis 1818, Wegbereiter des Klassizismus in der Malerei), Wilhelm Waiblinger (1804 bis 1830, Dichter und Schriftsteller) und Friedrich Stolz (1860–1936, Chemiker, Hersteller des Arzneimittels Pyramidon).

Alljährlich „Heilbronner Pferdemarkt“ (Februar), Stadtfest (Mai/Juni), „Unterländer Volksfest“ (Sommer), „Heilbronner Herbst“ (September) und „Weihnachtsmarkt“ (Dezember).

Heiligenhafen (Holstein)

□ 18,13 qkm; ○ Ostholstein; ⚐ Schleswig-Holstein; ✉ 23774; ☎ 04362; 🚗 OH; △ 13 m; 👥 8900.

An der Ostsee gegenüber der Insel Fehmarn liegt das Ostseeheilbad Heiligenhafen. Die St ist über die B 207 und Autobahn A 1 Hamburg–Heiligenhafen (Ausfahrt Oldenburg-Süd) zu erreichen; Bahnstation (Großenbrode–Lütjenbrode) an der Strecke Hamburg–Lübeck–Puttgarden. H. hat Seehafen für Passagierschiffe, Küstenmotorschiffe und Fischereifahrzeuge; Zollkommissariat, Zollamt, Dt. Wetterdienst, Hydrographisches Institut, Fischmeisteramt und Strommeisterei; Realschule, Sonderschule für Lernbehinderte; Landeskrankenhaus; Fischfang und Fischverwertung, Fremdenverkehr.

H. wird erstmals 1259 urkundlich erwähnt. 1305 Verleihung der Stadtrechte. Zollfreiheit und Hafenrecht im 14. Jh. sowie Ackerbau und Seehandel waren bis Ende des 19. Jh. die wichtigsten Erwerbsmöglichkeiten. Heute ist neben der Fischerei, dem mittelständischen Handel und Handwerk vor allem der Fremdenverkehr (Badebetrieb auf der der St vorgelagerten Nehrungsinsel Steinwarder) die Haupterwerbsgrundlage. – Sehenswürdigkeiten: Alte Kirche mit Treppengiebel (14. Jh.), Alter Salzspeicher (17. Jh.), Historische Innenstadt mit Rathaus; Fischerei- und Jachthafen; Naturschutzgebiet Graswarder mit Vogelschutzgebiet. – Alljährlich H. Hafenfesttage. – Heiligenhafen ist Geburtsort des Heimatdichters Wilhelm Jensen (1837–1911).

Heiligenhaus

□ 27,47 qkm; 12 Mettmann; ⚐ Nordrhein-Westfalen; ✉ 42579; ☎ 02056; 🚗 ME; △ 53–244 m; 👥 28900.

H., 20 km südlich von Essen an der B 227 gelegen, hat Anschluß an die Autobahn A 3 Köln–

Duisburg (Ausfahrten Ratingen/Wülfrath und Düsseldorf–Mettmann); Bundeswehrdepot; Realschule, Gymnasium; Sportflugplatz; Erholungsgebiet Vogelsangbachtal; Schloß- und Beschlagindustrie, Eisen- und Metallgießereien, elektrotechnische Betriebe. – H. ist seit 1947 St.

Heiligenstadt

○ Heiligenstadt; ⚐ Thüringen; ✉ 37308; ☎ 03606; 🚗 HIG; △ 260 m; 👥 17500.

H. ist zu erreichen auf der A 7 / E 45, Ausfahrt Friedland auf die B 524, über die B 27 bis zur B 80; des weiteren auf der B 247, Ausfahrt Worbis auf die B 80. Das Heilbad H. liegt an der Bahnstrecke Halle–Kassel.

Bildungseinrichtungen: Grundschulen und mehrere Haupt- und Realschulen, je ein staatl. und katholisches Gymnasium; Berufsbildende Schulen, Fachschule f. Sozialpädagogik, Sonderschule f. Lernbehinderte.

Kulturstätten: Eichsfelder Kulturhaus, Eichsfelder Heimatmuseum, Literaturmuseum „Theodor Storm".

Kurbetrieb: Es werden Kneippkuren angeboten, außerdem Hauterkrankungen und Schäden des Bewegungsapparates behandelt.

Wirtschaftliches: Im wesentlichen bestimmen Betriebe der Metall- und Plastikverarbeitung einschließlich der Beschichtungen, die Papierfabrikation, Textilindustrie und Nahrungsgüterproduktion die ökonomische Struktur; ferner von Bedeutung der Fremdenverkehr.

Geschichtliches: Die Kreis-St im Obereichsfeld liegt am Zusammenfluß von Leine und Geislede. Sie wird 973 erstmals in einer Urkunde Kaiser Ottos II. erwähnt und gehörte 983–1002 zu Kurmainz. Das St-Recht erhielt sie 1227. Um 1460 wurde Tilmann Riemenschneider in H. geb. Im Jahre 1525 empfing der St-Rat den Bauernführer Thomas Müntzer, der vor aufständischen EW predigte. Infolge der Reformation war H. 1557 nahezu völlig protestantisch geworden, es wurde jedoch bis 1606 durch die Gegenreformation fast gänzlich rekatholisiert. 1802–06 zählte H. zu Preußen, 1807 bestimmte man es zur Haupt-St des Harzdepartements. Die St kam 1807–14 an das Königreich Westfalen und war in dieser Zeit (1806–13) von napoleonischen Truppen besetzt. Von 1814–1945 befand sie sich erneut in preußischem Besitz. – Der Schriftsteller Theodor Storm lebte von 1856–64 als Kreisrichter in H. Die St. ist seit 1929 Kneippkurort, 1950 wurde ihr der Status „Heilbad" erteilt.

Sehenswürdigkeiten: Got. St.-Martins-Kirche (1304–1487), seit 1803 evang. St.-Marien-Kirche mit Annenkapelle; kath. Probsteikirche, Gotik d. 14. Jh.; St.-Aegidien-Kirche mit Mariahilf-Kapelle, kath. Pfarrkirche (Gotik d. 14. Jh.) mit besonders reicher Innenausstattung; St.-Gerhardus-Kirche, kath. Pfarrkirche, Neobarock d. 20. Jh.; Barocke Statthalterei, erbaut 1736–38, ehem. Sitz des Mainzer Statthalters. Neues Rathaus, Barock, erbaut 1739; „Mainzer Haus", Fachwerkbau von 1436; ehem. Mainzer Lehenshaus, seit 1988 Literaturmuseum „Theodor Storm"; Klausmühle, Fachwerkbau von 1748; ehem. Jesuitencolleg, Barock von 1740, heute u.a. Sitz des Eichsfelder Heimatmuseums; Fachwerkhaus Windische Gasse 46, Wohnhaus von 1539. Wasserfall (Scheuche bzw. Heinrich-Heine-Park).

Wiederkehrende Veranstaltungen: Palmsonntags-Prozession, größte dt. Leidens- und Szenenprozession (vor Ostern); Heimensteiner Kirmes (ab Pfingstmontag); Fest der Möhrenkönige in der 2. Septemberhälfte.

Heilsbronn (Mittelfranken)

□ 62,21 qkm; ○ Ansbach; ⚐ Bayern; ✉ 91560; ☎ 09872; 🚗 AN; △ 423 m; 👥 7500.

H., in waldreicher Umgebung in Mittelfranken an der B 14 und Autobahn A 6 Heilbronn–Nürnberg (Ausfahrt Neuendettelsau) gelegen, ist Fremdenverkehrsort. Die St hat Fleisch- und Wurstwaren-, Kunststoff- und Spielwarenindustrie; Grundschule, Realschule.

H. kann auf eine bedeutende historische Vergangenheit zurückblicken. 1132 stiftete Bischof Otto der Heilige von Bamberg das Zisterzienserkloster H., dessen Besitz später mehr als 300 Dörfer umfaßte. Schirmherren waren die Grafen von Abenberg und die fränkischen Hohenzollern. Von 1581 bis 1736 war das Kloster Fürstenschule der Markgrafen von Ansbach. 1791 fiel H. an Preußen, 1806 an Bayern. 1932 wurde die Gm zur St erhoben.

Bedeutendstes Baudenkmal ist das H. Münster (1132–39), eine kreuzförmige, romanische Basilika, die den fränkischen Hohenzollern als Grablege diente. Im Münster sind bedeutende Kunstwerke zu finden: Kruzifix (1468), Sakramentshäuschen aus Adam Kraffts Werkstatt (1515), Hochgräber des 16.–18. Jh. Bemerkenswert außerdem die Neue Abtei (um 1300 erbaut), die gotische Spitalkapelle, die Klostermühle und der Katharinenturm (18. Jh.).

Heinsberg

□ 92,19 qkm; ○ Heinsberg; ⚐ Nordrhein-Westfalen; ✉ 52525; ☎ 02452; 🚗 HS; △ 58 m; 👫 36100.

H., 30 km südwestlich von Mönchengladbach an der B 221 unweit der niederländischen Grenze gelegen, hat Amtsgericht, Hauptzollamt, Zollkommissariat, Landwirtschaftsverband, Kreisbehörden; Kreisgymnasium, Aufbaugymnasium für Realschulabsolventen, Realschule und Aufbaurealschule, Landwirtschaftsschule, Jugendmusikschule, private Handelsschule; Textil-, Werkzeug- und Schuhindustrie.

H. wurde im 9. Jh. gegründet und als Bollwerk gegen die Normanneneinfälle befestigt. Die Anlage kam im 11. Jh. in den Besitz der Herren von H. 1256 erhielt der Ort die Stadtrechte. 1484 fiel die St an die Herzöge von Jülich, die H. zu einer starken Festung ausbauten. Nach 1794 war H. unter französischer Herrschaft Kantonshauptstadt. 1815 kam die St an Preußen. Im 2. Weltkrieg wurde H. durch einen Luftangriff (1944) völlig zerstört. – Sehenswert die wiederaufgebaute Propsteikirche St. Gangolf (15. Jh.) mit romanischer Krypta und das Heimatmuseum im „Torbogenhaus" (18. Jh.).

Hellenthal (Eifel)

□ 137,80 qkm; ○ Euskirchen; ⚐ Nordrhein-Westfalen; ✉ 53940; ☎ 2482; 🚗 EU; △ 390–690 m; 👫 8200.

H., Erholungsort an der B 265, in der nördlichen Eifel östlich der Olef-Talsperre, hat Grund- und Hauptschulen; Metallindustrie, Kunststoffverarbeitung, Herstellung von Edelstahlrohren; Fremdenverkehr (Wintersport). Die Gm besteht aus 60 Orten und Weilern.

Das Gebiet der heutigen Gm Hellenthal unterstand bis ins 18. Jh. fünf Landesherrschaften; den größten Teil beherrschten die Herren von Reifferscheid und Wildenburg (Ende des 12. Jh. erstmals urkundlich genannt). Die Eisenindustrie, von Sebastian Münster um die Mitte des 16. Jh. in seiner Kosmographie erwähnt, lebte 1795 unter französischer Verwaltung noch einmal auf, um in der zweiten Hälfte des 19. Jh. der Standortungunst zu erliegen. Sehenswürdigkeiten: Burgdorf Reifferscheid mit Burgruine; Höhenburg Wildenburg; Wildgehege Hellenthal mit Greifvogelstation; Oleftalsperre Hellenthal.

Veranstaltungen: Alljährlich Burgfest in Hellenthal-Reifferscheid (September).

Helmbrechts (Oberfranken)

□ 58,65 qkm; ○ Hof; ⚐ Bayern; ✉ 95233; ☎ 09252; 🚗 HO; △ 620–726 m; 👫 10200.

H., im Frankenwald gelegen, ist über die Autobahn A 9 München–Nürnberg–Hof (Ausfahrt Münchberg-Nord) zu erreichen. Die St hat Realschule, Volkshochschule; Verkehrslandeplatz; Textilindustrie und Fremdenverkehr (Erholungsgebiet „Ottengrüner Heide").

Helmstedt

□ 46,77 qkm; ○ Helmstedt; ⚐ Niedersachsen; ✉ 38350; ☎ 05351; 🚗 HE; △ 140 m; 👫 28200.

H., 36 km östlich von Braunschweig am Südwesthang des Lappwaldes gelegen, ist Verkehrsknotenpunkt (Zufahrt über die B 1, B 244 und Autobahn A 2 Hannover–Berlin (Ausfahrt H.); D-Zug-Station an den interkontinentalen Strecken Bonn–Warschau und Paris–Aachen–Moskau. Die St hat Kreisverwaltung, Amtsgericht; Gymnasien, Realschulen, Berufsschule, Sonderschule für Lernbehinderte, Volkshochschule, Privathandelsschule, Deutsche Technische Akademie; Brunnentheater. H. ist Sitz der Verwaltung und Betriebe der Braunschweigischen Kohlenbergwerke; von wirtschaftlicher Bedeutung sind eine Kammgarnspinnerei, Maschinenfabriken, Pumpenfabrik, Mühlenbau, Eisengießerei, Säge- und Holzverarbeitungsbetriebe, Polsterwaren- und Lackfabrik. Besonderer Anziehungspunkt für den Fremdenverkehr ist der staatl. anerkannte Erholungsort Bad Helmstedt.

H. wird erstmals 952 in einer Urkunde Kaiser Ottos des Großen genannt. Der Markt- und Münzort erhielt 1247 die Stadtrechte. Im MA gehörte H. als kleinste aller Handelsstädte dem Bund der Hanse an. Bis 1490 stand die St unter der Herrschaft des Klosters Werden, danach kam H. an die Herzöge von Braunschweig. Zwischen 1576 und 1810 war H. Universitätsstadt. H., früher im Herzen Deutschlands gelegen, wurde 1945 bis 1990 durch die Zonengrenzziehung seiner natürlichen Bindungen nach Osten hin beraubt.

Die St besitzt neben alten Fachwerkbauten, Wohn- und Kolleghäusern zahlreiche bedeutende Baudenkmäler und Sehenswürdigkeiten: Gebäude der ehem. Universität »Juleum« (gegründet 1576 durch Herzog Julius von Braunschweig), ein Spätrenaissancebau von 1592, heute Konzertsaal, Bibliothek und Kreisheimatmuseum; Doppelkapelle des ehem. Klosters St. Ludgeri (Missionszelle des Klosters Werden) aus dem 10. Jh.; Kloster und Kirche St. Marienberg (1176), eine romanische Pfeilerbasilika mit Wandgemälden und wertvollen Paramenten aus dem 13. Jh.; Pfarrkirche St. Stephani (13.–15. Jh.); Reste der alten Stadtbefestigung (Hausmannsturm); Rathaus im neugotischen Stil (1903–06) mit Innenausstattung im Jugendstil.

Im Westen der St befinden sich auf dem St. Annenberg zwei Großsteingräber aus der jüngeren Steinzeit.

Alljährlich Altstadtfest und alle drei Jahre Elm-Lappwald-Messe.

Hemau

□ 122,46 qkm; ○ Regensburg; ⚐ Bayern; ✉ 93155; ☎ 09491; 🚗 R; △ 520 m; 👫 6800.

H. liegt 28 km westlich von Regensburg auf der Hochfläche der Fränkischen Alb zwischen der Schwarzen Laber und der Altmühl an der B 8; Anschluß an die Autobahn A 3 Regensburg–Nürnberg (Ausfahrten Nittendorf und Laaber). Die St, Mittelpunkt eines vorwiegend landwirtschaftlich orientierten Umlandes, hat Vermessungsamt; Grund- und Hauptschule, Heimvolkshochschule; Kreiskrankenhaus; Damenbekleidungsfabrik, Fertighausbau, Druck- und Papierverarbeitungswerke. H. ist Bundeswehrstandort.

»Hemburc«, Anfang des 12. Jh. erstmals bezeugt, erhielt Ende des 13. Jh. das Stadtrecht. Die St war vom 14. bis 19. Jh. wichtiger Knotenpunkt an der Heerstraße von Regensburg nach Nürnberg. H. kam über die Grafen von Hirschberg 1305 an die Wittelsbacher. Zwischen 1505 und 1777 gehörte es zur „Jungen Pfalz“ (Neuburg) und fiel anschließend unter Karl Theodor an Bayern zurück.

Hemer

□ 67,55 qkm; ○ Märkischer Kreis; ⚐ Nordrhein-Westfalen; ✉ 58675; ☎ 02372; 🚗 MK; △ 245 m; 👫 33000.

H., am Nordrand des Sauerlandes 27 km östlich von Hagen gelegen, ist über die B 7 und die Autobahn A 46 Arnsberg–Neheim Hüsten–Belgien (Ausfahrt H.) zu erreichen. H. hat Realschule, neusprachliches Gymnasium, Volkshochschule; Speziallungenklinik; Maschinen-, Eisen-, Messing-, Armaturen-, Draht- und Papierindustrie. Die St ist Bundeswehrstandort seit 1952.

H., erstmals 1072 urkundlich erwähnt, erhielt 1936 Stadtrecht. 1576 wurde im Ortsteil Westig die erste Papiermühle Westfalens, 1712 im Ortsteil Sundwig, in dem die älteste Eisenhütte des Landes lag, die erste Fingerhutmühle gegründet. Sehenswert das nahegelegene Naturschutzgebiet „Felsenmeer“ und die Heinrichshöhle (Tropfsteinhöhle).

Hemmingen

□ 31,42 qkm; ○ Hannover; ⚐ Niedersachsen; ✉ 30966; ☎ 0511; 🚗 H; △ 51 m; 👫 16200.

H. an der Leine ist südliche Randgemeinde Hannovers und über die B 3 und die Autobahn A 7 Hannover–Kassel (Ausfahrten AB-Dreieck Hannover-S. und Hannover-Anderten) zu erreichen. Die Gm hat Gesamtschule und Volkshochschule.

H. entwickelte sich nach dem Zweiten Weltkrieg zum modernen Wohnort mit kleineren Gewerbebetrieben.

Hemmoor

□ 45,07 qkm; ○ Cuxhaven; ⚐ Niedersachsen; ✉ 21745; ☎ 04771; 🚗 CUX; △ 8 m; 👫 7800.

H. liegt 45 km südöstlich von Cuxhaven an der Oste und ist über die B 73 und B 495 zu erreichen; Bahnstationen (Basbeck-Osten und Warstade–H.) an der Strecke Cuxhaven–Stade–Hamburg. H. hat Wasser- und Schiffahrtsamt, Arbeitsamt; Gymnasium, Haupt- und Realschule mit Orientierungsstufe, Schule für Lernbehinderte, Volkshochschule, Ländliche Erwachsenenbildung; Eisengießerei, Maschinenbau, Mischwerke, Sand- und Kiesgruben; Vieh- und Fleischgroßhandel.

Die Gemeinde wurde 1968 aus den ehemals selbständigen Orten Basbeck, Warstade, Westersode, Hemmoor, Hemm und Heeßel gebildet. 1982 erhielt H. die Stadtrechte.

Der Stadtteil Westersode wird 1083 erstmals urkundlich erwähnt, Basbeck 1250 und Warstade 1300. Das Gebiet um H. ist reich an vorgeschichtlichen Funden. In der Nähe der bronzezeitlichen Gräberfunde (Westersode) wurde ein 9000 Jahre alter Lagerplatz aus der mittleren Steinzeit freigelegt. Wertvollste Funde aus der Römerzeit sind „die Bronzeeimer von H.«, die als Urnen gedient haben. – Sehenswert das Heimathaus im Niedersachsenstil, das Freilichtmuseum mit Geräten und Gegenständen eines ehem. Zementwerkes und die Schwebefähre über die Oste (Techn. Baudenkmal). – Alljährlich Frühjahrs- und Herbstmarkt.

Hemsbach (Bergstraße)

□ 12,86 qkm; ○ Rhein-Neckar-Kreis; ⚐ Baden-Württemberg; ✉ 69502; ☎ 06201; 🚗 HD; △ 96–240 m; 👪 12500.

Die Gm liegt 22 km nordöstlich von Mannheim am westlichen Abhang des Odenwaldes beiderseits der B 3 und an der Autobahn A 5 Heidelberg–Darmstadt (Ausfahrt H.); Bahnstation an der Strecke Mannheim–Frankfurt a.M. H. besitzt Bildungszentrum mit Haupt-, Realschule und Gymnasium; metallverarbeitende Betriebe, Heizungs- und Lüftungsbaufirmen, Druckereien, Obst- und Weinbau; Fremdenverkehr.

H. wird erstmals 795 im Lorscher Codex erwähnt. 1232 fiel der Ort an die Kurpfalz; 1485 wurde H. an das Bistum Worms verkauft. 1708 kam der Ort wieder an die Kurpfalz und nach der Säkularisation 1803 an das Großherzogtum Baden.

Hennef (Sieg)

□ 105,80 qkm; ○ Rhein-Sieg-Kreis; ⚐ Nordrhein-Westfalen; ✉ 53773; ☎ 02242; 🚗 SU; △ 59–280 m; 👪 31000.

Die Stadt H. liegt 20 km östlich von Bonn zwischen den Ausläufern des Bergischen Landes, des Siebengebirges und des Westerwaldes. H. ist erreichbar über die B 8 und B 478 sowie über die Autobahn A 3 Köln–Frankfurt a.M. (Ausfahrt AB-Kreuz Bonn/Siegburg bzw. A 560 (Ausfahrten H.-West und H.-Ost). Bahnstation an der Strecke Köln–Gießen; S-Bahn-Halt Richtung Köln. H. hat Realschule, Gymnasium, Sonderschule für Lernbehinderte, Berufs-, Berufsfach- und Fachoberschulen, Volkshochschule, Musikschule, Malschule, Phil. Theol. Hochschule der Redemptoristen; Stadtbibliothek; mittelständische Industrie (Herstellung von automatischen Waagen, med.-technischen Geräten, Getränken, Pharmazie- und Textilgroßhandel, Landmaschinenbau, Plastikmaschinenfabrikation, Produktion von meß- und regeltechnischen Geräten u.a.).

Die Kirche in »Hanafo« ist erstmals 1075 urkundlich bezeugt. Das dazu gehörende Bauerndorf nahm von Mitte des 18. Jh. an dank seiner Lage an der befestigten, vielbefahrenen Straße von Köln nach Frankfurt an Bedeutung zu, und ein Jahrhundert später entwickelte sich H. nach dem Anschluß an das Eisenbahnnetz (1859) zur Industriegemeinde (Abbau von Erz, Blätterkohle und Quarzit). Die Gm wurde 1981 zur St erhoben. – Sehenswert die Stadt- und Burganlagen des östlich von H. gelegenen Stadtteils H.-Stadt Blankenberg (1180 gegründet), das Dorf und die spätgot. Wallfahrtskirche H.-Bödingen sowie die Wallfahrtskirche Heilig Kreuz in H.-Süderscheid.

Hennigsdorf

□ 24,7 qkm; ○ Oranienburg; ⚐ Brandenburg; ✉ 16761; ☎ 03302; 🚗 OR; △ 39 m; 👪 25000.

H. ist erreichbar auf den A 10 / E 55, A 24 / E 55 und A 111 / E 26, ferner auf den B 5, B 96 und B 273. Der nächste Flughafen ist Berlin-Tegel (ca. 8 km).

Schulisches: Grundschulen, Gesamtschulen, Oberstufenzentrum, Gymnasium; Sonderschulen für Körperbehinderte, Lernbehinderte und geistig Behinderte.

Für kulturelle Veranstaltungen steht das St-Klubhaus zur Verfügung.

Wirtschaftliches: Es dominiert das Stahl- und Walzwerk; weitere Betriebe: Schienenfahrzeugbau (AEG), Fahrzeug-, Maschinen- und Stahlbau, Stahl- und Spannbetonfertigung, Fensterherstellung.

Geschichtliches: Der Name H. wird zum ersten Mal 1375 urkundlich erwähnt. Zu Anfang des 16. Jh. gewann das Fischerdorf durch den Bau dreier Brücken über die Havel an Bedeutung. Mit der Errichtung eines Stahlwerkes und einer Fabrik für den Bau elektrischer Lokomotiven setzte die Industrialisierung ein. Die Gm erhielt 1962 Stadtrechte. Wichtig für die St ist die Autobahnverbindung Berlin–Hamburg, die seit der dt. Einheit über H. führt.

Henstedt-Ulzburg

□ 36,93 qkm; ○ Segeberg; ⚐ Schleswig-Holstein; ✉ 24558; ☎ 04193; 🚗 SE; △ 40 m; 👪 20400.

H.-U. ist 1970 aus den bis dahin selbständigen Gm Hensted, Ulzburg und Götzberg entstanden. Die Gm liegt an der B 433, 25 km nördlich von Hamburg; Anschluß an die Autobahn A 7 Hamburg–Kiel (Ausfahrten Quickborn und Kaltenkirchen). H. hat Grund- und Hauptschulen, Sonderschule für Lernbehinderte, Realschule; mittelständische Industrie- und Gewerbebetriebe; Landwirtschaft.

Erste urkundliche Erwähnung von Ulzburg 1339 im Urkundenverzeichnis des Klosters Harvestehude; von Henstedt 1343 in Hamburger Kämmereirechnungen und von Götzberg 1525 in Segeberger Amtsrechnungen. U. blieb bis ins 20. Jh. eine Ackerbürgersiedlung und entwickelte sich nach dem 2. Weltkrieg zu einer rasch wachsenden Gemeinde mit städtischem Gepräge. – Sehenswert die Götzberger Mühle.

Heppenheim a. d. Bergstraße

□ 52,12 qkm; ○ Bergstraße; ⚐ Hessen; ✉ 64646; ☎ 06252; 🚗 HP; △ 110 m; 👫 24000.

Heppenheim an der Bergstraße, 28 km nördlich von Heidelberg am Westrand des Odenwaldes zu Füßen der Starkenburg gelegen, ist Luftkurort. Zufahrt über die B 3 und B 460 sowie über die Autobahn A 5 Heidelberg–Darmstadt (Ausfahrt Heppenheim). Bahnstation der Strecke Heidelberg–Frankfurt a. M. Die Stadt hat Kreisverwaltung; Realschule, Gymnasium, Landwirtschaftsschule, Konservatorium, Musikschule; Kreiskrankenhaus, Psychiatrisches Krankenhaus des Landeswohlfahrtsverbandes Hessen; Nahrungsmittel- (Langnese-Iglo GmbH), Maschinen- und Datenverarbeitungsmaschinen- (Pitney-Bowes Deutschland) sowie Holz-, Textil- und feinmechanische (KLN-Ultraschallgeräte GmbH) Industrie; Wein- und Obstanbau, Mineralwasserfabrik (Odenwald-Quelle), Bergsträßer Gebietswinzergenossenschaft; Fremdenverkehr.

Heppenheim, erstmals 755 urkundlich erwähnt, war von 773 bis 1232 im Besitz des Klosters Lorsch und gehörte danach zu Kurmainz. Die Starkenburg wurde im 11. Jh. zum Schutz vom Kloster Lorsch errichtet. Wirtschaftliche Blütezeit im 16. Jh. Nach der Säkularisation (1803) fiel Heppenheim an Hessen-Darmstadt. Bald nach 1232 wurde der Kurmainzer Amtshof mit Chorerker (1385), Treppenturm, Kelterhaus (um 1400) und Kurfürstensaal (14. Jh.) errichtet; Rathaus (1551) mit Fachwerkaufbau (1693); Liebig-Apotheke (14. und 17. Jh.); Marktbrunnen mit Mariensäule (1729). Sehenswert ferner im Amtshof das Volkskundemuseum, das Heimatmuseum, die Ostdeutschen Kultur- und Heimatstuben, die Schönbacher Stube, Dom St. Peter und gotische Skulptur „Madonna mit Kind" (13. Jh.). – Alljährlich Bergsträßer Weinmarkt (Ende Juni) und Theater im Hof (Juli/September).

Herbolzheim (Breisgau)

□ 35,48 qkm; ○ Emmendingen; ⚐ Baden-Württemberg; ✉ 79336; ☎ 07643; 🚗 EM; △ 175 m; 👫 7800.

H., 30 km nördlich von Freiburg i. B. am Rande des Schwarzwaldes gelegen, ist über die B 3 und die Autobahn A 5 Karlsruhe–Basel (Ausfahrten Ettenheim bzw. Riegel) zu erreichen; Bahnstation an der Strecke Karlsruhe–Basel. Die St hat Realschule, Sonderschule für Lernbehinderte; Schwerpunkt-Krankenhaus; Stahl- und Motorenbau, Kleiderfabrik, Keramikindustrie, Wein- und Obstbau. H. ist Bundeswehrstandort.

1108 und 1122 wird ein Rittergeschlecht von H. urkundlich erwähnt. 1589 erhielt der Ort des Markt- und 1810 das Stadtrecht (Aberkennung 1935; Wiederverleihung 1949). H. hatte im 17. Jh. und 18. Jh. bedeutende Leinewebereien; gegen Ende des 19. Jh. war die große Zeit der Zigarrenindustrie, die inzwischen eingestellt wurde. Der Ort kam 1415 an Vorderösterreich und 1805 an Baden. –

Bemerkenswert die alten Fachwerkhäuser der Altstadt aus dem 16. und 17. Jh. sowie die Wallfahrtskapelle Mariasand.

Herborn

□ 63,74 qkm; ○ Lahn-Dill-Kreis; ⚐ Hessen; ✉ 35745; ☎ 02772; 🚗 LDK; △ 208 m; 👫 21500.

H., Erholungsort an der Dill am Fuße des Westerwaldes 36 km nordwestlich von Gießen, ist über die B 255 und B 277 sowie über die Autobahn A 45 Dortmund–Frankfurt (Ausfahrten H.-Süd und H.-West) zu erreichen. D-Zug-Station an der Strecke Frankfurt–Siegen–Ruhrgebiet. H. hat Amtsgericht; Gymnasium, Realschule, Sonderschule für Lernbehinderte; Psychiatrische und Orthopädische Klinik des LWV Hessen; breitgefächerte Industrie (Eisenwerk, Pumpen-, Möbel-, Maschinenindustrie, Herstellung von Bildröhren und Kondensatoren, Einbau- und Flugzeugküchen, Herde- und Ofenfabrik).

H., das seit dem 12. Jh. den Grafen von Nassau gehörte, erhielt 1251 die Stadtrechte. Die St war im 14. Jh wichtiger Umschlags- und Handelsplatz an der Straße Köln und Brabant nach Sachsen. 1584 gründete Graf Johann VI. von Nassau-Dillenburg die „Hohe Schule“, die als Mittelpunkt der reformierten Lehre von Studierenden aus ganz Europa besucht wurde (seit 1817 ev.-theologisches Landesseminar), im Schloß.

Herbrechtingen

☐ 58,63 qkm; ○ Heidenheim a. d. Brenz; 🏳 Baden-Württemberg; ✉ 89542; ☎ 07324; 🚗 HDH; △ 470 m; 👥 12200.

H., auf der Ostalb 33 km nordöstlich von Ulm an der Brenz, der B 19 und Autobahn A 7 Ulm–Würzburg (Ausfahrt Giengen/H.) gelegen, ist eine rasch wachsende Industriegemeinde. H. hat Sonderschule für Lernbehinderte, Progymnasium, ev. Fachschule für Sozialpädagogik; Glühlampenwerk (Osram).

Die erste urkundliche Erwähnung des Ortes stammt aus dem Jahr 774, als Karl d. Große Abt Fullrad »Aribertingas« mit einem kleinen Kloster schenkte. Im 12. Jh. errichteten Augustiner ein Chorherrenstift, dessen Kirche (um 1250) erhalten ist. 1171 Marktrechtsverleihung durch Kaiser Barbarossa. – Sehenswert die Steinernen Jungfrauen (Felsengebilde) im Eselsburger Tal.

Herbstein

☐ 79,99 qkm; ○ Vogelsbergkreis; 🏳 Hessen; ✉ 36358; ☎ 06643; 🚗 VB; △ 406 m; 👥 4700.

H., Luftkurort 41 km westlich von Fulda auf einem Felsplateau im Naturpark Hoher Vogelsberg, ist über die B 275 zu erreichen. Die St hat Mittelpunktschule, Volkshochschule (Zweigstelle), Schule für praktisch Bildbare, Werkstatt für Behinderte; Fastnachtsmuseum; metall- und kunststoffverarbeitende Industrie. Fremdenverkehr mit Kurbetrieb (staatl. anerkannte Heilquelle).

»Heribrahteshusun«, erstmals in der 2. Hälfte des 10. Jh. urkundlich nachweisbar, wurde von der Abtei Fulda im 13. Jh. zum Stützpunkt ausgebaut. Das Stadtrecht wurde dem Ort im 13. Jh. verliehen. Mit der Auflösung der Fürstabtei kam H. 1802/03 an Nassau-Oranien und 1810 an Hessen-Darmstadt. – An bemerkenswerten Baudenkmälern sind erhalten die Stadtpfarrkirche (14. Jh. mit spätgot. Wandmalereien; 1682 Erweiterung und barocke Ausstattung, Turmhaube 18. Jh.), Reste der Stadtbefestigung (drei Wehrtürme, Stadtmauer), Fachwerkhäuser (darunter das Rathaus). – Alljährlich traditionelle Fastnacht (Symbolfiguren „Erbsenstrohbär“ und „Siebpferdchen“) sowie „Wurstkirmes“ in H.-Altenschlirf (Verkauf eines überdimensionalen Schwartenmagens).

Herdecke (Ruhr)

☐ 22,35 qkm; ○ Ennepe-Ruhr-Kreis; 🏳 Nordrhein-Westfalen; ✉ 58313; ☎ 02330; 🚗 EN; △ 90–274 m; 👥 25900.

Die St H. liegt 10 km südlich von Dortmund am Rande des Ardeygebirges an der Ruhr. Zufahrt über die B 54 und B 234; Anschluß an die Autobahnen A 1 Köln–Münster–Bremen (Ausfahrt Hagen-West) und A 44 Kassel–Dortmund (Ausfahrt Witten-Annen und Witten-Stockum); Bahnstation an den Strecken Hagen–Essen und Hagen–Dortmund. H. hat Gymnasium, Realschule, Sonderschule für Lernbehinderte; Universität Witten/Herdecke (Med. Fakultät); Gemeinschaftskrankenhaus; Farben- und Kunststoffabrik, Spaten- und Schaufelfabrik; Wasserkraftwerk am Hengsteysee (Ruhrstausee).

Um 818 wurde das Kanonissenstift H. gegründet (1811 aufgehoben). Die bei dem Stift entstandene Siedlung erhielt 1355 das Markt- und 1739 das Stadtrecht. Um 1700 war H. bedeutender Kornmarkt (die Tradition der sogenannten ‚Sackträger‘ geht auf diese Zeit zurück). – Bemerkenswert das Altstadtviertel mit Fachwerkhäusern, Stiftskirche (11. Jh.) sowie Schloß Mallinckrodt.

Alljährlich Maiwoche, Kunst- und Töpfermarkt und Krammarkt.

Herford

☐ 78,90 qkm; ○ Herford; 🏳 Nordrhein-Westfalen; ✉ 32046*; ☎ 05221; 🚗 HF; △ 80 m; 👥 63000.

H., 15 km nordöstlich von Bielefeld an der Werre gelegen, ist Verkehrsknotenpunkt (Schnittpunkt der B 61 und 239; Bahnknotenpunkt an den Strecken Berlin–Hannover–H.–Ruhrgebiet und Osnabrück–H.–Altenbeken–Kassel) an der A 2 Köln–Hannover (Ausfahrten H.-Bad Salzuflen und H.-Ost). Die St hat Amtsgericht, Kreisverwaltung, Justizvollzugsanstalt, Landwirtschaftskammer Westfalen-Lippe; Realschulen, Gymnasien, Gesamtschule, Studienzentrum der Fernuniversität Hagen, Sonderschule für Lernbehinderte, Jugendmusikschule, Berufsschulen, Höhere Landbauschule, Hochschule für Kirchenmusik der Ev. Kirchen von Westf., private Handelslehranstalt, Volkshochschule; Stadttheater, Städt. Museum (David-Pöppelmann-Haus). H. ist Zentrum der ostwestfälischen Möbelindustrie; ferner Textil-, Bekleidungs-, Kunststoff-, Teppich-, Nährmittel- und metallverarbeitende Industrie.

Der Sachse Waltger (Wolderus) gründete 789 in Müdehorst zwischen H. und Bielefeld das Stift H. (sächs. Frauenkloster), das um 800 auf das Gebiet des altsächsischen Hofes »Herifurth« (Heeresfurt) im Mündungswinkel von Aa und Werre verlegt wurde. Ludwig der Fromme verlieh 833 dem Kloster das Markt-, Münz- und Zollrecht. Der neben dem Stift (seit 1147 reichsunmittelbar) sich entwickelnde Ort H. erhielt gegen Ende des 12. Jh. das Stadtrecht. Um 1200 Gründung der Neustadt H. Seit 1246 gehörte die St dem norddeutschen Städtebund, seit Mitte des 14. Jh. der Hanse (bis Mitte des 17. Jh.) an. 1256 übernahm H. den militärischen Schutz des Reichsstiftes, woraus sich die Reichsfreiheit der St H. entwikkelte (1631 vom Reichskammergericht bestätigt). 1546 vernichtete ein Brand die Altstadt. Unter brandenburgisch-preußischer Hoheit (seit 1652) sank H. zu einer unbedeutenden Ackerbürgerstadt herab; einen neuen wirtschaftlichen Aufschwung erlebte es erst wieder mit der Industrialisierung im letzten Drittel des 19. Jh. – Sehenswürdigkeiten: Münsterkirche (13. Jh.); Jakobikirche (13. Jh.); Marienkirche (14. Jh., Kirche des ehem., 1011 gegr. Stifts auf dem Berge); Johanniskirche (14. Jh.); Fachwerkhäuser in der Altstadt (16.–18. Jh.); Heimatmuseum.

Heringen (Werra)

□ 70,33 qkm; ○ Hersfeld-Rotenburg; ⚐ Hessen; ✉ 36266; ☎ 06624; 🚗 HEF; △ 280 m; 👫 10000.

H., im Werratal zwischen den Ausläufern des Thüringer Waldes und der Vorderen Rhön gelegen, ist über die Autobahn A 4 Bad Hersfeld–Eisenach–Berlin (Ausfahrten Friedewald und Wildeck-Hönebach) zu erreichen. Die St hat Forstamt, Zollkommissariat; Gesamtschule. Wichtigster Industriezweig ist der Kalibergbau (Kali und Salz AG).

H., erstmals 1153 urkundlich bezeugt, war bis zum 14. Jh. im Besitz des Klosters Fulda und kam nach mehreren Verpfändungen 1432 an Hessen. Der wirtschaftliche Aufschwung des Ortes begann mit der Abteufung der ersten Kalischächte in den Jahren 1900–1911. – Sehenswert das Mahnmal Bodesruh im Ortsteil Kleinensee. – Alle zwei Jahre Stadtfest.

Heringsdorf

□ 15,3 qkm; ○ Wolgast; ⚐ Mecklenburg-Vorpommern, ✉ 17424; ☎ 038378; 🚗 WLG; △ 2–6 m; 👫 3800.

Das Seebad H. auf der Ostseeinsel Usedom erreicht man von Norden und Westen über die B 96 / E 251 (ab Greifswald–Steinbecker Vorstadt 60 km, ab Gützkow auf der B 111 50 km), von Süden über die B 109 und B 197 (ab Anklam weiter auf der B 110, ca. 50 km). Die B 110 und B 111 verlaufen auf der Insel Usedom. Die Brücken in Wolgast und Zecherin sind Klappbrücken und mehrmals am Tag 15 Minuten für den Autoverkehr gesperrt. Bf. an der Regionalbahn Seebad Ahlbeck–H.–Wolgaster Fähre (Inselbahn). Flughafen Heringsdorf/Garz in ca. 10 km Entfernung.

H. hat Gemeindeverwaltung und Kurverwaltung.

Bildungseinrichtungen: Grundschule, Gymnasium.

Kulturstätten: Museum „Villa Irmgard", Sternwarte, Kunstpavillon, Muschelmuseum, Bibliothek, Kleine Kunstgalerie.

Das Seebad H. ist Heilbad bei Erkrankungen des Bewegungsapparates, der Haut und der Atemwege.

Wirtschaftliches: Strandkorbherstellung.

Geschichte: Die Insel Usedom ist im 12. Jh. von Bauern aus Friesland, Flandern, Niedersachsen und Westfalen besiedelt worden. Die Fischerkolonie H. verdankt ihren Namen den einst reichen Heringsfängen, was auch im Wappen der Gm zum Ausdruck kommt. Oberforstmeister Georg Bernhard v. Bülow legte im Jahre 1820 den Grundstein zum Seebad. Nach seinem Tode wechselten die Besitzer, bis eine Aktiengesellschaft die Eigentumsrechte erwarb. Nach der Ernennung zum Seebad (1879) begann ein rapider wirtschaftlicher Aufstieg. 1891–93 entstand die Seebrücke (1958 abgebrannt, Neuaufbau in Vorbereitung), 1911 wurde die Eisenbahn von der Wolgaster Fähre nach H. gebaut. Die Gemeinde kaufte 1921 das Seebad und übernahm den Kurbetrieb. 1928 ist ein Solebrunnen gebohrt worden. 1931 zählte die Gm 1800 Einwohner.

Während des 2. Weltkrieges ruhte der Badebetrieb, erst 1951 nahm die Gewerkschaft die Urlauberbetreuung durch ihren Feriendienst wieder auf. H. beherbergte im Laufe seiner Geschichte so prominente Gäste wie Maxim Gorki, Theodor Fontane und Johann Strauß. Heute ist H. Heilbad und Ferienzentrum.

Sehenswürdigkeiten: Typische Bäderarchitektur mit Bauten aus der Zeit der Jahrhundertwende (z.B. die Villen „Irmgard“, „Hintze“, „Oechler“ und „Anna“); Naturschutzgebiet „Gothensee“ mit seltener Flora und Fauna; Storchennest „Eggebrecht“ im Ortsteil Gothen; Kirche in Benz (1229); Bockwindmühle in Pudagla; Tropenhaus in Seebad Bansin.

Periodische Veranstaltungen: Sommerfest (1. Juliwochenende), Herbstfest am Erntedanktag, Kinderfeste, Weihnachtsmarkt, Animationstage in der „Villa Irmgard“.

Hermsdorf

□ 7,5 qkm; ○ Stadtroda; ⚐ Thüringen; ✉ 07629; ☎ 036601; 🚗 SRO; △ 333 m; 👥 10000.

Die St ist bekannt als bedeutender Verkehrsknotenpunkt unter dem Begriff KREUZ HERMSDORF, Schnittpunkt der A 4 / E 40 (O-W-Achse) und A 9 / E 51 (N-S-Achse); Station der Eisenbahnstrecke Dresden–Erfurt. Der nächste Flughafen ist Erfurt (ca. 40 km).

Bildungseinrichtungen: Pflichtschulen, Gymnasium und eine Ingenieurschule für Elektrotechnik und Keramik.

Wirtschaftliches: Herstellung elektrotechnischer Keramikerzeugnisse und holzverarbeitende Industrie.

Geschichtliches: H. wurde urkundlich erstmals 1256 erwähnt. Die meisten EW waren Bauern, die sich in Nebenberufen als Köhler, Holzwarenhersteller und Fuhrleute betätigten, um ein hinlängliches Auskommen zu erwirtschaften. Sie hatten sich auf die Produktion von Leitern, Brettern und Raufen spezialisiert. Daraus entwickelte sich ein reger Fernhandel. Mit der Inbetriebnahme der Eisenbahnlinie Gera–Weimar 1876 und dem Bau der Porzellanfabrik 1889 begann in H. die Industrialisierung. Im Jahre 1891 wurde die Produktion auf Elektroporzellan umgestellt, vorwiegend auf Isolatoren. Schwerpunkte sind heute elektrotechnische, elektronische und Holzerzeugnisse.

Sehenswürdigkeiten: H. liegt inmitten des „Holzlandes“; von hier aus sind die Naherholungsgebiete Zeitzgrund, das Teufelstal und das Mühltal bei Eisenberg zu Fuß gut zu erreichen.

Ein wiederkehrendes Fest ist das „Maibaumsetzen“. An Freizeiteinrichtungen stehen das Kulturhaus, eine Bibliothek und das Freibad zur Verfügung.

Hermeskeil

□ 30,86 qkm; ○ Trier; ⚐ Rheinland-Pfalz; ✉ 54411; ☎ 06503; 🚗 TR; △ 615 m; 👥 5500.

H., im Schwarzwälder Hochwald (West-Hunsrück) 30 km südöstlich von Trier gelegen, ist über die Hunsrücker Höhenstraße B 327 und die B 52 zu erreichen; Anschluß an die Autobahn A 1 Saarbrücken–Trier (Ausfahrten H. und Reinsfeld).

Die St hat Amtsgericht, Verbandsgemeindeverwaltung, Forstämter; Gymnasium, Realschule, Handelsschule, Berufsschule, Berufsaufbauschule, Landwirtschaftsschule, Sonderschule für Lernbehinderte; Seidenweberei, Möbel, Baulatten- und Spezialmaschinenindustrie. H. ist Bundeswehrstandort.

Als Siedlung (»Hermani Cellede«) wird H. erstmals in einem Testament aus dem Jahre 634 urkundlich erwähnt. Ausgrabungen in unmittelbarer Umgebung und der sog. „Hunnenring“, eine 5 km von H. entfernte Schutzburg in Otzenhausen, deuten auf eine Besiedlung seit der Hallstatt- und Latènezeit. Der Ort war bereits in römischer Zeit ein wichtiger Straßenknotenpunkt.

Herne

□ 51,37 qkm; ○ Kreisfreie Stadt; ⚐ Nordrhein-Westfalen; ✉ 44623*; ☎ 02323; 🚗 HER; △ 41–131 m; 👥 178000.

H. liegt auf einer sandigen Terrassenfläche südlich der Emscher am Rhein-Herne-Kanal im mittleren Ruhrgebiet. Die St ist bedeutender Verkehrsknotenpunkt (Straßenkreuz Autobahn 43 Recklinghausen–Bochum–Wuppertal und Autobahn A 42 Duisburg–Gelsenkirchen–Dortmund sowie B 51 und B 226; Bahnknotenpunkt an der Hauptstrecke Duisburg–Wanne-Eickel–H.–Dortmund, der Emschertalbahn Oberhausen–Gelsenkirchen–H.–Castrop–Dortmund und der Nord-Südstrecke Recklinghausen–H.–Bochum-Nord–Wuppertal; S-Bahnknotenpunkt). H. hat Amtsgericht, Arbeitsgericht; vier Realschulen, fünf Gymnasien, drei Gesamtschulen, hauswirtschaftl. Berufsfachschule, sozialpflegerische Berufsfach-

Herne, Wasserschloß Strünkede

schule, Berufs- und Berufsfachschule Metall, Fachoberschule für Technik, Fachoberschule für Hauswirtschaft, Fachoberschule für Sozialpädagogik, kaufm. Berufsschule, Handels- und Höhere Handelsschule, Fachoberschule für Wirtschaft, Volkshochschule; Neurologisches Krankenhaus und Hospital mit Dialysezentrum und Abteilung für Strahlentherapie (Kobaltbombe).

H. verfügt heute neben dem traditionellen, jedoch an Bedeutung verlierenden Kohlenbergbau, über eine breitgefächerte Industrie; Herstellung von Rundfunk- und Fernsehgeräten (Blaupunkt-Werke), eisenverarbeitende (Kessel, Pumpen, Röhren, Herde, Kleineisenprodukte, Preßluftbohrhämmer u. a). und holzverarbeitende Industrie, Textilfabriken; H. besitzt am Rhein-Herne-Kanal Hafen- und Werftanlagen (Güterumschlag ca. 1,5 Mill. t). Die ehem. St Wanne-Eickel, seit 1975 mit H. zusammengeschlossen, besitzt mit dem Hauptbahnhof einen wichtigen Bahnknotenpunkt und den größten Stückgüterumschlagplatz der Bundesrepublik. In den drei Häfen von W.-E. werden neben Kohle vor allem Grubenholz, Sand, Kies, Kunstdünger, Benzin, Teer und Schwefelsäure umgeschlagen. Der früher gleichfalls bedeutende Steinkohlebergbau ist bis auf eine Zeche (Pluto-Wilhelm) eingestellt worden. W.-E. hat Baumaschinen-, Klimaanlagen- und chemische Industrie, Röhrenbau (Mannesmann), Bauindustrie. Die in 700 m Tiefe entdeckte Wilhelmsquelle ist mit 41 Celsius eine der heißesten Quellen in Deutschland (Heilanzeigen bei Rheuma, Neuralgien, Ischias, Spätlähmungen, Durchblutungsstörungen, Frauenleiden, Bandscheiben- und Wirbelsäulenschäden, Katarrhe der Atmungsorgane u. a. m.).

Das Dorf »Haranni« wird erstmals um 890 in den Heberegistern des Klosters Werden a. d. Ruhr erwähnt. Das seit dem 12. Jh. bezeugte Geschlecht der Ritter von Strünkede und seine Nachfolger (seit 1742) übten mit kurzen Unterbrechungen die Herrschaft über den Kirchspielort bis 1812 aus; 1815 kam H. an Preußen. – Hernes bergbauliche und industrielle Entwicklung begann um die Mitte des 19. Jh. mit dem Anschluß an den Eisenbahnverkehr (seit 1847) und der Abteufung des ersten Schachtes der Zeche „Shamrock" 1857. Dank der günstigen Verkehrsverbindungen für den Absatz der Kohlen nahm H. einen raschen Aufstieg vom Dorf zur Industriestadt (1847: 999 EW; 1895: 19304 EW; 1908: 57103 EW). 1897 erhielt H. das Stadtrecht.

Sehenswert das Renaissance-Wasserschloß Strünkede, ehem. Sitz des gleichnamigen Rittergeschlechtes (16./17. Jh.) mit Emschertalmuseum, und der Revierpark Gysenberg (erster Freizeitpark des Ruhrreviers).

Heroldsberg

□ 11,04 qkm; ○ Erlangen-Höchstadt; ⚐ Bayern; ✉ 90562; ☎ 0911; 🚗 ERH; △ 350 m; 👥 6700.

H., Mkt und Ausflugsort 10 km nördlich von Nürnberg am Rande des Sebalder Reichswaldes an der B 2 und Autobahn A 3 (Ausfahrt Nürnberg-N.), hat Grund- und Hauptschule, Volkshochschule; holz-, papier- und kunststoffverarbeitende Industrie, Werkzeugbau.

H., zwischen 1050 und 1100 gegründet, war Sitz eines kaiserlichen Verwaltungsamtes bis etwa 1270. Später gelangte das Dorf über mehrere Herrschaften in den Besitz des Nürnberger Geschlechtes der Herren von Geuder (1391). Marktflecken wurde H. 1417. Jahrhundertelang war H., das Albrecht Dürer 1510 gezeichnet hat, Mittelpunkt der Bienenzucht im Sebalder Reichswald. 1810 kam der Ort an Bayern. – Sehenswert die vier Geuder Schlösser im oberen Markt (Rotes, Weißes und Grünes Schloß, alle Ende 15. Jh., letzteres nach Zerstörung im 2. Weltkrieg wieder aufgebaut; Gelbes Schloß, Anfang 16. Jh.) und die gotische Pfarrkirche St. Matthäus mit einem Kruzifix aus der Schule Tilman Riemenschneiders.

Herrenberg

□ 65,72 qkm; ○ Böblingen; ⚐ Baden-Württemberg; ✉ 71083; ☎ 07032; 🚗 BB; △ 395–568 m; 👥 27000.

Herrenberg, Marktplatz

H. liegt 36 km südwestlich von Stuttgart am westlichsten Ausläufer des Schönbuchs im Schnittpunkt der B 14, B 28 und B 296. Bahnstation an der Strecke Stuttgart–Bodensee–Zürich; Anschluß an die Autobahn A 81 Stuttgart–Bodensee (Ausfahrten AB-Kreuz H. und H.); Sportflugplatz in Poltringen (8 km). H. hat Forstamt, Landwirtschaftsamt, Tierzuchtamt; Realschule, Gymnasium, Landwirtschaftliche Berufsschule, Landwirtschaftsschule, Fachschule für Sozialpädagogik, Musikschule, IBM-Schulungszentrum, Sonderschulen für Lernbehinderte und Bildungsschwache, Werkstatt für Behinderte; Kreiskrankenhaus; Textil-, Metall- und holzverarbeitende Industrie.

H. wird erstmals 1228 als Burg der Pfalzgrafen von Tübingen erwähnt. Unterhalb der Burg liegt die Stiftskirche mit dem halbkreisförmigen mittelalterlichen Stadtkern. 1382 gelangte die St an Württemberg. Herrenbergs Einwohnerzahl ist nach 1945 (1944/45 4000 EW) enorm gewachsen. Trotz der zahlreichen Industriebetriebe ist H. Mittelpunkt des bäuerlichen Umlandes geblieben. – Sehenswürdigkeiten: Reste der pfalzgräflichen Burg auf dem Schloßberg; Stiftskriche (älteste got. Hallenkirche im Schwäbischen Raum, je 2. Hälfte 13. und 15. Jh.) mit mächtigem Westturm, ma. Taufstein, Chorgestühl (1517) und Hochaltar (1519) v. J. Ratgeb (jetzt Staatsgalerie Stuttgart); Fachwerkhäuser; ehem. Propstei (1440); Spitalkirche (1400/1656); Stiftsfruchtkasten (1684) und alte Lateinschule (1653/54).

Alljährlich Herrenberger Musiktage (September).

Herrieden

□ 81,72 qkm; ○ Ansbach; ⚐ Bayern; ✉ 91567; ☎ 09825; 🚗 AN; △ 420 m; 👫 6400.

H., an der Oberen Altmühl 10 km südwestlich von Ansbach gelegen, ist über die Autobahn A 6 Nürnberg–Heilbronn (Ausfahrt H.) zu erreichen. Die St hat Verbandsschule, Sonderschulen für Lern- und Geistigbehinderte; Textilfabrik, Küchenmöbelwerk, kunststoffverarbeitende Industrie (u.a. Herstellung von Rolladen und Kunststoffenstern); Haupt- und Nebenlandwirtschaftsbetriebe.

Spätestens gründete Abt Deocar 782 das Kloster H., dem Karl d. Große 793 einen Besuch abstattete. Dem Kloster gehörten im 8. und 9. Jh. bedeutende Besitztümer (Melk, Günz und Pielach in Niederösterreich, Duisburg in Westfalen). Abt Luitpert, der 863 Erzbischof von Mainz und 870 Erzkaplan und Erzkanzler des Reiches wurde, tauschte kurz vor seinem Tode Herrieden gegen Ellwangen ein. 1316 wurde die St durch Kaiser Ludwig der Bayer zerstört. 1470 studierte Jakob Fugger der Reiche an der Stiftsschule von H., und 1703/04 war H. Regierungssitz des Bischofs von Eichstätt. 1792 kam die St an Preußen, und 1806 wurde sie bayerisch. – Sehenswürdigkeiten: Stiftskirche St. Vitus (1071 geweiht, 1490–1533 spätgotisch umgebaut; barocke Ausstattung); Stiftspropstei (1650; jetzt Stadtbücherei); Liebfrauenkirche (1474 anstelle der ehem. Klosterkirche errichtet); Burg (1316 und 1633 zerstört); Fronveste (1. Drittel des 15. Jh.); Pfarrhaus (um 1740) und Gabrielihaus (ehem. fürstbischöfl. Amtsbau, 18. Jh.); fränk. Fachwerkhäuser (u.a. Haus am Storchenturm); Storchenturm (1340); Altmühlbrücke (1711, 1740 restauriert); Kasten (1523); St. Martin-Kirche (1721–1734); Kräuterlehrgarten in H.-Elbersroth (erinnert an den berühmten Kräuterpfarrer Ludwig Heumann).

Herrnhut

□ 1,98 qkm; ○ Löbau; ⚐ Freistaat Sachsen; ✉ 02747; ☎ 035873; 🚗 LÖB; △ 320 m; 👫 1705.

H. ist zu erreichen auf der A 4 / E 40 bis Bautzen (Autobahnende), von dort weiter auf der B 178; Eisenbahnverbindung Zittau–Bautzen–

Herrnhut, Comeniushaus

Dresden; in Löbau Anschluß an die Strecke Görlitz–Berlin. Der nächste Flughafen ist Dresden-Klotzsche (ca. 85 km).

Bildungseinrichtungen: Grundschule, Mittelschule, Gymnasium; Kreismusikschule; Förderschule für geistig behinderte Kinder.

Wirtschaftliches: Textilindustrie, Drahtwarenproduktion (Herstellung original H.er Advents- und Weihnachtssterne); Bau- und Montage GmbH; Handelsbetriebe verschiedener Branchen; Wilfried-Marian-Hof, ein Landwirtschaftsbetrieb der Evangelischen Brüder-Unität.

Geschichtliches: Am 17. Juni 1722 fällte der mährische Zimmermann Christian David den ersten Baum zur Gründung H.s. Der vom Pietismus geprägte Reichsgraf Nikolaus Ludwig von Zinzendorf stellte mährischen Flüchtlingen Land zur Verfügung und gründete mit ihnen den Ort H. Dieser Name wurde weltweit zum Begriff des Ursprungsortes einer Missionstätigkeit, die sich seit 1732 immer weiter verbreitete. Heute steht H. als Symbol für jene Stätte, an der alljährlich die täglichen geistigen Losungen gezogen werden. Sie erscheinen in 39 Sprachen und werden auf allen Kontinenten verbreitet.

Sehenswürdigkeiten und Kulturelles: spätbarocker historischer St-Kern; Kirchsaal der Evangelischen Brüdergemeinde; Denkstein – Erinnerung an die erste Baumfällung 1722 zur Gründung von H.; „Römisch-Katholische Kirche“ – Arbeiten des Bildhauers Friedrich Press (1904–1991); „Vogtshof“ – Sitz der Evang. Brüder-Unität; Bibliothek – kirchengeschichtliche Ausstellung im Archiv der Evang. Brüder-Unität; Heimatmuseum – original H.er Wohnkultur, Ortsgeschichte, Oberlausitzer Interieur, H.er Kunsthandwerk; Völkerkundemuseum – ethnologische Gegenstände, von Missionaren der Evangel. Brüder-Unität gesammelt; Gottesakker der Evangel. Brüder-Unität, eine Anlage mit 6000 Gräbern.

Herrsching a. Ammersee

☐ 20,87 qkm; ○ Starnberg; ⚐ Bayern; ✉ 82211; ☎ 08152; 🚗 STA; △ 569 m; 👥 7900.

H., Luftkurort mit regem Fremdenverkehr 40 km südwestlich von München am Ostufer des Ammersees, hat S-Bahnverbindung nach München; Realschule, Volkshochschule, Bauern- und Bäuerinnenschule, Finanzschule; Möbelversandbetrieb.

H. wird erstmals 775 urkundlich erwähnt.

Hersbruck

☐ 22,90 qkm; ○ Nürnberger Land; ⚐ Bayern; ✉ 91217; ☎ 09151; 🚗 LAU; △ 345 m; 👥 11400.

H., Erholungsort an der Pegnitz am Fuß der Fränkischen Alb, liegt 30 km nordöstlich von Nürnberg an der B 14; Anschluß an die A 9 München–Berlin (Ausfahrt Lauf/H.). Die St hat Amtsgericht, Amt für Landwirtschaft, Forstamt; Realschule, Gymnasien, Kreisberufsschule, Landwirtschaftsschule.

H., erstmals 1011 urkundlich erwähnt, erhielt 1057 Marktrecht und Stadtrecht seit 1376. 1504 kam die St an die Reichsstadt Nürnberg und 1806 an Bayern. Seit dem 18. Jh. ist H. Mittelpunkt eines Hopfenanbaugebietes. Um die Jahrhundertwende und nach 1945 Ansiedlung mittlerer Industriebetriebe. – Sehenswürdigkeiten: Deutsches Hirtenmuseum, Handwerkerschau; bemerkenswertes ma. Stadtbild mit 3 Tortürmen (Mitte 15. Jh.) und Resten der Stadtmauer; Landpflegerschloß (16./17. Jh.); Stadt- und Spitalkirche.

Herten (Westfalen)

☐ 37,31 qkm; ○ Recklinghausen; ⚐ Nordrhein-Westfalen; ✉ 45699*; ☎ 02366; 🚗 RE; △ 75 m; 👥 69000.

H. liegt in der nördlichen Randzone des Ruhrgebietes im Übergang zum ländlich geprägten Münsterland. Die St ist mit sechs Anschlußstellen über die Autobahnen A 2 Duisburg–Hannover, A 42 Kamp-Lintfort–Castrop-Rauxel und A 43 Wuppertal–Münster verkehrsgünstig zu erreichen; Bahnstation an der Strecke Ober-

Herten, Wasserschloß

hausen–Hamm. Der Rhein-Herne-Kanal verbindet H. mit Hamburg und Rotterdam.

Die St hat staatl. Amt für Abfall- und Wasserwirtschaft; Realschulen, Gymnasium, Gesamtschule, Berufsbildende Schule; Musikschule, Volkshochschule; Stadtbücherei; Krankenhäuser.

Mit zwei modernen Zechenanlagen ist H. die größte Bergbaustadt Westeuropas; ferner breitgefächerte Industrie (Fleischwarenherstellung [Herta GmbH], Metallverarbeitung, Getränkeherstellung, Kunststoffverarbeitung, Elektrotechnik, Papier- und Textilindustrie, High-Technologie) und Unternehmen des Dienstleistungssektors.

Im 10. Jh. wurde »Herthene« erstmals im Heberegister der Abtei Werden erwähnt. Bis zum Ausgang des 19. Jh. gehörte H. zum Kurfürstentum Köln. Das Schloß H. war fast 300 Jahre lang Residenz der Statthalter für das kurkölnische Vest Recklinghausen: den Grafen von Nesselrode. – Der Steinkohlenbergbau gab ab 1870 Anstoß zu einer sprunghaften industriellen Entwicklung. Die ehemaligen Bauernschaften Disteln, Scherlebeck, Langenbochum und Ebbelich wurden H. 1926 eingegliedert; im Rahmen der Gebietsreform kamen 1975 die Stadt Westerholt und der Ortsteil Bertlich zu H., das 1936 zur Stadt erhoben wurde.

Sehenswert das spätgotische Wasserschloß (um 1530, Wiederaufbau in heutiger Form nach dem Brand von 1687 im Jahr 1702) mit Schloßpark, Vorburg (16. Jh.) und Orangerie (1725), das „Alte Dorf" (Stadtteil H. Westerholt) und das Puppenmuseum (H. Westerholt). – Freizeitanlage im Backumer Tal (Solebäder, Saline). – Alljährlich Folk-Festival im 30 ha großen Schloßpark, Schloßkonzerte und „Klavier-Festival Ruhr".

Herzberg (Elster)

□ 16,5 qkm; ○ Herzberg; ⚐ Brandenburg; ✉ 04916; ☎ 03535; 🚗 HZ; △ 100 m; 👥 9350.

H. liegt am Schnittpunkt der B 87 und B 101; Eisenbahnanschluß zum regional bedeutenden Bahnknotenpunkt Falkenberg; direkte Eisenbahnlinien von H.: Jüterbog–Berlin und Ukro–Beeskow; in 18 km Entfernung von H. liegt der MIlitärflugplatz Holzdorf.

Bildungseinrichtungen: Grundschule, Gesamtschule, Realschule, Gymnasium, Sonderschule; Berufsschule und Volkshochschule.

Gesundheitswesen: eine physiotherapeutische Einrichtung als Heilbad.

Wirtschaftliches: Hoch- und Tiefbau GmbH, Bauunternehmen, Straßenmeisterei des Brandenburgischen Straßenbauamtes Cottbus; H.er Armaturenwerk GmbH.

Landwirtschaft: Agrargenossenshaft Grochwitz, Agrargenossenschaft Friedersdorf, Gut H.; Kraftfutterwerk GmbH.

Geschichte: Um 1200 machte die Gründung des Augustiner-Barfüßerklosters und des Nonnenklosters sowie der Bau der berühmten Nikolaikirche (heute St. Marien) die Gm H. zum Mittelpunkt des religiösen Lebens im Elstergebiet. Mit der Errichtung einer Münzprägestätte (1254) erhielt H. das Stadtrecht und wurde Residenz der Grafen von Brehna. Sie wählten den schreitenden Hirsch auf einem Dreiberg zum Wappentier der St, die dank ihrer günstigen geographischen Lage schnell zum Marktort aufstieg. H. erhielt 1467 ein Privileg über den in jener Zeit lebenswichtigen „Salzmarkt". Ein zweiter Mkt wurde 1495 als „Fastenmarkt" genehmigt, dem im Verlaufe der Jh. weitere Bewilligungen für das Abhalten öffentlicher Verkaufshandlungen folgten.

Während der Reformation (16. Jh.) wurde H. zum Ausgangsort der bahnbrechenden Gedanken von Dr. Martin Luther, Philipp Melanchthon und Johannes Clajus. Luther stand über seinen Orden mit dem H.er Augustiner-Kloster in Verbindung, das zu seinem Bistum zählte. – Die historische Bedeutung Melanchthons liegt in seiner humanistischen Leistung bei der umfassenden pädagogischen und organisatorischen Reformation des Schulwesens. Im Jahre 1538 entwickelte er für die H.er Schule eine Schulordnung, die als Modell im gesamten Deutschland verbreitet wurde. Johannes Clajus (d.Ä.) geb. 1535 in H., ist der Verfasser des Werkes „Grammatik der deutschen Sprache".

Sehenswürdigkeiten: St.-Marien-Kirche, beg. um 1200, dreischiffiger spätgot. Backsteinbau; Gewölbemalerei, Fresko aus dem 15. Jh.; Renaissance-Rathaus, erbaut 1616 auf den Fundamenten eines Klosters, umgebaut 1849; Philipp-Melanchthon-Büste, angebracht an der alten H.er Lateinschule, dem heutigen Gymnasium; „Herzberger Wunderstein", gestiftet 1506 von Wittenberger Studenten aus Dankbarkeit gegenüber den H.er Bürgern; seine Inschrift lautet: „Wer dreymal diesen Stein umwallt, wird ueber hundert Jahre alt".

Gedenktafel an der Gaststätte „Wolfsschlucht" in der Magisterstraße zu Ehren des Magisters Johannes Clajus d.Ä.; neben seiner Grammatik der dt. Sprache übersetzte er zahlreiche Schriften, darunter auch den lutherischen Katechismus ins Griechische, Lateinische und Hebräische. Botanischer Garten und Jugendstilvilla.

Wiederkehrende Ereignisse: Tierparkfest im Mai, Herbstfest im September, Weihnachtsmarkt Mitte Dezember.

Herzberg a. Harz

□ 71,53 qkm; ○ Osterode a. Harz; ⚐ Niedersachsen; ✉ 37412; ☎ 05521; 🚗 OHA; △ 233–280 m; 👥 17300.

H. liegt an der Sieber am Südwestrand des Harzes im Schnittpunkt der B 27 und B 243. H. ist Eisenbahnknotenpunkt an den Strecken Altenbeken–Northeim–Herzberg–Nordhausen und Herzberg–Osterode–Seesen. Die St hat Amtsgericht, Finanzamt; Gymnasium, Realschule, Kreisberufsschule, Sonderschule für Lernbehinderte. Neben einer Papierfabrik und holzverarbeitenden Betrieben prägen Eisen-, Stahl- und Maschinenbauindustrie sowie Elektro- und Baustoffunternehmen das wirtschaftliche Leben der St; die Stadtteile H.-Lonau und H.-Sieber sind anerkannte Luftkurorte.

H. erstmals urkundlich 1246 erwähnt, ist als Siedlung unterhalb des Schlosses H. gegründet worden. Das um 1029 erbaute (im 16. Jh. im Renaissance-Stil umgebaut) und von Kaiser Lothar als Reichsburg ausgebaute Jagdschloß gelangte 1157 in den Besitz Heinrichs des Löwen. Von 1285 bis 1596 war es Residenz der Herzöge von Braunschweig-Grubenhagen. 1617 kam das Schloß an Georg von Calenberg (seither Stammschloß des englisch-hannoverschen Königshauses). – Sehenswert das Renaissance-Welfenschloß (Fachwerkbau); Einhornhöhle; Rhumequelle.

Herzebrock-Clarholz

□ 79,27 qkm; ○ Gütersloh; ⚐ Nordrhein-Westfalen; ✉ 33442; ☎ 05245; 🚗 GT; △ 80 m; 👥 12800.

H.-C., an der Ems 27 km südwestlich von Bielefeld gelegen, ist über die B 64 und die Autobahn A 2 Dortmund–Berlin (Ausfahrt Rheda-Wiedenbrück) zu erreichen. H. hat Schul- und Sportzentrum; Möbel-, Kunststoff-, Elektro-, Maschinen- und Fleischwarenindustrie.

Erste urkundliche Erwähnung Herzebrocks 860 anläßlich der Gründung eines Frauenklosters (älteste klösterliche Niederlassung im Bistum Osnabrück). Clarholz ist 1133 anläßlich der Gründung eines Prämonstratenser-Doppelklosters erstmals bezeugt. Aus bescheidenen Agrardörfern entwickelten sich die beiden Ortsteile nach dem Kriege zu einer aufstrebenden Industriegemeinde mit zentralörtlicher Bedeutung.

Herzogenaurach

□ 47,73 qkm; ○ Erlangen-Höchstadt; ⚐ Bayern; ✉ 91074; ☎ 09132; 🚗 ERH; △ 296 m; 👪 20000.

H., 11 km südwestlich von Erlangen an der Aurach gelegen, besitzt Anschluß an die Autobahn A 3 Würzburg–Nürnberg (Ausfahrt Frauenaurach 5 km). Die St hat Realschule, Gymnasium, Berufsschule, Kreissonderschule für körper- und geistigbehinderte Kinder; Sportschuhfabriken (adidas und Puma), Werkzeugmaschinen- und Nadellagerindustrie. H. ist Standort der US-Streitkräfte.

H. geht auf einen 1002 erstmals urkundlich genannten Königshof zurück, den Kaiser Heinrich II. 1021 dem Bamberger Bischof schenkte. Der in der Nähe des Hofes entstandene Markt erhielt vermutlich Ende des 13. Jh. das Stadtrecht. Blütezeiten erlebte H. im 15. und 16. Jh. (Tuchherstellung und Tuchhandel), als die St wirtschaftlich und kulturell mit Nürnberg verbunden war. 1719 ließ Fürstbischof Lothar Franz von Schönborn die alte Burganlage in den bis heute erhaltenen Schloßbau umwandeln. Nach Aufhebung des Bamberger Hochstifts (1803) kam H. 1810 an Bayern. Nach dem 2. Weltkrieg bedeutender wirtschaftlicher Aufschwung durch Ansiedlung neuer Industriezweige. – Sehenswert neben dem Schloß die Altstadt mit gotischer Pfarrkirche, Spital, Fachwerk-Bürgerhäusern und Resten der alten Stadtbefestigung.

Herzogenrath

□ 33,31 qkm; ○ Aachen; ⚐ Nordrhein-Westfalen; ✉ 52134; ☎ 02406; 🚗 AC; △ 128 m; 👪 43000.

H. liegt nördlich von Aachen an der Wurm nahe der niederländischen Grenze (3 Grenzübergänge). Die St ist über die Autobahn A 4 Köln–Aachen–Heerlen (Ausfahrt Aachen/Würselen) und Autobahn A 46/A 44 Düsseldorf–Aachen (Ausfahrt Alsdorf/Hoengen) zu erreichen. Bahnstation an der Strecke Aachen–Mönchengladbach–Düsseldorf. H. hat Zollamt; Realschulen, Gymnasium, Berufsbildende Schulen, Volkshochschule, Musikschule, Sonderschulen für lern- und geistig behinderte Kinder. Wirtschaftszweige von Bedeutung:

Herzogenrath

Glas-, Glasfaser- und Nadelindustrie, Apparate- und Maschinenbau, Technologiepark (im Stadtteil H.-Kohlscheid), Sandwerke und Sandsteinbrüche; der Steinkohlenbergbau wurde aufgegeben.

H. erhielt um 1282 Stadtrechte. Bis 1714 war die St im Besitz der Herzöge von Limburg, danach kam sie an die Österreichischen Niederlande. Von 1792–1813 stand H. unter französischer Herrschaft; 1815 wurde es preußisch. – Im Rahmen der kommunalen Neugliederung schlossen sich 1972 H., Kohlscheid, Merkstein und Teile der früheren Gemeinden Bardenberg und Richterich zur neuen St H. zusammen. – Sehenswert die renovierte limburgische Burg aus dem 11. Jh. mit zwei Anbauten des 18. Jh. (Sitz der Stadtverwaltung). – Alljährlich historische Schützenfeste.

Hessisch Lichtenau

□ 105,88 qkm; ○ Werra-Meißner-Kreis; ⚐ Hessen; ✉ 37235; ☎ 05602; 🚗 ESW; △ 300–503 m; 👪 13700.

Hess. L. liegt 25 km südöstlich von Kassel auf einer vom Kaufunger Wald, den Vorbergen des Meißners und dem Riedforst begrenzten Hochfläche. Zufahrt über die B 7 und B 487. Bahnstation an der Strecke Kassel-Eschwege. Die St hat Realschule, Gymnasium, Gesamtschule; Orthopädische Klinik und Rehabilitationszentrum „Lichtenau" der Inneren Mission mit Internat für körperbehinderte Schüler. Hess. L. ist (seit 1962) Garnisonstadt und Standort einer breitgefächerten Industrie (Schwerweberei, holz- und kunststoffverarbeitende Betriebe, Bekleidungs- und metallverarbeitende Industrie (Container-Werk), Maschinen und Brunnenbau, Kunststeinwerk).

Hess. L. wurde von Landgraf Heinrich I. von Hessen zum Schutz zweier bedeutender Handelsstraßen 1289 gegründet. Die über einem eiförmigen Grundriß errichtete Altstadt wurde 1637 zerstört. – Reste der alten Ringmauer mit zwei Türmen, die gotische Pfarrkirche (14. Jh.) und zahlreiche Fachwerk-Bürgerhäuser (16./17. Jh.) sind erhalten. – Hess. L. ist Geburtsort des an der Einführung der Reformation in Hessen und an der Errichtung der Universität Marburg maßgeblich beteiligten Hofkanzlers Johannes Feige (1482–1543).

Hessisch Oldendorf

☐ 120,35 qkm; ○ Hameln-Pyrmont; ⚐ Niedersachsen; ✉ 31840; ☎ 05152; 🚗 HM; △ 65–440 m; 👫 18000.

H.O. liegt 45 km südwestlich von Hannover an der Weser zwischen dem Wesergebirge und den Ausläufern des Lipper Berglandes. Die St ist über die B 83 und Autobahn Köln–Hannover (Ausfahrten Bad Eilsen bzw. Rehren) zu erreichen. H.O. hat Grund- und Hauptschulen, Realschule; Neurologische Klinik; Möbelversandhaus (Weserbergland), Teppichbodenfabrik.

H.O. erhielt um 1300 das Stadtrecht. – Sehenswert das Schloß der Herren von Münchhausen (1585) im Stil der Weserrenaissance, das romanische Kloster Fischbeck (um 1100) mit dem Fischbecker Wandteppich und das Naturschutzgebiet Hohenstein.

Hettstedt

☐ 19,8 qkm; ○ Hettstedt; ⚐ Sachsen-Anhalt; ✉ 06333; ☎ 03476; 🚗 HET; △ 149 m; 👫 20850.

H. liegt am Nordostrand des Unterharzes an der Wipper; es ist zu erreichen auf der B 86 und der B 180; Bahnstation der Strecken Halberstadt-Aschersleben-Sangerhausen und Halle–Sangerhausen. Der nächste Flughafen ist Leipzig/Halle (ca. 60 km).

Bildungseinrichtungen: Grundschulen, Sekundarschulen, Gymnasien, Berufsbildende Schule; Volkshochschule, Musikschule, Behindertenschule.

Wirtschaftliches: Herstellung von Kupfer und Halbzeugen durch die Mansfelder Kupfer-Silberhütte GmbH; Produktion von Fertigerzeugnissen aus Kupfer, Aluminium und Halbzeugen durch das Walzwerk H.; Bau von Industrieausrüstungen; Fertigung von Bauelementen; elektrotechnische Metallverarbeitung; Produktion von Fahrleitungs- und Bronzedraht.

Geschichtliches: H. verdankt seine Gründung vor allem der Entstehung des Bergbaues, den 1199 die Bergleute Napian und Neuke auf dem Kupferberg begonnen hatten. Die reiche Ausbeute an stark silberhaltigem Kupfer zog andere Bergmänner aus dem nahen Harz an, die sich in der Nähe ihres Arbeitsortes Wohnhütten erbauten. So entstand die Gm Kupferberg. Im Jahre 1867 wurde sie in H. eingemeindet. 1430–39 umgaben die EW H. mit steinernen Mauern und sicherten die Siedlung durch Tore (Saigertor, Brückentor, Molmecktor). Im 15. Jh. erlebte die St durch den Kupferschieferbergbau eine wirtschaftliche Blüte, die aber bereits im 16. Jh. wieder nachließ. Das Saigertor, heute Wahrzeichen der St, baute man 1537 zum Torturm um und versah es als Neubau 1771–22 mit „welscher" Haube und Uhr.

Im Dt. Bauernkrieg (beg. 1524) wurde das 1451 erbaute Karmeliter-Kloster geplündert und zerstört, H. selbst blieb verschont. Während des 30jährigen Krieges jedoch erfuhr die St alle Leiden und Grausamkeiten, bis sie 1648 fast völlig zerstört war. Südlich von H. wurde 1785 die erste Dampfmaschine Wattscher Bauart aufgestellt. – Die St erhielt verhältnismäßig spät Anschluß an das Eisenbahnnetz. In den Jahren 1876–79 wurde die sog. „Kanonenbahn" gebaut. Die Eisenbahnlinie Halle–H. nahm man 1896 in Betrieb.

Sehenswürdigkeiten und Kulturelles: Stadtkirche St. Jacobi (1418–1519); Kupferbergkirche; Reste des Karmeliter-Klosters; Rathaus (1525–26) mit Umbauten von 1879 und 1913; Reste der St-Befestigung mit dem Saigertor; Molmeckturm von 1434; Torturm von 1556; Wasserburg mit Bergfried am Busbahnhof; Schloß im Ortsteil Altdorf; Mansfeld-Museum mit dem Nachbau der ersten dt. Dampfmaschine.

Heubach (Württ.)

☐ 25,80 qkm; ○ Ostalbkreis; ⚐ Baden-Württemberg; ✉ 73540; ☎ 07173; 🚗 AA; △ 460 m; 👫 8900.

H., am Rande der nordöstlichen Ausläufer der Schwäbischen Alb gelegen, hat Realschule, Sonderschule für Lernbehinderte, Gymnasium, Volkshochschule (Zweigstelle). Die St ist bekannt durch ihre Miederwarenindustrie (Triumph, Susa); außerdem Metallwarenfabrik (Medaillen, Andenken), Brauerei.

Funde aus der Jüngeren Altsteinzeit (Höhlen des Rosensteins) lassen auf eine frühe Besiedlung schließen. Weihe der romanischen

Pfeilerbasilika St. Ulrich Ende des 12. Jh. 1292 erste urkundliche Erwähnung. Vor 1360 Erhebung zur St. Württembergisch seit 1376, H. wurde 1524 Sitz der Herren von Wöllwarth; 1579 kaufte Württemberg die St zurück. 1859 Gründung der ersten Korsettfabrik. – H. besitzt eine Reihe von bemerkenswerten historischen Bauten: St. Ulrichs-Kirche (12. Jh., Choranbau 1441), Blockturm (1473), Schloß (1524), Rathaus (1581); sehenswert das Heimat- und Miedermuseum.

Heuchelheim

□ 10,55 qkm; ○ Gießen; ⚐ Hessen; ✉ 35452; ☎ 0641; 🚗 GI; △ 156–290 m; 👪 7200.

H. mit Ortsteil Kinzenbach ist eine aufstrebende Gm im Lahntal zwischen Gießen und Wetzlar. Zufahrt über die B 49/429 und die Autobahn A 480 (Ausfahrt H.-Biebertal); Anschluß an die A 5 Frankfurt a. M.–Kassel und an die A 45 Dortmund–Gießen–Hanau–Seligenstädter Kreuz über Gießener Ring (Ausfahrt Gießen-West/Heuchelheim). H. hat Grundschule mit Förderstufe; Zigarrenfabrik, feinmechanisch-optisches Werk (Minox-Kleinstkameras), Kies-, Beton- und Kalksteinwerke, Elektrokohle- und Sintermetallwerk, Oberflächenveredelungs- und Sägewerke, Drahtfabrik.

Die Gm liegt auf altem Siedlungsgebiet (Funde aus der Altstein- bis Römischen Kaiserzeit). Als fränkisches Dorf um 700 gegründet, ist H. erstmals 778 urkundlich nachweisbar.

Aus dem Ackerbürgerdorf entwickelte sich seit Ausgang des 19. Jh. eine bedeutende Industriegemeinde.

Nach Auflösung der Großstadt Lahn (1979) wurde die Gm Heuchelheim wieder in ihren alten Grenzen selbständig. Sehenswert die Ev. Martinskapelle H. (eheml. Wehrkirche, 13. Jh. mit späteren Veränderungen).

Heusenstamm

□ 19,03 qkm; ○ Offenbach a. M.; ⚐ Hessen; ✉ 63150; ☎ 06104; 🚗 OF; △ 159 m; 👪 18000.

H., 17 km südöstlich von Frankfurt a. M. gelegen, ist über die Autobahn A 3 Frankfurt–Würzburg (Ausfahrten Offenbach a. M. und Hanau) zu erreichen. H. hat Fernmeldezeugamt der Deutschen Bundespost, Brückenmeisterei der Deutschen Bundesbahn; Realschule, Gymnasium, Fernmeldeschule der Deutschen Bundespost; Maschinen- und Apparatebau, Lederwarenfabrikation, Kunststoff- und chem. Industrie.

H., erstmals 1211 urkundlich erwähnt, kam 1661 von den Grafen von H. an die Grafen von Schönborn, die zwischen 1663 und 1668 ein imposantes Schloß im Renaissancestil errichten ließen. 1816 fiel es an Hessen. H. hatte nach dem 2. Weltkrieg als Industrie- und Arbeiterwohngemeinde im Ballungsraum von Frankfurt a. M./Offenbach einen bedeutenden Bevölkerungszuwachs zu verzeichnen (1950 4700 EW). 1959 Verleihung der Stadtrechte. –

Sehenswert neben dem Renaissanceschloß und der Wasserburg (1668) die Barockkirche (1774 von Balthasar Neumann als Familienbegräbnisstätte der Grafen von Schönborn erbaut).

Heusweiler

□ 39,94 qkm; ○ Saarbrücken; ⚐ Saarland; ✉ 66265; ☎ 06806; 🚗 SB; △ 300 m; 👪 20000.

H., 15 km nordwestlich von Saarbrücken am Köllerbach gelegen, ist über die B 268, die Autobahn A 1 Saarbrücken–Köln (Ausfahrt H.-Holz) und Autobahn A 8 Neunkirchen–Saarlouis (Ausfahrt H.) zu erreichen. Die Gm hat Grund- und Hauptschule, Kreisrealschule.

H. wird erstmals 1285 als Fronhof des Grafen Simon von Saarbrücken erwähnt. Ausgrabungsfunde lassen auf eine Besiedlung seit römischer Zeit schließen.

Auf der Markung von H. befinden sich die Sendeanlagen der Europawelle Saar mit 120 m hohen Sendetürmen.

Hiddenhausen

□ 23,87 qkm; ○ Herford; ⚐ Nordrhein-Westfalen; ✉ 32120; ☎ 05221 (Herford) und 05223 (Bünde); 🚗 HF; △ 68–168 m; 👪 19700.

Die Gm H. ist 1968 durch Zusammenschluß der ehem. selbständigen Gemeinden H., Eilshausen, Lippinghausen, Oetinghausen, Schweicheln-Bermbeck und Sundern entstanden. Die Gm liegt 25 km nordöstlich von Bielefeld an der Autobahn A 30 Osnabrück–Bad Oeynhausen (Ausfahrt Bünde/H.) und B 239. H. hat Grund- und Hauptschulen, Gesamtschule, Volkshochschule, Heimsonderschule für Erziehungshilfe, Tagesbildungsstätte für geistig behinderte Kinder, „Biologie-Zentrum" (Weiterbildungseinrichtung für Lehrer und Schüler); Brauerei (Herforder Bier).

Bemerkenswert die ev. Kirche im Ortsteil H. (barocke Saalkirche mit romanischem Turm und Orgel von 1722), das ehem. Rittergut mit barockem Herrenhaus und mehreren Wirtschaftsgebäuden im Fachwerkstil sowie die Wasserburg Bustedt mit Herrenhaus und Vorburg. – Alljährlich im September Michaelis-Treffen (Pflege und Vortrag der plattdeutschen Mundart).

Hilchenbach

☐ 80,85 qkm; ○ Siegen-Wittgenstein; ⚐ Nordrhein-Westfalen; ✉ 57271; ☎ 02733; 🚗 SI; △ 310–678 m; 👫 15200.

H. ist reizklimatischer Ferienort im Naturpark Rothaargebirge (Quellgebiet von Eder, Lahn und Sieg) 25 km nordöstlich von Siegen. Zufahrt über die B 62 und B 508; Anschluß an die A 4 Köln–Olpe (Ausfahrt Wenden) und A 45 Sauerlandlinie (Ausfahrten Olpe, Olpe-Süd oder Freudenberg). Endstation der Bahnstrecke Köln–Siegen–Kreuztal–H. H. hat Forstamt; Gymnasium Stift Keppel mit Internat, Jung-Stilling-Gymnasium mit Schülerheim, Ev. Sozialakademie Haus Keppel (H.-Allenbach); Theater; Maschinen- und Schwermaschinenbau, eisenverarbeitende Industrie (Blechwaren, Schrauben), Kunststoff- und Papierindustrie; Land- und Forstwirtschaft; von wirtschaftlicher Bedeutung ferner der Fremdenverkehr (Wintersport).

Erste urkundliche Erwähnung 1292. 1467 war H. Gerichtssitz, 1687 erhielt es die Stadtrechte. 1969 Zusammenschluß mit 11 Gemeinden des Amtes Keppel. Der Erzbergbau im Stadtteil Müsen ist seit 1313 urkundlich belegt.

Sehenswürdigkeiten: Burg Ginsburg (Ausgangspunkt des Kampfes zur Befreiung der Niederlande im Jahr 1568); Stiftskirche Keppel (ehem. Prämonstratenserkloster), Wilhelmsburg (17. Jh.), Marktplatz H. mit historischen Fachwerkhäusern, Geburtshaus des Augenarztes und Volksschriftstellers Johann-Hinrich Jung-Stilling (1740–1817, Freund Goethes), Besucherschaubergwerk »Stahlberger Erbstollen«, Bergwerksmuseum, ma. Bergbausiedlung, Stadtmuseum Wilhelmsburg, Heimatmuseum Müsen. Naturschutzgebiet Ginsberger Heide. – Alljährlich Altstadtfest und Herbstkirmes.

Hildburghausen

☐ 7,5 qkm; ○ Hildburghausen; ⚐ Thüringen; ✉ 98646; ☎ 03685; 🚗 HBN; △ 380 m; 👫 12000.

H. ist zu erreichen auf der A 4 / E 40, Ausfahrten Gotha oder Erfurt-West (je ca. 55 km), sowie auf der B 89; Bahnhof an der Strecke für den Regionalverkehr zwischen Meiningen und Sonneberg; leistungsstarkes Omnibusnetz für den Stadt-, Kreis- und Fernverkehr. Der nächste Flughafen ist Erfurt (ca. 60 km).

Bildungseinrichtungen: Grundschulen, Regelschulen, Gymnasium; Förderschule; allgemeinbildende Berufsschulen; Musikschule; umfangreiche Stadt- und Kreisbibliothek.

Wirtschaftliches: vorrangig mittelständische Unternehmen; Landmaschinen-Vertrieb und -Service; Bau- und Steinmetzbetriebe, Baustoffhandel; Weberei; Sägewerk; Thüringer Geflügelfarm mit Brüterei, Mast div. Geflügelarten und Schlachtbetrieb; durch Branchenvielfalt im Einzelhandel bietet die St eine solide Infrastruktur.

Geschichtliches: Bereits 908 wurde der heutige Stadtteil Wallrabs urkundlich erwähnt. In einem Kaufvertrag von 1234 zwischen dem Stift Würzburg und dem Grafen Otto von Botenlauben wird die Ortschaft „Hilteburghusin" genannt. Viele Jahre galt die St als Würzburgisches Lehen, bis sie Graf Berthold VII. von Henneberg im Jahre 1316 im Rahmen der Coburger Herrschaft erwarb. Dadurch erhielt H. 1331 das Coburger Stadtrecht; eine verbindliche Stadtordnung erhielt es aber erst 1496, nachdem es bereits mehrmals den Besitzer gewechselt hatte. Durch Heirat gelangte H. 1374 an den Grafen Balthasar von Thüringen und damit in Wettiner (sächsische) Hände. – Ein orkanartiger Sturm brachte der St 1572 schwere Verwüstungen, die auch das Rathaus zerstörten. So wie es 1595 neu erbaut wurde, dominiert es in seiner eigenwillig-schönen Gliederung bis heute das architektonische Bild des Marktplatzes. Obwohl unter dem Landesherrn Casimir von Sachsen im 30jährigen Kriege neutral geblieben, wurde H. mehrmals geplündert. Pest, Hungersnöte und Greueltaten wüteten, obendrein forderte der Hexenwahn zahlreiche Opfer. Landwirtschaft, Handel und Handwerk brachen zusammen. Schwedische Soldaten steckten 1640 beide Vorstädte in Brand.

H. erhielt 1676 eine kaiserliche Reichspoststation. Durch den Erbteilungsvertrag vom 24. 2. 1680 zwischen den sieben Söhnen Herzogs Ernst des Frommen von Sachsen-Gotha bildete man neben anderen auch das Herzogtum Sachsen-Hildburghausen. Der Herzog entschied sich 1684 für H. als Residenz. Zwischen 1685 und 1695 wurde das Residenzschloß gebaut, es fiel 1945 Fliegerbomben zum Opfer und mußte abgetragen werden. 1717 kam es zwischen Bürgerschaft und Hof zu offenen Auseinandersetzungen wegen der Abschaffung althergebrachter Bürgerrechte durch Hofbeamte. Die finanzielle Zerrüttung infolge von Verschwendungssucht und Mißwirtschaft hatte 1769 derartige Ausmaße erreicht, daß der Kaiser eine Debitkommission einsetzen mußte, um den ungeheuren Schuldenberg abzutragen. Am 18. 8. 1779 wurde ein Drittel der St durch Brand zerstört und bis 1785 wiederaufgebaut. Erneut kam es 1806/07 und 1814 zu Einquartierungen und Truppendurchzügen. Infolge der Neuaufteilung sächsisch-ernestinischer Länder ging Sachsen-Hildburghausen 1826 im Herzogtum Sachsen-Meiningen auf. – Joseph Meyer verlegte sein Bibliographisches Institut 1828 von Gotha nach H.; 1840 erschien hier der erste Band von „Meyers Konversationslexikon“, die 52bändige (!) Erstausgabe wurde 1855 abgeschlossen. – 1856–58 Bau der Werrabahn; 1867 wurde H. Garnisonsstadt und 1868 Kreisstadt; seit 1920 gehört es zum Land Thüringen. Aufgrund einer Gebietsreform der früheren DDR wurde 1952 der Bezirk Suhl als neue Verwaltungseinheit mit acht Kreisen gebildet; eine der Kreisstädte wurde H. Die Gm Häselrieth und Wallrabs schlossen sich 1968 der St H. an, ihnen folgte 1974 die Ortschaft Birkenfeld.

Sehenswürdigkeiten und Kulturelles: Marktplatz mit Bürgerhäusern (18./19. Jh.) und imposantem Rathaus im Renaissancestil; die Stadtmauer von 1324 umschließt noch an drei Stellen den alten Stadtkern, dazu gehören die Bertholdstormauer mit Turm; spätbarocke Christuskirche, 1785 an Stelle der ma. St.-Lorenz-Kirche erbaut; Friedenspark (um 1700), einstiger Barockgarten, 1780 nach englischem Vorbild umgestaltet, sehr schöner alter Baumbestand, künstlicher Kanal um die 5 ha große Parkfläche; Naherholungsgebiet „Gemauerte Teiche“ mit Tiergehege; Stadtwald mit zahlreichen Wanderwegen. – Bedeutende Persönlichkeiten: 1796 nahm Carl Maria von Weber in H. Klavierunterricht; der Schriftsteller Jean Paul weilte von 1799 bis 1802 in der St; eine Blütezeit der Schulen brach anfangs des 19. Jh. unter Schulrat Ludwig Nonne an, bald wurde H. in Dtld. „Stadt der Schulen“ genannt; Nonne betrieb bereits 1812 die Gründung eines Gymnasiums, erster Direktor wurde Friedrich Sickler, bekannter dt. Gelehrter und Altertumsforscher; 1878 verlegte Harmsen Wilhelm Rathke sein in Sondershausen gegründetes Technikum nach H.; dieser weithin bekannten technischen Lehranstalt wurden u.a. Baugewerk-, Bahnmeister-, Tiefbau- und Elektrotechniker-Schulen angegliedert; mit der Niederlassung des Verlegers Joseph Meyer mit dem Bibliographischen Institut (1828) erlangte die St Mitte des 19. Jh. Weltruhm. – Der herzoglichen Prinzessin Therese von Sachsen-Hildburghausen ist das Oktoberfest in München zu verdanken. Sie heiratete 1810 den bayrischen Kronprinzen Ludwig; anläßlich der Hochzeit war die heutige Theresienwiese in München Schauplatz eines großen Volksvergnügens, auf das sich die Tradition des Münchner Oktoberfestes gründet.

Wiederkehrende Ereignisse: seit 1991 wieder jährlich im Oktober das Theresienfest, analog zum Münchener Geschehen und vor gleichem historischem Hintergrund.

Hilden

□ 25,95 qkm; ○ Mettmann; ⚐ Nordrhein-Westfalen; ✉ 40721*; ☎ 02103; 🚗 ME; △ 44–107 m; 👥 54000.

H. liegt 14 km südöstlich von Düsseldorf an der B 228 und an den Autobahnen A 3 Oberhausen–Köln (Ausfahrt Autobahnkreuz H.); A 46 Düsseldorf–Wuppertal (Ausfahrt H.) und A 59 Düsseldorf–Leverkusen (Ausfahrten Düss.-Garath und Düss.-Benrath); S-Bahnverbindung nach Düsseldorf–Solingen–Ohligs. Die St hat Institut für öffentliche Verwaltung; Realschulen, kath. Mädchenrealschule, Gymnasien, berufsbildende Schulen, Sonderschule für Lernbehinderte; Unfallkrankenhaus, private Frauenklinik; vielseitige Industrie (Metallverarbeitung, Chemische Industrie, Lackindustrie, Elektronik, Elektrotechnik, Maschinenbau). H. ist Bundeswehrstandort.

H., ursprünglich Besitz der Erzbischöfe von Köln, kam im Spätmittelalter an das Herzogtum Berg. 1815 wurde es preußisch. im 19. Jh. entwickelte sich H. vom Bauerndorf zum Industrieort, dem 1861 von König Wilhelm I. das Stadtrecht verliehen wurde. – Sehenswert die spätromanische Emporenkirche. – In H. geboren wurde der Chirurg Fabricius Hildanus (eigentlich Wilhelm Fabry von der Schmitten, 1560–1634), einer der bedeutendsten Ärzte seiner Zeit.

Sehenswert das Fabry-Museum. Feste und Veranstaltungen: Rhein-Itter-Wirtschaftsschau, Itterfest und Kronenfest.

Hildesheim

□ 92,93 qkm; ○ Hildesheim; ⚐ Niedersachsen; ✉ 31134*; ☎ 05121; 🚗 HI; △ 70 bis 244 m; 👪 103500.

H. ist Verkehrsknotenpunkt, Verwaltungszentrum und Industriestadt an der Innerste am Übergang der nördlichen Ausläufer des Harzes zur niederdeutschen Börde. In H. kreuzen sich bzw. treffen zusammen die B 1, B 6, B 243 und B 494. Anschluß an die Autobahn A 7 Hamburg–Würzburg (Ausfahrten H. und H.-Drispenstedt). H. ist Bahnknotenpunkt und D-Zug-Station der Hauptstrecken Kiel–Lindau, Aachen–Köln–Berlin und Hamburg–München. Flugplatz für Sportflugzeuge auf nordöstlichem Stadtgebiet.

H. ist Sitz zahlreicher Behörden und Körperschaften des öffentl. Rechts (Kreisverwaltung, Niedersächs. Landesrechnungshof, Landgericht, Amtsgericht, Hauptzollamt, Industrie- und Handelskammer, Handwerkskammer, Landessozialamt; psychiatrisches Landeskrankenhaus), eines katholischen Bischofs, vieler Bildungs- und kultureller Einrichtungen (Universität, Fachhochschule für Architektur und Bauingenieurwesen, Fachhochschule für Sozialpädagogik u. Forstwissenschaft, Fachhochschule für Kommunikation und Produktgestaltung, Volkshochschule, Landwirtschaftsschule mit Gymnasium, Handelslehranstalt, Gewerbeförderungszentrum des Handwerks, Niedersächsische Fachhochschule für Verwaltung und Rechtspflege, Musikschule, Berufsschulen, Gymnasien, Realschulen, Landesgehörlosenzentrum; Stadttheater (Oper, Operette, Schauspiel, Ballett), Roemer-Pelizaeus-Museum [bedeutende Sammlung altägyptischer Kunstdenkmäler und stadtgeschichtliche Abt.], Stadtarchiv u. Stadtbibliothek) sowie Bundeswehrstandort.

Die breitgefächerte Industrie produziert Rundfunk- und Fernsehgeräte (Blaupunkt); Autozubehörteile und Elektrogeräte (Bosch), Großkochanlagen (Senking), Erzeugnisse der Gummi- (Zweigwerk der Phoenix-Gummiwerke AG.) und chemischen Industrie, Tapeten, u.a. H. ist durch einen Zweigkanal mit dem Mittellandkanal verbunden; im Hafen werden jährlich ca. 1,3 Mill. t Massengüter umgeschlagen. Ein Wirtschaftsfaktor von Bedeutung ist außerdem der Fremdenverkehr.

Der Name H. ist auf einen germanischen Hofbesitzer »Hiltwin« zurückzuführen. Die spätere Siedlung lag am Schnittpunkt wichtiger Handelswege, deren strategische Bedeutung durch den »Hildesheimer Silberfund« (ein

Hildesheim, St. Michaeliskirche

bei H. 1868 gefundener Schatz römischen Tafelsilbers, wahrscheinlich die Kriegsbeute eines germanischen Fürsten) indirekt bestätigt wurde. Nach der Gründung des Bistums H. (815) erwuchs zwischen dem 852 errichteten Dom und der 1001 begonnenen St.-Michaelis-Kirche in einer Senke die eigentliche St, der schon unter Bischof Bernward (993–1022) wichtige Rechte (Münz- und Marktrecht) verliehen wurden. Um 1200 ist der Altstadtkern mit einem geschlossenen Mauerzug umgeben; wenig später entstand östlich der Altstadt eine Neustadt. Bis 1802 war H. Regierungssitz eines geistlichen Fürstentums.

Von der Altstadt, die 1945 schwer zerstört wurde, sind nur Teile um die St. Godehard-Kirche (Fachwerkhäuser am Lappenberg mit Resten der ma. Stadtbefestigung (Kehrwiederturm) im ursprünglichen Zustand erhalten. Wiederaufgebaut bzw. restauriert wurden die großartigen Bauten der karolingischen, ottonischen und romanischen Kulturepoche: Dom St. Mariae (Baubeginn im 9. Jh.) mit den Bronzetüren und der bronzenen Christussäule Bernwards sowie 1000jährigem Rosenstock an der Apsis; St.-Michaelis-Kirche (1033 geweiht) mit gemalter Holzdecke (12. Jh.) des Mittelschiffs; St. Godehard-Kirche (1133), dem Hildesheimer Bischof und Heiligen Godehard (1022–38) geweiht, nach dem das Gotthardmassiv und der Gotthardpaß in den Schweizer Alpen benannt wurden; St. Andreas-Kirche (11./12. Jh.) mit 114,5 m hohem Turm. Bemerkenswert ferner das Rathaus (Baubeginn 1268) mit Marktbrunnen (1540) und Tempelhaus (1484–1490), die Jakobikirche (1503–1514), das Wernerhaus (1606), das Knochenhauer-Amtshaus (1529; 1987–1990 wiederaufgebaut), das Waffenschmiedehaus (1548) und die St.-Lamberti-Kirche (Ende 15. Jh.) am Neustädter Markt. – H. ist Geburtsort des ersten deutschen Afrikaforschers Konrad Friedrich Hornemann (1772–1801) und des Seefahrers Dietrich Pining (ca. 1430–1491), der 1472 als Admiral in dänischen Diensten amerikanischen Boden (Labrador) vor Columbus betreten hat.

Hille

☐ 102 qkm; ○ Minden-Lübbecke; ⚐ Nordrhein-Westfalen; ✉ 32479; ☎ 05703; 🚗 MI; △ 200 m; 👥 14300.

H., 15 km nordwestlich von Minden am Mittellandkanal gelegen, wurde 1973 als Großgemeinde aus neun Gemeinden gebildet. Sitz der Verwaltung ist die Ortschaft Hartum.

Die Gm besitzt einen Hafen am Mittellandkanal. Hauptwirtschaftszweige sind die Landwirtschaft sowie mittelständische Unternehmen der Möbelindustrie und der Metallverarbeitung. Die Ortschaft Rothenuffeln ist Erholungsort mit Heilanzeigen bei Rheuma, Haut- und Frauenleiden (Calcium-Sulfat-Quellen, Moor- und Schwefelbäder).

Hilpoltstein (Mittelfranken)

☐ 89,68 qkm; ○ Roth; ⚐ Bayern; ✉ 91161; ☎ 09174; 🚗 RH; △ 384 m; 👥 10000.

H., 35 km südöstlich von Nürnberg in Mittelfranken gelegen, hat Anschluß an die Autobahn A 9 München–Nürnberg (Ausfahrt H.); Endstation der Bahn-Nebenstrecke Roth–H. In H. gibt es ein Amtsgericht, Finanzamt; Realschule, Gymnasium, Sing- und Musikschule; Rummelsberger Anstalten; vielseitige Industrie (Herstellung von Pumpen, Kraftfahrzeugteilen, Metall- und Lederwaren, Papier).

»Stein« wird erstmals 1142 urkundlich erwähnt und erhielt 1280 ein eigenes Stadtgericht. Die St kam im Landshuter Erbfolgekrieg 1505 an das Herzogtum Pfalz-Neuburg und 1793 an Bayern. – Sehenswürdigkeiten: Amtsgericht (ehem. fürstliches Wohnhaus von 1619), Finanzamt (ehem. Festsaalbau der Residenz von 1619), „Jahrsdorfer Haus“ (Fachwerkbau von 1523), ma. Fachwerkhäuser (ältestes Haus 1491), Rathaus mit Fachwerk und Brunnen, Reste der Stadtbefestigung (Döderleinsturm), Burgruine (14. Jh.). – Alljährlich Burgfest mit historischem Festzug (August).

Hindelang

☐ 137,02 qkm; ○ Oberallgäu; ⚐ Bayern; ✉ 87541; ☎ 08324; 🚗 OA; △ 850–1210 m; 👥 4700.

H., Mkt im Ostrachtal der Allgäuer Alpen, ist über die B 308 zu erreichen. H. hat Grund- und Hauptschule; Alpwirtschaft, Keramikwerkstätte; regen Fremdenverkehr.

„Hundenlang“ war im 12. Jh. im Besitz eines gleichnamigen Geschlechts, dessen Burg und Güter zwischen 1375 und 1381 von den Herren von Heimenhofen erworben wurden. Nach Entdeckung von Erzlagern im 15. Jh. und wachsender Bedeutung des Ortes als Umschlagplatz an der Salzstraße erwarb das Hochstift Augsburg 1477 alle Besitzungen. Die Hindelanger Hammerschmieden lieferten pro Jahr zwischen 5000 und 10000 Hellebarden und Spieße an die kaiserlichen Landsknechtsheere. 1802 kam der Mkt an Bayern. Gegen Ende des 19. Jh. entwickelte sich H. zur Sommerfrische und mit Beginn der 20er Jahre des jetzigen Jahrhunderts zum bekannten heilklimatischen Kurort und Kneippkurort. (Schwefel- und Moorbad; Heilanzeigen: Chron. Entzündungen und Erkrankungen der Atemwege, anämische Erkrankungen, regulative Störungen, Erschöpfungszustände, Rekonvaleszenz, Herz- und Kreislauferkrankungen, periphere Durchblutungsstörungen; rheumatische Formenkreiserkrankungen. Wirbelsäulen- und Unterleibserkrankungen.)

Im Ortsteil Bad Oberdorf Kapelle mit Jörg-Lederer-Altar (1519); sehenswerte alte Hammerschmieden.

Hinterzarten

☐ 33,36 qkm; ○ Breisgau-Hochschwarzwald; ⚐ Baden-Württemberg; ✉ 79856; ☎ 07652; 🚗 FR; △ 800–1200 m; 👥 2200.

H., im Hochschwarzwald 25 km südöstlich von Freiburg i.B. gelegen, ist über die B 31 und B 500 zu erreichen. Bahnstation an der Strecke Freiburg i.B.–Donaueschingen (Höllentalbahn). Die Gm hat Grund- und Hauptschule, Gymnasium (Internat). H. ist heilklimatischer Kurort (Spezialkliniken) mit Heilanzeigen bei Herz- und Kreislaufstörungen, vegetativer Dystonie, Stoffwechselerkrankungen, Magen- und Darmerkrankungen, Schilddrüsenüberfunktion, akuter und chronischer Bronchitis, Erschöpfungszuständen und verzögerter Rekonvaleszenz, Aufbraucherkrankungen, sowie bekannter Wintersportplatz mit bedeutendem Fremdenverkehr (500000 Übernachtungen).

H., erstmals 1148 urkundlich erwähnt (Einweihung der Pfarrkirche St. Oswald), gelangte von den Herren von Falkenstein 1408 an die Herren von Landeck. Nach deren Aussterben (1568) fiel der Ort an das Geschlecht von Sikkingen-Hohenburg. 1809 wurde H. badisch. Neben der Land- und Viehwirtschaft war im 18. und 19. Jh. die Hausindustrie der Glasbläser und Uhrenhersteller von großer wirtschaftlicher Bedeutung. –

Sehenswert die Oswaldkirche (1148 gegr., jetziger Bau 18. Jh.) im Höllental, die Pfarrkirche mit Barockaltären und der Ravenna-Viadukt. – Während der Wintersaison Internationale Skispringen an der Adlerschanze.

Hirschau (Oberpfalz)

□ 74,56 qkm; ○ Amberg-Sulzbach; ⚐ Bayern; ✉ 92242; ☎ 09622; 🚗 AM; △ 415 m; 👫 6400.

Die St H. liegt 15 km nordöstlich von Amberg in der Oberpfalz an der B 14. H. hat Grund- und Hauptschule; Kaolingruben (Amberger Kaolinwerke) und Fremdenverkehr.

H. wurde Anfang des 14. Jh. zur St erhoben und war bis 1803 oberpfälzisches Pflegeamt. Industrieller Aufschwung seit der Jahrhundertwende (1901 Gründung des größten deutschen Kaolinwerkes). – Auf dem Gelände der Kaolinwerke befindet sich als Mittelpunkt eines Sport- und Erholungszentrums der aus Quarzsanden bestehende, für den Sommerskisport geeignete »Monte-Kaolino«.

Hirschhorn (Neckar)

□ 30,86 qkm; ○ Bergstraße; ⚐ Hessen; ✉ 69434; ☎ 06272; 🚗 HP; △ 131 m; 👫 4000.

H. liegt an einer Neckarschleife 22 km nordöstlich von Heidelberg im südöstlichen Odenwald. Zufahrt über die B 37; Bahnstation an der Strecke Heidelberg–Neckarelz–Würzburg bzw. Stuttgart. Die St hat Forstamt; Grund- und Hauptschule, Sonderschule für Lernbehinderte; Elektroindustrie (Zählereinrichtungen, Sondermaschinen für elektrische Induktionswärme), Maschinenbau (Verpackungs- und Auszeichnungsgeräte), Dekorplattenwerk, Garnfärberei; H. ist Luftkurort mit lebhaftem Fremdenverkehr. Die Neckarstaustufe mit Kraftwerk und zwei Schleusen verbindet die beiden Neckarufer.

H. entstand am Fuße der von den Rittern von H. im 12. Jh. erbauten Burg. Ältester Ortsteil ist das „Hinterstädtchen" unmittelbar unter der Burg, das 1391 zur St erhoben wurde; die Talstadt wurde um 1500 in die Stadtbefestigung einbezogen. Nach dem Aussterben der Ortsherren (1632) kam H. an Kurmainz. Die Burg (jetzt Hotel) und das malerische ma. Stadtbild einschließlich der Stadtmauer blieben fast unversehrt erhalten. An Baudenkmälern sind neben zahlreichen Fachwerkhäusern (15./16. Jh.) bemerkenswert: die erstmals 773 erwähnte Ersheimer Kapelle (14. bis 16. Jh.) mit Grabsteinen der Ritter von H., Karmeliterkloster (1406), Marktkirche (1630); Langbein-Museum.

Hitzacker

□ 58,44 qkm; ○ Lüchow-Dannenberg; ⚐ Niedersachsen; ✉ 29456; ☎ 05862; 🚗 DAN; △ 10–83 m; 👫 4700.

H., Luftkurort im Naturpark Elbufer-Drawehn, liegt 48 km östlich von Lüneburg an der Einmündung der Jeetzel in die Elbe; Bahnstation an der Nebenstrecke Lüneburg–Dannenberg–Lüchow. H. hat Samtgemeindeverwaltung, Wasser- und Schiffahrtsamt, Zollkommissariat; Grund- und Realschule; Fremdenverkehr (Kurmittelhaus, Stahlquelle).

Die im Schutz einer Burg entstandene Fischersiedlung »Hidesaker« wird erstmals 1203 urkundlich erwähnt. Unter den Askaniern wurde H. zur Stadt ausgebaut (1258 Stadtrecht). 1604 kam die St an Herzog August den J. zu Braunschweig-Lüneburg, der 1605 ein Schloß errichten ließ und 1614 die berühmte, heute in Wolfenbüttel untergebrachte Bibliothek gründete. – Sehenswert das Naturdenkmal der 300 Jahre alten Riesenkastanie. – H. ist Geburtsort von Klaus von Amsberg, Prinz der Niederlande. – Alljährlich „Sommerliche Musiktage" (Juli).

Hochheim a. Main

□ 19,43 qkm; ○ Main-Taunus-Kreis; ⚐ Hessen; ✉ 65239; ☎ 06146; 🚗 MTK; △ 129 m; 👫 17100.

H. a. Main liegt im Ballungsraum des Rhein-Main-Gebietes 5 km östlich von Mainz. Zufahrt über die B 40 und die A 671 (Ausfahrt H.-Süd und H.-Nord). Flugplatz Wiesbaden-Erbenheim 4 km.

H. hat Amtsgericht; Grund- und Hauptschule, Gymnasiale Oberstufe, Volkshochschule, Sonderschule für körperbehinderte Kinder; Weinanbau (mit über 1000 Morgen eine der größten Weinbaugemeinden des Rheingaus), Weinhandel und Sektkellereien, Maschinen-, Baustahl- und Verpackungsindustrie; lebhaften Fremdenverkehr.

H., 630 erstmals urkundlich erwähnt, wurde wahrscheinlich Ende des 13. Jh. zur St erhoben. Im MA war H. bevorzugte Residenz des Mainzer Domkapitels. Seit 1484 besaß H. das Marktrecht; 1802 kam es an Nassau-Usingen, 1866 an Preußen. – Hochheimer Wein ist weit über die Grenzen Deutschlands ein Begriff (englische Bezeichnung für Rheinwein »Hock«). – Alljährlich Anfang Juli H. Weinfest und Anfang November H. Markt.

Hockenheim

□ 34,85 qkm; ○ Rhein-Neckar-Kreis; ⚐ Baden-Württemberg; ✉ 68766; ☎ 06205; 🚗 HD; △ 101 m; 👪 16500.

H., in der Rheinebene 20 km südlich von Mannheim an der B 36 und B 39 gelegen, hat Anschluß an die Autobahnen A 6 Heilbronn–Mannheim (Ausfahrt Schwetzingen/H.), A 5 Frankfurt a. Main–Basel und A 61 Ludwigshafen–Koblenz (Ausfahrt H.). Bahnstation an der Strecke Mannheim–Basel; Realschule, Gymnasium, Sonderschule, hauswirtschaftliche Berufsschule; H. ist Mittelpunkt eines intensiv genutzten landwirtschaftlichen Gebietes (Spargel-, Zuckerrüben- und Tabakanbau) und Standort mittlerer und kleinerer Industriebetriebe (metallverarbeitende Industrie, elektrotechnische Betriebe, Fleischwaren- und Konservenfabriken.

H., erstmals 769 urkundlich genannt (»Ochinheim«), stand seit 1250 unter der Herrschaft der Bischöfe von Speyer. Nach der Schlacht von Seckenheim (1462) kam das Dorf an die Kurpfalz und 1803 an Baden. 1895 erhielt H. das Stadtrecht. – 1932 wurde bei H. eine Motorradrennstrecke in Betrieb genommen, die 1938 ausgebaut und von 12 km auf 7,7 km verkürzt wurde; die Strecke wurde in den Jahren 1963–65 zum Motodrom (Tribünen für 100000 Zuschauer) mit Ein- und Ausfahrten zur Autobahn A 6 umgebaut (außerdem Versuchsfahrten der Kraftfahrzeugindustrie das ganze Jahr über). – Sehenswürdigkeiten: Motor-Sport-Museum (am Hockenheim-Ring); Tabakmuseum; Aquadrom.

Höchstadt a. d. Aisch

□ 70,84 qkm; ○ Erlangen; ⚐ Bayern; ✉ 91315; ☎ 09193; 🚗 ER; △ 273 m; 👪 11100.

H. a. d. Aisch, 45 km nordwestlich von Nürnberg am südöstlichen Rand des Steigerwaldes gelegen, ist über die B 505 und die Autobahn A 3 Nürnberg–Frankfurt a. M. (Ausfahrten H.-Ost und H.-Nord) zu erreichen. Die St hat Landwirtschaftsamt; Gymnasium, Sonderschule für Lernbehinderte, Fachakademie für Sozialpädagogik; Maschinen- und Schuhfabriken, Weberei, Spiegelkarpfenzuchtbetriebe.

H., erstmals 800 in einer Schenkungsurkunde Karls d. Großen an das Kloster Fulda erwähnt, kam 1007 an das Bistum Bamberg. 1348 bereits als St erwähnt, erhielt H. erst 1382 das Marktrecht. 1802 kam H. an Bayern. Wirtschaftlicher Aufschwung nach dem 2. Weltkrieg (Industrieansiedlungen). – Sehenswürdigkeiten: Got. Stadtpfarrkirche; histor. Marktplatz mit Marktbrunnen; Reste der ma. Stadtbefestigung (Stadtturm); Schloß (1713); Heimatmuseum. Nördlich von H. Barockschloß Pommersfelden der Grafen von Schönborn.

Höhr-Grenzhausen

□ 15,86 qkm; ○ Westerwaldkreis; ⚐ Rheinland-Pfalz; ✉ 56203; ☎ 02624; 🚗 WW; △ 250–300 m; 👪 8200.

H.-G., 17 km nordöstlich von Koblenz an der Westseite des Westerwaldes gelegen, ist Fremdenverkehrsort und industrieller Mittelpunkt des »Kannenbäckerlandes«; Zufahrt über die Autobahn A 48 Trier–Koblenz–Dernbacher Dreieck (Ausfahrt H.-G.). Die St hat Verbandsgemeindeverwaltung (für die Gm Hillscheid, Hilgert und Kammerforst); Realschule, Fachhochschule für Keramik. Bedeutendster Wirtschaftszweig ist die Keramikindustrie; ferner glas- und kunststoffverarbeitende Industrie, Herstellung von Kartonagen und Gummi-Metallverbindungen, Tabakspfeifen und Apothekeneinrichtungen.

H.-G. wurde 1936 durch Zusammenlegung der ehemals selbständigen Gemeinden Höhr, Grenzhausen und Grenzau zur St H.-G. gebildet. Ältester Stadtteil ist Grenzau mit der Burg G. (erstmals 1213 urkundlich erwähnt, im 17. Jh. zerstört). Höhr und Grenzhausen werden 1313 erstmals als Besitz der Herren von Isenburg-Grenzau genannt. Grenzhausen kam über die Grafen von Wied 1595 an Kurtrier, dem 1664 auch Grenzau zufiel. Grundherren von Höhr waren bis 1767 die Grafen von Sayn-Wittgenstein; danach gehörte Höhr gleichfalls zum Kurfürstentum Trier. Das bodenständige Töpferhandwerk (Keramik-Museum) wurde bereits zur Zt. der Urnenfelderleute (800 v. Chr.) ausgeübt (Grabfunde). – Sehenswert Burgruine Grenzau mit dreieckigem Bergfried.

Hörstel

□ 107,34 qkm; ○ Steinfurt; ⚐ Nordrhein-Westfalen; ✉ 48477; ☎ 05459; 🚗 ST; △ 45 m; 👫 15400.

H., 34 km westlich von Osnabrück an der B 65, Autobahn A 30 Osnabrück–Niederlande (Ausfahrt H.) und am Mittellandkanal gelegen, hat Grundschulen, Hauptschule, Sonderschule für Lernbehinderte, Förderschule für Kinder von deutschstämmigen Aussiedlern aus Polen; Eisenhütte, Ziegelei, Kokosweberei, Wirkwarenfabrik.

H. ist 1974 zur St erhoben worden. – Sehenswert die Ruine des 1256 gegründeten Zisterzienserinnenklosters Gravenhorst (1807 aufgehoben) mit frühgot. Kirche und Grabsteinen aus dem 13. Jh.

Hösbach

□ 30,59 qkm; ○ Aschaffenburg; ⚐ Bayern; ✉ 63768; ☎ 06021; 🚗 AB; △ 155 m; 👫 12000.

H., 6 km östlich von Aschaffenburg an der B 26 und Autobahn A 3 Frankfurt a. M.–Würzburg (Ausfahrt H.) gelegen, hat mittlere und kleinere Industrie- und Gewerbebetriebe (Schirm- und Kleiderfabriken, holzverarbeitende Betriebe, Ziegeleien) sowie Obstanbau und Obstverwertung (Keltereien).

Hövelhof

□ 70,64 qkm; ○ Paderborn; ⚐ Nordrhein-Westfalen; ✉ 33161; ☎ 05257; 🚗 PB; △ 103 m; 👫 13000.

H. liegt 15 km nordwestlich von Paderborn in der Senne an der Autobahn A 33 Wünnenberg–Bielefeld (Ausfahrten Paderborn-Sennelager und Stuckenbrock-Senne) und A 2 Dortmund–Hannover (Ausfahrten Bielefeld-Sennestadt und Verl-Gütersloh); Bahnstation an der Nebenstrecke Hövelhof–Gütersloh. Die Gm hat Realschule; Möbel- und papierverarbeitende Industrie Werkzeugmaschienenbau. H. ist Bundeswehrstandort. – Der Hövelhof wird erstmals 1446 urkundlich erwähnt; als Gm ist H. 1807 erstmals bezeugt. – Sehenswert das Fürstbischöfl. Jagdschloß (jetzt Pfarrhaus) von 1661 und das Heimathaus. – Alljährlich Schützenfest (Juni) und Hövelmarkt (Oktober).

Höxter

□ 157,84 qkm; ○ Höxter; ⚐ Nordrhein-Westfalen; ✉ 37671; ☎ 05271; 🚗 HX; △ 95–360 m; 👫 33400.

H. liegt an der oberen Weser im Weserbergland. Die St ist über die B 64, B 83 und B 239 zu erreichen. D-Zug-Station an der Bundesbahnstrecke Aachen–Braunschweig und Altenbeken–Kreiensen. Verkehrslandeplatz (Reise- und Sportflugzeuge) nördl. des Räuschenberges bei Brenkhausen (3 km). H., Bundeswehrstandort, hat Kreisverwaltung, Amtsgericht; Realschule, Gymnasium, Berufs- und Berufsfachschule, Universität/Gesamthochschule Paderborn (Abt. H.); Weserbergland-Klinik (Spezialklinik für physikalische Medizin); breitgefächerte Wirtschaftsstruktur (chemische, metall-, holz-, papier- und textilverarbeitende Industrien, Getränkeherstellung, Fertighaus- und Fertighallenbau, Hoch- und Tiefbauunternehmen). Die Stadtteile Godelheim und Bödexen sind Erholungsorte; der Stadtteil Bruchhausen Luftkurort mit staatlich anerkannten Heilquellen (Heilanzeigen: Herz- und Kreislauferkrankungen, Manager-Krankheit, nervöse Erschöpfungszustände, Rekonvaleszenz und Vorbeugungskuren, Nieren- und Harnwegleiden, Magenerkrankungen und Stoffwechselstörungen).

H. entstand an einem alten Weserübergang des Hellweges. »Villa Huxori« kam 822 durch Schenkung an das Kloster Corvey. 1115 erhielt H. das Marktrecht, Mitte des 12. Jh. wurde der Ort befestigt, um 1250 nahm der Rat der St das Dortmunder Recht an. Eine Weserbrücke bestand seit dem 13. Jh. 1295 wird H. als Hansestadt erwähnt. 1533 Einführung der Reformation. Bis 1792 gehörte die St zur reichsunmittelbaren Fürstabtei Corvey, von 1792 bis 1802 zum Fürstbistum und von 1803 bis 1806 zum nassau-oranischen Fürstentum Corvey. 1813 kam H. an Preußen. – Sehenswürdigkeiten: Rathaus (um 1300 erbaut, 1610–13 im Stil der

Höxter, Dechanei (Adelshof 16. Jh.)

Weserrenaissance umgestaltet); Kilianskirche (12.–16. Jh., romanischer Westbau); Adelshöfe (Dechanei, 1561; Tilly-Haus, 1598; Amtsgerichtsgebäude, 1610); Marienkirche (schöner frühgotischer Bau des 13. Jh.); Fachwerkhäuser (Haus Hottensen, 1537); Reste der Stadtmauer und der Wallanlagen (12./13. Jh.) mit Rotem Turm, Heimatmuseum. Im östlichen Stadtteil liegt die ehem. Reichsabtei Corvey mit karolingischem Westwerk (822 begonnen) und dem Grab des Dichters Hoffmann von Fallersleben.

Hof (Saale)

□ 57,88 qkm; ○ Kreisfreie Stadt; ⚐ Bayern; ✉ 95028*; ☎ 09281; 🚗 HO; △ 495–614 m; 👫 52200.

Die St H. liegt an der oberen Saale zwischen dem Frankenwald und dem Plauener Vogtland im Schnittpunkt der B 2, B 15 und B 173. H. hat Anschluß an die Autobahn A 9 München–Berlin (Ausfahrten H., Autobahn-Dreieck Bayerisches Vogtland) und A 72 Hof–Dresden (Ausfahrt Töpen und H.-Nord); D-Zug-Station an den Bundesbahnhauptstrecken Stuttgart–H.–(Leipzig) und München–H.–(Dresden); Regionalflugplatz Hof-Pirk. Die St ist Bundeswehrstandort und Sitz zahlreicher Behörden (Landgericht, Amtsgericht, Arbeitsamt, Arbeitsgericht, Finanzamt, Forstamt, Gesundheitsamt, Justizvollzugsanstalt, Kreisverwaltung des Landkreises H., Wetterstation u.a.). H. hat Realschule, Gymnasien, priv. Sonderschulen für Lern- und Geistigbehinderte, Berufsbildungswerk, Wirtschaftsschule, Berufs- und Berufsaufbauschule, Technikerschule, Fachoberschule, Fachakademie für Sozial- und Heilpädagogik, Musikschule, Krankenpflege- und Kinderkrankenpflegeschule, Bayerische Beamtenfachhochschule; Klinikum. Die St ist Mittelpunkt der nordbayerischen Textil- und Brauereiindustrie; ferner Bekleidungs- und metallverarbeitende Betriebe, Elektroindustrie, Kunststoffverarbeitung, Porzellan-, Papier-, Holz- und holzverarbeitende Industrie, Lebensmittel- und Likörfabrikation.

H. wird erstmals 1214 urkundlich erwähnt. Über die Vögte von Weida kam H. 1373 an die Burggrafen von Nürnberg (später Ansbach-Bayreuth) und 1792 an Preußen. 1810 wurde die St bayerisch. Dem Großbrand von 1823 fielen zwei Drittel der Altstadt zum Opfer. H., bis 1945 ein wichtiger Verkehrsknotenpunkt, wurde infolge der Teilung Deutschlands bis 1990 in eine Randlage versetzt; als Wirtschaftszentrum Nordbayerns behielt es jedoch immer seine Bedeutung. – Sehenswürdigkeiten: St. Michaelskirche (14. Jh.), St. Lorenzkirche (11.–15. Jh.) mit Hertnid-Altar (1480), Hospitalkirche (17. Jh.), mit Kassettendecke und Schnitzaltar (1511), Rathaus (1563–66), Stadtmuseum, Stadtpark Theresienstein mit Botanischem Garten. – Am Montag nach Pfingsten alljährlich ‚Schlappentag‘ mit großem Umzug.

Hofgeismar

□ 86,33 qkm; ○ Kassel; ⚐ Hessen; ✉ 34369; ☎ 05671; 🚗 KS; △ 165 m; 👫 15000.

H., im Tal der Esse am Fuße des Reinhardswaldes 25 km nördlich von Kassel gelegen, ist über die B 83 zu erreichen. Flugplatz Kassel-Calden (15 km). H. ist D-Zug-Station an der Strecke Ruhrgebiet–Kassel und Bundeswehrstandort. Die St hat Amtsgericht, Landwirtschaftsamt, Hess. Forstamt, Katasteramt; Realschule, Gymnasium, Kreisberufs- und Berufsfachschule, Landwirtschaftsschule, Schule für Lernbehinderte, Ev. Akademie und Ev. Predigerseminar; Kreiskrankenhaus mit Unfallstation, Krankenhaus für chronische Altersleiden; vielseitige Industrie (Herstellung von Autokühlern, Schlauchbooten [Wiking], Lehrmitteln, Getriebe- und Antriebselementen, Eisengießerei, Orgelbauanstalt).

H. (»Hovegeismari«), als Hof des Erzstiftes Mainz erstmals 1082 urkundlich erwähnt, war Mittelpunkt eines großen Kirchsprengels und weltlichen Machtbereichs. Anfang des 13. Jh. wurde die Siedlung zur St erhoben. 1462 kam sie an Hessen. Ende des 17. Jh. siedelten sich in und um H. glaubensvertriebene Waldenser und Hugenotten an.

Sehenswert: Altstädter Kirche, eine 1330 zur Hallenkirche umgewandelte roman. Basilika mit Flügelaltar (Anfang 14. Jh.); »Dornröschenschloß« Sababurg (Forst- und Jagdmuseum), mit Freiwildgehege im Reinhardswald (15 km nordöstlich von H.); Urwald im Naturschutzgebiet Reinhardswald.

Hofheim am Taunus

☐ 57,34 qkm; ○ Main-Taunus-Kreis; ⚐ Hessen; ✉ 65719; ☎ 06192, 06122 (Wallau), 06198 (Wildsachsen); 🚗 MTK; △ 121–410 m; 👥 36000.

H., am Südhang des Taunus 17 km westlich von Frankfurt a.M. gelegen, besitzt Anschluß an die Autobahnen A 66 Wiesbaden–Frankfurt a.M. und A 3 Würzburg–Köln (Ausfahrten Zeilsheim, Hattersheim, Weilbach, Diedenbergen und Wallau). Bahnstation an der Strecke Frankfurt a.M.–Limburg. H. hat Realschulen, Gymnasium, Gesamtschule mit Eingangsklassen und Tagesheimzug, berufliche Schulen mit Berufs- und Berufsfachschule, Fachoberschule, beruflichem Gymnasium usw.; Kreiskrankenhaus, Kurklinik; mittlere Industriebetriebe (Maschinenfabrik, Glas-, Leder- und holzverarbeitende Industrie); nach dem 2. Weltkrieg entwickelte sich H. zur bevorzugten Wohngemeinde in Großraum von Frankfurt (etwa 12000 Auspendler; 1935 6000 EW). – Im Zuge der Gebietsneuordnung wurden H. nach Marxheim (1938) auch die Nachbargemeinden Langenhain, Diedenbergen und Lorsbach (1972) sowie Wallau und Wildsachsen (1977) eingegliedert.

H., Besitz der Herren von Eppstein und seit dem Spätmittelalter der Erzbischöfe und Kurfürsten von Mainz, wurde 1352 zur St erhoben. – Sehenswert die sanierte Altstadt mit Rathaus (1529 erbaut, Fachwerkgiebel von 1901), Resten einer Wasserburg, got. Pfarrkirche (um 1450, erweitert 1753) und historischem Gasthof „Zum Landsberg". – Auf dem Kapellenberg (Pestkapelle um 1666) sind spärliche Reste eines gewaltigen keltischen Ringwalles zu finden. – In Langenhain einziger Bahá'i-Tempel in Europa.

Hohenstein-Ernstthal

☐ 8,14 qkm; ○ Hohenst.-E.; ⚐ Freistaat Sachsen; ✉ 09337; ☎ 03723; 🚗 HOT; △ 370 m; 👥 16500.

H.-E. ist zu erreichen über die A 4 / E 40, Ausfahrt H.-E. (5 km) oder Ausfahrt Wüstenbrand (8 km), und auf der A 72 / E 441, Ausfahrt Hartenstein; ferner direkt auf der B 173 sowie auf der B 180, welche in Oberlungwitz bei H.-E. die B 173 kreuzt. Die St liegt an den Eisenbahnstrecken Dresden–Plauen–Hof–München und Dresden–Chemnitz–Erfurt–Eisenach. Nächste Flughäfen sind Leipzig/Halle (70 km) und Dresden (90 km).

Bildungseinrichtungen: Mittelschulen, Oberschulen, Gymnasium, Musikschule, Volkshochschule, Förderschule.

Wirtschaftliches: Vorrichtungsbau GmbH; Ingenieurbetrieb GmbH für den Bau von Sondermaschinen; Baumschule H.-E. GmbH.

Geschichtliches: Die St mit dem Doppelnamen liegt am südlichen Abhang des 481 m hohen Pfaffenberges, der in seiner ersten schriftlichen Erwähnung (1411) noch mit „Hoher Stein" bezeichnet wurde. Bereits 1510 verlieh Anna Gratiosa von Schönburg der Ortschaft das St-Recht. Im gleichen Jahr begann im benachbarten Oelsnitz der Kupfer- und Silberbergbau, wodurch sich am Hohen Stein schnell eine größere Siedlung herausbildete. Ab 1517 wurden dort die ersten zugewanderten Leineweber seßhaft. Um 1530 war der Höhepunkt im erzgebirgischen Silberabbau überschritten, bergmännische Berufe verloren ihre Bedeutung. Das Leineweberhandwerk breitete sich aus, zu ihm gesellten sich bald die Strumpfwirker. Gemeinsam wurden die Gewerke über Jh. hinweg zu Ernährungsgrundlagen und bestimmten in der H.er Region die Struktur der Textilindustrie. Möbelstoff- und Plüschweberei erlangten große Bedeutung für den Export.

Nach dem 30jährigen Krieg traten um 1679 in Dtld. Pestfälle auf. Ein Jahr später (man begann im Erzgeb. gerade erstmals Kartoffeln anzubauen), ereilte der gefürchtete „Schwarze Tod" auch die St H. Immer mehr Menschen aus H. und Oberlungwitz suchten außerhalb der St „in gesunder Atemluft" Schutz vor Ansteckung. Der 25jährige Händler Johann Simon kaufte kurzentschlossen vom H.er Pfarrer Reisig und von den Schönburger Besitzern der Hinterherrschaft Glauchau mehrere Waldplätze. Die Herren Christian Ernst und August Ernst gestatteten ihm den Bau eines Ortes, der – nach ihrem Familiennamen und seiner natürlichen Lage wegen – die Bezeichnung „Ernstthal" erhielt. Den Bewohnern der Fluchthäuser, die man eigenartigerweise „Pesthütten" nannte, wurde 1687 das St-Recht verbrieft. 1898 wurden die beiden Städte Hohenstein und Ernstthal vereinigt.

Sehenswürdigkeiten und Kulturelles: St.-Christopheri-Kirche, 1756 auf Fundamenten aus dem 16. Jh. errichtet. Kirche St. Trinitatis, erbaut 1687. Karl-May-Haus, die Wiege „Old Shatterhands"; Karl May, berühmtester Sohn der St, wurde hier am 25. 2. 1842 geb. Das Geburtshaus des Schriftstellers beherbergt seit 1985 eine Gedenkstätte des meistgelesenen dt. Abenteuerschriftstellers. In der ständigen Ausstellung dokumentieren zahlreiche Bilder, Schriftstücke, Autographen und Bücher das Leben und Werk Karl Mays, der am 30. 3. 1912 starb; beachtenswert eine Büste des Dichters und eine des Indianerhäuptlings Winnetou. Der Stausee „Oberwald" liegt in reizvoller Landschaft, unmittelbar am Waldrand; 16 ha Wasserfläche, 360 m Badestrand, ein Campingplatz mit 150 Stellflächen, auch für Caravans und Wohnwagen; Streichelgehege; mehrere Freizeit-Sporteinrichtungen, Gaststätte, Kioske und Serviceleistungen. Das gesamte Gelände ist behindertengerecht eingerichtet.

Ausflugsziele: Wandergebiet Pfaffenberg mit Oberwald, Berggasthaus, Serpentinit-Steinbruch, Karl-May-Höhle und „Western-Ranch-Club". In Lichtenstein Park der Freundschaft, Kleist-Gedenkstein, Schloß und St-Park nebst Wandergebiet Rümpfwald. Volkspark Gehrsdorf; Langenberger Höhe (484 m), höchste Erhebung des Kreises H.-E.; Lutherhöhe (431,8 m) mit Blick auf das Erzgebirgsvorland; „Sachsenring" – Neubau in Form eines modernen Motordroms, verbunden mit einem multifunktionellen Freizeit-, Sport- und Gewerbezentrum – ein touristisch attraktiver Anziehungspunkt der Region.

Wiederkehrende Veranstaltungen: Kinderfest Anfang Juni; Blasmusiktreffen „Saxionade" alle 2 Jahre im Juni; Pfaffenbergfest in der 2. Augusthälfte; mehrere sportliche Großveranstaltungen pro Jahr auf der „Sachsenring"-Rennstrecke, auch kleinere Wettbewerbsläufe in Form von Regional- und Landesmeisterschaften; Stadtfest Anfang Oktober; Weihnachtsmarkt im Dezember.

Hollfeld

□ 80,64 qkm; ○ Bayreuth; ⚐ Bayern; ✉ 96142; ☎ 09274; 🚗 BT; △ 402 m; 👥 5400.

H., 25 km westlich von Bayreuth am Zusammenfluß von Wiesent und Kainach in der Fränkischen Schweiz gelegen, ist über die B 22 und 505 sowie die A 70 Schweinfurt–Bayreuth (Ausfahrten Stadelhofen und Schirradorf) zu erreichen. Die St hat Grundschule und integrierte Gesamtschule; mittelständische Industrie- und Gewerbebetriebe (Stilmöbel, Fleischwaren, Feder- und Seidenblumen). Hollfeld ist anerkannter Erholungsort.

H., erstmals 1002 bezeugt, erhielt 1329 das Stadtrecht. – Sehenswert: Stadtpfarrkirche, St.-Gangolfs-Turm (15. Jh.), Salvatorkirche (18. Jh.) und Reste der alten Stadtbefestigung.

Holzgerlingen

□ 43,032 km; ○ Böblingen; ⚐ Baden-Württemberg; ✉ 71088; ☎ 07031; 🚗 BB; △ 480 m; 👥 11000.

H. liegt am Rande des Naturparks Schönbuch 24 km südwestlich von Stuttgart. Die St ist über die B 464 zu erreichen. H. hat Realschule, Gymnasium, Förderschule für Lernbehinderte, Jugendmusikschule; Maschinenbau, Möbelindustrie, mittelständische Gewerbebetriebe.

H. wird erstmals 1007 in einer Urkunde Königs Heinrich II. anläßlich der Erhebung Bambergs zum Bistum als »Holzgerninga« genannt. Die Gründung des Ortes geht vermutlich auf einen alamannischen Sippenführer Gero zurück. 1138 wird H. württembergisch. 1473 Baubeginn des got. Chores der Mauritiuskirche, der ältere Turm wurde bereits zwischen 1000 und 1250 errichtet. – 1993 erhielt H. das Stadtrecht. – Kunstausstellungen in der Burg Kalteneck; Heimatmuseum mit Funden aus Alamannengräbern Skulptur eines keltischen Gottes. – Golfplatz.

Holzkirchen (Oberbayern)

□ 48,24 qkm; ○ Miesbach; ⚐ Bayern; ✉ 83607; ☎ 08024; 🚗 MB; △ 692 m; 👥 12200.

H., 25 km südlich von München im Vorland der Bayerischen Alpen gelegen, ist über die B 13, B 318 und Autobahn A 8 München–Salzburg (Ausfahrt H.) zu erreichen. Bahnknotenpunkt der Bundesbahnstrecken München–H.–Lenggries, H.–Schliersee–Bayrischzell und H.–Rosenheim. Der Mkt, Sitz des Bayerischen Bauernverbandes, hat Forstamt; Volksschule, private Handelsschule; Kreiskrankenhaus; Kunsteisstadion; Fertighauswerk (Isartaler Holzhaus), Brauereien, Maschinenbau (Deckel AG), Milchverarbeitung; Ausflugs- und Fremdenverkehr.

H., erstmals 906 unkundlich genannt, war ursprünglich ein Kammergut Karls d. Großen.

König Ludwig III. (das Kind) hielt in H. 906 und 909 Hoftage in einem burgähnlichen Gebäude ab, das 1841 einem Brand zum Opfer fiel. Später war H. Lehensgut des Klosters Tegernsee. – Bemerkenswert die Kirche aus dem 18. Jh.

Holzminden

☐ 88,24 qkm; ○ Holzminden; ⚐ Niedersachsen; ✉ 37603; ☎ 05531; 🚗 HOL; △ 99 m; 👪 21 100.

H., im Weserbergland zwischen Solling und Köterberg an der Oberweser gelegen, ist über die B 64 und B 497 zu erreichen. Bahnstation an der Strecke Braunschweig–Kreiensen–Altenbeken–Ruhrgebiet. H., Garnisonstadt der Bundeswehr, hat Amtsgericht, Kreisverwaltung; Realschulen, Gymnasien, Sonderschulen für Lernbehinderte, Kreisberufs- und Berufsfachschulen, Fachhochschule Hildesheim/H. (Architektur und Bauingenieurwesen), Landschulheim, private Handelsschule; chemische Geschmacks- und Riechstoffindustrie, Elektroindustrie (Stiebel Eltron), Maschinen- und Werkzeugbau, Glashüttenwerke und Glasverarbeitung, Blechwarenfabrik, Asphalt- und Teermaschinenfabriken, Brauerei, Steinbruchbetriebe; lebhaften Fremdenverkehr (Weserschiffahrt). Die Stadtteile Neuhaus/Solling und Silberhorn sind heilklimatische bzw. Höhenluftkurorte.

H., erstmals 825 urkundlich erwähnt, erhielt 1245 von Graf Otto von Everstein die Stadtrechte. 1519 kam H. in den Besitz des Herzogtums Braunschweig. – Bemerkenswert die Altstadt mit schönen Fachwerkhäusern (Tillyhaus 1609; Severinsches Haus 1683). – In der näheren Umgebung sehenswert: Weser-Renaissanceschloß Bevern (1603 – 12,5 km nordöstlich); Kloster Corvey (12 km südlich); Kloster Amelungsborn (1129 gegr., 15 km) und Porzellanschloß Fürstenberg (15 km).

Holzwickede

☐ 22,37 qkm; ○ Unna; ⚐ Nordrhein-Westfalen; ✉ 59439; ☎ 02301; 🚗 UN; △ 98–204 m; 👪 16 800.

H., an der Emscherquelle an den Westausläufern des Haarstrangs 15 km östlich von Dortmund gelegen, ist über die B 1 und die Autobahnen A 1 Köln–Bremen (Ausfahrt AB-Kreuz Dortmund/Unna) bzw. A 44 Dortmund–Kassel (Ausfahrt AB-Kreuz Unna-Ost) zu erreichen. H. hat Grundschulen und Hauptschule, Volkshochschule, Sonderschule für Lernbehinderte; Stahlröhrenwerke. Die Gm ist Bundeswehrstandort.

H. wird als »Opherdicke« in den Registern des Klosters Werden 1100 erstmals urkundlich erwähnt. Der seit Ende des 16. Jh. betriebene Kohlenbergbau spielt heute keine Rolle mehr.

Sehenswert Wasserburg Opherdicke (17./18. Jh.); Ev. Kirche in H.-Opherdicke (Bausubstanz romanisch, 13. Jh.); Hilgenbaum (Gerichtsstätte); Emscherquelle.

Homberg (Efze)

☐ 99,93 qkm; ○ Schwalm-Eder-Kreis; ⚐ Hessen; ✉ 34576; ☎ 05681; 🚗 HR; △ 274 m; 👪 14 500.

H., Kreisstadt an der Efze, liegt 38 km südlich von Kassel am Kreuzungspunkt der B 254 und B 323. Anschluß an die Autobahn A 5/A 7 Frankfurt a.M.–Kassel (Ausfahrt H.).

Die St ist Bundeswehrstandort, hat Amtsgericht, Kreisverwaltung; Realschule, Gymnasium, Berufsschule, Handelsschule, Taubstummenschule; Motorenfabrik.

H., um 1000 entstanden, wird erstmals 1231 als St urkundlich erwähnt. Im 16. Jh. galt H. als Wollhandelszentrum. 1526 führte Landgraf Philipp der Großmütige auf der Synode zu H. die Reformation in Hessen ein.

Sehenswürdigkeiten: Malerisches Stadtbild mit Marienkirche (spätgot. Hallenkirche), Marktplatz, Rathaus, Gasthaus „Krone" (eines der ältesten Gasthäuser Deutschlands, erbaut 1480).

H. ist Geburtsort von Hans Staden, Verfasser der ersten Reisebeschreibung über Brasilien (Mitte 16. Jh.) und Konrad Muth (1470–1526, Humanist).

Homberg (Ohm)

☐ 88,02 qkm; ○ Vogelsbergkreis; ⚐ Hessen; ✉ 35315; ☎ 06633; 🚗 VB; △ 207–350 m; 👪 7500.

H., staatl. anerkannter Erholungsort an den Ausläufern des Vogelsberges 25 km südöstlich von Marburg a.d. Lahn, ist über die Autobahn A 5 Gießen–Bad Hersfeld (Ausfahrt H.) zu erreichen. Die St hat Forstamt, Hess. Landesanstalt für Leistungsprüfungen in der Tierzucht; Gesamtschule; metallverarbeitende In-

Homburg (Saar), Marktplatz mit Marktbrunnen

dustrie. – Sehenswert die Fachwerkhäuser am Markt (darunter das Rathaus), die Stadtkirche und der Schloßberg mit Burg.

Homburg (Saar)

☐ 82,58 qkm; ○ Saarpfalz-Kreis; ⚐ Saarland; ✉ 66424; ☎ 06841; 🚗 HOM; △ 381 m; 👥 43000.

H., 35 km nordöstlich von Saarbrücken an der B 10, B 40, B 423 und an der Autobahn A 6 Mannheim–Saarbrücken (Ausfahrt H.) gelegen, ist Bundeswehrstandort (Materialhauptdepot); D-Zug-Station der Bundesbahnstrecke Frankfurt a.M.–Paris. H. hat Landratsamt, Amtsgericht, Arbeitsamt, Finanzamt, Forstamt u. weitere Behörden; Universität (Med. Fakultät mit Universitätskliniken); Gymnasien, Realschule, Sonderschulen, kaufm. Berufsbildungszentrum, Techn.-Gewerbliches und Sozialpflegerisches Berufsbildungszentrum, Musikschule, Volkshochschule. Wirtschaft: eisenverarbeitende und Stahlindustrie, Reifenwerk (Michelin), Brauerei (Karlsberg).

Vor den Toren der heutigen St bestand in H.-Schwarzenacker zwischen 160 und ca. 278 n. Chr. eine gallorömische Siedlung. Eine Burg »Hohenburg« ist 1172 nachzuweisen, unterhalb der sich eine Siedlung entwickelte, der 1330 durch Kaiser Ludwig dem Bayer die Stadtrechte verliehen wurde. Nach dem Aussterben der Grafen von H. fielen Burg und St 1449 an die Grafen von Nassau-Saarbrücken. Unter französischer Herrschaft wurde H. im 17. Jh. durch Vauban zur Festung ausgebaut (Reste auf dem Schloßberg). Von 1776 bis 1785 Errichtung des Residenzschlosses unter Herzog Karl II. August von Zweibrücken, das 1793 von franz. Revolutionstruppen zerstört wurde. 1815 kam die St an die Pfalz, 1920 an das Saargebiet. Von 1918–1935 und 1946 bis 1955 war H. aus dem Deutschen Reich ausgegliedert. – Sehenswert das Römische Freilichtmuseum und die Schloßberghöhlen. – Alljährlich Maifest und „Goldiger Oktober“.

Horb a. Neckar

☐ 119,80 qkm; ○ Freudenstadt; ⚐ Baden-Württemberg; ✉ 72160; ☎ 07451; 🚗 FDS; △ 350–705 m; 👥 21000.

Die Große Kreisstadt liegt im östlichen Randgebiet des Schwarzwaldes im oberen Neckartal an der B 14 und Autobahn A 81 Stuttgart–Bodensee (Ausfahrt H.). EC- und D-Zugstation der Bundesbahnstrecke Stuttgart–Zürich. Die St hat Amtsgericht, Staatl. Hochbauamt (Nebenstelle); Sonderschule für Bildungsschwache, Realschule, Gymnasium, Berufs- und Berufsfachschulen, Technikerschulen; Sanatorium für Naturheilverfahren (H.-Mühringen) und Suchtkrankenhaus (Horb-Altheim); Textil- (Hudson) und Möbelindustrie, Hydraulik- und Holzbauwerk, Werkzeugindustrie; Fremdenverkehr. H. ist Bundeswehrstandort.

Erste urkundliche Erwähnung 1101 n. Chr. Verleihung der Stadtrechte um 1258. Von 1410 bis 1453 gehörte H. zur Reichsstadt Ulm, danach kam es an Österreich; seit 1805 ist es württembergisch. Großbrände 1556 und 1725. Industrieller Aufschwung nach dem 2. Weltkrieg.

Bemerkenswerte Bauten sind die barocke Stiftskirche Hl. Kreuz (18. Jh.) mit der »Horber Madonna« (1430), die Spitalkirche mit hochgot. Chor, das Heimathaus »Hoher Giebel« (1622) und das Rathaus (1765) mit dem Fassadengemälde »Horber Bilderbogen«. Weitgehend erhalten das alte Stadtbild mit Toren, Tür-

Horb a. Neckar

men, Ring- und Wehrmauer, Fachwerkhäusern.

H. ist Geburtsort des Bildhauers und Malers Veit Stoß (um 1448–1533), des Fürstabtes von St. Blasien Martin Gerbert (1720–93), des Genremalers C. Kaltenmoser (1806–67) und des Heimatdichters Berthold Auerbach (1812–82).

Horn-Bad Meinberg

□ 90,17 qkm; ○ Lippe; ⚐ Nordrhein-Westfalen; ✉ 32805; ☎ 05234; 🚗 DT; △ 125–468 m; 👫 16400.

H.-Bad M., 28 km nordöstlich von Paderborn am Übergang des Eggegebirges in den Teutoburger Wald gelegen, ist 1970 durch den Zusammenschluß der St Horn mit Bad Meinberg und weiteren 14 ehemaligen Gemeinden entstanden. Die St liegt am Schnittpunkt der B 1 und B 239; Bahnstation an der Strecke Herford–Altenbeken. H.-Bad M. hat Grundschulen, Hauptschule, Realschule, Sonderschule für Lernbehinderte, Berufsschule, Verwaltungsakademie Ostwestfalen-Lippe; Holz- und Möbelindustrie (Hornitex-Werke, EKA-Werk), Maschinenfabriken, Lackfabrik (im Stadtteil Horn).

Horn, erstmals 1031 in einer Schenkungsurkunde Kaiser Konrads II. erwähnt, erhielt um die Mitte des 13. Jh. Stadtrecht. Bad Meinberg wird erstmals 1015, der Ortsteil Holzhausen-Externsteine 1031 urkundlich genannt; die übrigen Ortsteile der St sind Gründungen des späten 11. Jh. Bad Meinberg hat Schwefelmoor-, Kohlensäuregas- (einzige in Deutschland) und sulfatische Kochsalzquellen, die seit dem 18. Jh. zu Heilzwecken genutzt werden (Heilanzeigen bei Rheuma, Herz-, Nerven-, Gefäß- und Frauenleiden). Holzhausen-Externsteine ist Luftkurort und Kneippbad, die Ortsteile Leopoldstal, Kempenfeldrom, Veldrom, Belle, Bellenberg und Billerbeck sind Sommerfrischen und Erholungsorte; die übrigen Stadtteile sind überwiegend landwirtschaftlich strukturiert. – Sehenswürdigkeiten: Externsteine (Natur- und Kulturdenkmal mit Felsendoppelkapelle [12. Jh.] und ältester deutscher, aus dem gewachsenen Felsen gehauener Großplastik [Kreuzabnahme] um 1130); Norderteich (größtes stehendes Gewässer in Lippe); Velmerstot (mit 441 m höchste Erhebung des Teutoburger Waldes). – Alljährlich Freilichtaufführungen auf der Naturbühne Bellenberg (Mai bis August).

Hornberg (Ortenaukreis)

□ 54,45 qkm; ○ Ortenaukreis; ⚐ Baden-Württemberg; ✉ 78132; ☎ 7833; 🚗 OG; △ 400–1000 m; 👫 4650.

Der Erholungs- und Ferienort H. liegt im mittleren Schwarzwald an der B 33. H. ist Bahnstation an der Schwarzwaldbahn Offenburg–Villingen (große Eisenbahnbrücke). Die St hat Grund- und Hauptschule, Sonderschule für Lernbehinderte; mittlere Industriebetriebe (Elektro und Elektronik, Sanitär-Keramik, Brauerei, Sägewerk, Herstellung von Hemden und Werkzeugmaschinen), Land- und Forstwirtschaft. – H. ist die Heimat der Schwarzwälder »Bollenhuttracht«.

Die St wird überragt von der Burgruine H., deren Anfänge auf das Jahr 1093 zurückgehen. Die Burg war Schauplatz historischer Vorgänge, die zum Sprichwort vom „Hornberger Schießen“ führten (Freilichtspiele). Sehenswert die ev. Stadtkirche mit schönem hochgotischen Chor (1280–1320) und Fresken um das Jahr 1600.

Horstmar

□ 44,44 qkm; ○ Steinfurt; ⚐ Nordrhein-Westfalen; ✉ 48612; ☎ 02558; 🚗 ST; △ 95 m; 👫 6300.

H., 25 km nordwestlich von Münster an den Ausläufern der Baumberge gelegen, ist Bahnstation an der Strecke Rheine–Oberhausen. Die St hat kath. Grundschule, Gemeinschaftshauptschule.

H., erstmals um 1000 urkundlich nachweisbar, erhielt von Bernhard dem Guten um 1200 das Stadtrecht verliehen. Die Herrschaft H. kam 1269 an das Bistum Münster. Die St war bis zur Zerstörung der Burg (1635) Residenz der Bischöfe von Münster.

Hoya

□ 8,34 qkm; ○ Nienburg/Weser; ⚐ Niedersachsen; ✉ 27318; ☎ 04251; 🚗 NI; △ 17,5 m; 👫 3500.

H., 50 km südöstlich von Bremen an einer Weserschleife gelegen, hat Samtgemeindeverwaltung; Weserhafen; Schulzentrum (Realschule, Gymnasium, Orientierungsstufe; Sonderschule für Lernbehinderte); Katastrophenschutzschule des Bundes, Landesreitschule;

Nds. Institut für Sportgeschichte, Stadtarchiv; Kreiskrankenhaus; metallverarbeitende und chemische Industrie, Recycling- und Verpakkungsindustrie, Wärmetechnik und Anlagenbau; Landwirtschaft.

Bereits um 1100 wird von einem im Laargau gelegenen »vicus Hoya« (Handelsplatz) berichtet. Bis 1180 war H. Sitz der kaiserlichen Gaugrafen und ab 1202 der souveränen Herren von Stumpenhausen, die sich fortan Grafen von H. nannten. Mit Otto VIII. von H. starb das Geschlecht 1582 aus, und die Grafschaft fiel an Braunschweig-Lüneburg. 1929 erhielt der Marktflecken H. das Stadtrecht.

Sehenswerte Fachwerkhäuser mit prachtvollen Giebeln (Anfang 17. Jh.), Schloß (wiederaufgebaut nach 1758), St. Martini-Kirche mit Chor aus dem 14. Jh., alte Burgmannshöfe, Bürgerpark mit exotischem Baumbestand. – Alljährlich Frühjahrs- und Herbstmarkt.

Hoyerswerda

□ 9,5 qkm; ○ Hoyerswerda; ⚐ Freistaat Sachsen; ✉ 02977; ☎ 03571; 🚗 HY; △ 185 m; 👫 64800.

H. ist zu erreichen auf der A 15 / E 36, Ausfahrt Cottbus-Süd auf die B 97 (42 km), und auf der A 4 / E 40, Ausfahrt Bautzen-West auf die B 96 (33 km); in H. kreuzen sich die B 96 und B 97. Eisenbahnverbindungen: Görlitz–H.–Magdeburg; Bautzen–H.–Berlin und H.–Leipzig. Die nächsten Flughäfen sind Dresden (30 km) und Berlin-Schönefeld (130 km).

Bildungseinrichtungen: Grundschulen, Mittelschulen, Gymnasien, Medizinische Fachschule; Schule für Lernbehinderte.

Wirtschaftliches: Kohle und Energiewirtschaft, Bauunternehmen, Metallverarbeitung und Druckindustrie sowie eine Großbäckerei.

Geschichtliches: Archäologische Funde aus der mittleren Steinzeit, der Bronze- und der römischen Kaiserzeit bekunden der St an der Schwarzen Elster und ihrer Umgebung, daß es eine dichte Besiedlungsabfolge gab, die von der menschlichen Frühgeschichte bis in die Neuzeit reicht. Die Völkerwanderung brachte slawische „Lusizer" in die Region. Im 12. und 13. Jh. wurden die rein sorbischen Stammesgebiete nach der Einwanderung dt. Siedler mit zahlreichen fremden Dörfern und Stadtanlagen durchsetzt. H. wird erstmals 1268 urkundlich erwähnt. Das Mkt-Recht erhielt H. 1371. Vermutlich verlieh Hoyer von Friedeberg der St und ihrem Herrschaftsbereich den Namen. Über längere Zeit war H. auch in Besitz der Herren von Duba, die es 1423 mit städtischen Rechten ausstatteten. Während des 30jährigen Krieges kam es am 30. 5. 1635 zum Friedensschluß von Prag: Kurfürst Johann Georg I. verbündete sich wieder mit Kaiser Ferdinand II. Zum Lohn gingen die beiden Lausitzen endgültig an Kursachsen, es war der letzte und größte Landgewinn in der sächsischen Geschichte. Er stellte als „Brücke" nach Polen die territoriale Grundlage für die spätere Ostpolitik der Wettiner unter Kurfürst Friedrich August I. dar. Am 13. 10. 1912 wurde in H., das inmitten des sorbischen Sprachgebietes liegt, die „Domowina" gegründet; sie ist die Heimatorganisation der sorb. Minderheit in Dtld. Mit der Errichtung des damaligen Braunkohlenkombinates „Schwarze Pumpe" mußte in H. eine neue Wohnstadt gebaut werden (Gründungsdatum 31. 8. 1955).

Sehenswürdigkeiten und Kulturelles: Pfarrkirche, dreischiffiger spätgot. Hallenbau, 1. Hälfte des 16. Jh., mit Netz- und Sterngewölben, Taufstein um 1600; Kreuzkirche, ehem. Begräbniskirche, einschiffige Barockarchitektur, vermutl. 18. Jh.; Rathaus, dreigeschossiger Renaissancebau (1591–92), mit doppelläufiger Freitreppe, Rundbogenportal und Wappen; dreigeschossiges Renaissanceschloß (Ende 16. Jh.), unter Benutzung ma. Teile, im 18./19. Jh. umgebaut, annähernd elliptischer Grundriß, risalitartiger Vorbau mit Barockportal, jetzt Heimatmuseum; kursächsische Postmeilensäule; „Amtshaus", sog. Lessinghaus, zweigeschossiger Barockbau von 1702; sehenswerte barocke Handwerkergasse.

Ausflugsziele: Der Tiergarten und der wenige Kilometer entfernte Knappensee mit seiner Umgebung wurden zu Naherholungsgebieten ausgebaut. Der See (3 qkm) ist ein mit Wasser vollgelaufenes Restloch eines ehem. Tagebaues, seine Umgebung wurde zum Schutze der Landschaft vorbildlich rekultiviert.

Wiederkehrende Ereignisse: Musikfesttage, Tiergartenfest, Messen und Märkte.

Hude (Oldenburg)

□ 124,57 qkm; ○ Oldenburg; ⚐ Niedersachsen; ✉ 27798; ☎ 04408; 🚗 OL; △ 9 m; 👫 12400.

H., 30 km westlich von Bremen in der Delmenhorster Geest gelegen, ist Bahnknotenpunkt (D-Zug-Station) und Stückgutbahnhof der Strecken Niederlande/Wilhelmshaven–Oldenburg–Bremen und H.–Brake–Nordenham (Unterweserhäfen). Anschluß über Kurzverbindungen zur B 75 und B 212 sowie zur Autobahn A 28 Bremen–Oldenburg (Ausfahrt H.). Die Gm hat Forstamt; kath. Volksschule, Hauptschule mit Förderstufe, Mittelpunktgrundschulen, Realschule, Volkshochschule; Landmaschinen- und Steinzeugindustrie, Zeltfabrik, Feuerverzinkerei. H. ist Erholungsort mit Ausflugs- und Fremdenverkehr.

1232 wurde das Zisterzienserkloster H. gegründet, das 1482 von Oldenburg an das Bistum Münster gelangte. Das Kloster wurde 1533 säkularisiert und bis 1536 fast völlig zerstört. Nach dem Eisenbahnbau (1867) erste Industrieansiedlungen im gleichnamigen Ort. Heute ist die Großgemeinde Bundesausbauort (Entwicklung neuer Arbeits- und Wohnstätten). – Sehenswert die mächtigen Ruinen des frühgot. Zisterzienserklosters. Erhalten sind noch die Torkapelle (jetzt St. Elisabeth-Kirche) mit bedeutenden Kunstschätzen, das Abthaus und die restaurierte Wassermühle. Das „Vielstedter Bauernhaus" ist ein bemerkenswertes Beispiel niederdeutscher Wohnkultur.

Hückelhoven

☐ 61,21 qkm; ○ Heinsberg; ⚐ Nordrhein-Westfalen; ✉ 41836; ☎ 02433; 🚗 HS; △ 40–100 m; 👫 33700.

H., 25 km südwestlich von Mönchengladbach an der Rur gelegen, ist über die B 57 und A 46 zu erreichen; Anschluß an die Autobahn A 46 Arnsberg–Belgien (Ausfahrt H.).

Die St hat Gymnasium, Realschule mit Aufbaurealschule, Sonderschule für Lernbehinderte, Bergberufsschule; Steinkohlenbergbau, Betonwaren-Werke, Schuh-, Polstermöbel-, Matratzen- und Kleiderfabriken.

1972 wurde im Zuge der Neugliederung die St H.-Ratheim (seit 1969) mit den Gemeinden Baal, Doveren, Rurich, Brachelen und der Ortschaft Altmyhl zur St H. zusammengeschlossen.

Hückeswagen

☐ 50,46 qkm; ○ Oberbergischer Kreis; ⚐ Nordrhein-Westfalen; ✉ 42499; ☎ 02192; 🚗 GM, △ 252–383 m; 👫 15400.

Die St. H. liegt 15 km südöstlich von Remscheid an der oberen Wupper. Zufahrt über die B 51, B 237 und B 483 sowie über die Autobahn A 1 Leverkusen–Kamen (Ausfahrten Remscheid und Schloß Burg/Wermelskirchen). H. hat Grund- und Hauptschule, Realschule, Volkshochschule; metallverarbeitende Industrie (Herstellung von Präzisionswerkzeugen, Werkzeugmaschinenbau, Stahlwerke, Kegelräder- und Lufthämmerproduktion).

H., urkundlich erstmals 1085 erwähnt, war Sitz der Grafen von H. bis 1260. Nachfolger waren die Grafen von Berg. Die Eisengewinnung und -verarbeitung in der Mul ist seit dem 9. Jh. bezeugt. Stadtrecht erhielt H. 1859. 1920 wurden die Landgemeinde und die St H. zu einem Gemeinwesen vereinigt. – Das Schloß (13.–18. Jh., jetzt Rathaus und Heimatmuseum) wird erstmals 1189 urkundlich genannt; sehenswerter historischer Stadtkern. – Alljährlich Altstadtfest (September).

Hüfingen

☐ 58,54 qkm; ○ Schwarzwald-Baar-Kreis; ⚐ Baden-Württemberg; ✉ 78183; ☎ 0771; 🚗 VS; △ 682–920 m; 👫 6500.

H., 4 km südlich von Donaueschingen an der Breg auf dem Hochland der Baar zwischen Schwarzwald und Schwäbischem Jura gelegen, ist über die B 27, B 31 und A 81 (Ausfahrten über AB-Dreieck Bad Dürrheim und Zubringer A 864 sowie über Ausfahrt Geisingen) zu erreichen. Die St hat Grund- und Hauptschule; Säge- und Holzwerk, kleinere Industriebetriebe; in den Stadtteilen Behla, Hausen vor Wald, Sumpfohren und Mundelfingen ist die Landwirtschaft von Bedeutung.

Die Gemarkung von H. ist altes Siedlungsgebiet; Vorläuferin der heutigen St ist das keltisch-römische »Brigobanne«. H., erstmals 1083 urkundlich erwähnt, erhielt 1274 das Markt- und vor 1356 das Stadtrecht. Die St kam von den Zähringern 1218 an die Herren von Blumberg und 1383 unter die Herrschaft der Freiherrn von Schellenberg; seit 1620 war sie im Besitz der Fürsten von Fürstenberg, 1806 wurde sie badisch. Unter den Fürstenbergern blühte das geistige und künstlerische Leben (bedeutende Maler, Musiker und Bildhauer wie J.B. von Seele [1774–1814], J.N.-Scheible [1789–1837], F.X. Reich [1815–81]). – Sehenswert die Ruine des Römerbades (erbaut 69–79 n.Chr.), die Reste eines römischen Kastells auf dem Galgenberg, die Zehntscheuer und das Naturschutzgebiet im Gemeindewald Deggenreuschen-Rauschachen mit 30 verschiedenen Orchideenarten sowie die Naturschutzgebiete Gauchach- und Wutachschlucht westlich und südwestlich der St. – In H. werden alljährlich am Fronleichnamsfest die kunstvollen, 600 m langen Blumenteppiche (seit 1842) gelegt.

Hüllhorst

□ 44,44 qkm; ○ Minden-Lübbecke; ⚐ Nordrhein-Westfalen; ✉ 32609; ☎ 05744; 🚗 MI; △ 125 m; 👫 11 000.

H., 15 km westlich von Minden am Südhang des Wiehengebirges gelegen, ist über die B 239 zu erreichen. Anschluß an die Autobahn A 30 Bad Oeynhausen–Osnabrück (Ausfahrten Löhne bzw. Kirchlengern). Die Gm hat Grund-, Haupt- und Gesamtschule; Schwefelquellen (Heilbad Lusmühle). – Bemerkenswert: Heimatmuseum, Roßmühle; auf der Höhe Kahle Wart Naturbühne der Plattdeutschen Laienspielbühne.

Hünfeld

□ 119,31 qkm; ○ Fulda; ⚐ Hessen; ✉ 36088; ☎ 6652; 🚗 FD; △ 290 m; 👫 14 000.

H. liegt an der Haune in der Vorderrhön 16 km nordöstlich von Fulda. Zufahrt über die B 27 und B 84. Anschluß an die Autobahn A 7 Kassel–Würzburg (Ausfahrten Fulda-Nord und Hünfeld/Schlitz); Bahnstation an der Strecke Frankfurt a. M.–Bebra–Kassel. Die St hat Kreisverwaltung (Nebenstelle), Arbeitsamt (Nebenstelle), Hess. Zentrale für Datenverarbeitung (Nebenstelle) u. weitere Behörden; Realschule, Gymnasium, Kreisberufs- und Berufsfachschule (Fachrichtungen Metall, Elektro, Sozialpädagogik, Informatik), kaufm. Berufsfachschule und Sonderschule für Lernbehinderte; Elektro- und chemotechnische Industrie (Wella), Maschinenbau, Nahrungsmittel-, Textil- und Bekleidungsindustrie, Werkzeugbau und Produktion von Industrieausrüstungen; in den ländlich geprägten Stadtteilen Landwirtschaft, Molkerei, nahrungsmittelverarbeitende Betriebe (Reformkost) und Vieh- und Fleischvermarktungsgenossenschaften.

H., erstmals 781 urkundlich erwähnt, gehörte zum Kloster Fulda. Stadtrechte seit 1310. 1888 zerstörte ein Großbrand die St fast völlig. – Nach dem 2. Weltkrieg nahm H. einen großen wirtschaftlichen Aufschwung (Industrieansiedlungen; starker Bevölkerungsanstieg; 1939 2800 EW). Im Rahmen der Gebietsneuordnung wurden H. 1972 vierzehn ehemals selbständige Gemeinden eingegliedert. – Sehenswert: Neugot. Rathaus, Bonifatiuskloster, Wasserschloß im Stadtteil Mackenzell, Stadtpfarrkirche (1507), Keltischer Ringwall am Stallberg. – Alljährlich Martinsmarkt; im zweijährigen Wechsel Röhnmesse und Stadtfest.

Hünxe

□ 106,80 qkm; ○ Wesel; ⚐ Nordrhein-Westfalen; ✉ 46569; ☎ 02858; 🚗 WES; △ 22–66 m; 👫 13 200.

Die Gm H. liegt 16 km nördlich von Duisburg an der Lippe und am Wesel-Datteln-Kanal. Zu erreichen ist H. über die B 58 und die Autobahnen A 3 Oberhausen–Niederlande (Ausfahrt H.) und A 31 Dreieck Oberhausen–Gronau (Ausfahrt Dorsten-Hardt). H. hat Grundschulen, Hauptschule; Mineralölraffinerie (im Ortsteil Bucholtwelmen), Tongewinnung und Tonverarbeitung, Sportflugzeug- und Karosseriebau, Bergbauzubehörindustrie.

H. wird erstmals 1092 als „Hungese" urkundlich erwähnt. Seit dem 14. Jh. war H. Besitz der Herzöge von Kleve. 1960 bzw. 1975 schloß sich H. mit fünf weiteren Gemeinden zusammen. – Sehenswerte ma. Dorfkirchen in H. und Drevenack; Wasserschloß Gartrop mit alter Wassermühle; Haus Schwarzenstein; Schiffer- und Treidlerdorf Krudenburg mit historischem Dorfkern sowie das Otto-Pankok-Museum in H.-Drevenack.

Hürtgenwald

□ 87,87 qkm; ○ Düren; ⚐ Nordrhein-Westfalen; ✉ 52393; ☎ 02429; 🚗 DN; △ 170 bis 566 m; 👫 7700.

H. liegt im Naturpark Nordeifel 20 km südwestlich von Düren an der B 399 und A 4 Köln–Aachen (Ausfahrt D.). Bahnstation (Ortsteil Zerkall) an der Strecke Düren–Kreuzau–Heimbach. H. hat Forstamt, Bundesforstamt Nordrhein; Grundschulen, Hauptschule, Gymnasium (Franziskaner); papier-, holz- und metallverarbeitende Betriebe; Landwirtschaft.

Die Gm entstand 1969 und 1972 durch Zusammenschluß der Orte Bergstein, Brandenberg, Gey, Großhau, Hürtgen, Kleinhau und Straß und durch Eingliederung der Gm Vossenack.

Im 2. Weltkrieg (1944/45, Hürtgenwaldschlacht) waren die genannten Ortsteile erbittert umkämpft (zwei große deutsche Soldatenfriedhöfe in Hürtgen und Vossenack mit über 5000 Toten).

Sehenswert die Mestrenger Mühle im Kalltal, die ehem. Getreidemühle und die hist. Bauten in Simonskall aus dem MA; Friedensmuseum Hürtgenwald. – Internationales Moto-Cross-Rennen (Mai und September).

Hürth

□ 51,16 qkm; ○ Erftkreis; ⚐ Nordrhein-Westfalen; ✉ 50354; ☎ 02233; 🚗 BM; △ 54–138 m; 👫 51 000.

H., zwischen dem Nordostabhang der Ville und der Kölner Bucht südwestlich von Köln gelegen, ist über die B 265 und die A 1 Koblenz–Köln (Ausfahrt H., H.-Knapsack und Erftstadt), A 4 Köln–Aachen (Ausfahrt Köln-Klettenberg),und A 61 Koblenz–Nettetal (Ausfahrten Erftstadt-Gymmich u. Kerpen-Türnich) zu erreichen. Bahnstation (H.-Kalscheuren) der Strekken Köln–Koblenz und Köln–Trier. H. ist Sitz des Bundessprachenamtes, hat Kreisbehörden (Nebenstellen) des Erftkreises; Realschule, Gymnasien, Sonderschulen, Berufsbildende Schule, Musikschule, Volkshochschule. Der Ortsteil H.-Knapsack ist Standort bedeutender Unternehmen der chemischen Industrie (Knapsack AG., Degussa), des Braunkohlentagebaues und der Briketterzeugung (Rheinische Braunkohlenwerke AG.) sowie der Energieerzeugung (Goldenberg-Werk der RWE); ferner elektrotechnische Industrie, Stahl-, Maschinen-, Leichtmetall-, Apparate- und Meßgerätebau, Nahrungs- und Genußmittelindustrie; von wirtschaftlicher Bedeutung außerdem landwirtschaftliche Betriebe (Gemüseanbau und Blumenzucht, besonders auf den ertragreichen Lößböden von H.-Fischenich, Kendenich und H.-Stotzheim).

H., erstmals 898 urkundlich bezeugt, liegt auf altem Siedlungsraum (Bodenfunde aus dem 2. Jh. v. Chr.; Reste römischer Wasserleitungen zur Versorgung von Köln in H. und H.-Hermühlheim; röm. Grabkammer in H.-Efferen); um 1820 begann man mit dem Abbau von Braunkohle. 1930/33 schlossen sich zwölf Orte zur Großgemeinde H. zusammen. 1978 Verleihung der Stadtrechte. – Sehenswert die Wasserburgen Kendenich und Gleudel, Burg Efferen, Burgruine Fischenich, Kloster Alt-Hürth und die rekultivierten Braunkohlegebiete (Wälder und Seen).

Hungen

□ 86,75 qkm; ○ Gießen; ⚐ Hessen; ✉ 35410; ☎ 06402; 🚗 GI; △ 180 m; 👫 12800.

H., 22 km südöstlich von Gießen an der Horloff am Fuß des Vogelsberges in der nördlichen Wetterau gelegen, ist über die B 457, B 489 und Autobahn A 45 Würzburg–Siegen (Ausfahrt Wölfersheim) zu erreichen; Bahnstation an der Strecke Gelnhausen–Gießen. Die St hat Mittelpunktgrundschule, Gesamtschule mit Sekundarstufen; Autozubehör-, Textil(Veredelung)-, Kunststoff- und Kleineisenindustrie, Butter- und Milchtrockenwerk, Apparatebau (Schwimmbadtechnik) u. a.

H., bereits im 1. Jh. n. Chr. als germanische Siedlung im Grenzland des Limes genannt, ist erstmals 782 urkundlich bezeugt. 1361 erhielt es unter münzenbergischer Herrschaft die Stadtrechte. Über die Grafen von Falkenstein (seit 1419) kam die St an die Grafen von Solms (im 18. Jh. Residenz einer Nebenlinie). 1806 fiel es an Hessen. – Sehenswürdigkeiten sind das ma. Schloß (15.–18. Jh.), die ev. Kirche (älteste Teile um 1100, Chor 13. Jh., Langhaus 17. Jh.) und Reste der Stadtbefestigung. – Alle zwei Jahre Hessischer Schäfertag.

Husum (Nordsee)

□ 17,77 qkm; ○ Nordfriesland; ⚐ Schleswig-Holstein; ✉ 25813; ☎ 04841; 🚗 NF; △ 6 m; 👫 20650.

H. ist als größte St Nordfrieslands wirtschaftlicher und kultureller Mittelpunkt an der Nordsee. Die St ist über die B 5 (grüne Küstenstraße), B 200 und B 201 zu erreichen. D-Zug-Station an der Strecke Hamburg–Westerland. H. hat Nordseehafen; Amtsgericht, Kreisverwaltung, Amt für Land- und Wasserwirtschaft; Zollamt, Wasserschutzpolizei; Technikerschule, Kreisberufsschule, Dänische Schule, Gymnasien, Volkshochschule, Theodor-Schäfer-Berufsbildungswerk für Behinderte; die St ist Bundeswehrstandort.

Neben Fisch- und Krabbenfang, mittlerer Industrie (Schiffswerft, Maschinenfabrik, Fischverarbeitung), Handel (Viehhandel, zentraler Versandschlachthof) ist vor allem der Fremdenverkehr (Badestrand am Außendeich) von wirtschaftlicher Bedeutung.

H., erstmals 1252 urkundlich erwähnt, erhielt 1465 das Markt- und 1603 das Stadtrecht. Im 16. bis 18. Jh. war H. die bedeutendste Hafen- und Handelsstadt an der Nordsee. Sehenswert das ehem. Schloß (1577–82), früher Witwensitz der Gottorfer Herzoginnen, mit schönem Torhaus (1612), die Marienkirche (1829–33), das Nordfriesische Museum (Nissenhaus), das Ostenfelder Bauernhaus (Freilichtmuseum),

Rathaus (1601), Bürgergiebelhäuser der Altstadt (15.–17. Jh.) und das 10 km südwestlich von H. gelegene alte Vierständerhaus „Roter Haubarg". Im Frühjahr prächtige Krokusblüte im Schloßgarten. – H. ist Geburtsort des Dichters Theodor Storm (1817–1888, Geburtshaus am Markt, Grab beim St. Jürgen-Stift, Theodor-Storm-Haus-Museum in der Wasserreihe).

Ibbenbüren

□ 108,55 qkm; ○ Steinfurt; ⚐ Nordrhein-Westfalen; ✉ 49477*; ☎ 05451; 🚗 ST; △ 79–170 m; 👥 45000.

I. liegt zwischen dem nordöstlichen Kamm des Teutoburger Waldes und dem Südhang der Schafberge 15 km westlich von Osnabrück an der B 65 und B 219. Anschluß an die A 30 Bad Oeynhausen–Niederlande (Ausfahrten I. und I.-Laggenbeck) und A 1 Ruhrgebiet–Bremen (Ausfahrt Lengerich/Tecklenburg). Bahnstation an der Strecke Münster–Osnabrück. I. besitzt am Dortmund-Ems- und am Mittellandkanal drei Kanalhäfen. Die St hat Amtsgericht, Landwirtschaftskammer, Finanzamt; Realschulen, Gymnasien, Berufs-, Berufsfach- und Fachoberschulen, Kaufmännische Schulen, Landwirtschaftsschule, Krankenpflegeschule, Musikschule, Volkshochschule, Sonderschule für Lernbehinderte. Wichtigste Industrie ist der Steinkohlenbergbau (Preußag AG); außerdem Maschinen-, Kunststoff- und Textilindustrie, Elektrotechnische-, Chemie- und Nahrungsmittel-Industrie. Landwirtschaft; Fremdenverkehr.

Als Kirchspiel wurde I. mit seinen Bauernschaften im 9. Jh. gegründet. Erste urkundliche Nennung des Ortes 1146. Von 1515 bis 1702 (mit einer Unterbrechung von 1541–48) war I. mit der Grafschaft Lingen ein Teil des oranischen Herrschaftsgebietes. 1702 fiel I. an Preußen. 1721 Verleihung der Stadtrechte. – Sehenswürdigkeiten: Spätgot. Hallenkirche mit romanischem Portal; Ludwig-Kirche (avantgardistische Innenraumgestaltung); Auto- und Motorrad-Museum. – Alljährlich Stadtfest (Juni) und Großes Volksfest (Kirmes, September).

Ichenhausen

□ 34,21 qkm; ○ Günzburg; ⚐ Bayern; ✉ 89335; ☎ 08223; 🚗 GZ; △ 471 m; 👥 7500.

I., an der Günz 11 km südlich von Günzburg im bayerischen Schwaben gelegen, ist über die

Ibbenbüren, Sommerrodelbahn

B 16 und Autobahn A 8 Stuttgart–München (Ausfahrt Günzburg) zu erreichen; Bahnstation an der Strecke Günzburg–Krumbach–Mindelheim. Die St (seit 1913) hat Grund- und Hauptschule, Sonderschule für Lernbehinderte, Sing- und Musikschule, Realschule, Gymnasium; Bau- und metallverarbeitende Industrie, Maschinenfabrik, Leder- und lederverarbeitende (Handschuhe) sowie Kunststoffindustrie, Futtermittelwerk, Ziegeleien; Landwirtschaft.

I., 1032 erstmals urkundlich genannt und seit 1406 Markt, kam mit der Markgrafschaft Burgau 1805 an Bayern. Das ehem. Obere Schloß (1566, jetzt Rathaus) und das Untere Schloß (1697) wurden von den örtlichen Adelsgeschlechtern von Roth und von Stain erbaut. Bemerkenswert das Schulmuseum, das ehem. Rabbinatsgebäude und die ehem. Synagoge (1687/1781 erweitert), jetzt „Haus der Begegnung". – Nordöstlich von I. liegt die Klosterkirche Wettenhausen (1670–83).

Alljährlich Stadtfest in I. und Schloßparkfest in Autenried.

Idar-Oberstein

□ 66,18 qkm; ○ Birkenfeld; ⚐ Rheinland-Pfalz; ✉ 55743; ☎ 06781 und 06784; 🚗 BIR; △ 230–580 m; 👥 35500.

I.-O. liegt am Südosthang des Hunsrücks an der Nahe. Zufahrt über die B 41, B 327 und B 422; Anschluß an die A 62 Pirmasens–Nonnweiler (Ausfahrt Birkenfeld). Flugplatz für Reise- und Sportflugzeuge. Die St ist Sitz eines Amtsgerichts und Bundeswehrstandort. I.-O. hat Fachhochschule Edelstein- und Schmuckdesign, Realschule, Gymnasien, Volkshochschule, Höhere Handelsschule, Fachschulen, Sonderschulen für lernbehinderte und geistig behinderte Kinder; Artillerieschule der Bundeswehr.

Bedeutendste Wirtschaftszweige der St sind die Edelstein- und Schmuckwarenindustrie (INTERGEM Schmuck- und Edelsteinfachmesse September/Oktober); ferner metallverarbeitende Betriebe (Herstellung von Kochtöpfen und Aluminiumbierfässern), Lederwaren- und Autozubehörfabriken.

I.-O. entstand 1933 durch Zusammenschluß der Städte Oberstein, Idar (mit Tiefenstein) und der Gm Algenrodt. Oberstein, erstmals 1075 urkundlich genannt, war seit 1330 Sitz einer gleichnamigen Reichsherrschaft. Die frühesten Zeugnisse über den Achatbergbau in der Herrschaft O. stammen aus dem 15. Jh.; eine Achatschleifmühle wird erstmals 1530 erwähnt (1603 Erlaß einer Zunftordnung für Achatschleifer). Nach dem Ende der Herrschaft O. (1795) stand die St bis 1813/14 unter französischer Oberhoheit. Danach kam O. über Österreich/Bayern (1815–17) an Preußen. Im 19. Jh. entwickelte sich die St zum Mittelpunkt der deutschen Edelstein- und Diamantschleiferei (1834 erste Rohsteinsendung aus Übersee; um 1875 Einführung der Lapidär- [Edelstein] Schleiferei aus Böhmen und 1886 Einführung der Diamantschleiferei aus Amsterdam). – Sehenswürdigkeiten: Felsenkirche (1484) unterhalb des Alten Schlosses (12. Jh.); historische Achatschleiferei (Weiherschleife); Deutsches Edelsteinmuseum; Edelsteinminen im Steinkaulenberg; Heimatmuseum; Ruine des Neuen Schlosses (14. Jh.). – Alljährlich Spießbratenfest (Juni) und Schmuckball (September).

Idstein

□ 79,70 qkm; ○ Rheingau-Taunus-Kreis; ⚐ Hessen; ✉ 65510; ☎ 06126; 🚗 RÜD; △ 225–372 m; 👥 19000.

I., 20 km nördlich von Wiesbaden am Nordwestabhang des Taunus in der Senke von Wolfsbach und Wörsbach gelegen, hat über die B 275 Anschluß an die Autobahn A 3 Frankfurt a. M.–Köln (Ausfahrt I.); Zufahrt ferner über die B 8 und B 417; Bahnstation an den Strecken Frankfurt a. M.–Limburg und Wiesbaden–Limburg. I. ist Sitz eines Amtsgerichts; hat Realschule, Gymnasium, Kreisberufsschule, Volkshochschule, Fachhochschule für Bauingenieurwesen und Architektur, Sonderschulen für lernbehinderte, geistig und körperlich behinderte Kinder; Kreiskrankenhaus; Elektrowerkzeugindustrie (Black & Decker), Armaturenbau, Herstellung von Lederwaren, Dichtungen und Batterien; lebhaften Fremdenverkehr.

I., erstmals 1102 urkundlich erwähnt und 1287 zur St erhoben, war nassauischer Besitz seit Anfang des 12. Jh. und Residenz von Nassau – I. seit 1355. Mit dem Aussterben der Linie (1721) kam die St über Nassau–Usingen 1806 an das Herzogtum Nassau. 1866 fiel I. mit dem Herzogtum an Preußen. – Das ma. Stadtbild ist weitgehend erhalten. Sehenswürdigkeiten: Burgbereich hinter dem Rathaus mit Burgtor, Fachwerkbauten auf dem Mauerwerk der alten Burg, Rosengarten, Hexenturm (15. Jh.) und Schloß (17. Jh.); Rathaus am König-Adolf-Platz mit schönen Fachwerkhäusern aus der Zeit um 1600; Unionskirche (1817 hier Einigung der beiden evangelischen Konfessionen), zwischen 1655 und 1677 erbaut, mit Deckenmalereien der Rubensschüler Sandrart und Imrath.

Illertissen

□ 36,30 qkM, ○ Neu-Ulm; ⚐ Bayern; ✉ 89257; ☎ 07303; 🚗 NU; △ 513 m; 👥 13800.

I. liegt an der Iller, 25 km südlich von Ulm. Zufahrt über die B 19 und die Autobahn A 7 Ulm–Kempten (Ausfahrt I.). Die St (seit 1954) hat Amtsgericht, Arbeitsamt, Forstamt; Realschule, Gymnasium, Berufsschule, Berufsaufbauschule, Berufsfachschule für Krankenpflege, Sonderschule für Lernbehinderte, Volkshochschule; Maschinenfabriken, holz- und metallverarbeitende Betriebe, pharmazeutisch-chemische und Textilveredelungs-Industrie.

I., erstmals 954 urkundlich erwähnt, war Sitz eines Reichshofes. Vom 12. Jh. bis 1510 gehörten Burg und Ort I. den Grafen von Kirchberg. 1803 kamen Schloß und Markt an Bayern.

Sehenswert: Renaissanceschloß (16. Jh.) und Stadtpfarrkirche St. Martin mit Hochaltar von Christoph Rodt (1604); Bienen- und Heimatmuseum.

Feste und Veranstaltungen: Frühjahrs- und Herbstmarkt; Weinfest im Schloßhof; Freilichtaufführungen der Schwabenbühne Roth- und Illertal.

Illingen (Saar)

☐ 36,52 qkm; ○ Neunkirchen; ⚐ Saarland; ✉ 66557; ☎ 06825; 🚗 NK; △ 280 m; 👪 19500.

I. an der Saar liegt 21 km nordöstlich von Saarbrücken unmittelbar am Autobahnkreuz Saarbrücken A 1/A 8, ist Bahnstation an der Strecke Lebach–Saarbrücken/Neunkirchen; hat Arbeitsamt (Nebenstelle); Realschule, Gymnasium, Sonderschule, Volkshochschule, Musikschule; Fachklinik St. Hedwig; Fleischwarenfabrik (Höll), mittelständische weiterverarbeitende Industriebetriebe.

Die ursprüngliche Kelten- und Römersiedlung, die im 9. Jh. kirchlicher Mittelpunkt des Saarlandes war, wird erstmals 893 urkundlich erwähnt; bis 1789 residierten die Herren von Kerpen als reichsunmittelbare Freiherrn in der Wasserburg Kerpen (11. Jh.). Im Zuge der Gebietsreform schloß sich I. mit fünf umliegenden Gemeinden zur neuen Großgemeinde I. zusammen. – Sehenswert Wasserburg Kerpen mit Burgweiher, Pfarrkirche St. Stephan (18. Jh.), Pfarrhaus (1731), Alte Zehntscheune, VSE-Elektromuseum mit Solarhaus, Bergkapelle „Zu den sieben Schmerzen Mariens“. – Burg- und Weiherfest (Juli), Steffesfest (August), Wurstmarkt (Oktober).

Ilmenau

☐ 30,7 qkm; ○ Ilmenau; ⚐ Thüringen; ✉ 98693; ☎ 03677; 🚗 IL; △ 500 m; 👪 28000.

Il. ist zu erreichen auf der A 4 / E 40, Ausfahrt Erfurt-West, weiter auf der B 4 (29 km); in Il. endet die B 87, es kreuzen sich die B 4 und B 88; die St liegt an der Eisenbahnhauptlinie Erfurt–Schleusingen; eine Nebenstrecke führt von Il. nach Großbreitenbach. Der nächste Flughafen ist Erfurt (40 km).

Bildungseinrichtungen: Grundschulen, Regelschulen, das „Thüringen College“, Gymnasien, Fachschule für Technik und die Technische Hochschule; ferner Berufsschule, Volkshochschule und Musikschule; Schule für Lernbehinderte.

Wirtschaftliches: Porzellan- und Glasindustrie, Elektrotechnik, Metallverarbeitung, Holzbe- und -verarbeitung; Fremdenverkehr.

Geschichtliches: Il. wurde im 14. Jh. mehrfach genannt, 1341 erstmals als St. erwähnt. Die frühesten bekannten Herren über Il. waren die Grafen von Henneberg. Nach ihrem Aus-

Ilmenau, Rathaus

sterben fiel die St an das Haus Sachsen und wurde bei der Erbteilung 1660/61 dem Herzogtum Sachsen-Weimar zugesprochen, wo es bis 1918 verblieb. – In Il. betrieb man bereits seit dem 12. Jh. Bergbau, vor allem wurden Silber und Kupfer gefördert. 1776 kam J. W. v. Goethe im Auftrage der herzöglichen weimarischen Regierung zum ersten Mal nach Il., um das verworrene und verwahrloste Steuerwesen des örtlichen Amtes zu prüfen. Weit größer und beschwerlicher waren jedoch seine Bemühungen um die Wiederbelebung der Bergwerke, die seit 1739 brachlagen. Der im Staatsdienst stehende Dichter besuchte insgesamt 28mal die St. Sein bergmännisches Amt führte ihn offiziell an die Stätten seiner Aufgaben, seine Liebe zur schönen Thüringer Landschaft ließ ihn an zahlreichen Plätzen in und um Il. verweilen. Am nahe gelegenen Berg Kickelhahn schrieb er 1780 „Wanderers Nachtlied“. – Die erste Glashütte entstand in Il. 1675. Im 18. Jh. begann man mit der Porzellanherstellung. Beide Produktionszweige sind bis heute für die St wirtschaftlich bedeutungsvoll geblieben. Nach 1830 entwickelte sich nach der Errichtung von Kaltwasser-Heilanstalten der Kur- und Badebetrieb, der jedoch wegen der beginnenden Industrialisierung und infolge eines Brandes der Badeanstalten (1920) zum Erliegen kam. In der Weimarer Republik wurde Il. dem 1920 proklamierten Land Thüringen zugeordnet.

Sehenswürdigkeiten und Kulturelles: Erinnerungen an Goethe und seine Verdienste werden im ehem. Schloß „Amtshaus am Markt“

(1616), dem heutigen St-Museum, und im Jagdhaus Gabelbach (1783) gepflegt, wo man Goethe-Gedenkstätten eingerichtet hat. Um den Spuren des Dichters zu folgen und gleichsam mit ihm die Natur nachzuerleben, braucht der Besucher lediglich den „Goethe-Wanderweg“ (18 km) zu wählen. Der Aussichtsturm des Berges Kickelhahn (861 m) bietet eine prächtige Rundsicht. Die St-Kirche St. Jakobus ist ein einschiffiger Renaissancebau, bei dem auch spätgotische Teile verwendet wurden. Sportlich Interessierten stehen das Hallenbad, ein Freibad, Sommer- und Winterrodelbahnen, gespurte Loipen und der Campingplatz „Meyersgrund“ bei Stützerbach (6 km) zur Verfügung.

Jährlich wiederkehrende Veranstaltungen: II. Jazz-Tage; das Kickelhahnfest; die II. Frühjahrsmesse und die „Folktage“, betreut vom Verkehrsverein; der „Hochsprung mit Musik“ des LSV 1971 e.V.; das traditionelle „Abwintern“ des WSV 1990 e.V.

Ilsede

□ 28,45 qkm; ○ Peine; ⚐ Niedersachsen; ✉ 31241; ☎ 05172 (05171 Ortsteil Klein Ilsede); 🚗 PE; △ 80 m; 👥 11900.

I. ist 1971 durch Zusammenschluß der früheren Gemeinden Ölsburg, Groß und Klein Ilsede, Bülten, Groß Bülten und Solschen entstanden. Die Gm liegt 7 km südlich von Peine im Industrieraum Peine-Salzgitter an der B 444; Anschluß an die Autobahn A 2 Ruhrgebiet–Berlin (Ausfahrt Peine). I. hat Gymnasium, Realschule, Sonderschule für Lernbehinderte; Bergbau- und Hochofenwerk (Stahlwerke Peine-Salzgitter AG).

»Alispure« (Ortsteil Ölsburg) wird erstmals 1003 als Verwaltungsmittelpunkt der Franken-Kaiser erwähnt. Mit dem Bergbau und der Eisenverhüttung (Ilseder Hütte) wurde im letzten Drittel des 19. Jh. begonnen.

Ilshofen

□ 54,87 qkm; ○ Schwäbisch Hall; ⚐ Baden-Württemberg; ✉ 74532; ☎ 07904; 🚗 SHA; △ 440 m; 👥 4300.

I. liegt 19 km nordöstlich von Schwäbisch Hall an der B 14 und an der Autobahn A 6 Heilbronn–Nürnberg (Ausfahrt I.-Wolpertshausen). Die St hat Grund- und Hauptschule, Realschule, Sonderschule für Lernbehinderte; Wohnwagenbau, Maschinenfabrik, holzverarbeitende und Bekleidungsindustrie, Brauerei, Rohrformtechnik.

I., erstmals 938 urkundlich erwähnt, erhielt 1330 das Stadtrecht. Die St wurde im Laufe ihrer Geschichte mehrmals (1449, 1837/38) durch Kriegsereignisse oder Feuer zerstört, zuletzt zu zwei Dritteln im Jahr 1945.

Immenhausen (Hessen)

□ 28,54 qkm; ○ Kassel; ⚐ Hessen; ✉ 34376; ☎ 05673; 🚗 KS; △ 270 m; 👥 6900.

I., am Südwestrand des Reinhardswaldes 12 km nördlich von Kassel gelegen, hat sich im Zuge der Gebietsreform 1970 mit den vorher selbständigen Gemeinden Holzhausen und Mariendorf zusammengeschlossen. Die St ist über die B 83 zu erreichen; Bahnstation an der Strecke Kassel–Warburg. I. hat Grundschulen, Gesamtschule; Produktion von Dosierpumpen für die chem. Industrie und Wasseraufbereitungsanlagen, Glashütte; Landwirtschaft; Lungenfachklinik (Philippstift).

I. ist 1123 erstmals als Siedlung und 1298 erstmals als St urkundlich nachweisbar. 1385 und 1631 wird die St von feindlichen Truppen niedergebrannt. 1686 gründen glaubensvertriebene französische Flüchtlinge die Kolonie Mariendorf. Mit der Annexion Hessens kommt I. 1866 an Preußen.

Sehenswert: Reste der ma. Befestigungsanlage mit zwei Türmen aus dem 13. Jh.; Stadtkirche (spätgot. Hallenbau 13. Jh.); Fachwerkhäuser 17./18. Jh. (Hospital, Siechenhaus, Rathaus, ehem. Zehntscheune); Glasmuseum; Historische Friedhofsanlage mit Barock- und Renaissance-Grabsteinen (Naturdenkmal); Hugenottenkirche Mariendorf (1710).

Immenstadt i. Allgäu

□ 82 qkm; ○ Oberallgäu; ⚐ Bayern; ✉ 87509; ☎ 08323; 🚗 OA; △ 728–1749 m; 👥 14000.

Die St I. liegt im oberen Illertal am Nordrand der Allgäuer Alpen im Schnittpunkt der B 19 und B 308; Bahnknoten an den Strecken Dortmund–Ulm–Oberstdorf und München–Lindau–Zürich. I. hat Finanzamt, Landwirtschaftsamt, Forstamt; Kreiskrankenhaus; Realschulen, Gymnasium, Berufs- und Berufsaufbauschule, Landwirtschafts- und Alpwirtschaftsschule, Land- und Hauswirtschaftliche Berufsschule, Musikschule, Oberallgäuer Volkshochschule,

Sonderschule für Lernbehinderte; Strumpf-, Autozulieferer-, Druck- und kunststoffverarbeitende Industrie; von wirtschaftlicher Bedeutung ferner die Land- und Viehwirtschaft; der Ortsteil I.-Bühl ist staatl. anerkannter Luftkurort.

I., erstmals 1269 urkundlich bezeugt, wurde um 1000 gegründet (damaliger Name ‚Immendorf') und 1360 von Heinrich von Montfort zur St erhoben. Gelegen an der großen Salzstraße von Hall (Tirol) an den Bodensee, war I. als Sitz einer Obersalzfaktorei Zoll-, Stapel- und Umschlagplatz des ‚Weißen Goldes' und des aufblühenden Leinwandhandels. 1565 ging I. an die Freiherren von Königsegg über, die das um 1550 errichtete Stadtschloß Anfang des 17. Jh. umbauten (Westflügel 1746). 1804 kam die St an Österreich; 1806 wurde sie bayerisch. Zum weiteren wirtschaftlichen Aufschwung trug die Eröffnung der Bahnlinien Ende des 19. Jh. bei. – Neben dem Schloß bemerkenswert die Stadtpfarrkirche mit bedeutenden Fresken, die Gottesacker-Kapelle, das Rathaus (17. Jh.), die Burgruinen Rothenfels/Hugofels, Werdenstein, Laubenbergerstein und Rauhlaubenberg, das Heimatmuseum sowie die Wallfahrtskirche in Bühl am Alpsee mit sehenswertem Inventar.

Alljährlich Stadtfest, Seenachtsfest in I.-Bühl und Alpabtrieb mit Viehscheid.

Ingelfingen

□ 46,5 qkm; ○ Hohenlohekreis; ⚐ Baden-Württemberg; ✉ 74653; ☎ 07940; 🚗 KÜN; △ 207–404 m; 👥 5400.

I., 35 km nordöstlich von Heilbronn an der B 19 gelegen, hat Anschluß an die Autobahn A 6 Heilbronn–Nürnberg (Ausfahrt Kupferzell); Grund- und Hauptschule; mittelständische Industriebetriebe (Herstellung von elektronischen Geräten, feinmechanischen Produkten und Goldwaren); Weinanbau, Landwirtschaft.

Urkundlich ist I. erstmals 1080 nachweisbar. Um 1250 erbaute Kraft von Boxberg die Burg Lichteneck, die Mitte des 15. Jh. zerstört wurde. 1323 erhielt I. von Kaiser Ludwig das Markt- und spätestens 1334 das Stadtrecht. Von 1701 bis 1805 war die St Residenz der Grafen bzw. Fürsten von Hohenlohe. Im Zuge der Gemeindereform schloß sich I. 1972/73 mit den Nachbargemeinden Criesbach, Diebach, Dörrenzimmern, Hermuthausen, Weldingsfelden und Eberstal zusammen. – Sehenswert die noch weitgehend von der Stadtmauer umgebene Altstadt mit Altem und Neuem Schloß (18. Jh.), St. Nikolauskirche und Fachwerkhäusern.

Alljährlich Wein- und Herbstfest (September).

Ingelheim am Rhein

□ 49,87 qkm; ○ Mainz-Bingen; ⚐ Rheinland-Pfalz; ✉ 55218; ☎ 06132; 🚗 MZ; △ 130 m; 👥 22000.

I., 18 km westlich von Mainz am Rhein in Rheinhessen gelegen, ist über die Autobahn A 60 Mainz–Bingen (Ausfahrten I.-Ost und I.-West) zu erreichen. Bahnstation der Strecken Mainz–Köln und Mainz–Saarbrücken. I. hat Rheinhafen, Autofähre, Haltestelle der Personenschifffahrt; Realschule, Gymnasium, Weiterbildungszentrum mit Volkshochschule, Musikschule und Akademie für politische Bildung; Krankenhaus. I. ist Zentrum eines Obst-, Wein- und Spargelanbaugebietes (Weinkellereien, Vereinigte Obstgroßmärkte), aber auch als Industriestandort bedeutend (Chemisch-pharmazeutische Werke u.a. C.H. Boehringer Ingelheim, elektrotechnische Spezialfabrik Maehler & Kaege).

Ingelheim, Burgkirche in Ober-Ingelheim

Die Ruinen der von Karl d. Großen 774 begonnenen Kaiserpfalz, Osterpfalz der deutschen Könige und Schauplatz zahlreicher Reichstage, liegen im Ortsteil Nieder-I. Unter Kaiser Barbarossa wurde die Pfalz im 12. Jh. befestigt (Anlagen 1689 von den Franzosen zerstört). 1375 fiel I. an die Kurpfalz (bis 1806), danach an das Großherzogtum Hessen-Darmstadt. St wurde I. 1939 durch den Zusammenschluß der ehem. Gm Nieder-I., Ober-I. und Frei-Weinheim; Eingemeindung von Groß-Winternheim 1972.

Von den ma. Befestigungsanlagen in Ober-I. sind Reste erhalten; bemerkenswert die Burgkirche (14./15. Jh., romanischer Turm, eingebaute Teile der Kaiserpfalz); Remigius-Kirche in Nieder-I.; Historisches Museum im Saalbereich. – I. ist Geburtsort des Kosmographen Sebastian Münster (1488–1552). – Alljährlich „Internationale Tage“ (Mai) und Rotweinfest (September).

Ingolstadt (Donau)

☐ 133,40 qkm; ○ Kreisfreie Stadt; ⚐ Bayern; ✉ 85049*; ☎ 0841; 🚗 IN; △ 374 m; 👫 100000.

Die St I. liegt beiderseits der Donau im Vorland der Fränkischen Alb. Zufahrt über die B 13 und B 16 bzw. B 16a; Anschluß an die A 9 München–Nürnberg (Ausfahrten I.-Nord und I.-Süd). IC-Station an der Bundesbahnhauptstrecke München–Dortmund/Hamburg. I. hat Landgericht; Amtsgericht, Gymnasien, Berufs- und Berufsaufbauschule, Technikerschule, Landwirtschaftsschule, Fachoberschule, Handels- und Wirtschaftsaufbauschule, Med. Schulzentrum (Altenpflegeschule), Fakultät der K. Universität Eichstätt, private Sprachenschule, Sprachheilschule; Stadttheater mit Fest- und Kongreßsaal; Stadtbücherei; I. ist Bundeswehrstandort. Bedeutendste Industriezweige sind der Fahrzeugbau (AUDI); Maschinenbau und Erdöl-Raffinerien (Pipeline-Verbindungen nach Genua, Triest und Marseille); ferner Textil- und Elektroindustrie.

Im Jahre 806 wird die »ville Ingoldestat« erstmals urkundlich genannt. Als Handelsort an einem Donauübergang besaß I. bereits Mitte des 13. Jh. überregionale Bedeutung; die Verleihung des Stadtrechts erfolgte um die gleiche Zeit. Als Herren der St ließen die Wittelsbacher ein Schloß („Herzogskasten“) errichten; die Pfarrkirche St. Moritz (1234 geweiht) gehört mit dem Schloß zum ältesten Stadtkern. Das 14. und 15. Jh. bedeutete für die St eine wirtschaftliche Blütezeit (Salz- und Weinhan-

Ingolstadt, Kreuztor

del). Von 1392–1447 war I. Residenz des Teilherzogtums Bayern-Ingolstadt und von 1472–1800 Sitz der bayerischen Landesuniversität (1800 Verlegung nach Landshut; 1826 nach München). Ludwig I. erklärte die St 1827 zur Landesfestung und begründete damit Ingolstadts Stellung als Garnisonsstadt und Rüstungsstätte des Landes. Nach dem 2. Weltkrieg entwickelte sich I. zum bedeutenden Wirtschafts- und Industriezentrum im mittelbayerischen Raum.

Sehenswürdigkeiten: St. Moritzkirche (1234, Mitte des 14. Jh. umgebaut); Herzogskasten (Altes Schloß, 13. Jh.); Münster Zur Schönen Unser Lieben Frau (bedeutende spätgot. Hallenkirche mit übereck gestellten Türmen, 1425–1520); Kreuztor (1385); Herzogsschloß (15. Jh.); Barockkirche Maria de Victoria, von den Brüdern Asam zwischen 1732 und 1736 errichtet; Reste der Fortifikationen aus dem 19. Jh. (Festungstore von L. von Klenze); Bayerisches Armeemuseum; Anatomie (medizinisch-historisches Museum).

Inzell

☐ 42,33 qkm; ○ Traunstein; ⚐ Bayern; ✉ 83334; ☎ 08665; 🚗 TS; △ 700 m; 👫 3750.

Die Gm I. liegt im südöstlichen Chiemgau an der Deutschen Alpenstraße (B 305) und an der B 306. Anschluß an die Autobahn A 8 München–Salzburg (Ausfahrt Traunstein/Siegsdorf). I. ist Luftkurort und Wintersportplatz mit lebhaftem Fremdenverkehr sowie Sitz der staatl. Forschungsanstalt für Winterdienst. Die Gm hat Volksschule und Gesang- und Musikschule für Volkstum. I. besitzt die einzige 400 m-Eisschnellaufbahn der Bundesrepublik (Kunsteisstadion) mit einer Lehrstätte für den Eis- und Rollschnellauf.

I. wird erstmals 1177 als Gut des Klosters St. Zeno bei Reichenhall genannt. Um 1180 erbauten die Grafen von Abensberg das Schloß I. (1811 abgebrochen). Die Bewohner des Ortes lebten von Salz- und Holztransporten und seit dem 16. Jh. vom Bergbau (Gewinnung von Blei und Galmei). Nach dem 1. Weltkrieg entwickelte sich I. zum Luftkurort. 1957 Anerkennung als Luftkurort. 1959/60 wurde mit der Wiederentdeckung des Frillensees als Eislauf- und Eisschnellaufplatz der sportliche und touristische Winterbetrieb eingeleitet. – Sehenswert der Gletschergarten an der Alpenstraße 3 km südlich von I. – Alljährlich internationale und nationale Wettkämpfe und Meisterschaften im Eisschnellauf (Januar/Februar).

Iphofen

□ 78,05 qkm; ○ Kitzingen; ✉ 97346; ☎ 09323; 🚗 KT; △ 266 m; 👥 4100.

I., 30 km südöstlich von Würzburg an einem Ausläufer (Schwanberg) des Steigerwaldes gelegen, ist über die B 8 und Autobahn A 3 Würzburg–Nürnberg (Ausfahrten Kitzingen und Schweinfurt-Wiesentheid) sowie Autobahn A 7 Ulm–Fulda (Ausfahrten Marktbreit und Kitzingen) zu erreichen; Bahnstation an der Strecke Würzburg–Nürnberg. Die St hat Grund- und Hauptschule; Gipsfabrik; Weinbau.

I., erstmals 741 urkundlich erwähnt, war seit dem 8. Jh. im Besitz des Bistums Würzburg. 1293 erhielt es das Stadtrecht; 1810 kam es an Bayern. – Im malerischen Stadtbild mit den gut erhaltenen Wehranlagen (Rödelseer Tor, Pesttor, Mittags-, Henker-, Zent- und Bürgerturm u.a.) ist die spätgotische Hallenkirche St. Veit (1414–1612) mit bedeutender Ausstattung (u.a. hl. Johannes von T. Riemenschneider) bemerkenswert; nennenswert ferner die Michaelkapelle (1380), die Kirche St. Martin (1605–1615), die Spitalkirche (14.–17. Jh.), das barocke Rathaus (1716–18) sowie zahlreiche ehem. Klosterhöfe und Adelssitze aus dem 16. bis 18. Jh.

Iserlohn

□ 125,55 qkm; ○ Märkischer Kreis; ⚐ Nordrhein-Westfalen; ✉ 58636*; ☎ 02371; 🚗 MK, △ 160–491 m; 👥 94500.

Die St I. liegt östlich von Hagen im nördlichen Sauerland. I. ist über die B 7, B 233 und B 236 zu erreichen. Anschluß an die Autobahn A 45 Dortmund–Hanau über Zubringer A 46 (4 Ausfahrten). I. hat Amtsgericht, Arbeitsgericht; Realschulen, Gymnasien, Mädchengymnasium mit Gymnasium für Frauenbildung, Berufs- und Berufsfachschulen (einschließlich Handelsschule und Kinderpflegerinnenschule), Landwirtschaftl.- und gartenbauliche Berufsschule und Fachoberschule, Berufsfachschule für Metallindustrie, Fachhochschule für Maschinenwesen, Märkische Fachhochschule, Techniker-Tages-, Fach- und Abendfachschule, Ev. Pflegevorschule, Ev. Akademie, Sonderschule für Lernbehinderte, Tagesbildungsstätte für das geistig behinderte Kind und beschützende Werkstatt. Die St ist Bundeswehrstandort. Bedeutendster Wirtschaftsfaktor sind die zahlreichen Betriebe der Metallindustrie; daneben gibt es Textil- und elektrotechnische Industrie.

I., erstmals 1059 urkundlich erwähnt, erhielt im Jahr 1237 die Stadtrechte. Zwischen 1230 und 1391 war die St Münzstätte der Grafen von der Mark. Eisenverarbeitende Betriebe sind seit dem späten Mittelalter (1394 Herstellung der ersten Drahtrolle; um 1700 Einführung der Nadelindustrie) bezeugt. Während der Revolution 1848/49 war I. Zentrum des politischen Widerstandes in Westfalen (1849 Erstürmung des Zeughauses). 1975 wurde I. u.a. die ehem. St Letmathe eingegliedert. – Von den Baudenkmälern sind bemerkenswert: Kirchspielkirche St. Pankratius (älteste Bauteile romanisch) mit Flügelaltar aus der Zeit um 1500; Oberste Stadtkirche (Anfang 14. Jh.) mit flandrischem Schnitzaltar um 1400; St. Kilianskirche mit romanischen und gotischen Kunstschätzen. Sehenswert ferner die Dechenhöhle (Tropfsteinhöhle). – Alljährlich Internationales Schützenfest mit NATO-Musikparade.

Isernhagen

□ 59,72 qkm; ○ Hannover; ⚐ Niedersachsen; ✉ 30916; ☎ 0511; 🚗 H; △ 50 m; 👥 23000.

I. grenzt unmittelbar an die nordöstlichen Stadtbezirke von Hannover. Zufahrt über die B 3 und Autobahn A 7 Kassel–Hannover–Hamburg (Ausfahrten Altwarmbüchen bzw. Großburgwedel) und Autobahn A 2/A 37 Hannover–Berlin (Ausfahrten Hannover-Lahe bzw. Burgdorf); Bahnstation Isernhagen H.B. an der Strecke Hannover–Celle–Hamburg. Die Gm ist 1974 aus ehemals sieben selbständigen Gemeinden unter neuem Namen gebildet worden. I. hat ein Schulzentrum mit gymnasialer Oberstufe, Musikschule, Volkshochschule; kleinere und mittlere Industrie- und Gewerbebetriebe (Maschinen- und Fahrzeugbau). Als Wohngemeinde im Ballungsraum Hannover ist I. überdurchschnittlich gewachsen.

Sehenswert die alte Kirchhorster Dorfkirche, die Kirche in Isernhagen K.B. sowie das Erholungsgebiet am Altwarmbüchener See.

Ismaning

☐ 40,17 qkm; ○ München; ⚐ Bayern; ✉ 85737; ☎ 089; 🚗 M; △ 490 m; 👥 12900.

I., 15 km nordöstlich von München gelegen, ist über die B 388 und B 471 zu erreichen. Anschluß an die Autobahn A 9 München–Nürnberg (Ausfahrt Schleißheim) und Autobahnring A 99 (Ausfahrt Aschheim/Ismaning); S-Bahn-Anschluß nach München. I. hat Grund- und Hauptschulen, Realschule; mittlere und kleinere Industriebetriebe (Herstellung von Geräten für die Luftfahrt, keramische Industrie; Allianzzentrum für Technik); bedeutend ferner der Krautanbau der Gm, die sich in den letzten Jahren aufgrund ihrer Lage im Großraum von München auch zu einem Wohnort mit rasch wachsender Einwohnerzahl entwickelt hat (1939 3500 EW). – Erste urkundliche Erwähnung 809. Durch Kaiser Ludwig d. Bayern wurde I. mit vier weiteren Dorfschaften 1319 dem Hofstift Freising übereignet. 1526 zu einem Landsitz umgebaut, erlangte I. als Sommerresidenz der Fürstbischöfe von Freising nach neuerlichem Ausbau (1716–1723) Bedeutung. Beauharnais, der Stiefsohn Napoleons, ließ das Schloß 1816 im klassizistischen Stil umgestalten. – Bemerkenswert das Schloß (Rathaus); Schloßmuseum im Kutschenbau.

Isny im Allgäu

☐ 85,33 qkm; ○ Ravensburg; ⚐ Baden-Württemberg; ✉ 88316; ☎ 07562; 🚗 RV; △ 704–1118 m; 👥 12900.

I. im Allgäu an der B 12 zwischen Wangen und Kempten ist heilklimatischer Kurort und Wintersportplatz. Heilanzeigen bei Herz-, Gefäß- und Kreislauferkrankungen, vegetativer Dystonie, Rekonvaleszenz. – I. hat Sonderschulen, Gymnasium, kaufmännische Berufs- und Berufsfachschule und Naturwissenschaftlich-technische Akademie (private Ingenieurschule). Die St verfügt über ein Kreiskrankenhaus, ist Sitz des Stephanuswerkes I. (Rehabilitationszentrum für Berufsvorbereitung und Förderung Behinderter) und des Ev. Kinder- und Jugenddorfes Siloah. I. hat Land- und Forstwirtschaft, Molkereien (Emmentaler Käse), Textil-, Vorhangschienen- und Wohnwagenfabrik.

I. wird 1171 als Marktflecken erwähnt; 1238 erhielt es das Stadtrecht. 1365 kaufte sich I. vom Truchseß von Waldburg los und erlangte dadurch die Stellung einer Freien Reichsstadt. Wirtschaftliche Blütezeiten im 15. und 16. Jh.; Niedergang während des Dreißigjährigen Krieges (Großbrand 1631). 1803 wurde die Reichsunmittelbarkeit aufgehoben; 1806 fiel die Stadt an Württemberg.

Das historische Stadtbild einschließlich der Stadtbefestigung ist weitgehend erhalten. Sehenswert: Stadtkirche St. Georg (11. Jh. mit barocker Ausstattung durch Künstler der Wessobrunner Schule im 17. und 18. Jh.); Nikolaikirche (1284–88) mit Predigerbibliothek; Reichsabtei (1096) mit Rokokorefektorium; Rathaus (um 1680); Spital und Bürgerhäuser des 17. und 18. Jh.

Isselburg

☐ 42,74 qkm; ○ Borken; ⚐ Nordrhein-Westfalen; ✉ 46419; ☎ 02874; 🚗 BOR; △ 17 m; 👥 9800.

I., 15 km westlich von Bocholt an der Issel, an der B 67 und an der Autobahn A 3 Oberhausen–Niederlande (Ausfahrt Bocholt/Rees) gelegen, schloß sich 1975 im Rahmen der Gebietsreform mit den ehem. Städten Anholt und Werth sowie mit den Gemeinden Herzebocholt, Heelden und Vehlingen zur St I. zusammen. Die St hat Grund- und Hauptschulen, Musikschule; kleinere Industrie- und Gewerbebetriebe (u.a. Zuchtgärtnerei mit Gewächshäusern, Textilindustrie).

I. erhielt 1441, Anholt 1349 und Werth 1426 das Stadtrecht. Die drei Städte, als Grenzfestungen von den Herzögen von Cleve bzw. den Bischöfen von Utrecht und Münster angelegt, wurden während der dynastischen Machtkämpfe des ausgehenden Mittelalters und in den folgenden Jahrhunderten (Spanisch-Niederländischer Krieg 1568–1609, Dreißigjähriger Krieg 1618–48) mehrmals gebrandschatzt und zerstört; Werth erlitt 1945 schwere Schäden. An historischen Baudenkmälern blieben die Wasserburg Anholt (12.–17. Jh.) mit Museum und Park sowie ein Festungsturm im Stadtteil Isselburg erhalten. – Sehenswert Naturpark Schweiz (Nachahmung der Landschaft am Vierwaldstättersee) mit Wildgehege und Fasanerie.

Itzehoe, St. Laurentiuskirche

Issum

☐ 54,50 qkm; ○ Kleve; ⚐ Nordrhein-Westfalen; ✉ 47661; ☎ 02835; 🚗 KLE; △ 30 m; 👥 10700.

I., 28 km nordwestlich von Duisburg an der Fleuth gelegen, ist über die B 58 zu erreichen; Anschluß an die Autobahn A 57 Krefeld–Goch (Ausfahrt Alpen/I.). Die Gm hat Grundschulen, Hauptschule; Brauerei, Keramikwerk.

I., erstmals 1338 urkundlich erwähnt, war bis 1403 im Besitz der Grafen von Geldern. Später kam der Ort an Kurköln (bis 1795). I. und der Ortsteil Sevelen waren im 17. und 18. Jh. bekannt durch ihre blühende Töpferindustrie. – Bemerkenswert die alte Wasserburg „Haus Issum“ (jetzt Rathaus) und die 1839 nach Plänen von Schinkel erbaute ev. Pfarrkirche. In der kath. Pfarrkirche eine Kreuzigung Christi von Derick Baegert (um 1500). Reste der 1626/28 von Spaniern erbauten „Fossa Eugeniana“ (Kanalverbindung von der Maas zum Rhein) in der Ortschaft Sevelen.

Itzehoe

☐ 27,3 qkm; ○ Steinburg; ⚐ Schleswig-Holstein; ✉ 25524; ☎ 04821; 🚗 IZ; △ 0–70 m; 👥 32300.

Die St I. liegt 60 km nordwestlich von Hamburg am Südrand der holsteinischen Geest, die von der Marsch durch die schiffbare Stör getrennt wird. Zufahrt über die B 5, B 77, B 204 und B 206; Anschluß an die Autobahn A 23 Hamburg–Heide (Ausfahrt I.); D-Zug-Station an der Strecke Hamburg–Westerland. Flugplatz Hungriger Wolf (6 km). I. hat bedeutenden Binnenhafen (Suder Hafen); Bundesvermögensstelle, Landgericht, Sozialgericht, Amtsgericht, Hauptzollamt, Landesbauamt, Gewerbeaufsichtsamt, Marschenbauamt, Kreisbehörden u.a.; Krankenhaus; Realschulen, Gymnasien, Sonderschule für Lernbehinderte, Haushaltsschule, Handels- und Höhere Handelsschule, Fachgymnasium (Technik, Sozialwirtschaft, Wirtschaft), Volkshochschule; Großdruckerei (Gruner & Jahr), Pumpenfabrik, kunststoffverarbeitende Industrie, Mühlenwerke.

810 erbaute Kaiser Karl der Große auf dem Esesfeld in der Störschleife ein Kastell zum Schutz gegen Dänen und Wenden. 1227 kamen Burg und Siedlung in den Besitz der Schauenburger Grafen; Adolf IV., Graf von Holstein, verlieh I. 1238 lübisches Stadtrecht. 1256 wurde I. Sitz eines Zisterzienserinnenklosters (nach der Reformation Damenstift). 1657 brannten die Schweden die St völlig nieder. 1835–65 tagte in I. die holsteinische Ständeversammlung, die für die Selbständigkeit Schleswig-Holsteins eintrat. Am westlichen Stadtrand (Galgenberg) wurden mehrere germanische Grabstätten der älteren und mittleren Bronzezeit (1600–1200 v. Chr.) gefunden (drei der ältesten sind in einem Kuppelbau zu besichtigen).

Sehenswürdigkeiten: Laurentius-Kirche (1716) mit ehemaligem Klosterhof, Bibliothek und Klosterarchiv im Äbtissinnenhaus (1698) sowie Resten des Kreuzganges (14. Jh.); St. Jürgen-Kapelle (1657). Am Markt der störumflossenen Neustadt steht das 1695 errichtete und 1893 aufgestockte Rathaus mit Ständehaus (1835). Das Heimatmuseum (Sammlungen zur Heimatgeschichte, vorgeschichtliche Funde) ist untergebracht im Prinzeßhof (1744). – 4 km südöstlich der St liegt die Breitenburg (um 1750; Nordflügel 1898), Stammsitz der Grafen Rantzau, mit Schloßkapelle (1634).

Alljährlich Frühjahrs- und Herbstmarkt.

Jena

☐ 58,6 qkm; ○ Kreisfreie St; ⚐ Thüringen; ✉ 07703*; ☎ 03641; 🚗 J; △ 150 m; 👫 106000.

J. ist zu erreichen auf der A 4 / E 40, Ausfahrten J.-Göschwitz oder J.-Lobeda, sowie auf der B 7 und der B 88, die einander in der St kreuzen; der Saalbahnhof liegt an der Eisenbahnstrecke Berlin–München, der Westbahnhof an der Strecke Dresden–Eisenach; nächster Flughafen ist Erfurt (ca. 22 km).

Bildungseinrichtungen: Grundschulen, „Jenaplanschule", Regelschulen, Gymasien, Integrierte Gesamtschule mit gymnasialer Oberstufe; ferner eine Medizinische Fachschule, die Fachhochschule „Zeiss", eine Optikfachschule und die Friedrich-Schiller-Universität.

Wirtschaftliches: Die „Jenapharm" GmbH stellt Steroidhormone, Antibiotika, Vitamine, Antirheumatika und Herz-Kreislauf-Mittel her; die „Jenaer Glaswerk" GmbH entwickelt und vertreibt Gläser aller Art, namentlich Hauswirtschafts- und Laborgläser, optische und technische Gläser; von der „Carl Zeiss Jena" GmbH werden optisch-feinmechanische Erzeugnisse und elektronische Geräte entwickelt, gefertigt und vertrieben; in der „Jenaoptik" GmbH befaßt man sich mit Forschung, Muster- und Pilotproduktion im wissenschaftlichen Gerätebau. Zum städt. Umfeld gehören 32 Land- und Forstwirtschaftsbetriebe.

Geschichtliches: J. liegt in einem Talkessel an der Saale, zwischen zum Teil bewaldeten, bis zu 385 m ansteigenden Kalkhängen einer Hochfläche. Als Siedlung „Jani" um 830/850 erstmals erwähnt, wurde es um 1230 zur St erhoben (1936 bestimmte man 1236 zum Gründungsjahr). J. kam 1349 unter die Herrschaft der Wettiner; die EW waren Ackerbürger und Handwerker, vor allem betrieben sie Weinbau. Vollständige Gerichtsbarkeit erhielt die St 1429; Herzog Wilhelm zu Sachsen erteilte ihr 1448 das Recht, Pfennige mit der Darstellung einer Weintraube schlagen zu lassen. – Am 3. März 1522 übernachtete Martin Luther in J., nachdem er schon 1521, als Junker Jörg von der Wartburg verkleidet, die St bei einem Ausritt besucht hatte. J. bildete sich seit 1523 zu einem Zentrum heraus, von dem die Verbreitung des Protestantismus ausging. Wegen einer in Wittenberg wütenden Pest mußte die dortige Universität 1533 nach Jena verlegt werden. 1557 erhielt Prof. Schröter von Kaiser Ferdinand I. die Urkunde zur Gründung einer eigenständigen Universität in J., die bereits 1558 eröffnet werden konnte. Für den weiteren Aufstieg der St war dies von entscheidender Bedeutung. J. war von 1672–90 Residenz des Herzogtums Sachsen-J., das 1741 an das Herzogtum Sachsen-Weimar fiel. Unter Herzog Karl August (1775–1821) erlebte J. zur Zeit Goethes eine geistige Blüteperiode. Hier waren die Wirkungsstätten von Friedrich Schiller, J.L. Tieck, G. Fichte, J.J.W. Schelling, F.W. Hegel und anderer dt. Geistesgrößen. 1673 gründete Neuenhahn die „Jenaische Zeitung", das zweitälteste Nachrichtenblatt in Dtld. (die erste Zeitung in dt. Sprache erschien 1660 in Leipzig). Goethe kam 1773 zum ersten Mal nach J.; Friedrich Schiller hielt hier 1789 seine berühmte akademische Antrittsvorlesung „Was heißt und zu welchem Ende studiert man Universalgeschichte"; er blieb bis 1794 in der St.

In der Schlacht bei J. bereiteten die französischen Truppen unter Napoleon I. dem preußischen Corps Hohenlohe am 14. 10. 1806 eine entscheidende Niederlage. Zur gleichen Zeit wurde bei Auerstedt (südwestl. von Naumburg) die preuß. Hauptarmee vernichtet. Die Doppelschlacht von J. und A. führe damals zum Zusammenbruch des preuß. Staates. – An der Universiät J. studierten zwischen 1810 und 1880 jährlich 400 bis 500 Studenten. Diese geistige Potenz kam der Fortentwicklung der St zugute; ihre wirtschaftliche Entfaltung und den industriellen Aufstieg verdankt sie jedoch hauptsächlich der Gründung und dem Wachstum der Zeiss-Werke: 1846 eröffnete Carl Zeiss seine optischen Werkstätten; 1863 ließ sich Ernst Abbe in J. nieder und trat 1886 in das Zeiss-Werk ein. 1880 entstand ihr erstes „Fabrikwerk", das 1884 mit der Errichtung des J.er Glaswerkes durch Otto Schott praktisch ergänzt wurde. Die „Saalbahn" nahm 1874 ihren Betrieb auf, 1876 wurde die Eisenbahnstrecke Weimar – Gera eröffnet. Das erste Planetarium der Welt konnte 1924 auf dem Dach des Zeiss-Werkes installiert werden. 1934 erhielt die Universität J. anläßlich des 175. Geburtstages Friedrich Schillers das Recht, künftig seinen Namen führen zu dürfen. – Vier schwere Luftangriffe zerstörten im Frühjahr 1945 große Teile der St. Am 13. 4. 1945 wurde sie kampflos an amerikanische Truppen übergeben, ab 1. 7. 1945 von sowjetischen Streitkräften besetzt. Die Universität trat als erste Hochschule in der damaligen sowj. Besatzungszone bereits am 15. 10. 1945 mit allen Fakultäten wieder in die Lehrtätigkeit ein.

Kulturstätten: Theaterhaus; J.er Philharmonie; Zeiss-Planetarium; Optisches Museum; St-Museum „Göhre"; Goethe- und Schiller-Gedenkstätten; Botanischer Garten; Ernst-Haeckel-Haus; Phyletisches Museum; Romantikerhaus; Galerie im St-Haus; Galerie Lobeda-West; Kulturpark Rasenmühleninsel.

Sehenswürdigkeiten: Alte Universität; Hauptgebäude der Universität; Pulverturm; Rolfincksches Haus; Alte Camsdorfer Brücke; St-Kirche; Roter Turm; Kupferhütchen; spätgotisches Rathaus mit zwei Walmdächern und barockem Mittelturm; Haus im Sack, typisches Weinbauernhaus von 1596; Anatomieturm, Rest der St-Befestigung, 1750–60 anatom. Hörsaal; Platanenhaus; Lobdeburg-Ruine; Fuchsturm mit Berggaststätte; Berg Jenzig mit Ausflugslokal; „Landgrafen“ mit Ausflugslokal; Schlachtfeld von 1806 mit Napoleonstein und Gedenkstätte an die Schlacht bei J. und Auerstedt in Cospeda; Dornburger Schlösser; Bockwindmühle in Krippendorf; Leuchtenburg bei Kahla; Tautenburger Forst mit Karl-Schwarzschild-Observatorium; Friedenskirche mit historischem Friedhof; Schillerkirche (Trauung Sch. mit Charlotte v. Lengefeld). Reiche Vorkommen an heimischen Orchideen, besonders im Leutratal.

Jährlich wiederkehrende Veranstaltungen: „JENA ...“, eine Messe des Thüringer Handwerks und der Gewerbetreibenden; Paradiesfest; Olympischer Tag der Leichtathletik.

Jever

□ 41,85 qkm; ○ Friesland; ⚐ Niedersachsen; ✉ 26441; ☎ 04461; 🚗 FRI; △ 5 m; 👫 12700.

Die St J. liegt 16 km westlich von Wilhelmshaven an der B 210; Bahnstation an der Strecke Oldenburg–Wilhelmshaven/Sande–Norddeich. J. ist Bundeswehrstandort, hat Amtsgericht, Kreisverwaltung; Realschule, Gymnasium, Berufsschule, Handelsschule, Landwirtschaftsschule, Hauswirtschaftsschule, Volkshochschule und Mittelpunktsonderschule. Als Mittelpunkt eines agrarwirtschaftlich strukturierten Landkreises besitzt J. hauptsächlich Nahrungs- und Genußmittelindustrie (Molkerei und Käserei, Brauerei); daneben mittlere und kleinere Industriebetriebe (Bekleidungsfabriken); ein beachtlicher Wirtschaftsfaktor ist außerdem der Fremdenverkehr.

J. zählt zu den ältesten Städten Niedersachsens. Der Marktort besaß bereits im 10. Jh. eine Münzstätte. Im 11. Jh. war J. bedeutender Handelsplatz mit Stapelrecht. In der 2. Hälfte des 15. Jh. entwickelte es sich unter den friesischen Häuptlingen der Papinga zum Hauptort der Gaue Rüstringen, Östringen und Wangerland (Herrschaft J.). 1536 wurde J. das Stadtrecht verliehen. 1575 kam die St an die Grafschaft Oldenburg und 1667 an Anhalt-Zerbst. 1818 gelangte J. an das Großherzogtum Oldenburg zurück. – Sehenswürdigkeiten: Schloß Jever (15./16. Jh.) mit barockem Turmaufsatz und bedeutender Ausstattung (Heimatmuseum); Rathaus mit Renaissancegiebel (1609); Stadtkirche mit Renaissance-Grabmal (1564) des letzten Häuptlings Edo Wiemken d. J.

Jork (Niederelbe)

□ 62,28 qkm; ○ Stade; ⚐ Niedersachsen; ✉ 21635; ☎ 04162; 🚗 STD; △ 1 m; 👫 10200.

J. liegt vor den Toren Hamburgs im Alten Land an der Niederelbe. Die Gm besitzt Grundschulen, Hauptschule, Realschule, Volkshochschule. Hauptwirtschaftszweig ist die Landwirtschaft (Obstanbau). Yachthafen in Neuenschleuse.

„Majorc“ ist erstmals 1221 urkundlich bezeugt. Kennzeichnend für das J. Ortsbild, dem historischen Mittelpunkt des Alten Landes, sind das Fleet und die enge Bebauung, die an holländische Grachten erinnert. Sehenswürdigkeiten: Heimatmuseum, Rathaus (Gräfenhof), Wehrt'scher Hof, die Kirchen in Borstel, Jork und Estebrügge. Im Mai Obstbaumblüte.

Jüchen

□ 71,97 qkm; ○ Neuss; ⚐ Nordrhein-Westfalen; ✉ 41363; ☎ 02165; 🚗 NE; △ 50–100 m; 👫 20500.

J., zwischen den Städten Neuss, Mönchengladbach und Grevenbroich gelegen, ist über die B 59 und Autobahn A 46 Wuppertal–Belgien (Ausfahrt J.) zu erreichen. Die Gm hat Grund- und Hauptschulen; Textilindustrie; Braunkohlentagebau (Rheinische Braunkohlenwerke AG) an der Gemeindegrenze im Süden.

J. entwickelte sich aus der früheren röm. Siedlung »villa jucunda« (freundlicher Landsitz), die am Westrand der Gm an einer alten römischen Heerstraße lag. J. war seit 714 im Besitz des Klosters Prüm und kam später an die Grafen und Herzöge von Jülich. 1814 wurde J. mit der Rheinprovinz preußisch. – Sehenswürdigkeiten: Wasserschloß Dyck im niederländischen Barock (1657/67) mit bekannter Waffensammlung und Schloßpark; Kloster

St. Nikolaus (14. Jh.) mit Gruft der Fürsten und Altgrafen von Salm-Reifferscheidt-Dyck und Krautheim; kath. Pfarrkirchen in Bedburdyck und Neuenhoven (18. Jh.), Rittersitze (Katzenhaus um 1700) in Jüchen, Gierath (Merkesburg, Haus Stammheim), Fachwerkhäuser und Patrizierhäuser (18. Jh.) und Mühlentürme in Aldenhoven und Jüchen.

Jülich

□ 90,43 qkm; ○ Düren; ⚐ Nordrhein-Westfalen; ✉ 52428; ☎ 02461; 🚗 DN; △ 83 m; 👫 30500.

J., Zentrum des Jülicher Landes, liegt inmitten des Verkehrs- und Wirtschaftsdreiecks Aachen–Köln–Düsseldorf an der B 1 und B 55. Anschluß an die Bundesautobahn A 44/A 46 Aachen–Düsseldorf (Ausfahrten J.-Mersch und J.-Koslar). J. ist Sitz der Kernforschungsanlage Jülich GmbH der Bundesrepublik Deutschland und des Landes Nordrhein-Westfalen sowie Standort des Kurzwellensenders »Deutsche Welle« mit 4 Programmen in 33 Sprachen nach Europa und in alle Welt. An Bildungs- und kulturellen Einrichtungen hat J. Fachhochschule Aachen, Abteilung J., Gymnasien (Jungen- und Mädchengymnasium, Jungengymnasium mit Internat, Mädchengymnasium), Realschule, Berufs- und Berufsfachschulen, Sonderschule für Lernbehinderte, Volkshochschule; Stadtbücherei, Jugendmusikschule; Römisch-Germanisches Museum, Stadthalle als Veranstaltungsort für das Kulturprogramm. J. ist Einkaufszentrum des Jülicher Landes und Standort bedeutender Industriebetriebe (Papier- und Zuckerfabriken).

J. geht auf eine römische Siedlung (»Juliacum«) zurück, die um 350 n.Chr. zu einem stark befestigten Kastell ausgebaut wurde. 927 erste urkundliche Erwähnung als Ort, 1238 erste urkundliche Erwähnung als St. Mit der Ernennung des Grafen Wilhelm V. zum unabhängigen Markgrafen im Jahre 1336 endete der Streit zwischen dem Erzbistum Köln und den Grafen von J. 1547 vernichtete ein Großbrand den Altstadtkern. Zwischen 1549 und 1579 Ausbau der St zur Festung und Errichtung der Zitadelle mit Renaissanceschloß. 1794–1814 unterstand J. französischer Herrschaft im Roer-Departement. 1815 kam die St an Preußen. 1860 Schleifung der Festung. Von 1918 bis 1929 Besetzung der St durch belgische Truppen. Im 2. Weltkrieg (1944) wurde J. durch Luftangriffe völlig zerstört. Der Wiederaufbau des Stadtkerngebietes war 1956 abgeschlossen. Wiederaufgebaut wurde u.a. die Propsteikirche (Westteil des roman. Turmes aus dem 12. Jh.). Auf den Fundamenten des ehem. Schloßbaues innerhalb der 90000 qm großen Zitadelle steht heute das neue Gymnasium. – Weitere Sehenswürdigkeiten: Hexenturm (ca. 1340); Festungswerke des Brückenkopfes (1794–1814) mit Naturpark und Kleinzoo; Wasserschlösser in den Stadtteilen Barmen und Broich; Missionshaus Overbach und Kirche mit romanischem Turm aus dem 12. Jh. mit einzigartigem Apostelbalken im Stadtteil Barmen.

Juist

□ 16,33 qkm; ○ Aurich; ⚐ Niedersachsen; ✉ 26571; ☎ 04935; 🚗 AUR; △ 0 m; 👫 1500.

J. ist Nordseeheilbad auf der gleichnamigen Insel vor der ostfriesischen Küste. Schiffsverbindungen von Norddeich (D-Zug-Station) nach J.; Lufttaxidienst von den Flugplätzen Norddeich, Norden-Hage und Emden. Die Gm hat Polizeidienststelle, Bundespost, Bundesgrenzschutz; Volksschule mit Förderstufe und Realschulzug.

J. wird erstmals 1398 urkundlich erwähnt. Der Badebetrieb wurde bereits im Jahr 1840 aufgenommen. Nach 1950 rasch zunehmender Fremdenverkehr. Heilanzeigen bei Durchblutungs- und Kreislaufstörungen, vegetativer Dystonie, Erkrankungen der Atemwege, Heuschnupfen, chronischen Ekzemen, Störungen der Hormondrüsen und des Stoffwechsels, chron. entzündlichen Erkrankungen, Blutarmut und Rekonvaleszenz, Beinleiden und Fußveränderungen. – Sehenswert das Küstenmuseum.

Jüterbog

□ 101,6 qkm; ○ Jüterbog; ⚐ Brandenburg; ✉ 14913; ☎ 03372; 🚗 JB; △ 76 m; 👫 12280.

J. ist zu erreichen auf der A 9 / E 51, Ausfahrt Niemegk auf die B 102 (43 km), oder Ausfahrt Brück, ebenfalls über Treuenbrietzen (29 km); in J. treffen die B 101, B 102 und B 115 aufeinander; Bahnstation der Strecke Berlin–Leipzig–Halle, gleichzeitig Eisenbahnknotenpunkt für die Linien Potsdam–Treuenbrietzen–J.–Falkenberg und Zossen–Luckenwalde–J.–Falkenberg. Der nächste Flughafen ist Berlin-Schönefeld (ca. 62 km).

Bildungseinrichtungen: Grundschulen, Gesamtschule, Oberstufenzentrum, Gymnasium, Musikschule, Abendschule; Förderschule für Lernbehinderte, Förderschule für geistig Behinderte.

Wirtschaftliches: Keine nennenswerte Industrie, es herrscht die Landwirtschaft vor.

Die ma. St liegt an der Nuthe im Niederen Fläming. Eine erste schriftliche Erwähnung des Ortes stammt aus dem Jahre 1007, das St-Recht wurde ihm 1174 verliehen. Um 1200 errichtete man die noch heute gut erhaltene St-Mauer mit drei mächtigen Toren und Türmen. Im 12./13. Jh. wurden die Nikolaikirche und die Liebfrauenkirche erbaut; zwischen 1480 und 1510 entstand das Franziskanerkloster mit eigener Mönchskirche. Während der religiösen Verirrung durch den Handel mit Ablaßbriefen suchte 1517 Johannes Tetzel die St heim, Thomas Müntzer hielt sich 1519 hier auf; Religionsfreiheit wurde J. im Jahre 1540 gewährt. Durch den Friedensschluß von Prag zwischen Kaiser Ferdinand II. und Kurfürst Johann Georg I. kam J. 1635 zu Sachsen. Friedrich II., König von Preußen, begann 1756 von J. aus den 7jährigen Krieg. Die St wurde 1815 preußisch, 1832 zur Garnisonsstadt ernannt und ist seit 1841 Bahnstation.

Sehenswürdigkeiten und Kulturelles: bemerkenswerte historische Innen-St.; Bibliothek, Theater- und Konzertstätte am Mönchenkirchplatz in der ehem. Mönchenkirche aus dem 14. Jh.; sehenswerte, z.T. wertvolle Ausstattungsstücke in den Kirchen, darunter spätgot. Bildwerke und Gemälde, ferner Arbeiten aus der Cranach-Schule; Rathaus, Erstbau 1380, spätgot. Umbau 1450–1506 (Backsteinarchitektur), zweigeschossig, aus drei Teilen hervorgegangen: an der SO-Ecke aus dem viereckigen St-Turm von 1432 (als „Burgfrieden" bezeichnet), im W aus einem ehem. Fachwerkbau und im N aus einem Vorbau (früher Gerichtslaube und Tuchhalle); reicher Maßwerkgiebel im N., im Innern besonders bemerkenswert das Bürgermeisterzimmer mit Zellengewölbe und spätgot. Tür.

Der Abtshof, ehem. Haus der Äbte vom Kloster Zinna, jetzt Heimatmuseum, ist ein eingeschossiger spätgot. Backsteinbau (nach 1478). Im 1170 gestifteten Zisterzienserkloster Zinna kamen 1958 bei umfangreichen Restaurierungsarbeiten eine größere Anzahl Fresken zum Vorschein, die teils unter 20 Farbschichten verborgen lagen. Diese auf frischem, noch feuchtem Kalkmörtel ausgeführten Malereien gehören zu den schönsten dt. Wandgemälden der Gotik. Die rom. Klosterkirche, die Alte und die Neue Abtei bilden besondere Sehenswürdigkeiten.

Wiederkehrende Veranstaltungen: Johannismarkt im Sommer, Michaelismarkt im Herbst. Internat. Reit- und Springturnier (World-Cup). Reittouristik.

Kaarst

□ 37,48 qkm; ○ Neuss; ⚐ Nordrhein-Westfalen; ✉ 41564; ☎ 02101; 🚗 NE; △ 39 m; 👫 40200.

Die Gm K. liegt 6 km nordwestlich von Neuss an der B 7 und am Autobahnkreuz K. der Autobahnen A 52 Düsseldorf–Mönchengladbach (Ausfahrt K.) und A 57 Krefeld–Köln (Ausfahrt Neuss/K.); S-Bahnverbindungen nach Mönchengladbach und Hagen. K., vorwiegend Wohngemeinde im Ballungsraum der Großstädte Neuss, Düsseldorf und Mönchengladbach, hat Realschulen, Gymnasien, Sonderschule für Lernbehinderte, Volkshochschule; mittlere und kleinere Industrie- und Gewerbebetriebe. Im Zuge der Gebietsreform wurde K. 1975 die Gm Büttgen eingegliedert.

Um 500 n.Chr. war K. eine fränkische Siedlung (Gräberfunde). In der Vita des hl. Ludgerus wird »Budica«, der Ortsteil Büttgen, 793 erstmals erwähnt. Der ursprüngliche Name von K. war »Karlesforst« (erstmals 1218 urkundlich belegt) mit Beziehung auf Karl den Großen, der sich im Hochmittelalter großer Verehrung erfreute.

Sehenswürdigkeiten: Alt-St. Martin, dreischiffige Kirche mit Tuffsteinturm (1146) und Zeughaus, aus dem 13. Jh.; Windmühle (19. Jh.); Lauvenburg (Herrenhaus in englischem Stil); Burgruine Holzbüttger Haus (Wasserburganlage 14. Jh.); Braunsmühle Büttgen (1756); St. Aldegundis (12. Jh.); Alte Mühle Römerstraße (19. Jh.).

Kahl a. Main

□ 10,64 qkm; ○ Aschaffenburg; ⚐ Bayern; ✉ 63796; ☎ 06188; 🚗 AB; △ 107 m; 👫 7100.

K., 32 km südöstlich von Frankfurt a.M./Offenbach am rechten Mainufer gelegen, ist über die B 8 zu erreichen. Anschluß an die Autobahn A 45 Hanau–Gießen (Ausfahrt Alzenau) und A 3 Frankfurt a.M.–Nürnberg (Ausfahrt über Seligenstädter Kreuz und A 45); Bahnstation an der Strecke Frankfurt a.M.–Würzburg. K. hat Bootshafen; Grund- und Hauptschule, Volkshochschule, Musikschule; Elektro- und Maschinenindustrie; Versuchs-Atomkraftwerk.

K., erstmals 1282 urkundlich erwähnt, kam nach 1590 an das Kurfürstentum Mainz. Im Dreißigjährigen Krieg (1638) wurde der Ort vollständig zerstört (1650 erst wieder 80 EW). 1766 Bau des Schlosses Emmerichshofen. 1802 fiel K. an Hessen-Darmstadt, 1816 an Bayern. Mit dem Abbau von Braunkohle (seit 1904; 1932 eingestellt) Entwicklung vom Bauerndorf zum Industrieort. Die mit Grundwasser gefüllten Tagebauten bilden die 120 ha große Kahler Seenplatte (Campingplatz am See „Freigericht Ost"). Bemerkenswert das Rathaus (1833, ehem. Zollhaus), der Wasserturm (1931), Schloß Emmerichshofen. – Alljährlich Frühlingsmarkt (März), Kahler Kerb (Juli), Kahler Sandhasenfest (alle ungeraden Jahre).

Kaiserslautern

□ 139,66 qkm; ○ Kreisfreie Stadt; ⚐ Rheinland-Pfalz; ✉ 67653*; ☎ 0631; 🚗 KL; △ 233 m; 👥 100000.

K., an der Lauter am Nordrand des Pfälzer Waldes gelegen, ist wichtiger Verkehrsknotenpunkt. In K. kreuzen sich die B 40 und B 270; Zufahrt ferner über die B 37 und Autobahn A 6 Mannheim–Saarbrücken (Ausfahrten K.-Ost, K.-West und K.-Einsiedlerhof). K. ist D-Zug-Station der Fernverbindungen München–Saarbrücken–Paris und Frankfurt a.M.–Saarbrükken–Metz–Paris. Die St ist Sitz eines Landgerichts, Amtsgerichts, Hauptzollamts, der Kreisverwaltung, der Pfälzischen Landesgewerbeanstalt und Industrie- und Handelskammer Pfalz. Erziehungs- und Bildungseinrichtungen: Universität K., Fachhochschule Rheinland-Pfalz, Meisterschule für Handwerker, Werkkunstschule, Volkshochschule, berufsbildende Schulen, Landwirtschaftsschule, Konservatorium, Handels- und Haushaltungsschule, Gymnasien, Realschule. K. ist das bedeutendste Kulturzentrum der Pfalz mit Pfalztheater (Oper, Operette, Schauspiel, Kulturzentrum Kammgarn [Kleinkunst, Kabarett, Konzert]), Pfalzgalerie (Gemälde, Grafik und Plastik des 19. und 20. Jh.), Heimatmuseum, Stadtarchiv, Studio des Südwestfunks, Pfälzischer Wörterbuchkanzlei der Akademie der Wissenschaften und Literatur.

Handel und Industrie sind vertreten durch zahlreiche Firmen des Groß- und Einzelhandels, der eisenverarbeitenden Industrie (Opel-Zweigwerk, Pfaff-Industriemaschinen GmbH, Eisenwerke, Guß- und Armaturenwerk), Textilindustrie (Kunstfaserindustrie), Brauerei.

Kaiserslautern, Rathaus

Unter König Dagobert I. (Anfang 7. Jh.) wurde der Königshof »Lutra« gegründet (850 urkundlich erstmals genannt), in dessen Nähe um 985 das Dorf Lautern entstand. Kaiser Friedrich I. (Barbarossa) errichtete nach 1158 eine Pfalz und stiftete um 1186 ein Hospital, das von Prämonstratensern geführt wurde. 1276 verlieh Rudolf I. von Habsburg der Siedlung das Stadtrecht (Erhebung zur Freien Reichsstadt). 1375 fiel die St an die Kurpfalz. Unter dem Pfalzgrafen Johann Casimir, der ein Schloß errichten ließ, wurde K. Residenz (1576–92). 1635 eroberten und brandschatzten kaiserliche und französische Truppen die St. 1796 besetzten französische Revolutionstruppen K., das von 1801–1814 Sitz einer Unterpräfektur war. 1816 kam die St an Bayern. 1849 tagte die pfälzische Revolutionsregierung in K.

Aus dem 13. Jh. stammt die gotische Stiftskirche (Baubeginn des Chors um 1260, der Hallenkirche ausgangs des 13. Jh.); sehenswert außerdem der Schöne Brunnen (spätes 16. Jh.), die St. Martins-Kirche (14. Jh., mit barocker Ausstattung) und der architektonisch eindrucksvolle Bau des 84 m hohen Rathauses. In den Rathaustrakt einbezogen wurde der sogenannte »Casimirsaal« vom ehem. Schloß des Pfalzgrafen Joh. Casimir (errichtet auf den

Fundamenten der Barbarossaburg aus dem 12. Jh. – ausgegrabener Pfeiler vor dem Rathaus).

Kalkar (Niederrhein)

□ 87,83 qkm; ○ Kleve; ⚐ Nordrhein-Westfalen; ✉ 47546; ☎ 028 24; 🚗 KLE; △ 17–68 m; 👥 11 500.

K., am unteren Niederrhein im Schnittpunkt der B 57 und B 67 gelegen, ist Bundeswehrstandort; Anschluß an die Autobahnen A 3 Duisburg–Niederlande (Ausfahrt Bocholt/Rees) und A 57 Köln–Niederlande (Ausfahrt Goch); Bahnstation an der Strecke Köln–Krefeld–Kleve. Die St hat Grundschulen, Hauptschule und Gymnasium; mittelständische Industrie- und Gewerbebetriebe (Milchwerk, Zuckerfabrik, Käserei); Kernkraftwerk.

Auf einer Insel zwischen alten Rheinarmen wurde K. 1230 vom Grafen von Kleve gegründet. Zwölf Jahre später erhielt die Siedlung die Stadtrechte. Wollwebereien und Bierbrauereien bildeten die wirtschaftliche Grundlage der St, die der Hanse angehörte und im 15. und 16. Jh. einen Höhepunkt des Wohlstandes und des Kunstmäzenatentums erlebte. Der ma. Stadtkern blieb bis heute weitgehend erhalten.

K. besitzt bedeutende Bauten der niederrheinischen Backsteingotik: Rathaus (1440); St. Nikolai-Kirche (größte dreischiffige Hallenkirche am Niederrhein, 1450 geweiht) mit sieben spätgotischen Schnitzaltären (bedeutendste: Hochaltar der Meister Arnt und Loedewich, um 1500; Altar der Sieben Schmerzen Mariens von Hendrik Douvermann, um 1530; Marienleben- und Georgsaltar), Kreuzigungsgruppe und großem Marienleuchter; Giebelhäuser aus dem 15. Jh. (Stadtarchiv und Städt. Museum). Im Ortsteil Wissel romanische Pfarrkirche (12. Jh.) und in K.-Hanselaer gotische Dorfkirche St. Antonius. Nordwestlich von K. Wasserschloß Moyland, in dem sich 1740 Friedrich der Große und Voltaire zum ersten Mal trafen. – K. ist Geburtsort des Malers Johan Stevens von Calkar (um 1500–1545, Meister der Tizianschule).

Kall

□ 66,08 qkm; ○ Euskirchen; ⚐ Nordrhein-Westfalen; ✉ 53925; ☎ 024 41; 🚗 EU; △ 360–610 m; 👥 10 000.

K., an der Urft im Naturpark Nordeifel an der B 258, B 266 und Autobahn A 1 Saarbrücken–Köln (Ausfahrten Euskirchen-Wißkirchen und Nettersheim) gelegen, ist D-Zug-Station an der Strecke Köln–Trier. K. hat Arbeitsamt; Gymnasium mit Internat, Berufs- und Berufsfachschule, Fachoberschule, Höhere Handelsschule, Schule für Geistigbehinderte; mittelständische Industrie- und Gewerbebetriebe.

K. liegt auf altem Siedlungsgebiet. Schon im 3. Jh. v. Chr. gruben die Kelten hier nach Bleierzen. An die Römer erinnert die berühmte Wasserleitung, die noch heute an verschiedenen Stellen des Gemeindegebietes sichtbar ist. K. gehörte je zur Hälfte zur Grafschaft Schleiden-Manderscheid (Herzogtum Luxemburg) und zum Herzogtum Jülich. Nach 1550 kam der luxemburgische Teil unter spanische Oberhoheit. Erwerbsquelle der Bevölkerung waren über Jahrhunderte die Eisen- und Bleihütten. Der Bau der Eisenbahnstrecke Köln–Trier (1860 bis 70) förderte die weitere industrielle Entwicklung des Ortes. – Sehenswert das 8 km südlich von K. gelegene Kloster Steinfeld mit romanischer Gewölbebasilika (1142 begonnen); alte Kirche in K.-Dottel; modern ausgemalte Kirche in K.-Sistig; Naturschutzgebiet Stolzenburg.

Kalletal

□ 112,45 qkm; ○ Lippe; ⚐ Nordrhein-Westfalen; ✉ 32689; ☎ 052 64; (Ortsteil Hohenhausen); 🚗 DT; △ 240 m; 👥 13 800.

Die Gm K. liegt 30 km nordöstlich von Bielefeld im nordlippischen Bergland. Zufahrt über die B 238; Anschluß an die Autobahn A 2 Ruhrgebiet–Hannover (Ausfahrten Vlotho-Exter und AB-Kreuz Bad Oeynhausen). K. hat Grund-, Haupt- und Realschule; Maschinenbauindustrie.

Die Gm entstand 1969 durch Zusammenschluß von 16 bis dahin selbständigen kleineren Gemeinden. Zentrum der neuen Großgemeinde ist der Ortsteil Hohenhausen. Einige Ortsteile sind Luft- bzw. Kneippkurorte.

Kaltenkirchen (Holstein)

□ 21,92 qkm; ○ Segeberg; ⚐ Schleswig-Holstein; ✉ 24568; ☎ 041 91; 🚗 SE; △ 30 bis 35 m; 👥 13 400.

K., 36 km nördlich von Hamburg an der B 433 gelegen, hat Anschluß an die Autobahn A 7 Hamburg–Kiel (Ausfahrt K.); Realschule, Gymnasium, Sonderschule für Lernbehinderte, Berufsschule; Nahrungsmittelindustrie.

Gegründet wurde K. wahrscheinlich im 13. Jh. anläßlich der Errichtung einer Kirche, die 1301 erstmals urkundlich erwähnt wird; K. erhielt 1974 das Stadtrecht. – Alljährlich internationale Motorsportveranstaltungen.

Kamen (Westf.)

□ 40,93 qkm; ○ Unna; ⚐ Nordrhein-Westfalen; ✉ 59174; ☎ 02307; 🚗 UN; △ 59–90 m; 👫 44000.

K., 25 km nordöstlich von Dortmund zwischen Ruhr und Lippe am Ostrand des Ruhrgebietes gelegen, ist über die B 61 und B 233 sowie über die Autobahnen A 2 Ruhrgebiet–Hannover und A 1 Köln–Münster (Ausfahrten Kamener Kreuz und Kamen-Zentrum) zu erreichen. Die St hat Amtsgericht; Gesamtschule, Gymnasium, Sonderschulen für Lernbehinderte und hör- und sprachgeschädigte Kinder, Sportschule Kaiserau des Westf. Fußball- und Leichtathletikverbandes; Kunststoff-, Maschinenbau-, Textil- und optische Industrie, 3-M-Werk, Gardinenwerk, Fabrik für Stromzuführungen beweglicher Stromverbraucher; Fertighaus-Werk.

K. wird erstmals 793 in den Registern der Abtei Werden erwähnt. Der Ort wurde unter den Grafen von der Mark Mitte des 13. Jh. zur St erhoben. Die St war wichtiger Brückenplatz an der Seseke, Mitglied der Hanse und Nebenresidenz der Grafen. Die Entwicklung vom Akkerbürger- und Handwerkerort zur Industriestadt begann im letzten Drittel des 19. Jh. mit der Aufnahme des Kohlebergbaus (1873). – Sehenswertes: Margarethenkirche im Stadtteil K.-Methler; Pauluskirche in K.-Mitte mit schiefem Turm; Wasserschloß Heeren (um 1680); Marktplatz mit Fachwerkhäusern; Freizeitpark Galgenberg.

Kamenz

□ 20,2 qkm; ○ Kamenz; ⚐ Freistaat Sachsen; ✉ 01917; ☎ 03578; 🚗 KM; △ 200 m; 👫 18300.

K. ist zu erreichen auf der A 4 / E 40, Ausfahrt Burkau (ca. 10 km), im Umkreis verlaufen die B 6, B 96 und B 97; Eisenbahnverbindungen: K.–Arnsdorf–Dresden und K.–Cottbus–Berlin. Flugverbindungen über den Sächsischen Luftfahrtservice in der Macherstraße.

Bildungseinrichtungen: Grund- und Pflichtschulen, Kreisvolkshochschule, Berufsbildende Schule, Gymnasium (Lessingschule).

Wirtschaftliches: Baugewerbe, Beton- und Terrazzobaubetrieb, Industrie- und Wohnungsbau, Keramische Industrie, Wasser- und Tiefbau; des weiteren Granitgewinnung und Verarbeitung, Elektro-Anlagentechnik, Elektromotorenwerk, Tankanlagenbau, Metallverarbeitung und Textilindustrie; ferner Elektronikunternehmen, Druckerei, Polstermöbelfertigung, Spielwarenherstellung und Brauerei. – Nahrungsgüterwirtschaft: Agrobau GmbH, Getreidehandel, Wurstwerk, Kühlhaus und Lebensmittelverarbeitung.

Geschichtliches: Die Kreisstadt in der Oberlausitz, gelegen an der Schwarzen Elster, läßt an der quadratischen Gliederung der Alt-St noch heute die planmäßige Anlage einer sorbischen Mkt-Siedlung des 13. Jh. und einer dt. Straßenburg erkennen. K. wird 1225 erstmals urkundlich erwähnt. In dem Dokument bestätigt der Bischof von Meißen die Weihe einer Pfarrkirche, „... wo Berhard von Vesta zuerst die Stadt erbauet hatte“, sein Sohn und Erbe Berhard von Kamenz jedoch „... später den Platz veränderte“. Es ist anzunehmen, daß B. v. Vesta um 1190 an der Schwarzen Elster flußaufwärts die St in Anlehnung an ein slawisches Dorf gründete, und sein Sohn den Platz 1213 auf das Areal der heutigen Alt-St verlegte. 1313 wurde K. als „freie St“ erklärt. Ihre Lage an der „Hohen Straße“ (eigentl. via regia [Königsstr.]), jener frühen ma. West-Ost-Handelsverbindung, und die Zugehörigkeit zum 1346 gegr. Sechsstädtebund beeinflußten die Aufwärtsentwicklung von K. entscheidend. Tuchmacherei, Töpferei und Gerberei bildeten die Hauptwirtschaftszweige. Obwohl bei dem letzten großen St-Brand 1842 wertvolle Bausubstanz verlorenging, blieben die kulturhistorisch wertvollen, im 14. und 15. Jh. aus heimischem Granit geschaffenen Bauwerke erhalten. – In K. wurde am 22. 1. 1729 Gotthold Ephraim Lessing geb. Er verbrachte seine ersten Kindheitsjahre in der St und besuchte hier für kurze Zeit die Ratslateinschule. Eine Gedenktafel im Lessinggäßchen erinnert an ihn.

Sehenswürdigkeiten und Kulturelles: Das 1929 erbaute Lessingmuseum am Lessingplatz, gegenüber der ehem. Lateinschule und der Klosterkirche, vermittelt Einblicke in Leben und Werk eines der bedeutendsten Vertreter der dt. Aufklärung und großen Humanisten. Museum der Westlausitz – das Landschaftsmuseum der westl. Oberlausitz befindet sich in einem Bürgerhaus mit einer spätbarocken Fassade von 1745. Weitere historisch und künstlerisch wertvolle Sakralbauten: Marienkirche (15. Jh.); Katechismuskirche (14. Jh.); Klosterkirche St. Annen (16. Jh.); Kath. Pfarrkirche

St. Maria Magdalena; St. Justkirche (got. Begräbniskirche, 14. Jh.); Andreasbrunnen (1570, Renaissance). Ferner sehenswert: Haus der Volkskunst; Rathaus (1842); die spätklassizist. „Fleischbänke" (gewölbter Laubengang nach 1842); Ponikauhaus (Bürgerhaus) und Malzhaus (Ende 16. Jh.); Roter Turm und Basteiturm. - Der Reichtum an Baudenkmälern und die abwechslungsreiche Umgebung, beispielsweise der Hutberg mit Aussichtsturm im W, machen die Lessing-St K. zu einem bemerkenswerten Ausflugsort im Nordwestlausitzer Bergland.

Wiederkehrende Veranstaltungen: „Kamenzer Lessingtage", jährlich im Januar bis in den Februar. Das „Forstfest", ein Schul- und Heimatfest, jährlich um den 24. 8.

Kamp-Lintfort

☐ 63,12 qkm; ○ Wessel; ⚐ Nordrhein-Westfalen; ✉ 47475; ☎ 02842; 🚗 WES; △ 25–28 m; 👪 37500.

K.-L. liegt nordwestlich von Duisburg an der B 57 und B 510 und unmittelbar am Knotenpunkt der linksrheinischen Autobahn A 57 Goch–Köln (Ausfahrt K.-L.) und des Emscher- und Lippeschnellweges (A 42); K.-L. hat Sportflugplatz; Realschule, Gymnasium, Berufs- und Berufsfachschulen, Sonderschulen für Lernbehinderte; Steinkohlenbergbau, Elektro- und Verpackungsindustrie.

Das Kloster Kamp wurde 1123 als älteste deutsche Zisterzienserabtei gegründet (Klosterkirche von 1683–1700 mit spätgotischem Chor von 1410–15). In Lintfort wird seit 1912 Kohle abgebaut. 1934 schlossen sich die Bauernschaften Lintfort, Kamperbruch, Rossenray, Saalhoff, Kamp und Hoerstgen zur Großgemeinde K.-L. zusammen, der 1950 das Stadtrecht verliehen wurde.

Kandel (Pfalz)

☐ 26,61 qkm; ○ Germersheim; ⚐ Rheinland-Pfalz; ✉ 76870; ☎ 07275; 🚗 GER; △ 126 m; 👪 7700.

Die St (seit 1937) K. liegt 15 km nordwestlich von Karlsruhe an der B 10, B 427 und Autobahn A 65 Karlsruhe–Ludwigshafen (Ausfahrten K.-Süd, K.-Mitte und K.-Nord); Bahnstation an der Strecke Karlsruhe–Landau (Pfalz). K. hat Amtsgericht, Forstamt; Realschule, Schwesternschule, Sonderschule für Lernbehinderte; Kreiskrankenhaus; Fabriken zur Herstellung von elektrischen Spezialartikeln, Elektrogeräten, Geschäftsbüchern und Versandkartons; Tabakanbau.

Die fränkisch-alemannische Siedlung wird erstmals 1248 urkundlich erwähnt. Seit 1348 war K. Reichsdorf unter den Lehensherren Guttenberg. Nach der Teilung der Pfalz (1410) kam K. an die Herzöge von Zweibrücken. - Bemerkenswert die Georgskirche (Turm 15. Jh.), das Rathaus (1773–83) sowie zahlreiche alte Fachwerkhäuser.

Kandern

☐ 62,24 qkm; ○ Lörrach; ⚐ Baden-Württemberg; ✉ 79400; ☎ 07626; 🚗 LÖ; △ 350 m; 👪 7000.

K. liegt im Breisgau im südwestdeutschen Dreiländereck Bundesrepublik, Frankreich und Schweiz.

Die St hat Forstamt; Realschule, Volkshochschule; Weinbau, Ziegel- und Tonwarenindustrie. K. ist anerkannter Erholungsort.

Die „Töpfer- und Brezelstadt" wird erstmals 776 urkundlich erwähnt. Der Stadtkern steht unter Denkmalschutz. - Sehenswert die Silbermann-Schülerorgel im Ortsteil Feuerbach, das ehem. Kloster in Sitzenkirch und die Burgruine Sausenburg.

Alljährlich im September »Chanderner Roßmärt« mit Reitturnier und Budenfest.

Kappeln (Schlei)

☐ 42,99 qkm; ○ Schleswig-Flensburg; ⚐ Schleswig-Holstein; ✉ 24376; ☎ 04642; 🚗 SL; △ 24 m; 👪 10000.

K., 45 km südöstlich von Flensburg an der Schlei gelegen, ist über die B 199, B 201 und B 203 zu erreichen. Die St hat Hafen, Amtsgericht, Wasser- und Schiffahrtsamt, Pflanzenschutzamt, Zollamt; Realschule, Gymnasium, Berufsschule, Landwirtschaftsschule, Sonderschule für Lernbehinderte; Nährmittelindustrie (Zweigwerk der Nestle AG), Bekleidungswerk (Steilmann), Fischindustrie (Schleiaale). K. ist Bundeswehrstandort (Marinestandort Ellenberg-Olpenitz).

1357 wird »dat Dorp to Capell« erstmals urkundlich erwähnt. Der Ort gelangte im 16. Jh. vom Domkapitel Schleswig an die Herrschaft von Rumohr auf Gut Roest. 1807 wurde K. dänisch (bis 1864), 1870 erhielt es das Stadtrecht. – Sehenswert die spätbarocke Nicolaikirche (1789–93) und der Heringszaun in der Schlei (der einzige seiner Art in Europa).

Karben

□ 46,14 qkm; ○ Wetteraukreis; ⚐ Hessen; ✉ 61184; ☎ 06039; 🚗 FB; △ 129 m; 👫 20400.

K., 10 km nordöstlich von Frankfurt a.M. an der Nidda und Nidder gelegen, ist über die B 3 und A 5/A 7 Frankfurt a.M.–Kassel (Ausfahrt Bad Homburger Kreuz bzw. Friedberg) zu erreichen. Bahnstation an der Strecke Frankfurt a.M.–Kassel. Die St hat Gesamtschule, Sonderschule für Lernbehinderte, Berufsbildungswerk Südhessen; Büromöbel- und Mineralwasserindustrie.

Die Gemarkung von K. ist seit der Römerzeit besiedelt (Alte Römerstraße, Kastell beim Stadtteil Okarben). Die St entstand 1970 durch den Zusammenschluß von sechs ehemals selbständigen Gemeinden. Ältester Stadtteil ist Rendel (774 erstmals bezeugt). Im Ortsteil Kloppenheim bestand eine Kommende des Deutschen Ordens. – Sehenswert die Schlösser in den Stadtteilen Großkarben und Kloppenheim.

Karlsbad

□ 38,01 qkm; ○ Karlsruhe; ⚐ Baden-Württemberg; ✉ 76307 (Langensteinbach); ☎ 07202 (Langensteinbach) und 07248 (Ittersbach); 🚗 KA; △ 240–350 m; 👫 14200.

K., 16 km südöstlich von Karlsruhe im Nordschwarzwald an der Autobahn A 8 Karlsruhe–Stuttgart (Ausfahrt Karlsbad) gelegen, ist 1971 durch Zusammenschluß der Gemeinden Langensteinbach, Ittersbach, Spielberg, Muschelbach und Auerbach unter neuem Namen entstanden. Die Großgemeinde hat Haltestationen an der Strecke Karlsruhe–Bad Herrenalb (Albtalbahn); Realschule, Gymnasium, Sonderschule für Lernbehinderte und Körperbehinderte; Bibelheim; Rehabilitationskrankenhaus; kleinere und mittlere Industrie- und Gewerbebetriebe; Landwirtschaft (Aussiedlerhöfe). – Sehenswert: Ruine der St. Barbara-Kapelle; Römerturm; Heimatmuseum K.-Ittersbach. – Alljährlich Märzenmarkt und Kirchweihmarkt (Oktober).

Karlsfeld

□ 15,59 qkm; ○ Dachau; ⚐ Bayern; ✉ 85757; ☎ 08131; 🚗 DAH; △ 491 m; 👫 14000.

K., am nordwestlichen Stadtrand von München an der B 304, B 471 und am Autobahnring A 99 (Ausfahrt München-Feldmoching) gelegen, hat Grundschulen, Hauptschule; Umspannanlagen der Bayernwerke AG.

K. ist eine Gründung des Kurfürsten Max IV. Josef, der die Siedlung nach seinem zweitältesten Sohn Karl benannte (1802). Um 1900 zählte die Ortschaft erst 150 Einwohner. 1939 wurde K., das davor zur Gm Augustenfeld gehörte, zur selbständigen Gm erhoben. Aus der ehemals kleinen Ortschaft mit ihrer rein bäuerlichen Bevölkerung wurde in den letzten zwei Jahrzehnten eine moderne, im Ausstrahlungsraum der Landeshauptstadt liegende Wohngemeinde. Der Bevölkerungszuwachs beträgt jährlich zwischen 800 und 1000 Personen.

Karlsruhe

□ 173,46 qkm; ○ Stadtkreis; ⚐ Baden-Württemberg; ✉ 76124*; ☎ 0721; 🚗 KA; △ 115 m; 👫 274000.

K. grenzt mit seinen südlichen und östlichen Stadtteilen an die Ausläufer des nördlichen Schwarzwaldes, mit seinen westlichen Industrie- und Neubaugebieten an den Rhein, während die nach dem 2. Weltkrieg errichteten Neubausiedlungen im Norden (Waldstadt) in den Hardtwald übergreifen. Die St ist Verkehrsknotenpunkt: in Nord-Süd-Richtung verlaufen die Autobahn A 5 Frankfurt a.M.–Basel (Ausfahrt K.), die B 3 und B 36 sowie die Bundesbahnhauptstrecke Frankfurt a.M.–Basel; in West-Ost-Richtung die Autobahn A 8 Karlsruhe–München, die B 10 und die Bundesbahnhauptstrecke Saarbrücken–Stuttgart–München. K. hat einen Rheinhafen mit fünf Hafenbecken, einen Ölhafen und einen Verkehrslandeplatz (K.-Forchheim). Die St ist Sitz bedeuter der Bundes-, Landes- und Kommunalbehörden (Bundesverfassungsgericht, Bundesgerichtshof, Versorgungsanstalt des Bundes und der Länder, Bundesforschungsanstalt für Wasserbau, Landesanstalt für Umweltschutz, Bundesanstalt für Ernährung, Regierungspräsidium Karlsruhe, Bundesbahndirektion, Oberpostdirektion, Verwaltungs-, Arbeits-, Sozialgericht, Oberlandesgericht, Landgericht, Amtsgerichte, Kreisverwaltung u.a.) und wichtiger Bildungseinrichtungen (Technische Universität, Fachhochschule, Pädagogi-

Karlsruhe, Kongreß- und Ausstellungszentrum

sche Hochschule, Staatl. Akademie der Bildenden Künste, Staatl. Hochschule für Musik, Führungsakademie des Landes Baden-Württemberg, Gymnasien und Realschulen, Gewerbe-, Handels- und Fachschulen, Europaschule, Sonderschulen für lernbehinderte, schwerhörige, sprachbehinderte, sehbehinderte, körperbehinderte und bildungsschwache Kinder). K. ist Bundeswehrstandort. – Eine intensive Wirtschaftsförderung führte nach dem Kriege zum Ausbau bereits ansässiger und zur Ansiedlung neuer bedeutender Industrieunternehmen: Mineralölraffinerien (Rohölfernleitungen von Marseille über Dijon und Triest über Ingolstadt), Kernforschungszentrum mit zahlreichen wissenschaftlichen Instituten, Fahrräder- und Nähmaschinenfabrik, pharmazeutische, Elektro-, Textil-, feinmechanische, Schmuckwaren- und Lebensmittelindustrie.

Der Wirtschaftsstandort Karlsruhe ist Zentrum der gleichnamigen Technologieregion. Einer der bedeutungsvollsten Vorteile ist der Technologietransfer zwischen Wissenschaft, Forschung und Wirtschaft sowie das Umsetzen wissenschaftlicher Erkenntnisse in marktkonforme Produkte und Verfahren. An dieser Aufgabe arbeitet auch die Karlsruher Technologiefabrik. Im Jahre 1984 als erste in Baden-Württemberg gegründet, ist sie inzwischen das größte Technologiezentrum in der Bundesrepublik geworden. Transferstellen der Universität, der Fachhochschule, des Kernforschungszentrums und der Fraunhofergesellschaft bringen Ergebnisse der Forschung zu den Unternehmen. Ein Schwerpunkt liegt auf der Verbindung von Informatik und Maschinenbau.

Eine in ihrer Art neuartige Verbindung von Kunst und Technik ist das Zentrum für Kunst und Medientechnologie (ZKM).

Die Wirtschaftsförderung in Karlsruhe ist in die kommunale Verwaltung integriert. – Der Vorteil: enge Zusammenarbeit mit planenden und genehmigenden Stellen sowie politischen Gremien.

K. wurde 1715 von Markgraf Karl Wilhelm von Baden-Durlach als Residenz der Markgrafen (Baden-Durlach) und späteren Großherzöge von Baden gegründet. Die Stadtanlage mit dem Schloß als Mittelpunkt und den radial verlaufenden Straßen (Fächerform) verkörpert den Staatsgedanken des fürstlichen Absolutismus. Um 1750 erfolgte eine Erweiterung der St durch Verlängerung der Fächerstraßen und Herstellung von Querverbindungen (Errichtung öffentlicher Bauten durch Jeremias Müller). Weiterer Ausbau der St in den Jahren 1800–1825 durch den klassizistischen Baumeister Friedrich Weinbrenner (Marktplatzanlage mit Pyramide, Rathaus, Evangelische und Katholische Stadtkirche, Ständehaus, Münze, Palaisbauten).

Die zweite Hälfte des 19. Jh. ist durch stärkere öffentliche und private Bautätigkeit gekennzeichnet, mitbedingt durch die Aufnahme des Bahnbetriebes und den Ausbau zahlreicher Verkehrseinrichtungen. Von besonderer wirtschaftlicher Bedeutung war die Eröffnung des Rheinhafens (1901). Durch Vergrößerung der Gemarkungsfläche im 20. Jh. wurden die Voraussetzungen für vorbildliche Vorortsiedlungen (Gartenstadt Rüppurr, 1910–13; Siedlung Dammerstock von W. Gropius, 1929) geschaffen. Unter den im 2. Weltkrieg vernichteten Bauten befanden sich 8955 total zerstörte Gebäude und 1153 Industrieanlagen (Zerstörungsgrad der St 35,5%). Um den Verlust ihres Ranges als Landeshauptstadt von Baden wettzumachen, zielten die Planungen nach 1948 darauf, Industrie und Wirtschaft bevorzugt auszubauen und hohe Behörden (Bundesverfassungsgericht und Bundesgerichtshof) ansässig zu machen. Die zahlreichen großen Grünanlagen wurden anläßlich der Bundesgartenschau (1967) wesentlich erweitert und modernisiert. In zentraler Lage befindet sich das K. Kongreß- und Ausstellungszentrum/KKA mit der architektonisch interessanten Stadthalle, der Schwarzwaldhalle, Gartenhalle, Nancyhalle (50 Säle, 20000 qm Ausstellungsfläche). – Feste und Veranstaltungen: Therapiewoche und Heilmittelausstellung, Internationale Kosmetiktage, Luftwaffenball, Badisches Heimatfest, Internationales Trachtenfest, hortec-Fachausstellung für Gartenbau.

Kunstwerke und Sehenswürdigkeiten: Landesmuseum (Antikensammlung, ma. Skulpturen, türkische Trophäensammlung des Markgrafen Ludwig Wilhelm [Türken-Louis], Kunstgewerbe, Badisches Münzkabinett); Staatl. Kunsthalle (deutsche Malerei vom Mittelalter bis zur Gegenwart, französische Malerei vom Barock bis zur Gegenwart, Skulpturen des 19. und 20. Jahrhunderts, Kindermuseum). – K. ist Geburtsort bedeutender Persönlichkeiten des künstlerischen und wirtschaftlichen Lebens: Johann Gottfried Tulla (1770–1828), Bauingenieur, Schöpfer der Rheinregulierung; Karl Friedrich Drais von Sauerbronn (1785–1851), Erfinder des Laufrades (Vorläufer des Fahrrades); Carl Friedrich Benz (1844–1929), Erfinder des Motorwagens (Automobils); Joseph Viktor v. Scheffel (1826–1886), Dichter; Alfred Mombert (1872 bis 1942), Dichter; Richard Willstätter (1872 bis 1942), Chemiker und Nobelpreisträger; Karl Hofer (1878–1955), Maler und Akademiedirektor.

Karlstadt (Main)

□ 98,01 qkm; ○ Main-Spessart; ⚐ Bayern; ✉ 97753; ☎ 09353; 🚗 MSP; △ 165–340 m; 👫 14700.

Die St K. mit den Stadtteilen Gambach, Heßlar, Karlburg, Laudenbach, Mühlbach, Rohrbach, Stadelhofen, Stetten und Wiesenfeld liegt 25 km nordwestlich von Würzburg im bayerischen Unterfranken am rechten Ufer des Mains. Zufahrt über die B 26 und B 27. Bahnstation an der Strecke Frankfurt a. M.–Würzburg. K. hat Landratsamt des Landkreises Main-Spessart, Landwirtschaftsamt, Gesundheitsamt; Realschule, Gymnasium, Sing- und Musikschule, Volkshochschule; Berufsschule mit Brauerfachschule; Eisenwerk, Zement-, Musikinstrumenten- und Kleiderfabrik, Betonwerk, Furnierwerk, Apparate- und Fensterbau, Metallbearbeitung, Verpackungsindustrie; Weinanbau (vor allem in den Stadtteilen Gambach und Stetten).

K. wurde um 1200 von Konrad von Querfurt, Bischof von Würzburg, als westlicher Stützpunkt seines Bistums gegründet. Der Name der St wurde in Anlehnung an Burg und Dorf Karlburg und mit Beziehung auf Karl den Großen gewählt, den man nach seiner Heiligsprechung im Jahre 1168 besonders verehrte. Die planmäßig angelegte ma. St, deren Mauern und Wehrtürme (15./16. Jh.) gut erhalten sind, ist um den weiten Marktplatz mit Rathaus (1422) und die romanische Stadtpfarrkirche (13. Jh.) mit ihrem bedeutenden Kirchenschatz gruppiert. Nachdem K. 1802 bzw. 1814 an Bayern gekommen war, blieb es noch fast hundert Jahre in den Ring der Befestigungsanlage eingeschlossen. Erst nach der letzten Jahrhundertwende begann die St über ihren ma. Kern hinauszuwachsen. – Nördlich von K. auf der linken Mainseite befindet sich die Ruine der im Bauernkrieg zerstörten Karlburg. – Berühmte Söhne der St waren Andreas Bodenstein, gen. Dr. Karlstadt (um 1480–1541), Freund und späterer Gegner Luthers; Johannes Schöner (1477–1547, Mathematiker, Astronom und Geograph) und Johann Rudolf Glauber (1604–68, Erfinder zahlreicher chemischer und pharmazeutischer Mittel).

Kassel

□ 106,95 qkm; ○ Kreisfreie Stadt; ⚐ Hessen; ✉ 34117*; ☎ 0561; 🚗 KS; △ 163–615 m; 👫 200000.

K. liegt im Zentrum des vom Kaufunger Wald, Reinhardswald und Habichtswald hufeisenförmig umschlossenen Kasseler Beckens beiderseits der Fulda am Schnittpunkt der B 3, B 7, B 83, B 251 und B 520. Anschluß an die Autobahn A 7 Hamburg–Würzburg (Ausfahrten AB Kreuz Kassel, Kassel-M und Kassel-O) und an die Autobahn A 44 K.–Dortmund (Ausfahrt Südkreuz K. und Kassel-Wilhelmshöhe). K. ist wichtiger Bahnknotenpunkt Nordhessens und Haltestation von D-, FD-, Interregio-, Intercity- und ICE-Zügen (Strecken Frankfurt a. M.–Hannover, Düsseldorf–Dresden, Kassel–München, Würzburg–Osnabrück, Kassel–Köln, Kassel-Braunschweig). Flughafen in K.-Calden. Hafen an der Fulda (Fulda-Weser-Wasserweg).

Die St ist Sitz der Verwaltung des Regierungsbezirks und des Landkreises K. sowie zahlreicher bedeutender Bundes- und Landesbehörden (Bundesarbeitsgericht, Bundessozialgericht, Hess. Verwaltungsgericht, Hess. Finanzgericht, Oberlandesgericht, Landes- und Amtsgericht, Verwaltungs- und Sozialgericht, Industrie- und Handelskammer, Kirchenleitung der Ev. Kirche von Kurhessen und Waldeck u. a.). K. ist Bundeswehrstandort. An Bildungs- und kulturellen Einrichtungen besitzt K. eine Universität und Gesamthochschule (die erste der BRD), Studienseminare, Landwirtschaftsschulen, Fachschulen, Berufs- und Berufsfachschulen, Gymnasien, Realschulen, Volkshochschule, Abendschulen, Sonderschulen (darunter für praktisch Bildbare, Körperbehinderte, Sprach-, Seh- und Hörbehinderte); Staatstheater, Komödie, Staatl. Gemäldegalerie mit Antikenabteilung, Staatl. Kupferstichkabinett, Hess. Landesmuseum, Deut-

Kassel
Museum Fridericianum und Staatstheater

sches Tapetenmuseum, Naturkundemuseum, Brüder-Grimm-Museum, Murhardsche Bibliothek und Landesbibliothek u. a. Mit der Königin-Elena-Klinik verfügt die St über ein Rehabilitationszentrum für Parkinson-Kranke.

Als Wirtschaftszentrum Nordhessens hat K. eine breitgefächerte Industrie (Maschinen- und Fahrzeugbau [Thyssen-Henschel, Mercedes-Benz, Wegmann & Co], elektrotechnische [AEG], optische und feinmechanische sowie chemische [Glanzstoff AG] Industrie), Handels- und Großhandelsunternehmen, Banken und Wirtschaftsorganisationen (Institut für Management-Ausbildung).

K. wird erstmals 913 als Königshof (»Chassella« = lat. castella) in zwei Urkunden König Konrads I. erwähnt. 1008 schenkte Kaiser Heinrich II. den Hof seiner Gattin Kunigunde, die den Besitz dem Kloster Kaufungen übereignete. Ende des 12. Jh. wurde K. zur St erhoben; seit 1277 war es Residenz der Landgrafen von Hessen. 1384 gab Landgraf Hermann der St eine neue Verfassung, wobei die drei Städte Altstadt, Neustadt und Freiheit zu einem Gemeinwesen vereinigt wurden. Nach 1523 Ausbau zur stärksten Festung Deutschlands unter Philipp dem Großmütigen. Das 17., vor allem aber das 18. Jh., bedeuteten für die Residenzstadt kulturelle Blütezeiten mit einer regen Bautätigkeit (1605 Errichtung des ersten festen Theaterbaues in Deutschland, jetzt Naturkundemuseum; 1709 Eröffnung des »Collegium Carolinum« [Techn. Hochschule]; 1717 Vollendung des Herkules im Bergpark; 1748 Einführung einer vorbildlichen Straßenbeleuchtung; 1777 Stiftung der Kunstakademie; 1779 Fertigstellung des Museum Fridericianum [erster Museumsbau des europäischen Festlandes]; 1787 Beginn des Schloßbaus auf der Wilhelmshöhe). 1803 wurde Hessen Kurfürstentum. Von 1807 bis 1813 war K. Hauptstadt des Königreichs Westfalen und von 1813 bis 1866 wieder Residenz der Kurfürsten von Hessen. 1866 kam die St an Preußen (Hauptstadt der Provinz Hessen-Nassau). – Im 2. Weltkrieg (1943) wurde K. durch Luftangriffe zu fast 80% zerstört. An historischen Bauten blieben erhalten bzw. wurden wiederaufgebaut die 1364 entstandene Kirche St. Martin, das Elisabeth-Hospital (1586/87, 1952 wiederaufgebaut), der Marstall (Ende 16. Jh., als Markthalle 1963/64 wiederaufgebaut), die Karlskirche (Ende 17. Jh., 1954–57 wiederaufgebaut), das Museum Fridericianum (1779), Schloß Wilhelmshöhe (Baubeginn 1786) mit Park und Herkulesstatue, die Orangerie (1703 bis 1710) mit Karlsaue; bemerkenswert ferner Schloß Wilhelmsthal, die Blumeninsel Siebenbergen und Park Schönfeld. – K. ist Geburtsort des Gründers des bekannten Nachrichtenbüros „Reuter“, P. J. Reuter (1816–1899), und des ersten Reichsministerpräsidenten Philipp Scheidemann (1865–1939). – In fünfjährigem Turnus findet in K. die „Documenta“ (Ausstellung internationaler moderner Kunst) statt.

Kaufbeuren

□ 40,01 qkm; ○ Kreisfreie Stadt; ⚐ Bayern; ✉ 87600; ☎ 08341; 🚗 KF; △ 682 m; 👪 41 000.

K. liegt im bayerischen Schwaben an der Wertach im Schnittpunkt der B 12 und B 16. D-Zug-Station an der Bundesbahnstrecke München–Lindau; Ausgangspunkt der Nebenlinien K.–Füssen, K.–Lechbruck. Die St hat Amtsgericht, Zollamt, Eichamt, Tierzuchtamt u. a. Behörden; Realschulen, Gymnasien, Landwirtschaftsschule, Fachschulen; Nervenkrankenhaus; Computer-, Textil-, feinmechanische und elektromechanische Industrie, holzverarbeitende Betriebe, Brauereien, Molkereien; im Stadtteil K.-Neugablonz Glas- und Schmuckwarenindustrie. K. ist Bundeswehrstandort.

K. ist aus einem fränkischen Königshof des 8. Jh. hervorgegangen. Zur St erhoben wurde der Ort Anfang des 13. Jh.; seit 1268 war K. Freie Reichsstadt. 1802 kam die St an Bayern. – Sehenswert die Altstadt mit Resten der ma. Wehranlagen (Stadtmauer, Türme); Blasiuskapelle (Anfang 14. Jh.) mit spätgot. Schnitzaltar; Pfarrkirche St. Martin (Mitte 15. Jh.). – Alljährlich Mitte Juli das historische „Tänzelfest“ (äl-

Kaufbeuren, Fünfknopfturm

testes Kinderfest Bayerns). – K. ist Geburtsort des Schriftstellers Ludwig Ganghofer (1855 bis 1920) und der Schriftstellerin Sophie von La Roche (1731–1807).

Kaufungen

□ 26,1 qkm; ○ Kassel; ⚐ Hessen; ✉ 34260; ☎ 05605; 🚗 KS; △ 210 m; 👥 10300.

K., 12 km südöstlich von Kassel im Kaufunger Wald gelegen, ist über die B 7 zu erreichen; Anschluß an die A 7 (Ausfahrt Kassel-Mitte). Die Großgemeinde, 1970 aus Nieder- und Oberkaufungen entstanden, hat Grundschulen, Gesamtschule; mittlere und kleinere Industrie- und Gewerbebetriebe (Metall-, Kunststoff-, Holz- und Bausteinverarbeitung); Landwirtschaft. Erste urkundliche Erwähnung von »coufunga« 1011 als Königshof, der 1017 in ein Benediktinerinnen-Kloster umgewandelt wurde. – Erhalten blieb die romanische Kirche (11. Jh.); sehenswert ferner der sogenannte „Roßgang" (alte Schachtanlage), das Ritterschaftliche Stift und die St. Georgskapelle.

Kehl

□ 75,05 qkm; ○ Ortenaukreis; ⚐ Baden-Württemberg; ✉ 77694; ☎ 07851; 🚗 OG; △ 140 m; 👥 30000.

K., Große Kreisstadt, an der Mündung der Kinzig in den Rhein gelegen, ist über die B 28 und B 36 zu erreichen. K. hat Anschluß an die Autobahn A 5 Karlsruhe–Basel (Ausfahrt Appenweier). Mit Straßburg ist K. durch die Europabrücke über den Rhein verbunden. K. ist D-Zug-Station an der Hauptstrecke Karlsruhe–Paris. Nächster Flughafen in Straßburg-Entzheim. Die St hat Rheinhafen (3 Hafenbecken, über 1 Mill. t Umschlag), mittlere und kleinere Industriebetriebe (Drahtwaren, Stahl- und Betonindustrie u.a.); Amtsgericht, Schiffahrtsgericht; Realschule, Gymnasium, Volkshochschule, Handelslehranstalten, Gewerbe- und Landwirtschaftsschule, Fachhochschule für Öffentliche Verwaltung. Im Stadtteil Kork Epilepsiezentrum.

Bei dem 1299 erstmals urkundlich erwähnten Fischer- und Flößerdorf K. errichtete die Freie Reichsstadt Straßburg 1388 eine feste Brücke über den Rhein. K. gehörte den Herren von Geroldseck und den elsässischen Grafen von Böcklinsau. 1497 erwarb der Markgraf von Baden einen Teil des Ortes. Als Brückenkopf wurde K. im 15. und 16. Jh. stark befestigt. 1678 zerstörten die Truppen Ludwigs XIV. Brücke und Ort. Vauban baute die französisch gewordene Schanze 1679 zu einer starken Festung aus. 1697 wurde K. wieder deutsch und kam an den Markgrafen von Baden-Baden (Türkenlouis). Im 18. Jh. war K. bedeutender Handelsplatz für das Holz des Schwarzwaldes und den Hanf des Hanauer Landes. 1774 wurde K. zur St erhoben. Ende des 18. Jh. wurden St und Festung erneut zerstört. Schwere Schäden erlitt die vom Baumeister des Klassizismus, Friedrich Weinbrenner, im 19. Jh. wiederaufgebaute St 1870 und 1944/45.

Kelheim

□ 76,84 qkm; ○ Kelheim; ⚐ Bayern; ✉ 93309; ☎ 09441; 🚗 KEH; △ 354 m; 👥 14800.

Die St K. liegt an der Mündung der Altmühl in die Donau und am Eingangstor des 1992 eröffneten Main-Donau-Kanals, 30 km südwestlich von Regensburg. K., Endstation der Nebenstrecke K.–Saal–Regensburg, hat Kreisverwaltung, Amtsgericht; Gymnasium, Verbandsberufsschule, Berufaufbauschule, Sing- und Musikschule, Sportschule, Waldarbeiterschule; Kreiskrankenhaus; Chemiefaser-, Zellstoff- und Düngemittelindustrie, Fabrik für Elektromotoren, Apparate-, Behälter- und Maschinenbau, Parkettfabrik, Strickwarenherstellung, Fabrik für optische und medizinische Geräte. Die St ist Eingangspforte ins malerische Altmühltal mit bedeutendem Ausflugs- und Fremdenverkehr.

Kehl, Europabrücke K.-Straßburg

K., erstmals 866 urkundlich erwähnt, war Sitz der Kelsgaugrafen und später Residenz von Herzog Otto I. von Bayern, der den Ort 1181 zur St erhob. Aus dieser Zeit stammt die quadratische Vierteilung des Stadtkerns. – Sehenswürdigkeiten sind die gotische Pfarrkirche, die romanische Michaelskirche, das Franziskanerkloster aus dem 15. Jh., die Reste der alten Stadtbefestigung (Schuldturm, Schleiferturm, Donautor u.a.), barocke Bürgerhäuser und das Heimatmuseum mit prähistorischen Funden und ma. Denkmälern. – Westlich von K. auf dem Michelsberg ließ König Ludwig I. zur Erinnerung an die Freiheitskriege die „Befreiungshalle" (1842–63), einen Rundbau im Renaissancestil, errichten. Beim ehemaligen Benediktinerkloster Weltenburg oberhalb von K. befindet sich der Donaudurchbruch durch die Ausläufer des Jura.

Kelkheim (Taunus)

□ 30,76 qkm; ○ Main-Taunus-Kreis; ⚐ Hessen; ✉ 65779; ☎ 06195; 🚗 MTK; △ 170–260 m; 👫 26000.

K. liegt am Fuße des Taunus 15 km westlich von Frankfurt a.M. Anschluß an die Autobahn A 66 Frankfurt-Wiesbaden (Ausfahrt Hattersheim); Bahnstation an der Strecke Frankfurt-Limburg. K. hat Realschule, Gymnasium, Privatgymnasium; bedeutende Möbelindustrie, Entwicklungs- und Forschungszentrum der Varta AG, eisen- und kunststoffverarbeitende Betriebe.

»Kadelcamf« wird erstmals 880, der ältere Ortsteil Hornau bereits 874 urkundlich erwähnt. K. ging Ende des 16. Jh. vom Frankfurter Stift in den Besiz von Kurmainz über, nach dessen Auflösung (1802/03) es 1806 an das Herzogtum Nassau kam. Um 1850 Anfänge des K. Möbelhandwerks, das die Grundlage für die heute blühende Möbelindustrie schuf. 1866 wurde K. preußisch. Erhebung zur St 1938.

Alljährlich im September Möbelausstellung des K. Handwerks.

Kellinghusen

□ 18,81 qkm; ○ Steinburg; ⚐ Schleswig-Holstein; ✉ 25548; ☎ 04822; 🚗 IZ; △ 2,5–36 m; 👫 7900.

K., in Mittelholstein an der Stör gelegen, ist über die B 206 zu erreichen. Die St ist Bundeswehrstandort, hat Amtsgericht; Realschule, Sonderschule für Lernbehinderte, Landesberufsschule für das Sattler- und Tapezierhandwerk, Jugendaufbauwerk, Volkshochschule, keramische Industrie, Groß- und Versandschlachterei.

Der Kellinghusener Geestrücken war bereits in vorgeschichtlicher Zeit besiedelt (Hünengräber). Erstmals urkundlich erwähnt wird der Ort 1148. Die erhaltene rom. Feldsteinkirche stammt aus dem Jahre 1154. Zwischen 1740 und 1840 bestand in K. eine Fayenceindustrie, deren Tradition heute eine keramische Werkstatt fortsetzt. 1877 wurde K. zur St erhoben.

Der Dichter Detlev v. Liliencron war von 1883–90 Kirchspielvogt (Liliencron-Zimmer) in K.

Sehenswert das Heimatmuseum im Rathaus mit Funden aus der Stein- und Bronzezeit.

Kempen, Kurkölnische Landesburg

Kelsterbach

□ 15,39 qkm; ○ Groß-Gerau; ⚐ Hessen; ✉ 65451; ☎ 06107; 🚗 GG; △ 107 m; 👥 14900.

K., 14 km südwestlich von Frankfurt auf der linken Mainseite gelegen, ist über die B 43 und die Autobahn A 3 Nürnberg–Frankfurt a.M.–Köln (Ausfahrt Frankfurt a.M.-Flughafen) zu erreichen. K. hat Geamtschule; chem. Industrie (AKZO Enka AG, Ticona Polymer-Werke GmbH); Luftfrachtzentrum.

K. wird erstmals 830 urkundlich erwähnt. Der Ort kam 1600 von den Herren von Isenburg an Hessen. Ende des 17. Jh. siedelten sich in K. glaubensvertriebene Waldenser an. – Nach dem 2. Weltkrieg erlebte K., dem 1952 die Stadtrechte verliehen wurden, mit der Ansiedlung großer Industriebetriebe einen bedeutenden wirtschaftlichen Aufschwung, mit dem ein überdurchschnittlicher Bevölkerungszuwachs (1939 5800 EW) verbunden war.

Kempen (Niederrhein)

□ 68,53 qkm; ○ Viersen; ⚐ Nordrhein-Westfalen; ✉ 47906; ☎ 02152 und 02845 (Tönisberg); 🚗 VIE; △ 30–68 m; 👥 32600.

Kempen, im Dreieck Mönchengladbach–Krefeld–Venlo in der Niederrheinischen Bucht an der Bundesautobahn A 2 Duisburg–Venlo (Ausfahrt Wachtendonk/K.) und den Bundesstraßen B 9 und B 509 gelegen, hat Kreisverwaltung (Nebenstellen); Realschule, Sonderschule für Lernbehinderte, Gymnasien, Abendgymnasium, Berufsbildende Schulen, Lehranstalt für Agrartechnik (Deula); Maschinenbau, Textil- und Nahrungsmittelindustrie, Herstellung von Krankenhauseinrichtungen, elektrotechnische Industrie u.a.; Landwirtschaft (Ackerbau, Vieh- und Pflanzenzucht).

Der Name Kempen geht auf die lateinische Bezeichnung „campunni“ (Flachland) zurück, die erstmals 870 in den Registern der Abtei Werden erwähnt wird. 1294 mit kurkölnischen Stadtrechten ausgestattet, blieb K. unter der Herrschaft Kurkölns bis 1794. Ende des 14. Jh. Errichtung einer Landesburg (Sitz eines kurkölnischen Amtmanns). Von 1794 bis 1814 war K. Verwaltungssitz eines von den Franzosen eingerichteten Kantons. 1815 kam die St an Preußen.

Vom ma. Stadtkern sind Teile der ehemaligen Stadtbefestigung (Kuhtor, Mühlenturm mit Wehrmauer), die kurkölnische Burg (Backsteinbau mit drei Türmen) und die Propsteikirche St. Marien (rom. Basilika mit gotischen Teilen und reicher Innenausstattung: Sakramentshäuschen, Chorgestühl, Silberschatz) erhalten. Bemerkenswert außerdem die Klosterkirche der Franziskaner (1627–1631) mit Katharinenaltar (im Klostergebäude befindet sich das Städt. Kramer-Museum und das Museum für Niederrheinische Sakralkunst); Rittergüter und Bürgerhäuser des 17. und 18. Jh. in allen Ortsteilen. Im Ortsteil Tönisberg eine sehenswerte Kastenbockwindmühle aus dem 18. Jh., grundlegend erneuert 1971/73.

Kempen ist Geburtsort des Mystikers Thomas von K. (1380–1471), Verfasser der „Nachfolge Christi“.

Alljährlich Hubertusmarkt (November), Halbfastenmarkt (zwischen Karneval und Ostern); Radrennen rund um die Burg (Oktober).

Kempten (Allgäu)

□ 63,28 qkm; ○ Kreisfreie Stadt; ⚐ Bayern; ✉ 87435*; ☎ 0831; 🚗 KE; △ 646–915 m; 👫 60 100.

K. liegt im Schnittpunkt der B 12, B 19, B 309 und B 472 zu beiden Seiten der Iller im Allgäuer Voralpengebiet. Anschluß an die Autobahn A 7 Ulm–Kempten (Ausfahrten K.-Leubas, K. und Betzigau). D-Zug-Station an der Hauptstrecke München–K.–Lindau–Zürich. Verkehrslandeplatz in K.-Durach. Die St hat Landgericht, Amtsgericht, Arbeitsgericht, Wasserwirtschaftsamt, Amt für Landwirtschaft, Tierzuchtamt, Eichamt, Finanzamt, Zollamt u. a. Behörden; Realschulen, Gymnasien, Wirtschaftsschule, Berufsschule, Berufsaufbauschule, Technikerschule, MTA-Schule, Schwesternschule, Fachoberschule, Fachschule für Sozialpädagogik, Fachhochschule (Fachrichtungen Betriebswirtschaft, Elektrotechnik u. Maschinenbau), Landwirtschaftsschule, Haushaltungsschulen, Hauswirtschaftsfachschule, Molkereifachschule, Melkerschule, Bundeswehrfachschule, Verwaltungs- und Wirtschaftsakademie, Sonderschule für Lernbehinderte, Sing- und Musikschule. K. ist Bundeswehrstandort. Die breitgefächerte Industrie umfaßt Verpackungs- und feinmechanische Industrie, Maschinenbau, Papier- und Textilindustrie, Milchverarbeitungsbetriebe, Druckereien und Brauereien; K. ist ferner Sitz der Süddeutschen Butter- und Käsebörse, Einkaufs- und Dienstleistungszentrum.

Erstmals erwähnt wurde »Cambodunum« in der Erdbeschreibung des griechischen Geographen Strabo (geb. um 63 v. Chr.). Die Römer errichteten um 17 n. Chr. eine offene Marktsiedlung mit Forum, Basilika, Tempeln, Thermen, Läden und Werkstätten. 725 wurde die Missionszelle unter fränkischem Einfluß zu einem Benediktinerkloster (später adliges Fürststift). König Rudolf von Habsburg verlieh K. 1289 einen Freiheitsbrief. 1525 kaufte sich die St von dem Fürststift frei, das nach der Zerstörung im Dreißigjährigen Krieg (1632) zwischen 1651 und 74 als fürstäbtliche Residenz neu errichtet wurde. Neben der Bürgerstadt entstand im 17. Jh. eine Stiftsstadt, die 1712 das Stadtrecht erhielt. 1803 wurden beide Städte bayerisch und 1811/18 zu einer St vereinigt. – K. ist heute Wirtschaftsmittelpunkt und zentrale Einkaufsstadt für das Allgäu. 1972 wurden die Randgemeinden Sankt Mang und Sankt Lorenz eingemeindet. – Sehenswürdigkeiten sind die Basilika St. Lorenz (1652–66), die Prunkräume in der ehem. fürstäbtlichen Residenz, die St.-Mang-Kirche, die römische Sammlung, das Allgäuer Heimatmuseum und die Keck-Kapelle mit Fresken um 1460. – Aus K. stammen der Flugzeugbauer Claudius Dornier (1884–1969) und der Begründer der Byzantinistik Karl Krumbacher (1856–1909).

Kenzingen

□ 36,95 qkm; ⊃ Emmendingen; ⚐ Baden-Württemberg; ✉ 79341; ☎ 07644; 🚗 EM; △ 270 m; 👫 7500.

K., 28 km nördlich von Freiburg i. B. an der Elz in der oberrheinischen Tiefebene gelegen, ist über die B 3 und Autobahn A 5 Karlsruhe–Basel (Ausfahrt Riegel) zu erreichen. Bahnstation an der Strecke Karlsruhe–Basel. Die St, Sitz eines Gemeindeverwaltungsverbandes, hat Amtsgericht, Forstamt; Grund- und Hauptschule, Gymnasium; metallverarbeitende und Elektronik-Industrie, Werkzeug- und Apparatebau, Herstellung von Nähgarnen, Kieswerk; Weinbau.

Rudolf II. von Üsenberg gründete in der Nähe des 772 erstmals erwähnten Dorfes Altenkenzingen 1249 die St K., die 1369 an Vorderösterreich und 1806 an das Großherzogtum Baden kam. – In der 1275 bezeugten Stadtkirche St. Laurentius befindet sich das Grabmal Wolf von Hürnheims (16. Jh.), der das 1520 errichtete Rathaus erbauen ließ. Bemerkenswert außerdem der alte Stadtkern mit dem Schwabentor, das ehem. Frauenkloster Wonnental (erbaut um 1220), die „Oberrheinische Narrenschau" (Museum für Fasnachts-Brauchtum) und die Burgruine Lichteneck über dem Stadtteil Hecklingen. – Alljährlich Bombacher Weinfest (August) und Hecklinger Weinfest; alle zwei Jahre K. Stadtfest, Ball der Stadt (Oktober) und Nordweiler Weintage.

Kerken

□ 57,99 qkm; ○ Kleve; ⚐ Nordrhein-Westfalen; ✉ 47647; ☎ 02833; 🚗 KLE; △ 33 m; 👫 10 900.

K., 20 km nordwestlich von Krefeld am Schnittpunkt der B 9, B 60, B 510 und an der Autobahn A 2 Venlo–Duisburg (Ausfahrt K.) gelegen, hat Grund- und Hauptschulen. Die Gm entstand 1969 durch Zusammenschluß der bis dahin selbständigen Orte Aldekerk, Stenden, Nieukerk und Eyll. – Aldekerk, 1288 erstmals urkundlich genannt, gehörte mit Stenden zur Grafschaft Geldern. Nieukerk wird erstmals um 800 als Kirchengründung urkundlich erwähnt. Die jetzige Kirche stammt aus dem Jahre 1421.

Kernen i. Remstal

□ 15,09 qkm; ○ Rems-Murr-Kreis; ⚐ Baden-Württemberg; ✉ 71394; ☎ 07151; 🚗 WN; △ 220–260 m; 👥 14000.

K. ist 1975 durch Zusammenschluß der beiden Gemeinden Stetten und Rommelshausen entstanden. Der Ortsteil St. liegt 17 km östlich von Stuttgart im Haldenbachtal, einem Seitental des Remstales, am Rande des Schurwaldes. Bahnstation (Stetten-Beinstein) an der Strecke Stuttgart–Aalen. St. hat Grund- und Hauptschule, Schule für Heilerziehung; Heil- und Pflegeanstalt; Wein- und Obstbau; lebhaften Ausflugsverkehr.

St. kam von den Truchsessen von Stetten über die Herren von Yburg und Thumb von Neuberg an Württemberg. – Bemerkenswert: Burgruine Yburg und Reste des im 14. Jh. erbauten Schlosses (Fachwerk-Schloßkapelle, Schloßflügel mit Barockgiebel).

Der Ortsteil R., 15 km östlich von Stuttgart am Eingang des Remstales gelegen, ist über die B 14 und B 29 zu erreichen. R. hat Grund- und Hauptschule, Realschule, Volkshochschule (Zweigstelle); kleinere und mittlere Industriebetriebe (u. a. Herstellung von chirurgischen Gummiartikeln).

Kerpen (Rheinland)

□ 113,91 qkm; ○ Erftkreis; ⚐ Nordrhein-Westfalen; ✉ 50169*; ☎ 02275 (K.-Buir); 02273 (K.-Horrem; 02237 (K.-Türnich); 🚗 BM; △ 70–163 m; 👥 54000.

Die St K. liegt 20 km westlich von Köln am Nordwestrand der Ville an der Erft. K. ist über die B 264 und Autobahnen A 4 Köln–Aachen (Ausfahrten AB-Kreuz K. und K.-Buir) und A 61 Ludwigshafen–Venlo (Ausfahrt K.-Türnich) zu erreichen; Bahnstation an den Strecken Köln–Aachen und K.–Horrem–Bedburg. K. ist Bundeswehrstandort; hat Amtsgericht; Realschulen, Gymnasien, Sonderschule für Lernbehinderte; Stahl- und Leichtmetallbau, Nahrungs- und Genußmittelindustrie, Elektrotechnik, Fahrzeugbau, Sägewerk und holzverarbeitende Betriebe, Braunkohlentagebau u. a.

K., an der alten Fernstraße zwischen Köln und Düren gelegen, wird erstmals 871 urkundlich erwähnt. Von den Herren von Kerpen und Gymnich gelangten Burg und Siedlung K. 1282 an die Herzöge von Brabant und 1404 an das Herzogtum Burgund. Österreich (1477–1522) und Spanien folgten als Herrscher bis Herzog Joh. Wilhelm von Jülich-Berg 1704 K. eroberte und 1710 seinem Minister Graf von Schaesberg übertrug. – Vom erstmals 1178 bezeugten Kollegialstift (1802 aufgelöst) blieb der Turm der Stiftskirche St. Martin (1496) erhalten. Sehenswert Schloß K.-Türnich (18. Jh.) und Burg Bergerhausen (16./17. Jh.). – K. ist Geburtsort des katholischen ‚Gesellenvaters' Adolf Kolping (1813–1865).

Ketsch (Rhein)

□ 16,52 qkm; ○ Rhein-Neckar-Kreis; ⚐ Baden-Württemberg; ✉ 68775; ☎ 06202; 🚗 HD; △ 110 m; 👥 12100.

K., 15 km südlich von Mannheim am rechten Rheinufer gelegen, besitzt Anschluß an die Autobahn A 6/A 5 Mannheim–Karlsruhe (Ausfahrt Schwetzingen/Hockenheim). Die Gm hat Grund- und Hauptschule, Realschule; Spargel- und Tabakanbau, Zigarren- und Metallindustrie.

K. wird erstmals 1150 urkundlich erwähnt. Der Ort war Besitz des Speyerer Domkapitels. 1803 kam K. an Baden. – Mit K. ist die Sagengestalt des Schultheißen Enderle (Gegenspieler des Pfalzgrafen Ottheinrich) verbunden. – Sehenswert das Naturschutzgebiet der von einem Altrheinarm umschlossenen 450 ha großen Rheininsel. – Alljährlich Anfang August „Backfischfest".

Kevelaer

□ 100,51 qkm; ○ Kleve; ⚐ Nordrhein-Westfalen; ✉ 47623*; ☎ 02832; 🚗 KLE; △ 32 m; 👥 22500.

K., 38 km nordwestlich von Krefeld in der Niederrheinischen Bucht links der Niers unweit der niederländischen Grenze gelegen, ist über die B 9 zu erreichen; Anschluß an die Autobahn A 57 Köln–Goch (Ausfahrten Sonsbeck und K.-Kervenheim); Bahnstation an der Strecke Köln–Kleve. K. hat Gymnasium und Fachschulen. Die St ist bekannter Wallfahrtsort mit bedeutendem Fremdenverkehr (alljährlich mehr als 500 000 Pilger). Die breitgefächerte

Industrie umfaßt metall-, leder- und holzverarbeitende Betriebe; ferner Orgelbau, Großverlag, Herstellung von Devotionalien, Gold- und Silberschmiedearbeiten, Schuhfabrik, Glasmalerei, Samengroßhandlg. u.a.

K. wurde um 1300 gegründet. Die Wallfahrtskapelle mit einem Abbild (Kupferstich) der Gnadenmutter von Luxemburg wurde 1654 errichtet. Das Kultbild wird seit dem Dreißigjährigen Krieg (1642) verehrt. 1949 wurde K. zur St erhoben.

Kiefersfelden

□ 36,72 qkm; ○ Rosenheim; ⚐ Bayern; ✉ 83088; ☎ 08033; 🚗 RO; △ 510–850 m; 👫 5600.

K., am Inn und am Fuße des Kaisergebirges gelegen, ist bayerischer Grenzübergang nach Österreich. Zufahrt über die B 15. Anschluß an die Inntalautobahn A 93 Rosenheim–Kufstein (Ausfahrt K.); D-Zug-Station an der Strecke München–Innsbruck–Brenner. K. hat Autobahnzollamt, Grenzpolizei-Inspektion, Bundesanstalt für Pflanzenschutz; Hauptschule; Portlandzementwerk, Marmorindustrie. Die Gm ist Luftkurort mit regem Fremdenverkehr.

»Chiverinesfelt« wird erstmals Mitte des 12. Jh. urkundlich genannt. Das 1618 gegründete, bis heute lebendige Dorftheater ist das älteste Deutschlands. Die Pfarrkirche stammt aus dem Jahre 1733. – Die „Ritterspiele" werden alljährlich in den Sommermonaten in der 1833 errichteten (nach dem Kriege umgebauten) „Komödienhütte" aufgeführt.

Kiel

□ 112 qkm; ○ Landeshauptstadt von Schleswig-Holstein; ⚐ Schleswig-Holstein; ✉ 24103*; ☎ 0431; 🚗 KI; △ 0–76 m; 👫 238000.

K., kreisfreie und größte St Schleswig-Holsteins, liegt beiderseits der Kieler Förde an der Ostsee und am Nord-Ostsee-Kanal (K.-Canal). K. ist über ein sternförmig angelegtes Straßennetz (B 4, B 76, B 202, B 404, B 502, B 503), die Autobahn A 1/A 215 Hamburg–K. über Neumünster–K. und die Autobahn A 210 Rendsburg–K. zu erreichen. Die St ist INTERCITY-Station für die Strecke nach Hamburg; ferner Verbindungen nach Flensburg, Rendsburg, Lübeck und Neumünster. Die großräumigen Hafenanlagen erstrecken sich bis in den Bereich des Nord-Ostsee-Kanals, der beim Stadtteil Holtenau endet. Der Nord-Ostsee-Kanal ist die meistbefahrene künstliche Wasserstraße der Welt. Hafenanlagen sind der Nordhafen, der Scheerhafen, der Ostuferhafen und der Binnenhafen (1988 3,4 Mill t Güterumschlag); Fährschiffverbindungen (mit Autobeförderung) nach Dänemark, Schweden und Norwegen; Schiffsliegeplätze der Bundes-Marine im Scheer- und Tirpitzhafen; Segelhäfen (Olympia-Hafen Schilksee, Sporthäfen Stikkenhörn und Düsternbrook); Flughafen K.-Holtenau.

K. ist Verwaltungs-, Wirtschafts- und Einkaufszentrum für ein weites Umland. Die St ist Sitz bedeutender Landes- und Bundesbehörden (Landtag und Landesregierung, Landgericht, Landesarbeitsgericht, Landesarbeitsamt Schleswig-Holstein-Hamburg, Industrie- und Handelskammer, Landwirtschaftskammer, Landeszentralbank, Norddeutsches Kirchenamt, Wasser- und Schiffahrtsdirektion, Oberfinanzdirektion, Oberpostdirektion, Bundesanstalt für Milchforschung u.a.), Standort der Bundeswehr (Heimathafen des Segelschulschiffes „Gorch Fock") und Universitätsstadt. Bildungs- und kulturelle Einrichtungen: Gymnasien, Realschulen, Sonderschulen, Berufsbildende Schulen, Wirtschaftsgymnasium, Volkshochschule, Fachschule des Deutschen Foto- und Kinohandels, Fachhochschulen für Gestaltung, Technik und Sozialwesen, Pädagogische Hochschule, Christian-Albrechts-Universität mit Universitätskliniken und Instituten (u.a. Institute für Meereskunde und Weltwirtschaft sowie Forschungszentrum für Marine-Geowissenschaften GEOMAR); Opernhaus, Schauspielhaus und Studiotheater, Stadtgalerie, Landesbibliothek, Kunsthalle, Konzertsäle im Schloß, Planetarium, Schleswig-Holsteinisches Freilichtmuseum, Landesgeschichtliche Sammlung, Zoologisches Museum, Museum für Völkerkunde, Stadtmuseum Warteberger Hof, Schiffahrtsmuseum u.a.).

Das wirtschaftliche Rückgrat der St bilden Dienstleistungsunternehmen, Industrie, Handwerk und Hafen. Neben dem alteingesessenen Schiffbau, der vor allem durch die Howaldtswerke (7700 Arbeitskräfte) repräsentiert wird, haben zahlreiche Zubringerbetriebe der Werftindustrie sowie eine leistungsfähige Maschinenbau-, elektronische und elektromechanische, feinmechanische und optische Industrie ihren Sitz in K. Der 1948 gegr. Kieler Seefischmarkt ist sei 1979 in privater Hand. Bedeutender Wirtschaftsfaktor ist außerdem der Fremdenverkehr (Strandbad K.-Schilksee).

K. wurde nach 1233 von Graf Adolf IV. von

Kiel, Blick vom Rathausturm auf Innenstadt und Förde

Schauenburg gegründet. 1242 erhielt K. das lübische Stadtrecht. Das rasch aufblühende Gemeinwesen war von 1284–1518 Mitglied der Hanse und seit Beginn des 15. Jh. ein bedeutender Geldumschlagplatz Schleswig-Holsteins. Nach der Landesteilung kam K. 1490 an die Herzöge von Schleswig-Holstein-Gottorf. Im Dreißigjährigen Krieg hatte die St sehr zu leiden. Nach der Gründung der Universität (1665) wurde K. geistiger Mittelpunkt der Herzogtümer. Nachdem der Herzog im Nordischen Krieg seinen schleswigschen Besitz an Dänemark verloren hatte, wurde K. Residenz des Gottorfer Reststaates (1721–73). 1773 fiel Holstein ganz an Dänemark. Nach 1815 war die K. Universität der Mittelpunkt nationaler deutscher Strömungen, die 1848 eine „Provisorische Regierung" bildeten. 1852 bekam die St dänische Besatzung. 1863 rückten Truppen des Deutschen Bundes in K. ein. 1867 wurde die 1866 erfolgte Einverleibung der Herzogtümer Schleswig und Holstein in Preußen im Kieler Schloß verkündet. Seit 1865 war Kiel preußischer Kriegshafen (nach 1871 Reichskriegshafen) und seit 1873 Festung. 1918 lösten Matrosen der in K. stationierten Kriegsschiffe die Novemberrevolution aus. Die Folgen des 1. Weltkrieges trafen K. besonders hart. Im 2. Weltkrieg wurden die Gebäude der St durch Bombenangriffe zu 80% zerstört oder beschädigt. Der Wiederaufbau erfolgte nach modernen, großzügigen städtebaulichen Gesichtspunkten. – Von den historischen Baudenkmälern blieben erhalten bzw. wurden wiederaufgebaut: Nicolaikirche (13./19. Jh.); Reste des Kreuzgangs des Franziskaner-Klosters (Mitte 13. Jh.) mit Grabstein Adolfs IV.; Warleburger Hof (17. Jh., jetzt Städt. Museum); Reste des Schlosses (Rantzaubau); Rathaus (1907–1911, 1947 bis 50 restauriert); vorbildlich moderne Zweckbauten sind auf dem Universitätsgelände am Westring (Bibliothek, Studentenhaus, Universitätskirche, Auditorium maximum) entstanden. – K. ist Geburtsort des Dichters Detlev von Liliencron (1844–1909) und des Physikers und Entdeckers der Quantentheorie Max Planck (1858–1947). – Seit 1882 alljährlich im Juni „Kieler Woche" (Internationales Ereignis mit Kultur, Gesellschaftspolitik, Sport und Volksfest; größte Segelsportveranstaltung der Welt).

Kierspe

□ 71,62 qkm; ○ Märkischer Kreis; ⚐ Nordrhein-Westfalen; ✉ 58566; ☎ 02359; 🚗 MK; △ 280–553 m; 👥 14900.

K. liegt 35 km südlich von Hagen im Sauerland an der Vollme. Zufahrt über die B 54 und B 237; Anschluß an die Autobahn A 45 (Sauerlandlinie) Hagen–Siegen–Hanau (Ausfahrten Lüdenscheid bzw. Meinerzhagen/Kierspe). K. hat Gesamtschule, Grundschulen, Sonderschule für Lernbehinderte; Schraubenfabrik, elektrotechnische, chemische und kunststoffverarbeitende Industrie. Die St ist Luftkurort in waldreicher Umgebung.

K. wird erstmals um 1100 urkundlich erwähnt. Die Entwicklung des Ortes zur aufstrebenden Industriegemeinde begann nach der Jahrhundertwende mit dem Bau der Eisenbahn. 1969 wurden K. die Stadtrechte verliehen.

Kirchberg a. d. Jagst

□ 41 qkm; ○ Schwäbisch Hall; ⚐ Baden-Württemberg; ✉ 74592; ☎ 07954; 🚗 SHA; △ 400 m; 👪 3700.

K. a. d. Jagst reizvoll auf einer Bergzunge über dem Jagsttal gelegener staatl. anerkannter Erholungs- und Fremdenverkehrsort, 25 km nordöstlich von Schwäbisch Hall, ist über die Autobahn A 6 Heilbronn–Nürnberg (Ausfahrt K.) zu erreichen. Die St hat Realschule, Gymnasium mit Internat, Sonderschule für Bildungsschwache, Studienstätte „Quellhof", Bibelschule, DRK-Kurheim u. a.

K., erstmals 1085 bezeugt, kam über die Herren von Kirchberg (seit 1265) an das Haus Hohenlohe. 1373 wurde es St; von 1591 bis 1861 war es hohenlohesche Residenz. 1810 fiel es an Württemberg. – Sehenswert das ehem. Residenzschloß (Renaissancebau, im 18. Jh. barock umgebaut) mit barockem Hofgarten und Orangerie, sowie die historische Altstadt mit Stadtkirche, Stadtmauer, Stadtturm und Fachwerkhäusern; Erzgebirgisches Volkskunstmuseum; zweitürmige Jugendstilkirche (1904/05) in K.-Gaggstadt. – Alljährlich K. Schloßkonzerte mit bekannten Künstlern. – In Kirchberg-Gaggstadt wurde August v. Schlözer (1735–1809, Historiker und Publizist, Erfinder der „Statistik") geboren.

Alljährlich Hofgartenfest im barocken Hofgarten (Sommer).

Kirchen (Sieg)

□ 39,60 qkm; ○ Altenkirchen; ⚐ Rheinland-Pfalz; ✉ 57548; 🚗 02741; 🚗 AK; △ 240 m; 👪 9400.

Die Gm K. liegt 20 km südwestlich von Siegen zwischen den Ausläufern des Westerwaldes und des Rothaargebirges an der Sieg. Zufahrt über die B 62; Bahnstation an der Strecke Köln–Siegen. K. hat Verbandsgemeindeverwaltung; Grund- und Hauptschule, Sonderschule für Lernbehinderte, Gymnasium (Betzdorf-K.); Kreiskrankenhaus; Maschinenbau, Leder- und Plastikfabriken. K. ist Luftkurort mit Ausflugs- und Fremdenverkehr.

Die reichen Erzvorkommen in der Umgebung wurden bereits in prähistorischer Zeit vor 2000 Jahren verhüttet. – Sehenswert Burg Freusburg (Jugendherberge), Kapelle von Freusburg (16. Jh.) und der Druidenstein (keltische Opferstätte) bei Herkersdorf.

Kirchenlamitz

□ 42,25 qkm; ○ Wunsiedel i. Fichtelgebirge; ⚐ Bayern; ✉ 95158; ☎ 09285; 🚗 WUN; △ 591–600 m; 👪 4600.

Der Erholungsort K. liegt 23 km südlich von Hof in einer Talsenke der Lamitz zwischen Epprechtstein (798 m) und Kornberg (825 m) im Fichtelgebirge. Die St hat Grund- und Teilhauptschule II; Porzellanfabrik, Granitwerke, Strickwarenfabriken, Präzisions- und Werkzeugindustrie sowie kleinere Industriebetriebe (Sportartikel, Kunststoffverarbeitung).

K., erstmals 1204 urkundlich genannt, erhielt bereits im Jahr 1374 das Stadtrecht. Der Ort kam über die Burggrafen von Nürnberg 1403 an die Markgrafschaft Bayreuth und 1791 an Preußen; 1810 wurde K. bayerisch. – Bemerkenswert die Burgruine Epprechtstein.

Kirchhain

□ 90,92 qkm; ○ Marburg-Biedenkopf; ⚐ Hessen; ✉ 35274; ☎ 06422; 🚗 MR; △ 200–380 m; 👪 15200.

K. liegt 15 km östlich von Marburg an der Einmündung der Wohra in die Ohm. Zufahrt über die B 62 und B 454; D-Zug-Station an der Bundesbahnstrecke Frankfurt a. M.–Hannover. K. hat Amtsgericht; Gesamtschule (Grund- und Hauptschule, Realschule, Gymnasium, Sonderschule für Lernbehinderte), Kreisberufs- und Berufsfachschule, Lehr- und Versuchsanstalt für Bienenzucht; Tapeten- und Schraubenfabrik, Spezialfabrik für elektrische Geräte, Herstellung von Anlagen und Apparaten, Betriebe der Textilverarbeitung.

K. wird erstmals 1146 als Rodungssiedlung „Werploh" (Bergwald) erwähnt. 1352 wurde der Ort vom Landgrafen von Hessen zur St erhoben. Seit dieser Zeit war K. hessischer Stützpunkt gegen das zum Erzbistum Mainz gehörende Amöneburg. – Das ma. Stadtbild mit Resten der Stadtmauer (um 1400), Stadtkirche St. Michael (Anfang 15. Jh.), Rathaus (um 1450) mit Treppenturm von 1562, Hexenturm, Haus „Blauer Löwe" (1612) und Fachwerkbauten an der Gänseburg (16./17. Jh.) blieb erhalten; im Stadtteil Kirchhain-Burgholz Fachwerkhäuser aus dem 16. Jh., Burgruine; in K.-Stausebach got. Kirche (erbaut vom Deutschen Ritterorden).

Kirchheim unter Teck

□ 40,47 qkm; ○ Esslingen; ⚐ Baden-Württemberg; ✉ 73230; ☎ 07021; 🚗 ES; △ 311–370 m; 👫 34700.

K. liegt zwischen Lindach und Lauter am Fuß der Schwäbischen Alb 30 km südöstlich von Stuttgart. Zufahrt über die B 297, B 465 und Autobahn A 8 Stuttgart–Ulm (Ausfahrt K.); Bahnstation an der Strecke Plochingen–Wendlingen–K. unter T. K. hat Amtsgericht, Autobahnmeisterei, Forstamt, Wasserwirtschaftsamt u.a. Behörden; Realschulen, Gymnasien, Sonderschulen für lernbehinderte Kinder und Jugendliche, Pädagogisches Fachinstitut und Fachseminar, Kreisberufsschule, Deutsche Landmaschinenschule (Deula); Kreiskrankenhaus; Textil- und papierverarbeitende Industrie, Möbel- und Schuhfabriken, Stahlbau.

K. liegt auf altem Siedlungsgebiet (Funde aus der vorgeschichtlichen, keltischen, römischen und alemannischen Zeit). 960 erste urkundliche Erwähnung der Siedlung, die von einer Seitenlinie der Zähringer, den Herzögen von Teck, um 1220/30 zur St erhoben wurde. Unter württembergischer Herrschaft war K. seit 1381 Amtsstadt (bis 1938) mit Markt- und Handelsrechten. 1690 fiel die St einem Großfeuer zum Opfer. – Sehenswerte historische Innenstadt mit Rathaus (erbaut 1722–24) ein Fachwerkbau mit Mondphasenuhr; got. Martinskirche (Ursprung 7. Jh.); Renaissance-Schloß (erbaut 1538–1556); Reste der ma. Stadtbefestigung mit Bastion und zahlreichen Fachwerkhäusern. – Das 5 km östlich der St gelegene Holzmaden ist durch bedeutende Fossilienfunde bekannt geworden. – K. ist Geburtsort des Ingenieurs und Schriftstellers Max Eyth (1836–1906).

Alljährlich Märzenmarkt, „Haft-ond Hoka-Fescht“ (Juni), Gallusmarkt (November). Alle zwei Jahre Oldtimer-Flugtag auf dem Segelfluggelände Hahnweide.

Kirchheimbolanden

□ 26,36 qkm; ○ Donnersbergkreis; ⚐ Rheinland-Pfalz; ✉ 67292; ☎ 06352; 🚗 KIB; △ 250–300 m; 👫 6200.

K., Erholungsort am Fuße des Donnersberges (höchste Erhebung der Pfalz) im Pfälzer Bergland, ist über die B 40 und A 63 Mainz–Kaiserslautern (Ausfahrt K.) zu erreichen. Die St. ist Sitz der Kreisverwaltung des Donnersbergkreises und der Verbandsgemeindeverwaltung K. (15 umliegende Gemeinden). K. hat Grund- und Hauptschule, Gymnasium, Landwirtschafts- und Handelsschule, Kranken- und Altenpflegeschule; Schuh-, Maschinen-, Fahrzeug- und Glasindustrie; Fremdenverkehr.

K. wird erstmals 774 im Lorscher Kodex erwähnt. Der Ort wurde 1368 unter den Herren von Sponheim durch Kaiser Karl IV. zur St erhoben. Von 1574–1797 gehörte K. zu Nassau-Weilburg. Seine Blütezeit erlebte es unter den Fürsten Karl August und Karl Christian im 18. Jh. – Sehenswürdigkeiten sind das im 18. Jh. errichtete Barockschloß mit Schloßgarten, die Paulskirche (1739–44, ehem. Hof- und Stadtkirche) mit Fürstengruft und Orgel von 1778, das Heimatmuseum, die ma. Stadtbefestigung und der 6 km westlich der St gelegene Drosselfels.

Alljährlich Heimat- und Weinfest (August).

Kirchhundem

□ 147,88 qkm; ○ Olpe; ⚐ Nordrhein-Westfalen; ✉ 57399; ☎ 02723 und 02764; 🚗 OE; △ 291 bis 743 m; 👫 12600.

K., im Rothaargebirge an der B 517 gelegen, ist Fremdenverkehrsgemeinde mit 27 Luftkur- und Wintersportorten, darunter dem staatl. anerkannten Luftkurort Oberhundem. Die Gm hat Anschluß an die A 45 Dortmund–Frankfurt a.M. (Ausfahrt Olpe); Landesanstalt für Fischerei (Ortsteil Albaum), Forstbaumschulen; Grundschulen und Hauptschule; Holzindustrie, Stahl- und Metallverarbeitung, Elektro- und Papierindustrie, Holzverarbeitungs- und Holzveredelungsbetriebe u.a. mittelständische Unternehmen; Fremdenverkehr.

K., Besitz der seit dem 13. Jh. nachweisbaren Ritter von Hunden, kam 1445 in den Besitz des Erzbischofs von Köln; 1802 übernahm Hessen-Darmstadt, 1816 Preußen das Gebiet. K. war im MA und im 19. Jh. Mittelpunkt eines blühenden Eisengewerbes. Sehenswert: Adolfsburg, Panoramapark Sauerland und Rhein-Weser-Turm.

Kirchlengern

□ 33,78 qkm; ○ Herford; ⚐ Nordrhein-Westfalen; ✉ 32278; ☎ 05223; 🚗 HF; △ 60 m; 👫 14300.

K. liegt 30 km nordöstlich von Bielefeld an der Else. Zufahrt über die B 239 und Autobahn A 30 Osnabrück–Bad Oeynhausen (Ausfahrt K.). Die Gm hat Grund- und Hauptschulen, Sonderschule für Lernbehinderte; Möbelbeschlagfabriken, Lack- und Kunststoffindustrie.

Kirn a.d. Nahe

□ 16,52 qkm; ○ Bad Kreuznach; ⚐ Rheinland-Pfalz; ✉ 55606; ☎ 06752; 🚗 KH; △ 200 m; 👥 9500.

Die St K. liegt im Nahetal am Südabhang des Hunsrücks. Zufahrt über die B 41. D-Zug-Station an der Strecke Frankfurt a.M. bzw. Koblenz–Saarbrücken. K. hat Verbandsgemeindeverwaltung, Forstamt; Gymnasium, kaufm., hauswirtschaftliche und sozialpflegerische Berufsschulen, Berufsgrundschule (Hauswirtschaft, Sozialpflege); vielseitige Industrie (Leder- und Lederwarenfabriken, Kunststoffwerk, Brauerei, Sägewerk, Maschinenbau, Heizungs- und Stahlbau).

K., erstmals 841 urkundlich erwähnt, war seit dem 10. Jh. Sitz (Stammburg Kyrburg) der Grafen des Nahegaus und ihrer Nachfolger (Wild- und Rheingrafen; Salm). 1356 wurde K. zur St erhoben (1857 Stadtrechte erneuert). – Sehenswert neben der Kyrburg das Rathaus und in der näheren Umgebung die Stiftskirche in St. Johannisberg (5 km) sowie Schloß Dhaun (7 km).

Kißlegg

□ 92,39 qkm; ○ Ravensburg; ⚐ Baden-Württemberg; ✉ 88353; ☎ 07563; 🚗 RV; △ 650–739 m; 👥 8000.

Die Gm K ist Luftkurort im Allgäu 15 km nördlich von Wangen an der B 18; Anschluß an die A 96 Memmingen–Lindau; Bahnknotenpunkt an den Strecken Memmingen–Aulendorf und Memmingen–Lindau. K. hat Hauptschule, Realschule, Schule für Lern- und Geistigbehinderte, Jugendmusikschule; Elektro-, Textil- und Steinindustrie; Emmentaler Milchwerk; Mineralbrunnen AG; Fremdenverkehr (Kurhaus mit Thermal-Mineral-Therapiebecken).

K. entstand 824 aus der Zelle eines Missionspriesters. Der Ort kam im 1. Viertel des 9. Jh. an das Kloster St. Gallen. Seinen Namen erhielt K. von der im 11./12. Jh. errichteten gleichnamigen Burg. 1324 erhielt K. das Marktrecht sowie die hohe und niedere Gerichtsbarkeit. 1648 und 1704 vernichteten Brände den Ort fast vollständig. 1806 kam K. an Württemberg. – Sehenswert die barocke Pfarrkirche (1734–38) sowie die beiden Schlösser aus dem 16. und 18. Jh; die Geigenbauer-Werkstatt und das Instrumenten-Museum.

Kitzingen

□ 47,03 qkm; ○ Kitzingen; ⚐ Bayern; ✉ 97318; ☎ 09321; 🚗 KT; △ 211 m; 👥 19000.

K., 19 km südöstlich von Würzburg in Unterfranken beiderseits des Mains gelegen, ist über die B 8 zu erreichen; Anschluß an die Autobahnen A 3 Frankfurt a.M.–Nürnberg (Ausfahrt AB-Kreuz Biebelried und K.) und A 7 Würzburg–Ulm (Ausfahrten K. und Marktbreit); D-Zug-Station an der Bundesbahnhauptstrecke Frankfurt a.M.–München; Militärflugplatz K. (mit Landemöglichkeiten für Privatflugzeuge); Hafenanlage am Main. K. hat Amtsgericht, Kreisverwaltung; Realschule, Gym-

Kitzingen, Marktturm u. Rathaus

nasium, Fachoberschule, Wirtschaftsschule, Berufs- und Berufsaufbauschule, Krankenpflegeschule, Volkshochschule, Sonderschule für Lernbehinderte, private Sonderschule für geistig behinderte Kinder. K. ist Weinbaugemeinde und mit Würzburg Mittelpunkt des fränkischen Weinhandels; daneben Gemüseanbau (im Ortsteil Etwashausen), mittlere Industriebetriebe (Roßhaarspinnerei, Gummihaar- und Schaumpolsterfabrik, Maschinenbau, Zulieferer für die Autoindustrie).

K. entstand als Siedlung in der Nähe eines um die Mitte des 8. Jh. gegründeten Benediktinerklosters (Mitte des 16. Jh. aufgehoben). Vom Hochstift Würzburg ging der Ort 1443 in den Besitz der Markgrafen von Brandenburg über. 1629 fiel K. an Würzburg zurück; 1814 kam es an Bayern.

Sehenswürdigkeiten: Historischer Marktplatz mit Kiliansbrunnen, Marktturm und Rathaus (1561–63); ev. Stadtkirche (1686–93 von Antonio Petrini); Hl. Kreuzkapelle (Ortsteil Etwashausen, 1741–45 von Balthasar Neumann erbaut); Kath. St. Johannes-Kirche (15. Jh.); Stadtmuseum mit Stadtarchiv. Wahrzeichen der St ist der von einer schiefen Haube gekrönte Falterturm, in dem das Deutsche Fastnachtsmuseum untergebracht ist. – K. ist Geburtsort des Kanzlers für Tirol und die habsburgischen Vorderrheinlande, Konrad Stürtzel (1435–1510).

Kleinblittersdorf

☐ 26,25 qkm; ○ Stadtverband Saarbrücken; ⚐ Saarland; ✉ 66271; ☎ 06805; 🚗 SB; △ 276 m; 👥 12600.

K. liegt 5 km südlich von Saarbrücken auf dem rechten Saarufer unmittelbar an der deutsch-französischen Grenze. Zufahrt über die B 51. Die Gm hat Grund- und Hauptschule, Realschule in Aufbauform, Musikschule, Volkshochschule, Haushaltsschule, Sonderschule für Lernbehinderte; K. und seine Ortsteile sind in erster Linie Wohngemeinden (zahlreiche Auspendler nach der Landeshauptstadt Saarbrücken).

»Blitharia villa«, erstmals 777 urkundlich erwähnt, stand seit dem 12. Jh. unter der Herrschaft der Herzöge von Lothringen. Um 1700 kam das Gebiet mit K. an die Grafen von der Leyen; von 1793 bis 1815 gehörte das Dorf zu Frankreich; 1816 fiel es an Preußen. K. wurde im 2. Weltkrieg stark zerstört.

Kleinmachnow

☐ 11,81 qkm; ○ Potsdam; ⚐ Brandenburg; ✉ 14532; ☎ 033203; 🚗 P; △ 40–45 m; 👥 11500.

K. bei Teltow, südwestl. vor Berlin, ist zu erreichen auf der A 115 / E 51, Ausfahrt K. (1 km), und auf der B 1; S-Bahnverbindung nach Berlin. Die nächsten Flughäfen sind Tempelhof und Schönefeld (je 20 km).

Bildungseinrichtungen: Grundschulen, Gesamtschule, Gymnasium; Förderschulen; Berufsschule; Kreismusikschule; Kreisvolkshochschule; Freie Waldorfschule; allgemeinbildende Bibliothek.

Wirtschaftliches: Bauunternehmen; Siemens-Gerätewerk (Steuerungen); Biologische Zentralanstalt; Betrieb für geologische Untersuchungen; Fahrzeug-Reparaturwerk; kleine und mittelständische Handwerk- und Dienstleistungsunternehmen.

Geschichtliches: Der Ort versteht sich als geographisches Bindeglied zwischen Berlin und Potsdam. Umgeben von Seeberg und Weinberg, am Ufer des Machnower Sees, liegt das alte Dorf Kleinmachnow, aus dem sich die heutige Gm K. entwickelte. Die Region war bereits in der mittleren Steinzeit besiedelt; urkundlich erwähnt wird K. erstmals 1375. Über den früheren Bäke-Übergang führte eine alte Handelsstraße nach Köpenick und Spandau. Auf ihr kamen im 11. Jh. die Askanier, ein dt. Fürstengeschlecht aus dem Ascherslebener Raum, in die wendische Mark Brandenburg, über die sie von 1157 bis 1320 herrschten. Zum Schutz der Handelswege und zur Gewährleistung der Zollgerechtigkeit wurde K. zu einer befestigten Anlage ausgebaut. Vom 15. Jh. an ist die Liegenschaft Lehensgut und erblicher Besitz der Familie Hake. Seither bestimmte ihr Geschlecht die Geschichte des Ortes. Die Gemeinde verdankt dem Hause von Hake die Existenz der schönen Patronatskirche. Mit der Errichtung der Glienicker Brücke im 17. Jh. änderten sich die Verkehrswege und -verhältnisse erheblich – jedoch zum Nachteil von K., das in die Bedeutungslosigkeit abgedrängt wurde. Erst 1906 gewann es seine Bedeutung durch den Bau des Teltow-Kanals und die Anbindung an das Berliner Straßennetz zurück. K. – in Randlage der Großstadt – wurde beliebtes Ausflugsziel und begehrte Wohngemeinde. Der 2. Weltkrieg und die nachfolgenden Jahrzehnte haben die alte Dorfstruktur und das um 1800 von David Gilly erbaute Herrenhaus vollständig zerstört. Lediglich die neue Hakenburg, das Architektur-Ensemble um die Dorfkirche und die alte Wassermühle blieben erhalten.

Sehenswürdigkeiten und Kulturelles: Schleuse, 1901–06 erbaut, rekonstruiert 1939 und 1981, bedeutsam für den gleichzeitig geschaffenen Teltow-Kanal, da sie das Gefälle zwischen Spree und Havel reguliert, Höhenunterschied ca. 280 cm, gilt als Wahrzeichen des Ortes; altes Forsthaus, 1906 rekonstruiert; Parktor (Ende 17. Jh.), restauriert 1989, korbbogiges Tor mit seitlichen Durchgängen für Passanten, Torschmuck aus der griechischen Mythologie; Ruine des Schlosses, ursprüngl. klassizistischer Bau von Baumeister David Gilly (1748–1808), erster Herrenhausbau unter Verwendung von Lehmziegeln, bedeutende Innenausstattung, Baukörper im 2. Weltkrieg zerstört; Burgruine am Übergang über die Bäke, bereits von Wenden als befestigter Platz genutzt (askanische Kolonisatoren errichteten an dem alten Handelsweg ebenfalls eine befestigte Burg; ehem. Zollstation, im 2. Weltkrieg beschädigt, durch Vernachlässigung zerfallen, nur noch Grundmauern erhalten); Dorfkirche (Patronatskirche), erbaut 1597, eindrucksvolle Innenausstattung, nördl. Gruftanbau 1703, hinter der Kirche der Friedhof der Stifterfamilie Hake; Kriegerdenkmal 1914–1919, Findling mit Bronzetafel; alte Dorfschule, erbaut 1848, bis 1936 als Schule genutzt; Schloßgärtnerei, einzige erhaltene Produktionsstätte des ehem. Gutsbetriebes, altes Gewächshaus aus der Bausubstanz des Rittergutes; Wassermühle, 1435 urkundlich erwähnt, nachweislich bereits früher genutzt, mehrfach rekonstruiert, 1856 im neugot. Stil erneuert (eine Tafel am Eingang bekundet den Ort als Zollerhebungsstelle; seit 1991 historische Gaststätte); alte Eichen, 350 Jahre alte Naturdenkmale, letzte Überreste früherer starker Eichenbestände im K.er Forst, das Holz wurde in vergangenen Jahrzehnten zum Schiffbau nach Hamburg verkauft; Landhausvilla Koch, Geburtsort des Zehlendorfer Schriftstellers Heinz Koch, Autor der „Kleinmachnower Chronik“; „Eiermann-Haus“, Klinkerbau (1936), Name nach dem Architekten E. Eiermann (Einfamilienhaus des Schauspielers Paul Henkels); „Kammerspiele“, Veranstaltungshaus für Ausstellungen, Freizeitangebote und Filmprogramme; Freibad Kiebitzberge.

Kleve (Niederrhein)

□ 97,72 qkm; ○ Kleve; ⚐ Nordrhein-Westfalen; ✉ 47533; ☎ 02821; 🚗 KLE; △ 46–105 m; 👪 46600.

K. liegt nordöstlich des Reichswalds auf der linken Seite des Niederrheins an der B 9, B 57, B 220 und hat Anschluß an die Autobahnen A 3 Oberhausen–Niederlande (Ausfahrt Emmerich) und A 57 Krefeld–Nimwegen (Ausfahrt Goch/Kleve); D-Zug-Halt an der Strecke Köln–Krefeld–Nimwegen. Die St besitzt einen Hafen, der durch den Spoykanal (seit dem 15. Jh.) mit dem Rhein verbunden ist. K. hat Landgericht, Amtsgericht, Arbeitsamt, Finanzamt, Forstamt, Hauptzollamt, Landeszentralbank, Kreisverwaltung u. a. Behörden; Mittelschulen, Gymnasien, Sonderschulen, Berufsbildende Schulen, Volkshochschule, Familienbildungsstätten, Kirchliche Bildungseinrichtungen; bedeutendste Wirtschaftszweige sind die Nahrungs- und Genußmittelindustrie (Unilever-Konzern, Bensdorp Schokolade- und Kakaofabrik, XOX-Nabisco Biskuitfabrik) und die Schuhindustrie (Elefanten-Kinderschuhe), ferner Maschinenbau und High-Techunternehmen.

K. ist aus drei Siedlungskernen zusammengewachsen: der im 10. Jh. auf einer Anhöhe (Kliff) erbauten Burg »Clive«, dem Dorf, das sich unter ihrem Schutz entwickelte und der auf dem der Burg gegenüberliegenden Heideberg im frühen 13. Jh. gegründeten St. Stadterhebung 1242 durch Graf Dietrich VI. Die alte Burg, auf der zwischen 1184 bis 1188 Heinrich von Veldecke die Versdichtung „Eneit“ schrieb, wurde vom 13. bis 17. Jh. umgebaut (Schwanenburg). Nach dem Aussterben der Klevischen Dynastie (1609) fiel K. an den Kurfürsten von Brandenburg. Unter Johann Moritz von Nassau, dem Statthalter des Großen Kurfürsten, erlebte die St in der 2. Hälfte des 17. Jh. eine Zeit reicher Blüte (Bau der Residenz »Prinzenhof«, Umbau der Schwanenburg im Holländischen Barockstil). Im 18. und 19. Jh. war K. Badeort. Der 2. Weltkrieg hat die St schwer heimgesucht (1944 durch Bombenangriffe zu 80% zerstört). Die kommunale Neuordnung von 1969 brachte K. einen Zuwachs von 13 Nachbargemeinden.

Baudenkmäler und Sehenswürdigkeiten: Stiftskirche (Propsteikirche, 1426 vollendet) mit Grabmälern der Grafen und Herzöge von Kleve; Minoritenkirche St. Mariä Empfängnis (erbaut um 1427) mit spätgot. Chorgestühl; Schwanenburg (13.–17. Jh.) mit geologischem Museum; Mühlenmuseum; Städt. Museum Haus Koekkoek (Gemälde und Plastiken vom 15. bis 19. Jh.); Marstall (15. Jh., Stadtbücherei); Neuer Tiergarten (17./18. Jh.) und Amphitheater; Grabmal des Statthalters Joh. Moritz von Nassau-Siegen; Forstgarten, „Schüsterken“ (Denkmal zur Erinnerung an das traditionelle Schusterhandwerk) u. a. – K. ist Geburts-

Kleve, Schüsterken und Burg

ort der Anna von Cleve (1515–57), der vierten Gemahlin König Heinrichs VIII. von England, der Maler Joos van Cleve (Joos van der Beke, um 1485–1540) und Govaert Flinck (1615–60, Meisterschüler Rembrandts) sowie des französischen Revolutionärs Jean Baptiste (Anacharsis) Cloots (1755–94).

Alljährlich Kulturbörse, „Fietsvierdaagse" (Juli/August), „Koninginnedag", Ostermarkt und traditioneller Rosenmontagszug.

Klingenberg a. Main

☐ 21,14 qkm; ○ Miltenberg; ⚐ Bayern; ✉ 63911; ☎ 09372; 🚗 MIL; △ 128 m; 👥 6000.

K., Erholungsort am Main, 23 km südlich von Aschaffenburg zwischen Spessart und Odenwald, ist über die B 469 zu erreichen. Die St hat Vermessungsamt; Grund- und Hauptschule; Manometer- und Armaturenwerk, Tonbergwerk; Rotweinanbau (Spätburgunder); lebhaften Fremdenverkehr (alljährlich Winzerfest).

Um 776 erste historisch gesicherte Erwähnung des Weinbaus. Um 1177 läßt der Kaiserliche Schenk Conradus Colbo die staufische Clingenburg erbauen; die Burgsiedlung wird erstmals 1276 als Stadt urkundlich erwähnt. 1503–1505 fällt die Herrschaft K. an das Erzbistum Mainz; 1814 kam die Stadt an Bayern. – Die 1685 erstmals erwähnte Tongrube wurde seit Mitte des 19. Jh. zur Herstellung von Bleistiftminen genutzt. – Sehenswert das Stadtschloß (um 1560 erbaut) sowie das Weinbau- und Heimatmuseum.

Klingenthal

☐ 4,1 qkm; ○ Klingenthal; ⚐ Freistaat Sachsen; ✉ 08248; ☎ 03746; 🚗 OVL; △ 533–943 m; 👥 12100.

K. ist zu erreichen auf der A 72 / E 441, Ausfahrt Plauen-Süd (30 km), und auf der B 283; Eisenbahn-Nebenstrecken K.–Plauen und K.–Zwickau. Die nächsten Flughäfen sind Hof (60 km) und Leipzig/Halle (150 km).

Bildungseinrichtungen: Grund- und Mittelschulen, Gymnasium und eine Spezialschule für Sport.

Wirtschaftliches: Das Wirtschaftsleben wird vom Musik-Instrumentenbau und der Leichtindustrie bestimmt.

Geschichtliches: K. liegt an den steil aufsteigenden Hängen des auslaufenden Westerzgebirges im oberen Vogtland. Das Zentrum der St befindet sich 380 m niedriger als die bekannteste Erhebung, der Aschberg mit 936 m. Die Existenz K.s beginnt 1591 mit der Errichtung eines Hammerwerkes in Helle, genannt „Hellhammer". Der Name „Klingenthal" für die Heller Hammersiedlung wurde 1604 erstmalig verwendet. Mitte des 17. Jh. brachten böhmische Instrumentenbauer, die ihres Glaubens wegen aus der Heimat vertrieben worden waren, die Kunst des Geigenbauens nach K. Dies führte 1716 zur Gründung einer Geigenmacherinnung. Gegen Ende des gleichen Jh. kamen die Bogenmacherei, die Saitenmacherei sowie die Fertigung von Holz- und Metallblasinstrumenten hinzu. Im Jahre 1828 nahm man die Produktion der Mundharmonika auf, ebenso die Herstellung von Holzkämmen. 1852 begann der Handharmonikabau; aus diesem Instrument ging später das Akkordeon hervor. In der 2. Hälfte des 19. Jh. war K. zu einem Weltzentrum der Harmonikaproduktion geworden. Ältere Gewerbezweige der Musikinstrumentenfertigung wurden weitgehend verdrängt. – K. erhielt zum 1. 10. 1919 das St-Recht. Im Juni 1950 wurden die Nachbarorte Brunndöbra und Sachsenberg-Georgenthal nach K. eingemeindet. Am 25. 7. 1952 erhob man K. zur Kreisstadt, nachdem Teile der früheren Kreise Auerbach und Oelsnitz zur Bildung des Kreises K. beigetragen hatten.

Sehenswürdigkeiten und Kulturelles: Denkmalgeschützte Rundkirche „Zum Friedefürst", die größte ihrer Art in Sachsen, barocker Zentralbau (1736–37 rest.) über achteckigem Grundriß, umlaufende dreigeschossige Emporen, hohes kuppelartiges, dreifach gestuftes und geschweiftes Dach mit Laterne; Kanzelaltar aus der Entstehungszeit. Gute Wander- und

Wintersportmöglichkeiten in einer der reizvollsten dt. Mittelgebirgslandschaften; ausgeschilderte Wanderwege, mehrere km gespurter Loipe, schneesichere Hänge mit Lifts.

Besondere Anziehungspunkte sind das Gebiet um den Aschberg und die Große Aschbergschanze, der Heimattierpark, das Freibad und das Waldbad. Campingfreunden steht ein kleiner, idyllischer Platz zur Verfügung, 200 m vom Freibad entfernt. Ein herrliches Panorama bietet sich vom Aschberg aus weit über das Vogtland hinaus, Aussichten nach Oberfranken und in das unmittelbar angrenzende Böhmen oder in die reizvollen engen Täler von K.

Ausflugsmöglichkeiten: zum Schneckenstein, dem einzigen freiliegenden Topasfelsen Europas; zur Göltzschtalbrücke bei Netzschkau, der größten Ziegelsteinbrücke der Welt; nach Bad Elster und Bad Brambach; zur Talsperre Pöhl; Fahrten mit dem Motorschiff und Angelsport; in das nordwestböhmische Bäderdreieck Karlsbad, Franzensbad und Marienbad. Für Fußgänger, Radfahrer und Benutzer von Kleinkrafträdern gibt es einen Grenzübergang in die benachbarte ČR.

Wiederkehrende Ereignisse: Internat. Damenskirennen (Welt-Cup) im Januar. Skilanglauf und Kammlauf (50 km) im März. Internat. Akkordeonwettbewerb im März.

Knittlingen

□ 26,39 qkm; ○ Enzkreis; ⚐ Baden-Württemberg; ✉ 75438; ☎ 07043 (Maulbronn); 🚗 PF; △ 190 m; 👫 6300.

K. liegt 31 km östlich von Karlsruhe an der B 35. Die St hat Grund-, Haupt- und Realschule; Betriebe zur Herstellung von elektrooptischen Instrumenten und Armaturen sowie medizinisch technischen Einrichtungen; von wirtschaftlicher Bedeutung ist ferner der Weinbau.

K., erstmals 835 urkundlich erwähnt, war Amtsstädtchen des Klosters Maulbronn, kam im 12. Jh. an die Herren von K. und gehörte zwischen 1360 und 1504 zur Pfalz; danach fiel es an Württemberg. K. wurde 1632 und 1692 völlig zerstört, erhalten blieb die gotische Stadtkirche. 1840 erhielt es das Stadtrecht neu verliehen. – Die St ist Geburtsort des historisch nachweisbaren Magiers und Schulmeisters Dr. Johann Faust (um 1480–1536/39); bemerkenswert das Faust-Museum mit Faust-Archiv und F.-Denkmal.

Alle zwei Jahre Fauststadtfest.

Koblenz

□ 104,78 qkm; ○ Kreisfreie Stadt; ⚐ Rheinland-Pfalz; ✉ 56068*; ☎ 0261; 🚗 KO; △ 65–382 m; 👫 107000.

K., am Zusammenfluß von Rhein und Mosel gelegen, ist Verkehrsknotenpunkt am Mittelrhein. Zufahrt über die B 9, B 42, B 49, B 258; B 327 und B 416; Anschluß an die Autobahn A 61 Köln–Koblenz–Speyer (Ausfahrt Autobahnkreuz K.); A 48/A 1 Trier–Koblenz (Ausfahrt K.) und an das interkontinentale Eisenbahnnnetz (TEE-, Intercity-, FD- und D-Züge). Verkehrslandeplatz K.-Winningen (5 km). Schiffsanlegestellen und Häfen an Rhein (Beckenhafen, 80000 qm Liegefläche) und Mosel (Ölhafen Rauental). K. ist Hauptstadt des Regierungsbezirks K. und Sitz zahlreicher Bundes- und Landesbehörden (Bundesamt für Wehrtechnik und Beschaffung, Bundesarchiv, Bundesanstalt für Gewässerkunde, Bundesgrenzschutzdirektion, Verfassungsgerichtshof Rheinland-Pfalz, Oberlandes-, Landes-, Amts-, Verwaltungs- und Arbeitsgerichte, Bezirksregierung, Kreisverwaltung Mayen-Koblenz, Wasser- und Schiffahrtsverwaltung, Staatsarchiv, Kulturamt u.a.). Koblenz hat die größte Garnison der Bundeswehr mit Bundeswehrzentralkrankenhaus. An Bildungs- und kulturellen Einrichtungen verfügt die St über Realschulen, Gymnasien, Volkshochschule, Handelsschulen, kaufmännische und gewerbliche Berufsaufbauschulen, zweijährige hauswirtschaftliche und sozialpflegerische Berufsfachschule, Verwaltungsschule der Stadt Koblenz, Verwaltungs- und Wirtschaftsakademie, Wirtschaftsgymnasium, Kinderpflegeschule, Fachhochschulen für Ingenieurwesen und für Wirtschafts- und Sozialpädagogik, Erziehungswissenschaftliche Hochschule; Stadttheater, Stadtbibliothek, Mittelrhein-Museum, Post-Museum, Musikinstitut u.a. Bedeutend ist K. als Handels- und Gewerbestadt (Industrie- und Handelskammer, Sitz von Industrieverbänden, Banken und Großhandelsunternehmen) und Industriezentrum (Aluminium-Warmwalzwerk, Rheinwerft, Bremsen-, Möbel-, Bekleidungs-, Textil- (Decken und Markisen), Seifen- und chemische Industrie, Apparatebau, Druckereien und papierverarbeitende, Nährmittel- und Obstkonservierungsbetriebe, Sektkellerei (Deinhard) und Brauerei (Königsbacher). Ein wichtiger Wirtschaftsfaktor ist außerdem der Fremdenverkehr.

K. ist eine der ältesten Städte Deutschlands. Die Römer gründeten zwischen 10–8 v.Chr. »Confluentes« als Militärlager an der Rhein-

Mosel-Mündung. Aus dieser ersten Anlage entwickelte sich die Römerstadt, die von den Franken im 5. Jh. zerstört wurde. Die St entstand aus einer erstmals 585 von Gregor von Tours erwähnten Siedlung um einen Königshof, die 1018 in den Besitz des Erzstifts Trier überging. Ende des 13. Jh. war K. befestigt. 1343 wurde mit dem Bau der heute noch stehenden vierzehnbogigen Balduin-Brücke begonnen. Die aufblühende Handelsstadt blieb von den Wirren der Reformation verschont. Im Dreißigjährigen Krieg wechselte K. mehrmals den Besitzer, im Pfälzischen Erbfolgekrieg (1688) wurde es von den Franzosen in Trümmer geschossen. Danach erlebte die St eine kulturelle Blüte, die sich vor allem in einer regen Bautätigkeit (Barockbauten) äußerte. Im letzten Drittel des 18. Jh. ließ der letzte Kurfürst von Trier die St nach Süden hin über den alten Mauerring erweitern. Nach der Französischen Revolution war K. Hauptstadt der französischen Exilregierung. 1794 wurde die St von den Revolutionstruppen erobert und zu einer unbedeutenden Departementstadt degradiert. Unter preußischer Herrschaft (seit 1816) wurde K. zur mächtigen Rheinfestung (Ehrenbreitstein) ausgebaut. Die Stadtbefestigung fiel um die Jahrhundertwende; von da an erfolgte die räumliche Ausdehnung der St rheinaufwärts und in das Moseltal.

K., das im 2. Weltkrieg schwer zerstört wurde, besitzt eine Reihe von bedeutenden historischen Baudenkmälern und Sehenswürdigkeiten: St. Kastor-Kirche (romanische Pfeilerbasilika, 9. Jh., 1150–1209 erweitert); Florinskirche (11. Jh.) mit ehem. Kapitelhaus des Stiftes aus dem 13. Jh.; Rathaus (1694 bis 1702, ehem. Jesuitenkolleg); Liebfrauenkirche (12.–15. Jh.); Altes Kaufhaus (15. Jh.) und Schöffenhaus (1530, jetzt Museum); Alte Burg (1280 erbaut, jetzt Stadtbibliothek); Balduinbrücke (1343–1420); Haus Metternich (18. Jh.); Kurfürstliches Schloß (1780–86); Stadttheater (1787 als Hoftheater erbaut); Kapuzinerkirche (Ortsteil Ehrenbreitstein, 1628 erbaut); Kurfürstl. Regierungsgebäude in Ehrenbreitstein (1739–49 von Balthasar Neumann erbaut) mit Marstall (1762); Festung Ehrenbreitstein (auf Burganlagen eines Konradinischen Rittergeschlechtes errichtet; 1816–32 in jetziger Gestalt erbaut); „Deutsches Eck“ mit Reiterstandbild Kaiser Wilhelms I.

K. ist Geburtsort von Josef Görres (Publizist der Freiheitskriege, 1776–1848) und Fürst Clemens Wenzel von Metternich (österreichischer Staatsmann, 1773–1859). – Alljährlich im August Großbeleuchtung „Rhein in Flammen“ mit Großfeuerwerk.

Köln

☐ 405,12 qkm; ○ Kreisfreie Stadt; ⚐ Nordrhein-Westfalen; ✉ 50667*; ☎ 0221; 🚗 K; △ 55 m; 👥 930 000.

K., beiderseits des Rheins in der Kölner Bucht gelegen, ist die viertgrößte St der Bundesrepublik und Hauptstadt des Regierungsbezirks Köln, Verkehrsknotenpunkt, Handelsmetropole und Industriezentrum des Rheinlandes. Die St ist umgeben von einem Autobahnring, von dem die Autobahnstrecken Frankfurt a.M.–K. (A 3), Berlin–Ruhrgebiet–K. (A 3/A 2), Bonn–K. (A 555), Kamen–Leverkusen–K. (A 1), Aachen–K. (A 4), Neuss–K. (A 57), Düsseldorf–K. (A 59), Olpe–K. (A 4), Brühl–K. (A 553); Trier–K. (A 1) sternförmig ausstrahlen; in K. treffen zusammen bzw. kreuzen sich außerdem die B 8, B 9, B 51, B 55, B 59, B 264, B 265 und B 506. Der Hbf. K. ist Drehscheibe des internationalen Reiseverkehrs mit Direktverbindungen (D-, FD-, TEE-, Intercity- und Interregiozüge) nach zahlreichen Großstädten des In- und Auslandes (München, Hamburg, Hannover, Aachen, Flensburg, Trier, Saarbrücken, Ostende, Warschau, Moskau, Görlitz, Dresden, Zwickau, Berlin, Paris, Kopenhagen, Wien u.a.). Moderner Drive-in-Flughafen in Köln-Bonn über Schnellstraßen (B 8) und Autobahnen (A 59 und A 3) erreichbar; die Kölner Verkehrsbetriebe (KVB) verfügen über ein Streckennetz von 47 Linien (16 Straßenbahn- und 31 Buslinien); die U-Bahn ist in das Stadtbahnnetz integriert.

K. ist Sitz zahlreicher Behörden, Körperschaften des öffentlichen Rechts, Fachverbänden und Organisationen der Wirtschaft und Wissenschaft (Regierungspräsidium, Verwaltung und Behörden des Landkreises K., Oberlandes- und Landesgericht, Landesarbeitsgericht, Amtsgericht, Arbeits-, Sozial- und Verwaltungsgericht, Rheinschiffahrtsobergericht, Bundesamt für Verfassungsschutz, Bundesverwaltungsamt, Bundesanstalt für das Straßenwesen und den Güterfernverkehr, Bundesbahn-, Oberpost- und Oberfinanzdirektion, Bundesverband der Deutschen Industrie, Bundesverband für den Selbstschutz, Landeszentralbank, Deutscher Städtetag, Landschaftsverband Rhld., Bundesvereinigung der Deutschen Arbeitgeberverbände, Westdeutscher Rundfunk, Deutsche Welle, Deutschlandfunk, Gesamtverband der Versicherungswirtschaft u.a.) sowie bedeutender Bildungseinrichtungen und kultureller Institutionen (Universität mit Universitätskliniken, Bundesinstitut für Sportwissenschaft, Deutsche Sporthochschule, Musikhochschule, Fachhochschule mit zahlreichen Fachbereichen, Berufsgrundschulen, Kollegschulen, Fach- und Berufsfachschulen, Deutsche Versicherungsakademie, Berufs- und Berufsaufbauschulen, Volkshochschule, Gymnasien, Realschulen, Sonderschulen für Lernbehinderte, Schwerhörige und Sehbehinderte; Theater (Oper, Tanz-Forum, Schauspielhaus, Kammerspiele, Puppenspiele), Privatbühnen (Theater am Dom, Urama-Theater, Freies Werkstatt-Theater, Volkstheater Millowitsch, Studiobühne u.a.), Museen (Wallraf-Richartz-M. mit Werken [Gemälde, Plastik] vom frühen MA. bis zur Moderne; Museum Ludwig [Deutsche, russische, europäische und amerikanische Kunst des 20. Jh.], Schnütgen-M. [kirchliche Plastik und Kleinkunst]; Römisch-Germanisches M. mit 15 m hohem Poblicius-Grabmal und prächtigem Dionysos-Mosaik; Stadtmuseum; Rautenstrauch-Joest-Museum mit völkerkundlichen Sammlungen; Kunstgewerbemuseum; Diözesanmuseum; Kunsthalle u.a.), Universitäts- und Stadtbibliothek, Stadtarchiv, Zoologischer und Botanischer Garten, Aquarium, Eis- und Schwimmstadion u.a.). Die St ist Erzbischofssitz und Bundeswehrstandort.

Das wirtschaftliche Leben K. wird wesentlich von einer leistungsstarken Industrie bestimmt. Bedeutende Industriezweige sind der Fahrzeugbau (Deutsche Fordwerke), die chemische und Maschinenbau-Industrie (Klöckner-Humboldt-Deutz-Werke); internationalen Ruf hat die Parfümindustrie (4711 und Farina); ferner elektrotechnische und mineralölverarbeitende Industrie, Eisen-, Textil- und Bekleidungsindustrie, Stahlbauunternehmen und Schirmfabriken, Nahrungs- und Genußmittelindustrie (Stollwerck), Druckereien und Brauereien u.a. K. ist Sitz des Warenhauskonzerns Kaufhof AG., zahlreicher bekannter Versicherungsgesellschaften und Banken. Von großer wirtschaftlicher Bedeutung sind außerdem die Industrie- und Güterumschlaghäfen in K.-Deutz, K.-Mülheim und K.-Niehl sowie der Personenschiffsverkehr der Köln-Düsseldorfer Rheinschiffahrt AG. Schließlich ist K. als Kongreß- und Tagungsort sowie als Standort internationaler Fachmessen (Bereiche: Ernährungswirtschaft, Nahrungsmittelversorgung und Nahrungsmitteltechnik; Möbel, Möbelfertigung, Innenausbau und Malerhandwerk; Hausgeräte, Haustechnik, Eisenwaren, Bau- und Heimwerkerbedarf; Textil, Bekleidung und Bekleidungsmaschinen; Sport, Sportanlagen, Camping- und Gartenbedarf, Flächengestaltung, Freizeit und Hobby; Zweiradwirtschaft; Foto, Film, Video, Professional Media; Büroorganisation und -einrichtung, Informatik; Personal- und Micro-Computer; Zahntechnik, Zahnmedizin und Optik; alte und neue Kunst) auf dem weiträumigen Messegelände am Rheinufer in K.-Deutz zu nennen. Eine große Rolle als Wirtschaftsfaktor spielt der Fremdenverkehr.

Im Rahmen der Gebietsreform wurden K. 1975 Randstädte und Großgemeinden (u.a. Rodenkirchen [Sitz von Großfirmen wie Deutsche Shell AG, Linde AG, Rhein. Olefinwerke, Degussa u.a.], Porz mit Regierungsflughafen Köln–Bonn und bedeutender Industrie [Flachglas- und Automobilindustrie (Citroen), Maschinenbau (Caterpillar, Massey-Ferguson, Poclain) und Speditionen der internationalen Luftverkehrsgesellschaften]) eingegliedert.

K. ist eine der ältesten Städte Deutschlands. Die von den Römern um 50 v.Chr. gegründete Ubiersiedlung wurde anläßlich der Vermählung der in K. geborenen Julia Agrippina mit Kaiser Claudius (50 n.Chr.) zur St mit dem Namen »Colonia Claudia Ara Agrippinensis« (abgekürzt CCAA) erhoben. K. war Sitz des römischen Statthalters von Niedergermanien und bereits im 4. Jh. Bischofsstadt. Später residierten die merowingischen Hausmeier in K., und Karl d. Große erhob die St zum Erzbistum. Im MA. war K. ein wirtschaftlicher und kultureller Mittelpunkt des christlichen Abendlandes. Die Reliquien der Hl. Drei Könige, Schutzpatrone der St, wurden 1164 von Reinald von Dassel von Mailand nach K. gebracht. Die Auseinandersetzungen zwischen den Erzbischöfen und dem Rat und der Bürgerschaft der St endeten nach der Schlacht bei Worringen mit der weitgehenden Unabhängigkeit der letzteren. 1475 erhob Kaiser Friedrich III. K. zur Freien Reichsstadt. Im 16. und 17. Jh. war K. ein Stützpunkt der Gegenreformation. Unter französischer Herrschaft (1795–1814) trat eine vorübergehende Stagnation ein, die nach dem Anschluß an Preußen (1815) im 19. Jh. durch den allgemeinen wirtschaftlichen Aufschwung (Gründung weltbekannter Industrien, Entwicklung zum Banken- und Handelszentrum, Ausbau zum Eisenbahnknotenpunkt) wettgemacht wurde.

Im 2. Weltkrieg wurde K. durch Luftangriffe zu 72% (Innenstadt zu 90%) zerstört. Die St ist seit 1949 großzügig wiederaufgebaut worden, wobei die modernen Zweckbauten mit den verbliebenen historischen Bauten zu einem harmonischen und doch kontrastreichen Bild verschmolzen. Historische Baudenkmäler und andere Sehenswürdigkeiten: Dom (1248 beg., Chor 1322 geweiht, 1560 Arbeiten eingestellt, Wiederaufnahme des Baues und Vollendung nach den alten Plänen von 1842–80) mit bedeutender Ausstattung (Dreikönigsschrein 1181–1230, von Nikolaus von Verdun; Gerokreuz [10. Jh.]; Dombild von Stephan Lochner, um 1440) und Domschatz; Stiftskirche St. Maria im Kapitol (11. Jh.) mit holzgeschnitzten Türen (um 1065), Pestkreuz (1304) und Lettner (1524); Stiftskirche St. Gereon (11. bis 13. Jh.); Stiftskirche St. Ursula (1287 geweiht) mit Kirchenschatz (Goldene Kammer); Stiftskirche St. Severin (10.–15. Jh.); St. Pantaleon (10.–12. Jh.; Chorabschluß 1619–22); Stiftskirche St. Andreas (Anfang 13.–15. Jh.) mit Grab des Albertus Magnus; Stiftskirche St. Aposteln (11./12. Jh.); Groß St. Martin (12./13. Jh.); Stiftskriche St. Kunibert (13. Jh.); Minoritenkirche (13.–15. Jh., 1959 wiederaufgebaut) mit den Gräbern von Duns Scotus und A. Kolping; Pfarrkirche St. Peter (1515–30) mit romanischem Westturm und einer „Kreuzigung des Petrus" von P.P. Rubens; Antoniterkirche (14. Jh.) mit dem „Todesengel" von E. Barlach; Jesuitenkirche Mariä Himmelfahrt (17. Jh.); St. Maria in der Kupfergasse (1705–15); Kirche Maria vom Frieden (1643–1716); Reste der Stadtmauer (um 1200); Türme und Tore der Stadtbefestigung (Severinstor, Hahnentor, Eigelsteintor); Bastei am Rhein; Römerturm; Rathaus (Mitte 14. Jh.); Gürzenich (Fest- und Konzerthaus 1441–47; nach der Zerstörung 1952–55 wiederaufgebaut); Overstolzenhaus (um 1230); Bürgerhäuser aus dem 16. und 17. Jh. Von den Neubauten nach dem 2. Weltkrieg sind u.a. erwähnenswert das Gerling-, Fernmelde-, Lufthansa-, und Colonia-Hochhaus; Funkhaus; Opern- und Schauspielhaus; Wallraf-Richartz-Museum; Severinsbrücke, Deutzer Brücke, Zoobrücke, Mülheimer Brücke, Autobahnbrücke Rodenkirchen.

In aller Welt ein Begriff ist der Kölner Karneval (rund 400 Veranstaltungen) mit dem närrischen Dreigestirn Prinz, Bauer und Jungfrau; von überlokaler Bedeutung sind außerdem die Pferderennen (Rennbahn Weidenpesch – „Preis von Europa") und internationale Sportveranstaltungen (Müngersdorfer Stadion, Eissporthalle, Leistungszentrum für Schwimmer, Regattabahn u.a.).

In K. geboren sind Konrad von Hochstaden (gest. 1261, Erzbischof von Köln, Domgründer), Jacques Offenbach (1819–80, Komponist), Konrad Adenauer (1876–1967, Altbundeskanzler) und Heinrich Böll (1917–1985), Schriftsteller und Nobelpreisträger).

Königsbrunn b. Augsburg

☐ 18,45 qkm; ○ Augsburg; ⚐ Bayern; ✉ 86343; ☎ 08231; 🚗 A; △ 506–529 m; 👥 21000.

Die St K. liegt 13 km südlich von Augsburg an der B 17 auf der Ebene des Lechfeldes. K. hat Grund- und Hauptschulen, Realschule, Gymnasium, Sonderschulzentrum; metall- und holzverarbeitende Betriebe, Kartonagenfabrik.

K. ist eine der jüngsten Gemeinden Bayerns. Die St ist aus einer von König Ludwig I. 1833 zur Erfrischung der Reisenden angelegten Brunnenanlage (entlang der Straße Augsburg–Landsberg) hervorgegangen. 1842 Erhebung der Siedlung zur selbständigen Gm. Danach Entwicklung zum typischen Straßendorf (Nord-Süd-Ausdehnung). Nach dem 2. Weltkrieg Ansiedlung von Industrie- und Gewerbebetrieben und starker Anstieg der Einwohnerzahl (1939 3000 EW). 1967 wurde K. zur St erhoben.

Alljährlich „Gautsch" (Juni), Herbstfest (September) und „Kulinarischer Herbst" (September).

Königslutter am Elm

☐ 130,52 qkm; ○ Helmstedt; ⚐ Niedersachsen; ✉ 38154; ☎ 05353; 🚗 HE; △ 141 m; 👥 16400.

K. liegt am Nordrand des Elm 22 km östlich von Braunschweig. Zufahrt über die B 1; Anschluß an die Autobahn A 2 Hannover–Berlin (Ausfahrt K.). Bahnstation an der Strecke Hannover–Berlin. Die St hat Grund-, Haupt- und Realschulen, Sonderschulen für Lern- und Geistigbehinderte, Berufsbildende Schule, Bildungszentrum für Steinmetz- und Bildhauerhandwerk, Fachschule für Steinmetzen und Steinbildhauer; vielseitige Industrie (Möbelindustrie, Zigarren- und Zuckerfabrik).

Der an der Handelsstraße Braunschweig–Magdeburg gegründete und seit 1252 nach Kaiser Lothar III. benannte Markt wurde um 1400 zur St erhoben. – Sehenswert die Altstadt (zahlreiche Fachwerk- und Brauhäuser aus dem 17./18. Jh.) und die romanische Stiftskirche (1135 erbaut; genannt „Kaiserdom") der ehem. Benediktinerabtei mit Grabdenkmälern Lothars und seiner Gemahlin Richenza, Kreuzgang, Jagdfries und Stiftsgebäude (jetzt Landeskrankenhaus) sowie das Kaiserdom-Museum mit historischer Bauhütte.

Alljährlich Domfest und Domkonzerte im Kreuzgang des Kaiserdoms.

Königstein i. Taunus

□ 25,06 qkm; ○ Hochtaunuskreis; ⚐ Hessen; ✉ 61462; ☎ 06174; 🚗 HG; △ 450 m; 👥 15500.

K., Heilklimatischer Kurort im Taunus 25 km nordwestlich von Frankfurt a.M., liegt am Schnittpunkt der B 8 und B 455; Endstation der Frankfurt–K.–Eisenbahn. Die St hat Amtsgericht, Forstamt; Gesamtschulen, Lehrstätte des Posttechnischen Zentralamtes; Kurbad.

Zu der im frühen 12. Jahrhundert über dem heutigen Stadtteil Falkenstein errichteten ersten Burganlage der Gaugrafen von Nürings kamen als königliche Gründungen die Burgen Königstein und Kronberg. Die Hohenstaufenkaiser wollten damit die fruchtbare Wetterau sichern und die Reichsstraße nach den Niederlanden freihalten. Von den Reichsministerialen von Hagen-Münzenberg kam K. 1255 an die Herren von Bolanden-Falkenstein; 1313 wurden dem Ort die Stadtrechte verliehen. Unter Eppsteiner Herrschaft (1418–1535) erhielt die Burg Residenzcharakter. Weiterer Ausbau erfolgte unter den Grafen von Stolberg sowie unter Kurmainz, dem die Herrschaft Königstein 1581 zugefallen war. Der 30jährige Krieg und die kriegerischen Auseinandersetzungen des 17. und 18. Jahrhunderts fügten der Stadt schwere Schäden zu. Die französischen Revolutionskriege schließlich führten zur Zerstörung der zur gewaltigen Festung und Garnison erweiterten Burg. 1803 kam Königstein zu Nassau, 1866 wurde es preußisch. Im Mittelalter bildeten Landwirtschaft, Wollweberei, Gerberei und Mühlenbetriebe wichtige Existenzquellen zu denen später Handwerk, Handel und Beherbergungsstätten traten. Als Eisenbahnen und Dampfschiffe den Verkehr der alten Reichsstraße übernahmen, verlor Königstein seine Funktion als Rast- und Handelsplatz. Erst um Mitte des 19. Jahrhunderts begann ein neuer Aufschwung zum Kurort, begründet von dem Arzt Dr. Georg Pingler.

Sehenswert: Burgruinen Königstein und Falkenstein, Kath. Kirche St. Marien, Altes Rathaus mit Fachwerkgeschoß über einer Burgpforte, Luxemburgisches Schloß, jetzt Amtsgericht, Kurmainzer Renteigebäude von 1727. – Alljährlich Burg- und Straßenfest.

Königswinter

□ 76,19 qkm; ○ Rhein-Sieg-Kreis; ⚐ Nordrhein-Westfalen; ✉ 53639; ☎ 02223 (Königswinter), 02244 (Oberpleis); 🚗 SU; △ 60–460 m; 👥 35000.

Königswinter mit Drachenfels

Die Markung der St K. reicht vom rechten Rheinufer gegenüber von Bonn-Bad Godesberg über das Siebengebirge ins Oberpleiser Bergland. K. liegt damit an der parallel zum Rhein verlaufenden B 42 und links und rechts der Autobahn A 3 Köln–Frankfurt a.M. (Ausfahrt Siebengebirge/K.) Die St, Bahnstation der Bundesbahnstrecke Köln–Wiesbaden–Frankfurt a.M. hat Amtsgericht; Anlegestelle der Köln–Düsseldorfer Rheinschiffahrt AG; Realschulen, Gymnasien, Sonderschule für Lernbehinderte. Bedeutendster Wirtschaftsfaktor ist der Fremdenverkehr; daneben Weinbau und Weinhandel, Autoräderproduktion, Säurebau, Herstellung von elektrischen Prüfgeräten.

K., eine fränkische Siedlung, wird erstmals 1015 als Winzerort urkundlich erwähnt. Vom MA bis 1804 bestimmten die fünf reichsten Grundherren als „Regimentsherren" über die Geschicke der Gm. Die Existenzgrundlage der Bewohner bildeten bis ins 19. Jh. der Weinbau, die Schiffahrt, das Steinhauer- und Backofengewerbe. Im 19. Jh. entwickelte sich K. zu einer Hochburg des Fremdenverkehrs.

Sehenswert die romanische ehemalige Propsteikirche (11./12. Jh.) im Stadtteil K.-Oberpleis, die Chorruine der ehem. Abteikirche des Klosters Heisterbach (1202–1237), der durch eine Zahnradbahn erreichbare Drachenfels, das neugotische Schloß Drachenburg mit Schloß- und Wildpark, der Petersberg mit Gästehaus des Bundes und das Siebengebirgsmuseum. – Alljährlich Weinblütenfest Anfang Juni und Winzerfest im Oktober.

Königs Wusterhausen

□ ca. 9 qkm; ○ Königs Wusterhausen; ⚐ Brandenburg; ✉ 15711; ☎ 03375; 🚗 KW; △ 35 m; 👥 18500.

Königs Wusterhausen, Jagdschloß

Die St ist zu erreichen auf der A 10 / E 30 / E 55 (dem Berliner Ring), auf der A 12 / E 30 und auf der A 13 / E 36 / E 55, ferner auf der B 179; Eisenbahnknotenpunkt: Rostock–Berlin–KW.–Cottbus–Görlitz–Zittau und Berlin–KW.–Beeskow–Grunow–Frankfurt/Oder; KW. ist S-Bahnstation; Anlegestellen für Fahrgastschiffe am Notte-Kanal, der die St durchquert und KW. mit dem Berliner Wasserstraßennetz verbindet. Der nächste Flughafen ist Berlin-Schönefeld (auf der B 179 (15 km) oder mit der S-Bahn (45 min) zu erreichen).

Bildungseinrichtungen: Grundschulen, Gesamtschulen, Gymnasien; Kreisvolkshochschule, Bildungszentrum der Finanzverwaltung des Landes Brandenburg sowie Brandenburgische Schule mit gymnasialer Oberstufe für Blinde und Sehbehinderte.

Wirtschaftliches: ökonomisch relevant sind der Binnenhafen am Notte-Kanal und der benachbarte Schwermaschinenbau AG Wildau; prägend für KW. sind mittelständische Betriebe.

Geschichtliches: Der Ort wurde als „wusterhuse slavcia“ mit dem Namen „castrum wusterhuse“ im Landbuch Kaiser Karls IV. erstmals im Jahre 1375 urkundlich erwähnt. (lat. castrum = Kastell, fester Platz, Burg); die Burg kam an die Raubritter von Schlieben, sie hatten das Bauwerk 1383 den Herren von Torgau abgekauft. 1475 verkauften es die Inhaber dem Rittergeschlecht der Schenken von Landsberg und Sayda, die auf der Wasserburg Tupc (Teupitz) ihren Sitz hatten; sie erwarben 36 Dörfer zwischen Teupitz und Wendisch Wusterhausen und nannten dieses Land „Schenkenländchen“. Es erlebte im 30jährigen Krieg einen totalen Niedergang. 1682 kaufte der Große Kurfürst die Herrschaft für seinen Sohn, nachmals Kurfürst Friedrich III., der ab 1701 auch König von Preußen war. Der wiederum schenkte sie seinem Sohn, dem späteren König Friedrich Wilhelm I. Er (der Kronprinz) gründete 1708 die Jagdcompany der „Langen Kerls“. Das alte Schloß (eigentl. die Burg) wurde 1713–18 zum Königl. Jagdschloß im Renaissancestil umgestaltet und zum Lieblingsaufenthalt Friedrich Wilhelms I. Wendisch Wusterhausen bekam um 1717/18 seinen heutigen Namen „Königs Wusterhausen“. Nach dem Tode des Königs erwarb die Familie von Mencken, die mit dem Fürsten Bismarck verwandt war, das Schloß. Nach mehrfachem Besitzerwechsel wurde die Herrschaft KW. 1786 als Fideikommiß (unveräußerliches, unteilbares Familiengut) verpachtet. Es erhielt 1832 das Marktrecht und 1848 seine erste eigene Bürgervertretung. Die Volkszählung von 1850 ergab einen Bestand von 300 EW. Postkutschenlinien verbanden KW. mit Cottbus und Berlin.

Der norddt. Nationaldichter Theodor Fontane hielt sich auf seinen „Wanderungen durch die Mark Brandenburg“ 1862 in KW. auf. Im Jahre 1868 wurde das Schloß von der Königl. Hofkammer zurückgekauft und wieder zum Jagdschloß erklärt, ab 1871 war es Kaiserliches Jagdschloß und diente, nachdem es 1918 für die Öffentlichkeit zugänglich gemacht worden war, bis 1945 als Jagdmuseum. – 1917 wurde KW. Funkergarnison, zum Start des 1. Luftschiffes vom Gelände der Zeesener Schütte-Lanz-Werke kam es 1917. Die Dt. Reichspost übernahm 1919 die Funkerkaserne und setzte 1920 ihren ersten Rundfunksender in Betrieb. Damit wurde KW. zur Geburtsstadt des dt. und europäischen Rundfunks. Laut Hohenzollernvertrag von 1926 gingen Schloß und Gut an den preußischen Staat. 1931 wurden die Einrichtungen auf dem Rundfunkgelände des Deutschlandsenders im angrenzenden Zeesen ausgebaut, sie entwickelten sich im weiteren Verlauf zu einem dt. Sendezentrum. Im Jahre 1933 zählte KW. 5000 EW. Es erhielt 1935 das St-Recht und erlebte 1938 die Einweihung des Reichsautobahnringes. Am 26. 4. 1945 wurde KW. nach der Kesselschlacht bei Halbe von der Sowjetarmee besetzt.

Sehenswürdigkeiten und Kulturelles: Jagdschloß Friedr. Wilh. I.; Hafen des Notte-Kanals mit Schiffsschleuse und Mühlenwehr (techn. Denkmal „Neue Mühle“); als Aussichtsplattform eingerichteter Wasserturm auf dem Funkerberg; Areal des Funkerberges mit erstem Sendehaus des dt. Rundfunks; Wehrkirche (spätromanischer Feldsteinbau) im Ortsteil Dt. Wusterhausen; Stadtpark und Tiergarten; Strandbad „Neue Mühle“ mit Großwasserrutschbahn; Freibad „Am Krimnicksee“; Wälder und Seen der Umgebung.

Wiederkehrende Veranstaltungen: Jährlich im Sommer das in der Tradition des Krammarktes stehende „Schleusenfest“; jährliches Sportfest zum 3. Oktober.

Köthen

□ 24,3 qkm; ○ Köthen; ⚐ Sachsen-Anhalt; ✉ 06366; ☎ 03496; 🚗 KÖT; △ 88,4 m; 👫 33100.

K. ist zu erreichen auf der A 9 / E 51, Ausfahrten Bitterfeld oder Dessau-Ost (jeweils 25 km); in der St treffen die B 183 und B 185 zusammen, vor K. (in Porst) geht die B 187a in die B 185 über. Die St ist ein wichtiger Eisenbahnknotenpunkt mit Kreuzung der Hauptlinien Magdeburg–K.–Halle–Leipzig und Aschersleben–Bernburg–K.–Dessau–Berlin; eine weitere Strecke führt nach Aken/Elbe.

Bildungseinrichtungen: Grundschulen, Realschulen, Gymnasien; Musikschule, Medizinische Fachschule, Fachhochschule; Pädagogische Hochschule und Technische Hochschule.

Wirtschaftliches: Die ökonomische Struktur wird bestimmt von der Metallindustrie, dem Schwermaschinenbau, chemischen Fabriken und dem Bauwesen; ferner relevant sind die K.er Fleisch- und Wurstwaren GmbH, die Gold- und Silberschmiede sowie eine Brauerei; um K. intensive landwirtschaftliche Bodennutzung ohne Spezialisierung.

Historisches: K. wird am 9. 2. 1115 erstmals urkundlich erwähnt und 1313 in Urkunden als ummauerte St genannt. Kulturhistorische Zeugnisse aus mehreren Jh. prägen heute das Gesicht der St. – Im 12. Jh. erhielt der Ort das Markt- und Weichbildrecht mit eigener Maß- und Gewichtshoheit und beherbergte darüber hinaus eine fürstliche Münzstätte. Die Geschichte der St wurde von bedeutenden Persönlichkeiten und Ereignissen geprägt.

Von 1629–50 war K. Sitz der „Fruchtbringenden Gesellschaft“, der ersten Vereinigung zur Pflege der dt. Sprache. Der Reformpädagoge Wolfgang Ratke, der ein von der kirchlichen Aufsicht unabhängiges Schulwesen forderte, das durch Vertreter der Öffentlichkeit beaufsichtigt werden sollte, wirkte 1618/19 in der St; hier gründete er eine „Musterschule“. Sie leitete die Entwicklung der heutigen Schulstadt ein. – Johann Sebastian Bach war 1717–23 Hofkapellmeister in K. Während dieser Zeit entstanden seine „Sechs Brandenburgischen Konzerte“. Die fachlichen Leistungen des Homöopathen Samuel Hahnemann (1755–1843), des Baumeisters und Architekten J. G. H. Brandhauer (1790–1837), der Einfluß auf den anhaltinischen Neoklassizismus nahm, und des Begründers der dt. Ornithologie, J. F. Naumann (1780–1857), hinterließen unvergängliche Spuren ihres Schaffens. Um 1840 entstand die „Kellergesellschaft“, eine Interessengemeinschaft fortschrittlicher Bürger und Intellektueller, teils linker Demokraten, die sich zwischen 1843 und 1849 im Ratskeller trafen. Zu den namhaften Persönlichkeiten der Jahre 1848/49 gehörte auch Hoffmann von Fallersleben, der als politischer Lyriker und Vertreter eines freiheitlichen, nationale Einheit fordernden Liberalismus 1841 „Deutschland, Deutschland über alles ...“ geschrieben hatte und wegen seiner politischen Ansichten seit 1843 in Preußen verfolgt wurde. – Der letzte, bis 1847 regierende Herzog Heinrich stimmte einem Eisenbahnprojekt Magdeburg–K.–Halle–Leipzig zu. Als 1840 diese Linie, 1841 die Strecke Berlin–Dessau–K. und 1846 die Verbindung K.–Bernburg eröffnet wurden, war die St für etwa 20 Jahre einer der ersten Eisenbahnknotenpunkte in Dt. – Mit Einführung des Zuckerrübenanbaues und der Rationalisierung einiger landwirtschaftlicher Anbaumethoden wurde in der 2. Hälfte des 19. Jh. der tote Punkt der mitteldt. Wirtschaft überwunden.

Sehenswürdigkeiten und Kulturelles: Stadttheater; Ornithologisches Museum; Historisches Museum; Bachgedenkstätte; Schloß (anhaltinische Fürstenresidenz 1244–1847) mit Spiegelsaal; Schloßkapelle mit Zuberbier-Orgel; spätgot. St- und Kathedralkirche St. Jakob mit Ladegast-Orgel; St. Agnus Kirche (1694–98) mit Abendmahlgemälde von Lucas Cranach d. J.; Katholische Kirche St. Marien (Klassizismus); Hallescher Turm, bereits vor 1462 genannt, quadrat. 5geschossiger Rest eines St-Tores; Magdeburger Turm, Rest des inneren Magdeb. Tores von 1562; Altdeutscher Hof, Fachwerkbau um 1600; barocke Wohnhäuser; Rathaus mit hist. Ratssaal (Neorenaissance).

Wiederkehrende Ereignisse: In zweijährigem Abstand werden die Bachfesttage begangen.

Kötzting

□ 62,14 qkm; ○ Cham; ⚐ Bayern; ✉ 93444; ☎ 09941; 🚗 CHA; △ 396–1040 m; 👫 6800.

K., Luftkurort, liegt am Weißen Regen im Naturpark Oberer Bayerischer Wald. Zufahrt über die B 85. Die St (seit 1953) hat Realschule, Gymnasium, Sonderschule für Lernbehinderte, gewerbliche Berufsschule; Krankenhaus; metall- und holzverarbeitende Industrie, Konservenindustrie (Obst und Waldfrüchte); Fremdenverkehr; K. ist Bundeswehrstandort.

»Chostingen«, erstmals 1085 urkundlich bezeugt, gehörte zum Besitz des Klosters Rott am Inn. Der Ort war seit 1204 Gerichtsstätte und erhielt 1225 das Marktrecht. – Bemerkenswert die Stadtpfarrkirche Maria Himmelfahrt (1737–38 Neubau des Langhauses, 1766–69 des Chores und Turmes). – Alljährlich Pfingstritt (seit 1412) von K. nach Steinbühl.

Kolbermoor

☐ 19,85 qkm; ○ Rosenheim; ⚐ Bayern; ✉ 83059; ☎ 08031; 🚗 RO; △ 465 m; 👥 14800.

K. liegt 5 km westlich von Rosenheim an der Mangfall. Zufahrt über die Autobahn A 8 München–Salzburg (Ausfahrten Bad Aibling bzw. Rosenheim). K. hat Grund- und Hauptschule; Spinnerei, Elektroindustrie, Spirituosenfabrik. – K. wurde 1963 zur St erhoben.

Konstanz

☐ 54,08 qkm; ○ Konstanz; ⚐ Baden-Württemberg; ✉ 78465*; ☎ 07531; 🚗 KN; △ 400 m; 👥 72000.

Die St K. liegt am Bodensee auf einem schmalen Landrücken zwischen dem Ober- und dem Untersee, den der Rhein auf kurzem Lauf durchbricht. Der Strom trennt die St in die linksrheinische Altstadt und die rechtsrheinische Neustadt mit den Vororten Petershausen, Allmannsdorf/Staad, Wollmatingen, Litzelstetten, Dingelsdorf und Dettingen-Wallhausen mit der Insel Mainau. Zufahrt über die B 33; Anschluß an die Autobahn A 81 Stuttgart–Bodensee (Ausfahrt AB-Kreuz Singen). K. ist Endpunkt der Schwarzwaldbahn (Offenburg–K.) und D-Zug-Station der Fernverbindungen Stuttgart/Würzburg/Basel–K.–Zürich/Zentral- und Südschweiz. Die St hat Fährverbindung (Autofähre Tag und Nacht) nach Meersburg, Schiffsverbindungen zu verschiedenen Orten des Bodensees und eigenen Verkehrslandeplatz. K. ist Sitz zahlreicher Behörden (Amts- und Arbeitsgericht, Hauptzollamt, Industrie- und Handelskammer, Landgericht, Landsratsamt und Kreisbehörden, Sozialgericht, Wasserschutzpolizei u. a.), Bildungs- und kultureller Einrichtungen (Universität, 1966 gegründet, mit Reform- und Modellcharakter, Fachhochschule für das Ingenieurwesen, Institut für Kommunikations-Design, Handelslehranstalten mit Wirtschaftsgymnasium, Technisches Gymnasium, Gewerbliche Berufsschulen, Berufliches Bildungszentrum des Handwerks, Gymnasien und Progymnasium, Realschulen, Bildungszentrum für behinderte Kinder; Stadttheater, Bodensee-Akademie der Friedrich-Naumann-Stiftung, Südwestdeutsche Philharmonie, Rosgartenmuseum, Bodensee Naturmuseum, Hus-Gedächtnisstätte, Wessenberg-Gemäldegalerie, Internationale Spielbank u. a.). K. hat Schwerpunktkrankenhaus. Als Wirtschaftsmittelpunkt des Bodenseeraumes verfügt die St über eine weitgefächerte Industrie, die sich vorwiegend am Westrand des Stadtteils Petershausen und in Wollmatingen befindet (elektrotechnische [Sitz der AEG-Modcomp], pharmazeutische, chemische, kosmetische, Textil- und Computerindustrie; Buch- und Zeitschriftenverlage). Bedeutender Wirtschaftsfaktor ist außerdem der Fremdenverkehr. Konstanz besitzt ein Thermalbad im Freizeitbad Jakob.

Hervorgegangen ist Konstanz aus einer keltisch-römischen Siedlung. Im 3. Jh. n. Chr. legten die Römer zur strategischen Sicherung des Rheinübergangs vor den kriegerischen Alemannen vermutlich eine Befestigung auf jenem Hügel an, der heute das Münster trägt.

Um die Mitte des 5. Jh. wurde das Bistum Konstanz gegründet. Erste Blütezeit des Konstanzer Kulturlebens unter Bischof Salomo III. (890–918). 926 wurde der Angriff der Ungarn auf die St abgeschlagen. Von 1192 an Entwicklung zur Freien Reichsstadt mit eigener Ratsverfassung. Der Leinenhandel brachte bedeutende Reichtümer nach K. 1414–1418 tagte hier das Konstanzer Konzil, die größte Kirchenversammlung des Mittelalters. Damit verbunden war 1417 die einzige Papstwahl auf deutschem Boden im Kaufhaus am Konstanzer Hafen, die Verurteilung und Hinrichtung des böhmischen Reformators Johannes Hus im Jahr 1415 (Gedenkstätte) und die Belehnung des Burggrafen Friedrich von Zollern mit der Mark Brandenburg. 1548 verlor K. seine Reichsfreiheit, kam an das Haus Habsburg und wurde Bestandteil der österreichischen Vorlande. Seit 1805 gehörte es zu Baden.

Sehenswürdigkeiten: Münster (Mitte 11. Jh. mit späteren Umbauten, vor allem im 15./16. Jh.; Turmaufbau von 1847); Kaufhaus

(„Konzil"), 1388 für den Italienhandel erbaut; Rathaus, 1585–95 im Renaissancestil erbaut; ehem. Jesuitenkirche (1604–07); Gebäude des ehem. Dominikanerklosters (jetzt Insel-Hotel) mit got. Kreuzgang und früherer Kirche (jetzt Festsaal), in der 1965 got. Wandfresken (um 1300) entdeckt wurden; ehem. Dompropstei (1609–12); Rheintorturm (13./15. Jh., Rest der um 1200 erwähnten Rheinbrücke); Klosterkirche St. Johann (im 16. und 17. Jh. umgebaut); Lanzenhof (1686–98; von 1713–15 Sitz der Universität Freiburg); Renaissance-Rathaus mit Treppentürmen (um 1500 bis Anfang 17. Jh.); Haus zur Kunkel mit Weberfresken (um 1300); Haus zur Katz (1424 nach dem Vorbild ital. Paläste erbaut); St. Stephans-Kirche (15. Jh.); Hohes Haus (um 1300); Metzger-Zunfthaus (im 15. Jh. umgebaut; jetzt Rosgartenmuseum); Dreifaltigkeitskirche (15. Jh. mit Wandfresken; barocke Umbauten im 17. und 18. Jh.); Schnetztor (14./15. Jh.). – Alljährlich Bodensee-Festival (Juni/Juli). K. Orgelkonzerte im Münster (August); Weinfest (Juli); Seenachtsfest (August). Nördlich von Konstanz liegt die zur St gehörende Insel Mainau.

Konz

□ 44,56 qkm; ○ Trier; ⚐ Rheinland-Pfalz; ✉ 54329; ☎ 06501; 🚗 TR; △ 137 m; 👫 16600.

K. liegt 5 km südwestlich von Trier am Zusammenfluß von Saar und Mosel sowie am Schnittpunkt der Bundesstraßen B 51 und B 419; Anschluß an die Autobahn A 1/A 48 Köln–Wittlich–Trier–Luxemburg (Ausfahrt Trier); Bahnknotenpunkt der Strecken Trier–Saarbrücken, Trier–Luxemburg–Paris und Trier–Thionville. Die St hat Verbandsgemeindeverwaltung, Arbeitsamt; Realschule, Gymnasium, Sonderschule für Sprachbehinderte, Volkshochschule; Textilindustrie, Maschinenbau, Bekleidungswerk, Betrieb für Bauchemie, Armaturenfabrik; Weinbau.

K. blickt als Siedlung auf eine ähnlich lange Geschichte zurück wie Trier. Mit Beginn des Industriezeitalters entwickelte sich K. zum Eisenbahnknotenpunkt. Die St (seit 1959) ist heute Wohn- und Industriestandort sowie Weinbaugemeinde mit der größten bestockten Rebfläche des Landkreises. – Sehenswert das ehemalige Kloster Karthaus und die Reste einer römischen Villa aus dem 4. Jh. mit guterhaltener Heizungsanlage. – Alljährlich im Juli Heimat- und Weinfest.

Korbach

□ 124 qkm; ○ Waldeck-Frankenberg; ⚐ Hessen; ✉ 34497; ☎ 05631; 🚗 KB, △ 325–560 m; 👫 23000.

Die St K. liegt zwischen Eder-, Diemel- und Twistestausee am Schnittpunkt der B 251 und B 252. Die St ist wirtschaftlicher, kultureller und administrativer Mittelpunkt für ein weites, ländlich geprägtes Umland; Bahnstation an der Nebenstrecke Wabern–Brilon–Wald. K. hat Verkehrslandeplatz (für Flugzeuge bis 3,5 t); Kreisverwaltung, Amtsgericht, Finanzamt, Arbeitsamt, Amt für Landwirtschaft und Landentwicklung u. a. Behörden; Realschule, Gymnasium, Berufsschule, Fachoberschule, Schule für praktisch Bildbare, Fachschule für Landwirtschaft; Gummiindustrie (Zweigwerk der Continental AG); Stahlmöbelfabrik (Mauser), Elektro- und Kunststoffindustrie.

980 schenkte Kaiser Otto II. seinen Königshof „Curbicke" dem Kloster Corvey. Vor 1036 gelangte der Hof in den Besitz der Bischöfe von Paderborn, die der im letzten Drittel des 11. Jh. entstandenen Siedlung 1188 das Soester Stadtrecht verliehen. 1267 kam K. an die Grafen von Waldeck. Die St war um 1300 wichtiger Umschlagplatz der Hanse (got. Lagerhäuser aus dieser Zeit noch erhalten). 1377 schlossen sich Alt- und Neustadt zusammen; 1414 war die Stadtbefestigung mit doppeltem Mauerring und fünf Toren vollendet. – Die Zerstörungen im Dreißigjährigen (1618 bis 1648) und Siebenjährigen Krieg (1756 bis 1763) sowie den großen Stadtbrand von 1664 haben überdauert die gotischen Hallenkirchen St. Kilian und St. Nikolai mit wertvollen Kunstschätzen. Bemerkenswert ferner das Rathaus mit Roland, die Reste der alten Stadtbefestigung und das Heimatmuseum sowie die gotischen Steinhäuser (ehemalige Speicherhäuser).

Alljährlich Kilians- und Herbstmarkt.

Korntal-Münchingen (Württ.)

□ 20,7 qkm; ○ Ludwigsburg; ⚐ Baden-Württemberg; ✉ 70825; ☎ 0711 (Korntal), 07150 (Münchingen); 🚗 LB; △ 307 m; 👫 16600.

Die St K. und die Gm M. wurden 1975 im Rahmen der Gebietsreform zur St K.-M vereinigt. K., 11 km nordwestlich von Stuttgart am Südrand des Strohgäus gelegen, hat Anschluß an die Autobahn A 81 Stuttgart–Heilbronn (Ausfahrt Stuttgart-Zuffenhausen). Die St hat Realschule, Gymnasium, Sonderschule für Lernbehinderte, Heimschule für die Kinderheime K. (Bildungsziel der Grund- und Hauptschule und lernbehinderte Kinder); mittlere und kleinere Industriebetriebe (u. a. Industrieofenbau).

Der Hof K. wird erstmals 1297 als Reichslehen und 1335 als Gut der Johanniter urkundlich erwähnt. 1629 kam K. in den Besitz der Herren von Münchingen. 1819 erwarb der Leonberger Notar und Bürgermeister G.W. Hoffmann das Gut im Auftrag von 68 Familien, die eine Gemeinde auf pietistischer Grundlage gründeten, die als Ev. Brüdergemeinde weiterbesteht. 1958 wurde K. zur St erhoben. Die Einwohnerzahl der St ist nach dem Kriege (1939 3500 EW) überdurchschnittlich gewachsen. Der Stadtteil M. liegt 15 km nordwestlich von Stuttgart im Strohgäu am Schnittpunkt der Autobahn A 81 Stuttgart–Heilbronn (Ausfahrt Stuttgart-Zuffenhausen) und der B 10. Bahnstation an der Nebenstrecke Stuttgart–Korntal–Weissach. M. hat Grund- und Hauptschule; Maschinen- und Werkzeugbau, chemische Industrie; Landwirtschaft.

Eine Burg M. wird erstmals 1304 urkundlich erwähnt. Die Herren von M. erbauten das Alte (ehem. Wasserburg, 1548) und Neue Schloß. Sehenswert: Spitalhof (zwischen 1278 und 1557 im Besitz von Esslingen); prächtiger Fachwerkbau des Rathauses (1687) mit Eckturm; spätgotische Johanniskirche (1488–1496).

Kornwestheim

□ 14,54 qkm; ○ Ludwigsburg; ⚐ Baden-Württemberg; ✉ 70806; ☎ 07154; 🚗 LB; △ 303 m; 👪 29000.

K., 8 km nördlich von Stuttgart am Ostrande des Strohgäus gelegen, ist über die B 27 und Autobahn A 81 Stuttgart–Heilbronn (Ausfahrt Ludwigsburg-Süd) zu erreichen; Bahn- und S-Bahnstation an der Strecke Heidelberg/Heilbronn–Stuttgart bzw. Marbach–Stuttgart. Die St hat Landesverschiebebahnhof; Realschule, Sonderschule für Lernbehinderte und Körpergeschädigte, Gymnasium, Musikschule; Kulturhaus, Galerie; bedeutende Wirtschaftsunternehmen (Salamander AG [Schuhproduktion], Maschinenbau [Stotz AG], Bausparkasse Wüstenrot u. a.).

K., erstmals 780 urkundlich erwähnt, kam 1303 an Württemberg und erhielt 1701 das Marktrecht; 1931 wurde es zur St erhoben. Die Wandlung vom Bauerndorf zur Arbeiter- und Industriegemeinde vollzog sich um die Jahrhundertwende. – Sehenswert: St. Martins-Kir-

Kornwestheim
Rathaus mit Salamander-Stadtpark

che (1516–24 von Hans von Ulm erbaut) im alten Ortskern; Rathaus mit Wasserturm; Herrenhaus Schafhof; Schulmuseum; Alte Schmiede; Römerstraße. In K. erfand der Mathematiker, Astronom und Pfarrer Philipp Matthäus Hahn (1739–1790) zwischen 1770 und 1774 eine elfstellige Rechenmaschine.

Korschenbroich

□ 55,13 qkm; ○ Neuss; ⚐ Nordrhein-Westfalen; ✉ 41352; ☎ 02161; 🚗 NE; △ 37–74 m; 👪 28000.

K. liegt in unmittelbarer Nachbarschaft von Mönchengladbach an den Bundesstraßen 7 und 230 sowie an den Autobahnen A 46 Ruhrgebiet–Belgien (Ausfahrt Kapellen), A 52 Essen–Mönchengladbach (Ausfahrt Schiefhahn) und A 57 Köln–Goch (Ausfahrt Neuss/Büttgen); S-Bahnstationen in K. und K.-Kleinenbroich. Die St hat Realschule, Gymnasium; metallverarbeitende Betriebe, Möbelfabriken, Brauerei, Groß-Spielgeräte-Hersteller, Textilindustrie, Kleiderfabriken, Sägewerke, Gartenbaubetriebe, Rhein. Blumenzwiebelkulturen.

»Crismeke« wird erstmals 1127 urkundlich erwähnt. K. entwickelte sich nach dem 2. Weltkrieg zum aufstrebenden Industrie- und Gewerbeort; die bodenständige Landwirtschaft spielt daneben noch eine bedeutende Rolle. Im Rahmen der Gebietsneuordnung wurden K.

1975 die Nachbargemeinden Glehn, Kleinenbroich, Liedberg und Pesch zugeordnet; 1981 wurde K. zur St erhoben. – Bemerkenswert Wasserschloß Myllendonk (got.-barocker Bau); Schloß und Mühlenturm im Stadtteil K.-Liedberg; Haus Fürth (16./17. Jh.) bei Liedberg; Fleckenhaus Glehn (kleines Wasserschlößchen). – In allen Stadtteilen alljährlich traditionelle Kirmes- und Schützenfeste.

Kraichtal

☐ 80,58 qkm; ○ Karlsruhe; ⚐ Baden-Württemberg; ✉ 76703; ☎ 07250; 🚗 KA; △ 150 m; 👫 12300.

Die St K. ist 1971 durch Zusammenschluß der ehemaligen Städte Unteröwisheim und Gochsheim mit sieben Nachbargemeinden entstanden. Die St liegt 35 km nordöstlich von Karlsruhe am Kraichbach im Zentrum des Kraichgaus. Zufahrt über die B 3 und B 293; Anschluß an die Autobahn A 5 Karlsruhe–Heidelberg (Ausfahrt Bruchsal bzw. Kirrlach/Kronau). K. hat Grund- und Hauptschulen, Sonderschule für Lernbehinderte; Therapiezentrum (Heilstätte für Suchtkranke); Plastikwerke, feinmechanische Industrie, Herdfabrik; Obst- und Weinanbau (Unteröwisheim, Oberöwisheim, Menzingen, Neuenbürg, Münzesheim und Gochsheim).

Die Ortsteile Unteröwisheim und Gochsheim werden erstmals 771 bzw. 804 urkundlich erwähnt. U. erhielt im 12. Jh. das Stadtrecht, kam 1381 aus dem Besitz der Grafen von Eberstein an das Kloster Maulbronn und 1504 an Württemberg; 1806 wurde es badisch. G. erhielt 1220 das Markt- und 1313 das Stadtrecht; die St kam über das Bistum Speyer 1358 an die Pfalz, 1504 an Württemberg und 1806 an Baden. – Sehenswert die Schlösser in Unteröwisheim, Gochsheim und Menzingen, das Scharfrichterhaus in Gochsheim und die Fachwerkhäuser in Münzesheim.

Krailling

☐ 15,96 qkm; ○ Starnberg; ⚐ Bayern; ✉ 82152; ☎ 089; 🚗 STA; △ 556 m; 👫 8000.

K. liegt im Würmtal 15 km südwestlich von München. Zufahrt über die A 95 München–Murnau (Ausfahrt München-Fürstenried) und A 96 (Ausfahrten Gräfelfing bzw. Unterpfaffenhofen). Bahnanschluß (Bahnhof Planegg) an die Strecke München–Tutzing–Weilheim. K. ist Bundeswehrstandort, hat Grund- und Hauptschulen, private Volksschule. Die Gm ist Wohnvorort von München (1950 3700 EW). – Bemerkenswert die Margarethenkirche (1580 umgebaut, Turmbau Mitte 18. Jh.) mit Rokokoaltar.

Kranenburg (Niederrhein)

☐ 76,95 qkm; ○ Kleve; ⚐ Nordrhein-Westfalen; ✉ 47559; ☎ 02826; 🚗 KLE; △ 10–15 m; 👫 7800.

K., nördlich des Reichswaldes an der deutsch-niederländischen Grenze gelegen, ist über die B 9 und B 504 zu erreichen; D-Zug-Station an der Strecke Köln–Amsterdam. Die St hat Grund- und Hauptschulen, Volkshochschule; Spezialklinik für Leber- und Stoffwechselkranke; Nahrungsmittel- und Gerätebauindustrie, Speditionsbetriebe, Blumenzwiebelversandhaus.

K. wurde im 13. Jh. in der Nähe der gleichnamigen Burg der Grafen von Kleve gegründet. Das im 14. und 15. Jh. zur Festung ausgebaute Grenzstädtchen gilt als ältester Kreuzwallfahrtsort Deutschlands (seit 1308 Verehrung des „Wundertätigen Kreuzes"). Kurz nach 1400 erbaute der Niederländer Gisbert Schairt von Zaltbommel die Stifts- und Wallfahrtskirche St. Peter und Paul (1409–47). Bemerkenswert ferner die ev. Kirche aus dem Jahre 1696, das ma. Stadtbild mit Stadtmauer, Mühlenturm (Heimatmuseum) und Festungstürmchen. Im Ortsteil Zyfflich St. Martinskirche (älteste Bauteile 10. Jh.). – Alljährlich am 14. September große „Kreuztracht" (Pilgerumzug).

Krefeld

☐ 138 qkm; ○ Kreisfreie Stadt; ⚐ Nordrhein-Westfalen; ✉ 47798*; ☎ 02151; 🚗 KR; △ 39 m; 👫 238000.

K., wirtschaftlicher und kultureller Mittelpunkt am Niederrhein, liegt am Schnittpunkt der B 9 und B 57. Die St hat Anschluß an die linksrheinische Autobahn A 57 Köln–Goch (3 Abfahrten); mit dem rechtsrheinischen Gebiet ist K. durch eine Rheinbrücke verbunden, über die ein Zubringer (B 288 und A 524) zur Autobahn A 3/A 2 Köln–Ruhrgebiet–Hannover führt. K. ist Bahnknotenpunkt; nächster Flughafen in Düsseldorf–Lohausen (15 km). Die St hat Bundes- und Landesbehörden (Hauptzollamt, Kreiswehrersatzamt, Amtsgericht, Arbeitsgericht, Landgericht, Autobahnamt, Veterinäruntersuchungsamt, Landeszentralbank, Industrie- und

Handelskammer u.a.), Schwerpunktkrankenhaus sowie zahlreiche Bildungs- und kulturelle Einrichtungen (Realschulen, Gesamtschulen, Gymnasien, Abendrealschule, Berufsschulen, Fach- und Fachoberschulen, Fachhochschule Niederrhein (Maschinen- und Textilwesen, Design), Sonderschulen für Lernbehinderte und berufsbildende Sonderschulen, Sehschule, Sprech- und Hörschule, Wochenpflegeschule, Kinderkranken- und Pflegehelferinnenschule, Lehranstalt für med.-techn. Assistentinnen; Stadttheater, Botanischer Garten, Zoo, Sport- und Freizeitanlagen (Eislauf- und Fußballstadion, Regattasee, Yachthafen, Pferderennbahn, Badezentrum).

K. liegt mit seinem Industrieumsatz von über 10 Milliarden DM jährlich und hohen Exportquoten in der Spitzengruppe der deutschen Industriestädte. In der breitgefächerten Industrie nehmen traditionsgemäß die Seiden- und Samtwebereien eine besondere Stellung ein (Samt- und Seidenstoffe, Krawatten). Neben der Edelstahl- und Maschinenindustrie (Textilmaschinen) prägen vor allem die chemische, die Nahrungsmittel- und Genußmittelindustrie das wirtschaftliche Bild. Am Rheinhafen K.-Linn (Jahresumschlag 3,6 Mill. t) befinden sich die Anlagen der Farbenfabriken der Bayer AG und der Waggonfabrik Uerdingen.

K. wird erstmals von Tacitus als römisches Kastell »K.-Gellep« (69) erwähnt. Der Marktort (seit 1361) erhielt 1373 durch Kaiser Karl IV. die Stadtrechte. Unter der Herrschaft der Oranier (1600–1702) wanderten Mennoniten und Reformierte zu, die eine wirtschaftliche Blütezeit der St herbeiführten. Ende des 17. Jh. eröffneten die Brüder von der Leyen eine Seidenfirma, die Weltruf erlangte und den Ruf K. als „Seidenstadt" begründete. 1702 wurde K. preußisch; von 1794 bis 1815 stand es unter französischer Besatzung. 1819 konzipierte der Stadtbaumeister Vagedes die Anlage der „Vier Wälle", die das heutige Stadtbild bestimmen. Mit der Eingemeindung von Linn (1901) erreichte die Stadtgrenze den Rhein (1905 Bau des Rheinhafens, 1972 erweitert). Im 2. Weltkrieg wurde K. zu zwei Dritteln zerstört. – Sehenswürdigkeiten sind die zahlreichen Museen der St (Kaiser-Wilhelm-Museum mit bedeutenden Kunstsammlungen, vor allem der Moderne); Haus Lange, 1928 von Mies van der Rohe errichtet, mit ständigen Ausstellungen alter und moderner Kunst; Burg Linn mit Landschaftsmuseum; Textilmuseum, Sammlung von über 20000 historischen Geweben). Neben dem Rathaus (zwischen 1791 und 1794 von M. Leydel erbaut) bemerkenswert die schönen alten Patrizierhäuser.

Kressbronn a. Bodensee

□ 20,44 qkm; ○ Bodenseekreis, ⚐ Baden-Württemberg; ✉ 88079; ☎ 07543; 🚗 FN; △ 400–450 m; 👪 7000.

K., Erholungs- und Badeort am Bodensee zwischen Friedrichshafen und Lindau, ist Bahnstation an der Bundesbahnstrecke Stuttgart–Ulm–Lindau–Innsbruck und über die B 31 und B 467 zu erreichen. Die Gm hat Schiffsanlegestelle; Schiffswerft; Realschule; Obst-, Wein- und Hopfenanbau.

1934 schlossen sich Nonnenbach, Hemigkofen und das Fischerdorf Kressbronn zur Gm K. zusammen.

Kreuzau

□ 41,24 qkm; ○ Düren; ⚐ Nordrhein-Westfalen; ✉ 52372; ☎ 02422; 🚗 DN; △ 145 m; 👪 15100.

K. liegt 7 km südlich von Düren an der Rur am Rande des Naturparks Nordeifel. Die Gm hat Grundschule, Hauptschule, Realschule; Papierindustrie. Die Ortsteile Ober- und Untermaubach sind Fremdenverkehrsorte (Stausee Obermaubach).

Die Gemarkung von K. ist altes Siedlungsgebiet (prähistorische Funde). Vorhandene Bodenschätze (Ton, Blei, Kupfer, Eisenerz) wurden bis in die Neuzeit abgebaut (1550 Bleihütte bei K. bezeugt). Die Anfänge der Papierindustrie gehen auf das 17. Jh. zurück. 1945 wurde die Gm fast völlig zerstört. – Sehenswert Burg Untermaubach (13. Jh.).

Kreuztal (Westf.)

□ 70,92 qkm; ○ Siegen; ⚐ Nordrhein-Westfalen; ✉ 57223; ☎ 02732; 🚗 SI; △ 260–644 m; 👪 29400.

Die St K. liegt in vier waldreichen Tälern des Siegerlandes an der B 54, B 508 und B 517; Anschluß an die Autobahn A 45 (Dortmund–Hanau (Ausfahrt Freudenberg); Bahnstation an der Strecke Siegen–Hagen. K. hat Gymnasium, Realschule, Sonderschule für Lernbehinderte. Industrie: Walzenstraßen- und Maschinenbau, Hüttenwerk (Zweigwerk der Hoesch AG.), eisen- und blechverarbeitende Industrie, Brauereien.

Vorläufer der St K. war das aus den beiden Kirchspielen Krombach und Ferndorf (1067 erstmals urkundlich erwähnt) hervorgegangene Amt Ferndorf (seit 1817). 1969 wurden die elf Gemeinden des Amtes zur St K. zusammengeschlossen. – Bemerkenswert die Pfarrkirche von Ferndorf (13. Jh.), das Schloß Junkernhees (bei Fellinghausen) sowie die Ausgrabungsstätte Altenberg (alte Berwerkssiedlung).

Kriftel

□ 6,76 qkm; ○ Main-Taunus-Kreis; ⚐ Hessen; ✉ 65830; ☎ 06192; 🚗 MTK; △ 120 m; 👥 9700.

Die Gm K. liegt 20 km westlich von Frankfurt a. M. an der Autobahn A 66 Wiesbaden–Frankfurt (Ausfahrt Hattersheim); Bahnstation an der Strecke Frankfurt a. Main–Limburg. K. hat Grund- und Hauptschule, Gesamtschule; Brotfabrik, Farbenwerk, metallverarbeitende Industrie, Großdruckerei, Obstanbau (Erdbeeren); Handelshof für Obst und Blumen.

Kronach

□ 66,99 qkm; ○ Kronach; ⚐ Bayern; ✉ 96317; ☎ 09261; 🚗 KC; △ 307–550 m; 👥 18500.

K. liegt in einem Talkessel am Eingang des Frankenwaldes am Zusammenfluß der Haßlach, Kronach und Rodach. Bei der St kreuzen sich die B 85; B 173 und B 303. D-Zug-Station der Bahnstrecke München–Probstzella–Berlin. K. hat Kreisverwaltung, Amtsgericht, Straßen- und Wasserbauamt, und weitere Behörden; Realschulen, Gymnasien, Landwirtschaftsschule, Kreisberufsschule mit Berufsaufbauschule, Krankenschwestern- und Krankenpflegerschule (mit Internat), Volkshochschule. Die bedeutendsten Industriezweige sind: Fernseh-, Rundfunk- und Tonbandgeräte (Loewe Opta GmbH), Keramikherstellung (Rosenthal AG), Maschinenfabrik, Porzellan- und Kunststoffabriken (Isolatoren, Preß- und Spritzteile), Druck- und Verlagsanstalten, Ölverarbeitung, Fertighausbau.

Das Gebiet um K. war seit der Hallstattzeit (ca. 1200–700 v. Chr., Bodenfunde) besiedelt. Der Ort wird erstmals 1003 urkundlich als Besitz des Babenberger Grafengeschlechts erwähnt. 1122 schenkte Kaiser Heinrich V. die »urbs crana« dem Bischof Otto I. von Bamberg. Dieser ließ auf dem Rosenberg (ehem. germanischer Götterhain) um 1130 ein befestigtes steinernes Haus und einen Turm, die Vorläufer der Festung Rosenberg, errichten (vom 14.–18. Jh. erweitert und bis 1866 Festung). K. erwehrte sich während der Hussitenkriege (1430) und im Dreißigjährigen Krieg (1632, 1633 und 1634) erfolgreich mehrerer Belagerungen und Angriffe. Das ma. Stadtbild der oberen St ist vollständig erhalten (Stadtmauern, Tore und Türme). Sehenswert das Rathaus (Bau der Spätrenaissance von 1583 mit prächtigem Saal), die gotische Stadtpfarrkirche St. Johannes (14. Jh., mit Umbauten des 16.–18. Jh.) und die Festung Rosenberg mit ober- und unterirdischen Anlagen (Frankenwaldmuseum). – Feste und Veranstaltungen: Kronacher Patenweinfest (2. Juliwoche), Kronacher Freischießen (August), Schwedenprozession (Sonntag nach Fronleichnam). – K. ist Geburtsort des Malers Lucas Cranach d. Ä. (1472–1553; Geburtshaus L.-Cranach-Str.), des churmainzischen Generals und Militärbaudirektors Joh. Maximilian von Welsch (1671–1745) und des Gelehrten Joh. Caspar Zeuß (1806–56).

Kronberg (Taunus)

□ 18,62 qkm; ○ Hochtaunuskreis; ⚐ Hessen; ✉ 61476; ☎ 06173; 🚗 HG; △ 200 bis 400 m; 👥 18000.

K. ist Luftkurort am Südhang des Taunus 18 km nordwestlich von Frankfurt a. M. Zufahrt über die B 455 und A 66 Frankfurt–Wiesbaden (Ausfahrt Eschborn) und A 5 Frankfurt–Kassel (Ausfahrten Bad Homburg oder Eschborn); S-Bahnverbindung nach Frankfurt a. M. K. hat Großraumstation K.-Königstein der Hessischen Polizei; Gymnasium; Elektroindustrie (Braun AG), Obstanbau (Erdbeeren, Mirabellen); Spezialklinik für Enddarmerkrankungen.

K., zur Zeit der Hohenstaufen entstanden, erhielt 1330 die Stadtrechte. K. war bis 1704 (Burg vor 1230 erbaut) Sitz des fränkischen Reichsministerialengeschlechtes der Ritter von Cronberg. 1389 fand bei K. eine für die Kronberger siegreiche Schlacht gegen Frankfurt statt. Bis zur Mitte des 19. Jh. blieb K. eine kleine Landstadt mit bäuerlichem Charakter. Frankfurter Maler entdeckten um 1860 die Romantik der St, die sich später zum bevorzugten Wohnort Frankfurts entwickelte.

Sehenswürdigkeiten: Schloß Friedrichshof, früherer Witwensitz der Kaiserin Friedrich, heute Hotel; Opel-Tierfreigehege; St. Johanniskirche (13.–15. Jh.) mit ma. Grabmälern; malerisches Altstadtviertel; Burgmuseum.

Kronshagen

□ 5,34 qkm; ○ Rendsburg-Eckernförde; ⚐ Schleswig-Holstein; ✉ 24119; ☎ 0431; 🚗 RD; △ 15–17 m; 👥 12000.

K., Randgemeinde der Landeshauptstadt Kiel mit rasch wachsender Einwohnerzahl (1939: 3500 EW), ist über die A 7/A 215 Hamburg-Kiel (Ausfahrt AB-Dreieck Kiel-West) zu erreichen; hat Schiffsmedizinisches Institut, Bundeswehrkrankenhaus; Grund- und Hauptschule, Realschule, Gymnasium, Volkshochschule; Textil- und Maschinenindustrie.

K. wird erstmals 1271 urkundlich erwähnt. Der Ort war als Stadtdorf im Besitz der Stadt Kiel und zwischen 1768 und 1867 landesfürstliches Amt.

Krumbach (Schwaben)

□ 44,64 qkm; ○ Günzburg; ⚐ Bayern; ✉ 86381; ☎ 08282; 🚗 GZ; △ 512 m; 👥 11800.

K., 48 km westlich von Augsburg an der Kammel im Schnittpunkt der B 16 und B 300 gelegen, hat Anschluß an die Autobahnen A 8 Stuttgart–München (Ausfahrt Günzburg) und A 7 Ulm–Kempten (Ausfahrt Illertissen); Bahnhof der Nebenstrecke Günzburg–Mindelheim; Landwirtschaftsamt, Direktion der Bayerischen Landespolizei, Katastrophenschutz-Zentralwerkstatt für Schwaben, Verwaltungsgemeinschaft, Wasserwirtschaftsamt u. a. Behörden; Realschule, Gymnasium, gewerbl., kaufm. und hauswirtschaftliche Berufsschule, Berufsaufbauschule, Fachoberschule, Fachakademie für Sozialpädagogik, Berufsfachschule für Hauswirtschaft und Kinderpflege, Dr.-Rothermel-Landwirtschaftsschule, Städt. Musikschule, Volkshochschule; mittlere und kleinere Industriebetriebe (Herstellung von Dämmstoffen, PVC- und Teppichböden, Plastikwaren, Silberbestecken, Zinn, Wachswaren, Maschinen für die Keramische Industrie, Webwaren, Kunstschmiede-Beschläge, Glaswaren und Nährmittel); Landwirtschaft. 1,5 km östlich von K. liegt das Heilbad Krumbad (Sanatorien, Kneippkuren).

Aus dem um 800 gegründeten fränkischen Reichshof entwickelte sich eine Siedlung, die erstmals 1140 urkundlich genannt wird. 1213 wurde K. Bezirk der Markgrafschaft Burgau und 1304 vorderösterreichisches Territorium. Um 1380 erhielt K. das Marktrecht. Im 15. Jh. war der Marktort Haupthandelsplatz Mittelschwabens. 1805 trat Österreich die Markgrafschaft an Bayern ab. 1895 wurde K. zur St erhoben. Sehenswürdigkeiten: Schloß der Grafen Lichtenstein; Hürbener Wasserschlößchen; Pfarrkirche St. Michael; hist. Fachwerkhaus (1676); Gastwirtschaft »Stern« (Fachwerkbau von 1670).

Krummhörn

□ 152,80 qkm; ○ Aurich; ⚐ Niedersachsen; ✉ 26736; ☎ 04923; 🚗 AUR; △ 1 m; 👥 12500.

Die Großgemeinde K. ist 1974 durch Zusammenschluß von Greetsiel mit 18 Nachbargemeinden entstanden. K. liegt 20 km nordwestlich von Emden in der Leybucht an der Nordsee. Die Gm hat Grundschule und Realschule (Ortsteil Pewsum); wichtigste Wirtschaftszweige sind der Fremdenverkehr und der Fischfang (Krabben, Seezungen, Aale u. Schollen). K. ist Küstenbadeort (Heilanzeigen bei Bronchialerkrankungen und Erkrankungen der Atemwege).

Greetsiel war Stammsitz des Häuptlingsgeschlechts der Cirksenas, deren Grafen und Fürsten zwischen 1464 und 1744 über Ostfriesland herrschten. Ihre stark befestigte Schloßanlage wurde 1788 auf Befehl Friedrich d. Großen abgebrochen. Die Kirche von G. stammt aus dem 15. Jh. – Sehenswert die Zwillingsmühlen in G. – G. ist Geburtsort des Humanisten und Geschichtsschreibers Ubbo Emmius (1547–1625).

Külsheim (Baden)

□ 81,46 qkm; ○ Main-Tauber-Kreis; ⚐ Baden-Württemberg; ✉ 97900; ☎ 09345; 🚗 TBB; △ 365–400 m; 👥 5600.

K., Erholungsort 30 km südwestlich von Würzburg auf einer quellenreichen Hochebene, hat Anschluß an die Autobahn A 81 Heilbronn-Würzburg (Ausfahrt Tauberbischofsheim) und Autobahn A 3 Frankfurt–Würzburg (Ausfahrt Wertheim); Grund- und Hauptschule; Bundeswehrgarnison.

K. liegt auf altem Sieldungsboden (Römerstraße, Römerbad) und ist 1144 erstmals bezeugt; 1292 erhielt es das Stadtrecht. Die St war seit 1225 im Besitz des Erzstiftes Mainz. Das Schloß mit Bergfried (12. Jh.) stammt aus dem 15.–17. Jh. 1803 kam K. an Leiningen und 1806 an Baden. Sehenswert das Fachwerk-

Rathaus (1522), die Katharinenkapelle (1448), Herrenhöfe und Zehntscheuern (14.–16. Jh.) sowie zahlreiche Brunnen (Kapellenbrunnen aus dem 14. Jh., Marktbrunnen von 1573) u. a.). – Alljährlich Großer Markt (September).

Künzell

□ 30,29 qkm; ○ Fulda; ⚐ Hessen; ✉ 36093; ☎ 0661; 🚗 FD; △ 280–570 m; 👫 14200.

K. liegt 3 km östlich von Fulda zwischen der B 27 und der Autobahn A 7 Würzburg–Kassel (Ausfahrt Fulda-S. bzw. Fulda-N.). Die Gm hat Grund- und Hauptschulen; Gymnastikschule Loheland.

K. wird erstmals im 12. Jh. urkundlich erwähnt.

Künzelsau

□ 75,19 qkm; ○ Hohenlohekreis; ⚐ Baden-Württemberg; ✉ 74653; ☎ 07940; 🚗 KÜN; △ 210–410 m; 👫 11800.

K., in der Hohenloher Ebene am Kocher gelegen, ist über die B 19 und A 6 Heilbronn–Nürnberg (Ausfahrt Kupferzell) zu erreichen. Die St hat Amtsgericht, Landratsamt, Wasserwirtschaftsamt u. a. Behörden; Realschule, Gymnasium, Aufbaugymnasium, gewerbliche, hauswirtschaftliche und kaufmännische Berufsschule, Altenpflegeschule, Fachhochschule (Außenstelle Heilbronn) mit Fachrichtung Elektrotechnik und Wirtschaftsingenieurwesen, Sonderschule für lern- und geistigbehinderte Kinder; Nährmittel- und Bekleidungsindustrie, Maschinen- und Elektromotorenbau, Großbuchbinderei, Befestigungsteile-Großhandel; Ackerbau und Viehzucht, Wein- und Obstbau, Forstwirtschaft.

K., das erstmals 1090 urkundlich genannt wird, war seit Ende des 15. Jh. im Besitz von vier und mehr Herren (Kurmainz, Komburg, Würzburg, Schwäbisch Hall, Hohenlohe, Stetten). Als Marktflecken („Klein Nürnberg") besaß der Ort bis Mitte des 19. Jh. große Anziehungskraft. Zur St erhoben wurde K. im 18. Jh.; 1806 kam es an Württemberg.

Bemerkenswert der Fachwerkbau des Rathauses (1522), die Pfarrkirche St. Johannes (Anfang 17. Jh.), das hohenlohesche Residenzschloß (1679) Amtshäuser der Herrschaftsvögte und Reste der alten Stadtbefestigung.

Alljährlich Simon- und Judä-Markt, Matthiasmarkt und Straßenfest.

Kürten

□ 67,71 qkm; ○ Rheinisch-Bergischer Kreis; ⚐ Nordrhein-Westfalen; ✉ 51515; ☎ 02268; 🚗 GL; △ 168 m; 👫 16600.

K., 28 km nordöstlich von Köln im Bergischen Land gelegen, ist über die B 506 zu erreichen. Die Gm hat Grundschulen, Hauptschule, Volkshochschule; heilpädagogisches Kinderdorf im nahegelegenen Biesfeld; mittlere und kleinere Gewerbe- und landwirtschaftliche Betriebe.

K. wird erstmals 1363 urkundlich erwähnt. 15 km westlich von K. liegt der berühmte Altenberger Dom (1255–1379, ehem. Zisterzienserkirche).

Kulmbach

□ 92,76 qkm; ○ Kulmbach; ⚐ Bayern; ✉ 95326; ☎ 09221; 🚗 KU; △ 306 m; 👫 27500.

K., Große Kreisstadt am Weißen Main in Oberfranken, ist über die B 85 und B 289 zu erreichen. Anschluß an die Autobahn A 9/A 70 München–Berlin (Ausfahrt K./Bayreuth). D-Zug-Station an der Bundesbahnstrecke Würzburg–Hof; Container-Terminal; Verkehrslandeplatz Kulmbach. Die St hat Landgericht, Amtsgericht, Finanzamt, Arbeitsamt, Kreisbehörden, Bundesanstalt für Fleischforschung, Gesundheitsamt u. a. Behörden; Stadt- und Kreiskrankenhaus; Gymnasien, Realschule, Fachoberschule, Berufs- und Berufsaufbauschule, Fachschule für landwirtschaftl.-techn. Assistenten, Berufsfachschule für pharmaz.-technische Assistenten, Fachschule für Fleischwirtschaft, Ausbildungsstätte für Fleischklassifizierer, Wirtschafterinnenschule, Musikschule, Akademie für Neue Medien, Landwirtschaftsschule, Krankenpflegeschule, Schule für Krankenpflegehilfe, Volkshochschule, Sonderschule für Lernbehinderte; Großbrauereien und Mälzereien, Textil-, Nährmittel-, Fleisch- und Maschinenindustrie, Herstellung von Klimageräten, Großanlagen zur Wasseraufbereitung, kosmetischen und pharmazeutischen Artikeln.

K., erstmals 1035 urkundlich erwähnt, war bis 1248 im Besitz der Grafen von Andechs-Gießen (zuletzt Herzöge von Meranien), deren um 1135 errichtete Burg (Plassenburg) 1554 zerstört wurde. Über die Grafen von Orlamünde kam die St 1340 an die Burggrafen von Nürnberg (Hohenzollern), die K. zur Haupt-

Kulmbach, Plassenburg

und Residenzstadt erhoben. Nach der Zerstörung von Stadt und Burg im Bundesständischen Krieg (1553) Wiederaufbau ab 1561. 1603 Verlegung der Residenz nach Bayreuth. 1792 wurde K. preußisch. 1810 fiel die St mit dem Fürstentum an Bayern. – Sehenswürdigkeiten: Plassenburg (1560–70) mit „Schönem Hof" (Kleinod deutscher Renaissance) und Deutschem Zinnfigurenmuseum (300000 Figuren, 210 Schaubilder); spätgotische Petrikirche (15. Jh.); Reste der alten Stadtbefestigung (Stadtmauer, Türme und Graben); Rathaus (18. Jh.); markgräfliche Kanzlei (1562); Landschaftsmuseum Obermain mit naturwissenschaftlichen Sammlungen. – Berühmte Söhne der St waren: der Maler und Dürerschüler Hans von K. (eigentl. Hans Süß, um 1476–1522) und der Baumeister Caspar Vischer (um 1510–1579), Erbauer der Plassenburg.

Alljährlich K. Woche (Mai), Gregoriusfest und Altstadtfest (Juli), K. Bierwoche (Juli/August); Deutsche Zinnfigurenbörse (alle zwei Jahre).

Kuppenheim

□ 18,09 qkm; ○ Rastatt; ⚐ Baden-Württemberg; ✉ 76456; ☎ 07222; 🚘 RA; △ 130 m; 👪 7000.

K. liegt 30 km südwestlich von Karlsruhe am Ausgang des Murgtales aus dem nördlichen Schwarzwald. Die St hat Anschluß an die Autobahn Karlsruhe–Basel (Ausfahrt Rastatt); Grund-, Haupt- und Realschule; mittlere und kleinere Industrie- und Gewerbebetriebe.

K., erstmals zwischen 1075 und 1090 urkundlich erwähnt, ist aus einer von den Grafen von Eberstein angelegten, 1279 zerstörten Wasserburg hervorgegangen. 1283 kam der Ort an die Markgrafen von Baden; vor 1388 wurde K. zur St erhoben (1950 Wiederverleihung des Stadtrechts). 1689 fiel die St einem großen Brand zum Opfer. – Südwestlich von K. liegt das Schlößchen Favorite (1725).

Kusel

□ 14,38 qkm; ○ Kusel; ⚐ Rheinland-Pfalz; ✉ 66869; ☎ 06381; 🚘 KUS; △ 227 m; 👪 6000.

K. liegt 38 km nordwestlich von Kaiserslautern im Pfälzer Bergland an der B 420. Anschluß an die Autobahn A 62 Nonnweiler–Primasens (Ausfahrt K.). K. hat Amtsgericht, Kreis- und Verbandsgemeindeverwaltung, Forstamt, Finanzamt, Katasteramt; Realschule, Gymnasium, berufsbildende Schulen, Fachschule und Handelsschulen, Musikschule, Volkshochschule, Sonderschule für Lernbehinderte und Sonderschule für Geistigbehinderte. Die St ist Bundeswehrstandort. Industrie: Maschinenbau (Druckereimaschinen), Textilindustrie, Brauerei, Molkereibetrieb, Hoch- und Tiefbauunternehmen. K. ist anerkannter Fremdenverkehrsort.

»Cosla« wird erstmals um 870 urkundlich erwähnt. Gegründet wurde der Ort als Königsgut unter den letzten Merowingern im 7. Jh. auf den Trümmern eines römischen Herrenhofes. Verleihung der Stadtrechte 1347. In den Réunionskriegen wurde K. 1678 fast völlig zerstört. – Unweit der St Burg Lichtenberg (im 12. Jh. erbaut; größte Burgruine Deutschlands mit mächtigem Bergfried) und Remigiusberg mit der Ruine Michelsberg und alter Kapelle (12. Jh.) der ehem. Benediktinerpropstei. Sehenswert ferner Musikantenland-Museum (Burg Lichtenberg), Heimatmuseum mit Fritz Wunderlich-Gedenkzimmer. – Alljährlich Hutmacherfest (Juni) und K. Herbstmesse (September).

Kyritz

□ 68,6 qkm; ○ Kyritz; ⚐ Brandenburg; ✉ 16866; ☎ 033971; 🚘 KY; △ 40 m; 👪 10000.

Kyritz an der Jäglitz, Zentrum der Ostprignitz, erreicht man auf der A 24 / E 26, Ausfahrten

Herzsprung (20 km) oder Neuruppin (30 km), sowie auf den B 5 und B 103. Bf. an der Regionalstrecke Pritzwalk–K.–Neustadt (Dosse), wo ein Anschluß an die Strecke Berlin–Hamburg besteht. Flugplatz K.-Heinrichsfelde für Wirtschafts-, Sport- und Segelflugzeuge. Nächster Flughafen ist Berlin-Tegel (ca. 110 km).

K. hat Stadtverwaltung, Landratsamt, Amtsgericht, Polizeiwache, Kreiskrankenhaus.

Bildungseinrichtungen: Grund-, Gesamt-, Realschule, Gymnasium, Förderschule für Lernbehinderte und geistig Behinderte, Volkshochschule, Musikschule, Berufsschule.

Kulturstätten: Stadt- und Kreisbibliothek, Kinderbibliothek, Kulturhaus für Theater - und Kinoveranstaltungen.

Wirtschaftliches: Stärke GmbH Kyritz, Famas GmbH (Dämmstoffe und Dachbahnen), mittelständische Unternehmen, Handwerksbetriebe; Landwirtschaft (Feldbau und Viehzucht).

Geschichte: Nach der Unterwerfung der Slawen im Havelgebiet durch Albrecht den Bären (1157) begann die dt. Besiedelung der Prignitz. Ausgangspunkt der Stadtgründung von K. war eine dt. Burganlage am Westufer des Jäglitzstromtales. Die erste urkundliche Erwähnung datiert von 1232. Stendaler Stadtrecht erhielt K. 1237 durch die Herren von Plotho. Sie verliehen der St 1259 die Mühlengerechtigkeit und das Recht der freien Schiffahrt auf Jäglitz und Dosse bis zur Elbe. Später eigneten sich die Markgrafen der Askanier die St und die Gebiete um K. an. 1287 verlieh Markgraf Johann der St das Privileg der Zollfreiheit für die gesamte Mark. Ab der 2. Hälfte des 13. Jh. stand K. abwechselnd unter brandenburgischer und mecklenburgischer Herrschaft und kam 1415 unter die Herrschaft der Hohenzollern, die mit der Markgrafenschaft Brandenburg belehnt und zu Kurfürsten ernannt worden waren. Dank der günstigen Lage an mehreren Handelsstraßen entwickelten sich Handel und Gewerbe. Tuchmacher, Bäcker, Fleischer und Schuhmacher waren die ältesten Zünfte. K. gehörte zum Bund der Hanse, unterhielt enge Handelsbeziehungen mit Hamburg und Lübeck und lieferte Tuche und das unter dem Namen „Mord und Totschlag“ bekannte Bier. Die im 14. Jh. aufstrebende Landwirtschaft hatte den Bau von vier Getreidemühlen auf der Gemarkung zur Folge. Die volkstümliche Bezeichnung „Kyritz an der Knatter“ rührt vom Knattern der Windmühlen, das die Reisenden auf der Strecke von Berlin nach Hamburg hörten. Die Einwohner von K. wußten sich wiederholt erfolgreich gegen Überfälle des mecklenburgischen Ritters von Bassewitz zu wehren und enthaupteten ihn 1411. Die Ausplünderung der Bauern und Bürger durch absolutistische Fürsten im 16. und 17. Jh. und der 30jähr. Krieg ließen K. schließlich zur Ackerbürgerstadt absinken. Seit 1718 war es für fast 100 Jahre Garnisonsstadt für Kavallerieregimenter. Den Drangsalen des Siebenjährigen Krieges folgte die Besetzung durch Franzosen (1806). Nach der Niederlage der Franzosen in der Völkerschlacht bei Leipzig pflanzten die Einwohner von K. vier Eichen auf dem Markt, von denen eine heute noch als „Friedenseiche“ steht. 1817 wurde K. Kreisstadt, 1870/71 entstand die Stärkefabrik als einer der größten derartigen Betriebe in Dtld., 1887 wurde die Eisenbahnlinie nach Pritzwalk und Neustadt (Dosse) in Betrieb genommen. Im 2. Weltkrieg blieb die St von Zerstörungen bewahrt. K. ist beliebtes Urlaubsziel. Der 1976 gegründete Zweckverband „Kyritzer Seenkette“ verbesserte die Bedingungen für Erholungssuchende wesentlich. Zur 750-Jahr-Feier 1987 war die Sanierung des Stadtkerns abgeschlossen und der historische Charakter alter Gebäude wiederhergestellt.

Baudenkmäler und Sehenswürdigkeiten: Denkmalgeschützter Stadtkern mit prächtigen Fachwerkgiebeln aus dem 17. Jh.; spätgotische Marienkirche (15. Jh.) mit neugotischer Westfassade (nach 1849), spätgotischer Schnitzaltar mit einem Gemälde aus der Rubens-Werkstatt (Ende 17. Jh.); Rathaus, 1897 in Form eines Kastells erbaut; Marktapotheke von 1667; zu den Bauten aus der Gründerzeit zählen Gymnasium (1871), Stärkefabrik (1873) und Bahnhof (1887). – Ausflugsziele: Fahrgastschiffahrt auf der Kyritzer Seenkette; Wusterhausen mit Kreisheimatmuseum und Kirche St. Peter und Paul (got. Hallenkirche aus rotem Backstein); Neustadt (Dosse) mit Barockkirche und Landesgestüt; Wehrkirche in Kampehl mit Mumie des Ritters Kahlbutz; Gutspark von Tornow; Schloß Bantikow; Fontane-Wanderweg (30 km).

Laatzen (Kr. Hannover)

□ 31,20 qkm; ○ Hannover; ⚐ Niedersachsen; ✉ 30880; ☎ 05102; 🚗 H; △ 60 m; 👥 38000.

L., südöstliche Randstadt von Hannover an der Leine, ist über die B 6 und Autobahn A 7/A 5 Hamburg–Frankfurt a. M. (Ausfahrt Autobahndreieck Hannover-S) zu erreichen. Auf der Markung von L. befindet sich das Ausstellungsgelände und der Sitz der Hannover-Messe. Die St hat Landesversicherungsanstalt Hannover; Grund- und Hauptschulen mit Realschulzug; Elektroindustrie (Grundig, Siemens, Blaupunkt, Bosch), Fahrzeugbau, Großhandelsbetriebe.

L., das erstmals 1259 urkundlich erwähnt wird, erhielt 1968 Stadtrechte.

Ladenburg

□ 19 qkm; ○ Rhein-Neckar-Kreis; ⚐ Baden-Württemberg; ✉ 68526; ☎ 06203; 🚗 HD; △ 111 m; 👪 11 200.

L., 12 km östlich von Mannheim am Neckar gelegen, hat Anschluß an die Autobahn A 5 Heidelberg–Darmstadt (Ausfahrt Ladenburg); Landwirtschaftsamt, Max-Planck-Institut für Zellbiologie; Gymnasium, Realschule, Kreislandwirtschaftsschule, Sonderschulen für Lern- und Körperbehinderte; elektrotechnische (ABB) und chemische Industrie (Grünzweig & Hartmann, Joh. A. Benckiser, Benckiser-Knapsack, Jungbunzlauer u. Laporte-ESD).

L., das gallorömische »Lopodunum«, ist die älteste St rechts des Rheins. Kaiser Trajan verlieh der Siedlung 98 n. Chr. die Stadt- und Marktrechte. Nach der Zerstörung durch die Alamannen entstand L. als Königshof aufs neue (5./6. Jh.). Hof und Ort kamen schon im frühen MA in den Besitz der Bischöfe von Worms. 1705 wurde die St kurpfälzisch und 1803 badisch. – Die Altstadt ist trotz der Zerstörungen während des Dreißigjährigen Krieges gut erhalten. Sehenswürdigkeiten: Gotische St. Galluskirche (um 1350, mit romanischer Krypta um 1000) errichtet über den Grundmauern einer Anfang des 3. Jh. erbauten römischen dreischiffigen Basilika (Reste durch Ausgrabungen freigelegt); Sebastianskirche (10.–15. Jh., Kapelle der Bischofsresidenz); Bischofshof (12. bis 17. Jh., aus dem fränkischen Königshof entstanden); Adelshöfe und Fachwerkhäuser (13.–17. Jh.); Reste der alten Stadtbefestigung (Martinstor, Mitte 13. Jh.; Hexenturm); Lobdengau-Museum mit archäologischen, volkskundlichen und stadtgeschichtlichen Sammlungen (kostbarste Stücke das römische Mithras-Relief und die Rathaus-Madonna um 1510); Mechan. Musikmuseum und kleines Fahrzeugmuseum. – Von 1901 bis 1929 lebte in L. der Autoerfinder Carl Benz. An ihn erinnern das Benz-Wohnhaus und das Benz-Grab. – Alljährlich Mercedes-Veteranen-Treffen (Pfingsten); Altstadtfest (September).

Lage, Marktkirche St. Johann

Lage (Lippe)

□ 76,06 qkm; ○ Lippe; ⚐ Nordrhein-Westfalen; ✉ 32791; ☎ 05232; 🚗 DT; △ 90–360 m; 👪 34 500.

L., 20 km östlich von Bielefeld im Vorland des Lippischen Waldes und im Schnittpunkt der B 66 und B 239 gelegen, hat Anschluß an die Autobahn A 2 Ruhrgebiet–Hannover (Ausfahrten Bielefeld und Herford/Bad Salzuflen). Bahnknotenpunkt der Strecken Bielefeld–Hameln–Hildesheim und Herford–Detmold–Altenbeken. L. hat Gymnasium, Sonderschule für Lernbehinderte; Holz-, Möbel-, Nahrungsmittel- (Zucker, Molkerei-), Textil-, Kunststoff-, Buch- und Werbedruck- sowie eisenverarbeitende Industrie; Zentrale der Lipp. Landwirtschaft; der Stadtteil L.-Hörste ist anerkannter Luftkurort.

L., am Kreuzungspunkt alter Verkehrswege (Hellwege), wird erstmals urkundlich 1274 erwähnt. Einen wirtschaftlichen Aufschwung nahm die Ackerbürgergemeinde nach dem Bau der Eisenbahnlinien Ende des 19. Jh., doch war das Wanderarbeitertum (Ziegler) in L. bis Ende der 20er Jahre zu Hause (Zieglerstadt). 1843 wurde L. zur St. erhoben. – Zeugen der Vergangenheit sind die Marktkirche St. Johann (12.–15. Jh.), die Wehrkirche im Ortsteil Heiden und die alte Kirche in L.-Stapelhage. Sehenswert das Orts-Heimat- und Zieglermuseum sowie die ehem. Dampfziegelei Beermann in L.-Hagen (Teil des Westf. Industriemuseums). – Alljährlich im Wechsel Schützen- und Stadtfest.

Lahnstein

□ 36,85 qkm; ○ Rhein-Lahn-Kreis; ⚐ Rheinland-Pfalz; ✉ 56112; ☎ 02621; 🚗 EMS; △ 70 m; 👥 19300.

L. ist 1969 durch Zusammenschluß der Städte Oberlahnstein und Niederlahnstein entstanden. Die St liegt 6 km südlich von Koblenz beiderseits der Lahnmündung in den Rhein. Zufahrt über die B 42 und B 260. Bahnstation an den Strecken Frankfurt a.M.–Koblenz bzw. Köln und Gießen–Koblenz. L. hat Flußhafen, Rheinfährbetrieb, Personenschiffsverkehr (Anlegestellen der Köln–Düsseldorfer); Mittelpunktschule, Realschule, Aufbaugymnasium, Gymnasium, berufsbildende Schulen, Volkshochschule. Die St ist Bundeswehrstandort. Neben dem lebhaften Fremdenverkehr und Kurbetrieb (Luftkurort mit Thermal- und Mineralbrunnen; Heilanzeigen der Bäder bei Herz- und Kreislaufkrankheiten, Rheuma, Unfallfolgen und Nervenkrankheiten; der Trinkkuren bei chronischen Gastriden und Darmkatarrhen, Harnleiden, Zuckerkrankheit und Fettsucht) sind als Wirtschaftsfaktor die wenigen, aber bedeutenden Industrie- und Gewerbebetriebe zu nennen (Kunststoffwerke, Papierfabrik [Feldmühle AG.], chemische und Plastikfabrik, Mineralwasserversand, Baumaschinen- und Drahtindustrie, Rheinisches Kohlensäure-Werk).

L., auf altem Siedlungsboden (Funde aus der Jungsteinzeit, Bronze- und Eisenzeit) liegend, war befestigter Grenzort der Römer. 1324 erhielt Oberlahnstein, 1332 Niederlahnstein das Stadtrecht. Im MA. war O. Zoll- und Münzstätte des Erzbischofs von Mainz. 1804 kam O. an das Herzogtum Nassau und 1866 an Preußen. N. gehörte seit 1256 zum Erzstift Trier und kam 1802 an Nassau. – Sehenswürdigkeiten: Altes Rathaus (16.–17. Jh.); Reste der alten Stadtbefestigung (Hexenturm, um 1350, mit Wehrgang); Salhof (12./13. Jh.); Johanniskirche (Mitte 12. Jh.); Martinsburg (14./15. Jh., ehemals kurfürstlich-mainzerische Burg und Zollstätte); Schultheißen-Haus (1624); historisches Wirtshaus an der Lahn (ehem. Zollstation); Wenzelskapelle (15. Jh.); Burg Lahneck (1240 begonnen, im 17. Jh. zerstört, 1852 wiederaufgebaut).

Lahr (Schwarzwald)

□ 69,79 qkm; ○ Ortenaukreis; ⚐ Baden-Württemberg; ✉ 77933; ☎ 07821; 🚗 OG; △ 170 m; 👥 34000.

L., Große Kreisstadt an der Schutter am Westrand des Schwarzwaldes, ist über die B 3, B 36, B 415 und Autobahn A 5 Karlsruhe–Basel (Ausfahrt L.) zu erreichen; D-Zug-Station an der Strecke Frankfurt a.M.–Basel; L. hat Amtsgericht, Landwirtschaftsamt, Landeszentralbank, Industrie- und Handelskammer, Arbeitsamt, Finanzamt, Zollamt u.a. Behörden; Gymnasien, Aufbaugymnasium mit Internat, Integriertes Berufliches Gymnasium, Sonderschule für Lernbehinderte, Gewerbliche Schulen, Berufliche Schulen im Mauerfeld, Badische Malerfachschule, Bundesfachschule für Werbetechnik, Städt. Musikschule, Volkshochschule, AKAD-Hochschule für Berufstätige, Hebammen- und Altenpflegeschule, Krankenpflegeschule, Berufsbildungszentrum (Farben, Lacke); verarbeitendes Gewerbe, Stahl-, Maschinen- und Fahrzeugbau, elektro-

Lahr, Storchenturm

technische und feinmechanische Betriebe, Holz-, Papier- und Druckindustrie; von Bedeutung ferner der Weinbau (am Schütterlindenberg).

Die Ortsteile Dinglingen und Burgheim werden erstmals 961 und 1035 urkundlich genannt, der Name L. erscheint erstmals 1215 in Verbindung mit einem Ritter »de Lare«. Keimzelle der St ist eine Tiefburg der Herren von Geroldseck (um 1220 erbaut). Im nördlichen Umfeld dieser Burg entstand eine Bauern- und Handwerkersiedlung, die 1279 Stadtrecht erhielt. L. kam über mehrere Herrschaften 1629 an Nassau und 1803 an Baden. Seit 1801 ist L. Verlagsort des bekannten Jahreskalenders „Der Lahrer Hinkende Bote". – Bemerkenswert: Reste der L. Tiefburg (Storchenturm); frühromanische Kirche in Burgheim (1035 geweiht) mit spätgotischen Fresken; Stiftskirche mit frühgotischem Chor (um 1270); Altes Rathaus (1608) mit Spätrenaissance-Fassade; Rathaus (1808 im Weinbrenner-Stil); Stadtpark mit einheimischen und exotischen Pflanzen udn Tieren und Museum. – L. ist Geburtsort von Felix Wankel (geb. 1902), Erfinder des Wankel-Motors.

Alle zwei Jahre Lahrer Festtage.

Lahstedt

□ 43,5 qkm; ○ Peine; ⚐ Niedersachsen; ✉ 31246; ☎ 05172 und 05174; 🚗 PE; △ 70–109 m; 👥 9600.

L., 1971 aus den früheren selbständigen Gemeinden Adenstedt, Gadenstedt, Groß Lafferde, Münstedt und Oberg unter neuem Namen entstanden, liegt im Zentrum des Gebietes zwischen Peine und Salzgitter sowie Hildesheim und Braunschweig im Schnittpunkt der B 1 und B 444. L. hat Grundschulen; Eisen- und Stahlindustrie, mittlere und kleinere Industrie-, Handels- und Handwerksbetriebe; Landwirtschaft.

Die einzelnen Ortsteile sind als Siedlungen urkundlich zwischen dem 9. und 12. Jahrhundert nachweisbar (Adenstedt 1193; Gadenstedt 822; Groß Lafferde 825; Münstedt 1189; Oberg 1152). – Sehenswerte Heimatmuseen. – Alljährlich Volksfeste in den verschiedenen Ortschaften (Juni–September).

Laichingen

□ 69,83 qkm; ○ Alb-Donau-Kreis; ⚐ Baden-Württemberg; ✉ 89150; ☎ 07333; 🚗 UL; △ 760 m; 👥 8800.

Die St L. liegt 32 km nordwestlich von Ulm auf der mittleren Albhochfläche. Anschluß an die Autobahn A 8 Stuttgart–München (Ausfahrten Hohenstadt und Merklingen). L. hat Gymnasium, Realschule, Wirtschaftsschule, Sonderschule für Lernbehinderte; Leinen- und Bettwäscheindustrie, Werkzeugbau, metallverarbeitende und Elektroindustrie. Die St ist anerkannter Erholungsort.

L. geht auf eine frühalemannische Siedlung zurück und wird erstmals 805 urkundlich erwähnt. Die von Kaiser Karl IV. 1364 verliehenen Stadtrechte wurden 1950 erneut bestätigt. L. ist seit dem MA. ein Zentrum der Leinenweberei. – Sehenswert das historische Heiligenhaus (einst Teil der Kirchenfestung) und das Heimatmuseum. – Bei L. befindet sich die L. Tiefenhöhle mit Höhlenmuseum (Gesteins- und paläontologische Funde).

Lambrecht (Pfalz)

□ 8,32 qkm; ○ Bad Dürkheim; ⚐ Rheinland-Pfalz; ✉ 67466; ☎ 06325; 🚗 DÜW; △ 176 m; 👥 4300.

L., 30 km südwestlich von Ludwigshafen/Mannheim im Pfälzerwald an der B 39 gelegen, ist Sitz einer Verbandsgemeindeverwaltung für sechs umliegende Gm. Bahnstation an der Strecke Ludwigshafen–Saarbrücken. L. hat Grund- und Hauptschule, Pfalzakademie; Elektro- und Maschinenindustrie, Kapok- und Wattefabrik, Filzfabrikation und -verarbeitung.

L. geht auf ein 977 gegründetes Benediktinerkloster zurück (1553 aufgehoben), das Mitte des 13. Jh. von Dominikanerinnen übernommen wurde. In den Jahren 1567–69 fanden in L. aus Frankreich und den Niederlanden vertriebene reformierte Tuchmacher eine neue Heimat, die Lambrechts Ruf als Tuchmacherstadt begründeten (bis 1967 bedeutende Tuchindustrie).

Bemerkenswert ist die ehemalige Klosterkirche (2. Viertel des 14. Jh. beg.) mit got. Bauplastik und got. Wandmalereien (um 1320) sowie das Patrizierhaus (1607). – Alle 5 Jahre wird das „Geißbockspiel" aufgeführt.

Lampertheim (Hessen)

□ 71,99 qkm; ○ Bergstraße; ⚐ Hessen; ✉ 68623; ☎ 06206 (Lampertheim), 06241 (Hofheim); 🚗 HP; △ 92–100 m; 👥 30 500.

Die St liegt 18 km nördlich von Mannheim in der Rheinebene an einem Altrheinarm. Zufahrt über die B 44; Anschluß an die Autobahn A 5/A 67 Frankfurt a.M.–Mannheim (Ausfahrt Lorsch) und A 5 Darmstadt–Heidelberg (Ausfahrt Heppenheim). L. hat Amtsgericht; Gymnasium, Realschule, Volkshochschule, Sonderschule für Lernbehinderte; litauisches Gymnasium (Stadtteil Hüttenfeld). Neben landwirtschaftlichen Betrieben (Spargelanbau) Maschinen-, Dieselmotoren-, chemische, elektrotechnische, Textil- und Möbelindustrie.

Lampertheim wird erstmals 832 als »Langobardonheim« urkundlich erwähnt. 1716 Verleihung der Marktrechte; 1951 Erhebung zur St. 1971 Eingemeindung der ehem. Gm Hofheim und Rosengarten. – Das Jagdschloß Friedrichsburg (Neuschloß) wurde zwischen 1463 und 1468 durch Pfalzgraf Friedrich dem Siegreichen (1449–76) erbaut (1504/1622 zerstört; heute nur noch der ehem. Beamtenbau des Schlosses erhalten). Die Ev. Kirche (Dom des Rieds), neugot. Bau des 19. Jh. (nach Zerstörung 1944 wieder aufgebaut); die Hofheimer St. Michaelskirche (1747–1750) nach Plänen von Balthasar Neumann (1687–1753) als barocke Fassadenturmkirche errichtet.

Landau a.d. Isar

□ 84,40 qkm; ○ Dingolfing-Landau; ⚐ Bayern; ✉ 94405; ☎ 09951; 🚗 DGF; △ 338–426 m; 👪 11300.

L., 50 km nordöstlich von Landshut an der Isar gelegen, ist über die B 20 und A 92 München–Deggendorf (Ausfahrt L.) zu erreichen. Bahnstation an der Hauptstrecke München–Passau. Die St hat Flurbereinigungsdirektion, Amtsgericht, Vermessungsamt; Realschule, Gymnasium, Sonderschulen für Behinderte, Gewerbliche Berufsschule, Berufsfachschule, Landwirtschaftsschule; Fahrzeug-, Elektro-, Bekleidungs- und holzverarbeitende Industrie.

Herzog Ludwig der Kelheimer gründete die St 1224; sie wurde 1504 im Landshuter Erbfolgekrieg und 1743 im Österr. Erbfolgekrieg weitgehend zerstört. – Sehenswürdigkeiten: Barocke Stadtpfarrkirche, Steinfels-Wallfahrtskirchlein, Herzoglicher Kastenhof (Niederbayr. Vorgeschichtsmuseum); Naturdenkmal »Wachsender Felsen« bei Usterling und got. Holzflügelaltar in der Dorfkirche von Usterling.

Landau in der Pfalz

□ 82,97 qkm; ○ Kreisfreie Stadt; ⚐ Rheinland-Pfalz; ✉ 76829; ☎ 06341; 🚗 LD; △ 144 m; 👪 36100.

Die St L. liegt 35 km nordwestlich von Karlsruhe am Rande des Pfälzer Waldes im Schnittpunkt der B 10, B 38 und B 272; Anschluß an die Autobahn A 65 Karlsruhe–Ludwigshafen (Ausfahrten L.-Süd und L-Queichheim). L. ist Bahnknotenpunkt (D-Zug-Station) der Strecken München–Saarbrücken und Karlsruhe–Münster a. Stein–Köln. Die St hat Amtsgericht, Arbeitsgericht, Landgericht, Kreisverwaltung des Landkreises Landau–Bad Bergzabern, Verteidigungskreiskommando, Brandversicherungsamt u.a. Behörden; Erziehungswissenschaftliche Hochschule Rheinland-Pfalz (Abteilung L.), naturwissenschaftliches Technikum, berufsbildende Schulen, Gymnasien, Deutsch-Französische Vorschule, Sonderschulen für Lernbehinderte und körperbehinderte Kinder; Orthopädische Klinik und Kinderklinik; Mineralöl-; Gummi-, Maschinen-, Elektro-, Textil- und Druckereiindustrie. L. ist Mittelpunkt des südpfälzischen Tabak-, Wein-, Obst- und Gemüsehandels (Sekt- und Weinkellereien).

L., das erstmals 1106 urkundlich erwähnt wird, erhielt 1274 das Hagenauer Stadtrecht von König Rudolf von Habsburg. 1291 wurde es Freie Reichsstadt. Von 1324 bis 1511 war die St an das Hochstift Speyer verpfändet, danach gehörte sie dem elsäßischen Zehnstädtebund an. Seit Ende des Dreißigjährigen Krieges unterstand L. der französischen Krone; zwischen 1688 und 1691 wurde es von Vauban zu einer starken Festung ausgebaut. Im Spanischen Erbfolgekrieg (1702–13) wechselte die Festung viermal ihren Besitzer. 1815 fiel die St an das Reich zurück; ein Jahr später kam sie durch Austausch von Österreich an Bayern. Nach dem Krieg von 1870/71 Schleifung der Festung und Ausweitung der St nach allen Richtungen. – Sehenswürdigkeiten: frühgotische Stiftskirche (13./14. Jh.); Augustinerkirche mit Kreuzgang (Ende 13. Jh.); Katharinenkapelle (1344); Galeerenturm (um 1230); Reste der von Vauban erbauten Festungsanlage (Deutsches und Französisches Tor); Tierpark. – Alljährlich im Herbst großer „Blumenkorso“ (September) und „Fest des Federweißen“ (Oktober).

Landsberg a. Lech

□ 57,89 qkm; ○ Landsberg a. Lech; ⚐ Bayern; ✉ 86899; ☎ 08191; 🚗 LL; △ 585 bis 630 m; 👪 20200.

Die St L. liegt 38 km südlich von Augsburg beiderseits des Lechs am Schnittpunkt der A 96

München–Memmingen (Ausfahrten Landsberg-O., N. und W.) und B 17. Bahnstation an der Strecke Augsburg–Kaufering–Schongau. L. ist Sitz zahlreicher Behörden (Landsratsamt, Amtsgericht, Vermessungsamt, Finanzamt) und Schulen (Realschulen, Gymnasien, Landwirtschaftliche Lehranstalten mit Internaten); öffentl. Einrichtungen (Sportzentrum mit Eissporthalle, Stadttheater u. a.); Garnison der Bundeswehr und Standort mittlerer Industrie- und Gewerbebetriebe (Maschinen- und Gerätebau, Unterhaltungselektronik, Verlagswesen). Im Westen der St befindet sich die Justizvollzugsanstalt (in der sich 1923/24 Adolf Hitler in Festungshaft befand).

Funde aus der Zeit um 160 v. Chr. zeugen von einer ersten Besiedlung des heutigen Stadtgebietes. L. geht auf den Übergang der Salzstraße über den Lech unterhalb der um 1158 ausgebauten Burg »Landesperch« zurück, deren Besitzer Heinrich der Löwe war. 1280 wird die ca. 1160 unterhalb der Burg entstandene Siedlung L. erstmals als wittelsbachische St genannt. Ihren Aufstieg nahm sie als Militär- und Handelsstützpunkt an der Westgrenze des Herzogtums gegen die Konkurrenzstadt Augsburg; wirtschaftliche Bedeutung erlangte L. früh durch den Salzhandel und im 14.–16. Jh. durch ein blühendes Textil-, Goldschmiede- und Töpfergewerbe sowie durch Getreidehandel, Märkte und die Lechflößerei. – Sehenswürdigkeiten sind die Reste der alten Stadtbefestigung (Bayertor, Sandauer Tor, Färbertor, Jungfernsprungturm, Schöner Turm, Bäckerturm), das Staffinger Haus mit „Turnierhof", die Kirche Sandau (Ursprung aus dem 8. Jh.), die Stadtpfarrkirche (1458–88) mit Rosenkranzaltar von Dominikus Zimmermann (18. Jh.) und got. Madonna von Multscher (1440), die Johanniskirche (1750–52 von D. Zimmermann erbaut), die Klosterkirche (1720–25) des Ursulinenklosters, die Hl.-Kreuz-Kirche (1752–54, ehem. Jesuitenkirche) mit Arkadenhof des ehem. Klosters und das Rathaus (1699) mit der prächtigen Stuckfassade (1719) von D. Zimmermann, der von 1749–53 Bürgermeister von L. war.

Alle vier Jahre Historisches „Ruethenfest".

Landshut (Bayern)

□ 67,79 qkm; ○ Kreisfreie Stadt; ⚐ Bayern; ✉ 84026*; ☎ 08 71; 🚗 LA; △ 385 bis 505 m; 👪 57 200.

Die St. L. liegt an der Isar im Schnittpunkt der B 11, B 15 und B 299; Anschluß an die A 92 München–Deggendorf (Ausfahrt L. und L.-West). L. ist Bahnknoten und D-Zug-Station an den Bundesbahnhauptstrecken München–L.–Hof und Regensburg–L.–Freilassing–Salzburg. Die St verfügt über einen Verkehrslandeplatz (für Reise- und Sportflugzeuge), ist Sitz zahlreicher Behörden (Regierung von Niederbayern, Bezirksfinanzdirektion, Justizvollzugsanstalt, Arbeitsamt, Vermessungsamt, Landgericht, Amtsgericht, Landesversicherungsanstalt Niederbayern/Oberpfalz, Sozialgericht, Hauptzollamt u. a.), Bildungs- und kultureller Einrichtungen (Fachhochschule (Landwirtschaft, Sozialwesen, Betriebswirtschaft, Elektrotechnik, Maschinenbau), Gymnasien, Realschulen, Handelsschulen, Frauenfachschule, landwirtschaftliche Lehranstalten, Berufsfachschule für Maschinenbau, Fachschule für Keramik, Berufsschule mit Berufsaufbauschule Sparkassenakademie Bayern, Volkshochschule, Sonderschulen für Behinderte, Stadt- und Kreismuseum, Staats- und Stadtarchiv, Südostbayerisches Städtetheater). L. ist Garnisonsstadt der Bundeswehr mit Standortverwaltung, Verteidigungsbezirkskommando und Kreiswehrersatzamt. Die St hat Schwerpunktkrankenhaus und eine breitgefächerte Industrie (Elektronik, Nahrungs- und Genußmittel, Maschinen- und Fahrzeugbau, Textil-, Holz- und Papierverarbeitung, Druckerei, Steine-, Erden- und Glasindustrie, Baugewerbe).

Erstmals 1150, als St 1204 urkundlich erwähnt, hat sich L. in Anlehnung an den alten wittelsbachischen Fürstensitz, die Burg Trausnitz, entwickelt und wurde bereits in der ersten Hälfte des 13. Jh. als Hauptstadt Bayerns angesehen. Ihre höchste Blüte erlebte die St seit Mitte des 14. Jh. als ständige Residenz des niederbayerischen Teilherzogtums. Unter den sogenannten „Reichen Herzögen" (1393–1503) war Bayern-L. zu einem der angesehensten Gebiete des Reiches geworden. 1475 richtete Herzog Ludwig der Reiche seinem Sohn Georg mit der polnischen Königstochter Jadwiga jene berühmte Hochzeit aus, die als glanzvollstes Fest Bayerns in die Geschichte eingegangen ist. Nach dem Landshuter Erbfolgekrieg (1504–1505) fiel Niederbayern an Bayern-München. Die St blieb als zweite Residenz des Herzogtums noch längere Zeit bedeutsam, war von 1800–1825 Universitätsstadt und ist seit 1839 mit kurzer Unterbrechung Sitz der Regierung von Niederbayern.

Die Landshuter Altstadt ist fast unversehrt erhalten. Als Beispiel gotischer Straßenkunst gilt der in einer sanften Krümmung verlaufende Straßenzug, der von der Isar zum Dreifaltigkeitsplatz führt. Von den großartigen histori-

Landshut
Altstadt mit St. Martin u. Burg Trausnitz

schen Baudenkmälern ist an erster Stelle das Münster St. Martin (1389 bis 1500) mit dem höchsten Backsteinturm der Welt (133 m), dem Grabdenkmal des Erbauers Hans Stethaimer und der kostbaren Austattung (Leinberger-Madonna von 1518, Chorgestühl [um 1500], Hochaltar [1424] u.a.) zu nennen. Weitere Sehenswürdigkeiten sind die Hl.-Geist-Kirche (1407), die prächtigen Giebelhäuser der Altstadt, die über der St liegende Burg Trausnitz (1204 von Herzog Ludwig dem Kelheimer begonnen; älteste Teile Bergfried und romanische Burgkapelle mit bedeutender plastischer Ausstattung; Wehrgang aus dem 15. Jh.; Arkaden im Burghof [italienischer Anbau] mit Narrentreppe und Ausstattung des Fürstenbaus zwischen 1568 und 1579), die prächtige Stadtresidenz (1536–43, ältester italienischer Renaissancepalast auf dt. Boden), die im Stadtteil Freyung liegende gotische St.-Jodoks-Kirche (1369) und das Kloster Seligenthal (gegründet 1232, 1732 im Rokokostil umgebaut) mit der Afrakapelle. – L. ist Geburtsort des Malers Max Slevogt (1868–1932). – Alle vier Jahre „Landshuter Fürstenhochzeit", größte historische Festveranstaltung Deutschlands; alle zwei Jahre L. Hofmusiktage und Niederbayern Schau.

Landstuhl

15,35 qkm; ○ Kaiserslautern; ⚐ Rheinland-Pfalz; ✉ 66849; ☎ 06371; 🚗 KL; △ 240–453 m; 👪 8400.

In einem Talkessel zwischen Ausläufern der Sickinger Höhe am Rande des Landstuhler Bruches 15 km westlich von Kaiserslautern liegt L. Zufahrt über die B 40 und Autobahn A 6 Mannheim–Saarbrücken (Ausfahrten L. und AB-Dreieck L.) sowie A 62/A 1 Trier–Pirmasens (Ausfahrt AB-Dreieck L.). D-Zug-Station der Bundesbahnstrecke Frankfurt a. M.–Saarbrükken. In Ramstein (4 km) NATO-Flughafen. L., seit 1972 Sitz einer Verbandsgemeindeverwaltung, hat Amtsgericht, Forstamt; Realschulen, Gymnasium, Kreisberufsschule, private Berufs- und Haushaltsschulen, Fachschule für Kindergärtnerinnen; Porzellan- (Rosenthal) und elektrotechnische (Zweigwerk Telenorma) Industrie.

Die St wird überragt von der Ruine der Burg Nanstein, die Kaiser Barbarossa 1160 erbauen ließ. L., 1326 als St genannt (Verlust der Stadtrechte während der Französischen Revolution, 1864 erneuert), erlebte dank seiner günstigen Verkehrslage im späten MA. eine wirtschaftliche Blütezeit. 1523 fand Ritter Franz von Sikkingen auf dem Nanstein im Kampf gegen drei mächtige Reichsfürsten den Tod. Zwischen 1618 und 1714 wechselten sich Spanier, Schweden, Österreicher, Lothringer und Franzosen in der Herrschaft über die St ab. Im 19. Jh. entwickelte sich L. zum kommunalpolitischen Mittelpunkt zahlreicher Umlandgemeinden. – Sehenswürdigkeiten sind die Sickingenburg Nanstein, die Alte Kapelle mit Freskomalereien aus dem 14. Jh., die St. Andreas-Kirche (18. Jh.) mit Grabmal Franz von Sickingens, ein römisches Grabdenkmal (am Alten Markt), Zehntenscheuer (18. Jh.), Rentei (18. Jh.) und Reste der alten Stadtbefestigung. – Alljährlich im Juni und August Freilichtspiele im Hof der Burg Nanstein.

Langelsheim

□ 48,67 qkm; ○ Goslar; ⚐ Niedersachsen; ✉ 38685; ☎ 05326; 🚗 GS; △ 174–405 m; 👪 14400.

Die St L. liegt 8 km nordwestlich von Goslar an der Innerste am Nordrand des Oberharzes. L. ist über die B 82 zu erreichen und hat Anschluß an die A 7 Kassel–Hannover (Ausfahrt Rhüden); Realschule, Volkshochschule; metallverarbeitende, chemische, holzverarbeitende und Mineralwasser-Industrie sowie landwirtschaftliche Betriebe und Gärtnereien.

L., erstmals im 12. Jh. urkundlich erwähnt, erhielt 1951 Stadtrechte. Im 16. Jh. besaß L. zwei Schmelzhütten, die das im Rammelsberg (Goslar) gewonnene Eisenerz verarbeiteten. In der Nähe der St liegen die Ruinen einer Karolingerburg aus dem 9. Jh. – Sehenswert die südlich von L. gelegene Innerste-Talsperre.

Langen (Hessen)

□ 29,12 qkm; ○ Offenbach; ⚐ Hessen; ✉ 63225; ☎ 06103; 🚗 OF; △ 142 m; 👫 31000.

L. liegt im Ballungsraum des Rhein-Main-Gebietes 15 km südlich von Frankfurt a. M. Die St ist über die B 3, B 486 und die Autobahn A 5 Frankfurt a. M.–Mannheim (Ausfahrt Langen/Mörfelden) und die A 661 Egelsbach–Offenbach (Ausfahrt L.) zu erreichen. Bahnstation an der Strecke Frankfurt–Darmstadt; Flughafen Rhein-Main 10 km nordwestlich und Flugplatz Egelsbach 3 km südlich von L. Die St hat Amtsgericht, Arbeitsamt, Finanzamt, Zollamt; Grund-, Haupt- und Sonderschulen, Gymnasium, Volkshochschule, Fachhochschule des Bundes für Verwaltung, Flugsicherungsschule, Wetterdienstschule; Paul-Ehrlich-Institut, Bundesamt für Sera und Impfstoffe; Kreiskrankenhaus; Maschinenbau, Elektrotechnik-, Holzverarbeitungs- und Spirituosenindustrie.

L. wird erstmals 834 urkundlich erwähnt. Im 14. Jh. wurde der Ort, der Sitz des Maigerichts im Wildbann Dreieich war, befestigt (Reste der Wehranlagen erhalten). 1812 Erhebung zum Marktflecken. Nach dem Bau der Main-Neckar-Bahn (1846) gewann L. an zentraler Bedeutung. Die Stadtrechte erhielt L. 1883. Nach dem 2. Weltkrieg entwickelte sich die St zu einer aufstrebenden Industrie- und Wohngemeinde mit überdurchschnittlichem Bevölkerungszuwachs (1939 9000 EW).

Langen b. Bremerhaven

□ 126,53 qkm; ○ Cuxhaven; ⚐ Niedersachsen; ✉ 27607; ☎ 04743; 🚗 CUX; △ 8 m; 👫 14900.

L., am nördlichen Stadtrand von Bremerhaven gelegen, ist über die B 6 zu erreichen. Autobahnanschluß in die Strecke Bremen–Bremerhaven–Cuxhaven (Abfahrt Debstedt). Die Gm hat Amtsgericht; Hauptschule mit Realschulzug; Radiatorenwerk.

L., erstmals 1139 urkundlich erwähnt, war bis 1878, als ein Großbrand den Ort zerstörte, ein charakteristisches Haufendorf. Der Wiederaufbau erfolgte in gelockerter Bauweise. Die Nähe Bremerhavens begünstigte seit Ende des 19. Jh. die allmähliche Entwicklung von der landwirtschaftlich orientierten Landgemeinde zum Arbeiterwohn- und Industrieort.

Langenargen

□ 15,24 qkm; ○ Bodenseekreis; ⚐ Baden-Württemberg; ✉ 88085; ☎ 07543; 🚗 FN; △ 400 m; 👫 6100.

L., 10 km südöstlich von Friedrichshafen an der Mündung der Argen in den Bodensee gelegen, hat Landestelle der Bodenseeschiffahrt; Institut für Seenforschung und Seenbewirtschaftung; Grundschule und Hauptschule; bedeutenden Fremdenverkehr.

L., erstmals 770 urkundlich erwähnt, war von 1290 bis 1780 Besitz der Grafen von Montfort. Unter Graf Hugo (1440–91), der L. zu einem Handelsplatz ausbauen ließ, wurde L. Zollstation und Markt; 1453 erhielt es Stadtrechte (im 18. Jh. erloschen). Im 17./18. Jh. war derr Ort Münzstätte. 1780 kam L. an Österreich und 1809 an Bayern. Die auf einer kleinen Insel (nach 1809 durch einen aus Abbruchsteinen aufgeschütteten Damm mit dem festen Land verbundene) zwischen 1333 und 1343 errichtete Burg wurde im Dreißigjährigen Krieg zerstört, 1662 als Wasserschloß wiederaufgebaut und 1809 abgebrochen. Von 1861–66 ließ König Wilhelm I. von Württemberg das Schloß Montfort im maurisch-italienischen Stil neu errichten (jetzt Kurhaus). – Bemerkenswert die Pfarrkirche St. Martin (1718–22) und die Hängebrücke über die Argen (älteste Kabelhängebrücke Deutschlands). – Alljährlich im August traditionelles Fischerstechen.

Langenau (Württ.)

□ 75,02 qkm; ○ Alb-Donau-Kreis; ⚐ Baden-Württemberg; ✉ 89129; ☎ 07345; 🚗 UL; △ 461 m; 👫 11600.

Die St L. liegt 17 km nordöstlich von Ulm an der Nau am Fuße der Schwäbischen Alb. Anschluß an die Autobahnen A 7 Kempten–Würzburg (Ausfahrt L.) und A 8 Stuttgart–München (Ausfahrt Oberelchingen); Bahnstation an der Strecke Ulm–Aalen. Die St hat Forstamt; Kreiskrankenhaus; Realschule, Gymnasium, Volkshochschule, Musikschule, Sonderschule für Lernbehinderte; Werkzeugmaschinen-, Textil- und Nahrungsmittelindustrie, modernes Wasserwerk des Zweckverbandes Landeswasserversorgung.

L. erhielt 1376 von Kaiser Karl IV. das Stadtrecht. Sehenswert die Martinskirche mit schöner Barockausstattung (1669), die Pflegehofanlage mit Freihäusle, Schloß Albeck und das Heimatmuseum. Östlich von L. befindet sich das Naturschutzgebiet „Donaumoos"; nordwestlich der St liegt das Lohnetal (Höhlen, frühgeschichtliche Funde).

Der Stadtteil Albeck ist Geburtsort von Robert Bosch (1861–1942).

Langenfeld (Rheinland)

☐ 41,1 qkm; ○ Mettmann; ⚐ Nordrhein-Westfalen; ✉ 40764; ☎ 02173; 🚗 ME; △ 43 m; 👫 51 600.

L., 20 km südöstlich von Düsseldorf an der B 8 und B 229 gelegen, hat Anschluß an die A 3 Köln–Duisburg (Ausfahrt L.), A 59 Leverkusen–Düsseldorf (Ausfahrt L.-Richrath) und A 542 (Ausfahrt AB-Kreuz Monheim-L.); Bahnstation Richtung Düsseldorf und Köln; Amtsgericht, Realschulen, Gymnasium, Sonderschulen, Volkshochschule, Jugendmusikschule, Jugendkunstschule; Stadtbibliothek; Zuliefererbetriebe für die Automobilindustrie, Maschinenbau, Schuhfabrikation, Textilverarbeitung; von Bedeutung sind ferner der Landschafts- und Gartenbau, sowie landwirtschaftliche Betriebe.

Mit dem Baubeginn der Kirche St. Martin (12. Jh.), vor 1000 Jahren wurde der Grundstein des heutigen L. gelegt. Die Gm entstand 1910 durch Zusammenschluß der Orte Richrath und Reusrath, die seit 1936 den Namen L. führen. Die Stadtrechte erlangte L. 1948.

Sehenswürdigkeiten: Turm von St. Martin (12. Jh.); Wasserburg Haus Graven (16./17. Jh.); Schwanenmühle, Dückeburg; Naturschutzgebiet Further Moor.

Langenhagen (Kr. Hannover)

☐ 72,19 qkm; ○ Hannover; ⚐ Niedersachsen; ✉ 30853*; ☎ 0511; 🚗 H; △ 50 m; 👫 47 000.

L., 8 km nördlich von Hannover gelegen, hat Anschluß an die Autobahn A 2 Berlin–Hannover–Ruhrgebiet (Ausfahrt Hannover/Langenhagen) und an die Autobahn A 7 Kassel–Hannover–Hamburg (Ausfahrt Großburgwedel bzw. über Eckverbindung A 352 Hannover, Ausfahrt L.-Kaltenweide). Auf der Gemarkung von L. liegt der Flughafen Hannover-L. Die St hat Bundesanstalt für Flugsicherung und Deutschen Wetterdienst; Gesamtschule, Realschule, Gymnasium, Landes-Schornsteinfegerschule, Sonderschule für Lernbehinderte; Nervenklinik; Zigarettenfabrik (Reemtsma) Schallplatten- und CD-Industrie (Philips und Du Pont). L. ist Bundeswehrstandort.

Die erstmals 1312 urkundlich genannte Hagenhufsiedlung L. lag an der alten Verbindungsstraße Stade–Walsrode–Hannover. Um 1800 war L. ein reiches Bauerndorf von 315 Einwohnern. Seine spätere wirtschaftliche Aufwärtsentwicklung verdankt der Ort dem Anschluß an das Eisenbahnnetz, der Ansiedlung von Industrie und dem Bau des Mittellandkanals. Nach dem 2. Weltkrieg erlebte L. einen weiteren bedeutenden Aufschwung als Industrie- und Wohnvorortgemeinde von Hannover. 1959 wurde L. zur St erhoben.

Langenselbold

☐ 26,26 qkm; ○ Main-Kinzig-Kreis; Hessen; ✉ 63505; ☎ 06184; 🚗 HU; △ 120 m; 👫 10 600.

Die Gm L. liegt 12 km nordöstlich von Hanau im Kinzig- und Gründautal an der B 40, B 43 und Autobahn A 66 Wiesbaden–Bad Soden–Salmünster (Ausfahrt L.); Bahnstation an der Strecke Frankfurt a. M–Fulda. L. hat Grundschulen, Gesamtschule, Sonderschule für Lernbehinderte; holzverarbeitende und chemische Industrie, Betonwerke, Bauindustrie.

L. ist als Siedlung in der Nähe eines fränkischen Königshofes entstanden. Das im 12. Jh. gegründete Prämonstratenserkloster (seit 1722 Schloß der Linie Isenburg-Birstein) kam 1542 an die Grafen von Isenburg. – Bemerkenswert der 1546 errichtete schöne Fachwerkbau der historischen Gaststätte „Zum Goldenen Engel".

Langenzenn

☐ 146,56 qkm; ○ Fürth; ⚐ Bayern; ✉ 90579; ☎ 09101; 🚗 FÜ; △ 304 m; 👫 8800.

Die St L. liegt an der Zenn in Mittelfranken 24 km westlich von Nürnberg. Zufahrt über die

B 8; Bahnstation an der Strecke Siegelsdorf–Markt Erlbach. L. hat Grund- und Hauptschule, Gymnasium; mittlere Industrie- und Gewerbebetriebe (Metallverarbeitung, Elektroteile); die St ist Mittelpunkt der fränkischen Ziegelindustrie.

Erste urkundliche Erwähnung 954 anläßlich der Reichsversammlung durch König Otto I. Verleihung des Stadtrechts zwischen 1362 und 1369. – Sehenswert das ehemalige Augustinerkloster (1409–1539) mit Kreuzgang, die Pfarrkirche mit bedeutender Ausstattung sowie das Rathaus (1727).

Im Klosterhof alljährlich Festspiele (Juni/Juli); Altstadtfest im September.

Langerwehe

□ 41,49 qkm; ○ Düren; ⚐ Nordrhein-Westfalen; ✉ 52379; ☎ 02423; 🚗 DN; △ 240 bis 277 m; 👥 12000.

L., 20 km östlich von Aachen am Rande des Naturparks Nordeifel gelegen, ist über die B 264 und Autobahn A 4 Köln–Aachen (Ausfahrt Eschweiler/Weisweiler) zu erreichen. Bahnstation an der Strecke Köln–Aachen. Die Gm hat Grundschulen, Hauptschule, Gesamtschule, Sonderschule für Sprachbehinderte; papier- und kunststoffverarbeitende Industrie, Töpfereien, Sägewerke, landwirtschaftliche Betriebe.

L. ist erstmals 1157 urkundlich bezeugt. Sehenswert die Laufenburg (14. Jh.), Kloster Wenau mit Klosterkirche (12. Jh.), Alte Kirche auf dem Rymelsberg (10. Jh.), Schloß Merode (12. Jh.), Klosterruine Schwarzenbroich (14 Jh.), Nikolauskapelle Geich (11. Jh.) und das Töpfermuseum.

Langgöns

□ 52,53 qkm; ○ Gießen; ⚐ Hessen; ✉ 35428; ☎ 06403; △ GI; △ 179–474 m; 👥 9800.

L., 1977 im Rahmen der Gebietsneuordnung aus den ehemals selbständigen Gemeinden Cleeberg, Dornholzhausen, Espa, Kleenheim und Lang-Göns entstanden, liegt im Übergangsgebiet von Wetterau, Lahntal und Taunusausläufern 12 km südlich von Gießen an den Bundesstraßen B 3, (A 429; Ausfahrt L.), B 277 sowie an den Autobahnen A 5 Frankfurt a. M.–Bad Hersfeld (Ausfahrt Gambacher Kreuz) und A 45 Hanau–Ruhrgebiet (Ausfahrt Gießener Südkreuz); Bahnstation an der Strecke Frankfurt a. M.–Gießen. L. hat Grundschulen, Mittelpunktschule; Beton- und Isolierglaswerke, blech- und kunststoffverarbeitende Betriebe, Spezialmaschinenbau; Landwirtschaft; der Ortsteil L.-Cleeberg ist staatl. anerkannter Erholungsort.

Die Gönser Mark wird erstmals 777 in einer Urkunde des Klosters Lorsch erwähnt. An einer alten Handelsstraße gelegen, entwickelten sich die Gönsorte erst nach 1945 (Ansiedlung von Heimatvertriebenen) von landwirtschaftlich orientierten Dörfern zu Gemeinden mit mittelständischen Gewerbebetrieben.

Sehenswert: Reste des römischen Limes (Pfahlzaun) aus dem 2. Jh. n. Chr. an derr östlichen Gemarkungsgrenze; Fachwerkhäuser in den Ortsteilen Langgöns, Nieder- und Oberkleen (16.–18. Jh.), Wehrkirche mit Turm (15. Jh.) in L.-Oberkleen, Burg in Cleeberg.

Langwedel

□ 76,10 qkm; ○ Verden; ⚐ Niedersachsen; ✉ 27299; ☎ 04232; 04235 (Ortsteil Etelsen); 🚗 VER; △ 20 m; 👥 11000.

Der Flecken L. ist im Zuge der Gebietsreform 1972 aus den ehemaligen Gemeinden Daverden, Etelsen, Haberloh, Holtebüttel, Langwedel und Völkersen gebildet worden. L. liegt 20 km südöstlich von Bremen an einem Schleusen-Kanal der Weser und an der Autobahn A 27/A 7 Bremen–Hannover (Ausfahrt Verden-Nord); Bahnstation an der Strecke Bremen–Hannover. Die Gm hat Grundschulen, Schulzentrum mit Haupt-, Realschule und Orientierungsstufe, Sonderschule, Heimvolkshochschule der Niedersächsischen Wirtschaft; Mörtelwerk, Sandgruben, Baumschule.

L. entstand als Siedlung an der Heer- und Handelsstraße von Bremen in den Süden im Schutz einer im 12. Jh. vom Bremer Erzbischof errichteten Burg (1680 zerstört). – Sehenswert Schloß Etelsen. – Alljährlich Schützenfest im Ortsteil Langwedel.

Lappersdorf

□ 31,52 qkm; ○ Regensburg; ⚐ Bayern; ✉ 93138; ☎ 0941; 🚗 R; △ 300–480 m; 👥 11000.

Die Großgemeinde L. liegt unmittelbar an der nördlichen Stadtgrenze von Regensburg. L. hat Anschluß an die A 93 Regensburg–Weiden (Ausfahrt Regensburg-N.); Grund- und Hauptschulen, Staatl. Feuerwehrschule; Lederwaren- und Maschinenbaufabrik, landwirtschaftliche Betriebe. Als Wohnvorort von Regensburg ist L. überdurchschnittlich gewachsen.

„Leutfridestorf" wird erstmals in einer Urkunde des Papstes Lucius III. aus dem Jahr 1185 erwähnt.

Laubach (Hessen)

□ 97,01 qkm; ○ Gießen; ⚐ Hessen; ✉ 35321; ☎ 06405; 🚗 GI; △ 230–535 m; 👫 10300.

L., 26 km östlich von Gießen am Westrand des Vogelsbergs gelegen, ist über die B 276 sowie über die Autobahn A 5 Frankfurt a.M.–Kassel (Ausfahrten Gießen-O und Homberg/Ohm-Grünberg) und Autobahn A 45 Dortmund–Hanau (Ausfahrten Wölfersheim und Münzenberg) zu erreichen. Die St ist Luftkurort (mit Kneipp-Einrichtungen). L. hat Gesamtschule, Sonderschulen für Lernbehinderte, Laubach-Kolleg (Institut zur Erlangung der Hochschulreife); Furnierwerk, Maschinenfabrik, Metallindustrie (Dexion GmbH); Fremdenverkehr.

L. wird erstmals 786 im Güterverzeichnis des Klosters Hersfeld erwähnt. Mitte des 14. Jh. kam die Siedlung an die Herren von Falkenstein und 1418, nach Erlöschen des Geschlechts, an das Haus Solms-L. Seit 1405 wird L. als Stadt bezeichnet. 1806 wurde die St dem Großherzogtum Hessen eingegliedert. – Sehenswert das Schloß (13. bis 19. Jh., Kernstück Renaissancebau) der Grafen zu Solms-L. mit bedeutender Privatbibliothek (120000 Bände, darunter die Bestände des Klosters Arnsburg) mit Park, die ev. Kirche (13.–18. Jh.), der Markt mit alten Fachwerkhäusern und Marktbrunnen sowie das Heimatmuseum. – Alljährlich im Juni traditionelles, drei Tage dauerndes Ausschußfest.

Lauchhammer

□ 59,18 qkm; ○ Landkreis Senftenberg; ⚐ Brandenburg; ✉ 01979; ☎ 03574; 🚗 SFB; △ 93–133 m; 👫 22000.

L. erreicht man über die A 13 / E 55, Ausfahrt Ruhland (ca. 11 km), und über die B 169. Bahnhöfe L-West und L-Süd an der Reichsbahnstrecke Horka–Elsterwerda. Nächster Flughafen ist Dresden-Klotzsche (ca. 45 km).

L. hat Stadtverwaltung und Institut für Umweltschutz.

Bildungseinrichtungen: Grund- und Gesamtschulen, Realschule und Gymnasium, Berufsschule für gewerbl. und techn. Berufe.

Kulturstätten: Kunstgußmuseum, Heimatstube, Kulturhaus.

Wirtschaft und Industrie: Braunkohleveredelung GmbH, Lauchhammerwerk (LHW) für Stahlbau, Stahlguß, Grauguß, Kunstguß, Tagebau-Großgeräte, Badewannen; Möbelindustrie, Kunststoffproduktion, Herstellung von Beton-Fertigteilen, Metallindustrie.

Geschichte: Die erste urkundliche Erwähnung eines Ortes im heutigen L. stammt von 1267: der meißnische und Lausitzer Markgraf Heinrich der Erlauchte bestätigt die Schenkung eines halben Teiches an das Kloster Dobrilugk (später Doberlug) durch den Burggrafen Johann von Wettin. Der dörfliche Charakter der Ansiedlungen, deren Bewohner sich von Ackerbau, Vieh- und Fischzucht ernährten, blieb noch 500 Jahre erhalten. Anfang des 18. Jh. hat man Vorkommen des Erzes Raseneisenstein entdeckt. Freifrau Benedicten Margaretha von Löwendal ließ sich vom Kurfürsten August dem Starken die Schürfrechte verleihen, und bis 1733 entstanden vier Hammerwerke. Bis zur Bildung eines Gutsbezirkes sprach man vom Löwendalschen Hammer, ab 1780 von Lauchhammer. Entscheidenden Einfluß auf den technischen Fortschritt im Territorium übte der Löwendalsche Erbe, Graf Detlev Carl von Einsiedel, aus. Er veranlaßte den Bau der ersten Dampfmaschine in Deutschland, die ab 1804/05 Wasser des Naundorfer Sees für die Hammerwerke nutzbar machte. Die erst Jahrzehnte später genutzten Braunkohlevorkommen waren schon 1802 entdeckt worden. Das erste Brikett wurde 1898 gepreßt. Es entstanden Brikettfabriken und Kraftwerke. Zu DDR-Zeiten nahm die Zerstörung der Umwelt durch den Braunkohlenbergbau katastrophale Ausmaße an; es bedarf jahrzehntelanger Arbeit, die Region L. wieder in eine liebenswerte Landschaft zu verwandeln. Als sich die Gemeinden Bockwitz, Mückenberg, Lauchhammer und Dolsthaida zusammenschlossen, erhielt L. 1953 St-Recht. Den guten Ruf von L. begründete nicht die Kohle, sondern der im Lauchhammerwerk produzierte Kunstguß. Das bereits 1868 gegossene Lutherdenkmal für Worms zeugt von den handwerklichen und künstlerischen Fertigkeiten der Lauchhammerwerker, die bis heute bestehen.

Baudenkmäler und Sehenswürdigkeiten: Schloßkirche im Schloßpark, die Freifrau von Löwendal 1746 im Rokokostil erbauen ließ, Kreuzigungsgruppe aus Meißner Porzellan von J. Kaendler aus dem Jahre 1747; Schloßpark; evang. Kirche in L-Mitte; Kunstgußwerk in L-

Ost und Kunstgußmuseum; Kunstgußfigur „Herkulanische Matrone" um 1790.

Freizeit: Badesee „Grünewalder Rauch", Tiergehege.

Periodische Veranstaltungen: „Frühlingssingen" (2. Maiwochenende), Frühlingsfest im Schloßpark (letztes Maiwochenende), Heimatfest (3. Septemberwochenende), Weihnachtssingen der Kulturvereine (4. Advent), Weihnachtsmarkt im Schloßpark (3. Adventswochenende).

Lauda-Königshofen

□ 94,48 qkm; ○ Main-Tauber-Kreis; ⚐ Baden-Württemberg; ✉ 97922; ☎ 09343; 🚗 TBB; △ 192–320 m; 👥 14700.

Die St L. liegt 40 km südwestlich von Würzburg an der Tauber. Zufahrt über die B 290 und Autobahn A 81 Heilbronn–Würzburg (Ausfahrt Tauberbischofsheim). Bahnstation an den Strecken Frankfurt a.M.–Wertheim–Ulm und Mannheim–Würzburg. L. hat Bundesbahnbetriebsamt (Außenstelle), Forstamt u.a. Behörden; Realschule, Gymnasium, Sonderschule für Lernbehinderte. L. ist Bundeswehrstandort. Die mittelständischen Industriebetriebe stellen Meßgeräte, Laborapparate, Werkstoffprüfmaschinen, Lackfarben, Transport- und Förderanlagen sowie Ladeeinrichtungen her. Von Bedeutung ist ferner der seit dem MA betriebene Weinbau (Staatl. Rebgut am Altenberg) und Weinhandel. 1975 wurde L. die ehem. St Königshofen eingegliedert; der Stadtteil L.-K.-Beckstein ist Erholungsort.

L., erstmals 1150 mit der 1525 zerstörten Burg Oberlauda (Sitz der Ortsherren) erwähnt, wurde 1344 von Kaiser Ludwig dem Bayer zur St erhoben. Von 1506 bis 1803 war L. fürstlich-würzburgische Amtsstadt. 1806 kam die St an Baden. – Sehenswert Stadtkirche St. Jakob (Ende 17. Jh.); Marienkirche (17. Jh.); Oberes Tor (1496); Fachwerkhäuser (16.–18. Jh.) in der Altstadt und historische Tauberbrücke (1510–12); Heimatmuseum. – Alljährlich Königshofer Messe (September) und traditionelle Weinfeste in den Stadtteilen Beckstein (August), Gerlachsheim (Oktober), Lauda (Juni), Marbach (Oktober) und Oberlauch (Oktober).

Lauenburg (Elbe)

□ 9,55 qkm; ○ Herzogtum Lauenburg (Elbe); ⚐ Schleswig-Holstein; ✉ 21481; ☎ 04153; 🚗 RZ; △ 45 m; 👥 11000.

Die St L. liegt 35 km südöstlich von Hamburg am rechten Elbufer an der Mündung des Elbe-Lübeck-Kanals. Zufahrt über die B 5 und B 209. Bahnstation an der Bundesbahnstrecke Flensburg–Lübeck–Hannover. L. hat Flußhäfen an der Elbe und am Elbe-Lübeck-Kanal; Amtsgericht, Wasser- und Schiffahrtsamt; Realschule; Chirurgische Spezialklinik; Schiffswerft, Reedereien, Holz-, Zement-, Textilindustrie.

L., das 1260 erstmals urkundlich erwähnt wird, entwickelte sich im Schutz einer von Herzog Bernhard I. 1182 errichteten Burg, die später als Schloß Residenz der Fürsten von Sachsen-L. war. – Sehenswert die älteste Kesselschleuse Europas (1724) und das Elbschifffahrtsmuseum, schöne Fachwerkhäuser aus dem 16. und 17. Jh., das Heimatmuseum im ehemaligen Rathaus (1509) und die Maria-Magdalenen-Kirche mit der Gruft der Lauenburger Herzöge. – Die 1945 gesprengte Elbbrücke wurde 1955 wiederaufgebaut.

Lauf a.d. Pegnitz

□ 59,83 qkm; ○ Nürnberger Land; ⚐ Bayern; ✉ 91207; ☎ 09123; 🚗 LAU; △ 330 m; 👥 23700.

Die Stadt L. liegt 17 km nordöstlich von Nürnberg an der B 14 im unteren Pegnitztal, dem Eingang zur Frankenalb. Autobahnanschluß A 9 München–Berlin (Ausfahrten L. und L./Hersbruck); Bahnstation (S-Bahn L. links Pegnitz) an der Strecke Nbg.–Furth i.W. und (L. rechts Pegnitz) an der Strecke Nbg.–Bayreuth; L. ist Sitz der Kreisverwaltung; hat Gymnasium, Realschule, Berufsschule mit Berufsaufbauschule, Sonderschule für Lern- u. Körperbehinderte, Volkshochschule, Verwaltungsschule der Bundesanstalt für Arbeit; Speckstein- u. Staetitwerke, Elektrozubehör-, Holzwaren- und Präzisionswerkzeugindustrie.

L. wird erstmals 1170 urkundlich erwähnt. Kaiser Karl IV. erwarb 1353 mit der Oberpfalz auch L. und errichtete auf den Ruinen einer um 1300 zerstörten Burg auf einer Insel in der Pegnitz das bis heute erhaltene Wenzelsschloß mit dem einmaligen Wappensaal. 1373 kam L. wieder an Bayern. 1504 wurde es von den Nürnbergern besetzt, die es der Reichsstadt eingliederten. Mit Nürnberg wurde L. dann 1806 dem Königreich Bayern einverleibt.

Sehenswert sind neben der Kaiserburg und dem Wappensaal die Altstadt mit historischem Marktplatz und Fachwerkhäusern, Glockengießerspital mit romantischem Innenhof und

Kirchenruine, zwei Stadttore, Stadtmauerreste mit Eckbastion (Judenturm), Welserschloß im Ortsteil Neunhof, Museum mit Hammerwerk und Mühle an der Pegnitz (funktionstüchtig), Stadtarchiv mit Museum.

Laufen (Oberbayern)

☐ 35,30 qkm; ○ Berchtesgadener Land; ⚐ Bayern; ✉ 83410; ☎ 08682; 🚗 BGL; △ 430 m; 🚶 5750.

L., staatl. anerkannter Erholungsort an einer Flußschleife über der Salzach, 15 km nordwestlich von Salzburg, liegt im nördlichen Teil des Rupertiwinkels unmittelbar an der Grenze zu Österreich. Die St ist über die B 20 zu erreichen und Bahnstation an der Strecke Freilassing–Landshut; Flughafen Salzburg (20 km). L. hat Grundschulen, Hauptschule; Akademie für Naturschutz- und Landschaftspflege.

»Louffen« gehört zu den ältesten Orten Bayerns. Um die Mitte des 8. Jh. erwarb Bischof Virgill von Salzburg das „castellum ad Louffi"; 1041 wird L. als befestigter Handelsort erwähnt. In L. wurde seit dem 12. Jh. vor allem das Halleiner Salz umgeschlagen.

Wahrzeichen der St ist die Stiftskirche hoch über der Salzach, deren Langhaus 1338 vollendet wurde; sie ist die älteste gotische Hallenkirche Süddeutschlands. Der sie umgebende Kreuzgang gibt einen fast lückenlosen Überblick alter Grabmalkunst vom 14. bis zum 19. Jh. Das Straßenbild von L. gehört mit seinen Plätzen und Gassenschluchten zu den schönsten Zeugnissen südlich inspirierter Architektur nördlich der Alpen.

Südwestlich von L. liegt der Abtsdorfer See mit großem Sport- und Freizeitgelände.

L. ist Geburtsort des Barockmalers Joh. Michael Rottmayr (1654–1730).

Laufenburg (Baden)

☐ 23,58 qkm; ○ Waldshut; ⚐ Baden-Württemberg; ✉ 79725; ☎ 07763; 🚗 WT; △ 330–700 m; 🚶 7300.

L., malerisch unmittelbar am Hochrhein, der die Grenze zur Schweiz bildet, am Südrand des Hotzenwaldes (südl. Schwarzwald) gelegen, ist über die B 34 zu erreichen; Bahnstation an der Strecke Basel–Konstanz. Die St hat Grund- und Hauptschulen, Realschule, Sonderschule für Bildungsschwache; kleinere und mittlere Industrie- und Gewerbebetriebe; Fremdenverkehr. Mit der Schweiz ist L. durch eine Straßenbrücke über den Rhein verbunden.

L. liegt auf altem Siedlungsboden (Funde aus der Römerzeit). »Loufenberg«, erstmals 1207 urkundlich erwähnt, wurde kurz vor 1200 von den Grafen von Habsburg-L. in Besitz genommen und zu einem befestigten Ort mit Burg beiderseits des Rheins ausgebaut; der rechtsrheinische Stützpunkt (Kleinstadt) wurde dabei von Anfang an in den Befestigungsgürtel miteinbezogen. »Loufenburg«, wie der Ort später hieß, erhielt im 14. Jh. Stadtrecht. Nach dem Aussterben der Herren von L. kam die St 1408 an die Freiherren von Schönau, 1651 an die Freiherren von Grammont und danach an das Haus derer von Stotzingen. Im Frieden von Lunéville (1801) wurde die St geteilt: die linksrheinische Altstadt fiel mit dem Fricktal an die Schweiz, die Kleinstadt (1802 zur St erhoben) wurde dem Großherzogtum Baden (1805/06) einverleibt. – Sehenswert der römische Gutshof „Villa rustica", die unter Denkmalschutz stehende ma. Altstadt und die Burgruine Hauenstein. – Alljährlich traditionelle L. Fasnacht.

Lauffen a. Neckar

☐ 22,63 qkm; ○ Heilbronn a. N.; ⚐ Baden-Württemberg; ✉ 74348; ☎ 07133; 🚗 HN; △ 160–172 m; 🚶 9200.

L., 10 km südwestlich von Heilbronn am Neckar gelegen, ist über die B 27 und Autobahn A 6 Heilbronn–Stuttgart (Ausfahrt Ilsfeld-Auenstein) zu erreichen; Bahnstation an der Strecke Heilbronn–Stuttgart. Die St hat Wasser- und Schiffahrtsamt (Nebenstelle von Heilbronn); Realschule, Gymnasium, Sonderschulen für Lern- und Geistigbehinderte, Kreissonderschule für Bildungsschwache, Musikschule, Volkshochschule. L. ist eine der bedeutendsten Weinbaugemeinden Württembergs; ferner Gemüse- und Obstanbau.

L. wird erstmals 823 als Königsgut erwähnt. Um 1100 verlegten die seit 1011 nachweisbaren Grafen von L. ihre Burg (jetzt Rathaus) auf die Neckarinsel und gründeten Ende des 12. Jh. den Ort L. Nach dem Aussterben des Geschlechtes gelangte L. in den Besitz des Markgrafen von Baden (1220); seit 1234 ist es als St bezeugt. 1274 war L. vollständig ummauert. 1434 wurde es württembergisch. Der ma. Stadtkern mit den Befestigungsanlagen ist zum großen Teil erhalten. – Sehenswert: Regiswindiskirche (ältere Bauteile um 1230; 1567

Rostock, Neuer Markt mit Marienkirche

Hamburg, Stadtzentrum mit Hafen

Schwerin, Schloß

Salzgitter, Schloß Salder

Berlin
Kurfürstendamm mit
Gedächtniskirche

Brandenburg
Altstädtisches Rathaus

Jever, Schloß

Neubrandenburg
Wiekhäuser

Hameln
Stiftsherrenhaus
und Heimatmuseum

Hannover
Raschplatz-Hochstraße
mit Fernmeldeturm

Dessau, Bauhaus

Cottbus, Theater

*Köln
Stadtansicht
mit Dom*

*Dortmund
Alter Markt mit
Reinoldikirche*

Leipzig, Altes Rathaus

Dresden, Zwinger

Frankfurt/Oder, Marienkirche

Saalfeld, Gasthaus Loch

Frankfurt a. M.
Hauptwache mit
Katharinenkirche

Mayen
Altes Rathaus

Trier, Blick auf den Dom

Koblenz
Deutsches Eck

Stuttgart, Hauptbahnhof

Markgröningen, Rathaus

Konstanz, Konzilsgebäude und Hafen

Halle, Markt mit Marktkirche und dem Roten Turm (rechts)

Erfurt, Rathaus am Fischmarkt, links das Renaissance-Haus »Zum Breiten Herd«

Ottobeuren, Kloster und Basilika

Nürnberg, Blick von der Lorenzkirche zur Burg über Hauptmarkt und Sebalduskirche

München
Marienplatz mit Mariensäule
und Frauentürmen

Nördlingen

Regensburg, Blick auf die Altstadt

als Hallenkirche umgebaut) mit Wandmalereien aus dem 16. Jh.; Grabkapelle der hl. Regiswindis (13. Jh.); alte Neckarbrücke (1532). Südlich der St rechts des Neckars Grundmauern einer Römischen Gutsanlage (Mitte 2. Jh. n. Chr.). – L. ist Geburtsort des Dichters Friedrich Hölderlin (1770–1843).

Lauingen (Donau)

□ 44,28 qkm; ○ Dillingen a. d. Donau; ⚐ Bayern; ✉ 89415; ☎ 09072; 🚗 DLG; △ 439 m; 👫 9300.

L., an der Donau am Nordrand des Donauriedes im bayerischen Schwaben gelegen, ist über die B 16 zu erreichen. Bahnstation an der Strecke Ulm–Regensburg. Sportflugplatz in Gundelfingen (6 km). Die St hat Realschule, musisches, neusprachliches und wirtschaftswissenschaftliches Gymnasium, Verbandsberufsschule, Berufsaufbauschule, Landwirtschaftsschule; Technologie-Zentrum; Kreiskrankenhaus; Maschinen-, Strumpf- und Strickmodenfabrik, Kleider- und Tuchfabrik, Bauindustrie, Fischzuchten u. a.

L. liegt auf altem Siedlungsgebiet (Funde aus der Steinzeit, Reihengräberfunde aus dem 7. Jh.). Um 1200 Verleihung der Stadtrechte durch die Hohenstaufen. Blütezeit der St im 13. Jh. Unter den Wittelsbachern Bau des Herzogschlosses (um 1480); im 17. Jh. Ausbau der Wehranlagen. – Sehenswürdigkeiten: Schloß; Münster St. Martin (1513); Schimmelturm (1457–78); Wehrgang mit Tränktor; Rathaus (1783–91) mit prächtigem Festsaal im klassizistischen Stil; schöner Marktplatz mit Denkmal des Gelehrten Albertus Magnus (um 1200–1280), der in L. geboren wurde; Heimatmuseum. – Alljährlich zur Faschingszeit Verbrennung der „Winterhexe" und großer Faschingsumzug.

Laupheim

□ 61,80 qkm; ○ Biberach a. d. Riß; ⚐ Baden-Württemberg; ✉ 88471; ☎ 07392; 🚗 BC; △ 515 m; 👫 15600.

L., im Rottumtal an der B 30 zwischen Ulm und Biberach gelegen, hat Amtsgericht (Nebenstelle), Landwirtschaftsamt; Sonderschule für Lernbehinderte, Realschule, Gymnasium, Berufs- und Wirtschaftsschule, Landwirtschaftsschule, Volkshochschule, Städt. Musikschule; Planetarium. Die St ist bekannt durch ihre chemisch-pharmazeutischen Erzeugnisse (Melabon), Werkzeuge, Verpackungsmaschinen und Artikel der Haarveredlungs- und -verarbeitungsindustrie. L. ist Bundeswehrstandort.

L., erstmals 778 urkundlich erwähnt, wurde 1434 zum Marktflecken erhoben. 1525 verbrannten aufständische Bauern die Burg; 1634 plünderten schwedische Truppen die St. 1805 kam L. unter bayerische, 1806 unter württembergische Oberhoheit. Heute nimmt die St die Funktion eines Mittelzentrums ein.

Bemerkenswert das Schloß (14.–18. Jh.) im Ortsteil Groß-L. mit Rosengarten und Schloßpark, das im spätbarocken Stil erbaute Schloß (1769) in Klein.-L., die Stadtpfarrkirche St. Peter und Paul (1630 umgebaut) und die Friedhofkapelle (1445 erbaut). – L. ist Geburtsort von Carl Laemmle (1867 bis 1939), Mitbegründer Hollywoods und der amerikanischen Filmindustrie.

Lauterbach (Hessen)

□ 102 qkm; ○ Vogelsbergkreis; ⚐ Hessen; ✉ 36341; ☎ 06641; 🚗 VB; △ 300 m; 👫 14600.

Die St L. liegt an der Lauter zwischen bewaldeten nordöstlichen Ausläufern des Vogelsberges. Zufahrt über die B 254 und B 275. Bahnstation an der Strecke Fulda–Gießen. L. hat Amtsgericht, Kreisverwaltung, Amt für Landeskultur; Gymnasium, Sonderschule für Lernbehinderte, Kreisberufsschule, Berufsfachschule, Jugendmusikschule, Bildungszentrum für Elektrotechnik. Die St ist wirtschaftliches Zentrum zwischen Vogelsberg und Knüll (holzverarbeitende Industrie, Ziegelei, Brauerei, Keramikfabrik [Gartenzwerge], Textil-, Beton-, Blechwaren-, Preßspan- und Pappenindustrie, Camembertmolkerei [„Lauterbacher Strolch"], Seifenfabrik, Kartonagenwerk).

L. wurde während der fränkischen Rodungs- und Siedlungszeit (400–800 n. Chr.) gegründet. Erste urkundliche Erwähnung im Jahre 812. L. gehörte zur Abtei Fulda, die den Ort Anfang des 13. Jh. befestigte und 1266 zur St erhob. Seit Mitte des 15. Jh. übten die Herrschaft die Ritter und späteren Freiherren von Riedesel aus (bis 1806), deren Geschlecht noch heute in der Umgebung der St ansässig ist. 1806 kam L. an das Großherzogtum Hessen-Darmstadt. – Sehenswert: Schloß Eisenbach (Stammsitz der Freiherren Riedesel zu Eisenbach); Stadtkirche (1763–67) mit Grabmälern der Freiherren Riedesel; malerische Fachwerkhäuser aus dem 17. und 18. Jh.; Reste der alten Stadtbefestigung (Ankerturm); Barockschloß Hohhaus (1770–77) mit bemerkenswertem Museum und Bibliothek. – Ein Sohn der St ist der hessische Turnvater Adolf Spiess (1810–58).

Alljährlich L. Prämienmarkt (Fronleichnamswoche), Hainigfest (August); alle zwei Jahre L. Gildefest (September), Stadtfest und Töpfermarkt (September), Herbstmesse (November).

Lebach

□ 64,15 qkm; ○ Saarlouis; ⚐ Saarland; ✉ 66822; ☎ 06881; 🚗 SLS; △ 230 m; 👫 20700.

Die Gm L. liegt 25 km nördlich von Saarbrükken am Schnittpunkt der B 10, B 268 und B 269. L. hat Amtsgericht; Kreiskrankenhaus; Realschule, Realgymnasium, Aufbaugymnasium, Sonderschule für Lernbehinderte, Kreisberufsschule und Berufsfachschulen, Technische Berufsaufbauschule, Volkshochschule mit Musikschule, Sonderschule für Gehörlose, Blinde und Sehbehinderte, Polizeischule; Maschinenbau, Textil- und Futtermittelindustrie, Viehmärkte. Die Gm ist Bundeswehrstandort.

Bodenfunde aus der Keltenzeit deuten auf eine frühe Besiedlung der Gemarkung. 950 wird die Pfarrei L. erstmals urkundlich erwähnt. Seit dem 13. Jh. unterstand der Ort vier Herren (Kurfürst von Trier, Freiherren von Hagen zur Motten, Kloster Fraulautern und Herzog von Lothringen), deren Herrschaft erst durch die Französische Revolution beendet wurde. Unter französischer Hoheit war L. franz. Kantonshauptstadt. 1815 kam es an Preußen.

Leck (Nordfriesland)

□ 29,63 qkm; ○ Nordfriesland; ⚐ Schleswig-Holstein; ✉ 25917; ☎ 04662; 🚗 NF; △ 6 m; 👫 7400.

L., an der B 199, 30 km westlich von Flensburg gelegen, ist Bundeswehrstandort (NATO-Flugplatz) und hat Standortverwaltung, Finanzamt, Amtsverwaltung Karrharde, Dänisches Sekretariat für Südtondern; Realschule, Sonderschule für Lernbehinderte, Dänische Schule, Abendvolkshochschule, Heimvolkshochschule, Europäische Akademie Schleswig-Holstein; Großdruckerei und -Binderei, mittelständische Gewerbe- und Handelsbetriebe.

Erste urkundliche Erwähnung des Ortes L. 1231, damals war der Seestrand, auf dem die Gm liegt, noch Meeresküste; im 15. Jh. hat der Hafen wegen Versandung seine Bedeutung verloren. – Nach dem 2. Weltkrieg wurde L. Garnisonstadt. – Sehenswert die St. Willehad-Kirche, malerische Fischerhäuser und die königl. Apotheke. Überregional bekannt der Nordfriesland-Cup (Internat. Jugendfußball-Turnier).

Leer (Ostfriesland)

□ 70,30 qkm; ○ Leer (Ostfriesland); ⚐ Niedersachsen; ✉ 26789; ☎ 0491; 🚗 LER; △ 7 m; 👫 30200.

L., an der Mündung der Leda in die Unterems, an der B 70 und B 75 gelegen, ist Bahnknotenpunkt und D-Zug-Station der Strecken Bremen–Groningen und Münster–Norddeich; Anschlüsse an die Autobahnen A 28 Bremen–Niederlande (Ausfahrten L.-Ost) und A 31 Ruhrgebiet–Nordseeküste (Ausfahrten L.-West und L-Nord). L. hat einen hochwasserfreien See- und Binnenhafen. Flugplatz in Leer-Nüttermoor (2 km). Die St ist Bundeswehrstandort. L. hat Amtsgericht, Kreisverwaltung, Finanzamt, Wasser- und Schiffahrtsamt, Seemannsamt, Zollamt, Wasserschutzpolizei u. a. Behörden; 2 Krankenhäuser; Sonderschule für Lernbehinderte, Realschule, Gymnasien, Fachgymnasien, Fachhochschule (Seefahrt), Fachschule Seefahrt, Berufsbildende Schulen (Wirtschaft und Verwaltung, Ernährung und Hauswirtschaft, Agrarwirtschaft), Gewerbliche Berufsschule, Fachoberschulen (Ingenieurwesen/Technik), Fachoberschule Wirtschaft, Volkshochschule. In L. haben bedeutende Industrieunternehmen ihren Sitz: Maschinenfabriken, Verpackungsindustrie, Landmaschinenfabrik, Produktion von Milchkonserven (Libby-Werk), Eisengießerei, Ölmühle, Tee-, Kaffee- und Tabakgroßhandel, Butter- und Trockenmilchproduktion u. a.; bedeutende Viehmärkte (Verein ostfriesischer Stammviehzüchter), See- und Binnenschifffahrt.

L. (»Hlier«) wird erstmals um 790 in Verbindung mit dem friesischen Missionar Luidger erwähnt, der nahe dem Plytenberg (sagenumwobenes Wahrzeichen von L.) die erste christliche Kirche in Ostfriesland erbaut haben soll. Um diese erste Holzkirche, an deren Stelle Mitte des 13. Jh. eine Steinkirche erbaut wurde, entstand die Altstadt. Im 16. Jh. siedelten sich in L. glaubensvertriebene Tuch- und Leineweber an. 1508 Verleihung der Marktrechte durch Edzard I., dessen Geschlecht von 1460–1744 das ostfriesische Land beherrschte.

1823 wurde L. zur St erhoben. Seit Mitte des 19. Jh. entwickelte es sich zum wirtschaftlichen Zentrum Ostfrieslands (1896–1904 Bau der Hafenanlagen, Errichtung eines Seegüterschuppens).

Bemerkenswerte historische Bauten sind die Krypta (zweischiffige Anlage, Ende 12. Jh.), das Rathaus (1894), die „Alte Waage" (1714) und das Haus Samson (1643); sehenswert ferner die Haneburg (1621), Evenburg (um 1642) und das Heimatmuseum mit volkskundlichen Sammlungen. – Seit 1508 findet alljährlich der „Gallimarkt" (Vieh- und Krammarkt) statt.

Lehre

□ 71,47 qkm; ○ Helmstedt; ⚐ Niedersachsen; ✉ 38165; ☎ 05308; 🚗 HE; △ 75 m; 👫 10100.

L., 15 km nordöstlich von Braunschweig an der Schunter gelegen, schloß sich 1972 mit sieben Nachbarorten zur Großgemeinde zusammen. Zufahrt über die B 248. Anschluß an die Autobahn Hannover–Berlin (Abfahrt Braunschweig-O/Lehre). Bahnstation an der Strecke Braunschweig–Wolfsburg. Die Gm hat Forstamt; Grundschulen, Hauptschule mit Orientierungsstufe, Sonderschule für Lernbehinderte.

L. wird erstmals 888 urkundlich genannt.

Lehrte

□ 126,76 qkm; ○ Hannover; ⚐ Niedersachsen; ✉ 31275; ☎ 05132; 🚗 H; △ 60 m; 👫 38300.

Die St L. liegt 17 km östlich von Hannover an der B 443, an der Autobahn A 2 Köln–Berlin (Ausfahrten L. und L.-Ost) und Autobahn A 7 Kassel–Hannover–Hamburg (Ausfahrt Hannover/Anderten). Bahnstation an den Strecken Braunschweig–Hannover und Hamburg–Hannover. Die St hat Amtsgericht; Gymnasium, Realschule, Sonderschule für Lernbehinderte, Berufs- und Berufsfachschule; Kreiskrankenhaus; Kalibergbau, Maschinenindustrie, Großmelk- und Waschanlagen, chemische und Elektroindustrie, Zuckerfabrik.

L. wird erstmals 1147 urkundlich erwähnt. Das Dorf gehörte zum Bistum Hildesheim, seit 1512 zum Fürstentum Lüneburg. Nach dem Bau der Bahnstrecken Hannover–Braunschweig (1843), Celle–Hildesheim (1845) und Hannover–Berlin entwickelte sich L. zum wichtigen Bahnknoten, nach dem ein Bahnhof in Berlin benannt wurde. 1898 erhielt der Ort das Stadtrecht.

Leichlingen (Rheinland)

□ 37,30 qkm; ○ Rheinisch-Bergischer-Kreis; ⚐ Nordrhein-Westfalen; ✉ 42799; ☎ 02175; 🚗 GL; △ 60–200 m; 👫 24700.

L. liegt 8 km südwestlich von Solingen an der Wupper zwischen Ausläufern des Bergischen Landes. Die St ist über die Autobahn A 3 Köln–Ruhrgebiet (Ausfahrt AB-Kreuz Langenfeld) und die Autobahn A 1 Leverkusen–Kamen (Ausfahrt Burscheid) zu erreichen; Bahnstation an der Strecke Köln–Wuppertal–Hagen. L. hat Gymnasium, Realschule, Volkshochschule, Sonderschule für Lernbehinderte; Tuch- und Teppichwebereien, eisen-, metallverarbeitende und Glasindustrie, Obst- und Gemüsekonservenindustrie, Obsthandel. Der seit dem MA bezeugte Obstanbau (»Blütenstadt L.«) wird durch windgeschützte Hänge und fruchtbaren Lößboden begünstigt.

L. wird erstmals 973 urkundlich erwähnt (mißglückte Abteigründung); Funde bezeugen jedoch eine wesentlich frühere Besiedelung. Im 12. Jh. ist L. bereits Kirchort. Aus Bleichereien und Handwebereien entwickelten sich um 1850 bedeutende Textilbetriebe. 1856 erhielt L. Stadtrechte. 1867 erfolgte der Anschluß an die Eisenbahnstrecke Köln–Wuppertal. Starker industrieller Aufschwung nach 1945. 1975 wurde L. die ehem. Gm Witzhelden eingegliedert. – Bemerkenswert die ev. Kirche (1753–56) mit Rokokoausstattung. – Aus L. stammt der Philosoph Friedrich Überweg (1826–1871). – Alljährlich im Oktober Obst- und Gartenbauausstellung mit großem Obstmarkt.

Leimen

□ 20,64 qkm; ○ Rhein-Neckar-Kreis; ⚐ Baden-Württemberg; ✉ 69181; ☎ 06224; 🚗 HD; △ 112–368 m; 👫 16700.

Die St L. mit den Stadtteilen St. Ilgen und Gauangelloch/Ochsenbach liegt 6 km südlich von Heidelberg an der Bergstraße am Fuße des Kleinen Odenwaldes. Zufahrt über die B 3 und Autobahn A 5 Frankfurt a. M.–Karlsruhe (Ausfahrt Heidelberg/Schwetzingen). L. hat Grund-, Haupt- und Realschule; Portlandzement- und Eternitwerk, Brauerei.

L. wird erstmals 791 urkundlich erwähnt. Im MA wird es kurpfälzische Festung. 1622 leitete Tilly von hier aus die Belagerung von Heidelberg. Während der französischen Eroberungskriege wurde L. mehrmals bis auf die Grundmauern niedergebrannt (1674, 1678 und 1689). Bis Ende des 19. Jh. war L. ein Ackerbürgerdorf; die Ansiedlung von Industriebetrieben begünstigte die wirtschaftliche Entwicklung der St. Der noch heute betriebene Weinbau ist seit dem 8. Jh. bezeugt.

Sehenswert der unter Denkmalschutz stehende Rathaussaal (1795).

Leinefelde

□ 18 qkm; ○ Worbis; ⚐ Thüringen; ✉ 37327; ☎ 03605; 🚗 WBS; △ 334 m; 👫 16500.

In L. schneiden sich die B 80 und die B 247; Eisenbahnkreuzung der Strecken Halle–L.–Kassel und Worbis–L.–Mühlhausen/Thür. Der nächste Flughafen ist Erfurt (90 km.).

Bildungseinrichtungen: Grund- und Regelschulen, Gymnasium, Förderschule; Berufsbildende Schule und Musikschule.

Wirtschaftliches: Milchhof, Baumwollspinnerei, Borstenzurichterei, Kosmetikherstellung.

Geschichtliches: Erste urkundliche Erwähnung: Konrad von Bodenstein übergab 1227 dem Zisterzienser-Kloster zu Reifenstein eine halbe Hufe Land in „Leukenfelt". Graf Heinrich von Gleichen verkaufte 1294 das Eichsfeld, L. kam dabei an das Erzbistum Mainz. Diese kurmainzische Herrschaft währte über Jh. und endet infolge des napoleonischen Krieges 1802. Das Eichsfeld und mithin auch L. verblieben bis 1944, abgesehen von kurzen Unterbrechungen, im Königreich Preußen. – Bereits Mitte des 18. Jh. war L. durch seinen Handel mit Wolle, Fellen, Haaren und Senf in Dtld. bekannt. Die kleine St unterhielt Geschäftsbeziehungen nach Ungarn, Flandern, Spanien und Nowgorod. – Bekannt wurde L. auch durch den Entdecker des NEANDERTALERS (Homo Neandertalensis) Johann Carl Fuhlrott, der 1803 in L. geb. wurde. – Dank der Ansiedlung von Großindustrie, einer Baumwollspinnerei und einem dicht bei der St gelegenen Zementwerk kam es zu einer sprunghaften Entwicklung im Wohnungsbau und einem großen Bevölkerungszuwachs.

Sehenswürdigkeiten und Kulturelles: Barockkirche (Grundsteinlegung 1729); Bildstöcke (1715); Lunapark mit Kriegerdenkmal; Quellen des Leine-Flusses; Johann-Carl-Fuhlrott-Denkmal.

Wiederkehrende Ereignisse: Volksfeste; Weihnachtsmarkt; Kultur- und Sportveranstaltungen in der Obereichsfeldhalle.

Leinfelden-Echterdingen

□ 29,90 qkm; ○ Esslingen; ⚐ Baden-Württemberg; ✉ 70771; ☎ 0711; 🚗 ES; △ 342–495 m; 👫 34500.

L.-E. ist 1975 durch Zusammenschluß der St Leinfelden und der Gm Echterdingen, Musberg und Stetten/F. entstanden. Die Große Kreisstadt liegt auf den Fildern am südlichen Stadtrand von Stuttgart an der B 27 und an der Autobahn A 8 Stuttgart–München (Ausfahrten Stuttgart-Degerloch/Leinfelden). Die St hat Realschule, Gymnasien, Sonderschule für Lernbehinderte, Musikschule, Berufsgenossenschaftliches Schulungsheim; Elektrowerkzeugbau (Zweigwerk Bosch), Fabrik für Metallbeschläge (Roto), Maschinen- und Werkzeugbau, holzverarbeitende Industrie, Spielkartenfabrik (ASS), Druckereien, Klinker- und Konservenindustrie (Sauerkraut). Auf der Markung von L.-E. liegt der Stuttgarter Flughafen.

Leinfelden, erstmals 1269 urkundlich erwähnt, gelangte 1363 in den Besitz der Württemberger Grafen Eberhard der Greiner und Ulrich IV. Im Städtekrieg von 1449 wurde es völlig zerstört. L. erhielt 1965 das Stadtrecht. Echterdingen ist seit 1185 urkundlich bezeugt. Die verschiedenen Stadtteile sind seit Mitte der fünfziger Jahre als bevorzugte Wohngemeinden im Ballungsraum von Stuttgart überdurchschnittlich gewachsen. Sehenswert in Echterdingen der historische Ortskern mit Fachwerkhäusern, spätgot. Kirche, Rathaus, Pfarrhaus, Lehrpfad mit keltischen Stelen und keltischer Viereckschanze, Zeppelingedenkstein; in Leinfelden Deutsches Spielkartenmuseum, Mäulesmühle mit Mühlenmuseum; in L.-E.-Musberg Altes Pfarrhaus und Kirche (17. Jh.), Eselsmühle mit geologischer Sammlung; im Stadtteil Stetten Theater unter den Kuppeln. – Alljährlich Filderkrautfest (Oktober).

Leipheim

□ 32,14 qkm; ○ Günzburg; ⚐ Bayern; ✉ 89340; ☎ 08221; 🚗 GZ; △ 449 m; 👫 5200.

L., 18 km nordöstlich von Ulm an der Donau und B 10 gelegen, besitzt Anschluß an die Autobahn A 8 Stuttgart–München (Ausfahrt L.). Die St ist Bundeswehrstandort, hat Grund- und Hauptschule; Draht- und Metallwarenfabriken, Kunststoffverarbeitung.

Der im 11. Jh. erstmals erwähnte Ort wurde 1328 befestigt und 1330 durch Kaiser Ludwig den Bayern zur St erhoben. L. kam 1343 an Württemberg, 1453 an Ulm. 1525 erlitten die aufständischen Bauern bei L. eine entscheidende Niederlage. 1634 Plünderung und Brandschatzung der St durch kaiserliche Truppen. 1803 fiel L. an Bayern. – Sehenswert das Schloß (16. Jh.) mit Resten der Stadtwehr, die gotische St. Veits-Kirche (Pfeilerbasilika, 14. Jh.) und das Heimatmuseum.

Leipzig

□ 146,5 qkm; ○ Leipzig; ⚐ Freistaat Sachsen; ✉ 04109*; ☎ 0341; 🚗 L; △ 118 m; 👫 511 000.

L. ist zu erreichen auf der A 9 / E 49 / E 51 und auf der A 14 (Schnittpunkt beider Autobahnen im Schkeuditzer Kreuz), ferner über die B 2, B 6, B 87, B 95, B 181 und B 184. Die St hat den größten Kopfbahnhof Europas; 26 Bahnsteige und 5 Außenbahnsteige dienen der Abfahrt und Ankunft von Fernreisezügen einschl. der InterCity und InterRegio, der Regionalschnellbahnen und des Nahverkehrs. Der nächste Flughafen ist Leipzig/Halle bei Schkeuditz (15 km).

Bildung und Wissenschaft: 7 Hochschulen mit 18 000 Studierenden, darunter die zweitälteste Universität Dtlds. mit 12 000 Studenten; Technische Hochschule mit mehr als 2000 Studenten; Handelshochschule mit über 1500 Studierenden; die Hochschule für Grafik und Buchkunst, ferner zahlreiche Fachschulen, Institute, Bibliotheken und Archive, wozu die bedeutende Deutsche Bücherei mit einem Bestand von rund 7 Mio. Titeln zählt.

Wirtschaftliches: L. ist ein traditioneller Standort für die Schwermaschinenproduktion, den Werkzeugmaschinen-, Transportmaschinen- und Landmaschinenbau, für die Fertigung von Erzeugnissen der Elektrotechnik, der Elektronik und der Leichtindustrie; charakteristisch ist ferner der umfangreiche Bestand an graphischen Anstalten, Betrieben und Werkstätten. Eine starke Zunahme verzeichnen die Branchen Bauwirtschaft, Handel, Banken und Versicherungen, die Medien und der Dienstleistungsbereich. Fünf Gewerbegebiete in Stadtrandlage bieten günstige Möglichkeiten zur Ansiedlung von Unternehmen.

Geschichtliches: Der Name L. ist auf das altsorbische Wort „Lipa“ (Linde) zurückzuführen. Seine erste urkundliche Erwähnung findet L. in der Chronik des bis ins Jahr 1018 wirkenden Bischofs Thietmar von Merseburg, der über die „urs lipzi“ im Zusammenhang mit dem im Jahre 1015 auf der Burg L. verstorbenen Bischof von Meißen berichtet. Als offizielles Gründungsjahr gilt 1165, in dem der Ort Lipsia durch den Markgrafen Otto von Meißen das festgeschriebene Marktprivileg erhielt.

Um 700 v. Chr. waren in dem Gebiet um die Elsteraue germanische Stämme ansässig. Im 6. Jh. unserer Zeitrechnung siedelten sich viele Sorben in der gewässerreichen Region zwischen Elbe und Saale an, wie Funde im Bereich von Elster und Parthe belegen. Ackerbau, Fischfang und Viehzucht wurden im 9. Jh. durch den Austauschhandel mit Naturalien und handwerklichen Unikaten ergänzt. Eine äußerst günstige Wegekonstellation forcierte die Entwicklung: In der Ortschaft „Bei den Linden“ traf die vom Rhein bis nach Rußland reichende „Via regia“ auf die von Italien bis zur Ostsee verlaufende „Via imperii“; die Heeres- und Handelsstraßen kreuzten einander am Markt. Das slawische Dorf zog Händler und Handwerker an. Dem 1165 gewährten Marktrecht folgte 1190 die Bestätigung, Oster- und Michaelismärkte halten zu dürfen, im Jahre 1268 kam das Geleitschutz-Privileg für weitgereiste Händler hinzu. Damit war die St praktisch zum zweiten Male begründet, nunmehr als zentraler europäischer Handelsplatz. Sie bot beste Voraussetzungen für alle nachfolgenden historischen Ereignisse und Erscheinungen, die zur Herausbildung einer Infrastruktur beitrugen.

Aus Prag eingewanderte Professoren und Studenten gründeten 1409 die Universität. Wanderdrucker Marcus Brandis gab 1481 in L. sein erstes Buch heraus. 1497 und 1507 verlieh Kaiser Maximilian I. der St die Reichsmesseprivilegien. Von 1530 bis 1538 wurde Auerbachs Hof gebaut, der später durch die Kellerszene in Goethes „Faust“ Weltruhm erlangte. 1556 entstand das Alte Rathaus, eines der ältesten und schönsten dt. Renaissance-Rathäuser. 1569 erschien die erste L.er Zeitung. Als frühester Barockbau in L. entstand die Handelsbörse am Naschmarkt, voll. 1687. Ein Opernhaus am Brühl wurde 1693 eröffnet. Im Jahre 1700 gründete Georg Philipp Telemann das „Collegium musicum“, das neben dem 1743 entstandenen „Großen Konzert“ Vorgänger der Gewandhauskonzerte war. 1723 erhielt Johann Sebastian Bach die Berufung zum Kantor an der Thomasschule, wo er bis zu seinem Tode 1750 wirkte. Das erste Konzert im neuerbauten Musiksaal über dem Tuchboden des Gewandhauses dirigierte Adam Hiller 1781. – Napoleonische Truppen zogen 1806 in L. ein, 1813 siegten die Verbündeten in der Völkerschlacht bei L. über Napoleons Heere. – Ebenfalls 1813 wurde Richard Wagner in L. geb. Felix Mendelssohn Bartholdy leitete 1835 bis zu seinem Tode 1847 die Gewandhauskonzerte und gründete 1843 zusammen mit Robert Schumann das Konservatorium. Die erste dt. Ferneisenbahnlinie wurde 1839 eröffnet, sie führte von L. nach Dresden. 1864–68 erfolgte der Bau des Neuen Theaters am Augustusplatz. Ernst Pinkert eröffnete 1878 den Zoologischen Garten. Das Neue Gewandhaus wurde 1884 eingeweiht. 1888–95 entstand das Gebäude des Reichsgerichtes. 1894 wurde die „Deutsche Zentralbücherei für Blinde" geschaffen, das Neue Rathaus 1899 bis 1905 erbaut.

1905–15 Bau des L.er Hauptbahnhofs; 1913 Einweihung des Völkerschlachtdenkmals; 1924 Inbetriebnahme des Mitteldt. Rundfunksenders L. Am 4. 12. 1943 wurde L. durch einen Luftangriff erheblich zerstört; Einmarsch der US-Truppen am 18. 4. 1945.

Gründung des „Theaters der Jungen Welt" 1946, ältestes dt.-sprachiges Kindertheater; nach Übergabe des Hauptgebäudes der Universität wurde 1973 das Uni-Hochhaus eingeweiht; 1979 Gründung der „Nationalen Forschungs- und Gedenkstätten Joh. Seb. Bach"; 1981 feierliche Eröffnung des Neuen Gewandhauses am Augustusplatz. Eröffnung des Bosehauses und Bachmuseums 1985 am Thomaskirchhof. 1989 konnte durch die friedliche Revolution in L. die Wende eingeleitet werden. Heute ist L. der zweitgrößte dt. Bankenstandort.

Sehenswürdigkeiten: Alte Handelsbörse (1687), Stätte musikalisch-literarischer Veranstaltungen, davor das Goethedenkmal; Alte Waage am Markt mit Sonnenuhr, 1555 von Hieronymus Lotter errichtet (Renaissancestil); Altes Rathaus am Markt (1556 von H. Lotter, Renaissancestil), seit 1909 St-geschichtl. Museum, historischer Festsaal, Ratsstube, Konzerte; Barthels Hof, früher „Goldene Schlange", letzterhaltener Messehof aus der Zeit der Warenmessen (1523, Renaissancestil), umgebaut 1748–50 für den Handelsherrn Barthels; Bayrischer Bahnhof (1840–44, klassizist. Stil), heute techn. Denkmal und Bhf.; Bosehaus gegenüber der Thomaskirche, (Wohnhaus des Kaufmanns Bose, Freund der Fam. Bach) heute Bachmuseum, Konzerte, Sitz der Nationalen Forschungs- u. Gedenkstätte „J. S. Bach"; Fregehaus Katharinenstr., ursprüngl. Renaissance-, nach Umbau 1706–07 Barockstil; Gohliser Schlößchen (1756), einziger Schloßbau in L., heute musikalisch-literarische Veranstaltungen, Konzerte; Hauptbahnhof (1902–1915), auf 3000 Säulen im Parthebett errichtet; Mädlerpassage mit Meißner-Porzellan-Glockenspiel; bekannteste L.er Passage mit „Auerbachs Keller"; Moritzbastei am Uni.-Komplex, letzte Reste der alten St-Maueranlage (16. Jh.), unterirdische Gewölbe sind heute Jugend- und Studentenklub; Neues Rathaus am Martin-Luther-Ring, Sitz der St-Verwaltung; Nikolaikirche am Nikolaikirchhof, älteste und größte Kirche L.s, errichtet Ende des 12. Jh., Grundmauern romanisch, Inneres klassizistisch, bekannt durch die montäglichen Friedensgebete mit anschließenden Demonstrationen, die im Herbst 1989 die friedliche Wende einleiteten; Romanushaus (1701–04, Barockstil), ehem. Richtersches Kaffeehaus, während des 18. Jh. beliebter Treffpunkt bedeutender Literaten; Russische Gedächtniskirche (1913, Nowgoroder Stil), große Ikonenwand, original russische Standarten von 1813; Schillerhaus (um 1700), hier schrieb der Dichter 1785 die ersten Verse seiner „Ode an die Freude", heute Museum; Thomaskirche, erster Bau 1213 (rom. Stil), Umbau in eine sächs. Hallenkirche bis 1496 (spätgot. Stil), Wirkungsstätte J. S. Bachs von 1723–50, Konzerte des Thomanerchores, Orgelkonzerte, seit seinem 200. Todestag (1950) Bachs letzte Ruhestätte, vor der Kirche ein Bachdenkmal; Universität L. (1409), der im 2. Weltkrieg fast völlig zerstörte Gebäudekomplex wurde 1968–75 durch Neubauten ersetzt, erhalten geblieben ist das Schinkelportal; Völkerschlachtdenkmal, zur Erinnerung an die große Schlacht bei L. (1813); „Zum Coffe Baum", L.s ältestes Kaffeehaus, Ausschanksgründung 1694, Ort zu geselligen Gesprächen für Goethe, Gottsched, Lessing, Liszt, Schumann, Wagner und Wieck.

In L. gibt es 16 große Museen, z. T. mit dem Charakter spezialisierter Forschungsstätten, die über umfangreiche Sammlungen verfügen, außerdem eine Vielzahl von Galerien und Sportanlagen.

Ausflugsziele: L.er Auwald mit Wildpark Connewitz, Freizeitpark Lößnig/Dölitz, Zoo nahe dem St-Zentrum, agra-Park, Auensee mit Parkeisenbahn und Bootausleihe; Botanischer Garten der L.er Universität in der Linnéstraße; Kulkwitzer See, Sommerbad mit Schiffsgaststätte; Lübschützer Teiche, romantischer Landschaftspark bei Machern mit Schloß und Tiergarten; Naherholungsgebiet Naunhof-Brandiser Forst mit drei aus Kiesgruben entstandenen Seen, FKK-Stränden und Wanderwegen.

Wiederkehrende Veranstaltungen: Internationale Buchausstellung; Internationales L.er Festival für Dokumentar- und Animationsfilme (jährlich); zahlreiche Fachmessen und fachspezifische Leistungsschauen; Gewandhaus-Festtage (jährlich); Internationaler Bachwettbewerb (jährlich); „euro-scene Leipzig“ (jährlich); „Leipziger literarischer Herbst“ (jährlich); Europäisches Humor- und Satire-Festival „Lachmesse“.

Leisnig

□ 29,96 qkm; ○ Landkreis Döbeln; ⚐ Freistaat Sachsen; ✉ 04703; ☎ Amt Leisnig; 🚗 DL; △ 230 m; 👥 8800.

Leisnig wird erreicht über die A 4 (Ausfahrt Leisnig – 6 km entfernt) und die B 175. Bahnhof an der Strecke Dresden–Döbeln–Leipzig.

L. hat Stadtverwaltung, Polizeiposten, zentralen Schulkomplex mit Gymnasium, Mittel- und Grundschule, Berufsschule, Kindertagesstätten; Museum Burg Mildenstein; Kreiskrankenhaus.

L. besitzt metallverarbeitende Industrie, Möbel- und Elektroindustrie; ausgedehnte Wald- und Obstanbaugebiete; Vieh- und Ackerwirtschaft.

Die Stadt wird erstmals 1286 als „Liznich“ erwähnt. 1046 übereignet der Salierkaiser Heinrich III. seiner Gattin Agnes von Poitou neben „Bolechina“ (Polkenberg), „Grobi“ (Nauberg), „Teitzig“ (Colditz) und Rochlitz auch Leisnig. 1481 ist L. das Stapelrecht verliehen worden, d.h. alle durchziehenden Kaufleute mußten für drei Tage ihre Waren auf dem Markt feilbieten, ehe sie weiterreisen durften.

Im MA rafften verheerende Pestepidemien Tausende Bürger der Stadt und der umliegenden Gemeinden dahin.

Der 30jährige Krieg, die Kriege des Preußenkönigs Friedrich II. und die napoleonischen Kriege brachten viel Leid über die Stadt.

Eine wichtige Rolle spielte L. in der Reformation. Luther hielt sich zweimal in der Stadt auf. Ergebnis seiner Besuche war die „Leisniger Kastenordnung“, die das Muster für die Selbstverwaltung evang. Gemeinden in Deutschland wurde.

Aus alten Handwerksbetrieben entwickelten sich im 19. Jh. kleine Industriebetriebe. Die Tuchfabrik von Heinrich Böttger nahm 1837 die erste Dampfmaschine in Leisnig in Betrieb.

Bedeutendstes Baudenkmal der Stadt ist die Burg Mildenstein (erbaut 1081–1084) mit dem Burgfried als Aussichtsturm sowie Schloßkapelle St. Martini und Ausstellungsräumen; Museum mit ständiger Ausstellung (u.a. dem größten Stiefel der Welt) und wechselnden Exponaten; Stadtkirche St. Mattäi mit Kreuznetzgewölbe und Altar von 1668, erbaut von Valentin Otto und Kunstmaler Richter; Rathaus mit Sitzungssaal der Stadtverordneten; Lindenplatz mit sächs. Postmeilensäule, Adamsdenkmal, Heimatbrunnen; Leisniger Malerwinkel; sagenumwobener, rätselhafter Sechs-böse-Buben-Stein. Malerische, im Wiederaufbau begriffene Altstadt (L. gehört zu den denkmalgeschützten sächs. Städten). Kirche im Ortsteil Tragnitz mit spätgotischem Altar und 1904 im Jugendstil umgebautem Hauptschiff.

Periodische Veranstaltungen: Blütenfest im Mai, Burgfest, Burgkonzerte, Orgelsommer, Kinderfußballturnier.

Lemgo

□ 100,83 qkm; ○ Lippe; ⚐ Nordrhein-Westfalen; ✉ 32657; ☎ 05261; 🚗 DT; △ 103 m; 👥 39500.

L., 27 km östlich von Bielefeld im Lipper Bergland an der Bega und an der Kreuzung der B 66 und B 238 gelegen, ist Bahnstation an der Strecke Bielefeld–Lage–Lemgo; hat Amtsgericht; Realschule, Gymnasien, Handelsschule, Berufsschule, Fachhochschule Lippe (Fachrichtungen Elektrotechnik, Lebensmitteltechnologie, Maschinenbau und Produktionstechnik), Fernuniversität; Polster- und Möbelindustrie, Fabriken für Dentalinstrumente, Lampen- und Leuchtenfabriken, Drahtindustrie.

L., um 1190 gegründet, wird erstmals 1245 urkundlich genannt. Die planmäßig um die Nikolaikirche angelegte St war Mitglied der Hanse; wirtschaftliche Blütezeiten waren das 14.–17. Jh. Im 17. Jh. fanden in L. zahlreiche Hexenprozesse statt, die der St den Ruf eines

Lemgo, Rathaus und Türme von St. Nicolai

„Hexennestes“ verschafften. – Das ma. Stadtbild ist fast unversehrt erhalten. Sehenswert die St. Nicolai-Kirche (13.–15. Jh.), die St. Marien-Kirche (gotische Hallenkirche von 1320) mit alter Orgel (um 1600), das Rathaus (15./16. Jh.) mit Erker der Ratsapotheke (1612), das Hexenbürgermeisterhaus (1571, jetzt Heimatmuseum), der Johannisturm (13. Jh.) und der Alte Mauerturm (1616), schöne Giebelhäuser am Marktplatz und über 200 Fachwerkbürgerhäuser (16.–18. Jh.) mit prächtigen Schnitzornamenten; ein mit skurrilem Schnitzwerk überladenes Wohnhaus aus dem 19. Jh. ist das „Junkerhaus“. – L. ist Geburtsort des Japanforschers Engelbert Kämpfer (1651 bis 1716).

Lengede

□ 34 qkm; ○ Peine; ⚐ Niedersachsen; ✉ 38268; ☎ 05344; 🚗 PE; △ 84–87 m; 👫 10400.

Die Gm L. liegt an der Fuhse 17 km südwestlich von Braunschweig und ist über die Autobahn A 39 Autobahn-Dreieck Salzgitter–Braunschweig (Ausfahrten Salzgitter-Lebenstedt-Süd und -Nord) sowie über die B 1 zu erreichen; Bahnstation Hildesheim–Braunschweig. L. verfügt über Grundschulen, Orientierungsstufe, Hauptschule, Realschule; Maschinen- und Apparatebau, Betrieb für Klimatechnik, Produktion von Landmaschinen.

L. wird erstmals 1151 urkundlich erwähnt. Die heute noch existierende Kirche war um 1200 die Mutterkirche für 18 umliegende Ortschaften im Erzbistum Hildesheim. Das Ackerbaudorf nahm im 19. Jh. großen wirtschaftlichen Aufschwung, als Lagerstätten von Eisenerz entdeckt wurden. 1872 begann man mit dem Abbau, zuerst im Tagebau, später durch zwei Schächte im Tiefbauverfahren (1915–1977). In die Geschichte ging das Grubenunglück von L. im Oktober 1963 ein.

Im Rahmen der Gebiets- und Verwaltungsreform schloß sich Lengede 1972 mit den ehem. selbständigen Gemeinden Barbecke, Broistedt, Klein Lafferde und Woltwiesche zur Einheitsgemeinde L. zusammen.

Nach Stillegung des Erzbergbaubetriebes erfolgten umfangreiche Rekultivierungsmaßnahmen (Naherholungsgebiet „Bergbaupark – Seilbahnberg“); bemerkenswert ferner das denkmalgeschützte ehem. Feuerwehrgerätehaus „Spritzenhuis“ im alten Ortskern.

Lengerich, Römer und Stadtkirche

Lengerich (Westf.)

□ 91,24 qkm; ○ Steinfurt; ⚐ Nordrhein-Westfalen; ✉ 49525; ☎ 05481; 🚗 ST; △ 52–204 m; 👫 21300.

Die St liegt am Südhang des Teutoburger Waldes 19 km südwestlich von Osnabrück. L. ist über die B 475 und Autobahn A 1 Münster–Osnabrück–Bremen (Ausfahrt Lengerich/Tecklenburg) zu erreichen. Bahnstation an der Strecke Köln–Ruhrgebiet–Münster–Osnabrück–Bremen; Flughafen Münster/Osnabrück (14 km). Die St hat Realschulen, Gymnasium, kaufm. und gewerbl. Berufsschule, Handels- und Höhere Handelsschule, Fachoberschule für Wirtschaft, Landwirtschaftsschule, Krankenpflegeschulen, Sonderschule für Lernbehinderte; Landeskrankenhaus für Psychiatrie und Neurologie; Zement-, Maschinen-, Verpackungs-, Textil- und kunststoffverarbeitende Industrie, Druckereien, pharmazeutische, Arzneimittel- und Seifenfabriken.

L., erstmals 1147 urkundlich genannt, war im MA. bedeutender Wallfahrtsort (Verehrung der hl. Margarethe). Von 1644–46 kamen in L. die evangelischen und katholischen Reichsstädte und -stände zusammen, um bei den Friedensverhandlungen in Münster und Osnabrück gehört zu werden. Bis 1707 war der Ort Besitz der Grafen von Tecklenburg; danach wurde er preußisch. 1727 erhielt L. durch König Friedrich Wilhelm I. die Stadtrechte. – Sehenswürdigkeiten: Megalithgrab (um 2000 v. Chr.; rekonstruiertes Steinhügelgrab (1700 v. Chr.); Ev. Stadtkirche (1497) mit romanischem Südportal (um 1250); „Römer“ (Friedhofstorbau, 13.–18. Jh.); Wasserburg Haus Marck (1565); Haus Vortlage (16. Jh.) – In L. geboren wurde Friedrich von Bodelschwingh (1831–1910),

Theologe und Leiter der Bethelschen Anstalten bei Bielefeld.

Lenggries

□ 242,88 qkm; ○ Bad Tölz-Wolfratshausen; ⚐ Bayern; ✉ 83661; ☎ 08042; 🚗 TÖL; △ 700 m; 👫 8100.

L. ist Luftkurort und Wintersportplatz in Oberbayern an der Isar. Zufahrt über die B 13. Endstation der Bundesbahnstrecke München–Holzkirchen–L. Die Gm hat Bundeswehrgarnison; Mädchenrealschule und Mädchenrealgymnasium (Ortsteil Hohenburg); Privat-Sanatorium (Frischzellen-Therapie); Heimatmuseum; Holzindustrie, Säge- und Papierwerke.

L. wird erstmals 1257, die südlich des Ortes gelegene Hohenburg bereits um 980 urkundlich genannt. 1567 erwarb der Augsburger Patrizier Hans von Herwarth Hohenburg und gründete das gleichnamige Reichsgrafengeschlecht. 1870 ging das zwischen 1712 und 1718 neu erbaute Schloß in den Besitz des Großherzogs von Luxemburg über. Nach dem 2. Weltkrieg entwickelte sich L. zum bedeutenden Fremdenverkehrsort (Kabinen-Seilbahn zum Brauneck, Ski-Lifte). 13 km südlich der Gm liegt der Sylvenstein-Stausee. – Im Ortsteil L.-Vorderriß verbrachte der Schriftsteller Ludwig Thoma (1867–1921) seine Jugend.

Lennestadt

□ 134,99 qkm; ○ Olpe; ⚐ Nordrhein-Westfalen; ✉ 57368; ☎ 02723; 🚗 OE; △ 239–756 m; 👫 27100.

L. entstand 1969 aus den Gemeinden Elpse (um 1000 erstmals urkundlich erwähnt), Grevenbrück, Kirchveischede, Saalhausen und aus Gebietsteilen der Orte Kirchhundem, Oedingen und Helden. Die St liegt inmitten der Naturparke Rothaargebirge, Ebbegebirge und Homert und ist über die B 55 und B 236 zu erreichen. Bahnstationen in den Ortsteilen Grevenbrück, Meggen und Altenhundem an der Strecke Hagen–Siegen–Frankfurt a. M. L. hat Amtsgericht, Realschulen, Gymnasium, Sonderschule für Lernbehinderte. L.-Oedingen ist Bundeswehrstandort. Bedeutendster Wirtschaftsfaktor ist der Schwerspat- und Schwefelkiesbergbau; ferner Stahlbau, Elektro- und Bekleidungsindustrie. Der Ortsteil Saalhausen ist staatlich anerkannter Luftkurort. Sehenswert der Aussichtsturm „Hohe Bracht“ und Burg (Jugendburg) Bilstein (13. Jh.) – Alljährlich Karl-May-Festspiele auf der Freilichtbühne Elspe.

Leonberg (Württ.)

□ 48,73 qkm; ○ Böblingen; ⚐ Baden-Württemberg; ✉ 71229; ☎ 07152; 🚗 BB; △ 348–481 m; 👫 38000.

L., Große Kreisstadt 16 km westlich von Stuttgart im Strohgäu, ist über die B 295 und Autobahn A 8 Karlsruhe–München (Ausfahrt L.-Ost) und A 81 Heilbronn–Stuttgart (Ausfahrt Autobahn-Dreieck Stuttgart/Leonberg) zu erreichen. Bahnstation an der Strecke Stuttgart–Calw. Die St hat Amtsgericht; Realschule, Gymnasien, Volkshochschule, Jugendmusikschule, Berufsschule und kaufm. Berufsschule, Schwesternschule, private Handelsschule, Sonderschule für geistig und körperlich behinderte Kinder; Kreiskrankenhaus; Gummiwerke, Maschinen- und Baubeschlägefabriken, optische Industrie, Herstellung von Skibindungen, Metallveredelung u. a. mittlere Industrie- und Gewerbebetriebe. L. ist Sitz der Leonberger Bausparkasse. Seit 1846 wird in L. der „Leonberger Hund“, eine Kreuzung zwischen Neufundländer und Bernhardiner, gezüchtet.

Die Stadt Leonberg wurde 1248/49 von Graf Ulrich I. von Württemberg gegründet. Sie diente, strategisch günstig angelegt, der Sicherung des württembergischen Gebiets gegen die Stauferstädte Weil der Stadt und Markgröningen. 1457 fand in Leonberg der erste nach Zeit und Ort genau bekannte württembergische Landtag statt. Thema war die Vormundschaftsregelung im damals geteilten Württemberg. 1560–65 erhielt das Schloß unter Herzog Christoph durch Um- und Ausbau seine heutige Gestalt. 1609 wurde nach Plänen des herzoglichen Baumeisters Heinrich Schickhardt beim Schloß ein Lustgarten, der sogenannte „Pomeranzengarten“ angelegt. – In der vom 2. Weltkrieg fast unversehrten Altstadt sind bemerkenswert das Fachwerk-Rathaus (1482), die frühgotische Stadtkirche St. Johannis (Anfang 13. Jh.), das Schloß (16. Jh.) mit dem 1980 wiederhergestellten Pomeranzengarten, einer der wenigen in Europa erhaltenen Terrassengärten der Hochrenaissance, die Fachwerk-Bürgerhäuser am Marktplatz (16. bis 18. Jh.), das frühgotische Steinhaus (14./16. Jh., jetzt Gasthaus „Schwarzer Adler“) u. a. – In L. geboren wurde der Philosoph Friedrich Wilhelm Josef von Schelling (1775–1854). Zwischen 1576 und 1583 wohnte Joh. Kepler, der berühmte Astronom, in L., wo er die Lateinschule besuchte.

Leopoldshöhe

□ 36,94 qkm; ○ Lippe; ⚐ Nordrhein-Westfalen; ✉ 33818; ☎ 05208; 🚗 DT; △ 81–245 m; 👫 13600.

L., 12 km östlich von Bielefeld gelegen, ist über die B 66, B 239 und Autobahn A 2 Ruhrgebiet–Hannover (Ausfahrten Bielefeld und Herford-West) zu erreichen; Bahnstation an der Strecke Lemgo–Bielefeld. Die Gm hat Grundschulen, Gesamtschule, Volkshochschule; Textil- und Maschinenbauindustrie, holz- und kunststoffverarbeitende Betriebe; Saatzuchtbetrieb.

L. entstand 1969 im Rahmen der Gebietsneuordnung durch den Zusammenschluß der ehemals selbständigen Gemeinden Asemissen, Bechterdissen, Bexterhagen, Greste, Krentrup, Leopoldshöhe, Nienhagen und Schuckenbaum. – Erste urkundliche Erwähnung des Ortsteils Krentrup 1385. – Sehenswert Gut Niederbarkhausen mit historischer Bauernburg; Gut Eckendorf (adlige Wasseranlage mit Landschaftsgarten im engl. Stil; ehem. Domäne Dahlhausen).

Leun (Lahn)

□ 28,66 qkm; ○ Lahn-Dill-Kreis; ⚐ Hessen; ✉ 35638; ☎ 06473; 🚗 LDK; △ 130 bis 420 m; 👫 5100.

L., 15 km westlich von Wetzlar im Lahntal zwischen Taunus und Westerwald an der B 49 und A 45 Hanau–Dortmund (Ausfahrten Wetzlar und Ehringhausen) gelegen, hat Grundschulen; kleinere Industrie- und Gewerbebetriebe. Der Stadtteil Biskirchen ist Erholungsort mit Heilquellen (Heilanzeigen bei Magen-, Darm-, Leber-, Galle- und Nierenleiden, Erkrankungen der Blase und Harnwege, Zukkerkrankheit).

L., erstmals um 950 urkundlich erwähnt, erhielt 1664 das Stadtrecht.

Leutershausen

□ 84,13 qkm; ○ Ansbach; ⚐ Bayern; ✉ 91578; ☎ 09823; 🚗 AN; △ 423–520 m; 👫 5100.

L., im Oberen Altmühltal 10 km westlich von Ansbach gelegen, hat Anschluß an die Autobahn A 6 Heilbronn–Nürnberg (Ausfahrt Aurach); Grund- und Hauptschule; Industrie-Färberei, Wirkwaren- und Kartonagefabrik, Betrieb für medizinische Einrichtungen, Natursteinwerk.

L.-Wiedersbach ist Bahnstation an der Strecke Crailsheim–Nürnberg.

„Villa Liuthereshusun" ist erstmals im Jahr 1000 in der sog. Wildbannurkunde des Kaisers Otto III. bezeugt. Sehenswert der schöne, geschlossene Marktplatz mit Brunnen und Türmen; Fachwerkhäuser und Reste der Stadtmauer.

L. ist Geburtsort von Gustav Weißkopf, dem 1901 in Bridgeport, Connecticut/USA, der erste Motorflug der Welt gelang.

Leutkirch i. Allgäu

□ 175 qkm; ○ Ravensburg; ⚐ Baden-Württemberg; ✉ 88299; ☎ 07561; 🚗 RV; △ 650 m; 👫 20000.

Die St L. ist Ferienort im Allgäu an der Eschach. Zufahrt über die B 18 und B 465. L. hat Realschule, Gymnasium, gewerbliche Berufschulen, landwirtschaftliche Berufsschule, Fachschule für hauswirtschaftl.-sozialpflegerische Berufe, gewerblich-technische Berufsfachschule, Sonderschule für Lernbehinderte. Textil-, papier- und holzverarbeitende Industrie. L.-Herlazhofen ist Bundeswehrstandort.

L. entwickelte sich als Marktort in der Nähe der im 8. Jh. errichteten „Leutekirche" auf halber Höhe des „Hohen Berges". 1293 erhielt die befestigte Siedlung die Rechte der St Lindau. Damit begann der Aufstieg als Freie Reichsstadt, begünstigt durch die Leinwandweberei und den Leinenhandel. 1802 kam die St an Bayern; 1810 wurde sie württembergisch. – Nach dem 2. Weltkrieg erlebte L., das nach wie vor ein wichtiger Marktort für die ländliche Umgebung ist, einen starken Bevölkerungszuwachs. 1972 wurden acht Randgemeinden der St eingegliedert. – Sehenswert: Martinskirche (15./16. Jh.); Dreifaltigkeitskirche (1613/15); Rathaus (1740); Blaserturm; Kornhaus; nordwestlich der St (8 km) Schloß Zeil. – Im Juli Kinder- und Heimatfest.

Leverkusen

□ 78,86 qkm; ○ Kreisfreie Stadt; ⚐ Nordrhein-Westfalen; ✉ 51311*; ☎ 0214; 🚗 LEV; △ 35–198 m; 👫 159000.

Leverkusen

L., zwischen Köln und Düsseldorf an der Einmündung der Wupper in den Rhein gelegen, ist Verkehrsknotenpunkt am Schnittpunkt der Autobahnen A 3 Frankfurt a.M.–Oberhausen (Ausfahrten L., AB-Kreuz L. und L.-Opladen), A 1 Aachen–Wuppertal (Ausfahrt AB-Kreuz L.-West) und A 59 Düsseldorf–Leverkusen (Ausfahrt L.-Rheindorf); Zufahrt ferner über die B 8, B 51 und B 232. L. hat Gesamtschulen, Realschulen, Gymnasien, Berufs- und Berufsfachschulen, Musikschule, Volkshochschule, Sonderschulen für Lernbehinderte; Städt. Krankenhaus mit Fachabteilung für Geriatrie.

Die St ist Sitz der Bayer AG (2,5 qkm großes Werkgelände, 36000 Beschäftigte) und der Agfa-Gevaert AG (Fotochemie). L. hat außerdem Maschinenbau- und Textilindustrie, Stahl- und Fahrzeugbau, elektrotechnische, feinmechanische und optische Industrie, Fabriken für Brems- und Kupplungsbeläge; mittelständische Unternehmen des Verarbeitungs- und Dienstleistungsgewerbes und Handels.

L. wurde 1930 durch den Zusammenschluß der St Wiesdorf-Bürrig mit den Gemeinden Schlebusch, Steinbrüchel und Rheindorf (zusammen 42000 EW) gebildet. Ihren Namen hat die St von dem Apotheker C. Leverkus, der in Wiesdorf eine Farbenfabrik (erbaut 1860) besaß, die 1891 von der Bayer AG übernommen wurde. 1963 erreichte L. 100000 EW. Nach 1950 entstanden großzügig angelegte Stadtteile, die verkehrsmäßig auf die neue Stadtmitte mit kulturellem Mittelpunkt (FORUM), Bahnhof L.-Mitte und Einkaufszentrum ausgerichtet sind. 1975 wurden L. im Zuge der Gebietsneuordnung die ehem. St Opladen und Bergisch Neukirchen sowie der Stadtteil Hitdorf der St Monheim eingegliedert. – Sehenswert: Schloß Morsbroich mit Museum für Moderne Kunst; Japanischer Garten neben dem 122 m hohen Bayer-Hochhaus; Hitdorfer Yachthafen. – Alljährlich L. Jazztage; Internationales Tanzfestival NRW; „Morsbroicher Sommer".

Lich (Hessen)

☐ 77,65 qkm; ○ Gießen; ⚐ Hessen; ✉ 35423; ☎ 06404; 🚗 GI; △ 170 m; 👥 11400.

L., zwischen Vogelsberg und Wetterau an der Wetter gelegen, ist über die Autobahn A 45 Dortmund–Hanau (Ausfahrt Münzenberg), die B 457 und B 488 zu erreichen; Bahnstation an der Strecke Gießen–Gelnhausen. L., staatl. anerkannter Erholungsort und Bundeswehrstandort, hat Gesamtschule, Kreisvolkshochschule, Mittelpunktsonderschule; Kreiskrankenhaus; Brauerei, Fabrik für Orgelteile und Orgelspieltische, pharmazeutische Fabrik.

L. wird erstmals 790 im Lorscher Kodex genannt. Der Ort war seit 1150 im Besitz der Herren von Hagen-Münzenberg und gelangte 1255 an das Haus Falkenstein, unter dem es um 1300 das Stadtrecht erhielt. Nach dem Aussterben der Falkensteiner kam die St 1419 an die Grafen zu Solms, unter denen die Mitte des 13. Jh. errichtete Wasserburg zum Schloß umgebaut (1673; weitere Umbauten im 18. und 19. Jh.) und L. Residenz wurde. Über die Grafen (seit 1792 Fürsten) von Solms-Hohensolms gelangte die St schließlich 1806 an Hessen-Darmstadt. – Von der Altstadt sind Teile der Befestigungsanlagen (Stadtturm), Fachwerk-Bürgerhäuser (15.–17. Jh., darunter das prächtige Textor- oder Hellwighaus von 1632), die erstmals 1320 erwähnte Marienkirche (spätgotische Hallenkirche aus der 1. Hälfte des 15. Jh.) mit dem schönen Grabmal des Kuno von Falkenstein und der Anna von Nassau (1330) und das Schloß mit bedeutenden Gobelins aus dem frühen 17. Jh. erhalten. In der Umgebung des südlich gelegenen Ortsteiles Muschenheim finden sich Reste des römischen Limes. – Südlich von L. liegt die Stauferburg Münzenberg; in unmittelbarer Nachbarschaft (4 km) die Ruine des ehem. Zisterzienserklosters Arnsburg. – Alljährlich Historischer Markt (zwei Wochen vor Pfingsten).

Lichtenau

□ 192 qkm; ○ Paderborn; ⚐ Nordrhein-Westfalen; ✉ 33165; ☎ 05295; 🚗 PB; △ 180–380 m; 👥 9400.

L., 17 km südöstlich von Paderborn im Naturpark Eggegebirge (Südlicher Teutoburger Wald) gelegen, hat Anschluß an die A 44 Dortmund–Kassel (Ausfahrt Marsberg/Meerhof) und A 33 Haaren–Bielefeld (Ausfahrt Borchen–Etteln); Realschule; Textil- und holzerarbeitende Industrie.

L. ist 1326 erstmals urkundlich bezeugt. Sehenswürdigkeiten: Alter Spieker und Steinkistengräber im Stadtteil Atteln; ehem. Benediktinerkloster mit bedeutenden Reliefabgüssen in Dalheim; Hügel- und Steinkistengräber in Henglarn und frühgotische Kirche mit Wehrturm (1273) und Alabaster-Altar im Renaissancestil (1624) in L.

Lichtenfels (Bayern)

□ 133,52 qkm; ○ Lichtenfels; ⚐ Bayern; ✉ 96215; ☎ 09571; 🚗 LIF; △ 272 m; 👥 20400.

L., in Oberfranken am Oberlauf des Mains gelegen, ist über die B 173 und B 289 zu erreichen. L. ist Bahnknotenpunkt (D-Zug-Station der Hauptstrecke München–Berlin; München–Leipzig und Lichtenfels–Coburg–Eisenach); hat Verkehrslandeplatz; Kreisverwaltung, Amtsgericht, Arbeitsamt, Finanzamt, Zollamt, Forstamt u. weitere Behörden; Sonderschulzentrum, Volkshochschule, Gymnasium, Berufs- und Handelsschule, Korbfachschule; Kreiskrankenhaus; Korb- und Polstermöbel-, Leder- und Textilbekleidungsindustrie, Schaumstoffwerk, Knopffabrik, Werkzeugbau; Landwirtschaft.

L. entstand als Siedlung unterhalb der Burg L. (1525 zerstört), die 1248 an das Hochstift Bamberg kam. Seit 1206 war L. Markt, seit 1374 Sitz eines Hochgerichts; die Erhebung zur St erfolgte 1231. Wirtschaftliche Blütezeiten waren das 14., 15. und 19. Jh. – Von der alten Stadtbefestigung sind zwei Tortürme (14./15. Jh.) und Teile der Stadtmauer mit Mauerturm und Wehrgang erhalten. Bemerkenswert die spätgotische Stadtpfarrkirche mit zwei Bronzeepitaphien (1529) aus der Vischerschen Werkstätte von Nürnberg sowie das Rathaus (1743) am Marktplatz; Museum in L.-Klosterlangheim. – 3 km südlich bzw. südwestlich von L. liegt die berühmte Barock-Basilika Vierzehnheiligen (Baumeister Balthasar Neumann) und Kloster Banz. – L. ist Geburtsort des Predigers Friedrich Myconius (1490–1546, Freund und Mitarbeiter Luthers) und des Politikers Dr. Thomas Dehler (1897–1967).

Alljährlich L. Korbmarkt (September).

Lichtenfels (Hessen)

□ 96,73 qkm; ○ Waldeck-Frankenberg; ⚐ Hessen; ✉ 35104; ☎ 05636 (L.-Goddelsheim); 06454 (L.-Sachsenberg); 🚗 KB; △ 300–420 m; 👥 4400.

L. ist 1971 aus dem Zusammenschluß der Städte Fürstenberg und Sachsenberg sowie sechs Landgemeinden entstanden. Die St, 9 km westlich des Edersees in der Waldeckischen Schweiz gelegen, hat Grundschulen und Gesamtschule. Die Stadtteile Fürstenberg und Sachsenberg sind anerkannte Erholungsorte.

Das Stadtrecht erhielten die ehemals selbständigen Städte Fürstenberg und Sachsenberg um 1230. Die bei Dalwigksthal liegende Burg Lichtenfels wurde von Abt Widukind von Corvey 1189 erbaut. Bemerkenswert ferner die Klosterruine Schaaken im Stadtteil Goddelsheim.

Lichtenstein

☐ 10,6 qkm; ○ Landkreis Hohenstein-Ernstthal; ⚐ Freistaat Sachsen; ✉ 09350; ☎ Amt Lichtenstein; 🚗 HOT; △ 300 m; 👫 11 870.

L. liegt an der B 173 zwischen den Autobahnen A 4 (Ausfahrt Hohenstein-Ernstthal) und A 72 (Ausfahrt Stollberg) je 15 km entfernt; Bahnhof an der Strecke Glauchau–Stollberg.

L. hat Stadtverwaltung, Gymnasium, kaufmännische Berufsschule/Wirtschaftsgymnasium, Berufsausbildungszentrum Burbach; Kulturhaus, Jugendherberge, Stadtbücherei; Kreiskrankenhaus, Frauenklinik.

In L. entsteht ein 80 ha großes Industrie- und Gewerbezentrum „Am Auersberg" für Glasveredelung, Sanitärzellenproduktion, Transformatorenbau u. Großhandel mit Elementen für den Innenausbau.

L. wird zuerst 1212 urkundlich erwähnt. Kaiser Friedrich II. übertrug dem böhm. König Ottokar I. die Burg Lichtenstein als Lehen. 1215 ging die Lehensherrschaft in den Besitz der Schönburger, einem alten einheimischen Adelsgeschlecht, über. L. verdankt seine Entwicklung der Lage an der alten Handelsstraße von Nürnberg über Plauen und Zwickau nach Dresden. Zwischen 1500 und 1800 wurde die wirtschaftliche Struktur der Stadt von den Innungen der Handwerker geprägt. Im 19. Jh. entwickelte sich die Textilindustrie, die bis in die Gegenwart strukturbestimmend blieb.

Von der Burg Lichtenstein, einst als Wehranlage errichtet, sind noch Hungerturm, Folterkammer und unterirdische Ganganlagen erhalten. Bedeutendstes Baudenkmal ist das im 18. Jh. errichtete Schloß, heute Caritasheim St. Elisabeth. Der mittelalterliche Stadtkern mit verwinkelten Gassen, Straßen und Plätzen steht in spannungsvollem Gegensatz zur Barockstadt Callnberg mit klaren, strengen Straßenführungen und Gebäudefronten; St. Laurentiuskirche mit barockem Orgelprospekt und Lutherkirche; Gedenkstein zur Erinnerung an den Besuch Heinrich v. Kleists im Jahre 1800. Der eingemauerte Prangerstein am ehem. Ratsweinkeller des alten Rathauses erinnert an die mittelalterliche Gerichtsbarkeit. L. trägt den Beinamen „Stadt im Grünen" mit seinem alten Baumbestand aus 500 Jahre alten Eichen und Buchen und 250jähr. Kastanien.

Jährlich stattfindende Veranstaltungen: Handwerkermarkt, Erntedank- und Marktfest, Weihnachtsmarkt.

Liebenburg

☐ 78,40 qkm; ○ Goslar; ⚐ Niedersachsen; ✉ 38704; ☎ 05346; 🚗 GS; △ 225 m; 👫 9500.

L., im Vorharz an den südöstlichen Stadtrand von Salzgitter grenzend, ist über die B 6 zu erreichen. Die Wohngemeinde hat Forstamt; Grundschulen, Orientierungsstufe, Hauptschule und Sonderschule.

L. entstand im Schutz der vom Hildesheimer Bischof Siegfried II. 1292 gegen die Welfen erbauten »Levenborch«, von der noch der Bergfried erhalten ist. Anstelle der im Dreißigjährigen Krieg stark beschädigten Burg ließ Fürstbischof Clemens August 1754 bis 1760 ein Schloß als Sommerresidenz errichten.

Lilienthal

☐ 72,07 qkm; ○ Osterholz; ⚐ Niedersachsen; ✉ 28865; ☎ 04298; 🚗 OHZ; △ 6 m; 👫 15700.

L., Wohngemeinde an der Wümme 11 km nördlich von Bremen, hat Anschluß an die Autobahn A 27 Bremen–Cuxhaven (Ausfahrt Bremen-Horn/Lilienthal); Grundschule, Hauptschule mit Förderstufe, Sonderschule für Lernbehinderte, Realschulzug; kleinere Industrie- und Gewerbebetriebe.

L. wurde 1232 als Nonnenkloster der Zisterzienser gegründet (nach der Reformation aufgelöst; Kirche erhalten).

Limbach-Oberfrohna

☐ 16 qkm; ○ Chemnitz; ⚐ Freistaat Sachsen; ✉ 09212; ☎ 03722; 🚗 C; △ 250 m; 👫 22500.

L.-O. ist zu erreichen auf der A 4 / E 40, Ausfahrt Limbach, und der A 72 / E 441, Ausfahrt Chemnitz-Süd; die Doppel-St liegt innerhalb eines Geviertes, das von den B 95, B 173, B 175 und B 180 gebildet wird. Sie verfügt über die Bahnhöfe Limbach/Sachsen und

Oberfrohna für die Nebenstrecke L.-O.–Wittgensdorf ob. Bf. zum Anschluß an die Regionalschnellbahn Leipzig–Chemnitz; ausgeprägtes Omnibusnetz (Abfahrt bzw. Anschluß) nach Bräunsdorf, Burgstädt, Chemnitz, Frankenberg, Hohenstein-Ernstthal, Mittweida, Oberlungwitz, Penig, Waldenburg, Wolkenburg und Zwickau. Die nächsten Flughäfen sind Leipzig und Dresden (jeweils ca. 110 km).

Bildungseinrichtungen: Grundschulen, Mittelschulen, Humanistisches Gymnasium, Sonderschule f. Lernbehinderte, Sonderschule f. geistig Behinderte; ferner Berufliches Schulzentrum (Techn. Gymnasium u. gewerbl. Berufssch.), Volkshochschule, Musikunterrichts-Kabinett (Musiksch.) und die „Urania".

Wirtschaftliches: L.-O. ist eine Industriestadt mit einer Vielzahl von Firmen und Betrieben, aus denen sich hervorheben: Bauunternehmen, Werke für Bremshydraulik und Bremsentechnik; Limb. Druckerei GmbH; Längenmeßtechnik GmbH, Techn.-wissensch. Maschinenbau GmbH, Wirk- und Spezialnähmaschinen GmbH, Wägemaschinen GmbH; mehrere Textilhersteller; ein breites Feld mittelständischer Unternehmen.

Geschichtliches: L.-O. liegt 12 km westl. von Chemnitz in der reizvollen Landschaft des Vorerzgebirges. Die Anfänge der Entwicklung reichen bis in die Zeit um 1150 zurück, als dt. Kolonisten aus Rheinfranken zwischen Mulde und Chemnitzfluß die Dörfer L., O. und Rußdorf gründeten. 1248 wird ein Johannes Limpach urkundlich genannt, 1335 die Ortschaft Rueßdorf schriftlich erwähnt. In der Gm Köthensdorf, nahe bei L.-O., wurde 1682 Johann Esche, Sohn eines Schwarzfärbers, geb. Während seiner Tätigkeit als Kutscher im Rittergut L. lernte er bei einem französischen Emigranten das Wirken kennen und baute sich bald selbst seinen ersten Strumpfwirkstuhl. Dadurch wurde L. um 1700 zum Ausgangsort der sächsischen Wirkerei. L. wurde 1795 zum Marktflecken erhoben. Mit Bildung eines Gemeinderats 1839 bekam L. eine Landgemeindeordnung.

Moritz Samuel Esche und Reinhold Esche erbauten 1853/54 die ersten Fabriken und leiteten damit in L. das Industriezeitalter ein. Es war eine Weltsensation, als Prof. Willkomm im Jahre 1869 in L. eine Strumpfwirkschule eröffnete. Er leitete sie selbst bis 1910. Die Eisenbahnstrecke zwischen L. und Wittgensdorf entstand 1872 und damit die Verbindung nach Chemnitz und Leipzig. Zum 1. 1. 1883 erhielt L. das St-Recht; 1907 wurde das L.er Elektrizitätswerk gebaut und probeweise die elektr. Straßenbeleuchung eingeführt. Die Bedeutung der Gm wurde 1913 mit der Landung des Zeppelin-Kreuzers „Sachsen" öffentlich bekundet. Zum 1. 7. 1935 wurde Rußdorf nach O. eingemeindet und O. zur St. erhoben. 1950, wiederum am 1. Juli, wurden die Städte L. und O. zur gemeinschaftlichen St L.-O. zusammengeschlossen. Der L.er Bürger Heinrich Mauersberger erhielt 1954 für die Erfindung der Nähwirktechnik MALIMO den Nationalpreis der DDR. Seit 1959 gibt es in L.-O. einen Tiergarten. 1972 mußten die noch verbliebenen privaten Betriebe freiwillig der Verstaatlichung zustimmen. Die erste Demonstration zur Zerschlagung des totalitären Machtanspruches der SED fand am 25. 10. 1989 statt. Am 9. Januar 1990 forderten 30000 Demonstranten vor dem Gästehaus der SED in Kändler (neben L.-O.) die Enteignung der Partei. Mit der konstituierenden Sitzung vom 29. 5. 1990 erhielt L.-O. das erste freigewählte St-Parlament seit 1932.

Sehenswertes: barocke Dorfkirche mit attraktiven Holzschnitzereien und einem hölzernen „Taufstein" (im St-Teil Rußdorf); St-Kirche, in äußerer Form als Dorfkirche erhalten, innen klassizistischer Stil; die Lutherkirche (neugot. Backsteinbau); Besonderheiten stellen die Vierseiten-Bauernhöfe mit Laubengang dar; mehrere im Jugendstil ausgeführte Bauten; die Fronfeste mit heimatkundlicher Sammlung.

Natur: Ökologisch bemerkenswert ist der Landschaftsabschnitt „Schutz- und Vorbehaltsgebiet Limbacher Teiche / Rußdorfer Holz", durch den L.-O. bereits in der Vergangenheit in Fachkreisen überregional bekannt wurde. Er bildet einen Komplex von Fischteichen mit kleinen Zu- und Abflüssen, Feucht- und Naßwiesen, Röhrichten, naturnahen Gehölzen und Waldresten, ferner im St- und Tierpark. Das Biotop ist in Sachsen einmalig und überregional von Bedeutung. In L.-O. wurden 14 besondere Bäume zu Naturdenkmalen erklärt.

Sportliches: Kegelbahnen, Tennisanlage, Reitsportmöglichkeiten, Freibäder, Fitness-Center und Gondelteich.

Limburg a.d. Lahn

□ 45,14 qkm; ○ Limburg-Weilburg; ⚐ Hessen; ✉ 65549*; ☎ 06431; 🚗 LM; △ 108 bis 250 m; 👥 29500.

L. liegt am Unterlauf der Lahn im Zentrum des fruchtbaren Limburger Beckens. Die St ist Verkehrsmittelpunkt (Zufahrt über die sich kreuzenden B 8, B 49, B 54 und B 417; Anschluß an die Autobahn A 3 Wiesbaden–Köln (Ausfahrten L.-Süd und L.-Nord, Autobahnbrücke über die Lahn; D-Zugstation an der Bundesbahnstrecke Gießen–Koblenz); Sitz zahlreicher Behörden und Körperschaften (Landgericht, Amtsgericht, Arbeitsgericht, Kreisverwaltung, Industrie- und Handelskammer, Landeszentralbank u. a.) sowie eines kath. Bischofs und Bundeswehrstandort. L. hat Realschulen, Gymnasien, Sonderschulen für Lernbehinderte und praktisch Bildbare, Berufs-, Berufsfach-, Handels- und Höhere Handelsschule, Wirtschaftsgymnasium, private Handelsschule, Landwirtschaftsschule; Schwerpunktkrankenhaus. L. ist wirtschaftliches Zentrum für ein weites Umland mit bedeutenden Industrien, Dienstleistungs- und Handelsunternehmen (Bundesbahnausbesserungswerk, Blechwarenfabrik, Bekleidungsindustrie, Apparate- und Telefonbau, Eisengießerei, Maschinen- und Kristallkronleuchterfabrik, Glas-, Verpackungs- und feinmechanische Industrie, pharmazeutische Fabrik).

L. entstand im frühen MA an einem wichtigen Lahnübergang. 910 erste urkundliche Erwähnung des von den Grafen des Niederlahngaus zum Stammsitz erwählten Ortes. Zu dieser Zeit gründete Graf Konrad Kurzbold auf dem Kalkfelsen über der Lahn ein Kollegiatsstift mit Stiftskirche (Dom). Im 11. Jh. entwickelte sich vor dem westlichen Tor des Stiftsbereichs der Kern der späteren St, die um 1130 von einem ersten Mauerring umgeben war. Anfang des 13. Jh. fiel die St an die Isenburger, unter deren Herrschaft bis 1350 großartige Sakralbauten errichtet wurden. Nach 1400 ging L. in die Hände von Kurtrier über, doch die jahrhundertlangen Verpfändungen von Teilen der St verhinderten, daß sie zu politischer Geltung kam. 1803 wurden Stift und das im 13. Jh. gegründete Franziskanerkloster aufgelöst; L. kam an Nassau. 1827 erhielt der katholische Volksteil des Großherzogtums mit dem Bistum L. einen religiösen Mittelpunkt. 1866 wurde L. preußisch.

Die malerische Altstadt ist weitgehend erhalten. Von den bedeutendsten Bauten der Vergangenheit sind zu nennen: Spätromanische Stiftskirche (seit 1827 Dom), 1235 vollendet mit großartiger Innenausstattung (romanische Wandmalereien, Grabmal des Stifters Konrad Kurzbold, romanischer Taufstein u. a.); Kirche des Franziskanerklosters (13. Jh., jetzt Pfarrkirche); Lahnbrücke mit Brückenturm (um 1350); St. Annakirche und Gebäude des Hospitals (älteste Teile um 1350); Niederlassung der Eberbacher Zisterzienser („Erbach" mit Kapelle aus dem 14. Jh.); Bürgerhäuser aus dem 16.–18. Jh. Sehenswert der Domschatz mit der kostbaren Staurothek, einer Reliquienlade um 960, und die Schätze des Diözesanmuseums mit der »Dernbacher Beweinung« aus dem 15. Jh.

Limburgerhof

□ 8,97 qkm; ○ Ludwigshafen a. Rhein; ⚐ Rheinland-Pfalz; ✉ 67117; ☎ 06236; 🚗 LU; △ 98 m; 👥 10000.

L., Wohngemeinde 9 km südlich von Ludwigshafen an der B 9 und A 61 Koblenz–Speyer (Ausfahrt Ludwigshafen-Süd/Limburgerhof), hat Bahnstation an der Strecke Ludwigshafen–Neustadt a. d. W.; Grundschulen, Hauptschule; landwirtschaftliche Versuchsstation und Gutsbetriebe der BASF Ludwigshafen; Landmaschinenfabrik, kunststoffverarbeitende Industrie und Baubetriebe, Holzgroßhandel, Mehlwurmzüchterei.

Ihren Namen erhielt die 1930 gegründete Gm vom Limburger Hof, dem Hofgut der 1571 aufgelösten Benediktinerabtei Limburg bei Bad Dürkheim.

Alljährl. Straßenfest (September).

Lindau (Bodensee)

□ 33,01 qkm; ○ Lindau; ⚐ Bayern; ✉ 88131; ☎ 08382; 🚗 LI; △ 400 m; 👥 25000.

Die St L. liegt am Nordostufer des Bodensees und ist über die Bundesstraßen 12, 18, 31 und die Autobahn A 96 München–Lindau bzw. A 7 Ulm–Lindau zu erreichen. Von der Inselstadt führen eine Brücke und ein Eisenbahndamm zum Festland. Im Süden der Inselstadt befindet sich der Hafen (mit dem Wahrzeichen Leuchtturm und Löwe). L. ist EC-Station der internationalen Strecken München–L.–Zürich/Genf und Paris–Straßburg–L.–Innsbruck; (im Sommer Schiffsverkehr nach allen Bodenseeorten), Luftkurort mit bedeutendem Fremdenverkehr (Internationale Spielbank), Tagungs- und Kongreßstadt (Lindauer Psychotherapiewochen, Tagungen der Nobelpreisträger). L. hat Kreisverwaltung, Hauptzollamt; Mittelschulen, Gymnasien, Berufs- und Berufsaufbauschule, Haushaltungsschulen; Maschinen-, Gummi- und Textilindustrie, elektronische Fertigung von Kühlanlagen, Kunststoffverarbeitung, Herstellung von Fruchtsäften; Obst- und Weinanbau sowie Milchwirtschaft.

Um 800 gründeten Benediktinerinnen ein

Kloster auf der Insel (reichsunmittelbares Damenstift seit 1466). Eine in der Nähe angelegte Fischersiedlung (erste urkundliche Erwähnung 882) erhielt 1079 durch die Verlegung des stiftischen Marktes von Aeschach (Festland) auf die Insel zusätzliche Bedeutung. Im 12. Jahrhundert war die Insel bereits befestigt; im ersten Viertel des 13. Jahrhunderts wurde Lindau Freie Reichsstadt. Im Mittelalter war die Stadt wichtige Durchgangsstation auf der Reise nach dem Süden. 1496 wurde im Alten Rathaus ein Reichstag abgehalten. 1728 vernichtete ein großer Brand das Stiftsviertel. 1802 ging Lindau in den Besitz des Fürsten von Bretzenheim über. Nach kurzer Zugehörigkeit zu Österreich (1804/05) fiel die Stadt an Bayern.

Historische Bauten und Sehenswürdigkeiten: Peterskirche (um 1000) mit Wandmalereien Hans Holbeins d.Ä. (gegen Ende des 15. Jahrhunderts). Kirchen: Stiftskirche (nach dem Stadtbrand um 1750 neu erbaut) und St. Stephan (1180 erbaut, später mehrmals verändert). Haus „Zum Cavazzen" (1729/30) mit städtischen Kunstsammlungen. Altes Rathaus (1422/36) mit Stadtarchiv und Stadtbibliothek (bedeutende Bibelsammlung). Fachwerkhäuser, Laubengänge, Rest der alten Stadtbefestigung (Mangturm, Diebsturm, Heidenmauer).

Alljährlich L. Kinderfest (Juli) und traditioneller Jahrmarkt (November).

Linden

□ 22,78 qkm; ○ Gießen; ⚐ Hessen; ✉ 35440; ☎ 06403; 🚗 GI; △ 286 m; 👥 11800.

L., 7 km südlich von Gießen an der Autobahn A 45 Ruhrgebiet–Hanau (Ausfahrt Gießener Südkreuz) und A 485 Langgöns–Gießener Nordkreuz (Ausfahrt L.) gelegen, entstand 1977 durch Zusammenschluß der St Großen-Linden und der Gm Leihgestern; Bahnstation an der Strecke Frankfurt a.M.–Kassel. Die St hat Grundschulen, Gesamtschule, Sonderschule für Lernbehinderte; mittlere und kleinere Gewerbebetriebe.

Die Gemarkung von L. ist altes Siedlungsgebiet (Hügelgräber aus der Bronzezeit). Großen-Linden ist erstmals 790 in einer Urkunde des Klosters Lorsch bezeugt. Von den Herren von Gleiberg (936–1265) ging der Ort zusammen mit Gießen in den Besitz der Landgrafenschaft Hessen über. Die Erhebung zur St erfolgte 1650. Mitte des 19. Jh. wurde Braunstein gefördert (Grube Fernie heute See). – Sehenswerte ev. Kirche (um 1120) und gotisches Fachwerk-Pfarrhaus (um 1450) in Großen-Linden sowie ev. Kirche (Ende 16. Jh.) und Hüttenberger Heimatmuseum in Leihgestern.

Lindenberg i. Allgäu

□ 11,84 qkm; ○ Lindau (Bodensee); ⚐ Bayern; ✉ 88161; ☎ 08381; 🚗 LI; △ 750–824 m; 👥 10200.

L., Höhenluftkurort am Nordrand der Allgäuer Alpen 15 km nordöstlich von Lindau, ist über die Alpenstraße B 308 zu erreichen; Anschluß an die Autobahn A 96 München–Lindau (Ausfahrt Sigmarszell) und A 7/A 96 Ulm–Lindau.

Die St hat Arbeitsamt, Zollamt; Realschule, Gymnasium, Sonderschulen für Lernbehinderte und geistig Behinderte, Kreisfachschule für Datenverarbeitung, Volkshochschule, Sing- und Musikschule; Krankenhaus; Kunststoff- und Textilindustrie, Nahrungsmittel (Schmelzkäse)- und Druckindustrie, Leichtmetallbau, Flugzeugtechnik; Fremdenverkehr.

Lindenberg wurde 857 als »Lintiberc« erstmals urkundlich erwähnt. Seit 1806 ist Lindenberg bayerisch. Der wirtschaftliche Aufstieg begann um 1660 (zunächst Pferdehandel mit Norditalien, sodann Herstellung und Verkauf von Strohhüten). 1784 wurde Lindenberg das Marktrecht verliehen. Seit 1914 ist Lindenberg Stadt.

Sehenswürdigkeiten: Pfarrkirche St. Aurelius (14.–18. Jh.); Hutmuseum; Waldsee mit Wasenmoos. – Alljährlich traditionelles Stadt- und Kinderfest (Juli), Maimarkt und Simon- und Judamarkt (Oktober).

Lindenfels

□ 21,09 qkm; ○ Bergstraße; ⚐ Hessen; ✉ 64678; ☎ 06255; 🚗 HP; △ 400 m; 👥 5100.

L., im vorderen Odenwald 41 km nördlich von Heidelberg gelegen, ist heilklimatischer Kurort (Heilanzeigen bei Herz- und Kreislauferkrankungen, nervösen Erschöpfungszuständen, vegetativen Regulationsstörungen, Bronchialkatarrh und Bronchialasthma, Rekonvaleszenz). Die St ist über die B 47 und B 38 zu erreichen; L. hat Grundschule; Fachklinik für Stoffwechselkrankheiten; Hartsteinindustrie; lebhaften Fremdenverkehr.

L. kam 773 durch Schenkung Karls d. Großen an das Kloster Lorsch. Der Ort wird erstmals 1123 in Zusammenhang mit der Erbauung der gleichnamigen Burg urkundlich erwähnt. Von 1277 bis 1802 gehörte L., das 1336 zur St erhoben wurde, zur Kurpfalz. Burg (seit 1779 auf Abbruch verkauft) und St kamen danach an das Großherzogtum Hessen. – Bemerkenswert die Burgruine und Teile der ma. Stadtbefestigung (Stadttore); Lindenfels-Museum. – Alljährlich Burg- und Trachtenfest (erstes August-Wochenende).

Lindlar

□ 85,83 qkm; ○ Oberbergischer Kreis; ⚐ Nordrhein-Westfalen; ✉ 51789; ☎ 02266; 🚗 GM; △ 240–350 m; 👪 18700.

L., 30 km östlich von Köln im Oberbergischen Land gelegen, ist über die Autobahn A 4 Köln–Olpe (Ausfahrten Untereschbach und Engelskirchen) zu erreichen. L. hat Amtsgericht; Grund- und Hauptschulen, Realschule; Kulturzentrum; eisen-, papier-, holz-, steine-, kunststoff- und textilverarbeitende Betriebe, Steinbrüche; Fremdenverkehr.

L. wird erstmals 1109 urkundlich erwähnt.

Bemerkenswert: Burgruine Eibach und Neuenberg sowie zahlreiche Kapellen (11.–19. Jh.); historischer Ortskern von L.; Freilichtmuseum. – Alljährlich Schützenfest (August).

Lingen (Ems)

□ 176,13 qkm; ○ Emsland; ⚐ Niedersachsen; ✉ 49808*; ☎ 0591; 🚗 EL; △ 22 m; 👪 50000.

L. liegt an der Ems und am Dortmund-Ems-Kanal sowie am Schnittpunkt der B 70, B 213 und B 214; Anschluß an die A 30 Osnabrück–Niederlande (Ausfahrten Rheine-N. und Schüttorf); D-Zug-Station an der Bundesbahnhauptstrecke Köln–Ruhrgebiet–Norddeich; Regionalflugplatz Klausheide (10 km). L. hat mehrere Häfen und Anlegestellen am Dortmund-Ems-Kanal; Amtsgericht, Arbeitsgericht, Kreisverwaltung, Zollamt, Forstamt u.a. Behörden; Volksschulen mit Förderstufe, Realschule, Gymnasien, Mädchengymnasium für Frauenbildung, Sonderschule für Lernbehinderte, Handelslehranstalt, Kreisberufs- und Berufsfachschulen, Fachschule für Sozialpädagogik, Landwirtschaftsschule, landwirtschaftliche Berufsschule, Haushaltungsschule, Musikschule, Volkshochschule, Bildungszentrum des Handwerkes; Schwerpunktkrankenhaus mit Dialysestation. L. ist Garnisonstadt der Bundeswehr.

Die St ist Mittelpunkt der Erdölförderung (Raffinerie Holthausen, Tiefbohr- und Erdölgewinnungsbetriebe der Salzgitter AG) und Erdgasgewinnung (Vereinigte Elektrizitätswerke Westfalen) im Emsgebiet; ferner vielseitige Industrie (Chemiefaserwerk, Elektrostahlwerk, Wäschefabrik, Kunststoff- und Metallverarbeitung, Bundesbahnausbesserungswerk, Textil- und Bekleidungsindustrie, Maschinenbau und Großhandel (Viehmärkte)).

L., erstmals 975 urkundlich erwähnt und 1327 zur St erhoben, war jahrhundertelang Zankapfel zwischen den Tecklenburger Grafen und den Fürstbischöfen von Münster. Ende des 16. Jh. kam die St an das Haus Oranien und 1702 an Preußen. Von 1815–1866 gehörte L. zum Königreich Hannover. Bis in das 20. Jh. blieb L. ein bescheidenes Handels- und Ackerbürgerstädtchen. Der stürmische wirtschaftliche Aufschwung setzte erst nach dem 2. Weltkrieg ein.

Sehenswürdigkeiten: Rathaus (1663) am Marktplatz; Haus Hellmann (1646) mit reich geschnitztem Giebel; Palais Danckelmann (Renaissancebau aus dem Jahre 1446; errichtet als Wohnhaus des oranischen Landrichters Silvester D.); Alte Universität (1697, von Prinz Wilhelm III. von Oranien gegründet). – L. ist Geburtsort des Autorennfahrers Bernd Rosemeyer (1909–38). – Im Turnus von 3 Jahren jeweils zu Pfingsten Kivelingsfest (Aufzug der Bürgersöhne Lingens in ma. Trachten seit 1372).

Linkenheim-Hochstetten

□ 23,6 qkm; ○ Karlsruhe; ⚐ Baden-Württemberg; ✉ 76351; ☎ 07247; 🚗 KA; △ 101 m; 👪 9800.

L.-H. entstand 1975 durch Zusammenschluß der beiden ehemaligen Gemeinden, die 12 km nördlich von Karlsruhe am Rhein und an der B 36 liegen; die Gm hat Anschluß an die Autobahn A 5 Karlsruhe–Frankfurt a.M. (Ausfahrt Bruchsal); Grund-, Haupt- und Realschule, Sonderschule für Lernbehinderte; Kiesabbau in Baggerseen. Linkenheim ist urkundlich erstmals 777 erwähnt. – Alljährlich Straßenfest.

Linnich

□ 65,47 qkm; ○ Düren; ⚐ Nordrhein-Westfalen; ✉ 52441; ☎ 02462; 🚗 DN; △ 92 m; 👪 12100.

Die St L. liegt 28 km nordöstlich von Aachen in der Jülicher Börde an der mittleren Rur. Zufahrt über die B 57. L. hat Realschule, Landespolizeischule von Nordrhein-Westfalen; mittlere Industrie- und Gewerbebetriebe (Papier- und Klebstoffabrik, Herstellung von Ölfeuerungen).

L. erhielt im 14. Jh. das Stadtrecht. Sehenswert die Pfarrkirche St. Martin (1. Hälfte 15. Jh.) mit spätgotischen Schnitzaltären aus Flandern.

Linz a. Rhein

☐ 18,10 qkm; ○ Neuwied; ⚐ Rheinland-Pfalz; ✉ 53545; ☎ 02644; 🚗 NR; △ 60–135 m; 👥 6000.

L. liegt am rechten Rheinufer gegenüber der Ahrmündung an der B 42. Anschluß an die Autobahn A 3 Wiesbaden–Köln (Ausfahrt Bad Honnef/L.). Bahnstation der rechtsrheinischen Strecke Frankfurt a.M.–Köln. L. hat Amtsgericht, Stadtarchiv; Realschule, Gymnasium, Berufsschule; Basaltbrüche (Basalt AG), Weinbau.

Das Gebiet von L. war seit der vorgeschichtlichen Hunsrück-Eifel-Kultur (Ringwall auf dem Hummelsberg) besiedelt. Das Dorf L. gelangte 1250 durch Schenkung in den Besitz des Kölner Erzstiftes; um 1320 erhielt es Stadtrechte. Um 1475 belagerten kaiserliche Truppen die St. Vom großen Brand von 1391 blieb die Pfarrkirche St. Martin verschont (1206–14; dreischiffige Emporenbasilika mit polygonalem Chor, spätgot. Sakramentshaus und Flügelaltar, vollendet 1463). Weitere bedeutende historische Bauten: Burg L. (1365) mit Turm (heute Museum für Mechanische Musikinstrumente, Waffen- und Folterkammer, Rittersaal); Rathaus (1392) mit Glockenspiel; Kapuzinerkirche (17. Jh., jetzt Stadthalle); farbenfrohe Fachwerkhäuser („Bunte Stadt") aus drei Jahrhunderten und Reste der alten Stadtbefestigung (Neutor und Rheintor).

Lippetal

☐ 126,56 qkm; Soest; Nordrhein-Westfalen; ✉ 59510; ☎ 02923; 🚗 SO; △ 72 m; 👥 11 000.

Die Gm L. wurde 1969 aus den früher selbständigen Gemeinden Brockhausen, Heintrop-Büninghausen, Hovestadt, Hultrop, Krewinkel-Wiltrop, Herzfeld, Lippborg, Niederbauer, Nordwald, Oestinghausen und Schoneberg gebildet.

L. liegt 30 km östlich von Hamm an der Lippe und an der B 475, hat Anschluß an die Autobahn A 2 Ruhrgebiet–Hannover (Ausfahrt Hamm–Uentrop) und A 44 Dortmund–Kassel (Ausfahrt Soest); Grundschulen und Hauptschule. – Sehenswert Wasserschloß „Haus Assen" im Ortsteil Lippborg und „Schloß Hovestadt" im Ortsteil Hovestadt.

Lippstadt

☐ 113,36 qkm; Soest; ⚐ Nordrhein-Westfalen; ✉ 59555*; ☎ 02941; 🚗 SO; △ 79–95 m; 👥 60 100.

L., am Südrand der Westfälischen Tieflandsbucht an der Lippe gelegen, ist über die B 55 und A 44 zu erreichen; Anschluß an die Autobahn A 44 (Ausfahrt Erwitte/Anröchte); Bahn station an der Strecke Köln–Dortmund–Soest–Berlin. L. hat Amtsgericht, Industrie- und Handelskammer; Realschulen, Gymnasien, berufsbildende Schulen, Volkshochschule, Musikschule, Abendrealschule, Bezirksseminare für das Lehramt an Grund-, Haupt- und Realschulen, Sonderschule für Lernbehinderte; Säuglings- und Kinderklinik. Die St ist Bundeswehrstandort. L. hat eine breitgefächerte Industrie (Herstellung von Autoelektroartikeln [Hella-Werke], Großwälzlagern [Hoesch AG], Feinstrumpfwerke [Falke], Möbel-, Textil- und metallverarbeitende Industrie, Pumpernickelfabriken, Leder- und Marmorindustrie, Kornbrennereien).

L. ist zwischen 1180 und 1185 als »Stadttor Lippe« von Bernhard II. zur Lippe gegründet worden. Den Kern der befestigten, planmäßi-

Lippstadt

gen Anlage bildete die bereits um 1200 erwähnte Große Marienkirche (1221 geweiht). Dank der großzügigen Verfassung des Stadtgründers nahm L. eine schnelle und erfolgreiche Entwicklung als Markt- und Handelsort. Wahrzeichen der St sind die historischen Kirchen: Marienkirche (13. Jh.), St. Nicolai-Kirche (13. Jh.), Jakobikirche (letztes Drittel des 13. Jh.), Stiftskirche des ehem. Augustinerinnen-Klosters (Ende 12. Jh., Ruine), das Rathaus (1773) und der Gasthof „Goldener Hahn" (17. Jh.) mit schönen Balkenschnitzereien. – Sehenswert das Heimatmuseum. Im Oktober alljährlich „Lippstädter Herbstwoche".

Löbau

□ 17,6 qkm; ○ Löbau; ⚐ Freistaat Sachsen; ✉ 02708; ☎ 03585; 🚗 LÖB; △ 239 m; 👫 18400.

L. ist zu erreichen auf der A 4 / E 40, Ausfahrt Bautzen Ost (24 km), sowie auf der B 6, B 98, B 99 und B 178; Bahnstation an der Hauptstrecke Dresden–Bautzen–L.–Görlitz–Breslau; Regionalbahn: L.–Ebersbach–Oberoderwitz–Zittau. Der nächste Flughafen ist Dresden-Klotzsche (ca. 80 km); Geschäftslandeplätze: Bautzen (18 km), Görlitz (24 km).

Bildungseinrichtungen: Grundschulen, Mittelschulen, Gymnasium; Musikschule; Volkshochschule; weiterbildende Berufsschulen; Bibliotheken.

Wirtschaftliches: Zuckerfabrik; Bauunternehmen, Steinbruch Demnitz; Brauerei „Löbauer Bergquell"; Agrargenossenschaft Eibau, Tierproduktion; Fleischwerk L.; Getränkeherstellung in Oppach/Ruhland; mittelständische Betriebe und Dienstleistungsunternehmen.

Geschichtliches: L. wurde am 24. 7. 1221 erstmals als „oppidum Lubaw" urkundlich erwähnt. Es ist das geographische Zentrum der Oberlausitz und des Spreequellkreises zwischen Bautzen, Zittau und Görlitz. Die städtebauliche Lage läßt erkennen, daß L. als Handelsort gegründet wurde. Am 21. 8. 1346 schlossen sich die Städte Kamenz, Bautzen, Görlitz, Zittau, Lauban (heute Luban/Polen) und L., das gleichzeitig Konvent-St war, zu einem Sechs-Städte-Bund zusammen. Er diente dem Schutz gegen räuberische Überfälle durch den umliegenden Feudaladel, der Förderung des Handwerks und des Handels sowie der Erhaltung des Landesfriedens. Die Zugehörigkeit der St L. zum Bündnis (das bis 1814 andauerte) währte bis 1547. Danach konnten sich in L. Dorfwebereien entwickeln. Löbaus wirtschaftliche Bedeutung beruhte im 14. und 15. Jh. auf der Tuchproduktion und dem Tuchhandel, im 16. Jh. auf dem Weben und dem Vertrieb von Leinen. Bereits im 17. Jh. hatte sich regional in der dezentralen Hauswebereimanufaktur das Dorffaktoreiwesen so stark durchgesetzt, daß einzelne Unternehmer Handelsbeziehugen zu überseeischen Kunden aufnahmen. Im 17. und 18. Jh. wurde die Leineweberei zur bestimmenden Erwerbsquelle der St. Zahlreiche, noch guterhaltene Bauwerke dieser Zeit bekunden die einstige Wohlhabenheit der Bürger, die auch auf den Ausbau des Handelsnetzes an der Poststrecke Bautzen–Löbau–Zittau bzw. Görlitz zurückzuführen war. Die 1847 durchgehend in Betrieb genommene Sächsisch-Schlesische Eisenbahn Dresden–Görlitz brachte L. den Bahnanschluß. Die Umgebung von L. gilt als ausgesprochenes Urlaubsgebiet.

Sehenswürdigkeiten und Kulturelles: Das Wahrzeichen auf dem Löbauer Berg (448 m) ist der 1854 erbaute König-Friedrich-August-Turm (28 m) mit drei Aussichtsplattformen, der einzige gußeiserne Turm Europas, ein Meisterwerk dt. Eisengießkunst, mit einem phantastischen Panoramarundblick und Fernsichten bis 80 km; Postdistanzsäule (1725), im Zuge der Landvermessung unter August dem Starken am Bautzener Tor aufgestellt; Reste der Stadtbefestigung mit Wehrturm und Stadt-Pfeiferhaus; Rathaus, 1716 nach dem Stadtbrand unter Beibehaltung des got. Turmes neu errichtet; zahlreiche stattliche Barockhäuser (nach 1710); Pfarrkirche St. Nikolai (13. Jh.), später verändert; Pfarrkirche St. Johannis, ehem. Franziskaner-Klosterkirche, spätgot. (vermutl. 15. Jh.), im 17. und 19. Jh. erneuert; Stadtmuseum (Leitmuseum des Kreises), mit Exponaten zur Ur- und Frühgeschichte, Geologie, Stadtgeschichte, Textilindustrie und einer typischen Weberstube aus dem 19. Jh. Zu den wertvollsten Exponaten gehört der Original-Pokal des Sechs-Städte-Bundes.

Wiederkehrende Ereignisse: Neugersdorfer Groß-Jahr-Markt (Aug./Sept.); Händlertag (Sept.); Löbauer Carneval (Febr.); jährl. mehrere Konzerte der Musikschule.

Löffingen

□ 88,02 qkm; ○ Breisgau-Hochschwarzwald; ⚐ Baden-Württemberg; ✉ 79843; ☎ 07654; 🚗 FR; △ 800–1000 m; 👫 6300.

L., am Ortsrand des südlichen Schwarzwaldes und Eingang der Baar gelegen, ist über die

B 31 zu erreichen. Die St ist Bahnstation an der Höllentalbahn Freiburg i. Br.–Donaueschingen. L. hat Realschule, Sonderschule für Lernbehinderte; Forstamt; Elektro-, Textil- und Bekleidungsindustrie, feinmechanische und holzverarbeitende Betriebe. Der Ortsteil Dittishausen ist anerkannter Luftkurort.

Erstmals wird L. 819 urkundlich genannt. Dank seiner wirtschaftlichen Bedeutung als Handelsplatz erhielt es bereits 1270 das Stadtrecht.

Sehenswert der historische Stadtkern, der Wildpark, die wildromantische und geologisch interessante Wutachschlucht sowie die Wallfahrtskirche Schneekreuz.

Löhne

□ 59,33 qkm; ○ Herford; ⚐ Nordrhein-Westfalen; ✉ 32584; ☎ 05732; 🚗 HF; △ 49–185 m; 👥 36800.

L., 25 km nordöstlich von Bielefeld am Südrand des Wiehengebirges und an der Einmündung der Else in die Werre gelegen, ist über die B 61 und Autobahn A 30 Bad Oeynhausen–Osnabrück (Ausfahrt AB-Dreieck L.) zu erreichen; Anschluß an die Autobahn A 2 Hannover–Ruhrgebiet (Ausfahrt Vlotho-Exter oder Herford-Ost). L. ist Bahnknotenpunkt und D-Zug-Station an der Bundesbahnhauptstrecke Hamm–Hannover. Die St hat Realschulen, Gymnasium, Kreisberufsschule, Volkshochschule, Sonderschule für Lernbehinderte, Übergangsklasse für griechische Kinder. Bedeutendster Wirtschaftszweig ist die Möbelindustrie; ferner Bekleidungs-, holz- und metallverarbeitende Betriebe.

L. erhielt Stadtrecht 1969 nach Zusammenschluß der Gm L. mit den früheren Gemeinden Gohfeld, Obernbeck, Mennighüffen und Ulenburg.

Löningen

□ 143 qkm; ○ Cloppenburg; ⚐ Niedersachsen; ✉ 49624; ☎ 05432; 🚗 CLP; △ 36 m; 👥 12000.

L., staatl. anerkannter Erholungsort an der Hase im Zentrum des Oldenburger Münsterlandes, ist über die B 213 zu erreichen. Die Gm hat Grundschulen, Hauptschule, Orientierungsstufe, Realschule, Gymnasium, Mittlere und Höhere Handelsschule, Hauswirtschaftsschule, Gewerbliche Berufsschule, Sonderschule für Lernbehinderte; Kartoffel- und metallverarbeitende Betriebe, Chemiewerk, Textilindustrie, Milchwerk, Großdruckerei u.a.; Fremdenverkehr. L. ist erstmals 1147 als Hof des Klosters Corvey urkundlich nachweisbar. Schon in altsächsischer Zeit war L., an der „Flämischen Heerstraße“ gelegen, Mittelpunkt des Hasegaus. Von 1400 bis 1803 gehörte die „Wiek“ (Flecken) zum Niederstift im Fürstbistum Münster, dann zum Herzogtum Oldenburg.

Sehenswert: St. Vitus-Kriche (Anfang 19. Jh.) im klassizistischen Stil; Großsteingräber und Hügelgräber in der näheren Umgebung. – Alljährlich Vitus-Markt (Juni), historisches Schützenfest (Juli) und Oktobermarkt.

Lörrach

□ 39,42 qkm; ○ Lörrach; ⚐ Baden-Württemberg; ✉ 79540; ☎ 07621; 🚗 LÖ; △ 272–555 m; 👥 41000.

L. liegt im Dreiländereck Deutschland–Schweiz–Frankreich am Ausgang des Wiesentals zwischen den südlichen Ausläufern des Schwarzwaldes 8 km nordöstlich von Basel im Schnittpunkt der Bundesstraße 317 und der Autobahn A 98 (Ausfahrten L. und L.-Ost/Inzlingen); Anschluß an die Autobahn A 5 Karlsruhe–Basel über Zubringer A 98. L. ist Endstation der Autoreisezüge Hamburg–Bremen–Hannover–L., Berlin–L. und Düsseldorf–Köln–L. Die St hat Amtsgericht, Arbeitsamt, Finanzamt, Hauptzollamt, Kreisbehörden u.a.; Realschule, Gymnasien, Sonderschulen, kaufm. Schule, Hauswirtschaftliche Schule, Gewerbeschule, Landwirtschaftl. Berufsschule, Krankenpflegeschulen, Privatschulen, Transferzentrum L., VWA Freiburg (Außenstelle), Berufsakademie; Textil- und Süßwarenindustrie, Elektro-, Leiterplatten- und Solartechnik, Softwareentwicklung, Medizintechnik, Spritz- und Preßwerke, Metall- und Maschinenbau, Holz- und papierverarbeitende Industrie, Herstellung von Präzisionswerkzeugen und Drehteilen, Fleischverarbeitung; Brauereien, Holzgroßhandel; bedeutende Milch- und Weinwirtschaft im Umland.

L. wird 1102 erstmals urkundlich erwähnt. Dem Ort wurde 1403 das Marktrecht und 1682 das Stadtrecht verliehen. 1753 ließ sich der erste Textilbetrieb nieder, 1756 wurden die Privilegien der St erweitert. Während der badischen Revolution von 1848/49 war L. einen Tag lang (21. 9. 1848) Hauptstadt der Deutschen Republik. 1862 Bau der Wiesentalbahn. Nach dem 2. Weltkrieg starke Entwicklung der an-

Lörrach

sässigen und neu angesiedelten Industriebetriebe. – Sehenswert Museum am Burghof; Burgruine Rötteln (Sitz der Markgrafen von Baden, 1678 zerstört) und Wasserschloß Inzlingen. – In Lörrach wirkte von 1783–91 Johann Peter Hebel als Vikar und Lehrer (Hebelfeier im Mai).

Feste und Veranstaltungen: Burgfestspiele im Sommer, Traditionelle Fastnacht mit Umzügen, Weindorf (Juni) und Straßenfeste im Herbst.

Lößnitz

□ 19 qkm; ○ Aue; ⚐ Freistaat Sachsen; ✉ 08294; ☎ 03771; 🚗 AU; △ 422 m; 🚶 12000.

L. liegt an der B 169; es verfügt über einen ob. und unt. Bf. an der Strecke Chemnitz–Aue–Blauenthal. Die nächsten Flughäfen sind Leipzig/Halle und Dresden (je 120 km).

Bildungseinrichtungen: Grundschulen, Realschulen.

Wirtschaftliches: Gießerei, Metallherstellung; Schuhfabrikation und Plastikindustrie.

Geschichtliches: Um 1150 wurde eine bäuerliche Siedlung gegründet, die als L. seit 1238 urkundlich bekannt ist. Bereits 1284 wird der Ort als St erwähnt und 1382 zur Berg-St ernannt. 1406 wurden die Grafen von Schönburg Besitzer der Grafschaft Hartenstein mit der Hauptstadt L. Für 1441 läßt sich ein Mkt nachweisen, seit dem 3. Advent 1691 gibt es einen Weihnachts-Mkt in L., der in dieser Erzgebirgsregion traditionelle Wurzeln hat. 1714 konnte die barocke Spitalkirche eingeweiht werden, 1826 folgte die St.-Johannis-Kirche.

Sehenswürdigkeiten: Naturdenkmal Lindenallee; ehem. Amtsgericht und Ratskeller; Bürgerhäuser in der Alt-St; die o.g. Kirchen und ein ma. Sühnekreuz; „Rösselturm“ als einziger erhaltener von ehemals 3 Türmen der St-Mauer; Portal mit Andreaskreuz am Rathaus.

Kulturelles: „Ältester Schnitzverein“ (seit 1879); eines der ältesten Bronze-Glokkenspiele Dtlds.; Heimatstube.

Wiederkehrende Ereignisse: „Schieferlochfest“ im Juni; „Marktfest“ im Oktober, Weihnachts-Mkt mit großer Schnitzausstellung; zu Ostern und Weihnachten volkskünstlerische Ausstellungen in der L.er Heimatstube.

Lohfelden (Kr. Kassel)

□ 17,62 qkm; ○ Kassel; ⚐ Hessen; ✉ 34253; ☎ 0561 (Ortsteile Crumbach und Ochshausen); 05608 (Ortsteil Vollmarshausen); 🚗 KS; △ 325 m; 🚶 12500.

L. grenzt unmittelbar an die nördlich der Gm gelegene St Kassel. Die Markung der Gm wird durchkreuzt von den Autobahnen A 6/A 7 Frankfurt a. Main–Hannover und A 44 Kassel–Dortmund; Zufahrt über Autobahnausfahrt Kassel-Mitte. L. hat Grundschulen, Gesamtschule, Volkshochschulen; Werkzeug- und Maschinenbau, Speditionen u.a. mittlere und kleinere Gewerbebetriebe.

L. ist 1941 aus den Gemeinden Crumbach und Ochshausen entstanden; 1970 wurde die Gm Vollmarshausen eingegliedert. Die früheren Dörfer werden erstmals 1019 (»Volmareshusum«) bzw. 1102 (»Crumbelbach« und »Oggozeshusum«) urkundlich erwähnt. Bemerkenswert die Wehrkirche aus dem Jahre 1100 im Ortsteil Crumbach und die alte Thingstätte in Vollmarshausen.

Lohmar (Rheinland)

□ 65,53 qkm; ○ Rhein-Sieg-Kreis; ⚐ Nordrhein-Westfalen; ✉ 53797; ☎ 02246; 🚗 SU; △ 80–250 m; 🚶 25300.

Die Gm L. wurde 1969 aus den früher zum Amt L. gehörenden Gemeinden L., Breidt, Halberg, Inger und Scheiderhöhe sowie der Gm Wahlscheid gebildet. L., an Agger und Sülz und an der B 484 15 km nordöstlich von Bonn gelegen, hat Anschluß an die Autobahn A 3 Köln–Frankfurt a.M. (Ausfahrt Siegburg/Troisdorf); Grund- und Hauptschulen. Flughafen Köln/Bonn (8 km). Industrie: Herstellung von Gelenkwellen und Rohrverschraubungen.

L. wird erstmals 1081, Wahlscheid erstmals 1121 urkundlich erwähnt. – Sehenswert: Kath. Pfarrkirche (14. Jh.) mit Taufstein (12. Jh.); Burg Honrath (1117) und Burg Schönrath; Burg L. (14. Jh.); Rittersitz „Haus Dorp“ (Ende 15. Jh.); Haus Honsbach; Haus Auel (1730).

Lohne (Oldenburg)

□ 90,74 qkm; ○ Vechta; ⚐ Niedersachsen; ✉ 49393; ☎ 044 42; 🚗 VEC; △ 44 m; 👪 20 000.

L., nördlich der Dammer Berge am Rande des Großen Moores gelegen, ist über die Autobahn A 1 Osnabrück–Bremen (Ausfahrten L./Dinklage und Holdorf) sowie über die B 51, B 69 und B 214 zu erreichen; Bahnstation an der Strecke Osnabrück–Delmenhorst–Bremen. Die St hat Bundeswehrgarnison; Realschule, Gymnasium, Sonderschule für Lernbehinderte, Berufsbildende Schulen gewerblicher Art, berufsbildende Schulen kaufmännischer Art, Krankenpflegeschule, Musikschule; mittelständische Industriebetriebe (Kunststoff- und Metallverarbeitung, Maschinen- und Gerätebau, Rohrbogenwerk, Verpackungsindustrie, Pinsel- und Bürstenherstellung, Korkenfabrikation, Großschlachtereien und Geflügelverwertung, Bekleidungswerk, Herstellung von Betonwaren, Holzverarbeitung, Torfproduktion u. a.).

L., erstmals 980 urkundlich erwähnt, erhielt 1907 das Stadtrecht. Die industrielle Entwicklung des Ortes begann bereits 1801 mit der massenweisen Herstellung von Schreibfedern aus Gänsekielen. – Sehenswürdigkeiten: St.-Gertrud-Kirche, St.-Anna-Klus mit Heilquelle, historische Wassermühle im Stadtpark, Wasserburg Hopen.

Lohr a. Main

□ 90,29 qkm; ○ Main-Spessart; ⚐ Bayern; ✉ 97816; ☎ 093 52; 🚗 MSP; △ 160–350 m; 👪 16 900.

L., 40 km nordwestlich von Würzburg am Ostrand des Spessart am Main gelegen, ist über die B 26 und B 276 zu erreichen. Bahnstation an der Strecke Frankfurt a. M.–Würzburg; Schiffsanlegestelle. L. hat Finanzamt, Arbeitsamt, Forstamt u. a. Behörden; Sonderschulen, Realschule, Gymnasium, Schule der IG Metall, Forstschule, Berufsschule mit Ausbildungszentrum, Missionsseminar Aloysianum, Krankenpflegeschule, Volkshochschule, Sing- und Musikschule; Produktion hydraulischer Steuerungselemente, Textil-, Holz- und kunststoffverarbeitende Industrie, Glashütte; Fremdenverkehr.

L., vor der Jahrtausendwende gegründet, wird erstmals 1296 urkundlich genannt. Der Name L. (Lar, Lare, Lore) bedeutet soviel wie „natürlicher Weideplatz“. 1333 erhielt L. Stadtrechte durch Kaiser Ludwig d. Bayer. 1560 wurde L. nach dem Aussterben der Grafen von Rieneck Besitz des Erzbistums Mainz; über Aschaffenburg und Frankfurt gelangte die St schließlich 1814 an Bayern. Ende des 15. Jh. erfolgte anstelle der alten, aus dem 12. Jh. stammenden Burg ein Schloß-Neubau am oberen Ende der St. Das Rathaus wurde zwischen 1599 und 1602 errichtet (Umbau Anfang des 19. Jh.). Pfarrkirche aus dem 13.–15. Jh. mit Grablege der Rienecker Grafen. – Seit ca. 300 Jahren findet alljährlich die „Lohrer Karfreitagsprozession“ (Bilder- und Figurenprozession) statt. – Sehenswert das Spessartmuseum (im Schloß) und das Schulmuseum (Stadtteil L.-Sendelbach). – L. ist Geburtsort des Bildschnitzers Hans Gottwalt von L. (geb. um 1480) und des 1730 im L. Schloß geborenen Fürstbischofs von Würzburg und Bamberg Franz Ludwig von Erthal.

Lollar über Gießen

□ 21,89 qkm; ○ Gießen; ⚐ Hessen; ✉ 35457; ☎ 064 06; 🚗 GI; △ 160 m; 👪 8750.

L. mit den Stadtteilen Odenhausen, Ruttershausen und Salzböden liegt 7 km nördlich von Gießen an der Lahn und an der B 3 a; über die Ausfahrt AB-Kreuz Gießen-Nord hat L. Anschluß an die A 48 (Richtung Bad Hersfeld) sowie an die A 485 (Richtung Dortmund/Hanau). Bahnstation an der Strecke Frankfurt a. M.–Kassel. Die St besitzt Grundschulen und eine Gesamtschule (Ganztagsschule); bedeutende Eisenverarbeitungs- und Heiztechnik-Industrie.

L., erstmals 1242 urkundlich erwähnt, erhielt 1974 das Stadtrecht.

Lommatzsch

□ 14 qkm; ○ Meißen; ⚐ Freistaat Sachsen; ✉ 01623; ☎ 03 52 41; 🚗 MEI; △ 130 m; 👪 4800.

Die St L. ist Zentrum der sogenannten Lommatzscher Pflege, die verkehrstechnisch annähernd rechteckig eingefaßt wird: im Norden von der B 6, im Osten von der B 101, im Westen von der B 169, im Süden von der B 175 und der A 14; Bahnhof an der Nebenstrecke Riesa–L.–Nossen. Der nächste Flughafen ist Dresden-Klotzsche (ca. 42 km).

Bildungseinrichtungen: Grundschule, Mittelschule.

Wirtschaftliches: Elbtal-Tiefkühlkost GmbH, Lomma-Gerätetechnik GmbH. Ertragreiche private und genossenschaftliche Landwirtschaft, die Weizen, Zuckerrüben, Obst und Gemüse produziert.

Geschichtliches: Die Anfänge der Ortschaft liegen um 600 n.Chr. Bereits im 9. Jh. war L. unter dem Namen „Glomaci" als Hauptplatz einer Slawensiedlung bekannt. Otto der Große soll 958 die Kirche von L. gestiftet haben. Die heute „Lommatzscher Pflege" genannte Region erlebte ihre erste Blüte Mitte des 11. Jh. unter Kaiser Heinrich IV.; der Heilige Benno von Meißen nannte das Gebiet „des Landes Meißen große Kornkammer". Das Hügelland verfügt über fruchtbare Äcker von fettem Löß-Lehmboden. Darunter liegende Steinrippen sind Ausläufer des Erzgebirges. St und Lommatzscher Pflege hatten häufig unter Kriegs- und Fehdezeiten zu leiden und dabei schwere Verluste und Zerstörungen hinnehmen müssen: im 11. und 15. Jh., während des 17. und 18. Jh. und in der napoleonischen Zeit zu Anfang des 19. Jh. Die schlimmsten Nöte jedoch brachten der 30jährige und der 7jährige Krieg über Land und St. Wahrzeichen ist die weithin sichtbare dreitürmige Kirche mit ihrer wertvollen Innenausstattung und den leuchtenden Farbglasfenstern. Im Jahre 1815 wurde in L. der bekannte Komponist Robert Volkmann geb., der in Budapest verstarb. Um 1900 existierten in der St 70 verschiedene Handwerke. Von der Zeit an begannen sich kleinere Industriebetriebe wie Glasfabriken, Ziegeleien, Brauereien, Maschinenfabriken, Baufirmen und Buchdruckereien zu entwickeln; eine Stellmacherei, die Molkerei und eine Gasanstalt entstanden. Nachdem L. 1920 an das Stromnetz angeschlossen worden war, etablierten sich der Landmaschinenbau und die Nahrungsgüterindustrie. Wie von jeher ist auch heute noch die Landstadt L. der traditionelle Sammel- und Mittelpunkt der ländlichen Bevölkerung aus der Lommatzscher Pflege.

Sehenswürdigkeiten: Pfarrkirche, spätgot. Langhaus (1504–21), Pfeiler und Gewölbe von 1890; barockes Rathaus (voll. 1738); Heimatmuseum im Rathaus mit frühgeschichtl. Funden, Exponaten zur Stadtgeschichte, zum Innungswesen, bäuerliche Arbeitsgeräte; ma. Keller; Schlösser und Dorfkirchen der Umgebung.

Wiederkehrende Ereignisse: Gewerbeschau; Stadtfest.

Lorch (Rheingau)

□ 54,65 qkm; ○ Rheingau-Taunus-Kreis; ⚐ Hessen; ✉ 65391; ☎ 06726; 🚗 RÜD; △ 82 m; 👫 4500.

L., rechtsrheinisch an der Mündung der Wisper 45 km westlich von Wiesbaden gelegen, ist über die B 42 zu erreichen. D-Zug-Station an der Strecke Frankfurt a.M.–Köln. Die St hat Grund- und Hauptschule. Bedeutende Wirtschaftszweige des Erholungsortes sind der Fremdenverkehr und Weinbau. L. ist Bundeswehrstandort.

Erstmals wird L. 832 urkundlich erwähnt. Als Handels- und Warenumschlagsplatz der Rheinschiffahrt spielte es im MA eine bedeutende Rolle, wovon die Reste der Wehranlagen und die um 1300 erbaute Burg Nollich Zeugnis ablegen. Aus dem 13. bis 15. Jh. stammt die Martinskirche (bemerkenswerter Hochaltar); das sogenannte »Hilchenhaus« mit prächtiger Renaissancefassade war Wohnsitz des kaiserlichen Feldmarschalls Hilchen von L. (1484–1548). Alljährlich wird ein nach ihm benanntes Heimatfest gefeiert. – Sehenswert das Heimatmuseum.

Lorch (Württ.)

□ 34,25 qkm; ○ Ostalbkreis; ⚐ Baden-Württemberg; ✉ 73547; ☎ 07172; 🚗 AA; △ 265–477 m; 👫 10200.

L., 40 km östlich von Stuttgart im Remstal zwischen Schurwald und Welzheimer Wald gelegen, ist über die B 29 und B 297 zu erreichen. Die St hat Grund- und Hauptschule, Progymnasium mit Realschule; Fremdenverkehr.

L. ist aus dem römischen Kastell »Laureacum« hervorgegangen. Der Ort gelangte bereits Mitte des 13. Jh. an Württemberg. Als kostbares romanisches Baudenkmal ist das nordöstlich der St auf dem Liebfrauenberg errichtete ehem. Benediktinerkloster (1102 gegr., jetzt Altersheim) mit Kirche (Grablege der Hohenstaufen), Kreuzgang, Wirtschaftsgebäude und Mauer erhalten. Sehenswert ferner die spätgotische Pfarrkirche St. Maria (1474), Nachfolgerin einer älteren Urkirche auf dem Gelände des einstigen römischen Kastells. –

Im Rahmen der Gebietsreform schloß sich L. 1972 mit der ehem. Gm Waldhausen (mit Elisabethenberg, der Sage nach Geburtsort Kaiser Friedrich Barbarossas) zusammen.

Lorsch (Hessen)

☐ 25,23 qkm; ○ Bergstraße; ⚐ Hessen; ✉ 64653; ☎ 06251; 🚗 HP; △ 92 m; 👥 11 000.

Die St L. liegt 25 km nördlich von Mannheim im Hessischen Ried am Schnittpunkt der B 47 und B 460 sowie zwischen den Autobahnen A 67 Darmstadt–Mannheim (Ausfahrt L.) und A 5 Heidelberg–Darmstadt (Ausfahrten Heppenheim und Bensheim). L. hat Grundschule, Haupt- und Realschule, Sonderschule für Lernbehinderte; chirurgische Fachklinik; Maschinenbau, Holz- und Büromöbelindustrie; Tabakanbau.

L. ist aus dem gleichnamigen, 764 von dem fränkischen Gaugrafen Kankor und seiner Mutter Williswinda gegründeten Kloster hervorgegangen. Das durch reiche Schenkungen rasch zu Macht und Ansehen gekommene Kloster, das eine der größten Bibliotheken mit vielen Handschriften (heute Teil der Vaticana) besaß, erhielt 772 die Reichsunmittelbarkeit; es war seit Ludwig dem Deutschen (gest. 876) Ruhestätte der dt. Karolinger. 1232 ging L. in den Besitz des Erzbistums Mainz über. 1461 wurde es an die Kurpfalz verpfändet, 1555 reformiert und 1621 durch spanische Truppen zerstört. 1624 fiel L. an Mainz zurück und verblieb hier bis zur Säkularisation. Seit 1803 gehörte es zu Hessen. 1964 wurde L. zur St erhoben.

Von den Gesamtanlagen des Klosters blieben die berühmte karolingische Königshalle (um 800 erbaut) mit prachtvollen Wandmalereien aus der Zeit um 774 und got. Fresken von 1396/97, drei Arkaden vom Mittelschiff der um 1140 fertiggestellten Vorkirche (jetzt Museum mit Bauresten der ehem. Anlage), große Teile der ehem. Burgmauer und die Zehntscheune erhalten. Sehenswert außerdem das kurfürstliche Haus (Ende 17. Jh.), der Marktplatz mit alten Fachwerkbauten (18. Jh.), das Rathaus, (1715), die Pfarrkirche (1753) und das Tabakmuseum. – Alljährlich Johannisfest im Juni.

Losheim (Saar)

☐ 96,79 qkm; ○ Merzig-Wadern; ⚐ Saarland; ✉ 66679; ☎ 06872; 🚗 MZG; △ 330 m; 👥 14 900.

L., 50 km nordwestlich von Saarbrücken am Südrand des Schwarzwälder Hochwaldes gelegen, ist über die B 268 zu erreichen. Die Gm hat Realschule, Volkshochschule, Sonderschule für Lernbehinderte; Fertighausbau (Streif), Landwirtschaft; Naherholungsgebiet mit 31 ha großem Stausee.

L. ist erstmals 896 urkundlich bezeugt.

Lotte

☐ 37,78 qkm; ○ Steinfurt; ⚐ Nordrhein-Westfalen; ✉ 49504; ☎ 05404; 🚗 ST; △ 60 m; 👥 10 500.

Die Gm L. ist im Zuge der kommunalen Neugliederung 1975 aus den bis dahin selbständigen Gemeinden Lotte und Wersen entstanden. L. grenzt an das westliche Stadtgebiet von Osnabrück und liegt zwischen den Ausläufern des Teutoburger Waldes und des Wiehengebirges am Schnittpunkt der Autobahnen A 1 Ruhrgebiet–Hamburg und A 30 Bad Oeynhausen–Niederlande (Ausfahrten AB-Kreuz Lotte/Osnabrück, Lotte, Hasbergen Gaste und Osnabrück-Hafen) sowie an der Bundesstraße B 65; Bahnstation an der Strecke Osnabrück–Rheine. Die Gm hat Grundschule, Ganztagsschule (Hauptschule der Sekundarstufe I), Sonderschule für Lernbehinderte, private Schulen (Berufsfachschule für Wirtschaft, Höhere Handelsschule) mit Internat; kunststoffverarbeitende Betriebe.

Das Kirchspiel L. wurde 1312 durch Graf Otto III. von Tecklenburg gegründet. Die um 1150 errichtete Kapelle in L.-Wersen ist in Teilen noch in der heutigen romanischen Dorfkirche erhalten. – Eine Sehenswürdigkeit sind die sogenannten „Sloopsteene“ im dichten Mischwald zwischen Wersen und Westerkappeln (Megalithgräber).

Loxstedt

☐ 156,52 qkm; ○ Cuxhaven; ⚐ Niedersachsen; ✉ 27612; ☎ 04744; 🚗 CUX; △ 1 m; 👥 14 800.

L., 10 km südlich von Bremerhaven an der B 6, B 71 und Autobahn A 27 Bremen–Bremerhaven (Ausfahrt Bremerhaven-S/Nesse und Bremerhaven-Fischereihafen) gelegen, schloß sich 1974 mit zwölf Nachbarorten zur Großgemeinde zusammen. Bahnstation an der Strecke Bremen–Bremerhaven. L. hat Grundschulen, Hauptschulen, Realschule, Schulzentrum (Sekundarstufe I); chemische Industrie (Zweigwerk Henkel-Konzern), Fertighauswerk (Blockhäuser), Betonwerk.

L. und seine Ortsteile liegen auf vorgeschichtlichem Siedlungsgebiet (Bodenfunde aus der Mittleren Steinzeit). Um 1050 werden die ersten Ortsnamen, darunter auch »Lacstidi«, erstmals urkundlich erwähnt. Bis zum Dreißigjährigen Krieg war der westliche Teil der heutigen Gm (Ortsteil Landwürden) im Besitz der Grafen von Oldenburg, der übrige Teil gehörte zum Erzbistum Bremen. Später war das Gebiet zeitweilig in schwedischem und dänischem Besitz. In der nachnapoleonischen Zeit (ab 1811) kam es wieder an Oldenburg bzw. zum Königreich Hannover. – Sehenswert die 1698 gebaute Arp-Schnitger-Orgel in der Kirche Dedesdorf. – Der Ortsteil Bexhövede ist Geburtsort des Missionsbischofs und Gründers von Riga (1200) Albert von B.

Luckenwalde

□ 21,6 qkm; ○ Luckenwalde; ⚐ Brandenburg; ✉ 14943; ☎ 03371; 🚗 LUK; △ 45 m; 👥 26000.

L. ist zu erreichen auf der A 10 / E 30 / E 55 (Berliner Ring), Ausfahrt Teltow (30 km), und auf der B 101; der Bahnhof L. liegt an der Strecke Berlin–Halle/Leipzig, Halt und Anschluß der „Intercity“-Züge. Personennahverkehr zum Bahnhof Flughafen Berlin-Schönefeld (45 min); Sportflugplatz in Schönhagen (16 km).

Bildungseinrichtungen: Grundschulen, Gesamtschule, Realschule, Gymnasium; Oberstufenzentrum mit Berufsfachschule für soziale Berufe, die BFS Sozialpädagogik und Altenpflege, Krankenpflegeschule; Berufsschule; Musikschule und Volkshochschule; Kreisbibliothek.

Wirtschaftliches: Bauwesen und Betonplattenwerk; zahlreiche Industriebetriebe für die Herstellung von Metallerzeugnissen, Möbeln, Schuhen, Hüten, Kunststoffen, von Backwaren und anderen Lebensmitteln; ferner Sondermaschinen- und Werkzeugbau, Produktion von Spezialfahrzeugen, Musikinstrumentenbau; Papierverarbeitung und Schmuckindustrie.

Geschichtliches: In einer Urkunde von 1216 wird erstmals ein Burgward L. genannt. Bis 1285 entwickelte sich eine Ortschaft mit Zügen eines Marktfleckens, der 1430 stadtähnliche Rechte erhielt. Trotzdem blieb L. bis ins 19. Jh. hinein eine Ackerbürger-St. Der Entfaltung des Tuchmacherhandwerks folgte 1872 der Bau einer Tuchfabrik, womit die Entwicklung zur Industrie-St. eingeleitet wurde. Tuch- und Hütefertigung waren im 19. Jh. bestimmende Gewerbe, die ihren Platz bis heute behaupten konnten. Nach Anschluß an die Eisenbahnlinie Berlin–Halle (1841) errichteten Metall- und Holzindustrie neue Produktionsstätten; so zählte die St zu Anfang des 20. Jh. bereits 20000 EW. Sie konnte sich bis zum Beginn des 2. Weltkrieges zu einem blühenden Gemeinwesen fortentwickeln. Von größeren Zerstörungen und direkten Kriegshandlungen blieb L. verschont. 1952 wurde es zur Kreis-St erhoben. In den folgenden Jahren lag der Schwerpunkt industrieller Entwicklung bei den metallverarbeitenden Zweigen, daneben bestimmten die traditionellen Branchen weiterhin das Profil der St.

Sehenswürdigkeiten: St-Kern mit Mkt-Turm, der ma. St.-Johannis-Kirche, der Alten York-Schule (Museum), dem Rathaus (1844) und seitlich abführendem Einkaufsboulevard; Theater, St- und Tierpark; Reformarchitekturen aus der Bautätigkeit um 1919/20, (u.a. von Mendelsohn): Produktionshalle, Stadtrandsiedlung, Reihenhaussiedlung, Randsiedlung und Altes Hallenbad (1928–30); Komplexbau St-Theater/Schule (1928–20), ausgeführt im Bauhausstil. Im gleichen Zeitraum wurde der Waldfriedhof für Freidenker angelegt. Sakralbauten: St.-Petri-Kirche (1892), Katharinen-Kirche (1914), St.-Jacobi-Kirche (1984).

Sportstätten: Freibäder, Hallenbäder, Sportplätze und Turnhallen.

Wiederkehrende Ereignisse: Turmfest (St-Fest); Tierparkfest; Volkssporttag, Volkswandertage.

Ludwigsburg (Württ.)

□ 43,65 qkm; ○ Ludwigsburg; ⚐ Baden-Württemberg; ✉ 71638*; ☎ 07141; 🚗 LB; △ 300 m; 👥 81000.

L., 14 km nördlich von Stuttgart am Neckar gelegen, ist über die B 27 und Autobahn A 81 Stuttgart–Heilbronn (Ausfahrten L.-Süd und L.-Nord) zu erreichen. D-Zug-Station an den Bundesbahnhauptstrecken Stuttgart–Karlsruhe und Stuttgart–Heilbronn–Würzburg; S-Bahn-Station Richtung Stuttgart und Marbach. L. ist Garnisonstadt und Sitz der „Zentralen Stelle der Landesjustizverwaltungen zur Verfolgung nationalsozialistischer Gewaltverbrechen“, hat Amtsgericht, Kreisverwaltung, Industrie- und Handelskammer, Landesamt für Flurbereinigung und Siedlung, Landesstelle

Ludwigsburg, Schloß

für Naturschutz und Landschaftspflege, Vogelschutzwarte; Pädagogische Hochschule, Finanzschule, Sportschule, Gymnasien, Realschulen, Landwirtschaftsschule, Handelsschule, Refa-Institut, Dt.-franz. Institut, Sozialpädagogisches Institut Karlshöhe, Meisterschule für Orgelbau; Kultur- und Kongreßzentrum „Forum am Schloßpark"; Orthopädische Spezialklinik (Wernersche Anstalten). Die St ist Standort einer breitgefächerten Industrie (Maschinen- und Orgelbau, Lebensmittelwerke, Textil- und Metallwarenfabriken, Autozubehörindustrie, Herstellung von Brauereieinrichtungen) und Sitz der Bausparkasse Wüstenrot. Der Stadtteil L.-Hoheneck ist Heilbad (Heilanzeigen bei Rheuma, Bandscheibenschäden, Erschöpfungszuständen).

L. wurde 1709 als planmäßig angelegte Siedlung des von Herzog Eberhard Ludwig erbauten Residenzschlosses (1704–33, heute größte dt. barocke Schloßanlage) gegründet. 1718 erhielt der Ort das Stadtrecht. – Neben dem repräsentativen Schloß mit Schloßmuseum sehenswert der Schloßpark mit Gartenschau „Blühendes Barock" und Märchengarten, Lustschloß „Favorite" (1718–26) im Wildpark und das 4 km nordwestlich der St gelegene Seeschloß „Monrepos" (1760–68, um 1800 umgebaut); die Stadtkirche wurde 1718–26 erbaut. – L. ist Geburtsort der Dichter Eduard Mörike (1804–75), Justinus Kerner (1786–1862) sowie der Philosophen David Friedrich Strauss (1808–74) und Friedrich Theodor Vischer (1807–87).

Alljährlich „Blühendes Barock" (März bis Oktober); L. Schloßfestspiele (Mai bis September); Pferdemarkt (Mai); Marktplatzfest (Juni); Martinimarkt (November).

Ludwigsfelde

□ 13 qkm; ○ Zossen; ⚐ Brandenburg; ✉ 14974; ☎ 03378; 🚗 ZS; △ 41 m; 👥 21 600.

Durch L. führt die A 10 / E 55, östlich der St wird sie gekreuzt von der B 101; der Bahnhof L. liegt an der Strecke Berlin–Leipzig/Halle, Nebenbahnhof Genshagener Heide dient dem Nahverkehr. Der nächste Flughafen ist Berlin-Schönefeld (ca. 28 km).

Bildungseinrichtungen: Grundschulen, Förderschule, Gesamtschule, Gymnasium; Musikschule, Volkshochschule, TÜV-Akademie und Berufsschule des Mercedes-Benz-Werkes.

Wirtschaftliches: Automobilbau (Mercedes Benz); Metallverarbeitung; Umformtechnik; Rohrleitungsbau; Gewerbe-Industrie.

Geschichtliches: Im Landbuch des Kaisers Karl IV. wird das spätere „Luedewigsfelde" erstmals als „Damstorp" erwähnt. 1497 spricht ein Dokument von „wüste Feldmark zu Damsdorf". In unmittelbarer Nähe von D. entstand 1750–53 die Kolonie L. Am 24. 12. 1753 erteilte man ihrer Gaststätte „Alter Krug" eine Schankerlaubnis für Branntwein und Bier. Die erste Erwähnung des Namens „Ludewigsfelde" findet sich in einem Dokument aus dem Jahre 1773. Das Wort leitet sich von „Ernst Ludwig von der Groeben" ab, dem adligen Besitzer des Gutes Löwenbruch sowie „Erb- und Gerichtsherren von Löwenbruch und Ludwigsfelde". 1805 bildeten L. und Dahmsdorf einen Ort mit 85 EW und 11 Feuerstellen. An der 1839–41 erbauten Bahnlinie Berlin–Jüterborg der „Berlin-Anhaltinischen Eisenbahn" wurde (fernab vom Ort) der „Haltepunkt L." eingerichtet, an dem Züge nur bei Bedarf hielten. Im gleichen Jahr bekam L. eine „Königlich-Preußische Postanstalt".

Für 1861 verzeichnet der L.er Chronist 6 Haushaltungen mit 25 EW, 11 Ziegen und 2 Schweinen. 1886 wurde in L. ein Bahnhof gebaut; 1920 und in den folgenden Jahren wuchs die Zahl der EW, L. wurde verstärkt zum Ausflugsziel für die Berliner. 1928 löste man die Gutsbezirke L. und Damsdorf auf; daraus ging die eigenständige Gm L. hervor.

1933 lebten in 15 Wohnhäusern, Häuschen und Hütten bereits 224 EW. In einer „Nacht-und-Nebel-Aktion" schlugen im gleichen Jahr Uniformierte und Zivilisten Waldstücke nieder; Bautrupps folgten. Erst 1936 zeichneten sich die Umrisse eines großen, im Walde verborgenen Werkes ab; daraus wurde die Daimler-Benz-Flugmotorenfabrik. Zur gleichen Zeit ließ man eine Werkssiedlung errichten, auch eine Autobahn wurde gebaut, die L. noch heute in zwei Siedlungsgebiete zerschneidet. 1939 lebten hier bereits 3256 EW, ab Oktober (einen Monat nach Beginn des 2. Weltkrieges) trafen die ersten Dienstverpflichteten aus Gaggenau ein. Infolge forcierten Flugmotorenbaus war die Bevölkerung 1941 auf 5800 EW angestiegen.

Die Gm Struveshof nordwestl. von L. wurde 1961 eingegliedert. 1962 beschloß man, in L. ein Werk zur Herstellung von LKW aufzubauen. 1965 begann die Produktion, am 17. 7. 1965 verließ der erste „W 50" das Werk. Aus diesem Anlaß erhielt L. einen Tag später das St-Recht; der Ort war auf 12300 EW angewachsen. 1987 beschäftigte das Automobilwerk 8600, zeitweise sogar 10000 Menschen; der 500000. LKW lief am 17. Juli vom Band, am gleichen Jubiläumstag begann die Fertigung des stärkeren und moderneren Types „L 60". Im Zuge der deutschen Vereinigung wurde die LKW-Produktion aus wirtschaftlichen Gründen eingestellt. Unter dem Firmennamen „Nutzfahrzeuge Ludwigsfelde GmbH" montieren seit 10. 1. 1991 etwa 1600 Beschäftigte Mercedes-LKW. Das Gelände des ehem. IFA-Autowerkes wird zum „Industriepark L." umgestaltet.

Sehenswürdigkeiten: Heinrich-Heine-Denkmal (1956); Gebäude „Alter Kurg", volkstümlich „Napoleon" genannt (weil der Kaiser angeblich dort eingekehrt war).

Ludwigshafen am Rhein

□ 77,68 qkm; ○ Kreisfreie Stadt; ⚐ Rheinland-Pfalz; ✉ 67059*; ☎ 0621; 🚗 LU; △ 89 m; 👪 156000.

L., zweitgrößte St des Bundeslandes Rheinland-Pfalz, liegt zwischen der Haardt und dem Odenwald in der Rheinebene gegenüber der Schwesterstadt Mannheim. L. ist bedeutender Verkehrsknotenpunkt. Der Durchgangs- und Zielverkehr wird durch ein großzügiges Tangential- und Hochstraßensystem um und in die St über die Bundesstraßen 9, 37, 38 und 44 sowie über die Autobahnen A 6 Mannheim–Saarbrücken (Ausfahrt Ludwigshafen/Worms) und A 61 Hockenheim–Ludwigshafen–Mainz/Bingen (Ausfahrten AB-Kreuz Mutterstadt und AB-Kreuz Ludwigshafen) geführt. Der Hauptbahnhof ist Knotenpunkt für den Fernreise- und Nahverkehr. L. besitzt den größten linksrheinischen Binnenhafen. Die St ist Sitz von Bundes- und Landesbehörden (Amtsgericht, Arbeitsgericht, Industrie- und Handelskammer Pfalz, Hauptzollamt) und Sitz der Kreisverwaltung des Landkreises L. An Bildungs- und kulturellen Einrichtungen hat L. Realschulen, Gymnasien, Berufs-, Berufsfach- und Berufsaufbauschulen, technische Fachschulen, Fachhochschule des Landes Rheinland-Pfalz für Wirtschaftswissenschaften, Sozialwesen und Sozialpädagogik, Fachoberschulen, hauswirtschaftliche und kaufmännische Berufsfachschule, Wirtschaftsgymnasium, Volkshochschule, Sonderschulen für Lernbehinderte, Sonderschule für geistig Behinderte; Stadtbibliothek, Stadtarchiv und Stadtmuseum, Pfalzbau mit Theater- und Konzertsaal, ständig wechselnde Kunstausstellungen im Wilhelm-Hack-Museum und Bürgermeister-Ludwig-Reichert-Haus. Neben dem Klinikum sowie vier privaten und sonstigen Krankenanstalten verfügt L. über eine berufsgenossenschaftliche Unfallklinik. Beherrschender Wirtschaftszweig ist die chemische Industrie (Badische Anilin- und Soda-Fabrik, Benckiser, Grünzweig & Hartmann, Knoll, Dr. F. Raschig, Giulini), die L. den Namen „Stadt der Chemie" eingetragen hat; bedeutend ferner die Maschinen- und Stahlbau-, Elektro-, Glas-, Holz-, Textil- und Brauindustrie.

Ludwigshafen, Hauptbahnhof

Aus dem von Kurfürst Friedrich IV. von der Pfalz 1606 gegründeten linksrheinischen Brückenkopf (»Rheinschanze«) der Mannheimer Festung Friedrichsburg entstand L. 1852/53 als selbständige Gemeinde. Der als Hafen und Handelsplatz rasch Bedeutung erlangende Ort wurde (seit 1843) nach König Ludwig I. von Bayern benannt. Die Pfalz war bereits 1777 bayerisch geworden. Mit zunehmender Industrialisierung im letzten Drittel des 19. Jh. entwickelte sich die St dank ihrer günstigen Verkehrslage zu einem Industriemittelpunkt. Im 2. Weltkrieg erlitt L. schwere Schäden (90% der Werksanlagen der Großunternehmen zerstört). Nach dem Wiederaufbau wandelte sich L. zu einer modernen Großstadt mit weltweiten Beziehungen. – Bemerkenswert neben den großzügig geplanten Zweckbauten und Anlagen (BASF-Hochhaus, Rathaus-Center, Kulturzentrum „Pfalzbau". Friedrich-Ebert-Halle, Hauptbahnhof, Südweststadion, Ebertpark u. a.) die Wallfahrtskirche im Stadtteil Oggersheim. – L. ist Geburtsort des Philosophen Ernst Bloch (1885–1977) und des Politikers Helmut Kohl (geb. 1930).

Lübbecke

□ 65,16 qkm; ○ Minden-Lübbecke; ⚐ Nordrhein-Westfalen; ✉ 32312; ☎ 05741; 🚗 MI; △ 91 m; 👥 22200.

Die St L. liegt 48 km nordöstlich von Bielefeld am Nordhang des Wiehengebirges im Schnittpunkt der B 65 und B 239. L. hat Hafen am 3,5 km nördlich der St gelegenen Mittellandkanal; Amtsgericht; Gymnasium, Realschule, Handelsschule, Berufsfachschule; Zigarren-, Lederwaren-, Papier-, Möbel- und Maschinenindustrie, Kammgarnspinnerei, Brennereien und Likörfabriken.

L., erstmals 775 (»Hlitbeki«) urkundlich erwähnt, war seit 1279 bischöflich-mindensche St; 1648 kam es an Brandenburg-Preußen.

Sehenswert: Stadtkirche St. Andreas (12.–14. Jh.) mit ehem. Stift (1295–1810); Rathaus mit Treppengiebel (15. Jh.); Kreisheimatmuseum im ehem. Bergmannshof am Markt; Ruine Burg Reineberg (13. Jh.) südöstlich der St. – Alljährlich Mitte August Bierbrunnenfest, Heimatbühne Nettelstedt (Freilichtspiele).

Lübben (Spreewald)

□ 67 qkm; ○ Lübben; ⚐ Brandenburg; ✉ 15907; ☎ 03546; 🚗 LN; △ 53 m; 👥 14000.

L. ist zu erreichen auf der A 13 / E 55, Ausfahrt L. (ca. 9 km), ferner auf der B 87 und der B 115, die sich in der St kreuzen, und der B 320, die hier endet; der Hauptbahnhof liegt an der Strecke Berlin–Cottbus–Görlitz, weitere Verbindungen bestehen nach Leipzig und Dresden. Der nächste Flughafen ist Berlin-Schönefeld (ca. 70 km).

Bildungseinrichtungen: Grundschulen, Gesamtschule, Realschule, Gymnasium, Förderschule für Lernbehinderte; Musikschule und Kreisvolkshochschule.

Wirtschaftliches: Gemüseanbau, gemüseverarbeitende Industrie, Forstwirtschaft; daneben Textilproduktion, Handwerksbetriebe und Kleingewerbe.

Geschichtliches: Als „urs Lubin" (Stadt Lübben) wird der Name erstmals um 1150 auf einem Schriftstück über die lausitzischen Besitzungen des Kloster Nieburg an der Saale genannt; dies dürfte der Zeitpunkt der St-Gründung sein. Das gesamte Gebiet um L. war jedoch zur Mittelsteinzeit bereits besiedelt. Aus der Bronzezeit stammen zahlreiche Urnengräber; in der L.er Altstadt wurden frühdt. Keramikreste gefunden. Zwischen den beiden Spreearmen hatten dt. Kolonisten eine Siedlung angelegt, die sich rasch entwickeln konnte. Die Flußarme boten einen natürlichen Schutz vor Feinden, und nur an dieser Stelle befand sich ein Übergang über das schwer passierbare Spreetal. Dank der günstigen geographischen Lage wurde die St zu einem zentralen slawischen Handelsplatz; sie ist die älteste größere Ansiedlung des Spreewaldes.

Die Konstellation aus Standort und Bedeutung führte oft zu Kämpfen über die Macht in der Region: Bis 1304 wurde L. von den Wettinern regiert, es folgten die Askanier, nach ihnen die Wittelsbacher. 1427–45 übten die Habsburger das Hoheitsrecht aus, schließlich übernahm zwei Jh. später Sachsen die Herrschaft. Die St beherbergte im 17. und 18. Jh. etwa 500 Weber, aus deren Handwerk sich die heutige Textilindustrie entwickelte. Bis 1945 war L. eine kleine St, in der überwiegend Handwerker, Kaufleute, Beamten und Bauern lebten.

Sehenswürdigkeiten: Kurz vor dem Haintor erinnert ein Denkstein mit der Inschrift „Liuba" an die slaw. Göttin der Liebe und der Fruchtbarkeit. Eine Postdistanzsäule (getreue Nachbildung des Originals von 1735) in der Fußgängerzone des St-Zentrums markiert den alten „Meßweg", der von Leipzig über Torgau nach Frankfurt/Oder führte und hier die Spreewaldniederung überquerte. Das Portal der „Paul-Gerhard-Kirche" zeigt Skulpturen von Luther und Melanchton, Bach und Händel, Wichern und Franke; vor dem Eingang wurde 1907 ein Denkmal für den Dichter protestantischer Kirchenlieder aufgestellt. In den Sockel hat man vier der bekanntesten Liedverse Gerhards eingemeißelt. Besonders erwähnenswert ist das Schloß mit seinem Renaissancegiebel. Im Schloßturm, als Wehrtum im 14. Jh. erbaut und ältestes Gebäude der St, befindet sich ein Wappensaal. Als weitere geschichtliche Zeugnisse sind die Überreste der einstigen St-Mauer mit „Trutzer" und Eckturm und einem ehem. Ständehaus sehenswert.

Wiederkehrende Veranstaltung: Spreewaldfest der St L. am 3. Wochenende im September.

Lübbenau

□ 25 qkm; ○ Calau; ⚐ Brandenburg; ✉ 03222; ☎ 05342; 🚗 CA; △ 65 m; 👪 21 000.

L. ist zu erreichen auf der A 13 / E 55, ebenso auf der A 15 / E 36; durch L. führt die B 115. Eisenbahnverbindungen: Berlin–Görlitz und L.–Senftenberg–Arnsdorf–Dresden. Der nächste Flughafen ist Berlin-Schönefeld (ca. 80 km).

Bildungseinrichtungen: Grundschulen, Gesamtschule, Realschule, Gymnasium; die Jena-Plan-Schule, das Bildungszentrum der VEAG.

Wirtschaftliches: Kraftwerk L./Vetschau (VEAG), Tagebau Seese-Ost der LAUBAG; obst- und gemüseverarbeitende Industrie; Forstbetriebsgemeinschaft; Handwerks- und Kleinbetriebe der Holzverarbeitung; Spreewald-Marketing Genossenschaft; FONAU und MAGOLZ GmbH und weitere Einzelhöfe; Tourismusbranche.

Geschichtliches: Die St entstand im 8. und 9. Jh. aus einer slawischen Ansiedlung; Archäologen fanden 1974 Reste einer ehem. slawischen Wallanlage, deren Holzkonstruktion im Grundwasser gut erhalten geblieben ist. Eine erste urkundliche Erwähnung datiert von 1190 als „Herrschaft Lübbenau". Bis 1315 unterstand L. den Yleburgern. Im 16. und 17. Jh. entfaltete sich L. unter den Grafen von der Schulenburg zu einer Ackerbürger-St. 1621 übernahm das Geschlecht der Grafen zu Lynar die Herrschaft über L. und behielt diese 300 Jahre lang. Dominierend für die Region waren Gemüseanbau, Tuchmacherei und Bierbrauerei. Bereits im 15. Jh. wird der Anbau von Zwiebeln erwähnt, das Anlegen von Gurkenkulturen kam durch flämische Siedler im 16. Jh. auf. Im 18. Jh. transportierten die Akkerbürger ihre Gemüseernten mit Schubkarren nach Berlin, Dresden und Leipzig; 61 Bürgerhäuser und Gehöfte besaßen das Braurecht. Ihr Bierexport erstreckte sich über die Oberlausitz, die Mark Brandenburg bis nach Kopenhagen. Das Handwerk konnte sich ab 1815 stärker entwickeln. Seit 1866 ist L. an das Eisenbahnnetz angeschlossen; das erste Elektrizitätswerk entstand 1905. Im Jahre 1907 wurde ein Fährhafen für Kähne eingerichtet. Das Benutzen flacher Wasserfahrzeuge ist zur Ausübung des Berufes und für den Touristentransport durch das Biosphärenreservat Spreewald auch heute noch unerläßlich. Die Kahnfährmänner stammten früher aus armen bäuerlichen Kleinbetrieben und waren darauf angewiesen, sich ihre kargen Einkünfte aufzubessern. Vom 2. Weltkrieg blieb L. verschont. 1945 lebten hier etwa 4500 EW. Nach Errichten des Kraftwerkes L.-Vetschau und dem Auffahren der Braunkohletagebaue mußte die St nach Süden zu erweitert werden. Sie zählte 1955 6000 Einwohner und erreichte in den 70er Jahren rund 24 000 EW.

Sehenswürdigkeiten: Schloß L. (1847–20) mit Kanzleigebäude und Orangerie; St-Kirche St. Nikolai (1738–78); Gerichtsgebäude (1815) als Durchfahrt in die damalige Vorstadt; spreewaldtypische Hofanlage als Freilichtmuseum im Ortsteil L.-Lehde; Spreewald-Museum.

Wiederkehrende Veranstaltungen: Spreewaldfest in L. und im Lehde (1. Wochenende im September); Sandbahnrennen auf der L.er Sandbahn (zu unterschiedl. Terminen).

Lübeck

□ 214 qkm; ○ Kreisfreie Stadt; ⚐ Schleswig-Holstein; ✉ 23552*; ☎ 0451; 🚗 HL; △ 11 m; 👪 212 000.

L., Hansestadt, Industrie- und Handelszentrum im Ostseeraum, liegt an der unteren schiffbaren Trave und an der Lübecker Bucht im Schnittpunkt der B 75, B 76; B 206 und B 207. Die St hat Anschluß an die Autobahn A 1 Hamburg–Lübeck–Heiligenhafen (Ausfahrten L.-Moisling, Lübeck-M., Bad Schwartau). L. ist an das interkontinentale Eisenbahnnetz angeschlossen (D- und IC-Züge der Nord-Süd und Nord-West-Verbindung Kopenhagen–Paris, Kopenhagen–Rom, Kopenhagen–Alpen und Kopenhagen–Basel). Flugplatz in L.-Blankensee (Geschäfts- und Sportverkehr). Schiffsverkehr nach Skandinavien, Polen und Finnland vom Fährschiffhafen Skandinavienkai in Travemünde. – L. ist Sitz zahlreicher Behörden (Stadtverwaltung, Amtsgericht, Land-, Arbeits- und Sozialgericht, Landesversicherungsanstalt Schleswig-Holstein, Landesbauamt, Hauptzollämter, Industrie- und Handelskammer, Handwerkskammer), Bildungs- und kultureller Einrichtungen (Realschulen, Gymnasien, Wirtschaftsgymnasium, Abendgymnasium, Berufs- und Berufsfachschulen, Fachhochschule für Technik und Bauwesen, Fachschule für Seefahrt, Hochschule für Musik, Medizinische Universität, Ingenieurschule, Volkshochschule, Sprachkrankenschule, Körperbehindertenschule, Schule für geistig behinderte Kinder, Sonderschulen für Lernbehinderte; Städtische Bühnen, Kunst- und kulturgeschichtliche Museen, Naturhistorisches Museum, Büchereien, Freilichtbühne) und Bundeswehrstandort. Der Stadtteil Travemünde ist Seeheilbad. Das wirtschaftliche Leben wird vom Handel und der Schiffahrt sowie von einer breitgefächerten, leistungsfähigen Industrie bestimmt. L. besitzt an der Untertrave den größten Ostseehafen der Bundesrepublik Deutschland und am Skandinavienkai den größten Fährschiffhafen Europas; bei der Einfuhr dominieren Massengüter (Erze, Holz, Steine, Zellulose, Papier) aus den nordischen Ländern, bei der Ausfuhr Fertigfabrikate (Kraftfahrzeuge, chemische Erzeugnisse), Kohlen, Roheisen, Salz und Schrott). Von den bedeutendsten Industriezweigen sind zu nennen: Schiffswerften, Kokerei, Maschinenbau- und Verpackungsindustrie, Herstellung von keramischen Artikeln und medizinischen Geräten, holzverarbeitende, Kleidungs-, Nahrungs- und Genußmittelindustrie (Lübecker Marzipan), Großkraftwerk u.a.

L. wurde 1143 als St im Zuge der deutschen Ostkolonisation von Graf Adolf II. von Holstein gegründet. 1159 erfolgte unter Heinrich dem Löwen eine großzügig geplante zweite Gründung. Die Siedlung entwickelte sich rasch zu einem wichtigen Handelsort mit zahlreichen Stützpunkten im gesamten Ostseeraum. 1226 erlangte die St die Reichsfreiheit. Von Mitte des 13. bis Mitte des 14. Jh. wurde L. in den Grenzen der heutigen Altstadt ausgebaut. Seit Ende des 13. Jh. war die St Hauptort der deutschen Hanse. Im 15. und 16. Jh. erlitt L. infolge der Veränderungen im gesamteuropäischen Wirtschaftssystem schwere Rückschläge. Um 1540 war seine Machtstellung nach der überspannten Gewaltpolitik des Revolutionärs Jürgen Wullenweber (Grafenfehde 1534–36) endgültig gebrochen. Die Rolle Lübecks als führende Handelsmacht im norddeutschen Raum übernahm Hamburg. In den nachfolgenden Jahrhunderten blieb L. dennoch als St des Ostseehandels bedeutend. Aus dieser Zeit datiert Lübecks Stellung im Rotweinhandel (1716 Handelsvertrag mit Frankreich). Das 18. Jh. brachte der St eine bescheidene wirtschaftliche Erholung. Nach der Besetzung durch französische Truppen (1806) und der Einverleibung in das französische Kaiserreich (1811/13) wurde das Wirtschafts- und Finanzgefüge der St., die durch die Kontinentalsperre vom Außenhandel völlig isoliert war, erneut schwer erschüttert. 1814 erlangte L. seine alte Selbständigkeit. Der Bau des Nordostseekanals (1895) bedeutete jedoch eine neue Bedrohung, die durch den Elbe-Lübeck-Kanal (1900) nur teilweise abgewendet werden konnte. Erst mit der Ansiedlung von Industriebetrieben seit Ende des 19. Jh. wurde die bis dahin fast ausschließlich auf dem Außenhandel basierende Wirtschaftsstruktur der St verbessert. Die Folgen des 1. Weltkrieges, der Verlust der reichsfreien Stellung durch die nationalsozialistische Gesetzgebung (1937) und die durch Luftangriffe im 2. Weltkrieg (1942) verursachten Zerstörungen fügten der St erneut schwere Schäden zu. Nach 1945 wurde L., das durch die Zweiteilung Deutschlands große Teile seines mecklenburgisch-pommerschen Hinterlandes verlor, Flüchtlingsgroßstadt (Aufnahme von 90000 Vertriebenen). Nach dem inneren und äußeren Wiederaufbau der Nachkriegsjahre präsentiert sich L. heute

Lübeck, Holstentor

als moderne Industrie-, Handels- und Hafenstadt mit historischem Altstadtkern, der 1987 zu einem Teil als Weltkulturerbe (UNESCO) erklärt wurde.

Von den zahlreichen bedeutenden Bau- und Kunstdenkmälern sind erhalten bzw. wurden wiederaufgebaut: Holstentor (erbaut 1477, jetzt stadtgeschichtliches Museum); Dom (1173) mit romanischen und gotischen Bauteilen und dem Triumphkreuz von Bernt Notke (1477); Rathaus (1230–1570) mit Sandsteinvorbau; Marienkirche (größte gotische Backsteinkirche, zwischen 1250 und 1350 errichtet) mit Lettner (14. Jh.) und Orgel (16. Jh.); Heiligen-Geist-Hospital (1280); St. Annen-Kloster (um 1500, jetzt Museum) mit Altarschrein von Hans Memling (1491); gotische Petrikirche (fünfschiffige Hallenkirche); Aegidienkirche (13. Jh.); Katharinenkirche (um 1335) mit bemerkenswerter Fassade (Plastiken von Barlach und Marcks), Jakobikirche (Gedenkstätte für die auf See gebliebenen Seeleute der „Pamir") mit historischer Orgel; Burgtor (1444), Kaufmanns-, Bürger- und Patrizierhäuser aus dem 15.–18. Jh. (Schabbelhaus, Buddenbrookhaus, Haus der Schiffergesellschaft, Füchtingshof, Salzspeicher u. a.). – L. ist Geburtsort des Dichters Emanuel Geibel (1815–84), des Erzählers Thomas Mann (1875–1955) und des Politikers Willy Brandt (geb. 1913). – Alljährlich »Lübecker Volksfest« im Juli, Segelregatten während der „Travemünder Woche" und Nordische Filmtage (November).

Lübz

☐ 30,7 qkm; ○ Lübz; ⚐ Mecklenburg-Vorpommern; ✉ 19386; ☎ 038731; 🚗 LPZ; △ 35 m; 👫 8050.

L. ist zu erreichen auf der A 19 / E 55, Ausfahrt Röbel (39 km) und auf der A 24 / E 26, Ausfahrt Neustadt-Glewe, ferner auf der B 191; es liegt am Eldekanal und an der Eisenbahnstrecke Ludwigslust–Karow. Der nächste Flugplatz ist Parchim (13 km).

Bildungseinrichtungen: Grundschule, Realschule und Hauptschule, Gymnasium, Kommunale Berufsschule, Musikschule und Schule für Lernbehinderte.

Wirtschaftliches: Mecklenburgische Brauerei L.; Fleischwaren GmbH; L.er Holzwerke; Stahl- und Rohrleitungsbau, Fenster- und Türproduktion; Reifenservice für industrielle Runderneuerung; ausgeprägte Landwirtschaft und Futtermittelwirtschaft; breitgefächterter Einzelhandel.

Geschichtliches: 1274 erste Erwähnung als Dorf Lubetz in der Urkunde von Klein-Stepenik. Die Markgrafen von Brandenburg erbauten 1308 das Amtsschloß Eldenburg. Nach 1546 wurde der Ort wahrscheinlich zu St Lübtze erhoben und war von 1547–1634 herzoglicher Witwensitz. Im Jahre 1774 richtete man am Lübzekanal eine Schleuse und die Schleusenbrücke ein. Zur Gründung der Vereinsbrauerei mecklb. Wirte kam es 1877; einen Bahnanschluß erhielt L. 1886. Die 1889 gegründete Molkerei mußte bereits zum Jahresende 1893 wieder stillgelegt werden; hingegen blieb die im gleichen Jahr geschaffene Zuckerfabrik bis zum 30. 9. 1992 bestehen. Ein Elektrizitätswerk (110 V) entstand 1904, das Wasserwerk 1913/14. Der Hafen zur Nutzung des Eldekanals wurde 1934 fertiggestellt.

Sehenswürdigkeiten: Amts-Turm, ein spätrom. Wehrturm (1303), beherbergt heute das St-Museum mit volkskundlicher Sammlung, nebe ihm ist der Wasserturm ein weiteres Wahrzeichen von L.; Sophienstift, 1633 durch die letzte Regentin des Schlosses, Herzogin Sophie, gegründet; St-Kirche mit Grabmal der Herzogin, erbaut 1568–74, zeigt Elemente der späten Got. und frühen Renaissance; Wassermühle (Wohnhaus, 1759); Denkmal für die Gefallenen im dt.-französischen Krieg 1870–71, ein Obelisk aus Granit; Attikahäuser und aneinandergereihte Häuser aus drei Jh.

Natur: Naherholungs- und Landschaftsschutzgebiet „Neuer Teich" mit reizvollen Wanderwegen und einem Heldenhain zu Ehren der gefallenen L.er Soldaten des 1. Weltkrieges.

Wiederkehrende Ereignisse: Karneval des L.er Sportvereins; Kinderfest mit Volksfestcharakter; Turmfest der meckl. Brauerei im August; „Weihnachtsturmblasen" vom Amts-Turm am 24. Dezember.

Lüchow (Niedersachsen)

☐ 89,10 qkm; ○ Lüchow-Dannenberg; ⚐ Niedersachsen; ✉ 29439; ☎ 05841; 🚗 DAN; △ 17 m; 👫 9500.

L., an der Jeetze im Hannoverschen Wendland gelegen, ist über die B 248 und B 493 zu erreichen. Die St hat Verkehrslandeplatz (L.-Rehbeck, 6 km); Kreisverwaltung, Amtsgericht, Wetterdienststation; Mittelpunktschule, Realschule, Gymnasium, landwirtschaftliche Berufs- und Berufsfachschulen, Landwirtschaftsschule, gewerbliche und kaufmännische Kreisberufsschule, Handelsschule und Höhere Handelsschule, Berufsaufbauschule, Technikerschule, Sonderschule für Lernbehinderte; SKF-Kugellagerfabriken (Zweigwerk).

L. wird erstmals 1158 als Sitz der Grafen von L. erwähnt. Der befestigte Grenz- und Marktort erhielt vor 1293 lüneburgisches Stadtrecht. Nach dem Aussterben des Ortsadels fiel die Grafschaft an das Herzogtum Braunschweig-Lüneburg (1374). 1811 zerstörte ein Großbrand fast die gesamte Altstadt. Danach Wiederaufbau als regelmäßige Anlage. – Wahrzeichen der St ist die Ruine des Amtsturmes (mit Heimatmuseum), die von dem zerstörten Schloß (um 1500) übrig geblieben ist. L. ist heute wirtschaftlicher, verwaltungsmäßiger und kultureller Mittelpunkt eines vorwiegend landwirtschaftlich strukturierten Umlandes. – Westlich und nordöstlich von L. liegt der südliche Teil des Naturparks Elbufer-Drawehn.

Lüdenscheid, Altstadt

Lüdenscheid

□ 86,7 qkm; ○ Märkischer Kreis; ⚐ Nordrhein-Westfalen; ✉ 58507*; ☎ 02351; 🚗 MK; △ 232–539 m; 👪 77000.

L. liegt im Märkischen Sauerland zwischen Volme und Lenne an der B 54 und B 229 sowie an der Autobahn A 45 Dortmund–Frankfurt a. M. (3 Ausfahrten); über die Regionalschnellbahn L.–Hagen–Dortmund ist die St mit dem internationalen Schienenverkehr verknüpft. L. hat Amtsgericht, Kreisbehörden; Realschulen, Gymnasien, Gesamtschule, Berufs- und Berufsfachschulen, Musikschule, Volkshochschule, Studienzentrum der FU Hagen, Forschungstransferstellen der FU Hagen und der Märkischen Fachhochschule; Kunststoffinstitut für die Mittelständische Wirtschaft NRW; Deutsches Institut für angewandte Lichttechnik; Akademisches Lehrkrankenhaus der Uni Bonn; Städt. Galerie, Kulturhaus, Museen, Stadtbücherei (älteste Westdeutschlands); Sportheilstätte Hellersen.

Die breitgefächerte Industrie besitzt internationalen Ruf. Schwerpunkte sind die Licht-, Leuchten- und Elektroindustrie, die Kunststoffverarbeitung, Metallverarbeitung, Elektronik und Informatik.

L. ist seit dem 9. Jh. als Siedlung nachweisbar. 1072 Erwähnung als Kirchort. 1114 Bau einer Burg gegen den Erzbischof von Köln. 1268 wurde L. von den Grafen von der Mark zur St erhoben und befestigt. Die St war im MA Mittelpunkt der Eisenverarbeitung und bedeutender Gerichts- und Handelsort. Ende des 19. Jh. Entwicklung zur Industriestadt (Ausdehnung der Metallwaren- und Einführung der Aluminium- und Elektrowarenindustrie). – Bemerkenswert: Schloß Neuenhof; Homert-Turm (höchster Punkt der St); historische Altstadt; mehrere Talsperren in nächster Umgebung; Deutsches Ordenmuseum; Technisches Kulturdenkmal „Bremecker Hammer". – Alljährlich Stadtfest (September). – L. ist Geburtsort von Carl Berg (1851–1906), Begründer der dt. Aluminiumindustrie und Erbauer des ersten starren Luftschiffes.

Lüdinghausen

□ 140,15 qkm; ○ Coesfeld; ⚐ Nordrhein-Westfalen; ✉ 59348; ☎ 02591; 🚗 COE; △ 50 m; 👪 20000.

L., in der münsterländischen Bucht an der Stever und am Dortmund-Ems-Kanal 30 km südwestlich von Münster gelegen, ist über die B 58, B 235 und B 474 zu erreichen. L. hat Hafen mit Wendehafen am Dortmund-Ems-Kanal; Amtsgericht, Kreisverwaltung, Realschule, Gymnasien, Berufsschule, Handelsschule, Kreismusikschule, Volkshochschule, landwirtschaftliche Fachschule; Nahrungsmittel (Maggi-Zweigwerk)-, Bekleidungs- und holzverarbeitende Industrie.

»Ludinchusen«, in einer Schenkungsurkunde erstmals 800 genannt, war bis 1448 Besitz der Abtei Werden, den die „Schulzen" und späteren Freiherren von L.-Wolff verwalteten. 1308 erhielt es Stadtrechte; 1450 kam es unter die Herrschaft der Bischöfe von Münster und 1802 an Preußen. – Sehenswert: Wasserburg Vischering (13. bis 15. Jh.) mit Münsterlandmuseum; Burg L. mit Kapitelsaal; Pfarrkirche

St. Felizitas (spätgot. Hallenkirche, 1507–58, mit den dicksten massiven Sandsteinsäulen Europas).

Lügde über Bad Pyrmont

□ 88,73 qkm; ○ Lippe; ⚐ Nordrhein-Westfalen; ✉ 32676; ☎ 05283; 🚗 DT; △ 120 m; 👫 10700.

L. an der Emmer ist Luftkurort bei Bad Pyrmont (2 km) im Lipper Bergland, 20 km südwestlich von Hameln. Die St ist wirtschaftlich-industrieller Mittelpunkt des ostlippischen Raumes.

L. wird erstmals 784 in den Fränkischen Reichsanalen erwähnt. Um 1100 erhielt es Stadtrechte. Drei Großbrände (1447, 1548, 1797) zerstörten den ma. Altstadtkern fast vollständig. Von historischen Bauten blieb nur die außerhalb der Stadtmauern gelegene Kilians-Kirche aus dem 12. Jh. erhalten. 1668 fiel L. an das Bistum Paderborn. – Auf altes Brauchtum geht der „Osterräderlauf" am Ostersonntag zurück.

Lüneburg

□ 70,33 qkm; ○ Lüneburg; ⚐ Niedersachsen; ✉ 21335*; ☎ 04131; 🚗 LG; △ 17,5 m; 👫 60200.

L., am Nordrand der Lüneburger Heide an der Ilmenau gelegen, ist Verkehrsknotenpunkt (Kreuzung der B 4, B 209 und B 216; Bahnknoten und InterRegio-Station der Bundesbahnhauptstrecke Hamburg–Hannover), Sitz bedeutender Behörden (Oberverwaltungsgericht für Niedersachsen und Schleswig-Holstein, Regierungspräsident des Regierungsbezirkes L., Landgericht, Arbeitsgericht, Sozialgericht, Kreisverwaltung des Landkreises L., Industrie- und Handelskammer Lüneburg-Stade, Handwerkskammer Lüneburg-Wolfsburg), Mittelpunkt zahlreicher Bildungs- und kultureller Einrichtungen (Realschulen, Gymnasien, Berufs- und Berufsfachschulen, Universität Lüneburg, Fachhochschule Nordostniedersachsen, Verwaltungs- und Wirtschaftsakademie, Ost-Akademie, Volkshochschule, Musikschule, Theater, Museum für das Fürstentum L., Ostpreußisches Landesmuseum e.V., Deutsches Salzmuseum [Industriedenkmal Saline Lüneburg], Brauereimuseum im historischen Kronenbrauhaus zu L., Ratsbücherei) sowie bedeutender Standort der Bundeswehr. Das Wirtschaftsleben wird geprägt von einer vielseitigen Industrie und leistungsstarken Gewerbebetrieben (Textil- und Bekleidungsindustrie, Maschinenbau und Autozulieferbetriebe; Herstellung von Möbeln, Elektronik, Büromaschinen und Audio-Videogeräten, Chemikalien, Nahrungs- und Genußmitteln, Pumpen, Flugzeugtreppen). L. ist Sole- und Moorheilbad (Heilanzeigen bei Gefäß- und Frauenleiden, Rheuma, Psoriasis, Erkrankungen im Kindesalter).

L. entstand aus zwei Siedlungen, dem Dorf »Modestorp« an der Ilmenau und dem älteren L. an den Solequellen beim Kalkberg, auf dem Hermann Billung 951 eine Burg errichtete. Nach dem Aussterben der Billunger kam L., das 956 erstmals urkundlich genannt wird, an die Welfen, die den Ort nach der Zerstörung des 6 km nördlich gelegenen Bardowicks (1189) zum Handels- und Warenumschlagplatz ausbauen ließen und L. um 1200 zur St erhoben (1247 Bestätigung der Stadtrechte durch Otto das Kind). 1371 zerstörten die Stadtbürger die Burg auf dem Kalkberg und trotzten den Herzögen des Fürstentums L. (seit 1267) weitgehende Freiheiten ab. 1637 eroberten die Landesherren ihre Macht zurück. Im 18. Jh., das wirtschaftliche Rückschläge brachte, wurde Lüneburg mit dem Kurfürstentum Hannover vereinigt (1705). Von 1803 bis 1813 stand die St unter französischer Besatzung. – Von der wirtschaftlichen Blütezeit der St im MA, als L. der Hanse angehörte, zeugen noch heute bedeutende Baudenkmäler und Sehenswürdigkeiten: St. Johanniskirche (fünfschiffige Hallenkirche, 12.–15. Jh.) mit reicher Ausstattung; Nicolaikirche (1407–1440); Rathaus am Markt (beg. im 13. Jh.) mit Gerichtslaube (um 1330), Haupthalle (Mitte 16. Jh.), Ratsstube (1563–67) und barocker Marktfront (1706 bis 1720); Glockenhaus (1482); Drehkran (1346 erstmals erwähnt); bemerkenswert ferner die zahlreichen schönen Bürgerhäuser (15. bis 18. Jh.), das herzogliche Stadtschloß (1695–98, jetzt Landgericht), die St. Michaeliskirche (14./15. Jh.), die Saline, einst Quelle des Reichtums der St sowie die Kuranlagen mit Gradierwerk. – Nordöstlich von L. liegt das Kloster Lüne (1374–1412).

Lünen

□ 59,09 qkm; ○ Unna; ⚐ Nordrhein-Westfalen; ✉ 44534*; ☎ 02306 und 0231 (Stadtteil L.-Brambauer); 🚗 UN; △ 52,9 m; 👫 87700.

L., 15 km nördlich von Dortmund an der Lippe und am Datteln-Hamm-Kanal gelegen, ist Verkehrsknotenpunkt. In L. kreuzen sich die Bundesstraßen 54, 61 und 236 und die Bundesbahnstrecken Dortmund–Münster und Dortmund–Gronau. Anschluß an die Autobahnen A 2 Oberhausen–Hannover–Berlin (Ausfahrt AB-Kreuz Dortmund-NO) und A 1 Köln–Wuppertal–Münster–Bremen (Ausfahrt Hamm/Bergkamen bzw. Kamener Kreuz); Regionalflughafen Dortmund-Wickede (15 km). Die St. hat Amtsgericht; Realschulen, Gymnasien, Gesamtschule, Berufs- und Berufsfachschulen, Fach- und Fachoberschulen, Sonderschulen; kultureller Mittelpunkt ist das Heinz-Hilpert-Theater. Sehenswert das 4 km nördlich von L. gelegene Schloß und Stiftskirche Cappenberg (Alterssitz des Freiherrn vom Stein); die ev. Stadtpfarrkirche St. Georg (spätgotische Hallenkirche) aus dem 14. Jh; Schloß Schwansbell (1772–75); Barocke Schloßmühle in L.-Lippholtshausen; Spieker in L.-Nieder-Aden; Städt. Museum.

L. ist seit dem Einsetzen der Industrialisierung im frühen 19. Jh. ein Zentrum der eisenverarbeitenden Industrie (1826 Gründung der ersten Eisenhütte). Die breitgefächerte Industrie umfaßt heute Großbetriebe des Maschinenbaus, der Elektrotechnik, der Kupfer- und Energieerzeugung; ferner Stahl- und Bergbau, Glasproduktion, Betonbau, Schuhfabrikation, Recycling.

Die Siedlung »Nordliunon« und »Sudliunon« werden erstmals um 890 urkundlich erwähnt. Unter den Grafen von der Mark wurde L. 1336 auf dem südlichen Lippeufer neu gegründet und 1341 mit Stadtrechten ausgestattet. 1512 zerstörte ein Großfeuer die St. – Alljährlich Stadtfest „Lünsche Meß“ (September).

Lütjenburg

☐ 6,15 qkm; ○ Plön; ⚐ Schleswig-Holstein; ✉ 24321; ☎ 04381; 🚗 PLÖ; △ 59 m, 👫 5400.

L. ist Luftkurort in Ostholstein an der Kossau 36 km östlich von Kiel. Zufahrt über die B 202 und B 430. L. ist Garnisonstadt der Bundeswehr, hat Realschule, Gymnasium, SOS-Kinderdorf; Zahnfabrik, Kornbrennerei.

L., um eine 1156 errichtete Missionskirche entstanden, erhielt 1275 das Stadtrecht nach Lübischem Recht. Die St, die mit Lübeck über Jahrhunderte wirtschaftlich eng verbunden war, entwickelte sich im 18. und 19. Jh. zu einer typischen Handwerkerstadt. – Sehenswürdigkeiten: St. Michaelis-Kirche (Grundsteinlegung 1156) mit frühgot. Chor, spätgot. Flügelaltar und Reventlow-Grabmal (1608) von R. Coppens; Färberhaus am Markt (1576); Rathaus (1790).

Magdeburg, Dom

Magdeburg

☐ 171 qkm; ○ Landeshauptstadt; ⚐ Sachsen-Anhalt; ✉ 39104*; ☎ 0391; 🚗 MD; △ 50 m; 👫 280000.

M. ist zu erreichen auf der A 2 / E 30, Ausfahrten M.-Zentrum oder M.-Olvenstedt (je 14 km), sowie auf der B 1, B 71, B 81 und der B 189. Der Hauptbahnhof M. bildet einen wichtigen mitteldt. Eisenbahn-Verkehrsknotenpunkt mit Kreuzung der Nord-Süd- und Ost-West-Fernverbindungen; M. hat zusätzlich neun weitere Bahnhöfe in der St, insgesamt verlaufen 24 Haupt-, Regional- und Nahverkehrsstrekken über den Hbf.; M. ist Wasserstraßenkreuz des Elbe-Mittelland-Kanals und Elbe-Havel-Kanals; das Schiffshebewerk Rothensee verbindet den Mittelland-Kanal mit der 16 m tiefer gelegenen Elbe, dadurch ist Schiffsverkehr bis zum Dortmund-Ems-Kanal bei Osnabrück (323 km) möglich; das Güterverkehrszentrum M.-Rothensee realisiert die Umschlagsprozesse zwischen Straße, Schiene und Wasserstraße; Ausflugsfahrten auf der Elbe mit der „Weißen Flotte“ ab Anlegestelle M.-Petriförder. Der nächste Flughafen befindet sich in Hannover (ca. 150 km).

Bildungseinrichtungen: Grundschulen, Mittelschulen, Haupt- und Regelschulen, Gymnasien; Berufsschulen; Förderschulen; Technische Universität „Otto von Guericke“, Medizinische Akademie; Ingenieur- und Fachschulen; Volkshochschule; Bezirksbibliothek; Landeshauptarchiv.

Wirtschaftliches: Schwermaschinenbau; Herstellung von Schwerarmaturen, Hebezeugen und Fördermittel, Werkzeugmaschinen; chemische und pharmazeutische Industrie; Bau von Chemieanlagen; Stahlgießerei, Produktion von Stahlkonstruktionen und Zementerzeugnissen; Verarbeitung landwirtschaftlicher Güter aus der fruchtbaren Magdeburger Börde (Zuckerfabriken).

Geschichtliches: M. wurde 805 im Diedenhofer Kapitular Karls des Großen erstmals erwähnt und galt damals bereits als wichtiger Handelsplatz im Verkehr mit den Slawen. Mit dem Regierungsantritt Ottos I. (7. August 936) begann für M. die Entwicklung zur St. Am 21. September 937 schuf der Kaiser durch Gründung des Moritz-Klosters die Grundlagen für das spätere Domstift und das Erzbistum M. Letzteres wurde 968 auf der Synode zu Ravenna mit dem Ziel gegründet, den Osten zu christianisieren und zu kolonisieren. Das Bistum M. wurde damit zum Erzbistum erhoben, regiert von 1152–1192 durch Erzbischof Wichmann von M., einem bedeutenden Kolonisator. Sein Nachfolger, Erzbischof Albrecht von M., legte 1208 den Grundstein zum heutigen Dom, nachdem der vorherige ottonische Bau 1207 niedergebrannt war. Im Jahre 1188 zeichnete man das St-Recht auf, welches im 13. Jh. von zahlreichen Städten bis weit nach Ost- und Südosteuropa hinein als „Magdeburger Recht" übernommen und angewendet wurde. Das im Magdeburger Land geltende Recht ordnete Eike von Repkow 1230 zu neuer Übersicht und zeichnete es in seinem berühmt gewordenen „Sachsenspiegel" auf. Diese Darlegungen wurden in der Folgezeit durch weitere Rechtsniederschriften und mit Schöffensprüchen ergänzt. – Die St trieb einen bedeutenden Fernhandel mit Getreide, Salzen und Metallen, mit Tuchen und Fellen, Wein und Bier. Sie wurde 1294 Mitglied des Hansebundes, pflegte intensive Beziehungen innerhalb der Hanse und bekam 1506 den Status als Vorort des Sächsischen Quartiers der Hansestädte. 1524 wurde M. für die Reformation gewonnen; 1550/51 trotzte das lutherische M. der Belagerung durch Moritz von Sachsen. Im 30jährigen Krieg wurde es 1631 von Truppen Tillys fast völlig zerstört. Unter Otto von Guericke, 1646–81 einer der bedeutendsten Bürgermeister von M., erlebte die St eine neue Blüte. Auch als Physiker war Guericke weit über die Landesgrenzen hinaus berühmt. Auf dem Reichstag zu Regensburg (1654) führte er Kaiser Ferdinand III. seine Versuche mit der Luftpumpe vor: Zwei luftdicht aufeinanderpassende Halbkugelschalen wurden zusammengefügt und luftleer gepumpt. Daraufhin brachten selbst einige an jeder Seite ziehende Pferdegespanne die Schalenhälften wegen der auf ihnen lastenden Außenluft nicht mehr auseinander. Otto von Guericke hatte damit das Vorhandensein des Luftdrucks auf der Erde für jedermann sichtbar nachgewiesen. Mit seinen „Magdeburger Halbkugeln" wurde er zur legendären Persönlichkeit in der Geschichte der Physik. – Am 28. Mai 1666 rückten brandenburgische Truppen in M. ein, das 1680 nach dem Tode des letzten erzstiftlichen Administrators an Kurbrandenburg fiel. Fürst Leopold von Anhalt-Dessau wurde 1702 Gouverneur von M. – Die Festung M. wurde im November 1806 den Franzosen übergeben. Damit gehörte es von 1807–13 zum Königreich Westfalen. 1815 wurde M. Hauptstadt der preußischen Provinz Sachsen. Oberbürgermeister Francke schuf während seiner Amtszeit (1817–48) durch einen mustergültigen Aufbau der Verwaltung die Grundlagen zur erneuten Wirtschaftsblüte Magdeburgs. 1870 begannen die Stadterweiterungen mit der Niederlegung der alten Stadtmauern. – Bereits 1812 gab es in M. acht Fabriken (die Rübenzucker produzierten), um 1900 zählte man rund 100 Betriebe in der St. In Verbindung mit dem Eisenbahnbau und der Einrichtung der Elbe-Dampfschiffahrt entwickelte sich M. zu einem Zentrum des mitteldeutschen Maschinenbaues. Durch Fliegerbomben wurde die Innenstadt am 16. Januar 1945 total, das gesamte Stadtareal zu 80% zerstört. Nach 1990 wurden die beiden Bezirke M. und Halle wieder zum Land Sachsen-Anhalt vereint. M. übernahm die Rechte und Pflichten der Landeshauptstadt.

Sehenswürdigkeiten und Kulturelles: Rathaus (1691) mit Glockenspiel (1974) und historischem Ratskeller; Magdeburger Reiter (um 1240), erstes freistehendes Reiterdenkmal im nördlichen Europa; Alter Mkt mit Eulenspiegelbrunnen und Hauszeichenwand an der Buttergasse; gotischer Dom (1209–1520), größter Sakralbau im dt. Osten; Kloster „Unserer lieben Frauen" (um 1018), ältestes erhaltenes Bauwerk der St, bedeutende roman. Klosteranlage von europäischem Rang; Ruine der Johanniskirche, Gedenkstätte der Zerstörung von M.; Barockhäuser am „Breiten Weg" (Magistrale) und am Domplatz; Teufelsbrunnen (1986 von H. Apel); Elbuferpromenade (1974) mit ma. Bauten, Festungswerken und modernen Plastiken; Museumsschiff „Württemberg", technisches Denkmal (und Museum) zur Geschichte der Elbschiffahrt; Grusonsche Gewächshäuser (seit 1896), exotische Pflanzensammlungen; Zoologischer Garten im Park „Vogelgesang"; Hubbrücke (19. Jh.), technisches Denkmal, Eisenbahn- und Fußgängerbrücke; Lukasklause mit Turm (15. Jh.), Ausstellungsräume und Restaurant; Schiffshebewerk Rothensee (1938), ermöglicht Verbindungen zwischen Elbe, Mittelland-Kanal, Elbe-Havel-Kanal und dem Magdeburger Binnenhafen; „Herrenkrug"-Park, Landschaftspark nach Plänen von P. J. Lenné; Sebastiankirche, Gründung als Kollegiatsstift (1015); Wallonerkirche (14. Jh.); Magdalenenkapelle (14. Jh.); Petrikirche mit roman. Turm aus dem 12. Jh.; Stadtmauer mit Festungsturm „Kiek in de Köken"; Klosterberge-Garten nach P. J. Lenné, ältester dt. Bürgerpark; Kulturpark „Rotehorn". – Theater: Maxim-Gorki-Theater, Großes Haus am Universitätsplatz; Freie Kammerspiele; Städtische Puppentheater; Kabarett „Die Kugelblitze"; Konzerthalle „Georg Philipp Telemann" im Kloster „Unserer lieben Frauen", geistliche Kammermusik, Orgel- und Chorkonzerte; Kultur- und Kongreßhaus, Sinfoniekonzerte des Städtischen Orchesters Magdeburg; Festsaal im Rathaus am Alten Markt, Rathauskonzerte des Städtischen Orchesters Magdeburg; Vorbühne im Großen Haus, Sinfoniekonzerte des genannten Orchesters; Kulturhistorisches Museum; Zentrum für Telemann-Pflege und -Forschung, Partituren und Tonaufnahmen des berühmtesten Magdeburger Komponisten (1681–1767).

Wiederkehrende Veranstaltungen: Orgelfesttage im Kloster „Unserer lieben Frauen" (März/April); Magdeburger Literaturwochen (Mai/Juni); Kreuzgang-Serenaden im Dom (Juli/August); Kulturfesttage mit länderkundlichem Schwerpunkt: Theater, Musik und Tanz (Oktober).

Mainburg

□ 61,73 qkm; ○ Kelheim; ⚐ Bayern; ✉ 84048; ☎ 08751; 🚗 KEH; △ 430 m; 👥 11 400.

M., an der Abens in der Hallertau (Holledau) gelegen, ist über die Autobahn A 93 München–Regensburg (Ausfahrt M.) und die B 301 zu erreichen. M. hat Amtsgericht (Zweigstelle), Arbeitsamt (Nebenstelle); Gymnasium, Berufsschule, Volkshochschule, Sing- und Musikschule; Kreiskrankenhaus. Hopfenanbau und Hopfenverarbeitung; mittlere und größere Industriebetriebe.

Um 1250 erbaute Graf Mainhart von Rottenegg ein Schloß auf dem Hofberg, unter dessen Schutz die Siedlung M. entstand. 1279 gelangte M. in den Besitz Ludwigs des Strengen, der ein Pflegegericht errichtete. Um 1300 wurde M. Markt, unter Kaiser Ludwig dem Baier der Ort befestigt. Neben dem Schloß (1632 zerstört) bestanden um 1500 zwei weitere kleine Schlößchen, die den baierischen Herzögen als Aufenthaltsort während der Jagd dienten. 1863 vernichteten zwei Großfeuer den Ortskern fast völlig. 1954 wurde M. zur St erhoben.

Sehenswert St. Salvatorkirche mit Kloster und Kreuzweg. – Alljährlich Gallimarkt (Hallertauer Oktoberfest).

Maintal

□ 32,40 qkm; ○ Main-Kinzig-Kreis; ⚐ Hessen; ✉ 63477; ☎ 06181; 🚗 HU; △ 120 m; 👥 35 300.

M. ist 1974 durch Zusammenschluß der ehem. St Dörnigheim und der Nachbargemeinden Hochstadt, Wachenbuchen und Bischofsheim entstanden. Die St liegt 10 km östlich von Frankfurt am Main und an der Autobahn A 66 Wiesbaden–Bad Soden–Salmünster (Ausfahrten M.-Bischofsheim und M.-Dörnigheim); Bahnstation an der Strecke Frankfurt a. Main–Hanau. M. hat Gesamtschulen, Sonderschule für Lernbehinderte; Werk für Meß- und Regeltechnik, Furnierwerk, Maschinenbau, Kelterei.

Ältester Stadtteil ist Dörnigheim, das als »Turincheim« 793 erwähnt wird, die übrigen Ortsteile werden 798 (Wachenbuchen), 846 (Hochstadt) und 882 (Bischofsheim) erstmals urkundlich genannt. Um D. stritten sich bis zur Säkularisation (1803) die Hanauer Grafen, denen 1333 das Vogteirecht zugefallen war, und Mainz, das aufgrund einer Schenkungsurkunde Kaiser Heinrichs IV. (1064) Besitzrechte geltend machte. Nach 1803 blieb D. bei Hanau. Über Kurhessen kam es schließlich 1866 an Preußen. – Ma. Baureste blieben nur in Hochstadt (Teile der Ringmauer) erhalten. – Alle Stadtteile von Dörnigheim erlebten nach dem 2. Weltkrieg mit der Ansiedlung von kleineren und mittleren Industrie- und Gewerbebetrieben einen überdurchschnittlichen Bevölkerungszuwachs.

Mainz

□ 97,74 qkm; ○ Hauptstadt des Bundeslandes Rheinland-Pfalz; ⚐ Rheinland-Pfalz; ✉ 55028*; ☎ 06131; 🚗 MZ; △ 82–245 m; 👥 175 000.

M., Landeshauptstadt von Rheinland-Pfalz und Universitätsstadt am linken Rheinufer gegenüber der Mainmündung, ist bedeutender Verkehrsknotenpunkt (Kreuzungspunkt der B 9 und B 40; Anschluß an die Autobahnen A 60 Bingen–Rüdesheim (mehrere Ausfahrten), A 63 (z.T. im Bau) Kaiserslautern–Mainz (Ausfahrt AB-Kreuz M.), A 66 Wiesbaden–Frankfurt a.M. (Ausfahrten Wiesbaden-Erbenheim, Wiesbaden-Mainzerstraße und Schiersteiner Kreuz) sowie A 671 Hochheim–Wiesbaden (Ausfahrten Hochheim und Wiesbaden/Mainz-Kastel); Bahnknoten der Fernverbindungen (D-, IC- und IR-Züge) Köln–M.–Frankfurt a.M.–Süddeutschland, Frankfurt a.M.–M.–Saarbrücken–Frankreich; Endstation der Köln-Düsseldorfer Rheinschiffahrt). Die St ist Sitz der Landesregierung und des Landtags sowie des Städte- und Gemeindetages von Rheinland-Pfalz, der Verwaltung des Landkreises Mainz-Bingen, eines kath. Bischofs, mehrerer Gerichte (Land-, Landessozial-, Landesarbeits- und Amtsgericht) und zahlreicher höherer Verwaltungsstellen und Körperschaften des öffentlichen Rechts (Geologisches Landesamt, Wasser- und Schiffahrtsdirektion, Weinbaudomänenverwaltung, Industrie- und Handelskammer, Zweites Deutsches Fernsehen, Landesstudio des Südwestfunks, Landeszentralbank u.a.); Krankenhäuser, Zahnklinik. Als Bundeswehrstandort ist M. Sitz des Wehrbereichskommandos IV. An Bildungs- und kulturellen Einrichtungen verfügt die St über die Johannes-Gutenberg-Universität (mit Uni-Kliniken), Fachhochschulen Rheinland-Pfalz (Architektur, Bauingenieurwesen, Vermessung u.a.), Erziehungswissenschaftliche Hochschule, priv. katholische Fachhochschule (Sozialpädagogik u. praktische Theologie, staatl. Studienseminare, Verwaltungs- und Wirtschaftsakademie, staatl. und private Gymnasien, Realschulen, integrierte Gesamtschule, Sonderschulen, Berufsbildende Schulen, Volkshochschule, Waldorfschule, Städt. Konservatorium, Musikschule u.a.; Akademie der Wissenschaften und der Literatur, Max-Planck-Institut für Chemie, Institut für Europäische Geschichte; Römisch-Germanisches Zentralmuseum, Landesmuseum, Gutenbergmuseum (Weltmuseum der Druckkunst), Naturhistorisches Museum, Bischöfl. Dom- und Diözesanmuseum, Theater (Oper, Operette, Schauspiel) u.a.

Das wirtschaftliche Leben der St wird bestimmt von der breitgefächerten Industrie (Herstellung von Datenverarbeitungsmaschinen [IBM], Glasindustrie [Jenaer Glas], Maschinen- und Waggonbau [Klöckner-Humboldt-Deutz], Zementindustrie [Heidelberger Zement] chemisch-pharmazeutische Industrie [Werner & Mertz], Umwelt-Technologien [Degussa], Papierverarbeitung, Nahrungsmittelindustrie [Nestlé], Brauereien, Möbel- und Korbwarenfabriken, Sektkellereien [Kupferberg], Schiffsbau u.a.) sowie zahlreichen Handels- und Gewerbebetrieben (Großhandel mit Obst und Gemüse, Weinhandel und Weinanbau [451 ha Rebfläche], Buchdruckereien und Verlage [darunter der 1770 gegründete Musikverlag B. Schott's Söhne]). Im Rheinhafen werden jährlich ca. 7 Mill. t Massengüter umgeschlagen.

Mainz, Dom

M. liegt auf altem Siedlungsgebiet (Funde aus der Altstein- bis Latènezeit). Um 38 v.Chr. errichteten die Römer auf einer Erhebung gegenüber der Mainmündung das Legionärslager »Mogontiacum« (benannt nach einer Kultstätte des keltischen Lichtgottes „Mogon"). Die in der Nähe des Lagers entstandene Siedlung wurde während der Völkerwanderungszeit zerstört (368 und 406) und unter dem Frankenkönig Dagobert I. (622–638) wiederaufgebaut. Im 8. Jh. war M., in dem Bonifatius seit 745 als Erzbischof residierte, bereits mit Mauern umgeben. 1009 weihte Erzbischof Willigis den fertiggestellten Dom, der am gleichen Tag durch Brand zerstört wurde. Im MA. erlebte die St ihre große wirtschaftliche und kulturelle Blütezeit („Goldenes Mainz"). 1184 fand auf der Maaraue bei M. das prächtige Pfingstfest Friedrich

Barbarossas statt, und vier Jahre später wurde in der St ein Reichstag des Kaisers abgehalten. 1254 gründete M. mit anderen rheinischen Städten den ersten Rheinischen Städtebund zur Sicherung von Handel und Verkehr. 1318 starb zu M. Heinrich von Meißen, gen. Frauenlob, der Minnesänger und Gründer der Meistersingerschulen. Um 1440 erfand Gutenberg in M. den Buchdruck mit beweglichen Lettern. Die seit dem 12. Jh. bezeugte Auseinandersetzung zwischen dem Stadtbürgertum und den Erzbischöfen endete 1476 mit dem vergeblichen Versuch der Stadtbewohner, von Erzbischof Diether von Isenburg, der 1477 die Universität eröffnete, die Stadtfreiheit wiederzuerlangen. Mit der Wahl Albrechts von Brandenburg zum Erzbischof und Kurfürsten (1514) wurde M. kurfürstliche Residenz. Nach dem Dreißigjährigen Krieg ließ Johann Philipp von Schönborn (1647–73) die St zur barocken Festung ausbauen. Unter der Regierung des Freiherrn von und zu Erthal (1774–92) endete der Kurstaat mit der Besetzung durch französische Revolutionstruppen; M. wird Republik und gehört von 1798–1814 zu Frankreich (von 1802–1814 Hauptstadt des Departements Donnersberg). 1803 wurde Johannes Bückler, der legendäre »Schinderhannes« mit 19 Spießgesellen im heutigen Stadtpark hingerichtet. 1816 fiel M. an Hessen-Darmstadt, 1866 an Preußen. 1853 wurde die erste Eisenbahnlinie nach Ludwigshafen eröffnet. 1876 erfolgte die erste Stadterweiterung über den Festungsgürtel hinaus; 1904 wurden alle Festungswerke aufgelassen (Beginn der Bebauung der Höhenzüge). Nach dem 1. Weltkrieg war M. von französischen Truppen bis 1930 besetzt. Im 2. Weltkrieg erlitt die St durch mehrere Luftangriffe schwere Zerstörungen. 1945 verlor sie ihr rechtsrheinisches Gebiet (Amöneburg, Kastel, Kostheim). 1950 wurde M. Hauptstadt des Bundeslandes Rheinland-Pfalz.

Von den zahlreichen historischen Bauten sind erhalten bzw. wiederaufgebaut worden: Dom St. Martin und St. Stephan (älteste Teile Ende 10. und Anfang 11. Jh., Langhaus und Ostbau Anfang 1. Drittel 12. Jh., Westchor 1230–39; spätere Anbauten im 13. u. 14. Jh., Chortürme 15., 18. und 19. Jh.) mit Grabdenkmälern der Erzbischöfe des 13. bis 18. Jh.; Stephanskirche (14. Jh.) mit Chagall-Fenstern (1976–84) und Kreuzgang; St. Quintin-Kirche (um 1300 und 15. Jh.); St. Peterskirche (1752–56); St. Ignaz-Kirche (1763–74); Zitadelle (1620–29); Kurfürstliches Schloß (Renaissancebau des 17. Jh.); Alte Universität (1615–17); Zeughaus (1738–40); Adelspaläste aus dem 17. und 18. Jh. (Erthaler, Schönborner, Osteiner, Dalberger u. a. Höfe); Reste der ma. Stadtbefestigung (Holzturm). Weitere Sehenswürdigkeiten sind die Römersteine (Reste einer römischen Wasserleitung aus dem 1. Jh. n. Chr.), der Drususstein (Kenotaph, von römischen Legionen zur Erinnerung an ihren in M. verstorbenen Feldherrn errichtet), die Jupitersäule (Nachbildung einer für Kaiser Nero errichteten Ehrensäule), das Gutenbergdenkmal (1837) von B. Thorwaldson, die Rheingoldhalle (1968), der Stadtpark mit Rosengarten u. a.

Weltbekannt ist die traditionsreiche »Mainzer Fastnacht“ (1836 Gründung des Mainzer Carneval Vereins) mit dem berühmten Rosenmontagszug; weitere überregionale Volksfeste sind der Weinmarkt (Ende August/Anfang September) und die M. Johannisnacht (Mitte Juni). – In M. geboren wurden Johannes Gutenberg (um 1397 bis 1468), Erfinder des Buchdrucks, der Dichterkomponist Peter Cornelius (1824 bis 1874) und die Schriftstellerin Anna Seghers (1900–1983).

Maisach (Oberbayern)

□ 53,57 qkm; ○ Fürstenfeldbruck; ⚐ Bayern; ✉ 82216; ☎ 08141; 🚗 FFB; △ 520 m; 👫 10000.

M., 25 km westlich von München am Rande des Dachauer Mooses gelegen, hat Grund- und Hauptschule, Realschule; S-Bahnanschluß nach München.

M., erstmals 806 urkundlich erwähnt, entwickelte sich nach dem 2. Weltkrieg zum Wohnvorort von München.

Malchin

□ 40 qkm; ○ Malchin; ⚐ Mecklenburg-Vorpommern; ✉ 17139; ☎ 03994; 🚗 MC; △ 22 m; 👫 10100.

Die zwischen Malchiner und Kummerower See gelegene Kleinstadt M. erreicht man über die A 19 / E 55, Ausfahrt Güstrow (30 km), und über die B 104, die durch die St führt. Bf. an den Reichsbahnstrecken Güstrow–M.–Neubrandenburg, Regionalstrecken M.–Waren (Müritz) und M.–Dargun. Der nächste Flughafen ist Hamburg (ca. 150 km).

M. hat Stadtverwaltung, Kreisverwaltung, Kreisgericht, Finanzamt.

Bildungseinrichtungen: Grund- und Realschulen, Gymnasium, Förderschule für Lernbehinderte, Musikschule.

Kulturstätten: Kreiskulturhaus, Stadt- und Kreisbibliothek.

Wirtschaftliches: Futtermittelwerk, Betonwerk, mittelständische Unternehmen und Handwerksbetriebe.

Geschichte: M. liegt am Peene-Fluß inmitten der Mecklenburger Schweiz. Nicolaus von Werle gründete M. 1236, nachdem er das Land von einer pommerschen Herzogin erobert hatte. Die Ortsgründung erfolgte auf einer Landzunge zwischen zwei Peenearmen in strategisch günstiger Position, so daß Schutz durch Seen, Moore und einen Peenearm gegeben war. Hier kreuzten sich die alten Handelsstraßen Hamburg–Stettin und eine vom Kloster Dargun ins Binnenland führende Straße, die auf einem Knüppeldamm durchs Moor gebaut war. An der rechtwinkligen Kreuzung beider Straßen entstand der Marktplatz. Eine Zeitlang war M. die viertwichtigste St in Ost-Mecklenburg, Sitz des Amtes und vieler Behörden, 1621 sogar Landtagsort für das Herzogtum Güstrow. Brände verschonten auch M. nicht; die Chronik berichtet, daß 1662 ein großer Teil der St den Flammen zum Opfer fiel. Noch im 19. Jh. besaß M. vier Tore: Das Kalensche Tor (Norden), das Steintor (Süden), das Wargentiner Tor (Westen) und das Mühlentor (Osten). Das Wargentiner und das Mühlentor sind um 1860 abgetragen worden, die beiden anderen blieben erhalten. Die Stadttore im Stil der nordischen Gotik waren im 14./15. Jh. entstanden. 1864 eröffnete die Großherzogliche Mecklenburgische Friedrich-Wilhelm-Eisenbahn die Strecke Güstrow–Neubrandenburg, 1879 die Strecke M.–Waren, 1907 die Strecke M.–Dargun. 1921/22 erhielt die St elektrische Beleuchtung, 1927 ein neues Rathaus. Ab 1861 war es durch den Bau eines Kanals möglich, von M. aus Stettin auf dem Wasserweg zu erreichen. Die Chaussee von Rostock nach Neubrandenburg, die M. aus der geographischen Isolierung befreite, entstand 1833.

Baudenkmäler und Sehenswürdigkeiten: Kirche St. Johannis (1440 vollendet). Ihre Vorgängerin, eine romanische Kirche von 1247, war 1397 abgebrannt. Die Kirche St. Johannis ist ein für eine Kleinstadt bemerkenswert stattlicher Bau. Vom wuchtigen Turm streben zwei Baukörper rechtwinklig auseinander: südwärts die Marienkapelle, ostwärts die dreischiffige gotische Hallenkirche. Die Zwiebelhaube erhielt der Turm 1662; Ausstattung: klassizistischer Altar von 1820, Renaissance-Kanzel von 1571, Kunstglasfenster im Altarraum von 1902. Steintor (erstmals 1341 erwähnt); Kalensches Tor (am Bf.), reich gegliederter Backsteinbau aus der 1. Hälfte des 15. Jh. (ursprünglich ein Doppeltor, Innentor 1837 wegen zu niedriger Wölbung abgerissen, weil nach dem Bau der Straße Rostock–Neubrandenburg der Damm erhöht worden war und keine hochbeladenen Fuhrwerke mehr passieren konnten); der Fangelturm (Warttum mit Renaissance-Giebel) war als Wehrturm Teil der Stadtbefestigung. Das heutige Rathaus, 1927 eingeweiht, steht an der Stelle des von 1745–1841 existierenden Gebäudes. 1842 wurde von Zimmermeister Benduhn und Maurermeister Lindenberg ein neuer Bau mit Zinnenkranz als Hauptgesims fertiggestellt, der 1900 ein hohes, schiefergedecktes Dach erhielt. 1925 brannte er bis auf Außenmauern, Teile des Erdgeschosses und Keller aus, wobei alle Schätze des Stadtarchivs vernichtet wurden. Wiederaufbau ab 1925, doch nun drei- statt zweigeschossig; Rathaussaal mit 72 Wappen der einst und heute in Malchin vertretenen Gewerke. Bahnhof aus der Zeit der Mecklenburgischen Friedrich-Wilhelm-Eisenbahn (roter Backsteinbau, zeitweise Direktionssitz). Alter Wasserturm; zylindr., reich gegliederter Backsteinbau.

Ausflugsziele: Schwinkendorf (Richtung Waren) – Gestüt, Reiterschau, Kremserfahrten; Basedow (Richtung Gielow) – Schloß mit Parkanlage von Lenné, altes Herrenhaus und Kirche mit historischer Orgel; Burg Schlitz (Richtung Basedow) – Parkanlage von Lenné. In M. Kegelbahn, Turnhallen, Sportplatz, Tennisanlagen, Schwimmbad. Periodische Veranstaltungen: Stadtfest im Oktober.

Malente

□ 69,06 qkm; ○ Ostholstein; ⚐ Schleswig-Holstein; ✉ 23714; ☎ 04523; 🚗 OH; △ 36 m; 👥 9700.

M., Luftkurort und Kneipp-Heilbad im Zentrum der Holsteinischen Schweiz zwischen Dieksee und Kellersee, ist D-Zug-Station an der Bundesbahnstrecke Lübeck–Kiel. Die Gm hat Grund- und Hauptschule, Realschule, Molkereifachschule, Landessportschule; Kuranstalt für Hirnverletzte, Klinik für Innere Krankheiten (LVA), Kurklinik der Bundesbahnbetriebskrankenkasse; lebhaften Fremden- und Sommerausflugsverkehr.

Bemerkenswert die alte Kirche (um 1230 erstmals erwähnt) und die seit 1280 bezeugte Gremsmühle (zum Hotel umgebaut); landschaftlich reizvolle Umgebung (Holsteinische Seen). M. ist seit 1955 Kneipp-Heilbad (Heilanzeigen bei Herz- und Gefäßerkrankungen, organischen und funktionellen Nervenleiden, rheumatischen und neuralgischen Zuständen, Stoffwechselstörungen, Nieren- und Blasenleiden, klimakterischen Störungen, Erkrankungen der Atmungswege, Rehabilitation).

Malsch (Kr. Karlsruhe)

□ 51,24 qkm; ○ Karlsruhe; ⚐ Baden-Württemberg; ✉ 76316; ☎ 07246; 🚗 KA; △ 120 bis 485 m; 👫 12000.

M., Erholungsort 19 km südlich von Karlsruhe am Rande des nördlichen Schwarzwaldes, ist über die Autobahn Karlsruhe–Basel (Ausfahrt Rastatt bzw. Karlsruhe-Rüppurr) zu erreichen. Die Gm hat Fernmeldezeugamt der Oberpostdirektionen Karlsruhe und Freiburg; Grund- und Hauptschulen; Maschinen- und Möbelindustrie, Papierfabrik, feinmechanische Industrie.

M., erstmals 1065 urkundlich erwähnt, gehört seit 1603 zu Baden.

Manching

□ 35,37 qkm; ○ Pfaffenhofen a.d. Ilm; ⚐ Bayern; ✉ 85077; ☎ 08459; 🚗 PAF; △ 362 m; 👫 10000.

M., 9 km südöstlich von Ingolstadt beiderseits der Paar gelegen, ist über die B 16 und die Autobahn A 9 München–Nürnberg (Ausfahrt M.) zu erreichen; Bahnstation an der Strecke Ingolstadt–Regensburg. Auf dem Gebiet der Gm befindet sich ein NATO-Flugplatz sowie eine Flugzeugwerft (Messerschmitt-Bölkow-Blohm GmbH). M. hat Grund- und Hauptschule, Realschule.

Nordöstlich von M. lag die 380 ha große, von einem acht Kilometer langem Ringwall geschützte Gauhauptstadt der keltischen Vindeliker (zahlreiche Funde), die um 15. v.Chr. von den Römern zerstört wurde. Der fränkische Königshof »Mandechingen« wird erstmals im Jahr 844 urkundlich erwähnt. Von 1505 bis 1777 war M. Grenzort des Fürstentums Pfalz-Neuburg; danach fiel es durch Erbschaft an Bayern. Das ehem. Bauern- und Fischerdorf wandelte sich nach 1945 zur Wohn- und Garnisongemeinde.

Alljährlich Volksfest und Krämermarkt (Juli).

Mandelbachtal

□ 57,69 qkm; ○ Saar-Pfalz-Kreis; ⚐ Saarland; ✉ 66399; ☎ 06804; 🚗 HOM; △ 300 m; 👫 11500.

M. grenzt unmittelbar an das südöstliche Stadtgebiet von Saarbrücken. Zufahrt über die B 423. Die Großgemeinde wurde 1974 durch Zusammenschluß der ehem. Gm Ormesheim mit sieben Nachbargemeinden unter neuem Namen gebildet. M. hat Grund- und Hauptschulen; Obstbau, Land- und Milchwirtschaft.

»Oirmesheim«, erstmals 1180 urkundlich bezeugt, fiel mit der Grafschaft Blieskastel 1339 an Kurtrier; von 1793 bis 1814 gehörte es zu Frankreich; 1816 kam es an Bayern.

Mannheim

□ 145 qkm; ○ Stadtkreis; ⚐ Baden-Württemberg; ✉ 68159*; ☎ 0621; 🚗 MA; △ 95 m; 👫 304000.

M., zweitgrößte St des Landes Baden-Württemberg, ist bedeutender Verkehrsknotenpunkt, Industrie- und Handelsstadt sowie kultureller Mittelpunkt am Zusammenfluß von Neckar und Rhein. In M. kreuzen sich bzw. treffen zusammen die Bundesstraßen 36, 37, 38, 44 und die Autobahnen A 5 Frankfurt a.M.–Basel (Ausfahrten Ladenburg und Hirschberg) und A 6 Stuttgart–Saarbrücken (Ausfahrten M./Schwetzingen, AB-Kreuz M. und M.-Nekkarau) sowie die Verbindungsstrecke A 656 (Ausfahrt M.-Seckenheim). Die St liegt im Schnittpunkt interkontinentaler Bahnverbindungen (D-, FD-, TEE- und Intercityzüge). Regionalflughafen in M.-Neuostheim. Mit dem linksrheinischen Wirtschaftsraum Ludwigshafen/Frankenthal ist M. durch drei Rheinbrücken (Konrad-Adenauer-Brücke, Kurt-Schumacher-Brücke, Theodor-Heuss-Brücke) verbunden.

Verwaltung, Wirtschaft und Handel haben ihren Sitz im Stadtzentrum, das im Mündungsdreieck von Rhein und Neckar liegt und von einer Ringstraße umschlossen wird. Dieses Zentrum, Kern der ehem. kurfürstlichen Residenzstadt, ist seit der Stadtgründung in Rechtecke (volkstümlich „Quadrate“) eingeteilt, die durch Buchstaben und Zahlen (statt Straßennamen) gekennzeichnet sind. Die Industrie konzentriert sich vor allem im Nordwesten der St.

M. hat zahlreiche bedeutende Behörden und Körperschaften des öffentlichen Rechts (Verwaltungsgerichtshof und Direktion der Wasserschutzpolizei des Landes Baden-Württemberg, Landgericht, Landessozialgericht, Amtsgericht, Hauptzollamt, Hafenamt, Industrie- und Handelskammer, Handwerkskammer u.a.), Bildungs- und kulturelle Einrichtungen

Mannheim, Wasserturm am Friedrichsplatz

(Universität [Wirtschaftshochschule] mit acht Fakultäten im Schloß, Medizinische Fakultät der Uni Heidelberg an den Städt. Krankenanstalten M., Fachhochschule für Technik, Staatl. Hochschule für Musik, Zentralstelle für gewerbliche Berufsförderung der Deutschen Stiftung für Entwicklungshilfe, Gymnasien [u.a. Technisches Gymnasium, Frauenberufliches Gymnasium, Wirtschaftsgymnasium], private Gymnasien, Realschulen, gewerbliche, kaufmännische und hauswirtschaftliche Berufsschulen, Berufsfachschulen, Technikerschulen und Meisterschulen, Abendakademie, Volkshochschule, Sonderschulen für bildungsschwache, schwerhörige und sprechbehinderte, lernbehinderte, körperbehinderte und sehbehinderte Kinder und Jugendliche; Stadtbücherei [Dalberghaus], Universitätsbibliothek [Schloß], Nationaltheater [Oper, Operette, Ballett und Schauspiel], Reiß-Museum im Zeughaus [kunst- und stadtgeschichtliche, völkerkundliche und archäologische Sammlungen], Städt. Kunsthalle [Gemälde und Plastiken des 19. und 20. Jh.], Pflanzenschauhaus). M. ist Bundeswehrstandort.

In der breitgefächerten Industrie dominieren die Unternehmen der Elektrotechnik (Brown, Boveri & Cie), des Fahrzeug- und Maschinenbaus (Daimler-Benz-Omnibusbau, John Deere [Landmaschinen], Motorenwerke Mannheim), der Pharmazie und Chemie (Boehringer, Sunlicht); hergestellt werden ferner Armaturen und Meßgeräte (Bopp & Reuther), Zellstoff- und Papierwaren (Zellstoffwerk Waldhof-Aschaffenburg), Zucker (Süddeutsche Zucker), optische und feinmechanische Erzeugnisse. Von großer wirtschaftlicher Bedeutung sind die Hafenanlagen an Rhein und Neckar (Mühlau-, Neckar-, Binnen-, Industrie- und Rheinauhafen), die mit 19 Hafenbecken und allen technischen Einrichtungen bis hin zur vollautomatischen Container-Traverse und Lagermöglichkeiten für Getreide, Kohlen, Mineralöle, Baustoffe und andere Massengüter das Rückgrat der M. Wirtschaft bilden. Den Transport per Schiene begünstigt der Verschiebebahnhof, der zu den größten Güterbahnhöfen und modernsten Container-Knotenpunkten des Bundesgebietes gehört. M. ist das bedeutendste Mühlenzentrum Europas. Das Bild der Innenstadt ist geprägt von Versicherungen und Banken, Reedereien, Verlagen (darunter Duden-Verlag und Bibliographisches Institut), Großhandelsunternehmen, Kaufhäusern und Fachgeschäften des Einzelhandels; die „Planken", Mannheims Hauptgeschäftsstraße, wurden 1975 zur Fußgängerzone umgestaltet.

M., erstmals 766 als Fischerdorf urkundlich erwähnt, gehörte seit dem 13. Jh. zur Kurpfalz. Kurfürst Friedrich IV. ließ M. 1606 zur Festung ausbauen; ein Jahr darauf erhielt es die Stadtrechte. 1622 und 1689 wurde M. zerstört und 1698 wiederaufgebaut. Von 1720 bis 1778 war die St Residenz der Kurfürsten von der Pfalz. 1802 kam M. an Baden. 1840 wurde der Grundstein zum Hafen gelegt, und vor 1900 siedelten sich die ersten bedeutenden Industrieunternehmen an. Seine heutige Ausdehnung erreichte M. durch Eingemeindungen um die Jahrhundertwende. Der Wiederaufbau nach dem 2. Weltkrieg erfolgte weitgehend unter Wahrung des alten Stadtbildes. Neue Wohnbezirke wurden nördlich, nordöstlich und südlich des Stadtzentrums (Waldhof-Ost, Vogelstang, Niederfeld) und am nördlichen Nekkarufer (Gewerbeschulzentrum) errichtet.

Sehenswürdigkeiten: Kurfürstliches Residenzschloß (zwischen 1720 und 60 unter den pfälzischen Kurfürsten Carl Philipp und Carl Theodor erbaut, größtes zusammenhängendes Barockschloß Deutschlands) mit prächtigem Rittersaal; Jesuitenkirche (1733–1760, bedeutendste Barockkirche am Oberrhein); Zeughaus (1777–79, jetzt Museum); Altes Rathaus und Untere Pfarrkirche (ein zwischen 1700 und 1723 errichteter Doppelbau); Palais Bretzenheim (1771 beg., jetzt Rheinische Hypothekenbank); Marktplatzbrunnen (1719; 1769 umgestaltet); Friedrichsplatz (eine bedeutende Jugendstilanlage) mit Wasserturm (Wahrzeichen der St), Fontänen, Rosengarten-Festsälen, Arkadenhausfronten und Städt. Kunsthalle; Nationaltheater (Neubau von 1957; im zerstörten, 1779 gegründeten Alten Nationaltheater wurde 1782 Schillers Schauspiel »Die Räuber« uraufgeführt); Parkanlagen (Luisenpark mit 204 m hohem Fernmeldeturm [Aussichtsrestaurant], Schloßgarten mit Eisstadion, Herzogenriedpark, Rhein- und Neckaranlagen). – Alljährlich traditioneller M. Maimarkt (seit 1613), Mai- und Oktober-Volksfest (Vergnügungsmesse), Nationales Reit- und Springturnier, Internationale Filmwoche und M. Lichtwochen.

Marbach am Neckar

□ 18,06 qkm; ○ Ludwigsburg; ⚐ Baden-Württemberg; ✉ 71672; ☎ 07144; 🚗 LB; △ 223 m; 👫 13000.

M. liegt 25 km nordöstlich von Stuttgart auf dem rechten Neckarufer. Die St ist über die Autobahn A 6 Stuttgart–Heilbronn (Ausfahrt Pleidelsheim) zu erreichen und Bahn- bzw. S-Bahnstation an der Strecke Stuttgart–Backnang. M. hat Anlegestelle der Neckar-Personen-Schiffahrt (zwischen Stuttgart und Besigheim), Amtsgericht; Realschule, Gymnasium, Sonderschule für Lernbehinderte; Tisch- und Sitzmöbelfabriken, Leder- und Metallindustrie; Großkraftwerk (Energieversorgung Schwaben).

»Marcbach« wird erstmals 972 als Besitz des Bistums Speyer urkundlich erwähnt. 1009 erhielt das Dorf das Markt- und Münzrecht. Vor 1282 wurde M. zur Stadt erhoben. Zwischen 1258 und 1302 erwarben die Grafen von Württemberg von den Herzögen von Teck und den Markgrafen von Baden die St. 1693 wurde M. durch einen von französischen Truppen ausgelösten Großbrand fast völlig zerstört (Wiederaufbau 1698–1700).

Sehenswert: Malerische Altstadt mit Stadtmauer, Resten einer ehemaligen Stadtburg (13. Jh.) sowie weiteren mittelalterlichen Wehranlagen, schönen Fachwerkhäusern und Brunnen; Oberer Torturm (ehemaliges Stadttor, 15. Jh.); spätgotische Alexanderkirche (15. Jh.). – M. ist Geburtsort des Dichters Friedrich von Schiller (1759–1805) und seit Mitte des 19. Jh. Mittelpunkt einer weltweiten Schillerverehrung (Geburtshaus; Schiller-Nationalmuseum auf der Schillerhöhe mit Deutschem Literaturarchiv, Sammel- und Forschungsstätte für die Neuere deutsche Literatur; Sitz der Deutschen Schillergesellschaft).

Marburg a.d. Lahn

□ 123,94 qkm; ○ Marburg-Biedenkopf; ⚐ Hessen; ✉ 35035*; ☎ 06421; 🚗 MR; △ 181–280 m; 👫 75000.

M., Universitätsstadt beiderseits der oberen Lahn, ist erreichbar über die B 3, B 252 und B 255. D-Zug-Station an der Bundesbahnhauptstrecke Frankfurt a. M.–Kassel–Hannover; Verkehrslandeplatz in Cölbe-Schönstadt (10 km). M. ist Sitz zahlreicher Behörden und Institutionen des öffentlichen Rechts (Land-, Arbeits- und Sozialgericht, Amtsgericht, Kreisverwaltung, Deutsches Grünes Kreuz u. a.), Bildungseinrichtungen und kultureller Institutionen (Philipps-Universität mit Universitätskliniken aller medizinischen Bereiche, Gymnasien, Realschulen, Berufs-, Berufsfach-, Berufsaufbau- und Fachoberschulen, Lehranstalten für Krankengymnastik-Massage und med.-techn. Assistentinnen, Archivschule, Volkshochschule, Deutsche Blindenstudienanstalt, Bundeszentrale der Lebenshilfe für geistig Behinderte e.V., Sonderschulen für lernbehinderte Kinder, Schule für Sprachbehinderte; Hessisches Staatsarchiv, Deutsches Adelsarchiv, Staatsbibliothek Preußischer Kulturbesitz, Deutscher Sprachatlas, Universitätsbibliothek, Stadtbücherei, Blinden-Hörbücherei, Bildarchiv Foto Marburg u. a.). Die St ist Bundeswehrstandort.

Bedeutendste Wirtschaftsfaktoren sind die Universität, die öffentlichen Dienste und der Sektor des Dienstleistungsgewerbes. Die Industrie faßte vor allem nach dem 2. Weltkrieg Fuß (elektrotechnische [Deutsche Fernsprecher-Gesellschaft], Eisen-, Blech- und Metallwarenindustrie, Stahl- und Leichtmetallbau, Druckerei- und Vervielfältigungs-Industrie); in M.-Marbach befinden sich die Behringwerke der Farbwerke Hoechst.

Die »Marcburg« der thüringischen Landgrafen wird erstmals 1138/39 und die gleichnamige Marktsiedlung und Münzstätte um 1140 urkundlich erwähnt. Stadtrechte erhielt M. vor 1222. Elisabeth, die verwitwete Landgräfin von Thüringen, gründete 1228 das Franziskushospital, das der Deutsche Ritterorden nach ihrem Tode (1231) übernahm. Über dem Grabe der Landgräfin errichtete der Orden die frühgotische Elisabethkirche (1236 beg.). Von 1248 bis 1604 war M. Sitz der Landgrafen von Hessen. 1527 gründete Landgraf Philipp der Großmütige die erste protestantische Universität (in den Gebäuden des ehem. Dominikanerklosters), und 1529 vermittelte er in der vergeblichen Hoffnung, eine Spaltung der Protestanten verhindern zu können, das Marburger Religionsgespräch zwischen Luther und Zwingli. Nach dem Tode des letzten in M. residierenden Landgrafen (1604) stagnierte die St, fortan Streitobjekt zwischen Hessen-Darmstadt und Hessen-Kassel, in ihrer Entwicklung. Mit Kurhessen kam M. 1866 unter preußische Herrschaft, was sich für die St positiv auswirkte

Marburg a.d. Lahn
Elisabethkirche und Deutschordenhaus

(Aufschwung der Universität, markiert durch Namen wie Robert Bunsen, Emil von Behring, Hermann Cohen und Paul Natorp; Gründung der Behring-Werke). Den 2. Weltkrieg überstand M. ohne Zerstörungen. Nach 1945 starker Bevölkerungszuwachs durch Flüchtlinge und Ansiedlung von kleineren und mittleren Industriebetrieben.

Sehenswürdigkeiten: Landgrafenschloß (11.–16. Jh.) mit Rittersaal, Schloßkapelle und religionskundlicher Sammlung; Elisabethkirche (1235–1340), neben der Trierer Liebfrauenkirche das älteste gotische Sakralbauwerk auf deutschem Boden, über dem Grab der hl. Elisabeth mit aus der Bauzeit erhaltener Ausstattung (Goldener Schrein, Hochaltar, Glasfenster) und Grabmälern der hessischen Landgrafen; Deutsch-Ordens-Haus (13. Jh., jetzt Universitätsinstitute); Kilianskirche (12. Jh., im 16. Jh. profaniert, jetzt Sitz des Grünen Kreuzes); Universitätskirche (um 1300 als Dominikanerkirche erbaut) und Alte Universität (1874 in neugotischem Stil an der Stelle des abgebrochenen Dominikanerklosters errichtet) mit Aula (monumentale Wandgemälde des 19. Jh.); Lutherische Pfarrkirche (13.–15. Jh.); Pilgerfriedhof mit St. Michaelskapelle (1270 geweiht); Kugelkirche (1477–1485); Fachwerk- und Steinhäuser (16.–18. Jh.) im Altstadtviertel der am Berghang liegenden Oberstadt (Treppengassen) mit Markt, Marktbrunnen und spätgotischem Rathaus (1512–24); Fachwerkhäuser an der Lahn. Die historische Altstadt (Oberstadt und M.-Weidenhausen), als erhaltenswertes Baudenkmal national und international anerkannt und gewürdigt, wird seit 1972 systematisch saniert.

Marienberg

□ 67 qkm; ○ Marienberg; ⚐ Freistaat Sachsen; ✉ 09496; ☎ 03735; 🚗 MAB; △ 600 m; 👪 11600.

M. ist zu erreichen auf der A 4 / E 40 und der A 72 / E 441, beide Ausfahrt Chemnitz-Nord (ca. 35 km), sowie auf der B 171 und B 174, die einander in M. kreuzen; 5 km nordwestl. der St trifft die B 101 auf die B 174. Der Bahnhof M. bedient die Nebenstrecke P.–Pockau-Lengefeld–Flöha (Sachsen). Nächster Flughafen ist Dresden (ca. 75 km).

Bildungseinrichtungen: Grund- und Mittelschulen, Gymnasium; Berufsschule; Behindertenschule; Jugend-Freizeitcenter und -klubhaus.

Wirtschaftliches: Holz- und Metallindustrie; Herstellung von Hüten und Mützen; Handwerks- und Gewerbebetriebe; Feld- und Weidewirtschaft.

Geschichtliches: Aufgrund zahlreicher Silberfunde kam es 1521 zur Gründung von M. Die St-Anlage wird von Wissenschaftlern als frühestes Musterbeispiel eines völlig regelmäßigen St-Grundrisses der Renaissance nördlich der Alpen bezeichnet. Den Plan zum Aufbau der St ließ Herzog Heinrich von Sachsen von dem Geometer, Arzt und Naturwissenschaftler Ulrich Rühlein von Calow anfertigen, der gleichzeitig das Amt des Bürgermeisters in Freiberg ausübte. Die St M. verdankt ihre Entwicklungsgeschichte neben dem Silberreichtum seiner zentralen Verkehrslage im mittleren Erzgebirge: Die heutige B 174 führte bereits als ma. Handelsstraße von Leipzig nach Prag.

Sehenswürdigkeiten: Die St-Kirche St. Marien ist die jüngste spätgot. Hallenkirche im obersächsischen Raum; das Zschopauer Tor zeigt Reste der 1541–66 erbauten St-Mauer; der „Rote Turm“ ist der letzte der ursprünglichen Rundtürme, welche die Ecken der St-Befestigung schützten. Das hist. Rathaus mit St-Wappen, Sonnenuhr und einem Portal aus der Frührenaissance wurde 1539 geschaffen. Ein gut erhaltenes, denkmalsgeschütztes Berghäuerhaus mit Sitznischenportal ist das

„Lindenhäuschen". Die St weist neben einer guterhaltenen sächsischen Postmeilensäule eine Fülle weiterer hist. Baudenkmäler auf. Das Museum „Erzgebirgische Heimatschau" befindet sich im Zschopauer Torturm; es zeigt vornehmlich Schnitzereien und Bastelarbeiten. Zu den besonderen Schaustücken gehört der M. Märchenberg (16 qkm Grundfläche), der mit beweglichen Figuren Szenen aus 20 Märchen vorführt.

Freizeit und Sport: Kegelbahnen, Schießplätze, Segelflugplatz und andere Sportstätten; Freibad, Naturbad, Hallenbad; Sauna und Solarium.

Wiederkehrende Ereignisse: In der Kreis- und Berg-St. M. wird zweimal wöchentl. großer Markt abgehalten, ergänzt durch einige Jahrmärkte.

Marienheide

□ 57,08 qkm; ○ Oberbergischer Kreis; ⚐ Nordrhein-Westfalen; ✉ 51709; ☎ 02264; 🚗 GM; △ 265–506 m; 🚶 11 500.

M., Erholungsort und Wintersportplatz im Oberbergischen Land 42 km südöstlich von Wuppertal, ist über die B 256 zu erreichen. Anschluß an die Autobahn A 45 Dortmund–Hanau (Ausfahrt Meinerzhagen) und A 4 Köln–Olpe (Ausfahrt Gummersbach). Die Gm hat Bundeswehrgarnison; Realschule, Volkshochschule; Landesklinik für Geriatrie des Landschaftsverbandes Rheinland; vielseitige Industrie (Herstellung von Raspeln, Rotorfräsern, Feinschleif-, Polier- und Bürstwerkzeugen, Druckluft-, Elektro- und Biegewellenhandwerkzeugen, Laden-, Lager- und Büroeinrichtungen, Ladepritschen, Transportwagen, Brems- und Kupplungsbelägen, Starkstromschaltgeräten, Licht- und Kraftverteilern, elektronischen Zeit-, Steuer- und Regelgeräten u.a.); Landwirtschaft und Forstbetriebe.

1421 wurde von Dominikanern das Kloster M. errichtet. Die beim Kloster entstandene Siedlung entwickelte sich seit dem 19. Jh. (Abbau und industrielle Verarbeitung von Eisenerz) von einem überwiegend landwirtschaftlich orientierten Ackerbürgerdorf zur Industriegemeinde. Die günstige Verkehrslage trug vor allem nach dem 2. Weltkrieg zu einem bedeutenden wirtschaftlichen Aufschwung bei. – Sehenswürdigkeiten: Kloster- und Wallfahrtskirche (15. Jh.) mit frühgotischem Chorgestühl; romanische Wehrkirche (1097) im Ortsteil Müllenbach; Heimatmuseum im Ortsteil Dahl. Waldreiche Umgebung mit Brucher- und Lingese-Talsperre, Wupperquelle (bei Börlinghausen). – Im Juli Schützen- und Volksfeste in M. und Müllenbach; M. Lichterfest im Kurpark „Heilteich".

Marienmünster

□ 64,23 qkm; ○ Höxter; ⚐ Nordrhein-Westfalen; ✉ 37696; ☎ 05276; 🚗 HX; △ 200–340 m; 🚶 5000.

M. liegt eingebettet zwischen Teutoburger Wald und Solling im Weserbergland, 12 km westlich von Höxter an der B 239. Die St besteht aus 13 Ortschaften; Vörden ist staatl. anerkannter Erholungsort.

M. hat Grundschulen, Hauptschule, Musikschule, Volkshochschule (Zweigstelle). Im landwirtschaftlich geprägten Stadtgebiet sind vornehmlich holzverarbeitende Betriebe ansässig.

Die früheren Städte Bredenborn und Vörden gehen auf das Jahr 1324 zurück. Bei der kommunalen Neugliederung 1970 wurden sie mit 11 weiteren Gemeinden zur neuen St M. zusammengeschlossen. Der Name wurde von dem 1128 von Graf Widukind III. gegründeten Benediktinerkloster (aufgelöst 1803) abgeleitet. Die ehem. Klosterkirche (jetzt Pfarrkirche) ist eine romanische Pfeiler-Basilika, die nach 1669 zur dreitürmigen Hallenkirche umgebaut wurde; von der reichen Barockausstattung sind das Chorgestühl, das schmiedeeiserne Chorgitter und die Johann-Patroclus-Möller-Barockorgel besonders hervorzuheben.

Als technisches Denkmal ist ein Windrad (Windkraftanlage) erhalten.

Markdorf (Baden)

□ 40,92 qkm; ○ Bodenseekreis; ⚐ Baden-Württemberg; ✉ 88677; ☎ 07544; 🚗 FN; △ 450 m; 🚶 10 600.

M., nördlich des Bodensees am Fuße des Gehrenberges gelegen, ist über die B 33 zu erreichen. Die St hat Bildungszentrum mit Progymnasium und Realschule, Hauswirtschaftsschule, landwirtschaftliche Berufsschule, Sonderschule für Lernbehinderte; mittlere und kleinere Industrie- und Gewerbebetriebe.

M., erstmals 817 urkundlich erwähnt, wurde 1250 unter den Rittern von M. zur St erhoben. Seit 1354 gehörte die St zum Besitz der Bischöfe von Konstanz. 1803 kam M. an Baden. 1842 vernichtete ein Großbrand einen Teil der

Altstadt. Nach dem 2. Weltkrieg wirtschaftlicher Aufschwung durch Industrieansiedlung. – Von der ma. St sind Reste der Stadtbefestigung (Hexenturm, Untertor, Obertor) und die fürstbischöfliche Residenz (14. Jh.) erhalten; in der Stadtkirche befindet sich eine Schutzmantelmadonna aus dem 15. Jh.

Markgröningen

□ 28,16 qkm; ○ Ludwigsburg; ⚐ Baden-Württemberg; ✉ 71706; ☎ 07145; 🚗 LB; △ 286 m; 👥 12700.

M., 18 km nordwestlich von Stuttgart auf einem Höhenrücken im nördlichen Strohgäu zwischen dem Glems-, Leudelsbach- und Enztal gelegen, ist über die B 10 und die Autobahn A 81 Stuttgart–Heilbronn (Ausfahrten Ludwigsburg-Süd und Ludwigsburg-Nord) zu erreichen. Die St hat Realschule, Gymnasium, Aufbaugymnasium, Heimsonderschule für körperbehinderte Kinder; Kolben- und Zylinderfabrik, Textilfabrik für Bodenbeläge, Bekleidungsindustrie, Maschinenbau und elektronische Industrie, Fabrik für Autozubehörteile, Stahlbau, Betriebe für Obstverwertung, Ziegelei.

M. ist eine Alemannengründung und erstmals im Jahre 779 unter dem Namen »Gruoningen« urkundlich erwähnt. Im Mittelalter war M. Besitz der Grafen von Calw, später der Staufer. Wehrerhebung, Stadtbefestigung und Stadterhebung um 1240 unter Kaiser Friedrich II. Seit 1336 ist M. württembergisch.

Sehenswürdigkeiten: Frühgotische Stadtkirche (Bartholomäuskirche, 1234) mit mächtigem Turmpaar, Wand- und Deckenmalerei aus dem 14. u. 15. Jh., Grabmal des Stifters Graf Hartmann von Württemberg (1280); Spitalkirche zum Hl. Geist (1297) mit Spitalgebäude; Frauenkirche mit schönem Kruzifix aus dem 12. Jh. im Stadtteil Unterriexingen; schöne Fachwerkbauten, das Rathaus ein Meisterwerk schwäbischer Zimmermannskunst (1450), Wimpelinhaus mit Obertorturm (1550), Landesfruchtkasten (1495). Markgröningen ist Geburtsort des Straßburger Buchdruckers Johann Reinhard, gen. Grüninger (1483–1531). Historischer Schäferlauf alljährlich Samstag u. Sonntag am oder nach dem 24. August (Bartholomäus), das älteste Heimatfest in Württemberg (urkundlich bereits 1443 erwähnt).

Markkleeberg

□ 18 qkm; ○ Leipzig-Land; ⚐ Freistaat Sachsen; ✉ 04416; ☎ 0341; 🚗 L; △ 115 m; 👥 18000.

M. grenzt südlich an Leipzig und ist zu erreichen auf der B 2 und B 95; die St liegt an der Eisenbahnbrücke Leipzig–Plauen–Hof; die Bahnhöfe M. und M.-Großstädeln sind Haltestellen der S-Bahnlinie Borna–Leipzig Hbf.–Miltitzer Allee; von den Bahnhöfen M.-Großstädeln, M.-Mitte und M. (West) erreicht man die S-Bahnlinie Gaschwitz–Leipzig-Plagwitz–Miltitzer Allee. Der nächste Flughafen ist Leipzig/Halle (Schkeuditz, 27 km).

Bildungseinrichtungen: Grundschulen, Gymnasium, Förderschulen; Landwirtschaftliche Berufsschule; Hochschule für Technik, Wirtschaft und Kultur Leipzig; FB Maschinen- und Energietechnik.

Wirtschaftliches: M. ist seit 1952 in Fachkreisen durch seine bisherigen „agra"-Ausstellungen der Land-, Forst- und Nahrungsgüterwirtschaft bekannt; Neuaufbau von Gewerbe- und Industrieansiedlungen.

Geschichtliches: M. wurde 1933 nach dem Zusammenlegen der Ortschaften Raschwitz, Gautzsch, Markkleeberg und Oetzsch zur St erklärt. 1937 wurden die Gm Großstädeln und Zöbigker, Cospuden und Prödel angegliedert. Mit Ausdehnung der Braunkohle-Tagebaue, namentlich in den 70er und 80er Jahren, fielen die beiden letztgenannten Orte bei Abraumarbeiten dem Bagger zum Opfer. Historische Bedeutung erlangte M., dessen einzelne St-Teile seit dem 13. Jh. urkundlich bekannt sind, durch Funde altsteinzeitlicher Werkzeuge an der Pleiße, die M.-Ost durchfließt. Diese mehr als 250000 Jahre alten Zeugnisse menschlichen Könnens haben bei ihrer Vorstellung in der Fachliteratur internationales Aufsehen erregt. Historische Bedeutung erlangte M. als Teilschauplatz der Kämpfe während der Völkerschlacht bei Leipzig (1813). – Die Nachfahren des sächsischen Oberpostmeisters Jacob Kees, der 1715 Schloß Zöbigker übernahm, parzellierten ihr Erbe. Es wurde um 1900 die Grundlage zum Aufbau der Herrenhaussiedlung in M.-Raschwitz, in der sich vorwiegend Leipziger Kaufmann- und Beamtenschaft etablierte.

Sehenswürdigkeiten: die o.g. Herrenhaussiedlung im Jugendstil; Goethe-Besuchsstätte (im Herrenhaus Raschwitz); Englischer Park Raschwitz mit „agra"-Gelände und Herfurthscher Villa; „Adlertor" in M.-West, dabei eine Gartenanlage mit einer der seltenen, herrlichen Blutbuchen; Martin-Luther-Kirche (1717) in M.-West; Auenkirche (1627) in M.-Ost; Torhaus in M.-Ost, eine der Kampfstätten in der Völkerschlacht bei Leipzig (1813); der Wildpark am „Wolfswinkel".

Wiederkehrende Ereignisse: Messen und

Ausstellungen auf dem Gelände des „Messeparkes agra-Markkleeberg".

Marktheidenfeld

☐ 35,57 qkm; ○ Main-Spessart; ⚐ Bayern; ✉ 97828; ☎ 09391; 🚗 MSP; △ 156 m; 👫 10000.

Die St M. liegt 30 km westlich von Würzburg am Main. Zufahrt über die B 8; Anschluß an die Autobahn A 3 Frankfurt–Nürnberg (Ausfahrt M.). M., Sitz der Verwaltungsgemeinschaft, hat Finanzamt; Realschule, Gymnasium, Fachoberschule, gewerbliche Kreisberufsschule, Sonderschule für lernbehinderte Kinder, Sprachbehindertenschule, Musikschule, Volkshochschule; Kreiskrankenhaus; Elektroindustrie (Elektro-Braun AG), Fensterbau, Holz- und Kunststoffverarbeitende Industrie, Metallverarbeitung, Betriebe für Sonnen- und Steuerungstechnik, Ziegelwerk, Brauerei.

M., erstmals 1139 urkundlich bezeugt, war Besitz des Benediktinerklosters Holzkirchen. Ende des 13. Jh. kam der Marktflecken an die Grafen von Wertheim und nach deren Aussterben an das Fürstentum Würzburg (1612). 1750 Verleihung des Marktrechtes. Seit 1814 gehört M. zu Bayern. Erhebung zur St 1949.

Sehenswert St. Laurentius-Kirche und die aus rotem Buntsandstein erbaute drittälteste Brücke über den Main. – Alljährlich Laurenzi-Messe (August).

Marktoberdorf

☐ 95,27 qkm; ○ Ostallgäu; ⚐ Bayern; ✉ 87616; ☎ 08342; 🚗 OAL; △ 730 m; 👫 16000.

M. ist Erholungsort im Ostallgäuer Voralpengebiet. Die St liegt am Kreuzungspunkt der B 16 und B 472, hat Amtsgericht, Kreisverwaltung; Realschule, Gymnasium, landwirtschaftliche Kreisberufsschule; Schlepperfabrik, Gablonzer Schmuckwarenbetriebe, Metallwaren- und Textilindustrie; regen Fremdenverkehr.

M. ist aus einem fränkischen Königshof hervorgegangen, der 1299 in den Besitz des Bischofs von Augsburg überging. Der Ort war später Sitz eines bischöflichen Pflegeamtes. 1453 erhielt M. das Marktrecht. Das zwischen 1722 und 1729 neu erbaute Schloß (1424 erstmals erwähnt) war im 18. Jh. Sommerresidenz des Kurfürsten Clemens Wenzeslaus (Fürstbischof von Trier und Augsburg). 1803 kam der Mkt an Bayern. Das 1953 zur St erhobene M. erlebte nach dem 2. Weltkrieg einen industriellen Aufschwung (Ansiedlung von sudetendeutschen Betrieben). – Bemerkenswert die 1733 errichtete barocke Pfarrkirche St. Martin.

Marktredwitz

☐ 49,60 qkm; ○ Wunsiedel i. Fichtelgebirge; ⚐ Bayern; ✉ 95615; ☎ 09231; 🚗 WUN; △ 539 m; 👫 18700.

M., am Ostrand des Fichtelgebirges an der Kösseine und im Schnittpunkt der Bundesstraßen B 15 und B 303 gelegen, ist Eisenbahnknotenpunkt (D-Zug-Station) an den Fernverbindungen München–Berlin und Paris–Nürnberg–Prag. Die St hat Zollamt, Arbeitsamt (Außenstelle) u.a. Behörden; Kreis- und Stadtkrankenhaus; Gymnasium, Realschule, Berufsschule mit Berufsaufbauschule, Volkshochschule, Sonderschulen für lern-, körperlich- und geistig Behinderte mit Tagesstätte und Berufsschule; vielseitige Industrie (Herstellung von Porzellan, Schleifmitteln, Spezialbaustoffen, technischen Federn und technischer Keramik, Mikroelektronik, Elektromotoren; Weberei, Likörfabrikation, Maschinenbau, Entwicklung von Computersystemen, Gobelinmanufaktur; Milchwerke, Besamungsgenossenschaft u. a.).

Marktredwitz, als Pfarrdorf »Radewize« um 1140 erstmals urkundlich erwähnt, ist 1251 als befestigte Burganlage bezeugt. 1339 schenkte Kaiser Ludwig der Bayer den als Markt bezeichneten Ort an das Kloster Waldsassen; bereits ein Jahr später wird Redwitz weiterverkauft an Eger. 1384 mit Egerer Stadtrecht und weitgehenden Selbstverwaltungsrechten ausgestattet, blieb der Markt bis zum Jahr 1816 eine egerisch-habsburgische Enklave im Gebiet der Markgrafen von Brandenburg-Bayreuth. Im Tausch gegen Vils bei Reutte an der bayerisch-österreichischen Grenze kam Redwitz schließlich an das Königreich Bayern. 1907 wurde der Ort unter dem Namen Marktredwitz zur Stadt erhoben. Seit 1972 gehört die St als Große Kreisstadt, im Rahmen der Gebietsreform durch sieben umliegende Gemeinden erweitert, dem Landkreis Wunsiedel i. Fichtelgebirge an.

Sehenswürdigkeiten: Pfarrkirche St. Bartholomäus (15. Jh. bis 18. Jh.) mit Sakramentshäuschen von 1490; Altes Rathaus (14. Jh.); Alter Schloßturm (13. Jh.); Reste der Stadtmauer; Theresienkirche (1776/77) mit prächtigen Deckenfresken; Patrizierhaus des Fabrikanten Johann Caspar Fikentscher, in dem sich Goethe im August 1822 aufhielt (Gedenktafel) und das Egerlandkulturhaus mit Museum.

Marl

□ 87,37 qkm; ○ Recklinghausen; ⚐ Nordrhein-Westfalen; ✉ 45765*; ☎ 02365; 🚗 RE; △ 30–105 m; 👥 90 000.

M., an der Lippe im Dreieck Ruhrgebiet, Münsterland und Niederrhein gelegen, ist über die B 51, B 225 und über die Autobahnen A 2 Duisburg–Hannover (Ausfahrten Essen/Gladbeck und Herten) und A 43 Wuppertal–Münster (Ausfahrten M.-Sinsen und M.-Nord) zu erreichen. M. hat mehrere Bahnstationen an den Strecken Ruhrgebiet–Münster, drei Kanalhäfen am Wesel-Datteln-Kanal und einen Luftverkehrslandeplatz (Loemühle); Amtsgericht; Studienzentrum der Fernuniversität Hagen, Musikschule, Gesamtschule, Gymnasien, Realschule, Berufs- und Fachschulen (Fachseminar für Altenpflege, Krankenpflegeschule und Weiterbildungszentrum der Arbeiterwohlfahrt). M. ist Sitz eines Landeskrankenhauses für Jugendpsychiatrie (Marl-Sinsen). – Kulturelle Einrichtungen: Sinfonieorchester Philharmonia Hungarica; Skulpturen-Museum (Plastiken des 20. Jh.); Adolf-Grimme-Institut (Medieninstitut, das den A.-G.-Fernseh-Preis ausrichtet); Theater der St M. (Gastspiele); Schloßkonzerte Lembeck, Heimatmuseum.

Das wirtschaftliche Leben der St wird geprägt von einem Unternehmen der Großchemie (Hüls AG) und einem Bergbauunternehmen (Zeche Auguste Victoria).

M. wird erstmals um 890 genannt (»meronhlare«). Aus dem bescheidenen Heidedorf entwickelte sich seit Anfang des 20. Jh. ein schnell wachsender Industrieort, der nach der Eingliederung verschiedener Randgemeinden allmählich städtischen Charakter (1936 Erhebung zur St) annahm. Nach dem 2. Weltkrieg machte sich M. als Modellfall einer Industriestadt einen Namen (Rathaus, Luftkissendach über der Ladenstraße, Künstlicher See mit Freilicht-Museum im Stadtzentrum, neue Wohnformen in den Hügelhäusern, moderne Kirchen (u. a. von Bartning, Kleffner, Steffann, Schilling); Beispiele früher Gartenstadtsiedlungen (um 1910) in den Zechensiedlungen Hüls und Brassert; sehenswert ferner die aus dem 9. Jh. stammende Ludgeri-Kapelle in M.-Polsum.

Marl

Marne

□ 4,91 qkm; ○ Dithmarschen; ⚐ Schleswig-Holstein; ✉ 25709; ☎ 04851; 🚗 HEI; △ 2 m; 👥 6000.

M., wirtschaftlicher Mittelpunkt der Südermarsch 40 km westlich von Itzehoe, ist über die B 5 zu erreichen. Bahnstation (St. Michaelisdonn) an der Strecke Hamburg–Westerland. Die St hat Gemeinschaftsschule mit Sonderschule, Realschule, Gymnasium; Fisch- (Krabben, Seewasserfische) und Gemüsekonservenindustrie, Gemüsesaatzuchtgenossenschaft.

M., erstmals 1140 urkundlich bezeugt, erhielt 1891 das Stadtrecht. – Sehenswerter Marktplatz mit Rathaus und Kirche; Stadtpark.

Marsberg

□ 182 qkm; ○ Hochsauerlandkreis; ⚐ Nordrhein-Westfalen; ✉ 34431; ☎ 02992; 🚗 HSK; △ 206–595 m; 👥 20 700.

M., am westlichen Rand der Briloner Höhen beiderseits der Diemel gelegen, ist 1975 durch Zusammenschluß der beiden Städte Nieder- und Obermarsberg sowie 15 bis dahin selbständigen Gemeinden entstanden. Die St ist über die B 7 und die A 44 Kassel–Unna (Ausfahrt Marsberg-Meerhof) zu erreichen. Bahnstation an der Strecke Hagen–Kassel.

M. hat Amtsgericht; Realschule, Gymnasium, Volkshochschule, Sonderschule für Lernbehinderte; Fachkrankenhäuser für Psychiatrie;

Glas- und Textilindustrie, Armaturenfabrik, Metallgießereien, Schlauchwebereien, Sägewerke.

M. (ursprüngliche Ortsbezeichnung Horhusen und Stadtberge) wird erstmals im 8. Jh. urkundlich erwähnt; 900 erhielt es Markt-, Münz- und Zollrecht, 972 das Dortmunder Stadtrecht. M. wirtschaftliche Entwicklung wurde durch die Lage an der Kreuzung bedeutender Heer- und Handelsstraßen begünstigt. Seit Mitte des 12. Jh. Abbau von Blei-, Kupfer- und Zinnerz (Einstellung nach dem 2. Weltkrieg).

Sehenswert die Petrikirche (13. Jh.) auf dem Obermarsberg.

Maulbronn

□ 25,44 qkm; ○ Enzkreis; ⚐ Baden-Württemberg; ✉ 75433; ☎ 07043; 🚗 PF; △ 253 m; 👫 6000.

M., 18 km nordöstlich von Pforzheim am Westrand des Strombergs gelegen, ist über die B 35 zu erreichen. Die St hat Anschluß an die Autobahn A 8 Karlsruhe–Stuttgart (Ausfahrt Pforzheim-Ost); Forstamt, Amtsgericht; Grund- und Hauptschule, Progymnasium, ev.-theol. Seminar; Leichtgußwerke, Präzisionswerkzeuge-, Elektrogeräte- und Autozubehörbau, Natursteinwerke u.a. M. ist Bundeswehrstandort (Vorratslager).

M. wird erstmals 1147 anläßlich des Baubeginns der fast unverändert und in gutem Zustand erhaltenen ehemaligen Klosteranlage (Zisterzienserabtei) urkundlich erwähnt. Die dreischiffige romanische Pfeilerbasilika (12.–14. Jh.) mit Vorhalle, das Laienrefektorium (um 1210) und das Herrenrefektorium (um 1220) gehören zu den älteren Bauten; der gotische Kreuzgang mit Brunnenhaus (um 1350), der Kapitelsaal (14. Jh.) und die Klausurgebäude (13. bis 16. Jh.) sind jüngeren Datums. 1504 wurde das Kloster aufgehoben und Württemberg unterstellt; seit 1557 ist in der Abtei eine evangelische Klosterschule (heute Seminar) untergebracht, an der bedeutende Dichter und Gelehrte studierten (Kepler, Hölderlin, Hesse u.a.). Im 19. Jh. entstand neben dem Kloster eine Siedlung, der 1886 das Stadtrecht verliehen wurde.

Alle zwei Jahre im Wechsel ma. Klosterfest und mittelalterlicher Markt (Juni); M. Klosterkonzerte (Mai bis Oktober) und Freilichtaufführungen im Klosterhof (Sommerferien).

Maxhütte-Haidhof

□ 34,70 qkm; ○ Schwandorf i. Bayern; ⚐ Bayern; ✉ 93142; ☎ 09471; 🚗 SAD; △ 415 m; 👫 9000.

M.-H. liegt im Vorland des Bayerischen Waldes 25 km nördlich von Regensburg an der B 15 und Autobahn A 93 Regensburg–Weiden/Oberpfalz (Ausfahrten Ponholzund Teublitz). Die St hat Haupt- und Grundschule, Sonderschule für Lernbehinderte; Eisenindustrie; Schamotte- und Tonwerke.

Nach der Gründung der Eisenwerkgesellschaft Maximilianhütte (1853) in der Nähe des Dorfes Ibenthann (seit 1938 in Maxhütte umbenannt) entwickelte sich der Ort zur Industriegemeinde. Der Abbau von Braunkohle wurde inzwischen zugunsten der Förderung von Ton und seiner Verarbeitung zu Kanalisationsmaterial aufgegeben. 1953 erhielt Maxhütte das Stadtrecht; 1956 Umbenennung in M.-H. Im Zuge der Gebietsreform wurden M.-H. 1972 die ehem. Gemeinden Leonberg und Pirkensee sowie 1978 die Ortschaft Ponholz eingegliedert.

Mayen

□ 58,11 qkm; ○ Mayen-Koblenz; ⚐ Rheinland-Pfalz; ✉ 56727; ☎ 02651; 🚗 MYK; △ 238–527 m; 👫 18400.

M., 30 km westlich von Koblenz in der Süd-Ost-Eifel im Rhein-Mosel-Dreieck gelegen, ist über die B 256 und B 258 zu erreichen. Anschluß an die Autobahn A 48 Koblenz–Trier (Ausfahrt M.) und an die Autobahn A 61 Köln–Ludwigshafen (Ausfahrt Mendig/M.). M. ist Bundeswehrstandort und Sitz eines Amtsgerichtes mit zentralem Mahngericht in Rheinland-Pfalz. Die St. hat Realschule, Gymnasium, Fachoberschule (Sozialpflege, Sozialpädagogik), Fachhochschule für Verwaltung des Landes Rheinland-Pfalz, Berufs- und Handelsschule, gewerbliche Berufsaufbauschule, Dachdeckerfachschule, Imkerschule, Landwirtschaftsschule, Krankenpflegeschule, hauswirtschaftlich-, sozialpflegerische Berufsfachschule, Sonderschulen für lern- und geistig behinderte Kinder; Kreiskrankenhaus. Vor dem Kriege dominierte die Basalt- und Schieferindustrie; inzwischen wurden weitere bedeutende Zweige der Gebrauchsgüterindustrie angesiedelt: papier- und aluminiumverarbeitende Industrie, Maschinen- und Hygieneartikelfertigung.

M. ist seit römischer Zeit wichtiger Knotenpunkt und Handelsplatz für ein weites Umland. »Megina« wird erstmals Anfang des 9. Jahrhunderts urkundlich genannt. Rudolf von Habsburg verlieh M. 1291 die Stadtrechte. Die Stadtbefestigung, von der Teile erhalten sind, wurde 1354 vollendet. 1689 zerstörten französische Truppen die St., Ende des 2. Weltkrieges wurde M. zu 87% zerstört.

Von zahlreichen bedeutenden historischen Baudenkmälern sind erhalten bzw. wieder aufgebaut: St. Clemens Kirche (12. Jh.) mit schiefem Turm; Genovevaburg (13./14. Jh.) mit Eifeler Landschaftsmuseum; Altes Rathaus von 1717; Stadttore und Teile der Stadtmauer. Sehenswert ferner das in der Nähe (4 km) gelegene Schloß Bürresheim (ma. Wehrburg aus dem 12. Jh. und barockes Wohnschloß des 17. Jh.).

Mechernich

□ 136,34 qkm; ○ Euskirchen; ⚐ Nordrhein-Westfalen; ✉ 53894; ☎ 02443; 🚗 EU; △ 190–525 m; 👥 23500.

M., 50 km südwestlich von Bonn am Rande des Naturparks Nordeifel gelegen, ist über die B 266, B 477 und Autobahn A 1 Köln–Eifel–Trier (Ausfahrt M.) zu erreichen. Bahnstation an der Strecke Köln–Trier. Die St (seit 1975) ist Bundeswehrstandort, hat Gymnasium, Musikschule, Volkshochschule, Sonderschule für Lernbehinderte; Maschinenbau, Transformatorenwerk, Blechwarenfabrikation, Steinzeugfabrik; Landwirtschaft. Der Ortsteil Kommern ist Luftkurort.

Um 1308 wird »Megchernich« erstmals urkundlich erwähnt. Der bereits im MA betriebene Bleierzabbau hatte seine Blütezeit zwischen 1850 und 1950. – Sehenswert die zweischiffige spätgot. Johanniskirche (Anfang 16. Jh.) mit romanischem Turm (11. Jh.), Fachwerkhäuser aus dem 17.–19. Jh., das Rheinische Freilichtmuseum und der Hochwildschutzpark „Rheinland" beim Ortsteil Kommern, die Kakushöhle bei Eiserfey, der römische Aquädukt Vussem und die Burgen Satzvey (15. Jh.), Veynau, Wasserburg Eicks (um 1680–85), Zievel (15. Jh.), Antweiler (14.–18. Jh.) u.a. – Alljährlich Ritterspiele auf Burg Satzvey.

Meckenbeuren

□ 31,90 qkm; ○ Bodenseekreis; ⚐ Baden-Württemberg; ✉ 88074; ☎ 07542; 🚗 FN; △ 416 m; 👥 10900.

M., 12 km nordöstlich von Friedrichshafen an der Schussen im oberschwäbischen Obst- und Hopfenanbaugebiet gelegen, ist über die B 30 zu erreichen.

M. hat Grund- und Hauptschule; kleinere Industrie- und Gewerbebetriebe. Die Gm ist Wohngemeinde für zahlreiche Auspendler nach Friedrichshafen.

Meckenheim (Rheinland)

□ 34,82 qkm; ○ Rhein-Sieg-Kreis; ⚐ Nordrhein-Westfalen; ✉ 53340; ☎ 02225; 🚗 SU; △ 169 m; 👥 23000.

M., 15 km südlich von Bonn am Südrand des Naturparks Kottenforst gelegen, ist über die B 257, die A 61 Koblenz–Köln (Ausfahrt Autobahnkreuz M.) und die A 565 (Ausfahrten M.-Nord und M.-Merl) zu erreichen. Die St hat Gymnasium, DRK-Bundesschule, Volksbildungswerk; Baumschulen und Edelobstplantagen.

M., erstmals 854 urkundlich erwähnt, erhielt 1636 die Stadtrechte (1815 verloren, 1929 neu verliehen). Die 1945 zu 75% zerstörte St wurde nach dem Kriege rasch wieder aufgebaut. M. ist nach dem Landesentwicklungsplan als Mittelpunktgemeinde mit maximal 25000 EW vorgesehen. – M. ist Geburtsort des niederrhein. Kupferstechers und Goldschmieds Israel von Meckenem (1440–1503).

Medebach

□ 126,05 qkm; ○ Hochsauerlandkreis; ⚐ Nordrhein-Westfalen; ✉ 59964; ☎ 02982; 🚗 HSK; △ 410 m; 👥 7300.

M., aufstrebender Luftkurort im Hochsauerland, hat Amtsgericht, Grundschulen, Hauptschule, Progymnasium; Strumpffabrikation und Maschinenfabrik für hydraulische Hebemaschinen; regen Fremdenverkehr.

M., erstmals 1144 urkundlich erwähnt, erhielt 1289 die Stadtrechte (Münzrecht 1293, Gerichtsbarkeit 1312). M. war Mitglied der Hanse (Fernhandelsverkehr mit Rußland und Dänemark). 1179, 1636 und 1844 wurde die St durch Brände völlig zerstört. Erhalten blieb die romanische Kirche aus dem 12. Jh.

Meerane

□ 20 qkm; ○ Glauchau; ⚐ Freistaat Sachsen; ✉ 08393; ☎ 03764; 🚗 GC; △ 223–303 m; 👥 20400.

M. ist zu erreichen auf der A 4 / E 40 und auf der B 93; der Bahnhof M. liegt an der Strecke Glauchau–Schmölln–Gera. Die nächsten Flughäfen sind Leipzig/Halle (ca. 50 km) und Dresden (ca. 100 km).

Bildungseinrichtungen: Grundschulen, Mittelschulen, Gymnasium, berufliches Gymnasium, Förderschule für Behinderte; ferner verschiedene Möglichkeiten der Umschulung und Weiterbildung.

Wirtschaftliches: Tief- und Straßenbau sowie mehrere Unternehmen der Bauwirtschaft; Herstellung von Dampferzeugungssystemen, Heizungs-, Lüftungs- und Rohrleitungsbau; Produktion von Zulieferteilen für die Automobilindustrie; Maschinenbau, Herstellung von Feinmeß- und Präzisionsmeßgeräten; Weberei, Spinnerei, Strickerei, textile Veredelung, Konfektionsfertigung; Nahrungsmittelindustrie.

Geschichtliches: Das westsächsische M. zeichnet sich durch seine günstige Lage zum Erzgebirge, dem Vogtland und dem Thüringer Wald aus. Die Gründung der St wird für die 2. Hälfte des 12. Jh. angenommen; ein böhmischer Chronist vermerkte, König Wladislaw II. sei im Januar 1174 in „Meer" verstorben. Ausgangsbasis für das Herausbilden der ma. St war eine feudale Burganlage mit Handwerker- und Kaufmannssiedlung auf dem Plateau der heutigen St-Kirche; das Gemeinwesen war völlig ummauert. 1361 wurde M. zusammen mit fünf Dörfern und einem Vorwerk den in Glauchau ansässigen Schönburgern als böhmisches Lehen übereignet. Ein Rathaus wurde erstmal 1420 erwähnt, ging aber vermutlich bei einem großen St-Brand mit vielen anderen Gebäuden in Flammen auf. 150 Jahre mußte M. ohne Rathaus auskommen, bis ein neues aus Steinen der abgebrochenen alten St-Mauer 1570–72 erbaut werden konnte. Von dem größten St-Brand (24. 5. 1724) blieben nur die Kirche und 16 Häuser verschont. Das Rathaus erbaute man zum 3. Mal (1727), nunmehr in seiner heutigen Form. Vom 16. Jh. an wurde die mauerumschlossene St-Anlage zu klein, es entstanden Vorstädte am „Hohen Anger", am Pfarrberg, am Fuße des Rotenberges und längs des „Niederen Angers".

Das ma. Leben in der Ackerbürger-St war einerseits vom Handwerk geprägt, zum andern wurden, bedingt in der engen Nachbarschaft mit den umliegenden Dörfern, auch Nahrungsgüter produziert. Als bedeutendster Berufszweig hob sich im 16. Jh. die Handweberei heraus, darin speziell der Stand der Leineweber. 1616 existierten 15 von ihnen, 1820 gab es bereits 396 Webmeister. Zu Beginn des 19. Jh. erfuhr M. durch das Herstellen riesiger Mengen textiler Flächengewirke einen großen ökonomischen Aufschwung. Die Erweiterung der St und der Ausbau ihrer Infrastruktur ging mit der Etablierung der Industrie einher. M. gedieht nach Plauen zur zweitreichsten St in Sachsen. Nacheinander wurden die Eisenbahnlinie, das Gas- und Elektrizitätswerk sowie (1903) das im Barockstil gehaltene Postamt in Betrieb genommen. Während des 2. Weltkrieges blieb M. von Zerstörungen weitgehend verschont. Am 1. 7. 1945 zog die Rote Armee in M. ein. Mit Entwicklung der zentralistischen Planwirtschaft in der DDR kam es, trotz großer Bautätigkeit westl. und östl. der St, zu einem allgemeinen Verfall der Innenstadt und der gesamten Infrastruktur. Heute ist die Wirtschaftspolitik der St auf Branchenvielfalt gerichtet.

Sehenswürdigkeiten: Gondelteich mit gleichnamiger Gaststätte; Gasthof „Schwanefeld", der um 1830 „Zu den 3 Schwanen" hieß, war eine Pferdewechselstelle der Eilpostlinie Leipzig–Hof–Nürnberg; Galerie „ART-IN"; Wilhelm-Wunderlich-Park; schöne Fachwerkhäuser in den Ortsteilen Seiferitz und Waldsachsen; Heimatmuseum.

Sportstätten: Stadion; Spring- und Reitturnierplatz; Tennisanlage, Bodybuilding-Center; Ringerhalle, Mehrzweck-Sporthalle, Feldhokkeyplatz, mehrere Fußballplätze.

Wiederkehrende Ereignisse: M.er Kulturtage (April); Pfingst-Volksfest; Parkfest (August); Straßenfest der M.er Vereine (3. 10); Karnevalsauftakt in Rathaus und Park (11. 11.); traditioneller Weihnachtsmarkt.

Meerbusch

□ 64,46 qkm; ○ Neuss; ⚐ Nordrhein-Westfalen; ✉ 40668*; ☎ 021 05 (Meerbusch-Büderich); 021 50 (M.-Lank); 021 59 (M.-Osterath); 🚗 NE; △ 32–40 m; 👫 51 300.

M. ist 1970 durch Zusammenschluß der Gemeinden Büderich und Osterath und des Amtes Lank mit den Gemeinden Ilverich, Lank-Latum, Langst-Kierst, Nierst, Ossum-Bösinghoven und Strümp entstanden. Die St liegt 8 km westlich von Düsseldorf auf linksrheinischem Gebiet an der B 9 und B 222 sowie an den Autobahnen A 57 Krefeld–Neuss–Köln–Koblenz (Ausfahrten M. und Autobahnkreuz Kaarst) und A 44 Mönchengladbach–Düsseldorf (Ausfahrten AB-Kreuz Strümp und M.-Strümp); Bahnstation (M.-Osterath) an der Strecke Köln–Kleve; Flughafen Düsseldorf-Lohausen (7 km). M. hat Realschulen, Gymnasien, Musikschule, Volkshochschule, Sonderschulen für lernbehinderte und geistig behinderte Kinder; vielseitige Industrie (Stahlerzeugung, Be- und Verarbeitung von Eisen und Stahl, Maschinen- und Apparatebau, Herstellung von Industrieöfen und Getrieben, Celluloid- und Kunststoffverarbeitung, Bürochemie, Lüftungstechnik, Produktion von Fliesen, Drahtseilen, Leuchten, elektrotechnischen Schaltgeräten und Anlagen, Rolladen, Diamantwerkzeugen; Kalksandstein-, Kies- und Betonwerke); Landwirtschaft und Gartenbau.

Sehenswert die Schlösser Desch und Dyckhoff sowie der alte Kirchturm mit Beuys-Tor in M.-Büderich. Alljährlich Heimat- und Schützenfest in M.-Büderich (Pfingsten).

Meersburg a. Bodensee

□ 12,03 qkm; ○ Bodenseekreis; ⚐ Baden-Württemberg; ✉ 88709; ☎ 07532; 🚗 FN; △ 450–500 m; 👥 5000.

M. liegt an der B 31 oberhalb eines Steilhanges und auf einem schmalen Uferstreifen am nordwestlichen Bodensee. Die St hat Hafen; Sanatorium, Klinik für Biologische Heilweisen; Grund- und Hauptschule, Aufbaugymnasium (mit Internat); Fabrik für elektrische Schaltgeräte; Weinbau. M. ist Erholungsort mit lebhaftem Fremdenvekehr.

Das Fischerdorf »Merdesbusch«, erstmals 988 urkundlich erwähnt, war seit 1210 im Besitz des Hochstiftes Konstanz. 1233 erhielt der Ort das Marktrecht und 1299 Ulmer Stadtrecht. Die zwischen den Konstanzer Bischöfen und den Stadtbürgern seit dem 14. Jh. entbrannten Kämpfe endeten 1461 mit der endgültigen Niederlage der Bürgerschaft (Verlust des Versammlungs- und Wahlrechtes). Von 1562 bis 1802 war M. Bischofsresidenz. 1802/03 kam die St an Baden.

Sehenswürdigkeiten: Altes (17. Jh.) und Neues Schloß (1712–44) mit Fürstenhäuschen (Annette von Droste-Museum); Dornier-Museum (Flugzeugbau); Bibel-Galerie; Deutsches Zeitungsmuseum; Zeppelin-Museum; Stadtmuseum; Weinbau-Museum; schönes Stadtbild mit alten Giebel- und Fachwerkhäusern. – 9 km nordwestlich von M. liegt die Wallfahrtskirche Birnau (1747 bis 49 von P. Thumb erbaut).

Meinerzhagen

□ 115,17 qkm; ○ Märkischer Kreis; ⚐ Nordrhein-Westfalen; ✉ 58540; ☎ 02354; 02358 (Valbert); 🚗 MK; △ 319–663 m; 👥 20000.

M. liegt 40 km nordwestlich von Siegen an der Volme im westlichen Ebbegebirge. Zufahrt über die B 54 und Autobahn A 45 Dortmund–Gießen (Ausfahrt M.). Bahnstation an der Strecke Hagen–Lüdenscheid–M. Die St M. hat Amtsgericht; Gymnasium, Realschule, Ev. Landesschule (Internatsgymnasium), Musikschule, Volkshochschule, Sonderschule für Lernbehinderte; metallverarbeitende und Elektroindustrie, Kunststoffmaschinenbau und -verarbeitung, Steinindustrie, Gesenkschmieden; Landwirtschaft; Fremdenverkehr.

M., erstmals 1067 urkundlich erwähnt, erhielt 1765 die Stadtrechte (1850 verloren, 1964 wieder zuerkannt). – Bemerkenswert die ev. Kirche (13. Jh.), das Wasserschloß Badinghagen und die Volmequelle. In der näheren Umgebung von M. befinden sich 6 Talsperren.

Meiningen

□ 41,4 qkm; ○ Meiningen; ⚐ Thüringen; ✉ 98617; ☎ 03693; 🚗 MGN; △ 286 m; 👥 27000.

M. ist zu erreichen auf der A 4 / E 40, Ausfahrt Eisenach-Ost (über Schmalkalden 57 km) oder Ausfahrt Gotha (über Suhl 69 km); auf der A 7 /E 45, Ausfahrt Fulda-Süd/Eichenzell (ca. 75 km) oder Ausfahrt Bad Brückenau (70 km); ferner auf den B 19, B 89 und B 280; Eisenbahnverbindungen nach Wasungen–Eisenach und Suhl–Erfurt–Naumburg–Leipzig sowie Erfurt–Jena–Gera– Chemnitz–Freiberg–Dresden. Der nächste Flughafen ist Erfurt (80 km).

Bildungseinrichtungen: Gymnasien, Berufsschulen, Förderschulen; Fortbildungsinstitut der Landespolizei Thüringen.

Wirtschaftliches: Siemens AG; Backofenbau Wenz. Reichsbahnausbesserungswerk (Raw), einziges deutsches Ausbesserungswerk für Dampflokomotiven.

Historisches: M. wurde 892 erstmals urkundlich erwähnt. Baufunden zufolge entstand um das Jahr 1000 das erste steinerne Kirchengebäude auf dem Boden der heutigen St-Kirche. Eine 1230 ausgefertigte Urkunde bezeichnet M. als St; um 1550 führte die Herausbildung eines gut funktionierenden sogenannten „Verlegersystems“ (dezentralisierte Güterproduktion und organisiertes Absatzsystem) in der Woll-, Leinen- und Barchentweberei zu verstärktem Handel. 1880 wurde M. Residenz eines eigenen Herzogtums. Unter Dessau-Wörlitzer Einfluß richtete man 1782 den Englischen Garten ein, er ist eine der frühesten Anlagen dieses Stils. Das Hoftheater zu M.

wurde 1831 eröffnet. Ein Großbrand vernichtete 1874 wesentliche Teile der Altstadt. Die Reisezeit des M.er Theaterensembles 1874–1890 durch Europa diente dem Ziel, die Reform der Schauspielkunst zu verbreiten. Das erste M.er Theatergebäude brannte 1808 ab. Nach nur gut einjähriger Bauzeit wurde das Neue Theater eröffnet.

1920 wurde M. dem Lande Thüringen angegliedert.

Sehenswürdigkeiten und Kulturstätten: das M.er Theater; Schloß Elisabethenburg mit Museen, Konzertsaal und Musikschule; Baumbachhaus mit Literaturmuseum; St- und Kreisbibliothek; protestant. St-Kirche „Unserer lieben Frauen“; kath. Kirche (1967–72 erweitert und rekonstruiert); diverse Fachwerkhäuser im hennebergisch-fränkischen Stil; Büsten berühmter Künstler, die in M. gewirkt haben; zahlreiche kunstvolle Brunnen; Englischer Garten mit Gruftkapelle und schönen Sichtachsen; Parkfriedhof, Schloßpark und Herrenberg; Waldpark Landsberg, Waldpark Donopskuppe.

Wiederkehrende Ereignisse: M.er Gewerbeausstellung; Theaterball; Töpfermarktfest; Gilde der Marktschreier (zu Pfingsten); Sebastiansmarkt, Kapitelmarkt, Kirchweihmarkt, Spielzeugmarkt, Krippenmarkt und Weihnachtsmarkt.

Meißen

□ 24 qkm; ○ Meißen; ⚐ Freistaat Sachsen; ✉ 01662; ☎ 03521; 🚗 MEI; △ 110 m; 👫 35000.

M. ist zu erreichen über das Autobahndreieck Nossen, wo die A 4 / E 40, die A 14 und A 13 / E 55 aufeinandertreffen (20 km); in der St kreuzen sich die B 6 und B 101; M. ist Bahnstation der Strecke Dresden–Döbeln–Leipzig und Endbahnhof einer von Dresden kommenden S-Bahnlinie. Der nächste Flughafen ist Dresden (25 km).

Bildungseinrichtungen: Realschulen, Gymnasium; Ingenieurschule, Musikschule, Volkshochschulen; Fachhochschule für Sächs. Verwaltung.

Wirtschaftliches: Staatliche Porzellanmanufaktur; Keramische Werke für Wandfliesen und Ofenkacheln; Granitabbau und -veredelung, Straßen-, Tiefbau- und Instandhaltungsbetriebe; Kabelwerk; Herstellung von Kfz-Zubehörteilen; Ventilatorenbau; Fertigung von Sondermaschinen; Produktion von Blechverpakkungen; Schuhfabrik; Transportunternehmen.

Geschichtliches: Nach der gelungenen Einigung des Dt. Reiches um 929 ließ König Heinrich I. einen nahe der Elbe gelegenen Berg roden und darauf eine Befestigung gründen, die er nach dem an der Nordseite vorbeifließenden Bach „Misni“ nannte. Das Grenzkastell schützte vor feindlichen Einfällen, diente aber 932 auch als Sammelplatz für Heinrichs Kriegszug gegen die Lausitzer Sorben. Unterhalb der Burg entstand ein Rast- und Handelsplatz, der bereits um das Jahr 1000 Marktrecht genoß. Die Siedlung wuchs schnell zur St heran. Schon im 10. Jh. zählte M. neben Hamburg, Magdeburg und Prag zu den bedeutendsten Handelszentren an Elbe und Moldau. Früheste Zeugnisse romanischer Baukunst erhielten sich mit der Nikolaikapelle (um 1150), der Martinskapelle (um 1200) und in den Ruinen des Klosters zum Heiligen Kreuz (um 1217–40). Ebenso zeugen die 1228 erbaute Schloßbrücke und Teile des M.er Domes von der die St prägenden Baukunst des frühen MA. Im 13. Jh. erhielt M. erste Selbstverwaltungsrechte, es wuchs und erstarkte mit blühendem Handel und florierendem Handwerk. Im 15. und 16. Jh. setzten die Bürger mit der Errichtung des markanten Rathauses, der spätgot. Frauenkirche, einem neuen Gewandhaus und einer neuen Elbbrücke Zeichen ihrer Selbständigkeit. Die Wettiner, die seit 1089 die Mark M. und später Sachsen regierten, waren zu einem der mächtigsten dt. Fürstengeschlechter geworden. Es erlangte 1423 die Kurwürde über Sachsen und ließ sich vom Landesbaumeister Arnold von Westfalen anstelle der rom. Burg die Albrechtsburg als Wohnschloß und Regierungssitz bauen.

Die durch Handwerk und Handel zu Wohlstand gekommenen EW, namentlich die Tuch-

Meißen, Dom

macher, bauten sich reichverzierte Bürgerhäuser in den Baustilen der Gotik und Renaissance. Besonders um den heutigen Mkt-Platz, den Siedler nach 1150 als den „großen Markt" abgesteckt hatten, entstand das architektonisch reizvolle ma. St-Zentrum. Eine erste urkundliche Erwähnung des M.er Weinanbaues stammt aus dem Jahre 1161. Noch während man auf dem Burgberg an der Albrechtsburg weiterbaute, verlor M. nach der Leipziger Landesteilung von 1485 und durch die Abwesenheit Herzog Albrechts, der in Friesland als Erbstatthalter Dienste leistete, den politischen Einfluß. Sein Sohn, Georg der Bärtige, verlegte die Residenz nach Dresden. Auch Bischöfe und Domkapitel bezogen bis zur Auflösung des Bistums durch die Reformation (ab 1539) anderen Ortes ihren Sitz. Nach der Zerstörung der St im 30jährigen Krieg (1637) ging auch die wirtschaftl. Bedeutung von M. zurück, bis 1710 auf der Albrechtsburg die erste europäische Porzellanmanufaktur gegründet wurde und der zum Weltbegriff gewordene Markenname „Meissner Porzellan" aufkam. Ab 1834 wurden erste Industriebetriebe eröffnet, seit 1860 ist die St Bahnstation an der Strecke Leipzig–Dresden. In der 2. Hälfte des 19. Jh. erweiterte man die St unter Einbezug von Dörfern auf der rechten Elbseite und deren Markungen.

Sehenswürdigkeiten und Kulturelles: Albrechtsburg (1471–1520), frühester dt. Schloßbau; Dom (1260 bis gegen 1470, Türme 1904–08 ergänzt), ehem. Bischofsschloß (nach 1476 errichtet), jetzt Gerichtsgebäude; Schloßbrücke (1227/28), eine der ältesten dt. Steinbrücken; historische Altstadt mit dem Rathaus (nach 1472) und der Frauenkirche (15./16. Jh.), die das 1. Porzellan-Glockenspiel der Welt besitzt (von 1929); Afra-Kirche (13.–15. Jh.); ehemalige Franziskanerkirche (14./15. Jh.); historische Bürgerhäuser „Marktapotheke" und „Altes Brauhaus"; Tuchmachertor; Heinrichsbrunnen und „Vincenz Richter"; auf der „Freiheit" ehem. Freihöfe der Kleriker und des Adels (15.–17. Jh.), darunter „Burglehen" und „Jahnaischer Hof". Weiter bemerkenswert und empfehlenswert: historische Weinschänken, Besichtigung der Porzellanmanufaktur und des Porzellanmuseums sowie eine Fahrt mit einem Fahrgastschiff auf der Elbe durch eines der nördlichsten geschlossenen Weinbaugebiete Europas.

Wiederkehrende Ereignisse: M.er Hallenturnfest (Februar); Ludwig-Richter-Festspiele (Pfingsten); St- und Weinfest (September); Internat. Speedway-Rennen (Oktober); Gewichtheber-Weltcup.

Meldorf

□ 17,83 qkm; ○ Dithmarschen; ⚐ Schleswig-Holstein; ✉ 25704; ☎ 04832; 🚗 HEI; △ 6 m; 👫 7200.

M., in Dithmarschen zwischen Marsch und Geest 2,5 km von der Nordseeküste entfernt gelegen, ist über die B 5 und B 431 zu erreichen. Bahnstation an der Strecke Hamburg–Westerland. M. hat Amtsgericht; Realschule, Gymnasium, Sonderschulen für lern- und geistig behinderte Kinder, Berufsschule, Handelsschule, Technikerschule für Elektrotechnik (Elektronik und Meisterschule für Elektriker); mehrere Industriebetriebe (Gemüse- und Konservenfabrik, Fenster- und Türenfabrik, Papierindustrie, Offset-Druckerei); Sportboothafen. In den Sommermonaten lebhafter Fremdenverkehr.

M., erstmal um 820 urkundlich erwähnt, erhielt vor 1265 Stadtrecht. Die St war bis Mitte des 15. Jh. Hauptort Dithmarschens. 1540 wurde die M. Lateinschule gegründet. Der eindrucksvolle Dom (13. Jh.; äußerer Baukörper neugotisch von 1869–82), eine frühgotische Backsteinbasilika, besitzt eine bemerkenswerte Ausstatttung (Chorgitter und Kanzel Anfang 17. Jh., Bronzetaufe um 1300, Passionsaltar um 1520 u. a.). Sehenswert ferner das Dithmarscher Landesmuseum und das Landwirtschaftsmuseum mit Dithmarscher Bauernhaus.

Melle (Wiehengebirge)

□ 254,03 qkm; ○ Osnabrück; ⚐ Niedersachsen; ✉ 49324*; ☎ 05422; 🚗 OS; △ 79–220 m; 👫 40500.

M. liegt 23 km südöstlich von Osnabrück zwischen Teutoburger Wald und Wiehengebirge an der Else. Zufahrt über die Autobahn A 30 Bad Oeynhausen–Osnabrück (Ausfahrten M.-Altenmelle und M.-Drant). Bahnstation an der Strecke Osnabrück–Löhne–Hannover. M. hat Arbeitsamt (Nebenstelle); Realschulen, Orientierungsstufen, Gymnasium, Sonderschule für Lernbehinderte, Berufsbildende Schulen, Berufsfachschulen für Wirtschaft, Technik, ländliche Hauswirtschaft, Kinderpflege; Höhere Handelsschule, Fachschule für Sozialpädagogik, Fachschule für Altenpflege; chemische Industrie, Holzverarbeitung, Maschinenbau, Nahrungsmittel- und Bekleidungsindustrie, Herstellung von Zierfischfutter; intensive Land- und Forstwirtschaft. Die St ist Heilbad (Solquellen) seit 1943. Heilanzeigen bei Rheuma,

Erkrankungen im Kindesalter, Degenerative Erkrankungen, Behandlungen der Bereiche: Orthopädie, Chirurgie, Neurologie und Innere Medizin, Funktionelle Kreislaufstörungen, Hautkrankheiten, Frauenleiden.

M. entstand um 800 an einem alten vorchristlichen Versammlungsplatz und Gerichtsort. Erste urkundliche Erwähnung 1169. Kern der Siedlung war eine quadratische Kirchenburg, um die sich ein befestigter Markt entwikkelte. 1443 erhielt der Ort die Rechte eines Wigbolds (Halbstadt); die vollen Stadtrechte wurden M. 1853 verliehen. M. stand bis 1803 unter der Herrschaft des Stiftes Osnabrück, kam danach mit Unterbrechungen an Hannover und 1866 an Preußen. Die erste Solquelle wurde 1877 erbohrt. 1972 schlossen sich alle Gemeinden des aufgelösten Landkreises Melle zur neuen St Melle zusammen. – Sehenswert: Matthäuskirche (13. Jh.); historische Fachwerkhäuser mit Museum am Grönenberg in M.-Mitte; Marienkirche (13. Jh.) in M.-Oldendorf; Schloß Gesmold (16./17. Jh.); Schloß Ostenwalde (17./18. Jh.); Wasserburg Sondermühlen; Kirchenburg und Gerichtslinde in M.-Buer. – In allen Stadtteilen Schützen-, Volkstums- und Brauchtumsfeste.

Mellrichstadt

□ 55,78 qkm; ○ Rhön-Grabfeld; ⚐ Bayern; ✉ 97638; ☎ 09776; 🚗 NES; △ 272 m; 👫 6400.

M. liegt am Rande der östlichen Rhön im Streutal in Unterfranken. Zufahrt über die B 19 und B 285. Bahnstation an der Strecke Schweinfurt-M. Die St hat Amtsgericht; Realschule, Gymnasium, Berufsschule; Kreiskrankenhaus; Bundeswehrgarnison; mittlere Industrie- und Gewerbebetriebe (Herstellung von Kugellagern, Fahrradteilen, Fahrradglocken, Sportwaffen, Kunststoffartikeln, Transportgerätebau, Malzfabrik) und Landwirtschaft; Fremdenverkehr.

M., 741 erstmals urkundlich genannt, erhielt Anfang des 13. Jh. das Stadtrecht. 1496 und 1631 wurde die St durch Brände fast völlig zerstört. Bis ins 20. Jh. blieb M. ein kleines Landstädtchen mit überwiegend bäuerlich-handwerklicher Bevölkerung. Nach dem Bahnanschluß erfolgte eine wirtschaftliche Umstrukturierung, die zwischen 1945 und 1990 durch den Verlust der Hauptabsatzgebiete in Thüringen unterbrochen wurde – Bemerkenswert die Stadtpfarrkirche (Ende 13. Jh.) mit steinernem Sakramentshäuschen aus dem 15. Jh., die schönen Fachwerkhäuser am Marktplatz, das Schloß (1512/1712) der Würzburger Bischöfe, Reste der Stadtbefestigung (Bürgerturm, Torbogen, Stadtmauer) aus dem 14. Jh. und Wasserschloß im Stadtteil Roßrieth.

Melsungen

□ 63,10 qkm; ○ Schwalm-Eder-Kreis; ⚐ Hessen; ✉ 34212; ☎ 05661; 🚗 HR; △ 165 bis 414 m; 👫 14200.

M., Luftkurort 25 km südlich von Kassel an der Fulda im Hessischen Mittelgebirge, ist über die B 83 und die A 7 Würzburg–Kassel (Ausfahrt M.) zu erreichen. Bahnstation an der Bundesbahnstrecke Bebra–Kassel. Die St hat Amtsgericht; Realschule, Gymnasium, Berufsfachschule, Kreisberufsschule, Sonderschule für Lernbehinderte; chemisch-pharmazeutische Industrie, Textil-, Nahrungs- und Genußmittelindustrie; lebhaften Fremdenverkehr.

M., an einem alten Fuldaübergang vor dem 9. Jh. gegründet, wird Ende des 12. Jh. erstmals als St erwähnt. Im 12. Jh. errichteten die Landgrafen von Thüringen eine Burg, die Philipp der Großmütige zwischen 1554–56 als Jagdschloß neu erbauen ließ. Das alte Stadtbild ist gut erhalten. – Neben dem Schloß sehenswert die alte Brücke (1595/96) über die Fulda („Bartenwetzerbrücke"), die malerischen Fachwerkhäuser in der Innenstadt mit dem Rathaus (1555/56) und die spätgotische Stadtkirche (1415–25).

Memmingen

□ 70,16 qkm; ○ Kreisfreie Stadt; ⚐ Bayern; ✉ 87700; ☎ 08331; 🚗 MM; △ 600 m; 👫 38200.

M. liegt am Nordrand des Allgäus an der Memminger Ach im Schnittpunkt der B 18 und B 19 sowie an der Autobahn A 7 Ulm–Neuschwang (Ausfahrten AB-Kreuz M. und M.-Süd) bzw. A 96 München–Bodensee (Ausfahrt M.-Ost); D-Zug-Station an den Hauptstrecken München–Schweiz und Dortmund–Oberstdorf. M. hat Landgericht, Amtsgericht; Gymnasien, Realschule, Handels- und Wirtschaftsschule, Höhere Handelsschulen, Landwirtschaftsschule, Volkshochschule. Das wirtschaftliche Leben wird von einer breitgefächerten Industrie (feinmechanische Industrie, Herstellung von Werkzeug- und Baumaschinen, Fahrzeugbau, chemische Industrie, Textilfabriken u.a.) und dem Handel mit landwirtschaftlichen Produkten (Milchverwertung) und Großvieh (Schlachtviehgroßmarkt) bestimmt; die St ist ferner Einkaufszentrum für das agrarwirtschaftlich strukturierte Umland.

Das M. Stadtgebiet ist seit römischer Zeit besiedelt (röm. Wachtturm unter der Martinskirche bei der Siedlung »Cassiliacum«). Später entstand neben einem Alemannendorf der Sippe des „Mammo" (5. Jh.) ein fränkischer Königshof, der früh welfisch wurde. In dessen Nähe gründete um 1160 Herzog Welf VI. die St M., die 1191 an die Staufer kam. Zwischen 1268 und 1438 (Blütezeiten in politischer, wirtschaftlicher und künstlerischer Hinsicht [Kaufmannsgeschlechter der Welser und Vöhlin, Künstlerfamilie Strigel]), entwickelte sich M. zur Freien Reichsstadt. 1525 war M. Mittelpunkt der Reformation und der aufständischen Bauern (Abfassung der „Zwölf Artikel"). Der Dreißigjährige Krieg beendete die Machtstellung der St. 1803 kam M. an Bayern. Nach dem von der St zwischen 1848 und 1860 selbstfinanzierten Bahnbau Beginn der industriellen Entwicklung. 1945 wurde die St durch Luftangriffe stark zerstört. Heute ist M. das wirtschaftliche und kulturelle Zentrum in Mittelschwaben.

Sehenswürdigkeiten: gut erhaltenes ma. Stadtbild mit stattlichen Resten der alten Stadtbefestigung (Stadtmauer mit Wehrgang, fünf Tore und fünf Türme); Rathaus (1589) mit Stuckornamenten an der Fassade (1765); St. Martinskirche (14.–16. Jh.) mit bedeutendem spätgot. Chor (1499) von Matth. Böblinger und prächtigem Chorgestühl (um 1500); Frauenkirche (15. Jh.) mit Freskenmalereien der Strigelschule (um 1480); Kreuzherrnkirche mit schönen Wessobrunner Stuckarbeiten von 1709; Großzunft und Steuerhaus (1495, Obergeschoß 1708) am Markt; Barockpalais Hermansbau (1766) mit Städt. Museum (bedeutende Sammlungen kirchlicher Kunst, u.a. Dreikönigsaltar von Bernhard Strigel und Sammlung von Fayencen der ehem. Manufaktur Künersberg); Fachwerk-Bürgerhäuser des 15. u. 16. Jh. (Siebendächerhaus, 1601; Fuggerbau, 1581 bis 1591).

M. ist Sitz des Landestheaters Schwaben (Aufführungen im klassizistischen Stadttheater vom September bis Mai). Alljährlich im Juli „M. Fischertag" (traditionsreiches Volksfest). – Aus M. stammen u.a. der Maler Bernhard Strigel (1461–1528), der bedeutende Künstler der Dürerzeit und Hofmaler Kaiser Maximilians I. in Innsbruck, und Prof. Max Unold (1885–1964); Maler des Magischen Realismus und Gründungsmitglied der Neuen Sezession München (1913).

Memmingen, Martinskirche

Menden (Sauerland)

□ 86,07 qkm; ○ Märkischer Kreis; ⚐ Nordrhein-Westfalen; ✉ 58706*; ☎ 02373; 🚗 MK; △ 140–295 m; 👥 54200.

M., im Hönnetal im nördlichen Sauerland gelegen, ist über die B 7 und B 515 zu erreichen. Bahnstation an der Strecke Unna–Fröndenberg–M.–Iserlohn–Letmathe. Die St hat Amtsgericht; (englische) Garnison der NATO-Streitkräfte; Gymnasium, Mädchengymnasium mit Frauenoberschulklassen, kath. Knabengymnasium, Realschule, kaufm. Berufsschule und gewerbliche, sozialpädagogische und hauswirtschaftliche Berufsschulen, Volkshochschule; Stadtbücherei, Heimatmuseum. Die breitgefächerte Industrie stellt Kleineisen- und Metallwaren, Draht- und Rohrzugerzeugnisse, Leuchten, Elektrogeräte und Haushaltwaren sowie Devotionalien her.

M. gehört zu den ältesten Orten im Herzogtum Westfalen. Mit diesem kam es 1180 an Kurköln. Als Grenzfeste gegen die Grafen von der Mark erhielt es 1276 das Stadtrecht. Die um 1300 erbaute Burg M. und die St wurden 1344 von Graf Adolf von der Mark zerstört. Wiederaufbau nach 1347. 1637, 1652 und 1663 brannte die St fast völlig nieder. Von 1802–16 war M. im Besitz von Hessen-Darmstadt; danach kam es an Preußen. Im 19. Jh. wandelte sich M. von einer Ackerbürger- zur Industriestadt. – Sehenswert die Altstadt mit Resten der Stadtmauer, Festungstürmen (Poenige- und Teufelsturm) und alten Bürgerhäusern; St.-Vinzenz-Kirche (14. Jh.) mit bemerkenswerter Ausstattung; Heimatmuseum (Patrizierhaus von 1730). Nordwestlich von M. liegt Schloß Dahlhausen. Im Hönnetal Burg Klusenstein, Reckenhöhle und „Alter Hammer" (rekonstruiertes historisches Hammerwerk) in Oberrödinghausen.

Mendig

□ 23,8 qkm; ○ Mayen-Koblenz; ⚐ Rheinland-Pfalz; ✉ 56743; ☎ 02652; 🚗 MYK; △ 180–280 m; 👥 7800.

M. liegt 35 km westlich von Koblenz an der B 256 und an der Autobahn A 61 Köln–Koblenz–Ludwigshafen (Ausfahrt M.). M. hat Verbandsgemeindeverwaltung, Bundeswehrgarnison; Realschule, Außenstelle des mineralogischen Instituts der Universität Bonn; Bimsbaustoff-, Naturstein-, Textil-, Eisen- und Kunststoffindustrie, Brauereien; Mineralbrunnen und Kohlensäurewerk (Reginaris AG). –

Erste urkundliche Erwähnung der Siedlung »menedich« 1041. Seit dem 14./15. Jh. wurde zwischen Nieder- und Obermendig unterschieden. Grundherren waren das Domkapitel von Trier und das Stift St. Florin zu Koblenz. 1389 erste Erwähnung der Basaltlavagruben, aus denen das Rohmaterial für die Herstellung von Mühlsteinen gewonnen wurde. Von 1794 bis 1814 stand M. unter französischer Herrschaft; 1815 kam es an Preußen. 1969 schlossen sich Ober- und Niedermendig zur St M. zusammen. – Bemerkenswert die Freskenmalereien in der Pfarrkirche St. Cyriakus (12. u. 13. Jh.).

Alle zwei Jahre Gambrinusfest (Bierfest, Christi-Himmelfahrt).

Mengen (Württ.)

□ 49,78 qkm; ○ Sigmaringen; ⚐ Baden-Württemberg; ✉ 88512; ☎ 07572; 🚗 SIG; △ 560 m; 👥 9000.

M. liegt beiderseits der Ablach vor ihrer Einmündung in die Donau am Südrand der Schwäbischen Alb. Zufahrt über die B 32 und B 311; Bahnstation an der Bundesbahnstrecke Ulm–Freiburg i. Br. Die St ist Bundeswehrstandort, hat Realschule, Progymnasium, Sonderschule für Lernbehinderte, mittlere und kleinere Industrie- und Gewerbebetriebe (Schuhfabrik, Herstellung von Zelluloidwaren u. a.).

»Magingen«, erstmals 819 urkundlich genannt, wurde 1276 kaiserliche St. Bis 1806 gehörte M. zum Habsburger Reich, danach kam es an Württemberg. – Sehenswert: gotische Martinskirche; gotische Liebfrauenkirche (barocke Innenausstattung) mit dem „Ölberg" (Wallfahrtsziel) in einer Seitenkapelle; gotische Pfarrkirche im Stadtteil Ennetach, Reste der Stadtbefestigung (Wehrhäuser, Stadtwall); breiter Straßenmarkt und Marktplatz mit schönen Fachwerkhäusern (15. und 16. Jh.); Heimatmuseum mit bedeutenden Sammlungen.

Meppen

□ 188,37 qkm; ○ Emsland; ⚐ Niedersachsen; ✉ 49716; ☎ 05931; 🚗 EL; △ 16 m; 👥 30100.

M. liegt am Zusammenfluß von Ems und Hase und am Dortmund-Ems-Kanal im Schnittpunkt der B 70 und B 402. M. hat Anschluß an die A 31 Ruhrgebiet–Emden (Ausfahrt M.) und ist Bahnstation an der Bundesbahnstrecke Ruhrgebiet–Münster–Emden, hat Hafen; Kreisverwaltung, Arbeitsamt (Nebenstelle), Amtsgericht, Bergamt, Wasser- und Schiffahrtsamt, Wasserwirtschaftsamt, Zollkommissariat u. a. Behörden; die St ist Sitz eines Pflanzenschutzamtes und der Staatl. Moorverwaltung. An Bildungseinrichtungen verfügt M. über Realschulen, Gymnasien, Musikschule, Berufs- und Handelsschule, Landwirtschaftsschule, Haushaltsschule, Berufsfachschulen, Fachoberschule, Staatl. Krankenpflegeschule und Lehranstalt für Krankengymnastik, Sonderschule für Lernbehinderte und Tagesstätte für körperlich und geistig behinderte Kinder; Krankenhaus. Industrie: Elektro- und Maschinenbau, Holz-, Textil-, Erdöl- und kunststoffverarbeitende Industrie, Informationstechnologie mit Technologiepark.

Die älteste überlieferte schriftliche Erwähnung von M. stammt aus dem Jahr 834, als die Siedlung dem Kloster Corvey übereignet wurde. Mit der Verleihung des Münz-, Zoll- und Marktrechtes erlangte M. als Marktflecken erste wirtschaftliche Bedeutung. In der Zeit seiner Zugehörigkeit zum Niederstift Münster von

1252 bis 1803 erhielt M. 1360 das Recht zur Befestigung mit Wall und Graben und wurde zur St erhoben. Im 17. Jh. war M. ein Stützpunkt der Gegenreformation (Jesuiten), von dem aus innerhalb von einhundert Jahren fast die gesamte Bevölkerung des Emslandes zum alten Glauben zurückgeführt wurde. St und Amt M. kamen schließlich von Münster zum Haus Arenberg (bis 1810), zu Hannover (1814–1866) und zu Preußen (1866 bis 1945). Bemerkenswerte Baudenkmäler sind das Rathaus (15./16. Jh.), die Propsteikirche im got. Stil (1461/62), die Jesuitenresidenz (1726–29) und die Gymnasialkirche, errichtet 1743–46 nach Entwürfen von Karl Immendorf mit Altären des berühmten Baumeisters Joh. Conrad Schlaun; sehenswert ferner der Stadtwall, die Arenbergische Rentei (1805), die tausendjährige Kirche in M.-Bokeloh, das Steingrab im Ortsteil M.-Apeldorn, die historische Koppelschleuse (1828) und die Landschaftsschutzgebiete Emstal und Hasetal.

Merchweiler

☐ 12,79 qkm; ○ Neunkirchen; ⚐ Saarland; ✉ 66589; ☎ 06825; 🚗 NK; △ 359 m; 👫 11900.

M. liegt 18 km nördlich von Saarbrücken an der B 10 und der Autobahn A 8 Saarlouis–Neunkirchen–Zweibrücken (Ausfahrt Merchweiler); Bahnstation an der Strecke Saarbrükken–Homburg. Die Gm hat Grund- und Hauptschule; mittlere und kleinere Industrie- und Gewerbebetriebe.

»Morchewilre« wird erstmals 1291 als Dorf der Grafschaft Saarwerden erwähnt. 1527 kam es an Nassau-Saarbrücken; seit 1545 gehörte ein Teil des Ortes zur Herrschaft Siersberg (bis 1717): Von 1793 bis 1815 unterstand M. französischer Hoheit; danach fiel es an Preußen. – Im Rahmen der Gebietsneuordnung wurde M. die Gm Wemmetsweiler eingegliedert.

Mering (Schwaben)

☐ 26,88 qkm; ○ Aichach-Friedberg; ⚐ Bayern; ✉ 86415; ☎ 08233; 🚗 AIC; △ 526 m; 👫 9900.

M. liegt am Rande des Lechtales an der Paar 16 km südöstlich von Augsburg. Zufahrt über die B 2. Bahnstation der Bundesbahnstrecken München–Augsburg und Augsburg–Weilheim–Garmisch. Der Mkt, Sitz des Generalats der Theresienschwestern vom Kath. Apostolat, hat Grund- und Hauptschule, Realschule; Leuchtkörperfabrik, Gardinen-Veredelungswerk, Keramikmanufaktur, Tierkörperverwertungs- und Tiermehlfabrik.

Bodenfunde aus der Jungsteinzeit lassen auf eine frühe Besiedelung des Ortsgebietes schließen. Erstmals wird die Siedlung 1021 erwähnt. M. war ein Hauptgut der Welfen und Staufer. Bei M. befand sich die Thingstätte Gunzenlé, auf der 955 die Vernichtungsschlacht gegen die Ungarn stattfand. Im 14. Jh. war M. durch seine Ziegeleien und Töpfereien bekannt. – Sehenswert die schöne Barockkirche St. Michael und die St. Franziskus-Kirche mit Werken der Wiener Hofkunstschule sowie das Schloß.

Merseburg

☐ 28 qkm; ○ Merseburg; ⚐ Sachsen-Anhalt; ✉ 06217; ☎ 03461; 🚗 MER; △ 99 m; 👫 42600.

M. ist zu erreichen auf der A 9 / E 51, Ausfahrt Leipzig-West (17 km) sowie auf der B 91 und B 181, die in der St aufeinandertreffen. Bahnhof M. ist Verkehrsknotenpunkt der Strecken Berlin–Halle–Saalfeld–Nürnberg und Erfurt–Naumburg. Der nächste Flughafen ist Leipzig/Halle (12 km).

Bildungsstätten: Grundschulen, Sekundärschulen, Gymnasien, Hochschule, Fachhochschule.

Wirtschaftliches: Firmen und Fabriken in den Branchen Papier, Aluminium, Bau, Holzverarbeitung, Industriemontage und Beton; Handwerks- und Dienstleistungsbetriebe.

Geschichtliches: Ursprünglich war M. wahrscheinlich eine fränkische Befestigung, die Region prähistorisch besiedelt. Erste Erwähnungen (830–50) im Hersfelder Zehntverzeichnis. Ausbau zum Pfalzort unter König Heinrich I.; Bistum 968–81 und wieder ab 1004. Grundsteinlegung zum Dom 1015. Hoftage dt. Kaiser und Könige bis ins 13. Jh.; Hochstift. Im MA wichtiger Handelsort, nach verheerenden St-Bränden jedoch Verlagerung des Messehandels nach Leipzig. Unter Bischof Thilo von Trota (1466–1514) Neubau des Schlosses. 1543 Einführung der Reformation; 1561 kursächsische Administratoren; 1605–08 Schloßerneuerung mit tiefgreifenden Umbau- und Erweiterungsarbeiten. Residenz-St der Herzöge von Sachsen-M. 1656–1738, danach wieder unter kursächs. Verwaltung bis 1815. Nach Wiener Kongreß preuß., Haupt-St des preuß.

Regierungsbezirkes Sachsen. Fund der „Merseburger Zaubersprüche“ (althochdt. Beschwörungsformeln aus dem 9. Jh.) 1841 in der Domstiftsbibliothek. Zu Anfang des 20. Jh. starke Industrialisierung des Umlandes, Erschließung der Braunkohlevorkommen im Geiseltal; chemische Großbetriebe (Leuna 1916) und Buna (1936). Im 2. Weltkrieg schwere Schäden; Technische Hochschule seit 1954. Beginn der sog. Innen-St-Rekonstruktion 1968.

Historische St-Teile: Dombezirk; Innen-St; Neumarkt mit Venenien; Altenburg; neue St-Viertel: M-Nord; -West; -Süd; (Kötzschen eingem.) und Freiimfelde.

Sehenswürdigkeiten und Kulturelles: Schloß, Ostflügel 1944/45 zerstört, Wiederaufbau 1971 abgeschlossen; Ständehaus, erbaut 1892–95 für den Provinzialständetag (Parlament der preuß. Provinz Sachsen); Altes Rathaus, nördl. Teil 1478 über älteren Resten neu erbaut, südl. Teil 1561–68 in Renaissanceform erneuert; Sixti-Hügel, Kirche St. Sixti 1045 gegründet, Ruine seit dem 30jährigen Krieg, Erneuerungsversuche um 1700; St-Kirche, vermutl. Ende 10. Jh., Neubau als spätgot. Hallenkirche 1432–1501; Petri-Kloster und Altenburger Kirche St. Viti, Ersterwähnung 1012; rom. Neumarktkirche St. Thomae, ursprünglich dreischiffiger Bau, erste schriftl. Erwähnung 1188; Eulenturm (1218/19), Teil der ersten St-Mauer in der ma. St-Befestigung. Dauerausstellung „Kulturgeschichte und Lebensweise in der Region M.“; Kulturhistorisches Museum; Planetarium.

Wiederkehrende Ereignisse: M.er Schloßfestspiele (jährlich im Sommer); Orgeltage (jährlich im Herbst); Regionalmesse „Schaufenster Merseburg“ (jährlich im Herbst); außerdem werden die „Rischmühleninsel“ und der Südpark zu zahlreichen kulturellen Veranstaltungen genutzt.

Merzig

□ 109 qkm; ○ Merzig-Wadern; ⚐ Saarland; ✉ 66663; ☎ 06861; 🚗 MZG; △ 175–417 m; 👪 29500.

M., beiderseits der Saar 45 km nordwestlich von Saarbrücken gelegen, ist über die B 51, B 406 und Autobahn A 8 Saarbrücken–Luxemburg (Ausfahrt M.) zu erreichen; D-Zug-Station an der Bundesbahnstrecke Trier–Saarbrükken; Personenschiffahrtsanlegestelle. Die St hat Kreisverwaltung des Landkreises Merzig-Wadern, Amtsgericht, Finanzamt, Zollamt; Gymnasien, kaufmännische und technische Berufsbildungszentren, Handelsschule, Höhere Handelsschule, Fachoberschulen Wirtschaft und Elektrik, Volkshochschule, christl. Erwachsenenbildung, Musikschule, Schule für Gestaltung; Landesnervenklinik; Keramische Werke (Zweigwerk Villeroy & Boch), Drahtfabrik (Stahlgürtelgeflechte für Reifen), Getränkeindustrie, Kies- und Sandgewinnung; Baumschulen, Landwirtschaft; M. besitzt eine staatl. anerkannte Heilquelle (Bietzer Wiesen).

Die Anfänge der Besiedlung reichen bis in die Keltenzeit zurück; Grabungsfunde und erste urkundliche Erwähnung als »Martiacum« belegen die Bedeutung als römische Siedlung. 870 Übereignung der »villa Martia« durch Karl den Kahlen an das Bistum Trier. Mitte des 17. Jahrhunderts machte Kurfürst Philipp Christoph von Sötern M. zum Verwaltungssitz und erbaute ein Renaissanceschloß, das als Stadthaus heute noch Merzigs Innenstadt prägt. Im Jahre 1825 wurden M. die Stadtrechte verliehen.

Sehenswürdigkeiten: Schloß des Kurfürsten Philipp Christoph von Sötern; romanische Kirche St. Peter (Beginn 13. Jahrhundert, einzige erhaltene romanische Kirche des Saarlandes); Kreisheimatmuseum; mehrere Bauten des Barockarchitekten Kretzschmar (Harlinger Kapelle, Heilig-Kreuz-Kapelle, Hilbringer Schlößchen, Verwaltungsgebäude der Saarfürst-Brauerei); große Wolfsfreigehege im Merziger Kammerforst (europäische Wölfe, Alaskawölfe); Internationales Bildhauersymposion „Steine an der Grenze“ bei Büdingen. Alljährlich M. „Viezfest“ (Oktober) und Oktoberfest.

Meschede

□ 218,48 qkm; ○ Hochsauerlandkreis; ⚐ Nordrhein-Westfalen; ✉ 59872; ☎ 0291; 🚗 HSK; △ 230–692 m; 👪 31000.

M., im Sauerland an der oberen Ruhr im Schnittpunkt der B 7 und B 55 sowie an der Autobahn A 46 (2 Ausfahrten) gelegen, ist D-Zug-Station an der Strecke Hagen–Kassel. Die St hat Kreisverwaltung, Amtsgericht, Arbeitsamt, Zollamt, Finanzverwaltung, u. weitere Behörden; Realschulen, Gymnasien, Berufsschulen, Abt. der Universität/Gesamthochschule Paderborn, Landwirtschaftliche Fachschulen, Musikschule, Volkshochschule; Leichtmetallindustrie, Werkzeugfabrik, Yacht- und Bootsbau, Sportartikelhersteller, Brauerei.

M. ist im 10. Jh. als Siedlung in der Nähe

eines adligen Damenstifts (gegr. im 9. Jh.; 1805 aufgehoben) entstanden. 959 erhielt M. Markt- und Zollrechte. – Im Zuge der kommunalen Gebietsreform (1975) hat sich M. mit den Gemeinden Meschede Land, Calle, Eversberg, Freienohl, Grevenstein, Visbeck, Remblinghausen und Frenkhausen zusammengeschlossen und wurde Kreisstadt des Hochsauerlandkreises.

Erhalten ist der barocke Neubau der ehem. Stiftskirche St. Walburga (1663/64) mit Krypta aus dem 9./10. Jh. und roman. Turm aus dem 12. Jh.; sehenswert die Schatzkammer der Kirche mit kostbaren Exponaten aus karolingischer Zeit. – M. ist Geburtsort des expressionistischen Malers August Macke (1887 bis 1914).

Meßkirch

☐ 76,23 qkm; ○ Sigmaringen; ⚐ Baden-Württemberg; ✉ 88605; ☎ 07575; 🚗 SIG; △ 606 m; 👫 7000.

M., 16 km südwestlich von Sigmaringen an der Ablach und am Kreuzungspunkt der B 311 und B 313 gelegen, ist Bahnstation an der Strecke Radolfszell–Sigmaringen. Die St hat Forstamt, Vermessungsamt, Tierzuchtamt; Realschule, Gymnasium, Sonderschule für Lernbehinderte, gewerbliche und kaufmännische Kreisberufsschulen, landwirtschaftliche Kreisberufsschulen, private Mädchen-Realschule mit Internat; Maschinenbau und feinmechanische Industrie.

Das von einem alemannischen Adeligen namens „Messo" gegründete M. wird erstmals 1019 urkundlich erwähnt. Die Siedlung erhielt vor 1261 unter den Grafen von Rohrdorf (später Truchsessen von Waldburg-Rohrdorf) das Stadtrecht. Von 1351 bis 1594 war M. Residenz der Grafen von Zimmern; danach kam es in den Besitz der Grafen von Helfenstein und 1627 an die Grafen von Fürstenberg (1744–1806 Sitz einer Fürstlich-Fürstenbergischen Obervogtei); 1806 fiel M. an Baden. Die Pfarrkirche St. Martin (1526) mit dem Dreikönigsaltar (um 1530) des Meisters von M. und Bronze-Grabmälern der Grafen von Zimmern wurde im 18. Jh. barock umgebaut; bemerkenswert ferner das Fürstenbergische Schloß und das Heimatmuseum. – M. ist Geburtsort des Komponisten Konradin Kreutzer (1780–1849) und des Philosophen Martin Heidegger (1889–1976).

Meßstetten

☐ 76,82 qkm; ○ Zollernalbkreis; ⚐ Baden-Württemberg; ✉ 72469; ☎ 07436; 🚗 BL; △ 760–989 m; 👫 9700.

M., auf der Albhochfläche 15 km südöstlich von Balingen gelegen, ist Industrie- und Wohngemeinde sowie mit dem Stadtteil Tieringen Erholungsort. M. besitzt ein Bildungszentrum für den Verwaltungsraum des großen Heubergs, Volkshochschule und Tagungsstätte für Erwachsenenbildung.

Sehenswert das große Wildfreigehege mit Rot-, Schwarz- und Damwild; Wintersportanlagen (Skilifte, Schanzen, Skiwanderloipen).

Mettingen (Westf.)

☐ 40,61 qkm; ○ Steinfurt; ⚐ Nordrhein-Westfalen; ✉ 49497; ☎ 05452; 🚗 ST; △ 65 m; 👫 10300.

M. liegt 23 km westlich von Osnabrück am Nordhang des Schafberges an der B 65. Anschluß an die Autobahn A 30 Bad Oeynhausen–Niederlande (Ausfahrt Ibbenbüren-Laggenbeck). M. hat Realschule, Gymnasium, Sonderschule für Lernbehinderte; Steinkohlenbergbau, Bekleidungsindustrie und Hefefabrik. Die Gm ist seit dem MA Stammsitz und Ausgangspunkt bedeutender Kaufmannshäuser (C & A Brenninkmeyer, Hettlage-Lampe, Overbeck, ten Brinken u. a.).

M. wird 1088 erstmals in einer Schenkungsurkunde erwähnt. Herren von M. waren das Bistum Osnabrück, die Grafschaft Tecklenburg, die Obergrafschaft Lingen und das Haus Oranien. 1702 kam der Ort an Preußen. Vom MA (Hanse) bis ins 19. Jh. war M. bekannt wegen seiner Leinenherstellung; den Handel mit dem heimischen Produkt besorgten die „Tüötten" (Hausierhändler). Nach dem 2. Weltkrieg erlebte M. einen wirtschaftlichen Aufschwung durch die Ausweitung des Bergbaus und des mittelständischen Handwerks. – Sehenswert die ev. Kirche aus dem 11. Jh. und das Tüöttenmuseum.

Mettlach

☐ 78 qkm; ○ Merzig-Wadern; ⚐ Saarland; ✉ 66693; ☎ 06864; 🚗 MZG; △ 167 bis 510 m; 👫 11800.

Der Erholungsort M. schloß sich 1974 mit neun umliegenden ehem. selbständigen Gemeinden zur Großgemeinde zusammen. M., 30 km nordwestlich von Saarbrücken an der Saar und an der B 51 gelegen, hat Anschluß an die A 8 Saarbrücken–Luxemburg (Ausfahrt Merzig-Schwemmlingen); D-Zug-Station an der Strecke Saarbrücken–Trier; die Industriegemeinde hat Grund- und Hauptschulen; Gesamtschule; Werkskrankenhaus (Villeroy & Boch); keramische Industrie (Firmensitz von Villeroy & Boch AG; Herstellung von Mosaikfliesen, Geschirr und Sanitärkeramik); in den Ortsteilen Faha und Wehingen Landwirtschaft.

Der Ortsname M. ist aus dem lat. »Mediolacum« („zwischen den Seen") herzuleiten; gegründet wurde M. um 690 vom merowingischen Herzog Luitwin (Bischof von Trier 692–705) als Adelsabtei, die im 10. Jh. ihre Blütezeit hatte. Um 990 erbaute Abt Lioffin den erhaltenen „Alten Turm", einen oktogonalen Zentralbau (Marienkirche) mit dem Grab des hl. Luitwin; die Klostergebäude entstanden zwischen 1728 und 1786. Nach der Vertreibung der Mönche (1794) wurde das Kloster an einen Papierfabrikanten verkauft (1806); 1809 erwarb Joh. Franz Boch-Buschmann die Gebäude (Beginn der Fabrikation von Fayence-Tafelgeschirr). – Sehenswert die ehem. Benediktinerabtei, die Burgruine Montclair, das Keramikmuseum »Schloß Ziegelberg«, die Keravision der Fa. Villeroy & Boch und das in der großen Saarschleife bei M. gelegene Naturschutzgebiet mit Aussichtspunkt »Cloef« (keltisch = Klippe).

Mettmann

□ 42,53 qkm; ○ Mettmann; ⚐ Nordrhein-Westfalen; ✉ 40822; ☎ 02104; 🚗 ME; △ 67–201 m; 👥 37300.

M., 17 km östlich von Düsseldorf im Niederbergischen Hügelland gelegen, ist über die B 7 und Autobahn A 3 Köln–Oberhausen (Ausfahrt Düsseldorf/M.) zu erreichen. Die St hat Amtsgericht, Kreisverwaltung; Realschule, Gymnasien, Berufsfachschule, Landwirtschaftsschule, Bezirksseminar für das Lehramt an Grund- und Hauptschulen, Sonderschule für geistig behinderte Kinder. Traditioneller Wirtschaftszweig ist die Besteckindustrie; ferner Tempergießerei (Autozulieferindustrie GF), Gummibandweberei (Gold-Zack), Maschinen- und Werkzeugfabriken, chemische und Nahrungsmittel-Industrie, Kalksteinbruch mit Zementfabrik u.a.

Der Königshof »Medamana«, erstmals 904 urkundlich genannt, wurde 1248 von den Grafen von Berg erworben. 1424 erhielt der Ort mit der von Herzog Adolf von Jülich-Berg verliehenen „Freiheit" Marktrecht und Zollfreiheit. Einen wirtschaftlichen Aufschwung brachten die Baumwollmanufakturen im 18. Jh. und die metallverarbeitende Industrie Ende des 19. Jh. 1856 wurden unweit von M. im Tal der Düssel in einer Höhle Knochenreste eines Altsteinzeitmenschen (75000 bis 35000 v.Chr.), des „Neandertalers", entdeckt. – Sehenswert das Urgeschichtliche Museum mit eiszeitlichem Wildgehege im Neandertal sowie der ma. altbergische Marktplatz mit der St. Lambertus-Kirche.

Metzingen (Württemberg)

□ 34,61 qkm; ○ Reutlingen; ⚐ Baden-Württemberg; ✉ 72555; ☎ 07123; 🚗 RT; △ 352 m; 👥 20000.

M. liegt 35 km südlich von Stuttgart im Ermstal am Rande der Schwäbischen Alb. Die St ist Kreuzungspunkt der B 28, B 312, B 313 und Bahnstation an der Bundesbahnstrecke Stuttgart–Tübingen. M. hat Gymnasium, Realschule, Sonderschule für Lernbehinderte, gewerbl. und kaufm. Berufsschule mit Berufsfachschule und Fachschule (Meisterschule) für Metall und für das Kfz-Handwerk; bedeutende Metallindustrie, Textil- und Lederfabriken, Maschinen-, Motor- und Fahrzeugbau, papier- und holzverarbeitende Betriebe, Brauerei, Tuchweberei, Strickwaren- und Kleiderfabriken (Boss), chemische Industrie; ferner Obst- und Weinbau.

»Mezzingin« wird erstmals um 1100 urkundlich erwähnt. Der Ort kam von einem ortsansässigen Adelsgeschlecht, dessen Burg auf dem Weinberg stand, 1265 und endgültig 1317 an die Grafen von Württemberg. Der von den Römern zuerst angebaute M. Wein hatte schon im MA. einen guten Ruf. 1634 wurde der Ort fast vollständig zerstört. 1831 erhielt M. das Stadtrecht.

Sehenswürdigkeiten: Martinskirche (spätgot. Hallenbau um 1500, im 19. Jh. erneuert); Rathaus (17. Jh.); Kelternplatz mit sieben historischen Keltern; Waldlehrpfad. – M. ist Geburtsort von Christian Friedrich Schönbein (1799–1868), Entdecker des Ozons und Erfinder der Schießbaumwolle, und von Hans Speidel (geb. 1897), General und von 1957 bis 1973 Befehlshaber der europäischen Landstreitkräfte in der NATO. – Alle zwei Jahre Metzinger Fest und alljährlich Neuhäuser Weinfest.

Meuselwitz

□ 18,4 qkm; ○ Altenburg; ⚐ Thüringen; ✉ 04610; ☎ 03448; 🚗 ABG; △ 170 m; 👫 10500.

M. ist zu erreichen auf der A 4 / E 40, Ausfahrt Gera (40 km) und auf der A 9 / E 49 / E 51, Ausfahrt Weißenfels (22 km) oder Ausfahrt Naumburg (24 km), ferner auf der B 180; Bahnstation der Deutschen Reichsbahn, Nebenstrecke Altenburg–Zeitz, Gleisanschlüsse für die Gewerbegebiete Nord und Ost. Der nächste Flughafen ist Leipzig/Halle, (ca. 65 km).

Bildungseinrichtungen: Grundschulen, Regelschule, Gymnasium; Förderschule für Lernbehinderte; Bildungsstätte der Industrie- und Handelskammer; Aus- und Weiterbildungszentrum; St-Bibliothek.

Wirtschaftliches: Eisengießerei und Gußbearbeitung; Werkzeugmaschinenbau; Gummiherstellung und -verarbeitung; gegenwärtig vollzieht sich ein Umstrukturierungsprozeß in Landwirtschaft und Industrie.

Geschichtliches: M. wurde 1139 als „Myzleboze“ erstmals urkundlich erwähnt. Nach wechselvoller Historie unter verschiedenen Herrschern siedelten sich ab 1577 neben Kaufleuten auch die Innungen der Tuchmacher, Leineweber, Gerber und Schuhmacher an. 1670 wurde bei M. „brennbare Erde“ (Braunkohle) gefunden, das erste Bergwerk der Region entstand. M. erhielt erst 1874 St-Rechte, als der Bergbau bereits in vollem Gange war. Zwei Jahre später etablierte sich nach Gründung der Eisengießerei und der Maschinenfabrik „Heymer und Pilz“ der Werkzeugmaschinenbau in der St. Bedingt durch die Weltwirtschaftskrise, ging der Bergbau ab 1928 rapid zurück; mehrere Bergwerke mußten schließen. Im 2. Weltkrieg kam es zu starken Zerstörungen. Einige der traditionsreichen Gruben blieben danach für immer geschlossen. Durch eine Länderaufgliederung wurde M. 1952 dem Bezirk Leipzig zugeordnet. Der Werkzeugmaschinenbau nahm einen großen Aufschwung, daneben entfaltete sich die Baumwollweberei zu einem strukturbestimmenden Unternehmen. Seit 1991 gehört M. wieder zum Land Thüringen.

Sehenswürdigkeiten: Schloßpark (ca. 7 ha) im franz.-niederl. Stil mit barocker Orangerie und Grotte; „Wirker-Park“ (ca. 3,5 ha), engl. Landschaftspark; Kirche Zipsendorf, um 1400 erbaut; barocke Martins-Kirche, 1687 erbaut; Hainbergsee (ca. 18 ha) für den Freizeitsport.

Michelstadt

□ 87 qkm; ○ Odenwaldkreis; ⚐ Hessen; ✉ 64720; ☎ 06061; 🚗 ERB; △ 202 m; 👫 14000.

M., Erholungsort 45 km südöstlich von Darmstadt im Odenwald am Schnittpunkt der B 45 und B 47, ist Bahnstation an der Strecke Frankfurt a. M.–Heilbronn–Stuttgart. Die St hat Amtsgericht, Forstamt, Finanzamt; Realschule, Gymnasium, Berufsschulen, Höhere Handelsschule, Fachschule für Holz- und Elfenbeinschnitzer; Maschinenbau, Verarbeitungs- und Veredelungsindustrien, Kunststoffindustrie, Metall- und Holzverarbeitung; lebhaften Fremdenverkehr.

Das fränkische Königsgut M., 741 erstmals erwähnt, wurde Mitte des 8. Jh. von Karlmann, Sohn Karl Martells, dem hl. Burkart, Bischof von Würzburg, und 815 von König Ludwig d. Frommen Einhard, dem Biographen Karls des Großen, als Besitz übereignet. 819 kam das Gut an das Kloster Lorsch. Von 1532–1806 war M. Verwaltungszentrum der Grafschaft Erbach. – Ältester Teil der St ist die im 15. und 16. Jh. zu einer Zehntscheuer mit Kelleranlagen umgestaltete Burg („Kellerei“). Die spätgotische Stadtkirche (1461 beg.) enthält bemerkenswerte Grabdenkmäler des 15. bis 17. Jh. Der Marktplatz wird beherrscht vom schönen Fachwerkbau des Rathauses (1484). Weitere Sehenswürdigkeiten sind die Nikolaus-Matz-Bibliothek (1499 gestiftet) im Turm der Stadtkirche, Fachwerkhäuser aus dem 16. u. 17. Jh. und das Odenwaldmuseum, das Spielzeugmuseum und Dr. Lichtigfeld-Museum (frühere Synagoge). Im Stadtteil Steinbach befindet sich die Ruine der karolingischen Einhardsbasilika (Anfang 9. Jh.) und das Schloß Fürstenau (um 1300) mit einem großen Schmuckbogen (1588). – Alljährlich an Pfingsten Bienenmarkt (Odenwälder Frühlingsfest von neun Tagen Dauer).

Miesbach

□ 32,43 qkm; ○ Miesbach; ⚐ Bayern; ✉ 83714; ☎ 08025; 🚗 MB; △ 699 m; 👫 9950.

M., im bayerischen Voralpengebiet nördlich des Schliersees an der Schlierach gelegen, ist über die B 307; B 472 und Autobahn A 8 München–Salzburg (Ausfahrten Weyarn und Irschenberg) zu erreichen. Bahnstation an der Strecke München–Bayrischzell.

Die St hat Amtsgericht, Kreisverwaltung; Realschule, Gymnasium, Kreisberufsschule, landwirtschaftliche Verbandsberufsschule, Landfrauenschule, Land- und Almwirtschaftsschule; mittlere Industrie- und Gewerbebetriebe (Elektromotorenfabrik, Weißbier-Brauerei, Molkerei), Agrarwirtschaft und Viehzucht. M. ist Erholungsort mit lebhaftem Fremdenverkehr.

Erste urkundliche Erwähnung des Ortes im 11. Jh. Vom 12. bis 14. Jh. war M. Besitz des Hochstiftes Freising, danach der Herren von Waldeck; 1734 kam es an Bayern. 1527 und 1783 wurde M. durch Großbrände völlig zerstört. 1809 erhielt es das Markt- und 1918 das Stadtrecht. – Sehenswert: Pfarrkirche und Heimatmuseum.

Miltenberg

□ 60,14 qkm; ○ Miltenberg; ⚐ Bayern; ✉ 63897; ☎ 09371; 🚗 MIL; △ 127 m; 👫 9900.

M., beiderseits des Mains zwischen den Ausläufern von Odenwald und Spessart gelegen, ist über die B 469 zu erreichen. Bahnstation an der Strecke Frankfurt a. M.–Ulm. Die St hat Amtsgericht, Kreisverwaltung; Realschulen für Knaben und Mädchen, Gymnasium, bischöfl. Knabenseminar Kilianeum (Internat), Kreisberufsschule, Landwirtschaftsschule, Sonderschule für geistig und körperlich behinderte Kinder; holzverarbeitende Betriebe, Papierfabrik, Rotsandsteingewinnung und -verarbeitung.

Stein- und bronzezeitliche Bodenfunde sowie die keltischen Ringwälle auf dem Greinberg künden von einer Besiedlung der M. Gemarkung seit vor- und frühgeschichtlicher Zeit. Die Römer unterhielten direkt am Limes, der zwischen Miltenberg und der Gm Bürgstadt den Main erreichte, ein kleines Numeruskastell und ein größeres Kohortenkastell im heutigen Fürstlich-Löwensteinschen Park. Im MA. besaß M. als Handelsstadt am schiffbaren Main und an der Fernstraße Köln–Frankfurt–Würzburg–Nürnberg bedeutende Vorrechte. Bis 1803 gehörte die St zu Kurmainz; 1816 kam sie an Bayern.

Die malerisch gelegene St besitzt zahlreiche alte Fachwerkhäuser aus dem 15.–18. Jh., vor allem um den Marktplatz und am „Schnatterloch". Der Gasthof „Zum Riesen" (1590) gilt als ältestes Gasthaus Deutschlands; bemerkenswert ferner die Kellerei des Mainzer Domkapitels (15. Jh.) und das Mainzer Kaufhaus (15. Jh.), die Pfarrkirche (15./16. Jh.), die Amtskellerei (16./17. Jh.) und Reste der ma. Stadtbefestigung.

8 km südlich von M. liegt die berühmte Benediktinerabteikirche (1742–47) von Amorbach. Aus der Römerzeit stammt der fast 4 Meter hohe, roh behauene „Toutonenstein" (im Burghof) mit einer rätselhaften lateinischen Inschrift. M. ist Geburtsort des Humanisten Johannes Butzbach (1479–1516).

Mindelheim

□ 56,42 qkm; ○ Unterallgäu; ⚐ Bayern; ✉ 87719; ☎ 08261; 🚗 MN; △ 607 m; 👫 12000.

M. liegt 52 km südwestlich von Augsburg im Tal der Mindel im bayrischen Schwaben. Die St ist Kreuzungspunkt der B 16 und B 18; Anschluß an die A 96 Lindau–München (Ausfahrt M.); Bahnstation an den Strecken München/Augsburg–Kempten/Lindau. M. hat Landratsamt, Forstamt, Arbeitsamt (Nebenstelle), Finanzamt (Nebenstelle), Amt für Landwirtschaft u. a. Behörden; Realschulen, Gymnasium, Berufsschule, landwirtschaftliche Kreisberufsschule, Landwirtschaftsschule, Sing- und Musikschule, Sonderschule für Lern- und Sprachbehinderte, Volkshochschule; Strumpfindustrie (Zweigwerk der Kunert-Werke), Werkzeug- und Maschinenfabrik, Bau von Transferstraßen u. a., Spielwarenherstellung.

M., 1046 erstmals urkundlich erwähnt und vor 1256 zur Stadt erhoben, lag an der Salzstraße München–Memmingen. Die Mindelburg war Stammsitz des berühmten in M. geborenen Landsknechtsführers Georg I. von Frundsberg (1473–1528). Nach 1616 gehörte M. zu Bayern, mit Ausnahme der Jahre zwischen 1705–14 (Herrschaftssitz der Marlboroughs, der Ahnen des engl. Staatsmannes Winston Churchill) und 1778–80 (österreichisch). Das ma. Stadtbild mit Rathaus, Marienplatz und Resten der Stadtbefestigung (Oberes-, Unteres- und Einlaßtor) aus dem 14. Jh. ist gut erhalten. Sehenswert: Schloß Mindelburg; Liebfrauenkapelle mit dem Holzrelief der heiligen M. Sippe (um 1510); kath. Pfarrkirche St. Stephan (Turm 15. Jh., Anfang 18. Jh. umgebaut); Jesuitenkirche (prachtvolle Barockkirche von 1625/26, mit Umbauten von 1721); Heimatmuseum im Kreuzkloster mit Funden aus der Hallstattzeit und Alamannenzeit (1951 Entdeckung von über 100 Gräbern einer alamannischen Siedlung); Textil- und Krippenmuseum (Jesuiten-Kolleg); Turmuhrenmuseum (ehem. Silvesterkirche). – Alle drei Jahre Frundsbergfest.

Minden (Westf.)

□ 102,69 qkm; ○ Minden-Lübbecke; ⚐ Nordrhein-Westfalen; ✉ 32423*; ☎ 0571; 🚗 MI; △ 44 m; 👪 80 000.

M. ist Verkehrsknotenpunkt nördlich der Porta Westfalica (Durchbruch der Weser in das Norddeutsche Tiefland) am Wasserstraßenkreuz von Weser und Mittellandkanal. In M. kreuzen sich die B 61; B 65 und B 482; Anschluß an die Autobahn A 2 Ruhrgebiet–Hannover (Ausfahrten Bad Oeynhausen und Porta Westfalica) und Autobahn A 30 Bad Oeynhausen–Osnabrück–Niederlande (Ausfahrt P.-Vennebeck). D-Zug-Station an der Strecke Köln–Berlin. Flugplatz für Luftnah- und Zubringerverkehr südlich der Porta Westfalica (8 km). Die St hat Industriehäfen an der Weser und am Mittellandkanal; Bundesbahnzentralamt, Bundesbahn-Versuchsanstalt, Wasser- und Schifffahrtsamt (Weser- und Mittellandkanal), Amtsgericht, Arbeitsgericht und Verwaltungsgericht, Kreisverwaltung u. a. Behörden; Fachhochschulabteilung (für Bauwesen), Gymnasien, Realschulen, Sonderschule für Lernbehinderte, Berufs-, Berufsfach- und Berufsoberschulen, Lehranstalt für pharmazeutisch-technische Assistentinnen, Volkshochschule. Kulturelle Einrichtungen: Stadtbücherei, Stadtheater, Archiv für Weserrenaissance, M. Museum für Geschichte, Landes- und Volkskunde, Stadtarchiv, Ausstellungshalle an der Schachtschleuse. M. ist Bundeswehrstandort.

Eine breitgefächerte Industrie (Herstellung von Papier- und keramischen Erzeugnissen [Melitta-Werke], medizinischen Präparaten [Zweigwerk der Knoll AG], Metallverarbeitung, Maschinenbau, chemische und holzverarbeitende Industrie) sowie zahlreiche Handels- und Gewerbebetriebe bestimmen das wirtschaftliche Leben der St. Als Einkaufsstadt ist M. von zentralörtlicher Bedeutung für ein weites Umland.

M., erstmals 798 urkundlich belegt, wurde von Karl dem Großen als Bischofssitz an der Weserfurt vor dem Paß des Wiehengebirges gegründet. 977 erhielt die Siedlung das Münz-, Markt- und Zollrecht. Seit Ende des 13. Jh. war

Minden, Dom

M. Mitglied der Hanse. 1648 kam die St mit dem Bistum an Brandenburg.

In der folgenden Zeit wurde sie Festungs- und Garnisonstadt. 1847 erhielt M. Anschluß an eine der frühesten deutschen Eisenbahnstrecken (Köln–M.). Die Festungsanlagen, die der wirtschaftlichen Entwicklung abträglich waren, wurden erst 1873 geschleift. M., das seinem Charakter nach bis 1945 eine Garnison- und Beamtenstadt blieb, entwickelte sich inzwischen dank seiner verkehrsgünstigen Lage zur aufstrebenden Industrie- und Handelsstadt. Sehenswürdigkeiten: Dom St. Peter (10.–13. Jh.) mit frühromanischem Westwerk, frühgotischer Halle und reicher Ausstattung (roman. Kreuz; Domschatz); Marienkirche (12.–14. Jh.); Martinikirche (12.–14. Jh.); Johanniskirche (15. Jh.); Rathaus mit Laubengängen (13. bis 14. Jh., ältestes Profanbauwerk Deutschlands); Fachwerkbürgerhäuser. – 7 km südlich von M. befindet sich die Porta Westfalica mit dem Wittekindsberg (Kaiser-Wilhelm I.-Denkmal). – Alle zwei Jahre Mindener Freischießen (auf eine Stiftung des Großen Kurfürsten Friedrich Wilhelm von Brandenburg um 1650 zurückgehend). – Aus M. stammen der Maler Meister Bertram (um 1345–1415), der Astronom Friedrich Wilhelm Bessel (1784–1846) und die Schriftstellerin Gertrud von le Fort (1876–1971).

Mittenwald

□ 132,84 qkm; ○ Garmisch-Partenkirchen; ⚐ Bayern; ✉ 82481; ☎ 08823; 🚗 GAP; △ 930 m; 👫 8100.

M., bekannter Ferienort, Wintersportplatz und Luftkurort an der oberen Isar zwischen Karwendel- und Wettersteingebirge, ist über die B 2 und B 11 zu erreichen. Bahnstation an der Strecke München–Garmisch-Partenkirchen–Innsbruck. Der Mkt hat Grund- und Hauptschule, Fachschule für Geigenbau; Geigen- und Musikinstrumentenbau. M. ist Bundeswehrstandort.

M., an einer alten Römer- und Handelsstraße gelegen, wird erstmals um 1080 urkundlich genannt. Um 1361 wurde die Siedlung zum Markt erhoben. M. gehörte von 1316 bis 1803 zur bischöflich-freisingschen Grafschaft Werdenfels. Wirtschaftliche Blütezeiten waren das 16. und 17. Jh., nachdem venezianische Kaufleute nach Auseinandersetzungen mit Bozen die bedeutenden Bozner Märkte und den Umschlag der zwischen Deutschland und Venedig gehandelten Waren nach M. verlegten (seit 1487). Die Glanzzeit erlosch, als 1679 der Markt nach Bozen zurückverlegt wurde. Ende des 17. Jh. brachte Matthias Klotz den Geigenbau nach M., der noch heute eine wichtige Rolle spielt. – Sehenswürdigkeiten des malerisch gelegenen Marktes sind die barocke Pfarrkirche (1738–40) des Wessobrunner Baumeisters Josef Schmuzer, die zahlreichen Häuser in Staffelbauweise aus dem 18. Jh. mit Fassadenmalereien im ältesten Ortsteil Gries, das Geigenbau- und Heimatmuseum; auf die westliche Karwendelspitze (2385 m) führt eine Seilbahn.

Mitterteich

□ 37,92 qkm; ○ Tirschenreuth; ⚐ Bayern; ✉ 95666; ☎ 09633; 🚗 TIR; △ 513 m; 👫 7300.

M. liegt im Oberpfälzer Wald am Kreuzungspunkt der B 15 und B 299; Anschluß an die Autobahn A 93 (Ausfahrt M.). Die St hat Forstamt; Grund- und Hauptschule; Porzellan- und Glasindustrie; Fremdenverkehr.

Die Siedlung »Tiche«, erstmals 1138 in einer Schenkungsurkunde an das Kloster Waldsassen genannt, erhielt 1516 das Marktrecht. 1632 wurde M. durch Feuer fast vollständig zerstört. Mit der Aufhebung des Klosters Waldsassen (1803) kam der Ort an Bayern. Die nahen Kohlebergwerke und Kaolinvorkommen Böhmens begünstigten zu Beginn des 20. Jh. das Entstehen einer Glas- und Porzellanindustrie. 1932 wurde M. zu St erhoben.

Mittweida

□ 14,7 qkm; ○ Hainichen; ⚐ Freistaat Sachsen; ✉ 09648; ☎ 03727; 🚗 HC; △ 260 m; 👫 18400.

M. ist zu erreichen auf der A 4 / E 40, Ausfahrten Chemnitz-Ost (10 km), Frankenberg (12 km), oder Hainichen (12 km); östl. von M. (ebenfalls 12 km) verläuft die B 169; Bahnhof M. liegt an der Eisenbahnstrecke Chemnitz–Berlin. Die nächsten Flughäfen sind Dresden (ca. 45 km) und Leipzig/Halle (ca. 70 km).

Bildungseinrichtungen: Grundschule, Allgemeinbildende Schulen, Gymnasium; Förderschule; Landwirtschaftsschule; Finanzschule, Wirtschaftsschule, Gewerbliche Berufsschule; Hochschule für Technik und Wirtschaft.

Wirtschaftliches: Natursteinwerk M. GmbH; Firma „M.er Granit“; Betonwerke GmbH; PUR-Schaum und Holz GmbH; Kunststofftechnik M. GmbH; NILES Drehmaschinen GmbH; Eisenguß GmbH; Textima Spezialdraht GmbH; Baumwollspinnerei M. GmbH; Elektro-Projekt M.; Säuglingswäsche GmbH; Elfema GmbH; Dt. Kugellagerfabrik GmbH; Wäscheunion GmbH; M.er Löwenbräu GmbH; Kraftverkehrs GmbH; Ring Nährmittel GmbH; Getränkemaschinen- und Behälterbau GmbH; Lederfabrik GmbH; Fruchtvertriebs GmbH; Fleischgenossenschaft M.; Agrargenossenschaft M.

Geschichtliches: Das Gebiet wurde in der 2. Hälfte des 12. Jh. besiedelt; eine erste urkundliche Nennung stammt aus dem Jahre 1209, als St wurde M. erstmals 1286 erwähnt. Die ältesten Teile der St umgeben die St-Kirche und liegen auf Neustädter Gebiet. Der Mkt-Platz entstand um 1300. Der heutige Grundriß des St-Zentrums belegt, daß seine Bebauung bereits im 14. Jh. abgeschlossen war. Während des MA war M. von einer St-Mauer mit vier St-Toren umgeben. Lediglich am St-Graben blieb noch ein kleines Stück Mauer erhalten. Die St wurde 1450, 1551, 1624 und 1693 durch Brände eingeäschert.

Bereits im 15. und 16. Jh. erfuhr sie eine zunehmende wirtschaftliche Stärkung, wobei vor allem die Tuchmacherei, Leineweberei und Leinenhandel sowie die Brauerei dazu beitrugen. Aus kleinen betrieblichen Anfängen entwickelte sich die Textilindustrie als stärkster Industriezweig, der schließlich in der gesamten

Region dominierte. Weltweit bekannt wurde M. auch als „Technikum-St" durch die Gründung einer privaten technischen Lehranstalt im Jahre 1867.

Sehenswürdigkeiten: spätgot. St-Kirche „Unserer lieben Frauen" (1467); barock ausgebautes Bürgerhaus mit Portal aus der Frührenaissance (1537), mit kunstvollen Torbogenkrönungen und Sitznischen; Geburtshaus des Bildhauers Johannes Schilling, Schöpfer des „Niederwald-Denkmals"; Friedensbrunnen auf dem Mkt, erb. nach dem 1. Weltkrieg; ehem. Knabenschule (1544); Museum (1624); sog. Kaserne, nahezu originalgetreu erhaltenes Bürgerhaus aus dem 17. Jh.; Postmeilensäule (1725); „Sächsischer Hof", Gasthaus mit Wappenstein von 1554; „Teufelssteine" am Galgenberg, eine geologische Besonderheit (Cordierit-Gneis); Barockschloß „Neusorge"; Dorfkirche Ringethal mit Silbermannorgel; Reste von Bergwerken in der Umgebung, u.a. Schaubergwerk „Alte Hoffnung Erbstollen" in Schönborn-Dreiwerden, ein Bergwerksstollen aus dem 14./15. Jh.; Talsperre Kriebstein (Landschaftsschutzgebiet), mit Boots- und Fährbetrieb, Gaststätten und Camping; got. Wehranlage Burg Kriebstein (14./15. Jh.), schönste Burg Sachsens.

Kultur- und Sportstätten: Heimatmuseum; Raumfahrtmuseum; St-Bibliothek, Hochschulbibliothek, Regionalbibliothek; Freibad, Kegelbahn, Sport- und Tennisplätze, Turnhallen; Kanusportzentrum; Jugendklub.

Wiederkehrende Ereignisse: Volksfest zu Pfingsten; Weihnachts-Mkt.

Möckmühl

□ 49,60 qkm; ○ Heilbronn a.N.; ⚐ Baden-Württemberg; ⊠ 74219; ☎ 06298; 🚗 HN; △ 183 m; 👫 5900.

M., 25 km nordöstlich von Heilbronn im mittleren Jagsttal gelegen, ist über die Autobahn A 81 Heilbronn–Würzburg (Ausfahrt M.) zu erreichen; Bahnstation an der Strecke Stuttgart–Würzburg. Die St hat Schulzentrum mit Realschule, Gymnasium; Volkshochschule, Jugendmusikschule; Maschinen- und Metallbau, Textilindustrie; Segelflugplatz (südwestl. von M.).

Erste unkundliche Erwähnung 779. M. war Mittelpunkt einer fränkischen Hundertschaft mit Richtstätte. Die bekannteste Figur aus der Geschichte M. ist Götz von Berlichingen, der 1519 als Amtmann der Stadt gefangen genommen und von hier nach Heilbronn verbracht wurde.

Sehenswert: Historischer Stadtkern mit Stadtmauer, Hexenturm und Götzenburg; Jagsttalbahn (Dampfmuseumsbahn).

Möglingen (Württ.)

□ 9,93 qkm; ○ Ludwigsburg; ⚐ Baden-Württemberg; ⊠ 71696; ☎ 07141; 🚗 LB; △ 290 m; 👫 10000.

M., 12 km nördlich von Stuttgart an der Autobahn A 81 Stuttgart–Heilbronn (Ausfahrt Ludwigsburg-Süd) gelegen, hat Grund- und Hauptschule, Sonderschule für Lernbehinderte. Als Wohnvorort von Stuttgart ist M. seit 1950 überdurchschnittlich gewachsen (1939 1500 EW).

Möhnesee

□ 123,36 qkm; ○ Soest; ⚐ Nordrhein-Westfalen; ⊠ 59519; ☎ 02924; 🚗 SO; △ 280 m; 👫 8700.

M., zwischen Haarstrang und Arnsberger Wald an der Möhne-Talsperre im Schnittpunkt der B 229 und B 516 gelegen, ist 1969 durch Zusammenschluß von 15 ehem. selbständigen Gemeinden entstanden; Gemeindeverwaltung im Ortsteil Körbecke. M. ist Bundeswehrstandort, hat Grundschulen, Hauptschule, Volkshochschule.

Die meisten Ortsteile der Gm sind im 10. Jh. gegründet worden. M. hat sich nach dem 2. Weltkrieg zu einem Ausflugs- und Urlaubsort mit lebhaftem Fremdenverkehr (300000 Übernachtungen jährlich) entwickelt. – Sehenswert: Möhneseestaumauer, Naturpark Arnsberger Wald.

Mölln (Kr. Herzogtum Lauenburg)

□ 25,05 qkm; ○ Herzogtum Lauenburg; ⚐ Schleswig-Holstein; ⊠ 23879; ☎ 04542; 🚗 RZ; △ 19 m; 👫 16400.

M. ist Luftkurort und Kneippkurort im Naturpark Lauenburgische Seen 25 km südlich von Lübeck. Die St liegt am Elbe-Lübeck-Kanal, an der B 207 und an der Bahnstrecke Lüneburg–M.–Lübeck–Kiel; Anschluß an die A 24 Hamburg–Berlin über die Ausfahrten Talkan und Hornbek. M. hat Hafen; Amtsgericht; Realschule, Technisches Gymnasium, Berufs- und Berufsfachschule, Landwirtschaftsschule,

Hausfrauenschule, Sonderschule für Lernbehinderte; Textilindustrie (Herstellung von Chenille), Parkettfabrik, Eisengießerei, Forstsamenbetrieb.

M., erstmals als Siedlung am »stagnum mulne« (Möllner See) urkundlich erwähnt, erhielt 1202 Lübisches Stadtrecht. Die St gehörte von 1202 bis 1359 zum Herzogtum Lauenburg, wurde dann an Lübeck verpfändet und kam 1689 an Hannover. Von 1803 bis 1815 unterstand M. der französischen und seit 1816 der dänischen Oberhoheit. 1864 wurde die St Österreich und 1865 Preußen zugesprochen. Der zwischen 1391 und 1398 erbaute Stecknitzkanal (Vorläufer des jetzigen Elbe-Lübeck-Kanals) gilt als ältester Kanal Europas.

In der reizvoll auf einer Landzunge gelegenen Altstadt sind sehenswert die St. Nikolai-Kirche (Anfang 13. Jh.) mit Till-Eulenspiegel-Grabstein (1350 an der Pest gest.), der alte Marktplatz mit Rathaus (1373) und Gerichtslaube, der Eulenspiegel-Brunnen, das Eulenspiegel-Haus und -Museum sowie zahlreiche historische Fachwerkhäuser.

Mönchengladbach

□ 170,47 qkm; ○ Kreisfreie Stadt; ⚐ Nordrhein-Westfalen; ✉ 41061*; ☎ 02161 (MG 1; 5; 6) und 02166 (MG 2; 3; 4); 🚗 MG; △ 35–133 m; 👪 252000.

M., mit über 250000 Einwohnern die größte Stadt am linken Niederrhein, ist Wirtschaftsmetropole zwischen Rhein und Maas und Einkaufszentrum für die Region. Die St liegt am Schnittpunkt der Autobahnen A 44, 46, 52, 61 sowie der Bundesstraßen B 7, 57, 59, 230 mit direkten Verbindungen zu den Niederlanden, Düsseldorf, Köln und dem Ruhrgebiet. M. ist Eisenbahnknotenpunkt mit Fernverbindungen in alle Richtungen und direkter S-Bahn-Verbindung mit Düsseldorf; M. hat ferner einen Verkehrslandeplatz.

Die St ist Verwaltungs- und Wirtschaftszentrum mit zahlreichen bedeutenden Behörden und Körperschaften des öffentlichen Rechts (Landgericht, Amtsgericht, Arbeitsgericht, Territorialkommando Nord der Bundeswehr, Rhein. Straßenbauamt, Staatshochbauamt, Landesforstamt, Bundesbahn-Betriebsamt, Industrie- und Handelskammer, Landeszentralbank, Deutsches Forschungsinstitut für Textilindustrie, Textilprüfanstalt u.a.); Bildungseinrichtungen: Fachhochschule Niederrhein (Fachbereiche Textil- und Bekleidungstechnik, Ernährung und Hauswirtschaft, Sozialwesen

Mönchengladbach, Münster

und Wirtschaft), Gymnasien, Realschulen, Kaufmännische und Gewerbliche Berufsfachschulen, Technikerfachschule, Fleischerfachschule; Krankenhäuser, Spezialkliniken (Kinderklinik, Asthma-Krankenhaus der Kamillianer-Klinik für Lungenkrankheiten), kulturellen Institutionen (Städtisches Museum Abteiberg mit Kunst des 20. Jahrhunderts sowie Städtisches Museum Schloß Rheydt mit Kunst- und Kulturgeschichte sowie Webereimuseum), Stadtbibliothek mit sozialwissenschaftlicher Spezialabteilung.

M. verfügt über eine vielseitige, leistungsstarke Wirtschaft: Hier produzieren Weltunternehmen u.a. der Elektrotechnik, des Luftfahrzeugbaus-, Maschinenbaus- und der Textilindustrie.

Im 10. Jh. gründeten Benediktinermönche am Gladbach ein Kloster; daher der Name Mönchengladbach. Die bei diesem Kloster entstandene Siedlung wird erstmals 1366 als Stadt erwähnt. Durch den Flachsanbau in der Niederung der Niers (Nebenfluß der Maas) wurde M. im MA zu einem Zentrum der Leinenweberei. Im Zuge der Industrialisierung ersetzte der mechanische Webstuhl den Handwebstuhl, die Baumwollverarbeitung löste die Leinenhandweberei ab und brachte den Aufschwung der Textilindustrie. Durch einen enormen strukturellen Wandel entwickelte sich in Mönchengladbach in den letzten beiden Jahrzehnten eine zukunftsorientierte, breitgefächerte Wirtschaft. M. ist dank seiner günstigen Lage und seinem aufgelockerten Stadtbild mit vorbildlichen Grünanlagen (Bunter Garten, Kaiserpark) eine „Stadt im Grünen". – Sehenswürdigkeiten: Münster (Basilika minor,

11. Jahrhundert) mit Chor (12. Jahrhundert), ein Meisterwerk der Frühgotik des Kölner Dom-Baumeisters Gerhard von Riehl; Rathaus aus der zweiten Hälfte des 17. Jahrhunderts (bis 1802 Benediktinerabtei); romanischer Westturm (12. Jahrhundert) der Pfarrkirche im Stadtteil Rheindahlen; Kirche in Wickrathberg; Schloß Rheydt (16. Jahrhundert, Renaissancebau) mit Heimatmuseum; Schloß Wickrath (18. Jahrhundert, errichtet von Couven). – M. ist Geburtsort des Arbeiterdichters Heinrich Lersch (1889 bis 1936).

Mörfelden-Walldorf

□ 44,16 qkm; ○ Groß-Gerau; ⚐ Hessen; ✉ 64546; ☎ 06105; 🚗 GG; △ 86–109 m; 👫 28400.

M.-W. liegt 15 km südlich von Frankfurt a. M. im Schnittpunkt der B 44 und B 486 sowie an der Autobahn A 5 Frankfurt–Karlsruhe (Ausfahrt Langen/Mörfelden); Bahnstation an der Strecke Frankfurt–Groß-Gerau; Flughafen Frankfurt a. M. (6 km). Die St, Wohngemeinde mit überdurchschnittlichem Wachstum im Städtedreieck Frankfurt–Darmstadt–Mainz, hat Gesamtschule, Volkshochschule; kleinere und mittlere Industrie- und Gewerbebetriebe.

Mörfelden ist erstmals um 700 urkundlich bezeugt. Aus dem Besitz der Herren von Münzenberg kam M. über die Herren von Falkenstein und Isenburg-Büdingen 1600 an Hessen. Walldorf wurde 1699 von glaubenvertriebenen Waldensern gegründet. – Sehenswert Jagdschloß Mönchbruch (1729).

Moers

□ 67,67 qkm; ○ Wesel; ⚐ Nordrhein-Westfalen; ✉ 47441*; ☎ 02841; 🚗 WES; △ 26 m; 👫 102000.

M., 7 km westlich von Duisburg am linken Niederrhein gelegen, ist über die Bundesstraßen 57 und 60 sowie über die Autobahnen A 2 Duisburg-Venlo (3 Ausfahrten), A 57 Ludwigshafen–Goch (3 Ausfahrten) und A 42 Dortmund–Moers (Ausfahrt M.-Rheinkamp) zu erreichen; Bahnstation an der Strecke Duisburg–Xanten–Kleve. Die St hat Amtsgericht; Realschulen, Gymnasien, Sonderschulen, Berufs-, Berufsfach- und Fachoberschulen, Musikschule, Krankenpflegeschule, Kinderkrankenpflegeschule, MTA-Schule, Volkshochschule; Steinkohlebergbau, Chemische Industrie, Maschinenbau, Metall-, kunststoffverarbeitende- und Nahrungsmittel-Industrie; Landwirtschaft.

Um 100 wird in Tacitus' „Germania" das Römerkastell »Asciburgium« (der heutige Stadtteil Asberg) erwähnt. Der Ortsname M. erscheint erstmals im 9. Jh. in den Heberegistern der Abtei Werden. Seit Ende des 12. Jh. war M. Stammsitz der Grafen von Moers. 1300 erhielt die Siedlung das Stadtrecht. Zwischen 1586 und 1597 bauten die Spanier und in den Jahren 1601 bis 1621 Prinz Moritz von Nassau-Oranien, dem die Grafschaft zugefallen war, M. zu einer starken Festung aus (1746 Schleifung der Anlagen). 1702 kam die St durch Erbvertrag an Preußen. Nach der französischen Besatzung (1704–1814) war M. Kreisstadt des gleichnamigen Kreises (1857–1974). Im Rahmen der kommunalen Neugliederung wurden M., Kapellen und Rheinkamp zur St Moers zusammengefaßt. – Sehenswürdigkeiten: Restaurierte Altstadt mit Schloß M. (Museum), Schloßpark mit Resten alter Wehranlagen. – Alljährlich Internationales New-Jazz-Festival (Mai), Folk & Fool Festival (August), Parkfest (August), M. Kirmes (September).

Mössingen

□ 50 qkm; ○ Tübingen; ⚐ Baden-Württemberg; ✉ 72116; ☎ 07473; 🚗 TÜ; △ 435–853 m; 👫 16500.

M. liegt 16 km südlich von Tübingen im Steinlachtal am Fuße der Schwäbischen Alb. Zufahrt über die B 27. Bahnstation an der Strecke Tübingen–Sigmaringen–Bodensee. Die Gm hat ev. Aufbaugymnasium, Gymnasium, Realschule, Sonderschule für Lernbehinderte; Textilindustrie (Stoffdruckerei, Herstellung von Trikotwaren, Frottierweberei). Der Ortsteil Bad Sebastiansweiler (Schwefelquellen) ist Heilbad. Heilanzeigen bei rheumatischen Erkrankungen und Hautleiden.

M. wird erstmals 774 urkundlich erwähnt. Bemerkenswert die alte spätgotische Kirche (1517–27) und das Rathaus (1567); im Ortsteil Belsen romanische Kapelle aus dem 12. Jh.

Monheim (Rhld.)

□ 23,13 qkm; ○ Mettmann; ⚐ Nordrhein-Westfalen; ✉ 40789; ☎ 02173; 🚗 ME; △ 40 m; 👫 42000.

M., rechtsrheinisch in einer Rheinschleife an der A 59 AB-Kreuz Bonn–Beuel–Düsseldorf gelegen (Ausfahrt Monheim), grenzt im Süden an den Stadtrand von Leverkusen, im Norden an Düsseldorf. Die St hat allgemein- und berufsbildende Schulen, Volkshochschule, Musikschule; chemische und Pharmaindustrie, Brauerei. M. ist Sitz des größten Pflanzenschutzzentrums Europas.

Um 1360 war M. Amtssitz des Herzogtums Berg; Ende des 14. Jh. wurde es zur Freiheit erhoben; 1960 erhielt M. das Stadtrecht.

Sehenswert die Altstadt mit gut erhaltenen Bürgerhäusern aus dem 17. und 18. Jahrhundert, Schelmenturm und Haus Bürgel (1017 urkundlich erwähnt).

Monschau

□ 94,64 qkm; ○ Aachen; ⚐ Nordrhein-Westfalen; ✉ 52156; ☎ 02472; 🚗 AC; △ 400–650 m; 👫 12700.

M., in der Eifel an einer Rurschleife 35 km südöstlich von Aachen unweit der belgischen Grenze gelegen, ist über die B 258 und B 399 zu erreichen. Die St hat Amtsgericht, Kreisverwaltung (Nebenstelle), Gesundheitsamt; städt. und private Realschulen (mit Internat), Gymnasium, Volkshochschule; Seiden- und Wollindustrie, Brauerei, Glashütte; lebhaften Fremden- und Ausflugsverkehr.

M. entstand im Schutz der Burg, die Sitz der Herrschaft »Montjoie« (erstmals 1096 bezeugt) war. M. kam 1198 an das Herzogtum Limburg und später über das Haus Schönforst 1433 an Jülich (bis 1609). 1361 wurde M. zur St erhoben; seit 1666 gehörte es zu Pfalz-Neuburg und seit 1685 zur Kurpfalz. 1794 wurde die St Sitz eines französischen Kantons und 1816 preußische Kreisstadt. Wirtschaftliche Blütezeiten waren das 16.–18. Jh. (Tuchindustrie). 1918 wurde der Name »Montjoie« in Monschau geändert. – In der malerischen Altstadt sind bemerkenswert die kath. Pfarrkirche (1649/50), die ehem. Minoritenkirche (1719–51), die ev. Kirche (1787/89), die Senfmühle, Glashütte sowie zahlreiche Patrizier- und Bürgerhäuser aus dem 16.–18. Jh. (Haus Rolshausen, Rotes Haus [Museum], Haus Troistorff u. a.). Der Palas der Burg (seit 1689 Ruine) wurde 1929 zur Jugendherberge ausgebaut.

Veranstaltungen: Oldtimer-Rallye (Februar), Internationales Wildwasser-Rennen (April/Mai), Musikwoche (August), Kunst- und Handwerkermarkt (September).

Montabaur

□ 33,61 qkm; ○ Westerwaldkreis; ⚐ Rheinland-Pfalz; ✉ 56410; ☎ 02602; 🚗 MT; △ 280–330 m; 👫 11000.

M., 20 km östlich von Koblenz am Nordrand des Naturparks Nassau an der B 49, B 255 und Autobahn A 3 Frankfurt a. M.–Köln (Ausfahrt M.) gelegen, ist Sitz der Verbandsgemeinde M. (Verwaltungszusammenschluß von 25 Gm), der Kreisverwaltung Westerwald, eines Amtsgerichts, Arbeitsamtes, Finanzamtes, Forstamtes, Autobahnamtes und Autobahnmeisterei u. a. Behörden. M. hat Realschule, Abendrealschule, Gymnasien, Sonderschulen für Lern- und Geistigbehinderte; Sprachheilambulatorium, Berufsschule, Berufsfachschule, Berufsaufbauschule, Fachoberschule, Volkshochschule und Kreisvolkshochschule, Kreismusikschule, Akademie der Volksbanken und Raiffeisenbanken; Heil- und Pflegeanstalt und Krankenhaus der Barmherzigen Brüder; mittlere Industriebetriebe (Kunststoffverarbeitende und Holzindustrie, Kerzenfabrikation, Stahl- und Metallbau). Die St ist Bundeswehrstandort.

M., auf altem Siedlungsboden gelegen (Siedlungsfunde aus der Jungsteinzeit; keltische Ringwallanlagen), entwickelte sich im Schutz einer auf einem Basaltkegel erbauten und im Jahre 959 erstmals urkundlich genannten Burg. Ort und Burg hießen vom 10. Jh. bis nach 1200 Humbach. Zur Zeit der Kreuzzüge entstand der Name »Mons Tabor« wegen der Ähnlichkeit des Bergkegels mit dem Berg Tabor in Palästina. Aus dem lat. Namen wurde M. 1291 erhielt das Dorf Stadtrechte. Im 14. und 15. Jh. wirtschaftliche Blütezeiten, besonders durch die Zunft der Wollweber. Im 16. Jh. erbauten sich die Trierer Kurfürsten anstelle der Burg ein Schloß, das 1687–1709 weiter ausgebaut wurde (Rittersaal im Barockstil). Bemerkenswert ferner die spätgot. Pfarrkirche St. Peter in Ketten (1535), Reste der ma. Stadtbefestigung (Wolfsturm, Stadtmauerturm im Gebück), neugot. Rathaus (1866–68), Fachwerkhäuser aus dem 17. und 18. Jh. – In der Nähe von M. liegt der Hochwildschutzpark „Westerwald" (8 km). – Alljährlich Anfang August Kirchweihfest mit Großfeuerwerk.

Moormerland

□ 122,30 qkm; ○ Leer; ⚐ Niedersachsen; ✉ 26802; ☎ 04954; 🚗 LER; △ 1,25 m; 👫 19000.

M. ist im Rahmen der Gebietsneuordnung durch Zusammenschluß von elf Gemeinden unter neuem Namen entstanden. Die südöstlich von Emden an der Mündung der Ems in den Dollart gelegene Großgemeinde ist über die B 70 und Autobahn A 31 Emden–Haren (Ems) (Ausfahrten Riepe und Neermoor) zu erreichen. M. hat Grund- Haupt- und Realschule. Hauptwirtschaftszweige sind die Land- und Viehwirtschaft.

Moosburg a. d. Isar

☐ 43,85 qkm; ○ Freising; ⚐ Bayern; ✉ 85368; ☎ 08761; 🚗 FS; △ 421 m; 👪 14300.

M. liegt 20 km südwestlich von Landshut im Mündungsdreieck von Amper und Isar. Zufahrt über die B 11; Bahnstation an der Strecke München–Regensburg. Die St hat Amtsgericht, Landwirtschaftsamt; Realschule, Gymnasium, Land- und Hauswirtschaftsschule; mittlere Industriebetriebe (Herstellung von automatischen Fabriktoren, Bleicherdeverarbeitung, elektrotechnisches Werk).

Das Kloster »Mosabyrca«, vor 771 gegründet, wird erstmals um 804 oder 809, die in der Nähe entstandene Siedlung erstmals 1146 urkundlich genannt. Um 1022/1031 ist die erste Isarbrücke bezeugt, die Moosburgs frühe Bedeutung als Handelsplatz und Markt (seit 1260) bestätigt. Der Ort, seit 1284 Lehen der Herzöge von Niederbayern, erhielt vor 1313 das Stadtrecht. 1702 und 1865 vernichteten Großbrände den größten Teil der Altstadt. – Sehenswert: romanisches Münster St. Kastulus (beg. 1171) mit spätgot. Chor (1468) und prächtigem Leinberger-Hochaltar (Anfang 16. Jh.); St. Johannes-Kirche (Mitte 14. Jh.); Heimatmuseum. – Alljährlich im September Herbstschau mit Gersten- und Hopfenausstellung.

Morsbach (Sieg)

☐ 55,88 qkm; ○ Oberbergischer Kreis; ⚐ Nordrhein-Westfalen; ✉ 51597; ☎ 02294; 🚗 GM; △ 220–246 m; 👪 9700.

M., im südlichen Teil des Oberbergischen Landes zwischen Agger und Sieg gelegen, ist Luftkurort mit lebhaftem Fremdenverkehr. Die Gm hat Haupt- und Realschule, Kreisvolkshochschule (Zweigstelle); Kunststoff- und holzverarbeitende Industrie (Herstellung von Baracken, Holzhäusern, Baustellenfahrzeugen, Wohnwagen, Kisten u. a.), Öfen- und Behälterbau, Eisen- und Stahlbau, Fabrikation von Werkzeugen und Starkstromschaltgeräten, Textilien u. a.

M. wird erstmals 895 erwähnt. Die kath. Kirche St. Gertrud ist eine romanische Basilika aus der 1. Hälfte des 13. Jh. Sehenswert ferner die in der näheren Umgebung liegenden Wasserburgen Volperhausen und Krottorf (13.–16. Jh.) sowie die Wildenburg (13. Jh., Ruine).

Mosbach (Baden)

☐ 62,24 qkm; ○ Neckar-Odenwaldkreis; ⚐ Baden-Württemberg; ✉ 74821; ☎ 06261; 🚗 MOS; △ 147–347 m; 👪 23500.

M., im Tal der Elz nahe der Einmündung in den Neckar gelegen, ist D-Zug-Station der Bundesbahnstrecke Heidelberg–Würzburg. Zufahrt über die B 27; Flugplatz in Lohrbach (8 km). Die St hat Landgericht, Amtsgericht, Kreisbehörden; Sonderschulen für lernbehinderte und geistig behinderte Kinder, Realschule, Gymnasium, Handelslehranstalt, Berufsakademie. Industrie: Fahrzeug (Spitzer), Maschinen- und Armaturenfabriken sowie mittelständische Handwerks- und Dienstleistungsbetriebe.

M. geht auf eine Klostergründung zurück (erste urkundliche Erwähnung 736 n.Chr.). Aus dem Kloster entwickelte sich eine Reichsabtei und aus dieser eine bürgerliche Siedlung, die 1291 als St nachzuweisen ist. Im 15. Jh. war M. Fürstensitz und Sitz des kurpfälzischen Oberamtes. Ein Großbrand vernichtete 1723 150 Häuser, Kurfürst Carl Theodor gründete 1770 eine Fayencenfabrik für Gebrauchsgeschirr. 1756 entstand eine Saline. – Aus dem 15. und 16. Jh. stammen die malerischen Fachwerkhäuser in der restaurierten Altstadt (Palmsches Haus [1610], Haus Lindenlaub [1589]). Die Stadtkirche (Simultankirche) wurde Anfang des 15. Jh. errichtet, das Rathaus mit Turm 1558/59; Fayencensammlung im Heimatmuseum, Ostdeutsche Heimatstuben.

1972/73 erfolgte die freiwillige Eingliederung der vier Gemeinden Lohrbach, Sattelbach, Reichenbach und Diedesheim; 1975 wurde M. die ehem. Gm Neckarelz eingegliedert. N. liegt an der Einmündung der Elz in den Neckar und im Schnittpunkt der B 27, B 37 und B 292. Bahnstation an der Strecke Heidelberg–Würzburg und Heidelberg–Heilbronn–Stuttgart. N., Bundeswehrstandort, hat Neckarhafen; Realschule, Gymnasium, Sonderschule für Lernbehinderte; Eisengießerei, Stahlbau, Sägewerk.

Der Stadtteil liegt auf altem Siedlungsgebiet (Funde aus der jüngeren Stein-, der Bronze- und Römerzeit). »Alantia« (nach der 976 bezeugten Burg »Alizia« = Elz) wird erstmals 773 im Lorscher Kodex genannt. Die über einem alten röm. Kultbezirk errichtete mittelalterliche Feste war von 1300 bis 1350 im Besitz der Johanniter (Umbau zum Johanniterhaus [Templerhaus] mit Grabmal des ersten Komturs von 1302 und Fresken aus der Zeit um 1300). Über die Herren von Hirschhorn (bis 1412), die Kurpfalz (bis 1803) und Leiningen (bis 1806) kam N. an Baden. Das Templerhaus wurde 1731–33 zur kath. Kirche umgebaut.

Bemerkenswert die pfälz. Amtskellerei von 1602 (jetzt Bildungsstätte).

Much

□ 78,07 qkm; ○ Rhein-Sieg-Kreis; ⚐ Nordrhein-Westfalen; ✉ 53804; ☎ 02245; 🚗 SU; △ 240–384 m; 👥 12000.

M. liegt 40 km nordöstlich von Bonn an der B 56 am Übergang der Rhein-Sieg-Ebene zum Bergischen Land. Die Gm, die aus 114 Ortsteilen, Weilern und Einzelhöfen besteht, hat Grundschulen, Hauptschule, Realschule; Kunststoffmaschinenbau, Vieh- und Agrarwirtschaft. Ein Großteil der Bewohner der Gm sind Pendler.

Von der um 802 errichteten Burg M. sind Reste erhalten, die nahe beim Ort gelegene Burg Overbach wurde im 11. Jh. erbaut (nach Zerstörung 1593 im Jahr 1612 neu errichtet). Die auf einer Anhöhe liegende Pfarrkirche St. Martin von M. stammt aus dem 12. Jh. (Chor 15. Jh.); ferner sehenswert Schloß Homburg mit Museum; Schloß Hernstein im Bröhltal; Schloßruine Windeck im Siegtal; Stadt Blankenberg im Siegtal mit ma. Befestigungen (Kleinste St Deutschlands); Benediktiner-Abtei, St. Michael mit Annoschrein in Siegburg; Tropfsteinhöhle in Wiehl u.a.

Mühlacker

□ 54,33 qkm; ○ Enzkreis; ⚐ Baden-Württemberg; ✉ 75417; ☎ 07041; 🚗 PF; △ 217 bis 310 m; 👥 24200.

M., 15 km nordöstlich von Pforzheim im mittleren Enztal gelegen, ist über die B 10, B 35 und Autobahn Karlsruhe–Stuttgart (Ausfahrt Pforzheim-O.) zu erreichen. D-Zug-Station an den Strecken Stuttgart–Frankfurt a.M. und Stuttgart–Karlsruhe. Die St hat Realschule, Gymnasium, gewerbliche und kaufmännische Berufsschule, Wirtschaftsschule, gewerblich-technische Berufsfachschule, Kfz-Fachschule, Krankenschwesternschule, Volkshochschule, Sonderschule für Lernbehinderte; metallverarbeitende Industrie (Herstellung von Kreissägen, Autokühlern, Heizungen, Klimaanlagen), Maschinenbau (Ziegeleimaschinen), optische und kunststoffverarbeitende Industrie, Elektrogeräteherstellung, Bijouterie; Großsenderanlage des Süddeutschen Rundfunks mit 273 m hohem Sendemast.

M. liegt auf altem Siedlungsgebiet (Funde aus der Steinzeit bis zur Römerzeit). Der Ortsteil Dürrmenz wird erstmals im 8. Jh. urkundlich erwähnt. 1699 siedelten sich in dem durch den Dreißigjährigen Krieg und die Pfälzer Erbfolgekriege entvölkerten Dorf unter Führung von Henri Arnaud glaubensvertriebene Waldenser an. Nach 1870/71 erste Industrieansiedlung; 1853 Eisenbahnanschluß (Grenzstation zwischen Württemberg und Baden). 1930 erhielt M. das Stadtrecht. – Sehenswert: Heimatmuseum und Burgruine Löffelstelz über der Enz, Landschaftsschutzgebiet „Enztalschlingen".

Mühldorf a. Inn

□ 29,43 qkm; ○ Mühldorf a. Inn; ⚐ Bayern; ✉ 84453; ☎ 08631; 🚗 MÜ; △ 411 m; 👥 14850.

M., an einer Flußschleife des unteren Inns in Oberbayern gelegen, ist Bahnknotenpunkt an der Bundesbahnhauptstrecke (und weiteren sieben Nebenlinien) München–Simbach (Landesgrenze). Zufahrt über die B 12. Die St hat Amtsgericht, Arbeitsgericht, Kreisverwaltung, Wetterstation; Bundesbahn-Betriebsamt und Betriebswerk; Gymnasium, Handelsschule, landwirtschaftl. Hauswirtschaftsschule, Berufsschule, Sonderschule für geistig behinderte Kinder; Kreiskrankenhaus; Textil- und Handelsbetriebe. M. ist Einkaufszentrum für ein weites agrarwirtschaftlich strukturiertes Hinterland.

M., erstmals 935 urkundlich erwähnt, war seit Ende des 8. Jh. im Besitz des Erzstiftes Salzburg. 1190 erhielt es das Salzstapelrecht von Kaiser Heinrich VI. 1322 fand bei M. die letzte große Ritterschlacht des Mittelalters zwischen Ludwig dem Bayern und dem Gegenkönig Friedrich dem Schönen von Österreich statt. 1802 kam der Ort an Bayern.

Die mächtige ma. Stadtanlage im südländischen Innbaustil blieb trotz der Zerstörungen von 1945 im wesentlichen erhalten. Sehenswert: Reste der alten Stadtbefestigung; Stadtpfarrkirche St. Nikolaus (1432 bis 1443, im 18. Jh. erneuert); Katharinenkirche (14. Jh.) Rathaus (15. Jh.); Kreismuseum »Lodronhaus«. – Alljährlich Ende August großes Volksfest.

Mühlhausen

☐ 63,75 qkm; ○ Mühlhausen; ⚐ Thüringen; ✉ 99974; ☎ 03601; 🚗 MHL; △ 211 m; 👪 41850.

Die Thomas-Müntzer-St M. ist zu erreichen auf der A 4 / E 40, Ausfahrt Eisenach-Ost (49 km) und Ausfahrt Gotha (38 km); in der St kreuzen sich die B 247 und B 249. Bahnstation der Linie Erfurt–Gotha–Leinefelde und der Strecke M.–Schlotheim. Der nächste Flughafen ist Erfurt (ca. 64 km).

Bildungseinrichtungen: Grundschulen, Realschulen, Gymnasien; Förderschulen; Fachschule, Berufsschule.

Wirtschaftliches: Industriell dominieren die Branchen Textil, Metallverarbeitung, Elektronik, und Holzverarbeitung; zahlreiche Bauunternehmen unterschiedlicher Betriebsstruktur; mehrere Industrie- und Gewerbeflächen bzw. -gebiete. M. ist Sitz einer Agrargenossenschaft mit überregionalen Einzugs- und Absatzgebieten und eigenen Verarbeitungskapazitäten.

Geschichtliches: Die erste Erwähnung datiert vom 18. Januar 967 in einer Urkunde Kaiser Ottos II.; Pfalzort der Ottonen, Salier und Staufer. Rechtsbund nach des Reiches Recht in dt. Sprache um 1220. Bau des inneren St-Mauerringes 1170–1251. Zerstörung der königl. Burg 1256 durch M.er Bürger und Erringung des Status einer Freien Reichs-St. Blütezeit im 13. und 14. Jh.: um das Jahr 1400 etwa 10000 EW; Erwerb des Königsgutbezirkes (220 qkm), Bau des äußeren Mauerringes und des Landgrabens. 1524–25 war M. Zentrum der radikalen Reformation (unter der Führung von Thomas Müntzer) und des Bauernkrieges; zeitweiser Verlust der Reichsfreiheit (bis 1548). Von 1422 bis 1707 sechs St-Brände mit weitgehendem Verlust der ma. Bausubstanz, aber Wahrung der St-Struktur. In den Jahren 1707/08 war J. S. Bach Organist an der „Divi Blasii". – Wirtschaftl. Niedergang der St nach bewaffneten innerstädt. Auseinandersetzungen (1733); 1802 Ende der Reichsfreiheit, seit 1816 preuß. Kreis-St. Nach Herstellung des Eisenbahnanschlusses (1870), dem Bau des Elektrizitätswerkes und der Einrichtung einer Straßenbahn (1898) erneuter ökonomischer Aufschwung, um 1900 rund 33000 EW.

Mühlhausen, Altstadt

Sehenswürdigkeiten: Neubau der „Divi Blasii", (1270), Hauptkirche der Unter-St mit Einflüssen franz. Kathedralbaukunst; Neubau von St. Marien (1317–1430), Hauptkirche der Ober-St, als fünfschiffige Hallenkirche mit Glasmalereien (um 1360), Kaiseraltan (1390) und Altar (um 1525); Kernbau des Rathauses (um 1300) mit vier Erweiterungsbauten bis 1609. Im 13./14. Jh. Neubau von acht Pfarrkirchen, drei Klöstern und steinernen Bürgerhäusern. Am Unter-Mkt Bürgerhäuser aus dem 18. Jh., z.T. mit Kellern aus dem 13. Jh. In St. Marien größte romantische Sauer-Orgel Thüringens (1891); Inneres Frauentor (1654). Museen: Kornmarktkirche (Dt. Bauernkrieg), Allerheiligenkirche (Bildende Kunst); Wehrgang auf der St-Mauer; Brunnenhaus Popperode; Marienkirche (Thomas-Müntzer-Gedenkstätte); Heimatmuseum; Rathaus und Ratsstube.

Wiederkehrende Veranstaltungen: Konzerte verschiedener Genres in der historischen Rathaushalle; Brunnenfest an der Popperoder Quelle (beliebtes Volks- und Schulfest); „Holzfahrt"; Nordthüringenschau (Juni); St-Kirmes (August).

Freizeit und Sport: mehrere große Sportplätze, Freibad; St-Wald mit Wanderwegen.

Mühlheim a. Main

☐ 20,74 qkm; ○ Offenbach a. M.; ⚐ Hessen; ✉ 63165; ☎ 06108; 🚗 OF; △ 103 m; 👪 24500.

M., 7 km östlich von Frankfurt a.M. am linken Mainufer gelegen, ist über die B 43 und A 3 Frankfurt a.M.–Regensburg (Ausfahrt Hanau) zu erreichen. Bahnstation an der Strecke Frankfurt–Offenbach–Hanau. Die St, Sitz des Hessischen Gemeindetages, hat Gymnasium, Realschule; Metall-, Leder- und Elektroindustrie.

M. wurde 1939 zur St erhoben.

Mühltal

□ 25,33 qkm; ○ Darmstadt; ⚐ Hessen; ✉ 64367; ☎ 06151; 🚗 DA; △ 200–350 m; 👫 12500.

M. ist im Rahmen der Gebietsneuordnung 1977 aus den ehemaligen Gm Nieder-Ramstadt, Frankenhausen, Nieder-Beerbach und Traisa entstanden. Die Großgemeinde liegt 8 km südlich von Darmstadt im Odenwald. Zufahrt über die B 426, B 449 und Autobahn A 5 Darmstadt–Heidelberg (Ausfahrt Pfungstadt). M. hat Mittelpunktschule, Volkshochschule, Sonderschule; Hartstein-, papier- und kunststoffverarbeitende Industrie.

Der Ortsteil Nieder-Ramstadt wird erstmals 1194 („Ramestat") in einer Wormser Urkunde erwähnt. Sehenswert Ruine Frankenstein (1252 erstmals urkundlich erwähnt); die englische Schriftstellerin Mary Shelly wurde auf ihrer Reise nach Italien durch die Burg Frankenstein zu ihrem „Monster Frankenstein" angeregt.

Mülheim an der Ruhr

□ 91,26 qkm; ○ Kreisfreie Stadt; ⚐ Nordrhein-Westfalen; ✉ 45468*; ☎ 0208; 🚗 MH; △ 26–152 m; 👫 176000.

M. liegt beiderseits der Ruhr auf den letzten Ausläufern des Rheinischen Schiefergebirges (südliche Stadtteile) und im Flachland der Niederrheinischen Tiefebene (nördliches Stadtgebiet). Zufahrt über die B 1, B 60, B 223 und über die Autobahnen A 3 (Köln–Oberhausen), A 52 (Düsseldorf–Essen) und A 430 (Duisburg–Essen). M. ist D-Zug-Station der Bundesbahnstrecke Duisburg–Hannover; Flugplatz Mülheim/Essen. Die St hat Hafen (Rhein-Ruhrhafen); Amtsgericht; Spezialklinik für Augenkrankheiten; Solbad (Raffelberg; Heilanzeigen: Rheuma, Ischias und Frauenleiden); Sonderschulen für Lern- und Körperbehinderte, Realschulen, Gesamtschulen, Gymnasien, Berufs- und Berufsfachschulen, Fachschule, Jugendmusikschule, Volkshochschule. M. ist Sitz der Max-Planck-Institute für Kohlenforschung und Strahlenchemie. An kulturellen Einrichtungen verfügt M. über ein Theater (Stadthalle) und das international anerkannte Theater an der Ruhr im Raffelbergpark, Kunstmuseum (Malerei des 20. Jh.), Heimatmuseum, Stadtbücherei, Freilichtbühne im Park an der Dimbeck. Die breit gefächerte Wirtschaft umfaßt Kraftwerkbau (Siemens/KWU), Röhrenproduktion (Mannesmann-Werke), Maschinen- und Stahlbau-, Kunststoff-, Elektronik-, Textil-, Bekleidungs-, Nahrungsmittel- und Süßwarenindustrie, Häutehandel und Lederfabriken, Mälzereien. Knapp die Hälfte des Stadtgebietes wird land- und forstwirtschaftlich genutzt. Binnenschiffahrt für Schiffe bis 2300 t; Personenschiffahrt (Wasserbahnhof auf der Schleuseninsel) auf der Ruhr mit jährlich über 300000 Fahrgästen.

Mülheim an der Ruhr, Wasserbahnhof

Das Adelsgeschlecht der Herren von M., das z.Zt. der Kreuzzüge ausstarb, hatte auf dem heutigen Kirchenhügel, dem ältesten Siedlungskern von M., seinen Sitz. Auf der gegenüberliegenden Seite der Ruhr wurde 883/84 die Burg Broich errichtet. Der Hellweg, die berühmte Königs-, Kriegs- und Kaufmannsstraße, kreuzte zwischen Broich und M. die Ruhr. Nach dem Aussterben der Grafen von Broich Ende des 14. Jh. wechselnde Herrschaften (Hohenlimburg bis 1508; Daun und Falkenstein bis 1682; Leiningen bis 1766; Hessen-Darmstadt bis 1815). 1808 Stadterhebung. Seit 1908 ist M. Großstadt. Durch Luftangriffe im 2. Weltkrieg (Großangriff Juni 1943) wurde die St zu 70% zerstört. Landwirtschaft,

Fischfang und Handwerk waren bis ins 19. Jh. wichtige Erwerbszweige. Seit Mitte des 17. Jh. wurde Kohle abgebaut und per Schiff abtransportiert. M. übertraf in vorstädtischer Zeit Duisburg und Essen an wirtschaftlicher Bedeutung. Der Kohlentransport auf dem Wasserwege begründete Mülheims Ruf als Schifferstadt bis zum Bau der ersten Eisenbahnlinie (1862/66).

Sehenswert Schloß Broich mit Fundamenten und Mauerresten der spätkarolingischen Burg (9. Jh.) und hoher Ringmauer aus romanischer Zeit; Zisterzienserinnenkloster Saarn (1214 gegründet), gut erhaltene und restaurierte Anlage mit Äbtissinnenhaus und Kirche.

Mülheim-Kärlich

□ 16,37 qkm; ○ Mayen-Koblenz; ⚐ Rheinland-Pfalz; ✉ 56218; ☎ 02630; 🚗 MYK; △ 94 m; 👫 9800.

M.-K., 1969 durch Zusammenschluß der beiden ehem. selbständigen Gemeinden entstanden, grenzt unmittelbar an Koblenz. Zufahrt über die B 9 und Autobahnen A 48 Trier–Koblenz (Ausfahrt Koblenz) und A 61 Bingen–Koblenz (Ausfahrt AB-Kreuz Koblenz).

M.-K. hat Grund- und Hauptschule; Bimssteinfabrik, Musterhauszentrum Mittelrhein, Kernkraftwerk; Obstanbau (Kirschen).

Die Ortsteile M. und K. werden erstmals 1277 als Besitz der Erzbischöfe von Trier erwähnt.

Müllheim (Baden)

□ 57,91 qkm; ○ Breisgau-Hochschwarzwald; ⚐ Baden-Württemberg, ✉ 79379; ☎ 07631; 🚗 FR; △ 240–325 m; 👫 13700.

M. liegt 30 km nördlich von Basel am Fuße des Hochblauen im südlichen Schwarzwald. Die St ist über die B 3 und Autobahn A 5 Karlsruhe–Basel (Ausfahrt M./Neuenburg) zu erreichen. D-Zug-Station an der Strecke Frankfurt a. M.–Basel. M. hat Amtsgericht, Forstamt, Vermessungsamt; Mittelschule, Gymnasium, Gewerbe- und Handelsschule, Hauswirtschaftsschule, Sonderschule für Lernbehinderte; Kreiskrankenhaus; Textil- und metallverarbeitende Industrie. Die St ist Mittelpunkt eines bekannten Weinbaugebietes (Markgräflerland) mit dem ältesten Weinmarkt Badens.

M., erstmals 758 urkundlich genannt, war bis 1444 im Besitz der Zähringer; danach kam es an die Markgrafen von Hachberg und 1803 an Baden. Verleihung der Stadtrechte 1810 (1950 erneuert). – Bemerkenswert die ehem. Martinskirche aus dem 15. Jh. (jetzt Festsaal).

Münchberg (Oberfranken)

□ 68,80 qkm; ○ Hof; ⚐ Bayern; ✉ 95213; ☎ 09251; 🚗 HO; △ 580 m; 👫 12000.

M., zwischen Fichtelgebirge und Frankenwald am Kreuzungspunkt der B 2 und B 289 sowie an der Autobahn A 9 Nürnberg–Hof (Ausfahrten M.-Süd und M.-Nord) gelegen, ist D-Zug-Station an der Strecke Bamberg–Hof. Die St hat Prüfamt für das Textilgewerbe; Fachschule (Zweigstelle von Coburg) für Textiltechnik und -gestaltung, Textilfach- und Ingenieurschule, Verbandsberufsschule, landwirtschaftliche Kreisberufsschule, Krankenpflegehilfeschule, Gymnasium. M. ist Mittelpunkt der oberfränkischen Textilindustrie.

Als Furtsiedlung an der Pulschnitz erhielt M. vor 1298 das Stadtrecht. Die Ritter von Sparneck verliehen der St 1364 die Rechte einer Freien Reichsstadt. 1373 erwarb der Burggraf von Nürnberg einen Teil und 1384 den Rest der St. 1397 ging der Besitz auf die Bayreuther Linie der Hohenzollern über. 1792 kam M. an Preußen und 1810 nach kurzer französischer Verwaltung an Bayern. 1430 zerstörten die Hussiten die St; 1633 und 1837 wurde sie ein Raub der Flammen. – Sehenswert die ev. Friedhofskirche (1747); Naherholungsgebiet „Hintere Höhe“. – Alljährlich im Juli Wiesenfest. – Südöstlich von M. liegt das Naturschutzgebiet des Waldsteingebirges.

München

□ 310,45 qkm; ○ Hauptstadt des Bundeslandes Bayern; ⚐ Bayern; ✉ 80331*; ☎ 089; 🚗 M; △ 530 m; 👫 1264000.

M., Hauptstadt des Bundeslandes Bayern, Sitz der Regierung von Oberbayern und nach Berlin und Hamburg die dritte deutsche St mit über einer Million Einwohnern, liegt zu beiden Seiten der Isar 50 km vom Alpennordrand entfernt. Die St ist der bedeutendste Verkehrsknotenpunkt im süddeutschen Raum. In M. kreuzen sich oder nehmen sternförmig ihren Ausgang die Bundesstraßen 2, 11, 12, 13 und 304; vier Autobahnen münden hier (A 9 Berliner Ring–Hof–Nürnberg-M; A 8 Stuttgart–M. und Salzburg–M.; A 95 Ohlstadt–M., ein Autobahnring (A 99 Münchener Ring) ist z.T. fertiggestellt. Der M. Hbf ist Knotenpunkt und Drehscheibe des interkontinentalen Eisenbahnnetzes (Abfertigung von ca. 800 Zügen täglich). Der leistungsfähige Nahverkehr (U- und S-Bahnen) mit einer Gesamtlänge von 530 km verbindet das Stadtzentrum mit der Region. Anstelle des früheren Flughafens M.-Riem besitzt M. seit Mai 1992 mit dem Großflughafen ‚Franz-Josef-Strauß' im Erdinger Moos nordöstl. der Landeshauptstadt den zweitgrößten und modernsten Airport Deutschlands (mit einer Kapazität bis zu 20 Mio Passagieren jährlich).

M. ist Sitz bedeutender Bundes- und Landesbehörden sowie zahlreicher Körperschaften des öffentlichen Rechts (Bundesfinanzhof, Europäisches und deutsches Patentamt mit Bundespatentgericht, Bundesverwaltungsgericht-Wehrdienstsenate, Bayerische Staatsregierung mit Landtag und Senat, Regierungspräsident des Regierungsbezirks Oberbayern, Oberster Rechnungshof, Verwaltungsgerichtshof und Verwaltungsgericht, Oberstes Landesgericht, Landesarbeitsgericht, Landessozialgericht, Oberlandesgericht, Landgerichte, Amtsgericht, Finanzgericht, Oberfinanz-, Oberpost- und Bundesbahndirektion, Hauptmünzamt, Kreisverwaltung des Landkreises M. u.a. Landesbehörden, Wetteramt und Flugwetterwarte des Deutschen Wetterdienstes, Industrie- und Handelskammer, Handwerkskammer). Die St ist ferner Sitz hoher kirchlicher Stellen (Erzbistum M. und Freising, Ev.-lutherischer Landeskirchenrat, Landessynodalrat der Altkatholischen Kirche) und Bundeswehrstandort.

Als Kultur- und Kunstzentrum Süddeutschlands besitzt M. zahlreiche Bildungsstätten (Ludwig-Maximilians-Universität, Technische Universität, Hochschule der Bundeswehr, Hochschule für Philosophie, Fachhochschulen, Stiftungsfachhochschulen, Akademie für Bildende Künste, Hochschule für Musik, Hochschule für Fernsehen und Film, Fach- und Berufsfachschulen, Berufs- und Berufsaufbauschulen, Berufsober-, Fachoberschulen, Fachakademien, Handels- und Privatschulen, Realschulen und Gymnasien, Sonderschulen, Spezialschulen für Schwerhörige und Sprachgeschädigte, Realschule für Blinde) und kulturelle Einrichtungen (Staatsgemäldesammlungen [Alte Pinakothek, Staatsgalerie Moderner Kunst und Neue Pinakothek, Schackgalerie], Städt. Galerie im Lenbachhaus, Bayerisches Nationalmuseum, Residenzmuseum mit Schatzkammer, Stadtmuseum, Völkerkundemuseum, Deutsches Jagdmuseum, Marstallmuseum, Graphische Sammlung, Deutsches Museum [größtes technisch-naturwissenschaftliches Museum der Welt], Staatliche Münz- und Antikensammlung Glyptothek, BMW-Museum, Nähmaschinenmuseum, Prähistorische Staatssammlung; Bayerische Staatsbibliothek, Bibliothek des Deutschen Museums; Bayerische Staatsoper, Residenztheater, Cuvillnés-Theater, Kammerspiele, Staatstheater am Gärtnerplatz, Theater der Jugend, Münchener Volkstheater u.a. sowie viele Kleinkunstbühnen; Bayerischer Rundfunk; Tierpark Hellabrunn; Botanischer Garten in Nymphenburg, Englischer Garten, Hofgarten, Olympiapark und weitere Grünanlagen). An wissenschaftlichen Instituten und Forschungsstätten sind zu nennen die Bayerischen Akademien der Wissenschaft und der Schönen Künste, die Forschungsinstitute der Max-Planck-Gesellschaft, die Fraunhofer-Gesellschaft, die Universitätskliniken u.a.

Das Wirtschaftsleben mit über 800 000 Beschäftigten zeichnet sich durch eine außerordentliche Vielseitigkeit aus. Von den Industriezweigen liegen an der Spitze die Elektrotechnik und Elektronik (Siemens AG mit Hauptverwaltung), der Fahrzeugbau einschließlich Luftfahrzeugbau (Bayerische Motorenwerke, Krauß-Maffei, Rathgeber, Messerschmitt-Bölkow-Blohm GmbH u.a.), der Maschinenbau (MAN, Krauß-Maffei, Deckel, Hurth, MTU u.a.) und die feinmechanische und optische Industrie (Agfa-Gevaert, Rodenstock u.a.); ferner chemische und kunststoffverarbeitende Industrie, Textil- und Bekleidungsindustrie, Brau- und Bauwirtschaft, graphisches Gewerbe, Buch- und Kunstdruckverlage u.a. Im traditionsreichen Handwerk sind über 100 000 Menschen tätig. Handel, Banken und Versicherungen beschäftigen fast 25% aller Arbeitnehmer. Als Fremdenverkehrsstadt steht M. mit annähernd 6 Millionen Übernachtungen an erster Stelle der deutschen Großstädte. 40% der Gäste kommen aus dem Ausland.

M. liegt auf altem Siedlungsgebiet (Bodenfunde vom Mittleren Neolithikum [3000 v.Chr.] bis in die germanische Zeit [5. Jh. n.Chr.]). Vorläufer der St war eine Ansiedlung von Mönchen des Klosters Tegernsee. Seine eigentliche Entstehung verdankt M. einem Gewaltakt Heinrichs des Löwen, der sich die erheblichen Einnahmen aus den von Reichenhall und Hallein kommenden Salztransporten sichern wollte. Heinrich ließ die vom Bischof von Freising kontrollierte Isarbrücke bei Föhring zerstören und leitete die Salztransporte über eine südlich davon auf herzoglich-bayerischem Gebiet errichtete Brücke. 1158 wurde die Verlegung von Brücke, Markt, Zoll- und Münzstätte vom bischöflichem Föhring nach »Munichen« durch Kaiser Friedrich Barbarossa sanktioniert. Der rasch aufblühende Ort kam 1180 in den Besitz der Wittelsbacher, die ihn 1255 zu ihrer Residenz erhoben. 1294 erhielt M. das Stadtrecht. Kaiser Ludwig der Bayer ließ die St Anfang des 14. Jh. erweitern und mit einem neuen Mauerring umgeben. 1504 wurde M. Hauptstadt des Herzogtums Bayern. Unter der bis 1918 dauernden Herrschaft der Wittelsbacher entwickelte sich M. in den folgenden Jahrhunderten zu einem europäischen Kulturzentrum. Im 16. und 17. Jh. war die St ein Stützpunkt der katholischen Welt und der Gegenreformation (1609 Gründung der Kath. Liga in M.), doch blieb ihr die Besetzung durch schwedische Truppen (1632) nicht erspart. Von den wirtschaftlichen Rückschlägen des Dreißigjährigen Krieges konnte sich M. im folgenden 18. Jh., das weitere Besatzungsjahre durch Österreicher (1705, 1742–44) brachte, nur langsam erholen. Nachdem es 1806 Hauptstadt des Königreichs Bayern geworden war, erlangte M. den Ruf einer geistigen und künstlerischen Metropole Süddeutschlands. 1826 wurde die Universität von Landshut nach M. verlegt. Unter König Ludwig I. (1825–48) wuchs die St weit über ihre ma. Grenzen hinaus. Der König, Philhellene und Verehrer der klassischen Baukunst, schmückte seine St mit griechischen Tempeln und Renaissancebauten. Unter Maximilian II. (1848–64) nahmen die Wissenschaften einen großen Aufschwung, während Ludwig II. (1864–86) erneut den Künsten (Musik und Bildende Künste) sein Interesse schenkte. Im letzten Drittel des 19. Jh. blühten Wirtschaft und Handel auf. Seit 1918 ist M. Hauptstadt des Freistaates Bayern. 1919 wurde die St kurze Zeit von einer Räteregierung beherrscht. 1923 war M. Schauplatz des Hitlerputsches. Im 2. Weltkrieg erlitt M. schwere Schäden durch Luftangriffe. Die bedeutenden historischen Baudenkmäler wurden wiederaufgebaut oder restauriert. Dem Besucher bietet das Stadtbild einen Querschnitt durch alle Stilepochen. Das Wahrzeichen der St sind die wuchtigen Türme der gotischen Frauenkirche (1468–1494, mit Grabmal Ludwigs des Bayern). Die ältere Pfarrkirche St. Peter stammt aus dem 14. Jh. (um 1630 erweitert, Innenausstattung 18. Jh.). Von der alten Stadtbefestigung blieben das Isartor, das Sendlinger Tor und das Karlstor erhalten. Der Frömmigkeit Herzog Wilhelms V. verdanken der Renaissancebau der Michaelskirche (1583–97) und das ehem. Jesuitenkolleg (1585–90) ihre Entstehung. Die Theatinerkirche (1663–75) mit der prunkvollen Fassade erinnert daran, daß der Barockstil in dieser Zeit seinen Eingang in Bayern fand, während die Mariensäule (1638) zum Dank für die Verschonung der St im Dreißigjährigen Krieg errichtet wurde. Schloß Nymphenburg (1664 beg.) diente den bayerischen Herrschern als Sommerresidenz, die Amalienburg (1734–39) wurde als letztes und schönstes der Gartenschlösser (Pagodenburg, 1717–19; Badenburg, 1719 bis 1721) im prächtigen Nymphenburger Park erbaut. Ein Juwel des süddeutschen Rokoko ist die Asamkirche (1733–46). Im Stadtzentrum umschließen die Propyläen (1846–62), die Glyptothek (1816–30) und die ehem. Neue Staatsgalerie (1838–48) mit den Staatl. Antikensammlungen den Königsplatz. Der Königsbau der Residenz (1826 bis 1835) wurde einem italienischen Renaissancepalast, die Alte Pinakothek (1826–36) einem Bau der ital. Hochrenaissance nachgebildet. Prachtstraße Münchens ist die Ludwigstraße, die mit den Monumentalbauten der Feldherrnhalle (1841–44), der Staatsbibliothek, der Universität und der Ludwigskirche (1829–44) zu den schönsten Straßen Europas gehört und dem Stadtbild einen südlichen Charakter verleiht. An weiteren Sehenswürdigkeiten sind zu nennen: Maximilianeum (1857–74), Siegestor (1843–52), Cuvilliés- und Nationaltheater (1751–53, 1811–18), Palais Porcia (1693), Erzbischöfl. Palais (1733–37), Neues Rathaus (1867 bis 1909) mit Glockenspiel, Bavaria (1850), Prinz-Carl-Palais (1804–06), Friedensengel (1896–99), Bayerisches Nationalmuseum (1894–1900), Schackgalerie (1907–09), Haus der Kunst (1933–37) u.a. Nördlich von M. liegt Schloß Schleißheim (1679–1726). Seit 1589 besteht das Hofbräuhaus, einst Brauhaus des bayerisch-herzoglichen Hofes. Mittelpunkt des künstlerischen Lebens ist seit 1900 das Bohéme- und Künstlerviertel von Schwabing.

Münchens Wirtschaftsaufschwung und sein Ruf als „Weltstadt mit Herz" brachten der St nach dem 2. Weltkrieg den stärksten Bevölkerungszuwachs aller westdeutschen Großstädte. Als Folge davon entstanden in den Randgebieten moderne Wohnsiedlungen, Park- und Trabantenstädte (Hasenbergl, Blumenau, Fürstenried/Neu-Forstenried, Neu-Perlach, Parkstadt Bogenhausen, Solln u.a.); auf dem Oberwiesenfeld entstand zu den Olympischen Spielen 1972 der Olympiapark mit großzügig angelegten Appartementhäusern und Sportstätten (Olympiastadion für 80000 Zuschauer, Radrennbahn, Schwimmstadion u.a.). – Höhepunkte der Münchener

Feste und Veranstaltungen sind das weltberühmte Oktoberfest auf der Theresienwiese, der Fasching, die Starkbierzeit im März und die Opernfestspiele und Schloßkonzerte im Sommer.

In M. geboren wurden Max Graf von Montgelas (bay. Minister u. Reformpolitiker 1759–1838), Franz Xaver Gabelsberger (Stenograph, 1789–1849), Carl Spitzweg (Maler, 1808–1885), Oskar von Miller (Elektroingenieur, Mitbegründer der späteren AEG, 1855–1934), Richard Strauß (Komponist, 1864–1949), Annette Kolb (Schriftstellerin, 1870–1967), Christian Morgenstern (Dichter, 1871–1914), Franz Marc (Maler, 1880–1916), Karl Valentin (Komiker, 1882 bis 1948), Carl Orff (Komponist, 1895–1982), Eugen Roth (Schriftsteller, 1895–1976) und Rudolf Mößbauer (Physiker und Nobelpreisträger, geb. 1929).

Münden

□ 121,11 qkm; ○ Göttingen; ⚐ Niedersachsen; ✉ 34346; ☎ 05541; 🚗 GÖ; △ 120–350 m; 👫 25000.

M. (postamtliche und bahnamtliche Bezeichnung: Hannoversch Münden), am Zusammenschluß von Werra und Fulda zur Weser gelegen, ist über die B 3, B 80 und Autobahn A 7 Kassel–Hamburg (Ausfahrt Hann. M.) zu erreichen. IR-Station an der Bundesbahnstrecke Kassel–Göttingen. M. besitzt eine Weserumschlagstelle und Anlegestelle der Oberweser Dampfschiffahrt. M. hat Amtsgericht, Wasser- und Schiffahrtsamt, Hessische Forstliche Versuchsanstalt u.a. Behörden; Sonderschule für Lernbehinderte, Realschulen, Gymnasium, Kreisberufsschule mit gewerblichen, kaufmännischen und hauswirtschaftlichen Zweigen und Fachschule, priv. Chemo- und Biotechnikerschule, Volkshochschule, Landespolizeischule Niedersachsen. M. ist Bundeswehrstandort. In M. befindet sich eine Nieren-Spezialklinik (Werra-Fulda-Klinik). Die St hat holzverarbeitende Betriebe, kunststoffverarbeitende, elektrotechnische, metallverarbeitende Industrie; ferner Herstellung von Schleifmitteln und technischen Gummiartikeln, Werkzeugbau.

Da ma. Stadtbild ist weitgehend erhalten (Werrabrücke aus dem 13. Jh., Rotunde, Stadtmauern, Fachwerkhäuser; Ochsenkopf [1528], Küsterhaus [1457]). Die St Münden wurde in der zweiten Hälfte des 12. Jh. von den thüringischen Landgrafen (vor der erstmaligen urkundlichen Erwähnung von 1183) gegründet. Beim Übergang an die Welfen 1247 erhielt sie ein Stapelrecht (erst 1824 aufgehoben). Danach mußten alle Waren fremder Kaufleute, die weitertransportiert werden sollten, zunächst den Mündener Kaufleuten zum Kauf angeboten werden. – Bemerkenswerte historische Bauten: St. Blasii-Kirche (13.–15. Jh.); Rathaus (15. Jh., Renaissancefassade 1603–19); Schloß (16. Jh.). – Für M. spielt der Fremdenverkehr eine große Rolle (staatlich anerkannter Erholungsort). Überregional bekannte Veranstaltungen sind das Volksfest „Schüttenhoff" und die Freilichtaufführungen „Das Spiel vom Doktor Eisenbart" (Eisenbart starb 1727 in M.). – Geboren wurde in M. Georg Friedrich Grotefend (1775–1853), Entzifferer der persepolitanischen Keilschrift.

Münnerstadt

□ 78,62 qkm; ○ Bad Kissingen; ⚐ Bayern; ✉ 97702; ☎ 09733; 🚗 KG; △ 232–352 m; 👫 7900.

M., 10 km nordöstlich von Bad Kissingen an der Lauer am Südrande der Rhön im historischen Durchgangsgebiet des Grabfeldes gelegen, ist über die B 19 zu erreichen. Bahnstation an der Nebenstrecke Schweinfurt–Mellrichstadt. Die St hat Forstamt; Gymnasium (mit Internat), Fachakademie für Sozialpädagogik, Realschule, Fachschule für Sozialwesen und Hauswirtschaft, landwirtschaftl. Kreisberufsschule; Kurklinik; Bekleidungsindustrie, Glaswarenfabrik, Glasbearbeitungsmaschinenbau, Fabriken für Präzisionswerkzeuge und Kesselbauwerkzeuge, Jagd- und Sportwaffenfabrik. M. ist Erholungsort mit steigendem Fremdenverkehr.

»Munirichestat« wird bereits 770 in einer Schenkungsurkunde an das Kloster Fulda erwähnt; in der fränkischen Streusiedlung lag eine Burg des Grabfeldgaus. Unter den Grafen von Henneberg entwickelte sich M. im 13. Jh. zur St (1251 Fertigstellung des Mauerrings); 1335 erhielt es Gelnhausener Stadtrecht. Als Handels- und Marktmittelpunkt erlebte die St im späten Mittelalter bis zum Bauernkrieg (1525) ihre Blütezeit. 1580 kam M. in den Besitz des Bistums Würzburg. Nach der Gegenreformation (1585/87 Vertreibung der evangelischen Bevölkerung) verlor es seine beherrschende Marktposition, erlangte jedoch nach dem Dreißigjährigen Krieg als Schul- (ab 1660 humanistisches Gymnasium) und Amtsstadt wieder eine gewisse Bedeutung. 1806 kam die St an Bayern. – M. besitzt nach Würzburg die bemerkenswertesten kunsthistorischen Schätze Unterfrankens. Der ma. Stadtkern mit Stadtmauer, Toren, Türmen (13./14. Jh.) und bedeutenden Baudenkmälern (romanisch-got. Stadtpfarrkirche [12. bis 17. Jh.] mit Glasgemälden [15. Jh.] im Chor, Altar von Tilman Riemenschneider, Tafelbildern von Veit Stoß, Renaissance-Grabmälern u.a.; spätgot. Rathaus mit aufgesetztem Fachwerk; Augustiner-Kloster mit prunkvoller Rokoko-Kirche [1754] und Bibliothek; Deutschherren-Ordensschloß [16./17. Jh.] mit Stadtmuseum; Amtshäuser [16. bis 17. Jh.] der Henneberger Grafen und Würzburger Fürstbischöfe; Bürgerhäuser [16.–18. Jh.]) ist fast unversehrt erhalten. Sehenswert ferner das östlich der St gelegene Klostergut Maria Bildhausen (1151), das Vogelschutzgebiet Großwenkheim und die umliegenden Naturschutzgebiete (Wacholderheide). – Alljährlich wird in M. das Freilichtspiel („Die Schutzfrau von M.") aufgeführt (August).

Münsingen (Württ.)

☐ 116,01 qkm; ○ Reutlingen, ⚐ Baden-Württemberg; ✉ 72525; ☎ 07381; 🚗 RT; △ 700 m; 🚶 11 300.

M. liegt 35 km südöstlich von Reutlingen auf der Schwäbischen Alb an der B 465. Die St, Sitz eines Amtsgerichts und Vermessungsamtes, hat Realschule, Gymnasium, Sonderschule für Lernbehinderte, Berufs- und Berufsfachschulen, Volkshochschule; holz-, kunststoff- und metallverarbeitende Betriebe, Maschinenbau, Textilindustrie. Nordöstlich von M. (Bundeswehrstandort und Standort der franz. Armee) erstreckt sich der 65 qkm große Truppenübungsplatz M. (seit 1895).

M., erstmals 809 in einer Urkunde des Klosters Lorsch erwähnt, erhielt zwischen 1263 und 1339 das Stadtrecht. Auf dem Alten Schloß (Heimatmuseum), dem Sitz der Grafen von Württemberg, wurde 1482 der M. Vertrag geschlossen, der die beiden, seit 1442 getrennten württembergischen Landesteile wieder vereinigte. Die Stadtkirche St. Martin (13. Jh., spätgot. Chor), ist bereits 804 erweitert worden. Das Alte Fachwerk-Rathaus wurde 1554 errichtet; der Marktbrunnen stammt aus dem 17. Jh. – Auf M. Stadtgebiet liegt das Haupt- und Landgestüt Marbach (Araberzucht).

Münster bei Dieburg

☐ 20,78 qkm; ○ Darmstadt-Dieburg; ⚐ Hessen; ✉ 64839; ☎ 06071; 🚗 DA; △ 137 m; 🚶 12 200.

M. mit Ortsteil Altheim liegt 20 km östlich von Darmstadt an der Gersprenz. Zufahrt über die B 26 und B 45; Bahnstation an den Strecken Offenbach–Dieburg und Aschaffenburg–Darmstadt. Die Gm hat Grund-, Haupt- und Realschule mit Förderstufe und Gymnasialzweig; feinmechanische- und Lederwarenindustrie, Fenster- und Maschinenbau.

M. wird im münzenbergischen Teilungsvertrag aus dem Jahre 1239 erstmals urkundlich erwähnt. 1304 kam der Ort an die Grafen von Falkenstein und Grafen von Hanau. Über Solms und die Grafen von Ysenburg gelangte M. schließlich 1816 an Hessen-Darmstadt.

Münster (Westf.)

☐ 302,30 qkm; ○ Kreisfreie Stadt; ⚐ Nordrhein-Westfalen; ✉ 48143*; ☎ 0251 (M.-Stadt), 02536 (M.-Albachten), 02501 (M.-Hiltrup), 02533 (M.-Nienberge), 02534 (M.-Roxel), 02506 (M.-Wolbeck); 🚗 MS; △ 43–97 m; 🚶 267 000.

M. ist Verkehrs-, Behörden-, Kultur- und Wirtschaftszentrum des Münsterlandes. Die St liegt an der Aa und am Dortmund-Ems-Kanal im Schnittpunkt der B 51, B 54 und B 219; Anschluß an die Autobahn A 1 Köln–M.–Osnabrück–Bremen (Ausfahrten AB-Kreuz Münster-Süd und M.-Nord) und A 43 Wuppertal–Münster (Ausfahrt AB-Kreuz M.-Süd); Bahnknotenpunkt (Halt von D-, FD- und Intercityzügen) an den Hauptstrecken Hamburg–Köln und Emden–Hamm; Nahverkehrsflughafen Münster/Osnabrück.

M. ist Sitz zahlreicher Behörden und Körperschaften (Regierungspräsident des Regierungsbezirks M., Oberfinanz- und Oberpostdirektion, Wasser- und Schiffahrtsdirektion, Verfassungsgerichtshof des Landes Nordrhein-Westfalen, Oberverwaltungsgericht für das Land NW, Sozial-, Finanz-, Arbeits- und Verwaltungsgericht, Landgericht, Amtsgericht, Landesamt für Agrarordnung, Landesversorgungsamt, Bundesanstalten für den Güterfernverkehr, Landesversicherungsanstalt Westfalen, Westdeutsche Landesbank, Landes-Zentralbank, Industrie- und Handels- und Handwerkskammer, Arbeitsamt, Finanzamt u.a. Institutionen und Behörden, Bundeswehrstandort und katholischer Bischofssitz mit Offizialat (Bischöfl. Gericht).

Bildungs- und kulturelle Einrichtungen: Westfälische Wilhelms-Universität, Hochschule für Musik Detmold/Abt. Münster, Staatl. Kunstakademie, Fachhochschule (Bereich Architektur, Bauingenieurwesen, Design, Ernährungs- und Hauswirtschaft, Sozialwesen, Wirtschaft), Fachhochschule für öffentliche Verwaltung, Kath. Fachhochschule für Sozialwesen Abt. Münster, Polizei-Führungsakademie Hiltrup, Höhere Landespolizeischule, Landesfeuerwehrschule, Postschule und Fernmeldeschule, Bundesbahnschule, 14 Gymnasien, 9 Realschulen, Gesamtschule, 11 Sonderschulen für Sehbehinderte, Schwerhörige, Gehörlose, Körper- und Geistigbehinderte, Sprach- und Lernbehinderte, Kranke, Abendrealschule und Abendgymnasium, Institut zur Erlangung der Hochschulreife, Waldorfschule, Lettialus Gymnasium mit Internat, Westf. Schule für Musik, Volkshochschule, Lehranstalt für pharmazeutisch-technische Assistenten.

Städtische Bühnen (Oper, Operette, Schauspiel und Ballett), Niederdeutsche Bühne, Städtisches Symphonieorchester, Wolfgang-Borchert-Theater (Zimmertheater), „Theaterinitiative" im Pumpenhaus; Universitätsbibliothek, Diözesanbibliothek, Stadtbücherei; Westf. Landesmuseum für Kunst und Kulturgeschichte, Westf. Museum für Archäologie, Westf. Museum für Naturkunde mit Planetarium, Stadtmuseum, Archäologisches Museum, Geologisch-Paläontologisches Museum, Mineralogisches Museum, Bibelmuseum, Domkammer, Orgelmuseum, Freilichtmuseum Mühlenhof mit Bockwindmühle, Museum Haus Rüschhaus, Westpreußisches Landesmuseum, Lepramuseum, Karnevalmuseum, Heimatmuseum Hiltrup, Eisenbahnmuseum.

In der Wirtschaft stehen Handel und Dienstleistungsbetriebe mit rund 75 Prozent aller Beschäftigten an führender Stelle; daneben gibt es klein- und mittelständische Industrie- und Gewerbebetriebe (chemische Industrie, Bau- und verarbeitendes Gewerbe, Bergbau und Energie, Land- und Forstwirtschaft). Im Stadthafen werden järlich ca. 1,5 Mill. t Massengüter umgeschlagen.

»Mimigernaford« wurde um 800 an der Kreuzung zweier Handelsstraßen an der Aafurt als fränkischer Stützpunkt gegründet. Seit 805 war der Ort Missionsstation des hl. Liudger und Bischofssitz mit einem „monasterium" (Klosteranlage), von dem sich der Name der St herleitet. Die „Domburg" Liudgers bildete mit ihrem rundlichen Grundriß den Kern der späteren St. Um das Jahr 1000 hatte sich M. bereits zu einem geistlichen und politischen Hauptort entwickelt, dem um 1170 die Stadtrechte verliehen wurden. Das M. Stadtrecht sah vor, daß einer regierenden Schicht von ratsfähigen Patriziern (Erbmännern) die in Gilden zunftmäßig organisierten Handwerker und Gewerbetreibenden gegenüber standen, die sich im Verlaufe der 1457 beendeten Stiftsfehde Sitz und Stimme im Rat erkämpften. Münsters Wirtschaft war eng verknüpft mit der Blüte der deutschen Hanse, deren Mitglied die St seit dem 14. Jh. war. Der Fernhandel der städtischen Kaufmannschaft reichte von England und Flandern bis Rußland und Norwegen. 1534–35 errichteten die fanatischen Wiedertäufer in M. unter Führung des Niederländers Jan van Leyden ein Schreckensregiment, das mit der qualvollen Hinrichtung der Hauptprädelsführer endete (Käfige am Lambertiturm). Gegen Ende des Dreißigjährigen Krieges, den die stark befestigte St unversehrt überstand, war M. Tagungsort des Friedenskongresses. Am 15. 5. 1648 beschworen Spanier und Niederländer ihren Teilfrieden in der Ratskammer („Friedenssaal"), und am 24. 10. 1648 wurde das deutsche Vertragswerk im Bischofshof am Domplatz unterzeichnet. Den erfolglosen Versuch, die Reichsfreiheit im Kampf gegen den streitbaren Fürstbischof Christoph Bernhard von Galen zu erlangen, bezahlte M. mit seiner bedingungslosen Unterwerfung (1661). Im 18. Jh. wurde M., das im Siebenjährigen Krieg (1759) schwere Schäden erlitt, Haupt- und Re-

Münster, Rathaus

sidenzstadt (Bau der Adelshöfe und des Schlosses), in der Minister Franz von Fürstenberg 1773 die Universität gründete. Nach der Säkularisation (1803) kam M. an Preußen; nach der Franzosenherrschaft wurde es Hauptstadt der Provinz Westfalen (1816).

Die historische Altstadt ist im 2. Weltkrieg durch Luftangriffe fast völlig zerstört worden. In beispielhaftem Wiederaufbau (Mitte der sechziger Jahre abgeschlossen) sind die bedeutendsten Bauwerke im alten Stil neu errichtet oder restauriert worden: St.-Paulus-Dom (13. Jh.) mit astronomischer Uhr (1540–43); Rathaus (1335) mit Friedenssaal; St.-Lamberti-Kirche (14. Jh.) mit Wiedertäuferkäfigen am Turm; Liebfrauenkirche oder Überwasserkirche (15./16. Jh.); Petrikirche (1590–99, ehem. Jesuitenkirche); Ludgerikirche (um 1150–1383); Servatiikirche (um 1200–1500); St.-Martini-Kirche (um 1320) mit bedeutendem Silberschatz (Kreuzreliquiar aus dem 12. Jh.); ehem. fürstbischöfl. Schloß (1767 bis 1773 durch J. K. Schlaun, jetzt Universität); Krameramtshaus (1588); Erbdrostenhof (1757); Reste der alten Stadtbefestigung (Buddenturm, 12. Jh.; Zwinger von 1536 mit zwei Meter dikken Mauern). – Westlich von M. liegt das Wasserschloß Hülshoff, nordwestlich das Rüschhaus (mit Annette von Droste-Hülshoff-Museum). – Aus M. stammen Hermann tom Ring (1521–1596, Maler), Annette von Droste-Hülshoff (1797–1848, Dichterin), Wilhelm Emanuel von Ketteler (1811–1877, Sozialpolitiker und Bischof von Mainz), Bernhard Pankok (1872–1943, Architekt, Maler und Bühnenbildner), Heinrich Brüning (1885–1970, Politiker und Reichskanzler der Weimarer Republik). – Alljährlich traditioneller Rosenmontagszug, Reit- und Springturnier (Eröffnung der dt. Turniersaison), „Send“ (Jahrmarkt), Hollandtag (Gedenktag zum Frieden von Münster 1648), Barock- und Stadtschützenfest, MS-Ausstellung.

Munderkingen

□ 13,08 qkm; ○ Alb-Donau-Kreis; ⚐ Baden-Württemberg; ✉ 89597; ☎ 07393; 🚗 UL; △ 530 m; 👥 4700.

M., an der Donau 35 km südwestlich von Ulm gelegen, ist über die B 311 zu erreichen. Die St hat Grund- und Hauptschulen; Kugel- und Wälzlagerwerk, Kunstfaser- und Betonsteinwerk.

M., auf altem Siedlungsboden angelegt (Funde aus der Römerzeit, Alemannengräber), wird erstmals 792 urkundlich erwähnt. Um 1260 wurde es von den Herren von Emerkingen zur St erhoben. M. kam vor 1297 an Österreich; zwischen 1384 und 1680 war es an die Truchsessen von Waldburg verpfändet. Die St gehörte zu den sogenannten fünf vorderösterreichischen Donaustädten; 1805 wurde sie württembergisch. – Bemerkenswert die Pfarrkirche (um 1500, romanische Bausubstanz) und das Rathaus (1503). – Lokale Ereignisse sind die M. Fasnet und der historische Umzug mit Brunnensprung.

Munster

□ 193,42 qkm; ○ Soltau-Fallingbostel; ⚐ Niedersachsen; ✉ 29633; ☎ 05192; 🚗 SFA; △ 62–115 m; 👥 16000.

M. liegt an der Oertze im Zentrum der Lüneburger Heide. Zu erreichen ist die St über die B 71, B 209 und Autobahn A 7 Hamburg–Hannover (Ausfahrt Soltau-Ost oder Bispringen); Bahnstation an der Strecke Bremen–Uelzen. M. hat Dienststellen der Bundeswehr, Forstämter; Chirurgische und HNO-Klinik; Realschule, Gymnasium, Sonderschule für Lernbehinderte, Volkshochschule, Musikschule, Bundeswehrfachschule; Kalksandsteinwerk (Kieselgurvorkommen), Sägewerke, Verpackungsindustrie; Land- und Forstwirtschaft.

M., erstmals 1303 urkundlich nachweisbar, wurde während der Hildesheimer Stiftsfehde (1519–1523) bis auf die im 13. Jh. erbaute St. Urbani-Kirche (mit Schnitzaltar um 1440 und Bronze-Taufstein von 1432) völlig zerstört. In der Nähe des Heidedorfes wurde 1892/93 ein Truppenübungsplatz angelegt. Nach 1956 entwickelte sich M., dem 1967 das Stadtrecht verliehen wurde, zur bedeutendsten Heeres-Garnisonsstadt der Bundesrepublik. 1971/72 vergrößerte sich M. im Rahmen der Gebietsreform durch Eingemeindung von acht umliegenden Ortschaften. Sehenswürdigkeiten: Ev. St. Urbani-Kirche, Schafstallkirche St. Martin; Alte Wassermühle (erbaut um 1556) im Stadtpark; Museumsanlage Ollershof (erbaut 1798); Panzer-Museum, Wildgehege im Oertzetal. – Alljährlich traditionelle Schützenfeste an Himmelfahrt (M.-Breloh), Juni (Munster und M.-Alvern).

Murnau (Staffelsee)

□ 38,06 qkm; ○ Garmisch-Partenkirchen; ⚐ Bayern; ✉ 82418; ☎ 08841; 🚗 GAP; △ 700 m; 👥 10500.

M., Markt und Luftkurort mit Moorbad am Staffelsee, ist über die B 2 (Olympiastraße) und die Autobahn München–Garmisch-Partenkirchen (Abfahrt Eschenlohe-N.) zu erreichen. M. ist D-Zug-Station der Bundesbahnstrecke Garmisch-Partenkirchen–Mittenwald–Innsbruck. Die Gm hat Gymnasium, Volkshochschule, Goetheinstitut. M. ist Bundeswehrstandort und Sitz einer Unfallklinik der Berufsgenossenschaften (mit Querschnittgelähmtenstation). Heilanzeigen des Moorbades (Kurhaus Ludwigsbad): Rheumatische Krankheiten, Degenerative Krankheiten der Wirbelsäule, Arthrosen und Arthritiden der Gelenke, Stoffwechselkrankheiten, Bechterew, Frauenleiden, Rekonvaleszenz, Unfallfolgen, Zivilisationskrankheiten.

M. wird erstmals 1180 urkundlich genannt. 1322 verkaufte Bischof Ulrich von Augsburg den Ort an Kaiser Ludwig den Bayer, der ein Jagdschloß errichten ließ und M. 1332 das Marktrecht verlieh, den Markt jedoch wenig später der Gerichtsbarkeit des Klosters Ettal unterstellte. Als Rast- und Umschlagplatz an der Rottstraße von Innsbruck nach Augsburg erlebte M. im späten MA. eine wirtschaftliche Blüte. Während des Dreißigjährigen Krieges brannte M. völlig ab (1619); 1745 forderte die Pest zahlreiche Opfer. Um 1900 gab der Architekt Emanuel v. Seidl dem Mkt das heutige Gepräge. – Alle sieben Jahre (zuletzt 1971) Aufführung des M. Schäfflertanzes.

Murrhardt

□ 71,13 qkm; ○ Rems-Murr-Kreis; ⚐ Baden-Württemberg; ✉ 71540; ☎ 07192; 🚗 WN; △ 340 m; 👥 13400.

M. liegt 50 km nordöstlich von Stuttgart am Oberlauf der Murr zwischen den Ausläufern des Murrhardter Waldes und den Löwensteiner Bergen. Bahnstation an der Strecke Stuttgart–Backnang–Crailsheim–Nürnberg. Die St hat Gymnasium; Waagenfabrik, lederverarbeitende und kunststoffverarbeitende Industrie (Herstellung von Plastikartikeln, Handtuchautomaten u. a.) M. ist Erholungsort mit lebhaftem Ausflugs- und Fremdenverkehr.

In M., wo der Limes den Schwäbischen Wald überquerte, befand sich ein römisches Kastell. In karolingischer Zeit (Anfang 9. Jh.) gründeten Benediktiner ein Kloster, in dessen Nähe sich ein Marktflecken entwickelte, der 1288 das Stadtrecht erhielt. Kloster und St kamen 1388 an Württemberg. 1765 brannte M. fast vollständig nieder. – Erhalten ist die im 14. Jh. gotisch ausgebaute Stadtkirche (ehem. Klosterkirche), an die zur Stauferzeit die romanische Walterichskapelle (Anfang 13. Jh.) mit schönem Portal und reichgeschmückter Apsis angebaut wurde. Bemerkenswert ferner der Marktplatz mit Stadtbrunnen und Rathaus (1770–77) sowie das Museum Schweizer (römische Ausgrabungsfunde, Tierdarstellungen). Auf dem alten Friedhof liegt die Walterichskirche (Ende 15. Jh.) mit dem Grab des Heiligen. – Aus M. stammt der Tiermaler Heinrich von Zügel (1850–1941; Kunstsammlung). – Sehenswert die Walterichskapelle.

Mutterstadt

□ 20,48 qkm; ○ Ludwigshafen am Rhein; ⚐ Rheinland-Pfalz; ✉ 67112; ☎ 06234; 🚗 LU; △ 70 m; 👥 12600.

M. liegt 10 km südwestlich von Ludwigshafen in der Rheinebene an der Autobahn A 61 Hokkenheim–Ludwigshafen–Koblenz (Ausfahrt AB-Kreuz M.). Die Gm hat Grundschulen, Hauptschule, Realschule; Frühkartoffel- und Zuckerrübenanbau, Gemüsekulturen; Großmarkt.

Die Gemarkung von M. ist seit prähistorischer Zeit besiedelt (zahlreiche Funde). Der Ortsname geht auf ein fränkisches Geschlecht »Muothari« zurück, das die Siedlung um 790 gründete. Erstmals wird M. als königlicher Hof und Gerichtsstätte um 1309 erwähnt. Das Dorf gehörte seit dem späteren Mittelalter zur Kurpfalz. Im Dreißigjährigen und im Pfälzer Erbfolgekrieg wurde M. völlig zerstört. Der Wiederaufbau erfolgte im 18. Jh. (Kirche von 1754; Rathaus 1738). Von 1798–1806 war M. Hauptort des gleichnamigen französischen Kantons. 1816 kam es an Bayern. Im 20. Jh. entwickelte sich M. zur Wohngemeinde. Größere Gewerbeansiedlungen seit 1965.

Nabburg

□ 62,39 qkm; ○ Schwandorf i. Bay.; ⚐ Bayern; ✉ 92507; ☎ 09433; 🚗 SAD; △ 367–627 m; 👥 6100.

N., Verwaltungs- und wirtschaftlicher Mittelpunkt des mittleren Naabtales, liegt 29 km südlich von Weiden im Oberpfälzer Wald auf einem schmalen Bergrücken über dem Naabtal. Die St ist über die B 15 und über die Autobahn A 93 Regensburg–Weiden (Ausfahrt N.) zu erreichen. Bahnstation an der Strecke Regensburg–Hof. N. hat Amtsgericht, Vermessungsamt, Landratsamt; Realschule, Gymnasium, gewerbliche und landwirtschaftliche Berufsschulen, Fachoberschule, Landwirtschaftsschule; Kreiskrankenhaus; Zinngießerei, keramische Werkstätte, Textilfabrik u.a. kleinere Industrie- und Gewerbebetriebe.

N., erstmals 929 bezeugt, entstand als Siedlung im Schutz der gleichnamigen, im 7. Jh. erbauten Burg. N. war Stützpunkt der »Marca (Mark) Napurch«, die im 11. Jh. unter der Herrschaft der Diepoldinger ihre Blütezeit hatte; nach deren Aussterben kamen Mark und N. um 1254 an die Wittelsbacher. 1296 erhielt die Burgsiedlung Amberger Stadtrecht. 1420 zerstörten die Hussiten die St. – Das mittelalterliche Stadtbild mit den alten Wehranlagen (Obertor, Stadtmauer) ist gut erhalten. Sehenswert die got. Stadtpfarrkirche (Mitte 14. Jh.), die frühromanische Hallenkirche St. Nikolaus, die romanische Basilika St. Peter und Paul in Perschen sowie das Oberpfälzische Bauernmuseum (Perschen).

Nagold

□ 63,10 qkm; ○ Calw; ⚐ Baden-Württemberg; ✉ 72202; ☎ 07452; 🚗 CW; △ 400 bis 600 m; 👥 20700.

N., Große Kreisstadt und Luftkurort im Nagoldtal am Ostrand des Nordschwarzwaldes 42 km südwestlich von Stuttgart, liegt im Schnittpunkt der B 28 und B 463. Die St ist Bundeswehrstandort. N. hat Amtsgericht, Arbeitsamt, Gesundheitsamt, Forstamt; Realschule, Gymnasium, Aufbaugymnasium, Handelsschule, kaufmännische und gewerbliche Berufsschulen, Fachschule für Sozialpädagogik; Lehranstalt des Deutschen Textileinzelhandels, Ausbildungszentrum der Straßenbauverwaltung Baden-Württemberg; holzverarbeitende und Textilindustrie.

N., erstmals 786 urkundlich erwähnt, wurde 1363 württembergisch. Bemerkenswerte bauliche Zeugnisse der Vergangenheit sind die auf dem Gebiet eines römischen Gutshofes errichtete Remigiuskirche (10. Jh.) mit spätgotischen Wandmalereien, der Glockenturm der ehem. Liebfrauenkirche (um 1400), Fachwerkhäuser aus dem 15. bis 18. Jh. (Frühmeßhaus, Hotel Post, Altes Schulhaus u.a.) und Reste der ma. Stadtmauer.

Naila

□ 37,05 qkm; ○ Hof; ⚐ Bayern; ✉ 95119; ☎ 09282; 🚗 HO; △ 500–560 m; 👥 8700.

N. liegt 20 km westlich von Hof im bayerischen Oberfranken (Frankenwald) in einem Talkessel der in die sächsische Saale mündenden Selbitz. Zufahrt über die B 173; Anschluß an die Autobahn A 9 München–Nürnberg–Hof (Ausfahrten Hof und AB-Dreieck Bayer. Vogtland); Bahnstation an der Nebenstrecke Hof–N.–Bad Steben. N. hat Gymnasium, Realschule, Kreisberufsschule, Berufsaufbauschule, Staatl. Fachschule für Bekleidungsindustrie, Sonderschule für Lernbehinderte, Sonderschule für lernbehinderte und erziehungsschwierige Kinder, Krankenpflegeschule; Textil- und Schuhindustrie, Maschinenfabrik, Eloxalwerk, Catgutfabrik, Brauereien.

N., erstmals 1343 urkundlich genannt, kam 1373 an die Burggrafen von Nürnberg und späteren Markgrafen von Brandenburg-Bayreuth-Ansbach. Der Ort erhielt vor 1454 Marktrechte; seit dem 15. Jh. ist der Abbau von Eisen- und Kupfererzen bezeugt (Mitte des 19. Jh. eingestellt). 1792 fiel N. an Preußen und 1810 an Bayern. Vor 1818 wurde N. zur St erhoben. – 1862 brannte die St fast völlig nieder. Erste Industrieansiedlungen Ende des 19. Jh.

Nassau (Lahn)

□ 17,50 qkm; ○ Rhein-Lahn-Kreis; ⚐ Rheinland-Pfalz; ✉ 56377; ☎ 02604; 🚗 EMS; △ 80–120 m; 👥 5200.

N., Luftkurort an der Lahn 25 km östlich von Koblenz, liegt am Schnittpunkt der B 260 und B 417. Bahnstation an der Strecke Koblenz–Gießen. Die St hat Verbandsgemeindeverwaltung, Forstverwaltung; Grund- und Hauptschule, Realschule; vielseitige mittelständische Industrie- und Gewerbebetriebe (Herstellung von Haushaltsgeräten [Leifheit], Blechwaren, Schrauben und Fassonstücken, Spezialleitern und Spezialkisten, Metallwaren, Maschinen, Plastikartikeln u.a.); Fremdenverkehr.

N., erstmals 915 urkundlich genannt, ist aus einem fränkischen Königshof an einem Lahnübergang hervorgegangen. Vor 1124 wurde die Burg N. (Ruine), seit 1159 Stammsitz der Grafen vn N., erbaut. 1348 erhielt der gleichnamige Ort das Stadtrecht. – Bemerkenswert die Ruine der Burg Stein (1234 erstmals erwähnt), Stammburg der Herren vom und zum Stein, das Rathaus (Fachwerkbau Ende des 16. Jh.), die frühgot. ev. Kirche mit spätrom. Westturm und das im 17. Jh. erbaute Schloß Stein, auf dem der Reichsfreiherr Karl vom und zum Stein (1757–1831) geboren wurde.

Alljährlich Michelsmarkt am letzten Sonntag im September.

Nauen

□ 3,5 qkm; ○ Nauen; ⚐ Brandenburg; ✉ 14641; ☎ 03321; 🚗 NAU; △ 39,8 m; 👫 11700.

N. ist zu erreichen auf der A 10 / E 55, Ausfahrt Berlin-Spandau (8 km) und der A 24 / E 26 / E 55, Ausfahrt Kremmen (15 km); auf der B 5 und der B 273; Eisenbahnverbindungen: Berlin – N. – Wittenberge – Ludwigslust – Schwerin – Wismar–Rostock; Berlin N.–Wittenberge– Ludwigslust–Boizenburg–Hamburg; Nahverkehr nach Potsdam und Birkenwerder. Die nächsten Flughäfen sind Berlin-Tegel und Berlin-Schönefeld (20 km bzw. 35 km).

Bildungseinrichtungen: Grundschule, Gesamtschulen, Gymnasium; Förderschule.

Wirtschaftliches: mittelständischer Maschinenbau, metallverarbeitende Industrie, Logistik (Großhandel und Vertrieb); Bauunternehmen verschiedener Größe und Struktur; Handwerks- und Gewerbebetriebe unterschiedlicher Branchen.

Geschichtliches: erste urkundliche Erwähnung 981; Rechte als St ab 1305; Entwicklung zu einer Ackerbürger-St in einem „Luchgebiet" (Feuchtwiesen).

Sehenswürdigkeiten und Kulturstätten: Rathaus; Museum; Galerie; Bibliothek; Jugendklubhaus, Freilichtbühne, St- und Bürgerpark; Evang. Kirche (14. Jh.); alter St-Kern (18. Jh.).

Nauheim (Kr. Groß-Gerau)

□ 13,77 qkm; ○ Groß-Gerau; ⚐ Hessen; ✉ 64569; ☎ 061 52; 🚗 GG; △ 81 m; 👫 9700.

N. liegt 25 km nordwestlich von Darmstadt im nördlichen Hessischen Ried an der B 42 und an der Autobahn A 67 Darmstadt–Rüsselsheim (Ausfahrt Groß-Gerau). Die Gm hat Grund- und Hauptschule; sudetendeutsche Musikindustrie (Schönbach–Graslitz).

N., erstmals zwischen 830 und 850 urkundlich erwähnt, kam über verschiedene Herrschaften im Jahre 1600 an den Landgrafen von Hessen. Die bis ins 20. Jh. vorwiegend landwirtschaftlich orientierte Gm (Obstanbau, Sonderkulturen) wandelte sich inzwischen zur Wohngemeinde im Ballungsraum Darmstadt-/Mainz. Wirtschaftlich ist N. vor allem nach Rüsselsheim und Mainz orientiert (1700 Auspendler). – Alle zwei Jahre Nauheimer Musiktage.

Naumburg

□ 66,18 qkm; ○ Kassel; ⚐ Hessen; ✉ 34311; ☎ 05625; 🚗 KS; △ 280–450 m; 👫 5100.

N., staatl. anerkannter Luftkurort im Elbetal des Naturparks Habichtwald 22 km südwestlich von Kassel, ist über die Bundesstraßen B 251 und B 450 zu erreichen; Anschluß an die Autobahn A 7 Würzburg–Kassel (Ausfahrten Fritzlar und Edermünde) und A 44 Ruhrgebiet–Kassel (Ausfahrt Zierenberg). N. hat Grund- und Hauptschule mit Förderstufe; Forstwirtschaft und Fremdenverkehr.

Seinen Namen verdankt die St einer 1170 erstmals urkundlich erwähnten Burg; die Siedlung, erstmals 1206 als Dorf bezeugt, erhielt 1260 Stadtrechte. Der Naumburger Besitz spielte in den Auseinandersetzungen zwischen dem Erzbistum Mainz und der entstehenden Landgrafenschaft eine wichtige Rolle. Die im Dreißigjährigen Krieg und 1684 zerstörte bzw. abgebrannte St wurde zum Teil aus den Steinen der 1626 zerstörten Burg wieder aufgebaut. Bis 1802/03 blieb N. Mainzer Besitz. – Im Zuge der Gebietsreform wurden N. die ehemaligen Nachbargemeinden Altenstädt, Elbenberg, Altendorf und Heimarshausen als neue Stadtteile eingegliedert.

Sehenswert die N. kath. Kirche (13. Jh.) mit der sogenannten „N. Madonna" (14. Jh.), die historische Altstadt mit Fachwerkhäusern mit z. T. erhaltener ma. Stadtmauer; mittelalterliche Dorfkirchen in den Stadtteilen und die Ruine Weidelsburg nördlich von N. im nordhessischen Bergland.

Naumburg (Saale)

□ 51,5 qkm; ○ Naumburg; ⚐ Sachsen-Anhalt; ✉ 06618; ☎ 034 45; 🚗 NMB; △ 230–246 m; 👫 30000.

N. ist zu erreichen auf der A 9 / E 49 / E 51, Ausfahrt N. (12 km); in der St treffen die B 87, B 88 und B 176 aufeinander. Bahnstation der Fernlinie Berlin–Halle/Leipzig–Saalfeld–Nürnberg–München sowie der Strecken N.–Jena–Saalfeld und N.–Weimar–Erfurt. Der nächste Flughafen ist Leipzig/Halle (ca. 50 km).

Bildungseinrichtungen: Kirchliche Hochschule; Agraringenieurschule; Postfachschule; Lepsius-Gymnasium, Dom-Gymnasium; Landesschule Pforta (Ortsteil von Bad Kösen); Bundessprachenamt, Außenstelle N.

Wirtschaftliches: Herstellung von Metallwaren; Holzkunst; Betriebe der Deutschen Reichsbahn; zahlreiche Großhandelsunternehmen, Gewerbe- und Handwerkerfirmen.

Geschichtliches: N. wurde zu Beginn des 11. Jh. an der Kreuzung wichtiger Nord/Süd- und West/Ost-Handelsstraßen gegründet. Ausgangspunkt der St-Entwicklung war die um das Jahr 1000 erbaute „Neue Burg", auf die der Name der St zurückgeht. In ihren Schutz wurde 1028 der Zeitzer Bischofssitz verlegt, ebenso eine Siedlung von Fernkaufleuten. Konrad II. gab dem jungen Gemeinwesen das „forum regale", (das kaiserliche Mkt- und Handelsrecht). Noch im 11. Jh. entstand östl. der Burg die planmäßig angelegte Rats-St, die sich mit einer eigenen Befestigung von der älteren Domsiedlung (emunitas) deutlich abgrenzte. Ein ausgedehnter Ost-West-Handel bot der aufstrebenden St solide wirtschaftliche Grundlagen. Ihre Peter-Pauls-Messen nahmen im thüringisch-sächsischen Wirtschaftsleben einen führenden Platz ein; 1432/33 war N. sogar zum Mitglied der Hanse aufgestiegen.

Die Reformation beseitigte endgültig die Sonderstellung von Bistum und St. Aus der einstigen Haupt-St des Bistums wurde eine kursächsische Provinz-St, die rasch an Bedeutung verlor. Der Wiener Kongreß (1815) brachte sie schließlich an Preußen; N. erhielt den Status, Oberlandesgericht der Provinz Sachsen zu sein; in den folgenden Jahren entwickelte sich N. zu einer bevorzugten Wohnstätte und angesehenen Beamten-St, die sich frühzeitig dem Fremdenverkehr öffnete.

N. repräsentiert mit seinen geschlossenen Straßenzügen noch ma. Charakter, der von einer Fülle historischer Bauten wie Kirchen, Bürgerhäusern und Befestigungsresten bestimmt wird. Es erhielt neue St-Viertel durch Eingemeindung der Ortsteile Neidschütz/Boblas sowie Wettaburg/Beuditz/Meyhen und Flemmingen/Neuflemmingen. N. führt den Beinamen „Modellstadt Sachsen-Anhalt".

Sehenswürdigkeiten und Kulturstätten: Größtes Bauwerk der St und zugleich ihr Wahrzeichen ist der Dom St. Peter und Paul. Die Stifterfiguren im Westchor und die Bilder am Lettner zählen zu den größten Leistungen dt. Bildhauerkunst des 13. Jh. Am Mkt steht das Renaissance-Rathaus, umgeben von prächtigen Bürgerhäusern des 16. bis 19. Jh. Die Wenzelskirche an der Südseite des Platzes besitzt eine bedeutende Ausstattung, zu der Bilder von Cranach d. Ä. und die weltbekannte Hildebrandt-Orgel zählen. – Weitere Sehenswürdigkeiten sind das „Schlößchen" (1543), ein Anbau am ersten städt. Kaufhaus von 1541; die alte „Residenz" (1652/53) für Herzog Moritz von Sachsen errichtet; die historischen Gasthäuser „Zu den drei Schwanen" (um 1550) und „Alte Post" (1579/80); der Domfriedhof mit der malerischen Johanniskapelle (13. Jh.); das Marientor (1455/56) mit zwei Turmhäusern und einem viergeschossigen quadratischen Turm; das N.er Heimatmuseum; das Puppentheater N.; der nach 1771 entstandene Park „Bürgergarten"; die Max-Klinger-Weinberge. – Von N. 8 km entfernt liegt der Kurort Bad Kösen.

Wiederkehrende Ereignisse: Kirschfest im Juni, Weinfest im September.

Nebra (Unstrut)

□ 11,5 qkm; ○ Nebra; ⚐ Sachsen-Anhalt; ✉ 06642; ☎ 034461; 🚗 NEB; △ 224 m; 👫 3350.

N. ist zu erreichen auf der A 9 / E 49 / E 51, Ausfahrt Naumburg (32 km), sowie auf den B 176 und B 250; Bahnhof an der Nebenstrecke Naumburg–Laucha–N.–Artern. Die nächsten Flughäfen sind Erfurt (ca. 75 km) und Leipzig/Halle (ca. 70 km); Geschäfts- und Sportflugplatz in Laucha (15 km).

Bildungseinrichtungen: Grundschule und Gesamtschule mit gymnasialem Zweig; Stadt- und Kreisbibliothek mit Hedwig-Courths-Mahler-Archiv und -Forschungsstätte.

Wirtschaftliches: Drahtseilerei; Handwerker-, Handels- und Dienstleistungsbetriebe; Agrar-Genossenschaft Nebra e. G. (Produktion von Getreide, Raps, Speisekartoffeln, Zuckerrüben, Milch und Läuferschweinen).

Geschichtliches: Nachweisbar ist ein jungsteinzeitlicher Rastplatz auf der Altenburg (10000 v. Chr.) und ein befestigtes Dorf (800–400 v. Chr.), in dem bei Grabungen Bronzegegenstände gefunden wurden. Mit dem Untergang des Thüringer Reiches (531) erweckte die Landschaft um N. kolonisatorisches Interesse. Um 800 (n. Chr.) erbauten dt. Grundherren eine Burg, sie siedelten Bauern und Handwerker an. Das Gebiet wurde 876 in einem Zehent-Verzeichnis des Klosters Fulda als „Neuere", auch „Neberi" und „Nebure" bezeichnet. Seit 1182 sind die Steinbrüche von N. urkundlich belegt, die über Jahrhunderte wirtschaftliche Bedeutung erlangten. Um 1200 entstand auf dem südlichen Sandsteinfelsen eine zweite Burg. Die Dorfbewohner siedelten in ihrem Schutz an, und es bildete sich eine ummauerte St mit vier Toren heraus, deren ältestes Siegel aus dem Jahre 1586 stammt. Auf dem Abriß dieser Burg kam es um 1540 zum Bau eines „Herrensitzes" mit einem Treppen-Wendelturm (heute Ruine). Erste und wichtigste Erwerbsquelle der Bewohner waren die Sandsteinbrüche links und rechts der Unstrut. Der Abbau wurde nachweislich von 1182 bis 1962 ununterbrochen betrieben. Neben der Innung der Steinmetzen hatten auch Leineweber, Schmiede und Wagner, Böttcher und Töpfer ihre Berufsvereinigungen. Ab 1791 gewann die Flußschiffahrt auf der Unstrut an Bedeutung. Um 1820 siedelten sich Schiffsbaumeister aus dem Elbsandsteingebirge in der Region von N. an. Schiffe, beladen mit Steinen und Holz, Getreide und Salz, später auch mit Zuckerrüben und Kohlen, konnten durch den Bau von 12 Schleusen, Regulierung der Unstrut und teilweiser Verbreiterung des Flußbettes im 18. Jh. ihre Fahrten auf Saale, Havel und Elbe fortsetzen; die Eigner schafften Ladegüter bis Magdeburg, Brandenburg und Hamburg. Der Bau einer Zuckerfabrik (1852) brachte eine weitere Steigerung des Verkehrs auf der Unstrut mit sich. – Nebraer Sandstein wurde zu Säulen, Grab- und Mühlsteinen verarbeitet; hauptsächlich aber diente er als Baumaterial. Die Moritzkirche in Halle soll im MA mit Steinen aus N. errichtet worden sein. Auch die Hamburger und Berliner Börse, die Weichselbrücke bei Dirschau, das Generalstabsgebäude sowie das Brandenburger Tor in Berlin, ebenso wie Saalebrücken in Naumburg und Dürrenberg, Merseburg und Halle, wurden aus Sandsteinblöcken von N. erbaut. Erst Mitte des 20. Jh. stellte man die Schiffahrt auf der Unstrut endgültig ein. Bis in die jüngste Vergangenheit bestimmten Bauern und Handwerker das Gepräge der St und ihrer Umgebung. 1952 wurde N.zur Kreisstadt erhoben.

Sehenswürdigkeiten und Kulturelles: spätgot. Stadtkirche St. Georg (1416); Schloßgebäude mit Burgruine (13.–16. Jh.), ehem. Schloß im Neurenaissance-Stil und Gutshäusern (1839–44); Marktplatz mit historischen Wohnhäusern; eine Vielzahl von Bürgerhäusern und anderen, unter Denkmalschutz stehenden Gebäuden mit Wappen, Inschriften, Reliefs, Portalen, Hauszeichen (z.T. 1536); Wohnhaus der dt. Schriftstellerin Hedwig Courths-Mahler.

Sport: Hoch über dem Unstrut-Tal, auf der sog. „Altenburg", liegen ein Schwimmbad und das Sportstadion; schöner Blick über den Flußverlauf der Unstrut und Weinanbauhänge. Das Terrassenbad gilt als „Kleinod" des Bundeslandes Sachsen-Anhalt (35 000 Quadratmeter heckengeschützte Gesamtfläche, Bekken für Schwimmer, Nichtschwimmer und Kinder, Tiergehege, Liegewiesen, Möglichkeiten zur sportlichen Betätigung).

Wiederkehrende Ereignisse: Karnevals-Veranstaltungen des NVC.

Neckargemünd

□ 26,15 qkm; ○ Rhein-Neckar-Kreis; ⚐ Baden-Württemberg; ✉ 69151; ☎ 06223; 🚗 HD; △ 127–400 m; 👥 15 000.

N., östlich von Heidelberg an der Mündung der Elsenz in den Neckar gelegen, ist über die B 37 und B 45 zu erreichen. Bahnstation der Strecke Frankfurt a. M.–Heidelberg–Heilbronn–Stuttgart. N. hat Realschule, Gymnasium, Rehabilitationszentrum für Kinder und Jugendliche, Sonderschule für Lernbehinderte, Gehörlosenschule, hauswirtschaftliche Berufsschule. N. ist bevorzugter Wohnort im Großraum von Heidelberg.

N. wird erstmals 988 urkundlich erwähnt. In einem Steuerverzeichnis von 1241 ist N. erstmals als Reichsstadt bezeugt. Bereits um 1330 kommt die St unter die Herrschaft der Pfalzgrafen von Heidelberg, die N. bis zur Auflösung des Kurpfälzischen Territoriums zu Beginn des 19. Jh. besitzen. – Vom ma. Stadtbild sind Reste der Befestigungsanlagen erhalten. Sehenswert die spätgot. ev. Kirche, das Stadttor (1788), Fachwerkhäuser (16.–18. Jh.) und die ma. Burgfeste Dilsberg.

Neckarsteinach

□ 22,06 qkm; ○ Bergstraße; ⚐ Hessen; ✉ 69239; ☎ 06229; 🚗 HP; △ 120–400 m; 👥 4000.

N., 15 km östlich von Heidelberg am rechten Ufer des Neckars an der B 37 gelegen, ist bekannter Ausflugsort am Südrande des Naturparks Bergstraße-Odenwald. Die St besitzt Grund-, Haupt- und Realschule; neben dem Fremdenverkehr sind einige kleinere Industrie- und Gewerbebetriebe (Schiffswerft, Elektronik-Industriebetrieb; Frachtschiffahrt) von wirtschaftlicher Bedeutung.

N. entwickelte sich vom Fischer- und Jägerdorf zur befestigten Siedlung, die 1377 das Stadtrecht erhielt. Die Herren von Steinach – die Bligger und Landschaden, darunter der Minnesänger „Bligger von Steinach" – hatten bereits im 12. Jh. (Hinterburg, Mittelburg) und

13. Jh. (Vorderburg, Schadeck oder Schwalbennest) vier Burgen erbaut, von denen zwei (Vorderburg und Mittelburg) erhalten und bewohnt sind. Die Grabmäler (14.–16. Jh.) des 1653 erloschenen Geschlechtes befinden sich in der got. Kirche (15. Jh., Ausbau 18. Jh.). Bemerkenswert ferner zahlreiche alte Fachwerkhäuser und Reste der Stadtmauer. Jenseits des Neckars liegt die keltische Fliehburg Dilsberg. – Alljährlich am letzten Samstag im Juli Vier-Burgenbeleuchtung mit Feuerwerk.

Neckarsulm

□ 25 qkm; ○ Heilbronn; ⚐ Baden-Württemberg; ✉ 74172; ☎ 07132; 🚗 HN; △ 150–310 m; 🚶 22000.

N., Große Kreisstadt 5 km nördlich von Heilbronn an der Mündung der Sulm in den Nekkar, ist über die B 27 und die Autobahn A 6 Mannheim–Heilbronn (Ausfahrten Heilbronn/N. und Heilbronn/Untereisesheim) zu erreichen; Bahnstation an der Strecke Stuttgart–Heilbronn–Würzburg bzw. Heidelberg. Die St hat Realschule, Gymnasium, gewerbliche Kreisberufs- und Berufsfachschule, Fachhochschule für Sozialpädagogik, Sonderschulen, Musikschule, Volkshochschule; bedeutendste Industriebetriebe sind die Audi AG (PKW-Produktion) und die Kolbenschmidt AG mit Aluminiumgießerei (Herstellung von Kolben und Felgen); ferner zahlreiche mittelständische Industrie- und Gewerbebetriebe; als Wirtschaftsfaktor von Bedeutung außerdem der Weinanbau.

»Sulmana« wird als Frankensiedlung erstmals 771 urkundlich erwähnt. Um 1300 erhielt der Ort das Markt- und Stadtrecht. 1335 kam die St, bis dahin Lehen der Grafen von Weinsberg, an das Kurfürstentum Mainz und 1484 an den Deutschorden. Anfang des 17. Jh. wurde der alte Stadtname Sulm in N. umgeändert. 1805 fiel N. an Württemberg. Seit dem Ende des 19. Jh. wandelte sich die St von einer überwiegenden Weinbau- zur Industriegemeinde. In der 1945 fast völlig zerstörten Altstadt sind wiederaufgebaut bzw. restauriert worden: das ehemalige Deutschordensschloß (14./15. Jh., heute Deutsches Zweiradmuseum), Stadtkirche St. Dionys (1706–1710) und Rathaus (16.–18. Jh.). – In N. lebte von 1859 bis 1878 der schwäbische Dichter Wilhelm Ganzhorn als Oberamtsrichter (Verfasser des Volksliedes „Im schönsten Wiesengrunde").

Alljährlich „Ganzhornfest" (September).

Neresheim

□ 118,56 qkm; ○ Ostalbkreis; ⚐ Baden-Württemberg; ✉ 73450; ☎ 07326; 🚗 AA; △ 550 m; 🚶 7100.

Der staatl. anerkannte Erholungsort N. liegt 25 km südöstlich von Aalen an der Egau auf der östlichen Schwäbischen Alb. Zufahrt über die B 466 und A 7 Ulm–Würzburg (Ausfahrt Heidenheim a.d. Brenz oder Aalen/Oberkochen); Regionalflugplatz in N.-Elchingen. Die St, Sitz eines Amtsgerichts, hat Realschule, Progymnasium, Behindertenwerkstatt im Samariterstift; mittlere Industriebetriebe (Herstellung von Spulen, Feinblechen, Betonwerk, Werkzeug- und Maschinenfabriken, Pappen-, Zieh- und Stanzwerk).

Die Siedlung N. entwickelte sich nach der Gründung des über der St liegenden Benediktinerklosters (1095). 1343 erhielt N. unter den Grafen von Oettingen das Markt-, 1350 das Stadtrecht. Nach dem großen Brand von 1405 wurde die St in ovaler Form wiederaufgebaut. Das Kloster war von 1763 bis zur Säkularisation (1802) reichsunmittelbar, kam danach an die Fürsten von Thurn und Taxis und 1806 an Bayern; 1810 wurde es württembergisch, 1796 schlugen die Franzosen bei N. die Österreicher. – Die berühmte barocke Abteikirche ist ein Werk Balthasar Neumanns (1747 beg., 1792 geweiht). – Alljährlich traditionelle N. Fastnacht (Fastnachtsdienstag) und Konzerte in der Abteikirche (Sommermonate).

Netphen

□ 137,34 qkm; ○ Siegen; ⚐ Nordrhein-Westfalen; ✉ 57250; ☎ 02738; 🚗 SI; △ 260–670 m; 🚶 22000.

N., am Südhang des Rothaargebirges, 11 km nordöstlich von Siegen gelegen, ist über die B 62 zu erreichen. Die Gm hat Grund- und Hauptschulen, Realschulen; Walzengießerei und Maschinenbau (Münzprägemaschinen).

N. ist 1969 durch Zusammenschluß von 24 ehem. Gemeinden des Amtes Netphen entstanden. Eine dauernde Besiedlung des Netpherlandes ist seit dem 11. Jh. nachzuweisen. Ältestes und bedeutendstes Grundherrengeschlecht waren die 1215 erstmals erwähnten Herren von Hain. Ihren ursprünglich rein bäuerlichen Charakter verloren die Gemeinden des Amtes Netphen allmählich mit der fortschreitenden Industrialisierung im 20. Jh.

Nettetal

□ 83,64 qkm; ○ Viersen; ⚐ Nordrhein-Westfalen; ✉ 41334; ☎ 021 53 (Stadtteile Breyell, Lobberich, Hinsbeck), 021 57 (Stadtteile Kaldenkirchen, Leuth); 🚗 VIE; △ 81 m; 👫 37 800.

N. ist 1970 durch Zusammenschluß der früheren Städte Kaldenkirchen, Lobberich und der Gemeinden Breyell, Hinsbeck und Leuth entstanden. Die St liegt 40 km westlich von Düsseldorf an der Nette unweit der niederländischen Grenze. Zufahrt über die B 7, B 221 und B 509; Anschluß an die Autobahn A 61 Mönchengladbach–Venlo (Ausfahrt N./Lobberich); Bahnstation (N.-Kaldenkirchen) an der Strecke Köln–Venlo (Niederlande).

N. hat Amtsgericht; Realschule, Gymnasium, Berufsschule, Sonderschulen für Lernbehinderte; Schwerpunktkrankenhaus; mittlere Industrie- und Gewerbebetriebe (Maschinenbau, Kunststoff- und elektrochemische Industrie); lebhaften Fremdenverkehr (Naturpark Schwalm – Nette mit 12 Netteseen).

Sehenswürdigkeiten sind die Leuther Wassermühle (Ende 17. Jh.), die Wasserburg Ingenhoven (13.–16. Jh.), die gotische Clemens-Kirche (Stadtteil Kaldenkirchen) und das Wasserschloß Krickenbeck; im Stadtteil Hinsbeck Naturlehrpfad.

Neubiberg

□ 5,8 qkm; ○ München; ⚐ Bayern; ✉ 85579; ☎ 089; 🚗 M; △ 550 m; 👫 9400.

N. grenzt an den südöstlichen Stadtrand von München. Die Gm, an der S-Bahnstrecke München-Kreuzstraße gelegen, hat Anschluß an die Autobahnen A 8 München–Salzburg (Ausfahrt München-Perlach) und Autobahnring A 99 (Ausfahrten Ottobrunn und Hohenbrunn). N. ist Wohngemeinde mit gewerblichem Einschlag im unmittelbaren Vorfeld von München.

Die Gm besitzt eine Realschule, Gymnasium, Volkshochschule und ist Standort einer Universität der Bundeswehr.

Der Stadtteil Unterbiberg wird erstmals 1017 als „Pipur villa" (Vorburg) urkundlich genannt. – Sehenswert der Umweltgarten N.

Neubrandenburg

□ 86 qkm; ○ Kreisfrei; ⚐ Mecklenburg-Vorpommern; ✉ 17033*; ☎ 03 95; 🚗 NB; 👫 16 m; 👫 89 000.

N. ist zu erreichen auf der A 19 / E 55, Ausfahrt Waren (71 km) oder Ausfahrt Güstrow (81 km); in der St treffen die B 96 / E 251, B 104, B 192 und B 197 aufeinander. N. ist Bahnstation der Reichsbahnstrecken Berlin–Neustrelitz–N.–Demmin–Stralsund und Schwerin–Bützow–Güstrow–Teterow–Malchin–N.–Pasewalk. Der nächste Flugplatz ist Trollenhagen (8 km), eingerichtet für den Luftverkehrs-Zubringerbetrieb.

Bildungseinrichtungen: Grundschulen, Gymnasien, Sportgymnasium; Förderschule mit Internat für Behinderte; Volkshochschule; Musikschule; Fachhochschule, vorwiegend für technische Bereiche.

Wirtschaftliches: Baugewerbe und -unternehmen; Maschinenbau, Metallbearbeitung, Handwerksbetriebe; Landwirtschaft, Lebensmittelindustrie, Einkaufszentren; Technologie-, Innovations- und Gründungszentrum.

Geschichtliches: Ritter Herbord van Raven gründete 1248 im Auftrag des brandenburgischen Markgrafen Johann das Gemeinwesen N., welches mehr als 600 Jahre nicht über seinen ma. St-Kern hinauswuchs. Große Zerstörungen erlitt N. im 30jährigen Krieg und 2. Weltkrieg. Erhalten geblieben ist die 2300 m lange Mauer um die wiederaufgebaute Innen-St. Sie bildet mit ihren vier St-Toren, den Türmen, Gräben und Wiekhäusern nebst dem 200 Jahre alten Eichenbestand eine Wehranlage von europäischem Rang. 1864 wurde N. an das Eisenbahnnetz angeschlossen, zu der Zeit zählte die St 10 000 EW. Von 1952 bis 1990 war sie Bezirks-St, dadurch wurde sie zum Dienstleistungs- und Verwaltungszentrum ausgebaut. Rings um N. entstanden große Wohngebiete, die Bevölkerungszahl stieg auf 90 000.

Sehenswürdigkeiten: die o. a. ringförmige ma. Wehranlage und die St-Tore, ausgeführt in norddt. Backsteingotik des 14. u. 15. Jh.; Franziskanerkloster; Marienkirche, 1298 geweiht, 1945 ausgebrannt, jetzt Konzerthalle und neue Galerie; Schauspielhaus. Eine touristische Attraktion ist der fast 11 km lange und 3 km breite Tollensesee mit seinem abwechslungsreichen bewaldeten Ufer und diversen Badestränden. Auch in den stadtnahen Waldgebieten findet man Entspannung und Erholung.

Kultur- und Sportstätten: Philharmonie, Kammertheater; Sitz der Fritz-Reuter-Gesellschaft; St-Bibliothek, Museen, Galerien; Haus der Kultur und Bildung, Literaturzentrum, St-Halle, Kulturpark. – Friedrich-Ludwig-Jahn-Stadion; Speedwaystadion.

Wiederkehrende Ereignisse: Kunstmärkte; großes Fußball-Hallenturnier für Knaben (im

Februar), Handball-Supercupturnier der Frauen-Nationalmannschaft (im März); „DocumentART“, ein internat. Dokumentarfilmfestival (im Herbst).

Neuburg a.d. Donau

☐ 81,31 qkm; ○ Neuburg-Schrobenhausen; ⚐ Bayern; ✉ 86633; ☎ 08431; 🚗 ND; △ 400 m; 👫 25000.

N. a.d. Donau, 22 km westlich von Ingolstadt am rechten Donauufer gelegen, ist über die B 16 zu erreichen; Bahnstation an der Strecke Ingolstadt–Ulm; Flugplatz für Sportflugzeuge in Egweil (6 km). Die St hat Kreisverwaltung, Amtsgericht, Stadttheater; Gymnasium, Realschulen, Berufsschule, Wirtschaftsschule, Landwirtschaftl. Kreisberufsschule, Kinderkrankenpflegeschule; Textil-, Baustoff- und Glasindustrie, Betriebe zur Herstellung von Schleif- und Putzmitteln, holz- und metallverarbeitende Industrie, Mälzerei, Asbest-Zement-Werke, Stahlstichprägeanstalt, Steinwollefabrik, Kreide-, chemische, Autozubehör- und Papierverarbeitungsindustrie.

Die ältere Oberstadt kam Mitte des 13. Jh. an Bayern. Nach der Bildung des Fürstentums Pfalz-Neuburg (1505) war N. Residenz bis 1803. – Sehenswert die Altstadt mit gut erhaltenem Mauerring, Residenzschloß (16./17. Jh.) mit Wandfresken in der Schloßkapelle und Schloßmuseum, Hofkirche (1607–18), Rathaus (1603–42) und Provinzialbibliothek (1731).

Alljährlich Donauschwimmen (Ende Januar), Fischerstechen auf der Donau (Mai), N. Sommerakademie für Bildende Kunst, Musik und Theater (Juli), Töpfermarkt und Barockkonzerte (September).

Neuenbürg (Württ.)

☐ 28,17 qkm; ○ Enzkreis; ⚐ Baden-Württemberg; ✉ 75305; ☎ 07082; 🚗 PF; △ 310–709 m; 👫 7000.

Die St N. schloß sich 1975 mit den zuvor selbständigen Gemeinden Arnbach, Dennach und Waldrennach zusammen. N. liegt im Enztal 10 km südwestlich von Pforzheim an der B 294. Die St hat Gymnasium, Musikschule; metallverarbeitende Betriebe, Pektinfabrik.

N. entstand als Siedlung unterhalb der im 13. Jh. errichteten „Neuen Burg“ (heute Schloß mit Ruine) der Grafen von Calw-Vaihingen. Die Siedlung wurde 1274 mit Mauern umgeben und zur St erhoben. Um 1320 kamen St und Burg an Württemberg.

Sehenswert neben dem Schloß sind die St. Georg-Kirche, die Altstadt mit Fachwerkhäusern und das Besucherbergwerk »Frischglück«, ein ehem. königlich-württ. Eisenbergwerk.

Neuenburg a.Rhein

☐ 44,12 qkm; ○ Breisgau-Hochschwarzwald; ⚐ Baden-Württemberg; ✉ 79395; ☎ 07634; 🚗 FR; △ 325 m; 👫 8100.

N., 35 km nördlich von Basel (Schweiz) am Rhein gelesen, ist Grenzübergang nach Frankreich. N. hat Anschluß an die Autobahn A 5 Karlsruhe–Basel (Ausfahrt N.); Grund- und Hauptschule; Kunststoffindustrie (Zweigwerk C. Freudenberg).

N., Ende des 12. Jh. von den Zähringern als planmäßige Anlage gegründet, war zwischen 1215 und 1254 und später noch einmal zwischen 1274 und 1311 Freie Reichsstadt. Danach wurde es an Vorderösterreich verpfändet. 1806 kam es an Baden. Die St wurde 1675 und 1704 völlig zerstört; im Zweiten Weltkrieg (1940 und 1944) erlitt sie ebenfalls schwere Schäden. – Alljährlich wird im Juli das Nepomukfest gefeiert.

Neuendettelsau

☐ 33,78 qkm; ○ Ansbach; ⚐ Bayern; ✉ 91564; ☎ 09874; 🚗 AN; △ 440 m; 👫 6800.

N. liegt 40 km südwestlich von Nürnberg in Mittelfranken nördlich der fränkischen Rezat. Die Gm hat Anschluß an die Autobahn A 6 Nürnberg–Heilbronn (Ausfahrt N.); Grund- und Hauptschule, Augustana-Hochschule sowie Missions- und Diaspora-Seminar der Ev.-Luth.-Kirche in Bayern, höhere Schulen, Fachschulen und Sonderschule des ev.-Luth. Diakoniewerkes N., Zollhundeschule der Bundeszollverwaltung; Krankenhaus des Ev.-Luth. Diakoniewerkes N., Textilindustrie (u.a. Strumpffabrik), Radiogehäusebau, holz-, kunststoff- und papierverarbeitende Industrie.

(Neuen)-Dettelsau wird erstmals 1141 urkundlich erwähnt. Weltweit bekannt wurde N. durch Pfarrer Wilhelm Löhe (1808 bis 1872), der die Evangelisch-Lutherische Diakonissen- und Missionsanstalt (Missionsgebiet Brasilien und Neuguinea) N. gründete. Nach dem

2. Weltkrieg verzeichnete die Gm durch Aufnahme von Flüchtlingen und Heimatvertriebenen einen überdurchschnittlichen Bevölkerungszuwachs (1939 2900 EW); gleichzeitig erlangte N. durch Ansiedlung von Industrie zunehmend auch wirtschaftliche Bedeutung. – Bemerkenswert das Missionsmuseum.

Neuenhagen bei Berlin

☐ 10,3 qkm; ○ Landkreis Strausberg; ⚐ Brandenburg; ✉ 15366; ☎ 03342; 🚗 SRB; △ 50 m; 👪 11 265.

Die Gemeinde N. am Ortsrand Berlins erreicht man über die A 10 / E 55, Ausfahrt Berlin-Marzahn (ca. 4 km), und über die B 1 / 5 (ca. 5 km). Bf. an der S-Bahnstrecke Berlin-Charlottenburg–Strausberg-Nord. Der nächste Flughafen ist Berlin-Schönefeld (ca. 25 km).

N. hat Gemeindeverwaltung, Meldewesen (Außenstelle), Polizeiposten, Feuerwehr.

Bildungseinrichtungen: Grundschulen, Gesamtschule, Gymnasium, Förderschule für geistig Behinderte.

Kulturstätten: Bürgerhaus, Bibliothek, Jugendklub.

Wirtschaftliches: Handwerks- und kleinere Gewerbebetriebe.

Geschichte: N. ist um 1232 als Kolonistendorf errichtet worden. Ältestes Bauwerk der Gemeinde ist die 1250 aus Feldsteinen im frühgotischen Stil erbaute Dorfkirche. Eine erste urkundliche Erwähnung der Gm stammt aus dem Jahre 1367. Das Vorwerk Elisenhof wird 1837 erstmals erwähnt. Im Jahre 1865 begann der Bau der Ostbahn Berlin–Küstrin, und N. erhielt an dieser Strecke einen Bahnhof. Die Zweigbahn N.–Altlandsberg ist heute nur noch auf einem Teilstück als Industriebahn in Betrieb. 1893 beschloß die Gemeindeverwaltung, Straßennamen einzuführen, denn die Zahl der Häuser war auf ca. 100 angestiegen, die Bevölkerung auf 4500 Einwohner. 1925 erfolgte die Grundsteinlegung für das Rathaus, das ein Jahr später eingeweiht werden konnte. Der Gemeindename Neuenhagen bei Berlin ist 1927 festgelegt worden. Zwei Jahre später hat man Bollendorf eingemeindet. Seit 1948 ist N. an das elektrifizierte S-Bahn-Netz angeschlossen.

Baudenkmäler: Dorfkirche und Rathaus.

Periodische Veranstaltungen: Neuenhagener Musiksommer auf der Pferderennbahn Hoppegarten.

Neuenhaus

☐ 101,33 qkm; ○ Grafschaft Bentheim; ⚐ Niedersachsen; ✉ 49828; ☎ 05941; 🚗 NOH; △ 17 m; 👪 12 000.

Die Samtgemeinde N. bildete sich 1974 im Zuge der Verwaltungs- und Gebietsreform aus den ehemaligen Gemeinden Esche, Georgsdorf, Lage, Osterwald und der St Neuenhaus, die nordwestlich von Nordhorn zwischen den Flüssen Dinkel und Vechte an der B 403 unweit der niederländischen Grenze liegt. Die Samtgemeinde hat Gesamtschule, Gymnasium, Sonderschule, Musikschule; Erdölindustrie, metall- und papierverarbeitende Betriebe, Maschinenbau; Landwirtschaft.

„Nienhuß" ist die zweitälteste St der Grafschaft Bentheim (1369 Erhebung zur Stadt). Sehenswürdigkeiten: Altes Rathaus (1793), Reformierte Kirche (1684), Handelshäuser (1684) am Alten Markt und Heimatmuseum in Neuenhaus; Mühle im Stadtteil Veldhausen (erbaut 1789); Wassermühle und Burgruine in Lage; Windmühle in Georgsdorf.

Neuenkirchen (Kr. Steinfurt)

☐ 48,27 qkm; ○ Steinfurt; ⚐ Nordrhein-Westfalen; ✉ 48485; ☎ 05973; 🚗 ST; △ 42–84 m; 👪 11 500.

Die Gm N. liegt 6 km südwestlich von Rheine in der Münsterländischen Tiefebene an der B 70. Anschluß an die Autobahn A 30 Bad Oeynhausen–Niederlande (Ausfahrten Rheine-Kanalhafen und Rheine-Nord). N. hat Realschule, Gymnasium, Berufsschule, Volkshochschule, Spinnereien und Webereien.

N. ist aus mehreren Bauernschaften entstanden, die 1247 eine „Neue Kirche" errichteten, die dem späteren Dorf den Namen gab. Bis 1803 gehörte N. zum Fürstbistum Münster. 1815 kam es an Preußen. Auf Gemeindegebiet befindet sich das Erholungsgebiet „Offlumer See".

Neuenrade

☐ 54,12 qkm; ○ Märkischer Kreis; ⚐ Nordrhein-Westfalen; ✉ 58809; ☎ 02392; △ MK; △ 350–514 m; 👪 11 200.

N., Luftkurort im oberen Hönnetal im Lenne-Gebirge, 40 km südöstlich von Hagen an der B 229, hat Grund- und Hauptschule, Volkshochschule; Kleineisen- und kunststoffverarbeitende Industrie.

N. erhielt 1355 von den Grafen von der Mark die Stadtrechte. Die traditionelle Eisenindustrie ist seit dem 16. Jh. bezeugt. 1714 wurde der Ort durch einen Großbrand fast völlig zerstört.

Neuenstadt am Kocher

□ 41,18 qkm; ○ Heilbronn; ⚐ Baden-Württemberg; ✉ 74196; ☎ 07139; 🚗 HN; △ 182 m; 👫 7600.

N., 15 km nordöstlich von Heilbronn zwischen Kocher und Brettach an der Autobahn A 81 Heilbronn–Würzburg (Ausfahrt N.) gelegen, hat Forstamt; Realschule, Progymnasium, Sonderschule für Lernbehinderte.

N. wurde als St um 1325 gegründet und kam 1504 von den Herren von Weinsberg an Württemberg. Im 17. und 18. Jh. war es Residenz einer Nebenlinie des württembergischen Herzoghauses. Die St wurde 1945 stark zerstört; erhalten blieben die ev. Pfarrkirche (1595–96) mit der Herzogsgruft, Reste der alten Stadtbefestigung sowie im Brettachtal die Ruine der Helmbundkirche; wiederaufgebaut bzw. restauriert wurden das ehem. Schloß und die Fachwerkhäuser aus dem 16.–18. Jh.; bemerkenswert ferner die Lindenanlage (alte Gerichtsstätte) mit Renaissanceportal (1558) und hundert z.T. wappenverzierten Steinsäulen. 3 km südlich von N. liegt Cleversulzbach, wo der Dichter Eduard Mörike von 1834 bis 1844 als Pfarrer wirkte.

Neufahrn b. Freising

□ 45,51 qkm; ○ Freising; ⚐ Bayern; ✉ 85375; ☎ 08165; 🚗 FS; △ 461 m; 👫 14200.

N. liegt 15 km nördlich von München an der Isar. Zufahrt über die B 11 und Autobahn A 9 München–Nürnberg (Ausfahrt Eching) und A 92 München–Deggendorf (Ausfahrt AB-Kreuz Neufahrn); Bahnstation an der Strecke München–Landshut. Die Gm hat Grund- und Hauptschulen, Volkshochschule; Kosmetikwerk (Avon), metallverarbeitende Industrie.

N., Wallfahrtsort seit dem 15. Jh., war bis zum 2. Weltkrieg eine vorwiegend bäuerliche Gemeinde; danach Entwicklung zum Industrie- und Siedlungsort mit überdurchschnittlichem Bevölkerungszuwachs (1939 1100 EW).

Neuffen

□ 17,44 qkm; ○ Esslingen; ⚐ Baden-Württemberg; ✉ 72639; ☎ 07025; 🚗 ES; △ 400–742 m; 👫 5200.

N., 40 km südöstlich von Stuttgart am Fuße des Steilabfalls der Schwäbischen Alb gelegen, hat Anschluß an die Autobahn A 8 Stuttgart–München (Ausfahrten Wendlingen und Kirchheim u.T./Nürtingen); Realschule, Sonderschule für Lernbehinderte; Maschinen-, Elektro- und Textilindustrie; Weinbau.

Die St wird überragt vom erstmals um 1100 erwähnten Hohenneuffen (742 m), eine der mächtigsten Burgruinen Deutschlands. N. wurde unter den Edelherren von N. 1232 zur St erhoben; 1302 fiel es an Württemberg. Die Burg Hohenneuffen wurde im 18. Jh. zur Festung ausgebaut (1801/02 geschleift). Sehenswert die frühgotische Martinskirche (1300–1350) mit dem Ölberg von Chr. v. Urach, das Melchior-Jäger-Haus (Fachwerkhaus von 1595), das Rathaus (1657) sowie mehrere malerische alte Fachwerkhäuser. – Nordöstlich von N. Thermalbad Beuren.

Neuhausen a.d. Fildern

□ 12,47 qkm; ○ Esslingen; ⚐ Baden-Württemberg; ✉ 73765; ☎ 07158; 🚗 ES; △ 310–350 m; 👫 10400.

N., 18 km südöstlich von Stuttgart an der Autobahn A 8 Karlsruhe–Stuttgart–München (Ausfahrt Esslingen) gelegen, hat Grund- und Hauptschule, Realschule, Sparkassenschule; Maschinen-(Aufzug-Stahl), Textil- und feinmechanische Industrie; Flughafen Stuttgart-Echterdingen 5 km.

N., erstmals 1153 urkundlich erwähnt, kam über die Herren von Rotenhan 1769 an das Hochstift Speyer und 1806 an Württemberg. Bemerkenswert die beiden ehem. aus dem 16. Jh. stammenden Schlösser.

Neuhof (Kr. Fulda)

□ 90,28 qkm; ○ Fulda; ⚐ Hessen; ✉ 36119; ☎ 06655; 🚗 FD; △ 300 m; 👫 10100.

Die Gm N., 14 km südlich von Fulda an der B 40 gelegen, hat Anschluß an die Autobahn A 7 Würzburg–Kassel (Ausfahrt Fulda-S); Bahnstation an der Strecke Frankfurt a.M.–Kassel; Realschule, Förderstufe; Kalibergbau.

N. ist erstmals 1165 bezeugt. Das quadratisch angelegte, mit vier Ecktürmen gesicherte Wasserschloß wurde Anfang des 16. Jh. errichtet und im 18. Jh. barock umgebaut.

Neu-Isenburg

□ 24,30 qkm; ○ Offenbach a. M.; ⚐ Hessen; ✉ 63263; ☎ 06102; 🚗 OF; △ 122 m; 👥 34600.

N.-I., 5 km südlich von Frankfurt a. M. an der B 3 und B 46 gelegen, hat Anschluß an die Autobahn A 3 Köln–Frankfurt a. M–Würzburg–Nürnberg (Ausfahrten Ffm.-Süd und Offenbacher Kreuz) sowie A 661 Frankfurt a. M.–Egelsbach (Ausfahrten Neu Isenburg und Dreieich); Bahnstation an der Strecke Frankfurt a. M.–Darmstadt (Verladestation „Auto im Reisezug"); Flughafen Frankfurt a. M. 12 km. Die St ist Sitz der Bundesdruckerei und der Bundesmonopolverwaltung für Branntwein. N.-I. hat Realschulen, Gymnasium, Abendgymnasium für Berufstätige, Sonderschule für Lernbehinderte und praktisch bildbare Kinder; vielseitige Industrie (Feinkostfabriken [„Frankfurter Würstchen"], Fabrik fotografischer Erzeugnisse, Automatenfabrik, Generatoren- und Motorenwerke, Maschinen- und Stahlbau, Bekleidungswerke, Herstellung von Faltschachteln, kosmetischen Artikeln und Fertigbauteilen, Möbelindustrie, u. a.).

N.-I. ist von Graf Johann Philipp von Isenburg-Birstein 1699 als Siedlung glaubensvertriebener Hugenotten und Waldenser in Form eines liegenden Kreuzes gegründet worden. Für die französisch sprechenden Einwohner wurde Deutsch erst 1830 als Amtssprache eingeführt. Mitte des 19. Jh. siedelten sich die ersten Industriebetriebe an. 1894 wurde N.-I. zur St erhoben. – Bemerkenswert das 1702 errichtete Rathaus, die französische (1705) und evang. Pfarrkirche (1775); im 1718 erbauten Gasthaus „Zum Löwen" ist das Heimatmuseum untergebracht. – Die im 2. Weltkrieg fast zur Hälfte zerstörte St ist seit 1950 infolge ihrer verkehrsgünstigen Lage im Wirtschaftsraum von Frankfurt überdurchschnittlich gewachsen (1939 15000 EW; Errichtung der Wohnsiedlung Gravenbruch 3 km östlich der St).

Neukirchen (Knüllgebirge)

□ 66,29 qkm; ○ Schwalm-Eder-Kreis; ⚐ Hessen; ✉ 34626; ☎ 06694; 🚗 HR; △ 250–500 m; 👥 7000.

N., Kneipp- und Luftkurort 10 km südöstlich von Schwalmstadt am Südwestrand des Knüllgebirges, ist über die B 454 erreichbar. Die St hat Forstamt; Gesamtschule; Textilindustrie (Herstellung von gummielastischen Artikeln); Fremdenverkehr.

N., 1142 erstmals genannt, erhielt zwischen 1340 und 1350 das Stadtrecht. N. gehörte zur Grafschaft Ziegenhain und kam 1450 an Hessen. Der von der z. T. erhaltenen Stadtmauer umschlossene Stadtkern besteht aus malerischen Fachwerkhäusern.

Neukirchen-Vluyn

□ 43,46 qkm; ○ Wesel; ⚐ Nordrhein-Westfalen; ✉ 47506; ☎ 02845; 🚗 WES; △ 30 m; 👥 26500.

N.-V., 12 km nördlich von Krefeld an der B 60 und im Kreuzungsbereich der Autobahnen A 40 Venlo–Moers–Duisburg (Ausfahrt N.-V.) und A 57 Goch–Köln–Koblenz (Ausfahrten Moers-Hülsdonk und AB-Kreuz Moers) gelegen, hat Realschule, Gymnasium, Musikschule, Volkshochschule; Steinkohlenbergbau, Steppdeckenfabrik, eisenverarbeitende Betriebe, Fabrik für Schiffshilfsmaschinen u. a. Industrie- und Gewerbebetriebe.

N.-V. ist 1928 durch Zusammenschluß der bis dahin selbständigen Gemeinden Neukirchen (erstmals im 13. Jh. urkundlich erwähnt) und Vluyn (812 in einer Schenkungsurkunde genannt) entstanden. 1917 wurde mit der Kohlenförderung durch die Niederrheinische Bergwerks-AG begonnen, die an der wirtschaftlichen Entwicklung der Gm maßgeblichen Anteil hatte. Die Zeche „Niederberg" (größte Anthrazitzeche Europas) gehört mit ihren modernen Abbaumethoden heute zu den ertragreichsten Kohlenbergbaubetrieben des Ruhrgebietes. – N.-V. ist Sitz der evang. Neukirchener Missionsgesellschaft und des Erziehungsvereins N., der den weit verbreiteten „Neukirchener Kalender" herausgibt. – Sehenswert Wasserschloß Bloemersheim (16. Jh.) mit schönem Park; Windmühle Dong.

Neumarkt i. d. Oberpfalz

□ 78,76 qkm; ○ Neumarkt i. d. Opf.; ⚐ Bayern; ✉ 92318; ☎ 09181; 🚗 NM; △ 425 m; 👥 34000.

N., 38 km südöstlich von Nürnberg in einer Talsenke am Rande des Oberpfälzer Jura gelegen, ist über die B 8, B 299 und die Autobahn

A 3 Nürnberg–Regensburg (Ausfahrt N./OPf.) zu erreichen. D-Zug-Station an der Bundesbahnhauptstrecke Frankfurt a.M.–Nürnberg–Regensburg-Passau; Sportflugplatz für Motor- und Segelflugzeuge. Die St, Sitz eines Amtsgerichts und der Verwaltung des Landkreises N./OPf., hat Realschulen für Knaben und Mädchen, Gymnasien, Fachoberschule, Verbandsberufsschule, Haushaltungsschule, Frauenfachschule, Landwirtschaftsschule, Schwesternschule (im Schwerpunktkrankenhaus), Sonderschule für Lernbehinderte; vielseitige Industrie (Holz- und Betonindustrie, Elektrotechnische Werke, Herstellung von elektrokeramischen Artikeln, Hoch-, Tief- und Stahlbetonbau, Kunststoffverarbeitung).

N., zwischen 1100 und 1126 gegründet, wird erstmals 1160 urkundlich erwähnt. N. war bis 1331 Freie Reichsstadt und von 1410 bis 1539 Pfalzgrafenresidenz. 1628 kam die St an Kurbayern. – Im April 1945 wurde N. zur Hälfte zerstört, davon der Stadtkern durch Brand fast vollständig. Nach dem Kriege hatte die St nach München und Erlangen das stärkste Bevölkerungswachstum in Bayern zu verzeichnen (1945 9700 EW).

Sehenswürdigkeiten: Gotische Stadtpfarrkirche St. Johannes (15. Jh.); Hofkirche (15. Jh.) mit Hochgrab des Pfalzgrafen Otto II.; Pfalzgrafenschloß (1593); Burgruine Wolfstein. – Alljährlich Mitte August großes Jura-Volksfest.

Neumarkt-Sankt Veit

□ 61,07 qkm; ○ Mühldorf a. Inn; ⚐ Bayern; ✉ 84494; ☎ 08639; 🚗 MÜ; △ 445 m; 👪 5300.

N.-St. V., 39 km südöstlich von Landshut an der Rott und B 299 gelegen, hat Grund- und Hauptschule; Möbel- und Textilindustrie. Die St (seit 1956) ist Mittelpunkt eines vorwiegend landwirtschaftlich orientierten Umlandes.

N.-St. V. wurde 1269 von Heinrich XIII. von Niederbayern unweit des 1030 gegründeten Benediktinerklosters St. Veit (1802 aufgelöst) als Marktsiedlung angelegt. Die 788 erstmals als Taufkapelle erwähnte Johanneskirche ist ein spätgotischer Bau aus dem 15. Jh. – Alljährlich Georgifest (April) zur Erinnerung an die Schlacht bei Neumarkt-Sankt Veit (1809).

Neumünster

□ 71,56 qkm; ○ Kreisfreie Stadt; ⚐ Schleswig-Holstein; ✉ 24534*; ☎ 04321; 🚗 NMS; △ 22 m; 👪 79800.

N. ist bedeutender Straßen- und Bahnknotenpunkt 31 km südlich von Kiel in Mittelholstein an der Schwale. In N. kreuzen sich die Bundesstraßen 4, 205 und 430 sowie die Bundesbahnstrecken Hamburg–Kiel–Flensburg (D-Zug-Halt) und Heide–Eutin; Anschluß an die Autobahn A 7 Hamburg–Flensburg (Ausfahrten N.-Wittorf, N. und N.-Einfeld). Die St ist Sitz eines Amtsgerichts, hat Bundesautobahnamt, Landesversorgungsamt; Realschulen, Gymnasien, Wirtschaftsgymnasium, Techn. Gymnasium, Frauenfachschule, Fachschule für Sozialpädagogik, Fachschule für Wirtschafterinnen, Handelsschule mit Höherer Handelsschule, Fachschule für pharmazeutisch-technische Assistentinnen, Fachschule für Textilwesen und Chemie, Textilfach- und Ingenieurschule, Berufs- und Berufsfachschulen, Landesberufsschulen und Landwirtschaftsschule; Schwerpunkt- und Unfallkrankenhaus. N. ist Garnisonstadt. Bedeutendster Wirtschaftszweig ist die Metallindustrie (Maschinenbau, Gießereien), ferner Elektro (AEG)-, Motoren-, Kunstfaser-, Textil- und Bekleidungsindustrie, Großhandel.

N. wurde 1136 nach einem Augustiner-Chorherrenstift benannt, das der Missionar Vicelin gegründet hatte. – Sehenswert: Vicelin-Kirche (1828–34); Textilmuseum; Heimattierpark. – Überregional bekannt der Norddeutsche Baumarkt von N., der alljährlich in der Holstenhalle stattfindet.

Neunburg vorm Wald

□ 108,41 qkm; ○ Schwandorf; ⚐ Bayern; ✉ 92431; ☎ 09672; 🚗 SAD; △ 398 m; 👪 8000.

N., an der Schwarzach im Oberpfälzer Wald gelegen, ist über die Autobahn A 93 Regensburg–Weiden (Ausfahrt Schwarzenfeld) zu erreichen. Die St ist Bundeswehrstandort; N. hat Verwaltungsgemeinschaft, Finanzamt, Vermessungsamt; Staatl. Berufsbildungszentrum mit Schülerheim, Grundausbildungsstätte für Hauswirtschaft und Sozialberufe; mittelständische Industrie- und Gewerbebetriebe (Herstellung von Matratzen, Polstermöbeln, Kartoffelchips; Sägeblattfabrik, Süßwarenfabrik, Drahtwerk, Kabelmetallwerk, Fertighaus- und Betonwerk, Bekleidungsfabrik; Herstellung von Fertigtüren und Fenstern u.a.).

N., 1017 erstmals urkundlich erwähnt, war bereits im 10. Jh. Münzstätte. Zur St erhoben wurde es nach 1300 unter den Wittelsbachern, die das Gebiet 1261 gekauft hatten. Im 15. Jh.

war N. Residenz des Pfalzgrafen von Neunburg-Neumarkt. – Sehenswert das Alte Schloß mit Stadtpfarrkirche (14./15. Jh.) und Wehrturm „Gürnitz" (jetzt Heimatmuseum), die Spitalkirche (15. Jh.), das Rathaus (1410 beg.), das Neue Schloß (16. Jh.) und Reste der alten Stadtbefestigung. – Alljährlich historisches Freilichtspiel „Vom Hussenkrieg" (Juli/August).

Neunkirchen (Saar)

□ 75,03 qkm; ○ Neunkirchen; ⚐ Saarland; ✉ 66538; ☎ 06821; 🚗 NK; △ 252 m; 👫 51000.

N., zweitgrößte St des Saarlandes an der Blies 25 km nordöstlich von Saarbrücken, liegt am Schnittpunkt der Autobahnverbindungen A 6 Saarbrücken–Mannheim und A 8/A 1 Karlsruhe–Trier–Köln (6 Ausfahrten); durch die St führt die B 41. N. ist D-Zug-Station an der Strecke Saarbrücken–Ensheim (20 km). Die St (seit 1922) hat Amtsgericht, Arbeitsgericht, Finanzamt, Forstamt, Zollamt u.a. Behörden; Gesamtschulen, Realschulen, Gymnasien, kaufm., gewerbliche und sozialpflegerische Berufsbildungszentren, Handelsschulen, Höhere Handelsschule, Krankenpflegeschulen, Kinderkrankenpflegeschule, kath. Fachschule für Sozialpädagogik, Sonderschulen.

N. ist wirtschaftlicher Mittelpunkt des östlichen Saarlandes mit metallverarbeitender Industrie, Automobilzulieferungsbetrieben, chemischer Industrie, Kunststoffabriken, Maschinenbaufirmen, Druckereien, Brauerei u.a. Betrieben.

N., als Waldrodungssiedlung entstanden und 1281 erstmals urkundlich erwähnt, war mit Kohle und Eisen gewachsen, zwei Industriezweigen, die schon im Spätmittelalter eine bedeutende Rolle spielten (seit Anfang des 15. Jh. Kohlenbergbau, seit dem 16. Jh. Eisenverhüttung). Als nach dem Ende der 60er Jahre dieses Jahrhunderts im Zuge der Kohlenkrise auch die letzte N. Grube schließen mußte, bedeutete das Ende des nächsten Jahrzehnts auch das „Aus" für die N. Eisen- und Stahlzeit. Seitdem hat sich die St vom Industriestandort zum Dienstleistungszentrum entwickelt. – Sehenswert der „Industriepfad" (Hochöfen, Gebläsehaus, Meisterhäuser, Hammergraben, Parkweiher, Ruine der Stummschen Kapelle) zur Dokumentation der industriegeschichtlichen Vergangenheit der St; Museum im Bürgerhaus; N. Zoo; Stengelkirche und Junkerhaus im Stadtteil Wellesweiler; Heimatmuseum in N.-Wiebelskirchen. – Alljährlich Frühlings- und Stadtfest.

Neunkirchen (Siegerland)

□ 39,59 qkm; ○ Siegen; ⚐ Nordrhein-Westfalen; ✉ 57290; ☎ 02735; 🚗 SI; △ 242–510 m; 👫 14800.

N., im Siegerland 12 km südlich von Siegen gelegen, ist über die Autobahn A 45 Dortmund–Frankfurt a.M. (Ausfahrt Wilnsdorf-Neunkirchen) zu erreichen. Die Gm ist Bahnstation an der Strecke Betzdorf–Dillenburg, hat Realschule, Gymnasium; metall- und kunststoffverarbeitende Industrie, Maschinen- und Apparatebau; Elektrotechnik.

N. ist 1969 durch Zusammenschluß der Gemeinden Neunkirchen, Altenseelbach, Salchendorf, Struthütten, Wiederstein und Zeppenfeld entstanden. Die Gemeindemarkung gehört zu den ältesten bergmännisch genutzten Gebieten Mitteleuropas (Besiedelung durch Kelten vor mehr als 2000 Jahren). Im Mittelalter gehörte das »predium liberorum virorum« (Gebiet der Freien Männer) Adeligen und ihren Dienstleuten, die von den Kaisern im Hinblick auf das umfangreiche Eisenvorkommen Sonderrechte und Freiheiten besaßen. 1815 wurde der „Freie Grund" preußisch. – Sehenswert der alte Ortskern von N. mit Fachwerkhäusern und historischem Brunnen sowie das Heimatmuseum mit Bergbauabteilung.

Neunkirchen-Seelscheid

□ 50,64 qkm; ○ Rhein-Sieg-Kreis; ⚐ Nordrhein-Westfalen; ✉ 53819; ☎ 02247; 🚗 SU; △ 93–269 m; 👫 16950.

N.-S., 23 km nordöstlich von Bonn in der Nähe des Wahnbach-Stausees gelegen, ist über die B 56, B 478 und B 507 zu erreichen; Anschluß an die A 3 Wiesbaden–Köln (Ausfahrt Siegburg) und A 4 Köln–Olpe (Ausfahrten Overath und Wiehl/Bielstein). Die aus zahlreichen verstreuten Ortsteilen bestehende Gm hat Grundschulen, Hauptschule, Privatgymnasium; Elektroindustrie, Tauchpumpenfabrik. N.-S. ist Sitz der Rhein-Sieg-Kunstakademie. Sehenswert: kath. Pfarrkirche, Burg Herrenstein. – Alljährlich Oktoberfest in Seelscheid.

Neuötting

□ 25,86 qkm; ○ Altötting; ⚐ Bayern; ✉ 84524; ☎ 08671; 🚗 AÖ; △ 392 m; 👫 7600.

N., am Inn und am Schnittpunkt der B 12 und B 299 gelegen, ist Bahnstation der Strecke

München–Simbach. N. hat Landratsamt, Realschule, Landwirtschaftsschule und Sonderschule für lernbehinderte Kinder; Stahlbauindustrie, Möbelfabrik, Miederwarenherstellung, Brauerei.

N. wurde von den Wittelsbachern im frühen 13. Jh. gegründet und 1321 zur St erhoben. Sehenswürdigkeiten: Spätgotische Stadtpfarrkirche (1410 begonnen), malerisches Altstadtbild mit südländisch anmutenden Laubengängen, alte Tore und Türme.

Neuruppin

□ 18 qkm; ○ Neuruppin; ⚐ Brandenburg; ✉ 16816; ☎ 03391; 🚗 NP; △ 39 m; 👥 26630.

N. ist zu erreichen auf der A 24 / E 26 / E 55, Ausfahrt N., ferner auf der B 5, B 96 und B 167; Bahnhof für den nahen Regionalverkehr der Deutschen Reichsbahn. Der nächste Flughafen ist Berlin-Tegel (ca. 55 km).

Bildungseinrichtungen: Grundschule, Gesamtschulen mit gymnasialer Oberstufe, Gymnasium; berufsbildende Schulen.

Wirtschaftliches: elektronische Industrie, Plastikbehälterbau, verkehrstechnische Unternehmen; Großmärkte.

Geschichtliches: erste urkundliche Erwähnung 1238; Pater Wichmann gründete 1246 ein Kloster, 1256 erhielt N. das Stadtrecht. Ab 1524 hielten sich brandenburgische Kurfürsten in N. auf, das 1688 zur Garnison wurde. 1732–36 Sitz des Kronprinzen Friedrich. Der bekannte Baumeister Karl Friedrich Schinkel wurde am 13. 3. 1781 in N. geboren. Am 26. 8. 1787 brannte die St zu 80 Prozent ab. 1788–1804 Wiederaufbau durch Bernhard Mathias Brasch. 1810 Beginn der Produktion der „Neuruppiner Bilderbogen“ (Einblattdrucke mit kolorierten Holzschnitten) durch Gustav Kühn. Geburt des Dichters Theodor Fontane am 30. 12. 1819. Im Jahr 1952 wurde N. zur Haupt-St des neugegründeten Kreises N. erklärt.

Sehenswürdigkeiten: Klosterkirche (13. Jh.), Wallanlagen und Reste der St-Mauer, weiträumiger, frühklassizistischer St-Kern mit schönen Bürgerhäusern (18. Jh.); Löwenapotheke (Geburtshaus Fontanes); Tempelgarten mit Knobelsdorff-Tempel; Stadtanlage der Aufklärung (im Mittelpunkt das Gymnasium); Schinkel-Denkmal und Fontane-Denkmal; Pfarrkirche, das Elevenstück von Engel, einem Baumeister Helsinkis; Heimatmuseum mit Gedenkräumen für Schinkel und Fontane und Sammlung der „N.er Bilderbogen“; Kulturhaus „St-Garten“; Heimattierpark; Freibad und Schwimmhalle.

Erholung in der Umgebung: Mit 14 km Länge ist der vom Rhin durchflossene „Ruppiner See“ der längste in der Mark Brandenburg. N. ist das südliche „Tor zur Ruppiner Schweiz“. Schiffe der „Weißen Flotte“ fahren von dort rhinaufwärts, am Waldmuseum Stendenitz vorbei, zur Boltenmühle, dem Zentrum des anmutigen und gewässerreichen Laubwaldreviers, und weiter nach Lindow (Klosterruine), das von drei Seen umgeben ist.

Wiederkehrende Ereignisse: Maifest, Kultursommer, Märkisches Heimatfest; N.er Sommer-Mkt, Martinibasar, Martini-Mkt; Korsofahrt.

Neusäß

□ 21,30 qkm; ○ Augsburg; ⚐ Bayern; ✉ 86356; ☎ 0821; 🚗 A; △ 481 m; 👥 19800.

N. grenzt an den nordwestlichen Stadtrand von Augsburg. Die St ist über die Autobahn A 8 Stuttgart–München (Ausfahrt Augsburg-West bzw. Adelsried) zu erreichen. N. hat math.-naturwissenschaftliches und neusprachliches Gymnasium, landwirtschaftl. und hauswirtschaftl. Berufsschule mit Berufsaufbauschule und Berufsfachschule für Hauswirtschaft und Kinderpflege, Realschule, Sing- und Musikschule; Druckerei-, Farben-, Maschinen und Fahrzeugfabriken u. a. mittelständische Gewerbe- und Industriebetriebe.

N. wird 1178 erstmals urkundlich (»Niusazen«) erwähnt.

Neuss

□ 99,44 qkm; ○ Neuss; ⚐ Nordrhein-Westfalen; ✉ 41460*; ☎ 02101; 🚗 NE; △ 42 m; 👥 150000.

N., am linken Niederrheinufer gegenüber von Düsseldorf gelegen, ist über die linksrheinische Autobahn A 57 Goch–Köln (mehrere Abfahrten), die Autobahn A 46 Wuppertal–Düsseldorf–Erkelenz (2 Abfahrten), die A 52 Düsseldorf–AB-Kreuz Neersen (2 Abfahrten) sowie über die B 7, B 9 und B 477 zu erreichen. N. ist wichtiger Bahnknotenpunkt (D-Zug-Halt) an den Hauptstrecken Köln–Ruhrgebiet–Hannover bzw. Krefeld–Niederlande und Aachen–Düsseldorf. Die St verfügt über einen bedeutenden Industriehafen (5 Hafenbecken); Großflughafen Düsseldorf-Lohausen 18 km.

Neuss, Quirinus-Münster

N. hat Amtsgericht, Industrie- und Handelskammer, Kreishandwerkerschaft; Spezialkrankenhäuser für Nerven- und Gemütskranke, Kinderklinik, Unfallklinik; zahlreiche Bildungs- und kulturelle Einrichtungen (Realschulen, Gymnasien, Berufsgrundschule, Berufsschulen und Berufsfachschulen, Fachschulen, Höhere Fachschule, Fachoberschulen, Jugendmusikschule, Abendrealschule, Abendgymnasium, Berufsaufbauschule, Institut zur Erlangung der Hochschulreife, Pädagogische Hochschule, Sonderschulen für Lernbehinderte, Volkshochschule; Rheinisches Landestheater, Clemens-Sels-Museum im Obertor [Sammlungen zur Stadtgeschichte, mittelalterlicher und neuerer Kunst], Stadtarchiv, Stadtbücherei [über 100000 Bände], moderne Stadthalle, zahlreiche Sportstätten u.a.).

N. besitzt eine breitgefächerte, gut strukturierte Wirtschaft mit bedeutenden Industriezweigen (Maschinenbau, Papier- und Aluminiumherstellung, Vertriebsfirmen der Unterhaltungselektronik und von Bürokommunikationsgeräten); N. ist ferner ein bedeutendes Modezentrum der Bundesrepublik und Einkaufsstadt für ein weites Hinterland.

Die St ist aus einer in der Nähe des römischen Militärlagers »Novaesium« (zwischen 40 und 400 n.Chr.) gelegenen Siedlung hervorgegangen. 881 wurde der Marktort von den Normannen zerstört. 1190 wird N. erstmals in einer kaiserlichen Urkunde als St erwähnt. Die St und das im 10. Jh. gegründete Benediktinerinnenkloster (seit 1200 adeliges Frauenstift) mit dem Anfang des 13. Jh. erbauten Quirinus-Münster waren im Besitz des Erzbischofs von Köln (später Kurkölns) bis Ende des 18. Jh. 1474/75 wurde N. von Karl dem Kühnen erfolglos belagert; 1586 jedoch im Kölner Krieg zerstört. Von 1794–1814 gehörte N. zu Frankreich. 1815 kam es an Preußen.

Im 2. Weltkrieg erlitt die St schwere Schäden. Wiederaufgebaut bzw. restauriert wurden an historisch bemerkenswerten Bauten: St. Quirinus-Münster (Anfang 13. Jh. mit Krypta [um 1050], Westbau [um 1200] und Turm [nach 1230]); Rest der ma. Stadtbefestigung (Stadtmauer, Obertor, um 1200); Zeughaus (1637); Blutturm; Bürgerhäuser aus dem 17. bis 19. Jh.; Dreikönigenkirche (1909–11) mit Symbolfenster von J. Thorn-Prikker (1929); Sebastianuskirche (1718), Kirche St. Marien (neugot. Hallenkirche 1900–02); Marienkapelle des Collegium Marianum; Haus Rottels (1830; Stadtgeschichtliches Museum); Clemens-Sels-Museum; Insel Hombroich (Skulpturenpark), römische Kybele-Kultstätte „fossa sanguinis" (N.-Gnadental). – Alljährlich am letzten Wochenende im August großes Bürger-Schützenfest.

Neustadt a.d.Aisch

□ 61,23 qkm; ○ Neustadt a.d.Aisch-Bad Windsheim; ⚐ Bayern; ✉ 91413; ☎ 09161; 🚗 NEA; △ 292 m; 👪 11000.

N. liegt 41 km nordwestlich von Nürnberg an der Aisch in Mittelfranken im Schnittpunkt der B 8 und B 470. D-Zug-Station an der Bundesbahnstrecke Frankfurt a.M.–Würzburg–Nürnberg. N. hat Amtsgericht, Kreisverwaltung; Gymnasium, Realschule, Borstenzurichterei, Metallverarbeitung, Kunststoff- und Textilindustrie, Herstellung von Musikinstrumenten, Mineralwasserindustrie, Brauerei, Ziegelei, Besamungszentrale für Nordbayern mit Forschungsstelle. – N. wurde Ende des 13. Jh. von den Burggrafen von Nürnberg gegründet. Bemerkenswert die Johanniskirche aus dem 14. Jh.

Neustadt b. Coburg

□ 61,88 qkm; ○ Coburg; ⚐ Bayern; ✉ 96465; ☎ 09568; 🚗 CO; △ 344 m; 👪 16400.

Die oberfränkische St N. liegt am Fuße eines Buntsandsteinmassivs (Muppberg) im südlichen Vorland des Thüringer Waldes. Die St hat Realschule und Gymnasium; Spielwaren- und Puppenindustrie. Kabelwerk (Siemens AG).

Mit dem Bau einer Zollburg an der Rödenfurt entstand im zweiten Drittel des 12. Jh. die »Nuowensthat«, die 1248 zum Marktflecken und 1343 zur St erhoben wurde. 1636 und

Neustadt a. d. Donau

1839 vernichteten Brände den größten Teil von N. Die Anfänge der Spielwaren- und Puppenindustrie reichen bis ins 18. Jh. zurück. Nach dem 2. Weltkrieg begannen Thüringer Glasbläser mit der Herstellung von Christbaumschmuck. – N. besitzt ein bemerkenswertes Trachten- und Puppenmuseum (mit Spielzeugschau).

Neustadt a. d. Donau

□ 96,37 qkm; ○ Kelheim; ⚐ Bayern; ✉ 93333; ☎ 09445; 🚗 KEH; △ 355 m; 👥 10000.

N. a. d. Donau liegt 30 km östlich von Ingolstadt auf dem rechten Donauufer am Schnittpunkt der B 16 und B 299. N. hat Anschluß an die A 93 München–Regensburg (Ausfahrt Siegenburg) und A 9 München–Nürnberg (Ausfahrten Lenting und Ingolstadt); Bahnstation an der Strecke Ingolstadt–Regensburg. Die St hat Grund- und Hauptschule, Volkshochschule; Erdöl-Raffinerie (größte Raffinerie Bayerns), mittlere Industriebetriebe (Zulieferfirmen für die Automobilindustrie, Herstellung von med. Erzeugnissen), Steinbruch- und Kieswerke; von den 13 Ortsteilen der Großgemeinde sind elf überwiegend landwirtschaftlich geprägt. Der Ortsteil Bad Gögging mit Kurzentrum ist Schwefel- und Moorbad (Thermalquelle) mit Heilanzeigen bei Erkrankungen des rheumatischen Formenkreises, Gelenk- und Wirbelsäulenleiden, Schäden nach Traumen und Operationen am Haltungs- und Bewegungsapparat, neuromuskulären Syndromen sowie schlaffen Lähmungen, Nervenentzündungen und bestimmten Hautkrankheiten.

N. a. d. Donau besitzt das älteste Stadtrecht Bayerns, verliehen 1273 von Herzog Ludwig dem Strengen. Alte Bürgerhäuser, Wehrtürme mit Stadtmauer (1163) und das schöne got. Rathaus (1560) verleihen der St ein ma. Flair; der Stadtteil Bad Gögging ist röm. Ursprungs (Badebetrieb seit 2000 Jahren). – Sehenswert: St. Andreaskirche (Ausgrabungen eines röm. Bades), St. Laurentius-Kirche (Hallenkirche 15. Jh.), St. Anna-Kirche (1715), St. Nikolaus-Kapelle (um 1402), Grenzkastell »Abusina« im Ortsteil Eining.

Veranstaltungen: Altbayerisches Stadtfest (Juli); Speedway-Rennen im N. Stadion.

Neustadt (Hessen)

□ 56,88 qkm; ○ Marburg-Biedenkopf; ⚐ Hessen; ✉ 35279; ☎ 06692; 🚗 MR; △ 250 m; 👥 8500.

N., 50 km nordöstlich von Gießen an der B 454 gelegen, ist Bahnstation an der Strecke Frankfurt a. M.–Kassel. N. hat Bundeswehrgarnison; Realschule, Volkshochschule; Strumpfwerke (Ergee), Werkzeugfabriken.

Um 1270 wurde N. als Wasserfestung erbaut und mit Stadtrechten ausgestattet. 1294 kam die St an Kurmainz. Eine wirtschaftliche und kulturelle Blütezeit erlebte N. von 1477–1550 unter der Herrschaft der Grafen von Dörnberg. 1802 kam N. an Hessen-Kassel. – Sehenswerte Fachwerkhäuser; Junker-Hansen-Turm (ältester Fachwerkrundbau Europas).

Neustadt in Holstein

□ 19,68 qkm; ○ Ostholstein; ⚐ Schleswig-Holstein; ✉ 23730; ☎ 04561; 🚗 OH; △ 12 m; 👥 14400.

N., Hafenstadt und Seebad 30 km nördlich von Lübeck an der Neustädter Bucht, ist D-Zug-Station an der Bundesbahnhauptstrecke Hamburg–Puttgarden. Zufahrt über die B 207; Anschluß an die Autobahn A 1 Hamburg–Lübeck–Heiligenhafen (Ausfahrten N.-Süd und N.-Nord). N. hat Seehafen für Industrie, Bundesmarine, Fischerei und Sportschiffer; Sportflugplatz Grube (15 km); Landeszentralbank, Garnison der Bundesmarine und des Bundesgrenzschutzes, Wasserschutzpolizei u. a. Behörden; Realschule, Gymnasium, Kreisberufsschule, Jugendaufbauwerk, Volkshochschule, Sonderschule für Lernbehinderte. Bekanntester Industriebetrieb der St ist die Glücksklee-Milchfabrik; ferner sind von wirtschaftlicher Bedeutung Küsten- und Binnenfischerei (auf dem Binnensee an der Kremper Au), Fabrikation von Motorbooten (Ancora), Holz- und Getreidehandel.

Neustadt/Holstein, Kremper Tor

1244 wurde der Fischerort »Nygenkrempe« von Graf Adolf IV. von Holstein zur Hafenstadt ausgebaut. Handel mit Getreide, Vieh und Holz sowie Fischfang bildeten seit jener Zeit das wirtschaftliche Rückgrat der St. Im 17. und 18. Jh. entstanden die ersten Werften, die rohbaufertige Schiffe nach Lübeck lieferten. Im 19. Jh. wurden die Hafenanlagen ausgebaut. Der wirtschaftliche Aufschwung nach dem 2. Weltkrieg ist vor allem auf die Ansiedlung neuer Industrie- und Gewerbebetriebe, die Stationierung von Bundesmarine- und Bundesgrenzschutzeinheiten (See) sowie auf den Ausbau der Badeorte N.-Pelzerhaken und N.-Rettin zu gut besuchten Familienbädern zurückzuführen.

Sehenswürdigkeiten: hochgotische Stadtkirche (1244) mit spätgotischem Triumphkreuz, Renaissancekanzel und Barockaltar; Kremper Tor (einziges in Ostholstein erhaltenes ma. Stadttor) mit Heimatmuseum; Rathaus (1819–20). – Seit 1951 Europäische Volkstums- und Trachtenwochen zur Pflege der Folklore und Verständigung der Völker.

Neustadt (Orla)

□ 24,25 qkm; ○ Pößneck; ⚐ Thüringen; ✉ 07806; ☎ 036481; 🚗 PN; △ 300 m; 👥 9600.

N. ist zu erreichen auf der A 4 / E 40 (bis Kreuz Hermsdorf) und auf der A 9 / E 51 bis Ausfahrt Triptis (8 km); durch N. führt die B 281; Bahnstation der Fernlinie Leipzig–Zeitz–Gera–N.–Saalfeld–Nürnberg. Der nächste Flughafen ist Erfurt (ca. 85 km).

Bildungseinrichtungen: Grundschulen, Regelschulen, Gymnasium; Bibliothek, Volkshochschule, Euro-Schule.

Wirtschaftliches: Tore-Technik, Hotel- und Objekteinrichtungen; Organisationsmöbel; Thüringer Textilbetrieb; Orlaguß GmbH; N.er Drahtweberei und Filtertechnik; Betonwerk N.; Automatisierungs- und Anlagen-GmbH; Automatisierungstechnik N.; Stahlbau-Technik GmbH; Kunststofftechnik GmbH.

Geschichtliches: Die thüringische St an der Orla wurde 1287 erstmals als „nova civitas" urkundlich erwähnt; sie war eine planmäßige Neugründung der Herren von Lobdeburg, die auf der nahen Burg Arnshaugk residierten. Bereits 1120 bestand auf dem Grund und Boden der späteren St eine dt. Ansiedlung namens „nova villa". Seit 1290 gehörte N., im Amt Arnshaugk gelegen, den Wettinern, 1485 fiel es an deren ernestinische Linie, und 1567 wurde es der albertinischen Linie angeschlossen. Seit 1571 war N. als Hauptstadt des „Kursächsischen-Neustädtischen Kreises" Verwaltungsmittelpunkt des oberen Orlagebietes. Von 1657 bis 1718 war N. ein Teil des Sekundogenitur(Zweitnachkommenschaft)-Fürstentums Sachsen-Zeitz, dessen Herzog auf den Grundmauern der im 30jährigen Krieg zerstörten Klostergebäude ein Schloß errichten ließ. Der N.er Kreis wurde 1815 dem Großherzogtum Sachsen-Weimar-Eisenach eingegliedert und blieb somit weiterhin Kreis-St des Verwaltungsbezirkes im Großherzogtum. Seit 1920 gehörte N. dem thüringischen Landkreis Gera an. Durch Neugliederung der Verwaltung in der DDR kam N. zum Kreis Pößneck.

Bereits vor der St-Gründung müssen die Haupterwerbszweige der Bewohner in Tuchmacherei und Gerberei bestanden haben, da hierfür durch Wasser, Wald und Schafzucht günstige Standortbedingungen vorhanden waren. Später kamen Holzindustrie und Maschinenbau hinzu. Das Handwerk erlebte im 15. und 16. Jh. eine Blütezeit, in der viele repräsentative Bauten und Bürgerhäuser entstanden. Ab 1365 gab es einen Rat, der 1411 die „Niedergerichte", 1483 die obere Gerichtsbarkeit über Hals und Hand erwarb. N. war bereits 1325 ummauert. Aus dem 15. Jh. berichtet die Chronik über eine bekannte Lateinschule.

Sehenswürdigkeiten: Rathaus im spätgot.

Stil; dreischiffige got. Hallenkirche St. Johannes (1470) mit Cranach-Altar (1513); Lutherhaus am Mkt, schönstes Bürgerhaus der St; Postmeilensäulen; Bürgerhäuser aus dem späten MA; Hospitalkirche (1449); Fleischbänke (1475), eine ma. Verkaufsstraße der Fleischer, in Art und Größe einzigartig für Europa; Ortsteil Arnshaugk (Denkmalsschutzgebiet); Heimatstube; Windmühle Linda mit Kleinkunstbühne.

Wiederkehrende Ereignisse: Brunnenfest, Karneval; Reitturnier um die Thür. Landesmeisterschaft, Leichtathletik- und Kegelwettkämpfe.

Neustadt am Rübenberge

☐ 357,34 qkm; ○ Hannover; ⚐ Niedersachsen; ✉ 31535; ☎ 05032; 🚗 H; △ 41 m; 👫 38500.

N., 25 km nordwestlich von Hannover gelegen, ist über die B 6 und B 442 zu erreichen. Bahnstation an der Hauptstrecke Hannover–Bremen. Die St hat Amtsgericht; Realschule, Gymnasium, Berufsbildungszentrum, landwirtschaftliche Berufs- und Berufsfachschule, Fachoberschule für Sozialwesen; Kreiskrankenhaus. N. ist Bundeswehrstandort und Industriestadt (Arzneimittelfabrik [Kali-Chemie AG], Torfgewinnungs- und Verarbeitungswerk u. a.).

N. wurde an einem alten Leineübergang gegründet und erhielt, wie Münzfunde bezeugen, vor 1200 das Stadtrecht. 1302 wurde die befestigte St mit der Grafschaft Wölpe an Herzog Otto von Braunschweig verkauft. Seit Ende des 15. Jh. war N. Residenz der Herzöge von Calenberg (bis 1632), die es zur starken Festung ausbauen ließen. 1671 und 1727 zerstörten Brände den größten Teil der Altstadt; 1728/29 erfolgte der Wiederaufbau nach dem heutigen Grundriß mit breiteren Straßen. – Nach dem 2. Weltkrieg hatte N. durch Aufnahme von Flüchtlingen einen überdurchschnittlichen Bevölkerungszuwachs (1939 4000 EW) zu verzeichnen.

Sehenswürdigkeiten: Schloß Landestrost (letztes Drittel des 16. Jh., bedeutendes Bauwerk der Weserrenaissance); roman.-gotische Liebfrauenkirche (13. Jh., 1500–02 umgebaut); Bastion Erichsburg (Reste einer Renaissancebastion mit ma. Wallanlagen und neugestaltetem Stadtpark). – In N. wurden geboren Gerhard von Scharnhorst (1755–1813), Reformer des preußischen Heeres, und Ludwig Christoph Heinrich Hölty (geb. in N.-Mariensee, 1748–1776), der „Dichter des Frühlings".

Neustadt in Sachsen

☐ 10,5 qkm; ○ Sebnitz; ⚐ Freistaat Sachsen; ✉ 01844; ☎ 03596; 🚗 SEB; △ 331 m; 👫 11300.

N. ist zu erreichen auf der A 4 / E 40, Ausfahrt Bautzen-West (20 km), sowie über die B 6 und B 98; Bahnstation für die Nebenstrecken Sebnitz–Bad Schandau, Stolpen–Pirna und Neukirch–Bautzen. Der nächste Flughafen ist Dresden-Klotzsche (40 km).

Bildungseinrichtungen: Grundschule, Mittelschule, Gymnasium, Berufliches Gymnasium; Förderschule für geistig Behinderte.

Wirtschaftliches: Fortschritt Erntemaschinen GmbH; „Groß" Elektrowerkzeuge und Holzverarbeitungsmaschinen; Kunststoffwerk „Gerodur"; Ostsächs. Brücken- und Ingenieur-Tiefbau GmbH „OBIT"; Industrie- und Gewerbepark (82 ha).

Geschichtliches: Erste urkundliche Belege für die Existenz der St stammen aus dem Jahr 1333. Freiberger Bergbaufachleute wollten die Goldgruben der Umgebung weiter ausbauen und intensiver ausbeuten. Die dazu von ihnen angelegte St nannten sie im Gegensatz zu bereits bestehenden Ortschaften „Nuewenstadt" oder auch „Niwenstadt" – zu dt. „Die neue Stadt". Von der Gründung bis 1451 unterstand N. der Krone Böhmens, danach war es sächsischer Besitz. Der angestrebte verstärkte Goldabbau erbrachte nicht den erhofften Bergsegen. Dafür gewann die St durch ihre günstige Lage an der vielbefahrenen Salzstraße und der alten Pilgerstraße als Marktort an Bedeutung. Die EW lebten von Handwerk, Gewerbe und Landwirtschaft. Bis zum Beginn des 19. Jh. war die Leineweberkunst das bedeutendste Gewerbe. Eine Steuerliste von 1756 verzeichnet 36 verschiedene Handwerker. Große Teile der St wurden wiederholt durch Brände vernichtet, ähnliche verheerende Folgen entstanden durch die zahlreichen Kriege. Mit der zunehmenden Industrialisierung verloren im 19. Jh. viele Handwerksbetriebe ihre Existenzgrundlagen. Es entwickelten sich die verschiedensten Fabriken, besonders häufig eröffnete man Fertigungsstätten für Kunstblumen. Nach dem 2. Weltkrieg gewann der Landmaschinenbau in N. an Bedeutung. Aus dem ehem. „Hering AG" entwickelte sich der „VEB Kombinat Fortschritt Landmaschinen", eine der größten europäischen Vereinigungen der Branche.

Sehenswürdigkeiten: historisches Rathaus auf dem Mkt-Platz; ev. St.-Jakobi-Kirche, 1413 erste urkundliche Erwähnung; alte Bürgerhäuser am Mkt; ev. Pfarrhaus mit Sitznischenportal, an der Mauer das Grab von Magister Götzinger; Postmeilensäule; Ausflugsziel Götzinger-Höhe (424 m) mit Aussichtsturm; Ungerberg (538 m) mit Aussichtsturm; Arthur-Richter-Park.

Freizeit und Sport: Hallenschwimmbad mit Sauna, Solarium und Café; Naturschwimmbad; moderne Kegelbahnen, Tennisplätze und Sportanlagen; Stadion; Skihang mit Lift und Kunststoffmatten; Reitsportanlage. – Die St liegt in einer reizvollen Landschaft, unmittelbar am Rande des Nationalparkes „Sächsische Schweiz"; in der Nähe liegen das Oberlausitzer Bergland, das Zittauer Gebirge und das Osterzgebirge (mit Wintersportzentrum) sowie das Isergebirge und Riesengebirge.

Neustadt a. d. Waldnaab

□ 9,06 qkm; ○ Neustadt a. d. Waldnaab; ⚐ Bayern; ✉ 92660; ☎ 09602; 🚗 NEW; △ 406 m; 👥 5600.

N., an der Waldnaab im Oberpfälzer Wald 8 km nördlich von Weiden gelegen, ist über die B 15 zu erreichen; Anschluß an die Autobahn A 93 Regensburg–Mitterteich (Ausfahrt N. a. d. Waldnaab). Die St hat Amtsgericht, Kreisverwaltung; Grund- und Hauptschule, Realschule, Landwirtschaftsschule, Fachwirtschaftliche Berufsschule; Kreiskrankenhaus. N. ist Zentrum der Glasindustrie (Bleikristall).

Erste urkundliche Erwähnung 1232; Verleihung des Stadtrechts 1300. Dank seiner Lage am Haupthandelsweg Nürnberg–Prag nahm N. im MA einen großen wirtschaftlichen Aufschwung (1358 Stadterweiterung durch Kaiser Karl IV.). N. war seit Mitte des 16. Jh. Sitz der Herrschaft Lobkowitz (bis 1807). Die Glasindustrie ist seit 1889 ansässig. – Bemerkenswert das Lobkowitzer Schloß (Neu- und Altbau) und die Wallfahrtskirche St. Felix.

Neustadt a. d. Weinstraße

□ 117,12 qkm; ○ Kreisfreie Stadt; ⚐ Rheinland-Pfalz; ✉ 67429*; ☎ 06321; 🚗 NW; △ 136 m; 👥 54000.

N., in der Oberrheinebene am Fuß der Haardtberge gelegen, ist über die B 38, B 39 und A 65 Ludwigshafen–Landau–Karlsruhe (Ausfahrten N.-Nord und N.-Süd) zu erreichen. N., Bahnknotenpunkt (D-Zug Station der Strecken Saarbrücken–Mannheim–Stuttgart–Frankfurt a. M. und Köln–Karlsruhe) und Sitz der Bezirksregierung Rheinhessen-Pfalz, hat Amtsgericht, Finanzgericht Rheinl.-Pfalz, Finanzamt, Verwaltungsgericht, Weinbauamt, Zollamt u. a. Behörden; Landes-Lehr- und Forschungsanstalt für Wein-, Obst- und Gartenbau; Realschule, Gymnasien, Handelsschule, Sonderschule für Geistigbehinderte; Sektherstellung, Weinbau und Weinhandel, Metall-, Elektro-, Textil-, Papier- und Kunststoffindustrie. N. ist Bundeswehrstandort.

Neustadt/Weinstraße
Metzgergasse und Stiftskirche

Die »Nova civitas« wurde Ende des 12./Anfang des 13. Jh. an vorher unbesiedelter Stelle gegründet und ist 1245 in einer Papstbulle für das Dominikanerinnenkloster Lambrecht erstmals urkundlich bezeugt. 1275 verlieh König Rudolf I. N. die Stadtrechte. Seit 1261 unterstand N. der Herrschaft der Pfalzgrafen bzw. der Kurpfalz. 1816 kam N. an Bayern.

Bemerkenswert die historische Altstadt mit Fachwerkhäusern aus dem 15.–18. Jh., die Stiftskirche aus dem 14. Jh. (Grablege der Kurfürsten), das „Casimirianum" (reformierte Hochschule 1578–83) und das Scheffelhaus (1580). Südwestlich der St liegt das Hambacher Schloß (11. Jh., Schauplatz des „Hambacher Festes" von 1832). – N. ist Geburtsort des Physikers Hans Wilhelm Geiger (1882–1945, Erfinder des „Geiger-Zählers").

Alljährlich Weinlesefest (Krönung der Deutschen und Pfälzischen Weinkönigin).

Neustrelitz

□ 90 qkm; ○ Neustrelitz; ⚐ Mecklenburg-Vorpommern; ✉ 17235; ☎ 03981; 🚗 NZ; △ 74 m; 👫 26000.

N. ist zu erreichen auf der A 19 / E 55, Ausfahrt Röbel (ca. 50 km), auf der B 96 / E 251, B 193 und B 198; Bahnstation der Fernlinie Rostock–Berlin–Cottbus–Görlitz–Zittau. Der Hauptbahnhof N. ist Eisenbahnknotenpunkt aller Strekken von Berlin in Richtung Norden; hier gabeln sich die Linien nach Rostock und Stralsund; Querverbindung über Wittstock (Dosse) nach Wittenberge zum Anschluß an die Strecke Berlin–Hamburg. Die nächsten Flughäfen sind in Berlin (ca. 110 km); Flugplatz Neubrandenburg-Trollenhagen (ca. 30 km) für Sportmaschinen und Kleinflugzeuge.

Bildungseinrichtungen: Grundschulen, Realschulen, integrierte Gesamtschule, Schulzentrum, Gymnasien; Förderschule; Volkshochschule; Berufliche Schule für Bauwesen und Sozialpädagogik; Musikschule für Jugend-Sinfonieorchester.

Wirtschaftliches: Die Region ist geprägt von Land- und Forstwirtschaft; großer, den EG-Normen entsprechender Schlachthof; Kühlhausbetrieb. Auf gewerblichen Sektoren arbeiten Bauunternehmen, Elektrofirmen und Metallbetriebe; Natursteingewinnung und Bearbeitung. Kommunikation und Forschung: Satelliten-Bodenstation.

Geschichtliches: N. ist eine der wenigen barocken St-Gründungen in Dtld. Nach dem verheerenden Brand des Schlosses (24./25. 10. 1712) in der kleinen Residenz-St Strelitz (slaw. Strelitze, dt. Schütze) ließ Herzog Adolf Friedrich III. ein neues Residenzschloß bauen. Er wählte dazu das am Zierker See gelegene „neue fürstliche Haus" (ein kleines Jagdschloß) aus. Von 1726–31 wurde es zur Residenz ausgebaut und ein barocker Schloßgarten angelegt. Nach Fertigstellung des Schlosses wurde es erforderlich, in der Nähe eine neue Residenz-St anzulegen, genannt „Neustrelitz", denn Hofstaat und Beamte wohnten noch immer in Strelitz. Um die nötigen Anreize für den Häuserbau zu schaffen, wurden den Bauwilligen vom Herzog in einem „Fundamentationsbrief" vom 20. Mai 1773 „Conditiones" gewährt: kostenloses Bau- und Gartenland nebst Bauholz, Baustoffe zum Herstellungspreis, zehnjähriger Steuer- und Abgabenerlaß, Zunft- und Religionsfreiheit. Dafür schrieb er genau vor, wie zu bauen sei. Man hatte aus den Feuersbrünsten der Vergangenheit gelernt und ging nun übertrieben vorsichtig zu Werke. Das Datum des Briefes gilt als Gründungstag von N. Der Braunschweiger „Hochfürstliche Kunstgertner", Julius Löwe, der bereits Schloß und Garten errichtet hatte, legte nun eine St an, dem Willen seines Fürsten folgend, ohne Rücksicht auf die schwierigen Geländeverhältnisse (hügeliges, bewaldetes, teilweise sumpfiges Land). Den Ortskern bildete der quadratische Mkt, von dem ein achtstrahliger Straßenkern ausgeht, die Haupt- und Nebenhimmelsrichtungen symbolisierend. Die einheitliche Bauausführung verlieh der St ein unverwechselbares Gepräge. Während der Regierungszeit des Großherzogs Georg (1816–60) kam es zu einer zweiten großen Bauphase, die vom Schinkel-Schüler Friedrich Wilhelm Buttel, einem genialen Baukünstler, geleitet wurde. Auch bedeutende Bildhauer des 19. Jh. wie B. Thorwaldsen und Christian Daniel Rauch waren in N. tätig. Für die Umgestaltung des Schloßgartens in einen englischen Landschaftspark stellte sich P.J. Lenné zur Verfügung. Von der umfassenden Bautätigkeit jener Jahre zeugen das Carolinen-Palais, die Schloßkirche, das Rathaus, der Turm der St-Kirche und viele andere Bauwerke. Die dritte große Bauphase setzte nach 1871 zur sog. Gründerzeit ein. Bis 1918 war die St Residenz des Großherzogtums und bis 1934 Landeshaupt-St des Freistaates Mecklenburg-Vorpommern.

Die Jahre nach dem 2. Weltkrieg haben N. enormen Schaden zugefügt. Früher wegen ihres geschlossenen Bauensembles „Perle des Nordens" genannt, wurde sie ihres einmaligen Charakters beraubt und verkam. Seit der deutschen Vereinigung von 1990 bemüht man sich, die erhaltenswerte historische Bausubstanz zu restaurieren.

Sehenswürdigkeiten und Kulturelles: Skulpturensammlung im Schloßpark (Chr.D. Rauch u.a. Künstler); Landestheater Mecklenburg in N.; Museum der St, landeskundliche Sammlungen; Karbe-Wagner-Archiv; Galerie. Von großem Reiz ist die landschaftlich schöne Umgebung mit Wäldern und Seen. Der Müritz-Nationalpark reicht bis an die St heran. Ferner gibt es acht Natur- und Landschafts-Schutzgebiete, Landschaftsparks, Naturdenkmäler und naturkundliche Lehrpfade. – N. bietet ein reichhaltiges kulturelles Programm: Konzerte, Musik-Festivals; rege Tätigkeit des Musikvereins; mehrere Chöre; Jugend-Sinfonieorchester; Folklore-Tanztheater. Das Landestheater beansprucht im Sommerspielplan keine Pausenmonate.

Wiederkehrende Ereignisse: Sängerfest im Juni mit großem Aufgebot an Chören und Mitwirkenden; Parkfest im August.

Neu-Ulm

☐ 80,92 qkm; ○ Neu-Ulm; ⚐ Bayern; ✉ 89231*; ☎ 0731; 🚗 NU; △ 472 m; 👫 46000.

Die Große Kreisstadt Neu-Ulm, am rechten Donauufer gegenüber von Ulm gelegen, ist über die B 10 und B 19 zu erreichen. Anschluß an die Autobahn A 8 Stuttgart–München (Ausfahrten Ulm-Ost und Ulm/Leipheim); Bahnstation an den Strecken nach Augsburg, Regensburg und Kempten. Die St, Sitz der grenzüberschreitenden Regionalen Planungsgemeinschaft Donau-Iller-Blau, hat Amtsgericht, Kreisverwaltung des Landkreises Neu-Ulm; Realschule, Gymnasium, Fachoberschule; Metall-, Holz- und Nahrungsmittelindustrie.

Neu-Ulm entstand zu Beginn des 19. Jh., als die ehemalige Reichsstadt Ulm 1810 von Bayern an Württemberg fiel und sich auf Altulmer Gebiet südlich der Donau eine bei Bayern verbleibende Siedlung entwickelte, die 1841 als stark befestigter Brückenkopf in die Bundes- und spätere Reichsfestung Ulm einbezogen wurde. 1869 erhielt Neu-Ulm das Stadtrecht. Nach der Auflassung der Festungsumwallung im Jahre 1906 verlor Neu-Ulm seinen Charakter als Garnison- und Festungsstadt; dafür siedelten sich die ersten größeren Industrie- und Gewerbebetriebe an. Heute ist Neu-Ulm, das mit Ulm zusammen ein Oberzentrum bildet, Standort weltweit vertretener mittelständischer und großer Unternehmen.

Sehenswert die aus Quadern und Ziegeln einstiger Festungswerke gefügte kath. Stadtpfarrkirche (1922–26 von Dominikus Böhm umgebaut) und das in ein Kongreßzentrum mit Hotel integrierte Museum für den aus Neu-Ulm stammenden Bildhauer Edwin Scharff (1887–1955).

Neuwied

☐ 86,5 qkm; ○ Neuwied; ⚐ Rheinland-Pfalz; ✉ 56564*; ☎ 02631 und 02622; 🚗 NR; △ 60–340 m; 👫 63000.

N. liegt rechts des Rheins an der Wiedmündung im Zentrum des Neuwieder Beckens 15 km nordwestlich von Koblenz. Die St ist über die B 42 und B 256 (rechtsrheinisch) und B 9 (linksrheinisch, verbunden durch Rheinbrücke Weißenthurm-N.) und die Autobahn A 48 Dernbacher Dreieck–Koblenz–Trier (Ausfahrt Bendorf/Neuwied) sowie über die A 61 Speyer–Mönchengladbach (Ausfahrt Plaidt) zu erreichen. D-Zug-Station an der Strecke Frankfurt a.M.–Köln (linksrheinische Verbindung). N. hat Rheinhafen; Amtsgericht, Arbeitsgericht, Kreisverwaltung, Bundeswehrgarnison; Realschulen, Gymnasien, Sonderschulen, kaufm. Berufsschulzentrum mit Wirtschaftsgymnasium, gewerbliche Berufsschule mit Berufsaufbauschule, Fachoberschule für Ingenieurwesen und Technische Lehranstalt, Fachoberschule für Sozialpädagogik, Zentrale Fachschule des Lebensmitteleinzelhandels mit Bildungszentrum (Weiterbildung von Einzelhandelskaufleuten). Die St ist Sitz der Landesbühne Rheinland-Pfalz, eines Landesgehörlosenheims und einer Landesblindenanstalt. N. besitzt zwei Akutkrankenhäuser und das Rehabilitationszentrum „Heinrichhaus“ (im Schloß zu Engers).

N. ist Mittelpunkt der mittelrheinischen Bimsbaustoffindustrie (mit Sitz des Verbandes der Rheinischen Bimsbaustoffwerke); ferner metall- und holzverarbeitende Industrie, Maschinenbau, chemische und Zementfabriken, Herstellung von Papier, Meßgeräten u.a.

N. wurde 1653 als Residenz der Grafen zu Wied auf der Markung des Weilers Langendorf (erstmals 1162 erwähnt) gegründet. Das freiheitliche Stadtrecht von 1662 bildete die Grundlage für den Aufschwung der St im 18. Jh. Seit 1850 entwickelte sich N. zur Industriestadt. Später eingemeindete Stadtteile gehen z.T. auf wesentlich ältere Siedlungen zurück. So bestand in Heddesdorf um 90 bis 190 n.Chr. ein Römerkastell mit Lagerdorf, Irlich geht auf eine vorrömische Siedlung zurück. Im Gebiet des Stadtteiles Feldkirchen-Gönnersdorf wurden Knochenreste erjagter eiszeitlicher Tiere und Werke der Kleinkunst von Jägersiedlungen aus der Zeit um 14000 v.Chr. gefunden.

Sehenswürdigkeiten: Schloß des Fürsten zu Wied (Anfang 18. Jh.) mit Schloßpark (exotische Baumflora); Ehem. Prämonstratenser-Kloster Rommersdorf im Stadtteil N.-Heimbach-Weis; Museum des Eiszeitalters Monrepos (oberhalb N.-Segendorf; Nachbildung eines Römer-Wachtturms am Verlauf des Limes (N.-Oberbieber); Historisches Wohnviertel der Herrnhuter Brüdergemeine in Neuwied; Rheinpromenade; Kreismuseum; Barockschloß im Stadtteil Engers mit historischem Spiegelsaal.

In N.-Heddesdorf begründete Friedrich Wilhelm Raiffeisen (1818–88) sein heute weltumspannendes Genossenschaftswesen. Aus dem Ortsteil Rockenfeld im Stadtteil Niederbieber-Segendorf entstammen die Vorfahren des US-Vizepräsidenten Nelson A. Rockefeller und in N. fertigten die Kunstschreiner Abraham und David Roentgen zusammen mit Peter Kinzing die berühmten Intarsienmöbel, Musikinstrumente und Uhren; N. ist ferner Geburtsort des Arzt-Dichters und Dramatikers Dr. Friedrich Wolf (1888–1953), des Verfassers sozialkritischer Theaterstücke („Cyankali“, „Prof.-Mamlock“ u.a.). Alljährlich Internationales Deichstadtfest (Juni/Juli) und Heddesdorfer Pfingstkirmes.

Neu Wulmstorf über Buxtehude

□ 56 qkm; ○ Harburg; ⚐ Niedersachsen; ✉ 21629; ☎ 040 (Hamburg); 🚗 WL; △ 50 m; 👥 15000.

Neu W. am Südrand des Alten Landes grenzt an den südwestlichen Stadtrand der Freien und Hansestadt Hamburg. Die Gm ist über die B 3 und B 73 zu erreichen; Bahnstation an der Strecke Hamburg–Cuxhaven. Neu W. hat Anschluß an die A 1 Hamburg–Bremen (Ausfahrt Rade) und A 261/7 Hamburg–Flensburg (Ausfahrt Hamburg-Heimfeld); Realschule, Gymnasium; kleinere Gewerbe- und Industriebetriebe.

1835 erfolgte die erste Ansiedlung auf dem Gemeindegebiet; bei Ausbruch des 2. Weltkrieges hatte der Ort lediglich 565 Einwohner. Nach 1945 sprunghaftes Anwachsen der Bevölkerung durch Ansiedlung von Heimatvertriebenen; später bevorzugter Wohnort am Rande Hamburgs. – Sehenswert der Karlstein im Forst Rosengarten.

Alljährl. Heimatfest (Juli/August).

Nidda

□ 118,34 qkm; ○ Wetteraukreis; ⚐ Hessen; ✉ 63667; ☎ 06043; 🚗 FB; △ 133 m; 👥 16500.

N. liegt 45 km nordöstlich von Frankfurt a. M. an der Nidda zwischen Wetterau und Vogelsberg. Zufahrt über die B 457 und Autobahn A 45 Dortmund–Hanau (Ausfahrten Florstadt und Wölfersheim); Bahnstation an den Strecken Gießen–Gelnhausen und Friedberg–Nidda.

Im Zuge der kommunalen Gebietsreform schloß sich N. 1970 mit den Gemeinden Bad Salzhausen, Borsdorf, Fauerbach, Geiß Nidda, Harb, Kohden, Michelnau, Ober Lais, Ober Schmitten, Ober Widdersheim, Stornfels, Ulfa, Unter Schmitten, Wallernhausen und Schwikkartshausen, Eichelsdorf und Unter-Widdersheim zusammen.

N. hat Amtsgericht, Finanzamt, Forstamt, Landwirtschaftsamt; Realschule, Gymnasium, Berufsschule, Sonderschule für Lernbehinderte; Spanplattenwerk (Hornitex), Stahl- und Metallbau, Papierfabrik und papierverarbeitende Industrie, Elektrofolienherstellung, Spannbetonwerk, Verpackungsindustrie. Der Ortsteil Bad Salzhausen ist Heilbad. Heilanzeigen bei Rheuma, Erkrankungen von Herz, Nerven und Atemwegen.

Erste Erwähnung von »Nitahana« um 800 in einer Urkunde des Klosters Fulda. N. kam über die Grafen von N. (Anfang 12. Jh.) über die Grafen von Ziegenhain (seit 1200) 1450 an die Landgrafen von Hessen. Seit 1567 gehörte es zu Hessen-Marburg, seit 1604 zu Hessen-Darmstadt. Erste Erwähnung als Stadt 1234.

Sehenswürdigkeiten: Spätgot. Turm (1491/92) der ehem. Johanniterkomturei; ev. Stadtkirche (1615–17, älteste protestant. Saalkirche Hessens); ehem. Wasserburg (um 1200 mit rundem Treppenturm von 1600); Reste der Stadtmauer; Marktplatz mit Marktbrunnen (1630); Bürgerhäuser aus dem 16. und 17. Jh.; Heimatmuseum.

Alljährlich Herbst- (September) und Martinimarkt (November).

Niddatal

□ 40,24 qkm; ○ Wetteraukreis; ⚐ Hessen; ✉ 61194; ☎ 06034; 🚗 FB; △ 116–218 m; 👥 8300.

N., 23 km nördlich von Frankfurt a.M. an der Einmündung der Wetter in die Nidda gelegen, entstand 1970 durch Zusammenschluß von Assenheim, Bönstadt, Ilbenstadt und Kaichen. Zufahrt über die B 45; Anschluß an die A 5 Frankfurt–Bad Hersfeld (Ausfahrt Friedberg). Die St hat Grund- und Hauptschulen, Realschule, Volkshochschule.

Sehenswert: (Ortsteil Ilbenstadt) Bedeutende romanische Basilika (1159 geweiht) mit Grabmal des Stifters Gottfried von Kappenberg (Ende 13. Jh.) und Resten von got. Wandmalereien (Mitte 14. Jh.); Klostergebäude (1711 und 1716); (Ortsteil Assenheim) Schloß der Grafen zu Solms-Rödelheim mit Ruine der ehem. Burg (12. Jh., Tor von 1528); (Ortsteil

Kaichen) steinerner Freigerichtsstuhl (Ende 13. Jh.).

Nidderau (Hessen)

□ 46,78 qkm; ○ Main-Kinzig-Kreis; ⚐ Hessen; ✉ 61130; ☎ 06187; 🚗 HU; △ 125 m; 👥 15000.

N., 10 km nördlich von Hanau an der Nidder gelegen, entstand 1970 durch den Zusammenschluß der Stadt Windecken und der Gemeinde Heldenbergen (1972 Eingliederung der Gemeinden Erbstadt und Eichen, 1973 der Gm Ostheim). Zufahrt über die B 45 und B 521; Anschluß an die A 66 Wiesbaden–Bad Soden-Salmünster (Ausfahrt Hanau-Nord). Die St hat Grund- und Hauptschule, Gesamtschule, Volkshochschule.

Erste urkundliche Erwähnung von Heldenbergen 839, Ostheim und Windecken um 850 (Verleihung der Stadtrechte 1288), Erbstadt 1237 und Eichen 1036.

Bemerkenswert: Spätgot. Stadtkirche (1495–97), Rathaus (spätgot. Steinbau), Fachwerkhäuser (16.–18. Jh.) und Reste der Stadtmauer mit Wehrgang (Ende 13. bis Anfang 14. Jh.) im Stadtteil Windecken; Alte Schmiede (1686) im Ortsteil Eichen.

Nideggen

□ 66,34 qkm; ○ Düren; ⚐ Nordrhein-Westfalen; ✉ 52385; ☎ 02427; 🚗 DN; △ 325 m; 👥 9000.

N., Luftkurort an der Rur im Naturpark Nordeifel 14 km südlich von Düren, hat Grund- und Hauptschule; bedeutendster Wirtschaftsfaktor ist der Fremdenverkehr. Der Stadtteil Schmidt liegt an der Rur-Talsperre.

N. entstand unterhalb der auf einem Bergsporn liegenden Burg, die zwischen 1177 und 1190 errichtet und von den Grafen von Jülich in der Folgezeit zur Residenz (Schloß) ausgebaut wurde. Die Burgsiedlung erhielt 1313 das Stadtrecht. Schloß und St wurden 1542 während der Jülichschen Fehde zerstört. Seit 1794 gehörte N. mit dem Herzogtum Jülich zu Frankreich; 1815 kam es an Preußen. – Die St erlitt im Zweiten Weltkrieg schwere Schäden, denen die historischen Baudenkmäler größtenteils zum Opfer fielen. Wiederaufgebaut bzw. restauriert wurden die mächtige Burganlage (12.–14. Jh.), die spätromanische Pfarrkirche mit Wandmalereien aus dem 13. Jh., die Stadtmauer, das Zülpicher und das Dürener Stadttor (14. Jh.).

Niebüll

□ 30,58 qkm; ○ Nordfriesland; ⚐ Schleswig-Holstein; ✉ 25899; ☎ 04661; 🚗 NF; △ 2 m; 👥 7000.

N., an der B 5 (West-Küstenstraße) gelegen, ist Verkehrsknotenpunkt und Umschlagplatz für die Halligen und Nordfriesischen Inseln. N. ist D-Zug-Station an der Strecke Hamburg–Westerland/Sylt und Verladebahnhof für Kraftfahrzeuge nach Sylt. Die St (seit 1960) hat Amtsgericht, Arbeitsamt, Zollamt, Deichbauamt; Realschule, Gymnasium, Dänische Schule, Sonderschule für Lernbehinderte, Kreisberufsschule, Landwirtschaftsschule, Fachschule für Sozialpädagogik, Volkshochschule; Kreiskrankenhaus; Landwirtschaft; Fremdenverkehr.

Der Kirchort »Nubul« wird erstmals 1436 urkundlich erwähnt. Als Marktflecken besaß N. bis zum Bau der Marschenbahn (1887) dörflichen Charakter; danach wirtschaftliche Bedeutung durch Ansiedlung von Handel, Handwerk und Gewerbe. 1985 wurde N. als Luftkurort staatl. anerkannt.

Niederkassel

□ 35,86 qkm; ○ Rhein-Sieg-Kreis; ⚐ Nordrhein-Westfalen; ✉ 53859; ☎ 02208; 🚗 SU; △ 50 m; 👥 29000.

N., 9 km nördlich von Bonn auf dem rechten Rheinufer am Rande der Ausläufer des Bergischen Landes und des Vorgebirges gelegen, ist über die B 8 und Autobahn A 59 Köln–Bonn–Beuel (Ausfahrt Troisdorf) und A 3 Köln–Frankfurt a. M. (Ausfahrt Siegburg/Troisdorf) zu erreichen. Flughafen Köln-Bonn 7 km nordöstlich von N.

Die St hat Realschule, Gymnasium, Grund- und Hauptschulen, Schule für geistig und körperlich behinderte Kinder; chemische Industrie im Ortsteil Lülsdorf (Hüls Troisdorf AG) mit Werkshafen am Rhein; Maschinenfabriken, Schiffswerft, Bauindustrie (Ortsteile N. und Mondorf).

N. ist 1969 im Rahmen der Gebietsneuordnung durch Zusammenschluß der Gemeinden Niederkassel, Lülsdorf, Mondorf, Ranzel, Rheidt, Uckendorf und Stockem entstanden; 1981 wurde N. zu St erhoben. Die Ortschaften

Lülsdorf und Mondorf sind 1193 bzw. 1134 erstmals urkundlich nachweisbar. – Sehenswert Schloß Lülsdorf (1702 zerstört; nach dem 2. Weltkrieg als Privatbesitz wiederaufgebaut).

Niederkrüchten

□ 67 qkm; ○ Viersen; ⚐ Nordrhein-Westfalen; ✉ 41372; ☎ 02163; 🚗 VIE; △ 65 m; 👥 10850.

N. liegt 20 km westlich von Mönchengladbach nahe der niederländischen Grenze an der Schwalm im Schnittpunkt der B 221 und B 230. Die Gm hat Anschluß an die A 52 Düsseldorf–Roermond (Niederlande) [Ausfahrt N.]; Grund- und Hauptschulen; Dachziegel- und Textilindustrie; Bundeswehrgerätelager; Fremdenverkehr. NATO-Flugplatz Brüggen im Ortsteil Elmpt.

N. ist 1972 im Rahmen der Gebietsneuordnung durch Zusammenschluß der Gemeinden Elmpt und Niederkrüchten entstanden. N. ist aus einer Römersiedlung hervorgegangen. Elmpt wird erstmals 1203 urkundlich erwähnt.

Sehenswert die spätgotische Hallenkirche St. Bartholomäus (15. Jh.) mit schöner Barockausstattung sowie die Kapellen in den Ortsteilen Brempt (15. Jh., mit Kruzifix aus dem 11. Jh.) und Overhetfeld (mit Schnitzaltar aus Flandern, 16. Jh.); nordwestlich von Elmpt befindet sich das 55 ha große „E. Schwalmbruch" (Naturschutzgebiet).

Niedernhausen

□ 36,15 qkm; ○ Rheingau-Taunus; ⚐ Hessen; ✉ 65527; ☎ 06127; 🚗 RÜD; △ 254–592 m; 👥 14000.

N. liegt 10 km nördlich von Wiesbaden im Taunus an der Autobahn A 3 Frankfurt a. M.–Köln (Ausfahrt N.) und an den Bundesbahnstrecken Frankfurt–Limburg und Wiesbaden/Mainz; S-Bahnverbindung nach Frankfurt; Rhein-Main-Flughafen 30 km. Die Gm hat Grundschule mit Förderstufe, Privatgymnasium, Volkshochschule (Nebenstelle); mittlere und kleinere Gewerbebetriebe; Fremden- und Ausflugsverkehr.

N., erstmals im Jahr 1233 urkundlich erwähnt, ist mit seinen sechs Ortsteilen N., Königshofen, Engenhahn, Oberjosbach, Nieder- und Oberseelbach eine aufstrebende Wohngemeinde am Rande der Landeshauptstadt Wiesbaden.

Niederzier

□ 63,33 qkm; ○ Düren; ⚐ Nordrhein-Westfalen; ✉ 52382; ☎ 02428; 🚗 DN; △ 210 m; 👥 12400.

N. liegt zwischen den Städten Düren und Jülich an der Autobahn A 4 Köln–Aachen (Ausfahrt Düren). Die Gm hat Grundschulen, Hauptschule; Land- und Forstwirtschaft. Im Ortsteil Hambach wird im Tagebau Braunkohle abgebaut (Rheinische Braunkohlenwerke AG).

„Cyrina" (Fruchtkorn) wird erstmals 922 urkundlich genannt. Der Ort stand bis 1794 unter Jülicher Herrschaft. 1814/15 kam N. an Preußen.

Sehenswert die seit dem 13. Jh. bezeugte Burg N.

Niefern-Öschelbronn

□ 22,02 qkm; ○ Enzkreis; ⚐ Baden-Württemberg; ✉ 75223; ☎ 07233; 🚗 PF; △ 233–406 m; 👥 9600.

N.-Ö., 6 km nordöstlich von Pforzheim an der Enz gelegen, ist über die B 10 und die Autobahn A 8 Karlsruhe–Stuttgart (Ausfahrt Pforzheim-Ost) zu erreichen. N.-Ö. hat Grund- und Hauptschule; Papiermaschinen- und Werkzeugfabrik sowie kleinere Industriebetriebe (Papierfabrikation, Herstellung von Nähmaschinenteilen, Schmuckwaren, Kunststoff- und elektrotechnischen Artikeln).

N. (= neue Fähre), in einer Hirsauer Urkunde 1082 erstmals erwähnt, kam später an das Kloster Reichenbach. Die Herren von N. erbauten im 12. Jh. eine Wasserburg, die 1555 von dem badischen Kanzler Achtsynit umgebaut wurde (heute Mädchenheim).

Der Ortsteil Ö. wird bereits 835 in einer Lorscher Urkunde erwähnt. Zunächst gehörte Ö. zum Besitz des Klosters Hirsau, später zum Kloster Maulbronn. Mit der Säkularisation fiel es an Württemberg, später durch Tausch an Baden.

Sehenswert die spätgot. Pfarrkirche in N. (mit Chor um 1400 und got. Wandfresken).

N. und Ö. schlossen sich 1971 zu einer Großgemeinde zusammen.

Nieheim

□ 80 qkm; ○ Höxter; ⚐ Nordrhein-Westfalen; ✉ 33039; ☎ 05274; 🚗 HX; △ 200 m; 👥 6800.

N., im Weserbergland am Rande des Naturparks Eggegebirge 35 km nordöstlich von Paderborn gelegen, schloß sich 1970 mit neun umliegenden Gemeinden zusammen.

N. hat Grundschulen, Hauptschule, Realschule; Sägewerke, Polstermöbelfabrik, Maschinenbau; Landwirtschaft; Fremdenverkehr.

Unter Bischof Meinwerk (1008–1036) wird N. erstmals urkundlich erwähnt; unter Bischof Bernhard IV. (1228–1247) zur St erhoben. – Sehenswürdigkeiten: Rathaus im Stil der Weserrenaissance (1610), Richterhaus (1701), Holstenturm; die Schlösser Holzhausen, Grevenburg und Merlsheim; Optische Telegraphenstation; Weberhaus (Wohnhaus des Dichters Friedrich W. Weber (1813–1894, Verfasser des Epos „Dreizehnlinden"); Peter Hille (1854–1904, Schriftsteller) Geburtshaus in N.-Erwitzen. – Schützenfest im Juli.

Nienburg (Weser)

□ 64,44 qkm; ○ Nienburg (Weser); ⚐ Niedersachsen; ✉ 31582; ☎ 05021; 🚗 NI; △ 28 m; 👥 30 000.

N., am rechten Ufer der Weser im Schnittpunkt der B 6; B 214 und B 215 gelegen, ist D-Zug-Station der Strecke Hannover–Bremen. Die St hat Hafen- und Schiffsanleger, Amtsgericht, Kreisverwaltung; Sonderschulen, Realschulen, Gymnasien, Berufsbildende Schulen, Fachhochschule für Architektur und Bauingenieurwesen, Fachschule für Agrartechnik, Fachschule für Sozialpädagogik, Volkshochschule, Musikschulen, Jugenddorf N., Stadtbibliothek, Museum; Glas-, Gelatine- und Chemiefabriken, Holz-, Textil-, Kunststoff- und Metallindustrie. N. ist Bundeswehrstandort.

N. (Neue Burg), das erstmals 1025 urkundlich genannt wird, erhielt 1225 die Stadtrechte. Bis 1582 war die St Residenz der Grafen von Hoya; danach kam sie an die Welfen, die N. zur Festung ausbauten (1625 Belagerung durch Tilly). An historischen Bauten sind erhalten das Rathaus mit Weserrenaissance-Giebel, der Stockturm (12. Jh.), die St. Martins-Kirche (15. Jh.), das Quaet-Faslem-Haus (Klassizistische Villa aus dem Jahr 1821) und die Altstadt mit Fachwerkhäusern und Wallanlagen. – Alljährlich Scheibenschießen (Juni) und Altstadtfest (September).

Nierstein

□ 19,34 qkm; ○ Mainz-Bingen; ⚐ Rheinland-Pfalz; ✉ 55283; ☎ 06133; 🚗 MZ; △ 90 m; 👥 6000.

N. liegt 20 km südöstlich von Mainz am linken Rheinufer. Zufahrt über die B 9 und B 420; Bahnstation an der Bundesbahnhauptstrecke Mainz–Worms. N. hat Schiffsanlege- und Verladestelle am Rhein; Grund- und Hauptschule, Realschule. Wichtigster Wirtschaftszweig ist der Weinbau (über 1090 ha Rebfläche; ca. 150 Weinbaubetriebe); ferner Binnenschiffahrt, Kalksteinbrüche, Malzfabrik. N. gehört seit 1973 zur Verbandsgemeinde N.-Oppenheim.

Zur Römerzeit war der Rheinübergang bei N. durch eine Militärstation gesichert, zu der eine Brunnenanlage gehörte (Sirona-Römerbad), die über einer heilkräftigen Schwefelquelle errichtet wurde. Der Name »Neristein« (Heilquelle) wird erstmals in einer Urkunde 742 erwähnt. Der Ort, bis 1402 reichsfrei, ging aus einem karolingischen Königshof hervor. 1376 wurde N. kurpfälzisch. Während des Pfälzischen Erbfolgekrieges wurde N. völlig zerstört (1689). Nach der Franzosenherrschaft (1792–1814) kam es an Hessen. – Bemerkenswert die Fresko-Malereien (1842) in der Hauskapelle des ehem. Herdingschen Schlosses und das von van der Velden 1803 nach Vorbildern rekonstruierte römische Sironabad mit Votivstein. – Alljährlich am 1. Wochenende im August Rheinisches Winzerfest.

Niesky

□ 34 qkm; ○ Niesky; ⚐ Freistaat Sachsen; ✉ 02906; ☎ 03588; 🚗 NY; △ 160 m; 👥 12 500.

N. ist zu erreichen auf der A 4 / E 40, Ausfahrt Bautzen Ost (ca. 30 km), und auf der B 115; Bahnstation an der Strecke Görlitz–N.–Spremberg–Cottbus–Lübben–Berlin sowie der Eisenbahnlinie Falkenberg (Elster)–Elsterwerda–N.–Horka. Der nächste Flugplatz für Sportflugzeuge und kleine Geschäftsmaschinen befindet sich in Rothenburg (ca. 12 km).

Bildungseinrichtungen: Grundschulen, Mittelschule, Gymnasium; Volkshochschule.

Wirtschaftliches: Stahlbau, Waggonbau; Landwirtschaft, Agrarindustrie, Molkerei.

Geschichtliches: N. wurde am 8. 8. 1742 von einer Gruppe protestantischer böhmischer Emigranten gegründet, die ihres Glaubens wegen ihre kath. Heimat verlassen mußten und sich später der Herrnhuter Brüdergemeinde anschlossen. Aufschwung in Handel und Gewerbe erhielt der Ort, als 1751 die Knabenschule von Herrnhaag nach N. verlegt wurde. Seitdem war N. eine geistige Heimat für höhere und niedere Schulen mit christlicher Jugenderziehung. Eine industrielle Entwicklung verdankt der Ort dem Unternehmer J. G. Christoph, dessen Kupferschmiede innerhalb weniger Jahrzehnte zu einer Maschinenfabrik expandierte. Hinzu kam die Firma Unmack, die ein Werk zur Herstellung von Baracken in Betrieb nahm. Beide Firmen schlossen sich unter dem Namen „C&U AG" zusammen und wurden bald als Lieferanten für maschinell vorgefertigte, zerlegbare und damit transportable Holzhäuser in vielen Ländern der Erde bekannt.

Sehenswürdigkeiten: Gesamtanlage des Zinzendorfplatzes (1753) mit Knabenanstalt der Brüderunität, ältester Turnhalle Deutschlands und Raschkehaus; Altes Pädagogium; Brüderhaus; Wartturm; Muster-Holzhäuser der Christop & Unmack AG; Krankenhaus der Diakonissenanstalt „Emmaus"; Schloß mit Grabmal am See; Heimatmuseum.

Wiederkehrende Ereignisse: Sommerfest, Waldbadfest; Herbst- und Weihnachtsmarkt.

Nittenau

□ 90,55 qkm; ○ Schwandorf i. Bay.; ⚐ Bayern; ✉ 93149; ☎ 09436; 🚗 SAD; △ 352 m; 👪 7300.

N. liegt 30 km nordöstlich von Regensburg am Regen im Naturpark Vorderer Bayerischer Wald; Anschluß an die Autobahn A 93 Regensburg–Mitterteich (Ausfahrt Teublitz). Die St mit Gymnasium und Sonderschule für Lernbehinderte ist wirtschaftlicher Mittelpunkt (Spanplattenwerk, Textil- und metallverarbeitende Industriebetriebe, Konservenfabriken) und Ferienort des Regentales.

N., erstmals 1007 bezeugt, erhielt 1807 das Markt- und 1953 das Stadtrecht.

Nördlingen

□ 68,13 qkm; ○ Donau-Ries; ⚐ Bayern; ✉ 86720; ☎ 09081; 🚗 DON; △ 433 m; 👪 18500.

N., im fruchtbaren Ries (einem vor 16 Millionen Jahren durch Meteoriteneinschlag entstandenen Krater) im bayerischen Schwaben am Schnittpunkt der B 25, B 29 und B 466 gelegen, ist Sitz eines Vermessungsamts, Finanzamts, Landwirtschaftsamts und Gesundheitsamts. Die St hat Mädchenrealschule, Gymnasium, Wirtschaftsschule, Fachschule für Sozialpädagogik, Berufsbildende Schule (Frauenfachschule, Schule für Kinderpflege und Hauswirtschaft, Haushaltungsschule), Berufsschule mit Berufsaufbauschule; vielseitige Industrie- und Gewerbetriebe (holzverarbeitende und Kunststoffindustrie, Essenzen- und Schuhfabrik, Faltkistenwerk, Herstellung von Autozubehörteilen, Textilien, feinmechanischen und elektronischen Artikeln, Stahlrohrmöbeln, Armaturen; Buchdruckereien, Spinnerei, Malzfabriken, Brauereien).

N., auf dem Gebiet einer Römersiedlung entstanden, wird erstmals 898 urkundlich als Königshof erwähnt. Unter Kaiser Friedrich II. wurde der Ort Freie Reichsstadt. N trat 1377 dem Schwäbischen Bund bei und gehörte zu den 14 Reichsstädten, die zusammen mit 6 Fürsten 1529 gegen die Aufhebung des ersten Speyerer Reichstagsabschieds (1526) durch Kaiser Karl V. protestierten, der den Reichsständen die religiöse Entscheidungsfreiheit zugesichert hatte. Im MA war N. eine der bedeutendsten Messestädte Süddeutschlands. 1634 erlitten die Schweden in der Schlacht bei N. ihre erste Niederlage auf deutschem Boden. 1803 kam die St an Bayern.

Die ma. Reichsstadt mit der kreisrunden Stadtmauer und den Wehrgängen, Toren und Türmen aus dem 14. Jh. ist fast unversehrt erhalten. Aus ihrer Mitte ragt die dreischiffige spätgotische Hallenkirche St. Georg (1427–1505) mit einem bedeutenden Hochaltar der oberrheinischen Schule (1462) und 90 m hohem Turm („Daniel") beherrschend hervor. Weitere Sehenswürdigkeiten sind die St. Salvatorkirche (1381–1422) von Wenzel Parler, das Rathaus (14. Jh.) mit Renaissancefreitreppe (1618), das Tanzhaus (1442–44), das Münzhaus (1418) und das Klösterle (1420), die Schranne (1601–02), das Spital (1564) und zahlreiche Fachwerk-Bürgerhäuser (darunter die eigenwilligen Gerberhäuser im Gerberviertel). Bemerkenswert ferner das Stadtmuseum mit vor- und frühgeschichtlichen sowie geologischen Sammlungen und Gemälden aus dem 15., 16. und 19. Jh. – Alljährlich Stabenfest (Mitte Mai), Nördlinger Messe (Volksfest im Juni), Scharlachrennen mit bedeutendster Pferdeschau Süddeutschlands (Mitte Juli), Aufführungen auf der Freilichtbühne „Alte Bastei" (Juli bis Mitte August); alle drei Jahre Historisches Stadtmauerfest.

Nohfelden

□ 100,70 qkm; ○ St. Wendel; ⚐ Saarland; ✉ 66625; ☎ 06852; 🚗 WND; △ 300–600 m; 👪 10600.

Die Großgemeinde N. ist 1973 durch Zusammenschluß von 13 Gemeinden entstanden. N. liegt 55 km nordöstlich von Saarbrükken im Quellgebiet der Nahe am Schnittpunkt der B 41, B 52 und B 269. Anschluß an die Autobahn A 62 Pirmasens–Nonnweiler (Ausfahrt Birkenfeld/N.); Bahnstation an der Strecke Saarbrücken–Bingen. Die Gm hat Amtsgericht; Grundschulen, Hauptschule mit Realschulzweig, gewerblich-technische Schule, hauswirtschaftl. Schule; Schwerspat- und Feldspatgruben, Metallbau, Möbelindustrie (Küchen) und Klinkerwerke; Fremdenverkehr (Bostal-Stausee; Ferien- und Freizeitdorf); Verkehrslandeplatz. Die siedlungsgeschichtlichen Anfänge der verschiedenen Ortsteile reichen bis in die keltisch-römische Zeit zurück (Ringwälle, Gräber und Münzfunde).

Norden

□ 104,54 qkm; ○ Aurich; ⚐ Niedersachsen; ✉ 26506; ☎ 04931; 🚗 AUR; △ 0–9 m; 👫 24500.

N. ist das größte Küstenbad an der ostfriesischen Nordseeküste. Die St ist über die B 70 zu erreichen. D-Zug-Station der Bundesbahnhauptstrecke Münster–Norddeich; Flugplatz im Stadtteil Norddeich mit Verbindungen zu den ostfriesischen Inseln Borkum, Juist, Norderney, Langeoog und Wangerooge. N. hat Hafen in Norddeich (Fährbetrieb nach Norderney und Juist), Küstenfunkstelle (Norddeich-Radio), Amtsgericht, Kreisverwaltung (Außenstelle); Realschule, Gymnasium, Berufsaufbauschule; Kornbrennerei (Doornkaat AG), Maschinenbau, Schiffbau, Teehandel, Fischfang; im Sommer lebhafter Fremdenverkehr.

Norden, erstmals im 12. Jh. urkundlich erwähnt, entwickelte sich als Marktort am Ausgangspunkt der durch das Harlinger Land nach Bremen führenden friesischen Heerstraße; im 13. Jh. erlangte N. das Stadtrecht. Nach den tiefen Meereseinbrüchen im 14. Jh. wurde N. Seehafenstadt mit Schiffsverbindungen nach Hamburg, Amsterdam, Danzig, Riga u.a. Ostsee- und Nordseehäfen. Durch Verschlickung des Fahrwassers ging die vor allem im 16. Jh. blühende Schiffahrt wieder zurück; nach 1840 spielte sie keine Rolle mehr, obgleich eine direkte Verbindung zum Meer bis 1929 bestand. Im 17. Jh. war die St wegen ihres Bieres berühmt, an dessen Stelle im Laufe des 18. Jh. der ostfriesische Tee als Hausgetränk trat. Heute ist N. Sitz verschiedener namhafter Teehandelsfirmen.

Sehenswürdigkeiten: Marktplatz mit altem Baumbestand; Ludgerikirche (13. bis 15. Jh.) mit bemerkenswerter Ausstattung, u.a. Arp-Schnitger-Orgel (1686–88); Altes Rathaus (Anfang 16. Jh.) mit Heimatmuseum und Theelkammer (1542); Schöninghsches Haus (1576); Mennonitenkirche (1662); Teemuseum. Östlich von N. liegt Schloß Lütetsburg mit einer Parkanlage im englischen Stil.

Nordenham

□ 87,19 qkm; ○ Wesermarsch; ⚐ Niedersachsen; ✉ 26954; ☎ 04731; 🚗 BRA; △ 1 m; 👫 29000.

N., bedeutender Fluß- und Seehafen auf dem linken Ufer der Unterweser, ist über die B 212 zu erreichen. Autofähren zum jenseitigen Weserufer mit Anschluß an die A 27 Bremen–Cuxhaven (Ausfahrt Bremen-Fischereihafen); Bahnstation an der Strecke Bremen–Nordenham. Die St hat Amtsgericht, Arbeitsamt, Finanzamt, Zollamt, Wasser- und Schiffahrtsamt, Justizvollzugsanstalt u.a. Behörden; Realschulen, Gymnasium, Berufsbildende Schulen, Sonderschule; breitgefächerte Industrie (Seehafenbetrieb [MIDGARD DSAG], Norddeutsche Kabelwerke, Kabel- und Kunststoffherstellung, Energie- und Antriebstechnik [Felten & Guilleaume], Blei- und Zinkproduktion, Flugzeugbau [Messerschmidt-Bölkow-Blohm], Bau von Docks und Schiffssektionen [Gutehoffnungshütte], Herstellung von Titandioxyd [Kronos Titan] u.a.); Landwirtschaft.

N., erstmals als Siedlung »Atens« urkundlich erwähnt, wurde seit Mitte des 19. Jh. zum Hafen ausgebaut. 1908 erhielt N. das Stadtrecht; der Name der St geht auf ein seit 1746 existierendes Gut zurück. – Sehenswürdigkeiten: Museum N., Museum Moorseer Mühle, Sternwarte und Planetarium, Kirche in Atens, Kirche Blexen mit Willehadusbrunnen. – Alljährlich N. Stadtfest, N. Woche (mit Fischmarkt und Ochsenmarkt.

Norderney

□ 26,29 qkm; ○ Aurich; ⚐ Niedersachsen; ✉ 26548; ☎ 04932; 🚗 AUR; △ 3–21 m; 👫 6200.

Die St N. liegt auf der gleichnamigen Nordseeinsel vor der ostfriesischen Küste. Im Sommer bestehen Schiffsverbindungen unabhängig von Ebbe und Flut von Norddeich (D-Zug-

Endstation) nach N., weitere Schiffsverbindungen zu den ostfriesischen Nachbarinseln und nach Helgoland; außerdem Flugverbindung zwischen Norden und N. Die St hat Forschungsstelle für Küsten- und Inselschutz, Wetterdienst und Wetterwarte; Realschule, Berufsschulen. N. ist Nordseebad und Seeheilbad mit Meerwasser-Wellenschwimmbad, Kurhaus, Sanatorium der LVA Westfalen, Kinderkrankenhaus, Allergie- und Hautklinik. Heilanzeigen: Erkrankungen der Luftwege, allergische Erkrankungen, Hautkrankheiten, konstitutionelle Schwächezustände, Vorbeugungs-, Abhärtungs- und Erholungskuren.

N. wird erstmals 1398 unter dem Namen »Oesterende« erwähnt. Im 16. Jh. taucht die Bezeichnung »Norder-nye-Ooge« (neue Insel [Meeresauge] des Norderlandes) auf. Im 18. Jh. wurde die heutige Schreibweise üblich. Seebad ist N. seit 1797. Im 19. Jh. gehörte das Seegebiet N. noch zu den Hauptfangplätzen der dt. Hochseefischerei. 1819 wurde N. hannoversches, 1866 preußisches Staatsbad. 1948 erhielt die Inselgemeinde das Stadtrecht.

Sehenswert: Kaiser-Wilhelm-Denkmal (1892); Windmühle (1862); Kap (altes Seezeichen); Napoleonschanze (1807–13); Leuchtturm (1873), Fischerhausmuseum und Naturschutzgebiet im Südstrandpolder.

Norderstedt

☐ 58,10 qkm; ○ Bad Segeberg; ⚐ Schleswig-Holstein; ✉ 22846*; ☎ 040 (Hamburg); 🚗 SE; △ 20 m; 👪 68000.

N. grenzt unmittelbar an den nördlichen Stadtrand von Hamburg. Zu erreichen ist die St über die B 432 und die Autobahn A 7 Hamburg–Flensburg (Ausfahrten Hamburg-Schnelsen-Nord und Quickborn); U-Bahnverbindung nach Hamburg. N. hat Amtsgericht, Außenstellen der Kreisverwaltung Segeberg; Realschulen, Gymnasien, Kreisberufsschule, Sonderschulen für Lernbehinderte, Sprachheilschule, Musikschule, Volkshochschule; mittlere Industrie- und Gewerbebetriebe (Werkzeugbau, Herstellung von Arzneimitteln, alkoholischen Erzeugnissen [Stonsdorferei], Gabelstaplern, chemischen Erzeugnissen, Sicherheitsgurten, Adressiermaschinen u.a.).

N. ist 1970 im Rahmen der Gebietsneuordnung durch Zusammenschluß der Gemeinden Friedrichsgabe, Garstedt, Harksheide und Glashütte entstanden. Der starke Bevölkerungszuwachs (N. ist die fünftgrößte St Schleswig-Holsteins) ist auf die günstige Lage im Einzugsgebiet von Hamburg und neu angesiedelte expansive Industriebranchen zurückzuführen. – Sehenswert das Heimat- und das Feuerwehrmuseum.

Nordhausen

☐ 714 qkm; ○ Nordhausen; ⚐ Thüringen; ✉ 99734; ☎ 03631; 🚗 NDH; △ 180–250 m; 👪 46000.

Nordhausen liegt im Schnittpunkt der B 4 und B 80, südwestl. schließt die B 243 an. Bahnstation an der Strecke Köln–Paderborn–Northeim–Walkenried–N.–Halle sowie der Linie Halle–Sangerhausen–Berga/Kelbra–N.–Erfurt. Verbindungen der Harzer Schmalspurbahn: N.–Wernigerode; N.–Brocken (über Drei Annen Hohne); Schirke–N.–Gernrode (über Stiege, Alexisbad). Der nächste Flughafen ist Leipzig/Halle (ca. 100 km); Segelflugplatz in Bielen (ca. 5 km).

Bildungseinrichtungen: Grundschulen, Regelschulen, Gymnasien; Förderschulen; Berufsschulen; Volkshochschule; Schwestern-Fachschule; Ingenieur-Fachschule; Musikschule.

Wirtschaftliches: traditionsreichster Industriezweig ist die Branntwein- und Kornbrennerei (seit 1490), das bekannteste Erzeugnis der „Nordhäuser Doppelkorn"; die Anfänge der Tabakindustrie gehen auf das 1. Viertel des 18. Jh. zurück, es produziert noch ein Großbetrieb dieser Branche in N.; von öknomischer Bedeutung sind des weiteren: Maschinen- und Fahrzeugbau; Bau- und Baumaterialien-Industrie; Metallbe- und -verarbeitung; Umwelttechnologie / Hydrogeologie; Textil- und Holzindustrie; Leicht- und Lebensmittelindustrie.

Geschichtliches: N. liegt in Nordthüringen, am Südrand des Harzes und am nordwestl. Rand der Goldenen Aue. Die St wurde erstmals 927 als Besitz König Heinrichs I. urkundlich erwähnt. Königin Mathilde gründete 961 ein adliges Damenstift, das 962 Mkt-, Zoll- und Münzrecht erhielt und dem Kaiser Friedrich Barbarossa 1158 auch die Siedlung N. übereignete. Kaiser Friedrich II. löste N. 1220 aus der Abhängigkeit vom Stift und unterstellte die St direkt dem Reich, N. wurde damit freie Reichsstadt; das Damenstift wurde in ein reichsunmittelbares Domherrenstift umgewandelt. 1277 zerstörten Bürger die Reichsburg und vertrieben den Reichsvogt aus N. Rudolf von Habsburg erkannte 1290 die Privilegien der Bürger an und räumte ihnen weitere wichtige Rechte ein. Es gelang der St jedoch erst sehr viel später, die Ämter des Reichsvogtes und des Reichsschultheißen zu erwerben. Von 1430–32 war N. Mitglied der Hanse. 1802 verlor N. seine Reichsfreiheit an Preußen und wurde nach 1814 Kreisstadt im preußischen Regierungsbezirk Erfurt. – Stellte man nachweislich seit 1507 „Nordhäuser Korn" her, so kam im 19. Jh. die Kautabakproduktion hinzu – original N.er Spezialitäten, die Weltruhm erlangten. Der Anschluß an das Eisenbahnnetz (1866–69) beschleunigte die industrielle Entwicklung. Kurz vor Ende des 2. Weltkrieges vernichteten Fliegerbomben mehr als 70 Prozent der St.

Sehenswürdigkeiten und Kulturelles: Rathaus am Mkt, 1608–10 im dt. Renaissance-Stil erneuert; Roland an der Südwestecke des Rathauses (1717, erste Erwähnung 1411); St-Haus mit Laubengang (1910); St-Theater an der Promenade (1913–17); Neptunbrunnen in der Promenade (1828); ehem. städt. Waisenhaus (1715–17), heute Sitz der Ämter; Walkenrieder Hof (1343–45), nach Brand erneuert (1540); Haus Dr. Schultes am Hagen; Finkenburg an der Wassertreppe (um 1400), erneuert (1927) und als Gildehaus eingerichtet; mehrere Fachwerkhäuser; Torhäuschen im Spendekirchhof (1650); Reste der St-Mauer (an der Promenade und am Primariusgraben, um 1450), Kutteltreppe mit Pforte durch die Mauer; Zwinger mit alten Bollwerken, darunter Ruine des Marterturmes; Judenturm am Rähmchen (um 1480); Kinderbibliothek, Meyenburg-Museum; St-Theater; Dom „Zum Heiligen Kreuz"; Frauenbergkirche; St.-Blasii-Kirche; Altendorfer Kirche. Harzer Schmalspurbahn, ein techn. Denkmal und eine Touristenattraktion; der „Salzaspring", eine der größten Karstquellen Deutschlands.

Wiederkehrende Ereignisse: Frühlingsfest im Gehege (Mai); Rolandsfest/St-Fest (Juni); Martinsfest rund um St. Blasii (9. und 10. Nov.); Weihnachts-Mkt um die St.-Blasii-Kapelle (Dez.); Frühjahrs- und Herbst-Mkt.

Nordhorn

□ 149,61 qkm; ○ Grafschaft Bentheim; ⚐ Niedersachsen; ✉ 48529*; ☎ 05921; 🚗 NOH; △ 26 m; 👥 50000.

N. liegt im Schnittpunkt der B 213 und B 403 am Ems-Vechte-Kanal 5 km von der niederländischen Grenze entfernt; Anschluß an die Autobahn A 30 Bad Oeynhausen–Niederlande (Ausfahrt N./Bad Bentheim); Flugplatz (für leichte Motorflugzeuge) in N.-Klausheide. Die

Nordhorn, Vechtewehr und reformierte Kirche

St hat Amtsgericht, Arbeitsamt, Forstamt, Hauptzollamt, Grenzkommissariat, Kreisbehörden; Realschulen, Orientierungsstufen, Gymnasien, Fachgymnasien, Berufs-, Berufsfach- und Fachschulen, Musikschule, Volkshochschule. Der wichtigste Wirtschaftszweig der St ist die Textilindustrie (NINO AG und Rawe & Co.); ferner Bekleidungs- und Kunststoffindustrie, Fleisch- und Holzverarbeitung, Bohrtechnik, Isolierglasproduktion, pharmazeutische Industrie u. a.

Erstmals wird »Northornon« um 900 in den Registern der Werdener Abtei erwähnt. Die Siedlung auf einer Insel zwischen den beiden Armen der Vechte erhielt 1379 das Stadtrecht durch den Grafen Berndt I. von Bentheim. N. war bis zur Versandung der Vechte ein wichtiger Handels- und Umschlagplatz. 1839 wurde die erste mechanische Weberei gegründet. Seit Mitte des 19. Jh. bestimmte die Textilindustrie den wirtschaftlichen Aufstieg der St.

Bemerkenswerte historische Bauten sind die Alte reformierte Kirche am Markt aus dem 15. Jh. und das im Nordwesten des Stadtgebietes gelegene Kloster Frenswegen (1394 gegr.) mit Kirche St. Marienwolde (1444 geweiht), Kreuzgang und Sandsteinbrunnen; sehenswert außerdem die Kornmühle mit Mühlenwehr (1402) und die Alte Schleuse am Nordhorn-Almelo-Kanal mit Zollhaus. – Alljährlich „Holschen Markt" (April), Mai- und Herbstkirmes, N. Oktober (Ende September).

Nordstemmen

□ 60,07 qkm; ○ Hildesheim; ⚐ Niedersachsen; ✉ 31171; ☎ 05069; 🚗 HI; △ 80 m; 👥 12500.

N. liegt 25 km südlich von Hannover an der B 1 und B 3. Bahnstation an der Strecke Kassel–Hannover. Die Gm hat Grund- und Hauptschule (mit Orientierungsstufe), Realschule. – N. wird erstmals im 11. Jh. urkundlich erwähnt.

Northeim

□ 145,45 qkm; ○ Northeim; ⚐ Niedersachsen; ✉ 37154; ☎ 05551; 🚗 NOM; △ 120 m; 👥 32500.

N. liegt 20 km nördlich von Göttingen zwischen Solling und Westharz an der unteren Rhume im Schnittpunkt der B 3, B 241 und B 248. Anschluß an die Autobahn A 7 Hannover–Kassel (Ausfahrten N.-West und N.-Nord). Interregio-Station an der Bundesbahnhauptstrecke Hamburg–Basel. Flugplatz N. für Reise- und Sportflugzeuge. Die St ist Bundeswehrstandort sowie Sitz der Kreisverwaltung des Landkreises N. und eines Amtsgerichts. N. hat Technikerschule (Maschinen- und Stahlbau), Bundesfachschule für das Schlosser- und Maschinenbauerhandwerk; Gymnasien, Realschule, Handelsschule, Wirtschaftsgymnasium, Landwirtschaftsschule, Berufs- und Berufsfachschule, Sonderschule für Lernbehinderte; Kreiskrankenhaus; vielseitige Industrie (Gummiindustrie [Zweigwerk der Continental Gummi-Werke], Wellpappenfabrik, Bekleidungsindustrie, Herstellung von Fertighäusern [Kurth], Elektrokeramikgeräten, Papiersäcken, Betonsteinwaren u. a.).

N., erstmals um 800 als fränkische Siedlung erwähnt, war von 1002 bis 1144 Sitz der Grafen von N. Danach kam der Ort an die Herzöge von Braunschweig, die N. 1252 das Stadtrecht verliehen (Bau der Stadtmauer, von der heute noch 900 m erhalten sind). Die Blütezeit der St lag zwischen 1450 und 1550, als N. Mitglied niedersächsischer Städtebünde und der deutschen Hanse (bis 1554) war. Nach dem Dreißigjährigen Krieg sank N. zu einem Landstädtchen herab. Mit dem Anschluß an das Eisenbahnnetz (seit 1854) und der Einrichtung des Amtes N. (1840) gewann die St ihre Bedeutung im südhannoverschen Raum zurück.

Sehenswürdigkeiten: Reste der starken Stadtbefestigung aus dem 13. Jh. (Brauereiturm); Sakristei des ehem., 1117 gestifteten, Benediktinerklosters St. Blasii; Fachwerkhäuser aus dem 15. bis 18. Jh. in der Altstadt; St. Sixti-Kirche (1470–1498); Haus „St.-Spiritus" (Museum). – N. ist Geburtsort des Grafen Otto von Northeim (gest. 1083), des Gegenspielers König Heinrichs IV.

Nortorf bei Neumünster

□ 12,77 qkm; ○ Rendsburg-Eckernförde; ⚐ Schleswig-Holstein; ✉ 24589; ☎ 04392; 🚗 RD; △ 30 m; 👥 6900.

N. liegt 25 km südwestlich von Kiel auf dem schleswig-holsteinischen Geestrücken im Raum der Wasserscheide zwischen Eider und Stör. Die St ist über die B 205 (E 3) und die Autobahn A 7 Hamburg–Schleswig–Flensburg (Abfahrt Neumünster/Einfeld) zu erreichen. Bahnstation an der Strecke Neumünster–Flensburg. N. hat Amtsverwaltung (Nortorf-Land); Grund- und Hauptschule, Realschule, Sonderschule für Lernbehinderte. Bedeutendster Industriebetrieb ist die Schallplattenfabrik der Telefunken-Decca-Schallplatten GmbH. (Teldec); ferner Eisengießerei, Nahrungsmittelfabrik, Textildruckfabrik, landwirtschafliche Betriebe. N. wird erstmals um 1150 urkundlich erwähnt. 1555 wurde in der N. Kirche von König Friedrich II. und zahlreichen Fürsten die Unterwerfung der Dithmarschen Bauern beschlossen. 1861 erhielt das Dorf die Fleckengerechtigkeit, 1869 wruden der klösterliche (Itzehoe) und der königliche Ortsbesitz zu einer Gm mit einfacher Städteordnung zusammengefaßt (1909 Verleihung der vollen Stadtrechte). – Sehenswert der Skulpturenpark im N. Landschaftspark.

Nottuln

□ 85,36 qkm; ○ Coesfeld; ⚐ Nordrhein-Westfalen; ✉ 48301; ☎ 02502; 🚗 COE; △ 120 m; 👥 14500.

N. liegt 25 km westlich von Münster in den Baumbergen. Zufahrt über die B 67 und Autobahn A 43 Wuppertal–Münster (Ausfahrt N.). Die Gm hat Amtsverwaltung; Grund- und Hauptschule, Realschule (mit Internat); Strumpffabrik, Steinbrüche, landwirtschaftliche Betriebe, Rinder- und Pferdezucht.

»Nuitlon« (Nußgehölz), erstmals 803 als Hof urkundlich erwähnt, ist als Siedlung in der Nähe des im 9. Jh. gegründeten adeligen Damenstiftes (1811 aufgehoben) entstanden.

1748 wurde ein Teil des Stiftsbezirkes und das Dorf durch einen Großbrand zerstört. – Sehenswert die spätgot. Stifts- und Pfarrkirche St. Martin (um 1500) mit Grabreliefs und schöner Ausstattung, die Stiftshäuser (1748/49) unter den alten Stiftslinden und zahlreiche Fachwerkbauten aus dem 18. Jh. In der näheren Umgebung des Dorfes bemerkenswerte alte Bauernhöfe.

Nümbrecht

☐ 71,82 qkm; ○ Oberbergischer Kreis; ⚐ Nordrhein-Westfalen; ✉ 51588; ☎ 02293; 🚗 GM; 350 m; 👫 12400.

N., 45 km östlich von Köln zwischen Sieg und Agger im Oberbergischen Land gelegen, hat Grund- und Hauptschule, Volksbildungswerk; Fremdenverkehr. Die Gm ist 1969 durch Zusammenschluß der bis dahin selbständigen Gemeinden Nümbrecht und Marienberghausen zur Gm Homburg entstanden, die 1970 wieder in N. umbenannt wurde.

N., erstmals 1131 urkundlich erwähnt, gehörte zur Herrschaft der Grafen von Sayn-Wittgenstein-Berleburg, die ihren Sitz auf der Homburg hatten. Die Gm, die heute aus 96 Ortsteilen besteht, entwickelte sich nach dem 2. Weltkrieg von einer Landgemeinde mit überwiegender Agrarwirtschaft zu einem Erholungsort (seit 1971 staatl. anerkannter Luftkurort).

Sehenswert die Kirchen in den Ortsteilen N. und Marienberghausen (13. Jh.) mit Wandmalereien aus dem MA und Schloß Homburg mit Museum des Oberbergischen Landes.

Nürnberg

☐ 185,77 qkm; ○ Kreisfreie Stadt; ⚐ Bayern; ✉ 90403*; ☎ 0911; 🚗 N; △ 289–407 m; 👫 485000.

N., zweitgrößte St Bayerns, ist Wirtschaftszentrum und Verkehrsknotenpunkt an der Pegnitz in Mittelfranken. Die St ist über die Autobahnen A 9 Berlin–N.–München, A 3/9 Frankfurt a. M.–N.–München und A 6 Heilbronn–Nürnberg–Amberg (zahlreiche Ausfahrten) sowie über die sich im Stadtgebiet kreuzenden Bundesstraßen 2, 4, 8 und 14 zu erreichen. N. ist an das interkontinentale Eisenbahnnetz angeschlossen (D-, FD- und Intercityzüge). Die St hat einen Binnenhafen am Europa-Kanal und einen Flughafen. N. besitzt als Verwaltungszentrum wichtige Bundesbehörden, Landesbehörden und Körperschaften des öffentlichen Rechts (Bundesanstalt für Arbeit, Bundesbahndirektion, Oberpost- und Oberfinanzdirektion, Hauptzollamt, Oberlandesgericht, Landesgericht, Amtsgericht, Arbeits-, Sozial- und Finanzgericht, Wetteramt des Deutschen Wetterdienstes, Industrie- und Handelskammer, Handwerkskammer, Durchgangslager für Ausländer in Zirndorf u. a.) sowie zahlreiche Bildungseinrichtungen (Realschulen, Gymnasien, Privatschulen, Berufsfachschulen, Höhere Wirtschaftsfachschule, Berufs-Fachakademien für Sozialpädagogik, Hauswirtschaft und Musik, Fachhochschule, Kunstakademie, Wirtschafts-, Sozialwissenschaftliche und Erziehungswissenschaftliche Fakultät der Universität Erlangen-N., Sonderschulen für spastisch gelähmte, sprachbehinderte, gehörlose, geistig behinderte und lernbehinderte Kinder) und kulturelle Institutionen (Opern- und Schauspielhaus, Kammerspiele, Germanisches Nationalmuseum, Stadtmuseum, Spielzeugmuseum, Verkehrsmuseum, Gewerbemuseum, Museum der Naturhistorischen Gesellschaft, Staatsarchiv, Stadtarchiv, und Stadtbibliothek, Kunsthalle, [wechselnde Ausstellungen], Planetarium, Tiergarten mit Delphinarium u. a.). N. ist Garnisonstadt der Bundeswehr und Standort einer breitgefächerten Industrie mit Zweigwerken namhafter Großfirmen (Elektrotechnische Industrie und Maschinenbau [Siemens, MAN], Druckerei- und Vervielfältigungsindustrie, Spielwarenfabriken, Herstellung von Süßwaren [Nürnberger Lebkuchen], feinmechanischen und optischen Geräten [Kamerawerk Braun], Bürobedarf [Faber-Castell] und Uhren, chemische und kunststoffverarbeitende Industrie, Metallgießereien, Brauereien, Mineralwasserindustrie u. a.). Alljährlich findet in N. die bedeutendste Internationale Spielwarenmesse der Welt (Februar) statt.

N. ist um 1000 im Schutz einer königlichen Burg (Sitz der Burggrafen von N.) entstanden, auf der Kaiser Heinrich III. 1050 (erste urkundliche Erwähnung) einen Hoftag abhielt. Dieser älteren Siedlung wurde 1062 das Marktrecht verliehen. Im 12. Jh. wurde jenseits der Pegnitz in der Nähe eines Königsgutes eine zweite St mit der St. Lorenzkirche als Mittelpunkt gegründet. 1219 erhielt die obere St mit der Sebalduskirche die Reichsfreiheit. Um 1250 waren beide Städte vereinigt und seit dem 14. Jh. von einem geschlossenen Mauerring umgeben. Ein blühender Fernhandel und ein hochentwickeltes Gewerbe begründeten Nürnbergs Ansehen und Einfluß im späten MA. In der Goldenen Bulle Kaiser Karls IV. von 1356 wurde verfügt, daß jeder neugewählte deutsche König seinen ersten Reichstag in N. abhalten solle. Von 1424 bis 1796 war die St Aufbewahrungsort der Reichskleinodien. Im 15. und 16. Jh. erreichte N. den Höhepunkt seiner wirtschaftlichen und politischen Macht, nachdem die Burg und zahlreiche Privilegien der Burggrafen in den Besitz der St übergegangen waren (1427). Kunst und Wissenschaften spielten in diesen Jahrhunderten eine bedeutende Rolle, als Albrecht Dürer, Adam Krafft, Veit Stoß und Peter Vischer ihre Meisterwerke schufen, Peter Henlein die Taschenuhr erfand, Hans Sachs als Verfasser volksnaher Fastnachtsspiele und Willibald Pirckheimer und Konrad Celtis als Vertreter humanistischer Gelehrsamkeit tätig waren. Das 17. Jh. brachte der St schwere wirtschaftliche Rückschläge, von denen sie sich erst im 19. Jh. nach dem Einsetzen der Industrialisierung erholte. 1806 kam N. an Bayern. 1835 wurde die erste deutsche Eisenbahnstrecke zwischen N. und Fürth eröffnet.

Im Dritten Reich war N. Schauplatz der Reichsparteitage; nach dem 2. Weltkrieg fanden in der durch Luftangriffe stark zerstörten St die Kriegsverbrecherprozesse der Alliierten statt.

Nach dem Kriege sind die zerstörten oder beschädigten kunst- und kulturgeschichtlich bemerkenswerten Sakral- und Profanbauten der Altstadt beiderseits der Pegnitz historisch getreu wiederaufgebaut bzw. restauriert worden. Von den bedeutenden Baudenkmälern sind zu nennen: Burg N., bestehend aus Königs- und Burggrafenburg mit fünfeckigem Turm (Mitte 11. Jh.); Kaiserburg (12.–16. Jh.) und Kaiserstallung (1494/95); ma. Befestigungsanlagen mit Mauern, Toren und Türmen (Königstorturm, Spittlertorturm, Neutorturm und Laufer Torturm); Sebaldus-Kirche (1225–73) mit Hallenchor von 1361–72 und Sebaldusgrab von P. Vischer; Lorenz-Kirche (Mitte 14. Jh.) mit spätgotischem Hallenchor (1439–77) und reicher Ausstattung (Englischer Gruß von Veit Stoß, Sakramentshaus von Adam Krafft u. a.); Frauenkirche (Mitte 14. Jh.) mit dem kunstreichen Uhrwerk „Männleinlaufen" (1509); Heilig-Geist-Spital (um 1500) mit Kreuzigungsgruppe von A. Krafft; Rathaus (1332–40) mit Lochgefängnissen; Nassauer Haus (13.–15. Jh.); Weinstadel (15. Jh.) mit Henkersteg; Mauthalle (1498–1502); Dürer-Haus (15. Jh.); Fembohaus (Ende 16. Jh.); Unschlitthaus; Tucher-Schlößchen; Handwerkerhof „Alt-Nürnberg"; Schöner Brunnen, Ende 14. Jh.; Egidien-Kirche (17. Jh.).

N. ist Geburtsort von Veit Stoß (um 1447–1533, Bildhauer, Kupferstecher und Maler); Peter Vischer (um 1460–1529, Erzgießer); Adam Krafft (um 1455–1508/09; Bildhauer); Martin Behaim (um 1459–1507, Kosmograph); Albrecht Dürer (1471–1528, Maler und Grafiker); Peter Henlein (um 1485–1542, Schlosser); Hans Sachs (1494–1576, Dichter).

Feste und Veranstaltungen: Christkindlesmarkt (seit 1600), Trempelmarkt, Osterverkaufsmarkt, Altstadtfest, Frühlings- und Herbstvolksfest, Kaiserburgkonzerte, Jazz Ost-West, Musica Sacra (Internationale Orgelwoche), Sommer in Nürnberg.

Nürtingen

□ 46,88 qkm; ○ Esslingen; ⚐ Baden-Württemberg; ✉ 72622; ☎ 07022; 🚗 ES; △ 288 m; 👫 36600.

N., Große Kreisstadt am Neckar und an den Ausläufern der Schwäbischen Alb, 30 km südöstlich von Stuttgart, ist Kreuzungspunkt der B 297 und B 313. Anschluß an die Autobahn A 8 Stuttgart–München (Ausfahrt Wendlingen); Bahnstation an der Strecke Stuttgart–Tübingen. Flughafen Stuttgart-Echterdingen (13 km). N. hat Amtsgericht; Industrie- und Handelskammer Mittlerer Neckar; Realschulen; Gymnasien, Berufs- und Berufsfachschulen, Berufsaufbauschulen, Haushalts- und Ernährungswissenschaftl. Gymnasium, Agrarwirtschaftl. Gymnasium, Wirtschaftsgymnasium, Staatl. Ingenieurschule für Landbau und Höhere Wirtschaftsfachschule (Fachhochschule), Sonderschule für Geistigbehinderte, Staatl. Schule für Schwerhörige und Sprachbehinderte; Maschinen- und Textilindustrie.

»Niuritingen«, erstmals 1046 als Herrenhof urkundlich erwähnt, wurde um 1260 württembergisch und erhielt um 1300 das Stadtrecht. Von 1426 bis 1698 war N. Witwensitz der württembergischen Fürstinnen. Das 1526 gegrün-

Nürtingen

dete Spital trug wesentlich zur Blüte der St bei. Spital und Altstadt fielen 1750 einem Großbrand zum Opfer. Das neue 1752 erbaute Spitalgebäude besitzt ein schönes Barockportal. Als Schulstadt kann N. auf eine jahrhundertelange Tradition zurückblicken. Die in der zweiten Hälfte des 15. Jh. gegründete Lateinschule besuchten u. a. Hölderlin und Schelling. – 1931 wurde in N. die Heinrichsquelle, eine alkalisch-salinische Glaubersalzquelle, entdeckt. – Sehenswert die Stadtkirche (Anfang 16. Jh.), die Heiligkreuzkapelle (1455), das Spital (Mitte 18. Jh., jetzt Höhere Landbauschule, Ingenieurschule für Landbau und Obstbauschule u. Fachhochschule), das Rathaus (um 1800) mit Marktbrunnen (1578), Fachwerkhäuser des 16.–17. Jh. und Reste der alten Stadtbefestigung (Blockturm). – N. ist Geburtsort von Friedrich Glück, Komponist des bekannten Volksliedes „In einem kühlen Grunde".

Oberammergau

☐ 30,06 qkm; ○ Garmisch-Partenkirchen; ⚐ Bayern; ✉ 82487; ☎ 08822; 🚗 GAP; △ 850–1700 m; 👥 5000.

O., im Ammertal an der B 23 in den Bayerischen Alpen gelegen, ist Luftkurort und Wintersportplatz, Heilbad und Kneippbad (Heilanzeigen bei Rheuma und Kreislauferkrankungen). Anschluß an die Autobahn A 95 München–Murnau–Garmisch-Partenkirchen (Ausfahrt Eschenlohe); Bahnstation an der Strecke München–Innsbruck; Bergbahn zum Laber. Die Gm hat Grund- und Hauptschule, Staatl. Fachschule für Holzbildhauer und Steinmetze, NATO-Schule; Rheumaklinik; Haupterwerbsquelle ist der bedeutende Fremdenverkehr, daneben Herstellung und Vertrieb von Holzschnitzereien, Töpfereien, Handschuhindustrie.

Der Ammergau ist historisch nachweisbar im 9. Jh. unter der Herrschaft der Welfen. Im 12. Jh. kam der Gau mit O. an das Stift Kempten. O. war Stapelplatz an der alten Römerstraße, die als Handelsstraße Venedig–Augsburg im 14. und 15. Jh. eine wichtige Rolle spielte. Als 1633 im Gefolge des Dreißigjährigen Krieges in O. die Pest ausbrach und binnen kurzer Zeit den Großteil der Bevölkerung hinraffte, gelobte die Gm, alle 10 Jahre ein Spiel vom Leiden und Sterben Christi aufzuführen. Seit 1670 wird jeweils in jedem vollen Zehnerjahr gespielt. Die traditionelle Holzschnitzerei ist seit dem 15. Jh. bezeugt.

Sehenswert das Passionstheater, das Heimatmuseum mit der größten Hinterglasmalereisammlung der Bundesrepublik, die reichbemalten Häuser („Lüftlmalereien") im Ortszentrum, die Dorfkirche St. Peter und Paul (1736–42) von J. Schmuzer und die ständigen Ausstellungen von Holzschnitzereien im Oberammergauer Heimatmuseum (Krippenschau). – O. ist Geburtsort des Schriftstellers und Heimatdichters Ludwig Thoma (1867–1921). – Alljährlich internationaler Skilanglauf über 90 km „auf König Ludwigs Spuren" (2. Sonntag im März), große Fronleichnamsprozession, König-Ludwig-Feier (24. August) und Sternsingen (31. Dezember).

Oberasbach b. Nürnberg

☐ 12,12 qkm; ○ Fürth; ⚐ Bayern; ✉ 90522; ☎ 0911; 🚗 FÜ; △ 325 m; 👥 14900.

O., in Mittelfranken 10 km westlich von Nürnberg gelegen, hat Grund- und Hauptschulen, Realschule, Gymnasium; Bahnstation an der Strecke Nürnberg–Crailsheim; Anschluß an die Autobahn A 73 AB-Kreuz Nürnberg-Süd–Bamberg (Ausfahrt Nürnberg Hafen-Ost). Die Gm entwickelte sich nach 1950 zum Wohnvorort der benachbarten Großstädte Fürth und Nürnberg (1939 2800 EW).

Oberhaching

☐ 26,49 qkm; ○ München; ⚐ Bayern; ✉ 82041; ☎ 089; 🚗 M; △ 580 m; 👥 8800.

O., 12 km südlich von München an den Ausläufern des oberbayerischen Hügellandes gelegen, ist über die B 13 und den Autobahnring A 99 (Ausfahrt Oberhaching) zu erreichen.

Die Gm hat Grund- und Hauptschulen; kleinere und mittlere Industriebetriebe.

O., auf altem Siedlungsgebiet liegend, wird erstmals 806 (»Hachinga«) urkundlich genannt. Die Landgemeinde entwickelte sich nach dem 2. Weltkrieg aufgrund ihrer günstigen Lage am Rande der Landeshauptstadt zu einem bevorzugten Wohnvorort von München (1939 2500 EW).

Oberhausen

☐ 77,02 qkm; ○ Kreisfreie Stadt; ⚐ Nordrhein-Westfalen; ✉ 46042*; ☎ 0208; 🚗 OB; △ 25–78 m; 👥 225000.

Oberhausen, Schloß

O., am nordwestlichen Rand des Ruhrgebietes beiderseits des Rhein-Herne-Kanals gelegen, gilt als „Wiege" der Ruhrindustrie. 1758 wurde hier in der St. Antony-Hütte das erste Eisen gegossen und 1860 mit dem Abbau von Steinkohle begonnen.

Im Fernverkehr ist O. im bevölkerungsreichen Ballungsraum des Ruhrgebiets eine wichtige Drehscheibe mit dem Autobahnnetz der Verbindungen A 2 Köln–Hannover, A 3 Köln–Arnheim, A 42 Duisburg–Dortmund und A 430 Dortmund–Duisburg (zahlreiche Ausfahrten), den Bundesstraßen 223 und 231 sowie dem Bahnknoten Hbf (IC- und D-Zug-Halt) und der S-Bahn-Verbindung über Mühlheim/Ruhr und Essen nach Hattingen.

Die St hat Amtsgericht, Arbeitsgericht, Arbeitsamt, Finanzämter u. a. Behörden; Institut zur Erlangung der Hochschulreife, Verwaltungs- und Wirtschafts-Akademie, Gesamtschulen, Gymnasien, Realschulen, Volkshochschule, Musikschule, Studienzentrum der FU Hagen, kath. und ev. Erwachsenenbildungswerke; Stadttheater und weitere Bühnen und Theatergruppen; Stadion Niederrhein.

O. ist Standort einer breitgefächerten Industrie mit bedeutenden Wirtschaftszweigen: Maschinen- und Anlagebau, Umwelttechnologien, Elektrotechnik, Chemische Industrie und Stahlbau; die früher dominierende Eisen- und Stahlerzeugung spielt heute eine zweitrangige Rolle.

O. wurde 1862 zunächst als Landgemeinde aus mehreren Bauernschaften gebildet. Im Rahmen einer kommunalen Neugliederung kamen 1929 die bis dahin selbständigen Städte Sterkrade und Osterfeld zu O. Das Schloß (19. Jh.) gaben sowohl der bereits 1847 gebauten Eisenbahnstation wie auch der späteren St den Namen.

Sehenswürdigkeiten: Landesburg Holten (erhalten der Ostflügel aus dem 16. Jh.); Wasserburg Vondern (16.–18. Jh.); Schloß Oberhausen (1806–18; jetzt Städt. Galerie und Sitz des Ludwig-Instituts für Kunst der ehemaligen DDR sowie des Stadtarchivs); St. Antony-Hütte (18. Jh.); Rheinisches Industrie-Museum; „Eisenheim" (älteste Arbeitersiedlung des Ruhrgebietes im gleichnamigen Stadtteil); Wind- und Wassermühlen; ehem. Synagoge (1858) und Jüd. Friedhof (um 1715 angelegt) in O.-Holten; Revierpark Vonderort. – Alljährlich Internationale Westdeutsche Kurzfilmtage (April oder Mai) und Sterkrader Fronleichnamskirmes.

Oberkirch (Baden)

□ 69,12 qkm; ○ Ortenaukreis; ⚐ Baden-Württemberg; ✉ 77704; ☎ 07802; 🚗 OG; △ 194–300 m; 👥 16800.

O., anerkannter Erholungsort im Renchtal am Westrand des Schwarzwaldes, ist über die B 28 zu erreichen. O. hat Amtsgericht, Zollamt, Forstamt; Realschule, Abendrealschule, Gymnasium, Wirtschaftsschulen, ländlich-hauswirtschaftliche Berufsfachschule für Mädchen, Landwirtschaftsschule, Sonderschule für Lernbehinderte; Schwerpunktkrankenhaus; vielseitige Industrie (Maschinenfabrik, Eisengießerei, Stahlbau, Draht- und Kunststoffwerke, Papierfabrik, Webereien, Stuhlfabrik u. a.). Von wirtschaftlicher Bedeutung ferner der Wein- und Obstbau (Renchtäler Winzergenossenschaft und Obstgroßmarkt mit dem größten Erdbeermarkt der Bundesrepublik).

Im Schutz der Schauenburg entwickelte sich O., erstmals 1225 urkundlich erwähnt, zu einem Markt, der 1326 Offenburger Stadtrecht erhielt. O. war bis 1803 Verwaltungsmittelpunkt einer bischöflich-straßburgischen Herrschaft. 1689 wurden die St und die Schauenburg von französischen Truppen zerstört. Der Aufbau im 18. Jh. erfolgte nach dem Vorbild Straßburgs im Mansard-Stil. 1803 kam O. an Baden. Im Ortsteil Gaisbach lebte J. J. Grimmelshausen

1665 als Burgvogt der Herren von Schauenburg und Wirt des „Silbernen Sterns". – Sehenswert: Altstadt mit zahlreichen Fachwerkhäusern und Ruine Schauenburg. – Alljährlich im Herbst Renchtäler Wein- und Volksfest.

Oberkochen

□ 23,57 qkm; ○ Ostalbkreis; ⚐ Baden-Württemberg; ✉ 73447; ☎ 07364; 🚗 AA; △ 496–743 m; 👥 8200.

O. liegt auf der Schwäbischen Alb am Ursprung des Schwarzen Kochers. Zufahrt über die B 19 (Schwäbische Albstraße); Anschluß an die A 7 Ulm–Würzburg (Ausfahrt Aalen/Oberkochen); Motor- und Segelflugplatz in Elchingen (15 km). O. hat Grundschulen, Hauptschule, Gymnasium, Sonderschule für Lernbehinderte; optische Industrie (Carl-Zeiss-Werke), Werkzeug- und Maschinenindustrie, Kaltwalzwerk.

Aus dem bescheidenen Bauerndorf, in dem die Römer und die Alemannen (gut erhaltener Keller aus dem 2. Jh., Gräber aus dem 7. Jh.) ihre Spuren hinterlassen haben, ist nach 1945 mit der Ansiedlung bedeutender Industriebetriebe eine der größten Wachstumsgemeinden Baden-Württembergs geworden (1939 2000 EW). 1968 wurde O. zur St erhoben.

In O. befindet sich das einzige Optische Museum der Bundesrepublik.

Obernburg a. Main

□ 24,84 qkm; ○ Miltenberg; ⚐ Bayern; ✉ 63785; ☎ 06022; 🚗 MIL; △ 122 m; 👥 7400.

O. liegt 15 km südlich von Aschaffenburg zwischen Spessart und Odenwald am linken Mainufer. Zufahrt über die B 469 und B 426; Bahnstation an der Strecke Aschaffenburg–Ulm. Die St hat Amtsgericht; Realschule, Berufsschule, Fachoberschule; Kunstfaserwerk.

Auf O. Gemarkung lag im 1. Jh. nach Chr. ein römisches Kastell (Funde im „Römerhaus"). Die spätere Siedlung erhielt 1313 das Stadtrecht. O. gehörte zu Kurmainz bis zur Säkularisation (1803); 1814 wurde es bayerisch. Sehenswert die Stadtkirche und Reste der alten Stadtbefestigung (Runder Turm).

Oberndorf am Neckar

□ 55,92 qkm; ○ Rottweil; ⚐ Baden-Württemberg; ✉ 78727; ☎ 07423; 🚗 RW; △ 460–686 m; 👥 14000.

O., beiderseits des Neckars zwischen Schwäbischer Alb und Schwarzwald 16 km nördlich von Rottweil an der B 14 und Autobahn A 81 Stuttgart–Bodensee (Ausfahrt O.) gelegen, hat Amtsgericht, Arbeitsamt, Finanzamt, Forstamt; Realschule, Gymnasium, Hauswirtschaftlich-pflegerische und sozialpädagogische Berufsfachschule, Hauswirtschaftliche Berufsfachschule, Gewerbliche, Hauswirtschaftliche und Kaufmännische Berufsschule, Krankpflegeschule, Volkshochschule, Sonderschule für Lernbehinderte; Waffen-, Feinmeßzeug-, Werkzeug-, Kosmetik- und Textilindustrie.

O., erstmals 782 in einer Schenkungsurkunde des Klosters St. Gallen genannt, wurde 1251 von den Herzögen von Teck zur St erhoben. Große Stadtbrände, die das ursprüngliche Stadtbild veränderten, ereigneten sich in den Jahren 1612, 1699, 1780 und 1842/43. Nach Jahrhunderten steten Besitzerwechsels wird O. 1805 württembergisch. Den Grundstein zur Industrialisierung legte Friedrich von Württemberg 1811 mit dem Umbau des 1806 säkularisierten Augustinerklosters (um 1260 gegr.) zu einer königlichen Gewehrfabrik (jetzt Sitz der Stadtverwaltung und Landespolizei). – Sehenswert die Rokokokirche des ehem. Augustinerklosters sowie das Heimat- und Waffenmuseum mit Zeitungsarchiv. – Alljährlich historische schwäbisch-alemannische Fastnacht.

Obernkirchen

□ 32,55 qkm; ○ Schaumburg; ⚐ Niedersachsen; ✉ 31683; ☎ 05724; 🚗 SHG; △ 65–365 m; 👥 11000.

O., am Westhang des Bückeberges gelegen, ist über die B 65 und die Autobahn A 2 Dortmund–Hannover (Ausfahrt Bad Eilsen) zu erreichen. O. hat Grundschule, Hauptschule, Orientierungsstufe, Realschule; Sandsteinbrüche, Glasfabrik, Textilindustrie.

In einer Urkunde von 1167 wird Bischof Werner von Minden als Gründer von O. bezeichnet. Die Ortsgründung fällt zusammen mit der Grundsteinlegung des ältesten, heute noch erhaltenen Westteils der Stiftskirche. O. war bis zur Stadterhebung im Jahr 1615 ein ummauerter Flecken mit Ratsverfassung. Seit dem Mittelalter waren die reichen Schätze an Sandsteinen und Steinkohlen die Haupterwerbsquelle der Bevölkerung. Ende des 18. Jh. kam die Fabrikation von Glaserzeugnissen hinzu; der Bergbau dagegen wurde nach dem 2. Weltkrieg wegen Unrentabilität eingestellt. – Sehenswert die Heimatkundliche Sammlung

Ober-Ramstadt

(Schwerpunkt Bergbau). – O. ist Geburtsort des Admirals Reinhard Scheer (1863–1928).

Ober-Ramstadt

□ 41,88 qkm; ○ Darmstadt-Dieburg; ⚐ Hessen; ✉ 64372; ☎ 06154; 🚗 DA; △ 200–237 m; 👥 13300.

O.-R., 11 km südöstlich von Darmstadt im Modautal am Rande des Odenwaldes gelegen, ist über die B 426 und B 449 zu erreichen; Anschluß an die Autobahn A 5 Frankfurt a. M.–Basel (Ausfahrt Pfungstadt). Die St hat Gesamtschule, Sonderschule für Lernbehinderte; Heimatmuseum; kunststoffverarbeitende Industrie, Dispersionsfarbenfabrik, Gießerei, Maschinenbau und feinmechanische Betriebe; Landwirtschaft.

O.-R. liegt auf altem Siedlungsgebiet (Funde aus der Altstein- (30000 v. Chr.) bis Römerzeit). Erste urkundliche Erwähnung 1310 anläßlich der Verleihung der Stadtrechte, die in der folgenden Zeit jedoch nicht voll wahrgenommen wurden. Von den Grafen von Katzenelnbogen kam O.-R. 1479 an die Landgrafen von Hessen. Im 16. und 17. Jh. Eisenabbau und Eisenverhüttung. 1699 Gründung des Stadtteiles Rohrbach durch glaubensvertriebene Waldenser (alljährlich Feier des Gründungstages [24. 6.] mit historischem Festzug). 1959 Wiederverleihung der Stadtrechte. – Bemerkenswert die 1717 von dem Darmstädter Hofbaumeister de la Fosse erbaute ev. Kirche und das Stadtmuseum. – O.-R. ist Geburtsort des Schriftstellers und Philsophen Georg Christoph Lichtenberg (1742–1799, Bibliothek im Stadtmuseum).

Oberschleißheim

□ 30,60 qkm; ○ München; ⚐ Bayern; ✉ 85764; ☎ 089; 🚗 M; △ 486 m; 👥 10800.

O. liegt 15 km nördlich von München an der B 471 und an der A 9 München–Nürnberg (Ausfahrt Garching), A 99 Autobahnring München (Ausfahrt München-Neuherberg) und A 92 München–Deggendorf (Ausfahrt O.); S-Bahnstation im Münchener Verkehrsverbund.

O. ist Sitz der Gesellschaft für Strahlen- und Umweltforschung und des Landesuntersuchungsamtes für das Gesundheitswesen Südbayern. Die Gm hat Lehr- und Versuchsgut der Tierärztlichen Fakultät der Universität München; Volksschulen; Regattastrecke für Ruder- und Kanuwettbewerbe.

Die Gemarkung von O. ist altes Siedlungsgebiet (Funde aus der Hallstatt- und Römerzeit). »Slivesheim« wird erstmals 775 urkundlich erwähnt. Ende des 16. Jh. erwarb der bayerische Herzog Wilhelm V. Grundbesitz in Schleißheim, auf dem sein Sohn Maximilian I. eine Sommerresidenz (Altes Schloß) im Stil der Renaissance errichten ließ (im 2. Weltkrieg zerstört). 1680 begann Kurfürst Max Emanuel mit dem Bau einer barocken Gartenanlage, deren östlicher Abschluß das 1684 erbaute Jagdschloß Lustheim (mit bemerkenswerter Meißner-Porzellan-Sammlung) bildete. 1701 wurde mit dem Bau des Neuen Schlosses begonnen (um 1720 vollendet), das heute die bedeutendste Zweiggalerie der Bayerischen Staatsgemäldesammlungen mit niederländischer, italienischer und deutscher Malerei des Barock enthält.

Oberstdorf

□ 230,13 qkm; ○ Oberallgäu; ⚐ Bayern; ✉ 87561; ☎ 08322; 🚗 OA; △ 843–2000 m; 👥 10000.

O. liegt in Tallage zwischen den Quellflüssen der Iller, Breitach, Stillach und Trettach, im Osten, Süden und Westen begrenzt von Bergen der Allgäuer Hochalpen (Nebelhorn, Mädelegabelgruppe, Höfats, Söller-Eck). Zufahrt über die B 19; Endstation der Nebenstrecke Immenstadt–O. Der Mkt hat Gymnasium private Handelsschule. O. ist bekannter Fremdenverkehrsort, Wintersportplatz (Bergbahnen; Skiflugschanze, Eisstadion), Kneipp-Kurort und heilklimatischer Kurort (mehrere Kuranstalten und Sanatorien). Heilanzeigen bei Herz- und Kreislaufstörungen, Durchblutungsstörungen, rheumatischen Erkrankungen, Erkrankungen der Atmungsorgane, Erschöpfungszuständen, Drüsenstörungen.

O., in fränkischer Zeit ein Amtsgut (Meierhof) der Alpgaugrafen, war später Reichsgut. 1351 kauften die Herren von Heimenhofen einen großen Teil des Grundbesitzes und errichteten im 15. Jh. zu Füßen des Himmelschrofen eine Burg. 1440 fiel O. an das Hochstift Augsburg. 1495 verlieh Kaiser Maximilian dem Ort das Marktrecht. 1803 kam O. an Bayern. Mit dem Bahnanschluß (1887) wurde der Grundstein für den Fremdenverkehr gelegt.

Sehenswürdigkeiten: Pfarrkirche, Lorettokapellen und Heimatmuseum; Breitachklamm 7 km südwestl. von O.; Gerstruben (alte Siedlung); Freibergsee 3 km südlich des Ortes; Einödsbach (südlichste Siedlung der Bundesrepublik). – Alljährlich Deutsch-Österreichische Vierschanzentournee; der „Wilde-Männle-Tanz“ (alter germanischer Kulttanz) wird alle 5 Jahre aufgeführt; alle drei Jahre internationale Skiflugwoche, alljährlich internationale Skisportveranstaltungen.

Obersulm

□ 31,07 qkm; ○ Heilbronn a. N.; ⚐ Baden-Württemberg; ✉ 74182; ☎ 071 30; 🚗 HN; △ 340 m; 👫 11 200.

O. liegt im Weinsberger Tal nördlich der Löwensteiner Berge am oberen Lauf der Sulm 10 km östlich von Heilbronn. Der Weinbauort wurde im Zuge der Gemeindereform aus sechs ehem. Gemeinden unter neuem Namen gebildet.

Die ältesten urkundlichen Nachweise gehen auf das 8. Jh. zurück. Sehenswerte Fachwerkhäuser und alte Keltern.

Obertshausen

13,55 qkm; ○ Offenbach a. M.; ⚐ Hessen; ✉ 63179; ☎ 061 04; 🚗 OF; △ 110 m; 👫 23 500.

O., Industriegemeinde im Wirtschaftsraum von Frankfurt/Offenbach/Hanau 8 km südöstlich von Offenbach, ist über die B 448, B 45 und Autobahn A 3 Frankfurt a. M.–Nürnberg (Ausfahrt Hanau) zu erreichen; Bahnstation an der Strecke Offenbach–Rodgau; Flughafen Frankfurt a. M. 21 km.

O. ist Bundeswehrstandort (Gerätedepot), hat Grundschulen, Gesamtschule, berufsbezogenes Gymnasium, Berufsschule; Wirkmaschinenfabrik, Autozubehörindustrie, Lederwarenbetriebe.

Um 865 wird das zum Kloster Seligenstadt gehörende Hofwerk »Oberdueshuson« zum erstenmal erwähnt. Von den Herren von Heine gelangte O. über das Rittergeschlecht der Eppsteiner 1425 an den Erzbischof von Mainz. 1664 wird O. Besitz der Grafen von Schönborn; 1816 kam es an Hessen. – Zur St wurde O. 1979 erhoben.

Oberursel (Taunus)

□ 45,37 qkm; ○ Hochtaunuskreis; ⚐ Hessen; ✉ 61440; ☎ 061 71; 🚗 HG; △ 138–820 m; 👫 43 000.

O., 15 km nordwestlich von Frankfurt a. M. am Fuße des 798 m hohen Altkönigs gelegen, ist über die B 455 und Autobahn A 5/A 7 Frankfurt a. M.–Kassel (Ausfahrt Bad Homburger-Kreuz und Zubringer A 661) zu erreichen; S-Bahnhalt an der Strecke Frankfurt–Friedrichsdorf und Endstation der U-Bahn Frankfurt–Oberursel/Hohemark. Die St hat Gesamtschule, Haupt- und Realschule mit Förderstufe, Gymnasium, Berufsschulen mit beruflichem Gymnasium, Fachschule für Sozialpädagogik, Sonderschule für Lernbehinderte, Sonderschule für praktisch Bildbare, Frankfurt International School, Theologische Hochschule, Reformhaus-Fachakademie, Psychiatrische Klinik; chemische Industrie (mit Forschungszentrum), Elektro-, Glas-, Textil-, feinmechanische und lederverarbeitende Betriebe, Papiererzeugung, Maschinen und Fahrzeugbau; von Bedeutung ist ferner der lebhafte Ausflugs- und Fremdenverkehr.

„Ursella“, erstmals 791 urkundlich erwähnt, erhielt 1444 das Stadtrecht. Im Laufe seiner bewegten Geschichte unterstand O. verschiedenen Herrschaften: bis 1525 den Grafen von Stolberg-Königstein, danach von 1535 bis 1581 und 1632 bis 1635 der Herrschaft Kurmainz; von 1803 bis 1866 gehörte die St zu Nassau; 1866 kam O. an Preußen. Die St besitzt einen guterhaltenen ma. Stadtkern mit gotischer Kirche St. Ursula (14.–15 Jh.), Altem Rathaus (1659) und Fachwerkhäusern aus dem 17. und 18. Jh. sowie Resten der zwischen 1446 und 1455 erbauten Stadtmauer; sehenswert außerdem das Vortaunus-Museum im ehem. Amtshaus (1705). – 17 km nordwestlich von O. liegt der 881 m hohe Große Feldberg, die höchste Erhebung des Taunus.

Oberviechtach

□ 62,45 qkm; ○ Schwandorf i. Bay.; ⚐ Bayern; ✉ 92526; ☎ 09671; 🚗 SAD; △ 506 m; 👫 4700.

O., Erholungsort 37 km südöstlich von Weiden im Oberpfälzer Wald, ist über die B 22 zu erreichen. Die St, Sitz der Verwaltungsgemeinschaft O. und Bundeswehrstandort, hat Gymnasium, Berufsaufbauschule für Mädchen, Sonderschule für Lernbehinderte; Maschinenfabrik, Holzindustrie; Fremdenverkehr.

O., erstmals 1130 urkundlich genannt, war im 13. Jh. im Besitz der Grafen von Ortenburg-Murach und kam 1272 durch Kauf an Herzog Ludwig II. von Bayern. Nach der Wittelsbacher Erbteilung (1329) gehörte O. zur Pfalzgrafschaft bei Rhein. Der 1432 von den Hussiten zerstörte Mkt (seit 1337) fiel im 17. Jh. an Bayern zurück. 1952 wurde O. zur Stadt erhoben. – Bemerkenswert die Burgruine Murach.

O. ist Geburtsort des Dr. Eisenbarth (1663–1727, nach ihm benannter Brunnen am Marktplatz).

Oberwesel (Rhein)

□ 21,73 qkm; ○ Rhein-Hunsrück-Kreis; ⚐ Rheinland-Pfalz; ✉ 55430; ☎ 06744; 🚗 SIM; △ 70 m; 👫 4500.

O., 40 km südlich von Koblenz im engen Rheindurchbruchstal an der B 9 gelegen, hat Anschluß an die Autobahn A 61 Köln–Koblenz–Ludwigshafen (Ausfahrt Laudert). Bahnstation an der Strecke Bingen–Koblenz. Die St ist Sitz der Verbandsgemeindeverwaltung St. Goar-O., mit Grund-, Haupt- und Realschule; holzverarbeitender Industrie, Weinanbau und Fremdenverkehr.

»Vosolvia« ist aus einem fränkischen Königshof hervorgegangen. 966 kam der Ort an das Erzbistum Magdeburg, dem er mit einer Unterbrechung (von 1166–1216) bis 1220 angehörte. O. blieb danach reichsunmittelbar und entwickelte sich zur St. Seit 1254 war es Mitglied des Rheinischen Städtebundes; 1309 wurde es kurtrierische Amststadt. – Das ma. Stadtbild mit Stadtmauer und 16 Türmen blieb erhalten. Die hochgotische Liebfrauenkirche (14. Jh.) besitzt eine bedeutende Ausstattung (Schnitzaltar 1331, Lettner, Wandmalereien Anfang 16. Jh. u.a. Kunstschätze); der mächtige Westturm der gotischen Pfarrkirche St. Martin stammt aus dem 15. Jh. Bemerkenswert ferner die auf der Stadtmauer aufsitzende gotische Wernerkapelle (Sühnekapelle, um 1300), die über der St liegende Schönburg (12.–14. Jh.), das Katharinenkloster (15. Jh.) und das neue Schloß Schönberg. – Alljährlich im September Weinmarkt.

Ochsenfurt

□ 63,52 qkm; ○ Würzburg; ⚐ Bayern; ✉ 97199; ☎ 09331; 🚗 WÜ; △ 194 m; 👫 11500.

O., am Main in Unterfranken 18 km südöstlich von Würzburg gelegen, ist über die B 13 und Autobahn A 3 Frankfurt a. M.–Nürnberg (Ausfahrt Würzburg/Randersacker) zu erreichen. Bahnstation an der Strecke Würzburg–Ansbach. Die St hat Amtsgericht; Grund- und Hauptschulen, Realschule; mittlere Industrie- und Gewerbebetriebe (Herstellung von Fotofachartikeln, Laboreinrichtungen, Wohnwagen, Brauereien, Zuckerfabrik).

O. ist als Handwerker- und Bauernsiedlung des auf der gegenüberliegenden Mainseite 725 gegründeten Benediktinerinnenklosters entstanden. Der Ort stand unter der Oberhoheit der Bischöfe und des Domkapitels (seit dem 14. Jh.) von Würzburg. Nach der Säkularisation (1802) kam O. an Bayern.

Sehenswert die Altstadt mit gut erhaltenen Befestigungsanlagen (14. Jh.), Fachwerkhäusern, altem und neuem Rathaus (15. Jh.) und Stadtpfarrkirche (13.–14. Jh.) mit schöner Ausstattung (Nikolausstatue, spätgot. Hochaltar).

Ochsenhausen

□ 59,99 qkm; ○ Biberach a.d. Riß; ⚐ Baden-Württemberg; ✉ 88416; ☎ 07352; 🚗 BC; △ 610 m; 👫 6800.

O. ist Erholungsort 16 km östlich von Biberach im Tal der Rottum an der B 312. Die St hat Forstamt; Realschule, Gymnasium, Landesakademie für die musizierende Jugend in Baden-Württemberg, Sonderschule für Lernbehinderte; Elektroindustrie.

O. wurde als Filiale des Benediktinerklosters St. Blasien Ende des 11. Jh. gegründet, 1391 zur selbständigen Abtei erhoben und 1803 aufgelöst. Die zwischen 1489 und 1495 erbaute Klosterkirche erhielt im 18. Jh. eine barocke Ausstattung (bedeutende Orgel, 1725–30); die Klostergebäude stammen aus dem 16. bis 18. Jh. (Bibliotheksaal). Die Gm O. wurde 1950 zur St erhoben.

Ochtrup

□ 105,61 qkm; ○ Steinfurt; ⚐ Nordrhein-Westfalen; ✉ 48607; ☎ 02553; 🚗 ST; △ 82 m; 👥 16900.

O., 45 km nordwestlich von Münster in der münsterländischen Tiefebene an der Vechte unweit der niederländischen Grenze gelegen, ist über die B 54, B 70, B 403 und Autobahn A 31 Duisburg–Bad-Bensheim (Ausfahrt O./ Gronau (Westf.) zu erreichen; Bahnstation an der Nebenstrecke Münster–Enschede (Niederlande). Die St hat Realschule, Gymnasium, Sonderschule und Beschützende Werkstätten für Behinderte; Textil- und feinmechanische Industrie.

O., erstmals 1134 anläßlich der Gründung des Stiftes Langenhorst genannt, wurde Ende des 16. Jh. befestigt. Seit 1696 ist O. als St nachweisbar. Bis ins 20. Jh. spielte die Töpferei eine bedeutende Rolle. Die bisherige wirtschaftliche Monostruktur (Textilindustrie) wurde nach dem Kriege durch Ansiedlung von Betrieben anderer Industriezweige überwunden. – Bemerkenswert: Romanische Stiftskirche Langenhorst; Reste der Stadtbefestigung (Anlagenring); Wasserburg „Haus Welbergen".

Odenthal

□ 40 qkm; ○ Rheinisch-Bergischer Kreis; ⚐ Nordrhein-Westfalen; ✉ 51514; ☎ 02202; 🚗 GL; △ 78 m; 👥 13000.

O., 20 km nordöstlich von Köln an der Dhünn gelegen, ist über die B 51, B 506 und die Autobahn A 3 Frankfurt a. Main–Köln–Duisburg (Ausfahrt Köln-Mühlheim und Leverkusen) zu erreichen.

O. ist Wohn- und Fremdenverkehrsgemeinde im Naherholungsgebiet des Bergischen Landes mit kleineren Handwerks- und Gewerbebetrieben.

Sehenswert: Kath. Pfarrkirche St. Pankratius (dreischiffige Pfeilerbasilika um 1050) mit einer der ältesten Glocken des Rheinlandes (11. Jh.) und Taufstein (Ende 13. Jh.). In der Nähe von O. Burg Strauweiler (15.–17. Jh.); nördlich der Gm liegt der Altenberger Dom (ehem. Zisterzienserabtei, 1255–1379 in Anlehnung an nordfranz. Vorbilder erbaut) mit Glasmalereien (14. Jh.) und Grabmälern (14.–16. Jh.) sowie die Markuskapelle (1255) mit Resten spätrom. Malerei in Altenberg.

Öhringen

□ 67,78 qkm; ○ Hohenlohekreis; ⚐ Baden-Württemberg; ✉ 74613; ☎ 07941; 🚗 KÜN; △ 232 m; 👥 18000.

Ö. liegt an der Ohrn 25 km nordöstlich von Heilbronn an der Pforte zur Hohenloher Ebene. Zufahrt über die Autobahn A 6 Heilbronn–Nürnberg (Ausfahrt Ö.). Haltestelle an der Bahnstrecke Heilbronn–Crailsheim–Nürnberg. Ö. hat Amtsgericht, Arbeitsamt (Nebenstelle), Finanzamt, Forstamt u. a. Behörden; Realschule, Gymnasium, Sonderschule für Lernbehinderte, Volkshochschule, Gewerbliche Berufs- und Berufsfachschule mit Technischem Gymnasium und Fachschule für Elektrotechnik, Haus- und Landwirtschaftliche Berufs- und Berufsfachschule, Kaufmännische Berufsschule mit Wirtschaftsschule und -gymnasium, Fachschule für Landwirtschaft; Kreiskrankenhaus; Verpackungs- und Filterwerk, Möbel-, Druck- und metallverarbeitende Industrie, Werkzeug-, Maschinen- und Ladenbau, Spulenkörper- und Gummiwarenfabrikation, Medizin- und Kunststofftechnik, Obstsaftindustrie, Zinngießerei.

Zur Römerzeit lagen auf dem Gebiet der heutigen St zwei Kastelle (»Vicus Aurelianus«). 1037 wird Ö. erstmals anläßlich der Gründung eines Chorherrenstifts durch Adelheid, die Mutter Kaiser Konrads II., urkundlich erwähnt. 1253 Verleihung der Stadtrechte. Ö. war Residenz der Grafen und Fürsten von Hohenlohe bis 1806. – Sehenswert der alte Stadtkern mit Resten der Stadtmauer und Marktplatz, die Stiftskirche (13. Jh., Neubau 1454–91) mit geschnitztem Hochaltar und Krypta (Sarkophag der Kaiserinmutter Adelheid von 1241), Rathaus (1504) und Renaissanceschloß (1611–16) mit Hofgarten (Tiergehege, Sportanlagen). Bedeutende Zinn- und Fayencensammlung im Weygangmuseum. 5 km nördlich von Ö. liegt das Jagdschloß Friedrichsruhe (1712–17). – Alljährlich Pferde- und Krämermarkt (Februar) und Volksfest mit Herbstmarkt (September).

Oelde

□ 102,32 qkm; ○ Warendorf; ⚐ Nordrhein-Westfalen; ✉ 59302; ☎ 02522; 🚗 WAF; △ 100 m; 👥 27500.

O., an der Autobahn A 2 Ruhrgebiet–Hannover (Ausfahrt O.) und B 61 gelegen, ist Bahnstation an der Strecke Köln–Hannover und hat Ar-

Oelde

beitsamt (Nebenstelle); Realschule, Gymnasium, Sonderschule für Lernbehinderte, Volkshochschule; eisenverarbeitende Industrie, Brennerei, Maschinenbau (Melkanlagen, Separatoren, Ventilatoren, Pack- und Siebmaschinen, Großreinigungsgeräte, Hochdruckpumpen), Möbel- und Textilindustrie, Fabrikation von Feindrahtgewebe; Landwirtschaft. Der Stadtteil Stromberg ist anerkannter Erholungsort.

»Ulithi« wird erstmals 890 in einer Urkunde des Klosters Werden erwähnt. Im MA war O. Wigbold, d. h. ein mit städtischen Rechten ausgestattetes Gemeinwesen (ohne städt. Freiheiten). Der Ort gehörte bis 1803 zum Fürstbistum Münster; danach wurde O., das im gleichen Jahr das Stadtrecht erhielt, preußisch. Der alte Ortskern wurde 1800 durch einen Großbrand vernichtet. 1920/70 erfolgte eine gemeindliche Neugliederung durch Zusammenschluß des Kirchspiels O., Lette und Sünninghausen; 1970 wurde die Gm Stromberg eingegliedert. – Sehenswürdigkeiten: Wasserschloß Haus Geist, Fachwerkhäuser; historische Burganlage in Stromberg, St. Johannis-Kirche in O. mit spätgot. Sakramentshäuschen (1491); St. Lamberti-Kirche (14. Jh.) in Unterstromberg. – Alljährlich Pfingstfestspiele, Brauerei- und Stadtfest.

Oelsnitz (Erzgebirge)

□ 19,8 qkm; ○ Stollberg; ⚐ Freistaat Sachsen; ✉ 09376; ☎ 037289; 🚗 STL; △ 364 m; 👥 12 100.

Oe. ist zu erreichen auf der A 4 / E 40, Ausfahrt Hohenstein-Ernstthal (ca. 5 km), und der A 72 / E 441, Ausfahrt Niederdorf oder Hartenstein (jeweils ca. 4 km); ferner auf der B 169 und B 180; Bahnhof Oe., Haltepunkte Mitteloelsnitz und Neuoelsnitz an der Nebenstrecke St. Egidien–Stollberg (Sachs.). Die nächsten Flughäfen sind Dresden und Leizpig (jeweils ca. 110 km).

Bildungseinrichtungen: Grundschulen, Mittelschulen, Gymnasium, Berufliches Gymnasium; Förderschule.

Wirtschaftliches: Baustoffindustrie; Bergbauerkundung; Gewerbeunternehmen; Agrargenossenschaft.

Geschichtliches: Oe. war seit dem 12. Jh. durch Besiedlung von Bauern, die aus Franken und Thüringen kamen, größer und bekannter als die Dörfer in der näheren Umgebung. Der slawische Ortsname, der „eine Siedlung am Erlenbach" bedeutet, stammt vermutlich von sorbischen Stämmen. 1219 nennt eine Urkunde einen Ritter Rembertus de Olsniz. Im Jahre 1386 wird ein Zins des Grafen von Hartenstein, der zugleich Burggraf von Meißen war, in „Oelsnitz an der Straße" vermerkt. Der Ort ist demnach zur Zeit der Kolonisation des dt. Ostens als großes Reihendorf an einem jener „böhmischen Steige" angelegt worden, die schon in vorkolonialer Zeit das Gebirge und seinen Urwald durchquerten. Bereits in der ersten Zeit ihres Bestehens war die Gm in Grundherrschaften zersplittert. Nach der Leipziger Teilung in das albertinische und ernestinische Sachsen unterstand Oe. sogar zwei verschiedenen Landesherren. Damals war mitunter schon das Nachbargehöft „Ausland". Erst 1839 sind durch die sächsische Landgemeindeordnung die Anteile zu einem dörflichen Gemeinwesen vereinigt worden. Das Rittergut wurde 1584 schönburgisch-hartensteinisches Eigentum und blieb bis 1945 in der Hand jener 1790 in den Fürstenstand erhobenen Adelsfamilie. Nur in der Zeit von 1675 bis 1704 besaßen die schlesischen Grafen von Pomnitz das Rittergut. Seit dem 16. Jh. waren im Dorf neue Bevölkerungsgruppen entstanden: Kleinbauern, hier auch Gärtner genannt, die Häusler, die Hausgenossen und Tagelöhner. In der Dorfmitte reihten sich kleine Fachwerkhäuser in Umgebindebauart aneinander. Auf der Grundlage des heimischen Flachsanbaues und der Schafhaltung auf dem Gutshof entwickelten sich als textile Hausgewerbe das Spinnen, das Weben und Wirken. Oe. wurde zum Sitz verbreiteter Innungen der Weber und Wirker sowie der Weltfirma „Gebrüder Meinert", die als Verleger (Produzenten und Vertriebsleute), Manufakturbesitzer und Großkaufleute tätig waren.

In der Mitte des vorigen Jh. begann für das Dorf ein völlig neuer ökonomischer Entwicklungsabschnitt. Nach einem Zufallsfund von Steinkohle, unmittelbar an der Erdoberfläche (1831), förderte der Zwickauer Bergfaktor Karl Gottlob Wolf 1844 die erste Kohle aus einer „Tiefe" von neun Metern. Damit begann die wechselvolle Geschichte des Steinkohlenreviers. Während die ersten Jahrzehnte gezeichnet waren vom primitiven Abbau, den Grundbesitzer und kleine Gesellschaften im Raum zwischen Oe., Lugau und Niederwürschnitz in geringer Tiefe betrieben, setzte die erste Gründerzeit mit größeren Unternehmen um 1855 ein. Schließlich entstanden in der Hauptgründerzeit ab 1871 zahlreiche tiefe Schächte in und um Oe. selbst. Der Abbau verlagerte sich in die Beckenmitte bis zu 1000 m Tiefe. Nach 1900 konzentrierte sich der Kohlenbergbau in großen Kapitalgesellschaften: den Gewerkschaften „Deutschland" und „Gottes Segen", zuletzt im „Vereinigten Steinkohlenwerk Oelsnitz". Die Arbeit der Kumpel in den tiefen und stellenweise sehr heißen Schächten war hart und gefahrvoll. 1971 wurde die Förderung wegen Erschöpfung der Lagerstätte eingestellt. Heute erinnern nur noch Reste der Übertage-Anlagen, die inzwischen bewaldeten Halden und alte Namen an die früheren Schachtstandorte. Der ehem. „Kaiserin-Augusta-Schacht" ist zu einem sehenswerten Bergbaumuseum umgestaltet worden. In der Blütezeit des Bergbaues wuchs Oe. durch den Zuzug von Arbeitskräften unaufhörlich. 1924 wurde der Ort als größtes sächsisches Dorf zur St erhoben und erreichte später eine EW-Zahl um 20000. Durch das stürmische Wachstum entstand ein uneinheitliches St-Bild. Die alte Dorfstruktur ist noch zu erkennen; das Stadtzentrum weist viele Lücken auf, entstanden durch die vom untertägigen Bergbau verursachten Senkungen und Abrisse, aber auch durch Bombenschäden aus dem Jahre 1945. Die Beendigung des Bergbaues führte zu einer rückläufigen Bewohnerzahl.

Sehenswürdigkeiten, Kulturelles und Sport: Bergbaumuseum mit vielen originalen Zeugnissen aus der Bergbauzeit; 100jähriges Rathaus; St-Halle; Freilichtbühne; Landschulheim; Sportstadien, Sommerbad.

Oer-Erkenschwick

□ 38,83 qkm; ○ Recklinghausen; ⚐ Nordrhein-Westfalen; ✉ 45739; ☎ 02368; 🚗 RE; △ 85 m; 👫 27800.

O.-E. liegt 6 km nordöstlich von Recklinghausen am Südrand des Naturschutzgebietes Hohe Mark. Zufahrt über die B 51 und Autobahn A 43 Recklinghausen–Münster (Ausfahrt Recklinghausen-N./O.-E.). Die St hat Realschule, Gymnasium, Sonderschule für Lernbehinderte; UNESCO-Modellbücherei; chemische Industrie, Steinkohlenbergbau.

O.-E. wurde 1953 zur St erhoben. – Sehenswert die Freizeitstätte „Stimbergpark" (100 000 qm Grünanlagen, 4200 qm Wasserflächen).

Oerlinghausen

□ 32,7 qkm; ○ Lippe; ⚐ Nordrhein-Westfalen; ✉ 33813; ☎ 05202; 🚗 DT; △ 180 bis 334 m; 👫 16200.

O. ist Erholungsort im Teutoburger Wald 14 km südöstlich von Bielefeld. Die St ist über die B 66; A 2 Dortmund–Hannover (Ausfahrten Bielefeld-Sennestadt und Bielefeld) und A 33 (Ausfahrt Stückenbrock-Senne) zu erreichen. O. hat Segelflugplatz (größter Platz Westeuropas mit Fliegerschule); Kurklinik; Gymnasium, Volkshochschule, Heimvolkshochschule, Sonderschule für Lernbehinderte; Nahrungsmittel- und Elektroindustrie, Graphische Betriebe, Papierverarbeitung.

»Orlinchusen« ist erstmals 1036 als Vorwerk bezeugt. Bis 1231 war der Ort Sitz eines Archidiakonats des Bistums Paderborn. Die spätgotische Alexanderkirche wurde zwischen 1511 und 1514 erbaut. Neben dem Ackerbau bildeten bis Mitte des 19. Jh. die Flachsspinnerei und Leinenweberei die Erwerbsgrundlagen der Bevölkerung. 1926 wurde O. zur St erhoben.

Sehenswürdigkeiten: Archäologisches Freilichtmuseum (naturgetreue Nachbildung eines germanisch-cheruskischen Bauernhofes aus dem 1. Jh. mit Nebengebäuden); sächsischer Ringwall auf dem Tönsberg mit frühmittelalterlicher Kapelle. – O. ist Geburtsort der Schriftstellerin und Frauenrechtlerin Marianne Weber (1870 bis 1954).

Oestrich-Winkel

□ 59,15 qkm; ○ Rheingau-Taunus-Kreis; ⚐ Hessen; ✉ 65375; ☎ 06723; 🚗 RÜD; △ 92–580 m; 👫 11500.

O.-W. liegt rechtsrheinisch zwischen Mainz und Rüdesheim an der B 42. Bahnstation an der Strecke Wiesbaden–Koblenz; Rheinfähre nach Ingelheim. Die St hat Grundschulen;

Hauptschule, European Business-School; Weinbau (bekannte Rheingauer-Rieslingweine) und Weinhandel, chemische und Kunststoffindustrie, Polstermöbelfabrik. Von wirtschaftlicher Bedeutung ist vor allem der Fremdenverkehr.

Erste urkundliche Erwähnung 1108. Weinbau wird in O.-W. seit über 1100 Jahren betrieben. Stadterhebung 1972. Sehenswürdigkeiten: Burgruine „Hallgartener Zange“, Schröter-Muttergottes (Terrakottafigur 15. Jh.), Mittelheimer Basilika (12. Jh.), Schloß Vollrads (15. Jh.), Graues Haus (ältestes Steinwohnhaus Deutschlands aus dem 12. Jh.).

Östringen

☐ 53,22 qkm; ○ Karlsruhe; ⚐ Baden-Württemberg; ✉ 76684; ☎ 07253; 07259 (Stadtteile Odenheim, Eichenberg und Tiefenbach); 🚗 KA; △ 155–302 m; 👫 10900.

Ö., Industrie- und Weinort 25 km südlich von Heidelberg, ist über die B 292 und die Autobahnen A 5 Karlsruhe–Frankfurt a. M. (Ausfahrt Kirrlach/Kronau) und A 6 Mannheim–Heilbronn (Ausfahrten Wiesloch/Rauenberg und Sinsheim) zu erreichen. Ö. hat Gymnasium, Realschule, Jugendmusikschule, Volkshochschule; Chemiefaserindustrie (ICI-Europa Fibres GmbH), Textil- und Bauindustrie; Weinbau (240 ha).

Ö., erstmals 764 im Lorscher Kodex erwähnt, erhielt 1000 das Marktrecht. Der bis 1553 befestigte Flecken gehörte zum Hochstift Speyer; 1805 kam Ö. an das Großherzogtum Baden. Zur St erhoben wurde Ö. 1981. – Sehenswert die neuromanische Pfarrkirche, das Alte Rathaus (1768) mit Heimatmuseum, die spätbarocke Michaelskirche (1792/1909) und der „Siegfriedsbrunnen“ (Nibelungensage) in Ö.-Odenheim.

Offenbach a. Main

☐ 45,24 qkm; ○ Kreisfreie Stadt; ⚐ Hessen; ✉ 63065*; ☎ 069; 🚗 OF; △ 100 m; 👫 113200.

O., im Norden und Westen unmittelbar an Frankfurt grenzend, ist Einkaufszentrum, Dienstleistungs-, Industrie-, Kongreß- und Messestadt am linken Mainufer. In O. kreuzen sich bzw. treffen zusammen die B 43, B 46 und B 448; die Autobahnen A 3 Köln–Würzburg (3 Ausfahrten) und A 661 Darmstadt–Offenbach–Bad Homburg (Ausfahrten Taunusring und O.-Kaiserlei). O. liegt am Schnittpunkt der

Offenbach, Rathaus

wichtigsten Nord-Süd- und Ost-West-Verbindungen der Bundesbahn; unterirdische S-Bahn (im Bau); Flughafen Frankfurt a.M. (15 km).

O. ist Sitz bedeutender Bundes- und Landesbehörden und öffentlicher Körperschaften (Beschaffungsamt der Bundeszollverwaltung, Bundesmonopolverwaltung für Branntwein, Arbeitsgericht, Amtsgericht, Verwaltung des Landkreises O., Zentralamt des Deutschen Wetterdienstes, Industrie- und Handelskammer u. a.), zahlreicher Bildungs- und kultureller Einrichtungen (Hochschule für Gestaltung, Volkshochschule, Technikerschulen, Fachoberschulen, Berufsfachschulen, Gymnasien, Abendgymnasium, Gesamtschulen, Sonderschulen für lernbehinderte und praktisch-bildbare Kinder, Sprachheilschule, Jugendkunstschule, Jugendmusikschule, Krankenpflegeschulen und Lehranstalt für med.-technische Assistentinnen an den Städt. Kliniken; Theater, Deutsches Ledermuseum mit Deutschem Schuhmuseum, Klingspor-Museum, Stadtmuseum; Sportstätten (Stadion am Bieberer Berg). Bedeutendste Wirtschaftszweige sind der Maschinenbau (MAN-Roland, MABEG, GKN-Löbro, Mannesmann-Stöhr u. Lavis), die Elektroindustrie (Siemens, KWU, Rowenta), die chemische Industrie (Farben- und Faserproduktion) und Lederwarenindustrie (Seeger, MANO, Goldpfeil, Hassia) und internationale Firmen wie Polaroid, Danfoss, Pepsi, Honda und Kaiser-Friedrich-Quelle. Jährlich findet in O. die Internationale Lederwarenmesse (und das Modeforum) statt.

Im Mainhafen von O. mit großem Öldepot (Tankkapazität 130 Millionen Liter) werden jährlich rund 1 Mill. t Güter umgeschlagen.

O., erstmals 977 urkundlich erwähnt, kam über die Herren von Falkenstein 1418 z. T. und

1486 ganz an die Fürsten von Isenburg, die es 1556 zur Residenz erhoben. Seit 1816 gehört die St zu Hessen. Im 19. Jh. entwickelte sich O., das Ende des 17. Jh. zahlreiche glaubensvertriebene Hugenotten und Waldenser aufgenommen hatte, zu einer bedeutenden Industriestadt. Weltgeltung erlangte O. durch seine Lederwaren. Im 2. Weltkrieg wurde die St zu 35% zerstört.

Sehenswert das Isenburger Schloß (Renaissancebau, 1570–72), das im alten Stil wiedererbaute Büsing-Palais mit neubarockem Elvenhof (um 1900), das Deutsche Ledermuseum mit Deutschem Schuhmuseum, das Klingspor-Museum für moderne Buch- und Schriftkunst sowie das Stadtmuseum.

O. ist Geburtsort des Politikers Heinrich von Brentano (1904–1964, erster Außenminister der BRD) und des Schauspielers Joseph Offenbach (1904–1971).

Offenburg

☐ 78,40 qkm; ○ Ortenaukreis; ⚐ Baden-Württemberg; ✉ 77652*; ☎ 0781; 🚗 OG; △ 147–690 m; 👥 51 000.

O., Große Kreisstadt am Ausgang des Kinzigtales am Westrand des Mittleren Schwarzwaldes, ist Verkehrsknotenpunkt und bedeutende Industrie- und Handelsstadt Mittelbadens. Die St liegt am Schnittpunkt der B 3 und B 33. Anschluß an die Autobahn A 5 Karlsruhe–Basel (Ausfahrt O.). Bahnstation (EC-, IC-, IR-, FD- und D-Züge) an der Bundesbahnhauptstrecke Frankfurt a.M.–Basel; Ausgangspunkt der Schwarzwaldbahn zum Bodensee. O. hat eigenen Verkehrslandeplatz; Amtsgericht, Arbeitsamt, Arbeitsgericht, Kreisverwaltung, Landesamt für Flurbereinigung und Siedlung, Landwirtschaftsamt, Finanzamt, Forstamt u.a. Behörden; Realschulen, Gymnasien, Berufsbildende Gymnasien, Waldorfschule, Berufs- und Berufsfachschulen, Handelslehranstalten, Haus- und landwirtschaftliche Schulen, Bad. Gemeindeverwaltungsschule, Fachhochschule (Maschinenbau, Elektrotechnik und Technische Betriebswirtschaft, Wirtschaftsingenieurwesen), Meisterschule für das Kfz-Handwerk; Sonderschulen für Lern-, Körper-, Geistig- und Mehrfachbehinderte; Grafische Industrie (Burda GmbH), Maschinenbau, Textil und elektrotechnische Fabriken (ANT Nachrichtentechnik), Stahlbauwerk, Süßwarenindustrie (Vivil-Pfefferminz) u.a.; von Bedeutung ist außerdem der Weinanbau und Weinhandel. Die St ist Standort der Oberrhein-Messe (Ende Sept./ Anfang Oktober) und der Oberrheinischen

Offenburg, Fischmarkt mit Löwenbrunnen

Frühjahrsausstellung (ORFA), Ende April/Anfang Mai; alle zwei Jahre EUROCHEVAL (Intern. Pferdefachausstellung).

O., erstmals 1101 urkundlich erwähnt, wurde zu Beginn des 12. Jh. von den Herzögen von Zähringen gegründet. Seit 1235 war es Freie Reichsstadt, seit dem 16. Jh. Sitz der kaiserlichen Landvögte der Ortenau. Im Pfälzischen Erbfolgekrieg (1689) wurde die St größtenteils zerstört. Die typischen Stilformen des Wiederaufbaus, Barock und Klassizismus, prägen noch heute das Gesicht der Altstadt, zusammen mit zahlreichen guterhaltenen Fachwerkbauten. 1803 kam O. an Baden.

Sehenswürdigkeiten: Reste der ma. Stadtbefestigung (Stadtmauer); Hl. Kreuz-Kirche (um 1700) mit Epitaph des Ritters Jörg von Bach; Rathaus (18. Jh.); St. Andreas-Kirche (um 1700); Ölberg (1524); Löwenbrunnen (1599); Landratsamt (18. Jh.); Museum im Ritterhaus u.a. – Alljährlich Offenburger Weinmarkt (Mai) und Bad. Gütezeichen-Weinmarkt (Okt.) – In O. geboren wurde Friedrich August Haselwander (1859 bis 1932), Erfinder des Drehstrommotors.

Oftersheim

☐ 12,77 qkm; ○ Rhein-Neckar-Kreis; ⚐ Baden-Württemberg; ✉ 68723; ☎ 06202; 🚗 HD; △ 104 m; 👥 10400.

O., Wohngemeinde 15 km südlich von Mannheim in der Rheinebene an der B 291, besitzt Anschluß an die Autobahnen A 5 Karlsruhe–Frankfurt a.M. (Ausfahrt Heidelberg/Schwetzingen) und A 6 Mannheim–Heilbronn (Ausfahrten Schwetzingen/Hockenheim und Mannheim/Schwetzingen); Bahnstation an der Strecke Mannheim–Karlsruhe. Die Gm hat Grund- und Hauptschule, Internationale Blindenführhundeschule; landwirtschaftliche Betriebe.

O. wird erstmals 766 urkundlich erwähnt. – Östlich von O. befinden sich große Sanddünen (Landschaftsschutzgebiet).

Olbernhau

□ 67 qkm; ○ Marienberg; ⚐ Freistaat Sachsen; ✉ 09526; ☎ 037360; 🚗 MAB; △ 450 m; 👫 11900.

O. ist zu erreichen auf der B 171; Bahnstation an der Reichsbahnstrecke Chemnitz–Neuhausen (Erzgeb.). Der nächste Flughafen ist Dresden-Klotzsche (ca. 85 km).

Bildungseinrichtungen: Grundschulen, Mittelschulen, Gymnasium; St-Bibliothek.

Wirtschaftliches: Herstellung von O.er Bleiglas und Sicherheitsglas; Holzbau: Fensterproduktion, Dachbinder; die private Holzindustrie fertigt erzgebirgische Souvenirs; kunstgewerbliche Werkstätten zur Herstellung regionaltypischer Artikel: Räuchermänner, Pyramiden; Grenzländer Fleisch- und Wurstverarbeitungsindustrie; Fahrzeugwerk für Lasten- und Campinganhänger; O.er Baustoffwerk; Produktionsgenossenschaft für Elektroanlagen. O.er Landwirtschaftsbetrieb (1450 ha); private Landwirtschaft als Nebengewerbe.

Geschichtliches: Die erste urkundlich nachweisbare Erwähnung von „albernaw" findet sich in einem Kaufbrief aus dem Jahre 1434, mit dem die Burggrafen von Leisnig die Herrschaft Lauterstein an die Herren von Berbisdorf verkauften. Andere, nicht vergleich- oder überprüfbare Äußerungen besagen, der Name sei bereits 1346 in der Abschrift einer bischöflichen Matrikel erwähnt.

Spielzeug aus Holz und erzgebirgische Schnitzkunst sind der handwerklichen Begabung der Bewohner der Region zu verdanken. Aus ihren Fähigkeiten, der geschichtlichen Entwicklung und der Typik der Landschaft entstanden im Verlaufe der Jahrhunderte Erzeugnisse wie das O.er Reiterlein, der Nußknacker und das Räuchermännchen, Engel und Bergmann, Pyramiden und zahlreiche andere Gegenstände einer traditionellen Schnitzkunst, die in viele Länder versandt wurden. Im Adventsmonat verwandelt sich der Raum O./Seiffen in ein Weihnachtsland; aus jedem Fenster leuchtet und strahlt den Besuchern gegenständlicher volkskünstlerischer Reichtum entgegen – von den meisterlich gestalteten Schnitzfiguren bis hin zum symbolträchtigen Schwibbogen der Bergleute und den Christsternen.

Im Jahre 1537 wurde am Zusammenfluß von Flöha und Natzschung, „im Tal der Flöha", durch den Annaberger Bergmeister Leonhard ein neues Gewerbe angesiedelt, das große wirtschaftliche Bedeutung erlangen sollte: die Buntmetallurgie. Man wählte als Standort für die Saigerhütte aufgrund des nahezu unangetasteten Holz- und Wasserreichtums der Gegend den Ort Grünthal, denn die dort vorherrschenden Voraussetzungen waren für ein Hüttenwerk von ausschlaggebender Bedeutung; allein der Bedarf an Holzkohle „fraß" jährlich 6 qkm Waldbestand. Durch das seit 1430 bekannte Verfahren der Entsilberung von Kupfererzen zur Gewinnung des Edelmetalles ergab sich für Hüttenbesitzer die Möglichkeit, unkontrolliert das Bergregal des Landesherren auf die „hohen Metalle" zum eigenen Vorteil zu umgehen. Dem Bergmeister Leonhard ward dieses Glück jedoch nicht beschieden, er starb als armer Mann. Neuer Besitzer der Hütte wurde der reiche Bergherr Christoph Uthmann. Nach seinem Tode führte die im sächsischen Erzgebirge für die Verbreitung des Spitzenklöppelns bekannte Barbara Uthmann das Werk gewinnbringend weiter, bis Kurfürst August erkannte, welche Staatseinnahmen ihm durch den Privatbesitz verlorengingen. Die Saigerhütte Grünthal wurde deshalb 1567 durch Enteignung kurzerhand zum Staatsbesitz. Sie entwickelte sich danach zu einer der bedeutendsten sächsischen „Bergfabriken". Der Grünthaler Kupferhammer ist heute ein technisches Museum, in dem Besuchern die funktionsfähige Anlage vorgeführt wird.

O. liegt in einem 13 km langen Tal, umgeben von Bergrücken, die bis 250 m über der Talsohle aufragen. Die St ist reich an Naturschönheiten. Die wasser- und waldreiche Gegend eignet sich für Urlaubsaufenthalte zu jeder Jahreszeit.

Sehenswürdigkeiten, Kulturelles und Sport: Schauhammeranlage in Grünthal; St-Kirche O., Bergkirche Oberneuschönberg; Museum „Haus der Heimat"; Ornamentpflanzungen im Bärenbachtal; der „Stößerfelsen", das Schwarzwassertal; die Kleinneuschönberger und Reukersdorfer Heide. – Tennisplatz, Freibad, Hallenbad, Kegelbahnen, Skilift; Skilanglauf.

Olching

□ 29,80 qkm; ○ Fürstenfeldbruck; ⚐ Bayern; ✉ 82140; ☎ 08142; 🚗 FFB; △ 508 m; 👥 20100.

O., an der Amper am Rande des Dachauer Mooses 20 km nordwestlich von München gelegen, ist über die B 471 und Autobahn A 8 München–Stuttgart (Ausfahrt Dachau) zu erreichen. Bahnstation an der Strecke München–Stuttgart und Haltestelle der S-Bahn im Münchner Verkehrsverbund.

Die Gm hat Großraumstation der Bayerischen Landpolizei; Grund- und Hauptschule, Gymnasium, Volkshochschule; Leichtbauwerk (MANNESMANN), Spielzeugindustrie, Apparatebau (Meßgeräte).

O., erstmals 1052 in einer Schenkungsurkunde des Hochstifts Freising erwähnt, blieb bis ins 20. Jh. eine vorwiegend landwirtschaftlich strukturierte Gm. Nach dem 2. Weltkrieg erlebte O. als Industrie- und Wohngemeinde im Münchener Wirtschaftsraum einen überdurchschnittlichen Bevölkerungszuwachs. – Alljährlich Internationale Speedwayrennen.

Oldenburg (Holstein)

□ 39,65 qkm; ○ Ostholstein; ⚐ Schleswig-Holstein; ✉ 23758; ☎ 04361; 🚗 OH; △ 9 m; 👥 9200.

O., auf der Halbinsel Wagrien in Ostholstein gelegen, ist über die B 202 und B 207 zu erreichen; Anschluß an die Autobahn A 1 Hamburg–Heiligenhafen (Ausfahrt O.); Bahnstation an der Strecke Hamburg–Puttgarden. Die St hat Garnison der Bundeswehr (Truppenübungsplatz Putlos an der Hohwachter Bucht), Amtsgericht, Amtsverwaltung Land Oldenburg; Realschule, Gymnasium, Kreisberufsschule mit Fachoberschule, Werkstatt und Schule für Behinderte, Sonderschule für Lernbehinderte; Landwirtschaft.

Erste urkundliche Erwähnung des befestigten Ortes im Jahr 968, als Otto der Große in O. das erste Bistum für die Ostseeslawen gründete. Eine neue Siedlung außerhalb des alten Burgwalles wurde von Graf Adolf II. um 1155 angelegt; 1235 erhielt der Mkt das Lübische Stadtrecht. Die ma. St wurde durch mehrere Brände, vor allem im Jahr 1773, zerstört. Die St.-Johannis-Kirche aus dem 12. Jh. hat einen gotischen Chor. – Alljährlich im Juni Schützenfest der St. Johannis-Gilde (1192 gegründet).

Oldenburg (Oldb.)

□ 102,86 qkm; ○ Kreisfreie Stadt; ⚐ Niedersachsen; ✉ 26122*; ☎ 0441; 🚗 OL; △ 5 m; 👥 142000.

O., Verkehrsknotenpunkt, Verwaltungs- und Dienstleistungszentrum zwischen Weser und Ems, liegt an der Einmündung des Küstenkanals in die Hunte im Schnittpunkt der B 69, B 75, B 401 sowie der Autobahnen A 28 Bremen–Emden (mehrere Ausfahrten), A 29 Osnabrück–Wilhelmshaven (mehrere Ausfahrten) und der B 211/A 293 (Zubringer). O. ist Bahnknoten von 4 Bundesbahnlinien (Direktverbindungen nach Groningen [Niederlande] und Basel [Schweiz]; Standort eines Container-Terminals); Verkehrslandeplatz O./Hatten. See- und Binnenschiffsverkehr über die Hunte und den Küstenkanal.

O., Zentrum der medizinischen Versorgung und sozialer Einrichtungen, hat zahlreiche Behörden und Körperschaften des öffentl. Rechts (Sitz der Bezirksregierung Weser-Ems, Oberlandesgericht, Landgericht, Arbeitsgericht, Verwaltungsgericht, Amtsgericht, Industrie- und Handelskammer, Handwerkskammer, Landwirtschaftskammer), Bildungs- und kulturelle Einrichtungen (Universität, Fachhochschule für Architektur, Bauingenieur- und Vermessungswesen, Studienseminar, Verwaltungs- und Wirtschaftsakademie, Gymnasien, Realschulen, Abendrealschulen und Abendgymnasium, Abendvolksschule, Berufs- und Berufsfachschulen, Fachschulen, Verwaltungsschule mit Bundes-Fachlehranstalt für das Elektrohandwerk, Bundes-Fachschule für das raumausstattende Handwerk, Fachlehranstalt des niedersächsischen Friseurhandwerks, Lehranstalt für med.-techn. Assistentinnen, Hebammen-Lehranstalt, Krankenpflege- und Kinderkrankenpflegeschulen, Volkshochschule, Musikschule, Sonderschulen für Behinderte; Kongreß- und Veranstaltungszentrum (Weser-Ems-Halle), Oldenburgisches Staatstheater [Großes Haus und Schloßtheater], Studio des NRD, Studio des Senders „ffn“, Niederdeutsche Bühne, Landesmuseum für Kunst- und Kulturgeschichte, Museum für Naturkunde und Vorgeschichte, Stadtmuseum, Staatsarchiv und Stadtarchiv, Botanischer Garten u.a.) sowie Garnison der Bundeswehr (NATO-Flugplatz).

Die St ist wirtschaftlicher Mittelpunkt der Weser-Ems-Region mit Schwerpunkten im Groß- und Einzelhandel, im privaten und öffentlichen Dienstleistungssektor sowie im Handwerksbereich. Durch die Ansiedlung großer Unternehmen der Nahrungsmittel- und Kraftfahrzeugzuliefererindustrie ergaben sich auch strukturelle Verbesserungen auf dem industriellen Sektor. Seine Stellung als einer der bedeutendsten Druckereistandorte konnte O. ebenfalls ausbauen. Die St besitzt ferner den umschlagstärksten Binnenhafen Niedersachsens (ca. 1,5 Mill t pro Jahr) mit Anbindung an Nordsee und Ruhrgebiet/Benelux; der neue „Osthafen" besitzt einen unmittelbaren Autobahn-Anschluß.

O., vermutlich im 9. Jh. gegründet, wird erstmals 1108 als gräfliche »Aldenburg« urkundlich genannt. Die bei der Burg entstandene Siedlung war seit 1270 befestigt. Nach 1300 wurde nördlich dieser Altstadt eine Neustadt angelegt. 1345 erhielt O. durch Graf Konrad I. das Stadtrecht. Bis 1667 war die St Residenz der Grafen von O., danach bis 1773 unter dänischer Oberhoheit Sitz eines Statthalters. 1774 bis 1918 residierten die Herzöge und Großherzöge von O. in der St.

Sehenswürdigkeiten: Lambertikirche (im Kern 13. Jh., 1790–97 klassizistisch umgebaut, Äußeres zwischen 1885–87 im neugot. Stil); Schloß (ehem. ma. Wasserburg, 1607–20 als Renaissancebau neu errichtet und im 18./19. Jh. mehrmals erweitert); Degode-Haus (1617); Hirschapotheke (1802); „Pulverturm" (ehem. Eiskellerbastion); Hofapotheke (1677); Gasthof „Graf Anton Günther" (1682); Lappan-Turm; Gertrudenkapelle; herzogl. Mausoleum (1786); Schloßgarten (Anfang 19. Jh.); Staatstheater (1833, Neubau 1893); Bürgerhäuser in der Huntestraße (17./18. Jh.), Peter-Friedrich-Ludwigs-Hospital (1838), klassizistische Bauten am Pferdemarkt (ehem. Landtag, Infanteriekaserne) u.a. – O. ist Geburtsort des Philosophen und Pädagogen Johann Friedrich Herbart (1776–1841), der Frauenrechtlerin Helene Lange (1848–1930), des Historikers Hermann Oncken (1869–1945), des Theologen Rudolf Bultmann (1884–1976) und des Philosophen Karl Jaspers (1883 bis 1969). – Alljährlich Landesausstellung „Landwirtschaft und Technik".

Olfen

□ 52,42 qkm; ○ Coesfeld; ⚐ Nordrhein-Westfalen; ✉ 59399; ☎ 02595; 🚗 COE; △ 55 m; 👪 8400.

O., zwischen Lippe und Stever am Dortmund-Ems-Kanal 20 km nordöstlich von Recklinghausen gelegen, ist über die B 235 zu erreichen. Die St hat Grund- und Hauptschule.

»Ulfloh« gehörte zum Bistum Münster und erhielt unter Fürstbischof Ernst von Bayer 1589 das Stadtrecht. Die St wurde nach dem großen Brand von 1857 als planmäßige Anlage wiederaufgebaut. – Sehenswert das Wasserschloß Sandfort (16.–18. Jh.) mit mächtigem Turm und Gartenanlagen, die Burgruine Rauschenburg, Haus Füchteln sowie die Kanalüberführungen über Stever und Lippe.

Olpe (Biggesee)

□ 85,67 qkm; ○ Olpe; ⚐ Nordrhein-Westfalen; ✉ 57462; ☎ 02761; 🚗 OE; △ 300–600 m; 👪 22800.

Olpe, am Biggesee im Sauerland gelegen, hat Anschluß an die Autobahn A 45 Sauerlandlinie Ruhrgebiet–Gießen (Ausfahrt O.); Zufahrt außerdem über die B 54 und B 55; Bahnstation an der Strecke Dortmund–Frankfurt a. M. O. hat Amtsgericht, Kreisbehörden; Realschule, Gymnasien, Volkshochschule, Kreisberufsschule, Erste Deutsche Bäckerfachschule, hauswirtschaftliche Berufsschule, private Berufsfachschule (Hauswirtschaft), Handelsschule, Fachoberschule, Fachschule für Sozialpädagogik, Pflegevorschule; Kleineisenindustrie, Herstellung von Rohrzügen und Walzwerkmaschinen, Drahtseilereien, Gießereien, Maschinen- und Armaturenfabriken.

O., erstmals 1220 urkundlich erwähnt, wurde 1311 unter dem Kölner Erzbischof Heinrich II. von Virneburg befestigt. Eine wirtschaftliche Blütezeit erlebte die St während ihrer Zugehörigkeit zur Hanse. Bis in die Neuzeit spielte das Gewerbe der Pfannenschmiede eine bedeutende wirtschaftliche Rolle. Die St wurde mehrmals durch Feuer (1373, 1557, 1567, 1795) völlig zerstört. Durch Kriegseinwirkung erlitt die Innenstadt 1945 schwere Schäden. Sehenswert der Biggesee mit modernen Brückenanlagen, die barocke Kreuzkapelle (1737) und die Barockkirche (1700) mit Orgel (1663) im Ortsteil Neuenkleusheim. – Im Juli traditionelles Schützenfest des St. Sebastianus-Schützenvereins.

Olsberg

□ 117,79 qkm; ○ Hochsauerlandkreis; ⚐ Nordrhein-Westfalen; ✉ 59939; ☎ 02962; 🚗 HSK; △ 331–843 m; 👪 14500.

O., ältester Kneippkurort am Oberlauf der Ruhr im Hochsauerland, ist über die B 7 und B 480 zu erreichen. Bahnstationen an den Strecken Hagen–Kassel (Olsberg) und Winterberg (Bigge). O. hat Realschule, Aufbaurealschule, Fachoberschule, Technikerfachschule, pharmazeutisch-technische Lehranstalt, Berufsschule, Gewerbeschule, Berufsfachschule für Hauswirtschaft und Sozialpädagogik, Sonderschule für körperbehinderte Kinder; Sanatorium, orthopäd. Klinik, Kurmittelhaus mit Kurklinik; breitgefächerte Industrie (Herstellung von Armaturen, Freizeitgeräten, Gießereiprodukten, Heizgeräten, Aufzügen, Laden- und Treppenbau, Holz- und Kunststoffindustrie, Erdnußrösterei).

Ältester Stadtteil ist Brunskappel (953 urkundlich bezeugt); die Ortsteile Bigge und Olsberg werden 1222 bzw. 1333 erstmals urkundlich erwähnt. 1961 wurde O. als Kneippkurort anerkannt; ein Schüler Pfarrer Kneipps hatte bereits 1895 die ersten Kneippkuren durchgeführt. 1969 wurde O. zur St erhoben. – Sehenswert Wasserschloß und Bruchhauer Steine (Porphyr-Felsen) im Stadtteil Bruchhausen, Barockorgel im Stadtteil Brunskappel, Geburtshaus des Heimatdichters Grimme in Assinghausen.

Oppenheim

□ 7,09 qkm; ○ Mainz-Bingen; ⚐ Rheinland-Pfalz; ✉ 55276; ☎ 06133; 🚗 MZ; △ 87 m; 👥 6000.

O. liegt 22 km südlich von Mainz auf dem hohen linken Rheinufer. Zufahrt über die B 9. Die St hat Rheinhafen (Schutzhafen); Verbandsgemeindeverwaltung Nierstein-O., Landeslehr- und Versuchsanstalt für Wein- und Obstbau; Gymnasium, Sonderschule für Lernbehinderte; Weinbau und Weinhandel, Weinbrennerei (Mariacron); lebhaften Fremdenverkehr. O. ist Sitz des Deutschen Weinbaumuseums.

O. gehörte seit Beginn seiner Geschichte zum Reichsgut der fränkischen Könige. Karl der Große schenkte seinen Königshof O. 774 dem Reichskloster Lorsch. Unter der geistlichen Herrschaft erhielt O. 1008 das Marktrecht. 1147 kam der Mkt an das Reich zurück, das O. 1225/26 das Stadtrecht verlieh. 1398 wurde die St an die Kurpfalz verpfändet; seit 1648 war sie endgültig in kurpfälzischem Besitz. 1689 wurde O. durch den französischen General Mélac zerstört. 1816 fiel es an Hessen. – Mit der prachtvollen Katharinenkirche (1262–1470) besitzt O. ein Juwel der Hoch- und Spätgotik; in der Kirche bedeutende Grabdenkmäler des 15. und 16. Jh. Bemerkenswert ferner die St. Bartholomäuskirche (14. Jh.) mit wertvollem Kruzifix, Reste der Stadtbefestigung (Gautor, 1566), der Ritterbrunnen (1546) und die Ruine Landskron (12. Jh., 1689 zerstört). – Alljährlich Wäldcheskerb an Pfingsten, Oppenheimer Weinfest (August) und Katharinenmarkt (Federweißenfest) im Oktober.

Oranienburg

□ 46 qkm; ○ Oranienburg; ⚐ Brandenburg; ✉ 16515; ☎ 03301; 🚗 OR; △ 36 m; 👥 29000.

O. liegt nordwestlich von Berlin und ist zu erreichen auf der A 24 / E 26 / E 55, Ausfahrt Birkenwerder (5 km), sowie auf der B 96 und B 273, die sich in der St kreuzen; Bahnstation O. an der Strecke Berlin–Rostock und der Strecke Stuttgart–Berlin; S-Bahn-Verbindung für den Personen-Nahverkehr zwischen O. und Berlin. Die nächsten Flughäfen befinden sich an der Berliner Peripherie (Tegel, ca. 30 km, Tempelhof ca. 40 km, Schönefeld ca. 60 km).

Bildungseinrichtungen: Grundschulen, Gesamtschulen, Realschulen; Runge-Gymnasium; Berufsschule, Agrar-Ingenieurschule.

Wirtschaftliches: Pharmazeutische Erzeugnisse; Kaltwalzwerk, Metallverarbeitung; Möbelbau, Leichtindustrie; Pumpenherstellung, Reifenfertigung, Textilproduktion; Handelszentrum von überörtlicher Bedeutung; Milchforschungsinstitut; Forstwirtschaft; Gemeinnützige Obstbausiedlung EDEN.

Geschichtliches: Als „Bothzowe“ (später Bötzow) fand der Ort am 28. 12. 1216 in einer Besitzurkunde seine erste Erwähnung. Burg und Ort fielen – mehrfach umkämpft – 1404 in die Hände derer von Quitzow, welche aus der Feste eine der gefürchtetsten Raubritterburgen machten. Erst 1485 wurde B. zum Amtssitz erklärt. Im Jahre 1650 erhob man B. in den Status einer „Residenz der Kurfürstin Luise Henriette von Nassau-Oranien“, der Gemahlin Friedrich Wilhelms. Er ließ auf dem Areal der Burg ein repräsentatives Schloß mit dem Namen „die Oranienburg“ errichten; dieser Name ging 1652 auf die St Bötzow über. 1703 wurde O. kurzfristig Residenz des Preußenkönigs Friedrich I. Auf Weisung Friedrichs II. entstand 1752/53 nördlich von O. eine Wollspinnerkolonie für Bewohner, die aus Obersachsen und Württemberg kamen. Sie nannten ihren neuen Wohnort „Sachsenhausen“. Durch den Finow-Kanal (1746) und den Ruppiner Kanal (1789) verfügte O. über eine gute wirtschaftliche Verkehrslage. Aufgrund finanzieller Schwierigkeiten mußte das Schloß 1802 verkauft werden. Aus seinen Bauten entstanden Betriebe, beispielsweise die Schwefelsäurefabrik. Sie war eine der ältesten Leblac-Soda-Werke in Dtld. Als „Chemische Produkten-Fabrik zu O." ging sie 1832 in die Verwaltung der Berliner Seehandlung über. Dank der Tätigkeit von Prof. Dr. F. F. Runge wurde O. zum Standort eines der damals größten chemischen Unternehmen Europas; der Betrieb zählte 1849 etwa 15 Beschäftigte. Mit Erweiterung der planmäßig angelegten Wasserstraßen (1906–14 Oder-Havel-Kanal), dem Bahnanschluß (1877) und der Aufnahme des Vorort-Zugverkehrs nach Berlin, ferner mit dem Bau der Fernstraße Berlin–Neustrelitz, konzentrierte sich in O. die chemische Industrie. Die Zahl der Bewohner verdoppelte sich von 3853 EW (1851) auf 10637 EW (1905).

In O.-Eden entstand auf Initiative Berliner Vegetarier eine „Alternative Obstbau-Reformsiedlung", als Bewegung für eine natürliche, großstadtferne Lebensweise. 1932 war O.-Eden Tagungsort des VII. Internationalen Vegetarier-Kongresses. Ein Jahr später wurde in O. das Konzentrationslager Sachsenhausen errichtet. Durch Aufbau der Ernst-Heinkel-Werke und Ausbau der Auer-Werke wurde O. zu einem Rüstungsstandort mit etwa 15000 Arbeitskräften. Im März/April 1945 wurde die St durch Angriffe zu rund 60 Prozent zerstört. Sie wurde 1952 Hauptstadt des neugebildeten, gleichnamigen Kreises.

Sehenswürdigkeiten und Kulturelles: Schloß O., Amtshauptmannshaus (Museum), Erstes Waisenhaus Dt.s; Lehnsitzschleuse, Stauwehre zur Havel; Lehnitzsee, nördlicher Havelverlauf durch Naturschutzgebiet (Biber, Fischotter, Reiher, Störche); Gedenkstätte Sachsenhausen.

Oschatz

□ 45 qkm; ○ Oschatz; ⚐ Freistaat Sachsen; ✉ 04758; ☎ 03435; 🚗 OZ; △ 130 m; 👫 19225.

O. ist zu erreichen auf der A 14, Ausfahrt Mutzschen (ca. 20 km), und auf der B 6, die durch die St führt; Bahnstation an der Strecke Dresden–Riesa–O.–Wurzen–Leipzig. Die nächsten Flughäfen sind Dresden und Leipzig/Halle (jeweils ca. 50 km).

Bildungseinrichtungen: Grundschulen, Mittelschulen, Gymnasien; Förderschule; Berufsschule.

Wirtschaftliches: Baustoffindustrie, Glasseidenherstellung und -verarbeitung; Waagenfabrik, Ofenbau; Zuckerindustrie.

Geschichtliches: O. liegt im fruchtbaren Übergangsgebiet zwischen mittelsächsischem Hügelland und nordsächsischem Tiefland. 1238 erste Erwähnung als St durch den Markgrafen Heinrich den Erlauchten von Meißen und der Ostmark, der unter den Persönlichkeiten der sächsischen Geschichte als einer der exzellentesten wettinischen Fürsten gilt. Der „Sachsenspiegel", das bedeutendste dt. Rechtsbuch des MA, durch Eike von Repkow um 1230 lateinisch, später niederdt. aufgezeichnet, entstand 1382 in O. als Pergamenthandschrift und ist bis heute in Besitz der St. Von 1618 vermeldet die Chronik einen großen St-Brand.

Bedeutsam für O. war die Eröffnung des Bahnhofes; er liegt an der Strecke Leipzig–Dresden, auf der am 7. April 1839 die erste dt. Ferneisenbahn ihren Betrieb aufnahm. Im Jahre 1842 kam es in O. erneut zu einer großen Feuersbrunst. Im Jahre 1867 wurde O. Garnison des „1. kgl.-sächs. Ulanenregiments Nr. 17, Kaiser Franz Joseph"; 1936 richtete man einen Fliegerhorst nebst Wehrkreis-Remonteschule ein. – 7,7 km westlich von O. liegt der Berg Collm (314 m), auf dem sich ein geophysikalisches Observatorium und ein 65 m hoher Turm für Richtfunkverbindungen befinden.

Sehenswürdigkeiten und Kulturelles: Kirchplatz, ältester Teil der St, Gebäude im Kern meist 16. Jh., mehrere Sitznischenportale; Renaissance-Rathaus (1537) von B. Kramer, mehrfach verändert, durch Brand von 1842 beschädigt, wiederaufgebaut nach Plänen von Gottfried Semper; Pfarrkirche St. Ägidien, spätgotischer Bau nach 1443, ausgebrannt 1842, in nüchterner Art 1846–49 wiederhergestellt von C. A. von Heideloff; Kirche des ehem. Franziskaner-Klosters im got. Stil, gegr. 1228; Brunnen auf dem Neumarkt (1588) von G. Richter aus Leipzig; „Wüstes Schloß" (Schloßruine Osterland, vermutl. 13. Jh.), an der Straße nach Wermsdorf, Mauerreste einer Anlage von auffallend regelmäßigem Grundriß. St-Museum in der ehem. Ratsfronfeste mit St-Mauer und Wachturm (1377), als Aussichtsturm genutzt; Heimattiergarten; Freizeitzentrum; einziges dt. Waagenmuseum.

Oschersleben

□ 56 qkm; ○ Oschersleben; ⚐ Sachsen-Anhalt; ✉ 39387; ☎ 03949; 🚗 OC; △ 85 m; 👫 16800.

O. liegt ca. 25 km südwestlich von Magdeburg in der Börde. Es ist zu erreichen über die A 2 / E 30, Ausfahrt Eilsleben (ca. 25 km), und über die B 180 und B 245, die östlich und westlich der St in 5 bzw. 7 km Entfernung verlaufen. Bf. an der Reichsbahnstrecke Magdeburg–Halberstadt; Regionalbahn nach Dedeleben. Der nächste Flughafen ist Hannover (ca. 140 km). In O. befindet sich ein Segelflugplatz mit Zulassung für einmotorige Propellerflugzeuge.

O. hat Stadt- und Kreisverwaltung, Kreisgericht, Kreishandwerkerschaft, Polizeirevier.

Bildungseinrichtungen: Grund- und Sekundarschulen, Gymnasium, Förderschule für Lernbehinderte, Berufsschulen, Volkshochschule, Musikschule.

Kulturstätten: Kreisheimatmuseum, Stadtbibliothek, Heimattiergarten, Schauaquarium, Schülerklubhaus, Kulturhaus.

Wirtschaft und Industrie: Kartoffelveredelungsbetrieb, Elektromotorenwerk, Stahlbau- und Landmaschinenbetriebe, Pumpenfabrik, Möbelherstellung, Bauindustrie, Süßwarenfabrik, Brauerei. Landwirtschaftliche Nutzung durch Agrargenossenschaften.

Geschichtliches: O. am Bodeknie, am Großen Bruch und dem Hohen Holz ist wahrscheinlich eine Gründung der Warnen, die nach Abzug der Hermunduren im 3. und 4. Jh. von Norden kommend viele Orte am Rande des Harzes gründeten (darauf weist die Ortsnamenendung -leben hin). Zur Christianisierung des Sachsenlandes wurde Anfang des 9. Jh. das Bistum Halberstadt gegründet, dem O. bis zur Säkularisierung angehörte. Die erste Siedlung, das „Alte Dorf", stand auf dem Gelände der heutigen alten Pumpenfabrik und erhielt 806 auf dem Gelände des heutigen Burghofes eine Kirche. Seine damalige Bedeutung bestand in dem festen Übergang durch das Seengebiet des Großen Bruchs über den Oscherslebener Damm (heute Stadtteil am Ortsausgang nach Halberstadt). Dieser diente als Zugang zu den nördlichen Gebieten des Bistums. Das St-Wappen von O. drückt das sehr deutlich aus: Ein gespaltenes Schild zeigt links zwei gekreuzte Schlüssel, die den Zugang zu den Bistümern Magdeburg und Halberstadt symbolisieren, rechts drei Pumpkeulen im grünen Gras als Hinweis auf die Lage am Großen Bruch. Zum Schutz des Bruchüberganges diente eine Feste, die später zur Burg ausgebaut worden ist. Die erste urkundliche Erwähnung von „Oscherslevo" ist in einer Quedlinburger Markturkunde von Otto III. aus dem Jahre 994 zu finden. Die Marktsiedlung dehnte sich nach Osten aus, erhielt im 12. Jh. eine eigene Kirche, die Nikolaikirche, am Standort der heutigen Nikolaikirche, die jedoch erst 1881 erbaut worden ist. 1235 wird O. als gut befestigt erwähnt, 1253 erhält es Zollfreiheit mit Halberstadt, 1376 ist erstmals ein Rathaus nachzuweisen. Vom 13. bis 16. Jh. wurden Burg und St von den Halberstädter Bischöfen wiederholt zur Deckung ihres Geldbedarfes verpfändet. Weil die Verkehrswege sich immer mehr von der St entfernten, wurde O. zur Ackerbürgerstadt. Im 17. Jh. haben mehrere Brände einen großen Teil der St vernichtet, so daß heute nur noch wenige Häuser aus damaliger Zeit erhalten sind. 1648 wird das Bistum weltliches Fürstentum der Brandenburger und der Kreis O. gebildet, der bis 1807 bestand. O. gehörte zum Königreich Westfalen, Departement Oker, Distrikt Helmstedt. 1815 ist der Landkreis, der bis heute besteht (wenn auch mit veränderten Grenzen), erneut gebildet worden.

Der wirtschaftliche Aufschwung begann Mitte des 19. Jh. mit dem Anbau von Zuckerrüben, dem Braunkohlenbergbau in Neindorf und Jakobsberg und dem Bau der Eisenbahnen Magdeburg–Halberstadt und O.–Wolfenbüttel/Braunschweig. Handwerksbetriebe und Manufakturen entwickelten sich zu Industriebetrieben. Es entstanden Zuckerfabriken, Eisengießereien, Fabriken für den Kessel- und Pumpenbau sowie Landmaschinenbau, eine Wurst- und Fleischfabrik, Schokoladen-, Zigarren- u. Düngerindustrie und Brauereien. Die Bevölkerungszahl stieg von 5500 im Jahre 1850 auf 13400 im Jahre 1900. Ein erneuter Anstieg der Bevölkerungszahl erfolgte nach 1934 durch das AGO-Flugzeugwerk, das 3000 Mitarbeiter beschäftigte.

Baudenkmäler und Sehenswürdigkeiten: Markt mit Rathaus von 1396 (Portal von 1691); Pfarrhaus (1661) und Stadtirche St. Nikolai (Türme aus dem 13./14. Jh., Schiff 1880/81); Fachwerkhausensemble Nickelkulk (ältester Stadtteil und altes Dorf); Burghofkomplex am Nickelkulk aus dem 12. Jh., ehem. Herrenhaus (1601) und Taubenturm, Renaissanceschloß; alte Stadtmauer mit Turm (13. Jh.); Kirche St. Marien (12.–15. Jh.); historischer Bahnhof von 1845.

Veranstaltungen und Feste: Musikfest Sachsen-Anhalt im Mai (mehrere Konzerte in O.), Gewerbeausstellung im Mai, O. Bode- und Schützenfest im Juni, internationales Motocross-Rennen auf der Rennstrecke „An den sieben Bergen" Ende August und Oktoberfest (Anfang Okt.).

Osnabrück

☐ 119,79 qkm; ○ Kreisfreie Stadt; ⚐ Niedersachsen; ✉ 49074*; ☎ 0541; 🚗 OS; △ 64 m; 🚶 152 000.

O., wirtschaftlicher und kultureller Mittelpunkt im westlichen Niedersachsen, liegt an der Hase zwischen Wiehengebirge und Teutoburger Wald. Die St ist Verkehrsknotenpunkt und über die Bundesstraßen B 51, B 65 und B 68 sowie über die Autobahnen A 1 Hansalinie Bremen–Dortmund (Ausfahrten AB-Kreuz Lotte/Osnabrück, O.-Hafen und O.-Nord), A 30 Bad Oeynhausen–Niederlande (Ausfahrten O.-Nahne, O.-Sutthausen, O.-Hellern und Hasbergen Gaste) und A 33 (Ausfahrten AB-Kreuz Natbergen, O.-Fledder und O.-Lüstringen) zu erreichen; auf dem einzigartigen Etagenbahnhof kreuzen sich die Fernstrecken (Halt von D- und IC-Zügen) Köln–Hamburg und Amsterdam–Berlin; Nebenstrecke O.–Oldenburg. Der Hafen mit Ölhafen ist durch einen Stichkanal mit dem Mittellandkanal verbunden; Flugplatz O./Münster.

Die St ist Sitz bedeutender Behörden und Körperschaften des öffentl. Rechts (Bundesvermögensstelle, Landgericht, Amtsgericht, Verwaltungsgericht, Arbeitsgericht, Sozialgericht, Hauptzollamt, Verwaltung des Landkreises O., Industrie- und Handelskammer, Handwerkskammer u.a.), Bildungs- und kultureller Einrichtungen (Gesamtschule, Realschulen, Gymnasien [einschl. Abendgymnasium und Technisches Gymnasium], Berufs-, Berufsfach-, Berufsaufbau- und Fachschulen, Fachoberschulen, Fachhochschule mit den Fachbereichen Maschinenbau, Elektrotechnik, Werkstofftechnik, Landbau, Gartenbau, Landespflege und Wirtschaft, Kath. Fachhochschule für Sozialpädagogik, Universität, Studienseminare, Nordwestdeutsche Akademie für wissenschaftlich-technische Weiterbildung, Weiterbildungsdatenbank, Verwaltungs- und Wirtschaftsakademie, Volkshochschule, Konservatorium, Sonderschulen für Lernbehinderte, Hörgeschädigte und Gehörlose, Krankenpflegeschule, Lehranstalt für MTA, Schulungsstätten für Spitzensport; Stadthalle, Städt. Bühnen (Oper, Operette, Schauspiel), Sinfonieorchester, Kulturgeschichtl. und Naturwissenschaftl. Museum mit Planetarium, Diözesan-Museum, Stadtbibliothek, Musikbibliothek, Staats- und Stadtarchiv, Zoo u.a.). Standort der Bundeswehr und größte Garnison der Britischen Rheinarmee.

O. ist die drittstärkste Wirtschaftsregion Niedersachsens und verfügt über ein breitgefä-

Osnabrück

chertes Angebot von Industrie-, Handels- und Gewerbebetrieben; Karosseriebau, Papierindustrie und Speditionen spielen eine maßgebliche Rolle. Von den bekanntesten Industrieunternehmen sind die Karman GmbH, Kabel- und Metallwerke Gutehoffnungshütte AG, Kämmerer GmbH und Schoeller jun. GmbH (Papier) und Vereinigte Schmiedewerke GmbH zu nennen; ferner von Bedeutung die Textil- und chemische, Kunststoff- und Lebensmittel-Industrie sowie Großhandelsbetriebe. In Industrie und Handel sind ca. 74 000 Arbeitskräfte beschäftigt; das Centrum für Innovation und Technologie fördert junge Unternehmer.

O. ist als Siedlung neben dem von Karl d. Großen 780 gegründeten Bischofssitz entstanden. 889 erhielt der Ort das Markt-, Münz- und Zollrecht. Die frühma. St wurde 1100 durch Brand zerstört. 1246 schloß sich O. dem Westfälischen Städtebündnis an und wurde Mitglied der Hanse. Um 1500 war die St ein Zentrum des Handels mit Leinen, dem wichtigsten heimischen Erzeugnis. Von 1643 bis 1649 verhandelten die protestantischen Gesandten der kriegsführenden europäischen Länder im Friedenssaal des Rathauses über die Bedingungen des Westfälischen Friedens, der am 25. 10. 1648 von der Treppe des Rathauses (gleichzeitig in Münster) verkündet wurde. Mit Beginn der Industrialisierung (Eisenerz- und Kohleförderung am Piesberg) und nach dem Anschluß an das Eisenbahnnetz (1853) Ausdehnung der St über den ma. Mauerring. Im 2. Weltkrieg wurden Zweidrittel von O. zerstört.

Von den bedeutenden historischen Baudenkmälern sind erhalten bzw. restauriert oder wiederaufgebaut worden: Dom (1218–1254) mit bemerkenswertem Domschatz; Marienkirche (um 1300); Johanniskirche (1256–1291); Katharinenkirche (14. Jh.); Dominikanerkirche (14. Jh.); Rathaus (1487–1512) mit Friedenssaal und Ratsschatz (Kaiserpokal) und Stadtwaage (1531); Teile der alten Stadtbefestigung (Vitischanze [1635] mit Barenturm [1471] und Hegertor [1817]); Fürstbischöfl. Residenzschloß (1667–1675); Bürgerhäuser aus dem 16. und 17. Jh.; Bischöfliche Kanzlei (1785); Waterlootor (1817). In der näheren Umgebung von O. zahlreiche Hünengräber (Karlsteine). – Geboren wurde in O. der von Goethe verehrte Historiker und Staatsmann Justus Möser (1720–1794). – Alljährlich am Tag des Westfälischen Friedens Steckenpferdreiten der Jugend. Alle 7 Jahre Schnatgang „Olle use" der Heger Laischaft (Volksfest zur Erinnerung an die Bedeutung der mittelalterlichen Weidegenossenschaften).

Osterhofen

□ 111,20 qkm; ○ Deggendorf; ⚐ Bayern; ✉ 94486; ☎ 09932; 🚗 DEG; △ 312 m; 👫 10500.

O. liegt 25 km südlich von Deggendorf in der Donauniederung an der B 8: Bahnstation an der Strecke Regensburg–Passau. Die St, Marktzentrum eines vorwiegend landwirtschaftlich orientierten Umlandes, hat Knaben- und Mädchenrealschulen, Schule für Hauswirtschaft und Kinderpflege (Damenstift), Sonderschule für körperlich und geistig behinderte Kinder; Kreiskrankenhaus; kleinere Industrie- und Gewerbebetriebe. Im Ortsteil Gergweis („Dackeldorf") lebhafter Fremdenverkehr (Urlaub mit Hund).

O. entwickelte sich als Markt bei dem Anfang des 11. Jh. gegründeten, dem Bistum Bamberg unterstellten Prämonstratenserkloster. Zwischen 1378 und 1381 gründete nordöstlich dieses alten Marktes (heute Ortsteil Altenmarkt) Landgraf Johann I. von Leuchtenberg als Vogt von O. die neue Stadt O., die dank der Lage an der Fernhandelsstraße im Donautal rasch aufblühte. Das Kloster wurde nach einem Brand neu errichtet (1717–27); die Klosterkirche erbaute um 1726/27 J. M. Fischer (prunkvolle Ausstattung von den Brüdern Asam). 1783 wurde das Kloster in ein Damenstift umgewandelt, in dem seit 1858 die Engl. Fräulein ein Erziehungsinstitut unterhalten.

Osterholz-Scharmbeck

□ 146,89 qkm; ○ Osterholz; ⚐ Niedersachsen; ✉ 27711; ☎ 04791; 🚗 OHZ; △ 34 m; 👫 24200.

O.-S. liegt 24 km nördlich von Bremen. Zufahrt über die B 74 und Anschluß an die Autobahn A 27 Bremen–Bremerhaven (Ausfahrt Bremen–Burglesum); Bahnstation an der Strecke Bremerhaven–Hannover; Flughafen Bremen 25 km. O.-S. hat Amtsgericht, Kreisverwaltung, Forstamt, Zollamt; Realschule, Gymnasium, landwirtschaftliche Kreisberufsschule, Krankenpflegeschule, gewerbl., kaufmänn. und hauswirtschaftl. Berufsschule mit Handelsschule und landwirtschaftl. Berufsschule, Jugendmusikschule, Sonderschulen für lern- und geistig behinderte Kinder, Volkshochschule; Kreiskrankenhaus; Fahrzeugbau, Metall-, Leichtmetall-, Maschinen-, Textil-, Nahrungs- und Genußmittelindustrie, Zigarrenfabrik, Kunststoffverarbeitung, Druck- und Vervielfältigungsgewerbe.

S., erstmals 1043 urkundlich erwähnt, war bedeutender Markt und seit Ende des 16. Jh. bekannt durch sein Tuchmachergewerbe (Heereslieferung bis 1866). Das 1185 von Erzbischof Hartwig II. von Bremen gegründete Benediktinerinnenkloster, Urzelle des jetzigen Stadtteils O., bestand bis 1650. Erhalten sind die als roman. Basilika erbaute Klosterkirche und das 1562 entstandene jetzige Gemeindehaus. Seit 1648 unterstand O. schwedischer Hoheit (bis 1715). Der Ort war zwischen 1655 und 1692 Residenz der schwedischen Fürstin Eleonora Katharina. – 1927 wurden die Flekken O. und S. und drei weitere Landgemeinden zur Großgemeinde vereinigt und 1929 zur St erhoben.

Alljährlich Osterholzer Erntefest sowie Scharmbecker Schützenfest und Herbstmarkt.

Osterode am Harz

□ 102,37 qkm; ○ Osterode am Harz; ⚐ Niedersachsen; ✉ 37520; ☎ 05522; 🚗 OHA; △ 230–270 m; 👫 26700.

O. ist Straßenknotenpunkt und wirtschaftlicher Mittelpunkt im Sösetal am Südwestabhang des Harzes. In O. kreuzen sich die B 241, B 243 und B 498. Die St ist Sitz eines Amtsgerichts, Arbeitsamtes (Nebenstelle) und der Verwaltung des Landkreises O. sowie Bundeswehrstandort. O. hat Realschule, Gymnasium, Sonderschule, Berufsbildende Schulen, Volkshochschule; Kreiskrankenhaus; Maschinen- und Apparatebau, Kleineisenindustrie (Schrauben), Fabrikation von Fernsprech-, Rundfunk- und Fernsehgeräten; lebhaften Fremdenverkehr.

O. wird 1152 erstmals urkundlich erwähnt und erhielt 1293 Stadtrechte. Von 1289 bis 1596 war es Residenz der Fürsten von Braunschweig-Grubenhagen. 1545 vernichtete ein Brand große Teile der Altstadt. Wirtschaftliche Blütezeiten waren das 17. und 18. Jh. (Tuchherstellung und -handel).

Sehenswürdigkeiten: Marktkirche St. Aegidien (15./16. Jh.) am Kornmarkt mit Grabsteinen der letzten Grubenhagener Fürsten; Rathaus (1552); Marienkirche mit Marienaltar (1517); Fachwerkhäuser aus dem 16./17. Jh.; Reste der Stadtmauer mit Sonnenturm; Harz-Kornmagazin (1719–22); Heimatmuseum (im Ritterhaus [1640] am Rollberg; Ruine der Alten Burg (12. Jh.). – Östlich von O. liegt die Sösetalsperre (größter Trinkwasserspeicher der Bundesrepublik). – In O. verbrachte der Bildschnitzer Tilman Riemenschneider (um 1460–1531) seine Jugendjahre. – Alljährlich O. Altstadtfest (Mai).

Ostfildern

☐ 22,82 qkm; ○ Esslingen a. N.; ⚐ Baden-Württemberg; ✉ 73760; ☎ 0711; 🚗 ES; △ 360–420 m; 👥 27 900.

Die große Kreisstadt O. ist 1975 durch Zusammenschluß der Gm Nellingen, Ruit, Kemnat und Scharnhausen entstanden. O. liegt 12 km südöstlich von Stuttgart auf dem Filderrücken zwischen Neckar- und Körschtal an der Autobahn A 8 Stuttgart–München (Ausfahrt Esslingen). Die St hat Realschule, Gymnasien, hauswirtschaftliche Berufsschule, Sport- und Jugendleiterschule, Sonderschule für Lernbehinderte; Kreiskrankenhaus, mittlere Industriebetriebe (Maschinenbau, Elektro- und Verpakkungsindustrie, Strumpffabrik, Verlag und Druckerei).

Der Ortsteil Nellingen, erstmals um 1220 (»Nallingin«) urkundlich genannt, war Propstei des Klosters St. Blasien und Sitz einer herzoglich-württembergischen Vogtei bis 1649. Danach kam es durch Tausch an Württemberg. Ruit, erstmals 1173 urkundlich erwähnt, kam bereits im 13. Jh. an die Grafen von Württemberg. Nach dem 2. Weltkrieg entwickelten sich die verschiedenen Ortsteile zu einem Wohn- und Wirtschaftsmittelpunkt im Stuttgarter Großraum. – Sehenswert in N. der spätgotische Giebel (12. Jh.) der ehemaligen Klosterhofkirche und das Staffelgiebelhaus des ehem. Fruchtkastens. In R. alter Fachwerkbau (ev. Pfarrhaus) und Madonna (14. Jh.) aus dem Grödnertal (Südtirol) in der kath. Kirche.

Osthofen (Rheinhessen)

☐ 18,63 qkm; ○ Alzey-Worms; ⚐ Rheinland-Pfalz; ✉ 67574; ☎ 06242; 🚗 AZ; △ 95 m; 👥 7600.

O. liegt 10 km nördlich von Worms an der B 9 und Autobahn A 61 Ludwigshafen–Koblenz (Ausfahrt Gundersheim); Bahnstation an der Strecke Mainz–Ludwigshafen. Die St (seit 1970) hat Grund- und Hauptschule, Realschule, Sonderschule für Lernbehinderte; Malzfabrik, Fabrik diätetischer und pharmazeutischer Präparate (Ovomaltine), Papierwerk, Elektromotorenwerk, Möbelfabrik, Armaturen- und Stahlbau; Landwirtschaft und Weinbau.

O., erstmals 784 urkundlich erwähnt, kam von den Herren von Leiningen 1467 an die Kurpfalz; seit 1815 gehörte es zu Hessen. Die Bergkirche auf dem Goldberg entstand auf den Resten einer im 12. Jh. erbauten kaiserlichen Burg; sehenswert ferner Rathausturm, Brunnengäßchen mit Renaissance-Ziehbrunnen, alte Höfe und Portale. – Alljährlich Wonnegauer Winzerfest (Ende September).

Otterberg

☐ 32,08 qkm; ○ Kaiserslautern; ⚐ Rheinland-Pfalz; ✉ 67697; ☎ 06301; 🚗 KL; △ 270 m; 👥 4700.

O., 10 km nördlich von Kaiserslautern am Rande des Pfälzer Berglandes gelegen, ist Sitz einer Verbandsgemeindeverwaltung. Die St hat Anschluß an die Autobahn A 6 Mannheim–Saarbrücken (Ausfahrten Enkenbach bzw. Kaiserslautern-M); Grund- und Hauptschule; Teppichboden- (Pegulan) und holzverarbeitende Industrie.

1144 siedelten sich Zisterzienser aus Eberbach (Rheingau) auf der im 10. Jh. erbauten Otterburg an und begannen 1181 mit dem Bau eines Klosters (1254 Weihe der Kirche), dessen Blütezeit im 14. und 15. Jh. war; 1561 wurde die Abtei aufgelöst. Die erhaltene Kirche ist nach dem Dom von Speyer das bedeutendste kirchliche Bauwerk der Pfalz. Der beim Kloster entstandene Ort erhielt 1579 Zuzug von glaubensvertriebenen Wallonen und Hugenotten. 1581 wurde O. zur St erhoben; sehenswert das Heimatmuseum im ehem. Stadthaus. – Alle zwei Jahre findet in O. im Wechsel ein historisches Frühlingsfest und Altstadtfest statt.

Otterndorf (Niederelbe)

☐ 50,05 qkm; ○ Cuxhaven; ⚐ Niedersachsen; ✉ 21762; ☎ 04751; 🚗 CUX; △ 1–5 m; 👫 6300.

O., an der Unterelbe in der Marsch 20 km südöstlich von Cuxhaven gelegen, ist über die B 73 und A 27 Bremen–Cuxhaven (Ausfahrt Cuxhaven) zu erreichen. Bahnstation an der Strecke Hamburg–Cuxhaven. Die St, Sitz der Kreisverwaltung und Samtgemeinde (Neuenkirchen, Nordleda, Osterbruch und St O.) Hadeln, hat Amtsgericht; Orientierungsstufe, Realschule, Gymnasium, Landwirtschaftsschule, Sonderschule für Lernbehinderte, Volkshochschule; Sauerkonserven- und Kleiderfabrik, Düngemittelindustrie, Milchwerk, Obst- und Gemüseanbau; kleinen Frachthafen. O. entwickelte sich nach 1960 zum aufstrebenden Fremdenverkehrsort.

»Otterentorpe«, erstmals 1261 urkundlich erwähnt, erhielt 1400 Stader Stadtrecht durch Herzog Erich IV. von Sachsen-Lauenburg. Der Marktflecken wurde 1513 und 1529 durch Brände völlig zerstört und in jüngerer Zeit zweimal von Flutkatastrophen heimgesucht (Weihnachtsflut 1917, Sturmflut 1962).

Sehenswert: alte Fachwerkhäuser aus dem 17./18. Jh. in der historischen Altstadt, Rathaus (1583), Lateinschule, St. Severi-Kirche, Kranichhaus, ehem. Welfenschloß, Joh.-Heinrich-Voß-Haus. – Alljährlich Altstadtfest und „Germanischer Fünfkampf".

Ottobeuren

☐ 56,09 qkm; ○ Unterallgäu; ⚐ Bayern; ✉ 87724; ☎ 08332; 🚗 MN; △ 660–800 m; 👫 7500.

O. liegt im westlichen Günztal im Allgäuer Alpenvorland. Der Markt hat ein Kreiskrankenhaus und Forstamt; Grund- und Hauptschule, Realschule, Gymnasium. Die Wirtschaftsstruktur ist geprägt von mittelständischen Gewerbebetrieben (Maschinenbau, eisenverarbeitende Industrie, Brauereien) und der Landwirtschaft.

Der Kneippkurort O. (2 Kurkliniken, 3 Kursanatorien) ist die Geburtsheimat von Pfarrer Sebastian Kneipp (1821–1897). Heilanzeigen bei Herz- und Kreislaufstörungen, vegetativen Störungen aller Art, Stoffwechselleiden, Rheuma, Arthritis, Gicht, Ischias, allgemeinen Zivilisationsschäden. Die Ottobeurer Konzerte haben internationalen Ruf.

Das Benediktinerkloster O., 764 von einem schwäbischen Adelsgeschlecht gestiftet, war seit Karl d. Großen bis 1802 Reichsabtei. Der in der Nähe des Klosters entstandenen Siedlung wurde im 11. Jh. das Marktrecht verliehen. 1217 fiel die Abtei und der größte Teil des Ortes einem Brand zum Opfer. Vom Hochmittelalter bis zur Aufhebung des Klosters war O. eine Hochburg der Künste und Wissenschaften (Buchmalereien; 1509 Einrichtung einer Druckerei; 1541 Gründung einer Akademie). Zwischen 1711 und 1722 entstanden die Klostergebäude neu (Kaisersaal, Bibliothek), und von 1737 bis 1766 wurde die zweitürmige Basilika, eine der schönsten und größten Barockkirchen Deutschlands mit den berühmten Riepp-Orgeln (1759) errichtet.

Ottobrunn

☐ 5,23 qkm; ○ München; ⚐ Bayern; ✉ 85521; ☎ 089; 🚗 M; △ 555 m; 👫 19000.

O., 8 km vom südöstlichen Stadtrand von München gelegen, hat Anschluß an die Autobahn A 8 München–Salzburg und Autobahnring A 99 (Ausfahrt O.); Gymnasium. Die Gm ist Sitz der Messerschmitt-Bölkow-Blohm GmbH und der Industrieanlagen-Betriebs-GmbH.

O. entstand zu Beginn des 20. Jh. als Ortsteil von Unterhaching. Ihren Namen erhielt die 1955 selbständig gewordene Gm von der „Ottosäule", die zum Gedenken an Otto I. von Griechenland errichtet wurde. Otto hatte sich an dieser Stelle 1832 von seinem Vater, König Ludwig I. von Bayern, verabschiedet.

Ottweiler

☐ 46 qkm; ○ Neunkirchen; ⚐ Saarland; ✉ 66564; ☎ 06824; 🚗 NK; △ 283 m; 👫 16000.

O. liegt 27 km nordwestlich von Saarbrücken an der Blies am Rande des Pfälzer Berglandes. Zufahrt über die B 41, B 420, die Autobahn A 6 Saarbrücken–Mannheim (Ausfahrten Neunkirchen–Wellesweiler) und die A 1 Saarbrücken–Koblenz (Ausfahrt Illingen-Uchtelfangen). O. hat Amtsgericht, Kreisbehörden; Realschule,

Gymnasium, Landesakademie für musisch-kulturelle Bildung. Industrie: Eisengießerei, Textilindustrie, Gruben- und Schachtausbau (SGGT).

871 gründete Bischof Adventius von Metz ein Kloster, in dessen Nähe die Siedlung O. mit Burg (erstmals 1393 urkundlich genannt) entstand. 1550 wurden O. durch Kaiser Karl V. die Stadtrechte verliehen. O. war mit Unterbrechungen vom 16.–18. Jh. Residenz einer Nebenlinie des Naussau-Saarbrücker Grafenhauses. 1814 wurde O. preußische Kreisstadt. – Sehenswerte Baudenkmäler: Bürgerhäuser aus dem 16. und 17. Jh.; Barockpavillon im „Herrengarten“; Witwenpalais; Altes und Neues Rathaus; Reste der ma. Stadtbefestigung.

Alljährlich Altstadtfest (Juni).

Overath

□ 70 qkm; ○ Rheinisch-Bergischer Kreis; ⚐ Nordrhein-Westfalen; ✉ 51491; ☎ 02206; 🚗 GL; △ 90–350 m; 👥 23400.

Die Gm O. liegt 25 km östlich von Köln an Agger und Sülz im Bergischen Land. Zufahrt über die B 55 und B 484; Anschluß an die Autobahn A 4 Köln–Olpe (Ausfahrten O.-Untereschbach und O.) und A 3 Köln–Frankfurt a. M. (Ausfahrt Lohmar). Bahnstation an der Strecke Köln–Gummersbach. O. hat Realschule, Gymnasium, Volkshochschule, Musikschule; metall- und papierverarbeitende, Kunststoff-, Stein- und Holz-Industrie.

O., erstmals 1064 urkundlich erwähnt, kam 1311 an die Grafschaft Berg. Im 15. Jh. war der Ort durch seine Glockengießerei bekannt. – Bemerkenswert: Pfarrkirche St. Walburga in O., St. Lucia in Immekeppel und Mariä Heimsuchung in Marialinden; Fachwerkhäuser.

Oyten

□ 63,45 qkm; ○ Verden; ⚐ Niedersachsen; ✉ 28876; ☎ 04207; 🚗 VER; △ 26 m; 👥 12300.

O. grenzt unmittelbar an den östlichen Stadtrand von Bremen und ist über die Autobahn A 1 Bremen–Hamburg (Ausfahrt Oyten) und A 27/A 7 Bremen–Hannover (Ausfahrt Bremen-Sebaldsbrücke) zu erreichen. Die Gm hat Grundschulen, Haupt- und Realschule mit Orientierungsstufe, Volkshochschule (Nebenstelle); kleinere Industrie- und Gewerbebetriebe; von Bedeutung ferner die Landwirtschaft.

„Oita“ ist erstmals 1189 urkundlich nachweisbar. – In der Nachkriegszeit entwickelte sich die vormals reine Bauerngemeinde zum Wohnvorort von Bremen mit überdurchschnittlichem Bevölkerungszuwachs. – Sehenswert der ‚Meyerdamm‘ mit altem Eichenbaumbestand, das Natur- und Landschaftsschutzgebiet ‚Königsmoor‘ sowie der Oyter See (Erholungsgebiet). – Alljährlich Schützen- und Erntefeste.

Paderborn

□ 179,25 qkm; ○ Paderborn; ⚐ Nordrhein-Westfalen; ✉ 33098*; ☎ 05251; 🚗 PB; △ 94–307 m; 👥 123000.

P. liegt im südöstlichen Teil der Münsterschen Bucht an den Paderquellen im Schnittpunkt der Bundesstraßen 1, 64, 68 und 480; Anschluß an die Autobahnen A 33 Bielefeld–Wünnenberg (Ausfahrten P.-Elsen; P.-Zentrum und P.-Mönkeloh) und A 44 Dortmund–Kassel (Ausfahrt Wünnenberg/Haaren); Inter-Regio-Station an der Bundesbahnstrecke Dortmund–Kassel; Regionalflughafen in Ahden. P. ist Sitz eines Erzbischofs, der Kreisverwaltung P., eines Hauptzollamtes, Land- und Arbeitsgerichts, Amtsgerichts, Bundesvermögensstelle u. a. Behörden. Bildungs- und kulturelle Einrichtungen: Universität P. als Gesamthochschule, Theologische Fakultät, Westfalen-Kolleg zur Erlangung der Hochschulreife, Staatl. Studienseminar, Gymnasien, Realschulen, Berufs-, Berufsfach-, Fach- und Fachoberschulen, Jugendmusikschule, Landwirtschaftsschule, Frauenbildungsanstalt Mallinckrodthof, Institut für Religionspädagogik, Volkshochschule, Forschungs- und Entwicklungszentrum für Objektivierte Lehr- und Lernverfahren, Provinzial-Blindenschule; Bibliotheken (darunter die Erzbischöfliche Akademische Bibliothek), Archive, Westfälische Kammerspiele u. a.

P. ist Oberzentrum und wirtschaftlicher Mittelpunkt des Paderborner Landes. In der St angesiedelt sind 1200 Betriebe mit mehr als 60000 Beschäftigten und Unternehmen von internationaler Bedeutung der Computerindustrie (Nixdorf), Stahlerzeugung und -verarbeitung (Benteler AG), der Metallverarbeitung (Hella KG), Nahrungsmittelindustrie (Stute), des Landmaschinenbaus (Claas), der Möbel- (Welle) und Kunststoffindustrie (Hanning); ferner Achsenbau (Peitz jun. KG), Teppichwerke (Forbo), Druckereien und papierverarbeitende

Paderborn, Rathaus

Werke sowie ein Ausbesserungswerk der Deutschen Bundesbahn.

P., die älteste St Ostwestfalens, war bereits im 8. Jh. bedeutender Verkehrsknotenpunkt an den über 200 Paderquellen. 777 hielt Karl der Große den ersten Reichstag in P. ab (weitere Reichstage 779, 785 und 799; auf dem letztgenannten Zusammentreffen des Frankenkönigs mit Papst Leo III.). Im Jahre 1000 wurde die St durch Brand zerstört. Wiederaufbau von Bischof Meinwerk zwischen 1009 und 1036. Vom 13. bis 16. Jh. war P. Hansestadt mit weitgehender Selbstverwaltung. Im Dreißigjährigen Krieg wurde die St 16mal belagert und 1622 besetzt und geplündert (Verlust des Domschatzes). Danach förderte Fürstbischof Ferdinand von Fürstenberg den Wiederaufbau durch prächtige Barockbauten. 1805 wurde die St mit dem Fürstbistum P. Preußen einverleibt. 1945 erlitt P. schwerste Zerstörungen. Seit 1950 ist eine kräftige wirtschaftliche Aufwärtsentwicklung und ein starker Bevölkerungszuwachs (bei Kriegsschluß 5000 EW) zu verzeichnen.

Sehenswürdigkeiten: Dom (älteste Bauteile 11. Jh., Hauptbautätigkeit 13. Jh.) mit bemerkenswerter Ausstattung (u. a. Bischofsgräber vom 13.–18. Jh.) und Domschatz (Liboriusschrein); Diözesan-Museum (u. a. Imad-Madonna aus dem 11. Jh.); Gaukirche (12. Jh.) mit Barockfassade (1746); Bartholomäuskapelle (1017, älteste Hallenkirche Deutschlands); Abdinghofkirche (11. Jh.); Busdorfkirche (11.–13. Jh.; Vorhalle 1672); Rathaus (1613–16, Prachtbau der Weserrenaissance); Jesuitenkirche (1682–1686); Franziskanerkirche (1681); Altsprachliches Gymnasium Theodorianum (1612) mit Turm (1695–1600) der abgebrochenen Johanniskirche; Erzbischöflicher Hof (1716 von Joh. Conrad Schlaun errichtet); Alexiuskapelle (1673 u. 1729; nach Zerstörung von 1945 wiederaufgebaut); Michaelskloster (1696); Kapuzinerkirche (1683); Liborikapelle (1730) mit prächtiger Ausstattung; Fachwerkhäuser aus dem 17. und 18. Jh. (u. a. Adam- und Eva-Haus). – P. ist Geburtsort von Heinrich Aldegrever (1502 bis 1555, bedeutendster Kupferstecher im niederdeutschen Raum). – Im Stadtteil Schloß Neuhaus liegt das ehem. Residenzschloß der Paderborner Fürstbischöfe. Ältester Bautrakt des Schlosses ist das „Spiegelsche Haus" (14. Jh.); 1525 folgte das „Haus Braunschweig" (prächtiger Weserrenaissance-Bau von Jörg Unkair), 1535 das „Kölnische Haus", 1560 das „Haus Kerssenbrock" und 1590/91 das „Haus Fürstenberg" mit den vier Ecktürmen; barocke Anbauten erhielt die Schloßanlage unter Fürstbischof Clemens August (1719–61) durch Hinzufügung der Schloßwache (nach Plänen von Joh. Conrad Schlaun) und des Marstalls sowie durch Veränderungen am Schloß selbst (Gräftebrücken und Durchfahrten). Bemerkenswert ferner die Pfarrkirche St. Heinrich (1665–68) und zahlreiche Fachwerkhäuser (Heisingsches Haus, um 1600) aus dem 18. und 19. Jh. – Schn. N. ist Geburtsort von Friedrich Wilhelm Sertürner (1783–1841), der 1804 das Morphium entdeckte. – Alljährlich Paderborner Osterlauf und Liborifestwoche mit Europatag (letzte Woche im Juli).

Papenburg

□ 118,40 qkm; ○ Emsland; ⚐ Niedersachsen; ✉ 26871; ☎ 04961; 🚗 EL; △ 2–7 m; 👪 29200.

P. liegt an der Nord-Süd-Verkehrsachse zwischen dem rheinisch-westf. Industriegebiet und der Nordseeküste, die durch die Ems, den Dortmund-Ems-Kanal, die Eisenbahnstrecke Köln–Münster–Emden–Norddeich, die B 70 sowie die Autobahn A 31 Emden–Haren (Ems) (Ausfahrt P.) gebildet wird. Ost-West-Verbindungen bestehen durch den Küstenkanal, den Mittellandkanal und durch den Anschluß an die B 401 nach Oldenburg und Bremen sowie nach Holland über die neue Emsbrücke.

Die St hat Amtsgericht; Gymnasien, Realschulen, Sonderschule, Berufs- und Berufsaufbauschule, Fachoberschule, Volkshochschule, Landwirtschafts-, Hauswirtschafts-, Handels-, Krankenpflege- und Kinderkrankenpflegeschule; Krankenhäuser, Kinderheim, Heim für geistig behinderte Kinder; Schiffswerften, Maschinenfabriken, Textil-, Süßwaren- und metallverarbeitende Industrie, das größte Gardinenwerk Europas (ADO), Säge- und Spanplattenwerk, Torfverarbeitungs- und -veredelungsbetriebe, Gemüseanbau, Buch- und Zeitungsverlag, Druckereien. P. ist Wirtschafts- und Einkaufszentrum für ein weites agrarwirtschaftlich strukturiertes Umland.

P. wird erstmalig 1379 als bischöflich-münstersche Grenzfestung urkundlich erwähnt. Im 17. Jh. entstand in der Nähe des alten Ortes eine Fehnkolonie nach niederländischem Muster, deren Charakter noch heute erhalten ist.

Sehenswert: St. Antonius- und St. Amanduskirche; Rathaus im nordischen Barock; Schloß Altenkamp mit den berühmten „Taxushecken".

Parchim

□ 69,4 qkm; ○ Kreisfrei; ⚐ Mecklenburg-Vorpommern; ✉ 19370; ☎ 03871; 🚗 PCH; △ 45 m; 👪 23 000.

P. ist zu erreichen auf der A 24 / E 26, Ausfahrten Neustadt-Glewe (17 km) oder Suckow (21 km), sowie auf der B 191 und der B 321; Bahnhof an den Eisenbahnstrecken Güstrow–Karow–P.–Ludwigslust und Schwerin–P.

Bildungseinrichtungen: Gesamtschulen, Realschulen, Gymnasium; Volkshochschule.

Wirtschaftliches: Hydraulik Nord GmbH; Metallformwerk; Kalksandstein-Firma; Stahl- und Containerbau; Feinfrost GmbH; Stahlbau und Landtechnik Vertriebs-GmbH P.; Universalbau; Westa-Bau GmbH; Gewerbezentrum; Agro-Service und -Handels-GmbH; Vereinigung der gegenseitigen Bauernhilfe.

Geschichtliches: Die Burg Parchim wurde 1170 erstmals schriftlich erwähnt. In dem Dokument legte Kaiser Friedrich I. den Sprengel des Bischofs von Schwerin fest. Eine Urkunde von 1225/26 gesteht den EW der St umfangreiche Rechte zu. Seit dem 14. Jh. wurde P. mit einer St-Mauer vor feindlichen Überfällen gesichert. Der 30jährige Krieg, große St-Brände und Pestepidemien forderten von der Bevölkerung gewaltige Opfer an Menschenleben. Erst nach dem Befreiungskrieg 1813/14 kam es in der St wieder zu einer allmählichen Aufwärtsentwicklung. Mitte des vorigen Jh. wurde P. in das Straßenverkehrsnetz einbezogen und 1880 an die Streckenführung der Eisenbahn angeschlossen.

Sehenswürdigkeiten und Kulturelles: Neuer Mkt, 1240 gegr.; Marienkirche, 1278 eingeweiht; Georgenkirche, um 1289 entstanden; Rathaus und Fachwerkhäuser aus dem 14. Jh.; Wallanlagen, im 15. Jh. entstanden; Wallhotel, 1863 erbaut; Moltkeplatz, Mitte des 19. Jh. entstanden. – Landestheater P.; Museum der St P.; Agrarhistorische Sammlung.

Wiederkehrende Veranstaltungen: Martini-Mkt; Weihnachts-Mkt. Gemeinsames St-Fest P. – Neumünster – Saint Dizier.

Parsberg

□ 54 qkm; ○ Neumarkt/Oberpfalz; ⚐ Bayern; ✉ 92331; ☎ 09492; 🚗 NM; △ 550 m; 👪 5600.

P. liegt im Oberpfälzer Jura an der Autobahn A 3 Nürnberg–Regensburg (Ausfahrt P.); Bahnstation an der Strecke Nürnberg–Regensburg. Die St hat Realschule, Gymnasium, Sonderschule für Lernbehinderte; kleinere Industrie- und Gewerbebetriebe.

P., erstmals 933 urkundlich bezeugt, war Sitz der Herren von P. bis 1730. Die Burganlage wurde im 30jährigen Krieg zerstört. Nach 1650 erstand das Schloß in seiner heutigen Form. Nachfolger der Parsberger waren die Grafen von Schönborn. 1810 kam P. an Bayern. P. wurde 1952 zur Stadt erhoben.

Die Pfarrkirche von 1444 (Umbau von 1736 bis 1738) wurde 1925 durch einen Neubau ersetzt.

Alljährlich großes historisches Burgfest (Juni), Burgspiele (Juli) und Juravolksfest (August).

Pasewalk

□ 11,24 qkm; ○ Pasewalk; ⚐ Mecklenburg-Vorpommern; ✉ 17309; ☎ 03973; 🚗 PW; △ um 40 m; 👪 15 200.

P. ist zu erreichen auf der A 11 / E 28, Ausfahrten Prenzlau (42 km) oder Penkun (53 km), sowie auf der B 104 und B 109; Eisenbahnknotenpunkt der Strecken Berlin–P.–Stralsund und Stettin–P.–Hamburg; Segelflugplatz in Franzfelde.

Bildungseinrichtungen: Grundschulen, Realschulen, Gymnasium; Sonderschule; Berufsschule.

Wirtschaftliches: Kleine und mittlere Handwerksbetriebe.

Geschichtliches: Der Ort war ursprünglich (um 1150) eine slawische Siedlung namens „Posdowlc“ mit ellipsenförmigem Grundriß, regelmäßigem Straßengitternetz und großem viereckigem Mkt-Platz; um 1230 planmäßig angelegte Frühstadt dt. Siedler. Erste dt. Namen sind seit 1239 nachweisbar. 1240 war diese Periode der St-Entwicklung abgeschlossen. Zwischen 1250 und 1463 wechselte P., da es Grenz-St war, häufig die Herrschaft, bis es 1464 endgültig in den Besitz der pommerschen Herzöge kam.

Mit dem Westfälischen Frieden am Ende des 30jährigen Krieges (1648) wurde P. Bestandteil Schwedisch-Vorpommerns. Hatte es 1618 (zu Beginn des Krieges) 2000 EW, so lebten davon jetzt noch 250 in der St. Im polnisch-schwedischen Erbfolgekrieg (1657) drangen polnische Truppen bis in die St vor und zerstörten sie erneut. Während des Nordischen Krieges (1700–20) wurde P. mehrfach zum Kriegsschauplatz. Nach dem Friedensschluß von Stockholm (1720) kam P. zu Brandenburg-Preußen. Im Siebenjährigen Krieg (1756–63) erlebte die St mehrere Truppendurchzüge mit Kontributionen und Plünderungen. Inzwischen hatte P. 2528 EW, von denen 45 Branntweinbrennereien und 45 das Tuchmacherhandwerk betrieben; im St-Gebiet arbeiteten sechs Wassermühlen. Mit dem Bau der Eisenbahnlinie Angermünde–P.–Stralsund erhielt P. Anschluß an das neue Verkehrsnetz. Am 16. 3. 1863 wurde der reguläre Bahnverkehr aufgenommen. Gegen Ende des 2. Weltkrieges bildete die St, die noch am 25. 4. 1945 durch Bombenabwürfe zu 82% zerstört worden war, einen Schwerpunkt der Ücker-Verteidigungslinie, bevor die sowjetische Armee am 28. 4. 1945 einmarschierte. Die neue Grenze zu Polen wurde am 4. 10. 1945 markiert.

Sehenswürdigkeiten und Kulturelles: Prenzlauer Tor und Mühlentor (St-Tore), „Kiek in de Mark“ und Pulverturm (Wehrtürme) sowie Ringmauer; „Altes Magazin“ und Postgebäude; Hospital St. Siritus; Bürgerheim und Bibliothek (Fachwerkhäuser); Marienirche, Nikolaikirche.

Passau

☐ 69,71 qkm; ○ Kreisfreie Stadt; ⚐ Bayern; ✉ 94032*; ☎ 0851; 🚗 PA; △ 302 m; 👫 49800.

P. liegt an der Mündung von Inn und Ilz in die Donau im Schnittpunkt der Bundesstraßen 8, 12, 85 und 388; Anschluß an die Autobahn A 3 Regensburg–Passau (Ausfahrten P.-Nord, P.-Mitte u. P.-Süd). D-Zug-Station an der Fernverbindung Frankfurt a. M.–P.–Wien und München–P. Personenschiffsverkehr nach Regensburg bzw. Linz und Wien (Mai bis September); regelmäßige Fahrten ans Schwarze Meer. P. ist Sitz zahlreicher Behörden und öffentlicher Institutionen (Arbeits- und Amtsgericht, Amt für Landwirtschaft und Tierzucht, Kreisverwaltung des Landkreises P., Diözesanbauamt, Handwerkskammer, Industrie- und Handelskammer, Landbauamt, Polizei- und Zollbehörden, Forstamt, Wasserwirtschaftsamt u. a.), Bildungs- und kultureller Einrichtungen (Universität [seit 1978], Gymnasien, Realschulen, Fachoberschulen und Wirtschaftsschulen, Berufs- und Berufsfachschulen, Sonderschulen für lernbehinderte und geistig behinderte Kinder; Stadttheater, Stadtmuseum, Glasmuseum [30 000 Exponate »Böhmisches Glas«], Staatl. Bibliothek, Städt. Europa-Bücherei) und Standort der Bundeswehr.

Passau, Partie am Innkai

Das Wirtschaftsleben wird bestimmt von einer breitgefächerten Industrie (Maschinenbau-, Elektro-, Textil-, Baustoff- und pharmazeutische Industrie, Karosserie- und Orgelbau, Brauereien) und dem Hafen als Umschlagplatz der Donauschiffahrt. P. ist ferner Einkaufszentrum für ein großes landwirtschaftlich orientiertes Hinterland.

In der Latèwne-Zeit befand sich auf dem zwischen Donau und Inn liegenden Altstadthügel von P. eine keltische Siedlung. Um 80 n.Chr. bestand an gleicher Stelle ein römisches Kastell (»Bojodurum«). Mitte des 5. Jh. gründete der hl. Severin jenseits des Inns das nach ihm benannte Kloster. Seit 739 ist P. Bischofssitz. 999 erhielt es das Markt- und Zollrecht. Von 1217 bis 1803 war P. Haupt- und Residenzstadt des Fürstbistums Passau. 1662 und 1680 vernichteten Brände einen großen Teil des ma. Stadtkerns. Nach der Säkularisation (1803) kam P. an das Kurfürstentum Bayern.

Sehenswürdigkeiten: Dom St. Stephan (1668–78) mit Krypta (1261), spätgotischem Chor und der größten Kirchenorgel der Welt (erbaut 1924–28; 17000 Pfeifen, 208 Register); Veste Oberhaus (errichtet 1219); Wasserschloß Niederhaus (14./15. Jh.); Wallfahrtskirche Mariahilf (Renaissancebau von 1627); Alte bischöfliche Residenz (14./15. Jh.); Neue bischöfl. Residenz (1712–1730); Rathaus (1393) mit Gemälden von Ferdinand Wagner (19. Jh.); Heilig-Kreuz-Kirche (11. Jh., barock umgebaut und im 19. Jh. reromanisiert); St.-Severin-Kirche (8./9. Jh.) mit Zelle St. Severins (gest. 482) und spätgot. Chor von 1476; Schloß Hacklberg (18. Jh.); Schloß Freudenhain (Anfang 19. Jh.); Residenzplatz mit Wittelbacher Brunnen (1903); Bürgerhäuser aus dem 17. und 18. Jh. in der Altstadt.

Pattensen

□ 66,79 qkm; ○ Hannover; ⚐ Niedersachsen; ✉ 30982; ☎ 05101; 🚗 H; △ 63 m; 👥 13100.

P., 13 km südlich von Hannover an der Leine gelegen, ist über die B 3 und B 443 zu erreichen. Die St, Sitz des Niedersächsischen Hauptstaatsarchivs, hat Realschule, Sonderschule für Lernbehinderte.

P., erstmals 1022 in einer Urkunde Heinrichs II. erwähnt, erhielt 1200 das Stadtrecht durch die Grafen von Hallermund. Burg und St wurden im 14. und 15. Jh. mehrmals erobert und niedergebrannt. Über Calenberg (1495–1540) kam P. 1584 an die Herzöge von Braunschweig-Wolfenbüttel. – Bemerkenswert das im neugotischen Stil für König Georg IV. erbaute Schloß Marienburg (1857 bis 1866, Museum).

Pegnitz

□ 99,98 qkm; ○ Bayreuth; ⚐ Bayern; ✉ 91257; ☎ 09241; 🚗 BT; △ 426 m; 👥 13300.

P., Erholungsort 30 km südlich von Bayreuth am Ostrand der Fränkischen Schweiz an der Pegnitzquelle (Schloßberg), ist über die B 2 und die Autobahn A 9 München–Nürnberg–Hof (Ausfahrt P.) zu erreichen. D-Zug-Station an der Strecke Nürnberg–Berlin bzw. Prag. Die St hat Gymnasium (mit Landschulheim), Realschule, Berufsschule, Landwirtschaftsschule, Sonderschule für Lernbehinderte; Pumpen- und Armaturenfabrik, Textilindustrie; Fremdenverkehr.

Das Gebiet von P. ist seit vorgeschichtlichr Zeit (prähistorische Funde) besiedelt. Die Siedlung »Begenz« erhielt 1355 unter der Herrschaft der Leuchtenberger das Stadtrecht; 1402 kam die St an die Burggrafen von Nürnberg: Vom 15. bis 17. Jh. (Hussitenkriege, innerpolitische Machtkämpfe, Reformationswirren, Dreißigjähriger Krieg) wurde P. mehrmals zerstört. Die 1356 erstmals genannte Burg Böheimstein ist Ruine. – Sehenswert: Naturpark Veldensteiner Forst westlich von P.

Peine

□ 119,49 qkm; ○ Peine; ⚐ Niedersachsen; ✉ 31207*; ☎ 05171; 🚗 PE; △ 61–87 m; 👥 45800.

P., Mittelzentrum zwischen Hannover und Braunschweig an der Fuhse und am Mittellandkanal, ist über die B 65, B 444 und die Autobahn A 2 Hannover–Berlin (Ausfahrt P.) bzw. A 7 Hamburg–Kassel (Ausfahrt Hildesheim-Drispenstedt) zu erreichen. IC- und D-Zug-Station an der Strecke Köln–Hannover–Berlin; Verkehrslandeplatz P.-Eddesse. P. hat Amtsgericht, Kreisverwaltung; Gymnasien, Realschule, Berufs- und Berufsfachschulen, Fachoberschulen (Technik, Wirtschaft), Volkshochschule, Sonderschule für Lernbehinderte.

Bedeutendste Wirtschaftszweige sind die Elektroindustrie, Unterhaltungs-, Kunststoff-, Stahl- und Bauindustrie sowie Maschinenbau, Büro- und Schreibgerätefabrikation, Brauereien und Mälzereien, Deutsche Gesellschaft zum Bau und Betrieb von Endlagern für Abfallstoffe, Schokoladenspezialitätenfabrikation, Bekleidungsindustrie, Videorecorder- und Laufwerkproduktion, Schraubenherstellung. P. besitzt einen Industriehafen am Mittellandkanal.

P. wurde Anfang des 13. Jh. bei der seit 1130 bezeugten Burg der Grafen von Pagin gegründet. Die Stadtrechte sind urkundlich seit 1223 nachweisbar. Der ma. Stadtkern fiel drei großen Bränden im 16. Jh. zum Opfer. Von

1260 bis 1802 unterstand P. den Bischöfen von Hildesheim. 1813 kam es an Hannover, 1866 an Preußen, 1974 wurden der St 14 Umlandgemeinden eingegliedert.

Sehenswert: Fachwerk-Bürgerhäuser aus dem 17. bis 19. Jh., Reste der 1633 zerstörten P. Burg.

Peißenberg

□ 32,68 qkm; ○ Weilheim-Schongau; ⚐ Bayern; ✉ 82380; ☎ 08803; 🚗 WM; △ 585 m; 👥 10700.

P., 60 km südwestlich von München am Fuß des Hohen Peißenberges an der Ammer gelegen, ist über die B 472 (Verbindungsstraße zwischen der B 2 [Olympiastraße] und der B 17 [Romantische Straße] zu erreichen. Die Marktgemeinde ist Bahnstation an den Strecken München–Schongau bzw. Garmisch-Partenkirchen. P. ist Verwaltungssitz der Bayerischen Hütten- und Salzwerke; hat elektrotechnische und feinmechanische Industrie (Zweigwerk der Siemens AG. und Werk der Fa. Agfa-Gevaert), Motorenbau (Motoren- und Turbinen-Union), Kleiderfabrik, Brauerei; Grund- und Hauptschulen, Realschule, Wirtschaftsschule Oberland, Volkshochschule, Musikschule.

P. wird erstmals im 11. Jh. in einem Verzeichnis des Klosters Benediktbeuren erwähnt. Wirtschaftliche Blütezeiten des Ortes, der 1919 als Markt mit städtischer Verfassung anerkannt wurde, waren das letzte Drittel des 18. Jh. (Salzhandel), das erste Drittel des 19. Jh. (Schwefel- und Eisenquellen von Bad-Hohensulz) und die Zeit zwischen 1837 und 1971 (Pechkohlenabbau). Die wirtschaftliche Struktur wandelte sich inzwischen von der Grundstofferzeugung zur breitgefächerten industriellen Produktenpalette zahlreicher Mittel- und Großbetriebe.

Sehenswürdigkeiten sind die romanische St. Georgs-Kapelle mit einem seltenen gotischen Freskenzyklus und die Wallfahrtskirche Maria Aich (1732–34 von J. Schmuzer und Bergbaumuseum mit Stollenbesichtigung. – Alljährlich Leonhardfahrt (Oktober) und alle sieben Jahre Aufführung des Schäfflertanzes.

Peiting

□ 75,16 qkm; ○ Weilheim-Schongau; ⚐ Bayern; ✉ 86971; ☎ 08861; 🚗 WM; △ 721 m; 👥 10400.

P. liegt am Schnittpunkt der B 17, B 23 und B 472 im bayerischen Alpenvorland. Der Markt, Bahnstation an den Strecken Schongau–Weilheim–München bzw. Garmisch, hat Grund- und Hauptschule; Spanplattenwerk, Band- und Wachswarenfabrik, Fotozubehör- (Agfa-Gevaert-Zweigwerk), Leichtmetallbau-, Apparatebau- und Eisenwarenindustrie, Kunststofffabrik. P. ist Erholungsort mit bedeutendem Fremdenverkehr (Wellenbad, Moorwasserbekken, Sommerskilauf, Kunsteisbahn u.a.).

P. zählt zu den ältesten Siedlungen des Lech- und Ammerlandes. Ausgegraben wurde ein keltisches Gräberfeld der Bronzezeit (1500 v.Chr.), eine römische Siedlung mit kelto-romanischem Gräberplatz (200–400 n.Chr.) und die größte Alemannensiedlung ostwärts des Lech mit Reihengräberfeld (600–900 n.Chr.). Von 1055–1200 war P. Stammburg der Welfen, danach gehörte es den Staufern. Der Ort wurde 1438 zum Mkt erhoben. Sehenswert die Wallfahrtskapelle „Maria unter der Egg“ (17./18. Jh.).

Penzberg

□ 25,72 qkm; ○ Weilheim-Schongau; ⚐ Bayern; ✉ 82377; ☎ 08856; 🚗 WM; △ 600 m; 👥 13000.

P., an der Loisach im Alpenvorland 48 km südlich von München gelegen, ist über die Autobahn A 95 München–Garmisch-Partenkirchen (Ausfahrt P./Iffeldorf) zu erreichen. Die St (seit 1919) hat Grund- und Hauptschule, Realschule, Sonderschule für Lernbehinderte, Volkshochschule; Fahrzeugbau, Omnibuswerk (MAN), Chemiewerk (Boehringer), Textil-, Maschinen- und Elektrogeräteindustrie.

P. wird erstmals 1275 urkundlich erwähnt.

Perleberg

○ Perleberg; ⚐ Brandenburg; ✉ 19348; ☎ 03876; 🚗 PER; △ 60 m; 👥 14500.

P. ist zu erreichen auf der A 24 / E 26, Ausfahrten Ludwigslust (48 km), Neustadt-Glewe (48 km), Suckow (45 km) und Meyenburg (44 km), sowie auf der B 5 und der B 189; Bahnstation der Strecke Wittenberge–P.–Pritzwalk–Plau–Krakow am See–Güstrow und der Strecke Wittenberge–P.–Wittstock–Neustrelitz. Der nächste Flugplatz (Sportflugzeuge) ist Kyritz (30 km südwestl. von P.).

Bildungseinrichtungen: alle Schularten; Förderschule für Lernbehinderte; Berufsschule; Musikschule.

Wirtschaftliches: Reichsbahn-Ausbesserungswerk (Betriebsteil des Raw Wittenberge); große und kleinere landwirtschaftliche Betriebe für den Anbau von Kartoffeln, Getreide und Futtermitteln; industrielle Verarbeitung von Kartoffeln zu Stärke; Zucht von Saat- und Pflanzgut; Gärtnereibetriebe für Blumen, Zierpflanzen, Obst (besonders Beerenobst), Spargel und Gemüse. – Mittelständisches Gewerbe.

Geschichtliches: Verleihung des St-Rechtes 1239. Bis zum 30jährigen Krieg war P. eine blühende Handels- und Hanse-St, deren Entwicklung durch den Krieg unterbrochen wurde. Noch heute künden viele Bauten vom einstigen Reichtum der St. Zu Beginn des 19. Jh. erfand der Kaufmann und Händler C.-L. Beutel die „P.er Glanzwichse". Ihre Qualität war so vorzüglich, daß der Erfinder sein Geschäft aufgeben konnte und nur noch dieses Pflegemittel herzustellen brauchte. Zur Weltausstellung in Sidney (Australien) bekam das bereits berühmte Produkt 1879 eine Bronzemedaille.

Berühmte Namen: Lotte Lehmann, geb. 27. 2. 1888 in P., gest. 26. 8. 1976 in den USA als berühmte Sopranistin; Gottfried Arnold, geb. 5. 9. 1666 in Annaberg, gest. in P. 30. 5. 1714, Schriftsteller und Kirchenliederdichter. Mit seinen Versuchen, „Ketzer" aller Zeiten gerecht zu beurteilen, bereitete er den Kampf der Aufkärung gegenüber dem kirchlichen Dogma vor.

Sehenswürdigkeiten und Kulturelles: Architektonisches Ensemble auf dem „Großen Markt", bestehend aus Roland, Rathaus und Kirche. Das Roland-Standbild zeugt von der eigenen Gerichtsbarkeit Perlebergs; die auf der Rückseite eingemeißelte Jahreszahl 1546 weist auf die Einrichtung des ersten Landgerichts hin. Das neugot. Rathaus von 1839 besitzt einen aus dem 15. Jh. stammenden Gebäudeteil, der als Trauungssaal genutzt wird. Die Pfarrkirche St. Jakob ist eine spätgot. dreischiffige Hallenkirche (14./15. Jh.) mit got. Chor von 1361; die Kirche ist von got. Fachwerkbauten umgeben. – Heimatmuseum; Vereinshaus; Heimattierpark.

Wiederkehrende Veranstaltungen: Rolandlauf (Anfang Mai); Tierparkfest (Ende Mai/Anfang Juni); Schützenfest (Pfingsten); Straßenfest (Ende Juni); Weihnachtsmarkt (Mitte Dezember).

Petersberg (Kr. Fulda)

□ 35,51 qkm; ○ Fulda; ⚐ Hessen; ✉ 36100; ☎ 0661; 🚗 FD; △ 450 m; 👫 13000.

P., 3 km östlich von Fulda gelegen, ist über die Autobahn A 7 Würzburg–Kassel (Ausfahrt Fulda-Nord) und die B 458 zu erreichen. die Gm hat Grund- und Hauptschule, Realschule.

Sehenswert die im 9. Jh. errichtete Pfarrkirche St. Peter im Ortsteil Petersberg mit den ältesten karoling. Wandfresken Deutschlands (um 840) in der Krypta und die im 9. Jh. errichtete Wehrkirche St. Margareta im Ortsteil Margretenhaun.

Petershagen (Weser)

□ 212,04 qkm; ○ Minden-Lübbecke; ⚐ Nordrhein-Westfalen; ✉ 32469; ☎ 05707 (Petershagen), 05702 (P.-Lahde); 🚗 MI; △ 60 m; 👫 24000.

P. liegt 10 km nördlich von Minden beiderseits der Weser (Staustufe) an der B 61 und B 482. Die St hat Realschule, Gymnasium, Sonderschule für Lernbehinderte; Elektrizitätswerk (Preußen-Elektra), Ziegelei, Möbel- und Bekleidungsindustrie; P. ist Heilbad (Kurklinik) mit Heilanzeigen bei Gelenk- und Wirbelerkrankungen, Rheuma, Frauenleiden.

P. wurde im 14. Jh. im Schutz der Burg der Bischöfe von Minden angelegt und um 1360 mit dem Stadtrecht ausgestattet. Sehenswert das Schloß, ein Renaissancebau aus dem 16. Jh.

Pfaffenhofen a. d. Ilm

□ 92,65 qkm; ○ Pfaffenhofen a. d. Ilm; ⚐ Bayern; ✉ 85276; ☎ 08441; 🚗 PAF; △ 435 m; 👫 17800.

P., Kreisstadt in der Holledau (Hallertau) an der B 13, besitzt Anschluß an die Autobahn A 9 München–Nürnberg (Ausfahrt P.); Bahnstation an der Strecke München–Ingolstadt. Die St hat Amtsgericht, Tierzuchtamt, Kreisbehörden; Realschule, Gymnasium, Berufsschule, Fachschule für Hopfenanbau; Kindernahrungsmittelfabrik (Hipp), Werkzeug-, Metallwaren- und Strickwarenindustrie. P. ist Zentrum des Hopfenhandels.

Erste Erwähnung des Ortes 1162. Verleihung der Stadtrechte 1318 durch Kaiser Ludwig den Bayer. Im Städtekrieg wurde P. 1388 vollkommen niedergebrannt. – Sehenswert die gotische Stadtpfarrkirche St. Johann-Baptist aus dem 13. Jh.

Pfarrkirchen (Niederbayern)

□ 52,32 qkm; ○ Rottal-Inn; ⚐ Bayern; ✉ 84347; ☎ 08561; 🚗 PAN; △ 377 m; 👫 10300.

P., an der Rott und an der B 388 65 km südwestlich von Passau gelegen, hat Kreisbehörden, Amtsgericht; Realschule, Gymnasium mit Schülerheim, Gewerbl. Verbandsberufsschule, landwirtschaftl. Berufsfachschule. Fachoberschule: Radiatorenwerk, Transformatorenwerk, Schuhindustrie (Zweigwerk Salamander AG.), Schlachthof der Südfleisch GmbH. P. ist wirtschaftlicher Mittelpunkt des Rottals mit einer tausendjährigen Pferdetradition (Rottaler Pferdezucht).

P., erstmals 874 urkundlich genannt, kam 1259 an Bayern und wurde 1284 zum Mkt erhoben. Der Ort war zwischen 1255 und 1390 Sitz des Viztumamts an der Rott. 1862 wurde der Mkt zur Stadt erhoben. – Sehenswürdigkeiten: roman. Pfarrkirche (Umbau Anfang 16. Jh.); spätgot. Rathaus um 1500); Rottaler Heimatmuseum (Hinterglasbildmalerei und Keramiksammlung).

Alljährlich Pfingstrennen auf der ältesten Pferderennbahn (seit 1853) Bayerns.

Pfinztal

□ 31,06 qkm; ○ Karlsruhe; ⚐ Baden-Württemberg; ✉ 76327; ☎ 0721 (Berghausen), 07240 (Söllingen); 🚗 KA; △ 132 bis 170 m; 👫 14600.

P. ist 1974 durch Zusammenschluß der ehem. Gemeinden Berghausen, Söllingen, Wöschbach und Kleinsteinbach entstanden. Die Gm liegt 10 km östlich von Karlsruhe im Pfinztal am Rande des Kraichgaus. Zufahrt über die B 10 und B 293. Bahnstation an der Strecke Karlsruhe–Stuttgart. P. hat Realschule, Gymnasium; Institut für Chemie (Treib- und Explosionsstoffe); Baustoffindustrie.

Der Ortsteil »Barchusen« wird erstmals 771 im Lorscher Codex erwähnt. Der landwirtschaftlich-bäuerliche Charakter des Ortes blieb bis nach dem 2. Weltkrieg vorherrschend. Seit 1950 entwickelte sich B. zur Arbeiterwohngemeinde und Wohnvorortsiedlung von Karlsruhe. Der Ortsteil Söllingen, erstmals 1085 bezeugt, war seit Ende des 13. Jh. im Besitz des Klosters Weißenburg (bis zur Aufhebung des Klosters im 16. Jh.). 1571 kam S. an die Markgrafen von Baden.

Pforzheim, Schloßkirche

Pforzheim

□ 89,81 qkm; ○ Stadtkreis; ⚐ Baden-Württemberg; ✉ 75158*; ☎ 07231; 🚗 PF; △ 235–608 m; 👫 108000.

P., am Zusammenfluß der Würm, Nagold und Enz am Rande des nördlichen Schwarzwaldes gelegen, ist Kreuzungspunkt der Bundesstraßen 10, 294 und 463; Anschluß an die Autobahn A 8 Karlsruhe–Stuttgart (Ausfahrten P.-West und P.-Ost). EC-IC-Station an der Strecke Karlsruhe–Stuttgart–München. P. ist Sitz eines Amtsgerichts, Arbeitsgerichts, der Kreisverwaltung des Enzkreises, der Industrie- und Handelskammer Nordschwarzwald, einer Handwerkskammer (Außenstelle Karlsruhe), des Regionalverbandes Nordschwarzwald sowie zahlreicher Bildungs- und kultureller Einrichtungen (Realschulen, Gymnasien, berufliche Gymnasien, Berufs- und Berufsfachschulen, Fachschulen, Volkshochschule mit angegliedertem Abendgymnasium und Abendrealschule, Fachhochschulen für Wirtschaft und für Gestaltung, Sonderschule für Lernbehinderte; Stadttheater, Südwestdeutsches Kammerorchester P., Stadtbücherei, Stadtarchiv, Ausstellungshalle [Malerei, Graphik und Plastik der Gegenwart] und Kunstbibliothek u.a.). Die St hat mehrere Schwerpunktkrankenhäuser.

Bedeutendste Wirtschaftszweige sind die Schmuck- und Uhrenindustrie (über 30000 Beschäftigte); ferner Unternehmen der elektrotechnischen und elektronischen Industrie, des Werkzeug- und Maschinenbaus, des Versandhandels sowie Edelmetallscheideanstalten.

Die römische Siedlung »Portus« entstand am Enzübergang der Militärstraße Straßburg–Ettlingen–Cannstatt. Als fränkische Niederlassung wird P. erstmals 1067 urkundlich erwähnt; wenig später erhielt der Ort das Marktrecht. Im 13. Jh. gelangte P. in den Besitz der Zähringer und wurde Residenz der Markgrafschaft Baden. Holzhandel, Flößerei, Gerbereien und Tuchfabrikation führten zu einer ersten wirtschaftlichen Blüte. Nach der Verlegung der Residenz nach Durlach (1565) und der Zerstörung der St während des Orleanischen Erbfolgekrieges (Ende 17. Jh.) begründete Markgraf Karl Friedrich von Baden 1767 die Pforzheimer Uhrenindustrie, der die Schmuckwarenindustrie folgte. 1945 wurde die St durch einen Luftangriff fast völlig zerstört (18000 Tote). Nach Kriegsende moderner, großzügiger Wiederaufbau. Mit rund 67000 Arbeitsplätzen weist P. die höchste Industriedichte in Baden-Württemberg auf.

Sehenswürdigkeiten: Schloß- und Stiftskirche St. Michael (um 1225 bis um 1460) mit schönem Renaissance-Epitaph des Reformators Martin Achtsynit und Grabmälern der badischen Markgrafen; Reuchlinhaus mit historischem Schmuckmuseum und zeitgenössischer Schmuckschau; Edelsteinausstellung Schütt; Technisches Museum der Pforzheimer Traditionsindustrien mit Goldschmiede- und Uhrmacherdemonstrationen; Ständige Musterausstellung (nur für Facheinkäufer); Heimatmuseum mit stadtgeschichtlicher Sammlung; Bäuerliches Museum; Altstädter Kirche St. Martin (12. Jh., Chor 1340) mit Wandfresken aus dem 15. Jh.; Matthäuskirche (von Egon Eiermann); Stadtkirche mit Aussichtsturm; Herz-Jesu Kirche mit Kuppelbau. – P. ist Geburtsstadt des Humanisten Johannes Reuchlin (1455–1522), des Mechanikus Ferdinand Oechsle (1774–1852, Erfinder einer Mostwaage) und des Schriftstellers Emil Strauß (1866–1960).

Alle drei Jahre Reuchlinpreisverleihung und alljährlich Internationales Tanzturnier um den Goldstadtpokal sowie Weltausstellung zeitgenössischer Schmuckkunst ORNAMENTA.

Pfronten

□ 62,38 qkm; ○ Ostallgäu; ⚐ Bayern; ✉ 87459; ☎ 08363; 🚗 OAL; △ 900 m; 👪 7000.

P., Luftkurort und Wintersportplatz an der Vils am Nordrand der Allgäuer Alpen unweit der österreichischen Grenze, ist über die B 309 und A 7 Ulm–Nesselwang (Ausfahrt Oy-Mittelberg) zu erreichen. Die Gm besteht aus 13 verstreuten Ortsteilen. P. hat Grund- und Hauptschule; mittlere und kleinere Industriebetriebe (Apparatebau, Maschinenfabriken, feinmechanische und optische Industrie); lebhaften Fremdenverkehr. – Sehenswert Ruine Falkenstein (höchstgelegene Burgruine der Bundesrepublik); Bergbahn zum Breitenberg (1268 m).

Alljährlich im September (2. Samstag) Alpabtrieb.

Pfullendorf (Baden)

□ 90,56 qkm; ○ Sigmaringen; ⚐ Baden-Württemberg; ✉ 88630; ☎ 07552; 🚗 SIG; △ 630–670 m; 👪 10500.

P., Zentralort des Oberen Linzgaus, nördlich des Bodensees gelegen, hat Amtsgericht, Bundeswehrgarnison; Realschule, Gymnasien; Schwerpunktkrankenhaus; Möbelindustrie (ALNO-Küchen), metall- und kunststoffverarbeitende Betriebe, Fabrik für sanitäre Installationen (Geberit).

P., erstmals 1152 urkundlich genannt, war seit 1180 Reichsbesitz. 1220 erhielt es die Rechte einer Freien Reichsstadt. 1803 kam es an Baden. Den terrassenförmigen Aufbau der Altstadt krönt das Obertor (13. Jh.), eine wuchtige Doppeltoranlage. Sehenswert ferner die Stadtkirche St. Jakob (15./16. Jh., barocke Ausstattung), das Rathaus (1524, Saal mit Glasmalereien aus der Bauzeit), alte Herren- und Klosterhöfe, Fachwerk-Bürgerhäuser aus dem 14. und 17. Jh., Reste der ma. Stadtmauer, das Heimatmuseum und die Wallfahrtskirche Maria Schray.

Pfullingen

□ 30,14 qkm; ○ Reutlingen; ⚐ Baden-Württemberg; ✉ 72793; ☎ 07121; 🚗 RT; △ 425 m; 👪 16400.

P., im Echaztal am Steilabhang der Schwäbischen Alb gelegen, ist über die B 312 zu erreichen. P. hat Realschule, Sonderschule für Lernbehinderte und Gymnasium. Die wichtigsten Wirtschaftszweige sind: Textil-, holzverarbeitende, Papier-, Leder- und Kunststoffindustrie; ferner Maschinenfabriken, Bierbrauerei; von Bedeutung ist außerdem die Landwirtschaft (Milchwirtschaft).

Funde aus der Jungstein- und Bronzezeit weisen P. als altes Siedlungsgebiet aus. Um 260 n. Chr. war P. Hauptort einer alemannischen Hundertschaft, deren Stammesältester

Phulo war, auf den der Name der St zurückzuführen ist. P. und sein Grafengeschlecht werden erstmals 937 urkundlich erwähnt. 1250 Gründung eines Frauenklosters (aufgehoben 1534). Während der Städtekriege wurde P. 1311 zerstört. Im 16. Jh. fiel die St an Württemberg.

Erhalten ist die frühgotische Klosterkirche (1252) mit Wandmalereien. Bemerkenswert außerdem die spätgotische Martinskirche (1463), das Jagdschloß (die frühere untere Burg, umgebaut 1560–64), zwei Fachwerkrathäuser (1500 und 1686). Sehenswert ferner die „Pfullinger Hallen“, ein im Jugendstil von Theodor Fischer erbauter Festsaal mit Turnhalle (Festsaal mit Jugendstilmalereien von Schülern Prof. Adolf Hölzels), sowie der doppeltürmige Aussichtsturm auf dem Schönberg, ebenfalls nach Plänen Theodor Fischers. – Überregional bekannt das Sportfest (Schwabenbergfest) auf der Wanne (September). – P. ist Geburtsort von Wolfgang von Pf. (938–994), Bischof von Regensburg (nach ihm wurde der Wolfgangsee benannt) und Konrad von Pf. (ermordet 1066), Erzbischof von Trier.

Pfungstadt

□ 42,53 qkm; ○ Darmstadt-Dieburg; ⚐ Hessen; ✉ 64319; ☎ 06157; 🚗 DA; △ 100 m; 👥 23200.

P. liegt 11 km südlich von Darmstadt im Hessischen Ried zwischen den Autobahnen A 67 Mannheim–Rüsselsheim und A 5 Heidelberg–Darmstadt (Ausfahrt P.); Zufahrt über die B 426. P. hat Realschule, Sonderschule für Lernbehinderte, vielseitige Industrie und landwirtschaftliche Betriebe (Maschinenbau [Auswuchtmaschinen], Herdfabrik, Heizungs- und Lüftungsbau, Nahrungsmittel-, Malz- und Farbenfabriken, Polstermöbelindustrie, Herstellung von medizinischen Gummiwaren, Brauerei; Anbau von Spargel, Frühgemüse und Braugerste).

P., erstmals 785 urkundlich erwähnt, war im MA. ein Mühlenzentrum. Der Ort war Besitz der Grafen von Katzenelnbogen und später der Landgrafen von Hessen. Das im Dreißigjährigen Krieg zum großen Teil zerstörte Dorf wurde erst 1680 wiederaufgebaut. 1886 erhielt P. das Stadtrecht. – Bemerkenswert das Rathaus (1614–18), Amtmannshaus (1545), mehrere Fachwerkhäuser aus dem 17. und 18. Jh. und die alte Richtstätte mit Galgen an der B 426. – Südlich der St liegt das Naturschutzgebiet „P. Moor“.

Philippsburg

□ 50,59 qkm; ○ Karlsruhe; ⚐ Baden-Württemberg; ✉ 76661; ☎ 07258; 🚗 KA; △ 102 m; 👥 11500.

P., 35 km nördlich von Karlsruhe an einem Altrheinarm gelegen, ist Bahnstation an der Strecke Bruchsal–Germersheim. Die St ist Sitz eines Amtsgerichts und Bundeswehrstandort. P. hat Gymnasium, Realschule, Musik- und Kunstschule, Sonderschule für Lernbehinderte; Gummiindustrie (Reifenwerk Deutsche Goodyear), Maschinenbau; Kernkraftwerk.

»Udenheim«, wie P. bis 1622 hieß, wird erstmals 784 im Lorscher Kodex genannt. Der Ort kam 1316 an das Bistum Speyer. 1338 wurde U. zur St erhoben. Die Fürstbischöfe von Speyer wählten die St seit Ende des 14. Jh. zeitweilig zu ihrer Residenz. 1622 wurde U. zur Festung ausgebaut und von Philipp von Sötern in P. umgetauft. Als Festungsstadt (seit 1697 Reichsfestung) war P. vom Dreißigjährigen Krieg bis 1800 heftig umkämpft. Napoleon I. ließ die Befestigungsanlagen schleifen. 1803 wurde P. badisch. – Bemerkenswert die kath. Stadtpfarrkirche (1710, schöner barocker Hochaltar von 1749), die Jugendstil-Festhalle, das Heimat- und das Festungs- und Waffengeschichtliche Museum.

Pinneberg

□ 21,54 qkm; ○ Pinneberg; ⚐ Schleswig-Holstein; ✉ 25421; ☎ 04101; 🚗 PI; △ 10 m; 👥 38000.

P., Industrie- und Behördenzentrum 15 km nordwestlich von Hamburg an der Pinnau, ist über die B 5 und Autobahn A 27 Hamburg–Heide (Ausfahrten P.-Süd, -Mitte und -Nord) zu erreichen; Bahnstation an der Strecke Hamburg–Sylt; S-Bahnverbindung nach Hamburg. Flughafen Hamburg-Fuhlsbüttel 15 km. P. hat Amtsgericht, Kreisverwaltung, Arbeitsamt, Katasteramt, Zollamt, Garnison der Bundeswehr; Kreiskrankenhaus; Realschulen, Gymnasien, Kreisberufsschule (Wirtschaft, Technik, Sozialwirtschaft), Fachschule für Sozialpädagogik, Jugendmusikschule, Volkshochschule; metallverarbeitende, elektrotechnische, chemische, Nahrungsmittel-, Textil-, Dachpappen- und Bau-Industrie; Baum- und Rosenschulen.

P., erstmals im 17. Jh. urkundlich erwähnt, erhielt 1826 die Fleckengerechtigkeit und 1875 die Stadtrechte. Seit 1950 hat P. als Vorort von Hamburg einen überdurchschnittlichen

Pinneberg, Drostei

Bevölkerungszuwachs (1945 13000 EW) zu verzeichnen. – Sehenswert die Drostei, ein Barockpalais aus dem Jahre 1765 (bis 1932 Wohnung der Droste bzw. der preußischen Landräte).

Pirmasens

□ 61,41 qkm; ○ Kreisfreie Stadt; ⚐ Rheinland-Pfalz; ✉ 66953*; ☎ 06331; 🚗 PS; △ 259–446 m; 👥 51200.

P., Schuhmetropole und Messestadt am Rande des Naturparks Pfälzer Wald, ist über die Bundesstraßen B 10 und B 270 sowie über die Autobahnen A 8 Merzig–Pirmasens bzw. A 62 AB-Dreieck Nonnweiler–Pirmasens (Ausfahrten P. und AB-Dreieck P.) zu erreichen; Bahnverbindungen (Kopfbahnhof) nach Kaiserslautern und Zweibrücken/Saarbrücken; Verkehrslandeplatz Pirmasens/Zweibrücken. Die St ist Sitz zahlreicher Behörden (Amt für Verteidigungslasten, Amtsgericht, Arbeitsamt, Finanzamt, Kreisverwaltung, Zollamt u.a.) und Bildungseinrichtungen (Realschule, Gymnasien, Sonderschulen, Berufsschule, Berufsfachschule, Höhere Berufsfachschule Informatik, Deutsche Schuhfachschule, Volkshochschule, Krankenpflegeschule); Städt. Krankenhaus. Bedeutendster Wirtschaftszweig ist die Schuhindustrie, gefolgt von der chemischen und kunststoffverarbeitenden Industrie sowie dem Maschinenbau. Als Messestadt mit 12 Messehallen und 38000 qm Ausstellungsfläche ist P. Standort der Internationalen Messe für Schuhfabrikation (IMS), der Internationalen Messe für Ledertechnik (IFL), der überregionalen Ausstellung für Handwerk, Gewerbe, Handel Rheinland-Pfalz (hageha), der Pirmasenser Lederwoche International (PLW) und Pirmasenser Schuhmusterung (PSM).

Der als Siedlung des vom hl. Pirminius (gest. 753) gegründeten Benediktinerklosters Hornbach bei Zweibrücken angelegte Ort wird 820 erstmals als »Pirminishusna« urkundlich erwähnt. Seit 1182 im Besitz der Grafen von Zweibrücken (bis 1570), kam P. über die Gra-

Pirmasens, Rathaus am Exerzierplatz

fen von Hanau-Lichtenberg 1736 an die Landgrafen von Hessen-Darmstadt, die P. zur Residenz (1741–90) und Garnison ausbauten (1763 Verleihung der Stadtrechte). 1816 fiel die St an Bayern. Ende des 18. Jh. wurde mit der Schuhproduktion in Heimarbeit begonnen, 1792 die erste Manufaktur errichtet. – Sehenswürdigkeiten: Barocke untere ev. Pfarrkirche (1757/58; 1949 wieder aufgebaut) und barocke obere ev. Pfarrkirche (1771/73; 1961/63 wieder hergestellt und um ein Geschoß erhöht); Altes Rathaus (1779; 1949/50 wieder aufgebaut) mit Heimatmuseum, Schuhmuseum und Gemäldegalerie des Malers Heinrich Bürkel (1802–69). – Alljährlich Maimarkt, „Schlabbeflickerfest“ (Frühjahr), Heimatfest „Seitze Gaade“ (Sommer), Grenadiermarkt (Herbst) und „Belzmichelmarkt“ (Dezember).

Pirna

□ 36,5 qkm; ○ Pirna; ⚐ Freistaat Sachsen; ✉ 01796; ☎ 03501; 🚗 PIR; △ 110 m; 👥 41200.

P. ist zu erreichen auf der A 4 /E 40, Ausfahrt Dresden-Altstadt (30 km), sowie auf der B 172; Bahnhof an der Hauptstrecke Dresden–P.–Bad Schandau–Dècin–Prag; Nebenstrecke: P.–Copitz–Arnsdorf (b. Dresden–Neustadt (Sachs). Der nächste Flughafen ist Dresden (35 km), Segelflugplatz in Pratschwitz bei P.

Bildungseinrichtungen: Grund- und Mittelschulen, Gymnasien; Gewerbliche Berufsschulen.

Wirtschaftliches: Kunstseidenproduktion; Zellstoffherstellung; Guß- und Farbenglashütte; Sandsteinwerk; Maschinen- und Apparatebau; Holzverarbeitung; Elektrotechnik/Elektronik.

Geschichtliches: Um 1180 entstand in der Region die erste Ansiedlung fränkischer und thüringischer Fernkaufleute. In einer Urkunde des Bischofs Heinrich von Meißen findet P. 1233 eine erste Erwähnung; die St besaß Stapelrecht und durfte Zölle erheben. Ab 1294 gehörte das P.er Gebiet der böhmischen Krone, bis der Markgraf Wilhelm I. von Meißen pfandweise von Böhmen 1404 Gottleuba und P. erwarb; das Pfand wurde von böhmischer Seite nicht wieder eingelöst. Seitdem gehört P. zu Sachsen. In der 2. Hälfte des 18. Jh. setzte allmählich die industrielle Entwicklung ein, sie verstärkte sich, nachdem man 1837 auf der Elbe den Dampfschiffsverkehr aufgenommen hatte. Heute ist P. ein wichtiger Industriestandort und Verkehrsknotenpunkt.

Sehenswürdigkeiten und Kulturelles: Innerhalb des alten St-Kernes befinden sich: die Klosterkirche, zweischiffige Hallenkirche des ehem. Dominikanerklosters, der Kapitelsaal als St-Museum genutzt; die St-Kirche „St. Marien“, spätgotische Hallenkirche mit Renaissance-Altar (1612) aus einheimischem Sandstein; mitten auf dem Mkt-Platz das Rathaus mit gotischen Portalen, Renaissance-Giebel und barockem Turm mit Kunstuhr; ferner Bürgerhäuser mit schönen Torbögen, Arkadenhöfen und Erkern aus dem 15./16. Jh.; eine Postmeilensäule von 1722; das Schloß Sonnenstein, ursprünglich eine Burganlage, 1269 erstmals urkundlich erwähnt. – Pirna, das „Tor zur Sächsischen Schweiz“, ist Ausgangsort für zahlreiche Ausflugsrouten in das Elbsandsteingebirge.

Wiederkehrende Ereignisse: Stadtfest mit „Copitzer Vogelwiese“ am letzten Wochenende im Juni; Ausstellungs- und Verkaufsmesse im Herbst.

Planegg

□ 9,39 qkm; ○ München; ⚐ Bayern; ✉ 82152; ☎ 089; 🚗 M; △ 555 m; 👥 10100.

P. an der Würm ist eine rasch wachsende Wohngemeinde südwestlich von München (1939 2800 EW) am Nordrand des Forstenrieder Parks. Zufahrt über die B 12. S-Bahnstation an der Strecke München–Starnberg. P. hat Grund- und Teilhauptschule, naturwissenschaftl.-math. Gymnasium; Urologische Klinik.

P., wird erstmals 1409 urkundlich erwähnt. – Sehenswert die Wallfahrtskapelle Maria Eich.

Plankstadt

□ 8,39 qkm; ○ Rhein-Neckar-Kreis; ⚐ Baden-Württemberg; ✉ 68723; ☎ 06202; 🚗 HD; △ 106 m; 👥 9200.

P., Wohngemeinde im Wirtschaftsraum Mannheim–Heidelberg 17 km südöstlich von Mannheim in der Rheinebene an den Autobahnen A 6 Mannheim–Heilbronn (Ausfahrten Mannheim/Schwetzingen und Schwetzingen/Hokkenheim) und A 5 Frankfurt a. M.–Karlsruhe (Ausfahrt Heidelberg/Schwetzingen), hat Grund- und Hauptschule; kleinere Industrie- und Gewerbebetriebe, Landwirtschaft (Spargel- und Tabakanbau).

»Blanckenstat« wird erstmals 771 urkundlich erwähnt. Vom Reichskloster Lorsch kam das

Dorf 1173 über das Kloster Lobenfeld 1274 an die Zisterzienserabtei Schönau bzw. das Domstift Worms und 1803 an Baden.

Plattling

□ 35,78 qkm; ○ Deggendorf; ⚐ Bayern; ✉ 94447; ☎ 09931; 🚗 DEG; △ 324 m; 👥 10400.

P., an der Isar 10 km südwestlich von Deggendorf gelegen, ist über die B 8 und die B 11 zu erreichen; Anschluß an die Autobahn A 92 München–Deggendorf (Ausfahrten P.-West und P.-Nord); D-Zug-Station an der Strecke Nürnberg–Passau–Linz–Wien. Die St hat Grund- und Hauptschule, Realschule, Berufsschule, Volkshochschule; Krankenhaus; vielseitige Industrie (Herstellung von Fleisch- und Wurstwaren, Zuckerraffinerie, Textilbetriebe, Orgelbau, Papierfabrik, Wellpappenwerk, pharmazeutische Industrie).

P., das zu den ältesten Orten Niederbayerns zählt, wird erstmals 868 urkundlich erwähnt. 1241 kam es von den Grafen von Bogen an Bayern; 1320 erhielt es das Marktrecht. Der Ort, der ursprünglich rechts der Isar lag, wurde 1379 wegen der häufigen Hochwassergefahr auf das höher gelegene linke Ufer verlegt. Plattlings Bedeutung als Rastort und Verkehrsknotenpunkt geht bereits aus dem um 1200 entstandenen Nibelungenlied hervor (Kriemhild übernachtet in dem Flecken); seit dem Anschluß an das Eisenbahnnetz ist P., das 1888 zur St erhoben wurde, einer der wichtigsten Eisenbahnknotenpunkte Niederbayerns.

Sehenswürdigkeiten: Kath. Filialkirche St. Petrus (Ende 14. Jh.); St. Stephan-Kirche (Chor und Turm 14. Jh., Langhaus 18. Jh.); Kath. Kapelle St. Salvator (got. Chor, barockes Langhaus); Friedhofskirche St. Jakob (13. Jh.); Kath. Pfarrkirche St. Magdalena (1759, Turm 19. Jh.). – Südöstlich von P. liegt die barocke Klosterkirche Osterhofen.

Alljährlich traditionelle Wasserfahrt auf der Isar.

Plauen

□ 58,3 qkm; ○ Kreisfreie Stadt; ⚐ Freistaat Sachsen; ✉ 08523*; ☎ Amt Plauen; 🚗 PL; △ 412 m; 👥 71500.

P. liegt an der A 72 (Ausfahrten P.-Ost u. P.-Süd), an der B 173 Chemnitz–Plauen–Hof und an der B 92; die A 9 (Ausfahrt Schleiz) ist

Plauen, Altes Rathaus

30 km entfernt. D-Zug-Station München–Hof–Leipzig–Berlin, Hof–Chemnitz–Dresden, Leipzig-Plauen–Karlsbad (ČR) (ob. Bf.), Strecke Weischlitz – Weischlitz–Plauen–Greiz–Gera (unt. Bf.); Flugplatz Hof/Pirk 30 km entfernt. P. hat Stadtverwaltung, Landratsamt, Schulamt, Arbeitsamt, Finanzamt, Kreisgericht (Stadt u. Land), staatl. Umweltfachamt, Landwirtschaftsamt, Industrie- u. Handelskammer; Gymnasien, berufl. Gymnasien, Berufsschulen, Grund- und Mittelschulen. Kreiskrankenhaus.

Wirtschaft: Textil- und Konfektionsindustrie, Werkzeug- und polygraf. Maschinenbau, Elektroindustrie; Spitzen- und Stickereiindustrie „Plauener Spitze“; Brauerei.

Ältester urkundlicher Beleg für das mittlere Vogtland ist die Weiheurkunde der St.-Johannis-Kirche von 1122. Darin wird der Ort als „vicus plawe“ erwähnt. Stadtrecht seit 1224. 1329 erhielten die Vögte von Gera, Weida u. Plauen die kaiserliche Anerkennung als Landesherren (daher Vogtland). Die günstige Verkehrslage an alten Handelswegen aus Süddeutschland nach Norden und Osten förderte die Entwicklung der Stadt. Der wirtschaftliche Aufschwung basiert auf der Tuchmacherei seit dem 15. Jh. Im 16. und 17. Jh. blühte die Zeug-Herstellung und die Baumwollweberei. Die Einführung der Handplattstickerei Anfang des 19. Jh. bildete die Grundlage für die Einführung der Spitzenproduktion. 1858 wurden die ersten Handstickmaschinen aufgestellt, seit 1880 wird Tüllspitze, seit 1883 Luft- und Ätzspitze maschinell hergestellt. Der Erfolg der „Plauener Spitze" auf dem Weltmarkt förderte die Entwicklung zur Großstadt. Die Einwohnerzahl stieg von 23000 (1871) auf 128000 (1912). P. hatte in seiner Geschichte mehrfach durch Kriege erhebliche Schäden hinnehmen müssen: in den Hussitenkriegen, im Schmalkaldischen und Dreißigjährigen Krieg u. während des Rußlandfeldzugs Napoleons. Im Zweiten Weltkrieg ist Plauen durch Bombenangriffe zu 75 Prozent zerstört worden. – Wahrzeichen der Stadt ist das Alte Rathaus mit seinem Renaissancegiebel von 1548 und der Kunstuhr von Uhrmachermeister Puhkaw. Das zwischen 1912 und 1923 entstandene Neue Rathaus ist harmonisch mit dem alten R. verbunden. Der 64 m hohe Turm des neuen Rathauses beherrscht das Bild der Innenstadt. Die von 1693 bis 1722 erbaute Lutherkirche ist ein barocker Zentralkirchenbau mit wertvollem Flügelaltar aus der Thomaskirche zu Leipzig. Die urspr. gotische Stadtkirche St. Johannis (1122 gegründet) besitzt zwei 52 m hohe markante Doppeltürme (1250 erbaut); hochgotische Innenraumgestaltung der dreischiffigen Halle mit siebenteiligem Sterngewölbe; die barocken Turmhauben stammen aus dem Jahr 1644. In P. steht das älteste noch bestehende Malzhaus der neuen Bundesländer. Der Nonnenturm ist der einzig erhalten gebliebene Turm der alten Stadtbefestigung. Die alte Elsterbrücke (seit 1244 belegt) ist eine der ältesten steinernen Brücken Deutschlands. P. besitzt ferner reich ausgestattete Bürgerhäuser aus dem letzten Viertel des 18. Jh. (Nobelstraße 9–13) und Häuser mit Fassaden aus der Gründerzeit. Das Stadttheater (1898 erbaut) wurde im April 1945 zerstört, eröffnete aber schon im Okt. 1945 die Nachkriegsspielzeit. Das Vogtlandmuseum P. beherbergt umfangreiche Sammlungen zur Geschichte, Volkskunde, Kunstgeschichte und Naturkunde des Vogtlandes und der Stadt Plauen. Im historischen Feststaal finden Konzerte des Stadttheaters und der Musikschule „Clara Wieck" statt. Museale Abteilung Plauener Spitze im Erdgeschoß des Alten Rathauses. – Naherholungsgebiete: Stadtpark mit Freilichtbühne des Parktheaters; Talsperren Pöhl und Pirk; Wanderwege zur Nixenwiese und im Triebtal (mit 70 m hohen Felswänden); „Drachenhöhle" Syrau. – Seit 1956 wird in der letzten Juniwoche das Plauener Spitzenfest zur Pflege handwerklicher Traditionen und künstlerischen Brauchtums gefeiert. Alle zwei Jahre VOREA (Vogtlandregionalausstellung).

Plettenberg

□ 96,14 qkm; ○ Märkischer Kreis; ⚐ Nordrhein-Westfalen; ✉ 58840; ☎ 02391; 🚗 MK; △ 210–600 m; 👪 29000.

P. liegt 50 km südöstlich von Hagen im östlichen Teil des märkischen Sauerlandes am Rande des Naturparks Ebbegebirge in den Tälern der Lenne, Else, Oester und Grüne. Zufahrt über die B 236. Anschluß an die Autobahn A 45 Dortmund–Hanau (Ausfahrt Lüdenscheid-Süd). Bahnstation an der Strecke Hagen–Siegen–Frankfurt a. M. P. hat Amtsgericht; Gymnasium, Realschule, gewerbliche Berufsschule, Pflegevorschule; Kleineisenindustrie, Gesenkschmieden, Walzwerke.

P., erstmals 1072 urkundlich erwähnt, kam im 14. Jh. an die Grafen von der Mark. Nach der Erhebung zur St (1397) wurde P., wie zuvor die nordöstlich gelegene Burg Schwarzenberg (seit Mitte des 19. Jh. Ruine), als Grenzfeste gegen die benachbarten Grafen von Arnsberg ausgebaut. 1609 kam P. an Brandenburg-Preußen. 1725 wurde die St durch einen Großbrand zerstört. – Bemerkenswert die ev. Christuskirche, eine Hallenkirche aus dem 13. Jh. mit spätgot. Chor (um 1460).

Südwestlich von Plettenberg liegt die Oestertalsperre.

Plochingen

□ 10,66 qkm; ○ Esslingen; ⚐ Baden-Württemberg; ✉ 73207; ☎ 07153; 🚗 ES; △ 260–425 m; 👪 12500.

P. liegt 25 km südöstlich von Stuttgart am Zusammenfluß von Neckar und Fils am Fuße der Keuperberge des vorderen Schurwaldes. Zufahrt über die B 10 und B 313. Anschluß an die Autobahn A 8 Stuttgart–Ulm (Ausfahrt Wendlingen). Bahnknotenpunkt an den Strecken Stuttgart–Ulm und Stuttgart–Tübingen; Endstation der S-Bahn nach Stuttgart. P. hat Industriehafen (Schiffahrt auf dem kanalisierten Neckar bis P. möglich); Gymnasium, Realschule, Sonderschule für Lernbehinderte; Kreiskrankenhaus; Elektro-, Kunststoff- und Maschinenfabriken.

P., erstmals 1146 urkundlich erwähnt, gehörte einem gleichnamigen Adelsgeschlecht.

Burg und Dorf fielen später an das Reich zurück und waren als Lehen im Besitz wechselnder Herrschaften (u. a. des Bischofs von Augsburg Marquardt von Randeck). 1827 wurde in P. das 1. Deutsche Sängerfest und 1853 die 1. Deutsche Feuerwehrversammlung abgehalten sowie 1888 der Schwäbische Albverein gegründet. 1948 erhielt P. Stadtrechte. – Bemerkenswert die St. Blasius-Kirche, der Marktplatz mit dem Alten Rathaus und historische Fachwerkgebäude (17./18. Jh.).

Plön

□ 35,94 qkm (einschl. 28,13 qkm Wasserfläche); ○ Plön; ⚐ Schleswig-Holstein; ✉ 24306; ☎ 04522; 🚗 PLÖ; △ 28 m; 👫 10500.

P., 27 km südöstlich von Kiel auf einer Landbrücke zwischen dem Großen und Kleinen Plöner See gelegen, ist Luftkurort und Heilbad. Zufahrt über die B 76 und B 430. D-Zug-Station an der Bundesbahnstrecke Hannover–Lübeck–Kiel. P. hat Amtsgericht, Kreisverwaltung, Finanzamt, Katasteramt, Max-Planck-Institut für Limnologie; Garnison der Bundeswehr; Staatl. Internatsgymnasium, Technisches Gymnasium, Realschule, Kreisberufsschule, Berufsaufbauschule, Handelsschule, gewerblich-technische Berufsschule. Bedeutender Wirtschaftsfaktor ist der Fremdenverkehr.

P. (slawisch »Plune«) entstand im 12. Jh. im Schutz einer Burg der Grafen von Holstein. Die Siedlung erhielt 1236 Lübisches Stadtrecht. P. war Residenz (bis 1761) der Herzöge von Schleswig-Holstein-Sonderburg-P. – Sehenswert das Schloß (1633 bis 1636 erbaut; von 1867–1918 preußische Kadettenanstalt), das Prinzenhaus (1747) im Schloßpark, der Marstall (1745) und das Rathaus (1746), die Alte Apotheke und das Kreisheimatmuseum.

Pocking

□ 68,98 qkm; ○ Passau; ⚐ Bayern; ✉ 94060; ☎ 08531; 🚗 PA; △ 342 m; 👫 10200.

P. liegt im Rottal an der B 12 dreißig km südlich von Passau. Die St hat Bundeswehrgarnison; Hauptschule, Gymnasium, Sonderschule mit Heim für lernbehinderte Kinder; Ferrosiliziumwerk der Vereinigten Aluminiumwerke AG., Holz- und holzverarbeitende Industrie, Käserei. P. ist Mittelpunkt der Rottaler Pferde- und Fleckviehzucht.

Auf P. Markung bestand im 1. und 2. Jh. n. Chr. eine Römersiedlung. Der Ort wird erstmals 820 in den Traditionen des Klosters Mondsee erwähnt. 1971 wurde P. zur St erhoben. – Sehenswert die Prähistorische Ausstellung (Hauptschule).

Pößneck

○ Pößneck; ⚐ Thüringen; ✉ 07381; ☎ 03647; 🚗 PN; △ 480 m; 👫 17100.

P. ist zu erreichen auf der A 4 / E 40, Ausfahrt Jena-Göschwitz (25 km), auf der A 9 / E 49 / E 51, Ausfahrt Triptis (18 km), sowie auf der B 281; Bahnstation an der Hauptstrecke Nürnberg–Saalfeld–P. (ob. Bf)–Gera–Leipzig; Nebenstrecke: P. (unt. Bf)–Orlamünde. Die nächsten Flughafen sind Erfurt (60 km) und Leipzig/Halle (100 km).

Bildungseinrichtungen: Pflichtschulen, Gymnasium; Sprachheilkindergarten; Staatliche Berufsschule; Musikschule; Volkshochschule, verschiedene andere Träger der Erwachsenenbildung; Bibliothek.

Wirtschaftliches: Maschinenbau; Kunststoffverarbeitung; polygraphische Industrie (Buchproduktion und andere Druckzeugnisse); Leder- und Lederwarenherstellung; Möbelfertigung und Holzverarbeitung; Brauerei, Süßwarenindustrie.

Geschichtliches: P. wird 1324 erstmals schriftlich erwähnt und erhielt 1403 das St-Recht. Während des 14. Jh. bestimmten die Grafen von Schwarzburg als Herren der St und des Umlandes den Gang der Geschichte. Mit der Zeit wechselte jedoch mehrmals die Herrschaft über die Region. Dank der günstigen Verkehrslage konnten sich in P. frühzeitig Handel und Gewerbe entfalten, wobei sich zuerst die traditionellen Berufe wie Tuchmacher, Gerber und Brauer herausbildeten. Im 15. Jh. wurde P. zu einer der fünf thüringischen Kreisstädte bestimmt. Es gehörte in der Folgezeit bis zur Bildung des Freistaates Thüringen im Jahre 1920 verschiedenen sächsischen Herrscherhäusern an. Nach dem 2. Weltkrieg wurde P. erneut mit den Ämtern einer Kreis-St betraut.

Sehenswürdigkeiten und Kulturelles: P. wurde im Geviert angelegt, die St-Mauer mit vier Ecktürmen versehen. Erhalten blieben Mauerreste, der Pulverturm und der sog. Weiße Turm, der 1453 erbaut wurde und eine Höhe von 30 m aufweist. – Der Mkt und der sich anschließende Kirchplatz gehen ineinander über, ihre anliegenden Gebäude bilden ein beeindruckendes städtebauliches Ensemble. Das

Rathaus im spätgot. Stil (zuletzt unter Verwendung von Frührenaissance-Formen) wurde 1478–1531 erbaut. Mit Ziergiebel und überdachter Freitreppe versehen, zählt es zu den schönsten Profanbauten Thüringens. – Pfarrkirche St. Mauritius, einschiffiger spätgot. Bau (beg. 1390, voll. vermutl. erst 1488, erneuert im 19. Jh.), z.T. kostbare Innenausstattung, sehr schönes spätgot. Sterngewölbe. – Mkt-Brunnen mit Marktbornmännchen, dem Sinnbild des wehrhaften Bürgers (1521). – Kulturstätten: Klubhaus, Kulturhaus, Freilichtbühne; Kegelbahn, Freibad, Hallenbad.

Wiederkehrende Ereignisse: Volksfeste im Frühjahr und Sommer; Verbrauchermessen.

Pohlheim

□ 40 qkm; ○ Gießen; ⚐ Hessen; ✉ 35415; ☎ 06403; 🚗 GI; △ 220 m; 👥 15000.

P., das 1970 aus dem Zusammenschluß der bis dahin selbständigen Gemeinden Watzenborn-Steinberg, Garbenteich, Dorf-Güll, Holzheim, Grüningen und Hausen entstand, liegt 50 km nördlich von Frankfurt a.M. im Winkel der Autobahnen A 5/A 7 Frankfurt a.M.–Kassel (Ausfahrten Autobahndreieck Gambach) und A 45 Dortmund–Hanau (Ausfahrten Gambacher Kreuz und Gießener Kreuz). P. hat Grundschule und Gesamtschule; Büromöbelfabrik.

Porta Westfalica

□ 105,13 qkm; ○ Minden-Lübbecke; ⚐ Nordrhein-Westfalen; ✉ 32457; ☎ 0571 (Stadtteil Hausberge a.d.P.); 🚗 MI; △ 42–300 m; 👥 34700.

P.W. ist 1973 aus der ehem. St Hausberge a.d.P. und vierzehn umliegenden Gemeinden unter neuem Namen entstanden. Die St liegt zum größten Teil auf dem rechten Weserufer an der Westfälischen Pforte. Zufahrt über die B 61, B 65 und B 482; Anschluß an die Autobahn A 2 Oberhausen–Hannover (Ausfahrten P.W. und P.W.-Veltheim); Bahnstation an der Strecke Ruhrgebiet–Hannover. P.W. hat Verkehrslandeplatz; Grund- und Hauptschulen, Realschule, Gymnasium, Sonderschule für Lernbehinderte; Möbelindustrie, Maschinenbau, Armaturenfabrik, Schaltkontaktfabrik, Eisengießerei (Glasformen), kunststoffverarbeitende und Grundstoffindustrie (Sand- und Kiesgruben, Eisenerz- und Kalksteingewinnung im Untertagebau); der Ortsteil Hausberge ist Luft- und Kneippkurort.

Hausberge entwickelte sich im Schutz der um 1000 n.Chr. erbauten Burg der Herren zum Berge. Nach dem Aussterben des Geschlechtes kam die Siedlung nach 1400 an das Bistum Minden. 1648 fiel H. mit dem Bistum an Brandenburg-Preußen; 1720 wurde es zur St erhoben. – Sehenswert die Porta Westfalica (Weserdurchbruch) mit dem Denkmal Kaiser Wilhelms I. (1896 errichtet).

Potsdam

□ 100,1 qkm; ○ Potsdam; ⚐ Brandenburg; ✉ 14467*; ☎ 0331; 🚗 P; △ 35,6 m; 👥 141450.

P. ist zu erreichen auf der A 2 / E 30, der A 9 / E 51, der A 10 / E 55, Ausfahrt Marquardt (5 km) oder Ausfahrt Großkreutz (15 km) bzw. Ausfahrt Michendorf (8 km); auf der A 115 / E 51, Ausfahrt P.-Babelsberg, sowie auf der B 1, B 2 und B 273; Bahnhof an der Fernstrecke Berlin–P.–Belzig–Dessau–Bitterfeld–Leipzig; Regionalverkehr: Berlin–Karlshorst–Ludwigsfelde–P.–Werder; S-Bahn-Verbindung nach Berlin. Die nächsten Flughäfen sind Berlin-Tegel (ca. 30 km) und Berlin-Schönefeld (ca. 50 km).

Bildungseinrichtungen: Grundschulen, Gesamtschulen, Realschule, Gymnasien; Förderschulen; Oberstufenzentren für Technik, für Wirtschaft und Verwaltung sowie für Gesundheits- und Sozialwesen; Brandenburgische Landeshochschule; Hochschule für Film und Fernsehen „Konrad Wolf"; Medizinische Fachschule am Bezirkskrankenhaus P.; Fachschule für Gesundheits- und Sozialwesen „Prof. Dr. Karl Gelbke"; Fachschule für Archivwesen; Fachschule für Finanzwirtschaft; Fachschule für Werbung und Gestaltung; Bezirksmusikschule P. „Gebrüder Benda". – P. ist die Hauptstadt und das Verwaltungszentrum des Bundeslandes Brandenburg.

Geschichtliches: Der erste schriftliche Nachweis über die Existenz des Gemeinwesens datiert auf einer Schenkungsurkunde vom 3. Juli 993, mit der Kaiser Otto III. der Äbtissin Mathilde von Quedlinburg den slawischen Flecken „locus Poztupimi" („Unter den Eichen") schenkte. Etwa seit dem Jahre 800 gab es bereits einen slawischen Ringwall. Der Burgvogt der Askanier, die später Markgrafen von Brandenburg waren, ließ im 12. Jh. eine eigene Burg bauen. In ihrem Schutz entstand eine dt. Siedlung. 1317 wird P. (Potztupium, Postamb) erstmals als St bezeichnet. Etwas später (1349) ist auch der „Kytz zu Postamp" erwähnt,

Potsdam, Schloß Sanssouci

der Sitz der P.er Kiezfischer an der Neustädter Havelbucht (als Kiez oder Kietz, slaw. „Hütte", bezeichnete man kleine Slawensiedlungen, die sich häufig nahe dt. Ortschaften und im Schutz von Burgen bildeten). Fischerei in havelländischen Gewässern war offensichtlich der älteste P.er Erwerbszweig. Seit 1409 wurden Gilden der Wollenweber und Gewandschneider registriert. Im Jahre 1411 begann mit dem Burggrafen Friedrich VI. von Nürnberg eine mehr als 500 Jahre dauernde Herrschaft der Hohenzollern über Brandenburg, dessen erster Markgraf er wurde. Während des 30jährigen Krieges wurde P. weitgehend verwüstet, sein Aufschwung begann dennoch gegen Ende dieser Kriegszeit, als Friedrich Wilhelm, der Große Kurfürst und Begründer der brandenburgisch-preußischen Großmacht, das Städtchen zur Residenz erhob. 1664 begann er an der Stelle der alten Burg mit dem Neubau eines Schlosses, das er zu seinem Lieblingsaufenthalt erkor. Davon existiert heute nur noch die 1685 errichtete Orangerie, die später zum Marstall umgebaut wurde. Das Schloß brannte 1945 aus, seine Ruine wurde 1960/61 gesprengt, der Platz blieb unbebaut. Der Große Kurfürst erließ 1685 das Edikt von P., mit dem er französische Hugenotten ins Land holte, um Gewerbe und Wirtschaft aufzubauen; davon partizipierte auch die St. Endgültig erwachte sie jedoch erst unter dem preußischen Soldatenkönig Friedrich Wilhelm I. (1713–40), der bei Regierungsantritt seine königliche Garde, die „Langen Kerls", nach P. in seine Residenz-St holte und sie damit in eine Garnisons-St verwandelte. Am Ende seiner Regierungszeit kamen auf die 12000 EW 4000 Militärs. Erst unter seinem Sohn, Preußens großem König Friedrich II., und mit Hilfe des befreundeten, hochbegabten Baukünstlers Georg Wenzeslaus von Knobelsdorf, wurde P. zu jenem unverwechselbaren Kleinod des Rokoko, das unter dem Begriff „preußisches Versailles" Besucher aus aller Welt anzieht. Sanssouci entstand, es folgten viele andere Bauten, erdacht und konzipiert von den beiden großen Persönlichkeiten ihrer Zeit. Friedrichs Sommerresidenz, das intime Weinbergschlößchen, wurde bald auch zur Herrscherzentrale des Königs, und es war auch der Ort, wo Voltaire mit dem König philosophische Gespräche führte. Aber auch Friedrich der Große machte P. zur größten preußischen Garnison; 1779 kamen auf 19500 Zivilisten 8200 Soldaten. Kriege und Militär kosteten viel Geld – die Wirtschaft mußte blühen, um es einzubringen. Facharbeiter aus Lüttich wurden für die Gewehrfabrik angeworben, böhmische Protestanten siedelte der König in der Weberkolonie Nowawes an. Knobelsdorff, der berühmteste Architekt des friederizianischen Potsdams, verlieh der königlichen Residenz ein neues Gesicht. Teile der Neustadt und nahezu die gesamte Altstadt wurden abgerissen und neu aufgebaut: Der „Alte Markt" beispielsweise erlebte eine Wiedergeburt in Form eines römischen Renaissanceplatzes und erhielt dazu auch das „Alte Rathaus"; Bürger und Handwerker bekamen repräsentative Wohnhäuser. 1945 zum Teil ausgebrannt oder zumindest schwer beschädigt, fielen sie der „modernen" Städteplanung zum Opfer. Der Alte Markt büßte seine architektonische Geschlossenheit ein, der Grundriß der Altstadt wurde weitgehend überbaut. – Im Schloß Cecilienhof besiegelten die Staatsoberhäupter der Siegermächte des 2. Weltkrieges Deutschlands jahrzehntelange Teilung im sogenannten „Potsdamer Abkommen".

Sehenswürdigkeiten: Im Park von Sanssouci das gleichnamige Schloß, Bildergalerie, Damenflügel, Neue Kammern, Neues Palais, Orangerie mit Aussichtsturm, Chinesisches Teehaus; im Park Charlottenhof das gleichnamige Schloß, Römische Bäder, Schloß Cecilienhof, Neuer Garten, Wasserwerk (Moschee), Schloß Babelsberg; in der St eine Vielzahl von Galerien, mehrere Theater, Musiktheater und Konzertstätten; Museen; ferner Jagdschloß Stern Babelsberg; „Potsdam-Museum", Filmmuseum; Botanischer Garten.

Wiederkehrende Ereignisse: Musikfestspiele in Sancssouci (Mitte–Ende Juni), Säulenhofkonzerte im Park von Sanssouci (Ende Juli–Anf. August); Ballettabende im Schloßtheater, Konzerte in den Neuen Kammern, Tanz an der Großen Fontäne im Schloß Sanssouci; Werderaner Baumblüte; Lichterfest als Kulturfest der Familien (Ende August); Hafenfest, ein

Volksfest an der Anlegestelle der Weißen Flotte; Herbstfest (Mitte Sept.–Anf. Okt.).

Preetz (Holstein)

□ 14,40 qkm; ○ Plön; ⚐ Schleswig-Holstein; ✉ 24211; ☎ 04342; 🚗 PLÖ; △ 64 m; 👫 15000.

P., Luftkurort an der Schwentine 15 km südöstlich von Kiel am Rande der Holsteinischen Schweiz, ist über die B 76 zu erreichen. Bahnstation an der Strecke Kiel–Lübeck. Die St ist Sitz der Amtsverwaltung P.-Land, hat Realschule, Gymnasium, Landwirtschaftsschule, Kreisberufsschule, Sonderschule für Sprachbehinderte; Kreiskrankenhaus. Druckerei, Schnellgerichte- und Konserven-, Fleisch- und Wurstwaren- sowie Malzfabrik; bedeutenden Fremdenverkehr.

P. ist Einkaufszentrum für die ländliche Umgebung und bevorzugte Wohngemeinde im Wirtschaftsraum von Kiel (starker Auspendlerverkehr). In der Nähe von P. wird Erdöl gewonnen.

P., erstmals 1226 urkundlich erwähnt, besitzt ein ehem. Benediktinerinnenkloster (gegr. um 1211) mit got. Kirche (vor 1350, z.T. barock um- und ausgestaltet). Zur St erhoben wurde P. 1870.

Premnitz

□ 11,88 qkm; ○ Rathenow; ⚐ Brandenburg; ✉ 14727; ☎ 03386; 🚗 RN; △ 30 m; 👫 11500.

Die Industrie-St P. an der Havel ist zu erreichen auf der A 2 / E 30, Ausfahrt Brandenburg (ca. 30 km), sowie auf der B 102; Bahnhof an der Reichsbahnstrecke Brandenburg–P.–Rathenow–Neustadt (Dosse). Der nächste Flughafen ist Berlin-Schönefeld (ca. 85 km).

Bildungseinrichtungen: Grundschulen, Gesamtschule, Gymnasium; Förderschule für Lernbehinderte; Außenstelle der Kreisberufsschule; St-Bibliothek.

Wirtschaftliches: Chemiefaser-Großbetrieb „Märkische Faser AG“.

Geschichtliches: Im Landbuch Kaiser Karls IV. wird der Ort 1375 erstmals erwähnt. In den folgenden 500 Jahren blieb er ein unbedeutendes Ackerbauern- und Fischerdorf. Mitte des 19. Jh. setzte mit der Inbetriebnahme von Ziegeleien – sie wurden typisch für die westliche Mark Brandenburg – die Industrialisierung ein. 1915 errichtete man eine Schießpulverfabrik. Die IG-Farben-Werke bauten einige Jahre später in P. eine große Kunstfaserfabrik, in der 1923 erstmals die weltbekannte „Vistra“-Zellwolle hergestellt wurde. Heute firmiert das Werk unter der Bezeichnung „Märkische Faser AG“.

Kulturelles: Jugendzentrum; Freizeitzentrum mit Sauna, Schwimmbad, Fitness-Center und Solarium. Vereins- und Klubleben durch Blasorchester, Sing-Gemeinschaft, Kulturbund, Turn- und Sportvereinigung sowie den P.er „Carnevalsclub“.

Wiederkehrende Ereignisse: „Dachsbergfest“ am P.er See (Anf. Aug.–Anf. Sept.).

Prenzlau

□ 69,5 qkm; ○ Prenzlau; ⚐ Brandenburg; ✉ 17291; ☎ 03984; 🚗 PZ; △ 35 m; 👫 22750.

P., gelegen am Unterueckersee, ist zu erreichen auf der A 11 / E 28, Ausfahrt P. (ca. 10 km) oder Ausfahrt Schmölln (ca. 15 km), sowie auf der B 109 und der B 198, die einander in der St kreuzen; Bahnhof an der Reichsbahnstrecke Leipzig–Berlin–Angermünde–P.–Stralsund; ferner Ausgangsbahnhof der Nebenstrecken P.–Damme (Uckermark)–Gramzow bzw. P.–Damme (Uckermark)–Löcknitz; Nebenstrecke P.–Strasburg (Meckl). Die nächsten Flughäfen befinden sich in Berlin (ca. 100–120 km); Sportflugplatz für Kleinflugzeuge in Dedelow (ca. 8 km).

Bildungseinrichtungen: Grund- u. Gesamtschulen, Gymnasium; Förderschule für Lernbehinderte, Fördereinrichtung für behinderte Kinder; Volkshochschule, Berufsschule und medizinische Fachschule; Musikschule.

Wirtschaftliches: Metallverarbeitung, Maschinenbau, Elektronikunternehmen; Bauindustrie; Holzverarbeitungsfabrik, Agrarproduktenhandel (Getreidesilos); Fleischwarenherstellung, Molkerei (Milchhof mit Trockenmilchwerk), Zuckerfabrik; Backwarenerzeugung.

Geschichtliches: Papst Clemens III. erwähnt 1188 in einer Urkunde „Burg Prenzlau mit Markt und Krug“. Das St-Recht nach Magdeburger Muster wurde P. 1234 durch Barnim I. von Pommern verliehen. 1250 gerieten P. und die Uckermark unter brandenburgische Herrschaft, diese ging 1426 in den Besitz der Brandenburger Hohenzollern über. Ab 1287 begann man, die St mit einer ma. Wehranlage zu umgeben, die 9 m hoch war und 60 Wehrtürme und 4 St-Tore besaß. Die erste St-Ordnung datiert aus dem Jahre 1465. Ein gewaltiger St-brand richtete 1483 verheerende Zerstörungen an. Im 16. Jh. war P. bereits wieder die fünftgrößte St der Mark Brandenburg. Im 30jährigen Krieg wurde P. ab 1625 von Plünderungen und Brandschatzungen heimgesucht. Jacob Philipp Hackert, berühmter Landschaftsmaler und ein Freund Goethes, wurde 1737 in P. geb. Im Jahre 1806 kapitulierte Prinz Hohenlohe in P. nach der Schlacht von Jena und Auerstädt vor den Franzosen. Die Einteilung der Uckermark in die Kreise P., Templin und Angermünde nahm man 1817 vor. Nach der Eröffnung der Eisenbahnlinie Angermünde–P.–Anklam 1863 setzten in der 2. Hälfte des 19. Jh. Anfänge einer Industrie ein: Eisengießerei, Maschinenbauanstalt, Brauerei, Schlachthof, Zuckerfabrik. – 1945 war P. zu 85% zerstört. Von der got. Marienkirche (1289–1340) mit ihrem kunstgeschichtlich wertvollen, frei vor die Giebelflächen gestellten Maßwerk aus glasierten roten und schwarzen Formsteinen, blieb nur eine Ruine übrig. Ihr Wiederaufbau begann 1970, nachdem man bereits 1952 an die planmäßige Erneuerung der St gegangen war.

Sehenswürdigkeiten und Kulturelles: St-Mauer, zu 75% erhalten, mit Wiekhäusern und Mauertürmen, darunter den Hexen- oder Pulverturm, den Mitteltor- und den Blindower Turm; Volkssternwarte, untergebracht im Steintorturm; ehem. Dominikaner-Kloster (Baubeginn 1275, sonst 14. Jh.), Klostergebäude nahezu vollständig erhalten, (genutzt als Kreis-Heimatmuseum), Dominikaner-Klosterkirche zum hl. Kreuz, jetzt „Nikolaikirche" (13./14. Jh.); Rathaus im Barockstil (1724) unter Verwendung von Teilen eines gotischen Baues aus dem Ma. – Kulturhaus „Arche".

Preußisch Oldendorf

☐ 69,69 qkm; ○ Minden-Lübbecke; ⚐ Nordrhein-Westfalen; ✉ 32361; ☎ 05742; 🚗 MI; △ 65 m; 👫 10400.

P.O. liegt am Nordhang des Wiehengebirges 32 km östlich von Osnabrück an der B 65; Bahnstation an der Nebenstrecke Bohmte–Lübbecke. Die St hat Hafen am Mittellandkanal (Stadtteil Getmold); Realschule, Volkshochschule; Margarinewerke, Betrieb zur Herstellung von Zierfischnahrung, Holz-, Möbel-, Textil- und kunststoffverarbeitende Industrie, Lackfabrik. P.O. ist staatlich anerkannter Luftkurort mit bedeutendem Fremdenverkehr (Stadtteile P.O., Holzhausen und Börninghausen).

Kirche (Wehrkirche) und Siedlung »Aldenthorpe« (altes Dorf), erstmals 969 bezeugt, lagen an der alten Heerstraße zwischen Osnabrück und Minden. O. kam über die Bistümer Osnabrück, Minden und die Grafen von Rabensburg 1609 an Brandenburg. 1719 erhielt es das Stadtrecht. Anfang des 19. Jh. entstand die Bezeichnung Preußisch O. im Unterschied zu Hannoversch O. und Hessisch O. – Sehenswert die Wehrkirche aus dem 13. Jh., die gotische Hallenkirche mit Flügelschnitzaltar und Barockorgel, die Fliehburg Limberg, das Jagdschloß Engershausen, das Barockschloß Hüffe und die Rittergüter Hudenbeck und Crollage im Weserrenaissancestil.

Prien a. Chiemsee

☐ 20,84 qkm; ○ Rosenheim; ⚐ Bayern; ✉ 83209; ☎ 08051; 🚗 RO; △ 520–610; 👫 8800.

P., am Westufer des Chiemsees 5 km nördlich der Autobahn A 8 München–Salzburg (Ausfahrt Bernau) gelegen, ist Luftkurort und Kneippkurort mit regem Fremdenverkehr. IC-Station (Ferien-Zielbahnhof) an der Strecke München–Salzburg; Bahnstation der Chiemgau-Bahn Prien–Aschau; Chiemseeschiffahrt nach Herrenchiemsee und Frauenchiemsee. Der Mkt hat Realschule, Gymnasium, Waldorfschule, Musikschule, Volkshochschule, Goethe-Institut; Galerie im Alten Rathaus; Kliniken für Innere Medizin, Orthopädie, Urologie und Frauenheilkunde; Spielkartenfabrik, Druckereien, Datenverarbeitung, Papierfabrik, Maschinenbau, kunststoffverarbeitende Industrie.

P. wird erstmals 1158 als Besitz der Grafen von Falkenstein urkundlich erwähnt; zum Markt wurde P. 1897 erhoben. – Sehenswürdigkeiten: Pfarrkirche Mariä Himmelfahrt (barockisiert 1735–40) mit einem Deckengemälde (Schlacht bei Lepanto) von Joh. Baptist Zimmermann; Kirche St. Jakobus in P.-Urschalling (got.-romanischer Freskenzyklus aus dem 12.–14. Jh.); Heimatmuseum. – Alljährlich Katharinenmarkt (seit 1438).

Pritzwalk

☐ 40 qkm; ○ Pritzwalk; ⚐ Brandenburg; ✉ 16928; ☎ 03395; 🚗 PK; △ 85 m; 👫 12000.

P. ist zu erreichen auf der A 24 / E 26, Ausfahrten Suckow (ca. 22 km), Putlitz (ca. 20 km),

Meyenburg (10 km) bzw. Ausfahrt P. (ca. 16 km); Eisenbahnknotenpunkt: Hauptstrecke Güstrow–Karow–Meyenburg–P.–Wittenberge; weitere Strecken P.–Neustrelitz-Süd und P.–Kyritz–Neustadt (Dosse); ferner P.–Putlitz. Die nächsten Flughäfen liegen in Berlin (ca. 120–150 km).

Bildungseinrichtungen: verschiedene Pflichtschulen, Gymnasium; Förderschule mit Internat; Berufsschule; Volkshochschule; umfangreiche St-Bibliothek.

Wirtschaftliches: Molkerei, Großbäckerei, Brauerei, Nahrungsgüterproduktion; Holzverarbeitung; metallverarbeitende Firmen; Werke zur Herstellung von Arbeitsbekleidung; Handwerksbetriebe unterschiedlicher Branchen; Bauunternehmen.

Geschichtliches: Nach der Eroberung der slawischen Region Prignitz im Zuge der dt. Ostexpansion (1147) errichtete der Adel an Wegen, die sich über der Dömnitz kreuzten, in P. eine Burg. Aus der Ansammlung von Handwerker- und Händlerhäuschen entstand zu ihren Füßen ab Ende des 12. Jh. die St-Bürger-Siedlung P. Sie erhielt vom Fürstenhaus der Askanier das St-Recht nach dem Muster des altmärkischen Seehausen. Im Verlauf des 14. Jh. entstand aus Feldsteinen eine St-Mauer mit Wehrtürmen und drei Toranlagen. Rathaus und Kirche mit Friedhof lagen in der St-Mitte. Während des 14. Jh. war P. kurze Zeit Mitglied der Hanse, wodurch es zum Handelszentrum der Priegnitz wurde. Die St entfaltete sich unter diesen Verhältnissen zu einer blühenden Ackerbürger-St, in der das Tuchmacherhandwerk dominierte. Aus ihm entstand im 19. Jh. eine Tuchmacherindustrie, die sich bis in die Mitte des 20. Jh. behaupten konnte. – Noch im April 1945 erlitt P. durch Kriegseinwirkungen schwere Schäden; 1954 konnte man endlich mit dem Wiederaufbau der St beginnen. Im Zuge der Errichtung eines neuen Zahnradwerkes entstanden ab 1960 die Teilstädte „Zur Hainholzmühle" und „Pritzwalk Nord", so daß P. heute aus fünf Stadtteilen besteht. – Im NW des Landes Brandenburg gelegen, grenzt der Kreis P. an Mecklenburg-Vorpommern. Auf seiner gesamten Fläche (764 qkm) zeigt sich der typische Charakter einer Endmoränen-Landschaft der Nacheiszeit mit stetig wechselnden Gegenden von Wiesen, Weiden, Feldern und Flurgehölzen, die von fischreichen Bächen und Gräben durchzogen wird. Trotz der in den letzten Jahrzehnten intensiv betriebenen Landwirtschaft haben Flora und Fauna sich weitgehend erhalten; wichtige Arten konnten überleben.

Sehenswürdigkeiten und Kulturelles: Rathaus (Schinkel-Nachfolgebau); Pfarrkirche St. Nikolai, dreischiffige spätgot. Backstein-Hallenkirche (voll. 1451); Bismarckturm und Freilichtbühne; Teil der St-Mauer mit Wehrturm; Hainholz mit Naturschutzstation, Waldgaststätte, Waldheim und Freibad; Heimat- und Regionalmuseum; Sportstadion; Pferdesportanlage; Fliegerklub.

Wiederkehrende Ereignisse: Museale Ausstellungen mit Themen zur Prignitz; Handwerker- und Gewerbemesse; Weihnachts-Mkt.

Prüm

□ 22,82 qkm; ○ Bitburg-Prüm; ⚐ Rheinland-Pfalz; ✉ 54595; ☎ 06551; 🚗 BIT; △ 450 m; 👥 5100.

P., am Kreuzungspunkt der B 51, B 410 und B 411 in der Eifel gelegen, hat Amtsgericht, Verbandsgemeindeverwaltung; Realschule, Gymnasien, Sonderschule für geistig behinderte Kinder, Handelsschule, Landwirtschaftsschule, Berufsschule; Holz- und metallverarbeitende Industrie.

721 gründeten Benediktiner das Kloster P. (im 18. Jh. Neubau), das später als Reichsabtei und Mittelpunkt eines selbständigen Fürstentums zu den mächtigsten Klöstern des Landes zählte. Die Klosterschule war im MA. ein Zentrum abendländischer Geschichtsschreibung (berühmter Geschichtsschreiber und Musiktheoretiker Abt Regino von Altrip, gest. 915). 1576 wurde das Fürstentum dem Kurstaat Trier einverleibt. 1802 fiel die Abtei (mit dem 1190 in Niederprüm gegründeten Benediktinerinnenkloster) und das 1016 gegründete Chorherrenstift der Säkularisation zum Opfer. Im 2. Weltkrieg wurde P. (1222 als St erstmals erwähnt) fast völlig zerstört (1944).

Bedeutendster historischer Bau ist die Salvator-Basilika, ein spätgotischer Kirchenraum mit barocker Ausstattung (Altar 1726, Chorgestühl 1731; Kanzel 1590, Schrein mit Sandalen Christi, Grab Kaiser Lothars I., gest. 855); die Abtei ist ein Bau von Balthasar Neumann und seinem Schüler Joh. Seitz.

Puchheim (Oberbayern)

□ 12,23 qkm; ○ Fürstenfeldbruck; ⚐ Bayern; ✉ 82178; ☎ 089; 🚗 FFB; △ 520 m; 👥 18500.

P., rasch gewachsene Wohngemeinde an der B 2 an der westlichen Stadtgrenze von München und Bahnstation an der Strecke München–Lindau/Bodensee, hat Grund- und Hauptschule, Realschule, Gymnasium; Kälte- und Wärmeschutzindustrie, Maschinenbau.

»Buocheim« wird 770 erstmals urkundlich erwähnt.

Püttlingen

☐ 23,92 qkm; ○ Stadtverband Saarbrücken; ⚐ Saarland; ✉ 66346; ☎ 06898; 🚗 SB; △ 201–406 m; 👪 20500.

P., 16 km nordwestlich von Saarbrücken im Köllertal gelegen, hat Anschluß an die Autobahn A 8 Pirmasens–Luxemburg (Ausfahrt P.); Grundschulen, Hauptschulen, Realschule, Musikschule, hauswirtschaftl. Berufsschule, Kreissonderschule; Krankenanstalten der Bundesknappschaft; eisenverarbeitende Industrie.

P., erstmals 1224 urkundlich erwähnt, war bis 1778 Sitz der Herrschaft P. (ab 1365 Kriechingen-P.), einer Enklave im Gebiet der Grafschaft Saarbrücken. Von 1778 bis 1791 gehörte P. zu Nassau-Saarbrücken; 1815 kam es an Preußen.

Seit 1866 wurde in P. Steinkohle abgebaut (Stillegung der Grube 1963). Die Arbeiterwohngemeinde (Auspendler nach Saarbrükken) erhielt 1968 Stadtrecht. – Bemerkenswerte Reste einer im 14. Jh. errichteten Wasserburg.

Pulheim

☐ 72,03 qkm; ○ Erftkreis; ⚐ Nordrhein-Westfalen; ✉ 50259; ☎ 02238 (Stommeln); 🚗 BM; △ 50 m; 👪 47900.

P., 5 km nordwestlich von Köln an der B 59 gelegen, hat Anschluß an die Autobahnen A 1 (Ausfahrt Köln-Bocklemünd) und A 57 (Ausfahrt Köln-Chorweiler); Realschule, Gymnasium; Betonindustrie.

Die St ist als Wohnvorort von Köln nach dem 2. Weltkrieg überdurchschnittlich gewachsen (1939 2700 EW). 1975 wurden P. im Rahmen der Gebietsreform verschiedene Nachbargemeinden (Stommeln, Brauweiler u.a.) eingegliedert.

Quakenbrück

☐ 17,95 qkm; ○ Osnabrück; ⚐ Niedersachsen; ✉ 49610; ☎ 05431; 🚗 OS; △ 40 m; 👪 10000.

Q., 50 km nördlich von Osnabrück an der Hase und an der B 68 gelegen, hat Anschluß an die Autobahn A 1 Bremen–Münster (Ausfahrt Dinklage). Bahnstation der Strecke Wilhelmshaven–Oldenburg–Osnabrück–Ruhrgebiet. Q. ist Sitz des Deutschen Instituts für Lebensmitteltechnik; hat Verwaltung der Samtgemeinde Artland, Zollamt; Realschule, Sonderschule für Lernbehinderte, Gymnasium, Schwesternvorschule und Schwesternschule; Fahrradindustrie (Kynast), Landmaschinenindustrie und Rohrleitungsbau.

Q. ist aus einem bischöflichen Fronhof hervorgegangen, auf dessen Gebiet Bischof Konrad I. um 1235 eine Landesburg, einen Marktflecken und ein Stift gründete. Im 14. Jh. erhielt der Flecken das Osnabrücker Stadtrecht; 1544 wurde Q. Mitglied der Hanse. 1802 kam es mit dem Hochstift Osnabrück unter Hannoversche Herrschaft, bei der es mit einer Unterbrechung von 1805 bis 1814 bis 1866 verblieb; danach kam die St an Preußen.

Von den erhaltenen historischen Bauten sind bemerkenswert die gotische Hallenkirche St. Sylvester, das 1485 errichtete Stadttor „Hohe Pforte" sowie zahlreiche Patrizier- und Burgmannshäuser des 16. bis 18. Jh.

Quedlinburg

☐ 78 qkm; ○ Quedlinburg; ⚐ Sachsen-Anhalt; ✉ 06484; ☎ 03946; 🚗 QLB; △ 125 m; 👪 29000.

Q. ist zu erreichen auf der B 6 und B 79; Endbahnhof der Strecke Ascherleben–Gernrode (Harz) – Q. Der nächste Flughafen ist Leipzig/Halle (ca. 90 km); Verkehrslandeplatz für kleinere Maschinen in Ballenstedt (ca. 10 km).

Bildungseinrichtungen: Grundschulen, Sekundarschulen, Gymnasien; Förderschule. Kaufm.-Gewerbl. Berufsschule; Fachschule für Gartenbau; Medizinische Fachschule; Bundesanstalt für Züchtungsforschung an Kulturpflanzen.

Wirtschaftliches: Kiesabbau; „Philopharm Quedlinburg"; Metallverarbeitung und Veredelung; Werkzeugbau; Leichtmetallbau; Chemische Industrie; Kunststoffverarbeitung; Meß- und Regelungstechnik; Möbelindustrie; Schmuckherstellung, Papier- und Druckerzeugnisse; traditionsreiche Samen- und Pflanzenzucht.

Geschichtliches: Die 1000jährige St Q. liegt in einer reizvollen Landschaft am Nordrand des Harzes und wird von der Bode durchflossen. Bereits im 10. Jh. spielte die Burg eine

Quedlinburg
Markt mit Rathaus und Grünhagenhaus

wichtige Rolle: „Actum in villa, quae dicitur Quitilingaburg" (getätigt im Landgut, das „Quedlinburg" genannt wird) – so beurkundete im April 922 König Heinrich I. in seiner Lieblingspfalz auf dem heutigen Schloßberg. Dort fand der erste dt. König auch seine letzte Ruhestätte. Beim Vogelfang am „Finkenherd" soll man ihm 919 die Krone gebracht haben. Seine Gemahlin Mathilde gründete hier ein Frauenstift, dessen Äbtissinnen fast 900 Jahre lang die Geschicke der St bestimmten. Bedeutende Bauten der Romanik, so die Stiftskirche St. Servatius und die 1000jährige Wiperti-Krypta, erinnern an diese Zeit. Ende des 10. Jh. entwickelte sich Q. aus einer ersten kleinen Kaufmannssiedlung, der heutigen Altstadt. 994 erhielt sie Markt-, Münz- und Zollrecht. Im 1200 Jh. entstand die Neustadt um den Mathildenbrunnen, 1310 wurde erstmals das Rathaus erwähnt, 1426 ließ die St auf dem Mkt-Platz ihren Roland aufstellen. Im gleichen Jahr trat sie, wirtschaftlich erstarkt, der Hanse bei und verblieb in dem Verbund bis 1477. In diese Zeit fiel der Versuch, sich aus der Abhängigkeit des „Kaiserlichen Freiweltlichen Frauenstiftes" zu lösen, was jedoch mißlang. Q. blieb eine Kleinstadt, die in den folgenden Jahrhunderten durch die Landwirtschaft zu Wohlstand kam. „Quellnborjer Brennewien" und „Quellenborjer Masteschwien" waren und sind bekannte Markenzeichen; im 19. Jh. kam die Samen- und Pflanzenzucht hinzu. Die einstigen großen Saatzuchtfirmen Dippe und Mette versorgten bis zum 2. Weltkrieg ein Drittel der Gemüseproduzenten auf der Erde mit Saatgut und verhalfen Q.s Ruf als Blumen-St zu Weltruhm. Dieser Wirtschaftszweig hat noch heute große Bedeutung. – Q. ist Geburtsort berühmter historischer Persönlichkeiten: Am 2. Juli 1724 wurde der Dichter Friedrich Gottlieb Klopstock, ältestes von 17 Kindern einer angesehenen Bürgerfamilie, hier geboren; sein Werk leitete eine neue Epoche der dt. Literaturgeschichte ein. – Ein Denkmal ist dem Turnpädagogen und Begründer des Schulsportes, Johann Christoph GutsMuths gewidmet, der 1759 in der „Pölle" geboren wurde. Neben ihm auf dem Denkmal steht eine Knabengestalt: Der Sohn Carl des Q.er Arztes Dr. Ritter fand in GutsMuths einen Förderer und Lehrer. Carl Ritter gilt als Begründer der wissenschaftlichen Erdkunde und war der erste Professor für Geographie an der Humboldt-Universität in Berlin. – In einem Haus am Q.er Steinweg wurde 1715 Dorothea Christina Erxleben geboren. Als Pfarrersfrau und Mutter von neun Kindern promovierte die Achtunddreißigjährige 1754 als erste dt. Ärztin in Halle zum Doktor der Medizin.

Sehenswürdigkeiten und Kulturelles: Schloßberg und Stiftskirche; Geburtshaus Klopstocks; Finkenherd; Rathaus mit kleinstem Roland; Wiperti-Krypta (10. Jh.); Münzenberg; „Kunsthoken". Der Innenstadtring prägt mit mehr als 1500 Fachwerkhäusern aus sechs Jahrhunderten auf einer Fläche von etwa 78 ha ein unverwechselbares architektonisches Bild der denkmalgeschützten St und zeigt die Entwicklung des Fachwerkbaus von seiner ältesten Form, dem Ständerbau, über alle Stufen, Ausprägungen und Eigenwilligkeiten. Mehrere Straßenzüge präsentieren sich im Schmuck der Fächerpalmetten und Brüstungssonnen, der Schiffskehlen und Taustäbe, der geschnitzten Balkenköpfe und Andreaskreuze. – Kulturstätten: Schloßmuseum; Klopstock-Museum; Lyonel-Feininger-Galerie; Fachwerkmuseum (Ständerbau 14. Jh.); Galerie „Q-Art"; Städt. Bühnen Quedlinburg; St.-Nikolai-Kirche; Mkt-Kirche.

Wiederkehrende Ereignisse: Altstadtfest, Blumenfest (beide jährl.); Frühlings- und Herbstkirmes; Rathauskonzerte, Domkonzerte; Weihnachts-Mkt.

Quickborn (Kr. Pinneberg)

□ 43,21 qkm; ○ Pinneberg; ⚐ Schleswig-Holstein; ✉ 25451; ☎ 04106; 🚗 PI; △ 26 m; 👫 18000.

Q., 25 km nördlich von Hamburg in der Q. Heide gelegen, ist über die B 4 und Autobahn A 7 Hamburg–Flensburg (Ausfahrt Q.) zu erreichen. Die aufstrebende Großgemeinde im Hamburger Wirtschaftsraum hat Realschule, Gymnasium, Volkshochschule; kleinere und mittlere Industrie- und Gewerbebetriebe (Herstellung von Schallplatten, Süßwaren u.a.). – Bemerkenswert die klassizistische Kirche (1807–09, Turm 1863).

Quierschied

☐ 20,21 qkm; ○ Saarbrücken; ⚐ Saarland; ✉ 66287; ☎ 06897; 🚗 SB; △ 285 m; 👫 16000.

Q., 12 km nördlich von Saarbrücken im Fischbachtal gelegen, ist über die Autobahnen A 1 Saarbrücken–Trier (Ausfahrt Q.) und A 8 Saarlouis–Neunkirchen–Pirmasens (Ausfahrten Merchweiler und Friedrichsthal) zu erreichen. Die Gm hat Amtsverwaltung (für Q., Fischbach-Camphausen, Göttelborn); Grund- und Hauptschule mit Realschulaufbauzug, Volkshochschule; Bundesknappschaftsklinik; Kraftwerk und zwei Bergwerke der Saarbergwerke AG, Textilindustrie und zahlreiche mittelständische Betriebe.

»Quirnesceit« wird erstmals 999 in einer Schenkungsurkunde von Kaiser Otto III. erwähnt. In den folgenden Jahrhunderten wechselte der Ort als Lehen und Unterlehen häufig den Besitzer. 1635 wurde er völlig niedergebrannt und lag lange Zeit öde (Neubesiedlung 1685). Von 1797 bis 1815 gehörte Q. zu Frankreich; danach kam es an Preußen.

Die Entwicklung zum Industrieort begann nach 1871 mit dem Abteufen der Steinkohlengruben. Heute besitzt Q. den Charakter einer Wohngemeinde.

Radeberg

☐ 15,9 qkm; ○ Dresden; ⚐ Freistaat Sachsen; ✉ 01454; ☎ 03528; 🚗 DD; △ 120 m; 👫 15000.

R. ist zu erreichen auf der A 4 / E 40, Ausfahrten Ottendorf-Okrilla (8 km) und Pulsnitz (6 km), sowie auf der B 6, die südl. an R. vorbeiführt (ca. 8 km); Bahnhof an der Strecke Dresden–R.–Arnsdorf (b. Dresden)–Bischofswerda. Der nächste Flughafen ist Dresden/Klotzsche (ca. 15 km).

Bildungseinrichtungen: Grundschulen, Mittelschulen, Gymnasium; Förderschule.

Wirtschaftliches: Exportbier-Brauerei; Glasherstellung; Baumaschinen, Elektronik-Betriebe; Möbelproduktion.

Geschichtliches: Der Name „Radeberg" wird 1219 erstmals urkundlich erwähnt. Um 1200 ist die R.er Burg entstanden (schriftl. Nachweis 1289). Von ihr gingen im 13. und 14. Jh. großangelegte Rodungen in der Umgebung von Burggrafenheide und des oberen Rödertales aus, vorgenommen von thüringischen und fränkischen Bauern. Neben dem „Burglehn", das bis 1840 zum Bestand der Burg zählte, wurde schon früh im Bereich des Kreuzungspunktes der Salzstraße von Halle nach Nordböhmen und der Handelsstraße Dresden–Pillnitz–Kamenz eine Siedlung angelegt. Sie stellt das Areal um den heutigen Mkt dar. An Bedeutung gewann vor allem das Handwerk. Das St-Recht erwarb R. sich 1412. Zugleich mit dem Brau- und Schankrecht wurde den EW der St auch der Salzmarkt innerhalb der „Bannmeile" zugesprochen, in deren Umkreis niemand Handel treiben durfte. R. wurde mit schützenden Mauern umgeben und erhielt St-Tore an fünf Ausfallstraßen. Die kleine ma. St wurde bald zu eng, so daß sich außerhalb der Schutzanlagen Vorstädte bildeten, die schließlich angegliedert wurden. Mit einem „Wappenbrief" beurkundete man 1507 der St ein neues Wappen, das es bis auf den heutigen Tag führt. St-Brände von 1523, 1714 und 1741, dazu Hungersnöte, Kriege und Pest, warfen R. wiederholt in seiner Entwicklung zurück. Der Bau einer Eisenbahn von Dresden nach Görlitz (1844/45) war für die St von unschätzbarem Nutzen. Man rechnete R. bald zu den wichtigsten Industriestädten. Die erste Glashütte wurde 1858 gegründet, weitere folgten, so daß sich in R. eine bedeutende Glasindustrie entwickelte. – Eine 1865/66 errichtete kleine Privatbrauerei „Zum Bergkeller" wurde Basis der 1872 gebildeten Aktiengesellschaft, die seit 1885 das traditionelle „Radeberger Pilsner" liefert. – In einer Meierei der St stellte man 1881/82 den ersten dt. Camembert her; der Betrieb wurde zur Muster- und Lehrkäserei, von der aus sich die Produktion jener Käsesorte über das gesamte dt. Reich ausbreitete. – Die Entstehung des R.er Karosseriebaues geht auf das Jahr 1864 zurück; damals begannen die Gebrüder Hoyer ihre Kutschwagen-Fabrikation – Zu den bedeutendsten entwicklungsgeschichtlichen Ereignissen der St zählt der Bau des „Feuerwerkslaboratoriums" (1913). Mit ihm entstand ein nach modernsten Gesichtspunkten angelegter Rüstungsbetrieb. Nach dem 1. Weltkrieg siedelten sich an seiner Stelle die Rundfunkindustrie und die Nachrichtentechnik an.

Sehenswürdigkeiten und Kulturelles: Renaissance-Schloß (1543–68), jetzt Heimatmuseum; elegantes Barock-Rathaus mit schlanker Zwiebelturmlaterne; reizvoller Mkt-Platz; historische „Hüttermühle" im Landschafts-

Schutzgebiet Hüttertal; Sternwarte; Sportanlagen.

Radebeul

□ 26,3 qkm; ○ Landkreis Dresden; ⚐ Freistaat Sachsen; ✉ 01445; ☎ 0351; 🚗 DD; △ 115 m; 👫 30 500.

Radebeul wird erreicht über die A 4 / E 40 und A 13 / E 55 (Ausfahrt Dresden-Neustadt) sowie über die B 6 und B 101, die jedoch nicht durch die Stadt führen. Die St liegt an den Eisenbahnstrecken Dresden–Leipzig und Dresden–Berlin, hat drei Haltstellen der S-Bahn Meißen–Dresden–Schöna. Ab Bf Radebeul-Ost führt eine Schmalspurbahn durch den Lößnitzgrund nach Radeburg. Straßenbahnverbindung von Weinböhla und R. bis Dresden (längste dt. Straßenbahnlinie). Flughafen Dresden-Klotzsche (ca. 15 km).

R. hat Stadtverwaltung, Polizeistation, Sächs. Umweltfachamt. Bildungseinrichtungen: Grund-, Mittel-, Realschulen und Gymnasien, Förderschule für Lernbehinderte; Musikschule; Volkshochschule; Sächs. Justizhochschule. Theater: Landesbühnen Sachsen.

Wirtschaft: Arzneimittelwerk GmbH; Planeta-Druckmaschinen, Lack- und Farbenindustrie; Gewerbegebiete mit mittelständischer Industrie; Gartenbau und Weinbau.

Geschichte: R. liegt am rechten Elbufer zwischen Dresden und Meißen am Fuße der Lößnitzer Weinberge, dem nördlichsten dt. Weinanbaugebiet. Die St. entstand aus den Gemeinden Radebeul, Zitzschewig, Naundorf, Kötzschenbroda, Lindenau, Fürstenhain, Wahnsdorf, Serkowitz, Ober- und Niederlößnitz, deren erste urkundl. Erwähnung z. T. bis ins 12. Jh. zurückgeht. Das Gebiet wurde von Sorben und von fränkischen und niedersächsischen Siedlern urbar gemacht und wirtschaftlich genutzt. Auch die Elbfischerei bildete eine Lebensgrundlage. Weinbau ist schon seit dem 11. Jh. nachgewiesen. In den Hussitenkriegen (1429) und im 30jähr. Krieg sind viele der Dörfer niedergebrannt worden. Pestepidemien in den Jahren 1626, 1632/33 und besonders 1680 rafften große Teile der Bevölkerung hinweg. 1837 erhielt Kötzschenbroda eine „Dampfschiff-Landungsstelle“, die einzige zwischen Dresden und Meißen. Am 19. 7. 1838 ging als Teilstück der Eisenbahn zwischen Dresden und Leipzig die Strecke bis Radebeul-Weintraube (damals Haltestelle Serkowitz) in Betrieb. Am 9. 4. 1839 begann der durchgehende Betrieb der Leipzig-Dresdener Eisenbahn. 1836 ist in der Gemeinde Niederlößnitz eine „Fabrik moussierender Weine“ gegründet worden, aus der 1897 die Sektkellerei „Bussard“, die älteste Sachsens, hervorging. Seit 1884 besteht die Schmalspurbahn Radebeul–Radeburg. Das Bahnhofsgebäude Radebeul-Ost ist 1900 in Betrieb genommen worden. Seit 1899 ist Kötzschenbroda von Dresden aus mit der Straßenbahn erreichbar. 1923 schlossen sich die Gemeinden Kötzschenbroda, Niederlößnitz, Naundorf und Zitzschewig zur Großgemeinde Kötzschenbroda zusammen (Fürstenhain war schon 1876 zu K. gekommen), die 1924 zur St erhoben wurde. Radebeul, zu dem seit 1905 die Gmd. Serkowitz gehörte, beantragte ebenfalls Stadtrecht und erhielt es gleichfalls 1924. 1934 kamen Oberlößnitz und Wahnsdorf zu R., 1935 wurden die Städte R. und Kötzschenbroda zur heutigen St Radebeul vereinigt.

Am 1. 12. 1928 ist das Karl-May-Museum im dazu errichteten Blockhaus „Villa Bärenfett“ im Garten der „Villa Shatterhand“ eröffnet worden. Seit der Gründerzeit und nach der Jahrhundertwende entwickelte sich R. sowohl zum Industriestandort als auch zur bevorzugten Wohngegend für wohlhabende Dresdener Bürger.

Baudenkmäler und Sehenswürdigkeiten: Schloß Wackerbarths Ruhe (1727–1729) auf der Naundorfer Flur; Renaissanceschloß Hoflößnitz; sehenswerte Weinberghäuser; Karl-May-Museum; Heimat- und Weinbaumuseum; Bennoschlößchen. Das barocke Jagdschloß Moritzburg (und das Hengstdepot – mehrmals jährl. Hengstparaden) sind von R. mit der Schmalspurbahn erreichbar.

Radevormwald

□ 53,78 qkm; ○ Oberbergischer Kreis; ⚐ Nordrhein-Westfalen; ✉ 42477; ☎ 021 95; 🚗 GM; △ 420 m; 👫 22 600.

R. liegt 8 km östlich von Remscheid an der Wupper und am Kreuzungspunkt der B 229 und B 483 im Bergischen Land. Anschluß an die Autobahn A 1 Köln–Kamener Kreuz (Ausfahrt Remscheid–Lennep). R. hat Realschule, Gymnasium, Berufsschule, Volkshochschule, Sonderschule für lernbehinderte Kinder, Jugendakademie der Ev. Kirche; weitgefächerte Industrie (Herstellung von Kleineisenwaren wie Sägen, Schlösser, Feilen, Laborgeräten, Roll- und Schlittschuhen, Kamerastativen und Zubehör, Preß- und Spritzteilen aus Kunststoff, elektrotechnischen Schalt- und Meßgeräten,

Textilien, Papier u.a.); ferner Eisengießereien, Stahlveredelungs- und Sintermetallwerk, Galvanische Anstalten, Pulvermetallurgie, Betriebe der Bauwirtschaft.

R., erstmals 1303 urkundlich erwähnt, gehörte zum Herzogtum Berg. Verleihung der Stadtrechte vermutlich 1316. Das seit dem MA. bezeugte Eisengewerbe brachte der St vor allem im 19. Jh. einen bedeutenden wirtschaftlichen Aufschwung. 1802 wurde R. durch einen Großbrand völlig zerstört. – Nordöstlich der St liegt die Ennepe-Talsperre (5 km), südlich der Bever-Stausee (7 km).

Radolfzell a. Bodensee

□ 58,57 qkm; ○ Konstanz; ⚐ Baden-Württemberg; ✉ 78315; ☎ 07732; 🚗 KN; △ 404 m; 👫 25100.

Die Große Kreisstadt R. liegt am nordwestlichen Ufer des Untersees (Bodensee) an der B 33 und B 34. Bahnknotenpunkt der Strecken Basel–Lindau und Offenburg–Konstanz. Schiffsanlegestelle R.–Konstanz. R. hat Amtsgericht, Arbeitsgericht, Sozialgericht (Zweigstelle), Forstamt, Tierzuchtamt, Vogelwarte R. (Schloß Möggingen); Stadtmuseum, Städt. Galerie und Austellungsgebäude „Villa Bosch“, Kulturzentrum „Milchwerk“; Realschule, Gymnasium, Handelslehranstalten, gewerbliche Berufs- und Berufsfachschulen, Haushaltungs- und Frauenfachschule, frauenberufliches Gymnasium; hauswirtschaftliche Berufs- und Berufsfachschule, Sonderschule für Lernbehinderte, Sprachheilschule, Musikschule, Volkshochschule, Carl-Duisberg-Centrum (Deutschkurse für ausländ. Fach- und Führungskräfte); Wäschefabrik (Schießer AG), Elektro-, Metallwaren-, Strickwaren- und kunststoffverarbeitende Industrie, Pumpen- und Präzisionswerkzeugefabriken, Nahrungsmittelindustrie. R. ist seit 1966 Kneippkurort (Kuranlagen auf der Halbinsel Mettnau; Heilanzeigen: Herz- und Kreislauferkrankungen).

R. geht auf eine 826 errichtete Klosterzelle des seligen Radolf (Bischof von Verona) zurück, der hier seine letzten Lebensjahre verbrachte. Die spätere Siedlung erhielt 1100 das Marktrecht. 1267 wurde der befestigte Flecken vom Abt der Insel Reichenau zur St erhoben. Ende des 13. Jh. ging die St in den Besitz der Habsburger über. Nach dem Ende der österreichischen Herrschaft (1805) wurde R. badischer Amtsort (1810).

Sehenswürdigkeiten: Münster Unsere Liebe Frau (1436 beg., 1550 vollendet) mit Wandmalereien von 1510/20, Steinsarkophag des Bischofs Radolf (1538), barocker Innenausstattung und Münsterschatz; Ritterschaftshaus (Anfang 17. Jh.), Österreichisches Schlößchen (1620 beg., Anfang 18. Jh. vollendet); Spitalkapelle (1541); Scheffelschlößchen (1878/79); historische Adels- und Amtshäuser.

Rahden (Westf.)

□ 136,82 qkm; ○ Minden-Lübbecke; ⚐ Nordrhein-Westfalen; ✉ 32369; ☎ 05771; 🚗 MI; △ 40 m; 👫 13500.

Die St R. liegt 28 km nordwestlich von Minden am Rande des Naturparks Dümmer an der B 239. R. ist Bahnstation an der Strecke Herford–Bünde–Bassum; hat Amtsgericht, Kreiskrankenhaus; Realschule, Handelsschule, Höhere Handelsschule; Eisengießerei, Lederfabrik, Knopffabrik, holzbe- und verarbeitende Betriebe, Maschinenbau und Metallverarbeitung, Dachziegelwerk, Gewächshausbau; Landwirtschaft, Nerzzucht, Pferdezucht mit Deckstation des Westf. Landesgestüts Warendorf (R.-Varl).

Der Name »Roden« (»Rothen«) ist erstmals 1033 urkundlich bezeugt. Die ersten Ansiedlungen zu Beginn des 14. Jh. wurden im Schutz einer Wasserburg errichtet. Aus dem Kirchspiel R. wurde 1816 das Amt und im Rahmen der Gebietsreform 1973 die St Rahden. Sehenswert der Museumshof R. (vollständig eingerichtetes Bauerngehöft aus dem 19. Jh.); Ruine der ehem. Wasserburg (Anfang 14. Jh.); Bockwindmühle in R.-Wehe; „Großer Stein von Tonnenheide“ (größter Findling Norddeutschlands); Naturschutzgebiete „Schnakenpohl“ und „Weißes Moor“.

Alljährlich R. Markt (erstmals 1572 erwähnt) im April.

Rain a. Lech

□ 77,11 qkm; ○ Donau-Ries; ⚐ Bayern; ✉ 86641; ☎ 09002; 🚗 DON; △ 410 m; 👫 7000.

R. liegt 45 km nördlich von Augsburg unweit der Einmündung des Lechs in die Donau an der B 16. Die St, Bahnstation an der Strecke Ulm–Regensburg, hat Realschule; Kreiskrankenhaus; Lechkraftwerk mit Lechstau; Zuckerfabrik (Südzucker AG), Kunststoff- und Maschinenfabrik, Samen- und Pflanzenzuchtbetrieb.

R. erhielt vor 1257 das Stadtrecht. Wirtschaftliche Blütezeiten waren nach zahlreichen kaiserlichen Freibriefen das 14. und 15. Jh. Im 30jährigen Krieg erlitt R. als Grenzfeste nach wiederholten Belagerungen und Eroberungen schwere Zerstörungen; 1632 fand hier zwischen Schweden und Kaiserlichen eine Schlacht statt, in der Feldmarschall Tilly tödlich verwundet wurde. – Sehenswürdigkeiten sind die gotische Stadtpfarrkirche (erbaut vor 1480) mit spätgot. Fresken, die historische Hauptstraße und das »Dehner-Gartenland«.

Rastatt, Schloß

Ransbach-Baumbach

□ 12,14 qkm; ○ Westerwaldkreis; ⚐ Rheinland-Pfalz; ✉ 56235; ☎ 02623; 🚗 WW; △ 300 m; 👥 6400.

R.-B. liegt im Kannenbäckerland 20 km nordöstlich von Koblenz an der Autobahn A 3 Frankfurt a.M.–Köln (Ausfahrt R.-B.). Die St hat Grund- und Hauptschule, Keramikindustrie, Kunsttöpfereien, metallverarbeitende Betriebe.

Rastatt

□ 59,02 qkm; ○ Rastatt; ⚐ Baden-Württemberg; ✉ 76437; ☎ 07222; 🚗 RA; △ 122 m; 👥 41 000.

R. liegt 22 km südwestlich von Karlsruhe am rechten Rheinufer beiderseits der Murg in der Oberrheinischen Tiefebene. Die Große Kreisstadt ist über die B 3, B 36 und die Autobahn A 5 Frankfurt a.M.–Basel (Ausfahrt R.) zu erreichen. Eisenbahnknotenpunkt Frankfurt a.M.–Basel (InterRegio- und D-Zug-Halt) mit Querverbindungen ins Murgtal. R. ist Sitz eines Amtsgerichts, Finanzamts, Arbeitsamts, Gesundheitsamts, Vermessungsamts, Zollamts und Zollkommissariats u.a. Behörden sowie des Landratsamtes und der Kreisverwaltung des Landkreises R. Die St hat Schiffsanlegestelle am Rhein; Gymnasien, Technisches Gymnasium, Abendgymnasium, Realschule und Abendrealschule, Gewerbeschule, hauswirtschaftliche Berufs- und Berufsfachschule mit Kinderpflegerinnenseminar, Handelslehranstalten (Wirtschaftsgymnasium, Wirtschaftsschule, einjährige Oberstufe der Höheren Handelsschule, Berufsfachschule für Bürotechnik, kaufmännische Berufsfachschule, kaufmännische Berufsschule), Sparkassen-Akademie, Internat. Werkbund für Sozialarbeit, WWF-Aueninstitut, Diözesanbildungshaus St. Bernhard, Sonderschule für lernbehinderte und bildungsschwache Kinder und Jugendliche; Kreiskrankenhaus.

R. ist Standort bedeutender Industriebetriebe: Akkumulatoren-, Automatenfabrik, Autoindustrie (Zweigwerk der Mercedes-Benz AG), Kunststoffindustrie (Rastatter Kunststoffwerke), Möbel- und Maschinenfabriken (Planung und Einrichtung kompletter Großküchen, Herstellung von gewerblichen Spülmaschinen, Großküchen-Möbel, Arzt- und Krankenhauseinrichtungen), Fabrikation elektrischer Steuergeräte (Landis & Gyr), Bekleidungs- und Schuhindustrie, Druckereien u.a.

R. wird erstmals 1084 als Besitz der Grafen von Eberstein urkundlich erwähnt. Im 13. Jh. kam es an die Markgrafen von Baden-Baden; 1404 erhielt es von Kaiser Ruprecht von der Pfalz das Marktrecht. 1689 wurde R. von französischen Truppen niedergebrannt. Markgraf Ludwig Wilhelm von Baden („Türkenlouis") ließ das R. Schloß (1699–1705) errichten und erhob den Marktflecken um 1700 zur St. Seit 1705 war R. markgräfliche Residenz. 1714 unterzeichnete Prinz Eugen für das Deutsche Reich den Rastatter Frieden, der den langjährigen Spanischen Erbfolgekrieg beendete. Von 1797 bis 1799 fand der Rastatter Kongreß statt (Verhandlung über die Entschädigungsansprüche dt. Fürsten). Nach 1840 wurde die St zur Bundesfestung (1893 Schleifung der Anlagen) ausgebaut; während der Revolution 1848/49 war sie Schauplatz erbitterter Kämpfe zwischen revolutionären und preußischen Truppen. Im 2. Weltkrieg wurde ein Drittel der St zerstört.

Sehenswürdigkeiten: Schloß (Anfang 18. Jh., ältestes Barockschloß Süddeutschlands) mit Erinnerungsstätte für die Freiheitsbewegungen in der Deutschen Geschichte und Wehrgeschichtliches Museum; Heimatmuseum; Schloßkirche; Stadtkirche St. Alexander (1756–1764 von Rohrer erbaut); Rathaus (18. Jh.); Bernharduskirche (10. Jh.); Einsiedelner Kapelle (1715), Grabstätte der Piaristenmönche und Pagodenburg (1722) mit gärtnerischen Anlagen. Im Stadtteil Niederbühl-Förch liegt das Lustschloß Favorite (18. Jh.), das die Markgräfin Augusta Sibylla, Witwe Ludwig Wilhelms von Baden, erbauen ließ.

Rastede über Oldenburg

□ 123 qkm; ○ Ammerland; ⚐ Niedersachsen; ✉ 26180; ☎ 04402; 🚗 WST; △ 20 m; 👫 18000.

R., Großgemeinde 13 km nördlich von Oldenburg an der B 69, B 211 und Autobahn A 29 Osnabrück–Wilhelmshaven (Ausfahrt R.), ist Luftkurort, wirtschaftlicher und kultureller Mittelpunkt des Ammerlandes. Bahnstation an der Strecke Oldenburg–Wilhelmshaven. Die Gm besteht aus den Ortsteilen R., Hahn-Lehmden, Wahnbek-Ipwege und 17 weiteren kleineren Bauernschaften. R. hat MIttelpunktschulen, Realschule, Sonderschule für Lernbehinderte, priv. Bauschule, Landesfeuerwehrschule, Raiffeisen-Genossenschaftsschule, Heimvolkshochschule; Radiatoren- und Heizkesselwerk, Kunststoffindustrie, Sitzmöbel- und Betonwerke, Ziegeleien, Baumschulen, landwirtschaftliche Betriebe.

R., erstmals 1059 urkundlich erwähnt, war seit dem 17. Jh. Sommersitz der Oldenburger Grafen bzw. Herzöge. – Sehenswürdigkeiten: frühroman. St. Ulrichskirche (11. Jh.); Schloß (1785–91, nach Brand [1969] wiederaufgebaut) mit 250 ha großem Schloßpark; Erholungsgebiet Nethener Seenplatte.

Alljährlich Internationales Grasbahnrennen; Oldenburger Landesturnier und Rennen im Schloßpark; internationales Spielmanns- und Musikzugtreffen und Galopprennen.

Ratekau

□ 59,60 qkm; ○ Ostholstein; ⚐ Schleswig-Holstein; ✉ 23626; ☎ 04504; 🚗 OH; △ 20–30 m; 👫 13800.

R., Großgemeinde 10 km nördlich von Lübeck an der B 207 und an der Autobahn A 1 Hamburg–Heiligenhafen (Ausfahrt R.), umfaßt 14 Ortsteile, von denen Ratekau, Pansdorf und Offendorf-Kreuzkamp am Hemmelsdorfer See ländliche Erholungs- und Luftkurorte mit bedeutendem Fremdenverkehr sind. Die Gm hat Grund- und Hauptschulen, Realschule, Volkshochschulen; Kuranstalt; mittlere und kleinere Industrie- und Gewerbebetriebe (Herstellung von Mühlenerzeugnissen, Kühlraumtüren, Sicherheitsgurten, Fertighausbau), von den Lübeck nächstliegenden Ortsteilen starker Auspendlerverkehr in die Hansestadt.

R., im 12. Jh. gegründet, besitzt eine 1156 unter Bischof Gerold I. aus Bruchsteinen errichtete rom. Kirche mit Rundturm. Im November 1806 kapitulierte bei R. der preußische Feldmarschall Blücher, der sich mit seinen Truppen nach der verlorenen Schlacht von Jena und Auerstädt nach Ostholstein zurückgezogen hatte, vor dem franz. Marschall Bernadotte (Blüchereiche mit Gedenkstein).

Rathenow

□ 45,7 qkm; ○ Rathenow; ⚐ Brandenburg; ✉ 14712; ☎ 03385; 🚗 RN; △ 29–37 m; 👫 30800.

R. ist zu erreichen auf der A 2 / E 30, Ausfahrt Brandenburg (35 km), auf der A 10 / E 65, Ausfahrt Berlin-Spandau (ca. 50 km), auf der A 24 / E 26 / E 55, Ausfahrt Neuruppin (ca. 45 km) oder Ausfahrt Kremmen (ca. 55 km), sowie auf der B 102 und B 188, die sich in R. kreuzen; Bahnhof an den Strecken Hannover–Stendal–R.–Berlin sowie Brandenburg Hbf–Premnitz–R.–Neustadt (Dosse); Schiffahrt über Havel und Kanäle zur Ost- und Nordsee. Die nächsten Flughäfen liegen in Berlin (ca. 75 km); Sportflugplatz nördl. von R. in Stölln (ca. 20 km).

Bildungseinrichtungen: Grundschulen, Gesamtschulen, Realschule, Gymnasien; Förderschule für Lernbehinderte; Kreisberufsschule; Volkshochschule; St- und Kreisbibliothek.

Wirtschaftliches: Feinmechanik/Optik, wissenschaftlicher Gerätebau; Werkzeugbau; Möbelfertigung; Herstellung von Raumheizungen; Molkerei; 100jährige Brauerei.

Geschichtliches: Aus der Zeit von 800 bis 950 belegen Großburgen, die mehrere ha umfassen, eine slawische Besiedlung. Der von 1157 stammende Burgwall an der heutigen Eisenbahnbrücke verweist auf R.s eigentlichen Ursprung; eine erste urkundliche Erwähnung stammt aus dem Jahre 1216. Zur eigenen Gerichtsbarkeit kam der Ort 1288, das St-Recht wurde ihm 1295 verliehen. – Nach dem 30jährigen Krieg lebten in R. noch 40 EW. 1675 befreite das Heer des Großen Kurfürsten die St von der schwedischen Herrschaft. Die Ernennung R.s zur Garnisons-St (1733) machte bauliche Erweiterungen nötig: Zwischen 1733 und

1738 entstand die R.er Neu-St. Um ihr Territorium wurde 1740 eine Zollmauer mit dem Berliner und dem Brandenburger Tor gebaut. Zu dieser Zeit hatte R. rund 3820 EW und 22 Braustellen, in denen Bier unter dem Namen „Ehrenpreis" gebraut wurde. Der Prediger J. H. A. Duncker erhielt 1801 die Erlaubnis zur Schaffung einer „optischen Industrieanstalt"; mit dem Bau seines Werkes schuf er die Grundlage für die wirtschaftliche Zukunft der St und löste eine stürmische Aufwärtsentwicklung aus, die R. zu Weltruf und dem Beinamen „Stadt der Optik" verhalf. Die erste Zeitung erschien 1816 unter dem Titel „Rathenowisches gemeinnütziges Wochenblatt für alle Stände", nachdem R. 1815 in den Status einer Kreis-St erhoben worden war. Der Bau der Eisenbahnlinie Berlin–Stendal–Hannover fiel in den Zeitraum 1867–71, 1870 wurde der Hauptbahnhof fertiggestellt. Eine kreiseigene Kleinbahnstrecke baute man 1898–1900 und dem Namen „Stille Pauline" für die Verbindung R.–Senske–Nauen; die Strecke wurde 1945 abgerissen. Ebenfalls 1898 begann man mit dem Bau der „Neuen Schleuse" (voll. 1901) für den Großschiffahrtsweg von Berlin nach Hamburg. Die optische Firma Emil Busch AG ließ 1936–38 große Industrieanlagen errichten. Bereits 1939 existierten 188 optische Groß-, Mittel- und Kleinbetriebe, außerdem 82 Optik-Großhandlungen. Im Norden der St. entstanden 1937–40 riesige Kasernenviertel. Im Zuge dieser Baumaßnahmen wurde 1939 der Nordbahnhof fertiggestellt. – Am 18. April 1944 erlebte R. einen schweren Luftangriff. Ende April bis Anfang Mai 1945 wurde die St verteidigt, was die Zerstörung der Innenstadt zu 90% bedeutete. Mit dem Wiederaufbau begann man ab 1953. Seit 1989 verändert die St zusehends ihr Gesicht.

Sehenswürdigkeiten und Kulturelles: St.-Marien-Andreas-Kirche, im 16. Jh. zur got. Hallenkirche umgebaut, Vorgängerbau von 1220; Kurfürstendenkmal (1738), bedeutendstes barockes Sandsteinkunstwerk im norddt. Raum; Kirchberg-Komplex, älteste R.er Bauten; St-Mauer/Zollmauer, Reste der Wehranlage; Hauptbahnhof (1870) aus R.er Ziegeln erbaut; Schleusenwärterhäuschen, Brückenwärterhaus, Jederitzer Brücke; Ziegelmeisterhaus, letztes Zeugnis der St-Ziegelei; Geburtshaus, Büste und Grab Johann Heinrich Dunkers (1767–1843), Begründer der optischen Industrie; Bismarck-Turm (1914); Medialfernrohr, erbaut von Ing. Erwin Rolf in den Jahren 1949–60, international größtes Brachymedial-Fernrohr; Plastiken und Reliefwand des R.er Bildhauers Karl Mertens. Ferner: Galerie – Ausstellungen der kl. Form; Jugendklubhaus und Jugendgaststätte; Naherholungszentrum am Wolzensee.

Ratingen

□ 88,72 qkm; ○ Mettmann; ⚐ Nordrhein-Westfalen; ✉ 40878*; ☎ 02102; 🚗 ME; △ 67 m; 👥 89000.

R. liegt am Fuße der bewaldeten Ausläufer des Bergischen Landes zwischen Düsseldorf, Duisburg, Mülheim und Essen. Die St ist über die B 1, B 227 und die Autobahn A 3 Oberhausen–Frankfurt a. M. (Ausfahrt R./Wülfrath) und A 52 Essen–Düsseldorf (Ausfahrt R.) zu erreichen. Bahnstation (S-Bahn-Haltepunkt) der Strecke Düsseldorf–Essen. Flughafen Düsseldorf-Lohausen (5 km). R. hat Amtsgericht; Realschulen, Abendrealschule, Gymnasien, Verbandsberufsschule mit Facharbeiterschule, Sonderschule für Lernbehinderte, Krankenpflegerinnenschule; Allgemeinkrankenhaus, orthopäd. Fachklinik, Psychiatrisches Krankenhaus und Spezialkrankenhaus für Alkoholiker (Stadtteil Lintorf). Industrie: Großkesselbau, Keramische Industrie, Herstellung von elektrischen Schaltapparaten, Fahrzeug- und Maschinenbau. R. ist Sitz von Zentralverwaltungen bekannter Handelsunternehmen und Industriefirmen. Am 1. 1. 75 schloß sich R. im Rahmen der Gebietsneuordnung mit Teilen der ehem. Ämter Angerland und Hubbelrath (Stadtteile Lintorf, Hösel, Breitscheid, Eggerscheidt, Homberg, Schwarzbach, Ratingen-West und Tiefenbroich) zusammen.

»Hretinga« (oder »Hratunga«) wird erstmals vor 849 urkundlich erwähnt. Die Siedlung am Schnittpunkt zweier bedeutender Heerstraßen erhielt 1276 von den Grafen von Berg die Stadtrechte. R. war im Ma. eine blühende Handels- und Handwerkerstadt (Herstellung von Waffen, Hämmern und anderen Eisenwaren). Im Dreißigjährigen Krieg wurde R. fast völlig zerstört. Auch in den Wirren der Raubkriege Ludwigs XIV., des Spanischen Erbfolge- und des Siebenjährigen Krieges erlitt die St schwere Schäden. Die Zerstörungen des 2. Weltkrieges haben das Alte Rathaus (älteste Teile 13. Jh.) und einige Bürgerhäuser des 15. (Roter Hahn), 17. (Roter Löwe) und 18. Jh. (Schwarzer Adler, Goldener Pflug, Krone) überstanden. Bemerkenswert ferner: Reste der alten Stadtbefestigung (15. Jh.), Wasserburg „Zum Haus" (14. Jh.), Pfarrkirche St. Peter und Paul (12.–13. Jh.), Reformierte Kirche (1667–87) und Stadtgeschichtliches Museum.

– Nordöstlich von R. liegt das Naturschutzgebiet „Blauer See“ mit Naturbühne.

Ratzeburg

□ 30,29 qkm; ○ Herzogtum Lauenburg; ⚐ Schleswig-Holstein; ✉ 23909; ☎ 04541; 🚗 RZ; △ 10–30 m; 👥 11800.

R., Luftkurort 24 km südlich von Lübeck auf einer Insel im Ratzeburger See, ist über die B 208 zu erreichen. Bahnstation an der Strecke Lauenburg–Lübeck. Die Inselstadt ist mit dem umliegenden Land durch drei Dämme verbunden. R., Sitz der Kreisverwaltung des Herzogtums Lauenburg, hat Amtsgericht; Realschule, Lauenburgische Gelehrtenschule (Gymnasium), Volkshochschule; Ruderakademie des Dt. Ruderverbandes; Barlachmuseum. Bedeutender Wirtschaftsfaktor ist der Fremdenverkehr.

Erste urkundliche Erwähnung der von dem slawischen Fürsten Ratibor gegründeten Burg R. im Jahre 1062. 1582 gab Herzog Franz II. von Sachsen-Lauenburg der im Schutz der Burg entstandenen Siedlung eine Stadtverfassung. 1693 wurde die St von den Dänen völlig zerstört (Wiederaufbau nach Mannheimer Grundriß).

Sehenswürdigkeiten: Romanischer Dom (1170–1220); Stadtkirche (1791); Barlach-Gedenkstätte im „Vaterhaus“; Kreismuseum (Sammlungen zur Landes- und Stadtgeschichte).

Raunheim

□ 13,01 qkm; ○ Groß-Gerau; ⚐ Hessen; ✉ 65479; ☎ 06142; 🚗 GG; △ 89,5 m; 👥 11700.

R., auf dem linken Ufer des unteren Mains 24 km südwestlich von Frankfurt a.M. und 15 km östlich von Mainz/Rh. gelegen, ist über die B 43 und die Autobahn A 5/A 3 Frankfurt a.M.–Köln (Ausfahrt R.) zu erreichen; Bahnstation an der Bundesbahn–Hauptstrecke Frankfurt a.M.–Mainz. R. hat Grundschule, Gesamtschule, Volkshochschule; chemische Industrie, Kunststeinindustrie, Maschinenbau.

Ortsgründung urkundlich erwähnt im Jahre 910. R. wurde im Dreißigjährigen Krieg fast völlig niedergebrannt. 1966 erhielt es Stadtrechte. – Sehenswert: Heimatmuseum, Wildgehege, Naherholungsgebiet.

Ravensburg, Kirchstraße mit Frauentor

Ravensburg

□ 92,03 qkm; ○ Ravensburg; ⚐ Baden-Württemberg; ✉ 88212*; ☎ 0751; 🚗 RV; △ 443 m; 👥 43400.

R., Große Kreisstadt südlich des Altdorfer Waldes an der Schussen, ist über die Bundesstraßen 30, 32 und 33 zu erreichen. D-Zug-Station an der Strecke Ulm–Friedrichshafen (Bodensee). Die St ist Sitz eines Land-, Amts- und Arbeitsgerichts, des Regionalverbandes Bodensee-Oberschwaben, der Kreisverwaltung, des Landesbauernverbandes u.a. Behörden sowie eines Schwerpunktkrankenhauses. An Bildungs- und kulturellen Einrichtungen bestehen: Gymnasien, Realschulen, Gewerbeschule mit Techniker-Wochenendschule und Kfz-Fachschule, Sonderschule für Lernbehinderte; Konzerthaus, Oberschwabenhalle, Heimatmuseum, Stadtbibliothek, Städt. Galerie, Kunsteisstadion.

Die St ist Einkaufszentrum für ein großes agrarwirtschaftlich strukturiertes Einzugsgebiet und Standort bedeutender Industrie- und Gewerbebetriebe (Maschinen- und Turbinenbau, elektrotechnische und feinmechanische Industrie, Keksfabrik, Buch- und Fachbuchverlag [Otto Maier Verlag], Pinselfabrikation, Milchverwertung u.a.).

Unter dem Schutz der 1088 erstmals erwähnten »Rauenspurc« entstand die gleichnamige Siedlung Ende des 11. Jh. Um 1150 war R. bereits Markt, das Stadtrecht erhielt der Ort zwischen 1160 und 1190. 1276 wird R. erstmals als Reichsstadt genannt. Um 1250 und zwischen 1340–65 wurde die St nach Norden und Westen erweitert. Wirtschaftliche Blütezeiten waren das 14. und 15. Jh. zur Zeit der großen R. Handelsgesellschaft (Leinwandhandel). Mit der Verlagerung der Handelswege an die Küsten der Weltmeere und dem Dreißigjährigen Krieg ging R. Wohlstand zu Ende. 1802 kam die St an Bayern, 1810 an Württemberg. Der Anbruch des Industriezeitalters und der Ausbau der Verkehrswege (1850 Eisenbahnanschluß) bedeutete für die St einen neuen wirtschaftlichen Aufschwung.

R. besitzt eine Reihe bemerkenswerter historischer Baudenkmale. Sehenswert sind die Liebfrauenkirche (um 1360 beg.) mit Glasfenstern von 1415; der Marienplatz mit Blaserturm (16. Jh.) und Rathaus (14. Jh., im 19. und 20. Jh. verändert); Reste der ma. Stadtbefestigung (Schellenbergturm, [um 1350]; Obertor [um 1490]; Veitsburg [11. Jh., im 17. Jh. zerstört und im 18. Jh. wiederaufgebaut]; Mehlsack [um 1350]; Spitalturm; Untertor und Frauentor [um 1350]; Gemalter Turm [um 1500] mit Mauerresten; Hirschgraben mit Stadtmauer, Grüner Turm [14./15. Jh.] mit Bauhütte); die ev. Stadtkirche (2. Hälfte 14. Jh.); die St. Jodokskirche (14./15. Jh.); die Spitalkapelle (um 1490) mit Wandgemälde von 1500 (Jüngstes Gericht) und mehrere Stadt- und Zunfthäuser (Seelhaus [15. Jh.]; Lederhaus [1513/14], Kornhaus [14.–16. Jh.]). – R. ist Geburtsort des Kammersängers Karl Erb (1877–1958). – Alljährlich im Juli Rutenfest (Kinder- und Heimatfest).

Recke

□ 53,30 qkm; ○ Steinfurt; ⚐ Nordrhein-Westfalen; ✉ 49509; ☎ 05453; 🚗 ST; △ 45–125 m; 👪 10200.

R. liegt am Mittellandkanal im Vorland der nördlichen Ausläufer des Teutoburger Waldes 25 km nordwestlich von Osnabrück. Die Gm hat Anschluß an die Autobahn A 30 Osnabrück–Hengelo (Niederlande); Realschule, Gymnasium; Textil- und holzverarbeitende Industrie, Klinkerwerke, Kunststoffindustrie, Nahrungsmittelbetriebe und Eiskremfabrik; Landwirtschaft; Schwefelbad im Ortsteil R.-Steinbeck.

R. wird erstmals 1189 in einer Urkunde des Bischofs Arnold von Osnabrück erwähnt. Im 17. und 18. Jh. war für R. das Töddenwesen (Wanderkaufleute) von wirtschaftlicher Bedeutung. – Sehenswert die ev. Kirche (um 1250, got. Fresken und romanischer Taufstein aus dem 13. Jh.); kath. Kirche St. Dionysius (18. Jh.); Alte Ruthemühle (Museum für Heimat- und Handwerksgeschichte); Naturschutzgebiete Heiliges Meer und Recker Moor. – Alljährlich Rosenmontagsumzüge in R. und R.-Obersteinbeck.

Recklinghausen

□ 66,37 qkm; ○ Recklinghausen; ⚐ Nordrhein-Westfalen; ✉ 45655*; ☎ 02361; 🚗 RE; △ 43–124 m; 👪 123600.

R., an der Schwelle zwischen nördlichem Ruhrgebiet und südlichem Münsterland gelegen, ist eine vom Bergbau geprägte Industriestadt. Durch das Stadtgebiet (vier Autobahnanschlüsse) verlaufen im Autobahnkreuz R. die A 2 (Berlin–Ruhrgebiet–Köln) und die A 43 (Wuppertal–Münster) sowie die B 51 und B 225. Am nördlichen Stadtrand liegt der Flugplatz Loemühle; am südlichen Stadtrand der Stadthafen am Rhein-Herne-Kanal. R. hat Kreisverwaltung, Amtsgericht, Bergamt, Zollamt; Realschulen, Abendrealschule, Gymnasien, Gesamtschulen, Studienseminare für das Lehramt der Sekundarstufen I und II, Kolleg- und berufsbildende Schulen, Verwaltungs- und Wirtschaftsakademie, NRW-Justizakademie, Lehranstalten für Krankenpflegeberufe und MTA, Fachschule für Sozialpädagogik, Musikschule, private Handelsschulen, Bundesfachschule des Parfümerie-Einzelhandels; Theater (Gastspiele, Ruhrfestspiele), Städt. Kunsthalle (Wechselausstellungen), Ikonenmuseum (einziges Museum dieser Art in Westeuropa), Westf. Sinfonieorchester, Volkssternwarte mit Planetarium, Stadtarchiv und Vestisches Archiv.

Bedeutendster Wirtschaftszweig ist seit den 80er Jahren des 19. Jh. der Bergbau. Weitere wichtige Branchen: Metall- und Textilindustrie, Fahrzeugbau, Chemie- und Kunststoffindustrie. Bedeutung hat R. ferner als Dienstleistungs-, Handels- und Einkaufszentrum, Kongreß- und Tagungsstadt erlangt. Als Kulturzentrum ist R. nach dem Kriege durch die Veranstaltung der Ruhrfestspiele (seit 1947 alljährlich im Mai/Juni) bekannt geworden (Träger: Deutscher Gewerkschaftsbund/Stadt R.).

1236 wird R. als St des Erzstiftes Köln bestätigt, zu der das »vest«, ein altgermanischer Gerichtsort, gehörte. Seit Anfang des 14. Jh. war R. Mitglied der Hanse. Nach der Säkularisation fiel R. an den Herzog von Arenberg und das Großherzogtum Berg. 1814 kam die St an Preußen. – Vom ma. Stadtkern sind Reste der Stadtmauer und zwei Türme erhalten. Wahrzei-

Recklinghausen, Rathaus mit Stadthaus

chen der St ist die Propsteikirche St. Peter (1166 erstmals erwähnt), deren älteste Bauteile aus dem 13. Jh. stammen. Bemerkenswert außerdem die Gastkirche (15. Jh.), die Gymnasialkirche (17. Jh.), die Engelsburg (Adelshof aus dem 18. Jh.) und das Festspielhaus (1965).

Rees

□ 109,59 qkm; ○ Kleve; ⚐ Nordrhein-Westfalen; ✉ 46459; ☎ 02851; 🚗 KLE; △ 19–30 m; 👫 18500.

R. liegt 60 km nordwestlich von Oberhausen am rechten Rheinufer im Schnittpunkt der B 8 und B 67. Anschluß an die Autobahn A 3 Oberhausen–Emmerich (Ausfahrt Rees/Bocholt). Die St hat Grund- und Hauptschulen, Gymnasium, Realschule, Sonderschule für Lernbehinderte; Bürgerhaus; Tabakpfeifen-Manufaktur, Drahtwarenfabrik, Textilindustrie, Rheinsand- und Kiesgewinnung, Metallverarbeitungsbetriebe.

R., erstmals 1142 urkundlich erwähnt, erhielt 1228 Stadtrechte von dem Kölner Erzbischof Heinrich von Molenark. Der bedeutende Handelsplatz am unteren Niederrhein kam Ende des 14. Jh. an Kleve und wurde im 16. und 17. Jh. zur Festung ausgebaut. Im 2. Weltkrieg wurde R. fast völlig zerstört. – Sehenswürdigkeiten: Große Teile der alten Stadtbefestigung mit Mühlenturm; ev. Kirche (1623/24), kath. Pfarrkirche (1820 bis 1828, doppeltürmige Kirche im klassizistischen Stil), Windmühle; Naturschutzgebiet Altrhein Bienen im Stadtteil Bienen.

Regen

□ 65,17 qkm; ○ Regen; ⚐ Bayern; ✉ 94209; ☎ 09921; 🚗 REG; △ 520–750 m; 👫 11000.

R. ist anerkannter Erholungsort am Oberlauf des Schwarzen Regens im Herzen des Bayerischen Waldes. Die St liegt am Kreuzungspunkt der B 11 und B 85. Bahnstation an der Strecke München bzw. Regensburg–Plattling–Bayrisch Eisenstein. R., Sitz eines Amtsgerichts und der Kreisverwaltung, hat Garnison der Bundeswehr; Grund- und Hauptschulen, Realschule; Optische Industrie (Zweigwerk G. Rodenstock), Miederwarenherstellung, Holzindustrie, Betonwerk; bedeutenden Fremdenverkehr.

R., 1148 erstmals urkundlich erwähnt, wurde 1270 zum Mkt erhoben und 1633 von den Schweden zerstört. 1932 erhielt R. Stadtrechte. – Sehenswert: Hl. Geist-Spitalkirche (1421–25); Stadtpfarrkirche St. Michael (1473 erbaut, im 18. Jh. erneuert) und Ruine Burg Weißenstein. In der Nähe von R. liegt das Naturschutzgebiet „Pfahl“ (mit einmaligen geologischen Strukturen). – Alljährlich im Februar Internationaler Europa-Cup im Eisstockschießen; Pichelsteiner Fest im Juli.

Regensburg

□ 80,76 qkm; ○ Kreisfreie Stadt; ⚐ Bayern; ✉ 93019*; ☎ 0941; 🚗 R; △ 330 m; 👫 134500.

R., Oberzentrum des ostbayerischen Raumes, liegt beiderseits der Donau an ihrem nördlichsten Punkt im Schnittpunkt der Bundesstraßen 8, 15 und 16 sowie an den Autobahnen A 3 Nürnberg–Passau (Ausfahrten R.-Harting, AB-Kreuz R. und R.-Ost) und A 93 München–Regensburg–Weiden (Ausfahrten R.-Süd, R.-Mitte, R.-Nord). Die St ist Bahnknotenpunkt der Fernverbindungen (D- und Intercityzüge) München–Rostock bzw. Prag und Wien–Frankfurt a.M./Dortmund/Hamburg/Bremen/Niederlande. R. liegt am Rhein-Main-Donau-Kanal.

R., Sitz der Regierung des Regierungsbezirks Oberpfalz und der Kreisverwaltung des Landkreises R., hat kath. Bischofssitz, Landgericht, Arbeitsgericht, Bayerisches Verwaltungsgericht, Amtsgericht, Sozialgericht, Bezirksfinanzdirektion, Bundespost- und Oberforstdirektion, Wasser- und Schiffahrtsamt, Autobahnbauamt, Bayerische Landesgewerbeanstalt, Bayerische Landespolizei, Bundesmonopolverwaltung für Branntwein, Bayerische Landeshafenverwaltung, Hauptzollamt,

Flurbereinigungsdirektion u.a. bedeutende Behörden und Institutionen des öffentlichen Rechts (Industrie- und Handelskammer, Handwerkskammer). R. ist Standort der Bundeswehr.

Die St ist Sitz bedeutender Bildungs- und kultureller Einrichtungen: Universität, Fachhochschule (Ingenieurwesen, Wirtschafts- und Sozialwissenschaften), Gymnasien, Abendgymnasium und Abendrealschule, Realschulen, Handelsschulen, Berufs-, Berufsaufbau- und Berufsoberschulen (Technik, Wirtschafts- und Sozialwissenschaften), Fachschulen, Sonderschulen für Lernbehinderte, geistig Behinderte, Sprachgestörte, Volkshochschule; Stadttheater, Bibliotheken, Museen und Galerien.

In der Industrie, die nach dem 2. Weltkrieg einen großen Aufschwung nahm, führt die Elektrotechnik (Siemens) vor dem Fahrzeug- (BMW), Maschinen- und Schiffsbau, der chemischen Industrie, der Herrenoberbekleidungsindustrie, Nahrungs- und Genußmittelfabriken, Brauereien, Stein-, Druckerei- und Vervielfältigungsindustrie. Der Hafen ist wichtiger Güterumschlagplatz des Donauhandels.

Geschichte: Südlich einer alten Keltensiedlung am nördlichsten Donauknie errichteten die Römer im 1. Jh. n.Chr. ein Lager, das während der Markomannenkriege zerstört wurde. 179 war unter Kaiser Marc Aurel das neue »Castra regina« vollendet, in dem der militärische Oberbefehlshaber der Provinz Rätien residierte. Später war R. Sitz der bayerischen Stammesherzöge der Agilolfinger. Nach Einverleibung Bayerns in das Frankenreich (788) wurde R. Königsstadt. Die folgenden Jahrhunderte waren Blütezeiten der St, die ihren Reichtum durch den Fernhandel begründete. Zahlreiche Klöster machten R. zu einem Kulturzentrum ersten Ranges, bedeutende Reichsversammlungen rückten sie immer wieder in das Blickfeld der großen Politik. 1245 wurde R. Freie Reichsstadt. Zwischen 1486 und 1492 gehörte die St zu Bayern, danach gewann sie ihre Selbständigkeit zurück. 1542 wurde der größte Teil des Rates und der Bürger evangelisch, die geistlichen Stände und der überwiegende Teil der Bevölkerung blieben katholisch. Mit Beginn der Neuzeit war R. große Zeit zu Ende. Als Sitz des Immerwährenden Reichstags nach dem Dreißigjährigen Krieg genoß die St zwar immer noch Ansehen, aber es ging keine große politische oder wirtschaftliche Macht mehr von ihr aus. Von 1803 bis 1810 war R. Fürstentum unter Carl Th. von Dalberg. 1810 kam es an Bayern. Am wirtschaftlichen Aufschwung der Gründerzeit und der Epoche bis zum 1. Weltkrieg war die St nicht beteiligt. Den 2. Weltkrieg überstand sie fast ohne Zerstörungen. Nach 1945 entstanden aufgrund des starken Bevölkerungszuwachses (1938 91000 EW), der Ansiedlung zahlreicher Industriebetriebe und der Eröffnung der Universität (1967) mehrere moderne Wohngebiete; gleichzeitig wurde mit der Altstadtsanierung begonnen.

Sehenswürdigkeiten: R. gilt als die einzige erhaltene Großstadt des deutschen MA. Die Altstadt, d.h. das gegenüber der Einmündung des Regens auf dem südlichen Ufer liegende Gebiet der ehemaligen Freien Reichsstadt, hat einen Umfang von ca. 110 ha. Hier befinden sich 1400 historische Gebäude von zum Teil höchstem Denkmalswert. Unter ihnen sind besonders zu nennen: Dom, das Hauptwerk der Gotik in Bayern (um 1250 begonnen, Bauarbeiten 1525 eingestellt; Türme zwischen 1859 und 1869 vollendet) mit bemerkenswertem bauplastischem Schmuck an den Portalen und im Innern sowie bedeutendem Domschatz [Museum]; Steinerne Brücke (1135–1146, älteste Steinbrücke Deutschlands); Altes Rathaus (z.T. 14. und 15. Jh.) mit Reichssaal (Tagungsort des Immerwährenden Reichstags von 1663–1806); Schottenkirche St. Jakob (1150–1200); St. Emmeram-Kirche (8., 11. und 12. Jh.) mit barocker Ausstattung (1731–33) der Brüder Asam, Gräbern deuscher Könige und Kaiser, drei Krypten (8., 10. und 11. Jh.), Vorhalle (1166) und Kreuzgang (11.–14. Jh.); Geschlechtertürme des Regensburger Patriziats aus dem 13. und 14. Jh. (nach ital. Vorbildern; u.a. Baumburger Turm, Goldener Turm); Porta Praetoria (Nordtor des ehem. Römerkastells; ältestes Stadttor Deutschlands); Minoritenkirche (1250–70, jetzt Museum); Dominikanerkirche (13. Jh.); Alte Kapelle (Stiftskirche, 8–15 Jh.) mit Rokokoausstattung von 1747–92; Fürstl. Schloß von Thurn und Taxis (ehem. Gebäude des Klosters St. Emmeram); im Stadtteil Prüfening liegt das ehem. Benediktinerkloster, dessen romanische Abteikirche (1119 geweiht) bedeutende Wandmalereien aus dem 12. Jh. enthält.

R. war Wirkungsstätte zahlreicher berühmter Persönlichkeiten (Hl. Wolfgang, gest. 994, Bischof von R.; Bruder Berthold, gest. 1272, Franziskanermönch und größter deutscher Volksprediger des 13. Jh.; Albertus Magnus, 1260–62 Bischof von R., Begründer der Hochscholastik; Konrad von Megenberg, gest. 1374, Verfasser bedeutender naturwissenschaftlicher und kirchenpolitischer Schriften; Albrecht Altdorfer, gest. 1538, Maler und Ratsherr in R.; Nikolaus Gallus, gest. 1570, Luther-Schüler und Reformator von R.; Johannes Kepler, gest. 1630, Astronom) und Geburtsort von Don Juan d'Austria (1547–1578), dem natürlichen Sohn Kaiser Karls V.

Rehau

□ 80,33 qkm; ○ Hof; ⚐ Bayern; ✉ 95111; ☎ 09283; 🚗 HO; △ 527 m; 👪 10000.

R., 14 km südöstlich von Hof am Nordrand des Fichtelgebirges unweit der Grenze zur tschechischen Republik gelegen, ist über die B 15 und B 289 zu erreichen. Bahnstation an der Nebenstrecke Hof–Selb. R. hat Realschule, Berufsschule; Kreiskrankenhaus; Porzellan-, Kunststoff- und Lederindustrie, Textil- und holzverarbeitende Betriebe.

R., erstmals 1234 urkundlich erwähnt, kam Ende des 14. Jh. in den Besitz der Markgrafen von Zollern-Nürnberg, die den Ort 1427 zur St erhoben. Nach dem großen Brand von 1817, dem der ma. Stadtkern völlig zum Opfer fiel, großzügiger Wiederaufbau als regelmäßige klassizistische Anlage. – Bemerkenswert die spätgot. Stadtpfarrkirche (ehem. Wehrkirche). In Pilgramsreuth 3 km südlich von R. got. Dorfkirche mit schöner barocker Ausstattung.

Rehburg-Loccum

□ 99,85 qkm; ○ Nienburg (Weser); ⚐ Niedersachsen; ✉ 31547; ☎ 05037 (Rehburg), 05766 (Loccum); 🚗 NI; △ 60 m; 👪 9700.

R.-L. ist 1974 aus den ehemaligen Gemeinden Bad Rehburg, Münchehagen, Loccum, Rehburg und Winzlar entstanden. Die St (seit 1974) liegt 40 km westlich von Hannover am Steinhuder Meer an der B 441. R.-L., Luftkurort und Bundeswehrstandort, hat Grund- und Hauptschulen, Orientierungsstufe, Sonderschule, Fachschule für Heilerziehungspflege, Berufsfachschule für Heilerziehungshilfe, Ev.-luth. Heimvolkshochschule, Kreisvolkshochschule, Ev. Akademie; gummi- und betonverarbeitende Industrie, Sandabbau; landwirtschaftliche Betriebe. – Das 1163 gestiftete Zisterzienserkloster Loccum ist ein Bau des 13. Jh. und neben Maulbronn eine der schönsten erhaltenen Klosteranlagen (Kirche 1240–75, Kreuzgang, Kapitelsaal, Refektorium). Dem Kloster steht heute der jeweilige ev. Landesbischof von Hannover als Abt vor; der Ortsteil Rehburg geht auf eine Gründung des 12. Jh. zurück. R. erhielt 1648 das Stadtrecht. – Sehenswert die ehem. Badeanlagen von Bad R. und die Saurierspuren im Stadtteil Münchehagen. – Alljährlich Frühjahrs- und Herbstmarkt (März und November); Schützenfest in Rehburg im Juli.

Rehlingen

□ 61,15 qkm; ○ Saarlouis; ⚐ Saarland; ✉ 21385; ☎ 06833; 🚗 SLS; △ 200 m; 👪 14700.

Die Großgemeinde R. ist 1973 durch Zusammenschluß von R., Siersburg und acht weiteren Gemeinden entstanden. R., 12 km nordwestlich von Saarlouis an Nied und Saar gelegen, ist über die B 406 und A 8 zu erreichen. Der Ortsteil Fremersdorf ist Bahnstation an der Strecke Saarbrücken–Trier. Die Gm hat Grund- und Hauptschulen; mittlere und kleinere Industrie- und Gewerbebetriebe (Bau- und weiterverarbeitende Industrie).

Das Gebiet von R. ist seit prähistorischer Zeit (Steinzeitfunde) besiedelt. R. wird erstmals im Mettlacher Wallfahrtsdekret des Erzbischofs Adalbero (1131–52) genannt. Der Ortsteil Siersburg (vor 1936 Siersdorf) entstand am Fuße der im 11. Jh. erbauten Siersburg (seit 1794 Ruine). S. kam 1661 vom Herzogtum Lothringen an Frankreich und 1814 an Preußen.

Reichelsheim (Wetterau)

□ 27,59 qkm; ○ Wetteraukreis; ⚐ Hessen; ✉ 61203; ☎ 06035; 🚗 FB; △ 124–225 m; 👪 6300.

R. liegt in der fruchtbaren Wetterau 25 km nordöstlich von Frankfurt a. M. Bahnstation an der Nebenstrecke Friedberg (Hessen)–Nidda. Die St hat Anschluß an die Autobahn A 45 Hanau–Dortmund (Ausfahrt Florstadt); Verkehrslandeplatz; Grundschulen; Braunkohletagebau (Preußen Electra), Autozubehörindustrie (Sterling GmbH), Werk zur Herstellung von elektronischen Geräten, Ventilen und verwandten Produkten (IMO Industries Barksdale GEMS Transinstruments); von wirtschaftlicher Bedeutung ferner die Landwirtschaft in allen sechs Stadtteilen. – Die einzelnen Stadtteile werden erstmals zwischen 773 und 1318 urkundlich erwähnt. – Sehenswürdigkeiten: Reste der ehem. Stadtbefestigung mit drei Türmen; historisches Rathaus (1576); ev. Kirche im Stadtteil R. (Pseudobasilika des späten 15. Jh.); Fachwerkhäuser; „Druidenstuhl" (Basaltsteine) im Wald bei R.-Blofeld.

Reichenau (Baden)

□ 12,72 qkm; ○ Konstanz; ⚐ Baden-Württemberg; ✉ 78479; ☎ 07534; 🚗 KN; △ 441 m; 👥 4600.

R., anerkannter Erholungsort auf der gleichnamigen Insel R. im westlichen Teil des Bodensees (Untersee), ist über die B 33 und einen vom Festland zur Insel führenden Fahrdamm (Pappelallee 3 km) zu erreichen. R. besteht aus den Ortsteilen Oberzell, Mittelzell, Niederzell der Insel und dem Ortsteil Lindenbühl auf dem Festland. Die Gm hat Grundschulen, Hauptschule; Betriebe für Wärmetechnik (Lindenbühl) und zur Zucht von Nützlingen zur Schädlingsbekämpfung. Die Haupterwerbszweige sind intensiver Gemüseanbau (Gewächshäuser, genossenschaftliche Beregnungsanlagen), Fischfang und Fischzucht (Brutanstalt); ein bedeutender Wirtschaftsfaktor ist außerdem der Fremdenverkehr.

Das Kloster R., 724 vom hl. Pirmin im Auftrag von Karl Martell gegründet, hatte seine Blütezeit vom 8. bis 12. Jh. R. war ein Zentrum der frühmittlalterlichen Schriftkunst und Buchmalerei. 1535 kam das Kloster an das Bistum Konstanz; 1803 wurde es aufgehoben.

Sehenswürdigkeiten: Marienmünster in Mittelzell (ehem. Benediktinerabtei, 724 gegr., dreischiffige Basilika um 824 mit westlichem Querhaus und Turm von 1048, später noch mehrfach umgebaut und erweitert; reicher Klosterschatz); St. Georg in Oberzell (9.–10. Jh., eine der ältesten erhaltenen rom. Kirchen Deutschlands mit Krypta und Wandfresken der Reichenauer Malerschule aus dem 10. und 11. Jh.); St. Peter und Paul in Niederzell (11./12. Jh., barocke Ausstattung, Fresken aus dem 12. Jh.).

Reichenbach (Vogtland)

○ Reichenbach/V.; ⚐ Freistaat Sachsen; ✉ 08468; ☎ 03765; 🚗 RC; △ 394 m; 👥 25000.

R. ist zu erreichen auf der A 72 / E 441, Ausfahrt R. (3 km), auf der A 9 / E 49 / E 51, Ausfahrt Schleiz (ca. 45 km), sowie auf der B 94 und der B 173; Bahnhof an der Hauptstrecke Leipzig–Altenburg–Werdau–R.–Plauen–Hof. Der nächste Flughafen ist Hof (ca. 50 km).

Bildungseinrichtungen: Pflichtschulen, Gymnasium; Ingenieurschule für Textiltechnik; Musikschule.

Wirtschaftliches: Metallverarbeitung; Textilindustrie; polygraph. Maschinenbau; Fleischverarbeitung; Baubetriebe; Transformatorenfabrikation.

Geschichtliches: R. entstand aus einer Niederlassung fränkischer Kolonisten im 12. Jh. zur Zeit der dt. Ostexpansion. Das Areal lag am Kreuzungspunkt zweier wichtiger Fernhandelsstraßen im Raum unterhalb der heutigen Peter-und-Paul-Kirche. Die damals wasserreichen Bäche gaben der Siedlung den Namen. Die erste urkundliche Erwähnung stammt aus dem Jahre 1212, eine andere schriftliche Überlieferung von 1271 bezeichnet den Ort als „civitas Richinbach" (befestigte St R.). Als Begründer wird der 1240 verstorbene Heinrich V. angenommen; aus diesem Jahr dürfte auch die Ernennung zur St. datieren. Die Tuchmacherei, entstanden im letzten Viertel des 15. Jh., und der Tuchhandel, der vor allem in der 2. Hälfte des 17. Jh. blühte, trugen entscheidend zur wirtschaftlichen Entwicklung der St bei. Weber und Tuchmacher blieben bis ins 19. Jh. hinein die charakteristischen Berufe. Der Bau der „Sächsisch-bayrischen Eisenbahn" erreichte 1846, von Leipzig über Altenburg und Werdau kommend, die St. Nach Fertigstellung der beiden großen Eisenbahnbrücken über die Täler der Göltzsch und der Elster, wurde 1851 der Eisenbahnverkehr in Richtung Plauen–Hof weitergeführt. Der frühe Eisenbahnanschluß gab der nach 1825 begonnenen Industrialisierung einen gewaltigen Aufschwung. Schnell weitete sich die Textilindustrie mit Spinnereien, Webereien, Tuchfabriken, Färbereien und Appreturanstalten aus. Die EW-Zahl stieg von 6815 des Jahres 1852 auf 30388 im Jahre 1913. – 1848 wurde eine Webschule gegründet, die Vorläuferin der heutigen Ingenieurschule für Textiltechnik. Die Gm Oberreichenbach wurde 1908 an R. angeschlossen, die Gm Cunsdorf folgte 1924. Zu den textilverarbeitenden Betrieben gesellte sich Ende des 19. Jh. die Eisenverarbeitung mit einer Gießerei. Anfang des 20. Jh. entwikkelte sich durch den Unternehmer Carl Weber die Papierverarbeitung; sein Werk expandierte zu einer der bedeutendsten Großdruckereien in Dtld. Diese Traditionen werden heute von den Druckwerken und dem Verlag „Bild und Heimat" fortgesetzt. – Durch einen Bombenangriff am 21. März 1945 erlitt die St beträchtliche Schäden. Zu den ersten wiederaufgebauten öffentlichen Gebäuden gehörte das Ballhaus „Kaiserhof", aus dem 1949 ein Theater- und Konzerthaus wurde, das den Namen der 1697 im Gerichtshaus am Johannisplatz geborenen Theater-Reformatorin und Schauspielerin Friederike Carolina Neuber (gest. 1760, genannt die Neuberin) erhielt. Ihr kommt das Verdienst zu, das bürgerliche dt. Nationaltheater in der 1. Hälfte des 18. Jh. gefördert, den Harlekin von der Bühne verbannt und dem jungen Lessing mit seinen Dramen zum Durchbruch verholfen zu haben. In diesem 1981 bis 1984 völlig restaurierten Haus mit seinen mehr als 800 Plätzen finden Theateraufführungen, Sinfoniekonzerte und andere kulturelle Veranstaltungen statt. Hier ist auch das Staatliche Vogtlandorchester beheimatet. Der 28 m hohe Wasserturm – Wahrzeichen der St – wurde 1927, wie auch das Hauptgebäude der Ingenieurschule für Textiltechnik, unter Einfluß des Bauhauses (Dessau) im Stil des Funktionalismus errichtet. – Nach 1945 entwickelte sich die Metallindustrie, namentlich repräsentiert durch den Betrieb Renak (Hersteller von Naben und Kupplungen), und die Elektroindustrie (Transformatorenwerk). In den 20er und 30er Jahren entstanden an der Peripherie von R. die Gartenstadt, die Stern- und die Randsiedlung; während der 60er Jahre wurde das Wasserturm-Areal erweitert.

Sehenswürdigkeiten und Kulturelles: Geburtshaus der C. F. Neuber; Veranstaltungsbau „Neuberinhaus"; Pfarrkirche St.-Peter-und-Paul; Wasserturm; Die Göltzschtalbrücke, größte Ziegelmauerbrücke der Welt (5 km entfernt); Burg Mylau, besterhaltene Burganlage des nördl. Vogtlandes, (heute Museum, 5 km entfernt); Postmeilensäule von 1725; mehrere Parkanlagen inmitten und am Rande der St. – Sehenswert ferner die landschaftlichen Schönheiten von R. und Umgebung, die Burg Netzschkau, die vogtländischen Talsperren Pöhl und Pirk sowie der „Musikwinkel" Klingenthal/Markneukirchen.

Wiederkehrende Ereignisse: Wasserturmfest; Bürgerfest des R.er Gewerbevereins.

Reichshof

□ 114 qkm; ○ Oberbergischer Kreis; ⚐ Nordrhein-Westfalen; ✉ 51580; ☎ 02265 (Eckenhagen); 02296 (Denklingen); 🚗 GM; △ 500 m; 👥 16000.

R., Luftkurort und Erholungsort im Bergischen Land, ist 1969 durch Zusammenschluß der ehem. Gemeinden Eckenhagen und Denklingen entstanden. R. liegt an der B 256. Anschluß an die Autobahn A 4 Köln–Olpe (Ausfahrten R./Bergneustadt und R.-Eckenhagen). Die Gm hat Grund- und Hauptschulen, Sprachinstitut für Aussiedler; kleinere und mittlere Industrie- und Gewerbebetriebe (Feindrahtzieherei); Landwirtschaft; Fremdenverkehr.

Der Ortsteil Eckenhagen, erstmals 1167 urkundlich erwähnt, ist aus einem fränkischen Reichshof hervorgegangen. 1257 kam der Ort an die Grafschaft Berg. Bei E. wurden seit dem frühen MA bis ins 19. Jh. Silber, Blei und Eisenerz gefördert.

Sehenswert der Vogelpark, Burg und Kapelle Denklingen, Johanniskapelle in Odenspiel, Pulvermühlsteine in Oberagger.

Reinbek

□ 31,23 qkm; ○ Stormarn; ⚐ Schleswig-Holstein; ✉ 21465; ☎ 040; 🚗 OD; △ 4 m; 👥 25000.

R., an der Bille am Südwestrand des Sachsenwaldes gelegen, grenzt unmittelbar an das südöstliche Stadtgebiet von Hamburg; Anschluß an die Autobahnen A 24 Hamburg–Berlin (Ausfahrt R.) und A 25 Hamburg–Geesthacht (Ausfahrt Hamburg-Bergedorf); S-Bahn-Station im Hamburger Verkehrsverbund. Die St hat Bundesforschungsanstalt für Holz- und Forstwirtschaft; Gymnasium, Realschule, Volkshochschule; Arzneimittel-, Maschinen-, Getränke- und Verpackungsindustrie, Druckerei und Großverlag (Rowohlt), Tank- und Maschinenbau, Papierverarbeitung.

R., 1238 gegründet, war Sitz eines Zisterzienserklosters von 1253 bis 1528. Anstelle des 1573 zerstörten Klosters ließ Herzog Adolf von Holstein-Gottorf ein Renaissanceschloß errichten. Dank seiner landschaftlich reizvollen Lage entwickelte sich R. seit der Jahrhundertwende zu einem bevorzugten Ausflugs- und Wohnvorort von Hamburg (bedeutender Bevölkerungszuwachs nach dem 2. Weltkrieg). – Im Stadtteil Schöningstedt bemerkenswert die Bismarck-Säule an der Straße Sch.-Aumühle.

Reinfeld (Holstein)

□ 17,32 qkm; ○ Stormarn; ⚐ Schleswig-Holstein; ✉ 23858; ☎ 04533; 🚗 OD; △ 22 m; 👥 7300.

R., Luftkurort an der Trave 15 km westlich von Lübeck, ist über die B 75 und die Autobahn A 1 Hamburg–Lübeck (Ausfahrt R.) zu erreichen; Bahnstation an der Strecke Hamburg–Lübeck. Die St hat Amtsverwaltung (Nordstormarn), Forstamt; Grund-, Haupt- und Realschule, Sonderschule für Lernbehinderte; Maschinenbau (Getränkeautomaten), Luftfilterproduktion; Karpfenzucht und Karpfenhandel, Landwirtschaft.

1186 wurde das Kloster »Reynefelde« von Zisterziensermönchen aus Loccum gegründet (1582 aufgehoben). Der Ort R. wurde im 17. Jh. gegründet und 1926 zur St erhoben. – Sehenswert: Ev. Kirche (1636); Dänisches Amtsverwaltungsgebäude (1775, jetzt Forstamt); Matthias-Claudius-Kirche (1636); Heimatmuseum.

R. ist Geburtsort des Dichters Matthias Claudius (1740–1815). – Alljährlich Karpfensaison von Oktober bis März.

Reinheim (Odenwald)

☐ 27,70 qkm; ○ Darmstadt; ⚐ Hessen; ✉ 64354; ☎ 06162; 🚗 DA; △ 180 m; 👥 17200.

R. liegt 15 km südöstlich von Darmstadt im Gersprenztal im Vorderen Odenwald am Schnittpunkt der B 38 und B 426. Die St hat Mittelpunktschule; kleinere Gewerbe-, Industrie- (Maschinen- und Werkzeugfabrikation, Holzverarbeitung) sowie landwirtschaftliche Betriebe; für zahlreiche im Rhein-Main-Ballungsraum beschäftigte Auspendler ist R. Wohnsitz.

R., vor 1300 erstmals urkundlich erwähnt, ist 1318 als St bezeugt. Die St kam mit der Grafschaft Katzenelnbogen 1479 an Hessen. – Sehenswert das Heimatmuseum.

Reit im Winkl

☐ 70,99 qkm; ○ Traunstein; ⚐ Bayern; ✉ 83242; ☎ 08640; 🚗 TS; △ 700 m; 👥 2700.

R. im W., Luftkurort und Wintersportplatz, liegt in den Bayerischen Alpen 25 km südlich des Chiem-Sees an der B 305. Hauptwirtschaftszweig ist der Fremdenverkehr; außerdem Holzhandel und Holzindustrie, Land- und Almwirtschaft. Die Gm hat Grund- und Hauptschule.

Erste Erwähnung des Ortes in einer Schenkungsurkunde aus dem Jahr 1160. R. im W. gehört seit Mitte des 13. Jh. zu Bayern.

Reken

☐ 77,14 qkm; ○ Borken; ⚐ Nordrhein-Westfalen; ✉ 48734; ☎ 02864; 🚗 BOR; △ 133 m; 👥 11500.

R. ist 1969 durch Zusammenschluß der ehem. Gemeinden Groß Reken, Klein Reken und Hülsten entstanden. Die Gm liegt 30 km nordwestlich von Recklinghausen im Naturpark Hohe Mark an der B 67 und den Autobahnen A 31 Ruhrgebiet–Gronau (Ausfahrt R.) und A 43 Recklinghausen–Münster (Ausfahrten Haltern-Lavesum und Dülmen); Bahnstation an der Strecke Oberhausen–Rheine. R. hat Realschule, Gymnasium, Sonderschule für körperbehinderte Kinder; Werk für Tiefkühlkost und Eiskremfabrik (Langnese-Iglo).

Erste urkundliche Erwähnung der Ortsteile R. 889. – Sehenswert die alte Wehrkirche aus dem 12. Jh. (z.T. sakrales Museum), Haus „Uphave“ (altes Kötterhaus) und die als Heimatmuseum eingerichtete alte Windmühle (erbaut 1708). Alljährlich in allen Ortsteilen traditionelle Schützenfeste.

Rellingen

☐ 13,20 qkm; ○ Pinneberg; ⚐ Schleswig-Holstein; ✉ 25462; ☎ 04101; 🚗 PI; △ 15 m; 👥 13600.

R., am nordwestlichen Stadtrand von Hamburg gelegen, ist über die Autobahn A 23 Hamburg–Heide (Ausfahrten Krupunder, Halstenbek-Rellingen, Pinneberg-Süd und Pinneberg-Mitte) zu erreichen; S-Bahn-Halt an der Strecke Hamburg–Pinneberg; Flugplatz Hamburg-Fuhlsbüttel (ca. 15 km). R. hat Pflanzenschutzdienststelle; Grund- und Hauptschulen, Realschule und Schule für Lernbehinderte; Baumschulen und mittlere Gewerbebetriebe (Vertrieb von Baumschulenbedarfsartikeln, elektronischen Musikinstrumenten und Nahrungsmitteln, Saatzuchtbetrieb, Herstellung von Sicherheits- und Rettungsgeräten sowie elektronischen Bauteilen, Maschinen- und Apparatebau, Betonwerk).

R., erstmals 1140 urkundlich erwähnt, war jahrhundertelang kirchlicher Mittelpunkt im südwestholsteinischen Raum. Nach 1900 entwickelte sich die Gm zu einem Zentrum der Baumschulen und Rosenzucht. – Sehenswert die R. Kirche, ein Bau des Spätbarocks von 1754, die Architektur im Ortszentrum („Rellinger Baustil“) und die Hohle Eiche. – Alljährlich Aufführungen klassischer Musik (Schleswig-Holstein Musik Festival und Rellinger Mai-Festival).

Remagen

☐ 33,07 qkm; ○ Bad Neuenahr-Ahrweiler; ⚐ Rheinland-Pfalz; ✉ 53424; ☎ 02642; 🚗 AW; △ 64 m; 👥 14500.

R., 25 km südöstlich von Bonn unterhalb der Mündung der Ahr in den Rhein gelegen, ist über die B 9, B 266 und Autobahn A 61 Speyer–Mönchengladbach (Ausfahrt Sinzig über Zubringer A 571) zu erreichen; IC- und D-Zug-Station an der Bundesbahnstrecke Köln–Mainz. Yachthafen in R.-Oberwinter. Die St hat Institut für Wehrmedizinalstatistik und Berichtswesen (Bundesbehörde); Realschule, Privatgymnasium der Franziskanerinnen (auf der Insel Nonnenwerth), Fachschulen für Krankenpflegerinnen, Kindergärtnerinnen und Hauswirtschaft; Schiffswerft (R.-Oberwinter), Gas-Anlagen (R.-Rolandseck), Maschinen-, Textil- und Holzindustrie, Messebau.

In der Nähe des keltischen »Rigomagus« errichteten die Römer im 1. Jh. n. Chr. ein Kastell, in dessen Nähe bis zum 4. Jh. eine Zivilsiedlung entstand. In fränkischer Zeit entwickelte sich R. zum Markt mit eigener Münzstätte. Die Stadtrechte erhielt der Ort vor 1221. Von 1357 bis 1794 gehörte R. zum Herzogtum Jülich. 1836 erwarb Reichsgraf Franz Egon von Fürstenberg-Stammheim den unterhalb von R. gelegenen Apollinarisberg, auf dem von 1839 bis 1852 die neugotische Apollinariskirche als Wallfahrtskirche mit Wandfresken der Düsseldorfer Nazarener erbaut wurde. Mit der Aufnahme der Rheinschiffahrt (1842/43) durch die Düsseldorfer und Kölner Dampfschiffahrtsgesellschaften und dem Bau der Eisenbahnstrecke Koblenz–Rolandseck entwickelte sich R. zu einem Mittelpunkt des Fremdenverkehrs am Mittelrhein. Im 2. Weltkrieg gelang den Alliierten am 7. 3. 1945 der Rheinübergang über die Brücke von R. 1969 schloß sich R. mit den ehem. Gemeinden Oberwinter, Ödingen, Rolandswerth und Unkelbach zusammen. – Sehenswert die Wallfahrtskirche St. Apollinaris (19. Jh.), das Friedensmuseum „Brücke von R.", Erinnerungskapelle „Schwarze Madonna", Künstlerbahnhof „Rolandseck", das Römische Museum, der Rolandsbogen und der Wildpark Rolandseck.

Alljährlich Promenadenfest „Annodazumal" mit „Rhein in Flammen" (Mai) und traditionelles Weinfest (September).

Remscheid

□ 74,61 qkm; ○ Kreisfreie Stadt; ⚐ Nordrhein-Westfalen; ✉ 42849*; ☎ 02191; 🚗 RS; △ 96–378 m; 👪 121 000.

R. liegt an der Wupper im Bergischen Land im Schnittpunkt der B 229 und der Autobahn A 1 Köln/Leverkusen–Dortmund (Ausfahrt R.); Bahnstation (D-Zug-Halt) an der Strecke Düsseldorf–Solingen–R. Die St hat zwei Amtsgerichte, Bundesluftschutzverband, Bergische Industrie- und Handelskammer, Kreishandwerkerschaft, Forschungsgemeinschaft Werkzeuge und Werkstoffe e. V. u. a. Behörden und Körperschaften des öffentl. Rechts; Realschulen, Gymnasien, Berufs- und Berufsfachschulen, Gemeinschaftslehrwerkstatt der R. Eisen- und Metallindustrie, Sonderschulen für Lernbehinderte, Volkshochschule, Akademie für musische Bildung und Medienerziehung, Jugendmusik- und Kunstschule; Stadttheater, Stadtbüchereien. R. ist Zentrum der deutschen Werkzeugindustrie; weitere bedeutende Industriezweige bzw. -betriebe sind der Maschinenbau, Stahl- und Walzwerke, Textilindustrie, Kornbrennerei und Likörfabrik, Wellpappenfabrik und Werk zur Herstellung von Heißwasserbereitern.

Kirche und Fronhof »Remissgeid« werden Ende des 12. Jh. erstmals urkundlich erwähnt. Holzreichtum, Eisenerz und Wasserkraft schufen die Grundlage für die Entfaltung eines blühenden Eisengewerbes seit dem späten MA. 1808 erhielt R. das Stadtrecht. Im 19. Jh. erlebte die St einen großen industriellen Aufschwung und eine rasche Zunahme der Bevölkerung. 1929 wurden die alten Bergstädte Lennep (1126 erstmals bezeugt) und Lüttringhausen eingemeindet. 1943 erlitt R. durch Luftangriffe vor allem in Alt-Remscheid schwerste Schäden. Der Stadtkern wurde großzügig zu einem attraktiven Einzelhandels- und Dienstleistungszentrum wiederaufgebaut (Allee-Center); in den Stadtteilen Lennep und Lüttringhausen finden sich noch die alten schiefergedeckten bergischen Häuser.

Sehenswürdigkeiten: Deutsches Werkzeugmuseum und Heimatmuseum (untergebracht im Haus Cleff, einem bergischen Patrizierhaus des 18. Jh.) in R.-Hasten; Deutsches Röntgen-Museum in R.-Lennep (Geburtsort des Physikers Wilhelm Conrad Röntgen, 1845–1923); Müngstener Brücke (erbaut 1894–97, mit 107 m höchste Eisenbahnbrücke Europas). Südöstlich von R. an der Autobahn liegt die Eschbachtalsperre (älteste Trinkwassertalsperre Deutschlands, 1891 erbaut).

Remshalden

□ 15,15 qkm; ○ Rems-Murr-Kreis; ⚐ Baden-Württemberg; ✉ 73630; ☎ 07151 (Ortsteile Buoch, Grunbach, Geradstetten); 07181 (Ortsteile Hebsack; Rohrbronn); 🚗 WN; △ 200–500 m; 👪 13 000.

R. ist 1974 im Rahmen der Gebietsreform durch Zusammenschluß der ehem. Gemeinden Buoch, Geradstetten, Grunbach, Hebsack und Rohrbronn unter neuem Namen entstanden. Die Gm liegt 20 km östlich von Stuttgart im unteren Remstal an der B 29; S-Bahn-Halt (Geradstetten und Grunbach). R. hat Grundschulen, Hauptschule, Realschule, Schulungszentren der IHK und des Fachverbandes Bau; mittelständische Gewerbebetriebe; Weinbau.

Die Ortsteile Grunbach und Geradstetten werden 1142 bzw. 1238 erstmals urkundlich genannt. Der Weinanbau in R. (bereits für das Jahr 1291 bezeugt) ist im Gegensatz zur Landwirtschaft bis heute von wirtschaftlicher Bedeutung. – Sehenswert das Museum im Hirsch in R.-Buoch (Keramik 12.–14. Jh.; Dichter u. Maler 19./20. Jh.). – Im Mai, Juli und August Weinproben in den Weinbergen; R. Straßenfest (Juni), Hebsacker „Kirbe“ (August). – Grunbach ist Geburtsort des Flugzeugbauers Ernst Heinrich Heinkel (1888–1958).

Renchen

□ 32,10 qkm; ○ Ortenaukreis; ⚐ Baden-Württemberg; ✉ 77871; ☎ 07843; 🚗 OG; △ 150–353 m; 👥 6200.

Die St R. schloß sich 1975 im Rahmen der Gebietsreform mit den ehemaligen Nachbargemeinden Erlach und Ulm zusammen. R., am Eingang des Renchtales in der Rheinebene 20 km östlich von Straßburg gelegen, ist über die B 3 und Autobahn A 5 Karlsruhe–Basel (Ausfahrten Achern und Appenweier) zu erreichen; Bahnstation an der Hauptstrecke Karlsruhe–Basel. R. hat Grundschulen, Haupt- und Realschule, Sonderschule; Grimmelshausenarchiv; Fachklinik für Alkoholkranke; mittlere und kleinere Industrie- und Gewerbebetriebe (Spezialtiefbau, Eisengießerei, fernmeldetechnische Produktion, Baubeschlägefabrikation, Holz- und Fournierbetriebe, Präzisionsdrehereien, Steppdeckenherstellung, Stanzereien, Brauerei u. a.); Landwirtschaft und Weinanbau.

R., erstmals 1115 urkundlich erwähnt, erhielt 1326 das Stadtrecht (erneuert 1836). Im Dreißigjährigen Krieg wurde die St vollständig zerstört. Die Stadtteile Erlach und Ulm sind 1285 bzw. 1070 erstmals urkundlich bezeugt. R. war Besitz der Fürstbischöfe von Straßburg bis 1803 und kam 1806 an das Großherzogtum Baden. Von 1667 bis 1676 war Johann Jakob Christoph von Grimmelshausen (1621–1676) Schultheiß der Stadt R.; während dieser Zeit sind seine berühmten Romane (Simplizius Simplizissimus, Courage, Springinsfeld u. a.) erschienen.

Sehenswürdigkeiten: Grimmelshausendenkmal und Brunnen; privates Puppenmuseum; Auwälder in der Rheinebene.

Rendsburg

□ 25,29 qkm; ○ Rendsburg-Eckernförde; ⚐ Schleswig-Holstein; ✉ 24768; ☎ 04331; 🚗 RD; △ 7 m; 👥 30 800.

R., 40 km westlich von Kiel an der Eider und am Nord-Ostsee-Kanal gelegen, ist über die sich am Westrande der St kreuzenden Bundesstraßen 202 und 203 zu erreichen. Anschluß an die Autobahn A 7 Hamburg–Flensburg (Ausfahrt R.) und A 210 Kiel–Rendsburg (Ausfahrt AB-Kreuz R.); D-Zug-Station an der Fernverbindung Skandinavien–Flensburg–Hamburg; Flugplatz in R.-Schachtholm; Hafen am Nord-Ostsee-Kanal und Obereiderhafen.

R. ist Sitz eines Amtsgerichts, eines Arbeitsgerichts und der Kreisverwaltung R.-Eckernförde. Die St hat Garnison der Bundeswehr; Realschulen, Gymnasien, Waldorfschule mit Internat, Kreisberufsschule und Landesberufsschule mit Internat, Höhere Handelsschule, Heimvolkshochschule, Landwirtschaftsschule, Fachoberschule für Landwirtschaft, Deula-Lehranstalt, Raiffeisenschule, Sonderschulen für Lernbehinderte; Heimatmuseum, Landesbühne Schleswig-Holstein. Die breitgefächerte Industrie umfaßt Werften, metall- und holzverarbeitende Betriebe, Düngemittelindustrie, Hoch- und Tiefbauunternehmen, elektrotechnische Industrie und Kabelwerk. R. ist Einkaufszentrum für ein vorwiegend landwirtschaftlich strukturiertes Hinterland.

Die »Reinholdsburg« der Schaumburger Grafen wird erstmals 1199 urkundlich erwähnt. Unter dem Schutz der gegen die Dänen errich-

Rendsburg, Blick auf die Marienkirche

teten Burg entstand in der 1. Hälfte des 13. Jh. eine kleine Handels- und Gewerbesiedlung, der 1253 das Stadtrecht verliehen wurde. In den folgenden Jahrhunderten erlebte R. als Residenz- und Handelsstadt eine wirtschaftliche und kulturelle Blütezeit. Nach dem Anschluß Schleswig-Holsteins an Dänemark wurde R. 1539 zur Festung ausgebaut, wodurch die weitere Entwicklung der St beeinträchtigt wurde. Erst nach dem Bau des Eiderkanals (1784 fertiggestellt) konnte sich R. wirtschaftlich langsam erholen. 1848 stand die St im Mittelpunkt der schleswig-holsteinischen Erhebung und wurde Sitz der provisorischen Regierung. 1866 kam R. an Preußen.

Sehenswürdigkeiten: Marienkirche (1287) mit bedeutender Ausstattung des 16.–17. Jh.; Rathaus (1566, jetzt Heimatmuseum); Christkirche (1695–1700); Giebel- und Fachwerkhäuser aus dem 16. Jh.; Eisenbahnhochbrücke (42 m hoch und 2,5 km lang), vierspuriger Straßentunnel der B 77 und Fußgängertunnel unter dem Nord-Ostsee-Kanal.

Renningen

□ 31,13 qkm; ○ Böblingen; ⚐ Baden-Württemberg; ✉ 71272; ☎ 07159; 🚗 BB; △ 420 m; 👥 14000.

R., 17 km westlich von Stuttgart im Strohgäu an der Würm gelegen, ist über die B 295 zu erreichen. R. hat Anschluß an die Autobahn A 8 Karlsruhe–Stuttgart (Ausfahrt Stuttgart/Leonberg); S-Bahnverbindung nach Stuttgart; Grund- und Hauptschule, Realschule, Gymnasium; Autozubehörindustrie, Elektrokabelfabrik, Papierverarbeitende Industrie, Werkzeugbau, Druckereien.

1972 schlossen sich R. und Malmsheim zu einer Gm zusammen. R. hat seit 1950 als Wohnort im Ballungsraum von Stuttgart einen überdurchschnittlichen Bevölkerungszuwachs zu verzeichnen (1939 2500 EW).

R. wird 991 erstmals urkundlich erwähnt. – Sehenswert das Rathaus (erbaut 1590).

Reutlingen

□ 87,06 qkm; ○ Reutlingen; ⚐ Baden-Württemberg; ✉ 72764*; ☎ 07121; 🚗 RT; △ 296–869 m; 👥 100600.

R. liegt 45 km südlich von Stuttgart an der Echaz am Fuß der Schwäbischen Alb (Achalm) im Schnittpunkt der B 28 und B 312. E-Zug-

Reutlingen
Maximiliansbrunnen und Spitalhof (13. Jh.)

Station an der Strecke Stuttgart–Tübingen. Die St ist Sitz eines Amts-, Arbeits- und Sozialgerichts, der Kreisverwaltung, eines Hauptzollamts, einer Industrie- und Handels- sowie Handwerkskammer und anderer Behörden und Körperschaften. R. hat Fachhochschule für Technik und Wirtschaft, ev. Fachhochschule für Sozialwesen (Heimerzieherschule), Institute für Sonderschulpädagogen und Reallehrer, Gymnasien, Technisches Wirtschafts- und Hauswirtschaftsgymnasium, Realschulen, Wirtschaftsschule, kaufm. Berufs- und Berufsaufbauschule, hauswirtschaftliche und gewerbliche Berufsschule, Meisterschule, ev. Fachschule für Sozialpädagogik, Techniker- und Textilfachschule, Westdeutsche Gerberschule, Volkshochschule, Musikschule, Sonderschulen für Behinderte; Volkssternwarte, Forschungsinstitut für Textilindustrie, Heimat- und Naturkundemuseum, Kunstmuseum, Stiftung für Konkrete Kunst; Landestheater Württ.-Hohenzollern, Naturtheater; Stadtbücherei, Kinderbücherei und Stadtarchiv.

Die St ist Standort einer breitgefächerten Industrie (Textil- und Bekleidungswerke, Maschinenbau, eisen- und metallverarbeitende sowie elektrotechnische Betriebe) und Einkaufszentrum.

»Rutelingin« wird erstmals 1089/90 urkundlich erwähnt. Die Siedlung erhielt 1155 das Marktrecht. 1208/12 wurde R. Freie Reichsstadt (bis 1802). 1803 kam die St an Württemberg. 1726 vrnichtete ein Großbrand vier Fünftel des Altstadtkerns. Im 2. Weltkrieg erlitt R. schwere Schäden.

Erhalten sind Reste der vom 13. bis 15. Jh.

errichteten Befestigungsanlagen (Tübinger Tor, Gartentor). Sehenswert die romanisch-gotische Marienkirche (1247 beg., 1343 vollendet), alte Brunnen (Marktbrunnen, 1570; Lindenbrunnen, 1544) und Fachwerkhäuser (Spendhaus). – Östlich der St liegt die 707 m hohe Achalm mit Aussichtsturm. – Aus R. stammt der Volkswirtschaftler und Gründer des deutschen Eisenbahnnetzes Friedrich List (1789–1846).

Rhauderfehn

□ 102,94 qkm; ○ Leer (Ostfriesland); ⚐ Niedersachsen; ✉ 26817; ☎ 04952; 🚗 LER; △ 7 m; 👫 14300.

R. ist 1973 durch Zusammenschluß von Westrhauderfehn und neun Umlandgemeinden unter neuem Namen entstanden. Die Großgemeinde liegt 10 km südöstlich von Leer (Ostfriesland) an der Leda und an der B 438. R. hat Grundschulen, Orientierungsstufe, Realschule, Sonderschule für Lernbehinderte; Werk zur Herstellung von Reißverschlüssen; Land- und Viehwirtschaft.

Sehenswert das Fehn- und Schiffahrtsmuseum (Westrhauderfehn); typische Fehnlandschaft mit Kanälen, Klappbrücken und Windmühlen.

Rheda-Wiedenbrück

□ 86,69 qkm; ○ Gütersloh; ⚐ Nordrhein-Westfalen; ✉ 33378; ☎ 05242; 🚗 GT; △ 77 m; 👫 38000.

R.-W. ist 1970 durch Zusammenschluß der Städte R. und W. sowie der Gemeinden Batenhorst, Lintel, St. Vit und Nordrheda-Ems entstanden. Die St liegt 10 km südwestlich von Gütersloh an der Ems am Rande des südöstlichen Münsterlandes. Zufahrt über die B 55, B 61 und B 64; Anschluß an die Autobahn A 2 Ruhrgebiet–Hannover (Ausfahrt R.-W.); Bahnstation (Stadtteil R.) an der Strecke Köln–Hamm–Hannover und nach Münster.

R.-W., Sitz der Kreisverwaltung Gütersloh, hat Amtsgericht, Finanzamt; Realschulen, Gymnasien, gewerbliche und kaufm. Berufsschulen, Sonderschulen für Lernbehinderte.

Bedeutendster Wirtschaftszweig ist die Möbelindustrie mit internationalen Vertriebsorganisationen; ferner Wäsche-, Baubeschlag- und Fleischwarenindustrie, Fahrzeugbau (Anhänger u. Wohnmobile), Karosseriebau, Sperrholz-, Furnier- und Kunststoffplattenproduktion; Druck- und Verlagsgewerbe, Fenster- und Türenfabrikation, Kabelwerk, Produktion von Brillen- und Akustikgeräten, Bekleidungsindustrie, Betonwerk; landwirtschaftliche Betriebe.

Die Siedlung W. erhielt 952 durch Kaiser Otto I., den Großen, Stadtrechte. R. entwickelte sich im Schutze der um 1170 an einem Emsübergang errichteten Burg. Die Siedlung war Besitz der Herren von Lippe bis 1364. Verleihung der Stadtrechte 1355. Danach kam R. an die Grafen von Tecklenburg (ab 1557 T.-Bentheim). 1815 fielen R. und W. an Preußen. – Sehenswürdigkeiten im Stadtteil W.: Ägidiuskirche (13.–16. Jh.), Altes Rathaus (1619), Marienwallfahrtskirche (15. Jh.), schöne Fachwerkhäuser aus dem 16. und 17. Jh.; in R.: ma. Wasserburg (Sitz des Fürsten zu Bentheim-Tecklenburg; Barock-Kirche (18. Jh.) im Ortsteil St. Vit; alter Burgmannshof „Haus Aussel" im Ortsteil Batenhorst und nordwestlich der St „Haus Bosfeld" (ehem. Fürstensitz). – Alljährlich Altstadtfeste in W. (Mai) und R. (September), Winzerfest R. (Juni), Herbstkirmes W. (Oktober) und Andreaskirmes R. (Dezember).

Rhede b. Bocholt

□ 78,60 qkm; ○ Borken; ⚐ Nordrhein-Westfalen; ✉ 46414; ☎ 02872; 🚗 BOR; △ 32 m; 👫 16500.

R. ist 1968 durch Zusammenschluß der ehem. Gemeinden R., Büngern, Krechting, Krommert und Vardingholt entstanden.

Die St (seit 1975) liegt 6 km östlich von Bocholt am Rande des Naturparks Hohe Mark. Zufahrt über die B 67. R. hat Grund- und Hauptschulen, Realschule, Kreisberufsschule (Nebenstelle), Musikschule, Volkshochschule, Heimvolkshochschule Akademie Klausenhof/St. Gudula Rhede. Bedeutende Wirtschaftszweige sind: Kabelwerk, elektrotechnische und Textilindustrie, Metallbau, holz- und kunststoffverarbeitende Industrie.

R., erstmals 1050 urkundlich erwähnt, gehörte bis 1803 zum Fürstbistum Münster und danach zum Fürstentum Salm-Salm bis 1810; nach der franz. Herrschaft kam der Ort 1816 an Preußen. Die Entwicklung zum Industrieort setzte Ende des 19. Jh. mit der Ansiedlung mehrerer Textilbetriebe ein.

Sehenswürdigkeiten: St.-Gudula-Pfarrkirche mit wertvoller Ausstattung (Holzschnitzereien); Wasserschloß der Fürsten zu Salm-Salm (1564 im Renaissancestil erbaut); Holländer Windmühle; alte Herrensitze.

Rheinbach

□ 69,73 qkm; ○ Rhein-Sieg-Kreis; ⚐ Nordrhein-Westfalen; ✉ 53359; ☎ 02226; 🚗 SU; △ 170–400 m; 👫 22200.

R. liegt 20 km südwestlich von Bonn zwischen dem Nordabfall der Eifel und dem Kottenforst. Die St ist über die B 266 und Autobahn A 61 Speyer–Mönchengladbach (Ausfahrt R.) zu erreichen. Bahnstation an der Strecke Bonn–Euskirchen. R. hat Amtsgericht, Justizvollzugsanstalt, Garnison der Bundeswehr; Gymnasien, Realschule, Volkshochschule, Glasfachschule, Sonderschule für Lernbehinderte. Bedeutendster Wirtschaftszweig ist die Glasindustrie (Fortführung der nordböhmischen Glasmachertradition); ferner Lusterfabrik, keramische, Kunststoff- und holzverarbeitende Industrie, Wachswarenfabrikation.

»Reginbach«, erstmals 762 als Besitz des Klosters Prüm urkundlich erwähnt, erhielt vor 1342 Stadtrechte. Seit Mitte des 14. Jh. gehörte die St zu Kurköln. 1673 wurde R. durch Truppen Wilhelms von Oranien völlig zerstört. Von 1794 bis 1814 war die St Mittelpunkt eines gleichnamigen französischen Kantons. Danach kam R. an Preußen. Im 2. Weltkrieg erlitt die St durch Luftangriffe schwerste Schäden. Nach 1945 entwickelte sie sich zu einer modernen Mittelstadt und zum Einkaufszentrum für ein agrarwirtschaftlich strukturiertes Umland.

Sehenswürdigkeiten: Glasmuseum (einzig in seiner Art in der Bundesrepublik); Reste der alten Stadtbefestigung (zwei Türme aus dem 14. Jh.) und der Burg (Bergfried und Torbau, 12. Jh.); Reste einer römischen Wasserleitung; ma. Wölbäcker in R. Stadtwald; 4 km südlich der St Ruine Tomburg (11. Jh.), Stammsitz der rheinischen Pfalzgrafen im frühen MA. (1474 zerstört).

Rheinberg

□ 75,14 qkm; ○ Wesel; ⚐ Nordrhein-Westfalen; ✉ 47495; ☎ 02843; 🚗 WES; △ 25 m; 👫 27700.

R. liegt 25 km nordwestlich von Duisburg in der Niederrheinischen Bucht an der B 57 und B 510 sowie an der A 57 Moers–Goch (Ausfahrt R.); Bahnstation an der Strecke Duisburg–Kleve. R. hat Amtsgericht; Realschule, Gymnasium, Volkshochschule; Getränkeherstellung (Underberg u. a.), chemische, textil- und kunststoffverarbeitende sowie Stahl-Industrie, Salzbergwerk (größtes der Welt).

Das Gebiet von R. ist seit keltischer Zeit besiedelt. Der Ort wird erstmals 1003 als Krongut Kaiser Heinrichs II. und als Zollstätte am Rhein urkundlich erwähnt. Im 11. Jh. kam R. in den Besitz des Erzbistums Köln. 1233 wurde es zur St erhoben und in der Folge zur starken Festung am Niederrhein ausgebaut. Während der Religionskriege im 16. und 17. Jh. wechselte die St zwischen Spaniern, Holländern, Engländern und Franzosen siebenmal den Besitzer. 1672 wurde sie von den Franzosen erobert; seit 1815 gehörte sie zu Preußen. Mit der Verlegung des Rheinstrombettes im 18. Jh. verlor R. seine Bedeutung als Festung.

Sehenswürdigkeiten im Stadtteil R.: Ruine des alten Zollturmes (Ende 13. Jh.) und Reste des ehem. kurfürstl. Schlosses (Kellnerei, 1573); kath. Pfarrkirche (1107) mit rom. Turm und Mittelschiff, Anbauten aus dem 14.–16. Jh. und bedeutender Ausstattung (Hochaltar um 1520); Kamperhof (1296/1494); Rathaus (15. Jh.); Spanische Vallan (ein im 18. Jh. auf einer Festungswarte erbauter Turm); ev. Pfarrkirche (1694); Zeughaus (Giebelhaus am Markt, um 1500 erbaut); im Stadtteil Orsoy: idyllisches altes Stadtbild, Reste der Stadtmauern mit Turm, ev. und kath. Pfarrkirche mit bedeutenden Kunstschätzen.

Rheine (Westf.)

□ 145,11 qkm; ○ Steinfurt; ⚐ Nordrhein-Westfalen; ✉ 48431*; ☎ 05971; 🚗 ST; △ 38 m; 👫 69400.

R., 40 km westlich von Osnabrück an der Grenze des nördlichen Münsterlandes beiderseits der Ems gelegen, ist Verkehrsknotenpunkt (Kreuzungspunkt der B 65, B 70, B 475 und B 481; D-Zugstation an den Hauptstrekken Hannover–Amsterdam und Hamm–Emden); Anschluß an die Autobahn A 30 Bad Oeynhausen–Hengelo (Niederlande) (Ausfahrt R.-Kanalhafen, R.-Altenrheine und R.-Nord). R. hat Amtsgericht, Arbeitsgericht, Wasser- und Wirtschaftsamt, Zollamt; Realschulen, Abendrealschule, Gymnasien, gewerbliche, hauswirtschaftliche und kaufmännische Berufs-, Berufsfach-, Fach- und Fachoberschulen, Sonderschulen für Lernbehinderte; Baumwollspinnereien und -webereien, Nahrungsmittelindustrie (Fertiggerichte). Die St ist Bundeswehrstandort (Standortverwaltung und Verteidigungskreiskommando).

»Reni« entwickelte sich aus einem kaiserlichen, seit 838 abteilich-herfordischen Herrenhof. 1327 erhielt es die Stadtrechte. Vögte

Rheine, St. Dionysius-Kirche

von R. waren von 1150 bis 1281 und im 14. Jh. die Tecklenburger Grafen, dazwischen und danach die Bischöfe von Münster. Von 1470 bis 1630 war R. Hansestadt. 1803 gehörte die St zum Fürstentum Rheine-Wolbeck, 1806 zum Großherzogtum Berg und von 1811–15 zum französischen Kaiserreich; danach fiel R. an Preußen.

Sehenswürdigkeiten: St. Dionysius-Kirche (1484); Falkenhof (1472) mit Stadtarchiv und Heimatmuseum; neugotische Antoniusbasilika (1904) mit höchstem Turm des Münsterlandes; Erholungsgebiet im Stadtteil Bentlage mit Schloß (1645); Solbad und Saline „Gottesgabe“ (1603). – R. ist Geburtsort des Dichters Josef Winckler (1881–1966).

Rheinfelden (Baden)

□ 62,85 qkm; ○ Lörrach; ⚐ Baden-Württemberg; ✉ 79618; ☎ 07623; 🚗 LÖ; △ 280 m; 👫 27300.

R., unmittelbar am Hochrhein 14 km östlich von Basel gelegen, ist über die B 34 und B 316 zu erreichen; Anschluß an die A 98 AB-Dreieck Weil–Lörrach (Ausfahrt Lörrach-Ost); Bahnstation an der Strecke Basel–Waldshut. Schiffsverbindung nach Basel (Personenschiffahrt). R. hat Realschule, Gymnasium, Gewerbeschule, Sonderschule für Lernbehinderte.

Die St ist Standort der Kraftübertragungswerke R. (1898 errichtet) und bedeutender Unternehmen der chemischen und Metallindustrie (Degussa, Werk R; Hüls AG, Werk R; Aluminiumhütte R. GmbH).

R. entwickelte sich als Industriesiedlung nach dem Bau des Kraftwerkes und der Eisenbahnlinie Basel–Säckingen (1856) in der Nähe des Bahnhofs „bei Rheinfelden“ gegenüber der gleichnamigen schweizerischen St auf der Gemarkung des Dorfes Nollingen. Die Siedlung schloß sich 1922 mit Nollingen und dem 1921 eingemeindeten Warmbach zur St Rheinfelden (Baden) zusammen; seit 1972 wurden der St die Gemeinden Adelhausen, Degerfelden, Eichsel, Herten, Karsau, Minseln und Nordschwaben eingegliedert. – 3 km nordöstlich von R. befindet sich auf der Gemarkung von R.-Karsau das Deutschordensschloß Beugen (13.–16. Jh.)

Rheinsberg

□ 62,6 qkm; ○ Kreisfreie St; ⚐ Brandenburg; ✉ 16831; ☎ 033931; 🚗 NP; △ 50–60 m; 👫 5500.

R. ist zu erreichen über die A 24 / E 26 / E 55, Ausfahrt Neuruppin (ca. 35 km), sowie über die B 96, die B 167 und die B 198, die St liegt etwa in der Mitte dieses unregelmäßigen Gevierts; Endbahnhof der Reichsbahn-Nebenstrecke Oranienburg–Löwenberg (Mark)–Herzberg (Mark) und R. (Mark). Die nächsten Flughäfen liegen in Berlin (ca. 75 km).

Bildungseinrichtungen: Grundschulen, Gesamtschule; Gesamtschule mit gymnasialer Oberstufe; Förderschule für Lernbehinderte.

Wirtschaftliches: Land- und Forstwirtschaft.

Geschichtliches: R. liegt am Abfluß des

Rheinsberg, Schloß Rheinsberg

Rhins aus dem Grienericksee am südlichen Rand des R.er Zungenbeckens, das sich durch seinen Seenreichtum auszeichnet. Der Ort, im 14. Jh. erstmals urkundlich erwähnt, geht auf eine alte Grenzfeste zurück. Deren Besitzer wechselten häufig, schließlich wurde sie 1734 für den Kronprinzen Friedrich gekauft; er lebte hier von 1736–40. – R. wurde von zahlreichen Katastrophen (Bränden, Pest und Seuchen) heimgesucht. Der große Brand von 1740 legte die St in Schutt und Asche, es blieben lediglich 19 Häuser erhalten. Sie wurde nach Plänen von Knobelsdorff wiederaufgebaut und erhielt dabei ein völlig neues Aussehen (Einteilung in elf „Quarrés"). Als 1744 Prinz Heinrich von seinem Bruder Friedrich II. R. als Geschenk übernahm, erfuhr die kleine St durch wirtschaftliche Entfaltung und landschaftliche Verschönerung einen beachtlichen Aufschwung. Der norddt. Dichter Theodor Fontane schildert diese landschaftlichen Reize in seinen „Wanderungen durch die Mark Brandenburg"; Kurt Tucholsky bringt seine Sympathie für St und Umgebung in der Erzählung „Rheinsberg – ein Bilderbuch für Verliebte" zum Ausdruck. – Im Jahre 1762 gründete man in R. eine Steingutfabrik, zu der 1866 ein Zweitwerk aufgebaut wurde. Dort produziert man noch heute aus dem „roten Scherben" Keramikerzeugnisse, die unter dem Markenzeichen „R" mit der Teekanne bekannt wurdeln. 1957 begann man zwischen Stechlinsee und Nehmitzsee mit der Errichtung des ersten Kernkraftwerkes der DDR; es wurde am 9. Mai 1966 in Betrieb genommen, mußte jedoch inzwischen wieder stillgelegt werden. Das Schloß R. wurde 1953 Sanatorium für Diabetiker und war seit dieser Zeit für Besucher nicht mehr zugänglich. Ende der 70er Jahre begann man mit der Restaurierung bzw. Erneuerung der Schloßparkanlagen; inzwischen ist ein Großteil des Landschaftsgartens wiederhergestellt. Seit 1991 ist das Schloß R. wieder Museum, im Spiegelsaal finden Konzerte wie ehedem statt, und im Nordturm präsentieren sich Künstler der Mark Brandenburg mit wechselnden Ausstellungen.

Sehenswürdigkeiten und Kulturelles: das Schloß, eine barocke Dreiflügelanlage (1734–39, Eckbauten an der St-Seite 1786); Schloßpark, ursprünglich eine Barockanlage (1738–41), nach 1764 zu einem Landschaftspark erweitert; Mkt-Platz; Triangelplatz mit Postmeilensäule; frühgot. Pfarrkirche St. Laurentius, Granitbau mit spätgot. Backsteinanteilen (1566–68 umgebaut).

Wiederkehrende Ereignisse: „Rheinsberger Musiktage" (jährlich zu Pfingsten); „Kammeroper in Rheinsberg" (jährlich im Juli/August).

Rheinstetten

□ 32,30 qkm; ○ Karlsruhe; ⚐ Baden-Württemberg; ✉ 76287; ☎ 0721 (Ortsteil Forchheim), 07242 (Ortsteile Mörsch und Neuburgweier); 🚗 KA; △ 107–117 m; 👪 19000.

Die Gm Rh. mit den Ortsteilen Forchheim, Mörsch und Neuburgweier wurde 1975 unter neuem Namen gebildet. Rh. liegt zum Teil auf der Hoch- und Niederterrasse des Rheintales und grenzt unmittelbar an den südwestlichen Stadtrand von Karlsruhe. Zu erreichen ist Rh. über die B 36 und Autobahn A 5 Karlsruhe-Basel (Ausfahrt Ettlingen); Bahnstation an der Strecke Karlsruhe–Basel; Verkehrslandeplatz Karlsruhe/Forchheim. Die Landgemeinde hat Grund- und Hauptschule, Realschule und Gymnasium, Sonderschule; mittelständische Industrie- und Gewerbebetriebe; Anstalt für Pflanzenbau und Tabakforschung und Staatl. Schweinezuchtanstalt mit Staatl. Versuchs- und Lehranstalt.

Forchheim, erstmals 1086 urkundlich nachweisbar, gehörte dem Bistum Speyer wie auch Mörsch, das erstmals 940 schriftlich bezeugt ist; beide Orte kamen im 14. Jh. an die Markgrafschaft Baden. Neuburgweier ist eine Gründung um 1100 des Bischofs von Speyer und urkundlich erstmals 1219 nachweisbar. Nach wechselvoller Geschichte wurde Neuburgweier von der Kurpfalz 1707 an die Markgrafschaft Baden Baden abgetreten.

Ribnitz-Dammgarten

□ 91,7 qkm; ○ Ribn.-Da.; ⚐ Mecklenburg-Vorpommern; ✉ 18311; ☎ 03821; 🚗 RDG; △ bis 8 m; 👪 12200.

R.-D. ist zu erreichen auf der A 19 / E 55, Ausfahrt Rostock-Ost (28 km), sowie auf der B 105 / E 22; Bahnstation der Reichsbahnstrecke Schwerin–Rostock–R.-D. (West)–Velgast–Stralsund; Charterflüge vom und zum Flughafen Barth (ca. 30 km); Fährverbindungen nach Skandinavien ab Rostock und Stralsund.

Bildungseinrichtungen: Pflichtschulen; Fachschule für Gartenbau; St- und Kreisbibliothek.

Wirtschaftliches: Fischerei; Mischfutterwerk; Herstellung von Faserplatten und Lederwaren; Bernsteinverarbeitung.

Geschichtliches: R.-D., nördlich von Rostock am Saaler Bodden gelegen, wird als das Tor zum Fischland bezeichnet. Wendische Wanderer bauten sich vor vielen Jahrhunderten links und rechts der Recknitz Fischerhütten auf, aus denen später die St.e Ribnitz und Dammgarten hervorgingen. Ribnitz, eine Gründung mecklenburgischer Fürsten, wird als St erstmals 1233 urkundlich erwähnt; Dammgarten gehörte zum Besitz der rügenschen Fürsten und ist aus überliefertem Schriftgut seit 1258 bekannt. Die Recknitz war lange Grenzfluß zwischen Schweden und Preußen, zwischen Mecklenburg und Vorpommern, seit 1950 verbindet sie die beiden Städte – und neuerdings auch das neue Bundesland mit dem Doppelnamen. Aus der Vogelperspektive läßt sich deutlich die ehem. ma. St-Anlage erkennen; Krieg und Brände verwüsteten jedoch beide Städte mehrmals derartig, daß heute nur noch wenige Zeugnisse aus früherer Zeit erhalten sind. Zu ihnen gehört das mächtige „Rostocker Tor", Rest der einstigen St-Mauer. Gegenüber der großen Marienkirche (13./14. Jh.), die im 18. Jh. eine barocke Innenausstattung erhielt, nimmt sich die Klosterkirche des „St.-Klara-Ordens" zierlich aus. – Seit 1989 haben sich in R.-D. die Verhältnisse sichtbar geändert. Es entstanden Pensionen, Restaurants, Gasthöfe und Cafés. Die Fischergasse ist heute eine moderne Einkaufspassage mit attraktiven Läden und gemütlichem Café.

Sehenswürdigkeiten und Kulturelles: das o.g. „Rostocker Tor"; Hafenanlage; Kirchen unterschiedlicher Baustile und Entstehungszeiten in den verschiedenen St-Teilen; Bernsteinmuseum im Klarissen-Kloster mit umfangreichen Informationen über frühgeschichtl. Bernstein-Funde, Lagerstätten und Fundorte an der dt. Ostseeküste, über Gewinnung, Verarbeitung und Kunstwerke aus Bernstein, einziges Museum dieser Art in Dtld. (Verkauf von Bernsteinproben und Bernsteinschmuck); im Chorsaal des Klosters eine beachtliche Sammlung R.er Madonnen-Kunstwerke und ma. Tafelbilder mit Darstellung religiöser Szenen; Galerie im Bernsteinmuseum mit ständig wechselnden Ausstellungen der Künstler aus der Region; Galerie im Café des Museums, Galerie im Veteranenklub; St-Kulturhaus; Jugendhaus „Villa"; Freilichtmuseum Klockenhagen mit 200 bis 300 Jahre alten Bauernhäusern, Scheunen, Katen aus Mecklenburg-Vorpommern und Niederdeutschland, mit Ziehbrunnen, Spritzenhaus und Feuerwehr, Bockwindmühle, Ackergeräten und Bauernmöbeln, Backhaus mit funktionstüchtigem Backofen; Künstlerhof Hirschburg. – Die Lage der St in einer reizvollen Küstenregion bietet eine Fülle von Erlebnis- und Erholungsmöglichkeiten: Die nahe Ostsee, das Fischland, der Darß mit seinem Nationalpark „Vorpommersche Boddelandschaft", die Rostocker Heide, die südliche Boddennküste und das Recknitztal – all diese eigenwilligen Landschaften erlauben Wanderungen zu jeder Jahreszeit und bei jeglichem Wetter. – Sport: Segeln und Surfen auf dem Bodden (Surf- und Segelschule), Baden in der Ostsee, Reiten, Radfahren und Angeln.

Wiederkehrende Ereignisse: Chor- und Orgelkonzerte in der Klosterkirche und der Marienkirche; Bauernmarkt, Brotbacken und Erntefest mit Erntekronenschau im Freilichtmuseum Klockenhagen; Schützenfest mit Königsschießen, zugleich Familienfest (Juni); traditionelles Vogelschießen mit der Armbrust, zugleich Kinderfest (1. Wochenende im Juli); „Internationaler Folkloretanz" (Juli).

Riedlingen (Württ.)

□ 64,96 qkm; ○ Biberach a.d. Riß; ⚐ Baden-Württemberg; ✉ 88499; ☎ 07371; 🚗 BC; △ 529–624 m; 👥 8500.

R., beiderseits der Donau am Schnittpunkt der B 311 und B 312 gelegen, ist Bahnstation an der Strecke Ulm–Freiburg i. B. Die St hat Amtsgericht; Gymnasium, Realschule, Sonderschule für Lernbehinderte, gewerbliche und kaufm. Berufsschulen, Hauswirtschaftsschule, landwirtschaftliche Berufsschule, Private Fremdsprachenschule, Kolpingsakademie; Kreiskrankenhaus; Metallwarenfabrik, Textilbetriebe. R. ist Einkaufszentrum eines ausgedehnten landwirtschaftlich orientierten Hinterlandes und Mittelpunkt bedeutender Zuchtviehmärkte.

R., erstmals 835 urkundlich erwähnt, wurde um 1250 von den Grafen von Veringen als planmäßig angelegte Siedlung neu gegründet. Der Ort erhielt 1334 Stadtrecht und eigene Gerichtsbarkeit, nachdem er um 1300 an König Albrecht von Österreich verkauft worden war. R. war mit Unterbrechungen vorderösterreichische Reichsstadt bis 1805; danach wurde es württembergisch.

Sehenswürdigkeiten: Reste der ehemaligen Stadtbefestigung, malerische Fachwerkhäuser, Pfarrkirche St. Georg (1486), Rathaus (1447), »Alte Kaserne« (1686); Kapuzinerkloster, barocke Weilerkapelle (1721); Heimatmuseum (bedeutende Sammlung von Hinterglasbildern). – 11 km nördlich von R. liegt die ehem. Klosterkirche Zwiefalten (1739–65 von J. M. Fischer erbaut, bedeutender Bau des Spätbarocks).

Alljährlich Schwäbisch-Alemannische Fasnet, Fohlenmarkt (August) und Gallusmarkt (Oktober).

Riedstadt

□ 73,75 qkm; ○ Groß-Gerau; ⚐ Hessen; ✉ 64560; ☎ 06158; 🚗 GG; △ 82 m; 👫 17000.

Im Rahmen der Gebietsreform wurde R. 1977 aus den ehemaligen Gemeinden Crumstadt, Erfelden, Goddelau-Wolfskehlen und Leeheim unter neuem Namen gebildet. Die Wohngemeinde im Industriekreis Groß-Gerau liegt 10 km westlich von Darmstadt in der Rheinniederung an der B 44; Anschluß an die Autobahn A 67 Mannheim–Rüsselsheim (Ausfahrt Darmstädter Kreuz). R. hat Grund- und Integrierte Gesamtschule; Psychiatrisches Krankenhaus.

Sehenswert das Naturschutzgebiet „Kühkopf-Knoblochsaue" und die Altrheinauen.

Der Ortsteil Goddelau ist Geburtsort des Dramatikers Georg Büchner (1813–1837; Museum).

Riegelsberg

□ 14,70 qkm; ○ Stadtverband Saarbrücken; ⚐ Saarland; ✉ 66292; ☎ 06806; 🚗 SB; △ 100–377 m; 👫 14200.

R., im Köllerbachtal nördlich von Saarbrücken gelegen, ist über die B 268 und Autobahnen A 1 Saarbrücken–Köln (Ausfahrt R.), A 8 Neunkirchen–Zweibrücken (Ausfahrten Heusweiler) sowie A 623 Saarbrücken–Friedrichsthal (Ausfahrt Saarbrücken-Herrensohr) zu erreichen. R. hat Grund- und Hauptschulen mit Sprachheilklassen, Realschule, Volkshochschule; Textil- und Genußmittelindustrie.

Riesa

□ 40 qkm; ○ Kreis Riesa; ⚐ Freistaat Sachsen; ✉ 01572*; ☎ 03525; 🚗 RIE; △ 109,5 m; 👫 44360.

Riesa erreicht man über die A 14 / E 49 (Ausfahrt Döbeln-Nord – 30 km), über die A 13 (Ausfahrt Thiendorf – 29 km) und auf den B 98, B 169 und B 182. Der Bf Riesa ist Schnittpunkt der Reichsbahnstrecken Leipzig–Dresden und Berlin–Chemnitz. Von Riesa zweigt eine Nebenbahn über Lommatzsch nach Nossen ab. Nächster Flughafen ist Dresden-Klotzsche (ca. 60 km).

R. hat Stadtverwaltung, Arbeitsamt, Finanzamt, Landratsamt, Polizeistation, Kreiskrankenhaus, Kreisgericht.

Bildungseinrichtungen: Grundschulen, Mittelschulen, Gymnasien, Förderschule für Lernbehinderte, Ingenieurschule, Musik- und Kunstschule.

Kulturstätten: Heimatmuseum, Stadtbibliothek, Kulturcenter Stern.

Wirtschaft und Industrie: Sächsische Muskator-Werke (Futtermittel), Teigwarenherstellung, Seifenwerk, Ölwerk, Arbonia-Forster-Riesa GmbH (Stahl), Bauindustrie, Landwirtschaft.

Geschichte: R. an der Elbe erhielt erst 1623 Stadtrecht, ist aber schon 3000 v. Chr. als jungsteinzeitliche Siedlung und 1200 v. Chr. als bronzezeitliche Siedlung nachzuweisen. Im 7. und 8. Jh. bestand eine slawische Siedlung am heutigen Stadtpark. 1119 gründete der Bischof von Naumburg ein Kloster, das in den Jahren 1426, 1429 und 1440 durch die Hussiten gebrandschatzt wurde. 1542 ist das Kloster aufgelöst und in ein Klostergut umgewandelt worden, das 1554 für 25000 Gulden an Martin v. Miltitz verkauft worden ist. Für 1568 ist der Bau eines Schulhauses verbürgt. 1622 war Christoph v. Felgenhauer von Kurfürst Johann Georg I. mit dem Rittergut R. belehnt worden. In der 2. Hälfte des 18. Jh. entstand neben der alten städt. Anlage eine Kolonie der Schiffs- und Handelsherren. 1839 wurde die erste dt. Ferneisenbahn zwischen Leipzig und Dresden eröffnet. Bahnstation war Gröba, das erst 1923 nach R. eingemeindet wurde. Die Eisenbahn brachte für R. einen wirtschaftl. Aufschwung; die Stadt erweiterte sich am linken Elbufer in Richtung Gröba. 1843 Gründung eines Eisenhammers, 1861–63 Bau des Hafens mit Bahnanschluß, 1865 Bau der Gasanstalt, 1894 Errichtung eines großen Schlachthofes. 1874 erwirbt die St für 338000 Taler als 18. Besitzer das Rittergut R. 1904 Gründung der techn. Lehranstalt „Technikum". Nach Gröba wird 1923 Weida eingemeindet, 1925 Merzdorf. Zwischen 1950 und 1974 kommen die Gemeinden Pausitz, Poppitz, Mergendorf, Pochra und Canitz zu R. 1952 wird R. Kreisstadt.

Sehenswürdigkeiten: Trinitatiskirche (1897 erb.), Stadtpark u. Heimattiergarten; Landschaftsschutzgebiet Jahnatal südl. der Stadt.

Umfangreiche Einrichtungen für Sport u. Freizeitgestaltung: Schwimmhallen, Sporthallen, Tennisplätze, Kegelbahnen.

Rietberg

□ 110,20 qkm; ○ Gütersloh; ○ Nordrhein-Westfalen; ✉ 33397; ☎ 05244; 🚗 GT; △ 78 m; 👫 22800.

R., 27 km südwestlich von Bielefeld an der oberen Ems gelegen, ist über die B 64 zu erreichen. Die St hat Realschule, Gymnasium, Sonderschule für Lernbehinderte; Möbelfabriken, Feuerverzinkerei, Drahtfederfabrik.

»Rethbergi«, erstmals 851 urkundlich erwähnt, war Sitz der Grafen von R., deren Burg im 1. Viertel des 12. Jh. errichtet wurde. Die in der Nähe entstandene Siedlung wurde vor 1289 St. Die Reichsgrafschaft kam mit R. 1815 an Preußen. – Im Rahmen der Gebietsneuordnung schlossen sich R. und die ehemaligen Gemeinden Bokel, Druffel, Mastholte, Moese, Neuenkirchen, Varensell und Westerwiehe 1970 zur amtsfreien St R. zusammen.

Sehenswürdigkeiten: Rathaus (1803 aus den Trümmern des abgebrochenen Schlosses Eden [16. Jh.] erbaut); Franziskanerkloster (1619; von 1716–21 erneuert); St. Johann-Baptist-Pfarrkirche (1483; im 19. Jh. fast völlig erneuert); Nepomukkapelle (1748 von Schlaun errichtet); zahlreiche schöne Fachwerkhäuser aus dem 16.–18. Jh.; Reste der alten Befestigungsanlagen (Wälle und Graben).

Rinteln

□ 109,03 qkm; ○ Schaumburg; ⚐ Niedersachsen; ✉ 31737; ☎ 05751; 🚗 SHG; △ 52 m; 👫 26000.

R. liegt zwischen Hameln und Minden beiderseits der Weser am Südrand der Weserberge. Die St ist über die B 83, B 238 und Autobahn A 2 Ruhrgebiet–Hannover (Ausfahrt Bad Eilsen) zu erreichen; Bahnstation an der Strecke Ruhrgebiet–Braunschweig; Verkehrslandeplatz. R. hat Amtsgericht; Akademie für Wirtschaft u. Technik, Gymnasium, Höhere Handelsschule, Handelsschule, Berufs- und Berufsfachschulen, Realschule, Mittelpunktschulen, Sonderschule, Volkshochschule; Nervenklinik; Glasfabrik, Betonwerke, Dachsteinwerk, Maschinenbau, Textil-, Möbel- und papierverarbeitende Industrie; Kreishafen an der Weser.

R., erstmals 1150 in einer Schenkungsurkunde als Siedlung auf dem rechten Weserufer erwähnt, wurde auf der dem alten Dorf gegenüberliegenden Flußseite von den Grafen von Schaumburg im ersten Drittel des 13. Jh. als planmäßige Anlage gegründet. 1239 erhielt die neue Siedlung das Stadtrecht. Als befestigter Marktort (seit 1392) hatte R. wesentlichen Anteil am Weserhandel. Von 1621 bis 1809 besaß die St eine Universität. Unter hessischer Herrschaft (seit Mitte des 17. Jh.) wurden die im Dreißigjährigen Krieg zerstörten Festungsanlagen wiederaufgebaut und erweitert (1807 geschleift). 1866 kam R. an Preußen.

Die malerische Altstadt ist im wesentlichen erhalten. Sehenswert die Kirchen St. Jakobi (13./14. Jh., ehem. Klosterkirche) und St. Nikolai (13. Jh.) sowie das prächtige Renaissance-Rathaus; zahlreiche schöne Fachwerkhäuser und Adelshöfe aus dem 16. und 17. Jh.; Heimatmuseum in der „Eulenburg". – 4 km südlich von R. liegt Stift Möllenbeck (1492–1503 erbaut, Rundtürme aus dem 10. Jh.), 8 km östlich der St die Stammburg der Schaumburger Grafen (13.–16. Jh., im 19. Jh. erneuert). Am westlichen Stadtrand Erholungsgebiet „Doktorsee" (450000 qm Wasserfläche) mit Zelt- und Campingplätzen.

Ritterhude

□ 32,83 qkm; ○ Osterholz; ⚐ Niedersachsen; ✉ 27721; ☎ 04292; 🚗 OHZ; △ 0–30 m; 👫 12800.

R. liegt an der Hamme und grenzt unmittelbar an den nördlichen Stadtrand von Bremen. Zufahrt über die B 74 und die Autobahn A 27 Bremen–Cuxhaven (Ausfahrt Bremen-Industriehäfen). Bahnstation an der Strecke Bremen–Bremerhaven. R. hat Grund- und Hauptschulen, Realschule, Volkshochschule; Lack- und Farbenfabrik, Kunststoffindustrie.

Rochlitz

□ 8 qkm; ○ Kreis Rochlitz; ⚐ Freistaat Sachsen; ✉ 09306; ☎ 03737; 🚗 RL; △ 153–240 m; 👫 7800.

R. wird erreicht über die A 4 (Ausfahrten Glauchau oder Hainichen) und die A 14 (Ausfahrten Leisnig oder Döbeln-Nord). Entfernung jeweils ca. 30 km. In R. kreuzen sich die B 7, B 107 und B 175. Bf. der Eisenbahn an den Strecken Glauchau–Leipzig, Altenburg–Waldheim u. R.–Großbothen–Leipzig. Nächste Flughäfen: Leipzig/Halle (50 km) u. Dresden-Klotzsche (80 km).

Rochlitz hat Stadtverwaltung, Landratsamt, Kreisgericht, Polizeiinspektion.

Bildungseinrichtungen: zwei komb. Grund-/Mittelschulen, Gymnasium, Gewerbl. Berufsschule, Land- u. hauswirtschaftliche Schule, Volkshochschule, Musikschule, Förderschule für Lernbehinderte, Fachbereich Erziehungswissenschaft der Techn. Universität Chemnitz.

Schlösser Rochlitz und Rochsburg (bei Lunzenau) mit ihren Museen, Kulturhaus, Heimatmuseum.

Wirtschaft: Porphyrsteinbruch am Rochlitzer Berg. Der abgebaute Porphyrtuff wird seit über 1000 Jahren als Schmuckstein an Bauwerken verwendet. Betriebe der Nachrichtenelektronik und der Hydraulik. R. ist traditioneller Sitz zahlreicher mittelständischen Handelseinrichtungen. Bedeutende Landwirtschaft durch fruchtbare Böden.

Geschichte: Rochlitz nimmt eine zentrale Lage in Mittelsachsen zwischen den Städten Leipzig (50 km), Chemnitz (40 km) u. der Landeshauptstadt Dresden (80 km) ein. Die Burganlage mit einer Ansiedlung am Übergang über die Zwickauer Mulde wird 995 erstmals urkundlich erwähnt. R. gehört damit zu den ältesten Städten Sachsens. Die eigentliche Stadt entstand im 12. Jh. unter dem Wettiner Grafen Dedo. Sie wurde zum Mittelpunkt von Verwaltung, Gerichtsbarkeit und Kirchenwesen. Das Schloß diente bis 1602 mehrfach als Residenz des sächsischen Herrscherhauses. Händler, Leineweber und Steinmetze schufen den Reichtum der St. Architektonischer Ausdruck damaligen Wohlstandes ist die Kunigundenkirche. Kriege und Stadtbrände zerstörten mehrfach große Teile der St. Die Industrialisierung des 19. Jh. wirkte sich nur wenig aus, R. blieb Schul- und Verwaltungszentrum. 1867–1897 war R. auch Garnisonsstadt. Nach dem Anschluß an das Eisenbahnnetz 1872 (Muldentalbahn) erfuhr die Stadt durch die Ansiedlung von Industriebetrieben eine räumliche Ausdehnung.

Baudenkmäler: Schloß Rochlitz (995 erwähnt) mit zwei markanten Türmen, Wehrgang, spätgotischer Schloßkapelle und Heimatmuseum; Hist. Stadtkern mit Markt, Rathaus, Kunigunden- und Petri-Kirche; Rochlitzer Berg (eheml. Vulkan) mit Aussichtsturm und Gaststätte. In Wechselburg (6 km entfernt, Bahnstation) romanische Stiftskirche (Basilika). Eisenbahnviadukt Göhren (zweietagiger, gemauerter Viadukt von 1871 der Strecke Chemnitz–Leipzig über die Mulde und die Muldentalbahn).

Periodische Veranstaltungen: Inselfest im Juni (Volksfest).

Rockenhausen

☐ 25,66 qkm; ○ Donnersbergkreis; ⚐ Rheinland-Pfalz; ✉ 67806; ☎ 06361; 🚗 KIB; △ 180–240 m; 👫 5800.

R., im Nordpfälzer Bergland an der Alsenz 22 km nördlich von Kaiserslautern gelegen, ist über die B 48 zu erreichen; Bahnstation an der Strecke Bingerbrück–Kaiserslautern. Die St hat Verbandsgemeindeverwaltung, Amtsgericht, Arbeitsamt, Gesundheitsamt; Grundschulen, Hauptschule, Realschule, Berufsbildende Schule, Sonderschule für Lernbehinderte; mittelständische Industrie- und Gewerbebetriebe (Herstellung von Matratzen, Auto- und Flugzeugsitzen, Möbelteilen, Aquarien, feinmechanischen Instrumenten u. a.).

Das Gebiet von R. war bereits von den Römern besiedelt (Museumspark mit römischer Brunnenanlage aus dem 2./3. Jh. n. Chr.). Urkundlich wird R. erstmals 897 erwähnt. Der Ort stand unter der Herrschaft der Raugrafen von der Altenbaumburg, die als treue Vasallen der Kaiser für ihre Siedlung 1332 von Kaiser Ludwig IV. das Stadtrecht erhielten. 1457 kam R. an die Kurpfalz und 1816 an Bayern. Sehenswert das Alte Schloß (18. Jh.); Uhrenmuseum (größte Sammlung von Turm- und Wanduhren in Deutschland); Kahnweilerhaus mit Bibliothek des Kunsthändlers und Kunstschriftstellers Daniel Henry Kahnweiler; ev. Kirche (barocker Saalbau von 1794) mit Turm von 1595; Nordpfälzer Heimatmuseum. – Alljährlich Altstadtfest (Juni) und Nordpfälzer Herbstfest (September).

Rodach b. Coburg

☐ 77,65 qkm; ○ Coburg; ⚐ Bayern; ✉ 96476; ☎ 09564; 🚗 CO; △ 303 m; 👫 6300.

R., am gleichnamigen Flüßchen 16 km westlich von Coburg gelegen, ist Erholungsort mit Thermal-Heilquellen (Heilanzeigen bei Abnutzungserscheinungen der Gelenke, Erkrankungen des Bewegungsapparates, Nervenentzündungen, Erkrankungen des rheumatischen Formenkreises, Durchblutungsstörungen, Bandscheiben- und Frauenleiden). Die St hat Grund- und Verbandshauptschule; kunststoffverarbeitende Industrie, Fabrik für Holzwaren (Kindergartenausstattung), Plüschspielwarenfabrikation; Fremdenverkehr und Kurbetrieb; landwirtschaftliche Betriebe.

»Radaha«, erstmals 899 urkundlich bezeugt, ist aus einem Königshof hervorgegangen. Die Grafen von Henneberg bauten die Siedlung um 1300 zur St aus. Unter der Herrschaft der Wettiner (seit 1315) erlangte R. 1362 das Stadtrecht. Die ma. Stadtmauer (1386) ist zum Teil erhalten. Bemerkenswert ferner der Marktbrunnen (um 1380), die Stadtpfarrkirche (1735–58), das Fridolinhaus (17. Jh.), das Heimatmuseum und das ehem. herzogliche Jagdschloß (1749).

Rodalben

□ 15,69 qkm; ○ Pirmasens; ⚐ Rheinland-Pfalz; ✉ 66976; ☎ 06331; 🚗 PS; △ 256 m; 👫 7500.

Die Stadt R. ist Luftkurort am Westrand des Pfälzer Waldes, 30 km südwestlich von Kaiserslautern. Zufahrt über die B 270 und A 8 (Ausfahrten R. und Pirmasens).

R. hat Verbandsgemeindeverwaltung; Grund- und Hauptschule, Kreisberufsschule, Handelsschule; Schuhfabriken, chem. Industrie.

Erste urkundliche Erwähnung 1250. Wirtschaftlicher Aufschwung durch die ansässige Schuhindustrie nach dem Zweiten Weltkrieg. Verleihung der Stadtrechte 1963.

Rodenbach b. Hanau

□ 16,72 qkm; ○ Main-Kinzig-Kreis, ⚐ Hessen; ✉ 63517; ☎ 06184; 🚗 HU; △ 110 bis 230 m; 👫 11300.

R. liegt an der Kinzig 10 km östlich von Hanau. Zufahrt über die B 43 und Autobahnen A 45 Gießen–Hanau (Ausfahrt Hanauer Kreuz) und A 66 Frankfurt–Fulda (Ausfahrt Erlensee); Bahnstation (Ortsteil Niederrodenbach) an der Strecke Frankfurt a. M.–Bebra.

Die Gm hat Grund-, Haupt- und Realschule mit Förderstufe; Altenzentrum des Landkreises Hanau (Modell); Landwirtschaft (Spargelanbau u. a.)

R., erstmals 850 urkundlich genannt, wandelte sich nach dem 2. Weltkrieg von einer agrarwirtschaftlich strukturierten Gemeinde (im 18. Jh. bereits intensive Viehzucht und Weinbau) zur aufstrebenden Wohngemeinde.

Rodgau

□ 65,05 qkm; ○ Offenbach a. M.; ⚐ Hessen; ✉ 63110; ☎ 06106; 🚗 OF; △ 100 m; 👫 40200.

R. entstand 1977 im Rahmen der Gebietsreform aus den Orten Dudenhofen, Hainhausen, Jügesheim, Nieder Roden und Weiskirchen unter neuem Namen. Die St (seit 1979) liegt 20 km südöstlich von Frankfurt a. M. an der Autobahn A 3 Frankfurt–Würzburg (Ausfahrten Rodgau-Hainhausen und Hanau) und an der B 45; Bahnstationen an der Strecke Offenbach a. M.–Dieburg. Die St hat zwei Gesamtschulen, Haupt- und Realschule, Gymnasium, Sonderschule für praktisch Bildbare, Volkshochschule; Lederwarenindustrie.

Ältester Stadtteil ist Nieder Roden, der 786 erstmals urkundlich nachweisbar ist, als das Kloster »Rotaha« dem Kloster Lorsch vermacht wurde. Seit 1425 war der Ort im Besitz der Mainzer Erzbischöfe und gelangte im MA u. a. als Sitz des Centgerichts zu großer Bedeutung. Die übrigen Orte sind seit dem 12. und 13. Jh. bezeugt.

Roding

□ 113,76 qkm; ○ Cham; ⚐ Bayern; ✉ 93426; ☎ 09461; 🚗 CHA; △ 370 m; 👫 10500.

R., am Regen im Naturpark Oberer Bayerischer Wald gelegen, ist über die B 16 und B 85 zu erreichen. R., Bahnstation an der Strecke Schwandorf–Furth i. Wald, hat Amtsgericht (Zweigstelle), Forstamt; Grundschulen, Realschule, Kreisberufsschule, Sonderschule für Lernbehinderte, Hauswirtschaftsschule, Volkshochschule, Musikschule, Kreiskrankenhaus mit Schwesternschule; Metall- und Bekleidungsindustrie. Die St ist Bundeswehrstandort.

R. wird erstmals 844 urkundlich erwähnt. Der Gutshof der Karolinger entwickelte sich zum Flecken mit Marktrechten, die Pfalzgraf Ruprecht I. 1364 verlieh. 1952 wurde R. zur St erhoben.

Sehenswürdigkeiten: Rathaus (18. Jh.) mit Pranger; romanische Taufkapelle (9. Jh.); Feuerwehrmuseum; Wallfahrtskirche Heilbrünnl (1730); Burg Regenpeilnstein (Bergfried 14. Jh.); Burgruine Schwärzenberg; Wasserburg Wetterfeld (15. Jh.). – Alljährlich Ende Juni Volksfest.

Rödental

□ 49,97 qkm; ○ Coburg; ⚐ Bayern; ✉ 96472; ☎ 09563; 🚗 CO; △ 306–464 m, 👫 12500.

R., 7 km östlich von Coburg am Südhang des Thüringer Waldes gelegen, ist über die B 4 zu erreichen. Bahnstation an der Strecke Coburg–Neustadt. Die St hat Grund- und Hauptschulen, Sing- und Musikschule; keramische Industrie (u. a. Hummelfiguren), Puppenfabriken, Christbaumschmuckproduktion, Spielwarenindustrie, Landwirtschaft; Fremdenverkehr (Wintersport).

Im Rahmen der Gebietsreform entstand R.

aus 16 Ortsteilen (1971–78); das Zentrum bilden Oeslau, Mönchröden und Finberg mit rund 9000 EW. Mönchröden, 1108 erstmals erwähnt, besitzt ein 1149 gegründetes Benediktinerkloster (während der Reformation aufgelassen). 1988 wurde R. zur St erhoben. – Sehenswert Schloß und Park Rosenau (Geburtsstätte des Prinzen Albert (1819–1861), Gemahl der engl. Königin Victoria (1819–1901).

Rödermark

□ 29,99 qkm; ○ Offenbach; ⚐ Hessen; ✉ 63322; ☎ 06074; 🚗 OF; △ 142–175 m; 👫 25000.

Die St R. (seit 1980) ist im Rahmen der Gebietsreform aus den ehemaligen Gemeinden Ober-Roden, Urberach, Waldacker, Messenhausen und Bulau gebildet worden. R. liegt am Nordostabfall des Koberstadthöhenzuges, dem nördlichsten Ausläufer des Odenwaldes, 15 km nordöstlich von Darmstadt an der B 45, B 459 und B 486. Die St hat Gesamtschule, Sonderschule für Lernbehinderte, Volkshochschule; Lederwarenindustrie, metallverarbeitende Betriebe, Polstermöbelfabrik, chemische Industrie, Telefonbau. Als Wohngemeinde im Großraum von Frankfurt a. M. und Darmstadt ist R. überdurchschnittlich gewachsen.

Der Stadtteil Ober-Roden, erstmals 786 urkundlich erwähnt, kam vom Kloster Lorsch über verschiedene kleinere Herrschaften 1425 in den Besitz der Erzbischöfe von Mainz und nach der Säkularisation 1803 an Hessen-Darmstadt; der Stadtteil Urberach ist erstmals 1275 bezeugt. Der Name „Rödermark" geht auf die alte Markgenossenschaft zurück, die im Bereich der mittleren und oberen Rodau das ganze MA hindurch bis in die Neuzeit bestanden hat.

Rösrath

□ 38,8 qkm; ○ Rheinisch-Bergischer Kreis; ⚐ Nordrhein-Westfalen; ✉ 51503; ☎ 02205; 🚗 GL; △ 89 m; 👫 22700.

R., 15 km südöstlich von Köln an der Sülz gelegen, ist über die Autobahn A 3 Köln–Frankfurt a. M. (Ausfahrten Köln-Königsforst/Flughafen bzw. Köln/Bonn) zu erreichen. Bahnstation an der Strecke Köln–Olpe.

Die Gm hat Gymnasium, Realschule, Gemeinschaftsgrund- und -hauptschule, kath. Grundschule, Sonderschule für lern- und körperbehinderte Kinder und Jugendliche; vielseitige Industrie (Fabrikation von Heizungsradiatoren; Tischen, Beleuchtungskörpern, elektronischem Zubehör, Rolladen, Kunststoffverarbeitung) und Kleingewerbe.

R. entstand im 13. Jh. als Rodungssiedlung. Die Geschichte des Ortes ist seit dem späten MA eng mit den Grafen und späteren Herzögen von Berg verknüpft. Als Wohngemeinde im Wirtschaftsraum von Köln hatte R. nach dem 2. Weltkrieg einen starken Bevölkerungszuwachs zu verzeichnen. – Sehenswert: Kirchen in Rösrath und R.-Hoffnungsthal.

Röthenbach a. d. Pegnitz

□ 13,12 qkm; ○ Nürnberger Land; ⚐ Bayern; ✉ 90552; ☎ 0911 (Nürnberg); 🚗 LAU; △ 336 m; 👫 12500.

R., 12 km östlich von Nürnberg im breiten Tal der unteren Pegnitz gelegen, ist über die B 14 und die Autobahnen A 9 München–Nürnberg–Hof (Ausfahrt AB-Kreuz Nürnberg) und A 3 Würzburg–Nürnberg–Passau (Ausfahrten Nürnberg-Mögeldorf und Autobahnkreuz Nürnberg) zu erreichen. Bahnstation an der Nebenstrecke Nürnberg–Lauf a. d. Pegnitz.

Die St hat Grundschulen, Gymnasium; Metallwerk, Elektrokohlenfabrikation, Maschinenfabrik, Kalksandsteinwerke.

R., erstmals 1311 urkundlich genannt, kam 1504 vom Fürstbistum Eichstätt an die Reichsstadt Nürnberg. Der Ort, in dem bereits um 1500 eine Papiermühle bestand, entwickelte sich seit Ende des 19. Jh. zur Industriegemeinde im Nürnberger Wirtschaftsraum. 1953 erhielt R. Stadtrechte. – Alljährlich traditionelles Blumenfest Anfang August.

Rommerskirchen

□ 60,23 qkm; ○ Neuss; ⚐ Nordrhein-Westfalen; ✉ 41569; ☎ 02183; 🚗 NE; △ 70 m; 👫 11200.

R., 22 km nordwestlich von Köln im Schnittpunkt der B 59 und B 477 gelegen, hat Grundschulen und Hauptschule.

R. wird erstmals 1106 urkundlich erwähnt; 1487 erhielt es Marktrechte.

Ronnenberg

□ 37,77 qkm; ○ Hannover; ⚐ Niedersachsen; ✉ 30952; ☎ 05109; 🚗 H; △ 60–170 m; 👫 22000.

R. entstand 1969 durch Zusammenschluß der ehem. Gemeinden Benthe, Empelde, Ihme-Roloven, Linderte, Ronnenberg, Vörie und Weetzen. Die St (seit 1974) grenzt unmittelbar an das südwestliche Stadtgebiet von Hannover; Bahnstation (R.-Empelde) an der Strecke Hannover–Hameln. R ist über die B 65 und B 217 zu erreichen, hat Grundschulen, Hauptschule, Orientierungsstufe, Realschule, Sonderschulen, Volkshochschule, Musikschule; Getränkeindustrie, Keramisches Werk, Druckereien u. a. mittelständische Gewerbebetriebe.

R. wird in einer Chronik erstmals anläßlich einer Schlacht zwischen Franken und Thüringern im Jahr 530 erwähnt. Eine erste Schule auf dem Gebiet der heutigen St ist für 1543 nachweisbar. – Sehenswert die Michaeliskirche (12. Jh.) mit frühromanischem Portal der ehem. Bonifatiuskapelle (11. Jh., 1660 abgebrochen); Fachwerkkapelle in R.-Weetzen (17. Jh.); Hügelgräberfeld auf dem Benther Berg; Bettenser Gut (ehem. Sattelhof, 18. Jh.); Holländerwindmühle (19. Jh.). – Alljährlich Zeltfeste in fast allen Stadtteilen.

Rosbach v. d. Höhe

□ 45,33 qkm; ○ Wetteraukreis; ⚐ Hessen; ✉ 61191; ☎ 06003; 🚗 FB; △ 145–480 m; 👥 9700.

R., 25 km nördlich von Frankfurt a. M. am Fuß des Taunus an der B 455 und Autobahn A 5/A 7 Frankfurt a. M.–Kassel (Ausfahrt Friedberg) gelegen, schloß sich 1972 mit der Gm Rodheim v. d. Höhe zusammen. Die St hat Grund- und Hauptschulen, Förderstufe für Realschule und Gymnasium, Sonderschule für Lernbehinderte, Volkshochschule; Mineralwasserversand, kleinere und mittlere Gewerbe- und Industriebetriebe, Obstanbau (Kirschen) und Landwirtschaft.

R. wird erstmals 884 urkundlich genannt und erhielt 1663 die Stadtrechte. Die St liegt auf altem Kulturboden (Bodenfunde aus der Römerzeit; Rekonstruktion der Grundmauern des Römerkastells Kaspersburg). Der Ortsteil Rodheim, erstmals 804 bezeugt, wurde 1362 von Karl IV. zur St erhoben.

Rosdorf

□ 66,43 qkm; ○ Göttingen; ⚐ Niedersachsen; ✉ 37124; ☎ 0551; 🚗 GÖ; △ 150 m; 👥 10000.

R. liegt als südwestlich von Göttingen gelegener Wohnvorort im Einzugsbereich der Universitätsstadt. Die Gm hat Anschluß an die Autobahn A 7 Kassel–Hannover (Ausfahrten Göttingen und Friedland) und ist Bahnstation an der Strecke Kassel–Hannover. In R. gibt es Grundschulen, Hauptschule mit Orientierungsstufe, Volkshochschule (Außenstelle); mittelständische Industrie- und Gewerbebetriebe (Fleischwarenfabrik, Metallbau, Wasser- und Kulturbau u. a.).

»Rostorp« ist erstmals in einer Güterübertragung an das Kloster Hilwartshausen bezeugt, die von Kaiser Otto I. zwischen 960 und 973 auf der Pfalz Grona vorgenommen wurde. Die seit 1155 nachweisbaren Herren von Rosdorf starben Ende des 14. Jh. aus. – Im Zuge der Gebietsreform wurden der Gm 1973 zehn Nachbarorte eingegliedert.

Rosenfeld

□ 51,11 qkm; ○ Zollernalbkreis; ⚐ Baden-Württemberg; ✉ 72348; ☎ 07428; 🚗 BL; △ 493–698 m; 👥 5200.

R., am Nordrand des Kleinen Heubergs gelegen, ist über die Autobahn A 81 Stuttgart–Bodensee (Ausfahrt Oberndorf) zu erreichen. Die St hat Forstamt; Grund- und Hauptschule, Progymnasium, Volkshochschule (Nebenstelle); metallverarbeitende Industrie, Heilmittelproduktion.

R. wurde wohl von den Herzögen von Teck um 1250 auf dem von Weingartenbach und Stunzach gebildeten dreieckigen Sporn angelegt. Seit der 2. Hälfte des 14. Jh. saßen hier die Herren von R., die als Vögte in württembergischen Diensten eine Rolle spielten. Württemberg hatte die St 1317 durch Kauf erworben. – Die heutige St R. wurde 1975 als Einheitsgemeinde durch Zusammenschluß von sechs Nachbargemeinden mit R. gebildet. – Sehenswert der historische Altstadtkern mit Resten der ma. Stadtmauer, das Römerbad und das Ofenplattenmuseum im ehem. Fruchtkasten.

Rosengarten

□ 63,64 qkm; ○ Harburg; ⚐ Niedersachsen; ✉ 21224; ☎ 04108; 🚗 WL; △ 56–156 m; 👥 10400.

R. ist im Zuge der Gebietsreform 1972 als Einheitsgemeinde der ehemals selbständigen zehn Ortschaften Eckel, Ehestorf, Emsen, Iddensen, Klecken, Leversen, Nenndorf, Sottorf, Tötensen und Vahrendorf entstanden und nach dem großen Waldgebiet benannt worden, das sich im Westteil der Gm ausdehnt. Die Gm grenzt an den südlichen Stadtrand von Hamburg-Harburg und liegt im Autobahndreieck der Autobahnen A 1 (Ausfahrt Dibbersen), A 7 (Ausfahrt Hamburg-Marmstorf) und A 261 (Ausfahrt R.-Tötensen); durch das Gemeindegebiet führt ferner die B 75. R. hat Grundschulen, Hauptschule, Orientierungsstufe; kleinere Gewerbebetriebe und Landwirtschaft; Zweidrittel der ansässigen Erwerbstätigen sind Auspendler nach Hamburg.

Als Erholungsgebiet verfügt R. über interessante Ausflugsziele: Freilichtmuseum am Kiekeberg; Wildpark Schwarze Berge und Findlingsgärten ‚Groß Modder Eiche' (bei R.-Sottorf).

Rosenheim (Oberbayern)

□ 37,03 qkm; ○ Kreisfreie Stadt; ⚐ Bayern; ✉ 83022*; ☎ 08031; 🚗 RO; △ 445 bis 450 m; 👪 55000.

R., an der Mündung der Mangfall in den Inn in Oberbayern gelegen, ist über die B 15 und Autobahn A 8 München–Salzburg (Ausfahrt R.) zu erreichen. D-Zug-Station an der Strecke München–Salzburg bzw. Innsbruck. R. ist Sitz eines Amtsgerichts, der Verwaltung des Landkreises R., Zollamtes, Forstamtes u. weiterer Behörden sowie zahlreicher Bildungseinrichtungen (Fachhochschule, Gymnasien, Realschulen, Fachoberschule, Berufs- und Berufsaufbauschule, Wirtschaftsschule, Volkshochschule, Sonderschule für geistig behinderte Kinder und Jugendliche) und Standort einer vielseitigen Industrie (Maschinenbau, Elektrotechnik, Elektronik, Bekleidung, Holzindustrie, Schuhfabrikation).

R., erstmals 1232 urkundlich erwähnt, wurde 1328 Markt, 1504 erhielt R. das Recht der Salzüberfuhr und 1604 die niedere Gerichtsbarkeit. Brände und Überschwemmungen vernichteten im 17. Jh. den größten Teil der ma. St. 1745 wurde die seit dem 13. Jh. bezeugte, später zum Schloß ausgebaute Burg R. abgetragen, 1809 die Saline errichtet. 1864 wurde R. zur St erhoben. – Sehenswert die Bürgerhäuser (17.–18. Jh.) mit Laubengängen im Altstadtviertel und das Heimatmuseum (Sammlungen zur Vor-, Früh- und Stadtgeschichte).

Rostock

□ 181 qkm; ○ Kreisfreie St; ⚐ Mecklenburg-Vorpommern; ✉ 18055*; ☎ 0381; 🚗 HRO; △ 0–13 m; 👪 253000.

R. ist zu erreichen auf der A 19 / E 55, Ausfahrten: R.-Süd, R.-Ost, R.-Nord, R.-Krummendorf (alle unmittelbar an oder in der St), sowie auf der B 103, der B 105 und der B 110; Hauptbahnhof für folgende Fernverbindungen: Berlin–R.–Warnemünde–Kopenhagen, Stralsund–R.–Hamburg, R.–Magdeburg–Halle/Leipzig; Regionalverbindungen nach Tessin, nach Güstrow über Laage und Schwaan, nach Neustrelitz; S-Bahnverkehr R.-Seehafen Nord–Warnemünde. Schiffahrt: Verbindungen vom Fährhafen nach Trelleborg, Gedser und Malmö; ferner Hafenrundfahrten, Ausflüge auf die Ostsee ab dem Kabutzenhof am St-Hafen (Warnow-Ufer) und von Warnemünde (Am Alten Strom). Der nächste Flughafen ist Hamburg (ca. 160 km).

Bildungseinrichtungen: Grundschulen, Regelschulen, Gymnasien; mehrere Fachschulen und Bibliotheken; Volkshochschule; Ingenieurhochschule für Seefahrt; Universität; Institute für Hochseefischerei, für Fischverarbeitung und für Schiffbau.

Wirtschaftliches: Zentrum von Industrie, Transport und Handel im Bereich der Ostseeküste; Trajekt nach Gedser, Dänemark; Schiffbau, Dieselmotorenwerk, Schiffselektronik, Isolier- und Kältetechnik; Nahrungs- und Genußmittelindustrie (Fisch-, Fleisch- und Wurstkonserven); Baustoffbetriebe; allgemeiner Maschinenbau; chemische Industrie; Holzverarbeitung; Brauerei; Öl- und Margarinewerk; Bauindustrie; Hafenwirtschaft.

Geschichtliches: Die slawische Ortschaft „Roztoc" (Flußverbreiterung) entwickelte sich aus einer dt. Siedlung im Stammesgebiet der slawischen Kessiner. Diese entstand um 1200 auf dem linken Steilufer der Warnow und erhielt 1218 die Bestätigung für das lübische Stadtrecht. Wenige Jahre danach bildete sich die weiter westlich gelegene Mittelstadt heraus. Mitte des 13. Jh. folgte die Gründung der „Neustadt". 1265 wurden die drei auf engstem Raum wachsenden Städte unter Einbeziehen mehrerer Klosterniederlassungen sowie eines alten slawischen Siedlungskerns vereinigt. Eine Periode reger Bautätigkeit schloß sich an. Als Hansestadt des sog. „Wendischen Quartiers" erlebte R. im 14. und 15. Jh. eine Zeit politischer, wirtschaftlicher und kultureller Blüte. Es erwarb 1323 den Hafenort Warnemünde. 1419 entstand die Universität R. – die älteste Nordeuropas. Ein Bürgeraufstand stürzte 1487 das Patriziat, vor allem weil es nicht bereit war, die Unabhängigkeit der St gegenüber dem Herzog von Mecklenburg zu gewährleisten. Jedoch schon 1493 wurde auf dem Wismarer Städtetag der Widerstand der

Rostocker gegen ihren Landesherrn gebrochen. Diese neue Situation, der Niedergang der Hanse und der 30jährige Krieg trafen R. schwer. – Die Schiffahrt begünstigte den neuerlichen Aufstieg von R., dessen Entwicklung zur Industriestadt Mitte des 19. Jh. einsetzte. Die Villen der Gründerzeit im Süden und die Kröpeliner Vorstadt im Westen von R. sind noch heute Ausdruck der damaligen gesellschaftlichen Kräfte. Die St wurde 1942 durch Luftangriffe zu 40% zerstört. Als Bezirksstadt entwickelte sich R. seit 1952 zu einem wirtschaftlichen und gesellschaftlichen Zentrum für den Ostseeraum.

Sehenswürdigkeiten und Kulturelles: Petrikirche, dreischiffige got. Backstein-Basilika (Mitte 14. Jh.); Nikolaikirche, dreischiffige frühgot. Backstein-Hallenkirche (Mitte 13. Jh.); Marienkirche (beg. nach 1230), umgestaltet gegen Ende des 13. Jh., Neubau von Langhaus und Querschiff gegen 1452 beendet; Michaeliskirche (1480–88); Klosterkirche, gegr. um 1270 (voll. 1. Hälfte 14. Jh.); Pfarrkirche Warnemünde (1866–71); Rathaus, got. Backsteinbau (1270–90), Umbauten im 14. und 15. Jh., barocke Palastfassade (1727); mehrere Bürgerhäuser, spätes 15. Jh. und 1. Hälfte 16. Jh.; Steintor, Renaissancebau (1574–77), zerstört 1942, originalgetreu wiederaufgebaut (1954); östlich davon das Kuhtor, 1262 urkundlich genannt, 1937 freigelegt und rekonstruiert; Hauptgebäude der Universität, Neu-Renaissancebau (1867–70), nahe dabei das Blücher-Denkmal (1815–19); Kröpeliner Tor, got. Backsteinbau (54 m hoch) unterer Teil vor 1300, oberer (mit Türmchen) um 1400; Kulturhistorisches Museum im Kloster zum Hl. Kreuz; Heimatmuseum Warnemünde; Museum der St R. (Schiffahrtsmuseum), Sammlung zur Geschichte der Seeschiffahrt von R., beachtliche kunstgeschichtliche Abteilung: mittelalterliche Sakralkunst, niederländische Malerei des 17. Jh., dt. Impressionismus, Heimatkunst, dt. Expressionismus, Plastik des 20. Jh.; Schiffbaumuseum mit Exponaten zur Geschichte des Schiffsbaues; Traditionsschiff (Denkmalschiff) am Warnow-Ufer; Freilichtmuseum Klockenhagen: schöne Bauernhäuser aus allen Teilen Mecklenburgs, Windmühle, Backhaus, Spritzenhaus, Ziehbrunnen – Einblicke in die Wohn- und Wirtschaftsverhältnisse der Landbevölkerung vergangener Zeiten.

Volkstheater Rostock: Großes Haus mit Ateliertheater, Schauspielhaus (Oper, Operette, Ballett, Musical), Kleines Haus (Komödie, nieder-dt. Volksstücke), Kleine Komödie Warnemünde. Musik: Barocksaal im Palaisgebäude (Kammermusik), Universitätskirche des Klosters zum Hl. Kreuz (Orgelmusik, Oratorien, Motetten, Messen, Konzerte), Marienkirche (Orgelmusik, geistige Chorwerke), Pfarrkirche Warnemünde (Orgelkonzerte, Oratorien); Freilichtbühne im Barnstorfer Wald (Rock, Unterhaltungsmusik). – Den Bürgern von R. gilt Gebhard Leberecht Fürst Blücher von Wahlstatt (1742–1819), „Marschall Vorwärts", als der größte Sohn ihrer St. Er hat sich in den Befreiungskriegen große Verdienste um die Befreiung Preußens und Mecklenburgs von der napoleonischen Fremdherrschaft erworben.

Wiederkehrende Ereignisse: Traditioneller Pfingst-Mkt von R. in der Innenstadt, mit Umzügen und historischen Trachten; Rostocker Sommer, Fest der Musik, der Literatur und der Folklore in der Innenstadt, vor allem aber in Warnemünde, mit Fischerfest und Sportveranstaltungen (erste Juli-Woche); Internationaler Orgelsommer in der Universitätskirche (Juli–Sept.); Boulevardfest in der Kröpeliner Straße und auf dem Universitätsplatz, Straßenmusik und Straßentheater (Mitte Sept.).

Roßdorf b. Darmstadt

□ 20,60 qkm; ○ Darmstadt-Dieburg; ⚐ Hessen; ✉ 64380; ☎ 061 54; 🚗 DA; △ 240 m; 👪 10 400.

R., am Fuße des Odenwaldes 8 km östlich von Darmstadt im Schnittpunkt der B 26 und B 38 gelegen, hat Grund- und Hauptschule; Hartsteinwerke.

Erste urkundliche Erwähnung um 800. – Sehenswert das alte Rathaus (16. Jh.).

Roßlau

□ 31 qkm; ○ Roßlau; ⚐ Sachsen-Anhalt; ✉ 06862; ☎ 03 49 01; 🚗 RSL; △ 70 m; 👪 14 500.

R. ist zu erreichen auf der A 9 / E 51, Ausfahrten Coswig (10 km) oder Dessau-Ost (14 km), sowie auf der B 184 und der B 187; Eisenbahn-Verkehrsknotenpunkt folgender Strekken: Berlin–Flughafen Berlin-Schönefeld–Seddin–Belzig–Wiesenburg (Mark)–R. Elbe–Dessau; Dessau–R. (Elbe)–Coswig (Anhalt)–Lutherstadt Wittenberg–Annaburg–Falkenberg (Elster) sowie Dessau–R. (Elbe)–Güterglück–Magdeburg. Der nächste Flughafen ist Leipzig-/Halle (ca. 55 km).

Bildungseinrichtungen: Grundschulen, Sekundarschulen, Gymnasium; Förderschule; Berufsbildende Schule; St-Bibliothek.

Wirtschaftliches: Chemische Industrie; Maschinenbau; Binnenschiffswerft; holzverarbeitende Industrie; Handwerksbetriebe; Dienstleistungsgewerbe.

Geschichtliches: Der Name der Ortschaft wurde erstmals 1215 erwähnt, als „Roslowe" erscheint er 1315 auf einer erhalten gebliebenen Urkunde. Die erste Elbbrücke wurde 1583 erbaut, und das St-Recht erhielt R. 1603. Nach einer Schlacht an der Elbbrücke (1626) und der anschließenden Zerstörung der St brannte 1631 die Brücke ab. Eine große Feuersbrunst verheerte 1717 fast die gesamte St; 1739 wurde eine neue Brücke über die Elbe errichtet. Die Eisenbahnlinie Dessau–Wittenberg–Berlin nahm 1841 ihren Betrieb auf, gleichzeitig wurde der Eisenbahnwall von R. nach Dessau gebaut. Die Gründung der Maschinenfabrik Sachsenberg fiel in das Jahr 1844. Nachdem der letzte Herzog von Köthen 1847 verstorben war, wurde R. 1847 Anhalt-Dessau angegliedert; im gleichen Jahr gründete man den R.er Schifferverein und 1866 die Schiffswerft, auf der 1869 der erste Radfrachtdampfer vom Stapel lief. Die Firma Schomburg und Söhne errichteten 1884 in R. eine Porzellanfabrik. 1916 entstand die „Tetralin GmbH Roßlau", die nach Umstrukturierung seit 1927 unter dem Namen „Deutsche Hydrierwerke AG Rodleben" firmierte; sie wurde 1933 vom Henkel-Konzern übernommen. Im Jahre 1935 verlor R. seine Selbständigkeit, die St wurde Dessau eingemeindet, 1946 jedoch wieder zu einer eigenständigen Kommune erklärt. Seit 1952 ist R. Kreisstadt.

Sehenswürdigkeiten und Kulturelles: 1000jährige Wasserburg; Schloß, im Kern ma., vermutlich im 16. Jh. ausgebaut, im 18. Jh. verfallen, 1836 wiederhergestellt; kleines Jagdschloß (1740); neogot. ev. Pfarrkirche über kreuzförmigem Grundriß (1851–54); neubarocke kath. Kirche; kulturhistorisch bedeutende Bürgerhäuser, errichtet von Baumeister Gottfried Heinrich Bandhauer (1790 in R. geboren); Kulturhaus; Schwimmbad und mehrere Sportstätten. Außerhalb der St: Kupferhammer Thießen (ca. 8 km); Naturlehrpfad Jeber-Bergfrieden (ca. 12 km); Wörlitzer Park (ca. 20 km); die Schlösser Luisium, Georgium, Mosigkau in Dessau; das Bauhaus Dessau.

Wiederkehrende Ereignisse: Heimat- und Schifferfest (letztes August-Wochenende).

Roßwein

□ 9,92 qkm; ○ Landkreis Döbeln; ⚐ Freistaat Sachsen; ✉ 04741; ☎ 034322; 🚗 DL; △ 205 m; 👫 7600.

R. ist über die A 4 / E 40 (Ausfahrt Hainichen) und über die A 14 / E 49 (Ausfahrt Döbeln-Ost) zu erreichen. Die B 175 und B 169 sind jeweils 5 km entfernt. Bf. an der Reichsbahnstrecke Dresden–Döbeln–Leipzig. In R. zweigt eine Nebenbahn nach Niederwiesa–Chemnitz ab.

Bildungseinrichtungen: Grund- u. Mittelschule, Förderschule für Lernbehinderte, Ingenieurschule f. Schwermaschinenbau.

Kulturstätten: Heimatmuseum am Markt.

Wirtschaft: Leder- u. Textilindustrie, Metallverarbeitung, Schmiede- und Federnwerk GmbH; Mittelständisches Handwerk und Gewerbe.

Geschichte: Die Gegend um R. ist seit dem 6. Jh. besiedelt. Das 1162 gegründete Kloster Altzella nahm großen Einfluß auf die Entwicklung der St. Die erste urkundliche Erwähnung stammt aus dem Jahre 1220. Ab dem 14. Jh. setzte verstärkt die Entwicklung von Handwerk und Gewerbe ein. Nach Kupfer- und Silberfunden begann eine rege Bergbautätigkeit, die Anfang des 19. Jh. endete. Im 19. Jh. entwikkelte sich R. zur Industriestadt, in der vor allem Textil-, Leder- und Schwerindustrie dominierten. Daneben entstand eine Vielzahl von Klein- und Handwerksbetrieben.

Baudenkmäler: Gesamtbereich des Marktes mit Rathaus; Kirche St. Marien; Renaissance-Portal am ehemaligen Abthaus; Stadtmauer; sehenswert der Klosterpark Altzella.

Wiederkehrende Veranstaltungen: Roßweiner Schul- und Heimatfest (alle 5 Jahre) mit Beginn der Schulferien.

Rotenburg a. d. Fulda

□ 79,83 qkm; ○ Hersfeld-Rotenburg; ⚐ Hessen; ✉ 36199; ☎ 06623; 🚗 HEF; △ 180–550; 👫 13300.

R., im Fuldatal an der B 83 50 km südöstlich von Kassel gelegen, ist staatl. anerkannter Luftkurort. Bahnstation an der Strecke Bebra–Kassel. R. hat Amtsgericht; Bundeswehrgarnison; Realschule, Gymnasium, Landesfinanzschule, Aus- und Fortbildungsstätte des Landes Hessen, Rehabilitations-Klinik für Herz- und Kreislaufkranke; metallverarbeitende, Textil- und Möbelindustrie.

R. entstand im Schutz der von den Thüringer Landgrafen um 1150 errichteten Burg Rodenberg. Um 1340 wurde die seit Beginn des 13. Jh. auf dem linken Fuldaufer bestehende St durch eine Neustadt auf dem rechten Ufer erweitert. 1478 brannten das 1470 erbaute Schloß und der größte Teil der St nieder.

1570–81 Wiederaufbau des Schlosses im Renaissance-Stil. 1627 wurde R. durch die Teilung von Hessen (Rotenburger Quart) Residenz eines regierenden Hofes (bis 1834). Im Dreißigjährigen Krieg (1637) erneute Zerstörung der St bis auf die Kirchen und das Schloß. – Sehenswürdigkeiten: Landgrafenschloß mit Park (Südflügel und Marstall 1570–1607, Westflügel 1750–60, Nordflügel 1789/90); Jakobikirche (Ende 15. Jh.); Stiftskirche (1370 bis 1484); Rathaus (1656); Fachwerkhäuser aus dem 17. und 18. Jh. (Alte Landvogtei). – Alljährlich Heimat- und Strandfest Anfang Juli.

Rotenburg (Wümme)

□ 98,99 qkm; ○ Rotenburg (Wümme); ⚐ Niedersachsen; ✉ 27356; ☎ 04261; 🚗 ROW; △ 22 m; 👫 19700.

R. liegt 45 km östlich von Bremen an der Wümme im Schnittpunkt der Bundesstraßen 71, 75, 215 und 440. Anschluß an die Autobahn A 1 Hamburg–Bremen (Ausfahrten Bockel und Stuckenborstel). D-Zug-Station an der Strecke Hamburg–Bremen. R. hat Amtsgericht, Kreisverwaltung; Flugplatz; Garnison der Bundeswehr; Heilanstalten; Realschule, Gymnasium, Wirtschaftsoberschule, Höhere Handelsschule, Kreisberufsschule, landwirtschaftliche Kreisberufsschule, Kreismusikschule, Kreishandelsschule, Landwirtschaftsschule, DAG-Bildungswerk, Volkshochschule; kleinere und mittlere Industrie- und Gewerbebetriebe (Metallverarbeitung, Herstellung von Baufertigteilen (Ytong-Nord GmbH). Die St ist Einkaufszentrum für ein weites, landwirtschaftlich orientiertes Umland.

R. wurde um 1192 von Bischof Rudolf von Verden als Wasserburg gegründet. Die bei der Burg entstandene Siedlung, erstmals um 1400 urkundlich erwähnt, war um 1500 in die Befestigungsanlagen miteinbezogen. Im Schmalkaldischen Krieg (1547) und im Dreißigjährigen Krieg wurde R. mehrmals zerstört. Von 1648 bis 1715 stand der Flecken unter schwedischer Oberhoheit; danach kam er an Hannover. 1769, 1824 und 1835 wurde R. erneut durch Brände zerstört. 1929 erhieltes das Stadtrecht. – Sehenswert das Heimatmuseum. – Alljährl. »Weichelsee-Fest« (Juni) und R. Kartoffelmarkt (Oktober).

Roth (Mittelfranken)

□ 91,64 qkm; ○ Roth; ⚐ Bayern; ✉ 91154; ☎ 09171; 🚗 RH; △ 340 m; 👫 21500.

R., 27 km südlich von Nürnberg am Zusammenfluß von Roth und Rednitz gelegen, ist über die B 2 und die Autobahn A 9 München–Nürnberg (Ausfahrt Allersberg 10 km) zu erreichen. D-Zug-Station an der Strecke München–Nürnberg. R. hat Kreisverwaltung, Garnison der Bundeswehr; Gymnasium, Realschule, Verbandsberufsschule, Landwirtschaftsschule mit hauswirtschaftl. Abteilung und Fachschule für Tabak und Hopfen, Volkshochschule, Sonderschule für Lernbehinderte; Kreiskrankenhaus mit Unfallkrankenhaus; vielseitige Industrie (Kabelwerke, Leonische Drahtwerke, Stanniol- und Spielwarenfabriken, Herstellung von Christbaumschmuck u. a.).

R., erstmals im 11. Jh. urkundlich erwähnt, erhielt 1361 Stadtrechte. Seit 1119 im Besitz der Grafen von Zollern, wurde R. später Sitz eines markgräflichen Oberamts. Ende des 17. Jh. Ansiedlung glaubensvertriebener Hugenotten (Anfänge der leonischen Industrie). 1805 kam das preußische Markgrafenstädtchen an Frankreich und 1806 an Bayern.

Sehenswürdigkeiten: Schloß Ratibor (Frührenaissancebau des 16. Jh., später verändert, 1892 im Stil des 19. Jh. renoviert) mit Heimatmuseum; ev. Stadtpfarrkirche (Anfang 16. Jh., im 18. Jh. umgestaltet); Marktplatz mit Rokokobrunnen und schönen Fachwerkhäusern. – Alljährlich im August Kirchweihfest mit Schloßhofspielen.

Rothenburg ob der Tauber

□ 41,74 qkm; ○ Ansbach; ⚐ Bayern; ✉ 91541; ☎ 09861; 🚗 AN; △ 425 m; 👫 12000.

R. liegt in Mittelfranken an der B 25 über dem tief eingeschnittenen oberen Taubertal. Die malerisch gelegene St hat Amtsgericht; Gymnasium, Realschule; Elektro- (AEG), Textil- und metallverarbeitende Industrie (außerhalb der historischen Altstadt); von erheblicher wirtschaftlicher Bedeutung ist der Fremdenverkehr.

Das Gebiet von R. ist seit vorgeschichtlicher Zeit besiedelt (keltische Wallburg). Um das Jahr 1000 errichteten die Grafen von Comburg auf einer von der Tauber umflossenen Bergnase (Burggarten) die „Rote Burg“, die der späteren St den Namen gab. Im 12. Jh. bauten sie die staufischen Kaiser zu einer Reichsburg aus, die 1356 durch ein Erdbeben zerstört wurde. 1274 erhielt die östlich der Burg entstandene Siedlung die Rechte einer Freien Reichsstadt. Damit begann der Aufstieg von R., das bald eine führende Stellung innerhalb der mächtigen süddeutschen Städtebünde einnahm. 1377 war R. Schauplatz eines Reichstages. Die glanzvolle Zeit fand mit dem Tod des politisch einflußreichen Bürgermeisters Toppler 1408 ein jähes Ende. 1525 erlitt die St, die auf seiten der Bauern stand, eine schwere Niederlage. Im Dreißigjährigen Krieg wurde R. 1631 durch den „Meistertrunk" des Bürgermeisters Nusch vor der Brandschatzung und Zerstörung durch kaiserliche Truppen gerettet. Von 1650 bis zu Beginn des 19. Jh. war R. einer der zahlreichen unbedeutenden Zwergstaaten Mitteleuropas. 1802 verlor es die Reichsfreiheit und wurde dem Königreich Bayern einverleibt. Die Romantik entdeckte die Schönheiten der unzerstört gebliebenen ma. St. Heute zählt R. zu den international bestbekannten und meistbesuchten Städten Deutschlands.

Sehenswürdigkeiten: Markt mit Rathaus (13. u. 16 Jh.); St. Jakobskirche (ca. 1300 bis 1490) mit Altären des Malers Herlin (1466) und Tilman Riemenschneiders (1504); Franziskanerkirche (1285–1350); Wolfgangskirche (1475–1493); Markusturm und Röderbogen; Plönlein; Kobolzeller Tor; Basteien; Patrizier- und Zunfthäuser (u.a. Fleischhaus [Anfang 13. Jh.] und Ratstrinkstube [1466]); Stadtmauer (vollständig erhalten); Burggarten; Reichsstadt-Museum; Kriminalmuseum; Historiengewölbe; 1000jährige Kirche in Detwang. – Alljährlich Historischer Festzug (Pfingstmontag), Historisches Festspiel „Der Meistertrunk" (Pfingsten und Mitte September), Historischer Schäfertanz (mehrmals im Sommer) und Reichsstadt-Festtage mit Feuerwerk (Mitte September).

Rottach-Egern

□ 59,19 qkm; ○ Miesbach; ⚐ Bayern; ✉ 83700; ☎ 08022; 🚗 MB; △ 740 m; 👥 5500.

R.-E., heilklimatischer Luftkurort am Südende des Tegernsees, ist über die B 307 zu erreichen. Die Gm hat Grund- und Hauptschule, lebhaften Fremdenverkehr.

Rottach und Egern wurden von den Benediktinern des Klosters Tegernsee im 11./12. Jh. als Fischer- und Bauernsiedlungen gegründet. Die Egerner Pfarrkirche St. Lorenzi ließ Abt Aribo im Jahre 1111 errichten. Auf dem Alten und Neuen Friedhof von Egern sind die Schriftsteller Ludwig Ganghofer und Ludwig Thoma, der Kammersänger Leo Slezak und der Karikaturist Olaf Gulbransson bestattet. – Alljährlich Trachtenfeste und Seefest mit Feuerwerk. – Südlich der Gm liegt der 1722 m hohe Wallberg (Gondelbahn).

Rottenburg a. d. Laaber

□ 90,24 qkm; ○ Landshut; ⚐ Bayern; ✉ 84056; ☎ 08781; 🚗 LA; △ 433 m; 👥 7100.

R. a. d. Laaber, 27 km nordwestlich von Landshut im Hügelland der Hallertau gelegen, hat Anschluß an die Autobahn A 9/A 93 München–Regensburg (Ausfahrten Elsendorf und Siegenburg); Arbeitsamt; Kreiskrankenhaus; Realschule, Sonderschule für Lernbehinderte; Fotokamerawerk, Autozuliefererindustrie, Spirituosenfabrik, kunststoffverarbeitende Industrie; Landwirtschaft (Hopfenanbau). R. ist Bundeswehrstandort.

„Rotenburch" ist erstmals 1256 urkundlich bezeugt. Der Markt erhielt 1971 Stadtrechte.

Sehenswert die Leonhardi-Rokokokirche von Hirschstötter (Mitte 18. Jh.) und das Alte Rathaus.

Rottenburg a. Neckar

□ 142,27 qkm; ○ Tübingen; ⚐ Baden-Württemberg; ✉ 72108; ☎ 07472; 🚗 TÜ; △ 341 m; 👥 33 100.

R. liegt 50 km südwestlich von Stuttgart beiderseits des Neckars an der Autobahn A 81 Stuttgart–Bodensee (Ausfahrt R.); Bahnstation an der Strecke Tübingen–Rottweil. Die St ist kath. Bischofssitz und hat Amtsgericht, Vollzugsanstalt, Forstamt, Fernmeldezeugamt und weitere Behörden; Realschule, Progymnasium und Gymnasium, Volkshochschule, Abendrealschule, gewerbliche und kaufmännische Berufs- und Berufsfachschulen, private kaufm. Schule, Staatl. Höhere Forstfachschule, Kirchenmusikschule der Diözese R., Bischöfl. Priesterseminar, Bischöfl. Studienheim, Religionspädagogisches Institut, Sonderschulen für lernbehinderte Kinder. Der Stadtteil Niedernau ist Heilbad. Heilanzeigen bei Magen-, Darm-, Nieren- und Leberleiden. Die am nördlichen Stadtrand angesiedelte Industrie umfaßt Betriebe des Werkzeug- und Maschinenbaus, Textil- und holzverarbeitende Industrie.

R. wurde gegen Ende des 13. Jh. von den Grafen von Hohenberg im Bereich der ehemaligen ummauerten römischen Niederlassung

Rottenburg a. Neckar, Marktplatz

»Sumelocenna« gegründet. Mit der Grafschaft Hohenberg kam R. 1381 an Österreich. Von 1463 bis 1482 residierte die Erzherzogin Mechthild, Witwe des Erzherzogs Albrecht, in R. Große Brände von 1644 und 1735 zerstörten die meisten ma. Gebäude. 1806 fiel R. an Württemberg. Bischofssitz ist die St seit 1828.

Sehenswürdigkeiten: Dom St. Martin (15. Jh., spätere Umbauten) mit Grabmälern der Hohenberger Grafen; gotischer Marktbrunnen (1470); Reste der alten Stadtbefestigung mit mehreren Türmen; ehem. Jesuitenkloster (17. Jh., jetzt bischöfl. Palais); Diözesanmuseum (Malerei, Plastik ma. kirchlicher Kunst, Reliquiengläser-Sammlung); Sülchgaumuseum (kulturgeschichtliche Zeugnisse, vorrömische und römische Sammlungen); Wallfahrtskirche Weggental (Ende 17. Jh.). – Nordöstlich von R. liegt die Wurmlinger Kappelle (12. Jh. mit späteren Erneuerungen), die der Dichter Uhland besungen hat („Droben stehet die Kapelle").

Aus R. stammt der Politiker Eugen Bolz (geb. 1881, hingerichtet als Widerstandskämpfer 1945).

Rottweil

□ 71,76 qkm; ○ Rottweil; ⚐ Baden-Württemberg; ✉ 78628; ☎ 0741; 🚗 RW; △ 609 m; 👫 22800.

R., Große Kreisstadt am oberen Neckar zwischen Schwarzwald und Schwäbischer Alb, liegt im Schnittpunkt der Bundesstraßen 14 und 27; Anschluß an die Autobahn A 81 Stuttgart–Bodensee (Ausfahrt R.); Bahnstation (D-Züge, Intercityzüge) an der Strecke Stuttgart–Zürich. R. ist Verwaltungszentrum (Amtsgericht, Landgericht, Autobahnamt, Kreisverwaltung u.a. Behörden und Körperschaften) und Sitz zahlreicher Bildungs- und kultureller Einrichtungen (Realschule, Aufbaugymnasium, Gymnasien, gewerbliche Berufs- und Berufsfachschule, kaufm. Berufsschule, Kinderpflegerinnenschule, Landwirtschaftsschule, kaufm. Privatschule, hauswirtschaftl. Seminar, Musikschule, Abendrealschule, Volkshochschule, kath. Modellschulwerk, Seminar für Studienreferendare, Sonderschule für Lernbehinderte; Stadtmuseum, Stadtarchiv, Kunstsammlung Lorenzkapelle mit bedeutenden ma. Holz- und Steinskulpturen).

Von Bedeutung ist neben dem Dienstleistungsbereich die Industrie mit Textil (Zweigwerk der Rhodia-AG)-, elektrotechnischen und feinmechanischen Betrieben, Kolbenfabrik (Zweigwerk der Mahle KG.), Kabel- und Plastikfabrik, Bekleidungswerk u.a.; ferner ein Betriebswerk der Bundesbahn.

Der erstmals 771 urkundlich genannte Königshof »Rotuvilla« stand auf dem Gebiet der ehem. römischen Stadt »Arae Flaviae« (Funde im Stadtmuseum). Um 1190 wurde die gleichnamige St von den Staufern gegründet, die später als Freie Reichsstadt einer der politischen Mittelpunkte in Südwestdeutschland war. Von 1463 bis 1802 gehörte R. als „zugewandter Ort" zur Schweizer Eidgenossenschaft. Schmiede- und Tuchgewerbe begründeten den Wohlstand der St um 1500. Nach mehreren Belagerungen und Verheerungen im Dreißigjährigen Krieg (1643) verlor R. seine alte Bedeutung. 1802 kam die St an Württemberg.

Sehenswürdigkeiten: Kapellenkirche (14./15. Jh., 1727 im Barockstil umgebaut) mit gotischem Turm; ev. Predigerkirche (ehem. Dominikanerkirche des 13. Jh., 1763 barockisiert); Heiligkreuzmünster (15./16. Jh.); Lorenzkapelle (1580; 1851 als Museum eingerichtet); Rathaus (1521) und Marktbrunnen (um 1550); Reste der alten Stadtbefestigung (Türme, Tore, Mauern aus dem 13.–15. Jh.) und schöne Bürgerhäuser aus dem 16. bis 18. Jh. – Überregional bekannt ist die „R. Fasnet" mit historischem Narrensprung am Fastnachtsmontag und -dienstag. – R. ist Geburtsort des Malers Konrad Witz (um 1400 bis um 1445).

Rudolstadt

□ 46,9 qkm; ○ Rudolstadt; ⚐ Thüringen; ✉ 07407; ☎ 03672; 🚗 RU; △ 196 m; 👫 32000.

R. ist zu erreichen auf der A 4 / E 40, Ausfahrten Weimar (ca. 30 km), Apolda (ca. 35 km) oder Jena-Göschwitz (ca. 30 km), auf der A 9 / E 51, Ausfahrten Dittersdorf (ca. 50 km) oder Triptis (ca. 50 km), sowie auf der B 85, B 88 und der B 281; Bahnhof an der Hauptstrecke Leipzig–Naumburg–Jena Saalbf.–Göschwitz (Saale)–R. (Thür.)–Saalfeld (Saale)–Nürnberg, ferner Endbahnhof der Strecke Katzhütte–Rottenbach–R. (Thür.). Der nächste Flughafen ist Erfurt (ca. 55 km).

Bildungseinrichtungen: Grundschulen, Regelschulen, Gymnasium; Förderschulen; Kreisvolkshochschule; Musikschule; Kommunale Berufsschule; St- und Kreisbibliothek.

Wirtschaftliches: Chemische Industrie (Thüringische Faser AG); Zierporzellan-Manufakturen (Älteste Volkstedter und Sitzendorf); Elektrotechnik/Elektronik (Siemens); Arzneimittelwerk (Anker); Kräuter-Kosmetik; Lederwarenfertigung; Möbelbau Schwarza; Fertigung von Betonelementen; Brauereibetriebe (Pörz); Baubetriebe; Stahlbau; Viehzucht, Schlachtbetrieb, Fleischverarbeitungs- und Wurstwarenfabrik; Obstplantagen; Herstellung von Obstsäften; Gemüseverarbeitung.

Geschichtliches: R. gehört zu den ältesten Siedlungen des ostthüringischen Raumes. Im ausgehenden 8. Jh. wird die Ortschaft als Schenkung Karls des Großen an das Kloster Hersfeld erstmals in einem Verzeichnis erwähnt. Einst fränkisch-sorbisch-thüringischer Siedlungsplatz, gelangte die St 1340 in den Besitz des Grafen von Schwarzburg; nachdem man R. bereits ab 1326 in schriftlichen Überlieferungen als St bezeichnete, wurde es 1571 Sitz der Linie Schwarzburg-Rudolstadt und damit Hauptstadt. Zu Handwerkern und Ackerbürgern gesellte sich der ständig größer werdende Kreis aus Beamten und Bediensteten. Gewerbliche Betriebe entwickelten sich nur zögernd. Georg Heinrich Macheleidt gründete 1762 die erste Volkstedter Porzellanmanufaktur. Die landschaftlich reizvolle Region und die Nähe des Weimarer Hofes zog viele bekannte Persönlichkeiten nach R. und in seine Umgebung. So begegneten Schiller und Goethe 1788 einander zum ersten Male bei einem Besuch der Familien Lengefeld/Beulwitz in R. Der Pädagoge und Begründer des Kindergartens, Friedrich Fröbel, fand unweit der St in Bad Blankenburg und in der Gm Keilhau sein Betätigungsfeld. Franz Liszt, Paganini und Richard Wagner wirkten am 1793 gegründeten Theater, dem heutigen Thüringer Landestheater Rudolstadt.

Sehenswürdigkeiten und Kulturelles: das o.g. Thüringer Landestheater; Thüringer Landesmuseum Heidecksburg Rudolstadt, darin untergebracht: Gemäldegalerie (17.–20. Jh.), sakrale Plastik (14./15. Jh.), Porzellan, Schwarzburgische Münzsammlung, Waffensammlung „Schwarzburger Zeughaus“ mit Hieb-, Stich- und Schußwaffen, örtliche ur- und frühgeschichtliche Bodenfunde, große naturkundliche Sammlung und Ausstellung; Thüringer Landesarchiv; barockes St-Schloß Ludwigsburg (1734); St-Kirche „St. Andreas“, Spätrenaissance, unter Beibehaltung vieler spätgot. Stilelemente (1634–1636); Dorfkirche im Ortsteil Volkstedt mit spätgot. Flügelaltar (um 1500); Dorfkirche im Ortsteil Schaala, frühgot. Turm, barockes Langhaus; Volkskundemuseum „Thüringer Bauernhäuser“; Gedenkstätte „Schillerhöhe“; Marienturm mit Panorama-Gaststätte; Geschwister-Scholl-Turm; Burschenschaftsdenkmal im Heinrich-Heine-Park; Orangerie in R.-Cumbach; Bernhardinenstift; spätgot. Altes Rathaus (1524), barock umgebaut 1724 und 1784; Neues Rathaus, Renaissance, umgebaut 1910; Alte Post; mehrere historisch und kunstgeschichtlich interessante Villen, Fachwerkhäuser, Höfe, Zweckbauten und Brunnen; Friedrich-Fröbel-Museum in Bad Blankenburg; Kaisersaal Schwarzburg und Zinsbodengebäude Paulinzella.

Wiederkehrende Ereignisse: THÜRA – eine Thüringer Informations-, Verbraucher- und Verkaufs-Ausstellung (jährlich); Tanz- und Folklorefest (jährlich); Traditionsfeste; Volksfest mit Vogelschießen.

Rüdersdorf

□ 35 qkm; ○ Fürstenwalde; ⚐ Brandenburg; ✉ 15562; ☎ 033638; 🚗 FW; △ 44 m; 👥 11 880.

Durch R. führt die Autobahn A 10 / E 55, Ausfahrt im Ortszentrum; nördlich, in unmittelbarer Nähe, wird die Gm von der B 1 / B 5 tangiert; vom Bahnanschluß Fredersdorf führt ein Stichgleis zum Güterbahnhof R. Für den Personennahverkehr stehen die Straßenbahnlinie R.–Berlin/Friedrichshagen, die Buslinien Erker–Strausberg und Fredersdorf–R. sowie der Ringverkehr R.–Herzfelde zur Verfügung. Der nächste Flughafen ist Berlin-Schönefeld (ca. 30 km).

Bildungseinrichtungen: Grundschule, Gesamtschulen, Gymnasium; Förderschule; Kulturhaus mit Bibliothek.

Wirtschaftliches: Rüdersdorfer Zement GmbH, Baustoffindustrie, Bauwesen; Fertigung von Möbeln, Herstellung von Tapeten; Produktion von Futterphosphat; mittelständische Unternehmen und Kleinbetriebe in den Bereichen Handwerk, Gewerbe und Dienstleistungen.

Geschichtliches: Die Gm R. wird bereits im 13. Jh. urkundlich erwähnt. In ihrem Bereich wird seit 700 Jahren Kalkstein abgebaut, jedoch sind erst aus der Zeit um 1800 gegenständliche Beweise dieser Tätigkeit – so des Bruches, des Transportes und der Weiterverarbeitung des Rohmaterials, aber auch über die Lebensweise der Kalkarbeiter – erhalten geblieben. Diese technischen Zeugnisse tragen Handschriften und Namen hervorragender Architekten und Bildhauer der 1. Hälfte des 19. Jh. Beispielsweise waren die „Rumfordschen Öfen", aus Kalksteinen und Ziegeln zusammengefügt, für den durchaus noch nicht allgemein gebräuchlichen kontinuierlichen Brand eingerichtet und stellten gegenüber herkömmlichen Schachtöfen einen beachtlichen technologischen Fortschritt dar. – Eine der wichtigsten Verbesserungen in jener Zeit erreichte man durch das Anlegen von Kanälen, mit deren Hilfe man die Brüche vom Wasserspiegel der schiffbaren Gewässer aus erschließen konnte. An diese Baukunst erinnern noch heute die architektonisch außerordentlich wertvollen und in ihrer qualitativen Ausführung hochwertigen Eingangsportale der tunnelartigen Kanalunterführungen. An der Gestaltung der Tore waren Karl Friedrich Schinkel, Christian Daniel Rauch und Christian Friedrich Tieck maßgeblich beteiligt. – Inhalt und Aussage des Wappens der Gm symbolisieren sinnfällig regionaltypische Traditionen: mit einem Baum die Wälder und Forstwirtschaft, durch eine Rübe die Landwirtschaft und mit gekreuzten Bergmannshämmern den Bergbau.

Sehenswürdigkeiten und Kulturelles: einzigartiger Kalksteintagebau mit Baudenkmälern (Besichtigungen organisiert die Gesellschaft zur Wahrung der R.er Bergbautradition e.V.), „Rumfordofen" (1802 bzw. 1804 errichtet), Schachtofenbatterie aus achtzehn einzelnen Schachtöfen (1871–77 erbaut); Bergmannssiedlung „Landhof"; das „Bülow-Portal"; das Industriemuseum. – R. verfügt über Erholungsgebiete um den Stienitzsee im N und den Kalksee im S mit attraktiven Uferbereichen und Wäldern.

Wiederkehrende Ereignisse: Die Gm feiert seit 150 Jahren traditionell das Bergfest, seit 30 Jahren den R.er Karneval.

Rüdesheim a. Rhein

□ 51,45 qkm; ○ Rheingau-Taunus-Kreis; ⚐ Hessen; ✉ 65385; ☎ 06722; 🚗 RÜD; △ 90 m; 👥 9200.

R., am Südhang des Niederwaldes im Rheintal 25 km südwestlich von Wiesbaden gelegen, ist über die B 42 zu erreichen. D-Zug-Station an der Strecke Frankfurt a.M.–Köln; Anlegestelle am Rhein für Fahrgastschiffe. R. hat Amtsgericht und Kreisverwaltung; Grund- und Hauptschule, Realschule; Weinbau, Wein- und Sektkellereien, Weinbrennerei (Asbach-Uralt); von großer Bedeutung ist der lebhafte Fremdenverkehr (bekannte rheinische Weinlokale in der Drosselgasse und Oberstraße).

R., erstmals 1090 urkundlich genannt, war im MA Sitz mehrerer Rittergeschlechter, deren Burgen und Türme dem Stadtbild noch heute das Gepräge geben (Brömserburg, 10. Jh., und Vorderburg, 12. Jh.). Erhalten blieben ferner Reste der Stadtbefestigung (Adlerturm, 2. Hälfte des 15. Jh.), der Brömserhof (13. Jh., im 15.–17. Jh. erweitert), der Klunkhardshof (16./17. Jh.) und die Pfarrkiche St. Jakobus (14./15. Jh., Turm aus dem 12. Jh.) sowie zahlreiche alte Fachwerkhäuser. 1820 erhielt R. das Stadtrecht. – Sehenswert das Heimat- und Weinmuseum in der Brömserburg, die westlich der St gelegene Burgruine Ehrenfels und das über eine Kabinen-Seilbahn und Straße erreichbare Niederwald-Denkmal mit der 10,5 m hohen Germania (1877–83 als Sinnbild des Zusammenschlusses aller dt. Volksstämme errichtet). – Alljährlich R. Weintage (Ende August).

Der unterhalb des Binger Lochs gelegene Stadtteil Aßmannshausen wird erstmals 1108 urkundlich erwähnt. Das Dorf gehörte zu Kurmainz bis 1792. – Bedeutende Wirtschaftsfaktoren sind der Fremdenverkehr, Weinbau (Rotwein) und Weinhandel. Die seit dem späten MA bekannten Thermalquellen wurden 1829 wiederentdeckt (Heilanzeigen bei Gicht, Gelenkrheumatismus, Podagra, Ischias).

Rüsselsheim

□ 58,35 qkm; ○ Groß-Gerau; ⚐ Hessen; ✉ 65428; ☎ 06142; 🚗 GG; △ 88 m; 👥 63000.

R. liegt 12 km östlich von Mainz am linken Mainufer. Die St ist über die Bundesstraßen 42, 43 und 486 sowie über die Autobahnen A 3, A 67 und A 671 (mehrere Ausfahrten) zu erreichen. Bahnstation an der Strecke Frankfurt a. M.–Mainz; Rhein-Main-Flughafen (16 km).

R. hat Ingenieurschule (Fachrichtungen Elektrotechnik und Maschinenbau), Gymnasien, Hessenkolleg, Realschulen, Berufsschulen, Schwesternschule am Städt. Krankenhaus, Sonderschule für Lernbehinderte, Volkshochschule; Stadtbücherei, Heimatmuseum, Stadtttheater.

Dominierender Wirtschaftszweig ist der Automobilbau (Sitz von Verwaltung und Produktionsstätten der Adam Opel AG); ferner Maschinenbau.

»Rucilesheim«, an einer Mainfurt zur Zeit der fränkischen Landnahme gegründet, wird erstmals um 850 im Lorscher Kodex genannt. Das Dorf kam von den Herren von Heusenstamm 1422 an die Grafen von Katzenelnbogen, die eine Wasserburg erbauen ließen. 1437 erhielt R. das Stadtrecht. 1479 fiel die St an Hessen. Unter hessischer Hoheit wurde R. mit der alten Wasserburg zu einer starken Festung ausgebaut (1689 von französischen Truppen zerstört). 1862 gründete Adam Opel eine Fabrik zur Herstellung von Nähmaschinen, in der seit 1887 auch Fahrräder und seit 1898 Kraftfahrzeuge produziert wurden. Im 2. Weltkrieg erlitt R. durch Luftangriffe schwere Schäden. Beim Wiederaufbau wurde das Straßennetz großzügig ausgebaut und neue Wohngebiete (Dicker Busch, Haßloch-Nord und Königstädten) erschlossen. – Erhalten sind Reste der alten Festungsanlage (in der renovierten Anlage heute das Städt. Museum).

Rüthen

□ 158,12 qkm; ○ Soest; ⚐ Nordrhein-Westfalen; ✉ 59602; ☎ 02952; 🚗 SO; △ 200–520 m; 👥 11 000.

R., Luftkurort an der Möhne am Südhang des Haarstranges, ist über die B 516 zu erreichen. Die St hat Anschluß an die A 44 Ruhrgebiet–Kassel (Ausfahrten Erwitte/Anröchte und Büren); Forstamt; Grundschulen, Hauptschule, Gymnasium; Metall-, Maschinen-, Kunststoff- und holzverarbeitende Industrie.

Als Grenzfestung gegen die Bischöfe von Paderborn wurde R. im Jahr 1200 durch den Kölner Erzbischof Adolf I. von Berg gegründet. Die Befestigungsanlagen (Stadtmauer mit 4 Toren und 11 Wehrtürmen sowie Gräben und Wällen) wurden bei der Stadtgründung in den heute noch erkennbaren Abmessungen angelegt. R. erhielt kurz nach der Gründung das Marktrecht. Die wirtschaftliche Bedeutung als Handelsstadt zeigte sich im Beitritt R. zur Hanse (erste urkundliche Erwähnung 1469). Sehenswert die ma. Stadtmauer mit Hachtor und Hexenturm, die romanisch-got. St. Nikolaus-Kirche, das barocke Rathaus (1730) und zahlreiche Fachwerkhäuser; Naherholungsgebiet „Bibertal“ im Naturpark Arnsberger Wald.

Ruhpolding

□ 148 qkm; ○ Traunstein; ⚐ Bayern; ✉ 83324; ☎ 08663; 🚗 TS; △ 659 m; 👥 6400.

R., Luftkurort, Wintersportplatz und drittgrößte bayerische Landgemeinde im Tal der weißen Traun am Nordrand der Chiemgauer Alpen, ist über die B 305 (Deutsche Alpenstraße) und die Autobahn A 8 München–Salzburg (Ausfahrt Traunstein/Siegsdorf) zu erreichen. Bahnstation an der Nebenstrecke Traunstein–R. Die Gm hat Grund- und Hauptschule, Waldfacharbeiterschule; Fachklinik für Innere Medizin; optische Betriebe, Marmorindustrie; lebhaften Fremdenverkehr.

R., erstmals 924 urkundlich erwähnt, kam mit dem Chiemgau Mitte des 13. Jh. an die bayerischen Herzöge, denen der Ort im 16. Jh. als Jagdsitz (1535 Bau eines Jagdschlößchens) diente. Holzwirtschaft, und seit dem 16. und 17. Jh. Bergbau (Bleierze und Galmei), waren bis ins 19. Jh. die wichigsten Erwerbsquellen der Bevölkerung. Zum bevorzugten Fremdenverkehrsort entwickelte sich R. vor allem seit 1933. – Sehenswürdigkeiten: Pfarrkirche St. Georg (1738–57) mit rom. Madonna aus dem 12. Jh.; Jagdschloß (1587, jetzt Bücherei und Heimatmuseum) mit Schloßkirche (17. Jh.); Museum für bäuerliche und sakrale Kunst, Holzknechtmuseum. Südöstlich von R. liegt der 1671 m hohe Rauschberg (Kabinenseilbahn, Skipisten).

Runkel (Lahn)

□ 44,5 qkm; ○ Limburg-Weilburg; ⚐ Hessen; ✉ 65594; ☎ 06482; 🚗 LM; △ 307 m; 👥 9300.

R. liegt 10 km östlich von Limburg im Lahntal. Die St ist über die rechtsrheinische Autobahn A 3 Frankfurt a. M.–Köln (Ausfahrten Limburg-Süd und Limburg-Nord) zu erreichen. Bahnstation an der Strecke Koblenz–Gießen. R. hat Grund- und Realschule mit Förderstufe; Kalkwerk, Autozuliefererindustrie.

R. wird erstmals 1159 urkundlich genannt.

Zwischen 1440 und 1448 wurde die bis heute gut erhaltene steinerne Brücke erbaut. Die Burg R., eine der malerischsten Burgruinen Deutschlands, stammt aus dem 12. Jh. (Museum; z. T. bewohnt). Gegenüber der Burg liegt die von Heinrich von Westerburg erbaute Burg zu Schadeck.

Saalfeld

□ 37 qkm; ○ Saalfeld; ⚐ Thüringen; ✉ 07318; ☎ 03671; 🚗 SLF; △ 234 m; 👪 33 700.

Nach S. gelangt man auf der A 4 / E 40 (Ausfahrt Weimar, auf der B 85 noch 44 km) und auf der A 9 / E 51 (Ausfahrt Triptis, auf der B 281 noch 40 km). In Saalfeld kreuzen die B 85 und die B 281. Bf. an den Reichsbahnstrecken Nürnberg–Leipzig/Halle, S.–Gera–Leipzig, S.–Arnstadt–Erfurt; Zweigbahnen nach Probstzella–Sonneberg und Leutenberg–Wurzbach. Nächster Flughafen ist Erfurt (ca. 75 km).

S. hat Stadtverwaltung, Landratsamt, Polizeiinspektion.

Bildungseinrichtungen: Außer Grund-, Sekundar- und Realschulen besitzt S. ein Gymnasium, Fach- und Berufsschulen.

Kulturstätten: Thüringer Heimatmuseum.

Wirtschaft und Industrie: Werkzeugproduktion, Maschinenbau, Süßwarenindustrie.

Geschichte: Dort, wo die Saale das Mittelgebirge verläßt und durch ebenes Land fließt, liegt Saalfeld, das man auch die „Steinerne Chronik Thüringens" nennt. Es ist eine der ältesten Städte Thüringens. Bereits 899 entstand auf der linken Saaleterrasse ein befestigter Wirtschaftshof mit der Bezeichnung „Salauelda". S. war im 10. Jh. Hausgut der dt. Könige (Königspfalz), wurde 1011 von Heinrich II. dem Pfalzgrafen Ehrenfried geschenkt, durch dessen Tochter Richza es 1063 an das Erzbistum Köln kam. 1071 ist in S. ein Benediktinerkloster gegründet worden, das später gefürstet wurde und 1536 an das Haus Wettin überging. Die Stadt S. wurde um 1200 gegründet; ihr St-Recht ist das älteste in dt. Sprache in Thüringen. 1209 verpfändete der Kaiser die St an die Grafen von Schwarzburg, die sie 1389 an das Haus Wettin verkauften. Johann Ernst († 1729), jüngster Sohn von Herzog Ernst (dem Frommen) von Gotha gründete 1680 das Herzogtum Sachsen-Saalfeld und erhob S. zu seiner Residenz. Als 1735 Teile von Sachsen-Coburg an Sachsen-Saalfeld kamen, wurde Coburg Residenz. Am 10. 10. 1806 fand bei S. ein Gefecht zwischen Franzosen und Preußen statt, bei dem Prinz Louis Ferdinand von Preußen fiel. Das Herzogtum Sachsen-Saalfeld kam 1826 durch Teilungsvertrag an Sachsen-Meiningen.

Baudenkmäler und Sehenswürdigkeiten: Rathaus am Markt, im Stile der Renaissance erbaut zwischen 1529 und 1537; Hof- und Marktapotheke (romanisches Turmhaus), erbaut um 1180; Reste der ma. Stadtbefestigung mit vier erhaltenen Stadttoren (zwei aus der Zeit vor 1500, zwei im Barock- und Rokokostil); Burgruine „Hoher Schwarm" (Stadtburg der Grafen von Schwarzburg); ehem. Franziskanerkloster (einzige in Ostthür. erhaltene ma. Klosteranlage), seit 1904 Stadtmuseum; histor. Gaststätte „Das Loch"; Johanniskirche, eine der größten Hallenkirchen Thüringens (got.), im 13. Jh. erbaut, 1389–1456 neu aufgeführt; spätgot. Jagdschloß Kitzerstein von 1522. Ca. 2 km vom Stadtkern entfernt liegen die weltbekannten Tropfsteinhöhlen „Feengrotten", die seit ihrer Eröffnung im Jahre 1914 von vielen Millionen Menschen aus aller Welt besucht worden sind. Ursprung dieser Grotten ist ein zwischen 1540 und 1846 betriebenes Alaunschieferbergwerk, das im 18. Jh. unter dem Namen „Jeremias Glück" bekannt war. Im Laufe der Jahrhunderte bildeten sich die buntschillernden Tropfsteine durch Auslaugungen verschiedener Minerale. Eine Mineralquelle unterhalb des Quellenhauses liefert noch heute das Tafelwasser „Gralsquelle". Das Quellhaus ziert ein bemerkenswerter Erker mit reichem Schnitzwerk.

Periodische Veranstaltungen: Marktfest, Zunftmarkt.

Saarbrücken

□ 167,06 qkm; ○ Landeshauptstadt des Saarlandes; ⚐ Saarland; ✉ 66111*; ☎ 0681; 🚗 SB; △ 230 m; 👪 187 000.

S., Hauptstadt des Saarlandes an der Saar, stellt sowohl für den südwestdeutschen Raum als auch für die europäische Kernregion Saar-Lothringen–Luxemburg einen bedeutenden Verkehrsknotenpunkt dar. In S. treffen zusammen bzw. kreuzen sich die B 40 und B 51 sowie die Autobahnen A 1, A 8, A 620 und A 623 (zahlreiche Abfahrten); IC- und D-Züge beziehen S. im Einstundentakt in das Intercity-Netz ein; der Rangierbahnhof ist einer der modernsten Europas, Stückgutumschlagstationen und Containerterminals garantieren einen schnellen Güterumschlag; Flughafen in S.-Ensheim; Flußhafen an der Saar. Die St., Sitz der Landesregierung Saarland, des Saarländischen

Saarbrücken, Ludwigskirche

Landtages und des Stadtverbandes S., hat Bundesbahndirektion, Oberbergamt, Oberlandesgericht, Landgericht, Amtsgericht, Industrie- und Handelskammer u.a. S. besitzt Universität (Med. Fakultät in Homburg), Pädagogische Hochschule, Hochschule für Musik, Ingenieurschule, Bauingenieurschule, Technikerschulen, Hochschule für Bildende Künste, Fach- und Fachoberschulen, Berufs-, Berufsaufbau- und Berufsfachschulen, Gymnasien, Realschulen und Sonderschulen; Universitätsklinik im 30 km entfernten Homburg. Kulturelle Einrichtungen: Staatstheater mit mehreren Bühnen, Saarländischer Rundfunk, Moderne Galerie, Saarland-Museum (Kunst- und Kunstgewerbe des 18. Jh.), Landesmuseum für Vor- und Frühgeschichte, Geologisches Museum, Stadtbibliothek und Stadtarchiv; Zoologischer Garten.

In wirtschaftlicher Hinsicht befindet sich das Saarland seit Jahren in einem Umstrukturierungsprozeß weg von einer monostrukturierten Montanindustrie hin zu einem modernen, zukunftsorientierten, vielseitigen Wirtschaftsstandort.

Der Landeshauptstadt S. fällt bei diesem Prozeß die Rolle eines Vorreiters und Impulsgebers zu. Sie ist das Wirtschafts- und Dienstleistungszentrum des Saarlandes.

Die bedeutendsten Wirtschaftszweige sind: Handel, Banken, Versicherungen, Metallerzeugung- und bearbeitung, Stahl-, Maschinen- und Fahrzeugbau, Bergbau, Elektrotechnik, Feinmechanik, Optik, Brauereien, Druck- und Verlagsgewerbe, Computer, Entwicklung und Vermarktung neuer Technologien in den Bereichen Umweltwissenschaft, neue Werkstoffe und Informatik.

S. entwickelte sich in Anlehnung an die Ende des 9. Jh. auf einem steil nach der Saar abfallenden Felsen errichtete »sarabrucca« als Sitz der Grafen und späteren Fürsten von S. Zusammen mit dem Fischerdorf Johann auf dem gegenüberliegenden Saarufer erhielt S. 1321 den Freiheitsbrief und eigene Verwaltung. 1640 ließ Graf Ludwig ein Gymnasium und ein neues Schloß im Renaissancestil bauen. Während der Réunionskriege wurden Schloß und St völlig zerstört. Eine wirtschaftliche und kulturelle Blüte erlebte S. nach dem Regierungsantritt (1741) des Fürsten Wilhelm Heinrich (Ausbeutung der Steinkohlengruben, Vergrößerung der vorhandenen Eisenhütten, Errichtung von Glashütten; Bau der Ludwigskirche und der Residenz mit prunkvollen Gärten, Baumeister Friedrich Joachim Stengel). Von 1793 bis 1815 gehörte S. zu Frankreich, danach zu Preußen. 1909 wurden die drei selbständigen Gemeinden Saarbrücken, St. Johann und Malstadt-Burbach zur Großstadt S. vereinigt. 90% des Stadtkerns von Alt-S. wurden 1944 durch Luftangriffe zerstört.

Seit 1948 ist S. Landeshauptstadt des Saarlandes mit Sitz aller Ministerien sowie der meisten Landesbehörden. Durch die Gebietsreform von 1974 vergrößerte sich die St sowohl flächen- als auch bevölkerungsmäßig erheblich.

Baudenkmäler und Sehenswürdigkeiten: Ludwigskirche (1762–75) mit Ludwigsplatz; Schloßkirche (15. Jh., Grabkirche der Fürsten von Nassau-S.); Schloß (Neubau 1801–1811 anstelle des 1793 niedergebrannten Barockschlosses von Stengel; das Schloß ziert heute nach einer grundlegenden Renovierung (1981–89) ein gläserner Mittelrisalit); Altes Rathaus (1750); Friedenskirche (1745); Pfarrkirche St. Johann (1754); Stiftskirche (13. Jh.) im Ortsteil St. Arnual; Alte Brücke (1546 bis 1549); Deutsch-Französischer Garten (1956) im Deutschmühlental; Zoo und Wildparks; Botanischer Garten; Schloß Halberg (Sitz des Saarländischen Rundfunks); „Brennender Berg". – Auf dem Messegelände am Schanzenberg finden folgende Messen und Ausstellungen statt: Internationale Saarmesse (Frühjahr), Welt der Familie (Herbst), Freizeit (Frühjahr), Technologie-Fachmessen (alle zwei Jahre), Bürofachmesse BÜFA, Energie und Umwelt (Herbst), Messe für Rehabilitation EU-REHA (im Wechsel mit der St Metz, Mai). – Alljährlich Altstadtfest (Sommer), Sommerfest (August), Internationale Tanzwoche (August), Chanson-Festival (Oktober) u.a.

Saarburg (Saar)

□ 20,35 qkm; ○ Trier; ⚐ Rheinland-Pfalz; ✉ 54439; ☎ 06581; 🚗 TR; △ 148 m; 👥 5800.

S. liegt 20 km südlich von Trier beiderseits der Saar an der B 51 und B 407. D-Zug-Station an der Bundesbahnstrecke Koblenz–Trier–Saarbrücken. S. hat Amtsgericht, Verbandsgemeindeverwaltung, Katasteramt, Arbeitsamt, Amt für Wiedergutmachung, Forstämter; Realschule, Gymnasium, Handelsschule, Berufsbildende Schulen, Justiz-Aus- und Fortbildungszentrum, Kaufm. Lehrinstitut; Kreiskrankenhaus; Glocken- und Tempergießerei, Stahl-, Metall-, Heizungs- und Formenbau; Agrar- und Landwirtschaft, Weinbau. S. ist staatl. anerkannter Erholungsort.

964 schlossen Graf Siegfried von Luxemburg und Erzbischof Heinrich von Trier einen Vertrag, durch den Graf Siegfried den Berg zum Bau einer Burg erhielt. Die zu Füßen der Burg errichtete Siedlung erlangte 1291 durch Kaiser Rudolf von Habsburg die Stadtrechte. 1816 kam Saarburg an Preußen. 1860 erwirbt die St für 325 Taler die Burgruine (Wahrzeichen der St).

Sehenswürdigkeiten: Wasserfall (20 m) in der Stadtmitte, ev. Kirche (19. Jh.), historische Altstadt mit alten Fischer- und Schifferhäusern; Ruinen der 1552 zerstörten Burg; Laurentius-Kirche (14. Jh.); Gnadenbild aus dem 13. Jh. in der St. Marien-Wallfahrtskirche (Stadtteil Beurig). – Alljährlich im September S. Weinfest, Saarburger Reit- und Springturniere. Im Juli S. Markttage mit Feuerwerk; im August S. Rittermarktfest.

Saarlouis

□ 43,24 qkm; ○ Saarlouis; ⚐ Saarland; ✉ 66740; ☎ 06831; 🚗 SLS; △ 180 m; 👪 37800.

S. liegt am linken Saarufer (mit Industriehafen S./Dillingen) im Schnittpunkt der B 51, B 269 und B 405 sowie an der Autobahn A 8 Pirmasens–Merzig (Ausfahrten Saarwellingen, Nalbach und Dillingen-Süd) und A 620 Saarbrükken–Saarlouis (Ausfahrten S. und AB-Kreuz S.); S. ist D-Zug-Station an der Strecke Saarbrücken–Köln/Koblenz; Bundeswehrstandort und Sitz zahlreicher Bundes-, Landes- und Kreisbehörden (Oberverwaltungsgericht, Verwaltungsgericht, Amtsgericht, Arbeitsgericht, Kreisverwaltung, Arbeitsamt, Hauptzollamt u. a.). An Bildungs- und kulturellen Einrichtungen verfügt die St über Realschule, Gymnasium, Sonderschule, kaufmännisches und gewerbliches Berufsbildungszentrum, private Sprachschulen, Krankenpflegeschulen, Jugendverkehrsschule und Volkshochschule; Theater am Ring mit Gastspielaufführungen, Stadtbibliothek, Städt. Museum, Museum „Haus Ludwig für Kunst der ehemaligen DDR", Stadtarchiv.

S. hat eine breitgefächerte Industrie: Stahlbau (DSD), Autoindustrie (Ford), Schokoladenfabrik (Ludwig) und weitere mittelständische Industrie- und Gewerbebetriebe. Die St besitzt mit der „Lisdorfer Au" das größte zusammenhängende Gemüseanbaugebiet des Saarlandes.

S. wurde von Ludwig XIV. von Frankreich zum Schutz der im Frieden von Nymwegen (1679) erworbenen lothringischen Gebiete zwischen 1680–84 als Festung nach Plänen Vaubans erbaut. 1815 kam S. an Preußen; 1889 wurde mit der Beseitigung der Festungsanlagen begonnen. Im 2. Weltkrieg erlitt die St schwere Schäden. Nach dem Kriege großzügiger Wiederaufbau (Stadtzentrum, Gartenstadt Steinrausch, Wohnstadt Beaumarais). – Sehenswert der „große Markt" (10000 qm), die Reste der alten Festung (Kasematten, Kaserne VI.); das Rathaus mit Gobelins aus der Gründungszeit; das Postgäßchen sowie die Altstadt. – S. ist Geburtsort des französischen Marschalls Ney (1769–1815) und des Generals Paul von Lettow-Vorbeck (1870–1964).

Alljährlich Ostermarkt, Altstadtfest und Oktoberfest.

Saarwellingen

□ 41,65 qkm; ○ Saarlouis; ⚐ Saarland; ✉ 66793; ☎ 06838; 🚗 SLS; △ 205–277 m; 👪 14100.

S. liegt 25 km nordwestlich von Saarbrücken an der B 269/405 und an der Autobahn A 8 Pirmasens–Luxemburg (Ausfahrt S.). Die Gm hat Grund- und Hauptschule; vielseitige Industrie (Herstellung von Sprengstoffen, Metallwarenfabrik, Maschinenbau, Leichtmetallgießerei, Dachpappen- und Bitumenfabrik, Herstellung von Stahlblechmöbeln, Kartonagen und Kühlschränken, Fertigbeton- und Kiesaufbereitungswerk).

S., erstmals 953 urkundlich genannt, gehörte im 17. Jh. zur Grafschaft Saarbrücken-Nassau. Von 1659 bis zur Französischen Revolution war es Sitz einer Freien Reichsherrschaft, deren letzte Herren die Grafen und Fürsten von Wied-Runkel waren; von ihrem 1766 erbauten Schloß blieben die Portale und Freitreppen erhalten. – S., das im 2. Weltkrieg stark zerstört wurde, entwickelte sich nach 1950 zur aufstrebenden Wohn- und Industriegemeinde. – Alljährlich Brauchtumsfest „Gresentag".

Sachsenheim (Württ.)

□ 57,92 qkm; ○ Ludwigsburg; ⚐ Baden-Württemberg; ✉ 74343; ☎ 07147; 🚗 LB; △ 240 m; 👥 15200.

S., 25 km nordwesltich von Stuttgart am Ostrand des Heuchelberges gelegen, ist durch den Zusammenschluß der ehemaligen Gm Groß- und Kleinsachsenheim, Hohenhaslach, Spielberg, Ochsenbach und Häfnerhaslach entstanden. Die St hat ev. Mädchengymnasium (mit Internat); Stanz- und Preßgußwerk.

S. (Stadtteil Großsachsenheim) wurde auf den Mauern einer Römersiedlung errichtet. Der Ort war im Besitz der Herren von S., auf deren Veranlassung S. 1495 zur St erhoben wurde. Von 1745–1808 war S. Oberamtsstadt. – Sehenswert das guterhaltene Wasserschloß der Herren von S. (1544 erbaut, jetzt Sitz der Stadtverwaltung).

Alle fünf Jahre großes Heimatfest.

Salzgitter

□ 224 qkm; ○ Kreisfreie Stadt; ⚐ Niedersachsen; ✉ 38259*; ☎ 05341; 🚗 SZ; △ 80–275 m; 👥 115000.

Das Stadtgebiet von S. erstreckt sich von den bewaldeten, hügeligen Ausläufern des Oberharzes (Salzgitter Höhenzug) im Süden bis zu den flachen nördlichen Wohn- und Industriegebieten S.-Lebenstedt und S.-Watenstedt. Die einzelnen Stadtteile bilden keinen geschlossenen Komplex, sondern werden von Wäldern und landwirtschaftlich genutzten Flächen (60 % des Gesamtareals) unterbrochen. S. ist über die B 6, B 248 und B 490 zu erreichen. Anschluß an die Autobahn A 5/A 7 Frankfurt a.M.–Kassel–Hannover im Süden über Autobahndreieck S. und Zubringer A 39, im Westen und Norden an die Autobahn A 7 Kassel–Hannover Kreuz bzw. Hamburg–Hannover–Kassel (Ausfahrt Derneburg/S.). D-Zug-Station ist S.-Ringelheim (Strecke Hannover–Hildesheim–Goslar); Flugplatz in S.-Drütte. Vom Industriezentrum nördlich von S.-Watenstedt führt ein Stichkanal zum Mittellandkanal. Über den Elbeseitenkanal besteht eine Wasserstraßenverbindung bis Hamburg. – S. hat Amtsgericht in S.-Salder und S.-Bad, Rathaus in S.-Lebenstedt und weitere städtische Verwaltungsstellen und Behörden in den übrigen Stadtteilen. An Bildungseinrichtungen sind vorhanden: Sonderschulen, Realschulen, Gymnasien, Berufs- und Berufsfachschulen, Fachschulen, Volkshochschule, Bergberufsschule, Berufsbildungs- und Berufsfortbildungswerk.

Schwerpunkt der Industrie ist die Erzeugung und Verarbeitung von Eisen und Stahl. An erster Stelle steht die Hüttenindustrie, der Maschinen- und Stahlbau (Salzgitter AG mit den Firmen Stahlwerk Peine-Salzgitter AG; Linke-Hofmann-Busch GmbH (Waggonbau), Salzgitter Maschinen und Anlagen AG, Salzgitter Industriebau GmbH, Scharfenbergkupplung GmbH u. a.). Weitere bedeutende Industrieunternehmen: Maschinenfabrik Augsburg–Nürnberg AG (Nutzfahrzeuge, Busse, Militärfahrzeuge), V. A. G. (Zweigstelle S. Motorenbau), Odermark-Bekleidungswerk Brinkmann GmbH Co. KG; Blaupunkt-Werke GmbH (Rundfunk- und Fernsehgeräte); außerdem Kunststoff-, Spezialmaschinen- und Präzisionswerk, Papier-, Arzneimittel-, Nahrungsmittel-, Konserven- und Holzverarbeitungsindustrie.

S. entstand am 1. 4. 1942 durch den Zusammenschluß von 28 Gemeinden der Landkreise Wolfenbüttel und Goslar. Die neue St, die nach dem heutigen Stadtteil S. und Bad S. (Stadtgründung Mitte des 13. Jh.) benannt wurde, übernahm die Verwaltungsfunktionen für das 1937 erschlossene Industriezentrum der Reichswerke AG Hermann Göring, das zur größten Eisenhütte Europas ausgebaut werden sollte. Nach dem Kriege wurden die bestehenden 9 Hochöfen, das gesamte Stahl- und Walzwerk und 90 % der Gießereieinrichtungen demontiert oder vernichtet. Ab 1951 erfolgte der Wiederaufbau des Werkes und der Auf- und Ausbau von Ausgleichsindustrien.

Erholungs- und Freizeitzentren sind die südlichen Stadtgebiete mit dem Heilbad S.-Bad (Thermal-Solbad mit Wellenbad, Irenen-Heilquelle); Heilanzeigen bei Asthma, Katarrhen der Luftwege, Rachitis, Muskel- und Gelenkrheumatismus, nervösen Störungen und Frauenleiden. Der Salzgittersee (75 ha) mit Eissporthalle bei S.-Lebenstedt ist ein Anziehungspunkt für Wassersportler. Sehenswert Schloß Salder (Städt. Museum).

Salzhemmendorf

□ 94,31 qkm; ○ Hameln-Pyrmont; ⚐ Niedersachsen; ✉ 31020; ☎ 05153; 🚗 HM; △ 137 m; 👥 10800.

S. liegt 20 km östlich von Hameln in einem Tal zwischen Osterwald und Thüster Berg (Weserbergland) an der B 1. Die Gm hat Hauptschule mit Realschulzug, Mittelpunktschulen; Fertighauswerk (OKAL) im Ortsteil Lauenstein, Holzwerk im Ortsteil Oldendorf; Fremdenverkehr (Schwefelsole).

In S., erstmals 1022 urkundlich bezeugt, wurde bis 1800 Salz gewonnen.

Salzkotten

☐ 110 qkm; ○ Paderborn; ⚐ Nordrhein-Westfalen; ✉ 33154; ☎ 05258; 🚗 PB; △ 100 m; 👫 20000.

S., 12 km südwestlich von Paderborn an der Heder gelegen, ist über die B 1, A 44 Dortmund–Kassel (Ausfahrt S./Büren) und A 33 Bielefeld–Wünnenberg/Haaren (Ausfahrt Paderborn) zu erreichen, Bahnstation an der Strecke Ruhrgebiet–Kassel; Regionalflughafen Paderborn/Lippstadt (4 km). Die St hat Realschule, Sonderschulen, Berufs- und Berufsfachschule, Volkshochschule, Jugendmusikschule; metallverarbeitende, Elektronik (Computer)- und holzverarbeitende Industrie, Nahrungsmittelherstellung, Textilverarbeitung, Tankanlagen- und Apparatebau, Kies- und Sandwerke, Landmaschinenproduktion u. a.

S. wurde 1247 als Paderborner Festungsstadt gegründet. Die bereits im 12. Jh. bezeugten reichen Solequellen wurden bis Ende des 19. Jh. zur Salzgewinnung genutzt. 1633 zerstörten Hessen und Schweden die ma. St. Erhalten blieben Reste der Stadtbefestigung, die Pfarrkirche Johannes der Täufer (13. Jh.), Fachwerkhäuser und Kornspeicher aus dem 16. Jh., Reste der Salzgewinnungsanlagen; Wallfahrtskirche Verne, Vernaburg (Anlage mit Wassergraben). Im Zuge der Gebietsneuordnung schloß sich S. 1975 mit neun umliegenden Landgemeinden zusammen.

Alljährlich Sälzermarkt (März/April), Hederauenfest (Stadtfest) im August.

Salzwedel

○ Salzwedel; ⚐ Sachsen-Anhalt; ✉ 29410; ☎ 03901; 🚗 SAW; △ 20 m; 👫 23600.

S. ist zu erreichen auf der A 2 / E 30, Ausfahrten Wolfsburg-Königslutter oder Eilsleben (je 75 km), und auf der A 7 / E 45, Ausfahrt Soltau-Ost (ca. 80 km), sowie auf der B 71, B 190 und der B 248; Bahnstation für folgende Regionalverbindungen: S.–Stendal; S.–Arendsee (Altm)–Wittenberge; S.–Beetzendorf (Sa-Anh)–Oebisfelde; S.–Diesdorf (Altm); S.–Uelzen. Der nächste Flughafen ist Hamburg (ca. 130 km).

Bildungseinrichtungen: alle in einer Kreis-St

Salzwedel, Ehemalige Propstei

erforderlichen Pflichtschulen, Gymnasien und andere, beruflich weiterbildende Lehrstätten.

Wirtschaftliches: Erdgasförderung; als westlichster Kreis der Altmark im Flachland der norddt. Tiefebene vorwiegend agrarisch strukturiert, Hauptanbaukulturen sind Kartoffeln und Getreide, örtlich bei geeigneten Böden auch Zuckerrüben; hoher Anteil an Wiesen und Weiden.

Geschichtliches: Die zweitgrößte St der Altmark liegt im Nordwesten dieser in der Saale-Eiszeit entstandenen Altmoränenlandschaft. Eine Furt durch die sumpfige Niederung hatte in frühester Zeit die wehrhafte Ansiedlung begünstigt und der „antiqua urbs" später wahrscheinlich ihren Namen gegeben: Soltwidele – Soltwedel – Salzwedel (d.h. „Salz-Furt"). Die wirtschaftlich bedeutende Salzstraße Lüneburg–Magdeburg fand hier eine sichere Passage. In den Wirren der Kämpfe um die Nordmark spielte S. bereits im 11./12. Jh. eine wichtige Rolle. Die Markgrafen, vornan Albrecht der Bär, förderten die wirtschaftliche Entwicklung und den handelspolitischen Status der St. So datiert z.B. die Zunft der Gewandschneidergilde aus dem Jahre 1153. In dieser Zeit entstanden neben der Burganlage mit dem noch erhaltenen Bergfried aus Backstein (untere Wandstärke 3,60 m!) auch die St.-Lorenz-Basilika und der frühe, romanische Bauabschnitt der Marienkirche. Zur „civitas" (Stadt) rückte S. 1233 durch eine von den Markgrafen Otto III. und Johann I. beurkundeten Verordnung auf. In Nachbarschaft des Altstadt-Areals wurde 1247 durch Heinrich von Mahlsdorf die „nyge Stat tu Soltwedel" gegründet – weiträumiger in der Anlage, so daß sie über Jahrhunderte hinweg nicht erweitert zu werden brauchte. Noch im selben Jahr verliehen ihr die beiden oben genannten Markgrafen Rechte der Freijahre und der Gerichtsbarkeit. Dem Schutzbedürfnis beider Städte ist zu danken, daß von der alten St-Mauer noch Zweidrittel erhalten sind; ihr Verlauf wird streckenweise von der Jeetze und einer reizvollen Promenade begleitet. Die spätgot. Backstein-Basilika „St. Katharinen", ein meisterlicher Sakralbau, wurde zur Neustädter Hauptkirche erhoben. – Zur Bestätigung ihres blühenden Handels und Gewerbefleißes wurde die Doppel-St 1263 in die Hanse aufgenommen, eigenes Münzrecht (1314) und andere Prädikate künden davon. Die Blütezeit dieses niederdt. Kaufmanns- und Städtebundes war die progressivste Zeit in S.s wirtschaftlicher Expansion. Um die Mitte des 15. Jh. erreichte die Bautätigkeit einen Höhepunkt, als die wohlhabenden Altstädter Bürgergeschlechter es sich leisten konnten, an der Vielzahl der sakralen Bauten umfassende Änderungen und Erweiterungen vornehmen zu lassen wie auch – bis ins 16. Jh. hinein – die Wehrhaftigkeit der St und die eigene Reputation zu befördern. Mit Beginn des 16. Jh. hatte S. indessen seine Bedeutung in der Hanse verloren und schied 1518 aus dem Bund aus. Nach dem 30jährigen Krieg war das Nebeneinander beider Städte gleichen Namens nicht mehr vertretbar. Am 13. 12. 1713 vereinigten auf Weisung des preußischen Königs beide St-Verwaltungen ihre Territorien zu einer Kommune. Ihr ma. Bild blieb bis ins 19. Jh. ohne verändernde Erweiterungen erhalten. Den zahlreichen Bränden jedoch, die S. im MA und noch zu Beginn des 18. und 19. Jh. heimgesucht haben, sind viele Profanbauten zum Opfer gefallen; auch das als Rathaus genutzte Gewandschneider-Gildehaus brannte 1895 nieder. Den ersten Eisenbahnanschluß erhielt die St 1870. Bereits 1836 jedoch wurde der „Altmärkische Verein für Vaterländische Geschichte und Industrie" unter maßgeblicher Beteiligung des Gymnasialprofessors Johann Friedrich Danneil gegründet, der an dieser „seiner" Schule auch ausgebildet worden war. Das traditionsreiche Gymnasium zählte zu seinen Schülern u.a. den hervorragenden Kunstgelehrten Johann Joachim Winckelmann und den „Turnvater" Jahn. In Salzwedel geb. wurde Jenny von Westphalen, die Lebensgefährtin von Karl Marx. – Zu den „Berühmtheiten" zählt etwa seit 1820 auch der „Salzwedeler Baumkuchen", der noch heute bis nach Übersee exportiert wird; er gilt als Prototyp aller gleichnamigen Konditoreierzeugnisse.

Sehenswürdigkeiten und Kulturelles: älteste Denkmale der St sind Burg und Burgmauer, Bergfried (vor 1200) und Reste der Annenkapelle; Marienkirche, (Bauzeit 12.–15. Jh.) mit 87 m hohem schiefem Turm; Lorenzkirche (beg. 13. Jh.); spätgot. Katharinenkirche, Backstein-Basilika mit wertvollen Wandmalereien, die erst 1980 entdeckt wurden; ehem. Franziskanerkloster, (Mitte 13. Jh.), von 1541–1883 St-Schule und Gymnasium (Wirkungsstätte des Prof. Danneil), seit 1895 Rathaus; ehem. Franziskaner-Klosterkirche (um 1250), heute Mönchskirche genannt und als Konzerthalle genutzt; alle genannten Gotteshäuser wurden im Verlaufe der Jh. mehrfach umgebaut, verändert oder erweitert. Gertraudenkapelle (um 1460), ehem. Herberge „Zur Heimat"; Georgskapelle des 1241 gegr. Aussätzigen-Hospitals vor den Toren der St.; ehem. Rathaus der Alt-St (1509), errichtet auf einem Vorgängerbau, ab 1855 Justizgebäude, heute Kreisgericht; ehem. Rathaus der Neu-St, dazu Turm (1585) mit Kern aus dem 13. Jh., Zerstörung des Rathauses im 30jährigen Krieg, Rest als Hotel „Schwarzer Adler" bekannt, gilt als Entstehungsort des berühmten S.er Baumkuchens; Ensemble der ehem. Probstei (1535–83), Bauherr war der Rat und Hauptmann der Altmark, Albrecht von der Schulenburg; seit 1932 befindet sich in den Räumen das Danneil-Museum mit Exponaten zur Ur- und Frühgeschichte der Altmark; St-Mauer (14. Jh.), ursprünglich 5 m hoch; Karls-Turm, Neuperver Tor, Steintor und Wassertor, alle aus dem 14. und 15. Jh.; Fachwerk-Gebäudegruppe „Hansehof" (16.–17. Jh.) am Zusammenfluß der Jeetze und der Dumme, die Jeetze wurde durch Zuleitung der Dumme im 13. Jh. ab S. schiffbar, eine Voraussetzung für den Gütertransport nach Hamburg (Mündung der Jeetze in die Elbe bei Hitzacker); Hochständerhaus (Mitte 15. Jh.), eines der ältesten Fachwerkbauten der St; Adam-und-Eva-Haus (Holzportal von 1534), reich beschnitztes Fachwerkhaus; Bürgermeisterhof, typische Hofanlage (16. Jh.), Speicher in Hochständer-Konstruktion; ehem. Münzstätte, spätgot. Backsteinbau (15. Jh.), Münzprägerecht der St von 1314–1488; Terrakottenhaus (1722), gebrannte Tonplatten stellen 15 Reliefs modisch gekleideter Damen und Herren des 16. Jh. dar; Jenny-Marx-Haus.

Wiederkehrende Ereignisse: Schützenfest (Juni); Oktoberfest.

Sande (Kr. Friesland)

□ 44,87 qkm; ○ Friesland; ⚐ Niedersachsen; ✉ 26452; ☎ 04422; 🚗 FRI; △ 0,50 m; 👫 9000.

S., 10 km südwestlich von Wilhelmshaven am Ems-Jade-Kanal und Jadebusen gelegen, ist über die B 15, B 210, B 436 und Autobahn A 29 Oldenburg–Wilhelmshaven (Ausfahrt S.) zu erreichen; Bahnstation an der Strecke Wilhelmshaven–Oldenburg; Landeflugplatz Wilhelmshaven-Mariensiel (auf Gemeindegebiet).

S. hat Grundschulen und Hauptschule mit Orientierungsstufe, Realschule; Nordwest-Krankenhaus des Landkreises Friesland; Stahlgießerei, eisen- und stahlverarbeitende Betriebe.

S., erstmals 1157 urkundlich genannt, kam im 16. Jh. mit dem Jeverland an Oldenburg. Zwischen 1793 und 1818 unterstand das von mehreren Sturmfluten (1362, 1511, 1717) heimgesuchte Kirchspiel russischer, holländischer und französischer Hoheit; danach gehörte es endgültig zu Oldenburg. Von dem zwischen 1568 und 1571 erbauten Schloß in Alt-Marienhausen blieb ein Turm erhalten; in Gödens Wasserschloß im Barockstil (1671).

Sandhausen (Baden)

□ 14,55 qkm; ○ Rhein-Neckar-Kreis; ⚐ Baden-Württemberg; ✉ 69207; ☎ 06224; 🚗 HD; △ 105 m; 👫 12800.

S. liegt 8 km südlich von Heidelberg in der Rheinebene an der Autobahn A 5 Karlsruhe–Heidelberg–Mannheim (Ausfahrten Heidelberg/Schwetzingen bzw. Walldorf/Wiesloch). Die Gm hat Grund- und Hauptschule, Gymnasium, Sonderschule für Lernbehinderte; Trocknungswerk für Gewürze, Pilze, Drogen und Vegetabilien. S. ist der wichtigste Hopfenanbauort in Baden; ferner Anbau von Spargel und Tabak.

S., vermutlich um 1200 vom Bischof von Worms gegründet, wurde im Pfälzischen Erbfolgekrieg (1689) völlig niedergebrannt. Erhalten blieb eine Kirche aus dem 13. Jh. (älteste Synagoge in der Bundesrepublik). Zu Beginn des 18. Jh. wanderten viele Bewohner von S. infolge wirtschaftlicher Mißstände, Glaubensunterdrückung und kurfürstlicher Willkürherrschaft in die Neue Welt aus, darunter der General der Miliz im amerikanischen Unabhängigkeitskrieg Nikolaus Herchheimer, der als Held von Oriskany (1777) in die amerikanische Geschichte einging.

Sehenswert die Sandhäuser Dünen, die zu den bedeutendsten Naturschutzgebieten der Bundesrepublik zählen.

Sangerhausen

□ 3,5 qkm; ○ Sangerhausen; ⚐ Sachsen-Anhalt; ✉ 06526; ☎ 03464; 🚗 SGN; △ 158 m; 👫 32750.

Die Berg- und Rosen-St ist zu erreichen auf der A 14, Ausfahrt Halle/Peißen (ca. 55 km), sowie auf der B 80 und B 86; Bahnstation an den Strecken: Halle–S.–Nordhausen–Leinefelde–Heiligenstadt (Eichsf.)–Kassel; Magdeburg–Halle (Saale)–S.–Sömmerda–Erfurt; Halle (Saale)–Röblingen am See– Lutherstadt Eisleben–S.–Berg-Kelbra–Nordhausen und Magdeburg–Schönebeck (Elbe)–Staßfurt–Güsten–Hettstedt–Klostermansfeld–S.–Erfurt. Der nächste Flughafen ist Leipzig/Halle (ca. 75 km).

Bildungseinrichtungen: Grundschulen, Sekundarschulen, Gymnasium; Förderschule; Berufsbildende Schule; Volkshochschule; Musikschule.

Wirtschaftliches: Maschinenfabrik; „Mitteldeutsche Fahrradwerke“; Elektroanlagen (Siemens); Bauindustrie; Brauerei „Mammut-Bräu“.

Geschichtliches: Zahlreiche archäologische Funde belegen, daß die Region um S. bereits während der Jungsteinzeit (4500–1700 v.Chr.) von Menschen besiedelt war. Erste Niederschriften über das Dorf „Sangirhusen“ im Codex Eberhardi des Klosters Fulda beziehen sich auf die Zeit um das Jahr 800. Im 9. Jh. ist „Sangerhus“ ein dem Stift Hersfeld zehntpflichtiges Dorf. Das Recht, den zehnten Teil der Ernte und aller anderen Gewinne oder Einnahmen einzufordern, ging 979 an das Kloster Memleben über, welches dieses „Zehentrecht“ am 4. 10. 991 auf Lebenszeit an Adelheit, Witwe Kaiser Ottos I., abtrat. In der Folgezeit war S. verschiedenen Herren verpflichtet, so den Landgrafen von Thüringen, den Wettinern, den Markgrafen von Brandenburg, den Herzögen von Braunschweig und dem Herzogtum Weißenfels. Ab 1815 gehörte S. zu Preußen, nach 1945 zum Lande Sachsen-Anhalt, nach der Gebietsreform von 1952 zum Bezirk Halle und schließlich – seit Wiedereinführung der Länderstrukturen (1990) – erneut zum Lande Sachsen-Anhalt. – Das älteste Bauwerk der St ist die Ulrichskirche (1116–23), die Ludwig II. als kreuzförmig gewölbte Basilika errichten ließ. Das erste Rathaus der St wurde vorwiegend aus Holz gebaut (um 1280) und brannte 1431 bei einem St-Brand bis auf die Grundmauern nieder. Von 1431–38 wurde das noch heute erhaltene und genutzte Rathaus geschaffen, es gilt als Wahrzeichen der St. Bis zum August 1990 betrieb man Kupfer- und Silberbergbau. Schon 1293 wurde eine landgräfliche Münzstätte zur Ausprägung von Brakteaten erwähnt, deren Rohmaterial aus dem S.er Revier kam. Der erste schriftliche Nachweis über den Bergbau in S. stammt aus dem Jahre 1327, zu jener Zeit gehörte der Markgräfin Agnes eine Hütte. Um 1450 hatte die St nach Nürnberg und zu anderen Orten Fernhandelsverbindungen, um das Kupfer vorteilhaft verkaufen zu können. Über Höhen und Tiefen der S.er Erzgewinnung, die erst 1990 aus Rentabilitätsgründen eingestellt wurde, informiert ausführlich das seit 1988 bestehende Bergbaumuseum im nahen Wettelrode. – Neben dem Bergbau gab es bereits im 14. Jh. Innungen der Schuhmacher, Lohgerber, Wollweber und Kaufleute, auch Töpfer gehörten zum handwerklichen Grundbestand des Gemeinwesens. Begründet in seiner geographischen Lage, war S. im 15. Jh. ein wichtiger Handelsplatz für Getreide, das in der Umgebung angebaut wurde. Mit Beginn der Industrialisierung entwickelte sich S. zur Fabrik-St. Es entstanden Unternehmen, die z.T. Weltruhm erlangten, beispielsweise die Maschinenfabrik und Eisengießerei, die Feilenhauerei und die Mitteldeutschen Fahrradwerke. Entscheidend für das weitere Wachsen der St war die Anbindung an das entstehende Eisenbahnnetz: Es begann 1866 mit der Eröffnung der Strecke Halle–Kassel, weitere Linien folgten.

Sehenswürdigkeiten und Kulturelles: historischer Mkt mit Stilelementen der Spätgotik und Renaissance, gut erhaltenen Patrizierhäusern und dem asymmetrischen Rathaus; romanische Ulrichskirche (1116–23), architektonisch schöne, kreuzförmige Pfeilerbasilika; Jacobikirche (1457–1542) mit schiefem Turm und bemerkenswerter Ausstattung; Straße der Romanik; Spengler-Museum mit wertvoller Sammlung altgeschichtlicher Tierfunde, besondere Attraktion ist das Riesenskelett eines Altmammuts (ca. 500 000 Jahre), das der Amateur-Archäologe G.A. Spengler 1930 in einer Kiesgrube bei Edersleben fand; weltbekanntes Rosarium (15 ha), es werden 6500 verschiedene Rosenarten und -sorten gezeigt, neben Neuzüchtungen intern. bewährter Rosensorten gibt es ein umfangreiches Sortiment an Wildrosen und viele der Vorfahren heutiger Gartenrosen zu sehen, dazu eine umfangreiche Gehölzsammlung mit vielfältigen Blütenformen; lohnende Wanderziele: der Kyffhäuser mit Ruinen der Burgen und dem Denkmal; die Pfalz Tilleda mit Freilichtmuseum, das Größe und Struktur der zeitweiligen Residenzen deutscher Könige des 10. und 11. Jh. anhand der freigelegten Pfalz veranschaulicht; Kelbra, die Pforte zum Kyffhäuser, Klein-St mit Stausee; Dorf Wettelrode mit Bergbaumuseum und Kunstteich (Bad), Einfahrt zur Grubenbesichtigung möglich, in der Nähe Naturschutzgebiet; Burganlage Allstedt, Wirkungsstätte Thomas Müntzers; Stolberg, malerische St mit zahlreichen Renaissance- und Barock-Fachwerkhäusern, in der Nähe ein Josephskreuz, größtes eisernes Doppelkreuz der Welt; Schauhöhle „Heimkehle" bei Uftrungen (2 km lang), 700 m davon erschlossen, große Räume, kieselklare Seen, Landschaftsmuseum.

Wiederkehrende Ereignisse: Berg- und Rosenfest; regionale Handwerkermesse; Frühjahr- und Herbst-Mkt; internat. Radballturnier; Sportfest der Jugend.

Sankt Augustin (Sieg)

□ 34,22 qkm; ○ Rhein-Sieg-Kreis; ⚐ Nordrhein-Westfalen; ✉ 53757; ☎ 02241; 🚗 SU; △ 150 m; 👥 51 000.

Sankt Augustin, 1969 durch Zusammenschluß der Gm Buisdorf, Hangelar, Meindorf, Menden, Mülldorf, Niederpleis und Birlinghoven entstanden, liegt 9 km östlich von Bonn an der Sieg am Nordrand des Siebengebirges. Zufahrt über die B 8 und B 56; Anschluß an die Autobahnen A 3 Frankfurt a.M.–Köln (Ausfahrt Bonn/Siegburg) und A 59 Bonn–Köln (Flughafenautobahn, Ausfahrt AB-Dreieck St. A.). Bahnstation an der Strecke Köln–Bonn–Frankfurt. Flugplatz in Sankt Augustin-Hangelar. Die St, Sitz der Gesellschaft für Mathematik und

Sankt Augustin

Datenverarbeitung, des Berufsgenossenschaftlichen Instituts für Arbeitssicherheit, des Hauptverbands der gewerblichen Berufsgenossenschaften, der Konrad-Adenauer-Stiftung, hat Realschule, Aufbaurealschule, Gymnasien, Sonderschule für Lernbehinderte, Körperbehindertenschule, Musikschule, Steyler-Missionspriesterseminar, Anthropos-Institut, Luftfahrtschule NRW; Kreiskinderkrankenhaus; Maschinenbau, Eisengießerei, Werk für Kunststoffverarbeitung.

Höfe in Menden, Meindorf und Mülldorf werden bereits in Schriftdokumenten des 11. Jh. erwähnt. Bis Ende des 2. Weltkrieges lagen die oben genannten Gm in einem überwiegend ländlichen Raum. Seine sprunghafte Entwicklung verdankt Sankt Augustin der verkehrsgünstigen Lage im Großraum Köln–Bonn und der völligen Veränderung der städtebaulichen und wirtschaftlichen Struktur.

Sankt Blasien

□ 54,36 qkm; ○ Waldshut; ⚐ Baden-Württemberg; ✉ 79837; ☎ 07672; 🚗 WT; △ 800 m; 👥 3900.

St. B. ist heilklimatischer und Kneipp-Kurort am Oberlauf der Hauensteiner Alb im Hochschwarzwald. Zufahrt über die B 500. Die St hat Amtsgericht, Forstamt; Realschule, Gymnasium mit Internat, Wirtschaftsschule; Maschinenfabrik (Herstellung von Schneepflügen und Schneefräsen); lebhaften Fremdenverkehr und Kurbetrieb (Heilanzeigen bei Erkrankungen der Atmungsorgane, Herz- und Kreislauferkrankungen, Rekonvaleszenz, vegetativer Dystonie).

St. B. ist eine Tochtergründung des Klosters Rheinau (Schweiz) in den Jahren 858/859 und war seit 983 selbständige Mönchsiedlung. 1361 kam es an Österreich. Im Benediktinerkloster wurden nach der Säkularisation (1802) eine Spinnerei und Gewehrfabrik eingerichtet. Die durch Brand beschädigte Klosterkirche wurde unter Fürstabt Martin Gebert zwischen 1772 und 1783 als klassizistischer Zentralbau von d'Ixnard neu erbaut (nach erneutem Brand [1874] Wiederaufbau der Rotunde der Kuppelkirche 1910–15). 1897 erhielt St. B. das Stadtrecht.

Sankt Georgen i. Schwarzwald

□ 59,85 qkm; ○ Schwarzwald-Baar-Kreis; ⚐ Baden-Württemberg; ✉ 78112; ☎ 07724; 🚗 VS; △ 806–1000 m; 👥 14 100.

St. G., Erholungsort und Wintersportplatz im südlichen Schwarzwald an der Brigach, ist über die B 33 zu erreichen. Bahnstation an der Strecke Offenburg–Konstanz. Die St hat Realschule, Gymnasium; Uhrenindustrie; lebhaften Fremdenverkehr.

St. G. ist als Hörigen- und Handwerkersiedlung in der Nähe des 1084 gegründeten gleichnamigen Benediktinerklosters entstanden. Das Kloster, das seit 1114 unter dem Schutz der Zähringer stand, wurde 1224 durch einen Großbrand fast völlig zerstört. 1507 erhielt der Konvent das Marktrecht für die Siedlung. 1534 kamen Kloster und Ort an Württemberg. Nach der Aufhebung des Klosters Ende des 17. Jh. begann sich die weltliche Siedlung stärker zu entwickeln; neben der Landwirtschaft erlangte große Bedeutung vor allem das Uhrmacherhandwerk als Hausindustrie. 1865 fiel das Dorf einem Großfeuer zum Opfer. Der Anschluß an die Schwarzwaldbahn (1873) begünstigte den weiteren Aufschwung von Gewerbe und Industrie. 1891 wurde St. G. zur St erhoben. Im Rahmen der Gebietsreform schloß sich St. G. 1975 mit sechs umliegenden Landgemeinden zusammen. – Sehenswert das Heimat- und Phonomuseum im neuen Rathaus.

Sankt Goar (Rhein)

□ 22,96 qkm; ○ Rhein-Hunsrück-Kreis; ⚐ Rheinland-Pfalz; ✉ 56329; ☎ 06741; 🚗 SIM; △ 70 m; 👥 3500.

St. G. liegt 33 km südlich von Koblenz im engen Rheintal auf dem linken Rheinufer an der B 9. Bahnstation an der Strecke Frankfurt a. M.–Köln. Die St hat Hafen; Rheinschiffahrtsgericht; Grundschule, Schiffbau, Schiffahrts- und Lotsenbetriebe; Fremdenverkehr.

Das Gebiet von St.G. ist seit prähistorischer Zeit besiedelt (Grabfunde aus der La-Tène-Zeit), seine Geschichte seit Mitte des 6. Jh. mit dem Auftreten des aquitanischen Mönches Goar nachweisbar. Nach dem Tode des Heiligen entwickelte sich die Siedlung zu einem bedeutenden Wallfahrtsort (Einstellung der Wallfahrten mit der Reformation). St.G., das 1264 erstmals als St urkundlich belegt ist, war Gerichtsort, Zollstätte und Residenz der Grafen von Katzenelnbogen, der Landgrafen von Hessen und der Grafen von Hessen-Rheinfels. – Die 1444 begonnene Stiftskirche, Grablege Philipps II. von Hessen-Rheinfels (1583 gest.), besitzt eine romanische Krypta, einen frühgotischen Chor und Wandmalereien aus dem 14. und 15. Jh. Sehenswert Burg Rheinfels, größte

Burgruine Deutschlands (1797 zerstört) mit Heimat-, Puppen- und Bären-Museum. – Alljährlich Schützenfest im Juli (3. Sonntag), Hansenfest im August (1. Sonntag) und „Rhein in Flammen" im September (3. Samstag).

Sankt Ingbert

□ 50,05 qkm; ○ Saar-Pfalz-Kreis; ⚐ Saarland; ✉ 66386; ☎ 06894; 🚗 IGB; △ 215–402 m; 👥 40800.

St. I. liegt 14 km nordöstlich von Saarbrücken an der B 40 und ist mit drei Direktanschlüssen (Ausfahrten St. I.-West, -Mitte und -Ost) an die Autobahn A 6 Mannheim–Saarbrücken angebunden; die St ist Bahnknotenpunkt der Strekken Homburg–Mannheim, Zweibrücken–Karlsruhe; Flughafen Saarbrücken-Ensheim 10 km. Die St hat Amtsgericht, Arbeitsamt, Finanzamt, Zollamt u.a. Behörden; Krankenhaus; Realschulen, Gymnasien, Technisch-gewerbliches und sozialpflegerisches Berufsbildungszentrum, kaufmännisches Berufsbildungszentrum, Sonderschulen, Volkshochschule, Musikschule, Berufsförderungswerk Saarland, Verwaltungsschule der Bundesanstalt für Arbeit; metallbe- und verarbeitende Industrie, Maschinen- und Apparatebau, elektrotechnische, Nahrungs- und Genußmittelindustrie, Datenverarbeitung, Baugewerbe.

St. I., erstmals 888 unter dem Namen »Lantolvinga« (Lendelfingen) urkundlich erwähnt, erhielt im 12. Jh. seinen heutigen Ortsnamen nach dem im 6. Jh. wirkenden, vom Volk heiliggesprochenen Einsiedler St. Ingbert. 1637 wurde die Siedlung völlig niedergebrannt. Um 1661 kam St. I. an die Herren von der Leyen; von 1676 bis 1697 gehörte es zu Frankreich; nach der Französischen Revolution war es abwechselnd in deutschem und französischem Besitz. 1814 unterstand es mit der linksrheinischen Pfalz bayrisch-österreichischer Verwaltung; 1816 wurde es dem Königreich Bayern einverleibt. Zur St erhoben wurde St. I. 1829. Mit der industriellen Förderung der seit dem 17. Jh. abgebauten Steinkohle (letztes Drittel des 19. Jh.) wandelte sich St. I. zur Industriestadt. Eisenindustrie, Kohlebergbau und Glasfabrikation bestimmten im ausgehenden 19. Jh. entscheidend die wirtschaftliche Entwicklung der St. Die Kohlenförderung wurde 1959 wegen Unrentabilität eingestellt. Im Rahmen der Gebietsneugliederung schloß sich St. I. mit den ehem. Gemeinden Hassel, Rohrbach, Oberwürzbach und Rentrisch zusammen. – Sehenswert die Engelbertskirche (1755 voll.), der „Große Stiefel" (Felsgebilde in Form eines riesigen Stiefels), ein Felsrelief aus römischer Zeit („Hänsel und Gretel") unweit des Stadtteils Sengscheid und der Spellenstein (Menhir-Kultstein, 2000–3000 v. Chr.) im Stadtteil Rentrisch. – Alljährlich Ingobertusfest (Juli), Internationales Schachturnier (August), Ingobertusmesse (Sept./Okt.).

Sankt Leon-Rot

□ 25,56 qkm; ○ Rhein-Neckar-Kreis; ⚐ Baden-Württemberg; ✉ 68789; ☎ 06227; 🚗 HD; △ 102 m; 👥 10600.

St. L.-R., Arbeiterwohngemeinde (Auspendler in den Ballungsraum Mannheim/Ludwigshafen/Heidelberg) 20 km südlich von Heidelberg am Autobahnkreuz A 5/A 6 Walldorf, hat Grund- und Hauptschulen; kleinere und mittlere Industrie- (Herstellung von Gleitlagern) und Gewerbebetriebe.

Die Gemarkung der Gm ist seit frühgeschichtlicher Zeit (Funde aus der jüngeren Steinzeit, der Bronze- und Römerzeit) besiedelt. 853 ist ein Kanoniker-Kloster der „Brüder des hl. Leo" bezeugt; der von den Chorherren im 12. Jh. verlassene Weiler wurde von den Fürstbischöfen von Speyer zum Dorf St. L. erweitert. Der Ortsteil »Rode«, erstmals 1284 genannt, entstand als Ausbaugemeinde von St. L. Mitte des 13. Jh. Beide Orte kamen nach der Säkularisation (1803) vom Hochstift Speyer an das Großherzogtum Baden. – Alljährlich Sauerkrautmarkt im Ortsteil St. Leon.

Sankt Peter-Ording

□ 28,25 qkm; ○ Nordfriesland; ⚐ Schleswig-Holstein; ✉ 25826; ☎ 04863; 🚗 NF; △ 3 m; 👥 3700.

Sankt P.-O. liegt am äußersten Westrand der Halbinsel Eiderstedt an der Nordsee. Zufahrt über die B 202. Sankt P.-O. ist Endstation der Bahnstrecke Husum–Tönning–Sankt P.-O. Die Gm verfügt über einen Flugplatz und hat Sonderschule für Lernbehinderte, Realschule und Gymnasium.

Die ersten Anfänge eines Fremdenverkehrs und Badelebens in Sankt P.-O. sind aus dem Jahre 1853 bekannt. 1877 wurde ein Strandhotel erbaut; 1911 das erste Kinderheim errichtet. Einen großen Aufschwung nahm das Nordseebad nach der Entdeckung der starken Schwefelsolquelle 1953. 1958 wurde die Gm als Nordseeheil- und Schwefelbad staatlich anerkannt. Heilanzeigen: Erkrankungen der Atemwege, Hautleiden, Drüsenstörungen, Gelenk- und Kreislauferkrankungen; im Kindesalter: Konstitutionelle Unterentwicklung, Bindegewebsschwäche, lymphatisch-exsudative Diathese, übermäßiger Fettansatz. – Seeheilbad: Heilanzeigen wie Heilbad, dazu bei Anfälligkeit gegen Infekte, reduziertem Allgemeinzustand, Praesklerose, Blutarmut.

Sankt Wendel (Saar)

□ 113,53 qkm; ○ St. Wendel; ⚐ Saarland; ✉ 66606; ☎ 06851; 🚗 WND; △ 285 m; 👥 28000.

St.W., 37 km nordöstlich von Saarbrücken an der oberen Blies im Saar-Nahe-Bergland gelegen, ist über die B 41 und B 420 zu erreichen; Anschluß an die A 1 Saarbrücken–Trier (Ausfahrt Tholey) und A 62 Pirmasens–Nonnweiler (Ausfahrt Kusel bzw. Reichweiler). D-Zug-Station an der Strecke Saarbrücken–Bingerbrück. Die St, Sitz eines Amtsgerichts und der Kreisverwaltung sowie Bundeswehrstandort, hat Gymnasien, Realschule, kaufm., gewerbliche und hauswirtschaftliche Berufsschulen, Haushaltungsschule, Berufsfach-, Berufsaufbau- und Fachoberschulen, Landwirtschaftsschule, Krankenpflegeschule, Sonderschule für Lernbehinderte, Volkshochschule, Schule für Freizeitgärtner; Bosenberg-Kliniken (Herz-, Kreislauferkrankungen). Die Wirtschaftsstruktur von St.W. ist vor allem durch das Dienstleistungsgewerbe geprägt; daneben elektrotechnische (Zweigwerk der Siemens AG) und metallverarbeitende Industrie (Wolf-Geräte), Strumpffabrik, Holzverarbeitung u.a. mittlere und kleinere Industrie- und Gewerbebetriebe. Die St ist wirtschaftlicher und kultureller Mittelpunkt sowie Einkaufszentrum für das vorwiegend land- und forstwirtschaftlich strukturierte Umland mit ca. 80000 Einwohnern.

Die St ist aus einem kleinen Weiler entstanden, der um 1000 als Grabstätte des hl. Wendelin bezeugt ist. Die im 13. Jh. errichtete Burg wurde 1280 von den Saarbrücker Grafen erworben. Ort und Burg gingen 1328 durch Kauf an den Erzbischof Baldewin von Trier. Vier Jahre später erhielt das Dorf durch Kaiser Ludwig d. Bayer das Stadtrecht. Bis 1792 gehörte die St, die ihre Entwicklung fast ausschließlich den in ihren Mauern alljährlich am Grabe des hl. Wendelin zusammenströmenden Wallfahrern verdankte, zum Kurfürstentum Trier. Nach der französischen Herrschaft (1792–1814) gehörte St. W. von 1816 bis 1834 zu Sachsen-Coburg-Gotha; danach kam es an Preußen. –

Sehenswürdigkeiten: Wendalinus-Basilika („Wendelsdom", got. Hallenkirche des 14. Jh. mit Grabmal des hl. Wendelin, eines Königssohnes, der als Eremit lebte); Wendelskapelle (1755); kath. Pfarrkirche Bliesen mit rom. Westturm; Ev. Pfarrkirche Dörrenbach (14. und 15. Jh.); Pfarrkirche Niederkirchen (dörfl. Hallenkirche mit rom. Kern, im 14. u. 16. Jh. verändert); Mia-Münster-Haus; Schloßplatz mit Brunnen, Fruchtmarkt mit hist. Oberstadt; Museum für Mission und Völkerkunde der Steyler Missionare. – Alljährlich Wendelswoche, Patronatsfest des Stadtpatrons St. Wendelin, mit zahlreichen Veranstaltungen (beginnend am zweitletzten Sonntag im Oktober); Stadtfest (letztes Wochenende im Mai).

Sarstedt

□ 42,91 qkm; ○ Hildesheim; ⚐ Niedersachsen; ✉ 31157; ☎ 05066; 🚗 HI; △ 90 m; 👥 16500.

S. liegt zwischen Hannover (20 km) und Hildesheim (15 km) an der Innerste. Zufahrt über die B 6 und die Autobahn A 7 Kassel–Hannover (Ausfahrten Hildesheim/Drispenstedt bzw. Autobahn-Dreieck Hannover-Süd); Bahnstation an der Strecke Hannover–Elze. Die St hat Hochschule für Gartenbau der Techn. Universität Hannover, Verwaltungsschule des Verbandes der Ortskrankenkassen von Niedersachsen und Bremen, Realschule, Sonderschule für Lernbehinderte; Werk zur Herstellung von Großkochanlagen und Wäschereieinrichtungen, Wellkistenfabrik, kosmetische Industrie, Ziegeleien.

»Scharzstede«, erstmals 1221 urkundlich erwähnt, erhielt 1296 Stadtrechte. Der ma. Stadtkern wurde durch mehrere Brände zerstört. Erhalten blieben Teile der got. Kirche St. Nicolai (14./15. Jh.) und Reste der Befestigungsanlagen (Stadtmauer). S. entwickelte sich nach dem 2. Weltkrieg zur aufstrebenden Industriestadt.

Sassenberg

□ 77,66 qkm; ○ Warendorf; ⚐ Nordrhein-Westfalen; ✉ 48336; ☎ 02583; 🚗 WAF; △ 58 m; 👥 9500.

S., 30 km östlich von Münster i.W. an der B 475, B 476 und B 513 gelegen, hat Grund-

und Hauptschule: fleisch-, holz- und metallverarbeitende, Textil-, Kunststoff-, Schuh- und Baustoffindustrie.

S. geht auf eine sächsische Fliehburg zurück, die im 13. Jh. zur münsterisch-bischöflichen Landesburg ausgebaut wurde. Im 17. Jh. war S. Residenz der Fürstbischöfe von Münster. Eine Glanzzeit fürstlicher Herrschaft erlebte S. im 18. Jh. unter dem Fürstbischof Friedrich Chr. von Plettenberg, der die Burg in ein Jagdschloß umbauen ließ. 1803 kam die St an Preußen. – Sehenswert die Pfarrkirche (1670–78), eine gotische dreischiffige Hallenkirche mit barocken Portalen, und Haus Schücking (1754) nach Plänen von Joh. K. Schlaun sowie das Naturschutzgebiet Schachblumenwiese; im Ortsteil Füchtorf Wasserburg Harkotten (Burganlage aus dem 14. Jh., heute zwei selbständige Schlösser: Schloß von Ketteler [erbaut 1754–67] und Schloß von Korff [1805–6]).

Sassnitz/Rügen

□ 100 qkm; ○ Rügen; ⚐ Mecklenburg-Vorpommern; ✉ 18546; ☎ 038392; 🚗 RÜG; △ 0–50 m; 👥 13000.

S. auf Rügen liegt an der NO-Küste der größten dt. Insel und ist auf der B 96 / E 251, die in S. endet, zu erreichen. Endbahnhof der Reichsbahnstrecke Stralsund–Bergen–S. Fährverbidung von S. nach Trelleborg (Schweden) und Rônne auf der Insel Bornholm (Dänemark). Die nächsten Verkehrslandeplätze sind Barth (ca. 80 km) und Heringsdorf-Garz (ca. 150 km) mit Linienverkehr nach Berlin-Tegel.

S. hat Stadtverwaltung, Polizeirevier, Zollabfertigung.

Bildungseinrichtungen: Grund-, Haupt- und Realschulen, Gymnasium. Berufsschule.

Kulturstätten: Bibliothek, Kleine Galerie Hartwich; Heimattiergarten.

Wirtschaft und Industrie: Kreidewerke Rügen, Rügen-Fisch GmbH, mittelständische Unternehmen im Dienstleistungsbereich.

Geschichte: S. ist aus der Vereinigung der Gemeinden Sassnitz im Ostteil und Crampas im Westteil hervorgegangen. Beide Ort sind slawischen Ursprungs und zwischen dem 6. und 12. Jh. entstanden. Crampas wird erstmals 1482 erwähnt, als Waldemar von Putbus einen Hof in Crampas verkaufte. Die älteste Erwähnung von S. datiert aus dem Jahre 1584, als Magister Rhenan, Pfarrherr und Salzgraf aus Hessen, in S. Mineralquellen und Erz suchte. S. und Crampas waren bis 1844 Dominaldörfer, erst dann selbständige Gemeinden. Beide Gemeinden wurden am 1. April 1906 zu einer Gemeinde unter dem Namen S. vereinigt.

S. nannte sich seit 1824 Badeort. In diesem Jahr schickte der Berliner Theologe Friedrich Schleiermacher Frau und Kinder für längere Zeit nach S. Der Komponist Johannes Brahms weilte 1876 in S. und komponierte hier den letzten Satz seiner 1. Sinfonie. 1880 begann man auf einer Anhöhe zwischen den Ortschaften Crampas und S. mit dem Bau der Johannis-Kirche, einem neugotischen Ziegelbau, der 1883 geweiht wurde. Der bereits seit 1840 geplante Fischerei-Schutzhafen an der Ostküste Rügens ist erst 1889 mit dem Bau der Ostmole in S. begonnen und 1912 vollendet worden. 1891 erreichte die Eisenbahn, von Bergen kommend, S.; das Bahnhofsgebäude steht in Crampas und trug das Stationsschild Crampas-Sassnitz. Die erste Postdampferverbindung mit Trelleborg besteht seit dem 1. Mai 1897. Die „Eisenbahndampffährverbindung" zwischen S. und Trelleborg wurde am 6. April 1909 in Anwesenheit der Monarchen beider Staaten eröffnet. Die Strandpromenade mit der Hotelgruppe „Fürstenhof", „Am Meer" und „Seeschloß" ist bereits 1901 vollendet worden.

Der im 2. Weltkrieg unterbrochene Fährverkehr nach Trelleborg wurde 1948 durch die schwedische Fähre „Konung Gustav V" wieder aufgenommen. Die Bedeutung als Badeort hat S. nicht wieder erlangt. Das verhinderte die Industrialisierung ab 1949 mit dem Ausbau der Fischwirtschaft, dem Kreideabbau und der Entwicklung des Fährverkehrs. Ab 1950 entstanden in den Gemarkungen Dwasieden und Lancken sechs neue Wohngebiete. Stadtrecht erhielt S. 1957.

Baudenkmäler und Sehenswürdigkeiten: Kirche St. Johannes, neugotischer roter Ziegelbau von 1883 (zuvor fanden Gottesdienste in der Waldkirche im Freien statt, bei schlechtem Wetter im Speisesaal des Hotels zum Fahrnberg); historische, repräsentative Badehotels und Pensionen; Fischereihafen; Fährhafen zur Trajektierung von Eisenbahnwagen, LKW und PKW (vor Errichtung der Ziegelgrabenbrücke 1936 über den Strelasund zwischen Stralsund und Altefähr mußte dort auch trajektiert werden); in nördl. Richtung Kreidefelsen (119 m) bei Stubbenkammer mit dem „Königsstuhl"; Heimattiergarten; Rathaus, Jugendstilbau von 1911.

Saulgau

□ 97,33 qkm; ○ Sigmaringen; ⚐ Baden-Württemberg; ✉ 88348; ☎ 07581; 🚗 SIG; △ 600 m; 👥 15000.

S. liegt zwischen Bodensee und Donau in Oberschwaben an der B 32; Bahnstation an der Strecke Herbertingen–Aulendorf; Flugplatz für Segel- und Motorflugzeuge. Die St hat Amtsgericht, Arbeitsamt, Finanzamt, Gesundheitsamt und weitere Behörden; Realschule, Gymnasium, Japanische Schule (für jap. Kinder, deren Eltern in Deutschland bzw. Europa leben), Berufliches Schulzentrum, Volkshochschule, Jugendmusik- und Jugendkunstschule; Fachklinik für Orthopädie und Rheumatologie; S. ist Thermalbad mit staatl. anerkannter Heilquelle (Schwefeltherme). Industrie: Spanplattenwerk, Landmaschinenfabrik, Fertighausbau, Möbel- und Textilindustrie, Werkzeugmaschinenfabrik.

S. ist aus einem 819 urkundlich genannten Königshof hervorgegangen. 1170 erhielt die Siedlung die ersten Marktrechte, 1239 wurde sie durch Friedrich II. zur St erhoben. 1299 erwarben die Habsburger die St durch Kauf; S. gehörte bis 1806 zu Österreich; danach kam es an Württemberg. Die wirtschaftliche Entwicklung wurde im 20. Jh. durch Ansiedlung einer vielseitigen Industrie und mit der Eröffnung des Thermalbades (1984) gefördert. – Sehenswert der ma. Stadtkern mit Fachwerk- und Bürgerhäusern (Buchauer Amtshaus, ehem. Gasthaus zum Raben, Haus am Markt u. a.); got. Stadtkirche St. Johannes (um 1400); die Schwedenkapelle mit dem überlebensgroßen romanischen Kruzifix (12. Jh.) und dem „Großen Kreuzweg“ von HAP Grieshaber; die barocke Liebfrauenkirche; das heutige Rathaus und frühere Nonnenkloster sowie Teile der alten Stadtmauer mit dem „Katzentürmle“. Im nahegelegenen Kloster Sießen befindet sich eine Barockkirche von Dominikus Zimmermann (1726/27) und der Hummelsaal. Bäuerlicher Barock in den Dorfkirchen Hochberg, Schwarzach, Heratskirch und Untereggatsweiler. – Alljährlich zahlreiche historische und kirchliche Brauchtumsfeste (Fastnacht, Palmenprozession, Bächtlefest seit 1534 am ersten Juliwochenende, Martiniritt im November, Engelsingen am hl. Abend).

Schalksmühle

□ 38,23 qkm; ○ Märkischer Kreis; ⚐ Nordrhein-Westfalen; ✉ 58579; ☎ 02355; 🚗 MK; △ 183–481 m; 👥 12000.

Sch., an der Volme im nördlichen Sauerland 30 km südlich von Hagen gelegen, ist über die B 54 und Autobahn A 45 „Sauerlandlinie“ (Ausfahrt Lüdenscheid-Nord/Sch.) zu erreichen; Bahnstation an der Strecke Ruhrgebiet–Hagen–Lüdenscheid. Die Großgemeinde, 1969 durch Zusammenschluß von Sch. und Hülscheid entstanden, hat Grundschulen, Hauptschule, Realschule, Volkshochschule, Musikschule; Elektro-, Kunststoff- und eisenverarbeitende Industrie; Landwirtschaft.

„Schalksmollen in parrochia Halvere“ (in der Pfarrei Halver) wird erstmals 1407 in einer Urkunde des Erzbischofs Friedrich von Köln erwähnt; der Wohnort zählte vom 16. bis Anfang des 19. Jh. jedoch nur drei Häuser. Dank der im Volmetal angesiedelten Hammerschmieden entwickelte sich Sch. ab 1874 zu einem Zentrum der eisenverarbeitenden und später auch der Elektroindustrie. – Sehenswert die sogenannten „Haferkasten“ in Reeswinkel (1691) und Kuhlenkepping (1742) sowie die ev. Kirchen in Heedfeld (1719) und Hülscheid (1748); Glörstalsperre (2,10 Mio m^3 Stauinhalt); Wildgehege Mesekendahl. – Alljährlich Sch. Kirmes (August).

Scharbeutz

□ 51,75 qkm; ○ Ostholstein; ⚐ Schleswig-Holstein; ✉ 23683*; ☎ 04563 (Haffkrug), 04503 (Scharbeutz), 04524 (Pönitz); 🚗 OH; △ 9 m; 👥 9800.

Sch., Ostseeheilbad an der Lübecker Bucht, ist über die Bundesstraßen 76, 207 und 432 sowie über die A 1 Hamburg–Heiligenhafen (Ausfahrt Sch.) zu erreichen; Bahnstationen an den Strecken Lübeck–Eutin–Kiel (Pönitz) und Hamburg–Kopenhagen (Sch. und Haffkrug). Die Gm hat Grund- und Hauptschulen, Realschule (Pönitz), Sonderschule für Lernbehinderte (Haffkrug), Volkshochschulen (Scharbeutz, Gleschendorf, Klingberg). Bäderwirtschaft (Haffkrug und Sch.) und Landwirtschaft (Gleschendorf) bestimmen die Wirtschaftsstruktur; Pönitz und Klingberg sind Erholungsorte mit lebhaftem Fremdenverkehr. Seit 1974 trägt die Gm mit ihren verschiedenen Ortsteilen den Namen Sch.

Sehenswert die Seebrücken in Haffkrug und Sch.; Meerwasserwellenbad in Sch. – Alljährlich Aalwoche in Haffkrug und Schützenfest in Sch.

Schauenburg

□ 30,72 qkm; ○ Kassel; ⚐ Hessen; ✉ 34270; ☎ 05601; 🚗 KS; △ 270 m; 👥 9800.

Die Großgemeinde Sch., nach der gleichnamigen Burgruine Sch. benannt, ist 1971/72 aus den früheren Dörfern Breitenbach, Elgershausen, Elmshagen, Hoof und Martinhagen gebildet worden. Die Gm grenzt an den südwestlichen Stadtrand von Kassel und ist über die Autobahn A 44 Kassel–Dortmund (Ausfahrten Kassel-Wilhelmshöhe und Zierenberg) sowie die B 520 zu erreichen; Bahnstation an der Kleinbahnverbindung Kassel–Naumburg. Sch. hat Grundschulen, Volkshochschule, Jugendmusikschule.

Besitzer der erstmals 1143 erwähnten „scowenburch" waren die gleichnamigen Grafen, deren Gerichtsbezirk das Erzstift Mainz 1213 an sich brachte; 1332 erwarben die Ritter von Dalwigk die Schauenburg, und deren Nachfahren stellten das Gericht 1459 unter den Schutz des hessischen Landgrafen. – Sehenswerte alte Dorfkirchen in den Ortsteilen Breitenbach (erbaut um 1600), Elmshagen (romanisch mit späteren Umbauten) und Martinhagen; Schandpfahl in Elmshagen; Ruine Schauenburg auf dem Burgberg.

Scheeßel

□ 149,67 qkm; ○ Rotenburg (Wümme); ⚐ Niedersachsen; ✉ 27383; ☎ 04263; 🚗 ROW; △ 30 m; 👪 10300.

Sch., anerkannter Erholungsort an der Wümme am Nordwestrand der Lüneburger Heide, ist über die B 75 zu erreichen. Bahnstation an der Strecke Hamburg–Bremen. Sch. ist Mittelpunktgemeinde, hat Grundschule, Realschule mit Orientierungsstufe, Gymnasium; Leder-, Lack- und Farbenfabrik.

Sch., bedeutender Verkehrsknotenpunkt im MA, wird bereits 805 im Diedenhofener Kapitular genannt. – Bemerkenswert die St. Lukaskirche (1757) mit Altar und Kanzel im bäuerlichen Barockstil.

Schenefeld bei Hamburg

□ 10 qkm; ○ Pinneberg; ⚐ Schleswig-Holstein; ✉ 22869; ☎ 040; 🚗 PI; △ 20 m; 👪 15000.

Sch. grenzt unmittelbar an das westliche Stadtgebiet von Hamburg. Die St (seit 1972) hat Hauptschulen, Realschule, Gymnasium; Brotfabrik, elektrotechnische, Verpackungsmaschinen- und Werkzeugindustrie, Möbel-, Groß- und Einzelhandel.

Sch. ist rasch wachsender Stadtrandkern im Wirtschaftsraum von Hamburg mit starkem Auspendlerverkehr.

Schermbeck

□ 110,69 qkm; ○ Wesel; ⚐ Nordrhein-Westfalen; ✉ 46514; ☎ 02853; 🚗 WES; △ 35 m; 👪 12200.

Sch., 19 km östlich von Wesel an der Lippe und am Wesel-Datteln-Kanal gelegen, ist über die B 58 und Autobahn A 3 Köln–Niederlande (Ausfahrt Wesel/Sch.) sowie die Autobahn A 31 Ruhrgebiet–Gronau (Ausfahrt Sch.) zu erreichen. Die Gm hat Grundschulen, Hauptschule; Ton-Ziegelindustrie.

Sch., erstmals 799 in einer Schenkungsurkunde genannt, erhielt unter klevischer Herrschaft zwischen 1410 und 1417 das Stadtrecht (erloschen 1810). – Sehenswert die Wasserburg, eine ehemalige Grenzfestung des Herzogtums Kleve.

Schieder-Schwalenberg

□ 60,07 qkm; ○ Lippe, ⚐ Nordrhein-Westfalen; ✉ 32816; ☎ 05282; 🚗 DT; △ 130–300 m; 👪 8300.

Die St Sch.-Schwalenberg entstand 1970 durch Zusammenschluß von sieben Gm (Schieder, Schwalenberg, Lothe, Wöbbel, Brakelsiek, Siekholz und Ruensiek) südlich der Emmer. Sch.-Sch. liegt an der B 239, die Ortsteile Schieder und Wöbbel haben Bahnstationen an der Strecke Hannover–Altenbeken. Hauptschule in Schieder; bedeutende Wirtschaftszweige sind die Möbel-, Spitzen- und Textilindustrie sowie der Fremdenverkehr. Schieder und Glashütte sind heilklimatische Kurorte; Heilquelle (Trinkkuren gegen Gicht und Stoffwechselkrankheiten).

Erste urkundliche Erwähnung des Ortsteiles Schwalenberg im Jahre 1127. – Sehenswert Burg, Rathaus und Künstlerklause in Schwalenberg. – Im zweijährigen Turnus internationales Trachtenfest in Schwalenberg.

Schiffdorf

□ 113,56 qkm; ○ Cuxhaven; ⚐ Niedersachsen; ✉ 27619; ☎ 04706; 🚗 CUX; △ 3 m; 👪 11200.

Die im Vierlande zwischen Geeste und Lunemarsch gelegene Gm Sch. grenzt an den östlichen Stadtrand von Bremerhaven. Sch. hat Anschluß an die Autobahn A 27 Bremen–Cuxhaven (Ausfahrt Bremerhaven-Geestemünde);

Haupt- und Realschule mit Orientierungsstufe, Fachgymnasien für Hauswirtschaft und Technik, Berufsbildende Schulden (Haus- und Agrarwirtschaft), Sonderschule für Lernbehinderte; landwirtschaftliche Betriebe. Die Gm ist Bundeswehrstandort.

Sch. wird erstmals 1139 urkundlich erwähnt.

Sehenswert das Oldenburger Haus in Sch.-Altluneberg und die Holländergaleriemühle in Sch.; in der Umgebung Landschafts- und Naturschutzgebiete mit sechs Seen.

Schifferstadt

□ 28,06 qkm; ○ Ludwigshafen; ⚐ Rheinland-Pfalz; ✉ 67105; ☎ 06235; 🚗 LU; △ 101 m; 🚶 17 400.

Sch., 13 km südlich von Ludwigshafen in der Oberrheinebene gelegen, hat Anschluß an die Autobahn A 61 AB-Kreuz Hockenheim–Koblenz (Ausfahrt Sch.); Realschule, Gymnasium, Sonderschule, Volksbildungswerk; Sch. ist Bahnstation an der Strecke Ludwigshafen–Kaiserslautern/Speyer. Die Industrie der St umfaßt kunststoff- und tabakverarbeitende Industrie, Dämmfaserfabrikation, Industrielakkierungen, holz- und metallverarbeitende Betriebe; ferner Gemüse- und Obstanbau und Obstgroßhandel.

Nach dem 2. Weltkrieg entwickelte sich Sch. zur Industrie- und rasch wachsenden Wohngemeinde im Großraum von Ludwigshafen. 1950 erhielt Sch. das Stadtrecht.

Bemerkenswert das historische Rathaus (1558) und die zahlreichen Fachwerkhäuser. Bei Sch. wurde im 19. Jh. der sogenannte „Goldene Hut", eine prächtige Goldschmiedearbeit aus der mittleren Bronzezeit (1600 bis 1400 v.Chr.) gefunden (jetzt im Historischen Museum zu Speyer; Kopie im Heimatmuseum). – Alljährlich Rettichfest.

Schiffweiler

□ 21,32 qkm; ○ Neunkirchen; ⚐ Saarland; ✉ 66578; ☎ 06821; 🚗 NK; △ 320 m; 🚶 18300.

Sch., 20 km nordöstlich von Saarbrücken an der B 41 und Autobahn A 8 Pirmasens–Merzig (Ausfahrt Spiesen) gelegen, hat Grund- und Hauptschule, Gesamtschulen; Kohlenbergbau.

Die Gm, erstmals 893 urkundlich erwähnt, gehörte bis 1792 zur Grafschaft Saarbrücken. Sch., das um die Jahrhundertwende durch den Steinkohlenbergbau einen wirtschaftlichen Aufschwung erlebte, wandelte sich nach dem 2. Weltkrieg zur Wohngemeinde im Wirtschaftsraum von Saarbrücken. Die Gm besteht heute aus den Ortsteilen Sch., Heiligenwald, Landsweiler-Reden und Stennweiler.

Schildau

□ 20 qkm; ○ Landkreis Torgau; ⚐ Freistaat Sachsen; ✉ 04889; ☎ 034221; 🚗 TG; △ ca. 80 m; 🚶 1659.

Schildau erreicht man über die A 4 / E 49, Ausfahrt Grimma (ca. 30 km). Die St liegt am Nordrand der Dahlener Heide inmitten eines unregelmäßigen Vierecks, das von den B 6, B 87, B 107 und B 182 gebildet wird (nach Sch. jeweils 10–12 km).

Sch. hat Stadtverwaltung.

Bildungseinrichtungen: Grundschule, Mittelschule.

Kulturstätten: Gneisenau-Gedenkstätte, St-Bibliothek.

Wirtschaft: Schildauer Fleischwaren GmbH, Handwerksbetrieb. In und um Sch. wird Feld- und Weidewirtschaft betrieben.

Geschichte: Sch. ist Mitte des 12. Jh. als Straßendorf angelegt worden. Das St-Recht ist seit 1349 bezeugt. Die St-Fahne in den Farben weiß-grün wird durch das St-Wappen (Kirche und Rundturm rechts, Dachreiter links, Dachkreuz in der Mitte) geziert. Sch. gehörte dem Kloster Petersberg bei Halle, kam aber im späten MA unter unmittelbare meißnische Herrschaft und unterstand dem Amt Torgau. Im 17. Jh. bildeten sich in der St die ersten Handwerker-Innungen. Nach der Teilung des Königreiches Sachsen (1815) gehörten Torgau und Sch. zu Preußen. Seit der Verwaltungsreform in der früheren DDR (1952) lag Sch. im Bezirk Leipzig und kam 1990 wieder zum Freistaat Sachsen.

Knapp 50 Jahre lang besaß Sch. auch einen Bahnhof; die Kleinbahn Schildau–Mockrehna verband die St mit der Fernstrecke Leipzig–Cottbus. 1971 ist die Kleinbahn stillgelegt worden.

Sch. erhebt Anspruch, Heimat der „Schildbürger" zu sein. Das Volksbuch „Die Schiltbürger" (1598 erschienen) enthält eine Sammlung von Streichen und Schwänken törichter Kleinbürger (die z.B. ein Haus ohne Fenster errichteten und das Licht in Säcken hineintrugen). Nicht nachweisbar ist, ob es sich dabei um Schildau in Sachsen oder Schiltberg in Böhmen handelt.

Baudenkmäler und Sehenswürdigkeiten: Sch. ist Geburtsstadt des preußischen Feldmarschalls Neidhardt v. Gneisenau und hat Gedenkstätte, Denkmal (1960 errichtet) und Gedenkstein; Marienkirche (Pfeilerbasilika, im Kern romanisch, mit frühgotischen und barokken Stilelementen) mit spätgot. Schnitzaltar und Sakristeischrank (beide vor 1500); Rathaus (1841).

Wandermöglichkeiten zum Schildberg (215 m) mit Aussichtsturm; ausgeschilderte Wanderwege zu den Hügelgräbern, zum Neumühl- und Klosterteich.

Wiederkehrende Veranstaltungen: Schildbürgerfasching, Schildbergfest.

Schkeuditz

☐ 20,2 qkm; ○ Landkreis Leipzig; ⚐ Freistaat Sachsen; ✉ 04435; ☎ 034204; 🚗 L; △ 144,1 m; 👪 14000.

Schk. liegt direkt am Autobahnkreuz Schkeuditz, wo sich die A 9 / E 49 / E 51 und die A 4 / E 49 kreuzen; Ausfahrten Großkugel bzw. Schkeuditz, jeweils ca. 3 km. Durch Schk. führt die B 6, auf die im Ort die B 186 trifft. Bahnhof an der Reichsbahnstrecke Leipzig–Halle, Straßenbahnverbindung nach Leipzig. Nächster Flughafen ist Leipzig/Halle (ca. 5 km).

Schk. hat Stadtverwaltung.

Bildungseinrichtungen: Grund- und Realschulen, Gymnasium, berufl. Bildungszentrum, gewerbl.-techn. Bildungsstätte.

Kulturstätten: Heimatmuseum, Astronomisches Zentrum.

Wirtschaft und Industrie: Kühlmaschinenbau, Pelzindustrie, Vorrichtungsbau, Bauindustrie.

Das Umland wird landwirtschaftlich genutzt.

Geschichte: Die Burg Schk. wird erstmals 981 erwähnt, die St erstmals im Jahre 1210. 60 Jahre später wurde sie an den Bischof von Merseburg verkauft. Im Jahr 1533 besaß Schk. bereits eine Schule. 1544 wurde in Schk. die Reformation eingeführt, zwei Jahre später plünderten Leipziger Knechte die St. Ein St-Brand von 1578 vernichtet ein Drittel der Häuser, 1667 fallen einem weiteren Großbrand zahlreiche Häuser zum Opfer. Auch Seuchen haben die St nicht verschont; 1611 wütete die Pest. Im 30jähr. Krieg wurde die St durch kaiserliche und schwedische Truppen fast in jedem Jahr gebrandschatzt und geplündert. Während der Völkerschlacht bei Leipzig im Jahre 1813 war die St mit Einquartierung übervölkert. Bereits 1840 erreichte die Eisenbahn mit der Strecke Leipzig–Halle die St. Die heute noch bestehende Straßenbahnverbindung nach Leipzig stammt aus dem Jahre 1910. 1845 wurde die Gewerbefreiheit eingeführt, im Jahre 1901 ein eigenes Elektrizitätswerk gebaut. 1927 nahm man den Flughafen Schk. in Betrieb, der heute als Flughafen Leipzig/Halle, nach den Berliner Flughäfen, zum bedeutendsten Flughafen der neuen Bundesländer geworden ist.

Sehenswürdigkeiten: Marktplatz und Rathaus.

Schleiden/Eifel

☐ 122,08 qkm; ○ Euskirchen; ⚐ Nordrhein-Westfalen; ✉ 53937; ☎ 02445; 🚗 EU; △ 320–620 m; 👪 13500.

Sch. liegt im Naturpark Nordeifel am Kreuzungspunkt der B 258 und B 265; Anschluß an die A 1 Saarbrücken–Köln (Ausfahrt Euskirchen-Wißkirchen bzw. Nettersheim). Die St schloß sich im Rahmen der Gebietsreform (1972–75) mit der St Gemünd, der Gm Dreiborn sowie fünf Gemeinden des Amtes Harperscheid zusammen. Sch. hat Amtsgericht, Finanzamt, Forstamt und Nebenstellen der Kreisverwaltung Euskirchen; Realschule, Gymnasien, Sonderschule für Lernbehinderte, Musikschule; Glashütte, Holz-, Pappen- und Textilindustrie; Fremdenverkehr (mit Schwerpunkt im anerkannten Kneipp-Kurort Gemünd); NATO Truppenübungsplatz Vogelsang (belgische Verwaltung).

»Sleyda«, erstmals 1115 urkundlich erwähnt, entstand bei der zuerst 1198 bezeugten, auf dem Ausläufer eines Bergrückens zwischen Olef- und Dieffenbachtal gelegenen Burg. Die Siedlung, der in der 1. Hälfte des 14. Jh. das Stadtrecht verliehen wurde, kam aus dem Besitz der Herren von Schleiden 1450 an die Grafen von Manderscheid. 1593 ging der Ort an die Grafen von der Marck und 1773 an die Grafen von Arenberg (bis 1794) über. Die ma. St wurde 1603 durch einen Großbrand zerstört. Die früher bedeutende Eisenindustrie wanderte im Laufe des 19. Jh. in die rheinischen Großstädte ab. – Die 1689 zerstörte alte Burg wurde 1726 zum Schloß umgebaut (jetzt Schülerinternat). Bemerkenswert die Pfarrkirche (1505–25) mit Glasfenstern aus der Zeit zwischen 1530 und 1540, Renaissance-Marmorsarkophag der Gräfin Sibylla von Hohenzollern (gest. 1621) und „Königs-Orgel" (1770); im Stadtteil Dreiborn Wasserburg aus dem 13. Jh. – Sch. ist Geburtsort des Humanisten und Pädagogen Joh. Sturm (1507–1589) und des Geschichtsschreibers der Reformation Joh. Philippi („Sleidanus", 1506–1556).

Im Stadtteil Gemünd alljährlich Schützenfest.

Schleiz

□ 38,5 qkm; ○ Schleiz; ⚐ Thüringen; ✉ 07907; ☎ 03663; 🚗 SCZ; △ 430 m; 👫 7600.

Sch. ist zu erreichen auf der A 9 / E 49 / E 51, Ausfahrt Schleiz, sowie auf der B 2, der B 94 und der B 282; Bahnhof an der Strecke Saalburg (Saale)–Sch.–Schönberg (Vogtl.)–Plauen. Der nächste Flughafen ist Hof (ca. 45 km).

Bildungseinrichtungen: Regelschulen, Staatl. Gymnasium „Dr. Konrad Duden"; Förderschulen; Volkshochschule; Berufsschule.

Wirtschaftliches: Maschinenbau, Werkzeuge, Kfz-Zuliefererindustrie; Sägewerke, Möbelfertigung; Bautischlereien, Fertighäuser, Fenster; Feinoptik (Prismenherstellung); Papierverarbeitung (Alben und Mappen); Recycling.

Geschichtliches: In der Altstadt von Sch., 1232 erstmals urkundlich erwähnt, kreuzten sich bereits damals wichtige Handelsstraßen, die das Entstehen und Wachsen der St begünstigten. Dies waren: die Frankenstraße über Saalburg, Lobenstein, Kronach und Bamberg nach Nürnberg, die alte Handelsstraße über Auma und Gera nach Leipzig, die Straße über Gefell nach Hof und Regensburg, die Straße über Neustadt/Orla und Naumburg in den halleschen Raum sowie die Straße über Reuth und Oelsnitz ins Böhmische. Noch im 13. Jh. wurde neben der Alt-St planmäßig die Sch.er Neu-St angelegt. Hoch darüber befand sich die Burg, eine St-Mauer zum Schutz der Bürger war vorhanden. Bereits 1297 wurde Sch. in Aufzeichnungen „oppidum" (Stadt) genannt, und 1482 vereinigten sich die alte und die neue St zu einem städtischen Gemeinwesen, das 1851 mit Eingemeindung der im 18. Jh. gegründeten „Heinrichstadt" eine bedeutende Erweiterung erfuhr. Dennoch findet man heute keine historischen Gebäude mehr vor, denn Sch. wurde mehrfach Opfer verheerender St-Brände (1475, 1517, 1689), und die beiden letzten Großfeuer von 1837 und 1856 verwüsteten die St derartig, daß nur einige abseits gelegene Bauten übrigblieben. Die in gebotener Eile wiedererbauten Häuser mußten auf jedweden Schmuck und Zierat verzichten. Das nach dem Brand von 1837 errichtete Schloß der Fürsten Reuß wurde zusammen mit 50 Häusern bei einem Bombenangriff am 8. April 1945 zerstört. Auf dem Neu-Mkt im St-Zentrum befindet sich die Alte Münze, die durch ihre Barocktürme ins Auge fällt. Sie wurde 1647 erstmals urkundlich erwähnt und 1678 zur Münzstätte ausgebaut. Johann F. Böttger, der Sohn des Münzwardeins (1682 in Sch. geb.), ging als Erfinder des europäischen Porzellans in die Geschichte ein. Im Gymnasium „Rutheneum" war von 1869 bis 1876 einer der bedeutendsten Germanisten, der Reformer der dt. Schriftsprache, Gymnasialdirektor Dr. Konrad Duden, tätig. Sein Nachschlagwerk zur dt. Rechtschreibung, der DUDEN, trat von Schleiz aus den Siegeszug durch den gesamten deutschsprachigen Raum an. Die vielbefahrenen Handelsstraßen führten berühmte historische Persönlichkeiten nach Sch.: 1641 den schwedischen Reichskanzler Oxenstierna, 1721 Johann Sebastian Bach, zwischen 1785 und 1820 mehrmals Johann Wolfgang von Goethe, 1806 Napoleon und 1816 seinen Gegner, den greisen Feldmarschall Blücher. In wirtschaftlicher Hinsicht bildeten Mittel- und Kleinindustrie, Handwerk und Kunstgewerbe eine gesunde Struktur. Bodenständig waren Metallwarenfabrikation, Holz- und Glasverarbeitung, Buchbinderei und Textilbranchen. Erste urkundliche Erwähnung fand 1318 der Bergbau (Abbau von Silber, Kupfer und Antimon), der im 16. Jh. seine Blüte erreichte und im 17. Jh. auf wenige Betriebe zurückging. Erhalten gebliebenes Schriftgut erwähnt bereits 1402 das Tuchmacherhandwerk, welches bis ins 19. Jh. hinein blühte. 1505 erhielt die St das Recht zum „freien Jahrmarkt", wobei auch auswärtige Händler zollfreie Waren einführen durften. Seit 1703 konnten in der St Viehmärkte abgehalten werden; sie entwickelten sich zu den bedeutendsten in Dtld. Der 1. Weltkrieg setzte ihnen ein Ende. Im Jahre 1886 wurde die Eisenbahnstrecke Sch.–Schönberg voll., womit der Anschluß an die Hauptlinie Leipzig–Hof hergestellt war, und 1930 nahm man die Kleinbahn Sch.–Saalburg in Betrieb. Diese Transportmöglichkeiten wirkten sich ebenso förderlich auf Handel und Gewerbe aus wie der Autobahnbau 1934–36.

Sehenswürdigkeiten und Kulturelles: Die Bergkirche, 1359 urkundlich erstmals erwähnt, entging durch ihre exponierte Lage außerhalb der St-Mauern allen vernichtenden Feuern, sie ist Begräbniskirche des Fürstenhauses Reuß und eine der schönsten evangelischen Barockkirchen in Mittel-Dtld.; die Wolfgangskapelle (1820); Schloßensemble mit Park.

Wiederkehrende Ereignisse: „Schleizer

Dreieckrennen“ auf einer der ältesten Straßen-Natur-Rennstrecken Europas. Auf dem dreieckigen Kurs, der an der „Haarnadelkurve“ das St-Gebiet unmittelbar berührt, führten die Apollo-Autowerke Apolda 1922 Brennstoff-Verbrauchs-Untersuchungen aus und entdeckten dabei die interessante Streckenführung, auf der 1923 das erste Rennen gefahren wurde.

Schleswig

☐ 24,3 qkm; ○ Schleswig; ⚐ Schleswig-Holstein; ✉ 24837; ☎ 04621; 🚗 SL; △ 14 m; 👪 26700.

Sch. liegt 50 km nordwestlich von Kiel am westlichen Ende der Schlei, einer langgezogenen Ostseebucht. Die St ist über die B 76, B 77; B 201 und die Autobahn A 7 Hamburg–Flensburg (Ausfahrt Sch./Schuby) zu erreichen. D-Zug-Station an der Strecke Hamburg–Flensburg–Skandinavien. Flugplatz in Jagel (6 km). Hafen für Schiffe bis 1000 t.

Sch. ist Verwaltungsmittelzentrum mit Oberlandesgericht, Landesverwaltungsgericht, Landessozialgericht, Landesrechnungshof, Sozialgericht, Amtsgericht, Kreisverwaltung, Wasserwirtschaftsamt, Landesamt für Vor- und Frühgeschichte, Wetterdienst für Schleswig-Holstein, Landeskrankenhaus u.a. Behörden und Körperschaften sowie Garnisonstadt der Bundeswehr. An Bildungs- und kulturellen Einrichtungen hat Sch. Gymnasien, Realschulen, Dänische Realschule, Sonderschulen, Berufsschulen, Berufsfachschulen für Kinderpflegerinnen und Wirtschaftsassistenten, Fachgymnasium techn./wirtschaft. Zweig, Fachoberschulen Technik/Sozialpädagogik, Landwirtschaftsschule, Musikschule, Volkshochschule u.a.; Schleswig-Holsteinische Landesmuseen (Schloß Gottdorf), Zentralbücherei, Landesarchiv, Schleswig-Holsteinisches Landestheater u. Sinfonieorchester, Dänische Bibliothek u.a.; Sch. ist anerkannter Erholungsort.

Die Industrie umfaßt vor allem Betriebe der Nahrungs- und Genußmittelindustrie (Zuckerfabrik, Schlesw.-Holsteinisches Butterwerk, Fleischverarbeitungswerk [Nordfleisch AG]); ferner Spiritusherstellung, Tauwerkfabrik, Danfoss u.a. Von Bedeutung ist außerdem der Fremdenverkehr (Hauptanteil aus den skandinavischen Ländern) und Schleswigs Funktion als Einkaufsmittelpunkt eines landwirtschaftlichen Hinterlandes.

Vorläufer von Sch. war die am Haddebyer Noor bereits um 800 gegründete Wikinger-

Schleswig, Schloß Gottorf

siedlung »Haithabu«, die nach 1050 zerstört wurde. Als Hafenstadt und Handelsplatz spielte Sch. im 12. Jh. eine wichtige Rolle; die Gründung Lübecks, größere Schiffstypen, die die Treene nicht befahren konnten, und die Zerstörung einer Nowgoroder Handelsflotte führten zum Erlöschen der Handelsbedeutung. Der wirtschaftliche Abstieg wurde wettgemacht durch Schleswigs Entwicklung zur Residenzstadt der Herzöge von Schleswig-Holstein (seit 1544 Holstein-Gottorp). Nach der kulturellen Blütezeit im 16., 17. und 18. Jh. wurde ab 1720 das Herzogtum von dänischen Statthaltern verwaltet. 1848 war Sch. ein Mittelpunkt der nationalen Erhebung; 1867 wurde die St Sitz der preußischen Provinzialregierung.

Sch., das im 2. Weltkrieg keine Schäden erlitt, besitzt eine Reihe hevorragender historischer Baudenkmale und Sehenswürdigkeiten: Dom St. Petri (Querhaus 2. Hälfte 12. Jh., Langhaus 13.–15. Jh., Westturm Ende 19. Jh.) mit Bordesholmer Altar (1514–21) von H. Brüggemann und Renaissancegrabmal Friedrichs I. von Dänemark (Reformationszeit); St. Johanniskloster (Ende 12. Jh. gegründet) mit ehem. Klosterkirche (12. bis 16. Jh.) mit gotischer und barocker Ausstattung; Dreifaltigkeitskirche (1650; spätere Veränderungen); Rathaus (1794/95) und Graukloster (1234 gegr.); Adelshöfe und Bürgerhäuser des 17./19. Jh. (Günderothscher Hof, jetzt Städt. Museum; Prinzenpalais, Heespenhof; Freinssches Haus; ehem. Schmiedenhof; Arbosches Haus; ehem. Hattenhof u.a.); alte Fischerhäuser auf der Halbinsel Holm; Schloß Gottorf (Residenzbau seit 1268; heutige Anlage im wesentlichen aus dem 16. und 17. Jh.) mit Königshalle und Schloßkapelle (um 1600). Südlich von Sch. Reste (Wallanlagen) der Wikingersiedlung Haithabu (Museum), Danewerk (frühmittelalterliche Verteidigungsanlage) und Busdorfer Runenstein (Ende 10. Jh.). – Alljährlich Juli/August Schloßhofspiele des Landestheaters und internationale Orgelkonzerte im Dom. – Seit 1970 Ausgrabungen im Altstadtgebiet und Haddebyer Noor (Bergung eines Wikingerschiffes).

Alle zwei Jahre „Wikingertage“ (Stadtfest).

Schleusingen

□ 1,8 qkm; ○ Suhl; ⚐ Thüringen; ✉ 98553; ☎ 036841; 🚗 SHL; △ 340–420 m; 👥 5500.

Sch. ist zu erreichen auf der A 4 / E 40, Ausfahrten Gotha oder Erfurt-West (beide ca. 50 km), sowie auf der B 4 und der B 247; Bahnhof an der Nahverkehrs-Strecke Erfurt–Arnstadt–Ilmenau–Schmiedefeld (a R)–Sch.–Themar; Endbahnhof der Kurzverbindung Suhl–Sch. Der nächste Flughafen ist Erfurt (ca. 60 km).

Bildungseinrichtungen: Grundschule, Regelschule, Hennebergisches Gymnasium „Georg Ernst“; Förderschule für geistig und körperlich Behinderte; bedeutende Bibliothek mit mehr als 16000 Bänden, kostbaren Handschriften sowie Inkunabeln und Notenhandschriften (10.–16. Jh.) im Heimatmuseum.

Wirtschaftliches: Elektromotorenwerk Schleusingen; Thüringer Behälterglas; Holzwerk Schleusingen.

Geschichtliches: Auf einem Sandsteinfelsen, oberhalb des Zusammenflusses von Nahe und Erle am Hauptteil der Schleuse, liegt der 1232 erstmals urkundlich als „villa Slusungen“ erwähnte Ort; 1412 erhielt er das St-Recht. Die eindrucksvolle Bertholdsburg, ein von vier Türmen flankiertes Renaissance-Bauwerk, war bis 1583 Regierungssitz der Grafen von Henneberg-Sch., danach Amtssitz sächsischer Fürsten. – Die Altstadt wird von einer ma. Befestigung umgrenzt. Im Zentrum liegt der historische Mkt-Platz, umgeben von zahlreichen Häusern aus dem 17. Jh. Seit 1888 ist die St durch eine Stichbahn mit Themar, seit 1904 auch mit Ilmenau verbunden. 1815 kam Sch. an Preußen und erst 1945 an Thüringen, um schließlich 1952 dem Kreis Suhl zugeordnet zu werden.

Sehenswürdigkeiten und Kulturelles: Die Bertholdsburg, ursprünglich eine früh-ma. Wehranlage, wurde während des 16./17. Jh. zum Renaissance-Schloß umgebaut. Es birgt neben dem naturhistorischen Museum seit 1971 eine umfangreiche Spielzeugausstellung mit Exponaten aus 4000 Jahren; St-Kirche „St. Johannis“ (1723 erneuert), seit 1566 Erbbegräbnis-Stätte der Grafen von Henneberg; historischer Mkt mit Rathaus (nach 1586) sowie Mkt-Brunnen (um 1600) mit Standbild der Gräfin Elisabeth von Henneberg; Wehrturm „Alter Krug“ in der Münzgasse; Schloßpark; großes Naturschutzgebiet „Vessertal“ mit anschaulichem Querschnitt der Vegetations- und Standortformen des mittleren Thüringer Waldes; Naherholungsgebiet „Gergsee Ratscher“.

Wiederkehrende Ereignisse: Burg- und St-Fest; Country-Festival am Bergsee „Ratscher“ (beide Veranstaltungen jährlich).

Schliersee

□ 79,16 qkm; ○ Miesbach; ⚐ Bayern; ✉ 83727; ☎ 08026; 🚗 MB; △ 784 m; 👥 6200.

Sch. ist Luftkurort und Wintersportplatz 63 km südöstlich von München am nördlichen Ende des gleichnamigen Sees in den bayerischen Alpen. Der Mkt ist über die B 307 und die Autobahn A 8 München–Salzburg (Ausfahrten Weyarn bzw. Irschenberg) zu erreichen. Sch. hat bedeutenden Fremdenverkehr und Kurbetrieb (Kneippanwendungen und medizinische Badekuren bei Rheuma, Gicht, Ischias und Kreislauferkrankungen); Grund- und Hauptschule; Bauerntheater.

Sch. ist in der Nähe einer 779 erwähnten Benediktinerniederlassung entstanden. Ein 1141 gegründetes Kollegiatstift wurde Ende des 15. Jh. aufgelöst. – Sehenswert die Pfarrkirche (1712–14) mit bedeutender Ausstattung (Gnadenstuhl um 1500), das Rathaus und das Heimatmuseum. Auf den 1256 m hohen Schliersberg führt eine Kabinenbahn.

Schlitz

□ 142 qkm; ○ Vogelsbergkreis; ⚐ Hessen; ✉ 36110; ☎ 06642; 🚗 VB; △ 230 m; 👥 9500.

Sch., 20 km nordwestlich von Fulda zwischen Rhön und Vogelsberg im Schlitz- und Fuldatal gelegen, ist staatl. anerkannter Erholungsort mit lebhaftem Ausflugs- und Fremdenverkehr. Sch. hat Anschluß an die Autobahn A 7 Würzburg–Kassel (Ausfahrt Hünfeld/Sch.); Forstamt; Gesamtschule; Krankenhaus; Leinen-, Textil-, elektrotechnische, Tonwaren- und Meßgeräteindustrie, Brauerei und Kornbrennerei. Die St ist Sitz der Limnologischen Flußstation des Max-Planck-Institutes (Fuldastation).

Sch., erstmals 812 urkundlich erwähnt,

wurde um die Mitte des 14. Jh. zur St erhoben. Die von der Abtei Fulda als Vögte eingesetzten Grafen von Schlitz, gen. von Görtz, erhielten 1490 die Erbmarschallwürde. Von ihren Stammsitzen sind vier gut erhaltene Burgen aus dem 15./16. Jh. vorhanden. Nach dem Reichsdeputationshauptschluß (1803) verlor die Grafschaft S. ihre Selbständigkeit; die St kam an Hessen (1806). Die St besteht heute aus der Kernstadt und sechzehn Gemeinden der ehemaligen Grafschaft Schlitz. – Sehenswert der ma. Stadtkern mit der Stadtkirche (älteste Bauteile aus dem Jahre 812; spätere Neu- und Umbauten im 13.–18. Jh.), Marktplatz mi Brunnen und Fachwerkhäusern, Heimatmuseum mit umfangreicher Trachten- und Waffensammlung. – Im Tal bei Sch. Schloß Hallenburg (Mitte 18. Jh.). – Alle zwei Jahre Schlitzerländer Heimat- und Trachtenfest (Juli).

Schloß Holte-Stukenbrock

□ 67,43 qkm; ○ Gütersloh; ⚐ Nordrhein-Westfalen; ✉ 33758; ☎ 05207; 🚗 GT; △ 138–150 m; 👥 20500.

Die Gm Sch.-St. liegt an der B 68 zwischen Bielefeld und Paderborn am Westrand des Teutoburger Waldes; Anschluß an die A 2 Ruhrgebiet–Hannover (Ausfahrt Bielefeld-Sennestadt) und A 33 (Ausfahrt Stuckenbrock-Senne); Bahnstation an der Strecke Bielefeld–Paderborn. Die Gm hat Haupt- und Grundschule, Realschule, Volkshochschule, Landespolizeischule; Chemische Industrie, Stahl-, Maschinen- und Fahrzeugbau (Mähdrescher), elektrotechnische, feinmechanische und optische Betriebe, Gewinnung und Verarbeitung von Steinen und Erden u. a.; Land- und Forstwirtschaft, Forellenzucht.

Erste urkundliche Erwähnung von H. 1153 in einer Schenkungsurkunde des Paderborner Bischofs Bernhard von Oesede. Die heutige Gm entstand 1970 durch Zusammenschluß von drei Landgemeinden. Schloß Holte-Stukenbrock ist dank seiner günstigen Verkehrslage aufstrebende Wohn- und Industriegemeinde im Großraum von Bielefeld.

Bemerkenswert das Wasserschloß im Ortsteil Holte (17. Jh.) sowie die Barockkirche St. Johannes Baptist in Stuckenbrock. – Im Oktober Pollhansmarkt in Schloß Holte.

Schlüchtern

□ 113,32 qkm; ○ Main-Kinzig-Kreis; ⚐ Hessen; ✉ 36381; ☎ 06661; 🚗 HU; △ 208–450 m; 👥 14000.

Sch., Luftkurort 29 km südwestlich von Fulda an der oberen Kinzig, ist über die B 40 zu erreichen. Bahnstation an der Strecke Frankfurt a. M.–Bebra. Sch., Sitz eines Amtsgerichts, hat Realschule, Gymnasium mit Internat, Kirchenmusikalische Fortbildungsstätte, Kreisberufs- und Berufsfachschule, Sonderschule für Lernbehinderte; Kreiskrankenhaus; Fabrik für Schuhe und Schuhbodenteile; Möbelindustrie, Fertighaus- und Elementbau, Seifen-, Bekleidungs- und metallverarbeitende Industrie.

Sch. entstand als Hörigen- und Handwerkersiedlung in der Nähe des im 8. Jh. gegründeten Benediktinerklosters. Die Siedlung, erstmals 993 urkundlich erwähnt, war Marktort und Pferdeumspannstation an der Handelsstraße Frankfurt–Leipzig. Sch. gehörte seit dem 14. Jh. zur Grafschaft Hanau. Um 1557 wurde es St. 1969 bzw. 1971 Zusammenschlüsse der St mit 11 umliegenden Gemeinden.

Sehenswürdigkeiten: Die Klosteranlage ist 1836 anläßlich eines Umbaues weitgehend zerstört worden. Als älteste Bauteile sind erhalten die frühkarolingische Krypta, der Westturm (um 1000), die Katharinen- (um 1100) und die Andreaskapelle (um 1200); im 14. Jh. wurde die Huttenkapelle und im 15. Jh. die dreischiffige gotische Hallenkirche errichtet; spätere Bauten (Zehntscheuer, Stipendiatenhaus u. a.) sind von der Renaissance beeinflußt; ferner bemerkenswert das Heimatmuseum (mit Andenken an die Brüder Grimm und Hutten) im 1440 erbauten Lauterschen Schlößchen, Schloß Ramholz im Stadtteil Vollmerz und Burg Brandenstein mit Holzgeräte-Museum im Stadtteil Elm. – Die Burg Steckelberg (Ruine) bei Sch.-Ramholz ist Geburtsstätte des Ritters und Humanisten Ulrich von Hutten (1488–1523).

Schlüsselfeld

□ 68,31 qkm; ○ Bamberg; ⚐ Bayern; ✉ 96132; ☎ 09552 (Schlüsselfeld); 🚗 BA; △ 290–441 m; 👥 5100.

Der St Schlüsselfeld wurden im Rahmen der Gebietsreform die ehemals selbständigen Gemeinden Aschbach, Eckersbach, Elsendorf, Heuchelheim, Reichmannsdorf, Thüngfeld, Untermelsendorf und Ziegelsambach eingegliedert. Sch. liegt im Naturpark Steigerwald im Tal der Reichen Ebrach an der Autobahn A 3 Nürnberg–Würzburg (Ausfahrt Sch.). Die St hat Forstamt; Hauptschule; Baustoff-, Schuh-, metall- und kunststoffverarbeitende Industrie sowie Landwirtschaft.

Die St hat ihren Namen vom Gründergeschlecht der Schlüsselberger. 1336 wird der Ort als Reichslehen Konrads von Schlüsselberg erstmals urkundlich erwähnt. 1349 unterlag Konrad den Bischöfen von Bamberg und Würzburg, die sich den Ort und dazugehörige Ländereien teilten; 1396 erhielt Sch., das nun ganz an Würzburg übergegangen war, das Stadtrecht. Die Bischöfe ließen um 1420 die teilweise noch erhaltene Stadtbefestigung mit Toren und Türmen bauen und 1625 das Amtshaus errichten. 1810 kam Sch. an Bayern.

Sehenswert der historische Marktplatz, die Reste der Stadtbefestigung und Barockschlösser in Sch.-Reichmannsdorf und Sch.-Aschbach.

Schmalkalden

□ 5 qkm; ○ Schmalkalden; ⚐ Thüringen; ✉ 98574; ☎ 03683; 🚗 SM; △ 370 m; 👪 18000.

Sch. ist zu erreichen auf der A 4 / E 40, Ausfahrt Friedewald (ca. 50 km), Ausfahrt Eisenach-West (ca. 40 km) oder Ausfahrt Gotha (ca. 80 km); Bahnstation an der Strecke Zella-Mehlis–Sch.–Wernshausen und Ausgangsbahnhof der Kurzstrecke Sch.–Klein-Sch. (Thür.). Der nächste Flughafen ist Erfurt (ca. 80 km).

Bildungseinrichtungen: Realschulen, Gymnasium; Förderschule; Berufsschule; Volkshochschule; Pädagogische Fachschule; Fachhochschule für Maschinenbau; Musikschule.

Wirtschaftliches: Maschinen- und Werkzeugbau; Kranbau; Sportgerätefertigung; Getränkeherstellung; Fleischverarbeitung/ Fleischwaren.

Geschichtliches: Sch. ist eine der ältesten und schönsten Städte Thüringens. In einer Schenkungsurkunde an das Kloster Fulda wird bereits 874 die „Villa Smalcalda" genannt. Seit 1272 war Sch. im Besitz der Grafen von Henneberg, die es nach Aussterben der Thüringer Landgrafen an sich gebracht hatten. Eine Urkunde von 1408 bezeugt die hochentwickelte Spezialisierung der Kleineisenherstellung: Unter den 16 Handwerkern befanden sich mehrere Stahl- und Schwertschmiede, auch Klingen-, Messer- und Sichelschmiede. Der Abbau und die Verarbeitung von Eisenerz hatten der St schon im MA zur wirtschaftlichen Blüte verholfen. Im 15. Jh. entstanden das Rathaus und die Stadtkirche St. Georg (1437–1508), ein spätgot. Hallenbau. 1525 führte Landgraf Philipp von Hessen die Reformation ein. In Sch., damals zweitgrößte St Hessens, schlossen 1531 protestantische Fürsten und Städte den „Schmalkaldischen Bund" gegen den Habsburger Kaiser Karl V. zum Schutze ihres protestantischen Glaubensbekenntnisses; sie hielten bis 1543 zehn Bundestage ab. An ihrem bedeutendsten Konvent, dem „Schmalkalder Fürstentag" von 1537, legte Martin Luther seine „Schmalkaldischen Artikel" vor, die 1580 als Bekenntnisschrift von der ev.-luth. Kirche anerkannt wurden. – Zahlreiche schöne alte Fachwerkhäuser, darunter das Lutherhaus am Schloßberg und die Rosenapotheke, zeugen noch heute von der glanzvollen Zeit der St, die nach Aussterben der Henneberger Grafen gänzlich an Hessen fiel, 1866 zu Preußen kam und erst 1945 in das Land Thüringen eingegliedert wurde. – 1585–89 entstand das prunkvolle Renaissanceschloß „Wilhelmsburg", ein Lust- und Jagdschloß. Darin zeigt das Heimatmuseum, eines der sehenswertesten in Thüringen, mit seinem Riesensaal, der Schloßkapelle sowie den anderen historischen Räumen die kultur- und wirtschaftsgeschichtliche Entwicklung der St. Die sog. „Schmalkalder Artikel", seit Jahrhunderten auf den Leipziger und den Frankfurter Messen bekannt und europaweit exportiert, sind Messer, Scheren, Feilen, Ahlen, viele andere Handwerks- und Feinwerkzeuge sowie formschöne Bestecke.

Sehenswürdigkeiten und Kulturelles: die o.g. vollständig erhaltene Schloßanlage als Kunst- und Kulturdenkmal, mit zahlreichen Sammlungen, wertvollen Ausstellungen im Schloßmuseum und der ältesten, noch bespielbaren Holzorgel in Dtld.; neben dem Heimatmuseum vermitteln die „Neue Hütte", (vorm. „Happelshütte") im Ortsteil Weidebrunn und das Schaubergwerk „Finstertal" bei Asbach (unweit von Sch.) eine anschauliche Vorstellung von der Bergbauwirtschaft im Thüringer Wald; denkmalsgeschützter St-Kern mit St-Kirche St. Georg, Fachwerkhäusern in Rähmbauweise und „Steinernen Kemenaten" (das sind Steinhäuser mit got. Treppengiebeln); Lutherhaus; Teile der St-Befestigung; Hessenhof mit profaner Secco-Wandmalerei zur Iwein-Sage.

Wiederkehrende Ereignisse: Schloß- und Orgelkonzerte auf Schloß Wilhelmsburg; „Hirschessen", ein St-Fest am letzten August-Wochenende.

Schmallenberg (Sauerland)

□ 302,26 qkm; ○ Hochsauerlandkreis; ⚐ Nordrhein-Westfalen; ✉ 57392; ☎ 02972; 🚗 HSK; △ 380 m; 👪 24500.

Sch., Luftkurort und Wintersportplatz an der oberen Lenne im Hochsauerland, ist über die B 236 zu erreichen. Die St hat Höhere Handelsschule, Gymnasium, Handelsschule, Berufsschule; Strumpf- und Strickwarenfabriken, Holzindustrie; Fremdenverkehr.

Sch. liegt auf altem Siedlungsgebiet (Funde aus der Steinzeit). Der Ort entstand in der Nähe der gleichnamigen Burg und des 1072 gegründeten Benediktinerklosters Grafschaft. Das vor 1244 befestigte und zur St erhobene Sch. war von 1238 bis um 1300 Münzstätte der Erzbischöfe von Köln und Markt an der Fernhandelsstraße Köln–Kassel. 1822 wurde die St durch Feuer zerstört. Die bedeutende bodenständige Textilindustrie wurde um die Mitte des 19. Jh. gegründet. Bemerkenswert die charakteristischen schiefergedeckten Fachwerkhäuser.

Schmelz (Saar)

□ 58,64 qkm; ○ Saarlouis; ⚐ Saarland; ✉ 66839; ☎ 06887; 🚗 SLS; △ 300 m; 👫 16800.

Sch., 19 km nordöstlich von Saarlouis an der Prims im Saarbergland gelegen, ist über die B 268 zu erreichen. Die Gm hat Amtsverwaltung; Grund- und Hauptschulen; Glashütte, Apparate- und Maschinenbau, Bekleidungsindustrie. – Sehenswert die Keltische Fliehburg.

Schmölln/Thür.

□ 26,0 qkm; ○ Schmölln; ⚐ Thüringen; ✉ 04626; ☎ 034491; 🚗 SLN; △ 200 m; 👫 12000.

Sch. ist zu erreichen auf der A 4 / E 40, Ausfahrt Ronneburg (ca. 8 km), sowie auf der B 7; Bahnhof an der Strecke Erfurt–Gera–Sch.–Gößnitz–Glauchau–Chemnitz–Freiberg–Dresden. Der nächste Flughafen ist Leipzig (ca. 60 km), Landeplatz für Sportflugzeuge in Altenburg (ca. 15 km).

Bildungseinrichtungen: Grundschulen, Regelschulen, Gymnasium; Förderschule; „Erste Gewerbliche Berufsschule Schmölln"; St- und Kreis-Bibliothek, Kinderbibliothek.

Wirtschaftliches: Metallbearbeitung, Blechverformung; Präzisions-Werkzeugfabrik; Elektromaschinenbau; Kunststoff-Werke; Betonwaren und Fertigbeton, Bauunternehmen; Spezialgeräte GmbH – Zulieferteile und Aggregate für Schienenfahrzeuge und maschinenbautechnische Erzeugnisse; Schuhe und Lederwaren; Knopfherstellung; ertragreiche Landwirtschaft mit Getreideproduktion, Kartoffel- und Zuckerrübenanbau.

Geschichtliches: Die früheste urkundliche Erwähnung als „zmulna" (1066) geht auf Kaiser Heinrich IV. zurück. In der ersten Hälfte des 12. Jh. gründete Graf Benno hier ein Kloster und beschenkte es reich mit Ländereien. Es wurde jedoch frühzeitig aus dem slawischen Gebiet zurück an die Saale verlegt. Der Landbesitz um Sch. fiel an den Bischof von Naumburg. Die weltliche Gewalt gab er als Lehen im 13. Jh. an die Wettiner, sie waren die späteren Markgrafen von Meißen. An ihre Stelle traten zu Anfang des 14. Jh. Vögte von Plauen, „Reußen" genannt, die zwischen 1324 und 1329 Sch. zur St erhoben. 1379 fiel das bischöflich-naumburgische Lehen erneut an die Markgrafen von Meißen und kam damit an Sachsen. Im 15. Jh. wurden unter den kurfürstlich-sächsischen Nachkommen die Länder neu verteilt. Sch. kam zum Thüringer Teil der sächsischen Ländereien. In dieser Zeit brannte während eines Durchzuges der Hussiten die St restlos nieder; bei der nächsten Länderteilung gliederte man Sch. dem sächsisch-ernestinischen Teil ein. – Nach der Reformation und dem verlorenen Schmalkaldischen Krieg zerfiel 1603 der Gesamtbesitz der ernestinischen Länder in mehrere kleine Fürstentümer. Dabei kam Sch. 1672 durch Zusammenlegung an das Fürstentum Sachsen-Gotha-Altenburg. Bei der Neuaufteilung der kleinen Thüringer Fürstentümer wurde Altenburg 1826 unter der Herrschaft des ehem. Fürsten von Hildburghausen wieder selbständig. Die Besitzung Sch. nannte sich nun bis zur Abdankung der Fürsten (1918) „Schmölln-Sachsen-Altenburg". – Im Jahre 1920 brachte man durch den Zusammenschluß der ehemaligen kleinen Füstentümer zum Lande Thüringen die sog. „Klein-Thüringische Lösung" zustande, der 1945 die Groß-Thüringische Lösung unter Einbeziehung provinzialsächsischer und hessischer Landesteile folgte. Bei der angeordneten Neuaufteilung der Länder zur Zeit der ehem. DDR in Bezirke (1952) wurde Sch. Kreis-St des Bezirkes Leipzig; es gehört jedoch inzwischen mit gleichem Status wieder zum Lande Thüringen.

Sehenswürdigkeiten und Kulturelles: Mkt- und Kirchplatz mit Bürgerhäusern nach 1772, Rathaus mit Sitznischenportal und Vorhang-Bogenfenstern an der Renaissance-Fassade; Pfarrkirche St. Nikolai mit vorreformatorischen Ausstattungsstücken; auf dem Pfefferberg als techn. Denkmal der 30 m hohe Aussichtsturm. – Im benachbarten Ort Nöbdenitz steht die

1000jährige Eiche, unter der sich die Grabstätte des verdienten Altenburger Ministers v. Thümmel befindet. Im Schloß der Ortschaft Löbichau gibt es ein Schloß (heute Pflegeheim), hier traf sich zu Anfang des 19. Jh. bei der Herzogin Dorothea von Kurland der bekannte „Löbichauer Dichterkreis", dem Gottfried Körner, sein Sohn Theodor Körner, Jean Paul, F.A. Brockhaus und andere Persönlichkeiten angehörten; man sprach vom „Musenhof in Löbichau"; Altkirchen, erste Benennung 1080, ist eine der ältesten Pfarreien im Pleißengau und verfügt über ein sehr schönes Heimatmuseum, in einem Fachwerkhaus befand sich eine der ersten Fertigungsstätten der Sch.er Knopfindustrie; Blankenhain, von Sch. 10 km entfernt, bietet ein sehenswertes Agrarmuseum.

Wiederkehrende Ereignisse: „Pfefferbergfest" – ein Heimatfest (letztes Juni-Wochenende).

Schneeberg

□ 19,1 qkm; ○ Aue; ⚐ Freistaat Sachsen; ✉ 08289; ☎ 03772; 🚗 AU; △ 478 m; 👪 20000.

Die Berg-St Sch. ist zu erreichen auf der A 72 / E 441, Ausfahrt Plauen-Ost (ca. 45 km) oder Ausfahrt Reichenbach (ca. 30 km), ferner auf der B 93 und B 169; der nächste Bahnhof ist Aue (6 km) für die Strecken Chemnitz–Aue (Sachs)–Blauenthal sowie Zwickau (Sachs)–Aue (Sachs)–Schwarzenberg (Erzgeb)–Johanngeorgenstadt. Die nächstgelegenen Flughäfen: Leipzig/Halle (80 km) oder Dresden (120 km).

Bildungseinrichtungen: Grund- und Mittelschulen, Gymnasien; Fachschule für angewandte Kunst und zur Ausbildung von Industrie-Formgestaltern.

Wirtschaftliches: Elektromotorenwerk; Handwerker vieler Branchen; mittelständische Gewerbetreibende; Forstwirtschaft.

Geschichtliches: Sch., gelegen auf einem Bergrücken hoch über dem Schlematal, wurde um 1470 als Berg-St in einer der reichsten dt. Silbergegenden angelegt. Das St- und Bergrecht hat sie seit 1481 inne. Nach Versiegen des Silbererzes förderte man unter weit bescheideneren Verhältnissen Kobalt, Nickel und Wismut, bis 1945 der Uranerzbergbau eine zweite Blütezeit herbeiführte.

Schachtanlagen und Spitzhalden wuchsen empor. Neben der alten St entstanden moderne Siedlungen. Nicht nur die reichen Bergherren, auch die zahllosen Bergknappen spielten in der St-Geschichte eine Rolle: Schon im MA kam es zu Streiks um bessere Löhne und kürzere Arbeitszeit. Die noch alljährlich abgehaltene Bergparade geht auf eine Demonstration der Bergleute nach siegreichem Bergstreik zurück. Auch die St-Anlage läßt die ehem. gesellschaftlichen Gegensätze erkennen; während die Bergknappen in ihren ärmlichen, bescheidenen Häuschen bei der Kirche lebten, wohnten Bergherren, Klöppelspitzenverleger und Kaufleute in ansehnlichen Häusern am Mkt. Die schönen Barockhäuser entstanden erst nach dem großen St-Brand von 1719. – Die 1516–40 erbaute St.-Wolfgangs-Kirche, eine majestätische spätgot. Hallenkirche, brannte nach einem Tieffliegerangriff im April 1945 aus, sie ist jedoch inzwischen wiederaufgebaut worden.

Sehenswürdigkeiten und Kulturelles: die o.a. St.-Wolfgangs-Kirche; Mkt mit fast kreisrundem St-Kern, historisches Rathaus und zahlreichen barocken Bürgerhäusern, die unter Denkmalschutz stehen; Museum für bergmännische Volkskunst – es bietet Einblicke in das volkskünstlerische Schaffen des Erzgebirges und dokumentiert, wie Bergmannsfamilien das Schnitzen und Klöppeln zur Volkskunst herausbildeten; die einzigartige Ursprünglichkeit der erzgebirgischen Bergbaulandschaft kann man auf dem „bergbaulichen Lehrpfad" bei Sch. kennenlernen. Die Talsperre „Filzteich" (23 ha), eingebettet in ein 120 ha großes mooriges Landschaftsschutzgebiet, wurde bereits 1483–85 durch Anstauen des Filzbaches geschaffen, um das nötige Aufschlagwasser für Kraftmaschinen, Förderwerke und Pochwerke zu gewinnen.

Wiederkehrende Ereignisse: alljährlicher Bergstreittag (22. Juli); „Schneeberger Lichtfest" (2. Adventswochenende) mit historischer Bergparade.

Schneverdingen über Soltau

□ 234,56 qkm; ○ Soltau-Fallingbostel; ⚐ Niedersachsen; ✉ 29640; ☎ 05193; 🚗 FAL; △ 90 m; 👪 16000.

Sch., staatl. anerkannter Luftkurort im westlichen Teil der Lüneburger Heide, ist über die B 3 und die Autobahn A 7 Hamburg–Hannover (Ausfahrt Bispingen) zu erreichen; Bahnstation an der Strecke Hamburg–Soltau–Hannover. Die Gm hat Grundschulen, Realschule, Gasbetonwerk, Kartonagenfabrik, Keks- und Waffelfabrik, Schuhindustrie.

In Sch., das erstmals 1231 urkundlich genannt wird, entstand im 19. Jh. neben der Landwirtschaft zunächst als Nebenerwerbsquelle eine Leder- und Pelzindustrie, der später weitere Industrieansiedlungen folgten. Der Fremdenverkehr erlangte nach dem 2. Weltkrieg als Wirtschaftsfaktor größere Bedeutung (Feriendorf). – Alljährlich Heideblütenfest Ende August. – 12 km nordöstlich von Sch. liegt der 169 m hohe Wilseder Berg im Naturpark Lüneburger Heide.

Schönebeck

□ 58 qkm; ○ Schönebeck; ⚐ Sachsen-Anhalt; ✉ 39218; ☎ 03928, 🚗 SBK; △ 48 m; 👪 41850.

Sch. ist zu erreichen auf der A 2 / E 30, Ausfahrt Burg (ca. 30 km) oder Ausfahrt Madel (ca. 38 km), sowie auf der B 71 / E 49 und der B 246a; Bahnstation an der Strecke Magdeburg–Sch. (Elbe) – Staßfurt–Güsten–Hettstedt–Sangerhausen; an der Nahverkehrsstrecke Sch. (Elbe)–Blumenberg–Klein Wanzleben–Eilsleben (b. Mg.); und der Kurzstrecke Schönebeck-Salzelmen–Sch. (Elbe)–Magdeburg–Haldensleben–Zielitz. Der nächste Flughafen ist Braunschweig (ca. 80 km).

Bildungseinrichtungen: Grundschulen, Sekundarschulen, Gymnasien; Musikschule; kulturelle Zentren TREFF und KONTAKT; St- und Kreisbibliothek.

Wirtschaftliches: Landtechnik AG Schönebeck; Dieselmotoren- und Gerätebau GmbH Schönebeck; Chemisch-Anhaltinische Werke Schönebeck; Schönebecker Gummiwerke GmbH.

Geschichtliches: Sch. wird 1223 erstmals als „Sconebeke" urkundlich erwähnt. Der Name läßt auf eine Ortsgründung an einem Bach schließen. Dieser Bach war ein von Zackmünde her kommender, durch die Röthe fließender schmaler Graben, der jetzt im St-Gebiet zum größten Teil zugeschüttet oder überwölbt ist. – Um 1200 war Sch. bereits eine St, die dem Grafen von Barby gehörte; während jener Zeit begann man auch mit dem Bau der St-Mauer. – Die Salzgewinnung im benachbarten Elmen und später in Groß Salze bot günstige Grundlagen für Handel und Verkehr; 1170 wurde erstmals ein Solbrunnen bei Elmen urkundlich verzeichnet. Erzbischof Albrecht IV. von Querfurt verkaufte 1400 die St an das Magdeburger Domkapitel. Bis zum Jahre 1687 blieb Sch. domkapitularische St, dann kam sie endgültig zu Kurbrandenburg. Die Saline zu Sch. begann ihren Betrieb 1705 mit acht Doppelpfannen. Sie wurde 1792 in preußische Verwaltung genommen und war zu jener Zeit das größte staatliche Unternehmen Preußens. – Am 1. April 1913 wurden die Orte Elbenau und Grünewalde, am 1. Juli 1923 das Dorf Felgeleben eingemeindet; zum 1. Februar 1932 schließlich vereinigten sich Bad Salzelmen und Frohse mit Sch. Seit dem 1. Juli 1950 besteht der Landkreis Schönebeck, der aus dem Landkreis Calbe hervorging.

Sehenswürdigkeiten und Kulturelles: Wohnhäuser vom 15. bis Mitte des 18. Jh., darunter Fachwerkbauten; industrielle Zweckbauten aus dem Ende des vorigen Jh. und vom Anfang dieses Jh. darunter ehem. Wasserturm (1887) auf dem Bahnhof Sch.; ehem. Schönebecker Stadtbefestigung (14. Jh.) mit Salzturm und drei Abschnitten der St-Mauer; Rathaus, Gründerzeit (1892/93); Mkt-Brunnen, Jugendstil (1907/08); St-Kirche St. Jacobus, dreischiffige Basilika, mehrere Umbauten (2. Hälfte 13. Jh.); Kirche St. Marien (1907), Backsteinbau im got. Stil, moderne Glasfenster- und Innengestaltung; Jüdischer Friedhof (Dorotheenstr.) im Ortsteil Salzelmen: Fachwerkhäuser (15.–19. Jh.); Gradierwerk (1765) mit Windrad und Soleturm; ehem. Burg Schadeleben (1309–14); ehem. St-Befestigung (vermutl. 1290) mit Resten der St-Mauer und Pfännerturm (1470); ehem. Renaissance-Rathaus, jetzt Kreismuseum, südl. Teil vor 1407, nördl. Teil 1536; Anbau zu Anf. des 20. Jh.

Wiederkehrende Ereignisse: Handwerkermesse; Kurparkfest; Bierer Bergfest.

Schöneck (Hessen)

□ 21,49 qkm; ○ Main-Kinzig-Kreis; ⚐ Hessen; ✉ 61137; ☎ 06187; 🚗 HU; △ 141 m; 👪 9800.

Sch. ist 1971 durch Zusammenschluß der ehem. Gemeinden Kilianstädten, Oberdorfelden und Büdesheim entstanden. Die Gm liegt an der Nidder 20 km nordöstlich von Frankfurt a. M. Bahnstation an der Nebenstrecke Bad Vilbel–Nidderau. Sch. hat Garnison der Bundeswehr, Flüchtlingswohnheim des Landes Hessen; Grundschulen.

Die drei Ortsteile (Oberdorfelden wird 768, Kilianstädten 839 und Büdesheim 1015 erstmals urkundlich erwähnt) blieben bis nach dem 1. Weltkrieg vorwiegend landwirtschaftlich orientiert; danach allmähliche Entwicklung zu Wohngemeinden im Großraum von Frankfurt a. M. Nach 1945 Ansiedlung kleinerer und mittlerer Industriebetriebe. – Alljährlich Anfang August Büdesheimer Laternenfest.

Schöningen

□ 35,27 qkm; ○ Helmstedt; ⚐ Niedersachsen; ✉ 38364; ☎ 05352; 🚗 HE; △ 144 m; 👥 15400.

Sch. liegt am Südosthang des Elm 38 km südöstlich von Braunschweig; Zufahrt über die B 82 und B 244. Die St hat Realschule, Gymnasium, Volkshochschule, Sonderschule für Lernbehinderte; Ton- und Hohlsteinwerke, Maschinen- (Molkereimaschinen) und Apparatebau; Fremdenverkehr.

»Scahaningi« wird erstmals 748 urkundlich erwähnt. Der Marktort und Königshof wurde um 1300 zur St erhoben und im 14. Jh. befestigt. Wichtigste Erwerbsquelle der St waren die seit dem 10. Jh. genutzten Salzkoten (Einstellung des Salinenbetriebes 1970). Das um 1350 erbaute Schloß der braunschweigischen Herzöge war von 1568 bis 1659 Witwensitz. Im 16. und 17. Jh. vernichteten mehrere Brände den ma. Stadtkern. Schleifung der Befestigungsanlagen um 1750 (Reste der Stadtmauer aus dem 14. Jh. erhalten). Seit 1822 Abbau von Braunkohle im Tagebau. – Sehenswürdigkeiten: St. Lorenzkirche des ehem. Augustiner-Chorherrenstifts (12./13. Jh.); Pfarrkirche St. Vincenz (um 1250, got. Langhaus 1644); Schloß (14. Jh., spätere Umbauten); Gymnasium Anna-Sophianeum (1639, jetzt Heimatmuseum); Clus-Kapelle (1485); Fachwerkhäuser aus dem 16. und 17. Jh., (darunter das 1568 errichtete älteste Wohnhaus der St).

Schöppenstedt

□ 39,65 qkm; ○ Wolfenbüttel; ⚐ Niedersachsen; ✉ 38170; ☎ 05332; 🚗 WF; △ 108 m; 👥 5500.

Sch., 25 km südöstlich von Braunschweig am Südhang des Elm (größter Buchenwald Norddeutschlands) gelegen, ist über die B 82 zu erreichen; Bahnstation an der Strecke Braunschweig–Helmstedt. Die St hat Grundschule, Hauptschule mit Orientierungsstufe, Realschule, Sonderschule für Lernbehinderte, Volkshochschule; chemische und Kunststoffindustrie, Zuckerfabrik, Apparatebau, Elektroindustrie (elektrische Antriebs- und Steuerungsgeräte); Fremdenverkehr.

»Sciphinstete«, erstmals 1051 in einer Schenkungsurkunde Kaiser Heinrichs III. erwähnt, erhielt um 1400 das Stadtrecht. Von der rom. Stephanskirche blieb der Turm mit schiefem Helm und reichverziertem steinernen Pfeiler erhalten; die angebaute Saalkirche stammt aus dem 18. Jh. Die Kirche im Ortsteil Küblingen ist eine got., in doppelter Winkelform errichtete Wallfahrtskirche (13. bis 15 Jh.) mit bemerkenswerter Ausstattung. – Im benachbarten Dorf Kneitlingen wurde der Schalk Till Eulenspiegel geboren (geb. Ende des 13. Jh., gest. um 1350 in Mölln; Eulenspiegelhof in K., Eulenspiegel-Museum in Sch.).

Schonach im Schwarzwald

□ 36,70 qkm; ○ Schwarzwald-Baar-Kreis; ⚐ Baden-Württemberg, ✉ 78136; ☎ 07722; 🚗 VS; △ 850–1152 m; 👥 4500.

Sch. ist anerkannter Luftkurort und Wintersportplatz in einem Hochtal des mittleren Schwarzwaldes 29 km nordwestlich von Villingen-Schwenningen. Die Gm hat Grund- und Hauptschule mit Realschulzug; Holz- und Uhrenindustrie (Schwarzwalduhren); lebhaften Fremdenverkehr.

Sch. wurde zwischen 1100 und 1150 gegründet und gehörte bis 1355 zur Herrschaft Triberg. Danach kam der Ort mit Triberg an Österreich; 1806 wurde Sch. badisch. Forst- und Viehwirtschaft waren die wichtigsten Erwerbsquellen der Bevölkerung bis Mitte des 18. Jh., als das Uhrmacherhandwerk und die Strohflechterei aufkamen, denen Sch. seinen wirtschaftlichen Aufschwung verdankt. Um die Jahrhundertwende kam als weiterer bedeutender Wirtschaftszweig der Fremdenverkehr hinzu. – Sehenswert die Barockkirche Sch., die größte Kuckucksuhr der Welt, die Heimatstube mit Weihnachtskrippe, das Naturschutzgebiet Blindensee und der Triberger Wasserfall 4 km südöstlich von Sch.

Schongau

□ 21,36 qkm; ○ Weilheim-Schongau; ⚐ Bayern; ✉ 86956; ☎ 08861; 🚗 WM; △ 710 m; 👥 10500.

Sch., Erholungsort auf einer Anhöhe am Lech im bayerischen Alpenvorland, ist über die B 17 und B 472 zu erreichen; Bahnstation an der Nebenlinie Weilheim–Schongau. Die St hat Amtsgericht (Zweigstelle), Arbeitsamt, Finanzamt, Landratsamt, Gesundheitsamt; Gymnasium, Berufsbildungszentrum mit Berufsschule, Berufsaufbauschule, Fachschule für Wirtschaft und Fachschule für Hauswirtschaft und Kinderpflege; Holz- und Papierindustrie, Feinstrumpfmanufaktur (Bellinda), Fabrik für Kompressorenventile. Sch. ist Bundeswehrstandort (Luftlande- und Lufttransportschule in Altenstadt-Schongau).

Sch. 1253 erstmals urkundlich erwähnt, erhielt 1331 das Stadtrecht nach Münchener Vorbild durch Kaiser Ludwig den Bayern und 1405 das Recht der Warenniederlage und des Rottfuhrwerks. Bis heute ist das mittelalterlich-gotische Stadtbild, ein Oval mit ausgeprägter Nord-Südachse, erhalten. Sehenswürdigkeiten sind die Stadtmauer mit Wehrgängen und Türmen, das gotische Ballenhaus (1515), die beiden Barockkirchen mit bemerkenswerter Innenausstattung und die romanische Basilika im 2 km entfernten Altenstadt.

Schopfheim

☐ 68 qkm; ○ Lörrach; ⚐ Baden-Württemberg; ✉ 79650; ☎ 07622; 🚗 LÖ; △ 375 bis 1100 m; 👫 15600.

Sch., 25 km nordöstlich von Basel im Tal der Wiese im südlichen Schwarzwald gelegen, ist über die B 317 und Autobahn 98 (Ausfahrten L. und L.-Inzlingen) zu erreichen. Bahnstation der Nebenlinie Basel Bad. Bahnhof-Lörrach-Zell. Sch. hat Amtsgericht; Gymnasium, Fachschule; Textil-, Holz- und Maschinenindustrie.

Die um das Jahr 1250 von dem Markgrafen von Rötteln gegründete St gelangte Ende des 15. Jh. in den Besitz des Markgrafen von Baden. – Bemerkenswert: St. Michaelskirche (14. Jh.), Heimatmuseum.

Schorndorf (Württ.)

☐ 56,86 qkm; ○ Rems-Murr-Kreis; ⚐ Baden-Württemberg; ✉ 73614; ☎ 07181; 🚗 WN; △ 256 m; 👫 35800.

Die Große Kreisstadt Sch. liegt 27 km östlich von Stuttgart im Remstal am Nordrand des Schurwaldes. Zufahrt über die B 29; Bahnstation an der Strecke Stuttgart–Aalen. Sch. hat Realschulen, Gymnasien, Sonderschulen, Berufsschulen; Kreiskrankenhaus; vielseitige Industrie (metallverarbeitende, elektrotechnische und holzverarbeitende Betriebe, Bekleidungs- und Lederindustrie).

Sch. ist seit Mitte des 13. Jh. württembergisch. Die ma. St wurde im Dreißigjährigen Krieg zerstört (1634). – Sehenswürdigkeiten sind die Stadtkirche (1477 bis 1482, 1655 restauriert), das Renaissanceschloß (1538–41), Rathaus (17. Jh.), das Heimatmuseum und zahlreiche schöne Fachwerkhäuser aus dem 17. und 18. Jh. – Sch. ist Geburtsstadt des Buchhändlers Johann Philipp Palm (1766 geb., 1806 in Braunau von den Franzosen wegen Verbreitung einer antifranzösischen Flugschrift erschossen) und des Maschineningenieurs und Motorenkonstrukteurs Gottlieb Daimler (1834–1900; Geburtshaus).

Alljährlich Sch. Woche.

Schortens

☐ 68,9 qkm; ○ Friesland; ⚐ Niedersachsen; ✉ 26419; ☎ 04461; 🚗 FRI; △ 4,5 m; 👫 19500.

Sch. liegt 10 km westlich von Wilhelmshaven an der B 210 und Autobahn Oldenburg–Wilhelmshaven (Abfahrt AB-Kreuz Wilhelmshaven). Die Gm hat Grundschulen, Hauptschule, Realschule, Kreisberufsschule; Garnison der Bundeswehr. Sch. ist Sitz der AEG-Olympia-Werke AG (Verwaltung und Fabrikanlagen).

»Scrotinh«, erstmals 1158 urkundlich erwähnt, gehörte zur Grafschaft Oldenburg (später Herzogtum). Sch. war vor allem durch seine Pferdezucht bekannt. Von 1806 bis 1810 und von 1810 bis 1813 unterstand das Kirchspiel dem Königreich Holland bzw. dem französischen Kaiserreich. Bis zum 2. Weltkrieg dominierte die Landwirtschaft. Nach 1945 Entwicklung zur Industriegemeinde; überdurchschnittlicher Bevölkerungszuwachs seit 1950 (8200 EW). – Sehenswert der Klosterpark.

Schotten (Hessen)

☐ 153,54 qkm; ○ Vogelsbergkreis; ⚐ Hessen; ✉ 63679; ☎ 06044; 🚗 VB; △ 240–773 m; 👫 9800.

Sch., Luftkurort im Naturpark Hoher Vogelsberg im oberen Niddatal 40 km östlich von Gießen, liegt am Schnittpunkt der B 276 und B 455. Die St hat Straßenbauamt; hess. Landesforstschule, Gesamtschule, Sonderschule; Kreiskrankenhaus; kleinere Industriebetriebe; Fremdenverkehr.

Sch., eine Gründung iroschottischer Mönche, wird erstmals 778 urkundlich erwähnt. Die

Siedlung erhielt 1356 durch Kaiser Karl IV. das Stadtrecht. Sch. kam 1403 von den Herren von Büdingen an Hessen. – Sehenswert die got. Liebfrauenkirche (13./14. Jh.) mit dem Tafelaltar Bertram von Mindens (1370–80), das ehem. Schloß der Herren von Eppstein (um 1400), das Rathaus (um 1512), zahlreiche Fachwerkhäuser aus dem 17.–19. Jh. und das Vogelsberger Heimatmuseum. – Östlich von Sch. liegt der 764 m hohe Hoherodskopf (Hochmoor, Niddaquelle), südlich der St der Niddasee. – Alljährlich Pfingstmarkt und Sommermarkt (August).

Schramberg

□ 45,69 qkm; ○ Rottweil; ⚐ Baden-Württemberg; ✉ 78713; ☎ 07422; 🚗 RW; △ 416–800 m; 👥 19300.

Sch., „Fünftälerstadt" im mittleren Schwarzwald an der Schiltach, ist Erholungsort mit bedeutendem Fremdenverkehr. Die St hat Realschule, Gymnasium, Technikerschule, kaufmännische und gewerbliche Berufsschule, Volkshochschule, Blinden- und Gehörlosenschule (Kloster Heiligenbronn); Uhrenindustrie (Junghans GmbH), Möbel- und Papierfabriken, metallverarbeitende und Majolika-Industrie.

Sch., erstmals 1293 urkundlich erwähnt, erhielt 1548 Marktrecht. Der Hauptort der Freiherrschaft Sch. kam 1583 an Österreich und 1806 an Württemberg. 1867 erhielt Sch. das Stadtrecht.

Bemerkenswert das Rathaus und die Stadtpfarrkirche. Die St wird überragt von der Ruine Hohenschramberg; Ruine Schilteck im Schiltachtal, Ruine Falkenstein und Falkensteiner Kapelle mit gotischem Altarbild (15. Jh.) im Bernecktal.

Schriesheim

□ 31,67 qkm; ○ Rhein-Neckar-Kreis; ⚐ Baden-Württemberg; ✉ 69198; ☎ 06203; 🚗 HD; △ 120–435 m; 👥 13000.

Sch., 8 km nördlich von Heidelberg am Rande des Odenwaldes gelegen, ist über die B 3 (Bergstraße) und Autobahn A 5 Heidelberg–Darmstadt (Ausfahrt Ladenburg) zu erreichen. Die St hat Realschule, Gymnasium; Schotterwerke, Obst- und Weinbau; der Stadtteil Schriesheimer Hof ist Luftkurort.

Sch., erstmals 764 urkundlich erwähnt, wurde um 1240 zur St erhoben. Von 1358 bis 1803 gehörte es zur Kurpfalz. 1470 verlor es seine Stadtrechte nach der Einnahme durch Kurfürst Friedrich I. Seit 1476 (bis 1803) war es Gerichts- und Verwaltungssitz der 28 Landorte umfassenden Schriesheimer Zent. Im Dreißigjährigen Krieg (1632) und 1674 wurde Sch. zerstört. 1964 Wiederverleihung der Stadtrechte. – Sehenswert Ruine Strahlenburg. Rathaus (16./17. Jh.) und kath. Pfarrkirche (18. Jh.). – Alljährlich Mathaise-Markt (seit 1579, Frühlings-, Volks- und Weinfest der Bergstraße).

Schrobenhausen

□ 75,36 qkm; ○ Neuburg-Schrobenhausen; ⚐ Bayern; ✉ 86529; ☎ 08252; 🚗 ND; △ 414 m; 👥 14700.

Schrobenhausen, im Städtedreieck München–Ingolstadt–Augsburg zwischen dem Donaumoos und der Holledau gelegen, ist über die B 300 zu erreichen; Bahnstation an der Strecke Augsburg–Ingolstadt. Die St hat Gymnasium, Knabenrealschule, Realschule für Mädchen, Berufs- und Berufsaufbauschule, Landwirtschaftsschule, Musikschule, Sonderschule für Lernbehinderte. Die Landwirtschaft prägt das Umland der Stadt (bedeutendes Spargelanbaugebiet), die St selbst ist Standort bedeutender Industrieunternehmen: Münz- und Prägewerk, Spezialtiefbau, Gasbetonwerk, Kartoffelflocken- und Stärkefabrik, Papier- und Kartonfabrik, Wehrtechnik, Verteidigungssysteme.

Schrobenhausen, erstmals im 8. Jahrhundert urkundlich erwähnt und 1248 zum Markt erhoben, erhielt 1447 das Stadtrecht. Sehenswert die historische Altstadt mit dem Stadtwall und der Stadtmauer, die mit ihren 24 Türmen fast vollständig erhalten ist, die gotische Hallenkirche St. Jakob (15. Jh.), der Marktplatz mit alten Bürgerhäusern (Treppengiebel), das ehemalige herzogliche Schloß (15. Jh., 1912 umgebaut), das Heimatmuseum, das Deutsche Spargelmuseum, die Sattler-Sammlung (Druckwerke, Skizzen, usw. des Grafikers Joseph K. Sattler), das Lenbachmuseum mit Galerie (Geburtshaus des berühmten Porträtmalers Franz von Lenbach, 1836–1904) mit der Hofner-Sammlung (Johann B. Hofner – Aresinger Tiermaler).

Im nahen Ortsteil Sandizell Barockkirche St. Peter (mit Inneneinrichtung von Egid Quirin Asam).

Schrozberg

□ 105,21 qkm; ○ Schwäbisch Hall; ⚐ Baden-Württemberg; ✉ 74575; ☎ 07935; 🚗 SHA; △ 331–492 m; 👫 5500.

Sch. schloß sich im Rahmen der Gebietsreform mit sechs Gemeinden zur St Sch. (1973 Stadterhebung) zusammen. Die St liegt im Hohenloher Land 15 km westlich von Rothenburg ob d. Tauber. Zufahrt über die B 290; Bahnstation an der Strecke Ulm–Crailsheim–Bad Mergentheim–Würzburg/Frankfurt a. M. Sch. hat Realschule; Forstamt; Textil-, Leder- und Metallindustrie, Brauereien, Molkerei; Landwirtschaft.

Sehenswert das ehem. hohenlohische Schloß (heute Stadtverwaltung) aus dem 15.–18. Jh., die ev. Stadtkirche sowie das barocke Residenzschloß der Fürsten zu Hohenlohe-Bartenstein in Bartenstein mit Schloßkirche und Militärmuseum.

Schüttorf

□ 11,23 qkm; ○ Grafschaft Bentheim; ⚐ Niedersachsen; ✉ 48465; ☎ 05923; 🚗 NOH; △ 32 m; 👫 9500.

Sch., 18 km nordwestlich von Rheine an der Vechte und an der B 65 sowie im Kreuzungsbereich der Autobahnen A 30 Osnabrück–Niederlande (Ausfahrt Sch.) und A 31 Oberhausen–Bad Bentheim gelegen, ist Bahnstation an der Strecke Hannover Osnabrück–Hengelo (Niederlande). Die St hat Samtgemeindeverwaltung; Grundschulen, Hauptschule, Realschule, Sonderschule für Lernbehinderte, Volkshochschule (Außenstelle); Textil- und Fleischwarenindustrie, Ziegeleien, Hartsteinwerk, Werkzeugbau und Vertrieb von Betriebs- und Lagereinrichtungen aus Kunststoff, Fabrik für elektrotechnische Artikel.

»Schuttorpe«, erstmals 1154 urkundlich genannt, erhielt 1295 Stadtrecht von den Grafen von Bentheim. Im MA kreuzten sich in Sch. zwei wichtige Handelsstraßen. Ein um 1400 gegründetes Augustinerinnenkloster war von 1588 bis 1650 Universität. Wirtschaftlicher Niedergang der St im Spanisch-Niederländischen (ab 1566) und Dreißigjährigen Krieg. 1608 zerstörte ein Brand den größten Teil von Sch. Im 19. Jh. brachte die Textilindustrie einen neuen wirtschaftlichen Aufschwung.

Sehenswürdigkeiten: Altes Rathaus mit Stufengiebel (15. Jh.; 1945 ausgebrannt, 1950 wieder ausgebaut); Reformierte Kirche (15. Jh.) mit 81 m hohem Turm; Reste der alten Stadtmauer.

Schwabach

□ 40,71 qkm; ○ Kreisfreie Stadt; ⚐ Bayern; ✉ 91126; ☎ 09122; 🚗 SC; △ 339 m; 👫 34700.

Sch., 16 km südlich von Nürnberg gelegen, ist über die B 2, B 466 und über die Autobahn A 6 Nürnberg–Heilbronn (Ausfahrten Sch.-Süd und Sch.-West) zu erreichen; Bahnstation an der Strecke Nürnberg–München. Sch. hat Amtsgericht, Forstamt; Gymnasium, Realschule, gewerbliche, hauswirtschaftliche und kaufmännische Berufsschule, Wirtschaftsschule, Sonderschule für Lernbehinderte; vielseitige Industrie (metallverarbeitende Betriebe (Herstellung von Schrauben, Nadeln, Blattgold, Drahtwaren, Federn, Hochspannungsarmaturen u. a.), Maschinenbau (Diamantziehsteinmaschinen), elektronische Industrie und Kleinstmotorenfabrik, Apparatebau, Papier- und Verpackungsindustrie, Nahrungs- und Genußmittelindustrie, Ziegelei u. a.).

»Suabach«, erstmals 1117 urkundlich erwähnt, wurde um 1300 zum befestigten Marktort ausgebaut. 1364 kam der Mkt an die Burggrafen von Nürnberg (später Markgrafen von Ansbach), 1371 erhielt er das Stadtrecht; seit 1434 bestand in Sch. eine Münze. Nach Sch. benannt ist die „Schwabacher Schrift" (Fraktur), die nach Erfindung der Buchdruckerkunst in Nürnberger und Augsburger Druckereien Verwendung fand. 1529 berieten in Sch. die evangelischen Reichsstände die „Schwabacher Artikel", welche die Grundlage der „Augsburger Konfession" bildeten. Von 1791 bis 1806 gehörte die St zu Preußen; danach wurde Sch. bayerisch.

Sehenswürdigkeiten: Marktplatz mit Rathaus (1528), Markgrafenbrunnen (1716) und fränkischen Fachwerkhäusern; ev. Stadtpfarrkirche St. Johannis (1469–95) mit Hochaltar von Michael Wolgemut (1508, bedeutender Schnitzaltar der Spätgotik) und bemerkenswerter Ausstattung; Stadtmuseum (kulturgeschichtliche und naturkundliche Sammlungen).

Schwabmünchen

□ 55,47 qkm; ○ Augsburg; ⚐ Bayern; ✉ 86830; ☎ 08232; 🚗 A; △ 561 m; 👫 11000.

Sch. liegt 16 km südwestlich von Augsburg auf der Lech-Wertach-Ebene. Die St hat Anschluß an die B 17 und ist Bahnstation an der Strecke

Schwabach, Marktplatz

Augsburg–Lindau (Bodensee). An Behörden und Bildungseinrichtungen besitzt die St eine Zweigstelle des Amtsgerichts Augsburg, Amt für Landwirtschaft und Bodenkultur, Landespolizeiinspektion u.a.; Grundschule, Gesamtschule, Landwirtschaftsschule, Krankenpflegeschule; Leuchtstoff- und Drahtwerk (OSRAM), Milch- und Käsewerk (KRAFT-GmbH), Federnfabrikation (Eberle & Cie), Verlag (Zettler-Kalender) Bekleidungswerk (Schöffel). Sch. ist wirtschaftlicher Mittelpunkt und Einkaufszentrum eines vorwiegend agrarwirtschaftlich orientierten Umlandes.

Sch., erstmals 954 urkundlich genannt, gehörte seit dem 8. Jh. bis zur Säkularisation (1803) zum Hochstift Augsburg; danach kam es an Bayern. 1562 erhielt das Dorf das Marktrecht. Sch. war im 18. und 19. Jh. durch seine Web- und Strickwaren bekannt; Haupterwerbszweig blieb jedoch bis ins 20 Jh. die Landwirtschaft. Nach dem 2. Weltkrieg erlebte Sch., das 1953 zur St erhoben wurde, durch die Ansiedlung namhafter Industriebetriebe einen wirtschaftlichen Aufschwung. – Sehenswert Museum und Galerie, Geyerburg (15. Jh.), Kapelle zu unserer lb. Frau (1489), Kapelle zur schmerzhaften Muttergottes (1742), Pfarr- und Wallfahrtskirche Hl. Kreuz in Klimmach (1705/08), Kapelle St. Antonius in Birkach (1671), Schloß Guggenberg, Hexentürmchen (17. Jh.). – Alljährl. Michaeli-Jahrmarkt (September, seit 1562).

Schwäbisch Gmünd

□ 113,78 qkm; ○ Ostalbkreis; ⚐ Baden-Württemberg; ✉ 73509*; ☎ 07171; 🚗 AA; △ 295–775 m; 👥 57000.

Schwäbisch G., im oberen Remstal zwischen Schwäbischer Alb und Welzheimer Wald gelegen, ist über die B 29 und B 298 zu erreichen. D-Zug-Station der Bundesbahnstrecke Stuttgart–Aalen–Nürnberg. Die St hat Amtsgericht, Hochbauamt, Zollamt; Pädagogische Hochschule, Fachhochschule für Gestaltung, Staatl. Seminare für schulpraktische Ausbildung, Wirtschaftsgymnasium, Wirtschaftsschule, Kaufm. Berufsschule, Realschulen, Berufsfachschule, Gewerbliche Berufsschule, Technisches Gymnasium, Hauswirtschaftl. Gymnasium, Waldorfschule, Sonderschulen, Musikschule, Institut für sozialpädagogische Berufe, Volkshochschule, Abendrealschule, Privatschulen (u.a. Progymnasium), Kreislandwirtschaftsschule, Hauswirtschaftl. Berufsschule, Fachschule Schmuck und Gerät, Hauswirtschaftlich sozialpädagogisches Berufskolleg; Kreiskrankenhaus; – Bedeutendster Wirtschaftszweig ist die Gold- und Silberwarenindustrie (Forschungsinstitut für Edelmetalle und Metallchemie); außerdem Gablonzer Schmuckwaren, Metallwaren- und Uhrenindustrie, Bekleidungs- und holzverarbeitende Industrie, Glashütten, Fertigung von Getrieben und Lenkungen, Friseurmöbel- und Pumpenfabrik.

Eine Klosterzelle G. (»cella Gamundia«) wird erstmals 874 erwähnt. Vor 1162 wurde die um das Kloster angelegte Siedlung von den Staufern zur St erhoben. Nach 1250 gewann Schwäbisch G. die Reichsunmittelbarkeit. Eine wirtschaftliche Blütezeit war das 14. Jh. (Münsterbau, Stadterweiterung). Die Reformation wurde in Schwäbisch G. rigoros unterdrückt (Hinrichtung der Wiedertäufer 1528). Im 15. und 16. Jh. bedeutende Sensenfabrikation, dann nach Absatzkrise Umstellung auf Produktion von Kleinsilberwaren (17./18. Jh.). 1802 kam die St an Württemberg.

Sehenswürdigkeiten Johanniskirche (1220 bis 1250, Pfeilerbasilika mit rätselhaftem Figurenschmuck); Heilig-Kreuz-Münster (Mitte 14. Jh., Hallenkirche mit spätgotischem Chor, eines der schönsten, von den Parlern errichteten Bauwerke Süddeutschlands); Marktplatz (18. Jh.); Dominikanerkirche (1724–64); Rathaus (18. Jh.); ma. Wehrtürme; Städt. Museum. – Schwäbisch G. ist Geburtsort des Baumeisters Peter Parler (1330 bis 1397) und der Maler Jörg Ratgeb (um 1480–1526) und Hans Baldung, gen. Grien (um 1480–1545).

Feste und Veranstaltungen: Internationales Guggenmusiktreffen (Januar/Februar); traditioneller Fasnetumzug; Stadtfest (Juni); Europäische Kirchenmusik (Juli–September); Gmünder Herbst (September); Gmünder Streigen (September/Oktober).

Schwäbisch Hall

□ 104,24 qkm; ○ Schwäbisch Hall; ⚐ Baden-Württemberg; ✉ 74523; ☎ 0791; 🚗 SHA; △ 270–400 m; 👪 31 600.

Schwäbisch H. liegt im tief eingeschnittenen Tal des Kochers umrahmt von den bewaldeten Höhen der Limpurger und Waldenburger Berge im Süden und Westen. Die St ist über die B 14, B 19 und Autobahn A 6 Heilbronn–Nürnberg (Ausfahrt Schwäb. Hall) zu erreichen. Schwäbisch H.-Hessental ist D-Zug-Station an der Bundesbahnstrecke Stuttgart–Nürnberg–Bayreuth. Sportflugplatz in Schwäbisch H.-Weckrieden. Die St hat Kreisverwaltung, Zollamt, Wasserwirtschaftsamt u.a. Behörden; Realschule, Gymnasium, gewerbl. Kreisberufs- und Fachschulen, Kreislandwirtschaftsschule, Hauswirtschaftsschule, Berufsaufbauschule, kaufm. Berufsschulen, Wirtschaftsschule und Wirtschaftsgymnasium, Musikschule, Volkshochschule, Sonderschulen für Lernbehinderte und Bildungsschwache. Industrie: Herstellung von Abfüllmaschinen und Saunaanlagen, Fahrzeug-Anhängern, Elektroartikeln (AEG), Mineralwasserindustrie; Schwäbisch H. ist Sitz der Bausparkasse Schwäbisch Hall. – Die St besitzt eine Heilquelle (Kurbetrieb); Heilanzeigen: Allergische Erkrankungen, Anämie, Appetitlosigkeit, Asthma, Fettsucht, Frauenleiden, Gicht, Katarrhe, Kinderlähmung (Nachbehandlung), Kreislaufstörungen, Lymphatismus, Rheuma, Rachitis, Skrofulose, Stoffwechselkrankheiten.

Bis ins 19. Jh. war die Salzquelle, die bereits von den Kelten genutzt wurde, der bedeutendste Wirtschaftsfaktor der St. 1037 wird Schwäbisch H. erstmals urkundlich erwähnt; im 12. Jh. war es staufische Adelsstadt und Prägestätte des berühmten „Hellers“. 1276 erhob Rudolf von Habsburg H. zur Reichsstadt. Die Adelsherrschaft wurde 1512 nach mehreren „Zwietrachten“ gebrochen. Im 16. Jh. erlebte H. eine politische und kulturelle Blütezeit. Nach dem Dreißigjährigen Krieg verlor die

Schwäbisch Hall

Stadtrepublik ihre politische Bedeutung, wahrte sich aber durch den Salzhandel ihre wirtschaftliche Kraft. 1728 zerstörte ein Großbrand zwei Drittel der Altstadt. 1802/03 kam Schwäbisch H. an Württemberg.

Baudenkmäler und Kunstwerke: Münster St. Michael (1140–56; Langhaus und Chor 15./16. Jh.) mit großartiger Freitreppe (1507) und bedeutender Innenausstattung; Rathaus (1732); Marktbrunnen (1509); Kirche St. Katharina (13./14. Jh.); Kirche St. Johann (beg. um 1200, Chor Ende 14. Jh.). Malerische Altstadt mit Bürgerhäusern am Markt, Fachwerkhäusern, Brücken, Türmen und Resten der alten Stadtbefestigung. Die St wird beherrscht von der mächtigen Klosterburg Komburg (äußerer Mauerring 1562 bis 1575) mit dem Münster St. Nikolaus (1707–17; bedeutende romanische Innenausstattung). Gegenüber von Großkomburg liegt das ehem. Benediktinerinnenkloster Kleinkomburg (Kirche 1. Hälfte des 12. Jh.). – Alljährlich Freilichtspiele auf der großen Freitreppe (1700 Zuschauer) von St. Michael (Juni–August); Kuchen- und Brunnenfest der Salzsieder (Pfingsten); Sommernachtsfest (August); Bürgerwehrtreffen mit Internationalem Schwarzpulverschießen (August/September).

Schwaig b. Nürnberg

□ 5,91 qkm; ○ Nürnberger Land; ⚐ Bayern; ✉ 90571; ☎ 0911; 🚗 LAU; △ 322 m; 👪 8200.

S. (mit Ortsteil Behringersdorf) liegt 10 km östlich von Nürnberg beiderseits der Pegnitz. Die Gm ist über die B 14 und über die Autobahnen A 3 Würzburg–Regensburg (Ausfahrt Nürnberg-Mögeldorf und Behringersdorf) und A 9 München–Nürnberg–Hof (Ausfahrt Autobahnkreuz Nürnberg) zu erreichen; Bahnstation an der Strecke Nürnberg–Bayreuth; S-Bahn-Halt der Verbindung Nürnberg–Lauf. Sch hat Grundschulen, Teilhauptschule; mittelständische Industrie- und Gewerbebetriebe (Maschinenbau, Fahrzeugbau, Fabrikation von Bekleidung und Arzneimitteln, Metall- und Kunststoffverarbeitung. Herstellung von Stahlbetonfertiggaragen, Stahl- und Baustoffhandel u. a.).

Der Ort Sch. verdankt seine Entstehung der Imkerei in den ausgedehnten Wäldern (Reichswald) um Nürnberg. »Sweiga« (ahd. „umhegter Weideplatz") gehörte in der 1. Hälfte des 14. Jh. den Grafen von Nassau. 1360 ging es an die Burggrafen von Nürnberg über. Später waren Nürnberger Patrizierfamilien die Besitzer. Nach 1900 entwickelte sich Sch. von einer kleinen Landgemeinde (400 EW) zum Wohnvorort von Nürnberg (Auspendler).

Behringersdorf erhielt seinen Namen von »Berengar«, einem Gefolgsmann des Burggrafen von Nürnberg. 1319 wurden die burggräflichen Güter von der Burggrafentochter Anna und ihrem Gemahl, dem Grafen Emich von Nassau, an die Nürnberger Patrizierfamilie Schürstab zu Erbrecht verliehen. 1514 ging der Besitz an die Patrizierfamilie Tucher über, deren im 16. und 18. Jh. erbaute Herrensitze noch heute vorhanden sind.

Schwaigern (Württ.)

□ 49,49 qkm; ○ Heilbronn; ⚐ Baden-Württemberg; ✉ 74193; ☎ 07138; 🚗 HN; △ 190 m; 👥 9300.

Sch., 12 km westlich von Heilbronn im Leintal am Nordrand des Heuchelberges gelegen, ist über die B 293 und Autobahn A 6 Heilbronn–Walldorf–Mannheim (Ausfahrten Heilbronn-Untereisesheim und Bad Rappenau) zu erreichen. Bahnstation an der Strecke Heilbronn–Karlsruhe. Die St hat Grundschulen, Hauptschule, Realschule, Sonderschule für Lernbehinderte; metall- und kunststoffverarbeitende Industrie, Speditionen; Weinbau.

Sch., erstmals 766 im Lorscher Kodex erwähnt, war seit 1250 Sitz der Grafen von Neipperg. 1372 erhielt es Stadtrechte, 1486 die Marktgerechtigkeit. – Sehenswert die Stadtkirche (8. Jh., von 1514–19 durch Anfügung eines breiten got. Schiffes erweitert; bemerkenswerte Ausstattung, u. a. ein Flügelaltar von Jörg Ratgeb), das Neippergsche Rokokoschloß (18. Jh.) mit Schloßpark und „Hexenturm" sowie Reste der ma. Stadtbefestigung; bei Sch. größtes Menschenaffengehege der Bundesrepublik.

Schwalbach am Taunus

□ 6,47 qkm; ○ Main-Taunus-Kreis; ⚐ Hessen; ✉ 65824; ☎ 06196; 🚗 MTK; △ 135 m; 👥 14600.

Sch. a. Ts., 17 km westlich von Frankfurt a. M. am Fuß des Taunus gelegen, ist über die B 8 und die Autobahn A 66 Wiesbaden–Frankfurt a. M. (Ausfahrt Frankfurt-Höchst) zu erreichen; S-Bahn-Verbindung nach Frankfurt a. M. Die St hat Grundschulen, Gesamtschule, Volkshochschule, Bundesbildungsstelle der IG Bau-Steine-Erden; Hauptverwaltungen der Unternehmen Procter & Gamble, VDO und HADEKA; kleinere und mittlere Industrie- und Gewerbebetriebe.

»Sualbach«, erstmals 781 urkundlich erwähnt, war seit dem 13. Jh. Sitz der reichsfreien Ritter von Schwalbach. Das Dorf, das bis Ende des 18. Jh. wechselnden kleineren Herrschaften unterstand, kam 1803 an Nassau-Saarbrücken. Bemerkenswert: Fachwerkbau des Alten Rathauses (um 1700 erbaut) und Pfarrkirche St. Pankratius (1756). – Sch. entwickelte sich nach dem 2. Weltkrieg zur aufstrebenden Wohngemeinde im Wirtschaftsraum von Frankfurt (Wohnstadt „Limes"); 1970 erhielt die Gm das Stadtrecht.

Schwalbach (Saar)

□ 27,3 qkm; ○ Saarlouis; ⚐ Saarland; ✉ 66773; ☎ 06834; 🚗 SLS; △ 190–330 m; 👥 19000.

Sch., 15 km nordwestlich von Saarbrücken an der B 51 und Autobahnen A 8 Pirmasens–Merzig (Ausfahrt Sch.) und A 620 (Ausfahrt Saarlouis) gelegen, hat Grund- und Hauptschulen; Steinkohlenbergbau, kleinere und mittlere Industrie- und Gewerbebetriebe.

»Sualpach« ist erstmals 1222 in einer Urkunde bezeugt. Der Ort und die umliegenden Dörfer »uff der Bach« gehörten durch Jahrhunderte bis zur Französischen Revolution zur Grafschaft Nassau-Saarbrücken. Nach der französischen Besatzung kam Sch. 1815 an Preußen.

Sehenswerte stillgelegte Industriedenkmäler (Zechensaal des Ensdorfer Schachtes, Eisenbahnschacht Griesborn, Ney-Schacht u.a.), Bildsäulen und Grenzsteine. – Alljährlich Aufführungen der Freilichtbühne Sch.-Hülzweiler, Ostermarkt in Hülzweiler, Bachtalfest in Sch.-Elm, Volksfest in Sch.

Schwalmstadt

□ 84,74 qkm; ○ Schwalm-Eder-Kreis; ⚐ Hessen; ✉ 34613; ☎ 06691; 🚗 HR; △ 210–310 m; 👥 18000.

Sch., 1971 durch Zusammenschluß der beiden Städte Treysa und Ziegenhain und weiteren 11 Nachbargemeinden entstanden, liegt am Kreuzungspunkt der B 254 und B 454 im Schwalmtal im oberhessischen Bergland; Anschluß an die (im Bau befindliche) A 49; D-Zug-Station an der Strecke Frankfurt a.M.–Kassel. Die St hat Amtsgericht, Justizvollzugsanstalt, Landwirtschafts- und Forstamt, Garnison der Bundeswehr; Gymnasium, Realschule, Gesamtschule, Kreisberufsschule, Sozialpädagogische Fachschule, Diakonenschule, Landwirtschaftsschule, Sonderschulen; Kreiskrankenhaus, Nervenklinik des Diakoniezentrums Hephata (zweitgrößte nach Bethel); vielseitige Industrie (Schuhfabrik, Kunststoffherstellung und -verarbeitung, Herstellung von Stilmöbel, Textilindustrie, Brauerei). Sch. ist wirtschaftlicher und kultureller Mittelpunkt sowie Einkaufszentrum für das vorwiegend land- und forstwirtschaftlich strukturierte Umland.

Der Stadtteil Treysa, erstmals 786 urkundlich genannt, war bereits im MA wichtiger Straßenkreuzungspunkt und Übergangstelle an der Schwalm. Der zur Grafschaft Ziegenhain gehörende Ort erhielt in der 1. Hälfte des 13. Jh. das Stadtrecht. Auch unter den hessischen Landgrafen (seit 1450) behielt T. seine Bedeutung. Im Dreißigjährigen Krieg wurde die St völlig niedergebrannt (1640). Durch den Zuzug von glaubensvertriebenen französischen Hugenotten im Jahre 1699 erlebte T. einen bedeutenden wirtschaftlichen Aufschwung. Mit dem Bau der Main-Weser-Bahn (Mitte des 19. Jh.) und zweier Nebenstrecken nach Eschwege und Bad Hersfeld wurde T. Eisenbahnknotenpunkt. Nach dem 2. Weltkrieg, den die St unbeschädigt überstand, wurden zahlreiche Heimatvertriebene ansässig.

Sehenswürdigkeiten: Rathaus (1649, geschieferter Anbau 1696); Marktplatz mit Johanniskumpf (Brunnenfigur 1683); „Totenkirche“ mit „Buttermilchturm“ (ca. 1230–1250,

Schwalmstadt, Totenkirche

dreischiffige Basilika, ehem. Pfarrkirche St. Martin, Ruine); Stadtkirche (um 1350, Kirche des ehem. Dominikanerklosters, zweischiffiges Kirchenschiff, historische Grabdenkmäler, barocke Orgel); Reste der mittelalterl. Stadtbefestigung (Stadtmauer, Hexenturm, 13. u. 14. Jahrhundert); Hospital zum hl. Geist (Kapelle und Nebengebäude, um 1367 erstmals erwähnt); Fachwerkhäuser im Bereich der hist. Altstadt.

Feste und Veranstaltungen: Hutzelkirmes (August), Michalies-Markt (September), Scherzmarkt (Dezember).

Der Stadtteil Ziegenhain wird erstmals 1144 als „Cigenhagen“ urkundlich erwähnt, ist vermutlich aber älter. Im Jahre 1183 wird Ziegenhain als „castrum“ (militärisches Lager) bezeichnet, 1274 als „oppidum“ (Stadt). Burg und Stadt Ziegenhain waren Sitz des gleichnamigen Grafengeschlechtes. Von einiger politischer Bedeutung war die Grafschaft Ziegenhain lange Zeit wegen ihrer Lage an den „langen Hessen“ (mittelalterl. Handelsstraße) und der günstigen geographischen Position zwischen Nieder- und Oberhessen. Nach dem Tode des letzten Grafen von Ziegenhain fiel die Grafschaft 1450 an den hessischen Landgrafen. Um 1470 wurde die Burg zunächst zum Jagdschloß, ab 1537 dann zur Wasserfestung umgebaut. Bis zum 7jährigen Krieg blieb sie uneinnehmbar, 1807 wurde sie geschleift (zerstört). 1821 wurde Ziegenhain Kreisstadt des neugebildeten Kreises Ziegenhain.

Ziegenhain ist Mittelpunkt der Schwalm – einem alten Trachtengebiet. In den umliegenden Dörfern tragen noch die alten Frauen Schwälmer Tracht.

Ein berühmter Sohn der Stadt ist Prof. Carl Bantzer (1857–1941), einer der bekanntesten Künstler aus der Malerkolonie Willingshausen.

Sehenswürdigkeiten: Gebäude der ehemaligen Wasserfestung (jetzt Justizvollzugsanstalt) mit Wallgrabenanlage und Schloß; Stadtkirche (1665/67); Steinernes Haus (14. Jh., 1659–1661 zur heutigen Form umgebaut, Sitz des Festungskommandanten, später Landratsamt, seit 1938 Museum der Schwalm mit Kunstkabinett); zahlreiche alte Fachwerkhäuser (ehem. Rathaus, ehem. Burgmannensitz).

Veranstaltungen und Feste: Salatkirmes (zwei Wochen nach Pfingsten – Heimatfest mit großem Trachtenfestzug); Schwälmer Weihnachtsmarkt.

Schwalmtal (Niederrhein)

□ 48,12 qkm; ○ Viersen; ⚐ Nordrhein-Westfalen; ✉ 41366; ☎ 02163; 🚗 VIE; △ 50 m; 👥 14600.

Sch. ist 1970 im Rahmen der Gebietsneuordnung durch Zusammenschluß der ehem. Gemeinden Amern und Waldniel entstanden. Die Gm liegt 15 km westlich von Mönchengladbach an der Schwalm und an der B 230; Anschluß an die Autobahn A 44 Düsseldorf–Schwalmtal (Ausfahrt Sch.). Sch. hat Realschule, Gymnasium; Draht-, Textil- und Nahrungsmittelindustrie; Fremdenverkehr.

Sehenswert der bis zur niederländischen Grenze sich erstreckende Tier- und Naturpark Maas-Schwalm-Nette mit dem 4 km westlich vom Ortsteil Waldniel gelegenen Hariksee.

Schwandorf i. Bay.

□ 123,75 qkm; ○ Schwandorf i. Bay.; ⚐ Bayern; ✉ 92421; ☎ 09431; 🚗 SAD; △ 360 m; 👥 27400.

Die Große Kreisstadt Sch., an der Naab in der Oberpfalz gelegen, ist Verkehrsknotenpunkt (Kreuzung der Bundesstraßen 15 und 85; Anschluß an die Autobahn A 93 Regensburg–Weiden (Ausfahrten Sch. und Sch.-Fronberg); Bahnknoten und D-Zug-Station der Strecken München–Hof und Nürnberg–Furth i. Wald–Pilsen, CSFR). Die St hat Amts- und Arbeitsgericht, Arbeitsamt, Landratsamt, Finanzamt u. weitere Behörden; Gymnasium, Realschulen, Fachoberschule, Berufs- und Berufsaufbauschule, Hauswirtschaftsschule, Krankenpflegeschule, Volkshochschule, Sonderschule für Lernbehinderte; Tonwaren- und Porzellanindustrie, Autozubehör- und Schreibmaschinenindustrie; Dampfkraftwerk (Bayernwerk AG).

»Suainicondorf«, erstmals 985 urkundlich erwähnt, erhielt 1299 Amberger Stadtrecht. Die St wurde im 15. Jh. befestigt und 1504 im Landshuter Erbfolgekrieg völlig zerstört. Bis Mitte des 19. Jh. blieb Sch. ein bescheidenes Landstädtchen. Nach dem Anschluß an das Eisenbahnnetz (1859) erfolgten die ersten Industrieansiedlungen.

Erhalten blieb vom spätmittelalterlichen Stadtkern der historische Marktplatz mit der Pfarrkirche St. Jakob (um 1400) und einige Reste der Stadtbefestigung (Blasturm, 15. Jh.). Das Marienmünster auf dem Kreuzberg (Wallfahrtskirche von 1678) wurde nach dem Kriege in modernem Barock wiederaufgebaut. – Sehenswert das Heimatmuseum und Oberpfälzer Künstlerhaus. – Alljährlich Pfingstvolksfest; alle zwei Jahre Bürgerfest (Sommer) und Oberpfälzer Herbstausstellung.

Schwanewede

□ 132,16 qkm; ○ Osterholz; ⚐ Niedersachsen; ✉ 28790; ☎ 04209; 🚗 OHZ; △ 12 m; 👥 16800.

Sch. grenzt unmittelbar an die nördlichen Stadtteile von Bremen. Die Gm hat Anschluß an die Autobahn A 27 Bremen–Cuxhaven (Ausfahrt Sch.). Sch. besitzt Arbeitsamt; Grundschulen, Sonderschule, Gesamtschule, Berufsbildende Schulen, Abendhochschule; Garnison der Bundeswehr.

Sch. wird erstmals urkundlich 1203 erwähnt. Der Ort war Sitz der Ritter von Schwanewede, deren Geschlecht bis ins 19. Jh. existierte. – Im Rahmen der Gebietsneuordnung schloß sich Sch. 1974 mit elf Umlandgemeinden zusammen.

Schwarzburg/Thür.

□ 14,65 qkm; ○ Rudolstadt; ⚐ Thüringen; ✉ 07427; ☎ 036730; 🚗 RU; △ 300–385 m; 👥 1000.

Den Erholungsort Schw. im Thüringer Wald erreicht man über die A 4 / E 40, Ausfahrten Weimar oder Apolda (jeweils ca. 50 km), über die A 9 / E 51, Ausfahrten Triptis (ca. 60 km) oder Hirschberg/Lobenstein (ca. 75 km). Die B 88, 90 und 281 führen durch Saalfeld bzw. Bad Blankenburg, von wo aus Schw. nach 13 km zu erreichen ist. Bf. an der Reichsbahnstrecke Saalfeld/Rudolstadt–Bad Blankenburg–Schw.–Katzhütte. Der nächste Flughafen ist Erfurt (ca. 70 km).

Schw. hat Gemeindeverwaltung und Kurverwaltung.

Bildungseinrichtungen: Grundschule, Fachhochschule für Forstwirtschaft.

Kulturstätten: Museum Kaisersaal.

Schw. ist Erholungsort und hat keinerlei Industrie oder Landwirtschaft.

Geschichte: Der Ort hat seinen Namen von der Burg, die auf einem Felsen im Tal der Schwarza steht. Vor mehr als 900 Jahren ist die „swartzinburg" erstmals genannt worden. Sie war einer der Grenzpunkte des einstigen Reichsgutes Orla und hatte die sich festigende Feudalordnung zu schützen. Die letzten fränkischen Herrscher Thüringens bevorzugten die Käfernburg bei Arnstadt oder die Schwarzburg (seit Mitte des 12. Jh.) als Residenz. Die käfernburgische Linie erlosch 1385, die sich verzweigenden schwarzburgischen Linien wurden nach den Wohnsitzen ihrer Mitglieder unterschieden. Im 14. Jh. war die Burg unter zwei Burgherren aufgeteilt. Die Entwicklung der Feuerwaffen und der Belagerungsgeschütze minderten den militärischen Wert der Feudalburgen. Sie verfielen oder gewannen als Residenzschlösser an Bedeutung. So auch die Schwarzburg, die bei den letzten Landesteilungen zwischen 1571 und 1599 an das spätere Fürstenhaus Schwarzburg-Rudolstadt fiel. Zwei Brände, einer 1695, ein zweiter 1726, richteten große Schäden an. Aus den Trümmern und unter Einbeziehung erhalten gebliebener Gebäude entstand in den folgenden 12 Jahren das bekannte Barock- und Rokokoschloß, das bis 1940 erhalten blieb. Bei dem dann beginnenden Umbau gingen viele Kunstwerke verloren. Es sollte ein „Reichsgästeheim" mit modernen Gebäuden in alten Fassaden errichtet werden. Später mußte der Bau eingestellt werden, und zurück blieb eine Ruine. Von der einstigen Pracht war wenig geblieben, so das leere Kaisersaalgebäude, der unterfangene Turm und die Grundmauern des Haupthauses. In aufwendiger Arbeit ist der Kaisersaal wieder restauriert worden und der Öffentlichkeit zugänglich. Das Dorf am Fuße der Burg wird erstmals 1370 genannt. Die Bewohner waren Dienstleute der Burg, Köhler, Zimmerleute, fachkundige Forstmänner, auch Bergleute und Hammerschmiede. Kurze Zeit und in geringem Umfang ist aus der Schwarza sogar Gold gewaschen worden. Die Geschichte von Schw. als Erholungsort begann in der ersten Hälfte des vorigen Jahrhunderts. Goethe, Schiller, Humboldt und Jean Paul gehörten zu den Bewunderern dieser einzigartigen Landschaft.

Baudenkmäler und Sehenswürdigkeiten: Museum Kaisersaal; Schloßruine Schw. Der Trippstein und der Schwarzburgblick gehören zu den schönsten Aussichtspunkten im Thür. Wald. In unmittelbarer Nähe befinden sich die Oberweißbacher Bergbahn, das Fröbel-Museum Bad Blankenburg, Schloß Heidecksburg in Rudolstadt und die Klosterruine Paulinzella.

Freizeit: Reittouristik (Haflinger-Pferde), Schwimmbad, Kegelbahn, Kutschfahrten im Schwarzatal, Campingplatz.

Schwarzenbach a. d. Saale

□ 55,85 qkm; ○ Hof; ⚐ Bayern; ✉ 95126; ☎ 09284; 🚗 HO; △ 504 m; 👥 8300.

Sch., an der Saale am Nordrand des Fichtelgebirges gelegen, ist über die B 289 zu erreichen; Bahnstationen an der Strecke Würzburg–Bamberg–Hof und Regensburg–Weiden–Hof. Die St hat Grund- und Hauptschule; Porzellan- und Maschinenindustrie, Schuhfabrik, Herstellung von technischen Selbstklebebändern, Preßhefe- und Spirituosenfabrik, Vliesstoffwerk.

Sch., eine Gründung um die Wende vom 10. zum 11. Jh., erhielt 1610 das Marktrecht. Von 1710 bis 1836 gehörte der Ort den Fürsten von Schönburg-Waldenburg, die ein Schloß errichten ließen. 1844 wurde Sch. durch König Ludwig von Bayern zur St erhoben. – Jean Paul, der berühmte Dichter und Philosoph, war von 1790–94 als Hauslehrer in Sch. tätig.

Schwarzenbach a. Wald

□ 36,8 qkm; ○ Hof; ⚐ Bayern; ✉ 95131; ☎ 09289; 🚗 HO; △ 430–730 m; 👥 5600.

Sch., höchstgelegene St im Frankenwald an der Wasserscheide zwischen Rhein und Elbe zu Füßen des Döbraberges (795 m), ist über die B 173 zu erreichen und hat Anschluß an die Autobahn A 9 Nürnberg–Berlin (Ausfahrten Hof/Naila und Münchberg-Nord). Die St hat Grund- und Hauptschule; Textilindustrie, Pelzwaren- und Tachometerfabrikation. Sch. ist

Ferienort im Naturpark Frankenwald (Wintersport).

Erste urkundliche Erwähnung 1388. Marktrecht erhielt Sch. 1493. Im Spätmittelalter siedelten die Burggrafen von Nürnberg die ersten Weber an. Auch der Bergbau war von wirtschaftlicher Bedeutung. 1954 wurde Sch. zur Stadt erhoben.

Aussichtsturm auf dem Döbraberg.

Schwarzenbek

□ 11,55 qkm; ○ Herzogtum Lauenburg; ⚐ Schleswig-Holstein; ✉ 21493; ☎ 04151; 🚗 RZ; △ 45 m; 👥 11300.

Sch. liegt 35 km östlich von Hamburg am Ostrand des Sachsenwaldes und am Schnittpunkt der B 207, B 209 und B 404; Anschluß an die Autobahn A 24 Hamburg–Berlin (Ausfahrt Sch./Grande). Bahnstation an der Strecke Hamburg–Berlin. Sch. hat Amtsverwaltung Sch.-Land; Realschule, Gymnasium mit Aufbaugymnasium, Volkshochschule, Sonderschule für Lernbehinderte; Präzisionswerkzeugfabrik, Holzindustrie.

Vor 1250 errichtete der Ritter Wulf »to Swartebeke« eine Burg, in deren Schutz der Ort Sch. entstand. Mit dem Aussterben des Gründergeschlechts kam Sch. Ende des 15. Jh. an die Herzöge von Lauenburg, die hier zeitweilig residierten. 1689 fiel der Ort mit dem Lauenburger Land an das Kurfürstentum Hannover. Von 1815 bis 1864 unterstand Sch. der dänischen Krone; danach gehörte es zu Preußen. Mit der Ansiedlung von Industrie und durch Aufnahme von Vertriebenen verzeichnete die ursprünglich vorwiegend bäuerliche Gm nach dem 2. Weltkrieg einen starken Bevölkerungszuwachs (1938 2200 EW). 1953 erhielt Sch. das Stadtrecht.

Schwarzenberg

□ 15,85 qkm; ○ Schwarzenberg; ⚐ Freistaat Sachsen; ✉ 08340; ☎ 03774; 🚗 SZB; △ 427–561 m; 👥 20400.

Sch. wird erreicht auf der A 72 / E 441 (Ausfahrt Stollberg – 28 km) und auf der B 101, die durch die St führt. Bf. an der Reichsbahnstrecke Zwickau–Aue–Sch.–Annaberg-Buchholz; Zweigbahn Sch.–Johanngeorgenstadt–(Karlsbad). Nächste Flugplätze sind Hof (ca. 80 km) und Dresden-Klotzsche (ca. 110 km).

Sch. hat Stadt- und Kreisverwaltung, Arbeitsamt, Schulamt, Kreisgericht, Polizeistation, Landratsamt, Sächsisches Forstamt Pöhla und Grünhain.

Bildungseinrichtungen: Grundschulen, Realschulen, Gymnasien, Förderschulen für Lernbehinderte und Geschädigte, Technisches und Wirtschaftswissenschaftl. Gymnasium, Klöppelschule.

Kulturstätten: Museum „Erzgebirgische Eisen und Zinn" im Schloß Sch.; Galerie „S"; FEIERSTÄTTE – eine der größten Freilichtbühnen Dtlds.; Stadtbibliothek.

Wirtschaft: Schwarzenberger Eisengießerei GmbH, Formenbau GmbH, Waschgeräte GmbH Schwarzenberg, Metallwarenindustrie.

Geschichte: Landarme Bauern aus Franken und der Oberpfalz kamen um 1150 in das Schwarzenberger Gebiet. Im Zuge der planmäßigen Besiedelung entstanden Burg und Stadt. Die Burg diente dem Schutz der Paßstraße nach Böhmen. Die erste urkundliche Erwähnung als St datiert von 1282. Als erste meißnische Lehensträger auf der Burg sind die Elsterberg-Lobdeburger im Jahre 1334 nachgewiesen. Danach hatten Otto von Leisnig und über vier Generationen die Tettauer den Herrensitz inne. 1553 kaufte Kurfürst Johann Friedrich von Weimar die gesamte Herrschaft, verlor sie aber im Schmalkaldischen Krieg 1547 an den Wettiner Kurfürsten Moritz.

Im 16. Jh. wurde Sch. Mittelpunkt eines großen Bergreviers. Der Bergbau auf Eisen und Zinn ging nach 1850 wegen Erschöpfung der Lagerstätten stark zurück. Kriege, Seuchen und Stadtbrände brachten wiederholt Not und Elend über die Bevölkerung. Der letzte große Stadtbrand war 1824. So, wie die Altstadt damals wieder aufgebaut worden ist, präsentiert sie sich noch heute. Zu Beginn des 20. Jh. vergrößerte sich Sch. durch Eingemeindung der Orte Sachsenfeld, Neuwelt und Wildenau. Es entstand der Ortsteil Sch.-Neustadt. Nach Ende des Zweiten Weltkrieges blieb Sch. unbesetzt. Am 11. 5. 1945 übernahmen Sozialisten und Sozialdemokraten die Macht, bis am 21. 6. 1945 sowjetische Truppen einmarschierten. In den folgenden Jahrzehnten entstanden die Stadtteile Hofgarten, Heide und Sonnenleithe.

Baudenkmäler und Sehenswürdigkeiten: Schloß Sch. – die Anfänge stammen aus dem Jahre 1150, Umbau zum kurfürstl. Jagdschloß 1555/58, die jetzige Gestalt erhielt es im 19. Jh.; es beherbergt das Museum „Erzgebirg. Eisen und Zinn". Kirche St. Georgen, erbaut 1690–99, Innenausstattung im Stile des Barock, bemerkenswert sind die freitragende Decke und das Altargitter mit bergmänn. Motiven. Altstadt unter Denkmalschutz; Ratskeller mit Jugendstil; überdachte Holzbrücke im Stadtteil Neuwelt (Hammerbrücke) aus dem 18. Jh.

Periodische Veranstaltungen: ERGEBA (Erzgebirgsausstellung), Pfingstvolksfest, Kirmes, Schützenfest, Sch.er Weihnachtsmarkt vom 2. zum 3. Advent.

Schwarze Pumpe

○ Landkreis Spremberg; ⚐ Brandenburg; ✉ 03139; ☎ 03564; 🚗 SPB; △ ca. 70 m; 👫 2950.

Die Gemeinde Schw.P. erreicht man auf der A 13 / E 55, Aufahrt Großräschen (ca. 32 km), und auf den B 97 und B 156, die in der Gemeinde aufeinander treffen. Der nächste Bf. ist Spremberg (ca. 6 km) an der Strecke Berlin-Cottbus-Görlitz. Der nächste Flughafen ist in Dresden-Klotzsche (ca. 95 km).

Schw.P. hat Gemeindeverwaltung.

Bildungseinrichtungen: Gesamtschule „Geschw. Scholl".

Wirtschaft und Industrie: Energiewerke Schwarze Pumpe AG; Bauindustrie, mittelständische Unternehmen, Handwerk, Dienstleistungen; Ökologische Landwirte GmbH Terpe/Proschim.

Geschichte: Nach der Chronik soll im 7. Jh. ein Herr von Trepp in Terpe ein Rittergut erbaut haben. Die slawische Bevölkerung des Dorfes lebte vom Ackerbau und vom Fischfang in den umliegenden acht Teichen der sumpfigen Gegend. 1517 raffte die Pest alle Einwohner bis auf drei Frauen dahin, die sich mit drei von der Pest verschonten Männern aus dem Nachbarort Sabrodt vermählten. Am 31. 10. 1810 brannte das Dorf nieder. Nach dem Neuaufbau präsentiert es sich noch heute als sorbisches Reihendorf. Um die sich Ende des 18. Jh. entwickelnde Tuchindustrie in Spremberg mit Brennstoffen zu versorgen, wurde der Abbau der Braunkohle im Tage- und Tiefbau betrieben. 1921 erfolgte der Aufbau der Arbeitersiedlung „Brigittenhof", um schlesische Wanderarbeitskräfte seßhaft zu machen. 1945 nannte man die Grube Brigitta in Braunkohlenwerk „Spreetal" um. Am 31. 8. 1955 erfolgte der 1. Spatenstich im Ortsteil Pumpe der Gemeinde Terpe zum größten europäischen Kohleveredelungskombinat. Im Zuge des Aufbaus dieses Kombinates und der dazugehörigen Wohnsiedlung beschloß der damalige Bezirkstag in Cottbus, die Gemeinde Terpe mit Wirkung von 31. 12. 1960 in Schwarze Pumpe umzubenennen.

Schwedt/Oder

□ 76 qkm; ○ Kreisfreie St; ⚐ Brandenburg; ✉ 16303; ☎ 03332; 🚗 SDT; △ ca. 48 m; 👫 50000.

Sch. ist zu erreichen auf der A 11 / E 28, Ausfahrten Joachimsthal (ca. 35 km), Prenzlau (ca. 26 km) oder Penkun (ca. 38 km), sowie auf der B 2 und B 166, die sich in der St kreuzen; Endbahnhof der Reichsbahnstrecke Angermünde-Schwedt/Oder; die Lage an dem schiffbaren Fluß bietet Möglichkeiten für Transporte auf dem Wasserwege bis zur Ostsee, Skandinavien, Nordsee, Süd-Dtld. und das schlesische Industriegebiet. Der nächste Flughafen ist Berlin/Schönefeld (ca. 120 km).

Bildungseinrichtungen: Grundschulen, Gesamtschulen, Gesamtschule mit gymnasialer Oberstufe, Gymnasien; Musikschule; Volkshochschule; für die Berufsausbildung Oberstufenzentrum mit gewerblich-technischem Bereich, bautechnischem Bereich und gymnasialer Oberschule; Bibliotheken; Internatsplätze für beruflich Auszubildende; Förderschulen für Lernbehinderte und geistig Behinderte.

Wirtschaftliches: Petrochemie und Kraftstoffe AG (PCK AG), eine der größten Raffinerien in der Bundesrepublik Dtld.; Schwedt Papier und Karton GmbH (SPK GmbH); Tapetenfabrik Schwedt/Oder; Fasergußanlage (Hartmann GmbH); Schwedt Schuh GmbH; Elektro-Apparate-Werk (EAW AG); Baubetriebe; Transportunternehmen.

Geschichtliches: In einer pommerschen Urkunde wurde Sch. 1265 erstmals als St erwähnt; sie ist laut schriftlichem Nachweis seit 1287 als Münzort bekannt. 1560 errichtete man an Stelle des alten Amtshauses das erste Schloß. Dorothea, zweite Frau des Kurfürsten von Brandenburg, erwarb die St 1570 aus ihrer Privatschatulle für 26500 Taler. Während des 30jährigen Krieges war Sch. 1630/31 schwedischer Etappenplatz, 1637 zerstörten die Schweden die St; 1681 fiel Sch. erneut einer Zerstörung zum Opfer, diesmal durch Feuersbrunst. Danach wurde es weitgehend neu angelegt und erhielt ein gitterförmiges Straßennetz. Nach Aufhebung des Ediktes von Nantes wanderten 1685 etwa 200000 französisch-reformierte Hugenotten nach Brandenburg ein, die den Tabakanbau mitbrachten; in Sch. wurde eine französische Kolonie errichtet. 1771 baute man ein Theater für 400 Besucher. In den nachfolgenden Jahren entwickelte sich Sch. zu einer der ersten Theaterstädte in Dtld. In das Jahr 1828 fällt der Bau der Fernverkehrsstraße Berlin–Stettin, die durch Sch. führt. Der erste öffentliche Tabakmarkt fand 1858 statt. Mit den Vorarbeiten zur Anlage des Großschiffahrtsweges Berlin–Stettin wurde 1906 begonnen. Gegen Ende des 2. Weltkrieges wurde die St zur Festung erklärt, noch am 20. April 1945 sinnlos zerstört und sechs Tage später besetzt. Durch die Kämpfe an der Oder waren von Sch. nur noch 15% der Bausubstanz übriggeblieben. 1958 setzte eine stürmische Aufwärtsentwicklung ein. Es entstand ein beachtliches Industriezentrum mit neuen Großwerken, darunter ein Fabrikkomplex zur Herstellung von Druckpapieren und Kartonagen sowie das Erdölverarbeitungswerk. Im Jahre 1961 erhielt Sch. den Status einer kreisfreien St, 1977 zählte es bereits wieder 50 000 EW.

Sehenswürdigkeiten und Kulturelles: Sch. gilt als Brücke zum Osten und traditioneller Grenzübergang, charakterisiert durch die Lage am dt.-polnischen Nationalpark mit einer einzigartigen Landschaft vor den Toren. Als größte St der Uckermark bildet sie zugleich das kulturelle Zentrum der Region. Mit einer Zuschauerkapazität von 1100 Plätzen in drei Veranstaltungshäusern setzen die „Uckermärkischen Bühnen Schwedt" die Tradition der Markgrafenzeit fort. – Zu den bedeutsamen kulturhistorischen Bauwerken zählen u.a. der Berlischky-Pavillon (1776/79), ehem. errichtet als Kirche der französisch-reformatorischen Gm und Begräbnisstätte der Markgrafen von Brandenburg/Schwedt, nach Umbau (1980/84) Konzerthalle; evangelische Stadtkirche St. Katharinen (14. Jh.), zum kreuzförmigen Zentralbau im 17. Jh. umgebaut; Dorfkirche Heinersdorf, Granitquaderbau (13. Jh.), Rekonstruktionen 1741 und 1892, Barockaltar (um 1750); katholische Kirche (1895/98), neugot. Ziegelbau; spätbarockes Gutshaus (18. Jh.) in Heinersdorf; jüdischer Friedhof, vorwiegend Grabsteine aus dem 19. Jh. mit hebräischen und dt. Inschriften; Stadtsparkasse, ehem. Stadtmühle (19. Jh.), neugot. Backsteinbau mit Fachwerkgiebel und Schieferdach; ehem. Musikschule, Backstein-Fachwerkbau im „Heimatstil" (1894); Park Heinrichslust (um 1775) vom letzten Schwedter Markgrafen Friedrich Heinrich angelegt; Park mit ehem. Lust- und Jagdschloß Monplaisir (um 1700), für die Markgrafen von Brandenburg/Sch. nach französischem Vorbild geschaffen; Vogelpark Monplaisir; St-Park und Stengerhain; Galerie am Ermelerspeicher und St-Museum.

Sport: Sch. verfügt über mehrere Sporthallen, Sportplätze, Anlagen für technische Disziplinen, Schwimmbäder, Wassersportanlagen mit Yachthafen, ferner eine Reitstation, den Bootsverleih und die Ausflugsboots-Station für Tragflächenboote.

Naturschutz: Der Nationalpark „Untere Oder" umfaßt 5400 ha Feuchtgebiet mit 250 Vogelarten, darunter befinden sich mehr als 25 Arten, die andernorts vom Aussterben bedroht sind.

Schweinfurt

□ 35,88 qkm; ○ Kreisfreie Stadt; ⚐ Bayern; ✉ 97421*; ☎ 09721; 🚗 SW; △ 218 m; 👪 52000.

Sch. ist bedeutender Verkehrsknotenpunkt beiderseits des Mains (Kreuzungspunkt der B 19, B 26, B 286; Anschluß an die Autobahnen A 7 Würzburg–Fulda (Ausfahrten Sch./Wernecke und Sch./Niederwerrn) und A 70 Schweinfurt–Bamberg (Ausfahrten Sch.–Oberndorf); Bahnknotenpunkt an den Hauptstrecken Würzburg–Bamberg und München–Bad Kissingen) und Sitz zahlreicher Behörden (Amts- und Landgericht, Hauptzollamt, Wasser- und Schiffahrtsamt, Kreisverwaltung u.a.), Bildungs- und kultureller Einrichtungen (Realschulen, Gymnasien, Bayernkolleg [Institut zur Erlangung der Hochschulreife], Berufs- und Berufsfachschulen, Ev.-Luth. Fachakademie für Sozialpädagogik, Haushaltungsschule, Krankenpflegeschulen, Musikschule, private Handelsschulen, Technikerschule für Maschinenbau, griechische, türkische und italienische Grundschulen, Sonderschulen für Lernbehinderte, Lebenshilfe für geistig Behinderte, Volkshochschule; Stadtarchiv und Stadtbibliothek, Stadtmuseum; Stiftung Otto-Schäfer-Bibliothek).

Dominierender Wirtschaftszweig ist die metallverarbeitende Industrie mit weltbekannten Unternehmen (Fichtel & Sachs AG [Herstellung von Freilaufnaben, Sachs-Motoren, Kupplungen und Stoßdämpfern]; Kugelfischer Georg Schäfer & Co. [Kugellager]; SKF-Kugellagerfabriken GmbH); ferner Farben- und Kunststoffindustrie, Maschinenbau, Kartonagenfabrik, Nahrungsmittelindustrie. Der Mainhafen ist Umschlagplatz der Rhein-Main-Donauschiffahrt.

»Suinvurde« wird Anfang des 8. Jh. erstmals urkundlich erwähnt. Nach Zerstörung um 1250 der zuerst an der Peterstirn gelegenen St (Fehde der Henneberger Grafen mit dem Fürstbischof von Würzburg) entstand westlich der alten St das neue Sch., das seit 1254 Freie Reichsstadt (bis 1802) war. Im Markgräfler-

Schweinfurt, Rathaus

krieg sank Sch. 1554 in Schutt und Asche. Auch im Dreißigjährigen Krieg erlitt die St große Schäden. 1802 kam Sch. an Bayern.

Nach den schweren Zerstörungen im 2. Weltkrieg wurde Sch. großzügig wiederaufgebaut. Einige historische Bauwerke und Sehenswürdigkeiten als Zeugen der alten Stadtgeschichte sind erhalten geblieben: Rathaus (1570–72); Altes Gymnasium (1583, jetzt Museum); St. Johanniskirche (1325). Als Beispiel gelungener zeitgenössischer Kirchenarchitektur gilt die 1953 wieder errichtete St. Kilianskirche. – Sch. ist Geburtsort des Dichters Friedrich Rückert (1788–1866).

Schwelm

□ 20,50 qkm; ○ Ennepe-Ruhr-Kreis; ⚐ Nordrhein-Westfalen; ✉ 58332; ☎ 02336; 🚗 EN; △ 224–352 m; 👥 30000.

Die St Schwelm grenzt unmittelbar an die östlichen Stadtteile von Wuppertal. Sch. ist über die B 7, B 483 und Autobahnen A 1 Leverkusen–Kamen–Bremen (Ausfahrt Wuppertal-Ost/Sch.), A 43 Bochum–Recklinghausen (Ausfahrt AB-Kreuz Wuppertal-Nord) sowie A 46 Wuppertal–Düsseldorf (Ausfahrt Wuppertal-Wichlinghausen)zu erreichen; D-Zug-Halt an der Strecke Köln/Düsseldorf–Wuppertal–Hagen; S-Bahnverbindungen nach Hagen–Wuppertal–Düsseldorf und Mönchengladbach; Großflughafen Düsseldorf-Lohausen (38 km). Die St hat Amtsgericht, Arbeitsamt, Finanzamt, Kreisverwaltung; Realschule, Gymnasium, Sonderschule für Lernbehinderte, Musikschule; Jugendzentrum; Verbandskrankenhaus und Hospital; Metallwaren-, Werkzeug-, Maschinen-, Apparate-, Textil-, Papier- und Kunststoffindustrie; Brauerei und Kornbrennerei.

Urkundlich wird »Swelmiu« erstmals um 950 erwähnt. 1324 kam der Ort an die Grafschaft Mark. Anfang des 16. Jh. gehörte Sch., dem Herzog Johann II. von Cleve-Mark 1496 die Stadtrechte verliehen hatte (1501 wieder aberkannt), zu Cleve-Jülich-Berg; die Rechte wurden 1590 erneut bestätigt, diesmal endgültig durch Herzog Wilhelm dem Reichen von Cleve, Jülich und Berg, Graf von der Mark und von Ravensberg. Dank der günstigen Verkehrslage bedeutende wirtschaftliche Entwicklung bereits im MA. 1827 zerstörte ein Großbrand das Stadtzentrum. Die industrielle Entwicklung (Eisenindustrie) setzte um die Mitte des 19. Jh. nach dem Bau der Bergisch-Märkischen Eisenbahn (1848/49) ein.

Sehenswürdigkeiten: Haus Martfeld (ehem. Wasserburg aus dem 17. Jh.) mit Museum u. Stadtarchiv; Haferspeicher von 1583; Haus Friedrichsbad (1789); Altstadtkern mit bergischen Fachwerkhäusern; Christuskirche

Schwelm

(1842–49), Wahrzeichen der St mit 59 m hohen Türmen; St. Marienkirche mit Marienstandbild (15. Jh.); barockes Brunnenhäuschen (Baudenkmal aus der Zeit, als Sch. Badeort war). Alljährlich am 1. Sonntag im September Sch. Heimatfest mit großem Heimat-Festzug. – Sch ist Geburtsstadt des Politikers Dr. Dr. Gustav W. H. Heinemann (1899–1976).

Schwerin

□ 130 qkm; ○ Schwerin; ⚐ Mecklenburg-Vorpommern; ✉ 19010*; ☎ 0385; 🚗 SN; △ 43 m; 👥 130000.

Sch., Landeshauptstadt und Sitz der Landesregierung Mecklenburg-Vorpommern, ist zu erreichen auf der A 24 / E 26, Ausfahrten Hagenow (ca. 16 km), Ludwigslust (18 km) oder Dreieck Schwerin (ca. 22 km), des weiteren auf der B 104, B 106 und B 321; Bf. der Deutschen Reichsbahn an folgenden Strecken: Leipzig/Halle–Magdeburg–Sch.–Rostock, Berlin–Sch.–Lübeck, Hamburg–Sch.–Rostock–Stralsund, Nebenbahnen nach Rhena und Parchim. Der nächste Flughafen ist Lübeck (ca. 60 km).

Bildungseinrichtungen: Grundschulen, Realschulen mit Grund- und Hauptschulteil, Gymnasien; Förderschulen; berufliche Schulen; Landesbibliothek; Landeshauptarchiv.

Wirtschaftliches: Betriebe zur Herstellung von Lederwaren, Kabeln, Hydraulikteilen und -einrichtungen; Kunststoffverarbeitung; Produktion von Verpackungsmitteln; Möbelfabrik; Bauunternehmen; Schlachthof, Großmolkerei.

Geschichtliches: Die slawischen Obotritenfürsten hatten auf einer Insel im Schweriner See ihre Burg „Zuarin" (slaw. „tierreiche Gegend") errichtet, die 1018 erstmals urkundlich erwähnt wird. Nach ihrer Zerstörung (1160) und der Niederwerfung der Obotriten und ihres Fürsten Niklot durch den Sachsenherzog Heinrich den Löwen entstand neben den Ruinen der Burg und dem slawischen „Suburbium" (ma. „Vorstadt") aus einer Kaufmannssiedlung die Ortschaft Sch., der Herzog Heinrich 1160 das St-Recht verlieh und die somit zur ältesten dt. St östlich der Elbe wurde. Mit der Bildung der Grafschaft Sch. (1167) und des Domkapitels (1171) wurde Sch. Sitz des Bistums und Residenz-St. Als Lehensträger Sachsens beherrschten die Obotriten jedoch weiterhin den größten Teil Mecklenburgs. Sie erlangten 1358 auch die Grafenwürde und machten St wie Burg zum Mittelpunkt ihres Landes. Die Nachkommen Niklots, Herzöge und spätere Großherzöge von Mecklenburg, gehören zu den ältesten fürstlichen Familien Dtlds. Im 16. Jh. bildete Sch. den Mittelpunkt des geistig-kulturellen Lebens Mecklenburgs. Der im humanistischen Sinne erzogene Herzog Johann Albrecht ließ das Schloß 1553 im Renaissancestil umbauen und die reiche Terrakotten-Dekoration im Innenhof anbringen. Er setzte sich für die Förderung von Kunst und Wissenschaft in seinem Lande ein. Das Musikleben in der St wurde gefördert, Archiv, Bibliothek und Fürstenschule wurden gegründet, führende Wissenschaftler an den Hof geholt, unter ihnen der berühmte Geograph Thilemann Stella. Schwere St-Brände von 1531, 1558 und 1561 richteten derartige Verwüstungen an, daß von den ma. Bauten außer Schutt und Asche nahezu nichts mehr übrig blieb. – Die großen Fernhandelsstraßen führten an Sch. vorüber, so daß die Residenz-St stets im Schatten von Lübeck, Wismar und Rostock lag. Der kulturellen Blüte des 16. Jh. folgten im 30jährigen Krieg Plünderungen, Kontributionszahlungen und weitere Drangsale. Die Teilung des Herzogtums in die Linien Mecklenburg-Schwerin und Mecklenburg-Strelitz (1701) sowie ständige Streitereien mit den Ständen belasteten die St-Kasse erheblich. Da Herzog Friedrich von Mecklenburg außerdem wie die meisten Fürsten seiner Zeit häufig große Jagden veranstaltete, verlegte er seinen Hof 1735 in das 35 km entfernte Jagdschloß Ludwigslust, wo Baumeister Busch eine neue St im Barockstil und Klassizismus schuf. Das gesellschaftliche Leben in Sch. dagegen sank zur Bedeutungslosigkeit herab, die St blieb jedoch während der folgenden 81 Jahre Sitz der Regierung. Herzog Paul Friedrich verlegte die Residenz 1837 wieder in die Landeshauptstadt zurück, wo sie bis 1918 verblieb. 1918–33 war Sch. Haupt-St des Freistaates Mecklenburg-Schwerin, 1934 wurde es nach Vereinigung mit Mecklenburg-Strelitz Landeshauptstadt vom gesamten Mecklenburg. Nach der britischen Besatzung übernahm die Rote Armee St und Land am 1. 7. 1945.

Sehenswürdigkeiten und Kulturelles: Schloß (1843–47), schönstes Bauwerk des Historismus in Nord-Dtld. Schloßgarten (1748–56) im Barockstil, zahlreiche Plastiken; Altes Palais (Ende 18. Jh.), früher Sitz der Witwen mecklenburgischer Herzöge, heute von Landesbehörden belegt; „Kollegiengebäude" (1825–34), dreiflügelige klassizistische Anlage, heute Sitz des Ministerpräsidenten; Probsteikirche St. Anna (1791–94), klassizistischer Saalbau; Altstädtisches Rathaus (ursprüngl. 1531), im Stil der Tudor-Gotik von Demmler erneuert

(1834/35), verbirgt vier Fachwerk-Giebelhäuser aus dem 17. Jh., auf einer Zinne eine kleine vergoldete Reiterfigur; Neues „Gebäude" (1783–85), ehem. Markthalle („Krambudenhaus"), heute Teil des Historischen Museums; Dom (1270–1416), ein Hauptwerk der Backstein-Gotik, einziges Baudenkmal Schwerins aus dem MA; „Arsenal" (1840–44), Monumentalbauwerk im Stil der Tudor-Gotik, heute Sitz des Innenministeriums von Mecklenburg-Vorpommern; Paulskirche (1863–69), neugot. Backsteinbau; Nikolaikirche (1708–13) auch Schelfkirche genannt (Schelf = flache Insel), barocker Backsteinbau mit Sandsteinverzierungen, in der Schelf-St gelegen; Neustädtisches Palais (1778/79), Dreiflügelanlage im spätbarocken Stil; „Schlachtermarkt" (18./19. Jh.), Ensemble architektonisch schöner Häuser; Marstall (1838–43), klassizistische schloßartige Vierflügelanlage, heute Kultus- und Sozialministerium; Staatliches Museum (1877–82), eines der wichtigsten Museen Nord-Dtlds., (3200 Gemälde, 40 000 grafische Blätter, daneben Skulpturen und Keramik, Schwerpunkt bildet die niederländische Abteilung, ebenso bedeutend die spät-ma. Plastik und europäische Malerei); Mecklenburgisches Staatstheater (1882–86), Neurenaissancestil, Zuschauerraum (750 Plätze) in Rokoko-Manier gestaltet; „Schleifmühle" (1719), am Nordende des „Faulen Sees" gelegen, ursprünglich Loh- und Pulvermühle, später bedeutende Steinschleiferei, Schauvorführungen; „Freilichtmuseum Schwerin-Mueß" zeigt einen Teil des im 30jährigen Kriege zerstörten Dorfes Mueß (6 km vom Zentrum), mit wiederhergestellten Gebäuden, darunter Bauernhof, Hirtenkate, Dorfschule, Schmiede und historische Gerätschaften. Das „Mecklenburgische Volkskundemuseum" (ebenfalls in Mueß) bietet Dauerausstellungen zum Leben der mecklenburgischen Landbevölkerung des 18. bis 20. Jh.; die Fritz-Reuter-Bühne des Mecklenburgischen Staatstheaters führt im Freilichtmuseum während der Sommersaion Stücke in niederdt. Sprache auf.

Wiederkehrende Ereignisse: Pressefest der „Schweriner Volkszeitung" (Juni); Konzertveranstaltungen „Schweriner Sommer", darunter auch Darbietungen im Burggarten (Juni/Juli); Handelsmesse am Jägersberg (Oktober).

Schwerte

□ 56,20 qkm; ○ Unna; ⚐ Nordrhein-Westfalen; ✉ 58239; ☎ 02304; 🚗 UN; △ 127 m; 👫 51 000.

Sch. liegt beiderseits der Ruhr am Rande des nördlichen Ausläufers des Sauerlandes. Die St ist über die B 236 und die Autobahnen A 1 Köln–Bremen–Hamburg (Ausfahrt Sch.) und A 45 Dortmund–Hanau (Ausfahrten Westhofener Kreuz und Ergste) zu erreichen; D-Zug-Station an der Strecke Köln–Hamm und S-Bahn-Haltepunkt des S-Bahnnetzes Ruhrgebiet.

Sch. hat Amtsgericht; Gymnasien, Realschulen, kaufmännische, gewerbliche und hauswirtschaftliche berufsbildende Schulen, Jugendmusikschule und Volkshochschule.

Die St ist Standort bedeutender Unternehmen der metallverarbeitenden Industrie, des Fahrzeugbaus, der Nahrungsmittel- und chemischen Industrie; Handels- und Dienstleistungsunternehmen beschäftigen 60 % der Arbeitnehmer.

Sch. erstmals um 970 urkundlich erwähnt, gehörte zur Herrschaft der Grafen von der Mark. 1397 erhielt es Stadtrecht. Sch. war Mittelpunkt des eisenverarbeitenden Gewerbes im MA. – Sehenswert die St. Viktor-Kirche (14. Jh.) mit spätgot. Schnitzaltar und das spätgot. Rathaus (Ruhrtal-Museum).

Schwetzingen

□ 21,70 qkm; ○ Rhein-Neckar-Kreis; ⚐ Baden-Württemberg; ✉ 68723; ☎ 06202; 🚗 HD; △ 100 m; 👫 18 300.

Sch., 20 km südlich von Mannheim in der Rheinebene gelegen, ist über die B 36, B 291 und die Autobahnen A 6 Mannheim–Walldorfer Kreuz–Heilbronn (Ausfahrten Mannheim/Sch. und Sch./Hockenheim) und A 5 Mannheim–Karlsruhe (Ausfahrt Heidelberg/Sch.) zu erreichen. Bahnstation an der Bundesbahnstrecke Karlsruhe–Mannheim. Omnibusverbindung nach Heidelberg (11 km). Sch. hat Amtsgericht, Zollamt; Realschule, Gymnasium, Wirtschaftsgymnasium, Gewerbeschule, Handelsschule, hauswirtschaftliche Berufsschule, Sonderschulen für Lernbehinderte.

Die Industrie umfaßt Werk für Behälterbau (Pfaudler), Elektromotorenfabrik; Sch. ist Mittelpunkt eines bekannten Spargelanbaugebietes; ein bedeutender Wirtschaftsfaktor ist ferner der Fremdenverkehr.

»Suezzingen«, erstmals 767 im Lorscher Kodex genannt, bestand aus einem Ober- und Unterdorf, die im 18. Jh. durch eine von Kurfürst Carl Theodor angelegte Ost-Westachse miteinander verbunden wurden. 1759 wurde Sch. Markflecken; 1833 erhielt es das Stadtrecht. 1803 kam Sch. vom Kurfürstentum Bayern-Pfalz an Baden.

Sehenswürdigkeiten: Schloß (1715 vollendet) mit Rokoko-Theater im Zirkelbau (1748/49); Schloßgarten (76 ha) mit Moschee, Badehaus, Wasserspielen und Wasserwerk (1761). – Alljährlich Schwetzinger Festspiele (Mai/Juni).

Sebnitz

○ Sebnitz; ⚐ Freistaat Sachsen; ✉ 01855; ☎ 035971; 🚗 SEB; △ 250–450 m; 👫 10500.

Das ostsächsische S. wird von der A 4 / E 40 (Ausfahrt Burkau) über Bischofswerda und Neustadt/Sa. erreicht (ca. 30 km). Eine andere Zufahrt ist über die B 172 (ab Bad Schandau noch ca. 12 km) möglich. Bf. an den Reichsbahnstrecken S.–Bad Schandau und S.–Neustadt/Sa.–Pirna. Nächster Flugplatz ist Dresden-Klotzsche (ca. 50 km).

S. hat Stadtverwaltung und Landratsamt.

Bildungseinrichtungen: Grundschule, Mittelschule, Gymnasium, Sonderschule für Lernbehinderte, Kreismusikschule.

Kulturstätten: Heimatmuseum, Schauwerkstatt „Sebnitzer Blumenstuben".

Wirtschaft und Industrie: Kunststoffverarbeitende Industrie, Herstellung von Elektrowerkzeugen, Kunsthandwerk (Blumen), Fest- und Scherzartikel, Verpackungsindustrie, Drahtwerk.

Geschichte: Die erste urkundliche Erwähnung von S. datiert von 1241 in einer Oberlausitzer Grenzurkunde. Der Name der St wird auf fränkische Besiedlung im 13. Jh. zurückgeführt, wo der Name „Sebenica" (etwa als Finkenwaldbach zu übersetzen) erstmals auftaucht. Bis ins 19. Jh. war S. eine Ackerbürger- und Leineweberstadt. An die Hausweberei erinnern auch noch viele Umgebindehäuser, die vor allem für die Oberlausitz typisch sind. Die Aufständerung des Obergeschosses durch das Umgebinde hielt Lärm und Schwingungen der im Erdgeschoß arbeitenden Webstühle vom Wohnbereich fern. Um 1834 führten aus Böhmen kommende Kunstblumenhersteller ihr Handwerk in S. ein. Was zuerst in Heimarbeit entstand, entwickelte sich über Jahrzehnte zum bedeutendsten Industriezweig der St. Auch heute noch ist der Name Sebnitz mit der Kunstblumenherstellung verbunden. Am 1. Juli 1877 ist die Eisenbahnstrecke Bad Schandau–Sebnitz–Neustadt/Sa. dem Betrieb übergeben worden, die wegen ihrer sieben Tunnel und zahlreichen Krümmungen auch als sächsische Brennerbahn bezeichnet wird.

Sehenswürdigkeiten: Evang. und kath. Stadtkirche, historischer Markt mit Bürgerhäusern, Umgebindehäuser mit Fachwerk, Heimatmuseum, Schauwerkstatt der Kunstblumenhersteller.

Besonders sehenswert ist die Landschaft. Sebnitz ist das (östliche) Tor zum Nationalpark Sächsische Schweiz, liegt zwischen dieser und dem Lausitzer Bergland unmittelbar an der böhmischen Grenze, die seit 1991 wieder für Fußgänger und Radfahrer passierbar ist und Ausflüge nach Niedereinsiedel (Dolni Poustevna), Wölmsdorf (Vilemov), Schluckenau (Sluknov) und Rumburg (Rumburk) ermöglicht.

Seeheim-Jugenheim

□ 28 qkm; ○ Darmstadt; ⚐ Hessen; ✉ 64342; ☎ 06257; 🚗 DA; △ 138 m; 👫 16000.

S.-J., Luftkurort und Kneippbad, liegt 12 km südlich von Darmstadt am Westhang des Odenwaldes an der Bergstraße. Zufahrt über die B 3 und Autobahn A 5 Darmstadt–Heidelberg (Ausfahrt S.-J.). Die Gm besitzt mit dem Schuldorf Bergstraße (mit Internat) eine der modernsten Schulen Europas; ferner Volkshochschule, Verkehrs- und Verkaufsschule der Deutschen Lufthansa. Bedeutendster Wirtschaftsfaktor ist der Fremdenverkehr; daneben kleinere Industrie- und Gewerbebetriebe, Anbau von Frühobst, Wein und Spargel.

S., erstmals 874 urkundlich genannt, gehörte seit dem 12. Jh. den Herren von Bickenbach. Nach dem Aussterben des Geschlechtes kam die um 1232 erbaute Tannenburg (1399 zerstört) mit S. über mehrere Familien im 15. Jh. in den Besitz der Grafen von Erbach. Im Dreißigjährigen Krieg (1622) wurde der Ort fast völlig zerstört. 1714 erwarb der Landgraf von Hessen das Amt S. durch Kauf.

Sehenswürdigkeiten: Rathaus (Fachwerkbau von 1599); Laurentiuskirche (älteste Teile 13. Jh.); Parkanlagen (60000 qm) im Hanggebiet; Burgruinen Tannenberg und Frankenstein.

Seelze

□ 54,01 qkm; ○ Hannover; ⚐ Niedersachsen; ✉ 30926; ☎ 05137; 🚗 H; △ 48 m; 👫 30000.

S., 12 km westlich von Hannover an der Leine, am Mittellandkanal und am Zweigkanal nach Hannover-Linden gelegen, ist Bahnstation an den Strecken Hannover–Köln bzw. Hannover–

Bremen. Die St ist über die B 441 und die Autobahn A 2 Hannover–Dortmund (Ausfahrten Hannover-Herrenhausen bzw. Wunstorf/Luthe) zu erreichen. S. hat Gymnasium, Realschule, Hauptschule (mit Realschulabschluß), Grundschule (mit Vorschule), Sonderschule für Lernbehinderte, Volkshochschule; chemische Fabrik, Rangierbahnhof der Bundesbahn (zweitgrößter in Nordwestdeutschland).

Aus Funden geht hervor, daß die Markung von S. seit der Jungsteinzeit besiedelt gewesen ist. Der Ort entstand aus zwei Großhöfen, die im 12. bzw. 13. Jh. erstmals urkundlich erwähnt werden. Von 1330 bis 1480 sind als Lehnsträger die Ritter von Selessen bezeugt. Nach dem Bau der Eisenbahnstrecke Hannover-Linden (1847) entwickelte sich S. zur Industriegemeinde. Nach dem 2. Weltkrieg überdurchschnittlicher Bevölkerungszuwachs (1939 3700 EW) durch Zuzug (Auspendler nach Hannover) und Eingemeindungen.

Seesen

□ 102,01 qkm; ○ Goslar; ⚐ Niedersachsen; ✉ 38723; ☎ 05381; 🚗 GS; △ 209–280 m; 👪 21 800.

S. liegt 25 km südwestlich von Salzgitter am Westhang des Oberharzes im Schnittpunkt der B 243 und B 248. Anschluß an die Autobahn A 7 Hannover–Kassel (Ausfahrt S.); Bahnstation an den Strecken Braunschweig–Salzgitter–Kreiensen, Bad Harzburg–Goslar–Kreiensen und Derneburg–Osterode–Walkenried.

Die St hat Amtsgericht; Gymnasium, Realschule; kleinere und mittlere Industriebetriebe (Blechverarbeitung, Nahrungsmittel- und Konservenindustrie); Ausflugsverkehr.

»Sehuson« (Behausung am See), erstmals 974 urkundlich erwähnt, erhielt 1428 das Stadtrecht. Nach den Großbränden von 1615 und 1673 Wiederaufbau der St als regelmäßige, weiträumige Anlage. Fremdenverkehr hat S. seit Anfang des 19. Jh. – Sehenswürdigkeiten: St. Andreas-Kirche (1695–1702); Jagdschloß (1705, jetzt Heimatmuseum); östlich von S. Harzer Wild- und Vogelpark.

Seevetal

□ 105,12 qkm; ○ Harburg; ⚐ Niedersachsen; ✉ 21218*; ☎ 04105; 🚗 WL; △ 40 m; 👪 36 000.

S. ist 1972 aus 19 Gemeinden, darunter Fleestedt, Hittfeld, Meckelfeld, Maschen und Ramelsloh, unter neuem Namen entstanden. Die Großgemeinde liegt an der Elbe und grenzt an den südlichen Stadtrand von Hamburg (20 km bis Hamburg City). S. ist über die B 4, B 75 und Autobahnen A 7 Hannover–Hamburg (Ausfahrt Horster Dreieck), A 1 Bremen–Hamburg (Ausfahrt Maschener Kreuz) und A 250 Hamburg–Winsen a. d. Luhe (Ausfahrt Seevetal-Maschen) zu erreichen; die Gm hat Grund- und Hauptschulen, Gymnasium. – Sehenswert der Chor der ehem. Stiftskirche (15. Jh.) im Ortsteil Ramelsloh.

Sehnde

□ 103,39 qkm; ○ Hannover; ⚐ Niedersachsen; ✉ 31319; ☎ 05138; 🚗 H; △ 69 m; 👪 17 700.

S. liegt 15 km südöstlich von Hannover am Mittelland-Kanal. Zufahrt über die B 65 und B 443; Anschluß an die Autobahn A 7 Kassel–Hannover (Ausfahrt Laatzen) und Autobahn A 2 Oberhausen–Helmstedt (Ausfahrt Lehrte). S. hat Realschule, Volkshochschule; Zuckerfabrik, Kali-Werk (Kali-Chemie AG).

S. wird erstmals im Jahr 1100 in einer Schenkungsurkunde erwähnt.

Seiffen

○ Marienberg; ⚐ Freistaat Sachsen; ✉ 09548; ☎ 037362; 🚗 MAB; △ um 750 m; 👪 3350.

S. ist zu erreichen auf der B 171, Ausfahrten Olbernhau oder Sayda (ca. je 10 km), Ausfahrten Clausnitz oder Bienenmühle (ca. je 16 km); Eisenbahn-Haltepunkt der Nebenstrecke Flöha–Pockau–Lengefeld–Olbernhau–Hp Seiffen (Erzgeb.)–Neuhausen (Erzgeb.). Der nächste Flughafen ist Dresden (ca. 65 km).

Bildungseinrichtungen: Grundschule, Mittelschule.

Wirtschaftliches: handwerkliche Spielzeugfertigung; erzgebirgische Schnitzkunst; Holzindustrie.

Geschichtliches: Um 1200, als die Mittelgebirgsschwelle zwischen Böhmen und der Mark Meißen noch „Miriquidi“ (Dunkelwald) genannt wurde, stießen von Böhmen her Gefolgsleute der Ritter von der Riesenburg und Zisterziensermönche in die Gegend vor und wurden seßhaft, um abbauwürdige Lagerstätten zu suchen. Sie errichteten an den Plätzen Siedlungen, wo Gebirgsbäche „Zinngraupen" mit sich führten. Auf das Auswaschen, das „Ausseifen" des Zinnes aus dem Bachgeröll, geht offenbar der Ortsname „Cynsifen" zurück, den ein Lehensbrief vom 26. Juli 1324 des Markgrafen von Meißen erstmals urkundlich erwähnt. Der Zinnbergbau im festen Gestein begann 1480; rings um den Schwartenberg entwickelte sich ein reger Grubenbetrieb. Magere Erzausbeute, technische Erschwernisse beim Zinnabbau und preisgünstigere Importe aus Übersee führten in den folgenden Jahrhunderten zum Niedergang des Zinnbergbaues im „Seiffener Winkel". Der 7jährige Krieg (1756–63) und der bayrische Erbfolgekrieg brachten ihn fast völlig zum Erliegen. 1849 wurde das S.er Bergamt geschlossen, das Bergrecht derer „von Schönberg" erlosch – eine 370jährige Tradition war zu Ende. Zurückgehende Erzfunde und karge Böden, die in Höhenlagen zwischen 600 und 833 m der Landwirtschaft wenig nützten, hatten mit der Zeit einen neuen Erwerbszweig aufkommen lassen: Zeitzeugen berichteten von ersten Drechselarbeiten, die schon gegen Ende des 17. Jh. ausgeführt wurden, wobei hölzernes Gebrauchsgut den Vorrang genoß, bevor man sich der Fertigung von Spielzeug zuwandte. Weiterentwickelte Techniken und verbesserte Werkzeuge wandelten diesen neuen Broterwerb allmählich, bis sich daraus eine eigenständige, in ihrer Gestaltung naive Volkskunst entfaltete. Die Vielfalt der Erzeugnisse aus der Seiffener Region begannen ihren Erfolgsweg auf Märkten und Messen (in Leipzig bereits 1699), setzten ihn durch Europa und seit 1784 bis nach Übersee fort. Wirtschaftliche Erwägungen begründeten 1939 den Zusammenschluß benachbarter kleiner Orte zur Gm Seiffen. Trotz vergangener Liquidationsversuche überlebte die handwerkliche S.er Volkskunst, sie wurde ein guter Startplatz für den Neubeginn 1990.

Sehenswürdigkeiten und Kulturelles: „Erzgebirgisches Spielzeugmuseum Seiffen" mit Spielzeug aus 300 Jahren; Erzgebirgisches Freilichtmuseum S. mit Bergmanns- und Flößerwohnhaus, Wasserkraft-Drehwerk, Umspannstation, Wohnhäusern und Werkstätten eines Spielwarenmachers, eines Spankorbmachers, eines Waldarbeiters (Röhrenbohrers) und von holzverarbeitenden Kunsthandwerkern anderer Berufe; ferner sehenswert: Schauwerkstatt; barocke Rundkirche (1779).

Wiederkehrende Ereignisse: Tag des historischen Handwerks im Mai und September mit zahlreichen Schauvorführungen; S.er „Glück-Auf"-Fest; volkskünstlerische Adventsveranstaltungen; S.er Weihnachtsmarkt.

Selb

□ 61,32 qkm; ○ Wunsiedel i. Fichtelgebirge; ⚐ Bayern; ✉ 95100; ☎ 09287; 🚗 WUN; △ 550 m; 👪 19700.

S., Große Kreisstadt und Mittelzentrum im nördlichen Fichtelgebirge unweit der tschechischen Grenze (6 km), ist über die B 15 zu erreichen; Endstation der Nebenstrecke Hof–S. Die St hat Finanzamt (Nebenstelle), Zollamt, Forstamt, Grenzpolizeiinspektion; Realschule, Gymnasium, Berufsschule, Berufsbildungszentrum für Keramik, Sonderschule für Lernbehinderte.

S. ist Zentrum der deutschen Porzellanindustrie mit Sitz bedeutender Porzellanfabriken (Rosenthal AG., Hutschenreuther AG., Hoechst-Ceram Tec, Heinrich GmbH., u. a.); ferner Maschinenbau, Elektro- und Bauindustrie.

S., erstmals 1426 in einer Urkunde Friedrichs I. von Brandenburg als St erwähnt, gehörte seit 1413 den Nürnberger Burggrafen und später den Markgrafen von Bayreuth. Von 1792 bis 1806 war es preußisch; 1810 kam es an Bayern. 1856 wurde die St durch einen Großbrand völlig zerstört. Nach dem Wiederaufbau wandelte sich die wirtschaftliche Struktur des einstmaligen kleinen Weberstädtchens (1857 Gründung der ersten Porzellanfabrik); S. wurde Zentrum der deutschen Porzellanindustrie. – Nach dem 2. Weltkrieg überdurchschnittlicher Bevölkerungszuwachs (1939 13000 EW). – Sehenswert: Hochvolthaus der Rosenthal-Technik AG (eines der größten Versuchsinstitute für Hoch- und Niederspannungsisolatoren in Europa mit Gleichstromspannungen bis 3 Mill. Volt und Wechselstromspannungen bis 1,3 Mill. Volt); Porzellanmuseum in Hohenberg und Festung Hohenberg. – Alljährlich im Juli Selber Heimat- und Wiesenfest mit traditionellem Kinderfestzug, Bürgerfest (Juni) und „Wochen des weißen Goldes" (August); Grenzlandfilmtage eine Woche nach Ostern.

Selbitz (Oberfranken)

□ 27,68 qkm; ○ Hof; ⚐ Bayern; ✉ 95152; ☎ 09280; 🚗 HO; △ 505–640 m; 👪 5200.

S., 15 km westlich von Hof (Saale) im Frankenwald an der B 173 gelegen, hat Anschluß an die Autobahn A 9 Nürnberg–Berlin (Ausfahrten Hof und AB-Dreieck Bayerisches Vogtland); Grund- und Hauptschule; Damenkonfektions-, Farben-, Gardinen-, Schuh-, chemische und

Elektrogeräte-Industrie. S. ist Sitz des Mutterhauses der Christusbruderschaft S.

S., erstmals 1398 urkundlich genannt, erhielt 1783 das Markt- und 1954 das Stadtrecht. – Alljährlich Heimat- und Wiesenfest (Juli, zweite Monatshälfte).

Seligenstadt

□ 30,83 qkm; ○ Offenbach a. Main; ⚐ Hessen; ✉ 63500; ☎ 06182; 🚗 OF; △ 108 m; 👫 17500.

S., 16 km südöstlich von Offenbach am linken Ufer des Mains gelegen, ist über die Autobahnen A 3 Frankfurt a.M.–Würzburg (Ausfahrt S.) und A 45 Siegen–Seligenstädter Dreieck (Ausfahrten Karlstein u. Mainhausen) zu erreichen. Bahnstation an der Strecke Frankfurt a.M.–Hanau–Eberbach–Stuttgart. Die St hat Amtsgericht, Forstamt; Gesamtschule (Grundschulen, Hauptschule, Realschule, Gymnasium), Sonderschule für Lernbehinderte; Kreiskrankenhaus; elektrotechnische Industrie (Zweigwerk der AEG-Telefunken), metallverarbeitende und Lederwarenbetriebe, Brauerei, u.a.

Zur Römerzeit lag bei S. ein römisches Kohorten-Kastell zur Sicherung des dem Main folgenden Limes. In fränkischer Zeit erhielt Einhard, der Berater und Biograph Karls des Großen, das hier gelegene Königsgut Mülheim. Um 830 gründete Einhard das Kloster S. (1803 aufgehoben), in dessen Abteikirche, der einzigen großen erhaltenen Basilika der Karolingerzeit nördlich der Alpen, er 840 bestattet wurde. 1045 verlieh Kaiser Heinrich III. der Abtei das Markt- und Münzrecht. Seit 1063 gehörte S. dem Erzstift Mainz, von dem die Hohenstaufenkaiser das im 12. Jh. befestigte und wegen seiner Verkehrslage wichtige Städtchen als Lehen nahmen. Der Bau der monumentalen Kaiserpfalz unter Friedrich II. war der Höhepunkt dieser Entwicklung. Die wirtschaftliche und kulturelle Bedeutung der St, in der im 16. Jh. Bildschnitzer, Maler (u.a. Grünewald), Orgelbauer und andere Kunsthandwerker tätig waren, ging im Dreißigjährigen Krieg verloren. Das 18. Jh. war die letzte Blütezeit der Abtei S.

Sehenswürdigkeiten: Einhard-Basilika (erbaut zwischen 830 und 840, um 1250 Erweiterung nach Osten, Barockausstattung); Ruine der Kaiserpfalz (um 1240); Steinernes Haus (1187); Prälatur (um 1700); Marktplatz mit Fachwerkhäusern des 16.–18. Jh. (u.a. Einhard-Haus von 1594) und klassizistischem Rathaus; Reste der ma. Stadtbefestigung (Wehrtürme, Steinheimer Torturm). – Östlich von S. liegt eine Wasserburg der ehem. Abtei (Anfang 18. Jh.). – Die St ist Geburtsort des Malers Hans Memling (1433–1494). – Alle fünf Jahre findet in S. im Hochsommer das „Geleitfest", ein historisches Heimatfest, statt.

Selm

□ 60,40 qkm; ○ Unna; ⚐ Nordrhein-Westfalen; ✉ 59379; ☎ 02592; 🚗 UN; △ 60–100 m; 👫 24200.

S., 33 km nördlich von Dortmund an der B 236 gelegen, schloß sich 1975 im Zuge der Gebietsneuordnung mit der ehem. Gm Bork zur Großgemeinde zusammen. Die Gm hat Grund- und Hauptschulen, Realschule, Gymnasium, Sonderschule für Lernbehinderte; kleinere und mittlere Industrie- und Gewerbebetriebe (Herstellung von Textilien, Druckerei, Elektroindustrie, Transportbetonwerk, Papier- und Pappenfabrik u.a.).

Der Selmer Raum war bereits in prähistorischer Zeit (Bodenfunde im Ortsteil Ternsche) besiedelt. Die Gm, erstmals 858 urkundlich genannt, besaß bis Anfang des 20. Jh. überwiegend ländlichen Charakter. Seit 1909 wurde Steinkohle gefördert, die Zeche jedoch bereits 1926 wieder stillgelegt. – Sehenswert die Gedächtnis- und Friedenskirche (14. Jh., rom. Turm, spätgot. Gewölbemalerei aus dem 16. Jh.) mit Grab eines unbekannten Soldaten des 2. Weltkriegs. Die Bauernschaft »Burk« ist erstmals um 900 bezeugt.

Im Ortsteil Cappenberg liegt Schloß C., das ursprünglich Burg und ab 1122 Prämonstratenserkloster (1802 aufgehoben) war. 1816/19 erwarb Freiherr vom Stein den Besitz, auf dem er 1830 starb. Die Schloßkirche, eine romanische Pfeilerbasilika mit gotischen Umbauten, enthält wertvolle Kirchenschätze (Großes Triumphkreuz, 12. Jh.; Kopfreliquiar Kaiser Barbarossas, 12. Jh.; Klappaltar; spätgot. Chorgestühl, 1509–20).

Im Schloß ist das Museum für Kunst- und Kulturgeschichte der St Dortmund und ein Freiherr vom Stein-Archiv untergebracht.

Senden (Iller)

□ 25,17 qkm; ○ Neu-Ulm; ⚐ Bayern; ✉ 89250; ☎ 07307; 🚗 NU; △ 486–512 m; 👫 19700.

S. liegt im unteren Illertal, 10 km südöstlich von Ulm an der B 10; Anschluß an die Autobahn

A 7 Ulm–Nesselwang (Ausfahrt AB-Dreieck Hittisstetten); Bahnstation an der Strecke Ulm–Kempten. Die St hat Grundschulen, Hauptschule, Wirtschaftsschule; Uhrenfabrik, Werk für Fertigbauteile, Spinnerei und Weberei sowie weitere kleinere Industrie- und Gewerbebetriebe.

S., erstmals 1026 urkundlich erwähnt, hatte bis ins 20. Jh. einen überwiegend ländlichen Charakter. Der wirtschaftliche Aufschwung und die Wandlung zur Industrie- und Wohngemeinde im Wirtschaftsraum von Ulm/Neu-Ulm setzte nach dem 2. Weltkrieg ein. 1956 wurde S. zum Markt und 1975 zur St erhoben. – Bemerkenswert die Rokoko-Kapelle im Ortsteil Ay; 5 km östlich von S. Wallfahrtskirche Witzighausen.

Senden (Westf.)

☐ 109,1 qkm; ○ Coesfeld; ⚐ Nordrhein-Westfalen; ✉ 48308; ☎ 02597; 🚗 COE; △ 62 m; 👫 15000.

S. (mit den Ortsteilen S., Bösensell, Ottmarsbocholt und Venne), 16 km südwestlich von Münster am Dortmund-Ems-Kanal gelegen, ist über die B 235 und Autobahn A 43/A1 Ruhrgebiet–Münster–Osnabrück (Ausfahrt S.) zu erreichen. Die Gm hat Grundschulen, Hauptschule, Realschule; kleinere und mittlere Gewerbe- und Industriebetriebe.

S. erstmals 980 urkundlich erwähnt, war bis ins 20. Jh. vorwiegend eine in sich geschlossene Handwerker- und Agrargemeinde. Nach dem 2. Weltkrieg entwickelte sich S. zur Industrie- und Wohngemeinde in verkehrsgünstiger Lage zwischen Münster und dem Ruhrgebiet. – Sehenswert Wasserschloß S., Historisches Schiffs- und Marinemuseum; Haus Ruhr und das östl. von S. gelegene Naturschutzgebiet »Venner Moor«.

Sendenhorst

☐ 96,46 qkm; ○ Warendorf; ⚐ Nordrhein-Westfalen; ✉ 48324; ☎ 02526; 🚗 WAF; △ 54 m; 👫 11150.

S. liegt 15 km südöstlich von Münster im Zentrum des Münsterlandes. Die St hat Grund- und Hauptschule, Schule für Behinderte, Realschule; orthopädische Fachklinik und Allgemeinkrankenhaus; Maschinenfabrik, Kornbrennereien, Textil- und Möbelindustrie, Eisen-, Papier- und Kunststoffindustrie.

S., im 12. Jh. von den Bischöfen von Münster gegründet, erhielt vor 1315 Stadtrechte. 1806 brannte der Großteil der St ab. – Bemerkenswert das Alte Pastorat (1806/1808) und Fachwerk- bzw. Ackerbürgerhäuser aus der ersten Hälfte des 19. Jh.

Senftenberg

☐ 12 qkm; ○ Senftenberg; ⚐ Brandenburg; ✉ 01968; ☎ 03573; 🚗 SFB; △ 101 m; 👫 30000.

S. ist zu erreichen auf der A 13 / E 55, Ausfahrten Ruhland (13 km) oder Großräschen (ca. 16 km), auf der A 15 / E 36, Ausfahrt Cottbus-West (ca. 25 km), sowie auf der B 96 und der B 169, die in S. aufeinandertreffen; Bahnstation der Strecken: Cottbus–S.–Ruhland–Großenhain–Dresden und Lübbenau (Spreew)–Calau (NL)–S.–Kamenz (Sachs)–Arnsdorf (b. Dresden); Fahrgastschiffahrt für Rundfahrten auf dem S.er See. Der nächste Flughafen ist Dresden-Klotzsche (ca. 60 km).

Bildungseinrichtungen: Grundschulen, Gesamtschulen, Realschulen, Gymnasium; Förderschule; Oberstufenzentrum; Fachhochschule „Lausitz“; eine der modernsten St-Bibliotheken des Landes Brandenburg.

Wirtschaftliches: Braunkohlebergbau mit rückläufiger Tendenz; regionale chemische Industrie; zunehmende Entwicklung der Klein- und Mittelstandsbetriebe, umfangreiches Dienstleistungsgewerbe; Fremdenverkehr.

Geschichtliches: Während der Ostexpansion dt. Ritterheere im 10. Jh. wurde auf einer slawischen Befestigung eine Wasserburg als „Veste Haus zu Senftenberg“ errichtet. In ihrem Schutz entwickelte sich eine Siedlung, welche 1279 erstmals urkundlich erwähnt wird und 1290 einem Johann von Senftenberg gehörte. In Archivalien von 1301 wird S. bereits als „opidum et castrum“ (Stadt und befestigter Platz) bezeichnet. 1304 kam die St – zusammen mit der Niederlausitz – in Besitz brandenburgischer Herrscher. Abgelegen von wichtigen Handels- und Heeresstraßen lebten die EW vorwiegend vom Acker-, Obst- und Weinbau sowie von der Fischerei. 1361 bis 1413 war S. in böhmischer Hand. Danach gelangte S. mit der gesamten Markgrafschaft an den Landvogt der Niederlausitz, den Pfandinhaber dieser Region, Hans von Polenz. Seine Kinder veräußerten St und Herrschaft S. an das Haus Wettin (1446/48). Die landesherrlich-kursächsischen Verhältnisse dauerten bis 1815 an, dann kam der Ort an Preußen. Im Dorf Kostebrau bei S.

fand man 1855 Braunkohlelagerstätten, 1870 entstanden Tagebaue und Braunkohlenwerke. Durch die einsetzende Industrialisierung bekamen St und Umgebung ein völlig anderes Aussehen. Das bis dato charakteristische Ackerbürgertum schwand zusehends, der Zuzug von Industriearbeitern wuchs. Traditionelle Innungen standen vor neuen Aufgaben, ihre Strukturen änderten sich. Handel und Gewerbe weiteten sich erheblich aus. Von 1863 bis 1873 erbaute man das großzgügig bemessene Senftenberger Bahnhofsgebäude, dessen Architektur und technische Anlagen die damalige wirtschaftliche Bedeutung der Region noch heute erkennen lassen. Bis 1930 entwickelte sich S. zu einem modernen Industriezentrum. In jüngerer Zeit wuchsen durch den rapiden Ausbau der Braunkohleindustrie St-Fläche und Bevölkerungszahl, der fortschreitende Bergbau führte zu ständigen Veränderungen – Ortsteile und Landstriche mußten den Baggern weichen, neue Wohngebiete entstanden.

Sehenswürdigkeiten und Kulturelles: Schloß mit Heimatmuseum, Galerie am Schloß; Neue Bühne – Theater der St S.; Tierpark am Schloßpark; Planetarium an der Ingenieurschule; moderne St-Bibliothek; Jugend- und Unterhaltungs-Center; Begegnungs- und Freizeitzentrum; die „Niederlausitzhalle"; Erholungsgebiet „Senftenberger See" (Gesamtfläche 1900 ha, Wasserfläche 1300 ha, Wald 430 ha, Strand 40 ha) ausgestattet mit Campingplätzen, textilen und FKK-Badestränden, Schiffsanlegestellen für Seerundfahrten, Bootsverleih, Surf- und Segelschule, Segelboothafen, Kinderspielplätzen rund um den See, Naturlehrpfad sowie Wanderrouten am und um den See; Jugendfreizeitzentrum „Am See"; verschiedene Sportstätten, darunter eine Schwimmhalle; Agrarhistorisches Museum in Großkoschen (5 km).

Wiederkehrende Ereignisse: Peter-und-Paul-Markt; Tierparkfest; Freibadfest.

Siegburg

□ 23,61 qkm; ○ Rhein-Sieg-Kreis; ⚐ Nordrhein-Westfalen; ✉ 53721; ☎ 02241; 🚗 SU; △ 61 m; 👥 34000.

S., 10 km nordöstlich von Bonn an der Sieg und Agger sowie im Schnittpunkt der B 8 und B 56 gelegen, hat Anschluß an die Autobahn A 3 Köln–Frankfurt a. M. (Ausfahrten Siegburg/Troisdorf und Siegburg). D-Zug-Station an der Strecke Köln–Gießen. Flughafen Köln-Bonn 15 km. Die St ist Sitz eines Amtsgerichts und der Verwaltung des Rhein-Sieg-Kreises sowie Standort des Wachbataillons und Stabsmusikkorps der Bundeswehr. S. hat Bundesfinanzakademie, zwei Gymnasien für Jungen und Mädchen, Höhere Handelsschule, Handels- und Berufsschulen, Realschule, Konservatorium mit Musiklehrerseminar, Staatl. Lehrerseminar; Farbenfabrik, Rhein-Westf. Isolatorenwerke, Maschinenbau.

Um 1064 gründete Erzbischof Anno II. von Köln (1060–75) die Benediktinerabtei St. Michael auf dem Michaelsberg, zu deren Füßen eine Siedlung entstand, der 1069 das Markt-, Münz- und Zollrecht verliehen wurde. Zwischen 1100 und 1200 erlebte die Abtei als Zentrum einer benediktinischen Reformbewegung ihre Blütezeit. Vor 1180 erhielt S. das Stadtrecht. Um 1400 wurde die St im Krieg zwischen dem Herzog von Berg und dem Abt von S. zerstört. Im 16. Jh. hatte S. eine bedeutende Steinzeugproduktion. 1676 kam die St an das Herzogtum Berg und 1815 an Preußen.

Sehenswürdigkeiten: Michaelsberg mit Abtei St. Michael (Annoschrein); St. Servatiuskirche (12. Jh.) mit bedeutender Schatzkammer; Töpferei; Romanisches Haus (1220–30); Fachwerkhäuser; Stadtmuseum (im Geburtshaus E. Humperdincks); Torhausmuseum; Wahnbachtalsperre. – Aus S. stammt der Komponist Engelbert Humperdinck (1854–1921).

Alljährlich S. Sommerrendezvous (Mai–September) und Literaturwochen (November).

Siegen (Westf.)

□ 114,8 qkm; ○ Siegen (Westf.); ⚐ Nordrhein-Westfalen; ✉ 57072*; ☎ 0271; 🚗 SI; △ 499 m; 👥 106500.

S. liegt auf mehreren südwestlichen Ausläufern des Rothaargebirges an der Sieg. Zufahrt über die Autobahn A 45 (Sauerlandlinie) Dortmund–Frankfurt a. M. (Ausfahrten S. und S.-Süd), die B 54 und B 62. S. ist D-Zug-Station der Bundesbahnhauptstrecken Köln–Hagen–Frankfurt a. M., Köln–Frankfurt a. M., Ruhrgebiet–Frankfurt a. M.; Siegerland-Flughafen (20 km). Die St hat Landgericht, Amtsgericht, Arbeitsgericht, Bergamt, Landeszentralbank, Kreisverwaltung u. a. Bundes-, Landes- und Kreisbehörden; Universität-Gesamthochschule, Fachhochschule, Lehrerseminare, Gymnasien, Realschulen, Technikerschule, Fachschule für pharm.-technische Assistenten, Fachsprachenschule für die Eisenindustrie, Sonderschule für körperlich und geistig behinderte Kinder; DRK-Kinderkrankenhaus. S. ist

Siegen

Bundeswehrstandort (mit Verteidigungskreiskommando und Bundeswehr-Verwaltungsschule). – Wichtigster Industriezweig ist die eisen- und stahlverarbeitende Industrie (Hoesch-Siegerlandwerke, Stahlwerke Südwestfalen, Philips-Electro-Logica): Herstellung von Eisen-, Blech- und Metallwaren, Eisenkonstruktionen, Walzenguß, Werkzeugmaschinen, Feinmechanik, ferner Herstellung von bürotechnischen Geräten, Computern und Lederindustrie.

Die St. wird erstmals 1224 urkundlich erwähnt. 1303 erhielt S. Soester Stadtrecht. Seit 1420 gehörte die St zu Nassau (Residenz der Linie Nassau-S. von 1606–1743). 1815 kam S. an Preußen. Im Mittelpunkt des erzhaltigen Siegerlandes liegend, entwickelte sich die St ab Mitte des 19. Jh. zu einem Zentrum der Eisengewinnung und -verhüttung. Nach dem 2. Weltkrieg, in dem S. zu 83% zerstört wurde, wurde infolge des Niederganges der genannten Industriezweige eine Umstrukturierung auf die Eisenverarbeitung notwendig. 1975 wurden die Städte Siegen, Hüttental und Eiserfeld zur Großstadt S. zusammengeschlossen.

Baudenkmäler und Sehenswürdigkeiten: Nikolaikirche (13. Jh.) mit spätgotischem Turm (1455–64); got. Martinikirche (13. und Anfang 16. Jh.) mit tausend Jahre altem Mosaikboden; Marienkirche (1702–29); Unteres Schloß (1698–1714) mit Gruft des Nassauischen Fürstenhauses; Oberes Schloß (13.–18. Jh.) mit Siegerlandmuseum (Rubens-Galerie, Ausstellungsstücke aus der Geschichte der Siegerländer-Eisengewinnung, Schaubergwerk). – S. ist Geburtsort des Malers Peter Paul Rubens (1577–1640) und des Schulreformators Adolph Diesterweg (1790–1866).

Sigmaringen

□ 92,85 qkm; ○ Sigmaringen; ⚐ Baden-Württemberg; ✉ 72488; ☎ 07571; 🚗 SIG; △ 567–795 m; 👥 15300.

S., im tief eingeschnittenen Tal der Donau auf der Schwäbischen Alb gelegen, ist über die B 32 und B 313 zu erreichen. Bahnknotenpunkt an den Strecken Ulm–S., Immendingen–S. und Tübingen–S. Die St ist Sitz eines Amtsgerichts, einer chem. Landesuntersuchungsanstalt, der Kreisverwaltung, der Fürstl. Hohenzollerschen Verwaltung sowie Bundeswehrstandort. S. hat zahlreiche Bildungs- und kulturelle Einrichtungen (Realschule, Gymnasium, kath. Mädchengymnasium, Fachhochschule für Haushalt, Ernährungs- und Bekleidungstechnik, Jugendmusikschule, gewerbliche Berufs- und Berufsfachschule, Wirtschaftsgymnasium, Wirtschaftsschule und kaufm. Berufsschule, hauswirtschaftliche und landwirtschaftliche Berufs- und Berufsfachschule, Landwirtschaftsschule, Abendrealschule, Heimschule und Sonderschulen für Lernbehinderte und Behinderte; Fürstl. Hohenz. Haus- und Domänenarchiv, Fürstl. Hohenz. Museum, Fürstl. Hohenz. Hofbibliothek, Staatsarchiv u.a.); Kreiskrankenhaus; mittlere Industrie- und Gewerbebetriebe (Bauindustrie, Brauerei, Fahrzeug- und Apparatebau, Stahl- und Metallbau, Sägewerke, Werkzeug- und Maschinenfabrik, Verlag u.a.).

S. entstand am Fuß der 1077 erstmals erwähnten Burg. Die Siedlung erhielt um 1250 Stadtrechte; St und Herrschaft kamen 1290 an König Rudolf von Habsburg. Von den Habsburgern gelangte S. über Württemberg (1325–99) an die Grafen von Werdenberg und nach deren Aussterben (1534) an die Grafen und späteren Fürsten von Hohenzollern-S. Unter ihnen erlebte die St ihre wirtschaftliche und kulturelle Blütezeit vor allem im 18. und 19. Jh., als S. den Rang einer Residenzstadt innehatte. 1849 unterstellte Fürst Carl Anton von Hohenzollern-S. seine Herrschaft der Krone Preußens.

Sehenswürdigkeiten: Residenzschloß (älteste Teile 12. Jh., Hauptbau 16. Jh., Erweiterungen 1815–17 und Ende 19. Jh.); Stadtpfarrkirche (1757–61); ehem. Hedinger Klosterkirche (1680–82, Marienkapelle 1747, Kuppelbau 1889), seit 1844 Grabkirche der Fürsten von Hohenzollern-S.

Das Hohenzollernschloß ist Geburtsort zahlreicher bedeutender Persönlichkeiten des europäischen Hochadels (u.a. König Karol und Ferdinand von Rumänien, Königin Stephanie von Portugal, Marie von Flandern, Stamm-Mutter des belgischen Könighauses, und Prinz Leopold von Hohenzollern, der 1870 zum König von Spanien gewählt wurde); in S. wurde geboren der Arzt Theodor Bilharz (1825–1862), Erforscher und Bekämpfer tropischer Krankheiten (Bilharziosis). – Alljährlich am Fastnachtsdienstag findet am Marktbrunnen das auf das 17. Jh. zurückgehende Brauchtumsfest des „Bräutelns“ statt.

Simbach a. Inn

☐ 47,31 qkm; ○ Rottal-Inn; ⚐ Bayern; ✉ 84359; ☎ 08571; 🚗 PAN; △ 348 m; 👥 8800.

S., am Inn unmittelbar an der österreichischen Grenze gelegen, ist über die B 12 zu erreichen; auf der B 340 Verbindung zur Staatsgrenze nach Österreich (Braunau a. Inn). S. ist Bahnstation an den Bahnlinien München–Mühldorf–S., S.–Salzburg und S.–Linz–Wien. Verkehrslandeplatz in Eggenfelden (30 km) und Sonderlandeplatz in Kirchdorf a. Inn (5 km). Die St hat Landespolizei- und Grenzpolizeiinspektion, Forstamt, Zollamt; Realschule, Gymnasium, Sonderschule für Lernbehinderte, Berufsfachschule für Hauswirtschaft, Krankenpflegeschule, Volkshochschule; Kreiskrankenhaus; mittelständische Industrie- und Gewerbebetriebe (Bauindustrie, Energieversorgung u.a.).

Die Siedlung »Sunninpah« wird erstmals 927 urkundlich erwähnt. Im Österreichisch-Bayerischen Erbfolgekrieg wurde das Dorf 1743 völlig zerstört. Die wirtschaftliche Entwicklung setzte Ende des 18. Jh. nach der Abtretung des Innviertels an Österreich ein. Seit der Jahrhundertwende wandelte sich S. von einer Akkerbürger- zur Industriegemeinde. Die Erhebung zur St erfolgte 1950. – Sehenswert das Heimatmuseum und die Pfarrkirche Mariä Himmelfahrt im Stadtteil Erlach. – Alljährlich Stadtfest (Juni), Fischerfest (August); Pfingstdult (alle 2 Jahre).

Simmerath

☐ 111,80 qkm; ○ Aachen; ⚐ Nordrhein-Westfalen; ✉ 52152; ☎ 02473; 🚗 AC; △ 280–560 m; 👥 12700.

Die Gemeinde S. ist 1972 durch Zusammenschluß von vierzehn ehemals selbständigen Gemeinden entstanden. S. liegt am Rursee 30 km südöstlich von Aachen im Naturpark Nordeifel an der B 258, B 266 und B 399. Die Gm hat Grundschule, Hauptschule, berufsbildende Schule, Berufsbildungsförderungszentrum, Sonderschule für Lernbehinderte, Volkshochschule; Bau- und Bekleidungsindustrie, metall- und kunststoffverarbeitende Betriebe, Fabrik zur Herstellung von Elektro-Schmelzöfen und Gießerei; Fremden- und Ausflugsverkehr (Wassersportmöglichkeiten auf dem Rursee); die Ortsteile S.-Rurberg, S.-Einruhr und Erkensruhr sind Erholungsorte.

S., Knotenpunkt verschiedener Römerstraßen, wird erstmals im 14. Jh. urkundlich erwähnt. – Alljährlich Rurseefest.

Simmern/Hunsrück

☐ 11,90 qkm; ○ Rhein-Hunsrück-Kreis; ⚐ Rheinland-Pfalz; ✉ 55469; ☎ 06761; 🚗 SIM; △ 320–400 m; 👥 6700.

S., im mittleren Hunsrück an der B 50 12 km westlich der Autobahn A 61 Bingen–Koblenz (Ausfahrt Rheinböllen) gelegen, hat Amtsgericht, Fernmeldezeugamt für Rheinland-Pfalz und Saarland, Kreis- und Verbandsgemeindeverwaltung; Gymnasium, Höhere Berufsfachschule Wirtschaft, Berufsfachschulen (Metall, Elektro, Hauswirtschaft, Wirtschaft), Fachoberschule Technik, Berufsbildende Schule Landwirtschaft und ländliche Hauswirtschaft, Bildungszentrum der Industrie- und Handelkammer, Sonderschule für Lernbehinderte, Kreismusikschule, Volkshochschule; Automobilzuliefererindustrie, Drucklufttechnik, Fertighausbau, Kunststoffwerk, Holzindustrie. Die St ist Erholungsort mit lebhaftem Fremdenverkehr und wirtschaftlicher sowie kultureller Mittelpunkt eines überwiegend land- und forstwirtschaftlich genutzten Umlandes.

Das Gebiet von S. war seit römischer Zeit besiedelt. Urkundlich wird der Ort erstmals 1072 genannt. Unter dem Raugrafen Georg II. erhielt S. 1330 von Kaiser Ludwig dem Bayer Stadtrechte. Die St war von 1410 bis 1673 mit kurzen Unterbrechungen Residenz der Herzöge von S., unter deren Herrschaft S. vor allem in der 1. Hälfte des 16. Jh. eine Blütezeit erlebte. Seit 1673 gehörte S. zur Kurpfalz. 1689 wurde die St fast völlig niedergebrannt. Nach der Franzosenherrschaft (1794–1815) kam S. an Preußen. Von der zwischen 1311 und 1329 erbauten Stadtbefestigung sind nur geringe Reste der Stadtmauer und der Schin-

Sindelfingen, Neues Rathaus

derhannesturm, in dem der berüchtigte Räuberhauptmann gefangengehalten wurde, erhalten. Sehenswert ferner die spätgotische Stephanskirche mit prächtigen Renaissance-Grabmälern und Grüften der Herzöge von S., die barocke St. Josephskirche und das Schloß (1708–12) mit Heimatmuseum.

Sindelfingen

☐ 50,86 qkm; ○ Böblingen; ⚐ Baden-Württemberg; ✉ 71063*; ☎ 07031; 🚗 BB; △ 440 m; 👫 58200.

Die Große Kreisstadt S., 12 km südwestlich von Stuttgart gelegen, ist über die B 14 und Autobahn A 81 Stuttgart–Bodensee (Ausfahrt S.) zu erreichen; Flughafen Stuttgart-Echterdingen (20 km). S. hat Realschulen, Gymnasien, Technisches Gymnasium, Technikerschule, Meisterschule für das Weberhandwerk, Sonderschulen für Lernbehinderte, Bildungsschwache und Körperbehinderte. – Die St ist Sitz bedeutender Industrien: Kraftwagen-Industrie (PKW-, Karosserie- und Montagewerk der Mercedes-Benz AG), Datenverarbeitungsmaschinen (Produktionswerk der IBM Deutschland) Maschinen-, Baustoff-, Holz-, Uhren-, Schuh- und Textilindustrie.

S. wird 1155 erstmals urkundlich erwähnt. Anfang des 13. Jh. kam das Dorf an die Pfalzgrafen von Tübingen; 1263 erhielt es Stadtrechte. 1351 fiel die St an die Grafen von Württemberg. Industrieller Aufschwung nach 1879 (Eisenbahnbau) und nach der Ansiedlung der Firma Daimler-Benz (1915/16). Im 2. Weltkrieg schwere Zerstörungen durch Luftangriffe (1943/44). Starkes Anwachsen der Einwohnerzahl nach dem Kriege (Vertriebene, Zuzug, Eingemeindungen).

S. besitzt eine Reihe von bemerkenswerten historischen Bauten: Stiftskirche St. Martin (11. Jh., frühromanische dreischiffige Basilika mit got. Sakristei von 1270 und Propstei Mitte des 15. Jh.); Altes Rathaus (1478); Salzhaus (1592); Amtshaus (1538). – S. besitzt eine moderne Sporthalle für Großveranstaltungen. – Alle zwei Jahre Volksfest „S. Kuchenritt".

Singen a. Hohentwiel

☐ 61,78 qkm; ○ Konstanz; ○ Baden-Württemberg; ✉ 78224; ☎ 07731; 🚗 KN; △ 420–430 m; 👫 43700.

S., Große Kreisstadt an der Hegauer Aach zu Füßen des Hohentwiel unweit der Schweizer Grenze, ist Bahnknotenpunkt mit Container- und Deutsch-Schweizerischem Gemeinschaftsbahnhof der Strecken Stuttgart–Zürich, München–Straßburg, Köln–Freiburg i.B.–Konstanz, Basel–Konstanz und Singen–Winterthur. Zufahrt über die B 33 und B 34; Anschluß an die A 81 Stuttgart–Westl. Bodensee (Ausfahrt S.). S. hat Amtsgericht, Autobahnamt, Hauptzollamt, Landeszentralbank; Gymnasien, Technisches Gymnasium, Wirtschaftsoberschule, Realschulen, kaufm. und gewerbliche Berufsschule, Sonderschulen; Aluminiumwalzwerk, Fitting-Werke (Georg Fischer AG), Nahrungsmittelindustrie (Maggi GmbH); die St ist Einkaufszentrum für den Hegau.

»Sisinga«, erstmals 787 urkundlich erwähnt, kam im 10. Jh. vom Kloster St. Gallen an das Kloster Reichenau. Über mehrere Herrschaften, darunter die Herren von S., gelangte das Dorf im Dreißigjährigen Krieg in den Besitz der österreichischen Landgrafschaft Nellenburg und wenig später an die vorderösterreichischen Grafen von Rost. 1774 kam S. an deren Erben, die Grafen von Enzenberg. Mit dem Ende des alten Reiches wurde S. 1805 württembergisch und 1810 badisch. 1899 erhielt S. das Stadtrecht. Der zur Festung ausgebaute Hohentwiel (1800/01 zerstört) war seit 1538 württembergische Enklave (1969 der Gemarkung S. eingegliedert).

Sehenswert das Hegau-Museum (mit bedeutender vor- und frühgeschichtlicher Sammlung); Fresken von Otto Dix und Curth Georg Becker im Sitzungssaal des Rathauses. – Alljährlich im Juni Hohentwielfest; Kunstausstellungen im Bürgerzentrum »Alte Sparkasse« und in der Städt. Galerie.

Sinsheim (Elsenz)

☐ 127,01 qkm; ○ Rhein-Neckar-Kreis; ⚐ Baden-Württemberg; ✉ 74889; ☎ 07261; 🚗 HD; △ 154–267 m; 👫 27500.

Sinsheim, Rathaus

S., Große Kreisstadt im Kraichgau an der Elsenz 30 km nordwestlich von Heilbronn, liegt im Schnittpunkt der B 39, B 45 und B 292 sowie an der Autobahn A 6 Heilbronn–Mannheim (Ausfahrt S.). Bahnstation an der Strecke Heilbronn–Heidelberg. Die St hat Amtsgericht; Realschule, Gymnasium, Technisches Gymnasium, Wirtschaftsgymansium, Gewerbeschule, Volkshochschule, Sonderschule für geistig behinderte Kinder; Kreiskrankenhaus, Kreispflegeanstalt; breitgefächerte Industrie (Herstellung von Eisen- und Blechwaren, elektrischen Kontakten und chemischen Produkten, Werkzeugmaschinen, Polstermöbeln, Kfz.-Zubehör und Fördergeräten). S. ist Einkaufszentrum für das vorwiegend land- und forstwirtschaftlich strukturierte Umland.

»Sunnisheim« (Siedlung des Sunno) wurde um 650 n. Chr. im Sinsheimer Becken gegründet. Erste urkundliche Erwähnung 770 im Lorscher Kodex. Das im 10. Jh. befestigte S. erhielt um 1067 Markt- und Münzrecht. Ende des 11. Jh. gründete Bischof Johannes von Speyer aus dem Hause der Salier auf dem Michelsberg ein Benediktinerkloster (seit 1496 weltliches Chorherrenstift). Um die gleiche Zeit wurde S., bis dahin Sitz der Gaugrafen von Lauffen, Freie Reichsstadt. Nach zahlreichen Verpfändungen kam die St 1338 an die Kurpfalz. 1689 wurde sie von den Gruppen Mélacs zerstört. 1806 fiel S. an Baden. – Sehenswürdigkeiten: ehem. Kloster mit Klosterkirche (11. bis 15. Jh., jetzt Jugenderziehungsheim); Rathaus (1710–14); Stadtkirche (18. Jh.); Reste der ma. Stadtbefestigung; Fachwerkhäuser; Stadtmuseum. 5 km südlich der St liegt Burg Steinsberg (erstmals zu Beginn des 12. Jh. erwähnt; Aufenthaltsort des Minnesängers Spervogel um 1180). – Sehenswert das Auto-Technik-Museum. – S. ist Geburtsort des Freiheitskämpfers und Generals der amerikanischen Unionstruppen Franz Sigel (1824–1902). – Alljährlich traditioneller S. Fohlenmarkt, Krämermarkt und Vergnügungspark (Woche vor Pfingsten).

Sinzig (Rhein)

□ 41,19 qkm; ○ Bad Neuenahr-Ahrweiler; ⚐ Rheinland-Pfalz; ✉ 53489; ☎ 02642; 🚗 AW; △ 60–140 m; 👥 14000.

S. liegt 25 km südöstlich von Bonn an der Mündung der Ahr in den Rhein. Zufahrt über die B 9 und B 266; Anschluß an die Autobahn A 61 Speyer–Mönchengladbach (Ausfahrt Sinzig); Bahnstation an der linksrheinischen Strecke Frankfurt a. M.–Köln. Die St hat Amtsgericht; Gymnasium, Berufsschule, Handelsschule, Sonderschule für Lernbehinderte; keramische, Gummi- und Kunststoffindustrie, Regler- und Gleichrichterbau, Mineralquellen und Mineralwasserversand; Fremdenverkehr.

S. ist aus einer römischen Siedlung (eine Gründung des Statthalters Sentius) hervorgegangen. Später war S. fränkische und staufische Königspfalz. Stadtrechte erhielt es 1267. Der ma. Stadtkern wurde durch Großbrände 1533 und 1758 weitgehend vernichtet. Um die Wende zum 20. Jh. Beginn des wirtschaftlichen Aufschwungs durch Industrieansiedlung. 1969 wurden S. die früheren Amtsgemeinden Franken, Koisdorf, Löhndorf und Westum, sowie aus dem Amtsverband Remagen das Heilbad Bodendorf (Heilanzeigen bei Stoffwechselstörungen, Herz- und Kreislauferkrankungen, Erkrankungen von Leber, Galle, Darm und Nieren) eingegliedert. – Sehenswert: St. Petri-Kirche, ein spätromanischer Bau (1206 bis 1226) des Aachener Marienstifts; Barbarossaschloß mit Heimatmuseum (römische Funde).

Sobernheim

□ 35 qkm; ○ Bad Kreuznach; ⚐ Rheinland-Pfalz; ✉ 55566; ☎ 06751; 🚗 KH; △ 152 m; 👥 7300.

S. liegt an der mittleren Nahe an den Südhängen des Hunsrücks (Soonwaldes); Zufahrt über die B 41; D-Zug-Station der Bundesbahnhauptstrecke Bingerbrück–Saarbrücken. S. ist Sitz einer Verbandsgemeinde und hat Amtsgericht; Flugsportplatz (Segel- und Motorflug); Realschule, Gymnasium; chemische Industrie, Kartonagefabrik, Dampfziegelei; Weinbau. Die St ist Bundeswehrstandort (Luftwaffe). Die St verfügt über das einzige Felke-Heilbad (naturgemäße Ganzheitsbehandlung nach „Lehmpastor“ E. Felke) in Deutschland und besitzt eine Katharina-Schroth-Klinik (seit 1961), in der Skoliose-Kranke behandelt werden (drei-dimensionale krankengymnastische Intensivbehandlung).

Der im 5. oder 6. Jh. gegründete Ort erhielt 1292 das Stadtrecht (1324 erneuert) und war von 1240–1279 Sitz der erzbischöflichen Verwaltung von Mainz. 1471 kam S. an die Kurpfalz. Zwischen 1792 und 1814 stand die St unter französischer Herrschaft; 1816 kam sie an Preußen.

Sehenswert: Ev. Pfarrkirche St. Matthias (Nordturm um 1000 errichtet, Chor 14. Jh., Westturm um 1500, Stumm-Orgel um 1740); Rathaus; Disibodenberger Kapelle; Johanniter-Kapelle mit Komtureigebäude; Fachwerkhäuser aus dem 16. und 17. Jh.; Marumpark mit Felke-Quelle; Freilichtmuseum Rheinland-Pfalz. – Alljährlich Mattheiser Sommer-Akademie.

Sömmerda

□ 22,8 qkm; ○ Sömmerda; ⚐ Thüringen; ✉ 99610; ☎ 03634; 🚗 SÖM; △ 140 m; 👪 22900.

S. ist zu erreichen auf der A 4 / E 40, Ausfahrt Erfurt-West (ca. 38 km) und auf der A 9 / E 49 / E 51, Ausfahrten Naumburg (ca. 68 km), oder Weißenfels (ca. 72 km), sowie auf der B 176, welche westl. von S. auf die B 4 und östl. auf die B 85 trifft (je 10 km); Bahnstation an der Strecke Erfurt–S.–Sangerhausen und Straußfurt–S. Kölleda–Großheringen. Der nächste Flughafen ist Erfurt (ca. 30 km); Flugplatz für Sportflugzeuge und kleine Maschinen in Dermsdorf (ca. 10 km).

Bildungseinrichtungen: Grundschulen, Regelschulen, Gymnasium; Förderschule; Volkshochschule; Musikschule; Ausbildungsstätte für Benachteiligte; St- und Kreisbibliotheken, Kinderbibliothek; Phonothek; Artothek.

Wirtschaftliches: Betonwerke; Baubetriebe, Ingenieurbau und Bauunternehmen für alle

Sömmerda

branchentypischen Gewerke; zahlreiche Firmen der elektronischen Büro- und Datentechnik sowie der Informatik, Hard- und Software des Computerwesens; Elektroanlagen, Kabeltechnik, Elektromechanik, Elektrobau; Maschinenbau; Bau von Kläranlagen; Heizungsbau, Klimatechnik, Kühlanlagenbau; Metallbau-Unternehmen; Dienstleistungsbetriebe in vielen Branchen.

Geschichtliches: S., an der mittleren Unstrut gelegen, wird 876 in einem „Zehntenverzeichnis“ erstmals urkundlich erwähnt. Bodenfunde bestätigen jedoch, daß es lange vor unserer Zeitrechnung auf dem Areal eine Ansiedlung gab. 1268 war „Sumerda“ fuldaisches Lehen der Grafen von Hohenstein, die den Ort 1342 als Pfand für Kriegslasten an Erfurt abtraten. Aus dieser Lage kaufte sich S. 1369 frei und erhielt damit seine Selbständigkeit. Zum Wahrzeichen von S. wurde das 1395 erbaute „Erfurter Tor“, eines von fünf St-Toren. Bereits 1418 erhielt das Dorf in dem Grafen von Schwarzburg einen neuen Besitzer, der noch im gleichen Jahr S. und Schallenburg für 2750 Silbermark an die St Erfurt verkaufte. In dieser Zeit setzte für S. die Entwicklung zur St ein: 1435 wurde erstmals ein Bürgermeister erwähnt, 1539 das Rathaus vollendet und 1591–98 die St-Befestigung erbaut. Um 1622 wurde S. das St-Recht verliehen, Urkunden darüber existieren nicht. Der 30jährige Krieg (1618–48) zog S. schwer in Mitleidenschaft: häufig wechselnder Durchzug von kaiserlichen und schwedischen Truppen, Beraubung der Bevölkerung, Vergewaltigungen und Plünderungen durch die Soldateska; hinzu kamen Hungersnöte und Pest. 1665 bemächtigte sich das Fürstentum Mainz der St, 1802 fiel sie an Preußen. Nach der Schlacht bei Jena und Auerstädt wurde S. am 16. 10. 1806 von französischen Truppen geplündert. Mit der Erfindung des Zündnadelgewehres (Hinterlader) durch Johann Nikolaus von Dreyse und den Bau einer Gewehrfabrik (1840) setzte die Industrialisierung ein. Im Jahre 1858 gründete Hermann Martini eine Ziegelei, deren besonders kunstvolle Produkte u. a. auch am Kölner Dom verwendet wurden und S. über die Landesgrenzen hinaus bekannt werden ließ. 1874 wurde die Bahnverbindung nach Großheringen und Straußfurt hergestellt, 1879 die Bahnlinie Erfurt–Meiningen gelegt, die beide durch S. führen. Die Gewehrfabrik wurde 1901 ein Unternehmen des Rheinmetall-Konzerns; in seinem Sömmerdaer Werk wurden ab 1919 Büromaschinen hergestellt. Ihre Produktion bestimmte bald nach dem 2. Weltkrieg die Struktur von St und Region. Nach einer Teildemontage der Fabrik durch die sowjetische Besatzungsmacht entwickelte sich das Restwerk zu dem Großunternehmen „Robotron". Hier arbeiteten gut ausgebildete und größtenteils hochqualifizierte Fachleute, hinzu kamen traditionelle Handwerksberufe. Die gesamte Forschungs- und Entwicklungsarbeit wurde ebenfalls in S. geleistet. Zur Zeit entsteht auf dem Gelände des ehem. Büromaschinenwerkes ein moderner Gewerbepark.

Sehenswürdigkeiten und Kulturelles: got. Bonifatiuskirche (am Mkt) mit Sonnenuhr von 1502; Rathaus (am Mkt) im Renaissancestil (1529–39); Wassermühle von 1721, mit unterschlächtigem Wasserrad (Durchmesser 6,5 m, Breite 3,4 m), 1986 zum Mühlencafé umgebaut, mahltechnische Einrichtungen erhalten; Petrikirche (1703), rechteckiges Langhaus; St-Befestigungsanlage (1591–98) mit „Erfurter Tor" (1395) und sechs Mauertürmen, jetzt als kleine Museen für stadtgeschichtliche Ausstellungen genutzt; interessantes Bürgerhaus (1845, Weißenseer Str.), ursprüngliche Gestaltung weitgehend erhalten; denkmalgeschützter Mkt-Platz als städtebauliches Ensemble; St-Park mit St-Park-Brücke; Brunnenplatz mit Laufbrunnen; Fußballplätze, Turnhallen, Stadion und mehrere (spezielle) Sportstätten.

Wiederkehrendes Ereignis: jährliches Parkfest.

Soest (Westf.)

□ 85,87 qkm; ○ Soest; ⚐ Nordrhein-Westfalen; ✉ 59494; ☎ 02921; 🚗 SO; △ 98 m; 👥 43000.

S. liegt 50 km östlich von Dortmund zwischen der Lippeniederung und dem Haarstrang-Höhenzug in der fruchtbaren Soester Börde im Schnittpunkt der B 1, B 229 und B 475; Anschluß an die Autobahn A 44 Ruhrgebiet–Kassel (Ausfahrt S.); Bahnknotenpunkt an den Strecken nach Düsseldorf bzw. Köln, Altenbeken–Kassel bzw. Hannover–Berlin und Hamm–Münster. S. ist Sitz eines Amtsgerichts und der Kreisverwaltung sowie zahlreicher Bildungseinrichtungen (Gesamthochschule Paderborn, Abt. Soest, Fachbereiche Landbau, Maschinenbau, Elektrotechnik; Gymnasien, Realschulen, Kreisberufs- und Berufsfachschule, Familienpflegeschule, Abteilungen der Fernuniversität Hagen und der Fachhochschule für Öffentliche Verwaltung, Studieninstitut für Kommunale Verwaltung, Musikschule, ev. Predigerseminar, Blindenschule, Volkshochschule).

In zahlreichen Industriebetrieben der St werden Glühlampen, Akkumulatoren, Elektromeßgeräte, Straßenwalzen, Drehscheiben, Drahtwaren, Geräte, Maschinen für Hydraulik, Pflanzmaschinen, Polstermöbel, Matratzen, Bekleidung, Furniere u. a. Erzeugnisse hergestellt; von Bedeutung ist ferner die Weiterverarbeitung landwirtschaftlicher Produkte (Zuckerfabrik, Obstwerk). Als Wirtschaftsfaktor spielt außerdem der Fremdenverkehr eine wesentliche Rolle.

S., das auf eine fränkische Königspfalz zurückgeht, wird bereits 836 als „volkreicher Ort" erwähnt. Aus der am Hellweg gelegenen Kaufmanns-Siedlung entwickelte sich eine der ältesten westfälischen Städte. Die Aufzeichnung des S. Stadtrechtes, das für viele Städte vorbildlich wurde (z. B. Lübeck) erfolgte zu Beginn des 12. Jh. Von 1167 bis 1191 wurde die heute noch fast vollständig erhaltene Stadtumwallung errichtet. Die St gehörte seit 1253 dem Westfälischen Städtebund und später der Hanse an. S. schuf sich zwischen dem 13. und 15. Jh. sein bedeutendes städt. Territorium in der Börde und erlangte eine reichsstadtähnliche Rechts- und Machtstellung. In der Soester Fehde (1444–49) verbündete sich die St mit dem Herzog von Cleve gegen den Kölner Erzbischof Diedrich von Mörs. 1666 kam S. an Brandenburg-Preußen. Im 2. Weltkrieg erlitt die St schwere Schäden.

S. konnte bis heute sein ma. Stadtbild bewahren. An bemerkenswerten historischen Bauten und Sehenswürdigkeiten sind zu nennen: St. Patrokli-Dom (10.–13. Jh.) mit romanischen Wandgemälden (1166); Petrikirche (12./13. Jh.) mit gotischen Wandgemälden; St. Maria zur Wiese („Wiesenkirche", 14./15. Jh., eine der schönsten spätgot. Hallenkirchen Deutschlands mit dem berühmten Nordfenster, das das sogenannte „Westfälische Abendmahl" mit Soester Pumpernickel, westf. Schinken und Bier zeigt); St. Maria zur Höhe („Hohnekirche", 12./13. Jh.) mit Wandgemälden aus dem 13. Jh. und einmaligem „Scheibenkreuz"; Nikolaikapelle (um 1200) mit romanischen Wandgemälden und Altarbild von Konrad von Soest; Kirche „Alt St. Thomä" (12./13. Jh.) mit schiefem Turm (1653); Stadtwall und Reste der ma. Befestigungsanlagen (Osthofentor von 1526 (mit weltweit einmaliger Sammlung von 25 000 Armbrustbolzen); Kattenturm, um 1270); Patrizier- und Fachwerkhäuser; Rathaus (1713); Burghof (13. Jh.) mit Heimatmuseum; Brunsteinkapelle (um 1400); Nicola-Kapelle (einer hansischen Kogge nachgebildet) u.a. – Alljährlich Bördetag (Mai) und Allerheiligen-Kirmes Anfang November.

Solingen

□ 89,44 qkm; ○ Kreisfreie Stadt; ⚐ Nordrhein-Westfalen; ✉ 42651*; ☎ 0212; 🚗 SG; △ 53–276 m; 👫 161 000.

S. liegt an der Wupper am Westrande des Bergischen Landes. Die Industrie- und Einkaufsstadt ist zu erreichen über die Autobahn A 3 Köln–Niederlande (Ausfahrt Solingen/Langenfeld), A 46 Düsseldorf–Wuppertal–Hagen (Ausfahrt Haan-Ost) und A 1 Köln–Bremen–Hamburg (Ausfahrten Schloß Burg/Wermelskirchen und Remscheid/Solingen) sowie über die B 224 und B 229; D-Zug-Station (S.-Ohligs) an der Strecke Köln–Wuppertal–Dortmund.

Die St ist Sitz zahlreicher Behörden und Körperschaften (Amtsgericht, Arbeitsgericht, Landesstelle NRW für gewerbliche Berufsförderung in Entwicklungsländern, Polizeischutzbereich, Gewerbeaufsichtsamt, Industrie- und Handelskammer, Industrieverband Schneidwaren und Bestecke e.V. u.a.; Städt. Krankenhaus, Tbc-Krankenhaus „Bethanien", St. Lukas-Klinik), Bildungs- und kultureller Einrichtungen (Realschulen, Abendschule, Gymnasien, Berufssschulen, Berufsfach- und Fachschulen, Fachschule für Metallgestaltung und Metalltechnik, Fachoberschulen, pharmazeutisch-technische Lehranstalt, Zentralfachschule für die deutsche Süßwarenwirtschaft; Theater und Konzerthaus, Volkshochschule, Stadtbücherei, Stadtarchiv, Zentralstelle für den deutschsprachigen Chorgesang in der Welt, Botanischer Garten).

S. ist Zentrum der deutschen Schneidwarenherstellung und der Schirmfurniturenindustrie; von Bedeutung sind ferner Gießereien, Maschinenbau, metallverarbeitende und galvanotechnische Betriebe, Elektro- und Autozubehörindustrie u.a.; S. ist außerdem Verwaltungssitz mehrerer Weltfirmen.

S. erstmals 1067 urkundlich genannt, erhielt 1374 die Stadtrechte. Im MA war die St Mittelpunkt der Waffenschmiedekunst (seit dem 14. Jh. bezeugt), aus der sich später die Schneidwarenindustrie entwickelte. 1929 schlossen sich die Städte S., Ohligs (vor 1891 Merscheid), Wald, Gräfrath und Höhscheid zur Großstadt S. zusammen; 1975 wurde S. die St Burg an der Wupper eingegliedert.

Die 1944 völlig zerstörte Innenstadt ist als modernes Einkaufszentrum (verkehrsfreie Fußgängerzonen) wiederaufgebaut worden. Den Charakter altbergischer Städtchen haben sich Burg und Gräfrath (historischer Marktplatz mit Klosterkirche) bewahrt. Sehenswert Schloß Burg (Bergisches Museum) und das Deutsche Klingenmuseum (Klingenwaffen, Bestecke und Schneidgerät aus drei Jahrtausenden, Gemälde, Graphik, Plastik) sowie das Rheinische Industriemuseum. – Östlich von S. liegt die Müngstener Brücke (mit 107 m höchste Eisenbahnbrücke Deutschlands). – Alljährlich Bergische Kunstausstellung (Ostern bis Pfingsten) im Klingenmuseum; „Zöppkesmarkt" (einzigartiger Kram- und Trödelmarkt) im September.

Solms

□ 34 qkm; ○ Lahn-Dill-Kreis; ⚐ Hessen; ✉ 35606; ☎ 06442 (Stadtteile Burgsolms, Niederbiel, Oberndorf); 06441 (Albshausen, Oberbiel); 🚗 LDK; △ 140–360 m; 👫 13 000.

S. mit seinen fünf Stadtteilen grenzt unmittelbar an den westlichen Stadtrand von Wetzlar. Die St ist über die Bundesstraße 49 und Autobahnen A 45 Hanau–Ruhrgebiet (Ausfahrten Wetzlar-Ost und Wetzlarer Kreuz) und A 480 Reiskirchen–Wetzlar (Ausfahrt Wetzlar-West) zu erreichen; Bahnstation an der Strecke Gießen–Wetzlar–Koblenz. Die St hat Grundschulen, Gesamtschule; elektronische, mechani-

sche und optische Industrie (Leica GmbH); Forstwirtschaft.
»Sulmissa« (Solmsbach) wird erstmals in einer Schenkungsurkunde des Klosters Lorsch erwähnt. Der Flußname wurde für die beiden Orte Burgsolms und Oberndorf übernommen, und im 11. Jh. liegen die Anfänge der Herren von S., die 1129 mit Marquard von Solms erstmals hervortreten. Ihren Sitz hatten sie auf einer um 1100 erbauten Wasserburg. Die späteren Grafen von S. gerieten im 14. Jh. in den Konflikt zwischen den Erzbischöfen von Mainz und Landgrafen von Hessen; 1356 wurde Oberndorf und 1384 die Wasserburg zerstört. Nach dem Aussterben des Geschlechtes fielen die Orte an die Linie Solms-Braunfels. Die neuen Herren förderten im 17. Jh. die wirtschaftliche Entwicklung durch Errichtung einer Schmelzhütte und eines Hammerwerkes. Im 19. Jh. wurde Burgsolms mit Inbetriebnahme der Georgshütte 1873/74 zum Industriestandort (Stilllegung 1925).

Sehenswürdigkeiten: Industrie- und Heimatmuseum; Besucherbergwerk Grube Fortuna; Kloster Altenberg (frühgot. Klosterkirche aus dem 13. Jh. mit Wandmalereien des 13.–15. Jh.); Volkssternwarte S.

Soltau

□ 203,21 qkm; ○ Soltau-Fallingbostel; ⚐ Niedersachsen; ✉ 29614; ☎ 05191; 🚗 FAL; △ 64 m; 👪 19300.

S. ist Erholungsort in der Lüneburger Heide am Schnittpunkt der B 3, B 71 und B 209. Anschluß an die Autobahn A 7 Hannover–Hamburg (Ausfahrten S.-Süd und S.-Ost); Bahnknotenpunkt der Strecken Hannover–Hamburg bzw. Lüneburg und Bremen–Uelzen. S. hat Amtsgericht, Kreisverwaltung; Realschule, Gymnasium, Berufs- und Berufsfachschule, Landwirtschaftsschule, ländliche Hauswirtschaftsschule, Höhere Handelsschule, Sonderschule für Lernbehinderte; Zinngießerei (Soltauer Zinn), Filz- und Bettfedernfabrik, Tee- und Strumpffabrik; Fremdenverkehr. Die St ist Einkaufszentrum für ein überwiegend landwirtschaftlich strukturiertes Umland.

S., erstmals 937 urkundlich erwähnt, erhielt 1388 Stadtrechte. – Sehenswert das Heimathaus (vorgeschichtliche Funde) und die nähere Umgebung der St (Wildpark Heidenhof, Heidesee Ahlftener Flatt, Naturschutzpark mit Wilseder Berg). – Alljährlich volkstümliches Schützenfest im Juli.

Sondershausen

□ 6 qkm; ○ Sondershausen; ⚐ Thüringen; ✉ 99706; ☎ 03632; 🚗 SDH; △ 200 m; 👪 23000.

S. ist zu erreichen auf der A 4 / E 40, Ausfahrten Eisenach-Ost (ca. 62 km), Gotha (ca. 55 km) oder Erfurt-West (ca. 58 km), sowie auf der B 4, B 84 und B 249; Bahnstation an der Fernlinie Erfurt–S.–Nordhausen–Northeim (Han)–Bad Harzburg–Hannover, der Regionalstrecke Nordhausen–S.–Straußfurt–Erfurt und Endbahnhof der Kurzverbindung Bretleben–S. Der nächste Flughafen ist Erfurt (ca. 55 km).

Bildungseinrichtungen: Grundschulen, Regelschulen, Gymnasien; berufliches Gymnasium; Förderschule; Volkshochschule; Thüringer Bibliotheksschule; Musikschule.

Wirtschaftliches: mittlere und kleine Industrie- und Gwerbebetriebe, Elektrotechnische Unternehmen; Verarbeitung landwirtschaftlicher Erzeugnisse: Herstellung von Wurst- und Fleischwaren, Produktion von Mischfutter und Gefriergut. Die früher bedeutende Kaliindustrie spielt kaum noch eine Rolle.

Geschichtliches: Der Ort, als fränkische Siedlung gegründet, wird erstmals 1125 erwähnt und erhielt um 1300 das St-Recht. Seit 1356 ist S. im Besitz der Grafen, seit 1697 der Fürsten von Schwarzburg-Sondershausen; 562 Jahre schwarzburgischer Herrschaft haben S. baulich, wirtschaftlich und in seiner sozialen Struktur geprägt. Den Beinamen „Musikstadt“ erwarb sich S. durch seine bis ins 17. Jh. zurückreichende Musiktradition. Die fürstliche Hofkapelle wurde 1630 gegründet, 1801 das „Loh-Orchester“, das bald zu einem bekannten Klangkörper heranwuchs. Zu seinen bedeutendsten Dirigenten zählten Max Bruch (1867–70) und Max Erdmannsdörfer; Max Reger war Schüler des 1883 eröffneten „Konservatoriums der Musik“. Mehrfach weilte Franz Liszt in der St und zeigte seine hohe Wertschätzung für die Sonderhausener Musikkultur. – Zu einer Bergarbeiter-St wurde S. an der Schwelle des 20. Jh.: Seit 1892 baute man Kali ab. Haupterzeugnisse der Weiterverarbeitung waren Kali-Düngemittel, an der Palette der Nebenprodukte hatten Brom und Magnesiumchlorid bemerkenswerte Anteile. Ab 1902 stellte die Firma Lindner & Co. elektrotechnische Artikel her, im 2. Weltkrieg wurde das Unternehmen fast zur Hälfte zerstört. Während der 60er bis 80er Jahre entstanden Neubaugebiete im Borntal, im Östertal und Hasenholz sowie (als jüngstes) im Wippertor. Die Lage der St weist erhebliche Höhenunterschiede auf:

Mkt-Platz 193 m, Schloßberg 208 m, Frauenberg 411 m und „Possen“ 430 m über NN.

Sehenswürdigkeiten und Kulturelles: Der Schloßkomplex (13. bis 20. Jh.) ist mit einer Baustubstanz aus dem 7. Jh. architektur- und kunstgeschichtlich der bedeutendste Baukomplex Nordthüringens, mit wertvollen Kunstsammlungen und Regionalausstellungen, einem Liebhabertheater, der Schloßkapelle, dem Blauen Saal und Riesesaal; barocke Achteckhalle (1709/10); Loh-Park; Ensemble bedeutender Bauten am Mkt, darunter das ehem. Prinzenpalais, heute Landratsamt; St.-Trinitatis-Kirche (1608–20), barocke und historische Ausstattung (Fürstengruft, Mausoleum); Ruine der St.-Crucis-Kirche (1392–1463); Fördergerüst und Anlage „Schacht II“ (1907/08) des Kaliwerkes; ehem. Jagdschloß „Zum Possen“ (1732–38), heute Naherholungszentrum, gelegen mitten im Waldgebiet der Hainleite (ca. 2,5 km vor der St), mit Tiergehege, Aussichtsturm (1781) und Gastronomie; „Rondell“ – Aussichtspunkt mit Denkmal (1929), errichtet vom „Sondershäuser Verband akademisch-musikalischer Verbindungen“; Aussichtspunkt „Spatenbergturm“, eigentlich „Bismarckturm“ (1891).

Sonneberg

□ 39,62 qkm; ○ Sonneberg; ⚐ Thüringen; ✉ 96515; ☎ 03675; 🚗 SON; △ 390 m; 👪 27100.

Sonneberg im Osten Thüringens an der Grenze zu Bayern erreicht man über die A 9 / E 51, Ausfahrten Naila/Selbitz (42 km) oder Bad Berneck (59 km). Durch S. führt die B 89. Bahnstation an den Strecken Meinigen–Eisfeld–S., S.–Probstzella–Saalfeld und S.–Neustadt (b. Coburg)–Coburg. Der nächste Flughafen ist Erfurt (95 km).

S. hat Stadtverwaltung; Landratsamt, Polizeiinspektion.

Bildungseinrichtungen: Grundschulen, Regelschulen, Gymnasien; Förderschule für Lernbehinderte, Förderschule für geistig Behinderte; Allg., Gewerbl. und Kaufmänn. Berufsschulen, Staatl. Berufsschule für Metalltechnik.

Kulturstätten: Bibliothek, Spielzeugmuseum, Sternwarte.

Wirtschaft: Spielzeugindustrie, mittelständische Gewerbe im Handwerks- und Dienstleistungsbereich.

Geschichte: Die erste urkundliche Erwähnung des Namens Sonneberg stammt aus dem Jahre 1207. Die Herren der Burg von S. starben 1310 aus. Der Ort zu Füßen der Burg hieß ursprünglich Röthen nach dem gleichnamigen Fluß. Unter den Grafen von Henneberg, die 1317 die Herrschaft übernahmen, erhielt „Rothyen under Sunnenberg“ 1349 Stadtrecht. Die Einwohner lebten von der Landwirtschaft, ab dem späten Mittelalter vom Abbau des Schiefers, der zu Wetzsteinen, Griffeln und Schiefertafeln verarbeitet wurde. Daneben ist schon vereinzelt Spielzeug aus Holz hergestellt worden, das Nürnberger Kaufleute mit nach Leipzig zur Messe nahmen. S. gehörte seit dem 14. Jh. zur Pflege Coburg, kam 1353 an die Wettiner und führt seitdem den meißnischen Löwen im Wappen. Im 30jähr. Krieg verlor das protestantische Sonneberg 75% seiner Einwohner, erholte sich aber durch die Aktivitäten der Sonneberger Kaufmannschaft rasch von den Kriegsfolgen. 1735 kam S. an Sachsen-Meiningen. Den Streit zwischen Handelsleuten und Produzenten beendete 1789 der Meininger Herzog mit dem „Großen Sonneberger Handelsprivileg“, das die Trennung zwischen Handel und Produktion verfügte. Die Einführung der Papiermaché durch die Bossierer Nicol Gottlieb und Johann Friedrich Müller im Jahre 1805 und die Nutzung der Drückerform aus Gips und Schwefel schufen die Voraussetzungen für die Massenherstellung von Spielzeug. Ein großer Stadtbrand von 1840 vernichtete viele Gebäude, so auch das zweite Rathaus (das erste war dem Brand von 1596 zum Opfer gefallen). 1845 werden ein drittes Rathaus und die Stadtkirche St. Peter wieder aufgebaut. 1858 erhält S. Bahnanschluß an die Werra-Eisenbahn. Auf Initiative des Unternehmers Adolf Fleischmann wird 1874 das Lutherhaus aus dem nahen Judenbach nach Sonneberg verlagert. In diesem Haus hatte Luther 1518 übernachtet. Heute lädt eine gemütliche Gaststätte in dem Blockhaus zum Verweilen ein. Auf eine Anregung des Meininger Herzogs Georg II., des „Theaterherzogs“, geht die Gründung der Industrieschule im Jahre 1883 zurück. Auf das Wirken dieser noch heute als Fachschule bestehenden Lehreinrichtung ist die große Bedeutung der Sonneberger Spielzeugindustrie zurückzuführen, die zwischen der Reichsgründung 1871 und dem 1. Weltkrieg ihre Blütezeit erreichte. 1928 entstand gegenüber dem Bahnhof das 4. Rathaus, heute Sitz der Stadtverwaltung. Weltwirtschaftskrise und 2. Weltkrieg brachten die Spielzeugindustrie zum Erliegen. Kurz vor Kriegsende wurde der Eisenbahnviadukt in S.-West gesprengt. Am 30. 9. 1951 wurde der Eisenbahnverkehr zwischen S. und Neustadt b.

Coburg eingestellt und erst am 28. 9. 1991 wieder aufgenommen. Nach dem Bau der Berliner Mauer 1961 wurde S. Sperrgebiet und war bis 1970 nur mit Passierschein zu betreten. Durch seine Randlage in der früheren DDR ist die Infrastruktur der St erheblich vernachlässigt worden.

Baudenkmäler und Sehenswürdigkeiten: Stadtkirche St. Peter, nach Brand 1845 von Prof. Karl Alexander v. Heideloff im neugotischen Stil wieder aufgebaut; Michaeliskirche (neoromanisch, 1905–1906 erbaut) mit Glasfenstern aus Stiftungen der Porzellanfabrikanten, Innenausstattung vom Coburger Hofmaler Wang; Wehrkirche St. Aegidien (1455) im Stadtteil Oberlind, drei Emporen mit Tafelbildern, Stuckdecke und Deckengemälde Ende 17. Jh.; Deutsches Spielzeugmuseum, 1901 im neobarocken Industrieschulgebäude eingerichtet, über 50000 Exponate von der Antike bis zur Gegenwart; Lutherhaus, Blockhaus aus dem 15. Jh., heute Gaststätte.

Sport und Freizeit: Sportstadion, Schwimmhalle; Naturschutzgebiet „Meilschnitzer Sack“ (100 ha), Heimattiergarten, Aussichtspunkt „Malschen-Alm“.

Periodische Ereignisse: Weihnachtsmarkt zwischen Bf. und Rathaus.

Sonthofen

☐ 46,49 qkm; ○ Oberallgäu; ⚐ Bayern; ✉ 87527; ☎ 08321; 🚗 OA; △ 750 bis 1050 m; 👫 20000.

S., Luftkurort und Wintersportplatz (südlichste St der Bundesrepublik) in den Allgäuer Alpen im Mündungswinkel von Iller und Ostrach, ist über die B 19 und B 308 zu erreichen. Bahnstation an der Nebenstrecke Immenstadt–Oberstdorf. Die St hat Amtsgericht (Zweigstelle), Kreisverwaltung, Forstamt, Garnison der Bundeswehr; Realschule, Gymnasium, Fachoberschule, Sonderschule für Lernbehinderte; Textil- (Ergee-Feinstrumpfwerke, Seidensticker-Sporthemdenfabrik) und Sportartikelindustrie (Bali-Sportgeräte), BHS-Werke (Getriebe-Filter- und Baumaschinen), Zünderwerk (Bosch), Milch- und Käsewirtschaft.

S., erstmals 839 urkundlich genannt, erhielt 1429 das Marktrecht und war Sitz einer fürstbischöflich-augsburgischen Pflegschaft bis 1806. Flachsanbau, Leinwandhandel und Eisengewinnung aus dem Grünten waren die Haupterwerbsquellen der Bevölkerung bis ins 19. Jh., ehe Viehzucht und Käseerzeugung ihren Aufschwung nahmen. Ein reger Fremdenverkehr und Gewerbeansiedlungen bestimmen seit 1935, vor allem aber seit 1950 die wirtschaftliche Entwicklung und das anhaltende Wachstum der Gm, die 1963 zur St erhoben wurde. – Sehenswert die barocke Pfarrkirche St. Michael, das Heimathaus sowie der Strigel-Altar (Ende 15. Jh.) in der Kirche des Stadtteiles Berghofen. Nordöstlich (2 km) von S. liegt die Starzachklamm, nordwestlich (11 km) der Große Alpsee. – Alle drei Jahre Aufführung des „Eggaspiels“ (pantomimischer Kampf des Menschen mit den Naturdämonen); sehenswertes Heimatmuseum mit einzigartiger heimatkundlicher Bibliothek.

Sontra

☐ 111,31 qkm; ○ Werra-Meissner-Kreis; ⚐ Hessen; ✉ 36205; ☎ 05653; 🚗 ESW; △ 232–400 m; 👫 9100.

S. liegt 50 km südöstlich von Kassel zwischen Fulda, Werra und Meißner am gleichnamigen Fluß. Zufahrt über die B 27; Bahnstation an der Strecke Bebra–Eschwege–Göttingen. S. ist Garnisonsstadt (Standort- und Truppenverwaltung der Bundeswehr), hat Amtsgericht; Mittelschule, Gymnasium, Sonderschule für Lernbehinderte; Maschinen- und Holzfaserfabrik, holzverarbeitende Betriebe, Metall-, Kunststoff-, Bekleidungs- und Nahrungsmittelindustrie. Die St ist Erholungsort (Fremdenverkehr).

Das Gebiet von S. ist seit der Jungsteinzeit (Bodenfunde) besiedelt. Erstmals urkundlich erwähnt wird der Ort im Jahre 1275. Die Stadtrechte erhielt S. vor 1368. Im MA. war S. Mittelpunkt des Bergbaus (Zechstein), Sitz eines Bergamtes und Bergerichts („S. Bergordnung“ von 1499). – Sehenswert der Altstadtkern mit historischen Fachwerkbauten und Rathaus (Mitte 17. Jh.). – Im Juli alljährlich großes Heimat- und Schützenfest.

Spaichingen

☐ 18,5 qkm; ○ Tuttlingen; ⚐ Baden-Württemberg; ✉ 78549; ☎ 07424; 🚗 TUT; △ 660 m; 👫 10100.

S., im Primtal am Rande der Schwäbischen Alb gelegen, ist über die B 14 zu erreichen. Die St, Sitz eines Amtsgerichts und der Verwaltungsgemeinschaft für sieben Umlandgemeinden (Balgheim, Böttingen, Denkingen, Dürbheim, Frittlingen, Hausen o.V., Mahlstetten), hat Realschule, Gymnasium, Berufsschulen, Sonderschule für Lernbehinderte, Schule für Sprachbehinderte, Volkshochschule; Metallwarenfabriken, Klavierfabrik, Möbel-, Textilindustrie, Maschinenbau.

S., erstmals 791 urkundlich erwähnt, war seit dem 13. Jh. mit der Grafschaft Hohenberg verbunden. 1381 gelangte Hohenberg mit S. an Österreich; 1806 kam es an Württemberg. Stadtrechte erhielt S. 1829. – Sehenswert die Wallfahrtskirche (18. Jh.) auf dem 983 m hohen Dreifaltigkeitsberg.

Spangenberg

□ 97,70 qkm; ○ Schwalm-Eder-Kreis; ⚐ Hessen; ✉ 34286; ☎ 05663; 🚗 HR; △ 250–500 m; 👪 6400.

S., Luftkurort an der B 487 im Kurhessischen Bergland 40 km südöstlich von Kassel, hat Gesamtschule (Sekundarstufe I); pharmazeutische Industrie (Herstellung von Katgut), Webereien, Spinnerei, Armaturenfabrik, metall(Sägeblattfabrikation)- und kunststoffverarbeitende Industrie.

St und Burg S. sind Gründungen der Herren von Treffurt, die um 1200 den Bau der Burg zur Sicherung der Handelsstraße nach Mitteldeutschland veranlaßt hatten. 1309 erhielt S. das Stadtrecht. 1350 kam die St an Hessen; die Burg war zeitweise Residenz und Jagdschloß der hessischen Landgrafen. Später diente sie, zum Schloß umgebaut, als Kriegsgefangenenlager für Offiziere (1871 und während des 2. Weltkrieges). Nach seiner Zerstörung (1945) wurde das Bergschloß wiederaufgebaut (Hotel); ein Jagdmuseum knüpft an die Tradition der ehem. preußischen Forstschule an, die hier von 1907 bis 1939 untergebracht war. Bemerkenswert ferner der ma. Stadtkern (Stadtkirche, Fachwerkhäuser) mit Resten der Stadtbefestigung.

Spenge

□ 40,24 qkm; ○ Herford; ⚐ Nordrhein-Westfalen; ✉ 32139; ☎ 05225; 🚗 HF; △ 90 m; 👪 14100.

S., 15 km nördlich von Bielefeld im Ravensberger Hügelland gelegen, ist über die Autobahn A 30 Bad Oeynhausen–Osnabrück (Ausfahrten Bünde–Ennigloh bzw. Rödinghausen) zu erreichen. Die St hat Grundschulen, Hauptschule, Realschule; Möbelindustrie, Seiden- und Leinenwebereien.

S., erstmals 1160 urkundlich erwähnt, war bis ins 20. Jh. vorwiegend landwirtschaftlich orientiert. Im 19. Jh. erlangte die Leinenherstellung wirtschaftliche Bedeutung; inzwischen nimmt die holzverarbeitende Industrie eine Vorrangstellung ein. Im Rahmen der kommunalen Neugliederung wurden 1968 die ehem. Gemeinden Spenge, Wallenbrück, Hükker-Aschen, Lenzinghausen und Bardüttingdorf zur St S. zusammengeschlossen.

Speyer

□ 42,57 qkm; ○ Kreisfreie Stadt; ⚐ Rheinland-Pfalz; ✉ 67346; ☎ 06232; 🚗 SP; △ 92–113 m; 👪 45300.

S. liegt 17 km südlich von Mannheim/Ludwigshafen am Rhein im Schnittpunkt der B 9 und B 39. S. besitzt Anschluß an die Autobahn A 61 AB-Kreuz Hockenheim–Koblenz (Ausfahrt AB-Kreuz Speyer); Bahnstation an der Strecke Ludwigshafen–Schifferstadt–Wörth; Regionalflugplatz. Die St hat zwei Rheinhäfen; Amts- und Sozialgericht, Arbeitsamt (Nebenstelle), Finanzamt, Forstamt, Landesversicherungsanstalt, Landesrechnungshof, Landeszentralbank, Pfälz. landwirtschaftl. Untersuchungs- und Forschungsanstalt, Landesarchiv u. a. Institutionen und Behörden; Realschulen, Gymnasien, Volkshochschule, Berufsbildende Schule, Hochschule für Verwaltungswissenschaften, Speyer-Kolleg, Sonderschulen für lern- und geistigbehinderte Kinder. S. ist Sitz eines kath. Bischofs und der Kirchenleitung der Protestantischen Kirche der Pfalz; Bundeswehrstandort. Industrie: Chemische, papier-, metall- und holzverarbeitende Industrie, Maschinen- und Anlagenbau, Werkzeug-, Klima-, Heizungs- und Lüftungsanlagenbau, Flugzeugbau, Druck- und Bauindustrie, elektrotechnische und elektronische Betriebe, Armaturenfabrikation und Apparatebau, Schiffsreparaturbetrieb u. a.

Die Römer errichteten 10 v. Chr. bei der seit dem 4. Jh. v. Chr. bekannten keltischen Siedlung »Noviomagus« (Neustadt) ein Kastell, aus dem sich eine Handelsstadt (Vorläuferin von S.) entwickelte, die 275 n. Chr. von den Alemannen zerstört wurde. Seit dem 4. Jh. ist das erstmals 496 und 506 bezeugte »Spira« Bischofssitz. Im Hochmittelalter war die spätere Freie Reichsstadt (seit 1294) Mittelpunkt des

Speyer, Dom

salisch-staufischen Königtums. In der St wurden zwischen 838 und 1570 50 Reichstage abgehalten, und von Speyer brach Kaiser Heinrich IV. 1076 zum Bußgang nach Canossa auf. Von 1527 bis 1689 war Speyer Sitz des Reichskammergerichts, und 1529 „protestierten" auf dem Reichstag die evangelischen Reichsstände gegen die reformationsfeindlichen Beschlüsse (d.h. gegen die Aufhebung des „Abschieds" von 1526).

Nach der Zerstörung von 1689 im Pfälzischen Erbfolgekrieg verlor S. seine Bedeutung. 1792 bis 1815 gehörte die St zu Frankreich, von 1816 bis 1945 war sie Hauptstadt der bayerischen Pfalz.

Wahrzeichen der St ist der Dom, eine kreuzförmige Basilika mit mächtigem Westbau, flankiert von 4 Türmen (1030 von Kaiser Konrad II. begonnen, 1061 vollendet und geweiht; nach Bränden und Zerstörungen im 12., 18. und 19. Jh. z.T. erneuert), und den Kaisergräbern in der Gruft vor der Krypta (Grabplatte Rudolfs von Habsburg, Ende 13. Jh.). Weitere Sehenswürdigkeiten sind das Rathaus (1726), die got. Kapelle, die Alte Münze, das romanische Judenbad, Altpörtel, Dreifaltigkeitskirche (18. Jh.) und das Historische Museum der Pfalz (mit Weinmuseum). – S. ist Geburtsort der Maler Anselm Feuerbach (1829 bis 1880; Feuerbachhaus) und Hans Purrmann (1880–1966; Purrmann-Haus).

Alljährlich traditionelles Brezelfest (seit 1910), Frühjahrs- und Herbstmessen, Sp. Altstadtfest und Rheinuferfest.

Spiesen-Elversberg

☐ 11,32 qkm; ○ Neunkirchen; ⚐ Saarland; ✉ 66583; ☎ 06821; 🚗 NK; △ 372 m; 👪 15850.

S.-E., 1974 durch Zusammenschluß im Rahmen der Gebietsreform entstanden, liegt nordöstlich von Saarbrücken an den Autobahnen A 8 Zweibrücken–Neunkirchen–Saarlouis (Ausfahrten S., Heinitz und E.) und A 6 Saarbrücken–Kaiserslautern (Ausfahrt St. Ingbert). Die Großgemeinde hat Grund- und Hauptschulen, Volkshochschule; mittlere und kleinere Industrie- und Gewerbebetriebe.

Spiesen wird erstmals 1195 urkundlich erwähnt. Elversberg entstand 1852 als Bergmannssiedlung nach dem Abteufen einer Kohlengrube (1847) im nahegelegenen Heinitz.

Spremberg

☐ 113 qkm; ○ Spremberg; ⚐ Brandenburg; ✉ 03130; ☎ 03563; 🚗 SPB; △ 115 m; 👪 25000.

Sp. ist zu erreichen auf der A 13 / E 55, Ausfahrt Großräschen (ca. 35 km), auf der A 15 / E 36, Ausfahrt Cottbus-Süd (18 km), sowie auf der B 97 und B 156; Bahnhof an der Hauptstrecke Berlin–Cottbus–Sp.–Görlitz und der Nahverbindung Cottbus–Sp.–Hoyerswerda. Der nächste Flughafen ist Dresden (ca. 75 km).

Bildungseinrichtungen: Grundschulen, weiterführende Schulen, Gymnasium; Förderschule; Kreismusikschule; Bibliothek.

Wirtschaftliches: Tuch- und Textilproduktion; Braunkohleförderung und -verarbeitung; chemische und metallurgische Industrie; Bauwesen; modernste Herstellung von Glaseinzelteilen zu TV-Farbbildröhren.

Geschichtliches: Die St Sp., ein wirtschaftliches und kulturelles Zentrum in der Niederlausitzer Region, kann ihre Anfänge laut sekundärer Quellen bis 1271 zurückverfolgen. Die erste erhalten gebliebene Urkunde datiert aus dem Jahre 1301. Bereits im 12. Jh. war Sp. Erzpriestersitz. Die ältesten Teile der Kreuzkirche, ein dreischiffiger spätgot. Hallenbau, stammen aus jener Zeit. Sie bildet mit dem Schloß, dem Rathaus, dem Kavaliershaus, dem alten Reichspostgebäude und der katholischen Kirche ein Ensemble der wichtigsten historischen Baudenkmale in der Innenstadt. Der Mkt-Platz und die angrenzenden Straßen wurden im 13. Jh. planmäßig angelegt. Auch Bodenfunde im Altstadtbereich weisen auf eine frühe Besiedlung (Anfang 13. Jh.) hin. Von der alten

Substanz wurde vieles zwischen 1933 und 1989 der Bautätigkeit geopfert. Trotz alledem ist die innerstädtische Struktur seit dem MA im wesentlichen erhalten geblieben. Sp.s Lage an der ma. Zucker- oder Niederen Straße, einem wichtigen Handelsweg zwischen Hamburg und Breslau, trug zur raschen Entwicklung von Handel, Handwerk und Gewerbe und letztlich zum Ansehen des Gemeinwesens bei. Als Tuch-St war Sp. im 17. Jh. ein beliebtes Ziel für wandernde Handwerksgesellen. Die Vergangenheit der kleinen St und ihrer EW ist von schweren Heimsuchungen gekennzeichnet: So hatte sie sieben St-Brände (1429–1705), zahllose Truppendurchzüge und Einquartierungen, vier große Heuschreckenplagen (1346–1542), Pestepidemien (1620 und 1680), Mißernten und Hungersnöte, Viehseuchen, Unwetter und Hochwasser zu überstehen. Als Besitz wechselte Sp. häufig zwischen böhmischer, brandenburgischer und sächsischer Herrschaft. Bis 1738 war es Residenz-St des Herzogtums Sachsen-Merseburg. Mit dem Wiener Frieden (1815) kam es an Preußen. Der Anschluß an die Strecke der Berlin-Görlitzer Eisenbahn (1866) führte zu einer schnellen Entfaltung als Indstriestandort. Vor allem die Vielfalt der Erwerbsmöglichkeiten in der Kohle- und Energieproduktion, in der Glas- und Textilherstellung zog zahlreiche Arbeitskräfte an und ließ die Bevölkerungszahl wachsen.

Sehenswürdigkeiten und Kulturelles: Renaissance-Schloß, aus einer frühmittelalterlichen Turmburg (um das Jahr 1000) hervorgegangen, heute Sitz der Kreisverwaltung; Rathaus, von 1821 bis 1934 mehrfach umgebaut bzw. erweitert; Kavalierhaus (1706), ehemals Teil der Residenz des Herzogtums Sachsen-Merseburg; spätgotische evangelische Kreuzkirche, Backsteinbau, Innenausstattung 15.–18. Jh.; katholische Kirche St. Benno (1887); Bismarckturm (23 m), Aussichtsturm und Wahrzeichen der St; Fachwerkbau Burgstraße 9, (um 1670), kleinstes und ältestes Haus der St, als Bildergalerie eingerichtet; „Mittelpunkt des Deutschen Reiches“, Markierungsstein (Kopie) in der Gartenstraße, der den Mittelpunkt des Dt. Reiches von 1871 kennzeichnet; Telegrafenturm (Telefonturm von 1890); Gymnasium (1909–1910) im Jugendstil; Niederlausitzer Heidemuseum, im Hof sorbisches Heidebauernhaus; Freilichtbühne; Erlebnis-Waldbad, das erste seiner Art im Land Brandenburg; zahlreiche Sportstätten und -möglichkeiten.

Wiederkehrende Ereignisse: St- und Heimatfest; Spremberger Sommerausklang; Weihnachtsmarkt.

Springe (Deister)

□ 159,86 qkm; ○ Hannover; ⚐ Niedersachsen; ✉ 31832; ☎ 05041; 🚗 H; △ 117 m; 👪 29400.

S. liegt am Südhang des Deisters 25 km südwestlich von Hannover. Zufahrt über die B 217; Bahnstation an der Strecke Hannover–Hameln. Die St hat Amtsgericht; Realschule, Gymnasium, Berufs- und Berufsfachschule mit Handelsschule, Heimvolkshochschule, Volkshochschule (Wintersemester), DGB-Bundesschule, Niedersächsische Einzelhandelsschule, Sonderschule für Lernbehinderte; Kreiskrankenhaus; Metallwerke, Möbelindustrie.

Erste urkundliche Erwähnung der Siedlung „Hallerspring“ um das Jahr 1000 in Grenzbeschreibungen des Bistums Hildesheim. Erhebung zur St 1253 durch die Grafen von Hallermunt. 1370 wurde S. Sitz der landesherrlichen Verwaltung. Nach dem großen Stadtbrand von 1347 erneute Zerstörung der St 1519 in der Hildesheimer Stiftsfehde. Ende des Mittelalters Aufblühen des Handwerks. Im 18. Jh. Umwandlung der Ortsbezeichnung Hallerspring in S. Im 19. Jh. entwickelte sich aus kleinen Anfängen die heute bedeutende Holzindustrie.

Sehenswürdigkeiten: Fachwerkhäuser aus dem 17. und 18. Jh.

3 km südlich von S. befindet sich das von einer 16 km langen Mauer umgebene Naturschutzgebiet „Saupark“ mit zahlreichen einheimischen Waldtieren und einem Wisentgehege. – S. ist Geburtsort des Uhrmachers Heinrich Goebel (1818–93), der zwanzig Jahre vor Edison eine elektrische Glühlampe erfand.

Sprockhövel

□ 47,76 qkm; ○ Ennepe-Ruhr-Kreis; ⚐ Nordrhein-Westfalen; ✉ 45549; ☎ 02324 und 02339; 🚗 EN; △ 180–260 m; 👪 23900.

S. ist 1970 durch Zusammenschluß der früheren Gemeinden Gennebreck, Haßlinghausen, Hiddinghausen, Niedersprockhövel, Niederstüter und Obersprockhövel zur St S. entstanden. Die St liegt nördlich von Wuppertal an den Bundesstraßen 51, 234 und 235 sowie an den Autobahnen A 1 Köln–Osnabrück–Bremen (Hansalinie, Ausfahrt Wuppertal-N) sowie A 43 Wuppertal–Bochum–Münster (Ausfahrt S.). S. hat Grund- und Hauptschulen, Sonderschule für geistig behinderte Kinder, Volksbildungswerk, IG-Metall-Bildungszentrum; Behälter- und Bootsbau, Glasschleiferei und -veredelung, Maschinenbau, pyrotechnische und elektrotechnische Industrie, Fabrikation von Bergwerkseinrichtungen.

Stade

☐ 110,02 qkm; ○ Stade; ⚐ Niedersachsen; ✉ 21682*; ☎ 04141; 🚗 STD; △ 0,7–35,5 m; 👫 43000.

St., am Nordwestrand des Alten Landes an der Schwinge und Elbe gelegen, ist über die B 73 und B 74 zu erreichen; Bahnstation der Bundesbahnstrecken Hamburg–Cuxhaven und St.–Bremervörde–Bremerhaven. St. verfügt über einen Flugplatz und zwei Häfen (Schwingehafen bei der Altstadt; Elbhafen in Stadersand). Die St ist Bundeswehrstandort, hat Kreisverwaltung, Land-, Amts-, Verwaltungs-, Sozial- und Arbeitsgericht, Wasser- und Schifffahrtsamt; Realschule, Sonderschule für Lernbehinderte, Gymnasien, Berufs- und Berufsfachschulen, Schule für med.-techn. Assistentinnen, Krankenpflege-, Kinderkrankenpflege- und Pflegerinnenschule, Landfrauenschule, Volkshochschule, Kreisjugendmusikschule, Verwaltungsakademie. St. verfügt über ein Schwerpunktkrankenhaus und mehrere wissenschaftliche und kulturelle Einrichtungen (Niedersächsisches Staatsarchiv, Stadtarchiv, Regionalmuseum im Schwedenspeicher, Heimatmuseum, Freilichtmuseum, Stadtbücherei, Kultur- und Tagungszentrum „STADEUM").

In St. befindet sich das Kernkraftwerk der Preußen Elektra und die Saline der Akzo-Gruppe; auf dem Bützflethersand stehen die Anlagen der chemischen (Dow Chemical GmbH) und Aluminiumindustrie (Vereinigte Aluminiumwerke); außerdem ein Zweigwerk von MBB (Flugzeugbau) und Saatzuchtbetriebe.

St. wird erstmals urkundlich 994 anläßlich eines Normanneneinfalls erwähnt. 1038 erhielt der Ort das Marktprivileg, 1209 das Stadtrecht. Von 1267 bis 1601 war St. Mitglied der Hanse. 1645–1712 stand die St unter schwedischer, 1712–1715 unter dänischer Herrschaft. Danach gehörte St. zu Kurhannover. – Sehenswürdigkeiten: Rathaus (1667/68); St. Wilhadi-Kirche (13./14. Jh.); St. Cosmae-Kirche (13./15. Jh.); Bürgerhäuser aus dem 16. und 17. Jh.; Festungsanlagen; Alter Hafen. – St. ist Geburtsort der Gräfin Maria Aurora von Koenigsmarck (1662–1728) und des Generals August von Goeben (1816–80).

Stade, Turm der St. Cosmae-Kirche

Stadtallendorf

☐ 78,30 qkm; ○ Marburg-Biedenkopf; ⚐ Hessen; ✉ 35260; ☎ 06428; 🚗 MR; △ 230 m; 👫 20500.

St. liegt 22 km östlich von Marburg an der B 454; Bahnstation an der Strecke Frankfurt a. M.–Kassel. Die St hat Bundeswehrgarnison; Gesamtschule, Bildungszentrum der Industrie- und Handelskammer (Gemeinschaftslehr- und Umschulungswerkstatt für Metall- und Elektroberufe), Sonderschulen für Lernbehinderte und praktisch Bildbare. St. ist Industrieschwerpunkt zwischen Gießen und Kassel (Eisengießerei, Süßwarenindustrie, Kammgarnspinnerei, papier-, holz- und kunststoffverarbeitende Industrie, Baubeschläge-, Werkzeug- und Zangenfabrikation).

St. ist aus einem königlichen Kammergut der Karolinger hervorgegangen, das erstmals 782 unter dem Namen »berinscozo« (Bärenschuß) erwähnt wird; seit 1233 ist die Ortsbezeichnung „Allendorf im Bärenschießen" überliefert. St. war bis 1939 eine kleinbäuerliche Gm mit rund 1500 EW. Im 2. Weltkrieg war St. Standort zweier großer Sprengstoffwerke; nach deren

Demontage wurden ab 1946 auf dem 250 ha großen Werksgelände Industriebetriebe zunächst für Vertriebene und Flüchtlinge angesiedelt. 1960 erhielt St. das Stadtrecht.

Stadtbergen

□ 11,48 qkm; ○ Augsburg; ⚐ Bayern; ✉ 86391; ☎ 0821; △ A; △ 481–500 m; 👪 11 800.

St., Wohngemeinde am westlichen Stadtrand von Augsburg, ist über die B 300 zu erreichen. Die Gm hat Grund- und Hauptschule, Landwirtschaftsschule; mittlere und kleinere Industrie- und Gewerbebetriebe.

St. wird erstmals im 12. Jh. urkundlich erwähnt.

Stadthagen

□ 60,27 qkm; ○ Schaumburg; ⚐ Niedersachsen; ✉ 31655; ☎ 05721; 🚗 SHG; △ 67 m; 👪 22 900.

St., 37 km westlich von Hannover in der Bückeburger Börde gelegen, ist über die B 65 und die Autobahn A 2 Ruhrgebiet–Hannover (Ausfahrten Bad Eilsen und Bad Nenndorf) zu erreichen. Die St hat Amtsgericht, Kreisverwaltung; Gymnasien, Realschule, Kreisberufsschule, Techniker- und Werkmeister-Lehrinstitut, Sonderschule für Lernbehinderte; Kreiskrankenhaus, Augenklinik; Draht- und Kabelwerk, Textil- und Möbelindustrie, Lederfabrik; agrarwirtschaftliche Betriebe.

St., um 1222 von den Grafen von Schaumburg im Schutz einer Burg gegründet, wird erstmals 1230 urkundlich genannt. Die Siedlung erhielt 1344 Lippstädter Stadtrecht. – Bemerkenswert die zahlreichen Fachwerkhäuser aus dem 16. bis 18. Jh. Das Rathaus am Markt wurde 1617 vollendet. Weitere bedeutende historische Bauten sind die Amtspforte (1553), die Lateinschule (1565), die St. Martini-Kirche (14./15. Jh.) und die Reformierte Kirche (um 1500), das ehem. fürstliche Schloß (16. Jh.) und der siebeneckige Kuppelbau des Mausoleums (1620–23) mit Bronzefiguren von Adrian de Vries.

Stadtlohn

□ 78,94 qkm; ○ Borken; ⚐ Nordrhein-Westfalen; ✉ 48703; ☎ 02563; 🚗 BOR; △ 50 m; 👪 17 000.

St. liegt 50 km westlich von Münster an der Berkel, an der B 70 und Autobahn A 31 Ruhrgebiet–Emden (Ausfahrt Genher/Coesfeld) unweit der niederländischen Grenze. Die St hat Flugplatz; Realschulen, Berufsschulen, Sonderschule für Lernbehinderte, Volkshochschule, Musikschule; Maschinenfabriken, Möbel- und Textilindustrie, Töpfereien.

St. ist aus dem erstmals um 800 urkundlich erwähnten, im Schutz der gleichnamigen Burg entstandenen Ort »Lohn« hervorgegangen. Nach dem Aussterben der Herren von Lohn ging das Dorf in den Besitz der Fürstbischöfe von Münster über, die Lohn 1316 Stadtrechte verliehen. In der Ackerbürgerstadt waren als Hausgewerbe seit dem späten MA das Töpferhandwerk und im 19. Jh. die Weberei von Bedeutung; die beiden bodenbeständigen Erwerbsquellen bildeten die Grundlage der heutigen Industriezweige. St., das im 2. Weltkrieg fast völlig zerstört wurde, hatte nach 1950 einen überdurchschnittlichen Bevölkerungszuwachs zu verzeichnen. 1969 wurde der St das Kirchspiel Stadtlohn eingegliedert. – Sehenswürdigkeiten: St. Otgerikirche (gegr. im 9. Jh.); Kapellen am Hilgenberg und Hengelberg.

Stadtoldendorf

□ 24,85 qkm; ○ Holzminden; ⚐ Niedersachsen; ✉ 37627; ☎ 05532; 🚗 HOL; △ 228 m; 👪 5800.

St., am Fuße der Homburg im Weserbergland gelegen, ist über die B 64 und B 240 zu erreichen; Bahnstation an der Strecke Holzminden–Kreiensen. Die St hat Samtgemeindeverwaltung (St. und fünf umliegende Gemeinden), Bundeswehrgarnison; Grundschule, Haupt- und Realschule, Volkshochschule; Kreiskrankenhaus; Gipsplattenwerk (Knauf), Wesersandsteinbrüche.

»Aldenthorpe«, erstmals 1186 urkundlich genannt, erhielt vor 1281 Stadtrecht. Die St stand in enger Beziehung zu den Edelherren von Homburg, deren Burg 1535 zerstört wurde. Im Dreißigjährigen Krieg wurde das befestigte St. von Tilly völlig zerstört (1625). Im letzten Drittel des 19. Jh. erste Industrieniederlassungen. – In St. verbrachte der Dichter Wilhelm Raabe einige Kindheitsjahre (Raabehaus).

Sehenswürdigkeiten: Ruine Homburg; Fachwerkhäuser aus dem 17. und 18. Jh.; Reste der alten Stadtbefestigung (Försterbergturm, Hagentorturm, Stadtmauer); Heimatmuseum. – 3 km nordwestlich von St. liegt das ehem. Kloster Amelungsborn (1135 als älteste

Zisterzienserabtei in Nordwestdeutschland gegründet).

Staffelstein

□ 100 qkm; ○ Lichtenfels; ⚐ Bayern; ✉ 96231; ☎ 09573; 🚗 LIF; △ 273 m; 👫 10100.

St., staatl. anerkannter Luftkurort und Thermalsolbad, liegt 7 km südöstlich von Lichtenfels an der B 173; Bahnstation an der Strecke Nürnberg–Bamberg–Hof–Berlin. St. hat Amt für Landwirtschaft; Grund- und Hauptschule, Realschule, Volkshochschule; Porzellan-, Akkumulatoren- und Polstermöbelindustrie, Maschinenbau; Landwirtschaft; Fremdenverkehr. Die Gemarkung von St. ist altes Siedlungsgebiet (Gräberfunde aus der Zeit 4. bis 1. Jahrtausend v. Chr.; Ausgrabung der kultischen Stadt »Menosgada«; Friedhof der Karolingerzeit). Der Name der St geht zurück auf den südöstlich von Staffelstein gelegenen Staffelberg. Um 800 erscheint der Karolingische Königshof »Staffelse« erstmals in den Urkunden. Im 11. Jh. gelangte der Besitz von Fulda an die „Georgsbrüder" von Bamberg, denen Kaiser Lothar III. 1130 das Markt-, Baum- und Zollrecht übertrug. 1422 gestattete Fürstbischof Friedrich III. von Aufseß den Bewohnern, die St zu befestigen. 1684 vernichtete ein Großbrand die Stadt (Brandsäule an der St. Kilians-Kirche). – Die 1975 erbohrte Thermalsole mit einer Auslauftemperatur von 50° C ist Bayerns wärmste eisen- und kohlensäurehaltige Thermalquelle. Sehenswürdigkeiten: Historisches Fachwerkrathaus (1685/86); Stadtmauer mit Stadtturm; Staffelberg (541 m); nördlich und nordöstlich von St. liegen das berühmte Kloster Banz und die Wallfahrtskirche Vierzehnheiligen. In St. geboren wurde der deutsche Rechenmeister Adam Riese (eigentlich Ries, 1492–1559).

Alljährlich Altstadtfest.

Starnberg

□ 61,76 qkm; ○ Starnberg; ⚐ Bayern; ✉ 82319; ☎ 08151; 🚗 STA; △ 584–684 m; 👫 19500.

St. liegt 20 km südwestlich von München am nördlichen Ende des Starnberger Sees. Zufahrt über die Autobahn A 95 München–Murnau-Garmisch-Partenkirchen (Ausfahrt AB-Dreieck St.); D-Zug-Station an der Strecke München–Garmisch-Partenkirchen. St. hat Amtsgericht, Kreisverwaltung, Bayerische Landesanstalt für Fischzucht; Grund- und Hauptschulen, Gymnasium, Volkshochschule; Hals-Nasen-Ohren-Klinik; Frauenklinik; chemische und Metallindustrie. Die St ist Ausflugs- und Erholungsort mit bedeutendem Fremdenverkehr.

St. blieb bis ins 20. Jh. ein idyllisches Fischerdorf, das 1912 zur St erhoben wurde. Als bevorzugter Wohnvorort von München erlebte St. vor allem nach dem 2. Weltkrieg einen überdurchschnittlichen Bevölkerungszuwachs (1939 5900 EW). – Sehenswert das Heimatmuseum und die Pfarrkirche (1764 bis 1766) im Spätrokokostil.

Staßfurt

□ 21,45 qkm; ○ Staßfurt; ⚐ Sachsen-Anhalt, ✉ 39418; ☎ 03925; 🚗 SFT; △ 69 m; 👫 26370.

St. ist zu erreichen über die A 2 / E 30 (Ausfahrten Eilsleben oder Magdeburg – 60 bzw. 40 km), die A 9 / E 51 (Ausfahrten Dessau-Ost oder Bitterfeld – jeweils ca. 60 km) und die B 71, B 180 und B 185 (jeweils ca. 6 km). Bf. an den Reichsbahnstrecken Sangerhausen–Güsten–Magdeburg und St.-Blumenberg. Nächster Flughafen ist Leipzig/Halle (ca. 65 km).

St. hat Stadtverwaltung, Landratsamt, Polizeirevier, Kreiskrankenhaus.

Bildungseinrichtungen: Grundschulen, Sekundarschulen, Gymnasien, Förderschulen, Berufsschulen, Volkshochschule und Musikschule.

Kulturstätten: Salzlandtheater, Stadtmuseum (Heimatstuben), Stadt- u. Schulbibliothek.

Wirtschaft und Industrie: Maschinen- u. Fahrzeugbau, Chemische Industrie, Elektrotechnik/Elektronik und Anlagen- und Gerätebau.

Geschichte: Bereits 785 soll, der Überlieferung nach, der Slawe Godonir die erste Solquelle entdeckt haben. Erste urkundliche Erwähnung findet St. in den Jahren 805/806, als Kaiser Karl der Große eine Heeresversammlung nach „starasfurt" einberief. 1180 erhielt St. Stadtrecht. 1253 wird erstmals eine Brücke über das Flüßchen Bode erwähnt, das die St durchfließt und seinen Weg in den Harz nimmt. Die heute noch teilweise erhaltenen Reste von Wehranlagen stammen aus dem 15. Jh. Von 1603 stammt die erste Beschreibung des Salzwerkes. Im 30jährigen Krieg wird die Stadt durch wechselnde Besatzungen in Mitleidenschaft gezogen. So nimmt der kaiserliche Feldmarschall Tilly mehrmals Quartier in St. 1860 kommt St. unter brandenburgisch-preußische Herrschaft. Seit Mitte des 19. Jh. wird die Entwicklung der St vom Steinsalzbergbau bestimmt. Die ersten Bohrungen erfolgten 1839–1851, und 1852 konnten die ersten beiden Schächte „von Manteuffel" und „von der Heydt" eröffnet werden. Das Jahr 1861 gilt als Gründungsjahr der Kaliindustrie. Bis durch den Chemiker Dr. Adolf Frank die Verarbeitung zu Kalidünger entwickelt worden war (1861), galt das bittere Kalisalz bei der Steinsalzgewinnung als Abraum.

Die wirtschaftliche Entwicklung der St wurde durch die 1866 eröffnete Eisenbahnstrecke St.–Güsten als Teil der Strecke Magdeburg-Sangerhausen gefördert. In der Folgezeit wurden weitere Kalischächte abgeteuft. So entstanden 1887–1894 der Schacht Leopoldshall III, 1890–1892 die Doppelschachtanlage Friedrichshall I und II, andere Schächte (wie Leopoldshall I und II) mußten 1900 wegen Wassereinbruchs aufgegeben werden. Am 11. 11. 1901 forderte ein Unglück im Schacht Ludwig II 17 Menschenleben und viele Verletzte. Am 7. 4. 1900 eröffnete die Staßfurter elektrische Straßenbahn ihr 10 km langes Netz, das bis 31. 12. 1957 in Betrieb war. 1990 wurde das alte Stadtwappen, das Johannes den Täufer mit einem Lamm zeigt, wieder eingeführt.

Baudenkmäler und Sehenswürdigkeiten: Kirche St. Petri (1887–1890) auf dem Königsplatz, die anstelle der 1120 erbauten und 1886 abgerissenen St.-Petri-Kirche entstand. Im Seniorenheim, einem ehemaligen Hospital, steht in einer kleinen Kapelle ein wertvoller, geschnitzter Passionsaltar vom Ende des 15. Jh. Haus Steinstr. 20 ist eines der ältesten und bedeutendsten Bürgerhäuser mit Sitznischenportal, heute Sitz des Bürgermeisters und der Stadt-Information. Ferner bemerkenswert: Museum „Staßfurter Heimatstuben" mit Sachzeugen zur Stadtentwicklung und Salzgewinnung; Tiergarten (1954 angelegt) mit vorwiegend heimischen Tierarten.

Wiederkehrende Veranstaltungen: Salzlandfest.

Staufen (Breisgau)

□ 23,26 qkm; ○ Breisgau-Hochschwarzwald; ⚐ Baden-Württemberg; ✉ 79219; ☎ 07633; 🚗 FR; 🚗 290–700 m; 👫 6600.

St., 20 km südwestlich von Freiburg i.B. am Rande des Schwarzwaldes gelegen, hat Anschluß an die Autobahn A 5 Basel–Karlsruhe (Ausfahrt Bad Krotzingen); Amtsgericht, Forstamt; Gymnasium, Goethe-Institut, Sonderschule für Lernbehinderte; mittlere Industrie- und Gewerbebetriebe (Herstellung von Spirituosen (Schladerer) und med. Feinapparaten (Janke & Kunkel), Vereinigte Kunststoffwerke, Rauchwaren u. a.).

St., erstmals 770 urkundlich bezeugt, entstand am Fuße der gleichnamigen Burg der Herren von St. Die Burgsiedlung wurde 1280 zur St erhoben. Die Herrschaft St fiel 1602 an Österreich; 1806 wurde die St badisch. – Bemerkenswert die Altstadt mit Unterem Schloß, spätgot. Pfarrkirche, Rathaus am Marktplatz mit Brunnen; auf dem Schloßberg Ruine der Burg St. Der Gasthof zum Löwen gilt als Sterbeort des Dr. Faust (um 1480–1536/39). – Alljährlich Staufener Musikwochen, Josefsmarkt, Martinimarkt, Annafest und Märkgräfler Weinfest.

Staufenberg (Hessen)

□ 28,11 qkm; ○ Gießen; ⚐ Hessen; ✉ 35460; ☎ 06406; 🚗 GI; △ 230 m; 👫 7200.

St. liegt 10 km nördlich von Gießen im Mündungsdreieck von Lahn und Lumda an der B 3. Anschluß an die Autobahn A 480 Reiskirchener Dreieck-Wetzlar (Ausfahrt Nordkreuz Gießen). Die St hat Grundschulen.

St. kam 1233 als fuldisches Lehen an die Grafen von Ziegenhain. 1450 fiel es an Hessen. 1647 wurde die um die Wende des 11. Jh. auf einer Basaltkuppe erbaute Oberburg zerstört; die als Herrensitz vor 1500 errichtete Unterburg wurde 1860–62 restauriert. Von der ma. Stadtbefestigung blieb ein Wehrturm (1401) erhalten.

Stavenhagen

□ 1,1 qkm; ○ Malchin; ⚐ Mecklenburg-Vorpommern; ✉ 17153; ☎ 039954; 🚗 MC; △ 40–55 m; 👫 9000.

S. ist zu erreichen auf der A 19 / E 55, Ausfahrt Güstrow (ca. 45 km), sowie auf der B 104 und der B 194, die in der St aufeinandertreffen; Bahnhof an der Strecke Schwerin–Bützow–Güstrow–Malchin–S.–Neubrandenburg–Strasburg (Meckl)–Pasewalk. Die nächsten Flughäfen liegen in Berlin (ca. 150 km).

Bildungseinrichtungen: Grundschulen, kooperative Gesamtschule mit gymnasialer Stufe.

Wirtschaftliches: Kartoffel-Veredelungswerk GmbH „Pfanni", Dauermilchwerk „Immergut".

Geschichtliches: Die Ortschaft wurde zwischen 1230 und 1264 gegründet, eine Bestätigung der St-Privilegien datiert aus dem Jahr 1282. Durch Erbfolge kam S. zu Mecklenburg. Das heutige Schloß, eine barocke Dreiflügelanlage, wurde 1740 vollendet. Ab 1806 war die St von Franzosen besetzt. (Der große dt. Mundartdichter Fritz Reuter schrieb darüber die humoristische Prosaerzählung „Ut de Franzosentid", eine Kleinstadtsatire über die Flucht der Okkupationsarmee Napoleons (1813) vor den russischen Truppen.) Im Jahre 1873 gründete der Unternehmer Beholtz eine Druckerei und das „Stavenhagener Tageblatt". Die Kleinbahn Demmin–S.–Bredenfelde wurde 1912 eröffnet. Die St S. erhielt 1949 den amtlichen Namenszusatz „Reuterstadt"; sie richtete zum 150. Geburtstag des Dichters (1960) das Fritz-Reuter-Literaturmuseum ein.

Sehenswürdigkeiten und Kulturelles: Das o.g. Literaturmuseum mit dem Fritz-Reuter-Denkmal davor; zweigeschossiges spätbarockes Rathaus (voll. 1783); barocke Backstein-Pfarrkirche (1782 geweiht); Schloß mit Schloßgarten und alter, noch erhaltener Schloßmauer; Ivenacker Tiergarten mit 1000jährigen Eichen, den ältesten Europas.

Stein (Mittelfranken)

□ 19,51 qkm; ○ Fürth; ⚐ Bayern; ✉ 90547; ☎ 0911; 🚗 FÜ; △ 300–380 m; 👥 14000.

St., Wohn- und Industriegemeinde an der Rednitz am südwestlichen Stadtrand von Nürnberg, ist über die B 14 und die Autobahn A 73 Nürnberg–Bamberg (Ausfahrt St.) zu erreichen; Bahnstation (Nürnberg-St.) an der Strecke Nürnberg–Donauwörth. St. ist Sitz des Deutschen Müttergenesungswerks und des Bayerischen Mütterdienstes, hat Grund- und Hauptschulen, Gymnasium, Volkshochschule; Bleistiftindustrie (Faber-Castell), Fenster- und Einbaumöbelfabrikation, Maschinenbau.

St., erstmals 1296 urkundlich erwähnt, verdankt seinen wirtschaftlichen Aufschwung bedeutenden Industriebetrieben, von denen das älteste Unternehmen bereits 1761 gegründet wurde. – Sehenswert Alte Kirche (1660, jetzt Kulturhaus), Altes Spital (Restaurant), Schwarzwälderhaus (17. Jh.), Faber-Castell-Schloß (1903–1906).

Steinau an der Straße

□ 104,86 qkm; ○ Main-Kinzig-Kreis; ⚐ Hessen; ✉ 36396; ☎ 06663; 🚗 HU; △ 170 m; 👥 10300.

St. liegt im Kinzigtal an der B 40 zwischen Spessart, Rhön und Vogelsberg. Anschluß an die Autobahn A 66 Wiesbaden–Bad Soden-Salmünster (Ausfahrt Bad Soden–Salmünster); Bahnstation an der Strecke Frankfurt a.M.–Fulda. Die St hat Grund-, Haupt- und Mittelpunktschulen; Maschinenbau, Seifenindustrie, chemische und Polstermöbelfabrik.

St., erstmals um 950 urkundlich genannt, kam im 13. Jh. an die Grafschaft Hanau. 1290 erhielt es Stadtrechte. Die Ende des 13. Jh. errichtete Wehrburg wurde von 1528 bis 1556 zu einem mächtigen Renaissance-Schloß als Sommerresidenz der Grafen von Hanau umgebaut. Im Dreißigjährigen Krieg (1634 und 1645) erlitt St. schwere Zerstörungen; 1681 vernichtete ein Brand einen Großteil der St. St. lag an der bedeutenden Handelsstraße Frankfurt–Leipzig. Handel und Märkte begründeten den wirtschaftlichen Aufstieg der St im Spätmittelalter. – St. bietet noch heute das Bild einer romantischen deutschen Kleinstadt. Sehenswürdigkeiten sind neben dem Schloß (mit Museum und Brüder-Grimm-Gedenkstätte) das imposante Rathaus (1561) am Marktplatz, die got. Katharinenkirche (13./14. Jh.), das 1562 erbaute Amtshaus (in dem die Brüder Grimm ihre Kindheit verlebten), und die barocke Reinhardskirche (1724–31); die Stadtmauer ist fast vollständig erhalten. Im Marstall des Schlosses befindet sich das Steinauer Marionettentheater. – Nördlich von St. liegt die Tropfstein-Teufelshöhle. – Alljährlich Katharinenmarkt Ende November.

Steinbach (Taunus)

□ 4,40 qkm; ○ Hochtaunuskreis; ⚐ Hessen; ✉ 61449; ☎ 06171; 🚗 HG; △ 180 m; 👥 9800.

St. liegt im Vordertaunus 16 km nordwestlich von Frankfurt a.M. an der Autobahn A 5/A 7 Frankfurt a.M.–Kassel (Ausfahrt Nord-West-Kreuz Frankfurt). Die St hat Grund- und Hauptschulen.

St., erstmals 789 in einer Schenkungsurkunde des Klosters Lorsch erwähnt, entwickelte sich nach dem 2. Weltkrieg zu einem Siedlungsschwerpunkt und Bindeglied zwischen Industrie-, Handels- und Erholungsgebieten des Frankfurter Wirtschaftsraumes. 1972 erhielt St. die Stadtrechte.

Steinfurt

☐ 111,41 qkm; ○ Steinfurt; ⚐ Nordrhein-Westfalen; ✉ 48565; ☎ 02551 (Burgsteinfurt), 02552 (Borghorst); 🚗 ST; △ 67 m; 👫 30100.

Steinfurt wurde im Rahmen der Gebietsneuordnung 1975 aus den bisher selbständigen Städten Borghorst und Burgsteinfurt unter neuem Namen gebildet. St. liegt 25 km nordwestlich von Münster an der B 54; Bahnstation an der Strecke Münster–Gronau (Westf.). Die St, Sitz eines Amtsgerichts und der Kreisbehörden, hat Realschulen, Gymnasien, berufsbildende Schulen, Fachhochschule Münster, Abt. Steinfurt, Fachoberschule für technische Berufe, Landwirtschaftsschule, Sonderschule für Lernbehinderte; Textil-, Maschinen- und Getränkeindustrie.

Borghorst wird erstmals 968 urkundlich genannt; mit Zustimmung Kaiser Ottos I. war hier ein adeliges Damenstift entstanden. Beim Stift entwickelte sich eine Siedlung, deren wirtschaftliche Grundlage die Leinenherstellung bildete. Im Spätmittelalter gehörte B. der Hanse an. Zur St erhoben wurde B. 1950.

Burgsteinfurt verdankt Namen und Entstehung einer Wasserburg der Herren von Steinfurt. Erste Erwähnung 1129. Zerstörung der Burg 1164, danach Wiederaufbau noch im 12. Jh. Ende des 12. Jh. Bau einer rom. Kirche und Gründung der Johanniterkommende. 1222 wird erstmals die Siedlung »Stenvorde« erwähnt. 1347 Verleihung der Stadtrechte. Um 1400 Befestigung der Stadt (Reste noch erhalten). Wichtigster Erwerbszweig der Bürger war die Woll- und Leinenweberei. 1591 Gründung der Steinfurter Hohen Schule, der ersten Universität Westfalens (bis 1810). Ab 1765 wurde der „Bagno-Park“ ausgebaut.

St.-Burgsteinfurt besitzt bedeutende Baudenkmäler: Schloß (Wasserburg) der Fürsten von Bentheim-Steinfurt, größte Rundburg Westfalens (mit rom. Doppelkapelle, Rittersaal und Renaissance-Erker); ehemalige Johanniterkommende (gegr. im 12. Jh., große Kirche mit got. Lettner); Aloysiuskapelle (1756); Rathaus (ehem. Hohe Schule, 16. Jh.); Altes Rathaus (1561); Rathaus (Grundriß Preußischer Adler, 1887); Kornschreiberhaus (um 1500); Fachwerkhäuser (17. Jh.).

Steinhagen (Westf.)

☐ 56,16 qkm; ○ Gütersloh; ⚐ Nordrhein-Westfalen; ✉ 33803; ☎ 05204; 🚗 GT; △ 101 m; 👫 16500.

St. liegt an der B 68 am Südhang des Teutoburger Waldes 10 km westlich von Bielefeld. Die Gm hat Grund- und Hauptschule, Realschule, Volkshochschule. St. ist bekannt durch den „Steinhäger“, einen Trinkbranntwein aus Wacholderbeeren, der von mehreren namhaften Unternehmen hergestellt wird; ferner Möbelfabrikation, Weberei, Nahrungsmittelindustrie (geräucherte Wurstwaren, Schinken, Hähnchenmästerei, Geflügelspezialitäten). – Im Rahmen der Gebietsneuordnung schloß sich St. 1973 mit den Nachbarorten Amshausen und Brockhagen zu einer Großgemeinde zusammen.

Steinheim a.d. Murr

☐ 23,19 qkm; ○ Ludwigsburg; ⚐ Baden-Württemberg; ✉ 71711; ☎ 07144; 🚗 LB; △ 205 m; 👫 10000.

St., 30 km nördlich von Stuttgart an der Murr und an der Bottwar in unmittelbarer Nähe der Autobahn A 81 Stuttgart–Heilbronn (Ausfahrten Pleidelsheim und Mundelsheim) gelegen, hat Grund- und Hauptschule, Sonderschulen für Lernbehinderte und Bildungsschwache; die St ist Hauptsitz der süddeutschen Stuhlindustrie.

St. wird erstmals 832 urkundlich erwähnt. Das 1255 gegründete Kloster Mariental wurde 1553 aufgehoben. Bei St. fand man 1933 einen fossilen Menschenschädel (Homo steinheimensis) aus der Zweiten Mindel-Riss-Warmzeit (250000 v.Chr.). 1955 erhielt St. Stadtrechte. 1971 wurden St. die ehem. Gm Kleinbottwar und 1973 die Gm Höpfigheim eingegliedert. – Sehenswert: Urmensch-Museum mit bedeutenden vorgeschichtlichen Funden, Museum zur Kloster- und Stadtgeschichte und Rathaus (Fachwerkbau aus dem Jahre 1686).

Steinheim (Westf.)

☐ 75,68 qkm; ○ Höxter; ⚐ Nordrhein-Westfalen; ✉ 32839; ☎ 05233; 🚗 HX; △ 144–227 m; 👫 12500.

St. liegt 22 km südöstlich von Detmold am Rande des Eggegebirges und Lippischen

Berglandes; Zufahrt über die B 239; Bahnstation an der Strecke Hannover–Paderborn. St hat Arbeitsamt, Gesundheitsamt; Realschule, Gymnasium, Sonderschule für Lernbehinderte, Volkshochschule, Musikschule; holz- und fleischverarbeitende Industrie, Fahrzeug- und Maschinenbau, Kunststofftechnik; Landwirtschaft in der Steinheimer Börde; der Stadtteil St.-Sandebeck ist Erholungsort.

St., erstmals 970 urkundlich erwähnt, erhielt 1275 Stadtrechte und gehörte bis 1803 zum Fürstbistum Paderborn; danach kam es an Preußen. Im 19. Jh. entwickelte sich eine bedeutende Möbelindustrie, die auch nach der wirtschaftlichen Umstrukturierung (1970) bis heute St. als Möbelstadt ausweist (Möbelhandel). 1580, 1729 und 1790 vernichteten Brände den ma. Altstadtkern; erhalten blieb die um 1160 errichtete rom. Kirche St. Marien mit spätgot. Chor (1481) und bedeutender Ausstattung (Hochaltar um 1500, spätgot. Sakramentshäuschen). Sehenswert ferner die Wasserschlösser in Vinsebeck (1720, ehem. Sommerresidenz der Herren v. d. Lippe) und Thienhausen (Bau der Weserrenaissance von 1609; im Eckturm arbeitete Friedrich Wilhelm Weber an seinem Epos „Dreizehnlinden") sowie die Bauernburg Ottenhausen (13. Jh., jetzt Heimatmuseum). – St. ist eine Hochburg des ostwestfälischen Karnevals mit traditionsreichem Rosenmontagszug.

Stemwede

□ 167,11 qkm; ○ Minden-Lübbecke; ⚐ Nordrhein-Westfalen; ✉ 32351; ☎ 05773 (Stemwede), 05474 (St.-Dielingen), 05745 (St.-Levern), 05773 (St.-Wehdem); 🚗 MI; △ 120 m; 👫 12800.

St. ist im Rahmen der Gebietsreform 1973 durch Zusammenschluß von dreizehn ehem. selbständigen Gemeinden entstanden. Die Großgemeinde liegt 30 km nordöstlich von Osnabrück am Stemweder Berg unweit des Dümmer Sees. St. hat Grund- und Hauptschulen, Realschule; Krankenhaus für Medizin- und Suchtkranke (Ortsteil Haldem); landwirtschaftliche Betriebe. Der Ortsteil Levern mit den stärksten Schwefelquellen Nordwestdeutschlands ist Heilbad (Heilanzeigen bei Rheuma, Bandscheibenerkrankungen, Herz- und Kreislauferkrankungen, Erschöpfungszuständen).

Die Ortsteile Wehdem und Levern werden erstmals in einer Urkunde des Bischofs Milo aus dem Jahre 969 erwähnt. – Sehenswert das Hügelgrab am Stemweder Berg sowie die alten Stiftshäuser in Levern.

Stendal

□ 53,88 qkm; ○ Stendal; ⚐ Sachsen-Anhalt; ✉ 39576; ☎ 03931; 🚗 SDL; △ 32,6 m; 👫 50102.

St. kann erreicht werden auf der A 2 / E 30 (Ausfahrt Magdeburg) (ca. 53 km). In St. kreuzen sich die B 188 und die B 189. Bf. an den Reichsbahn-Hauptstrecken Magdeburg–St.–Schwerin–Rostock und Berlin–St.–Hannover. Nebenbahnen nach Salzwedel, Tangermünde und Niedergörne.

St. hat Stadt- und Kreisverwaltung, Kreisgericht, Landesgericht.

Bildungseinrichtungen: Grundschulen, Realschulen, Gymnasien, Sonderschulen für Lernbehinderte, Musikschule, Volkshochschule, Berufs- und Berufsfachschulen.

Kulturstätten: Landestheater Sachsen-Anhalt Nord, Altmärkisches Museum, Winckelmann-Museum.

Wirtschaft: Mittlere und kleinere Industrie- und Gewerbebetriebe (Maschinenbau, Metall- u. Baustoffindustrie, Stahlmöbel). Konservenfabrik, Milchwerk, Landbäckerei GmbH, Altmärk. Schlacht-, Fleisch- u. Wurst GmbH. Reichsbahn-Ausbesserungswerk.

Geschichte: St. ist die Hauptstadt der Altmark und deren historisches, wirtschaftliches und kulturelles Zentrum. Um 1160 stellte Markgraf Albrecht der Bär der St das Markt- und Stadtgründungsprivileg aus. Die St war längere Zeit Sitz der askanischen Markgrafen der Stendaler Linie. Im MA entwickelte sich St. zu einem der größten Handelsplätze Norddeutschlands, wurde Mitglied der Hanse und Haupt eines Bundes altmärk. Städte. Der wirtschaftliche Aufschwung fand Ausdruck in einer regen Bautätigkeit, deren Zeugen noch heute das Bild der St prägen. Von der einstigen Stadtbefestigung sind heute noch das Tangermünder und das Uenglinger Tor vorhanden. Die sich in St. kreuzenden Eisenbahnstrecken Berlin–Hannover (1871 vollendet) und Magdeburg–Schwerin festigten die Stellung der St als Zentrum der Altmark, deren Industrie und Wirtschaft immer auf das ländliche Umfeld abgestimmt war und es auch heute noch ist. Einer der größten Arbeitgeber der Stadt ist das Reichsbahn-Ausbesserungswerk, in dem Diesellokomotiven überholt und repariert werden (bis 1975 Dampflokomotiven).

Baudenkmäler und Sehenswürdigkeiten: Dreischiffiger Dom St. Nikolaus, 1188 gegr., im Westteil frühgotisch (13. Jh.), übrige Bausubstanz spätgotisch (15. Jh.); spätgot. Marienkirche (1435–47 erbaut) mit schlanken, 80 m hohen Türmen; Jacobikirche und Petri-Kirche (beide 14./15. Jh.); Rathaus mit zwei rechtwinklig aneinander stoßenden Flügeln (Renaissance-Flügel im 16. Jh. vollendet); Rolandsfigur von 1525 am Rathaus, drittgrößter Roland Deutschlands; Katharinenkloster – heute Altmärkisches Museum; Refektorium des Franziskaner-Klosters – heute Stadt- und Kreisbibliothek. St. ist Geburtsort des Kunsthistorikers Johann Joachim Winckelmann (1717–1768, Ausgrabungen in Troja u.a.); sein Geburtshaus ist das Winckelmann-Museum. Winckelmann-Denkmal von 1859; Tangermünder Tor (13.–15. Jh.) und Uenglinger Tor (15. Jh.).

Wiederkehrende Veranstaltungen und Feste: Rolandsfest, Weinfest, Oktoberfest, Weihnachtsmarkt, Altmark-Schau, Altmark-Technik-Messe.

Stockach

□ 69,75 qkm; ○ Konstanz; ⚐ Baden-Württemberg; ✉ 78333; ☎ 07771; 🚗 KN; △ 475 m; 👫 13300.

St. liegt an der Stockacher Aach 6 km nordwestlich des Überlinger Sees (Bodensee) am Kreuzungspunkt der B 14, B 31 und B 313. Bahnstation an der Strecke Ulm–Konstanz. Die St hat Amtsgericht; Gymnasium, Realschule, Handelsschule, Gewerbeschule; Maschinenbau, metallverarbeitende und Trikotagenindustrie.

St. ist eine alemannische Gründung des 4. oder 5. nachchristlichen Jahrhunderts. Der Ort erhielt 1283 Stadtrechte. St., das im Spanischen Erbfolgekrieg (1704) völlig zerstört wurde, erlebte zwischen 1830 und 1870 als zentrale Durchgangsstation des Postreiseverkehrs und seit 1890 nach der Ansiedlung der ersten Industriebetriebe einen wirtschaftlichen Aufschwung. – Bemerkenswert das Heimatmuseum. – Die Stockacher Narrentradition geht auf ein 1351 von Herzog Leopold von Österreich erteiltes Privileg zur Abhaltung eines Narrengerichtes zurück.

Stockelsdorf

□ 56,66 qkm; ○ Ostholstein; ⚐ Schleswig-Holstein; ✉ 23617; ☎ 0451; 🚗 OH; 👫 18 m; 👫 13900.

St., Wohngemeinde und Luftkurort am nordwestlichen Stadtrand von Lübeck, ist über die B 206 und die Autobahn A 1 Hamburg–Heiligenhafen (Ausfahrten Bad Schwartau, Lübeck-Mitte) zu erreichen; Flugplatz in Lübeck-Blankensee. Die Gm hat Grund- und Hauptschulen; mittlere und kleinere Industrie- und Gewerbebetriebe.

»Stockgelstorpe«, erstmals 1303 urkundlich erwähnt, wurde von Burchard von Otteshude als ritterschaftliche Siedlung gegründet. – Sehenswert die alte Kirche im Ortsteil Curau.

Stolberg/Harz

□ 67,5 qkm; ○ Sangerhausen; ⚐ Sachsen-Anhalt; ✉ 06547; ☎ 034654; 🚗 SGH; △ 350 m; 👫 1760.

Der Luftkurort St. ist zu erreichen auf der A 7 / E 45, Ausfahrt Göttingen (90 km), auf der A 2 / E 30, Ausfahrten Helmstedt oder Eisleben (ca. je 90 km), sowie auf der B 4 / B 81, B 80 und B 242, die ein offenes Rechteck bilden und im Abstand von etwa 10 km an St. vorüberführen; Ausgangsbahnhof der Kurzstrecke St.–Berga-Kelbra, hier Anschluß an Strecke Halle–Sangerhausen–B.-K.–Nordhausen–Arenshausen. Der nächste Flughafen ist Erfurt (ca. 85 km).

Bildungseinrichtungen: Grundschule, Realschule.

Wirtschaftliches: Handel, Gastronomie, Dienstleistungen und Kleingewerbe, die auf Urlauberverkehr eingestellt sind.

Geschichtliches: St., um das Jahr 1000 als Bergmannssiedlung entstanden, ist eine der ältesten Ortschaften des Südharzes. In der Region wurden jedoch weit früher Erze abgebaut – Eisen, Kupfer, Silber und Gold gewonnen, wie eine schriftliche Bestätigung aus dem Jahre 974 belegt. Der Bergbau übte entscheidenden Einfluß auf die Entwicklung zur St aus, auch der Ortsname entstammt einer begriffsverwandten Ableitung: stahel = stählern oder standfest, bzw. Stahel für „burgfeste Anlage“. Auf dem Bergsporn zwischen dem Ludetal und dem Kalten Tal, dem heutigen Standort des Schlosses, wurde im 10. Jh. eine Burg errichtet. Nach der ersten urkundlichen Erwähnung des Ortes (1157) folgte die Nennung eines auf der Burg residierenden Grafen von Stolberg erst 1210. Das St-Recht wurde dem Gemeinwesen vor 1300 verliehen. Während dieser Zeit entstand der bis heute unveränderte Grundriß der St, die sich baulich den landschaftlichen Gegebenheiten anpassen mußte und daher augenfällige Höhenunterschiede (222 m bis 576 m) aufweist. Die engen Täler machten eine massive St-Befestigung überflüssig, lediglich die Ausgänge der Straßen und der Mkt-Platz wurden durch Tore gesichert. Mit der Schaffung reich verzierter Fachwerkbauten im spätgot. und Renaissance-Stil erfuhr St. im 16. Jh. einen Höhepunkt der Stadtentwicklung. Noch heute zeugen Schnitzwerke an Portalen und Fachwerksgeschossen von der hohen handwerklichen Meisterschaft jener Zeit. Der Bergbau bildete damals die wichtigste Einnahmequelle für die St und bot ihren EW eine solide Grundlage zum Erwerb des Lebensunterhaltes. Vor den Toren standen Schmelzhütten und Eisengießereien, welche die geförderten Erze an Ort und Stelle verarbeiteten. Ein Wasserrad trieb die Maschinen an. Schließlich kamen die Stolberger Grafen durch den Bergbau zum Wohlstand. Sie besaßen bereits seit dem 13. Jh. das Münzrecht und ließen in ihrer Münzstätte etwa 2000 verschiedene Gold-, Silber- und Kupfermünzen prägen. Mit dem Rückgang des Erzbergbaues wurden die Wollweber zu einem wichtigen wirtschaftlichen Erwerbszweig, nachdem sie sich schon 1479 zu einer örtlichen Zunft zusammengeschlossen hatten. Eine besonders hohe Blüte erreichte die Stolberger Handweberei im 18. Jh., die jedoch ihre Bedeutung Ende des 19. Jh. wieder verlor.

Sehenswürdigkeiten und Kulturelles: das Rathaus, Fachwerkbau (1452), heutiges Aussehen seit Umbau 1482; das Heimatmuseum, Renaissancebau (1535), ehem. Münzstätte, mit Abteilungen bzw. Exponaten zur Geschichte des Ortes, des Handwerks und zur regionalen Naturkunde, außerdem zu sehen eine historische Münzwerkstätte mit Geräten aus dem 14.–18. Jh.; das Museum „Altes Bürgerhaus" aus der Zeit um 1450, durch Belassung des Hausinneren im Originalzustand vermittelt es Eindrücke von der Wohn- und Lebensweise jener Zeit: Küche, offene Kochstelle, Werkzeuge, Schuhmacherwerkstatt u. v. a.; das Stolberger Schloß, ursprünglich 10. Jh., erweitert im 13. und 14. Jh., umgebaut 1539–47 als Vorstufe des heutigen Zustandes, üppig gestaltete Stuckdecken (Klassizismus), dekorative Gestaltung und Ausstattung mit Möbeln nach Plänen von Karl Friedrich Schinkel; der Saigerturm (13. Jh.), einziger erhaltener Schutzturm zur Sicherung des Ortskerns, der Name geht auf eine benachbarte Schmelzhütte zurück, in der das abgebaute erzhaltige Material „gesaigert" (ausgeschmolzen) und in einer ebenfalls vorhandenen Gießerei weiterverarbeitet wurde; das Rittertor (12. Jh.), eines der ältsten Baudenkmäler, einziges erhaltenes von vier St-Toren; die St-Kirche St. Martini (12. Jh.); ferner: Liebfrauenkapelle; Rittertor; Lutherbuche, Hunrodeiche; das ma. St-Ensemble mit Fachwerkhäusern aus dem 15.–17. Jh.; als Besonderheit das Josephskreuz (1896), größtes eisernes Doppelkreuz der Welt, ein Aussichtsturm, 125 t schwer, 38 m hoch, 200 Stufen bis zur oberen Aussichtsplattform, bei klarem Wetter Sichten zum Brocken, über den Kyffhäuser bis zum Großen Inselberg, nordöstlich bis zu den Türmen Magdeburgs.

Wiederkehrende Ereignisse: Feste in den einzelnen St-Teilen zu unterschiedlichen Zeiten.

Stolberg (Rhld.)

□ 98,30 qkm; ○ Aachen; ⚐ Nordrhein-Westfalen; ✉ 52222*; ☎ 02402; 🚗 AC; △ 170–400 m; 👥 55800.

St., im Naturpark Nordeifel 10 km östlich von Aachen gelegen, hat Anschluß an die Autobahnen A 4 Köln–Aachen (Ausfahrt Eschweiler) und A 44 Düsseldorf–Aachen–Belgien (Ausfahrten AB-Kreuz Aachen und Aachen-Brand); D-Zug-Station an der Strecke Aachen–Köln. St. ist Sitz eines Zollamts, zahlreicher Bildungseinrichtungen (Gymnasien, Realschule, Sonderschule für Lernbehinderte, Berufsschule, Handelsschule und Höhere Handelsschule, Gewerbeschule, Fachoberschule, Fachschule für Sozialpädagogik, Berufsfachschulen für Sozialpflege und Sozialpädagogik, Realschulabsolventen und Kinderpflegerinnen, Krankenhausschule, Volkshochschule) und Bundeswehrstandort.

Die St hat die älteste Messingindustrie (seit dem 16. Jh. bezeugt) der Welt (heute vertreten durch die Unternehmen William Prym und Stolberger Metallwerke KG); ferner Seifen- und Kosmetikproduktion (Dalliwerke), pharmazeutische Fabrik (Chemie Grünenthal), Glasindustrie (Vereinigte Glaswerke), elektronische Industrie (CAE-Electronics), Zink- und Bleihütten, Zinn- und Bleiwerke, Zinkwalzwerke, Eisengießereien, Kabel- und Gummiwerke, Kalkwerke, Tuchfabriken, Spinnereien, Sägewerke, Möbelfabriken, Bauindustrie, Brauerei.

St., erstmals 1118 urkundlich erwähnt, entstand zu Füßen der gleichnamigen Burg. Über die Adelsgeschlechter Stalburg, Frenz, Setterich und Reifferscheid kam St. zwischen 1370 und 1445 in den Besitz der Herzöge von Jülich, die Burg und Ort als Unterlehen vergaben. Im 16. Jh. begannen glaubensvertriebene Kupfermeister aus den Niederlanden mit der industriellen Metallgewinnung; Zeugen dieser wirtschaftlichen Vergangenheit sind die wehrhaf-

Stolberg, Burg

ten Anlagen der Kupferhöfe (Produktionsstätten für Messing). 1815 kam St. an Preußen. 1856 erhielt es Stadtrechte. Die Entwicklung zur Industriestadt setzte nach dem Anschluß an das Eisenbahnnetz (1841) ein.

Sehenswürdigkeiten: Burg (12. Jh., ausgebaut im 15./16. Jh., nach dem 2. Weltkrieg restauriert, mit Rittersaal); Heimat- und Handwerksmuseum; restaurierter historischer Altstadtkern; alte Kupferhöfe (18./19. Jh.); Vogelsangkirche (1647); Finkenbergkirche (17./18. Jh.); Kupfermeisterfriedhof.

Alljährlich Stadtfest und traditionelle Kupferstädter Weihnachtstage.

Stollberg/Erzgeb.

☐ 30,7 qkm; ○ Landkreis Stollberg; ⚐ Freistaat Sachsen; ✉ 09366; ☎ 037296; 🚗 STL; △ 500 m; 👥 13000.

St. liegt südwestlich von Chemnitz und ist über die A 72 / E 441, Ausfahrt Stollberg (2 km) zu erreichen. In St. kreuzen sich die B 169 und die B 180. Endbahnhof der Regionalstrecken Chemnitz–St. und Glauchau – St. Die nächsten Flughäfen sind Leipzig/Halle und Dresden-Klotzsche (jeweils ca. 95 km); der Flugplatz Jahnsdorf (5 km) wird als Wirtschaftsflugplatz ausgebaut.

St. besitzt Stadtverwaltung, Landratsamt, Schulamt, Amtsgericht, Polizeiamt, Evang. Superintendentur, Kath. Dekanat.

Bildungseinrichtungen: Grundschulen, Mittelschulen, Gymnasium, Kreisvolkshochschule, Kreismusikschule, Kommunale Berufsschule, Förderschule für Lernbehinderte.

Kulturstätten: Stadtbibliothek, Kulturhaus des Kreiskrankenhauses, Turnhalle Mitteldorf mit Kegelbahn und Diskothek.

Wirtschaftliches: In St. sind Kleinbetriebe der Branchen Elektronik, Blechbearbeitung und des Stahlbaus ansässig. In den Ortsteilen dominiert die Landwirtschaft.

Geschichtliches: Burg und Herrschaft Stollberg an Nordhang des Erzgebirges sind vor 1200 von einem Burggrafen von Döben gegründet worden. Im Gablenzbachtal zu Füßen der Burg Stollberg („Stalburg"), dem späteren Schloß Hoheneck, das 1244 erstmals urkundlich erwähnt wird, entwickelte sich nach 1300 eine planmäßig angeordnete Stadtanlage, die sich von der alten Dorfkirche St. Jakobi freimachte und die eigene Stadtkirche St. Marien errichtete, dem heute ältesten Bauwerk der Stadt. Im Jahre 1343 erhielt St. Marktrecht und wird als „civitas" genannt. 1423 erwarb der sächsische Kurfürst Friedrich I. die Herrschaft Stollberg, die fortan im Besitz der Wettiner blieb. Von Kriegsereignissen blieb die St verschont, daher kann St. einen gut erhaltenen historischen Stadtkern mit Markt und Fachwerkhäusern vorweisen.

Baudenkmäler und Sehenswürdigkeiten: Kirchen St. Marien (auch im Stadtwappen zu finden) und St. Jakobi; das im Jugendstil erbaute Gymnasium mit Aula; Fachwerkhäuser der Herrenstraße.

Umgebung: Die verkehrsgünstige Lage der St ermöglicht Erkundungen in die Zentren von Chemnitz, Zwickau, Freiberg und Dresden; St. ist ferner Ausgangspunkt für Ausflüge ins Erzgebirge zu den historischen Silber- und Zinnbergbauregionen Aue, Schwarzenberg, Schneeberg und Geyer.

Periodische Veranstaltungen: Walkteichfest (30. 4.–1. 5.); Stollberger Oktobermesse (überregionale Leistungsschau) Anfang Oktober; Weihnachtsmarkt.

Straelen (Niederrhein)

☐ 73,62 qkm; ○ Kleve; ⚐ Nordrhein-Westfalen; ✉ 47638; ☎ 02834; 🚗 KLE; △ 46 m; 👥 13200.

St. liegt 30 km nordwestlich von Krefeld an der niederländischen Grenze. Zufahrt über die B 58 und B 221. Anschluß an die A 2 Ruhrgebiet–Venlo (Ausfahrt St./Herongen). St. hat Grundschulen, Hauptschule, Sonderschule für Lernbehinderte, Kreisberufsschule und Rhein. Lehr- und Versuchsanstalt für Gemüse-, Obst- und Gartenbau; Europäisches Übersetzer-Kollegium (Einrichtung für Übersetzer literarischer Werke) mit Bibliothek.

Intensiver Gemüseanbau und Blumenzucht (Gewächshäuser) nach niederländischem Vorbild bilden die wichtigsten Wirtschaftszweige;

außerdem Metall-, Kunststoff-, Textil- und Konservenindustrie.

St., estmals 1064 erwähnt, erhielt 1428 von Herzog Arnold von Geldern Stadtrechte. Aus dem 12. Jh. stammt die Pfarrkirche St. Peter und Paul mit romanischem Taufbecken und niedersächsischem Schnitzaltar (1480). – In der näheren Umgebung bedeutende alte Herrensitze und Wasserburgen (Haus Caen mit Wassermühle, Haus Coull, Haus Eyll, Wasserschloß Vlaßrath). – Frühlingsmarkt (Mai), Stadtfest (Juli) und Herbstblumenmarkt (Oktober).

Stralsund

□ 39 qkm; ○ Kreisfrei; ⚐ Mecklenburg-Vorpommern; ✉ 18408*; ☎ 03831; 🚗 HST; △ um 6 m; 🚶 71 300.

St. ist zu erreichen auf der B 96 / E 251, der B 105 / E 22 und der B 194; Verkehrsknotenpunkt für die Fährverbindungen von und nach Skandinavien sowie für den Ostsee-Bäderverkehr nach Rügen und Hiddensee; Bahnhof an der Strecke St.–Ribnitz-Dammgarten (West)–Rostock, ferner an der Linie Neustrelitz–Neubrandenburg–St. sowie der Verbindung Flughafen Schönefeld–Berlin (Hbf)–Pasewalk–Züssow–Greifswald–St. Flugplatz für Sportmaschinen in St.-Kedingshagen.

Bildungseinrichtungen: Grundschulen, Hauptschulen, Realschulen, Gymnasien; Fachhochschule Stralsund; Kinderbücherei, St-Bibliotheken.

Wirtschaftliches: Volkswerft GmbH Stralsund; Seehafen- und Lagerhaus-Gesellschaft; Kaffeerösterei; Molkerei Pommern GmbH; Technische Gebäudeausrüstung GmbH; Computerbau; holzverarbeitende Industrie; Maschinenbaubetriebe für Hydraulik, Kälteanlagen und Blechverpackungen; Produktion von Mehrwegflaschen.

Geschichtliches: Die Hansestadt St. ist die größte St in Vorpommern. Ihr wurde 1234 durch den rügenschen Fürsten Witzlaw I. das St-Recht verliehen. Das lockere Bündnis zwischen Lübeck, Rostock, Stralsund, Greifswald und weiteren Städten entwickelte sich Ende des 13. Jh. zum großen Hanse-Bund. Er beseitigte ein Jh. später die dänische Vorherrschaft im Ostseeraum, wie dies im „Frieden zu Stralsund" 1370 bestätigt wurde. Zeugnisse dieser geschichtlichen Blütezeit sind heute noch die gotischen Bauten (Rathaus, Kirchen, Klöster, Bürgerhäuser). 1628 hielt St., durch Unterstützung seitens der Schweden, der wallensteinschen Belagerung stand, womit eine erste Bindung an Schweden begann. Mit dem Westfälischen Frieden von 1648 fiel Vorpommern und damit auch Stralsund den Schweden zu. 1720 wurde die Hansestadt Landeshauptstadt von Schwedisch-Vorpommern. Die napoleonischen Kriege bestimmten ihr weiteres Schicksal. Ferdinand von Schill, der mit seinen Anhängern nach St. kam, fand am 31. Mai 1809 in der St den Tod. Mit dem Wiener Kongreß von 1815 endete die „Schwedenzeit"; die H. St. kam, nach 167 Jahren Fremdherrschaft, zusammen mit Pommern unter preußische Hoheit. In den Gründerjahren entstanden die ersten Klein- und Mittelbetriebe. – 1936 wurde der Rügendamm fertiggestellt und damit die Verbindung zur Insel – und per Fähre auch nach Schweden – entscheidend verbessert. Bombenabwürfe zerstörten am 6. Oktober 1944 große Teile der Stralsunder Alt-St. Am 1. Mai 1945 wurde die Hanse-St kampflos der Sowjetarmee übergeben, wodurch weitere Zerstörungen vermieden werden konnten.

Stralsund, Blick auf St. Nicolai

Sehenswürdigkeiten: Die reizvolle landschaftliche Lage am Strelasund und die von Teichen umgebene Alt-St verleihen der St ihren Inselcharakter; das Meereskundliche Museum ist eines der meistbesuchten Einzelmuseen in Dtld.; das Kulturhistorische Museum besitzt den berühmten Goldschatz von Hiddensee; ferner bemerkenswert: Stadtarchiv von nordeuropäischem Rang; Theater; Tierpark; die Vielzahl unverwechselbarer Bauwerke der norddt. Backsteingotik, als monumentale Kirchen oder repräsentative Profanbauten in Form von Giebelhäusern.

Wiederkehrende Ereignisse: Ostermarkt im April; das Mai-Einsingen am 30. April; im Mai

Absolventenkonzert und Studentenkonzert, veranstaltet von der Musikschule; ebenfalls im Mai Stralsunder Friedenstage der Hanse; Ende Mai Kinderfest im Tierpark; im Juni Stralsunder Segelwoche; im Juni/Juli Johannismarkt; im Juli Sund-Schwimmen, Tierparkfest und Wallenstein-Tage; von Juni bis August Musiksommer in Mecklenburg-Vorpommern; Herbstmarkt im September, Weihnachtsmarkt im Dezember.

Straubing

□ 67,64 qkm; ○ Kreisfreie Stadt; ⚐ Bayern; ✉ 94315; ☎ 09421; 🚗 SR; △ 331 m; 👥 41 000.

St., rechts der Donau am Kreuzungspunkt der B 8 und B 20 sowie an der A 3 Nürnberg–Passau (Ausfahrt St.) gelegen, ist Bahnknotenpunkt der Strecken Frankfurt a.M.–Wien (D-Zug-Halt) und München–Landshut–Straubing; Verkehrslandeplatz St.-Wallmühle (3 km); Anlegestelle der Donaupassagierschiffahrt. Die St ist Sitz zahlreicher Behörden und Körperschaften (Amtsgericht, Justizvollzugsanstalt, Kreisverwaltung Straubing-Bogen, Brandversicherungsamt, Landwirtschaftsamt, Zollamt, Kreishandwerkerschaft u.a.; Krankenhäuser); Bildungs- und kultureller Einrichtungen (Realschulen, Gymnasien, Berufsschulen und Berufsaufbauschulen, Landwirtschaftsschule, Handelsschule, Fachoberschule, Volkshochschule, Bischöfliches Studienseminar, Sonderschulen für lern- und geistig behinderte Kinder, Institut für Hörgeschädigte des Bezirks Niederbayern; Stadttheater, Stadtbibliothek und Stadtarchiv) sowie Garnisonstadt der Bundeswehr.

Die St Straubing entwickelte sich aus einem vorwiegend landwirtschaftlichen und gewerblichen Handelsplatz zum bedeutenden ostbayerischen Industriezentrum. Zu den herkömmlichen Ziegelei-, Brauerei und Lagerbetrieben konnten vor allem Unternehmen der Bereiche Maschinenbau, Elektrotechnik, Textil-, Holz- und Kunststoffverarbeitung angesiedelt werden.

St., erstmals 898 urkundlich genannt, kam 1029 in den Besitz des Augsburger Domkapitels. 1218 gründete Ludwig der Kelheimer die Neustadt. 1353 wurde St. Residenzstadt des Herzogtums St.-Holland; 1425 fiel die St an die Münchner Linie der Wittelsbacher. 1435 wurde Agnes Bernauer, Gemahlin Herzog Albrechts III., bei St. in der Donau ertränkt. 1780 vernichtete ein großer Stadtbrand den nordwestlichen

Straubing, Stadtturm und Dreifaltigkeitssäule

Teil der St. 1859/60 Bau der Eisenbahnlinien nach Regensburg und Passau. Nach dem 2. Weltkrieg (1945 schwere Zerstörungen durch Luftangriffe) Bau von modernen Wohnsiedlungen im Süden und Osten der St; Ansiedlung zahlreicher Industriebetriebe.

St. besitzt eine Reihe bemerkenswerter historischer Bauten und Sehenswürdigkeiten: Basilika St. Peter (12. Jh.) mit Wehrfriedhof; Basilika St. Jakob und Karmelitenkirche (beide 15. Jh.), von Hans von Burghausen erbaut; Ursulinenkirche (1736–41 von den Gebrüdern Asam errichtet); got. Stadtturm (14. Jh.) und Dreifaltigkeitssäule (1709) am Ludwigsplatz; ehem. Herzogschloß (14. Jh.); Patrizierhäuser aus dem 17. und 18. Jh.; Gäubodenmuseum mit prachtvollem röm. Schatzfund (1950 entdeckt), vorgeschichtlichen und kulturgeschichtlichen Sammlungen.

St. ist der Geburtsort von Ulrich Schmidl (1510–1581, beschrieb erstmals Land und Bewohner Südamerikas, Mitbegründer von Buenos Aires); Jakob Sandner (geb. um 1540, Modellbauer zahlreicher bayerischer Städte),

Emanuel Schickaneder (1751–1812, Verfasser von Operntexten, darunter „Die Zauberflöte") und Joseph v. Fraunhofer (1787 bis 1826, Physiker und Glasmacher, Entdecker der nach ihm benannten Linien im Farbenspektrum und Begründer der Wellentheorie des Lichts).

Alljährlich im August Gäubodenvolksfest mit Ostbayern-Schau; Agnes-Bernauer-Festspiele in vierjährigem Turnus im Schloßhof.

Strausberg

□ 235 qkm; ○ Strausberg; ⚐ Brandenburg; ✉ 15344; ☎ 03341; 🚗 SRB; △ 77 m; 👥 28500.

Str. ist von Berlin (Alexanderplatz) mit der S-Bahn über vier S-Bahnhöfe zu erreichen: Strausberg, Hegermühle, Str-Stadt und Str-Nord. Mit dem Auto kommt man über die A 10 / E 55 (Ausfahrten Bln.-Hellersdorf, [ca. 12 km], und Bln.-Marzahn [ca. 14 km]) nach Str. Die B 1 / 5 führt ca. 6 km an Str. vorbei. Der Bf. Str.-Vorstadt liegt an der Bahnstrecke Berlin–Küstrin.

Die nächsten Flughäfen sind Bln.-Schönefeld und Bln.-Tegel (ca. 40 km); Str. besitzt einen Verkehrslandeplatz.

In Str. findet man Stadtverwaltung, Landratsamt, Finanz- und Arbeitsamt, Landesbau- und Landesstraßenbauamt, Krankenhaus und Polizeistation.

Bildungseinrichtungen: Grund-, Mittel- und Realschulen, Gymnasium, Förderschule für Lernbehinderte.

Kulturstätten: Heimatmuseum.

Str. hat keine Industrie, nur kleine und mittlere Handwerksbetriebe.

Geschichte: Um 1220/30 ist mit dem Bau einer Burg am Straussee begonnen worden, und es entstand (am heutigen Lindenplatz) eine Marktsiedlung. Diese erhielt um 1235 Stadtrecht und siegelte mit „struzberg secret civitatis". Der Vogel, den dieser Schriftzug umkränzte, war aber kein Strauß, wie er das heutige Stadtwappen ziert, sondern ein Greifvogel. Der Name der St ist vermutlich slawischen Ursprungs und bezeichnet die Form des Sees als „struz" (Schote). Um 1247, als man mit dem Bau der 1,6 km langen Stadtmauer begann, wurde der Ort „Struceberch" genannt. 1254 wird in der St ein Dominikanerkloster errichtet, das bis 1540 (Einführung der Reformation) bestand. Mitte des 14. Jh. war die Blütezeit der St. Handwerk und Handel entwickelten sich, die St beteiligte sich am märkischen Städtebund. Zwischen 1549 und 1598 wütete wiederholt die Pest in der St, die im Dreißigjährigen Krieg mehrfach verwüstet wird. 1714 wird Str. preußische Garnisonsstadt, und die Strausberger Tuchmacher fertigten Uniform- und Futterstoffe für die preußische Armee. Um 1785 zählte Str. ca. 2000 Einwohner, davon 168 Tuchmacher- und 44 Schuhmachermeister. In den Jahren 1887–92 entstand auf den Grundmauern des Dominikanerklosters auf Anordnung König Friedrich Wilhelms II. die Landesarmen- und Invalidenanstalt, ein Arbeitshaus für Bettler, Zigeuner und Vagabunden (heute Landratsamt). 1806 wurde Str. von der französischen Armee Napoleons besetzt. Als 1863 mit dem Bau der Königlich-Preußischen Ostbahn Berlin–Küstrin begonnen wurde, scheiterte eine Streckenführung durch Str. am Widerstand der Grundbesitzer und Militärs. Der Bf. entstand daher 6 km entfernt vor der St. Für die Bürger wurde ein privater Pferdeomnibusverkehr eingerichtet, der aber bald den Ausflugsverkehr von Berlin in die wald- und seenreiche Umgebung von Str. nicht mehr bewältigen konnte. So entstand eine Kleinbahn von Str.-Vorstadt nach Str.-Stadt (6,2 km Streckenlänge), die 1893 dem Verkehr übergeben wurde. Die Eisenbahn verkehrte fortan zwischen Lustgarten und Bf. Str. im Jahre 1894 wurde eine Fähre über den Straussee eingerichtet. Str. entwickelt sich in den Gründerjahren zum Ausflugs- und Erholungsort für die Berliner. Es entwickelte sich die Vorstadt. In den Jahren 1935/36 wurden eine Munitionsfabrik und ein Militärflugplatz gebaut. 1948 erfolgte die Anbindung an das Berliner S-Bahn-Netz. 1952 wurde Str. Kreisstadt. Von 1956–1990 war Str. Sitz des Ministeriums für Nationale Verteidigung der früheren DDR.

Baudenkmäler und Sehenswürdigkeiten: Pfarrkirche St. Marien (frühgotischer Feldsteinbau aus dem 13. Jh.) mit Gewölbemalereien aus dem 15. Jh.; Schnitzaltar um 1520; ältestes Bauwerk der St. Stadthaus (entstanden 1818–20), klassizistischer Bau, heute Sitz der Stadtverwaltung. Klassizistische Wohnhäuser, in der Blüte des Tuchmacherhandwerks ab 1784 entstanden. Das Heimatmuseum zur Stadtgeschichte besteht seit 1908.

Ausflugsziele: Das Strausberger Wald- und Seengebiet hat eine Ausdehnung von 3900 ha und ist Teil des Landschaftsschutzgebietes „Strausberger und Blumenthaler Wald- und Seengebiet". Bereits Theodor Fontane hat es in seinen „Wanderungen durch die Mark Brandenburg" beschrieben. Die Landschaft wurde durch die Weichsel-Kaltzeit geprägt und ist der Barnimer Platte zuzuordnen. Es entstanden eine Reihe von Rinnen- und Reihenseen, so der Straussee mit seinen nördlichen Feuchtgebieten, der Fängersee mit dem Feuchtgebiet Große Babe, das Feuchtgebiet Herrensee mit Fasanenpark, das Obere und Untere Annatal, die Langen Dammwiesen und der Ihlandsee.

Stuhr

□ 81,24 qkm; ○ Diepholz; ⚐ Niedersachsen; ✉ 28816; ☎ 0421; 🚗 DH; △ 4–40 m; 👫 27000.

St. grenzt an den südwestlichen Stadtrand von Bremen und ist über die B 6, B 51, B 322 und die Autobahn A 1 Hansalinie (Ausfahrten Delmenhorst-Ost und Bremen/Brinkum) zu erreichen. Die Großgemeinde besitzt sämtliche Schulzweige; mittlere Gewerbebetriebe. Die Ortsteile Groß-Mackenstedt, Heiligenrode und Fahrenhorst gehören zum Erholungsgebiet Wildeshauser Geest.

Der Ortsteil Brinkum ist erstmals im 11. Jh., Stuhr und Heiligenrode erstmals im 12. Jh. bezeugt.

Stutensee

□ 45,67 qkm; ○ Karlsruhe; ⚐ Baden-Württemberg; ✉ 76297; ☎ 07244; 🚗 KA; △ 110 m; 👫 19500.

St. ist 1975 durch Zusammenschluß der ehem. Gemeinden Blankenloch, Friedrichstal, Spöck und Staffort unter neuem Namen entstanden. Die Gm liegt 8 km nordöstlich von Karlsruhe an der Autobahn A 5 Karlsruhe–Frankfurt a. M. (Ausfahrten Karlsruhe-Durlach bzw. Bruchsal). St. hat Grund- und Hauptschulen, Realschule, Gymnasium; IWKA-Werk.

St., mit Ortsteil Blankenloch (erstmals um 1337 urkundlich nachweisbar), ist als Wohnvorort von Karlsruhe überdurchschnittlich gewachsen (1965: 4900 EW).

Stuttgart

□ 207,31 qkm; ○ Landeshauptstadt von Baden-Württemberg; ⚐ Baden-Württemberg; ✉ 70173*; ☎ 0711; 🚗 S; △ 207–549 m; 👫 564000.

St., Hauptstadt des Bundeslandes Baden-Württemberg, ist der wichtigste Verkehrsknotenpunkt und das bedeutendste Wirtschafts- und Kulturzentrum im südwestdeutschen Raum. Die St liegt an den Bundesautobahnen A 8 Karlsruhe–Stuttgart–München (Ausfahrten St.-Vaihingen, St.-Degerloch und Stg.-Flughafen) und A 81 Stuttgart–Würzburg (Ausfahrten St./Leonberg, St.-Feuerbach und St.-Zuffenhausen), an der B 10, B 14, B 27 und B 295. Der Hbf St. ist an das internationale Fernschnellzugnetz angeschlossen (täglich Abfertigung von über 1200 Zügen); ein gut ausgebautes U-Bahn- und S-Bahnnetz steht dem Nahverkehr zur Verfügung. Der Verkehrsflughafen St.-Echterdingen wird im Linienverkehr von 22 und im Charterverkehr von ca. 25 Luftverkehrsgesellschaften angeflogen.

St. ist Sitz des Landtags und der Landesregierung von Baden-Württemberg, des Regierungspräsidiums Stuttgart, des Staatsgerichtshofs, eines Oberlandesgerichtes, des Landessozial- und -arbeitsgerichts, einer Oberfinanzdirektion, Bundesbahn- und Oberpostdirektion, eines Wasser- und Schiffahrtsamtes, Wetteramtes und weiterer Behörden (Landgericht, Amtsgericht, Landesgewerbeamt, Statist. Landesamt, Landesvermessungsamt, Landesarbeitsamt, Forstdirektion u. a.), öffentlicher Körperschaften (Industrie- und Handelskammer, Handwerksammer), Verbände und anderer wichtiger Institutionen (u. a. 34 städtische, staatliche, freigemeinnützige und private Krankenhäuser und Spezialkliniken mit ca. 6200 Krankenbetten); die St ist außerdem Bundeswehrstandort.

An Bildungs- und kulturellen Einrichtungen verfügt St. über Realschulen, öffentliche und private Gymnasien, gewerbliche Berufs-, Berufsfach-, Berufsober- und Fachschulen, kaufm. Berufs-, Berufsfach- und Berufsoberschulen, hauswirtschaftliche Berufs- und Berufsfachschulen, landwirtschaftliche Berufsschulen, Einrichtungen des zweiten Bildungsweges (Technische Oberschule, Wirtschaftsoberschule, Berufsaufbauschulen gewerblich-technischer Fachrichtung, Berufsaufbauschulen allgemein-gewerblicher und kaufmännischer Fachrichtung, Berufskollegs, u. a. zur Erlangung der Fachhochschulreife, Abendrealschulen und Abendgymnasium u. a.), Stuttgarter Musikschule, Volkshochschule, Fachhochschule für Bibliothekswesen, für Druck und für Technik, Private Fachhochschule für Kommunikationsdesign (Merz-Akademie), Staatl. Hochschule für Musik und Darstellende Kunst, Staatl. Akademie der Bildenden Künste, Berufsakademie, Universität Hohenheim, Universität Stuttgart, Institut für Auslandsbeziehungen mit Forum für Kulturaustausch, Akademie Schloß Solitude, wissenschaftl. Institute für

Stuttgart, Schillerplatz mit Stiftskirche

Psychotherapie und Tiefenpsychologie, Max-Planck-Institute für Festkörperforschung und Metallforschung; 20 Sonderschulen für lern-, geistig-, seh-, sprach- und körperbehinderte Kinder und Jugendliche, Schwerhörigenschule, private Blindenschule u. a. Einrichtungen; Staatstheater Stuttgart (Oper, Ballett, Schauspiel, Kammertheater, Theater im Depot, Ballettschule der Staatstheater Stuttgart), Altes Schauspielhaus, Komödie im Marquardt, Theater der Altstadt, Theater-tri-bühne, Figurentheater St. (FITS), Theater am Faden, Eurythmeum, Novalis-Bühne, Makal-City-Theater, Theaterhaus Stuttgart, Theater im Westen, Renitenztheater (literarisches Kabarett), Theaterakademie; Internat. Bachakademie; Süddeutscher Rundfunk (Hörfunk und Fernsehen), Landesstudio des Zweiten Deutschen Fernsehens, Sender der Amerikanischen Streitkräfte (AFN), Kommunales Kino, Staatsgalerie Stuttgart, Württ. Kunstverein und Galerie der St Stuttgart, Württ. Landesmuseum, Linden-Museum für Völkerkunde, Staatliches Museum für Naturkunde (Museum Schloß Rosenstein und Museum am Löwentor), Stadtgeschichtliche Sammlungen, Lapidarium, Deutsches Landwirtschaftsmuseum, Bibelmuseum der Württembergischen Bibelanstalt, Automobilmuseum der Mercedes-Benz AG (Stgt.-Untertürkheim), Gottlieb-Daimler-Gedächtnisstätte, Porsche-Museum (Stgt.-Zuffenhausen), Post- und Fernmeldemuseum, Schwäbisches Brauereimuseum (Stgt.-Vaihingen), Weinbaumuseum (Stgt.-Uhlbach), Haus der Baden-Württembergischen Geschichte (im Aufbau), Heimatmuseen (Stgt.-Bad Cannstatt, -Möhringen und -Plieningen) und diverse Heimatstuben, Haus der Bessarabiendeutschen; Sternwarte, Planetarium, Württembergische Landesbibliothek, Bibliothek für Zeitgeschichte, Bibliothek des Landesgewerbeamts (Haus der Wirtschaft), Bibliothek der Universität Stuttgart, Württembergisches Hauptstaatsarchiv, Stadtarchiv, Stadtbücherei, Stuttgarter Schriftstellerhaus, Künstlerhaus Stuttgart, Künstlertreff Leonhardsplatz 22, Freie Kunstschule Stuttgart, Kunstschule im Kolping-Bildungswerk Württemberg in Stuttgart, Atelierhaus Filderstraße 34, Kinderwerkstätten; Wilhelma (zoologisch-botanischer Garten), zahlreiche Grünanlagen (Höhenpark Killesberg, Schloßgarten, Kurpark Bad Cannstatt, Park der Villa Berg, Rosensteinpark u. a.) und Sportstätten (Hanns-Martin-Schleyer-Halle, Gottlieb-Daimler-Stadion, Tennis- und Reitturnieranlagen, Rollschuh-, Radrenn- und Kunsteisbahn u. a.)

Stuttgart gehört zu den industriestärksten Großstädten der Bundesrepublik. In ca. 340 Industriebetrieben mit 20 und mehr Beschäftigten sind rund 125000 Arbeitnehmer tätig. Auf dem der Beschäftigtenzahl nach führenden Fahrzeugbau (Mercedes-Benz AG, Porsche-Werk, Mahle GmbH) folgt die Elektrotechnik (Bosch GmbH, Standard Elektrik Lorenz, AEG, Siemens, IBM), der Maschinenbau (Schaudt Werkzeugmaschinen, Lufttechnische Gesellschaft, Werner & Pfleiderer Maschinen für die Nahrungsmittelindustrie, Haushahn Aufzüge, Fortuna Spezialmaschinen, Hesser Verpackungsmaschinen, SKF Kugellagerfabriken u. a.), das Papier- und Druckgewerbe, die feinmechanische und optische Industrie (Kodak AG, Bauer Bosch, Eckardt Meßgeräte, Lufft Barometer, Marwitz & Hauser Brillen, u. a.), Textil- und Bekleidungsfabriken (Bleyle, Hudson u. a.), Nahrungs- und Genußmittelindustrie (Rilling, Südmilch, Brauereien); auch die chemisch-pharmazeutische- und Farbenindustrie sowie Lederverarbeitung, papier- und holzverarbeitende Betriebe, sind in Stuttgart angesiedelt. Im Neckarhafen (3 Hafenbecken) werden jährlich ca. 4,5 Mio t Güter, vor allem Baustoffe, Kohle, Getreide und Mineralölprodukte sowie Eisen umgeschlagen. Stuttgart ist mit über 150 Verlagen (u. a. J.C. Cotta, Deutsche Verlagsanstalt, Klett, Kohlhammer, Reclam, Belser, Württ. Bibelanstalt, Kröner, Thieme) und großen Zeitungen (Stuttgarter Zeitung, Stuttgarter Nachrichten) die bedeutendste Bücher-

und Verlagsstadt in Südwestdeutschland. Unter den deutschen Großstädten hat St mit ca. 150 die meisten Buchhandlungen im Verhältnis zur Einwohnerzahl. Eine große wirtschaftliche Rolle nimmt auch das Handwerk mit annähernd 60000 Beschäftigten ein. Umsatzschwerpunkte sind die Gewerbezweige Bau und Metall sowie der Nahrungsmittelbereich. Von wirtschaftlicher Bedeutung sind ferner die rund 800 landwirtschaftlichen Betriebe und Gärtnereien. Mit 401 ha (davon im Anbau 378 ha) Rebland, das sich bis in den Stadtkern erstreckt, ist St. eine der größten Weinbaugemeinden der Bundesrepublik. Das Liegenschaftsamt unterhält ein Lehr- und Versuchsgut für Wein- und Obstbau. Der Großmarkt für Blumen, Obst, Gemüse und Südfrüchte in St.-Wangen ist Versorgungszentrum für 3,5 Millionen Menschen.

St. ist Sitz zahlreicher Banken (u.a. Landeszentralbank, Bank für Gemeinwirtschaft, Württ. Girozentrale, Württ. Landeskommunalbank, Landesgirokasse, Württ. Landeskreditanstalt, Württ. Hypothekenbank), Versicherungen (Allianz Leben und Allianzversicherung, Allgemeine Rentenanstalt, Württ. Feuerversicherung, Sparkassenversicherung u.a.) und der Öffentlichen Bausparkasse. Der Höhenpark Killesberg mit Ausstellungs- und Messegelände ist Standort nationaler und internationaler Messen und Ausstellungen (TELEMATICA [Internationale Messe für Telekommunikation] INTERGASTRA [Internationale Fachausstellung für das Hotel-, Gaststättengewerbe und Konditorenhandwerk] u.a.). Die bereits den Römern bekannten reichen Mineralwasservorkommen (19 Quellen mit einer täglichen Schüttung von 22 Millionen Liter Mineralwasser) begründeten Stuttgarts Ruf als mineralwasserreichster Ort Westeuropas; die Quellen in St.-Bad Cannstatt und St.-Berg werden für Trink- und Badekuren (Schwimmhallen mit ständig quellfrischem Mineralwasser) genutzt. Heilanzeigen bei Herz- und Kreislauferkrankungen, Rheuma, Nervenleiden (St.-Berg); Herz- und Gefäßerkrankungen (funktionelle Kreislaufstörungen), Rheumatische Erkrankungen, Nachbehandlungen oder Übungsbehandlungen bei Unfallfolgen, Operationen, Nervenverletzungen und Lähmungen, Stoffwechselerkrankungen, Erkrankungen der Atemwege und des Nervensystems (St.-Bad Cannstatt).

St. stand bis Mitte des 10. Jh. im Schatten des bis dahin bedeutenderen Cannstatt, dessen Gebiet seit der Altsteinzeit besiedelt war. Um 90 n.Chr. errichteten die Römer in Cannstatt ein Reiterkastell; um 700 wird die Siedlung C. erstmals urkundlich erwähnt. St., erstmals um 1160 urkundlich genannt, geht vermutlich auf einen von Herzog Liutolf um 950 im Talgrund des Nesenbachs angelegten „Stutgarten" zurück. Auf den Ursprung dieser Siedlung, das Gestüt, weist das älteste Stadtsiegel mit zwei übereinander angeordneten Pferden im Schild hin. Um 1219 wurde St. zur St erhoben; um 1250 gelangte es an das Haus Württemberg, das sich um 1080 auf dem „Wirtemberg" oberhalb Untertürkheims eine Burg erbaut hatte. Seit dem 14. Jh. wurde eine Wasserburg an der Stelle des heutigen Alten Schlosses Stammsitz der Grafen von Württemberg. 1482 wurde St. zur Haupt- und Residenzstadt zunächst der Grafschaft und ab 1495 des Herzogtums Württemberg erklärt. Die St erstreckte sich ursprünglich zwischen dem Alten Schloß, der Königstraße und der Eberhardstraße und erweiterte sich vom 14. Jh. an um die Esslinger Vorstadt mit der Hospitalkirche. Im Dreißigjährigen Krieg verlor St. die Hälfte seiner Einwohner und zählte 1648 noch knapp 4500 Bewohner. Unter Herzog Carl Eugen (1737–93) erlebte die St eine durch rege Bautätigkeit gekennzeichnete Blütezeit. 1803 wurde St. Residenz des Kurfürstentums und 1806 des Königreichs Württemberg. Unter den württembergischen Königen entwickelte sich St. zum geistigen und kulturellen Mittelpunkt des Landes und das benachbarte Cannstatt zum feudalen Modebad. Mit Beginn der Industriealisierung seit Mitte des 19. Jh. wandelte sich das bauliche Bild der St und das soziale Gefüge ihrer Bewohner. Ende des Jh. hatte St. rund 175000 Einwohner. Die rasch wachsende Landeshauptstadt benötigte neuen Lebensraum, der durch die Eingliederung von Nachbargemeinden zwischen 1901 und 1942 gesichert wurde. Nach dem 1. Weltkrieg flüchtete die Reichsregierung aus Anlaß des Kapp-Putsches (1920) von Berlin nach St. Im 2. Weltkrieg wurde die St durch Luftangriffe schwer getroffen und vor allem die Innenstadt vernichtet.

Von den bemerkenswerten historischen Baudenkmälern sind wiederaufgebaut bzw. restauriert worden: Altes Schloß (ehem. Türnitzbau gegen den Karlsplatz um 1320, erweitert 1553 bis 1570 und 1805–1807, bis Ende des 18. Jh. von Wassergraben umgeben); Neues Schloß (1746 bis 1797); Schloß Rosenstein (1824 bis 1829); Schloß Hohenheim (1785–1797); Königsbau (1856 bis 1860); Stiftskirche (erbaut etwa 1175 [untere Geschosse des südlichen Turmes], Chor vor 1350, Langhaus und Westturm 1433–1531); Fruchtkasten (vor 1393, Giebel 1596); Alte Kanzlei (1541 bis 1566); Wilhelmspalais

(1834–1840); Leonhardskirche (Turm und Chor vor 1408, Langhaus 1463 bis 1466); Hospitalkirche (1471 bis 1493, Turm 1729–1738); Stadtkirche Bad Cannstatt (1460–1471), Turm 1612/13 erhöht); Uffkirche Bad Cannstatt (Turm 13. Jh., Kirche um 1500 erweitert); Veitskapelle Mühlhausen (ab 1380); Grabkapelle auf dem Rotenberg (1820–1824); Hegel-Geburtshaus; Kursaal Bad Cannstatt (1825–1843). Weitere Sehenswürdigkeiten: Schloß Solitude (1764–69) mit Kavalierbau (ehem. Militärakademie, 1773–75), spätere Hohe Carlsschule; Schillerdenkmal von Thorwaldsen (1839); Schloß Wilhelma im maurischen Stil (1842–53) im Zoologisch-botanischen Garten; Hauptbahnhof von P. Bonatz und F.E. Scholer (1914–27); Stuttgarter Konzerthaus Liederhalle (1955/56); Rathaus (1953–56) mit 68 m hohem Turm; Fernsehturm mit Restaurant und Aussichtsplattform in 150 m Höhe (1954–56) u.a. – St. ist Geburtsstadt des Philosophen G.W.F. Hegel (1770 bis 1831), des Dichters Gustav Schwab (1792–1850) und der Brüder Wilhelm (Schriftsteller, 1802–1827) und Hermann Hauff (Schriftsteller, 1800 bis 1865). – Zusammen mit dem Münchener Oktoberfest ist das Cannstatter Volksfest (Ende September bis Anfang Oktober) das bedeutendste Volksfest in der Bundesrepublik.

Südbrookmerland (Ostfriesland)

□ 96,82 qkm; ○ Aurich; ⚐ Niedersachsen, ✉ 26624; ☎ 04942; 🚗 AUR; △ 2 m; 👥 15300.

S., 18 km nordöstlich von Emden gelegen, ist 1972 durch Zusammenschluß von zehn Gemeinden – darunter Moordorf und Victorbur – unter neuem Namen entstanden. Die Großgemeinde ist über die B 70 und B 72 zu erreichen. S. hat Grund- und Hauptschulen mit Orientierungsstufe, Sonderschule für Lernbehinderte; Land- und Viehwirtschaft; Fremdenverkehr (Erholungsgebiet „Großes Meer" im Ortsteil Bedecaspel).

Suhl

□ 66 qkm; ○ Kreisfreie St; ⚐ Thüringen; ✉ 98527*; ☎ 03681; 🚗 SHL; △ 400–600 m; 👥 56000.

S. ist zu erreichen auf der A 4 / E 40, Ausfahrt Gotha (40 km), sowie auf der B 247 und der B 280; Bahnstation an der Reichsbahnstrecke Erfurt–Meiningen; Nahverkehrsverbindung S.–Schleusingen. Der nächste Flughafen ist Erfurt (ca. 65 km).

Bildungseinrichtungen: Grundschulen, Realschulen, Gymnasien; Förderschulen; Volkshochschule; Umschulungs- und Fortbildungsgemeinschaft; Studio für Kommunikation; wissenschaftliche Allgemeinbibliotheken, Kinderbibliothek.

Wirtschaftliches: SIMSON Fahrzeugbau; Tiefbau- und andere Bauunternehmen, Baustoffhandel; Technische Gebäudeausrüstung; Forst- und Gartentechnik; Feinmeßzeugfabrik; Jagd- und Sportwaffenwerk; Maschinen- und Werkzeugbau, Automations- und Präzisionstechnik; technisches und ökonomisches Zentrum der Region Südthüringen.

Geschichtliches: Eine Sohlquelle verlieh dem Ort 977 besondere Bedeutung, auch sein Name (urspr. Sulaho) wurde davon abgeleitet. In einem Abgabenverzeichnis des Klosters Fulda wird 1155 ein Ort „Sulaha" erwähnt, der u.a. Zins für 10 Sicheln und einen Wagen zu entrichten hatte. Voraussetzungen zur Herstellung dieser Geräte existierten nur im Lautertal, wo auch Eisen verarbeitet wurde. Seit dem 13. Jh. gab es in der Region bereits Bergwerke, vom 14. Jh. an bildete sich eine Eisenindustrie heraus. Im 15. Jh. entstanden Eisenhämmer und Waffenwerkstätten, sie hatten von 1500 bis 1634 ihre Blütezeit. Die Grafen von Henneberg erhoben S. 1527 zur St. Sie zählte zu jener Zeit zwischen 4000 und 5000 EW. Nachweislich bestand seit 1563 die Innung der Schlosser, Büchsenmacher, Spohrer und Windenmacher. 1570 arbeiteten in S. sechs Eisenhämmer; 22 Kleinschmiede und 10 Büchsenschmiede verfertigten aus den am Ort gewonnenen Erzen hochwertige Güter, vor allem Waffen. Davon waren die Handfeuerwaffen am stärksten verbreitet und überall sehr begehrt. Seit der Mitte des 16. Jh. wurden die Handfeuerwaffen und ihre Herstellungsverfahren verbessert, so daß 1595 bereits 27000 Gewehre und 1100 Pistolen hergestellt werden konnten. Alle Heere des 30jährigen Krieges bezogen ihre Hakenbüchsen und Musketen aus der „Waffenschmiede Europas", deshalb ließ Kaiser Ferdinand II. die St 1634 plündern und zerstören. – Seit dem 17. Jh. wuchs auch die Barchentweberei und überflügelte zeitweilig alle anderen Erwerbszweige. – Gegen Ende des 17. Jh. erholte sich die Waffenindustrie allmählich; sie lieferte ab Ende des 18. Jh. jährlich allein an das Zeughaus in Dresden 6000 Gewehre. Während im 19. Jh. der Bergbau gänzlich zugrunde ging, bekam die Waffenindustrie 1875 bis 1945 durch Erfindung des Zündnadelgewehres neuen Auftrieb, der ab 1884 durch den Anschluß an das Eisenbahnnetz noch gefördert wurde. Dabei entwickelte sich auch die feinmechanische Industrie weiter. Mit Fertigstellung der ersten durchgängigen „Chaussee“ hatte S. zuvor schon (1832) eine moderne Straßenverbindung nach außen erhalten. 1844–1860 belebte die „Deutsche Eisenbahnschienen-Kompagnie“ ein letztes Mal den Eisenerzbergbau am hinteren Domberg. Der Name „Simson“ machte 1856 in S. von sich reden; um die Jahrhundertwende war „Simson & Co.“ bereits die größte Firma. Aus ihrer Produktion gingen 1908 die ersten Kraftwagen hervor. Das Werk profilierte sich gleichzeitig zu einem bedeutenden Militär- und Jagdwaffen-Betrieb. – Ab 1861 begann die Entfaltung der Suhler Porzellanindustrie, die ebenfalls erhebliche Bedeutung erlangen sollte. – Nach dem Aussterben des Henneberger Grafenhauses kam S. unter sächsische Obrigkeit, 1660 sogar an das Sekundogenitur-Fürstentum (Nebenlinie) Sachsen-Zeitz. S. wurde 1815 preußisch und erst 1944 mit dem 1920 gegründeten Land Thüringen vereint. – Nach einer Länderreform in der früheren DDR wurde die St 1952 Verwaltungszentrum für den Bezirk Suhl, damit verbunden begann eine umfassende Umgestaltung der St und des Verkehrssystems. – Auf dem Friedberg von S. wurde 1971 eine weiträumige Schießsportanlage für internationale Schießsport-Wettkämpfe fertiggestellt; 1986 fanden auf diesem Areal die Weltmeisterschaften im Sportschießen statt.

Sehenswürdigkeiten und Kulturelles: Das Waffenmuseum Suhl im „alten Malzhaus“ (1663, hennebergisch-fränkischer Stil) präsentiert Spezialsammlungen zur Geschichte der Handfeuerwaffen vom 14. Jh. bis zur Gegenwart. Das Historische Fachwerkhaus neben dem Malzhaus, ein alter Wohnbau, bietet Einblicke in die Arbeits- und Lebensweise einer Suhler Gewehrschäfterfamilie der 2. Hälfte des 19. Jh.; eine kleine Werkstatt, Küche, Schlafkammer und „gute Stube“ dokumentieren die Lebensverhältnisse der Handwerker jener Zeit. – Hauptkirche St. Marien (1487–91), mehrmals abgebrannt, 1757–61 vergrößert und ausgebaut; bedeutendstes evangel. Baudenkmal im Rokokostil; Kreuzkirche (1731–39), erbaut an der Gabelung des Steinwegs, hier standen ehem. zwei Stadttore für die Wege nach Schleusingen und Meiningen (die Kreuzkirche von S. gilt als Vorbild für die kathol. Hofkirche zu Dresden); Kirche zu Suhl-Neundorf (1760–63), schlichter dörflicher Barockbau. Seit 1528 ziert eine Kapelle den Ottilienfelsen, der wie ein Balkon aus dem Steilhang des Domberges ragt. Von dort (Höhenlage 560 m) hat man einen herrlichen Blick über die St; in unmittelbarer Nähe befanden sich einst Eisenerzgruben, die das Geschick der St bestimmten, deshalb wurde das Bethaus zu Ehren der Schutzheiligen der Bergleute „Ottilienkapelle“ genannt. Die jetzige Kapelle wurde 1843 zur Erinnerung an jene Epoche und in ursprünglicher Form an gleicher Stelle errichtet. St.-Ullrich-Kirche zu Suhl-Heinrichs, eine urkundlich bezeugte Stiftung aus dem Jahre 1116; Geläut von 1456, zahlreiche Kostbarkeiten und Kunstwerke. Tierpark, 12 ha, über 600 Tiere; der Park wurde durch gärtnerische Gestaltung der Landschaft angepaßt. Schul- und Volkssternwarte „K.E. Ziolkowski“; Galerie am Herrenteich mit wechselnden Angeboten von Werken aus Malerei und Grafik. Suhler Vereinshaus und Umweltstation. – Veranstaltungen im Kultur- und Kongreßzentrum. – Sport: Schwimmhalle, Freibäder, Saunen, Kegelbahnen, Fitnesscenter und Schießsportanlage; Camping und alpiner Wintersport; Fluglandeplatz im Ortsteil Goldlauter-Heidersbach, (für Segelflug, Motorflug, Hubschrauber, Fallschirm und Ultraleichtflugzeuge; Rundflüge auf Routen eigener Wahl, auch mit Motordrachen, möglich). Zahlreiche Wanderwege, darunter der berühmte „Herbert-Roth-Panorama-Wanderweg“ mit mehreren Teiltouren, Gesamtlänge ca. 22 km. Der Weg wurde zu Ehren des Suhler Volkssängers und Heimat-Liedermachers Herbert Roth (1926–83) benannt, der u.a. das „Rennsteiglied“ schuf.

Wiederkehrende Ereignisse: Konzerte der Thüringen-Philharmonie Suhl; Aufführungen des Meininger Theaters im Suhler Haus „Philharmonie“; Herbert-Roth-Festival.

Sulingen

☐ 110,61 qkm; ○ Diepholz; ⚐ Niedersachsen; ✉ 27232; ☎ 04271; 🚗 DH; △ 50 m; 👥 11200.

S. liegt an der Sule im Schnittpunkt der B 61 und B 214 50 km südlich von Bremen. Bahnstation an der Strecke Bremen–Lübbecke bzw. Osnabrück. Die St, Sitz eines Amtsgerichts, hat Gymnasium, Realschule, Mittelpunktschule, Mittelpunktsonderschule, Landwirtschaftsschule, Berufs- und Berufsfachschulen; Kreiskrankenhaus; Schuhfabrik, Kabelwerke, Maschinenfabriken, Metallgußindustrie. S. ist Mittelpunkt eines vorwiegend agrarwirtschaftlich strukturierten Umlandes.

»Sulegon«, erstmals 1029 urkundlich genannt, erhielt 1929 das Stadtrecht. 1719 wurde der Ort durch ein Großfeuer fast völlig zerstört. – Sehenswert die Stadtkirche und zahlreiche Fachwerkhäuser aus dem 18. und 19. Jh.; in der Umgebung mehrere Naturschutzgebiete (Aller Moor, Hochmoor).

Sulz am Neckar

□ 87,60 qkm; ○ Rottweil; ⚐ Baden-Württemberg; ✉ 72172; ☎ 07454; 🚗 RW; △ 420–680 m; 👥 10800.

S., am Neckar und Ostrand des Schwarzwaldes gelegen, ist über die B 14 und Autobahn A 81 Stuttgart–Bodensee (Ausfahrt S.) zu erreichen. Bahnstation an der Strecke Stuttgart–Zürich. S. ist anerkannter Erholungsort. Die St hat Realschule, Gymnasium, kaufm. Kreisberufsschule mit Wirtschaftsschule; Forstamt; Metall- und Möbelindustrie.

Die Römer errichteten im 1. Jh. n. Chr. in S. ein Kastell. Urkundlich wird der Ort erstmals im 8. Jh. erwähnt; Stadtrechte erhielt S. 1284. Den wirtschaftlichen Wohlstand verdankte die St im Mittelalter dem Salz, das ihr den Namen gab. 1581 und 1794 wurde S. durch Brände zerstört.

Sehenswürdigkeiten: Burgruine Albeck (13. Jh.) und ev. Stadtkirche (1517); im Stadtteil Bergfelden Wehrkirche mit spätgotischen Fresken; in Glatt Wasserschloß mit wuchtigen Rundtürmen (1530); in Renfrizhausen Klosteranlage Kirchberg mit Kreuzgang (ehem. Dominikanerinnen-Kloster) und ehem. Kloster der Waldbrüder Bernstein.

Sulzbach/Saar

□ 16,13 qkm; ○ Saarbrücken; ⚐ Saarland; ✉ 66280; ☎ 06897; 🚗 SB; △ 300 m; 👥 19800.

S. liegt im Sulzbachtal nordöstlich von der Landeshauptstadt Saarbrücken. Die St ist über die B 41 und die Autobahn A 623 Saarbrücken–Neunkirchen (Ausfahrt S.) zu erreichen. Bahnstation an der Strecke Saarbrücken–Bingerbrück. S. hat Amtsgericht, Arbeitsamt, Finanzamt; Gymnasium, kaufm., gewerbliche und hauswirtschaftliche Berufsschulen (Berufsbildungszentrum); Handelsschule, Kreisrealschule, Volkshochschule, Musikschule; Klinik (mit Krankenpflegeschule); Maschinenbau, mittelständische Industrie- und Gewerbebetriebe.

»Solzpach«, dessen Ortsname auf frühere Salzbrunnen hinweist, wird erstmals 1346 urkundlich genannt. Das Dorf kam 1549 an die Grafen von Nassau-Saarbrücken. Im Dreißigjährigen Krieg (1635) wurde S. völlig zerstört; der Wiederaufbau erfolgte erst nach 1727. Um die Wende vom 18. zum 19. Jh. nahm die Industrialisierung mit der Errichtung einer Blaufabrik und Glashütten ihren Anfang. Mitte des 19. Jh. wurde mit dem Abbau von Steinkohle begonnen; die genannten Industriezweige sind inzwischen alle erloschen (Stillegung von drei Gruben und einer Kokerei nach dem 2. Weltkrieg). 1946 wurden S. die Stadtrechte verliehen.

Sulzbach-Rosenberg

□ 48,53 qkm; ○ Amberg-Sulzbach; ⚐ Bayern; ✉ 92237; ☎ 09661; 🚗 AM; △ 440 m; 👥 18200.

S.-R., 50 km östlich von Nürnberg in der Oberpfalz gelegen, ist über die B 14 und B 85 sowie über die Autobahn A 6 Nürnberg–Amberg (Ausfahrt S.-R.) zu erreichen. Die St, Sitz eines Amtsgerichts und zahlreicher Bildungseinrichtungen (Gymnasium, Realschule, Berufsfachschule, Berufsaufbauschule, gewerbliche und landwirtschaftliche Berufsschulen, Sonderschule für Lernbehinderte, Volkshochschule) ist Mittelpunkt eisenproduzierender und eisenverarbeitender Industriebetriebe.

Sulzbach wird erstmals 1071 als Besitz eines gleichnamigen Grafengeschlechtes erwähnt. Der Eisenerzabbau ist seit dem frühen MA. bezeugt. Mitte des 12. Jh. wurde S. erstmals befestigt. Nach dem Aussterben des Ortsadels kam die Bergstadt an die Hohenstaufen, die S. mit großen Privilegien bedachten. Im 14. Jh. wurde S. Hauptort des von Kaiser Karl IV. gegründeten Landes Neuböhmen, das von Eger bis Nürnberg reichte. Hussitenkriege und Dreißigjähriger Krieg beendeten die wirtschaftliche Blütezeit. Unter dem Pfalzgrafen Christian August entstand im letzten Drittel des 17. Jh. in S. eine jüdische Gemeinde, die eine bedeutende hebräische Druckerei gründete (Herausgabe von drei Talmudausgaben). 1822 zerstörte ein Brand die südliche Stadthälfte. 1934 wurde S. mit der Nachbargemeinde Rosenberg vereinigt.

Sehenswürdigkeiten: ehem. Schloß (mit Heimatmuseum); Rathaus (14./15. Jh.); Stadtpfarrkirche Maria Himmelfahrt (14./15. Jh., Ende 17. Jh. umgebaut); Reste der alten Stadtbefestigung aus dem 14. und 15. Jh.; Wallfahrtskirche St. Anna. – Alljährlich im Juli Annabergfest.

Sundern (Sauerland)

□ 194,06 qkm; ○ Hochsauerlandkreis; ⚐ Nordrhein-Westfalen; ✉ 59846; ☎ 02933; 🚗 HSK; △ 205–648 m; 👫 25900.

S., im Hochsauerland östlich der Sorpetalsperre gelegen, schloß sich 1975 im Rahmen der Gebietsneuordnung mit mehreren Nachbargemeinden zu St Sundern zusammen. Die St hat Gymnasium, Realschule, Heimvolkshochschule, Sonderschule für Lernbehinderte; vielseitige Industrie (Herstellung von Beleuchtungskörpern, Elektrogeräten, Papier, Geschenkartikeln); der Fremdenverkehr spielt in den umliegenden Stadtteilen eine Bedeutung (Sorpesee, Wintersportgebiet Wildewiese, Altes Testament im Naturpark Homert).

S., erstmals 1310 urkundlich erwähnt, war seit Anfang des 14. Jh. Freiheit mit eigener Gerichtsbarkeit. Wichtige Erwerbszweige waren im 15. und 16. Jh. das eisenverarbeitende und das Köhlerhandwerk. Die Papierindustrie ist seit 1820 ansässig. – Alljährlich von Mitte Mai bis August Schützenfeste.

Swisttal

□ 62,25 qkm; ○ Rhein-Sieg-Kreis; ⚐ Nordrhein-Westfalen; ✉ 53913; ☎ 02255 (Flamersheim); 02226 (Rheinbach); 02254 (Weilerswist); 02251 (Euskirchen); 02222 (Bornheim); 02225 (Meckenheim); 🚗 SU; △ 130–180 m; 👫 16400.

S. entstand 1969 durch Zusammenschluß der früher selbständigen Gemeinden Buschhoven, Essig, Heimerzheim mit Ortschaft Dünstekoven, Ludendorf, Miel, Morenhoven, Odendorf, Ollheim und Straßfeld. Die Gm, die 15 km westlich von Bonn am Westrande des Naturparks Kottenforst-Ville an der Swist liegt, ist über die B 56 und B 266 sowie über die Autobahn A 61 Koblenz–Mönchengladbach (Ausfahrten S.-Heimerzheim und S.-Miel) zu erreichen. Bahnstation (S.-Odendorf) an der Strecke Bonn–Euskirchen–Düren. S. hat Garnison des Bundesgrenzschutzes; Grund-, Haupt- und Sonderschule für Lernbehinderte; chemo-technisches Institut; Kieswerke, Kalksandsteinfabrikation, Landwirtschaft; Fremdenverkehr (Heimerzheim und Buschhoven).

Die einzelnen Ortsteile, von denen Ludendorf 948 am frühesten urkundlich erwähnt wird, unterstanden bis 1798 dem Kurfürstentum Köln bzw. den Herren von Tomburg. Nach der französischen Herrschaft kam das Gebiet 1815 an Preußen. – Sehenswert einige Reste römischer Straßenbaukunst (Meilensteine bei Miel) und Wasserleitungen (Römerkanal bei Buschhoven) sowie mehrere Wasserburgen (Kriegshoven, Heimerzhagen, Capellen, Miel, Morenshoven, Dützhof).

Syke

□ 127,81 qkm; ○ Diepholz; ⚐ Niedersachsen; ✉ 28857; ☎ 04242; 🚗 DH; △ 23 m; 👫 18800.

S. ist Luftkurort sowie wirtschaftlicher und kultureller Mittelpunkt der Grafschaft Hoya 20 km südlich von Bremen an der B 6. Anschluß an die Autobahn A 1 Bremen–Osnabrück (Ausfahrten Brinkum bzw. Delmenhorst-Ost); Bahnstation an der Strecke Bremen–Osnabrück. Die St hat Amtsgericht, Kreisbehörden; Mittelpunktschule, Realschule, Handelsschule, Frauenfachschule, Fachoberschule, Kreisberufsschule, Gymnasium, Tagesbildungsstätte für geistig behinderte Kinder; Bauindustrie, Fischverarbeitung, Drahtfabrik; Fremdenverkehr.

S. wird erstmals 1250 in einer Bremer Urkunde erwähnt. Der Ort, Sitz einer Vogtei, unterstand seit 1384 den Grafen von Hoya. Vor 1520 wurde S. zum Flecken erhoben; 1808 brannte es fast völlig nieder. Zur St erhoben wurde S. 1929. – Sehenswürdigkeiten: Amtshof mit Kornzinshaus und historischer Ringwallanlage; Niedersächsisches Bauernhaus mit Spieker (Kreisheimatmuseum). – Alljährlich Schäferhundeschau und Syker Volksschützenfest.

Tangermünde

□ 22 qkm; ○ Stendal; ⚐ Sachsen-Anhalt; ✉ 39590; ☎ 039322; 🚗 SDL; △ 45 m; 👫 11700.

T. an der Elbe ist zu erreichen auf der A 2 / E 30, Ausfahrt Burg (ca. 45 km) oder Ausfahrt Ziesar (ca. 42 km), auf der A 24 / E 26 / E 55, Ausfahrt Neuruppin (ca. 70 km) oder Ausfahrt Kremmen (ca. 80 km), sowie auf der B 107, B 188 und B 189; Endbahnhof der Eisenbahn-Nahverbindung Stendal–T. Die nächsten Flughäfen liegen in Berlin (ca. 100 km).

Bildungseinrichtungen: Grundschule, Se-

Tangermünde, Burg Roßfurt und St. Stephan

kundarschule, Gymnasium; Förderschule für Sehschwache.

Wirtschaftliches: Nahrungsgüterindustrie; Hafen- und Speicherbetrieb zum Umschlagen von Getreide, Düngemitteln und Mineralien, Werftanlagen für Reparaturen an Motor-Güterschiffen und Schleppern der Elbeschiffahrt; Maschinen- und Anlagenbau; industrielle Holzverarbeitung; Firmen der metallverarbeitenden Branche; Bauunternehmen; Verwertung textiler militärischer Güter.

Geschichtliches: Im Schutze einer bereits 1009 urkundlich erwähnten dt. Burg, welche die Askanier im 12. Jh. zur stärksten Festung der Mark Brandenburg ausbauten, entwickelte sich eine Kaufmannssiedlung, der um 1200 die St-Rechte verliehen wurden. Im 14. und 15. Jh. gehörte T. der Hanse an und wurde durch den Fernhandel mit Heringen, Salz und Tuchen wohlhabend; hinzu kam (im 14. Jh.) das Brauwesen, aus dem das berühmte Tangermünder „Kuhschwanzbier" hervorging. Aus dem Schloßregister von 1567 geht hervor, daß allein in den beiden Prachtstraßen von T. 66 Hausbesitzer Braurechte innehatten. – Von 1373–78 war T. Kaiser-St: Karl IV., römisch-dt. Kaiser, erhob die Burg zu einer brandenburgischen Nebenresidenz des Prager Hradschins, um Süddeutschland eine Verbindung zur Hanse zu schaffen. Nach seinen Plänen sollte der Städte- und Handelsverbund durch die Moldau- und Elbeschiffahrt die Güterströme vergrößern und damit letztendlich den kaiserlichen Reichtum mehren. Nach verheerenden St-Bränden und Zerstörungen während des 30jährigen Krieges verlor T. seine politische und wirtschaftliche Bedeutung; erst nach der Reichsgründung (1871) kam es zu neuem Aufschwung, vor allem durch Anbau von Zuckerrüben, Gewinnung und Raffinerie von Zucker und seine Weiterverarbeitung. T. zählt zu den wenigen Industrie-Städten der Altmark.

Sehenswürdigkeiten und Kulturelles: Der mittelalterliche Charakter des St-Kernes mit seiner nord-dt., got. Backsteinarchitektur ist im wesentlichen erhalten geblieben. Den imposantesten Anblick bieten St-Mauer und St-Befestigung vom Elbufer aus; 1009 erste Erwähnung der Burg, erweitert zur Mkt-Siedlung in der 1. Hälfte des 12. Jh., Burganlage erneut ausgebaut nach 1373 unter Karl IV., im 15. Jh. verändert, 1640 abgebrannt, 1902 historisierend ergänzt. Sehenswert der Burgwall mit Ringmauer, das Burgtor (Gefängnisturm um 1480), die sog. Kanzlei (nach 1373), der Bergfried (1376), daneben das ehem. barocke Amtshaus (1699–1701), erbaut unter Nutzung ma. Fundamente, heute Teil der Städt. Krankenanstalten, auf dem Burg-Areal auch das Denkmal Kaiser Karls IV.; St-Befestigung: fast völllig erhaltene Backsteinmauer mit Wieckhäusern (um 1370/80), [Wieck = kleine Bucht der Ostseeküste], an den vier Ecken mächtige Türme, am stattlichsten der sog. Schrot-Turm im NW, an der Front zur Elbe zwei „Putinnen" (burtinne = Bürgergewahrsam), rechteckige Wehrtürme mit Blendengliederung; St-Tore: Hühnerdorfer Torturm (2. Hälfte des 15. Jh.), Wassertor (16. Jh.), Neustädter Tor (um 1540), ungewöhnlich reiche Blenden- und Zinnengliederung, Räume mit Kreuzrippengewölben; Rathaus: jetzt z.T. Heimatmuseum, spätgot. Backsteinbau, Ostflügel (um 1450), ungewöhnlich reicher Schmuckgiebel, Maßwerk aus dunkel glasierten Backsteinen, Südflügel (um 1480), Verbindungsbau Anfang 16. Jh., Treppenbau mit Laube und Türmchen (1846), Säle und Zimmer mit Stern- und Kreuzrippengewölben; Heimatmuseum: Außenstelle des Altmärkischen Museums (Hauptsitz in Stendal), es dokumentiert die Entwicklung der St, die Geschichte der Burg, St-Brände und andere Katastrophen, Bauweisen der nord-dt. Backstein-Gotik, die Geschichte der Elbschiffahrt, die Fischerei und die Industrialisierung der St; historische Zeugen sind ferner viele Fachwerkbauten (17./18. Jh.); die Pfarrkirche St. Stephan, spätgot. Backsteinbau unter Nutzung eines roman. Vorgängers, beg. um 1380, fortgeführt nach 1430, voll. um 1485; die Pfarrkirche St. Nikolai (jetzt Wohngebäude), spätrom. Feldsteinbau (um 1250), wuchtiger spätgot. Backsteinturm (um 1740); die Kapelle

St. Elisabeth (2. Hälfte des 15. Jh.), einschiffiger spätgot. Backsteinbau; die Klosterkirche (Mitte des 15. Jh.) des ehem. Dominikaner-Klosters, eine Allerheiligenkirche, spätgot. Backsteinbau, seit dem 30jährigen Krieg Ruine; vor den Klostergebäuden zweigeschossiges Klausurgebäude (jetzt Scheune).

Wiederkehrendes Ereignis: das Tangermünder Burgfest.

Tann (Rhön)

☐ 60,44 qkm; ○ Fulda; ⚐ Hessen; ✉ 36142; ☎ 06682; 🚗 FD; △ 400–700 m; 👥 5000.

T., Luftkurort im Ulstertal im Naturpark Hessische Rhön, ist über die B 278 zu erreichen. Die St hat Grund- und Hauptschulen; Haupterwerbszweig ist der Fremdenverkehr.

»Tanne« wird erstmals 1197 als St erwähnt. 1541 erhielt es von Kaiser Karl V. Marktrechte; 1806 kam es an Bayern und 1866 an Preußen. – An historischen Baudenkmälern blieben erhalten das Stadttor (Renaissancebau von 1557) mit Resten der alten Stadtmauer, das 11-Apostelhaus (Fachwerkhaus aus dem 16. Jh.), das St. Nikolaushaus (ehem. Hospital, 1617) und die St. Nikolauskirche (Friedhofskirche, 1741). T. war Sitz der Reichsfreiherren von und zu der T. (Schloßanlage mit Rotem Schloß [1558], Blauem Schloß [1574] und Gelbem Schloß [1714]); sehenswert das Natur- und Jagdmuseum sowie das Freilichtmuseum „Rhöner Museumsdorf«. – Alljährlich Gerieth-fest (Juli).

Tauberbischofsheim

☐ 69,04 qkm; ○ Main-Tauber-Kreis; ⚐ Baden-Württemberg; ✉ 97941; ☎ 09341; 🚗 TBB; △ 190 m; 👥 12500.

T. liegt 30 km südwestlich von Würzburg im Taubertal am Schnittpunkt der B 27 und B 290. Anschluß an die Autobahn A 81 Würzburg–Heilbronn–Stuttgart (Ausfahrt T.); Bahnstation an der Strecke Frankfurt a. M.–Ulm; T., Sitz eines Amtsgerichts, der Kreisverwaltung und zahlreicher unterer Verwaltungsbehörden, ist Bundeswehrstandort. Die St hat Realschule, Gymnasium, Gewerbeschule, Landwirtschaftsschule, Fachschule für sozialpflegerische Berufe, Bundeswehrfachschule, Abendrealschule, Sonderschule für Lernbehinderte; Kreiskrankenhaus; Schulmöbelfabriken, Textilindustrie, Maschinen- und Stahlmöbelfabrik, Herstellung von Transportgeräten, Fertigbau; bedeutenden Fremdenverkehr; T. ist Olympiastützpunkt des Fechtsports.

Tauberbischofsheim, Kurmainzisches Schloß mit Türmersturm

»Biscofesheim«, das während der fränkischen Landnahme auf altem Siedlungsgebiet (prähistorische Funde) entstanden ist, wird erstmals um 700 urkundlich erwähnt. Um 750 gründete die Hl. Lioba in T. ein Frauenkloster. 1237 kam der Ort an die Erzbischöfe von Mainz; um 1250 erhielt T. Stadt- und Marktrechte. Die Glanzzeit der St lag im späten MA. Durch ihre Teilnahme am Bauernkrieg verlor sie 1525 ihre Selbstverwaltung. Von 1803 bis 1806 gehörte T. zum Fürstentum Leiningen; danach fiel es an Baden. Um 1900 Ansiedlung der ersten Industriebetriebe. Nach 1948 wesentliche Erweiterungen der St (Wohn- und Industriegebiete).

Sehenswürdigkeiten: ehem. kurmainzisches Schloß (15. Jh.) mit 35 m hohem Türmersturm (13. Jh.) und Landschaftsmuseum (u.a. bedeutende prähistorische Abteilung); neugotisches Rathaus und neugotische Stadtkirche St. Martin (1910–14); Sebastianskapelle (Beinkapelle aus dem Jahre 1474); St. Peters-Kapelle (15. Jh.); St. Liobakirche (um 1650) mit Klostergebäude; Marktplatz mit La-Roche-Haus (um 1670, Geburtshaus des kurmainzischen Hofrats de la Roche, des Großvaters von Clemens Brentano und der Bettina von Arnim) und Mackertschem Haus (1744); Stadttor (1612) und Fachwerkhäuser. – Alljährlich im Spätherbst Martinimesse und Winzerfest, Altstadtfest (Juli).

Taucha

□ 11,8 qkm; ○ Leipzig; ⚐ Freistaat Sachsen; ✉ 04425; ☎ 034298; 🚗 L; △ 128 m; 👪 12500.

T. ist zu erreichen auf der A 14, Ausfahrt Leipzig-Nordost/Taucha (ca. 3 km), sowie auf der B 87; Bahnhof für den Regionalverkehr Leipzig–Eilenburg. Der nächste Flughafen ist Leipzig-/Halle (ca. 25 km).

Bildungseinrichtungen: Grundschule, Mittelschule, Gymnasium; Stadtbibliothek.

Wirtschaftliches: Hoch- und Tiefbaubetriebe; Unternehmen für Abbruch und Erdbau, Umwelt und Entsorgung, Straßen- und Rohrleitungsbau; Dachdeckerei, Sanitärtechnik und Heizungsbau; Gußasphalt und Walzasphalt-Freianlage; Maschinenbau-Erzeugnisse für die polygraphische Industrie; elektrotechnische Anlagen; Industriemontagen; Eier-Großproduktion.

Geschichtliches: T. liegt 10 km östlich von Leipzig am Rande eines ausgedehnten Landschafts-Schutzgebietes. Eine nennenswerte Besiedlung geht auf die dt. Ostkolonisation (10. Jh.) zurück. In der Chronik des Thietmar von Merseburg wird T. erstmals urkundlich als Geschenk Kaiser Ottos II. an das Bistum Merseburg unter der Bezeichnung „urbs Cothug" erwähnt. Um 1170 kam es zur Stadtgründung durch Erzbischof Wichmann von Merseburg. Als „ste(t)chin zun Tuch" bezeichnet eine Urkunde den Ort im Jahr 1348, der zu dieser Zeit Höhepunkt und Abschluß des ma. Stadtausbaues erlebte. Im Jahre 1588 gründeten Handwerkerstände von T. je eine Schuhmacher- und eine Leineweber-Innung. Nach Besuch des Kurfürsten Johann Georg I. von Sachsen und Aufhebung der Münzordnung richtete man 1621 in T. (und 15 weiteren Städten) eine „Kursächsische Münzprägestätte" ein. Sie war an der Verschlechterung der Münzwerte (Reduzierung des Silbergehaltes) beteiligt (während der sog. Kipper- und Wipperzeit [1619–1623]), so daß inT. nur für kurze Zeit Münzen geschlagen wurden. – Die Tischler und Schlosser gründeten 1696 eigene Innungen, 1710 gaben sich die Fleischer und Sattler ebenfalls diesen Status handwerklicher Vereinigung. Während des 7jährigen Krieges plünderten 1763 preußische Truppen die St. Während der Völkerschlacht bei Leipzig (1812/13) war T. Aufmarschgebiet, hatte jedoch nicht direkt unter Kampfhandlungen zu leiden. – 1874 verkehrte letztmalig eine Postkutsche von Leipzig über T. nach Eilenburg; einen Tag später wurde für die gleiche Strecke eine Eisenbahnlinie in Betrieb genommen. Auf den 14. 7. 1927 fällt die Eröffnung der Straßenbahnlinie von T. nach Leipzig. – Zu ersten Segelflugversuchen am „Schwarzen Berg" bei T. kam es 1928, ein Segelfliegerlager wurde 1931 eröffnet. 1935/36 entstand die Teilstrecke Wiederitzsch–T. der Reichsautobahn Halle–Leipzig.

Sehenswürdigkeiten: St.-Moritz-Kirche, Barockbau (1772–74); Stadtpark (entstanden 1896–99); Weinberg mit Aussichtsturm im Stadtpark, Gesamthöhe 142 m; ausgedehntes Landschaftsschutzgebiet „Parthenaue", darin „Großer Schöppenteich"; Heimatmuseum.

Wiederkehrende Ereignisse: Seit 1820 alljährliche Wanderung der Leipziger zum Besuch des Tauchaer Herbstmarktes mit Maskeraden, Lärmmusik und Laternenaufzügen. Daraus entwickelte sich der sog. „Tauchsche".

Taufkirchen (Vils)

□ 70,17 qkm; ○ Erding; ⚐ Bayern; ✉ 84416; ☎ 08084; 🚗 ED; △ 460–505 m; 👪 8000.

T. liegt im Schnittpunkt dr B 15 und B 388 an der Vils 25 km südlich von Landshut. Die Gm hat Grund- und Hauptschule, Realschule; Psychiatrisches Krankenhaus; Polstermöbelwerk.

Das im 7. oder 8. Jh. gegründete Bauerndorf gehörte bis 1880 wechselnden Grundherren. Nach dem 2. Weltkrieg stieg die Einwohnerzahl der Gm (Heimatvertriebene, Zuzug) sprunghaft an (1939 1600 EW). T. entwickelte sich nach 1948 zur Mittelpunktgemeinde mit überörtlichen Funktionen. – Sehenswert Schloß T. (Psychiatrische Klinik). – T. ist Geburtsort des Schriftstellers Josef Martin Bauer (geb. 1901).

Taunusstein

□ 67,04 qkm; ○ Rheingau-Taunus-Kreis; ⚐ Hessen; ✉ 65232; ☎ 06128; 🚗 RÜD; △ 350–536 m; 👥 25800.

T. ist 1971/72 unter neuem Namen durch den Zusammenschluß von 10 Gemeinden des oberen Aartals an den Hängen des Taunus und Rheingaugebirges entstanden. Die St liegt 10 km nordwestlich von Wiesbaden am Schnittpunkt der B 54, B 275 und B 417; Anschluß an die Autobahn A 3 Frankfurt a.M.–Köln (Ausfahrt Idstein). T. hat Mittelpunktschule und Musikschule; Brotfabrik, Walzenmühle, Apparatebau, Musikinstrumentenfabrik, Kunststoffindustrie, Verbandstoffabrik, Werk für Fertigkamine, Sportgerätefabrik und Sportplatz- sowie Tennisplatzbau.

Über die Gemarkung von T. verläuft der römische Limes (im Stadtteil Orlen rekonstruierter Wehrturm mit Palisadenwall und Nebenanlagen). Im Stadtteil Bleidenstadt Klosteranlage (gegr. 788); T.-Wehen (Erhebung zur St 1323) ist Erholungsort (Schloß, Pfarrkirche mit altem Wehrturm, klassizistischem Portal und Barockaltar; Marktplatzlinden mit modernem Wasserspiel). – In Wehen wurde der Chemiker Richard A.C. Emil Erlenmeyer, Erfinder des E.-Kolbens, geboren (1825 bis 1909).

Tecklenburg

□ 69,60 qkm; ○ Steinfurt; ⚐ Nordrhein-Westfalen; ✉ 49545; ☎ 05482; 🚗 ST; △ 198 m; 👥 8900.

T., Luftkurort 22 km südwestlich von Osnabrück an den Ausläufern des Teutoburger Waldes, ist über die Autobahn A 1 Münster–Osnabrück (Ausfahrt Lengerich/T.) zu erreichen. Die St hat Grund- und Hauptschulen, Gymnasium; Kurklinik (LVA Münster); Fremdenverkehr.

T., 1388 erstmals als St bezeugt, war Residenz der Grafen von T. bis 1707 und kam danach an Preußen. Die St war im 17. und 18. Jh. durch ihren Leinenhandel bekannt, gestützt von einem landesherrlichen Leggewesen (Prüfamt), das über die Landesgrenzen hinaus Bedeutung hatte. – Bemerkenswert die Burg (um 1100 erbaut, Ruine), das Puppenmuseum sowie mehrere malerische Fachwerkhäuser in der Altstadt. – T. ist Geburtsort des Pastors Friedrich von Bodelschwingh (1831–1910), Gründers der Betheler Anstalten. – Auf der Freilichtbühne T. finden alljährlich von Mai bis August Theateraufführungen (Operette, Oper, Märchen) statt.

Tegernsee

□ 22,77 qkm; ○ Miesbach; ⚐ Bayern; ✉ 83684; ☎ 08022; 🚗 MB; △ 726 m; 👥 4100.

T., am gleichnamigen See im Alpenvorland gelegen, ist heilklimatischer Kurort. Zufahrt über die B 307; Endstation der Bahnstrecke München–T. Die St hat Seeverwaltung; Gymnasium, Hotelfachschule; Kreiskrankenhaus, Sanatorien, Bedeutendster Wirtschaftszweig ist der Fremdenverkehr (Kurzentrum, Jod-Sole-Heilquelle).

T. wird als Klostersiedlung erstmals 742 urkundlich erwähnt. Die ehemalige Benediktiner-Abtei (heute Schloß) wurde 1803 aufgehoben. Die Entwicklung zum Fremdenverkehrsort setzte 1818 mit Beginn der in T. stattfindenden Königlichen Hofhaltungen ein. 1954 wurde T. zur St erhoben. – Sehenswürdigkeiten: Schloß-(ehem. Kloster-)Kirche mit Fresken von Hans Georg Asam (17./18. Jh.); Heimatmuseum; Olaf-Gulbransson-Museum.

Teigte

□ 90,15 qkm; ○ Warendorf; ⚐ Nordrhein-Westfalen; ✉ 48291; ☎ 02504; 🚗 WAF; △ 50 m; 👥 17100.

T. liegt 12 km östlich von Münster an der Ems am Schnittpunkt der B 51 und B 64. Bahnstation an der Nebenstrecke Münster–Warendorf–Rheda-Wiedenbrück. Flugplatz Münster/Osnabrück (4 km). Die St hat Grund-, Haupt- und Realschule, Sonderschule für Lernbehinderte, Förderschule für Spätausgesiedelte,

Musikschule; Fachkrankenhaus für Psychiatrie und Neurologie; Schloß- und Baubeschlägeindustrie, Institut für künstliche Organe, Landmaschinenfabrik, High Tech (Audio-Visuelle-Medien, Krankenhauskommunikation) u.a. T. ist kath. Wallfahrtsort mit lebhaftem Pilgerverkehr (150000 Wallfahrer jährlich).

Das im 8. Jh. gegründete, Ende des 11. Jh. erstmals erwähnte Kirchdorf »Telgoth« erhielt 1238 Stadtrechte. T. war seit 1306 Mitglied der Hanse. 1455 wird das Gnadenbild „Unsere lb. Frau" erstmals genannt und 1500 die Wallfahrtsprozession urkundlich festgelegt. Um 1534 war T. eines der Hauptquartiere im Kampf gegen die Wiedertäufer. Zwischen 1654 und 1657 wurde die jetzige Gnadenkapelle errichtet und die Wallfahrt durch Bischof Christoph Bernhard von Galen neubelebt. 1802 kam die St mit dem östlichen Teil des Münsterlandes an Preußen. 1887 Anschluß an die Eisenbahnlinie Münster–Rheda. 1968 Zusammenschluß der St T. und der Gm T.-Kirchspiel. – Sehenswürdigkeiten: Barocke Gnadenkapelle mit Gnadenbild der Schmerzhaften Mutter (Holzplastik um 1370); got. St. Clemens-Kirche (1522–58); Heimathaus Münsterland; über 700 Jahre alte Marienlinde.

Teltow

□ 16 qkm; ○ Potsdam; ⚐ Brandenburg; ✉ 14513; ☎ 03328; 🚗 P; △ 43 m; 👥 16000.

T. ist zu erreichen auf der A 10 / E 30 / E 55, Ausfahrt Teltow (ca. 12 km), auf der A 115 / E 51, Ausfahrt Hüttenweg (ca. 8 km), Ausfahrt Zehlendorf (ca. 6 km) oder Ausfahrt Potsdam-Babelsberg (ca. 8 km), sowie auf der B 1 und der B 101; nächster Bahnhof der Deutschen Reichsbahn ist Potsdam. Die nächsten Flughäfen liegen in Berlin-Tegel (ca. 20 km) und Berlin-Schönefeld (ca. 17 km).

Bildungseinrichtungen: Grundschulen, Gesamtschule, Realschule, Gymnasium; Berufsschulen.

Wirtschaftliches: Unmittelbar an die Berliner Bezirke Zehlendorf und Steglitz angrenzend, präsentiert sich T. als ein Standort von 600 Industriebetrieben, Unternehmen von Gewerbetreibenden und Dienstleistungsfirmen. Auf einem Terrain von 600000 qm befindet sich einer der größten Büro- und Gewerbeparks der neuen Bundesländer mit rund 8000 Arbeitsplätzen. Hier konzentrieren sich Forschungs- und Entwicklungsstätten, namhafte Großunternehmen und Niederlassungen von Konzernen wie Siemens, Ingenieurgesellschaften, Computer- und Autofirmen sowie Versicherungen, z.B. die Landeszentrale der AOK Brandenburg.

Geschichtliches: „Der Teltow" wurde 1232 in einer Urkunde erwähnt, die St selbst urkundlich erstmals 1265 genannt. Das Landbuch Kaiser Karls IV. gibt für T. im Jahre 1375 eine Feldmark von 68 Hufen an (1 Hufe = 60 Morgen = 15 ha). Die St brannte 1711 bis auf sechs Gebäude nieder. 1815 stieg T. in den Status einer Kreis-St der neugebildeten Kreise Brandenburgs auf. Sie erhielt durch den 1906 eröffneten Teltow-Kanal Anschluß an das Netz der märkischen Wasserstraßen und wurde für Industriebetriebe zu einem begehrten Standort. – Der Luftfahrtpionier Gustav Witte startete 1912 vom Teltower Flugfeld aus zum ersten offiziellen Nachtflug der dt. Fluggeschichte. Während der letzten Jahrzehnte entstand in der St ein Zentrum der elektronischen Industrie. – Weit über dt. Grenzen hinaus sind die „Teltower Rübchen" bekannt. Rezepte dazu wurden 1723 zum ersten Mal im „Brandenburgischen Kochbuch" veröffentlicht, die später auch von Goethe als „Köstlichkeiten" geschätzt wurden.

Sehenswürdigkeiten und Kulturelles: Pfarrkirche St. Andreas, einschiffiger, im Kern frühgot. Bau (um 1300), nach einem Brand 1811/12 wiederaufgebaut, klassizistische und neugot. Stilelemente vermutl. nach Entwürfen Karl Friedrich Schinkels, Inneres 1858 erneuert; „Ältestes Haus" (1711); Gasthof „Schwarzer Adler" (1806), während der Befreiungsschlacht von Großbeeren (gegen Napoleon) vom 22.–26. 8. 1813 Stabsquartier des Kronprinzen Carl Johann von Schweden; Kriegerdenkmal (1913), nach Entwürfen des Teltower Bildhauers Mattausch, entstanden anläßlich der Hundert-Jahr-Feier zur Erinnerung an die Völkerschlacht bei Leipzig (1813); Märkische Kammerbühne Teltow.

Templin

□ 16 qkm; ○ Templin; ⚐ Brandenburg; ✉ 17268; ☎ 03987; 🚗 TP; △ 60 m; 👥 14500.

T. ist zu erreichen auf der A 11 / E 28, Ausfahrten Joachimsthal (ca. 35 km) oder Pfingstberg (ca. 30 km), auf der B 96 / E 251 und auf der B 109; Bahnstation an der Strecke Fürstenberg (Havel)–Lychen–T.–Joachimsthal–Eberswalde-Finow sowie der Strecke Oranienburg–Löwenberg (Mark)–T.–Prenzlau. Der nächste Flughafen ist Berlin-Tempelhof (ca. 68 km).

Bildungseinrichtungen: Gesamtschule, Realschule mit Gymnasium; Volkshochschule; Berufsschule, Fachschule für Sozialpädagogen; Förderschule für Lernbehinderte.

Wirtschaftliches: Landwirtschaft, Forstwirtschaft; Fremdenverkehr.

Geschichtliches: T. wurde 1230 von der Brandenburger Markgrafen an der Kreuzung zweier alter Handelsstraßen gegründet; zwischen 1314 und 1414 baute man es zu einer soliden Wehranlage aus. Die ersten Siedler waren Bauern, Handwerker und Kaufleute, sie kamen aus der Altmark, dem Harzgebiet und aus Westfalen. In dieser Zeit war T. samt Uckermark Streitobjekt zahlreicher Grenzfehden. Den brandenburgischen Markgrafen folgten die Herzöge von Mecklenburg und Pommern als Eigentümer und Herrscher, bis die St Ende des 15. Jh. wieder in Brandenburgs Besitz überging. T. mußte vier verheerende St-Brände überstehen, wurde im 30jährigen Krieg verwüstet und litt unter dem 2. Weltkrieg. Seine Bedeutung verlor es, als im vorigen Jh. die Verkehrswege an der St vorübergeführt wurden. Es konnte sich indessen seinen eigentümlichen Charakter als Ackerbürger-St bewahren.

Sehenswürdigkeiten und Kulturelles: Unter dem Markenzeichen „Perle der Uckermark" präsentiert T. historisch Interessantes, romantische Winkel, behäbige märkische Fachwerkhäuser und behagliche Gastlichkeit. Im einzelnen: sehr gut erhaltene ma. St-Mauer (1735 m lang), durchschnittlich 7 m hoch, drei got. Backstein-Toranlagen; das „Prenzlauer Tor" beherbergt das Volkskundemuseum, das „Berliner Tor" bietet dem Landeskulturkabinett eine Heimstatt, und im „Mühlentor" haben künstlerisch tätige Schnitzer- und Weber-Gemeinschaften ihre Arbeits- und Ausstellungsstätte; Kunstinstitut BAJA; erhalten geblieben sind ferner aller 47 in der Mauer eingebauten halbrunden Wieckhäuser (Kampfhäuser), die der Verteidigung dienten; ältestes Gebäude der St ist die got. Georgenkapelle (14. Jh.) mit schönem Kreuzrippengewölbe und spätgot. Flügelaltar; die St-Kirche St. Maria Magdalena ist ein dreischiffiger barocker Hallenbau auf älterem Fundament; das Rathaus, 1751 an Stelle des 1735 durch Totalabbrand vernichteten Vorgängergebäudes errichtet, wurde im 2. Weltkrieg teilweise zerstört, inzwischen jedoch in alter Schönheit wiederhergestellt. Gut markierte Wanderwege führen in der an Seen und Wäldern reichen Region zu Zielen der näheren Umgebung: dem Templiner St-See (3 km lang), am Lübbensee (10 km lang), zum Gleuensee und der Markgrafenquelle; zum Opferstein, einem Findling aus der Eiszeit zwischen Gleuesee und Herthasee; zu beobachten sind in der vielfältigen Tier- und Pflanzenwelt Rothirsche und Rehe, Damhirsche und Mufflons, Kraniche, Eisvögel, Fisch- und Seeadler.

Sport: überall Möglichkeiten zum Baden; Wasserwandern durch die Seen und das Wasserstraßennetz der Havel; reiche Betätigungsmöglichkeiten für Segler, Surfer und Angler (alle einheimischen Fischarten), am Gestüt Lindenhof Reitstunden, Fahrten mit Kutsche, Planwagen oder Original-Traberwagen; Tennisplätze; Ausleihstellen für Fahrräder und Ruderboote; Templiner Seenkreuz, großes Landschaftsschutzgebiet (11 500 ha); im Kreis T. gibt es fünf Landschaftsschutz- und sechs Naturschutzgebiete.

Wiederkehrende Ereignisse: Templiner St-Fest; Lübbesee-Lauf; Markttage.

Teningen

□ 40,28 qkm; ○ Emmendingen; ⚐ Baden-Württembereg; ✉ 79331; ☎ 07641; 🚗 EM; △ 188 m; 👫 10 700.

T., 22 km nördlich von Freiburg i. Breisgau an der Elz gelegen, ist über die B 3 und die Autobahn A 5 Karlsruhe–Basel (Ausfahrt T.) zu erreichen. Die Gm hat Grund- und Hauptschulen; Aluminium-Werke, Kondensatorenfabrik, Eisen- und Hammerwerke.

T., erstmals 972 als Besitz des Klosters Einsiedeln urkundlich erwähnt, kam um 1300 an die Grafen von Freiburg. Von 1546 ab gehörte der Ort zur Markgrafschaft Baden. – Nach dem 2. Weltkrieg bedeutender wirtschaftlicher Aufschwung und überdurchschnittliche Bevölkerungszunahme (1945 2300 EW).

Teterow

□ 27,6 qkm; ○ Teterow; ⚐ Mecklenburg-Vorpommern; ✉ 17166; ☎ 03996; 🚗 TET; △ 30 m; 👫 11 350.

T. ist zu erreichen auf der A 17 / E 55, Ausfahrt Güstrow (ca. 18 km), auf der B 104 und B 108, die sich in T. kreuzen; Bahnhof der Regionalverbindung Schwerin–Bützow–Güstrow–T.–Malchin–Neubrandenburg–Strasburg (Meckl)–

Pasewalk sowie der örtlichen Nahverbindung T.–Gnoien. Der nächste Flugplatz (Inlandverkehr) ist Rostock-Barth (ca. 50 km).

Bildungseinrichtungen: Realschule, Gesamtschule, Gymnasium; Volkshochschule.

Wirtschaftliches: Lebensmittelindustrie; Maschinenbau.

Geschichtliches: An der Straße von Rostock nach Malchin, nahe einer slawischen Burg, entstand zu Beginn des 13. Jh. die Ortschaft T. Sie wurde (vermutlich 1235) durch Nikolaus I. von Werle mit dem Schweriner St-Recht belehnt und später ummauert. Die Bevölkerung lebte von Landwirtschaft, Fischerei und Handwerk. Noch im MA endete die Herrschaft der landesherrlichen Vogtei. – Während der Gründerjahre entwickelten sich in T., das sich zu einer typischen Ackerbürger-St herausgebildet hatte, verschiedene Industriebetriebe: Eisengießerei und Maschinenfabrik, Zementplattenwerk, Brikettfabrik, Schlachthof und Molkerei. Um 1900 wurden St und Region, im Herzen der „Mecklenburgischen Schweiz" gelegen, vom Fremdenverkehr als Erholungsgebiet entdeckt. Der 2. Weltkrieg verlief für T. ohne Kampfspuren, so daß ihr kreisförmiger ma. St-Kern noch vollständig erhalten ist. Um ihn herum entstanden zwischen 1949 und 1989 verschiedene in sich geschlossene Neubaugebiete. – Im T.er See (383 ha, 7–8 m tief) wurde 1950/53 auf einer 8 ha großen, langgestreckten Insel eine slawische Burganlage des 9.–11. Jh. ausgegraben. Es handelt sich wahrscheinlich um einen Fürstensitz, bestehend aus einer geräumigen Vorburg und einer Hauptburg mit acht m hohen Erdwällen im höhergelegenen Teil der Insel. Ihr Südteil war durch eine 750 m lange Holzbrücke mit dem Festland verbunden.

Sehenswürdigkeiten und Kulturelles: Bergring T., seit 1930 Berg-Gras-Rennbahn für Motorräder (1 Runde = 1,877 km); Malchiner Tor der St-Befestigung (vermutl. 15. Jh.), dreigeschossiger Backsteinbau, mit Giebel und Spitzbogenblenden, heute genutzt als Heimatmuseum, es zeigt u. a. Funde von den Ausgrabungen auf der slawischen Burgwallinsel im Teterower See; Rostocker Tor (vermutl. 15. Jh.), Staffelgiebel und reiche Blendengliederung; Pfarrkirche, dreischiffige frühgot. Backsteinbasilika (2. Hälfte 13. Jh.), viele bemerkenswerte got. Ausstattungsstücke; Hechtbrunnen; Gaststätte „Wendenkrug" auf der Burgwallinsel; Natur- und Vogelschutzgebiet Binsenbrink, Landschaftsschutzgebiet Burgwallinsel und Halbinsel Sauerwerder.

Wiederkehrende Ereignisse: Internationales Bergringrennen zu Pfingsten.

Tettnang

□ 71,22 qkm; ○ Bodenseekreis; ⚐ Baden-Württemberg; ✉ 88069; ☎ 07542; 🚗 FN; △ 466 m; 👫 15 600.

T. liegt 9 km nördlich des Bodensees an der B 467. Die St hat Amtsgericht; Realschule, Gymnasium, Industriemeisterschule, Elektronikerschule des Handwerks, Technikerschule für Elektronik, Landwirtschaftsschule, Sonderschule für Lernbehinderte; elektronische, Textil- und Kunststoffindustrie; Landwirtschaft (vor allem Hopfen-, Obst- und Spargelanbau).

T., erstmals 882 urkundlich erwähnt, erhielt 1297 Stadtrechte. Seit 1260 war T. Residenz der Grafen von Montfort. 1634 wurden Burg und St durch Feuer zerstört. – Sehenswert das Neue Schloß (1712–20, nach Brand 1753 wiederaufgebaut), das Alte Schloß (1667) und die got. St. Anna-Kapelle (1513). – Überregional bekannt die bodenständige T. Fastnacht.

Teublitz

□ 28,60 qkm; ○ Schwandorf i. Bay.; ⚐ Bayern; ✉ 93158; ☎ 09471; 🚗 SAD; △ 352 m; 👫 7000.

T. liegt 28 km nördlich von Regensburg an der B 15 und an der Autobahn A 93 Regensburg–Weiden/Opf. (Ausfahrt T.). Die St hat Grund- und Hauptschule.

T., erstmals um 1230 urkundlich bezeugt, erhielt 1953 das Stadtrecht.

Nördlich von T. Naherholungsgebiet Höllohe (Wildgehege).

Thale/Harz

□ 5,9 qkm; ○ Quedlinburg; ⚐ Sachsen-Anhalt; ✉ 06502; ☎ 03974; 🚗 QLB; △ 451 m; 👫 16 500.

Th. ist zu erreichen auf der A 2 / E 30, Ausfahrten Eisleben oder Helmstedt (beide ca. 70 km), sowie auf der B 6, B 79, B 81, B 185 und der B 242; Endbahnhof der Strecke Magdeburg–Oschersleben (Bode)–Halberstadt–Th.; Sessellift Th.–Roßtrappe; Personenschwebebahn Th.–Hexentanzplatz. Der nächste Flughafen ist Leipzig/Halle (ca. 100 km).

Bildungseinrichtungen: Realschule, Gymnasium; St-Bibliothek.

Wirtschaft: Hüttenwerke Thale AG; Blechverarbeitung Thale AG.

Geschichtliches: Nahe dem Kloster Wendhusen (gegr. 825) entstand zu Anfang des

10. Jh. eine Siedlung, die vornehmlich von Handwerkern, Weinbauern und Bediensteten des Klosters bewohnt wurde. Ein Wasserborn oder „Weiberborn" gab den Ausschlag für die Besiedlung. Heute schmückt ein „Weiberdenkmal" jene Stelle, aus der noch immer das lebenserhaltende Wasser kommt. Ein Wohnturm (9./10. Jh.) und die Andreaskirche, die unter Denkmalschutz steht, sind die einzigen erhaltenen gebliebenen Zeugen von der Errichtung des Gemeinwesens. Es erhielt 1922 das St-Recht. 300 Jahre lang bestimmte die Hüttenindustrie Bild und Geschehen im Dorfe und in der St. Etwa ab 1862 entwickelte sich der Fremdenverkehr, forciert durch die Quelle des Hubertusbades, das damals bereits existierte. Es entstanden Pensionen, Hotels und Gaststätten. Th. verwandelte sich trotz oder wegen seiner Höhenunterschiede (160 m bis 451 m) zu einem beliebten Ausflugsort. Das Bodetal wurde bereits 1937 unter strengen Schutz gestellt, so daß Ruhe- und Erholungssuchende dort und im herb-romantischen Harzer Bergland bis heute eine unberührte Natur vorfinden.

Sehenswürdigkeiten und Kulturelles: Ausflugsziel Hexentanzplatz (454 m), mit einem Freilicht-Bergtheater (1400 Plätze) und dem Tierpark, der vornehmlich im Harz lebende bzw. hier fast ausgestorbene Tiere zeigt, des weiteren mit dem Museum „Walpurgishalle", in der Gemälde von Hermann Hendrich über die Sagenwelt des Harzes, von Szenen in Goethes „Faust" und der „Walpurgisnacht" zu erzählen wissen; Ausflugsziel Roßtrappe (337 m), der Granitfels, der – durch das Bodetal vom Hexentanzplatz getrennt – diesem gegenüberliegt und ein sagenumwobendes Pendant bildet; Wallanlagen von ehem. Fluchtburgen auf beiden Arealen; Hüttenmuseum Thale – 300 Jahre Thaler Eisenhüttenwerke und Ausstellungen zur St-Geschichte; Gondelteich im Silberbachtal; Freibad; Tennisplätze; Angebote an Harzer Spezialitäten im Restaurant und Hexenbufett „Hexentanzplatz", in der „Walpurgis-Gaststätte" nahe dem Bergtheater und im Restaurant „Roßtrappe".

Wiederkehrende Ereignisse: Walpurgisnacht vom 30. 4. zum 1. 5.; Finkenwettstreit und Harzer Folklore (Pfingsten); Freilichtfestspiele im Harzer Bergtheater (Mai bis August); Hexentanzplatz-Harzlauf.

Tharandt

□ 17,8 qkm; ○ Freital; ⚐ Freistaat Sachsen; ✉ 01737; ☎ 035203; 🚗 FTL; △ 220 m; 👥 2700.

Th. kann über die A 4 / E 40 (Ausfahrt Wilsdruff – 10 km), über die B 170 / E 55 (Abzweig in Possendorf – 10 km), über die B 173 (Abzweig in Grumbach – 6 km) und die Verbindungsstraße nach Dresden erreicht werden. Bf. an der Reichsbahnstrecke Dresden–Chemnitz, zugleich Endpunkt der S-Bahn Dresden–Th. Nächster Flughafen ist Dresden-Klotzsche (ca. 20 km).

Th. hat Stadtverwaltung; Mittelschule, Sektion Forstwirtschaft der Technischen Universität Dresden; Stadtmuseum.

Wirtschaft: Th. besitzt keine Industrie; das wirtschaftliche Leben wird geprägt von verschiedenen Handwerksbetrieben.

Geschichte: Die St Tharandt erstreckt sich sternförmig in drei Täler – nach Osten in das Dresdener Tal, nach Süden in das Badetal, nach Norden in das Schloitzbachtal. 1216 wird die Burg Th., die hoch über den Tälern auf einer Gneiskuppe errichtet war, erstmals urkundlich erwähnt. Sie wechselte im Lauf der Jahrhunderte mehrfach den Besitzer, kam im 15. Jh. an Böhmen. Durch die Heirat Herzog Albrechts (Erbauer der Albrechtsburg in Meißen) mit Zedena, Tochter des Böhmenkönigs Podiebrad, kam die Burg wieder zur Mark Meißen. 1473 erhielt Baumeister Arnold von Westfalen (Architekt der Albrechtsburg) den Auftrag, die schon teilweise verfallene Burg durch einen Neubau zu erweitern, der jedoch keine 100 Jahre instandgehalten wurde. Beim Bau des Jagdschlosses Grillenburg im Th. Forst ließ Kurfürst August Fenster, Türen und Beschläge der Burg verwenden und überließ das Gemäuer der Bevölkerung als Baumaterial. 1821 hat man die Ruine durch Stützpfeiler und einen Balkon ergänzt.

1609 erhielt Th. Stadtrecht. 1793 begann der Badebetrieb und machte die St kurzzeitig zum bekanntesten sächsischen Badeort. Anfang des 19. Jh. berief die sächsische Regierung den thüringischen Forstmann Heinrich Cotta (1763–1844) zur Vermessung und Taxation der Staatswaldungen und zur Einrichtung einer Forstlehranstalt nach Sachsen. 1811 errichtete Cotta in Th. seine private Forstlehranstalt, die 1816 verstaatlicht wurde. Die „Forstakademie" war die einzige Hochschuleinrichtung der Welt für Forstleute (heute Sektion der TU Dresden). 1811 ist von Cotta und Adam Reum (später Prof. an der Forstakademie) der forstbotanische Garten angelegt worden.

Sehenswürdigkeiten: Wahrzeichen der Stadt sind Burgberg mit Burgruine und Bergkirche; Forstbotanischer Garten (18 ha) mit über 2000 Gehölzarten (geöffnet 1. 4. bis 31. 10.); Cottas Grab am Kienberg, umrahmt von 80 Eichen im Geviert, die 1843 zu Ehren seines 80. Geburtstages gepflanzt worden sind; Tharandter Wald mit ehemaligem Jagdschloß Grillenburg.

Tholey

□ 57,56 qkm; ○ St. Wendel; ⚐ Saarland; ✉ 66636; ☎ 06853; 🚗 WND; △ 376–447 m; 👥 12600.

T., 35 km nördlich von Saarbrücken im Naturpark Saar-Hunsrück am Fuß des Schaumberges gelegen, ist über die B 269 und Autobahn A 1 Saarbrücken–Trier (Ausfahrten T.-Hasborn, T. und Nonnweiler-Primstal) zu erreichen. Die Gm hat Kreisrealschule, Volkshochschule; kleinere Industrie- und Gewerbebetriebe; der Ortsteil T.-Theley ist Luftkurort.

Das Gebiet von T. ist seit keltischer Zeit besiedelt (Fürstengrab 500–300 v. Chr.). Zur Römerzeit war die Siedlung an der Kreuzung zweier wichtiger Straßen ein bedeutendes Handelszentrum (Reste röm. Landhäuser, Badeanlage). Erstmals wird T. im Jahr 634 urkundlich im Testament des Adalgisel Grimo erwähnt, der seinen Besitz den Bischöfen von Verdun vermachte. Von Verdun aus wurde die Benediktinerabtei T. gegründet.

Wahrzeichen der Gm ist die Abteikirche aus dem 13. Jh. mit barockem Chorgestühl und Orgelprospekt; sehenswert ferner die barocke Blasius-Kapelle, das Hofgut Imsbach aus napoleonischer Zeit, die Johann-Adams-Mühle (jetzt Kreisheimatmuseum); auf dem Schaumberg (571 m) Reste einer frühmittelalterlichen Burg, Kriegerehrenmal und Aussichtsturm.

Timmendorfer Strand

□ 20,09 qkm; ○ Ostholstein; ⚐ Schleswig-Holstein; ✉ 23669; ☎ 04503; 🚗 OH; △ 26 m; 👥 8000.

T., Ostsee-Heilbad an der Lübecker Bucht 20 km nördlich von Lübeck, ist über die B 76 und die Autobahn A 1 Hamburg–Lübeck–Heiligenhafen (Ausfahrten Ratekau und Pansdorf) zu erreichen. D-Zug-Station an der Strecke Hamburg–Lübeck–Puttgarden (Vogelfluglinie).

Die Gm hat Fischereihafen (Ortsteil Niendorf/Ostsee); Kurverwaltung; Gymnasium (mit Internat), Realschule, Sonderschule für Lernbehinderte, Volkshochschule; Spezialklinik zur Behandlung von Herz- und Kreislaufkrankheiten; bedeut. Fremdenverkehr.

Die Ortsteile T. und Niendorf sind Seeheilbäder (Meerwasser-Hallenschwimmbad) mit Heilanzeigen bei Erkrankungen der Luftwege, allergischen Krankheiten und Diathesen, nervösen Herz- und Kreislaufstörungen, Schilddrüsenerkrankungen, rheumatischen Erkrankungen der Muskeln und Gelenke, Erschöpfungszuständen, Arthrosen, Neuralgien, vegetativen Störungen, Gicht und Frauenleiden.

Tirschenreuth

□ 97,23 qkm; ○ Tirschenreuth; ⚐ Bayern; ✉ 95643; ☎ 09631; 🚗 TIR; △ 491–503 m; 👥 9800.

T. liegt im nordöstlichen Teil des Oberpfälzer Waldes an der B 15; Anschluß an die Autobahn A 93 Regensburg–Marktredwitz (Ausfahrt Falkenberg); Bahnstation an der Nebenstrecke Wiesau (D-Zug-Station der Strecke Regensburg–Hof)–Bärnau. T., Sitz eines Amtsgerichts und der Kreisverwaltung, hat Gymnasium, Landwirtschaftsschule mit hauswirtschaftl. Abteilung, Kreisberufsschule, landwirtschaftliche Kreisberufsschule, Volkshochschule, Sonderschule für Lernbehinderte; Kreiskrankenhaus; Porzellanindustrie (u.a. Zweigwerk der Hutschenreuther AG.), Tuch- und Maschinenfabriken, Knopf- und Kunststofferzeugung, Stilmöbelfabrikation, Textilproduktion. T. ist wirtschaftlicher und kultureller Mittelpunkt eines vorwiegend forst- und landwirtschaftlich strukturierten Umlandes.

»Dursinrute« (Rodung des Thurso), erstmals 1134 urkundlich erwähnt, erhielt 1306 das Markt- und 1364 das Stadtrecht. Die St unterstand von 1217 bis 1803 mit nur kurzer Unterbrechung dem Kloster Waldsassen; danach kam sie an Bayern. 1814 legte ein verheerender Brand den gesamten Altstadtkern in Schutt und Asche. Die heimischen Bodenschätze (Kaolin, Ton) begünstigten im 19. Jh. das Aufkommen einer Kachelofen-, Keramik- und Porzellanindustrie.

Sehenswürdigkeiten: Rathaus (1582–83 erbaut, 1963/64 renoviert); Klettnerturm (1330 erbaut, 1579 um zwei Stockwerke erhöht; letzter Überrest der ma. Stadtbefestigung); Fischhof (1689, ehem. Zehenthof des Klosters Waldsassen); Fischhofbrücke (1748 bis 1750, nach dem Muster der Steinernen Brücke von Regensburg erbaut); St. Peterskirchlein (im 10. Jh. gegründet, heutiger Bau 1720 größtenteils neu errichtet): kath. Stadtpfarrkirche (got. Chor, barockes Schiff) mit prachtvollem spätgot. Flügelaltar (1510). – Alljährlich Schützen-

und Volksfest (Juni/Juli). – T. ist Geburtsort von Johann Andreas Schmeller (1785–1852), dem Begründer der wissenschaftl. Erforschung deutscher Mundarten und Verfasser des Bayerischen Wörterbuches.

Titisee-Neustadt

□ 89,66 qkm; ○ Breisgau-Hochschwarzwald; ⚐ Baden-Württemberg; ⊠ 79822; ☎ 07651; 🚗 FR; △ 800–1200 m; 👪 11 500.

T.-N., 1971 durch Zusammenschluß der St Neustadt i. Schwarzwald und den Gemeinden Waldau, Langenordnach, Titisee, Rudenberg und Schwärzenbach entstanden, liegt im südlichen Schwarzwald (Feldberggebiet) an der Gutach. Zufahrt über die B 31 und B 317. Bahnstation an den Strecken Freiburg–Donaueschingen, Stuttgart–Freiburg und München–Freiburg. T.-N. hat Amtsgericht; Realschule, Gymnasium, Gewerbeschule, Handelsschule und Wirtschaftsschule, Wirtschaftsgymnasium; Papier-, Textil- und Metallindustrie, Fertighausbau (Okal-Werk), Sägewerk und Hallenbau; Fremdenverkehr. Die St ist Heilklimatischer Kurort, Luftkurort und bekannter Wintersportplatz.

Neustadt ist eine Gründung des 13. Jh. Stadtherren waren die Fürstenberger. Existenzgrundlage der Einwohner war bis ins 19. Jh. der Holzreichtum des Hochschwarzwaldes. Im 17. und 18. Jh. stellte eine Glashütte Scheiben und damals schon gebräuchliche medizinische Gläser her; das Hauptgewerbe, die Uhrmacherei und der Uhrenhandel, waren aber bis zum Aufkommen der industriellen Uhrenfertigung die wichtigsten Erwerbszweige. Große Teile der St fielen 1817 einem Großbrand zum Opfer. 1806 kam N. an Baden. – Sehenswürdigkeiten sind der Titisee, das neugotische Münster, der Aussichtsturm auf dem Hochfirst (1192 m) und die „Heimatstuben".

Titisee-Neustadt

Todtnau

□ 69,59 qkm; ○ Lörrach; ⚐ Baden-Württemberg; ⊠ 79674; ☎ 07671; 🚗 LÖ; △ 620–1495 m; 👪 5100.

T. ist Luftkurort und Wintersportplatz 35 km südlich von Freiburg i. Breisgau im oberen Wiesental im Hochschwarzwald. Zufahrt über die B 317. Die St hat Grund- und Hauptschule; Bundeswehrgarnison; Bürsten- und Bürstenmaschinen-, Textil- und Metallwarenindustrie; ein bedeutender Wirtschaftsfaktor ist ferner der lebhafte Fremdenverkehr.

»Toutenouua« wird erstmals 1025 urkundlich genannt. Von ausschlaggebender Bedeutung für die Entwicklung des Ortes war der Silberbergbau; das gewonnene Erz wurde vorwiegend nach Basel und Freiburg geliefert. Nach dem Niedergang des Bergbaues um 1770 wurden Wald- und Weidewirtschaft die wichtigsten Erwerbsquellen. T. gehörte bis 1805 zu Vorderösterreich. Unter badischer Herrschaft erhielt der Marktflecken 1809 das Stadtrecht. 1876 vernichtete ein Großbrand den alten Stadtkern. – In Wintersportkreisen ist T. als Wiege des deutschen Skisports bekannt (1891 Gründung des ersten deutschen Ski-Clubs). – T. ist Geburtsort von Leodegar Thoma (geb. 1746), Erfinder der Bürste, und Karl Ludwig Nessler (geb. 1872), Erfinder der Dauerwelle. – Nördlich der Stadt liegt der 100 m hohe Todtnauer Wasserfall. – In T. fanden bisher die Deutschen Alpinen Skimeisterschaften, die Winterspiele der Deutschen Skijugend, die Internationalen forstlichen Skiwettkämpfe und die Deutschen Studenten-Skimeisterschaften statt; T. ist ferner alpiner Weltcuport und Austragungsort der Alpinen Junioren-Weltmeisterschaften.

Töging a. Inn

□ 13,65 qkm; ○ Altötting; ⚐ Bayern; ⊠ 84513; ☎ 08631; 🚗 AÖ; △ 398 m; 👪 8700.

T., am Inn 12 km westlich der Kreisstadt Altötting gelegen, ist über die B 299 zu erreichen; Bahnstation an der Strecke Mühldorf–Simbach. Die St hat Grund- und Hauptschule; Elektrizitätswerk am Inn (Innwerke AG), Aluminiumhütte (Vereinigte Aluminium-Werke AG).

T., erstmals um 1050 urkundlich erwähnt,

entwickelte sich nach dem 1. Weltkrieg zur Industriegemeinde (Gründung des Innwerkes und der Vereinigten Aluminiumwerke 1917). 1972 wurde T. zur St erhoben.

Tönisvorst

□ 44,26 qkm; ○ Viersen; ⚐ Nordrhein-Westfalen; ✉ 47918; ☎ 02151 (St. Tönis), 02156 (Vorst); 🚗 VIE; △ 30 m; 👪 23200.

Die Großgemeinde T. liegt 5 km westlich von Krefeld. Zufahrt über die B 57; Anschluß an die Autobahn A 44 Düsseldorf–Aachen (Ausfahrt Krefeld-Forstwald) und A 61 Koblenz–Venlo (Ausfahrten Viersen-Süchten und Nettetal-Lobberich). T. hat Realschule, Volkshochschule; Textilveredelungsindustrie, Kammfabrik, Schwingtore-Werk. – Erste urkundliche Erwähnung 1188. T. entstand 1970 aus den ehem. Gemeinden St. Tönis und Vorst. Die Gm entwickelte sich nach 1945 zu einem modernen Industrieort mit breitgefächerter Wirtschaftsstruktur.

Tönning

□ 43,10 qkm; ○ Nordfriesland; ⚐ Schleswig-Holstein; ✉ 25832; ☎ 04861; 🚗 NF; △ 3 m; 👪 5000.

T., Luftkur- und Badeort (Heilanzeigen bei Erkrankungen der Atemwege, allergischen Erkrankungen, Erschöpfungszuständen, vegetativen Erkrankungen und leichteren Formen von Kreislaufstörungen) an der Eidermündung in das Wattenmeer (Nordsee) 23 km südwestlich von Husum, ist über die B 5 und die B 202 zu erreichen. Die St hat Hafen; Amtsgericht, Wasser- und Schiffahrtsamt, Zollamt; Grund- und Hauptschule, Realschule, Dänische Schule, Landesberufsschule für Drogisten, Kreisberufsschule, Sonderschule für Lernbehinderte; Kreiskrankenhaus; mittlere und kleinere Industrie- und Gewerbebetriebe (Pumpen- und Anlagentechnik, Elektrobau, Krabben- und Fischverarbeitungsbetriebe), Fremdenverkehr. T. ist Bundeswehrstandort (Marine-Depot).

»Tunningharde«, erstmals 1187 urkundlich erwähnt, entwickelte sich in der Nähe der 2000 Jahre alten Siedlung von Tofting. 1575 erhielt der Ort das Markt- und 1590 von Herzog Johann Adolf von Gottorf das Stadtrecht. Die Landesherren bauten T. dank seiner günstigen Lage zur Festung (1580 bis 1583) aus und erhoben es zur Residenz. 1675 und 1714 wurde T. von den Dänen erobert und die Festungsanlagen geschleift. Für die St brachte nach den Blütezeiten im 17. und 18. Jh. die Elbblockade Napoleons in den Jahren 1803–1806 einen stürmischen wirtschaftlichen Aufschwung als Umschlagplatz der für Hamburg bestimmten Waren. Mit der Inbetriebnahme des Nord-Ostsee-Kanals (1895) verlor T. seine alte Bedeutung als Seehandelsstadt. – Sehenswert die St. Laurentiuskirche (17. Jh.) mit Barockturm (1703–06) und reicher Ausstattung, der Marktplatz mit Brunnen (1613), mehrere alte Bürgerhäuser (18. und 19. Jh.) am Hafen sowie die Eider-Abdämmung mit Ferienzentrum (Katinger Watt). – In T. geboren wurde der Chirurg Friedrich von Esmarch (1823–1908), Begründer des deutschen Samariterwesens.

Torgau

□ 6,12 qkm; ○ Torgau; ⚐ Freistaat Sachsen; ✉ 04860; ☎ 03421; 🚗 TG; △ 85 m; 👪 22550.

T. ist zu erreichen auf der A 9 / E 51, Ausfahrten Halle oder Bitterfeld (beide ca. 60 km), auf der A 13 / E 55, Ausfahrt Ruhland (ca. 65 km), auf der A 14, Ausfahrt Leipzig-Nordost/Taucha (ca. 45 km) oder Ausfahrt Döbeln-Nord (ca. 58 km), auf der B 87, B 182 und der B 183, die in T. aufeinandertreffen; Bahnstation der Fernverbindung Frankfurt (M)–Erfurt–Leipzig–T.–Falkenberg (Elster)–Cottbus–Frankfurt (O), sowie Ausgangsbahnhof der Kurzverbindung T.–Dommitzsch–Pretzsch; Binnenhafen für die Elbeschiffahrt (Gütertransporte); der nächste Flughafen ist Leipzig/Halle (ca. 60 km).

Bildungseinrichtungen: Grundschulen, Mittelschulen, Gymnasien; Volkshochschule.

Wirtschaftliches: Flachglas Torgau GmbH; Villeroy & Boch (Steingut, Sanitärkeramik); Landmaschinenbau; Möbelherstellung; Papierverarbeitung; „Hartenfels"-Spirituosen, Brauerei „Torgisch Bier".

Geschichtliches: Ursprünglich trug der Ort den slawischen Namen „torgowe" (auch torgowy), was „Markt" oder „Handelsplatz" bedeutet. In einer Urkunde Kaiser Ottos II. vom 5. Juni 973 wird T. erstmals erwähnt. Zur Gründung der Ansiedlung boten sich ideale Voraussetzungen: Auf dem Porphyr-Plateau eines hochwassergeschützten Steilufers am westlichen Elbufer baute man die ersten Häuser. Der relativ flache felsige Untergrund des Flusses bot Kaufmannszügen eine Furt zum Überqueren; zugleich war er schiffbarer Transportweg, auch Wasserspender und – dank seines Fischreichtums – ergiebige Nahrungsquelle; Ort und Elbe wurden Knotenpunkt wichtiger Handelsstraßen. Über den Mkt-Platz leitete man Kaufmannszüge aus Westeuropa nach Frankfurt an der Oder und in polnische Siedlungsgebiete weiter; eine andere Fernstraße führte von Halle nach Meißen. Noch im 10. Jh. entstand eine Burg, um die sich allmählich Kaufleute und Handwerker ansiedelten. Dadurch konnte sich bis 1150 eine St herausbilden; die Lenkung ihrer Geschicke lag seit 1443 in den Händen von Ratsherren. Sie erhielten 1370 das Privileg für niedere, 1375 für hohe Gerichtsbarkeit. Ab 1456 war T. für ein Drittel des Jahres Residenz der sächsischen Kurfürsten. – T. wurde 1442 und 1482 von stadtweiten Feuersbrünsten heimgesucht. – Durch die politisch folgenschwere „Leipziger Teilung" (1485), die Sachsens Abstieg in die Bedeutungslosigkeit einleitete, begründete Kurfürst Ernst die Ernestinische Linie (bis 1547 Kursachsen) und Albrecht die Albertinische Linie (bis 1547 Herzogtum Sachsen) der Wettiner. T. wurde politisches Zentrum der ernestinischen Linie. Mit dem Ausbau des Schlosses nahm die St den Charakter einer kursächsischen Landesmetropole an, sie war zwischen 1485 und 1547 bevorzugte Residenz sächsischer Herrscher, darunter des Kurfürsten Friedrich des Weisen von Sachsen-Wittenberg, Schirmherr Martin Luthers. Diese Zeit der geistigen Blüte ging mit starkem wirtschaftlichem Aufschwung einher. Um 1500 war T. auf 5000 EW angewachsen und damit für damalige Verhältnisse zu einer dt. Groß-St geworden. Auf dem Areal der ehem. Burganlagen entstanden zwischen 1485 und 1633 die Gebäude des Schlosses Hartenfels, des heute größten erhaltenen Profanbaues dt. Frührenaissance. Der vor dem Ostflügel 1533/36 von Baumeister Konrad Krebs errichtete freistehende „Wendelstein" (offener Treppenturm) repräsentiert eine architektonische Kostbarkeit und stellt international eine einmalige baukünstlerische Leistung dar. Auch das Rathaus und viele Renaissance-Bürgerhäuser, an denen sich sogar architektonische Motive des Schloßbaues wiederholten, zeugen vom einstigen Wohlstand des St-Bürgertums. Die Torgauer Annalen weisen klangvolle Namen auf: Hier weihte Dr. Martin Luther am 5. Oktober 1544 die Schloßkirche als ersten protestantischen Neubau ein; hier verstarb am 20. 12. 1552 seine Ehefrau Katharina von Bora, die in der Torgauer Marienkirche beigesetzt ist. Hier wurde am 13. April 1627 die Oper „Daphne" uraufgeführt, mit der Heinrich Schütz das dt. Opernschaffen einleitete. Hier begegneten Zar Peter I. von Rußland und der dt. Gelehrte Gottlieb Wilhelm Leibniz einander, deren Torgauer Gespräche zur späteren Gründung der Petersburger Akademie der Wissenschaften führten. Auch Lucas Cranach wirkte hier. Sie alle formten an der T.er Vergangenheit; Handwerkskunst und Bürgerfleiß taten ein übriges und halfen den Ruf der St. zu prägen. – Während des Schmalkaldischen Krieges verlor Kurfürst Johann Friedrich in der Schlacht bei Mühlberg an der Elbe (1547) Kurwürde und Gebiete, zu denen auch T. gehörte, an Kaiser Karl V.; St und Schloß büßten ihre Bedeutung ein. Nach dem 30jährigen Krieg war die Wohn-St verwüstet, man nannte T. „öder Ort". Im 7jährigen Krieg forderte die blutige Schlacht bei T. am 3. Nov. 1760 über 32000 Tote; Vorstädte und Elbbrücke waren zerstört. Seuchen und Überschwemmungen richteten zusätzlich schlimme Schäden an, sie dezimierten den Bevölkerungsbestand und schwächten die Wirtschaftskraft der St. In der Zeit der napoleonischen Kriege bauten die Franzosen die St 1811–1813 zur Landesfestung aus, nahezu ein Drittel aller Gebäude fiel den Maßnahmen zum Opfer. Nach den Beschlüssen des Wiener Kongresses von 1815 kam die sächsische Amts-St T. zum preußischen Staatsgebiet, wurde Kreis-St und preußische Grenzfeste. Bis 1880 ließ der Militärfiskus die Festung modernisieren und immer weiter zu einer preußisch-provinziellen Garnisons- und Beamten-St ausbauen. 1870/71 erbaute man die Eisenbahnstrecke Leipzig–Cottbus, weitab von der Hauptfestung, so daß statt T. das kleinere Falkenberg an der Elster Eisenbahnknotenpunkt wurde. Der Schutzhafen für Elbschiffe vor Hochwasser und Eisgang wurde 1894–99 nach Hamburger Vorbild zum Umschlaghafen mit Bahnanschluß an die Linien Leipzig–T.–Cottbus und T.–Wittenberg erweitert. Mitte der 20er Jahre siedelten sich als wichtige Industriebetriebe die Glashütte AG und das Steingutwerk Villeroy & Boch an. Am 25. April 1945 trafen laut Vereinbarung der Krim-Konferenz Kampfverbände der Sowjetarmee und der 1. US-Armee im Raum Torgau an der Elbe zusammen. Das Bild von der Begegnung der beiden Soldaten auf der Elbbrücke und ihrem historischen Händedruck ging um die Welt. Von 1949 bis 1990 wurde die St zum industriellen Zentrum im vorwiegend agrarisch strukturierten Nordosten des Bezirkes Leipzig entwickelt.

Sehenswürdigkeiten und Kulturelles: Mkt-Platz mit Renaissance-Bürgerhäusern, Rathaus (1563–65) mit wertvollem Runderker und Mohren-Apotheke (1503); Schloß Hartenfels im Stil der dt. Frührenaissance (1485–1625), vierflügelig, der 5. Flügel entstand 1791, im Schloßhof als architektonische Kostbarkeiten „Der Schöne Erker" (1544), die doppelte Loggia, die Runderker und „Der Große Wendelstein" (1533–36), im elbseitigen Schloßflügel die von Luther geweihte protestantische Schloßkirche, im Schloß St- und Kreismuseum, vor dem Schloß im ehem. Schloßgraben ein Bärenfreigehege (erste Kunde vom „Bärenfang" 1425); die Marienkirche, hervorgegangen aus einer roman. Basilika (12. Jh.), 1475–1515 durch ein hohes got. Kirchenschiff ergänzt, Innenausstattung im Renaissance- und Barockstil, besonders wertvoll das originale Frühwerk Lucas Cranachs d. Ä. „Die vierzehn Nothelfer" und der Grabstein der Katarina Luther, geb. von Bora; Denkmal der Begegnung zur Erinnerung an das Treffen der Alliierten am 25. April 1945 an der Elbe; „Der Große Teich" südlich vor T. (175 ha Wasserfläche, Gesamtareal 229 ha), angelegt 1283/84. Wegen seiner artenreichen Vogelwelt seit 1980 „Feuchtgebiet von nationaler Bedeutung", ständig etwa 100 Arten an Brutvögeln, Fisch- und Seeadler besuchen den Teich, Schwarzstörche sind heimisch. Geschütztes Biotop zahlreicher Lurche, Kriechtiere, Kleintierarten und Biber.

Wiederkehrende Ereignisse: „Elbe day", zur Erinnerung an die Begegnung an der Elbe (April 1945), ein Volksfest im April mit Treffen von Jazzmusikern; Straßenfest im Mai; Sommerfest; Altstadtfest im Oktober; Weihnachtsmarkt.

Torgelow

□ 49 qkm; ○ Ueckermünde; ⚐ Mecklenburg-Vorpommern; ✉ 16259; ☎ 039771; 🚗 UEM; △ 15 m; 👫 13000.

T. ist zu erreichen auf der A 11 / E 28, Ausfahrt Prenzlau (ca. 60 km) oder Ausfahrt Penkun (ca. 70 km), des weiteren auf der B 109; Bahnhof an der Nebenstrecke Pasewalk–T.–Ueckermünde. Der nächste Flughafen ist Berlin-Tegel (ca. 125 km).

Bildungseinrichtungen: Realschule, Hauptschule, Gymnasium.

Wirtschaftliches: Eisengießerei, Maschinenbau, Möbelindustrie.

Geschichtliches: T. wurde am 14. April 1281 erstmals urkundlich erwähnt. Es war ab Mitte des 14. Jh. Sitz des Rittergeschlechtes derer zu Kufstein. Am östlichen Ufer der Uecker ist aus jener Zeit die Ruine eines ehem. Jagdschlosses erhalten. Die St ging 1648 mit dem Herzogtum Pommern an Schweden über. – 1750 wurde zur Aufbereitung der reichen Bodenvorkommen an Raseneisenstein (durch Verwitterung entstandenes Eisenerzmineral Limonit) ein Eisenhüttenwerk errichtet. Nachdem T. 1885 einen Eisenbahnanschluß erhalten hatte, nahm es mit der Ansiedlung mehrerer Eisengießereien einen weiteren wirtschaftlichen Aufschwung.

Sehenswürdigkeiten und Kulturelles: Schloßruine, ma. Anlage auf einer künstlichen Anhöhe, mit Resten einer Umfassungsmauer und einzelnen Kellerräumen; Heimatstube, informiert vornehmlich über die Entwicklung der Eisengießerei; Schwimmbad, Stadion.

Wiederkehrendes Ereignis: Torgelower Festtage.

Tornesch

□ 20,96 qkm; ○ Pinneberg; ⚐ Schleswig-Holstein; ✉ 25436; ☎ 04122; 🚗 PI; △ 10 m; 👫 9700.

T. liegt 25 km nordwestlich von Hamburg an der B 5 und Autobahn A 23 Hamburg–Heide (Ausfahrt T.). Die Gm besteht aus den Ortsteilen Ahrenlohe und Esingen sowie aus dem eigentlichen Ortskern T.; Bahnstation an der Strecke Hamburg–Westerland/Kiel; Flugplatz in T.-Ahrenlohe. Die Gm hat Grund- und Hauptschule, Realschule; Branntwein-, Leder-, Nahrungsmittel-, Möbel- und chemische Industrie.

Der heutige Ortsteil Esingen wird erstmals 1285 in einer Schenkungsurkunde Heinrich von Barmstedts erwähnt. 1844 wurde neben dem Gehöft „Tornescher Hof" eine Bahnstation an der Strecke Altona–Kiel errichtet. Die zunehmende wirtschaftliche Bedeutung der Ansiedlung von gewerblichen und industriellen Betrieben um den Bahnhof führte 1930 zu einer Umbenennung der Gm Esingen in T. Die günstige Verkehrslage und die Nähe der Großstadt Hamburg waren für die weitere Entwicklung der Großgemeinde bestimmend.

Traben-Trarbach

□ 31,22 qkm; ○ Bernkastel-Wittlich; ⚐ Rheinland-Pfalz; ✉ 56841; ☎ 06541; 🚗 WIL; △ 110 bis 420 m; 👫 5800.

T.-T., Luftkurort beiderseits der mittleren Mosel an der B 53 (Anschluß an die Autobahn A 1/48,

Traben-Trarbach

Ausfahrt Wittlich), hat Verbandsgemeindeverwaltung; Realschule, Gymnasium, evang. Jugendhof (Ortsteil Wolf); Verkehrslandeplatz für Sportflugzeuge. Bedeutendste Wirtschaftszweige sind der Weinanbau und Weinhandel sowie der Fremdenverkehr. T.-T. ist Bundeswehrstandort.

Traben wird erstmals um 830, Trarbach erstmals 1143 urkundlich genannt. Die Sponheimer Grafen errichteten über Trarbach, das um 1250 befestigt wurde, die Grevenburg (1350–1734); ihre Erben, Baden und Pfalz, ließen die Grafschaft Sponheim von Trarbach aus regieren (1437–1776). Über Traben (links der Mosel) die Ruinen der von Vauban während des Pfälzer Erbfolgekrieges erbauten Festung Mont Royal (1687–92; 1698 geschleift). – Seit dem 16. Jh. waren Traben und Trarbach Haupthandelsplätze des Moselweinhandels. Nach dem 1. Weltkrieg bedeutender wirtschaftlicher Aufschwung durch Fremdenverkehr. 1904 Zusammenschluß der beiden Orte zur St T.-T. – Sehenswerte Jugendstilbauten, Fachwerk- und Patrizierhäuser. – Südlich von Trarbach Thermal-Heilquelle Bad Wildstein mit modernem Kurmittelzentrum (Heilanzeigen: Erkrankungen der Bewegungsorgane und der ableitenden Harnwege sowie allg. Aufbraucherscheinungen). – Alljährlich im Mai/Juni Internationales Motorbootrennen auf der Mosel und Weinfeste im Juli.

Traunreut

□ 45,05 qkm; ○ Traunstein; ⚐ Bayern; ✉ 83301; ☎ 08669; 🚗 TS; △ 552 m; 👫 20200.

T., zwischen Chiemsee und Tachinger See an der Traun gelegen, ist über die B 304 zu erreichen; Anschluß an die Autobahn A 8 München–Salzburg über Ausfahrt Grabenstätt/T. Bahnstation an der Strecke Traunstein–Garching–Mühldorf. T. hat Grund- und Hauptschulen, Gymnasien, Wilhelm-Löhe-Schule, Sonderberufsschule, Sing- und Musikschule, Volkshochschule; elektrotechnische (Bosch-Siemens Hausgeräte GmbH; Leuchtenwerk Siemens AG), elektronische und feinmechanische Industrie (Heidenhain GmbH), Textilindustrie (KIM-Strickwaren); landwirtschaftliche Betriebe.

T. wurde 1950 auf dem Gebiet der seit 1938 bestehenden Heeresmunitionsanstalt (Muna) St. Georgen als Wohnsiedlung für Flüchtlinge und Vertriebene und als Industriegemeinde gegründet (1381 EW). Die aufstrebende, schnell wachsende Gm wurde 1960 zur St erhoben; 1978 Eingemeindung von Stein a. d. Traun, Traunwalchen und Pierling.

Sehenswürdigkeiten: Schloß Pertenstein, Raubritterburg Stein a. d. Traun (größte Felsenhöhlenburg der Bundesrepublik). – Alle zwei Jahre »Steiner Burgfestspiele«, Volksfest (Ende Juni/Anfang Juli).

Traunstein (Oberbayern)

□ 48,58 qkm; ○ Traunstein; ⚐ Bayern; ✉ 83278; ☎ 0861; 🚗 TS; △ 597 m; 👫 17100.

Die große Kreisstadt T. ist wirtschaftlicher und kultureller Mittelpunkt des Chiemgaus im bayerischen Alpenvorland an der B 304, B 306 sowie an der Autobahn A 8 München–Salzburg (Ausfahrt Siegsdorf/T.). D-Zug-Station an der Strecke München–Salzburg. Die St ist Garnisonstadt der Bundeswehr und Sitz zahlreicher Behörden (Landgericht, Amstsgericht, Landbauamt, Kreisverwaltung, Tierzuchtamt, Wasserwirtschaftsamt, Zollamt u. a.) und Bildungseinrichtungen (Gymnasien, Realschulen, Verbandsberufsschule, Fachoberschule, Landwirtschaftsschule, priv. Handelsschule, Krankenpflegeschule mit Vorschule am Städt. Krankenhaus (Schwerpunktkrankenhaus), Volkshochschule, Sonderschule für lern- und geistig behinderte Kinder).

T. ist Zentrum eines vorwiegend land- und viehwirtschaftlich orientierten Umlandes; neben Handel und Gewerbe sowie einigen Industriebetrieben spielt der Fremdenverkehr eine bedeutende wirtschaftliche Rolle.

T., um 1244/45 erstmals urkundlich genannt,

gehörte zum Erzbistum Salzburg bis 1275; danach kam es an die bayerischen Herzöge, die es zur Festung ausbauten. Stadtrechte erhielt T. zu Beginn des 14. Jh. Einen großen wirtschaftlichen Aufstieg erlebte die St im 17. und 18. Jh. nach der Errichtung einer Saline (1619), die mit der Reichenhaller Sole durch eine Leitung verbunden war. Von 1705 bis 1715 stand T. unter österreichischer Verwaltung. Der ma. Stadtkern ist 1371, 1704 und 1851 durch Brände zerstört worden. Das heutige Bild der Altstadt wird geprägt durch den Wiederaufbau von 1855 und Umbauten der letzten Jahrzehnte. Bemerkenswert der ma. Brothausturm mit Heimatmuseum und die Pfarrkirche St. Oswald (1675–96; 1707 und 1855 jeweils wiederaufgebaut).

Alljährlich am Ostermontag Georgi-Ritt und Schwertertanz.

Trendelburg

□ 69,34 qkm; ○ Kassel; ⚐ Hessen; ✉ 34388; ☎ 05675; 🚗 KS; △ 120–400 m; 👪 1100.

T., Luftkurort am westlichen Rande des Reinhardswaldes 37 km nördlich von Kassel, liegt auf einem von der Diemel umflossenen Sandsteinsockel. Zufahrt über die B 83. Die St hat Grundschule; Landwirtschaft; Fremdenverkehr. – Die über der St liegende Burg (jetzt Hotel) wurde um 1300 errichtet; älteste urkundliche Erwähnung von Stadt und Burg »Trindirberg« 1303. T. war Paderborner Besitz bis 1471 und gehörte danach zu Hessen. – Bemerkenswert das Fachwerk-Rathaus, Burg Trendelburg, Fachwerkhäuser.

Treuchtlingen

□ 103 qkm; ○ Weißenburg-Gunzenhausen; ⚐ Bayern; ✉ 91757; ☎ 09142; 🚗 WUG; △ 409–623 m; 👪 12400.

T., anerkannter Erholungsort, liegt im Naturpark Altmühltal am Hahnenkamm. Die St ist über die B 2 zu erreichen und Bahnknotenpunkt an den Strecken Würzburg–Ingolstadt–München und Nürnberg–Augsburg. T. hat Sonderschule für Lernbehinderte, Realschule und integrierte Gesamtschule; Unfallkrankenhaus; Marmorindustrie, Siebdruckfarbenwerk, Kleinmöbelindustrie, Kleinmotorenfabrik, Brauerei.

Bodenfunde deuten auf eine Besiedlung der Gemarkung seit der Römerzeit. 882 erste urkundliche Erwähnung des Dorfes »Truchtelingen«. Der Ortsadel erbaute im 13. Jh. eine Burg und wenig später ein (heute noch bewohntes) Wasserschloß. 1362 erhob Kaiser Karl IV. das Dorf zum Markt. 1455 erwarben die Marschälle von Pappenheim den Besitz. 1647 fiel der Markt an die Markgrafen von Brandenburg-Ansbach. 1792 kam T. an Preußen, 1805 an Bayern. Stadterhebung im Jahr 1898.

Ihre Bedeutung erlangte die St als Eisenbahnknotenpunkt. Nach dem Kriege entwickelte sich T. zu einem aufstrebenden Wohn-, Industrie- und Fremdenverkehrsort.

Sehenswert: Reste der im Ortsteil Graben 3 km von der Stadtmitte entfernten »Fossa Carolina« (Kanal, den Kaiser Karl d. Große 793 als erste Verbindungslinie zwischen Altmühl und Rezat bauen ließ, um den Rhein mit der Donau zu verbinden); St. Marien-Kirche mit T. Madonna; Stadtschloß (Geburtsort des Generalfeldmarschalls Gottfried Heinrich von Pappenheim, 1594–1632); Lambertuskirche (16. Jh.); Kriegsgräberstätte.

Treuenbrietzen

□ 75 qkm; ○ Jüterbog; ⚐ Brandenburg; ✉ 14929; ☎ 033748; 🚗 JB; △ 65 m; 👪 6250.

T. ist zu erreichen auf der A 9 / E 51, Ausfahrt Niemegk (14 km), oder Ausfahrt Brück (10 km), sowie auf der B 2 und der B 102, die einander in T. kreuzen; Bahnhof der Regionalstrecke Potsdam–Beelitz–T.–Jüterbog. Der nächste Flughafen befindet sich in Berlin-Schönefeld (ca. 75 km).

Bildungseinrichtungen: Grundschulen, Gesamtschule, Gymnasium.

Wirtschaftliches: Gerätebau; Fahrzeugbau (Bordwände für LKW; Anhänger); Bauunternehmen.

Geschichtliches: Heinrich I., dt. König seit 919, begann 928 mit der Eroberung der Elbslawengebiete. Er drang bis nach Brandenburg vor und ließ zahlreiche Burganlagen bauen. Die Slawenstämme wurden zu hohen Tributleistungen verpflichtet. Heinrichs Nachfolger, die Kaiser Otto I., Otto II. und Otto III., setzten die Expansionspolitik fort. Nach einem großen Aufstand der Slawen (983) erlangten die meisten westlichen Gebiete ihre Selbständigkeit zurück. Erst Albrecht der Bär unterwarf die Slawen erneut (1157) und gründete die Markgrafschaft Brandenburg. Der Ort „Bricence“, heute Treuenbrietzen, wird 1216 in einer Urkunde des Bischofs Siegfried II. erstmals erwähnt. Auf einer weiteren Urkunde (1290) wird der Ort erstmals als civitas (Stadt) bezeichnet. 1311 regierte Markgraf Waldemar die Mark; unter seiner Herrschaft entfalteten sich Handwerk, Handel und Wohlstand. Nach seinem Tode (1319) wurden die ersten Handwerkerzünfte gegründet. Um 1360 wohnten viele Landedelleute und Gutsbesitzer in T., sie werteten die Bedeutung der St auf. Im Jahr 1352 wird bereits das heutige Heimatmuseum, die frühere Heilige-Geist-Kapelle, urkundlich erwähnt. Aus dem Jahre 1604 wird berichtet, es habe um T. etwa 80 Weinberge gegeben, die eine Ernte von 1162 Tonnen Wein einbrachten. Zu jener Zeit war der Weinanbau einträglicher als Getreideanbau. Wein aus T. wurde in Berlin, Pommern und Mecklenburg ausgeschenkt und verkauft. Im 30jährigen Krieg gingen die meisten Weinberge ein; die Bevölkerung litt unter den Drangsalen und Plünderungen schwedischer Landsknechte. Im Jahr 1716 vernichtete ein Großbrand über 100 Häuser der St. Am 23. Oktober 1806 zogen napoleonische Truppen durch T., das geplündert wurde. Die beiden Kirchen wandelte man zu Gefängnissen und Magazinen um. Allmählich spitzte sich die Lage so zu, daß es am 6. September 1813 zur Schlacht bei Dennewitz kam, wo die Franzosen große Verluste hinnehmen und sich zurückziehen mußten. – Nach den Napoleonkriegen wurde von Potsdam durch T. nach Wittenberg eine befestigte Straße gebaut (1816/17). Ab 1831 ging die Handwerksarbeit in der St zurück, man zog es vor, auf Maschinen zu produzieren; Maschinenspinnerei, maschinelle Papierproduktion, Antriebskraft durch Dampfmaschinen charakterisierten den Trend. 1868 erhielt die St eine Telegrafenstation, so daß sie Verbindungen nach Jüterbog und Beelitz herstellen konnte. Eine um 1913 eingegangene Gerberei wurde von einer Tischlergenossenschaft aufgekauft und zur Fertigungsstätte für Möbel umgewandelt. Später produzierte man in der Möbelfabrik Dampfmesser. Für die Herstellung von Kriegsmaterial baute die Firma Kopp & Co. 1927/28 den Betrieb Sebaldushof auf, 1934 erweitert durch das Werk Seltershof. Im Juni 1945 war das zerstörte Eisenbahnnetz nach Belzig wieder befahrbar. Durch die Verwaltungsreform von 1952 wurde T. aus dem Kreis Zauch-Belzig, wozu es seit 1815 gehörte, ausgegliedert und dem neugebildeten Kreis Jüterbog angeschlossen.

Sehenswürdigkeiten und Kulturelles: Rathaus (1290), mehrfache Umbauten; „Sabinchen-Brunnen", nach der Sabinchen-Moritat genannt (1913); Heimatmuseum (1352), verfiel am Beginn der Neuzeit zur Ruine; umfassende Rekonstruktionen 1977–81, danach wieder als Museum genutzt. Vor dem Hause Reste der Stadtmauer (1296–1306), am Museum eine preußische Postsäule; Kirche St. Marien (um 1220), spätrom. kreuzförmige Gewölbebasilika; Kirche St. Nikolai (zwischen 1220 und 1260), bei Restaurierungsarbeiten 1969 wurden Reste ornamentaler Gewölbemalerei aus der Bauzeit und aus dem 15. Jh. eine Deesis-Darstellung (byzant. „Jüngstes Gericht"), freigelegt; Naturschutzgebiet Zarth, 250 ha Grünland und Waldfläche, Busch- und Laubwald, Torfmoor, seltene Bäume, Pflanzen und Tiere; Landschaftsschutzgebiet „Oberes Nieplitztal", seit 1982 geschützte Region, mehr als 60 Lehrtafeln geben Auskunft über Flora und Fauna.

Triberg i. Schwarzwald

□ 33,32 qkm; ○ Schwarzwald-Baar-kreis; ⚐ Baden-Württemberg; ✉ 78098; ☎ 07722; 🚗 VS; △ 685 m; 👥 5800.

T., heilklimatischer Kurort und Wintersportplatz unterhalb der von der Gutach gebildeten Triberger Wasserfälle (163 m), ist über die B 33 und die B 500 zu erreichen. D-Zug-Station an der Schwarzwaldbahn (Offenburg–Konstanz). Die St hat Höhere Schulen, Berufs- und Fachschulen; Uhren-, metallverarbeitende und Holzindustrie; lebhaften Fremdenverkehr.

T. wird erstmals 1239 urkundlich erwähnt und erhielt im 14. Jh. das Stadtrecht. Nach dem Aussterben der Ritter von T. (1326) kam die St 1355 an Österreich (bis 1800); seit 1806 gehörte es zu Baden. Die Burg T. wurde 1642 von den Schweden zerstört; 1826 fiel die gesamte St einem Brand zum Opfer. – Sehenswert die Wallfahrtskirche Maria in den Tannen (Anfang 18. Jh.).

Trier

□ 117,21 qkm; ○ Kreisfreie Stadt; ⚐ Rheinland-Pfalz; ✉ 54224*; ☎ 0651; 🚗 TR; △ 124–426 m; 👥 95000.

T. ist Verkehrsknotenpunkt, Verwaltungszentrum, Kultur- und Wirtschaftsmittelpunkt beiderseits der Mosel unweit der luxemburgischen Grenze. Die St liegt im Schnittpunkt der B 49, B 51, B 52, B 53 und B 268 sowie an der A 602 (Zubringer zur A 1) und A 48 (Ausfahrt Trier); D-Zug-Station an der Strecke Koblenz–Saarbrücken/Luxemburg; T: Flugplatz bei Föhren, nordöstl. von Trier; Personenschiffsverkehr auf der Mosel zwischen T. und Koblenz (Sommermonate); Internationaler Flugplatz Findel/Luxemburg.

T. ist Sitz bedeutender Behörden und Körperschaften (Regierung des Regierungsbezirks T., Landgericht, Amtsgericht, Arbeits- und Sozialgericht; Hauptzollamt, Verwaltung des Landkreises Trier-Saarburg, Wetteramt, Wasserwirtschaftsamt, Wasser- und Schiffahrtsamt, Deutsche Richterakademie, Industrie- und Handelskammer, Handwerkskammer, Landes-Lehr- und Versuchsanstalt für Weinbau und Landwirtschaft, Staatl. Fischzuchtanstalt u.a.), kath. Bischoffsitz mit Generalvikariat des Bistums Trier sowie Garnisonsstadt der Bundeswehr und der größten französischen Garnison auf deutschem Boden. Die St ist Sitz der Universität T. und zahlreicher weiterer Bildungs- und kultureller Einrichtungen (Theologische Fakultät, Fachhochschule Rheinland-Pfalz [Hochbau, Ingenieurbau, Verkehrsbau, Maschinenbau, Elektrotechnik], Katholische Akademie des Bistums Trier, Verwaltungs- und Wirtschaftsakademie Rheinland-Pfalz, Sozialseminar des Bistums Trier, Gymnasien, Realschulen, Berufs- und Berufsfachschulen, Berufsaufbauschulen, Fachschulen, Krankenpflegeschulen und Fachoberschulen, Fremdsprachenschule, Pharmazeutisch-techn. Lehranstalt, Sonderschulen für lernbehinderte, körperbehinderte, geistig behinderte, gehörlose und hörbehinderte Kinder und Jugendliche; Stadtbibliothek [250 000 Bände, 4000 Handschriften und 2500 Frühdrucke] und Städt. Bücherei, Universitätsbibliothek und weitere Bibliotheken, Stadttheater, Studiobühne, Landesmuseum [u.a. bedeutende römische Sammlung], Bischöfl. Museum [kirchl. Kunst aus frühchristlicher und ma. Zeit], Domschatzkammer [Elfenbeinschnitzereien, Goldschmiedearbeiten, frühma. Handschriften], Städt. Museum [Skulpturen und Malerei vom MA bis zum 19. Jh., stadtgeschichtl. Sammlung, zeitgenössische Kunst in Wechselausstellungen]).

Die charakteristischen Wirtschaftszweige der St sind traditionsgemäß Weinbau (ca. 350 ha Rebflächen auf Stadtgebiet), Sektherstellung und Weinhandel. Ein Wirtschaftsfaktor von Bedeutung ist ferner der Fremdenverkehr. T. ist außerdem Einkaufszentrum für ein weites Hinterland. Die Industrie hat sich vor allem nach dem 2. Weltkrieg entwickelt. Die St hat neben namhaften Unternehmen der Nahrungs- und Genußmittelindustrie (Brauereien, Brennereien, Tabak-, Zigarren- und Zigarettenfabriken), Reifenfabrikation, Schwerindustrie, Maschinen- und Apparatebau, Verpakkungsindustrie, Textil- und Metallverarbeitung, keramische Industrie u.a. In T.-Pfalzel im N der St ist ein moderner Wirtschaftshafen als Umschlageplatz der Moselschiffahrt entstanden.

Trier, Bürgerhaus Zur Steipe

T. wurde von den Römern um 16 v.Chr. in der Nähe eines Heiligtums der keltischen Treverer als »Augusta Treverorum« (Stadt des Kaisers Augustus im Lande der Treverer) zur Stadt erhoben. Gegen Ende des 3. Jh. n.Chr. wurde T. römische Kaiserresidenz (bedeutendster Herrscher Konstantin der Große, der von 306–316 in T. residierte). Im 3. Jh. war die St bereits Bischofssitz. 870 kam T. zum ostfränkischen, 925 zum Deutschen Reich. Marktrechte erhielt die St 958. Seit dem 12. Jh. waren die Trierer Erzbischöfe Kurfürsten des Trierer Kurstaates. Die Versuche der Bürgerschaft, die Herrschaft der Kurfürsten abzuschütteln, blieben erfolglos. Die Kriege des 17. Jh. brachten die St an den Rand des Untergangs (um 1700 nur noch 3000 EW). Ende des 18. Jh. verließ der letzte Trierer Kurfürst, Clemens Wenzeslaus, unter dem Druck der Französischen Revolution den Kurstaat, dessen Gebiet 1815 an Preußen fiel.

Die erheblichen Kriegsschäden von 1944/45 sind beseitigt worden. T. besitzt eine Fülle hervorragender historischer Baudenkmale von der Römerzeit bis zum 18. Jh. An Sehenswürdigkeiten sind vor allem zu nennen: Porta Nigra (2. Jh. n.Chr.), größtes und am besten erhaltenes röm. Stadttor nördlich der Alpen); Dom (älteste dt. Bischofskirche, römischer Kernbau aus der 1. Hälfte des 4. Jh., Westchor und Westtürme 11. Jh., Ostchor 12. Jh.; Domkreuzgang 13. Jh.) mit Domschatz und bemerkenswerter Ausstattung; Römische Basilika (Anfang 4. Jh., Thronsaal der röm. Kaiser, jetzt ev. Kirche); Kaiserthermen (4. Jh., Ruine einer antiken Bäderanlage); Ampitheater (um 100 n. Chr., ovale Arena für 25 000 Zuschauer); Barbarathermen (um 150 n. Chr.; Ruine einer röm. Bäderanlage); Römerbrücke (Pfeiler aus dem 2. Jh., Brückenbogen von 1717–18); Simeonstift (Mitte 11. Jh., einziger doppelgeschossiger frühromanischer Kreuzgang in Deutschland); Dreikönigehaus (13. Jh., romanischer Wohnturm); Hauptmarkt mit Marktkreuz von 958, Petrusbrunnen (1595), Marktkirche St. Gangolf (13.–15. Jh.); Steipe (nach den Steipen = Pfeilern genannt, 1430–83) und Rotem Haus (1684); Liebfrauenkirche (neben der Elisabethkirche von Marburg früheste gotische Kirche Deutschlands, 1235–70 anstelle einer baufällig gewordenen römischen Basilika errichtet); Adelshöfe aus dem 18. Jh. (Palais Walderdorff, Palais Kesselstatt, Bischofshof) und Fachwerkhäuser aus dem 15./16. und 17. Jh.; Moselufer mit Zollkran (1774) und Altem Kran (1413), Stift St. Irminen (mit röm. Mauerresten, romanischem Turm und barokker Kirche, 1768–71); Kurfürstlicher Palast (17./18. Jh.); Jesuitenkirche (13. Jh.) mit Grabmal Friedrich von Spees (gest. 1635) und Alter Universität (17./18. Jh.); Augustinerhof und -kirche (1722; Chor der Kirche um 1300); Kirche St. Paulin (1734–57 nach Entwürfen von B. Neumann errichtet; bedeutendste Barockkirche des Rheinlandes); Kirche St. Matthias in Trier-Süd (1127–1160, Netzgewölbe Ende 15. Jh., Chor 1504–10, Portale und Turmbekrönung 17. und 18. Jh.) mit Sarkophag des Apostels Matthias (einziges Apostelgrab nördlich der Alpen). – In T.-Pfalzel Stiftskirche (in einem Palastbau aus der Mitte des 4. Jh. um 700 eingerichtet), Stiftsgelände (Klosterschenke) aus dem 16. Jh., Reste der kurfürstlichen Burg (12. Jh.); Stadtmauern und Bastionen (16. Jh.), gotische und barocke Bürgerhäuser; im Stadtteil T.-Ehrang-Quint Barockschloß (um 1760); in Igel (8 km moselaufwärts) die berühmte Igeler Säule (röm. Grabdenkmal aus dem 3. Jh., 22 m hoch). –

T. ist Geburtsort von Karl Marx (1818–1883, Begründer des modernen Sozialismus); sein Geburtshaus ist Museum (Ausstellung von Dokumenten zum Leben und zum Werk).

Alljährlich Altstadtfest, Trierer Moselfest, Peter-und-Paul- und Allerheiligen-Messen sowie Trierer Weinfest.

Trochtelfingen

□ 79,17 qkm; ○ Reutlingen; ⚐ Baden-Württemberg; ✉ 72818; ☎ 07124; 🚗 RT; △ 700–800 m; 👥 5400.

T., auf der Schwäbischen Alb 18 km südlich von Reutlingen an der B 313 gelegen, ist staatlich anerkannter Erholungsort. Bahnstation an der Strecke Reutlingen–Sigmaringen. Die St hat Grund- und Hauptschulen; Textil- und kunststoffverarbeitende Industrie; Nebenerwerbslandwirtschaft.

Erstmals erwähnt wird T. anläßlich eines Zehntstreites im Jahr 1161. Bis 1316 stand die St unter wechselnden Herrschaften (Grafen von Tübingen, Gammertingen und Hohenberg); danach kam sie durch Heirat an die Grafen von Werdenberg und später durch Erbfolge an die Grafen Fürstenberg. 1806 wird T. hohenzollerisch, 1848 preußisch. Die St besteht heute aus der Kernstadt T. und den Ortsteilen Hausen a. d. Lauchert, Mägerkingen, Haid, Steinhilben und Wilsingen. – Sehenswert Reste der ma. Stadtbefestigung (Stadtmauer, Wehrtürme), das Schloß der Grafen Werdenberg und die fränkischen Fachwerkhäuser der historischen Altstadt. – Alle zwei Jahre Stadt- und Straßenfest am letzten Juniwochenende.

Troisdorf

□ 62,17 qkm; ○ Rhein-Sieg-Kreis; ⚐ Nordrhein-Westfalen; ✉ 53844*; ☎ 02241; 🚗 SU; △ 55 m; 👥 60100.

T., größte St des Rhein-Sieg-Kreises, an Sieg und Rhein gelegen, grenzt im Norden an Köln und im Südwesten an Bonn. Die St entstand 1969 durch Zusammenschluß der früheren St Troisdorf und der Gemeinden Sieglar und Altenrath sowie Teilen der ehemaligen Gm Menden. Zufahrt über die B 8 und die Autobahnen A 3 Frankfurt a. M.–Köln (Ausfahrt Siegburg/T.), A 59 Köln–Bonn (Ausfahrt T.) und A 560 AB-Dreieck St. Augustin–Hennef (Ausfahrt St. Augustin-Zentrum); D-Zug-Station an der Bundesbahnstrecke Köln–Gießen–Kassel; Flughafen Köln/Bonn am nördlichen Rande des Stadtgebietes. Die St verfügt über ein breites Bildungsangebot mit Gymnasien, Realschulen, Musikschule, Berufsschule, Berufsfachschulen, Fach- und Fachoberschulen, Industriemeisterschule, Sonderschulen, Volkshochschule, Bundesbahnschule, Schule des Bundesgrenzschutzes. T. ist Standort bedeutender Industrieunternehmen (kunststoff- und eisenverarbeitende Industrie, Sprengstoffindustrie, Maschinen- und Armaturenfabriken, Industrieofenbau) und Garnisonsstadt für belgische Natoeinheiten.

T. wird erstmals 1066 in der Gründungsurkunde der Abtei Siegburg erwähnt. Die Entwicklung zum Industrieort setzte 1825 mit der Gründung der Eisenwerke ein. 1952 erhielt T. das Stadtrecht. – Sehenswert Burg Wissem (Wasserburg aus dem 16. Jh.).

Trossingen

□ 24,24 qkm; ○ Tuttlingen; ⚐ Baden-Württemberg; ✉ 78647; ☎ 07425; 🚗 TUT; △ 660–760 m; 👪 11 400.

T. liegt 10 km östlich von Villingen-Schwenningen auf der Hochfläche der Baar. Die St (seit 1927) hat Anschluß an die Autobahn A 81 Stuttgart–Bodensee (Ausfahrt Villingen-Schwenningen); Staatl. Hochschule für Musikerziehung, Bundesakademie für musikalische Jugendbildung, Musikschule, Gymnasium, Realschule, Sonderschule für Lernbehinderte; Harmonikafabrik (Hohner), Strickwaren-, Kartonagen-, Metall- und Holzindustrie. – Bemerkenswert die ev. Stadtkirche (1742) mit spätgot. Turm und die 10 km östlich von T. gelegene Dreifaltigkeitskirche (Wallfahrtskirche) auf der Schwäbischen Alb.

Trostberg

□ 51,54 qkm; ○ Traunstein; ⚐ Bayern; ✉ 83308; ☎ 08621; 🚗 TS; △ 485 m; 👪 10 500.

T., 14 km nordöstlich des Chiemsees an der Alz, der B 299 und B 304 gelegen, hat Realschule, neusprachl. Gymnasium, Musikschule und Volkshochschule; Unfall-Kreiskrankenhaus; Süddeutsche Kalkstickstoffwerke, Pappenfabrik, Lebensmittelgroßhandel.

Urzelle der St war ein Maierhof (1887 abgebrochen) des Klosters Baumburg, den Herzog Otto der Erlauchte nach 1251 zum Markt ausbauen ließ. Von 1255–1507 gehörte T. den Herzögen von Niederbayern-Landshut. Nach 1704 kam der Marktflecken unter kaiserlich-österreichische Verwaltung. 1810 fiel T. an Bayern. 1913 Erhebung zur St.

Sehenswürdigkeiten sind die Ruinen der ehemaligen Burg (13. Jh.), die spätgotische Pfarrkirche St. Andreas und das Städt. Heimatmuseum (mit natur- und volkskundlichen Sammlungen). – T. ist Geburtsort von Adam Gumpelzhaimer (1559–1625), dem bahnbrechenden Kirchenmusiker und Schüler Orlando di Lassos.

Tübingen

□ 108,13 qkm; ○ Tübingen; ⚐ Baden-Württemberg; ✉ 72070*; ☎ 07071; 🚗 TÜ; △ 312–490 m; 👪 81 000.

T. liegt in einer Hang- und Tallage am Neckar und an den Flüßchen Ammer und Steinlach am südlichen Rand des Schönbuchs im Vorland der Schwäbischen Alb. In T. kreuzen sich die B 27 und B 28 und endet die B 297. Die St ist Bahnknotenpunkt (Verbindungen nach Stuttgart, zum Schwarzwald, zum Bodensee und zur Schweiz; zum Oberrheingebiet und Frankreich sowie zur Schwäbischen Alb). T. hat Regierungspräs. des Regierungsbezirks T., Landgericht, Amtsgericht, Landespolizeidirektion, Kreisverwaltung, Zollamt, Max-Planck-Institute, Bundesforschungsanstalt für Viruskrankheiten der Tiere; Sonderschulen für Lernbehinderte, Realschulen, Gymnasien, Berufs- und Berufsfachschulen, Volkshochschule. Die St ist Sitz der Eberhard-Karl-Universität, des Deutsch-Französischen Kulturinstitutes und Deutsch-Amerikanischen Institutes sowie weiterer Bildungsstätten und kultureller Einrichtungen (Landestheater Württ.-Hohenzollern, Tübinger Zimmertheater, Dichtergedenkstätte Hölderlinturm, Schloßmuseum Bebenhausen, Stadtmuseum im Kornhaus, Städt. Sammlungen, Universitätsbibliothek [1 430 000 Bände], Stadtbücherei). Der Universität angeschlossen sind 13 Spezialkliniken mit 2000 Betten. T. hat Baustoff-, Elektro-, Maschinen-, Metall- und Textilindustrie; Verlage.

Die Burg Hohentübingen wird erstmals 1078 erwähnt. Die in ihrem Schutz entstandene Siedlung entwickelte sich seit Mitte des 12. Jh. zur St (1231 als solche urkundlich belegt). 1342 verkauften die Pfalzgrafen von Tübingen die St an die Grafen von Württemberg. Um 1435 wurde das Rathaus, nach 1470 die Stiftskirche in der jetzigen Gestalt erbaut. 1477 Gründung der Universität durch Graf Eberhard im Bart. 1514 Abfassung des Tübinger Vertrages, der die Rechte des württembergischen Herzogs und der Stände abgrenzte. Nach der Reformation (1534) wurden reformierte Klosterschulen und das Evangelische „Stift" eingerichtet. Im 30jährigen Krieg und während der Réunionskriege wurde T. mehrmals besetzt. Nach dem großen Brand von 1789 ent-

Tübingen, Rathaus

stand im Osten der Altstadt das Viertel der Neuen Straße. 1841–1845 Bau der Neuen Aula der Universität. 1861 Anschluß an das Eisenbahnnetz. Seit Mitte des 19. Jh. Errichtung der Universitätskliniken am Nordrand des Ammertales, seit den 60ger Jahren der Bauten der Medizinischen und Mathematisch-Naturwissenschaftlichen Fakultät im Norden der St; Entstehung neuer Wohngebiete. 1934 Eingemeindung von Derendingen, Lustnau und Waldhausen; 1971 Eingliederung von Bühl, Hagelloch, Hirschau, Kilchberg, Pfrondorf, Unterjesingen und Weilheim; 1974 von Bebenhausen.

Sehenswürdigkeiten: Rathaus (1435; Umbauten im Renaissancestil 1508 und 1598; Fassade von 1876); Schloß (um 1050; Umbau im 16. Jh.); Evangelisches Stift (ehem. Augustinerkloster; älteste Teile um 1260; seit 1547 Ausbildungsstätte evang. Theologen. Berühmte Schüler des Stiftes waren Kepler, Hölderlin, Hegel, Schelling, Schwab, Hauff, Mörike); Bursa (altes Universitätsgebäude, 1479 erbaut); Alte Aula (Universitätsbau von 1547, Umbau 1777); Stiftskirche St. Georg (15. Jh.; Grablege württ. Fürsten) mit bemerkenswerter Ausstattung; Pfleghof (Ende 15. Jh., Fruchtkasten, Kornlager und Kelter des Klosters Bebenhausen); Jakobuskirche (12. Jh., Umbau um 1500); Fruchtschranne (Fachwerkbau aus dem 15. Jh.); Kath. Konvikt (1272 Franziskanerkloster, in der heutigen Form 1588 als Fürstenschule erbaut); Nonnenhaus (ehem. Frauenkloster, Fachwerkbau des 15. Jh.); Universitätsbibliothek (1912 von Bonatz erbaut); Botanischer Garten mit Tropicarium und Arboretum. – Im Stadtteil Bebenhausen Zisterzienserkloster (von 1560–1807 ev. Seminar).

T. ist Geburtsort des Dichters Ludwig Uhland (1787–1862).

Alljährlich „fdf“ (Für die Familie) im Frühjahr, T. Musikfestival (Club Voltaire), Französische Filmtage; alle zwei Jahre im Sommer Altstadtfest.

Tuttlingen

□ 90,50 qkm; ○ Tuttlingen; ⚐ Baden-Württemberg; ✉ 78532; ☎ 07461; 🚗 TUT; △ 635–930 m; 👥 32 000.

T., Große Kreisstadt mit den Stadtteilen Möhringen (staatl. anerkannter Erholungsort), Nendingen und Eßlingen im oberen Donautal zwischen Baar und Schwäbischer Alb, ist Verkehrsknotenpunkt (Schnittpunkt der B 14 und B 311; Bahnknoten und D-Zug-Station an den Strecken Stuttgart–Zürich und Freiburg–Ulm); Anschluß an die Autobahn A 81 Stuttgart–Bodensee (Ausfahrten Tuningen und Geisingen). Die St. ist Sitz zahlreicher Behörden (Amtsgericht, Arbeitsamt, Landwirtschaftsgericht, Kreisverwaltung, Bundesanstalt Technisches Hilfswerk, Zollamt u. a.) und Bildungseinrichtungen (Gymnasium, Realschule, Wirtschaftsgymnasium, Wirtschaftsschule, Berufs- und Berufsfachschulen (Bereiche Technik, Handwerk, Gewerbe, Betriebswirtschaft und Hauswirtschaft), Musikschule, Sonderschulen für Lernbehinderte und Bildungsschwache). T. hat Kreiskrankenhaus, Augenklinik; Unternehmen der Medizintechnik und Chirurgiemechanik (Aesculap-Werke, Storz, Gebrüder Martin), Schuh- und Lederindustrie, Textilbetriebe, metall- und kunststoffverarbeitende Industrie.

Das Gebiet von T. war bereits zur Steinzeit (zahlreiche Funde) besiedelt. »Tuttiliningas« wird erstmals 797 als Besitz des Klosters St. Gallen erwähnt. Um 800 kam das Dorf an das Kloster Reichenau; um 1250 erhielt es Stadtrechte. Seit Anfang des 14. Jh. gehörte die St den Herren von Wartenberg; seit 1377 war sie württembergisch. 1460 wurde die Festung Honberg über der St erbaut. Wirtschaftlicher Niedergang der St im Dreißigjährigen Krieg. Ende des 17. Jh. Errichtung des Hüttenwerks Ludwigstal, durch das die bodenständige metallverarbeitende Industrie begründet wurde. 1803 sank die St durch ein Großfeuer in Schutt und Asche. Wiederaufbau als regelmäßige Anlage in klassizistischer Bauweise.

Bemerkenswert die ev. Stadtkirche (1815 bis 1817, Turm 1868); Rathaus; Heimatmuseum im ehem. Fruchtkasten; Freilichtmuseum Neuhausen; zwei Ecktürme der 1645 zerstörten Burg Honberg wurden 1883 bzw. 1893 wiederaufgebaut. – 8 km östlich von T. Versickerungsstellen der Donau. – Alljährlich T. Stadtfest.

Tutzing

□ 35,65 qkm; ○ Starnberg; ⚐ Bayern; ✉ 82327; ☎ 08158; 🚗 STA; △ 613 m; 👫 9100.

T. ist Luftkurort am Westufer des Starnberger Sees 40 km südwestlich von München. Zufahrt über die B 2 (Olympiastraße); Bahnstation an der Strecke München–Garmisch-Partenkirchen–Innsbruck und S-Bahn-Endstation nach München. Die Gm, Sitz der Ev. Akademie und der Akademie für Politische Bildung, hat Mädchen-Realschule, neusprachl. Gymnasium, Musikschule; Krankenhaus mit Dialyse-Zentrum der Missionsbenediktinerinnen.

T., erstmals 742 urkundlich erwähnt, ist seit Ende des 19. Jh. bevorzugter Wohnort.

Sehenswert das Schloß (Anfang 19. Jh.) mit prachtvoller Parkanlage sowie das Naturdenkmal „Johannishügel".

Twistringen

□ 114,20 qkm; ○ Diepholz; ⚐ Niedersachsen; ✉ 27239; ☎ 04243; 🚗 DH; △ 55 m; 👫 11300.

T. liegt 40 km südwestlich von Bremen an der B 51. Bahnstation an der Strecke Bremen–Osnabrück. Die St hat Grund- und Hauptschule, Realschule; Krankenhaus; stroh- und kunststoffverarbeitende Industrie, Maschinenbau.

T., erstmals 1250 urkundlich erwähnt, erhielt 1964 Stadtrechte.

Sehenswert die Hünenburg (Ringwallanlage, erbaut zwischen 500 und 900 n. Chr.).

Ubstadt-Weiher

□ 36,46 qkm; ○ Karlsruhe; ⚐ Baden-Württemberg; ✉ 76698; ☎ 07251 (Bruchsal) und 07253 (Bad Schönborn); 🚗 KA; △ 112–150 m; 👫 10400.

U.-W., 25 km nordöstlich von Karlsruhe am Kraichbach gelegen, ist über die B 3 und die Autobahn A 5 Karlsruhe–Mannheim (Ausfahrten Bruchsal bzw. Kirrlach/Kronau) zu erreichen; Bahnstation an der Strecke Heidelberg–Karlsruhe. Die Gm hat Grund- und Hauptschulen, Realschule, Jugendmusik- und Kunstschule, Volkshochschule; Holz-, Metall- und Textilindustrie; Wein- und Spargelanbau.

Ubstadt wird erstmals 769 in einer Schenkung an das Kloster Lorsch erwähnt; Weiher ist 803 urkundlich bezeugt; beide Orte gehörten über Jahrhunderte bis 1803 dem Hochstift Speyer an. – Sehenswürdigkeiten: Barocke Pfarrkirche (1739) in U.; Got. Pfarrkirche (14. Jh.) und Römermuseum im Ortsteil Stettfeld. – Maimarkt in Stettfeld; Kerwemarkt in Weiher (September) und Martinikerwe (November) in Ubstadt und Zeutern.

Übach-Palenberg

□ 26,10 qkm; ○ Heinsberg; ⚐ Nordrhein-Westfalen; ✉ 52531; ☎ 02451; 🚗 HS; △ 123 m; 👫 23000.

Ü.-P., 20 km nördlich von Aachen unweit der niederländischen Grenze (3 km) gelegen, ist über die B 221 zu erreichen; Bahnstation an der Strecke Aachen–Mönchengladbach. Die St hat Grund- und Hauptschulen, Gymnasium, Volkshochschule, Sonderschule für Lernbehinderte; Maschinenbau, metallverarbeitende Betriebe, Baustoffwerke, Bekleidungswerk.

867 wird Palenberg, 1172 Übach erstmals urkundlich erwähnt. 1935 schlossen sich die drei Gemeinden Übach, Frelenberg und Scherpenseel zur Großgemeinde Ü.-P. zusammen, die 1967 das Stadtrecht erhielt. – Bemerkenswert Schloß Rimburg, Schloß Zweibrüggen und die St. Petrus-Kapelle.

Überherrn

□ 34,30 qkm; ○ Saarlouis; ⚐ Saarland; ✉ 66802; ☎ 06836; 🚗 SLS; △ 207 m; 👫 11500.

Ü. liegt 10 km südwestlich von Saarlouis unmittelbar an der französischen Grenze. Die Gm hat Grund- und Hauptschulen; kleinere und mittlere Industrie- und Gewerbebetriebe.

Überlingen (Bodensee)

□ 58,55 qkm; ○ Bodenseekreis; ⚐ Baden-Württemberg; ✉ 88662; ☎ 07551; 🚗 FN; △ 404–480 m; 👫 18800.

Ü., am schmalen, nordwestlichen Ausläufer des Bodensees (Überlinger See) gelegen, ist über die B 31 zu erreichen. D-Zug-Station der Strecke Offenburg–Lindau (Bodensee). Ü. hat Hafen der Bodenseeschiffahrt, Amtsgericht; Gymnasium, Wirtschaftsgymnasium, Handels- und Gewerbeschule, Realschule; Heilfastenklinik; Maschinenindustrie und Fluggerätebau (Kramer Werke, Bodenseewerke), Möbelfabriken; bedeutender Wirtschaftsfaktor ist ferner der Fremdenverkehr. Die St ist Kneipp-Heilbad (Behandlung und Vorbeugung von Herz- und Gefäßerkrankungen, vegetativ-nervalen Funktionsstörungen, Rehabilitation und Prävention von organischen und funktionellen Störungen der Verdauungsorgane und des Bewegungsapparates, von hormonalen Störungen bei Mann und Frau; unterstützende Behandlung bei Stoffwechselleiden, Regenerations- und Vorsorgekuren bei Erkältungsanfälligkeit, Verbrauchtheits- und Alterserscheinungen).

Ü., erstmals 770 urkundlich erwähnt, wurde um 1180 zur St erhoben. Seit 1268 war es Freie Reichsstadt; 1803 kam es an Baden. Üb. war im MA bekannt wegen seines Weinbaus und Weinhandels; bis ins 19. Jh. galt die St als wichtigster Getreideumschlagplatz Südwestdeutschlands. Die Mineralquellen wurden bereits im 15. Jh. zu Badekuren genutzt. – Das ma. Stadtbild ist fast unversehrt erhalten. Sehenswert: Stadtbefestigung; Münster (Mitte 14. Jh. beg.) mit Hochaltar (1616) von Jörg Zürn unter Mitarbeit von Hans Martin und Michael Zürn; Franziskanerkirche (Mitte 14. Jh., barockisiert); Rathaus (15. Jh.) mit Ratssaal (Schnitzwerk „Stände des Reiches", 1492) von Jakob Ruß; Patrizierhäuser (Reichlin-Meldeggscheer Hof, 15. Jh., jetzt Heimatmuseum; Haus der Löwenzunft) und Kornkaufhaus „Gret" (Bibliothek); Jodokkapelle (Mitte 15. Jh.). Südöstlich von Ü. liegt die Wallfahrtskirche Birnau (18. Jh.).

Alljährlich Schwedenprozessionen (Sonntag nach dem 16. Mai und 2. Julisonntag) zur Erinnerung an die Belagerungen von 1632 und 1634.

Ueckermünde

□ 12 qkm; ○ Ueckermünde; ⚐ Mecklenburg-Vorpommern; ✉ 17373; ☎ 039771; 🚗 UEM; △ 3 m; 👥 11700.

U. ist zu erreichen auf der A 11 / E 28, Ausfahrt Prenzlau (ca. 70 km) oder Ausfahrt Penkun (ca. 80 km), sowie auf der B 109; Ausgangsbahnhof der Nebenstrecke U.–Torgelow–Pasewalk, hier Anschluß an die Hauptstrecke Stralsund–Züssow–P.–Angermünde–Eberswalde–Berlin; eigener St-Hafen mit Verbindungen zum Stettiner Haff und zur Ostsee. Die nächsten Flugplätze für den Inlandverkehr sind Anklam (ca. 30 km) und Neubrandenburg (ca. 80 km).

Bildungseinrichtungen: Gesamtschule, Realschule, Gymnasium; berufsbildende Schulen; Volkshochschule; Musikschule; St-Bibliothek.

Wirtschaftliches: Baustoffindustrie, Baugewerbe; Gießerei; Metallverarbeitung; Fischfang, Fischverarbeitung; Zucht- und Mastbetriebe für Schweine und Rinder; Milchwirtschaft.

Geschichtliches: Die Ansiedlung wurde 1223 erstmals unter dem Namen „Ucramund" erwähnt; dem ging 1278 die Nennung eines Ortes „über der Mündung der Uecker" voraus. Um 1260 verlieh Herzog Barnim I. von Pommern an U. das St-Recht. Ein Brand verwandelte U. 1474 in Schutt und Asche. Durch die Festlegungen des Westfälischen Friedens (1648) geriet Vorpommern – und mit ihm U. – an Schweden. Nach Beendigung des Nordischen Krieges gelangte die St 1720 unter preußische Herrschaft. – Wirtschaftlich waren für U. von alters her die Fischerei, das wohl älteste Gewerbe am Haff, und besonders seit dem 18. und 19. Jh. Schiffsbau und Schiffahrt von Bedeutung. Allein von 1781 bis 1795 liefen 102 Segelschiffe vom Stapel. In dieser Zeit kam es auch verstärkt zum Aufbau handwerklicher Betriebe. In der 2. Hälfte des 19. und zu Beginn des 20. Jh. nahm die alteingesessene Ziegelindustrie ihren Aufschwung, deren Manufaktur sich bis ins 16. Jh. zurückverfolgen läßt. Bald existierten 38 Ziegeleien. Auch das Gießereiwesen fand in U. 1876 mit dem Bau des ersten Betriebes seinen Standort, dem bald drei weitere Gießereien folgten; bereits 1754 war im unweit südlicher gelegenen Torgelow das erste Eisenhüttenwerk errichtet worden. Zum allgemeinen ökonomischen Aufwärtstrend trugen wesentlich der Durchstich der Uecker am Ueckerkopf (1800/01) und die Vertiefung des Flußbettes ein, was seither größeren Schiffen das Einlaufen in den U.er Hafen ermöglichte. Dies wiederum kam der Haffschiffahrt und der Ziegelindustrie zugute, die neben der Eisenindustrie bis heute von Bedeutung ist. – Der Fremdenverkehr spielt in U. seit 1927 eine Rolle.

Sehenswürdigkeiten und Kulturelles: Schloß Ueckermünde, wertvollstes historisches Gebäude auf einer kleinen Anhöhe unmittelbar an der Uecker, ehem. Sitz der pommerschen Herzöge, 1284 als Burg errichtet, 1546 unter Nutzung erhaltener Teile zur vierflügeligen Renaissance-Schloßanlage erneuert, drei Flügel 1720 abgebrochen, seit 1781 Sitz der St-Verwaltung; Haffmuseum im Schloßturm (seit 1951), mit Exponaten zu St-Geschichte, Schiffsbau und Schiffahrt, Fischerei am Haff, Ziegeleiwesen und Eisenverhüttung; Ueckerbrücke, eine Klappbrücke, 1927 erbaut, 1945 stark beschädigt, seit 1947 erneut in Betrieb; Altes Bollwerk und St-Hafen; Pfarrkirche St. Marien (1752–66), schlichter Barockbau mit neugot. Türmen (1863–66) und aufwendigem, 9 m hohem Kanzelaltar (1775); Mkt-Ensemble mit einer Vielzahl denkmalsgeschützter Gebäude; Tierpark (seit 1962), mit einem Bestand von ca. 165 Tierarten und mehr als 600 heimischen und exotischen Exemplaren, einem Streichelgehege und einem Kinderspielplatz; ferner gibt es innerhalb des Geländes einen kulturhistorischen Bereich, worin der Wirklichkeit nachgestaltete Modelle Einblicke in die Vergangenheit vermitteln, so eine Bockwindmühle, ein Fischerhaus mit Gerätschaften, ein nord-dt. Backofen und die alte Ueckermünder Zugbrücke; Strandbad am Stettiner Haff; Yachthafen „Marina“ (400 Liegeplätze); Wassersportmöglichkeiten, Dampferfahrten, Angeln, Ausleihen von Booten und Geräten; Pferdesport, Reitunterricht, je nach Jahreszeit Kutsch- oder Schlittenfahrten; Sportschießen; zwischen Haffküste und Ueckermünder Heide eine malerische Naturlandschaft mit 125 qkm Landschaftsschutzgebiet und unzähligen reizvollen Wanderwegen.

Wiederkehrende Ereignisse: „Ueckermünder Hafftage“ (seit 1965) ein Traditions- und Volksfest am 1. Wochenende im August; Regatten verschiedener Sparten und Klassen; regelmäßige Mkt-Tage.

Uelzen

□ 135,63 qkm; ○ Uelzen; ⚐ Niedersachsen; ✉ 29525*; ☎ 0581; 🚗 UE; △ 36 m; 👥 35100.

In U. kreuzen sich die Bundesstraßen 4, 71, 191 und 493. Die St liegt an der Ilmenau in der Lüneburger Heide. U. ist Eisenbahnknotenpunkt (D-Zug-Station) der Strecken Hamburg–Hannover, Bremen–Nienbergen und Uelzen–Braunschweig. Die St hat Verkehrslandeplatz; Hafen am Elbe-Seitenkanal; Amtsgericht, Hauptzollamt, Zollamt, Kreisbehörden; Sonderschule für Lernbehinderte, Realschulen, Gymnasien, Handels- und Höhere Handelsschule, Berufs-, Berufsaufbau- und Berufsfachschulen, Fach- und Fachoberschulen, Musikschule, Volkshochschule und Landespolizeischule; Kreiskrankenhaus. Die St ist Standort des Bundesgrenzschutzes. In U. befindet sich die größte Zuckerfabrik der Bundesrepublik; außerdem Maschinen-, Elektromotoren- und feinmechanisch-optische Industrie (Zweigwerk der Rollei-Werke); Milchverwertung und landwirtschaftliche Schlachtzentrale; Bundesbahnbetriebsamt.

Uelzen

Um 1250 gegründet, erhielt U. zwanzig Jahre später bereits das Stadtrecht vom Welfenherzog Johann von Braunschweig verliehen. Dank seiner verkehrsgünstigen Lage an der alten Handelsstraße Hamburg–Hannover entwickelte sich die St innerhalb kurzer Zeit zu einem wichtigen Handelsplatz. Seit 1374 war U. Mitglied der Hanse (1470 Hansetag). Die wirtschaftliche Blütezeit reichte bis an die Schwelle des 17. Jh. Nach dem Dreißigjährigen Krieg und dem großen Stadtbrand von 1646 sank die St zu einem unbedeutenden Landstädtchen herab; mit der Ansiedlung der ersten Industriebetriebe (Ende 19. Jh.) begann ein neuer wirtschaftlicher Aufschwung.

Im 14. Jh. wurde die St. Marienkirche mit dem „goldenen Schiff“, dem Wahrzeichen der St, erbaut. Sehenswert außerdem die Hl.-

Geist-Kapelle, die Gertrudenkapelle, das Gildehaus, die Fachwerkhäuser der Lüneburger Straße und das Theater an der Ilmenau. – U. ist Geburtsort des Komponisten Friedrich Kuhlau (1786–1832).

Uetersen (Holstein)

□ 11,07 qkm; ○ Pinneberg; ⚐ Schleswig-Holstein; ✉ 25436; ☎ 041 22; 🚗 PI; △ 6 m; 👪 18200.

U., 30 km nordwestlich von Hamburg an der schiffbaren Pinnau gelegen, ist über die B 431 zu erreichen; Anschluß an die Autobahn A 23 Hamburg–Heide (Ausfahrt Tornesch). U. hat Realschule, Gymnasium, Volkshochschule, Berufsschule, Sonderschule für Lernbehinderte; pharmazeutische Industrie (Nordmark-Werke), Papierfabrik, Futtermittelwerk, Maschinenbau (u.a. Schiffswinden, Kompressoren, Diesellokomotiven, Straßenbauwalzen), Eisen- und Schleifscheibenwerk; der Stichhafen ist der größte Binnenhafen der Unterelbe. U. ist Mittelpunkt eines bekannten Rosenzuchtgebietes.

Um 1235 gründete der Ritter Heinrich von Barmstede neben seiner Burg, die den Eingang zur Marsch schützte, ein Zisterzienserinnenkloster zu „ueterst end", bei dem eine rasch aufblühende Siedlung entstand. Das Kloster wurde nach der Reformation aufgelöst (heute adeliges Damenstift). Im 19. Jh. entwikkelte sich U. zur Industriegemeinde, der 1870 die Stadtrechte verliehen wurden.

Sehenswürdigkeiten: Rosarium (ca. 30000 Rosenpflanzen und etwa 800 Rosenarten); ehem. Klosterkirche (13. Jh., Umbau und Ausstattung 1749).

Uetze über Lehrte

□ 140,28 qkm; ○ Hannover; ⚐ Niedersachsen; ✉ 31311; ☎ 05173; 🚗 H; △ 48 m; 👪 17000.

U. liegt 30 km nordwestlich von Braunschweig an der B 188. Die Gm hat Grundschule, Orientierungsstufe, Realschule, Gymnasium; mittlere und kleinere Industrie- und Gewerbebetriebe; Landwirtschaft.

U., erstmals 1021 urkundlich genannt, wurde durch Brände (1545, 1586, 1666 und 1863) mehrmals völlig zerstört. – Der Ortsteil U.-Dahrenhorst ist Erholungsgebiet (Campingplatz und Ferienhäuser am Irenensee).

Uffenheim

□ 59,46 qkm; ○ Neustadt a.d. Aisch-Bad Windsheim; ⚐ Bayern; ✉ 97215; ☎ 09842; 🚗 NEA; △ 330 m; 👪 5700.

U. liegt 38 km südöstlich von Würzburg zwischen Steigerwald und Frankenhöhe an der B 13 und B 25. Bahnstation an der Strecke Frankfurt a.M.–München. Die St, Sitz einer Verwaltungsgemeinschaft, hat Forstamt; Gymnasium mit Mittelschule und Fachoberschule (mit Schülerheim), Landwirtschaftsschule, landwirtschaftliche Berufsschule; Kreiskrankenhaus; Elektroindustrie (Zweigwerk AEG-Telefunken), Parkett- und Möbelfabrik.

Ortsherren von »Offenheim« waren seit dem 12. Jh. die Grafen von Hohenlohe, unter denen der Mkt seit 1349 als St bezeugt ist. 1378 kam U. durch Kauf an die Burggrafen von Nürnberg und späteren Markgrafen von Ansbach. Von 1791 bis 1806 gehörte es zu Preußen; danach wurde es bayerisch. – Das ma. Stadtbild mit Stadtmauer, Tor- und Mauertürmen, alten Fachwerkhäusern (Scherenhof 1671), markgräflichem Schloß (1462, Erweiterungen 18. Jh.), Markgrafenbrunnen und Spitalkirche (1360) blieb trotz der Zerstörungen Ende des 2. Weltkriegs weitgehend erhalten; bemerkenswert ferner das Heimatmuseum. – Alljährlich Walpurgi-Volksfest (Anfang Mai) und Kirchweih (Anfang September).

Uhingen

□ 24,77 qkm; ○ Göppingen; ⚐ Baden-Württemberg; ✉ 73066; ☎ 07161; 🚗 GP; △ 293 m; 👪 12000.

U. liegt 35 km südöstlich von Stuttgart an der Fils. Zufahrt über die B 10 und B 297. Bahnstation an der Strecke Stuttgart–Ulm. Die Gm hat Realschule, Volkshochschule, Sonderschule; bedeutende Metall-, Leder- und Textilindustrie, Maschinenbau.

U., erstmals 1275 urkundlich erwähnt, kam von den Grafen von Aichelberg 1332 an Württemberg. Der Ort war Zollstätte und Stapelplatz an der alten Reichsstraße Ulm–Frankfurt. Das traditionelle Hausgewerbe der Weberei blühte bis Mitte des 19. H.; danach Übergang zu industriellen Fertigungsmethoden. Begünstigt wurde U. frühe Entwicklung zur Industriegemeinde durch den Bau der Eisenbahn (1847). Nach 1945 starker Zustrom von Flüchtlingen und Heimatvertriebenen.

Bemerkenswert Schloß Filseck (17. Jh.),

Pfarrkirche (16. Jh., erneuert und erweitert 1693; Glocke von 1465) und Fachwerkhaus Berchtoldshof.

Ulm (Donau)

□ 118,82 qkm; ○ Stadtkreis; ⚐ Baden-Württemberg; ✉ 89073*; ☎ 0731; 🚗 UL; △ 478 m; 👥 107 000.

U., am linken Donauufer (mit Stadtteil Wiblingen auf dem rechten Donauufer) an der Mündung der Blau und unterhalb der Illereinmündung gelegen, ist über die B 10, B 19, B 28, B 311, die Autobahn A 8 Stuttgart–München (Ausfahrten U.-West und U.-Ost) und die Autobahn A 7 Würzburg–Kempten (Ausfahrt Nersingen) zu erreichen. U. ist IC-Halt und Eisenbahnknotenpunkt. In U. haben ihren Sitz: Landgericht, Amtsgericht, Sozialgericht, Kreisverwaltung des Alb-Donau-Kreises, Industrie- und Handelskammer u. a. Behörden und Körperschaften des öffentlichen Rechts. Die St ist Bundeswehrstandort. An Bildungsstätten und -einrichtungen verfügt U. über eine Universität (mit Universitätskliniken), medizinisch-naturwissenschaftliche Hochschule, Württ. Verwaltungs- und Wirtschaftsakademie, Volkshochschule, Gymnasien und Realschulen, Berufs-, Berufsaufbau- und Berufsfachschulen, Technisches und Frauenberufliches Gymnasium, Fachhochschule sowie über zahlreiche kulturelle Einrichtungen (Theater, Stadtbibliothek und Stadtarchiv, Ulmer Museum [Prähistorische Sammlung], Deutsches Brotmuseum, Naturkundliche Sammlungen, Aquarien- und Terrarienschau).

Mit über 6000 Gewerbe- und Industriebetrieben bildet U. den wirtschaftlichen Schwerpunkt im ostschwäbischen Raum. Bedeutende Industriezweige sind der Fahrzeugbau (Iveco, Magirus, Klöckner-Humboldt-Deutz AG, Kässbohrer), Elektroindustrie (AEG-Telefunken), Maschinenbau, Bekleidungs- und Textilindustrie; seit Mitte der achtziger Jahre entwickelt sich U. zu einem Zentrum für Wissenschaft, Forschung und Technologie (Erweiterung der Universität und Fachhochschule um zukunftsorientierte Studiengänge und Angliederung von Instituten [Institut für Lasertechnologie in der Medizin, Forschungsinstitut für anwendungsorientierte Wissensverarbeitung] sowie privaten Forschungseinrichtungen [AEG, Mercedes Benz]).

U. wird erstmals 854 urkundlich genannt (Königspfalz); um 1165 erhielt die Siedlung

Ulm, Münster mit höchstem Kirchturm der Welt (161,60 m)

von Kaiser Friedrich Barbarossa die Stadtrechte. 1274 wurde U. Freie Reichsstadt. 1377 legte die Bürgerschaft den Grundstein zum Bau des Münsters. U. galt im MA als reiche St (Leinwandwebereien, Handel mit zahlreichen europäischen Städten und Ländern). Die heftigen Ständekämpfe wurden 1397 durch eine demokratische Verfassung im „Großen Schwörbrief" beendet. Den Höhepunkt ihres politischen Einflusses erreichte die St im 14. Jh., als U. dem Schwäbischen Städtebund vorstand, den Höhepunkt seiner wirtschaftlichen Geltung um 1500. 1530 wurde nach einer Volksabstimmung die Reformation eingeführt. 1802 verlor U. seine Rechtsstellung als Freie Reichsstadt und kam zunächst an Bayern, 1810 an Württemberg. Im 19. Jh. wurde die St zur Festung ausgebaut (Garnisonsstadt). Während des 2. Weltkrieges erlitt U. durch Luftangriffe schwere Schäden.

Wahrzeichen der St ist das Münster nach Plänen der Baumeistersippe Parler (Chor geweiht 1383). 1392 übernahm Ulrich von Ensingen die Bauleitung, der die ursprüngliche Hallenkirche zur dreischiffigen Basilika umgestaltete und den 161 m hohen Westturm konzipierte. Den mächten Unterbau des Turmes errichteten Matthäus Böblinger (1474–94) und Burkhard Engelberg (1507). Ende des 16. Jh. erlahmte die Bautätigkeit. Vollendet wurde das

Münster erst in der 2. Hälfte des 19. Jh. nach den alten Plänen Böblingers. Von der Innenausstattung ist erhalten das spätgotische Chorgestühl von Jörg Syrlin d. Ä. (1469–74). – Weitere Sehenswürdigkeiten: Stadtpfarrkirche (Anfang 15. Jh.); Rathaus (15./16. Jh.); Schwörhaus (15./18. Jh.); Kornhaus; Ehinger- und Reichenauerhof (mit Ruinen der Stadtbefestigung aus dem 15. Jh.). Den Krieg unversehrt überstanden hat die ehemalige Benediktinerreichsabtei Wiblingen mit Klosterkirche (1772–81) und prächtiger Bibliothek.

Zur Erinnerung an die Verfassung von 1397 wird im August der „Schwörmontag" als Volksfest gefeiert. Das „Fischerstechen" findet alle vier Jahre statt.

U. ist Geburtsort des Physikers und Nobelpreisträgers Albert Einstein (1879–1955) und der Schauspielerlin Hildegard Knef (geb. 1925). – Als „Schneider von Ulm" in die Kulturgeschichte eingegangen ist Albrecht Ludwig Berblinger (1770–1829), der 1811 mit einem selbstkonstruierten Gleitsegler von der Adlerbastei über die Donau zu fliegen versuchte und dabei ins Wasser fiel.

Unna, Ev. Stadtkirche

Unna

☐ 88,53 qkm; ○ Unna; ⚐ Nordrhein-Westfalen; ✉ 59423*; ☎ 02303; 🚗 UN; △ 65 bis 220 m; 👥 59000.

U. liegt östlich von Dortmund am Nordwestrand des Haarstrang-Höhenzuges im Schnittpunkt der Bundesstraßen 1 und 233. Anschluß an die Autobahnen A 1 Köln–Osnabrück–Bremen (Ausfahrt U.-Zentrum) und A 44 Ruhrgebiet–Kassel (Ausfahrten U. und U.-Süd). S-Bahnstation des S-Bahnnetzes Ruhrgebiet; D-Zug-Station an der Strecke Köln–Wuppertal–Hamm–Hannover. Verkehrslandeplatz in Dortmund-Wickede.

U. ist Sitz eines Amtsgerichts und Autobahnneubauamtes, der Kreisverwaltung, der Landesstelle Unna-Massen und Standort der Bundeswehr. Die St hat Arbeitsamt, Gesundheitsamt, Landwirtschaftskammer Westfalen-Lippe; Realschulen, Gymnasien, Gesamtschule, Sonderschule für Lernbehinderte, Ganztagsschule für spätausgesiedelte Kinder und Jugendliche, Berufsschulen, Berufsfachschulen, Fachoberschulen, Volkshochschule; 1,2 Mill. qm großen Industriepark mit Berufsbildungswerk Ruhr-Ost des DGB. Die Industrie umfaßt Draht-, Nagel- und Maschinenfabriken, Stahlwerke, Messing- und Leichtmetallindustrie, Werk für chemischen Bauschutz, Elektro-, Nahrungs- und Genußmittelindustrie.

U. ist aus einem am Hellweg gelegenen karolingischen Königshof hervorgegangen. Erste urkundliche Erwähnung 1032. 1243 gelangte der Ort an die Grafen von der Mark. U. wurde befestigt und erhielt um 1290 das Stadtrecht. Neben Landwirtschaft waren Branntweinbrennerei und Bierbrauerei sowie die seit 1389 nachweisbare Salzgewinnung die wichtigsten Erwerbszweige der ma. St. Vom 14. bis 16. Jh. gehörte U. zur Hanse. 1614 kam es an Brandenburg-Preußen, 1673 und 1723 zerstörten Brände einen Großteil der St. 1799 wurde auf der seit 1732 in Betrieb genommenen Saline „Königsborn" die erste Dampfmaschine des Ruhrgebietes in Betrieb genommen und 1818 ein Sol- und Thermalbad eingerichtet (1941 Kurbetrieb wegen Unwirtschaftlichkeit aufgegeben). Den eigentlichen industriellen Aufschwung erlebte die St nach dem Anschluß an das Eisenbahnnetz (1855). Der im letzten Drittel des 19. Jh. einsetzende Steinkohlenbergbau wurde 1961 eingestellt.

Sehenswürdigkeiten: Ev. Stadtkirche (14. Jh.) mit Sakramentshäuschen (15. Jh.) Kath. Katharinenkirche (Pietà 15. Jh.), Reste der ma. Stadtbefestigung (14. Jh.) und Fachwerkhäuser (16.–19. Jh.); Kirche in U.-Lünern mit flandrischem Schnitzaltar (vor 1515); Hellwegmuseum. – Alljährlich traditionelle Mai- und Katharinenkirmes, Stadtfest (September).

Unterhaching

□ 9,55 qkm; ○ München; ⚐ Bayern; ✉ 82008; ☎ 089; 🚗 M; △ 556 m; 👫 18500.

U. liegt 12 km südlich von München an der B 13 und an der Autobahn A 8 München–Salzburg sowie am Autobahnring 99 A 995 (Ausfahrt U.). Die Gm hat S-Bahnanschluß nach München; Grund- und Hauptschulen, Gymnasium, Sonderschule.

U., erstmals 806 urkundlich genannt, stand in engen Beziehungen zu den Klöstern Schäftlarn und Tegernsee. Die Pfarrkirche St. Korbinian war bis Ende des 19. Jh. Wallfahrtskirche. Nach dem 1. Weltkrieg wurde das bis dahin vorwiegend landwirtschaftlich orientierte Dorf Wohnvorortgemeinde von München; starker Bevölkerungszuwachs vor allem seit 1960. 1955 wurde der damalige Ortsteil Ottobrunn als selbständige Gm ausgegliedert.

Unterschleißheim

□ 14,38 qkm; ○ München; ⚐ Bayern; ✉ 85716; ☎ 089; 🚗 M; △ 471 m; 👫 23000.

U., 17 km nördlich von München am Rande des Dachauer Mooses gelegen, ist über die B 13 und die Autobahn A 92 München–Deggendorf (Ausfahrt Lohhof) zu erreichen. S-Bahnstationen (U. und Lohhof) an der Strecke München–Freising. Die Gm hat Grund- und Hauptschulen, Kreissonderschule, Realschule und Gymnasium; mittlere Gewerbe- und Industriebetriebe mit 8000 Arbeitsplätzen.

U. entstand während und nach dem Dreißigjährigen Krieg als Siedlung westlich einer älteren Ortschaft. Die Gm nahm nach dem 2. Weltkrieg einen großen Aufschwung (starker Bevölkerungszuwachs durch verkehrsgünstige Lage im Wirtschaftsraum von München).

Usingen

□ 55,86 qkm; ○ Hochtaunuskreis; ⚐ Hessen; ✉ 61250; ☎ 06081; 🚗 HG; △ 295 m; 👫 12000.

U. liegt 35 km nordwestlich von Frankfurt a.M. am Nordhang des Taunus im sogenannten U. Becken am Schnittpunkt der B 275 und B 456; Anschluß an die A 5 Frankfurt a.M.–Gießen (Ausfahrt Bad Nauheim); Bahnstation der Nebenstrecke Friedrichsdorf–Grävenwiesbach. Die St hat Amtsgericht, Forstamt; Haupt- und Realschule, Gymnasium, Kreisberufs- und Berufsfachschule; Kreiskrankenhaus; mittelständische Gewerbebetriebe; Landwirtschaft. U. ist Bundeswehrstandort (Flugsicherung im Stadtteil Kransberg).

Das in fränkischer Zeit (6. Jahrhundert) wahrscheinlich als befestigter Rastort an einer alten Straßenkreuzung entstandene Gemeinwesen wird im 8. Jahrhundert erstmals in Aufzeichnungen des Klosters Fulda erwähnt. 1207 geht es als Vorort des Usinger Landes in den Besitz der Grafen von Diez über, die dieses Reichsgut im Hintertaunus im Tausch gegen Mainz-Kastell erwerben. Im 14. Jahrhundert dürfte der Ort Stadtrechte erhalten haben. Eine nassauische Burg und eine Mauer mit 5 Toren schützten das Weberstädtchen im Mittelalter. Ab 1659 residierten die in der zum Schlosse mit schönem Garten ausgebauten Burg die Grafen und seit 1688 die Fürsten von Nassau-Usingen bis 1744. Drei Brände im 17. Jahrhundert zerstörten das alte Stadtbild völlig. Ab 1700 wurde die Neustadt planmäßig angelegt und durch reformierte Flüchtlinge besiedelt. Im Zuge der Gebietsreform haben sich die Orte Usingen, Eschbach, Kransberg, Merzhausen, Michelbach, Wernborn und Wilhelmsdorf im Jahre 1972 zur Stadt U. zusammengeschlossen.

Sehenswürdigkeiten: Laurentiuskirche, Schloß mit Schloßgarten, Kavaliershaus mit Heimatmuseum und Stadtbücherei, Goldschmidtshaus, alte Fachwerkhäuser in der Kernstadt Usingen, Hugenottenkirche, Eschbacher Klippen im Stadtteil Eschbach, Schloß Kransberg im Stadtteil Kransberg. – Alljährlich Laurentiusmarkt (September).

Uslar

□ 113,40 qkm; ○ Northeim; ⚐ Niedersachsen; ✉ 37170; ☎ 05571; 🚗 NOM; △ 170 m; 👫 16200.

U., 35 km nordwestlich von Göttingen am Südhang des Solling an der B 241 gelegen, hat Mittelpunktschule, Sonderschule für Lernbehinderte, Realschule, Gymnasium; SOS-Kinderdorf; Möbelindustrie (Ilse-Werke); Fremdenverkehr.

U., erstmals im 9. Jh. urkundlich erwähnt, erhielt um 1269 die Stadtrechte. Aus dem 15. Jh. stammt der Fachwerkbau des Rathauses. Die

Schloßruine „Freudental“ gibt einen Eindruck von der Kunst der Weserrenaissance; sehenswert ferner das Heimatmuseum.

Vaihingen a.d. Enz

☐ 73,41 qkm; ○ Ludwigsburg; ⚐ Baden-Württemberg; ✉ 71665; ☎ 07042; 🚗 LB; △ 209 m; 👫 23000.

V. liegt 25 km nordwestlich von Stuttgart an der Enz. Zufahrt über die B 10; Bahnstation an der Strecke Stuttgart–Karlsruhe und an der Schnellbahnstrecke Stuttgart–Mannheim. Die St, Sitz eines Amtsgerichts, hat Gymnasium, Realschule, Sonderschulen für lernbehinderte und bildungsschwache Kinder; Kreiskrankenhaus; Leim- und Lederfabriken, Strickwaren- und fotochemische Industrie, Umweltschutz- und Recyclingbetriebe, Halbleiterindustrie.

V. entstand im Schutz der 1113 erstmals urkundlich erwähnten Burg Kaltenstein der Grafen von V. 1339 kamen St und Burg an Württemberg. Das ma. Stadtbild wurde durch Brände im 17. Jh. größtenteils zerstört. Erhalten blieben einige Reste der Stadtbefestigung (Haspelturm, 12 Jh., mit Heimatmuseum; Pulverturm von 1493), die ev. Stadtkirche (13./16. Jh. nach Brand im 17. Jh. erneuert) und das Rathaus von 1720. Die Burg Kaltenstein wurde im 16. Jh. zum Schloß umgebaut (jetzt Jugenddorf). – Der in V. 1760 hingerichtete Räuber Joh. Friedrich Schwahn („Sonnenwirtle“) ist die Hauptfigur in Friedrich Schillers Erzählung „Der Verbrecher aus verlorener Ehre“. – Aus V. stammt der ev. Theologe und Dichter Karl Gerok (1815–1890). – Alljährlich am Pfingstmontag traditioneller „Maientag“ mit großem Festumzug.

Vallendar

☐ 13,22 qkm; ○ Mayen-Koblenz; ⚐ Rheinland-Pfalz; ✉ 56179; ☎ 0261; 🚗 MYK; △ 68–200 m; 👫 9500.

V., Kneippbad und Luftkurort am rechten Rheinufer 5 km nördlich von Koblenz, ist über die B 42 und Autobahn A 48 Dernbacher Dreieck-Trier (Ausfahrt Bendorf) zu erreichen; Bahnstation an der rechtsrheinischen Strecke Frankfurt a.M.–Köln. V. hat Verbandsgemeindeverwaltung; Rheinhafen; Theologische Hochschule der Pallotiner, Mädchengymnasium, Sozialpädagogische Oberschule Marienburg; Neurologische Klinik und Generalat der Schönstätter Marienschwestern. Die Industrie umfaßt Steinzeugröhren-, Bimsstein- und Tonausbaubetriebe.

V. stand vom 13. bis 18. Jh. unter der Lehnsherrschaft der Grafen von Sayn-Wittgenstein; danach gehörte es zu Kurtrier bis 1802. 1805 kam es an Preußen; 1856 erhielt es Stadtrechte. Im 19. Jh. war V. durch seine Leder- und Zigarrenfabriken bekannt. – V. ist Geburtsort von Karl Maria d'Ester (1881–1960), Mitbegründer der Zeitungswissenschaften.

Varel (Kr. Friesland)

☐ 113,53 qkm; ○ Friesland; ⚐ Niedersachsen; ✉ 26316; ☎ 04451; 🚗 FRI; △ 14 m; 👫 23800.

V., 38 km nördlich von Oldenburg am Jadebusen gelegen, ist über die B 437 und Autobahn A 29 Oldenburg–Wilhelmshaven (Ausfahrten V.-Obenstrohe und V.-Bockhorn) zu erreichen. Bahnstation an der Strecke Oldenburg–Wilhelmshaven. Die St hat Amtsgericht, Gymnasium, Kreisberufsschule; Maschinenbau, Motorenfabrik, Kieswerke, Ziegeleien, Flugzeugbau (Messerschmitt-Bölkow-Blohm), Porzellanfabrik, Gießerei, Halbzellstoffindustrie, Tabakmaschinenbau. V. ist Luftkurort mit regem Fremdenverkehr und Einkaufszentrum für ein vorwiegend landwirtschaftlich strukturiertes Umland.

Sehenswert die alte Wehrkirche aus dem 13. Jh. mit einem Schnitzaltar (1614) von L. Münstermann sowie die über hundert Jahre alte holländische Windmühle. – Zu V. gehört das Nordseebad Dangast. Westlich der St liegt der Neuenburger Urwald.

Vaterstetten

☐ 35,76 qkm; ○ Ebersberg i. Oberbayern; ⚐ Bayern; ✉ 85591; ☎ 08106; 🚗 EBE; △ 535 m; 👫 18500.

V., 15 km östlich von München am Rande des Ebersberger Forstes an der B 304 gelegen, hat Anschluß an den Autobahnring A 99, (Ausfahrt Haar und AB-Kreuz München-Ost) und an die A 94 München–Marktschwaben (Ausfahrt V.-Parsdorf); S-Bahn-Verbindung nach München; Realschule und Gymnasium. V. ist als Wohngemeinde im Großraum von München überdurchschnittlich gewachsen; die Landwirtschaft ist der bedeutendste Wirtschaftsfaktor.

Von den Ortsteilen wird Purfing erstmals

806/09 urkundlich erwähnt. Der Gemeindeschwerpunkt liegt heute in V., das erstmals 1104/22 urkundlich bezeugt ist.

Vechelde

□ 74,94 qkm; ○ Peine; ⚐ Niedersachsen; ✉ 38159; ☎ 05302; 🚗 PE; △ 75 m; 👫 14900.

V., 10 km westlich von Braunschweig gelegen, ist über die B 1, B 65, Autobahn A 2 Hannover-Berlin (Ausfahrt Braunschweig-Watenbüttel) und A 391/392 (Ausfahrt Braunschweig-Lehndorf) zu erreichen. Die Großgemeinde mit 17 Ortsteilen ist Bahnstation an der Strecke Hannover–Braunschweig.

V. hat Realschule, Sonderschule für Lernbehinderte, Volkshochschule; Zuckerindustrie, Maschinenbau (Holzbearbeitungsmaschinen).

973 wird „fethlon" erstmals urkundlich erwähnt. 1145 bestätigte Papst Julius II. dem Kloster Berge bei Magdeburg Besitzrechte in „Vechtla".

Vechta

□ 87,76 qkm; ○ Vechta; ⚐ Niedersachsen; ✉ 49377; ☎ 04441; 🚗 VEC; △ 34 m; 👫 23000.

V. liegt 50 km südlich von Oldenburg an der Wirtschaftsachse zwischen dem Ruhrgebiet und den Nordseehäfen. Zufahrt über die B 69 und die Autobahn A 1 Köln–Osnabrück–Bremen (Ausfahrt V.); Bahnstation an der Strecke Osnabrück–Bremen. Die St hat Amtsgericht, Kreisverwaltung, Arbeitsamt, Jugendstrafvollzugsanstalten und Strafvollzugsanstalten für Frauen; Landes-Reit- und Fahrschule Weser-Ems; Forschungs- und Studienzentrum für Veredlungswirtschaft Weser-Ems; Universität Osnabrück (Standort Vechta), Fachhochschule für Sozialwesen, Fachoberschule für Sozialarbeit und Sozialpädagogik, Fachschule für Sozialpädagogik, Gymnasien, Realschule, Landwirtschaftsschule mit Wirtschaftsberatungsstelle, ländliche Hauswirtschaftsschule, landwirtschaftliche und hauswirtschaftliche Berufsschule mit Berufsfachklasse für Realschulabsolventinnen, Krankenpflegeschule, Kreismusikschule, Sonderschule für Lernbehinderte; Schwerpunktkrankenhaus; Maschinenindustrie (Atlas), Bekleidungswerke, Baustahlmattenfabrik, Geflügelzucht- und Käfigbaubetriebe, Eiproduktenwerk, Torfwerke, Ziegelei; V. ist Einkaufszentrum, Handels- und Gewerbemittelpunkt eines vorwiegend agrar- und viehwirtschaftlich orientierten Umlandes sowie Mittelpunkt der Geflügelwirtschaft.

1188 erste urkundliche Erwähnung der von Graf Hermann von Ravensberg erbauten Burg V. Zwischen 1216 und 1220 Gründung der St. V. bei der Burg unter gleichzeitiger Verleihung der Stadt-, Münz-, Zoll- und Marktrechte. 1252 kam V. unter Münstersche Herrschaft. Zwischen 1400 und 1420 wurde die Neustadt mit Klingenhagen in den Wehrgürtel der Altstadt einbezogen. Im Dreißigjährigen Krieg wechselte V. mehrmals seinen Besitzer; von 1647 bis 1654 Besetzung der St durch die Schweden. Zwischen 1666 und 1676 Ausbau zur Festung (Schleifung der Anlagen 1769). 1684 wurde V. durch einen Großbrand fast völlig zerstört; Neuaufbau der St nach heutigem Grundriß. 1803 kam V. an Oldenburg.

Sehenswürdigkeiten: Pfarrkirche St. Georg (1452 beg., im 18. Jh. barockisiert); Klosterkirche des ehem. Franziskanerklosters (1727–31); Sitzungssaal des Rathauses (um 1700); Zitadelle (1667–1769, Teilrekonstruktion); Findlingsgarten (geowissenschaftlicher Lehrgarten auf dem Universitätsgelände); im Ortsteil V.-Langförden 1000jähriger Kirchturm; Kirche im Stadtteil Oythe (um 1300 aus mächtigen Findlingen errichtet); Kaponier (frühere Grabenwehr). – Alljährlich Reitpferdeauktionen und Reitpferdeturniere, internationale Grasbahnrennen und Stoppelmarkt (größtes Volksfest im nordwestlichen Niedersachsen).

Veitshöchheim

□ 10,94 qkm; ○ Würzburg; ⚐ Bayern; ✉ 97209; ☎ 0931; 🚗 WÜ; △ 178 m; 👫 9100.

V., 7 km nordwestlich von Würzburg rechts des Mains gelegen, ist über die B 27 zu erreichen. Die Gm hat Garnison der Bundeswehr und Meisterschule der Bayerischen Landesanstalt für Wein-, Obst- und Gartenbau; Reha-Werk für erwachsene Blinde.

1079 kam das Dorf „Höchheim" in den Besitz des Würzburger Klosters St. Stephan. Später war V. Sommersitz der Fürstbischöfe von Würzburg. Das barocke Lustschloß (1680–82) wurde von B. Neumann zwischen 1749 und 1753 mit einem Treppenhaus versehen und durch einen Seitenflügel erweitert. Den prachtvollen Rokokogarten ließ Fürstbischof Adam Friedrich von Seinsheim ab 1763 anlegen. – Alljährlich Veitshöchheimer Weinbautage im Januar und Altstadtfest im August.

Velbert

□ 74,91 qkm; ○ Mettmann; ⚐ Nordrhein-Westfalen; ✉ 42551*; ☎ 02051 (V.-Mitte), 02052 (V.-Langenberg), 02053 (V.-Neviges); 🚗 ME; △ 77–262 m; 👥 89000.

V. liegt zentral im Städtedreieck Düsseldorf–Essen–Wuppertal und ist die zweitgrößte St im Niederbergischen Land. Durch das Stadtgebiet führen die B 224 und B 227 sowie die Eisenbahnlinie zwischen Wuppertal und Essen mit Bahnhöfen in V.-Mitte, V.-Neviges, V.-Langenberg und V.-Nierenhof; V. kann über die Autobahnausfahrten der A 44 (V.-Nord) und A 52 (Essen-Rüttenscheid) erreicht werden.

Die St hat Amtsgericht; Gymnasien, Realschule, Gesamtschule, Berufsbildende Schulen, Sonderschulen; Metallindustrie mit Schwerpunkten in der Schloß- und Beschlagherstellung (Hauptsitz des Verbandes) und im Temperguß sowie Textilindustrie.

V. wird als Siedlung erstmals 875 als »Feldbrahti« urkundlich erwähnt; die Ortsteile Langenberg und Neviges (Hardenberg) sind 1220 bezeugt. Seit 1190 gehörte V. zur Grafschaft (später Großherzogtum) Berg. 1827 erhielt es Stadtrechte. Landwirtschaft, Schmiedehandwerk und Kleineisenwarenherstellung als Nebenerwerb bildeten seit dem MA. bis zur Industrialisierung (Mitte des 19. Jh.) die Grundlagen des Wirtschaftslebens.

Sehenswert in V.-Mitte das Deutsche Schloß- und Beschlägemuseum, das einzige Fachmuseum seiner Art in Deutschland; in V.-Neviges, seit 1680 von Franziskanern betreuter Wallfahrtsort, der Dom „Maria Frieden" (1968 als moderne Betonarchitektur von Prof. G. Böhm erbaut) sowie Schloß Hardenberg (ehem. Wasserschloß); in V.-Langenberg alter Ortskern mit historischen Fachwerkhäusern, niederbergischen Schieferfassaden aus dem 16./17. Jh. und stuckverzierten Bauten der hier bedeutsam gewesenen Gründerzeit. – V. ist Geburtsort des Schriftstellers Günther Weisenborn (1902–1969).

Velen

□ 72 qkm; ○ Borken; ⚐ Nordrhein-Westfalen; ✉ 46342; ☎ 02863; 🚗 BOR; △ 55 m; 👥 10100.

V., am Nordrand des Naturparks Hohe Mark gelegen, ist über die Bundesstraßen 67, 67 n und 525 sowie über die Autobahn A 31 Ruhrgebiet–Nordsee (Ausfahrten Borken und Gescher/Coesfeld) zu erreichen. Die Gm, die aus den Ortsteilen V. und Ramsdorf besteht, hat Grundschulen, Hauptschulen, Sonderschulen, Volkshochschule, Musikschule; textil-, kunststoff- und holzverarbeitende Industriebetriebe; Ackerbau und Viehzucht.

V. wird urkundlich erstmals 1090 erwähnt. Der Ortsname geht auf das Geschlecht der Freiherren von V. zurück, dessen geschlossene Stammreihe sich von 1221 bis zum Aussterben im Mannesstamme im Jahre 1767 urkundlich verfolgen läßt. – Der Ortsteil Ramsdorf liegt auf altem Siedlungsgebiet (Gräberfelder der Früh- und Vorgeschichte). Ein Hof „Hramersthorpe" ist erstmals 889 urkundlich nachweisbar; der Ort R. findet sich im Werdener Urbaren um 1050.

Sehenswert die kath. Pfarrkirche St. Walburga (15. Jh.) und die Burg (15. Jh.) mit Heimatmuseum in V.-Ramsdorf, Haus Rölinghoff (14. Jh., got. Erkerzimmer mit Kamin) südlich von Ramsdorf sowie Wasserschloß Velen (14. Jh.; Ausbau 17./18. Jh.) mit Schloßpark.

Alljährlich Schützenfeste in R. und V. (Juli und August), Walburgismarkt in R. (Mai) und ‚Kolle Kaermes' in V. (Oktober).

Vellmar

□ 13,96 qkm; ○ Kassel; ⚐ Hessen; ✉ 34246; ☎ 0561; 🚗 KS; △ 163–361 m; 👥 18400.

V., unmittelbar an das nördliche Stadtgebiet von Kassel grenzend, ist 1967 bzw. 1970 durch Zusammenschluß der ehemals selbständigen Gemeinden Niedervellmar, Frommershausen und Obervellmar im Zuge der Gebietsreform entstanden. Die St (seit 1975) liegt beiderseits der B 7; Anschluß an die Autobahn A 7 Bad Hersfeld–Hannover (Ausfahrt Kassel-Ost) und A 44 Kassel–Dortmund (Ausfahrt Warburg); Bahnstationen (Nieder- bzw. Obervellmar) an den Strecken Kassel–Hannover, Kassel–Ruhrgebiet und Kassel–Volkmarsen; Flugplatz in Kassel-Calden (6 km). V. hat Grundschulen, Gesamtschule, Volkshochschulen, Musikschule; Diabetesklinik; kleinere und mittlere Gewerbebetriebe (Automatendreherei); Baumschulen, Gartenbaubetriebe, Landwirtschaft.

„Filmare" wird erstmals im Hersfelder Güterverzeichnis, das zwischen 802 und 815 zusammengestellt wurde, urkundlich erwähnt. Um 1107 sind zwei „Vellmars" in einer Urkunde nachweisbar; Frommershausen ist erstmals 1296 bezeugt. – Sehenswert der Ahnepark.

Alljährlich Brunnenfest (Mai), Volks- und Heimatfest (August/September).

Velten

□ 23 qkm; ○ Oranienburg; ⚐ Brandenburg; ✉ 16727; ☎ 03304; 🚗 OB; △ 36 m; 👫 10500.

Die Ofenstadt Velten liegt nordwestlich von Berlin im Havelland am Autobahndreieck Oranienburg. Man erreicht sie über die A 24 / E 55 und E 26. Die B 96 und B 273 führen etwa 10 km an der St vorbei. Bahnhof an der Regionalstrecke V.–Kremmen–Neuruppin, über Hennigsdorf Anschluß an das Berliner S-Bahnnetz. Nächster Flughafen ist Berlin-Tegel (ca. 20 km).

V. hat Stadtverwaltung, Polizeiposten, Freiwillige Feuerwehr.

Bildungseinrichtungen: Grundschulen, Gesamtschule, Realschule, Gymnasium, Berufsschule.

Kulturstätten: Stadtbibliothek, Jugendzentrum.

Wirtschaft und Industrie: Eisen- und Stahlwerk Velten GmbH, Grundstoffchemie GmbH, Polychemie GmbH, Dichtungsschwingtechnik Berlin-Velten, Märkische Bauunion GmbH, Pflanzenfett Velten GmbH, Ofenkacheln und Keramik GmbH, Veltener Ofenkacheln und Keramik GmbH VELTAK.

Geschichte: Die 35 km vom Zentrum Berlins entfernt gelegene St ist die drittgrößte im Kreis Oranienburg. Der Ort V., ursprünglich ein 1000 m langes Angerdorf, wird urkundlich erstmals 1355 erwähnt. Die Bürger lebten von Ackerbau und Viehzucht. In den Jahren zwischen 1763 und 1810 betrieb man auch die Zucht von Seidenraupen. Die westlich der St liegenden Tonvorkommen veranlaßten den Töpfermeister Andreas Seydlitz, in V. die erste Töpferwerkstatt einzurichten. 1828 begann die Geschichte der Veltener Ofen- und Kachelindustrie, 1835 ist die erste Kachelofenfabrik errichtet worden. Im Jahre 1900 stellten 35 Ofenfabriken jährlich 100000 Kachelöfen her. Mit der Erfindung der weißen Schmelzglasur ist die Veltener Kachel ein Weltbegriff geworden. Den Beinamen „Ofenstadt“ führt V. noch heute. 1893 bekam der Ort Eisenbahnanschluß, 1911 entstand ein Verbindungskanal zur Havel. Die guten Verkehrsverbindungen führten zunehmend zur Industrialisierung; Eisenfabriken, Gießereien, Steingutwerke und chemische Fabriken siedelten sich an. 1935 erhielt die auf 8000 Einwohner angewachsene Gemeinde St-Recht.

Baudenkmäler und Sehenswürdigkeiten: Rathaus, evang. und kath. Kirche, Victoriapark, Bernsteingasse, histor. Gaststätte „Weißer Schwan“ in V.-Hohen Schöpping.

Verden (Aller)

□ 71,56 qkm; ○ Verden (Aller); ⚐ Niedersachsen; ✉ 27283; ☎ 04231; 🚗 VER; △ 23 m; 👫 24500.

V., 36 km südöstlich von Bremen rechts der Aller gelegen, ist über die B 215 und die Autobahn A 7/27 Hannover–Walsrode–Bremen (Ausfahrten V.-Ost und V.-Nord) zu erreichen. D-Zug-Station an der Strecke Hannover–Bremen; Flugplatz V.-Scharnhorst. V. ist Bundeswehrstandort und Sitz zahlreicher Behörden und Körperschaften (Landgericht, Amtsgericht, Arbeitsgericht, Kreisverwaltung, Industrie- und Handelskammer, Wasser- und Schiffahrtsamt u.a.). Die St hat Gymnasien, Realschule, Berufsschulzentrum, Landwirtschaftsschule, Volkshochschule, Sonderschule für Lernbehinderte, Reit- und Fahrschule; vielseitige Industrie (Tierfeinkostwerk, Maschinen- und Apparatebau, Herstellung von Verpackungsautomaten und Sonderkonstruktionen, Kleintransformatorenfabrik, Uhrengläserfabrik, Fertighausbau, Kunststoffwerk, Keksfabrik u.a.). Als „Reiterstadt“ genießt V. einen überlokalen Ruf (Turnierplatz, Stadion Rennbahn, Reithallen); mit den Pferde- und Zuchtrinderauktionen sowie dem Sitz der Zuchtrinder-Erzeugergemeinschaft Hannover, der Rinderproduktion Niedersachsen – Zentrale Besamungsstation –, des Verbandes hann. Warmblutzüchter und des Rechenzentrums zur Förderung der Landwirtschaft in Niedersachsen ist die St das Zentrum der Niedersächsischen Tierzucht.

V., als Siedlung erstmals 782 anläßlich des Strafgerichts Karls des Großen an 4500 Sachsen urkundlich erwähnt, wurde 786 Mittelpunkt eines Bistums. 985 erhielt Bischof Erpo das Markt-, Münz-, Bann- und Zollrecht. Zur St erhoben wurde V. vor 1192. Von 1405 bis 1648 war es Freie Reichsstadt. Nach dem Dreißigjährigen Krieg, in dem die St mehrmals besetzt und gebrandschatzt wurde, kam V. unter schwedische Hoheit. 1667 wurden die beiden Stadtteile Norderstadt und Süderstadt vereinigt. 1719 fiel V. an das Kurfürstentum Hannover. Von 1803 bis 1815 gehörte es zum Kaiserreich Frankreich, danach zu Hannover und ab 1866 zu Preußen. – Sehenswürdigkeiten: Dom St. Marien (um 1000 bis 1490, dreischiffige Hallenkirche mit Grabdenkmälern und bedeutender Ausstattung, u.a. rom. Taufbecken um 1250); St. Andreaskirche (um 1212–1220, einschiffige romanische Kirche); St. Johanniskirche (12. Jh., ältester Backsteinbau Nordwestdeutschlands; bedeutendes Stuckrelief des Jüngsten Gerichts); Rathaus (1730–32); schöne Fachwerkhäuser aus dem 16. und 17. Jh.; Reste der alten Stadtbefestigung (Stadtmauer, Backsteinturm, Mühlentor); Deutsches Pferdemuseum; Heimatmuseum (vorgeschichtliche und volkskundliche Sammlungen [ältester Speer der Welt, 100000 Jahre]). – Nördlich der St liegt der Sachsenhain (Erinnerungsstätte mit 4500 Steinfindlingen), nordöstlich das Dünen-Naturschutzgebiet und am Autobahnzubringer V.-Ost der Freizeitpark u.a. mit elektronisch gesteuerten Märchen- und Sagenfiguren.

Alljährlich Domweih-Volksfest und V. Frühjahrs (April)- und Herbstauktion (Oktober) hannoverscher Reitpferde.

Verl

□ 71,31 qkm; ○ Gütersloh; ⚐ Nordrhein-Westfalen; ✉ 33415; ☎ 05246; 🚗 GT; △ 111 m; 👫 19800.

V. liegt 18 km südlich von Bielefeld am westlichen Rand der Senne an der Autobahn A 2 Ruhrgebiet–Hannover (Ausfahrt Gütersloh). Die Gm hat Grundschulen, Hauptschule, Realschule, Volkshochschule; mittlere und kleinere Industrie- und Gewerbebetriebe; Landwirtschaft.

„Verlo“ (‚vier Wälder‘) wird erstmals 1256 urkundlich erwähnt. – 1970 schlossen sich V. sowie die früheren Gemeinden Bornholte, Österwiehe und Teile der Orte Sende, Schloß Holte und Varensell zur neuen Großgemeinde zusammen.

Versmold

□ 84,80 qkm; ○ Gütersloh; ⚐ Nordrhein-Westfalen; ✉ 33775; ☎ 05423; 🚗 GT; △ 72 m; 👫 17500.

V., am Südrand des Teutoburger Waldes 35 km westlich von Bielefeld gelegen, ist über die B 476 zu erreichen. Die St hat Grundschulen, Hauptschule, Realschule, Gymnasium. V. ist Sitz bedeutender Unternehmen der Fleischwarenindustrie (Wiltmann, Menzefricke, Nölke, Reinert); ferner holz- und kunststoffverarbeitende Industrie, Kronenkorkenfabrik, graphischer Betrieb.

»Versemelle«, in der zweiten Hälfte des 11. Jh. erstmals urkundlich erwähnt, erhielt 1719 Stadtrechte. Bis Ende des 19. Jh. blieb V. aufgrund seiner ungünstigen Verkehrslage eine bescheidene Ackerbürgerstadt. Die Herstellung von Fleischwaren, die den Ruf der St begründete, ist seit Anfang des 18. Jh. bezeugt. – In der Umgebung von V. schöne alte Fachwerkhäuser.

Viechtach

□ 62,38 qkm; ○ Regen; ⚐ Bayern; ✉ 94234; ☎ 09942; 🚗 REG; △ 450–650 m; 👫 8100.

V., Luftkurort im Bayerischen Wald, liegt über dem Tal des Schwarzen Regen an der B 85; Bahnstation an der Privatbahn Blaibach–Gotteszell. Die St hat Amtsgericht; Realschule, Gymnasium, Sonderschule für Lernbehinderte, gewerbliche Berufsschule, Hotelberufsschule; Lederfabrik, kunststoff- und metallverarbeitende Industrie; ein bedeutender Wirtschaftszweig ist der Fremdenverkehr.

V. wird erstmals 1104 urkundlich erwähnt. Seit Mitte des 13. Jh. war V. Sitz eines Pflegegerichts, seit 1360 Marktort. 1953 wurde es zur St erhoben. – Sehenswert die Stadtpfarrkirche St. Augustin (18. Jh., Rokokoausstattung), die Pfahlfelsen (Quarzfelsen) an der B 85 und der nördlich von V. gelegene Höllensteinsee.

Vienenburg

□ 71,12 qkm; ○ Goslar; ⚐ Niedersachsen; ✉ 38690; ☎ 05324; 🚗 GS; △ 139 m; 👫 11700.

V. liegt 40 km südlich von Braunschweig im nördlichen Vorharzgebiet am Zusammenfluß von Oker und Radau. Zufahrt über die B 4 und Autobahn A 395 Braunschweig–Bad Harzburg (Ausfahrten V. und V.-Süd), B 82 und B 241; Bahnstation an der Strecke Braunschweig–Wolfenbüttel–Bad Harzburg bzw. Goslar. Die St hat Grundschule, Hauptschule, Orientierungsstufe, Realschule, Sonderschule, Fachschulen (Hauswirtschaft, Sozialpädagogik); Maschinenbau, Textilindustrie.

V., erstmals 1306 urkundlich genannt, kam 1367 an das Fürstbistum Hildesheim und 1523 an das Herzogtum Braunschweig (bis 1643). Wieder im Besitz von Hildesheim, fiel V. zusammen mit dem Fürstbistum aufgrund des Friedens von Lunéville (1801) 1802 an Preußen. Mitte des 19. Jh. entwickelte sich der Ort zur

Industriegemeinde (1885–1930 Kalibergbau). 1935 wurde V. zur St erhoben. – Sehenswert Burgfried (Anfang 14. Jh.); Eisenbahnmuseum (im Historischen Bahnhof von 1840); Klosterkirche Wöltingerode (12. Jh.); ev. Kirche (um 1750).

Alljährlich Seefest (September).

Viernheim

☐ 48,40 qkm; ○ Bergstraße; ⚐ Hessen; ✉ 68519; ☎ 06204; 🚗 HP; △ 99 m; 👫 29400.

V., 10 km nordöstlich von Mannheim in der Rheinebene gelegen, ist über die Autobahnen A 6 Saarbrücken–Mannheim–Heilbronn (Ausfahrt Viernheimer Kreuz) und über den Zubringer A 659 nach Mannheim der Autobahn A 5 Frankfurt a. M.–Karlsruhe (Ausfahrten V.-Ost und V.-Mitte) zu erreichen. Bahnstation an den Strecken Worms–Weinheim und Mannheim–Weinheim. Die St hat Gymnasium, Musikschule, Volkshochschule; vielseitige Industrie (Maschinenbau, Herstellung von Metallwaren, Zentralheizungen und chemisch-pharmazeutischen Erzeugnissen, Gummi- und Zigarrenfabriken, holzverarbeitende Betriebe).

V., erstmals im 8. Jh. als Besitz des Klosters Lorsch erwähnt, kam über Kurmainz und die Kurpfalz 1803 an Hessen-Darmstadt. 1948 erhielt es Stadtrechte. – Alljährlich im April große Tulpenschau.

Viersen

☐ 90,99 qkm; ○ Viersen; ⚐ Nordrhein-Westfalen; ✉ 41747*; ☎ 02162; 🚗 VIE; △ 33–87 m; 👫 76500.

V., an der Niers 5 km nördlich von Mönchengladbach gelegen, ist über die B 7, B 59 und Autobahn A 61 Mönchengladbach–Venlo (Ausfahrten V.-Bockert, Viersen, V.-Süchten und V.-Boisheim) zu erreichen. D-Zug-Station an den Strecken Köln–Ruhrgebiet und Köln–Rotterdam. V. hat Amtsgericht, Kreisbehörden; Realschulen, Gymnasien, Berufs-, Berufsfach- und Höhere Handelsschulen, Sonderschulen für Lernbehinderte, Kliniken des Landschaftsverbandes Rheinland, Landesheilanstalt, Orthopädische Kinderkliniken und Psychiatrische Kliniken. Bedeutendste Wirtschaftszweige sind die Textil-(Webereien), eisenverarbeitende und Nahrungsmittelindustrie (Kaiser's Kaffee Geschäft AG/Tengelmann).

V. kam vom Erzbistum Köln über das Herzogtum Jülich und Herzogtum Geldern 1713 an Preußen. 1856 erhielt es das Stadtrecht. 1970 schlossen sich die Städte V., Dülken, Süchteln und die Gm Boisheim zur neuen St V. zusammen. – Sehenswert die St. Remigius-Kirche (13. Jh., im 15. Jh. zur spätgot. Hallenkirche umgebaut) und die 1554 gegründete Narrenakademie mit Narrenmuseum in der Narrenmühle.

Villingen-Schwenningen

☐ 165,48 qkm; ○ Schwarzwald-Baar-Kreis; ⚐ Baden-Württemberg; ✉ 78050*; ☎ 07721 (Villingen), 07720 (Schwenningen); 🚗 VS; △ 660–973 m; 👫 76000.

V.-Sch., 1972 durch Zusammenschluß der ehemals selbständigen Städte V. und Sch. entstanden, liegt zwischen der Ostabdachung des Schwarzwaldes und der Schwäbischen Alb an der Neckarquelle (Stadtteil Sch.) und an der Brigach (Stadtteil V.), einem der beiden Quellflüsse der Donau. Die St ist über die B 27 und B 33 sowie über die Autobahn A 81 (Ausfahrten V.-Sch. und Tuningen) zu erreichen; D-Zug-Station an den Bundesbahnstrecken Offenburg–Konstanz und Stuttgart–Freiburg i. B. Flugplatz im Stadtgebiet und Flugplatz Villingen-Donaueschingen. V.-Sch. ist Verwaltungszentrum (Amtsgericht, Arbeitsgericht, Landratsamt, Regionalverband, Landgericht, Industrie- und Handelskammer u. a.) und Sitz zahlreicher Bildungseinrichtungen (Gymnasien, Wirtschaftsgymnasium, Technisches Gymnasium, Realschulen, gewerbliche und kaufmännische Berufs- und Berufsfachschulen, haus- und landwirtschaftliche Berufs- und Berufsfachschule, Berufsakademie, Außenstelle der Fachhochschule Furtwangen, Verwaltungs- und Wirtschaftsakademie, Jugendmusikschule, Kinderkrankenpflegeschule, Landesberufsschule für das Gaststättengewerbe, Feintechnikschule, Volkshochschule, Polizeifachhochschule, Sonderschule für Lernbehinderte und Bildungsschwache, Werkstatt für Behinderte).

Die St ist Mittelpunkt der deutschen Uhren- und Standort einer hochentwickelten Präzisionsindustrie (Maschinenbau, Herstellung von elektrotechnischen, elektronischen und feinmechanischen Geräten; Zeit- und Datenerfassungssytemen, Computer-Systemen); ferner Magnettechnik, kunststoffverarbeitende und Textilindustrie. Der Stadtteil V. ist Kneippkurort.

V., erstmals 817 urkundlich erwähnt, erhielt 999 das Markt-, Münz- und Zollrecht. Von 1326 bis 1805 gehörte V. zu Österreich. Die ehemals stark befestigte St wurde im Dreißigjährigen Krieg und im Spanischen Erbfolgekrieg mehrmals erfolglos belagert. – Sch., erstmals 895 urkundlich genannt, wurde im Dreißigjährigen Krieg fast völlig zerstört. Ende des 17. Jh. Wiederaufbau als regelmäßige Anlage. Mit der Fabrikation von Uhren in Heimarbeit wurde im 19. Jh. der Grundstein für die spätere industrielle Entwicklung gelegt. 1907 erhielt Sch. die Stadtrechte.

Sehenswürdigkeiten: Heimatmuseum und Kienzle-Uhrenmuseum im Stadtteil Sch.-Münster Unserer lieben Frau (im 12. Jh. beg., spätere Veränderungen); ev. Kirche (ehem. Johanniterkirche, 14. Jh.); ehem. Franziskanerkirche (13. Jh.); Altes Rathaus (1534) mit Museum; Reste der ma. Stadtbefestigung (Stadtmauer und Tortürme); Franziskaner-Museum (am Riettor) im Stadtteil V.; im Stadtbezirk Mühlhausen Bauernmuseum. – Südlich von Sch. liegt das Naturschutzgebiet ‚Schwenninger Moos' mit dem Neckarursprung. – Alljährlich Schwäbisch-alemannische Fastnacht, Jazz-Festival und Südwestmesse (bedeutendste Regionalmesse Südwestdeutschlands).

Vilsbiburg

□ 68,89 qkm; ○ Landshut; ⚐ Bayern; ⊠ 84137; ☎ 08741; 🚗 LA; △ 450 m; 👪 10100.

V. liegt an der Großen Vils im niederbayerischen Hügelland im Schnittpunkt der B 299 und B 388; Anschluß an die Autobahn A 92 München–Regensburg (Ausfahrt Landshut-Nord). Bahnstation an der Strecke Landshut–Mühldorf. V. hat Arbeitsamt; Grund- und Hauptschule (mit muttersprachl. Klassen für türkische Kinder), Realschule, Gymnasium, Krankenpflegeschule, Musikschule, Volkshochschule; Brauerei, Mühle/Kraftfutterwerk, Strumpffabrik, Fertigung von Kabel, Elektronikmodulen und techn. Kunststoffteilen für die Kfz-Industrie, Entwicklung und Herstellung von Dekanterzentrifugen und Bandpreßfiltern, Werkzeugbau, Herstellung von landwirtschaftl. Einrichtungsgegenständen, Textilindustrie, Weberei und Kammgarnspinnerei; mittelständische Gewerbebetriebe. Die St ist Mittelpunkt eines fruchtbaren land- und viehwirtschaftlich genutzten Umlandes.

Das Dorf „Piburch" wird erstmals um das Jahr 1000 genannt. V. erlangte im 13. Jh. unter den Wittelsbacher Herzögen rasch an Bedeutung und erhielt nach 1270 das Marktrecht und wurde etwa gleichzeitig zur St erhoben. Seine große Blütezeit erlebte der Ort im 15. Jh. mit dem Bau der domähnlichen Pfarrkirche, des Spitals mit Kirche und der Befestigungsanlagen (im 19. Jh. abgebrochen). Einen neuen wirtschaftlichen Aufschwung verzeichnete die St nach dem 2. Weltkrieg durch Ansiedlung einer breitgefächerten Industrie.

Sehenswürdigkeiten: Stadtpfarrkirche (1412–1427), Spitalkirche (15. Jh.); Stadtturm und Oberes Tor (15./16. Jh.), Wallfahrts- und Klosterkirche Maria Hilf (19. Jh.); Heimatmuseum. – Alljährlich Volksfest (Juni/Juli), Stadtfest (Juli), Fischerfest (September), Dionysimarkt (Oktober, seit 1483).

Vilseck

□ 64,95 qkm; ○ Amberg-Sulzbach; ⚐ Bayern; ⊠ 92249; ☎ 09662; 🚗 AS; △ 420 m; 👪 5700.

V. liegt 30 km nördlich von Amberg an der Vils zwischen den Ausläufern der Fränkischen Alb und des Oberpfälzer Waldes. Die St ist Bahnstation an der Strecke Nürnberg–Weiden. V. hat Grund- und Hauptschule, Musikschule; Kreiskrankenhaus; Holz (Sägewerk)- und Bekleidungsindustrie, Maschinenfabrik, Brauereien, Ziegelei, Sandwerk.

»Vilsekke«, erstmals 1150 urkundlich genannt, entstand im Schutz der Burg Dagestein (12. Jh.). Der Ort gehörte zum Hochstift Bamberg bis 1802. Sehenswert: Burg Dagestein, Stadtpfarrkirche St. Ägidius und Vogelturm (Stadttor) mit Stadtmauer. – V. ist Veranstaltungsort von Musikfesten, an denen vor allem Jugendmusikkapellen aus zahlreichen europäischen Ländern teilnehmen.

Vilshofen (Niederbayern)

□ 86 qkm; ○ Passau; ⚐ Bayern; ⊠ 94474; ☎ 08541; 🚗 PA; △ 315 m; 👪 15100.

V., im Mündungswinkel zwischen Donau und Vils an der B 8 gelegen, ist Bahnstation an der Strecke Regensburg–Passau; Anschluß an die

A 92 Regensburg–Passau (Ausfahrten Garham bzw. Aicha v. Wald). Die St hat Kreiskrankenhaus; Amtsgericht, Arbeitsamt, Finanzamt u. a. Behörden; Gymnasien, Gewerbliche Berufsschule, Berufsbildungszentrum für Hauswirtschaft und Kinderpflege, Fachakademie für Hauswirtschaft, Sonderschule; Hemden- und Kartonagenfabrik, Datentechnik, Brauerei; V. ist wirtschaftlicher Mittelpunkt eines ausgedehnten bäuerlichen Umlandes.

»Vilusa«, erstmals 776 urkundlich genannt, wurde unter Graf Heinrich I. von Ortenburg 1206 zur St erhoben. 1262 kam die St an die Wittelsbacher Herzöge. V. war Ausgangspunkt einer Handelsstraße nach Böhmen (Salzhandel). 1794 vernichtete ein Brand den Großteil der Altstadt. Erhalten sind einige Reste der Stadtmauer mit dem Oberen Stadtturm (1643–47), die St. Barbarakirche im Friedhof (1483), das Bürgerspital (14. Jh.) und die Wallfahrtskirche Maria-Hilf (barocker Zentralbau von 1691 bis 1694); bemerkenswert ferner die Pfarrkirche St. Johann (1803 nach Brand in got.-barocken Formen wiederaufgebaut). – Alljährlich im August großes Volksfest.

Visselhövede

□ 158,81 qkm; ○ Rotenburg (Wümme); ⚐ Niedersachsen; ✉ 27374; ☎ 04262; 🚗 ROW; △ 68 m; 👫 10000.

V., 60 km südöstlich von Bremen am Westrand der Lüneburger Heide gelegen, ist über die B 440 und die Autobahn A 7 Hannover–Hamburg (Ausfahrten Dorfmark bzw. Soltau-Ost) und A 27 Hannover–Bremen (Ausfahrten Walsrode-Süd bzw. Verden-Ost) zu erreichen. Bahnstation an der Strecke Bremen–Uelzen.

Die St hat Garnison der Bundeswehr; Grundschule, Hauptschule, Realschule, Fremdsprachenschule; Honig- und Bonbonsowie Wagenfabrik; Fremdenverkehr.

V., erstmals 1184 urkundlich erwähnt, war im Besitz der Bischöfe von Verden, die dem Ort 1450 das Befestigungs- und Fleckenrecht verliehen, das 1530 zum Marktrecht erweitert wurde. Nach dem Dreißigjährigen Krieg gelangte V. unter schwedische, Osnabrücker und dänische Herrschaft. 1719 kam es an Hannover. 1938 wurde es St. – Ihren Namen verdankt die St der wasserreichen Visselquelle, die neben der St. Johannis-Kirche (11. Jh., mit freistehendem hölzernem Glockenturm) entspringt.

Vlotho

□ 74,92 qkm; ○ Herford, ⚐ Nordrhein-Westfalen; ✉ 32602; ☎ 05733; 🚗 HF; △ 48–342 m; 👫 19000.

V. liegt 38 km nordöstlich von Bielefeld im Weserbergland an beiden Ufern der Weser. Zufahrt über die B 514; Anschluß an die Autobahnen A 2 Oberhausen–Hannover (Ausfahrten Exter, Bad Oeynhausen und Porta Westfalica) und A 30 Niederlande–Bad Oeynhausen (Ausfahrt Autobahnende); Bahnstation der Strecke Löhne–Hameln–Hildesheim. Flugplatz in Porta Westfalica; Flußhafen. V. hat Sonderschule für Lernbehinderte, Realschule, Gymnasium, Volkshochschule, Jugendhof, Collegium Humanum, Gesamteuropäisches Studienwerk; Maschinenbau, Kosmetik-, Möbel- und kunststoffverarbeitende Industrie. – V. ist anerkannter Luftkurort mit Kurmittelbetrieb (Klinik); Heilanzeigen bei Rheuma, Gicht, Ischias, Neuralgie, Unfallfolgen, Frauenleiden, Nachbehandlung nach Operationen und Anschlußheilbehandlungen. In V. befinden sich die Privatbäder Seebruch und Senkelteich.

V., erstmals 1193 urkundlich erwähnt, erhielt um 1250 Stadtrechte. 1969 vereinigten sich die ehem. Landgemeinden Exter, Valdorf (1055 erstmals genannt) und Vlotho (bis dahin Amt) zur Stadt V.; 1973 wurde die Gm Uffeln eingegliedert. – Sehenswert: Erste ev. Autobahnkirche Deutschlands (Exter); Burgruine auf dem Amtshausberg; Naturschutzgebiete Selberg und Linnenbeeke; historische Altstadt mit Fachwerkhäusern aus dem 17. Jh.; restaurierte Windmühle; St. Stephanskirche (ehem. Kloster Segenstal, 12. Jh.); Wittekindstein; Kurpark. – Alljährlich Stadtfest (Juni).

Vöhringen (Iller)

□ 23,38 qkm; ○ Neu-Ulm; ⚐ Bayern; ✉ 89269; ☎ 07306; 🚗 NU; △ 498 m; 👫 12300.

V., 17 km südöstlich von Ulm im unteren Illertal an der Autobahn A 7 Ulm–Kempten (Ausfahrt V.) gelegen, ist Bahnstation an der Strecke Ulm–Kempten. Die St hat Realschule, Gymnasium; Metallhalbzeugwerk (Wieland-Werke AG).

V. liegt auf altem Siedlungsgebiet (Urnengräberfunde aus der Zeit 1200 v.Chr.). Erste urkundliche Erwähnung des Ortes 1148. Wirtschaftlichen Aufschwung nahm die St nach dem Bau der Illertalbahn (1861/62) und der

Gründung eines bedeutenden metallverarbeitenden Industriebetriebes (1864).

Völklingen

☐ 67 qkm; ○ Stadtverband Saarbrücken; Saarland; 66333; 06898; VK; △ 185 m; 43000.

V., 12 km westlich von Saarbrücken beiderseits der mittleren Saar gelegen, ist über die B 51 und B 406 zu erreichen; Anschluß an die Autobahn A 620 Saarbrücken–Merzig (Ausfahrt V.). V. ist D-Zug-Station an der Hauptstrecke Saarbrücken–Trier. Die St hat Amtsgericht, Finanzamt; Realschulen, Gymnasien, Berufsschul-, Ausbildungs- und Umschulungszentrum, Volkshochschule; Kreiskrankenhaus und St. Michael-Krankenhaus; Kraftwerke.

Die früher von der Montanindustrie (Eisen und Kohle) geprägte Wirtschaftsstruktur wurde durch Ansiedlung mittelständischer Industrie- und Gewerbebetriebe verbessert. Die Wirtschaftsförderung konzentriert sich auf die Wiedernutzbarmachung der im Montanbereich brachliegenden Industrieflächen, die aufgrund ihrer verkehrsgünstigen Lage und industriegerechten Infrastrukturausstattung ideale Standorte für zukunftsträchtige Unternehmen darstellen.

Der fränkische Königshof „Fulkolingas" wird erstmals 833 urkundlich erwähnt. Seit Ende des 16. Jh. wurde eisenhaltiges Gestein im heutigen Stadtteil V.-Geislautern verhüttet. 1635 wurde das Dorf zerstört. Die Industrialisierung setzte Mitte des 19. Jh. mit dem Übergang vom Kohlenstollenabbau zum Förderschachtbetrieb ein. 1937 erhielt V. das Stadtrecht. Durch die Zusammenlegung der St V. mit den ehemals selbständigen Gemeinden Ludweiler und Lauterbach entstand im Rahmen der Gebiets- und Verwaltungsreform 1974 die neue Mittelstadt V. – Sehenswert der Warndtdom im Stadtteil Lauterbach, das Warndtheimatmuseum in Ludweiler, das Alte Rathaus in der Stadtmitte und die Gasgebläsehalle. – Alljährlich Innenstadtfest (Juni) und ‚Schmatztage' (September).

Völklingen, Rathausneubau

Voerde (Niederrhein)

☐ 53,48 qkm; ○ Wesel; Nordrhein-Westfalen; 46562; 02855; WES; △ 26 m; 36500.

V., 25 km nordwestlich von Duisburg am Niederrhein gelegen, ist über die B 8 und Autobahn A 3 Oberhausen–Arnheim (Ausfahrt Hünxe/V.) zu erreichen. Bahnstation an der Strecke Duisburg–Wesel–Emmerich. V. hat Realschule, Gymnasium, Sonderschule für Lernbehinderte; Aluminium-Hütte (Hoogovens), Stahl-, Blech- und Rohrbau (Babcock-Werke), Kunststoffverarbeitung (fibron), Kohlekraftwerk (RWE), Maschinenbau (Paurat); Schachtanlage V.-Löhnen; der Rhein-Lippe-Hafen dient dem Ölumschlag, der Rheinhafen Emmelsum dem Umschlag von Industrie- und Massengütern.

V. ist als Siedlung in der Nähe verschiedener adeliger Burghäuser entstanden, darunter das 1344 bezeugte Lehnsgut (und Burg) Vorde, das der Gm den Namen gab. V. stand unter der Lehnshoheit des Benediktinerklosters Werden bis 1803. 1981 wurde V. zur St erhoben. – Sehenswert Haus Voerde (ma. Wasserschloß, Turm Anfang 17. Jh., jetzt Museum, Standesamt und Restaurant).

Alljährlich Karnevalszug, Maimarkt in V.; Martinsmarkt (November) in V.-Friedrichsfeld.

Vohburg a. d. Donau

☐ 45,19 qkm; ○ Pfaffenhofen a. d. Ilm; Bayern; 85088; 08457; PAF; △ 480 m; 5900.

V., 18 km östlich von Ingolstadt zwischen zwei Flußläufen der Donau gelegen, ist über die B 16a und Autobahn A 9 München–Nürnberg (Ausfahrten Ingolstadt-S bzw. Ingolstadt-N) zu erreichen. Bahnstation an der Strecke Ingolstadt–Regensburg. Die St hat Grund- und Hauptschule; Raffinerie.

V. entwickelte sich im Schutz der gleichnamigen Burg, die im 13. Jh. an die Wittelsbacher kam. Herzog Rudolf verlieh dem Mkt 1310 das Stadtrecht (1952 erneuert). Auf der Vohburg brachte Albrecht III. die Augsburger Baderstochter Agnes Bernauer vor seinem Vater Herzog Ernst in Sicherheit (1431–34); die Burg wurde 1641 von den Schweden zerstört. – Bemerkenswert die Reste der ma. Stadtbefestigung (Stadttore, Burgmauer).

Vohenstrauß

☐ 74,06 qkm; ○ Neustadt a. d. Waldnaab; ⚐ Bayern; ✉ 92648; ☎ 09551; 🚗 NEW; △ 561 m; 👪 7100.

V. liegt 24 km südöstlich von Weiden an der B 14 am Fuße des Fahrenberges (801 m) im Oberpfälzer Wald. Die St hat Realschule, landwirtschaftliche Berufsschule, Landwirtschaftsschule, Kreisberufsschule; Spezialhosenfabrik, Glas-, Elektro- und Porzellanindustrie.

V., erstmals 1124 urkundlich erwähnt, erhielt 1378 das Stadtrecht (1912 erneuert). Im Laufe ihrer Geschichte wechselte die St achtzehnmal den Besitzer; u. a. gehörte sie durch die Wahl eines Pfalzgrafen zum dänischen König von 1440–48 zu Dänemark. Unter Pfalzgraf Friedrich III. von Zweibrücken-Veldenz wurde Schloß Friedrichsburg als Residenz erbaut (1586–93).

Volkach

☐ 60,54 qkm; ○ Kitzingen; ⚐ Bayern; ✉ 97332; ☎ 09381; 🚗 KT; △ 199 m; 👪 8500.

V., 25 km östlich von Würzburg an einer weiten Mainschleife gelegen, ist über die Autobahn A 3 Würzburg–Nürnberg (Ausfahrt Kitzingen/Volkach) und Autobahn A 7 Würzburg–Fulda–Bad Hersfeld (Ausfahrt Würzburg-Estenfeld) zu erreichen. Die St hat Realschulen, Gymnasium; Obst (Zwetschgen)-, Gemüse (Spargel)- und Weinanbau sowie kleinere Industrie- und Gewerbebetriebe (Zweigbetrieb der Schweinfurter Kugellagerindustrie, Glasindustrie, Herstellung von Baustoffen); von großer Bedeutung ist ferner der Fremdenverkehr.

V., erstmals 906 urkundlich genannt, erhielt vor 1258 das Stadtrecht. Ursprünglich Besitz des Klosters Fulda, kam V. über die Grafen zu Castell 1328 zum Teil und 1520 ganz an das Hochstift Würzburg; 1803 wurde es bayerisch. – V. besitzt eine Reihe von bemerkenswerten Baudenkmälern: Stadtpfarrkirche (1413–1597; Umbau im 18. Jh.), Rathaus (1544 beg.), Schelfenhaus (1720; Aufbewahrungsort des „Salbuches“, eines Rechtshandbuches aus dem Jahre 1504), Fachwerk (Lateinschule)- und Bürgerhäuser aus dem 16.–18. Jh., die Wallfahrtskirche St. Maria im Weingarten (15. Jh.) mit der „Madonna im Rosenkranz“ (1524) von Tilman Riemenschneider. – Alljährlich im August „Fränkisches Weinfest“.

Volkmarsen

☐ 67,47 qkm; ○ Waldeck-Frankenberg; ⚐ Hessen; ✉ 34471; ☎ 05693; 🚗 KB; △ 180 m; 👪 6500.

V., 35 km nordwestlich von Kassel zwischen Twiste und Erpe am Nordrand des Naturparks Habichtswald gelegen, ist über die Autobahn A 44 Kassel–Dortmund (Ausfahrten Breuna und Warburg) zu erreichen. Die St hat Grund-, Haupt- und Realschule, Höhere Schule (für belgische Kinder); Armaturenfabrik, Nährmittelindustrie; Sauerbrunnen (Heilanzeigen bei Nieren-, Blasen- und Gallenleiden).

Die über der St liegende Kugelsburg (seit 1758 Ruine) wurde um die Wende vom 12. zum 13. Jh. als Stützpunkt des Klosters Corvey angelegt. Die in ihrem Schutz sich entwickelnde Siedlung erhielt das Stadtrecht vor 1233. Über Kurköln (seit dem 14. Jh.) kamen Burg und St 1802 an Hessen-Darmstadt und 1818 an Kurhessen. V. besitzt mit der Marienkirche eine frühgotische Hallenkirche (13. Jh.); bemerkenswert ferner das Rathaus aus dem 14. Jh. und zahlreiche Fachwerkhäuser (17./18. Jh.).

Vreden

☐ 135,52 qkm; ○ Borken; ⚐ Nordrhein-Westfalen; ✉ 48691; ☎ 02564; 🚗 BOR; △ 40 m; 👪 19200.

V. liegt im westlichen Münsterland an der Berkel, 3 km von der niederländischen Grenze entfernt; Anschluß an die Autobahn A 31 Ruhrgebiet–Emden (Ausfahrten Gescher/Coesfeld und Legden/Ahaus); Verkehrslandeplatz in Wenningfeld (5 km). Die St hat Gymnasium, Musikschule, Sonderschule für Lernbehinderte; mittlere Industriebetriebe (Textil- und Bekleidungsindustrie, Stahl-, Maschinen- und Fahrzeugbau, holzverarbeitende, Druck- und Vervielfältigungs- sowie elektrotechnische Industrie, papiererzeugende Industrie, Schmuckwarenfabrik) und Agrarwirtschaft. – V. ist Bundeswehrstandort (Bundeswehrdepot).

V., erstmals 839 anläßlich der Überführung von Reliquien römischer Märtyrer urkundlich erwähnt, entstand in der Nähe des zu Beginn des 9. Jh. gegründeten adeligen Damenstiftes. 1252 wurde die St von dem Kölner Erzbischof und dem Bischof von Münster, den Grund- bzw. Landesherren, gemeinsam befestigt. 1316 kam die St ganz an die Bischöfe von Münster, die V. nach den Zerstörungen von 1324 erneut mit starken Wehranlagen und einer festen Burg ausstatteten. Von 1470 bis 1619 war die St unter Münster und Coesfeld Mitglied der Hanse. 1803 wurde das Stift aufgehoben und dem Fürsten Salm-Salm zu Anholt zugesprochen. 1811 und 1857 wurden große Teile der St durch Brände zerstört. Im 2. Weltkrieg erlitt V. ebenfalls schwere Schäden durch Luftangriffe (1945).

Sehenswürdigkeiten: Rom. Stiftskirche (12. Jh.) mit einer Hallenkrypta aus dem 11. Jh.; unter der Pfarrkirche St. Georg ausgegrabene Ringstollenkrypta aus dem 9. Jh. und ottonische Hallenkrypta aus dem 12. Jh., spätgot. Holzplastiken, schöner Flügelaltar der Antwerpener Schule (um 1520); Barockkirche Zwillbrock (1717–1748) mit prachtvoller, restaurierter Ausstattung; fürstbischöfl. Burg und Reste der alten Stadtmauer; Hamaland-Museum (vor- und frühgeschichtliche, stadtgeschichtliche und bedeutende volkskundliche Sammlungen aus dem Westmünsterland); Bauernhaus-Museum (Haus mit Nebengebäuden aus dem 18. Jh., Bauernmöbel, bäuerliches Haus- und Arbeitsgerät).

Westlich von Vreden befindet sich das Zwillbrocker Venn (157 ha großes Naturschutzgebiet mit Lachmöwen-Brutkolonie); nördlich von Vreden liegen die Naturschutzgebiete Lüntener Fischteiche und Schwattet Gatt.

Alljährlich Heimattag (März), Große V. Volkskirmes (September), Hamalandtag (Oktober), Buchsonntag (November); im Juni traditionelle Konzerte.

Wachtberg

□ 49,67 qkm; ○ Rhein-Sieg-Kreis; ⚐ Nordrhein-Westfalen; ✉ 53343; ☎ 0228; 🚗 SU; △ 250 m; 👫 16600.

W. ist 1969 durch Zusammenschluß der ehem. selbständigen Gemeinden Adendorf, Arzdorf, Fritzdorf, Berkum, Gimmersdorf, Holzem, Ließem, Nieder- und Oberbachem, Pech, Villip, Werthhoven und Züllighoven unter neuem Namen entstanden. Die Gm liegt 10 km südlich von Bonn-Bad Godesberg am Rande des Naturparks Kottenforst. W. hat Anschluß an die Autobahn A 61 Koblenz–Mönchengladbach (mit Abzweigung A 565 AB-Kreuz Meckenheim–Bonn; Ausfahrten Meckenheim/Merl und Meckenheim-Nord); Grundschulen, Hauptschule, Volkshochschule; Töpfereien (W.-Adendorf), Landwirtschaft. Die meisten Ortsteile von W. gehören zum „Drachenfelser Ländchen", das ursprünglich unter der Herrschaft der Drachenburg auf dem Drachenfels (gegenüberliegende Rheinseite) stand. Als älteste Ortsteile werden Fritzdorf (774), Villip (873), Adendorf (893) und Werthhoven (856) erstmals urkundlich erwähnt.

Sehenswürdigkeiten: Burgen in Adendorf, Villip und Berkum; Vulkangebiet Rodderberg bei Niederbachem; Raaf-Kapelle in Holzem; Radioteleskop bei Werthhoven. – Alljährlich Reit- und Springturnier und Golfwettspiele in Oberbachem.

Wadern

□ 111 qkm; ○ Merzig-Wadern; ⚐ Saarland; ✉ 66687; ☎ 06871; 🚗 MZG; △ 250–600 m; 👫 17000.

W. schloß sich 1975 im Rahmen der Gebietsreform mit 17 umliegenden Orten zur St Wadern zusammen. Die St liegt 45 km nördlich von Saarbrücken am Fuße des Schwarzwälder Hochwaldes im nördlichen Saarland. W. hat Amtsgericht, Forstamt; Realgymnasium, Berufsschulzentrum (Ortsteil Nunkirchen), Handelsschule, kaufm. Berufsschulen, Wirtschaftsschule; Gummiindustrie (Saar-Gummiwerk im Ortsteil Büschfeld), Werkzeug- und Maschinenbau, Kunststoffindustrie (Ortsteil Lockweiler) und chemische Industrie (Ortsteil Dagstuhl); von Bedeutung ist ferner der Fremdenverkehr (Reiterzentrum im Ortsteil Nunkirchen).

Die Gemarkung von W. ist seit prähistorischer Zeit besiedelt (Funde aus der Jüngeren Steinzeit, Kelten- und Römerzeit). Der „Ort am Wasser" (am Zusammenfluß dreier Bäche zur Prims) lag am Schnittpunkt zweier alter Handelsstraßen. Die erste urkundliche Erwähnung ist 802 in einer Grenzbeschreibung für den Stadtteil W.-Büschfeld bezeugt. Im MA gehörten Teile des Stadtgebietes zum Kurfürstentum Trier, zum Herzogtum Lothringen und zur reichsfreien Grafschaft Dagstuhl von Öttingen-Sötern. Ein 1765 übertragenes Marktrecht gab Aufschwung für Handel und Gewerbe. 1815 fiel der Marktflecken W. an Preußen. – Wahrzeichen von W. sind der alte Marktbrunnen und mehrere Barockbauten aus der Residenzzeit; bemerkenswert ferner Schloß Dagstuhl (1760 erbaut, jetzt Altenwohnheim).

Wadersloh

☐ 116,64 qkm; ○ Warendorf; ⚐ Nordrhein-Westfalen; ✉ 59329; ☎ 02523; 🚗 WAF; △ 103–139 m; 👥 11600.

W. schloß sich 1975 im Zuge der Gebietsneuordnung mit den ehemaligen Gemeinden Liesborn und Diestedde zusammen. Die Großgemeinde liegt 35 km westlich von Paderborn in der münsterländischen Bucht am Rand der Beckumer Berge. W. hat Grundschulen, Hauptschule, Realschule, priv. Gymnasium; Apparatebau, holzverarbeitende Industrie, Landwirtschaft; Fremdenverkehr.

W. wird erstmals 1193 urkundlich genannt. – Sehenswert die ehem. Benediktinerklosterkirche (1301–1465) im Ortsteil Liesborn und das Museum Abtei Liesborn.

Wadgassen

☐ 25,93 qkm; ○ Saarlouis; ⚐ Saarland; ✉ 66787; ☎ 06834; 🚗 SLS; △ 187 m; 👥 19000.

W. schloß sich 1974 im Zuge der Gebietsreform mit den Nachbargemeinden Differten/Friedrichsweiler, Hostenbach, Schaffhausen und Werbeln zur Großgemeinde zusammen. Die Gm liegt 20 km nordwestlich von Saarbrücken an der Saar und an der B 406; Anschluß an die Autobahn A 620 Saarbrücken–Luxemburg (Ausfahrt W.); Bahnstation an der Strecke Saarbrücken–Metz/Trier. W. hat Grund- und Hauptschulen, Gesamtschule, Sonderschule für Lernbehinderte; Heilpädagogisches Zentrum. Kristallfabrik, Werk zur Herstellung von Transportanlagen, Blechwalzwerk (Ortsteil Hostenbach).

W. wird erstmals 902 urkundlich genannt. Die 1135 gegründete Prämonstratenserabtei (1791 aufgelöst) war Grablege der Grafen von Saarbrücken; einige der ehemaligen Klostergebäude aus dem 18. Jh. dienen heute als Fabrikräume. Die Ortsteile Differten und Hostenbach sind erstmals 1033 bzw. 1225 bezeugt. – Sehenswertes Museum für historische Zweiräder. – Alljährlich Sommer-Akademie und Sommertheater (Kulturzentrum ‚Cristallerie W.').

Wächtersbach

☐ 50,73 qkm; ○ Main-Kinzig-Kreis; ⚐ Hessen; ✉ 63607; ☎ 06053; 🚗 HU; △ 200 m; 👥 10100.

W., Erholungsort im Kinzigtal zwischen Spessart und Vogelsberg 33 km nordöstlich von Hanau am Schnittpunkt der B 40 und B 276, ist D-Zug-Station an der Strecke Frankfurt a. M.–Kassel–Hannover; Anschluß an die Autobahn A 66 Wiesbaden–Bad Soden–Salmünster (Ausfahrt Bad Orb/W.). Die St, Sitz des Wasserverbandes Kinzig, hat Gesamtschule mit gymnasialem Zweig, Ausbildungsstätte des Deutschen Entwicklungsdienstes (Schloß); kunststoffverarbeitende, Hartstein-, keramische u. a. Industrie (Herstellung von Isolierwolle), Brauerei.

Die Geschichte von W. ist eng mit dem Büdinger Wald, dem Jagdgebiet der deutschen Kaiser, verknüpft. Von dem mit dem Wald belehnten Erbburggrafen von Gelnhausen ging das Lehensrecht um 1200 auf die Grafen von Büdingen über, unter deren Herrschaft W. 1236 erstmals bezeugt ist. Nach dem Erlöschen des Geschlechtes fiel W. 1258 an die Herren von Ysenburg; 1444 wurde der Ort zur St erhoben. Seit 1685 war W. Residenz der Grafen von Ysenburg-W. (bis 1806). Über das Fürstentum Ysenburg-Birstein, das Großherzogtum sowie das Kurfürstentum Hessen kam W. 1866 an Preußen. – Sehenswert das Schloß mit Park und Teichen, die Wehrkirche (Turm 13. Jh.), Reste der Stadtbefestigung und mehrere Fachwerkhäuser. – Alljährlich W. Frühjahrsmesse (Himmelfahrtswoche).

Waghäusel

☐ 42,85 qkm; ○ Karlsruhe; ⚐ Baden-Württemberg; ✉ 68753; ☎ 07254; 🚗 KA; △ 106 m; 👥 17400.

Die Großgemeinde W. entstand 1975 durch Zusammenschluß der früheren Gemeinden Kirrlach, Waghäusel und Wiesental; 1984 erfolgte die Stadterhebung. W., in der Rheinebene zwischen Mannheim und Karlsruhe gelegen, ist über die Autobahn A 5 Mannheim–Basel (Ausfahrt Kirrlach/Kronau) zu erreichen. Bahnstation an der Strecke Mannheim–Karlsruhe. W. hat Grund-, Haupt- und Realschulen; Zuckerfabrik, Bekleidungs-, Elektro-, Bau- und Bauzulieferungsindustrie, Apparatebau und Fabrikation von hydraulischen Pressen; Spargelanbau.

Der Stadtteil Kirrlach (»Kyrlohe«) ist erstmals 1234 bezeugt, der Stadtteil Wiesental wurde 1297 vom Speyrer Bischof von Bolanden als Rodungssiedlung im Forst Lußhardt gegründet. – Bemerkenswert im Stadtteil K. der gotische Schnitzaltar (15. Jh.) in der Taufkapelle der kath. Pfarrkirche und im Stadtteil Waghäusel das Kapuzinerkloster mit Wallfahrtskirche (1472; 1922 erneuert).

Waiblingen

Waging a. See

☐ 48,91 qkm; ○ Traunstein; ⚐ Bayern; ✉ 83329; ☎ 08681; 🚗 TS; △ 465 m; 👥 5400.

W., Luftkurort 30 km nordwestlich von Salzburg an der Westseite des Waginger Sees (wärmster See Oberbayerns) im Alpenvorland, ist über die Autobahn A 8 München–Salzburg (Ausfahrt Siegsdorf/Traunstein) zu erreichen. Der Mkt hat Volksschule, Volkshochschule; Edelpilzkäsewerk, lebhaften Fremdenverkehr (Kuranlagen am W. See).

Wahlstedt

☐ 15,74 qkm; ○ Segeberg; ⚐ Schleswig-Holstein; ✉ 23812; ☎ 04554; 🚗 SE; △ 36–50 m; 👥 9100.

W. liegt 40 km westlich von Lübeck am Rande des Segeberger Forstes. Die St hat Verkehrslandeplatz; Grund- und Hauptschule, Realschule, Verwaltungsschule für Krankenkassenangestellte aus Schleswig-Holstein, Volkshochschule; Glaswerke (VEBA-Glas AG.), Fertighausbau (OKAL, Kreibaum AG.), Kaffee-Großhandlung, Werk zur Herstellung von medizinischen und kosmetischen Watten.

W., erstmals 1137 urkundlich erwähnt, erhielt 1967 Stadtrechte.

Waiblingen

☐ 42,67 qkm; ○ Rems-Murr-Kreis; ⚐ Baden-Württemberg; ✉ 71332*; ☎ 07151; 🚗 WN; △ 208–426 m; 👥 47000.

W. liegt 12 km östlich von Stuttgart an der Rems. Zufahrt über die B 14 und B 29. Bahnstation an den Strecken Stuttgart–Backnang bzw. Stuttgart–Schwäbisch Gmünd. W. ist Sitz eines Amtsgerichts und der Kreisverwaltung sowie zahlreicher Bildungseinrichtungen (Gymnasien, Wirtschaftsgymnasium, Realschule, gewerbliche Berufs- und Berufsfachschulen, Hauswirtschaftsschule, Volkshochschule, Sonderschulen für lernbehinderte und bildungsschwache Kinder, Gemeinnützige Werkstatt für Behinderte). Die St hat Kreiskrankenhaus, metallverarbeitende Betriebe, Kunststoffindustrie, Großgärtnereien (Nelken, Orchideen).

W., erstmals 885 urkundlich erwähnt, war Kaiserpfalz unter den Karolingern, Saliern und Staufern. Stadterhebung um 1250 durch die Grafen von Württemberg. Im Dreißigjährigen Krieg (1634) wurde W. größtenteils zerstört. Erhalten blieben die spätgot. Michaelskirche (1480–89), das alte Rathaus und Reste der Stadtbefestigung mit Mauergang und Torturm; bemerkenswert ferner der Beinsteiner Torturm mit Sgrafittogemälde, die Nikolauskirche (1269), Nonnenkirchlein (1496/1510) und das Museum. In Beinstein Sebastianskirche mit Fresken (1459), Rathaus (1582), Fachwerkhäuser; in Bittenfeld Geburtshaus von Schillers Vater; frühgot. Ulrichskirche (1483). – Alljährl. Altstadtfest (Juni), Martini-Markt (November).

Waibstadt

□ 25,58 qkm; ○ Rhein-Neckar-Kreis; ⚐ Baden-Württemberg; ✉ 74915; ☎ 07263; 🚗 HD; △ 172 m; 👫 5100.

W. liegt 25 km südöstlich von Heidelberg in einer Senke des Schwarzbachtals im Kraichgauer Hügelland. Die St ist über die B 292 und Autobahn A 6 Heilbronn–Mannheim (Ausfahrt Sinsheim) zu erreichen. Bahnstation an der Strecke Heidelberg–Meckesheim–Aglasterhausen. W., Sitz eines Verwaltungsverbandes, hat Grund-, Haupt- und Realschule.

W., erstmals 795 bezeugt, erhielt im 11./12. Jh. das Stadtrecht, das 1347 erneuert wurde.

Waldbröl

□ 63,02 qkm; ○ Oberbergischer Kreis; ⚐ Nordrhein-Westfalen; ✉ 51545; ☎ 02291; 🚗 GM; △ 200–399 m; 👫 16500.

W., 30 km westlich von Siegen im Oberbergischen Land im Bröltal gelegen, ist über die B 256 und B 478 zu erreichen. Die St, Behörden-, Schul- und Einkaufszentrum für den südlichen Teil des Oberbergischen Kreises, hat Amtsgericht, Garnison der Bundeswehr; Schulzentrum (Hauptschule, Realschule, Gymnasium, Gesamtschule), Sonderschule für Lernbehinderte, Volkshochschule, berufsbildende Schulen, Krankenpflege- und Kinderkrankenpflegeschule, Akademie für psychologische Verteidigung der Bundeswehr; Kreiskrankenhaus; Lederwarenfabrik, Ladenbau, Viehhandel; ein Wirtschaftsfaktor von Bedeutung ist ferner der Fremdenverkehr.

W., erstmals 1131 urkundlich genannt (»Waltprugele«), kam über die Herrschaft Homburg 1604 an das Herzogtum Berg und 1815 an Preußen. 1957 wurde W. zur St erhoben. Neben dem zentralen Ort mit städt. Charakter umfaßt W. 62 über die Gemarkung verstreute Ortsteile. – Sehenswert der rom. Turm und Taufstein (12. Jh.) der ev. Kirche. – In W. findet 14tägig Westdeutschlands größter Vieh- und Krammarkt statt.

Waldbronn

□ 11,35 qkm; ○ Karlsruhe; ⚐ Baden-Württemberg; ✉ 76337; ☎ 07243; 🚗 KA; △ 180–320 m; 👫 12400.

W. lautet seit 1957 der neue Name der Gm Reichenbach, die 13 km südöstlich von Karlsruhe über die Autobahn A 8 Karlsruhe–Stuttgart (Ausfahrt Karlsbad) zu erreichen ist. W., Luftkurort (seit 1968) und bevorzugter Wohnort im nördlichen Schwarzwald zwischen den Großstädten Karlsruhe und Pforzheim, hat Grund- und Hauptschulen, Volkshochschule, Musikschule; Betriebe für Flug- und Instrumententechnik; Thermalquelle, Kurklinik; Fremdenverkehr.

Reichenbach, das erstmals 1292 urkundlich genannt wird, war Grenzort und Zollstation zwischen der Markgrafschaft Baden und dem Herzogtum Württemberg.

Sehenswert das Radio- und Heimatmuseum und Fachwerkhäuser. – Alljährlich Kurparkfest (September) und Kirchweih (Oktober).

Waldeck

□ 115,74 qkm; ○ Waldeck-Frankenberg; ⚐ Hessen; ✉ 34513; ☎ 05634 (W.-Sachsenhausen), 05623 (Waldeck), 05695 (W.-Dehringhausen); 🚗 KB; △ 400 m; 👫 7000.

W. ist Luftkurort an der Edertalsperre 16 km nordwestlich von Bad Wildungen. Zufahrt über die B 251 und B 485; Bahnstation an der Strecke Brilon-Wald–Bad Wildungen. W. hat Grund-, Haupt- und Realschulen; blechverarbeitende und Möbelindustrie, mittelständische Betriebe im Bau- und metallverarbeitenden Gewerbe, Molkerei und Landwirtschaft; Fremdenverkehr.

W. entstand im Schutz der gleichnamigen, später zum Schloß umgebauten und bis heute erhaltenen Burg, die 1180 von den Grafen von Schwalenberg in den Besitz der Grafen von W. überging. Die Burg war Sitz und Residenz des Geschlechtes bis 1665. 1132 wurden der Burgsiedlung die Stadtrechte verliehen. 1970 bis 1974 schlossen sich die ehem. selbständigen Städte und Gemeinden Alcraft, Dehringhausen, Freienhagen, Höringhausen, Netze, Nieder-Werbe mit der Halbinsel Scheid, Ober-Werbe, Sachsenhausen, Selbach und Waldeck zusammen. – Sehenswert außer der Burg die ev. Pfarrkirche mit spätgot. Schnitzaltar im Stadtteil Netze; Burg- (Waldeck) und Heimatmuseum (Höringhausen); Klosterruine in Ober-Werbe und der Edersee mit Schloß und Sperrmauer. – Im Juli Wasser- und Lichterfest am Edersee.

Waldenbuch

□ 22,69 qkm; ○ Böblingen; ⚐ Baden-Württemberg; ✉ 71111; ☎ 07157; 🚗 BB; △ 330 m; 👫 7500.

W. liegt 23 km südlich von Stuttgart im Aichtal am Rande des Naturparks Schönbuch an der B 27. Flughafen Stuttgart-Echterdingen 13 km. Die St hat Grund-, Haupt- und Realschule, Bildungswerk; Schokoladenfabrik (Ritter), Werk für chemisch-technische Erzeugnisse.

W., erstmals 1296 urkundlich erwähnt, erhielt vor 1363 (Verkauf an Württemberg) Stadtrechte. Die württembergischen Grafen errichteten auf der Kuppe des heutigen Schloßberges seit 1562 anstelle einer ma. Burg ein Jagdschloß, das nach mehreren Erweiterungen 1719 unter Herzog Eberhard Ludwig vollendet wurde; die neben dem Schloß 1607 erbaute Kirche (Turm 1707) erhielt im Kirchenschiff in zwei Dachböden einen Fruchtkasten; ferner bemerkenswert einige Fachwerkhäuser (u.a. Rathaus). – 13 km südwestlich von W. liegt die ehem. Zisterzienserabtei Bebenhausen (13.–16. Jh.).

Waldenburg

□ 12 qkm; ○ Landkreis Glauchau; ⚐ Freistaat Sachsen; ✉ 08396; ☎ 03 76 08; 🚗 GC; △ 250 m; 👥 4270.

Die Töpferstadt W. ist über die A 4 / E 40, Ausfahrten Glauchau oder Hohenstein-Ernstthal (jeweils ca. 8 km), und über die B 175 und B 180, die in W. einander kreuzen, zu erreichen. Bf. an der Reichsbahnstrecke Glauchau-Großbothen (Muldentalbahn). Die nächsten Flughäfen sind Dresden-Klotzsche und Leipzig/Halle (ca. 100 km).

W. hat Stadtverwaltung, Sächs. Forstamt (Revier Waldenburg).

Bildungseinrichtungen: Gesamtschule, Pädagog. Schule für Kindergärtnerinnen.

Kulturstätten: Heimatmuseum und Naturalienkabinett, Stadtbücherei.

Wirtschaft: Fleisch und Wurst GmbH Primus, Trafobau, Töpferhandwerk u.a. handwerkliche Betriebe.

Geschichte: W. liegt im Tal der Zwickauer Mulde, 8 km nordöstlich von Glauchau. Noch um 1100 gehörte das Gebiet zum Urwald „Miriquidi", der sich vom Erzgebirge nordwärts erstreckte. An günstigen Stellen hatten sich bereits im 6. Jh. Slawen niedergelassen. Die Urbarmachung ordneten die kaiserlichen Dienstmannen des Hohenstaufenkaisers Friedrich I. an. Der Reichsministeriale Hugo von Wartha ließ gemeinsam mit dem kaiserlichen Marschall Rudolf von Brand 1165–1172 eine Burg errichten, späterer Mittelpunkt der Herrschaft Waldenburg. Sie diente dem Schutz der Salzstraße von Halle über Altenburg, W. und Lößnitz nach Böhmen.

Gleichzeitig mit der Burg entstand am gegenüberliegenden Muldenufer ein Vorwerk mit bäuerlicher Ansiedlung – Altwaldenburg. Die eigentliche Stadt am linken Muldenufer war eine planmäßige Gründung der Herren von Waldenburg Ende des 13. Jh. Die Stadtmauer verlief parallel zu den trapezförmigen Seiten des Marktes und war durch vier Tore unterbrochen. Das Handwerk bildete die Grundlage der städtischen Wirtschaft; die Handwerker schlossen sich zu Innungen zusammen. Im ältesten bekannten Innungsbrief für das Töpferhandwerk bestätigt Friedrich XI. von Schönburg 1388 die Rechte der Innung. Ein Stadtbrand von 1482, verursacht durch einen Brennofen, führte zur stadtherrlichen Anweisung, die Töpferwerkstätten außerhalb der Mauern zu errichten. Infolge einer Erbregelung zwischen Johannes I. von Waldenburg und Friedrich von Schönburg-Hassenstein kam die St zwischen 1373 und 1378 in Besitz der Herren von Schönburg, denen auch die Herrschaften Glauchau und Lichtenstein gehörten. Die Bestrebungen Kursachsens, die selbständige schönburgische Herrschaft in ihren Staat einzuordnen, waren erst 1740 erfolgreich. 1430 besetzten Hussiten die St und brannten sie, die Burg und Altwaldenburg nieder. Im 30jährigen und im Siebenjährigen Krieg litt die St unter Einquartierungen kaiserlicher bzw. preußischer Truppen. Die Entwicklung der St ist eng mit dem Namen Otto Karl Friedrich von Schönburg verbunden, der 1779 die Regierung übernahm und 1790 in den Reichsfürstenstand erhoben wurde. Er veranlaßte umfangreiche bauliche Veränderungen an den Schlössern W., Lichtenstein und Rüßdorf und ließ den Grünfelder Park anlegen, eine bedeutende Schöpfung sächsischer Gartenbaukunst im englischen Stil. Während der Regentschaft seines Sohnes Otto Viktor I. wurde 1848 das Schloß von Bauern, Bürgern und Gesellen, die gegen die hohen Feudalleistungen und die zunehmende Verelendung protestierten, niedergebrannt. Der Neuaufbau erfolgte 1855–1859 im Stil der englischen Tudor-Gotik. 1900–1912 erfolgte der letzte Um- und Erweiterungsbau im neubarocken Stil. Unter Fürst Günther (1887–1960), der in Cambridge, München, Leipzig und Darmstadt studiert hatte, entwickelte sich Waldenburg in wirtschaftlicher, kultureller und künstlerischer Hinsicht. Land- und Forstwirtschaft gelangten zu beachtlicher Blüte. Fürst Günther war der erste Großgrundbesitzer in Sachsen, der alle landwirtschaftlichen Güter aus der Pacht entließ und ihre Eigenbewirtschaftung forderte. W. ist seit je und auch heute vom Handwerk, insbesondere der Töpferei, und von Kleinbetrieben, die aus Manufakturen hervorgingen, geprägt. 1782 gab es 44 Töpfereien, die nicht nur für Bürgertum und Apotheken, sondern auch für repräsentative Zwecke des Adels produzierten, sowie 17 Tonpfeifenmacher.

Baudenkmäler und Sehenswürdigkeiten: Rathaus von 1731 mit 1741 angeblendeter Freitreppe, der sog. Brotbank; Kirche St. Bartholomäus (1. Hälfte 15. Jh.), Aufsatz des Westturmes 2. Hälfte 15. Jh., Südportal, Sakristeianbau und Treppenturm 2. Hälfte 16. Jh.; Weinkellergasse mit Hauszeichen; röm.-kath. Kirche, 1662–64 erbaut; ehemal. Lehrerseminar, von Otto Viktor I. 1844 errichtet, heute Kindergärtnerinnenschule; Schloß Waldenburg, 1945 enteignet und als Fachkrankenhaus für Tuberkulose und Lungenkrankheiten eingerichtet; Grünfelder Park (104 ha) im englischen Stil; Gasthof „Zum Hirsch" in Altwaldenburg, Schankrecht seit 1618. Heimatmuseum und Naturalienkabinett: Grundstock des Naturalienkabinetts bildet die 1841 aufgekaufte Sammlung der Leipziger Apothekerfamilie Linck, eine einzigartige Sammlung botanischer, zoologischer, mineralogischer, paläontologischer Kostbarkeiten und Kuriositäten. Das Heimatmuseum informiert über die Stadtgeschichte und Geschichte der Töpferei.

Waldheim

□ 6,75 qkm; ○ Landkreis Döbeln; ⚐ Freistaat Sachsen; ✉ 04736; ☎ 034327; 🚗 DL; △ 180–270 m; 👥 10000.

Waldheim ist zu erreichen über die A 4 / E 40 (Ausfahrt Hainichen) und die A 14 / E 49 (Ausfahrt Döbeln Nord). Bundesstraßen berühren W. nicht. Von der B 169 kommt man über Gebersbach/Knobelsdorf, von der B 175 über Hartha nach W.

W. ist Schnellzugstation an der Bahnstrecke Chemnitz–Berlin. Eine Nebenbahn führt von W. über Geringswalde und Rochlitz bis Altenburg. Nächste Flughäfen sind Dresden-Klotzsche und Leipzig/Halle (je etwa 60 km entfernt).

W. hat Stadtverwaltung, Polizeiposten und Justizvollzugsanstalt. Bildungseinrichtungen: Grund-/Mittelschulen, Förderschule für Lernbehinderte.

Wirtschaft und Industrie: In W. ist die Kosmetikindustrie (FLORENA), die Papierindustrie, die Polstermöbelbranche und die Sitzmöbelindustrie zu Hause (Bestuhlung für Theater, Kinos, Kongreßzentren und Sportstätten). Neben einer Vielzahl mittelständischer Gewerbe finden sich eine Brauerei, die Brückenmühle und die Waldheimer Gewürze GmbH. Im Umland werden Land- und Viehwirtschaft sowie Gartenbau betrieben.

Geschichte: W. ist die zweitgrößte Stadt im Landkreis Döbeln, die erstmals 1198 urkundlich erwähnt wird. In dieser Zeit entstand auch eine Burg. Das vollständige Stadtrecht ist 1324 verliehen worden. W. liegt im Tal der Zschopau und verdankt seine Entwicklung einer alten Handelsstraße, die von Norddeutschland über W. nach Böhmen führte und an einer Furt den Fluß überquerte. Um 1300 gehörte der Ort zusammen mit Hartha und 30 weiteren Dörfern dem Burgherren von W. und kam 1362 zur Herrschaft Kriebstein. Dietrich von Beerwalde erbaute die Burg Kriebstein und wandelte die Burg W. 1404 in ein Augustinerkloster um, das bis 1549 bestand. 1588 erwarb Kurfürst Christian den Besitz und ließ die baufällige Burg in ein Jagdschloß umbauen. An die Stelle der seit dem 14. Jh. bestehenden Kapelle trat die Schloßkirche. 1716 wurde das Gebäude Zucht-, Armen- und Waisenhaus, seit dem 19. Jh. dient es ausschließlich als Strafvollzugsanstalt.

1336 wird erstmals eine Zschopaubrücke urkundlich erwähnt, für die die Stadtkirche St. Nikolai den Zoll erhob. Die Holzbrücke bekam später steinerne Ufermauern und Pfeiler und war zeitweise überdacht. Die heutige steinerne Brücke entstand 1862 und wurde 1885/1886 verbreitert. Ein Feuer zerstörte 1832 die St-Kirche auf dem Marktplatz; die neue Kirche wurde auf dem Kellerberg errichtet und 1842 geweiht. Das Rathaus an der Zschopaubrücke brannte, wie die ganze Stadt, mehrfach ab. Das 1902 im Jugendstil errichtete heutige Rathaus gehört zu den Wahrzeichen der Stadt. Nach Fertigstellung der Eisenbahnstrecke Riesa–Chemnitz 1852 weitete sich die Stadt auch auf dem linken Zschopauufer aus (Leipziger Vorstadt). Bedeutende Industriebauten und imposante Wohnhäuser im Jugendstil entstanden. Der Obermarkt bekam mit dem Wettinbrunnen ein neues Gesicht.

Baudenkmäler: Rathaus u. mehrere Wohn- und Fabrikgebäude im Jugendstil; Komplex der Justizvollzugsanstalt mit Kirche (ehemal. Schloß); gemauerte Eisenbahnviadukte in Diedenhain und Heiligenborn. Kellerberg (einst Bergwerk); Napoleonhaus Niedermarkt 8; Burg und Talsperre Kriebstein. „Die Knieende", Plastik des in W. geborenen Bildhauers Georg Kolbe, vor der Sparkasse.

Periodische Veranstaltungen: Saisoneröffnung der Kanusportler am Karfreitag auf der Zschopau; Stadtfest (1. Wochenende im August); Stadtsportfest im September; Nikolaus- u. Weihnachtsmarkt ab 6. Dezember.

Waldkappel

□ 96,47 qkm; ○ Werra-Meissner-Kreis; ⚐ Hessen; ✉ 37284; ☎ 05656; 🚗 ESW; △ 230–520 m; 👫 5150.

W., staatl. anerkannter Erholungsort in waldreicher Umgebung 39 km südöstlich von Kassel am Fuß des Hohen Meißners, ist über die B 7 zu erreichen. Die St hat Grund- und Hauptschule, Realschule; Fremdenverkehr.

W. verdankt seinen Namen einer Kapelle, die auf dem Frauenberg stand. Der Ort wird erstmals 1226 urkundlich genannt. In den Besitz der Siedlung teilten sich neben den Herren von Kappel drei weitere Adelsgeschlechter; später kam der Ort, der an der alten Handelsstraße Kassel–Leipzig lag, an die Landgrafen von Hessen, unter denen W. um 1415 zur St erhoben wurde. Durch Brände und Kriegseinwirkung wurde die St 1534, 1637, 1854 und zuletzt 1945 (40%) zerstört. Nach dem 2. Weltkrieg Ausbau zur Mittelpunktgemeinde.

Waldkirch (Breisgau)

□ 48,47 qkm; ○ Emmendingen; ⚐ Baden-Württemberg; ✉ 79183; ☎ 07681; 🚗 EM; △ 263–1243 m; 👫 18900.

W., Kneippkurort 14 km nordöstlich von Freiburg i. Br. im Elztal am Fuß des 1243 m hohen Kandel (südlicher Schwarzwald), ist über die B 294 zu erreichen. W. hat Amtsgericht; Gymnasium, Realschule, Kreislandwirtschaftsschule, Kreisberufsschulen, Höhere Handelsschule, Sonderschule für Lernbehinderte, Sehbehindertenschule; Herz- und Kreislaufklinik; Uhrenfabrik, Schaugeschäfte- und Wohnwagenbau, graphische Großbetriebe.

W. war Klosterdorf des um 918 von Burkhard I., Herzog von Schwaben, gegründeten Margarethenklosters. Später entstand unter dem Schutz der Freivögte in der Talsohle eine befestigte Siedlung, der die Herren von Schwarzenberg um 1300 die Stadtrechte verliehen. Die über der Stadt liegenden Burgen Schwarzenberg (Mitte des 12. Jh. erbaut) und Kastelburg (um 1260) wurden um 1580 aufgegeben bzw. 1634 zerstört. – Sehenswert die Stiftskirche St. Margarethen (zwischen

Waldkirch i. Br.

1732–34 von dem Barockbaumeister Peter Thumb erbaut, mit Rokokosaal im Propsteigebäude), das Elztäler Heimatmuseum und das Wildgehege.

Waldkirchen (Niederbayern)

□ 80,03 qkm; ○ Freyung-Grafenau; ⚐ Bayern; ✉ 94065; ☎ 08581; 🚗 FRG; △ 490 bis 948 m; 👫 9500.

W., Luftkurort und Wintersportplatz im Bayerischen Wald 25 km nordöstlich von Passau, hat Landwirtschaftsamt; Grund- und Hauptschulen, Gymnasium, Berufsfachschulen, Musikschule, Sonderschule für Lernbehinderte; eisenverarbeitende und Textilindustrie, Sägewerke, Steinbrüche; Fremdenverkehr.

W. wird erstmals 1218 als Mkt erwähnt. Der Ort hatte eine wirtschaftliche Blütezeit als Handelsknotenpunkt an der Säumerstraße (Goldener Steig) im 16. und 17. Jh. W. erhielt 1972 die Stadtrechte. Bemerkenswert die aus Granit erbaute neugotische Pfarrkirche und die Reste der bastionhaften Ringmauer; Barockkapelle am Karoliberg (700jähr. Lindenallee); Bäderpark Karoli; Heimatmuseum (historische Exponate aus der Zeit des Handels nach Böhmen).

Waldkraiburg

□ 20,85 qkm; ○ Mühldorf a. Inn; ⚐ Bayern; ✉ 84478; ☎ 08638; 🚗 MÜ; △ 435 m; 👫 24100.

W., 12 km südwestlich von Mühldorf a. Inn zwischen der B 12 und dem Inntal gelegen, hat Realschule, Gymnasium, Volkshochschule, Sing- und Musikschule; chemische Industrie, Maschinen- und Pumpenbau, Klammernfabrik, Kunststoffwerke, Bekleidungsindustrie.

W. wurde mit 1900 Einwohnern auf dem Gelände einer ehem. Pulverfabrik als erste Heimatvertriebenengemeinde der Bundesrepublik gegründet; die rasch wachsende Gm erhielt 1960 das Stadtrecht. In den zahlreichen, breitgefächerten Industrie- und Gewerbetrieben sind über 9000 Arbeitnehmer beschäftigt. – Alljährlich Volksfest (2. und 3. Juliwoche) und Europäische Jugendkulturtage (3. und 4. Juliwoche).

Wald-Michelbach (Odenwald)

□ 74,35 qkm; ○ Bergstraße; ⚐ Hessen; ✉ 69483; ☎ 06207; 🚗 HP; △ 300–600 m, 👥 11 500.

W. ist Erholungsort im südlichen Odenwald 30 km nordöstlich von Heidelberg; Anschluß an die A 5 Karlsruhe–Frankfurt a. M. (Ausfahrten Weinheim bzw. Heppenheim). Die Gm hat Forstamt; Realschule, Gymnasium, Sonderschule für Lernbehinderte; Holz-, Kunststoff- und metallverarbeitende Industrie; Fremdenverkehr.

»Michinbach« wird erstmals 1238 urkundlich erwähnt. Von Kurmainz kam der Ort 1264 an die Pfalz; 1803 fiel W. an Hessen.

Alljährlich Odenwälder Heimatfest (Juli).

Waldmünchen

□ 71,87 qkm; ○ Cham; ⚐ Bayern; ✉ 93449; ☎ 09972; 🚗 CHA; △ 513 m; 👥 7200.

W., Luftkurort im Naturpark Oberer Bayerischer Wald an der Grenze zur tschechischen Republik (4 km), ist über die B 22 zu erreichen. Die St hat Forstamt; Grund- und Hauptschule, landwirtschaftl. und gewerbliche Berufsschule, Wirtschaftsschule; mittlere und kleinere Industrie- und Gewerbebetriebe (Herstellung von Oberbekleidung, Möbeln); Fremdenverkehr.

W., an der alten Heeres- und Handelsstraße Regensburg–Pilsen–Prag gelegen, ist aus einer um 1000 gegründeten Zisterzienser-Siedlung hervorgegangen. Der Ort, erstmals 1240 urkundlich bezeugt, kam über verschiedene Herrschaften 1510 an die Kurpfalz und 1628 an Bayern. – Alljährlich im Juli und August Aufführung des historischen Freilichtfestspiels ‚Trenck der Pandur vor W.'.

Waldsassen

□ 45,79 qkm; ○ Tirschenreuth; ⚐ Bayern; ✉ 95652; ☎ 09632; 🚗 TIR; △ 491 m; 👥 7900.

W. liegt in der Wondrebsenke zwischen den Ausläufern des Fichtelgebirges, des Steinwaldes und des Oberpfälzer Waldes an der B 299, 5 km von der tschechischen Grenze entfernt. W. hat Anschluß an die Autobahn A 93 Regensburg–Marktredwitz (Ausfahrt Falkenberg); Finanzamt, Zollkommissariat, Grenzpolizeiinspektion, Forstamt; Grund- und Hauptschulen, Sonderschule für Lernbehinderte, Staatl. Knabenrealschule, Klösterliche Mädchenrealschule; Kreiskrankenhaus; Ziegeleien, Antikglas- und Porzellanfabriken, Textilfabrikation, Gänsemast; in W.-Kondrau Mineralwasserfabrik.

1133 gründeten Zisterziensermönche das Kloster W. Anfang des 17. Jh. wurde in der Nähe des Klosters eine städtische Siedlung (Tuchmacher) errichtet, der 1693 die Marktrechte verliehen wurden. Erste Industrieniederlassungen im letzten Drittel des 19. Jahrhunderts. 1896 erhielt W. die Stadtrechte. Kulturelle Höhepunkte waren das 17. und 18. Jh. für W. Die Stiftskirche und die Dreifaltigkeitskirche Kappel auf dem Glasberg sind hervorragende Zeugnisse des barocken Baustils; der Klosterbibliotheksaal im Übergangsstil vom Hochbarock zum Rokoko wurde 1725 vollendet und besitzt prächtige lebensgroße Schnitzfiguren von Karl Stilp (geb. 1668 in W.). Die Figuren stützen die Empore und charakterisieren Vertreter der Stände, die im 18. Jhdt. mit der Herstellung des Buches in Beziehung standen.

Waldshut-Tiengen

□ 77,99 qkm; ○ Waldshut; ⚐ Baden-Württemberg; ✉ 79761; ☎ 07751 (Waldshut); 07741 (Tiengen); 🚗 WT; △ 310–760 m; 👥 21 400.

W.-T., Große Kreisstadt, ist 1975 im Rahmen der Gebietsreform durch Zusammenschluß der beiden Städte entstanden.

W., auf einer Terrasse des rechten Hochrheinufers gelegen, ist über die B 34 und B 500 zu erreichen. Bahnstation der Bundesbahnstrecke Basel–Konstanz. W., Sitz eines

Landes- und Amtsgerichts; sowie der Kreisverwaltung, hat Kreiskrankenhaus; alle Schularten (Realschulen, Gymnasium, Berufs- und Berufsbildende Schulen u.a.); elektrochemische Industrie, Stuhlfabriken, Autoelektrik- und Plastikfirmen, Zigarrenfabrik; von Bedeutung ist ferner der Fremdenverkehr.

W. ist eine Gründung der Staufer um 1200. 1223 erwarben die Habsburger die Siedlung im Erbgang, die Rudolf von Habsburg Mitte des 13. Jh. zur Festung ausbauen ließ. 1468 wurde W. im Schweizer Krieg von den Eidgenossen erfolglos belagert. 1524/25 beteiligte sich die St am Bauernkrieg, wobei sie Österreich unterlag und ihrer Privilegien verlustig ging. 1633 Plünderung und Brandschatzung der St durch Schweden und kaiserliche Truppen. 1728–48 Salpeterkriege (Erhebung der freien Hotzenwälder Bauern gegen Österreich, Belagerung der Regierungsstadt W.). 1803 wurde die St von Österreich gelöst; 1805 kam sie an Baden.

W. hat bis heute seinen ma. Stadtkern bewahren können (Oberes und Unteres Tor, Zunft- und Bürgerhäuser, Stadtmauern). Sehenswert das Heimatmuseum im Renaissancebau der „Alten Stadtmetzig". – Zur Erinnerung an die Belagerung durch die Eidgenossen wird alljährlich im August die „Waldshuter Chilbi", das größte Heimatfest am Hochrhein, gefeiert.

Der Stadtteil Tiengen, Erholungsort an der Wutach im Klettgau unweit der Schweizer Grenze, ist über die B 34 zu erreichen. Bahnstation an der Strecke Basel–Konstanz. T. hat Finanzamt und verfügt wie W. über alle Schularten.

T., erstmals 858 urkundlich genannt, ist 1112 als ummauerte Marktsiedlung bezeugt, 1241 gelangte die St aus der Stühlinger Landeshoheit an das Bistum Konstanz, das T. als Lehen an die Herren von Krenkingen vergab. 1413 fielen Schloß und St an Konstanz zurück. T. wurde mehrmals von den Grafen von Lupfen/Stühlingen und den Schweizer Eidgenossen zerstört (1251, 1438, 1499); zwischen 1468 und 1476 gehörte es zu Schaffhausen. Unter den Grafen von Sulz (1482–1667) war die St Hauptort des Klettgaus, unter der Herrschaft der Fürsten von Schwarzenberg (1687–1806) Residenz. 1806 kam sie an das Großherzogtum Baden. 1848 wurde im Rathaussaal der Advokat Hecker, der Führer des Aufstandes der badischen Revolutionäre, in die deutsche Nationalversammlung gewählt. – Sehenswürdigkeiten: Schloß (15.–17. Jh.); kath. Stadtkirche (1753 von Peter Thumb erbaut); Reste der ma. Stadtbefestigung (Storchenturm). – Alljährlich Reit- und Springturnier an Pfingsten und „Schwyzertag" im Juli (Festzug mit historischen und folkloristischen Gruppen).

Walldorf (Baden)

☐ 19,91 qkm; ○ Rhein-Neckar-Kreis; ⚐ Baden-Württemberg; ✉ 69190; ☎ 06227; 🚗 HD; △ 116 m; 👪 13100.

W. liegt 13 km südlich von Heidelberg in der Rheinebene an der B 39, B 291 und am Autobahnkreuz W. der Autobahnen A 5 Frankfurt a.M.–Karlsruhe (Ausfahrt Walldorf/Wiesloch) und A 6 Saarbrücken–Heilbronn bzw. A 6/A 61 Heilbronn–Ludwigshafen–Koblenz; Bahnstation an der Strecke Heidelberg–Karlsruhe. Die St hat Verkehrslandeplatz; Realschule, Gymnasium, Sonderschule für Lernbehinderte, Volkshochschule; Maschinenbau (Heidelberger Druckmaschinen AG.), Thermalradiatorenwerk, Metallwarenindustrie, Kamerabau, Schuhfabrik (Hoffmann Elefantenschuhe); Spargel- und Tabakanbau.

W., erstmals 770 urkundlich erwähnt, entwickelte sich im 19. Jh. vom Bauerndorf zu einer überwiegend gewerblich geprägten Gm. 1901 erhielt W. Stadtrechte. Seit 1950 bemerkenswerter wirtschaftlicher Aufschwung verbunden mit einem starken Bevölkerungszuwachs (1939 4500 EW). – Aus W. stammt der Instrumentenbauer Johann Jakob Astor (1763–1848), der 1783 nach Amerika auswanderte, wo er ein riesiges Vermögen erwarb (Astor-Altersheim und Waisenhaus sowie Denkmal in W.).

Walldürn

☐ 105,87 qkm; ○ Neckar-Odenwald-Kreis; ⚐ Baden-Württemberg; ✉ 74731; ☎ 06282; 🚗 MOS; △ 420 m; 👪 10600.

W., 57 km südwestlich von Würzburg an der B 27 und B 47 zwischen Odenwald und Bauland gelegen, hat Forstamt, Garnison der Bundeswehr; Realschule, Höhere Handelsschule, Wirtschaftsgymnasium, Fachschulen, Volkshochschule; Kerzenfabrik, Kunstblumen- und feinmechanische (Rasierapparate) Industrie. W. ist kath. Wallfahrtsort mit bedeutendem Pilger- und Fremdenverkehr.

W. verdankt seine Gründung einem Römerkastell am Limes (rekonstruiert mit Wachttürmen). Die fränkische Siedlung „Turninu" (Dürn) wird erstmals 795 urkundlich erwähnt.

Seit 1168 war W. Sitz der Grafen von Dürn; 1250 erhielt es das Stadtrecht. Später unterstand die St den Bischöfen von Mainz und Würzburg; 1806 kam sie an Baden. 1330 ereignete sich das Wunder des hl. Blutes, das 1445 von Papst Eugen IV. bestätigt wurde.

Sehenswürdigkeiten: Wallfahrtsbasilika (1698–1728, eine der prächtigsten Barockkirchen des Rhein-Main-Gebietes) mit bedeutender Ausstattung (Deckengemälde von Francesco Marchini, Hl.-Blut-Altar aus Alabaster im Renaissancestil von Zacharias Juncker); Rathaus (Fachwerkbau aus dem Jahre 1448); ehem. Schloß der Grafen von Dürn (12. Jh., heute Stadtverwaltung); Fachwerkhäuser aus dem 15. bis 18. Jh.; Heimat- und Wallfahrtsmuseum; Elfenbeinmuseum (Sammlung von Skulpturen aus dem MA, Renaissance, Barock und Rokoko); Odenwälder Freilandmuseum in W.-Gottersdorf und Stationen der Museumsstraße Odenwälder Bauernhaus.

Wallenfels (Oberfranken)

□ 45 qkm; ○ Kronach; ⚐ Bayern; ✉ 96346; ☎ 09262; 🚗 KC; △ 365–700 m; 👥 3700.

W., anerkannter Erholungsort im Naturpark Frankenwald an der Wilden Rodach 15 km nordöstlich von Kronach, ist über die B 173 zu erreichen. Die St hat Grund- und Hauptschule; Ökologische Außenstelle der Uni Bayreuth; holzverarbeitende Industrie, Bekleidungswerke, Karosseriebau, Kunststeinfabrikation u. a.; Fremdenverkehr.

W. ist aus der 1126 erstmals bezeugten Siedlung „Ilowa“ hervorgegangen; der Ort, der später nach der um 1200 errichteten Burg Waldenfels genannt wurde, war von 1195 bis 1803 im Besitz des Hochstiftes Bamberg; danach kam er an Bayern. 1525 wurde die Burg, 1553 der Mkt W. zerstört. 1588 erhielt W. das Stadtrecht (1954 erneuert). – Bemerkenswert die Schloßbergkapelle.

Alljährlich Floßfahrten auf der Wilden Rodach (Mai bis September) und ‚Rodach in Flammen‘ (August).

Wallenhorst

□ 47,18 qkm; ○ Osnabrück; ⚐ Niedersachsen; ✉ 49134; ☎ 05407; 🚗 OS; △ 50–176 m; 👥 21 500.

W., 8 km nördlich von Osnabrück am westlichen Rande des Wiehengebirges gelegen, ist über die B 68 und die Autobahn A 1 Osnabrück–Bremen (Ausfahrt Osnabrück-N./Wallenhorst) zu erreichen. Die Gm, Wohnsitz zahlreicher Auspendler nach Osnabrück, hat Grundschulen mit Orientierungsstufe und Sekundarzentrum I, Realschule, Musikschule und Volkshochschule (Zweigstellen); kleinere und mittlere Industrie- und Gewerbebetriebe.

Die Gemarkung von W. ist altes Siedlungsgebiet (Funde aus der Jüngeren Steinzeit). W., erstmals 851 urkundlich bezeugt, war bis Mitte des 20. Jh. vorwiegend landwirtschaftlich strukturiert. Die alte Kirche im Ortsteil W. (1140 erbaut) gilt wie die Wittekindsburg (Grundmauern erhalten) im Ortsteil Rulle als eines der ältesten Kulturdenkmäler des Osnabrücker Raumes. – Alljährlich W. Kirmes (Juni), Internationaler Musikwettstreit im Ortsteil Hollage, Reitturniere in Hollage und Rulle, Sternfahrt auf dem Mittelland-Zweigkanal.

Wallerfangen

□ 42,19 qkm; ○ Saarlouis; ⚐ Saarland; ✉ 66798; ☎ 06837; 🚗 SLS; △ 185–315 m; 👥 10 000.

W., Wohngemeinde und Luftkurort 25 km nordwestlich von Saarbrücken am linken Saarufer, ist über die B 406 und Autobahnen A 8 Pirmasens–Neunkirchen–Saarlouis (Ausfahrt AB-Dreieck Saarlouis) und A 620 Saarbrücken–Saarlouis (Ausfahrt W.) zu erreichen. Die Gm hat Amtsverwaltung; Grund- und Hauptschule, Caritas-Heimsonderschule mit angeschlossener staatl. Modellberufsschule.

W., erstmals 962 als Residenz der Grafschaft Walderfingen urkundlich genannt, war später Hauptstadt der deutschen „Ballei“ (Verwaltungsbezirk) des Herzogtums Lothringen. Das als Verwaltungs-, Gerichts- und Marktort bedeutende W. wurde 1635 von kaiserlichen Truppen gebrandschatzt; Ende des 17. Jh. war die St verödet. Auf ihren Trümmern entstand im 18. Jh. eine neue dörfliche Siedlung. – Sehenswert: Schloß (1794, im 19. Jh. umgebaut).

Walsrode

□ 270,60 qkm; ○ Soltau-Fallingbostel; ⚐ Niedersachsen; ✉ 29664; ☎ 05161; 🚗 SFA; △ 42 m; 👥 23 500.

W., anerkannter Erholungsort im Röhmetal 60 km nördlich von Hannover, ist über die B 209 und die Autobahn A 7/A 27 Hannover–

Bremen (Ausfahrten W.-Süd und W.-West) bzw. A 7 Hannover–Hamburg (Ausfahrt Fallingbostel) zu erreichen. Bahnstation an der Strecke Hannover–Soltau–Hamburg. Die St, Sitz eines Amtsgerichts, hat Gymnasium, Realschule, Handelsschule, Höhere Handelsschule, Kreisberufsschule, Berufsaufbauschule, Haushaltungsschule, Volkshochschule, Sonderschule für Lernbehinderte; Kreiskrankenhaus; chemische und Lederindustrie, Leitungsbau (Siemens AG); bedeutenden Fremdenverkehr. W. ist wirtschaftlicher und kultureller Mittelpunkt eines vorwiegend agrar- und forstwirtschaftlich strukturierten Umlandes.

W. wird erstmals anläßlich der Gründung des Nonnenklosters W. 986 urkundlich erwähnt. Die beim Kloster entstandene Handwerker- und Kaufmannssiedlung erhielt 1383 das Stadtrecht. W. war von 1660 bis 1817 hannoversche Garnisonstadt. 1757 wurde die St durch einen Großbrand fast völlig vernichtet. Erhalten blieben das Anfang des 18. Jh. neu erbaute Kloster (Damenstift) und die Klosterkirche (1847–50, mit bedeutender Ausstattung, u. a. Flügelschrein aus der Schule des in W. geborenen Bildschnitzers Hans Brüggemann, geb. um 1480). Sehenswert ferner das Heimatmuseum mit Nachlaß des Heidedichters Hermann Löns im H.-L.-Zimmer (alljährlich Hermann-Löns-Feier), die auf rom. Fundamenten errichtete got. Kirche (um 1400) in Meinerdingen, der nordöstlich von W. gelegene Vogelpark (5000 Vögel aus aller Welt in Volieren, tropischem Vogelhaus und im Freien), die ehem. Gutskirche in W.-Stellichte und Safaripark in Hodenhagen; Grab des Dichters H. Löns im Wacholderhain zu W. – Alljährlich Wahl der „Deutschen Bickbeerkönigin" (Juli), alle zwei Jahre Stadtfest (September).

Waltershausen

□ 31 qkm; ○ Gotha; ⚐ Thüringen; ✉ 99880; ☎ 03622; 🚗 GTH; △ 330 m; 👥 13 000.

W. ist zu erreichen auf der A 4 / E 40, Ausfahrt W. (ca. 3 km), sowie auf der B 7, B 88 und B 247, die ein offenes Rechteck bilden, in dem die St W. liegt (Entf. jeweils 7–8 km); Bahnhof an der örtlichen Kurzstrecke Friedrichroda–W.–Fröttstedt; Anschlußmöglichkeiten an Eisenbahn-Fernverbindungen in Gotha. Der nächste Flugplatz ist Erfurt-Bindersleben (ca. 40 km).

Bildungseinrichtungen: Grundschule, Regelschulen; Staatliches Gymnasium „Salzmannschule"; Technisches Gymnasium; berufsbildende Schulen.

Wirtschaftliches: „Phoenix Thüringen" Chemie-GmbH; Waltershäuser Lackfabrik; Multicar-Spezialfahrzeuge GmbH; Oberbekleidung GmbH; Holzwerke GmbH; Noris Spielwaren-Vertriebs-GmbH; Waltershäuser Puppenmanufaktur; Agrar e. G.; ACZ (Agrar-chemisches-Zentrum).

Geschichtliches: In fränkischer Zeit entstand die Siedlung „Waltherißhusin" (8./9. Jh.); die Burg Tenneberg, Sitz der Thüringer Landgrafen, wird erstmals 1176 erwähnt, die älteste Beurkundung der heutigen Schreibweise des Namens stammt aus dem Jahre 1209, obwohl Ortschaft und Burg (das jetzige Schloß) etwa 300 Jahre älter sind. Im 14. Jh. war die St ein lokales Mkt-Zentrum mit Bannmeile und eigener Gerichtsbarkeit, sie fiel jedoch im 15. Jh. an das ernestinische Kursachsen und verblieb während aller späteren Landesteilungen bei Gotha. Durch Konzentration von Handwerkern konnte sich W. im 16. Jh. entfalten, der Volksmund versah es wegen seiner zahlreichen Bauprivilegien mit dem ruffördernden Beinahmen „Bierstadt". Von großen Feuersbrünsten, die im 17. Jh. ganze St-Teile vernichteten, konnte sich W. im 18. Jh. erholen, als Leineweber, Zeug- und Tuchmacher sich verstärkt zu Zünften zusammenschlossen. Der Aus- und Umbau der Burg Tenneberg zum coburg-gothaischen Jagdschloß und die Errichtung der großen barocken Gotteshilfkirche sorgten durch Vergabe von Arbeit für weitere Ernährungsgrundlagen und Steuereinkünfte. Die Entfaltung zur Industrie-St vollzog sich im 19. Jh. mit der Inbetriebnahme einer Hanfschlauchweberei und Gummifabrik, die u. a. Feuerwehrschläuche, Fahrradbereifungen und andere spezielle Bedarfsartikel fertigte, ebenso brachten die Fabrikation von Thüringer Zervelatwurst und die Expansion der Puppen- und Spielzeugindustrie ökonomische Sicherheiten mit sich. Die industrielle Entwicklung konnte im 20. Jh. mit den Zweigen Fahrzeugbau und Schmuckherstellung weiter forciert werden. 1950 wurden Schnepfenthal, Langenhain und Wahlwinkel eingemeindet; außerdem entstand in Ibenhain ein Neubaugebiet für mehr als 5000 EW.

Sehenswürdigkeiten und Kulturelles: Schloß Tenneberg mit Heimatmuseum (u. a. Thüringer Trachten, Schmuck und Erzeugnisse der Spielwarenindustrie), Burgberg unter Naturschutz; als ma. St-Tor erhalten blieb das „Klaustor" (eigentlich Nikolaustor), beg. 1390, untere Teile 1561, obere 1728 und 1768, heutige Form erst von 1804–47; das Töpfertor stammt aus der 2. Hälfte des 15. Jh., Fachwerkaufsatz 18. Jh.; St-Kirche „Gotteshilf"

(1719–23), erster Zentralbau des Spätbarocks in Thüringen, vieleckiger Grundriß, elliptische Anordnung der dreigeschossigen Emporen, spätgot. Turm (1458); im Ortsteil Schnepfenthal Gedenkstätte für die Pädagogen Chr. G. Salzmann (1477–1811) und J. Ch. F. GutsMuths (1759–1839). GutsMuths errichtete den ersten dt. Gymnastikplatz im Freien an der 1784 von Salzmann gegründeten Erziehungsanstalt, empfahl bereits 1804 den in Skandinavien üblichen Skilauf und beschrieb den Selbstbau von Skiern; in der Salzmannschule eigene Museumsräume; ferner: Tannhäuser Freizeitzentrum, u. a. mit Kinothek und „Waltershäuser Kulturfabrik".

Wiederkehrende Ereignisse: Jahr-Mkt (im Frühjahr); Brunnenfest (zu Pfingsten); Herbst-Mkt (Sept./Okt.); Weihnachts-Mkt.

Waltrop

□ 46,97 qkm; ○ Recklinghausen; ⚐ Nordrhein-Westfalen; ✉ 45731; ☎ 02309; 🚗 RE; △ 60 m; 👥 28 200.

W., am Nordrand des Ruhrgebietes zwischen Lippe-Seiten- und Dortmund-Ems-Kanal 16 km östlich von Recklinghausen gelegen, ist über die Autobahn A 2 Oberhausen–Hannover (Ausfahrt Dortmund–Mengede) zu erreichen. Bahnstation an der Strecke Recklinghausen–Hamm. Die St hat Realschule, Gymnasium, Sonderschulen für lern-, geistig- und körperbehinderte Kinder und Jugendliche; Steinkohlenbergbau, Schiffshebewerke Henrichenburg und Schachtschleuse im Dortmund-Ems-Kanal, mittlere und kleinere Industrie- und Gewerbebetriebe.

»Ualthorpe«, erstmals Anfang des 9. Jh. urkundlich erwähnt, blieb bis ins 19. Jh. eine bäuerliche Siedlung. Nach dem Einzug des Steinkohlenbergbaus um die Jahrhundertwende wandelte sich W. zur rasch wachsenden Industriegemeinde, der 1939 die Stadtrechte verliehen wurden. Die bis nach dem 2. Weltkrieg einseitige Wirtschaftsstruktur der St wurde seit 1963 durch Ansiedlung neuer Industriezweige verbessert. – Sehenswürdigkeiten: Schiffshebewerke; spätgotische Hallenkirche (um 1500); Wasserschloß Haus Wilbring.

Wanfried

□ 46,9 qkm; ○ Werra-Meissner-Kreis; ⚐ Hessen; ✉ 37281; ☎ 05655; 🚗 ESW; △ 163 m; 👥 5300.

W. liegt 10 km östlich von Eschwege im Werratal und ist über die B 249 zu erreichen. Die St ist Luftkurort, hat Forstamt; Grund-, Haupt- und Realschule; Papier-, Textil-, Schmirgel- und Kunststoffindustrie.

W., ertmals 860 bezeugt, kam 1306 an Hessen. 1608 erhielt es das Stadtrecht. Zwischen 1627 und 1834 gehörte es zu Hessen-Rotenburg. Wirtschaftliche Blütezeiten waren das 17. und 18. Jh., als W. Endhafen der Weser-Werra-Schiffahrt war. Die seit Beginn des 19. Jh. angesiedelte Industrie erlebte nach dem 2. Weltkrieg einen großen Aufschwung. – Sehenswerte Fachwerkhäuser, darunter das Rathaus (um 1630).

Wangen im Allgäu

□ 101,27 qkm; ○ Ravensburg; ⚐ Baden-Württemberg; ✉ 88239; ☎ 07522; 🚗 RV; △ 570 m; 👥 23 600.

W. ist Luftkurort im Allgäu an der Oberen Argen. Zufahrt über die B 18 und B 32; Bahnstation an der Bundesbahnstrecke Lindau–Augsburg–München. W. hat Sonderschule für Lernbehinderte, Realschule, Gymnasium, Gewerbeschule, Kfz-Berufsfachschule, kaufmännische Berufsschule, Wirtschaftsschule und Wirtschaftsgymnasium, hauswirtschaftliche

Wangen, Herrenstraße mit Frauentor

Berufsschule, Kranken- und Altenpflegeschule. Die St ist Sitz einer Fachklinik für Kinder und Jugendliche, die an Tuberkulose, Lungen- und Bronchialkrankheiten leiden. Milchwirtschaft (Käsewerk), Textil- und Elektroindustrie, Apparate-, Behälter- und Heizungsbau sowie Fremdenverkehr sind die Hauptwirtschaftszweige.

W. wird urkundlich erstmals 815 erwähnt. Grundherr war das Kloster St. Gallen. Der Marktflecken wurde 1217 von dem Hohenstaufenkaiser Friedrich II. zur St erhoben. Seit 1348 war W. Freie Reichsstadt. 1810 kam die St an Württemberg.

Der ma. Stadtkern ist fast unversehrt erhalten. An historischen Bauten sind bemerkenswert: Stadtpfarrkirche (1386–1468); Hospitalkirche (18. Jh.); Altes Rathaus mit Barockfassade; Stadtbefestigung mit Tortürmen (St. Martins- und Frauentor); Patrizier- und Bürgerhäuser. Sehenswert die sogenannte Wangener Landtafel von Andreas Rauch (1617). In W. befindet sich das Deutsche Eichendorff-Museum, das Gustav-Freytag-Museum mit Archiv und das Hermann-Stehr-Archiv. – Geboren wurde in W. der Barockmaler Franz Josef Spiegler (1691 bis 1757).

Wangerland

□ 175,32 qkm; ○ Friesland; ⚐ Niedersachsen; ✉ 26434; ☎ 04463; 🚗 FRI; △ 1–3 m; 👫 10600.

Die Gm W. ist 1972 im Rahmen der Gebietsreform durch Zusammenschluß der Gemeinden Hohenkirchen, Minsen, Tettens, Hooksiel und Waddewarden unter neuem Namen entstanden. Die Gm, 15 km nordwestlich von Wilhelmshaven an der Jadeküste gelegen, ist über die B 69, B 210 und Autobahn A 29 (Ausfahrten Wilhelmshaven-N. und Wilhelmshaven-Mitte) zu erreichen. W. hat Grund- und Hauptschulen, Realschule. Verwaltungssitz der Gm ist Hohenkirchen (Bundeswehrstandort). Bedeutendster Wirtschaftsfaktor neben der Landwirtschaft ist der Fremdenverkehr mit dem Nordseeheilbad Horumersiel-Schillig und den Nordseeküstenbadeorten Hooksiel und Minsen-Förrien.

Sehenswert die alten Friesenkirchen mit ihren Kunstschätzen.

Warburg (Westf.)

□ 168,70 qkm; ○ Höxter; ⚐ Nordrhein-Westfalen; ✉ 34414; ☎ 05641; 🚗 HX; △ 200 m; 👫 21900.

W., 33 km nordwestlich von Kassel an der Diemel gelegen, ist über die B 7 und die Autobahn A 44 Kassel–Ruhrgebiet (Ausfahrt W.) zu erreichen. D-Zug-Station an der Strecke Kassel–Altenbeken. Die St ist Sitz eines Amtsgerichts und Amts für Agrarordnung, zahlreicher Bildungseinrichtungen (Realschule, Gymnasium, Berufs- und Berufsfachschulen, Landvolkhochschule, Fachoberschule, Schule für Erziehungshilfe) und Bundeswehrstandort. Die breitgefächerte Industrie ist vertreten durch Nahrungsmittel- und Farbenwerke, Zuckerfabrik, Textilbetriebe (Herstellung von Frottiergeweben), Elektro- und metallverarbeitende Industrie (Herstellung von Heizungsradiatoren); Brauerei. W. ist wirtschaftlicher und kultureller Mittelpunkt der fruchtbaren, überwiegend land- und forstwirtschaftlich genutzten Warburger Börde. In den letzten Jahren entwikkelte sich der Fremdenverkehr zu einem bedeutenden Wirtschaftszweig (Heilquellen-Kurmittelhaus Germete).

Erstmals wird W. 1010 als St am Fuße des gleichnamigen Burgberges erwähnt. Burgsiedlung und St W. blieben bis zu ihrer Vereinigung im Jahre 1436 selbständige Gemeinden. 1364 trat W. dem Bund der Hanse bei. Die St gehörte bis zur Säkularisation zum Bistum Paderborn und von 1807 bis 1813 zum Königreich Westfalen. Nach dem Wiener Kongreß wurde sie mit dem Warburger Land Preußen einverleibt.

Sehenswürdigkeiten: Dominikanerkloster mit Klosterkirche (13.–15. Jh.); St. Marien-Kirche (13. Jh.); Burgkapelle aus dem 11. Jh.; Altstädter und Neustädter Pfarrkirche; Renaissance-Rathaus (1568 voll.); Reste der alten Stadtbefestigung; Abtei Hardehausen; Zisterzienserinnen-Abtei Wormeln (13. Jh.); Burg Calenberg. – Alljährlich Warburger Oktoberwoche. – In W. geboren wurde der Goldschmied und Kupferstecher Anton Eisenhoit (um 1553–1603).

Wardenburg

□ 118,58 qkm; ○ Oldenburg; ⚐ Niedersachsen; ✉ 26203; ☎ 04407; 🚗 OL; △ 10 m; 👫 14100.

W., 8 km südlich von Oldenburg zwischen Hunte und Lethe am Rande des Vehnemoors gelegen, ist über die B 69 und die Autobahn A 29 Osnabrück–Oldenburg–Wilhelmshaven (Ausfahrt W.) zu erreichen. Die Gm hat Mittelpunkt-, Grund- und Hauptschule mit Realschulzug, Sonderschule für Lernbehinderte, Volkshochschule; Betonsteinwerk, Maschinenfabrik (Straßenbaumaschinen).

W., erstmals 1270 als Sitz der Ritter von Westerholte urkundlich erwähnt, entwickelte sich nach dem 2. Weltkrieg von der rein landwirtschaftlich bestimmten Gemeinde zum Standort mittlerer und kleinerer Industrie- und Gewerbebetriebe im Oldenburger Wirtschaftsraum.

Sehenswert die Marienkirche (Wallfahrtskirche).

Waren (Müritz)

□ 15,8 qkm; ○ Waren; ⚐ Mecklenburg-Vorpommern; ✉ 17192; ☎ 03991; 🚗 WRN; △ 80 m; 👪 24 400.

W. ist zu erreichen auf der A 19 / E 55, Ausfahrt Waren (ca. 26 km), sowie auf der B 108, B 192 und B 194; Bahnhof an der Fernstrecke Rostock–W. (Müritz)–Berlin. Ausgangsbahnhof der Regionalverbindung W. (Müritz)–Karow (Meckl)–Parchim–Ludwigslust, Endbahnhof der örtlichen Kurzverbindung Malchin–W. (Müritz). Der nächste Flughafen liegt in Berlin-Tegel (145 km), nächster Flugplatz für den Inlandverkehr ist Rostock (ca. 125 km).

Bildungseinrichtungen: Grundschulen, Hauptschulen, Realschulen, Gesamtschule, Gymnasium; Förderschule; berufliche Schulen der Kreise Waren und Röbel; überregionales Ausbildungszentrum der AOK für Meckl.-Vorpommern; Europäische Akademie; Gymnasialbibliothek, St-Bibliothek.

Wirtschaftliches: Leichtmetallindustrie, Lebensmittelindustrie.

Geschichtliches: Der See- und Luftkurort W. (Müritz) mit dem Beinamen „Tor zum Nationalpark" ist Zentrum der Mecklenburgischen Seenplatte und des 6200 ha großen Naturschutzgebietes „Müritz". Er liegt am Nordufer der Müritz, dem größten dt. Binnensee (117 qkm). Wie viele Städte Mecklenburgs wurde W. im 13. Jh. gegründet; der genaue Zeitpunkt ist urkundlich nicht belegbar. In Anlehnung an die Nachbarstädte Röbel und Prenzlin ist für W. das Jahr 1263 anzunehmen. Das St-Siegel in der heutigen Form wurde bereits 1373 erwähnt. Nach der Hanse-St Rostock verfügte W. seit 1427 mit rund 160 qkm über die größte Boden- und Wasserfläche aller mecklenburgischen Städte. W. war Residenz der jüngeren Linie der Herren zu Werle. Besonders verheerende Brände suchten die St in den Jahren 1568, 1656, 1671 und 1699 heim. Während des 19. Jh. entstanden die ersten Industriebetriebe.

Sehenswürdigkeiten und Kulturelles: Altes Rathaus, zweigeschossiger Backsteinbau mit ein Meter starken Wänden, ältestes Profangebäude der St, errichtet vor dem Brand von 1699; Pfarrkirche St. Georg, dreischiffige frühgot. Backstein-Basilika mit Kreuzrippengewölbe (um 1300), Triumphkreuzgruppe (14. Jh.), spätgot. Westturm (Anf. 15. Jh.) und neogot. Chor (Mitte 19. Jh.); Pfarrkirche St. Marien, ursprünglich dreischiffiger frühgot. Backsteinbau (14. Jh.), 1637 und 1671 ausgebrannt, 1792 einschiffig wiederhergestellt, mit barockem Helmaufsatz und Kuppel sowie einer Innenausstattung von 1798–92; Neues Rathaus (1759), neugot. aufgestockt (1857); Löwenapotheke, Fachwerkbau mit Fassade (18. Jh.); „Weinbergschloß", Wohnhaus des mecklenburgischen Volkskundeforschers R. Wossidlo (1859–1939); Müritz-Museum mit frühgeschichtlichen Funden und Exponaten zur landschaftlichen und gesellschaftlichen Entwicklung des Müritzgebietes, mit Vogelpark und Müritz-Aquarium, Forschungsstätte zur Geschichte der Neuzeit, gilt als bedeutendste naturwissenschaftliche Sammlung Mecklenburgs; Müritz-Nationalpark mit zahlreichen Seen und Wanderwegen durch das Naturschutzgebiet; Kulturhaus; Schülerfreizeitzentrum; Jugendzentrum. – Der Dichter und Schriftsteller Theodor Fontane weilte 1896 in W. (Müritz).

Wiederkehrende Ereignisse: Warener Müritzfest (2. Juli-Woche); Müritzschwimmen (1. August-Wochenende); Plastik an der Müritz (alle 2 Jahre); Jazz an der Müritz (im Mai).

Warendorf

□ 175,85 qkm; ○ Warendorf; ⚐ Nordrhein-Westfalen; ✉ 48231; ☎ 02581; 🚗 WAF; △ 56 m; 👪 33 500.

W. liegt 25 km östlich von Münster an der Ems im Schnittpunkt der B 64 und B 475. Die St hat Amtsgericht, Kreisverwaltung; Sonderschule für Lernbehinderte, Realschulen, Gymnasien, Handelsschule und Berufsfachschule, Fachoberschule, Landwirtschaftsschule, Deutsche Lehranstalt für Agrartechnik, Deutsche Reitschule (mit Mehrzweckhalle u.a. für Reitsportveranstaltungen), Lehrerseminar, Musikschule, Bundeswehrsportschule, Volkshochschule, Familienbildungsstätte. W. ist Bundeswehrstandort sowie Sitz des Deutschen Olympiade-Komitees für Reiterei und des Nordrhein-Westfälischen Landgestütes.

Die Industrie umfaßt Inlettwebereien und Landmaschinenfabriken.

W., 1200 zur St erhoben, hat ma. Stadtbild

mit Markt, Rathaus (15. Jh.), Laurentiuskirche und Patrizierhäusern. Im Stadtteil Freckenhorst sehenswert die fünftürmige frühromanische Stiftskirche mit Krypta (1084 bis 1129), bedeutendem Taufstein aus dem 12. Jh. und Grabstein der Greva (Gründerin der Kirche) aus der 2. Hälfte des 12. Jh.; vom Kreuzgang sind Reste erhalten. – Alljährlich Heimatfest (Mariä Himmelfahrt); „Fettmarkt" (Vieh-, Landmaschinen- und Krammarkt) Mitte Oktober; Hengstparaden Ende September/Anfang Oktober.

Warstein

□ 157,90 qkm; ○ Soest; ⚐ Nordrhein-Westfalen; ✉ 59581; ☎ 02902; 🚗 SO; △ 295 m; 👥 28200.

W., am östlichen Rande des Arnsberger Waldes gelegen, ist über die B 55 zu erreichen; Anschluß an die Autobahn A 44 Ruhrgebiet-Kassel (Ausfahrt Erwitte/Anröchte). Die St hat Gymnasium, Berufsschule, Sonderschule für Lernbehinderte; Brauerei, Leichtmetallindustrie, Gießereien, Gesenkschmiede, Emaillierwerke, Bekleidungsindustrie; Fremdenverkehr.

W., erstmals 1072 urkundlich genannt, erhielt 1276 Stadtrechte. Der ma. Stadtkern wurde vor allem im 17. Jh. durch mehrere Brände fast völlig zerstört, so daß bis auf die Stadtkirche keine historischen Bauwerke erhalten blieben. – Im Rahmen der Gebietsneuordnung wurde 1975 aus den Städten Warstein, Belecke und Hirschberg sowie den Gemeinden Allagen, Mülheim, Sichtigvor, Süttrop und Waldhausen die neue St W. gebildet. – Sehenswert die südwestlich von W. gelegene Bilsteinhöhle (Tropfsteinhöhle).

Wassenberg

□ 42,38 qkm; ○ Heinsberg; ⚐ Nordrhein-Westfalen; ✉ 41849; ☎ 02432; 🚗 HS; △ 50–95 m; 👥 12500.

W., 30 km südwestlich von Mönchengladbach im Naturpark Schwalm-Nette an der B 221 und A 46 Düsseldorf–Heinsberg (Ausfahrt Heinsberg-Hall) unweit der niederländischen Grenze gelegen, ist Luftkurort. Die St hat Gesamtschule; Drahtweberei, Seidenweberei, Nähereien, Polstermöbelherstellung; Obstzuchtbetriebe (Pfirsiche), Spargelanbau.

W., erstmals 1021 urkundlich bezeugt, entwickelte sich im Schutz der im 11. Jh. errichteten gleichnamigen Burg eines flamensischen Edelherrengeschlechts. Die Siedlung erhielt vor 1273 das Stadtrecht. Über die Herzogtümer Limburg, Brabant und Jülich (seit 1494) kam die St 1815 an Preußen. – Sehenswert der Bergfried (um 1420) der Höhenburg W. und die Unterburg (Hotel), die Reste der Stadtbefestigung (Wehrtürme, Verlorenenturm; Roßtor) aus dem 14. und 15. Jh., die Pfarrkirche St. Georg (Turm, 15. Jh., zerstörtes Langhaus und Chor 1954–56 neu erbaut), die Wasserschlösser Elsum und Effeld, die Wallfahrtskirche St. Maria Himmelfahrt Ophoven (ehem. Klosterkirche Ende 12. Jh.). – Alljährlich Adventslauf (Crosslauf im W. Wald).

Wasserburg a. Inn

□ 39,31 qkm; ○ Rosenheim; ⚐ Bayern; ✉ 83512; ☎ 08071; 🚗 RO; △ 420 m; 👥 9200.

W., 50 km östlich von München gelegen, wird von einer Innschleife umschlossen. Die St ist über die B 15 und B 304 zu erreichen. W. hat Amtsgericht; Gymnasium, Realschulen für Knaben und Mädchen, Berufs- und Berufsaufbauschule, Fachoberschule, Landwirtschaftsschule, Musikschule, Sonderschule für Lernbehinderte; Textilbetriebe, Brauerei. Bedeutender Wirtschaftsfaktor ist der Fremdenverkehr.

W. entwickelte sich im Schutz der Anfang des 12. Jh. errichteten Burg Hohenau der Grafen von Limburg und Hall. Das Fischer- und Schifferdorf wurde zwischen 1160 und 1220 befestigt. Unter der Herrschaft der Wittelsbacher (seit 1247) erlebte W. einen großen wirtschaftlichen Aufschwung (Innschiffahrt und Salzhandel). 1339 brannte der Ort zum größten Teil nieder. Stadtrechte erhielt W. 1334. Anfang des 15. Jh. Ausbau des Befestigungsgürtels unter Herzog Ludwig dem Gebarteten. – Die Altstadt mit Mauern, Toren und Türmen ist fast unversehrt erhalten. Sehenswürdigkeiten: Herzogliche Burg (heute Altenheim) (1531 begonnen anstelle der alten Grafenburg mit Zehent- oder Getreidekasten 1526) und Schloßkapelle St- Ägidien (1464); Brucktor an der Innbrücke (15./16. Jh.); Frauenkirche (14. Jh.) mit Rokokoausstattung von 1753; Heiliggeistkirche und Heiliggeistspital (14. Jh.); Pfarrkirche St. Jakob (im 15. Jh. von Hans Stetthaimer begonnen) mit prächtiger Renaissancekanzel (1636); Gruft- und Michaelikirche (1501–03); Rathaus (1457–59) mit Ratsstube und Tanzhaus (Ausbau zum Prunksaal 1902–05); Kernhaus mit prachtvoller Frührokoko-Fassade

Wasserburg a. Inn, Burg mit Ägidienkirche

(1738); zahlreiche Bürger- und Stadthäuser aus dem 15. bis 18. Jh.; bemerkenswert ferner das Städt. Museum im Heimathaus (bedeutende Sammlung von Bauernmöbeln; das Erste Imaginäre Museum (Sammlung Günter Dietz), das Wegmacher-Museum sowie das Feuerwehrmuseum. – Große Sport- und Freizeitanlage BADRIA.

Wassertrüdingen

□ 52 qkm; ○ Ansbach; ⚐ Bayern; ✉ 91717; ☎ 09832; 🚗 AN; △ 462 m; 👫 6000.

W., 22 km östlich von Dinkelsbühl an der Wörnitz gelegen, hat Realschule, Sonderschule; Stadtbücherei; pharmazeutisch-kosmetische Industrie (Schwarzkopf GmbH).

Die Gemarkung von W. war bereits in vorchristlicher Zeit durch Kelten besiedelt (Keltischer Ringwall). Nördlich von W. verlief der im 2. Jahrhundert n. Chr. von den Römern errichtete Rätische Limes (Römerschanz westl. von W.). Ende des 8. Jh. nahm Graf Ernst von »Truhendingen« Besitz von dem Gebiet und ließ eine Kirche errichten. Erste urkundliche Erwähnung der Siedlung 836 anläßlich der Reise des Presbyters Rudolfus von Rom nach Fulda. Im 11. Jh. wurde die Veste W. erbaut, die durch einen Wassergraben geschützt war, der dem Ort den Namen gab. Die Oettinger Grafen übten von 1240 bis 1366 die Herrschaft aus; in diese Zeit fiel die Stadtgründung (nach Vollendung der 740 m langen, geschlossenen Stadtbefestigung Verleihung des ersten Stadtsiegels verbunden mit Marktrechten). Über die Hohenloher (1366–1371) und Hohenzollern (1371–1421) kam W. an das Fürstentum Ansbach (1421–1792); der letzte Markgraf Alexander übertrug die Herrschaftsrechte schließlich an das Königreich Preußen; 1806 wurde die St bayerisch.

Sehenswert das Stadttor mit Heimat- und Imkermuseum, das ehem. Wasserschloß sowie der got. Flügelaltar in der Stadtkirche. – Alljährlich Heimat- und Volksfest (Woche nach Pfingsten) sowie Altstadtfest (Juli).

Wedel (Holstein)

□ 33,82 qkm; ○ Pinneberg; ⚐ Schleswig-Holstein; ✉ 22880; ☎ 04103; 🚗 PI; △ 8–32 m; 👫 30500.

W., am rechten Ufer der Unterelbe gelegen und an die westlichen Vorortbezirke Hamburgs grenzend, ist über die B 431 zu erreichen. Die St ist an das Netz der Hamburger S-Bahn angeschlossen (Endstation). Auf der Elbe Verkehrsverbindung W.–St. Pauli-Landungsbrükken; Schulauer Hafen für Sportboote; Jachthafen (220000 qm Wasserfläche). W. hat Wasser- und Schiffahrtsamt, Zollamt; Sonderschule für Lernbehinderte, Realschule, Gymnasium, Berufsschule, Fachhochschule (Physik und Informationstechnik), Volkshochschule, Musikschule; Kreiskrankenhaus; Kraftwerk; Schiffsbegrüßungsanlage „Willkommhöft"; Heimatmuseum und Barlachhaus.

Im MA war W. ein bedeutender Marktflecken (Viehmarkt). Aus dem 16. Jh. stammt der „Roland" als Wahrzeichen dieser Marktfreiheit. 1875 wurde W. zur St erhoben. – W. ist Geburtsort des Dichters, Graphikers und Bildhauers Ernst Barlach (1870–1938).

Wedemark

☐ 173,11 qkm; ○ Hannover; ⚐ Niedersachsen; ✉ 30900; ☎ 05130; 🚗 H; △ 45 m; 👥 24000.

W. ist 1974 im Rahmen der Gebietsreform durch Zusammenschluß von 16 Gemeinden unter neuem Namen entstanden. Verwaltungssitz ist der Ortsteil Mellendorf. Die Großgemeinde liegt 20 km nördlich von Hannover an der Wietze; Bahnstation an der Strecke Hannover–Soltau. M. hat Anschluß an die Autobahn A 7 Hannover–Bremen/Hamburg (Ausfahrten Mellendorf und Berkhof); Grund- und Hauptschulen, Realschule, Gymnasium, Volkshochschule, Sonderschule; Elektronikindustrie (Sennheiser electronic).

„Wedemark" wird bereits 1438 für das Gebiet zwischen Aller, Leine, Wietze und Bissendorfer Moor genannt und bedeutete ‚Waldmark'. 1691 errichtete Herzog Georg Wilhelm von Celle in Bissendorf einen zweigeschossigen Fachwerkbau als Jagdschloß; daraus wurde die Amtsvogtei Bissendorf, die man als Ursprung der Gm Wedemark bezeichnen kann. – Sehenswert die St.-Georg-Kirche (14. Jh.) in Mellendorf (mit Barockaltar von 1714), das Amtshaus in Bissendorf, die Mohnmühle (13. Jh.) in Gailhof und ein Ziehbrunnen aus dem 17. Jh. in Meitze.

Weener

☐ 81,38 qkm; ○ Leer; ⚐ Niedersachsen; ✉ 26826; ☎ 04951; 🚗 LER; △ 5 m; 👥 14500.

W., an der Ems im ostfriesischen Rheiderland unweit der niederländischen Grenze gelegen, ist über die B 75 und A 28/31 Emden–Haren (Ausfahrt W.) zu erreichen; Bahnstation an der Strecke Hamburg–Bremen–Groningen (Niederlande). Die St hat Deich- und Sielacht, Wasserversorgungsverband; Grund- und Hauptschulen, Orientierungsstufe, Kreisrealschule, Sonderschule; Papier- und Puddingfabrik, Kunststoffindustrie, Heizungs- und Lüftungsbau, Kornbrennerei, Sägewerk; Baumschule, Milchwirtschaft.

„Wenre", erstmals um 950 im Heberegister des Klosters Werden a. d. Ruhr genannt, gehörte seit dem 15. Jh. zur Grafschaft Friesland und später zum Fürstentum Ostfriesland. Zur Zeit Napoleons unterstand es niederländischer Hoheit (Groningen); nach dem Wiener Kongreß (1816) wurde W. hannoverscher Amtssitz. 1866 kam es an Preußen. W. war vom 16. bis 19. Jh. durch seinen Pferdehandel mit süd- und osteuropäischen Ländern bekannt. Der im 15. Jh. angelegte Hafen verlor mit dem Ende der Segelschiffahrt an Bedeutung. 1929 erhielt W. Stadtrechte. 1973 wurden der St acht Nachbargemeinden eingegliedert.

Sehenswürdigkeiten: St. Georgskirche (14.–15. Jh.) mit Glockenturm (1738) und Arp-Schnitger-Orgel (1709); historische Altstadt; Heimatmuseum (südniederländischer Passionsaltar um 1520) im ‚Gasthuis' (1791); Wehrkirche (14. Jh.) mit Pfarrhaus (15. Jh.) und Galeriewindmühle in Stapelmoor; alter Hafen (1570) mit mittelständischen Wohnhäusern (1860) und Speicherhäusern; Fronehaus (1660); Friesenbrücke über die Ems (größte Eisenbahnklappbrücke der Bundesrepublik).

Alljährlich Michaelis- und Johannismarkt; alle zwei Jahre Stadtfest.

Weeze

☐ 79,32 qkm; ○ Kleve; ⚐ Nordrhein-Westfalen; ✉ 47652; ☎ 02837; 🚗 KLE; △ 19 m; 👥 13700.

W., am linken Niederrhein nahe der niederländischen Grenze gelegen, ist über die B 9 und Autobahn A 57 Köln–Goch (Ausfahrt Goch/W.) zu erreichen. Bahnstation an der Strecke Köln–Kleve–Nymwegen. Die Gm hat Grund- und Hauptschule, Bildungswerk; metallverarbeitende Betriebe (Manometer- und Thermometerherstellung, Verarbeitung von Aluminium und Bronze, Herstellung von feinmechanischen Geräten). Bei W. befindet sich ein großer NATO-Flugplatz (Laarbruch).

W. wird urkundlich erstmals 855 erwähnt. Die Gm wurde im 2. Weltkrieg fast vollständig zerstört (Ehrenfriedhof mit 2000 Gefallenen). – Sehenswert: Frühgot. Madonna (um 1400) in der St. Cyriakus-Kirche; Schloß Kalbeck und Wasserschloß Wissen; Wildgehege und großes Wildschweinfreigehege (450 ha); verschiedene Naturdenkmale. – Alljährlich Wissener Familienkonzerte, Kalbecker Rosenschau.

Wegberg

□ 84,31 qkm; ○ Heinsberg; ⚐ Nordrhein-Westfalen; ✉ 41844; ☎ 02434; 🚗 HS; △ 60–85 m; 👫 24800.

W., südwestlich von Mönchengladbach an der Schwalm unweit der niederländischen Grenze gelegen, ist über die B 57 und B 221 zu erreichen. Die St hat Grund- und Hauptschulen, Realschule, Sonderschule für Lernbehinderte; Textil-, Leder- und metallverarbeitende Industrie, Kabelwerk, Spezialfabrik für Elektrizitätsbedarf.

W., erstmals 966 urkundlich erwähnt, war Sitz eines Ortsadels bis Mitte des 14. Jh. Um 1550 kam die Burg in den Besitz der Grafen von Nesselrode; der Ort gehörte später bis ins 18. Jh. zu gleichen Teilen zum Herzogtum Geldern und Herzogtum Jülich. 1816 wurden beide Ortsteile vereinigt. Nach dem 2. Weltkrieg entwickelte sich W. zur aufstrebenden Industriegemeinde mit überdurchschnittlichem Bevölkerungszuwachs (1939 9000 EW). 1973 wurde W. zur St erhoben.

Sehenswürdigkeiten: Kreuzherrenkloster (Mitte 18. Jh.); Reste der Burg W. (Burgturm und Torbogen aus dem 16./17. Jh. erhalten); Schloß Tüschenbroich mit Ulrichskapelle; Kapelle in Kipshoven.

Wehr (Baden)

□ 35,66 qkm; ○ Waldshut; ⚐ Baden-Württemberg; ✉ 79664; ☎ 07762 (Wehr), 07761 (Öflingen); 🚗 WT; △ 280–908 m; 👫 12000.

W. liegt zwischen den südlichen Ausläufern des Schwarzwaldes im Wehratal nahe der Schweizer Grenze und ist über die B 34 und B 518 zu erreichen; Bahnstation (W.-Brennet) an der Strecke Basel–Konstanz. Die St hat Grund- und Hauptschulen, Realschule, Volkshochschule; chemisch-pharmazeutische Industrie, Buntweberei, Teppichfabrik, Spinnerei und Webereien, Apparatebau, Bettfedern- und Zahnradfabrik, Papier- und Kunststoffindustrie; Landwirtschaft; Fremdenverkehr. W. ist staatl. anerkannnter Erholungsort.

W. entstand im Schutz der Burg Werrach, dem Sitz der Grafen von Wehr, deren Besitz 1272 an Rudolf von Habsburg überging. Das Dorf erhielt 1363 das Marktrecht. Als österreichisches Lehen kam W. 1365 an die Herren von Schönau, die bis 1806 Inhaber der Herrschaft und Grundherren im Ort waren. Als Teil des vorderösterreichischen Breisgaus fiel W. 1806 an Baden. 1950 wurde W. zur St erhoben, und im Jahre 1972 erfolgte im Zuge der Gemeindereform der Zusammenschluß mit Öflingen. – Sehenswert die Burgruinen Werrach und Bärenfels, das Rathaus (ehem. Schloß der Herren von Schönau, (16. bzw. 18. Jh.), die nordwestlich der St gelegene ‚Haseler Erdmannshöhle' (eine der bedeutendsten Tropfsteinhöhlen Deutschlands), Stausee mit Kavernenkraftwerk und die romantische Waldschlucht im Wehratal (nordöstlich von W.).

Weida (Thür.)

○ Gera; ⚐ Thüringen; ✉ 07570; ☎ 036603; 🚗 G; △ 300 m; 👫 9900.

W. ist zu erreichen auf der A 4 / E 40, Ausfahrt Gera (16 km) und auf der A 9 / E 49 / E 51, Ausfahrt Triptis (18 km), sowie auf der B 92 und der B 175, die einander im Ort kreuzen; Bahnhof der Regionalstrecken Gera–W.–Neustadt (Orla)–Saalfeld (Saale), und Gera–W.–Zeulenroda (unt. Bf.)–Mehltheuer–Hof; Nahverkehrsverbindung W.–Werdau. Die nächsten Flughäfen sind Erfurt und Leipzig (jeweils ca. 110 km); ein Verkehrslandeplatz für einmotorige Maschinen befindet sich in Gera-Leumnitz (20 km).

Bildungseinrichtungen: Regelschulen, Gymnasium.

Wirtschaftliches: Elektrotechnik/Elektronik; Lederverarbeitung (Schuhe und Möbel); Agrargenossenschaften.

Geschichte: Die Ortschaft W. bildete sich durch Verlegen einer deutschen Siedlung von Wünschendorf-Veitsberg in das Weidatal (1152–55), bestehend aus der Altstadt (der Mkt-Siedlung um die Widenkirche) und der an die Osterburg angelehnten Neustadt (im Zentrum Neumarkt mit Rathaus und Peterskirche). W. erhielt 1209 das St-Recht und wurde zum Stammsitz der jeweils amtierenden Vögte. Die Osterburg wurde zwischen 1163 und 1193 gegründet, sie ist im Kern roman., wurde in der Zeit der Spätgotik und im 16. Jh. sowie nach dem Brand von 1633 zum Schloß ausgebaut (jetzt Kreisheimatmuseum und Jugendherberge). Der Brand im 30jährigen Krieg hatte St und Burg vernichtet. Von der Stadtbefestigung, die man im wesentlichen während des 15. Jh. errichtete, blieben Teile der Mauer mit einigen Wehrtürmen erhalten. Im Jahre 1816 kam W. an das Großherzogtum Sachsen-Weimar-Eisenach, seit 1920 gehört es zum Land Thüringen.

Sehenswürdigkeiten und Kulturelles: Schloß

Osterburg, unregelmäßige Anlage mit einem nach Norden offenem Hof, im Süden mächtiger Bergfried (im Kern 12. Jh., obere Teile 15. Jh.), an der Ostseite ehem. Rechnungsamt und dreigeschossiges Schloß (16./17. Jh., 1712 erneuert), vor der Vorderfront ehem. Kapelle mit roman. Resten und Treppenturm, Reste der alten Befestigungsanlagen, Schloßwache von 1717/18; Kreisheimatmuseum mit Arbeitsgeräten der Gerber, Musterbüchern der Weber, Weidaer Brotbank mit Modeln und Arbeitsgeräten; Rathaus, dreigeschossiger Renaissancebau (1587–89), nach Brand 1687 wiederhergestellt, vor der Mkt-Front hoher Treppenturm; „Eisenhammer", ältestes Hammerwerk Thüringens, von 1770–1921 in Betrieb; Oschütztal-Viadukt mit Pendelpfeilerbrücke, 28 m hoch, 185 m lang, für eingleisige Eisenbahnstrecke in Betrieb 1884–1984 (heute techn. Denkmal); Ruine der Widenkirche, einschiffiger spätrom. Bau (Mitte 12. Jh., um 1340 durch got. Anbau vergrößert), an seiner Südseite doppelgeschossige Kapelle mit zwei großen Rosenfenstern, von der doppeltürmigen Westfront (Anf. 13. Jh.) nur der Südturm in voller Höhe erhalten; Klosterkirche des ehem. Augustiner-Nonnenklosters, im Kern spätrom. (nach 1238), seit 1527 als Kornhaus genutzt, im 19. Jh. zum Wohnhaus umgebaut; Pfeifersches Haus (1720), erste Manufaktur und Fabrik für Weberei und Tuchfärberei.

Wiederkehrendes Ereignis: Osterburg- und Heimatfest (jährl. Ende Juni).

Weiden i. d. OPF.

□ 68,05 qkm; ○ Kreisfreie Stadt; ⚐ Bayern; ✉ 92637; ☎ 0961; 🚗 WEN; △ 396 m; 👪 42 000.

Die St W. liegt an der Naab im Oberpfälzer Wald und ist über die B 22, B 470 und Autobahn A 93 Regensburg–Mitterteich (Ausfahrten W., W.-Frauenricht und W.-West) zu erreichen; Eisenbahnknotenpunkt und D-Zug-Station an der Strecke München–Hof–Berlin. W. ist Sitz zahlreicher Behörden (Landgericht, Amtsgericht, Arbeitsgericht, Hauptzollamt, Landwirtschafts- und Tierzuchtamt, Wasserwirtschaftsamt, Deutscher Wetterdienst u. a.) und Bildungseinrichtungen (Gymnasien, Realgymnasium, Realschulen, Berufsschulen, Wirtschaftsschule, Fachoberschule, Fachschule für Sozialpädagogik, Krankenpflegeschulen, Volkshochschule u. a.) sowie Bundeswehrstandort.

Die Porzellanfabriken Bauscher und Seltmann, die MITRAS GmbH (Flachglas), die

Weiden, Rathaus

Firma Witt (Textilherstellung und -Versand) sowie das Eisenbahnausbesserungswerk prägten und bestimmen das Bild und die wirtschaftliche Struktur der St.; anstelle des 1896 begründeten Ausbesserungswerkes kam mit der Ansiedlung des PFA-Werkes Europas modernste Waggonfabrik in die ‚Eisenbahnerstadt'. Von wirtschaftlicher Bedeutung sind ferner die zahlreichen Betriebe des Dienstleistungssektors.

Das erstmals 1241 urkundlich erwähnte, im 13. Jh. mit dem Stadtrecht ausgestattete W. wurde im 14. Jh. durch Kaiser Karl IV. besonders gefördert. In seiner bewegten geschichtlichen Entwicklung wechselte die St oft den Besitzer und stand als Pfandobjekt zeitweise unter böhmischer, pfälzischer, sächsischer, burggräflich-nürnbergischer, brandenburgischer und leuchtenbergischer Herrschaft. Die Hussitenkriege (1427 bis 1431), Feuersbrünste (1536 und 1540) sowie der Dreißigjährige Krieg führten zur Zerstörung und Verarmung der St. Ein neuer wirtschaftlicher Aufschwung ergab sich nach dem Anschluß an das bayerische Eisenbahnnetz (1863) mit der industriellen Ausweitung der bodenständigen Glas- und Porzellanindustrie. In W. verbrachte der Komponist Max Reger (1873–1916) seine

Jugendzeit und später noch einmal drei Jahre seiner fruchtbarsten Schaffensperiode (Denkmal, Max-Reger-Haus, Max-Reger-Zimmer im Kulturzentrum Hans-Bauer).

Sehenswürdigkeiten: Rathaus (1539–45, umgebaut 1914/17); Sebastianskirche (15. Jh.); Pfarrkirche St. Michael (15. Jh., 1760 umgebaut); neuromanische Pfarrkirche St. Josef (1900, Innenausbau Jugendstil); alte Bürgerhäuser und Reste der ma. Stadtbefestigung. – Alle vier Jahre Weidener Musiktage zum Gedenken an Max Reger; W. Bürgerfest jährlich im Juni.

Weikersheim

□ 80,95 qkm; ○ Main-Tauber-Kreis; ⚐ Baden-Württemberg; ✉ 97990; ☎ 07934; 🚗 TBB; △ 227 m; 👪 6600.

W., 40 km südlich von Würzburg im Taubertal gelegen, ist Bahnstation an der Strecke Frankfurt a. M.–Crailsheim–Ulm. Die St hat Grund- und Hauptschule, Gymnasium; Orgelfabrik, Elektronik-Industrie; Weinbau; lebhaften Fremdenverkehr.

»Wighartesheim« ist erstmals im Jahr 837 in einer Schenkungsurkunde bezeugt; die Edelherren von Hohenlohe-W. sind seit 1178 nachweisbar. Nach dem Erlöschen des Hauses (1756) kam die Grafschaft über Neuenstein-Öhringen an die Linien Kirchberg und Langenburg (1803) und 1806 an Württemberg. Unter den Grafen Wolfgang II. (1546–1610) und Carl Ludwig v. Hohenlohe (1674–1756) erlebte W. seine Blütezeit; sie sind die Erbauer des prachtvollen Renaissanceschlosses (1595–1605) mit dem berühmten Jagdzimmer (bemalte Kassettendecke) und der barocken Gartenanlage (beg. 1709) mit Wasserspielen und anschließender Orangerie (1719 beg.). Die spätgotische Stadtkirche (1419 beg.) bildet mit dem Schloß und dem Marktplatz eine stimmungsvolle Einheit. Bemerkenswert ferner das Rathaus (1568), mehrere Bürgerhäuser (18. Jh.), Reste der alten Stadtbefestigung (Gänsturm) und das Tauberländer Dorfmuseum (Kornbau am Marktplatz). – Alljährlich finden in W. Internationale Jugendmusikwochen statt; im September wird die W. „Kärwe", das älteste Hohenloher Volksfest, mit historischem Festzug gefeiert.

Weil am Rhein

□ 19,47 qkm; ○ Lörrach; ⚐ Baden-Württemberg; ✉ 79576; ☎ 07621; 🚗 LÖ; △ 260 m; 👪 26500.

Die Große Kreisstadt W. a. Rhein im Dreiländereck Frankreich–Schweiz–Deutschland am Rande des Schwarzwaldes grenzt mit ihrer Gemarkung an den nordöstlichen Stadtrand von Basel. In W. enden die Autobahn A 5 Karlsruhe–Basel (Ausfahrt W. a. Rh. und AB-Dreieck W. a. Rh.) und die B 3 (Hamburg–Basel). W. verfügt über einen Rheinhafen (1 Mill. t Jahresumschlag) und ist Bahnstation (Verschiebebahnhof) an der Strecke Karlsruhe–Basel (D-Zug-Station Basel Badischer Bhf 3 km). W. a. Rhein hat Pflanzenschutzstelle, Zolldienststellen; Realschule, Abendrealschule, Gymnasium, Sing- und Musikschule, Volkshochschule, Sonderschulen für Lernbehinderte und Bildungsschwache, Sprachheilschule, Kath. Bildungswerk, Berufskolleg; Technologiezentrum; Textilbetriebe.

»Willa« wird erstmals 786 im St. Galler Urkundenbuch genannt. Zur Herrschaft von Rötteln gehörend kam der Ort 1315 unter die Hoheit der Markgrafen von Hachberg-Sausenberg und 1503 an Baden. Bis nach dem 1. Weltkrieg war die Landwirtschaft (Wein- und Obstanbau) die Haupterwerbsquelle der Bevölkerung. Danach entwickelte sich W. (1929 Verleihung der Stadtrechte) zum Industriezentrum (vor der Jahrhundertwende Ansiedlung von Textilbetrieben) und Verkehrsknotenpunkt. Im Zuge der Gemeindereform schlossen sich 1971 Ötlingen und 1975 Haltingen und Märkt mit Weil a. Rhein zusammen. – Sehenswert das malerische Staffelhaus (17. Jh.), das Heimatmuseum, das Museum „Dorfstube" in W.-Ötlingen, das Vitra-Design-Museum, die Museumsbahn Kandertal und das Museumsstellwerk.

Weil der Stadt

□ 43,17 qkm; ○ Böblingen; ⚐ Baden-Württemberg; ✉ 71263; ☎ 07033; 🚗 BB; △ 369–557 m; 👪 16600.

W. der Stadt liegt 30 km westlich von Stuttgart (Übergang des Heckengäus in den Schwarzwald) an der B 295. Endstation der S-Bahn im Verkehrsverbund Stuttgart. Die St hat Gymnasium; Wolldeckenfabrik, metallverarbeitende und Kunststoffindustrie, Industrieelektronik; Verlage.

W. der Stadt wurde zwischen 1223 und 1242 zur St erhoben; von 1272 bis 1802 war es Freie Reichsstadt und kam danach an Württemberg. Das schöne malerische Stadtbild blieb größtenteils erhalten. Sehenswürdigkeiten: spätgot. Stadtpfarrkirche (1492) mit bedeutender Ausstattung (u. a. Sakramentshaus von 1611);

Weilburg, Schloßhof mit Uhrturm

Rathaus (1582); Fachwerkhäuser; Reste der Stadtbefestigung mit Türmen; Spitalkapelle; Stadtmuseum. – W. der Stadt ist Geburtsort des schwäbischen Reformators Johannes Brenz (1499–1570) und des Astronomen Johannes Kepler (1571–1630; Geburtshaus mit Museum, Denkmal).

W. der Stadt schloß sich 1972 mit den Nachbargemeinden Merklingen und Hausen a.d. Würm und 1973 mit Schafhausen zusammen; 1975 wurde Münklingen eingegliedert.

Weilburg

☐ 57,33 qkm; ○ Limburg-Weilburg; ⚐ Hessen; ✉ 35781; ☎ 06471; 🚗 LM; △ 200 m; 🚶 12300.

W., in einer Lahnschleife zwischen Westerwald und Taunus gelegen, ist über die B 49 und B 456 zu erreichen. Anschluß an die A 3 Frankfurt a.M.–Köln (Ausfahrt Limburg) und A 45 Frankfurt–Dortmund (Ausfahrt Wetzlar); D-Zug-Station an der Strecke Gießen–Koblenz. Die St ist Sitz eines Amtsgerichts und zahlreicher Behörden (Kreisverwaltung [Nebenstellen], Staatsbauamt, Hessisches Straßenbauamt, Forstamt, Kreishandwerkerschaft u.a.). W. hat Grund-, Haupt- und Realschulen, Sonderschulen, Berufs- und Berufsfachschulen, Gymnasium, Staatl. Technikerschule, Lehrbetrieb für Waldarbeit; Kreiskrankenhaus; Brauerei, Lackfabrik, optische Betriebe, Sticks- und Brezelfabrik, Maschinen- und Apparatebau, Bekleidungsindustrie. W. ist Luftkurort, der Stadtteil W.-Kubach Erholungsort; der Fremdenverkehr spielt eine bedeutende wirtschaftliche Rolle.

»Wilinaburg«, erstmals 906 als Sitz des Grafengeschlechts der Konradiner erwähnt, kam durch Schenkung an das Bistum Worms, das die Grafen von Nassau als Schutzvögte einsetzte. 1294 erwarb Graf Adolf die Herrschaft durch Kauf und verlieh dem Ort ein Jahr darauf das Stadtrecht. Nach der Reformation gründete Graf Philipp 1540 aus dem Bestand der seit dem 10. Jh. bezeugten Stiftsschule eine Lateinschule, aus der das spätere Gymnasium hervorging. Im Dreißigjährigen Krieg wurde W. von kaiserlichen Truppen erobert (1634) und bis zum Westfälischen Frieden besetzt. Das 18. Jh. brachte eine rege Bautätigkeit für die Residenz, deren Glanzzeit mit der Verlegung der nassauischen Regierung nach Wiesbaden 1816 zu Ende ging. 1867 wurde W. mit dem Herzogtum Nassau preußisch. Im Rahmen der Gebietsneuordnung schloß sich W. mit zehn Nachbargemeinden zusammen. – Beherrscht wird die St vom Schloß (1535–85, Erweiterungen Anfang 18. Jh.) mit Schloßkirche (Fürstengruft) und Schloßgarten; sehenswert ferner das Rathaus (Anfang 18. Jh.) mit Marktplatz und Neptunbrunnen, die der Grabkirche von Jerusalem nachgebildete Heiliggrabkapelle (1505) auf dem alten Friedhof, das Heimat- und Bergbaumuseum mit Schaustollenanlage und der für Deutschland einzigartige Lahn-Schiffstunnel (1847 angelegt). Die »Kubacher Kristallhöhle« im Stadtteil W.-Kubach ist die einzige Kristallhöhle der Bundesrepublik; der ehem. gräfliche Jagdgarten im Stadtteil W.-Hirschhausen jetzt Wildpark. Alljährl. Kirchweihfest der Weilburger Bürgergarde im August; in den Monaten Juni/Juli W. Schloßkonzerte (Kammermusik aus Renaissance, Barock und Klassik).

Weilerswist

☐ 57,18 qkm; ○ Euskirchen; ⚐ Nordrhein-Westfalen; ✉ 53919; ☎ 02254; 🚗 EU; △ 110 m; 🚶 13800.

W., in der Niederrheinischen Bucht 25 km westlich von Bonn gelegen, ist 1969 durch Zusammenschluß der ehem. Gemeinden Lommersum, Metternich, Müggenhausen, Vernich und W. entstanden. Die Gm ist über die B 51 und Autobahn A 61 Mönchengladbach–Koblenz (Ausfahrt W.) zu erreichen. Bahnstation an der Strecke Köln–Euskirchen–Trier. W. hat Grundschulen, Hauptschule, Sonderschule für Lernbehinderte, Volkshochschule; Landwirtschaft.

W. wird erstmals im 12. Jh. urkundlich genannt. – Sehenswert: Wasserburg Kühlseggen (Unterbau 15./16. Jh., im übrigen 17. Jh.) mit Vorburg und Mühle (18. Jh.); Swister Türmchen (Rest der alten Swister Kirche, 12. Jh.) mit Pyramidendach und Vorbau (18. Jh.).

Weilheim i.OB.

☐ 55,51 qkm; ○ Weilheim-Schongau; ⚐ Bayern; ✉ 82362; ☎ 0881; 🚗 WM; △ 565 m; 👪 17600.

W., an der Ammer 50 km südwestlich von München gelegen, ist über die B 2 zu erreichen; Anschluß an die Autobahn A 95 München–Garmisch-Partenkirchen (Ausfahrt Seeshaupt); D-Zug-Station an der Strecke München–Garmisch-Partenkirchen. Die St, Sitz eines Amtsgerichts, Arbeitsamtes, Finanzamtes und der Kreisverwaltung Weilheim-Schongau, hat Gymnasium, Realschule, Fachoberschule, Berufsschule mit Berufsaufbauschule, Berufsbildungszentrum, Musikschule, Volkshochschule, Verwaltungsschule; holz- und metallverarbeitende Industrie, Leichtmetallfabrik, Betonwerk, Brauerei, Betrieb für Galvanotechnik; Land- und Viehwirtschaft. W. ist wirtschaftlicher und kultureller Mittelpunkt eines weiträumigen, vorwiegend landwirtschaftlich strukturierten Umlandes.

W., vermutlich aus einer spätrömischen Siedlung hervorgegangen, wird erstmals 1010 in einer Urkunde des Klosters Polling erwähnt und erhielt 1176 das Marktrecht. 1208 fiel W. an die Wittelsbacher, die 1224 einen herzoglichen Amtssitz errichteten. Als St wird W. erstmals 1238 in einer Klosterurkunde von Steingaden erwähnt. Vom 16. bis 18. Jh. war W. durch seine zahlreichen Kunsthandwerker weithin bekannt. Der ma. Stadtkern wurde durch mehrere Brände zerstört. Zu nennenswerten Industrieansiedlungen kam es erst nach dem 2. Weltkrieg. – Sehenswürdigkeiten: Historischer Stadtkern mit Altem Rathaus (1788, jetzt Pfaffenwinkel-Museum); Reste der ehem. Stadtbefestigung; ehem. Pflegeschloß (jetzt Finanzamt); Pfarrkirche St. Pölten (älteste Kirche der St); Mariensäule (1698); St. Salvatorkapelle auf dem Friedhof (1449, got. Oktogon mit Wandfresken); Pfarrkirche Mariä Himmelfahrt (1624–1628) mit Deckengemälden (1795); Pfaffenwinkel-Museum mit bedeutender Skulpturensammlung aus dem Weilheimer Kunstkreis (u.a. Schmerzensmann von 1526/27 von Hans Leinberger). – Aus W. stammen Hans Krumpper (1570–1634), maßgeblicher Baumeister der Münchener Residenz, der Bildhauer Jörg Petel (1601 bis 1634) und Admiral Franz Ritter von Hipper (1863–1932).

Alljährlich Volksfest (Mai/Juni).

Weilheim a.d.Teck

☐ 26,51 qkm; ○ Esslingen; ⚐ Baden-Württemberg; ✉ 73235; ☎ 07023; 🚗 ES; △ 385–594 m; 👪 8200.

W., 40 km südöstlich von Stuttgart am Fuße der Schwäbischen Alb gelegen, ist über die Autobahn A 8 Stuttgart–Ulm–München (Ausfahrt Aichelberg) zu erreichen. Die St, Sitz einer Verwaltungsgemeinschaft, hat Forstamt; Grund- und Hauptschule, Realschule, Sonderschule für Lernbehinderte; Textil- und metallverarbeitende Industrie, Baumschulen.

W., erstmals 769 urkundlich genannt, erhielt 1319 das Stadtrecht; 1334 kam es an Württemberg. Wirtschaftlicher Aufschwung und starker Bevölkerungszuwachs seit 1950 (1939 3400 EW). – Sehenswert: spätgot. Peterskirche (1489–1522) mit Wandmalereien, bemalter steinerner Kanzel und Barockorgel; erdgeschichtliches Museum Hauff im 3 km nordwestlich von W. gelegenen Holzmaden.

Weimar

☐ 51 qkm; ○ Weimar; ⚐ Thüringen; ✉ 99423*; ☎ 03643; 🚗 WE; △ 250 m; 👪 61000.

W. ist zu erreichen auf der A 4 / E 40, Ausfahrt W. (ca. 5 km), sowie auf der B 7 und der B 85; Bahnstation an den Strecken Frankfurt/Main–Erfurt–W.–Leizpig/Halle (IC-Strecke) und Erfurt–W.–Jena–Gera. Regionalbahn W.–Kranichfeld. Der nächste Flughafen ist Leipzig-/Halle (ca. 95 km); nächster Verkehrslandeplatz Erfurt (ca. 30 km).

Wirtschaftliches: Baustoffe; Landmaschinenbau; Elektroarmaturen; Feingerätefertigung; Herstellung von Möbeln; graphische Industrie.

Bildungseinrichtungen: Grundschulen, Regelschulen, Gymnasien; Hochschule für Architektur und Bauwesen; Hochschule für Musik „Franz Liszt"; Fachschulen; Volkshochschule; Staatsarchiv W.; Nationale Forschungs- und Gedenkstätte der klassischen dt. Literatur; Bibliotheken; Volkssternwarte.

Geschichtliches: Die St liegt auf uraltem Kulturboden. Nahe dem Ortsteil Ehringsdorf wurde 1925 der Schädel eines Urmenschen gefunden, der dort vor 70000 Jahren gelebt hatte. In der frühgeschichtlichen Zeit (6.–10. Jh.) war „Wimare" eine starke Siedlung, wahrscheinlich Sitz des thüringischen Königs Hermanfried und seiner Gattin Amalaberga (Nichte des Ostgotenkönigs Theoderich), wie

Weimar
Nationaltheater mit Goethe-Schiller-Denkmal

man aus Schmuckbeigaben aufgefundener Gräber schließt. Die erste urkundliche Nachricht von einem befestigten Platz namens Weimar stammt aus dem Jahre 975; zu der Zeit hielt Kaiser Otto II. hier einen Fürstentag ab. Graf Wilhelm von Weimar ließ sich um das Jahr 1000 an der Ilm eine Wasserburg bauen. Durch Ansiedlung von Burgmannen und abhängigen Zinsbauern entwickelte sich das von einer wehrhaften Mauer umgebene Gemeinwesen zur St. Jedoch erst mit dem Entstehen von Gewerbebetrieben und Märkten (um 1250) bekam W. ein städtisches Gesicht. Die EW erstritten sich eine eigene Verwaltung und Zollregularien, Gerichtsbarkeit und Stadtrechte und lösten sich mehr und mehr vom Machteinfluß der Burg. 1372 gingen W. und seine Umgebung im wettinischen Territorialstaat auf. Nach der Landesteilung von 1485 wurde die St eine bevorzugte Residenz der in Thüringen herrschenden Linie der Wettiner. Durch das Wirken Luthers (1518–21) kam es in W. zur Einführung der Reformation. Bis 1918 behielt W. – zunächst Hauptstadt des Herzogtums, seit 1815 des Großherzogtums von Sachsen-W.-Eisenach – seinen ackerbürgerlichen Charakter bei. Nach der Novemberrevolution (1918) wurde am 19. 1. 1919 die „Weimarer Nationalversammlung", das verfassunggebende Parlament der ersten dt. Republik, gewählt, die in Weimar und Berlin tagte. Sie wählte die erste Regierung sowie den Reichspräsidenten und nahm die „Weimarer Verfassung" an, die am 11. 8. 1919 in Kraft trat. Die „Weimarer Republik" bestand vom 19. 1. 1919 bis zur Machtergreifung durch die Nationalsozialisten am 30. 1. 1933. – Mit dem Wirken der Herzogin Anna Amalia, die seit 1758 für ihren Sohn Karl August regierte, entfaltete sich W. zu einer St der Literatur und Kunst. Die Nichte des Preußenkönigs begründete mit ihrer „Weimarer Tafelrunde" im Wittumspalais Weimars Ruhm als Heimstatt der dt. Klassik: Anna Amalia holte 1772 den schwäbischen Dichter Christoph Martin Wieland, der seit 1769 Professor in Erfurt war, als Erzieher ihres Sohnes an den Hof. Herzog Karl August setzte das Werk seiner Mutter fort. Bei seinem Regierungsantritt (1775) lud er den jungen Advokaten Johann Wolfgang Goethe, der soeben „Die Leiden des jungen Werthers" geschrieben hatte, nach W. ein und machte ihn ein Jahr darauf zum geheimen Legationsrat. Auf Goethes Wunsch berief der Herzog 1776 den Theologen, Philosophen und Humanisten Johann Gottfried Herder nach W. Als letzter fand 1787 Schiller den Weg nach W. Goethes und Schillers Freundschaft verliehen der St ein unvergängliches Ambiente. Um die vier Großen sammelte sich mit der Zeit ein Kreis bedeutender Dichter und Schriftsteller; Lenz, Klinger und Jean Paul, Eckermann und Bettina von Arnim mögen stellvertretend für viele andere genannt werden.

Sehenswürdigkeiten: Stadtkirche Sankt Peter und Paul, 1249 gestiftet, nach einem Brand von 1424 wiederaufgebaut, 1945 durch Bomben stark beschädigt, bis 1953 wiederhergestellt; Dreiflügelaltar von Lucas Cranach d.Ä., an der Chor-Nordwand sein Grabstein mit lebensgroßem Porträt; Grabbdenkmäler der Ernestiner im Chor-Innenraum; Sarkophag Johann Gottfried Herders unter der Orgelempore, der hier seit 1786 als Hofprediger gewirkt hatte; ihm zu Ehren heißt das Gotteshaus seit 1850 Herderkirche. – Stadtschloß, Dreiflügelanlage mit ma. Bauteilen, auf den Mauern eines 1774 abgebrannten barocken Vorgängerbaues unter Leitung Goethes 1789–1803 im klassizistischen Stil wiedererrichtet. – Rathaus, 1396 erstmals erwähnt, mehrfach abgebrannt, seit 1841 dreigeschossiger neugot. Bau mit Turm-Glockenspiel aus Meißner Porzellan. – Marktplatz mit bemerkenswerten Renaissance-Fassaden, Stadthaus (1526–47) an der Ostseite, Gasthof „Zum schwarzen Bären" (1540). – Goethehaus, zweigeschossiger Barockbau mit dreiteiliger Fassade (1709); Goethe bekam es 1794 von Herzog Karl August geschenkt und lebte darin von 1782 bis zu seinem Tode 1832; die Privaträume blieben original erhalten, des weiteren seine Kunstsammlungen, seine naturkundliche Sammlung und seine Handbibliothek mit 5400 Bänden. Schillerhaus (1777), drei Jahre vor seinem Tode

(9. 5. 1805) von ihm erworben; hinter dem Schillerhaus das Schillermuseum mit Exponaten über Leben und Werk des Dichters. – Wittumspalais, zweigeschossiger Barockbau (1767), Wohnhaus der Herzogin Anna Amalia von 1774–1807. Deutsches Nationaltheater (1779), nach einem Brand 1825 Neubau, 1907/08 abgebrochen und im klassizistischen Stil wiedererrichtet. 1919 tagte hier die Nationalversammlung, seitdem wird diese Kunststätte „Deutsches Nationaltheater" genannt; 1945 durch Bomben zerstört, 1948 Wiedereröffnung mit Goethes „Faust". Vor dem Theater das Goethe-Schiller-Denkmal des Dresdner Bildhauers Ernst Rietschel (1857), das als Wahrzeichen der St gilt. – Bertuchhaus (1780) als Wohn- und Geschäftshaus errichtet, erweitert 1803, genannt nach dem ersten Besitzer, seit 1925 in städtischem Besitz, heute Stadtmuseum. – Jacobskirche, ursprünglich aus dem Jahre 1168, als Barockbau mit Zwiebelturm 1712/13 neu errichtet; – Cranach-Haus, prächtiger Renaissancebau, 1547–49 für den herzoglichen Kanzler Brück erbaut; sein Schwiegervater, Lucas Cranach d. Ä., wohnte hier die letzten zwei Jahre vor seinem Tode (1553). – Grünes Schloß, im Kern Renaissancestil (1562–69), Fassade ursprünglich grün bemalt, 1761–66 unter Herzogin Anna Amalia zur Bibliothek umgestaltet, deshalb heute nach ihrem Namen benannt; Bestand mehr als 80000 Bände. – Hochschule für Musik „Franz Liszt", dreigeschossiger Barockbau (1740–54) als „Landschaftshaus" (Parlamentsgebäude) errichtet; nach dem Schloßbrand Wohnsitz des Herzogs von 1774–1803, daher auch „Fürstenhaus" genannt; vor dem Palast das durch A. von Donndorf 1897 geschaffene Reiterstandbild des Großherzogs Karl August. – Haus der Frau vom Stein (1770), ursprünglich im Erdgeschoß Stallungen für die herzoglichen Husaren, zweigeschossiger Barockbau, 1776 unter Goethes Leitung zum Wohnhaus für seine Freundin Charlotte und deren Gatten umgebaut. Am Hause der 60 ha große Park an der Ilm, im Stil eines englischen Landschaftsgartens angelegt. – Shakespeare-Denkmal (1904, von Otto Lessing). – Goethes Gartenhaus, einfacher zweigeschossiger Bau (17. Jh.), 1776–82 ständiger Wohnsitz Goethes, danach sein „Zufluchtsort"; seit 1886 Goethe-Gedenkstätte mit Erinnerungen an seine Weimarer Frühzeit. – Römisches Haus (1792–97), klassizistische Villa im Stil eines antiken Tempels, Sommerwohnung von Herzog Karl August. – Liszt-Haus, errichtet 1789–99, zweigeschossiger pavillonartiger Bau, bewohnt 1869–86 von Franz Liszt, Wohn- und Arbeitszimmer des Komponisten mit Dokumentation zu Leben und Werk des großen Tonschöpfers. – Goethe- und-Schiller-Gruft, klassizistisches Mausoleum, 1824–25 nach Plänen des Hofbaumeisters Coudray für die Dichter und ihren Mentor Karl August errichtet; das Mausoleum bildet mit dem Bronzekatafalk des Großherzogs und den Särgen Goethes und Schillers den Mittelpunkt des Alten Friedhofs, auf dem Goethes Familie, sein Freund J. P. Eckermann, Charlotte von Stein, Hofbaumeister Coudray und weitere bedeutende Persönlichkeiten ihre letzte Ruhestätte fanden. Hinter dem Mausoleum erhebt sich die russisch-griechische Kapelle, die Grabstätte der Großherzogin Maria Pawlowna. – Goethe- und Schiller-Archiv (1896 erbaut) mit Werken der neueren dt. Literatur (Nachlässe von 60 dt.-sprachigen Schriftstellern); Gesamtbestand etwa 600000 Handschriften. – Museum für Ur- und Frühgeschichte Thüringens; darin die Altsteinzeit-Menschen vo Ehringsdorf, das Hügelgrab aus der Bronzezeit von Schwarza und das Fürstengrab von Haßleben. – 8 km nordwestlich von W. befindet sich die Mahn- und Gedenkstätte des Konzentrationslagers Buchenwald. – Schloß Tiefurt ursprünglich Ende 16. Jh., 1765 und 1776 zur Prinzenresidenz umgestaltet, 1781–1806 Sommersitz der Herzogin Anna Amalia; Räume in den Baustilen Rokoko, Klassizismus und Biedermeier; Landschaftspark (begonnen 1776) mit zahlreichen Skulpturen, Denkmälern und Bauten. – Schloß Belvedere (1720–40), zweigeschossiger Barockbau mit Aussichtsturm, Lust- und Jagdschloß für Herzog Ernst August, Fest- und Speisesaal in Rokokoausstattung, mit Kunstgegenständen des 17. und 18. Jh.; heute genutzt als Rokokomuseum mit Glas- und Porzellansammlungen. Barockgarten, 1806–30 in einen englischen Landschaftsgarten umgewandelt, nach Vorstellungen des Fürsten Pückler-Muskau 1843–53 noch einmal neu gestaltet, im Garten viele Bauten, darunter Naturtheater und eine Orangerie mit botanischen Seltenheiten, die z. T. Alexander von Humboldt aus Südamerika mitgebracht hatte; in einem anderen Bau eine Sammlung historischer Prachtkutschen.

Kulturelles: Albert-Schweitzer-Begegnungsstätte, Dauerausstellung über Leben und Wirken des weltberühmten Theologen und Humanisten; Deutsches Nationaltheater (Oper, Schauspiel, Operette). – Musik: Sinfoniekonzerte im Deutschen Nationaltheater; Orgelmusik in der Herderkirche; Matinee-Veranstaltungen in der Falkengalerie des Schlosses; Konzerte in der Hochschule für Musik.

Wiederkehrende Ereignisse: „Literarisch-musikalische Stunde bei Goethe“ im Goethe-Haus; „Kunstfest“ mit Lesungen, Konzerten und Theateraufführungen an mehreren Spielstätten (Mitte Mai bis Anf. Juni); „Internationales Musikseminar“ mit Gastspielen internat. bekannter Orchester, Musiker und Dirigenten an der Hochschule für Musik (Juli); „Goethes Geburtstag“ (28. 8. 1749), Feierlichkeiten im Goethe-Haus (Aug.); „Zwiebelmarkt“, dreitägiges Volksfest in der Innenstadt (Mitte Okt.); „Grüner Markt“ am Rathaus (wöchentlich montags bis freitags).

Weingarten (Württ.)

□ 12,17 qkm; ○ Ravensburg; ⚐ Baden-Württemberg; ✉ 88250; ☎ 0751; 🚗 RV; △ 460 m; 👫 21 000.

W., Große Kreisstadt nördlich des Bodensees am Rande des Altdorfer Waldes an der Schussen, ist über die B 30 und B 32 zu erreichen. Die St hat Garnisonen der Bundeswehr und der Französischen Streitkräfte; Pädagogische Hochschule, Bundeswehrfachschule, Gymnasium, Realschule, Berufsschule, Sonderschule für körperbehinderte Kinder, Gewerbeschule; Maschinenfabriken, Textilindustrie, Gießereien und Pumpenfabrik, Spiritus- und Hefefabrik, Säge- und Hobelwerk, Fallschirmfabrik.

Der Marktflecken Altdorf und das ehem. Kloster Weingarten wurden 1865 unter dem Namen W. zur St erhoben. Altdorf, erstmals 1036 urkundlich erwähnt, ging aus einer alemannischen Ursiedlung (Reihengräberfunde) hervor, die nach der Christianisierung mit dem »alah« (Kirche) auf einer Anhöhe neben einem fränkischen Königshof die Ortsbezeichnung »Alah-Dorf« annahm. Seit der 1. Hälfte des 9. Jahrhunderts waren die Welfen als Grafen im Schussengau Eigentümer des königlichen Besitzes. Die 1053 auf dem Martinsberg neben Altdorf erbaute Benediktinerabtei war das Hauskloster der Welfen. Mit dem Wegzug der Welfen auf die Veitsburg bei Ravensburg verlor der Reichsflecken Altdorf an Bedeutung. Das Kloster wurde 1802 aufgehoben; seit 1922 ist der südliche Teil der früheren Klostergebäude wieder Benediktinerabtei. – Sehenswert die Klosterbasilika (1715 bis 1724), die größte Barockkirche nördlich der Alpen, mit der berühmten Orgel von Gabler (1737–50 erbaut, 6666 Pfeifen) und Welfengruft (1852 renoviert). – Alljährlich am Freitag nach Christi Himmelfahrt Reiterprozession zu Ehren der Hl.-Blut-Reliquie, die in der Basilika verehrt wird.

Weinheim a. d. Bergstraße

□ 58,59 qkm; ○ Rhein-Neckar-Kreis; ⚐ Baden-Württemberg; ✉ 69469; ☎ 06201; 🚗 HD; △ 110–280 m; 👫 42 000.

W. liegt 18 km nordöstlich von Mannheim am klimatisch begünstigten Westhang des Odenwaldes und am Austritt des Weschnitz- und Grundelbachtales in die Rheinebene im Schnittpunkt der B 3 und B 38. Anschluß an die Autobahn A 5 Frankfurt a. M.–Karlsruhe (Abfahrt W.); D-Zug-Station an der Strecke Frankfurt a. M.–Basel. Die St hat Verkehrslandeplatz; Amtsgericht; Mittelschule, Gesamtschule, Gymnasium, Wirtschaftsgymnasium, hauswirtschaftl. Berufsschule, Berufsfachschule für Bürotechnik, kaufmännische und gewerbliche Berufsschule, Höhere Handelsschule, Fachschule des Deutschen Bäckerhandwerks, Kinderpflegerinnenschule; Lederindustrie, Teigwaren-, Bürsten- und Kunstdarmfabrik, chemische und pharmazeutische Industrie, Gummiindustrie, Verlag, Porphyrwerke.

W., erstmals 755 im Lorscher Kodex erwähnt, erhielt um 1000 das Markt-, 1065 das Münz- und vor 1264 das Stadtrecht. Die St gehörte seit Mitte des 13. Jh. zur Kurpfalz; 1803 kam sie an Baden. Wirtschaftliche Blütezeiten waren das 15. und 16. Jh. Der ma. Stadtkern wurde 1556 durch einen Brand zum größten Teil vernichtet. Ein weiterer wirtschaftlicher Aufschwung setzte Mitte des 19. Jh. mit der Niederlassung einer Ledergerberei ein, aus der sich die bedeutende Lederindustrie entwickelte. Unter den 22 000 Beschäftigten von Industrie, Handel und Gewerbe sind rund 10 000 Einpendler. – Sehenswürdigkeiten: Reste der Stadtbefestigung mit drei Türmen; Ulmer Kapelle (um 1470, Erweiterungen 1721); Altes Rathaus (2. Hälfte 16. Jh.); Fachwerkhäuser aus dem 16. und 17. Jh.; Schloß (1725 beg., jetzt Neues Rathaus) und Schloßpark (mit der größten, um 1790 gepflanzten Zeder Deutschlands und anderen Exoten); Wachenburg (1913 erbaut); Burgruine Windeck (12./13. Jh.); Heimatmuseum. – Alljährlich Weinheimer Sommertagszug (Frühlingsfest am Sonntag Lätare) und Weinheimer „Kerwe“ (2. Sonntag August). – Aus W. stammt der Architekt und Baumeister des Klassizismus Heinrich Hübsch (1795–1863), Schüler von Fr. Weinbrenner.

Weinsberg

□ 22,24 qkm; ○ Heilbronn a. N.; ⚐ Baden-Württemberg; ✉ 74189; ☎ 071 34; 🚗 HN; △ 198 m; 👫 8900.

W. liegt 7 km östlich von Heilbronn im Tal der Sulm an der B 39 und am Autobahnkreuz W. (Autobahnstrecken A 81 Stuttgart–Würzburg und A 6 Mannheim–Nürnberg); Bahnstation an der Strecke Heilbronn–Schwäbisch Hall–Crailsheim–Nürnberg.

Die St, Sitz einer Staatl. Lehr- und Versuchsanstalt für Wein- und Obstbau, hat Gymnasium, Bundesfachschule für das Küferhandwerk, Krankenpflegeschule, Volkshochschule, Sonderschule für Lernbehinderte; Psychiatrisches Landeskrankenhaus; breitgefächerte Industrie (Ziegelwerke, Karosseriebau, Großbuchdruckerei, Maschinenfabrik, Herstellung von elektronischen Geräten und Kinderbekleidung); bedeutenden Wein- und Obstanbau, Rosenkulturen.

W., seit römischer Zeit besiedelt (Ausgrabung von Resten einer Badeanlage eines röm. Gutshofes), entstand am Fuße der gleichnamigen, um 1000 errichteten Burg, die durch die historisch belegte Geschichte von den „treuen Weibern von Weinsberg“ (anläßlich der Belagerung der Burg durch den Stauferkönig Konrad III. im Jahr 1140) bekannt wurde (die Frauen, denen der König vor der Kapitulation zugesichert hatte, das Kostbarste mitnehmen zu dürfen, trugen ihre Männer auf dem Rücken in die Freiheit). W., das von 1237 bis 1440 Freie Reichsstadt war, kam nach dem Verlust seiner Reichsfreiheit an die Kurpfalz. 1504 eroberte Herzog Ulrich die St, die fortan mit kleineren Unterbrechungen bei Württemberg verblieb. 1525 wurden St und Burg von aufständischen Bauern eingeäschert. 1707 fiel W. erneut einem Großbrand zum Opfer. Die schweren Kriegsschäden von 1945 wurden durch den großzügigen Wiederaufbau, die Erschließung neuer Wohngebiete und Ansiedlung zahlreicher Industrie- und Gewerbezweige behoben.

Sehenswürdigkeiten: Römische Baderuine (um 100 n. Chr.); Burgruine Weibertreu; ev. St. Johannes-Kirche (nach 1200 in drei Bauabschnitten errichtet, spätgot. Chor); Reste der ma. Befestigungsanlagen mit Wachtturm; Marktplatz mit Brunnen, Rathaus, alten Gebäuden an der Kirchstaffel und „Schlößlein“ Herzog Christophs von Württemberg; Bleich in der unteren Stadt (Hinrichtungsstätte des Grafen Helfenstein und seiner Ritter im Bauernkrieg); Kernerhaus (Wohnhaus des schwäbischen Dichters, der hier von 1823 bis 1862 lebte; jetzt Museum).

W. ist Geburtsort des Baumeisters Hans Schweiner (um 1473 geb., Erbauer des Westturmes der Kilianskirche von Heilbronn).

Weinstadt

□ 31,71 qkm; ○ Rems-Murr-Kreis; ⚐ Baden-Württemberg; ✉ 71384; ☎ 071 51; 🚗 WN; △ 245–275 m; 👫 24 000.

W. entstand 1975 durch Zusammenschluß der ehem. Gemeinden Beutelsbach, Endersbach, Großheppach, Schnait und Strümpfelbach unter neuem Namen. Die Großgemeinde liegt 18 km östlich von Stuttgart im unteren Remstal an der B 29. W., Bahnstation an der Strecke Stuttgart–Aalen, hat Grund- und Hauptschulen, Realschule, Gymnasium, Sonderschule für Lernbehinderte, Fachhochschule für Sozialpädagogik, Altenpflegeschule, Landesjugendheim Schönbühl; Weinanbau und Weinhandel (Remstalkellerei), Verlag (Columbus, Herstellung von Globen und Atlanten), Nährmittelwerke, Weinbrennerei (Jacobi), Obstkulturen u. a.

Der Ortsteil Beutelsbach gehörte zum ältesten Besitz der Grafen von Württemberg (seit Ende des 11. Jh.). Die in der Nähe gelegene Burg (Ruine) auf dem Kappelberg war Stammsitz und die B. Stiftskirche (1241) Grablege des Geschlechtes. Nach der Zerstörung von Burg und Ort (1311) wurden das Chorherrenstift und Erbbegräbnis nach Stuttgart verlegt. 1514 nahm von B. der Aufstand des „Armen Konrad“ (Rädelsführer Peter Gais von B.) seinen Anfang. – Sehenswert neben der Burgruine und Stiftskirche (mit Wehrturm und Grab Ulrichs v. Wirtemberg) die Pfarrkirche des Hl. Ägidius (16. Jh., Ortsteil Großheppach), der Hochaltar aus der Ulmer Schule (1492) in der St. Wendelinskirche (Schnait), die spätgot. Chorturmkirche (15. Jh.) in Strümpfelbach, sowie zahlreiche Fachwerkhäuser aus dem 16. und 17. Jh., darunter das Rathaus (1591) von Strümpfelbach. – In Schnait geboren wurde der Volksliederkomponist Friedrich Silcher (1789–1860; Silchermuseum im Geburtshaus). – Alljährlich im September traditionelle Wein-, Kelter- und Herbstfeste.

Weißenburg i. Bay.

□ 97,56 qkm; ○ Weißenburg-Gunzenhausen; ⚐ Bayern; ✉ 91781; ☎ 09141; 🚗 WUG; △ 430 m; 👥 17500.

W., 50 km südlich von Nürnberg in der Fränkischen Alb gelegen, ist über die B 2 und B 13 zu erreichen. W. hat Amtsgericht, Kreisverwaltung; Realschule, Gymnasium, Berufs- und Berufsaufbauschule, landwirtschaftliche Kreisberufsschule, Fachoberschule; Holz-, holzverarbeitende und Kunststoffindustrie (Spritzgußwerke), Metall- und Metallwarenindustrie (Drahtwerk, Leonische Industrie), Eisen-, Fahrzeug- und Maschinenbau, Textil- und Bekleidungsindustrie, Nahrungs- und Genußmittelindustrie (Brauereien), Marmorbruch.

W. wurde im 6./7. Jh. in der Nähe des Limes und des Römerkastells »Biriciana« (81 bis 233 n. Chr., ausgegraben) gegründet. Der älteste Stadtkern bildete sich im 8.–11. Jh. um einen fränkischen Königshof, der Ende des 11. Jh. befestigt (Wehrkirche) war. Die Siedlung selbst wurde im 12. Jh. ummauert. Um 1240 erhielt W. Stadtrechte. W. war zwischen 1339 und 1802 Reichsstadt; 1806 kam es an Bayern. – Der ma. Stadtkern mit den malerischen Wehranlagen ist fast vollständig erhalten. Bemerkenswert vor allem das Ellinger Tor (1469–1510), das Rathaus (1470–76), die gotische St. Andreaskirche (14./15. Jh.), die Karmeliter- (15. Jh. mit barocker Ausstattung) und Spitalkirche. Am Marktplatz schöne Fachwerkhäuser. Die Festung Würzburg (Ende 16. Jh.) über der St war von 792–1540 Benediktinerkloster.

Weißenfels

○ Weißenfels; ⚐ Sachsen-Anhalt; ✉ 06667; ☎ 03443; 🚗 WSF; △ 100 m; 👥 36000.

W. an der Saale ist zu erreichen auf der A 9 / E 49 / E 51, Ausfahrt W. (4 km bis Zentrum), auf der B 87, der B 91 und der B 176; Hauptbahnhof an den Strecken München–Nürnberg–Halle–Berlin und Frankfurt/M.–Erfurt–Leipzig; Buslinien nach Halle, Chemnitz, Gera, Naumburg und Zeitz. – Das Fahrgastschiff „Weißenfels" fährt mittwochs, samstags und sonntags nach Naumburg. Der nächste Flughafen ist Leipzig-Halle (ca. 40 km).

Bildungseinrichtungen: Grundschulen, Sekundarschulen, Gymnasien; Förderschule; Akademie für Weiterbildung; Europa-Akademie; Hypo-Management-Trainings-Center; Fachschule für Wirtschaft und Technik; Kreisvolkshochschule; Stadtbibliothek im Novalishaus; Kinderbibliotheken; Musikschule; Lehrerbildungsseminar; mehrere private Träger für berufliche Fortbildung.

Wirtschaftliches: Die Struktur der Wirtschaft ist von den Zweigen Metallverarbeitung, Lebensmittelindustrie, Bauwirtschaft nebst Baustoffhandel, von Dienstleistungs-Gewerben und Handelseinrichtungen geprägt.

Geschichtliches: Ein Fels aus weißem Sandstein gab der St ihren Namen, die als planmäßig angelegte Marktsiedlung 1075 erstmals genannt wurde. Daraus entstand auf dem rechten Saale-Ufer im Schutze eines Kastells zwischen bereits vorhandenen Niederlassungen slawischen Ursprungs unter Markgraf Otto dem Reichen eine streng gegliederte Siedlung, der 1185 die Stadtrechte verliehen wurden. Der Standort war vorzüglich: Hier überquerte die von Halle kommende, über Altenburg nach Böhmen weiterführende Osterländische Salzstraße die Saale. Den Namen W. verwendete erstmalig 1195 der Sohn Ottos des Reichen, Dietrich, der sich „comes de Wizenvels" nannte. Gegen Ende des 13. Jh. erhielt die St Zoll- und Geleitsfreiheit auf sämtliche Waren „in allen wettinischen Landen". Dieses Privileg förderte Handel und Gewerbe außerordentlich. Zu relativ großer Selbständigkeit gelangte W. durch die 1454 verliehenen Weichbildrechte und die der eigenen Gerichtsbarkeit. Gegen Ende des Mittelalters (1489) wurden nach den Schneidern auch die „Schuhknechte" in den Stand einer Bruderschaft erhoben. Sie gilt in W. als Ursprung der Entwicklung zur Schuhmetropole. – Während des 30jährigen Krieges sank die Bevölkerung von 2200 Seelen (1622) auf 960 (1632) EW. Der kaiserliche Heerführer Wallenstein hatte am 2. 11. 1632 seine Generäle in W. im Gasthof „Zum Schützen" zur Beratung zusammengerufen. Vier Tage später kam es bei Lützen (15 km von W.) zur größten und verlustreichsten Schlacht dieses Krieges. Wallensteins Gegner, König Gustav II. Adolf von Schweden, wurde dabei getötet. Sein Leichnam wurde nach W. verbracht, im ehem. Geleitshaus obduziert, einbalsamiert und von hier aus nach Schweden überführt. Die Gedenkstätte in der Großen Burgstraße erinnert mit einem Diorama von 10000 Zinnfiguren an die Lützener Schlacht. In den Jahren 1644/45 fiel der Burg von W. der Zerstörung durch die Schweden zum Opfer. – Nach dem 30jährigen Kriege entfaltete sich die St zur wirtschaftlichen und kulturellen Blüte. Dem Testament des sächsischen Kurfürsten Johann Georg I. (1585–1656) zufolge mußte das Land Sachsen nach seinem Tode (1680) unter seinen vier Söhnen aufgeteilt werden. August, der 2. Sproß des Kurfürsten, erhielt das Herzogtum Sachsen-Weißenfels. Die St wurde zur Residenz ausgebaut. Herzog August führte den 1660 begonnenen Bau des Schlosses fort, der 1694 vollendet werden konnte. – Den weiteren Verlauf der Stadtgeschichte kennzeichnen zwei große Kampfhandlungen, zu deren Vorbereitungen die maßgeblichen Armeeführer in W. Quartier genommen hatten: Im 7jährigen Krieg (1756–1763) wurde W. abwechselnd von Freund und Feind besetzt und ausgeplündert. Am 5. 11. 1757 siegte in der Schlacht bei Roßbach das zahlenmäßig unterlegene Heer König Friedrichs II. von Preußen über das vereinte Heer der Franzosen und Reichstruppen. Napoleon I. besiegte während der Befreiungskriege am 2. 5. 1813 in der Schlacht bei Großgörschen die russisch-preußischen Truppen unter Gneisenau, York und Kutusow. Nach der Völkerschlacht bei Leipzig quartierte sich der geschlagene Napoleon I. am 20. 10. 1813 zum letzten Male in der St ein. – Im Zuge der Industrialisierung entwickelte sich W. ab Mitte des 19. Jh. zu einem Industriestandort. Die Zahl der EW stieg von 7961 (1840) auf 16921 (1875). Der frühe Anschluß an das Eisenbahnnetz (1846) und der großflächige Abbau von Braunkohle in der Region forcierten die Aufwärtsentwicklung; als Hauptwirtschaftszweig dominierte jedoch weiterhin die Schuhindustrie mit ihren Zulieferbetrieben.

Sehenswürdigkeiten und Kulturelles: St. Marienkirche, spätgot. Hallenbau (15. Jh.); Barockschloß Neu-Augustusburg, bis 1746 Residenz, jetzt Museum; Schloßkapelle (1682 eingeweiht), einzig noch erhaltenes frühbarokkes Bauwerk dieser Art in Mitteleuropa; Geleitshaus, Renaissancebau (1552) mit Diorama der Lützener Schlacht; Heinrich-Schütz-Haus, Renaissancebau (um 1550). Novalis-Wohnhaus (auch Grab und Denkmal in W.); Jägerhaus (1713 Uraufführung der Jagdkantate von J.S. Bach); Heimatnaturgarten; Kulturpark Klemmberg; Weißenfelser „Schusterjunge“, bekannteste Skulptur der St; Promenade zu den Badeanlagen an der Saale.

Mit W. verbundene namhafte Persönlichkeiten: NOVALIS, eigentlich Friedrich von Hardenberg (1772–1801), Lyriker und Prosadichter; Johann Gottfried Seume (1763–1810), Schriftsteller und Publizist, geb. in Poserna bei W.; Friedrich Nietzsche (1844–1900), Philosoph, Schriftsteller, Geburtshaus und Grab in Rökken bei W.

Wiederkehrende Ereignisse: Schloßfest mit Stadtfest (etwa eine Woche im Juli); Heinrich-Schütz-Musiktage (ca. eine Woche im Oktober).

Weißenhorn

□ 53,41 qkm; ○ Neu-Ulm; ⚐ Bayern; ✉ 89264; ☎ 07309; 🚗 NU, △ 501 m; 👥 11200.

W., 20 km südöstlich von Ulm im Rothtal an der Autobahn A 7 Ulm–Kempten (Ausfahrt Vöhringen/W.) gelegen, hat Forstamt, Landwirtschaftsamt; Realschule, Gymnasien, Landwirtschaftsschule, Kreisberufsschule, Sonderschule für Lernbehinderte; Kreisstiftungskrankenhaus; mittlere und kleinere Industriebetriebe (Mühlen- und Speicherbau, Aluminiumschmelzwerk, Elektromaschinen- und Frühbeetfensterfabriken, Malzfabrik).

Sehenswürdigkeiten der St sind die Heilig-Geist-Kirche, das Obere und Untere Tor der malerischen Altstadt, das historische Stadttheater und das Heimatmuseum.

Weißenthurm (Rhein)

□ 3,99 qkm; ○ Mayen-Koblenz; ⚐ Rheinland-Pfalz; ✉ 56575; ☎ 02637; 🚗 MYK; △ 65 m; 👥 6800.

W., 13 km nordwestlich von Koblenz am linken Rheinufer gelegen, ist über die B 9 und B 256 zu erreichen. Bahnstation an der Strecke Koblenz–Köln. Die St hat Schiffsanlegestelle am Rhein; Verbandsgemeindeverwaltung; Grund- und Hauptschule; Großbrauereien, Verpakkungsmittel-, Blech-, Emballagen- und Bimsbaustoff-Industrie. Mit Neuwied ist W. durch eine Brücke verbunden.

W. ist Ende des 14. Jh. in der Nähe einer von dem Trierer Erzbischof Cuno von Falkenstein erbauten Befestigungsanlage („Weißer Thurm“) entstanden. 1663 erhielt das Dorf Marktrecht. 1966 wurde W. zur St erhoben.

Weißwasser

□ 40 qkm; ○ Weißwasser; ⚐ Freistaat Sachsen; ✉ 02943; ☎ 03576; 🚗 WSW; △ 140 m; 👥 33575.

Ww. liegt im NO des Freistaates Sachsen und wird im Norden vom seenreichen Faltenbogen, im Süden von der Muskauer Heide umschlossen. Man erreicht die St auf der A 13 / E 56 über die Ausfahrt Großräschen (ca. 63 km). Durch Ww. führt die B 156, die B 115 verläuft in ca. 6 km Entfernung an der St vorbei. Bis zur polnischen Grenze (Grenzübergang Bad Muskau) sind es 8 km. Bahnhof an der Hauptstrecke Berlin–Cottbus–Görlitz–Zittau; Nebenbahn nach Forst (Lausitz). Der nächste Flughafen ist Dresden-Klotzsche (ca. 100 km), Charterflugplatz in Rotenberg.

Ww. hat Stadtverwaltung, Landratsamt, Zweigstelle des Amtsgerichtes Görlitz.

Bildungseinrichtungen: Grundschulen, Mittelschulen, Gymnasien, Förderschule für Lernbehinderte, Förderschule für geistig Behinderte; Berufsschulen, Volkshochschule, Musikschule.

Kulturstätten: Volkshaus.

Wirtschaft und Industrie: Braunkohlegewinnung, Energieerzeugung, Glasherstellung, Glasveredelung, Metall- und Holzveredelung.

Geschichte: Ww. ist aus einem Heidedorf entstanden, dessen sorbischer Name „Bela Woda“ (= klares Wasser) auf die Teiche hinweist, die den Ort einst umgaben, z.B. den Qualisch, den Weißen Jasor und den Großen und Kleinen Kolowatschick. Die älteste Besiedelung ist zwischen dem 19. und dem 7. Jh. v.Chr. nachgewiesen. Um 400 v.Chr. haben keltische, später germanische Stämme die Gegend besiedelt. In der Zeit der Völkerwanderung entstanden bevölkerungsleere Räume, in die zwischen dem 4. und 6. Jh. die Slawen vorstießen. Im 10./11. Jh. können die Sorben in diesem Gebiet eine beachtliche sozialökonomische Entwicklung vorweisen. 1552 wird Ww. erstmals urkundlich erwähnt. Der Burggraf Wilhelm zu Dohna kaufte die Standesherrschaft Muskau (und damit auch Ww.) von Kaiser Rudolf von Böhmen. Der Ort zählte damals 200 Einwohner. 1864 war Ww. noch immer ein Dorf, der Ortsrichter Johann Kreisel zählte 571 Einwohner. Als die Eisenbahnstrecke Berlin–Cottbus–Görlitz 1867 gebaut wurde, mußten viele Teiche und Sümpfe der Bahntrasse weichen. In den 70er Jahren des 19. Jh. begann, begünstigt durch die Vorkommen an Sand und Braunkohle, die Entwicklung der Glasindustrie. Glasmacher aus Böhmen, Schlesien und dem Elsaß fanden in Weißwasser Arbeit und entwickelten Ww. zur dt. Glasmetropole. 1903 schlossen sich die Dörfer Weißwasser und Herrmannsdorf zusammen, 1907 erfolgte die Eingemeindung des Gutsbezirkes Ww. 1910 betrug die Einwohnerzahl schon 12000, und am 21. 11. 1935 erhielt Ww. Stadtrecht.

Im 2. Weltkrieg geriet Ww. zur Frontstadt; das Zentrum wurde zu 40% zerstört. Mit der Verwaltungsreform der früheren DDR im Jahr 1952 löste man Ww. aus Sachsen und teilte die St dem Bezirk Cottbus zu. 1990 entschied sich die Bevölkerung in einem Plebiszit für die Zugehörigkeit zum Freistaat Sachsen.

Sehenswürdigkeiten: Tierpark am Nordrand der St als meistbesuchtes Naherholungsgebiet; Eisstadionkomplex für Freiluftstadion und Halle (Ww. ist sächs. Eishockey-Metropole); Waldeisenbahn Muskau (600 mm Spurweite) mit historischen Fahrzeugen; Naherholungsgebiet Braunsteich (45 ha); Schwimmhalle mit Sauna und Solarien.

Weiterstadt

□ 34,40 qkm; ○ Darmstadt; ⚐ Hessen; ✉ 64331; ☎ 06150; 🚗 DA; △ 105 m; 👪 22000.

W. liegt 5 km nordwestlich von Darmstadt an der B 42 zwischen den Autobahnen A 5 Frankfurt–Karlsruhe (Ausfahrt W.) und A 67 Mannheim–Rüsselsheim (Ausfahrt Büttelborn); Bahnstation an der Strecke Mainz–Darmstadt. Die Gm hat Grundschulen, Mittelpunktschule (Haupt- und Realschule), Sonderschule für Lernbehinderte, Volkshochschule; chemische Industrie.

»Widerestat«, erstmals 948 urkundlich erwähnt, wandelte sich seit der Jahrhundertwende vom Bauerndorf zur Arbeiterwohngemeinde. Nach 1960 Ansiedlung von kleineren und mittleren Gewerbe- und Industriebetrieben. Im Zuge der Gebietsreform wurden W. 1977 die bis dahin selbständigen Gemeinden Gräfenhausen und Schneppenhausen eingegliedert.

Welver

□ 85,59 qkm; ○ Soest; ⚐ Nordrhein-Westfalen; ✉ 59514; ☎ 02384; 🚗 SO; △ 80 m; 👪 10400.

W. entstand 1969 durch Zusammenschluß von 21 Gemeinden des ehem. Amtes Borgeln-Schwefe. Die Großgemeinde liegt in der Soester Unterbörde zwischen den Städten Soest und Hamm in der Nähe der Autobahnen A 2 Oberhausen–Hannover (Ausfahrten Hamm bzw. Ahlen) und A 44 Dortmund–Kassel (Ausfahrt AB-Kreuz Werl); Bahnstation an der Strecke Münster–Hamm–Soest. W. hat Grund- und Hauptschule; Land- und Viehwirtschaft. – Sehenswert: rom. Kirche (um 1200); Wasserschloß Nehlen (1691, bedeutender Bau der westfälischen Renaissance).

Welzheim

□ 38,02 qkm; ○ Rems-Murr-Kreis; ⚐ Baden-Württemberg; ✉ 73642; ☎ 07182; 🚘 WN; △ 520 m; 👥 9300.

W. ist Luftkurort im Schwäbischen Wald 45 km nordöstlich von Stuttgart. Endstation der Nebenbahn Schorndorf-W. W. hat Forstamt; Sonderschule für Lernbehinderte, Realschule, Gymnasium, Volkshochschule (Außenstelle); elektrotechnische Fabriken, Schmuckindustrie, Sägewerke; Fremdenverkehr.

W. ist erstmals 1181 urkundlich verbürgt („Wallenzin"). Die Stadtrechte erhielt die Siedlung wahrscheinlich im 13. Jh. Im 16. und 17. Jh. war W. ein bekannter Bade- und Wallfahrtsort. 1726 vernichtete eine Feuersbrunst den Großteil der St. Von 1812–1815 lebte der schwäbische Arzt und Dichter Justinus Kerner in W. – In der Nähe der St verlief der „Limes", und auf der Gemarkung befanden sich zwei römische Kastelle (2. und 3. Jh. nach Chr., Bodenfunde im Heimatmuseum). Sehenswert die St. Galluskirche (ma. Fliehburg, Neubau Anfang des 19. Jh.) mit spätgotischen Steinplastiken und das Rathaus (1731). 6 km nördlich von W. liegt der Ebnisee (größter Binnensee Nordwürttembergs) und östlich die sog. ‚Schwäbische Seenplatte'.

Wemding

□ 29,87 qkm; ○ Donau-Ries; ⚐ Bayern; ✉ 86650; ☎ 09092; 🚘 DON; △ 460 m; 👥 5300.

W. ist Erholungsort am Ostrand des Rieses im bayerischen Schwaben 23 km nördlich von Donauwörth. Die St hat Forstamt; Grund- und Hauptschulen, Realschule; Fabrik für Autozubehörteile, stein- und holzverarbeitende Industrie, Internationale Spedition; Fremdenverkehr.

»Wembodinga«, erstmals 793 urkundlich bezeugt, wurde 1343 durch den Grafen von Öttingen zur St erhoben. Die annähernd kreisrund um den Marktplatz angelegt St besitzt eine Reihe bemerkenswerter Baudenkmäler; Pfarrkirche (Bausubstanz 11. Jh., Umbau im 17. Jh.), Renaissance-Rathaus (1552), Bürgerhäuser (16.–18. Jh.) mit schönen Giebelfassaden, Reste der Stadtbefestigung (Tortürme); nordwestlich von W. liegt die von Franz Roth zwischen 1748 und 1781 erbaute Wallfahrtskirche „Maria Brünnlein" mit bedeutenden Deckengemälden von Johann Baptist Zimmermann. Das bei W. gelegene Wildbad W. (Stahl- und Schwefelquellen) wird erstmals 1449 erwähnt. – In W. geboren wurde der Botaniker Leonhart von Fuchs (1501–66), nach dem die Fuchsie benannt wurde.

Wendelstein

□ 50 qkm; ○ Roth; ⚐ Bayern; ✉ 90530; ☎ 09129; 🚘 RH; △ 350 m; 👥 14500.

W. liegt 10 km südlich von Nürnberg am Rande des Lorenzer Reichswaldes im Unteren Schwarzachtal. Der Markt wurde 1978 durch Zusammenschluß der früheren Gemeinden Röthenbach bei Sankt Wolfgang, Groß- und Kleinschwarzenlohe gebildet. W. ist über die Autobahn A 9 München–Berlin (Ausfahrt AB-Kreuz Nürnberg/Feucht) und über die BAB-Anschlußstrecke A 73 (Ausfahrt Feucht/W.) zu erreichen.

W. ist als kaiserliches Freigut erstmals 1259 urkundlich belegt. Sehenswert der alte Marktplatz mit ‚Schönem Brunnen', die Allerheiligen- (1448), St. Georgs- und St. Nikolauskirche sowie das Schloß Gugelhammer.

Wenden (Biggetal)

□ 72,57 qkm; ○ Olpe; ⚐ Nordrhein-Westfalen; ✉ 57482; ☎ 02762; 🚘 OE; △ 320–510 m; 👥 16700.

W. entstand 1969 durch Zusammenschluß der bis dahin selbständigen Gemeinden Römershagen und W. Die Gm liegt 18 km nordwestlich von Siegen an der Autobahn A 45 Dortmund–Gießen und A 4 Köln–Olpe (Ausfahrt AB-Kreuz Olpe-Süd/Wenden). W. hat Grund- und Gemeinschaftshauptschule, Realschule, Volkshochschule, Musikschule; Fahrradwerk, Elektroindustrie, Stahl- und Fertighausbau, Textil- und holzverarbeitende Industrie. Die Gm gilt als aufstrebender Fremdenverkehrsort.

W. wird erstmals 1150 urkundlich erwähnt. Das Wendener Land kam 1803 an Hessen-Darmstadt. – Sehenswürdigkeiten: St.-Severinus-Kirche (18. Jh.); Museum ‚Wendener Hütte' (älteste noch erhaltene Holzkohle-Hochofenanlage in Deutschland aus dem 18. Jh.); Wallfahrtskapelle ‚Dörnschlade' (Mitte 19. Jh.); Kreuzkapelle im Ortsteil Elben (Mitte

19. Jh.); Pfarrkirche Römershagen (12./13. Jh.); Biggequelle im Ortsteil Römershagen. – Alljährlich W. Kirmes im August.

Wendlingen a. Neckar

☐ 12,09 qkm; ○ Esslingen; ⚐ Baden-Württemberg; ✉ 73240; ☎ 07024; 🚗 ES; △ 265–290 m; 👫 14800.

W. liegt an der Einmündung der Lauter in den Neckar 30 km südöstlich von Stuttgart. Die St ist über die B 313 und Autobahn A 8 Stuttgart–Ulm (Ausfahrt W.) zu erreichen; Bahnstation an der Strecke Stuttgart–Tübingen. W. hat Realschule, Gymnasium, Sonderschule für Lernbehinderte, Volkshochschule; Möbelfabrik und Möbelgroßhandel, Textilindustrie, Maschinenbau (Autofertigungsstraßen).

W., erstmals 1132 urkundlich erwähnt, erhielt vor 1237 Stadtrecht (zu Beginn des 19. Jh. aufgehoben; Wiederverleihung 1964). Im Zuge der Gebietsreform schlossen sich W., Unterboihingen und Bodelshofen zusammen. – Sehenswert: Kapelle ‚Zu unserer lieben Frau im Hürnholz' mit Fresken aus dem 15. Jh.; Jakobskirche Bodelshofen mit bedeutenden got. Fresken; Eusebiuskirche (15. Jh.); Heimatmuseum; Egerlandstube. Alljährlich Ende August Vinzenzi-Fest der Egerländer.

Wennigsen (Deister)

☐ 53,76 qkm; ○ Hannover; ⚐ Niedersachsen; ✉ 30974; ☎ 05103; 🚗 H; △ 95 m; 👫 12900.

W., 15 km südwestlich von Hannover am Nordrande des Deisters gelegen, ist über die B 217 zu erreichen. Bahnstation an der S-Bahnstrecke Hannover–Haste. Die Gm hat Amtsgericht; Klosterforstamt; Grund- und Hauptschule (Ortsteil W.), Grundschule mit Förderstufe (Ortsteil Bredenbeck), Landespolizeischule, Bundesschule der I. G. Chemie, Papier, Keramik; metall- und kunststoffverarbeitende Industrie, feinmechanische Betriebe, med. Apparatebau (Herzschrittmacher), Gerätebau (Überladebrücken), Werk zur Herstellung kunststoffbeschichteter Schwimmbäder; Nahrungs- und Genußmittelindustrie.

W. ist als Klostersiedlung des erstmals 1224 urkundlich genannten Augustiner-Nonnenklosters entstanden. Ort und Kloster wurden im Dreißigjährigen Krieg (1626) zerstört. Der im 19. Jh. eingestellte Kohlenbergbau ist seit 1639 bezeugt. Nach dem 2. Weltkrieg entwickelte sich W. zum bevorzugten Wohnvorort von Hannover (1939 2700 EW). – Sehenswert die Klosterkirche (13. Jh., umgebaut 1556) mit schöner Ausstattung. – W.-Bredenbeck ist Geburtsort des Schriftstellers Adolf Freiherr von Knigge (1752–1796, Verfasser des Buches „Über den Umgang mit Menschen").

Wentorf b. Hamburg

☐ 6,87 qkm; ○ Herzogtum Lauenburg; ⚐ Schleswig-Holstein; ✉ 21465; ☎ 040; 🚗 RZ; △ 48 m; 👫 8500.

W. grenzt unmittelbar an das südöstliche Stadtgebiet von Hamburg (Bergedorf). Zufahrt über die B 207; Anschluß an die Autobahn A 25 Hamburg-Geesthacht (Ausfahrt Hamburg-Curslack); S-Bahnhalt. Die Gm hat Bundeswehrgarnison; Realschule, Gymnasium, Landesschule für Sprachgestörte (Internatsschule). W. ist Wohngemeinde (Berufspendler) und Naherholungsgebiet im Ballungsraum von Hamburg. – Erste urkundliche Erwähnung von „Wenetdorp" 1217.

Werdau

☐ 9,4 qkm; ○ Werdau; ⚐ Freistaat Sachsen; ✉ 08412; ☎ 03761; 🚗 WDA; △ 350 m; 👫 20000.

W. ist zu erreichen auf der A 4 / E 40, Ausfahrt Meerane (ca. 20 km), auf der A 9 / E 49 / E 51, Ausfahrt Triptis (ca. 40 km), und auf der A 72 / E 441, Ausfahrten Zwickau-West oder Zwikkau-Ost (je ca. 15 km), sowie auf der A 93, A 173 und der A 175; Hauptbahnhof an den Fernlinien Leipzig–W.–Plauen–Karlsbad und Nürnberg–Hof–Plauen–W.–Leipzig; Regionalverkehr nach Weida und Seelingstädt (bei Werdau). Der nächste Flughafen ist Leipzig/Halle (ca. 140 km).

Bildungseinrichtungen: Grundschulen, Gymnasium; Förderschule für Lernbehinderte; Sprachheilkabinett; Volkshochschule; Berufsschule; Stadt- und Kreisbibliothek; Landessportschule.

Wirtschaftliches: Fahrzeugbau (Spezialaufbauten, ferner Produkte aus Kunststoff, Schmiedeerzeugnisse, Werkzeugbau); Westsächsische Textilgesellschaft (Garne, Zwirne, Folienerzeugnisse); Tuchfabrik (feinfädige Kammgarngewebe); Eisengießereien, Färbereien, chemische Fabriken, Ziegeleien, Möbelfabriken; viele Gärtnereien.

Geschichtliches: Werdau wurde früher Werde, Werda, Werthe und Werdowe genannt – Begriffe für „Uferaue", womit die zur Pleiße hin gelegene Aue bezeichnet wird.

Jahrhundertelang war das Gebiet von Germanen und Slawen umkämpft. Karl der Große und seine Nachfolger, namentlich Heinrich I., drängten die Slawen immer mehr zurück. Vorstoßende dt. Ansiedler schufen in der Region langgestreckte Straßendörfer, darunter das ehem. Werde. Das St-Recht soll W. 1298 erhalten haben; die älteste Urkunde, auf der W. als St bezeichnet wird, stammt aus dem Jahre 1304. Von 1288 bis 1398 stand W. unter preußischer Herrschaft, dann kam es in den Machtbereich der Wettiner, den späteren Kurfürsten und Königen von Sachsen. Bereits im 14. Jh. entwickelte sich die handwerkliche Tuchmacherei. Aber auch brauberechtigte Ackerbürger – Lieferanten guten Bieres – gehörten dem Stand der Handwerker an. Zur gleichen Zeit entstanden die Töpferei, der Sattler- und Gerber-, der Böttcher- und der Schmiedeberuf. Auch Waldnutzung und Flößerei brachten Gewinne ein. Das Tuchmacherhandwerk indessen dominierte. – W. hatte im Lauf der Jahrhunderte erhebliche Rückschläge zu überwinden: Die Pest von 1633 brachte vielen EW den Tod; 1634, 1670 und 1756 kam es zu verheerenden Brandkatastrophen, durch die große Teile der St vernichtet wurden; Plünderungen durch Landsknechte im 30jährigen Krieg und die Soldateska des 7jährigen Krieges taten das ihre. Die napoleonische Fremdherrschaft forderte erneut große Opfer von der Bevölkerung. Andererseits förderte Napoleons Kontinentalsperre die wirtschaftliche Entfaltung: Die sächsische Tuchproduktion erfuhr einen mächtigen Aufschwung; W.er Weber und Spinner verdienten an der Lieferung von Uniformstoffen für die französische Armee und die Truppen des Rheinbundes. Die Stadttore und die letzten Reste der Stadtmauer wurden 1836 niedergelegt; aus den Steinen wurde die erste Bürgerschule gebaut. Das Jahr 1845 brachte der St die Eröffnung der Eisenbahnstrecke Crimmitschau–Werdau–Zwickau. Lehrer Böttger ließ im alten Schulhof auf eigene Kosten die ersten Sportgeräte aufstellen und führte 1859 das Schulturnen ein. Im Beisein des sächsischen Königs Friedrich August III. wurde 1911 das neue Rathaus von W. eingeweiht.

Sehenswürdigkeiten und Kulturelles: Pfarrkirche St. Marien, einschiffiger Barockbau (1760–64); Kreis- und Stadtmuseum; Stadthalle Pleißenthal; Rathaus; Stadtpark; Jugendherberge; Kegelbahnen; Tennisanlage; Fußballstadion.

Wiederkehrende Ereignisse: Zwillingstreffen (alle zwei Jahre); Stadtparkfest (jährlich); Volksfeste zum 1. Mai und 3. Oktober.

Werder/Havel

□ 27,6 qkm; ○ Potsdam; ⚐ Brandenburg; ✉ 14542; ☎ 03327; 🚗 P; △ 33 m; 👥 11 000.

Die Blütenstadt W. liegt westlich von Potsdam. Man erreicht sie über die A 10 / E 55 (Berliner Ring), Ausfahrt Groß-Kreutz (ca. 6 km), und die B 1, die durch W. führt. Bf. an der Reichsbahnstrecke Potsdam–Brandenburg. Die nächsten Flughäfen sind Berlin-Tegel, -Tempelhof und -Schönefeld (ca. 35–40 km).

Bildungseinrichtungen: Grund- und Realschulen, Gymnasium.

Kulturstätten: Obstbaumuseum, Zweiradmuseum in Glindow.

Wirtschaft: Obstverarbeitung und -veredelung, Konservenfabriken.

Geschichte: Die Blütenstadt W. kann auf eine 675jährige Geschichte zurückblicken. Sie ist um das Zisterzienserkloster entstanden. Der Wein- und Obstbau, der die Entwicklung der St geprägt hat und noch heute prägt, ist von den Mönchen begründet worden. W. liegt auf einer Halbinsel, die vom Großen Zernsee, vom Glindower See und vom Großen Plessower See umgeben ist. Insofern war die Gegend ein ideales und typisches Siedlungsgebiet für die Zisterzienser. Wein- und Obstbau verhalfen W. zum Beinamen „Obstkammer" Berlins.

Baudenkmäler und Sehenswürdigkeiten: Inselstadt (Altstadt), Schloß Petzow mit Park, Mühle, Heilig-Geist-Kirche.

Periodische Veranstaltungen: Baumblütenfest im Mai (seit 1878).

Werdohl

□ 33,37 qkm; ○ Märkischer Kreis; ⚐ Nordrhein-Westfalen; ✉ 58791; ☎ 02392; 🚗 MK; △ 165–441 m; 👥 21 500.

W., im Sauerland an der Lenne und Verse und am Schnittpunkt der B 229 und B 236 gelegen, hat Anschluß an die Autobahn Sauerlandlinie Dortmund–Frankfurt (Ausfahrt Lüdenscheid); Bahnstation an der Strecke Ruhrgebiet–Frankfurt a.M.; Verkehrslandeplatz. W. hat Schwer-, Halbzeug-, Aluminium-, Glas- und Kleineisenindustrie, Pumpen- und Motorenbau, Nickel-, Kupfer- und galvanische Veredelungsbetriebe, kunststoffverarbeitende Industrie; Realschule,

Sonderschule für Lernbehinderte, gewerbliche Berufsschule.

W. wird erstmals 1101 in einer Urkunde des Bischofs Heinrich II. von Paderborn erwähnt. Bis 1609 waren die Grafen von der Mark die Landesherren; danach kam W. an Kurbrandenburg und unterstand damit den in Berlin regierenden Kurfürsten aus dem Hause Hohenzollern. W. blieb bis Mitte des 19. Jh. eine kleine Landgemeinde. Nach dem Bau der Ruhr-Sieg-Eisenbahnstrecke (1861) entwikkelte sich W. zur Industriegemeinde. 1936 wurden W. die Stadtrechte verliehen.

Werl

□ 76,35 qkm; ○ Soest; ⚐ Nordrhein-Westfalen; ✉ 59457; ☎ 02922; 🚗 SO; △ 90 m; 👫 27100.

W. liegt 36 km östlich von Dortmund am Nordrande des Haarstrangs im Schnittpunkt der B 1, B 63 und B 479. Anschluß an die Autobahnen A 2 Oberhausen–Hannover (Ausfahrt Hamm), A 44 Dortmund–Kassel (Ausfahrt W.) und A 445 Arnsberg–Hamm (Ausfahrten W.-Zentrum und W.-Sönnern); Bahnstation an der Strecke Dortmund–Soest. W. hat Amtsgericht; Gymnasien, Realschulen, Berufsschule, Volkshochschule, Sonderschule für Lernbehinderte; metall-, holz- und kunststoffverarbeitende Industrie, Fahrzeug- (Kreidler-Werk) und Apparatebau, Eisen-, Bekleidungs-, Backmittel- und Fertighausindustrie.

W. ist als Siedlungsplatz seit der Steinzeit (Funde) nachgewiesen. Unter der Herrschaft des Erzbistums Köln (seit Ende des 11. Jh.) entwickelte sich der verkehrsgünstig am Hellweg gelegene Ort zur St (Anfang 13. Jh. Verleihung der Stadtrechte). In der Soester Fehde (1444–49) stand die St auf der Seite Kurkölns. Seit 1661 (Überführung des Gnadenbildes aus der Soester Wiesenkirche) ist W. ein bekannter Wallfahrtsort. 1802 kam die St an Hessen-Darmstadt und 1815 an Preußen. 1889 wurde das Solbad Werl gegründet; die Salzquellen versiegten jedoch 1914 infolge des Zechenbaus in der Nähe von Hamm.

Sehenswürdigkeiten: Propsteikirche St. Walburga (got. Hallenkirche des 14. Jh. mit Resten einer rom. Krypta aus dem 12. Jh.); Wallfahrtsbasilika der Franziskaner (1904/1906) mit rom. Stuhlmadonna (13. Jh.); Klosterkirche (1786–89); Missionsmuseum der Franziskaner (Sammlungen aus China, Japan und Brasilien); Heimatmuseum im Haus Rykenberg (13. Jh.).

Wermelskirchen, Ev. Stadtkirche

Wermelskirchen

□ 74,64 qkm; ○ Rheinisch-Bergischer Kreis; ⚐ Nordrhein-Westfalen; ✉ 42929; ☎ 02196; 🚗 GL; △ 310–365 m; 👫 34500.

W. liegt auf einem Höhenrücken im Bergischen Land an der B 51. Anschluß an die Autobahn A 1 Köln–Kamener Kreuz (Ausfahrt W.). W. hat Amtsgericht; Sonderschule für Lernbehinderte, Realschule, Gymnasium, Berufs- und Berufsfachschule. Metallindustrie und Rollenfabrikation bilden die wichtigsten Wirtschaftszweige.

Aus dem 9. Jh. ist der Bau der ersten Kirche bezeugt. 1758 wurde das Dorf durch ein Großfeuer eingeäschert. Ende des 18. Jh. setzte die industrielle Entwicklung ein. 1873 erhob Kaiser Wilhelm I. die Gm zur St. – W. ist Geburtsort von Dr. Carl Leverkus (1804–1889), Gründer der Farbenstadt Leverkusen. – Sehenswerte Fachwerk- und Schieferhäuser und größter Naturweihnachtsbaum Europas. – Alljährlich Kirmes mit Krammarkt (größtes Volksfest im Bergischen Land) am letzten Wochenende im August.

Wernau (Neckar)

□ 10,89 qkm; ○ Esslingen; ⚐ Baden-Württemberg; ✉ 73249; ☎ 07153; 🚗 ES; △ 248–353 m; 👫 11700.

W. liegt 25 km südöstlich von Stuttgart im Nekkartal an der B 10 und B 313; Anschluß an die Autobahn A 8 Stuttgart–München (Ausfahrten Wendlingen bzw. Kirchheim (Teck)/Nürtingen); Bahnstation an der Strecke Stuttgart–Tübingen. Die St hat Grundschulen, Hauptschule, Realschule, Sonderschule für Lernbehinderte, Bauernschule; mittlere und kleinere Industriebetriebe (Herstellung von wärmetechnischen Geräten, Betonfertigteilen).

W. entstand 1938 durch Vereinigung der früher selbständigen Gemeinden Pfauhausen (erstmals 1274 urkundlich erwähnt) und Steinbach (erstmals 1275 genannt). 1806 bzw. 1805 kamen beide Orte an Württemberg. Der Name W. geht auf das Adelsgeschlecht der Herren von W. zurück, die im ehem. Schloß von Pfauhausen ihren Stammsitz hatten und 1696 ausstarben. 1968 erhielt W., das aufgrund seiner Lage im Wirtschaftsraum von Stuttgart nach 1945 (3000 EW) einen überdurchschnittlichen Bevölkerungszuwachs erlebte, das Stadtrecht.

Werne

□ 75,99 qkm; ○ Unna; ⚐ Nordrhein-Westfalen; ✉ 59358; ☎ 02389; 🚗 UN; △ 60–100 m; 👫 28100.

W., münsterländischer Erholungsort am Nordrand des Ruhrgebietes, ist über die B 54, B 233 und die Autobahn A 1 Köln–Osnabrück–Bremen (Ausfahrt Hamm/Bergkamen und Hamm-Bockum/Werne) zu erreichen. Bahnstation an der Strecke Dortmund–Münster. W. hat Amtsgericht; Realschule, Gymnasien, Kreisberufsschule mit Fachoberschule Technik, Bergbauberufsschule, Volkshochschule, Familienbildungsstätte, Sonderschule für Lernbehinderte; Elektrizitätswerk (VEWAG), Spiritus- und Hefefabriken und weitere mittlere Industriebetriebe.

Die Bauernschaft »Werinon« wird erstmals 803 urkundlich erwähnt. Der Ort wurde zu Beginn des 14. Jh. vom Bischof von Münster befestigt und 1362 mit dem Marktrecht ausgestattet. Im MA war W. Mitglied der Hanse. Nach der Säkularisation des Fürstbistums Münster kam W. unter preußische Hoheit. Beginn des Steinkohlenbergbaus um 1900 (1975 eingestellt). – Sehenswürdigkeiten: Kirchplatz mit Stadtkirche St. Christophorus (1450–1500) und Fachwerkhäusern („Wärmehäuschen", 15. u. 16. Jh.); Rathaus (1512 bis 61); Klosterkirche mit Pesthaus (1671 bis 73); Steinhaus (15. Jh.); Heimatmuseum. – In der näheren Umgebung Schloß Cappenberg (Kunstausstellungen), Schloß Westerwinkel, Schloß Itlingen und Schloß Nordkirchen. – Alljährlich Ende Oktober Simon-Juda-Markt.

Werneck

□ 73,56 qkm; ○ Schweinfurt; ⚐ Bayern; ✉ 97440; ☎ 09722; 🚗 SW; △ 215 m; 👫 9800.

W., 10 km südwestlich von Schweinfurt an der Kreuzung der B 19 und B 26 gelegen, hat Anschluß an die Autobahn A 7 Würzburg–Fulda (Ausfahrt Schweinfurt/Werneck) und Autobahn A 70 Bamberg–Arnstein (Ausfahrt W.). Die Großgemeinde hat Schulzentrum; Forstamt, mittlere und kleinere Industriebetriebe.

Vom 13. Jh. bis zur Säkularisation 1803 war W. im Besitz der Fürstbischöfe von Würzburg. Zwischen 1732 und 1745 ließ Fürstbischof Friedrich Karl von Schönborn durch Balthasar Neumann das prachtvolle Barockschloß errichten; der ursprünglich geometrisch angelegte Garten wurde 1860 in einen englischen Landschaftspark umgewandelt.

Wernigerode

○ Wernigerode; ⚐ Sachsen-Anhalt; ✉ 38855; ☎ 03943; 🚗 WR; △ 240 m; 👫 35200.

W. ist zu erreichen auf der A 7 / E 45, Ausfahrt Rhüden/Harz (ca. 50 km), und der A 395, Ausfahrt Westerode (22 km), sowie auf der B 6 und der B 244, die sich in der St kreuzen; Bahnstation an den Strecken Magdeburg–Halberstadt–W., Bad Harzburg–Ilsenburg–W.–Halle, Harzquerbahn (Schmalspurbahn) W.–Drei Annen Hohne–Eisfelder Talmühle–Nordhausen-/Nord; zentraler Knotenpunkt des Buslinienverkehrs in das Umland und die Naherholungsgebiete. Die nächsten Flughäfen sind Braunschweig (ca. 80 km) und Hannover (ca. 130 km).

Bildungseinrichtungen: Grundschulen, Sekundarschulen, Gymnasien; Landesmusikschule; Fachhochschule Harz; Kreisvolkshochschule; Förderschule für Berufsausbildung, Förderschule für Lernbehinderte, Sondertagesstätte; Musikschule „Andreas Werckmeister"; Yamaha-Musikschule; Landesfinanzschule; Stadt- und Kreisbibliothek, Kinderbibliothek, Harzbücherei.

Wirtschaftliches: Klein- und mittelständische Betriebe, Handels- und Dienstleistungsgewerbe sowie Forstwirtschaft und Fremdenverkehr.

Wernigerode, Schloßhof

Geschichtliches: Die Gründung von W. fällt in die Zeit der Rodungsperiode, die im Harz vom 9. bis zum 12. Jh. dauerte. Bodenfunde lassen schließen, daß die Kernrodung auf dem Areal von W. bereits zu Ende des 9. Jh. vorgenommen wurde. Begünstigt durch zwei nahegelegene Handelsstraßen, die das Harzgebirge überquerten, und die Niederlassung von Kaufleuten, entwickelte sich die dörfliche Ortschaft zum Mkt-Flecken. Im 12. Jh. erwarben die Grafen von Haimar im Harz Landbesitz, bauten oberhalb der Siedlung W. ihre Burg, der sie den gleichen Namen gaben; auch dies kam dem Ort zugute. Urkundlich erstmals erwähnt wurde W. 1121 mit der Nennung eines „comes de Wernigerothe" (eines Grafen). Am 17. April 1229 verliehen „Conrad, Bertold, Gebhard und Burchard, von Gottes Gnaden Grafen von Wernigerode", den Bewohnern das St-Recht nach Goslarer Vorbild, mit weitgehender Selbstverwaltung durch den Rat. Handwerk und Handel erblühten im Schutze der St-Mauern, die den Ort damals bereits umgaben. Kurze Zeit nach der Erhebung zur Stadt entstand die Neu-Stadt von W., die bis zur Verleihung eigenen St-Rechtes (1410) unter das allgemeine Landrecht fiel. Obwohl sich W. der Oberhoheit der Grafen nie völlig entziehen konnte, gelang es, seine Selbständigkeit weiter auszubauen. 1270 erwarb W. von den Grafen die Stadt-Befestigungsanlage zum Preis von 70 Pfund Silber. Seit 1326 ging die städtische Gerichtsbarkeit nicht mehr vom Landvogt, sondern von einem Stadtvogt aus, der stets Bürger der St sein mußte. Die gewachsene Bedeutung von W. als Handelsstadt belegt ihre Mitgliedschaft im „Niedersächsischen Städtebund", der zum Schutze des Fernhandels gegründet worden war. Alt- und Neu-St W. wurden 1529 vereinigt und erhielten mit dem „Olden Gelofte" eine eigene Ratsverfassung. Das bereits 1277 erwähnte Gerichts- und Gauklerspielhaus der St wurde 1529–44 zum Rathaus umgebaut; es ist bis heute ein Zeugnis des bürgerlichen Selbstbewußtseins. Die St blieb während des Bauernkrieges unbeschädigt, hingegen erlegte der 30jährige Krieg mit Einquartierungen und Plünderungen den EW schwere Belastungen auf. Unter Wallenstein besetzten kaiserliche Truppen 1625 die St; nach der Schlacht bei Breitenfeld fielen 1632 die Schweden in W. ein; auch in den folgenden Jahren wechselten die Besatzer. Krieg und Pest führten zum Zusammenbruch des Fernhandels, W. sank zur Ackerbürger- und Handwerker-St herab. Die Gewerbe beschränkten sich im 17. und 18. Jh. vornehmlich auf die Verarbeitung landwirtschaftlicher Produkte, bis sich gegen Ende des 18. Jh. der Übergang zur Manufakturproduktion vollzog. Erst mit dem ausgehenden 19. Jh. erlebte W. seinen Aufschwung als Industriestadt und Erholungsort. Heute steht der historische Stadtkern mit seinen ma. Fachwerkhäusern, dem Rathaus und dem auf dem Agnesberg gelegenen Schloß unter Denkmalschutz.

Sehenswürdigkeiten und Kulturelles: Feudalschloß W., ehemals eine ma. Burg, mehrmals umgebaut, 1671–76 als Barockschloß, seit dem ausgehenden 19. Jh. Repräsentationsschloß im neugot. Stil, heute Feudalmuseum mit nahezu 40 Ausstellungsräumen, darin Exponate der sakralen Kunst, des Kunsthandwerks und der Innenarchitektur – von der Renaissance bis zum 19. Jh.; ehem. „Teichmühle" (Mitte 17. Jh.), die Grundmauern wurden vom Wasser des Mühlgrabens unterspült, der Fachwerkbau dadurch teilweise gesenkt, deshalb genannt „schiefes Haus", es bildet zusammen mit dem Gadenstedtschen Haus (Renaissance-Erker), dem Oberpfarramt (Barockportal) und dem streng gegliederten klassizistischen Bau des sehenswerten Harzmuseums eine bunte Palette herrlicher Fachwerkbaukunst verschiedener Stilepochen; das kleinste Haus der St steht in der Kochstraße (Mitte 18. Jh.): Höhe bis zur Dachtraufe 4,20 m, Breite 2,95, Tür 1,70 m hoch, der einzige Raum bietet eine „Wohnfläche" von 8 qm; das Haus Nr. 72 in der Breiten Straße (1674) zeigt eine reiche

Holzschnitzkunst im Barockstil, Formen- und Ideenreichtum sind einmalig in Europa; in der gleichen Str., Nr. 95, die „Krellsche Schmiede" (1678), über der Tür Hufeisen und Pferdekopf; Galerie am Mkt; Nationalpark „Hochharz"; 60 km lange Harzquerbahn (Schmalspur) nach Nordhausen, in Drei Annen Hohne (542 m Höhe) Abzweigung nach Schierke (688 m Höhe) und dem Brocken.

Sport: Tennisplätze und Tennishalle; Sportplätze und Turnhalle; Reitplatz am Ziegenberg; Reittouristik im Mühlental; Freibad „Waldhofbad"; Volksschwimmhalle; Sauna; weitverzweigtes Wandernetz mit Routen bis zum Brokken (1142 m).

Wiederkehrende Ereignisse: Veranstaltungen des „Sommertheaters" im Schloßhof mit Serenadenkonzerten und Opernaufführungen; Pflege der Harzer Folklore bei verschiedenen Anlässen.

Wertheim

□ 138,69 qkm; ○ Main-Tauber-Kreis; ⚐ Baden-Württemberg; ✉ 97877; ☎ 09342; 🚗 TBB; △ 141–282 m; 👥 21 000.

W., Große Kreisstadt an der Mündung der Tauber in den Main am Rande des Spessarts gelegen, ist über die Autobahn A 3 Frankfurt a. Main–Würzburg (Ausfahrten Marktheidenfeld bzw. Wertheim) zu erreichen. Bahnstation an der Strecke Frankfurt a. M.–Ulm. Die St, Sitz eines Amtsgerichts, Arbeitsamtes, Forstamtes, Zollamtes, Glaseichamtes u. a. Behörden sowie Standort einer US-Garnison, hat Mainhafen; Gymnasium, Realschule, Wirtschaftsgymnasium, Handelslehranstalt, Wirtschaftsschule, Berufskolleg I, kaufm. Berufsschule, Gewerbeschule, Hauswirtschaftliche Schule, Sonderschulen für Lernbehinderte und Bildungsschwache; Krankenhaus und Diakonissenhaus; Glasindustrie (Thermometer, Laborgläser, Glasfasererzeugung), Maschinenbau, Metallindustrie, elektrotechnische und Textilverarbeitungsbetriebe, Unternehmen für Vakuumverpackungstechnik. W. hat als Mittelzentrum zentralörtliche Funktionen für ein vorwiegend land- und forstwirtschaftlich strukturiertes Hinterland zu erfüllen.

Die Siedlung W. entstand im Schutz einer um die Mitte des 12. Jh. auf der linken Mainseite errichteten Höhenburg gegenüber dem älteren rechtsmainischen Marktflecken Kreuzwertheim. Das 1306 zur St erhobene W. und die Burg waren Verwaltungsmittelpunkt und Sitz der Reichsgrafschaft W. Nach dem Aussterben der Grafen von W. fiel der Besitz an das Haus Löwenstein-W., das sich im Dreißigjährigen Krieg in zwei konfessionell getrennte Linien spaltete, aber bis 1806 in Gemeinschaft regierte. Danach kam W. an Baden. Wirtschaftliche Blütezeiten der St waren das 14. bis 16. und das 18. Jh., wobei im Spätmittelalter das Tuchhandwerk und die Gerbereien eine bedeutende Rolle spielten; der von Goethe geschätzte Wertheimer Wein war bis ins 19. Jh. ein wichtiger Exportartikel. Nach dem 2. Weltkrieg siedelte sich in W. ein großer Teil der früheren Thüringer Glasindustrie an.

Sehenswürdigkeiten: W. besitzt einen malerischen Altstadtkern mit Stiftskirche (1384–1419, Grabdenkmäler der Grafen v. W.), Kilianskapelle (1469–97, jetzt Heimatmuseum), Rathaus mit Doppelwendeltreppe im Turm (1540), alten Fachwerkhäusern und Resten der Stadtbefestigung (Kittsteintor); über der St liegt die Ruine des ehem. Stammschlosses der Grafen von W. (12. Jh., im Dreißigjährigen Krieg z. T. zerstört). Bemerkenswert ferner der Judenfriedhof mit alten Grabsteinen (ab Anfang 15. Jh.). – In der ersten Oktoberwoche alljährlich Michaelismarkt.

Werther (Westf.)

□ 35,29 qkm; ○ Gütersloh; ⚐ Nordrhein-Westfalen; ✉ 33824; ☎ 05203; 🚗 GT; △ 140 m; 👥 10200.

W. liegt am Nordostabhang des Teutoburger Waldes 12 km nordwestlich von Bielefeld. Die St hat Grund- und Hauptschule, Progymnasium; Präzisionsrohrwerk, Herrenmantel- und Sportbekleidungsfabrik, Fahrzeugteile-Werk, Seidenweberei, chemische Fabrik, Lederwarenindustrie, Ziegelei, Polstermöbelfabrik.

W., erstmals 1050 urkundlich erwähnt, erhielt 1719 Stadtrechte (seit 1841 nur Titularstadt). 1973 schloß sich W. im Rahmen der Gebietsneuordnung mit den früher amtsangehörigen Gemeinden Häger, Isingdorf, Rotenhagen, Rotingdorf und Theenhausen zur neuen Stadt W. zusammen.

Wertingen

□ 51,9 qkm; ○ Dillingen a. d. Donau; ⚐ Bayern; ✉ 86637; ☎ 08272; 🚗 DLG; △ 413–500 m; 👥 7000.

W. liegt östlich des Donauriedes an der Zusam 33 km nordwestlich von Augsburg. Anschluß an die Autobahn A 8 Stuttgart–München (Ausfahrten Zusmarshausen bzw. Augsburg-W); Verkehrslandeplatz Affing-Mühlhausen (28 km). Die St ist Sitz eines Tierzuchtamtes und der Verwaltungsgemeinschaft W.; hat Realschule, Gymnasium, Altenpflege- und Krankenpflegeschulen, Musikschule, Volkshochschule; Kreiskrankenhaus; Leichtmetall- und Stahlbau, Betriebe für Metallbeschichtung und Zahnarztbedarf, Dachziegelwerke, Kies- und Schotterwerk, Brauerei; Molkerei, Futtermittelwerk, landwirtschaftliche Betriebe (Ferkelzucht, Schweinemast).

W., erstmals 1122 urkundlich genannt, kam 1269 an Bayern; zur St erhoben wurde es vor 1274. Seit 1278 hatte W. als bayerisches Lehen verschiedene Herren, u.a. von 1469 bis 1700 die Marschälle von Pappenheim, die 1654 das Neue Schloß errichteten. 1805 fand zwischen Napoleon und den Österreichern die Schlacht bei W. statt. – Bemerkenswert die Stadtpfarrkirche St. Martin (romanische Türme, Langhaus u. Chor Mitte 17. Jh.); barocke Wallfahrtskirche „Mariä Heimsuchung“ W.-Gottmannshofen; Schloß (14./17. Jh.); Fachwerkbauten aus dem 17. bis 18. Jh.; Heimatmuseum im Schloß. Alljährlich W. Volksfest (August), Frühjahrs- und Herbstmarkt.

Wesel, Berliner Tor

Wesel

□ 122,62 qkm; ○ Wesel; ⚐ Nordrhein-Westfalen; ✉ 46483*; ☎ 0281; 🚗 WES; △ 27 m; 👪 60000.

W. liegt 35 km nördlich von Duisburg an der Mündung der Lippe in den Niederrhein im Schnittpunkt der B 8, B 58, B 70 und B 473. Anschluß an die Autobahn A 3 Oberhausen–Arnheim (Ausfahrten Wesel/Schernbeck und Bocholt/Wesel) und A 57 Köln–Krefeld–Rotterdam (Ausfahrt Alpen). D-Zug-Station an der Strecke Niederlande–Ruhrgebiet bzw. Süddeutschland.

Die St hat Amtsgericht, Arbeitsgericht, Kreisverwaltung, Arbeitsamt, Finanzamt, Landwirtschaftsgericht, Zollamt u. weitere Behörden; Bundeswehrgarnison; zahlreiche Bildungseinrichtungen (Sonderschulen für Lern- und Gehörbehinderte, Realschulen, Gymnasien für Jungen und Mädchen, Gesamtschule und Abendgymnasium, Berufszentrum mit Berufsschule, Fachoberschule, Berufsfachschule, Bildungszentrum des Bauhandwerks, Studienzentrum W. der FU Hagen, Volkshochschule, Jugendmusik- und Kunstschule; Bühnenhaus (Schauspiel, Konzert), Lutherhaus (Kammerkonzerte); Stadtbücherei, Stadtarchiv; Städt. Museum, Heimatmuseum. Die bedeutendsten Wirtschaftszweige sind die Glasindustrie, der Maschinen-, Schiffs-, Apparate- und Fahrzeugbau, die Herstellung von sanitärkeramischen und chemischen Produkten, der Turbinen-, Hoch- und Tiefbau sowie die Energiewirtschaft.

W., erstmals um 800 urkundlich genannt, erhielt 1241 Stadtrechte. Die St galt im MA als Handelsmetropole im Raum zwischen Köln und Rotterdam (Mitglied der Hanse von 1407–1669). 1604 kam W. an Brandenburg-Preußen. Nach spanischer, niederländischer und französischer Besetzung im 17. Jh. wurde die St Ende des Jahrhunderts zur größten und stärksten preußischen Festung im Westen ausgebaut (Garnison mit 5000 Soldaten). 1809 ließ Napoleon I. in W. 11 Offiziere des Schillschen Freikorps füsilieren (Zitadelle mit Schillkasematte, Schilldenkmal von Schinkel [1835] und Schillmuseum). Beim Rheinübergang der alliierten Truppen (Februar 1945) wurde die St zu 97% zerstört. Nach 1950 entwickelte sich W. zum rasch wachsenden Verkehrs- und Wirtschaftszentrum am unteren Niederrhein (Zusammenschlüsse mit Nachbargemeinden 1975 im Rahmen der Gebietsreform). – Von den zerstörten historischen Bauten sind wiedererrichtet der Willibrordidom (15. und 19. Jh.), die Zitadelle (größte erhaltene Festungsanlage des Rheinlandes; Haupttor 1718 erbaut, 1823 erneuert), Berliner Tor (1718–22); sehenswert ferner die St. Johannes-Kirche in Bislich (12. Jh.), St. Maria-Himmelfahrt-Kirche in Ginderich (13. Jh.), Schloßkirche Diersfordt (1775/78). – Aus W. stammen Peter Minuit (um 1580–1638, Gründer der Stadt New Amsterdam (heute New York)), Peter Lipperhey (17. Jh., Erfinder des Fernrohrs) und Konrad Duden (1829–1911, Gymnasiallehrer und Verfasser des bekannten Rechtschreibebuches). Alljährlich Verteilung des Eselsordens an eine prominente Persönlichkeit (Karnevalssonntag) und Stadtfest (August).

Wesseling (Rheinland)

□ 23,37 qkm; ○ Erftkreis; ⚐ Nordrhein-Westfalen; ✉ 50389; ☎ 02236; 🚗 BM; △ 42–62 m; 👫 30000.

W., 13 km südlich von Köln am linken Rheinufer, an der B 9, der Autobahn A 555 Köln–Bonn (Ausfahrten W.-Nord und Wesseling/Bornheim) und A 553 (Eifelautobahn; Ausfahrt Brühl-Ost/Wesseling) gelegen, ist Standort petrochemischer Großbetriebe (Union-Rheinische Braunkohlen Kraftstoff AG, Rheinische Olefinwerke GmbH) und Verladeplatz der Rheinischen Braunkohle. Rheinhafen in Wesseling/Godorf; ferner kunststofferzeugende Industrie sowie mittelständische Gewerbe- und Industriebetriebe (W.-Berzdorf). W. hat Schulzentrum (Hauptschule, Realschule, Gymnasien), Berufsbildende Schule, Sonderschulen für Lern- und Geistigbehinderte, Jugendmusikschule, Volkshochschule, Krankenpflegeschule.

W. wird erstmals 1238 urkundlich genannt. Die ersten Industriebetriebe siedelten sich bereits Ende des 18. Jh. auf der Gemeindemarkung an. Eine wesentliche Belebung der wirtschaftlichen Entwicklung ergab sich nach der Inbetriebnahme der Eisenbahnlinie W.–Brühl-Vochem (1901) und der Rheinuferbahn Köln–W.–Bonn (1905). Ein zweiter wirtschaftlicher Aufschwung setzte kurz vor dem 2. Weltkrieg ein, als mit der Produktion von Motortreibstoffen aus Braunkohle nach dem IG Hochdruckverfahren begonnen wurde. Mit den Rheinischen Olefinwerken GmbH ist seit 1953 einer der größten Polyäthylenerzeuger der Welt in Wesseling ansässig.

Bemerkenswert: Ausgrabungen römischer Gebäude und Gräber (Römerstraße, Gut Eichholz) und eines fränkischen Gräberfeldes (Pontivystraße).

Westerburg (Westerwald)

□ 18,47 qkm; ○ Westerwald; ⚐ Rheinland-Pfalz; ✉ 56457; ☎ 02663; 🚗 WW; △ 420 m; 👫 6000.

W. ist Luftkurort im Hohen Westerwald und Bahnknotenpunkt an den Strecken Köln–Altenkirchen–Limburg (Lahn) und Koblenz–Montabaur–Herborn–Siegen–Hagen. Die St, Sitz eines Amtsgerichts und einer Verbandsgemeindeverwaltung, hat Bundeswehrgarnison; Realschule, Gymnasium, berufsbildende Schulen, Volkshochschule, Sonderschule für körperlich und geistig behinderte Kinder. Bedeutender Wirtschaftsfaktor ist seit 1950 der Fremdenverkehr (Erholungszentrum „Wiesensee"); daneben kleinere Industrie- und Gewerbebetriebe.

W. entstand zu Füßen der gleichnamigen, 1192 urkundlich erstmals erwähnten Burg. 1292 erhielt die Siedlung das Stadtrecht. Am Hang des Schloßbergs erhebt sich die spätgotische Stadtkirche (16. Jh.) mit dem Chor, der 1219 als gräfliche Schloßkapelle errichtet wurde. Das Schloß der Grafen von Leiningen-Westerburg stammt aus dem 13. bis 18. Jh.

Westerland (Sylt)

□ 10,15 qkm; ○ Nordfriesland; ⚐ Schleswig-Holstein; ✉ 25980; ☎ 04651; 🚗 NF; △ 3 m; 👫 9400.

W., Nordseeheilbad auf der Insel Sylt vor der nordfriesischen Küste, ist D-Zug-Endstation der Strecke Hamburg–W. (Autotransport per Schiene von Niebüll nach Westerland über den Hindenburgdamm). Die St hat Flugplatz; Garnison der Bundeswehr; bioklimatisches Institut der Universität Kiel, Gymnasium, Realschule, Kreisberufsschule (Nebenstelle), dänische Schule, Volkshochschule, Musikschule, Sonderschule für Lernbehinderte; Nordseeklinik der Arbeiterwohlfahrt, Meerwasser-Wellen-Hallenbad, neues Kurmittelhaus, Alter und Neuer Kursaal; Spielkasino. Bedeutendster Wirtschaftszweig ist der Fremdenverkehr; daneben gibt es kleinere Gewerbebetriebe.

W., von Überlebenden der großen Sturmflut von 1436 nach Zerstörung des Fischerortes Eidum gegründet, entwickelte sich seit Mitte des 19. Jh. zum Seeheilbad. 1905 erhielt es das

Stadtrecht. – Sehenswert: alte Dorfkirche St. Niels (1635 erbaut); Nordsee-Aquarium; Friedhof für Heimatlose; Sylter Archiv; Friesenhäuser (zwischen 1648 und 1800 errichtet); Vogelkoje Eidum. – Alljährlich Petritag und Biikebrennen (friesisches Nationalfest) sowie im Sommer Surf-Regatten.

Westerstede

☐ 179,20 qkm; ○ Ammerland; ⚐ Niedersachsen; ✉ 26655; ☎ 04488; 🚗 WST; △ 8–13 m; 👫 18200.

Die Großgemeinde W. liegt an der B 75 (Grüne Küstenstraße) 30 km nordwestlich von Oldenburg. Anschluß an die Autobahn A 28 Bremen–Leer (Ausfahrten W. und W.-West). W. hat Amtsgericht, Kreisverwaltung; Sonderschule für Lernbehinderte, Realschule, Mittelpunktschulen, Gymnasium, Landwirtschaftsschule, Lehranstalten für Agrartechnik (Deula), Krankenpflege- und Krankenpflegevorschule, Volkshochschule, Jugendmusikschule; Schwerpunktkrankenhaus des Landkreises Ammerland; Agrarwirtschaft und Viehzucht (Genossenschaftsmolkerei, Großgärtnereien, Baumschulen für Rhododendronkulturen) sind die Hauptwirtschaftszweige; daneben gibt es Maschinen-, Textil- und holzverarbeitende Industrie, Betonwerk, Jalousettenfabrik.

Aus dem Kirchspiel W., das erstmals 1123 urkundlich erwähnt wird, ist die heutige Großgemeinde historisch gewachsen. Nach einem Großbrand von 1815 entstand der wegen seiner baulichen Geschlossenheit bemerkenswerte Marktplatz. Die St. Petri-Kirche (12./13. Jh.) hat einen wuchtigen Wehrturm (erbaut 1123). – In W. geboren wurde der Theologe, Mathematiker und Geograph Eilhardus Lubinus (1565–1621). – Überregional bekannt sind die Rhododendron-Festtage.

Westoverledingen

☐ 111,91 qkm; ○ Leer (Ostfriesland); ⚐ Niedersachsen; ✉ 26810; ☎ 04955; 🚗 LER; △ 1,4 m; 👫 17100.

W., 10 km südlich von Leer an der Ems gelegen, ist 1973 aus zwölf Gemeinden unter neuem Namen entstanden. Die Gm ist über die B 70, B 438 und Autobahn A 28 (Ausfahrt Leer-Logabirum) zu erreichen. W. hat Grundschulen, Hauptschule mit Orientierungsstufe, Realschule, Sonderschule für Lernbehinderte, Volkshochschule; die wirtschaftliche Struktur der Gm wird zum großen Teil von der Landwirtschaft, mittleren Industrie- und Gewerbebetrieben (Maschinenbau, Produktion von Milchprodukten, Hoch- und Tiefbau, Lampenherstellung) und dem Fremdenverkehr (Freizeitpark am Emsdeich) bestimmt.

Sehenswürdigkeiten: Windmühlen in Mitling-Mark und Völlenerfehn; ‚Omas-Küche'-Museum in Mitling-Mark; Ostfriesisches Schulmuseum Folmhusen; Emsblick in Kloster-Mühde; historische Sieltore in Weekeborg und Esklum; Friesenbrücke bei Hilkenborg. – Alljährlich ‚Jirover Bottermarkt' (Juni).

Wettenberg

☐ 42,97 qkm; ○ Gießen; ⚐ Hessen; ✉ 35435; ☎ 0641; 🚗 GI; △ 180–355 m; 👫 11000.

W., 5 km nordwestlich von Gießen gelegen, hat Anschluß an die Autobahn-Umgehung A 480 Reiskirchener Dreieck-Wetzlarer Kreuz (Ausfahrt Wettenberg). Die Gm besteht aus den Ortsteilen Krofdorf-Gleiberg, Wißmar und Launsbach. W. hat Gesamtschule, Sonderschule für Lernbehinderte; kleinere und mittlere Industrie- (Herstellung von Kollektoren) und Gewerbebetriebe.

Sehenswert die Ruine der Burg Gleiberg, deren Gründung auf das 11. Jh. zurückgeht. – Freizeitzentrum mit zwei Seen und großen Waldflächen.

Wetter (Hessen)

☐ 104,58 qkm; ○ Marburg-Biedenkopf; ⚐ Hessen; ✉ 35083; ☎ 06423; 🚗 MR; △ 211 m; 👫 8800.

W. liegt an der Wetschaft zwischen Burgwald und Wollenberg 15 km nördlich von Marburg a. d. Lahn. Zufahrt über die B 252; Bahnstation an der Strecke Frankfurt a. M.–Bremen. Die St hat Gesamtschule; elektronische und Textilindustrie. W. ist Luftkurort.

Erstmals wird W. 1108 urkundlich erwähnt, doch ist eine Siedlung unter anderem Namen bereits im 9. Jh. bezeugt. 1239 erhielt der Ort das Stadtrecht. Von 1263 bis 1462 war W. im Besitz des Erzbistums Mainz; danach kam es an Hessen W. war im MA bedeutender Marktort und Münzstätte. – An historischen Bauten blieben erhalten die aus dem 13. Jh. stammende Stiftskirche (Turm 1506) mit reicher Ausstattung (Altarbild, Barockorgel), Reste der Stadtbefestigung (zwei Wehrtürme), das Rathaus und zahlreiche Fachwerkhäuser.

Wetter (Ruhr)

□ 31,44 qkm; ○ Ennepe-Ruhr-Kreis; ⚐ Nordrhein-Westfalen; ✉ 58300; ☎ 02335; 🚗 EN; △ 90 m; 👥 30000.

W., 7 km westlich von Hagen am Fuße des Ardeygebirges, an der Ruhr und am Harkortsee (Ruhrstausee) gelegen, ist über die B 226, B 234 und die Autobahn A 1 Köln–Osnabrück–Bremen (Ausfahrt Hagen-West) zu erreichen. Bahnstation an der Strecke Witten–Hagen. Die St hat Amtsgericht; Realschule, Gymnasium; Maschinenbau (DEMAG), Stahlwerk und Edelstahlwerk, Verbandstoff- und Gußstahlfabrik, Metallveredlungsbetrieb u.a. Industriezweige (Herstellung von Bremsen, Reinigungsanlagen für Kühlaggregate von Kraftwerken, Fertigbauwerk).

W., erstmals 1273 urkundlich genannt, entwickelte sich im Schutz der gleichnamigen Burg zur St (seit 1355 Stadtrechte). W. gehörte zur Grafschaft Mark bis 1803; über das Großherzogtum Berg kam es 1815 an Preußen. 1819 gründete der Industrie- und Sozialpionier Friedrich Harkort (1793–1880) auf der Burg W. eine „Mechanische Werkstätte", aus der später die DEMAG AG. hervorging. – Sehenswert: Burgruine W., Harkortturm; Alte Schmiede und Burgruine Volmarstein (1324 zerstört). – Im Stadtteil Wengern wurde Henriette Davidis (1800 bis 1876), Verfasserin des ersten gedruckten Kochbuches, geboren.

Wetzlar

□ 75,67 qkm; ○ Lahn-Dill-Kreis; ⚐ Hessen; ✉ 35578*; ☎ 06441; 🚗 LDK; △ 148–295 m; 👥 50300.

W., an der Lahn unterhalb der Dillmündung im Schnittpunkt der B 49 und B 277 gelegen, hat Anschluß an die Autobahn A 45 Dortmund–Hanau (Ausfahrten W.-Kreuz und W.-Ost); D-Zug-Station an der Strecke Gießen–Siegen. W. ist Sitz zahlreicher Behörden und Körperschaften des öffentlichen Rechts (Amtsgericht, Arbeitsgericht, Kreisverwaltung, Industrie- und Handelskammer u.a.), Bildungs- und kulturellen Einrichtungen (Grund-, Sonder- und Gesamtschulen, Hessenkolleg, Berufsschule, Berufsfachschule, Volkshochschule; Museen, Bibliotheken) sowie Garnison der Bundeswehr.

Wichtigster Wirtschaftszweig ist die optische und feinmechanische Industrie (Wild Leitz-Werke, Hensoldt & Söhne); ferner Stahl- und Eisenwerke (Buderus), Autoradio-Entwicklung u. Fertigung (Philips), Vakuumtechnik, Maschinenbau u.a.

W., 1041 erstmals urkundlich erwähnt, wurde 1180 von Kaiser Friedrich Barbarossa zur Freien Reichsstadt erhoben. Der wirtschaftlichen und politischen Blütezeit im MA folgten Jahrhunderte des Niedergangs. Bedeutung erlangte W. erneut als Sitz des Reichskammergerichts (1693–1806), an dem der junge Goethe im Sommer 1772 tätig war. Seinem Jugendroman „Werthers Leiden" liegen Wetzlarer Erlebnisse zugrunde. 1815 kam W. an Preußen. Seit Mitte des 19. Jh. entwikkelte sich die St zu einem Industriezentrum mit weltbekannten Firmen. Im 2. Weltkrieg erlitt W. schwere Schäden. Sehenswürdigkeiten: Dom (Ende 12. bis 14. Jh.); Fachwerkhäuser und Stadttore der Altstadt; ehem. Reichskammergericht (18. Jh., jetzt Reichskammergerichtsmuseum); Sammlung Dr. Irmgard von Lemmers-Danforth (Sammlung europäischer Wohnkultur aus Renaissance und Barock); Lottehaus (Geburtshaus von Charlotte Buff mit Goethe-Gedenkstätte) und Jerusalemhaus (Werthers Leiden). Die ehem. alte Reichsburg Kalsmunt ist Ruine. – Ein Sohn der Stadt ist der Musiker und Volksliedforscher Ludwig Erk (1807–83). – Alljährlich Freilichtfestspiele (Juli/August), Altstadtfest (September) und Gallusmarkt (Oktober).

Weyhe b. Bremen

□ 60,23 qkm; ○ Diepholz; ⚐ Niedersachsen; ✉ 28844; ☎ 04203 (Kirchweyhe, Südweyhe); 🚗 DH; △ 10 m; 👥 23900.

W., 10 km südlich von Bremen an der Weser, an der B 6 und an der Autobahn A 1 Osnabrück–Hamburg (Ausfahrten Bremen/Brinkum und Bremen-Arsten) gelegen, entstand 1974 aus den ehemaligen Gemeinden Leeste, Kirchweyhe und Südweyhe. Bahnstation an der Strecke Bremen–Osnabrück. W. hat Grundschulen mit Orientierungsstufen und Sekundarstufe, Sonderschule für Lernbehinderte.

Wickede (Ruhr)

□ 25,20 qkm; ○ Soest; ⚐ Nordrhein-Westfalen; ✉ 58739; ☎ 02377; 🚗 SO; △ 130–240 m; 👥 11500.

W., 35 km östlich von Dortmund an der Ruhr zwischen Haarstrang und Sauerland gelegen, ist über die B 7, B 63 und die Autobahn A 44 Ruhrgebiet–Kassel (Ausfahrt AB-Kreuz Werl) bzw. A 445 Werl–Arnsberg (Ausfahrt W.) zu erreichen; Bahnstation an der Strecke Hagen–Kassel; Verkehrslandeplatz Arnsberg an der Grenze des Ortsteils Echthausen. Die Gm hat Grundschulen, Hauptschule, Sonderschule für lernbehinderte Kinder; bedeutende metallverarbeitende Industrie.

Ein Hof „Wikki" wird erstmals im 9. Jh. im Einkünfteverzeichnis des Klosters Werden erwähnt. Die Entwicklung von einer kleinen Landgemeinde zum aufstrebenden Industrieort ist der Eisenindustrie zu verdanken, die 1839 mit einem Puddel- und Walzwerk ihren Einzug hielt. 1969 wurden der Gm im Rahmen der Gebietsneuordnung die früheren Orte Echthausen, Schlückingen, Wiehagen, Wimbern sowie Teile von Bentrop und Büderich eingegliedert.

Wiehl

□ 53,14 qkm; ○ Oberbergischer Kreis; ⚐ Nordrhein-Westfalen; ✉ 51674; ☎ 02262; 🚗 GM; △ 200 m; 👥 23000.

W., Erholungsort im Oberbergischen Land 50 km östlich von Köln an der Autobahn A 4 Köln–Olpe (Ausfahrt Gummersbach/W.), hat Gymnasien, Realschule, gewerbliche Berufsschule, Ausbildungszentrum oberbergischer Handwerkerinnungen, Sonderschulen, Musikschule, Schule für Sprachbehinderte, Sprachzentrum Internationaler Bund für Sozialarbeit, Volkshochschule; Achsenfabrik (Kotz & Söhne), Eisen- und Stahlindustrie, Maschinenbau, kunststoffverarbeitende Industrie, Brauerei; von wirtschaftlicher Bedeutung ferner der Fremdenverkehr (Freizeitpark mit ehem. Großversuchsanlage zur Gewinnung von Solarenergie, Eissporthalle).

Seit 1385 gehörte W., ehem. selbständige Vogtei mit eigener Gerichtsbarkeit, zur reichsunmittelbaren Herrschaft Homburg. 1806 kam der Ort an das Großherzogtum Berg und 1815 an Preußen. Der seit dem MA betriebene Abbau von Eisen- und Bleierzen und deren Verhüttung und Verarbeitung begünstigte nach der Verkehrserschließung des oberbergischen Landes in der 2. Hälfte des 19. Jh. die Entstehung und Entwicklung einer bedeutenden eisenverarbeitenden Industrie. Im Rahmen der Gebietsneuordnung schlossen sich 1969 die ehem. Gemeinden W. und Bielstein zur neuen Gm und jetzigen St (seit 1971) W. zusammen. Sehenswürdigkeiten: Werksmuseum (Achse-Rad-Wagen); Vogtei (1774) in Kleinfischbach; Kirche (13. Jh.) in Marienhagen; Kirche (Turm 12./13. Jh.) in Drabenderhöhe; Schloß Homburg (Museum des Oberbergischen Landes); Burghaus (um 1720) im Stadtteil Bielstein; Wiehler Tropfsteinhöhle; Wildgehege mit Waldlehrpfad. – Alljährlich Dahlienschau (August bis Oktober), Wildwasser-Kanuabfahrtsrennen und Weltmeisterschaftsläufe im ‚Moto-Cross'.

Wiesbaden

□ 204,01 qkm; ○ Hauptstadt des Bundeslandes Hessen; ⚐ Hessen; ✉ 65185*; ☎ 0611; 🚗 WI; △ 115 m; 👥 261000.

W., Landeshauptstadt von Hessen, ist Verwaltungszentrum, internationale Kur- und Kongreßstadt sowie kultureller und wirtschaftlicher Mittelpunkt im westlichen Rhein-Main-Gebiet. Die St liegt in verkehrsgünstiger Lage zwischen Taunus und Rhein. (Zufahrt über die B 42, B 54, B 417, B 455; Anschluß an die Autobahnen A 3 Köln–Frankfurt [Ausfahrt Wiesbadener Kreuz mit Anschluß an das linksrheinische Autobahnnetz über die A 66 Erbach (Rheingau)–Bad Soden–Salmünster [mehrere Ausfahrten] und die Verbindungsstränge A 671 und A 643]; IC-Bundesbahnstation; Rhein-Main-Flughafen; Schiffsanlegestelle in W.-Biebrich; Industriehafen in W.-Schierstein).

W. ist Sitz bedeutender Behörden und Körperschaften (Statistisches Bundesamt, Bundeskriminalamt, Regierung des Landes Hessen, hessische Ministerien und höhere Verwaltungsbehörden, Wehrbereichsverwaltung IV, Staatsgerichtshof, Verwaltungsgericht, Landgericht, Amtsgericht, Industrie- und Handelskammer, Handwerkskammer, Spitzenorganisation der Filmwirtschaft [SPIO]; Deutsche Klinik für Diagnostik u. a.) sowie zahlreicher Bildungs- und kultureller Einrichtungen (Realschulen, Gymnasien, Gesamtschulen, Abendgymnasium, Berufs- und Berufsfachschulen, Fachhochschule, Volkshochschule, Konservatorium, Sonderschulen; Museum [naturwissenschaftliche Sammlung, Kunstsammlungen, Sammlung Nass. Altertümer], Staatstheater [Oper, Operette, Schauspiel, Ballett], Landesbibliothek, Staatsarchiv; Kurhaus, Spielbank [Roulette]; Filmateliers und Fernsehstudios).

Auf wirtschaftlicher Ebene spielen neben einer vielseitigen Industrie (chemische und pharmazeutische Erzeugnisse [Kalle, Albert],

Wiesbaden, Kurhaus

Kühlschränke und Gefrieranlagen, Sekt, Zement [Dyckerhoff], Textilien und Konfektion, Maschinen, Elektrotechnik, Elektronik, Farben u. a.) Handel und Gewerbe eine bedeutende Rolle. W. ist Sitz namhafter Verlage und Tagungsort zahlreicher Fachmessen und Kongresse (jährlich über 500 Veranstaltungen). Als Kur- und Badestadt besitzt W. internationalen Ruf. Die bis zu 67° heißen 26 Natriumchloridthermen werden zu Trink- und Badekuren genutzt. Heilanzeigen bei Rheuma (Rheumaklinik, Thermalhallenschwimmbad), Bewegungsstörungen, Katarrhen der Atemwege, Erkrankungen der Verdauungsorgane und Stoffwechselleiden.

Als früheste Siedlung auf dem Gebiet der heutigen St ist ein römisches Erdkastell aus der Zeit um 12. v. Chr. nachgewiesen. 122 n. Chr. wird »Aquae Mattiacorum« als römischer Badeort überliefert, und im frühen MA. (829) ist »Wisibada« als fränkischer Königshof bezeugt. Vor 1241 erhielt W. das Stadtrecht. Im 13. Jh. kam die St an die Grafschaft Nassau; seit 1744 war sie Regierungssitz der Fürsten von Nassau-Usingen (bis 1806; danach [bis 1866] der Herzöge von Nassau). Den bereits von Plinius d. J. im 1. Jh. n. Chr. erwähnten Heilquellen verdankt W. seinen Aufstieg zum eleganten Kurbad im 19. Jh. (1852 Weltkurstadt). Als Landeshauptstadt von Hessen (seit 1946) entwickelte sich W. nach dem Kriege zu einer modernen Großstadt mit großzügig angelegten neuen Wohnvierteln, Villenvierteln und architektonisch bemerkenswerten Großbauten.

Sehenswürdigkeiten: Heidenmauer (Rest einer römischen Befestigungsanlage aus dem 4. Jh.); Marktplatz mit Rathaus (1884 bis 1887) und Marktkirche (1855–62), ehem. Schloß Biebrich (1699–1744, jetzt Sitz der Filmbewertungsstelle, Filmrechtskontrolle und des Filmkunde-Instituts); ehem. Stadtschloß (1837–40, jetzt Hess. Landtag); Kurhaus (1904–07) mit Spielbank; Brunnenkolonnaden (1839); Neroberg (245 m) mit Aussichtstempel und Griechischer Kapelle (1848–55); Hessisches Staatstheater (1892–94); Pfarrkirche in W.-Schierstein (18. Jh. mit Rokokoausstattung); roman. Kirche in W.-Bierstadt). – Das Hessische Staatstheater veranstaltet alljährlich die Internationalen Maifestspiele; an Pfingsten Internationales Reit- und Springturnier im Biebricher Schloßpark.

Wiesloch

□ 30,26 qkm; ○ Rhein-Neckar-Kreis; ⚐ Baden-Württemberg; ✉ 69168; ☎ 06222; 🚗 HD; △ 110–227 m; 👥 21900.

W. liegt am Nordwestrand des Kraichgaus 10 km südlich von Heidelberg am Kreuzungspunkt der B 3 und B 39. Anschluß an die Autobahnen A 6 Mannheim–Heilbronn (Ausfahrt W./Rauenberg) und A 5 Basel–Frankfurt a. M. (Ausfahrt Walldorf/W.); Bahnstation an der Strecke Heidelberg–Karlsruhe. W., Große Kreisstadt, hat Amtsgericht; Gymnasium, Abendgymnasium, Wirtschaftsgymnasium, Realschule, Abendrealschule, Wirtschaftsschule, Gewerbeschule, Landwirtschaftsschule, landwirtschaftl. und hauswirtschaftliche Berufsschulen, Musikschule, Volkshochschule, Sonderschulen für lernbehinderte und geistig behinderte Kinder; psychiatrisches Landeskrankenhaus; Maschinenbau (Heidelberger Druckmaschinen AG.); Tonwaren-, Wellpappe- und Nahrungsmittelindustrie (Tiefkühlkost); Weinbau und Weinhandel.

»Wezzinloch«, erstmals im Jahre 801 urkundlich erwähnt, erhielt 965 das Markt- und um 1200 das Stadtrecht. Im Orleanischen Erbfolgekrieg wurde W. 1689 und 1693 fast völlig zerstört. Die kurpfälzische St kam 1803 an Baden. – Sehenswürdigkeiten: Freihof (vor 1300); ev. Pfarrkirche (Chor 15. Jh., Turm und Langhaus 18. Jh.); kath. Pfarrkirche (1750–54); Rathaus (1713); Reste der Stadtmauer und Wehranlagen (14. Jh.). – Alljährlich kurpfälzisches Winzerfest (Ende August bis Anfang September).

Wiesmoor

□ 82,99 qkm; ○ Aurich; ⚐ Niedersachsen; ✉ 26639; ☎ 04944; 🚗 AUR; △ 11 m; 👥 10800.

Die Gm W., staatl. anerkannter Luftkurort, liegt 30 km südwestlich von Wilhelmshaven im Zentrum des größten zusammenhängenden Hochmoorgebietes von Ostfriesland an der B 436; Anschluß an die Autobahn A 28 Bremen–Leer (Ausfahrten Westerstede-West und Apen/Remels). W. hat Grundschulen, Orientierungsstufe, Hauptschule, Realschule, Sonderschule, Vorschulen; Landwirtschaft; Fremdenverkehr. Die Gm ist Bundeswehrstandort.

W. entstand 1906 anläßlich der Entwässerung des Wiesmoors durch den Nordgeorgsfehn-Kanal. Mit der Erschließung der Hochmoore hatte man bereits im 17. Jh. begonnen. Besitzer der Ödländereien war seit dem Urbarmachungsedikt von 1765 der Staat Preußen. 1951 wurden mehrere Nachbargemeinden mit W. zur Großgemeinde zusammengefaßt. 1972 wurden W. im Rahmen der Gebietsreform die Gemeinden Marcardsmoor, Voßbarg, Wiesederfehn und Zwischenbergen eingegliedert. Neben kleineren Industriebetrieben (Kleiderfabrik, Frottierweberei, Fahrzeugbau, Betonsteinwerk, Maschinenbau-Hochtechnologie u.a.) besitzt W. große Treibhausanlagen (W.-Gärtnerei GmbH; größte Anlage in Europa). Gasturbinenkraftwerk der Preußen-Elektra; ferner Zierpflanzen-, Blumensaat- und Baumschulbetriebe. – Sehenswert die Blumen- und Ausstellungshalle, das Moorkolonistenhaus sowie die urwüchsige Moorlandschaft. – Alljährlich Anfang September „Blütenfest".

Wildbad im Schwarzwald

□ 105,26 qkm; ○ Calw; ⚐ Baden-Württemberg; ✉ 75323; ☎ 07081; 🚗 CW; △ 430–950 m; 👪 10200.

W. liegt 25 km südwestlich von Pforzheim im Tal der Großen Enz im nördlichen Schwarzwald. Endstation der Nebenstrecke Pforzheim–W. Die St hat Grund- und Hauptschule, Progymnasium; Umschulungszentrum für Querschnittsgelähmte; Holz- und Papierindustrie. W. ist Luftkurort und mit seinen 35 bis 41° warmen Thermalquellen Heilbad (Heilanzeigen bei Rheuma, Lähmungserkrankungen, Erkrankungen der Bewegungsorgane, Unfallnachbehandlung, allgemeinen Aufbraucherscheinungen; Spezialklinik für Bewegungstherapie und Rehabilitation, Rehabilitationszentrum W.-Sommerberg, Sanatorium, Kurklinik, krankengymnastische Institute, Thermal-Hallenbewegungsbad); neben dem Kurbetrieb lebhafter Ausflugsverkehr.

W. kam 1345 (erste urkundliche Erwähnung) von den Pfalzgrafen von Tübingen an Württemberg. 1367 erhielt der Ort von Eberhard dem Greiner das Stadtrecht. Die Thermalquellen wurden bereits seit dem frühen MA zu Heilzwecken genutzt (um 1200 Fassung des Wehrquells). 1742 vernichtete ein Großbrand den alten Stadtkern. Die spätbarocke ev. Stadtkirche wurde 1746–48 errichtet. – Sehenswert die „Maurische Halle" im Eberhardsbad. – Alljährlich Enzbeleuchtungen.

Wildberg

□ 56,70 qkm; ○ Calw; ⚐ Baden-Württemberg; ✉ 72218; ☎ 07054; 🚗 CW; △ 350–600 m; 👪 8900.

W., Luftkurort am Ostrand des nördlichen Schwarzwaldes, ist über die B 463 zu erreichen; Anschluß an die Autobahn A 81 Stuttgart–Bodensee (Ausfahrten Gärtringen und Herrenberg); Bahnstation an der Strecke Pforzheim–Horb.

1237 ist erstmals ein Schenk von W. urkundlich bezeugt. An die ma. Vergangenheit der St erinnern das ehem. Dominikanerinnen-Kloster, die hoch oben auf steil abfallendem Felsen liegende Burgruine, der Hexen- und Arrestturm, das Badtörle sowie die alte Steinbrücke über die Nagold. Im Stadtteil W.-Effringen sehenswert die Marienkirche mit ma. Grabplatten und spätg. Fresken.

Alle zwei Jahre im Juli historischer Schäferlauf (seit 1723).

Wildeshausen

□ 89,48 qkm; ○ Oldenburg; ⚐ Niedersachsen; ✉ 27793; ☎ 04431; 🚗 OL; △ 27 m; 👪 14500.

W., Luftkurort, 40 km südwestlich von Bremen an der Hunte im Naturpark Wildeshauser Geest gelegen, ist über die B 213 und die Autobahn A 1 Hansalinie Hamburg–Bremen–Osnabrück–Ruhrgebiet (Ausfahrten W.-West und W.-Nord) zu erreichen. Eilzugstation der Bundesbahnstrecke Bremen–Osnabrück. W. ist Bundeswehrstandort, hat Amtsgericht, Gesundheitsamt, Kreisamt, Autobahnmeisterei, Fernmeldeknotenamt u.a. Behörden; Mittelpunktsonderschule, Realschule, Gymnasium, Berufs- und Berufsfachschulen, Haushaltungsschule, Handelsschule, Technikerschule, Berufsaufbauschule, Volkshochschule; Diakonische Werke Himmelsthür; Maschinenbau, Vulkanfiberfabrik, Bauindustrie, Tierernährungswerk.

Das Gebiet von W. war bereits in vorgeschichtlicher Zeit besiedelt (bedeutende Bodendenkmäler: Pestruper Gräberfeld, 500 Hügelgräber aus der Bronzezeit; „Große Steine von Kleinenkneten", Megalithgräber aus der Jungsteinzeit; „Hohe Steine", vorgeschichtliches Großsteingrab). Der Ort entwickelte sich aus einigen bäuerlichen Anwesen der Wittekinds-Sippe (»Wigaldinghus«). W., erstmals 851 urkundlich genannt, war seit etwa 1200 befestigt. 1270 Verleihung der Stadtrechte durch Erzbischof Hildebold von Bremen. Von 1648–1700 stand die St unter schwedischer, danach unter hannoverscher Herrschaft. 1803 kam W. zu Oldenburg. – Sehenswert: Alexanderkirche (Basilika im Übergangsstil von der Romanik zur Gotik mit bedeutenden Fresken aus dem 13. und 15. Jh. sowie Remter aus dem 10. Jh.); Rathaus (got. Backsteinbau aus dem 13.–15. Jh); Stadtwall (heute Parkanlagen); Dampfkornbranntweinbrennerei-Museum. – Alljährlich in der Zeit von Pfingstmontag bis zum Samstag nach Pfingsten Gildefest der W. Schützengilde von 1403.

Wilhelmshaven

□ 103,19 qkm; ○ Kreisfreie Stadt; ⚐ Niedersachsen; ✉ 26382*; ☎ 04421; 🚗 WHV; △ 1,5–12 m; 👥 94000.

W., nach Hamburg und neben Bremen die wichtigste deutsche Seehafenstadt, liegt am Jadebusen. Zufahrt über die B 210; Endpunkt der Autobahn A 29 Oldenburg–W. (Ausfahrten AB-Kreuz W., W.-Fedderwarden, W.-Nord und W.-Mitte). D-Zug-Endstation der Strecke Bremen–Oldenburg–W. Personenschiffsverkehr nach Helgoland. Verkehrslandeplatz in W.-Mariensiel.

W. hat Amtsgericht, Arbeitsgericht, Wasser- und Schiffahrtsamt, Zollamt; Institut für Meeresgeologie und Meeresbiologie, Deutsches Windenergieinstitut, Institut für Vogelforschung, Niedersächsisches Landesinstitut für Marschen- und Wurtenforschung; Stadttheater, Landestheater Niedersachsen-Nord, Kunsthalle, Küstenmuseum, Stadthalle, Kommunikationszentrum Pumpwerk; Realschulen, Gymnasien, berufsbildende Schulen, Fachhochschule (Ingenieurwesen, Elektrotechnik, Feinwerktechnik, Wirtschaft), Volkshochschule, Sonderschulen für Lernbehinderte u. a. Bildungseinrichtungen.

Die St ist größter Marinestützpunkt der Bundeswehr (Marine-Arsenal mit 13000 Beschäftigten). W. besitzt mit dem einzigen Tiefwasserhafen den größten Ölhafen der Bundesrepublik, mit Löschbrücken für Tanker bis 250000 t und großem Tanklager; die Löschanlage ist Ausgangspunkt der 390 km langen Öl-Pipeline ins Rhein-Ruhr-Gebiet. Die Binnenhäfen sind durch die IV. Einfahrt (Seeschleuse) gesichert; die ehemaligen Hafeneinfahrten I, II und III sind außer Betrieb (durch Deiche verschlossen). Das Jadefahrwasser ist so ausgebaut, daß Schiffe von 250000 t anlaufen können. W. ist Standort bedeutender Industriezweige. Neben der traditionellen Werftindustrie gibt es Maschinen- und Apparatebau, Kranbau und feinmechanische Werke, Textil-, Möbel- und Bekleidungsindustrie. Nach dem 1. Weltkrieg entwickelte sich W. zum Nordseebad (Strandanlagen am Südstrand).

Wilhelmshaven, Museumshafen mit Feuerschiff Weser. Im Hintergrund die Kaiser-Wilhelm-Brücke

Von dem seit 1818 zum Großherzogtum Oldenburg gehörenden Jadegebiet erwarb Preußen im „Jadevertrag" vom 20. 7. 1853 einen 334 ha großen Landstreifen am Jadebusen zur Errichtung eines Kriegshafens. 1869 weihte König Wilhelm von Preußen den nach ihm benannten Hafen ein. 1878 wurde der in W. endende Ems-Jade-Kanal gebaut. Auf oldenburgischem Gebiet entwickelten sich die ländlichen Orte Bant, Heppens und Neuende durch Zuzug von Arbeitskräften zu Arbeiterwohngemeinden, die 1911 zur Stadt Rüstringen vereinigt wurden. Von 1914 bis 1918 war W. Hauptstützpunkt der dt. Hochseeflotte. 1937 wurden die Städte Rüstringen (Oldenburg) und W. (Preußen) zur oldenburgischen St W. zusammengeschlossen. Im Zweiten Weltkrieg (1941–45) war der Kriegshafen mit U-Bootstützpunkt und Marinewerften Ziel zahlreicher Luftangriffe; die Werft-, Kai- und Hafenanlagen wurden noch 1945 gesprengt. 1948 beschäftigte die Nachfolgeindustrie (Textil-, Holz- und Eisenverarbeitung) bereits 8500 Arbeitskräfte. Seit 1955 ist W. wieder Marinegarnison.

Sehenswürdigkeiten: Rathaus mit 49 m hohem Turm; Küstenmuseum; Kopperhörner Mühle (Mitte 19. Jh.); Marinestützpunkt. – Alljährlich Wochenende an der Jade (Juni/Juli), Jade Surf Festival (Juni), Südstrandfest (Mai).

Wilkau-Haßlau

☐ 5,8 qkm; ○ Zwickau; ⚐ Freistaat Sachsen; ✉ 08112; ☎ 0375; 🚗 Z; △ 350 m; 🚶 10500.

W.-H. ist zu erreichen auf der A 72 / E 441, Ausfahrten Zwickau-West oder Zwickau-Ost (jeweils 4 km) und auf der B 93. Bahnhof an der Reichsbahnstrecke Zwickau–W.-H.–Aue-Schwarzenberg–Annaberg-Buchholz/Johanngeorgenstadt (Erzgeb.). Nächster Flughafen ist Dresden-Klotzsche (ca. 100 km); Verkehrslandeplatz für kleinere Maschinen in Gera (ca. 45 km).

W.-H. hat Stadtverwaltung.

Bildungseinrichtungen: Grund- und Mittelschule, Gymnasium.

Wirtschaft: Süßwarenfabrik „Haribo“.

Geschichte: W.-H. wird von der Zwickauer Mulde durchflossen. Eine Ansiedlung wird erstmals im 12. Jh. erwähnt. Zur verkehrstechnischen Erschließung des industriereichen Muldetales baute die Königlich Sächsische Staats-Eisenbahn 1881 die erste Schmalspurbahn in 750 mm Spurweite von Wilkau nach Kirchberg, die etappenweise bis Carlsfeld (Erzgeb.) geführt wurde. Bis 1973 die Schmalspurbahn stillgelegt worden ist, hatte W.-H. zwei Bahnhöfe. Am 1. 5. 1934 sind die Ortschaften Wilkau und Haßlau vereinigt worden. W.-H., am Fuß des Erzgebirges gelegen, ist heute fast mit Zwickau zusammengewachsen.

Baudenkmäler: Autobahnbrücke der A 72 über dem Stadtzentrum mit 55 m Höhe und 670 m Länge.

Sport und Freizeit: Freibad; medizinisches Bad.

Willich

☐ 67,80 qkm; ○ Viersen; ⚐ Nordrhein-Westfalen; ✉ 47877; ☎ 02154; 🚗 VIE; △ 48 m; 🚶 41300.

Die St W. ist 1970 aus den früher selbständigen Gm W., Anrath, Schiefbahn und Neersen entstanden. W., 15 km westlich von Düsseldorf an der Autobahn A 52 Düsseldorf–Mönchengladbach (Ausfahrt W.-Schiefbahn und W.-Neersen) gelegen, ist Sitz eines Bundeswehrbekleidungsamtes, hat Realschule, Gymnasium; Kessel- und Apparatebau, Webereien. Neben mittleren und kleineren Industrie- und Gewerbebetrieben ist in W. (wie in den übrigen Ortsteilen) die Landwirtschaft noch von einiger Bedeutung.

Willich, Schloß Neersen

Die erste Nennung von „Wylike“ findet sich 1137 in einer Schenkungsurkunde an das Kloster Kamp. 1298 war das Kirchspiel Teil der Grafschaft Hülchrath. 1318 fiel W. an Johann von Kleve und 1378 durch Pfändung an das Kölner Erzstift, bei dem es bis 1794 verblieb. 1816 kam die Gm unter preußische Herrschaft. – Sehenswert Schloß Neersen.

Wilnsdorf

☐ 72 qkm; ○ Siegen-Wittgenstein; ⚐ Nordrhein-Westfalen; ✉ 57234; ☎ 02739; 🚗 SI; △ 280–580 m; 🚶 19900.

W. liegt 12 km südöstlich von Siegen an der B 54, B 277 und an der Autobahn A 45 Dortmund–Gießen (Ausfahrt W.). Bahnstation (W.-Niederdielfen und W.-Rudersdorf) an der Strecke Hagen–Siegen–Gießen–Frankfurt a. M. W. hat Grund- und Hauptschulen, Realschule; mittlere und kleinere Industrie- und Gewerbebetriebe, Landwirtschaft; der Ortsteil Obersdorf-Rödgen ist Höhenluftkurort.

Bei W. wurde seit vorgeschichtlicher Zeit Eisen und Silber gewonnen (2000 Jahre alter Eisenschmelzofen bei Obersdorf; Einstellung des Bergbaus 1957). Das Dorf am Fuße der Kalteiche gehörte zum Territorium der Herren von W., deren Burg und Schloß vom Ende des 12. bis Mitte des 17. Jh. in W. standen. – Sehenswert: Eisenbahnbrücke bei W.-Rudersdorf; Heimatmuseum in W.-Rinsdorf; malerische Fachwerkhäuser in den im Wildetal und Weißtal gelegenen Ortsteilen; Naturschutzgebiet Landeskroner Weiher; Waldkapelle und Klarissenkloster Eremitage.

Wilsdruff

□ 22,5 qkm; ○ Freital; ⚐ Freistaat Sachsen; ✉ 01723; ☎ 035204; 🚗 FTL; △ 270 m; 👥 3930.

W. wird auf der A 4 / E 40 (Ausfahrt Wilsdruff – 1 km) und auf der B 173 (Abzweig in Grumbach – 4 km) erreicht. Nächster Bahnhof in Tharandt an der Strecke Dresden–Chemnitz. Nächster Flughafen ist Dresden-Klotzsche (ca. 20 km).

W. hat Stadtverwaltung mit Standesamt und Einwohnermeldeamt; Polizeidienststelle.

Bildungseinrichtungen: Mittelschule.

Wirtschaft und Industrie: Steingewinnungsanlage, Spiegelwerk, Maschinenbau und Stahlbau, versch. Handwerks- u. Gewerbebetriebe. Agrargenossenschaft „Dresdner Vorland" e. G.

Geschichte: W. wird als St erstmals 1759 erwähnt, ist aber wesentlich älter. Bereits um 1186 waren dt. Siedlergemeinschaften (Franken) im Raum zwischen W. und Meißen zu finden. Mitte des 15. Jh. ist für W. eine Stadtschule nachzuweisen. W. liegt an einer alten Handelsstraße, die von Leipzig über Grimma, Altleisnig und W. nach Meißen und Dresden führte. Darauf weist auch die Nikolaikirche hin, die 1896 abgerissen und in spätgotischem Stil wieder aufgebaut worden ist. St. Nikolai war der Schutzpatron der Kaufleute; ihm waren entlang der Handelsstraße dort Kirchen geweiht, wo sich Kaufleute längere Zeit aufhielten. Reste der Stadtmauer aus dem 14./15. Jh. sind noch erhalten.

1744 ist nach einem Stadtbrand der Markt wieder aufgebaut worden, der heute unter Denkmalschutz steht.

Von 1886–1974 war W. bedeutender Eisenbahnknotenpunkt im sächs. Schmalspurnetz. Von W. aus führten Strecken nach Meißen, Nossen und Freital-Potschappel. Inzwischen hat die St keinen Eisenbahnanschluß mehr.

Baudenkmäler und Sehenswürdigkeiten: Jacobikirche – eine der ältesten noch erhaltenen sächs. Dorfkirchen aus dem 12. Jh. Schloß W. (17. Jh.); Schloß Limbach; Windmühle in Kaufbach v. 1851; kursächs. Postmeilensäule.

Wiederkehrende Veranstaltungen: Pferdesportveranstaltungen; Wilsdruffer Karneval.

Wilster

□ 2,65 qkm; ○ Steinburg; ⚐ Schleswig-Holstein; ✉ 25554; ☎ 04823; 🚗 IZ; △ 1 m; 👥 4400.

W., 10 km westlich von Itzehoe im Zentrum der Wilstermarsch an der B 5 gelegen, ist Bahnstation an der Strecke Hamburg–Westerland. Die St hat kleinen Hafen, Amtsverwaltung, Deichbauamt; Grundschule, Hauptschule, Realschule, Sonderschule für Lernbehinderte; mittelständische Gewerbe- und Dienstleistungsbetriebe.

1164 wird erstmals eine Kirche in W. erwähnt; 1282 erhält der Ort das Stadtrecht. Handel und Schiffahrt brachten der Marschenstadt um 1600 großen Wohlstand. Aus dieser Zeit stammt das Alte Renaissance-Rathaus (1585). Sehenswert ferner die Bartholomäuskirche von E. G. Sonnin (1775 bis 80) und das Bürgermeisterhaus (1785).

Alljährlich W. Jahrmarkt (August) und Bürger-Schützen-Gildefest (Juni).

Windeck (Sieg)

□ 107,23 qkm; ○ Rhein-Sieg-Kreis; ⚐ Nordrhein-Westfalen; ✉ 51570; ☎ 02292; 🚗 SU; △ 100–378 m; 👥 18500.

W., 1969 aus den Gm Herchen, Dattenfeld und Rosbach entstanden, liegt 50 km östlich von Köln im mittleren Siegtal. Die Gm hat Realschule, Aufbaugymnasium; mittlere und kleinere Industrie- und Gewerbebetriebe. – Sehenswert Burgruine Windeck und das Heimatmuseum.

Windischeschenbach

□ 35,6 qkm; ○ Neustadt a.d. Waldnaab; ⚐ Bayern, ✉ 92670; ☎ 09681; 🚗 NEW; △ 428 m; 👥 6000.

W., an der Waldnaab im Oberpfälzer Wald gelegen, ist Bahnstation der Strecke Hof–Regensburg. Zufahrt über die B 15, B 22 und A 93 Regensburg–Weiden–Hof (Ausfahrt Windischeschenbach). W. hat Grund- und Hauptschule; Porzellanfabriken, Kristallglasindustrie; Fremdenverkehr (Eingangstor zum Naturschutzgebiet Waldnaabtal). Die St ist Standort der Kontinentalen Tiefbohrung (Endteufe von mindestens 10000 m).

W. wird erstmals urkundlich 1230 und als Pfarrei erstmals 1270 im Saalbuch des Herzogtums Niederbayern genannt. 1848 fiel der Ort einem Großfeuer zum Opfer. 1952 wurden W. die Stadtrechte verliehen. Nach dem 2. Weltkrieg bemerkenswerter industrieller Aufschwung.

Sehenswert Burg Neuhaus (Heimatmuseum) mit „Butterfaßturm“ (um 1300 von den Landgrafen von Leuchtenberg erbaut); Jugendtagungshaus „Stützelvilla“ (um 1890 als Fabrikantenvilla errichtet). – Freilichtaufführungen auf der Naturbühne bei der Burg Neuhaus. – Alljährlich Bürgerfest (Juli) und Kirchweih (September).

Winnenden

□ 28,05 qkm; ○ Rems-Murr-Kreis; ⚐ Baden-Württemberg; ✉ 71364; ☎ 07195; 🚗 WN; △ 287–500 m; 👫 22100.

W. liegt 23 km nordöstlich von Stuttgart am Rande des Schwäbischen Waldes an der B 14. Die Große Kreisstadt hat Realschule, Gymnasium, hauswirtschaftliche Berufs- und Berufsfachschule, Sonderschulen für Lernbehinderte, Heime und Schule (Paulinenpflege) für lernbehinderte und gehörlose Kinder und Jugendliche; psychiatrisches Landeskrankenhaus; elektrotechnische Industrie (Zweigwerk AEG-Telefunken), Spiel- und Sportgerätefabrik, Fertigbau und holzverarbeitende Industrie, Dachziegelwerke, Spezialmaschinen- und Anlagenbau.

W., um 1200 zur St erhoben und befestigt, stand bis 1277 unter der Herrschaft der Herren von Neuffen. 1325 kam es an Württemberg. 1693 wurde die St von den Franzosen zerstört. – Sehenswert: Schloßkirche (15. Jh.; spätgot. Schnitzaltar um 1500) des ehem. Deutschordensschlosses (jetzt Psychiatrische Klinik) Winnental; Fachwerkhäuser aus dem 18. und 19. Jh. und Reste der alten Stadtbefestigung.

Winsen (Aller)

□ 155 qkm; ○ Celle; ⚐ Niedersachsen; ✉ 29308; ☎ 05143; 🚗 CE; △ 35 m; 👫 10400.

W., 15 km nordwestlich von Celle an der Aller gelegen, ist über die B 3 und Autobahn A 7 Hannover–Hamburg (Ausfahrten Mellendorf und Schwarmstedt) zu erreichen. W. ist staatl. anerkannter Luftkurort; hat Grundschule, Hauptschule, Orientierungsstufe, Realschule, Volkshochschule; Kalksandsteinwerk, kleinere Gewerbetriebe, Gärtnereien, Land- und Forstwirtschaft.

„Wynhausen“ (Weideland) wird im 12. Jh. in einem Güterverzeichnis des Klosters Corvey erstmals urkundlich erwähnt. – Im Zuge der Gebietsreform schlossen sich W., Bannetze, Meißendorf, Stedden, Südwinsen, Thören, Walle und Wolthausen zur Gm W. zusammen. – Sehenswert das Junkerntor, die St.-Johannes-Kirche, die Bockwindmühle, der Museumshof sowie die Naturschutzgebiete Meißendorfer Teiche/Bannetzer Moor und Goosemoor. – Alljährlich Gemeindeschützen- und Volksfest (August).

Winsen (Luhe)

□ 108,97 qkm; ○ Harburg; ⚐ Niedersachsen; ✉ 21423; ☎ 04171; 🚗 WL; △ 6–60 m; 👫 27000.

W., 30 km südlich von Hamburg zwischen Marsch und Heide an Elbe, Ilmenau und Luhe gelegen, ist über die B 4 und die Autobahnen A 250 Maschen–Winsen (Ausfahrt Winsen-West), A 7 Hamburg–Hannover (Ausfahrt Thieshope) und A 1 Hamburg-Bremen (Ausfahrt Maschen) zu erreichen; Bahnstation an der Strecke Hamburg–Hannover; Flußhafen im Ortsteil Stöckte. W., Sitz eines Amtsgerichts, der Kreisverwaltung Harburg u.a. Behörden, hat Gymnasium, Realschule, Sonderschule für Lernbehinderte, Berufsschule, Handelsschule, Kreisvolkshochschule; Kreiskrankenhaus; Marmeladen- und Konservenfabrik, Furnierwerk; Maschinenbau, Werk zur Herstellung von elektrischen Schaltanlagen, Fertigbetonbau, pharmazeutische und chemische Industrie, Stahlmöbelfabrik; die St ist wirtschaftlicher und kultureller Mittelpunkt eines vorwiegend landwirtschaftlich strukturierten Umlandes.

„Wienhusen“ wird erstmals 1158 urkundlich erwähnt. Zur St erhoben wurde W. vor 1293. Um 1300 errichteten Nachkommen Heinrichs

Winsen, Schloß

des Löwen das Schloß, das zur starken Schutzburg ausgebaut wurde. 1371 wurde die Großvogtei des Landes Lüneburg-Braunschweig nach W. verlegt, wo sie bis ins 19. Jh. blieb. Von 1592 bis 1617 residierte die Herzogin Dorothea auf Schloß W. Der ma. Stadtkern wurde durch zwei Großbrände vernichtet. Erhalten blieben neben dem Schloß (jetziger Bau 16. Jh.) der Marstall (1599, jetzt Stadtbücherei und Heimatmuseum), die Marienkirche (14./15. Jh.), das Blaufärberhaus (1501) und der Brauhof (1560). – W. ist Geburtsort von Johann Peter Eckermann (1792–1854), Verehrer und Freund Goethes, Verfasser der ‚Gespräche mit Goethe'.

Winterberg (Westfalen)

□ 147,77 qkm; ○ Hochsauerlandkreis; ⚐ Nordrhein-Westfalen; ✉ 59955; ☎ 02981; 🚗 HSK; △ 700–841 m; 👥 13500.

W., staatl. anerkannter heilklimatischer Kurort und Wintersportplatz im Hochsauerland am Fuße des Kahlen Astens (841 m) im Naturpark Rothaargebirge, ist über die B 236 und B 480 zu erreichen. W. ist Endstation der Nebenstrecke Bestwig–W. Die St hat Grund- und Hauptschule, Gymnasium, Sonderschule für Lernbehinderte; Kurmittelhaus mit Kurpark; Unfallkrankenhaus; Kleineisen- und Textilindustrie. Wichtigster Wirtschaftszweig des Kurortes (Heilanzeigen bei Herz-, Gefäß- und Kreislaufstörungen, Erkrankungen der Atmungsorgane, Erschöpfungszuständen, Blutarmut und Rekonvaleszenz) ist der lebhafte Fremdenverkehr.

W. wurde im 13. Jh. von Erzbischof Konrad von Hochstaden zur St erhoben. – Sehenswert Astenturm mit Wetterwarte auf dem Kahlen Asten; Sprungschanze, Bobbahn, Eissporthalle; Lenne- und Ruhrquelle; Hillebachsee; Bergsee; Hochheide. – Alljährlich traditionelles Schützenfest (Juli), Winterberger Kirmes (August) und Kurgastwochen (September).

Wipperfürth

□ 118,22 qkm; ○ Oberbergischer Kreis; ⚐ Nordrhein-Westfalen; ✉ 51688; ☎ 02267; 🚗 GM; △ 181–406 m; 👥 21000.

W. liegt 30 km südöstlich von Wuppertal im Tal der Wupper im Bergischen Land am Schnittpunkt der B 237 und B 506. W. hat Amtsgericht, Arbeitsamt (Nebenstelle), Finanzamt, Forstamt u. a.; Gymnasien, Realschule, Berufsbildende Schule, Sonderschulen für Lern-, Sprach- und Geistigbehinderte; Glühlampenfabrik, Kabelwerk, Bekleidungs-, metallverarbeitende und Papierindustrie.

W., das im 12. Jh. befestigt und 1217 zur St erhoben wurde, ist die älteste Stadt des Bergischen Landes. Im 13. und 14. Jh. gehörte W. als bedeutender Handels- und Umschlagplatz der Hanse an; bis ins 17. Jh. spielten Gerbereien, Webereien und metallhandwerkliche Betriebe sowie Glockengießereien eine wichtige Rolle. Der ma. Stadtkern wurde durch mehrere Großbrände, zuletzt 1795, zerstört. Erhalten blieben die rom. Pfarrkirche (12./13. Jh.), die Kirche und das Gebäude des ehem. Franziskanerklosters aus dem 17. Jh. und der Marktbrunnen von 1590. – In der näheren Umgebung von W. liegen die Neye-, Bever- und Kerspe-Talsperren. – W. ist Geburtsort des Komponisten und Musikforschers Fritz Volbach (1861 bis 1940) und des Entdeckers des Milzbrandbazillus Dr. Pollender (1800–1875).

Wismar

□ 41 qkm; ○ Kreisfrei; ⚐ Mecklenburg-Vorpommern; ✉ 23952*; ☎ 03841; 🚗 HWI; △ 17 m; 👥 56000.

W. ist zu erreichen auf der A 19 / E 55, Ausfahrt Güstrow (ca. 65 km), auf der A 24 / E 26, Ausfahrten Hagenow oder Ludwigslust (je ca. 55 km), sowie auf der B 105 / E 22 und den B 106, B 192 und B 206; Bahnhof an der Strecke Schwerin–Bad Kleinen–H. W.–Bad Doberan–Rostock; Nebenstrecke H. W.–Blankenberg (Meckl.)–Karow (Meckl.). Der nächste Flughafen ist Lübeck (ca. 50 km).

Bildungseinrichtungen: Realschulen, Gymnasien, Technische Hochschule Wismar.

Wirtschaftliches: Mathias-Thesen-Schiffswerft und Seehafen.

Geschichtliches. Als St wurde W. 1229 urkundlich erstmals erwähnt. Es entstand unmittelbar an der W.er Bucht aus einem planmäßig angelegten Mkt-Ort und einer älteren Siedlung. Bereits zu dieser Zeit unterhielt W. enge Beziehungen zu Lübeck und anderen Städten im Ost- und Nordseeraum. Schon wenige Jahrzehnte nach der St-Gründung galt es als ein wohlhabendes Gemeinwesen, wovon auch die großen Kirchen zeugen. W.s Wohlstand beruhte auf dem Fernhandel, aber auch auf Brauerei- und Wollgewerbe. Kaufleute formten den politischen Charakter der St, die seit 1358 im Hansebund ihre Interessenvertretung fand. Als der 30jährige Krieg Mecklenburg erfaßte, geriet auch W. in schwere Notsituationen. Nach der Kapitulation der von Wallenstein geführten kaiserlichen Truppen bekam die St eine schwedische Besatzung und geriet 1648 durch den Friedensvertrag von Osnabrück, zusammen mit Neukloster und der Insel Poel, als Eigentum an Schweden, das W. 1803 an Mecklenburg verpfändete und erst 1903 förmlich auf den Besitz der St verzichtete. Im 2. Weltkrieg wurde W. stark zerstört; während der Bombennacht vom 14. zum 15. April 1945 sanken Kirchen und andere kulturhistorisch wertvolle Gebäude in Schutt und Asche.

Sehenswürdigkeiten und Kulturelles: Einzigartige architektonische Bauwerke bekunden die 760jährige Geschichte der St. Das schlichte klassizistische Rathaus, der „Alte Schwede" (1380, ältestes Bürgerhaus der St) mit seinem backsteingot. Giebel und die Wasserkunst im Renaissancestil ziehen Besucher immer wieder an. Der Turm der Ratskirche St. Marien ragt 80 m in den Himmel und mahnt an die unseligen Bombenabwürfe; sie zerstörten das Kirchenschiff ebenso wie die St. Georgenkirche. Der ma. St-Kern weist mehr als 300 Einzeldenkmale auf; ferner sind bemerkenswert das Theater, das stadtgeschichtliche Museum und ein Puppentheater.

Wiederkehrende Ereignisse: die Hanseschau im März und das Hafenfest im Juni.

Wissen (Sieg)

☐ 34,72 qkm; ○ Altenkirchen; ⚐ Rheinland-Pfalz; ✉ 57537; ☎ 02742; 🚗 AK; △ 152 m; 👥 8500.

W. liegt 40 km südwestlich von Siegen zwischen Westerwald und Bergischem Land an der B 62 im Siegtal; Bahnstation an der Strecke Köln–Siegen–Gießen; Flugplatz für Motor- und Segelflugsport (W.-Katzwinkel). Die St, Sitz einer Verbandsgemeindeverwaltung, hat Gymnasium, Realschule, Berufsbildende Schule mit angegliederten Fach- und Fachoberschulen, Sonderschulen für Lernbehinderte und Geistigbehinderte, Musikschule, Volkshochschule; Weißblechwerk (Hoesch-Siegerlandwerk AG), Kunststoffindustrie, Maschinenbau; Brauerei; W. ist Luftkurort mit regem Fremdenverkehr.

W., erstmals 913 urkundlich genannt, gehörte seit dem 13. Jh. zum Herrschaftsbereich des Hauses Wildenburg. 1420 kam der Ortsteil rechts der Sieg an die Herren von Hatzfeld, W. links der Sieg verblieb als Teil der Herrschaft Schönstein beim Kölner Kurstaat bis 1803. 1815 fielen beide Ortshälften an Preußen. 1951 wurden sie zu einer Gm zusammengefaßt. Bergbau (nach dem 2. Weltkrieg aufgegeben) und das eisenverarbeitende Gewerbe bestimmten seit dem MA das Erwerbsleben der Bewohner. 1969 erhielt W. das Stadtrecht. – Sehenswürdigkeiten: Schloß Schönstein (16.–18. Jh.) mit bedeutender Ausstattung; Heisterkapelle; Fachwerkhäuser in der Altstadt. – Alljährlich Schützenfest ‚Wisser Mahl'.

Witten

☐ 72,31 qkm; ○ Ennepe-Ruhr-Kreis; ⚐ Nordrhein-Westfalen; ✉ 58449*; ☎ 02302; 🚗 EN; △ 72–268 m; 👥 105000.

W., an der Ruhr, am Übergang des Ruhrreviers zum Sauerland gelegen, ist über die B 226, B 235 sowie die Autobahnen A 43 Recklinghausen–Bochum–Wuppertal (Ausfahrt Autobahn-Kreuz Bochum/W.), A 44 Bochum–Kassel (Ausfahrt W.) und A 45 Dortmund–Siegen (Ausfahrt Autobahnkreuz Dortmund/W.) zu erreichen. D-Zug-Station an der Strecke Ruhrgebiet-W.-Hagen-Siegen-Gießen-Frankfurt a.M. S-Bahn-Halt des Schnellbahnnetzes Ruhrgebiet.

W. hat Amtsgericht, Autobahnamt, Bundesbahnausbesserungswerk; Gesamtschulen, Realschulen, Abendrealschule, Gymnasien, Berufs- und Berufsfachschulen, Fachoberschulen, Volkshochschule, Musikschule, Bezirksseminare für das Lehramt an Grund- und Hauptschulen, Konservatorium, Privatuniversität Witten/Herdecke; Stahlwerk (Thyssen Edelstahlwerke AG), Eisen- und Glasindustrie, optische und elektrotechnische (Siemens AG, Flachglas AG) Werke, chemische Industrie (Hüls AG).

W., erstmals 1214 urkundlich erwähnt, erhielt 1675 Marktrechte. Als Industrieort besitzt W. eine lange Tradition, da bereits nach 1700 mit der Ruhrschiffahrt, dem Steinkohlenabbau und der Verhüttung von Eisenerzen begonnen wurde; die Glasfabrikation wurde 1825, im Jahr der Stadterhebung, aufgenommen. Die 1944/45 schwer zerstörte St ist nach 1948 rasch und großzügig wiederaufgebaut worden. – Sehenswert der Bergbaurundweg durch Muttental, der „Wiege des Ruhrbergbaus", sowie das seit 1886 bestehende Märkische Museum mit großer Bibliothek zur Landeskunde Westfalens und bedeutender Sammlung dt. Malerei und Graphik des 20. Jh. W. ist Naherholungsgebiet für weite Teile des Ruhrreviers. – Alljährlich „Wittener Tage für neue Kammer-

Witten

musik" und im Herbst „Zwiebelkirmes" (nachweislich seit 1464). – W. ist Geburtsort von Otto Schott (1851–1935), Erfinder des ersten einwandfreien optischen Glases und Mitbegründer der Jenaer Glaswerke.

Wittenberg

□ 55,5 qkm; ○ Wittenberg; ⚐ Sachsen-Anhalt; ✉ 06886; ☎ 03491; 🚗 LW; △ 70 m; 👫 49350.

W., Straßen- und Eisenbahn-Verkehrsknotenpunkt, liegt am Mittellauf der Elbe. Die St ist zu erreichen auf der A 9 / E 51, Ausfahrt Coswig (13 km), sowie auf der B 2, der B 100, der B 182 und der B 187, die sich z.T. in der St kreuzen, z.T. vorher aufeinandertreffen; Bahnhof an der Hauptstrecke Berlin–L.W.–Bitterfeld–Leipzig/Zalle; ferner an der Strecke Dessau –L.W.–Falkenberg; und an der Nebenstrecke L.W.–Bad Schmiedeberg–Bad Düben (Mulde)–Eilenburg. Der nächste Flughafen ist Leipzig/Halle (ca. 60 km).

Bildungseinrichtungen: Realschulen, Gymnasien; Förderschule; Berufsschulen; Musikschule; Volkshochschule; evangelisches Predigerseminar, evangelische Akademie, kirchliches Forschungsheim.

Wirtschaftliches: Chemische Industrie; Maschinenbau; Kranbau; Lebensmittelindustrie; Düngemittelherstellung.

Geschichtliches: Als „Burgwadium" wird W. 1180 erstmalig urkundlich erwähnt; die St-Rechte erhielt es im Jahre 1293. Für W. begann damit eine langanhaltende Blüteperiode. Im 16. Jh. wurde es unter dem Kurfürsten Friedrich dem Weisen zur Residenz-St der sächsisch-ernestinischen Linie erhoben. In diese Zeit auch fällt die Gründung der Universität (1502). An ihr wirkten berühmte Professoren wie Philipp Melanchthon, Giordano Bruno und Daniel Sennert, deren Fähigkeiten, Leistungen und Ansehen der Alma mater einen über Deutschlands Grenzen hinausreichenden Ruf einbrachten. Jene Epoche wurde zugleich von reicher Bautätigkeit geprägt. – Martin Luther und der ihm befreundete Philipp Melanchthon wurden zu Wegbereitern der Reformation im Dtld. des 16. Jh.s. Luther übersetzte die Bibel in die dem einfachen Volke verständliche dt. Sprache. Am 31. 10. 1517 schlug er seine berühmten 95 Thesen an die Tür der Schloßkirche zu W. an. Als Folge der nun in großer Anzahl erscheinenden Reformationsschriften, von denen man für die Verbreitung hohe Auflagen benötigte, nahm das Druckereigewerbe einen großen Aufschwung. Während der folgenden Jahrhunderte verschonten jedoch kriegerische Ereignisse und Pestepidemien auch W.

Wittenberg, Renaissancerathaus mit Stadtkirche

nicht. Im 7jährigen Krieg erlitt die St schwere Zerstörungen, selbst die Schloßkirche fiel 1760 in Trümmer. Die Universität verlor zusehends an Bedeutung und wurde 1817 nach Halle verlegt. 1873 wurden die Befestigungsanlagen der St geschleift; im Zuge dieser Arbeiten setzte gegen Ende des 19. Jh. die Industrialisierung W.s ein. Man errichtete die Schloßkirche wieder, Kaiser Wilhelm II. weihte sie 1892 ein. Im Jahre 1938 wurde W. der Namensvorsatz „Lutherstadt" verliehen.

Sehenswürdigkeiten und Kulturelles: Schloßkirche „St. Allerheiligen" mit Thesentür; St-Kirche „St. Marien" (1439), ältestes Gebäude von W.; Renaissance-Rathaus (16. Jh.); Mkt-Platz mit Luther- und Melanchthon-Denkmalen; Lutherhalle, größtes reformationsgeschichtliches Museum der Welt (früher Klostergebäude, in dem Luther von 1508 bis zu seinem Tode 1546 lebte und arbeitete); Melanchthon- und Cranachhaus; Museum für Natur- und Völkerkunde „Julius Riemer"; Stadtgeschichtliches Museum; Landestheater.

Wiederkehrendes Ereignis: Feierlichkeiten zum Reformationsfest am 31. Oktober.

Wittenberge

□ 37,7 qkm; ○ Perleberg; ⚐ Brandenburg; ✉ 19322; ☎ 03877; 🚗 PER; △ 21–27 m; 👫 27000.

W. an der Elbe ist zu erreichen auf der A 24 / E 26 / E 55, Ausfahrt Neuruppin (88 km), sowie auf der B 189 und B 195; Bahnstation an den Strecken Hamburg–W.–Berlin; Lübeck–Schwerin–W.–Berlin; W-Süd–Pritzwalk–Güstrow; W.–Arendsee (Altm)–Salzwedel. Der nächste Flughafen ist Berlin-Tegel (ca. 138 km).

Bildungseinrichtungen: Grundschulen, Gesamtschulen, Realschule, Gymnasium; Förderschulen; Oberstufenzentrum für die Berufsausbildung; Kreismusikschule.

Wirtschaftliches: Nähmaschinenwerk GmbH, Prignitzer Zellstoff- und Zellwollewerk GmbH sowie Märkische Ölmühle GmbH, Reichsbahn-Ausbesserungswerk; mittelständische Unternehmen und Kleinbetriebe (Handwerk, Gewerbe und Dienstleistungen).

Geschichtliches: Von einem Dünengebiet in der Region, den „weißen Bergen", ist vermutlich der Name der St W. abzuleiten. Funde ergaben, daß bereits vor 2500 Jahren eine größere Ansiedlung bestanden hat, bevölkert von Semnonen aus dem germanischen Stamm der Sueben. Während der Völkerwanderung drangen allmählich slawische Stämme in den Landstrich Prignitz ein. Als im 10. Jh. die dt. Könige Heinrich I. und Otto I. von Magdeburg her das Land zwischen Elbe und Oder besetzten, entstand (auf dem Gelände des heutigen Nähmaschinenwerkes) eine Burg, die während des Wendenaufstandes (983) vermutl. wieder zerstört wurde. Erst zwei Jahrhunderte später errichtete man weiter elbabwärts den Ort neu als Gründung dt. Feudalherren im Zuge der Ostexpansion. Wahrscheinlich spielte W. im 12. Jh. eine Rolle als Elbübergang für Kaufmannszüge. Erstmals schriftlich erwähnt wird W. 1239 auf einer Urkunde, mit der ein Probst an Perleberg das Salzwedeler Stadtrecht verlieh und W. dafür als Zeuge benannte. In einer anderen Urkunde bestätigte Otto Gans, Herr von Putlitz, Wittenberges Status und Rechte als St. Ältestes Bauwerk ist das „Steintor", um 1300 erbaut, das zweitälteste datiert erst von 1669 als sog. „Alte Burg", in der das Stadtmuseum sein Domizil gefunden hat. Bis in die erste Hälfte des 19. Jh. blieb W. ein unbedeutendes Ackerbürgerstädtchen, das unter der Herrschaft der Familie Gans stand. Kriege, häufige Überschwemmungen, Brandkatastrophen und Seuchen, auch Auseinandersetzungen mit den feudalen Stadtherren, bestimmten die Geschicke der EW. Als Folge der Aufhebung von ständischen Beschränkungen (1807) und nach Reform der Städteordnung (1808) erhielt auch W. 1809 die neuen Rechte. Die St konnte 1817 den feudalen Besitz mit allen Rechten für 25000 Taler erwerben. Der Aufschwung begann mit der Industrialisierung. Eine erste Fabrik, die Herzsche Ölmühle, wurde 1823 gegründet. Die Aufwärtsentwicklung setzte sich nach dem Bau der Bahnlinien Berlin–Hamburg und Magdeburg–W. fort, so daß W. die bis dahin bedeutenderen Städte Perleberg und Havelberg von ihren Vorrangplätzen verdrängen und sich selbst zu einem Mittelpunkt industrieller Expansion entfalten konnte. Führende Produktionsstätte wurde das „Singer"-Nähmaschinenwerk. Im 2. Weltkrieg wurde W. schwer beschädigt, große Teile der historischen Altstadt fielen den Bomben zum Opfer, die Eisenbahn-Elbbrücke wurde durch Sprengung zerstört. 1945 zählte die St etwa 40000 EW. Die Norddeutsche Maschinenfabrik wurde gesprengt, das Nähmaschinenwerk demontiert. Erst 1951 konnte die Herstellung von Nähmaschinen unter dem Markennamen VERITAS wieder aufgenommen werden.

Sehenswürdigkeiten und Kulturelles: Stadtmuseum „Alte Burg" (mit einer der größten Haushaltsnähmaschinen-Sammlungen Dtlds.). Das Kulturhaus ist das größte im Land Brandenburg (Veranstaltungen). „Haus der vier Jahreszeiten" (Jugendstil) und weitere Jugendstilbauten.

Wiederkehrende Ereignisse: Straßenfest (August); Altstadtfest (September).

Wittingen (Niedersachsen)

□ 224,95 qkm; ○ Gifhorn; ⚐ Niedersachsen; ✉ 29379; ☎ 05831; 🚗 GF; △ 90 m; 👫 11700.

W. liegt 33 km nordöstlich von Gifhorn am Rande der Lüneburger Heide. Zufahrt über die B 244; Bahnstation an der Strecke Braunschweig–Gifhorn–Uelzen. Die St hat Hafen am Elbeseitenkanal; Realschule, Berufsfachschule, Sonderschule für Lernbehinderte; Nährmittelindustrie (Zweigwerk der Maizena-Gruppe), Brauerei.

W., erstmals 781 in den Quedlingburger Annalen erwähnt, erhielt um 1300 das Stadtrecht. – Sehenswert die Stephanskirche (13. Jh.) und zahlreiche Fachwerkhäuser (u. a. Haus Kreyenbereg, 1640). – Alljährlich an Pfingsten historisches Schützenfest (seit 1617).

Wittlich

□ 49,24 qkm; ○ Bernkastel-Wittlich; ⚐ Rheinland-Pfalz; ✉ 54516; ☎ 06571; 🚗 WIL; △ 174 m; 👫 16500.

W. liegt im Liesertal (linkes Seitental der Mosel) 35 km nordöstlich von Trier am Kreuzungspunkt der B 49 und B 50 sowie an der Autobahn Koblenz–Trier (Ausfahrt Wittlich). Bahnstation an der Strecke Koblenz–Trier. Die St hat Amtsgericht, Justizvollzugsanstalten, Kreisverwaltung; Gymnasien, Realschule, Berufsschule, Berufsfachschule, kaufm. Berufsfachschule und gewerbliche Berufsaufbauschule in Voll- und Freizeitform, Handelsschule, Fachoberschule für das Ingenieurwesen, Kreismusikschule, Stadtbildungswerk, Sonderschule für geistig behinderte Kinder; Gummi-Industrie; Tabak- und Weinbau. W. ist Einkaufszentrum und kultureller Mittelpunkt eines vorwiegend land- und forstwirtschaftlich strukturierten Umlandes sowie staatl. anerkannter Fremdenverkehrsort.

W. war bereits in keltischer und römischer Zeit besiedelt. König Rudolf von Habsburg verlieh dem Ort 1291 die Stadtrechte. W. gehörte bis zur Säkularisation zu Kurtrier und war Sommerresidenz der Trierer Kurfürsten. – Sehenswert das schöne barocke Rathaus (1650) am Marktplatz mit modernem Treppenhausfenster (Apokalypse) von Prof. Meistermann und die Pfarrkirche St. Markus (1709). – Alljährlich in der zweiten Augusthälfte „Säubrennerkirmes" (historisches Brauchtumsfest mit Braten von ganzen Schweinen am Spieß auf dem Marktplatz).

Wittmund

□ 210 qkm; ○ Wittmund; ⚐ Niedersachsen; ✉ 26409; ☎ 04462; 🚗 WTM; △ 1–7 m; 👫 19400.

W., 25 km westlich von Wilhelmshaven im Harlinger Land am Rande der ostfriesischen Geest gelegen, ist über die B 210 und Autobahn A 29 Oldenburg–Wilhelmshaven (Ausfahrt AB-Kreuz Wilhelmshaven) zu erreichen. W. hat Amtsgericht, Kreisverwaltung, Arbeitsamt, Finanzamt, Gesundheitsamt u. a. Behörden; Garnison der Bundeswehr (und NATO-Flughafen Wittmundhafen); Gesamtschule mit Orientierungsstufe, Berufs- und Berufsfachschulen, Sonderschule, Kreismusikschule, Kreisvolkshochschule; Kunststoffindustrie, Fenster- und Türenproduktion, elektrotechnische Industrie; Molkerei und Milchverwertung; Viehverwertungsgenossenschaft, Großhandelsfirmen (Käse, Teppiche, Getränke- und Süßwaren u. a.); Fischerei und Landwirtschaft; Fremdenverkehr; der Ortsteil Carolinensiel ist Küstenbadeort. W. ist Bahnstation an der Strecke Oldenburg–Sande–Esens.

W., im 9. Jh. gegründet, wird erstmals im 12. Jh. in Fuldaer Traditionen als „Wittmundheim" erwähnt. In W. regierte im 14. Jh. die Häuptlingsfamilie der Tom Brook, im 15. Jh. das Geschlecht der Kankena und Siebet, danach Attena und Hero Omken. 1567 erhielt W. von Agnes von Rittberg das Stadtrecht

Wittmund, Ev. Kirche

(1929 erneuert). Über die Cirksenas kam die St schließlich an Ostfriesland und 1744–1807 bzw. nach 1866 an Preußen.

Im Rahmen der Gebietsneuordnung schloß sich die St 1972 mit 14 Nachbargemeinden zusammen. – Sehenswürdigkeiten: Ev. Nicolai-Kirche (1775–76) mit Arp Schnitger-Orgel (1684); Heimatmuseum ‚Peldemühle'; Sielhafenmuseum (Carolinensiel); Hünengräber am Knyphauser Wald; Freizeitpark ‚Lüttge Land' in Altfunnixsiel.

Wittstock

□ 72 qkm; ○ Wittstock; ⚐ Brandenburg; ✉ 16909; ☎ 03394; 🚗 WK; △ 65 m; 👥 14500.

W. ist zu erreichen auf der A 19 / E 55, Ausfahrt Wittstock (2 km), und auf der A 24 / E 26, Ausfahrt Pritzwalk (6 km), beide BAB treffen bei W. am Dreieck Dosse aufeinander; Bahnhof an den Regionallinien Wittenberge-W. (Dosse)-Neustrelitz und Neuruppin-W. (Dosse). Der nächste Flughafen ist Berlin-Tempelhof (ca. 85 km).

Bildungseinrichtungen: Pflichtschulen; Gymnasium.

Wirtschaftliches: Herstellung von Küchenmöbeln; Fabrikation vonn Obertrikotagen; Metallverarbeitung; Bau von Kommunalfahrzeugen; Landwirtschaftsbetriebe, Milchverarbeitung.

Historisches: Eine Ortschaft namens W. wird 948 zum ersten Mal erwähnt und um 1240 planmäßig zur St erweitert. Etwa 300 Jahre später erhielt sie das Stendaler St-Recht. Die Bischöfe von Havelberg verlegten 1271 ihren Sitz nach W. und behielten diesen Residenzort fast 300 Jahre inne. W. ist eine alte Tuchmacher-St, die bereits seit dem MA Schnittpunkt mehrerer hansischer Handelsstraßen war. Zwischen 1618 und 1648 (dem 30jährigen Krieg) wurde W. mehrfach von kämpfenden Truppen heimgesucht. Eine der bedeutendsten Schlachten trugen sie am 4. 10. 1636 am Scharfenberg bei W. aus: Die Schweden unter J. Banér siegten über ein sächsisch-kaiserliches Heer; Straßennamen und die „Schwedenpappel" (in der Nähe der Burg) erinnern an das blutige Ereignis. – Seit 1952 nimmt W. als Kreis-St die Verwaltungsaufgaben für den gleichnamigen Landkreis wahr.

Sehenswürdigkeiten und Kulturelles: W. verfügt über einen historischen Stadtkern, der von einer fast völlig erhaltenen Befestigungsmauer umgeben ist (2500 m lang, Backstein-Architektur, mehr als 30 Wiekhäuser [halbrunde und eckige Wehrbauten]); „Daberturm", letztes erhaltenes Außenbollwerk der ma. St-Befestigung; das „Gröper Tor", einzig erhaltenes St-Tor (got. Backsteinbau 14. Jh.); der wuchtige Torturm und Mauerreste der Oderburg (13. Jh.); Kreisheimatmuseum (im Amts-Turm) mit Exponaten zur Ur- und Frühgeschichte des Kreisgebietes W. und zur Residenz der Bischöfe von Havelberg, außerdem bäuerliche Volkskultur; Rathaus (Backsteinbau) und Mkt-Region (Fußgängerbereich), historische Bürgerhäuser; Pfarrkirche St. Marien, dreischiffige got. Backstein-Hallenkirche, Kreuzrippengewölbe, (beg. 1. Hälfte 13. Jh.), Umbauten und Erweiterungen im 15. und 18. Jh., wertvolle Innenausstattung; Kulturhaus. – Sport: Freizeitzentrum mit Schwimmhalle, Sauna und Bowlingbahn; Tennis; Segelfliegen; Tontaubenschießen und anderer Schießsport.

Wiederkehrende Ereignisse: Burgfest; Kinder- und Straßenfeste; Trucker-Musik-Festival.

Witzenhausen

☐ 126,69 qkm; ○ Werra-Meissner-Kreis; ⚐ Hessen; ✉ 37213*; ☎ 05542; 🚗 ESW; △ 140–250 m; 👥 18000.

W. liegt 25 km südlich von Göttingen zwischen den Ausläufern des Kaufunger Waldes, des Hohen Meißners und des Eichsfeldes an der unteren Werra und am Schnittpunkt der B 27, B 80 und B 451; Anschluß an die Autobahn A 7 Kassel–Hannover (Ausfahrten Werratal und Friedland); Bahnstation an der Strecke Kassel–Göttingen. Die St hat Amtsgericht, Kreisverwaltung; Institut für tropische und subtropische Landwirtschaft mit Tropengewächshäusern; Gesamtschule (Grundschule, Hauptschule, Realschule, Gymnasium), Deula-Schule, Kreisberufs- und Berufsfachschule, Gesamthochschule Kassel (Fachbereiche nationale und internationale Agrarwirtschaft), Volkshochschule; Spezialklinik für Heil- und Fastenbehandlungen; Textil-, Papier- und Möbelindustrie; Obstanbau (Kirschen). W. mit 16 Stadtteilen ist wirtschaftlicher und kultureller Mittelpunkt eines industriell und agrarwirtschaftlich strukturierten Umlandes.

W. erhielt 1225 das Markt- und 1247 das Stadtrecht; 1264 kam es an Hessen. Erhalten sind die Gebäude des 1424 erbauten Wilhelmitenklosters, die spätgot. Liebfrauenkirche (14.–16. Jh.), das Renaissance-Rathaus sowie malerische Fachwerkhäuser aus dem 16. Jh. und Reste der ma. Stadtbefestigung (Mauerring, Wehrtürme). – Alljährlich Anfang Juli ‚Kesperkirmes' (Kirschenfest) mit Wahl der Kirschenkönigin.

Wörth a. Rh.

☐ 131,63 qkm; ○ Germersheim; ⚐ Rheinland-Pfalz; ✉ 76744; ☎ 07271; 🚗 GER; △ 112 m; 👥 17000.

W., 10 km nordwestlich von Karlsruhe in der Rheinebene am Kreuzungspunkt der B 9 und B 10 sowie an der Autobahn A 65 Karlsruhe–Landau (Ausfahrten W.-Kreuz und W.-Dorschberg) gelegen, ist Bahnknotenpunkt der Strekken Karlsruhe–Saarbrücken und Ludwigshafen–Straßburg. Die Gm hat Industriehafen am Rhein, Verbandsgemeindeverwaltung; Gymnasium, Gewerbeschule, Sonderschule für Lernbehinderte; Lkw-Montagewerk (Daimler-Benz), Mineralölraffinerie.

W. kam 1383 vom Kloster Weißenburg an die Kurpfalz. 1630 wurde die ältere Siedlung nach einer Hochwasserkatastrophe aufgegeben und W. bei Vorlach neu gegründet. Aus dem Fischerdorf wurde nach der Rheinkorrektur von Tulla (1830) ein Bauerndorf. W., das im 2. Weltkrieg schwere Schäden erlitt, entwikkelte sich zu einer aufstrebenden Industriegemeinde. – In W. lebte und wirkte der Tiermaler Heinrich von Zügel (1850 bis 1941). – Alljährlich Maimarkt.

Wolfach

☐ 67,99 qkm; ○ Ortenaukreis; ⚐ Baden-Württemberg; ✉ 77709; ☎ 07834; 🚗 OG; △ 276–700 m; 👥 6000.

W., Luftkurort an der Einmündung der Wolf in die Kinzig im mittleren Schwarzwald, ist über die B 294 zu erreichen. Bahnstation an der Strecke Freudenstadt–Hausach. Die St hat Amtsgericht, Forstämter, Vermessungsamt; Grund- und Hauptschulen, Realschule, gewerbliche Berufsschule; Spezialklinik für Parkinsonismus; Glasindustrie, metallverarbeitende Betriebe, Kartonagenfabrik, Bekleidungswerke, Edelbranntweinbrennerei u. a., Fremdenverkehr.

W., erstmals 1148 bezeugt, erhielt vor 1305 das Stadtrecht. Der Ort kam von den Herren von W. im 12. Jh. an die Grafen von Fürstenberg, deren Schloß aus dem 17. Jh. erhalten ist (Heimatmuseum). W. war Sitz der W. Schiffergesellschaft, die für die bedeutende, bis Ende des 19. Jh. betriebene Flößerei auf der Kinzig zuständig war (nach Statuten von 1470). Das ma. Stadtbild wurde durch zahlreiche Brände, mehrere Hochwasser und verheerende Eisgänge im 16. bis 19. Jh. zerstört. – W. ist durch sein vielfältiges „Fasnets"-Brauchtum bekannt.

Wolfen

☐ 10 qkm; ○ Bitterfeld; ⚐ Sachsen-Anhalt; ✉ 06766; ☎ 03494; 🚗 BTF; △ 86 m; 👥 43000.

W. ist zu erreichen auf der A 9 / E 51, Ausfahrten Bitterfeld, (7 km) oder Dessau-Süd (10 km), sowie auf der B 100, B 183, B 184 und der B 187; Bahnhof an der Reichsbahnstrecke Dessau–W.–Bitterfeld–Leipzig. Der nächste Flughafen ist Leipzig/Halle (ca. 30 km).

Bildungseinrichtungen: Grundschulen, Sekundarschulen, Gymnasien; Förderschule für Lernbehinderte; Stadtbibliothek.

Wirtschaftliches: Filmherstellung (ORWO);

chemische Industrie; kleine und mittelständische Gewerbebetriebe.

Geschichtliches: W. wird 1403 erstmals urkundlich erwähnt. Der Ortsname läßt den Schluß zu, daß die Ansiedlung germanischen Ursprungs sein muß, die sich bis 1550 zum Dorf herausgebildet hatte. Kriegsleiden und -lasten, Feuersbrünste, Pest und andere Katastrophen hingegen mußten die Chronisten allzuoft als verbürgt verzeichnen. Entscheidende Veränderungen indessen vollzogen sich im W.er Raum erst während des 19. Jh.s, als die Industrialisierung mit der Eröffnung der Braunkohlengrube „Johannes" begann. Befördert wurde der Anbruch des neuen Zeitalters durch Inbetriebnahme der Eisenbahnlinie Dessau-Bitterfeld. Die „Greppiner Werke" entstanden; von der Berliner AG für Anilinfabrikation wurden die Farben- und die Filmfabrik errichtet. Bis zum Jahr 1989 bestimmte die chemische Industrie das Wirtschaftsgeschehen, sie belastete Menschen und Umwelt der Region aufs schwerste. 1958 wurde der Gm W. das St-Recht erteilt; im gleichen Jahr begann der Aufbau neuer Wohngebiete. Heute gliedert sich W. in die Stadtteile Altstadt, Süd, Krondorf, Steinfurth und Nord.

Sehenswürdigkeiten und Kulturelles: großes Klubhaus; Jugendfreizeitzentren; Gebäude mit wertvollen Terrakotten; Naherholungsgebiet „Fuhneaue" mit Freilichtbühne. Sport: Stadion, Tennisanlage; Freibad.

Wolfenbüttel

□ 78,43 qkm; ○ Wolfenbüttel; ⚐ Niedersachsen; ✉ 38300*; ☎ 05331; 🚗 WF; △ 80 m; 👥 53000.

W., 12 km südlich von Braunschweig an der Oker gelegen, ist über die B 4 und B 79 zu erreichen. Bahnstation an der Strecke Braunschweig–Bad Harzburg. W. hat Garnison der Bundeswehr, Amtsgericht, Justizvollzugsanstalt, Kreisverwaltung, Ev.-Luth. Landeskirchenamt, Niedersächsisches Staatsarchiv u. a. Behörden; Fachhochschule Braunschweig-Wolfenbüttel (Fachbereiche Maschinenbau und Elektrotechnik), Gymnasien, Realschulen, Mittelpunkt-Sonderschule, Fachschulen, Meisterschule für das Konditorenhandwerk, Volkshochschule, Kreisvolkshochschule; Herzog-August-Bibliothek (mit 8000 Handschriften) als Forschungsstelle; Frauenklinik; Maschinen- und chemische Industrie, Konserven-, Spirituosen- und Metallwarenfabrik.

»Wulferesbutle«, erstmals 1118 als Wasserburg erwähnt, ist aus mehreren Siedlungen des 16. und 17. Jh. zur St zusammengewachsen. W. war von 1432 bis 1753 Residenz der Herzöge von Braunschweig und Lüneburg. 1570 verlieh Herzog Julius der sogenannten „Heinrichsstadt" östlich des Schlosses das Marktrecht. Das Schloß war Wohnsitz des Dichter-Herzogs Anton Ulrich (1685–1714), Verfasser umfangreicher Barockromane, und Geburtsstätte der Herzogin Anna Amalie (geb. 1739), Begründerin des Weimarer Musenhofes, sowie als Pflegestätte der Musik, der Wissenschaften und des Theaters geistiger und kultureller Mittelpunkt im 17. und 18. Jh. An der im 17. Jh. gegründeten Bibliothek, einer der bedeutendsten der Welt, waren Leibniz (von 1690 bis 1716) und Lessing (von 1770 bis 1781) tätig. Am Schloßtheater traten Ende des 16. Jh. die ersten englischen Berufsschauspieler auf.

Wolfenbüttel, Schloß

W. besitzt mehr als 600 alte Fachwerkhäuser aus dem 17. und 18. Jh. an geradlinigen Straßen und geräumigen Plätzen. Der durch seine Geschlossenheit wirkende Stadtmarkt wurde 1590 angelegt. Von den bedeutenden historischen Bauten und Sehenswürdigkeiten sind zu nennen: Rathaus (Ende 16. Jh. beg.); Krambuden mit Laubengängen; Schloß (älteste Teile 13. Jh.; Renaissanceturm von 1614; Hofarkaden von 1643, aufgestockt um 1690; um 1695 der Flügel mit der Durchfahrt in den Park; Treppenhaus um 1690; Barockfassade 1714 beg.); Kleines Schloß (16. Jh.); Lessinghaus (um 1735; Wohnsitz Lessings von 1777 bis 1781); Herzog-August-Bibliothek (Neubau von 1882–87); Johanniskirche (Fachwerkbau von 1663) in der Auguststadt (um 1650 von Herzog August d. J. angelegt); Zeughaus (1613); Kanzlei (1588); Marienkirche (beg. 1607/08), bedeutendster protestantischer Kirchenbau vor 1650); Trinitatiskirche (1719 voll.); am Okerkanal liegt der malerische Winkel von Klein Venedig.

Wolfhagen

□ 111,94 qkm; ○ Kassel; ⚐ Hessen; ✉ 34466; ☎ 05692; 🚗 KS; △ 250 m; 👫 12200.

W. liegt 30 km westlich von Kassel an der B 450 und mit den Ortsteilen Istha und Ippinghausen an der B 251; Anschluß an die Autobahn A 44 Kassel–Dortmund (Ausfahrten Breuna und Zierenberg); Bahnstation an der Strecke Kassel–Korbach. W. hat Verkehrslandeplatz; Amtsgericht, Bundeswehrgarnison; Gesamtschule (einschließlich Gymnasium), Kreisberufsschule, Berufsfachschule; Elektro-, Fahrzeugbau- und Textilindustrie; Fremdenverkehr.

W. entwickelte sich aus einer Siedlung, die im 13. Jh. bei der Burg W. gegründet worden war. Dem später befestigten Ort wurden um 1231 die Stadtrechte verliehen. Das ma. Stadtbild mit gotischer St. Annen-Kirche (Mitte 13. Jh.), Rathaus und malerischen Fachwerkhäusern ist weitgehend erhalten. – Sehenswert ferner das in der Nähe gelegene Wasserschloß Elmarshausen (15.–18. Jh.) und die Ruine Weidelsburg.

Wolfratshausen

□ 8,77 qkm; ○ Bad Tölz-Wolfratshausen; ⚐ Bayern; ✉ 82515; ☎ 08171; 🚗 TÖL; △ 578 m; 👫 17000.

W., Erholungsort 30 km südlich von München am Zusammenfluß von Isar und Loisach im oberbayerischen Alpenvorland, ist über die B 11 und die Autobahn A 95 München–Garmisch-Partenkirchen (Ausfahrt W.) zu erreichen. Die St hat Amtsgericht; Realschule, gewerbliche und landwirtschaftliche Berufsschulen; mittlere und kleinere Industrie- und Gewerbebetriebe.

W. entstand im Schutz der vom 10. bis 18. Jh. bestehenden Burg (Gräben und Wälle auf dem Schloßberg erhalten) der Grafen von W. 1270 erhielt der Ort Marktrechte; 1961 wurde W. zur St erhoben. – Sehenswert die alte Pfarrkirche (1625) mit Hochaltar (17. Jh.) und barocker Ausstattung des 18. Jh. und das Heimatmuseum; die Laurenzius-Kirche im Stadtteil Nantwein stammt aus dem 13. Jh. (umgestaltet 1624).

Wolfsburg

□ 203,98 qkm; ○ Kreisfreie Stadt; ⚐ Niedersachsen; ✉ 38440*; ☎ 05361; 🚗 WOB; △ 54 m; 👫 128500.

W., am Mittellandkanal und am Schnittpunkt der B 188 und B 248 gelegen, ist D-Zug-Station der Hauptstrecke Köln–Leipzig. Anschluß an die Autobahn A 2 Berlin–Hannover–Ruhrgebiet über AB-Kreuz W./Königslutter und A 39 nach Wolfsburg (mehrere Ausfahrten). W. hat Amtsgericht, Industrie- und Handelskammer, Zollamt; Hafen Fallersleben und Werkshafen des VW-Werkes; Institut für Fahrzeugbau (Fachbereich Maschinenbau der Fachhochschule Braunschweig/W.); Realschulen, Gymnasien, Wirtschaftsgymnasium, Berufsfach- und Berufsaufbauschulen, Handels- und Höhere Handelsschule, Musikschule, Wolfsburgkolleg, Fachschule für Sozialarbeit, Haushaltungsschule, heilpädagogische Einrichtungen für geistig und körperlich behinderte Kinder.

Beherrschender Wirtschaftszweig der St ist der Kraftfahrzeugbau. W. ist Konzernsitz und Hauptbetriebsstätte der V.A.G. (rund 170000 Beschäftigte im Inlandskonzern; Werksführungen).

Anfang des 14. Jh. erbauten die Herren von Bartensleben das Schloß W., das im 16. Jh. durch einen Neubau im Stil der Weserrenaissance ersetzt wurde. Mitte des 18. Jh. ging die Herrschaft W. an die Grafen von Schulenburg über (bis 1942). 1938 wurde aus den Gm Rothehof (mit Ortsteil Rothenfelde) und Heßlingen (mit Ortsteil W.) W. unter der vorläufigen Bezeichnung „Stadt des KdF-Wagens" gegründet (Anfang 1938 857 Einwohner). Der Aufstieg der St verlief bis 1942 zügig, nach der Währungsreform (1948) stürmisch (1958 50000 Ew). 1972 wurde W. nach Zusammenschluß mit zwei Kleinstädten und 18 Gemeinden im Zuge der Gebietsneuordnung Großstadt.

Neben dem Schloß Wolfsburg (Galerie zeitgenössischer Malerei) bemerkenswert die St. Annenkirche und Marienkirche. Zeichen des großzügigen Auf- und Ausbaus der St sind das Kulturzentrum (Entwurf Alvar Aalto), das Theater (Entwurf Hans Scharoun) sowie die architektonisch eindrucksvollen modernen Kirchen, Schulen und Wohnviertel. W. gehört zu den festen Austragungsorten des „Internationalen Reit- und Springturniers". – Sehenswert

Wolfsburg

das Automuseum (VW) und Großplanetarium sowie das Städt. Museum.

In W.-Fallersleben wurde der Dichter Hoffmann von Fallersleben (1798–1874) geboren (Hoffmann-von-Fallersleben-Museum) und in W.-Nordsteimke der Erfinder und Unternehmer Heinrich Büssing (1843–1929; Heinrich-Büssing-Haus mit Museum).

Wolgast

□ 4,3 qkm; ○ Wolgast; ⚐ Mecklenburg-Vorpommern; ✉ 17438; ☎ 038 36; 🚗 WLG; △ 0–15 m; 👥 17 000.

Wolgast, das Tor zur Ostseeinsel Usedom, erreicht man über die B 111, die in Gützkow-Wieck von der B 96 / E 251 abzweigt (vom Abzweig 31 km). Endbahnhof der Strecke Züssow–W., die in Züssow Anschluß an die Fernstrecke Stralsund–Anklam–Berlin hat. Der nächste Flugplatz ist in Heringsdorf/Garz auf Usedom (38 km), der im Linienverkehr mit dem Flughafen Berlin-Tegel verbunden ist.

W. hat Stadt- und Kreisverwaltung, Polizeiinspektion, Industrie- und Handelskammer, Handwerkskammer.

Bildungseinrichtungen: Grund- und Realschulen, Gymnasium, Kreismusikschule, Kreisvolkshochschule.

Kulturstätten: Heimatmuseum, Tierpark, Freilichtmuseum.

Wirtschaft: Peenewerft (Küstenmotorschiffe, Luxusjachten), mittelständische Unternehmen, Handwerksbetriebe.

Geschichte: Urkundlich wird die St an der Peene erstmals zur Zeit Heinrichs I. (919–936) erwähnt, doch soll bereits 300 Jahre vorher ein slawischer Siedlungsplatz mit einer Niederungsburg bestanden haben. 1123 besetzte Herzog Watislaw I. von Pommern den damals „Hologast" genannten Ort und verlieh ihm frühslawisches Markt- und somit Stadtrecht. Bischof Otto von Bamberg bekehrte den Pommernfürsten zum Christentum. Der dem slawischen Gott Gerovit geweihte Tempel wurde zerstört; an seiner Stelle steht heute die Kirche St. Petri. 1282 wurden von Bogislaw IV. mit der Verleihung lübischen Rechts die städtischen Privilegien bestätigt, die 1257 Barim I. und Watislaw III. W. zugesichert hatten. Nach der Teilung Pommerns in P.-Stettin und P.-Wolgast war W. von 1295–1625 herzogliche Residenz. Das Schloß, aus einer steinernen Burg zum Herzogschloß ausgebaut, ist im Nordischen Krieg so beschädigt worden, daß die schwedische Regierung es an die St als Steinbruch verkaufte. Nach wechselseitigen Besetzungen durch schwedische und kaiserliche Truppen kam die St 1648 mit dem Westfälischen Frieden an Schweden und wurde erst nach dem Wiener Kongreß 1815 preußisch.

Einen wirtschaftlichen Aufschwung erlebte die St in der 2. Hälfte des 18. Jh. durch die Seefahrt und ihre verkehrsgünstige Lage. Wolgaster Schiffe fuhren unter schwedischer Flagge auf allen Weltmeeren. Von dieser Zeit relativen Reichtums künden noch heute Kapitäns- und mächtige Fachwerkhäuser. Im Nordischen Krieg ist die St durch einen Brand 1713 fast völlig zerstört, aber auf den alten Grundmauern wieder aufgebaut worden.

Ab Mitte des 19. Jh. blühte die Schiffahrt und der Handel mit Getreide, doch Dampfschiffbau, der Bau der Eisenbahn W.–Züssow 1863 und die Inbetriebnahme des Kaiser-Wilhelm-Kanals, der die Häfen Stettin und Swinemünde mit der Pommerschen Bucht verband, brachte den Niedergang der Segelschiffahrt. W. entwickelte sich gegen Ende des 19. Jh. zu einer kleinen Industriestadt.

Baudenkmäler und Sehenswürdigkeiten: Markantestes Bauwerk am Hafen ist der noch heute genutzte Getreidespeicher von 1835. Der prächtige Fachwerkbau ruht auf 99 Eichenpfählen, ist 80 m lang und 18 m breit (Kapazität 5000 t); er ist der größte Speicher an der Ostseeküste. Stadtkirche St. Petri, gotischer Backsteinbau auf dem höchsten Punkt der St, nach Zerstörung durch den Stadtbrand im Jahr 1713 zwischen 1716–28 wieder errichtet; der achteckige Aufsatz mit Kirchturmspitze nach Blitzschlag 1920 durch ein flaches Zeltdach ersetzt; neben dem Eingang im Turmfundament der Wendenstein (Gerovitstein), eines der ältesten in Granit gehauenen Steinbilder Pommerns aus der Zeit der Christianisierung der Slawen; in der Gruft unter dem Chor neun Prunksarkophage Wolgaster Herzöge. Rathaus, 1718–24 nach Stadtbrand neu erbaut, Architekturmischung aus Gotik und Renaissance mit barocker Fassade. Rathausbrunnen von Prof. Baer (1936) mit 10 Reliefs aus acht Jahrhunderten Stadtgeschichte. Geburtshaus von Philipp Otto Runge (1777–1810), dem bedeutenden Maler der dt. Frühromantik. Altstadtkern mit Rathaus, Fachwerkhäusern und Patriziergiebeln unter Denkmalschutz. Gertrudenkapelle (Anfang 15. Jh.), urspr. Hospitalkapelle, nach Vorbild der Erlöserkirche in Jerusalem als 12eckige gotische Backsteinkapelle ausgeführt. Tierpark „Am Tannenkamp" (1960/61 entst.) mit 400 Tieren (52 Arten). Freilichtmuseum „Zu den Steinmühlen" mit urgeschichtlicher Sammlung von Mühlen, Mühlsteinen, Trogmühlen, Reibplatten und Quernen (Handmühlen).

Periodische Veranstaltungen: Fischer- und Hafenfest (Juni), Moto-Cross (Juli), Tierparkfest (August).

Wolmirstedt

□ 6,8 qkm; ○ Wolmirstedt; ⚐ Sachsen-Anhalt; ✉ 39326; ☎ 039201; 🚗 WOL; △ 48 m; 👥 12350.

W. ist zu erreichen auf der A 2 / E 30, Ausfahrt Magdeburg Zentrum (7 km), und auf der B 189; Bahnstation der Regionalverbindung Magdeburg–W.–Stendal und der S-Bahnstrecke Schönebeck–Magdeburg–W.–Zielitz; Mittellandkanal. Die nächsten Flughäfen sind Berlin-Schönefeld (ca. 150 km), Hannover (ca. 130 km), Leipzig/Halle (ca. 125 km).

Bildungseinrichtungen: Grundschulen, Sekundarschulen, Gymnasien; Förderschulen für Lernbehinderte und geistig Behinderte; kommunale Berufsschule; Kreis-Volkshochschule; Musikschule; Stadtbibliothek. Wirtschaftliches: Baubetriebe; Lederfabrik; Getränkeherstellung; Kühlbetrieb; diverse Handwerks- und Dienstleistungs-Branchen; Großlager, Büro- und Verkaufsräume der Unternehmen: DEKO; „Ferero"; Stapler GmbH, Flocktechnik; ferner Einrichtungen mehrerer Spezialbau- und Malerbetriebe; Agrar GmbH (Tierhaltung).

Geschichtliches: Die Besiedlung des heutigen Stadtgebietes wird durch verschiedene Bodenfunde belegt, die ältesten davon stammen aus der jüngeren Steinzeit (4000–1800 v. Chr.). Eine erste urkundliche Erwähnung datiert aus dem Jahre 1009 n. Chr. Im politischen und wirtschaftlichen Geschehen erlangte W. in dieser Zeit nur geringe Bedeutung, es fehlte der St bei der sich im 10. Jh. herausbildenden Ware-Geld-Beziehung als wichtigste wirtschaftliche Grundlage das Marktrecht, das sie erst Mitte des 16. Jh. erhielt. In der Zeit davor konnte sich nur langsam ein auf Handel und Gewerbe basierendes Bürgertum herausbilden, so daß über mehrere Jahrhunderte die Landwirtschaft strukturbestimmend blieb. Im wesentlichen trug zu diesem Stillstand das Zisterzienser Nonnenkloster (seit 1228) bei, das durch seinen Besitz an Ländereien ökonomischer und gesellschaftlicher Mittelpunkt der St war. Ab Mitte des 16. Jh. verlor das Kloster mehr und mehr an Bedeutung; die sich ändernden politischen Verhältnisse boten der Bürgerschaft Möglichkeiten, Handwerk und Handel zu beleben und auszuweiten – die Einwohnerzahl stieg zwischen 1399 und 1564 auf das Doppelte. Bedingt durch seine Lage an einer Hauptstraße nach Magdeburg, das mehrfach Angriffsziel verfeindeter Parteien war, wurde W. im 30jährigen Krieg schwer in Mitleidenschaft gezogen. In der Nachkriegszeit verödete W. und die umliegende Region nach ungeheuren Menschenverlusten. Es vergingen 50 Jahre, bis hier wieder wenigstens 154 EW lebten. Als Beispiele geistigen und moralischen Verfalls nach dem 30jährigen Krieg sind Berichte von unvorstellbar grausamen Hexenprozessen aus W. überliefert. Der damalige Amtshauptmann Wlöme ließ viele Frauen und Mädchen aus nichtigen Gründen foltern, ihnen Geständnisse abpressen und sie als Hexen verbrennen. – Nachdem der Kurfürst von Brandenburg sich 1701 selbst zum preußischen König gekrönt hatte, erhielt W. den Rang einer Mediat-Stadt. Im neugebildeten Regierungsbezirk Magdeburg wurde W. 1816 Kreisstadt. 1840 begann die Industrialisierung mit der Errichtung einer Stärkefabrik, 1849 wurde der Bahnhof in Betrieb genommen, ein städtisches Elektrizitätswerk 1896 erbaut. Im Jahre 1927 begann man den Bauabschnitt Hannover–Elbe des Mittellandkanales zu realisieren. Außerhalb der St W. wurde ab 1964 bei Zielitz ein großes Kaliwerk errichtet, das 1973 zu produzieren begann; da es viele Arbeitskräfte aus anderen Bergbaurevieren nach Zielitz zog, mußten in W. beachtliche Neubaugebiete geschaffen werden.

Sehenswürdigkeiten und Kulturelles: Schloßkapelle, einschiffiger spätgot. Backsteinbau (1480), südliche Außenseite als Schauseite ausgebildet, reiches Portal; Herrenhaus der ehem. Stiftsdomäne, schlichter Barockbau (vermutl. 1732); ehem. „Gasthof zum schwarzen Adler", Fachwerkbau um 1650; Kreismuseum in der ma. Burganlage (Schloßdomäne), u. a. mit Exponaten zur Ur- und Frühgeschichte des Kreises W. und Funden von der Ausgrabung der Hildagsburg; „Bockwindmühle Wolmirstedt", Außenstelle des Kreismuseums, funktionstüchtige Anlage, 1845 erbaut, heute techn. Denkmal (gemeinsam mit einem Pferdegöpel und einer historischen Dreschmaschine bildet die Bockwindmühle ein Museumsensemble mit ständiger Ausstellung zur Mühlengeschichte des Kreises W.); Bildungs- und Freizeitzentrum; Freilichtbühne Schloßdomäne; Schützenhaus; Jugendklubhaus. – Zahlreiche Sportvereine.

Wiederkehrende Ereignisse: Schützenfest (Mai); Stadtfest (Juni).

Worms

□ 108,72 qkm; ○ Kreisfreie Stadt; ⚐ Rheinland-Pfalz; ✉ 67547*; ☎ 06241; 🚗 WO; △ 86–167 m; 👥 75000.

W., am linken Rheinufer 25 km nördlich von Ludwigshafen gelegen, ist bedeutender Verkehrsknotenpunkt (Schnittpunkt der Bundesstraßen 9 und 47; Anschluß an die Autobahn A 61 AB-Kreuz Walldorf–Koblenz (Ausfahrt W.); Bahnknoten (D-Zug-Halt) an den Fernstrecken Rheinland–Süddeutschland und Niederlande–Schweiz; Straßen- und Eisenbahnbrücke über den Rhein). Die St ist Sitz eines Amtsgerichts, Arbeitsamtes, Finanzamtes, Wasser- und Schiffahrtsamtes, der Kreisverwaltung, Industrie- und Handelskammer sowie zahlreicher Bildungs- und kultureller Einrichtungen (Erziehungswissenschaftliche Hochschule, Fachoberschule, Gymnasien, Realschulen, Berufs-, Berufsfach- und Berufsaufbauschulen, Volkshochschule, Förderschule für Spätaussiedler, Sonderschulen für Lernbehinderte; Städt. Museum im Andreasstift [prähistorische und historische Sammlungen], Kunsthaus Heylshof [Gemälde und Plastiken des 15. bis 19. Jh., Porzellan- und Glassammlungen], Städtische Gemäldegalerie mit Wechselausstellungen, Städtische Spiel- und Festhaus, Stadtbibliothek und Stadtarchiv). W. ist Bundeswehrstandort.

Worms, Dom

Die Industrie umfaßt Maschinenbau, Metall-, Leder-, Konserven- und chemische Fabriken; im Rheinhafen werden Massengüter umgeschlagen. Neben dem traditionsreichen Weinbau (Liebfrauenmorgen Großlage für das gesamte Stadtgebiet) und Weinhandel ist der Fremdenverkehr von großer wirtschaftlicher Bedeutung.

Die St war seit 50 v. Chr. unter römischer Herrschaft Hauptort des Vangionengaues und nach dem Abzug der Römer (um 400 n. Chr.) von 413 bis 436 Hauptstadt des Burgunderreiches (im Nibelungenlied erwähnt). Später residierte die Merowingerkönigin Brunichildis in W. (Anfang 7. Jh.). Nach dem Anbruch der fränkischen Zeit (Mitte 8. Jh.) war die St mehrere Jahrhunderte (8.–16. Jh.) lang Schauplatz bedeutender politischer Ereignisse (Reichsversammlungen, Reichstage, Hoflager, Städtetage, Fürstentage u. a.). In den Auseinandersetzungen (Investiturstreit) zwischen Kaiser Heinrich IV. und Papst Gregor VII. (seit 1073) stand die St treu auf seiten des Kaisers. Durch bedeutende kaiserliche Privilegien erreichte W. die Stellung einer Freien Reichsstadt (um 1200). 1254 gründete W. mit Mainz und Speyer den Rheinischen Städtebund. 1521 fand in W. der große Reichstag Karls V. statt, zu dem Luther geladen war (Erklärung Luthers und seiner Anhänger in die Reichsacht durch das Wormser Edikt). Im Dreißigjährigen Krieg verlor W. seine wirtschaftliche und politische Machtstellung (1630–33 schwedisches Hauptquartier). 1689 wurde die St von französischen Truppen fast völlig eingeäschert; Wiederaufbau nach 1700. 1797 sank W. zu einem unbedeutenden französischen Kantonstädtchen herab. 1816 kam es an Hessen.

Trotz der Zerstörungen von 1689 und der schweren Schäden im 2. Weltkrieg besitzt W. bis heute eine Reihe hervorragender historischer Baudenkmale: Dom (doppelchörige rom. Basilika aus dem 11./12. Jh. mit got. Kapellen und barocker Ostchorausstattung von Balthasar Neumann; Grablege salischer Fürsten); Reformationsgedächtniskirche zur Heiligen Dreifaltigkeit (1709 bis 1725); St. Pauluskirche (rom. Vorhalle und rom. Chor, Rundtürme mit dachlosen orientalischen Kuppeln; 11./13. Jh.; barockisierte Hallenkirche) und Paulusstift (got. Kreuzgang); St. Martinskirche (rom. Basilika des 11.–13. Jh.); Magnuskirche (karolingische Einraumkirche, rom. und got. Erweiterungen, 1953 wiederaufgebaut); Liebfrauenkirche (got. Stiftskirche aus dem 14./15. Jh.) in den Weingärten der Liebfrauenmilch; Schloß Herrnsheim mit Schloßpark (Empireschloß der ehem. Ritter und Herzöge von Dalberg); Reste der alten Stadtbefestigung (Torturm, Bürgerturm, Wehrgang); Alter Judenfriedhof (ältester und größter in Europa; Grabmäler vom 11. Jh. an); Synagoge (12. Jh., nach dem 2. Weltkrieg wiederaufgebaut) und Frauenbad; Lutherdenkmal (1868). – Alljährlich Ende August/Anfang September „Backfischfest" (traditionelles Wein- und Fischerfest).

Worpswede

□ 76,12 qkm; ○ Osterholz; ⚐ Niedersachsen; ✉ 27726; ☎ 04792; 🚗 OHZ; △ 52 m; 👥 8700.

W., 15 km nördlich von Bremen an der Hamme am Rande des Teufelsmoores gelegen, hat Grund- und Hauptschulen; Kunsthalle, Museum für Frühgeschichte; bedeutenden Fremdenverkehr.

Die am Weyerberg im 11. Jh. gegründete Fischersiedlung gehörte zum Besitz des Klosters Osterholz. Unter hannoverscher Herrschaft wurde W. in der 2. Hälfte des 18. Jh. Mittelpunkt der Moorkultivierung; Führer der Kolonisten war J. Ch. Findorff (1720–92). 1884 entdeckte der Maler F. Mackensen die W. Landschaft und gründete 1889 zusammen mit O.-Modersohn und H. von Ende eine Künstlerkolonie, der später F. Overbeck, H. Vogeler, Paula Modersohn-Becker u. a. Maler und Bildhauer angehörten. Eine Zeitlang lebten in W. auch bedeutende Dichter und Schriftsteller (R. M. Rilke, C. Hauptmann, R. A. Schröder u. a.).

Wülfrath

□ 32,25 qkm; ○ Mettmann; ⚐ Nordrhein-Westfalen; ✉ 42489; ☎ 02058; 🚗 ME; △ 175 m; 👥 21 000.

W., 13 km nordwestlich von Wuppertal im niederbergischen Raum gelegen, ist über die B 7, B 224 und Autobahn A 3 Köln–Duisburg (Ausfahrten Ratingen/W. und Düsseldorf–Mettmann) zu erreichen. Die St hat Gymnasium, Realschule, Sonderschule für Lernbehinderte, Krankenhausschule, Landes-Reit- und Fahrschule; Fachklinik für Erkrankungen der Atmungsorgane; Kalksteinwerke, Kraftfahrzeugbau (Zweigwerk der Fordwerke AG Köln), Textilindustrie, leder- und metallverarbeitende Betriebe.

Die Ortsteile Flandersbach und Rützhausen werden bereits 875, W. um 1100 erstmals urkundlich erwähnt. W. blieb bis ins 19. Jh. eine von Landwirtschaft und Gewerbe geprägte Landgemeinde. 1827 erhielt W. die Stadtrechte. Nach der Gründung der Rheinisch-Westfälischen Kalkwerke (1887) und der Rheinischen Kalksteinwerke (1903) entwickelte sich W. zur aufstrebenden Industriestadt in der Ballungsrandzone des Ruhrreviers. – Sehenswert das Niederbergische Museum W., die alte Kirche mit romanischen und gotischen Bauteilen sowie Fachwerkhäuser am Kirchplatz (um 1678). – Alljährlich traditioneller Herzog-Wilhelm-Markt (vor Weihnachten).

Wünnenberg

□ 160,96 qkm; ○ Paderborn; ⚐ Nordrhein-Westfalen; ✉ 33181; ☎ 02953; 🚗 PB; △ 350 m; 👪 9500.

W., 20 km südlich von Paderborn auf der fruchtbaren Hochfläche des Sintfeldes gelegen, ist über die B 480 und die Autobahn A 44 Kassel–Ruhrgebiet (Ausfahrt Wünnenberg-Haaren) zu erreichen. Die St, die sich im Rahmen der Gebietsreform mit sechs Nachbargemeinden zusammenschloß, hat Grund-, Haupt- und Realschule; neben Landwirtschaft ist der Fremdenverkehr der bedeutendste Wirtschaftszweig des Luftkurortes (Erholungs- und Freizeitpark).

W. entwickelte sich im 14. Jh. im Schutz der von den Herren von Büren erbauten Burg zur St (1333 Verleihung der Stadtrechte). 1355 gingen Burg und St in den Besitz der Paderborner Bischöfe über; 1439 kam W. an das Haus von Westphalen. Bischof Theodor Adolf von der Recke löste 1656 das verpfändete Amt W. für Paderborn wieder ein. – Bemerkenswert die Pfarrkirche (1677/78), Reste der Burg und ma. Stadtbefestigung; im Stadtteil Fürstenberg Schloß (1776–85) und Barockkirche (um 1750) sowie mehrere schöne Fachwerkhäuser.

Würselen

□ 38 qkm; ○ Aachen; ⚐ Nordrhein-Westfalen; ✉ 52146; ☎ 02405; 🚗 AC; △ 280 m; 👪 35000.

W. liegt 6 km nordöstlich von Aachen am AB-Kreuz Aachen der A 4 Köln–Aachen (Ausfahrt W.) und A 44 Krefeld–Belgien sowie an der B 1, B 57 und B 264. Die St. hat Gymnasien, Realschule, Volkshochschule, Pflegevorschule, Krankenpflegeschulen und Krankenpflegehilfsschule; Knappschaftskrankenhaus, Kreiskrankenhaus; Kulturzentrum im Alten Rathaus; Nadelfabriken, Großbäckereien, Süßwarenproduktion, Metallgießereien, Elektrowerkstätten, Stahl- und Maschinenbau, Betriebe zur Herstellung von Grubenausbauartikeln, Heizungs- und Lüftungsanlagen und Arbeitsschutzkleidung; Speditionen.

W., urkundlich erstmals 870 genannt, wurde 1924 das Stadtrecht verliehen. Die St ist bekannt durch die „Jungenspiele", die während der alljährlichen Großkirmes veranstaltet werden.

Alljährlich Aufführungen der Freilichtbühne „Burg Wilhelmstein".

Würzburg

□ 87,66 qkm; ○ Kreisfreie Stadt; ⚐ Bayern; ✉ 97067*; ☎ 0931; 🚗 WÜ; △ 182 m; 👪 126000.

W., im mittleren Maintal am Fuß des Marienberges gelegen, ist Hauptstadt des Regierungsbezirks Unterfranken sowie wirtschaftlicher und kultureller Mittelpunkt des mainfränkischen Raumes. In W. kreuzen sich die Bundesstraßen 8, 13, 19, 22 und 27; die St hat Anschluß an die Autobahnen A 3 Frankfurt a. M.–Nürnberg (Ausfahrten W.-Kist, W.-Heidingsfeld, W.-Randersacker und W.-Ost), A 7 Würzburg–Fulda (Ausfahrt W.-Estenfeld) und A 81 Würzburg–Heilbronn–Stuttgart (Ausfahrten W.-Kist und W.-Heidingsfeld). W. ist bedeutender Bahnknotenpunkt (Haltestation von TEE, FD-, D- und Intercityzügen). Verkehrslandeplatz am Schenkenturm, Personenschiffahrt nach Veitshöchheim, Randersacker u. a.

Als Verwaltungszentrum hat W. zahlreiche bedeutende Behörden, Dienststellen und Körperschaften (Regierung von Unterfranken, Landgericht, Amtsgericht, Arbeits-, Sozial- und Verwaltungsgericht, Justizvollzugsanstalt, Kreisbehörden des Landkreises W., Hauptzollamt, Autobahnbauamt, Wasser- und Schifffahrtsdirektion, Wetterdienst, Landesanstalt für Bodenkultur, Pflanzenschutz und Pflanzenbau, Landesanstalt für Wein- und Gartenbau, Landeszentralbank, Industrie- und Handelskammer, Handwerkskammer u. a.). W. ist Sitz eines kath. Bischofs und Universitätsstadt. Neben der Julius-Maximilians-Universität (mit angeschlossenen Universitätskliniken) und der integrierten Pädagogischen Hochschule (Erziehungswissenschaftliche Fakultät) verfügt die St über zahlreiche weitgefächerte Bildungseinrichtungen (Hochschulinstitut für Leibesübungen, Hochschule der Musik, Fachhochschule Würzburg-Schweinfurt [Fachrichtungen Wirtschaft, Gestaltung, Technik], Wirtschaftsschulen, Gymnasien und Realschulen, Abendgymnasium, Berufsaufbauschulen, Berufsoberschulen, Fachoberschule, Berufsfachschulen für Kinderpflege, Hauswirtschaft, Wirtschaft, Maschinenbau, Datenverarbeitung, kfm. Assistenten, Fremdsprachenkorrespondenten, Kosmetik und Fußpflege; Berufsfachschulen

Würzburg
Alte Mainbrücke mit Festung Marienburg

des Gesundheitswesens für Hebammen, Logopädie, Krankenpflege, Kinderkrankenpflege, Massage, Diätassistenten, Pharma.-technische Assistenten, Krankengymnastik; Fachakademien für Fremdsprachenberufe, Hauswirtschaft, Musik, Sozial- und Heilpädagogik; Technikerschulen, gewerbliche und kaufm. Berufsschulen, hauswirtschaftl. und landwirtschaftliche Berufsschulen, Meisterschule für Straßenbauer, Bauhandwerker und Maler, Berufslehranstalt für Körperbehinderte, Blinden- und Gehörlosenschule, Werkberufsschule, Sing- und Musikschule, heilpädagogische Sonderschulen und Werkstätten für geistig behinderte Kinder.

An kulturellen Einrichtungen sind zu nennen: Stadttheater, Kammerspiele, Staatsarchiv, Stadtbücherei, Mainfränkisches Museum Festung Marienberg (Gemälde, Plastik, Kunstgewerbe, Volkskunst, u.a. Werke von Tilman Riemenschneider), Martin-von-Wagner-Museum in der Residenz (berühmte antike Vasensammlung, Marmorplastik und Terrakotten, europäische Malerei und deutsche Skulpturen des 15. bis 19. Jh., Handzeichnungen und Druckgrafik), Städt. Galerie (Ausstellungen zeitgenössische Kunst).

Das Wirtschaftsleben der St wird neben dem Dienstleistungsbereich von Handel, Gewerbe und Industrie bestimmt. W. ist Geschäfts- und Einkaufszentrum für ein ausgedehntes Hinterland sowie tradtitioneller Mittelpunkt des fränkischen Weinanbaugebietes und Weinhandels. In der Industrie sind rund 15000 Arbeitnehmer beschäftigt; führend ist der Maschinenbau (Koenig & Bauer Schnellpressen AG), gefolgt von der Nahrungs- und Genußmittelbranche (Würzburger Hofbräu AG); ferner Herstellung von Sportwaffen und Trachtenbekleidung, Kugellagerfabrik, graphische Betriebe u.a. Die St hat den zweitgrößten Binnenhafen Bayerns mit einem jährlichen Güterumschlag von 2,0 Mill. t.

Auf dem linksmainischen Marienberg befand sich bereits um 1000 v.Chr. eine keltische Fliehburg. Nach der fränkischen Landnahme entstand auf rechtsmainischem Gebiet eine Siedlung, die seit 650 n.Chr. Sitz eines fränkischen Herzogs war. 704 wird dieses »Castellum Virteburh« erstmals urkundlich erwähnt. 742 begründete der hl. Bonifatius das Bistum W., dessen Bischöfe 1030 das Münz-, Zoll- und Marktrecht erhielten. Seit dem 13. Jh. kam es zu Auseinandersetzungen zwischen der Bürgerschaft und den Bischöfen, die mit der endgültigen Niederlage der Bürger in der Schlacht von Bergtheim (1400) endeten. Erste wirtschaftliche und kulturelle Blütezeit in der zweiten Hälfte des 15. Jh. unter der Regierung des Fürstbischofs von Scherenberg (Wirken des Bildschnitzers Tilman Riemenschneider um 1500). Im Bauernkrieg (1525) stellte sich die Stadt auf die Seite der Bauernheere, die vergeblich den Marienberg zu erobern versuchten. Unter Fürstbischof Julius Echter von Mespelbrunn (1573–1617) wurde die Universität gegründet (1582) und die im 13. Jh. erbaute Burg auf dem Marienberg zur Festung ausgebaut. 1631 eroberte Gustav Adolf St und Festung; beide ließ Johann Philipp von Schönborn (1642 bis 1673) erneut stark befestigen und ausbauen. Die zweite kulturelle Blütezeit erlebte W. unter den Fürstbischöfen Joh. Philipp Franz und Friedrich Carl von Schönborn in der 1. Hälfte des 18. Jh. Damals (1720) wurde der Grundstein zur Residenz, einem Hauptwerk des dt. Barocks, gelegt. Nach der Säkularisation (1802) kam W. an Kurbayern. Von 1805 bis 1814 war es Residenz des Großherzogtums W. unter Ferdinand von Toscana; danach wurde die St endgültig Bayern eingegliedert. 1867 verlor W. seine Festungseigenschaft. In den folgenden Jahrzehnten erfolgte der Abbruch der Wälle und Tore (Anlegung des Ringparks und Ausbreitung der St). 1945 sank der größte Teil der St nach einem schweren Luftangriff in Schutt und Asche.

Sehenswürdigkeiten: Trotz der Zerstörung Würzburgs sind die meisten bedeutenden historischen Baudenkmale erhalten. Wiederaufgebaut bzw. restauriert wurden: Residenz (erbaut 1719–44 nach Plänen Balthasar Neumanns; Deckengemälde von G.B. Tiepolo) mit Hofkirche; Festung Marienberg (im 13. Jh. beg., im 16. und 17. Jh. um- und ausgebaut; Residenz der Fürstbischöfe von 1253 bis 1719); Dom (roman. Basilika, 1045 beg., Osttürme 1237, nach der Zerstörung 1945 moderne Ausstattung) mit Bischofsgrabmälern (12.–16. Jh.) und Schönbornkapelle (Grablege der Fürstbischöfe aus dem Hause Schönborn); Neumünster (rom. Basilika des 11. Jh., Turm 13. Jh., Barockfassade 1710–1716; errichtet über der Grabstätte des hl. Kilian und seiner Gefährten, die als Missionare 689 ermordet wurden; im Neumünsterkreuzgang [12. Jh.], dem sogenannten „Lusamgärtlein", Grabstätte Walthers von der Vogelweide); St. Burkhard (rom. Basilika, geweiht 1042, mit spätgot. Querhaus und Chor von 1493); Deutschhauskirche (frühgot. Bau, vollendet um 1296); Franziskanerkirche (frühgot. Ordenskirche mit bedeutenden Grabdenkmälern und Pietà von T. Riemenschneider); Marienkapelle (spätgot. Hallenkirche, beg. 1377, um 1481 voll., mit Grabmälern fränk. Ritter und W. Bürger, u.a. von T. Riemenschneider, und Grabstätte des großen Barockarchitekten Balthasar Neumann); Karmelitenkirche (1662 erbaut; erste Barockkirche der St); Stift Haug (erbaut 1670–91; Barockkirche mit stattlicher Doppelturmfassade und mächtiger Vierungskuppel); St. Peter (1717 als Emporenanlage erbaut; dekorative Fassade, rom. Türme aus dem 12. Jh.); Augustinerkirche (got. Chor um 1250, Langhaus erbaut 1741 von B. Neumann); Käppele (Wallfahrtskirche, 1748 beg. nach Plänen von B. Neumann, prächtige Ausstattung); St. Stephan (1789 erbaute Saalkirche mit rom. Krypta des 11. Jh.); Alte Universität (Ende 16. Jh.) mit Neubaukirche (1586 beg.), Priesterseminar (1715–19) und Michaelskirche (Anfang 19. Jh.); Juliusspital (imposante Barockanlage des 18. Jh.); Grafeneckart und Rathaus (älteste Teile 13. Jh., spätere Um- und Ausbauten); Bürgerspital (Anfang 14. Jh.; Innenhof mit Arkadenbau von 1717; got. Kirche mit wertvoller Ausstattung); Alte Mainbrücke (1473–1543) mit charakteristischen Heiligenfiguren (um 1730); Alter Kranen (um 1770 vom Sohn des Barockarchitekten Balthasar Neumann erbaut, Wahrzeichen von Würzburg); mehrere Höfe und Bürgerhäuser aus dem 17. und 18. Jh. (Conti, Roter Bau, Rückermainhof, Huttenschlößchen, Fichtelhof, Haus zum Falken, Hof zum Rebstock u a.).

In W. geboren wurden Prinzregent Luitpold von Bayern (1821–1912), Max Dauthendey (1867–1918, Dichter), Leonhard Frank (1882–1961, Schriftsteller), Werner Heisenberg (1901–1976, Physiker) und Franz Halder (1884–1972, Generalstabschef). – Alljährlich Mozartfest (Zweite Junihälfte), Kiliani-Volksfest (Anfang Juli), Würzburger Winzerfest (September/Oktober) und Würzburger Bachtage (Ende November).

Wunsiedel i. Fichtelgebirge

□ 54,91 qkm; ○ Wunsiedel i. Fichtelgebirge; ⚐ Bayern; ✉ 95632; ☎ 09232; 🚗 WUN; △ 550 m; 👥 10000.

W., im Fichtelgebirge zu Füßen der Luisenburg gelegen, ist über die B 303 zu erreichen; Bahnstation an der Strecke München–Regensburg–Hof. Die St hat Kreisverwaltung, Amtsgericht, Finanzamt, Forstamt u.a. Behörden; Bundeswehrgarnison; Realschule, Gymnasium, Berufsschule, Wirtschaftsschule, Staatl. Fachschule für Steinbearbeitung, Landwirtschaftsschule, Fortbildungszentrum für Steinbearbeitung, Sing- und Musikschule, Volkshochschule; wichtigste Wirtschaftszweige sind die Porzellan-, Textil- und Granitindustrie; außerdem Genußmittelbetriebe.

W., erstmals 1163 urkundlich erwähnt, wurde 1285 von den Burggrafen von Nürnberg erworben, die der Siedlung 1326 die Stadtrechte verliehen. Durch den Abbau von Eisen und Zinn entwickelte sich in W. ein leistungsfähiges Schmiedehandwerk (Herstellung von Weißblech). Mit den Hussitenkriegen endete um 1450 die Blütezeit des Bergbaus. 1613 machten die Hohenzollern W. zur ‚Hauptstadt der sechs Ämter', und die St erwarb sich im 18. Jh. den Ruf einer Schul- und Beamtenstadt. Über Preußen (1792–1806) und nach französischer Besetzung (1806–1810) kam W. an Bayern. – Sehenswert die Stadtkirche St. Veit (14. Jh.), die Spitalkirche (15. Jh.), die Gottesackerkirche zur Hl. Dreifaltigkeit (17. Jh.), die Kirchenruine auf dem Katharinenberg (14. Jh.), die ‚Zwölf Apostel-Kirche' (19. Jh.), das Fichtelgebirgsmuseum, das Denkmal und Geburtshaus des Dichters Jean Paul (1763–1825) und das Felsenlabyrinth der Luisenburg. – Alljährlich Luisenburg-Festspiele (Juni bis August) auf Deutschlands ältester Freilichtbühne und W. Brunnenfest (Juni).

Wunstorf

□ 125,59 qkm; ○ Hannover; ⚐ Niedersachsen; ✉ 31515; ☎ 05031; 🚗 H; △ 48 m; 👥 37600.

W., 20 km westlich von Hannover am Südufer des Steinhuder Meeres und im Schnittpunkt der B 441 und B 442 gelegen, ist Bahnknotenpunkt der Strecken Hannover–Bremen und Hannover–Hamm; Anschluß an die Autobahn A 2 Ruhrgebiet–Hannover–Berlin (Ausfahrten W.-Kolenfeld und W.-Luthe). Die St hat Arbeitsamt (Nebenstelle), Bundeswehrgarnison; Gymnasien, Realschule, Fröbelschule, Berufs- und Berufsfachschule, Musikschule, Heilpraktiker-Fachschule, Volkshochschule, Sonderschulen für lernbehinderte und geistig behinderte Kinder; Landeskrankenhaus; Eiskrem- und Tiefkühlkostwerk (Langnese-Iglo GmbH), Baustoff- und kunststoffverarbeitende Industrie, Kalisalz-Bergbau, Großmühlen, Aalräuchereien.

Erstmals urkundlich erwähnt wurden Ort und Stift W. im Jahre 871, als Ludwig der Deutsche das vom Mindener Bischof Dietrich errichtete Kloster ‚Der Mägde Christi' zu „Vuonhereschthorpe" unter seinen Schutz stellte. Von 1235 bis 1317 war W. Burgsitz der Grafen von W. und Roden. 1447 gelangte die St in den Besitz der Herzöge von Braunschweig und Lüneburg. Der ma. Stadtkern fiel Bränden in den Jahren 1570 und 1625 zum Opfer. Erhalten blieb die aus dem 12. Jh. stammende spätromanische Stiftskirche des ehem. Nonnenklosters (jetzt ev.-luth. Kirche mit eindrucksvollem Westwerk und bedeutender Ausstattung (got. Sakramentshaus, Grabmäler); sehenswert ferner die den Stiftskirchenbereich umgebenden Häuser der Familie von Wangenheim, der Röbbigsturm und das Pfarrwitwenhaus, die zahlreichen Fachwerkhäuser aus dem 17. u. 18. Jh. und im Stadtteil W.-Idensen die Sigwardskirche mit wertvollen romanischen Fresken. – Am Südufer des Steinhuder Meeres liegt der staatl. anerkannte Erholungsort W.-Steinhude mit Promenade, Badeinsel, Inselfestung ‚Wilhelmstein', Spielzeug- und Kinderweltmuseum sowie Fischer- und Webermuseum.

Wuppertal

□ 168,37 qkm; ○ Kreisfreie Stadt; ⚐ Nordrhein-Westfalen; ✉ 42269*; ☎ 0202; 🚗 W; △ 100–350 m; 👪 380000.

W. liegt im nordwestlichen Teil des Bergischen Landes in einem langgestreckten Tal beiderseits der mittleren Wupper. Die St. ist über die B 7, B 51, B 224, B 228, die Autobahnen A 1 Leverkusen–Dortmund (mehrere Ausfahrten) und A 46 Düsseldorf–W.–Hagen-Iserlohn

Wuppertal, Schwebebahn

(mehrere Ausfahrten) zu erreichen. D-Zug- und Intercity-Station (W.-Elberfeld und W.-Oberbarmen) an der Strecke Köln bzw. Düsseldorf–Hamm; Schwebebahn. W. hat Landgericht, Amtsgericht, Arbeitsgericht; Garnison der Bundeswehr; Industrie- und Handelskammer Wuppertal/Solingen/Remscheid; Bergische Universität (Gesamthochschule W.), Kirchliche Hochschule, Technische Akademie W., Volkshochschule, Hochschule für Musik Köln (Abt. W.), Bergische Musikschule, Bergisches Kolleg, Bundesbahnschule für den Signalbetrieb, berufliche Schulen, Realschulen, Gymnasien, Gesamtschulen, Abendrealschule, Abendgymnasium, Sonderschulen; Kliniken.

Das Wirtschaftsleben deer St wird bestimmt von einer breitgefächerten Industrie (Elektro-, Metall-, Chemie- und Textilindustrie, Maschinenbau, Fahrzeugbau, Werkzeug- und Papierindustrie, Brauereien, Automobilzuliefererindustrie, Transportgewerbe u.a.), überregional bekannten Versicherungen (Barmer Ersatzkasse, Barmenia Versicherung) und dem Handel, der Wuppertals Stellung als Einkaufszentrum von überörtlicher Bedeutung begründet. Die St ist kultureller Mittelpunkt des Bergischen Landes; W. verfügt über ein Opernhaus (1953–56), ein modernes Schauspielhaus (1966), das Tanztheater Pina Bausch sowie weitere bemerkenswerte öffentliche Einrichtungen (Stadtbibliothek, Haus der Jugend, Zoologischer Garten, Galerien u.a.), Museen [darunter das Von-der-Heydt-Museum mit bedeutenden Gemäldesammlungen niederländischer, impressionistischer und zeitgenössischer Meister, das Fuhlrott-Museum mit naturwissenschaftlicher und stadtgeschichtlicher Abteilung und das Historische Zentrum mit Engelshaus und Museum für Frühindustrialisierung], Stadthalle für Konzertabende; sowie das

Sport- und Schwimmleistungszentrum mit zehn 50-Meter-Bahnen).

W. ist 1929 durch Zusammenschluß der ehem. Städte und Gemeinden Barmen-Elberfeld, Cronenberg, Ronsdorf, Beyenburg und Vohwinkel entstanden. »Barmon« wird erstmals um 1070, »Elverfelde« erstmals 1161 urkundlich erwähnt; Stadtrechte erhielt B. 1808, E. 1610. Die beiden Orte, die seit dem späten MA. zur Grafschaft bzw. dem Herzogtum Berg gehörten, kamen 1815 an Preußen. Traditioneller Wirtschaftszweig war seit dem MA das Textilgewerbe. B. und E. entwickelten sich nach der Reformation zu Zentren des Calvinismus und zahlreicher pietistischer Sekten. Die auf der Welt einzigartige Schwebebahn, im Jahr 1900 von Kaiser Wilhelm II. eingeweiht, befördert täglich auf der Strecke Vohwinkel–Oberbarmen (13,3 km) rd. 50 000 Personen.

Die wenigen historischen Bauten (u.a. Reformierte Kirche, 1690; Lutherische Kirche, 1752) wurden im 2. Weltkrieg stark beschädigt; Sehenswürdigkeiten: Schloß Lüntenbeck (17. Jh.); Hardt-Park mit Botanischem Garten und Bismarckturm; Historisches Gelpetal mit Resten bergischer Schleifkotten; bergische Fachwerkhäuser und Klosterkirche (1497) im Stadtteil W.-Beyenburg; Müngstener Brücke (höchste Eisenbahnbrücke Deutschlands [107 m]). – W. ist Geburtsort u.a. von Friedrich Engels (geb. 1820 in Barmen, gest. 1895, engster Mitarbeiter von Karl Marx), Friedrich Bayer (1825–1880, Gründer der Bayer-Werke), Hans von Marées (Maler, 1837–1887), Else Lasker-Schüler (Dichterin, 1869–1945), Ernst Ferdinand Sauerbruch (Chirurg, 1875–1951). – Alljährlich Vohwinkeler Flohmarkt (größter Tagesflohmarkt der Welt) am letzten Sonntag im September.

Wurzen

☐ 17,2 qkm; ○ Wurzen; ⚐ Freistaat Sachsen; ✉ 04808; ☎ 03425; 🚗 WUR; △ 148,5 m; 👥 18 100.

Die Muldestadt Wurzen östlich von Leipzig ist auf der A 14 / E 49, Ausfahrten Engelsdorf oder Grimma (jeweils 17 km), und auf der B 6 und B 107 zu erreichen, die sich in W. kreuzen. Bf. an der IC-Strecke Dresden–Leipzig als Endbahnhof der S-Bahn Leipzig–W. Der nächste Flughafen ist Leipzig-Halle (30 km).

W. hat Stadtverwaltung, Landratsamt, Polizeirevier, Staatsanwaltschaft, Kreisgericht.

Bildungseinrichtungen: Grund- und Mittelschulen, Gymnasium, Landw. Bildungszentrum, kommunale Berufsschule, Förderschule für geistig Behinderte.

Kulturstätten: Ringelnatz-Museum, Kreismuseum, Kulturhaus.

Wirtschaft und Industrie: Metallurgie, Baustoffindustrie, Maschinen- und Anlagenbau, Leicht- und Lebensmittelindustrie, Textil- und chemische Industrie. In der Landwirtschaft sind noch 15% der Erwerbstätigen beschäftigt, die Tendenz ist fallend.

Geschichte: Um 700 erreichte die sorbische Landnahme das Gebiet der mittleren Mulde, und seit dieser Zeit ist das rechte Muldeufer an der Stelle, wo heute die St W. steht, besiedelt. Der Burgward (zu einer Burg gehörender Bezirk im östlichen Grenzgebiet des Deutschen Reiches vor 1100) Wurzen wird erstmals 961 in einer Schenkungsurkunde Ottos I. an das St.-Moritz-Kloster in Magdeburg als „civitas Vurcine" erwähnt. 995 kommt der Burgward W. als weltlicher Besitz an das Bistum Meißen. Weltliche und geistliche Herrschaft wechseln in den nächsten 200 Jahren mehrfach zwischen Merseburg und Meißen. Bischof Herwig von Meißen gründet 1114 das Kollegialstift W. Um 1300 erfolgt die Anlage der Marktsiedlung auf dem noch freien Gelände zwischen den Siedlungskernen (Burg, Altstadt, Crostigall), W. erhält Magdeburger Stadtrecht, eine Ringmauer und vier Stadttore: Domtor, Eilenburger Tor, Wencelstor und Jacobstor. Der Crostigall wird 1340 erstmals genannt, die Altstadt 1384; 1423 wurden die „Herren von Crostigall" beurkundet. 1381 entbrannte der „Paffenkrieg" um das Wurzener Land zwischen den Bischöfen von Magdeburg und Meißen. Um die Mitte des 15. Jh. wurden die Geschicke der St vom Rat gelenkt, der aus einflußreichen Familien bestand. Dieser erlangte 1481 vom Bischof von Meißen die hohe und niedere Gerichtsbarkeit durch Pacht, 1579 durch Kauf. 1491 ließ Bischof Johann VI. von Meißen das Wurzener Schloß bauen; die St wurde bischöfliche Residenz. In der Folge belebten sich Landwirtschaft, Fischerei, Leineweberei und Bleicherei, Müllerei und das Braugewerbe. 1539 begann die Reformation in W., Dom und Stadtherrschaft blieben jedoch katholisch. In den eingepfarrten Dörfern Dehnitz und Roitzsch wurde die Reformation 1542 eingeführt. W. hatte zu dieser Zeit etwa 5000 Einwohner. Im schwersten Pestjahr 1607 fielen davon 1450 Menschen der aus Leipzig eingeschleppten Krankheit zum Opfer. Auch im 16. Jh. war W. viermal von der Pest heimgesucht worden. 1637 wurde die St von den Schweden mit der Androhung von Plünderung erpreßt, später trotz hoher Lösegeldsummen geplündert und gebrandschatzt. 3500 Einwohner fielen dem Terror der schwedischen Soldateska zum Opfer, 1500 flohen, nur 500 kehrten zurück. Unter August dem Starken wurde in W. eine Poststation errichtet, 1734 entstand das wappengeschmückte Posttor. Nach dem Rathausbrand von 1802 wurde ein Jahr später das heute noch bestehende Rathaus errichtet. 1838/39 wird W. Bahnstation an der ersten dt. Ferneisenbahn von Leipzig nach Dresden. 1877 erhielt W. als Endpunkt der Muldentalbahn Glauchau–W. einen zweiten Bf., den Nord-Bahnhof (heute Kreisgericht). 1911 hatte W. 16614 Einwohner. Die Bahnanlagen wurden erweitert, der Güterbahnhof neu gebaut, das städtische Krankenhaus eingeweiht und eine Umformerstation in Betrieb genommen, so daß die St mit Elektrizität versorgt werden konnte. Der „Wachtelberg" wird als erstes sächsisches Flächennaturdenkmal unter Schutz gestellt.

Baudenkmäler und Sehenswürdigkeiten: Dom St. Marien; Stadtkirche St. Wenceslai, Posttor und kursächsische Distanzsäule (Postmeilensäule); Stadtkern mit historischen Bürgerhäusern; Kreismuseum (Renaissancebau mit Arkadenhof), Ringelnatz-Museum im Geburtshaus des Dichters; Naturdenkmal Wachtelberg mit Aussichtsturm und Vorkommen von Osterblumen, z. B. Echter Kuhschelle und Blutstorchschnabel (Bestand insgesamt 2928 verschiedene Pflanzen).

Wyk auf Föhr

□ 7,98 qkm; ○ Nordfriesland; ⚐ Schleswig-Holstein; ✉ 25938; ☎ 04681; 🚗 NF; △ 6,3 m; 👥 4500.

W. liegt an der Südost-Küste der nordfriesischen Insel Föhr. Fährverbindung vom Festland (Dagebüll) nach W. Die St hat Zollamt; Volksschule, Realschule, Gymnasium, Berufsschule und Landwirtschaftsschule.

W. ist Nordseeheilbad (seit 1819). Heilanzeigen bei Erkrankungen der Atemwege, chronischen Katarrhen, allergischen Erkrankungen, vegetativen Dystonien, Erschöpfungszuständen, übermäßigem Fettansatz und Rekonvaleszenz nach Infekten und Operationen.

Aus dem Jahr 1614 ist das erste Verzeichnis Wyker Steuerzahler überliefert. 1698 wurde W. selbstständige Gm, 1706 erhielt sie das Stadtrecht. Für W. waren das 17. und 18. Jh. wirtschaftliche Blütezeiten (Walfang). 1966 wurde der Hafen erweitert, 1968/69 ein neuer Fährhafen gebaut. – Sehenswert das Carl-Haeberlin-Friesenmuseum.

Xanten

□ 72,38 qkm; ○ Wesel; ⚐ Nordrhein-Westfalen; ✉ 46509; ☎ 02801 (Xanten), 02804 (Xanten-Marienbaum); 🚗 WES; △ 24 m; 👥 16500.

X., staatl. anerkannter Erholungsort, liegt 40 km nordwestich von Duisburg auf dem linken Niederrheinufer. Zufahrt über die B 57; Anschluß an die Autobahn A 3 Oberhausen–Emmerich–Niederlande (Ausfahrt Wesel/Schermbeck) und A 57 Köln–Goch–Niederlande (Ausfahrt Alpen oder Sonsbeck); Bahnstation an der Strecke Duisburg–Kleve. Die St hat Gymnasium, Realschulen, Fachschule für Sozialpädagogik, Volkshochschule, Sonderschule für Lernbehinderte; Stahlbetonfertigbau, Druck-, Textil- und Bekleidungsbetriebe, Anlagen- und Apparatebau, Maschinen-, Stahl- und Fahrzeugbau; Fremdenverkehr.

Um 15 v. Chr. errichteten die Römer auf dem Gebiet des heutigen Stadtteiles Birten ein großes Lager („castra vetera I"), von dem aus 9 n. Chr. Varus mit seinen Legionen über den Rhein aufbrach. 70 n. Chr. wurde das Lager zerstört. Das neue Lager („vetera II") wurde weiter östlich auf der heutigen Bislicher Insel errichtet; erhalten blieb das Erdamphitheater (Fronttheater der Soldaten). 100 n. Chr. gründete Kaiser Marcus Ulpius Traianus nördlich von „vetera II" eine zivile Siedlung, die später als „Colonia Traiana" nach Köln die bedeutendste römische Stadt am Niederrhein war (ausgegrabenes Amphitheater für 12000 Zuschauer). Die St wurde nach ihrer Zerstörung durch die Franken im 4. Jh. noch einmal aufgebaut; nach dem Rückzug der Römer diente sie als Steinbruch. Das ma. X. wird erstmals 883 urkundlich als Ort „ad Sanctos" (lat. ‚bei den Heiligen') erwähnt. 1228 erhielt X. Stadtrechte durch den Kölner Erzbischof. 1444 kam die St an das Herzogtum Kleve und mit diesem 1614 an Brandenburg-Preußen.

Der ma. Altstadtkern wurde 1945 fast völlig zerstört. Von den historisch bedeutenden Bauten konnten gerettet bzw. wiederaufgebaut werden: Dom St. Viktor (errichtet über dem Grab von zwei um 360 erschlagenen Märtyrern; fünfschiffige gotische Basilika, erbaut zwischen 1263 und 1550 mit rom. Westchorhalle und prachtvollem Südportal) mit reicher Ausstattung (u. a. Hochaltar von 1529–33 mit Werken von B. Bruyn d. Ä.; Viktorschrein von 1129, eine der ältesten rheinischen Goldschmiedearbeiten; Marienaltar von Henrik Douvermann aus dem 16. Jh.); Karthaus (1646); Gotisches Haus (15. Jh.); Pesthäuschen (1599); Antoniuskapelle (16. Jh.); Stadtmühle (18. Jh.); Reste der ma. Wehranlagen (Klevertor, 14. Jh.; Immunitätsturm, 10. Jh.; Meertorturm, 14. Jh.). – Sehenswert ferner der Archäologische Park auf den Grundmauern der Colonia Ulpia Traiana, das Regionalmuseum mit römischer Abteilung, Kirchengeschichte, stadtgeschichtlicher Ausstellung, die Wallfahrtskirche Marienbaum mit dem Gnadenbild von 1430 sowie das Heimatmuseum. – Alljährlich Freilichtspiele (Sommermonate) in den beiden römischen Amphitheatern und Konzerte im Dom.

Zehdenick

☐ 12 qkm; ○ Gransee; ⚐ Brandenburg; ✉ 16792; ☎ 03307; 🚗 GRS; △ 55 m; 👪 12000.

Z. ist zu erreichen auf der A 11 / E 28, Ausfahrt Finowfurt (ca. 30 km), auf der A 24 / E 26 / E 55, Ausfahrten Neuruppin (ca. 50 km) oder Ausfahrt Birkenwerder/Berliner Ring (ca. 40 km), sowie auf der B 96 und der B 187; Bahnstation an der Regionalstrecke Prenzlau-Templin-Z.-Löwenberg (Mark)-Oranienburg, hier S- und Fernbahnanschluß nach Berlin. Die nächsten Flughäfen sind Berlin-Tegel (60 km) und Berlin-Tempelhof (ca. 65 km).

Bildungseinrichtungen: Grundschulen, Realschule, Gesamtschulen, Märkisches Oberstufenzentrum Nord; Förderschule und Werkstatt für Lernbehinderte; Akademie für Wirtschaft und Technik.

Wirtschaftliches: Kunststofftechnik Zehdenick GmbH, Zehdenick Elektronic GmbH; Hebel Zehdenick GmbH & Co.; B & B Ätztechnik GmbH, Märkische Konfektion GmbH. Die Industrie-St Z. liegt im SW der Uckermark an der schiffbaren Havel, von hier Schiffsverkehr über den Voßkanal zum Oder-Havel-Kanal.

Geschichtliches: Die Ansiedlung Z. entstand einer ersten urkundlichen Erwähnung zufolge um 1216 an einem Havelübergang. Ihr Status als St ist seit 1281 schriftlich verbürgt. In den folgenden Jahrhunderten änderte sich mehrfach die Größe des zu Z. gehörenden Territoriums, und auch die Herrschaft wechselte wiederholt. Am häufigsten bestimmten die Herzöge der Mark Brandenburg, Mecklenburgs und Pommerns das Gedeihen und die Geschicke der St. Sie wurde 1631 und 1687 von schweren Bränden heimgesucht. Ein verheerender Großbrand vernichtete 1801 Z. fast völlig, so daß von dem ursprünglichen, typisch ma. Stadtbild nur wenig erhalten blieb. Vom 19. Jh. an entwickelte sich Z. bis in die jüngste Vergangenheit hinein zum größten Standort der Ziegelindustrie Europas.

Auch die althergebrachte Schiffertradition muß in diesem Zusammenhang genannt werden. – Durch die wald- und seenreiche Umgebung hat sich Z. in den zurückliegenden Jahren einen Namen als Erholungsgebiet erworben. Die natürliche Umgebung mit den vielen Tonstichen, herrlichen Uferlandschaften an der Havel und weitreichenden Wäldern in den Ausläufern der Schorfheide bieten Entspannung und Erholung.

Sehenswürdigkeiten und Kulturelles: ehem. Zisterzienser-Nonnen-Kloster (gegr. 1230, abgebrannt 1801), erhalten blieben Gebäude südlich der einstigen Kirche und nördlicher Kreuzgangflügel, zweischiffige Räume mit Kreuzrippengewölben, ferner Ruine des Konventhauses, sonst nur Mauerreste, teilweise in neuere Häuser integriert; evangelische Pfarrkirche (1803–12), katholische Kirche (1900–01); Rathaus (1805) schlichter klassizistischer Bau mit Mittelrisalit; Fachwerkbau des „Schlößchens" (1366); Galerie; Schloß (18. Jh.), eingeschossiger, verputzter Fachwerkbau; Amtshaus (nach 1801), zweigeschossiger klassizistischer Bau, an der Südseite Mittelrisalit mit Pilastern; Binnenhafen und Schleusenanlage (1813/1907).

Wiederkehrende Ereignisse: Karneval (Febr./März), Sommerfest (Juni), Reiterfest (Juni/Juli), Schützenfest (Aug.), Erntefest (Sept.).

Zeil a. Main

☐ 37,32 qkm; ○ Haßberge; ⚐ Bayern; ✉ 97299; ☎ 09524; 🚗 HAS; △ 226 m; 👪 5600.

Z. liegt 25 km nordwestlich von Bamberg auf dem rechten Ufer des Mains am Fuße von Ausläufern der Haßberge. Zufahrt über die B 26 und Maintalautobahn A 70 Schweinfurt–Bamberg bzw. A 73 Nürnberg–Bamberg (Ausfahrt B.). Bahnstation an der Strecke Schweinfurt–Bamberg. Die St hat Grund- und Hauptschule; Textilindustrie, Zuckerfabrik, Möbelwerk und Weinbau.

Z., erstmals 1018 urkundlich erwähnt, wurde vor 1379 zur St erhoben. Von der ma. Befestigung sind Reste erhalten. Bemerkenswert die Pfarrkirche (1714), das spätgot. Rathaus (mit Jahreszahl 1540) und das ehem. fürstbischöfliche Jagdschloß (später Rentamt) von 1695. – Südöstlich von Z. liegt die Wallfahrtskirche Maria-Limbach.

Alljährlich Altstadtweinfest (Anfang August).

Zeitz

□ 19,3 qkm; ○ Zeitz; ⚐ Sachsen-Anhalt; ✉ 06712; ☎ 03441; 🚗 ZZ; △ 150-266 m; 👪 39000.

Z. ist zu erreichen auf der A 4 / E 40, Ausfahrt Gera (20 km), auf der A 9 / E 51, Ausfahrt Naumburg (24 km), sowie auf der B 2, B 91 und der B 180. Bf. an den Reichsbahnstrecken Leipzig–Z.–Gera; Z.–Weißenfels; Z.–Altenburg; Z.–Osterfeld. Der nächste Flughafen ist Leipzig/Halle (ca. 70 km).

Bildungseinrichtungen: Grundschulen, Sekundarschulen, Gymnasien; allgemeinbildende Berufsschule; Volkshochschule; Musikschule; Stadtbibliothek, Kreisbibliothek mit mehreren Zweigstellen.

Wirtschaftliches: Die Wirtschaftsstruktur der Region um Z. wird von der chemischen Industrie geprägt; in der St bestimmen Kinderwagen- und Lederindustrie, Maschinen- und Anlagenbau, Zucker-, Schokoladen- und Süßwarenherstellung das industrielle Bild; namhafte Firmen: Hydrierwerk; Südzucker AG; ZEMAG (Bagger, Bergbau- und Schwerindustrie-Ausrüstungen); ZETTI (Schokoladenerzeugnisse); ZEKIWA (Kinderwagen und -fahrzeuge); Stahlwerk im Stadtteil Rasberg; ferner Fertigung von Möbeln, Klavieren und Kosmetika.

Geschichtliches: Während der Ostersynode von Ravenna (20. 4. 967) wurde die Gründung von Bistümern in den damals neu zu kolonisierenden sorbischen Stammesgebieten an Elbe und Saale beschlossen. Die Urkunde darüber nennt als vorgesehene Bischofsitze Meißen, Merseburg und Zeitz (Cici). Bereits ein Jahr später wurde die Bischofsresidenz auf dem Territorium der königlichen Burg von Z. eingerichtet. In ihrem Schutze entstand – auf dem Gebiet des heutigen Brühls – als vorstädtischer Siedlungskern die Unterstadt; sie war eine Markt-, Händler- und Handwerkersiedlung. Zur Gründung der Oberstadt um die Michaeliskirche kam es erst um 1150. – Im Bauernkrieg 1523–25 beteiligten sich 4000 Bauern aus Z. und der Umgebung unter Führung Thomas Müntzers am Aufstand. Martin Luther weihte den evangelischen Bischof von Z., Nikolaus von Amsdorf, 1442 im Peter-Pauls-Dom. Julius Pflug war der letzte katholische Bischof, der durch seine Gesetzgebung zur Gesundung des Wirtschaftslebens von Z. beitrug. Seine Bibliothek, „Stiftsbibliothek" genannt, stellt mit ihren Handschriften für Wissenschaftler aus aller Welt eine Fundgrube dar. – Zwischen 1450 und 1550 wurde die Befestigung der St zu einem starken Mauerring ausgebaut. Reste der ehem. Umschließung sind heute noch in der Steintorvorstadt, am Stiftsberg und in der „Freiheit" zu sehen. Im 30jährigen Krieg jedoch vermochte dieses Bollwerk die EW nicht zu schützen. – In der wechselvollen Geschichte der St kommt auch der Moritzburg eine hervorragende Bedeutung zu. Die zwischen 1657 und 1687 durch Baumeister Johann Moritz Richter aufgeführte Schloßanlage gehört zu den Kostbarkeiten der Zeitzer Architektur. Durch den Wiener Kongreß kam Z. 1815 von Sachsen an Preußen. Z. wurde Kreisstadt der preußischen Provinz Sachsen. Diesen politischen Veränderungen folgten wirtschaftliche. Mit den Jahren kam die Weberei zu ansehnlicher Produktion. In den Handwerken der Textil- und Holzbranchen sowie der Zigarrenmacher vollzog sich eine Weiterentwicklung zum Manufakturbetrieb. Die nahen Wälder versorgten die unterschiedlichen Firmen der Holzindustrie mit den erforderlichen Rohstoffen. Aus Tischlereien wurden Möbelfabriken, kleine Wagenbaubetriebe fertigten Kinderwagen, mit denen Z. überregionalen Ruf errang. Seit Mitte des 19. Jh. gab es Instrumentenmacher in Z. Ihnen gelang der Aufbau einer Klavierindustrie. Bei der Firma Hoelling und Spangenberg wurde der aus dem Kreis Z. stammende Klavierbauer Blüthner ausgebildet, der später in Leipzig seinen Modellen zu Weltruhm verhalf. – Die nahe Leipziger Messe strahlte Impulse auf Z. aus und gewährleistete seinen Unternehmen weitgehende Absatzsicherheit. Es entstanden neun Kinderwagen- und acht Pianofortefabriken. Im Jahr 1859 erhielt Z. Eisenbahnanschluß mit dem Bau der Strecke Leipzig–Gera. Zu jener Zeit begann man allgemein mit der Gewinnung von Rübenzucker. Johann Christian Schubart, Edler von Kleefeld, sorgte durch intensive Förderung der Landwirtschaft dafür, daß auch in der Region von Z. Zuckerrüben angebaut werden konnten. Die 1859 gegründete Zuckerfabrik hat sich zu einem der fortschrittlichsten Werke dieses Nahrungsgüterzweiges entwickelt.

Sehenswürdigkeiten und Kulturelles: Schloß Moritzburg (beg. 1657) mit Dom St. Peter und Paul (1433–44) Franziskaner-Klosterkirche (um 1300); in 16 m Tiefe Gangsysteme aus dem MA, ca. 7 km Länge, noch nicht endgültig erforscht, große Teile zur Besichtigung freigegeben; got. Rathaus (1509) mit Anbau (1908); Reste der Stadtmauer mit Türmen und Wehrgang; Michaeliskirche (2. Hälfte d. 10. Jh.), mit wertvoller Bibliothek, sie besitzt einen von fünf noch erhaltenen Originaldrucken der Lutherschen Thesen von 1517; Heimatmuseum im Schloß Moritzburg, systematische Sammlungen mit mehr als 120000 Kunst- und Kulturgegenständen; Stadt- und Kreisbibliothek; Theater „Großes Haus“ und Spielstätte „Conrad Eckhof“. Sport: Freibad, Hallenbad.

Wiederkehrende Ereignisse: Konzerte – Schloß Moritzburg, Michaeliskirche, Rathaus, Musikschule; Theaterkonzerte.

Zell a. Harmersbach

□ 36,44 qkm; ○ Ortenaukreis; ⚐ Baden-Württemberg; ✉ 77736; ☎ 07835; 🚗 OG; △ 224 m; 👫 6500.

Z. a.H. liegt 22 km südöstlich von Offenburg in einem Seitental der Kinzig im mittleren Schwarzwald. Zufahrt über die B 33. Die St hat Grund- und Hauptschulen, Realschule; Keramik- und holzverarbeitende Industrie; der Ortsteil Unterharmersbach ist Erholungsort.

»Cella«, eine Gründung des Klosters Gengenbach, wird 1139 erstmals urkundlich genannt. 1157 zur St erhoben, wurde Z. im letzten Drittel des 13. Jh. Freie Reichsstadt. 1803 kam es an Baden. Der Stadtkern mit langem Turm und Resten der Stadtmauer steht unter Denkmalschutz. Bemerkenswert ferner die Wallfahrtskirche Maria zur Ketten (Turm und Chor Ende 15. Jh.).

Zell im Wiesental

□ 36,13 qkm; ○ Lörrach; ⚐ Baden-Württemberg; ✉ 79669; ☎ 07625; 🚗 LÖ; △ 427–1078 m; 👫 6200.

Z., im Südschwarzwald im Wiesental gelegen, ist über die B 317 zu erreichen. Die St ist Endstation der Bahnlinie Basel–Zell. Z. hat Realschule, Abendrealschule, Volkshochschule, Sonderschule für Lernbehinderte, Sprachbehindertenschule; Metall- und Textilindustrie (Irisett). Z. und die Stadtteile Gresgen und Pfaffenberg sind anerkannte Erholungsorte.

Z. ist erstmals 1275 bezeugt und erhielt 1810 das Stadtrecht. Bekannte Feste sind die Z. Fastnacht (1627 urkundlich erwähnt) und die Z. „Chilbi“ (Kirchweihfest); seit 1978 alljährlich Z. „Städtlifest“.

Zella-Mehlis

□ 28 qkm; ○ Suhl; ⚐ Thüringen; ✉ 98544; ☎ 03682; 🚗 SHL; △ 450–600 m; 👫 13600.

Z.-M. ist zu erreichen auf der A 4 / E 40, Ausfahrt Gotha (36 km), auf der A 7 / E 45, Ausfahrten Hammelburg (110 km) oder Niederaula (ca. 110 km), auf der A 9 / E 49 / E 51, Ausfahrt Triptis (ca. 100 km), auf der A 70 / E 48, Ausfahrt Bamberg-Hafen (ca. 95 km), sowie auf der B 247 und der B 280; Bahnhof an der Reichsbahnstrecke Erfurt–Z.-M.–Suhl–Grimmenthal–Meiningen; Nahrverkehrsverbindung Z.-M.–Schmalkalden–Wernshausen. Der nächste Flughafen ist Erfurt (60 km), ein Landeplatz für Kleinflugzeuge befindet sich in Goldlauter (ca. 10 km).

Bildungseinrichtungen: Grundschulen, Regelschulen, Gymnasium, Schullandheim; gewerbliche Berufsschule, technische Berufsschule.

Wirtschaftliches: Werkzeugherstellung; Kleineisenindustrie.

Geschichtliches: Die erste urkundliche Nennung des Ortes Meles (Mehlis = Mkt-Flecken, Waldwirtschaftshof) datiert aus dem Jahre 841. Aus dem Bestand des Klosters Reinhardsbrunn stammt Zella St. Blasii, gegründet um 1111. Lage und Verlauf der alten Handelsstraße Erfurt–Meiningen–Würzburg, die über den Oberhofer Paß den Thüringer Wald überquerte, führte zu einer stetigen Aufwärtsentwicklung der Eisenindustrie. Sie wurde – in Verbindung mit den Eisen- und Mangan-Vorkommen der Region – so bedeutend, daß es hier bereits im 15. Jh. Waffenwerkstätten gab. Rohrschmiede und Büchsenmacher aus Zella und Mehlis, die schon seit Mitte des 16. Jh. dort ansässig waren, wurden 1593 in Suhler Innungen aufgenommen. Diese handwerklichen Vereinigungen sind ab 1605 auch für Z. und M. bezeugt. Allen drei genannten Städten brachte der 30jährige Krieg die Vernichtung ihrer Waffenschmieden (1634). Sie begannen sich erst gegen Ende des 17. Jh. mit unterschiedlichem Erfolg zu erholen. Begünstigt wurde ihre weitere Entfaltung durch die Kriege Napoleons (1806 und 1813) und die preußischen Kriege der 60er und 70er Jahre. – Das Amt Schwarzwald, zu dem M. und Z. seit 1640 gehörten, wurde 1642 nach Zella St. Blasii verlegt, dem man 1645 das Mkt-Recht verlieh; Mehlis erhielt 1894 das St-Recht. – Die Verbesserung der Verkehrsverhältnisse im 19. Jh. führte zu einer wirtschaftlichen Erstarkung der Orte. 1829–32 kam es zum Bau der Fernstraße nach Gotha, ebenfalls 1832 wurde die „Kunststraße“ fertiggestellt, die von Herzog Ernst dem I. von Sachsen-Coburg-Gotha angelegt worden war. Am 1. 4. 1919 wurden Zella St. Blasii und Mehlis zur heutigen St Z.-M. vereinigt, die seit 1920 zum Land Thüringen gehört.

Sehenswürdigkeiten und Kulturelles: Pfarrkirche Zella St. Blasii, barocke Saalkirche (1768–73) im Regentschaftsstil unter Benutzung von Turm und Chor eines älteren Baues, bemerkenswerte Innenausstattung; Pfarrkirche St. Magdalenen im Stadtteil Mehlis, einschiffiger Barockbau (1734), mit hölzernen Tonnengewölben und doppelten Emporen, Turm im Kern aus dem 13. Jh., in seinem Erdgeschoß ehem. got. Chorraum mit Kreuzrippengewölben und Renaissancefresken; Heimatmuseum; denkmalgeschütztes Fachwerkhaus (Bürgerhaus) mit Galerie und Fremdenverkehrsamt; Gesenkschmiede im Lubenbachtal, technisches Denkmal, Schauschmieden; zahlreiche denkmalgeschützte Fachwerkhäuser im hennebergisch-fränkischen Stil; Denkmal Lärchenweg zu Ehren der Gefallenen des 1. Weltkrieges.

Wiederkehrende Ereignisse: Sommersonnenwende auf alten Berghütten (21. Juni); Schwimmbadfest (Juli/Aug.); Stadtfest Zella-Mehlis (Sept.); Thüringer Kirmes (Okt.).

Zerbst

□ 39 qkm; ○ Zerbst; ⚐ Sachsen-Anhalt; ✉ 39261; ☎ 03923; 🚗 ZE; △ 72 m; 👥 18000.

Z. ist zu erreichen auf der A 2 / E 30, Ausfahrt Madel (ca. 40 km), auf der A 9 / E 51, Ausfahrt Dessau-Süd (30 km), oder Ausfahrt Coswig (31 km), sowie auf der B 184, der B 187 und der B 187; Bahnhof an der Reichsbahnstrecke Magdeburg-Z.-Dessau. Der nächste Flughafen ist Leipzig-Halle (ca. 70 km).

Bildungseinrichtungen: Grundschulen, Realschulen, Gymnasium; Förderschule; berufsbildende Schulen; Kreisvolkshochschule; Musikschule „J. F. Fasch"; Stadt- und Kreisbibliothek; Historische Bibliothek im Franciscéum.

Wirtschaftliches: Holzverarbeitung; Fensterbau; metallverarbeitende Betriebe; Bauindustrie; zahlreiche private Unternehmen in fast allen Handwerksbranchen; Gemüseproduktion.

Geschichtliches: Die erste urkundliche Erwähnung eines „Gau Ciervisti", in der Nutheniederung gelegen, geht auf das Jahr 949 zurück. Im 10. Jh. war die „Deutsche Herrenburg" an der Macht, seit 1250 ist Z. anhaltinisch. Die St ist im Verlaufe der Jahrhunderte aus den Teilen Burgsiedlung und Mkt-Siedlung zusammengewachsen, die durch vier Knüppeldämme oder „Brücken" miteinander verbunden waren. Die „Alte Brücke" wurde zur Hauptstraße der St. Im MA nahm Z. eine bedeutende Stellung ein. Davon zeugen noch heute Umfang und Stärke der 4,2 m langen Stadtmauer mit ihren Wehrgängen, Wiekhäusern und Türmen. Von den ehem. fünf Stadttoren sind heute nur noch zwei erhalten. Zur Zeit der Reformation wurden die Gemüter der EW von Z. stärker erregt als anderswo – Dr. Martin Luther predigte im Augustinerkloster der St. Das älteste der einstigen drei Klöster von Z. ist das Barfüßerkloster (heute Francisceum), das bereits 1235 gegründet wurde. Nach der Säkularisierung wurde darin zunächst eine Schule, später ein „Gymnasium illustre" eingerichtet, womit Z. eine eigene kleine Landeshochschule besaß. Durch die Teilung Anhalts wurde Z. 1603 zur Hauptstadt eines selbständigen kleinen Fürstentums. Der 30jährige Krieg brachte mit der Besetzung durch Ernst von Mansfeld und anschließend durch den Einzug der siegreichen Truppen Wallensteins viel Unheil und Not über die St. Danach blühte das Handwerk, das bereits vor dem Krieg Bedeutung gewonnen hatte, erneut auf. Vorrang erlangte die Innung der Brauer: Ein Viertel aller Häuser der St waren Brauhäuser mit riesigen Kellergewölben. – An der alten Wasserburg wurde (1681–96) das Schloß mit seinen Nebenbauten errichtet. Bis 1793 blieb es fürstliche Residenz des Hauses Anhalt-Zerbst. Das kleine Fürstentum machte ein einziges Mal von sich reden und geriet in das Licht der europäischen Politik, als 1745 die junge Prinzessin Sophie Auguste Friederike von Anhalt-Zerbst den russischen Thronfolger Peter III. heiratete. Als Katharina II. bestieg sie 1762 selbst den Zarenthron von Rußland und regierte bis 1796 als eine der mächtigsten Herrscherinnen Europas. Ihr Bruder Friedrich August war der letzte Fürst von Anhalt-Zerbst. Nach seinem Tode fiel Z. an das wirtschaftlich bedeutendere Anhalt-Dessau. – 1850 wurde die Vorstadt Ankuhn eingemeindet, 1863 folgte mit der Linie Roßlau-Z. der Anschluß der St an das Eisenbahnnetz. Dennoch nahm Z. an der industriellen Entwicklung des 19. Jh. nur in bescheidenem Umfang teil. Nach dem 1. Weltkrieg entstanden die Wohnsiedlungen „Am Obstmustergarten" und „An der Fohlenweide". Bei einem Bombenangriff am 16. 4. 1945 wurde das alte Z. mit seinen engen Gassen und verträumten Winkeln zu fast 80 Prozent zerstört.

Sehenswürdigkeiten und Kulturelles: 4,2 km lange, fast vollständig erhaltene Stadtmauer, ab 1430 in vierjähriger Bauzeit an Stelle der alten Stadtbefestigung errichtet; auf dem Marktplatz Roland aus dem Jahre 1445 und die „Butterjungfer", das Wahrzeichen der St;

Klosterkomplex Francisceum (gegr. 1235), sehr gut erhalten, mit dem Heimatmuseum und der historischen Bibliothek mit 30000 Bänden (darin Handschriften, Inkunabeln, Luther- und Melanchthon-Drucke sowie eine dreibändige Cranach-Bibel von 1541); bauliches Ensemble „Schloßfreiheit" mit Bartholomäikirche und Glockenturm; frühbarocke St.-Trinitatis-Kirche (1683–95), zerstört 1945, wiederaufgebaut und restauriert; St.-Marien-Kirche im Stadtteil Ankuhn; Ruine der spätgot. St.-Nicolai-Kirche am Mkt; katholische Kirche „St. Jacobus"; Schloßgarten mit Schloßruine, Stadthalle (ehem. fürstliche Reithalle) und Teehäuschen; denkmalsgeschützte Bauten auf der „Breite"; Jahnstein, Parkanlage und Schützenhaus; Schillerstein, Parkanlage an der Rohrteichwiese; Teufelstein, Wohngebiet am Teufelstein/Waldfrieden.

Wiederkehrende Ereignisse: Zerbster Heimatfest (10 Tage Ende Juli/Anf. Aug.); Zerbster Bollenmarkt (1. Wochenende im Okt.).

Zetel

□ 81,08 qkm; ○ Friesland; ⚐ Niedersachsen; ✉ 26340; ☎ 04453; 🚗 FRI; △ 6 m; 👪 10400.

Z., zwischen Oldenburg und Wilhelmshaven an der B 69, B 437 und an der Autobahn A 29 Oldenburg–Wilhelmshaven (Ausfahrten Z. und Varel) gelegen, hat Segel- und Motorflugplatz; Grund-, Haupt- und Realschule; Niederdeutsche Bühne (Ortsteil Z.-Neuenburg); Klinkerwerke, Steinzeugindustrie; Land- und Forstwirtschaft.

Z. liegt auf altem Siedlungsgebiet (Funde aus der Steinzeit); erste Erwähnung des Ortes Ende des 12. Jh. Die ehem. selbständige Gm Neuenburg (anerkannter Erholungsort) wurde 1972 eingemeindet.

Sehenswürdigkeiten: Neuenburger Urwald mit z.T. 700jährigen Baumriesen; St. Martiniskirche (erbaut 1150 mit Flügelaltar aus dem 15. Jh.); Rutteler Mühle (1865); Nordwestdeutsches Schulmuseum; Schloß Neuenburg und Rauchkate (über 400 Jahre alt). – Alljährlich Zeteler Markt.

Zeulenroda

□ 13,6 qkm; ○ Zeulenroda; ⚐ Thüringen; ✉ 07937; ☎ 036628; 🚗 ZR; △ 415 m; 👪 14000.

Z. ist zu erreichen auf der A 9, Ausfahrt Triptis (ca. 18 km), Ausfahrt Schleiz (ca. 20 km), sowie auf der B 94; Bahnhof an der Strecke Gera–Weida–Z. (unt. Bf.)–Mehltheuer–Hof. Der nächste Flugplatz liegt in Hof (ca. 60 km).

Bildungseinrichtungen: Grundschulen, Regelschulen, Gymnasium; Förderschule; Volkshochschule; Staatl. Berufsschule; Musikschule; Stadt- und Kreisbibliothek.

Wirtschaftliches: Holzverarbeitung; Herstellung chemischer Erzeugnisse; metallverarbeitende Industrie; „Wirkelastic und exellent-Dessous & Mieder GmbH"; Landwirtschaft; Amt für Landwirtschaft, Umweltschutz und Abfallwirtschaft.

Geschichtliches: Die St wurde um die Mitte des 13. Jh. angelegt. Sie gehört ihrer geographischen Lage nach zum Thüringischen Schiefergebirge und dem Sächsisch-Thüringischen Vogtland und wird deshalb „Stadt auf der Höhe" genannt. Am Knotenpunkt ma. Handelsstraßen liegend, konnte sich Z. schnell zum Mkt-Ort entwickeln, der 1438 das Stadtrecht erhielt. Im MA fiel es als Mitgift an die Herrschaft Reuß in Greiz. Nach dem 30jährigen Krieg gewann es mit der Einführung der Zeugmacherei und später der Strumpfwirkerei wirtschaftlich an Bedeutung. Um 1750 erlangte es als Hochburg der Strumpfwirkerei Weltgeltung. Das Tischlerhandwerk, die Gummiwirk- und Strickwaren-Fabrikation sowie die Herstellung von Trikotagen nahmen rasch an wirtschaftlichem Gewicht zu, auch wenn mehrere Stadtbrände die Entwicklung der St behinderten. Im 19. Jh. konnte sich das geistig-kulturelle Leben entfalten: Eine Stadtbibliothek, ein Gesangverein und ein Turnverein wurden gegründet. Dank der industriellen Entwicklung wuchs die EW-Zahl bereits 1912 auf mehr als 10000 Personen an. In den Status einer Kreis-St wurde Z. 1952 erhoben. Mit dem Bau der Talsperre in den 70er Jahren wurde Z. zum beliebten Urlaubsziel.

Sehenswürdigkeiten und Kulturelles: Museum mit Darstellungen zur lokalen Geschichte und zur Wohnkultur von der Biedermeierzeit bis in die jüngere Vergangenheit, mit Einblicken in das handwerkliche Leben des 18./19. Jh. und in eine Strumpfwirkerstube; klassizistisches Rathaus (1825–27), 38 m hoher Turm mit Aussichtsplattform für den Blick auf die historischen Häuser aus der Zeit um 1790 und auf die idyllische Umgebung; Marktplatz, nach Brand von 1790 nahezu einheitlich klassizistische Bebauung, heutige Gestalt aus den 30er Jahren, Springbrunnen mit Figur des Karpfenpfeifers (Wahrzeichen der St); ev. „Dreieinigkeitskirche" (1820); ev. Kirche „Zum heiligen Kreuz", ursprünglich Straßenkapelle (13. Jh.), 1885 Einweihung in jetziger Form;

kath. Kirche „Heilige Familie“, beeindruckende individuelle Architektur im modernen Stil, Einweihung 1989; Kleine Galerie „Hans Steger“; Stadthalle; Kinder-Freizeit-Zentrum; Jugendtreff; Discothek „Factory“; Seniorenklub; Naherholungsgebiet Rabensleite, Wildgehege, Trinkwasser-Talsperre Zeulenroda (1975 übergeben), Steinschüttdamm 307 m lang, 35 m hoch, Autobrücke (368 m) zur Verbindung der Ufer, zwei Strandbäder, beliebtes Ausflugs- und Urlaubsziel für Wanderungen und Wassersport.

Wiederkehrende Ereignisse: Astronomische Bildungsmesse „Astrodidacta“; Stadtfest.

Zeven

□ 73,89 qkm; ○ Rotenburg (Wümme); ⚐ Niedersachsen; ✉ 27404; ☎ 04281; 🚗 ROW; △ 33 m; 👫 10500.

Z., 37 km nordöstlich von Bremen an der B 71 und Autobahn A 1 Hamburg–Bremen (Ausfahrten Sittensen und Bockel) gelegen, ist Bahnstation an der Strecke Rotenburg (Wümme)–Bremerhaven. Die St (seit 1929) hat Amtsgericht; Haupt- und Realschule, Grundschulen, Orientierungsstufe, Gymnasium, Berufsfachschulen; Gummiindustrie, Milchverarbeitung, Betonwerke; Fremdenverkehr. Z. ist wirtschaftlicher und kultureller Mittelpunkt eines vorwiegend landwirtschaftlich strukturierten Umlandes.

Das 950 im benachbarten Heeslingen gegründete Kloster wurde 1141 nach Z. verlegt. Als 1231 die Gebeine des St. Vitus von Corvey nach Z. gebracht wurden, erhielten Kloster und Kirche den Namen des Heiligen.

Sehenswert St. Viti-Kirche (2. Hälfte des 12. Jh.), Museum Kloster Z., Christinenhaus (Galerie) und Feuerwehrmuseum.

Zierenberg

□ 86,58 qkm; ○ Kassel; ⚐ Hessen; ✉ 34289; ☎ 05606; 🚗 KS; △ 250 m; 👫 6500.

Z. liegt 17 km nordwestlich von Kassel im Naturpark Habichtswald an der Autobahn A 44 Kassel–Dortmund (Ausfahrten Zierenberg bzw. Breuna). Die St hat Gesamtschule, Landesjugendhof; kunststoffverarbeitende Industrie. Kartonagenfabrik; Fremdenverkehr.

Z. wurde um 1290 vom hessischen Landgrafen Heinrich I. zur Sicherung seiner Herrschaft im oberen Warmetal gegründet. 1298 ist es als St bezeugt. Nach wechselnden Herrschaften zwischen 1325 und 1470 kam Z. wieder an Hessen. Die großen Brände von 1538, im 17. Jh. und von 1707 überstanden die got. Stadtkirche (1293) mit den bedeutenden Wandmalereien aus dem 14. und 15. Jh. und das spätgot. Fachwerkrathaus (1450, ältestes Fachwerkhaus Hessens). Bemerkenswert ferner Reste der Stadtbefestigung und die Fachwerkhäuser aus dem 17. und 18. Jh. – Alljährlich Ende Juli Viehmarkt.

Zinnowitz

□ 3,5 qkm; ○ Landkreis Wolgast; ⚐ Mecklenburg-Vorpommern; ✉ 17454; ☎ 038377; 🚗 WLG; △ 5 m; 👫 4500.

Das Ostseebad Z. auf der Insel Usedom erreicht man von Norden und Westen über die B 96 / E 251 bis Greifswald-Steinbecker Vorstadt, von Süden über die B 109 bis zur Kreuzung mit der B 111 bei Wrangelsburg-Brüssow (ab dort 23 km). Die Klappbrücke der B 111 in Wolgast ist mehrmals am Tag 15 min für den Autoverkehr gesperrt. Bf. an der Regionalbahn Ahlbeck–Z.–Wolgaster Fähre (Inselbahn). In Wolgast über Züssow Anschluß an die Fernverbindung Stralsund–Berlin. Flughafen Heringsdorf/Garz ca. 30 km entfernt.

Z. hat Gemeindeverwaltung, Kurverwaltung.

Bildungseinrichtungen: Grund-, Real- und Hauptschule.

Kulturstätten: Bibliothek, Atelier-Galerie Meyer.

Wirtschaftliches: Das Ostseebad Z. ist Erholungsort; daneben Landwirtschaft und Fischerei.

Geschichte: Z. ist der größte Badeort im westlichen Teil der Insel Usedom. Der Ortsname geht zurück auf das urkundlich erstmals 1309 erwähnte slawische Fischerdorf „Tzys“, das dem damaligen Zisterzienserinnenkloster Krummin gehörte. Das Kloster und das Dorf Zitz sind 1638 im 30jähr. Krieg zerstört worden. Das heute Z. ist eine Gründung Friedrichs II., der 1751 die Domäne Z. schuf. Seit seiner Ernennung zum Badeort entwickelte sich Z. zur „Perle der Ostsee“, einem vornehmen Seebad. Der 2. Weltkrieg unterbrach diese Entwicklung. Ab den 50er Jahren erlebte Z. durch den Feriendienst der Gewerkschaft eine neue Blüte. Es wurde bevorzugter Erholungsort für die Bergarbeiter der „Wismut“.

Sehenswürdigkeiten: 2 km langer und bis 40 m breiter Sandstrand an flacher Küste. Breite Strandpromenade mit gepflegten Häusern im Stil der Jahrhundertwende. Modernes Meerwasser-Hallenbad und Sauna. Evang. Kirche und kath. Kirche St. Otto. 4000 Jahre altes Großsteingrab bei Lüttow. Z. liegt auf einer 1,5 km breiten Landenge zwischen Meer und Achterwasser und ist auf zwei Seiten von Nadel- und Buchenwäldern umgeben.

Periodische Veranstaltungen: Musiksommer Mecklenburg-Vorpommern.

Zirndorf (Mittelfranken)

□ 28,75 qkm; ○ Fürth; ⚐ Bayern; ✉ 90513; ☎ 0911; 🚗 FÜ; △ 309 m; 👥 21 700.

Z. an der Bibert grenzt unmittelbar an das südwestliche Stadtgebiet von Fürth; Zufahrt über die B 8 und Anschluß an die Autobahn A 73 Nürnberg–Bamberg (Ausfahrt Nürnberg/Fürth). Die St ist Sitz des Bundesamtes für die Anerkennung ausländischer Flüchtlinge und Standort des Bundeslagers für ausländische Flüchtlinge. Z. hat Grund- und Hauptschulen, Städt. Singschule, Volkshochschule, Sonderschule für Lernbehinderte; Spielwaren-, Werkzeug- und Tonmöbelindustrie, Radio- und Fernsehgeräteindustrie, Spritzgußwerke, lithographische Kunstanstalten, Brauerei. Z. ist Kneippbad (Kur- und Bäderhaus).

Z., erstmals 1059 urkundlich erwähnt, war später teilweise Besitz der Reichsstadt Nürnberg und der Fürsten von Ansbach. 1877 wurde es zum Mkt und 1912 zur St erhoben. Die Umwandlung von einer rein ländlichen zur Industrie- und Gewerbegemeinde erfolgte im letzten Drittel des 19. Jh. mit der Gründung der ersten Spielwaren- und Spiegelfabriken. Der wirtschaftliche Rückschlag nach dem 2. Weltkrieg wurde durch die Neuansiedlung von bedeutenden Industriezweigen überwunden. – Die in ihrer Bausubstanz got. St. Rochus-Kirche wurde im 18. Jh. im sogenannten „Markgrafenstil" barockisiert.

Zittau

□ 20,15 qkm; ○ Zittau; ⚐ Freistaat Sachsen; ✉ 02763; ☎ 03583; 🚗 ZI; △ 242 m; 👥 33 500.

Zi. ist zu erreichen über die A 4 / E 40 (Ausfahrt Bautzen – ca. 50 km). In Zi. beginnen die B 96, B 99, B 178. Endbahhof der Reichsbahnstrecken Zi.–Görlitz–Cottbus–Berlin, Zi.–Eibau–Bischofswerda–Dresden, Zi.–Löbau–Bautzen, Zi.–Großschönau–Varnsdorf (ČR)–Seifhennersdorf. In Zi. beginnt die Schmalspurbahn nach Oybin/Jonsdorf ins Zittauer Gebirge. Nächster Flughafen ist Dresden-Klotzsche (ca. 100 km).

Zi. besitzt Stadtverwaltung, Landratsamt, Polizeistation, Industrie- und Handelskammer.

Bildungseinrichtungen: Allgemeinbildende Schulen, Gymnasien, Technische Hochschule (Fachrichtungen Kraftwerkstechnik, Elektroenergieversorgung, Betriebswirtschaft), Berufsschulen, Volkshochschule, Euro-Bildungswerk (ESO).

Kulturstätten: Gerhart-Hauptmann-Theater, Stadtmuseum, Museum für Geologie, Sternwarte, Stadtbibliothek, Heimattierpark mit Erholungspark.

Wirtschaft: Fahrzeugbau (Robur-Werke GmbH), Federnwerke GmbH, Elektro-Anlagenbau Ostsachsen GmbH, Elektromechanik Zittau GmbH, Textilindustrie, Kunststoffverarbeitung.

Zi. gilt als Gartenstadt; keine nennenswerte Landwirtschaft.

Geschichte: Zi. ist die größte und bedeutendste St der sächsischen Oberlausnitz. Sie liegt in einer Beckenlandschaft, die vom Zittauer Gebirge, von den Ausläufern des Isergebirges, vom Lausitzer Bergland und dem Oberlausitzer Hügelland umschlossen wird. Die Geschichte der St ist eng mit der Böhmens verbunden. In einer Urkunde des Klosters Marienthal taucht 1238 der Name Zi. erstmals auf. Hier wird ein Burggraf von Zittau (Czastolaw de Zittavia) genannt, ein böhm. Adliger aus der Familie derer von Leippe (= Lipa). Ottokar II., König von Böhmen, erteilte 1254 Zi. das Stadtrecht und die Genehmigung, eine Stadtmauer zu errichten. Die Grenzen der St markierte er selbst mit einer Pflugfurche. Diese von Ottokar II. bestimmte Fläche ist der heutige Stadtkern innerhalb des grünen Ringes. 1275 taucht das Zi. St-Wappen auf, ein großes Z mit dem zweischwänzigen böhmischen Löwen, das älteste Wappen aller Städte der Lausitz. Den schlesischen schwarzen Adler mit silberner Brustspange verlieh Herzog Heinrich von Jauer der St 1337 für ihre Teilnahme an der Zerstörung des Raubschlosse Tollenstein. Die Stadtfarben silber bzw. weiß und rot stammen aus dem böhmischen Wappen und erinnern an die frühere Zugehörigkeit der St zu Böhmen. Seit 1635 gehört Zi. zu Sachsen.

Unter den Herren von Leipa blühte Zi. durch Tuchherstellung und den Handel mit Leinwand auf, kam zu Wohlstand und Ansehen und erwarb umliegende Dörfer und Rittergüter. 1346 vereinigten sich Görlitz, Bautzen, Kamenz, Löbau, Lauban und Zittau zum Sechsstädtebund mit dem Zweck, sich gegenseitig Schutz gegen Bedrückungen und Räubereien der Ritterschaft zu geben. Den Kriegszügen hussitischer Heere ab 1420 widerstand die Stadt, wenn auch das Umland stark in Mitleidenschaft gezogen wurde. Der Fernhandel kam fast zum Erliegen. Stadtbrände 1422 und 1608 sowie Pest und Hungersnöte 1463, 1475 und 1496 behinderten die Entwicklung der St.

Im 16. Jh. setzte ein neuer Aufschwung der St ein, der sich auch in reger Bautätigkeit äußerte. Ab 1513 wurde der Mauerring verdoppelt. Es gab vier bewachte Stadttore (Webertor, Bautzener Tor, Frauentor, böhmisches Tor) und zwei gesicherte Ausgänge nach Süden (Wasserpforte u. Mandaupforte). In dieser Zeit entstanden großartige Profanbauten wie der Marstall (1511), das Dornsbachhaus (1553), das älte Gymnasium (1571) und zahlreiche Handelshäuser. 1521 führte der Lutherschüler Lorenz Heidenreich die Reformation ein. Zi. war die erste protestantische St der Oberlausitz. Wie viele dt. Städte litt auch Zi. im 30jähr. Krieg. 1634 wurde die St von kaiserlichen Truppen beschossen und eingenommen. Bis zum Siebenjährigen Krieg entwickelte sich Zi. durch Bürgerfleiß und böhmische Exilanten zu einer Barockstadt, die man „die Reiche" des Sechsstädtebundes nannte. Es entstanden viele prunkvolle Bürgerhäuser, große Stadtbrunnen, reiche Innenausstattungen der Kirchen.

1757 erlebte Zi. die größte Katastrophe seiner Geschichte. Die österr. Armee vernichtete drei Viertel der Stadt und damit viele kostbare Kulturdenkmäler wie die Johanniskirche mit der Silbermann-Orgel, das gotische Rathaus und Hunderte von Gebäuden.

Die napoleonischen Kriege betrafen die Stadt nur mittelbar: die Kontinentalsperre (1806–1812) brachte die Leinenausfuhr fast zum Erliegen. Mit der industriellen Revolution veränderte sich auch die wirtschaftl. Struktur – aus der Hausweberei entstand die Textilindustrie. Große Bedeutung für den Industrialisierungsprozeß hatten die Braunkohlefunde bei Hirschfelde, Olbersdorf, Türchau und Hartau und der Anschluß an das Eisenbahnnetz: 1848 Zi.–Löbau, 1859 Zi.–Reichenberg (heute Liberec), 1868 Zi.–Großschönau, 1875 Zi.–Görlitz, 1890 Zi.–Oybin/Jonsdorf. 1910 war die Einwohnerzahl auf 37000 gestiegen. Von Luftangriffen des 2. Weltkrieges blieb die St verschont, so daß die städt. Grundstruktur erhalten blieb. Seit 1991 steht der Altstadtkern unter Denkmalschutz.

Baudenkmäler und Sehenswürdigkeiten: 750jähr. Altstadtkern mit 56 gekennzeichneten Einzeldenkmalen; 16 Brunnen; 5 Kirchen; Speichergebäude (Salzhaus) von 1511; Blumenuhr mit ca. 4800 Pflanzen; Stadtbad (klassizistischer Bau v. 1873); Sternwarte; Bibliothek (136000 Bände).

Zschopau

□ 13 qkm; ○ Zschopau; ⚐ Freistaat Sachsen; ✉ 09405; ☎ 03725; 🚗 ZP; △ 364 m; 👥 12860.

Zsch., am Nordhang des Erzgebirges gelegen, ist über die A 72 / E 441, Ausfahrt Stollberg (26 km), über die A 4 / E 40, Ausfahrten Frankenberg (21 km) oder Chemnitz-Nord (19 km), zu erreichen. Durch Zsch. führt die B 174. Bahnhof an der Reichsbahnstrecke Chemnitz–Zsch.–Annaberg-Buchholz–Bärenstein. Die nächsten Flughäfen sind Dresden-Klotzsche (95 km) und Leipzig/Halle (100 km).

Zsch. hat Stadtverwaltung und Landratsamt, Kreisgericht.

Bildungseinrichtungen: Grund- und Mittelschulen, Gymnasium, Förderschule für Lernbehinderte, Kaufmännische Schule, Internat. Bund für Sozialarbeit/Jugendsozialwerk e.V., Kreismusikschule.

Kulturstätten: Schloß Wildeck, Stadtbibliothek, Jugendklub, Stadthalle.

Wirtschaft und Industrie: Motorradwerk Zschopau GmbH (MZ), mittelständische Unternehmen, Handwerks- und Dienstleistungsbetriebe.

Geschichte: Zsch. liegt an einer alten Handelsstraße, die von Sachsen nach Böhmen führte (über Komotau nach Prag). Bereits um das Jahr 1000 ist an exponierter Stelle eine Burg errichtet worden, das heutige Schloß Wildeck. Der Bergfried ist das ältestes Bauwerk der St. Die am Fuß der Burg entstandene Siedlung erhielt 1292 Stadtrecht. Der Übergang über den Fluß Zschopau war anfangs nur eine Furt, der erste Brückenbau wird 1516 urkundlich erwähnt. Weil die hölzernen Brücken mehrfach starken Eisgängen zum Opfer fielen, ist 1813 eine neue, steinerne Brücke errichtet worden, die kurz nach der Einweihung von 14000 Fahrzeugen der österreichischen, preußischen und russischen Armee passiert wurde. Aus der Burg, seit 1498 Sitz des Oberforst- und Jagdjägermeisters, entstand 1545 im Renaissancestil das kurfürstliche Jagdschloß Wildeck. Die Lage an einer strategisch wichtigen Straße geriet der St nicht immer zum Vorteil. 1430 verunsicherten die Hussiten die Gegend, 1631 quartierte sich die kaiserliche Armee unter General Holck ein. 1633 wütete die Pest (die Chronik nennt zwischen 1349 und 1607 weitere 10 Pestepidemien), 1634 steckten kaiserliche Soldaten die St in Brand. Weitere Brände brachten wiederholt Elend und Obdachlosigkeit für hunderte Menschen. Beim Großbrand vom 8. 10. 1748 ging die gesamte Altstadt mit Kirche, Rathaus und Schule in den Flammen unter. Der Grundstein für ein neues Rathaus wurde unmittelbar nach dem Brand gelegt, schon 1749 war der Bau vollendet. Die erste Postlinie erreichte Zsch. um 1710, seit 1781 bestand eine Fahrpost nach Chemnitz. 1853 wandelte man die Posthalterei in ein Postamt um, das heutige Postgebäude am Markt entstand 1907/08. 1861 war die Eisenbahnstrecke Chemnitz–Zsch.–Annaberg fertiggestellt, die weiter bis zur Landesgrenze und bei Weipert ins Böhmische führte. 1907 erwarb der Däne Jörgen Skafte Rasmussen eine stillgelegte Tuchfabrik und errichtete die Zschopauer Maschinenfabrik, die zunächst Dampfarmaturen produzierte. Ein in der Kriegszeit entwickelter Dampfkraftwagen hatte nach dem Kriege keine Zukunftschancen. Rasmussen behielt nur den Markennamen DKW (Das kleine Wunder) und begann mit dem Bau von Verbrennungsmotoren, 1921 mit dem Bau von DKW-Motorrädern, die bald Weltruf erlangten. 1929 beschäftigte das Unternehmen 3500 Mitarbeiter, mußte aber in der Weltwirtschaftskrise mit den Audi-, Horch- und Wanderer-Werken zur Auto Union AG fusionieren. Nach 1945 wurde das Werk demontiert, wenig später neu erbaut und Produktionsstätte der ebenfalls weltbekannten MZ-Motorräder.

Baudenkmäler und Sehenswürdigkeiten: Renaissanceschloß Wildeck mit den beiden Türmen „Dicker Heinrich" und „Schlanke Margarethe". Die Spitzhaube des Bergfrieds mit der Zinnenbekränzung stammt von 1975. Im Schloß sind heute Kreisgericht, Kreismusikschule und ein Schülerfreizeittreff untergebracht; Stadtkirche St. Martin von 1494, durch Brand 1634 zerstört und wieder aufgebaut, Orgel 1753–55 vom Silbermann-Schüler Jacob Oertel erbaut; Zschopau-Brücke von 1813; Reste der ehemal. Stadtbefestigung; Gymnasium im 1867 als Lehrerseminar errichteten Gebäude (der „grüne Kasten").

Periodische Veranstaltungen: Badfest im Juni/Juli, Weihnachtsmarkt im Dezember.

Zülpich

□ 101,04 qkm; ○ Euskirchen; ⚐ Nordrhein-Westfalen; ✉ 53909; ☎ 02252; 🚗 EU; △ 170 m; 👫 17200.

Z. liegt 38 km südwestlich von Köln am Nordostrand der Eifel im Schnittpunkt der B 56, B 265 und B 477. Die St hat Gymnasium, Grund- und Hauptschulen, Sonderschule für Lernbehinderte; Kreiskrankenhaus, Krankenanstalten Kloster Marienborn – Psychiatrische Klinik – (Z.-Hoven); Kornbrennereien, Papierindustrie, Strumpffabrik, Maschinenbau, Verpakkungsindustrie. Z. ist Einkaufszentrum für die vorwiegend landwirtschaftlich strukturierte fruchtbare Zülpicher Börde.

Z. wird bereits um 70 n. Chr. von Tacitus als römisches Kastell und Knotenpunkt der Fernstraßen Trier–Neuss und Reims–Köln „Tolbiacum" erwähnt. Bei Z. fand 496 die Entscheidungsschlacht zwischen den siegreichen Franken und den Alemannen statt (Erinnerungstafeln Napoleons I. in der Krypta unter der Peterskirche). 881 zerstörten die Normannen den fränkischen Königshof. 948 kam Z. an die Grafen von Jülich. Während des Streites zwischen Jülich und Kurköln wurde Z., das in der ersten Hälfte des 13. Jh. Stadtrecht erhielt, zwischen 1278 und 1285 vom Kölner Erzbischof Siegfried von Westerburg befestigt und 1288 durch Walram von Jülich zerstört. Burg und Befestigungsanlagen wruden unter kurkölnischer Herrschaft (endgültig seit 1368) 1395 wieder aufgebaut (zum großen Teil erhalten). Seit 1815 gehörte Z. zur preußischen Rheinprovinz. Im 2. Weltkrieg (1944) erlitt die St schwere Schäden.

Erhalten blieben oder restauriert wurden neben der Burg und den ma. Befestigungsanlagen mit den vier mächtigen Stadttoren (Weier-, Münster-, Köln- und Bachtor) der Turm des alten Rathauses und die Krypta (11. Jh.) der zerstörten Peterskirche; bemerkenswert ferner das Propstei-Museum mit unterirdischem Römerbad.

Zweibrücken

□ 70,55 qkm; ○ Kreisfreie Stadt; ⚐ Rheinland-Pfalz; ✉ 66482; ☎ 06332; 🚗 ZW; △ 226–385 m; 👫 35000.

Z. liegt 40 km östlich von Zweibrücken an der B 10 und der Autobahn A 8 Saarlouis–Neunkirchen–Pirmasens (Ausfahrt Z.); Bahnstation an der Strecke Karlsruhe–Saarbrücken. Z. hat Oberlandesgericht, Landgericht, Amtsgericht, Verbandsgemeindeverwaltung, Finanzamt, Forstamt u.a. Behörden; Bundeswehr- und amerikanische Garnison; Gymnasien, Realschule, Sonderschulen, Berufsbildende

Zweibrücken

Schulen, Fachoberschule Ingenieurwesen mit verschiedenen Fachrichtungen, Volkshochschule; Maschinen-, Lederwaren- und Textilindustrie, Armaturenfabrik und Mahlwerke-Fabrikation, Anlagen- und Apparatebau, Brauerei.

Z., erstmals 1170 urkundlich erwähnt, erhielt 1352 durch Kaiser Karl IV. die Stadtrechte. Zwischen 1465 und 1799 war Z. Residenz des Herzogtums Pfalz-Zweibrücken. Eine kulturelle Blüte erlebte die St unter Herzog Christian IV. (1735–1775). Ein weiterer wirtschaftlicher Aufschwung setzte 1857 nach dem Bau der Eisenbahnlinie ein. Z., das 1470 durch eine Feuersbrunst, 1635 im Dreißigjährigen Krieg, 1677 von den Truppen Ludwigs XIV. und 1793/94 zur Zeit der Französischen Revolution zerstört wurde, erlitt im 2. Weltkrieg erneut schwere Schäden. Von den vernichteten historischen Bauten wurde das barocke Schloß (1725–28), die spätgotische Alexanderkirche (um 1500) und die Karlskirche (um 1710) wiederaufgebaut. Sehenswert außerdem die Fasanerie (um 1715), die Bibliotheca Bipontina (mit wertvollen Handschriften und Inkunabeln), der berühmte Rosengarten (mit über 60000 Rosenstöcken auf rund 5 ha mit mehr als 2000 Sorten), das Landgestüt (gegr. 1755) und das seit 1960 bestehende Trakehnergestüt. – Alljährlich Internationales Grasbahnrennen, Pferderennen und Z. Rosensommer mit Rosengartenkonzerten.

Zwickau

□ 57 qkm; ○ Kreisfreie St; ⚐ Freistaat Sachsen; ✉ 08001*; ☎ 0375; 🚗 Z; △ 267 m; 👥 115500.

Z. ist zu erreichen auf der A 4 / E 40, Ausfahrt Meerane (ca. 8 km), oder Ausfahrt Glauchau (ca. 10 km), sowie auf der B 93, B 173 und der B 175; Hauptbahnhof an den Strecken Leipzig–Z.; Dresden–Chemnitz–Z.–Plauen–Hof; Z.–Gera–Eisenach; Z.–Aue–Annaberg-Buchholz/Johanngeorgenstadt. Die nächsten Flughäfen sind Leipzig/Halle (ca. 95 km) und Dresden-Klotzsche (ca. 150 km).

Bildungseinrichtungen: Grundschulen, Mittelschulen, Gymnasien; Staatl. Höhere Landbauschule; Medizinische Fachschule; Fachhochschule für Wirtschaft und Technik; Pädagogische Hochschule; Universität Chemnitz-Zwickau; Ratsschulbibliothek, Stadtbibliothek; zwei Hochschulbibliotheken; Stadtarchiv.

Wirtschaftliches: Volkswagen-Automobilwerk Mosel, Siemens-Kabelbaumproduktion; Naue-Autositze (beide Zulieferer für VW), Sachsenring Zwickau GmbH (VW-Zulieferer und Auto-Recyclingzentrum); Werk für Industrie-Keramik; ISIS-Pharma-GmbH (Arzneimittelwerk); Kunstharze GmbH (Zwickauer Lackharze).

Geschichtliches: Bis in die jüngere Steinzeit hinein ist die Besiedlung der Region nachweis-

Zwickau, Rathaus und Gewandhaus

bar. Die sorbische Wohnsiedlung „zwiccowe" wurde 1118 als Zollstätte erstmals urkundlich erwähnt. Das weite Tal der Mulde, im Süden vom Erzgebirge und im Südwesten vom Vogtland begrenzt, bildete gute Voraussetzungen für Entstehen und Wachsen der Siedlung, der 1212 das Stadtrecht verliehen wurde; nach 1470 war Z. bereits die drittgrößte St Sachsens. Mit ihrer Geschichte sind bedeutende Namen verbunden: Martin Luther, Thomas Müntzer, Georgius Agricola. Dank letzterem hatte die Lateinschule einen ausgezeichneten Ruf. Günstig am Schnittpunkt der „Salzstraße" und der „Frankenstraße" gelegen, wuchs die Rolle der St als Marktzentrum; es entwickelten sich Zünfte, obenan die der Tuchmacher und Bierbrauer. Die Erz- und Silberfunde im erzgebirgischen Raum verhalfen auch Z. ab der Mitte des 15. Jh. zu Reichtum. Die „Perle Kursachsens" wurde jedoch durch den Schmalkaldischen Krieg (1546/47), den 30jährigen Krieg (1618–48) und den Siebenjährigen Krieg (1756–63) so schwer in Mitleidenschaft gezogen, daß Z. bis zur Bedeutungslosigkeit herabsank. Erst ab Mitte des 19. Jh. führte die Nutzung der Steinkohle und die damit verbundene Ansiedlung von Stahl- und Maschinenwerken, von Seil- und Grubenlampenfabriken zu neuem wirtschaftlichem Aufstieg, wozu ab 1845 auch der Eisenbahnanschluß, (zunächst bis Leipzig), beigetragen hat. Bereits 1885 konnten 100 Teilnehmer einander per Telefon erreichen, und ab 1893 brannten auch in Z. die ersten elektrischen Glühlampen. Im Gegensatz zu anderen Großstädten (bis 1923 waren 5 Ortschaften eingemeindet worden), blieb Z. von größeren Zerstörungen im 2. Weltkrieg verschont. Die St erreichte 1950 mit 138 844 EW ihren höchsten Stand. Nachdem man Bockwa und Brand (1939), Oberhohndorf und Planitz (1944) eingemeindet hatte, folgten 1953 Auerbach, Niederhohndorf und Pöhlau.

Sehenswürdigkeiten und Kulturelles: Rathaus (nach 1403), Umbau 1473–77, die heutige Gestalt mit neugot. Fassade entstand 1866/67; Gewandhaus, als Kaufhaus der St und Zunfthaus der Tuchmacher errichtet (1522–25), äußere Form weitgehend erhalten, ab 1823 als Theaterspielstätte genutzt, seit 1883 offiziell Stadtheater; Robert-Schumann-Haus (Geburtshaus des Komponisten), entstanden um 1500, mußte wegen Baufälligkeit abgebrochen werden und wurde in originalgetreuer Gestalt 1955 neu errichtet, seit 1956 Robert-Schumann-Gedenkstätte mit Museum, Archiv und Kammermusiksaal; Dom St. Marien, obersächsische Spätgotik, gegr. nach 1206, zerstört durch Brand (1328), Wiederaufbau mit Umgestaltungen, die bis ins 19. Jh. dauerten, kostbare Kunstwerke im Dom; „Schiffchen", so benannt nach der eigenwilligen Form, späte Gotik und frühe Renaissance (um 1485), Abbruch 1967/68 und in originalgetreuer äußerer Gestalt wiedererrichtet, Sitz des Organisations-Büros der Robert-Schumann-Tage und des Internationalen Robert-Schumann-Wettbewerbes; Hochzeits- oder Dünnebierhaus (um 1480), ab 1980 Rekonstruktion und Restaurierung des gesamten Gebäudes im ma. Stil, seit 1984 Hochzeitshaus der St; Pulverturm mit Stadtmauer (wahrscheinlich 2. Hälfte des 15. Jh.), letztes Zeugnis der ehem. Stadtbefestigung; Paradiesbrücke, Muldenbrücke (1694/95) als überdachter Holzübergang erbaut, 1900 abgebrochen und durch eiserne Brücke ersetzt; Katharinenkirche, um 1200 als Klosterkirche entstanden, Zerstörung nach Stadtbränden (1328 und 1403), Aufbau im 15./16. Jh. als spätgot. Hallenkirche, wertvolle Schätze im Innern; Posthalterei, Renaissancebau (nach 1530), Zusammenlegung zweier kleiner Gebäude, 1883–1922 Sitz der letzten Posthalterei in Z., beherbergt heute Haus des Handwerks und eine Gaststätte; Schloß Osterstein (vor 1221), errichtet von Markgraf Dietrich dem Bedrängten, nach mehreren Stadtbränden Um- und Ausbau zwischen 1404 und 1407, um 1500 ein Zentrum der politischen Macht des Kurfürstentums Sachsen, von 1530 bis 1534 kurfürstliche Münze im Schloß, Umbau als repräsentative Renaissance-Anlage (1587–90), Belagerung und Zerstörung im 30jährigen Krieg, danach unzureichende Instandsetzung, 1770–75 Umbau zur Strafanstalt, als solche genutzt bis 1962; Korn- und Zellenhaus, beide gehören zum Schloßensemble – das Kornhaus ist einer der ältesten Speicher im dt.-sprachigen Raum (1480/81), ab 1835/36 ebenfalls Strafanstalt, nach 1962 Sitz verschiedener Betriebe und Einrichtungen der St, das Zellenhaus (1860–64) zur Erweiterung des Strafvollzuges errichtet, ist heute ein Magazingebäude; Robert-Schumann-Denkmal und Schwanenteichanlagen; Städtisches Museum, 1914 als König-Albert-Museum übergeben, der zentrale Kuppelbau beherbergt heute neben dem Markt das Stadtarchiv und die Ratsschulbibliothek, die bereits seit 1537 der Öffentlichkeit zugänglich ist; Konzert- und Ballhaus „Neue Welt" (1902/03), als Gaststättenkomplex mit „Westsachsens größtem Terrassensaal" (Jugendstil) und angrenzenden Parkanlagen; „Villa Wolf" (1910/11) errichtet als Neubarockbau.

Wiederkehrende Ereignisse: Robert-Schumann-Tage mit Verleihung des Robert-Schumann-Preises an Interpreten und Musikwissenschaftler (jährlich); Robert-Schumann-Wettbewerb für Klavier und Gesang (bisher alle vier Jahre); Internationaler Robert-Schumann-Chor-Wettbewerb; Westsachsenschau für Industrie und Gewerbe sowie für Dienstleistungen (jährlich).

Zwiesel (Bay.)

☐ 40,98 qkm; ○ Regen; ⚐ Bayern; ✉ 94227; ☎ 09922; 🚗 REG; △ 570–750 m; 👥 10200.

Z., Luftkurort mit lebhaftem Fremdenverkehr im Bayerischen Wald am Zusammenfluß des Großen und Kleinen Regen, ist über die B 11 zu erreichen; Bahnstation an der Strecke Deggendorf–Regen–Bayerisch-Eisenstein. Die St hat Finanzamt, Arbeitsamt (Nebenstelle), Forstamt, Grenzpolizei u.a. Behörden; Realschule, Gymnasium, Kreisberufsschule, Staatl. Berufsbildungszentrum für Glas, Fachakademie für Sozialpädagogik, Berufsfachschule für Kinderpflege; bedeutende Glasindustrie (Farben- und Kristallglas, Glasveredelung).

Z., erstmals 1255 urkundlich genannt, war bereits im 14. Jh. Mittelpunkt der Glasmacherei. 1471 wurde es zum Mkt erhoben; 1904 erhielt es die Stadtrechte. – Sehenswert: Waldmuseum; Spielzeugmuseum; barocke Bergkirche (17./18. Jh.); Stadtpfarrkirche St. Nikolaus. – 16 km nordwestlich von Z. liegt der Große Arber (1456 m) mit dem Arbersee. – Alljährlich „Zwieseler Fink"-Sänger- bzw. Musikwettstreit; Zwieseler Buntspecht (Kunstausstellung) und Grenzlandfest (Volksfest).

Zwingenberg (Bergstraße)

☐ 5,61 qkm; ○ Bergstraße; ⚐ Hessen; ✉ 64673; ☎ 06251; 🚗 HP; △ 100 m; 👥 5700.

Z., 18 km südlich von Darmstadt am Fuße des Melibokus (517 m) und am Westhang des Odenwaldes gelegen, ist über die B 3 und Autobahn A 5 Frankfurt a.M.–Basel (Ausfahrt Z.) zu erreichen; Bahnstation an der Strecke Frankfurt–Darmstadt–Heidelberg–Mannheim. Die St hat Grund- und Hauptschule, Sonderschule für Aussiedlerkinder; chemische Industrie, landwirtschaftliche, Obst- und Gemüsebaubetriebe, Weinbau.

Z., erstmals 1258 urkundlich erwähnt, erhielt 1274 das Stadtrecht durch König Rudolf von Habsburg. Die St an einer wichtigen Handels- und Heerstraße (Bergstraße) kam mit der Grafschaft Katzenelnbogen 1479 an Hessen. – Vom ma. Stadtkern blieben erhalten die ev. Bergkirche (1258), das Schlößchen (Rathaus) von 1520, Reste der Stadtbefestigung (‚Aul' mit Torbogen, 1539), Reste der Wasserburg und der Marktplatz mit Marktbrunnen und Fachwerkhäusern. – Alljährlich Studentenfest (Treffen der Alten Herren der im Coburger Convent vereinigten Landsmann- und Turnerschaften) in der Woche nach Pfingsten; Obergassenfest (Juli); traditionelle ‚Kerwe' (August).

Zwönitz

☐ 34 qkm; ○ Aue; ⚐ Freistaat Sachsen; ✉ 08297; ☎ 037754; 🚗 AU; △ 460–550 m; 👥 10500.

Zw. ist zu erreichen über die A 72 / E 441 (Ausfahrt Stollberg – 10 km). Die St liegt inmitten eines unregelmäßigen Vierecks, das von den B 95, B 101, B 169 und B 180 gebildet wird (Entfernung jeweils ca. 10–15 km). Bf. an der Reichsbahnstrecke Chemnitz–Aue. Nächster Flughafen ist Dresden-Klotzsche (ca. 90 km).

Zw. hat Stadtverwaltung, Amt für Landwirtschaft.

Bildungseinrichtungen: Grundschulen, Mittelschule, Gymnasium, Bildungsakademie. Stadtbibliothek.

Museen: Technisches Museum.

Wirtschaft und Industrie: Vereinigte Energiewerke VEAG; Baum GmbH (Galvanotechnik); Polimed GmbH (medizin. Gerätebau), „Ratiomat"-Küchenmöbel; Holzindustrie; Agrargenossenschaft Zwönitz e.G.; Trocknungs- u. Landtechnik GmbH; private Landwirtschaft; Pferdezuchtbetriebe.

Geschichte: Die Gründung der St erfolgte 1160. Durch den Abt von Grünhain erhielt Zw. 1475 ein Stadtsiegel. Die sehenswerten Gebäude am Markt bestehen aus Häusern der letzten drei Jahrhunderte (Rathaus, Apotheke, Gasthof, Bürgerhäuser in Fachwerkbauweise).

Die bei einem Stadtbrand 1688 zerstörte Trinitatiskirche ist im Barockstil wieder aufgebaut worden.

1875 erhielt Zw. Eisenbahnanschluß mit der Strecke Chemnitz–Aue–Adorf. 1889 ist die heute stillgelegte Strecke Stollberg–Zw.–Scheibenberg errichtet worden. Das 1907 erbaute Königlich Sächsische Amtsgericht ist heute eine Schule.

Baudenkmäler und Sehenswürdigkeiten: Technisches Museum Papiermühle in Niederzwönitz; Austelvilla mit Austelpark, 1885/1886 errichtet (Stadtpark); historische Gasthäuser „Stern“ und „Zum Roß“; kursächsische Postmeilensäule von 1727; Kirche St. Trinitatis (Neuaufbau 1688); St.-Blasius-Kirche in Niederzw.

Periodische Veranstaltungen: Kirmes im Oktober; Weihnachtsmarkt mit Anschieben der Weihnachts-Pyramide am 1. Adventswochenende; Leistungsvergleich der Modellbausportler (Oktober).

Nachweis der Farbbilder

Berlin, Verkehrsamt; Brandenburg, Bildagentur PUNCTUM/Kober; Cottbus, Bildagentur PUNCTUM/Kober; Dresden, Weisbrod; Dessau, Bildagentur PUNCTUM/Kober; Dortmund, Informations- und Presseamt/Reimann; Erfurt, Bildagentur PUNCTUM/Kober; Frankfurt a.M., Amt für Wirtschaft/Günther; Frankfurt/Oder, Bildagentur PUNCTUM/Kober; Halle, Bildagentur PUNCTUM/Kober; Hamburg, Pressestelle/Luftaufn. Freigabe Liz. Nr. 9/28015; Hameln, Städt. Bildarchiv; Hannover, Presseamt/Giesel; Jever, Städt. Bildarchiv; Koblenz, Statistisches Amt; Köln, Verkehrsamt; Konstanz, Informations- und Presseamt; Leipzig, Bildagentur PUNCTUM/Schink; Markgröningen, Stadtarchiv; Mayen, Stadtverwaltung; München, Fremdenverkehrsamt/Witzig; Neubrandenburg, Bildagentur PUNCTUM/Kober; Nördlingen, Foto: Carl Zeiss, Oberkochen, aufgen. mit Hochleistungsobjektiv ZEISS Topar f-30 cm; Nürnberg, Hauptamt für Hochbauwesen, Bildstelle und Denkmalsarchiv; Ottobeuren, Verkehrsamt; Regensburg, Städt. Fremdenverkehrsamt; Rostock, Bildagentur PUNCTUM/Kober; Saalfeld, Bildagentur PUNCTUM/Kober; Salzgitter, Ref. für Öffentlichkeitsarbeit; Schwerin, Bildagentur PUNCTUM/Kertscher; Stuttgart, Stiebling; Trier, Verkehrsamt/Schuster.

Nachweis der Schwarzweiß-Bilder

Aachen, Presseamt/Linckens; Aalen, Informations- und Verkehrsamt; Achim, Städt. Bildarchiv/Hoppe; Altenburg, Stadtverwaltung; Amberg, Städt. Verkehrsamt; Andernach, Stadtverwaltung/Stein; Ansbach, Städt. Reise- und Verkehrsbüro; Aschaffenburg, Verkehrsamt/ Pfistermeister; Augsburg, Verkehrsverein/Studio Müller; Bad Blankenburg, Kulturverwaltung; Baden-Baden, Bäder- und Kurverwaltung/Allan Cash; Bad Doberan, Fremdenverkehrsverein; Bad Dürkheim, Städt. Verkehrsamt; Bad Homburg, Verkehrsamt; Bad Kreuznach, Kur- und Salinenbetriebe; Bad Mergentheim, Städt. Kultur- und Verkehrsamt; Bad Muskau, Stadtverwaltung; Bad Neuenahr-Ahrweiler, Stadtverwaltung; Bad Pyrmont, Stadtdirektor/Sering; Bad Zwischenahn, Gemeindeverwaltung; Bamberg, Städt. Fremdenverkehrsamt; Bayreuth, Fremdenverkehrsverein/Rauh; Bensheim, Verkehrsamt; Berlin, Landesbildstelle Berlin; Bielefeld, Presse- und Verkehrsamt; Bingen, Stadtverwaltung; Bocholt, Presseamt (Studio Rösler); Bochum, Presse- und Informationsamt; Böblingen, Kultur- und Verkehrsamt; Bonn, Werbe- und Verkehrsamt/Baumann; Bonn, Werbe- und Verkehrsamt/Baumann; Bremen, Verkehrsverein/Rohmeyer; Bremerhaven, Stadtbildstelle; Bruchsal, Städt. Verkehrsamt/Tolsdorff; Brühl, Städt. Verkehrsamt; Büdingen, Verkehrsamt; Celle, Verkehrsverein; Coburg, Städt. Fremdenverkehrsamt/ Höch; Crailsheim, Verkehrsamt; Cuxhaven, Hauptamt; Darmstadt, Presse- und Informationsstelle; Delmenhorst, Stadtverwaltung; Detmold, Städt. Verkehrsamt/Saebens; Dinslaken, Städt. Bildarchiv; Dresden, Stadtverwaltung; Dülmen, Stadtverwaltung; Düsseldorf, Werbe- und Wirtschaftsförderungsamt/Ulrich Otte und A. Wrubel; Düren, Stadtverwaltung; Duisburg, Presseamt/W. Moog, Luftaufnahme freigeg. Reg. Präs. Düsseldorf Nr. 19/A 722; Eisenach, Fremdenverkehrsamt; Eisenhüttenstadt, Stadtverwaltung; Emden, Amt f. Wirtschaftsförderung/Harme; Eppingen, Bürgermeisteramt/ Kiehnle; Erlangen, Amt für Bürgerinformation, Presse und Statistik/Mader; Eschwege, Verkehrs- und Verschönerungsverein; Eschweiler, Stadtverwaltung; Esslingen, Kulturamt; Fellbach, Bürgermeisteramt; Frankenberg, Stadtverwaltung; Frankenthal, Stadtverwaltung; Freiburg i.B., Städt. Verkehrsamt/Fazles; Freising, Stadtverwaltung/Körber; Friedrichshafen, Hauptamt/Hättig; Fulda, Magistrat; Garmisch-Partenkirchen, Gemeindeverwaltung; Geislingen a.d. Steige, Stadtverwaltung/Friedrich; Gelsenkirchen, Presseamt/Knorr; Gera, Presseamt; Gießen, Magistrat/Gruhne; Goch, Stadtverwaltung; Göppingen, Städt. Bidlarchiv; Göttingen, Fremdenverkehrsamt/Schmeling; Goslar, Fremdenverkehrsamt; Gotha, Stadtverwaltung/Fremdenverkehrsverein; Güstrow, Fremdenverkehrsbüro; Gütersloh, Stadtverwaltung; Gummersbach, Städt. Bildarchiv/Freigabe-Nr. LA Hbg. 553/67; Halberstadt, Stadtverwaltung; Hamm, Stadtverwaltung; Hanau, Stadt- und Kreisbildstelle; Heidelberg, Verkehrsverein/Lossen; Heidenheim a.d. Brenz, Kulturamt;Heilbronn, Hauptamt/Naleppa; Herne, Städt. Bildarchiv; Herrenberg, Verkehrsamt; Herrnhut, Kultur- und Fremdenverkehrsamt; Herten, Städt. Archiv; Herzogenrath, Freigeg. d. Reg.-Präs. Münster Cr. 2226/62; Hildesheim, Städt. Presseamt; Höxter, Verkehrsamt; Homburg (Saar), Stadtverwaltung; Horb a. Neckar, Verkehrs- und Kulturamt; Ibbenbüren, Pressestelle; Ilmenau, Stadtverwaltung; Ingelheim, Amt f. Kultur, Verkehr u. Landwirtschaft; Ingolstadt, Städt. Verkehrsamt/ Bauer; Itzehoe, Städt. Bildarchiv; Kaiserslautern, Amt f. Öffentlichkeitsarbeit; Karlsruhe, Hauptamt; Kassel, Verkehrs- und Wirtschaftsamt; Kaufbeuren, Städt. Bildarchiv; Kehl, Verkehrsamt/Brugger, Freigeg. d. Reg.-Präs. Nord-Württemberg Nr. 2/30416; Kempen, Kreisbildstelle; Kiel, Fremdenverkehrsamt; Kitzingen, Stadverwaltung/Wolfahrt; Kleve, Städt. Bildarchiv; Königswinter, Verkehrsamt; Königswusterhausen, Amt für Tourismus/Döring; Kornwestheim, Bürgermeisteramt/Moser; Kulmbach, Städt. Bildarchiv; Lage, Städt. Bildarchiv; Lahr, Kulturamt/Dieterle; Landshut, Verkehrsverein; Lemgo, Städt. Verkehrs- und Reisebüro; Lengerich, Hauptamt; Leverkusen, Stadtbildstelle; Lingen, Hauptamt/Klimmer; Lippstadt, Verkehrsamt; Lörrach, Hauptamt; Ludwigsburg, Verkehrsamt/Röckle; Ludwigshafen, Städt. Bildarchiv; Lübeck, Amt für Fremdenverkehr; Lüdenscheid, Hauptamt; Magdeburg, Stadtverwaltung; Mainz, Stadtverwaltung/Richter; Mannheim, Verkehrsverein/Häuser; Marburg a.d. Lahn, Margistrat; Marl, Presse- und Informationsamt; Meißen, Stadtverwaltung; Memmingen, Städt. Bildarchiv/Kroll; Minden, Hauptamt/Schneider; Mönchengladbach, Städt. Verkehrs- und Werbeamt; Mühlhausen, Fremdenverkehrsamt; Mülheim a.d. Ruhr, Städt. Verkehrs- und Werbeabteilung/Wolter; Münster, Werbe- und Verkehrsamt; Neuss, Stadtbildstelle/Dieckmann; Neustadt a.d. Donau, Stadtverwaltung; Neustadt/ Holstein, Magistrat; Neustadt/Weinstraße, Städt. Verkehrsamt/Mauch; Nordhorn, Stadtdirektor/Mildes; Nürtingen, Bürgermeisteramt; Oberhausen, Pressestelle; Ober-Ramstadt, Magistrat; Oelde, Amtsverwaltung/Haver; Freigeg. d. Reg.-Präs. Münster Nr. 6076/71; Offenbach, Presse und Informationsabteilung; Offenburg, Kultur- und Verkehrsamt; Osnabrück, Verkehrsamt/Erdtmann; Paderborn, Städt. Bildarchiv; Passau, Fremdenverkehrsverein; Pforzheim, Hauptamt/Beck; Pinneberg, Hauptamt; Primasens, Stadtverwaltung; Plauen, Stadtverwaltung; Potsdam, Fremdenverkehrsverband;

Quedlinburg, Stadtverwaltung/Touristinformation; Rastatt, Bürgermeisteramt; Ravensburg, Stadtverwaltung/Döber; Recklingshausen, Stadtverwaltung/Lücke; Rendsburg, Stadtverwaltung; Rheine, Städt. Bildarchiv; Rheinsberg, Fremdenverkehrsverein; Reutlingen, Ref. für Öffentlichkeitsarbeit; Rottenburg a. Neckar, Städt. Bidlarchiv; Saarbrücken, Amt für Öffentlichkeitsarbeit; Säckingen, Verkehrsamt; Salzwedel, Stadtverwaltung; Sankt Augustin, Gemeindearchiv; Schleswig, Städt. Verkehrs- und Touristbüro; Schwabach, Städt. Bildarchiv; Schwäbisch Hall, Amt für Öffentlichkeitsarbeit; Schwalmstadt, Städt. Bildarchiv; Schweinfurt, Verkehrsverein/Uhlenhut; Schwelm, Haupt- und Personalamt; Siegen, Städt. Pressestelle; Sindelfingen, Verkehrsamt/Schmidt; Sinsheim, Bürgermeisteramt; Sömmerda, Stadtverwaltung; Speyer, Stadtverwaltung; Stade, Hauptamt/Menk; Stolberg, Stadtverwaltung; Stralsund, Stadtverwaltung; Straubing, Verkehrsamt; Stuttgart, Geissler; Tangermünde, Stadtverwaltung; Tauberbischofsheim, Bürgermeisteramt; Titisee-Neustadt, Städt. Bildarchiv; Traben-Trarbach, Stadtverwaltung; Trier, Verkehrsamt; Tübingen, Verkehrsverein/Grohe; Uelzen, städt. Bildarchiv/Franz; Ulm, Hauptamt Stadt Ulm; Unna, Städt. Bildarchiv; Urach, Städt. Verkehrsamt/ Holder; Völklingen, Hauptamt; Waiblingen, Kulturamt; Waldkirch i. Br., Hauptamt/Geiges; Wangen, Verkehrsamt/Geissler; Wasserburg a. Inn, Fremdenverkehrsverein; Weiden, Städt. Bildarchiv; Weilburg, Magistrat; Weimar, Fremdenverkehrsverband W.-Land; Wernigerode, Fremdenverkehrsgesellschaft; Wesel, Stadtverwaltung/Löhr; Wiesbaden, Presse- und Informationsamt/Weber; Wilhelmshaven, Referat für Presse- und Öffentlichkeitsarbeit; Willich, Stadtverwaltung; Winsen, Städt. Bildarchiv, Freigeg. d. Reg.-Präs. Darmstadt Nr. 1183/68; Witten, Presse- und Informationsabt.; Wittenberg, Stadtverwaltung/Winkelmann; Wittmund, Stadtverwaltung; Wolfenbüttel, Stadtverwaltung/Meier; Wolfsburg, Liegenschaftsamt/Luftaufnahme Aero-Frankfurt/M.; Worms, Städt Bildarchiv; Würzburg, Fremdenverkehrs- und Kulturamt/Christ; Wuppertal, Presse- und Werbeamt/Jakob; Zweibrücken, Stadtverwaltung; Zwickau, Touristinformation.